Springer-Lehrbuch

Weitere Bände in dieser Reihe
http://www.springer.com/series/1183

Wolfgang Mitsch

Strafrecht, Besonderer Teil 2

Vermögensdelikte

3. Auflage

 Springer

Wolfgang Mitsch
Juristische Fakultät
Universität Potsdam
Potsdam
Deutschland

ISSN 0937-7433
Springer-Lehrbuch
ISBN 978-3-662-44933-2   ISBN 978-3-662-44934-9 (eBook)
DOI 10.1007/978-3-662-44934-9
Springer Heidelberg NewYork Dordrecht London

Die Deutsche Nationalbibliothek verzeichnet diese Publikation in der Deutschen Nationalbibliografie;
detaillierte bibliografische Daten sind im Internet über http://dnb.d-nb.de abrufbar.

Springer

Gedruckt auf säurefreiem und chlorfrei gebleichtem Papier

Springer-Verlag Berlin Heidelberg ist Teil der Fachverlagsgruppe Springer Science+Business Media
(www.springer.com)

Vorwort

Die dritte Auflage des Lehrbuches führt die bisherigen beiden Teilbände (Kernbereich, Randbereich) zusammen. Wissenswerte Neuigkeiten aus Gesetzgebung, Rechtsprechung und Fachliteratur seit der Vorlauflage sind eingearbeitet worden, soweit sie für die Benutzer des Buches wichtig sind. Das Lehrbuch ist eine Einladung zur aktiven Arbeit mit dem Rechtsgebiet Strafrecht Besonderer Teil – Vermögensdelikte. Der Text sollte also nicht nur gelesen, sondern gründlich durchgearbeitet werden. Dazu dienen vor allem die zahlreichen Fallbeispiele, mit denen der Stoff und seine Problematik anschaulich gemacht wird. Eine gewinnbringende Arbeitstechnik dürfte darin bestehen, zunächst die Beispiele in klausurtechnischer Manier zu lösen und danach den erläuternden Text des Lehrbuches zu lesen. Auch die Kontrollfragen am Ende jedes Kapitels sollten ernst genommen und in das persönliche Lernprogramm einbezogen werden.

Wertvolle und vielfältige Beiträge zu den Arbeiten an der Neuauflage haben Alix Giraud und Giulia Caterina Kromer geleistet.

2014   Wolfgang Mitsch

Inhaltsverzeichnis

Abkürzungsverzeichnis

aA	anderer Ansicht
a. a. O. (aaO)	am angegebenen Ort
abl.	ablehnend
Abs.	Absatz
abw.	abweichend
a. F.	alte(r) Fassung
AFG	Arbeitsförderungsgesetz
AG	Amtsgericht
allg.	allgemein
Alt.	Alternative
AMG	Arzneimittelgesetz
Anm.	Anmerkung
AO	Abgabenordnung
AsylVfG	Asylverfahrensgesetz
Art.	Artikel
AT	Allgemeiner Teil
Aufl.	Auflage
AVG	Angestelltenversicherungsgesetz
BaföG	Bundesausbildungsförderungsgesetz
BAGE	Entscheidungen des Bundesarbeitsgerichts
BayObLG	Bayerisches Oberstes Landesgericht
BayObLGSt	Entscheidungen des Bayerischen Obersten Landesgerichts in Strafsachen
BayVBl	Bayerishe Verwaltungsblätter
BB	Betriebsberater
BbgDenkmalSchG	Brandenburgisches Denkmalschutzgesetz
BbgFischG	Fischereigesetz für das Land Brandenburg
BbgNatSchG	Brandenburgisches Naturschutzgesetz
Bd.	Band
BGB	Bürgerliches Gesetzbuch
BGBl	Bundesgesetzblatt
BGH	Bundesgerichtshof
BGHSt	Entscheidungen des Bundesgerichtshofes in Strafsachen
BJagdG	Bundesjagdgesetz

BörsenG	Börsengesetz
BT	Besonderer Teil
BtMG	Gesetz über den Verkehr mit Betäubungsmitteln
BZRG	Bundeszentralregistergesetz
bzw.	beziehungsweise
CR	Computer und Recht
DAR	Deutsches Autorecht
DB	Der Betrieb
ders.	derselbe
diff.	Differenzierend
DR	Deutsches Recht
DRiZ	Deutsche Richterzeitung
DStR	Deutsches Steuerrecht
EG	Europäische Gemeinschaft
EGStGB	Einführungsgesetz zum Strafgesetzbuch
EheG	Ehegesetz
EStG	Einkommensteuergeetz
EuZW	Europäische Zeitschrift für Wirtschaftsrecht
e. V.	eingetragener Verein
evtl.	eventuell
f., ff.	folgende, fortfolgende
Fn.	Fußnote
FS, Festschr.	Festschrift
GA	Goltdammer's Archiv für Strafrecht
gem.	gemäß
GmbH	Gesellschaft mit beschränkter Haftung
GmbHG	Gesetz betreffend die Gesellschaften mit beschränkter Haftung
GmbHR	GmbH-Rundschau
GRUR	Gewerblicher Rechtsschutz und Urheberrrecht
GS	Gerichtssaal
GÜG	Gesetz zur Überwachung des Verkehrs mit Grundstoffen, die für die unerlaubte Herstellung von Betäubungsmitteln mißbraucht werden können
GVBl	Gesetz- und Verordnungsblatt
GVG	Gerichtsverfassungsgesetz
GWB	Gesetz gegen Wettbewerbsbeschränkungen
HeimArbG	Heimarbeitsgesetz
Hervorh.	Hervorhebung
h. L.	herrschende Lehre
h. M.	herrschende Meinung
HRRS	HRR-Strafrecht (Online-Zeitschrift)
Hrsg.	Herausgeber
i. d. F.	in der Fassung
InsO	Insolvenzordnung
i. S.(v.)	im Sinne (von)

iur	Informatik und Recht
iVm	in Verbindung mit
JA	Juristische Ausbildung
JGG	Jugendgerichtsgesetz
JR	Juristische Rundschau
Jura	Juristische Ausbildung
JuS	Juristische Schulung
JW	Juristische Wochenschrift
JZ	Juristenzeitung
Kap.	Kapitel
KG	Kammergericht, Kommanditgesellschaft
KO	Konkursordnung
KorrBG	Gesetz zur Bekämpfung der Korruption
krit.	kritisch
lfd.	laufend(e)
LG	Landgericht
LK	Leipziger Kommentar
MDR	Monatsschrift für deutsches Recht
MMR	Multimedia und Recht
m. w. N.	mit weiteren Nachweisen
n. F.	neue(r) Fassung
NJW	Neue Juristische Wochenschrift
Nr., Nrn.	Nummer, Nummern
NStZ	Neue Zeitschrift für Strafrecht
NStZ-RR	NStZ-Rechtsprechungs-Report
NZA	Neue Zeitschrift für Arbeitsrecht
NZG	Neue Zeitschrift für Gesellschaftsrecht
NZV	Neue Zeitschrift für Verkehrsrecht
NZWehrR	Neue Zeitschrift für Wehrrecht
NZWiSt	Neue Zeitschrift für Wirtschafts-, Steuer- und Unternehmensstrafrecht
ÖJZ	Österreichische Juristenzeitung
OrgKG	Gesetz zur Bekämpfung des illegalen Rauschgifthandels und anderer Erscheinungsformen der Organisierten Kriminalität
öStGB	österreichisches Strafgesetzbuch
OHG	Offene Handelsgesellschaft
OLG	Oberlandesgericht
OrgKG	Gesetz zur Bekämpfung des illegalen Rauschgifthandels und anderer Erscheinungsformen der Organisierten Kriminalität
OrgkVerbessG	Gesetz zur Verbesserung der Bekämpfung der Organisierten Kriminalität
OWiG	Gesetz über Ordnungswidrigkeiten
PKS	Polizeiliche Kriminalstatistik
RG	Reichsgericht
RGBl	Reichsgesetzblatt

RGSt	Entscheidungen des Reichsgerichts in Strafsachen
RKG	Reichsknappschaftsgesetz
Rn.	Randnummer(n)
RStGB	Reichsstrafgesetzbuch
RVO	Reichsversicherungsordnung
S	Satz, Seite
SGB	Sozialgesetzbuch
s. o., s. u.	siehe oben, siehe unten
sog.	sogenannt(e/er)
SpuRt	Sport und Recht
StÄG	Strafrechtsänderungsgesetz
StGB	Strafgesetzbuch
StPO	Strafprozessordnung
StraFo	Strafverteidigerforum
StrRG	Strafrechtsreformgesetz
StV	Strafverteidiger
StVollzG	Strafvollzugsgesetz
SubvG	Subventionsgesetz
TSchG	Tierschutzgesetz
u. a.	unter anderem
UrhG	Urheberrechtsgesetz
usw.	und so weiter
UWG	Gesetz gegen den unlauteren Wettbewerb
v.	von, vom
Verf.	Verfasser
VersG	Versammlungsgesetz
vgl.	vergleiche
VRS	Verkehrsrecht-Sammlung
VVG	Versicherungsvertragsgesetz
VwVfG	Verwaltungsverfahrensgesetz
WiKG	Gesetz zur Bekämpfung der Wirtschaftkriminalität
wistra	Zeitschrift für Wirtschaft, Steuer und Strafrecht
WuW	Wirtschaft und Wettbewerb
ZAkDR	Zeitschrift der Akademie für Deutsches Recht
z. B.	zum Beispiel
ZIS	Zeitschrift für Internationale Strafrechtsdgmatik
ZJS	Zeitschrift für das Juristische Studium
ZPO	Zivilprozessordnung
zust	zustimmend
ZStW	Zeitschrift für die gesamte Strafrechtswissenschaft
zutr.	zutreffend

Teil I
Eigentumsdelikte

Diebstahl, §§ 242 ff. StGB

1

Inhaltsverzeichnis

1.1 Einführung

1.1.1 Diebstahlskriminalität, Ausbildungsrelevanz, Geschichte

Diebstahl ist nach der amtlichen **Kriminalstatistik** in Deutschland die mit Abstand am häufigsten begangene Straftat. Die Polizeiliche Kriminalstatistik (PKS)[1] weist regelmäßig einen über 40 % liegenden Anteil des Diebstahls an der Gesamtmenge der kriminalstatistisch erfassten Straftaten aus.[2] Groß ist zudem das Diebstahl-Dunkelfeld, also die Masse der Taten, die der Polizei nicht bekannt werden.[3] Da die Aufklärungsquote beim Diebstahl auffallend niedrig ist, sind die Aussichten, als Opfer eine gestohlene Sache (z. B. Fahrrad) mit Hilfe der Polizei zurückzubekommen, sehr gering. Daher gehört der Diebstahl zu den Delikten, bei denen der präventive **Selbstschutz** des potentiellen Opfers eine große praktische Bedeutung hat.

---

[1] Schwind (2013), § 2 Rn. 4 ff.

[2] Münchener Kommentar zum StGB-Schmitz (2012), § 242 Rn. 22.

[3] Schwind (2013), § 2 Rn. 33 ff.

© Springer-Verlag Berlin Heidelberg 2015
W. Mitsch, *Strafrecht, Besonderer Teil 2,* Springer-Lehrbuch,
DOI 10.1007/978-3-662-44934-9_1

In der strafrechtsdogmatischen **Ausbildung** an der Universität und in den Juristischen **Prüfungen** nimmt der Diebstahl eine herausragende Stellung ein. Für jeden Studierenden der Rechtswissenschaft ist daher das gründliche Erlernen der Dogmatik dieses Tatbestandes unabdingbar. Der seit 1871 unveränderte Diebstahlstatbestand § 242 erfuhr durch das am 1.4.1998 in Kraft getretene **6. Strafrechtsreformgesetz** eine Erweiterung, die unmittelbar den subjektiven Tatbestand betrifft.[4] Darüber hinaus wurden auch § 243 und die Qualifikationstatbestände (§§ 244, 244 a) geändert. Bei der Lektüre älterer Gerichtsentscheidungen und Strafrechtsliteratur ist das zu beachten.

1.1.2 Rechtsgut

Der Diebstahl ist ein Delikt gegen das **Eigentum**. Im Tatbestand ist dieser Aspekt in dem Merkmal „fremd" enthalten. Denn mit „fremd" ist „fremdes Eigentum" gemeint. Rechtsgutinhaber und Opfer des Delikts ist somit ein – aus der Sicht des Täters „fremder" – Eigentümer.

Nach verbreiteter Ansicht ist auch die bei jedem vollendeten Diebstahl beeinträchtigte faktische Sachherrschaft – der „**Gewahrsam**" – Schutzgut der Diebstahlstatbestände.[5] Daraus folgt, dass in Fällen, in denen der Eigentümer die betroffene Sache im Zeitpunkt der Tat nicht in seinem Gewahrsam hat, zwei verschiedene Personen sich als Inhaber eines von § 242 geschützten und durch die Tat verletzten Rechtsgutes betrachten dürfen: der Eigentümer und der mit ihm nicht identische Gewahrsamsinhaber. Praktische Bedeutung kann das in Fällen mit Strafantragserfordernis haben (dazu unten 1.5.2.2).[6]

1.1.3 Systematik

Die strafrechtliche Normierung des Diebstahls findet sich in dem mit „Diebstahl und Unterschlagung" überschriebenen **19. Abschnitt des Besonderen Teils**. Auszugliedern ist allerdings § 246, der mit der Unterschlagung einen zwar diebstahlsähnlichen, aber doch davon verschiedenen eigenständigen Straftatbestand regelt (dazu unten Kap. 2). Ebenfalls nicht Diebstahl, sondern nur diebstahlsähnlich sind die in §§ 248 b und 248 c beschriebenen Delikte (dazu unten Kap. 4). **Diebstahlstatbestände** sind die Regelungsgegenstände der §§ 242, 244 und 244a. Der **Grundtatbestand** ist in § 242 enthalten. Darauf bauen die Qualifikationstatbestände des § 244 und des § 244a auf. Kein **Qualifikationstatbestand**, sondern ein spezieller **Strafzumessungstatbestand** ist der „Besonders schwere Fall des Diebstahls" in § 243. Die §§ 247, 248a StGB regeln Strafantragsfälle.

---

[4] Instruktiv dazu Dencker et al. (1998), 5 ff.; Mitsch (1999), 65 (67 ff.).

[5] BGHSt 10, 400 (401); BGH, NStZ 2001, 316; Lackner et al. (2014), § 242 Rn. 1; Maurach et al. (2009), § 32 Rn. 5; Rengier (2014a), § 2 Rn. 1; Satzger et al. (2014), § 242 Rn. 3; aA Eisele (2012b), Rn. 8; Kindhäuser (2014), § 2 Rn. 5; Matt et al. (2013), § 242 Rn. 1; Münchener Kommentar zum StGB-Schmitz (2012), § 242 Rn. 8; Wessels et al. (2013c), Rn. 70.

[6] Arzt et al. (2009), § 13 Rn. 31; Jäger (2013), Rn. 176; Schramm (2008), 678 (679).

1.2 Grundtatbestand § 242 StGB

1.2.1 Objektiver Tatbestand

1.2.1.1 Übersicht

Der objektive Tatbestand des Diebstahls ist im ersten Halbsatz des § 242 I enthalten: „Wer eine fremde bewegliche Sache einem anderen... wegnimmt". Die Worte „in der Absicht..., die Sache sich oder einem Dritten rechtswidrig zuzueignen" gehören zum subjektiven Tatbestand. Kein Bestandteil des objektiven, sondern ein Element des subjektiven Tatbestandes – als „Zueignungsabsicht" – ist deshalb die „Zueignung" (näher dazu unten 1.2.2.3 ff.). Vollendete Zueignung der Sache ist daher keine Strafbarkeitsvoraussetzung. Täter des Diebstahls kann jedermann sein („Wer").

1.2.1.2 Sache

Tatobjekt des Diebstahls ist eine fremde bewegliche Sache. Unter „Sache" sind Gegenstände zu subsumieren, die eine **physische Substanz** haben und daher angefasst und körperlich beherrscht werden können. Man braucht bei der Prüfung dieses Merkmals nicht auf § 90 BGB zu verweisen (obwohl dies natürlich nicht falsch ist). Der strafrechtliche Sachbegriff in § 242 ist unabhängig von der Existenz dieser zivilrechtlichen Legaldefinition[7] – also nicht „zivilrechtsakzessorisch"[8] – und empfängt seine Konturen vor allem aus dem Zusammenhang mit dem Merkmal „Wegnahme": Wegnahme setzt Materie voraus, was weggenommen werden soll, muss „fassbar", „greifbar" sein, also einen „Körper" haben. Bei **elektrischem Strom** ist das nicht der Fall, weshalb es hierfür den Tatbestand § 248c gibt.[9] Zu rein gedanklichen Objekten wie z. B. Forderungen, Ansprüchen, Berechtigungen passt der Begriff „Wegnahme" nicht. Was üblicherweise als „geistiger Diebstahl" (Ideenklau, Plagiat, Markenpiraterie usw.) bezeichnet wird, hat nichts mit § 242 zu tun, sondern fällt in den Bereich des Immaterialgüterrechts, z. B. des Urheberrechts, vgl. § 106 UrhG.[10]

Schon immer war unbestritten, dass **Tiere** – lebende wie verendete – Sachen sind und daher Gegenstand eines Diebstahls sein können. Im Ergebnis hat daran auch die 1990 erfolgte Einführung des § 90a BGB nichts geändert.[11]

Keine Sache ist der **lebende Mensch** und zwar vor wie nach der Geburt.[12] Der **Leichnam** eines Verstorbenen ist dagegen eine Sache,[13] in der Regel aber frei von Eigentumsrechten und daher mangels Fremdheit doch kein taugliches Diebstahls-

---

[7] Ranft (1984), 1 (2).

[8] So aber Börner (2004), 39. Dagegen spricht § 252, wo vom „gestohlenen Gut" die Rede ist.

[9] Kudlich et al. (2012), 265 (267).

[10] Ausführlich dazu Mitsch (2012), § 8.

[11] Arzt et al. (2009), § 13 Rn. 32; Eisele (2012b), Rn. 16; Gropp (1999), 1041 (1042); Graul (2000), 215 (219); Münchener Kommentar zum StGB-Schmitz (2012), § 242 Rn. 26; Zopfs (2009), 506.

[12] Graul (2000), 215 (216) Fn. 8; Otto (1989), 137 (138); Otto (1996), 219; Ranft (1984), 1 (3).

[13] Münchener Kommentar zum StGB-Schmitz (2012), § 242 Rn. 30; Otto (1989), 137 (138); Ranft (1984), 1 (3); Schramm (2008), 678 (680); Zopfs (2009), 506; aA Maurach et al. (2009), § 32 Rn. 19.

objekt.[14] Vom Körper eines lebenden Menschen abgetrennte Teile erlangen Sachqualität, sobald sie mit dem Körper nicht mehr verbunden sind.[15] In diesem Zustand können daher z. B. Haare, Blut, Zähne oder zur Transplantation bestimmte Organe gestohlen werden. Dagegen ist der Eingriff, der die Abtrennung vom Körper bewirkt, noch kein Diebstahl, sondern Körperverletzung und gegebenenfalls Nötigung. Entsprechendes gilt für fest mit dem Körper verbundene medizinische Hilfsmittel wie z. B. Herzschrittmacher.[16]

Keine Sache ist der **elektrische Strom**. Da sich deshalb die Entziehung elektrischer Energie mittels eines Leiters nicht unter § 242 subsumieren lässt, ist sie in § 248c unter Strafdrohung gestellt.[17] „**Daten**" isd § 202a II sind ebenfalls keine Sachen.[18]

Wegnahmeobjekt ist immer und nur die Sachsubstanz, nie der durch sie verkörperte Wert. Das gilt auch für **Geld**. Die Tatbestandsmäßigkeit richtet sich bei diesem Objekt allein danach, wie sich die Tat – die Wegnahme – auf die Banknoten oder Münzen auswirkt, nicht nach dem Verlust des entsprechenden Geldbetrages.[19] Daher lässt sich das eigenmächtige Geldwechseln, bei dem der Betroffene vom Täter postwendend den Gegenwert der entwendeten Geldstücke erhält und somit keinen Wertverlust erleidet, nicht an dieser Stelle des Deliktsaufbaus straflos stellen.[20]

1.2.1.3 Eigenschaften der Sache
1.2.1.3.1 Beweglich

Bereits aus dem Merkmal „Wegnahme" ergibt sich, dass diebstahlstaugliche Sachen tatsächlich beweglich sein müssen, d. h. dass es möglich sein muss, sie von ihrem ursprünglichen Ort an einen neuen Ort zu verbringen. Unbewegliche Sachen (Grundstücke = Immobilien) kann man nicht wegnehmen. Grundstücksbestandteile, die zivilrechtlich als unbewegliche Sachen gelten (§§ 97, 314, 926 BGB, § 865 ZPO), können Diebstahlsobjekt sein, wenn sie tatsächlich beweglich sind. Dazu genügt auch, dass sie durch die Diebstahlshandlung, also durch die Wegnahme, **beweglich gemacht** werden.[21] Das Pflücken von Äpfeln, das Mähen von Gras, das Fällen eines Baumes, das Abgraben von Erde oder das Herausbrechen von Steinen aus einem Gemäuer ist somit eine diebstahlstaugliche Handlung, die von dieser Handlung betroffenen Gegenstände sind – im allein maßgeblichen Zeitpunkt der Tatbegehung – diebstahlstaugliche Objekte.

---

[14] OLG Bamberg, NJW 2008, 1543 (1547); Gropp (1999), 1041 (1042).

[15] Münchener Kommentar zum StGB-Schmitz (2012), § 242 Rn. 28; Ranft (1984), 1 (3).

[16] Eisele (2012b), Rn. 18; Gössel (1996), § 4 Rn. 9; Otto (1989), 137 (138); ausführlich dazu Görgens (1980), 140 ff.

[17] Arzt et al. (2009), § 13 Rn. 32; Eisele (2012b), Rn. 17; Ranft (1984), 1 (2)

[18] Fahl (2014), 382 (386); Rengier (2014a), § 2 Rn. 4.

[19] Bollweg 1985), 605 (606); Sax (1971), 321 (329); zu der davon zu unterscheidenden Frage, was Gegenstand der Zueignungsabsicht ist, unten 1.2.2.3.3.4.

[20] Ebel (1983), 175 (183).

[21] Gropp (1999), 1041 (1042); Gropp et al. (2012), 235; Münchener Kommentar zum StGB-Schmitz (2012), § 242 Rn. 44; Samson (1980), 285 (286); Schramm (2008), 678 (680); Zopfs (2009), 506.

1.2.1.3.2 Fremd

1.2.1.3.2.1 Eigentum

Die Sache muss in **fremdem Eigentum** stehen. Das ist der Fall, wenn ein vom Täter verschiedenes Rechtssubjekt Eigentümer der Sache ist. Eigentum ist die **rechtliche** Herrschaftsbeziehung zwischen einer (natürlichen oder juristischen) Person und einer Sache. Das dieser Beziehung immanente Machtpotential wird von § 903 S. 1 BGB in klassischer Klarheit beschrieben. Nur diese Rechtsstellung ist Bezugspunkt des Merkmals „fremd".[22] Falsch wäre es, die Eigenschaft „fremd" mit dem Besitz oder Gewahrsam zu verknüpfen. Besitz und Gewahrsam sind nicht rechtliche, sondern faktische Herrschaftsbeziehungen. Zwar richtet sich der Diebstahl stets auch gegen fremden Gewahrsam, jedoch findet dies noch nicht in dem Merkmal „fremd", sondern erst in dem Merkmal „Wegnahme" Berücksichtigung.

1.2.1.3.2.2 Eigentumsunfähige Sachen

Da Fremdheit Eigentum voraussetzt, können solche Sachen nicht fremd sein, an denen Eigentum nicht möglich ist oder aktuell nicht besteht. **Eigentumsunfähig** ist grundsätzlich der Leichnam des verstorbenen Menschen bzw. die Asche des kremierten Leichnams.[23] Der Körper des Verstorbenen gehört niemandem, die Wegnahme einer Leiche ist daher kein Diebstahl, sondern Störung der Totenruhe gemäß § 168. Möglich ist, dass an dem Leichnam oder Teilen davon ein Aneignungsrecht besteht. Daraus kann dann Eigentum entstehen, was z. B. der Fall ist, wenn der Körper des Verstorbenen nach dessen Willen nicht bestattet, sondern zu Forschungszwecken einer wissenschaftlichen Einrichtung zur Verfügung gestellt werden soll.[24]

1.2.1.3.2.3 Herrenlose Sachen

Kein Eigentum besteht an **herrenlosen** Sachen.[25] Dazu gehören z. B. wild lebende Tiere, § 960 I 1 BGB. Soweit diese dem Jagd- oder Fischereirecht unterliegen, ist ihre Entwendung als Wilderei nach §§ 292, 293 („fängt, sich zueignet") strafbar.[26] Mit einer wirksamen Aneignung gemäß § 958 BGB werden sie Eigentum des Aneignungsberechtigten und zugleich für alle anderen Menschen zu fremden und damit diebstahlstauglichen Sachen. Herrenlos sind auch Sachen, die von ihrem ehemaligen Eigentümer derelinquiert worden sind, § 959 BGB. Sachen, die der Eigentümer verloren, verlegt oder irgendwo zurückgelassen hat, werden zwar unter Umständen gewahrsamslos[27] und können dann nicht mehr „weggenommen" werden. Herrenlosigkeit hat der Gewahrsamsverlust aber nicht zur Folge, die Sache bleibt

---

[22] Schmitz (2007), 759 (762).

[23] OLG Bamberg, NJW 2008, 1543 (1547); Eisele (2012b), Rn. 19; Kudlich (2008), 391 (393); Wessels et al. (2013c), Rn. 79.

[24] Maurach et al. (2009), § 32 Rn. 22; Rengier (2014a), § 2 Rn. 9.

[25] Eisele (2012b), Rn. 23; Matt et al. (2013), § 242 Rn. 9; Ranft (1984), 1 (3); Samson (1980), 285 (286).

[26] Ausführlich dazu unten Kap. 4.

[27] Seelmann et al. (1987), 199 (202).

also fremd.[28] Insbesondere hat der Diebstahl selbst grundsätzlich[29] keinen Einfluss auf die Eigentumsverhältnisse. Dem Eigentümer wird durch die Tat der Gewahrsam, nicht aber das Eigentum entzogen.

1.2.1.3.2.4 Bürgerliches Recht

Wer Eigentümer einer Sache ist, richtet sich in den meisten Fällen nach den **zivilrechtlichen** Regeln über Eigentumsübertragung und Eigentumserwerb, also insbesondere §§ 929 ff. BGB.[30] Aber auch öffentlichrechtliche, ja sogar strafrechtliche Vorschriften bewirken Veränderungen der Eigentumsverhältnisse, wie man an §§ 73e I 1, 74e I sowie § 26 I OWiG erkennt. Ein eigenständiger „wirtschaftlicher" Eigentumsbegriff, nach dem in bestimmten Fällen ein formalrechtlicher Nichteigentümer wie ein Eigentümer behandelt werden soll,[31] ist abzulehnen.[32] Eigentümer können einzelne natürliche Personen, Personenmehrheiten (Miteigentümer, §§ 741, 1008 BGB; Wohnungseigentümer hinsichtlich der im Gemeinschaftseigentum stehenden Sachen, § 1 V WEG; Gesamthandsgemeinschaften, z. B. § 2032 I BGB) und juristische Personen – auch solche des Öffentlichen Rechts – sein.

„Fremd" ist das Eigentum, wenn es einem **anderen** als dem Täter zusteht. Es genügt, dass ein anderer **Miteigentümer** – oder sonstiger Mitberechtigter (z. B. als Miterbe, § 2032 I BGB) – ist.[33] Daher kann eine Sache sogar fremd sein, obwohl der Täter selbst Eigentümer ist, aber eben nicht allein, sondern nur neben einem oder mehreren Miteigentümer(n). Wer eine Sache wegnimmt, deren alleiniger Eigentümer er selbst ist, kann den Tatbestand des § 242 nicht erfüllen. Hält er die Sache irrtümlich für fremd, begeht er einen untauglichen Diebstahlsversuch. Verletzt er durch die Tat Rechte Dritter an der Sache (z. B. Pfandrecht), kann dies Strafbarkeit aus einem anderen Straftatbestand (z. B. Pfandkehr, § 289) begründen.

Das Strafrecht differenziert in § 242 StGB nicht zwischen **privatem** und **öffentlichem Eigentum**.[34] Der Diebstahl von Sachen, die einem Rechtssubjekt des Öffentlichen Rechts – z. B. der Bundesrepublik Deutschland, dem Land Brandenburg, der Stadt Potsdam oder der Universität Potsdam – gehören, wird im Rahmen des § 242 nicht anders behandelt als der Diebstahl einer Sache, deren Eigentümer ein einzelner Bürger, eine Aktiengesellschaft oder ein Sportverein ist.

---

[28] Dies ist wichtig für die Anwendung des § 246.

[29] Anders ist es, wenn die Diebstahlstat zugleich eine die Voraussetzungen des § 946 BGB erfüllende Handlung ist.

[30] OLG Köln, MDR 1954, 695 (Eigentumserwerb einer Prostituierten am „Dirnenlohn"); Graul (2000), 215 (216); Gropp (1999), 1041 (1042); Kudlich et al. (2007), 863 (864).

[31] Otto (1989), 137 (139).

[32] Zutr. Lackner et al. (2014), § 242 Rn. 4; Wessels et al. (2013c), Rn. 80.

[33] Arzt et al. (2009), § 13 Rn. 35; Maurach et al. (2009), § 32 Rn. 21; Münchener Kommentar zum StGB-StGB (2012), § 242 Rn. 32; Samson (1980), 285 (286).

[34] Das DDR-StGB regelte in §§ 157 bis 164 „Straftaten gegen das sozialistische Eigentum" (Diebstahl in § 158), in §§ 177 bis 184 „Straftaten gegen das persönliche und private Eigentum" (Diebstahl in § 177).

Keinen Einfluss auf die Erfüllung des Merkmals „fremd" haben **Eigentumsver-
schaffungsansprüche**, z. B. aus § 433 I BGB.[35] Vor Vollzug der in § 929 BGB beschriebenen Übereignung ist die Sache für den Käufer fremd, für den Verkäufer, der
eine eigene Sache verkauft, nicht fremd. Dass der Käufer, der sich nach vollständiger Kaufpreiszahlung die gekaufte Sache eigenmächtig verschafft, möglicherweise
nicht aus § 242 strafbar ist, hängt also nicht mit dem objektiven Tatbestandsmerkmal „fremd", sondern mit der Zueignungsabsicht – genauer: mit der Rechtswidrigkeit der beabsichtigten Zueignung – zusammen (dazu unten 1.2.2.3.3.5). Die **Zu-
sendung unbestellter Sachen** führt auch auf der Grundlage des § 241a BGB nicht
zum Eigentumserwerb des Sachempfängers.[36]

1.2.1.3.2.5 Eigentumserwerb durch Wegnahme

Als Inhaber des geschützten Rechtsgutes kann der Eigentümer der Sache nicht nur
selbst keinen Diebstahl begehen, sondern er kann durch sein Verhalten auch die
Strafbarkeit eines Täters, der nicht Eigentümer ist, ausschließen. Dabei müssen
zwei rechtlich unterschiedliche Vorgänge präzise auseinandergehalten werden: Die
Beseitigung der „Fremdheit" und die Beseitigung der „Wegnahme" (dazu unten
1.2.1.4.3.2).

Nicht fremd ist eine Sache, an der der Täter mit Beginn seiner Tathandlung gemäß § 929 BGB **selbst Eigentum erwirbt**. Dazu ist erforderlich, dass der bisherige
Eigentümer ein Übereignungsangebot gemacht hat, das der Täter annimmt, indem
er die Sache in Besitz nimmt.[37] Aus diesem Grund[38] begeht z. B. keinen Diebstahl,
wer nach Einwurf des Geldes[39] dem Ausgabefach eines Zigarettenautomaten die Zigarettenschachtel entnimmt. Teilweise wird derselbe Gedankengang herangezogen,
um die unbefugte Benutzung einer Codekarte an einem Geldautomaten[40] und das
Tanken an einer Selbstbedienungstankstelle ohne anschließendes Zahlen[41] aus dem
Tatbestand des § 242 auszugrenzen.

Im **Selbstbedienungsladen** erwirbt der Kunde Eigentum an den Kaufsachen erst
mit Passieren der Kasse. Die Bereitstellung der Waren für den Kunden enthält kein
konkludentes Kauf- und Übereignungsangebot des Ladeninhabers, sondern nur

---

[35] Mohrbotter (1967), 199 (202).

[36] Krey et al. (2012b), Rn. 4; Lamberz (2008), 425 (426); Maurach et al. (2009), § 32 Rn. 21;
Reichling (2009), 111 (113); aA Münchener Kommentar zum StGB-StGB (2012), § 242 Rn. 19;
Otto (2004), 389 (390).

[37] OLG Celle, NJW 1959, 1981·

[38] Ein weiterer – allerdings nachrangiger – Straflosigkeitsgrund ist, dass der Automatenkunde
nichts „wegnimmt"·

[39] Anders ist es beim Einwurf von Falschgeld, vgl· Bühler (1995), 61.

[40] Huff (1986), 902 (903); Schmitt et al. (1988), 364; Seelmann (1985), 288 (289); Thaeter (1988b),
547 (550); aA BGHSt 35, 152 (161); AG Hamburg, NJW 1986, 945 (946); LG Karlsruhe, NJW
1986, 948; Jungwirth (1987), 537 (539).

[41] OLG Düsseldorf, JR 1985, 207 (208); Herzberg (1980), 385 (391); aA OLG Hamm, NStZ
1983, 266 (267); Borchert et al. (1983), 2799 (2803); Charalambakis (1985), 975 (977); Deutscher
(1983), 125 (127); Gauf (1983), 505 (507); Otto (1985), 21 (22); Ranft (1984), 1 (5); Schramm
(2008), 678 (681).

eine „invitatio ad offerendum". Zum Kaufvertragsschluss (§ 433 BGB) und zur Übereignung (§ 929 BGB) kommt es erst an der Kasse. Daher sind alle Sachen, die der Kunde ergreift und in den Einkaufswagen legt oder heimlich in seiner Kleidung verbirgt, für ihn fremde Sachen.[42] Sie bleiben es, wenn er sie aus dem Laden herausschmuggelt, also an der Kasse nicht vorlegt und demzufolge auch nicht bezahlt.

Von der – nach § 929 BGB – eigentumsverschaffenden Mitwirkung des Eigentümers zu unterscheiden ist das (tatbestandsausschließende) **Einverständnis**, welches zwar an der Eigentumslage nichts ändert, mit dem der Betroffene aber bewirkt, dass die Sachverschaffungshandlung des Täters keine „Wegnahme" ist. Weil das Einverständnis nicht das Merkmal „fremd", sondern das Merkmal „Wegnahme" betrifft, kommt es in diesem Zusammenhang nicht auf das Einverständnis des Eigentümers, sondern auf das Einverständnis der Person an, die die Sache bei Tatbeginn in ihrem Gewahrsam hat (dazu unten 1.2.1.4.3.2).

1.2.1.3.2.6 Tatsynchrone Fremdheit

Die Sache muss **im Zeitpunkt der Tat** fremd sein.[43] Ob sie vor der Tat diese Eigenschaft schon hatte, herrenlos war oder im Eigentum des Täters stand, ist unerheblich. Es genügt, dass die Sache mit dem Beginn der Tathandlung fremd wird.

Obwohl sich die Fremdheit des § 242 in großem Umfang nach Vorschriften des BGB richtet, ordnet sich der Diebstahlstatbestand nicht den zivilrechtlichen **Rückwirkungsfiktionen** unter, wie sie z. B. in § 142 I BGB und in § 1953 I BGB zu finden sind.[44] Eine Sache kann daher strafrechtlich fremd sein, obwohl sie es – ex post betrachtet – zur selben Zeit zivilrechtlich nicht war – und umgekehrt.

Beispiel

V verkauft und übereignet dem K ein wertvolles Gemälde. Die beiden vereinbaren, dass das Bild noch eine Woche in der Wohnung des V hängen bleiben soll. Abredewidrig holt sich K schon am nächsten Tag eigenmächtig das Bild. Einen Tag darauf holt sich V das Bild eigenmächtig zurück. Dann ficht V Kaufvertrag und Übereignung wirksam nach § 123 BGB an.

Als K das Bild aus der Wohnung des V holte, war er Eigentümer, das Bild also nicht fremd. Im Hinblick auf § 242 hat die Anfechtung des V daran nichts geändert, obwohl nunmehr gemäß § 142 I BGB der Eigentumserwerb des K als von Anfang an nichtig gilt. Als V das Bild aus der Wohnung des K holte, war K Eigentümer, das Bild also für V fremd. Wiederum hat die Anfechtung und § 142 I BGB daran nichts geändert, soweit es um die Anwendung des § 242 geht. V hat also den objektiven Tatbestand des § 242 I erfüllt, bleibt aber straflos, weil er keine rechtswidrige Zueignung beabsichtigte (dazu unten 1.2.2.3.3.5).

---

[42] Scheffler (1996), 342.

[43] Kudlich et al. (2007), 863 (865).

[44] Eisele (2012b), Rn. 22; Kudlich et al. (2007), 863 (865); Rengier (2014a), § 2 Rn. 8.

1.2.1.3.3 Irrelevante Eigenschaften

1.2.1.3.3.1 Wert

Da Schutzgut des Diebstahlstatbestands das Eigentum und nicht das Vermögen als Ganzes ist, spielt der Wert der weggenommenen Sache keine Rolle.[45] Eigentum ist an **wertvollen** wie an völlig **wertlosen** Sachen möglich. Erst auf der Rechtsfolgenseite und im Verfahren kann der Wertaspekt Bedeutung erlangen, vgl. §§ 243 II, 248a; § 153 StPO (dazu unten 1.3.3; 1.5.2.2).

1.2.1.3.3.2 Rechtliche und moralische Unbedenklichkeit

Ebenfalls kein Kriterium der Tatbestandsmäßigkeit ist die rechtliche oder ethische „Sauberkeit" der Sache, womit vor allem die **Nutzbarkeit der Sache zu erlaubten Zwecken** gemeint ist. Das Eigentum an Drogen,[46] Falschgeld[47], Giftgas, Atombomben und sonstigen „bemakelten" Sachen[48] ist an sich nicht schutzwürdig, zumindest dann nicht, wenn es sich in „falschen Händen" – z. B. der Mafia oder terroristischer Organisationen – befindet. Unter diesen Voraussetzungen scheint es geradezu rechtlich erwünscht zu sein, dass solche Sachen ihrem rechtswidrige Zwecke verfolgenden Inhaber entzogen werden.[49] Es gibt sogar „Besitzdelikte", bei denen sich jemand strafbar macht, weil und indem er bestimmte Gegenstände besitzt (z. B. Betäubungsmittel, Waffen, pornographische Schriften). Dennoch kann daraus nicht der Schluss gezogen werden, das Eigentum an diesen Sachen sei gewissermaßen „vogelfrei" und des strafrechtlichen Schutzes entkleidet. Es ist die Bestimmung öffentlichrechtlicher Sicherstellungs- und Beschlagnahmevorschriften, derartige Gegenstände von den zuständigen Behörden aus dem Verkehr ziehen und unschädlich machen zu lassen.

1.2.1.4 Wegnahme

1.2.1.4.1 Allgemeines

Die Tathandlung „Wegnahme" ist etwas anderes als die „**Zueignung**" und muss von dieser deshalb sorgfältig unterschieden werden[50]. Die Zueignung ist ebenfalls ein Teil der Strafbarkeitsvoraussetzungen des Diebstahls, gehört jedoch deliktssystematisch – anders als bei der Unterschlagung (dazu unten 2.2.1.1) – nicht in den objektiven, sondern in den subjektiven Tatbestand. Zudem verlangt das Gesetz nicht eine Zueignung, sondern nur eine „Zueignungsabsicht" (dazu unten 1.2.2.3).

---

[45] OLG Stuttgart, NStZ 2011, 44; Börner (2004), 43.

[46] Nach Engel (1991), 520 (521) entsteht an Betäubungsmitteln ohne gültige Erlaubnis des Bundesgesundheitsamtes (jetzt: Bundesinstitut für Arzneimittel und Medizinprodukte) gem. § 3 I Nr. 1 BtMG überhaupt kein Eigentum; im Ergebnis ebenso Münchener Kommentar zum StGB (2012), § 242 Rn. 17; Wolters (2010), S. 495 ff.; aA zutr. BGH, NJW 2006, 72; BGH, NStZ 2010, 222 (223); Eisele (2012b), Rn. 24; Hauck (2006), 37 ff.; Krey et al. (2012b), Rn. 3; Marcelli (1992), 220; Schramm (2008), 678 (680); Vitt (1992), 221.

[47] Walder (1986), 233 (249): „Im übrigen kann natürlich auch Falschgeld gestohlen werden…".

[48] Vgl. die Aufzählung bei Marcelli (1992), 220.

[49] Engel (1991), 520 (521); Hillenkamp (2011), 189 (205).

[50] Gössel (1973), 591.

Die Wegnahme ist tatsächliche Eigentumsverletzung, lässt aber in der Regel die rechtlichen Eigentumsverhältnisse unverändert[51]. Das Eigentum „überlebt" die Wegnahme sowie sich daran anschließende Verfügungen (vgl. § 935 I BGB) und bleibt dem Bestohlenen als rechtliche Hülle erhalten. Entzogen wird ihm die von dem Eigentumsrecht getragene tatsächliche Sachgewalt, wie sie in § 903 BGB beschrieben ist. Mit der Wegnahme wird also die faktische Sachherrschaft von dem Sachherrschaftsrecht getrennt.[52]

Im Mittelpunkt des Wegnahmebegriffs steht der „**Gewahrsam**". Wegnahme ist ein Vorgang, bei dem der Gewahrsam verschoben wird: Der bisherige Gewahrsam wird aufgehoben und anschließend – oft auch gleichzeitig – wird neuer Gewahrsam begründet. Nach vollzogener Wegnahme sind also in zwei Gewahrsamsverhältnissen Veränderungen zu konstatieren: Der **alte Gewahrsamsinhaber** hat seinen Gewahrsam verloren und eine Person, die bis dahin keinen Gewahrsam hatte, ist **neuer Gewahrsamsinhaber** geworden. Daher hat sich für die Wegnahme folgende Definition eingebürgert:

Wegnahme ist

Bruch fremden und Begründung neuen Gewahrsams

Also **Gewahrsamsbruch** und **Gewahrsamsneubegründung**.[53]

1.2.1.4.2 Gewahrsam

Wegnahme setzt voraus, dass irgendeine Person, die mit dem Täter nicht identisch ist, Gewahrsam an der Sache hat. Gewahrsamslose Sachen oder Sachen, an denen der Täter selbst alleinigen Gewahrsam hat, sind also diebstahlsuntauglich. Die unbefugte Inbesitznahme gewahrsamsloser Sachen kann nur als Unterschlagung (§ 246) strafbar sein, für unerlaubte Verfügungen über fremde Sachen, die der Täter selbst in Gewahrsam hat, gilt dasselbe. Die Ausgangsposition der Wegnahme ist somit **fremder**[54] **Gewahrsam**.

1.2.1.4.2.1 Sachherrschaft

Unter „Gewahrsam" versteht man eine **Beziehung zwischen einer Person (Gewahrsamsinhaber) und einer Sache**.[55] Kennzeichnend für diese Art Beziehung ist die tatsächliche physische Herrschaft. Die Person ist Gewahrsamsinhaber, wenn sie die Sache beherrscht, also Sachherrschaft hat. Das ist etwas anderes als das Eigentum. Der Unterschied besteht darin, dass Eigentum eine rechtliche Herrschaft, Gewahrsam dagegen eine faktische Herrschaft ist. Gewahrsam ist also die **tatsächliche Sachherrschaft**.[56] Gewahrsamsinhaber kann daher auch ein Nichteigentümer sein.

---

[51] Vgl. die Überschrift des Abschnitts II. in Kap. 4 der Habilitationsschrift „Der Zueignungsbegriff im System der Eigentumsdelikte" von Manfred Maiwald: „Wie verletzt man fremdes Eigentum?", S. 86 ff.

[52] Schröder (1941), 33 (53).

[53] BGH, NStZ 2014, 40 (41); Arzt et al. (2009), § 13 Rn. 37; Eisele (2012b), Rn. 25; Gropp (1999), 1041 (1042); Rotsch (2008a),65; Samson (1980), 285 (286); Schramm (2008), 678 (680).

[54] Hier bezieht sich das „fremd" also nicht auf das Eigentum, sondern auf den Gewahrsam

[55] Gössel (1973), 591 (617).

[56] RGSt 30, 88 (89); Arzt et al. (2009), § 13 Rn. 3; Eisele (2012b), Rn. 27; Gössel (1973), 591 (618).

Wegen seines faktischen Charakters ähnelt der Gewahrsam dem unmittelbaren **Besitz** des § 854 BGB. Häufig fallen deshalb Gewahrsam und unmittelbarer Besitz zusammen. „Im Kern" sind Gewahrsam und Besitz also identisch.[57] Dennoch stimmen beide Formen der Sachinhaberschaft nicht völlig überein.[58] Dem nach § 857 BGB oft nur fiktiven unmittelbaren Besitz des Erben korrespondiert nämlich kein Gewahrsam,[59] umgekehrt hat ein Besitzdiener per definitionem keinen Besitz (§ 855 BGB), oft aber durchaus Gewahrsam.[60]

Die Sachherrschaft „Gewahrsam" hat eine objektive und eine subjektive Komponente: **Objektiv** zeichnet sich der Gewahrsam durch die tatsächliche, „physische", sachsubstanzbezogene Verfügungsgewalt aus. Das ist die tatsächliche Macht, mit der Sache nach freiem Belieben zu verfahren, sie zu benutzen, ihre Benutzung durch andere zu ermöglichen oder zu unterbinden, sie zu zerstören usw. Die **subjektive** Gewahrsamskomponente ist der Herrschaftswille.[61] Der Gewahrsamsinhaber muss sich seiner Verfügungsgewalt bewusst sein und er muss seine Herrschaft auch wollen. Gewahrsam ist also die vom Willen umfasste tatsächliche Verfügungsgewalt über eine Sache.

Der physischen Verfügungsgewalt korrespondiert typischerweise eine enge **räumliche Beziehung** zu der Sache. Die Sache befindet sich entweder in einer vom Gewahrsamsinhaber beherrschten räumlichen Sphäre oder der Gewahrsamsinhaber hat die Möglichkeit des jederzeitigen ungehinderten Zugriffs auf die Sache.[62]

Beispiel

Der Pkw des A steht in der Garage auf dem Grundstück des A. Der Pkw des B ist auf der Straße vor dem Haus geparkt, in dem B wohnt.

A und B haben Gewahrsam an ihren Fahrzeugen. Der Wagen des A befindet sich in einer von A tatsächlich beherrschten räumlichen Sphäre. Bei dem Wagen des B ist das nicht der Fall. B kann sich aber ohne weiteres jederzeit in den Wagen setzen und damit fahren. Also hat auch er die Verfügungsgewalt über seinen Wagen.[63]

Nicht erforderlich ist permanente körperliche Nähe. Dieser bedarf es regelmäßig nur für die Begründung (Ergreifen),[64] nicht jedoch für den Fortbestand (Behalten) des Gewahrsams. Nachdem Gewahrsam begründet worden ist, setzt seine Aufrechterhaltung kein dauerndes „Halten" der Sache voraus. Ausreichend ist die Möglich-

---

[57] Welzel (1960), 257 (264); Seelmann et al. (1987), 199 (201).

[58] Arzt et al. (2009), § 13 Rn. 38; Eisele (2012b) Rn. 28.

[59] Fahl (1998b), 456 (458).

[60] RGSt 50, 46 (48); Samson (1980), 285 (286).

[61] Arzt et al. (2009), § 13 Rn. 49; Eisele (2012b), Rn. 29; Gropp (1999), 1041 (1042).

[62] RGSt 50, 46 (48); Mitsch (2012), 911 (913); Mitsch (2014b), 192.

[63] Arzt et al. (2009), § 13 Rn. 40; Eisele (2012b), Rn. 27; Samson (1980), 285 (287).

[64] RGSt 12, 353 ff.

keit, diesen engen (z. B. manuellen) Körperkontakt jederzeit herstellen zu können.[65] An einem Bleistift habe ich nicht nur Gewahrsam, wenn ich mit ihm schreibe, auf ihm kaue oder ihn hinters Ohr geklemmt mit mir herumtrage, sondern auch dann, wenn er in einer Schublade im Arbeitszimmer meines Hauses liegt, während ich mich selbst außerhalb des Hauses aufhalte. In meinem Pkw brauche ich nicht andauernd zu sitzen, um andauernd Gewahrsam an dem Fahrzeug zu haben. Gewahrsam kann man an Sachen auch haben, während man sich an einem Ort weit vom Standort der Sache entfernt aufhält.

Entscheidend ist also nicht der enge Körperkontakt, sondern der Umstand, dass sich die Sache an einem Ort befindet, zu dem der Inhaber jederzeit **Zutritt** hat, ohne tatsächliche oder rechtliche Hindernisse überwinden zu müssen.[66]

Beispiel

Fritz Wolter (F) spielt mit seinem Ball und einigen Freunden auf der Straße Fußball. Ein strammer Schuss des F befördert den Ball durch das geöffnete Fenster in die im zweiten Stock gelegene Wohnung des Sepp Hörberger (S).

Nachdem der Fußball in der Wohnung des S gelandet ist, hat F keine Zugriffsmöglichkeit und damit keinen Gewahrsam mehr. Gewahrsam hat nunmehr S.

Keine Bedeutung für den Gewahrsam hat die Größe der **Entfernung** von der Sache und die Größe des Zeitaufwands, der zur Überwindung dieser Distanz und Herstellung unmittelbaren Kontakts mit der Sache erforderlich ist. Der Inhaber eines in Berlin gelegenen Hauses hat deshalb an allen Sachen in dem Haus auch dann Gewahrsam, während er sich in New York oder Kalkutta aufhält oder auf Mondreise befindet.[67] Die Vergrößerung der Distanz zu der Sache führt also allenfalls zu einer Gewahrsamslockerung, nicht aber zu einem Gewahrsamsverlust.[68]

Befindet sich die Sache an einem (öffentlichen oder privaten) Ort, zu dem unbegrenzt viele Personen die gleiche Zutrittsmöglichkeit haben, ist für die exklusive Sachherrschaft einer dieser Personen zusätzlich erforderlich, dass die **Verkehrssitte** dieser Person die ausschließliche – die anderen Personen verdrängende – Berechtigung zuschreibt, diese Möglichkeit zum Zwecke eigennütziger Verfügung auszunutzen.[69] Daher hat ein Fahrzeugführer, der einen Pkw auf einer Straße oder einem öffentlichen Parkplatz abgestellt und sich entfernt hat, weiterhin den alleinigen Gewahrsam an seinem Fahrzeug, obwohl auch andere Personen sich des Wagens bemächtigen und damit wegfahren könnten.[70] Das gilt auch, wenn der Fahrzeugführer

---

[65] Gössel (1973), 591 (618).

[66] RGSt 12, 353 (358); Walter (2008), 156 (157).

[67] Gössel (1973), 591 (618); Seelmssann et al. (1987), 199 (201); Zieschang (1999), 49 (51).

[68] Maurach et al. (2009), § 33 Rn. 16; Zopfs (2009), 506 (509).

[69] Instruktiv zu dieser „sozialen Komponente" des Gewahrsamsbegriffs Scheffler (1996), 342 (343); Kargl (1996), 971 ff.

[70] BayObLG, JR 1992, 346; RGSt 54, 231 (232); Gropp et al. (2012), 235; Samson (1980), 285 (287); Seelmann et al. (1987), 199 (201).

den Zündschlüssel stecken lässt und vergisst, den Wagen abzuschließen. Kraft sozialer Übereinkunft respektiert die überwiegende Mehrheit der Mitbürger die (Vor-)Herrschaft des Fahrzeugführers und erkennt ihn als „Herrn" der Sache an. Diese Anerkennungsbeziehung verhindert, dass die Sache allein durch das Abstellen an diesem allgemein zugänglichen Ort gewahrsamslos wird oder gar in den (Mit-)Gewahrsam aller fällt.[71] An dieser Fallgruppe erkennt man besonders deutlich, dass der Gewahrsamsbegriff nicht rein naturalistisch als „physische Gewalt über eine Sache" definiert ist. Hinzukommt eine „**sozial normative**" Komponente, die gewissermaßen ein „geistiges" Band zwischen Sache und Gewahrsamsinhaber bildet.[72]

Da Gewahrsam nicht nur die faktische Möglichkeit, sondern auch das **Recht auf Zugang** zu der Sache voraussetzt, geht der Gewahrsam verloren, wenn die Sache auf fremdes Terrain gerät, das der ehemalige Gewahrsamsinhaber nicht oder nur mit Erlaubnis des Berechtigten betreten darf.

Beispiel

Ein heftiger Windstoß weht den Hut des E von dessen Kopf auf das eingezäunte Grundstück des G. Da das Tor zu dem Grundstück offen steht, könnte sich E den Hut selbst zurückholen.

Solange E den Hut auf seinem Kopf trug, hatte er ihn in seinem Gewahrsam. Auch auf dem Grundstück des G war der Hut faktisch dem Zugriff des E nicht entzogen. Jedoch hätte E zur Realisierung dieser Zugriffsmöglichkeit das Grundstück des G betreten und damit in dessen Besitz eingreifen müssen. Dazu hat er kein Recht. Vielmehr hat er gemäß § 867 BGB nur ein Recht auf eine Betretungserlaubnis des G. Solange ihm diese aber nicht erteilt ist, steht zwischen ihm und dem Hut eine rechtliche Hürde, die seine Sachherrschaft ausschließt.[73]

Auf der anderen Seite ist der Gewahrsam nicht von einer **Berechtigung zur Sachherrschaft** abhängig.[74] Anderenfalls könnte der Dieb durch seine Tat nie Gewahrsam erlangen und der Wegnahmebegriff nicht auf der Komponente „Begründung neuen Gewahrsams" beruhen. Gewahrsamsinhaber ist aber zweifellos auch der Dieb, obwohl er selbstverständlich kein Recht dazu hat.[75] Umgekehrt hat der Bestohlene nach vollendetem Diebstahl trotz Fortbestands seiner Rechtsstellung als Eigentümer keinen Gewahrsam mehr. Daran ändert auch ein Recht auf eigenmächtige Rückholung der Sache aus § 32 oder § 859 BGB nichts. Denn zur Durchsetzung dieses Selbsthilferechts müsste er erst die körperliche Herrschaft des Diebes über die Sache durchbrechen. Der Gewahrsamsbegriff ist zwar nicht ganz frei von Wertungen sozialer oder rechtlicher Art. Geht es jedoch darum zu bestimmen, ob der tatsächlich unterlegene Inhaber des Rechts oder der rechtlose Inhaber tatsächlicher Überlegenheit Gewahrsam an der Sache hat, gibt der Aspekt der physischen Domi-

---

[71] Welzel (1960), 257 (265).

[72] Gössel (1973), 591 (621); Welzel (1960), 257 (265).

[73] Gössel (1996), § 7 Rn. 30; Rengier (2014a), § 2 Rn. 20.

[74] OLG Celle, NStZ 2012, 447.

[75] Gössel (1973), 591 (635, 639); Kargl (1996), 971 (973); Seelmann et al. (1987), 199 (201).

nanz den Ausschlag.[76] Von zwei um die Sache konkurrierenden Personen setzt sich deshalb in puncto „Gewahrsam" nicht der durch, der die stärkere Rechtsstellung hat, sondern der, der die festere physische Verbindung mit der Sache hat.[77]

Die engste physische Verbindung mit einer Sache ist der **unmittelbare Körperkontakt**, also das Halten in der Hand (z. B. Schlüssel, Kugelschreiber),[78] das Tragen am Körper (z. B. Kleidung, Schmuck) oder in der getragenen Kleidung (z. B. Geldbörse in der Hosentasche). Daraus folgt, dass ein Mensch den Gewahrsam an derartigen Sachen auch dann behält, wenn er sich in einer fremden räumlichen Sphäre aufhält, die mitsamt den in ihr befindlichen Sachen von einem anderen Menschen beherrscht wird.[79]

Beispiel

A besucht den B in dessen Wohnung. Danach geht er im Lebensmittelgeschäft „OLDI" einkaufen. Mit einem Kasten leerer Mineralwasserflaschen in der Hand betritt er das Geschäft und begibt sich zu dem Leergutautomaten. Dort stellt A den Kasten auf ein Förderband, welches den Kasten in einen Lagerraum befördert. Auf Knopfdruck gibt der Automat dem A einen Leergutbon mit dem aufgedruckten Pfandbetrag heraus.

B hat die Herrschaft über die „Gewahrsamssphäre" Wohnung. Deshalb hat er Gewahrsam an allen beweglichen Sachen, die sich in seiner Wohnung befinden.[80] Demzufolge müsste er – entsprechenden Herrschaftswillen vorausgesetzt – an sich auch Gewahrsam an den Sachen haben, die der A in die Wohnung eingebracht hat, also z. B. die Kleidung, die A trägt. Dem steht aber die intensivere körperliche Beziehung des A zu diesen Sachen entgegen.[81] Da B keine Herrschaft über die Person des A hat, kann er auch nicht die Sachen beherrschen, über die er nur nach Durchbrechung der „personalen Schutzzone" – auch „Tabuzone" genannt – des A verfügen könnte. A bildet also gewissermaßen eine „Gewahrsamsenklave" in der umschließenden Gewahrsamssphäre des B. Dies gilt selbst dann, wenn B den A in seinem Haus einsperrt und somit seiner Fortbewegungsfreiheit beraubt. Auch mit dem Betreten des Lebensmittelgeschäfts verliert A nicht den Gewahrsam an den Sachen. Er verliert nicht einmal den Gewahrsam an dem Mineralwasserkasten an den Geschäftsinhaber, obwohl es sich dabei um einen Typ Sache handelt, der dem Gewahrsam eines Geschäftsinhabers schon deshalb unterliegt, weil er die Herrschaft über die räumliche Sphäre „Lebensmittelgeschäft" hat. Die enge körperliche Verbindung und die in der Situation „Rückgabe von Leergut" tatsächlich gültige Verkehrssitte schreiben dem A den Gewahrsam an dem Kasten bis zu dessen Aufnahme durch den Leergutautomaten zu.

---

[76] RGSt 66, 394 (396).

[77] Anders Kargl (1996), 971 (974).

[78] BGH, NStZ 2011, 36 (37).

[79] RGSt 30, 88 (89); Kargl (1996), 971 (974); Samson (1980), 285 (287); Seelmann (1985), 199 (202); Welzel (1960), 257 (267).

[80] RGSt 27, 395 (396); 30, 88 (89).

[81] Münchener Kommentar zum StGB-Schmitz (2012), § 242 Rn. 55.

1.2.1.4.2.2 Gewahrsamsinhaber

Wegen der faktischen Natur des Gewahrsams können Gewahrsamsinhaber nur natürliche Personen – also Menschen – sein.[82] Juristische Personen oder Personenhandelsgesellschaften haben zwar Rechte und sind damit auch Eigentümer von Sachen. Zur Innehabung der tatsächlichen Herrschaft über eine Sache sind sie aber nicht in der Lage.[83] Eine GmbH oder ein Verein kommt als Gewahrsamsinhaber also nicht in Betracht. Dennoch können auch Sachen, die einer juristischen Person gehören, gestohlen werden. Denn der Gewahrsamsinhaber braucht mit dem Eigentümer der Sache nicht identisch zu sein. Bei Sachen, die Eigentum einer juristischen Person oder Personenhandelsgesellschaft sind, fallen Eigentum und Gewahrsam also zwangsläufig auseinander. Den Gewahrsam haben dann z. B. die Mitglieder eines Vereins oder die Gesellschafter der OHG, der Geschäftsführer der GmbH oder der Bürgermeister einer Gemeinde.

Dass Gewahrsamsinhaber nur natürliche Personen sein können, bedeutet nicht, dass eine Sache stets nur einem einzigen Gewahrsamsinhaber zugerechnet wird. Es ist möglich, dass mehrere Personen gemeinsam Gewahrsam an einer Sache haben. Man nennt dies **Mitgewahrsam**.[84] Beispielsweise haben Ehegatten im Normalfall Mitgewahrsam an den Gegenständen, mit denen sie ihre Wohnung eingerichtet haben und mit denen sie ihren Haushalt führen. Beim Mitgewahrsam haben mehrere Personen die tatsächliche Herrschaft über die Sache. Diese können gemeinschaftlich (gleichzeitig) oder auch einzeln (abwechselnd) ausüben.

Die Besonderheit des Mitgewahrsams besteht darin, dass hier eine Person Täter sein kann, die selbst Gewahrsam an der gestohlenen Sache hat. Denn Wegnahme ist auch der Fall, dass ein Mitgewahrsamsinhaber den anderen Mitgewahrsamsinhaber aus seiner Herrschaftsposition verdrängt und sich selbst zum Alleingewahrsamsinhaber aufschwingt.[85]

Beispiel

Ehemann M schafft ohne Wissen und ohne Zustimmung der Ehefrau F den bisher gemeinsam benutzten Fernseher aus dem Wohnzimmer in sein Büro, zu dem nur M Zutritt hat.

M hat der F den Fernseher weggenommen, indem er den Mitgewahrsam der F brach und seinen eigenen bisherigen Mitgewahrsam in Alleingewahrsam umwandelte.

Die h. M. erkennt neben dem gleichrangigen auch einen **mehrstufigen Mitgewahrsam** an, bei dem zwischen den Gewahrsamsinhabern ein Subordinationsverhältnis besteht.[86] Der Inhaber des übergeordneten Gewahrsams kann selbstherrlich und

---

[82] Eisele (2012b), Rn. 31.
[83] OLG Stuttgart, JZ 1973, 739 (740); Wessels et al. (2013c), Rn. 88.
[84] OLG Celle, NStZ 2012, 447; Eisele (2012b), Rn. 32; Samson (1980), 285 (288); Seelmann (1985), 199 (201).
[85] Eisele (2012b), Rn. 33.
[86] BGHSt 10, 400 (401); Maurach et al. (2009), § 33 Rn. 23; Rengier (2014a), § 2 Rn. 16.

über den Kopf des untergeordneten Gewahrsamsinhabers über die Sache verfügen. Umgekehrt kann der Inhaber des untergeordneten Gewahrsams nur soweit mit der Sache verfahren, wie der übergeordnete Gewahrsamsinhaber es zulässt. Daraus folge, dass zwar der untergeordnete Gewahrsamsinhaber den Mitgewahrsam des übergeordneten Gewahrsamsinhabers brechen kann, nicht aber umgekehrt.[87]

Beispiel

Im Supermarkt nimmt die Kassiererin K den Inhalt ihrer Kasse mit nach Hause, statt ihn dem Filialleiter F abzuliefern. Am nächsten Tag entnimmt F um die Mittagszeit der Kasse der K zwei Zehn-Euro-Scheine und verzecht diese in der benachbarten Gastwirtschaft.

Indem K das Geld aus ihrer Kasse mit nach Hause nahm, hat sie den übergeordneten Mitgewahrsam des F gebrochen, das Geld also weggenommen. Dagegen hat F die beiden Zehn-Euro-Scheine nicht weggenommen, da er sich nur über untergeordneten Mitgewahrsam der K hinwegsetzte. Das ist nach h. M. kein Gewahrsamsbruch.[88]

Gewahrsam ist an **kein Mindestalter** gebunden und setzt weder Geschäfts- noch Deliktsfähigkeit voraus. Erforderlich ist nur die „natürliche" Fähigkeit, über die Sache Herrschaft auszuüben. Daher kann auch ein Kleinkind Gewahrsamsinhaber sein.[89]

Beispiel

Der 6-jährige E spielt im Sandkasten mit einem Schaufelbagger aus Plastik, den er zum Geburtstag geschenkt bekommen hat. Der 12-jährige Nachbarjunge T ergreift den Bagger und trägt ihn trotz lauten Protests des E davon.

E war alt genug, um Gewahrsam an dem Bagger zu haben. T hat diesen Gewahrsam gebrochen und eigenen Gewahrsam begründet. Der Bestrafung aus § 242 entgeht er nur wegen seines Alters, § 19.

1.2.1.4.2.3 Herrschaftswille

Neben der objektiven Verfügungsgewalt setzt Gewahrsam das subjektive Element „Herrschaftswille" voraus.[90] Der Gewahrsamsinhaber muss wissen, dass er die Verfügungsgewalt über die Sache hat und er muss den Willen haben, davon Gebrauch zu machen. Es handelt sich dabei um eine innere Einstellung, die keine rechtsgeschäftliche Handlungsfähigkeit voraussetzt und daher auch an kein bestimmtes Alter gebunden ist. Ausreichend ist die Fähigkeit zur Bildung eines **natürlichen**

---

[87] Gribbohm (1964), 233 (236); Schramm (2008), 678 (682).

[88] Die Gewahrsamsverhältnisse von Angestellten und Verkäufern in einem Kaufhaus oder Ladengeschäft sind allerdings umstritten, vgl. Eisele (2012b), Rn. 38.

[89] Eisele (2012b), Rn. 30.

[90] Gössel (1973), 591 (619); Gropp (1999), 1041 (1042); aA Kargl (1996), 971 (974).

Herrschaftswillens,[91] wie ihn auch kleine Kinder bereits bezüglich ihres Spielzeugs in recht ausgeprägter Form haben können. Der Herrschaftswille braucht nicht ständig auf konkrete Sachen gerichtet zu sein. Es genügt der latente generelle Wille, der jederzeit konkretisiert werden und in Verfügungsakte umgesetzt werden kann.[92]

Beispiel

Der 55-jährige E hat aus seiner Schulzeit noch einen alten „Diercke-Weltatlas", der in einer Kiste auf dem Dachboden liegt. Als E Besuch von seinem Enkel bekommt, der wissen möchte, wo denn „Karl-Marx-Stadt" liegt, erinnert sich E an den Atlas und holt ihn nach über 30 Jahren zum ersten mal wieder hervor.

E hat die ganzen Jahre an dem Atlas Gewahrsam gehabt, auch wenn er während dieser Zeit nicht ein einziges mal an ihn gedacht hat.

Der Gewahrsamswille kann sich **antizipierend** auf Sachen beziehen, die der Gewahrsamsinhaber noch nicht in seiner Gewalt hat, deren Erlangung aber erwartet wird.[93] Auf diese Weise fallen z. B. die von Automatenkunden eingeworfenen Münzen in den Gewahrsam des Automatenaufstellers und die vom Briefträger in den Hausbriefkasten geworfene Post in den Gewahrsam des Hauseigentümers.

Da ein permanenter aktueller Herrschaftswille nicht erforderlich ist, behält ein **Schlafender** oder **Bewusstloser** seinen Gewahrsam.[94] Für letzteren gilt dies sogar, wenn er aus der Bewusstlosigkeit nicht mehr aufwacht und verstirbt.[95] Über den Tod hinaus ist ein Gewahrsam aber nicht möglich.[96] Man darf allerdings nicht vorschnell vom Tod des Gewahrsamsinhabers auf Gewahrsamslosigkeit der Sache schließen. Denn oftmals geht der Gewahrsam dann „nahtlos" auf eine andere Person über.[97]

Beispiel

Der Patient P verstirbt nach längerer Krankheit in der Klinik. Bei seinem Tod befinden sich in seinem Spind Kleidungsstücke und sonstige persönliche Gegenstände.

---

[91] Gropp (1999), 1041 (1042); Laubenthal (1990), 38 (39); Seelmann (1985), 199 (201).

[92] RGSt 50, 46 (48); Fahl (1998b), 456 (458); Gropp (1999), 1041 (1042); Seelmann et al. (1987), 199 (202); Zopfs (2009), 506 (508).

[93] RGSt 30, 88 (90); 50, 46 (50); Gropp (1999), 1041 (1042).

[94] BGHSt 4, 210 (211); Eisele (2012b), Rn. 30; Gropp (1999), 1041 (1042); Schröder (1961), 189; Seelmann et al. (1987), 199 (202).

[95] BGH, JR 1986, 294; Fahl (1998b), 456 (459); Lampe (1986), 294 (295); aA BayObLG, JR 1961, 188 (189) mit abl. Anm. Schröder.

[96] BGH, NStZ 2010, 33.

[97] RGSt 54, 231 (232); OLG Hamm, NJW 1969, 620; Samson (1980), 285 (287).

Bis zu seinem Tod hatte P Gewahrsam an allen Sachen, die er ins Krankenhaus mitgenommen hatte. Mit dem Tod verlor P diesen Gewahrsam.[98] Gleichzeitig erlangte das zuständige Krankenhauspersonal den Gewahrsam an diesen Sachen.[99] Diese waren also nach dem Tod des P nicht eine Sekunde lang gewahrsamslos. Falsch wäre es dagegen, von § 857 BGB auf unmittelbare Gewahrsamserlangung des/der Erben des P zu schließen.

1.2.1.4.3 Gewahrsamsbruch

Diebstahl ist ein **Gewahrsamsverschiebungsdelikt**. Die Tat muss zur Herstellung eines neuen Gewahrsamsverhältnisses führen. Dies setzt voraus, dass zuvor das bisherige Gewahrsamsverhältnis beseitigt, der Gewahrsamsinhaber also aus seiner Herrschaftsposition verdrängt worden ist. Das geschieht durch Gewahrsamsbruch. Mit dem Wort „Bruch" wird zum Ausdruck gebracht, dass sich der Täter bei der Aufhebung des bestehenden Gewahrsamsverhältnisses über Herrschaftswillen des Betroffenen hinwegsetzt. Gewahrsamsbruch ist also die **Aufhebung des Gewahrsams ohne Einverständnis des Gewahrsamsinhabers**.[100]

1.2.1.4.3.1 Beseitigung der Verfügungsgewalt

Aufhebung des Gewahrsams bedeutet Beseitigung oder Veränderung der tatsächlichen Umstände, auf denen der bisherige Gewahrsam beruhte. Erforderlich ist also die Schaffung einer Lage, in der der bisherige Gewahrsamsinhaber keine Herrschaft über die Sache mehr hat. Es gibt zwei Wege, die Herrschaftsbeziehung zwischen einer Person und einer Sache zu zerstören: Einwirkung auf die Sache oder Einwirkung auf die Person. Wegnahme iSd § 242 ist nur die Entziehung des Gewahrsams durch **Einwirkung auf die Sache**. Kein Gewahrsamsbruch ist z. B. das Aus- oder Einsperren des Gewahrsamsinhabers, obwohl es ihn von seiner Sache abschneidet und an der Ausübung von Sachherrschaft hindert.[101]

Beispiel

Während reisebedingter Abwesenheit errichten Scherzbolde eine drei Meter hohe Mauer um das Haus des E. Nachdem die Mauer wieder abgerissen ist, wird E von Terroristen entführt und nach zweiwöchiger Gefangenschaft umgebracht.

Obwohl E durch die Mauer daran gehindert wurde, von seiner Herrschaft über die in dem Haus befindlichen Sachen Gebrauch zu machen, ist sein Gewahrsam an diesen Sachen nicht aufgehoben worden. Denn sie befinden sich weiterhin in der Gewahrsamssphäre „Haus". Von einer „Wegnahme" kann nämlich nur die Rede sein, wenn Sachen von ihrem Platz „weg"-bewegt werden. Anderenfalls hätte die Beschränkung des Tatbestandes auf „bewegliche" Sachen

---

[98] BGH, NStZ 2010, 33; Fahl (2014), 382.

[99] Anders als der Besitz (§ 857 BGB) geht der Gewahrsam nicht gemäß § 1922 BGB unmittelbar auf die Erben über, Münchener Kommentar zum StGB-Schmitz (2012), § 242 Rn. 49.

[100] Eisele (2012b), Rn. 41; Münchener Kommentar zum StGB-Schmitz (2012), § 242 Rn. 81.

[101] M. Heinrich (2007), 577 (585).

keinen Sinn.[102] Aus diesem Grund ist auch die Entführung und die anschließende Tötung des E kein Gewahrsamsbruch.

Gewahrsamsbruch setzt in der Regel also voraus, dass die Sache von dem Ort, an dem sie sich zuletzt befand, **entfernt** wird.[103] Wie weit und wohin die Sache von ihrem Standort weggebracht werden muss, hängt von der konkreten Beschaffenheit der Sache, des bisherigen Gewahrsamsverhältnisses und der Verkehrsanschauung ab.[104] Dabei ist insbesondere von Bedeutung, ob der Standort der Sache innerhalb oder außerhalb einer räumlich abgegrenzten Gewahrsamssphäre liegt. Der Gewahrsam an einer Sache, die sich in einer **generell beherrschten Gewahrsamssphäre** befindet, ist im Normalfall erst dann gebrochen, wenn die Sache aus dieser Sphäre herausgeschafft ist.[105] Ein Jurastudent, der in der Bibliothek eine im Bestand nur einmal vorhandene, von allen Kommilitonen wegen ihrer thematischen Relevanz für eine Hausarbeit heißbegehrte strafrechtswissenschaftliche Monographie in ein Regal der Abteilung „Völkerrecht" stellt, hebt den Gewahrsam des zuständigen Bibliothekspersonals an diesem Buch nicht auf. Setzt sich der Täter innerhalb der Gewahrsamssphäre mit einer Sache in Richtung Ausgang in Bewegung, wird der Gewahrsam des Inhabers bis zum Verlassen der Räumlichkeit lediglich gelockert.

Beispiel

T ist in das Haus des E eingedrungen. Im Wohnzimmer ergreift er ein Fernsehgerät, um es mitzunehmen. Als er mit dem Gerät durch den Hausflur geht, wird er von E überrascht. Darauf lässt T den Fernseher fallen und flieht ohne Beute.

Solange sich T mit dem Fernsehgerät noch im Haus befand, war der Gewahrsam des E ungebrochen. Erst mit dem Verlassen des Hauses wäre der Gewahrsam des E aufgehoben worden. Da T dies nicht geschafft hat, hat er nur einen versuchten Diebstahl begangen.[106]

Weitgehend anerkannt ist, dass ausnahmsweise der Gewahrsam an einer Sache bereits **innerhalb der fremden Gewahrsamssphäre** gebrochen werden kann, sofern es sich bei dem Tatobjekt um eine kleine, leichte und handliche Sache (Schmuckstück, Bargeld) handelt.[107] Für einen Gewahrsamsbruch unter diesen Umständen ist erforderlich, dass der Täter eine körperliche Beziehung zu der Sache herstellt, die enger ist als die durch die Gewahrsamssphäre zwischen dem Gewahrsamsinhaber und der Sache hergestellte Beziehung.

---

[102] Gropp et al. (2012), 236; Samson (1980), 285 (286).

[103] Gropp et al. (2012), 236; Schmidhäuser (1978), 345 (356).

[104] OLG Koblenz, VRS 46 (1974), 430 (431); Bachmann (2009), 267; Gössel (1973), 591 (644).

[105] Gössel (1973), 591 (642); Samson (1980), 285 (287); aA RGSt 12, 353 (355).

[106] BGH, NStZ 2008, 624 (625); OLG Düsseldorf, NJW 1986, 2266.

[107] BGH, NStZ 2014, 40 (41); Mitsch (2012), 911 (913); Mitsch (2014b), 192.

> **Beispiel**
>
> T steckt im Lebensmittelgeschäft des S eine Packung Kaugummi in seine Hosentasche. Bevor er sich mit seinem Einkaufswagen zur Kasse begibt, legt er das Kaugummi wieder ins Regal zurück.
>
> S hat an dem gesamten Warenbestand in dem Geschäft Gewahrsam, den er grundsätzlich erst dann verliert, wenn ein Kunde mit gekauften Sachen das Geschäft verlässt.[108] Demnach hätte T den Gewahrsam des S an der Kaugummipackung nicht aufgehoben. Wegen der besonderen Beschaffenheit des Tatobjekts ist der Grundsatz hier aber durchbrochen.[109] Bereits mit dem Ergreifen einer so kleinen Sache wird diese dem Blick und dem Zugriff – und damit der Verfügungsgewalt – des bisherigen Gewahrsamsinhabers entzogen. Die Sache befindet sich zwar immer noch in der generell beherrschten Gewahrsamssphäre, zugleich aber auch in einer – die Herrschaftsverhältnisse verändernden – „**Gewahrsamsenklave**".[110] Wie von einer Mauer wird die Sache in der Gewahrsamsenklave gegen den Herrscher der sie umschließenden Gewahrsamssphäre abgeschirmt. Das gilt selbst bei Beobachtung der Tat durch den Gewahrsamsinhaber oder eine für ihn handelnde Person (z. B. einen Detektiv im Kaufhaus).[111] Die durch die Körpernähe errichtete Abschirmung ist nicht allein physisch-real, sondern psychologischer bzw. normativer Natur. Sie besteht deshalb auch gegenüber körperlich überlegenem, ja sogar bewaffnetem Kaufhauspersonal. S müsste in die „Tabuzone Körper" eingreifen, gegebenenfalls den Täter sogar (teilweise) entkleiden, wenn er wieder Herrschaft über die Sache ausüben wollte. Dass er dazu gemäß § 859 BGB, § 32 berechtigt wäre, ändert an der Beurteilung der Herrschaftsverhältnisse nichts.[112] Im Gegenteil: Die Tatsache, dass es dieser Erlaubnissätze bedarf, um die ursprüngliche Lage wiederherzustellen, belegt, dass sich die tatsächlichen Herrschaftsverhältnisse bereits zuungunsten des bisherigen Gewahrsamsinhabers verschoben haben.[113] T hatte also bereits vollendeten Diebstahl begangen, bevor er die Kaugummipackung wieder zurücklegte. Ein strafbefreiender Rücktritt iSd § 24 ist das daher nicht.

Dem Gewahrsamsbruch durch Bildung einer Gewahrsamsenklave innerhalb der fremden Gewahrsamssphäre steht auch die Sicherung der Sache durch ein sog. **elektronisches Sicherungsetikett** oder sonstige technische Einrichtungen nicht

---

[108] Dazu, dass sich die Gewahrsamssphäre des Ladeninhabers auch noch auf Bereiche außerhalb des Ladenlokals erstrecken kann, BayObLG, NJW 1997, 3326.

[109] RGSt 30, 88 (91); 52, 75 (76); 76, 131 (133); BGHSt 16, 271 (274); 20, 194 (196); 23, 254 (255); BGH, NStZ-RR 2001, 41; NStZ 2008, 624 (625); OLG Köln, NJW 1984, 810; OLG Köln, NJW 1986, 392; BayObLG, NJW 1997, 3326; Gössel (1973), 591 (641); Ling (1998), 919 (940); Martin (1998), 890 (893).

[110] Schramm (2008), 678 (681); Wimmer (1962), 609 (612); Zopfs (2009), 506 (510).

[111] RGSt 52, 75 (76); 53, 144 (145); 76, 131 (133); BGH, StV 1988, 529; BGH, NStZ 1987, 71; BGH, GA 1968, 339; OLG Köln, MDR 1971, 595 (596); OLG Stuttgart, NStZ 1985, 76; OLG Frankfurt, MDR 1993, 671; BayObLG, NJW 1997, 3326.

[112] Gössel (1973), 591 (635); Welzel (1960), 257 (268).

[113] BGH, NStZ 2011, 36 (37).

entgegen.[114] Derartige Vorkehrungen verhindern nicht den Gewahrsamsbruch, sondern ermöglichen die Entdeckung der Tat und die anschließende Rückgewinnung des verlorenen Gewahrsams. Ihre Sicherungswirkung entfalten sie also nicht vor der Vollendung, sondern zwischen Vollendung und „Beendigung" (dazu unten 1.2.1.4.4) des Diebstahls.

In den „Enklaven-Fällen" fällt der Bruch des fremden Gewahrsams mit der Begründung neuen Gewahrsams zusammen.[115] Denn die Enklave verschafft dem Täter sofort die Sachherrschaft, die er dem bisherigen Gewahrsamsinhaber soeben entzogen hat. Begrifflich ist die Gewahrsamsbegründung vom Gewahrsamsbruch aber streng zu trennen. Ob die Sache sogleich in die Herrschaft einer anderen Person übergeht oder zunächst einmal **gewahrsamslos** wird, ist für die Feststellung eines Gewahrsamsbruchs unerheblich.

Beispiel

Im Schnellzug von Berlin nach Stuttgart ergreift T den Koffer des in seinem Abteil sitzenden Fahrgastes E und wirft ihn zwischen Magdeburg und Braunschweig auf freier Strecke aus dem Fenster.

E hatte an dem Koffer Gewahrsam, bis dieser aus dem Fenster flog. Das vorangegangene Ergreifen des Koffers durch T hatte den Gewahrsam des E allenfalls gelockert, nicht aber aufgehoben. Erst mit dem Wurf aus dem Fenster ist der Gewahrsam des E gebrochen worden. Dass danach keine andere Person Gewahrsam an dem Koffer erlangte, dieser also gewahrsamslos wurde, hat auf das Vorliegen eines Gewahrsamsbruchs keinen Einfluss.[116]

Da beim Gewahrsam verschiedene Grade der „Festigkeit" möglich sind, kann sich der „Abbau" des Gewahrsams bis zum vollständigen Verlust in mehreren Schritten vollziehen. Gewahrsamsbruch setzt die völlige Aufhebung der bisher bestehenden Sachherrschaft voraus. Deshalb haben „Zwischenakte", die lediglich eine Schwächung dieser Herrschaft bewirken, (noch) nicht die Qualität eines Gewahrsamsbruchs. Derartige Maßnahmen, die dem Betroffenen noch einen allmählich schwindenden „Restgewahrsam" belassen, bezeichnet man als „Gewahrsamslockerung".

Kein Gewahrsamsbruch ist die ohne Standortsverlagerung bewirkte **Zerstörung** der Sache,[117] obwohl auch sie dem Gewahrsamsinhaber das Objekt seiner Verfügungsgewalt entzieht und daher als mindestens ebenso gravierende Verletzung des Rechtsguts „Eigentum" erscheint, wie die dauernde Beseitigung der Sachherrschaft

---

[114] BayObLG, NJW 1995, 3000 (3001); OLG Frankfurt, MDR 1993, 671 (672); OLG Stuttgart, NStZ 1985, 76.

[115] BGHSt 20, 194 (196); 23, 254 (255); BayObLG, NJW 1997, 3326; OLG Düsseldorf, JZ 1993, 100; Seier (1983), 50 (51).

[116] Vollendete Wegnahme ist die Tat des T aber erst mit der Begründung neuen Gewahrsams; vgl. Gössel (1973), 591 (644); Lampe (1966), 225 (230); Rotsch (2008a), 65 (74).

[117] Kindhäuser (1995), 655 (668).

ohne Sachzerstörung.[118] Beim Diebstahl muss die Sache den Gewahrsamsbruch „überleben", da anderenfalls die zur Tatbestandserfüllung erforderliche anschließende Begründung neuen Gewahrsams nicht möglich wäre. Sachzerstörungen sind in §§ 303 ff. strafrechtlich erfasst.

Zu unterscheiden von der Sachzerstörung ohne vorangegangenen Gewahrsamsbruch ist die Wegnahme, mit der der Täter lediglich den Zweck verfolgt, die Sache sogleich **nach der Begründung neuen Gewahrsams zu zerstören**. Hier entfällt nicht das objektive Tatbestandsmerkmal „Wegnahme", sondern gegebenenfalls das subjektive Tatbestandsmerkmal „Zueignungsabsicht" (dazu unten Rn. 1.2.2.3.3.3).[119] Keine Zerstörung in diesem Sinne ist jedoch der die Sachsubstanz vernichtende bestimmungsgemäße Verbrauch der Sache, also z. B. der Verzehr von Nahrungsmitteln, das Verfeuern von Brennstoff oder das Autofahren mit entwendetem Benzin.[120]

1.2.1.4.3.2 Einverständnis

Die Aufhebung des bestehenden Gewahrsamsverhältnisses ist ein äußerer Vorgang, zu dem der betroffene Gewahrsamsinhaber in verschiedener Weise innerlich Stellung nehmen kann. Ist ihm die Entfernung der Sache aus seinem Herrschaftsbereich sehr willkommen, wird er mit der Gewahrsamsaufhebung einverstanden sein. Diese hat unter dieser Voraussetzung nicht die Qualität eines Gewahrsams**bruchs** und ist deshalb kein geeignetes Teilstück einer tatbestandsmäßigen Wegnahme.[121] „Bruch" fremden Gewahrsams bedeutet Durchbrechung, Überwindung, Missachtung entgegenstehenden Herrschaftswillens. Da das Einverständnis des Gewahrsamsinhabers gleichbedeutend ist mit Aufgabe dieses Herrschaftswillens,[122] schließt es einen Gewahrsamsbruch und damit eine Wegnahme aus.[123] Folglich handelt es sich bei dieser Willenshaltung des Gewahrsamsinhabers um ein **tatbestandsausschließendes Einverständnis**. Dieses ist zu unterscheiden von dem Rechtfertigungsgrund „Einwilligung".

Da das Einverständnis seine tatbestandsausschließende Wirkung im Rahmen des Merkmals „Wegnahme" entfaltet, kommt es auf den Willen des betroffenen **Gewahrsamsinhabers** und nicht den des Eigentümers an – falls dieser mit dem Gewahrsamsinhaber nicht identisch ist. Steht die Sache im gleichstufigen[124] Mitgewahrsam mehrerer Personen, müssen alle Mitgewahrsamsinhaber einverstanden sein.[125]

---

[118] Kindhäuser (1995), 655 (669); Schmidhäuser (1978), 345 (350).

[119] Schmidhäuser (1978), 345 (351).

[120] Vgl. den Fall des LG Karlsruhe, NStZ 1993, 543.

[121] Nach Rotsch (2008a), 65 (73 ff.) könne das Einverständnis auch die Erfüllung des Tatbestandsmerkmals „Begründung neuen Gewahrsams" ausschließen.

[122] Gropp (1999), 1041 (1042); Herzberg (1977), 367 (391).

[123] OLG Celle, NStZ 2012, 447; Eisele (2012b), Rn. 51; Mitsch (2012), 911 (913); Schröder (1941), 33 (40); Samson (1980), 285 (288); Schramm (2008), 678 (681); Seelmann (1985), 199 (202).

[124] Erkennt man „mehrstufigen" Mitgewahrsam an (oben 1.2.1.4.2.2), kommt es nur auf das Einverständnis des übergeordneten Mitgewahrsamsinhabers an; OLG Celle, NStZ 2012, 447.

[125] Gribbohm (1964), 233 (236); Heubel (1984), 445 (448); Mitsch (2012), 911 (913).

Beispiele

(1) Eigentümer E leiht dem L sein Fahrrad für 2 Wochen. Als T bei L zu Besuch ist und das schöne Rad sieht, möchte er dieses unbedingt haben. Der gutmütige L lässt es zu, dass T sich auf das Fahrrad setzt und damit davonfährt.

(2) Nachdem E dem L das Fahrrad geliehen hat, kommt T zu E und bittet ihn um Überlassung des Rades. Daraufhin gestattet E dem T, sich das Fahrrad bei L zu holen, was T auch sofort tut.

In **Beispiel 1** läge ein Gewahrsamsbruch des T nur vor, wenn E nach Verleihung des Fahrrades noch Mitgewahrsam daran gehabt hätte. Das ist jedoch nicht der Fall. Das Fahrrad befand sich im Alleingewahrsam des L. Da dieser mit der Aufhebung seines Gewahrsams durch T einverstanden war, hat T keinen Gewahrsamsbruch begangen. In **Beispiel 2** liegt dagegen ein Gewahrsamsbruch und somit eine Wegnahme vor. Die Erlaubnis des Eigentümers E hat auf die Erfüllung dieses Tatbestandsmerkmals keinen Einfluss. Allerdings könnte die Gestattung der Besitzergreifung eine Übereignung der Sache (§ 929 BGB) sein, woraufhin diese dann für T nicht mehr fremd wäre. Möglich ist auch, dass die Einwilligung des E die Rechtswidrigkeit der von T beabsichtigten Zueignung und damit die subjektive Tatbestandsmäßigkeit ausschließt (dazu unten 1.2.2.3.3.5).

Das Einverständnis ist der **Willensinhalt**, nicht Willenskundgabe. Der zustimmende Wille braucht nicht erklärt zu werden, tatbestandsausschliessende Wirkung hat allein das innere Einverstandensein.[126] Ohne Willenskundgabe wird das Einverständnis dem Täter aber häufig verborgen bleiben und im Zeitpunkt der Tat unbekannt sein. Dies ändert zwar nichts am Ausschluss des objektiven Merkmals Wegnahme. Der Täter handelt dann aber mit der irrigen Vorstellung, den Gewahrsam zu brechen. Er hat also Wegnahmevorsatz und begeht einen (untauglichen) Diebstahlsversuch. Diese dogmatische Konstellation bewährt sich praktisch in Fällen, in denen ein Tatverdächtiger in eine „Diebesfalle" gelockt und nach Begehung des versuchten Diebstahls überführt werden soll.

Beispiel[127]

Die als Schwesternhelferin in einer Klinik beschäftigte K steht im Verdacht, an ihrem Arbeitsplatz mehrere Diebstähle begangen zu haben. Um sie zu überführen, lässt die Krankenhausverwaltung in einem Krankenzimmer präparierte Geldscheine in eine Geldbörse legen, die in eine auf dem Nachtkästchen abgestellte Toilettentasche gesteckt wird. Sodann beauftragt die Stationsschwester die K, die Nachtkästchen abzustauben. Bei dieser Gelegenheit entnimmt K der Geldbörse einen präparierten 50-€-Schein und steckt ihn in eine Tasche ihres Kittels.

---

[126] Eisele (2012b), Rn. 51; Samson (1980), 285 (288).
[127] Beispiel nach BayObLG, JR 1979, 297.

Die präparierten Geldscheine befanden sich im Gewahrsam der Kranken-hausverwaltung,[128] solange sie in der Geldbörse steckten. K hat diesen Gewahr-sam an dem 50-€-Schein aufgehoben, als sie ihn der Geldbörse entnahm. Da dies jedoch mit Einverständnis der Krankenhausverwaltung geschah, wurde der Gewahrsam nicht gebrochen. K wusste aber nichts von dem Einverständnis und handelte deshalb mit dem Vorsatz, fremden Gewahrsam zu brechen. Folglich hat sie sich wegen versuchten Diebstahls (§§ 242, 22) strafbar gemacht.[129] Da-neben liegt auch noch eine objektiv-tatbestandsmäßige Unterschlagung (§ 246) vor,[130] die als versuchte Unterschlagung strafbar ist.[131] Eine Strafbarkeit der S bzw. sonstiger an der Einrichtung der Diebesfalle beteiligten Personen wegen Teilnahme (§§ 26, 27) am versuchten Diebstahl ist nicht begründet, weil diese Personen wussten, dass K keine vollendete Haupttat begehen konnte. Ihnen fehl-te also der Teilnahmevorsatz, ihre subjektive Einstellung zur Tat der K war die eines agent provocateur.[132]

Die **Beobachtung** der Tat durch den Gewahrsamsinhaber oder Dritte – die gerade bei der Diebesfalle die Regel ist – hat im Rahmen des Diebstahlstatbestandes zwei-fache Bedeutung: Als Voraussetzung jederzeitigen Zugriffs auf die Sache kann sie bewirken, dass der bestehende Gewahrsam nicht aufgehoben ist, solange die Be-obachtung andauert.[133] Sie kann aber auch nur äußeres Zeichen des inneren Einver-ständnisses mit der Tat sein. Trifft im konkreten Fall weder das eine noch das andere zu, steht die Beobachtung der Erfüllung des Diebstahlstatbestandes nicht entgegen. Denn Diebstahl ist kein „heimliches" Delikt.[134]

Die Fähigkeit zu einem beachtlichen Einverständnis ist an kein bestimmtes Mindestalter gebunden. Es kommt auf den **natürlichen Willen** zur Duldung der Gewahrsamsaufhebung an.[135] Der Gewahrsamsinhaber braucht zur Bildung eines derartigen Willens nur erkennen zu können, dass die Handlung, mit der er einver-standen ist, ihm die Herrschaft über die Sache entzieht. Diese Einsichtsfähigkeit

---

[128] Gemeint ist damit die zuständige natürliche Person, die Sachherrschaft über derartige Sachen in der Klinik hat; vgl. Zopfs (2009), 506 (514).

[129] BGHSt 4, 199 (200); BayObLG, JR 1979, 296 (297); OLG Celle, JR 1987, 253 (254); OLG Düsseldorf, NJW 1988, 83 (84); NStZ 1992, 237; Gropp (1999), 1041 (1042); Hillenkamp (1987), 254; Jäger (2000), 1167 (1171); Paeffgen (1979), 297 (298); Samson (1980), 285 (288); Zopfs (2009), 506 (515).

[130] Jäger (2000), 1167 (1171).

[131] Lediglich versuchte – und nicht vollendete – Unterschlagung ist die Tat deswegen, weil die Handlung, mit der die K das Tatbestandsmerkmal „Zueignung" erfüllte (Einstecken des Geld-scheins), von einer – der K nicht bekannten – rechtfertigenden Einwilligung des Eigentümers gedeckt ist.

[132] Hillenkamp (1987), 254 (256); Samson (1980), 285 (288).

[133] BGHSt 4, 199 (200); OLG Hamm, NJW 1954, 523; OLG Düsseldorf, NJW 1986, 2266; BGH, NStZ 1987, 71; BGH, StV 1988, 529; H. Mayer (1962), 617 (620); Scheffler (1996), 342 (343); Welzel (1960), 257 (266).

[134] BGHSt 16, 271 (273); BGH, GA 1968, 339; BGH, StV 1988, 529; BayObLG, NJW 1997, 3326; OLG Düsseldorf, JZ 1993, 100; OLG Köln, MDR 1971, 595 (596); Welzel 1961, 328 (329).

[135] Eisele (2012b), Rn. 51; Samson (1980), 285 (288).

kann auch schon ein kleines Kind haben. Ausschlaggebend ist der tatsächlich gebildete Wille. Motivirrtümer stehen der tatbestandsausschließenden Wirkung nicht entgegen.[136]

Beispiel

T gibt sich gegenüber O als Fernsehtechniker aus, der das defekte Fernsehgerät des O abholen und reparieren solle. O fällt auf die Täuschung herein und gestattet dem T den Abtransport des Geräts.

Das tatsächlich vorhandene Einverständnis des O verliert seine rechtliche Relevanz nicht wegen des zugrundeliegenden Irrtums. Von einem „Bruch" des Gewahrsams kann auch bei einem auf falschen Vorstellungen beruhenden Einverständnis nicht die Rede sein. T hat daher keinen Diebstahl, sondern einen Betrug (§ 263) begangen.

Anders als das **irrtumsbedingte** Einverständnis ist ein durch Nötigung **erzwungenes** „Einverständnis" unwirksam. Das liegt schlicht daran, dass der genötigte Gewahrsamsinhaber mit der Gewahrsamsaufhebung tatsächlich nicht einverstanden ist. Die erzwungene Duldung der Wegnahme schließt somit die Tatbestandsmäßigkeit nicht aus.[137] Der Einsatz des Nötigungsmittels führt unter Umständen[138] sogar dazu, dass die Tat nicht bloß Diebstahl, sondern Raub (§ 249) ist.

Das aktuelle und spezielle Einverständnis schließt die Wegnahme nur hinsichtlich der Sachen aus, auf die es sich tatsächlich bezieht. Bei der Aufhebung des Gewahrsams an mehreren Sachen muss also differenziert werden: Hat der Gewahrsamsinhaber keine Kenntnis davon, dass der Täter außer den Sachen, mit deren Abtransport er einverstanden ist, noch weitere Sachen fortschafft, so liegt hinsichtlich dieser kein Einverständnis vor.[139] Der Gewahrsam an diesen Sachen wird deshalb gebrochen, die Tat ist Diebstahl.

Beispiel

T nimmt im Kaufhaus O eine CD aus dem Verkaufsregal und legt sie so in seinen Einkaufswagen, dass sie rechts neben einer Kiste mit Mineralwasserflaschen hochkant steht. Die CD kann daher von der Kassiererin K nicht gesehen werden. T bezahlt die Waren in dem Einkaufswagen mit Ausnahme der CD, schiebt den Wagen an K vorbei und verlässt das Kaufhaus.

An den bezahlten Waren konnte T keinen Diebstahl begehen, weil diese ihm gemäß § 929 BGB übereignet wurden und daher nicht mehr fremd waren. Darüber hinaus hat T diese Sachen auch nicht weggenommen. Denn der Abtrans-

---

[136] Otto (1989), 137 (141); Münchener Kommentar zum StGB-Schmitz (2012), § 242 Rn. 87.

[137] Krey et al. (2012b), Rn. 45; Zopfs (2009), 506 (513).

[138] Nötigungsmittel muss „Gewalt gegen eine Person" oder „Drohung mit gegenwärtiger Gefahr für Leib oder Leben" sein.

[139] Herzberg (1977), 367 (384).

port bezahlter Waren geschieht mit Einverständnis des Geschäftsinhabers bzw. – sofern Mitgewahrsam besteht – des Personals.[140] Hinsichtlich der CD fand dagegen keine Übereignung[141] statt und es lag auch kein Einverständnis vor. Die CD blieb also fremd und wurde von T weggenommen. Ein – tatbestandsausschließendes – erschlichenes Einverständnis könnte nur angenommen werden, wenn K tatsächlich den Willen gebildet hätte, den T mit der CD abziehen zu lassen (z. B. weil sie irrtümlich annahm, diese sei bereits bezahlt). Das war hier nicht der Fall, da K die CD gar nicht gesehen hat.[142] Also hat T einen Diebstahl und nicht – wie teilweise angenommen wird[143] – Betrug begangen.[144]

Keine aktuelle Kenntnis der Sachen, an denen ein Gewahrsamswechsel vorgenommen wird, ist beim **antizipierten generellen** Einverständnis notwendig. Der Gewahrsamsinhaber kann künftige Gewahrsamsverschiebungen gedanklich vorwegnehmen und so schon vor ihrem Vollzug zum Gegenstand eines tatbestandsausschließenden Einverständnisses machen.[145]

Beispiel

E hat im ganzen Stadtgebiet von X-Burg Zigarettenautomaten aufgestellt und mit Ware gefüllt. T wirft in einen dieser Automaten ein 2-€-Stück ein und entnimmt dem Ausgabefach eine Zigarettenschachtel.

Ein im Zeitpunkt der Automatenbedienung durch T im Bewusstsein des E tatsächlich vorhandenes Einverständnis wird man hier vergeblich suchen. Zum Ausschluss einer Wegnahme ist es auch nicht erforderlich. Denn der Einrichtung der Warenautomaten liegt ein Einverständnis des E mit allen künftigen Warenentnahmen durch Kunden zugrunde. Ähnlich verhält es sich beim Tanken an einer Selbstbedienungstankstelle[146], beim Einpacken gekaufter Waren an einer Selbstbedienungskasse[147] oder bei der Abhebung von Bargeld an einem Geldautomaten mittels einer Codekarte.[148]

---

[140] Der Gewahrsamswechsel erfolgt mit dem Passieren des Kassenbereichs, Scheffler (1996), 342 (343).

[141] Die Präsentation der Ware im Regal enthält kein konkludentes Verkaufs- und Übereignungsangebot des Ladeninhabers, welches der Kunde durch Ergreifen konkludent annehmen könnte. Es handelt sich um eine bloße invitatio ad offerendum. Kaufvertrag und Übereignung kommen erst an der Kasse zustande, vgl. Scheffler (1996), 342.

[142] Treffend Scheffler (1996), 342 (343): „Die Annahme einer wie auch immer gearteten Vermögensverfügung scheitert schon daran, dass die Kassiererin beim ‚Durchwinken‘ des Einkaufswagens nicht das Bewusstsein hatte, überhaupt irgendetwas ‚Vermögensrelevantes‘ zu unternehmen."

[143] OLG Düsseldorf, NStZ 1993, 286 (287).

[144] BGHSt 41, 198 (202); BayObLG, MDR 1989, 376; OLG Hamm, NJW 1969, 620 (621); Brocker (1994), 919 (922); Scheffler (1996), 342 (344); Vitt (1994), 133 (134).

[145] OLG Hamm, NStZ 2014, 275 (276); Mitsch (1986), 767 (769); Zopfs (2009), 506 (513).

[146] Münchener Kommentar zum StGB-Schmitz (2012), § 242 Rn. 100.

[147] OLG Hamm, NStZ 2014, 275 (276).

[148] Mitsch (1986), 767 (769); Münchener Kommentar zum StGB-Schmitz (2012), § 242 Rn. 96.

Das Einverständnis kann beschränkt und mit **Bedingungen** verknüpft werden.[149] Die tatbestandsausschließende Wirkung entfaltet sich dann allein zugunsten des Täters, der die Bedingungen erfüllt. Praktisch bedeutsam ist das nur bei einem antizipierten Einverständnis, da ein aktuelles Einverständnis auch dann beachtlich ist, wenn es auf der irrigen Annahme der Bedingungserfüllung – also einem Motivirrtum des Gewahrsamsinhabers – beruht. Ein bedingtes Einverständnis liegt dem oben angesprochenen **Warenverkauf mittels Automaten** zugrunde: Der Automatenaufsteller ist mit der Warenentnahme nur unter der Bedingung einverstanden, dass der Kunde die Ware durch Einwurf gültigen Geldes bezahlt. Bedient der Täter den Automaten mit Falschgeld, entfaltet das generelle antizipierte Einverständnis im konkreten Fall wegen Nichterfüllung der Bedingung keine tatbestandsausschließende Wirkung.[150] Der Täter nimmt also die vom Automaten ausgeworfene Ware weg. Sehr umstritten ist in diesem Zusammenhang die unbefugte Benutzung von Codekarten zum Zweck der **Bargeldabhebung an Geldautomaten.** Die überwiegende Meinung verneint Diebstahl an dem Geld, da das betroffene Kreditinstitut mit jeder technisch einwandfreien Bedienung des Geldautomaten einschließlich der Geldentnahme einverstanden sei.[151] Die Befugnis zur Verwendung der Codekarte werde von dem Automaten nicht geprüft und sei daher keine Bedingung des Einverständnisses. Daher gelte dieses Einverständnis sowohl zugunsten des Täters, der die Karte ihrem rechtmäßigen Inhaber entwendet hat als auch zugunsten des Karteninhabers, der wegen Kontoüberziehung zur Benutzung der Karte nicht mehr berechtigt ist. Nach der Gegenauffassung deckt das generelle Einverständnis mit der Bargeldbeschaffung am Automaten nur die befugte Kartenbenutzung.[152] Denn sowohl aus den zugrundeliegenden Vertragsbedingungen als auch aus der Interessenlage ergibt sich, dass das Einverständnis der Bank nur Automatenbenutzungsvorgänge deckt, die ein dazu befugter Karteninhaber in Gang setzt. Befugnisloser oder befugnisüberschreitender Einsatz der Codekarte ist danach Gewahrsamsbruch und als Diebstahl strafbar.

---

[149] OLG Hamm, NStZ 2014, 275 (276); OLG Celle, NJW 1997, 1518 (1519); Gropp et al. (2012), 311; Mitsch (1998), 307 (311); Münchener Kommentar zum StGB-Schmitz (2012), § 242 Rn. 91; Ranft (1984), 1 (6); Samson (1980), 285 (288); Satzger et al. (2014), § 242 Rn. 29; einschränkend Eisele (2012b), Rn. 58; kritisch zur Lehre vom bedingten Einverständnis Rönnau (2011), 487 (499).

[150] OLG Celle, NJW 1997, 1518 (1519); Eisele (2012b) Rn. 57; Meurer (1982), 292 (293); Münchener Kommentar zum StGB-Schmitz (2012), § 242 Rn. 92; Ranft (1984), 1 (6); Samson (1980), 285 (288); aA Rönnau (2011), 487 (505).

[151] OLG Stuttgart, NJW 1987, 666; Kleb-Braun (1986), 249 (260); Münchener Kommentar zum StGB-Schmitz (2012), § 242 Rn. 96; Otto (1987), 221 (222); Ranft (1984), 1 (8); Ranft (1987), 79 (82); Steinhilper (1983), 401 (409); Steinhilper (1985), 114 (125); Thaeter (1988a), 339 (340).

[152] BayObLG, NJW 1987, 663 (664); LG Köln, NJW 1987, 667 (668); OLG Koblenz, wistra 1987, 261 (262); AG Gießen, NJW 1985, 2283; AG Kulmbach, NJW 1985, 2282; Gropp (1983), 487 (491); Jungwirth (1987), 537 (540); Mitsch (1986), 767 ff.; Mitsch (1994), 877 (879).

1.2.1.4.3.3 Herausgabe der Sache

Zwischen **Nehmen und Geben** besteht ein Gegensatz: Was jemand einem anderen gibt, wird ihm von diesem nicht weggenommen.[153] Wegnahme – insbesondere deren erster Teil „Gewahrsamsbruch" – ist der **von außen** kommende Zugriff auf die Sache, der diese aus dem bestehenden Herrschaftsverhältnis herausholt. Kein Gewahrsamsbruch liegt daher vor, wenn die Sache **von innen** aus der Herrschaft entlassen, also vom Gewahrsamsinhaber – bzw. bei Mitgewahrsam: von den Gewahrsamsinhabern – herausgegeben wird.[154] Allerdings hat nicht jede aktive Mitwirkung des Gewahrsamsinhabers an der Gewahrsamsaufhebung die Qualität eines wegnahmeausschließenden Gebens. Insbesondere kommt es darauf an, ob die Sache auf Grund des Gebe-Akts schon vollständig aus der Herrschaftssphäre entlassen oder nur innerhalb dieser Sphäre der Grenze zwischen Innen- und Außenbereich angenähert worden ist.

Beispiel

Die Studenten T und O stehen vor dem Hörsaal und unterhalten sich über die letzte Klausur in der Strafrechtsübung. O hat ein neues Strafrechtslehrbuch in der Hand, das er sich soeben gekauft hat. Plötzlich wird O von einem heftigen Niesanfall übermannt. „Halt mal bitte!" sagt O zu T und gibt ihm das Buch, damit er selbst sich sein Taschentuch aus der Hosentasche ziehen und die Nase putzen kann. Während O damit beschäftigt ist, schleicht sich T mit dem Buch in der Hand davon.

T wäre nicht wegen Diebstahls, sondern nur wegen Unterschlagung (§ 246) strafbar, wenn O ihm mit der Übergabe des Buches den Alleingewahrsam daran verschafft hätte.[155] Anders wäre die Rechtslage, wenn dieser Übergabeakt eine bloße Gewahrsamslockerung, nicht aber eine Gewahrsamsaufhebung bewirkt hätte.[156] Dann hätte T den Gewahrsam des O erst aufgehoben, als er sich mit dem Buch entfernte. Diese Handlung wäre ein Bruch des Gewahrsams, da sie ohne Einverständnis des O geschah. Nach der Verkehrsanschauung hat die Aushändigung des Buches von O an T nicht die Bedeutung einer Gewahrsamsaufhebung und Gewahrsamsübertragung.[157] Vielmehr sollte T dem O nur dabei helfen, seinen (des O) Gewahrsam in einer Situation zu sichern, in der O beide Hände für eine Verrichtung brauchte und daher das Buch nicht mehr selbst halten konnte. T sollte also eine Art Gewahrsamshüterfunktion übernehmen, nicht aber

---

[153] AG Tiergarten, NStZ 2009, 270 (271); Geppert (1977), 69 (70); Lampe (1966), 225 (233); Ranft (1992), 66 (70); Schröder (1941), 33 (41).

[154] BGHSt 17, 205 (209); BayObLG, MDR 1989, 376.

[155] BGH, NStZ 2011, 36 (37); Bittner (1974), 156 (160).

[156] BGH, GA 1965, 212 (213); BayObLG, JR 1992, 519; OLG Celle, NJW 1997, 1518 (1519); AG Tiergarten, NStZ 2009, 270 (271); Herzberg (1977), 367 (376); Ranft (1992), 66 (70).

[157] OLG Köln, MDR 1973, 866 (867); Gribbohm (1964), 233 (235); Herzberg (1977), 367 (377); aA Bittner (1974), 156 (159).

Gewahrsamsinhaber werden. Aufgehoben und gebrochen wurde der Gewahrsam des O, als T mit dem Buch davonlief.[158]

Die wegnahmeausschließende Wirkung der Gewahrsamsübertragung tritt auch ein, wenn sie durch einen **Irrtum** oder eine **Nötigung** veranlasst wurde. Wer den Gewahrsamsinhaber durch Täuschung dazu bringt, die Sache herauszugeben, begeht keinen Diebstahl, sondern einen Betrug (§ 263). Wer denselben Effekt durch eine **Nötigung** auslöst, begeht nicht Diebstahl, sondern Erpressung (§ 253). Allerdings wird in der Literatur dem erzwungenen Gebeakt sein wegnahmeausschließender Charakter abgesprochen, wenn im konkreten Fall die Verweigerung der Herausgabe nach Ansicht des Genötigten keinen gewahrsamssichernden Effekt hätte, die Sache also für ihn so oder so verloren ist, gleich wie er auf die Nötigung reagiert.

Beispiel

T und S geben sich gegenüber O als Kriminalbeamte aus und spiegeln ihm vor, der Fernsehapparat, den O vor wenigen Tagen bei V gekauft hat, sei Hehlerware und müsse daher beschlagnahmt werden. O solle das Gerät herausgeben, anderenfalls werde man es sich mit Gewalt holen. Da O keine Chance sieht, seinen Fernseher behalten zu können, gibt er das Gerät zähneknirschend heraus.

Nach h. M. liegt trotz der aktiven Mitwirkung des O an der Gewahrsamsaufhebung eine Wegnahme vor.[159] Nicht das äußere Erscheinungsbild des Vorgangs sei maßgeblich, sondern die innere Willenshaltung des O.[160] Wegen der Chancenlosigkeit und der Unterlegenheit gegenüber T und S habe der Gebeakt des O dieselbe strafrechtliche Bedeutung wie die passive Duldung eines Nehmaktes. Vorzugswürdig erscheint aber die Auffassung, die zur Abgrenzung von Wegnahme und wegnahmeausschließendem Geben auf die Äußerlichkeiten der Gewahrsamsverschiebung abstellt.[161] Dabei kann keine Rolle spielen, welche Chancen der Verlustvermeidung sich der Gewahrsamsinhaber für den Fall ausrechnet, dass er die Herausgabe verweigert. Denn eine klare und sichere Abgrenzung ist mit diesem Kriterium nicht möglich. Dafür besteht auch kein kriminalpolitisches Bedürfnis, da die erzwungene Herausgabe häufig[162] als Erpressung strafbar sein wird.

---

[158] BGH, GA 1966, 244; OLG Karlsruhe, NJW 1976, 902 (903); Gallas (1961), S. 401 (422); Herzberg (1977), 367 (379); Rengier (1981), 654.

[159] Schröder (1941), 33 (44); krit. Rotsch (2008a), 65 (66); Rotsch (2008b), 132 (135).

[160] BGHSt 18, 221 (223); BGH, NJW 1952, 796; 1953, 73 (74); OLG Karlsruhe, NJW 1976, 902 (903); BayObLG, MDR 1964, 343; Geppert (1977), 69 (70); Schröder (1941), 33 (45); Samson (1980), 285 (289).

[161] Schmitt (1992), 575 (581).

[162] Sie ist es dann nicht, wenn die herausgegebene Sache wertlos ist, sowie dann nicht, wenn die Sache dem Genötigten nicht gehört und die Voraussetzungen der „Dreieckserpressung" (dazu unten 10.2.1.5.3) nicht erfüllt sind.

Die Regel, dass eine Sache, die herausgegeben bzw. mit Einverständnis des Gewahrsamsinhabers aus dessen Herrschaftsbereich entfernt wird, nicht zugleich weggenommen werden kann, gilt unbestreitbar im Zwei-Personen-Verhältnis.[163] Schwieriger ist die rechtliche Beurteilung in **Drei-Personen-Fällen**. Diese sind dadurch gekennzeichnet, dass jemand einen anderen („Zwischenmann") veranlasst, ihm die sich im Gewahrsam eines Dritten befindliche Sache zu verschaffen. Hier enthält der Gewahrsamsverschiebungsvorgang Elemente des Nehmens und des Gebens. Dem Empfänger wird die Sache von dem Zwischenmann gegeben, der sie zuvor oder zugleich dem Gewahrsamsinhaber genommen hat.[164] Es gibt Fälle, in denen die Handlung des Zwischenmanns – Herausgabe bzw. Einverständnis – dem Gewahrsamsinhaber zuzurechnen ist. Aus dieser Zurechnung folgt, dass der Gesamtvorgang ausschließlich als Herausgabe der Sache durch den Gewahrsamsinhaber zu bewerten ist. Die Gewahrsamsverschiebung wird so bewertet, als habe der Gewahrsamsinhaber selbst die Sache dem Täter gegeben. Das Wegnahmeelement verliert damit jede strafrechtliche Erheblichkeit. Folglich liegt kein Diebstahl, sondern allenfalls „**Dreiecksbetrug**" (dazu unten 5.2.1.4.4) – wenn der Zwischenmann getäuscht wurde – oder „**Dreieckserpressung**" (dazu unten 10.2.1.5.3) – wenn der Zwischenmann genötigt wurde – vor. Ist eine derartige Zurechnung dagegen nicht möglich, besteht am Vorliegen eines Gewahrsamsbruchs und damit einer Wegnahme kein Zweifel. Der Tatveranlasser ist dann entweder mittelbarer Täter eines Diebstahls oder Diebstahlsteilnehmer (dazu unten 1.2.2.3.3.6).

Beispiel

Auf dem eingezäunten Grundstück des O liegt ein Fußball, der E, dem Sohn des O, gehört. T möchte diesen Ball gern haben, ist aber nicht in der Lage, den hohen Zaun zu überwinden. Daher spiegelt T dem sportlichen W vor, er habe den Ball aus Versehen auf das fremde Grundstück geschossen und wisse nun nicht, wie er ihn zurückbekommen könne. Der gutmütige und gutgläubige W klettert daraufhin über den Zaun und holt dem T den Ball.

Obwohl T den Gewahrsam an dem Ball durch einen Gebeakt (seitens W) erlangt hat, liegt ein Gewahrsamsbruch vor. Denn E hat seinen Gewahrsam verloren, ohne selbst dazu einen aktiven Beitrag geleistet zu haben. Das Verhalten des W ist dem E aus keinem denkbaren rechtlichen Gesichtspunkt zuzurechnen. W hat also den Gewahrsam des E gebrochen. Strafbar ist er jedoch nicht, da er weder den Vorsatz hatte, fremdes Eigentum zu verletzen (§ 16 I 1) noch in der Absicht handelte, sich oder einem Dritten den Ball rechtswidrig zuzueignen. Strafbar wegen Diebstahls in mittelbarer Täterschaft (§ 25 I 2. Alt.) ist dagegen T, der den W als vorsatz- und absichtsloses Werkzeug benutzt hat.[165]

---

[163] Gribbohm (1964), 233 (237).
[164] Schröder (1941), 33 (60).
[165] Dreher (1966), 29 (30); Schröder (1941), 33 (62).

Über die Zurechnungskriterien, die dem Zugriffsakt des Zwischenmanns die strafrechtliche Qualität einer Sachherausgabe durch den Gewahrsamsinhaber verleihen, besteht keine einheitliche Auffassung. Grob gesagt kommt es darauf an, dass der Zwischenmann **„im Lager"** des betroffenen Gewahrsamsinhabers und der Sache daher näher als der Täter steht.[166]

Beispiel

E lebt seit einem Jahr mit seiner Freundin F in eheähnlicher Lebensgemeinschaft. E ist Eigentümer eines teuren Sportwagens. Die F hat von E einen Autoschlüssel zur Aufbewahrung bekommen, fährt aber selbst nie mit dem Wagen. Eines Tages, als F allein zu Hause ist, kommt der T zu ihr und gibt sich als Bekannter des E aus. Wahrheitswidrig behauptet T, der E habe ihn beauftragt, den Sportwagen in die Autowaschanlage und anschließend in die Reparaturwerkstatt zu bringen. Die arglose F glaubt dem T und gibt ihm die Autoschlüssel. T fährt daraufhin mit dem Wagen davon.

Auf Grund ihres eheähnlichen Zusammenlebens stehen E und F „im selben Lager". Verfügungen der F über Vermögensgüter des E werden nach h. M. wie eigene Verfügungen des E behandelt. Was die F an Dritte herausgibt, gilt als von E herausgegeben. Die h. M. wendet die Exklusivitäts-Regel, wonach sich Geben und Nehmen bezüglich einer Sache immer ausschließen, auch auf Drei-Personen-Fälle an.[167] Da der Gewahrsamsinhaber normativ so betrachtet wird, als habe er die Sache herausgegeben, ist es ausgeschlossen, dass diese Sache ihm zugleich weggenommen wurde. Die Tat des T ist daher kein Diebstahl, sondern nur ein Betrug.

Tatsächlich hat jedoch der Gewahrsamsinhaber seine Sachherrschaft ohne eine aktive Mitwirkung und ohne Einverständnis verloren. Das erfüllt die Voraussetzungen des Gewahrsamsbruchs.[168] Daran würde niemand zweifeln, wenn F eines Tages beschließt, sich von E zu trennen und anschließend mit dem Sportwagen auf und davon fährt.[169] Warum es anders sein soll, wenn die F durch Täuschung dazu verleitet wurde, den Gewahrsam des E zu brechen, ist nicht zu begründen. Die Tatsache, dass auch die Voraussetzungen eines Betrugs – oder einer Erpressung – erfüllt sind, schließt die gleichzeitige Erfüllung der Voraussetzungen eines Diebstahls (in mittelbarer Täterschaft) nicht aus.[170] Zwischen diesen beiden Tatbeständen be-

---

[166] Herzberg (1977), 367 (405, 408); Lenckner (1966), 320; Schröder (1941), 33 (71).

[167] BGHSt 18, 221 (224); BayObLG, MDR 1964, 343 (344); Dreher (1966), 29 (30); Geppert (1977), 69 (75).

[168] Gribbohm (1964), 233 (237); Lenckner (1966), 320 (321); Samson (1978), 564 (567); Samson (1980), 285 (290); Schröder (1941), 33 (60, 72, 78); aA Haffke (1972), 225 (232).

[169] Herzberg (1977), 367 (391).

[170] Schröder (1941), 33 (78).

steht deshalb kein Exklusivitäts-, sondern ein **Konkurrenz**verhältnis.[171] Vorzugswürdiger Ansicht nach stehen Betrug und Diebstahl in mittelbarer Täterschaft in
Idealkonkurrenz.[172]

Ausgeschlossen ist die Wegnahme, wenn der getäuschte Dritte **befugt** ist, mit
Wirkung für und gegen den betroffenen Gewahrsamsinhaber Gewahrsamsverschiebungen vorzunehmen. Hat der Dritte die Rechtsmacht zu einem stellvertretenden
Einverständnis, so kann er die Sache auch mit wegnahmeausschließender Wirkung
herausgeben.[173] Wer eine solche Herausgabe durch Täuschung erwirkt, begeht keinen Diebstahl, sondern allenfalls Betrug. Natürlich setzt dies voraus, dass der Gewahrsamsverschiebungsakt tatsächlich – also nicht lediglich in der Vorstellung des
Herausgebenden – von der Befugnis gedeckt ist.[174]

1.2.1.4.3.4 Gewahrsamsbruch und Nötigung

Gewahrsamsbruch impliziert die Überwindung („Bruch") eines entgegenstehenden
Herrschaftswillens. Dieser Akt wird häufig mit einem Angriff auf die Person des
Gewahrsamsinhabers verbunden sein, sei es in Form der Gewalt, sei es in Form
der Drohung. Definitionsgemäßer Bestandteil des Wegnahmebegriffs ist diese
Nötigung aber nicht. Denn eine wirkliche **Willensbeugung** verlangt die „Bruch"-
Komponente des Gewahrsamsbruchs nicht. Deshalb begründet eine die Wegnahme
begleitende Nötigung nicht den tatbestandsmäßigen Diebstahl, sondern sie fügt diesem Delikt weitere Unrechtsmerkmale hinzu, die in einem anderen Straftatbestand
strafbarkeitsbegründend wirken.

Beispiel

T bricht den Pkw des O auf und schickt sich an, mit dem Wagen davonzufahren.
Plötzlich kommt O hinzu und fordert den T auf, sofort die Finger von seinem
Auto zu lassen. Darauf streckt T den O mit einem Faustschlag zu Boden, setzt
sich in den Wagen und fährt davon.

Das Verhalten des T hätte die Qualität eines Gewahrsamsbruchs auch, wenn
O sich ihm nicht in den Weg gestellt hätte. Die Prüfung des Tatbestandsmerkmals „Wegnahme" erfasst den Faustschlag also gar nicht. Dessen Tatbestands-
relevanz liegt außerhalb des § 242. Als wegnahmebegleitende „Gewalt gegen
eine Person" komplettiert der Faustschlag zusammen mit der Wegnahme den
objektiven Tatbestand des Raubes (§ 249). Da Raub zu Diebstahl im Verhältnis
der Spezialität steht, tritt § 242 hinter § 249 zurück und scheidet als Strafbar-
keitsgrundlage aus.

---

[171] Gribbohm (1964), 233 (237); Mitsch (1995), 499; Röckrath (1991), S. 38; Schröder (1941), 33
(79); Samson (1978), 564 (567); aA BGHSt 41, 123 (125); Otto (1995), 1020 (1022).

[172] Schröder (1941), 33 (80).

[173] Herzberg (1977), 367 (395).

[174] Herzberg (1977), 367 (396); zu weitgehend BayObLG, MDR 1964, 343, wonach die freiwillige
Herausgabe der Sache durch einen Mitgewahrsamsinhaber Diebstahl ausschließt.

1.2.1.4.4   Begründung neuen Gewahrsams

Der Bruch fremden Gewahrsams ist der erste Teilakt der Wegnahme, die **Begründung** neuen Gewahrsams ist der **zweite Teilakt**. Mit ihm erst wird die Wegnahme komplett.[175] Der Gewahrsamsbruch allein reicht für einen vollendeten Diebstahl nicht aus. Das Strafrecht operiert also mit einem engeren Wegnahmebegriff als die Umgangssprache. Diese würde als Wegnahme gewiss jede Entwendung einer Sache anerkennen, gleich ob diese danach gewahrsamslos, sofort zerstört oder vom Täter oder einem Dritten in Gewahrsam genommen wird. Einen Gewahrsamsbruch, dem keine neue Gewahrsamsbegründung folgt, nennt man **Sachentziehung**. Diese ist im deutschen Strafrecht – anders als z. B. im österreichischen StGB[176] – nicht eigens tatbestandlich normiert. Das StGB der Bundesrepublik Deutschland erfasst die reine – also ohne Täuschung oder Nötigung bewirkte – Sachentziehung durch Gewahrsamsbruch nicht in § 242, sondern allenfalls in § 303.[177]

Beispiel

T führt die Kuh des Landwirts L auf die Wiese des Landwirts O. Nachdem T sich aus dem Staub gemacht hat, steht die Kuh mehrere Stunden weidend auf der Wiese. Als O die fremde Kuh entdeckt und davonjagt, ist fast das gesamte Gras abgeweidet.

Indem T die Kuh dazu brachte, die Wiese abzugrasen, hat er den Gewahrsam des O an dem Gras gebrochen. Dem steht nicht entgegen, dass das Gras sogleich zerstört wurde, als das Tier es sich einverleibte. Zumindest für kurze Zeit war das Gras im Maul der Kuh als bewegliche Sache existent, was für einen Gewahrsamsbruch ausreicht.[178] Unerheblich ist auch, dass T das Gras nicht eigenhändig abriss, sondern die Kuh als „Werkzeug" benutzte. Der Erfolg, den die Kuh mit ihrer Nahrungsaufnahme auf der Wiese verursachte, ist daher dem Verhalten des T zuzurechnen. An dem abgefressenen Gras ist aber kein neuer Gewahrsam begründet worden. Weder T noch ein anderer Mensch hat Herrschaftsgewalt über das Gras erlangt. Eine ganz kurzfristige – zwischen Abreißen und Verschlucken – Gewahrsamsbegründung durch T wäre allenfalls unter der Voraussetzung erwägenswert, dass er selbst bei der fressenden Kuh geblieben wäre und auf Grund der Herrschaft über das Tier zugleich die Herrschaft über das Gras in dessen Maul erlangt hätte.[179] Da T sich aber entfernt hat, beherrschte er weder Kuh noch Gras. Strafbar ist T somit nur wegen Sachbeschädigung, § 303. Denn das weitgehende Abweiden des Grases ist eine Beschädigung der Wiese.[180]

---

[175] OLG Koblenz, VRS 46 (1974), 430 (431); Gössel (1973), 591 (641); Gropp (1999), 1041 (1042); Samson (1980), 285 (290).

[176] § 135 I öStGB (Dauernde Sachentziehung): „Wer einen anderen dadurch schädigt, dass er eine fremde bewegliche Sache aus dessen Gewahrsam dauernd entzieht, ohne die Sache sich oder einem Dritten zuzueignen,…".

[177] Baumann (1972), 1 (5); Bloy (1985), S. 559 (561).

[178] LG Karlsruhe, NStZ 1993, 543.

[179] So mit zweifelhafter Begründung LG Karlsruhe, NStZ 1993, 543 (544).

[180] Zutreffend LG Karlsruhe, NStZ 1993, 543 (544).

Der neue Gewahrsam wird in den meisten Fällen von derselben Person begründet werden, die zuvor den fremden Gewahrsam gebrochen hat. Zur Tatbestandserfüllung notwendig ist das aber nicht. Eine tatbestandsmäßige Wegnahme kann auch durch die **Gewahrsamsbegründung eines Dritten** zustande kommen.[181]

Beispiel

T öffnet in der Wohnung des O ein Fenster und die Tür des Vogelkäfigs, in dem der Nymphensittich „Hansi" sitzt. Hansi nutzt die Gelegenheit zu einem „Freiflug" durch das geöffnete Fenster. Als Hansi auf dem Gartenzaun eine Verschnaufpause einlegt, wird er von D gefangen und in einem Käfig abtransportiert.

Als der Vogel aus dem Fenster flog, war der Gewahrsam des O gebrochen worden. Diesen Teilakt der Wegnahme hat T vollzogen. Neuen Gewahrsam hat T selbst jedoch nicht begründet. Ausreichend ist aber die Begründung neuen Gewahrsams durch D. Da T diese durch sein eigenes Verhalten verursacht hat, ist T Täter einer Wegnahme. D hingegen kann Täter einer Wegnahme nur unter der Voraussetzung der Mittäterschaft mit T sein, § 25 II. Denn nur in dieser Konstellation ist dem D der Gewahrsamsbruch des T zuzurechnen. Von der Gewahrsamsbegründung durch einen Dritten sorgfältig zu unterscheiden ist die auf einer anderen dogmatischen Ebene – beim subjektiven Tatbestand – relevante Thematik der auf einen Dritten bezogenen Zueignungsabsicht (dazu unten 1.2.2.3.3.3).[182]

Zwischen Gewahrsamsbruch und Begründung neuen Gewahrsams kann eine Phase der Gewahrsamslosigkeit liegen. Diese ist für die Tatbestandsmäßigkeit unschädlich, wenn später die Gewahrsamsbegründung durch den Täter oder einen Dritten erfolgt. Solange dies nicht der Fall ist, liegt allenfalls versuchter Diebstahl vor.[183] Meistens werden aber Gewahrsamsbruch und Begründung neuen Gewahrsams **zusammenfallen**.[184] Dies gilt vor allem für die Fälle, bei denen die Wegnahme durch Bildung einer „Gewahrsamsenklave" (s. o. 1.2.1.4.3.1) in fremdem Herrschaftsgebiet vollzogen wird.

Die **Dauer** des neuen Gewahrsams ist unerheblich.[185] Der neue Inhaber muss die Sache nur so lange in seinem Gewahrsam gehabt haben, wie erforderlich ist, damit die Verkehrsanschauung ihn als den „Herrn" über die Sache anerkennt. Wenn er die Sache danach alsbald wieder verliert, ändert dies an der zuvor begründeten Herrschaftsstellung und damit am Vorliegen einer Wegnahme nichts. Auch die Rückfüh-

---

[181] RGSt 48, 58 (59); Gössel (1973), 591 (640); Gropp (1999), 1041 (1043); Rotsch (2008a), 65 (69); Samson (1980), 285 (290).

[182] RGSt 48, 58 (60) zeigt, dass der Täter trotz unmittelbarer Gewahrsamsbegründung durch einen Dritten die Absicht haben kann, die Sache – bzw. ihren Wert – sich selbst zuzueignen.

[183] Lampe (1966), 225 (230).

[184] Gropp (1999), 1041 (1043); Wimmer (1962), 609 (610).

[185] OLG Köln, NJW 1986, 392; Schmidhäuser (1978), 345 (346); Wimmer (1962), 609 (610).

rung der Sache zu ihrem Eigentümer oder dem früheren – bestohlenen – Gewahrsamsinhaber beseitigt die Tatbestandsmäßigkeit nicht.[186]

Beispiel

T entwendet den Hund „Waldemar" des O und bringt ihn in seine eigene Wohnung. Dort sind schon nach nur fünfminütigem Aufenthalt Waldemars mehrere Polstermöbel mit Kratz- und Beißspuren verunstaltet und ein wertvoller Teppich verkotet. Entnervt bringt T den Hund noch am selben Tag zu O zurück.

Die Rückgabe einer Sache, die ihrem Inhaber durch Gewahrsamsbruch entzogen worden ist, kann die Strafbarkeit nur so lange beseitigen, wie noch kein neuer Gewahrsam begründet, die Wegnahme also noch nicht vollendet ist. Hätte T den Hund zu O zurückgebracht, bevor er eigenen Gewahrsam an ihm begründet hatte, wäre die bis dahin begründete Strafbarkeit wegen versuchten Diebstahls (§§ 242 II, 22) eventuell durch Rücktritt aufgehoben worden, § 24 I 1. Sobald aber neuer Gewahrsam begründet und der Diebstahl damit vollendet ist, ist § 24 nicht mehr anwendbar.[187]

Während die tatsächliche Rückführung der gestohlenen Sache auf die Erfüllung des objektiven Tatbestandes keinen Einfluss mehr hat, kann die subjektive Tatbestandsmäßigkeit durch einen **Rückführungswillen** ausgeschlossen sein. Dies betrifft das Merkmal „Zueignungsabsicht" und ist deshalb unten (1.2.2.3.3.2) zu erörtern.

Da mit der Begründung neuen Gewahrsams der Diebstahl bereits vollendet ist, der neue Gewahrsamsinhaber aber häufig zu diesem Zeitpunkt noch keine gesicherte Herrschaftsstellung erlangt hat, wird auch dem Geschehen nach der Gewahrsamsbegründung bis zur Sicherung des Diebsguts noch eine strafrechtliche Bedeutung zugeschrieben. Man differenziert zwischen „Vollendung" und „**Beendigung**" des Diebstahls. Während die Vollendung mit der Begründung neuen Gewahrsams zusammenfällt, soll die Beendigung erst erreicht sein, wenn das Diebstahlsgeschehen endgültig zum Abschluss gekommen ist und die weggenommene Sache sich in sicherem Gewahrsam befindet.[188] Soweit diese Lehre mit strafbarkeits**begründenden** oder straf**schärfenden** Konsequenzen ein post-tatbestandsmäßiges Verhalten der Erfüllung des gesetzlichen Tatbestandes gleichstellt,[189] ist ihr entgegenzuhalten, dass die von Art. 103 II GG gezogene Grenze bereits überschritten sind.[190] Erträglich erscheint die Ausdehnung der strafrechtlichen Bedeutsamkeit in die tatbestandsexterne Phase zwischen Vollendung und Beendigung dagegen, soweit daran

---

[186] OLG Düsseldorf, JZ 1986, 203 (204); Mohrbotter (1970), 1857 (1859).

[187] Gössel (1973), 591 (648).

[188] BGHSt 4, 132 (133); 6, 248 (251); 8, 390 (391); 20, 194 (196); 23, 254 (255); 26, 24 (26); BGH, NStZ 1987, 453 (454); 2008, 152; 2011, 637 (638); BGH, JZ 1988, 471; OLG Köln, NJW 1990, 587 (588).

[189] Instruktive Darstellung der rechtlichen Konsequenzen und überzeugende Kritik bei Gössel (1973), 591 (647); Kühl (1982), 113 f., 189 ff.; Kühl (2002, 729 ff.

[190] Hruschka (1969), 607 (609); Kühl (2012), § 20 Rn. 127.

strafbarkeits**ausschließende** Wirkungen geknüpft werden können. Eine derartige Wirkung ist zwar dogmatisch zugunsten des Täters nicht zu begründen, wohl aber zugunsten eines Tatbeteiligten.

Beispiel

Privatdetektiv P hat den T im Verdacht, eine Serie von Wohnungseinbrüchen begangen und dabei jeweils Bargeld, Schmuck, Münzen und Briefmarken erbeutet zu haben. Um den T zu überführen, gibt P ihm den Tipp, in die Villa des gerade auf Reisen befindlichen O einzudringen und dort die wertvolle Münzsammlung des O zu entwenden. P hat von vornherein die Absicht, den T unverzüglich nach Verlassen der Villa fest- und ihm die Beute abzunehmen. Der Plan des P gelingt. Nachdem T mit einer Aktentasche voller Goldmünzen aus dem Haus des O gekommen ist, wird er von P überwältigt und der Polizei übergeben.

Spätestens als T das Haus des O mit seiner Beute verließ, war der Gewahrsam des O an den Münzen gebrochen und neuer Gewahrsam des T begründet worden. Der Diebstahl des T war also schon vollendet, als P ihn festnahm. Da P den T zu dieser Tat vorsätzlich bestimmt hatte, könnte er sich wegen Anstiftung zum Wohnungseinbruchsdiebstahl strafbar gemacht haben (§§ 242, 244 I Nr. 3, 26). Hätte P andererseits vorgehabt, den T im Haus des O zu überraschen, bevor er etwas einstecken konnte, wäre P nach den Regeln über den „agent provocateur" straflos,[191] weil ihm der Vorsatz zur Herbeiführung einer vollendeten Haupttat gefehlt hätte.[192] Diese Regeln sollen nach einer verbreiteten Meinung auch im vorliegenden Fall zur Straflosigkeit führen, weil dafür nicht ausschlaggebend sein könne, ob der Tatveranlasser die formelle Vollendung der Haupttat nicht will, sondern weil es entscheidend darauf ankomme, dass nach seinem Willen die mit der materiellen Beendigung der Tat verbundene Rechtsgutsverletzung ausbleiben soll.[193]

1.2.2 Subjektiver Tatbestand

1.2.2.1 Übersicht

Diebstahl ist ein **Vorsatzdelikt**. Zum subjektiven Tatbestand des Diebstahls gehört also der Vorsatz iSd § 15. Diebstahl zählt zudem zu den Delikten, deren subjektiver Tatbestand mehr voraussetzt, als nur den auf die objektiven Tatbestandsmerkmale bezogenen Vorsatz. Neben diesem steht als **zweites subjektives Tatbestandsmerkmal** die „Absicht..., die Sache sich oder einem Dritten rechtswidrig zuzueignen", kurz: Zueignungsabsicht. Man prüft zuerst den Vorsatz und nach einem positiven Ergebnis dieser Prüfung die Zueignungsabsicht.

---

[191] Natürlich nur hinsichtlich des Diebstahls. Eine strafbare Anstiftung zum Hausfriedensbruch (§§ 123, 26) ließe sich nicht leugnen.

[192] Baumann et al. (2003), § 30 Rn. 44; Kühl (1973), 729 (735); Kühl (2012), § 20 Rn. 205.

[193] Herzberg (1983), 737 (745).

1.2.2.2 Vorsatz

Es gelten hier die **allgemeinen Regeln der Vorsatzlehre**. Da der Gesetzeswortlaut des § 242 I sich zum Vorsatz überhaupt nicht äußert und daher kein spezieller Vorsatzbegriff wie „wissentlich" (vgl. § 258 I) „wider besseres Wissen" (vgl. §§ 164 I, 187) oder „absichtlich" (vgl. § 258 I), sondern § 15 maßgeblich ist, erfasst der subjektive Tatbestand des Diebstahls **alle Vorsatzarten**. Ausreichend ist somit dolus eventualis.[194] Der Vorsatz muss bei Vollzug der tatbestandsmäßigen Handlung, also während der Wegnahme, vorhanden sein.[195]

Beispiel

T nimmt im Restaurant einen Mantel von der Garderobe, zieht ihn an und verlässt das Lokal. Zu Hause stellt er fest, dass er den Mantel eines anderen Gastes irrtümlich für seinen eigenen gehalten und angezogen hat. Da der fremde Mantel in etwas besserem Zustand ist als sein eigener, heißt er nachträglich sein Versehen gut und beschließt, den Mantel zu behalten.

T hat den objektiven Tatbestand des Diebstahls erfüllt. Während er die Wegnahmehandlung ausführte, irrte er sich über Tatsachen, die unter die objektiven Tatbestandsmerkmale „fremd" und „Wegnahme" subsumierbar sind, § 16 I 1. Daher hat er nicht vorsätzlich gehandelt. Die spätere Billigung der Tat kann diese nicht nachträglich zu einer Vorsatztat machen („dolus subsequens").[196] Strafbar ist Behalten – insbesondere das Tragen – des Mantels in Kenntnis des fremden Eigentums möglicherweise als Unterschlagung, § 246 I.[197]

Vorsatzgegenstand sind die Tatsachen, durch die der objektive Tatbestand des Diebstahls erfüllt worden ist.[198] Vorsatzinhalt sind sowohl die Fakten in ihrer stofflichen Erscheinung als auch ihre vom Tatbestand geforderte strafrechtliche Bedeutung. Insbesondere muss der Täter wissen, dass die Sache einem anderen gehört, also „fremd" ist. Exaktes sachenrechtliches Fachwissen ist dafür aber nicht erforderlich. Hinsichtlich der Fremdheit genügt wie stets bei normativen Tatbestandsmerkmalen eine zutreffende „Parallelwertung in der Laiensphäre".[199] Auch die genaue Kenntnis des betroffenen Eigentümers ist nicht notwendig, denn beim Diebstahl ist der **„error in persona vel in obiecto"** grundsätzlich unbeachtlich.[200] Bei der Wegnahme eines Behältnisses mit Inhalt erfasst der Vorsatz die Sache in dem Behältnis auch dann, wenn der Inhalt eine anderen Qualität (und eine anderen Wert

---

[194] Dencker (2004), 425 (441); Eisele (2012b), § 7 Rn. 93.

[195] Baumann et al. (2003), § 20 Rn. 15; Jakobs (1993), 8/1.

[196] Kühl (2012), § 5 Rn. 23.

[197] RGSt 76, 131 (134).

[198] Zur irrigen Annahme eines tatbestandsausschließenden Einverständnisses vgl. Küpper et al. (1995), 488.

[199] OLG Stuttgart, NJW 1962, 65 (66); Baumann et al. (2003), § 20 Rn. 20; § 21 Rn. 5; Samson (1980), 285 (290); Schlüchter (1983), 120: Bedeutungsgehalt des Merkmals der Fremdheit.

[200] Baumann et al. (2003), § 21 Rn. 11; Schramm (2008), 773 (Fall 9).

hat, als der Täter erwartete (z. B. wertloses Papier statt Bargeld).[201] Beachtlich – d. h. vorsatzausschließend – ist ein „error in obiecto" aber, wenn sich mit dem vom Irrtum betroffenen Objekt ein Umstand verknüpft, der vorsatzrelevant ist, weil sein Vorliegen die objektive Tatbestandsmäßigkeit begründen oder ausschließen würde.

Beispiel

E hat seinem neuen Arbeitskollegen T die Erlaubnis gegeben, auf den großen Kirschbaum in seinem Garten zu klettern und Kirschen zu pflücken. T kennt sich in der Stadt noch nicht gut aus und verwechselt daher das Grundstück des E mit dem von dessen Nachbarn N. Er pflückt daher die Früchte vom Kirschbaum des N.

Mit der Fehlvorstellung des T, Kirschen vom Baum des E zu pflücken, verband sich die unrichtige Vorstellung, von einem Einverständnis des E gedeckt zu sein. Dieser Umstand würde eine „Wegnahme" und damit die objektive Tatbestandsmäßigkeit ausschließen (siehe oben 1.2.1.4.3.2). T wusste also nicht, dass er die Kirschen wegnimmt. Deshalb hatte er keinen Diebstahlsvorsatz, § 16 I 1.[202]

Komplizierte Irrtumsprobleme[203] können sich stellen, wenn Tatobjekt ein Tier ist, welches als „Wild" herrenlos ist (§ 960 I 1 BGB) und daher dem Tatbestand „**Jagdwilderei**" (§ 292) unterfällt, nach berechtigter Aneignung (§ 958 BGB) aber „fremd" und damit taugliches Objekt von Eigentumsdelikten geworden ist.

Beispiel

Wilderer W findet im Jagdrevier des O ein frisch geschossenes Reh, das mit Zweigen bedeckt ist. O hat das Reh geschossen und zum alsbaldigen Abtransport bereitgelegt. W glaubt aber, sein „Wilderer-Kollege" K habe das Reh erlegt. Er packt das Reh in seinen Jeep und fährt damit davon.

Das Reh war gemäß § 958 BGB Eigentum des O geworden und damit für W objektiv fremd. Träfe die Vorstellung des W zu, wäre das Reh gem. § 958 II BGB immer noch herrenlos und deshalb kein taugliches Diebstahlsobjekt. W handelte also ohne Diebstahlsvorsatz, § 16 I 1. Sein Vorsatz umfasste Tatsachen, die den objektiven Tatbestand des § 292 erfüllen würden. Er hat also mit dem Besitzergreifungsakt einen untauglichen Wildereiversuch (versuchte „Zueignung") begangen. Da der Versuch der Wilderei aber nicht mit Strafe bedroht ist (vgl. §§ 23 I, 12 I), bleibt W – sofern nicht sein Aufenthalt im Wald als „Nachstellen" vollendete Wilderei ist – straflos.[204]

---

[201] Böse (2010), 249 (250).

[202] Vgl. auch den „Gänsebucht-Fall" RGSt 48, 58, wo der unmittelbar Wegnehmende glaubte, die Gänse gehörten dem, der ihm ihre Mitnahme gestattete.

[203] Instruktiv dazu Wessels (1984), 221 (222 ff.).

[204] Wessels (1984), 221 (224).

1.2.2.3   Zueignungsabsicht
1.2.2.3.1   Übersicht
Die Zueignungsabsicht ist materiellrechtliche Voraussetzung der Strafbarkeit wegen Diebstahls. Sie ist ein komplexes dogmatisches Gebilde. Um es richtig verstehen, durchschauen und praktisch handhaben zu können, muss man dieses subjektive Tatbestandsmerkmal in seine **Einzelteile zerlegen**.[205] Dabei wird dann unter anderem sichtbar, dass der mit „Absicht" bezeichnete psychische Befund partiell auch den dolus eventualis einschließt, die Terminologie deswegen also etwas ungenau ist. „Subjektiv" ist an der Zueignungsabsicht nur die Absicht. Dagegen sind die „Zueignung" und „rechtswidrig" **objektive** Elemente, auf die sich die Absicht bezieht. Die Zueignung steht ihrerseits in Beziehung zur Rechtswidrigkeit, die eine rechtliche Eigenschaft der Zueignung ist. Weiter wird die beabsichtigte Zueignung durch die Merkmale „die Sache" und „sich oder einem Dritten" in einen Zusammenhang mit einer Person gestellt. Es empfiehlt sich daher, die Zueignungsabsicht folgendermaßen zu zerlegen[206]:

- Absicht
- Zueignung
- Sache
- sich oder einem Dritten
- rechtswidrig.

1.2.2.3.2   Absicht
Die Absicht ist ein **psychisches Faktum**, das die „Innenseite" des Diebstahls prägt. Die „rechtswidrige Zueignung" spielt sich also im Kopf des Täters ab. Was „außen" mit der gestohlenen Sache passiert, mag zwar im konkreten Fall objektiv den Charakter einer Zueignung haben.[207] Erforderlich ist dies zur Begründung der Strafbarkeit aus § 242 I aber nicht.[208] Der Terminus „Absicht" ist aus der allgemeinen Vorsatzlehre bekannt. Er steht dort für den sog. **„dolus directus ersten Grades"**.[209] Dieser ist dadurch gekennzeichnet, dass das voluntative Element die höchste strafrechtlich relevante Intensität aufweist. Der schwächere Grad des Wollens, das bloße „Inkaufnehmen" bzw. „Sich abfinden mit", reicht hier also nicht. Dagegen ist auf der Wissens-Seite ein gesteigerter Grad nicht erforderlich. Absicht kann sowohl mit einer Gewissheits- als auch mit einer Möglichkeitsvorstellung verbunden sein.[210] Inhaltlich bedeutet „Absicht" Zielgerichtetheit des Willens.[211] Die Erlangung der

---

[205] Kudlich et al. (2007), 321 ff.
[206] Vgl. auch Eisele (2012b), Rn. 59.
[207] Es spricht sicher einiges für die Ansicht, dass praktisch in jeder Wegnahme zugleich auch eine Zueignung enthalten ist, vgl. Hirsch (1963), 149 (150 Fn. 8); Lampe (1966), 225 (236); aA Gössel (1996), § 7 Rn. 47.
[208] Bloy (1987), 187; Lampe (1966), 225 (230); Samson (1980), 285 (292).
[209] Baumann et al. (2003), § 20 Rn. 44; Samson (1980), 285 (292); Seelmann (1985), 454.
[210] Baumann et al. (2003), § 20 Rn. 42.
[211] Eisele (2012b), Rn. 78; Tenckhoff (1980), 723 (726).

mittels Zueignung herzustellenden Position muss für den Täter Hauptbeweggrund sein, mag dieses Ziel auch nur Zwischenstation auf dem Weg zu einem weiteren Endziel sein.[212]

Beispiel

T nimmt dem Juwelier J ein wertvolles Collier weg. T will dieses Schmuckstück der von ihm verehrten F schenken und hofft, dadurch die Gunst der F zu gewinnen.

Die Haupttriebfeder des T bei seiner Tat ist hier die Hoffnung, durch ein wertvolles Geschenk die Bereitschaft der F wecken zu können, eine Beziehung mit ihm einzugehen. Darauf kam es ihm letztlich an. Zwangsläufig musste es ihm daher aber auch darauf ankommen, zuvor das Collier zu erlangen. Denn dies ist ein notwendiges Zwischenziel. Daher handelte T mit auf Zueignung des Schmuckstücks gerichteter Absicht.

Die Gleichsetzung der Absicht mit dem dolus directus erweckt den Anschein, dass der bedingte Vorsatz (**dolus eventualis**) im Rahmen der Zueignungsabsicht keinen Platz hat, also zur Erfüllung dieses subjektiven Tatbestandsmerkmals nicht ausreicht. Aber dieser Schein trügt. Innerhalb der Bezugsobjekte der Absicht muss nämlich differenziert werden. Nur teilweise ist dolus directus erforderlich. Zerlegt man die „rechtswidrige Zueignung" in Einzelteile (s. o. 1.2.2.3.1), entstehen Absichts-Bezugsgegenstände, hinsichtlich derer dolus eventualis ausreicht. Wie später noch darzulegen sein wird, besteht die „Zueignung" aus einer Aneignungskomponente und einer Enteignungskomponente. Nach h. M. ist nur hinsichtlich der erstgenannten echte Absicht im Sinne des dolus directus ersten Grades erforderlich.[213] Bezüglich der Enteignung genügt es, wenn der Täter mit bedingtem Vorsatz handelt.[214] Des Weiteren genügt der dolus eventualis in Bezug auf die Rechtswidrigkeit der beabsichtigten Zueignung. Der Täter braucht es also nur billigend inkaufnehmend für möglich zu halten, dass die beabsichtigte Zueignung rechtswidrig ist.[215] Zwischen Zueignungsabsicht und Wegnahme muss **Synchronität** bestehen. Der Täter muss die Zueignungsabsicht haben, während er die Wegnahme vollzieht.[216]

Beispiel

T nimmt dem O ein Fahrrad weg, handelt dabei aber ohne Zueignungsabsicht. Nachdem T mit dem Rad die erste längere Fahrt gemacht hat, beschließt er die Zueignung desselben.

---

[212] Baumann et al. (2003), § 20 Rn. 45; Wessels (1965), 1153 (1154).

[213] Eisele (2012b), Rn. 78; Fahl (2014), 382 (384).

[214] Eisele (2012b), Rn. 69; Ranft (1984), 279; Samson (1980), 285 (292); aA Hauck (2007), 230; Münchener Kommentar zum StGB-Schmitz (2012), § 242 Rn. 119); Schmitz (2007), 759 (774).

[215] Maurach et al. (2009), § 33 Rn. 56.

[216] BGH, NStZ 2011, 36 (37); BGH, JR 1985, 517 (518); BayObLG, NJW 1961, 280 (281); LG Düsseldorf, NStZ 2008, 155 (156); Meurer (1992), 347.

Ebenso wie generell der „dolus subsequens" strafrechtlich irrelevant ist,[217] ist auch eine der Gewahrsamsbegründung nachfolgende Zueignungsabsicht nicht geeignet, Strafbarkeit aus § 242 I zu begründen. Es fehlt an der Gleichzeitigkeit mit der Wegnahme. Zu beachten ist aber, dass durch die weitere Benutzung des Fahrrades das Handlungsmerkmal des Unterschlagungstatbestandes „Zueignung" erfüllt werden kann. Zwischen dem objektiven Zueignungsakt und dem subjektiven Zueignungsvorsatz besteht dann Synchronität, Strafbarkeit aus § 246 I ist also möglich.[218] Ebenfalls kommt als Bestrafungsgrundlage – weil keine Zueignungsabsicht voraussetzend – § 248b in Betracht.

1.2.2.3.3 Zueignung
1.2.2.3.3.1 Allgemeines
Im Mittelpunkt der Zueignungsabsicht steht der Begriff „Zueignung". Das Wort deutet an, dass es dabei um eine Beziehung zwischen Person und Sache geht, die etwas mit „Eigentum" zu tun hat. Zueignungsabsicht ist demzufolge die Absicht zur Herstellung einer solchen Beziehung. Nur die Absicht ist erforderlich, ein objektiv als Zueignung qualifizierbarer Vorgang („Zueignung durch Wegnahme")[219] ist nicht Strafbarkeitsvoraussetzung des Diebstahls.[220] Um eine Beziehung zwischen Person und Sache handelt es sich auch bei dem „Gewahrsam", der – wie oben gesehen (1.2.1.4.2) – im Zentrum des objektiven Tatbestandsmerkmals „Wegnahme" steht. Wenn also hier im subjektiven Tatbestand eine die Wegnahme begleitende Zueignungsabsicht gefordert wird, muss der Erfolg der Zueignung eine Sachbeziehung sein, die Gewahrsam voraussetzt, mit ihm aber nicht identisch ist, sondern über ihn hinausgeht. Gewahrsam ist eine Sachherrschaft, die auch ein Nichteigentümer innehaben kann, die also auch ohne Zueignungsabsicht möglich ist. Daher bedeutet Begründung des Gewahrsams nicht notwendig Begründung einer eigentumsähnlichen Herrschaftsposition. Mit „Zueignung" ist aber die Verschaffung einer Herrschaftsstellung gemeint, wie sie gem. § 903 BGB der Eigentümer gegenüber seiner Sache hat.[221] Wer mit Zueignungsabsicht wegnimmt, will mehr als nur die tatsächliche Sachherrschaft: Er will eine eigentümergleiche Sachherrschaft, also Eigenbesitz.[222]

Andererseits bedeutet Zueignung nicht Verschaffung und Erwerb der **rechtlichen** Position des Eigentümers, also des Eigentums.[223] Dies scheitert nämlich in den meisten Diebstahlsfällen an zivilrechtlichen Barrieren: Der Dieb kann durch seine Tat in der Regel nicht Eigentümer der Sache werden. Allein in den Fällen, in denen die Wegnahme oder eine ihr nachfolgende Handlung einen zivilrechtlichen Eigentumserwerbstatbestand wie § 946 BGB oder § 950 BGB erfüllt, ist ein Eigen-

---

[217] Baumann et al. (2003), § 20 Rn. 62.

[218] BGH, NStZ 2011, 36 (37); BayObLG, NJW 1961, 280 (281).

[219] Schmidhäuser (1978), 345 (347).

[220] Gössel (1973), 591 (601); Tenckhoff (1980), 723 (726).

[221] Schmitz (2007), 759 (764).

[222] Seelmann (1985), 288; Wessels (1965), 1153 (115).

[223] Rönnau (2000), 410 (411); Rudolphi (1965), 33 (38); Tenckhoff (1980), 723; Ulsenheimer (1979), 169 (170); Wessels (1965), 1153 (1154).

tumserwerb möglich.[224] Im Übrigen lässt in der Regel sogar die Weiterveräußerung des Diebesguts an gutgläubige Dritte die ursprüngliche Eigentumslage unberührt, § 935 I BGB.

Die (beabsichtigte) Zueignung vermag also nicht das formale Eigentumsrecht aus seiner ursprünglichen Beziehung zu seinem Inhaber zu lösen und in eine neue Beziehung mit dem Täter oder einem Dritten zu übertragen. Nur die aus dem Eigentum ableitbare – in § 903 BGB beschriebene[225] – und durch das formale Eigentumsrecht legitimierte **tatsächliche Machtstellung**[226] kann Gegenstand der Zueignung sein. Allein darauf ist die Zueignungsabsicht gerichtet: Der Täter strebt nach einer faktischen Position, die die Merkmale aufweist, die für die rechtlich fundierte Sachherrschaft des Eigentümers charakteristisch sind. Der Täter will sich eine Quasi-Eigentümer-Position verschaffen: „**se ut dominum gerere**".[227]

Da der Täter nicht Eigentümer wird, maßt er sich mit der Zueignung eine Herrschaft an, der die eigentumsrechtliche Deckung fehlt. Der Zueignungsbegriff enthält also eine Anmaßungskomponente, die üblicherweise als „**Aneignung**" bezeichnet wird. Kehrseite der Anmaßung ist die Verdrängung des Eigentümers aus der ihm von Rechts wegen zustehenden Herrschaftsstellung. Daher enthält der Zueignungsbegriff auch eine Verdrängungskomponente. Diese nennt man „**Enteignung**".[228]

Zueignungsabsicht ist also

• die Absicht des Täters,
• den Eigentümer zu
• enteignen
• und die Sache sich selbst oder einem Dritten
• anzueignen.[229]

1.2.2.3.3.2 Enteignung

Enteignung ist die **opferbezogene** und damit die Komponente des Zueignungsbegriffs, die den eigentumsverletzenden Charakter zum Ausdruck bringt. Dagegen besteht zwischen der Aneignung und der Eigentumsverletzung kein unmittelbarer Zusammenhang.[230] Mit der Enteignung wird dem Eigentümer ein Verlust zugefügt, der über die Wegnahme der Sache hinausgeht. Da bereits die Wegnahme einen tatsächlichen Verlust der Sache bewirkt, dieser aber noch keine Enteignung ist, gewinnt für die Enteignungskomponente der Zueignung ein Zeitfaktor ausschlaggebende Bedeutung:

---

[224] Tenckhoff (1980), 723 Fn. 12; Ulsenheimer (1979), 169 (170);Wessels (1965b), 1153 (1154).

[225] Ulsenheimer (1979), 169 (171); Wessels (1965b), 1153 (1154); Wessels (1965a), 631 (634).

[226] Zum Unterschied zwischen formaler Rechtsposition und inhaltlicher Rechtsmacht beim Eigentum instruktiv Sax (1971), S. 321 (332); Rudolphi (1965), 33 (38).

[227] Rudolphi (1965), 33 (39); Tenckhoff (1980), 723; Ulsenheimer (1979), 169 (170); krit. dazu Schmitz (2007), 759 (762).

[228] Wessels (1965a), 631 (633).

[229] OLG Düsseldorf, JZ 1986, 203 (204); Bloy (1987), 187 (188); Schmidhäuser (1978), 345 (348); Tenckhoff (1980), 723 (724); Ulsenheimer (1979), 169 (171); Wessels (1965b), 1153.

[230] Rönnau (2000), 410 (411).

Enteignung bedeutet **dauernde und endgültige** Entziehung der Sache.[231]
Der Täter handelt also mit Enteignungsabsicht, wenn er bewirken will, dass der
Eigentümer seine Sache nie wieder zurückbekommt. Daher fehlt es an der Enteig-
nungs- und demzufolge auch an der Zueignungsabsicht, wenn der Täter die weggenommene Sache dem Eigentümer nur vorübergehend entziehen und sie ihm später
wieder zurückgeben will. Dieser sog. **„Rückführungswille"** steht der Zueignungsabsicht entgegen. Der Täter, der die weggenommene Sache nur eine begrenzte Zeit
benutzen und anschließend an den Eigentümer zurückgelangen lassen will, begeht
einen sog. „Gebrauchsdiebstahl" **(furtum usus)**, der nicht nach § 242 I strafbar
ist.[232]

Beispiele

(1) Jurastudent A nimmt seinem Kommilitonen B den „Palandt" weg, um mit
     Hilfe dieses Kommentars die Hausarbeit in der BGB-Übung anzufertigen.
     Nach Fertigstellung der Hausarbeit will A den Palandt zu B zurückbringen.
(2) T nimmt dem O das neue Rennfahrrad weg, um damit eine kleine Radtour zu
     machen. Nach der Tour will er das Rad zu O zurückbringen.

Da A den B (**Beispiel 1**) und T den O (**Beispiel 2**) nicht enteignen wollten,
handelten sie ohne Zueignungsabsicht. Deshalb sind sie nicht aus § 242 I strafbar. Daran würde sich auch nichts ändern, wenn sie sich nach der Wegnahme
entschlössen, die gestohlene Sache nicht zurückzugeben, sondern zu behalten.
Denn strafbarkeitsbegründend ist nur der Enteignungsvorsatz, der bei Vollzug
der Wegnahme vorhanden ist (siehe oben 1.2.2.3.2). Während für A daraus die
Straflosigkeit folgt, ergibt sich für T möglicherweise Strafbarkeit aus einem anderen Straftatbestand. Denn er hat mit seiner Tat auch den objektiven Tatbestand
des § 248 b I verwirklicht. Der subjektive Tatbestand des § 248 b I verlangt nur
Vorsatz, § 15, keine darüber hinausgehende Zueignungsabsicht. Daher ist T aus
§ 248 b I strafbar.

Die Enteignungsabsicht ist keine „Absicht" im streng dogmatischen Sinn (dolus
directus ersten Grades). Ausreichend ist vielmehr **dolus eventualis** (siehe oben
1.2.2.3.2). Daher erfüllt diese Komponente der Zueignungsabsicht auch, wer die
Rückerlangung der Sache durch den Eigentümer für möglich hält, die entgegengesetzte Alternative – endgültiger Verlust der Sache – aber billigend in Kauf nimmt.[233]

---

[231] BGH, NStZ 1981, 63; LG Zweibrücken, NStZ-RR 1999, 327 (328); Rudolphi (1965), 33 (41);
Tenckhoff (1980), 723 (724); Wessels (1965b), 1153 (1155).

[232] RGSt 64, 259 (260); BGH, NStZ 1996, 38; BGH, JZ 1986, 1123; OLG Düsseldorf, JZ 1986,
203 (204); Rudolphi (1965), 33 (46); Schröder (1964), 229; Ulsenheimer (1979), 169 (172); Wessels (1965b), 1153 (1155); Wessels (1965a), 631 (634).

[233] Gropp (1985), 518 (520); Gropp (1999), 1041 (1043); Schröder (1964), 229; Ulsenheimer
(1979), 169 (172); Wessels (1965b), 1153 (1156).

Beispiel

T stiehlt in Potsdam den Pkw des O, um mit dem Wagen nach Berlin zu fahren. Er will das Fahrzeug nach der Ankunft in Berlin einfach irgendwo abstellen und stehenlassen. T ist sich nicht sicher, dass der Wagen unter diesen Umständen wieder zu seinem Eigentümer in Potsdam zurückgelangen wird.

Da T es für möglich hält, dass O seinen Wagen zurückbekommt, hält er es auch für möglich, dass es dazu nicht kommen wird. Damit ist das kognitive Element des bedingten Enteignungsvorsatzes gegeben.[234] Sofern auch das voluntative Element – die billigende Inkaufnahme – vorliegt, hat T mit Enteignungsvorsatz gehandelt.[235]

Der Rückführungswille schließt die Strafbarkeit unabhängig davon aus, ob der Eigentümer seine Sache später **tatsächlich zurückbekommt** oder nicht.[236] Entscheidend ist allein der im Zeitpunkt der Tatausführung vorhandene Wille zur Rückführung.[237] Die tatsächliche Rückgabe der Sache kann die Strafbarkeit deswegen nicht beseitigen, wenn sie auf einem Rückgabeentschluss beruht, der erst nach der Wegnahme gefasst wurde.

Beispiele

(1) T nimmt dem O das Fahrrad weg und will es behalten. Nachdem T die erste Probefahrt mit dem Rad gemacht hat, gefällt es ihm nicht mehr. Daher bringt er es heimlich nachts zu O zurück.

(2) Abwandlung: T will mit dem Fahrrad eine Probefahrt machen und es anschließend zu O zurückbringen. Nach der Probefahrt gefällt ihm das Rad so gut, dass er es zu behalten beschließt.

In **Beispiel 1** hatte T während der Wegnahme des Fahrrads den Vorsatz, den O endgültig zu enteignen. Da er sich das Fahrrad auch aneignen wollte, handelte er mit Zueignungsabsicht. Strafbarkeit aus § 242 I ist begründet. Der erst später gefasste Rückführungswille ändert daran ebenso wenig etwas wie die tatsächliche Rückgabe des gestohlenen Fahrrads. In **Beispiel 2** hingegen schließt der im Zeitpunkt der Wegnahme vorhandene Rückführungswille die Zueignungsabsicht und damit die Strafbarkeit aus § 242 I aus, obwohl T nach der Wegnahme Enteignungsvorsatz hatte und das Fahrrad nicht zu O zurückbrachte.

Strafbarkeitsrelevant ist der Rückführungswille nur, soweit er sich auf **dieselbe Sache** bezieht, die Gegenstand der Wegnahme ist.[238] Die Bereitschaft zum Ausgleich des Verlustes durch Verschaffung einer gleich- oder gar höherwertigen anderen Sa-

---

[234] Ungenau daher BGH, NStZ 1996, 38, wo § 242 verneint wird, wenn der Täter „damit rechnete, das Fahrzeug werde... alsbald wieder zu dem Berechtigten zurückgelangen."

[235] Ranft (1984), 277 (280); Schaffstein (1933), 292 (311) Fn. 39; aA Rudolphi (1965), 33 (50).

[236] BGH, JR 1985, 517 (518).

[237] LG Zweibrücken, NStZ-RR 1999, 327 (328); Kindhäuser (1995), 655 (673).

[238] Wessels (1965b), 1153 (1155).

che oder zur Zahlung eines dem Wert der weggenommenen Sache entsprechenden oder diesen sogar übersteigenden Geldbetrages schließt den Enteignungsvorsatz nicht aus.

Beispiele

(1) T nimmt seinem Arbeitskollegen O eine Flasche Milch weg und trinkt sie aus. Wenig später kauft T eine Flasche Milch und steckt sie heimlich in die Aktentasche des O. Dies hatte T von vornherein vor.

(2) X nimmt dem Y ein Fahrrad weg. Das Rad hat einen Wert von knapp 400 €. Einen Tag später erhält Y einen von X abgeschickten anonymen Briefumschlag, der fünf Hundert-Euro-Scheine und einen Zettel mit den Worten „Für das Fahrrad" enthält. Diesen Brief hatte X schon vor Wegnahme des Fahrrads abgeschickt.

Die Tatsache, dass T und X dem O (**Beispiel 1**) und dem Y (**Beispiel 2**) keinen Vermögensschaden zufügen wollten und tatsächlich auch keine Vermögensschäden verursacht haben, wäre im Rahmen von echten Vermögensdelikten[239] sicher strafbarkeitserheblich. Diebstahl jedoch ist ein Eigentumsdelikt, bei dem die Strafbarkeit nicht davon abhängt, ob mit der Beschädigung des Eigentums auch eine Minderung des Opfergesamtvermögens verbunden ist. Da zur Begründung der Strafbarkeit ein Vermögensschaden bzw. ein darauf gerichteter Wille des Täters nicht erforderlich ist, kann deren Fehlen die Strafbarkeit nicht ausschließen. Für den Enteignungsvorsatz ist deshalb erforderlich und ausreichend, dass der Täter den Eigentümer dauernd aus seiner Herrschaftsposition gegenüber der weggenommenen Sache verdrängen will. Diese Absicht hatte sowohl T als auch X. Ihre in die Tat umgesetzte Bereitschaft, den Bestohlenen zum Ausgleich des Verlustes eine neue Herrschaftsposition an Ersatzsachen (Surrogaten) zu verschaffen, vermag daran nichts zu ändern.[240]

Eine Ausnahme von dem soeben Gesagten könnte allerdings bei dem **Tatobjekt „Geld"** gemacht werden. Dem Eigentümer von Geld ist in der Regel gleichgültig, durch welche Banknoten und Münzen der ihm gehörende Geldbetrag verkörpert wird. Sein Herrschaftsinteresse richtet sich allein auf den Wert, der in den Münzen und Banknoten steckt. Auch der Gegenstand seines Erhaltungsinteresses ist allein der Geldbetrag. Dieses Interesse wird daher nicht beeinträchtigt, wenn der Geldbetrag trotz Entziehung der Geldstücke unvermindert erhalten bleibt.

Beispiel

Dem bei Frau O zur Untermiete wohnenden Studenten T wird von H ein neuer Computer geliefert. T will dem H 5 € Trinkgeld geben, hat aber nur einen Zehn-Euro-Schein zur Hand. Da ihm dieser Betrag als Trinkgeld zu hoch erscheint,

---

[239] Dazu Eisele (2012b), Rn. 3; Rengier (2014a), § 1 Rn. 2.

[240] Nach Gribbohm (1968), 240 (241) soll bei sofortiger Ersetzung weggenommener vertretbarer Sachen die Zueignungsabsicht entfallen, wenn der Betroffene an der entzogenen individuellen Sache kein schutzwürdiges Interesse hat; dagegen zutr. Wessels et al. (2013c), Rn. 202.

geht er in die Küche der O, entnimmt dort einer Keksdose zwei Fünf-Euro-Scheine und legt seinen Zehn-Euro-Schein hinein. Einen der beiden Fünf-Euro-Scheine gibt er dem H.

Die Ersetzung der beiden Fünf-Euro-Scheine durch den Zehn-Euro-Schein ändert nichts daran, dass T der O das Geld weggenommen hat.[241] Auch am Enteignungsvorsatz ist nicht zu zweifeln, wenn als Objekte der Enteignung die beiden Geldscheine betrachtet werden. Stellt man dagegen darauf ab, dass T der O den **Wert** der beiden Fünf-Euro-Scheine nicht endgültig entziehen wollte, entfällt der Enteignungsvorsatz. Diese Beurteilung des Falles wird in der Literatur vereinzelt befürwortet, da bei Geld der Wert so sehr im Vordergrund stehe und die Sachsubstanz demgegenüber so bedeutungslos sei, dass man die Geldzueignung nur in einer Wertverschaffung sehen könne.[242] Allerdings hat der Perspektivwechsel von den Geldscheinen hin zum Geldbetrag die Konsequenz, dass der Enteignungsvorsatz nicht nur dann entfällt, wenn der Täter – wie im vorliegenden Beispiel – den weggenommenen Geldbetrag sofort ersetzt,[243] sondern auch dann, wenn er mit dem Willen handelt, die Summe zu einem späteren Zeitpunkt – der noch ungewiss sein kann – zurückzuzahlen.[244] Für den Betroffenen ist in diesem Fall keineswegs sicher, dass er sein Geld wirklich zurückbekommen wird. Voraussetzung der Straflosigkeit des Täters wäre dies ja auch nicht. So verhält es sich zwar ebenfalls, wenn der Täter eine bestimmte Sache in der Absicht wegnimmt, sie vorübergehend zu benutzen und danach dem Eigentümer wieder zurückzugeben, später dann aber doch nicht zurückgibt. Aber immerhin hat dieser Täter bei der Wegnahme den Willen, die Sache bei sich zu behalten, um sie später zurückgeben zu können. Dies begründet eine relativ große Chance des Opfers, seine Sache tatsächlich zurückzubekommen. Geld dagegen wird nicht weggenommen, um es zu behalten oder zu „benutzen", sondern um es auszugeben. Der Täter, der fremdes Geld wegnimmt, hat dabei nicht den Willen, dieses Geld für eine etwaige spätere Rückzahlung aufzubewahren. Grundlage seines Rückführungswillens ist vielmehr die Vorstellung, nach der Ausgabe des weggenommenen Geldes wieder genügend Geld einzunehmen, um dem Betroffenen den entwendeten Geldbetrag zurückzahlen zu können. Ob dies gelingen wird, ist aber vor allem bei einem Täter, der Geld wegnimmt, weil er momentan kein eigenes Geld hat, recht ungewiss. Zudem führt neu eingenommenes Geld stets in Versuchung, es sogleich für eigene Zwecke auszugeben, anstatt es dem Opfer als Ersatz für das weggenommene Geld zukommen zu lassen. Die Restitutionsaussicht des Opfers einer Geldwegnahme ist also im Regelfall geringer als die des Opfers, dem sonst eine Sache weggenommen wurde. Natürlich trifft dies weder auf den Fall des „Geldwechslers" noch auf den Fall des ehrlichen Mitbürgers zu, der durch die Wegnahme nur einen ganz kurzfristigen Liquiditätsengpass

---

[241] Bollweg (1985), 605 (607); Krey et al. (2012b), Rn. 57.

[242] Roxin (1966), 467 (471); ähnlich Maiwald (1971), 579 (582).

[243] Nur unter der Voraussetzung sofortigen Verlustausgleichs will ja die täterfreundliche Auffassung Strafbarkeit aus § 242 verneinen, vgl. Gribbohm (1968), 240 (241).

[244] Anders – aber inkonsequent – Roxin (1966), 467 (478).

überbrücken will – z. B. Kleingeld zum Telefonieren oder für einen Parkschein-automaten braucht – und über genügend Mittel verfügt, den weggenommenen Geldbetrag unverzüglich zurückzuzahlen. Jedoch sollte man deren Straflosigkeit nicht mit dem Fehlen von Zueignungsabsicht begründen.[245] Denn in den Genuss der so begründeten Straflosigkeit könnten auch Täter kommen, bei denen dies dem Interesse des Opfers abträglich wäre. Besser ist es deshalb, die Lösung über den Ausschluss der Rechtswidrigkeit durch „mutmaßliche Einwilligung" zu su-chen.[246]

Da der Rückführungswille den Enteignungsvorsatz nur dann ausschließt, wenn er sich auf die weggenommene Sache bezieht, weggenommene und rückzuführende Sache also identisch sein müssen, können **Veränderungen**, die die Sache nach dem Willen des Täters bis zu der beabsichtigten Rückgabe erfahren soll, einem beachtlichen Rückführungswillen entgegenstehen. Ist nämlich die Sache nach der Veränderung nicht mehr „dieselbe" wie vor der Wegnahme, liegt trotz Rückgabe dieser Sache eine dauernde Enteignung des Opfers vor. Folglich handelt der Täter mit Enteignungsvorsatz, wenn er die Sache in derartig gravierend verändertem Zu-stand zurückgeben will. Kriterium für Art und Ausmaß der relevante Veränderung ist das sachimmanente Funktions- und Gebrauchspotential der Sache. Eine Sache, die nicht mehr zu dem Zweck zu gebrauchen ist, für den sie bestimmt ist, hat ihre ursprüngliche Identität eingebüßt. Insbesondere schwere Beschädigungen oder der Verschleiß einer Sache auf Grund länger dauernden Gebrauchs stehen einer dauern-den Entziehung der Sache gleich und sind daher eine Enteignung.[247]

Beispiele

T entwendet Batterien und betreibt damit sein Kofferradio, bis aus dem Gerät kein Ton mehr zu hören ist. Des Weiteren entwendet er Tennisbälle, spielt mit ihnen zwei Wochen (auch im Regen), bis sie kaum noch vom Boden abspringen. Dann entwendet er noch vier neue Autoreifen, mit denen nach 100.000 gefahre-nen Kilometern die Teilnahme am Straßenverkehr nur noch unter Lebensgefahr möglich ist. Schließlich entwendet T eine Telefonkarte, mit der er telefoniert, bis alle Einheiten restlos verbraucht sind.

Die Sachen können hier nur noch in einem Zustand zurückgegeben werden, der von der Sachbeschaffenheit vor der Wegnahme so erheblich abweicht, dass von einem Rückführungswillen nicht die Rede sein kann. Es sind nicht mehr die-selben Sachen, die die Eigentümer vor der Tat hatten. Der Täter handelte daher mit dem Vorsatz dauernder Enteignung.

---

[245] Gössel (1996), § 6 Rn. 38; aA Roxin (1966), 467 (478).

[246] Bollweg (1985), 605 (607 ff.); Kindhäuser (1995), 655 (666); Krey et al. (2012b), Rn. 59; aA Sax (1971), 321 (323); vgl. auch Fall 14 bei Krey et al. (2012b), Rn. 57.

[247] BGHSt 34, 309 (312); Gropp (1999), 1041 (1043); Rudolphi (1965), 33 (47); Rudolphi (1985), 252 (253); Schröder (1967), 390 (391); Seelmann (1985), 288; Wessels (1965b), 1153 (1156); aA Gössel (1993), S. 39 (45); Kindhäuser (1995), 655 (671).

Keine Enteignung ist dagegen eine Entwertung der Sache, die nicht durch Veränderung ihrer Substanz, sondern allein durch ihre **Vorenthaltung** während eines bestimmten Zeitraumes – ähnlich der „Unterdrückung" in § 274 I Nr. 1 – verursacht worden ist. Erhält das Opfer die Sache danach in unverändertem Zustand zurück, so begründet der Umstand, dass die einmalige Gelegenheit zur Benutzung der Sache inzwischen verstrichen ist, keine Enteignung.[248]

Beispiele

Der Täter gibt dem Opfer eine Tageszeitung vierzehn Tage nach ihrem Erscheinen, eine Konzertkarte einen Tag nach dem Konzert, eine Prüfungshausarbeit einen Tag nach dem Abgabetermin, ein Redemanuskript einen Tag nach dem Vortragstermin zurück.

Die zurückerhaltenen Sachen sind für den Eigentümer zwar wertlos geworden. Jedoch ist ihre Substanz unverändert. Daher liegt eine Rückführung der Sache vor, die eine dauernde Enteignung ausschließt. Das erkennt man vor allem daran, dass der Wertverlust des Eigentümers unabhängig davon ist, ob der Täter selbst den Nutzen aus der Sache gezogen, also z. B. die Zeitung gelesen oder das Konzert besucht hat. Unmaßgeblich ist insbesondere die Dauer der vorübergehenden Sachentziehung. Es gibt keinen Zeitpunkt, an dem ein bis dahin strafloser furtum usus automatisch in einen strafbaren Diebstahl „umschlägt".[249]

Zu unterscheiden sind diese Fälle der sachsubstanzneutralen Wertvernichtung von den Fällen der **Wertpapierentwendung**, bei denen der Täter eine mit der weggenommenen Sache verbundene Berechtigung ausübt und diese damit dem Opfer endgültig entzogen wird, obwohl ihm die Sache ihrer Substanz nach erhalten bleibt.[250]

Beispiele

Der Täter fährt in der S-Bahn mit einer entwendeten Fahrkarte von Berlin nach Potsdam und gibt das Ticket danach dem Opfer zurück;[251] der Täter besucht mit einer entwendeten Konzert-, Kino- oder Theaterkarte die betreffende Veranstaltung und gibt danach die entwertete Karte dem Opfer zurück; der Täter hebt von einem entwendeten Sparbuch das Guthaben ab und gibt das Sparbuch anschließend zurück.

Die Besonderheit dieser Fälle besteht darin, dass die betroffenen Sachen einen Wert verkörpern, der weit über den Materialwert hinausgeht. Der Verlust

---

[248] Anders Wessels (1965b), 1153 (1156), nach dem ein „unangemessen langer Gebrauch" Enteignung sein soll, selbst wenn damit keine wesentliche Wertminderung der Sache verbunden ist; ähnlich Gropp (1999), 1041 (1043); Schmidhäuser (1978), 345 (352); Schröder (1967), 390 (391).

[249] Kindhäuser (1995), 655 (673).

[250] Kindhäuser (1995), 655 (665); Seelmann (1985), 288 (289).

[251] Die Fahrkarte ist zwei Stunden nach Fahrtantritt ungültig geworden. Der Beginn des Gültigkeitszeitraums ist auf das Ticket gestempelt.

des Opfers besteht daher nicht in der geringfügigen Substanzverschlechterung – z. B. durch Abstempelung der Fahrkarte –, sondern darin, dass die mit der Sache dokumentierte Berechtigung erloschen ist. Es ist fraglich, ob die Entziehung dieser Rechtsstellung die Enteignungskomponente ausfüllen kann. Dabei geht es letztlich um die Frage, was das Gesetz in § 242 I mit „die Sache" – früher (vor dem 6. StrRG): „dieselbe" – meint, also um den Gegenstand der Zueignung. Näher dazu unten 1.2.2.3.3.4.

Umstritten ist das Vorliegen einer enteignungsgleichen Entwertung bei der kurzfristigen **Benutzung von Sachen, die zuvor in einem Warenhaus entwendet** und nach dem Gebrauch wieder zurückgebracht wurden. Sofern die Benutzung die Sachsubstanz sichtbar beeinträchtigt hat und daher die Sache nicht mehr als neuwertige Ware verkauft werden kann, ist die Bejahung einer Enteignung nach dem oben zur Identitätsveränderung gesagten unproblematisch. Schwierig ist die Beurteilung dagegen, wenn die Sache ohne erkennbare Verschlechterung an den Berechtigten zurückgelangt ist.

Beispiel

Die Studenten A und B nehmen in der Buchabteilung eines Kaufhauses je einen Kriminalroman aus dem Regal, um die Bücher zu Hause zu lesen und nach der Lektüre unbemerkt wieder ins Kaufhaus zurückzubringen. Der etwas schlampige A rechnet dabei von vornherein damit, dass „sein" Buch beim Lesen mit Eselsohren, Rotwein- und Fettflecken verunstaltet werden könnte. Dagegen ist der sehr ordentliche B davon überzeugt, dass ihm dergleichen mit „seinem" Buch nicht passieren werde.

Wie stets bei der Prüfung der Zueignungsabsicht spielt es auch hier keine Rolle, ob die Bücher tatsächlich wieder an ihren Platz im Kaufhausregal zurückgebracht werden und in welchem Zustand sie sich nach dem Lesen befinden. Entscheidend ist, was A und B sich im Zeitpunkt der Wegnahme diesbezüglich vorstellten. Der bedingte Vorsatz des A umfasste eine Substanzverschlechterung des Buches, die es zu einem Gegenstand „degradiert", der in dem Kaufhaus nicht mehr als neu verkauft werden kann. Da dies aber für den Kaufhausinhaber die einzige bedeutsame Funktion des Buches ist, hat die Verschlechterung praktisch identitätsvernichtende Wirkung. Der Rückführungswille bezieht sich deshalb nicht auf „dieselbe" Sache, A hat mit Enteignungsvorsatz gehandelt.[252] Dieselbe Beurteilung wird in Rechtsprechung und Literatur auch zu der von B beabsichtigten Benutzung ohne Substanzverschlechterung vertreten. Denn entscheidend sei, dass neuwertige Sachen, die der Eigentümer als neue Sachen zum Verkauf anbietet, nach dem Gebrauch nicht mehr als neuwertig angesehen werden und damit ihre ursprüngliche wirtschaftliche Funktion endgültig eingebüßt haben.

---

[252] Zur Aneignungskomponente vgl. OLG Celle, JR 1964, 266; Gropp (1999), 1041 (1044); Schröder (1964), 266 (267).

Gebrauchte Bücher könnten nur noch antiquarisch verkauft werden.[253] Diese Argumentation ist im Ansatz richtig.[254] Man sollte aber danach differenzieren, ob sich der Verlust der Neuwertigkeit in einer – wenn auch geringfügigen – Veränderung der Sachsubstanz abzeichnet und daher für potentielle Kunden erkennbar ist oder nicht. Im letzteren Fall ist das Buch ebenso weiterhin für den Verkauf geeignet wie ein Buch, das in der Buchhandlung von mehreren interessierten Kunden in die Hand genommen, durchgeblättert und danach wieder – unversehrt – in das Regal zurückgestellt wird.[255]

Der Rückführungswille ist nicht deswegen unbeachtlich, weil der Täter dem Bestohlenen die Sache nur **gegen Entgelt** zurückgeben will. Ausreichend und entscheidend ist, dass die Sache selbst dem Eigentümer nicht endgültig entzogen werden soll.

Beispiele

(1) T nimmt dem O ein wertvolles Gemälde weg, um es ihm anschließend für ein „Lösegeld" von 500.000 € „zurückzuverkaufen".

(2) T „entführt" die Katze des O, um sich anschließend gegenüber O als „Finder" des angeblich entlaufenen Tieres zu gerieren und gegen Rückgabe der Katze einen Finderlohn zu kassieren.

In beiden Beispielen könnten Zweifel an der mit fehlendem Enteignungsvorsatz begründeten Straflosigkeit des T aus § 242 bestehen, da T dem O immerhin eine dauernde Minderung seines Vermögens zugefügt hat. Darüber hinaus hat T in **Beispiel 1** trotz Rückgabe der Sache das Eigentum des O und dessen daraus resultierenden Anspruch aus § 985 BGB auf unentgeltliche Rückgabe nicht anerkannt.[256] Aber das Eigentum erkennt auch der Täter nicht an, der eine Sache wegnimmt, um sie vorübergehend zu gebrauchen und danach unentgeltlich zurückzugeben. Dennoch ist dieser furtum usus zweifellos kein Diebstahl. Dessen Unterschied zu dem Verhalten des T in den Beispielsfällen besteht nur darin, dass über den temporären Entzug der Sache hinaus kein – dauernder – Vermögensschaden verursacht wird. Jedoch kommt es bei § 242 darauf nicht an. Diebstahl ist in erster Linie Eigentumsdelikt und nur insoweit auch Vermögens-

---

[253] OLG Celle, NJW 1967, 1921 (1922); zustimmend Gribbohm (1968), 1270 (1271); Gropp (1999), 1041 (1044).

[254] Münchener Kommentar zum StGB-Schmitz (2012), § 242 Rn. 131; Rengier (2014a), § 2 Rn. 61; aA Gössel (1996), § 6 Rn. 61, der hier nur § 303 anwenden will; ähnlich Zopfs (2009), 649 (657).

[255] Androulakis (1968), 409 (414); Rudolphi (1965), 33 (46); Schröder (1967), 390 (392); Widmann (1969), 529 (530); Ulsenheimer (1979), 169 (178).

[256] Aus diesem Grund bejaht die hM bei Beispiel 1 Enteignungsvorsatz, wenn der Täter die Sache dem Eigentümer verkauft und ihm dabei verheimlicht, dass es seine eigene Sache ist, RGSt 57, 199; OLG Hamm, NStZ 2008, 154 (155); Eisele (2012b), Rn. 74; Gribbohm (1966), 191 (192); Jäger (2000), 651 (652); Ranft (1984), 277 (282); Rengier (2014a), § 2 Rn. 62; Rudolphi (1965), 33 (43); Rudolphi (1985), 252 (253); Samson (1980), 285 (292); Tenckhoff (1980), 723 (724); Ulsenheimer (1979), 169 (179); Wessels (1965b), 1153 (1156); Wessels (1965a), 631 (634); Widmaier (1970), 672 (673); Zopfs (2009), 649 (656); aA Seelmann (1985), 288 (290).

delikt, als mit der Eigentumsverletzung in der Regel tatsächlich eine Vermögensbeschädigung einhergeht. Der Gesichtspunkt des Vermögensschadens darf aber
nicht dort in den Vordergrund treten und für die Strafbarkeit ausschlaggebend
werden, wo es an der erforderlichen Eigentumsverletzung gerade fehlt. Es ist
daher zu akzeptieren, dass das Fehlen eines auf dauernde Enteignung gerichteten
Vorsatzes die Strafbarkeit aus § 242 auch dann ausschließt, wenn der Täter die
Rückführung ausnutzen will, um sich anderweitig auf Kosten des Eigentümers
zu bereichern.[257] Die Begründung der gebotenen Strafbarkeit muss in diesem
Fall in anderen Straftatbeständen gesucht werden.[258] In Betracht kommen Erpressung (§ 253)[259] und Betrug (§ 263)[260].

Um eine Art Rückführung gegen Entgelt handelt es sich auch bei der eigenmächtigen Verschaffung einer **Sicherheit** durch „In-Pfand-Nahme" einer Sache. Hier fehlt
es am Enteignungsvorsatz, wenn der Täter die Sache nach Befriedigung seines Anspruchs zurückgeben will und er nicht damit rechnet, dass der Schuldner die Leistung verweigern werde.[261]

Beispiel

O hat bei T „Spielschulden" in Höhe von 10.000 €. Eines Tages nimmt T dem O
dessen Pkw weg. Er teilt dem O mit, er bekomme seinen Wagen zurück, sobald
er alles bezahlt habe. T ist davon überzeugt, dass O unbedingt seinen Pkw zurückhaben möchte und daher zahlen werde.

T wollte dem O den Pkw nur vorübergehend entziehen. Er nahm den Pkw
nicht weg, um durch Verwertung – z. B. Verkauf – des Fahrzeugs seinen „Anspruch" gegen O zu befriedigen. Auch hatte er keinen dolus eventualis dahingehend, dass O die Zahlung verweigern und er – T – dann den Pkw behalten
würde. Also handelte T ohne Enteignungsvorsatz.[262] Der Umstand, dass den
„Spielschulden" des O gar keine rechtswirksame Forderung des T korrespon-
dierte (§ 762 I 1 BGB), begründet keine andere rechtliche Beurteilung des Falles. Dieser Gesichtspunkt kann nur im Rahmen der Straftatbestände Betrug oder
Erpressung relevant werden.[263]

Da die Enteignung **gegen den Eigentümer** gerichtet ist, entfällt der Enteignungsvorsatz, wenn der Täter die Sache dem Eigentümer zurückgeben will.[264] Das gilt

---

[257] Dehne-Niemann (2011), 485 (498).

[258] Gropp (1999), 1041 (1044); Grunewald (2005), 520 (535); Schröder, JR 1965, 27; Ulsenheimer
(1979), 169 (171); Widmaier (1970), 672 (673).

[259] Dazu Trunk (1985), 944 ff.

[260] RGSt 55, 59 (60); Gössel (1993), S. 39 (52); Gössel (1996), § 6 Rn. 27; Seelmann (1985), 288
(290).

[261] Bernsmann (1982), 2214, (2215); Kindhäuser (1995), 655 (662); Rudolphi (1965), 33 (41).

[262] Gössel (1996), § 6 Rn. 67.

[263] BGH, NStZ 1988, 216.

[264] BGH, JR 1985, 251 (252); Joerden (1986), 80 (81).

auch dann, wenn sich die Sache im Gewahrsam eines Dritten befand und der Täter sie diesem nicht mehr zurückgeben will. Nimmt der zur Rückgabe an den Eigentümer bereite Täter also die Sache einem Gewahrsamsinhaber weg, der nicht Eigentümer ist, kann der Vorsatz, diesem Gewahrsamsinhaber durch dauernden Sachentzug einen Vermögensschaden zuzufügen, Strafbarkeit aus § 242 nicht begründen.

Beispiele

(1) Bundeswehrsoldat T hat kurz vor seiner Entlassung sein Schiffchen (soldatische Kopfbedeckung) verloren. Da er bei der Rückgabe der Ausrüstungsgegenstände nicht unangenehm auffallen will, entwendet er das Schiffchen seines Kameraden K aus dessen Spind. Dieses Schiffchen gibt T als Bestandteil seiner Dienstkleidung auf der Kleiderkammer ab. Als K später seine Ausrüstung ebenfalls abgibt, fehlt das Schiffchen. K muss deshalb dem Bund Ersatz leisten.

(2) F hat die entlaufene Katze des E gefunden und will sie dem E gegen Finderlohn zurückgeben. Bevor es dazu kommt, nimmt T dem F die Katze weg, gibt sich gegenüber E als Finder aus und kassiert den Finderlohn.

T nimmt hier dem K (**Beispiel 1**) und dem F (**Beispiel 2**) Sachen in der Absicht weg, die mit dem Besitz der Sache verknüpfte Rechtsstellung dieser Gewahrsamsinhaber dauernd zu beeinträchtigen: Er will die Befreiung des K von der gegenüber dem Bund bestehenden Rückgewährpflicht bzw. den Anspruch des F auf Finderlohn (§ 971 BGB) vereiteln. Die Rechtsstellung des jeweiligen Eigentümers will T dagegen nicht dauerhaft beeinträchtigen.[265] Der Bund und E sollen die ihnen gehörenden Sachen zurückbekommen. Dies allein ist im Rahmen des § 242 maßgeblich und steht hier der Strafbarkeit des T wegen Diebstahls entgegen. Wiederum muss man zur Begründung der Strafbarkeit auf andere Straftatbestände (evtl. § 263) zurückgreifen.[266]

1.2.2.3.3.3 Aneignung

Die Aneignung ist die täterbezogene **Anmaßungskomponente** der Zueignung. Zusammen mit dem Enteignungsvorsatz bildet die Aneignungsabsicht die Zueignungsabsicht. Ohne Aneignungsabsicht ist der subjektive Tatbestand des Diebstahls unvollständig. Sachentziehung ohne Eigentumsanmaßungsabsicht ist kein Diebstahl.[267] Der auf dauernde Enteignung gerichtete Vorsatz allein genügt also nicht.[268] Wer dem Eigentümer die Sache zwar endgültig entziehen, sie aber nicht sich selbst

---

[265] Kindhäuser (1995), S. 655 (663); Wessels (1965a), 631 (633).

[266] BGHSt 19, 387 (388); OLG Stuttgart, NJW 1979, 277; Eser (1964), 477 (482); Heubel (1984), 445 (450); Ranft (1984), 277 (285); Rudolphi (1965), 33 (34); Rudolphi (1985), 252 (253); Samson (1980), 285 (292); Seelmann (1985), 288 (290); Tenckhoff (1980), 723; Ulsenheimer (1979), 169 (171); Wessels (1965a), 631 (634); aA OLG Frankfurt, NJW 1962, 1879; OLG Hamm, NJW 1964, 1427 (1429); Kohlhaas (1962), 1879.

[267] Bloy (1987), 187 (188); Kindhäuser (1995), 655 (656).

[268] OLG Köln, NJW 1997, 2611; Fahl (2014), 382 (384); Rudolphi (1965), 33 (38).

oder einem Dritten aneignen will, begeht keinen Diebstahl, obwohl er dem Opfer denselben Schaden zuzufügen scheint wie ein mit Aneignungsabsicht handelnder Dieb.[269] Der Grund für diese Einschränkung der Diebstahlsstrafbarkeit dürfte darin zu sehen sein, dass gegenüber dem nach Güterzuwachs für sich selbst oder einen Dritten strebenden Täter ein höheres Präventionsbedürfnis besteht als gegenüber dem Täter, dem es nur darauf ankommt, dem Eigentümer einen Verlust zuzufügen. Die in Aussicht genommene Aneignung der Sache schafft ein starkes Tatmotiv, welches das Bedürfnis zur Setzung eines entsprechend starken Gegenmotivs begründet.[270] Zudem beinhaltet die illegale Anmaßung einer eigentümergleichen Stellung immer auch einen Verstoß gegen die auf dem Prinzip der Austausch- und Leistungsgerechtigkeit beruhende Güterverteilungsordnung in einer Gesellschaft, mag diese sozial gerecht sein oder nicht. Wer sich – oder einem Dritten – fremdes Gut ohne rechtfertigenden Grund anmaßt, vermehrt nicht nur den Bestand seiner – oder eines Dritten – Güter auf Kosten des Bestohlenen, sondern verschafft sich einen wirtschaftlichen Vorsprung gegenüber allen anderen, die bei ihrem Streben nach Hab und Gut die Grenzen des Rechts respektieren.[271] Dass damit der Wettbewerb um Entfaltungs- und Handlungsspielräume in erheblichem Maße gestört werden kann, liegt gerade beim Diebstahl von Geld und sonstigen umsetzbaren Wertgegenständen auf der Hand. Für die Aufnahme und Beibehaltung des Aneignungsmoments im Diebstahlstatbestand gibt es also durchaus Gründe.

Die Aneignung ist Gegenstand einer „Absicht" im Sinne von **dolus directus** ersten Grades.[272] Dem Täter muss es also auf die Aneignung der Sache ankommen. Anders als bei der Enteignungskomponente reicht dolus eventualis nicht. Tatsächliche Aneignung ist dagegen ebenso wenig Strafbarkeitsvoraussetzung wie tatsächliche Enteignung.

Aneignung bedeutet

- Einverleibung der Sache
- in den eigenen Güterbestand oder
- in den Güterbestand eines Dritten.

Nicht erforderlich ist eine Vermehrung des Vermögenswertes.[273] Denn taugliches Diebstahlsobjekt ist auch eine wertlose Sache.[274] Daher wird der „Zielort" der beabsichtigten Einverleibung hier nicht als „Vermögen", sondern als „Güterbestand" bezeichnet. Damit ist die Gesamtheit der Güter gemeint, die dem Täter oder dem Dritten qua Eigentum zur Verfügung stehen, mit denen er also nach Belieben verfahren kann. Der Dieb muss somit die Absicht haben, sich oder einem Dritten eine Verfügungsmacht über die Sache zu verschaffen, die so umfassend ist wie die eines

---

[269] Schaffstein (1933), 292 (308, 312); Ulsenheimer (1979), 169 (173).

[270] Jakobs (1993), 8/41; Tenckhoff (1980), 723.

[271] Rönnau (2000), 410 (428).

[272] Gropp (1999), 1041 (1043); Rönnau (2000), 410 (418).

[273] BGH, NJW 1977, 1460; OLG Stuttgart, NStZ 2011, 44; Schmitz (2007), 759 (762).

[274] Gössel (1996), § 6 Rn. 64; Wessels (1965b), 1153 (1154).

Eigentümers.[275] Diese Verfügungsmacht zeichnet vor allem aus, dass sie ihren Inhaber unabhängig macht von der Zustimmung eines stärkeren Rechtsinhabers – des Eigentümers. Weil sich der Täter selbst als Eigentümer der Sache gerieren will, kann es niemanden neben ihm geben, der eine stärkere Stellung zu der Sache hat. Aneignungsabsicht setzt nicht den Willen zum dauernden Behalten der Sache voraus. Auch eine **vorübergehende** Einverleibung der Sache in den eigenen Güterbestand oder den eines Dritten ist eine Aneignung.[276] Dies ist ja beim legalen Erwerb von Sachen zu Eigentum nicht anders. Die Absicht, einen neu gekauften Pkw ein Jahr zu fahren und dann weiterzuverkaufen, ist gewiss eine auf Begründung einer Eigentümerstellung gerichtete Absicht. Also hat auch der Täter Aneignungsabsicht, der die Sache wegnimmt, um sie alsbald an einen Hehler zu verkaufen.

Umstritten ist das Vorliegen von Aneignungsabsicht, wenn der Täter **nach außen nicht als Eigentümer** der Sache auftreten, sondern sich als Inhaber einer schwächeren Position (z. B. als Bote, Besitzdiener, Gewahrsamshüter) ausgeben will, in der er unter scheinbarer Anerkennung fremden Eigentums über die Sache verfügt.[277]

Beispiele[278]

(1) T entwendet beim Kaufmann O ein für den Kunden K zur Auslieferung bereitgestelltes Warenpaket. Mit diesem Paket geht T zu K, gibt sich dort als Bote des O aus und kassiert gegen Übergabe des Pakets den Kaufpreis.

(2) T ist Angestellter des Paketversandunternehmens P. P fordert den T auf, das für K bestimmte Paket bei O zu entwenden, bei K abzuliefern und den von K erhaltenen Kaufpreis dem P auszuhändigen. T führt den Auftrag des P aus.

T hat das Paket mit Enteignungsvorsatz weggenommen. Zwar hatte O selbst das Paket für K bestimmt und T somit nur das bewirkt, was O ohnehin auf Grund seiner kaufvertraglichen Verpflichtung hätte veranlassen müssen. Das ändert aber nichts daran, dass T mit dem Vorsatz handelte, das Paket seinem Eigentümer O endgültig zu entziehen. Die h. M. verneint dennoch die Zueignungsabsicht, weil das Auftreten als angeblicher Bote kein „se ut dominum gerere" sei.[279] Vielmehr respektiere der „Pseudo-Bote" fremdes Eigentum. Auf die Zueignungskomponenten „Enteignung" und „Aneignung" wird bei der Begründung dieses Ergebnisses nicht explizit abgestellt. Diese Auffassung ist abzulehnen, zumal der Ausdruck „respektieren" im vorliegenden Zusammenhang eindeutig verfehlt ist. Denn von tatsächlicher Respektierung kann bei einem unerlaubten Eingriff in fremdes Eigentum – mag er mit oder ohne Zueignungsabsicht geschehen – nicht die Rede sein.[280] Entscheidend ist und für die Bejahung von Zueignungsabsicht

---

[275] Gössel (1996), § 6 Rn 64.

[276] BGH, NStZ 1981, 63; Kindhäuser (1995), 655 (661); Lieder (1977), 2272; Tenckhoff (1980), 723 (724); Ulsenheimer (1979), 169 (173); Wessels (1965b), 1153 (1155); Wessels (1965a), 631 (633).

[277] OLG Stuttgart, NStZ 2011, 44; Hellmann (2001), 353 ff.

[278] BayObLG, JR 1965, 26.

[279] Eisele (2012b), Rn. 87; Gössel (1996), § 6 Rn. 27; Rengier (2014a), § 2 Rn. 58; aA Kindhäuser (1995), 655 (667); Tenckhoff (1980), 723; Wessels (1965b), 1153 (1157).

[280] Tenckhoff (1980), 723.

in **Beispiel 1** spricht, dass T sich eine unbeschränkte Verfügungsmacht verschaffen will, die ihn in die Lage versetzt, wie ein Eigentümer – und nicht nur wie ein Bote – mit dem Paket zu verfahren.[281] Daher will er sich das Paket aneignen.[282] Zwar will er von der eigentümergleichen Verfügungsmöglichkeit nicht in vollem Umfang Gebrauch machen. Das ist aber auch nicht notwendig. Ob der Täter sich eine Machtposition wie ein Eigentümer verschaffen will und daher aus § 242 strafbar ist, hängt nicht davon ab, welches Herrschaftsvolumen er nach außen als ihm zustehend deklarieren will, sondern davon, welche Macht er tatsächlich haben will.[283] Dieb ist der Täter deshalb, wenn er sich die Möglichkeit verschaffen will, als „Herr" aufzutreten, davon aber keinen Gebrauch machen, sondern nach außen nur wie ein „Diener" (Bote usw.) agieren will.

Davon zu unterscheiden ist der Fall, dass jemand – bereits vor seiner Tat – tatsächlich nur eine subalterne Position hat und mit der entwendeten Sache auch nur in dem engen Rahmen dieser Position unter Anerkennung der Vorherrschaft seines „Herrn" umgehen will.[284]

Beispiel

So verhält es sich in **Beispiel 2**: Da T das Paket tatsächlich in seiner Eigenschaft als abhängiger Arbeitnehmer wegnimmt und – soweit es den Umgang mit dem Paket anbelangt – auch nicht aus dieser Rolle fallen will, strebt er für sich selbst keine eigentümerähnliche Herrschaftsstellung an. Er will nicht „se ut dominum gerere". Diese Rolle soll vielmehr dem P zufallen. T will das Paket nicht sich, sondern dem P – also einem Dritten – zueignen. Da jedoch auch die „Drittzueignungsabsicht" den subjektiven Tatbestand des § 242 erfüllt, hat sich T aus § 242 strafbar gemacht.

Seit dem 6. Strafrechtsreformgesetz 1998 erfüllt auch eine fremdnützige **Drittzueignungsabsicht** („… in der Absicht wegnimmt, die Sache sich *oder einem Dritten* zuzueignen,…") den subjektiven Diebstahlstatbestand. Diese Strafbarkeitsausdehnung betrifft nur die Aneignungskomponente der Zueignung, für die Enteignungskomponente hat sie keine Bedeutung.[285]

Die frühere Ausgrenzung der Drittzueignungsabsicht aus dem Diebstahlstatbestand warf die Frage auf, ob der Täter den subjektiven Tatbestand erfüllt, wenn er die weggenommene Sache sogleich **an einen Dritten weitergeben** will. Die Frage stellt sich auch auf der Grundlage des neugefassten Diebstahltatbestandes noch. Ihre Antwort entscheidet aber nicht mehr über Strafbarkeit oder Straflosigkeit, son-

---

[281] Kindhäuser (1995), 655 (667).

[282] So auch BayObLG, JR 1965, 26, das aber eine Aneignungsabsicht bezüglich des Sachwertes (Kaufpreis) bejaht. Dagegen zutr. Kindhäuser (1995), 655 (667); Rudolphi (1965), 33 (42); Schröder (1965), 27.

[283] Bloy (1987), 187 (190); Kindhäuser (1995), 655 (662).

[284] BGH, wistra 1987, 253.

[285] Dencker et al. (1998), Rn. 41; Hellmann (2001), 353; Jäger (2000), 651; Münchener Kommentar zum StGB-Schmitz (2012), § 242 Rn. 149; Rönnau (2000), 410 (416); Schmitz (2007), 759 (770) Fn. 71.

dern nur noch darüber, ob die Alternative „sich zueignen" oder „einem Dritten zueignen" gegeben ist.[286]

Sofern der Täter eine **entgeltliche** Weitergabe – insbesondere Verkauf – beabsichtigt, handelt er mit eigennütziger Aneignungsabsicht.[287]

Beispiel[288]

E hat dem T ein Fahrrad geliehen. Als T das Rad eines Tages ungesichert vor der Mensa der Universität abstellt, wird das Rad von einem Unbekannten gestohlen. T weiß, dass er dem E das Fahrrad ersetzen muss. Daher nimmt er kurzerhand das Fahrrad des O weg, um es dem E als Ersatz für das abhanden gekommene Rad anzubieten.

T hatte Enteignungsvorsatz, denn er nahm nicht an, dass O jemals sein Fahrrad zurückbekommen würde.[289] Auch eigennützige Aneignungsabsicht ist gegeben, obwohl T von vornherein vorhatte, das Rad nicht zu behalten, sondern sogleich an E weiterzugeben. Wegen seines fahrlässigen Umgangs mit dem geliehenen Rad war T dem E zum Schadensersatz verpflichtet, vgl. § 276 BGB. Zur Erfüllung dieser Pflicht hatte T dem E gemäß § 249 BGB Besitz und Eigentum an einem gleichwertigen Fahrrad zu verschaffen. Um diese Leistung erbringen zu können, musste T selbst Eigentümer des „Ersatzrades" sein. Da sich T durch die Wegnahme des fremden Rades die Fähigkeit zur Ersatzleistung verschaffen wollte, hatte er die Absicht, selbst eine eigentümergleiche Stellung einzunehmen.[290] Zu demselben Ergebnis kommt man auch, wenn man darauf abstellt, dass T sich mithilfe des dem O weggenommenen Rades den Vorteil der tatsächlichen[291] Befreiung von der Schadensersatzverpflichtung gegenüber E verschaffen wollte.[292]

Umstritten ist die Frage der eigennützigen Aneignungsabsicht bei der Wegnahme einer Sache, die der Täter **verschenken** will.

Beispiel

T entwendet in dem Juweliergeschäft des J eine goldene Halskette, die er noch am selben Tag seiner Freundin zum Geburtstag schenken will.

---

[286] Schmitz (2007), 759 (770 ff.), der der Drittzueignung allerdings nur einen „sehr engen Bereich" zuschreibt, aaO, 773.

[287] Gössel (1996), § 6 Rn. 69.

[288] Nach OLG Düsseldorf, JZ 1986, 203.

[289] In dem der Entscheidung des OLG Düsseldorf zugrundeliegenden Fall bekam der Bestohlene sein Rad tatsächlich zurück, da der mit dem Rad „entschädigte" Entleiher es ihm überließ, als dieser ihn zufällig mit dem Rad auf der Straße traf und deswegen ansprach.

[290] Bloy (1987), 187 (190).

[291] Eine rechtliche Befreiung konnte T nicht anstreben, da er wegen § 935 I BGB zur Übertragung des Eigentums auf E nicht in der Lage war.

[292] So die Begründung des OLG Düsseldorf, JZ 1986 203 (204). Ähnlich der Fall des RGSt 48, 58 (60), wo der Täter durch Verschaffung der Sache eine dem Dritten gegenüber bestehende Schuld tilgen wollte.

Überwiegend hielten Rechtsprechung und Literatur vor dem 6. StrRG die eigennützige Aneignungsabsicht aber auch bei beabsichtigter Schenkung für gegeben. Zum Teil wurde allerdings gefordert, dass der Täter selbst trotz Weitergabe der Sache einen eigenen – wenigstens mittelbar mit der weggenommenen Sache zusammenhängenden – Vorteil erzielt, der nicht Geldwert zu haben braucht.[293] Beispielsweise könne dieser Vorteil darin bestehen, dass ihm die Schenkung der weggenommenen Sache den Kauf eines Geschenks erspare oder dass der Beschenkte zu einer für den Schenker wirtschaftlich vorteilhaften Reaktion herausgefordert werde.[294]

An der Aneignungsabsicht fehlt es, wenn der Täter die weggenommene Sache ohne vorherige eigene Nutzung (z. B. Verzehr von entwendeten Lebensmitteln, Lesen einer Zeitung[295])[296] **zerstören** oder **wegwerfen** will.[297] Auch eine drittnützige Aneignungsabsicht – Ermöglichung der eigennützigen Aneignung eines Dritten – liegt in derartigen Fällen nicht vor.[298] Zwar könnte man diese dereliktionsähnlichen Handlungen ebenfalls als Ausübung von Eigentümermacht bezeichnen.[299] Tatsächlich manifestiert der Täter aber nicht mit diesen herrschaftsbeendenden Aktionen seine Eigentümerstellung. Als Eigentümer erscheint der Täter beim Vollzug dieser Handlungen nur soweit, als die Verkehrsanschauung mit ihnen die Annahme verbindet, dass der Zerstörung usw. irgendwann eine Aneignung vorausgegangen ist (z. B. der Kauf der Sache), mit der die Machtposition des Täters begründet wurde. Daran fehlt es z. B. bei der Wegnahme und sofortigen Vernichtung von Strafzetteln, die ein Polizeibeamter unter die Scheibenwischer falsch geparkter Kraftfahrzeuge geklemmt hat. Niemand würde annehmen, dass der Täter an diesen Strafzetteln zuvor Eigentum erworben hatte. Wirft dagegen ein Mann ein altes Fahrrad in den von der Stadtreinigung aufgestellten Sperrmüllcontainer, drängt sich dem Betrachter der Szene die Vorstellung auf, dass der Mann dieses Fahrrad früher einmal gekauft, geerbt, geschenkt bekommen oder auf sonstige Weise zu Eigentum erworben hat. Nur insofern ist der Akt des Wegwerfens Indiz für die Eigentümerstellung des Wegwerfenden. Er weist auf einen anderen – früheren – Aneignungsakt hin ohne selbst Aneignung zu sein.

---

[293] BGHSt 17, 87 (92); BGH, NJW 1954, 1295 (zu § 246); BGH, GA 1959, 373; BGH, wistra 1987, 253; BGH, NStZ 1994, 179 (180); Schröder (1970), 1753 (1754).

[294] BGHSt 4, 236 (239); BGH, NStZ 1994, 542.

[295] Schröder (1964), 266 (267).

[296] Im „Gefängnisschlüssel-Fall" (BGH, MDR 1960, 689) handelte der Täter daher mit Aneignungsabsicht, da er den Schlüssel vor dem Wegwerfen bestimmungsgemäß benutzen wollte, Krehl (1989), 646 (649); Lieder (1977), 2272.

[297] RGSt 11, 239 (240); 35, 355 (357); BGH, NJW 1970, 1753 (1754); 1977, 1460; OLG Köln, NJW 1950, 959 (960); OLG Celle, JR 1964, 266; OLG Düsseldorf, NJW 1987, 2526; OLG Stuttgart, NStZ 2011, 44; Mikolajczyk (2008), 18 (20 ff.); Ranft (1984), 277 (278); Rönnau (2000), 410 (418); Rudolphi (1965), 33 (39, 49); Schmitz (2007), S. 759 (768); Tenckhoff (1980), 723; Ulsenheimer (1979), 169 (173); Wessels (1965b), 1153 (1155); Widmaier (1970), 672 (673).

[298] Otto (1998), 550 (551); Rönnau (2000), 410 (419).

[299] RGSt 35, 355 (357); RG, Bd. 51, 182 (183); BGH, JR 1978, 171 (172); OLG Düsseldorf, NJW 1987, 2526 (2527); Ranft (1984), 277 (278); Schmitz (2007), 759 (762); Tenckhoff (1980), 723; Ulsenheimer (1979), 169 (173); Wallau (2000), 248.

Ebenfalls keine Aneignung beabsichtigt der Täter, der eine Sache nur zu dem Zweck wegnimmt, den Berechtigten zu **ärgern** oder sich an ihm zu **rächen**.[300] Denn bei dieser Zielsetzung ist der verfolgte Zweck bereits mit der Sachentziehung erreicht. Eine anschließende oder gleichzeitige Einverleibung in das Tätervermögen oder das Vermögen eines Dritten ist nicht mehr notwendig und daher auch nicht beabsichtigt.

1.2.2.3.3.4 Gegenstand der Zueignung

Der Gegenstand der beabsichtigten Zueignung wird in § 242 I mit den Worten „**die Sache**" bezeichnet. Vor Inkrafttreten des 6. StrRG stand für den Zueignungsgegenstand das Wort „dieselbe". Da dieses Wort sich auf das in dem vorangehenden Halbsatz beschriebene Tatobjekt bezog, erklärte es die weggenommene fremde bewegliche Sache zum Zueignungsobjekt.[301] Die Neufassung des Tatbestandes bringt noch deutlicher als die alte Fassung zum Ausdruck, dass weggenommene und zuzueignende Sache identisch sein müssen. Dieses Identitätserfordernis versteht sich für den Gesetzesinterpreten von selbst, der bereits in der Wegnahme einen Zueignungsakt („Zueignung durch Wegnahme") sieht. Aber auch bei einer der Wegnahme nachfolgenden Zueignung muss die Identität gewahrt bleiben. Wegnahme- und Zueignungsobjekt müssen „stoffgleich" sein. Wiederum zeigt sich, dass Diebstahl kein Bereicherungs-, sondern ein Eigentumsdelikt ist.[302] Deshalb reicht es nicht aus, wenn der Täter sich durch die Wegnahme eine Bereicherung verschaffen will, ohne sich die weggenommene Sache selbst zuzueignen.

Beispiel

Am letzten Samstag vor Heiligabend stürzen sich A und B in das Getümmel der Weihnachtseinkäufer und decken sich auf folgende Weise mit Geschenken ein: A rempelt schwer bepackte Fußgänger so heftig an, dass ihnen Pakete und Einkaufstüten aus der Hand fallen. B steht daneben, ergreift blitzschnell die Pakete und Tüten und rennt damit davon. Die Beute wird von B allein behalten und verwertet. A bekommt von B für jedes Opfer pauschal eine Prämie von 10 €.

A hat mittäterschaftlich an der Wegnahme der Sachen mitgewirkt und dabei Enteignungsvorsatz gehabt. Jedoch wollte er sich diese Sachen nicht aneignen.[303] Die Aneignung wollte er dem B überlassen. Gleichwohl strebte auch A nach einer Mehrung seines eigenen Vermögens. Der von A angestrebte und erzielte Gewinn hängt zwar mit den weggenommenen Sachen kausal zusammen, ist aber stofflich mit ihnen nicht identisch. Insbesondere korrespondiert dem von A erzielten Vermögenszuwachs keine Wertminderung an den Sachen. Selbst wenn man also die Erlangung des von B gezahlten Geldes als „Aneignung" qualifizieren würde,

---

[300] BGH, NStZ 2011, 699 (701); OLG Frankfurt, StV 1984, 248 (249); BayObLG, JR 1992, 346; OLG Köln, NJW 1997, 2611; Meurer (1992), 347; Schmitz (2007), 759 (769) Fn. 70.

[301] Kindhäuser (1995), 655 (657); Ulsenheimer (1979), 169 (175); Wessels (1965b), 1153 (1154).

[302] Rudolphi (1965), 33 (34).

[303] Anders wohl Roxin (2006), 343.

läge keine Zueignung vor, da es an einer entsprechenden Enteignung der Diebstahlsopfer fehlen würde. Denn nicht nur Wegnahme- und Zueignungs-, sondern
auch Enteignungs- und Aneignungsgegenstand müssen stoffgleich sein.[304] Daran
fehlt es hier. Die Diebstahlsopfer haben nicht das von A erlangte Geld, sondern
ihre zuvor gekauften Sachen verloren. Das dem Gewinn des A korrespondierende Vermögensopfer wurde nicht von den Eigentümern der weggenommenen
Sachen, sondern von B erbracht.

Vor Inkrafttreten des 6. StRG hätte A daher ohne Zueignungsabsicht gehandelt und
wäre somit nur wegen Beihilfe zum Diebstahl strafbar gewesen. Auf der Grundlage
des durch das 6. StRG neugefassten Diebstahlstatbestandes hat A dagegen den subjektiven Tatbestand des Diebstahls dadurch erfüllt, dass er dem B die Zueignung der
weggenommenen Sachen ermöglichen wollte. Daher handelte A mit der Absicht,
die Sachen einem Dritten zuzueignen.

Das Identitätserfordernis entzieht dem Diebstahlstatbestand die Fälle, in denen
der Täter eine Sache wegnimmt, sich aber nicht diese, sondern eine andere Sache zueignen will. Davon zu unterscheiden sind Fälle, in denen der Täter ebenfalls
die weggenommene Sache sich nicht vollständig zueignen, jedoch einen **in dieser
Sache enthaltenen Gegenstand** seinem eigenen Vermögen einverleiben will. Das
ist unproblematisch bei zusammengesetzten Sachen, deren Einzelteile selbst Sachqualität haben und die daher auch nach Trennung von ihrer „Muttersache" taugliche
Diebstahlsobjekte sind.

Beispiel

T nimmt dem O einen Pkw und zwei Kühe weg, von denen eine trächtig ist. Aus
dem Pkw baut er die Stereoanlage aus, die eine Kuh melkt er und die andere
Kuh lässt er ein Kalb zur Welt bringen. Dann bringt er – wie von vornherein
geplant – den Pkw und die beiden Kühe zu O zurück. Stereoanlage, Milch und
Kalb behält er.

  Hinsichtlich des Wagens und der beiden Kühe hatte T Rückführungswillen
und handelte daher ohne den Vorsatz zur endgültigen Enteignung des O. Jedoch
liegt bezüglich der Stereoanlage, der Milch und des Kalbes Zueignungsabsicht
vor. Stereoanlage und Kalb wurden von T auch weggenommen, da diese Gegenstände bereits existierten, als der Pkw und die trächtige Kuh weggenommen wurden. Insoweit hat T also Diebstahl begangen. Die Milch wurde von T gestohlen,
falls und soweit die Kuh mit vollem Euter weggenommen und danach gemolken
wurde. Die erst nach der Wegnahme von der Kuh produzierte und von T gemol-
kene Milch ist dagegen nicht gestohlen, sondern unterschlagen worden, § 246 I.

Das obige Beispiel wirft bezüglich der Zueignungsabsicht keine dogmatisch umstrittenen Fragen auf, da hier Gegenstand der Zueignung ein Teil der **Sachsubstanz**
ist. Denn es herrscht in Rechtsprechung und Literatur dahingehend Einigkeit, dass

---

[304] Gössel (1993), S. 39 (49); Gössel (1996), § 6 Rn. 55; Gribbohm (1968), 1270; Schröder (1967),
390 (391).

eine Zueignung stets dann vorliegt, wenn die beabsichtigte Ent- und Aneignung sich auf die Substanz der weggenommenen Sache bezieht (Substanztheorie[305]). Umstritten ist dagegen, ob sich Zueignungsabsicht auch bejahen lässt, wenn der Täter mit der Sache etwas vorhat, was bei rein substanzbezogener Betrachtung eindeutig keine Zueignung ist. Das betrifft insbesondere den Fall, dass der Täter die Sache – ihrer Substanz nach – dem Eigentümer nach vorübergehender Benutzung – im wesentlichen unverändert[306] – wieder zurückgeben will, also bei der Wegnahme mit Rückführungswillen und ohne Enteignungsvorsatz handelt. Die von der Substanz unterscheidbare Sachkomponente, auf die sich in einem solchen Fall die Zueignungsabsicht richten könnte, ist der **Sachwert**. Dementsprechend wird eine „Sachwerttheorie" vertreten, nach der unter Zueignung die Ent- und Aneignung des in der Sache verkörperten Wertes zu verstehen ist.[307]

Die h. M. hat die Aspekte Sachsubstanz und Sachwert miteinander verbunden und geht daher von einer sog. „**Vereinigungstheorie**"[308] aus.[309] Zueignungsabsicht kann demnach substanz- oder sachwertbezogen begründet werden. Beide Aspekte haben aber unterschiedliches Gewicht. Im Vordergrund steht die Substanzzueignung, der Sachwertgedanke kommt nur **subsidiär** zum Zuge.[310] Soweit die Zueignungsabsicht bereits auf der Grundlage der Substanztheorie bejaht werden kann, besteht für die Anstellung sachwertbezogener Überlegungen kein Bedarf.[311] Erst recht kann die Sachwerttheorie nicht dazu benutzt werden, eine nach der Substanztheorie zweifelsfrei gegebene Zueignungsabsicht in Abrede zu stellen, etwa bei wertlosen Sachen.[312] Festzuhalten ist also, dass die Substanz der weggenommenen Sache das Objekt ist, welches bei der Prüfung der Zueignungsabsicht primär ins Auge zu fassen ist. Dementsprechend sind auch die obigen Erörterungen zum Zueignungsbegriff auf die Substanztheorie zugeschnitten. Nur ausnahmsweise muss und kann der Versuch unternommen werden, nach substanztheoretischer Verneinung der Zueignungsabsicht die Erfüllung dieses subjektiven Tatbestandsmerkmals auf der Basis der Sachwerttheorie doch noch zu bejahen. Davon sollte zurückhaltend Gebrauch gemacht werden. Denn dem Dogma „Diebstahl ist ein Eigentums- und kein Bereicherungsdelikt"[313] entspräche eigentlich eine rein substanzbezogene Betrachtungsweise unter Ausschluss jeglicher Berücksichtigung des Sachwertes.[314]

---

[305] Gössel (1993), 39 (41); Gössel (1996), § 6 Rn 45; Ulsenheimer (1979), 169 (175).

[306] Wobei die Erheblichkeit der Veränderung auch rein substanzbezogen beurteilt wird.

[307] RGSt 48, 58 (60); BayObLG, JR 1965, 26.

[308] Guter Überblick über die Entwicklung von der Substanz-, über die Sachwert- zur Vereinigungstheorie in der Rechtsprechung des Reichsgerichts bei Wessels (1965b), 1153 (1154).

[309] BGH, JR 1978, 171; Tenckhoff (1980), 723 (725); Ulsenheimer (1979), 169 (176).

[310] Tenckhoff (1980), 723 (725); Ulsenheimer (1979), 169 (176); Wessels (1965b), 1153 (1157).

[311] Vgl. das Beispiel bei Arzt et al. (2009), § 13 Rn. 113.

[312] OLG Celle, JR 1964, 266; Gössel (1993), 39 (42); Gössel (1996), § 6 Rn. 24; Kindhäuser (1995), 655 (658); Maiwald (1971), 579 (580); Ulsenheimer (1979), 169 (176); Wessels (1965b), 1153 (1154).

[313] BGH, JR 1978, 171; Gössel (1993), S. 39 (44); Kindhäuser (1995), 655 (656); Rudolphi (1965), 33; Tenckhoff (1980), 723 (725).

[314] Gössel (1993), 39 (44); Kindhäuser (1995), 655 (656); Schröder (1967), 390 (391); Tenckhoff (1980), 723 (725)

Jedenfalls ist der maßgebliche „Sachwert"-Begriff **eng auszulegen.**[315] Nur der in der Sache verkörperte, der ihr spezifisch innewohnende Wert („lucrum ex re") kann Berücksichtigung finden.[316] Dieser Wert muss so eng mit der Sache verknüpft sein, dass diese ohne ihn eine andere Qualität hat, also quasi nur noch eine leere Hülse ist, nachdem der Täter sich den Wert zugeeignet hat. Unter dieser Voraussetzung ist das Urteil berechtigt, die Sache sei nach dem Wertentzug nicht mehr dieselbe wie zuvor, obwohl sich ihre Substanz allenfalls unwesentlich verändert hat. Daran fehlt es stets, wenn der Wert der Sache auf einer bestimmten gewinnbringend realisierbaren Gebrauchs- oder Verfügungsmöglichkeit beruht und der Täter diese ausnutzt, ohne sie dadurch irreversibel zu verbrauchen.

Beispiel

O ist Eigentümer des sehr intelligenten Papageis „Robbi", der in mehreren Sprachen lustige Geschichten und unanständige Witze erzählen sowie Helmut Kohl und Angela Merkel imitieren kann. Als in der Stadt ein großes Volksfest stattfindet, entwendet T dem O den Papagei, baut auf dem Festgelände ein Zelt auf und führt den klugen Vogel gegen Eintrittsgeld einem begeisterten Publikum vor. Am Ende des Volksfests hat T auf diese Weise 3000 € eingenommen. Dann bringt er Robbi zu O zurück, was er von Anfang an vorhatte. Das Sprachvermögen des Vogels hat unter seinen Auftritten nicht gelitten. Im Gegenteil: Sein Wortschatz ist sogar größer geworden.

T hat den Papagei dem O weggenommen und dabei die Absicht gehabt, sich den Vogel vorübergehend anzueignen. Jedoch handelte er ohne Enteignungsvorsatz, soweit dieses Tatbestandsmerkmal ausschließlich auf die Sachsubstanz bezogen wird. Bezieht man nun die Sachwerttheorie in die Beurteilung mit ein, ergibt sich letztlich nichts anderes. Zwar hat T eine mit der körperlichen Beschaffenheit des Vogels eng zusammenhängende Gewinnerzielungsmöglichkeit ausgenutzt und auf diese Weise einen Vermögenszuwachs erzielt. Jedoch korrespondiert diesem Erwerb keine Wertminderung, die man als Enteignung qualifizieren könnte. Der Papagei besitzt seine Fähigkeiten nach wie vor und die sich daraus seinem Eigentümer bietende Chance, mit Hilfe des Vogels Geld zu verdienen, ist nicht geringer geworden, geschweige denn ganz beseitigt worden. Dass es sich bei dem Volksfest vielleicht um eine einmalige und nicht wiederkehrende Gelegenheit gehandelt hat, ist unerheblich. Denn soweit dieser Umstand eine Bedingung der Verwertungsmöglichkeit und damit indirekt auch des Wertes ist, handelt es sich um einen außerhalb der Sache liegenden, nicht in ihr verkörperten und deshalb nicht berücksichtigungsfähigen Wertbestimmungsfaktor. T hat also den Papagei auch bei Zugrundelegung der Sachwerttheorie nicht mit Enteignungsvorsatz weggenommen. Seine Tat ist ein strafloser furtum usus.[317]

---

[315] Tenckhoff (1980), 723 (725); Ulsenheimer (1979), 169 (177).

[316] Rudolphi (1965), 33 (34); Ulsenheimer (1979), 169 (177).

[317] Ulsenheimer (1979), 169 (178).

Weitgehende Anerkennung genießt die auf die Sachwerttheorie gestützte Begründung der Zueignungsabsicht im Fall der **Entwendung eines Sparbuches** oder sonstigen Legitimationspapiers.

Beispiel

In einer brandenburgischen Universitätsstadt bewohnen die Jurastudenten A und B gemeinsam ein Zimmer in einem Studentenwohnheim. Während einer vorübergehenden Abwesenheit des A entnimmt B dem unverschlossenen Schrank des A dessen Sparbuch mit einem Guthaben von 2000 €. B begibt sich sofort zur nächsten Sparkasse und hebt dort unter Vorlage des Sparbuchs vom Konto des A 500 € ab. Dann legt er das Sparbuch in den Schrank des A zurück. Die Rückgabe des Sparbuchs hatte B von vornherein beabsichtigt.

B hat dem A das Sparbuch weggenommen. Obwohl sich das Tatobjekt in dem von A und B gemeinsam beherrschten Raum befand, bestand daran kein Mitgewahrsam, sondern Alleingewahrsam des A. Prüft man die Zueignungsabsicht auf dem dogmatischen Fundament der Substanztheorie, kristallisiert sich schnell der den Enteignungsvorsatz ausschließende Rückführungswille heraus. Damit ist die Verneinung der subjektiven Tatbestandsmäßigkeit unumgänglich, es sei denn, das Sparbuch hat vor der Rückgabe eine derart einschneidende Veränderung erfahren, dass es bei der Rückgabe nicht mehr als „dieselbe" – d. h. die weggenommene – Sache angesehen werden kann. Substanztheoretisch kann von einer identitätsvernichtenden Veränderung nicht die Rede sein. Die Eintragung des Abhebungsvorgangs hat die Beschaffenheit der Sachsubstanz nur geringfügig verändert.[318] Anders fällt die Beurteilung aus, wenn auf die Sachwerttheorie abgestellt wird: Mit der Abhebung der 500 € ist dieser Betrag unumkehrbar aus seiner ursprünglichen Verbindung mit dem Sparbuch gelöst worden. Als Teil des Guthabens war dieses Geld auch in dem Sparbuch verkörpert. Denn gemäß § 808 BGB ist die Innehabung des Sparbuches praktisch gleichbedeutend mit der Innehabung des Geldes. Demnach wird dem Eigentümer mit der Entziehung des Guthabens oder eines Teiles davon ein wesentlicher Bestandteil der Sache selbst entzogen. Das Sparbuch ist nach der Abhebung des Geldes nicht mehr dieselbe Sache wie zuvor. Es verhält sich mit dem Sparbuch nicht anders als mit einem Heft, das mehrere zum Empfang von Waren oder Dienstleistungen berechtigende Gutscheine enthält, die herausgetrennt werden, wenn der Anspruch auf die versprochene Leistung geltend gemacht wird. B hat also mit der Absicht gehandelt, den A endgültig zu enteignen.[319]

Die beschränkte Reichweite der Sachwerttheorie zeigt sich deutlich bei der Beurteilung der **Codekartenentwendung**.

---

[318] Anders Ranft (1984), 277 (284), der eine Identitätsveränderung bejaht.

[319] RGSt 61, 126 (127); Rudolphi (1965), 33 (55); Widmaier (1970), 672; aA Gössel (1993), 39 (47); Gössel (1996), § 6 Rn. 49; Maiwald (1971), 579 (584); Miehe (1986), 481 (498). Zur Frage, ob das Abheben vom Konto als Betrug strafbar ist, vgl. Maiwald, a. a. O., 643 einerseits, Miehe, a. a. O., 498 andererseits.

Beispiel

T entwendet dem O eine Codekarte und verschafft sich Kenntnis von der dazuge-hörigen Geheimzahl. Mit der Codekarte hebt er an einem Geldautomaten 500 € vom Konto des O ab. Das Geld behält er. Danach legt T die Codekarte an den Platz zurück, von dem er sie zuvor an sich genommen hatte. Diese Rückgabe der Karte hatte T von vornherein beabsichtigt.

Die Tat des T ist nach geltendem Strafrecht als Computerbetrug gemäß § 263 a I 3. Alt. strafbar. Diebstahl hinsichtlich des Geldes wird in Rechtsprechung und Schrifttum überwiegend verneint, weil entweder das Geld nicht fremd oder jedenfalls nicht weggenommen worden sei.[320] Diebstahl hinsichtlich der Codekarte scheitert nach zutreffender Auffassung am Fehlen der Zueignungs-absicht.[321] Nach der Substanztheorie handelte T ohne Enteignungsvorsatz, weil er die Codekarte ohne Veränderung ihrer Substanz zurückgeben wollte. Da-gegen ist im Lichte der Sachwerttheorie die Verneinung des Enteignungsvorsat-zes nicht so naheliegend. Immerhin weist der Tathergang gewisse Parallelen zur Sparbuchentwendung auf, was eine entsprechende strafrechtliche Beurteilung erwägenswert erscheinen lässt. Jedoch weist die h. M. zutreffend darauf hin, dass anders als im Sparbuch und anders als bei einer EC-Karte mit Speicherchip (Geldkarte)[322] in der Codekarte kein Wert verkörpert ist.[323] Die Codekarte ist kein Legitimationspapier, sondern nur eine Art Werkzeug, mit dessen Hilfe Bar-geld beschafft werden kann. An dieses Bargeld kommt der Kontoinhaber auch ohne Codekarte heran. Umgekehrt eröffnet die Innehabung der Codekarte allein nicht den Zugriff auf das Geld. Notwendig ist zusätzlich die vierstellige PIN, ohne die die Codekarte an einem Geldautomaten nicht eingesetzt werden kann. Das Geld, das sich der Täter durch Anwendung von Codekarte und Geheimzahl verschafft, ist kein spezifischer Sachwert der Codekarte. Folglich kann aus der auf dieses Geld gerichteten Erwerbsabsicht keine Zueignungsabsicht bezüglich der Codekarte hergeleitet werden. Die Wegnahme der Codekarte ist furtum usus.

1.2.2.3.3.5 Rechtswidrigkeit der Zueignung

Der Täter muss die Sache in der Absicht wegnehmen, dieselbe sich „**rechtswidrig**" zuzueignen. Im Rahmen des subjektiven Tatbestandsmerkmals „Zueignungsab-sicht" ist also bereits eine Prüfung der Rechtswidrigkeit notwendig. Dieses delikts-systematischen Standorts wegen handelt es sich bei der hier zu erörternden Rechts-widrigkeit um etwas anderes als das allgemeine Straftatmerkmal Rechtswidrigkeit,

---

[320] AG Berlin-Tiergarten, NStZ 1987, 122.

[321] AG Berlin-Tiergarten, NStZ 1987, 122; Gropp (1983), 487 (489); Kindhäuser (1995), 655 (665); Otto (1987), 221; Ranft (1987), 79; Schramm (2008), 773 (774); Steinhilper (1985), 114 (117); aA Seelmann (1985), 288 (289).

[322] Fahl (2014), 382 (386).

[323] BayObLG, JR 1987, 251; Fahl (2014), 382 (387); Steinhilper (1983), 401 (411); Schneider (1987), 123.

das bei jeder Straftat Voraussetzung der Strafbarkeit ist.[324] Dieses allgemeine Straftatmerkmal Rechtswidrigkeit prüft man erst, nachdem die objektive und subjektive Tatbestandsmäßigkeit festgestellt worden ist.[325] Selbstverständlich enthält auch die Straftat „Diebstahl" das allgemeine Merkmal Rechtswidrigkeit. Daneben taucht die Rechtswidrigkeit im System der Strafbarkeitsvoraussetzungen des Diebstahls aber ein zweites Mal auf, eben im subjektiven Tatbestand als Teil der Zueignungsabsicht.[326] Diese „besondere" Rechtswidrigkeit bezieht sich allein auf die vom Täter beabsichtigte Zueignung, nicht auf die – den objektiven Tatbestand erfüllende – Wegnahme. Dagegen ist Bezugspunkt der „allgemeinen" Rechtswidrigkeit die tatbestandsmäßige Tat, also die Wegnahme einschließlich der weiteren objektiven und subjektiven Tatbestandsmerkmale. Diese beiden Rechtswidrigkeitsaspekte des Diebstahls müssen also sorgfältig auseinandergehalten werden.[327]

Wegen der unterschiedlichen Bezugspunkte der beiden Rechtswidrigkeitsurteile ist es möglich, dass die Wegnahme einer Sache rechtswidrig ist, obwohl die vom Täter beabsichtigte Zueignung der Sache nicht rechtswidrig ist. Umgekehrt kann die beabsichtigte Zueignung rechtswidrig sein, obwohl der Täter berechtigt ist, die Sache wegzunehmen, allerdings nur zu einem anderen Zweck als dem der Zueignung.

Beispiele

(1) O hat dem T ein Fahrrad verkauft. Den Kaufpreis hat T bereits vollständig an O gezahlt. Dennoch macht O keine Anstalten, dem T das Rad herauszugeben und zu übereignen. Schließlich verliert T die Geduld. Er betritt das Grundstück des O, ergreift das dort stehende Fahrrad und nimmt es mit.

(2) A hat dem B ein Fahrrad für 100 € verkauft, das B noch nicht bezahlt hat. Das Rad steht bei A auf dem Hof. Als B den A aufsucht, um das Fahrrad mitzunehmen, erklärt A, dass er von dem Vertrag zurücktrete und B das Rad nicht bekomme. C habe ihm nämlich 200 € für das Rad geboten, woraufhin er – A – es ihm sofort verkauft habe. C werde heute noch kommen, um das Fahrrad abzuholen. Daraufhin ergreift B das Rad und fährt mit ihm davon. Er tut dies in der Absicht, das Fahrrad zu behalten. Den Kaufpreis hat er nicht bezahlt, da er davon ausging, A werde die 100 € nach seinem „Rücktritt" sowieso nicht annehmen.

In **Beispiel 1** hat T den objektiven Tatbestand des Diebstahls erfüllt. Weder Kaufvertrag noch Zahlung des Kaufpreises ändern etwas an der „Fremdheit" des Fahrrads. Erst eine Übereignung nach § 929 BGB hätte die Tauglichkeit des Rades als Objekt eines von T begangenen Diebstahls beseitigt. T handelte auch mit der Absicht, sich das Fahrrad zuzueignen. Jedoch war diese Zueignung nach h. M. nicht rechtswidrig, da T aus § 433 I BGB einen Anspruch auf das Rad hatte und diesem

---

[324] Rengier (2014a), § 2 Rn. 86.

[325] Baumann et al. (2003), § 16 Rn. 15.

[326] Hauck (2007), 227; Mohrbotter (1967), 199.

[327] Baumann et al. (2003), § 16 Rn 18; Mohrbotter (1967), 199 (202); Münchener Kommentar zum StGB-Schmitz (2012), § 242 Rn. 175.

Anspruch keine Einrede des O (z. B. aus § 320 I BGB) entgegenstand. Somit hat
T den subjektiven Tatbestand des § 242 I nicht erfüllt. Gleichwohl hatte er nicht
das Recht, sich das Fahrrad eigenmächtig zu verschaffen. Die Wegnahmehandlung ist also rechtswidrig und zivilrechtlich verbotene Eigenmacht, § 858 I BGB.
Strafbar ist sie gleichwohl nicht, da eine ohne Absicht rechtswidriger Zueignung
vollzogene Wegnahme von keinem Straftatbestand erfasst wird.[328]

In **Beispiel 2** war die von A beabsichtigte Zueignung des Fahrrads rechtswidrig. Zwar war das Rad im Zeitpunkt der Wegnahme immer noch Gegenstand
eines kaufvertraglichen Eigentums- und Besitzverschaffungsanspruchs. Selbstverständlich hatte A kein Recht, sich einseitig von dem Kaufvertrag zu lösen,
nachdem ihm von C ein höherer Kaufpreis angeboten worden war. Dieser Umstand begründet weder ein Rücktritts- noch ein Anfechtungsrecht. Dennoch gibt
das Bürgerliche Recht dem B keine Befugnis zur eigenmächtigen Verschaffung
dessen, was sein Vertragspartner A ihm schuldet. Auch das Strafrecht bewertet
diesen Vorgang nicht anders. Denn im Unterschied zu Beispiel 1 stand hier dem
Anspruch des B auf Eigentums- und Besitzverschaffung noch die Einrede des
nichterfüllten Vertrags entgegen, § 320 I BGB. B hätte zumindest dem A die
100 € anbieten müssen. Danach hätte er durch Hinterlegung des Kaufpreisbe-
trages gemäß § 372 BGB seine Zahlungspflicht erfüllen (§ 378 BGB) und die
Einrede des A beseitigen können. Die beabsichtigte Zueignung war also rechtswidrig. Dagegen ist die Wegnahme des Fahrrades zumindest vom objektiven
Tatbestand eines Rechtfertigungsgrundes gedeckt. Gemäß § 229 BGB war B
nämlich berechtigt, dem A das Rad zum Zwecke der Selbsthilfe wegzunehmen.
Allerdings darf dieses Recht nur zur Sicherung, nicht auch zur Befriedigung des
gefährdeten Anspruchs eingesetzt werden.[329] Der Täter, der sich auf § 229 BGB
berufen will, muss mit dem Willen handeln, hinsichtlich der weggenommenen
Sache den dinglichen Arrest zu beantragen, § 230 II BGB. Da B dies nicht be-
achtete, hat er den subjektiven Tatbestand des Rechtfertigungsgrundes „Selbsthilfe" nicht erfüllt.

Die Rechtswidrigkeit der beabsichtigten Zueignung kann durch **allgemeine Rechtfertigungsgründe** ausgeschlossen werden.[330] Notwehr dürfte dabei aber praktisch
ausscheiden, da es undenkbar erscheint, dass zur Abwehr irgendeines Angriffs die
Zueignung des Angriffsgegenstands erforderlich sein könnte.[331] Möglich ist aber
eine Rechtfertigung durch Notstand.[332]

Beispiel

In dem Haus des E bricht ein Brand aus. Da E nur einen Feuerlöscher hat, fordert
er seinen Sohn T auf, in das Haus des gerade verreisten Nachbarn O einzudrin-

---

[328] Das Betreten des Grundstücks könnte strafbarer Hausfriedensbruch (§ 123 I 1. Alt.) sein.

[329] BGHSt 17, 87 (89); Schröder (1962), 347.

[330] Gössel (1996), § 7 Rn. 114; Münchener Kommentar zum StGB-Schmitz (2012), § 242 Rn. 154,
158 ff.

[331] Vgl. aber Börner (2004), 223.

[332] Börner (2004), 223.

gen, dort den Feuerlöscher des O wegzunehmen und sich mit diesem an der Bekämpfung des Brandes zu beteiligen. T kommt der Aufforderung seines Vaters nach. Nachdem der Brand gelöscht ist, bringt T den – nunmehr leeren – Feuerlöscher zu O zurück. Dies hatte er von vornherein vor.

Hinsichtlich des Feuerlöschergefäßes handelte T ohne Zueignungsabsicht, da er dieses nach Benutzung zu O zurück bringen und insoweit keine dauernde Enteignung wollte. Dagegen ist in Bezug auf den Inhalt des Feuerlöschers Zueignungsabsicht gegeben. Ein vertraglicher Anspruch gegen O, auf den die Berechtigung zur Zueignung gestützt werden könnte, existiert nicht.[333] Sofern zu vermuten ist, dass O seinen Feuerlöscher freiwillig zur Verfügung gestellt hätte, greift der Rechtfertigungsgrund „mutmaßliche Einwilligung" ein. Aber auch gegen den Willen des O durfte T den Löscher benutzen. Denn gemäß § 904 S. 1 BGB hätte O der Benutzung seines Feuerlöschers nicht widersprechen können.[334] In der Notstandssituation des E wäre er zur Duldung dieses Eingriffs verpflichtet gewesen. Dieser Duldungspflicht des O korrespondiert ein Eingriffsrecht des E bzw. des T. Die beabsichtigte – und vollzogene – Zueignung des Feuerlöscherinhalts ist also nach § 904 S. 1 BGB gerechtfertigt.[335]

Kompliziert ist die Beziehung zwischen Diebstahl und rechtfertigender **Einwilligung**. Wie oben schon erläutert wurde, schließt das Einverständnis des betroffenen Gewahrsamsinhabers das objektive Tatbestandsmerkmal „Wegnahme" aus (siehe oben 1.2.1.4.3.2). In einem derartigen Fall ist die Prüfung bereits vor dem subjektiven Tatbestand beendet. Jedoch liegt ein tatbestandsausschließendes Einverständnis nicht vor, wenn Gewahrsamsinhaber und Eigentümer der betroffenen Sache verschiedene Personen sind und nur der Eigentümer mit der Tat einverstanden ist. Der zustimmende Wille des Eigentümers kann dann die Wegnahme nicht ausschließen, weil der Eigentümer nicht Inhaber des durch die Tat gebrochenen Gewahrsams ist. Also hat dieser Wille entweder auf die Strafbarkeit gar keinen Einfluss oder er betrifft eine andere Strafbarkeitsvoraussetzung des Diebstahls.[336]

Beispiel

E hat dem G seinen Pkw geliehen. Einige Wochen danach wird über das Vermögen des E das Insolvenzverfahren eröffnet. Nunmehr kommt T zu E, bietet ihm 3000 € für den Verkauf des Pkw, der sich immer noch bei G befindet. E ist sofort einverstanden, gibt dem T seinen Zweitschlüssel und gestattet ihm, sich

---

[333] Es ist daher unklar, wie dieser Fall nach Krey et al. (2012b), Rn. 123 gelöst werden soll: Zwar wäre die Wegnahme gemäß § 904 BGB gerechtfertigt, nicht aber die in dem Verbrauch des Feuerlöscher-Inhalts liegende Zueignung. Diese wäre demnach eine rechtswidrige – und somit strafbare (?) – Unterschlagung, § 246 I.

[334] Samson (1980), 285 (292).

[335] Zum Konkurrenzverhältnis zwischen § 904 BGB und § 34 StGB vgl. Baumann et al. (2003), § 17 Rn. 85.

[336] Heubel (1984), 445 (450).

den Wagen selbst bei G abzuholen. T begibt sich unverzüglich zu G. Der Pkw des E steht vor der Garage. G selbst ist nicht zu Hause. Daher setzt sich T in den Wagen und fährt mit ihm davon.

T hat dem G den Pkw weggenommen. Die Erlaubnis des E vermag daran nichts zu ändern. Auch war der Wagen im Zeitpunkt der Wegnahme für T eine fremde Sache. Er gehörte nach wie vor dem E. Denn selbst wenn die zwischen E und T erzielte Einigung und die von E erteilte Abholungserlaubnis ein auf Eigentumsübertragung nach § 929 BGB gerichtetes Rechtsgeschäft sein sollte, konnte dieses den Übereignungserfolg nicht herbeiführen. Da der Pkw zum insolvenzbefangenen Vermögen des E gehörte, konnte E über ihn nicht mehr sachenrechtlich wirksam verfügen, § 80 InsO. T handelte mit Zueignungsabsicht, da er den Wagen behalten wollte.[337] Die beabsichtigte Zueignung war jedoch von einer Einwilligung des E gedeckt. Da die Einwilligung kein Rechtsgeschäft ist, haben zivilrechtliche Regeln keinen Einfluss auf ihre Wirksamkeit als strafrechtlich beachtlicher Rechtfertigungsgrund. Dies gilt auch für die Einwilligung in die Beeinträchtigung von Vermögensgütern.[338] Deshalb schließt die Verfügungsbeschränkung des § 80 InsO die Rechtfertigungswirkung der von E erklärten Einwilligung nicht aus. Auch der Umstand, dass sich E selbst mit der Einwilligung nach § 283 I Nr. 1 strafbar machte, steht der Rechtfertigung nicht entgegen. Bei § 283 geht es um ein anderes Rechtsgut als bei § 242. Der strafrechtliche Schutz des § 242 beschränkt sich auf den Eigentümer der Sache. Er erstreckt sich nicht auf Gläubiger des Eigentümers und sonstige Nichteigentümer, für deren Vermögen die Sache irgendeine wirtschaftliche Relevanz hat. Daran ändert sich nach der Eröffnung des Insolvenzverfahrens über das Vermögen des Eigentümers nichts. Auch unter diesen Voraussetzungen schützt § 242 nur den Eigentümer und nicht etwa die Befriedigungsinteressen der Gläubiger. Deren Schutz dienen §§ 283 ff. Deshalb bleibt dem Eigentümer nach Eröffnung des Insolvenzverfahrens die Befugnis erhalten, durch Einwilligung oder Einverständnis die Strafbarkeit aus § 242 auszuschließen. Weder der Insolvenzverwalter noch die Gläubiger können diese Befugnis an Stelle des Eigentümers ausüben oder ihrem Gebrauch durch den Eigentümer die strafrechtliche Wirkung nehmen. Die Einwilligung des E schließt also Eigentumsverletzungsunrecht aus. Die von T beabsichtigte Zueignung ist gerechtfertigt. T handelte ohne Absicht, sich den Pkw rechtswidrig zuzueignen. Strafbar ist er nur wegen Beihilfe zum Bankrott, §§ 283 I Nr. 1, 27 I.[339]

In der Allgemeinen Strafrechtslehre hat der zivilrechtliche **Vertrag** als Rechtfertigungsgrund geringe Bedeutung, da meistens die ihm entspringende Zugriffs-

---

[337] Sofern T von dem Insolvenzverfahren nichts wußte, könnte er sich hinsichtlich des Merkmals „fremd" in einem Tatbestandsirrtum befunden haben, § 16 I 1.

[338] Baumann et al. (2003), § 17 Rn. 103.

[339] Mittäter kann T nicht sein, weil § 283 ein Sonderdelikt normiert, das nur vom Inhaber des betroffenen Vermögens (Gemeinschuldner) täterschaftlich begangen werden kann, Schönke et al. (2014), § 283 Rn. 2.

berechtigung des Täters von einer im konkreten Fall vorliegenden Einwilligung des betroffenen Rechtsgutsinhabers und Vertragspartners überlagert wird.[340] Beim Straftatbestand Diebstahl hingegen entfaltet der vertragliche und auf sonstigen Rechtsgründen beruhende **Eigentumsverschaffungsanspruch** eine beachtliche unrechtsbeseitigende Wirkung, neben der die allgemeinen Rechtfertigungsgründe verblassen. Nach herrschender Auffassung ist nämlich die vom Täter beabsichtigte Zueignung nicht rechtswidrig, wenn der Täter – oder im Fall beabsichtigter Dritt-zueignung der Dritte – einen rechtsgültigen, einredefreien und durchsetzbaren An-spruch auf Übereignung der Sache hat.[341]

Beispiel

In einem mit Schreibmaschine geschriebenen und handschriftlich unterzeichne-ten Testament setzt der Witwer W seine einzige Tochter O zur Alleinerbin ein. Der Altenpflegerin A, die den W bis zu seinem Tod gepflegt und versorgt hat, vermacht er in demselben Testament eine wertvolle chinesische Vase. Je eine Kopie des Testaments schickt W an O und an A. Nachdem W gestorben ist, nimmt O die Wohnung ihres Vaters in Besitz. A sucht die O in der Wohnung auf, um ihr Beileid zu bekunden. Dabei fällt ihr die auf einer Kommode stehende chinesische Vase ins Auge. Während O in der Küche Kaffee zubereitet, steckt A die Vase in ihre Einkaufstasche. Nach dem Kaffeetrinken verabschiedet sich A und verlässt mit der chinesischen Vase die Wohnung. O hat von der Entwendung der Vase nichts bemerkt.

O ist mit dem Tod des W Rechtsinhaberin in Bezug auf den gesamten Nach-lass und damit Eigentümerin der chinesischen Vase geworden, § 1922 I BGB. Zwar ist das maschinenschriftliche Testament formunwirksam, §§ 2247 I, 125 S. 1 BGB. Das hat aber nur zur Folge, dass sich die Erbfolge nicht nach der ungültigen Verfügung von Todes wegen (§ 1937 BGB) richtet, sondern die Re-geln über die gesetzliche Erbfolge eingreifen. Nach diesen ist O ebenfalls Al-leinerbin, §§ 1924, 1930 BGB. Da ein Vermächtnis die dingliche Zuordnung der vermachten Sache nicht verändert, ist O auch Eigentümerin der Vase. O hatte Alleingewahrsam an der Vase,[342] A hat ihr die Vase weggenommen. Dabei han-delte sie mit der Absicht, sich die Vase zuzueignen. Diese Zueignung könnte aber rechtmäßig sein, wenn A einen Anspruch auf Übertragung des Eigentums an der Vase hätte. Durch Vermächtnis wird ein Anspruch des Vermächtnisnehmers gegen den Erben auf Herausgabe und Übereignung des vermachten Gegenstands begründet, §§ 2147, 2174 BGB. Jedoch unterliegt auch das Vermächtnis den Formvorschriften, die für das Testament gelten, in denen es angeordnet worden ist, §§ 1939, 2247 BGB. Da das Testament des W ungültig ist, hat A kein Ver-mächtnis und keinen Anspruch auf die Vase erworben. Die von A beabsichtigte Zueignung der Vase war daher rechtswidrig.

---

[340] Schönke et al. (2014), vor § 32 Rn. 53.

[341] Eisele (2012b), Rn. 89; Gössel (1996), § 7 Rn. 100; Gropp (1999), 1041 (1044).

[342] Diesen hat sie nicht auf Grund des § 857 BGB, sondern auf Grund der tatsächlich begründeten Sachherrschaft.

Hätte W das gesamte Testament handschriftlich verfasst, wäre es gemäß § 2247 BGB rechtsgültig gewesen. Die Erbfolge richtete sich dann nach den im Testament getroffenen letztwilligen Verfügungen des Erblassers. O wäre wiederum Alleinerbin, jedoch belastet mit dem Vermächtnis zugunsten der A. Diese wäre Inhaberin eines Anspruchs auf Übereignung der chinesischen Vase. Mit der Wegnahme und Zueignung hätte sich A also verschafft, was ihr ohnehin zusteht und was sie sich mit juristischen Mitteln rechtskonform verschaffen könnte. Die eigenmächtig begründete eigentümerähnliche Position stimmt zwar (noch) nicht mit der sachenrechtlichen Zuordnung überein, da O weiterhin Eigentümerin der Vase ist.[343] Jedoch steht sie im Einklang mit einem rechtlichen – auf §§ 2147, 2174 BGB beruhenden und zwischen A und O bestehenden – Verhältnis, welches den von A mit unerlaubten Mitteln bewirkten Sachverschiebungserfolg als herzustellenden rechtskonformen Zustand legitimiert. Der Erfolg wird von der Rechtsordnung gebilligt, die Art der Erfolgsbewirkung nicht. Der Anspruch auf Übereignung gibt der A kein Recht, die Vase der O wegzunehmen. Hier geht es aber nicht um die Rechtswidrigkeit des Wegnahmeakts, sondern um die Rechtswidrigkeit der beabsichtigten Zueignung, also um die rechtliche Bewertung der von A erlangten Quasi-Eigentümerstellung. Insoweit steht das Recht auf der Seite der A. Aus diesem Grund hält die h. M. eine **beabsichtigte Zueignung für nicht rechtswidrig, wenn der Täter einen durchsetzbaren einredefreien Anspruch auf Übereignung der Sache** hat.[344]

Dieser Auffassung ist im Ansatz **zuzustimmen**, denn sie entspricht dem fragmentarischen Charakter des strafrechtlichen Eigentumsschutzes und dem reduzierten Strafwürdigkeitsgehalt einer Sachentziehung, der ein Eigentumsverschaffungsanspruch des Täters oder eines Dritten zugrunde liegt. Der Schuldner[345] eines solchen Anspruchs ist gewiss nicht schutzwürdiger als ein Eigentümer, dem die Sache von einem ohne Zueignungsabsicht – aber auch ohne Anspruch – handelnden Täter weggenommen wird. Sofern die Rechtswidrigkeit des Verschaffungsaktes nicht von einem anderen Straftatbestand – etwa § 240 – erfasst wird, beschränkt sich die Rechtsordnung auf ein zivilrechtliches Unrechtsurteil. Auch das Zivilrecht würde den Schuldner nicht mehr in seiner Stellung als Eigentümer, sondern nur in seiner Stellung als Besitzer betroffen sehen und ihm daher einen Herausgabeanspruch aus § 985 BGB absprechen.[346]

Obwohl der h. M. grundsätzlich Recht zu geben ist, sind einige differenzierende und einschränkende Bemerkungen angebracht: Für den Ausschluss der Rechtswidrigkeit kann es nicht genügen, dass der Täter sich der Existenz seines Anspruchs bewusst ist und daraus die Rechtmäßigkeit des von ihm verfolgten Aneignungs-Ziels ableitet. Er muss bei der Wegnahme auch den „überschießenden" Willen ha-

---

[343] Schröder (1956), 69 (70); Hirsch (1963), 149 (151).

[344] RGSt 64, 210 (212); BGHSt 17, 87 (89); BGH, GA 1962, 144; 1965, 211 (212); 1968, 121; OLG Schleswig, StV 1986, 64; Mohrbotter (1967), 199 (212); Samson (1980), 285 (292); Schramm (2008), 773 (776); Schröder (1956), 69; Schröder (1962), 347 (348); aA Hirsch (1963), 149 (152).

[345] Die Ausführungen im Text gelten natürlich nur für einen Schuldner, der zugleich Eigentümer der geschuldeten Sache ist, vgl. Hirsch (1963), 149 (150) Fn. 12.

[346] Schröder (1956), 69.

ben, die **reale Besitzlage unverzüglich mit der Eigentumsordnung in Einklang zu bringen**, d. h. das Eigentum an der weggenommenen Sache zu erwerben.[347] Erforderlich ist also seine Bereitschaft, nach der Wegnahme zusammen mit dem Eigentümer – seinem Schuldner – die rechtsgeschäftliche Übereignung nach § 929 S. 2 BGB zu vollziehen. Ein Gläubiger, der sich nur den Besitz, nicht aber das Eigentum verschaffen will, beabsichtigt die Herstellung einer auf Dauer von der rechtlichen Eigentumsordnung abweichenden Besitzlage. Er will nicht Eigentümer werden, sondern sich nur wie ein Eigentümer gerieren, ohne es zu sein. Die von ihm beabsichtigte Zueignung ist daher rechtswidrig. Das Behalten der weggenommenen Sache hat somit die Qualität einer rechtswidrigen Zueignung und ist deshalb strafbare Unterschlagung (§ 246).

Die Rechtswidrigkeit der beabsichtigten Zueignung ist ausgeschlossen, wenn und soweit sich der Eigentumsverschaffungsanspruch auf die weggenommene Sache richtet, Wegnahme- und Anspruchsobjekt also identisch sind. In zivilrechtlichen Kategorien ausgedrückt muss dem Anspruch eine **Stückschuld** des Eigentümers korrespondieren. Betrifft der Anspruch dagegen eine gattungsmäßig bestimmte Sache (**Gattungsschuld**), ist die erforderliche Identität nicht gegeben, sofern nicht vor der Wegnahme das Schuldverhältnis durch Konkretisierung auf eine bestimmte Sache aus der Gattung beschränkt worden ist, § 243 II BGB.

Beispiel

T hat bei dem Landwirt O einen Zentner Kartoffeln bestellt und den Kaufpreis im Voraus entrichtet. O pflegt die bestellten Kartoffeln in Säcke zu füllen und die Säcke mit dem Namen des Käufers versehen auf seinem Hof zur Abholung bereitzustellen. Jeder Sack enthält genau 50 Kg Kartoffeln. Als T auf dem Bauernhof des O erscheint, um sich seine Kartoffeln abzuholen, findet er dort zehn gefüllte Kartoffelsäcke vor, auf denen aber noch keine Kundennamen stehen. Er ergreift daher einen der Säcke und transportiert ihn mit seinem Pkw ab. Als O davon erfährt, ärgert er sich, da die zehn Kartoffelsäcke für den mit O befreundeten Gastwirt G bestimmt waren.

T hat dem O die Kartoffeln weggenommen. Ein wegnahmeausschließendes Einverständnis liegt nicht vor, da O diesen Sack nicht für T bereitgestellt hatte. Aus demselben Grund hat auch keine Übereignung dieser Kartoffeln an T stattgefunden. O hatte dem T kein Übereignungsangebot (§ 929 BGB) gemacht. Jedoch wäre die von T beabsichtigte Zueignung nicht rechtswidrig, wenn der mit O geschlossene Kaufvertrag einen Anspruch gerade auf diesen Sack begründet hätte. Da Kaufgegenstand aber Gattungssachen waren, bezog sich der Anspruch aus § 433 I 1 BGB zunächst auf keine bestimmten Exemplare aus der Gattung „Kartoffel". Erst nach einer Spezifizierung gemäß § 243 II BGB hätte sich die

---

[347] Der Anspruch ist deshalb ebenso ein „unvollkommen zweiaktiger" Rechtfertigungsgrund wie z. B. das Festnahmerecht des § 127 I StPO, vgl. dazu Baumann et al. (2003), § 16 Rn. 65; Lampe (1978), 7 ff.; Schönke et al. (2014), vor § 32 Rn. 16. Ablehnend zu der hier vertretenen Meinung Küper (2002b), 429 (445) Fn. 64.

Gattungsschuld in eine Stückschuld verwandelt. Das wäre der Fall gewesen, wenn O einen Zentnersack für T ausgewählt, mit dessen Namen beschriftet und für ihn zur Abholung bereitgestellt hätte.

Die h. M. lehnt eine Rechtfertigung der beabsichtigten Zueignung durch den Gattungsanspruch ab, da der Gläubiger durch die Wegnahme „neben den Besitzinteressen des Gläubigers auch dessen Befugnis, aus der Gattung Sachen mittlerer Art und Güte auszuwählen" beeinträchtige.[348] Nur vereinzelt wird in der Literatur dem Gattungsanspruch dieselbe rechtfertigende Wirkung zugesprochen wie dem Speziesanspruch,[349] zum Teil unter dem Vorbehalt, dass der betroffene Eigentümer kein beachtliches Interesse daran hat, die für seinen Gläubiger bestimmte Sache selbst aus der Gattung auszuwählen.[350]

Ähnlich wie bei der Zueignung von Gattungssachen stellt sich die Rechtswidrigkeitsfrage bei der Zueignung von **Geld** dar, wenn der Täter einen Zahlungsanspruch gegen den Eigentümer des Geldes hat.

Beispiel

T hat gegen O einen fälligen Anspruch auf Rückzahlung eines Darlehens in Höhe von 500 €. Eines Tages trifft T den O zufällig an einem Geldautomaten, aus dem O sich gerade mithilfe seiner Scheckkarte fünf Hundert-Euro-Scheine besorgt hat. Bevor O das Geld in seine Brieftasche stecken kann, reißt T es ihm aus der Hand und rennt damit weg.

Der Zahlungsanspruch des T gegen O richtet sich auf einen Geldbetrag, nicht aber auf bestimmte Münzen und Banknoten. Deshalb hatte T keinen Anspruch auf gerade die 500-€-Scheine, die er dem O weggenommen hat. Strenggenommen beabsichtigte T also die Zueignung von Sachen, auf die er keinen Anspruch hatte. Andererseits sind Ansprüche auf Geld nie substanzbezogen, sondern stets wertbezogen. Nicht nur dem Gläubiger, sondern auch dem Schuldner ist es in der Regel gleichgültig, mit welchen Münzen oder Scheinen eine Geldschuld beglichen wird. Von Bedeutung ist allein der Geldbetrag. Die Funktion des Geldes als Wertträger steht im Rechtsverkehr so sehr im Vordergrund, dass die Eigenschaft dieser Wertträger als Objekte des Sachenrechts im vorliegenden rechtlichen Zusammenhang nicht ausschlaggebend sein kann.[351] Für die Rechtswidrigkeit der beabsichtigten Zueignung ist deshalb allein maßgeblich, ob der Täter einen Geldzahlungsanspruch hat, dessen Höhe den Wert der weggenommenen Geldstücke deckt.[352] Im übrigen sind hier an den Inhalt des rechtswidrigkeitsaus-

---

[348] BGHSt 17, 87 (89); Eisele (2012b), Rn. 90; Gropp (1999), 1041 (1044); Schröder (1956), 69 (70).

[349] Maiwald (1970), 162; Otto (1989), 137 (145).

[350] Lackner et al. (2014), § 242 Rn. 27.

[351] Otto (1970), 265.

[352] Eisele (2012b), Rn. 90; Gropp et al. (2012), 310; Roxin (1966), 467 (481); Satzger et al. (2014), § 242 Rn. 51; Schramm (2008), 773 (776); aA BGHSt 17, 87 (89); auf mutmaßliche Einwilligung abstellend Seelmann (1985), 454 (455).

schließenden Willens dieselben strengen Anforderungen zu stellen wie bei der Wegnahme anspruchsbefangener Spezies- oder Gattungssachen: Der Täter muss den Willen haben, auf Grund der Wegnahme des Geldes die Zahlungsforderung als erfüllt und erloschen zu behandeln. Strafbarkeit wegen Diebstahls wird also begründet, wenn sich der Täter bei der Wegnahme des Geldes vorbehält, von dem Eigentümer später die Zahlung des geschuldeten Betrages zu fordern. Dagegen bleibt es bei der Straflosigkeit, wenn der ursprünglich in redlicher Absicht handelnde Täter erst später den Entschluss fasst, von dem Schuldner Zahlung zu verlangen, weil dieser die Entwendung des Geldes nicht bemerkt hatte. Die Ausführung dieses Entschlusses kann dann als versuchter oder vollendeter Betrug strafbar sein.

Der Anspruch, der die Rechtswidrigkeit der beabsichtigten Zueignung ausschließen soll, muss **einredefrei** sein. Daran fehlt es nicht nur, wenn der Anspruch bereits im Zeitpunkt der Wegnahme einredebehaftet ist, sondern auch dann, wenn der Täter damit rechnet, dass bis zu der von ihm angestrebten späteren Anspruchsverwirklichung eine Einrede entstanden sein wird.

Beispiel

T hat gegen O einen Anspruch auf Zahlung von 100 €. Dieser Anspruch verjährt am 31. Dezember. Auf der Silvesterparty nimmt T dem O 5 min vor Jahreswechsel einen 100-€-Schein weg. T hat die Absicht, sich am nächsten Tag mit O darüber zu einigen, dass damit der Anspruch seine Erledigung gefunden haben soll. O selbst ist im Zeitpunkt der Wegnahme wegen übermäßigen Alkoholgenusses zur Abgabe wirksamer Willenserklärungen nicht in der Lage (§ 105 II BGB).

Ein Übereignungsanspruch schließt die Rechtswidrigkeit der beabsichtigten Zueignung aus, weil und soweit der Täter die Herbeiführung eines rechtskonformen Zustandes durch Verwirklichung dieses Anspruchs anstrebt. Wie oben gesehen, muss der Täter deshalb bei der Wegnahme den Willen haben, die spätere Übertragung des Eigentums zu erwirken, damit nicht nur die Besitz-, sondern auch die Eigentumslage wieder der Rechtsordnung entspricht. Steht dem Übereignungsanspruch aber eine demnächst entstehende Einrede entgegen, kann der Täter diesen Willen jedenfalls ab diesem künftigen Zeitpunkt nicht mehr ohne weiteres verwirklichen. Sein Wille ist also auf einen Erwerb gerichtet, den die Rechtsordnung zwar billigt, bei dessen Durchsetzung die Rechtsordnung aber ihren Beistand verweigert. Straflosigkeit ist unter dieser Voraussetzung daher nur zu befürworten, wenn der Täter sich im Zeitpunkt der Wegnahme vorstellt, er werde noch vor Entstehung der Einrede den Eigentumsübergang mit anspruchskonformen Mitteln – also nicht z. B. durch Verbindung oder Vermischung gem. §§ 947, 948 BGB – herbeiführen können oder wenn er damit rechnen darf, dass sein Schuldner sich nicht auf die Einrede berufen werde. Mit Absicht rechtswidriger Zueignung handelt jedenfalls der Täter, der eine Sache gerade deswegen wegnimmt, um der drohenden Verjährung zuvorzukommen und der keine realistische Chance sieht, den Anspruch auf legalem Wege durchzusetzen. T hat daher mit der Absicht rechtswidriger Zueignung gehandelt, obwohl sein Anspruch im Zeitpunkt der Wegnahme noch einredefrei war.

Dem im Zeitpunkt der Wegnahme bereits bestehenden einredefreien Anspruch auf Eigentumsübertragung gleichzustellen ist der Fall, dass der Täter es in der Hand hat, durch einseitigen rechtlichen Gestaltungsakt – z. B. durch eine Anfechtungserklärung – die **Entstehung eines solchen Anspruchs jederzeit herbeizuführen.**[353] Hat der Täter bei der Wegnahme den Willen, von dieser Rechtsmacht alsbald Gebrauch zu machen, handelt er ohne Absicht rechtswidriger Zueignung.

Beispiel

Als O seinem Onkel T – einem Rechtsanwalt – mitteilt, er habe das Erste Juristische Staatsexamen mit der Note „gut" bestanden, schenkt T ihm spontan ein teures Rennfahrrad. Dem O steigt der Examenserfolg aber sehr schnell zu Kopf. Einige Wochen später beginnt O über seinen Onkel T in der Öffentlichkeit unwahre Behauptungen von „Steuerhinterziehung, Parteiverrat, Urkundenfälschung und Bestechung" aufzustellen. T begibt sich daraufhin erbost zu seinem Neffen, um das geschenkte Fahrrad zurückzufordern. Den O trifft T nicht an, wohl aber das neue Fahrrad, das im Flur des Hauses steht, in dem O wohnt. T nimmt das Rad mit nach Hause. Am nächsten Tag ruft T den O an und erklärt ihm, dass er die Schenkung des Fahrrads widerrufe.

T hat dem O eine fremde bewegliche Sache weggenommen. Im Zeitpunkt der Wegnahme war O noch Eigentümer des Rades. Auch der auf § 530 I BGB gestützte Widerruf wegen groben Undanks hat daran nichts geändert. Denn dieser beseitigt – anders als eine Anfechtung nach § 123 I BGB – nicht die Wirksamkeit des dinglichen Übereignungsgeschäfts (§ 929 BGB), mit dem die Schenkung vollzogen wurde. Der Widerruf begründet nur einen Rückgabeanspruch des Schenkers gegen den Beschenkten. Dieser Anspruch entsteht, wenn die Widerrufserklärung wirksam geworden ist, also mit dem Zugang der Erklärung beim Beschenkten. Da der Widerruf keine dem § 142 I BGB entsprechende Rückwirkung hat, war T im Zeitpunkt der Wegnahme noch nicht Inhaber eines Eigentumsverschaffungsanspruchs gegen O. Er war aber schon Inhaber der Macht, durch einseitige Erklärung gegenüber O einen solchen Anspruch entstehen zu lassen. Er hatte bei der Wegnahme auch die Absicht, diese Rechtsmacht auszuüben. Also wollte er durch die Wegnahme keine dauernde Trennung von Sachherrschaft und Eigentumsrecht herstellen, sondern Sachherrschaft und Eigentum wieder in seiner Hand zusammenführen. Da das Schenkungsrecht diese Zielsetzung juristisch absegnet, richtete sich die Zueignungsabsicht des T nicht auf einen rechtswidrigen, sondern einen rechtskonformen Zustand. T hat daher den subjektiven Tatbestand des Diebstahls nicht erfüllt.

---

[353] Schönke et al. (2014), § 242 Rn. 59; im Ergebnis ebenso Weber (2002), 243 (245).

Die Rechtswidrigkeit der beabsichtigten Zueignung ist in das **subjektive** Tatbestandsmerkmal „Zueignungsabsicht" eingebettet und somit selbst Teil des subjektiven Tatbestandes.[354] Missverständlich sind daher Äußerungen in der Literatur, die
die Rechtswidrigkeit als objektives Tatbestandsmerkmal qualifizieren, welches im
Rahmen des subjektiven Tatbestandes zu prüfen sei.[355] Im objektiven Tatbestand
des § 242 ist für die Rechtswidrigkeit kein Platz.[356] Daher hängt die Strafbarkeit
auch nicht davon ab, ob der Täter wirklich einen Anspruch auf die Sache hat oder
nicht. Es kommt nur auf den Inhalt der „Absicht" des Täters an. Wie oben bereits
bemerkt, ist in Bezug auf die Rechtswidrigkeit aber keine Absicht im Sinne von
„dolus directus" erforderlich; dolus eventualis reicht aus.[357]

Beispiel

T hat von O ein gebrauchtes Fahrrad gekauft und den Kaufpreis bereits entrichtet. Übereignung und Übergabe haben noch nicht stattgefunden, das Rad befindet sich weiterhin bei O. Der ungeduldige T betritt nun das Grundstück des O
und holt sich dort ein Fahrrad, das er für das gekaufte hält. Tatsächlich handelt
es sich um ein anderes Fahrrad, das dem gekauften sehr ähnlich sieht und dem
Bruder B des O gehört.

Der Umstand, dass T auf das weggenommene Fahrrad keinen Anspruch aus
§ 433 I BGB hat und auch sonst kein Rechtfertigungsgrund sein Handeln deckt,
hat weder im objektiven noch im subjektiven Diebstahlstatbestand Bedeutung.
Im subjektiven Tatbestand ist allein entscheidend, dass es der Täter zumindest
für möglich hält, die beabsichtigte Zueignung könnte rechtswidrig sein und dies
auch billigend in Kauf nimmt. Stellt sich der Täter dagegen irrtümlich Umstände
vor, die die Rechtswidrigkeit ausschließen würden, so handelt er ohne Absicht
rechtswidriger Zueignung. Da T glaubte, auf das weggenommene Rad einen einredefreien Übereignungsanspruch zu haben, fehlte ihm das Bewusstsein bezüglich einer rechtswidrigen Zueignung.[358] T hat also den subjektiven Tatbestand
nicht erfüllt und ist deshalb nicht aus § 242 strafbar.[359]

Beispiel

Nachdem O dem T ein Fahrrad verkauft und von T den Kaufpreis erhalten hat,
verleiht O dieses Rad an D. T nimmt dem D dieses Rad weg ohne dabei zu erkennen, dass es sich um das Rad handelt, das O ihm verkauft hat.

---

[354] Hauck (2007), 227; Maurach et al. (2009), § 33 Rn. 56.

[355] Eisele (2012b), Rn. 88; Rengier (2014a), § 2 Rn. 86; Schramm (2008), 773 (776).

[356] Warda (1979), 71 (77).

[357] Gropp (1999), 1041 (1044); Schönke et al. (2014), § 242 Rn. 65; Schramm (2008), 773 (776).

[358] BGH, GA 1962, 144 (145); Warda (1979), 71 (77).

[359] Der „error in obiecto" schließt zwar auch hier den Wegnahmevorsatz nicht aus, ist im Ergebnis
aber doch „beachtlich"; sehr instruktiv dazu Warda (1985), 159 ff.

T hat den objektiven Tatbestand des Diebstahls erfüllt. Der Anspruch aus § 433 I BGB, den T gegen O in Bezug auf dieses Rad hat, vermag daran nichts zu ändern. T nahm dem D das Rad mit der Absicht weg, es sich zuzueignen. Wegen des kaufvertraglichen Übereignungsanspruchs war diese Zueignung zwar objektiv nicht rechtswidrig.[360] T stellte sich jedoch vor, auf das weggenommene Fahrrad habe er keinen Anspruch. Sein Vorsatz richtete sich also auf eine rechtswidrige Zueignung. Damit ist das subjektive Tatbestandsmerkmal erfüllt. Materiell handelt es sich um einen untauglichen Versuch rechtswidriger Zueignung. Dies genügt aber, da tauglicher und untauglicher Versuch im Strafrecht gleichbehandelt werden und eine vollendete Zueignung zur Erfüllung des Diebstahlstatbestands ohnehin nicht erforderlich ist.[361] T ist also nicht etwa nur wegen versuchten Diebstahls strafbar. Er hat vollendeten Diebstahl begangen.

1.2.2.3.3.6 Täterschaft und Teilnahme

Die Zueignungsabsicht ist ein Straftatmerkmal, das nur der **Täter** des Diebstahls erfüllen muss. Das gilt allerdings auch für den mittelbaren Täter und den Mittäter.[362] Hat von zwei gemeinschaftlich fremde bewegliche Sachen wegnehmenden Tatbeteiligten einer Zueignungsabsicht und der andere nicht, so ist nur jener Täter eines Diebstahls. Dem zweiten Beteiligten kann die fehlende Zueignungsabsicht nicht über § 25 II zugerechnet werden.[363] Für die Strafbarkeit als Anstifter (§ 26) oder Gehilfe (§ 27) bedarf es dagegen lediglich einer beim Täter vorhandenen Zueignungsabsicht. Der **Teilnehmer** braucht selbst nicht Zueignungsabsicht zu haben. Natürlich muss er wissen, dass der Täter mit Zueignungsabsicht handelt, denn sein Vorsatz muss die Tatsachen umfassen, die die Tatbestandsmäßigkeit der Haupttat begründen.[364] Das Fehlen der Zueignungsabsicht beim Teilnehmer führt nicht zu einer Strafmilderung nach § 28 I. Denn die Zueignungsabsicht ist kein persönliches, sondern ein tatbezogenes Merkmal und wird daher von § 28 nicht erfasst.[365]

Problematisch ist die strafrechtliche Beurteilung, wenn der die Wegnahme unmittelbar – also wie ein Alleintäter iSd § 25 I 1. Alt. – vollziehende Tatbeteiligte ohne Zueignungsabsicht handelt und zu dieser Tat von einem mit Zueignungsabsicht handelnden Beteiligten bestimmt worden ist.

Beispiel

(nach RGSt 39, 37): H bittet den V, über den das Grundstück des E umgebenden Zaun zu klettern und einen auf dem Rasen liegenden dem E gehörenden Fußball herüberzuschießen. V tut dem H den Gefallen und befördert den Ball mit einem

---

[360] Anspruchsgegner muss der Eigentümer – hier O –, nicht der Gewahrsamsinhaber – hier D – sein.

[361] Hirsch (1963), 149 (153) Fn. 41.

[362] BGH, NStZ 1999, 510; Gössel (1996), § 7 Rn. 119.

[363] Baumann et al. (2003), § 29 Rn. 16.

[364] BGH, NStZ 1999, 510 (511); Jescheck et al. (1996), § 64 III 2 b; Kühl (2012), § 20 Rn. 197.

[365] Baumann et al. (2003), § 32 Rn. 11; Gössel (1996), § 7 Rn. 119.

wuchtigen Schuss über den Zaun. H fängt den Ball auf und macht sich mit ihm aus dem Staub.

V wollte sich den Ball nicht selbst zueignen. Vor dem 1.4.1998 war V deshalb mangels Zueignungsabsicht nicht als Täter eines Diebstahls strafbar. Die Erweiterung des § 242 I um die „Drittzueignungsabsicht" hat die Beurteilung des Falles in diesem Punkt wesentlich umgestaltet. Denn nunmehr ist V Täter eines Diebstahls, weil er mit der Absicht handelte, den Ball dem H – also einem Dritten – rechtswidrig zuzueignen. Unproblematisch ist unter dieser Prämisse auch die strafrechtliche Beurteilung des Verhaltens des H: Er hat zumindest Anstiftung zum Diebstahl begangen, naheliegend ist aber auch ein mittäterschaftlich begangener Diebstahl. Vor Inkrafttreten des 6. StrRG bereitete die Strafbarkeit des H hingegen erhebliche Schwierigkeiten.[366] H hat an dem Ball neuen Gewahrsam begründet und somit die zweite Komponente des Handlungsmerkmals „Wegnahme" eigenhändig erfüllt. Dennoch ist er nicht unmittelbarer Alleintäter eines Diebstahls, da er nicht eigenhändig den Gewahrsam des E gebrochen hat. Dies hat V getan. Würde § 242 keine Zueignungsabsicht voraussetzen oder – was jetzt der Fall ist – auch die „Dritt-Zueignungsabsicht" erfassen, wären H und V Mittäter, § 25 II. Auf der Grundlage des vor dem 1.4.1998 geltenden Rechts schied Mittäterschaft aber aus, weil V ohne Zueignungsabsicht und somit nicht tatbestandsmäßig handelte.[367] Aus demselben Grund war auch eine Strafbarkeit des H wegen Anstiftung zum Diebstahl (§§ 242 I, 26) ausgeschlossen. Die h. M. bejahte in einem Fall wie dem vorliegenden aber eine Strafbarkeit des Hintermannes wegen Diebstahls in **mittelbarer Täterschaft**, §§ 242 I, 25 I 2. Alt. Daraus folgte zwangsläufig, dass V wegen Beihilfe zum Diebstahl strafbar war, §§ 242 I, 27. Die Tatherrschaft des H ergebe sich aus dem Fehlen der Zueignungsabsicht beim Vordermann V. Dieser handele zwar dolos (vorsätzlich iSd § 15), aber absichtslos und demzufolge als „absichtsloses doloses Werkzeug".[368] Gegen diese Auffassung bestehen erhebliche dogmatische Einwände, die hier nicht näher erörtert werden können.

Im Einklang mit der Lehre von der mittelbaren Täterschaft steht hingegen die strafrechtliche Beurteilung (auch nach jetzt geltendem Strafrecht), wenn der Vordermann nicht nur ohne Zueignungsabsicht handelt, sondern darüber hinaus auch noch irrig annimmt, die vom Hintermann beabsichtigte Zueignung stehe mit der Rechtsordnung im Einklang.

Beispiel

(Abwandlung des obigen Beispiels): H spiegelt dem V vor, er habe den Fußball dem E abgekauft und den Kaufpreis bereits bezahlt.

---

[366] Vgl. dazu Fahl (1998a), 24 ff.; Neumann (1993), 746 ff.; Otto (1998), 550.

[367] Herzberg (1977), 71; aA Roxin (2006), 341, der Zueignungsabsicht des V bejaht.

[368] Baumann et al. (2003), § 29 Rn. 128; Cramer (1979), 389 (398).

In diesem abgewandelten Beispiel ist Strafbarkeit des H wegen Diebstahls in mittelbarer Täterschaft (§§ 242 I, 25 I 2. Alt.) mit den Grundsätzen der Tatherrschaftslehre begründbar. Wegen des Irrtums über die Rechtswidrigkeit der beabsichtigten Zueignung handelt V ohne Willensherrschaft. Daher ist V auch straflos, nachdem im subjektiven Tatbestand des § 242 die „Dritt-Zueignungsabsicht" miterfasst ist. Nicht das Fehlen der Zueignungsabsicht, sondern dieser Irrtum ist der Anknüpfungspunkt für die mittelbare Täterschaft des H. Das überlegene bessere Wissen des H verschafft diesem die Herrschaft über das tatbestandsmäßige Geschehen und macht ihn zum Täter. Die Unterlegenheit des V schlägt sich auch sehr deutlich in der Tatsache nieder, dass V nicht einmal wegen Beihilfe zum Diebstahl bestraft werden kann. Denn V hat keinen Vorsatz bezüglich einer subjektiv-tatbestandsmäßigen Tat des H. Er hält die von H beabsichtigte Zueignung des Balles für rechtmäßig.

Genauso verhält es sich in sonstigen Fällen, in denen der Vordermann ohne Zueignungsabsicht handelt und darüber hinaus noch aus einem weiteren Grund wegen Diebstahls nicht bestraft werden kann.[369]

Beispiel

(weitere Abwandlung): Mit vorgehaltener Pistole zwingt H den V, über den Zaun zu klettern und den Fußball hinüberzuwerfen.

V nahm dem E den Ball weg, hatte aber nicht die Absicht, sich den Ball selbst zuzueignen.[370] Zum straflos handelnden Werkzeug des H wird V jedoch nicht aus diesem rechtlichen Grund, sondern wegen der durch den Nötigungsdruck bewirkten Einschränkung seiner Willensfreiheit, § 35.[371]

1.3 Besonders schwerer Fall des Diebstahls, § 243 StGB

1.3.1 Allgemeines

Das StGB regelt in § 243 besonders schwere Fälle des Diebstahls. Es verwendet damit einen Terminus, der auch an vielen anderen Stellen des Strafgesetzbuches und im Nebenstrafrecht[372] zu finden und jeweils mit einer Anhebung des gesetzlichen Strafrahmens verknüpft ist. Andere Beispiele im StGB sind etwa §§ 113 II, 121 III, 212 II, 218 II, 240 IV, 263 III, 267 III. Mit Blick auf § 212 II fällt ein gesetzestech-

---

[369] Jäger (2000), 651 (652) mit einem allerdings zweifelhaften Beispiel des Irrtums über den „konkreten Handlungssinn".

[370] Maiwald (1970), 241.

[371] Herzberg (1977), 14; zur umstrittenen Frage, ob der Nötigungsnotstand das Verhalten des V rechtfertigt oder nur entschuldigt, vgl. Baumann et al. (2003), § 17 Rn. 81 einerseits, Schönke et al. (2014), § 34 Rn. 41 b andererseits.

[372] Z. B. § 29 III BtMG, § 52 a II WaffG; § 95 III AMG.

nischer Unterschied auf: Meistens wird die „besondere Schwere" in kasuistischer Manier näher umschrieben, vgl. z. B. §§ 113 II 2, 218 II 2, 263 III, 253 IV 2, 267 III, 292 II, 300 und 330 I. Dem stehen Vorschriften gegenüber, in denen das Gesetz lediglich auf „besonders schwere Fälle" Bezug nimmt, ohne dem Rechtsanwender Kriterien für die Bestimmung eines solchen Falles zu geben, vgl. z. B. §§ 176 III, 212 II.[373] Zu der ersten Kategorie gehört auch § 243. Der Gesetzgeber hat hier die – erstmalig 1933 in das StGB eingeführte[374] und wissenschaftlich nicht unumstrittene[375] – sog. „**Regelbeispiels-Technik**" angewendet und eine Norm geschaffen, die Studierenden erfahrungsgemäß immer wieder erhebliche Schwierigkeiten bereitet.

1.3.1.1 Rechtsnatur
1.3.1.1.1 Besonders schwerer Fall und Qualifikationstatbestand
Bis zum Ersten Gesetz zur Reform des Strafrechts vom 25.6.1969[376] hatte § 243 StGB eine anderen Wortlaut und eine andere Rechtsnatur als der aktuelle § 243. Zwar waren die meisten Beispiele des geltenden § 243[377] schon Bestandteil des „alten" § 243. Zur Auslegung einzelner Begriffe kann deshalb auch auf ältere Rechtsprechung und Literatur zu § 243 a. F. zurückgegriffen werden. Dabei darf aber nicht übersehen werden, dass § 243 a. F. eine andere dogmatische Funktion hatte und zu § 242 in einem anderen systematischen Verhältnis stand als § 243 n. F. Der besonders schwere Diebstahl des § 243 a. F. war **qualifizierter** Diebstahl, der auf Grund seiner gesetzlichen Strafdrohung Verbrechenscharakter hatte, vgl. § 1 StGB a. F.[378] Beides trifft auf § 243 n. F. nicht zu. Die Umgestaltung des § 243, dessen jetzige Fassung außer auf dem 1. StRG noch auf dem EGStGB vom 2.3.1974, dem StrÄndG vom 9.6.1989 und dem 6. StRG vom 26.1.1998 beruht, hat also nicht nur die perfektionistische Kasuistik reduziert, sondern auch das dogmatische Gesicht dieses Diebstahlstyps erheblich verändert.

Der besonders schwere Fall des Diebstahls des § 243 n. F. ist – anders als §§ 244, 244a – **kein qualifizierter** Diebstahl mehr.[379] § 242 und § 243 stehen zueinander nicht im Verhältnis von Grundtatbestand und Qualifikationstatbestand. Daher gibt es zwischen § 242 und § 243 auch kein Konkurrenzverhältnis.[380] § 243 enthält überhaupt keine Strafbarkeitsvoraussetzungen des Diebstahls. Vielmehr steht die

---

[373] Das 6. StRG hat die unbenannten besonders schweren Fälle drastisch reduziert, z. B. die ehemaligen unbenannten Strafschärfungsklauseln in §§ 263 III, 266 II und 267 III in Regelbeispielsvorschriften umgewandelt.

[374] Zur geschichtlichen Entwicklung vgl. Maiwald (1984), 433 ff.

[375] Instruktiv Maiwald (1984), 433 (440); Zieschang (1999), 561 ff.

[376] BGBl I, 645.

[377] Ebenfalls in § 243 a. F. enthalten waren Teile des geltenden § 244.

[378] Graul (1999), 852 (855); § 1 StGB a. F. war Vorgänger des § 12 StGB geltender Fassung.

[379] BGHSt 23, 254 (256); OLG Düsseldorf, NJW 1998, 1002; Gropp (1999), 1041; Laubenthal (1989), 99 (100); Schramm (2008), 773 (776); Seelmann (1985), 454 (455); Sternberg-Lieben (1986), 183; Wessels (1987), 423; aA Kindhäuser (1996), 123 (127).

[380] Braunsteffer (1975), 1570 (1571); v. Löbbecke (1973), 374; Wessels (1972), 295 (307); Wessels (1987), 423 (431).

Strafbarkeit einer Tat als Diebstahl bereits fest, bevor § 243 zur Anwendung kommt. Diese Strafbarkeit, von der die Anwendbarkeit des § 243 abhängt, beruht auf § 242. **Tatbestandsqualität** kann die Regelung des § 243 deswegen **nicht** haben, weil die in Absatz 1 Satz 2 enthaltene Verknüpfung von Rechtsfolgenvoraussetzungen und Rechtsfolgenanordnung nicht strikt genug ist.[381] Nur „in der Regel" macht die Erfüllung der dort genannten Voraussetzungen die Tat zu einem besonders schweren Fall des Diebstahls und begründet somit die Anwendbarkeit des strengeren Strafrahmens. Der Regelung fehlt also die **Bestimmtheit**, die notwendig wäre, um sie als verfassungsrechtlich – Art. 103 II GG – unbedenkliche Straftatbestandsnorm anerkennen zu können.

1.3.1.1.2 Strafzumessungsregel

§ 243 hat keine Strafbarkeitsbegründungs-, sondern nur Straftatfolgenrelevanz, genauer: Strafbemessungsrelevanz, noch genauer: Strafrahmenbestimmungsrelevanz.[382] § 243 enthält **Strafzumessungsregeln**, die dem Strafrichter aufzeigen, innerhalb welches Strafrahmens er die konkrete Strafe zuzumessen hat.[383] Die Vorschrift setzt einen neuen – verschärften – Strafrahmen, dem die Strafe für einen nach § 242 strafbaren Diebstahl zu entnehmen ist, wenn dieser Diebstahl unter den Bedingungen eines besonders schweren Falles begangen worden ist. Der Normalstrafrahmen des § 242 I – 1 Monat (vgl. § 38 II) bis 5 Jahre Freiheitsstrafe – wird dann also durch den Strafrahmen des § 243 I ersetzt. Die Tatumstände, die den Diebstahl zu einem besonders schweren Fall machen, sind keine Tatbestandsmerkmale im Sinne der allgemeinen Straftatlehre und haben daher auf die tatbestandliche Einordnung der Tat in das Schema „Grundtatbestand – Qualifikationstatbestand" keinen Einfluss.[384] Die Tat bleibt einfacher grundtatbestandlicher Diebstahl, Rechtsgrundlage der Strafbarkeit bleibt § 242.[385] Im Fall eines Diebstahls, der nach § 244 strafbar ist, zugleich aber auch ein Regelbeispiel des § 243 I 2 verwirklicht, kommt § 243 nicht zur Anwendung.[386] Denn § 244 hat einen Strafrahmen, dessen Untergrenze noch über der des § 243 liegt.[387]

---

[381] Schmitt (1989), 313; Sternberg-Lieben (2002), 514 (515); aA Eisele (2012b), Rn. 99.

[382] BGH, JZ 2002, 512 (513); Degener (1993), 305 (316) Fn. 57; Küper (1986), 518 (526).

[383] BGHSt 26, 104 (105); 29, 359 (368); BayObLG, JR 1973, 507; Börtzler (1971), 682; Graul (1999), 852 (853); Küper (1994), 349 (350); Sternberg-Lieben (1986), 183; Wessels (1972), 295 (299); Wessels (1987), 423 (425); aA Calliess (1975), 112 ff.; Calliess (1998), 929 ff.; Gropp (1999), 1041 (1048); Jakobs (1993), 6/99.

[384] Graul (1999), 852 (853); zum Begriff des „Tatbestandes" in diesem Zusammenhang Degener (1993), 305 (326); Küper (1986), 518 (526).

[385] Zur Platzierung des § 243 im strafrechtlichen Gutachten vgl. z. B. Arzt (1972), 576 (577); Graul (1999), 852 (853 f.); Seier (1983), 50 (51).

[386] Wessels (1972), 295 (308).

[387] Gesetzeskonkurrenz besteht nicht zwischen § 244 I Nr. 3 und § 243 I 2 Nr. 1 (so Hörnle [1998], 169 [171]), sondern zwischen § 244 I Nr. 3 und § 242 I; Graul (1999), 852 (854) Fn. 12.

1.3.1.1.3 Konsequenzen

Die skizzierte materiellstrafrechtliche Rechtsnatur des § 243 hat einige rechtliche Konsequenzen, insbesondere im strafprozessrechtlichen Bereich.

Da § 243 keinen Straftatbestand enthält, sondern dem in § 242 normierten Tatbestand zugeordnet ist,[388] **verjährt** ein Diebstahl auch dann nach fünf (vgl. § 78 III Nr. 4) und nicht erst nach zehn Jahren (vgl. § 78 III Nr. 3), wenn dieser Diebstahl ein besonders schwerer Fall iSd § 243 ist, § 78 IV. Zu beachten ist allerdings § 78 b IV. Eine weitere Konsequenz dieser Rechtsnatur besteht darin, dass **§ 153 I 2 StPO** auch bei Vorliegen eines besonders schweren Falles anwendbar ist. Denn für die dort aufgestellte Voraussetzung „nicht mit einer im Mindestmaß erhöhten Strafe bedroht" ist allein die Strafrahmenuntergrenze des § 242 (1 Monat, § 38 II), nicht die des § 243 I 1 maßgeblich. Als reine Strafrahmenbestimmung findet § 243 keine Anwendung im **Jugendstrafrecht**, wo jugendspezifische Bemessungskriterien und andere Sanktionsrahmen als im allgemeinen Strafrecht gelten, § 18 I 3 JGG. Da die Merkmale des § 243 I keine Tatbestandsmerkmale sind, gehören sie verfahrensrechtlich nicht zur Schuldfrage und fließen nicht zwingend in den **Schuldspruch** des Urteils (§ 260 IV 1 StPO) ein. Sie betreffen die Straffrage und beeinflussen also die Rechtsfolgenentscheidung. Aus diesem Grund sind sie in der **Rechtsmittelinstanz** grundsätzlich auch dann zu berücksichtigen, wenn das Rechtsmittel auf den Rechtsfolgenausspruch beschränkt (vgl. §§ 318, 344 I StPO) worden ist.[389] Sind allerdings die tatrichterlichen Feststellungen zu einem Regelbeispiel auch für den Schuldspruch von tragender Bedeutung („doppelrelevante Tatsachen"), können sie durch ein eindeutig auf das Strafmaß beschränktes Rechtsmittel nicht mehr aus den Angeln gehoben werden.[390] Die Zuordnung zur Rechtsfolgenseite hat des Weiteren zur Folge, dass bei der Anwendung des § 243 in der Rechtsmittelinstanz und im Wiederaufnahmeverfahren das **Verschlechterungsverbot** („Verbot der reformatio in peius") beachtet werden muss, §§ 331 I, 358 II, 373 II 1 StPO.[391] Außerdem ist der Antrag auf **Wiederaufnahme des Verfahrens** mit dem alleinigen Ziel einer Strafbemessung aus § 243 statt aus § 242 – und umgekehrt – gem. § 363 I StPO unzulässig, da § 243 im Verhältnis zu § 242 als „dasselbe Strafgesetz" gilt. Als strafrahmenbestimmende Merkmale unterfallen die Tatsachen, die die Erfüllung eines Regelbeispiels begründen, dem **Doppelverwertungsverbot** des § 46 III.

1.3.1.2 Regelwirkung

§ 243 regelt zwar keinen Straftatbestand, ist aber strukturell einer Tatbestandsnorm – insbesondere einem Qualifikationstatbestand – angenähert.[392] Diese **Tatbestandsähnlichkeit** beruht auf der Verknüpfung der in Nrn. 1 bis 7 im zweiten Satz des Absatzes 1 aufgeführten Regelbeispiele mit der Rechtsfolge der Vorschrift: Bei einer Tatbestandsregel wie z. B. § 242 tritt die Rechtsfolge ein, wenn die Voraussetzungen des Tatbestandes erfüllt sind. Der Täter, der die Strafbarkeitsvoraussetzungen des § 242 erfüllt hat, ist aus dem Strafrahmen des § 242 zu bestrafen. Sind umgekehrt die Voraussetzungen des § 242 nicht erfüllt, kommt es auch nicht zur Bestrafung aus dem Strafrahmen des § 242. Bei der Strafzumessungsregel § 243 ist die Verbindung von Rechtsfolgenvoraussetzungen und Rechtsfolge etwas lockerer. Die Erfüllung eines Regelbeispiels führt **nicht zwangsläufig** und ausnahmslos

---

[388] BGHSt 23, 254 (257).

[389] BayObLG, NJW 1980, 2207; Zipf (1981), 119 (120); Zipf (1977), 389 (392).

[390] Wessels (1987), 423 (428).

[391] Mitsch (1998), 307 (308).

[392] BGHSt 33, 370 (374); Wessels (1972), 295 (299); Wessels (1987), 423 (426).

zur Maßgeblichkeit des in § 243 aufgestellten Strafrahmens; es kann im konkreten Fall auch bei dem Strafrahmen des § 242 bleiben.[393] Jedoch ist die Bestrafung aus dem Strafrahmen des § 243 die Regel („…liegt in der Regel vor, wenn…"). Dies ist der typische Fall des § 243, Nichtanwendung des verschärften Strafrahmens trotz Regelbeispielserfüllung ist die Ausnahme, also ein atypischer Fall (näher dazu unten 1.3.4). Hat der Täter bei dem Diebstahl regelbeispielsgemäß gehandelt, liegen – vorbehaltlich des § 243 II (dazu unten 1.3.3) – damit alle Umstände vor, derer es zur Bejahung eines besonders schweren Falles bedarf. Eine auf zusätzliche strafschärfende Umstände gestützte Begründung ist für die Annahme „besonderer Schwere" nicht erforderlich.[394] Ähnlich wie die Tatbestandsmäßigkeit die Rechtswidrigkeit „indiziert",[395] wirkt die Erfüllung eines Regelbeispiels „**indiziell**" für den besonders schweren Fall.[396] Dennoch beruht dieses Urteil stets auf einer umfassenden **Gesamtwürdigung** aller tat- und täterbezogenen Umstände, die den Unrechts- und Schuldgehalt der Tat beeinflussen. Diese Würdigung muss also auch Gesichtspunkte berücksichtigen, die in den Regelbeispielen nicht ausdrücklich erfasst sind.[397] Soweit diese den Unwert der Tat noch über den durch die Regelbeispielserfüllung erreichten Grad hinaus steigern, treiben sie das nach Maßgabe des § 46 im Strafrahmen des § 243 zu findende Strafmaß in die Höhe. Handelt es sich dagegen um **unwertmindernde** Faktoren, kann ihre rechtliche Wirkung darin bestehen, dass die Tat trotz Regelbeispielserfüllung kein besonders schwerer Fall ist, die Strafe also dem Normalstrafrahmen des § 242 entnommen werden muss.[398] Die Vermutung, dass bei Erfüllung eines Regelbeispiels ein besonders schwerer Fall vorliegt, ist also widerlegbar.[399] Das Vorliegen dieses atypischen Falles muss vom Gericht in den Urteilsgründen eingehend dargelegt werden, § 267 III 3 StPO.[400] Reicht das Gewicht der entlastenden Faktoren nicht aus, um die Regelwirkung zu durchbrechen, sind sie als „für den Täter sprechende" Umstände iSd § 46 II 1 zu behandeln.

Neben der oben beschriebenen positiven – den besonders schweren Fall indizierenden – hat die Regelwirkung auch eine negative – **gegenindizierende** – Komponente (Gegenschlußwirkung[401]): Erfüllt die Tat keines der normierten Regelbei-

---

[393] Gropp (1999), 1041 (1047); Wessels (1987), 423 (428).

[394] Corves (1970), 156 (157).

[395] Kritisch zu dieser Ausdrucksweise Schmidhäuser (1987), 77 (81 ff.).

[396] BGHSt 23, 254 (257); Arzt (1972), 385 (389); Eisele (2006), 309 (310); Graul (1999), 852 (853); Küper (1994), 349 (350); Sternberg-Lieben (1986), 183 (184); Wessels (1972), 295 (301).

[397] BGHSt 23, 254 (257); 29, 319 (322); BayObLG, NJW 1980, 2207; Arzt (1972), 385 (390); Corves (1970), 156 (157); Wessels (1987), 423 (429).

[398] Wessels (1972), 295 (301).

[399] Wessels (1987), 423 (428).

[400] BayObLG, JR 1973, 507; Arzt (1972), 515 (516); Schröder (1973), 427; Wessels (1987), 423 (429).

[401] Sternberg-Lieben (1986), 183 (184); Wessels (1987), 423 (429).

spiele, liegt in der Regel auch kein besonders schwerer Fall des Diebstahls vor.[402] Das Nichtvorliegen eines Regelbeispiels indiziert den Normalfall („einfacher Diebstahl") und die Anwendbarkeit des in § 242 I verankerten Normalstrafrahmens. Der Richter braucht in diesem Fall nicht näher zu begründen, warum er die Strafe dem Strafrahmen des § 242 und nicht dem des § 243 entnimmt. Aber auch in dieser Variante kann die umfassende Gesamtwürdigung zum Vorliegen eines – atypischen – besonders schweren Falles führen. Die zu berücksichtigenden unbenannten Erschwerungsgründe können im Einzelfall so viel Gewicht haben, dass insgesamt der gesteigerte Unrechts- und Schuldgehalt einer regelbeispielsgemäßen Tat erreicht wird.[403] Vor allem bei Ähnlichkeit mit einem Regelbeispiel liegt die Annahme eines atypischen Falles nahe.[404] Dann hat der Richter in den Urteilsgründen die Erwägungen offenzulegen, die ihn zur Strafmaßfindung aus dem verschärften Strafrahmen veranlasst haben, § 267 III 3 StPO.[405]

1.3.1.3 Vorsatz und Irrtum

Da die Merkmale, aus denen die Regelbeispiele gebildet sind, keine Tatbestandsmerkmale sind, finden § 15 und § 16 I 1 keine direkte Anwendung.[406] Dennoch hängt die Strafrahmenwahl des Richters entscheidend davon ab, ob der Täter die Erfüllung regelbeispielsrelevanter Merkmale zumindest für möglich hielt und billigend in Kauf nahm oder nicht. In analoger Anwendung des § 16 I[407] sind deshalb die zu den Regelbeispielen „gehörenden" Umstände als Gegenstand eines für die Anwendung des § 243 I bedeutsamen **„Quasi-Vorsatzes"** bzw. **„Quasi-Tatbestandsirrtums"** zu behandeln.[408]

Beispiel

A und B dringen in das Vereinsheim des Tennisclubs „Blau-Weiß" ein und stehlen mehrere Kästen Bier, Mineralwasser und Limonade. A hat die Tür des Hauses mit einem „falschen Schlüssel" geöffnet. Dies war dem B nicht bekannt. A hatte dem B nämlich gesagt, er sei Mitglied in dem Tennisverein und besitze

---

[402] Arzt (1972), 385 (389).

[403] BGHSt 23, 254 (257); BGH, NJW 1990, 1489 (zu § 235 II); BayObLG, NJW 1980, 2207; OLG Köln, NStZ 1991, 585; Corves (1970), 156 (157); Dölling (1986), 688 (693); Küper (1994), 349 (350); Wessels (1972), 295 (303); Wessels (1987), 423 (429).

[404] Dölling (1986), 688 (693); vgl. aber auch Arzt et al. (2009), § 14 Rn. 19, wo darauf hingewiesen wird, dass die Ähnlichkeit allein den atypischen besonders schweren Fall nicht begründet. Nach Zieschang (1999), 561 (563) bedeutet die Annahme eines besonders schweren Falles bei bloßer Regelbeispielsähnlichkeit eine Umgehung des Analogieverbots.

[405] Arzt (1972), 515 (516).

[406] Schmitt (1989), 313 (316); zur Bedeutung von Vorsatz und Fahrlässigkeit bei unbenannten Strafschärfungsgründen vgl. Maiwald (1984), 433 (436 f.).

[407] Diese Analogie ist zulässig, da sie sich zugunsten des Täters auswirkt, Schmitt (1989), 313 (316).

[408] Schramm (2008), 773 (777); Wessels (1987), 423 (426).

daher einen Schlüssel, mit dem er sich jederzeit Zutritt zu dem Vereinsheim verschaffen könne und dürfe.

A und B haben sich aus §§ 242 I, 25 II strafbar gemacht.[409] Sofern keine gewichtigen Milderungsgründe den Strafwürdigkeitsgehalt der Tat erheblich reduzieren, ist A aus dem Strafrahmen des § 243 I zu bestrafen, da er das Regelbeispiel § 243 I 2 Nr. 1 verwirklicht hat. Für B könnte das gleiche gelten, da er sich an der Tat des A als Mittäter beteiligt hat, § 25 II. Diese Form der Beteiligung ermöglicht eine Anwendung des § 243 I, obwohl B die Tür zu dem Vereinsheim nicht eigenhändig mit falschem Schlüssel geöffnet hat. Die Benutzung eines falschen Schlüssels durch A kann dem Mittäter grundsätzlich zugerechnet werden.[410] Allerdings wäre dazu erforderlich, dass B die strafrechtlich erhebliche Eigenschaft des von A benutzten Schlüssels kennt. Denn die Regelwirkung der Regelbeispiele entfaltet sich nur, wenn die gesetzlich beschriebenen Strafzumessungstatsachen objektiv vorliegen und auch vom Vorsatz (oder „Quasivorsatz"[411]) des Täters bzw. Tatbeteiligten umfasst sind.[412] Fehlt diese subjektive Beziehung, bleibt entsprechend § 16 I 1 die indizielle Wirkung des objektiv verwirklichten Regelbeispiels aus.[413] Möglich ist eine Bestrafung aus § 243 I dann nur noch unter den Voraussetzungen eines atypischen besonders schweren Falles. Die gegen B zu verhängende Strafe ist also dem Strafrahmen des § 242 zu entnehmen, es sei denn, sein Verhalten hat mindestens den gleichen Unrechts- und Schuldgehalt wie ein typischer Fall des § 243 I.

1.3.1.4 Täterschaft und Teilnahme

Der Text des § 243 I 2 bezieht die Regelbeispiele ausdrücklich auf den „Täter" des Diebstahls. Daraus ist jedoch nicht zu folgern, dass der Strafrahmen des § 243 I 1 auf Diebstahls-Teilnehmer nicht anwendbar sei. Vielmehr kann die Regelwirkung des § 243 I auch **Tatbeteiligte** treffen, die nicht selbst das Regelbeispiel verwirklichen, sich aber an der Tat eines Täters beteiligen, der eigenhändig regelbeispielsgemäß handelt.[414] Das gilt für Mittäter, Anstifter und Gehilfen, §§ 25 II, 26, 27.

Beispiel

A fordert T und M auf, gemeinsam in das Elektro-Geschäft des O einzubrechen und Wertgegenstände zu stehlen. T zertrümmert mit einem Backstein die gläserne Eingangstür des Ladens und schafft dann zusammen mit M Fernseh- und Hifi-Geräte fort. Während T und M den Laden des O ausräumen, steht der ohne Zueignungsabsicht handelnde G an der Straßenecke „Schmiere".

---

[409] Die Qualifikation § 244 I Nr. 3 ist nicht erfüllt, da das Vereinsheim keine „Wohnung" ist.

[410] Wessels (1972), 295 (307); aA Gössel (1996), § 8 Rn. 72.

[411] Seelmann (1985), 454 (456).

[412] Arzt (1972), 515 (520); Baumann et al. (2003), § 8 Rn. 92; Wessels (1972), 295 (300).

[413] Gössel (1996), § 8 Rn. 60; Warda (1979), 286 (287).

[414] Arzt (1972), 576 (577); Wessels (1972), 295 (307); aA Gössel (1996), § 8 Rn. 72.

Käme § 243 I 2 Nr. 1 nur einem Täter gegenüber zur Anwendung, der selbst die Handlung vollzieht, die das Gesetz mit dem Wort „einbricht" bezeichnet, so könnte lediglich T aus dem erhöhten Strafrahmen bestraft werden. Es gibt aber keinen sachlichen Grund für eine derartig enge Auslegung des § 243 I. Wie auf der Ebene der Tatbestandsmerkmale ist auch im Bereich der Strafzumessungstatsachen eine Zurechnung zu solchen Tatbeteiligten möglich, die zur Verwirklichung eines Regelbeispiels einen objektiven Beitrag leisten und dies in ihren Vorsatz aufgenommen haben. Daher sind hier sowohl der Mittäter M (§§ 242, 25 II) als auch der Anstifter A (§§ 242, 26) und der Gehilfe G (§§ 242, 27) aus § 243 I zu bestrafen.

Enthält ein Regelbeispiel **besondere persönliche Merkmale**, ist § 28 II zu beachten.[415] Die Regelwirkung entfaltet sich nur gegenüber den Tatbeteiligten, die dieses Merkmal selbst erfüllen. Im Katalog des § 243 I 2 betrifft dies lediglich das Merkmal „gewerbsmäßig", § 243 I 2 Nr. 3.[416]

Beispiele

(1) T begeht gewerbsmäßig Diebstähle. Bei einer seiner Taten hilft ihm der G, der dabei nicht die Absicht hat, sich durch wiederholte Begehung derartiger Taten eine dauerhafte und ergiebige Einnahmequelle zu verschaffen.

(2) A begeht gewerbsmäßig Diebstähle. Eine der Taten begeht er nicht selbst, sondern lässt er von dem T, den er zuvor angestiftet hat, ausführen. Für T handelt es sich dabei um ein Gelegenheitsdelikt.

In **Beispiel 1** hat sich T wegen Diebstahls und G wegen Beihilfe zum Diebstahl strafbar gemacht. Die dem T zuzumessende Strafe wird dem Strafrahmen des § 243 I entnommen, da T gemäß § 243 I 2 Nr. 3 einen besonders schweren Fall des Diebstahls begangen hat. Der Bestrafung des G wird ein gemäß §§ 27 II 2, 49 I zu mildernder Strafrahmen zugrunde gelegt. Ob dessen nach § 49 I Nr. 2 zu bestimmende Obergrenze[417] bei 7 Jahren und 6 Monaten (= ¾ von 10 Jahren) oder bei 3 Jahren und 9 Monaten (= ¾ von 5 Jahren) liegt, hängt von der Anwendbarkeit des § 243 I ab. Für G hat die Beihilfe zum Diebstahl des T keinen gewerbsmäßigen Charakter. Da die Gewerbsmäßigkeit ein besonderes persönliches Merkmal ist, wird sie nichtakzessorisch behandelt. Die strafschärfende Wirkung des Regelbeispiels berührt nur den Täter oder Tatbeteiligten, der selbst gewerbsmäßig handelt. G ist daher aus dem Strafrahmen des § 242 zu bestrafen, die theoretisch mögliche Höchststrafe beträgt 3 Jahre und 9 Monate Freiheitsstrafe.

In **Beispiel 2** folgt aus der nichtakzessorischen Behandlung der Gewerbsmäßigkeit, dass A wegen Anstiftung zum Diebstahl aus §§ 242, 26 schuldig zu sprechen und aus § 243 I 2 Nr. 3 zu bestrafen ist. Gegen den Täter T hingegen ist eine

---

[415] Gropp (1999), 1041 (1051); zur Anwendbarkeit des § 28 bei unbenannten besonders schweren Fällen vgl. Maiwald (1984), 433 (438).

[416] Baumann et al. (2003), § 8 Rn. 95; Wessels (1972), 295 (307).

[417] Die Untergrenze liegt auf jeden Fall bei 1 Monat, vgl. §§ 49 I Nr. 3 letzte Zeile, 38 II.

Strafe aus dem Strafrahmen des § 242 zu verhängen, da die Voraussetzungen des Regelbeispiels § 243 I 2 Nr. 3 von ihm nicht erfüllt worden sind.

1.3.1.5 Versuch

Im Zusammenhang mit den Versuchsregeln stellen sich im Bereich des § 243 einige spezifische und kontrovers diskutierte Probleme.[418] Deren Eigentümlichkeit beruht darauf, dass ein „**Versuch**" isd **§ 22 nur in Beziehung auf Tatbestände**[419] **möglich** ist und es sich bei den Regelbeispielen des § 243 I 2 nicht um Tatbestände handelt.[420] Den „Versuch eines Regelbeispiels" als solchen gibt es also nicht.[421] Dennoch kann man den Begriff „Versuch" zumindest in einem untechnischen Sinn mit den Regelbeispielen verbinden, woraus sich die im Folgenden zu erörternden Fragestellungen ergeben.[422]

1.3.1.5.1 Versuchter Diebstahl und Regelbeispiel

Keines der in § 243 I 2 beschriebenen Regelbeispiele setzt begrifflich voraus, dass der ihm zugrundeliegende Diebstahl vollendet worden ist. **Alle Regelbeispiele können vollständig auch durch versuchten Diebstahl verwirklicht werden.** Zwar spricht das Gesetz in § 243 I 1 von „Diebstahl" und in § 243 I 2 Nr. 2–7 jeweils von „stiehlt".[423] Jedoch bedeutet das nicht, dass damit die gem. §§ 242 II, 22, 23 I 2. Alt. mit Strafe bedrohte Abwandlung „versuchter Diebstahl" bzw. „zu stehlen versucht" ausgegrenzt werden soll. Denn das StGB bedient sich im Besonderen Teil stets nur vollendete Delikte beschreibender Formulierungen, weil die Einbeziehung des Versuchs bereits durch §§ 22, 23 I bewirkt wird.[424] Daher ist auch in § 243 I eine auf den versuchten Diebstahl zugeschnittene Wortwahl[425] nicht erforderlich. § 243 bezieht sich somit sowohl auf § 242 I als auch auf 242 II.[426] Die Nichtvollendung des Diebstahls kann aber im Einzelfall die Indizwirkung des Regelbeispiels entkräften und die Tat insgesamt als atypischen einfachen Diebstahlsversuch erscheinen lassen.[427] Ist das nicht der Fall, kann der Gesichtspunkt der Nichtvollendung zu einer Strafmilderung gem. §§ 23 II, 49 I Anlass geben.[428]

---

[418] Fabry (1986), 15 (17); Küper (1986), 518 (520).

[419] Vgl. § 22: „… Verwirklichung des Tatbestandes …".

[420] BGHSt 33, 370 (374); Dreher (1974), 57; Graul (1999), 852; Laubenthal (1987), 1065 (1069); Sternberg-Lieben (1986), 183; Wessels (1987), 423 (426); Zipf (1977), 389 (392).

[421] Degener (1993), 305 (309); Laubenthal (1989), 99 (100).

[422] Siehe auch Graul (1999), 852 (854).

[423] Küper (1986), 518 (520).

[424] RGSt 62, 422 (423); Wessels (1987), 423 (431).

[425] Z. B.: „… wird der Diebstahl oder der versuchte Diebstahl mit Freiheitsstrafe …".

[426] OLG Köln, MDR 1973, 779; Dreher (1974), 57; Graul (1999), 852 (854); Kadel (1985), 386; Laubenthal (1987), 1065 (1069); Schröder (1973), 507 (508); Seelmann (1985), 454 (456); Sternberg-Lieben (1986), 183 (185) Fn. 40; Sternberg-Lieben (1984), 538 (539); Wessels (1987), 423 (426); Zipf (1977), 389 (392) aA Degener (1993), 305 (328).

[427] Küper (1986), 518 (520); v. Löbbecke (1973), 374 (375); Zipf (1977), 389 (392).

[428] Wessels (1987), 423 (430).

Beispiel

T bricht die Tür zur Apotheke des O auf, um Medikamente zu entwenden. Bevor T etwas wegnehmen kann, wird er von einem Nachbarn des O überrascht und an der Vollendung des Diebstahls gehindert.

T hat zwar nur versuchten Diebstahl begangen, aber das Regelbeispiel des § 243 I 2 Nr. 1 vollständig verwirklicht. Denn er ist zur Ausführung des Diebstahls in einen Geschäftsraum eingebrochen. Fraglich ist jedoch, ob der strafschärfenden Regelwirkung des § 243 I entgegensteht, dass der Diebstahl unvollendet und bereits deshalb eine Tat mit geringerem Unrechtsgehalt ist.

In Rechtsprechung und Literatur wird die Anwendbarkeit des § 243 auf den versuchten Diebstahl überwiegend ohne nähere Begründung bejaht.[429] Dies ist grundsätzlich zutreffend, lässt sich aber nicht pauschal auf alle Regelbeispiele des § 243 I 2 beziehen. Vielmehr ist wie folgt zu differenzieren: Soweit die strafschärfende Wirkung eines Regelbeispiels auf **erhöhtem Handlungsunwert** beruht, ist der h. M. zu folgen. Dies gilt für die Regelbeispiele, die allein auf Tatvollzugsmodalitäten abstellen, in denen sich gesteigerte kriminelle Energie des Täters (Nr. 1, 2, 3) oder erhöhtes Schutzbedürfnis des Opfers (Nr. 6) manifestiert. Strafmilderung nach §§ 23 II, 49 I bleibt dabei möglich.[430] Liegt der Grund für die Strafschärfung dagegen in einem **erhöhten Erfolgsunwert**, kann die Regelwirkung nur eintreten, wenn der Erfolg auch eingetreten, der Diebstahl also vollendet ist. Das betrifft die Regelbeispiele, die sich auf besonders wertvolle oder besonders gefährliche Tatobjekte beziehen, deren Entwendung daher entweder für das Opfer bzw. die Allgemeinheit einen besonders schmerzlichen Verlust (Nr. 4, 5) oder für die Allgemeinheit eine besonders gravierende Bedrohung (Nr. 7) bedeutet. In diesen Fällen kann der versuchte Diebstahl also nur unter den Voraussetzungen eines atypischen besonders schweren Falles aus § 243 I bestraft werden.[431]

Beispiel

Da der das Regelbeispiel § 243 I 2 Nr. 1 tragende erhöhte Handlungsunwert hier bereits durch das Einbrechen in die Apotheke vollständig verwirklicht worden ist, steht die Nichtvollendung des Diebstahls der Bejahung eines besonders schweren Falles nicht entgegen.

1.3.1.5.2 Diebstahl und versuchte Regelbeispielsverwirklichung

Sehr umstritten ist die Konstellation des vollendeten oder versuchten Diebstahls, bei dessen Ausführung der Täter **objektiv kein Regelbeispiel vollständig verwirklicht**, dies aber versucht.

---

[429] Küper (1986), 518 (520); Laubenthal (1987), 1065 (1069); Sternberg-Lieben (1986), 183 (184); aA Arzt (1972), 515 (517); Degener (1993), 305 (328).

[430] Zipf (1977), 389 (393).

[431] v. Löbbecke (1973), 374 (375).

Beispiele

(1) T will mit einem Dietrich die Tür zur Apotheke des O öffnen und dann Betäubungsmittel und Medikamente entwenden. Wider Erwarten braucht T seinen Dietrich nicht einzusetzen, weil die Tür nicht abgeschlossen ist. Der anschließende Diebstahl wird plangemäß und erfolgreich durchgeführt.

(2) Der als verdeckter Ermittler (vgl. § 110 a StPO) im Obdachlosenmilieu operierende Polizeibeamte P hat sich als scheinbar volltrunkener „Penner" auf eine Parkbank gelegt und gibt vor, einen Alkoholrausch auszuschlafen. T schleicht sich an P heran und nimmt ihm die Armbanduhr vom Handgelenk. Dabei ahnt T nicht, dass P keineswegs besinnungslos, sondern hellwach und zudem mit seiner Tat einverstanden ist.

In **Beispiel 1** hat T vollendeten, in **Beispiel 2** versuchten Diebstahl begangen. Die Entwendung der Armbanduhr ist keine Wegnahme, da P mit der Tat einverstanden war. T konnte also nur einen untauglichen Diebstahlsversuch begehen (siehe oben 1.2.1.4.3.2). Beiden Beispielen ist gemeinsam, dass T jeweils die objektiv unrichtige Vorstellung hatte, bei der Ausführung des Diebstahls ein Regelbeispiel zu verwirklichen. In **Beispiel 1** ist T in die Geschäftsräume nicht eingebrochen (§ 243 I 2 Nr. 1), in **Beispiel 2** war P nicht hilflos (§ 243 I 2 Nr. 6). T hat also gewissermaßen den Versuch der Verwirklichung eines Regelbeispiels unternommen.

Nach Ansicht des BGH kann die Regelwirkung des § 243 I 2 auch in einem solchen Fall zumindest dann eintreten, wenn es sich um einen versuchten Diebstahl handelt.[432] Dies muss folgerichtig auch – obwohl der BGH dies ausdrücklich offen lässt[433] – für einen vollendeten Diebstahl gelten.[434] Dieser Auffassung ist aber zu widersprechen.[435] § 243 I 2 macht das Vorliegen eines besonders schweren Falles „in der Regel" eindeutig davon abhängig, dass die im Regelbeispiels-Katalog aufgeführten Umstände tatsächlich – nicht nur in der Vorstellung des Täters – vollständig gegeben sind.[436] Demgegenüber wird mit der Bejahung eines Regel-Falles bereits bei Vorliegen bloßer Regelbeispiels-Fragmente bzw. bei lediglich eingebildeter Regelbeispiels-Verwirklichung die Grenze des Gesetzeswortlauts durchbrochen. Diese Gesetzesanalogie verstößt gegen Art. 103 II GG.[437] Möglich ist in derartigen Fällen allenfalls ein atypischer Fall des § 243 I.[438]

---

[432] BGHSt 33, 370 (373); zust. Fabry (1986), 15 (19); Schäfer (1986), 522 (523); Zipf (1981), 119 (121).

[433] BGHSt 33, 370 (376).

[434] Fabry (1986), 15 (20); Küper (1986), 518 (525); für einen „versuchsähnlichen Fall", bei dem § 243 mit der fakultativen Milderung gem. §§ 23 II, 49 anzuwenden sei, Zipf (1981), 119 (121); dagegen Wessels (1987), 423 (431).

[435] Laubenthal (1989), 99 (101); Lieben (1984), 538 (541); Sternberg-Lieben (2002), 514 (516); Sternberg-Lieben (1986), 183 (188); Zieschang (1999), 561 (566).

[436] BayObLG, NJW 1980, 2207; OLG Stuttgart, NStZ 1981, 222 (223); OLG Düsseldorf, NJW 1983, 2712 (2713); Kadel (1985), 386;Wessels (1972), 295 (307).

[437] Degener (1993), 305 (326); Graul (1999), 852 (854); Schramm (2008), 773 (777); Seelmann (1985), 454 (456); Wessels (1987), 423 (434); differenzierend Küper (1986), 518 (524, 525).

[438] BayObLG, NJW 1980, 2207; Graul (1999), 852 (855); Küper (1986), 518 (525); Wessels (1972), 295 (307); Wessels (1987), 423 (433).

1.3.1.5.3   Unmittelbares Ansetzen durch Regelbeispielsverwirklichung

Der Versuch eines Diebstahls beginnt gem. § 22 mit dem **unmittelbaren Ansetzen zur Verwirklichung des Diebstahlstatbestandes**. Das ist das unmittelbare Ansetzen zur Wegnahme. Da das unmittelbare Ansetzen noch kein Teil der Wegnahmehandlung sein muss, sondern dieser vorgelagert sein kann, fällt der Versuchsbeginn häufig mit einer der Wegnahme vorausgehenden Verwirklichung eines Regelbeispiels zusammen.[439] Eine andere Frage ist, ob nicht mit der Verwirklichung eines Regelbeispieles bzw. mit dem unmittelbaren Ansetzen dazu stets zwangsläufig der Anfang des Diebstahlsversuchs gemacht ist. Dies wäre zu bejahen, wenn es sich bei den Merkmalen des § 243 I 2 um Tatbestandsmerkmale handeln würde, wie dies in § 243 a. F. der Fall war. Denn sobald der Täter eine Handlung vollzieht, die bereits ein Tatbestandsmerkmal oder einen Teil davon erfüllt, liegt auch ein unmittelbares Ansetzen zur Verwirklichung des Tatbestandes vor.[440] Nachdem aber § 243 I nur eine Strafzumessungsvorschrift ist und die Regelbeispielmerkmale dementsprechend keine Tatbestandsmerkmale sind, besteht zwischen Regelbeispielsverwirklichung und Beginn des Diebstahlsversuchs allenfalls ein akzidentieller Zusammenhang. Das unmittelbare Ansetzen zur Verwirklichung eines Regelbeispiels ist also nicht per se unmittelbares Ansetzen zum Diebstahl.[441]

Beispiel

T gräbt einen 50 m langen unterirdischen Gang, durch den er sich und seinen Komplizen X, Y und Z Zugang zum Tresorraum einer Bank verschafft. Nachdem der Gang fertig ist, soll Sprengstoffexperte X in der Bank den Geldschrank aufsprengen. Dazu kommt es aber nicht, weil X beim Einstieg in den Gang von der Polizei gefasst wird.

Die Herstellung des Ganges ist ein Einbruch iSd § 243 I 2 Nr. 1. Dies ist jedoch strafrechtlich bedeutungslos, solange nicht wenigstens ein strafbarer Diebstahlsversuch (§§ 242, 22) vorliegt.[442] Wäre die Fertigstellung des Tunnels zugleich unmittelbares Ansetzen zur Verwirklichung des Diebstahlstatbestandes, könnte T aus §§ 242, 22 schuldig gesprochen und die Rechtsfolgenentscheidung auf § 243 I 2 Nr. 1 gestützt werden. Nach der herrschenden „Gesamtlösung" würden auch die Mittäter X, Y und Z durch das Verhalten des T in die Strafbarkeitszone hineingezogen werden[443]. Hier kann aber von einem unmittelbaren Ansetzen keine Rede sein. Bis zum Beginn der Wegnahme des Geldes in dem Tresor waren noch etliche Zwischenakte zu vollziehen – Betreten des Tresor-

---

[439] Hillenkamp (1977), 242 (243); Wessels (1972), 295 (306).

[440] Baumann et al. (2003), § 26 Rn. 50.

[441] Arzt (1972), 515 (518); Degener (1993), 305 (310); Eisele (2006), 309 (313); Hillenkamp (1977), 242 (243); Kühl (1980), 506 (510); Laubenthal (1989), 99 (100); v. Löbbecke (1973), 374 (375); Schramm (2008), 773 (777); Sternberg-Lieben (1986), 183 (185); Wessels (1972), 295 (305); Wessels (1987), 423 (427); Zieschang (1999), 561 (565).

[442] Es soll hier unterstellt werden, dass X, Y und Z keine „Bande" und deshalb nicht schon aus §§ 244 a I 1. Alt., 30 II 3. Alt. strafbar sind.

[443] Baumann et al. (2003), § 29 Rn. 104.

raumes, Anbringen der Sprengladung, Zündung des Sprengsatzes –, was sich gewiss über einen längeren Zeitraum erstreckt hätte. Der Diebstahl war also erst vorbereitet, aber noch nicht versucht. Die Verwirklichung des § 243 I 2 Nr. 1 kann an dieser strafrechtlichen Bewertung des Vorgangs nichts ändern.

1.3.1.6 Konkurrenzen

Da § 243 I keine Straftatmerkmale regelt, liegt in der bloßen Verwirklichung eines Regelbeispiels – z. B. dem „Einbrechen" (§ 243 I 2 Nr. 1) – **keine „Verletzung eines Strafgesetzes"** iSd § 52 I. Verletzt wird das Strafgesetz (§ 242) nur durch die tatbestandsmäßige Begehung eines Diebstahls oder Diebstahlsversuchs. Die Verwirklichung eines anderen (als des Diebstahls-) Tatbestandes und die Verwirklichung eines Regelbeispieles durch eine Handlung begründet also keine Tateinheit zwischen Diebstahl und dem anderen Tatbestand, es sei denn die Verwirklichung des Regelbeispiels ist zugleich wenigstens unmittelbares Ansetzen (§ 22) zur Verwirklichung des Diebstahlstatbestandes.[444]

Beispiel

T will in ein Bürogebäude eindringen, um dort Wertgegenstände zu stehlen. Beim gewaltsamen Öffnen der Haustür mit Dynamit wird der Nachtwächter O, von dessen Anwesenheit T nichts wusste, getötet. Anschließend entwendet T in dem Haus Bargeld und Juwelen.

Geht man davon aus, dass die Tötung des O Strafbarkeit aus § 222 begründet, stellt sich die Frage, ob § 242 einerseits und §§ 222, 308 I, V andererseits im Verhältnis der Tateinheit (§ 52) oder Tatmehrheit (§ 53) stehen. Geht man weiter davon aus, dass das Aufbrechen der Tür zwar bereits ein „Einbrechen" iSd § 243 I 2 Nr. 1, aber noch kein „unmittelbares Ansetzen" zur Wegnahme ist, so kann die Antwort nur „Tatmehrheit" lauten.[445]

Keine Konkurrenzproblematik wird durch **mehrfache Regelbeispielsverwirklichung** (mehrfache Verwirklichung desselben Regelbeispiels oder Verwirklichung mehrerer verschiedener Regelbeispiele) aufgeworfen.[446] Konkurrenzerheblich ist stets allein die Zahl der Tatbestände und der tatbestandsverwirklichenden Handlungen. Liegt also der mehrfachen Verwirklichung von Regelbeispielen nur ein Diebstahl zugrunde, handelt es sich um eine Straftat, wegen der eine – dem Strafrahmen des § 243 I zu entnehmende – Strafe verhängt wird.[447] § 52 wird durch diesen Rechtsanwendungsvorgang nicht berührt.

---

[444] Sternberg-Lieben (2002), 514 (516).

[445] Eine Tateinheit durch „Verklammerung" ist nicht möglich, da das verklammernde Dauerdelikt Hausfriedensbruch (§ 123) im Verhältnis zu beiden verklammerten Delikten zu schwach ist; BGHSt 31, 29 (31).

[446] Sternberg-Lieben (2002), 514 (516); Wessels (1972), 295 (307).

[447] Schönke et al. (2014), § 243 Rn. 59.

Beispiel

T begeht gewerbsmäßig Diebstähle. Bei einer seiner Taten bricht er in die Praxis-räume des Rechtsanwalts O ein und zertrümmert dort mit einem Hammer eine verschlossene Kassette, in der O Geld und Wertsachen aufbewahrt. Diese nimmt T an sich und verlässt dann das Haus.

T hat einen einzigen Diebstahl begangen. Die Anzahl der weggenommenen Sachen spielt dabei keine Rolle, da das gesamte Diebstahlsgeschehen eine natür-liche Handlungseinheit bildet. Der Diebstahl ist ein besonders schwerer Fall, da die Tat die Regelbeispiele § 243 I 2 Nr. 1, 2 und 3 verwirklicht. Die Verwirkli-chung von Regelbeispielen ist aber keine „Verletzung von Strafgesetzen" und führt daher nicht zur Anwendung des § 52. Es liegt somit nur eine Handlung vor, die nur einen Straftatbestand – den Diebstahlstatbestand – verwirklicht und nur ein Strafgesetz – § 242– verletzt. Konkurrenzfragen sind bei der Strafzumessung also nicht zu erörtern.

1.3.2   Regelbeispiele

1.3.2.1   § 243 I 2 Nr. 1

Das 6. StrRG hat den Text des § 243 I 2 Nr. 1 geringfügig verändert: Die „Woh-nung" als Objekt des Einbrechens usw. ist aus dem Regelbeispiel herausgenommen und in den neuen Qualifikationstatbestand § 244 I Nr. 3 eingefügt worden[448] (dazu unten 1.4.2.4).

1.3.2.1.1   Grund der Strafschärfung

Dieses Regelbeispiel erfasst Diebstahl von Sachen aus Räumlichkeiten, zu denen der Täter sich zuvor auf irregulärem Weg Zutritt verschafft hat. Grund der Straf-schärfung ist die **erhöhte kriminelle Energie**, die der Tatausführungsmodus mani-festiert. Die Objekte, die der Täter wegnimmt, sind durch ihre Belegenheit in dem betroffenen Raum zusätzlich gesichert und vor unbefugtem Zugriff geschützt. Der Täter überwindet physische Barrieren, um an die Sache heranzukommen. Zusätz-lich drücken diese Barrieren einen Verbots-Appell („Betreten verboten!") aus. Auch über dieses Hindernis setzt sich der Täter hinweg und zeigt damit seine rechtsfeind-liche Einstellung.

In der Regel verletzt die Verwirklichung des Regelbeispiels zugleich fremdes Hausrecht und – in der Alternative „Einbrechen" – auch fremdes Eigentum. Der Täter wird deshalb häufig neben dem Diebstahl auch **Hausfriedensbruch** (§ 123) und **Sachbeschädigung** (§ 303) begehen. Da diese beiden Delikte somit typische Begleittaten[449] eines unter den Voraussetzungen des § 243 I 2 Nr. 1 ausgeführten Diebstahls sind, wird ihr Unrechts- und Schuldgehalt durch die Bestrafung aus §§ 242, 243 I 2 Nr. 1 mitabgegolten. Sie stehen deshalb zu dem Diebstahl im Verhältnis der

---

[448] Dencker et al. (1998), Rn. 2.

[449] Differenzierend (bzgl. § 303) BGH, JZ 2002, 512 (513).

Gesetzeskonkurrenz (Konsumtion).[450] Kommt im konkreten Fall der Strafrahmen des § 243 dagegen nicht zur Anwendung – z. B. wegen § 243 II –, werden §§ 123, 303 nicht verdrängt, sondern stehen in Tateinheit (§ 52) mit § 242.

1.3.2.1.2 Diebstahlsbezug der Regelbeispielsverwirklichung

Der Täter muss „**zur Ausführung der Tat**" einbrechen usw. Damit wird ein bestimmter zeitlicher und funktionaler Zusammenhang zwischen Regelbeispielsverwirklichung und Verwirklichung des Diebstahlstatbestandes verlangt. „Ausführung" ist die Tatbegehung vom **Beginn des Versuchs bis zur Vollendung**. Nicht erfasst ist die Phase zwischen Vollendung und Beendigung des Diebstahls.[451]

> **Beispiel**
>
> T hat dem O auf offener Straße die Brieftasche weggenommen. Auf der Flucht vor dem ihm nacheilenden O bricht T in ein gewerblichen Zwecken dienendes Haus ein, um dort die Beute vor seinem Verfolger in Sicherheit zu bringen.
>
> T hat nicht nur Diebstahl begangen, sondern auch in engem Zusammenhang mit diesem Diebstahl Handlungen vorgenommen, die der Beschreibung in § 243 I 2 Nr. 1 prima facie zu entsprechen scheinen. Dennoch ist das Regelbeispiel nicht erfüllt. „Tat" bedeutet tatbestandsmäßiges Verhalten. Tatbestandsmäßig nach § 242 ist ein Verhalten vom unmittelbaren Ansetzen (§ 22) bis zur Vollendung des Diebstahls. Die Begründung neuen Gewahrsams ist bei § 242 die Zäsur zwischen tatbestandsmäßigem Verhalten und tatbestandslosem Nachtat-Verhalten. Der Abtransport der Beute nach vollzogener Wegnahme ist keine Wegnahme mehr und damit kein Verhalten, das den Tatbestand des Diebstahls erfüllt. T ist also nicht zur Ausführung, sondern zur Beendigung der Tat in ein Gebäude eingebrochen. Dies mag als atypischer Fall des § 243 I bewertet werden, sofern außer der Regelbeispielsähnlichkeit noch weitere unrechtserhöhende Umstände feststellbar sind. Die Regelwirkung des § 243 I 2 Nr. 1 kommt jedenfalls nicht zum Tragen.

„Zur Ausführung" bedeutet des Weiteren, dass der Täter bei der regelbeispielsverwirklichenden Handlung bereits **Diebstahlsvorsatz und Zueignungsabsicht** haben muss.[452] Dieser Vorsatz und die anschließende Diebstahlstat müssen aufeinander bezogen sein. Daran fehlt es, wenn der Täter die durch regelbeispielsverwirklichendes Handeln geschaffene Lage lediglich zu einem inkonnexen Diebstahl ausnutzt.

> **Beispiele**
>
> (1) T bricht in ein Gebäude ein, um das Fahrrad des O zu entwenden, eine „Probefahrt" damit zu machen und es anschließend zu O zurückzubringen. Nachdem

---

[450] BGHSt 22, 127 (129); Schönke et al. (2014), § 243 Rn. 59; Wessels (1972), 295 (308); aA BGH, JZ 2002, 512 (513); Kargl (2002), 202 (203); Schmitt (1989), 313 (316); Sternberg-Lieben (2002), 514 (516); Zieschang (1999), 561 (567).
[451] Lackner et al. (2014), § 243 Rn. 8; Schröder (1972), 778 (780).
[452] Gössel (1996), § 8 Rn. 25; Schönke et al. (2014), § 243 Rn. 17.

T die Haustür aufgebrochen hat und das neue Fahrrad des O sieht, beschließt er spontan, das Rad nicht nur mitzunehmen, sondern auch zu behalten.

(2) T dringt in das Büro des O ein, um geheime Unterlagen zu fotografieren. Nachdem er die Büroräume betreten hat, beschließt er, die Unterlagen mitzunehmen.

(3) T bricht in die Kanzleiräume des Rechtsanwalts O ein, um ein wertvolles Gemälde zu entwenden. Da er das Gemälde in dem Haus nicht findet, gibt er seine Tat auf und verlässt das Haus. Kurze Zeit danach entschließt er sich, noch einmal in das Haus zurückzukehren und den Computer des O zu stehlen. Durch die beim ersten „Anlauf" aufgebrochene Haustür gelangt T problemlos in das Haus, das er zwei Minuten später mit dem Computer des O wieder verlässt.

In allen drei Beispielen hat T einen Diebstahl begangen, nachdem er in ein Gebäude bzw. Geschäftsräume eingebrochen ist. Objektiv ist der Einbruch auch eine Handlung, die die anschließende Ausführung des Diebstahls ermöglichte. Den Entschluss zur Begehung eines Diebstahls hat T jedoch in **Beispiel 1** und **2** jeweils erst nach Vollzug des Einbruchs gefasst. Daher fehlt die erforderliche Synchronität von Diebstahlsvorsatz und Regelbeispielsverwirklichung. Die Regelwirkung des § 243 I 2 Nr. 1 kommt deshalb nicht zur Entfaltung. In **Beispiel 3** lag zwar bei dem regelbeispielsgemäßen „Einbrechen" bereits ein Diebstahlsentschluss vor. Diesen hat T auch in die Tat umgesetzt, indem er im Haus nach dem Gemälde suchte. Damit hat T jedenfalls einen besonders schweren Fall versuchten Diebstahls begangen, §§ 242 II, 22, 243 I 2 Nr. 1. Der anschließende vollendete Diebstahl bezüglich des Computers unterfällt dagegen nicht dem § 243 I 2 Nr. 1. Denn es handelt sich dabei um eine neue Tat, die mit dem Diebstahlsversuch nicht identisch ist und die daher auch nicht in der erforderlichen Verbindung mit dem „Einbrechen" steht.

Der erforderliche Tatbezug der Regelbeispielsverwirklichung ist nicht nur gegeben, wenn der Täter Sachen aus[453] dem umschlossenen Raum stiehlt, nachdem er sich zu diesem in regelbeispielsgemäßer Weise Zutritt verschafft hat. Auch der **Diebstahl des Raumes selbst** kann Bezugstat der regelbeispielsverwirklichenden Handlung sein. Das ist vor allem für den Diebstahl von Fahrzeugen von Bedeutung.

Beispiel

T bricht den Pkw des O auf und stiehlt aus ihm das Autoradio. Anschließend bricht er das Auto des A auf und fährt mit diesem davon.

Sowohl der Autoradiodiebstahl als auch der Diebstahl des dem A gehörenden Pkw wurden unter den Voraussetzungen des § 243 I 2 Nr. 1 StGB verübt. Dieses Regelbeispiel beschränkt sich nicht wie § 243 I Nr. 2 a. F. auf den Dieb-

---

[453] Der Wortlaut des Gesetzes lässt es sogar genügen, dass der Diebstahl außerhalb des Raumes begangen wird, nachdem der Täter sich durch Einbruch in den Raum die Möglichkeit der Wegnahme verschafft hat, BGH, NStZ 2001, 533.

stahl „aus" dem umschlossenen Raum.[454] Ausreichend ist ein funktionaler Zusammenhang zwischen Regelbeispielsverwirklichung und Diebstahl, der auch gegeben ist, wenn der Täter in einen Pkw einbricht, um diesen anschließend zu stehlen. Soweit der Diebstahl des Pkw dazu dient, an einem anderen Ort den Kofferraum aufzubrechen und die darin befindlichen Sachen zu stehlen, ist das Regelbeispiel § 243 I 2 Nr. 1 ebenfalls erfüllt. Nur der ohne vorheriges Eindringen in den Personenteil des Pkw erfolgende Aufbruch des Kofferraums fällt aus dem Bereich der Nr. 1 heraus, wird aber von § 243 I 2 Nr. 2 erfasst.[455]

1.3.2.1.3   Tatobjekte

Der Kreis der Tatobjekte ist durch den **Oberbegriff „anderer umschlossener Raum"** sehr weit gezogen. Darunter sind räumliche Gebilde zu verstehen, die von Menschen betreten werden können und durch künstliche Hindernisse gegen unbefugtes Betreten geschützt sind.[456] Eine Verbindung mit dem Boden ist ebenso wenig erforderlich wie Unbeweglichkeit. Daher sind z. B. auch Schiffe, Omnibusse und Eisenbahnen erfasst.[457] Auch der Insassenbereich eines Pkw ist ein umschlossener Raum,[458] nicht dagegen der Kofferraum.[459] Gebäude, Dienst- und Geschäftsräume sind als spezielle Beispiele des umschlossenen Raumes ausdrücklich erwähnt, weil sie in der Kriminalitätswirklichkeit die am häufigsten betroffenen Objekte sind. Zur „Wohnung" vgl. § 244 I Nr. 3 (unten 1.4.2.4).

1.3.2.1.4   Handlungen

Die Handlungsmerkmale beziehen sich auf verschiedene Methoden der Überwindung oder Umgehung gewahrsamsverstärkender physischer Hindernisse. **Einbrechen** ist das gewaltsame Öffnen der Umschließung durch den Einsatz nicht ganz unerheblicher körperlicher Kraft.[460] Daher ist diese Variante des besonders schweren Falles häufig mit Sachbeschädigungen verbunden.

Beispiel

Mit einer Axt schlägt T die Eingangstür des dem O gehörenden Hauses ein. Danach betritt er das Haus und stiehlt wertvolle Gegenstände.

Die Hindernisüberwindung muss dem **Eindringen in den Raum** dienen. Kein „Einbrechen", sondern ein das Regelbeispiel nicht erfüllendes „Ausbrechen" liegt also vor, wenn der sich in einem Raum aufhaltende Täter einen physischen Widerstand überwindet, um selbst aus diesem Raum herauszukommen.[461]

---

[454]   Arzt et al. (2009), § 14 Rn. 46; Corves (1970), 156 (158); Schönke et al. (2014), § 243 Rn. 27.

[455]   Schönke et al. (2014), § 243 Rn. 28.

[456]   Schönke et al. (2014), § 243 Rn. 8.

[457]   Schönke et al. (2014), § 243 Rn. 9.

[458]   BGH, NJW 1956, 389.

[459]   Schönke et al. (2014), § 243 Rn. 26.

[460]   BGH, NJW 1956, 389; OLG Hamm, JR 1952, 287; Schönke et al. (2014), § 243 Rn. 11.

[461]   RGSt 55, 210 (212).

Beim **Einsteigen** geht der Täter nicht mit brachialer Gewalt gegen die ihm den Zutritt verwehrenden Hindernisse vor, sondern er verschafft sich unter Entfaltung einer gewissen Geschicklichkeit und Behändigkeit auf einem dafür regelmäßig nicht bestimmten Weg Zugang zu dem geschützten Raum.[462] Eine „Steig"-Bewegung ist dazu nicht unbedingt erforderlich, auch das Hineinkriechen durch eine dafür nicht bestimmte Öffnung kann „Einsteigen" sein.[463] Das Betreten des Raumes durch eine dazu bestimmte Öffnung kann Einsteigen sein, wenn der Täter eine außergewöhnliche „Einsteigetechnik" anwendet.[464]

Beispiele

Mit einer Leiter klettert T auf den Balkon des Hauses, in dem er einen Diebstahl begehen will. Durch die offene Balkontür gelangt T in das Innere des Hauses.

Der sog. **Nachschlüsseldiebstahl** wird mit Tatwerkzeugen ausgeführt, die entweder Schlüssel sind oder wie Schlüssel zum Öffnen von Verschlüssen geeignet sind. Falsch ist ein Schlüssel, wenn er zur Tatzeit[465] nach dem Willen des Berechtigten nicht oder nicht mehr zur Öffnung des betroffenen Verschlusses bestimmt ist.[466] Ein „nicht zur ordnungsgemäßen Öffnung bestimmtes Werkzeug" ist z. B. ein Dietrich.[467]

Beispiele

(1) T beobachtet, wie Buchhändler O eine öffentliche Telefonzelle verlässt und dabei vergisst, seinen Schlüsselbund mitzunehmen, der auf dem aufgeschlagenen Telefonbuch liegt. T nimmt die Schlüssel an sich und geht sofort zu der Buchhandlung des O. Mit einem der Schlüssel des O öffnet er die Tür und entwendet anschließend aus dem Geschäft mehrere Bücher.

(2) Abwandlung: Da T den O nicht kennt, folgt er ihm bis zu dessen Geschäft. Er nimmt sich vor, am nächsten Tag mit dem Schlüssel in die Buchhandlung einzudringen und Bücher zu stehlen. O bemerkt noch am selben Tag den Verlust seiner Schlüssel. Er beauftragt sofort einen Schlüsseldienst mit dem Austausch des Türschlosses. Der Schlüsseldienst kommt aber erst am nächsten Vormittag. In den frühen Morgenstunden dieses Tages hatte T bereits mit Hilfe des Schlüssels die Tür der Buchhandlung geöffnet und seinen geplanten Diebstahl ausgeführt.

Ein Schlüssel verliert seine Bestimmung zum ordnungsgemäßen Öffnen auf Grund einer entsprechenden Willensentschließung des Berechtigten.[468] Diese

---

[462] RGSt 13, 257 (258); 59, 171; Schönke et al. (2014), § 243 Rn. 12.

[463] RGSt 13, 257 (258).

[464] RGSt 53, 174 (175): Einstieg durch eine 2 m über dem Erdboden befindliche Öffnung ohne Benutzung einer Leiter.

[465] RGSt 52, 84.

[466] Schönke et al. (2014), § 243 Rn. 14.

[467] Schönke et al. (2014), § 243 Rn. 15.

[468] RGSt 52, 84; BGHSt 14, 291 (292); Schröder (1959), 306.

Entschließung muss in irgendeinem erkennbaren Akt manifestiert werden. Erst mit einer derartigen „Entwidmung" durch seinen Inhaber wird der Schlüssel zu einem „falschen Schlüssel".[469] Ein Schlüssel wird also nicht bereits dadurch „falsch", dass er in unbefugte Hände gerät, von einem grundsätzlich Befugten auf unbefugte Weise benutzt wird oder dem Berechtigten abhanden kommt.[470] Mindestvoraussetzung der Entwidmung ist die Kenntnis des Berechtigten vom Verlust des Schlüssels.[471] In **Beispiel 1** war daher der von T benutzte Schlüssel des O im Zeitpunkt der Tatbegehung noch zur ordnungsgemäßen Öffnung der Tür bestimmt. T hat das Regelbeispiel nicht erfüllt. In **Beispiel 2** hat O den verlorenen Schlüssel mit der Benachrichtigung des Schlüsseldienstes entwidmet. Als T seine Tat ausführte, war der dabei benutzte Schlüssel also schon ein falscher Schlüssel. T hat somit das Regelbeispiel erfüllt.

Ist die Widmung eines Schlüssels von vornherein befristet oder an eine auflösende Bedingung geknüpft – z. B. Beendigung eines Mietverhältnisses hinsichtlich der dem Mieter überlassenen Schlüssel –, so bedarf es keines besonderen Entwidmungsaktes des Berechtigten. Der Schlüssel wird mit Fristablauf bzw. Eintritt des auflösenden Ereignisses automatisch zu einem „falschen".[472]

Die vierte Alternative – das **Sichverborgenhalten** – unterscheidet sich von den anderen dadurch, dass das Verhalten des Täters nicht in jedem Fall schon mit dem Betreten des Raumes, sondern erst mit dem Aufenthalt in dem Raum illegalen Charakter erhält.[473]

Beispiel

Krimifreund T betritt eine halbe Stunde vor Ladenschluss ein Kaufhaus. Er begibt sich in die Campingabteilung und versteckt sich in einem Zelt. Nachdem der letzte Kaufhausangestellte das Gebäude verlassen hat, kriecht T aus dem Zelt und besorgt sich in einer anderen Abteilung einen großen Reisekoffer. Diesen Koffer füllt er in der Buchabteilung mit Kriminalromanen und verlässt dann durch eine Hintertür das Kaufhaus.

Das Betreten des Kaufhauses ist nach h. M. auch dann kein Hausfriedensbruch iSd § 123 I 1. Alt., wenn der Täter – wie hier – in diebischer Absicht handelt.[474] Abgesehen davon ist nicht jedes „Eindringen" iSd § 123 I 1. Alt. zugleich ein „Einbrechen" oder „Einsteigen" iSd § 243 I 2 Nr. 1. Bevor T sich in dem Zelt versteckte, hatte er daher weder eine Straftat begangen noch ein Regelbeispiel des § 243 I 2 verwirklicht. Sein Aufenthalt in dem Zelt wurde aber spätestens mit Ladenschluß unbefugt. Von diesem Zeitpunkt an erfüllte er das Regelbeispiel § 243 I 2 Nr. 1. Der Diebstahl der Bücher ist deshalb ein besonders schwerer Fall.

---

[469] BGHSt 13, 15 (16); BGH, JR 1959, 306.

[470] BGHSt 21, 189 (190).

[471] RGSt 52, 84 (85); BGHSt 21, 189 (190).

[472] BGH, JR 1959, 306; Schröder (1959), 306.

[473] Schönke et al. (2014), § 243 Rn. 19.

[474] Schönke et al. (2014), § 123 Rn. 26.

Dagegen fällt das Verlassen des Kaufhauses durch die Hintertür auch dann nicht unter § 243 I 2 Nr. 1, wenn T diese Tür aufgebrochen hat. Denn die gewaltsame Öffnung einer Tür von innen nach außen ist kein Ein-, sondern ein Ausbruch.[475]

1.3.2.2 § 243 I 2 Nr. 2

Auch dieses Regelbeispiel stellt den unrechtserhöhenden Gesichtspunkt der **Überwindung zusätzlicher Gewahrsamssicherungen** in den Mittelpunkt. Wie bei § 243 I 2 Nr. 1 erfordert die Wegnahme erhöhten Aufwand krimineller Energie bzw. besondere Rücksichtslosigkeit.[476] Der Täter durchbricht bei seiner Tat Hindernisse, von denen sich der betroffene Gewahrsamsinhaber erhöhten Schutz seines Eigentums verspricht. Die Diebstahlsobjekte dieses Regelbeispiels müssen gegen Wegnahme besonders gesichert sein, indem sie sich in einem verschlossenen Behältnis befinden oder mit einer anderen Schutzvorrichtung versehen sind. Schutzzweck der Sicherungseinrichtung muss also die Verhinderung des Gewahrsamsverlusts sein.

Beispiel

T zieht in einer Umkleidekabine des Kaufhauses O eine Jacke an, die mit einem sog. „elektronischen Sicherungsetikett" versehen ist. Wenn dieses Etikett nicht entfernt wird, löst es beim Verlassen des Kaufhauses am Ausgang des Gebäudes ein akustisches Alarmsignal aus, das die Aufmerksamkeit des Personals auf diesen Vorgang lenkt. T trennt das Sicherungsetikett gewaltsam von der Jacke, mit der er anschließend das Kaufhaus unbehelligt verlassen kann.

Das elektronische Sicherungsetikett ist eine Schutzvorrichtung, die verhindern soll, dass Waren ohne vorherige Bezahlung aus dem Kaufhaus fortgeschafft werden. Dennoch ist fraglich, ob sich der bezweckte Schutz „gegen Wegnahme" richtet, wie § 243 I 2 Nr. 2 ausdrücklich verlangt. Dagegen spricht, dass die Reaktion des Kaufhauspersonals auf den ausgelösten Alarm regelmäßig erst erfolgen kann, nachdem der Täter die Sache bereits in seinen Gewahrsam gebracht, die Wegnahme also vollendet hat. Der Sicherungserfolg besteht also nicht in der Verhinderung der Wegnahme, sondern in der Ergreifung des Täters und der Wiedererlangung der gestohlenen Ware.[477] Andererseits geht vom bloßen Vorhandensein der für jedermann sichtbaren Sicherungsetiketten eine – dem Hinweisschild „Achtung Radarkontrolle!" vergleichbare – psychologische Abschreckungswirkung aus, die gewiss manchen potentiellen Kaufhausdieb von der Tat abhält. Auch dies ist ein gewollter und bezweckter Präventionseffekt. Insoweit sind die Waren nicht nur gegen endgültigen Verlust, sondern bereits gegen Wegnahme gesichert. Jedoch zeigt die Hervorhebung des Beispiels „verschlossenes Behältnis", dass das Gesetz eine rein psychologisch

---

[475] BGHSt 1, 158 (160); Schönke et al. (2014), § 243 Rn. 11.

[476] BayObLG, JR 1973, 507; Dölling (1986), 688 (691).

[477] OLG Stuttgart, JR 1985, 385; OLG Frankfurt, MDR 1993, 671 (672); OLG Düsseldorf, NJW 1998, 1002; LG Stuttgart, NJW 1985, 2489; AG Frankfurt/M., NJW 1992, 2906; Dölling (1986), 688 (693); aA Borsdorff (1989), 4 (5).

vermittelte Sicherung nicht ausreichen lässt.[478] Der Schutz muss auf einer physischen Wegnahmebehinderung beruhen. Anderenfalls müssten auch Attrappen von Sicherungsetiketten und der bloße verbale Hinweis auf die Anwesenheit von Kaufhausdetektiven als Schutzvorkehrungen iSd § 243 I 2 Nr. 2 anerkannt werden. Das ginge aber zu weit, wie schon die Tatsache belegt, dass der Ladendetektiv selbst keine „Schutzvorkehrung" ist und auch keinem anderen Regelbeispiel zugeordnet werden kann.

Beispiel

T hat also zwar einen vollendeten Diebstahl gem. § 242 I begangen, dabei aber das Regelbeispiel des § 243 I 2 Nr. 2 nicht erfüllt. Da die Tat aber starke Ähnlichkeit mit der in § 243 I 2 Nr. 2 skizzierten Situation hat, liegt ein atypischer besonders schwerer Fall nahe.

Der typische Fall der Regelbeispielsverwirklichung ist die Zerstörung der Schutzvorkehrung und anschließende Wegnahme der dann nicht mehr gesicherten Sache. Dem Wortlaut des § 243 I 2 Nr. 2 steht aber auch die Wegnahme der Sache mitsamt der Schutzvorkehrung nicht entgegen. Deshalb kann auch der **Diebstahl des Behältnisses** mit Inhalt regelbeispielsgemäß sein.[479] Die Tatsache, dass ein derartiges Vorgehen des Diebes möglich ist, weckt aber Zweifel an der Sicherungswirkung der Schutzvorkehrung bzw. des verschlossenen Behältnisses. Der Diebstahl einer 1 kg leichten metallenen Geld- oder Schmuckkassette fällt daher nicht unter § 243 I 2 Nr. 2, da dieses Behältnis auf Grund seiner Beschaffenheit dem Gewahrsamsinhaber keinen nennenswerten Schutz vor Verlust bietet.[480] Dass der Täter auch in diesem Fall unter Umständen erhebliche Brachialgewalt üben muss, um das Behältnis zu öffnen und seines Inhalts habhaft zu werden, ist nicht entscheidend.

1.3.2.3   § 243 I 2 Nr. 3

Der **gewerbsmäßige** Diebstahl wird mit härterer Strafe bedroht, weil die Aussicht auf permanente Gewinnerzielung ein starkes Diebstahlsmotiv schafft, dem ein starker gegenmotivierender Grund in Gestalt erhöhter Strafdrohung entgegengesetzt werden muss. Gewerbsmäßig handelt, wer durch wiederholte Begehung von Diebstählen einen fortgesetzten, auf unbestimmte Zeit vorgesehenen Gewinn erzielen und sich so eine fortlaufende Einnahmequelle von einiger Dauer und Ergiebigkeit verschaffen will.[481] Legt man diese Definition zugrunde, wird man die Beschaffungskriminalität von Drogensüchtigen nicht als „gewerbsmäßig" bezeichnen können. Diese Täter begehen ihre wiederholten Diebstahlstaten nicht, um Vermögensgüter anzuhäufen, sondern um ihre Sucht zu befriedigen.

---

[478] OLG Stuttgart, JR 1985, 385; OLG Frankfurt, MDR 1993, 671 (672); OLG Düsseldorf, NJW 1998, 1002; Seier (1985), 387 (390).

[479] BGHSt 24, 248 (249); Corves (1970), 156 (158).

[480] Krüger (1972), 648 (649); Schröder (1972), 778 (780); aA Gössel (1996), § 8 Rn. 31.

[481] BGH, NStZ 2008, 282; OLG Köln, NStZ 1991, 585; Schönke et al. (2014), § 243 Rn. 31.

Dem Begriff des Gewerbes ist die regelmäßige wiederholte Begehung einer Vielzahl von Einzeltaten immanent. Das Regelbeispiel verlangt aber nicht, dass der Täter schon mehrere Diebstähle begangen hat, um die Gewerbsmäßigkeit seines Handelns zu manifestieren. Dieses Merkmal wird auch durch **einen einzigen** Diebstahl erfüllt, der nach dem Willen des Täters Bestandteil einer Diebstahlsserie sein soll, auf der das „Gewerbe" aufbaut. Gewerbsmäßig kann somit bereits die erste Tat dieser Serie sein.[482] Andererseits werden mehrere gewerbsmäßige Diebstähle nicht qua Gewerbsmäßigkeit zu einer einzigen Tat zusammengefasst. Ihre Eigenständigkeit bleibt auch unter den Voraussetzungen der „Sammelstraftat"[483] gewahrt.

Die Gewerbsmäßigkeit ist ein **besonderes persönliches Merkmal**. Bei mehreren Tatbeteiligten ist deshalb § 28 II zu beachten[484] (siehe oben 1.3.1.4).

1.3.2.4   § 243 I 2 Nr. 4

Der „**Kirchendiebstahl**" unterliegt der erhöhten Strafandrohung, weil es als besonders verwerflich gilt, das religiöse Empfinden anderer auf diese frevelhafte Weise zu verletzen.[485] Dieser Gesichtspunkt trägt das Regelbeispiel aber nur zur Hälfte, wie man an der Beschränkung auf bestimmte Tatorte (Kirche oder andere der Religionsausübung dienende Gebäude) erkennt. § 304 I enthält eine derartige Beschränkung nicht, droht aber auch eine erheblich niedrigere Strafe an. Der zweite Grund für die Anhebung des Strafrahmens in § 243 I 2 Nr. 4 ist die **besondere Schutzbedürftigkeit** der von diesem Regelbeispiel erfassten Tatobjekte. In Kirchen und ähnlichen sakralen Gebäuden befinden sich diese Sachen nämlich typischerweise an leicht zugänglichen Orten und sind dort gegen diebischen Zugriff weniger geschützt als z. B. in einer Privatwohnung oder einem Büroraum.[486]

1.3.2.5   § 243 I 2 Nr. 5

Das Regelbeispiel „**gemeinschädlicher Diebstahl**"[487] hat eine ähnliche Struktur wie der Kirchendiebstahl und bezieht seine Legitimation aus ähnlichen Wertungen. Die betroffenen Tatobjekte haben einen **hohen ideellen Wert** und sind häufig einmalig und unersetzbar.[488] In der exponierten Situation, auf die § 243 I 2 Nr. 5 abstellt, sind diese Gegenstände **besonders gefährdet**, da allgemeine Zugänglichkeit oder öffentliche Ausstellung naturgemäß mit gelockerter Abschirmung gegen unbefugten Zugriff einhergehen.[489] Die Ausnutzung dieser Situation zur Begehung eines Diebstahls beinhaltet zudem einen verwerflichen Missbrauch des dem Publikum mit der Zugänglichmachung entgegengebrachten Vertrauens.[490]

---

[482] Gropp (1999), 1041 (1050); Wessels et al. (2013c), Rn. 239.

[483] Lackner et al. (2014), vor § 52 Rn. 20.

[484] Schönke et al. (2014), § 243 Rn. 47.

[485] Gössel (1996), § 8 Rn. 34; aA Schönke et al. (2014), § 243 Rn. 32.

[486] Münchener Kommentar zum StGB-Schmitz (2012), § 243 Rn. 42; Sternberg-Lieben (1986), 183 (189).

[487] Schönke et al. (2014) § 243 Rn. 35.

[488] Eisele (2012b), Rn. 132.

[489] Sternberg-Lieben (1986), 183 (189).

[490] Arzt et al. (2009), § 14 Rn. 51.

1.3.2.6 § 243 I 2 Nr. 6

Besondere Niedertracht zeichnet den als „**Schmarotzerdiebstahl**"[491] treffend eti-kettierten Fall des § 243 I 2 Nr. 6 aus. Der Täter handelt in einer Situation, in der der Widerstand gegen seine Wegnahmehandlung noch geringer ist als bei einem ein-fachen Diebstahl iSd § 242. Als Opfer kommen neben der verunglückten oder sich in Not befindenden Person auch Dritte in Betracht, die dem Verunglückten zu Hilfe eilen.[492] Der zur erfolgreichen Durchführung der Tat erforderliche Energieaufwand ist deshalb eher niedrig, insofern handelt es sich um eine Art Antipode zu § 243 I 2 Nr. 1 und Nr. 2. Ein Täter, der sich an Wehrlosen vergreift oder sich in Krisensitua-tionen als Plünderer betätigt, erweist sich selbst als Schwächling und Feigling. Das mindert aber nicht die Verwerflichkeit seiner Tat. Im Gegenteil: Die Tat ist beson-ders empörend und verabscheuungswürdig und offenbart eine besonders asoziale Gesinnung ihres Täters.[493]

Die Hilflosigkeit des Opfers muss gerade die Möglichkeiten der Verteidigung gegen Wegnahme der Sache betreffen, was z. B. der Fall ist, wenn einem Blinden eine Sache gestohlen wird, deren Verlust ein Sehender schon dadurch abwenden könnte, dass er sie im Auge behält.[494] Auf welchen Ursachen die Hilflosigkeit des Opfers, der Unglücksfall oder die gemeine Gefahr beruht, ist ohne Belang.[495] Hohes Alter des Opfers allein begründet noch keine Hilflosigkeit.[496] Auch eine vom Opfer selbst verursachte Hilflosigkeit ist zu berücksichtigen.[497] Hat der Täter diese Lage herbeigeführt, ist seine Tat natürlich noch strafwürdiger als in Fällen auf sonstigen Ursachen beruhender Hilflosigkeit des Opfers. Dies ist im Rahmen der Strafzumes-sung gemäß § 46 zu berücksichtigen. Ist der Täter für die Hilflosigkeit des Opfers verantwortlich, ist seine Tat möglicherweise sogar ein Raub iSd § 249.

Beispiel

T schlägt die O nieder, um sie zu vergewaltigen. Nachdem er sich an der wehrlo-sen Frau sexuell vergangen hat, nimmt er ihr auch noch Geld, Armbanduhr und Schmuck weg.

Falls T den Vorsatz zur Wegnahme der Wertsachen bereits während der Gewaltanwendung hatte, ist er wegen Raubes aus § 249 strafbar (dazu unten 8.2.2.2). Der Diebstahlstatbestand tritt dahinter zurück, weshalb § 243 nicht zur Anwendung kommt. Fasste T den Wegnahmeentschluss dagegen erst, nachdem er seine Gewalttätigkeiten beendet hatte, fehlt der für § 249 erforderliche finale Zusammenhang zwischen Gewalt und Wegnahme. Die Entwendung der Sachen ist dann nur ein Diebstahl. Dieser ist allerdings gemäß § 243 I 2 Nr. 6 als beson-ders schwerer Fall zu bewerten.

---

[491] Schönke et al. (2014), § 243 Rn. 38.

[492] OLG Hamm, NStZ 2008, 218.

[493] Kindhäuser (2014), § 3 Rn. 37.

[494] BayObLG, JR 1973, 427.

[495] Gössel (1996), § 8 Rn. 48; Kindhäuser (2014), § 3 Rn. 37.

[496] BGH, NStZ 2001, 532 (533).

[497] BGH, NStZ 1985, 215; Gössel (1996), § 8 Rn. 48.

1.3.2.7 § 243 I 2 Nr. 7

Dieses Regelbeispiel wurde durch das sog. „Artikelgesetz" vom 9.6.1989[498] in den Katalog des § 243 I 2 eingefügt. Gesetzgeberisches Motiv ist die Bekämpfung der besonderen **Gefahr**, die mit der Entwendung von Schusswaffen oder Sprengstoff einhergeht.[499] Soweit Gegenstand der konkreten Tat Waffen sind, deren Herstellung verboten und sogar mit Strafe bedroht ist, stellt sich – auf der Ebene des Tatbestandes § 242 – dasselbe Problem wie etwa beim Diebstahl von illegal hergestellten Betäubungsmitteln. An sich dürften diese Diebstahlsobjekte gar nicht existieren, zumindest sich nicht im Gewahrsam der Person befinden, die Opfer des Diebstahls geworden ist. Die Schutzwürdigkeit dieses Opfers ist deshalb sub specie § 242 fragwürdig.

Beispiel

X, Y und Z sind Mitglieder einer „Initiative für den Frieden". Eines Nachts dringen sie in die Lagerhalle des Waffenhändlers O ein. Dort stehen Kisten mit Maschinengewehren, Handgranaten und anderen Waffen zum illegalen Versand in Krisengebiete im Nahen Osten bereit. Diese Kisten transportieren sie mit einem Lkw ab. Da sie in die staatlichen Behörden kein Vertrauen haben, liefern sie die Kisten nicht bei der Polizei ab, sondern bringen sie in eine Fabrik, wo aus den Waffen Gebrauchsgegenstände hergestellt werden, die zu zivilen Zwecken nutzbar sind.

Geht man einmal davon aus, dass die Absicht zur „Verwandlung" der Waffen in zivil nutzbare Gegenstände als Zueignungsabsicht qualifiziert werden kann,[500] stellt sich die Frage nach der Anwendbarkeit des § 243 I 2 Nr. 7. Der Wortlaut dieser Vorschrift leistet der Subsumtion des Falles unter das Regelbeispiel keinen Widerstand. Dagegen wird der auf die „besondere Gefahr" rekurrierende Normzweck sicher verfehlt. Die Täter haben sich die Waffen nicht verschafft, um unter Umgehung der legaliter unüberwindlichen waffenrechtlichen Hürden eine illegale und gefährliche Besitzlage herzustellen. Im Wege einer teleologischen Reduktion ließe sich also bereits die Verwirklichung des Regelbeispieles verneinen. Wer diese Einschränkung der Norm nicht akzeptiert, wird wohl einen atypischen Fall des einfachen Diebstahls annehmen müssen.

Die Herausnahme des § 243 I 2 Nr. 7 aus dem Geltungsbereich der **Geringwertigkeitsklausel** des § 243 II ist konsequent: Da der Normzweck dieses Regelbeispiels mit Eigentumsschutz nichts zu tun hat, kann der Wert der gestohlenen Sache in diesem Zusammenhang keine Rolle spielen.[501] Zudem ist fraglich, ob Waffen, die der

---

[498] Gesetz zur Änderung des Strafgesetzbuches, der Strafprozessordnung und des Versammlungsgesetzes und der Einführung einer Kronzeugenregelung bei terroristischen Gewalttaten, BGBl I, 1059; gute Übersicht dazu bei Jung (1989), 1025 ff.

[499] Jung (1989), 1025; krit. Kunert (1989), 449 (451).

[500] Zumindest vertretbar ist die Ansicht, es handele sich hier um eine Vernichtung der ursprünglichen Sache, was anerkanntermaßen keine Zueignung ist (siehe oben 1.2.2.3.3.3).

[501] Schönke et al. (2014), § 243 Rn. 57 a.

Bestohlene selbst nicht besitzen durfte und die der Beschlagnahme und Einziehung unterliegen, überhaupt einen rechtlich anerkennbaren Wert haben. M. E. ist das zu verneinen.

1.3.3 Geringwertigkeitsklausel, § 243 II

1.3.3.1 Allgemeines
1.3.3.1.1 Rechtsnatur und Wirkung

Die Geringwertigkeit der gestohlenen Sache schließt die Annahme eines besonders schweren Falles aus, es sei denn, die Tat verwirklicht das Regelbeispiel des § 243 I 2 Nr. 7. Nach der gesetzgeberischen Intention soll diese Sperrwirkung **zwingend** sein und auch durch ein noch so hohes Quantum an unrechts- und schuldsteigernden Umständen nicht durchbrochen werden können.[502] Eine auf mögliche Anwendung des § 243 I zielende Gesamtwürdigung soll deshalb nicht stattfinden, wenn das Tatobjekt von geringem Wert ist. Somit handelt es sich bei § 243 II um eine Strafzumessungsregel, die bestimmt, aus welchem Strafrahmen – dem des § 242 I oder dem des § 243 I – die Strafe zu entnehmen ist. Im Falle der Geringwertigkeit ist der Dieb aus § 242 zu bestrafen und alle Tatumstände, die bei einem höheren Wert der gestohlenen Sache zur Anwendung des § 243 I führen würden, können nur als Strafbemessungsgesichtspunkte gemäß § 46 Einfluss auf die Höhe der Strafe gewinnen.

Wegen ihrer Starrheit ist die Vorschrift kritikwürdig.[503] Sie engt den Handlungsspielraum des Richters bei der Strafmaßfindung unnötig ein. Zur Vorbereitung seiner Sanktionsentscheidung hat der Richter den Wert der Beute und die Höhe des Schadens ohnehin in seine Gesamtwürdigung der Tat einzubeziehen. Außerdem passt die Überakzentuierung des Wertes nicht zu einer Straftat, die als „Eigentumsdelikt" gerade nicht zu den „Vermögensdelikten im engeren Sinn" gehört und deren Tatbestandsmäßigkeit nicht vom Eintritt eines Vermögensschadens abhängig ist. Man sollte daher versuchen, § 243 II eng auszulegen und zurückhaltend anzuwenden.

1.3.3.1.2 Entstehungsgeschichte

Die Geringwertigkeitsklausel wurde erst durch das EGStGB vom 9.3.1974[504] als Abs. 2 in § 243 eingefügt. Die Vorschrift hatte damals folgenden Wortlaut bekommen:

> Ein besonders schwerer Fall ist ausgeschlossen, wenn sich die Tat auf eine geringwertige Sache bezieht.

Die aktuelle Fassung der Vorschrift beruht auf dem Artikelgesetz vom 9.6.1989. Sie ist eine Konsequenz des mit demselben Gesetz in Absatz 1 eingeführten Re-

---

[502] Schönke et al. (2014), § 243 Rn. 48.
[503] Schönke et al. (2014), § 243 Rn. 3; Zipf (1977), 389, (400).
[504] BGBl I, 469.

gelbeispiels Nr. 7. Änderungen der bis dahin geltenden Rechtslage waren mit der
Neufassung des Gesetzestextes nicht bezweckt worden. Das 6. StrRG hat lediglich
die 1989 vom Gesetzgeber „vergessene" Verweisung auf „Satz 2" des § 243 I nach-
getragen.

1.3.3.1.3 Reichweite

§ 243 II a. F. war eine eindeutige und unmissverständliche Regelung, die nicht nur
regelbeispielsverwirklichende Taten, sondern auch atypische – also kein Regelbeispiel verwirklichende – Taten erfasste. War die tatgegenständliche Sache geringwertig, konnten also auch unbenannte Erschwerungsgründe, die ansonsten für einen atypischen besonders schweren Fall ausgereicht hätten, den Diebstahl nicht zu
einem besonders schweren Fall machen. Nach dem seit 1989 in Kraft befindlichen
neuen Wortlaut des § 243 II scheint letzteres nicht mehr zu gelten. Der Text bezieht
sich ausdrücklich nur auf die „Fälle des Absatzes 1 Satz 2 Nr. 1 bis 6",[505] also nicht
auf Fälle, die keines dieser Regelbeispiele verwirklichen, aber aus sonstigen Gründen „besonders schwer" sein könnten.[506] Eine solche Einschränkung des Geltungs-
bereichs der Geringwertigkeitsklausel lag nicht in der Intention des Gesetzgebungs-
aktes von 1989. Denn die stilistisch missglückte Vorschrift sollte nur klarstellen,
dass der Diebstahl von Waffen usw. gemäß § 243 I 2 Nr. 7 ein besonders schwerer
Fall auch dann sein kann, wenn die gestohlenen Gegenstände geringwertige Sachen
sind. Im Übrigen sollte es bei der durch § 243 II a. F. geschaffenen Rechtslage bleiben. Damit der Rechtsanwender dies auch aus § 243 II n. F. ableiten kann, schlägt
die h. M. vor, die Vorschrift folgendermaßen **berichtigend auszulegen**:

> Ein besonders schwerer Fall ist ausgeschlossen, wenn sich die Tat auf eine geringwertige
> Sache bezieht. Dies gilt nicht im Fall des Absatzes 1 Satz 2 Nr. 7.[507]

1.3.3.2 Geringwertigkeit
1.3.3.2.1 Verkehrswert

Maßgebliche Größe für die Feststellung der Geringwertigkeit ist der in **Geld** mess-
bare Verkehrswert (Verkaufswert) der Sache.[508] Die Grenze dürfte gegenwärtig 50 €
zu ziehen sein.[509] Soweit die Sache einen Verkehrswert hat, ist auf diesen allein
abzustellen. Eventuell vorhandene immaterielle Wertbildungsfaktoren erhöhen den
Wert also nicht. Nicht berücksichtigungsfähig ist daher z. B. das Affektionsinteres-

---

[505] Ursprünglich hieß es inkorrekt „Absatzes 1 Nr. 1 bis 6", vgl. Küper (1994), 349 (352). Im 6.
StrRG wurde die erforderliche Ergänzung vorgenommen.

[506] Küper (1994), 349 (350).

[507] Eisele (2012b), Rn. 156; Küper (1994), 349 (352); Lackner et al. (2014), § 243 Rn. 4; aA
Mitsch (1999), 65 (75).

[508] BGH, NStZ 1981, 62 (63); OLG Düsseldorf, NJW 1987, 1958; Kindhäuser (2014), § 3 Rn. 44.

[509] OLG Zweibrücken, NStZ 2000, 536; AG Köln, MDR 1984, 687; Eisele (2012b), Rn. 158;
Mitsch (2012), 911 (917).

se.[510] Da aber richtiger Ansicht nach wie bei der Geldstrafenbemessung (vgl. § 40 II 1) die individuellen persönlichen und wirtschaftlichen **Verhältnisse des Tatopfers** zu berücksichtigen sind,[511] kann im Einzelfall auch einem „billigeren" Gegenstand die Geringwertigkeit abzusprechen sein.

Beispiel

T stiehlt dem X und dem Y je eine Gitarre. Beide Gitarren haben einen Verkehrswert von 20 €. X spielt auf dem Instrument ab und zu in seiner Freizeit. Y ist Straßenmusikant, der sich seinen bescheidenen Lebensunterhalt verdient, indem er jeden Tag 10 bis 12 h mit seiner Gitarre in Restaurants, Fußgängerzonen und öffentlichen Verkehrsmitteln musiziert.

Obwohl beide Gitarren nur je 20 € Verkaufserlös einbringen würden, haben sie als Bestandteile des Vermögens ihrer Eigentümer X und Y eine höchst unterschiedliche Bedeutung und einen entsprechend unterschiedlichen Wert. Für Y hängt von dem Besitz dieses Instruments nicht weniger als die wirtschaftliche Existenz ab. Daher ist diese Gitarre relativ zu seiner individuellen Situation ein außerordentlich wertvoller Gegenstand. § 243 II kommt deshalb nicht zur Anwendung. Für X hingegen hat das gestohlene Musikinstrument keinen besonderen – über 20 € hinausgehenden – Wert. Der Diebstahl dieser Gitarre kann somit gemäß § 243 II kein typischer – d. h. auf die Indizwirkung der Regelbeispielsverwirklichung gestützter –, sondern allenfalls ein atypischer besonders schwerer Fall sein.

Die Höhe des Verkehrswertes richtet sich zunächst nach rein **wirtschaftlichen** Parametern. Inwieweit dabei **juristische** Korrekturen – insbesondere nach unten – geboten sind, ist ein Problem, das vor allem im Zusammenhang mit dem Vermögensbegriff bei § 263 diskutiert wird. Die Frage stellt sich aber auch bei der Anwendung des § 243 II.

Beispiele

(1) T stiehlt dem Dealer O eine größere Menge Heroin, für das man in der „Szene" leicht US$ 50.000 bekommen kann.
(2) T stiehlt dem O eine Briefmarke, die einen Sammlerwert von höchstens 10 € hat. T hat die Absicht, die Marke einem etwas naiven Amerikaner als wertvolle Rarität anzudrehen und auf diese Weise 3000 € zu verdienen.
(3) Der Geldfälscher O hat tausend unechte 10-€-Scheine hergestellt. Die Fälschung ist so perfekt, dass die „Blüten" problemlos als echt in Verkehr gebracht werden können. Letzteres hat der T im Sinn, der dem O die Falsifikate wegnimmt.

---

[510] Krey et al. (2012b), Rn. 171.
[511] Lackner et al. (2014), § 248a Rn. 3.

In allen drei Beispielen haben die gestohlenen Sachen rein wirtschaftlich betrachtet einen Wert, der weit über der Geringwertigkeits-Grenze liegt. Der Inhaber der Sachen kann diesen Wert aber nur auf illegale Weise realisieren. Bei Zugrundelegung der legalen Verfügungs- und Verwertungsmöglichkeiten tendiert der Wert der Sachen gegen Null. In Bezug auf das Rauschgift (Beispiel 1) und das Falschgeld (Beispiel 3) ist ohnehin zweifelhaft, ob das Eigentum daran überhaupt strafrechtlichen Schutz verdient. Wie oben dargelegt wurde, lässt sich auf der Basis des geltenden Rechts die Diebstahlstauglichkeit derartiger Sachen und damit die Tatbestandsmäßigkeit ihrer Wegnahme nicht leugnen (siehe oben 1.2.1.3.3.2). Anders steht es mit § 243 II: Der Begriff „geringwertig" ist elastisch genug für die Aufnahme materialer Schutzwürdigkeitskriterien. Ein solches Kriterium ist die rechtliche Unbedenklichkeit der mit der Sache verknüpften Gewinnerzielungsmöglichkeit. Denn es wäre ein Wertungswiderspruch, wenn bei der im Rahmen des § 243 II zu treffenden (Vor-)Entscheidung[512] über Bejahung oder Verneinung eines besonders schweren Falles der illegal erzielbare Gewinn den Ausschlag geben würde. Berücksichtigungsfähig kann also nur der Wert sein, den die Sache hat, wenn man ausschließlich rechtskonforme Bestimmungskriterien heranzieht. Deshalb bezieht sich die Tat in allen drei Beispielen auf geringwertige Sachen. Zu beachten ist allerdings, dass der Wert der Sache sich nach den Verhältnissen des bestohlenen Eigentümers richtet. Danach richtet sich somit auch, ob der Wert der Sache eine legale Grundlage hat oder nicht. Deshalb sind gestohlene Betäubungsmittel anders als in Beispiel 1 sehr wohl als wertvolle Sachen anzusehen, wenn der Täter sie nicht durch einen Einbruch bei einem Dealer, sondern durch einen Einbruch in eine Apotheke in seinen Besitz gebracht hat.

1.3.3.2.2 Mehrere Sachen

Die Geringwertigkeitsklausel kann auch beim Diebstahl mehrerer Sachen anwendbar sein. Soweit diese Sachen Beute eines einzigen Diebstahls sind, stellt § 243 II nicht auf die Einzelwerte, sondern auf die Summe, also den **Gesamtwert** aller Sachen ab.[513] Stiehlt der Täter mehrere geringwertige Sachen, deren Gesamtwert die Obergrenze der Geringwertigkeit übersteigt, ist eine auf der Indizwirkung der Regelbeispielserfüllung beruhende Bestrafung aus § 243 I möglich. Allerdings dürfen nur die Werte von Sachen addiert werden, die Objekte desselben Diebstahls sind. Dies trifft z. B. bei einer Tat zu, die sich aus mehreren Wegnahmehandlungen zusammensetzt, welche vermöge ihrer Zusammengehörigkeit eine „natürliche Handlungseinheit" und damit nur einen einzigen Diebstahl bilden.[514] Keine Addition der Einzelwerte findet statt, wenn die Sachen aus verschiedenen Diebstählen stammen, die im Verhältnis der Tatmehrheit (§ 53) stehen.

---

[512] Vgl. zur Stellung der Geringwertigkeitsklausel in der Binnenstruktur des § 243 Küper (1994), 349 (351).

[513] OLG Düsseldorf, NJW 1987, 1958 (Diebstahl von zwei Badeanzügen im Wert von je 44 DM); Zipf (1977), S. 389 (398).

[514] Dazu instruktiv Warda (1985), 241 ff.

1.3.3.2.3 Sachen ohne Verkehrswert

Schwierigkeiten bereitet die Anwendung des § 243 II bei Sachen, die **nicht zum Verkauf bestimmt** sind, für die es daher keinen Markt und keinen Verkehrswert gibt. Dies trifft z. B. auf amtliche Dokumente, Vordrucke, Formulare, Akten usw. zu. Soweit derartige Gegenstände überhaupt gegen Geld weitergegeben werden, geschieht dies nicht im Wege eines privatrechtlichen Rechtsgeschäfts, sondern im Rahmen eines Verwaltungsrechtsverhältnisses mit den Mitteln des Verwaltungshandelns (z. B. per Verwaltungsakt). Ein Führerschein, ein Staatsangehörigkeitsausweis, ein amtliches Führungszeugnis wird nicht ge- und verkauft und der Geldbetrag, den man für die Ausstellung derartiger Dokumente zu entrichten hat, ist kein Kaufpreis, sondern eine Gebühr. Die Höhe dieser Gebühr, die regelmäßig (noch) in der Geringwertigkeits-Zone liegen wird, ist kein Richtwert, den man der Prüfung des § 243 II zugrunde legen könnte.

Dieselbe Problematik betrifft Sachen, die als Gegenstand kulturellen oder wissenschaftlichen Interesses einen eminenten ideellen Wert haben (vgl. § 243 I 2 Nr. 4, 5), der schon deswegen nicht in Geld messbar ist, weil die Sache unverkäuflich ist. Nach zutreffender Ansicht gilt § 243 II für Sachen dieser Qualität überhaupt nicht.[515] Sie sind also stets als Sachen zu behandeln, deren Wert für die Annahme eines besonders schweren Falles ausreicht.

1.3.3.3 Tatbezug

§ 243 II setzt voraus, dass sich die Tat auf eine geringwertige Sache „**bezieht**". Mit „Tat" ist der Diebstahl einschließlich etwaiger regelbeispielsverwirklichender Umstände, mit „Sache" ist der weggenommene Gegenstand gemeint. Keine Berücksichtigung finden Schäden, die der Täter anlässlich der Wegnahme oder der Regelbeispielsverwirklichung – z. B. beim Einbruch – an anderen Sachen verursacht.[516]

1.3.3.3.1 Tatzeit-Wert

Die Sache muss im **Zeitpunkt der Wegnahme** geringwertig sein. Bei der Bestimmung dieses Wertes kann aber ein demnächst – nach vollzogener Wegnahme – eintretender Wertzuwachs antezipierend zu berücksichtigen sein. Es ist daher möglich, dass eine Sache im Zeitpunkt der Wegnahme nominell noch geringen Wert, wegen alsbald steigender Nachfrage jedoch eine erhebliche Aufwertung zu erwarten hat und aus diesem Grund nicht geringwertig ist.

Beispiel

T stiehlt dem O eine Eintrittskarte zum Konzert von Sabaton und einen Tag später eine Eintrittskarte zum Fußballbundesligaspiel Hertha BSC – FC Bayern München im Berliner Olympiastadion. Beide Karten haben im Vorverkauf je 50 € gekostet. Wie zu erwarten war, sind das Konzert und das Fußballspiel wenig

---

[515] BGH, JR 1978, 171 (172); BayObLG, JR 1980, 299; Seelmann (1985), 454 (456) Fn. 37; aA Jungwirth (1984), 954 (956), der auf den objektiven Herstellungswert derartiger Sachen abstellt.

[516] Schönke et al. (2014), § 243 Rn. 50.

später ausverkauft. Am Abend des Konzerts kann T das Ticket für 300 € an einen kartenlosen Metal-Fan verkaufen. Dasselbe gelingt ihm kurz vor Spielbeginn mit der Eintrittskarte zu dem Hertha-Spiel.

Eine Eintrittskarte, von der man mit einiger Gewissheit annehmen kann, dass sie kurz vor Beginn der Veranstaltung auf dem Schwarzmarkt ein Vielfaches des im Vorverkauf oder an der Abendkasse zu zahlenden Preises einbringen wird, hat von vornherein in etwa den Wert, der diesem überhöhten Preis entspricht. Natürlich muss sich die Preisgestaltung noch im Rahmen des rechtlich tolerierbaren bewegen, darf also nicht gegen § 138 BGB oder gar § 291 StGB verstoßen (siehe oben 1.3.3.2.1). T hat daher dem O keine geringwertigen Sachen weggenommen.

1.3.3.3.2 Vorsatz und Irrtum
Die Sache muss nicht nur **objektiv** geringwertig sein; der Täter muss dies auch in seinen **Vorsatz** aufgenommen haben. Fehlt die objektive oder die subjektive Komponente, kommt § 243 II nicht zur Anwendung.[517]

Beispiele

(1) T stiehlt ein Bild, das den verhüllten Berliner Reichstag zeigt. Auf der Rückseite befindet sich handschriftliches Gekritzel, das T für ein Autogramm des Künstlers Christo hält. Daher misst T dem Bild einen Wert von mehreren 100 € zu. Tatsächlich ist das Autogramm eine Fälschung und das Bild nur 10 € wert.

(2) T entwendet beim Einbruch in die Geschäftsstelle des Fußballvereins FC Traktor Bolzhausen eine hässliche runde Platte aus Metall, deren Wert er auf 5 € schätzt und die er als Kuchenteller benutzen will. T weiß nicht, dass es sich bei dem Objekt um die Meisterschale des Deutschen Fußballbundes handelt, mit der die Damenmannschaft des „FC Traktor" für den Gewinn der deutschen Fußballmeisterschaft ausgezeichnet – bzw. wie der Sportjournalist Heinz-Florian Mörtel spottete: „bestraft" – worden ist. Die Schale hat einen Materialwert von etwa 1000 €.

Die Anwendung allgemein-strafrechtlicher Kategorien auf die beiden Beispiele würde das erste als „Versuch" des Diebstahls einer wertvollen Sache (§ 22), das zweite als unvorsätzliche Wegnahme einer wertvollen Sache (§ 16 I 1) erscheinen lassen.[518] Anders als bei den Regelbeispielen des § 243 I 2 sind Versuchs- und Irrtumsregeln auf die Geringwertigkeitsklausel des § 243 II aber nicht anwendbar. Die ohnehin umstrittene Vorschrift (siehe oben 1.3.3.1.1) hat Ausnahmecharakter und ist restriktiv auszulegen. Sie entfaltet ihre Sperrwirkung nur, wenn ihre Voraussetzungen vollständig – objektiv und subjektiv – erfüllt sind. In beiden Beispielen wird T also nicht durch § 243 II vor einer möglichen Bestrafung aus § 243 I geschützt. Die objektive bzw. irrig angenommene Geringwertigkeit ist aber bei der Gesamtwürdigung der Tat zu berücksichtigen und kann auf

---

[517] BGH, NStZ 2012, 571; Gössel (1996), § 8 Rn. 61; Gribbohm (1975), 2213; Lackner et al. (2014), § 243 Rn. 5; aA Braunsteffer (1975), 1570 (1571).

[518] Kindhäuser (2014), § 3 Rn. 48.

dieser Stufe der Rechtsanwendung zur Verneinung eines besonders schweren Falles führen.[519] Diese Lösung ist flexibler und deshalb der starren Regelung des § 243 II vorzuziehen.[520] Ausnahmsweise ist die subjektive Geringwertigkeits-Vorstellung des Täters maßgeblich, wenn eine objektive Wertbestimmung nicht möglich ist, weil eine weggenommene oder wegzunehmende Sache gar nicht existiert, also beim untauglichen Diebstahlsversuch am fehlenden Objekt.[521]

1.3.3.3.3 Vorsatzwechsel

Von einem Vorsatzwechsel spricht man, wenn der Täter während des Tatvollzugs das Objekt seines Wegnahmevorsatzes austauscht bzw. seine Vorstellung vom Wert der Sache sich ändert.[522] Dieser Wechsel kann in der Phase **zwischen Versuchsbeginn und Vollendung** der Wegnahme stattfinden.

Beispiele

(1) T durchsucht den auf einer Parkbank volltrunken eingeschlafenen „Wermutbruder" O, um ihm Sachen wegzunehmen. Das abgerissene Erscheinungsbild des O lässt den T nur auf geringwertige Beute hoffen. Wider Erwarten findet T in der Hosentasche des O eine wertvolle Armbanduhr, die er hocherfreut an sich nimmt.

(2) T bricht in das Dienstzimmer des Universitätsprofessors O ein, um unter anderem den dort vermuteten Computer zu stehlen. Enttäuscht stellt T fest, dass der Lehrstuhl des O nicht einmal über einen einzigen Computer verfügt. Aus „Frust" entnimmt T dem Lehrstuhl-Kühlschrank eine Flasche Bier und trinkt diese an Ort und Stelle aus.

(3) In einer Schule ist ein Brand ausgebrochen. Nachbar T hilft dem Hausmeister O, vom Feuer bedrohte wertvolle Gegenstände in Sicherheit zu bringen. T handelt dabei nicht aus rein uneigennütziger Motivation, denn er will das Unglück dazu ausnutzen, einige wertvolle Sachen zu stehlen. Vor allem auf einen neuen Computer im Sekretariat des Direktors der Schule hat T es abgesehen. Er trägt das Gerät aus dem Schulgebäude und will es sofort hinüber in sein eigenes Haus bringen. Als er mit dem Computer das Schulgebäude verlässt, überfällt ihn plötzlich Mitleid mit den betroffenen Lehrern und Schülern. Er stellt den Computer auf dem Schulhof ab und begnügt sich damit, eine Jumbo-Packung Toilettenpapier (64 Rollen) im Wert von 20 € zu stehlen.

T hat in allen drei Beispielen vollendeten Diebstahl begangen und dabei jeweils ein Regelbeispiel verwirklicht: § 243 I 2 Nr. 6, Nr. 1 und erneut Nr. 6. Phasenweise bezogen sich die Taten auf geringwertige Sachen. Da andere Abschnitte der Taten jedoch wertvolle Sachen betrafen, stellt sich die Frage, ob § 243 II anwendbar ist. Der gebotenen restriktiven Auslegung (siehe oben 1.3.3.1.1)

---

[519] Gössel (1996), § 8 Rn 61; Schönke et al. (2014), § 243 Rn. 53.

[520] Anders Arzt et al. (2009), § 14 Rn. 31; Zipf (1977), 389 (397), die für die Anwendbarkeit des § 243 II objektive oder irrtümlich vorgestellte (§ 16 II entspr.) Geringwertigkeit ausreichen lassen.

[521] Arzt et al. (2009), § 14 Rn. 29; Zipf (1977), 389 (394).

[522] Zipf (1977), 389 (394).

des § 243 II entspricht es, die Geringwertigkeitsklausel nur dann eingreifen zu lassen, wenn während des gesamten Tathergangs vom Beginn des Versuchs bis zur Vollendung ausschließlich eine geringwertige Sache Tatobjekt war. Daher ist § 243 II in **Beispiel 1** zweifellos nicht anwendbar. Denn der vollendete Diebstahl bezieht sich sowohl objektiv als auch subjektiv auf eine wertvolle Sache. Dass T zuvor versucht hatte, nur geringwertige Sachen zu stehlen, vermag daran nichts zu ändern.[523] In **Beispiel 2** ist Gegenstand des vollendeten Diebstahls eine geringwertige Sache. Der Anfang des Diebstahlsversuchs richtete sich dagegen subjektiv auf wertvolle Tatobjekte. Ein Teil der tatbestandsmäßigen Handlung korrespondiert also Sachen, deren Wert die Anwendung des § 243 II ausschließt. Es ist nicht möglich, die Tat in einen Teil „Vollendung" und einen Teil „Versuch" aufzuspalten und hinsichtlich der Vollendung aus § 242 I, hinsichtlich des Versuchs aus § 243 I zu bestrafen. Die Tat ist ein vollendeter Diebstahl, der nur entweder aus § 242 oder aus § 243 bestraft werden kann. Da die Tat teilweise wertvolle Sachen berührt, kann jedenfalls § 243 II einer Bestrafung aus § 243 I nicht entgegenstehen.[524] Wie in Beispiel 2 erfaßt auch in **Beispiel 3** der vollendete Diebstahl nur geringwertige Sachen, während das vorangegangene Versuchsstadium sowohl objektiv als auch subjektiv eine wertvolle Sache zum Gegenstand hatte. Dies würde an sich genügen, um § 243 II auszuschließen und die Tat aus § 243 I zu bestrafen. Allerdings ist hier zu berücksichtigen, dass T freiwillig davon Abstand genommen hat, den Diebstahl des wertvollen Computers zu vollenden. Wären der versuchte Diebstahl bezüglich des Computers und der vollendete Diebstahl bezüglich der Toilettenpapierrollen zwei verschiedene Taten, bliebe der Diebstahlsversuch gemäß § 24 I 1 1. Alt. straflos. Strafbar wäre T wegen des vollendeten Diebstahls, der gemäß § 243 II aber nicht ohne weiteres als besonders schwerer Fall bewertet werden könnte. Die Privilegierung des rücktrittsähnlichen Vorsatzwechsels ist auch in der vorliegenden Fallkonstellation gerechtfertigt. Dieses Verhalten kann als eine Art „Teilrücktritt" qualifiziert werden, dessen Bedeutung darin besteht, dass besondere Strafzumessungsgründe, die lediglich den Tatabschnitt vor dem „Rücktritt" prägen und bei Vollendung der Tat weggefallen sind, auf die Sanktionsentscheidung keinen Einfluss mehr haben.[525]

Anders ist ein Vorsatzwechsel zu beurteilen, der nach Verwirklichung eines Regelbeispiels, aber noch **vor Versuchsbeginn** iSd § 22 erfolgt.

Beispiel

Mit Hilfe einer Leiter gelangt T durch ein Toilettenfenster in das Hauptgebäude der Universität Potsdam. Sein Ziel ist der Lehrstuhl des Professor O, wo T Com-

---

[523] BGHSt 26, 104 (105); Zipf (1977), 389 (395); Maurach et al. (2009), § 33 Rn. 102; aA Kindhäuser (2014), § 3 Rn. 51.

[524] BGH, NStZ 1987, 71; Krey et al. (2012b), Rn. 148; aA Braunsteffer (1975), 1570 (1571); Seelmann (1985), 454 (457).

[525] Gössel (1996), § 8 Rn. 63; Kindhäuser (2014), § 3 Rn. 50; Zipf (1977), 389 (395).

puter, Schreibmaschinen, Diktiergeräte und sonstige wertvolle Sachen stehlen will. Als er an einer großen Ankündigungstafel vorbeikommt, fällt ihm ein Flugblatt auf, welches die Studenten auf eine Protestkundgebung zu Haushaltssperre und Stellenabbau an der Universität Potsdam aufmerksam macht. Auf Grund der etwas übertriebenen Schilderung der Hochschulsituation in dem Flugblatt stellt T sich vor, dass bei O nichts Wertvolles zu holen sein wird. Er beschließt deshalb, im Lehrstuhlssekretariat lediglich nach etwas Essbarem zu suchen. Mit diesem Vorsatz bricht er die Tür zu dem Sekretariat auf und entwendet sodann aus dem Kühlschrank eine Flasche Bier und eine Wurst im Gesamtwert von 5 €.

T hat vollendeten Diebstahl begangen und ist „zur Ausführung" dieser Tat in das Universitätsgebäude eingestiegen bzw. in das Sekretariat des Lehrstuhls eingebrochen. Der Diebstahl bezieht sich zumindest in der Vollendungsphase sowohl objektiv als auch subjektiv auf geringwertige Sachen. Als T durch das Toilettenfenster in das Gebäude einstieg und damit regelbeispielsgemäß handelte, richtete sich sein Diebstahlsvorsatz noch auf wertvolle Sachen. Allerdings war dieser Einstieg noch kein „unmittelbares Ansetzen" (§ 22) zur Verwirklichung des Diebstahlstatbestandes. Er ist daher kein Teil der „Tat", auf deren Bezug zu dem Tatobjekt es gemäß § 243 II ankommt. „Tat" ist erst der Beginn des Diebstahlsversuchs, hier also frühestens das Aufbrechen der Tür zum Sekretariat des Lehrstuhls. Diese Handlung und alle ihr folgenden Wegnahmeakte richteten sich nur noch auf geringwertige Sachen. Daher bezieht sich der gesamte Diebstahl auf geringwertige Sachen. Ein besonders schwerer Regel-Fall ist gemäß § 243 II ausgeschlossen. Da der Diebstahlsvorsatz schon bei Versuchsbeginn auf lediglich geringwertige Sachen beschränkt war, kommt es auf die Gründe für diesen Vorsatzwechsel nicht an. Insbesondere braucht § 24 I nicht herangezogen zu werden, um die Anwendbarkeit des § 243 II zu begründen.

1.3.4 Atypische Fälle

1.3.4.1 Systematik

Die oben erläuterte spezifische Bedeutung der in § 243 I 2 normierten Regelbeispiele bringt es mit sich, dass im Bereich der §§ 242, 243 typische und atypische Fälle unterschieden werden müssen. „Typisch" ist die Bejahung des § 243 I bei erfülltem Regelbeispiel und die Verneinung des § 243 I bei nicht erfülltem Regelbeispiel. „Atypisch" ist die die Verneinung des § 243 I trotz erfüllten Regelbeispiels und die Bejahung des § 243 I trotz nicht erfüllten Regelbeispiels und. Insgesamt umfasst das System **vier** Fallgruppen:

- Typischer einfacher Diebstahl, § 242
- Typischer besonders schwerer Fall des Diebstahls, §§ 242, 243
- Atypischer einfacher Diebstahl, § 242
- Atypischer besonders schwerer Fall des Diebstahls, §§ 242, 243

1.3.4.2 Atypischer einfacher Diebstahl

Ein atypischer Fall des einfachen Diebstahls liegt vor, wenn die Tat ein **Regelbei-spiel des § 243 I 2 erfüllt**, sich nicht auf eine geringwertige Sache iSd § 243 II bezieht und dennoch kein besonders schwerer Fall ist.[526] Dieses Ergebnis entspringt einer Gesamtbewertung, in die alle bewertungserheblichen – den Unrechts- und Schuldgehalt beeinflussenden – unbenannten Be- und Entlastungsgründe einzu-beziehen sind. Die den besonders schweren Fall indizierende Wirkung der Regel-beispielsverwirklichung kann im Einzelfall durch gewichtige Entlastungsgründe kompensiert werden. Das Gesamtgewicht der strafwürdigkeitsrelevanten Faktoren bleibt dann unterhalb des von § 243 I vorausgesetzten Niveaus. Deshalb kommt nicht der Strafrahmen des § 243 I 1, sondern der des § 242 I zur Anwendung. Vor allem das Vorliegen von Tatumständen, die die Tat in die Nähe eines Rechtferti-gungs- oder Entschuldigungsgrundes rücken, ist ein Gesichtspunkt, der die Vernei-nung eines besonders schweren Falls trotz Regelbeispielsverwirklichung trägt.[527].

Beispiel

T bricht einen Zigarettenautomaten auf und stiehlt 50 €, um in der Apotheke ein dringend benötigtes Medikament für seine kranke Tochter A kaufen zu können. T hat die Absicht, dem Automatenaufsteller O das Geld alsbald zurückzugeben. Die Voraussetzungen des § 34 oder des § 35 liegen nicht vor, da die der A dro-hende Gesundheitsgefahr hätte anders abgewendet werden können.

Der mit dem Diebstahl verfolgte Zweck der Abwendung einer gegenwärti-gen Gefahr für ein schutzwürdiges Rechtsgut mindert den Unrechtsgehalt der Tat. Zugleich ist der Schuldgehalt der Tat reduziert, da T durch die Sorge um die Gesundheit seiner Tochter zu seinem Tun motiviert wurde. Dies kommt zwar auf der Ebene der Strafbarkeitsvoraussetzungen nicht zur Geltung, weil die Voraussetzungen eines strafbarkeitsausschließenden Rechtfertigungs- oder Entschuldigungsgrundes nicht erfüllt sind. Auf der Rechtsfolgenseite ist aber die Berücksichtigung solcher Tatsachen möglich und rechtlich geboten. Normaler-weise fließen unrechts- und schuldmindernde Umstände, die die Strafwürdig-keit reduzieren, aber die Strafbarkeit nicht ausschließen, in die Strafzumessung gem. § 46 ein. Bei Straftatbeständen, denen das Gesetz- für minder oder beson-ders schwere Fälle Sonderstrafrahmen zuordnet, wird von ihnen bereits die der Strafzumessung vorgelagerte Wahl des Strafrahmens beeinflusst. Daher kann der Richter die notstandsähnliche Situation des T zum Anlaß nehmen, den Diebstahl trotz § 243 I 2 Nr. 2 aus dem Strafrahmen des § 242 I zu ahnden.

1.3.4.3 Atypischer Diebstahl in besonders schwerem Fall

Um einen atypischen besonders schweren Fall handelt es sich, wenn der Diebstahl **kein Regelbeispiel verwirklicht**, wegen der erheblichen Masse unbenannter Un-rechts- und Schulderhöhungsgründe insgesamt aber das Gewicht eines besonders

---

[526] Maiwald (1984), 433 (438).
[527] Maiwald (1984), 433 (438).

schweren Falles hat.[528] Die Strafe wird dann dem Strafrahmen des § 243 I 1 entnommen. Vor allem die Nähe zu bzw. die Ähnlichkeit mit einem Regelbeispiel ist ein Kriterium, an dem sich der Rechtsanwender bei der Suche nach geeigneten Strafschärfungsgründen orientieren kann.[529] Diese Methode der Begründung eines atypischen besonders schweren Falles ist mit „Analogie" durchaus zutreffend bezeichnet.[530] Da hier nur noch über den Strafrahmen und nicht über die Voraussetzungen der Straftat entschieden wird, dürfte diese Analogie auch mit Art. 103 II GG zu vereinbaren sein.[531]

Beispiel

T stiehlt aus einer Tiefgarage, die für jedermann frei zugänglich ist, einen Luxus–Sportwagen im Wert von 300.000 €. Mit einer raffinierten List war es ihm gelungen, den Eigentümer O abzulenken und ihm den Wagenschlüssel abzunehmen.

Außergewöhnlich hoher Wert der Beute und listiges Vorgehen sind Tatumstände, die in keinem Regelbeispiel des § 243 I 2 verarbeitet sind. Dennoch sind es Fakten, die nicht wertneutral sind, sondern den Unrechtsgehalt des Diebstahls erheblich steigern und die Bejahung eines besonders schweren Falles rechtfertigen können[532]. Im vorliegenden Beispiel kommt hinzu, dass die Tat mithilfe eines zwar nicht im Sinne des § 243 I 2 Nr. 1 „falschen", aber immerhin dem T nicht gehörenden und von ihm auf unlautere Weise erlangten Schlüssels ausgeführt wurde. Aus diesem Grund ähnelt das Vorgehen des T sehr stark der Regelbeispiels-Variante „mit einem falschen Schlüssel eindringt" in § 243 I 2 Nr. 1. Die Bestrafung des T aus § 243 I 1 ließe sich also sicher gut vertreten.

1.4 Qualifizierter Diebstahl

1.4.1 Allgemeines

Die geltende Fassung des StGB enthält in § 244[533] und in § 244a qualifizierte Diebstahlstatbestände.[534] Vor allem auf Grund der in § 244a praktizierten Kombinations- und Verweisungstechnik ist die Zahl der Tatbestandsalternativen sehr groß. Mit der

---

[528] Maiwald (1984), 433 (439).

[529] BGH, NJW 1990, 1489 (zu § 235 II); OLG Stuttgart, JR 1985, 385; LG Stuttgart, NJW 1985, 2489; Dölling (1986), 688 (693).

[530] Wessels (1972), 295 (300).

[531] Wessels (1972), 295 (299); Dölling (1986), 688 (693) Fn. 71; aA Arzt (1972), 515 (516); Kadel (1985), 386; Zieschang (1999), 561 (563).

[532] BGHSt 29, 319 (322); BayObLG, JR 1973, 507; Kadel (1985), 386.

[533] Bis zur Neufassung der §§ 243, 244 StGB durch das 1. StrRG vom 25. 6. 1969 waren der Diebstahl mit Waffen in § 243 I Nr. 5 und der Bandendiebstahl in § 243 I Nr. 6 geregelt (1.3.1.1.1).

[534] Keine Fälle qualifizierten Diebstahls sind Raub (§ 249) und räuberischer Diebstahl (§ 252).

Erfüllung eines dieser Tatbestände ist Strafe aus dem Strafrahmen[535] des § 244 I oder § 244a I **zwingend** verwirkt.[536] Anders als bei § 243 I hat der Richter keine über die Prüfung der Tatbestandsmerkmale hinausgehende Gesamtbewertung der Tat vorzunehmen. Unbenannte Entlastungsgründe können die Tat also nicht mehr aus §§ 244, 244a heraus- und auf die Ebene des § 242 zurückführen. Dies gilt auch für den Gesichtspunkt der **Geringwertigkeit**, da es eine dem § 243 II entsprechende Geringwertigkeitsklausel bei §§ 244, 244 a nicht gibt.[537]

Qualifikationsgrund ist in allen Fällen die erhöhte **Gefährlichkeit** der Tatausführung und die darin zum Ausdruck kommende besondere **Rücksichts- und Hemmungslosigkeit** des Täters.[538] §§ 244, 244a sind gegenüber § 242 leges speciales. § 242 tritt also zurück, wenn der Täter aus einem Qualifikatstatbestand strafbar ist. Daher findet auch § 243 in einem solchen Fall keine Anwendung. Begeht der Täter einen qualifizierten Diebstahl nach § 244 I Nr. 1 a oder b oder Nr. 3 und verwirklicht er dabei zugleich ein Regelbeispiel des § 243 I 2, kann dies bei der Strafzumessung gemäß § 46 I berücksichtigt werden.[539]

Alle Qualifikationstatbestände enthalten sämtliche **Tatbestandsmerkmale des einfachen Diebstahls**. Man prüft also zunächst im objektiven Tatbestand die Wegnahme einer fremden bewegliche Sache, bevor man sich den speziellen qualifizierenden Merkmalen des § 244 I oder § 244a I zuwendet. Im subjektiven Tatbestand muss der Vorsatz (§ 15) außer den objektiven Tatbestandsmerkmalen des § 242 auch die des § 244 I bzw. § 244a I umfassen. Die Zueignungsabsicht tritt jeweils zu diesem Vorsatz hinzu. Ein weiteres – drittes – subjektives Tatbestandsmerkmal ist in § 244 I Nr. 1 b – nicht in § 244 I Nr. 1 a – zu beachten: Die Absicht, den mitgeführten Gegenstand zu gebrauchen. Dieses subjektive Tatbestandsmerkmal ist auch bei § 244a I iVm § 244 I Nr. 1 b zu prüfen. Soweit der Qualifikationstatbestand des § 244a I durch die Regelbeispielsmerkmale des § 243 I 2 Nr. 3 mitkonstituiert wird, ist auch dessen subjektives Tatbestandsmerkmal „gewerbsmäßig" zu berücksichtigen.

---

[535] Voraussetzung ist natürlich, dass die Sanktionsentscheidung überhaupt dem Erwachsenen-Strafrecht unterliegt. Bei Taten von Jugendlichen und Heranwachsenden sind §§ 18 I 3, 105 I JGG zu beachten.

[536] Graul (1999), 852 (853); Wessels (1987), 423.

[537] Dencker et al. (1998), Rn. 7; Jäger (2000), 651 (657); Lenckner (1982), 424 (425).

[538] BGHSt 30, 44 (45).

[539] Auf die Verwirklichung des § 244 I Nr. 2 unter den Voraussetzungen des § 243 I 2 trifft dies nicht zu, denn diese Tat ist schwerer Bandendiebstahl nach § 244a.

1.4.2 Die einzelnen Qualifikationstatbestände

1.4.2.1 Diebstahl mit Waffen oder gefährlichen Werkzeugen, § 244 I Nr. 1a

1.4.2.1.1 Alter und neuer Tatbestand

Das **6. Strafrechtsreformgesetz** hat den § 244 recht erheblich verändert. Vorläufer des jetzigen § 244 I Nr. 1a war § 244 I Nr. 1.[540] Die Neuregelung hat den Kreis der die Tatausführung begleitenden qualifizierenden Gegenstände stark ausgeweitet. Qualifizierte früher nur das Mitführen einer **Schusswaffe** den Diebstahl, haben heute denselben Effekt **Waffen aller Art**, sowie **andere gefährliche Werkzeuge**. Im alten Absatz 1 des § 244 konnten die sonstigen Waffen und Werkzeuge qualifizierende Wirkung erst unter den Bedingungen der Alternative Nr. 2 entfalten. Der wesentliche Unterschied zum jetzigen § 244 I Nr. 1a besteht darin, dass nach dem früheren § 244 I Nr. 2 das bloße Beisichführen der Waffen und Werkzeuge nicht ausreichte. Hinzukommen musste noch die Absicht, diese Gegenstände notfalls zur Brechung eines Widerstandes einzusetzen.

1.4.2.1.2 Waffe

Waffen sind alle Gegenstände, die dem „technischen" **Waffenbegriff des Waffengesetzes** unterfallen,[541] also insbesondere Schuss-, Hieb- und Stoßwaffen.[542] Eine darüber hinausgehende Auslegung des Merkmals „Waffe" ist nicht notwendig, da die Alternative „anderes gefährliches Werkzeug" den Tatbestand auf alle waffenähnlichen Gegenstände ausdehnt. Die Waffe muss in der konkreten Tatsituation in einem gefahrbegründungstauglichen Zustand sein. Ungeladene Schusswaffen oder Schreckschusspistolen sind daher keine Waffen und unterfallen dem § 244 I Nr. 1b.[543]

---

[540] § 244 I Nr. 1 a. F.: „Mit Freiheitsstrafe von sechs Monaten bis zu zehn Jahren wird bestraft, wer 1. einen Diebstahl begeht, bei dem er oder ein anderer Beteiligter eine Schußwaffe bei sich führt…".

[541] Dencker (1999), 33 (35); Geppert (1999), 599 (600); Küper (1999b), 569 (572); Küper (1999a), 187 (190); Streng (2001), 359 (360).

[542] § 1 I WaffG: „Schußwaffen im Sinne dieses Gesetzes sind Geräte, die zu Angriff, zur Verteidigung, zum Sport, Spiel oder zur Jagd bestimmt sind und bei denen Geschosse durch einen Lauf getrieben werden." § 1 VII WaffG: „Hieb- und Stoßwaffen im Sinne dieses Gesetzes sind Waffen, die ihrer Natur nach dazu bestimmt sind, unter unmittelbarer Ausnutzung der Muskelkraft durch Hieb, Stoß oder Stich Verletzungen beizubringen. Den Hieb- und Stoßwaffen stehen Geräte gleich, die ihrer Natur nach dazu bestimmt sind, unter Ausnutzung einer anderen als mechanischen Energie durch körperliche Berührung Verletzungen beizubringen."

[543] BGH, JR 1999, 31 (32); Dencker (1999), 33; aA (bzgl. Platzpatronenrevolver) BGH, JR 1999, 33.

1.4.2.1.3 Anderes gefährliches Werkzeug

Dieses Novum im Rahmen des § 244[544] hat den Tatbestand des schweren Diebstahls mit **Auslegungsproblemen** belastet, die dem Gesetzgeber nicht bewusst gewesen sind. Zunächst gibt der Gesetzestext keinen Hinweis auf das Rechtsgut, gegen das sich die von dem Werkzeug ausgehende Gefährdung richten soll. „Für wen" oder „für was" muss das Werkzeug gefährlich sein, damit es vom Tatbestand erfasst wird? Die Rechtsgüter Gewahrsam und Eigentum kommen nicht in Frage, denn diese werden durch den Diebstahl sogar verletzt, ohne dass das bloß mitgeführte (!) Werkzeug zu diesem Zweck eingesetzt wird. Das Mitführen eines „falschen Schlüssels" erfüllt also nicht den Tatbestand des § 244 I Nr. 1a, was sich zudem mit der Existenz des § 243 I 2 Nr. 1 belegen lässt. Bezugsobjekte bzw. -güter der Werkzeuggefahr können nur **Leib, Leben** oder **Entschlussfreiheit** sein.[545] Die Gefahr, zu deren Verursachung das Werkzeug geeignet sein muss, ist die Gefahr der Zufügung erheblicher **körperlicher Misshandlungen** oder **Gesundheitsschäden**.[546] Daher werden „Scheinwaffen" und sonstige nur scheinbar gefährliche Gegenstände von § 244 I Nr. 1a nicht erfasst.

Fraglich und immer noch umstritten ist, ob das Urteil über die **Gefährlichkeit** abstrakt-anwendungsneutral oder konkret-anwendungsorientiert gestützt, von objektiver Anwendungstauglichkeit oder subjektiver Anwendungsbestimmung herzuleiten ist. Konkret gefährlich ist ein Werkzeug in der Regel erst, wenn es angewendet – d. h. idR in Bewegung gesetzt – wird und diese Anwendung gefährlich ist.[547] Stellt man auf die konkrete Anwendungsart ab, kann aber fast jeder Gegenstand „gefährlich" sein, wie von § 224 I Nr. 2 her bekannt ist.[548] Allerdings ist nicht jeder gefährliche Gegenstand ein **Werkzeug**, weshalb z. B. entgegen der ganz hM[549] alle Kleidungsstücke (Schuhe, Schal) und Kleidungszubehör (Gürtel, Schnürsenkel) von vornherein aus dem Bereich des Qualifikationstatbestandes herausfallen.[550] Zudem ist Bekleidetsein eine vom Gesetzgeber als selbstverständlich vorausgesetzte sozialübliche Eigenschaft des Täters auch bei der Begehung der Tat und somit schon im Tätermerkmal „Wer" in § 242 enthalten. Was schon zur Erfüllung des Grundtatbestandes gehört, kann keine Qualifikation begründen. Der Gesetzgeber beschreibt keine nackten Diebe, überhaupt keine nackten Straftäter. Springerstiefel an den Füßen bringen den Dieb somit nicht in den Bereich des § 244 I Nr. 1a. Im

---

[544] Der frühere § 244 I enthielt in seiner Nr. 2 nur das Merkmal „Werkzeug" ohne das Adjektiv „gefährliches".

[545] Mitsch (1999), 65 (78); Kindhäuser (2001), 18.

[546] Schönke et al. (2014), § 244 Rn. 5.

[547] Rengier (2014a), § 4 Rn. 38.

[548] BGH, NStZ 2002, 30 (brennende Zigarette); Schönke et al. (2014), § 224 Rn. 5: Kleiderbügel, Bleistift, Zahnstocher.

[549] Vgl. z. B. Krey et al. (2012b) Rn. 181; Küper (2002a), 331 (339); zutr. Kritik bei Sickor (2013), 788 (794).

[550] Viel zu weit Fischer (2014), § 244 Rn. 13: jeder körperliche Gegenstand, der nach seiner konkreten Beschaffenheit und nach der Vorstellung des Täters die Eigenschaft aufweist, als ‚Mittel' zur Gewaltanwendung oder deren Androhung eingesetzt werden zu können".

Lichte des Art. 103 II GG verdient zudem Beachtung, dass der Gesetzgeber im Text des § 244 I Nr. 1a auf „Werkzeug" abstellt, nicht auf den viel weiteren „Gegenstand"[551] – vgl. demgegenüber § 74 StGB und §§ 24, 27 VersG – und auch nicht auf das – in § 244 I Nr. 1b schließlich vom „Werkzeug" unterschiedene – „Mittel".[552] Schon daraus folgt, dass es gefährliche Gegenstände gibt, die keine „Werkzeuge" sind. Der Abgrenzung von „gefährlich – nicht gefährlich" vorgelagert ist also die Abgrenzung von „Werkzeug – Nicht-Werkzeug". Das macht die Gesetzesanwendung nicht leichter, sondern schwieriger. Zudem gibt es keinen sachlichen Grund, einen gefährlichen Gegenstand aus dem Qualifikationstatbestand herauszuhalten weil er kein Werkzeug ist. Wie § 244 I Nr. 1b zeigt, genügt es, dass der Gegenstand „Mittel" ist. Daher sollte der Gesetzgeber auf die Vokabel „Werkzeug" verzichten.

Im Übrigen ist das Abstellen auf die Verwendung im Kontext des § 244 I Nr. 1a verfehlt. Da im Fall des § 224 I Nr. 2 die Anwendung des Werkzeugs bei der Körperverletzungshandlung zum objektiven Tatbestand gehört,[553] ist dort eine konkrete anwendungsgeleitete Gefährlichkeitsbestimmung möglich und sinnvoll.[554] Im Rahmen des § 244 I Nr. 1a versagt diese Methode jedoch zumindest dann, wenn es zu einer Anwendung des Gegenstandes nicht kommt und der Täter bzw. Beteiligte nicht einmal einen Anwendungsvorsatz hat.[555] Aber gerade unter diesen Voraussetzungen muss es möglich sein, dass die Tat den Tatbestand des § 244 I Nr. 1a erfüllt, da weder die tatsächliche Anwendung des Werkzeugs[556] noch die Absicht der Anwendung[557] eine Strafbarkeitsvoraussetzung ist.[558] Zur Tatbestandserfüllung genügt bloßes Beisichführen des Werkzeugs. „Beisichführen" ist weniger als „Anwendung", wie man an § 250 II Nr. 1 erkennt.[559] Also muss es sich bei der vom Tatbestand geforderten Gefährlichkeit um eine Werkzeugeigenschaft handeln, die im **statischen Zustand des Mitgeführtwerdens** vorhanden ist. Weil das bloße Mit-

---

[551] Bedenklich die geradezu inflationäre Benutzung der Vokabel „Gegenstand" in dem Definitionenkatalog bei Küper (2002a), 331 (337 f.).

[552] Sickor (2013), 788 (795).

[553] § 224 I Nr. 2: „... mittels... eines anderen gefährlichen Werkzeugs,...".

[554] Schroth (1998), 2861 (2863).

[555] BGHSt 52, 257 (263); Dencker (1999), 33 (34); Geppert (1999), 599 (602); Hilgendorf (2000), 811 (812); Hörnle (1998), 169 (172); Jäger (2000), 651 (653); Kudlich (1998), 357 (358) Fn. 11; Küper (2002a), 331 (342); Matt et al. (2013), § 244 Rn. 5; Satzger et al. (2014), § 244 Rn. 11; Schlothauer (1998), 505 (506).

[556] Verkannt von BayObLG, JR 2001, 205; OLG Hamm, StV 2001, 352 („... nach der Art seiner Benutzung im konkreten Einzelfall..."); zutr. Kritik bei Erb (2001), 206 (207); Kindhäuser (2001), 18; 352.

[557] Zu einem hier anknüpfenden diskutablen Restriktionsvorschlag § 250 I Nr. 1 StGB a. F. betreffend vgl. Scholderer (1988), 429 (432): Der Täter brauche zwar während der Tatbegehung keine Gebrauchsabsicht zu haben, müsse „aber doch vorher irgendwann einmal einen entsprechenden Entschluss gefasst haben."; ähnlich Maatsch (2001), 75 (82); Rengier (2014a), § 4 Rn. 38.

[558] BGHSt 52, 257 (267); OLG Köln, NStZ 2012, 327; Eisele (2012b), Rn. 202; Kindhäuser (2014), § 4 Rn. 11; Schroth (1998), 2861 (2864); Kargl (2000), 7 (10); aA Rengier (2010), 549 (564).

[559] Schroth (1998), 2861 (2864).

führen aber selbst bei einer geladenen Schusswaffe in der Regel ungefährlich ist,[560] kommt als Gefährlichkeitskriterium letztlich doch das dem mitgeführten Gegenstand immanente **Anwendungspotential**, also die Möglichkeit konkret gefährlicher Verwendung zur Geltung. Eine „anwendungsneutrale" Gefährlichkeit gibt es nur ausnahmsweise, z. B. bei Tieren[561] – etwa ein bei der Tat mitgeführter Kampfhund[562] – (vorausgesetzt, sie halten sich in der Nähe von Menschen auf).[563] Somit ist die Gefährlichkeit **abstrakt-anwendungsorientiert** zu bestimmen. Ließe man nun jede denkbare Möglichkeit konkret gefährlicher Anwendungsweise ausreichen, würde der Tatbestand inakzeptabel ausgedehnt.[564] Fast jedem Gegenstand lässt sich das Potential zu einer gefährlichen Verwendung zuschreiben.[565] Einen schweren Diebstahl beginge deshalb z. B. der Handwerker, der auf der Baustelle stiehlt, einen Schraubenzieher dabei hat, aber nicht daran denkt, dieses Werkzeug z. B. zum Augenausstechen zu benutzen.[566] Ähnliche Beispiele ließen sich in großer Zahl bilden. Es liegt auf der Hand, dass der Tatbestand so weit nicht ausgreifen darf, das Gefährlichkeits-Merkmal also restriktiv ausgelegt werden muss.[567] „Unverdächtige" Utensilien des alltäglichen Gebrauchs dürfen die Tat zu einem schweren Diebstahl nur unter der Voraussetzung machen, dass der Täter die Absicht hat, sie in konkret gefährlicher Weise einzusetzen, also unter den Voraussetzungen des § 244 I Nr. 1b. Für § 244 I Nr. 1a bleiben dann nur Werkzeuge, denen in der Tatsituation eine „Waffenersatzfunktion" zukommt,[568] sowie solche Gegenstände, deren typische, bestimmungsgemäße Anwendungsart – gegen einen menschlichen Körper gerichtet[569] – gefährlich ist, also z. B. Messer[570], Hammer, Beil, Eisenstange, Baseballschläger usw.[571] Zu eng wird der Tatbestand hingegen, wenn man als „gefährliche Werkzeuge" nur Gegenstände anerkennt, „die wegen ihres als besonders kritisch

---

[560] Kargl (2000), 7 (9); Maatsch (2001), 75 (77).

[561] Hilgendorf (2000), 811 (817).

[562] Krey et al. (2012b), Rn. 185; Schönke et al. (2014), § 244 Rn. 5.

[563] Nach Lesch (1999), 365 (366) ist es überhaupt nicht möglich, einen Gegenstand „vollkommen situationsgelöst und ohne Blick auf bestimmte Verwendungsmöglichkeiten als gefährlich zu qualifizieren."

[564] Erb (2001), 206; Kargl (2000), 7 (10); Kindhäuser (2014), § 4 Rn. 13.

[565] Hilgendorf (2000), 811 (812); Lesch (1999), 365 (367); Maatsch (2001), 75 (78); Schlothauer (1998, 505 (506); Streng (2001), 359 (361).

[566] Lesch (1999), 365.

[567] Hörnle (1998), 169 (172); Krey et al. (2012b), Rn. 181; Küper (1999a), 569 (585); Küper (1999b), 187 (192); Schlothauer (1998), 505 (506).

[568] Eisele (2012b), Rn. 198; Kindhäuser (2014), § 4 Rn. 7; Streng (2001), 359 (365).

[569] Enger Krey et al. (2012b), Rn. 185, wo im Wege teleologischer Reduktion Werkzeuge aus § 244 I Nr. 1 a ausgesondert werden, wenn ihr gefährlicher Einsatz gegen Menschen eine Zweckentfremdung wäre.

[570] BGHSt 52, 257 (270): Taschenmesser.

[571] BGH, NStZ 2008, 687 (Baseballschläger); Dencker (1999), 33 (35); Kargl (2000), 7 (10); Maurach et al. (2009), § 33 Rn. 117; Schroth (1998), 2861 (2864); Streng (2001), 359 (362); Zieschang (1999), 49 (52); enger Jäger (2000), 651 (654), der auf situationsinadäquates Mitführen abstellt; ähnlich Schlothauer (1998), 505 (508).

eingestuften Risikopotentials für die Herbeiführung erheblicher Körperverletzungen nach dem Gesetz nicht jedermann frei verfügbar sind."[572] Ebenfalls zu restriktiv ist die Ansicht, nach der ein Werkzeug erst dann als gefährlich anzusehen ist, wenn in der konkreten Situation die einzige mögliche Verwendungsart ein Leib oder Leben gefährdender Einsatz dieses Werkzeugs ist.[573]

1.4.2.1.4 Beisichführen

Der objektive Tatbestand des § 244 I Nr. 1a verlangt nicht den Einsatz der Waffe oder des gefährlichen Werkzeugs. Es genügt, dass der Täter oder einer der Tatbeteiligten einen solchen – beweglichen[574] – Gegenstand bei sich führt. Das setzt nicht unbedingt voraus, dass er in der Hand gehalten wird oder sich am Körper befindet. Er muss aber dermaßen **griffbereit** sein, dass der Täter oder Beteiligte sich seiner während der Tatausführung bedienen kann. Ausreichend und notwendig ist also eine räumliche Nähe, die einen jederzeitigen sofortigen Einsatz ermöglicht.[575] Diese Einsatzmöglichkeit kann auch durch Diebstahl der Waffe oder des gefährlichen Werkzeugs selbst begründet werden.[576]

Beispiel

T will in das Haus des O einbrechen und stehlen. Im Handschuhfach des Pkw, mit dem T zum Tatort fährt, liegt eine geladene und schussbereite Pistole. T stellt den Wagen 200 m vor dem Grundstück des O ab und legt den Rest des Weges zu Fuß zurück. Die Pistole lässt er im Wagen zurück. Nach erfolgreich ausgeführter Tat fährt er mit seinem Pkw zurück nach Hause.

Während der Tatausführung im Haus des O hat T seine Pistole nicht bei sich geführt, denn sie war zu weit von ihm entfernt. Bei plötzlich auftretender Gefahr – z. B. Überraschung durch den vorzeitig nach Hause gekommenen O – hätte T von der Pistole keinen Gebrauch machen können.[577] Eine Konfrontation mit T wäre also für das Opfer nicht in dem Maße gefährlich gewesen, wie es der ratio der Vorschrift entspräche. „Bei sich geführt" hat T die Pistole nur auf den Fahrten zum Tatort und nach Hause. Jedoch ist fraglich, ob diese Fahrten Teile des „Diebstahls" waren (dazu sogleich unter 1.4.2.1.5).

---

[572] So Lesch (1999a), 365 (376); Lesch (1999), 30 (36); dagegen Erb (2001), 206; Maatsch (2001), 75 (79); Streng (2001), 359 (363); Wessels et al. (2013c), Rn. 273.

[573] So Schlothauer (1998), 505 (508); ähnlich Kindhäuser (2001), 18 (19).

[574] BGHSt 52, 89 (92).

[575] BGHSt, 31, 105; BGH, NStZ 2008, 286 (287); 1999, 618 (619); BayObLG, JR 2001, 205; Haft (1988), 364 (368).

[576] BGH, NStZ 2001, 88 (89).

[577] BGHSt 31, 105 (108); Geppert (1992), 496 (497).

1.4.2.1.5 Diebstahlsbezug

Die Waffe bzw. das gefährliche Werkzeug muss „bei dem" Diebstahl geführt werden. Damit ist ein räumlich-zeitlicher Zusammenhang zwischen Beisichführen und Diebstahl angesprochen. Dieser ist gegeben, wenn die erforderliche räumliche Nähe der Waffe **während der Begehung des Diebstahls** besteht. „Diebstahl" sind nur die Teile des Gesamtgeschehens, die die Qualität tatbestandsmäßigen Verhaltens haben, sich also unter § 242 oder §§ 242, 22 subsumieren lassen. Das trifft auf **Versuch und Vollendung** des Diebstahls zu, nicht aber auf Vorbereitung und Beendigung.[578] Tatbestandsmäßig ist das Führen der Waffe nur, soweit es zur gleichen Zeit wie die Wegnahme oder das unmittelbare Ansetzen zur Wegnahme stattfindet. Die Worte „bei dem" bedeuten, dass Synchronität von Diebstahl und Waffen-Führen gegeben sein muss. Führen vor dem unmittelbaren Ansetzen zur Wegnahme (§§ 242, 22)[579] erfüllt den Tatbestand des § 244 I Nr. 1a ebenso wenig wie ein Führen nach der Wegnahme.[580] Insbesondere kann das Mitsichführen einer Waffe als solches noch nicht als unmittelbares Ansetzen (§ 22) zur Verwirklichung des Diebstahlstatbestandes qualifiziert werden. Erst wenn der Täter zur Wegnahme unmittelbar ansetzt, liegt ein strafbarer Diebstahlsversuch vor und erst ab diesem Zeitpunkt kann auch das Mitsichführen der Waffe strafrechtlich relevant werden.[581]

Beispiel

Aus diesem Grund hat sich T in obigem Beispiel (1.4.2.1.4) nicht aus § 244 I Nr. 1a (wohl aber aus § 244 I Nr. 3) strafbar gemacht.

Nicht notwendig ist dauerndes ununterbrochenes Führen der Waffe während des gesamten Wegnahmevorgangs. Es genügt, wenn der Täter oder ein Beteiligter die Waffe in dem Zeitraum zwischen Beginn des Versuchs und Vollendung der Wegnahme **vorübergehend** bei sich geführt hat.[582]

Beispiel

T dringt nachts in das im 10. Stock eines Hochhauses gelegene Büro des Rechtsanwalts O ein, um Prozessakten zu stehlen. In einer Tasche seiner Lederjacke steckt eine geladene Pistole. Nachdem T die Tür des Büros aufgebrochen hat, öffnet er ein Fenster und lässt die Pistole in die Tiefe fallen. Danach verlässt er unter Mitnahme einiger Akten das Büro.

---

[578] Kargl (2000), 7 (12); Scholderer (1988), 429; Zieschang (1999), 49 (51); teilweise aA BGHSt 20, 194 (196); 28, 224 (226); Gropp (1999), 1041 (1046); Haft (1988), 364 (368); Jäger (2000), 651 (656), die das Stadium zwischen Vollendung und Beendigung miteinbeziehen.

[579] Haft (1988), 364 (367).

[580] Dass es nach einem fehlgeschlagenen Diebstahlsversuch keine Beendigungsphase gibt, erkennt auch der BGH an, vgl. BGHSt 31, 105 (107).

[581] Arzt (1972), 576 (578); Haft (1988), 364 (367); Kühl (1980), 506 (509); Laubenthal (1987), 1065 (1066).

[582] BGHSt 31, 105 (106); BGH, NStZ 1984, 216 (217); BGH, StV 1988, 429.

Geht man davon aus, dass das Aufbrechen der Tür ein unmittelbares Ansetzen zur Verwirklichung des Diebstahlstatbestandes iSd § 22 ist, hat T in der Anfangsphase des Diebstahlsversuchs eine Schusswaffe bei sich geführt. Dass dies nicht bis zur Vollendung des Diebstahls andauerte, steht der Strafbarkeit wegen vollendeten schweren Diebstahls nicht entgegen. Allerdings hat sich T hier der Schusswaffe vor Vollendung des Diebstahls freiwillig entledigt. Dieses Verhalten ist zwar keine Aufgabe der Ausführung des Diebstahls iSd § 24 I 1 1. Alt., aber eine Aufgabe der Tatausführung unter den qualifizierenden Voraussetzungen des § 244 I Nr. 1a. Dies wird in der Literatur teilweise als „Teil-Rücktritt" bewertet.[583] Dieser hebe die qualifizierende Wirkung des Schusswaffe-Führens wieder auf, so dass T letztlich nur aus § 242 I iVm § 243 I 2 Nr. 1 bestraft werde.[584]

1.4.2.1.6   Täter oder Beteiligter

Sind an der Tat mehrere beteiligt, genügt es, wenn **ein Tatbeteiligter** eine Waffe oder ein gefährliches Werkzeug bei sich führt. Den anderen Beteiligten wird dieses qualifizierende Merkmal zugerechnet, sofern sie davon – mindestens in der Form des dolus eventualis – Kenntnis haben, § 15.[585] Strafbar braucht die Beteiligung des anderen nicht zu sein. § 244 I Nr. 1a ist also auch erfüllt, wenn der mit der Waffe ausgerüstete Tatbeteiligte schuldunfähig und daher gem. § 20 nicht strafbar ist. In jedem Fall muss aber die abstrakte Gefährlichkeit der mitgeführten Waffe auf den Diebstahl abfärben. Das bedeutet, dass der erforderliche Gefahrzusammenhang auch dann mit der **Haupttat** bestehen muss, wenn nicht der Täter, sondern ein Teilnehmer eine Waffe bei sich führt.

Beispiele

(1) A fordert den T auf, am nächsten Tag in das Haus des O einzubrechen und wertvolle Sachen zu stehlen. Während dieses Gesprächs hat A eine geladene Pistole in der Hosentasche. Noch am selben Tag verschafft G dem T Einbruchswerkzeuge. Auch G hat eine geladene Pistole dabei. T führt den Diebstahl am nächsten Tag allein und ohne Schusswaffe aus.

(2) X und Y sind in die Wohnung des O eingebrochen und räumen diese nun gemeinsam aus. X hat eine geladene Pistole dabei, was dem Y, der selbst unbewaffnet ist, bekannt ist. Y handelt mit, X handelt ohne Zueignungsabsicht.

A ist als Anstifter (§ 26) und G ist als Gehilfe (§ 27) an dem Diebstahl des T beteiligt. Dasselbe trifft auf X zu, der wegen des Fehlens der Zueignungsabsicht nicht Mittäter, sondern nur Diebstahlsgehilfe ist (s. o. 1.2.2.3.3.6). Alle drei haben auch eine Schußwaffe bei sich geführt, als sie ihre Teilnahmehandlungen vollzogen. § 244 I Nr. 1a verlangt aber, dass die Waffe „bei dem Diebstahl" geführt wird. Mit „Diebstahl" ist die vom Täter begangene Tat gemeint. Führen einer Waffe „bei der Bestimmung zum Diebstahl" (§§ 242, 26) oder „bei der Hilfeleistung zum Diebstahl" (§§ 242, 27) reicht deshalb nur, wenn die Waffe

---

[583] Geppert (1992), 496 (499); Zaczyk (1984), 217; aA BGH, NStZ 1984, 216 (217).

[584] Abl. und diff. Mitsch (2014c), 268 (272).

[585] BGH, NStZ 2002, 440 (442); Haft (1988), 364 (370).

auch den Tatvollzug des Täters zu einer abstrakt leibes- oder lebensgefährlichen Handlung macht. Das setzt mindestens **Anwesenheit** des waffenführenden Beteiligten am Tatort voraus.[586] Da dies in **Beispiel 1** weder von A noch von G erfüllt wird, ist die Tat des T kein qualifizierter Diebstahl iSd § 244 I Nr. 1a. Dagegen erhält in **Beispiel 2** der Diebstahl des Y durch die von dem Gehilfen X mitgeführte Pistole eine besondere Qualität. Die Schusswaffe erhöht auch die von der Tat des Y ausgehende Gefahr. Daher ist dieser Diebstahl ein Fall des § 244 I Nr. 1a.

Waffenführender Täter oder Beteiligter iSd § 244 I Nr. 1a kann grundsätzlich **jedermann** sein. Der Tatbestandsmäßigkeit steht daher auch der Umstand nicht entgegen, dass der Waffenträger auf Grund seiner beruflichen Stellung berechtigt und gegebenenfalls sogar verpflichtet ist, eine Waffe oder ein gefährliches Werkzeug[587] bei sich zu führen. Auf der Grundlage des alten § 244 I Nr. 1 betraf dies nur Personen, deren berufliche oder dienstliche Stellung das Tragen von Schusswaffen implizierte, also vor allem Polizei-, Bundesgrenzschutzbeamte und Soldaten. Nunmehr ist der angesprochene Personenkreis größer und umfasst z. B. auch einen Maurer, der auf der Baustelle mit dem Hammer in der Hand seinem Kollegen in der Frühstückspause ein Wurstbrot stiehlt.[588] Der Einfachheit halber wird die Thematik hier mit Bezug auf **professionelle Schusswaffenträger** erörtert. Auch ein Polizeibeamter oder ein Soldat macht sich also aus § 244 I Nr. 1a strafbar, wenn er in seiner Freizeit einen Diebstahl beging und dabei seine Dienstwaffe mitführte. Umstritten ist jedoch die Erfüllung des Qualifikationstatbestandes durch einen Angehörigen dieses Personenkreises, der in der konkreten Tatsituation im Dienst und daher verpflichtet ist, eine funktionsfähige Schusswaffe dabei zu haben.[589]

Beispiel

In das Geschäft des Juweliers J ist eingebrochen worden. Die Polizeibeamten X und Y befinden sich auf ihrer Streifenfahrt in der Nähe des Geschäfts und sind daher als erste am Tatort. Beide haben ihre Dienstpistolen umgeschnallt. Während X damit beschäftigt ist, den Laden nach Spuren der Täter abzusuchen, steckt Y sich schnell einige wertvolle Schmuckstücke, die von den Tätern zurückgelassen worden waren, in die Hosentasche.

Y hat einen Diebstahl begangen, indem er die Schmuckstücke in seine Hosentasche steckte. Falls nicht J, so hatte doch jedenfalls X (Mit-)Gewahrsam an dem Schmuck. Während Y den Schmuck wegnahm, führte er eine Schusswaffe bei sich. Da § 244 I Nr. 1a weder den Einsatz der Waffe noch eine darauf gerichtete Gebrauchsabsicht verlangt, scheint der Tatbestand erfüllt zu sein.

---

[586] Geppert (1992), 496 (498); Haft (1988), 364 (369).

[587] Anders im Ergebnis Eisele (2012b), Rn. 200; Rengier (2014a), § 4 Rn. 27, die dem Werkzeug, das der einen Diebstahl begehende Handwerker in seiner Arbeitskleidung mit sich führt, die Eigenschaft als „gefährliches Werkzeug" absprechen.

[588] Jäger (2000), 651 (655).

[589] Nach Ansicht von Haft (1988), 364 (369); Kotz (1982), 97; Solbach (1977), 161 (162) sträube sich das Rechtsgefühl gegen die Anwendung des § 244 I Nr. 1 a. F. in derartigen Fällen.

Dennoch wird in der Literatur vereinzelt behauptet, der Diebstahl eines professionellen Schusswaffenträgers werde von § 244 I Nr. 1a nicht erfasst. Denn soweit der Polizeibeamte im Dienst verpflichtet ist, die Schusswaffe mitzuführen, könne er nicht gleichzeitig verpflichtet sein, sich der Waffe zu entledigen. Genau diese Pflicht stehe aber hinter dem Qualifikationstatbestand § 244 I Nr. 1a. Also befinde sich der Polizeibeamte in einer der Pflichtenkollision vergleichbaren Lage. Das Mitführen der Waffe sei deshalb gerechtfertigt und dürfe nicht als unrechtserhöhende Pflichtwidrigkeit bewertet werden.[590] Weiterhin wird geltend gemacht, dass die typische abstrakte Gefahr, die durch die mitgeführte Schusswaffe in das Diebstahlsgeschehen hineingebracht wird, von Waffenträgern dieser Kategorie nicht in jedem Fall begründet werde.[591] Die Gefährlichkeitsvermutung, die zwar nicht explizit, aber unausgesprochen im Text des § 244 I Nr. 1a enthalten ist, könne im konkreten Fall widerlegt werden, wenn dieser durch besondere Umstände geprägt ist, unter denen die Gefahr eines Waffengebrauchs erfahrungsgemäß ausgeschlossen ist.[592] Der Diebstahl eines Polizeibeamten, der seine Dienstwaffe lediglich aus dienstlichen Gründen und ohne jeden Zweckbezug zum Diebstahl bei sich führe, lasse sich durchaus hier einordnen.[593]

Dieser Auffassung kann **nicht** gefolgt werden.[594] Um eine Pflichtenkollision handelt es sich in einem solchen Fall schon deswegen nicht, weil der Polizeibeamte seine Dienstpflicht[595] zum Tragen der Schusswaffe ohne weiteres erfüllen kann, ohne dabei zugleich gegen die angeblich auf § 244 I Nr. 1a beruhende Pflicht zur Unbewaffnetheit zu verstoßen: Er braucht nur die Begehung des Diebstahls zu unterlassen.[596] Ein Konflikt zwischen zwei kontradiktorischen Pflichtappellen bezüglich des Tragens der Schusswaffe besteht also von vornherein nicht.[597] Auch die Überlegung, bei einem Diebstahl, den ein Polizeibeamter oder ein Bundeswehrsoldat begeht, könne das Mitführen der Schusswaffe ein harmloser Begleitumstand sein, der in diesem konkreten Zusammenhang keine unrechtssteigernde Wirkung entfaltet, ist nicht tragfähig. Vielmehr dürfte die Tatsache, dass es sich bei dem Dieb um einen Polizeibeamten handelt, die Gefahr des Schusswaffengebrauchs und den Unrechtsgehalt des Diebstahls sogar steigern. Denn der Polizeibeamte hat in der Regel mehr zu verlieren als ein sonstiger Täter. Neben den strafrechtlichen Sanktio-

---

[590] Hruschka (1978), 1338; Scholderer (1988), 429 (431); Schünemann (1980), 349 (355).

[591] Schroth (1998), 2861 (2865).

[592] Haft (1988), 364 (369); Lenckner (1982), 424 (427); Solbach (1977), 161 (162).

[593] Kotz (1982), 97 (100); Schönke et al. (2014), § 244 Rn. 6.

[594] Gössel (1996), § 9 Rn. 9; Jäger (2000), 651 (655); Kargl (2000), 7 (12); Seelmann (1985), 454 (457); Wessels (1987), 423 Fn. 4.

[595] Nach Hettinger (1982), 525 (547) verletze der Polizeibeamte durch Ablegen der Waffe seine Dienstpflicht deswegen nicht, weil er während der Begehung des Diebstahls seinen Dienst gar nicht ausübe.

[596] BGHSt 30, 44 (46); Jäger (2000), 651 (655); Kargl (2000), 7 (12); Kotz (1982), 97 (99); Lenckner (1982), 424 (426); Lesch (1999), 365 (375) Fn. 51, (376) Fn. 58.

[597] Eine Pflichtenkollision bestünde nur, wenn der Polizeibeamte verpflichtet wäre, den Diebstahl zu begehen, dabei aber keine Schusswaffe mitführen dürfte.

nen drohen ihm disziplinarrechtliche Konsequenzen, die seinen Status als Beamter betreffen. Die Furcht vor diesen Folgen kann die Bereitschaft zum Schußwaffengebrauch erhöhen.[598] Außerdem macht sich der Amtsträger, der während seines Dienstes bewaffnet einen Diebstahl begeht, eines groben Vertrauensmissbrauchs schuldig. Denn mit der Befugnis zum Tragen von Schusswaffen ist das Vertrauen verbunden, der Befugnisinhaber werde mit der Waffe verantwortungsvoll und pflichtbewusst umgehen, sie insbesondere nicht befugnisüberschreitend benutzen. Dieses Vertrauen wird von dem Beamten enttäuscht, der sich mit Waffe in eine Situation begibt, in der er in Versuchung geraten kann, die Schusswaffe zur Erreichung illegaler Zwecke einzusetzen.

Beispiel

Nach vorzugswürdiger Ansicht hat sich also Y aus § 244 I Nr. 1a strafbar gemacht.

1.4.2.2 Diebstahl mit sonstigen Werkzeugen oder Mitteln, § 244 I Nr. 1b

1.4.2.2.1 Alter und neuer Tatbestand

Auch § 244 I Nr. 1b ist eine Vorschrift, die durch das **6. StrRG** geschaffen wurde und dem Qualifikationstatbestand „schwerer Diebstahl" ein neues Gesicht gegeben hat. Vorläufer dieser Tatbestandsalternative ist § 244 I Nr. 2 aF.[599] Der Unterschied zwischen der alten und der neuen Fassung des Tatbestandes ist gering. Das frühere Merkmal „Waffe" ist entfallen, weil es bereits vollständig vom neuen § 244 I Nr. 1a erfasst wird. Der neue § 244 I Nr. 1b befasst sich also nur noch mit Werkzeugen und Mitteln, ist im Übrigen mit dem alten § 244 I Nr. 2 identisch.

1.4.2.2.2 Unterschied und Verhältnis zu § 244 I Nr. 1a

Der Tatbestand des § 244 I Nr. 1b unterscheidet sich von dem des § 244 I Nr. 1a in zwei Punkten, von denen der eine den objektiven und der andere den subjektiven Tatbestand betrifft: Der bei der Tat mitgeführte[600] Gegenstand[601] braucht **keine Waffe** und **kein gefährliches Werkzeug** zu sein.[602] Der Tatbestand erfasst sonstige Sachen, mit denen man gegen Personen Gewalt anwenden oder Gewalt androhen kann.[603] Da dem objektiven Tatbestand somit auch Gegenstände unterfallen, die weniger gefährlich sind als eine Waffe oder ein gefährliches Werkzeug, wird das sich daraus ergebende Unrechtsdefizit gegenüber § 244 I Nr. 1a durch ein zusätzliches

---

[598] BGHSt 30, 44 (46); Geppert (1992), 496 (498); Kargl (2000), 7 (12); Kotz (1982), 97 (100).

[599] § 244 I Nr. 2 a. F.: „... einen Diebstahl begeht, bei dem er oder ein anderer Beteiligter eine Waffe oder sonst ein Werkzeug oder Mittel bei sich führt, um den Widerstand eines anderen durch Gewalt oder Drohung mit Gewalt zu verhindern oder zu überwinden".

[600] Da „Mitführbarkeit" eine tatbestandsmäßige Eigenschaft des Gegenstands ist, kommen nur bewegliche Sachen in Betracht; Schönke et al. (2014), § 244 Rn. 6.

[601] Gefährliche Körperteile – z. B. die Handkante eines Karatekämpfers – sind nicht erfasst, Haft (1988), 364 (367); Schönke et al. (2014), § 244 Rn. 4.

[602] Jäger (2000), 651 (656); Schroth (1998), 2861 (2865).

[603] Zum Schuh am Fuß des Täters vgl. BGHSt 30, 375.

unrechtssteigerndes Merkmal im subjektiven Tatbestand ausgeglichen.[604] Dieses Merkmal ist die **Gebrauchsabsicht**. Der Täter oder Beteiligte muss mit dem Willen handeln, bei Bedarf den gefährlichen Gegenstand zur Anwendung oder Androhung von Gewalt zu benutzen, um auf diese Weise den Widerstand eines anderen zu verhindern oder zu überwinden.[605] Da der Täter also bei der Begehung des Diebstahls den Vorsatz hat, die Wegnahme notfalls mittels einer qualifizierten[606] Nötigung zu ermöglichen, handelt er sogar mit Raubvorsatz (vgl. § 249).[607] Seine Tat ist nur deshalb (noch) kein versuchter Raub iSd §§ 249, 22, weil die Wegnahme bzw. der Wegnahmeversuch kein unmittelbares Ansetzen zur Verwirklichung des Raubtatbestandes ist.[608]

Führt der Täter beim Diebstahl eine funktionsfähige Waffe oder einen sonstigen **von § 244 I Nr. 1a erfassten Gegenstand** bei sich, den er gegen etwaigen Widerstand einsetzen will, verwirklicht er sowohl den Tatbestand des 244 I Nr. 1a als auch den Tatbestand des § 244 I Nr. 1b.[609] Denn eine Waffe weist alle Merkmale auf, die ein „Werkzeug" oder „Mittel" zu einem tauglichen Objekt des § 244 I Nr. 1b machen. Diese Tatbestandsalternative erfasst also nicht nur „andere" oder „sonstige" Gegenstände.[610] Die Objekte des § 244 I Nr. 1a sind Spezialfälle der in § 244 I Nr. 1b beschriebenen Gegenstände, die Nr. 1a insofern lex specialis gegenüber der Nr. 1b. Grundsätzlich hängt von der Subsumierbarkeit der Waffe unter § 244 I Nr. 1b allerdings nichts ab, da jedenfalls Strafbarkeit aus § 244 I Nr. 1a begründet ist und die Verwirklichung mehrerer Alternativen des § 244 I nicht zur Anwendung des § 52 führt.[611] Scheitert aber die Strafbarkeit aus § 244 I Nr. 1a wegen eines Tatbestandsirrtums (§ 16 I 1) oder wegen des Fehlens einer den § 244 I Nr. 1a verwirklichenden Haupttat, kommt es letztlich doch darauf an, ob die Mitführung einer Waffe Strafbarkeit aus § 244 I Nr. 1b begründen kann.

Beispiele

(1) X und Y begehen gemeinsam einen Diebstahl. X hat eine geladene und funktionsfähige Pistole dabei. Y weiß von der Pistole, glaubt aber, dass es sich um eine harmlose Attrappe handelt, die nur zum Androhen von Gewalt geeignet ist. Y stellt sich deshalb vor, die Pistole solle nur zum Drohen benutzt werden.

---

[604] Streng (2001), 359 (361); Schönke et al. (2014), § 244 Rn. 15.

[605] Arzt (1972), 576 (578); Gössel (1996), § 9 Rn. 20; Haft (1988), 364.

[606] „Qualifiziert" ist diese Nötigung, weil die „einfachen" Nötigungsmittel des § 240 I nicht ausreichen: Die „Gewalt" des § 244 I Nr. 1 b muss sich gegen eine Person richten (dazu unten Rn. 251), die „Drohung" muss auf Gewaltanwendung, nicht bloß Zufügung irgendeines sonstigen empfindlichen Übels, gerichtet sein.

[607] Gössel (1996), § 9 Rn. 11: Vorfeld des Raubes.

[608] Arzt (1972), 576 (578); Baumann et al. (2003), § 26 Rn. 51; Schönke et al. (2014), § 249 Rn. 10.

[609] Rengier (2014a), § 4 Rn. 63; aA Lackner et al. (2014), § 244 Rn. 12; Schönke und Schröder (2014), § 244 Rn. 33.

[610] Schlothauer (1998), 505 (506); aA BGH bei Holtz, MDR 1980, 986 (zu § 250 I Nr. 2 a. F.); Haft (1988), 364.

[611] Schönke et al. (2014), § 244 Rn. 33.

(2)T erzählt dem A, er werde in die Gastwirtschaft des O einbrechen und stehlen. A gibt dem T den Rat, eine schussbereite Pistole mitzunehmen und damit notfalls auch zu schießen. T begeht den Diebstahl und nimmt auch die Pistole mit. Diese ist aber ungeladen und wegen ihres geringen Gewichts als Schlagwaffe ungeeignet. T will sie nur als Instrument einer Drohung einsetzen.

Wäre die Pistole kein „Werkzeug" iSd § 244 I Nr. 1b, könnte Y nicht aus §§ 244 I, 25 II und A nicht aus §§ 244 I, 26 bestraft werden. In **Beispiel 1** ist X aus § 244 I Nr. 1a strafbar. Eine Strafbarkeit des Y aus demselben Tatbestand scheitert am Fehlen eines schusswaffenbezogenen Vorsatzes, § 16 I 1. Strafbar wäre Y nur wegen vollendeten einfachen Diebstahls (§ 242 I) und wegen versuchten schweren Diebstahls (§§ 244 I Nr. 1 b, 22), beides jeweils in Mittäterschaft, § 25 II. Vertritt man aber – wie hier – die Ansicht, die Pistole unterfalle auch dem § 244 I Nr. 1b, so kann man Y wegen vollendeten schweren Diebstahls aus §§ 244 I Nr. 1b, 25 II bestrafen. In **Beispiel 2** ist T aus § 244 I Nr. 1b strafbar. Eine Strafbarkeit des A wegen Anstiftung zum schweren Diebstahl entfiele, weil T den Tatbestand des § 244 Nr. 1a, auf den der Vorsatz des A sich richtete, nicht erfüllt hat und § 244 I Nr. 1b, den T erfüllt hat, vom Vorsatz des A nicht umfasst war.[612] Hinsichtlich des von T nicht verwirklichten § 244 I Nr. 1a hätte A also nur straflose versuchte Anstiftung begangen, vgl. §§ 30 I, 12 I.[613] Da richtiger Ansicht nach § 244 I Nr. 1b auch mit einer Waffe erfüllt werden kann, umfasste der Vorsatz des A nicht nur die Verwirklichung des § 244 I Nr. 1a, sondern auch die des § 244 I Nr. 1b. Deshalb ist er wegen Anstiftung zum schweren Diebstahl gem. §§ 244 I Nr. 1b, 26 strafbar.

1.4.2.2.3 Scheinwaffe

Unter dem alten § 244 I Nr. 2 waren die Anforderungen außerordentlich umstritten, die an ein „Werkzeug oder Mittel" zu stellen sind. Die Streitfrage ist auch auf der Basis des neuen § 244 I Nr. 1b aktuell, obwohl der neue Gesetzeswortlaut den Auslegungsspielraum verkleinert haben dürfte. Aus der Systematik des Gesetzes ergibt sich, dass die im Zentrum des § 244 I Nr. 1b stehenden Gegenstände etwas anderes sind als eine „Waffe" oder ein „gefährliches Werkzeug". Daher kann man keinen dahingehenden Umkehrschluss ziehen, dass ein Gegenstand, der wie eine Waffe oder wie ein gefährliches Werkzeug aussieht, objektiv aber keine Waffe oder kein gefährliches Werkzeug ist, dem Tatbestand nicht unterfällt.[614] Näher liegt vielmehr der Schluss, dass sich § 244 I Nr. 1b auch auf objektiv **ungefährliche** Werkzeuge und Mittel bezieht, da das in § 244 I Nr. 1a enthaltene Attribut „gefährliches" hier

---

[612] Die Problematik des „omnimodo facturus" soll hier ausgeklammert werden, vgl. dazu z. B. Baumann et al. (2003), § 30 Rn. 34; Jescheck et al. (1996), § 64 III 2 c.

[613] Strafbar wäre A jedoch wegen versuchter Anstiftung zum schweren Raub, §§ 249, 250 I Nr. 1a, 30 I.

[614] Zutreffend weisen Hauf (1994), 319 (322); Rengier (2014a), § 4 Rn. 65 und Seelmann (1985), 454 (457) darauf hin, dass der Wortlaut des § 244 I Nr. 2 a. F. die Einbeziehung von Scheinwaffen ohne weiteres zulässt; ebenso Thäle (1999), S. 45 (56) zu § 250 I Nr. 1b.

fehlt.[615] Entscheidend ist jedoch die Tauglichkeit des Gegenstands für den Zweck, auf den die Gebrauchsabsicht gerichtet sein muss: Verhinderung oder Überwindung eines Widerstands durch Gewalt oder Drohung mit Gewalt.

Beispiel

T bricht in die Gastwirtschaft des O ein, um einen Diebstahl zu begehen. Dabei hat er eine Spielzeugpistole aus Plastik, die einer echten Pistole sehr ähnlich sieht. Tatsächlich ist die Spielzeugpistole vollkommen harmlos und nicht einmal zum Schlagen zu gebrauchen. T hat sie auch nur mitgenommen, um im Bedarfsfall Gewalt androhen zu können.

Die Spielzeugpistole ist auf Grund ihrer physikalischen Beschaffenheitsmerkmale nicht zur Ausübung brachialer Gewalt geeignet. Sie birgt deshalb für Leben oder Gesundheit potentieller Opfer keine Gefahr. Ein gefährliches Werkzeug iSd § 244 I Nr. 1a ist sie deshalb nicht. Jedoch taugt sie durchaus zur Vorspiegelung einer gravierenden Gefahr für Leib oder Leben. T könnte sie dazu benutzen, dem Opfer in ernstzunehmender Weise die Zufügung erheblicher körperlicher Schäden anzukündigen. Dass die Vortäuschung der Fähigkeit und Bereitschaft zur Gewaltanwendung eine Drohung ist, steht außer Frage.[616] Der mit der Drohung intendierte Einschüchterungseffekt hängt nicht davon ab, dass der benutzte Gegenstand objektiv gefährlich ist, sondern davon, dass er von dem Opfer für gefährlich gehalten wird. Somit kann auch eine Scheinwaffe ein Werkzeug oder Mittel sein, das der Täter zur Drohung mit Gewalt benutzen will.[617]

1.4.2.2.4 Gebrauchsabsicht

Der Täter oder Teilnehmer muss während der Ausführung des Diebstahls den **zielgerichteten Willen** (dolus directus 1. Grades)[618] haben, den mitgeführten Gegenstand zur Überwindung von Widerstand einzusetzen. Sind an der Tat mehrere beteiligt, müssen auch die „unbewaffneten[619]" Beteiligen diesen Gebrauchswillen haben.[620] Unbewaffnete Mittäter (§ 25 II) müssen entschlossen sein, gegebenenfalls selbst darauf hinzuwirken, dass der bewaffnete Beteiligte von dem Werkzeug oder Mittel Gebrauch macht. Unbewaffnete Teilnehmer (§§ 26, 27) brauchen nur dolus eventualis hinsichtlich Bewaffnung und Gebrauchsabsicht des anderen Beteiligten zu haben. Der Entschluss zum Einsatz des Werkzeugs muss unbedingt sein. Will der Täter über die Benutzung des Werkzeugs erst entscheiden, wenn tatsächlich ein Widersacher auftaucht, hat er noch keine Gebrauchsabsicht, sondern ist lediglich

---

[615] Dencker (1999), 33; Eisele (2012b), Rn. 207; Gropp (1999), 1041 (1046); Hörnle (1998), 169 (173); Jäger (2000), 651 (656); Kreß (1998), 633 (643); Kudlich (1998), 357 (358); Schroth (1998), 2861 (2865).

[616] Schönke et al. (2014), vor § 234 Rn. 33.

[617] BGH, NStZ 2009, 95; Seelmann (1985), 454 (457).

[618] Gössel (1996), § 9 Rn. 21.

[619] Zur sprachlichen Vereinfachung wird „bewaffnet" bzw. „unbewaffnet" hier als Kürzel für „mit – bzw. ohne – Werkzeug oder Mittel ausgerüstet" verwendet.

[620] Schönke et al. (2014), § 244 Rn. 21.

„tatgeneigt". Unschädlich ist jedoch die Ungewissheit darüber, ob es überhaupt zu einer Konfrontation mit einem Gegner kommen wird, der mit dem Werkzeug angegriffen werden soll.[621]

Tatbestandsmäßiger Zweck des Werkzeuggebrauchs ist nur die Überwindung eines **Widerstandes**, der die Vollendung des Diebstahls, also der Wegnahme stört. Der Wille zur Sicherung des Abtransports der Beute nach erfolgter Wegnahme (vor „Beendigung" des Diebstahls) oder zur Verhinderung der Festnahme genügt nicht.[622]

Beispiel

T begibt sich in einem Kaufhaus in die Abteilung für Herrenoberbekleidung. Er sucht sich einen teuren Pullover aus und probiert ihn in einer Umkleidekabine an. Da ihm der Pullover passt und gut gefällt, behält er ihn an und zieht seinen Parka darüber. Dann strebt er eilends dem Ausgang des Kaufhauses zu. Schon vor dem Betreten des Kaufhauses hatte T eine Spielzeugpistole eingesteckt. Diese wollte er nur in dem Fall zur Androhung von Gewalt benutzen, dass irgendjemand versuchen würde, ihn am Verlassen des Kaufhauses mit Beute – bzw. nach fehlgeschlagener Tat ohne Beute – zu hindern.

T hat bereits mit dem Überstreifen des Parka den Diebstahl an dem Pullover vollendet (siehe oben bei § 243 I 2 Nr. 2). Während dieser Tat hat er ein „Werkzeug" bei sich geführt, das zur Erfüllung des § 244 I Nr. 1b geeignet ist. T führte die Begehung der Tat auch mit dem unbedingten Vorsatz aus, die Scheinwaffe einzusetzen, um etwaigen Widerstand zu brechen. Allerdings war dieser Gebrauch nur für die Phase zwischen Verlassen der Umkleidekabine und Verlassen des Kaufhauses vorgesehen. Der Scheinwaffengebrauch sollte nicht die auf Vollendung des Diebstahls gerichtete Handlung unterstützen, sondern der Besitzerhaltung bzw. Fluchtsicherung dienen. Die Gebrauchsabsicht bezieht sich also auf einen Teil des Tatgeschehens, der dem Diebstahl nachfolgt und den Tatbestand des § 242 nicht (mehr) erfüllt. Genauso wenig wie das Beisichführen des Werkzeugs nach vollendetem Diebstahl wird die auf diese Phase bezogene Gebrauchsabsicht vom Tatbestand des § 244 I Nr. 1b erfasst.[623]

Mittel zur beabsichtigen Widerstandsüberwindung sind nach § 244 I Nr. 1b „**Gewalt**" oder „**Drohung mit Gewalt**". Aus einem Textvergleich mit §§ 240 I, 249 I, 253 I, und 255 könnte man schließen, dass mit dieser „Gewalt" jede strafrechtlich relevante Gewalt gemeint ist, also nicht nur die in §§ 249, 255 besonders hervorgehobene „Gewalt gegen eine Person", sondern auch Gewalt gegen Sachen. Entsprechend extensiv wäre die Drohungsalternative auszulegen: Erfasst wäre auch die Drohung mit Gewalt gegen Sachen, nicht nur die Drohung mit gegenwärtiger

---

[621] Schönke et al. (2014), § 244 Rn. 18.

[622] Eisele (2012b), Rn. 211; Kindhäuser (2014), § 4 Rn. 27.

[623] Kindhäuser (2014), § 4 Rn. 27; anders die hM, vgl. BGHSt 22, 230 (231); Schönke et al. (2014), § 244 Rn. 20.

Gefahr für Leib oder Leben. Jedoch kann eine derartige Ausdehnung des Tatbestandes auf Anwendung oder Androhung von Gewalt gegen Sachen nicht richtig sein. Zum einen sind typische diebstahlsbegleitende Gewalttätigkeiten gegen Sachen von § 243 I 2 Nr. 1 und 2 erfasst und damit unterhalb des Strafniveaus des § 244 I angesiedelt. Wer zum geplanten Diebstahl eine Axt mitnimmt, um den im Verschließen einer Tür bestehenden Widerstand des Gewahrsamsinhabers durch Aufbrechen der Tür zu überwinden, handelt im Einklang mit dem Tatbild des § 243 I 2 Nr. 1. Zum anderen entstünde ein Wertungswiderspruch zu § 253 I. Dort ist die gegen Sachen gerichtete vermögensschädigende Gewalt mit Freiheitsstrafe von 1 Monat bis zu 5 Jahren bedroht. Ein Diebstahl, bei dem der Täter den Widerstand des Opfers durch Gewalt gegen eine Sache überwindet, hat keinen höheren Strafwürdigkeitsgehalt, der die Strafrahmendiskrepanz (§ 244 I: sechs Monate bis zehn Jahre) rechtfertigen könnte. § 244 I Nr. 1b ist also als Vorstufe zum Raub zu verstehen, weshalb die Begriffe „Gewalt" und „Drohung mit Gewalt" in Anlehnung an § 249 I als „Gewalt gegen eine Person" auszulegen sind.

1.4.2.3 Bandendiebstahl, § 244 I Nr. 2
1.4.2.3.1 Bande

Der **Bandendiebstahl** bezieht seine qualifizierte Strafwürdigkeit aus der gesteigerten Gefährlichkeit nicht nur für das Opfer der aktuellen Tat („Aktionsgefahr"), sondern vor allem auch für potentielle Opfer künftiger Taten („Organisationsgefahr").[624] Die Mitgliedschaft in der Bande erhöht die Bereitschaft des einzelnen, immer wieder neue Taten zu begehen oder sich an Taten anderer Mitglieder zu beteiligen. Insbesondere erschwert die Einbindung in die Gemeinschaft von Berufs-Kriminellen den Ausstieg aus der Kriminalität und die Rückkehr in die Legalität. Eine Diebesbande wird auf diese Weise zu einer ständigen Bedrohung für die Allgemeinheit.[625] Zusätzlich wird das Wesen des Bandendiebstahls durch eine bandenspezifische Gefahrsteigerung bei der Tatausführung geprägt. Dies wird weniger durch die Existenz der Bande als Organisation, sondern vor allem durch die Mitwirkung mindestens zweier Bandenmitglieder bewirkt, auf die § 244 I Nr. 2 – anders als z. B. § 260 I Nr. 2 – ausdrücklich abstellt.

„**Bande**" ist der auf einen längeren Zeitraum angelegte Zusammenschluss mehrerer Personen zur gemeinsamen Planung, Vorbereitung und Ausführung einer Vielzahl von Straftaten.[626] Beteiligung mehrerer Mittäter an der Tat macht noch keine Bande.[627] Wie viele Mitglieder diese Vereinigung mindestens haben muss, ist gesetzlich nicht festgelegt und daher umstritten. Einigkeit besteht darüber, dass mehr als **drei Personen** nicht erforderlich sind. Früher ließ die Rechtsprechung und

---

[624] BGHSt 8, 205 (209) zu § 243 I Nr. 6 a. F.; BGHSt 50, 160 (167) zu § 30 Abs. 1 Nr. 1 BtMG; aA Altenhain (2001a), 112 (134).

[625] BGH, NStZ 2002, 318; Gössel (1996), § 9 Rn. 29.

[626] BGHSt 50, 160 (161). Für eine Restriktion des Bandenbegriffs durch Einführung von Kriterien, die das Delikt dem Bereich der „Organisierten Kriminalität" annähern, Erb (2001), 561 (562).

[627] Keine Bande bildeten daher die vier Mittäter im Fall BGHSt 49, 8 ff.

die wohl h. M. in der Literatur bereits zwei Personen genügen.[628] Vorzugswürdig ist jedoch die engere – nunmehr auch vom BGH vertretene – Auffassung, nach der von einer Bande erst ab drei Mitgliedern gesprochen werden kann.[629] Denn die der Bande eigentümliche kriminogene Gruppendynamik entfaltet sich erst, wenn mindestens zwei Gleichgesinnte den einzelnen maiorisieren können. Bei drei oder mehr Mitgliedern sieht sich jeder einzelne einem zahlenmäßig überlegenen „Rest" der Bande gegenüber, was seine „Linientreue" festigen dürfte.[630] Ein Dissident, Ausstiegswilliger oder Verräter hat es schwerer, wenn er sich zur Verwirklichung abweichender Willensentschlüsse gegen die Mehrheit stellen muss. Hat die Gemeinschaft aber nur zwei Mitglieder, besteht ein Gleichgewicht der Kräfte und damit eine wesentlich schwächere Bindung des einzelnen. Das mit einem Ausstieg verbundene Risiko ist geringer.[631] Daher hat dieser Zusammenschluss ein schwächeres Gefährdungspotential.

Zweck des Zusammenschlusses ist die **fortgesetzte** Begehung von Diebstahl oder Raub. Eine Bande, die fortgesetzt Erpressungen oder Betrügereien begehen will, ist hier also nicht erfasst. „Fortgesetzt" ist nicht im Sinne der aus der Konkurrenzlehre bekannten Rechtsfigur „Fortsetzungszusammenhang" zu verstehen.[632] Vielmehr müssen die künftigen Taten nach Anzahl, Zeit, Ort, Ausführungsweise usw. noch relativ unbestimmt sein.[633]

Bandenmitglied ist, wer sich in die Organisation einfügt und ihren Regeln unterordnet, um zu ihrem Aufbau und Bestand beizutragen, ihre kriminellen Zwecke zu fördern und sich an ihren Straftaten – als Täter, Mittäter oder Teilnehmer[634] – zu beteiligen. Kein Mitglied ist deshalb, wer sich der Bande nur zum Schein anschließt, um beispielsweise als Journalist für eine Reportage zu recherchieren oder als „under cover" agierender verdeckter Ermittler der Polizei (vgl. § 110a I 1 Nr. 4 StPO) präventiv oder repressiv verwertbare Informationen zu sammeln.[635]

1.4.2.3.2 Mitwirkung

An der Ausführung des Diebstahls müssen **mindestens zwei Bandenmitglieder beteiligt** sein: Der Täter und ein anderes Bandenmitglied, das an der Tat mitwirkt. Der Mitwirkende wird in der Regel Mittäter (§ 25 II) sein. Ausreichend ist aber auch

---

[628] BGHSt 46, 120 (122); BGH, JR 1970, 388; BGH, StV 1984, 245; Corves (1970), 156 (158); Gössel (1996), § 9 Rn. 33; Miehe (1997), 247 (250); Schild (1982), 55 (82).

[629] BGHSt (Gr. Strafsenat) 46, 321 (325); 47, 214 (216); 50, 160 (162); Dessecker (2009), 184 (186); Dreher (1970), 1802 (1804); Ellbogen (2002), 8 (10); Ellbogen (2007), 114 (115); Engländer (2000b), 630 (631); Engländer (2001), 78; Erb (1999), 187; Erb (2001), 561; Geilen (1979), 445 (446); Hohmann (2000), 258 (259); Otto (2000), 313 (314); Schmitz (2000), 477; Schünemann (1980), 393 (395); Seelmann (1985), 454 (457).

[630] BGH, JZ 2000, 627 (630); BGH, JR 2001, 73 (76).

[631] Dreher (1970), 1802 (1803); Mitsch (1994), 425 (428); dagegen Schild (1982), 55 (68).

[632] Gössel (1996), § 9 Rn. 32.

[633] Schönke et al. (2014), § 244 Rn. 25.

[634] BGHSt 47, 214 (216): Auch wer nur Gehilfentätigkeiten übernehmen will, ist Mitglied.

[635] Eisele (2012b), Rn. 215.

Beihilfe (§ 27 I), sofern die Hilfeleistung synchron zur Tatausführung – also nicht bei der Tatvorbereitung – erbracht wird.[636] Keine Mitwirkung ist daher die Anstiftung zum Diebstahl. Ebenfalls kein Fall der Mitwirkung ist die – nach zutreffender Ansicht nicht als Beihilfe, sondern als Begünstigung (§ 257) zu qualifizierende – Hilfe beim Abtransport der Beute nach formell vollendetem Diebstahl.[637]

Beispiel

Bandenmitglied T bricht in das Fotogeschäft des O ein und füllt zwei große Reisetaschen mit Kameras nebst Zubehör. Mit den vollen Taschen begibt sich T zu einer öffentlichen Telefonzelle, 50 m vom Geschäft des O entfernt. Er ruft Bandenmitglied M an und bittet ihn, mit einem Pkw vorbeizukommen und ihn mit seinen schweren Taschen abzuholen. Die beiden Reisetaschen hatte X – ein anderes Bandenmitglied – dem T für seine Tat zur Verfügung gestellt.

An dem Diebstahl des T waren zwei andere Bandenmitglieder beteiligt. Dennoch ist die Tat kein Bandendiebstahl iSd § 244 I Nr. 2, da weder M noch X an dem Diebstahl mitgewirkt hat. Es fehlt am engen zeitlichen Zusammenhang zwischen Beteiligungshandlung und Ausführung des Diebstahls. T ist also nur aus § 242 I iVm § 243 I 2 Nr. 1, X aus §§ 242, 243 I 2 Nr. 1, 27 I und M aus § 257 I strafbar.

Eine **Beihilfehandlung** kann zur Erfüllung des qualifizierten Diebstahlstatbestandes grundsätzlich beitragen.[638] Sie darf aber die Tat nicht bloß vorbereiten, sondern muss die Tatausführung begleiten. Auf jeden Fall muss wenigstens ein Bandenmitglied (Allein- oder Mit-) Täter des Diebstahls sein.

Beispiel

X und Y sind Mitglieder einer Diebesbande, die sich auf Wohnungseinbrüche spezialisiert hat. Auf einem nächtlichen Kneipenbummel bemerken X und Y den T, der gerade dabei ist, einen fremden Pkw zu stehlen. T ist den beiden unbekannt und kein Mitglied ihrer Bande. Als sich ein Polizist dem Tatort nähert, beschließen X und Y spontan, dem T zu helfen. Gemeinsam sprechen sie den Polizeibeamten an und lenken ihn solange ab, bis T seinen Autodiebstahl erfolgreich durchgeführt hat.

X und Y haben sich wegen Beihilfe zum Diebstahl des T strafbar gemacht, §§ 242, 27. Dass T die Unterstützung möglicherweise gar nicht bemerkte, ist unerheblich. Die Ablenkung des Polizisten hat zur erfolgreichen Ausführung des Diebstahls beigetragen und ist deshalb zweifellos eine Hilfeleistung iSd § 27 I. Möglicherweise sind X und Y sogar aus §§ 244 I Nr. 2, 27 I strafbar. Denn sie sind Bandenmitglieder und haben jeweils an der Beihilfe des anderen Banden-

---

[636] BGHSt 47, 214 (218); Schönke et al. (2014), § 244 Rn. 26.
[637] Eisele (2012b), Rn 225; aA Schönke et al. (2014), § 244 Rn. 26.
[638] BGHSt 46, 321 (338); Müller (2001), 12 (14).

mitglieds mitgewirkt. Allerdings erfüllt die Haupttat des T nicht den Qualifikationstatbestand, da T kein Bandenmitglied ist. X und Y wiederum sind zwar
Bandenmitglieder, haben aber den Pkw nicht gestohlen, sondern dazu nur Hilfe
geleistet.

Dies stünde einer Strafbarkeit aus §§ 244 I Nr. 2, 27 I jedoch nicht entgegen, wenn
die Mitgliedschaft in der Bande ein **besonderes persönliches Merkmal** mit straf-
schärfender Wirkung iSd § 28 II wäre. Denn unter dieser Voraussetzung wäre die
Bandenmitgliedschaft ein nichtakzessorisch zu behandelndes Tatbestandsmerkmal.
Die Teilnahme mindestens zweier Bandenmitglieder am Diebstahl eines Nichtmitglieds wäre aus § 244 I Nr. 2 strafbar, obwohl der Täter nur einfachen Diebstahl begangen hat. Umgekehrt wäre ein der Bande nicht angehörender Teilnehmer
auch dann nur aus § 242 strafbar, wenn die Haupttat, an der er sich beteiligte, von
Bandenmitgliedern ausgeführt wurde und daher ein Bandendiebstahl iSd § 244 I
Nr. 2 ist. Die h. M. hält die Bandenmitgliedschaft für ein besonderes persönliches
Merkmal, bejaht also die Anwendbarkeit des § 28 II.[639] Zugleich verlangt sie aber,
dass der Diebstahl im Rahmen der mit der Bildung der Bande verfolgten Zwecke
liegt.[640] Wirken also mehrere Bandenmitglieder an einer bandenfremden Tat mit,
soll dies für sie Strafbarkeit nur aus § 242, nicht aus § 244 I Nr. 2 begründen. Dieses
Ergebnis ist zwar richtig, passt aber mit der These, Bandenmitgliedschaft sei besonderes persönliches Merkmal iSd § 28 II, nicht zusammen. Vor allem ist unter
dieser Prämisse nicht einzusehen, warum § 244 I Nr. 2 die Strafschärfung von der
Mitwirkung mindestens eines weiteren Bandenmitglieds abhängig macht, die von
einem Bandenmitglied allein ausgeführte Tat also nicht erfasst. Vorzugswürdig ist
daher die Auffassung, dass die Qualifikation des § 244 I Nr. 2 nicht auf personenbezogenen, sondern auf **tatbezogenen** Unrechtserhöhungsgründen beruht, § 28 II also
nicht eingreift.[641] Die Involvierung der Tat in das Milieu der Bandenkriminalität
lässt die Tat selbst als besonders gefährlich und besonders strafwürdig erscheinen.
Vor allem die Präsenz mehrerer Bandenmitglieder am Tatort trägt entscheidend zur
gesteigerten Gefährlichkeit des Tatvollzugs bei, die über die einer „schlichten" Mittäterschaft (§ 25 II) hinausgeht. In der Person des Tatgenossen ist gewissermaßen
die gesamte Bande – vertreten durch dieses Mitglied – anwesend. Das auf diese
Weise unter der Kontrolle der Gemeinschaft stehende einzelne Mitglied wird sich
dadurch zu rücksichtsloser Verfolgung und Durchsetzung der kriminellen Zwecke
der Bande angestachelt fühlen. Insbesondere dürfte der von der Bande ausgeübte
Druck es dem Mitglied sehr schwer machen, in kritischen Situationen die Tat aufzugeben oder gar freiwillig vom Diebstahlsversuch zurückzutreten.

---

[639] BGHSt 46, 120 (128); BGH, NStZ 2002, 318 (319); Arzt (1972), 576 (579); Corves (1970),
156 (158); Ellbogen (2007), 114 (116); Gaede (2003), 78; Meyer (1986), 189 (191) Fn. 30; Miehe
(1997), 247 (248); Schild (1982), 55 (83); Schünemann (1980), 393 (396).

[640] Lackner et al. (2014), § 244 Rn. 9.

[641] Dünnebier (1956), 148 (149); Mitsch (1994), 425 (427); Schönke et al. (2014), § 244 Rn. 28.

„Mitwirkung" ist ein zeitliches und örtliches Zusammenwirken bei der Ausführung der Tat[642]. Neben der zeitlichen Koinzidenz ist also auch eine gewisse räumliche Nähe der Mitwirkung erforderlich. In der Regel wird dies **Anwesenheit am Tatort** voraussetzen.

Beispiel

Zusammen mit dem Nichtmitglied X bricht Bandenmitglied M in mehrere Fotogeschäfte ein und schafft die Beute mit einem Kleinlaster fort. Bei sämtlichen Taten war M per Mobiltelefon mit seinem Bandenchef B verbunden, der aus der Ferne ständig Anweisungen gab und so den gesamten Tatverlauf steuerte.

B hat sich synchron zu der Ausführung des Diebstahls durch M an dessen Tat beteiligt. Er ist damit zumindest wegen Beihilfe zum Diebstahl, möglicherweise sogar wegen mittäterschaftlichen Diebstahls strafbar. Fraglich ist jedoch, ob der Diebstahl des M ein Bandendiebstahl iSd § 244 I Nr. 2 oder „nur" ein einfacher Diebstahl in einem besonders schweren Fall gem. §§ 242 I, 243 I 2 Nr. 1 ist. Der Qualifikationstatbestand setzt voraus, dass die Beteiligung des B eine Mitwirkung ist.[643] Daran fehlte es hier, wenn „örtliches Zusammenwirken" eine mit körperlicher Präsenz am Tatort verbundene Aktivität des Beteiligten meinte. Ein derartiges enges Verständnis des Merkmals „Mitwirkung" würde aber der ratio des Qualifikationstatbestandes nicht gerecht.[644] Ausreichend ist, dass während der Tatausführung eine kommunikative Verbindung zwischen dem Täter „vor Ort" und dem anderen Bandenmitglied besteht und dieses daher auf den Täter und sein Tun Einfluss nehmen, insbesondere ihm seine Loyalitätspflicht gegenüber der Bande vergegenwärtigen kann. Die Beteiligung des B mittels Handy ist also eine Mitwirkung, die Tat des T daher ein Bandendiebstahl iSd § 244 I Nr. 2.[645] Eine andere Frage ist, ob der körperlich abwesende Komplize Mittäter des § 244 I Nr. 2 oder nur Teilnehmer (evtl. in Tateinheit mit Mittäterschaft bzgl. § 242) sein kann. Eine weitere andere Frage ist, ob sogar auf das Erfordernis des zeitlichen und örtlichen Zusammenhanges als Mittäterschaftsvoraussetzung verzichtet werden kann, wenn sich jemand außerhalb dieses Zusammenhanges in – nach allgemeinen Regeln – mittäterschaftlicher Weise an der örtlich und zeitlich zusammenhängenden Tat mindestens zweier Bandenmitglieder beteiligt.

Strafbar braucht die Mitwirkung des anderen Bandenmitglieds nicht zu sein. Der Tatbestand kann also auch durch die Mitwirkung eines zur Tatzeit **schuldunfähigen** (§ 20) Bandenmitglieds erfüllt werden.[646]

---

[642] BGHSt 25, 18; Erb (2001), 561 (565).

[643] Nach der umstrittenen Auffassung des Großen Senats für Strafsachen (BGHSt 46, 321, 338) kann dagegen sogar die Mitwirkung des Nichtmitglieds X die Tatbestandserfüllung bewirken. Darauf, ob das Handeln des B eine „Mitwirkung" iSd § 244 I Nr. 2 ist, kommt es danach nicht an; abl. Engländer (2000a), 578 (582); Engländer (2001), 78; Erb (2001), 561 (564).

[644] BGH, JZ 2000, 627 (628); Arzt (1972), 576 (579); Gropp (1999), 1041 (1047); Hohmann (2000), 258.

[645] BGHSt 46, 321 (332); BGH, JR 2001, 73 (74); Ellbogen (2002), 8 (12); Joerden (2002), 329 (331); Schmitz (2000b), 477 (478); aA Engländer (2000b), 627 (632).

[646] Ellbogen (2007), 114 (116).

1.4.2.3.3 Täterschaft und Teilnahme

Wie soeben gesehen, setzt bereits der objektive Tatbestand des § 244 I Nr. 2 voraus, dass an der Tat des Täters noch mindestens eine weitere Person teilnimmt („notwendige Teilnahme"[647]). Damit der Qualifikationstatbestand überhaupt erfüllt ist, muss der Beteiligte an der Tatausführung mitwirken und er muss Bandenmitglied sein. An dieser Stelle ist also nur noch auf Beteiligte einzugehen, die zwar Bandenmitglied sind, aber nicht die engen Voraussetzungen der „Mitwirkung" erfüllen sowie auf Beteiligte, die keine Bandenmitglieder sind. Insbesondere ist zu klären, welche Beteiligungsform durch ein nicht am Tatort anwesendes Bandenmitglied verwirklicht wird.

Beispiel[648]

A, S und W sind Mitglieder einer Bande, die sich auf Viehdiebstähle spezialisiert hat. A ist außerdem ein Viehhändler, Metzger und Bauer, der die Taten plante und die Beute verwertete, an der Ausführung der Diebstähle aber nicht unmittelbar mitwirkte. Die Tatausführung lag allein in den Händen von S und W.

S und W haben sich als Mittäter aus §§ 244 I Nr. 2, 25 II strafbar gemacht. A ist zumindest wegen Anstiftung oder Beihilfe zum Bandendiebstahl strafbar und zwar – da er selbst Bandenmitglied ist – auch unter der Prämisse, dass Bandenmitgliedschaft ein besonderes persönliches Merkmal iSd § 28 II ist.

Fraglich ist nur, ob die Beteiligung des A sogar als mittäterschaftliche Begehung eines Bandendiebstahls zu bewerten ist. Unterstellt man, dass die im Tatvorfeld und Tathintergrund bleibende Aktivität des A nach allgemeinen Täterregeln **Mittäterschaft** begründen kann,[649] können sich Zweifel hinsichtlich dieser Täterform im vorliegenden Fall allein aus spezifischen tatbestandlichen Anforderungen des § 244 I Nr. 2 ergeben. Für ein derartiges Abweichen von allgemeinen Täterschaftskriterien sind stichhaltige Gründe aber nicht ersichtlich.[650] Bandendiebstahl ist kein eigenhändiges Delikt und kein Sonderdelikt. Wer mit Tatherrschaft „zeitversetzt" oder „aus der Distanz" bewirkt, dass von mindestens zwei anderen Bandenmitgliedern ein Diebstahl begangen wird, dem die bandenspezifische Gefährlichkeit anhaftet, ist ebenso Mittäter des § 244 I Nr. 2, wie er Mittäter des § 242 ist.[651] Somit ist auch eine Beteiligung als **mittelbarer Täter** nach allgemeinen Regeln möglich.

---

[647] Baumann et al. (2003), § 32 Rn. 65 ff.

[648] BGHSt 33, 50.

[649] Vgl dazu z. B. Baumann et al. (2003), § 29 Rn. 83.

[650] BGHSt, 46, 120 (127); 46, 138 (141); 46, 321 (333); BGH, JR 2001, 73 (74); Altenhain (2001b), 836 (842); Engländer (2000a), 578 (588); J. Meyer (1986), 189 ff.; Müller (2001), 12 (14); aA BGHSt 33, 50 (52).

[651] Engländer (2001), 78.

Beispiel

Bandenchef B gibt dem Bandenmitglied X den Auftrag, in das Juweliergeschäft des J einzubrechen. Zugleich weist B das wegen Schwachsinns schuldunfähige Bandenmitglied Y an, den X bei der Tat zu begleiten und sich aktiv am Diebstahl der Juwelen zu beteiligen.

X und Y haben als Mittäter einen Bandendiebstahl begangen, §§ 244 I Nr. 2, 25 II. Dass Y wegen seiner Schuldunfähigkeit (§ 20) nicht bestraft werden kann, steht dem nicht entgegen, vgl. § 29. Indem B den beiden Genossen den Auftrag zur Tatbegehung erteilte, machte er sich zumindest wegen Anstiftung zum Bandendiebstahl strafbar, §§ 244 I Nr. 2, 26. Möglicherweise ist B aber sogar Täter. Da er nicht selbst Schmuckstücke weggenommen hat, kommt eine Strafbarkeit als Täter eines Bandendiebstahls nur in der Form der Mittäterschaft oder der mittelbaren Täterschaft in Frage. Sofern man vorzugswürdiger Ansicht nach eine Mittäterschaft nur bei Mitwirkung im Tatausführungsstadium befürwortet, scheiden die Planung und Vorbereitung der Tat einschließlich der Auftragserteilung an X und Y als mittäterschaftsbegründende Handlungen aus. Hier hat aber B bei der Tatausführung selbst noch aktiv mitgewirkt: Zwar haben seine eigenen Hände dem J nichts weggenommen. Jedoch benutzte er den schuldunfähigen Y als „Werkzeug" und war daher – „vertreten" durch diesen – als mittelbarer Täter in die Wegnahme involviert. Diese mittelbare Täterschaft ermöglicht es, den B auch nach der restriktiven Tatherrschaftslehre als Mittäter des X zu qualifizieren. Strafbar ist B somit als „mittelbarer Mittäter" aus §§ 244 I Nr. 2, 25 I 2. Alt., 25 II.

Tatbeteiligte, die **nicht Mitglieder** der Bande sind, können nach h. M. nicht aus § 244 I Nr. 2 bestraft werden, da die Mitgliedschaft ein besonderes persönliches Merkmal iSd § 28 II sei.

Beispiele

(1) A und B sind Mitglieder der X-Bande. Bei einem von A und B ausgeführten Diebstahl leisten C, D und E Beihilfe. Diese Beihilfe ist keine „Mitwirkung" iSd § 244 I Nr. 2. C ist Mitglied der X-Bande, D ist Mitglied der Y-Bande und E ist überhaupt kein Mitglied irgendeiner Bande.

(2) K und L sind Mitglieder der X-Bande, M ist Mitglied der Y-Bande. Gemeinsam begehen K, L und M einen Diebstahl. N, O und P leisten Beihilfe. Diese Beihilfe ist keine „Mitwirkung" iSd § 244 I Nr. 2. N ist Mitglied der X-Bande, O ist Mitglied der Y-Bande und P ist kein Mitglied irgendeiner Bande.

In beiden Beispielen haben die unmittelbar an der Tatausführung beteiligten Mitglieder der X-Bande (A, B, K und L) einen Bandendiebstahl begangen. M dagegen ist in **Beispiel 2** zwar (Mit-)Täter eines einfachen Diebstahls (§ 242), nicht aber (Mit-)Täter des § 244 I Nr. 2, da kein anderes Mitglied „seiner" Bande (Y-Bande) an dem Diebstahl mitgewirkt hat. Nach der hier vertretenen Auffassung sind sämtliche Gehilfen (C, D, E, N, O und P) sowie M aus §§ 244 I Nr. 2, 27 I zu bestrafen, gleich, ob sie Mitglieder der X-Bande, einer anderen Bande oder gar keiner Bande sind. Dies erscheint auch sachgerecht, da jeder von ihnen mit seiner Hilfeleistung dazu beigetragen hat, dass ein Diebstahl mit dem für § 244 I Nr. 2 charakteristischen Gefahrpotential begangen worden ist. Die h. M., die die Bandenmitgliedschaft unter § 28 II subsumiert, müsste sich hier auf komplizierte und wenig einleuchtende Differenzierungen einlassen: E und P wären nur aus §§ 242, 27 strafbar, da sie überhaupt keiner Bande angehören. N und C wären aus §§ 244 I Nr. 2, 27 strafbar, da sie Mitglieder der Bande (X-Bande) sind, der auch die Täter des Bandendiebstahls angehören. Schwierig wird die Entscheidung bei D und O, die ebenfalls Mitglieder einer Bande sind, jedoch nicht der Bande, der die Täter des Bandendiebstahls angehören. Nach § 28 II dürfte dieser Gesichtspunkt an sich keine Rolle spielen, weshalb Strafbarkeit aus §§ 244 I Nr. 2, 27 auch bei Teilnahme am Bandendiebstahl „fremder" Bandenmitglieder bejaht werden müsste. Dem steht jedoch entgegen, dass zu der fremden Bande keine Bindung besteht, sich das spezifische Gefahrmoment der Bandenmitgliedschaft in dieser Tat also nicht niederschlägt. Das spricht dafür, D und O wie Nichtmitglieder zu behandeln und lediglich aus §§ 242, 27 zu bestrafen.

1.4.2.4 Wohnungseinbruchsdiebstahl, § 244 I Nr. 3

Dieser Qualifikationstatbestand wurde durch das 6. StrRG neu geschaffen. Ursprünglich war der **Wohnungseinbruchsdiebstahl** ein spezieller Anwendungsfall des § 243 I 2 Nr. 1.[652] Die zum einfachen Diebstahl nach § 242 hinzutretenden besonderen Tatmerkmale hatten also keine tatbestandlich-qualifizierende, sondern nur strafschärfende Wirkung. Inhaltlich ist § 244 I Nr. 3 vollkommen identisch mit § 243 I 2 Nr. 1 a. F., von der Neufassung des § 243 I 2 Nr. 1 unterscheidet sich § 244 I Nr. 3 nur durch das Merkmal „Wohnung".[653] Auf die Ausführungen zu § 243 I kann also verwiesen werden. Zu beachten ist aber, dass die Geringwertigkeitsklausel des § 243 II den Wohnungseinbruchsdiebstahl in seinem neuen Kontext nicht mehr erfasst.[654] Die im Übrigen einzige Abweichung, die auf der gewandelten Rechtsnatur des Wohnungseinbruchsdiebstahls beruht, betrifft den Versuch.[655] Während bei lediglich versuchter Regelbeispielsverwirklichung nach vorzugswürdiger Ansicht § 243 nicht zur Anwendung kommt, die Strafe also dem Strafrahmen des § 242 I zu entnehmen ist, erfolgt bei versuchter Verwirklichung des Qualifikationstatbestandes des § 244 I Nr. 3 die Bestrafung aus § 244 I Nr. 3, II iVm § 22. Außerdem lässt sich – anders als bei § 243 I 2 Nr. 1 (1.3.1.5.3) – bei § 244 I Nr. 3 die Ansicht vertreten, dass das „unmittelbare Ansetzen" iSd § 22 bereits mit dem Betreten der Wohnung mittels Einbruchs usw. beginnt.[656]

---

[652] Dencker et al. (1998), Rn. 2.

[653] Zum Konzept eines von § 123 abweichenden – engeren – Wohnungsbegriffs vgl. OLG Schleswig, NStZ 2000, 479 (480); Hellmich (2001), 511 ff.; für einen einheitlich engen Wohnungsbegriff in § 123 und § 244 I Nr. 3 dagegen Behm (2002), 153 (163); ebenfalls auf § 123 verweisend Dencker et al. (1998), Rn. 6.

[654] Dencker et al. (1998), Rn. 7.

[655] Rengier (2014a), § 4 Rn. 88.

[656] Dencker et al. (1998), Rn. 9; Hellmich (2001), 511 (512); vgl. auch Kühl (2004), 387 (388).

Beispiel

T will in die Wohnung/Werkstatt des O einbrechen, um einen Diebstahl zu begehen. Zu diesem Zweck nimmt er fünf Meter Anlauf und wirft sich mit seinem ganzen Körper gegen die Eingangstür, von der er annimmt, dass sie verschlossen sei. Die Tür ist aber unverschlossen und nur angelehnt. T rennt daher buchstäblich eine offene Tür ein.

Da T die Tür nicht gewaltsam aufgebrochen hat, erfüllte T keine der in § 243 I 2 Nr. 1 (Werkstatt) und § 244 I Nr. 3 (Wohnung) normierten Eintritts-Varianten (einbricht, einsteigt usw.). Er hat aber versucht, das Merkmal „einbricht" zu erfüllen. Im Rahmen des § 243 I 2 Nr. 1 findet dieser Versuch keine Beachtung. Die Tat des T als „versuchten besonders schweren Fall des Diebstahls" zu deklarieren, ist nicht möglich (1.3.1.5.2). Der Diebstahl in der Werkstatt des O ist daher nur aus § 242 I zu bestrafen. Dagegen ist der Versuch, die Wohnungstür aufzubrechen, ein Versuch, den objektiven Tatbestand des § 244 I Nr. 3 zu verwirklichen. T ist insofern wegen versuchten schweren Diebstahls aus §§ 242, 244 I Nr. 3, II, 22 strafbar. Damit außerdem zum Ausdruck gebracht wird, dass T einen vollendeten – einfachen – Diebstahl begangen hat, tritt idealkonkurrierend (§ 52) Strafbarkeit aus § 242 I hinzu.

1.4.2.5 Schwerer Bandendiebstahl, § 244a

Der **objektive Tatbestand** dieses durch das OrgKG vom 15.7.1992 eingeführten Delikts ist eine Kombination, bestehend aus dem Tatbestand des Bandendiebstahls des § 244 I Nr. 2 und dem Tatbestand eines der drei anderen Fälle des § 244 I Nr. 1a und b und Nr. 3 oder dem Tatbestand eines der Regelbeispiele in § 243 I 2 Nr. 1 bis 7. Die Regelbeispiele des § 243 I 2 sind im Rahmen des § 244a also zu echten Tatbestandsmerkmalen umqualifiziert.[657] Auf diesbezügliche Irrtümer sind folglich die §§ 22 ff., 16 unmittelbar anwendbar. Der **subjektive Tatbestand** setzt Vorsatz voraus, § 15.

Da der schwere Bandendiebstahl **Verbrechen** ist (§ 12 I), sind sowohl der Versuch (§ 23 I) als auch die Verabredung zu seiner Begehung und die anderen von § 30 erfassten Vorbereitungsakte strafbar.[658] Die Zugehörigkeit zu den Straftaten, die typisch sind für „organisierte Kriminalität", schlägt sich in einer speziellen Sanktionsregelung nieder. Gemäß § 244a III kann bei schwerem Bandendiebstahl der erweiterte Verfall (§ 73d)[659] angeordnet werden.

---

[657] Gropp (1999), 1041 (1047); Mitsch (1999), 65 (85); Zopfs (1995), 320 (325).
[658] Schönke et al. (2014), § 244a Rn. 1.
[659] Dazu Katholnigg (1994), 353 ff.

1.5 Strafantrag

1.5.1 Allgemeines

Diebstahl ist grundsätzlich ein **Offizialdelikt**. Das bedeutet, dass die Strafverfolgung von Amts wegen erfolgt, ohne dass es dazu eines Strafantrages bedürfte. Nur in den Fällen der §§ 247, 248a ist der Diebstahl **Antragsdelikt**.[660] Die Tat darf dann nicht strafrechtlich verfolgt werden, solange kein wirksamer Strafantrag gestellt worden ist. Der Strafantrag ist **Verfahrensvoraussetzung**, nicht Strafbarkeitsvoraussetzung.[661] Bei § 248a kann der fehlende Strafantrag durch ein besonderes öffentliches Interesse an der Strafverfolgung ersetzt werden. Der Bagatelldiebstahl ist deshalb ein „relatives Antragsdelikt". Die Wirksamkeitsvoraussetzungen des Strafantrags richten sich nach §§ 77 ff. StGB, 158 II StPO. Das Antragserfordernis des § 247 bezieht sich auf alle Diebstahlstatbestände einschließlich der §§ 244, 244a,[662] das des § 248a dagegen nur auf § 242.[663] Besteht ein Antragserfordernis nicht oder hat der Verletzte einen wirksamen Strafantrag gestellt, muss ein Strafverfahren durchgeführt und bei hinreichendem Tatverdacht Anklage erhoben werden. Dazu ist die Staatsanwaltschaft berufen und verpflichtet, §§ 152 II, 160 I StPO. Diebstahl ist – auch in den Fällen der §§ 247, 248a – kein Privatklagedelikt, vgl. § 374 I StPO. Die Befugnis zur Beteiligung am Verfahren als Nebenkläger hat der Verletzte grundsätzlich ebenfalls nicht; Ausnahme: § 395 I Nr. 3 StPO.

1.5.2 Antragserfordernisse

1.5.2.1 Haus- und Familiendiebstahl

Beim Haus- und Familiendiebstahl des § 247 muss zwischen dem Täter bzw. Teilnehmer[664] des Diebstahls und dem durch die Tat Verletzten eine bestimmte persönliche Beziehung bestehen. Maßgeblicher Zeitpunkt für das Vorliegen dieser Voraussetzung ist die **Zeit der Tat**.[665]

Beispiele

(1) T nimmt seiner Verlobten O 50 € weg. Wenig später wird das Verlöbnis aufgelöst.

(2) T nimmt seiner Freundin O 50 € weg. Kurz danach verlobt sich T mit O.

---

[660] In ihrer früheren – durch das EGStGB v. 2.3.1974 geänderten – Fassung hatten die §§ 247 II, 248a die Rechtsnatur materiellstrafrechtlicher Privilegierungen. Nur § 247 I a. F. enthielt ein Strafantragserfordernis.

[661] Schönke et al. (2014), § 77 Rn. 8.

[662] Schönke et al. (2014), § 247 Rn. 2.

[663] Eisele (2012b), Rn. 297; Schönke et al. (2014), § 248a Rn. 4.

[664] Schönke et al. (2014), § 247 Rn. 15.

[665] Gössel (1996), § 10 Rn. 7; Schönke et al. (2014), § 247 Rn. 3.

Der Verlobte ist gem. § 11 I Nr. 1a „Angehörige". In **Beispiel 1** war O zur Tatzeit Angehörige des T. Die Staatsanwaltschaft darf deshalb gegen T ein Strafverfahren nur unter der Voraussetzung einleiten, dass O gegen T Strafantrag stellt. Das gilt auch für die Zeit nach Auflösung des Verlöbnisses.[666] Kein Angehörigenverhältnis besteht zwischen Freunden, Lebensgefährten oder Partnern einer nichtehelichen Lebensgemeinschaft.[667] Sofern sie aber miteinander in „häuslicher Gemeinschaft" leben oder zur Zeit der Tat lebten,[668] gilt das Strafantragserfordernis des § 247 auch bei ihnen.[669] Unterstellt man, dass T und O in **Beispiel 2** keine gemeinsame Wohnung hatten, besteht ein Strafantragserfordernis bezüglich dieses Diebstahls nicht. Das nach der Tat begründete Verlöbnis ändert daran nichts.

„Verletzter" ist nur der **Eigentümer** der gestohlenen Sache.[670] Haben an der Sache mehrere Personen Miteigentum und steht nur eine von ihnen in einem von § 247 erfassten Verhältnis zum Täter, ist der Diebstahl ein Offizialdelikt.[671] Ebenso wenig greift § 247 ein, wenn Eigentümer und Gewahrsamsinhaber verschiedene Personen sind und nicht der Eigentümer, sondern nur der von der Tat betroffene Gewahrsamsinhaber ein Angehöriger des Täters ist.

Beispiele

(1) T nimmt seinem Bruder B ein Fahrrad weg. Das Fahrrad gehört nicht B, sondern O, einem Kommilitonen des B. O hat das Rad dem B geliehen.

(2) T nimmt dem O ein Fahrrad weg. Das Fahrrad gehört B, dem Bruder des T. B hat das Rad seinem Kommilitonen O geliehen.

Erkennt man an, dass die Diebstahlstatbestände nur das Rechtsgut „Eigentum" und nicht daneben noch den Gewahrsam schützen (oben 1.1.2), ist es konsequent, ein Strafantragserfordernis nur in **Beispiel 2** zu bejahen. Vom Standpunkt der Vertreter der Meinung, dass die §§ 242 ff. auch den Gewahrsam schützten, ist es ebenso konsequent, in beiden Beispielen ein Antragserfordernis zu verneinen. Denn Verletzter ist danach der Eigentümer und der von ihm verschiedene Gewahrsamsinhaber. Deshalb kann § 247 erst eingreifen, wenn die Angehörigenbeziehung gegenüber beiden Verletzten besteht.[672] Das würde aber das unbefriedigende Ergebnis begründen, dass ein Strafverfahren auch gegen den Willen des antragsberechtigten „Hauptverletzten" – des Eigentümers – stattfinden könnte: Ist der Gewahrsamsinhaber keine von § 247 erfasste Person oder hat er Strafantrag gestellt, könnte der Eigentümer durch Unterlassung der Antragstellung das Strafverfahren gegen den Angehörigen usw. nicht verhindern. Diese

---

[666] Schönke et al. (2014), § 247 Rn. 14.

[667] Schönke et al. (2014), § 11 Rn. 10.

[668] OLG Hamm, NJW 1986, 734; OLG Celle, JR 1986, 385; Stree (1986), 386.

[669] Skwirblies (1990), 67.

[670] Mitsch (2012), 911 (917); Schönke et al. (2014), § 247 Rn. 10; aA (auch der Gewahrsamsinhaber sei Verletzter) BGH, NStZ 2001, 316; Gössel (1996), § 10 Rn. 4.

[671] RGSt 4, 346 (347).

[672] RGSt 4, 346 (348).

Konsequenz erscheint deswegen als inakzeptabel, weil der Eigentümer es ja vor der Tat in der Hand hat, durch eine Einwilligung die Strafbarkeit des Täters zu verhindern. Dann sollte er aber auch noch nach der Tat über die Einleitung eines Strafverfahrens verfügen können.

Beispiele

(1) E hat dem G ein Fahrrad für einen Zeitraum von zwei Wochen vermietet. B, der Bruder des E, möchte das Rad gern haben. Daraufhin erlaubt E seinem Bruder, sich das Fahrrad schon vor Ablauf der zwei Wochen bei G zu holen und es zu behalten.

(2) Ohne Wissen seines Bruders E nimmt B dem G ein Fahrrad weg, das G von E für zwei Wochen gemietet hat. Als B dem E von seiner Tat erzählt, erklärt dieser, dass er damit einverstanden sei und dem B das Rad schenke.

B hat in **Beispiel 1** keinen Diebstahl begangen. Da E ihm das Rad geschenkt hat, handelte B zumindest nicht mit der Absicht, sich das Rad rechtswidrig zuzueignen. Sofern die Abholungserlaubnis als Übereignungsangebot iSd § 929 BGB qualifiziert werden kann, entfällt die Strafbarkeit aus § 242 bereits wegen fehlender Fremdheit des Fahrrads. In **Beispiel 2** bestehen an der Strafbarkeit des B aus § 242 dagegen keine Zweifel. Die nachträgliche Billigung der Tat durch E kann die Erfüllung sämtlicher Strafbarkeitsvoraussetzungen nicht rückwirkend beseitigen.[673] Dennoch bliebe B von strafrechtlicher Verfolgung, Verurteilung und Bestrafung verschont, wenn die Durchführung eines Strafverfahrens gegen ihn unzulässig wäre. Nach der hier vertretenen Meinung kann E dies bewirken, indem er von der Stellung eines Strafantrages absieht. Folgt man hingegen der Gegenmeinung, kommt § 247 nicht zur Anwendung. Die Tat ist danach Offizialdelikt und von Amts wegen zu verfolgen.

Die Beziehung des Täters zu dem Verletzten muss tatsächlich existieren. Allein ausschlaggebend ist also die **objektive** Sachlage. Das Vorstellungsbild des Täters ist bedeutungslos.[674]

Beispiele

(1) T nimmt einen 100-€-Schein weg, der dem O gehört. T glaubt, das Geld gehöre seiner Schwester S. O ist der Verlobte der S.

(2) T nimmt einen 100-€-Schein weg, der seiner Schwester S gehört. T glaubt, das Geld gehöre O, dem Verlobten der S.

(3) T nimmt dem O einen Geldschein weg, der seiner Schwester S gehörte. S war kurz vor der Wegnahme verstorben und von T beerbt worden.

---

[673] Baumann et al. (2003), § 17 Rn. 105.

[674] RGSt 4, 346 (349); BGHSt 18, 123 (125); Mitsch (2014a), 1 (4); Stree (1962), 55 (58). Bei der Lektüre von Literatur und Rechtsprechung zu diesem Thema aus der Zeit vor Inkrafttreten des EGStGB v. 2.3.1974 ist allerdings zu beachten, dass nur § 247 I a. F. eine Strafantragsvorschrift war, während § 247 II a. F. einen persönlichen Strafausschließungsgrund („Ehegattendiebstahl") enthielt!

Der von T in **Beispiel 1** begangene Diebstahl ist kein Antragsdelikt. Zwischen T und O besteht keine in § 247 berücksichtigte Beziehung. Das Verlöbnis zwischen S und O ist zwar im Verhältnis zu T eine Vorstufe zur Verschwägerung. Diese Vorstufe wird aber vom Angehörigenbegriff des § 11 I Nr. 1a und damit von § 247 nicht erfasst. Die irrige Annahme des T, seine Schwester zu bestehlen, führt nicht zur Anwendbarkeit des § 247. Die Tat des **Beispiels 2** ist gemäß § 247 Antragsdelikt, weil Eigentümerin der gestohlenen Sache und damit „Verletzte" eine Angehörige des T ist. Der Irrtum des T über die von ihm bestohlene Person ist unerheblich und schließt die Anwendbarkeit des § 247 nicht aus. Allein die objektive Beziehung des Täters zum Verletzten ist auch dann maßgeblich, wenn die Tat ein untauglicher Diebstahlsversuch ist und es einen Verletzten daher gar nicht gibt. In **Beispiel 3** ist der versuchte Diebstahl des T daher ein Offizialdelikt.

Sind an der Tat **mehrere beteiligt**, gilt § 247 nur in Bezug auf die Beteiligten, die zu dem Verletzten in einer von § 247 erfassten Beziehung stehen.[675]

Beispiele

(1) T stiehlt seinem Bruder O ein Fahrrad. Bei der Tat hat G, ein Freund des T, Beihilfe geleistet.
(2) A stiftet den X an, dem O ein Fahrrad zu stehlen. O ist Bruder des A. X ist ein Freund des A.

Die Staatsanwaltschaft muss von Amts wegen gegen G (**Beispiel 1**) und gegen X (**Beispiel 2**) ein Strafverfahren wegen Beihilfe zum Diebstahl (G) bzw. Diebstahl (X) einleiten. Gegen T und A wird dagegen kein Strafverfahren durchgeführt, sofern O keinen Strafantrag stellt. Denn im Verhältnis T/O bzw. A/O kommt jeweils § 247 zum Zuge.

1.5.2.2 Diebstahl geringwertiger Sachen

Der Bagatelldiebstahl des § 248a ist ein **relatives Antragsdelikt**.[676] Die fehlende Verfahrensvoraussetzung „Strafantrag" kann durch ein „besonderes öffentliches Interesse an der Strafverfolgung" ersetzt werden. Strafantragsberechtigt ist der Verletzte (§ 77 I), also wie im Fall des § 247 nur der Eigentümer.[677] Zur „Geringwertigkeit" kann auf das zu § 243 II gesagte verwiesen werden (siehe oben 1.3.3.2). Allerdings kommt es im Rahmen des § 248 a nur auf die objektive Geringwertigkeit an.[678] Der Diebstahl einer wertvollen Sache wird nicht dadurch zum Antragsdelikt, dass der Täter die Sache irrtümlich für geringwertig hält. Richtet sich umgekehrt der Vorsatz des Täters aber auf eine wertvolle Sache, kommt § 248a auch dann nicht zur Anwendung, wenn der Täter letztlich nur eine objektiv geringwertige Sache wegnimmt.[679] Denn bereits mit dem Versuch, eine wertvolle Sache zu stehlen, ist das Antragserfordernis beseitigt worden. Durch Vollendung des Diebstahls kann es

---

[675] Gössel (1996), § 10 Rn. 8; Schönke et al. (2014), § 247 Rn. 15.

[676] Mitsch (2012), 911 (917).

[677] Schönke et al. (2014), § 248a Rn. 19.

[678] Eisele (2012b), Rn. 297; Arzt et al. (2009), § 13 Rn. 28.

[679] BGHSt 26, 104 (106).

grundsätzlich nicht „wiederbelebt" werden.[680] Anders verhält es sich nur, wenn der Täter freiwillig von der Wegnahme der wertvollen Sache absieht und sich mit einer geringwertigen Sache begnügt. Entsprechend dem Rechtsgedanken des § 24 I 1 ist dann § 248a anzuwenden.[681]

Kontrollfragen

1. Welches Rechtsgut schützt § 242? (1.1.2)
2. Sind lebende Tiere „Sachen" iSd § 242? (1.2.1.2)
3. Kann ein menschlicher Leichnam gestohlen werden? (1.2.1.2; 1.2.1.3.2.2)
4. Sind Grundstücksbestandteile taugliche Diebstahlsobjekte? (1.2.1.3.1)
5. Sind herrenlose Sachen fremd? (1.2.1.3.2.3)
6. Was bedeutet „fremd"? (1.2.1.3.2.1)
7. Welcher Begriff wird definiert als „Bruch fremden und Begründung neuen Gewahrsams"? (1.2.1.4.1)
8. Was ist „mehrstufiger Mitgewahrsam"? (1.2.1.4.2.2)
9. Was ist eine „Gewahrsamsenklave"? (1.2.1.4.3.1)
10. Welche rechtliche Bedeutung hat die „Diebesfalle"? (1.2.1.4.3.2)
11. Warum ist der Einwurf falscher Münzen in einen Warenautomaten Diebstahl? (1.2.1.4.3.2)
12. Welche Beziehung besteht zwischen Diebstahl und „Dreiecksbetrug"? (1.2.1.4.3.3)
13. Wie setzt sich der subjektive Tatbestand des Diebstahls zusammen? (1.2.2.1)
14. Was ist eine „Zueignung"? (1.2.2.3.3)
15. Was unterscheidet den „furtum usus" vom Diebstahl? (1.2.2.3.3.2)
16. Was besagen „Substanztheorie" und „Sachwerttheorie"? (1.2.2.3.3.4)
17. Ist die Wegnahme einer gekauften und bezahlten Sache durch den Käufer Diebstahl? (1.2.2.3.3.5)
18. Was besagt die „Wertsummentheorie"? (1.2.2.3.3.5)
19. Welche Rechtsnatur hat § 243 I 2 StGB? (1.3.1.1)
20. Ist § 243 im Jugendstrafrecht anwendbar? (1.3.1.1.3)
21. Welche Bedeutung hat § 28 im Rahmen des § 243? (1.3.1.4)
22. Ist § 243 auf den Diebstahlsversuch anwendbar? (1.3.1.5.1)
23. Welcher Wert ist „gering" iSd § 243 II? (1.3.3.2)
24. Welche Rechtsnatur haben §§ 244, 244a? (1.4.1)
25. Sind die §§ 244, 244a auf geringwertige Sachen anwendbar? (1.4.1)
26. Ist das Mitführen einer „Scheinwaffe" von § 244 I erfasst? (1.4.2.2.3)
27. Wie viele Personen sind zur Bildung einer „Bande" erforderlich? (1.4.2.3.1)
28. Welche Bedeutung hat § 28 im Rahmen des 244 I? (1.4.2.3.2)
29. Ist der Versuch des § 244a strafbar? (1.4.2.5)
30. Sind §§ 247, 248a privilegierte Diebstahltatbestände? (1.5.1)

---

[680] Gribbohm (1975), 2213; aA Braunsteffer (1975), 1570 (1571).
[681] Schönke et al. (2014), § 248a Rn. 17.

Literatur

Altenhain. Die Mitwirkung eines anderen Bandenmitglieds. ZStW 113. 2001a; 112.

Altenhain. Der Beschluß des Großen Senats für Strafsachen zum Bandendiebstahl. Jura. 2001b; 836.

Androulakis. Objekt und Grenzen der Zueignung im Strafrecht. JuS. 1968; 409.

Arzt. Die Neufassung der Diebstahlsbestimmungen. JuS. 1972; 385, 515, 576.

Arzt G, Weber U, Heinrich B, Hilgendorf E. Strafrecht Besonderer Teil. 2. Aufl. 2009.

Bachmann. Zur Problematik des gemischt genutzten Gebäudes bei §§ 244 I Nr. 3 und 306 a I StGB. NStZ. 2009; 667.

Baumann. Über die notwendigen Veränderungen im Bereich des Vermögensschutzes. JZ. 1972; 1.

Baumann J, Weber U, Mitsch W. Strafrecht Allgemeiner Teil. 11. Aufl. 2003.

Behm. Zur Auslegung des Merkmals „Wohnung" im Tatbestand des § 123 und § 244 Abs. 1 Nr. 3 StGB, GA. 2002; 153.

Bernsmann. Zur strafrechtlichen Beurteilung der eigenmächtigen „In-Pfand-Nahme". NJW. 1982; 2214.

Bittner. Zur Abgrenzung von Trickdiebstahl, Betrug und Unterschlagung. JuS. 1974; 156.

Bloy. Die Behandlung der Sachentziehung im deutschen, österreichischen und schweizerischen Strafrecht. Festschrift für Oehler. 1985; 559.

Bloy. Der Diebstahl als Aneignungsdelikt. JA. 1987; 187.

Börner R. Die Zueignungsdogmatik der §§ 242, 246 StGB. 2004.

Börtzler. Verurteilung wegen Diebstahls nach der neuen Fasung der §§ 243, 244 StGB NJW. 1971; 682.

Böse. Der Irrtum über den Gegenstand von Wegnahme und Zueignung beim Diebstahl (§ 242 StGB), GA. 2010; 249.

Bollweg. „Geldwechsel". Jura. 1985; 605.

Borchert, Hellmann. „Tanken ohne zu zahlen" – eine Problemklärung in Sicht? NJW. 1983; 2799.

Borsdorff. Gewahrsamsproblematik bei elektronischer Warensicherung. JR. 1989; 4.

Braunsteffer. Anm. BGH, Urt. v. 3.4.1975 – 4 StR 62/75. NJW. 1975; 1570.

Brocker. Das Passieren der Kasse mit „versteckter Ware". JuS 1994; 919.

Calliess. Die Rechtsnatur der „besonders schweren Fälle" und Regelbeispiele im Strafrecht. JZ 1975; 112.

Charalambakis. Die Nichtbezahlung beim SB-Tanken. MDR 1985; 975.

Corves. Die ab 1. April 1970 geltenden Änderungen des Besonderen Teils des Strafgesetzbuches. JZ 1970; 156.

Cramer. Gedanken zur Abgrenzung von Täterschaft und Teilnahme. Festschrift für Bockelmann 1979; 389.

Degener. Strafgesetzliche Regelbeispiele und deliktisches Versuchen. Festschrift für Stree/Wessels. 1993; 305.

Dehne-Niemann. Zur Konstruktion eines Vermögensschadens beim erzwungenen Rückkauf entwendeten Gutes durch den Eigentümer. ZStW 123. 2011; 485.

Dencker. Anm. BGH, Beschl. v. 19.8. 1998 – 3 StR 333/98. JR 1999; 33.

Dencker F, Struensee E, Nelles U, Stein U. Einführung in das 6. Strafrechtsreformgesetz. 1998.

Dencker. Zueignungsabsicht und Vorsatz der Zueignung. Festschrift für Rudolphi 2004; 425.

Dessecker. Zur Konkretisierung des Bandenbegriffs im Strafrecht. NStZ. 2009; 184.

Deutscher. Kein Eigentumsdelikt beim Selbstbedienungstanken ohne zu zahlen? JA 1983; 125.

Dölling. Diebstahl in einem besonders schweren Fall bei Ausschaltung einer Alarmanlage in einem Kaufhaus? JuS 1986; 688.

Dreher. Anm. OLG Stuttgart, Urt. v. 14.7. 1965 – I Ss 360/65. JR 1966; 29.

Dreher. Anm. BGH, Beschl. v. 3.4. 1970–2 StR 419/69. NJW 1970; 1802.

Dreher. Anm. OLG Köln, Urt. v. 23.1. 1973–Ss 262/72. MDR 1974; 57.

Dünnebier. Anm. BGH, Urt. v. 6.10. 1955–3 StR 279/55. JR 1956; 148.

Ebel. Die Zueignung von Geldzeichen. JZ 1983; 175.

Eisele. Die Regebeispielsmethode: Tatbestands- oder Strafzumessungslösung? JA 2006; 309.

Eisele J. Strafrecht Besonderer Teil II, 2. Aufl. 2012.

Ellbogen. Zu den Voraussetzungen des täterschaftlichen Bandendiebstahls. wistra 2002; 8.

Ellbogen, Wichmann. Bandendelinquenz bei Strafunmündigkeit einzelner Beteiligter, JuS 2007; 114.

Engel. Die Eigentumsfähigkeit und Diebstahlstauglichkeit von Betäubungsmitteln, NStZ. 1991; 520.

Engländer. Die Täterschaft beim Bandendiebstahl, GA. 2000a; 578.

Engländer. Anm. BGH, Beschl. v. 14.3. 2000 – 4 StR 284/99, JZ. 2000b; 630.

Engländer. Anm. BGH, Vorlagebeschl. v. 26.10.2000 – 4 StR 284/99, JR. 2001; 78.

Erb. Anm. BGH, Urt. v. 19.5. 1998 – 1 StR 154/98, NStZ. 1999; 187.

Erb. Anm. BayObLG, Urt. v. 12.4. 2000–5 St RR 206/99, JR. 2001a; 206.

Erb. Die Neuinterpretation des Bandenbegriffs und des Mitwirkungserfordernisses beim Bandendiebstahl, NStZ. 2001b; 561.

Eser. Zur Zueignungsabsicht beim Diebstahl, JuS. 1964; 477.

Fabry. Der besonders schwere Fall der versuchten Tat, NJW. 1986; 15.

Fahl. „Drittzueignung", Unterschlagung und Irrtum über die eigene Täterschaft, JuS. 1998a; 24.

Fahl. Schlaf als Zustand verminderten Strafrechtsschutzes?, Jura. 1998b; 456.

Fahl. Das schwierige Verhältnis von § 246 StGB zu § 242 StGB, Jura. 2014; 382.

Gaede. BGH, Anm. Beschl. v. 15.1. 2002 – 4 StR 499/01, StV. 2003, 78.

Gallas. Der Betrug als Vermögensdelikt. Festschrift für Eberhard Schmidt. 1961; 401.

Gauf. Anm. BGH, Urt. v. 5.5.1983–4 StR 121/83, NStZ. 1983; 505.

Geilen. Raub und Erpressung (Teil II). Jura. 1979; 445.

Geppert. Die Abgrenzung von Betrug und Diebstahl, insbesondere in den Fällen des sogenannten „Dreiecks-Betruges". JuS. 1977; 69.

Geppert. Zur „Scheinwaffe" und anderen Streitfragen zum „Bei-Sich-Führen" einer Waffe im Rahmen der §§ 244 und 250 StGB. Jura. 1992; 496.

Geppert. Zum „Waffen"-Begriff, zum Begriff des „gefährlichen Werkzeugs", zur „Scheinwaffe" und zu anderen Problemen im Rahmen der neuen §§ 250 und 244 StGB. Jura. 1999; 599.

Görgens. Künstliche Teile im menschlichen Körper. JR. 1980; 140.

Gössel. Über die Vollendung des Diebstahls, ZStW 85. 1973; 591.

Gössel. Über den Gegenstand der strafbaren Zueignung und die Beeinträchtigung von Forderungsrechten. In: 140 Jahre Goltdammer's Archiv für Strafrecht. 1993; 39.

Gössel KH. Strafrecht Besonderer Teil. Bd. 2. 1996.

Graul. „Versuch eines Regelbeispiels". JuS. 1999; 852.

Graul. Zum Tier als Sache i. S. des StGB. JuS. 2000; 215.

Gribbohm. Zur Abgrenzung des Diebstahls vom Betrug. JuS. 1964; 233.

Gribbohm. Verwendung fremder Sachen zum Zwecke der Täuschung des Eigentümers, NJW. 1966; 191.

Gribbohm. Schaden, Bereicherung und das Erfordernis ihrer Stoffgleichheit bei Diebstahl und Unterschlagung, NJW. 1968; 1270.

Gribbohm. Anm. BGH, Urt. v. 3.4.1975 – 4 StR 62/75, NJW. 1975; 2213.

Gropp. Die Codekarte: der Schlüssel zum Diebstahl, JZ. 1983; 487.

Gropp. Anm. BGH, Urt. v. 26.9.1984 – 3 StR 367/84, JR. 1985; 518.

Gropp. Der Diebstahlstatbestand unter besonderer Berücksichtigung der Regelbeispiele. JuS. 1999; 1041.

Gropp W, Küpper G, Mitsch W. Fallsammlung zum Strafrecht, 2. Aufl. 2012.

Grunewald. Die Rückveräußerung an den Eigentümer als Zueignungsproblem, GA 2005, 520.

Haffke. Mitgewahrsam, Gewahrsamsgehilfen und Unterschlagung, GA. 1972; 225.

Haft. Grundfälle zu Diebstahl und Raub mit Waffen. JuS. 1988; 364.

Hauck. BGH, Beschl. v. 20.9.2005–3 StR 295/05, ZIS. 2006; 37.

Hauck P. Drittzueignung und Beteiligung. 2007.

Hauf. Zur Scheinwaffenproblematik des § 250 Abs. 1 Nr. 2 StGB, GA. 1994; 319.

Heinrich M. Die Sachbeschädigung als unmittelbare Nutzungsbeeinträchtigung. Festschrift für Otto. 2007; 577.

Hellmann. Zur Strafbarkeit der Entwendung von Pfandleergut und der Rückgabe dieses Leerguts unter Verwendung eines Automaten. JuS. 2001; 353.

Hellmich. Zum „neuen" Wohnungsbegriff des § 244 I Nr. 3 StGB, NStZ. 2001; 511.

Herzberg. Betrug und Diebstahl durch listige Sachverschaffung, ZStW 89. 1977; 367.

Herzberg. Der agent provocateur und die „besonderen persönlichen Merkmale" (§ 28 StGB), JuS. 1983; 737.

Hettinger. Diebstahl mit Waffen (§ 244 Abs. 1 Nr. 1 StGB) durch zum Tragen von Schußwaffen verpflichtete Täter?, GA. 1982; 525.

Heubel. Grundprobleme des Diebstahltatbestandes. JuS. 1984; 445.

Hilgendorf. Körperteile als „gefährliche Werkzeuge", ZStW 112. 2000; 811.

Hillenkamp. Anm. OLG Hamm, Urt. v. 21.10.1975 – 5 Ss 317/75, MDR. 1977; 242.

Hillenkamp. Anm. OLG Celle, Urt. v. 13.1.1987 – 1 Ss 475/86, JR. 1987; 254.

Hillenkamp. Zum Schutz „deliktischen" Besitzes durch die Strafgerichte. Festschrift für Achenbach. 2011; 189.

Hirsch. Eigenmächtige Zueignung geschuldeter Sachen, Rechtswidrigkeit und Irrtum bei den Zueignungsstrafbestimmungen, JZ. 1963; 149.

Hörnle. Die wichtigsten Änderungen des Besonderen Teils des StGB durch das 6. Gesetz zur Reform des Strafrechts. Jura. 1998; 169.

Hohmann. Anm. BGH, Beschl. v. 22.12.1999 – 3 StR 339/99, NStZ. 2000; 258.

Hruschka. Anm. BGH, Urt. v. 23.8.1968 – 4 StR 310/68, JZ. 1969; 607.

Hruschka. Anm. OLG Köln, Urt. v. 20.9. 1977 – Ss 514/77, NJW. 1978; 1338.

Huff. Strafbarkeit der missbräuchlichen Geldautomatenbenutzung durch den Kontoinhaber? NJW. 1986; 902.

Jäger. Diebstahl nach dem 6. Strafrechtsreformgesetz – Ein Leitfaden für Studium und Praxis, JuS. 2000; 651.

Jakobs G. Strafrecht Allgemeiner Teil. 2. Aufl. 1993.

Jescheck H-H, Weigend T. Lehrbuch des Strafrechts Allgemeiner Teil. 5. Aufl. 1996.

Joerden. Gewaltsame Wiederbeschaffung des Hehlgutes für den Eigentümer, Jura. 1986; 80.

Joerden. Der Bandendiebstahl und seine Mitwirkenden, JuS. 2002; 329.

Jung. Gesetzgebungsübersicht, JuS. 1989; 1025.

Jungwirth. Bagatelldiebstahl und Sachen ohne Verkehrswert, NJW. 1984; 954.

Jungwirth. Diebstahlsvarianten im Zusammenhang mit Geldausgabeautomaten, MDR. 1987; 537.

Kadel. Anm. OLG Stuttgart, Beschl. v. 29.10.1984 – 1 Ss 672/84, JR. 1985; 386.

Kargl. Gewahrsamsbegriff und elektronische Warensicherung, JuS. 1996; 971.

Kargl. Verwenden einer Waffe als gefährliches Werkzeug ach dem 6. StrRG, StraFo. 2000; 7.

Kargl. Anm. BGH, Urt. v. 7.8. 2001 – 1 StR 470/00, NStZ. 2002, 202.

Katholnigg. Die Neuregelungen beim Verfall, JR. 1994; 353.

Kindhäuser. Gegenstand und Kriterien der Zueignung beim Diebstahl. Festschrift für Geerds. 1995; 655.

Kindhäuser. Zur Anwendbarkeit der Regeln des Allgemeinen Teils auf den besonders schweren Fall des Diebstahls. Festschrift für Triffterer. 1996; 123.

Kindhäuser, Wallau. Anm. BayObLG, Urt. v. 12.4. 2000 – 5 St RR 206/99, StV. 2001; 18.

Kleb-Braun. Codekartenmißbrauch aus „volljuristischer" Sicht, JA. 1986; 249.

Kohlhaas. Anm. OLG Frankfurt, Urt. v. 13.6.1962 – 2 Ss 258/62, NJW. 1962; 1879.

Kotz. Gelegenheit macht Diebe, JuS. 1982; 97.

Krehl. Der Schlüssel zur Freiheit, Jura. 1989; 646.

Kreß. Das Sechste Gesetz zur Reform des Strafrechts, NJW. 1998; 633.

Krey V, Hellmann U, Heinrich M. Strafrecht Besonderer Teil. Bd. 2, 16. Aufl. 2012b.

Krüger. Anm. BGH, Urt. v. 18.11.1971 – 4 StR 410/71, NJW. 1972; 648.

Kudlich. Zum Stand der Scheinwaffenproblematik nach dem 6. Strafrechtsreformgesetz, JR. 1998; 357.

Kudlich. Die Goldsucher im Krematorium. – Störung der Totenruhe durch Zahngoldentnahme nach Einäscherung, JA. 2008; 391.

Kudlich, Noltensmeier. Die Fremdheit der Sache als Tatbestandsmerkmal in strafrechtlichen Klausuren, JA. 2007; 863.

Kudlich, Oglakcioglu. Strom-„Diebstahl" durch die Manipulation von Stromzählern. Festschrift für Imme Roxin. 2012a; 265.

Kudlich, Oglakcioglu. „Auf die inneren Werte kommt es an" – Die Zueignungsabsicht in der Fallbearbeitung, JA. 2012b; 321.

Kühl. Grundfälle zu Vorbereitung, Versuch, Vollendung und Beendigung, JuS. 1980, 506; 1982, 110.

Kühl. Vollendung und Beendigung bei den Eigentums- und Vermögensdelikten, JuS. 2002; 729.

Kühl. Anm. BGH, Urt. v. 7.8. 2003–3 StR 137/03, NStZ. 2004; 387.

Kühl K. Strafrecht Allgemeiner Teil. 7. Aufl. 2012.

Küper. Deliktsversuch, Regelbeispiel und Versuch des Regelbeispiels, JZ. 1986; 518.

Küper. Die Geringwertigkeitsklausel des § 243 II StGB als gesetzestechnisches Problem, NJW. 1994; 349.

Küper. Verwirrungen um das neue „gefährliche Werkzeug" (§§ 244 I Nr. 1a, 250 I Nr. 1a, II Nr. 1 StGB), JZ. 1999a; 187.

Küper. „Waffen" und „Werkzeuge" im reformierten Besonderen Teil des Strafgesetzbuches. Festschrift für Hanack. 1999b; 569.

Küper. Das mitgeführte „gefährliche Werkzeug" (§§ 244 I Nr. 1a, 250 I Nr. 1a StGB) als Problem der Gesetzessystematik, Gedächtnisschrift für Ellen Schlüchter. 2002a; 331.

Küper. Gläubiger-Eigenmacht, Selbsthilfe und Zueignungsabsicht. Festschrift für Gössel. 2002b; 429.

Küpper, Mosbacher. Untauglicher Versuch bei nur vermeintlicher Mittäterschaft, JuS. 1995; 488.

Kunert. Neue Sicherheitsgesetze – mehr Rechtssicherheit? NStZ. 1989; 449.

Lamberz. § 241 a BGB – Der Weg zur Straflosigkeit für den Empfänger unbestellt zugesendeter Leistungen, JA. 2008; 425.

Lackner K, Kühl K. Strafgesetzbuch. 28. Aufl. 2014.

Lampe. Objektiver und subjektiver Tatbestand beim Diebstahl, GA. 1966; 225.

Lampe. Unvollkommen zweiaktige Rechtfertigungsgründe, GA. 1978; 7.

Lampe. Anm. BGH, Urt. v. 20.3.1985 – 2 StR 44/85, JR. 1986; 294.

Laubenthal. Der Versuch des qualifizierten Delikts einschließlich des Versuchs im besonders schweren Fall bei Regelbeispielen, JZ. 1987; 1065.

Laubenthal. Missglückter Banküberfall mit tödlichem Irrtum, Jura. 1989; 99.

Laubenthal. Einheitlicher Wegnahmebegriff im Strafrecht? JA. 1990; 38.

Lenckner. Anm. OLG Stuttgart, Urt. v. 14.7. 1965 – 1 Ss 360/65, JZ. 1966; 320.

Lenckner. Anm. BGH, Urt. v. 18.2.1981 – 2 StR 333/98, JR. 1982; 424.

Lesch. Diebstahl mit Waffen nach dem 6. StrRG, GA. 1999a; 365.

Lesch Waffen. (gefährliche) Werkzeuge und Mittel beim schweren Raub nach dem 6. StrRG, JA. 1999b; 30.

Lieben. Gleichstellung von „versuchtem" und „vollendetem" Regelbeispiel? NStZ. 1984; 538.

Lieder. Anm. BGH, Urt. v. 10.5.1977–1 StR 167/77, NJW. 1977; 2272.

Ling. Zum Gewahrsamsbruch beim Diebstahl, besonders in Selbstbedienungsläden, ZStW 110. 1998; 919.

v. Löbbecke. Strafbarkeit des versuchten Diebstahls in einem schweren Falle, MDR. 1973; 374.

Maatsch. Das gefährliche Werkzeug im neuen § 244 StGB, GA. 2001; 75.

Maiwald M. Der Zueignungsbegriff im System der Eigentumsdelikte. 1970.

Maiwald. Der Begriff der Zueignung im Diebstahls- und Unterschlagungstatbestand, JA. 1971; 579, 643.

Maiwald. Zur Problematik der „besonders schweren Fälle" im Strafrecht, NStZ. 1984; 433.

Marcelli. Diebstahl „verbotener" Sachen, NStZ. 1992; 220.

Martin. Gewahrsamsbruch in und vor Selbstbedienungsläden, JuS. 1998; 890.

Matt H, Renzikowski J. Strafgesetzbuch. 2013.

Maurach R, Schroeder F-C, Maiwald M. Strafrecht Besonderer Teil 1. 10. Aufl. 2009.
Mayer H. Zum Begriff der Wegnahme, JZ. 1962; 617.
Meurer. Anm. BayObLG, Urt. v. 30.7.1981 – RReg. 5 St 128/81, JR. 1982; 292.
Meurer. Anm. BayObLG, Beschl. v. 7.2.1992 – RReg. 2 St 248/91, JR. 1992; 347.
Meyer J. Zur Täterschaft beim Bandendiebstahl, JuS. 1986; 189.
Miehe. Zueignung und Sachwert. Festschrift der Juristischen Fakultät zur 600-Jahr-Feier der Ruprecht-Karls-Universität Heidelberg. 1986; 481.
Miehe. Anm. BGH, Urt. v. 21.5. 1996 – 1 StR 125/96, StV. 1997; 247.
Mikolajczyk. Das Aneignungselement der Zueignung, ZJS. 2008; 18.
Mitsch. Die Verwendung einer Codekarte durch einen Nichtberechtigten als Diebstahl, JuS. 1986; 767.
Mitsch. Rechtsprechung zum Wirtschaftsstrafrecht nach dem 2. WiKG, JZ. 1994; 877.
Mitsch. Anm. BGH, Urt. v. 20.4. 1995 – 4 StR 27/95, NStZ. 1995; 499.
Mitsch. Strafbare Überlistung eines Geldspielautomaten, JuS. 1998; 307.
Mitsch. Die Vermögensdelikte im Strafgesetzbuch nach dem 6. Strafrechtsreformgesetz, ZStW 111. 1999; 65 ff.
Mitsch. Fortgeschrittenenklausur – Strafrecht: Vermögensdelikte – Brötchenkauf, JuS. 2012; 911.
Mitsch. Strafantragsdelikte, JA. 2014a; 1.
Mitsch. Der Rücktritt vom Versuch des qualifizierten Delikts, JA. 2014b; 268.
Mitsch. Examensfall: Rangeleien auf Bahnsteigen, ZJS. 2014c; 192.
Mohrbotter. Rechtswidrigkeit von Zueignung und Bereicherung im Strafrecht, GA. 1967; 199.
Mohrbotter. Anm. OLG Celle, Urt. v. 19.2.1970–1 Ss 32/70, NJW. 1970; 1857.
Müller. Anm. BGH, Beschl. v. 19.1.2000– 3 StR 500/99, JA 2001; 12.
Münchener Kommentar zum StGB. Bd. 4, 2. Aufl. 2012.
Neumann. Der praktische Fall – Strafrecht: Neue Wege im Kunsthandel, JuS. 1993; 746.
Otto H. Die Struktur des strafrechtlichen Vermögensschutzes. 1970.
Otto. Zum Bankomatenmißbrauch nach Inkrafttreten des 2. WiKG, JR. 1987; 221.
Otto. Strafrechtliche Aspekte des Eigentumsschutzes, Jura. 1989; 137.
Otto. Anm. BGH, Urt. v. 20.4. 1995, – 4 StR 27/95, JZ. 1995; 1020.
Otto. Der strafrechtliche Schutz des menschlichen Körpers und seiner Teile, Jura. 1996; 219.
Otto. Die Erweiterung der Zueignungsmöglichkeiten in den §§ 242, 246 StGB durch das 6. StrRG, Jura. 1998; 550.
Otto. Anm. BGH, Anfragebeschl. v. 22.12.1999 – 3 StR 339/99, StV. 2000; 313.
Otto. Konsequenzen aus § 241 a BGB für das Strafrecht, Jura. 2004; 389.
Paeffgen. Anm. BayObLG, Beschl. v. 3.10.1978 – RReg. 3. St 230/78, JR. 1979; 297.
Ranft. Grundfälle aus dem Bereich der Vermögensdelikte, JA. 1984; 1.
Ranft. Der Bankomatenmißbrauch. wistra. 1987. 79.
Ranft. Grundprobleme des Betrugstatbestandes, Jura. 1992; 66.
Reichling. § 241 a BGB und die Strafbarkeit aus Eigentumsdelikten, JuS. 2009; 111.
Rengier. Die „harmonische" Abgrenzung des Raubes von der räuberischen Erpressung entsprechend dem Verhältnis von Diebstahl und Betrug, JuS. 1981; 654.
Rengier. Das Taschenmesser als gefährliches Werkzeug des Diebes. Festschrift für Schöch. 2010; S. 549.
Röckrath G. Die Zurechnung von Dritthandlungen bei der Dreieckserpressung. 1991.
Rönnau. Die Dritt-Zueignung als Merkmal der Zueignungsdelikte, GA. 2000; 410.
Rönnau. Zur Lehre vom bedingten Einverständnis. Festschrift für Claus Roxin. 2011; 487.
Rotsch. Zum Begriff der Wegnahme beim Diebstahl, GA. 2008a; 65.
Rotsch. Betrug durch Wegnahme – Der lange Abschied vom Bestimmtheitsgrundsatz, ZJS. 2008b; 132.
Roxin. Geld als Objekt von Eigentums- und Vermögensdelikten. Festschrift für Hellmuth Mayer. 1966; 467.
Roxin C. Strafrecht Allgemeiner Teil. Bd. I, 4. Aufl. 2006.
Rudolphi. Der Begriff der Zueignung, GA. 1965; 33.
Rudolphi. Anm. BGH, Beschl. v. 28.11.1984 – 2 StR 696/84, JR. 1985; 252.

Samson. Grundprobleme des Betrugstatbestandes, JA. 1978; 564.

Samson. Grundprobleme des Diebstahls (§ 242 StGB), JA. 1980; 285.

Satzger, Schluckebier, Widmaier. Strafgesetzbuch. 2. Aufl. 2014.

Sax. Bemerkungen zum Eigentum als strafrechtlichem Schutzgut. Festschrift für Laufke. 1971; 321.

Schaffstein. Der Begriff der Zueignung bei Diebstahl und Unterschlagung, GS. 103 1933; 292.

Schäfer. Anm. BGH, Beschl. v. 18.11. 1985–3 StR 291/85, JR. 1986; 522.

Scheffler. Anm. BGH, Beschl. v. 26.7. 1995 – 4 StR 234/95, JR. 1996; 342.

Schild. Der strafrechtsdogmatische Begriff der Bande, GA. 1982; 55.

Schlothauer, Sättele. Zum Begriff des „gefährlichen Werkzeugs" in den §§ 177 Abs. 3 Nr. 1, 244 Abs. 1 Nr. 1a, 250 Abs. 1 Nr. 1a StGB i. d. F. des 6. StrRG, StV. 1998; 505.

Schmidhäuser. Über die Zueignungsabsicht als Merkmal der Eigentumsdelikte. Festschrift für Hans Jürgen Bruns. 1978; 345.

Schmidhäuser. Zum Begriff der Rechtfertigung im Strafrecht. Festschrift für Lackner. 1987; 77.

Schmitt. Juristische „Aufrichtigkeit" am Beispiel des § 243 StGB. Festschrift für Tröndle. 1989; 313.

Schmitt. Nehmen oder Geben, ist das hier die Frage? Festschrift für Spendel. 1992; 575.

Schmitt, Ehrlicher. Anm. BGH, Beschl. v. 16.12.1987 – 3 StR 209/87, JZ 1988; 364.

Schmitz. Anm. BGH, Beschl. v. 14.3. 2000 – 4 StR 284/99, NStZ. 2000; 477.

Schmitz. Altes und Neues zum Merkmal der Zueignungsabsicht in § 242 StGB. Festschrift für Otto. 2007; 759.

Schneider. Anm. AG Berlin-Tiergarten, Urt. v. 18.4.1986 – 264 Ds 84/85, NStZ. 1987; 123.

Scholderer. Anm. BGH, Beschl. v. 10.3.1988 – 4 StR 85/88, StV. 1988; 429.

Schönke, Schröder. Strafgesetzbuch. 29. Aufl. 2014.

Schramm. Grundfälle zum Diebstahl, JuS. 2008; 678: 773.

Schröder. Über die Abgrenzung des Diebstahls von Betrug und Erpressung, ZStW. 60 1941; 33.

Schröder. Rechtswidrigkeit und Irrtum bei Zueignungs- und Bereicherungsabsicht, DRiZ. 1956; 69.

Schröder. Anm. BGH, Urt. v. 3.3.1959 – 5 StR 660/58, JR. 1959; 306.

Schröder. Anm. BayObLG, Urt. v. 22.12. 1960, RReg. 4. St 230 a, b/60, JR. 1961; 189.

Schröder. Anm. BGH, Urt. v. 12.1.1962 – 4 StR 346/61, JR. 1962; 347.

Schröder. Anm. OLG Hamburg, Urt. v. 29.10. 1963 – 2 Ss 110/63, JR. 1964; 229.

Schröder. Anm. BayObLG, Urt. v. 12.5. 1964 – RReg 2 St 213/63, JR. 1965; 27.

Schröder. Anm. OLG Celle, Urt. v. 16.3.1967– I Ss 10/67, JR. 1967; 390.

Schröder. Anm. BGH, Urt. v. 15.1.1970–4 StR 527/69, NJW. 1970; 1753.

Schröder. Diebstahl und Raub mit Waffen (§§ 244, 250 StGB), NJW. 1972; 1833.

Schröder. Anm. BGH, Urt. v. 18.11.1971–4 StR 410/71, NJW. 1972; 778.

Schröder. Anm. BayObLG, Urt. v. 23.3. 1973 – RReg. 3 St 235/72, JR. 1973; 427.

Schroth U. Zentrale Interpretationsprobleme des 6. Strafrechtsreformgesetzes, NJW. 1998; 2861.

Schlüchter E. Irrtum über normative Tatbestandsmerkmale im Strafrecht. 1983.

Schünemann. Raub und Erpressung (Teil II), JA. 1980; 393.

Seelmann. Grundfälle zu den Eigentumsdelikten, JuS. 1985; 199.

Seelmann, Pfohl. Gewahrsam bei Bewusstlosigkeit bis zum Eintritt des Todes? JuS. 1987; 199.

Seier, Schlehofer. Zur Übung: Strafrecht – Der hinterhältige Kommilitone, JuS. 1983; 50.

Seier. Der Schutz vor Ladendiebstahl durch Sicherungsetiketten, JA. 1985; 387.

Sickor. Zu den Gefahren einer rein teleologischen Auslegung – dargestellt am Begriff des „gefährlichen Werkzeugs" im Besonderen Teil des Strafgesetzbuchs, ZStW 125. 2013; 788.

Skwirblies U. Nichteheliche Lebensgemeinschaft und Angehörigenbegriff im Straf- und Strafprozessrecht. 1990.

Solbach. Diebstahl mit Schußwaffen unter bewaffneten Soldaten, NZWehrR. 1977; 161.

Steinhilper. Die missbräuchliche Verwendung von Euroscheckkarten in strafrechtlicher Sicht, Jura. 1983; 401.

Steinhilper. Ist die Bedienung von Bargeldautomaten unter missbräuchlicher Verwendung fremder Codekarten strafbar? GA. 1985; 114.

Sternberg-Lieben. Versuch und § 243 StGB, Jura. 1986; 183.

Sternberg-Lieben. Anm. BGH, Urt. v. 7.8.2001 – 1 StR 470/00, JZ. 2002; 514.

Stree. Der Irrtum des Täters über die Angehörigeneigenschaft seines Opfers, FamRZ. 1962; 55.

Stree. Anm. OLG Celle, Urt. v. 9.7. 1985–1 Ss 178/85, JR. 1986; 386.

Streng. Die „Waffenersatzfunktion" als Spezifikum des „anderen gefährlichen Werkzeugs" (§ 244 Abs. 1 Nr. 1a, § 250 Abs. 1 Nr. 1a StGB), GA. 2001; 359.

Tenckhoff. Der Zueignungsbegriff bei Diebstahl und Unterschlagung, JuS. 1980; 723.

Thaeter. Zur Struktur des Codekartenmißbrauchs. wistra. 1988a; 339.

Thaeter. Die unendliche Geschichte „Codekarte", JA. 1988b; 547.

Trunk. Der Vermögensschaden nach § 253 StGB beim Rückverkauf des gestohlenen Gutes an den Eigentümer, JuS. 1985; 944.

Ulsenheimer. Der Zueignungsbegriff im Strafrecht, Jura. 1979; 169.

Vitt. Nochmals: Zur Eigentumsfähigkeit und Diebstahlstauglichkeit von Betäubungsmitteln, NStZ. 1992; 221.

Vitt. Anm. OLG Düsseldorf, Beschl. v. 17.11.1992 – 2 Ss 337/92–67/92 III, NStZ. 1994; 133.

Walter T. Anm. LG Potsdam, Urt. v. 6.10.2005–26 (10) Ns 142/05, NStZ. 2008; 156.

Wallau. Sachbeschädigung als Zueignung?, JA. 2000; 248.

Warda. Grundzüge der strafrechtlichen Irrtumslehre (Teil II), Jura. 1979; 71.

Warda. Zur Gleichwertigkeit der verwechselten Objekte beim error in obiecto. Festschrift für Blau. 1985a; S. 159.

Warda. Funktion und Grenzen der natürlichen Handlungseinheit. Festschrift für Oehler. 1985b; 241.

Weber. Strafaufhebende Rückwirkungen des Zivilrechts? Gedächtnisschrift für Ellen Schlüchter. 2002; 243.

Welzel. Der Gewahrsamsbegriff und die Diebstähle in Selbstbedienungsläden, GA. 1960; 257.

Welzel. Anm. OLG Hamm, Urt. v. 10.6.1960 – 1 Ss 405/60, NJW. 1961; 328.

Wessels. Zueignung, Gebrauchsanmaßung und Sachentziehung, NJW. 1965b; 1153.

Wessels. Die Entwendung von Dienstgegenständen zu vorübergehendem Gebrauch, JZ. 1965a; 631.

Wessels. Zur Problematik der Regelbeispiele für „schwere" und „besonders schwere" Fälle. Festschrift für Maurach. 1972; 295.

Wessels. Probleme der Jagdwilderei, JA. 1984; 221.

Wessels. Zur Indizwirkung der Regelbeispiele für besonders schwere Fälle einer Straftat, Festschrift für Lackner. 1987; 423.

Wessels J, Hillenkamp T. Strafrecht Besonderer Teil 2. 36. Aufl. 2013c.

Widmaier. Anm. OLG Stuttgart, Urt. O v. 14.1.1970 – 1 Ss 699/69, NJW. 1970; 672.

Widmann. Die Grenzen der Sachwerttheorie, MDR. 1969; 529.

Wimmer. Diebstahl mittels Verbergens, NJW. 1962; 609.

Wolters. Betäubungsmittel als taugliche Objekte eines Eigentumsdelikts. Festschrift für Samson. 2010; S. 495.

Zaczyk. Anm. BGH, Urt. v. 23.8. 1983 – 5 StR 408/83, NStZ. 1984; 217.

Zieschang. Besonders schwere Fälle und Regelbeispiele – ein legitimes Gesetzgebungskonzept? Jura. 1999; 561.

Zipf. Dogmatische und kriminalpolitische Fragen bei § 243 II, Festschrift für Dreher. 1977; 389.

Zopfs. Der schwere Bandendiebstahl nach § 244 a StGB, GA. 1995; 320.

Zopfs. Der Tatbestand des Diebstahls, ZJS. 2009; 506: 649.

Unterschlagung, § 246 StGB

2

Inhaltsverzeichnis

2.1 Allgemeines

2.1.1 Entstehungsgeschichte

Standort des Unterschlagungstatbestandes im Strafgesetzbuch ist seit 1871 der § 246. Am Inhalt dieser Vorschrift war seit Bestehen des StGB über ein Jahrhundert lang nichts verändert worden. Im Zuge des **6. Strafrechtsreformgesetzes** hat der Gesetzgeber das Erscheinungsbild des Tatbestandes durch Entfernung alter und Hinzufügung neuer Merkmale erheblich umgestaltet.[1] Um das Delikt Unterschlagung nach der neuen Fassung des § 246 zu verstehen und insbesondere seine Grenzen zu erkennen, wird man immer wieder einen **Blick auf die Rechtslage vor dem 1. 4. 1998** werfen und den bis dahin erzielten Erkenntnisstand der Strafrechtsdogmatik als Interpretationsrichtlinie heranziehen müssen.[2]

---

[1] Hohmann (2013), 161: „... wohl tiefsten Eingriff ...".

[2] § 246 I a. F. „Wer eine fremde bewegliche Sache, die er in Besitz oder Gewahrsam hat, sich rechtswidrig zueignet, wird mit Freiheitsstrafe bis zu drei Jahren oder mit Geldstrafe und, wenn die Sache ihm anvertraut ist, mit Freiheitsstrafe bis zu fünf Jahren oder mit Geldstrafe bestraft."

© Springer-Verlag Berlin Heidelberg 2015   151
W. Mitsch, *Strafrecht, Besonderer Teil 2*, Springer-Lehrbuch,
DOI 10.1007/978-3-662-44934-9_2

2.1.2 Rechtsgut und Abgrenzung zum Diebstahl

Die Unterschlagung ist ein Delikt gegen das **Eigentum**. Der insoweit identischen Schutzrichtung von Unterschlagung und Diebstahl entsprechen einige Übereinstimmungen im Tatbestand.[3] Der auffälligste Unterschied zwischen Diebstahl und Unterschlagung besteht darin, dass der Täter der Unterschlagung **nicht fremden Gewahrsam bricht**, sondern – im Normalfall – bereits selbst Gewahrsam an der Sache hat, bevor er seine Tat begeht.[4] Unterschlagung wird in der Regel nicht durch Wegnahme begangen (näher dazu unten 2.2.1.3).[5] Opfer der Unterschlagung ist typischerweise ein Eigentümer, der im Zeitpunkt der Tat keine Sachherrschaft hat. Der Täter braucht nicht in fremde Herrschaftssphäre einzudringen, um seine deliktische Zielsetzung zu verwirklichen. Daher bedarf es zur Begehung einer Unterschlagung **geringerer krimineller Energie** als zur Begehung eines Diebstahls.[6] In der niedrigeren Strafdrohung schlägt dies sich deutlich sichtbar nieder. Oft trägt das Opfer selbst mit zu der Tat bei, indem es z. B. die Sache aus Nachlässigkeit irgendwo liegenlässt, verliert („Fundunterschlagung") oder leichtfertig einem anderen anvertraut, ohne dessen Vertrauenswürdigkeit sorgfältig genug geprüft zu haben. Andererseits geht mit der Unterschlagung oftmals ein **Bruch schutzwürdigen Vertrauens** gegenüber dem Eigentümer einher, was beim Diebstahl rudimentär in den Regelbeispielen § 243 I 2 Nr. 4 und Nr. 5 aufscheint. Im Tatbestand der Unterschlagung hat dieser Gesichtspunkt die Funktion eines qualifizierenden Merkmals, vgl. § 246 II.[7]

2.1.3 Systematik

Die Systematik der Unterschlagung ist einfach. Es gibt einen **Grundtatbestand**, die Unterschlagung gem. § 246 I und einen **Qualifikationstatbestand**, die veruntreuende Unterschlagung oder Veruntreuung gem. § 246 II. Parallelen zu §§ 243, 244 weist die Unterschlagung ebenso wenig auf wie Privilegierungstatbestände. Anwendbar sind, wie sich aus Wortlaut und gesetzessystematischer Stellung ergibt, § 247 und § 248 a. Diese beiden Vorschriften haben dieselbe Funktion wie beim Diebstahl: Sie normieren nicht Privilegierungstatbestände, sondern stellen **Strafantragserfordernisse** auf, also Verfahrensvoraussetzungen, die erfüllt sein müssen, damit eine Unterschlagung strafprozessual verfolgt werden darf.

---

[3] Fahl (2014), 382 (384).

[4] Sinn (2002), 64 (66).

[5] Zur Neufassung des § 246 passt diese Aussage nicht mehr, Gropp (1999), 1041 (1045).

[6] Maiwald (1970), 209.

[7] Maiwald (1970), 209.

2.2 Grundtatbestand Unterschlagung, § 246 I

2.2.1 Objektiver Tatbestand

2.2.1.1 Übersicht

Der objektive Tatbestand der Unterschlagung besteht aus den Merkmalen Wer (Täter), Sache, beweglich, fremd (Tatobjekt) und Zueignung (Tathandlung). Die täter- und tatobjektsbezogenen Merkmale bilden den Teil des Tatbestandes, den die Unterschlagung mit dem Diebstahl gemeinsam hat. Auch das Zueignungsmerkmal ist vom Diebstahl her bekannt. Jedoch hat es in § 246 eine andere systematische Stellung: Es gehört dem objektiven Tatbestand an und geht inhaltlich über bloße Zueignungsabsicht hinaus.[8] Der Täter muss sich – oder einem Dritten – die Sache nicht nur zueignen wollen, sondern sie sich – oder einem Dritten – wirklich zueignen.

2.2.1.2 Fremde bewegliche Sache
2.2.1.2.1 Sache
Als eigentumsverletzendes Delikt kann sich die Unterschlagung nur auf **eigentumsfähige Objekte** – also Sachen – beziehen. Die Unterschlagung von Gegenständen, die keine Sachen sind, ist nicht möglich. Dies gilt insbesondere für Forderungen und sonstige Rechte, beispielsweise Guthaben auf einem Konto.[9] Anders verhält es sich, wenn ein Unbefugter von dem Konto abhebt und dann das ausgezahlte Geld für eigene Zwecke verbraucht. Allerdings wird es dann an der „Fremdheit" dieses Geldes fehlen.[10] Hebt jemand unter Vorlage eines fremden Sparbuchs Geld vom Konto des Berechtigten ab, ist Gegenstand der Unterschlagung das Sparbuch, nicht das Geld.[11]

2.2.1.2.2 Beweglich
Wie beim Diebstahl muss auch bei der Unterschlagung die Sache **beweglich** sein. Während diese Beschränkung im Rahmen des § 242 einleuchtet, weil man unbewegliche Sachen nicht „wegnehmen" kann, ist die Ausgrenzung von Immobilien aus dem Unterschlagungstatbestand prima facie nicht zwingend. Versteht man nämlich unter „Zueignung" ein „se ut dominum gerere", scheint dieser Begriff durchaus auch auf Grundstücke, Gebäude und sonstige unbeweglichen Sachen anwendbar zu sein. Auf Grund des eindeutigen Gesetzeswortlautes sind aber Zueignungen in Bezug auf Grundstücke und Gebäude nicht als Unterschlagung, sondern evtl. als Hausfriedensbruch strafbar.[12] Die unterschlagene Sache braucht nicht bereits vor der Tat beweglich zu sein. Es genügt, dass sie durch die Tat, also durch die Zueignung, **beweglich gemacht** wird.[13]

---

[8] Gössel (1996), § 11 Rn. 4; Rengier (2014a), § 5 Rn. 2, 19.

[9] Tenckhoff (1984), 775 (776) Fall 1.

[10] Maurach et al. (2009), § 34 Rn. 12.

[11] BGHSt 8, 273.

[12] Samson (1990), 5 (6).

[13] Wessels et al. (2013c), Rn. 308.

Beispiel

Grundstückseigentümer E ist gestorben und wird von seinen beiden Söhnen A und B beerbt. Während A noch in dem Haus des E wohnt, lebt B schon seit mehreren Jahren im Ausland. Bevor B von dem Erbfall erfährt, hat A bereits einen großen Apfelbaum auf dem Grundstück abgeerntet und einen Teil des Obstes verzehrt.

Das Grundstück ist mit dem Tod des E Eigentum der aus A und B bestehenden Erbengemeinschaft geworden, §§ 1922, 2032 BGB. Gem. § 94 I 1 BGB erstreckt sich dieses Eigentum auch auf den Apfelbaum samt der an ihm hängenden Äpfel. Mit dem Pflücken der Äpfel sind diese eigenständige eigentumsfähige Sachen geworden, die gem. § 953 BGB der Erbengemeinschaft gehören. Die Äpfel sind also für A fremd. Da B keinen Mitgewahrsam an dem Grundstück hatte, woran auch § 857 BGB nichts ändert, hat A die Äpfel niemandem weggenommen. Diebstahl hat er also nicht begangen. Er hat sich die Äpfel aber zugeeignet und damit den objektiven Tatbestand der Unterschlagung erfüllt. Allerdings kann die Tat auf Grund mutmaßlicher Einwilligung des B oder nach § 2038 I 2 BGB gerechtfertigt sein.

2.2.1.2.3 Fremd

Die Sache muss im Zeitpunkt der Unterschlagung **fremd** sein. Das ist der Fall, wenn das Eigentum an der Sache einem anderen zusteht. Miteigentum eines anderen reicht dazu aus, der Täter kann also selbst Miteigentümer sein.[14] Es genügt, dass die Sache vor der Tat fremd ist. Führt der Täter gerade durch die Tathandlung einen Eigentumsübergang auf sich selbst oder einen Dritten herbei, steht dies der Tatbestandsmäßigkeit grundsätzlich nicht entgegen. So ist etwa eine Verbindung, Vermischung oder Verarbeitung fremder Sachen eine tatbestandsmäßige Unterschlagung, obwohl diese Handlungen gem. §§ 946 ff. BGB dem Täter oder einem Dritten das Eigentum an der vormals fremden Sache verschaffen können.[15]

Erwirbt der Täter durch seine Tat **rechtsgeschäftlich Eigentum** an der Sache, scheidet Unterschlagung aus.[16] Bringt der Täter also den Eigentümer durch Täuschung oder durch Drohung dazu, ihm die Sache zu übereignen, begeht er einen Betrug (§ 263) oder eine Erpressung (§ 253), aber keine Unterschlagung. Denn solange die Sache für den Täter noch fremd ist, fehlt es an einer Zueignung, sobald der Täter Handlungen vollzieht, die Zueignungsqualität haben, fehlt es an der Fremdheit der Sache. „Zueignung" ist eine Handlung, mit der der Täter die Rechtsstellung des bisherigen Eigentümers leugnet. Das genaue Gegenteil ereignet sich bei einer vom Täter initiierten Übereignung nach § 929 S. 1 BGB: Indem der Täter den Eigentümer zu einer Übereignung veranlasst, bewirkt er, dass dieser von seiner Rechtsmacht als Eigentümer – ein letztes Mal – Gebrauch macht, sich also als Eigentümer „geriert". Der Täter erkennt mit seiner Beteiligung an diesem Rechtsgeschäft die umfassende Rechtsmacht des Eigentümers über die Sache (§ 903 BGB) an. Nicht der Täter, son-

---

[14] BGH, NJW 1954, 889; OLG Braunschweig, JR 1966, 393 (394).

[15] Wessels et al. (2013c), Rn. 314.

[16] Rengier (2014a), § 5 Rn. 11.

dern der bisherige Eigentümer vollzieht mit der Eigentumsübertragung eine Zueignungshandlung. Schließlich ist die Veräußerung einer Sache im eigenen Namen ja eine typische Zueignungshandlung (siehe oben 1.2.2.3.3.3). Alle darauf folgenden Handlungen des Täters mögen zwar Zueignungsqualität haben. Tatbestandsmäßig sind sie aber nicht, da die Sache inzwischen nicht mehr fremd ist.

Umstritten ist die Fremdheit der Sache beim **Tanken ohne Bezahlen** an Selbstbedienungstankstellen und beim missbräuchlichen Geldabheben mittels **Codekarte**.

Beispiele

1. T fährt mit seinem Pkw zur Tankstelle des O. An einer Zapfsäule füllt er 50 l Super bleifrei in den Tank seines Fahrzeugs. Nach Beendigung des Tankvorgangs setzt sich T sofort in seinen Wagen und fährt davon, ohne das getankte Benzin bezahlt zu haben.
2. Heiratsschwindler T hat die Codekarte der mit ihm befreundeten O in seinen Besitz und die dazugehörige Geheimnummer in Erfahrung gebracht. Mit der Karte hebt er am Geldautomaten der Sparkasse das gesamte Guthaben der O in Höhe von 5000 € ab.

Bei Fällen wie dem des **Beispiels 1** wird in Literatur und Rechtsprechung über Strafbarkeit aus §§ 263, 242 und 246 diskutiert. Gegen Diebstahl spricht, dass die Einrichtung von Zapfsäulen mit Selbstbedienung als Einverständnis des Tankstelleninhabers mit dem vom Kunden bewirkten Gewahrsamswechsel am Benzin verstanden werden kann. Allerdings steht dieses Einverständnis unter der Bedingung, dass der Kunde auch zahlungsbereit ist. Da diese Voraussetzung bei T nicht erfüllt ist, hat er das Benzin weggenommen und Diebstahl begangen. Wer jedoch die Möglichkeit eines bedingten Einverständnisses ablehnt,[17] kommt zu dem Ergebnis, dass das Einfüllen des Benzins in den Tank des Pkw kein Gewahrsamsbruch und somit kein Diebstahl ist.[18] Teilweise wird behauptet, dass der Tankstelleninhaber nicht nur mit dem Gewahrsamswechsel einverstanden ist, sondern darüber hinaus sogar das Benzin dem Kunden schon vor der Bezahlung nach § 929 S. 1 BGB übereigne.[19] Nach dieser Auffassung ist das Benzin bereits Eigentum des Kunden, wenn dieser sich wieder hinters Steuer setzt und davonfährt. Unterschlagung scheidet unter dieser Prämisse aus. Vorzugswürdig ist hingegen die Auffassung, dass die den Eigentumsübergang gem. § 929 BGB herbeiführende Einigung zwischen Kunde und Tankstelleninhaber bzw. Tankstellenpächter erst mit dem Bezahlen des getankten Benzins an der Kasse zustande kommt.[20] Wer nicht bezahlt, einigt sich nicht über den Eigentumsübergang

---

[17] Ast (2013), 305 (306); Arzt et al. (2009), § 13 Rn. 55.

[18] Arzt et al. (2009), § 13 Rn. 54; Krey et al. (2012b), Rn. 221.

[19] Herzberg (1983), 251; Seier (1984), 322; aA Maurach et al. (2009), § 34 Rn. 15.

[20] OLG Braunschweig, NStZ 2008, 402 (403); Eisele (2012b), Rn. 251; Krey et al. (2012b), Rn. 223.

und erwirbt deshalb nicht rechtsgeschäftlich Eigentum an dem Benzin.[21] Das getankte Benzin war daher hier für T noch fremd, als er davonfuhr. Er hat sich folglich wegen Unterschlagung strafbar gemacht.[22]

Die Geldabhebung am Bankomaten mit einer entwendeten Codekarte (**Beispiel 2**) wird seit 1986 jedenfalls von § 263 a erfasst, erfüllt daneben aber nach freilich sehr umstrittener Auffassung noch weitere Straftatbestände. Oben wurde bereits dargelegt, dass und warum Diebstahl bezüglich des Geldes bejaht werden kann (siehe oben 1.2.1.4.3.2). Während jedoch diese Lösung in Rechtsprechung und Literatur überwiegend abgelehnt wird, stößt der Vorschlag, das unbefugte Geldabheben als Unterschlagung zu bestrafen, durchaus auf beachtliche Zustimmung. Das von dem Automaten ausgeworfene Geld sei nämlich fremd und bleibe es in der Hand des Täters auch, da die Bank ihm kein Übereignungsangebot iSd § 929 S. 1 BGB mache. Die Bank wolle nur an den Inhaber der Codekarte Geld übereignen.[23] Diese Auffassung ist zutreffend, allerdings dahingehend zu ergänzen, dass die Bank dem Unbefugten auch den Gewahrsam nicht überträgt und aus diesem Grund Diebstahl am Geld vorliegt.[24] T hat also die Strafbarkeitsvoraussetzungen des § 246 I erfüllt, wird aber nach der hier vertretenen Meinung nicht wegen – der gegenüber Diebstahl subsidiären – Unterschlagung, sondern wegen Diebstahls bestraft.

Zur Feststellung der Fremdheit bedarf es mitunter solider Kenntnisse im **Zivilrecht**.[25] Dies ist insbesondere für die juristisch korrekte Beurteilung von Rechtsgeschäften erforderlich, mit denen ein Dritter das Eigentum an der Sache auf einen anderen übertragen will und an denen der Täter auf der Seite des Erwerbers mitwirkt.[26]

Beispiel

T ist in dem Hotel des H als Kellner angestellt. Von den 120 €, mit denen der Gast G seine Zeche in bar bezahlt hat, gibt T an H nur 100 € weiter. Die restlichen 20 € steckt er in die eigene Tasche.

---

[21] Die Vermischung des frisch getankten Benzins mit dem schon zuvor im Tank befindlichen und dem Kunden gehörenden Kraftstoff führt gem. §§ 947, 948 BGB zum Miteigentum an der Gesamtmenge.

[22] Ast (2013), 305 (309); Lange et al. (2003), 961 (963).

[23] BGHSt 35, 152 (161); AG Hamburg, NJW 1986, 945 (946); Arzt et al. (2009), § 15 Rn. 16; aA Schmitt et al. (1988), 364.

[24] AG Hamburg, NJW 1986, 945 (947); Mitsch (1994), 877 (879).

[25] Hier – wie bei allen Eigentums- und Vermögensdelikten – gilt also, worauf Krack et al. (1995), 17 im Zusammenhang mit einem Problem des § 263 hinweisen: „Ohne eine sorgfältige Klärung der zivilrechtlichen Fragen lässt sich aber eine sachgerechte strafrechtliche Lösung nur schwer vorstellen." Kritisch zur Zivilrechtsabhängigkeit des Unterschlagungstatbestandes Baumann (1956), 522 ff.

[26] OLG Düsseldorf, NStZ-RR 1999, 41 (42).

T hat die eingesteckten 20 € unterschlagen, wenn diese für ihn fremd waren. Das hängt davon ab, ob der ursprüngliche Eigentümer G mit der Bezahlung das Geld dem H oder dem T übereignet hat. G hatte gewiss nicht die Vorstellung, mit seinem Restaurantbesuch in rechtliche Beziehungen zu T zu treten. Vielmehr wollte er nur mit H einen Bewirtungsvertrag abschließen und allein diesem gegenüber eine Zahlungsverpflichtung eingehen und erfüllen. Mit der Übergabe des Geldes an T machte G also ein Übereignungsangebot iSd § 929 S. 1 BGB, das nicht an T, sondern an H gerichtet war. Hinsichtlich der Einigung zwischen G und H fungierte T als Bote oder Vertreter des H, hinsichtlich der Übergabe als Besitzdiener des H, § 855 BGB. Ein etwaiger Wille des T, nicht für H, sondern im eigenen Namen zu handeln und selbst Eigentum an dem Geld zu erwerben, ist gem. § 116 S. 1 BGB unbeachtlich[27]. Als T das Geld von G in Empfang nahm, erlangte H das Eigentum daran. Folglich gehörten die 20 € bereits dem H, als T sie in seine eigene Tasche steckte.[28]

Noch schwieriger ist die unvermeidliche Beantwortung zivilrechtlicher Vorfragen, wenn ein Tatbestand **originären Eigentumserwerbs** im Spiel ist.

Beispiel

X verkauft dem T eine Kuh, die X zuvor dem Bauern O gestohlen hat. T ist zu diesem Zeitpunkt gutgläubig. Einige Wochen danach bringt die Kuh ein Kalb zur Welt. O hat inzwischen von den Taten des X erfahren und sich sofort an den T gewandt. Unter wahrheitsgemäßer Schilderung der gesamten Vorgänge verlangt O von T Kuh und Kalb heraus. T ist aber nur zur Herausgabe der Kuh bereit. Das Kalb schlachtet er, bevor O gerichtliche Schritte gegen ihn unternehmen kann.

Die Schlachtung des Kalbes könnte eine „Zueignung" iSd § 246 I sein. Fraglich ist aber, ob das Kalb eine fremde Sache – nämlich Eigentum des O – ist. Nach § 953 BGB wäre O mit der Geburt des Kalbes Eigentümer geworden, wenn dem nicht § 955 I BGB entgegenstünde. Diese Vorschrift weist dem T das Eigentum an dem Kalb zu, da er im Zeitpunkt der Geburt noch in gutem Glauben war. Letztlich hängt die Bestimmung des Eigentümers von der umstrittenen Anwendbarkeit des § 935 BGB im Rahmen des § 955 BGB ab. War die Kuh zur Zeit des Diebstahls bereits trächtig, wird man nicht nur den Eigentumserwerb bezüglich der Kuh gem. § 932 BGB, sondern auch den Eigentumserwerb bezüglich des Kalbes gem. § 955 I BGB an § 935 I BGB scheitern lassen müssen. Nach dieser Auffassung war das Kalb tatsächlich eine für T fremde Sache.

Die zivilrechtliche Vorprägung des strafrechtlichen Fremdheitsbegriff hat zur Folge, dass der Unterschlagungstatbestand auch Sonderformen des Eigentums wie den

---

[27] RGSt 30, 88 (91); BGHSt 14, 38 (44); OLG Köln, NJW 1963, 1992.
[28] OLG Düsseldorf, NJW 1992, 60; Gribbohm (1963), 106.

Eigentumsvorbehalt[29] und das **Sicherungseigentum** erfasst.[30] Da bei letzterem das Sicherungsgut typischerweise im Alleingewahrsam des Sicherungsgebers – für den die Sache fremd ist[31] – verbleibt, fällt dessen treuwidriges Hantieren mit der Sache nicht unter § 242. Möglich ist aber Strafbarkeit wegen Unterschlagung.

Während eine rechtsgeschäftliche Mitwirkung des Eigentümers beim Tatvollzug eine Übereignungswirkung haben kann, die bereits die Strafbarkeitsbegründung in Frage stellt, steht eine nachträgliche Aufhebung der Strafbarkeit zur Diskussion, wenn der Eigentümer durch ein Rechtsgeschäft nach der Tat einen Eigentümerwechsel herbeiführt. Einhelliger Ansicht nach kann Unterschlagung durch unbefugtes rechtsgeschäftliches Handeln begangen werden. Die **Verfügung eines Nichtberechtigten** im eigenen Namen ist ein anerkannter Fall der „Zueignung" (näher dazu unten 2.2.1.4.2). Zivilrechtlich sind derartige Verfügungen unwirksam, sofern sie nicht mit Einwilligung des Berechtigten vollzogen werden, § 185 I BGB. Eine ohne Einwilligung vorgenommene Übereignung iSd § 929 S. 1 BGB führt also keinen Eigentumsübergang herbei. Die zunächst unwirksame Verfügung kann jedoch durch Genehmigung des Berechtigten nachträglich wirksam werden, § 185 II 1 Alt. 1 BGB. Mit der Genehmigung verliert der Berechtigte sein Eigentum, dieses geht auf den Verfügungspartner des Nichtberechtigten über. Während die mit Einwilligung des Berechtigten vorgenommene Verfügung gerechtfertigt und aus diesem Grund nicht strafbar ist, wird der nachträglichen Genehmigung strafrechtliche Relevanz überwiegend abgesprochen.[32]

Beispiel

T hat von O ein Motorrad geliehen. Als X dem T erklärt, dass er die Maschine gern für 5000 € kaufen möchte, wird T schwach und nimmt das Angebot an. X weiß, dass T nicht der Eigentümer des Motorrads ist. Kurz darauf erfährt O von der Tat des T. Da O sein Motorrad ohnehin verkaufen wollte und sich einen so hohen Kaufpreis, wie T ihn erzielt hat, gar nicht erhofft hatte, erklärt er dem T, dass er den Verkauf an X genehmige. Gleichzeitig verlangt O von T Herausgabe der 5000 €, die T von X bekommen hat.

Das Geschäft zwischen T und X hat an dem Eigentum des O nichts geändert. Da X bösgläubig war, konnte er nicht nach § 932 BGB Eigentümer werden. Mit der Genehmigung des O wurde die Übereignung aber wirksam, d. h. X erlangte damit das Eigentum an dem Motorrad, § 185 II 1 Alt. 1 BGB. Zugleich wurde O Inhaber eines Anspruchs gegen T auf Herausgabe der 5000 €, § 816 I 1 BGB. Strafrechtlich ist die Veräußerung des Motorrads durch T eine Unterschlagung. Die nachträgliche Genehmigung der Tat durch O beseitigt die Rechtswidrigkeit

---

[29] BGH, NJW 1970, 1753 (1754); Arzt et al. (2009), § 15 Rn. 5.

[30] RGSt 61, 65 (66); BGHSt 1, 262; 5, 61 (62); 34, 309; BGH, NJW 1987, 2242 (2243); BGH, wistra 2007, 18 (20); OLG Celle, NJW 1974, 2326 (2327); Hauck (2008), 241 (244).

[31] RGSt 61, 65 (66).

[32] Schönke et al. (2014), § 246 Rn. 22.

nicht.[33] Ein Widerspruch zu der zivilrechtlichen Bewertung des Falles kann darin nicht gesehen werden.[34] Zwar wird T wegen eines Eigentumsdelikts bestraft, obwohl O sich im Zeitpunkt der Verhandlung über die Tat gar nicht mehr als verletzter Eigentümer betrachtet. Jedoch bezieht sich die strafrechtliche Beurteilung der Tat als Unterschlagung nur auf die Vorgänge bis zur Übergabe des Motorrads an X. Das Geschehen danach hat auf die Strafbarkeit keinen Einfluss mehr. Auch wenn T oder X den O beerbt hätte, bliebe die Strafbarkeit des T aus § 246 unberührt, obwohl nunmehr X Eigentümer des Motorrads wäre, vgl. §§ 185 II 1 Alt. 2, 1922 BGB. Das materielle Strafrecht erkennt grundsätzlich[35] Ereignisse nach vollendeter Tat und damit auch die nachträgliche Genehmigung des betroffenen Rechtsgutsinhabers nicht als Strafbarkeitsausschlussgrund an. Dieser Umstand kann also nur sanktionen- oder strafverfahrensrechtlich (vgl. §§ 153, 153 a StPO) berücksichtigt werden.

Im Falle einer – seit 1. 4. 1998 tatbestandsmäßigen – **Drittzueignung** muss die Sache für den Täter und den Dritten fremd sein. Gehört die Sache dem Dritten, dem der Täter sie zueignen will, ist sie zwar für den Täter fremd, taugt zur Tatbestandserfüllung aber gleichwohl nicht, weil sie dem Dritten nicht zugeeignet werden kann. Eine Zueignung ist nur zugunsten einer Person möglich, die noch nicht Eigentümer(in) der Sache ist.

2.2.1.3 Gewahrsamsverhältnisse

2.2.1.3.1 Bedeutung des Gewahrsams nach dem 6. StrRG

Wie oben (2.1.1) bereits dargelegt wurde, hatte § 246 vor dem 1. 4. 1998 eine andere Gestalt. Das 6. StrRG hat den objektiven Tatbestand vor allem dadurch stark verändert, dass es das frühere Merkmal „die er in Besitz oder Gewahrsam hat" aus dem Gesetzestext entfernte.[36] Nach der neuen Fassung des Tatbestandes **scheint es also auf die Gewahrsams- bzw. Besitzlage im Zeitpunkt der Tat nicht mehr anzukommen.**[37] Die Sache kann danach im Gewahrsam des Täters oder eines Dritten stehen. Sie kann aber auch gewahrsamslos sein[38] oder sich im Gewahrsam der Person befinden, gegen die sich die Tat richtet (Eigentümer, bisheriger Gewahrsamsinhaber). Das Gesetz verlangt auch nicht, dass der Täter selbst jemals Gewahrsam an der Sache gehabt hat oder wenigstens durch seine Tat erlangt. Seine Tat kann sich also auf eine Sache beziehen, die er zu keiner Zeit in tatsächlicher Herrschaftsgewalt gehabt hat.[39] Es hat nach dem neuen Gesetzestext sogar den Anschein, dass

---

[33] Baumann et al. (2003), § 17 Rn. 105.

[34] So aber Weber (1981), 133 (143).

[35] Eine Ausnahme ist z. B. § 306 e StGB.

[36] Hohmann (2013), 161.

[37] Hörnle (1998), 169 (170).

[38] Zur Fundunterschlagung vgl. Duttge et al. (1998), 884 (891).

[39] Eindrucksvoll krass das Beispiel der telefonischen Fahrrad-Schenkung bei Sander et al. (1998), 273 (276), deren aus § 246 n. F. ableitbare Qualifikation als Unterschlagung die Autoren zu Recht ein „befremdliches Ergebnis" nennen; ebenso Duttge et al. (1998), 884 (909); Fahl (2014), 382

die Erfüllung des Unterschlagungstatbestandes nicht einmal einen Gewahrsamsverlust des bisherigen Herrschaftsinhabers voraussetzt, dass es also möglich ist, Unterschlagung zu begehen, ohne die Sache dem Eigentümer zu entziehen.

Infolge der Beseitigung des Gewahrsamsmerkmals ist der Gesetzestext **zu weit** geraten und muss durch **restriktive Auslegung** auf ein vernünftiges Maß zurückgeführt werden.[40] Dem Gesetzgeber ging es nur um die Bereinigung eines einzigen mit dem Gewahrsamsmerkmal zusammenhängenden Tatbestandsproblems. Eine Strafbarkeitsausdehnung, wie sie die Eliminierung des Gewahrsamsaspekts zur Folge hat, war nicht beabsichtigt. Als Anknüpfungspunkt für eine einschränkende Auslegung kommt mangels besser geeigneter Alternativen im Gesetzestext nur noch das Tatbestandsmerkmal „Zueignung" in Frage.[41] Bei dem Bemühen um eine Konturierung des Tatbestandes wird man nicht umhin kommen, **sich am früheren Gesetzestext zu orientieren und das ehemalige Gewahrsams/Besitz-Merkmal in den neuen Tatbestand – genauer gesagt: in das Tatbestandsmerkmal „Zueignung"[42] – „hineinzudenken".**[43] Aus diesem Grund werden hier die „Gewahrsamsverhältnisse" wie ein eigenständiges Tatbestandsmerkmal vor der „Zueignung" erörtert, obwohl sie nunmehr Subsumtionsmaterial des Zueignungsmerkmals sind.

2.2.1.3.2 Sachherrschaftsloser Eigentümer

Früher musste der Täter die Sache „in Besitz oder Gewahrsam" haben. Damit stellte das Gesetz klar, dass nicht jedwede Anmaßung einer eigentümerähnlichen Stellung Unterschlagung ist, sondern nur eine solche, die in engem Zusammenhang mit der tatsächlichen Sachherrschaft steht. Insbesondere zeigte die Verwendung des Gewahrsamselements sowohl in § 242 als auch in § 246, dass der **Verlust der Sachherrschaft** beim bisherigen Gewahrsamsinhaber – der stets einen Verlust auch für den Eigentümer bedeutet – eine unverzichtbare (Mindest-)Voraussetzung strafwürdiger Eigentumsbeeinträchtigung ist. Unterschlagung ist also unmöglich, solange der Eigentümer selbst noch intakten Gewahrsam an der Sache hat. Daran hat sich auch nach der Neufassung des Unterschlagungstatbestandes nichts geändert.[44]

Beispiel

Nach dem Tod des E hat dessen einziger Sohn O als gesetzlicher Erbe den Nachlass in Besitz genommen. Unter Berufung auf ein Testament des E erhebt T, die ehemalige Lebensgefährtin des E, gegen O Klage auf Herausgabe der Nachlassgegenstände. In dem Testament ist T von E zur Alleinerbin eingesetzt worden. E

---

(383); Jahn (1999), 195 (207); Otto (2003), 87 (88); Schenkewitz (2003), 17 (21). Für unbegründet hält diese Kritik Börner (2004), 215.

[40] Degener (2001), 388 (390); Eisele (2012b), Rn. 258; Kudlich (2001), 767 (768); Sander et al. (1998), 273 (276); Sinn (2002), 64.

[41] Cantzler (2001), 567 (569).

[42] Jahn (1999), 195 (214): ungeschriebenes Tatbestandsmerkmal.

[43] Cantzler (2001), 567 (569); Kudlich (2001), 767 (768); Rengier (1998), 801 (811); dagegen Dencker (2004), 425 (429); Sinn (2002), 64 (65).

[44] Sinn (2002), 64.

hatte sich kurz vor seinem Tod von T getrennt und die testamentarische Erbeinsetzung widerrufen. T hat jedoch das Widerrufstestament vernichtet, bevor ein anderer von dessen Existenz erfahren konnte.

Wer eine auf § 2018 BGB oder § 985 BGB gestützte Herausgabeklage erhebt, „berühmt" sich des Eigentums an den streitgegenständlichen Sachen. Dies begründet im vorliegenden Fall Strafbarkeit der T wegen versuchten Prozessbetrugs (§§ 263, 22), nachdem sie zuvor bereits mit der Vernichtung des Widerrufstestaments ein Vergehen der Urkundenunterdrückung nach § 274 I Nr. 1 begangen hatte. Der Gesichtspunkt der Eigentumsbeeinträchtigung kommt in diesen Straftatbeständen aber nicht unmittelbar zum Tragen.[45] Eine Bestrafung aus § 246, die den eigentumsbeeinträchtigenden Charakter der Tat sichtbar machen würde, scheiterte nach § 246 I a. F. am Fehlen des Tätergewahrsams. Dieser Umstand stünde allerdings einer Strafbarkeit aus § 246 dann nicht entgegen, wenn der Unterschlagungstatbestand Gewahrsam oder Besitz des Täters gar nicht verlangen würde.

Eine dahingehende – dem Gesetzeswortlaut des § 246 I a. F. offensichtlich widersprechende – Auffassung wurde in der Strafrechtswissenschaft vereinzelt vertreten. Unter der Bezeichnung „**große berichtigende Auslegung**" wurde behauptet, das Gewahrsamsmerkmal im Text des § 246 I a. F. sei keine Strafbarkeitsvoraussetzung der Unterschlagung, sondern diene nur der Abgrenzung von Unterschlagung und Diebstahl. Es solle damit lediglich zum Ausdruck gebracht werden, dass die Unterschlagung eine Eigentumsverletzung ohne Bruch fremden Gewahrsams ist. Eigentumsverletzung durch Wegnahme werde von § 242 erfasst, alle anderen – ohne Wegnahme begangenen – Eigentumsverletzungen seien als Unterschlagung strafbar.[46] In diesen Bereich strafbarer Eigentumsverletzungen seien deshalb auch Zueignungsakte einbezogen, die der Täter vollzieht, ohne selbst Gewahrsam oder Besitz an der Sache zu haben.[47] Mit der Neufassung des Unterschlagungstatbestandes hat sich der Gesetzgeber die „große berichtigende Auslegung" zueigen gemacht[48] und ist sogar noch über sie hinausgegangen. Indessen erfasst den vorliegenden Fall weder die große berichtigende Auslegung noch der ihr nachempfundene neugefasste Tatbestand des § 246 I. Unannehmbar – und vom Gesetzgeber auch gar nicht intendiert[49] – wäre nämlich die Konsequenz, Taten dem Unterschlagungstatbestand einzuverleiben, bei denen der Eigentümer seinen Gewahrsam noch nicht verloren hat.[50] T hat also mit ihrer Herausgabeklage keine Unterschlagung begangen.

---

[45] Das Merkmal „gehört" in § 274 I Nr. 1 stellt nicht auf das Eigentum, sondern auf die Beweisführungsbefugnis ab, vgl. BGHSt 29, 192 (194).

[46] RGSt 49, 194 (198).

[47] Welzel (1969), S. 345.

[48] Arzt et al. (2009), § 15 Rn. 9; Fahl (2014), 382 (383).

[49] Die große berichtigende Auslegung wollte nur die Lücke schließen, die entsteht, wenn der Täter im Zeitpunkt der Zueignung keinen Gewahrsam hat. Als selbstverständlich vorausgesetzt wurde dabei, dass der Eigentümer keinen Gewahrsam an der Sache mehr hatte.

[50] Mitsch (1999), 65 (90); Rengier (1998), 801 (811); Sinn (2002), 64 (67) Fn. 53.

Aus obigem Befund lassen sich Schlüsse auf die Erfordernisse eines rechtsstaatlichen Maßstäben entsprechenden restriktiven Zueignungsbegriffs ziehen. Die in § 246 pönalisierte Verletzung des Rechtsguts „Eigentum" ist ohne Gewahrsamsverlust beim Rechtsgutsinhaber nicht möglich. Folglich muss die rechtsgutsverletzende Handlung – die Zueignung – diesen Verlust herbeiführen oder – sofern er vor der Tat schon eingetreten war – die Verlustwirkung verstärken. Zueignung kann deshalb nur ein Verhalten sein, welches den **Gewahrsam an der Sache in den als „Zueignung" zu qualifizierenden Vorgang einbezieht**. Die Gewahrsamssituation muss durch die Zueignungshandlung verändert werden. Ein bloß verbales „gerieren" als Eigentümer genügt dazu nicht, da Unterschlagung kein Äußerungsdelikt ist. Die bloße unwahre **Behauptung**, Eigentümer einer Sache zu sein, ist auch dann keine Zueignung iSd § 246, wenn diese Behauptung vom Inhaber des Gewahrsams aufgestellt wird.[51]

Beispiel

T hat einen dem O gehörenden Pkw in Besitz. Der Wagen ist ein Nachlassgegenstand, der bis zu seinem Tod dem E gehörte. E hatte dem T die Benutzung des Fahrzeugs gestattet. Gesetzlicher Erbe des E ist sein Sohn O. Dieser erhebt gegen T Klage auf Herausgabe des Pkw. In seiner Klageerwiderungsschrift behauptet T, testamentarischer Alleinerbe des E zu sein. Zum Beweis legt er ein von E handschriftlich errichtetes Testament vor. E hatte dieses Testament allerdings kurz vor seinem Tode widerrufen, was dem T bekannt war.

Da T unmittelbaren Besitz und Gewahrsam an dem Pkw hatte, konnte er durch eine Zueignung den Tatbestand des § 246 erfüllen. Die bloße verbale Behauptung einer Eigentümerposition ist aber keine Zueignung, da der Gewahrsam an der Sache in diesem Vorgang keine Rolle spielt.[52] Die Behauptung kann ebenso ohne Gewahrsam aufgestellt werden (Beispiel: X tritt als Hauptintervenient [§ 64 ZPO] dem Rechtsstreit zwischen O und T bei und behauptet, er sei Alleinerbe des E und deshalb Eigentümer des Pkw). Insbesondere setzt der Täter hier seine Sachherrschaft nicht als Mittel zur Manifestation seines Zueignungswillens ein. T hat also den Tatbestand der Unterschlagung nicht erfüllt.

2.2.1.3.3   Sachherrschaft des Täters

2.2.1.3.3.1   Sachherrschaftserfordernis nach § 246 a. F.[53]

Aus dem Text des § 246 I a. F. ging eindeutig hervor, dass der Täter die Sache, auf die sich die Tat bezieht, in Besitz oder Gewahrsam haben muss. Nach einhelliger Ansicht ist der Begriff des „Gewahrsams" mit dem gleichlautenden Wegnahmeelement des Diebstahls identisch. Überwiegend wurde auch die Alternative „Besitz" mit dem Gewahrsam gleichgesetzt, der mittelbare Besitz (§ 868 BGB) also

---

[51] Dencker et al. (1998), Rn. 52; Gössel (1996), § 11 Rn. 5; Roth (1986), 53.

[52] Schönke et al. (2014), § 246 Rn. 20; Wessels et al. (2013c), Rn. 314.

[53] Vgl. dazu auch Duttge et al. (1998), 884 (889 ff.); Jahn (1999), 195 (197 ff.).

ausgeschlossen. Täter der Unterschlagung konnte also nur ein Gewahrsamsinhaber oder Besitzer (nach h. M.: unmittelbarer Besitzer) sein. Ein Täter, der die Sache zu keinem Zeitpunkt des Tathergangs in Besitz oder Gewahrsam hatte, erfüllte den Unterschlagungstatbestand nicht.

Die Neufassung des § 246 I verlangt einen Besitz oder Gewahrsam des Täters nicht mehr. Auch der Besitz oder Gewahrsam eines Dritten, der nunmehr ja ebenfalls Zueignungsbegünstigter (Drittzueignung) sein kann, ist keine explizite Strafbarkeitsvoraussetzung. Berücksichtigt man aber, dass die Gesetzesnovellierung nur die Streitfragen ausräumen sollte, die auf der Grundlage des früheren – Besitz oder Gewahrsam voraussetzenden – Unterschlagungstatbestandes diskutiert wurden, erscheint der neue Unterschlagungstatbestand in einem anderen Licht: Auch in den strittigen Fällen hatte der Täter irgendwann Besitz oder Gewahrsam an der Sache. Nur hatte er ihn entweder nicht schon vor der Tat, sondern erst durch die Tat erlangt, oder er hatte ihn zwar vor der Tat erlangt, zum Zeitpunkt der Tat aber schon wieder verloren. Nicht das Gewahrsamserfordernis an sich, sondern seine zeitliche Beziehung zum Zueignungsakt war der umstrittene Punkt. Und nur dies wollte der Gesetzgeber durch die Umgestaltung des § 246 I klären. Daher ist es trotz seiner legislatorischen Überholung notwendig, den früheren Streitstand aufzurollen, damit die Grenzen, die die historische Auslegungsmethode dem Unterschlagungstatbestand setzt, genau markiert werden können.

Umstritten war, zu welchem Zeitpunkt die Sachherrschaft des Täters bestehen musste, insbesondere welche **zeitliche Relation** zwischen Sachherrschaft („Besitz oder Gewahrsam") und Zueignung erforderlich war. Unproblematisch war die Tatbestandsmäßigkeit, wenn der Täter bereits vor der Zueignung Besitz oder Gewahrsam an der Sache erlangt hatte und diese Herrschaft beim Vollzug der Zueignungshandlung noch bestand.

Beispiel

E ist Eigentümer eines wertvollen Gemäldes, das in seinem Arbeitszimmer hängt. Bevor E sich auf eine längere Auslandsreise begibt, bringt er das Gemälde zu T, damit dieser es während seiner Abwesenheit verwahre. In der Nachbarschaft des E waren in letzter Zeit mehrere Wohnungseinbrüche verübt worden. Nachdem E abgereist ist, überlässt T das Bild seinem Bekannten B, der damit sein Haus, in dem demnächst eine große Feier stattfinden soll, schmücken will. Nach der Feier soll B das Bild dem T zurückgeben. Als das Fest vorüber ist, bittet B den T, den er für den Eigentümer hält, ihm das Bild für 100 000 € zu verkaufen. T kann der Versuchung nicht widerstehen und nimmt das Angebot an.

In einem Fall wie diesem hing die Entscheidung über Strafbarkeit oder Straflosigkeit des T davon ab, ob der Tatbestand des § 246 I a. F. **Gleichzeitigkeit von Sachherrschaft und Zueignung** voraussetzte. Denn andere Straftatbestände kamen als Bestrafungsgrundlage nicht in Betracht. Verkauf und Übereignung des Bildes an B sind weder Betrug (§ 263) noch Untreue (§ 266). Die Veräußerung des Bildes könnte aber eine Zueignung iSd § 246 I sein. Als T das Geschäft mit B abschloss, befand sich das Bild jedoch nicht mehr im Gewahrsam des T.

Nach dem Wortlaut des § 246 I a. F. war aus diesem Grund Unterschlagung ausgeschlossen. Das Gesetz ließ es nicht ausreichen, dass der Täter die Sache zu irgendeinem Zeitpunkt in Besitz oder Gewahrsam „hatte". Vielmehr musste sich die Zueignung auf eine Sache beziehen, die der Täter in Besitz oder Gewahrsam „hat". Das konnte nur so verstanden werden, dass sich die Sache noch unter der Herrschaft des Täters befinden muss, während der Zueignungsakt vollzogen wird. Die „**große berichtigende Auslegung**", die auf jegliche Sachherrschaft des Täters verzichtete und daher im vorliegenden Fall problemlos zur Bestrafung des T aus § 246 I a. F. kam, war deshalb unhaltbar.[54] Sie setzte sich über den eindeutigen Gesetzeswortlaut hinweg und verstieß gegen Art. 103 II GG.[55]

Ein anderer Weg zur Strafbarkeit des T aus § 246 I a. F. führte über das Merkmal „Besitz". Allerdings hätte dieses Merkmal dazu auch den **mittelbaren Besitz** (§ 868 BGB) erfassen müssen. T hatte dem B das Bild geliehen, also mit ihm ein Besitzmittlungsverhältnis begründet. T war daher mittelbarer Besitzer des Bildes, als er auf das Kaufangebot des B einging. Die Rechtsprechung und ein Teil der Literatur lehnten die Einbeziehung des mittelbaren Besitzes in § 246 I a. F. ab.[56] Aus der Entstehungsgeschichte des Gesetzes ergebe sich, dass das Tatbestandsmerkmal nur den mit tatsächlicher Sachherrschaft verbundenen Besitz meine.

Dem Gleichzeitigkeitserfordernis ist durch eine Zueignungshandlung genügt, die **mit der Begründung des Tätergewahrsams zusammenfällt**. In diesem Fall hat der Täter vor der Zueignung noch keinen Gewahrsam gehabt. Dieser wird erst durch die Zueignungshandlung begründet. Fraglich ist, ob dies nach § 246 I a. F. zur Erfüllung des Unterschlagungstatbestandes ausreichte.

Beispiel

T beobachtet, wie der Obdachlose O von zwei Jugendlichen zusammengeschlagen und ausgeraubt wird. Nachdem die Täter sich entfernt haben, nähert T sich dem leblos am Boden liegenden O, um nachzuschauen, ob die Räuber noch etwas übrig gelassen haben, was T sich aneignen könnte. Nach kurzer Untersuchung erkennt T, dass O tot ist. An der rechten Hand des Toten steckt ein goldener Ehering, den die jugendlichen Räuber übersehen haben. T streift den Ring ab und steckt ihn in die Hosentasche. Im selben Moment bekommt er einen dumpfen Schlag auf den Hinterkopf, der ihm das Bewusstsein raubt. Der Schläger ist X, ein Freund des O, der nun seinerseits dem T den gerade eingesteckten Ehering abnimmt.

---

[54] Feldhaus (1953), 1738 (1739), nach dem es gegen Art. 3 I GG verstieße, den Unterschlagungstatbestand nicht auf die Fälle zu erstrecken, die nur mittels großer berichtigender Auslegung als Unterschlagung qualifiziert werden können.

[55] BGHSt 2, 317 (319); OLG Schleswig, NJW 1979, 882 (883); Bockelmann (1953), 3 (7); Jäger (2000), 1167; Samson (1990), 5 (7); Schünemann (1968), 114 (116); Tenckhoff (1984), 775 (776).

[56] OLG Schleswig, NJW 1979, 882 (883); Gössel (1996), § 11 Rn. 17; Ostendorf (1979), 883 (884); Tenckhoff (1984), 775 (776).

Mit dem Tod des O wurde dessen Ehering gewahrsamslos (nicht herrenlos, vgl. § 1922 BGB!) und damit – zumindest vorübergehend[57] – diebstahlsuntauglich. T hat daher den Ring nicht weggenommen und sich nicht aus § 242 strafbar gemacht. Seine Tat kann allenfalls aus § 246 I strafbar sein. Sobald T den Ring in der Hand hielt, befand er sich in seinem Gewahrsam.[58] Das Abstreifen und Einstecken des Ringes kann auf der Grundlage der „Manifestationslehre" (dazu unten 2.2.1.4.1) als Zueignungsakt qualifiziert werden, da dieses Verhalten unter den obwaltenden Umständen hinreichend deutlich den Willen des T manifestiert, den oder die Erben des O (§ 1922 BGB) faktisch aus der Rechtsstellung als Eigentümer zu verdrängen und sich selbst eigentümerähnliche Herrschaft anzumaßen. Als T begann, diesen Zueignungsakt auszuführen, hatte er aber an dem Ring noch keinen Gewahrsam. Begründung des Gewahrsams und Zueignung fallen also zeitlich zusammen. Der Wortlaut des § 246 I a. F. schien zu verlangen, dass der Täter bereits Gewahrsamsinhaber ist, bevor er sich die Sache zueignet. Gleichzeitige Gewahrsamserlangung und Zueignung war danach nicht tatbestandsmäßig.[59] Folgte man dieser Auslegung des § 246 I a. F., schied eine Strafbarkeit des T wegen vollendeter Unterschlagung aus. Das Einstecken des Ringes war nicht tatbestandsmäßig und eine weitere – der Gewahrsamserlangung nachfolgende – Zueignungshandlung konnte T wegen des Eingreifens des X nicht mehr ausführen.[60] Strafbar wäre T nur wegen versuchter Unterschlagung, §§ 246 II a. F., 22.[61]

Die h. M. akzeptierte dieses Ergebnis und die ihm zugrundeliegende Prämisse des notwendigen „Vorausgewahrsams" nicht. Im Wege einer **„kleinen berichtigenden Auslegung"** erstreckte sie den Tatbestand auf Zueignungsakte, mit denen der Täter erstmalig Gewahrsam an der Sache begründete. Auf diese Weise könnten Strafbarkeitslücken – insbesondere bei der „Fundunterschlagung" – vermieden werden.[62] Es trifft zu, dass der Gesetzeswortlaut dem nicht entgegenstand.[63] Darüber hinaus steht der Zueignungsakt, mit dem der Täter sich die Herrschaft über die Sache erst verschafft, dem Diebstahl näher als eine Zueignung, die von einem bereits besitzenden Täter vollzogen wird. Der Strafwürdigkeitsgehalt einer derartigen Unterschlagung kann deshalb höher veranschlagt werden als der einer „typischen"

---

[57] Als X dem T den Ring abnahm, befand dieser sich im Gewahrsam des T und konnte daher wieder gestohlen werden.

[58] Nach Ansicht von Duttge et al. (1997), 281 (286); (1998), 884 (891) schon vorher.

[59] Bockelmann (1953), 3 (4); Herzberg (1972), 570 (571); Samson (1990), 5 (7); Schünemann (1968), 114 (116).

[60] Zu der Frage, ob eine der ersten Zueignung folgende Handlung überhaupt Zueignung sein kann, unten 2.2.1.4.5.

[61] Bockelmann (1953), 3 (8) Fn. 55.

[62] Nach Duttge et al. (1997), 281 (286) bestehen diese Lücken nicht, weil der Finder schon vor dem Ergreifen Gewahrsam an der Fundsache habe. Nach Basak (1999), 173 (191) besteht eine Strafbarkeitslücke nicht, weil das Aufheben der Fundsache noch kein Zueignungsakt sei.

[63] BGHSt 4, 76 (77); 13, 43 (44); AG Hamburg, NJW 1986, 945 (947); Gössel (1996), § 11 Rn. 2.

Unterschlagung.[64] Denn mit der Zueignung durch Besitzergreifung vereitelt der Täter die Chance, dass der Berechtigte oder ein „ehrlicher" Finder die Sache in Besitz nimmt und damit Eigentum und Gewahrsam wieder zusammengeführt werden.

Beispiel

Im vorliegenden Fall wäre auch schwer verständlich, dass T wegen vollendeten Diebstahls bestraft werden könnte, wenn O das Abstreifen des Ringes noch einige Sekunden überlebt hätte, dagegen lediglich versuchte Unterschlagung vorliegen soll, wenn O wenige Sekunden vorher verstorben ist. T war hier also auch nach § 246 I a. F. wegen vollendeter Unterschlagung strafbar.

2.2.1.3.3.2 Sachherrschaftserfordernis nach § 246 n. F.

Die **Neufassung des § 246 I** hat den Streit um die kleine und große berichtigende Auslegung sowie die Einbeziehung des mittelbaren Besitzes obsolet werden lassen.[65] Die Ergebnisse der großen berichtigenden Auslegung des § 246 a. F. lassen sich jetzt durch schulmäßige Subsumtion unter den Gesetzestext des § 246 n. F. erzielen.[66] Tatbestandsmäßige Unterschlagung ist nach dem im Gesetzeswortlaut zum Ausdruck gekommenen gesetzgeberischen Willen also nicht nur möglich, wenn der Täter den Gewahrsam vor der Zueignung erlangt und ihn während der Zueignung auch noch innehat, sondern auch, wenn er den Gewahrsam erst mit der Zueignung erlangt, wenn er den zuvor innegehabten Gewahrsam zur Zeit der Tat schon wieder verloren hat, sowie wenn er an der Sache überhaupt keinen Gewahrsam oder unmittelbaren Besitz, aber mittelbaren Besitz erlangt hat. Dagegen ist die Möglichkeit tatbestandsmäßiger Unterschlagung ohne jede vor oder während der Zueignung bestehende Herrschaftsbeziehung des Täters oder Mittäters nicht anzuerkennen.[67]

Beispiele

1. X hat dem O einen Pkw gestohlen. T spiegelt dem D vor, der gestohlene Pkw gehöre ihm. T „schenkt" dem D den Pkw und empfiehlt ihm, sich den Wagen selbst bei X zu holen. Dazu kommt es aber nicht, weil die Polizei dem X auf die Spur gekommen ist und den Pkw sichergestellt hat.
2. Abwandlung: T behauptet gegenüber D, der gestohlene Wagen gehöre seinem Bruder B. Im angeblichen Einvernehmen mit B „schenkt" T dem D den Pkw. Geht man einmal davon aus, dass die Eigentumsbehauptung eine „Zueignung" iSd § 246 I ist, hätte T in beiden Beispielen den objektiven Tatbestand der Unterschlagung nach § 246 I n. F. erfüllt. In **Beispiel 1** hätte er sich den Pkw des O selbst zugeeignet, in **Beispiel 2** hätte er den Pkw seinem Bruder B – also einem Dritten – zugeeignet. Der Umstand, dass weder T noch B irgendeine faktische Herrschaft über den Pkw hat, scheint nach dem neugefass-

---

[64] Gössel (1996), § 11 Rn. 25.

[65] Sander et al. (1998), 273 (276).

[66] Jäger (2000), 1167.

[67] Arzt et al. (2009), § 15 Rn. 26; Cantzler (2001), 567 (569); Mitsch (1999), 65 (89).

ten Unterschlagungstatbestand unerheblich zu sein. Jedoch ginge eine derartige Tatbestandsinterpretation zu weit.[68] Die bloße verbale Eigentumsanmaßung kann als tatbestandsmäßiger Zueignungsakt allenfalls im Zusammenhang mit einer sie bekräftigenden tatsächlichen Sachherrschaftsposition anerkannt werden.[69] Das Zivilrecht trifft in § 1006 BGB eine Wertung, die im vorliegenden Kontext durchaus einschlägig ist.[70] T hat also in beiden Beispielen keine tatbestandsmäßige Zueignung und damit keine vollendete Unterschlagung begangen.

2.2.1.3.4 Tatbeteiligung ohne eigene Sachherrschaft

Trotz des infolge restriktiver Auslegung der Sache nach fortbestehenden Besitz- bzw. Gewahrsamserfordernisses erstreckt sich die Neufassung des § 246 nun auch auf Täter, die zu keiner Zeit **eigenen** Besitz oder Gewahrsam an der Sache erlangt haben. Das hängt mit der Ausdehnung des Tatbestandes auf drittbegünstigende Zueignungsakte ("Drittzueignung") zusammen. Nach dem früheren Unterschlagungstatbestand war der spätestens mit Vollzug des Zueignungsaktes begründete eigene Besitz oder Gewahrsam Voraussetzung für die Strafbarkeit als **Täter**. Wer vor der Zueignung keinen Besitz oder Gewahrsam hatte und ihn auch nicht durch die Zueignung erlangte, konnte nach § 246 I a. F. weder Allein- noch Mittäter, sondern nur Teilnehmer sein.[71] Denn der Täter musste die Sache „sich" zueignen, was nicht möglich war, wenn er nicht einmal eine gemeinsame oder mittelbare Sachherrschaft erlangte.[72] Allerdings wird ein Tatbeteiligter, der die Tat zusammen mit einem anderen begeht, der die Sache in Gewahrsam hat oder nimmt, meistens Mitgewahrsam, Mitbesitz, mittelbaren Besitz oder – wenn der andere Besitzdiener (§ 855 BGB) ist – sogar unmittelbaren Besitz an der Sache haben bzw. durch die Tat erlangen. Dies reichte schon vor dem 6. StrRG für mittäterschaftliche oder mittelbar täterschaftliche Unterschlagung aus.

Beispiel

Die Polizei hat mit dem „Eisenbahnerpresser" E eine Lösegeldübergabe vereinbart. Ein Koffer mit 500 000 € soll an einer Stelle, die E der Polizei per Funk bezeichnen will, aus dem fahrenden Zug geworfen werden. Die beiden Arbeitslosen A und B haben durch einen Tipp des Polizeibeamten C von der geplanten Aktion erfahren und wollen sich das Lösegeld auf folgende Weise verschaffen: A fährt in dem Zug mit, aus dem das Geld geworfen werden soll. B fährt in einem Auto dem Zug hinterher und ist dabei mit A in ständigem Funkkontakt. Sobald der Koffer abgeworfen ist, beschreibt A dem B die Abwurfstelle, zu der B sich sofort begeben soll, um den Koffer noch vor E in Besitz zu nehmen. Mit dem Informanten C haben A und B vereinbart, dass er nach erfolgreicher Tat

---

[68] Maiwald (1970), 193.

[69] Sinn (2002), 64 (67) Fn. 54.

[70] Kudlich (2001), 767 (772).

[71] BGHSt 2, 317 (318); Bockelmann (1953), 3 (8); Gössel (1996), § 11 Rn. 29; Samson (1990), 5 (7); aA Küper (1994), 354 (370 ff., 379, 380 ff.); Tenckhoff (1984), 775 (778).

[72] Otto (1970), 129.

als Belohnung 10 000 € aus der Beute erhält. Die Ausführung des Plans gelingt nur zur Hälfte. B kann zwar den Koffer mit dem Geld abholen, gerät aber wenig später in eine Polizeikontrolle, wo ihm der Koffer wieder abgenommen wird.

B hat durch das Ergreifen und Mitnehmen des Koffers den Tatbestand der Unterschlagung erfüllt.[73] A hat nicht nur bei der Vorbereitung, sondern auch bei der Ausführung dieser Zueignung aktiv mitgewirkt. Sein Tatbeitrag ist für das Gelingen der Tat so bedeutsam, dass er mehr ist als eine bloße Hilfe iSd § 27 I. Daher kann diese Mitwirkung auch im Lichte einer restriktiven Tatherrschafts-lehre als Mittäterschaft qualifiziert werden. Täterschaftliche Unterschlagung des A nach § 246 I a. F. scheint aber daran gescheitert zu sein, dass er das ersehnte Geld zu keiner Zeit in der Hand hatte. Jedoch ist und war dies nicht erforderlich. Denn A partizipierte kraft seiner Tatgenossenschaft an dem von B begründeten Gewahrsam, hatte also an dem Geldkoffer solange Mitgewahrsam, bis die Poli-zei dem B den Koffer abnahm. A ist also wegen Unterschlagung in Mittäterschaft strafbar, §§ 246 I, 25 II.[74] Dieses Ergebnis wurde schon von § 246 a. F. getragen.

Dagegen wäre C nach § 246 a. F. nur wegen Anstiftung oder Beihilfe zur Unterschlagung strafbar gewesen. Mittäterschaft scheiterte zum einen am Feh-len einer Mitwirkung bei der Tatausführung, zum anderen am Fehlen jeglicher tatsächlichen Herrschaftsbeziehung zu dem Geld.[75] Der neugefasste Unterschla-gungstatbestand hat jedenfalls das letztgenannte Bestrafungshindernis beseitigt: Soweit der Täter die Sache nicht sich selbst, sondern einem Dritten – hier A und B – zueignen will, braucht er auch keine eigene Sachherrschaft zu haben. Für tä-terschaftliche Drittzueignung reicht Besitz oder Gewahrsam des Dritten, dem die Sache zugeeignet wird. Wenn also C eine den Anforderungen der Mittäterschaft genügende Zueignungshandlung ausgeführt hätte (z. B. Behinderung der den Lösegeldabwurf überwachenden Polizeibeamten), hätte er sich nach § 246 I n. F. wegen mittäterschaftlicher Unterschlagung strafbar gemacht, obwohl er selbst weder (Mit-) Besitz noch (Mit-) Gewahrsam an dem Geld gehabt hat.

2.2.1.4 Zueignung
2.2.1.4.1 Objektive Enteignung und Aneignung
Die Zueignung ist das **Handlungsmerkmal des objektiven Tatbestandes**. Anders als beim Diebstahl genügt hier nicht eine auf Zueignung gerichtete Absicht.[76] Die Zu-eignung muss als objektives Handlungsmerkmal in Erscheinung treten. Dazu ist eine Situationsveränderung der Sache erforderlich, die sich in der Außenwelt – nicht nur im Kopf des Täters – ereignet und Gegenstand des gem. § 15 erforderlichen Vorsat-zes sein kann. Trotz der straftatsystematisch unterschiedlichen Standorte hat der Zu-eignungsbegriff der Unterschlagung denselben Inhalt wie der Zueignungsbegriff des

---

[73] Diebstahl scheidet aus, weil der Geldkoffer mit dem Abwurf gewahrsamslos geworden war.

[74] Zur Unterschlagung in mittelbarer Täterschaft vgl. Otto (1970), 263.

[75] Otto (1970), 130.

[76] BGH, NJW 1971, 900 (901), OLG Celle, NJW 1974, 2326 (2327); Gössel (1996), § 11 Rn. 4; Gribbohm (1963), 106; Otto (1989), 200 (204).

Diebstahls.[77] Vor dem 6. StrRG war nur eine eigennützige („sich") **Selbst**zueignung, dagegen nicht eine fremdnützige **Dritt**zueignung tatbestandsmäßig.[78] So wie der novellierte Diebstahlstatbestand nunmehr auch die Drittzueignungsabsicht erfasst, ist auch der Unterschlagungstatbestand auf Drittzueignungsakte ausgedehnt worden.[79] Zu beachten ist, dass diese Erweiterung allein die Aneignungskomponente der Zueignung betrifft.[80] Da in die Herbeiführung des Drittzueignungserfolges oftmals Aneignungshandlungen des Dritten involviert sind, muss die täterschaftliche Drittzueignung von der Beihilfe zur Selbstzueignung des Dritten abgegrenzt werden. Die Abgrenzung erfolgt anhand der Kriterien, die den Unterschied zwischen mittelbarer Täterschaft und Anstiftung kennzeichnen.[81]

Zueignung bedeutet wie in § 242 dauernde **Enteignung** und zumindest vorübergehende **Aneignung**.[82] Eine vorübergehende unbefugte Benutzung der Sache, die den Eigentümer nicht in die konkrete Gefahr eines endgültigen Sachverlustes bringt, ist keine Zueignung, sondern bloße „Gebrauchsunterschlagung" (furtum usus).[83]

Beispiel

O hat dem T ein Fahrrad für eine Woche geliehen. Nach Ablauf der Wochenfrist benutzt T das Rad noch drei Tage weiter und bringt es dann zu O zurück.

Die Benutzung des Fahrrads über die vereinbarte Leihzeit hinaus ist keine Zueignung, da der eigentumsbeeinträchtigende Effekt dieser Handlung sich in einer temporären Besitzvorenthaltung erschöpft und nicht die Qualität eines konkret drohenden irreversiblen Sach- bzw. Eigentumsverlustes hat. Es fehlt also die Enteignungskomponente. Hätte T dem O das Rad weggenommen, um es einige Tage zu benutzen und danach wieder zurückzugeben, wäre T nicht aus § 242 strafbar, weil er ohne Zueignungsabsicht – sondern mit „Rückführungswillen" (siehe oben 1.2.2.3.3.2) – gehandelt hätte. Wenn die Benutzungsabsicht keine Zueignungsabsicht ist, kann die tatsächliche Benutzung keine Zueignung sein.[84] T ist also nicht aus § 246 I, sondern aus § 248 b I strafbar.

Das gleiche gilt, wenn der Täter eine fremde Sache an einen Dritten **verpfändet** und auf Grund der äußeren Umstände damit zu rechnen ist, dass er das Pfand wird

---

[77] BGH, NJW 1971, 900 (901); Otto (1989), 200 (203); Samson (1990), 5 (7); Tenckhoff (1984), 775 (778).

[78] BGHSt 40, 8 (18); Maiwald (1971), 643 (644).

[79] BGH, wistra 2007, 18 (20); Jäger (2000), 1167; Rengier (1998), 801 (805); ausführlich zur Drittzueignung Schenkewitz (2003), 17 ff.

[80] Schenkewitz (2003), 17 (18).

[81] Schenkewitz (2003), 17 (20).

[82] Gribbohm (1963), 106.

[83] Baier (2000), 300 (301); Kargl (1991), 136 (150); Mylonopoulos (2001), 917 (921).

[84] Gribbohm (1963), 106 (107).

rechtzeitig auslösen können. Die Verpfändung ist dann keine Zueignung, sondern furtum usus.[85]

Die Beispiele deuten an, welche Schwierigkeiten die Objektivierung des Zueignungsmerkmals im Unterschlagungstatbestand mit sich bringt: Die **Dauerhaftigkeit der Enteignung** ist ein Zustand,[86] der häufig in der Zukunft liegt und dessen Eintritt (Endgültigkeit) an sich erst feststeht, wenn die Sache nicht mehr existiert – z. B. verbraucht worden ist[87] – oder ihr Eigentümer verstorben ist, ohne die Sache vor dem Tod zurückbekommen zu haben.[88] Das Erfordernis einer objektiven Dauerenteignung scheint also zu bewirken, dass der Vollendungszeitpunkt der Unterschlagung im Einzelfall sehr weit hinausgeschoben wird. Entsprechendes gilt für die Versuchsstrafbarkeit, die über einen längeren Zeitraum mangels unmittelbaren Ansetzens (§ 22) noch nicht begründet worden ist und danach durch Rücktritt (§ 24) noch aufgehoben werden kann.[89]

Beispiele[90]

1. O hat dem T im Jahr 1990 einige Compact-Discs mit klassischer Musik geliehen. Dem T gefällt die Musik so gut, dass er nach wenigen Tagen beschließt, die CDs zu behalten. Dem vergesslichen O fällt nicht auf, dass T die CDs nicht zurückgibt. In der Folgezeit spielt T die CDs des O immer wieder ab. Als O im Jahr 2020 stirbt, befinden sich seine CDs immer noch bei T.
2. T erfährt im Jahr 2019, dass O schwer erkrankt ist. Sein Gewissen lässt ihm nun keine Ruhe mehr. Er gibt die CDs dem O zurück, damit dieser die Musik auf ihnen vor seinem bevorstehenden Tod noch einmal hören kann.

Der von T im Jahr 1990 gefasste Entschluss, die CDs dem O nicht zurückzugeben, ist eine Zueignungsabsicht. Zusammen mit einer Wegnahme wäre diese geeignet, Strafbarkeit des T wegen Diebstahls zu begründen. Da dieser Diebstahl mit vollzogener Wegnahme vollendet wäre, stünde die Strafbarkeit des T aus § 242 bereits 1990 fest.[91] Was sich in den folgenden 30 Jahren ereignet – insbesondere das wiederholte Abspielen der CDs und die Rückgabe im Jahr 2019 – hätte auf die Strafbarkeit keinen Einfluss. Ganz anders scheint die strafrechtliche Beurteilung in den Beispielen auszufallen, wo dem Gewahrsam des T an den CDs keine Wegnahme vorausgegangen ist. § 242 steht als Bestrafungsgrundlage nicht zur Verfügung, der Fall muss unter § 246 gewürdigt werden. Geht man davon aus, dass „Zueignung" den Erfolg „endgültige Enteignung" impliziert, liegt in **Beispiel 1** erst mit dem Tod des O im Jahr 2020 eine vollendete

---

[85] BGHSt 12, 299 (302); Kargl (1991), 136 (183); Rudolphi (1965), 33 (39); Samson (1990), 5 (7).

[86] Maiwald (1970), 196.

[87] Kargl (1991), 136 (163).

[88] Samson (1990), 5 (7).

[89] Sinn (2002), 64 (67); vgl. auch den Fall OLG Brandenburg, NStZ 2010, 220, wo die Angeklagte die Sache dem Eigentümer im Hauptverhandlungstermin zurückgab.

[90] Vgl. LG Potsdam, NStZ-RR 2008, 143.

[91] Degener (2001), 388 (397).

Unterschlagung vor.[92] Denn vor diesem Zeitpunkt stand die Endgültigkeit der Enteignung noch nicht fest.[93] T hätte die CDs ja zurückgeben können. In **Beispiel 2** ist T sogar straflos, weil er durch die Rückgabe der CDs im Jahr 2019 eine endgültige Enteignung und damit die Vollendung der Unterschlagung verhindert hat, von dem bis dahin vorliegenden Unterschlagungsversuch also strafbefreiend zurückgetreten ist, § 24 I 1 Alt. 2.

Diese Ergebnisse erscheinen so unannehmbar, dass die Richtigkeit der zugrunde liegenden Prämisse bezweifelt werden muss.[94] Der relativ geringfügige tatsächliche Unterschied, dass der 30 Jahre andauernden Vorenthaltung der Sache in dem einen Fall eine Wegnahme vorausgegangen ist, in dem anderen Fall dagegen nicht, kann keinen so gravierenden Unterschied in der strafrechtlichen Behandlung der Fälle legitimieren. „Objektivierung" der dauernden Enteignung darf daher nicht im Sinn eines objektiv eingetretenen endgültigen Enteignungserfolgs verstanden werden.[95] Unterschlagung ist zwar ein Erfolgsdelikt,[96] der für die Vollendung erforderliche **Erfolg muss aber weniger sein als eine endgültige Enteignung.**[97] Ausreichen muss vielmehr eine objektive Handlung, die auf endgültige Enteignung gerichtet, zu deren Herbeiführung geeignet ist und einen der endgültigen Enteignung vorgelagerten „Zwischenerfolg" – Gefahr des endgültigen Sachverlustes – verursacht.[98] Unterschlagung ist also ein konkretes Eigentumsgefährdungsdelikt.[99]

Literatur und Rechtsprechung definieren die Zueignung üblicherweise und überwiegend als „**Manifestation des Zueignungswillens**",[100] „Betätigung des Zueignungswillens in objektiv erkennbarer Weise",[101] „nach außen als solche klar

---

[92] Zur Verteidigung gegen den Vorwurf der Unterschlagung hätte T mit Aussicht auf Erfolg die unwahre Behauptung aufstellen können, er habe die CDs dem O im Jahr 1990 gestohlen. Dieser angebliche Diebstahl wäre im Jahr 2020 nämlich schon längst verjährt, § 78 III Nr. 4. Dagegen würde die Verjährung der Unterschlagung im Jahr 2020 gerade mal beginnen, vgl. § 78 a.

[93] In tatsächlicher Hinsicht wird dabei unterstellt, dass die Beständigkeit des Materials, aus dem die CDs hergestellt sind, eine erhebliche Abnutzung und Entwertung derselben sogar bei häufigem Abspielen über einen sehr langen Zeitraum hinweg ausschließt. Anders wäre der Fall also bei den alten Vinylscheiben zu beurteilen, deren Substanz durch mechanische Einwirkungen (z. B. Kratzer) allmählich verschlechtert wurde; vgl. BGHSt 34, 309 (312).

[94] Basak (1999), 173 (187); Mylonopoulos (2001), 917 (918).

[95] Eisele (2012b), Rn. 254; Jäger (2000), 1167 (1168); Küper (1986), 862 (870); Roth (1986), 52.

[96] Arzt et al. (2009), § 15 Rn. 19, 21.

[97] Zutr. Basak (1999), 173 (188); Degener (2001), 388 (398), die einen „Enteignungsgefahrerfolg" genügen lassen.

[98] Dencker et al. (1998), Rn. 56, nach dem ein tauglicher beendeter Enteignungsversuch ausreicht.

[99] Basak (1999), 173 (189).

[100] BGHSt 34, 309 (312); BayObLG, NStZ 1992, 284 (285); LG Potsdam, NStZ-RR 2008, 143 (144); OLG Brandenburg, NStZ 2010, 220 (221); Eisele (2012b), Rn. 254; Schönke et al. (2014), § 246 Rn. 10.

[101] RGSt 61, 65 (66); OLG Hamm, JR 1952, 204; Haberkorn (1962), 704 (706).

erkennbare Zeignungshandlung"[102] oder „Ausführung des Zueignungsvorsatzes".[103] Alle diese Formeln haben einen zutreffenden Ansatz, soweit sie – wie hier vertreten wird – auf den Eintritt des endgültigen Enteignungserfolgs verzichten.[104] Sie sind dennoch zur Entfaltung des Begriffsinhalts wenig brauchbar.[105] Zum einen dehnen sie die Vollendungsstrafbarkeit bei konsequenter Anwendung viel zu weit aus.[106] Zum anderen vermengen sie in zirkulär-tautologischer Manier Definiens (Zueignungswille, Zueignungshandlung) und Definiendum (Zueignung) miteinander.[107] Wenn ich nicht weiß, was eine „Zueignung" ist,[108] weiß ich auch – erst recht – nicht, was „Zueignungswille" ist. Der „Zueignungswille" vermag deshalb das Definitionsbedürfnis bezüglich der „Zueignung" nicht zu befriedigen.[109] Umgekehrt benötigt man einen Begriff von „Zueignung", um daran anknüpfend den „Zueignungswillen" definieren zu können. Außerdem missachtet die Manifestationstheorie die Zuordnung der Sachverhaltsfragmente zu den Ebenen des Straftataufbaus: Zueignung ist ein objektives Tatbestandsmerkmal, der Zueignungswille ist folglich ein darauf bezogenes Teil des subjektiven Tatbestands.[110] Indem die Manifestationslehre den „Zueignungswillen" zu einem Begriffsbestandteil der „Zueignung" erklärt, verschiebt sie ein Vorsatzelement systemwidrig in den objektiven Tatbestand.

Das hinzukommende Erfordernis der **„Aneignung"** beschränkt den Zueignungsbegriff auf Manifestationsakte, mit denen der Täter die Sache als Bestandteil des eigenen Güterbestandes – oder des Güterbestandes eines Dritten – behandelt, die Sache der eigenen Vermögenssphäre – bzw. der des Dritten – einverleibt.[111] Keine Zueignung sind deshalb Handlungen, die zwar den Eigentümer enteignen sollen, zugleich aber auch den Täter selbst enteignen, wie beispielsweise die – nicht im bestimmungsgemäßen Verbrauch (Lebensmittel, Benzin usw.) bestehende – Zerstörung der Sache[112] Dasselbe gilt für andere dereliktionsähnliche Handlungen, wie z. B. das Wegwerfen, Stehen- oder Liegenlassen einer Sache.[113] Hat eine derartige Handlung aber zur Folge, dass ein anderer die eigentümergleiche Herrschaft an der

---

[102] Otto (1970), 127.

[103] Bockelmann (1982), 32.

[104] Tenckhoff (1984), 775 (780).

[105] Ausführliche Kritik bei Degener (2001), 388 (390 ff.).

[106] Arzt et al. (2009), § 15 Rn. 23: „Wahndeliktische Unterschlagung" ist von „echter vollendeter Unterschlagung" nicht mehr zu unterscheiden; ebenso Basak (1999), 173 (181).

[107] Berechtigte Kritik auch bei Mylonopoulos (2001), 917 (920).

[108] Treffend die Kritik an der h. M. von Kargl (1991), 136 (139): „... aber worin der objektive Gehalt der Zueignung konkret bestehen soll, bleibt doch völlig unklar."

[109] Aus demselben Grund versagt auch eine auf den Täter- oder Teilnehmerwillen abstellende Methode zur Abgrenzung von Täterschaft und Teilnahme, treffend dazu Renzikowski (1997), 17.

[110] Basak (1999), 173 (177); Mylonopoulos (2001), 917 (919).

[111] Basak (1999), 173 (188).

[112] RG, GA Bd. 51, 182 (183); BGH, NJW 1970, 1753 (1754); OLG Düsseldorf, NJW 1987, 2526; Kargl (1991), 136 (161); Schröder (1970), 1753 (1754).

[113] BayObLG, NJW 1961, 280 (281); BGH, NJW 1970, 1753 (1754); Haberkorn (1962), 704 (706); Jäger (2000), 1167 (1168).

Sache erlangt, kann es sich um eine drittbegünstigende Aneignung, also um eine tatbestandsmäßige Drittzueignung handeln.[114]

Vollendet ist die Zueignung bereits vor Eintritt eines endgültigen Enteignungs-erfolgs.[115] Dennoch muss der Vorsatz des Täters auf diesen End-Erfolg gerichtet sein,[116] mag man die Objektivierung der Enteignungskomponente als „Enteignungs-gefahrerfolg" bezeichnen oder ganz auf ein Erfolgsmoment verzichten. Denn trotz Vorverlagerung des objektiven Enteignungsmerkmals braucht der Enteignungsvor-satz der Unterschlagung nicht hinter dem Enteignungsvorsatz des Diebstahls zu-rückzubleiben. Im subjektiven Tatbestand ist also als **„überschießende Innenten-denz"** der Wille erforderlich, die Sache dem Eigentümer dauernd und endgültig zu entziehen.[117] Der Täter muss die Zueignungshandlung vollziehen, um den Eigentü-mer endgültig zu enteignen.[118]

2.2.1.4.2 Einzelfälle

Da der Eintritt des Enteignungserfolgs zur Vollendung der Unterschlagung nicht erforderlich ist, versteht es sich von selbst, dass immer dann eindeutig eine Zu-eignung gegeben ist, wenn der Täter den Eigentümer endgültig um jede Chance auf Rückgewinn der Sache gebracht hat. Klare Fälle vollendeter Zueignung sind daher Manifestationsakte, die den mehr oder weniger sofortigen **Untergang der Sache** bewirken: **Verzehr** von Lebensmitteln,[119] Verbrauch von Benzin, Reinigungsmit-teln, Brennstoffen usw., **Verarbeitung** von Roh- und Grundstoffen usw.[120]

Beispiel

Die Rechtsreferendarin O bereitet eine Geburtstagsfeier in ihrer Wohnung vor und hat große Mengen Getränke eingekauft. Da ihre Wohnung für die vielen Kästen zu klein ist, bittet sie ihre Nachbarin T, einige Kästen Bier vorübergehend in deren Wohnung abstellen zu dürfen. T ist einverstanden und stellt die Bier-kästen in ihre Küche. Wenig später bekommt T heftigen Durst. Sie öffnet eine der O gehörende Bierflasche und trinkt sie aus. Dann füllt sie die leere Flasche mit Leitungswasser und stellt sie in den Kasten zurück.

Mit dem Austrinken der Flasche hat T der O das Bier endgültig entzogen. Der Enteignungserfolg ist also eingetreten. T hat sich das Bier zugeeignet und ist aus § 246 I strafbar.

Rechtsgeschäftliche Zueignungsakte können die Rechtsstellung oder die tatsächli-che Situation des Eigentümers verschlechtern. Veräußert der Täter die fremde Sache

---

[114] Schönke et al. (2014), § 246 Rn. 21.

[115] Schönke et al. (2014), § 246 Rn. 26.

[116] Basak (1999), 173 (190).

[117] Samson (1990), 5 (8); Tenckhoff (1984), 775 (781); ablehnend Kargl (1991), 136 (180).

[118] Umgekehrt Degener (2001), 388 (398): Enteignung mit Aneignungsabsicht.

[119] Kargl (1991), 136 (182); Schönke et al. (2014), § 246 Rn. 14.

[120] Arzt et al. (2009), § 15 Rn. 22; Gössel (1996), § 11 Rn. 6; Otto (1970), 110.

an einen gutgläubigen Erwerber, verliert der Eigentümer gem. §§ 929, 932 BGB sein Eigentumsrecht[121]. Zur Tatbestandserfüllung erforderlich ist diese Entrechtung aber nicht[122]. Daher ist auch die Veräußerung der Sache an einen bösgläubigen Erwerber tatbestandsmäßige Zueignung, obwohl der Eigentümer sein Recht behält.[123] In jedem Fall bedarf es aber einer Einwirkung auf die Sache, die über verbales oder symbolisches Anmaßen der Eigentümerposition hinausgeht. Entgegen der h. M.[124] kann daher der Abschluss eines Vertrages über die Sache (z. B. die Einigung iSd § 929 S. 1 BGB) allenfalls eine versuchte Zueignung sein.[125] Dies gilt erst recht für die Abgabe eines Übereignungsangebots durch den Täter.[126] Bei einer Veräußerung der Sache nach § 929 S. 1 BGB liegt also erst mit ihrer Übergabe an den Erwerber eine Zueignung vor.[127] Aus diesem Grund ist die **Sicherungsübereignung** einer fremden Sache keine Unterschlagung.[128] Bei der Sicherungsübereignung wird üblicherweise die Übergabe durch Vereinbarung eines Besitzkonstituts ersetzt, § 930 BGB. Die tatsächliche Lage der Sache wird dadurch nicht verändert. Auch das Eigentumsrecht bleibt unangetastet, solange die Sache dem gutgläubigen Sicherungsnehmer nicht übergeben worden ist, § 933 BGB.

Da die Unterschlagung sich gegen die Sachherrschaft des Eigentümers richtet, kann es rein **verbale Zueignungsakte** nicht geben.[129] Das Ableugnen des Besitzes („Ich habe die Sache nicht!") ist ebenso wenig eine Unterschlagung wie die unwahre Eigentumsbehauptung gegenüber dem Eigentümer oder gegenüber Dritten.[130]

Beispiele

1. O hat dem T ein wertvolles Gemälde geliehen, mit dem dieser beim bevorstehenden Besuch seiner zukünftigen Schwiegereltern sein Wohnzimmer schmücken will. Den staunenden Schwiegereltern in spe erzählt T, er habe dieses Bild vor kurzem für 100 000 € ersteigert (bzw. sein Vater V habe es

---

[121] RGSt 49, 16 (18).

[122] Degener (2001), 388 (397); Kargl (1991), 136 (183).

[123] Schönke et al. (2014), § 246 Rn. 13.

[124] Gössel (1996), § 11 Rn. 6; Tenckhoff (1984), 775 (780).

[125] Degener (2001), 388 (398); Sinn (2002), 64 (68).

[126] Maiwald (1970), 195; a. A. Bockelmann (1953), 3 (8); Bockelmann (1982), 33; Gössel (1996), § 11 Rn. 6; Welzel (1969), 344.

[127] Degener (2001), 388 (398); Maiwald (1970), 197.

[128] Arzt et al. (2009), § 15 Rn. 25; Samson (1990), 5 (7); a. A. RGSt 61, 65 (66); BGHSt 1, 262 (265); BGH, wistra 2005, 376 (377); 2007, 18 (20); Schönke et al. (2014), § 246 Rn. 17; diff. Kargl (1991), 136 (183).

[129] Cantzler (2001), 567 (571); Jäger (2000), 1167; Kargl (1991), 136 (175); Maiwald (1970), 193; Schenkewitz (2003), 17 (20).

[130] Basak (1999), 173 (192); Kargl (1991), 136 (178); Maiwald (1970), 194; aA OLG Hamm, JR 1952, 204; OLG Celle, NJW 1974, 2326 (2327); LG Potsdam, NStZ-RR 2008, 143 (144); OLG Brandenburg, NStZ 2010, 220 (221); Eisele (2012b), Rn. 255; Jäger (2000), 1167 (1168); Otto (1970), 110, 138.

ihm geliehen). Während er dies sagt, hat T die Absicht, das Bild nicht dem O zurückzugeben, sondern an einen amerikanischen Touristen zu verkaufen.

2. Abwandlung: T ist mit O befreundet. Dieser stellt sein Haus dem T für den „Antrittsbesuch" seiner künftigen Schwiegereltern zur Verfügung. Diesen spiegelt T vor, das Haus einschließlich der an den Wänden hängenden wertvollen Gemälde gehöre ihm – dem T.

Die unwahre Eigentumsbehauptung gegenüber den Schwiegereltern ist keine Beeinträchtigung des O, die über die Tatsache, dass das Bild in der Wohnung des T hängt, hinausgeht. Die Innehabung des Gewahrsams ist noch keine Zueignung. Die Worte „Ich bin Eigentümer" bzw. „Mein Vater V ist Eigentümer" (**Beispiel 1**) begründen ebenso wenig eine Selbst- bzw. Dritt-Zueignung, egal ob T sie sich denkt, sie auf ein Stück Papier schreibt, sie zu sich selbst oder einem Dritten ausspricht.[131] In **Beispiel 2** steht einer Zueignung bereits entgegen, dass O zu keiner Zeit die Herrschaft über seine Sachen verloren hat.

Wegen des Fehlens einer eigentümerbenachteiligenden physischen Einwirkung auf die Sache ist entgegen der h. M.[132] der „Ausgleich von Kassenfehlbeträgen mit Fremdmitteln" durch einen Kassenbeamten keine Zueignung des Geldes, mit dem der Beamte das Manko verschleiert.[133]

Zueignungsqualität erlangt eine Äußerung erst, wenn sie die Chance des Eigentümers auf Rückerlangung der Sache verschlechtert.[134]

Beispiel

A hat gegen T auf Zahlung von 1000 € geklagt und obsiegt. Da T gleichwohl nicht zahlt, beauftragt A den Gerichtsvollzieher G mit der Pfändung. Als G in der Wohnung des T erscheint und einen neuen Fotoapparat pfänden will, überredet ihn T, statt der Kamera das im Wohnzimmer hängende Gemälde zu nehmen. Auf dieses Bild könne er leichter verzichten als auf den Fotoapparat. Das Bild gehört dem O, der es dem T vorübergehend geliehen hat.

Mit der Aufforderung zur Pfändung des Gemäldes hat T konkludent behauptet, er sei Eigentümer dieses Bildes. Auf Grund ihrer Involvierung in die Zwangsvollstreckung ist diese Äußerung geeignet, die Chance des O auf Rückerlangung der Sache endgültig zu vereiteln, also eine dauernde Enteignung des O herbeizuführen. Zugleich hat T das Bild seinem eigenen Vermögen einverleibt, da er es wie eine eigene Sache dem Vollstreckungszugriff aussetzt und auf diese Weise den Verlust einer anderen – ihm wirklich gehörenden – Sache abwendet. Also hat T sich das Gemälde des O zugeeignet.[135]

---

[131] Arzt et al. (2009), § 15 Rn. 24; Sinn (2002), 64 (68) Fn. 65.

[132] BGHSt 9, 348 ff.; 24, 115 ff.; OLG Braunschweig, NJW 1950, 158; JR 1966, 393 (394); Rudolphi (1965), 33 (43); Tenckhoff (1984), 775 (778).

[133] Deubner (1971), 1469; Gribbohm (1963), 106 (107); Kargl (1991), 136 (176); Schöneborn (1971), 811.

[134] Sinn (2002), 64 (68).

[135] Schmid (1981), 806 (808).

Da das Wesen der Zueignung darin besteht, auf den Eintritt des Enteignungserfolges hinzuwirken, sind keine Zueignung Handlungen, mit denen der Untergang der Sache und damit die endgültige **Enteignung verhindert** wird.

Beispiele

1. T hat sich von E einige wertvolle Bücher geliehen. Eines Tages bricht in der Wohnung des T ein Brand aus. Außer seinen eigenen Sachen bringt T auch die von E geliehenen Bücher vor dem Feuer in Sicherheit, weil er die Bücher behalten will.
2. Vor einer Auslandsreise bringt T ein wertvolles Gemälde, das ihm der Kunsthändler O zur Ansicht überlassen hat, in die Wohnung seines Freundes F. T hat nämlich beschlossen, das Bild zu behalten und fürchtet, das Bild könnte gestohlen werden, wenn er es während seiner Abwesenheit in seiner eigenen Wohnung ließe.

T hat zwar in beiden Beispielen Maßnahmen getroffen, die auch ein verständiger Eigentümer in derartigen Situationen treffen würde. T ist also mit den Büchern und dem Gemälde wie ein Eigentümer umgegangen. Dabei hatte er auch den Willen, die Eigentümer endgültig zu enteignen. Dennoch hat er sich die Sachen nicht zugeeignet. Denn als Manifestationsakte sind die Erhaltungsmaßnahmen ambivalent und nicht eindeutig auf Enteignung gerichtet. Zumindest objektiv nahm T auch die Erhaltungsinteressen der betroffenen Eigentümer wahr, wozu er auf Grund der Rechtsbeziehungen mit ihnen sogar verpflichtet war.

Der bloße unbefugte **Gebrauch** einer Sache ohne substanzvernichtenden Abnutzungseffekt ist ebenfalls insofern ambivalent, als er auf dauernde Enteignung oder auf spätere (verspätete) Rückgabe gerichtet sein kann.[136]

Beispiele

1. O hat dem T seinen Pkw geliehen, damit T seine kranke Ehefrau in die Klinik bringen kann. Nachdem T seine Frau in der Klinik abgeliefert hat, bringt er dem O seinen Wagen nicht sofort zurück, sondern fährt mit ihm erst einmal mehrere hundert Kilometer ziellos in der Gegend herum. Danach bringt er das Fahrzeug dem O zurück.
2. Nachdem T sich von seiner Frau verabschiedet hat, ruft er seinen Freund X an und teilt ihm mit, er habe ein Auto, das er ihm verkaufen könne. X ist interessiert und vereinbart mit T eine Probefahrt. Gemeinsam fahren T und X mehrere hundert Kilometer mit dem Pkw. Nach der Testfahrt entschließt sich X zum Kauf des Wagens.

Dass der unbefugte Gebrauch eines Kraftfahrzeugs nicht per se eine Unterschlagung ist, belegt schon die Existenz des § 248 b. Denn unerlaubte Fahrten mit fremden Fahrzeugen werden häufig mit Rückgabewillen ausgeführt und sind

---

[136] OLG Düsseldorf, StV 1990, 164.

deshalb nicht auf endgültige Enteignung gerichtet. Zwar geht mit der Fahrt in aller Regel der Verbrauch von Benzin und Öl einher, was eine endgültige Enteignung bezüglich dieser Gegenstände begründen würde. Jedoch muss nach h. M. dieser Nebeneffekt des unbefugten Fahrzeuggebrauchs bei der strafrechtlichen Bewertung der Tat unberücksichtigt bleiben, weil ansonsten § 248 b stets leerliefe und überflüssig wäre.[137] Zur Unterschlagung wird der unbefugte Gebrauch des Fahrzeugs erst, wenn er Teil eines Vorgangs ist, der zur endgültigen Enteignung des Eigentümers – z. B. durch Abnutzung der Sache – führen soll.[138] Das trifft auf die Probefahrt des T in **Beispiel 2** zu, nicht aber auf die Spazierfahrt in **Beispiel 1**.

Zueignung durch **Unterlassen** ist möglich und erfüllt den Tatbestand der Unterschlagung, wenn der Unterlassende rechtlich verpflichtet ist, den Zueignungserfolg abzuwenden, § 13 I.[139]

Beispiel

Gerichtsvollzieher G pfändet bei T eine Schreibmaschine, die O dem T geliehen hat. T erhebt gegen den Pfändungsakt keine Einwände.

Der Gerichtsvollzieher braucht bei der Pfändung einer beweglichen Sache die Eigentumsverhältnisse zwar nicht zu prüfen und handelt auch dann rechtmäßig, wenn er eine im Gewahrsam des Schuldners befindliche (§ 808 ZPO), diesem aber nicht gehörende Sache pfändet. Dennoch liegt dem Pfändungsakt die Annahme zugrunde, dass die betroffene Sache Eigentum des Vollstreckungsschuldners ist. Mit dem Vollstreckungsakt bringt der Gerichtsvollzieher also gegenüber dem Betroffenen zum Ausdruck, dass er ihn für den Eigentümer der gepfändeten Sache hält. Durch die widerspruchslose Duldung der Vollstreckung maßt sich der Vollstreckungsschuldner somit eine Funktion der Sache an, die allein dem Eigentümer zusteht, wie sich aus § 771 ZPO ergibt[140]. Im obigen Beispielsfall hat T aus dem mit O geschlossenen Leihvertrag die Pflicht, aktiv gegen die Pfändung der Schreibmaschine einzuschreiten. Mit der Unterlassung einer derartigen eigentumsschützenden Maßnahme hat T den Tatbestand der Unterschlagung erfüllt, §§ 246, 13.[141]

---

[137] BayObLG, NJW 1961, 280 (281); Arzt et al. (2009), § 13 Rn. 145.

[138] BGHSt 34, 309 (312), OLG Düsseldorf, StV 1990, 164.

[139] OLG Oldenburg, NJW 1952, 1267; BayObLG, JR 1955, 271 (272); Maiwald (1970), 201; Schmid (1981), 806 (807).

[140] Auf die Nichtbenachrichtigung des Eigentümers von der Pfändung stellen hingegen Meyer (1974), 809 (811); Schmid (1981), 806 (808); Schönke et al. (2014), § 246 Rn. 18 ab.

[141] Maiwald (1970), 202.

2.2.1.4.3   Zueignung und Wegnahme

Nach der hier und von der h. M. vertretenen „kleinen berichtigenden Auslegung" und nach der nunmehr geltenden Fassung des Tatbestandes schließen **Wegnahme und Zueignung sich nicht aus.** Wegnahme der Sache kann zugleich[142] eine Zueignung sein.[143] Demnach kann der Tatbestand der Unterschlagung auch durch Wegnahme der Sache verwirklicht werden. Jeder Diebstahl ist zugleich zumindest eine versuchte Unterschlagung.[144] Zwischen § 242 und § 246 besteht nicht Exklusivität, sondern Gesetzeskonkurrenz: Der Diebstahl verdrängt die Unterschlagung.[145]

2.2.1.4.4   Zueignung und sonstige Vermögensdelikte

Zum Teil wird in Rechtsprechung und Literatur ein **Ausschlussverhältnis** zwischen Zueignung iSd § 246 I und **sämtlichen anderen Vermögensstraftatbeständen** behauptet. Soweit die Einverleibung einer Sache als Betrug,[146] Raub, Untreue,[147] Erpressung oder Hehlerei strafbar ist, sei diese Handlung nicht zugleich eine Zueignung iSd Unterschlagungstatbestandes.[148] Denn es könne nicht der Sinn des Unterschlagungstatbestandes sein, neben allen mit Zueignungsabsicht begangenen Vermögensdelikten zusätzlich einzugreifen. Diese Ansicht ist abzulehnen. Die Anerkennung der Tatbestandsmäßigkeit nach § 246 ist notwendig, um Strafbarkeitslücken zu verhindern. Ebenso wie ein Diebstahl zugleich Unterschlagung sein kann, können auch ein Betrug, eine Untreue, eine Erpressung, ein Raub oder eine Hehlerei zugleich Unterschlagung sein. Sofern der Täter aus einem dieser Tatbestände bestraft werden kann, tritt § 246 als subsidiärer Tatbestand zurück.

2.2.1.4.5   Wiederholbarkeit der Zueignung

Beim Diebstahl ist klar, dass die Wegnahme ein einmaliger Akt ist und gegenüber dem bisherigen Gewahrsamsinhaber nicht wiederholt werden kann.[149] Denn durch die Wegnahme verliert der Verletzte seinen Gewahrsam, womit die Ausgangslage, die für eine weitere Wegnahme desselben Täters erforderlich wäre, wegfällt. Bei der Unterschlagung richtet sich die Frage der Wiederholbarkeit auf die Zueignung. Ihre Beantwortung ist umstritten. Daran hat die Neufassung des § 246 durch das 6.

---

[142] Zu einer der Wegnahme unmittelbar nachfolgenden Unterschlagung vgl. BGH, NStZ 2011, 36 (37).

[143] Baumann (1961), 1141 (1142); Jäger (2000), 1167 (1170); Maiwald (1970), 222; Otto (1970), 128; Sinn (2002), 64 (66).

[144] Duttge et al. (1998), 884 (899); Gropp (1999), 1041 (1045); Jahn (1999), 195 (201).

[145] Dencker et al. (1998), Rn. 49; Murmann (1999), 14 (16).

[146] Im Fall BGHSt 16, 280 (281) stand der Betrug, mit dem sich der Täter die Sache verschafft hatte, der Anwendung des § 246 auf einen späteren Zueignungsakt nicht entgegen, da der Betrug nur auf Erlangung des Fremdbesitzes gerichtet – also selbst noch keine „Zueignung" – war (Eigentumsvorbehalt); Otto (1970), 133.

[147] OLG Stuttgart, JZ 1973, 739 ff.

[148] RGSt 61, 126 (128); BGHSt 14, 38 (47); OLG Saarbrücken, NJW 1976, 65 (66); Otto (1970), 132; aA Maiwald (1970), 222.

[149] Selbstverständlich ist dem neuen Gewahrsamsinhaber gegenüber eine weitere Wegnahme derselben Sache möglich.

StrRG nichts geändert. Nach wie vor ungeklärt ist, ob es eine wiederholbare Zueignung **ohne Wechsel des Zueignungsempfängers** (sekundäre Selbstzueignung nach primärer Selbstzueignung) oder **mit Wechsel des Zueignungsempfängers** (sekundäre Drittzueignung nach primärer Selbstzueignung) gibt.[150]

Beispiel

Die Schwindlerin T marschiert vormittags als „Politesse" verkleidet durch die Straßen Berlins und kassiert „Verwarnungsgelder" von Kraftfahrern, die ihre Fahrzeuge unter Verstoß gegen Halte- und Parkverbote abgestellt haben. Das auf diese Weise ergaunerte Geld gibt T am Nachmittag im KaDeWe aus.

Die unbefugte Vereinnahmung der „Verwarnungsgelder"[151] ist als Betrug aus § 263 strafbar.[152] Dass dieselbe Handlung zugleich eine tatbestandsmäßige Unterschlagung sein kann, wurde oben (2.2.1.4.4) dargelegt. Fraglich ist hingegen, ob auch die Ausgabe des erschwindelten Geldes im Kaufhaus den Unterschlagungstatbestand erfüllt. Fremd ist dieses Geld für T immer noch, da die Zahlung der „Verwarnungsgelder" keine Übereignung an T gem. § 929 S. 1 BGB war. Die verwarnten und zur Zahlung aufgeforderten Kraftfahrer wollten nicht an T, sondern an die hinter der zuständigen Behörde stehende Körperschaft – das Land Berlin – übereignen.[153] Jedoch ist die Ausgabe des Geldes durch T möglicherweise keine Zueignung mehr, weil bereits die Erlangung dieses Geldes eine Zueignung war.

Von der Rechtsprechung und einem Teil der Literatur wird die Möglichkeit einer zweiten Zueignung verneint. Man könne sich oder einem Dritten eine Sache **nur einmal zueignen**. Sobald dies geschehen ist, entfalle die Möglichkeit einer weiteren Zueignung. Denn Zueignung sei die Herstellung der Herrschaft über die Sache bzw. die erstmalige Verfügung über sie. Die bloße Ausnutzung einer bereits bestehenden Herrschaftsposition sei keine Zueignung.[154] Allerdings gelte das nur, wenn schon die erste Zueignung strafbar ist. Nach einer straflosen Erst-Zueignung sei eine tatbestandsmäßige – und strafbare – Zweit-Zueignung sehr wohl möglich.[155]

Dieser Auffassung liegt die Vorstellung zugrunde, dass die Zueignung eine Verschiebung[156] der Sache aus dem Vermögen des Eigentümers in das Vermögen des Täters ist.[157] Sobald die Sache dem Eigentümervermögen entzogen und dem Tätervermögen einverleibt ist, kann diese nur noch innerhalb des Tätervermögens

---

[150] Schönke et al. (2014), § 246 Rn. 19.

[151] Zur Rechtsnatur des Verwarnungsgeldes (§ 56 OWiG) vgl. Mitsch (2005), § 25 Rn. 1.

[152] Der Auftritt als „Politesse" (vgl. § 57 OWiG) ist außerdem Amtsanmaßung, § 132.

[153] Otto (1970), 135.

[154] BGHSt 14, 38 (43); OLG Celle, NJW 1974, 2326 (2328); Haß (1972), 176; Jäger (2000), 1167 (1170); Maiwald (1970), 265; Otto (1989), 200 (205); Otto (1970), 112; Schall (1977), 179 (182).

[155] RGSt 76, 131 (134).

[156] Otto (1970), 113: „Zueignen wie auch Aneignen deuten auf Bewegung hin."

[157] Schünemann (1968), 114 (117).

verschoben werden. Dadurch wird das Vermögen des Eigentümers aber nicht mehr berührt. Denn was der Eigentümer verloren hat, kann ihm nicht mehr entzogen werden, was der Täter gewonnen hat, das kann und muss er sich nicht mehr verschaffen. Richtig ist daran, dass als Zueignung nur eine physische Einwirkung auf die Sache qualifiziert werden kann, durch die die Chance des Eigentümers auf Rückerlangung verschlechtert wird. Die Lage des Eigentümers muss also bereits infolge der ersten Zueignung schlechter sein als zuvor. Das schließt aber weitere chancenverringernde Handlungen desselben Täters nicht aus.[158] Solange dieser die Sache in seinem Gewahrsam hat, kann er die Aussicht des Eigentümers auf Rückgewinnung der Sache weiter schmälern oder auch umgekehrt wieder verbessern. Eine wirkliche „Entziehung" der Sache, die nur ein einziges Mal möglich wäre, ist ohnehin keine Voraussetzung der Zueignung. Sachherrschaft kann der Täter dem Eigentümer nicht entziehen, weil im Normalfall der Unterschlagung der Täter die Sache bereits in seinem Gewahrsam hat. Das Eigentum kann dem Tatopfer zwar durch Zueignung entzogen werden, z. B. bei der Weiterveräußerung an einen gutgläubigen Erwerber, §§ 929, 932, 935 BGB. Notwendig ist dies aber nicht. Zueignung erfordert also keine Verschiebung der Sache aus dem Opfervermögen in das Tätervermögen. Zueignung ist auch noch möglich, nachdem diese Verschiebung stattgefunden und der Täter sich eine eigentümerähnliche Stellung angemaßt hat.[159]

Beispiele

1. T hat ein von O geliehenes Fahrrad dem P als Sicherheit für eine Darlehensforderung in Höhe von 1000 € verpfändet und übergeben. T rechnet nicht damit, dass es ihm gelingen wird, die Forderung des P rechtzeitig zu begleichen und das Fahrrad wieder zurückzubekommen. Überraschend gewinnt T am Wochenende im Lotto 2500 €. Sofort geht er zu P, zahlt ihm die 1000 € zurück und nimmt das Fahrrad des O wieder mit. Einen Tag später benötigt T erneut ein Darlehen von 1000 €. Dieses bekommt er wieder von P, der als Sicherheit das Fahrrad des O in Empfang nimmt.
2. T hat dem O ein wertvolles Buch gestohlen. Später bekommt T Gewissensbisse. Mit der Post schickt T dem O das Buch zurück. Noch während das Päckchen mit dem Buch unterwegs ist, überlegt T es sich anders. Vor dem Haus des O fängt er den Briefträger ab, weist sich als Absender des Päckchens aus und bekommt dieses auf sein Verlangen ausgehändigt.

Mit der ersten Verpfändung des Fahrrads und dem Diebstahl des Buches hat T die Gewahrsamssituation zu Lasten des Eigentümers O verändert und dessen Chancen auf Wiederherstellung einer eigentumsrechtskonformen Sachherrschaft verringert. Also hat sich T Fahrrad und Buch zugeeignet.[160] Die „Entpfändung"

---

[158] Bockelmann (1982), 38; Wessels et al. (2013c), Rn. 330.

[159] Cantzler et al. (2003), 483 (487); Dencker et al. (1998), Rn. 57; Eisele (2012b), Rn. 264; Mitsch (1999), 65 (93); Samson (1990), 5 (10).

[160] Zur Zueignung durch Verpfändung vgl. BGHSt 12, 299 (302); Schönke et al. (2014), § 246 Rn. 17.

des Fahrrads bzw. die Versendung des Buches haben dagegen die Rückgewinnungschance des O zwischenzeitlich wieder erhöht. Erneute Verpfändung des
Rades und Rücknahme des Buches aus dem Postbetrieb führten zu erneuter
Chancenverschlechterung und sind deshalb tatbestandsmäßige Zueignungen iSd
§ 246 I. Als „mitbestrafte Nachtaten" treten diese Unterschlagungen aber hinter
der ersten Unterschlagung bzw. hinter dem Diebstahl zurück.[161]

Im Ergebnis wirken sich die dogmatischen Meinungsverschiedenheiten hier also
nicht aus. Auch nach der hier vertretenen Ansicht begründet die zweite Zueignung
keine Strafbarkeit des T aus § 246. Effektive Entscheidungserheblichkeit entfaltet
die Wahl des dogmatischen Standpunktes aber in Bezug auf **Tatbeteiligte**, die an
der ersten Zueignung nicht mitgewirkt haben und daher allein wegen Teilnahme an
der zweiten Zueignung strafbar sein könnten.

Beispiel

In dem obigen „Buch-Briefträger-Beispiel" hatte A den T überredet, die Rück-
sendung des Buches an O aufzuhalten und das Buch zu behalten.
    Strafbarkeit des A wegen Anstiftung zur Unterschlagung (§§ 246 I, 26) setzt
voraus, dass T mit der Rücknahme des Buches aus dem Postweg eine tatbestandsmäßige Unterschlagung begangen hat. Die Lehre von der Unwiederhol-
barkeit der Zueignung muss dies verneinen und den A straflos lassen.[162] Die hier
vertretene Meinung kommt problemlos zur Strafbarkeit des A aus §§ 246 I, 26.

Weitere praktische Auswirkungen hat die Entscheidung im Streit um die Wiederholbarkeit der Zueignung im Bereich der Verjährung sowie beim Festnahmerecht des
§ 127 I StPO. Das Dogma von der Einmaligkeit der Zueignung hat zur Folge, dass
durch weitere – nicht mehr tatbestandsmäßige – Manifestationen des Herrschaftswillens keine neue Verjährungsfrist in Lauf gesetzt wird (vgl. § 78 a). Außerdem
ist auf der Grundlage dieses engen Zueignungsbegriffs eine vorläufige Festnahme
nicht mehr möglich, sobald die erste (und einzige) tatbestandsmäßige Zueignung
ihre „Frische" verloren hat. Die späteren Manifestationen – wie oben das Abfangen
des Briefträgers – begründen kein Festnahmerecht, da sie keine „Taten" iSd § 127 I
StPO sind, wenn man – wie der BGH – ihre Tatbestandsmäßigkeit verneint.

2.2.2 Sonstige Strafbarkeitsvoraussetzungen

2.2.2.1 Subjektiver Tatbestand
Der subjektive Tatbestand der Unterschlagung besteht aus dem **Vorsatz**, § 15. Eine
besondere Vorsatzform ist nicht erforderlich, dolus eventualis genügt, und zwar

---

[161] Baumann (1961), 1141 (1143); Rutkowsky (1954), 180; Schönke et al. (2014), § 246 Rn. 19;
Tenckhoff (1984), 775 (779); aA Schünemann (1968), 114 (119).
[162] Maiwald (1970), 268.

auch bezüglich der Aneignungskomponente der Zueignung.[163] Da die Zueignung zum objektiven Tatbestand gehört, muss sich der Vorsatz auch auf sie beziehen. Anders als beim Diebstahl spricht man hier aber nicht von „Zueignungsabsicht". Der Zueignungsvorsatz ist auch kein besonderes subjektives Tatbestandsmerkmal, das neben den Vorsatz tritt. Wie oben (2.2.1.4.1) dargelegt wurde, muss der Zueignungsvorsatz aber in jedem Fall den Erfolg der endgültigen Enteignung umfassen und zwar auch dann, wenn dieser Erfolg im Zeitpunkt des Tatvollzugs noch nicht eingetreten, sondern erst in Zukunft zu erwarten ist. In diesem Fall hat der Zueignungsvorsatz die Struktur einer „überschießenden Innentendenz".[164] Kein Bezugsgegenstand des Vorsatzes ist die Rechtswidrigkeit, da diese nicht Bestandteil des objektiven Tatbestandes ist.[165] Die irrige Annahme des Täters zur Zueignung berechtigt zu sein, ist also kein Tatbestandsirrtum iSd § 16 I 1.

2.2.2.2 Rechtswidrigkeit

Die Rechtswidrigkeit ist allgemeines Deliktsmerkmal[166] und kann durch allgemeine Rechtfertigungsgründe ausgeschlossen werden. In Betracht kommt vor allem die **Einwilligung,**[167] die hier eine größere Bedeutung hat als beim Diebstahl, da der objektive Tatbestand des § 246 I keinen Anknüpfungspunkt für ein tatbestandsausschließendes Einverständnis enthält. Rechtfertigende Wirkung zugunsten des eine unverlangt zugesandte Sache zueignenden Verbrauchers entfaltet § 241 a BGB.[168] Eine Parallele zum Diebstahl ist die rechtswidrigkeitsausschließende Wirkung des Eigentumsverschaffungsanspruchs.[169]

Beispiel

T hat von O ein Darlehen in Höhe von 5000 € erhalten. Zur Sicherung der Rückzahlungsforderung hat T dem O seinen Pkw übereignet. Die Übergabe des Pkw wurde durch Vereinbarung eines Besitzkonstituts ersetzt (§ 930 BGB). Die Sicherungsabrede besagt, dass das Eigentum am Pkw mit der vollständigen Darlehensrückzahlung nicht automatisch an T zurückfällt, T aber gegen O einen Anspruch auf Rückübereignung erlangt. T verkauft den Pkw für 5000 € an X. Mit dem von X erhaltenen Geld zahlt T dem O das Darlehen zurück. Danach einigte er sich mit X über den Eigentumsübergang und übergab ihm den Pkw

---

[163] Schönke et al. (2014), § 246 Rn. 24.

[164] aA Gössel (1996), § 11 Rn. 31.

[165] aA Maurach et al. (2009), § 34 Rn. 36; Wessels et al. (2013c), Rn. 320.

[166] Samson (1990), 5 (9).

[167] BGH, wistra 2005, 376 (377); Gössel (1996), § 11 Rn. 14; Maiwald (1970), 209; Samson (1990), 5 (9).

[168] Matzky (2002), 458 (463); Maurach et al. (2009), § 34 Rn. 35; Schönke et al. (2014), § 246 Rn. 23.

[169] Eisele (2012b), Rn. 268; Gössel (1996), § 11 Rn. 14; Samson (1990), 5 (9); aA Welzel (1969), 346.

(§ 929 S. 1 BGB). Eine Rückübereignung von O an T hatte zu diesem Zeitpunkt noch nicht stattgefunden.

Der Pkw stand noch im Eigentum des O, als T ihn dem X übereignete. Die Rückzahlung des Darlehens an O hatte das Eigentum nicht automatisch an T zurückfallen lassen. Denn die Sicherungsübereignung war laut Sicherungsabrede nicht auflösend bedingt, § 158 II BGB. Die Übereignung in der Form des § 929 S. 1 BGB ist ein Zueignungsakt, egal ob X gutgläubig war und deshalb gem. § 932 BGB Eigentümer wurde oder ob er bösgläubig war und deshalb nicht sofort Eigentum erwarb.[170] T hat also den objektiven Tatbestand der Unterschlagung erfüllt. Die Tat ist aber nicht rechtswidrig.[171] Aus dem Sicherungsvertrag stand dem T nach der Rückzahlung des Darlehens gegen O ein einredefreier Anspruch auf Rückübereignung des Pkw zu. Mit der Zueignung des Pkw hat T zwar der Erfüllung dieses Anspruch vorgegriffen, letztlich aber einen Zustand hergestellt, den er auch auf legalem Wege hätte erwirken können und der daher mit der Rechtsordnung in Einklang steht.

Verwirklicht der Täter den Unterschlagungstatbestand in der Alternative „**Drittzueignung**", kann die Rechtswidrigkeit auch durch einen Eigentumsverschaffungsanspruch ausgeschlossen werden, den der Dritte gegen den Eigentümer hat.

Beispiel

Zur Sicherung einer Darlehensforderung verpfändet und übergibt E sein Fahrrad dem Darlehensgeber T. Schon vor Rückzahlung des Darlehens verkauft E das Fahrrad an K. Dieser bezahlt den Kaufpreis sofort. Mit E vereinbart K, dass E das Fahrrad noch zwei Wochen benutzen darf und danach erst an ihn übereignen muss. T erfährt von diesem Verkauf und gibt das Fahrrad nach der Darlehensrückzahlung nicht an E, sondern an K heraus. Von der Zusatzabrede, wonach E noch zwei Wochen zur Benutzung des Fahrrads berechtigt sein sollte, wusste T nichts.

Mit der Übergabe des Fahrrads an K hat T eine fremde[172] bewegliche Sache einem Dritten zugeeignet und damit den objektiven Tatbestand der Unterschlagung erfüllt. Da K aus § 433 I BGB gegen E einen Anspruch auf Übereignung des Fahrrads hat, könnte die Rechtswidrigkeit der Zueignung ausgeschlossen sein. Denn die Verschaffung einer eigentümerähnlichen Stellung ist nichts anderes als die Herstellung des Zustandes, der auf Grund des kaufvertraglichen Anspruchs ohnehin herbeigeführt werden soll und der deshalb mit der Rechtsordnung im Einklang steht. Allerdings entfaltet ein Eigentumsverschaffungsanspruch seine rechtfertigende Wirkung nur dann, wenn er im Zeitpunkt der Tat schon fällig und einredefrei ist (siehe oben 1.2.2.3.3.5). An der erstgenannten Voraussetzung fehlt es hier. Die Zusatzabrede zwischen K und E hat den Fälligkeitszeitpunkt hinausgeschoben. Als T dem K das Fahrrad zueignete, war der kaufvertragliche

---

[170] In diesem Fall wird X Eigentümer, wenn O die Verfügung des T genehmigt bzw. dem O den Pkw rückübereignet, § 185 II 1 BGB.

[171] Schönke et al. (2014), § 246 Rn. 22.

[172] E hat das Fahrrad dem K nicht bereits nach § 931 BGB übereignet.

Übereignungsanspruch noch nicht fällig. Daher ist die Tat des T rechtswidrig. Da T jedoch von der fälligkeitsrelevanten Vereinbarung zwischen K und E nichts wusste, stellte er sich vor, K habe eine fälligen Übereignungsanspruch gegen E. T nahm also irrtümlich das Vorliegen aller tatsächlichen Voraussetzungen eines Rechtfertigungsgrundes an. Dieser Erlaubnistatbestandsirrtum hat zur Folge, dass T behandelt wird, als habe er seine Tat ohne Vorsatz begangen. Die in der Entgegennahme der Sache durch K liegende eigennützige Zueignung wäre ebenfalls durch den kaufvertraglichen Anspruch gerechtfertigt, wenn dieser Anspruch fällig wäre. Anders als T hat K aber gewusst, dass sein Anspruch noch nicht fällig ist. Deshalb hat K nicht nur objektiv rechtswidrig gehandelt, sondern außerdem auch vorsätzlich und schuldhaft.

Hat der Dritte gegen den Eigentümer einen die Zueignung rechtfertigenden fälligen und einredefreien Anspruch, entfällt nicht nur seine Strafbarkeit aus § 246 I, sondern auch aus § 259 I („sich verschafft"), weil die „Vortat" des drittzueignenden Täters nicht rechtswidrig ist. Begeht der Vortäter aber im Zusammenhang mit der Übergabe der Sache eine – durch den Eigentumsverschaffungsanspruch des Dritten nicht gerechtfertigte – eigennützige Zueignung oder ist die Drittzueignung – wie im obigen Beispiel – mangels Fälligkeit des Anspruchs nicht gerechtfertigt, macht sich auch der Dritte wegen Hehlerei strafbar. Denn § 259 verlangt im subjektiven Tatbestand zwar Bereicherungsabsicht, nicht aber Rechtswidrigkeit der beabsichtigten Bereicherung (näher dazu unten 1.3.2.2.2.4).

2.3   Qualifikationstatbestand Veruntreuung, § 246 II

2.3.1   Allgemeines

Durch die Anhebung der Strafrahmenobergrenze[173] von 3 auf 5 Jahre signalisiert das Gesetz, dass der Umstand des „Anvertrautseins" der tatgegenständlichen Sache die Unterschlagung qualifiziert. Da die Anwendung dieses strengeren Strafrahmens obligatorisch ist, wenn die Sache dem Täter anvertraut war, handelt es sich nicht – wie z. B. bei § 243[174] – um eine Strafzumessungsregel, sondern um einen Qualifikationstatbestand. Der materielle Grund der Strafschärfung ist die **Enttäuschung schutzwürdigen Vertrauens** bzw. der Missbrauch einer besonderen Vertrauensstellung, die Verletzung der aus dieser Position resultierenden Sonderpflicht zum Schutz des fremden Eigentums.[175]

---

[173] Die Untergrenze des Strafrahmens ist bei der Veruntreuung nicht erhöht, sondern liegt bei 1 Monat Freiheitsstrafe, vgl. § 38 II.

[174] Dazu oben 1.3.1.1.2.

[175] Maiwald (1970), 209.

2.3.2 Anvertraute Sache

Das Merkmal „anvertraut" ist Teil des **objektiven Tatbestandes**. Deshalb muss sich der Vorsatz des Täters darauf beziehen, § 15.

2.3.2.1 Begründung der Vertrauensstellung

Eine Sache ist **anvertraut**, wenn dem Täter der Gewahrsam vom Eigentümer oder einem Dritten[176] eingeräumt worden ist und dabei zwischen den Beteiligten Konsens darüber bestand, dass der Täter die Sache zu einem bestimmten Zweck verwenden oder nach einer bestimmten Zeit wieder zurückgeben soll.[177] Der Gewahrsamsübertragung liegt also eine explizite oder konkludente **Abrede zugrunde, die den Umgang des Täters mit der Sache festlegt und begrenzt.**

Beispiel

Am Morgen des ersten warmen Frühlingstags bringt O seinen Pkw zur Kfz-Werkstatt des T, um dort die Winterreifen ab- und die Sommerreifen aufmontieren zu lassen. Als O am Abend desselben Tages seinen Wagen wieder abholen will, ist dieser auf dem ganzen Werkstattgelände nicht zu finden. T hat nämlich den Pkw des O kurz zuvor an den X verkauft.

O hatte dem T den Gewahrsam an dem Pkw nur zum Zwecke des Reifenwechsels verschafft. Zwischen beiden bestand Einigkeit darüber, dass T zu einer über diese Verrichtung hinausgehenden oder damit nicht zusammenhängenden Herrschaftsausübung nicht befugt sein sollte, dass vielmehr der Wagen nach ausgeführtem Reifenwechsel wieder in den Gewahrsam des O zurückgelangen sollte. Ein etwaiger abweichender innerer Vorbehalt des T steht der Wirksamkeit dieser Abrede gem. § 116 S. 1 BGB nicht entgegen. O hat also seinen Pkw dem T anvertraut und dieser hat das Fahrzeug mit dem Verkauf an X veruntreut.

Weitere typische Fälle des Anvertrautseins sind die Miete,[178] Leihe oder Verwahrung von Sachen. Ebenfalls hierher zu zählen sind Sicherungsübereignung und Eigentumsvorbehalt.[179] Schutzwürdig ist das dem Täter vom Eigentümer entgegengebrachte Vertrauen nur, wenn es von diesem bestätigt worden ist.[180] **Einseitige Erwartungen** an den Täter können dessen strafrechtlich relevante Pflichtenstellung nicht qualifizieren. Der Täter muss also mit der Rolle, die er in Bezug auf die Sache spielen soll, einverstanden sein. Eine aufgedrängte Vertrauensstellung vermag daher den Qualifikationstatbestand nicht zu begründen.

---

[176] Samson (1990), 5 (10).

[177] Arzt et al. (2009), § 15 Rn. 35; Gössel (1996), § 11 Rn. 38.

[178] BGHSt 9, 90 (91).

[179] BGHSt 16, 280 (282).

[180] Arzt et al. (2009), § 15 Rn. 35, wo der Tatbestand auf Fälle „begründeten" Vertrauens beschränkt wird.

> **Beispiel**
>
> Am Freitagnachmittag beschließt die Studentin O spontan, mit ihrem Freund auf ein verlängertes Wochenende nach London zu fliegen. Ihre beiden Wellensittiche Hansi und Fritzi möchte sie während ihrer Abwesenheit von den Nachbarn N versorgen lassen. Als sie an der Wohnungstür der Familie N klingelt, öffnet die sechsjährige Tochter X. Die Eltern der X sind nicht zu Hause. O trägt ihr Anliegen vor („Sag deinen Eltern einen schönen Gruß von mir. Sie möchten bitte bis Dienstag auf Hansi und Fritzi aufpassen") und übergibt der X den Käfig mit den beiden Vögeln, sowie eine Schachtel mit Vogelfutter. Die Eltern der X sind davon nicht begeistert, da sie selbst am Wochenende wegfahren wollen. Herr N, dem das Vogelgeschrei aus der Nachbarwohnung sowieso schon lange auf die Nerven geht, verschenkt die Vögel kurzerhand an die 80-jährige Witwe W.
>
> Das Verschenken der Vögel ist ein Akt der Zueignung und damit eine Unterschlagung. Diese wäre nach § 246 II qualifiziert, wenn die Vögel dem N anvertraut worden wären. Die dafür erforderliche Vereinbarung über die Behandlung der Vögel konnte mit der sechsjährigen X nicht wirksam getroffen werden. Die Eltern haben sich gegenüber der O nicht zur Behütung der Vögel bereit erklärt. Das wäre nur dann unerheblich, wenn sie schon öfters die Vögel in Pflege genommen hätten und dies zwischen ihnen und der O zu einer regelmäßigen Übung nachbarschaftlicher Hilfe geworden wäre. Denn unter diesen Umständen hätte O darauf vertrauen dürfen, dass die N ihre Hilfsbereitschaft auch dieses Mal nicht verweigern würden, ohne dass es dazu einer ausdrücklichen Absprache bedurfte. Da O jedoch ihre Vögel offenbar bisher noch nicht bei ihren Nachbarn untergebracht hatte, konnte sie nicht davon ausgehen, dass diese die ihnen angesonnene Aufgabe ihren Vorstellungen entsprechend übernehmen und erfüllen würden. Ein Vertrauensverhältnis war daher nicht zustande gekommen. N hat keine Veruntreuung begangen.

2.3.2.2 Vertrauensverhältnisse mit illegalem Einschlag

Die unrechtserhöhende Wirkung des enttäuschten Vertrauens setzt voraus, dass die **Vertrauensbeziehung schutzwürdig** ist.[181] Dabei kommt es nicht darauf an, ob das dem Täter von dem Anvertrauenden entgegengebrachte Vertrauen schutzwürdig ist. Da die Veruntreuung ebenso wie die einfache Unterschlagung ein Eigentumsdelikt ist, ist vielmehr maßgebend, dass das Anvertrauen die Lage des Eigentümers verbessert.[182] Das ist der Fall, wenn die Inobhutnahme eigentumsschützende Zweckbestimmung hat, also objektiv dem Interesse des Eigentümers dient. Ist diese Voraussetzung erfüllt, kann auch ein unrechtmäßiger Gewahrsamsinhaber mit einem anderen ein Anvertrauensverhältnis begründen, dessen Verletzung den Tatbestand der Veruntreuung erfüllt.[183]

---

[181] Schönke et al. (2014), § 246 Rn. 30.

[182] RGSt 40, 222 (223); Maiwald (1970), 210.

[183] Arzt et al. (2009), § 15 Rn. 36; Eisele (2012b), Rn. 273; Gössel (1996), § 11 Rn. 40.

Beispiele

1. T hat dem O ein Gemälde gestohlen, das er ihm für 500 000 € „Lösegeld"
   zurückgeben will. Da T das eigene Haus, in das schon mehrfach eingebrochen
   wurde, als Aufbewahrungsort für ungeeignet hält, übergibt er das Bild dem
   über alles informierten X, damit dieser es in Verwahrung nehme, bis mit O
   eine Einigung erzielt sei. X hält sich aber nicht an die Vereinbarung mit T und
   verkauft das Bild sofort an einen japanischen Unternehmer. Danach setzt er
   sich nach Südamerika ab.
2. T hat dem O ein Auto gestohlen. Er bringt den Wagen zu seinem Bekannten
   X, der eine Kfz-Werkstatt betreibt. X soll die Karosserie des Fahrzeugs neu
   lackieren und sodann den Wagen „in Kommission" für T verkaufen. X verkauft den Wagen aber auf eigene Rechnung und steckt das Geld in die eigene
   Tasche. Als T von ihm den Verkaufserlös verlangt, entgegnet X höhnisch, T
   könne ja zur Polizei gehen oder vor Gericht klagen.

Der abredewidrige Verkauf des Gemäldes und des Pkw ist jeweils die Zueignung
einer fremden Sache und daher als Unterschlagung strafbar. Die Übergabe beider
Sachen von T an X war mit Verhaltensmaßregeln verknüpft, die geeignet sind,
das Merkmal „anvertrauen" zu erfüllen. Fraglich ist allerdings, ob die unterschlagenen Sachen in unrechtserhöhender Weise anvertraut worden sind. Dem
scheint die Tatsache entgegenzustehen, dass die Inobhutnahme unmittelbar dem
T und dessen unrechtmäßiger Sachherrschaft zugute kommen sollte. Dies ist jedoch kein ausschlaggebender Umstand, solange auch der Eigentümer von dem
Anvertrauen profitiert, weil es die Gefahr endgültigen Verlustes abwendet bzw.
die Chance auf Rückerlangung der Sache erhöht. In **Beispiel 1** hat die Inverwahrunggabe des Bildes eine derartige Schutzwirkung zugunsten des Eigentümers,
weshalb der verstärkte strafrechtliche Schutz, den § 246 II bietet, gerechtfertigt
ist. Der Verkauf des Bildes an den Japaner ist also eine veruntreuende Unterschlagung. In **Beispiel 2** ist dagegen das Anvertrauen des Pkw gegen die Interessen des Eigentümers gerichtet. Die Chance des O auf Rückerlangung seines
Wagens soll mit der Umlackierung verschlechtert werden. Indem sich X über
die Vereinbarung mit T hinwegsetzte, enttäuschte er kein eigentumsschützendes
Vertrauen. Er hat also nur einfache Unterschlagung begangen.[184]

Keine Veruntreuung kann an Sachen begangen werden, die als **Mittel zur Begehung
von Straftaten** eingesetzt oder als **Früchte aus begangenen Straftaten** gewonnen wurden. Soweit derartige Gegenstände dem Verfall (§ 73) oder der Einziehung
(§ 74) unterliegen, sind sie ohnehin dazu bestimmt, ihrem Eigentümer entzogen zu
werden.[185] Der Bruch einer Vertrauensbeziehung, mit der sich der Eigentümer den
Erhalt der Sache sichern wollte, kann also nicht Strafbarkeit aus einem Tatbestand

---

[184] RGSt 40, 222 (223); 70, 7 (9); Arzt et al. (2009), § 15 Rn. 36; Bockelmann (1982), 38; aA Bruns
(1954), 857 ff.

[185] Die Vereitelung dieser Sanktionen durch Beiseiteschaffen der Gegenstände kann daher als
Strafvereitelung strafbar sein, vgl. §§ 258, 11 I Nr. 8.

begründen, der den strafrechtlichen Schutz des Eigentums dadurch verstärkt, dass er die Unterschlagung anvertrauter Sachen unter qualifizierte Strafdrohung stellt.

Beispiel

O händigt dem T 10 000 € aus und erteilt ihm den Auftrag, mit dem Geld bei dem Geldfälscher G falsche US-Dollarnoten im Nennwert von $ 1 Million zu kaufen und ihm zu bringen. T verwendet nur 5000 € zum Ankauf von Falschgeld. Von den anderen 5000 € kauft er sich ein Segelboot. Die bei G besorgten Falsifikate liefert T nicht bei O ab, sondern verkauft sie für 5000 € an den X.

Trotz der Involvierung in Straftaten (§ 146) sind sowohl die ausgehändigten 10 000 € als auch das von G hergestellte Falschgeld Sachen, an denen – aus der Sicht des T fremdes – Eigentum besteht und die daher dem strafrechtlichen Schutz sowohl des § 242 (dazu oben 1.2.1.3.3.2) als auch des § 246 unterstehen. T hat daher durch die eigenmächtige Verfügung über die nicht zum Kauf von Falschgeld verwendeten 5000 € sowie den Verkauf des von G übernommenen Falschgeldes Unterschlagung begangen.[186] Da Geld und Falschgeld dem T anvertraut worden sind, liegt sogar eine Strafbarkeit wegen Veruntreuung nahe. Teleologisch sachgerechte Interpretation des Qualifikationstatbestandes verschafft jedoch die Erkenntnis, dass das Strafrecht hier keinen über § 246 I hinausgehenden Eigentumsschutz gewähren kann.[187] T ist daher nicht wegen Veruntreuung strafbar.

2.3.2.3 Täterschaft und Teilnahme

Das Anvertrauen der Sache begründet eine besondere Beziehung zwischen der Sache und der Person, der sie anvertraut worden ist. Diese Beziehung ist ein **besonderes persönliches Merkmal** des Täters der veruntreuenden Unterschlagung. Da das Merkmal aus einer einfachen eine qualifizierte Unterschlagung macht, hat es strafschärfende Wirkung und fällt daher unter § 28 II.[188]

Beispiel

Der steinreiche Kunstliebhaber O bringt ein Gemälde von Renoir zur Ausbesserung des Rahmens zu dem Restaurator T. Dieser arbeitet seit längerem mit dem begabten Kunstfälscher G zusammen. G fertigt in kurzer Zeit von dem Renoir des O eine perfekte Kopie, die T dem ahnungslosen O als „seinen Renoir" mit ausgebessertem Rahmen zurückgibt. Den Original-Renoir verkauft T an einen amerikanischen Öl-Milliardär.

---

[186] An- und Verkauf des Falschgeldes sind darüber hinaus nach § 146 I Nr. 2 und Nr. 3 strafbar.

[187] Schönke et al. (2014), § 246 Rn. 30; aA BGH, NJW 1954, 889; OLG Braunschweig, NJW 1950, 656; Bruns (1954), 857 ff.

[188] Arzt et al. (2009), § 15 Rn. 37; Gehrmann (2002), 180; Mitsch (1999), 65 (94).

Der Verkauf des Gemäldes durch T ist eine Unterschlagung in der qualifizierten Form der Veruntreuung, da O dem T das Bild anvertraut hatte. T ist also aus § 246 II strafbar. G hat die Tat des T durch Anfertigung der Kopie unterstützt, ist daher Gehilfe des T, § 27 I.[189] Da die Haupttat des T den Tatbestand der veruntreuenden Unterschlagung erfüllt, wäre nach dem Akzessorietätsprinzip an sich auch G wegen Beihilfe zur Veruntreuung strafbar. Dem steht aber § 28 II entgegen: Das qualifizierende Merkmal „anvertraut" wird nichtakzessorisch behandelt und belastet deshalb nur den Beteiligten, der es selbst erfüllt. Anvertraut war das Gemälde dem T, nicht aber dem G. Dieser ist somit nur wegen Beihilfe zur einfachen Unterschlagung strafbar, §§ 246 I, 27 I.

2.4 Subsidiaritätsklausel

2.4.1 Allgemeines

Der neugefasste § 246 macht in seinem Absatz 1 die Bestrafung wegen Unterschlagung davon abhängig, dass *„die Tat nicht in anderen Vorschriften mit schwererer Strafe bedroht ist."* Hintergrund der Regelung ist, dass eine Bestrafung aus § 246 I überflüssig erscheint, wenn dieselbe Tat einen anderen eigentums- oder vermögensschützenden Tatbestand erfüllt und die aus diesem Tatbestand abzuleitenden Rechtsfolgen schwerer wiegen als die, welche sich aus § 246 ergäben. Wegen der sehr weit gezogenen Tatbestandsgrenzen ist ein derartiges Zusammentreffen des § 246 mit sehr vielen anderen Tatbeständen möglich.

2.4.2 Subsidiarität der Unterschlagung

2.4.2.1 Systematische Stellung

Die Subsidiarität eines Tatbestandes im Verhältnis zu einem anderen Tatbestand ist ein Fall der Gesetzeseinheit bzw. **Gesetzeskonkurrenz**.[190] Die materiell-strafrechtlichen Strafbarkeitsvoraussetzungen der Unterschlagung werden davon also nicht berührt. Im Gegenteil: Damit die Subsidiaritätsklausel im konkreten Fall überhaupt „greift", muss die Tat alle Strafbarkeitsvoraussetzungen des § 246 erfüllen.[191] Insbesondere schließt die koinzidente Erfüllung eines anderen – auf Grund der Subsidiaritätsklausel letztlich vorrangigen – Straftatbestandes nicht den objektiven Tatbestand der Unterschlagung aus.[192]

---

[189] Umfassend zur strafrechtlichen Relevanz der Kunstverfälschung Döpfner, Der Restaurierungsbetrug, 1989.

[190] Gehrmann (2002), 193; Hörnle (1998), 169 (171).

[191] Cantzler et al. (2003), 483; Murmann (1999), 14 (15).

[192] Mikolajczyk (2005), 146.

T nimmt dem auf einer Parkbank liegenden Obdachlosen O die Armbanduhr weg. Bei der Tat wurde dem T von G geholfen, der den O für tot hielt.

T hat Diebstahl und Unterschlagung begangen, wird aber nur aus § 242 I bestraft. Bestrafung aus § 246 I entfällt wegen der Subsidiarität der Unterschlagung. G hat objektiv Beihilfe zum Diebstahl begangen, dabei aber ohne Vorsatz bezüglich der Haupttat Diebstahl gehandelt. Der Vorsatz des G richtete sich auf eine Haupttat, die den Tatbestand der Unterschlagung erfüllt. Strafbarkeit wegen Beihilfe zur Unterschlagung setzt voraus, dass T selbst eine tatbestandsmäßige Unterschlagung begangen hat. Stünde dem die Subsidiaritätsklausel entgegen, könnte G mangels Haupttat nicht wegen Beihilfe zur Unterschlagung bestraft werden. Da aber die Subsidiarität nur die Konkurrenz zwischen § 242 und § 246 betrifft und die Erfüllung des Unterschlagungstatbestandes nicht ausschließt, ist G aus §§ 246 I, 27 strafbar.

Bestehen **Zweifel** darüber, ob die Voraussetzungen der Subsidiaritätsklausel vorliegen, wird der Täter aus § 246 bestraft. Beträfe die Subsidiaritätsklausel die materiellrechtlichen Strafbarkeitsvoraussetzungen – z. B. den objektiven Tatbestand – der Unterschlagung, müsste in einem Zweifelsfall über die Anwendbarkeit des Grundsatzes „in dubio pro reo" oder der ihm vorgehenden Rechtsfiguren „Wahlfeststellung" bzw. „Postpendenzfeststellung" nachgedacht werden.[193] Da es sich aber lediglich um eine Konkurrenzregelung handelt, bedarf es dieser komplizierten Überlegungen nicht. Davon zu unterscheiden ist die Situation, dass sich nicht aufklären lässt, ob der Täter die Strafbarkeitsvoraussetzungen der Unterschlagung oder eines anderen Delikts erfüllt hat und beide Alternativen sich gegenseitig ausschließen.

T hat aus der Mietwohnung des M mit dessen Einverständnis einen dem M gehörenden und dem Vermieterpfandrecht des V unterliegenden Fernsehapparat geholt. Es lässt sich nicht restlos aufklären, ob er dies tat, um das Gerät zugunsten des M vor dem Zugriff des V zu retten oder ob er den Fernseher gegen den Willen des M selbst behalten wollte.

Der Abtransport des Fernsehgerätes aus der von V an M vermieteten Wohnung ist entweder Pfandkehr (§ 289) oder Unterschlagung. Welches der beiden Delikte T begangen hat, ist unaufklärbar. Beide Tatbestände sind inkompatibel, weil die nicht auszuschließende Möglichkeit, dass T das Gerät nur dem M sichern wollte (das wäre Pfandkehr gem. § 289), der Zueignung (§ 246) entgegensteht und umgekehrt die nicht auszuschließende Möglichkeit, dass T das Gerät behalten wollte (das wäre Unterschlagung gem. § 246), einer Wegnahme[194] „zugunsten

---

[193] Jescheck et al. (1996), § 16.

[194] Im Rahmen des § 289 schließt das Einverständnis des M die Wegnahme nicht aus. Außerdem setzt die Wegnahme iSd § 289 keinen Gewahrsamsbruch voraus, Arzt et al. (2009), § 16 Rn. 29;

des Eigentümers" (§ 289) entgegensteht. Da mangels „rechtsethischer und psychologischer" Gleichwertigkeit eine Wahlfeststellung zwischen diesen beiden Tatbeständen ausscheidet, muss T freigesprochen werden.

2.4.2.2 Anwendbarkeit bei Veruntreuung, Versuch und Teilnahme

Die Subsidiaritätsklausel ist Bestandteil des den Grundtatbestand normierenden **Absatzes 1**. Daraus kann jedoch nicht der Schluss gezogen werden, dass nur die einfache vollendete Unterschlagung von gravierenderen Delikten verdrängt wird, nicht aber die qualifizierte Unterschlagung des § 246 II und die versuchte Unterschlagung nach §§ 246 III, 22. Denn es ist durchaus möglich, dass eine veruntreuende Unterschlagung mit einem anderen Vermögensdelikt zusammentrifft, welches eine höhere Strafe begründet.[195] Denkbar ist eine derartige Konkurrenz vor allem mit der Untreue, die ohnehin mannigfache Berührungspunkte mit der Veruntreuung aufweist. Die Bezugnahme „in den Fällen des Absatzes 1" in § 246 II ist daher in dem Sinn zu verstehen, dass auch die in § 246 I enthaltene Subsidiaritätsklausel Bestandteil des § 246 II sein soll.[196] Unbestreitbar fällt auch die **versuchte** Unterschlagung (§ 246 III) in den Geltungsbereich der Subsidiaritätsklausel.[197] Des Weiteren gilt die Subsidiaritätsklausel auch für **Teilnehmer**. Wer Anstiftung oder Beihilfe zur Unterschlagung begangen hat, wird also nicht aus §§ 246, 26 bzw. §§ 246, 27 bestraft, wenn sein Verhalten zugleich als Anstiftung oder Beihilfe zu einem schwerer zu bestrafenden Delikt strafbar ist. Erst recht gilt dies, wenn das Verhalten sogar täterschaftliche Strafbarkeit aus einem gravierenderen Straftatbestand begründet.

Beispiel

Der Obdachlose O liegt schlafend und volltrunken auf einer Parkbank. A ruft dem 14-jährigen T zu: „He du, der Penner da ist gerade abgekratzt. Hol dir seine Armbanduhr, bevor es ein anderer tut!". T hält den O für tot und streift ihm die Armbanduhr vom Handgelenk.

Da O nicht tot war und somit noch Gewahrsam an der Uhr hatte (siehe oben 1.2.1.4.2.3), beging T objektiv tatbestandsmäßig Diebstahl, handelte aber ohne Wegnahmevorsatz, § 16 I 1. T ist daher nur aus § 246 I strafbar. Indem A den vorsatzausschließenden Irrtum des T über die Wegnahmequalität seines Handelns hervorrief, beging er Diebstahl in mittelbarer Täterschaft, §§ 242 I, 25 I Alt. 2.[198] Die tateinheitlich begangene Anstiftung zur Unterschlagung wird dadurch verdrängt.

Gössel (1996), § 18 Rn. 113; Schönke et al. (2014), § 289 Rn. 9.

[195] BGH, NStZ 2012, 628; Cantzler et al. (2003), 483.

[196] Gehrmann (2002), 194; Hohmann (2013), 161 (162).

[197] Gehrmann (2002), 194.

[198] Gropp (2005), § 10 Rn. 57.

2.4.2.3 Tat

Der Begriff „Tat" hat in straf- und strafverfahrensrechtlichen Zusammenhängen unterschiedliche Bedeutungsgehalte, ist also nicht immer im gleichen Sinne zu verstehen. Am deutlichsten ist die Differenz zwischen dem „prozessualen" Tatbegriff, der z. B. in §§ 155, 264 StPO eine zentrale Rolle spielt, und dem materiellrechtlichen Tatbegriff – z. B. der Konkurrenzvorschriften §§ 52 ff. Der Tatbegriff der Subsidiaritätsklausel des § 246 I ist **materiellrechtlicher Natur** und bezieht sich auf eine Situation, die im Fall einer Idealkonkurrenz vorliegt, § 52 I.[199] Es handelt sich um eine Tat (Tatidentität, Tateinheit). Diese Tat erfüllt den Tatbestand der Unterschlagung und zugleich noch wenigstens einen anderen Straftatbestand, der mit einer höheren Strafdrohung verbunden ist (näher dazu unten 2.4.2.5). Die Subsidiaritätsklausel bezieht sich also ausschließlich auf „Gleichzeitigkeitsfälle". Kein Teil der „Tat" sind alle Tatsachen, die zwar nach prozessrechtlichem Maßstab noch zu dem einheitlichen Lebenssachverhalt gehören, der Gegenstand des Strafverfahrens ist („prozessuale Tat"), jedoch als Subsumtionsmaterial des § 246 nicht in Frage kommen. Ebenfalls kein Tatbestandteil sind alle Vorgänge, die zu der Unterschlagung in Realkonkurrenz (§ 53) stehen und daher zu einer anderen Tat gehören.[200]

Beispiele

1. T nimmt dem O mit Zueignungsabsicht ein Buch weg.
2. T bietet ein von O entliehenes wertvolles Buch dem K zum Kauf an. Nachdem T dem K das Buch übergeben hat, erscheint plötzlich der X und will das Geschäft verhindern. T zieht seine Pistole und erschießt den X.
3. T nimmt dem O ein Fahrrad weg. Einige Wochen später verkauft T das Fahrrad an K.

Beispiel 1 repräsentiert den typischen Anwendungsfall der Subsidiaritätsklausel. Ein und dieselbe Handlung verwirklicht den Unterschlagungstatbestand sowie noch einen weiteren Straftatbestand. „Tat" ist hier die Wegnahme des Buches, die zugleich Diebstahl und Unterschlagung ist. In **Beispiel 2** würde der gesamte Vorgang vom Kaufangebot bis zur Erschießung des X verfahrensrechtlich als eine Tat behandelt werden. Dadurch wird aber die Tötungshandlung noch nicht zur „Tat" iSd § 246 I. Das wäre nur der Fall, wenn der Pistolenschuss eine Zueignung iSd § 246 I oder wenigstens Teil eines Zueignungsaktes wäre. Hier war die Zueignung aber mit dem Verkauf und der Übergabe des Buches an K vollendet. Der anschließende Schuss gehört nicht mehr zu den Tatsachen, deren Subsumtion unter § 246 I das Ergebnis hervorbringt, dass T eine Unterschlagung begangen hat. § 246 wird also schon mangels Tatidentität nicht von dem Straftatbestand verdrängt, den T durch die Erschießung des X erfüllt hat.[201] In **Beispiel 3** hat T mehrere Taten begangen, die jeweils den Unterschlagungstatbestand sowie

---

[199] Arzt et al. (2009), § 15 Rn. 42; Cantzler et al. (2003), 483 (484); Eisele (2012b), Rn. 275; Hohmann (2013), 161 (162).

[200] Cantzler (2001), 567 (571); Cantzler et al. (2003), 483 (484); aA Mikolajczyk (2005), 148.

[201] Außerdem ist § 212 bzw. § 211 keine „andere Vorschrift", dazu näher unten 2.4.2.4.

eventuell weitere Straftatbestände (§§ 242, 263) erfüllen. Da die Wegnahme des Fahrrades als Diebstahl strafbar ist, tritt in Bezug auf diese Handlung § 246 zurück. Fraglich ist, ob auch die durch den Verkauf des Rades an K begangene Unterschlagung von § 242 verdrängt wird. Voraussetzung dafür wäre, dass „die Tat" iSd Subsidiaritätsklausel sowohl die Wegnahme als auch den Weiterverkauf des Fahrrades umfasste. Das ist jedoch nicht der Fall. Es handelt sich um zwei verschiedene Taten, die zueinander in Realkonkurrenz stehen, § 53. Die Subsidiaritätsklausel kommt daher nicht zum Zuge.

2.4.2.4 Andere Vorschrift

„**Anders**" ist eine Vorschrift, wenn sie außerhalb des § 246 steht. Das umstrittene Problem der Wiederholbarkeit der Zueignung (oben 2.2.1.4.5) ist also nicht Gegenstand der Subsidiaritätsklausel und durch das 6. StrRG nicht beseitigt worden.[202] Dass innerhalb des § 246 die einfache Unterschlagung des § 246 I von der veruntreuenden Unterschlagung des § 246 II verdrängt wird, beruht nicht auf der Subsidiaritätsklausel des § 246 I, sondern auf dem allgemeinen Prinzip der Spezialität. Das Zurücktreten der versuchten hinter der vollendeten Unterschlagung ist ebenfalls ein anerkannter allgemeiner Fall der Gesetzeskonkurrenz und nicht auf den Bereich des § 246 beschränkt.

Die andere Strafvorschrift muss im konkreten Fall **anwendbar** sein. Ausländische Straftatbestände[203] und Normen des „Völkerstrafrechts"[204] scheiden somit stets aus, im Übrigen ist bei Auslandstaten die Anwendbarkeit deutscher Strafgesetze – einschließlich des § 246 – nach §§ 5 ff zu ermitteln. Bei Änderungen des Strafgesetzes zwischen Tatbegehung und Entscheidung ist zunächst nach § 2 zu prüfen, ob bzw. welche Vorschrift auf die Tat nach der Rechtsänderung noch angewendet werden darf. Erst danach kann festgestellt werden, ob die andere Vorschrift eine schwerere Strafe androht als § 246 und diesen daher verdrängt.

Als verdrängende Straftatbestände kommen nur solche in Betracht, die denselben Strafrechtsschutz gewähren wie § 246, also **dasselbe Rechtsgut** schützen wie der Unterschlagungstatbestand.[205] Dies sind in erster Linie eigentumsschützende Tatbestände wie §§ 242, 249 und 252. Da die Unterschlagung aber auch ein Vermögensdelikt im weiteren Sinne ist, sind vermögensschützende Straftatbestände wie §§ 253, 257, 259, 263, 266 ebenfalls zu berücksichtigen. Bei Straftatbeständen, die weder Eigentums- noch Vermögensschutz bezwecken, ist entgegen der Ansicht des BGH[206] eine Verdrängung des § 246 sachlich nicht zu rechtfertigen.[207]

---

[202] Eisele (2012b), Rn. 263; Rengier (2014a), § 5 Rn. 58.

[203] Nowakowski (1971), 633 ff.

[204] Jescheck et al. (1996), § 14 I 2.

[205] Dies ist auch in Bezug auf die Subsidiaritätsklauseln der §§ 125 I, 248 b I und 265 a I weitgehend anerkannt; anders nur BGHSt 43, 237 ff.

[206] BGHSt 47, 243 ff.; zust. Heghmanns (2003), 954 ff.; Hohmann (2013), 161; Otto (2003), 87 (88).

[207] Cantzler (2001), 567 (572); Cantzler et al. (2003), 483 (485); Freund et al. (2003), 242 ff.; Gehrmann (2002), 195; Jäger (2000), 1167 (1171); Mikolajczyk (2005), 136; Mitsch (1999), 65 (95).

Beispiele

1. Gefängniswärter T händigt dem Strafgefangenen S einen Schlüssel aus, mit dem S sämtliche Türen der JVA öffnen und einen erfolgreichen Fluchtversuch unternehmen kann.
2. T hat ein dem todkranken Patienten E gehörendes lebensrettendes Medikament in Verwahrung genommen. T verkauft das Medikament an den ebenfalls schwer kranken P. Da E somit sein Medikament nicht rechtzeitig einnehmen kann, verstirbt E. T hat damit gerechnet und diese Folge billigend in Kauf genommen.
3. Der wegen eines Vergehens angeklagte T ist von dem Strafrichter R freigesprochen worden. Der Freispruch ist rechtswidrig, was dem T nicht verborgen geblieben ist. Aus Dankbarkeit schenkt T dem R ein Buch, das T aus der Stadtbücherei entliehen hat.
4. Der Postbote T liefert ein für O bestimmtes Paket des Versandhauses „Qualle" nicht beim Besteller ab, sondern nimmt es mit nach Hause, packt es aus und behält die in ihm enthaltene Kaffeemaschine für sich.

In allen vier Beispielen hat T Verfügungen über eine fremde bewegliche Sache getätigt, die den Tatbestand der Unterschlagung erfüllen. Zugleich verwirklichte T durch diese Handlungen noch andere Straftatbestände, nämlich §§ 120 I, II, 258 II, 258 a I in **Beispiel 1**, § 212 I in **Beispiel 2**, § 334 I, II in **Beispiel 3** und § 206 II Nr. 1, 2 in **Beispiel 4**. Alle diese Straftatbestände schützen Rechtsgüter, die weder Eigentum sind noch überhaupt als materielle, d. h. dem Vermögen zuzurechnende, Güter angesprochen werden können. Durch die Verurteilung aus einem dieser Tatbestände würde also der eigentums- und vermögensverletzende Charakter der Tat nicht zum Ausdruck kommen. Zur Klarstellung dieser Deliktsqualität ist deshalb die Einbeziehung des § 246 in den richterlichen Schuldspruch (§ 260 IV StPO) notwendig. Die Unterschlagung wird folglich von den anderen Tatbeständen nicht verdrängt, sondern steht zu ihnen in Idealkonkurrenz, § 52.[208] Zuzugeben ist allerdings, dass der Wortlaut der Subsidiaritätsklausel eine viel weitergehende – auch Straftatbestände ohne eigentums- und vermögensbezogene Schutzrichtung einbeziehende – Verdrängung der Unterschlagung trägt.[209] In diesem Sinne hat der BGH die gleichlautende Subsidiaritätsklausel des § 125 I ausgelegt.[210] Danach tritt das Delikt „Landfriedensbruch" auch gegenüber Straftaten zurück, die nicht die Rechtsgüter verletzen, um deren Schutz es bei § 125 geht. Zu einer entsprechend extensiven Handhabung der Subsidiaritätsklausel des § 246 I braucht sich der Rechtsanwender dadurch aber nicht gezwungen zu fühlen.[211]

---

[208] aA Wagner (1999), 797 (802 ff.).

[209] Wagner (1999), 797 (800).

[210] BGHSt 43, 237 ff.; nunmehr auch zu § 246 BGHSt 47, 243 (244).

[211] Rengier (2014a), § 5 Rn. 66; Schönke et al. (2014), § 246 Rn. 32; aA Wagner (1999), 797 (810). Nach Otto (2003), 87 (88) verstößt die restriktive Handhabung der Subsidiaritätsklausel sogar gegen Art. 103 II GG; dagegen Freund et al. (2003), 242 (245)

Die vorrangige Vorschrift entfaltet ihre Verdrängungswirkung nur dann, wenn sie im konkreten Fall **dasselbe Opfer** schützt wie § 246. Wird durch die Verwirklichung des anderen Straftatbestandes dagegen ein anderer Rechtsgutsinhaber als der durch die Unterschlagung betroffene Sacheigentümer verletzt, bleibt § 246 als Bestrafungsgrundlage neben dem anderen Straftatbestand erhalten.[212]

Beispiel

E hat dem T ein wertvolles Buch geliehen. Dieses Buch hatte E zuvor dem O gestohlen, was dem T bekannt ist. Nachdem T das Buch gelesen hat, gibt er sich gegenüber dem gutgläubigen X als Eigentümer des Buches aus und verkauft es ihm.

Der Verkauf des dem O gehörenden Buches ist zugleich Unterschlagung und Betrug (§ 263) Der Betrugstatbestand ist verwirklicht worden, weil X wegen § 935 I BGB trotz Gutgläubigkeit kein Eigentum an dem Buch erwerben konnte. Durch die Zahlung des Kaufpreises an T wurde also das Vermögen des X geschädigt (näher dazu unten 5.2.1.5.3.2). § 263 ist eine Vorschrift, die an sich den § 246 verdrängen kann. Jedoch ist im vorliegenden Fall nur der X Betrugsopfer, während O nur Opfer der Unterschlagung ist. Würde T allein aus § 263 bestraft werden, käme die strafwürdige Rechtsgutsverletzung zum Nachteil des O gar nicht zur Geltung. Fraglich wäre unter dieser Voraussetzung z. B., ob O in einen Täter-Opfer-Ausgleich nach § 46 a Nr. 1 einzubeziehen wäre, ob dem T also die Strafmilderung nach § 49 I oder das Absehen von Strafe schon dann zugute kommen könnte, wenn er den Betrugsschaden des X – nicht aber den Unterschlagungsschaden des O – wiedergutgemacht hätte. Da eine solche Konsequenz evident unannehmbar wäre, muss hier die Strafbarkeit aus § 246 neben die durch § 263 begründete treten. Beide Tatbestände stehen also zueinander im Verhältnis der Idealkonkurrenz.

Kompliziert ist das Konkurrenzverhältnis im Falle des **unbefugten Gebrauchs eines Kraftfahrzeugs**, § 248 b. An sich ist der mit der Fahrzeugbenutzung einhergehende Verbrauch von Benzin und anderen den Motorbetrieb ermöglichenden Stoffen eine Zueignung und damit tatbestandsmäßige Unterschlagung dieser Sachen. Hinsichtlich des Fahrzeugs als ganzem entfällt § 246 hingegen, weil die Enteignungskomponente der Zueignung nicht gegeben ist. Insoweit macht sich der Täter nur aus § 248 b strafbar. Da § 248 b und § 246 I denselben Strafrahmen haben, greift die Subsidiaritätsklausel des § 246 I nicht ein, so dass Idealkonkurrenz zwischen § 248 b und § 246 I möglich wäre. Dennoch tritt § 246 nach h. M. hinter § 248 b zurück, da letzterer anderenfalls weitgehend leerliefe.[213] Denn zumindest in Bezug auf Kraftfahrzeuge wird mit dem unbefugten Gebrauch des Gefährts stets auch eine Zueignung des Benzins, Getriebe- und Motoröls, Wassers usw. zusammentreffen. Zur Erhaltung eines nennenswerten Anwendungsbereichs des § 248 b wird also § 246 verdrängt.[214]

---

[212] Gehrmann (2002), 195.

[213] Gössel (1996), § 18 Rn. 36; Rengier (2014a), § 6 Rn. 9; Schönke et al. (2014), § 248 b Rn. 15.

[214] BGHSt 14, 386 (388), wo die Verdrängungswirkung auf die Tatbestandsebene verlagert und sogar im Verhältnis zu § 249 anerkannt wird.

Eine weitere schwierige Konstellation ergibt sich beim Zusammentreffen von Unterschlagung mit **Begünstigung** (§ 257) bzw. **Hehlerei** (§ 259). Nach § 257 III 1 ist nämlich die Begünstigung ihrerseits subsidiär gegenüber der Beteiligung an der Vortat. Handelt es sich nun bei dieser Vortat um eine Unterschlagung und ist die vom Unterschlagungsbeteiligten begangene Begünstigung ein Delikt, das eine schwerere Strafe verdient als die Unterschlagung, scheinen zwei Subsidiaritätsklauseln miteinander in Kollision zu geraten.

Beispiel

Der LKW-Fahrer L verliert während der Fahrt einen Teil seiner Ladung, ohne dies zu bemerken. Zwei Kisten mit Würfelzuckerpackungen fallen von der Ladefläche und landen im Straßengraben. A und B haben den Vorfall beobachtet und bemächtigen sich sofort der beiden Kisten. Eine der beiden Kisten ist schon im Kofferraum des Pkw des A verstaut, als plötzlich ein Polizeifahrzeug auftaucht. Während A die zweite Kiste in den Kofferraum hebt, verwickelt B die beiden Polizeibeamten in ein Gespräch und ermöglicht so dem A, mit den beiden Kisten davonzufahren.

B hat durch das Einpacken der beiden Kisten Unterschlagung in Mittäterschaft (§§ 246 I, 25 II) begangen. Die Ablenkung der beiden Polizeibeamten ist Teil dieser Tat – die erforderliche Tatidentität ist also gegeben (s. o. 2.4.2.3) – und zugleich Begünstigung nach § 257 I. Wie sich aus § 257 III 1 ergibt, schließt die mittäterschaftliche Beteiligung an der Vortat das objektive Tatbestandsmerkmal „einem anderen" nicht aus. Nichttatbestandsmäßige Selbstbegünstigung ist nur die vom Alleintäter begangene rein eigennützige Vorteilssicherung. Hier kommt dagegen die Hilfe des B nicht nur dem B selbst, sondern auch noch dem Mittäter A zugute und ist deshalb insofern eine fremdbegünstigende – also tatbestandsmäßige – Tat (näher dazu unten 12.2.1.2.2). Die Strafbarkeit des B aus §§ 246 I, 25 II schließt gem. § 257 III 1 die Strafbarkeit wegen Begünstigung aus. Andererseits würde die Begünstigung eine Bestrafung wegen Unterschlagung ausschließen, sofern die Voraussetzungen der Subsidiaritätsklausel des § 246 I erfüllt wären. Gerade daran scheint es aber zu fehlen, da § 257 II eine schwerere Strafe als die in § 246 I angedrohte nicht zulässt. Allerdings bezieht sich § 257 II unmittelbar nur auf den Fall, dass der Begünstiger an der Vortat nicht beteiligt war. Den hier vorliegenden Fall der Begünstigungstat eines Vortatbeteiligten erfasst diese Straflimitierung schon deswegen nicht, weil nach § 257 III 1 eine Bestrafung aus § 257 I gar nicht möglich und die Anwendung des § 257 II daher auch nicht notwendig ist. Der Eventualfall, dass die Vortatvorschrift ihrerseits auf § 257 zurückverweist, ist bei der Formulierung des gesamten § 257 offenbar nicht mitberücksichtigt worden. Dennoch muss die Begrenzungswirkung des § 257 II auch in diesem Fall eingreifen. Denn da die Begünstigungstat des Vortatbeteiligten im Verhältnis zur Vortat als mitabgegoltene Nachtat bewertet wird, dürfte eine formell mögliche Bestrafung aus § 257 das Strafmaß nicht übersteigen, welches durch die Vortat begründet ist. Da also § 257 keine schwerere Strafe androht als § 246 I, kommt die Subsidiaritätsklausel des § 246

I nicht zum Zuge. B wird deshalb trotz der von ihm begangenen Begünstigung nur aus § 246 bestraft.

Die Einbeziehung der Drittzueignung in den Unterschlagungstatbestand hat die eigenartige Konstellation ermöglicht, dass die Vortat Unterschlagung und eine **Teilnahme an der Hehlerei** durch ein und dieselbe Handlung begangen werden. Die Drittzueignung ist nämlich zugleich eine Hilfeleistung – möglicherweise sogar eine Anstiftung – in Bezug auf ein Sich-Verschaffen des Dritten. Der Dritte verschafft sich die Sache, die der andere ihm zueignet. Die zueignende Handlung ist Beihilfe oder Anstiftung zur Hehlerei.

Beispiel

T hat ein Fahrrad gefunden, das dem O gehört und diesem gestohlen worden ist. Der Dieb hatte das Rad nach kurzem Gebrauch weggeworfen. T nimmt das Rad zunächst mit der Absicht in Besitz, den Eigentümer ausfindig zu machen und das Rad ihm zurückzugeben. Später ändert T seinen Entschluss und verkauft das Rad dem bösgläubigen H, der es bezahlt und sofort mitnimmt.

Durch den Verkauf des Fahrrads an H hat T zumindest unmittelbar dazu angesetzt, das Rad dem H zuzueignen, §§ 246 I, III, 22. Die h. M. würde darin sogar eine vollendete eigennützige Zueignung sehen.[215] Seine bis dahin auf Grund des Fundes rechtmäßige Besitzposition verwandelte sich dadurch in eine rechtswidrige Besitzposition. Diese hat T durch sein Vermögensdelikt „erlangt" (unten 13.2.1.2.3). Folglich hat H durch die Mitnahme des Rades Hehlerei begangen, § 259 I.[216] Er hat sich das Fahrrad mit Bereicherungsabsicht verschafft. T hat diese Tat mit seinem Verkaufsangebot ermöglicht und sich somit wegen Beihilfe zur Hehlerei strafbar gemacht, §§ 259, 27. Als Vortäter kann T zwar nicht zugleich Täter einer Hehlerei sein, Teilnahme an der Hehlerei eines Dritten ist aber möglich. Denn nur für diesen – hier den H – muss die Vortat die Tat eines „anderen" sein. Allerdings soll die Teilnahme an der Hehlerei als mitbestrafte Nachtat hinter der Vortat zurücktreten.[217] Von „Mitbestrafung" kann jedoch nur die Rede sein, wenn der Strafwürdigkeitsgehalt des zurücktretenden Delikts durch die Bestrafung des vorrangigen Delikts voll ausgeschöpft wird. Dies ist im Verhältnis zwischen § 246 I und §§ 259 I, 27 fraglich, da die Hehlereibeihilfe selbst unter Berücksichtigung der §§ 27 II 2, 49 I Nr. 2 noch eine schwerere Strafe (Höchstmaß: Drei Viertel von 5 Jahren = 3 Jahre und 9 Monate) auslösen kann als die Unterschlagung. Aus der Subsidiaritätsklausel des § 246 I ergibt sich somit das Zurücktreten des § 246 I hinter §§ 259 I, 27 I. Die Unterschlagung wäre gewissermaßen eine „mitabgegoltene Vortat" der Hehlereibeihilfe. Dieses Ergebnis irritiert und vermag nicht zu befriedigen. Der richterliche Schuldspruch würde als strafbares Verhalten eine Hehlerei und eine Beihilfe zur Hehlerei verlautbaren,

---

[215] Stree (1991), 285 (286).
[216] Daneben natürlich auch Unterschlagung, die aber hinter der Hehlerei zurücktritt.
[217] Schönke et al. (2014), § 259 Rn. 50.

die „dazugehörige" Vortat würde hingegen völlig ausgeblendet. Dem T würde vorgeworfen, dass er geholfen hat, fremdes Vermögen zu beeinträchtigen. Dass er darüber hinaus sogar selbst als Täter fremdes Eigentum verletzt hat, käme nicht zum Ausdruck. Die Qualität des strafrechtlich relevanten Vorgangs fände so nur unvollständig Niederschlag im Strafurteil. Daher ist § 259 iVm § 27 I keine „andere Vorschrift" iSd § 246 I. Unterschlagung und Beihilfe zur Hehlerei stehen vielmehr in Idealkonkurrenz, § 52 I.

2.4.2.5 Schwerere Strafe

Erhebliche Verständnisprobleme bereitet die unklare Formulierung „mit schwererer Strafe bedroht ist". Fraglich ist nämlich, ob damit auf die **abstrakte gesetzliche Strafandrohung** oder auf die **konkret vom Gericht verhängte Strafe** aus dem Strafandrohungstatbestand abgestellt wird. Damit hängt die Frage nach der „Schwere"-Bestimmung zusammen: Kommt es auf einen strengeren Strafrahmen oder auf eine schärfere Strafzumessung im Einzelfall an? Mit der Beantwortung dieser Frage klärt sich zugleich auf, ob die Subsidiaritätsklausel anwendbar ist, wenn dem Täter überhaupt keine Strafe auferlegt wird, sondern z. B. von Bestrafung abgesehen wird oder nach dem JGG Erziehungsmaßregeln oder Zuchtmittel angeordnet werden.

Unter „Strafdrohung" versteht man üblicherweise die im Gesetzestext enthaltene abstrakte Aussage, dass eine Tat, die die gesetzlichen Strafbarkeitsvoraussetzungen erfüllt, eine Straftat ist und daher aus dem gesetzlichen Strafrahmen bestraft werden soll. Wäre diese Interpretation des Begriffs „bedroht" in § 246 I maßgeblich, träte die Unterschlagung schon dann zurück, wenn eine die Tat erfassende andere Strafvorschrift mit höher liegendem Strafrahmen existierte. Nicht erforderlich wäre, dass diese Vorschrift auf die konkrete Tat auch angewendet und aus ihrem Strafrahmen eine höhere Strafe zugemessen wird, als es aus dem Strafrahmen des § 246 möglich wäre. Im Einzelfall könnte dies sogar die unsinnige Konsequenz haben, dass der Täter überhaupt nicht bestraft wird, weil er sich nicht damit begnügte, „nur" eine Unterschlagung zu begehen sondern darüber hinaus durch seine Zueignung auch noch einen gravierenderen Straftatbestand erfüllt hat. Dieses Privileg müsste dem Täter gem. „in dubio pro reo" selbst dann zugute kommen, wenn die Verwirklichung des schwereren Straftatbestandes nicht gewiss, aber auch nicht ausgeschlossen ist.

Die Unannehmbarkeit der aufgezeigten Konsequenzen lässt den Schluss zu, dass nicht schon die abstrakte Strafdrohung, sondern nur die **konkrete Anwendung** des gravierenderen Straftatbestandes zur Verdrängung des § 246 führt.[218] Dies wirft aber sogleich die Frage auf, was unter „Anwendung" in diesem Zusammenhang zu verstehen ist. Insbesondere muss geklärt werden, welche Größen durch den Komparativ „schwerer" zueinander in Beziehung gesetzt werden. In Frage kommt entweder ein Strafrahmenvergleich oder ein Strafmaßvergleich. Unproblematisch ist nur der Fall, dass der Täter aus dem vorrangigen Straftatbestand schuldig gesprochen wird und zudem auf der Grundlage dieses Tatbestandes eine Strafe auferlegt bekommt, die höher ist als die, welche aus § 246 zuzumessen wäre.

---

[218] Cantzler (2001), 567 (572); Cantzler et al. (2003), 483 (486); Mitsch (1999), 65 (97).

> **Beispiel**
>
> T hat dem V einen Pkw abgekauft, den V zuvor dem O gestohlen hatte. Das Gericht verurteilt T wegen Hehlerei (§ 259 I) zu einem Jahr Freiheitsstrafe.
> Die Hehlerei in der Alternative „sich verschaffen" ist eine Tat, die zugleich den Tatbestand der Unterschlagung erfüllt.[219] § 259 I spannt den Strafrahmen von 1 Monat (§ 38 II) bis 5 Jahre. Da der Strafrahmen der einfachen Unterschlagung nur bis zu einem Höchstmaß von 3 Jahren reicht, hätte das Gericht sicher eine deutlich unter einem Jahr liegende Freiheitsstrafe gegen T verhängt, wenn es die Strafe nicht dem § 259 I, sondern dem § 246 I entnommen hätte. Die Hehlerei ist also nicht nur in der abstrakten gesetzlichen Einschätzung (Kriterium: Strafrahmenobergrenze) ein schwereres Delikt als die Unterschlagung, sondern auch im konkreten gerichtlichen Entscheidungskontext. Daher ist die Nichterwähnung des § 246 I im Strafurteil auf Grund der Subsidiaritätsklausel richtig.

Schwieriger ist die Beurteilung, wenn der Täter zwar aus dem vorrangigen Straftatbestand schuldig gesprochen wird, die Strafe aber nicht dem Strafrahmen dieses Tatbestandes entnommen wird.

> **Beispiele**
>
> 1. Der Strafrichter R erhält von dem Angeklagten A einen Pkw geschenkt, den A zuvor dem O gestohlen hatte. Als „Gegenleistung" hat R dem A einen – nicht gerechtfertigten – Freispruch versprochen.
> 2. Der 17-jährige T steht vor dem Jugendschöffengericht, weil er dem V einen Pkw abgekauft hat, den V zuvor dem O gestohlen hatte. Das Gericht verurteilt T wegen Hehlerei zu einem Jahr Jugendstrafe, weil es bei T erhebliche schädliche Neigungen erkannt hat, § 17 II 1 JGG.
> 3. Abwandlung von (2): Das Jugendschöffengericht ordnet gegen T zwei Wochen Jugendarrest an, § 16 JGG.
>
> In **Beispiel 1** hat R durch die Entgegennahme des gestohlenen Pkw die Straftatbestände Unterschlagung (§ 246 I), Hehlerei (§ 259 I) und Bestechlichkeit (§ 332 II) verwirklicht. Die Unterschlagung ist im Vergleich mit beiden anderen Tatbeständen das leichtere Delikt. Hinter § 332 II tritt § 246 aber nicht zurück, weil die von diesen Tatbeständen geschützten Rechtsgüter verschieden sind (s. o. 2.4.2.4). Eine Verdrängung auf Grund der Subsidiaritätsklausel des § 246 I kommt deshalb nur im Verhältnis zu § 259 I in Betracht. Dies würde voraussetzen, dass die Hehlerei mit schwererer Strafe bedroht ist als die Unterschlagung. Wäre dafür erforderlich, dass R tatsächlich aus dem Strafrahmen des § 259 I bestraft wird, käme die Subsidiaritätsklausel im vorliegenden Fall nicht zum Zuge. Denn gemäß § 52 II 1 wird R nur aus dem Strafrahmen des § 332 II 1 bestraft.
> In **Beispiel 2** versagt das Kriterium des konkret angewendeten Strafrahmens ebenfalls, weil gemäß § 18 I 3 JGG die Strafrahmen des StGB-BT für

---

[219] Stree (1991), 285 (286).

die Bemessung der Jugendstrafe unmaßgeblich sind, das Strafmaß vielmehr den erzieherischen Bedürfnissen anzupassen ist, § 18 II JGG. Bei der Anwendung von Jugendstrafrecht lässt sich also gar nicht sagen, dass der Angeklagte „aus § 259 I" bestraft worden ist. Insbesondere führt das Hinzutreten des § 259 nicht zwangsläufig zu einer höheren Jugendstrafe. Jedenfalls wenn die Jugendstrafe wegen schädlicher Neigungen verhängt wird, spielt es für das Strafmaß keine Rolle, ob der Jugendliche durch seine Tat § 246 und § 259 oder nur § 246 verwirklicht hat.

Evident ist die Unmöglichkeit einer am konkreten Strafmaß ausgerichteten Schwerebeurteilung in **Beispiel 3**. Wenn überhaupt keine Strafe, sondern eine andersartige Sanktion (vgl. § 13 III JGG) angeordnet wird, kann das schwerere Delikt nicht mittels eines Strafmaßvergleichs bestimmt werden.

In allen drei Beispielen wäre aber die Nichtanwendung der Subsidiaritätsklausel des § 246 I eine unerwünschte und den Regeln der Gesetzeskonkurrenz widersprechende Konsequenz. Die Subsidiarität wirkt sich ja gerade in der Nichterwähnung des zurücktretenden Tatbestandes im Schuldspruch – und im Zentralregister (§ 5 I Nr. 6 BZRG) – aus. Das Zurücktreten im Strafausspruch ist dagegen schon eine Wirkung der Idealkonkurrenz, vgl. § 52 II 1. Die Subsidiarität der Unterschlagung kann deswegen nicht davon abhängen, dass der Täter wirklich aus dem Strafrahmen des verdrängenden Straftatbestandes bestraft wird. Sie muss schon dann eintreten, wenn der Täter aus dem vorrangigen Straftatbestand schuldig gesprochen wird.[220] Für die Bestimmung der „schweren Strafe" muss demzufolge ein Strafrahmenvergleich ausschlaggebend sein.[221]

Daraus folgt, dass die Unterschlagung nicht verdrängt wird, sondern in Idealkonkurrenz zu einem anderen Delikt steht, wenn dessen Strafrahmen auf **gleicher Höhe** liegt wie der des § 246.

Beispiel

E gibt dem Kunstsachverständigen T seine wertvolle Gemäldesammlung in Kommission, damit T einen zahlungskräftigen Kaufinteressenten für die Sammlung suche und finde. T verkauft die Sammlung weit unter Wert an seinen Freund F, von dem er ein saftiges Schmiergeld bekommt.

Durch den abredewidrigen Verkauf der Gemäldesammlung hat T Untreue (§ 266 I) und veruntreuende Unterschlagung (§ 246 II) begangen.[222] Geht man davon aus, dass die Untreue des T kein besonders schwerer Fall nach §§ 266 II, 263 III 2 Nr. 2 ist, eröffnen beide Straftatbestände einen Strafrahmen von einem Monat (§ 38 II) bis zu fünf Jahren. Da die Untreue nicht mit schwererer Strafe

---

[220] Gehrmann (2002), 195.

[221] Cantzler (2001), 567 (572); Gehrmann (2002), 196; Mikolajczyk (2005), 150; Mitsch (1999), 65 (97).

[222] Maiwald (1970), 223.

bedroht ist als die veruntreuende Unterschlagung, wird § 246 II nicht von § 266 I verdrängt. Beide Delikte stehen in Tateinheit, § 52.

2.5 Verfahren

Unterschlagung ist Offizialdelikt, wird also grundsätzlich von Amts wegen verfolgt. Ausnahmsweise bedarf es zur Durchführung eines Strafverfahrens aber eines **Strafantrags**. Die Voraussetzungen dieser Ausnahme sind dieselben wie beim Diebstahl: Gemäß § 247 ist die Unterschlagung zu Lasten einer nahestehenden Person (absolutes) Antragsdelikt, gemäß § 248 a wird die Unterschlagung geringwertiger Sachen ebenfalls nur auf Antrag verfolgt, es sei denn, die Staatsanwaltschaft hält wegen eines besonderen öffentlichen Interesses die Strafverfolgung von Amts wegen für geboten (relatives Antragsdelikt), vgl. §§ 152 II, 160 I StPO.

Lediglich der Qualifikationstatbestand „Veruntreuung" (§ 246 II) gibt im vorliegenden Zusammenhang Anlass zu einer zusätzlichen Bemerkung: Soweit §§ 247, 248 a auf die verletzte Person abstellen, ist damit jeweils der **Eigentümer** der unterschlagenen Sache gemeint.[223] „Angehöriger" iSd § 247 und „Verletzter" iSd § 77 I ist also nur der Eigentümer.[224] Wurde die Sache dem Täter nicht vom Eigentümer, sondern einem Dritten anvertraut, kann dieser die Anwendbarkeit des § 247 weder begründen noch ausschließen und auch nicht den Strafantrag stellen, der zur Durchführung eines Strafverfahrens erforderlich ist.

Beispiele

1. E hat seinem Nachbarn X, der Besuch von seinem vierjährigen Neffen N hat, ein Dreirad (Wert: 20 €) geliehen. N fährt das Dreirad gegen eine Mauer und beschädigt dabei Lenker und Vorderrad. X gibt das Dreirad seinem Bruder T – einem Kfz-Mechaniker und Hobbybastler – zur Reparatur. Nachdem T das Dreirad repariert hat, schenkt er es seinem Sohn zum dritten Geburtstag.
2. Abwandlung: Das Dreirad hat einen Wert von 40 €. T ist nicht der Bruder des X, sondern der Bruder des E.

T hat das Dreirad des E nicht nur unterschlagen, sondern – da es ihm von X anvertraut worden war – auch veruntreut, § 246 II. Soweit der Wert des Dreirads unter der Obergrenze der Geringwertigkeit liegt (**Beispiel 1**, siehe oben 1.3.3.2.1), hängt die Strafverfolgung gem. § 248 a von einem Strafantrag ab. Antragsberechtigt ist nur der Eigentümer E, denn er allein ist durch die Tat des T verletzt. Dass T mit seiner Tat auch das ihm von X entgegengebrachte Vertrauen enttäuscht hat, macht den X nicht zum Verletzten. Geschütztes Rechtsgut ist in beiden Unterschlagungstatbeständen allein das Eigentum. In **Beispiel 2** ist § 248 a nicht einschlägig, da der Wert der unterschlagenen Sache

---

[223] RGSt 49, 194 (198).
[224] Schönke et al. (2014), § 246 Rn. 1.

die Geringwertigkeitsgrenze übersteigt. Strafantragsabhängig ist die Strafverfolgung des T aber nach § 247, da der Eigentümer – und damit durch die Tat verletzte Rechtsgutsinhaber – Angehöriger des T ist, § 11 I Nr. 1 a. Wiederum spielt X keine Rolle. Seine Nichtzugehörigkeit zum Personenkreis des § 247 vermag die Veruntreuung des T nicht zu einem Offizialdelikt zu machen. Umgekehrt würde die veruntreuende Unterschlagung in Beispiel 2 nicht zum Antragsdelikt, wenn T nicht Bruder des E, sondern Bruder des X wäre.

Kontrollfragen

1. Welche Veränderungen hat das 6. StrRG in § 246 bewirkt? (2.2.1.3.3.2)
2. Wie unterscheidet sich die Unterschlagung vom Diebstahl? (2.1.2/2.2.1.4.3)
3. Was war Zweck und Aussage der „kleinen berichtigenden Auslegung"? (2.2.1.3.3.1)
4. Was war Zweck und Aussage der „großen berichtigenden Auslegung"? (2.2.1.3.3.1)
5. Welche Schwierigkeiten bereitet die Enteignungskomponente der „Zueignung"? (2.2.1.4.1)
6. Kann sich der Täter eine Sache mehrmals zueignen? (2.2.1.4.5)
7. Welche Strafbarkeitsvoraussetzung der Unterschlagung kann durch einen Übereignungsanspruch ausgeschlossen werden? (2.2.2.2)
8. Ist die Unterschlagung anvertrauten Diebesgutes eine „Veruntreuung"? (2.3.2.2)
9. Warum wird der Täter nicht aus § 246 bestraft, wenn er durch seine Unterschlagungshandlung zugleich eine Hehlerei begeht? (2.4)
10. Wird die Unterschlagung von Amts wegen strafrechtlich verfolgt? (2.5).

Literatur

Arzt G, Weber U, Heinrich B, Hilgendorf E. Strafrecht Besonderer Teil. 2. Aufl. 2009.
Ast. Das Einverständnis als Vermögensverfügung – Der „Tankbetrug" als Benzinunterschlagung. NStZ. 2013;305.
Baier. Tod nach Aussetzung. JA. 2000;300.
Basak. Die Neufassung des Unterschlagungstatbestandes – Ein untauglicher Versuch des Gesetzgebers. In: Institut für Kriminalwissenschaften und Rechtsphilosophie Frankfurt a. M., Herausgeber. Irrwege der Strafgesetzgebung; 1999. S. 173.
Baumann. Pönalisierung von Kaufverträgen durch Eigentumsvorbehalt. ZStW. 1956;68:522.
Baumann. Amtsunterschlagung und Betrug. NJW. 1961;1141.
Baumann J, Weber U, Mitsch W. Strafrecht Allgemeiner. Teil, 11. Aufl. 2003.
Bockelmann. Ist eine berichtigende Auslegung des § 246 statthaft? MDR. 1953;3.
Bockelmann P. Strafrecht Besonderer Teil 1. 2. Aufl. 1982.
Börner R. Die Zueignungsdogmatik der §§ 242, 246 StGB; 2004.
Bruns. Untreue im Rahmen rechts- oder sittenwidriger Geschäfte? NJW. 1954;857.
Cantzler. Gelöste, ungelöste und neugeschaffene Probleme bei der Unterschlagung (§ 246 StGB) nach dem 6. StrRG, JA. 2001;567.

Cantzler, Zauner. Die Subsidiaritätsklausel in § 246 StGB. Jura. 2003;483.

Degener. Der Zueignungsbegriff des Unterschlagungstatbestandes. JZ. 2001;388.

Dencker. Zueignungsabsicht und Vorsatz der Zueignung. Festschrift für Rudolphi. 2004;425.

Dencker F, Struensee E, Nelles U, Stein U. Einführung in das 6. Strafrechtsreformgesetz; 1998.

Deubner. Anm. BGH, Beschl. v. 05.03.1971-3 StR 231/69. NJW. 1971;1469.

Duttge, Fahnenschmidt. Zueignung durch Gewahrsamsbegründung: ein Fall der Unterschlagung – oder: die kleine zu berichtigende Auslegung. Jura. 1997;281.

Duttge, Fahnenschmidt. § 246 StGB nach der Reform des Strafrechts: Unterschlagungstatbestand oder unterschlagener Tatbestand? ZStW. 1998;110:884.

Eisele J. Strafrecht Besonderer Teil II. 2. Aufl. 2012.

Fahl. Das schwierige Verhältnis von § 246 StGB zu § 242 StGB. Jura. 2014;382.

Feldhaus. Die Rechtsprechung des BGH zur „berichtigenden" Auslegung des § 246 StGB. NJW. 1953;1738.

Freund, Putz. Materiellrechtliche Strafbarkeit und formelle Subsidiarität der Unterschlagung (§ 246 StGB) wörtlich genommen. NStZ. 2003;242.

Gehrmann D. Systematik und Grenzen der Zueignungsdelikte. 2002.

Gössel KH. Strafrecht Besonderer Teil Bd. 2; 1996.

Gribbohm. Zur Problematik des Zueignungsbegriffes. JuS. 1963;106.

Gropp. Der Diebstahlstatbestand unter besonderer Berücksichtigung der Regelbeispiele. JuS. 1999;1041.

Gropp W. Strafrecht Allgemeiner Teil. 3. Aufl. 2005.

Haberkorn. Zum Zueignungsbegriff des § 246 StGB. MDR. 1962;704.

Haß. Gibt es eine Zueignung nach der Zueignung? SchlHA. 1972;176.

Hauck. Zueignung durch den Sicherungsgeber im Umgang mit dem Sicherungsgut? wistra. 2008;241.

Heghmanns. Die Subsidiarität der Unterschlagung. JuS. 2003;954.

Herzberg. Konkurrenzverhältnisse zwischen Betrug und Erpressung. JuS. 1972;570.

Herzberg. Verkauf und Übereignung beim Selbstbedienungstanken – Zur Frage der Unterschlagung des Benzins durch nicht zahlende Käufer -. NStZ. 1983;251.

Hohmann. Anm. BGH, Beschl. v. 16.6. 2012-2 StR 137/12. NStZ. 2013;161.

Hörnle. Die wichtigsten Änderungen des Besonderen Teils des StGB durch das 6. Gesetz zur Reform des Strafrechts. Jura. 1998;169.

Jäger. Unterschlagung nach dem 6. Strafrechtsreformgesetz – Ein Leitfaden für Studium und Praxis. JuS. 2000;1167.

Jahn. Gesetzgebung im Putativnotwehrexzeß – Zur verfassungskonformen Auslegung des § 246 StGB n. F. In: Institut für Kriminalwissenschaften und Rechtsphilosophie Frankfurt a. M., Herausgeber. Irrwege der Strafgesetzgebung. 1999. S. 195.

Jescheck H-H, Weigend T. Lehrbuch des Strafrechts Allgemeiner Teil. 5. Aufl. 1996.

Kargl. Gesinnung und Erfolg im Unterschlagungstatbestand. ZStW. 1991;103, 136.

Krack, Radtke. Der Dreiecksbetrug oder die Fragwürdigkeit der „Befreiung des Strafrechts vom zivilistischen Denken". JuS. 1995;17.

Krey V, Hellmann U, Heinrich M. Strafrecht Besonderer Teil, Bd. 2. 16. Aufl. 2012b.

Kudlich. Zueignungsbegriff und Restriktion des Unterschlagungstatbestands. JuS. 2001;767.

Küper. „Sukzessive" Tatbeteiligung vor und nach Raubvollendung. JuS. 1986;862.

Küper. Das Gewahrsamserfordernis bei mittäterschaftlicher Unterschlagung. ZStW. 1994;106, 355.

Lange, Trost. Strafbarkeit des „Schwarztankens" an der SB-Tankstelle. JuS. 2003;961.

Maiwald M. Der Zueignungsbegriff im System der Eigentumsdelikte. 1970.

Maiwald. Der Begriff der Zueignung im Diebstahls- und Unterschlagungstatbestand. JA. 1971;579, 643.

Matzky. § 241 a BGB – ein neuer Rechtfertigungsgrund im Strafrecht? NStZ. 2002;458.

Maurach R, Schroeder F-C, Maiwald M. Strafrecht Besonderer Teil 1. 10. Aufl. 2009.

Meyer. Die Nichtbenachrichtigung des Sicherungs- (Vorbehalts-)eigentümers von einer bei dem Besitzer durchgeführten Pfändung der Sache – Betrug oder Unterschlagung? MDR. 1974;809.

Mikolajczyk S. Der Zueignungsbegriff des Unterschlagungstatbestandes. 2005.

Mitsch. Rechtsprechung zum Wirtschaftsstrafrecht nach dem 2. WiKG. JZ. 1994;877.

Mitsch. Die Vermögensdelikte im Strafgesetzbuch nach dem 6. Strafrechtsreformgesetz. ZStW. 1999;111, 65 ff.

Mitsch W. Recht der Ordnungswidrigkeiten. 2. Aufl. 2005.

Murmann. Ungelöste Probleme des § 246 StGB nach dem 6. Gesetz zur Reform des Strafrechts (6. StrRG). NStZ. 1999;14.

Mylonopoulos. Die Endgültigkeit der Enteignung als Merkmal des Unterschlagungstatbestandes. Festschrift für Claus Roxin. 2001;917.

Nowakowski. Anwendung des inländischen Strafrechts und außerstaatliche Rechtssätze. JZ. 1971;633.

Ostendorf. Anm. OLG Schleswig, Urt. v. 13.12. 1978-2 Ss 631/78. NJW. 1979;883.

Otto H. Die Struktur des strafrechtlichen Vermögensschutzes; 1970.

Otto. Strafrechtliche Aspekte des Eigentumsschutzes. Jura. 1989;203.

Otto. Anm. BGH, Urt. v. 6.2.2002-1 StR 513/01. NStZ. 2003;87.

Rengier. Drittzueignung und allgemeiner Zueignungstatbestand. Festschrift für Lenckner. 1998;801.

Rengier R. Strafrecht Besonderer Teil I. 16. Aufl. 2014.

Renzikowski J. Restriktiver Täterbegriff und fahrlässige Beteiligung. 1997.

Roth G. Eigentumsschutz nach der Realisierung von Zueignungsunrecht; 1986.

Rudolphi. Der Begriff der Zueignung. GA. 1965;33.

Rutkowsky. Der Streit um die berichtigende Auslegung des § 246 StGB. NJW. 1954;180.

Samson. Grundprobleme des Unterschlagungstatbestandes. JA. 1990;5.

Sander, Hohmann. Sechstes Gesetz zur Reform des Strafrechts (6. StrRG): Harmonisiertes Strafrecht? NStZ. 1998;273.

Schall. Der praktische Fall – Strafrecht: Absatzschwierigkeiten. JuS. 1977;179.

Schenkewitz. Die Tatsituation der drittzueignenden Unterschlagung. NStZ. 2003;17.

Schmid. Zur Frage der Unterschlagung durch Unterlassen. MDR. 1981;806.

Schmitt, Ehrlicher. Anm. BGH, Beschl. v. 16.12.1987-3 StR 209/87. JZ. 1988;364.

Schöneborn. Amtsunterschlagung durch Verschleierung von Kassenfehlbeträgen? MDR. 1971;811.

Schönke, Schröder. Strafgesetzbuch. 29. Aufl. 2014.

Schröder. Anm. BGH, Urt. v. 15.1.1970-4 StR 527/69. NJW. 1970;1753.

Schünemann. Die Stellung der Unterschlagungstatbestände im System der Vermögensdelikte. JuS. 1968;114.

Seier. Anm. BGH, Beschl. v. 10.10.1983-4 StR 405/83. JA. 1984;321.

Sinn. Der Zueignungsbegriff bei der Unterschlagung. NStZ. 2002;64.

Stree. Anm. OLG Stuttgart Beschl. v. 29.9.1990-1 Ss 488/90. NStZ. 1991;285.

Tenckhoff. Die Unterschlagung. JuS. 1984;775.

Wagner. Zur Subsidiaritätsklausel in § 246 StGB neuer Fassung. Festschrift für Grünwald. 1999;797.

Weber. Zur strafrechtsgestaltenden Kraft des Zivilrechts. Festschrift für Baur. 1981;133.

Welzel H. Das Deutsche Strafrecht, 11. Aufl. 1969.

Wessels J, Hillenkamp T. Strafrecht Besonderer Teil 2. 36. Aufl. 2013c.

Sachbeschädigung, §§ 303 ff StGB

3

Inhaltsverzeichnis

3.1 Allgemeines

3.1.1 Rechtsgut

An dem Wort „fremd" im Text des § 303 I erkennt man, dass die Sachbeschädigung – auch nach der Einfügung des Absatz 2[1] – ein Delikt gegen das **Eigentum** ist.[2] Nicht verkannt werden sollte aber, dass sachbeschädigende Akte in der Lebenswirklichkeit häufig rechtsgutsbeeinträchtigende Wirkungen haben, die weit über den Aspekt der Eigentumsverletzung hinausgehen. Mit der Zerstörung von Sachen geht oft auch die Zerstörung eines großen Stückes Lebensqualität einher.[3] Sachbeschädigungen haben oft die Vernichtung der Grundlage menschenwürdigen Lebens zur Folge, weil der Mensch zu einem Leben in Würde darauf angewiesen ist, dass ihm bestimmte Sachen – z. B. eine Wohnung – in unversehrtem Zustand zur Verfügung stehen. Darüber hinaus sind Sachbeschädigungen für den Menschen gefährlich, weil eine beschädigte Sache eine destruktive Dynamik entwickeln kann, die sich unter Umständen menschlicher Beherrschung entzieht und so sehr schnell katastrophale Dimensionen annehmen kann. Unmittelbare sachbeschädigende Angriffe können mittelbar verheerende gesundheits- oder gar lebensvernichtende Folgen auslösen.

---

[1] Dölling (2007), 21 (27); Heinrich (2007), 577 (584).

[2] Arzt et al. (2009), § 11 Rn. 8; Eisele (2012b), Rn. 453; Satzger (2006), 428 (429).

[3] Arzt et al. (2009), § 11 Rn. 1; Kühl (2004), 413 (419).

© Springer-Verlag Berlin Heidelberg 2015
W. Mitsch, *Strafrecht, Besonderer Teil 2*, Springer-Lehrbuch,
DOI 10.1007/978-3-662-44934-9_3

Beschädigte Sachen sind eine Gefahrenquelle für Natur und Umwelt (Tschernobyl, Fukushima), für Leib und Leben und können so durch eine Sachbeschädigung vom Objekt zum Instrument eines Angriffs umfunktioniert werden. Vor allem die Multiplikatorwirkung einer einzigen beschädigten Sache macht die Sachbeschädigung zu einem extrem gefährlichen und – wegen der oft heimtückischen und menschenverachtenden Vorgehensweise – verwerflichen Straftat.

Beispiele

1. Durch Beschädigung der Bahngleisanlagen zwischen Magdeburg und Braunschweig wird ein vollbesetzter ICE-Zug zum Entgleisen gebracht.
2. Ein Geisteskranker mischt dem in einer Großküche zur Zubereitung von Mahlzeiten verwendeten Salz ein tödliches Gift bei. Dadurch werden mehrere hundert Mittagessen-Portionen vergiftet.
3. Durch eine Bombenexplosion wird ein dreißigstöckiges Hochhaus zum Einsturz gebracht, in dem sich zum Detonationszeitpunkt über tausend Menschen aufhalten.

Hinter der aus mehreren Gründen **bagatellarisch** wirkenden Normenfassade der §§ 303 ff (niedrige Strafdrohung, Strafantragserfordernis, keine Fahrlässigkeitspönalisierung) verbirgt sich in der Realität oftmals ein Vorgang von hochkriminellem Gewicht. Daher ist die Pönalisierung des Versuchs (§ 303 II) grundsätzlich richtig.[4] Daneben gibt es eine Menge geringfügiger Sachbeschädigungsdelikte, bei denen man darüber diskutieren kann, ob das Strafrecht überhaupt ein angemessenes Mittel ihrer Behandlung ist oder die Regulierung nicht besser dem Ordnungswidrigkeitenrecht oder dem Zivilrecht überlassen werden sollte.[5]

Beispiele

Die obigen Beispiele zeigen, dass Sachbeschädigungen, die besonders schwere Schäden verursachen und außer dem Eigentum auch noch andere wertvolle Rechtsgüter beeinträchtigen, meistens zugleich weitere Straftatbestände verwirklichen: §§ 315 I Nr. 1, 316 b I Nr. 1 (**Beispiel 1**), § 314 I Nr. 2 (**Beispiel 2**), § 308 I (**Beispiel 3**). Auch dieser Umstand bestätigt, dass der reine Sachbeschädigungstatbestand des § 303 dem Bereich der leichteren Kriminalität zuzuordnen ist und für den enormen Unrechtsgehalt solcher Groß-Verbrechen keine ausreichende Kapazität hat.

3.1.2 Systematik

3.1.2.1 System der Sachbeschädigungstatbestände

Die Sachbeschädigung ist im 27. Abschnitt des Besonderen Teils geregelt. Der Abschnitt ist ein wenig inhomogen, da nicht sämtliche hier platzierten Tatbestände

---

[4] Krit. Arzt et al. (2009), § 12 Rn. 30.
[5] Geerds (1988), 218 (219).

eigentumsdeliktischen Charakter haben. Nach diesem Einteilungskriterium gehören nur die §§ 303, 305 und 305 a in den vorliegenden Systemzusammenhang. Der **Grundtatbestand** der Sachbeschädigung ist in § 303 normiert. **Qualifikationen** sind § 305 und § 305 a. Die in §§ 303 a, 303 b und 304 geregelten Delikte sind Sachbeschädigungen im weiteren Sinn. Diesen Tatbeständen fehlt zum Teil schon die Sachbezogenheit (§§ 303 a, 303 b), zum Teil die Angriffsrichtung gegen „fremdes" Eigentum (§ 304).[6]

3.1.2.2 Verhältnis zu anderen Straftatbeständen

Die Beschädigung oder Zerstörung von Gegenständen ist als „Grundtyp schädlichen menschlichen Verhaltens"[7] ein Handlungsmuster, das in sehr vielen Straftatbeständen zur Beschreibung des tatbestandsmäßigen Verhaltens verwendet wird. Die einfache Tatbestandsstruktur des § 303 hat dann oftmals die Funktion eines „Bausteins" im Gesamtgefüge eines wesentlich komplizierter aufgebauten Straftatbestands. Häufig handelt es sich dann um einen Straftatbestand, in dessen Schutzkonzept nicht das Eigentum, sondern ein anderes Rechtsgut den Mittelpunkt bildet.[8] Das trifft z. B. auf die meisten **Brandstiftungsdelikte** zu, die zwar durch Inbrandsetzung von Sachen bzw. sachzerstörende Brandlegung begangen werden, ihre besondere Strafwürdigkeit aber aus ihrer Gefährlichkeit für Leib und Leben beziehen. Täter der schweren Brandstiftung nach § 306 a kann deshalb auch der Eigentümer des in Brand gesetzten Gebäudes sein.[9] Entsprechendes gilt für **Umweltdelikte**, deren Objekte teilweise ebenfalls Sachqualität haben und auch in fremdem Eigentum stehen können (z. B. §§ 324, 324 a). Ratio legis der Tatbestände, die dann zur Anwendung kommen, ist aber nicht der Schutz des Eigentums, sondern der Schutz eines komplexen amorphen Rechtsguts, das aus ökologischer Perspektive als „Unversehrtheit der Umwelt", aus anthropozentrischer Perspektive als „menschliches Wohlbefinden in körperlicher wie seelischer Hinsicht" bezeichnet werden könnte.[10]

Teilrechtsgut ist das Eigentum in zahlreichen Gefährdungstatbeständen, die primär ein überindividuelles Rechtsgut (z. B. Sicherheit des Straßenverkehrs), daneben aber auch – alternativ neben Leib und Leben – das Individualrechtsgut Eigentum schützen.[11] Der letztgenannte Aspekt wird in diesen Tatbeständen überwiegend durch das Merkmal „fremde Sache von bedeutendem Wert" repräsentiert, vgl. z. B. §§ 307, 308, 311, 312, 313, 315, 315 a, 315 b, 315 c. In diesem Kontext kann dann auch eine **fahrlässige Sachbeschädigung** strafbarkeitsbegründend wirken.

---

[6] Täter dieses Delikts kann auch der Eigentümer der betroffenen Sache sein; Arzt et al. (2009), § 12 Rn. 34; Eisele (2012b), Rn. 485; Gössel (1996), § 18 Rn. 3.

[7] Maurach et al. (2009), § 36 Rn. 1.

[8] Arzt et al., § 12 Rn. 38; Gössel (1996), § 3 Rn. 4.

[9] Arzt et al. (2009), § 37 Rn. 22.

[10] Saliger (2012), Rn. 27 ff.; Schönke et al. (2014), vor § 324 Rn. 8.

[11] Arzt et al. (2009), § 12 Rn. 38, 40.

Beispiele

T fährt nach starkem Alkoholgenuss mit einer Blutalkoholkonzentration von 1,3‰ Auto. In einer Kurve verliert er die Herrschaft über seinen Wagen und prallt auf den am Straßenrand abgestellten Pkw des O. An dem Auto des O entsteht Sachschaden in Höhe von 3000 €.
Wegen Sachbeschädigung kann T nicht bestraft werden, da dieses Delikt gem. § 15 nur vorsätzlich begangen werden kann (dazu unten 3.2.2.1). Die fahrlässige Beschädigung des fremden Pkw ist jedoch zugleich eine fahrlässige Gefährdung einer Sache von bedeutendem Wert. Zusammen mit der Gefährdungshandlung „Führen eines Fahrzeugs im Straßenverkehr trotz alkoholbedingter Fahruntüchtigkeit", erfüllt diese Gefährdung den Tatbestand des § 315 c I Nr. 1 a, III Nr. 1.

Die Beschädigung oder Zerstörung von Sachen, die eine besondere soziale Widmung oder Zweckbestimmung haben und an deren Erhaltung daher ein Interesse der Allgemeinheit besteht, ist in speziellen Straftatbeständen erfasst. Das gilt etwa für Sachen, die sich in **amtlichem Gewahrsam** befinden und in irgendeiner Weise in staatliche Tätigkeit involviert sind, vgl. §§ 133, 136. Es gilt des Weiteren für Sachen, die der staatlichen **Daseinsvorsorge** oder der **öffentlichen Sicherheit und Ordnung** gewidmet sind, vgl. §§ 145, 316 b, 317, 318.

Tiere werden rechtlich zwar wie Sachen behandelt (vgl. § 90 a BGB) und sind insoweit taugliche Objekte von Sachbeschädigungsdelikten. Das Strafrecht kennt aber spezielle Straftatbestände, die durch Verletzung oder Tötung von Tieren verwirklicht werden und dennoch keinen Sachbeschädigungscharakter haben. Die **Wilderei** nach §§ 292, 293 ist keine Sachbeschädigung, weil die betroffenen Tiere herrenlos sind und daher nicht in fremdem Eigentum stehen, vgl. § 960 BGB. Bei der **Tierquälerei** gem. § 17 TierSchG kann sich die Tat zwar gegen ein Tier richten, das einem anderen gehört, also „fremd" ist. Darauf stellt der Tatbestand aber nicht ab, weil er nicht das Eigentum an dem Tier, sondern das Interesse der Allgemeinheit an einem die „Würde" des Tieres als Mit-Lebewesen achtenden Umgang mit Tieren schützt („ethischer Tierschutz"), vgl. § 1 TierSchG.[12] Tierquälerei kann daher auch der Eigentümer eines Tieres begehen. Tierquälerei eines fremden Tieres und Sachbeschädigung stehen in Tateinheit, § 52.[13]

Menschliche **Leichen** sind zwar Sachen, grundsätzlich aber nicht eigentumsfähig (s. o. 1.2.1.3.2.2). Ihre Beschädigung oder Zerstörung ist daher kein Angriff auf das Eigentum, unter Umständen aber eine strafwürdige Verletzung des individuellen oder kollektiven Pietätsempfindens. Daher stellt § 168 substanzbeeinträchtigende Eingriffe gegenüber Leichen, Leichenteilen und weiteren pietätsgebundenen Sachen unter spezielle Strafdrohung.[14]

---

[12] Münchener Kommentar-Pfohl (2013), § 17 TSchG Rn. 1–5.

[13] Münchener Kommentar-Pfohl (2013), § 17 TSchG Rn. 153.

[14] Arzt et al. (2009), § 44 Rn. 56; Schönke et al. (2014), vor § 166 Rn. 2.

3.2 Grundtatbestand Sachbeschädigung, § 303 StGB

3.2.1 Objektiver Tatbestand

3.2.1.1 Übersicht

Das Delikt „Sachbeschädigung" hat eine einfache Tatbestandstruktur. Folgende Merkmale bilden den objektiven Tatbestand: **Täter**merkal „wer", **Tatobjekts**merkmale „Sache" und „fremd", sowie **Handlungs**merkmale „beschädigt" oder „zerstört" (Abs. 1) bzw. „erhebliche und nicht nur vorübergehende Veränderung des Erscheinungsbilds" (Abs. 2). Trotz ausdrücklicher Erwähnung im Gesetzestext kein Teil des objektiven Tatbestandes, sondern allgemeines Deliktsmerkmal ist die „**Rechtswidrigkeit**".[15] Entgegen einer vordringenden Auffassung im Schrifttum[16] ist das **Fehlen einer Einwilligung** des betroffenen Eigentümers kein negatives Tatbestandsmerkmal der Sachbeschädigung. Die Einwilligung schließt nicht die objektive Tatbestandsmäßigkeit, sondern die Rechtswidrigkeit der Sachbeschädigung aus.[17]

3.2.1.2 Sache

Der Sachbegriff des § 303 ist derselbe wie der Sachbegriff von Diebstahl und Unterschlagung. Im Unterschied zu §§ 242 ff beschränkt § 303 aber den Tatbestand nicht auf **bewegliche** Sachen.[18] Auch **Gebäude** und sonstige mit dem Erdboden fest verbundene Sachen (Pflanzen) können beschädigt oder zerstört werden, ohne dass diese Objekte dadurch zu beweglichen Sachen werden. Der Erdboden selbst ist ja eine Sache, die – z. B. durch Kontamination mit radioaktiven oder chemischen Schadstoffen – beschädigt werden kann. **Tiere** sind auch nach der Einführung des § 90 a BGB Sachen iSd § 303.[19] Aus welchem Material die Sache besteht, ist gleichgültig. Daher kann auch die Skilanglaufspur im Schnee (Loipe) taugliches Sachbeschädigungsobjekt sein.[20]

Auf **Wert** und **Unversehrtheit** der Sache kommt es nicht an.[21] Wertlose Sachen können genauso beschädigt oder zerstört werden wie wertvolle Sachen. Dasselbe gilt für Sachen, die schon vor der Tat defektbehaftet sind. Eine Verschlechterung einer materiell wertlosen Sache kann z. B. in der Beeinträchtigung ihres ideellen Wertes liegen. Auch Sachen, an deren Erhaltung der Eigentümer kein vernünftiges

---

[15] Baumann et al. (2003), § 16 Rn. 13; Eisele (2012b), Rn. 468, 478; Haft (2004), 141; Kühl (2004), 413 (424); Satzger (2006), 428 (430).

[16] Gössel (1996), § 4 Rn. 41; Kindhäuser (2011), § 12 Rn. 5.

[17] Baumann et al. (2003), § 17 Rn. 93 ff.; Eisele (2012b), Rn. 468, 478; Schönke et al. (2014), § 303 Rn. 22; aA Gropengießer (1998), 89 (92).

[18] Eisele (2012b), Rn. 455; Gössel (1996), § 4 Rn. 15; Haft (2004), S. 142.

[19] Arzt et al. (2009), § 12 Rn. 12; Küper (1993), 435 (441); Satzger (2006), 428 (430).

[20] Maurach et al. (2009), § 36 Rn. 6; Satzger (2006), 428 (430); Schmid (1980), 430; aA BayObLG, JZ 1979, 734; Gössel (1996), § 4 Rn. 7.

[21] RGSt 10, 120 (121); Arzt et al. (2009), § 12 Rn. 11; Eisele (2012b), Rn. 457; Kargl (1997), 283 (284).

Interesse hat, sind taugliche Tatobjekte. Allerdings wird in Bezug auf solche Sachen meistens eine tatbestandsmäßige Beschädigung bzw. Zerstörung ausscheiden oder ein Rechtfertigungsgrund eingreifen. Dies gilt insbesondere für die Vernichtung von Sachen, deren Besitz selbst illegal oder gar strafbar ist.

Beispiele

T ist Vater eines 18-jährigen Jungen, der infolge übermäßigen Rauschgiftkonsums verstorben ist. Auf seinem privaten Rachefeldzug gegen das Drogengewerbe dringt T in die Wohnung des Drogendealers O ein. Im Wohnzimmer findet T einen Plastikbeutel mit 1 kg Heroin. T öffnet den Beutel, schüttet das Heroin in die Toilette und betätigt die Spülung.

Das Rauschgift war für T eine fremde Sache, da zumindest sein Erzeuger Eigentum an ihm erlangt hatte.[22] Wie bei § 242 ist es auch bei § 303 gleichgültig, ob die tatgegenständliche Sache Eigentum der Person ist, in deren Gewahrsam sie sich zur Zeit der Tat befindet. Daher steht die Nichtigkeit des von O getätigten rechtsgeschäftlichen Erwerbsakts (§ 134 BGB) – d. h. die Tatsache, dass O nicht Eigentümer des Heroins geworden war – der Tatbestandsmäßigkeit nicht entgegen. Das Herunterspülen des Pulvers in der Toilette ist zweifellos eine Einwirkung auf die Sachsubstanz, die als Zerstörung bezeichnet werden kann. Die Tat könnte aber durch Notstand gerechtfertigt sein (§ 34, § 228 BGB). Jedenfalls dann, wenn O sich das Rauschgift nicht zum Eigenverbrauch besorgt hatte, stellt sein Besitz eine gegenwärtige Dauergefahr für potentielle Kunden des O dar. Sofern keine andere Möglichkeit der Gefahrabwendung – z. B. durch polizeiliche Sicherstellung – bestand, ist die Tat nach § 34 bzw. § 228 BGB gerechtfertigt. Denn dass das Interesse an der Abwendung dieser Gefahr das Interesse des Eigentümers an der Unversehrtheit seines Rauschgiftes wesentlich überwiegt, liegt auf der Hand.

3.2.1.3 Fremd

Die Sache muss in **fremdem Eigentum** stehen. Herrenlose (Wild) oder eigentumsunfähige Sachen (menschlicher Leichnam) scheiden also aus. Maßgeblich ist der Eigentumsbegriff des Bürgerlichen Rechts.[23] Es kann in vollem Umfang auf die Ausführungen zum Merkmal „fremd" im Rahmen des § 242 verwiesen werden. Ausreichend ist, dass die Sache vor der Tat – also vor ihrer Beschädigung oder Zerstörung – für den Täter fremd war. Sachbeschädigung wird deshalb nicht dadurch ausgeschlossen, dass der Täter sich durch einen Akt, der die Sache beschädigt oder zerstört, Eigentum an der Sache bzw. einer mit Hilfe dieser Sache hergestellten neuen Sache verschafft. Möglich ist ein derartiger eigentumsbegründender Vorgang nach Maßgabe der §§ 946 ff BGB. Allerdings wird § 303 in derartigen Fällen

---

[22] Marcelli (1992), 220; Vitt (1992), 221.

[23] Arzt et al. (2009), § 12 Rn. 14; Eisele (2012b), Rn. 457; Satzger (2006), 428 (430).

meistens nicht zum Tragen kommen, da der Zugriff auf die fremde Sache eine Zueignung und daher schon als Diebstahl oder Unterschlagung strafbar ist.

3.2.1.4 Beschädigung, Zerstörung, Veränderung des Erscheinungsbildes

Sachbeschädigung ist ein **Erfolgsdelikt**.[24] Der Taterfolg muss eine Veränderung des Zustandes der Sache sein, die als **Eigentumsverletzung** qualifiziert werden kann. Der Taterfolg muss also gerade die aus dem Eigentum resultierende Sachbeziehung beeinträchtigen. Diese Beziehung zwischen Taterfolg und Rechtsgut „Eigentum" ist deswegen für die Bestimmung der tatbestandsmäßigen Handlung wichtig, weil das Strafrecht auch Beschädigungen von Sachen erfasst, die nicht den Charakter einer Eigentumsverletzung haben, sondern ein anderes Rechtsgut verletzen. In § 274 I Nr. 1 spricht das Strafrecht von der „Beschädigung" oder „Zerstörung" eines Gegenstandes (Urkunde, technische Aufzeichnung), der dem Täter „nicht gehört". Bei dieser Art von Beschädigung oder Zerstörung handelt es sich nicht um eigentumsverletzende Akte, sondern um Beeinträchtigungen des Interesses an der Beweisführung mit Urkunden.[25] Die Beschädigung einer Urkunde muss also nicht zwangsläufig auch eine Sachbeschädigung sein. Deswegen nimmt das Tatbestandsmerkmal „nicht gehört" auch nicht auf die Eigentumsverhältnisse, sondern auf das Beweisführungsrecht Bezug und deswegen kann auch der Eigentümer des die Urkunde verkörpernden Schriftstücks Täter des Delikts sein.[26]

Der eigentumsverletzende Charakter der Sachbeschädigung schlägt sich in einer Verschlechterung der **stofflichen Beschaffenheit** der Sache nieder.[27] Dies ist der tatbestandsmäßige Erfolg, die ihn verursachende Handlung ist die Beschädigung oder Zerstörung. Das tatbestandsmäßige Verhalten kann auch in mittelbarer Täterschaft (§ 25 I 2. Alt.) oder in der Form garantenpflichtwidrigen Unterlassens (§ 13 I) vollzogen werden. Wegen des Erfordernisses einer Verschlechterung ist eine tatbestandsmäßige Beschädigung oder Zerstörung ausgeschlossen bei Sachen, die bereits vor der Tat vollkommen unbrauchbar sind und deshalb nicht mehr verschlechtert werden können.

Beispiele

O hat vor Antritt seiner dreiwöchigen Urlaubsreise vergessen, einen angebrochenen Laib Brot aus dem Küchenschrank zu entfernen. Zwei Tage vor der Rückkehr des O schaut Nachbar T, der während der Abwesenheit des O dessen Blumen versorgt hat, zufällig in den Küchenschrank und entdeckt das mit einer dicken Schimmelschicht überzogene Brot. Angewidert wirft T das verschimmelte Brot in ein Feuer, das er gerade in seinem Garten entfacht hat.

---

[24] Arzt et al. (2009), § 12 Rn. 18; Gössel (1996), § 4 Rn. 1.

[25] Arzt et al. (2009), § 33 Rn. 29; Haft (2005), S. 206.

[26] Arzt et al. (2009), § 33 Rn. 32; Haft (2005), S. 206; Schönke et al. (2014), § 274 Rn. 5.

[27] Gössel (1996), § 4 Rn. 27; Haft (2004), S. 143; Satzger (2006), 428 (431).

Grundsätzlich ist der Wert der tatgegenständlichen Sache kein Kriterium für die Tatbestandsmäßigkeit substanzvernichtender Eingriffe. Ist die Sache aber in keiner denkbaren Hinsicht mehr geeignet, ein rechtlich schutzwürdiges Interesse ihres Eigentümers zu befriedigen, kann ein solcher Eingriff keine Eigentumsverletzung und daher auch kein strafwürdiges Unrecht mehr sein[28]. Im vorliegenden Fall durfte T davon ausgehen, dass O mit der Beseitigung des ungenießbar gewordenen Brotes einverstanden sein würde, weil irgendein Interesse am Erhalt dieser Sache nicht existierte. Anders wäre es z. B., wenn O als Lebensmittelchemiker mit verdorbenen Nahrungsmitteln wissenschaftliche Experimente durchführt und den verschimmelten Brotlaib in seiner Küche für diese Zwecke noch hätte verwenden können.

Beschädigung ist ein **Eingriff in die Sachsubstanz**, der diese in nicht ganz unerheblichem Umfang negativ verändert und in der Regel den Wert und/oder die Verwendbarkeit der Sache mindert.[29] Ein Eingriff, der den Zustand der Sache verbessert, ist also keine Beschädigung. Das gilt auch dann, wenn die Zustandsverbesserung dem Eigentümer unwillkommen ist, wie z. B. im Falle der eigenmächtigen Reparatur einer mangelbehaftet verkauften Sache, die der Käufer im Wege der Wandelung des Kaufvertrages (§§ 459, 462 BGB) wieder loswerden möchte.[30] Ausreichenden strafrechtlichen Schutz vor unwillkommenen Eigenmächtigkeiten gewähren in der Regel der Hausfriedensbruchs (§ 123) und der Nötigungstatbestand (§ 240).

Zwischen Beschädigung und **Zerstörung** besteht nur ein gradueller Unterschied.[31] Zerstört ist eine Sache, wenn die Beschädigung so schwer ist, dass die Sache als nicht mehr vorhanden angesehen werden muss. Beide Beschädigungsformen erfüllen den Tatbestand des § 303 I in gleicher Weise. Der Rechtsanwender braucht sich bei der Beurteilung eines Falles nicht auf eine der beiden Varianten festzulegen. Das Ausmaß der Beschädigung beeinflusst das Strafmaß ohnehin,[32] auch wenn ein schwerer Sachschaden vielleicht noch kein Zerstörungs-, sondern „nur" ein besonders gravierender Beschädigungserfolg ist.

Häufig wird sich die Beschädigung in einer **Substanzverringerung** manifestieren, z. B. beim „Herausschneiden der Kennziffer auf einem Volkszählungsfragebogen".[33] Aber auch eine Substanzvermehrung kann Sachbeschädigung sein.[34]

---

[28] RGSt 10, 120 (122); BayObLG, NJW 1993, 2760 (2761); Maiwald (1980), 256 (259); Otto (1989), 206 (207); Schroeder (1976), 338 (339).

[29] Arzt et al. (2009), § 12 Rn. 16; Gössel (1996), § 4 Rn. 27; Haft (2004), S. 143.

[30] Satzger (2006), 428 (432); Schönke et al. (2014), § 303 Rn. 13; Wessels et al. (2013c), Rn. 34; aA RGSt 33, 177 (180); Arzt et al. (2009), § 12 Rn. 22; Eisele (2012b), Rn. 459; Gössel (1996), § 4 Rn. 32.

[31] Eisele (2012b), Rn. 467; Haft (2004), S. 142.

[32] Fischer (2014), § 46 Rn. 34; Schönke et al. (2014), § 46 Rn. 19.

[33] LG Bonn, NJW 1987, 2825; OLG Köln, NJW 1988, 1102 (1103); OLG Celle, JR 1988, 433 (434); F. Geerds (1988b), 435.

[34] RGSt 20, 182 (184): Schleimige Flüssigkeit im Räderwerk einer Taschenuhr.

Beispiele

1. Auf Veranlassung seines Vaters, des Gastwirts T, schleicht sich der 12-jährige S in die Küche des neueröffneten Restaurants des O und schüttet ein Kilo Salz in den Topf mit der Suppe, die O seinen Gästen servieren will. Das Salz macht die Suppe ungenießbar.

2. Mitglieder einer Umweltschutzorganisation hieven einen mehrere Tonnen schweren kastenförmigen Stahlkörper auf ein Bahngleis, über das ein Zug mit atomarem Müll zu einem Zwischenlager fahren soll. Bis zur Beseitigung dieses Hindernisses ist die Bahnstrecke mehrere Stunden blockiert.

In **Beispiel 1** wird das Salz durch Vermischung untrennbarer Bestandteil der Suppe. Durch Hinzufügung des Salzes hat T als mittelbarer Täter (§ 25 I 2. Alt.) die stoffliche Beschaffenheit der Suppe negativ verändert. Obwohl dadurch die Menge der Suppe vermehrt wurde, wurden Wert und Verwendbarkeit verringert. T hat sich also wegen Sachbeschädigung strafbar gemacht. Die daneben ebenfalls vorliegende Anstiftung zur Sachbeschädigung (§§ 303, 26) wird von der mittelbar-täterschaftlichen Sachbeschädigung verdrängt. Auch in **Beispiel 2** ist eine Sache – das Bahngleis – durch Hinzufügung einer anderen Sache in ihrer Funktion beeinträchtigt worden. Allerdings wurde der hinzugefügte Gegenstand kein Bestandteil der beeinträchtigten Sache. An deren Substanz trat keine Veränderung ein. Die Errichtung des Hindernisses bewirkt keine Substanzverschlechterung, die Entfernung des Hindernisses keine Substanzverbesserung. Die vorübergehende Funktionsstörung ist keine Sachbeschädigung.[35]

Typische Sachbeschädigungen durch **Substanzvermehrung** sind das Beschmutzen oder Beschmieren von Sachen, deren Gebrauchstauglichkeit oder äußeres Erscheinungsbild dadurch verschlechtert wird.[36] Veränderungen des Aussehens können Beschädigung iSd Abs. 1 sein,[37] werden ansonsten von dem Auffangtatbestand Abs. 2 – Veränderung des Erscheinungsbildes – erfasst.[38] Unbefugtes Plakatierens an Wänden, Mauern und Gebäudeflächen ist Beschädigung, wenn das Plakat den Zustand der beklebten Sache verschlechtert und mit seiner Unterlage eine so feste Verbindung eingegangen ist, dass es – und der es mit der Sache verbindende Klebstoff – nur mit erheblichem technischen Aufwand bzw. nicht ohne Beschädigung der beklebten Sache wieder entfernt werden kann. Ist die Entfernung dagegen einfach und ohne Schäden möglich, handelt es sich nicht um Beschädigung der Sache.[39] In einem solchen Fall kommt Strafbarkeit wegen **Veränderung des Erscheinungsbildes** (Absatz 2) in Betracht. Anders als das vom Gesetzgeber verwor-

---

[35] Anders, wenn die Verbindung der hinzugefügten mit der beeinträchtigten Sache nur durch einen Eingriff in die Substanz der beeinträchtigten Sache – z. B. Herausschneiden eines Teilstücks aus dem Schienenstrang – gelöst werden kann; BGHSt 44, 34 (39); Dietmeier (1998), 470 (471).

[36] RGSt 43, 204 (205); OLG Düsseldorf, NJW 1982, 1167; OLG Oldenburg, NJW 1983, 57 (58); OLG Frankfurt, NJW 1987, 389 (390); OLG Hamburg, NStZ-RR 1999, 209.

[37] Dölling (2007), 21 (23); M. Heinrich (2007), 577 (579).

[38] KG, NStZ 2007, 223 (224); Eisele (2012b), Rn. 469; Rengier (2014a), § 24 Rn. 25; Satzger (2006), 428 (435); Wessels et al. (2013c), Rn. 37: Vorrang des § 303 Abs. 1.

[39] BGHSt 29, 129 ff.; BGH, NStZ 1982, 508 (509); OLG Karlsruhe, JR 1976, 336 (337); OLG Hamburg, JR 1976, 337; OLG Oldenburg, JZ 1978, 70 (71); OLG Düsseldorf, NJW 1982, 1167;

fene Merkmal „Verunstalten"[40] setzt die „Veränderung" keine Verschlechterung der Optik voraus.[41] Zur Beschränkung der Strafbarkeit auf strafwürdige Fälle verlangt das Gesetz mit den Merkmalen „nicht unerheblich" und „nicht vorübergehend" eine quantitative Bewertung der Eigentumsstörung.[42] Das Merkmal „unbefugt" ist hingegen funktionslos und als bloßer Hinweis auf das Erfordernis der Rechtswidrigkeit überflüssig.[43] Es versteht sich von selbst, dass eine Veränderung kein Unrecht ist, wenn der Eigentümer mit ihr einverstanden ist.[44]

Ist Objekt der Tat ein lebendes **Tier**, kommt als tatbestandsmäßige Beschädigungshandlung jede Einwirkung auf die physische oder psychische Verfassung des Tieres in Betracht, die in Bezug auf einen Menschen als „Gesundheitsbeschädigung" iSd § 223 zu qualifizieren wäre.[45]

Für das Vorliegen einer Beschädigung spielt es grundsätzlich keine Rolle, ob die betroffene Sache an ihrem Standort verbleibt oder an einen anderen Ort verbracht wird. Im Hinblick darauf, dass die bloße Entziehung der Sache nicht als Diebstahl strafbar ist, wenn der Täter ohne Zueignungsabsicht handelt, stellt sich die Frage, ob die **Sachentziehung** wenigstens als Sachbeschädigung strafbar ist. Unproblematisch sind dabei Fälle, in denen einer Sache ein Einzelteil entnommen wird, ohne das die Sache nicht funktioniert.[46] Die Sachentziehung ist dann hinsichtlich der Sache, zu der das Einzelteil gehört, Sachbeschädigung.[47] Beispielsweise ist das Fällen eines Baumes Beschädigung des Grundstücks, auf dem der Baum stand. „Einzelteil" in diesem Sinne kann auch die Luft sein, die der Täter aus einem Auto- oder Fahrradreifen ablässt, womit er den Reifen bzw. das bereifte Fahrzeug funktionsuntüchtig macht.[48] Ist ein Wiederaufpumpen des Reifens aber mit geringfügigem Aufwand möglich – z. B. weil sich das betroffene Fahrzeug in unmittelbarer Nähe einer Tankstelle befindet –, hat das Luftablassen mangels Erheblichkeit der Beeinträchtigung noch keinen sachbeschädigenden Charakter.[49] Ob auch in Bezug auf das Einzelteil selbst Sachbeschädigung vorliegt, hängt davon ab, wie sich die Sachentziehung auf die Substanz dieses Teils auswirkt. Die Ortsveränderung als

---

Maiwald (1980), 256 (259); Maiwald (1982), 298 (299); Schroeder (1976), 338 (339); Weber (2002), 283 (286); aA RGSt 43, 204 (205); OLG Hamburg, NJW 1979, 1614.

[40] Dazu Weber (2002), 283 (288).

[41] Arzt et al. (2009) § 12 Rn. 29b; Eisele (2012b), Rn. 470; Rengier (2014a), § 24 Rn. 30; Wessels et al. (2013c), Rn. 37.

[42] AG Berlin-Tiergarten, NStZ 2013, 45; für Streichung der Minima-Klausel Kühl (2004), 413 (425).

[43] Kühl (2004), 413 (424).

[44] Satzger (2006), 428 (434); Schönke et al. (2014), § 303 Rn. 17; Wessels et al. (2013c), Rn. 40.

[45] RGSt 37, 411 (412).

[46] RGSt 13, 27 (29); 64, 250 (251); 65, 354 (356); Schönke et al. (2014), § 303 Rn. 11.

[47] Bohnert (1988), 446 (448).

[48] BGHSt 13, 207 (208); BayObLG, NJW 1987, 3271; Klug (1960), 226 (227).

[49] RGSt 39, 223 (224); OLG Hamburg, JR 1982, 297 (298); F. Geerds (1988a), 218; Maiwald (1982), 298 (299); Otto (1989), 206 (207); Satzger (2006), 428 (432).

solche ist noch keine Sachbeschädigung, solange die Sachsubstanz nicht verändert wird.[50] Das erkennt man schon daran, dass in einem solchen Fall die Herstellung des ursprünglichen regulären Zustandes nicht nur durch eine – der Reparatur einer substanzbeeinträchtigten Sache entsprechende – Rückführung der Sache zu ihrem Eigentümer, sondern auch – umgekehrt – durch Hinführung des Eigentümers zum aktuellen Stand- oder Lageort der Sache möglich ist. Dass letzteres aber nicht als reparaturähnliche Maßnahme bezeichnet werden kann, liegt auf der Hand. Erst wenn die Sache an ihrem neuen Standort äußeren Einflüssen ausgesetzt ist, die ihre Substanz angreifen und sie verschlechtern, liegt eine Beschädigung der Sache vor.[51]

Beispiele

T öffnet an einem kalten Wintertag die Tür eines Vogelkäfigs, in dem der Wellensittich „Kucki" des O lebt. Da T auch noch ein Fenster geöffnet hat, fliegt Kucki ins Freie, wo eine Temperatur von minus 20 Grad herrscht. Kurze Zeit später ist Kucki erfroren.

Indem T den Wellensittich fliegen liess, hat er den Gewahrsam des O daran gebrochen. Da T dies aber nicht in der Absicht tat, sich den Wellensittich anzueignen, hat er den subjektiven Tatbestand des Diebstahls nicht erfüllt. Die Sachentziehung ist daher nicht aus § 242 strafbar (siehe oben 1.2.2.3.3.3).[52] Solange sich der Gesundheitszustand des Vogels nicht verschlechtert hatte, war auch der objektive Tatbestand des § 303 nicht erfüllt. Hier aber ist der Wellensittich sogar zu Tode gekommen, also als Sache zerstört worden. Diesem Erfolg ging eine zunehmende Verschlechterung des Gesundheitszustandes voraus, die als Beschädigung iSd § 303 zu qualifizieren ist. T hat diese Beschädigung sowie die anschließende Zerstörung verursacht und sich somit wegen Sachbeschädigung strafbar gemacht.[53]

Keine Sachbeschädigung sind Beeinträchtigungen der Verwendbarkeit oder des Wertes der Sache ohne Einwirkung auf deren körperliche Substanz.[54]

Beispiele

1. T stellt öffentlich die unwahre Behauptung auf, das Rindfleisch, das der Metzger O verkauft, stamme von britischen Rindern. Daraufhin geht bei der Kundschaft des O die Nachfrage nach Rindfleisch um 50 % zurück.

---

[50] BGHSt 44, 34 (38); Gössel (1996), § 4 Rn. 33; Kargl (1997), 283 (285, 286).

[51] Gössel (1996), § 4 Rn. 33; Haft (2004), S. 144; Rengier (2014a), § 24 Rn. 16; a. A. Schmitt (1993), 505 (509); Wessels et al. (2013c), Rn. 41.

[52] Wenn weder T noch ein Dritter neuen Gewahrsam an dem Vogel begründete, ist auch der objektive Tatbestand des § 242 nicht erfüllt.

[53] Satzger (2006), 428 (431).

[54] RGSt 13, 27 (28); OLG München, NStZ 2006, 576; Satzger (2006), 428 (431); Stree (1988), 187 (189).

2. Der 12-jährige O hat zum Geburtstag ein Paar neue Schlittschuhe geschenkt bekommen. Einen Tag später wird das einzige Eisstadion in der Stadt von T in Brand gesetzt. Die nächste Eisbahn befindet sich in einer 200 km entfernten Großstadt. O kann seine Schlittschuhe ein ganzes Jahr lang nicht benutzen. Als die abgebrannte Eisbahn wieder in Betrieb genommen wird, passen die Füße des O, die inzwischen gewachsen sind, nicht mehr in die Schlittschuhe hinein.

3. O stellt seinen Pkw auf einer markierten Parkfläche am rechten Fahrbahnrand einer Straße ab. Die Parkflächen vor und hinter seinem Fahrzeug sind noch frei. Wenig später stellt X seinen Pkw auf der Parkfläche hinter dem Pkw des O ab. Zwischen der vorderen Stoßstange des Pkw des X und der hinteren Stoßstange des Pkw des O bleibt ein Abstand von gerade 2 cm. Wenige Minuten danach stellt T seinen Pkw auf der Parkfläche vor dem Pkw des O ab. Zwischen der hinteren Stoßstange des Pkw des T und der vorderen Stoßstange des Pkw des O bleibt ein Abstand von 2 cm. Fünf Minuten später kehrt O zu seinem Pkw zurück und will wegfahren. Dies ist aber erst weitere 20 min später möglich, nachdem X seinen Pkw weggefahren hat.[55]

T hat durch sein Verhalten bewirkt, dass das Rindfleisch bzw. die Schlittschuhe bzw. der Pkw des O ihre Zweckbestimmung – jedenfalls vorübergehend (Pkw)[56] – nicht erfüllen konnten und daher für O wertlos, erheblich entwertet oder vorübergehend unbrauchbar wurden. Der Schaden, der dem O damit zugefügt wurde, unterscheidet sich nicht von dem Verlust, der durch Vergiftung des Fleisches, durch Verbiegen der Schlittschuhkufen oder Abmontieren der Autoreifen verursacht worden wäre. Dennoch hat T in allen drei Beispielen keine Sachbeschädigung zu Lasten des O begangen. Sachbeschädigung ist ein Eigentumsdelikt, dessen Begehung zwar meistens im Vermögen des Eigentümers einen Schaden verursachen wird. Der Tatbestand des § 303 setzt einen solchen Schaden aber nicht voraus.[57] Erst recht vermag ein Vermögensschaden die fehlende Beschädigung oder Zerstörung einer Sache nicht zu ersetzen. Das verbietet Art. 103 II GG.

3.2.2 Sonstige Strafbarkeitsvoraussetzungen

3.2.2.1 Subjektiver Tatbestand

Sachbeschädigung ist ein reines **Vorsatzdelikt**, § 15. Fahrlässige Sachbeschädigung ist jedenfalls im 27. Abschnitt des StGB-BT nicht mit Strafe bedroht. Dennoch ist fahrlässige Beschädigung oder Zerstörung fremder Sachen für das Strafrecht nicht völlig bedeutungslos. Ein Spezialfall strafbarer fahrlässiger Sachbeschädigung ist die Fahrlässige Brandstiftung gem. § 306 d iVm § 306 I. Wie oben schon angedeutet wurde, kann die fahrlässige Sachbeschädigung ein strafbarkeitsbegründender

---

[55] Vgl. auch Kargl (1997), 283 (286); Dietmeier (1998), 470 (471): Täter schließt ein an einem Eisengitter stehendes fremdes Motorrad mit Stahldrahtschlössern an dieses Gitter an.

[56] Zur zivilrechtlichen Problematik des „Zuparkens" instruktiv Eckert (1994), 625 ff.

[57] Kargl (1997), 283 (284).

Teil- oder Nebenaspekt im Rahmen verschiedener Gefährdungstatbestände sein. Fahrlässige Beschädigung oder Zerstörung von Sachen durch Herbeiführung einer Explosion ist beispielsweise in §§ 307 II, IV, 308 V, VI, mit Strafe bedroht. Die fahrlässige Beschädigung wertvoller Sachen durch Fehlverhalten im Straßenverkehr führt zur Bestrafung aus § 315 b IV, V oder § 315 c III.

3.2.2.2 Rechtswidrigkeit

Die Rechtswidrigkeit der Sachbeschädigung kann durch viele **Rechtfertigungsgründe** ausgeschlossen werden: Einwilligung[58], mutmaßliche Einwilligung, Notstand[59], Selbsthilferecht (§ 229 BGB: „… zerstört oder beschädigt…").[60] Notwehr rechtfertigt eine Sachbeschädigung, wenn der Angreifer eine Sache als Angriffswerkzeug benutzt und diese durch die Abwehrhandlung beschädigt oder zerstört wird.[61] Umstritten ist, ob Notwehr auch eingreift, wenn die Sache nicht dem Angreifer gehört.[62] Dass die Verletzung oder Tötung eines angreifenden Tieres nur dann notwehrfähig ist, wenn das Tier von einem Menschen aufgehetzt worden ist, ist heute allgemeine Meinung.[63]

Speziell auf Sachbeschädigungen zugeschnitten sind die Notstandsregeln der §§ 228, 904 BGB, die in ihrem Bereich die allgemeine Notstandsvorschrift des § 34 verdrängen.[64] Hoheitliche Tätigkeit mit sachbeschädigender Wirkung wird häufig auf Grund spezieller Befugnisnormen gerechtfertigt sein. So decken beispielsweise die §§ 94 ff, 102 ff StPO nicht nur die Beschlagnahme oder Durchsuchung an sich, sondern darüber hinaus auch die Sachbeschädigungen, die zur Durchführung der Maßnahme erforderlich sind, z. B. das gewaltsame Aufbrechen einer Tür oder eines Behältnisses. Wie bei Diebstahl und Unterschlagung schließt auch bei der Sachbeschädigung ein fälliger und einredefreier Anspruch des Täters auf Übereignung der Sache die Rechtswidrigkeit aus.[65] Aus § 241 a BGB lässt sich eine Rechtfertigung ableiten, wenn der Empfänger einer unbestellt zugesandten Sache diese wegwirft oder vernichtet.[66]

---

[58] Die Einwilligung wird allerdings von vielen als Tatbestandsausschlussgrund behandelt, Gössel (1996), § 4 Rn. 41; dagegen treffend Kargl (1997), 283 (288); Satzger (2006), 428 (433).

[59] OLG Naumburg, StV 2014, 225 (226).

[60] Baumann et al. (2003), § 17 Rn. 150; Gössel (1996), § 4 Rn. 43.

[61] Gropengießer (1998), 89 (90).

[62] Dazu Baumann et al. (2003), § 17 Rn. 21; Gropengießer (1998), 89 (90).

[63] Baumann et al. (2003), § 17 Rn. 4.

[64] Baumann et al. (2003), § 17 Rn. 85.

[65] Kindhäuser (2014), § 20 Rn. 14.

[66] Eisele (2012b), Rn. 479; Maurach et al. (2009), § 36 Rn. 22; Satzger (2006), 428 (434); Schönke et al. (2014), § 303 Rn. 22.

3.3   Qualifikationstatbestände

3.3.1   Zerstörung von Bauwerken, § 305

3.3.1.1   Objektiver Tatbestand

Taugliche Tatobjekte sind von Menschenhand geschaffene Raumgebilde, die vor allem dem Aufenthalt und Verkehr von Menschen, der Beförderung von Personen und Gütern, der Aufbewahrung und Lagerung von Gütern dienen. Meistens haben diese Objekte eine **wichtige Funktion** im Leben einzelner Menschen oder einer Gemeinschaft von Menschen. Ihre Zerstörung verursacht daher nicht nur eine Lücke im Vermögen und/oder Güterbestand ihres Eigentümers, sondern nötigt diesen sowie gegebenenfalls auch andere Menschen empfindliche Einschränkungen der persönlichen Lebensführung auf.

Beispiele

1. Wegen der Zerstörung seines Hauses muss O vorübergehend in ein Hotel ziehen oder bei Verwandten Unterkunft suchen.
2. Wegen der Zerstörung einer Brücke müssen zahlreiche Kraftfahrer einen Umweg nehmen und morgens eine halbe Stunde früher aufstehen, um pünktlich am Arbeitsplatz erscheinen zu können.
3. Wegen der Zerstörung eines Flughafengebäudes entgeht vielen Flugreisenden ein Urlaubstag.

Die Beispiele zeigen, was oben schon angemerkt wurde: Sachbeschädigung ist nur vordergründig ein Angriff auf Vermögen, Geld und tote Gegenstände, dessen Folgen reparabel sind und mit Vermögen, Geld und toten Gegenständen beseitigt werden können. Häufig treffen die Folgen auch noch andere – immaterielle – Güter und können nicht – jedenfalls nicht vollständig – kompensiert werden. Verlorene Zeit und Lebensfreude ist unwiederbringlich.

Tatbestandsmäßige Handlung ist die wenigstens **teilweise Zerstörung** des Bauwerks. Die teilweise Zerstörung darf nicht verwechselt werden mit der Zerstörung eines Teils. Die teilweise Zerstörung muss das ganze Bauwerk erfassen und eine seiner wesentlichen Funktionen ausschalten.[67] Teilweise zerstört ist beispielsweise ein Gebäude, das nicht mehr betreten werden kann, weil die Eingangstreppe auf Grund schwerer Beschädigung unbegehbar geworden ist. Dagegen ist nicht teilweise zerstört ein Wohnhaus, dessen gläserne Wohnzimmertür bei einem Einbruch total zertrümmert worden ist.

3.3.1.2   Sonstige Strafbarkeitsvoraussetzungen

Nur die **vorsätzliche** Zerstörung von Bauwerken ist strafbar, § 15. Häufig wird der Täter aber ein Gebäude gar nicht anders zerstören können als durch den Einsatz von Sprengstoff oder anderen gemeingefährlichen Mitteln. Seine Tat gerät damit in den

---

[67] Eisele (2012b), Rn. 493 Rengier (2014a), § 25 Rn. 10; Wessels et al. (2013c), Rn. 46.

Bereich von anderen Tatbeständen, die auch die fahrlässige Gefährdung, Beschädigung und Zerstörung von Gebäuden erfassen, vgl. z. B. § 308 V, VI. Die – nicht zum objektiven Tatbestand gehörende – **Rechtswidrigkeit** kann durch dieselben Rechtfertigungsgründe ausgeschlossen werden wie bei § 303.[68]

3.3.2 Zerstörung wichtiger Arbeitsmittel, § 305 a

3.3.2.1 Objektiver Tatbestand

Der Tatbestand ist in gleicher Weise aufgebaut wie der des § 305: Täter kann jedermann sein, das Tatobjekt muss jemand anderem gehören (Nr. 1) bzw. zur Nutzung überlassen sein (Nr. 2, 3) und die Tathandlung ist die völlige oder teilweise Zerstörung des Objekts. Unterschiedlich sind die Tatobjekte (dazu unten 3.3.2.1.1 ff).

3.3.2.1.1 § 305 a Abs. 1 Nr. 1

Tatobjekte des § 305 a I Nr. 1 sind **technische Arbeitsmittel**. Diese müssen einen **bedeutenden Wert** haben. Außerdem müssen die Arbeitsmittel entweder der **Errichtung** einer Anlage oder eines Unternehmens iSd § 316 b I Nr. 1 oder 2 oder der Errichtung einer Betriebs- oder Entsorgungsanlage der in § 316 b I Nr. 1 oder 2 genannten Anlage oder Unternehmen dienen. Schließlich muss das Arbeitsmittel für die Errichtung der oben genannten Anlagen oder Unternehmen von **wesentlicher Bedeutung** sein. Mit dem Eintritt des Zerstörungserfolges an dem Arbeitsmittel ist der objektive Tatbestand erfüllt und das Delikt vollendet. Die Störung des Betriebs, dessen Grundlage die zu errichtende Anlage oder das zu errichtende Unternehmen sein soll, ist nicht erforderlich. Kommt zu der Zerstörung noch dieser Betriebsstörungseffekt hinzu, ist bereits die Schwelle zum Tatbestand des § 316 b I überschritten. § 305 a I Nr. 1 deckt also gewissermaßen das Vorfeld des § 316 b ab.[69]

3.3.2.1.2 § 305 a Abs. 1 Nr. 2

Tatobjekt ist ebenfalls ein technisches Arbeitsmittel. Es muss der Aufgabenerfüllung von Polizei, Bundeswehr, Feuerwehr, Katastrophenschutz oder einem Rettungsdienst gewidmet sein. Auf die Eigentumsverhältnisse kommt es nicht an. Bedeutender Wert und Wesentlichkeit für den Einsatz sind weitere strafbarkeitsbegründende Eigenschaften.

3.3.2.1.3 § 305 a Abs. 1 Nr. 3

Tatobjekte sind **Kraftfahrzeuge**. Es gilt die Begriffsbestimmung des § 248 b IV.[70] Auf die Eigentumsverhältnisse kommt es nicht an.[71] Ausreichend ist, dass das Kraftfahrzeug von der Polizei usw. rechtmäßig – z. B. auf der Grundlage eines Mietvertrages – zur Aufgabenerfüllung benutzt wird.

---

[68] Gössel (1996), § 5 Rn. 9; Schönke et al. (2014), § 305 Rn. 12.

[69] Wessels et al. (2013c), Rn. 47.

[70] Fischer (2014), § 303 a Rn. 9; Schönke et al. (2014), § 305 a Rn. 10.

[71] Fischer (2014), § 303 a Rn. 9a.

3.3.2.2 Sonstige Strafbarkeitsvoraussetzungen

Strafbar ist nur die **vorsätzliche** Tatbegehung, § 15. Eine Absicht zur Störung eines von § 316 b geschützten Betriebs, die im Rahmen des § 305 a den Charakter einer „überschießenden Innentendenz" hätte, ist nicht erforderlich. Die **Rechtswidrigkeit** kann durch allgemeine Rechtfertigungsgründe ausgeschlossen sein. Einwilligung scheidet allerdings bei § 305 a Abs. 1 Nr. 2 und Nr. 3 aus, da es bei diesen Tatbeständen keinen individuellen Rechtsgutinhaber geben kann.

3.4 Sachbeschädigungsähnliche Delikte

3.4.1 Gemeinschädliche Sachbeschädigung, § 304

Dieser Tatbestand ist § 303 nachgebildet, obwohl er **nicht das Eigentum** schützt. Fremdheit des Tatobjektes ist keine Strafbarkeitsvoraussetzung, Täter kann auch der Eigentümer sein.[72] Die Tatobjekte sind Sachen, die einen herausragenden ideellen Wert haben, so dass ein überindividuelles Interesse an ihrer Unversehrtheit besteht. Tatbestandsmäßige Handlung ist die Beschädigung, Zerstörung oder erhebliche und längerdauernde Veränderung des Erscheinungsbildes. Der subjektive Tatbestand setzt Vorsatz voraus, § 15 StGB. Eine Rechtfertigung durch Einwilligung ist ausgeschlossen.[73]

3.4.2 Datenveränderung und Computersabotage, § 303 a, b

3.4.2.1 Entstehungsgeschichte, Rechtsgut, Systematik
Zusammen mit zahlreichen weiteren Vorschriften – z. B. §§ 263 a, 269 – zur Bekämpfung der „Computerkriminalität" wurden die §§ 303 a, 303 b durch das **Zweite Gesetz zur Bekämpfung der Wirtschaftskriminalität** vom 15. 5. 1986 (2. WiKG) in das StGB eingeführt.[74] Die Schaffung dieser neuen Straftatbestände erschien notwendig, da die Computertechnologie inzwischen neue Medien zur Speicherung von Daten und Informationen entwickelt hatte, die gegen beschädigende oder zerstörende Angriffe geschützt werden müssen, in den Schutzbereich des Sachbeschädigungstatbestandes aber nicht fallen, da entweder dem Angriffsobjekt die Sachqualität fehlt oder die Angriffsrichtung an der Sache vorbeigeht.[75]

Während der Sachbeschädigungstatbestand (§ 303) das Eigentum schützt, kann man derartiges weder von § 303 a noch von § 303 b sagen. Zwar sind in beiden Straftatbeständen die Angriffsobjekte irgendwie mit Sachen (Hardware, Software) verbunden, an denen jemand Eigentum hat. Jedoch ist nicht dieses Eigentum Angriffsziel und Schutzgut, sondern die **Rechtsinhaberstellung bezüglich der Daten**

---

[72] Eisele (2012b), Rn. 485; Fischer (2014), § 304 Rn. 3; Gössel (1996), § 18 Rn. 3.

[73] Eisele (2012b), Rn. 481; Gössel (1996), § 18 Rn. 17; Wessels et al. (2013c), Rn. 49.

[74] Gössel (1996), § 18 Rn. 55; Lenckner et al. (1986), 483.

[75] Arzt et al. (2009), § 12 Rn. 42; Gössel (1996), § 18 Rn. 55; Lenckner et al. (1986), 824 (828).

bzw. Datenverarbeitungsvorgänge.[76] Diese sind keine eigentumsfähigen Gegenstände, haben aber einen Eigenwert, der ihren besonderen Strafrechtsschutz rechtfertigt.

An § 303 b I Nr. 1 kann man erkennen, dass mit § 303 a eine Verknüpfung besteht, die der Relation zwischen **Grundtatbestand** und darauf aufbauendem **Qualifikationstatbestand** entspricht.[77] Zwischen § 303 b I Nr. 2 und § 303 a besteht indessen ein derartiges Einschlussverhältnis nicht. Im Verhältnis zu § 303 besteht ebenfalls keine Grundtatbestands-Qualifikations-Beziehung, da die Angriffsfläche des in § 303 b normierten Delikts kein fremdes Eigentum voraussetzt.[78] Steht das Angriffsobjekt des § 303 b in fremdem Eigentum, wird § 303 verdrängt.[79]

3.4.2.2 Datenveränderung, § 303 a

3.4.2.2.1 Objektiver Tatbestand

Der Tatbestand kann von **jedermann** täterschaftlich verwirklicht werden. Auch der Eigentümer der Sachen, die als Speichermedium mit den Daten verbunden sind (Hardware, Software), scheidet aus dem Kreis tauglicher Täter nicht aus.[80] Denn Eigentum an diesen Sachen und die Verfügungs- und Nutzungsberechtigung bezüglich der Daten können auf verschiedene Personen verteilt sein.[81] § 303 a schützt das Recht an den Daten, nicht das Eigentum an den Datenträgern. Dagegen kann sich der Inhaber des geschützten Rechts nicht wegen Datenveränderung strafbar machen. Sein Verhalten ist eine Selbstschädigung, strafbar sind allgemein – und so auch in § 303 a – nur **Fremdschädigungen.**[82] Da der Gesetzestext aber kein – der „Fremdheit" in § 303 I entsprechendes – Merkmal enthält, welches die Selbstschädigung aus dem objektiven Tatbestand ausgrenzt, ist die straftatsystematische Herleitung der Straflosigkeit unsicher.[83] Mangels anderer Anknüpfungsmöglichkeiten wird man das Ergebnis wohl damit begründen müssen, dass der Rechtsinhaber nicht „rechtswidrig" handelt und bereits die objektive Tatbestandsmäßigkeit ausgeschlossen ist.[84]

§ 303 a I übernimmt den teleologisch **reduzierten Datenbegriff des § 202 a** und die dort in Absatz 2 verankerte Legaldefinition: „Daten" im Sinn des § 303 a sind also nur elektronisch, magnetisch oder sonst nicht unmittelbar wahrnehmbar

---

[76] Lackner et al. (2014), § 303 a Rn. 1: Interesse an der unversehrten Verwendbarkeit von Daten; § 303 b Rn. 1: Interesse von Wirtschaft und Verwaltung an der Funktionstüchtigkeit ihrer Datenverarbeitung.

[77] Arzt et al. (2009), § 12 Rn. 55; Eisele (2012b), Rn. 509; Gössel (1996), § 18 Rn. 81.

[78] Arzt et al. (2009), § 12 Rn. 55.

[79] Arzt et al. (2009), § 12 Rn. 59; Lackner et al. (2014), § 303 b Rn. 10.

[80] Lackner et al. (2014), § 303 a Rn. 4.

[81] Eisele (2012b), Rn. 501.

[82] Welp (1988), 443 (446); Wessels et al. (2013c), Rn. 61.

[83] Lenckner et al. (1986), 824 (828); für ungeschriebenes Tatbestandsmerkmal Arzt et al. (2009), § 12 Rn. 46; Welp (1988), 443 (447).

[84] Eisele (2012b), Rn. 504; Hilgendorf (1996), 890 (892).

gespeicherte oder übermittelte Daten. Der Beschränkung auf nicht unmittelbar wahrnehmbare Daten liegt die Überlegung zugrunde, dass strafwürdige Eingriffe in das Integritäts- bzw. Nutzungsinteresse bezüglich unmittelbar wahrnehmbarer Daten stets eine nach § 303 strafbare Sachbeschädigung seien.[85] Hinsichtlich der Handlungsalternative „unterdrücken" trifft dies jedoch nicht zu. Da solche Taten auch nicht vollständig von § 274 erfasst werden, verursacht die Verwendung des für § 202 a geschaffenen und den dortigen Schutzzwecken angepassten Datenbegriffs in § 303 a Strafbarkeitslücken. Die Ausgrenzung unmittelbar wahrnehmbarer Daten aus dem Tatbestand des § 303 a widerspricht daher dem Schutzzweck dieser Strafvorschrift.[86]

An den Daten muss ein anderer als der Täter die Verfügungs- und Verwendungsberechtigung haben, deren Beeinträchtigung Legitimitätsgrundlage des Straftatbestandes ist. Denn der Eingriff in „eigene" oder „herrenlose" Daten ist strafrechtlich irrelevant. Die exakte juristische Definition dieser Rechtsposition ist mangels hinreichender Anknüpfungspunkte im Gesetzestext sehr schwierig. Vereinzelt wird aus diesem Grund – Verstoß gegen das Bestimmtheitsgebot (Art. 103 II GG) – die Verfassungswidrigkeit des Straftatbestandes behauptet.[87] Terminologisch könnte man die Lücke gewiss mit dem Wort **„fremd"** füllen.[88] Da dieses im Kontext des StGB-BT – vor allem bei §§ 242, 246, 249, 303 – aber mit dem Begriffsinhalt „fremdes Eigentum" besetzt ist und das Eigentum in § 303 a gerade nicht die Rechtsmacht ist, auf die es ankommt, hilft diese Bezeichnung in der Sache nur bedingt weiter.[89] Die Rechtsstellung hat zwar eigentümerähnlichen Charakter,[90] aber sie ist mit dem Eigentum nicht identisch.[91] Zur ersten Orientierung erweist sich das Eigentum an dem Datenträger als hilfreich. Denn in der Regel wird die Datennutzungsberechtigung mit dem Eigentum verknüpft, der Eigentümer des Datenträgers also zugleich Inhaber der Datennutzungsberechtigung sein.[92] So wie man aber als Eigentümer an der eigenen Sache anderen Personen ein Nutzungsrecht einräumen kann – z. B. durch Mietvertrag –, so wie man von dem Jagdrecht ein Jagdausübungsrecht abspalten kann und so wie man als Urheber eines Werkes einem anderen ein Verwertungsrecht einräumen kann, so kann auch die Datennutzungsberechtigung einer Person übertragen werden, die nicht Eigentümer des Datenträgers ist und es durch den Übertragungsakt auch nicht wird.[93] Zum Teil wird die Datennutzungsberechtigung demjenigen zugeschrieben, der die Daten hergestellt und als erster gespeichert hat, sog. „Skripturakt".[94] Soweit dabei eigene Datenträger benutzt werden, ist dies ebenso unproblematisch, wie wenn es mit Zustimmung des Eigentümers geschieht.[95]

---

[85] Eisele (2012b), Rn. 503; Rengier (2014a), § 26 Rn. 2.

[86] Welp (1988), 443 (446).

[87] Arzt et al. (2009), § 12 Rn. 46 Fn 55; Welp (1988), 443 (447).

[88] Rengier (2014a), § 26 Rn. 7.

[89] Welp (1988), 443 (447).

[90] Lenckner et al. (1986), 824 (829).

[91] Gössel (1996), § 18 Rn. 65.

[92] Welp (1988), 443 (448).

[93] Gössel (1996), § 18 Rn. 66.

[94] Hilgendorf (1996), 890 (893); Rengier (2014a), § 26 Rn. 7; Welp (1988), 443 (447).

[95] Welp (1988), 443 (448).

Der Unrechts-Kern aller tatbestandsmäßigen Handlungsvarianten ist die **Be- oder Verhinderung des bestimmungsgemäßen Gebrauchs** der Daten. In dieser Lage befindet sich der Verfügungsberechtigte nicht erst dann, wenn die Daten nicht mehr – bzw. nicht mehr in der ursprünglichen Fassung – existieren, sondern schon dann, wenn sie ihm – dauernd oder vorübergehend – nicht zur Verfügung stehen. Die Herbeiführung einer solchen Situation ist gemeinsame Erfolgsverursachungskomponente aller Handlungsmerkmale des § 303 a I. Tatbestandsmäßig kann auch die pflichtwidrige Nichtverhinderung dieses Erfolges sein, der Tatbestand kann also durch das Unterlassen eines Garanten i. S. d. § 13 verwirklicht werden.[96] Möglich ist ebenfalls die Tatbegehung in der Handlungsform der mittelbaren Täterschaft, § 25 I 2. Alt. Wie bei § 303 stehen auch bei § 303 a geringfügige Eingriffe, deren Folgen der Betroffene ohne großen Aufwand und Zeitverlust rückgängig machen kann, generell außerhalb des Tatbestandes. Neben dem **Versuch** (§ 303 a II) sind auch **Tatvorbereitungen** strafbar, § 303 a I iVm § 202 c.

Löschen entspricht der „Zerstörung" des § 303 I[97] und bedeutet die vollständige und irreversible Vernichtung. Dafür reicht die Entfernung von dem konkreten Speichermedium aus. Existieren daneben noch Kopien oder Datenausdrucke, steht dies der Tatbestandsmäßigkeit nicht entgegen.[98] Sind die gelöschten Daten rekonstruierbar, also nicht endgültig verloren, kann das Tatbestandsmerkmal „unterdrücken" erfüllt sein.

Unterdrücken bedeutet Zugriffsverhinderung durch Entfernen, Verstecken oder Blockieren der Daten. Ausreichend ist eine vorübergehende Datenentziehung, sofern der Zeitraum groß genug ist, um dem Berechtigten ernsthafte Nachteile zuzufügen.[99]

Unbrauchbarmachen ist jede Störung der Gebrauchstauglichkeit, die in anderer Weise als durch Löschen, Unterdrücken oder Verändern bewirkt wird. Auch hier genügt eine vorübergehende Aufhebung der Benutzbarkeit.

Verändern ist die Einwirkung auf den Inhalt der Daten. Die Qualität der inhaltlichen Änderung oder ihre Thematik ist unerheblich. Auch eine „Verbesserung" des Dateninhalts ist eine Veränderung.[100]

3.4.2.2.2 Sonstige Strafbarkeitsvoraussetzungen
Datenveränderung ist **Vorsatzdelikt**, § 15. Dolus eventualis reicht hinsichtlich sämtlicher objektiver Tatbestandsmerkmale. Die irrige Vorstellung, „eigene" Daten zu zerstören, betrifft zwar die „Rechtswidrigkeit", ist aber vorsatzausschließender Tatbestandsirrtum (§ 16 I 1).[101]

Da die Fassung des Gesetzestextes das Erfordernis der Beeinträchtigung fremden Datenverfügungsrechtes nicht hinreichend sichtbar macht, ist auch die systematische Stellung der **Rechtswidrigkeit** zweifelhaft. Überwiegend wird der

---

[96] Gössel (1996), § 18 Rn. 68; Lackner et al. (2014), § 303 a Rn. 3.

[97] Arzt et al. (2009), § 12 Rn. 49; Gössel (1996), § 18 Rn. 69.

[98] Lenckner et al. (1986), 824 (829).

[99] Gössel (1996), § 18 Rn. 71.

[100] Arzt et al. (2009), § 12 Rn. 49; Fischer (2014), § 303 a Rn. 12.

[101] Fischer (2014), § 303 a Rn. 14; Hilgendorf (1996), 890 (894).

Rechtswidrigkeit pauschal die Stellung eines Tatbestandsmerkmals zugeschrieben, vertreten wird aber auch eine „Doppelstellung", sowie die Position als allgemeines Straftatmerkmal. Ausgeschlossen ist die Rechtswidrigkeit außer in den Fällen der Verfügung über eigene Daten (s. o. 3.4.2.2.1) unter den Voraussetzungen eines Rechtfertigungsgrundes. Neben der Einwilligung[102] – sofern man ihr nicht schon tatbestandsausschließende Wirkung zumißt[103] – kommt auch Notwehr[104] – z. B. Einsatz einer Programmsperre zur Verhinderung unberechtigter Datennutzung[105] – oder Selbsthilfe in Betracht.

3.4.2.3 Computersabotage, § 303 b

3.4.2.3.1 Objektiver Tatbestand

Täter des Delikts kann **jedermann** sein. Wie stets scheidet der Inhaber des geschützten Rechtsgutsobjekts aus dem Kreis konkret tauglicher Täter aus. Die Tat muss sich gegen ein fremdes Recht richten. Auf Grund der Duplizität der Tatobjekte (Störungsobjekt, Handlungsobjekt) ist allerdings die Bestimmung des Rechtsinhabers nicht ganz leicht. Unproblematisch ist die rechtliche Beurteilung, wenn das Recht am Störungsobjekt (Betrieb, Unternehmen) und am Handlungsobjekt demselben Inhaber zusteht. Unproblematisch ist auch der Fall, dass der Inhaber des Störungsobjekts eine tatbestandsmäßige Handlung an einem Handlungsobjekt vollzieht, das nicht ihm, sondern einem anderen Inhaber gehört bzw. zusteht. Der Täter mag dann zwar eine Straftat nach § 303 a oder § 303 begehen; aus § 303 b kann er sich hingegen nicht strafbar machen, weil er bezüglich des Objekts, das in § 303 b die Funktion des Schutzguts hat, eine Selbstschädigung begeht.[106] Am schwierigsten zu beurteilen ist der umgekehrte Fall: Der Täter ist Eigentümer bzw. Inhaber des Nutzungsrechts an den tatgegenständlichen Daten (Handlungsobjekt des § 303 b I Nr. 1), an der betroffenen Datenverarbeitungsanlage oder an den betroffenen Datenträgern (Handlungsobjekte des § 303 b I Nr. 3), das Recht an der gestörten Datenverarbeitung steht aber einem anderen – dem Inhaber des Betriebs oder Unternehmens, der Behörde – zu. Hier wird es in der Regel so sein, dass der Inhaber des Rechts an der Datenverarbeitung zugleich auch – z. B. auf Grund vertraglicher Vereinbarung – ein Recht an dem Handlungsobjekt hat, was zugleich die Verfügungsbefugnis des Täters über sein eigenes Handlungsobjekt einschränkt. Dieser kann sich dann durch Manipulationen an „eigenen" Objekten aus § 303 b strafbar machen.[107] Hat sich hingegen der Inhaber der gestörten Datenverarbeitung eigenmächtig und ohne rechtliche Deckung „fremder" Daten, Datenträger oder Datenverarbeitungsanlagen bemächtigt, erleidet das Verfügungsrecht des von dieser Eigenmächtigkeit betroffenen Rechtsinhabers keine Einschränkung. Dieser kann dann störende Eingriffe an den eigenen Objekten vornehmen, ohne sich dadurch aus § 303 b strafbar zu machen.

---

[102] Arzt et al. (2009), § 12 Rn. 47.

[103] Fischer (2014), § 303 a Rn. 4, 13.

[104] Fischer (2014), § 303 a Rn. 13; Hilgendorf (1996), 890 (894).

[105] Wuermeling (1994), 585 (592).

[106] Gössel (1996), § 18 Rn. 87.

[107] Arzt et al. (2009), § 12 Rn. 55.

Der Begriff **Datenverarbeitung** umfasst die technischen Abläufe, bei denen auf der Grundlage von Programmen Daten aufgenommen und miteinander verknüpft werden und als Ergebnis dieses Vorganges neue Daten hergestellt und ausgegeben werden. Im Kontext des § 303 b ist der Begriff weit auszulegen. Außer den eigentlichen Datenverarbeitungsvorgängen werden auch der weitere Umgang mit und die Verwendung von Daten erfasst.[108]

Die Datenverarbeitung muss für einen fremden Betrieb, ein fremdes Unternehmen oder eine Behörde von wesentlicher Bedeutung sein. Durch die Attribute „**fremd**" wird auf die Straflosigkeit von Selbstschädigungen aufmerksam gemacht. Der Täter handelt also nicht tatbestandsmäßig, wenn der betroffene Betrieb oder das betroffene Unternehmen ihm selbst gehört.[109] Bei dem Merkmal „Behörde" ist dieses Attribut überflüssig, weil „Inhaber" der Behörde – wenn überhaupt – die „Allgemeinheit" ist, hier also Selbstschädigungen gar nicht möglich sind. **Betrieb** ist eine auf Dauer angelegte Organisationseinheit, bestehend aus Personal, sachlichen Mitteln und Know how, deren Existenz und Tätigkeit dem Zweck dient, Güter oder Leistungen zu erzeugen oder zur Verfügung zu stellen.[110] Zwischen den Begriffen „Betrieb" und „**Unternehmen**" ist kaum ein Unterschied zu erkennen. Ein Unternehmen ohne Betrieb ist ebenso wenig denkbar wie ein Betrieb, der nicht Teil eines Unternehmens ist. **Behörde** ist ein Organ der Staatsgewalt, das von der Person seines Trägers unabhängig und dazu berufen ist, unter öffentlicher Autorität für die Erreichung der Zwecke des Staates tätig zu sein.[111]

Eine für den Richter bestimmte Anweisung zu restriktiver Auslegung des Tatbestandes ist die Klausel „**von wesentlicher Bedeutung**".[112] Eine abstrakt-generelle Explikation dieses Merkmals, das eine schulmäßige Subsumtion jedes Einzelfalles ermöglichen könnte, ist nicht möglich. Wichtiges Wesentlichkeits-Kriterium ist die Bedeutung der betroffenen Daten für die Funktionsfähigkeit des gesamten Betriebes. Wesentlich sind nur zentrale Informationen, deren Ausfall den Betrieb vorübergehend oder dauernd lahmlegen würde.[113] Die Störung peripherer Bereiche reicht nicht.

Datenverarbeitungsanlage ist Handlungsobjekt des § 303 b I Nr. 3. Darunter versteht man eine aus technischen Geräten bestehende Funktionseinheit, die die Verarbeitung elektronisch, magnetisch oder sonst nicht unmittelbar wahrnehmbar gespeicherter Daten ermöglicht.[114] **Datenträger** ist ebenfalls Handlungsobjekt des § 303 b I Nr. 3. Es sind dies Magnetbänder, Mikrofilme, Festplatten, Disketten usw.

Die Tathandlungen des § 303 b I Nr. 1 sind dieselben wie die des § 303 a I, also das Löschen, Unterdrücken, Unbrauchbarmachen und Verändern von Daten. „**Eingeben** oder **Übermitteln**" (Nr. 2) sind an sich neutrale Handlungen.[115] Der

---

[108] Arzt et al. (2009), § 12 Rn. 55; Gössel (1996), § 18 Rn. 85; Rengier (2014a), § 26 Rn. 12.

[109] Gössel (1996), § 18 Rn. 87.

[110] Fischer (2014), § 14 Rn. 8; Lackner et al. (2014), § 11 Rn. 15.

[111] Gössel (1996), § 18 Rn. 86.

[112] Lackner et al. (2014), § 303 b Rn. 2.

[113] Gössel (1996), § 18 Rn. 88.

[114] Gössel (1996), § 18 Rn. 93.

[115] Kindhäuser (2014), § 25 Rn. 5.

Straftatbestand erfasst daher nur die missbräuchliche Vornahme solcher Handlungen, z. B. als „Denial-of-Service-Attacken".[116] Die Tathandlungen des § 303 b I Nr. 3 haben der Beschaffenheit des Tatobjekts entsprechend den Charakter der Einwirkung auf die körperliche Substanz von Sachen. „**Zerstören**" und „**Beschädigen**" haben denselben Bedeutungsgehalt wie in § 303, mit der Einschränkung, dass nur eine Beschädigung, die bei der betroffenen Datenverarbeitung einen Störungseffekt auslöst, tatbestandsmäßig ist. „**Unbrauchbarmachen**" ist das Herbeiführen einer Funktionsbeeinträchtigung auf andere Weise als durch Beschädigung oder Zerstörung, z. B. durch Unterbrechung der Stromzufuhr. „**Beseitigen**" ist jede Form der Entwendung oder Entziehung. „**Verändern**" ist das Schaffen eines anderen Zustandes oder einer anderen Beschaffenheit des Objekts.[117]

Der Vollzug der Tathandlung muss als **Taterfolg** eine Störung der Datenverarbeitung bewirken.[118] Diese Situation ist gegeben, wenn in erheblichem Maße der reibungslose Ablauf der Datenverarbeitung nicht mehr gewährleistet ist und dies nicht oder nur mit großem Aufwand und Zeitverlust wieder behoben werden kann.[119] Die konkrete Gefahr, dass es zu einer solchen Störung kommen könnte, reicht nicht aus.[120]

Qualifiziert ist die Tat gem. § 303 b II, wenn die betroffene Datenverarbeitung von wesentlicher Bedeutung für einen fremden Betrieb, ein fremdes Unternehmen oder eine Behörde ist.

3.4.2.3.2 Sonstige Strafbarkeitsvoraussetzungen

Der subjektive Tatbestand setzt **Vorsatz** voraus, § 15. Die Variante § 303 b I Nr. 1 ist also kein erfolgsqualifiziertes Delikt iSd § 18,[121] obwohl der Störungserfolg im Verhältnis zu der Datenveränderung (§ 303 a I) durchaus die Funktion einer „schweren Folge" hat.[122] In der Variante Nr. 2 enthält der subjektive Tatbestand als weitere Strafbarkeitsvoraussetzung die Nachteilszufügungsabsicht. Die Rechtswidrigkeit ist **allgemeines Deliktsmerkmal**. Ausgeschlossen ist sie, wenn ein Rechtfertigungsgrund – z. B. Einwilligung[123] – eingreift.

3.5 Verfahren

§ 303 c stellt ein **Strafantragserfordernis** auf, das jedoch für §§ 303 a III, 305 und 305 a nicht gilt. Verletzter und damit Antragsberechtigter ist nur der Eigentümer der betroffenen Sache.[124] Anders als bei Diebstahl und Unterschlagung (§ 248 a) ist das

---

[116] Arzt et al. (2009), § 12 Rn. 55; Wessels et al. (2013c), Rn. 66.

[117] Gössel (1996), § 18 Rn. 95.

[118] Gössel (1996), § 18 Rn. 89, 96.

[119] Gössel (1996), § 18 Rn. 89; Kindhäuser (2014), § 25 Rn. 7.

[120] Hilgendorf (1996), 1082 (1083).

[121] Gössel (1996), § 18 Rn. 90.

[122] Maurach et al. (2009), § 36 Rn. 44.

[123] Hilgendorf (1996), 1082 (1083).

[124] Stree (1988), 187 (191); aA Arzt et al. (2009), § 12 Rn. 9 Fn 10: auch dinglich oder persönlich an der Sache Berechtigte.

Antragserfordernis nicht auf geringwertige Sachen bzw. auf geringe Sachschäden beschränkt. Allerdings werden schwere Schäden an der Sache häufig ein besonderes öffentliches Strafverfolgungsinteresse begründen. Auch nach einem wirksam gestellten Strafantrag ist die Staatsanwaltschaft nur ausnahmsweise mit der Strafverfolgung befasst. Denn gem. § 374 I Nr. 6 StPO ist die Sachbeschädigung ein **Privatklagedelikt**. Das Strafantragserfordernis des § 303 c ist **relativ**. Ein nicht gestellter Strafantrag kann durch ein besonderes öffentliches Strafverfolgungsinteresse ersetzt werden. Unter diesen Voraussetzungen ist auch der Gesichtspunkt des Privatklagedelikts kein Hindernis mehr für staatsanwaltschaftliche Strafverfolgung, vgl. § 376 StPO.

Kontrollfragen

1. Welches Rechtsgut schützt § 303? (3.1.1)
2. Ist ein Haus taugliches Objekt der Sachbeschädigung? (3.2.1.2)
3. Wie unterscheiden sich „beschädigen" und „zerstören"? (3.2.1.4)
4. Ist das Luftablassen aus einem Fahrradreifen Sachbeschädigung? (3.2.1.4)
5. Ist das Kleben eines Plakats an eine Hauswand Sachbeschädigung? (3.2.1.4)
6. Ist fahrlässige Sachbeschädigung strafbar? (3.2.2.1)
7. Schließt die Einwilligung des Eigentümers die Tatbestandsmäßigkeit der Sachbeschädigung aus? (3.2.2.2)
8. Kann Sachbeschädigung durch Notwehr gerechtfertigt sein? (3.2.2.2)
9. Ist Sachbeschädigung ein Offizialdelikt oder ein (absolutes oder relatives) Antragsdelikt? (3.5)
10. Wer ist bei einer Sachbeschädigung berechtigt den Strafantrag zu stellen? (3.5)
11. Wann wurden die §§ 303a, 303 b in das StGB eingeführt? (3.4.2.1)
12. Warum werden Datenveränderung und Computersabotage nicht von § 303 erfasst? (3.4.2.1)
13. Ist die Veränderung „eigener" Daten strafbar? (3.4.2.2.1)
14. Wonach richtet sich die „Fremdheit" der Daten? (3.4.2.2.1)
15. Wer kann Täter der Computersabotage sein? (3.4.2.3.1)

Literatur

Arzt G, Weber U, Heinrich B, Hilgendorf E. Strafrecht Besonderer, Teil. 2. Aufl. 2009.
Baumann J, Weber U, Mitsch W. Strafrecht Allgemeiner Teil. 11. Aufl. 2003.
Bohnert. Strafmaßdiskrepanzen bei den Sachbeschädigungsdelikten, JR 1988;446.
Dietmeier. Anm. BGH, Urt. v. 12.2.1998 – 4 StR 428/97, JR. 1998;470.
Dölling. Zur Sachbeschädigung durch Veränderung des Erscheinungsbildes einer Sache, Festschrift für Küper. 2007. S. 21.
Eckert. Der Begriff Freiheit im Recht der unerlaubten Handlungen. JuS. 1994;625.
Eisele J. Strafrecht Besonderer Teil II. 2. Aufl. 2012b.
Fischer T. Strafgesetzbuch. 61. Aufl. 2014.

Geerds. Anm. BayObLG, Urt. v. 21.8.1987 – RReg. 1 St 98/87. JR. 1988a;218.

Geerds. Anm. OLG Celle, Urt. v. 20.1.1988 – 3 Ss 214/87. JR 1988b, 435.

Gössel, KH. Strafrecht Besonderer Teil. Bd. 2, 1996.

Gropengießer. Die Rechtswidrigkeit bei der Sachbeschädigung. JR. 1998;89.

Haft F. Strafrecht Besonderer Teil I. 8. Aufl. 2004.

Haft F. Strafrecht Besonderer Teil II. 8. Aufl. 2005.

Heinrich M. Die Sachbeschädigung als unmittelbare Nutzungsbeeinträchtigung, Festschrift für Otto; 2007. S. 577.

Hilgendorf. Grundfälle zum Computerstrafrecht. JuS. 1996;1082.

Kargl. Sachbeschädigung und Strafgesetzlichkeit. JZ. 1997;283.

Kindhäuser U. Strafrecht Allgemeiner Teil. 5. Aufl. 2011.

Kindhäuser U. Strafrecht Besonderer Teil II. 2. Aufl. 2014.

Klug. Anm. BGH, Beschl. v. 14.7. 1959–1 StR 296/59. JZ. 1960;226.

Kühl. Die strafrechtliche Erfassung von „Graffiti", Festschrift für Weber; 2004. S. 413.

Küper. Die „Sache mit den Tieren" oder: Sind Tiere strafrechtlich noch „Sachen"? JZ. 1993;435.

Lackner K, Kühl K. Strafgesetzbuch. 28. Aufl. 2014.

Lenckner, Winkelbauer. Computerkriminalität – Möglichkeiten und Grenzen des 2. WiKG. CR. 1986. 483 (Teil I), 654 (Teil II), 824 (Teil III).

Maiwald. Unbefugtes Plakatieren ohne Substanzverletzung keine Sachbeschädigung? JZ. 1980;256.

Maiwald. Anm. OLG Hamburg, Urt. v. 25.8.1981–1 Ss 65/81, JR. 1982;298.

Marcelli. Diebstahl „verbotener" Sachen, NStZ. 1992;220.

Maurach R, Schroeder F-C, Maiwald M. Strafrecht Besonderer. Teil 1, 10. Aufl. 2009.

Münchener Kommentar zum StGB. Bd 5. 2. Aufl. 2013.

Otto. Strafrechtliche Aspekte des Eigentumsschutzes. Jura. 1989;207.

Rengier R. Strafrecht Besonderer Teil I. 16. Aufl. 2014a.

Saliger F. Umweltstrafrecht. 2012.

Satzger. Der Tatbestand der Sachbeschädigung (§ 303 StGB) nach der Reform durch das Graffiti-Bekämpfungsgesetz. Jura, 2006;428.

Schmid. Anm. BayObLG, Urt. v. 16.8.1979 – RReg. 5 St 241/79 a, b. JR. 1980;430.

Schmitt. Die Abgrenzung der Sachbeschädigung von der (bloßen) Sachentziehung, Festschrift für Stree/Wessels; 1993. S. 505.

Schönke S. Strafgesetzbuch. 29. Aufl. 2014.

Schroeder. Anm. OLG Karlsruhe, Urt. v. 31.7.1975–3 Ss 81/75 und OLG Hamburg, Urt. v. 7.5.1975–1 Ss 53/75. JR. 1976;338.

Stree. Probleme der Sachbeschädigung. JuS. 1988;187.

Vitt. Nochmals: Zur Eigentumsfähigkeit und Diebstahlstauglichkeit von Betäubungsmitteln. NStZ. 1992;221.

Weber. Bemerkungen zum Bundesrats-Entwurf eines Graffiti-Bekämpfungsgesetzes. Gedächtnisschrift für Meurer; 2002. S. 283.

Welp. Datenveränderung (§ 303 a StGB). Iur. 1988;443.

Wessels J, Hillenkamp T. Strafrecht Besonderer Teil 2. 36. Aufl. 2013c.

Wuermeling. Einsatz von Programmsperren. CR. 1994;585.

Diebstahlsähnliche Delikte

4

Inhaltsverzeichnis

4.1 Unbefugter Gebrauch eines Fahrzeugs, § 248 b StGB

4.1.1 Allgemeines

4.1.1.1 Rechtsgut

Der Straftatbestand § 248 b schützt das **Eigentum** und sonstige **Gebrauchs-** und **Nutzungsrechte** an den im Gesetzestext aufgeführten Fahrzeugen.[1] Der Eintritt eines Vermögensschadens oder die Erlangung bzw. Verfolgung eines Vermögensvorteils sind keine expliziten Strafbarkeitsvoraussetzungen. Da die tatbestandsmäßige Tat aber regelmäßig dem Verletzten einen Vermögensnachteil zufügen und dem Täter einen Vermögensvorteil einbringen wird, handelt es sich um ein Vermögensdelikt.

4.1.1.2 Abgrenzung zu Diebstahl und Unterschlagung

4.1.1.2.1 Objektiver Tatbestand

Fahrzeuge sind bewegliche Sachen und daher taugliche Objekte von Diebstahl und Unterschlagung. Meistens stehen diese Sachen in täterfremdem Eigentum und erfüllen somit ein weiteres objektives Tatbestandsmerkmal der §§ 242, 246. Schließlich kann die tatbestandsmäßige Handlung im Einzelfall durchaus den Charakter einer Wegnahme oder Zueignung i. S. d. §§ 242, 246 StGB haben, so dass eine vollständige **Übereinstimmung** mit dem objektiven Tatbestand des § 242 bzw. § 246

---

[1] Eisele (2012b), Rn. 279; Gössel (1996), § 18 Rn. 2.

© Springer-Verlag Berlin Heidelberg 2015
W. Mitsch, *Strafrecht, Besonderer Teil 2,* Springer-Lehrbuch,
DOI 10.1007/978-3-662-44934-9_4

möglich ist. Allerdings erfasst der objektive Tatbestand des § 248 b darüber hinaus Taten, die nicht fremdes Eigentum verletzen, sowie Taten, die nicht die Handlungsmerkmale der Wegnahme oder Zueignung aufweisen.[2]

4.1.1.2.2 Subjektiver Tatbestand

Sofern der Täter bei der Verwirklichung des objektiv tatbestandsmäßigen Handlungsmerkmals mit Zueignungsabsicht handelt, besteht Übereinstimmung mit dem subjektiven Tatbestand des Diebstahls und der Unterschlagung. § 248 b setzt aber im subjektiven Tatbestand **keine Zueignungsabsicht** voraus. Erfasst ist auch der „furtum usus".[3] Insoweit ist dieser Tatbestand weiter als der des Diebstahls und der der Unterschlagung.

4.1.1.2.3 Konkurrenz bei tatbestandlicher Übereinstimmung

Erfüllt eine Tat sämtliche Strafbarkeitsvoraussetzungen des § 248 b und des § 242 oder des § 246, greift die **Subsidiaritätsklausel** des § 248 b I ein. Der Täter wird also aus § 242 oder § 246, nicht aber aus § 248 b schuldig gesprochen (näher dazu unten 4.1.2.1.4).

4.1.2 Strafbarkeitsvoraussetzungen

4.1.2.1 Objektiver Tatbestand

4.1.2.1.1 Täter

Täter des Delikts kann grundsätzlich **jedermann** sein. Eine Einschränkung des Täterkreises ergibt sich im konkreten Fall aber aus der Voraussetzung, dass der Täter „gegen den Willen des Berechtigten" handeln muss. Der Alleininhaber dieser Berechtigung scheidet also als Täter aus. Dies bedeutet aber nicht, dass der Eigentümer des Fahrzeugs in jedem Fall täteruntauglich ist.[4] Denn der „Berechtigte" ist nicht in jedem Fall der Eigentümer (näher dazu unten 4.1.2.1.4).

4.1.2.1.2 Tatobjekt

4.1.2.1.2.1 Kraftfahrzeug und Fahrrad

Der Begriff „Kraftfahrzeug" ist in Absatz 4 definiert. Danach werden auch Wasser- und Luftfahrzeuge erfasst, sofern sie über eine **eigene Antriebsquelle** verfügen. Unerheblich ist, ob sich das Fahrzeug auf Rädern, Ketten oder Kufen fortbewegt. Tatbestandsmäßig ist also ein Pkw oder Omnibus ebenso wie ein Bundeswehrpanzer, eine Planierraupe oder ein motorisiertes Snowboard. Auch Krankenfahrstühle mit Motorantrieb sind Kraftfahrzeuge. Schienenfahrzeuge sind ausdrücklich ausgenommen. Dazu gehören außer den Zügen der Deutschen Bundesbahn, Untergrund- und Straßenbahnen auch Seil-, Hänge- und Schwebebahnen.[5] Ebenfalls ausge-

[2] OLG Schleswig, NStZ 1990, 340; aA Schmidhäuser (1986), 460 (461).
[3] Arzt et al. (2009), § 13 Rn. 144; Eisele (2012b), Rn. 279.
[4] Arzt et al. (2009), § 13 Rn. 141; Kindhäuser (2014), § 9 Rn. 1.
[5] Münchener Kommentar-Hohmann (2012), § 248 b Rn. 8.

schlossen sind Gegenstände, die sich nicht aus eigener Kraft fortbewegen können, sondern an ein Kraftfahrzeug angehängt sind oder von ihm geschoben werden. Das **Fahrrad** unterscheidet sich vom Kraftfahrzeug vor allem durch das Fehlen eines Motors. Die Fortbewegung wird durch Muskelkraft bewirkt. Gleichgültig ist die Anzahl der Räder und die Anzahl der Personen, die das Rad trägt. Daher fallen auch Dreiräder, Tandems und nichtmotorisierte Krankenfahrstühle unter den Begriff.[6]

4.1.2.1.2.2 Nicht erfaßte Fortbewegungsmittel

Mit den Begriffen „Kraftfahrzeug" und „Fahrrad" ist der Kreis der tauglichen Tatobjekte festgelegt. Gegenstände, die eine ähnliche Funktion haben, aber weder Kraftfahrzeug noch Fahrrad sind, werden vom Tatbestand daher nicht erfasst. Eine analoge Anwendung ist nach Art. 103 II GG, § 1 StGB ausgeschlossen. Das gilt für alle Arten von **Tieren**, mit deren Hilfe sich ein Mensch reitend oder in einem von dem Tier gezogenen Wagen sitzend fortbewegen kann. Es gilt des weiteren für Boote und sonstige **Wasserfahrzeuge ohne Motor**. Skier, Rodelschlitten, Schlittschuhe, Tretroller, Skateboards, Rollschuhe, Segelflugzeuge, Flugdrachen, Fesselballons und Fallschirme fallen ebenfalls aus dem Tatbestand heraus.

4.1.2.1.3 Tathandlung

Die Tathandlung „Ingebrauchnahme" besteht in der Benutzung des Fahrzeugs als **Fortbewegungsmittel**.[7] Der Täter muss das Fahrzeug also in Bewegung setzen, wobei gleichgültig ist, ob dies durch Ingangsetzen eines Motors oder durch Freisetzung mechanischer Antriebskräfte erreicht wird. Letztendlich muss das Fahrzeug aber eine eigene Dynamik entfalten – Fahren, Fliegen, Schwimmen – und den Täter bei der Fortbewegung seines Körpers unterstützen. Es darf nicht umgekehrt der Täter sein, der durch körperlichen Kraftaufwand die Fortbewegung des Fahrzeugs bewerkstelligt. Wird das Fahrzeug vom Täter geschoben, gezogen oder getragen, liegt keine Ingebrauchnahme vor[8]. Ebenso verhält es sich, wenn der Täter das Fahrzeug auf der Ladefläche eines Lkw, mit einem Tieflader, einem Lastkahn oder einem Autoreisezug der Bundesbahn an einen anderen Ort transportiert oder transportieren lässt.

Die Ingebrauchnahme durch den Täter muss zugleich den Berechtigten vom Gebrauch des Fahrzeugs **ausschließen**. Wie bei Diebstahl und Unterschlagung korrespondiert auch bei § 248 b der Anmaßungskomponente (Aneignung) eine Verdrängungskomponente (Enteignung). Der Berechtigte muss also die Herrschaft über das Fahrzeug verlieren bzw. zur Zeit der Tat schon verloren oder übertragen haben. Lässt sich der Täter als blinder Passagier oder Trittbrettfahrer von dem sein Fahrzeug gebrauchenden Berechtigten kostenlos befördern, ist der Tatbestand nicht erfüllt.[9] Dasselbe gilt im Fall einer durch Nötigung des Berechtigten erwirkten Personen- oder Güterbeförderung.

---

[6] Münchener Kommentar-Hohmann (2012), § 248 b Rn. 9.

[7] BGHSt 11, 47 (50); Arzt et al. (2009), § 13 Rn. 142; Eisele (2012b), Rn. 282.

[8] Eisele (2012b), Rn. 282.

[9] Gössel (1996), § 18 Rn. 24.

Die tatbestandsmäßige Handlung hat **dauerdeliktischen** Charakter.[10] Nicht nur der Beginn des Gebrauchens, sondern der gesamte Gebrauchsvorgang bis zu dessen Ende ist eine Ingebrauchnahme.[11] Vollendet ist die Tat zwar bereits in dem Moment, in dem das Fahrzeug in Bewegung gesetzt ist. Tatbestandsmäßig ist jedoch auch der danach fortdauernde Bewegungsprozess.[12] Der Täter verwirklicht also den Tatbestand so lange, wie der Gebrauch andauert. Erst wenn die Fahrt beendet ist und das Fahrzeug sich nicht mehr fortbewegt, ist die Ingebrauchnahme und damit das tatbestandsmäßige Verhalten abgeschlossen. Vollendung und Beendigung der Tat fallen bei § 248 b wie bei jedem Dauerdelikt auseinander.

Beispiel

Nach einer durchzechten Nacht hat T eine Blutalkoholkonzentration von über 3‰. Er ist daher gem. § 20 schuldunfähig. In diesem Zustand entwendet er den Zündschlüssel zum Pkw des O, setzt sich in den Wagen und fährt davon. Nach über einer Stunde Fahrt ist seine Alkoholisierung so weit abgeklungen, dass er wenigstens wieder vermindert schuldfähig (§ 21) ist. Er fährt noch eine halbe Stunde weiter und bringt dann den Wagen zu O zurück.

Da T bei Antritt der Fahrt schuldunfähig war und für das Vorliegen einer „actio libera in causa" keine Anhaltspunkte sichtbar sind, hat sich T zunächst allenfalls aus § 323 a (iVm §§ 248 b, 316) strafbar gemacht. Nachdem er wieder schuldfähig geworden war, könnte er sich durch die weitere Benutzung des fremden Pkw aus § 248 b strafbar gemacht haben. Dies setzt allerdings voraus, dass das bloße Weiterfahren eine „Ingebrauchnahme" ist. Da dies nach zutreffender Ansicht zu bejahen ist, hat sich T durch die Fortsetzung der Fahrt im Zustand der Schuldfähigkeit aus § 248 b strafbar gemacht. Die während der ersten Hälfte der Fahrt begründete Strafbarkeit aus § 323 a tritt dahinter zurück.[13]

Verwendungsarten **ohne Fortbewegungsfunktion** erfasst der Tatbestand nicht. Schaltet der Täter z. B. die Beleuchtung eines fremden Fahrzeugs ein, um die ausgefallene Flutlichtanlage eines Fußballplatzes zu ersetzen oder legt er sich auf die Ladefläche eines Lieferwagens, um einen Mittagsschlaf zu halten, macht er sich nicht aus § 248 b strafbar.[14]

---

[10] RGSt 68, 216 (217); OLG Düsseldorf, NStZ 1985, 413; Münchener Kommentar-Hohmann (2012), § 248 b Rn. 4.

[11] RGSt 68, 216 (217); BGHSt 11, 47 (50); OLG Zweibrücken, VRS 34 (1968), 444 (445); OLG Düsseldorf, NStZ 1985, 413.

[12] Lackner et al. (2014), § 248 b Rn. 3; Rengier (2014a), § 6 Rn. 7; aA AG München, NStZ 1986, 458 (459); Ebert (1954), 291; Franke (1974), 1803; Münchener Kommentar-Hohmann (2012), § 248 b Rn. 17.

[13] Fahl (2005), 1076 (1080); aA Lackner et al. (2014), § 323 a Rn. 18; BGH, NJW 1992, 584 (Tateinheit).

[14] Fischer (2014), § 348 b Rn. 5; Maurach et al. (2009), § 37 Rn. 9.

4.1.2.1.4   Berechtigung

Anders als bei §§ 242, 246 braucht bei § 248 b das Tatobjekt nicht „fremd" zu sein. Das spricht für die Richtigkeit der h. M., dass nicht nur das Eigentum bzw. das Gebrauchsrecht als „Ausfluss des Eigentums",[15] sondern auch vom Eigentümer abgeleitete Nutzungsrechte Schutzgut dieses Tatbestandes sind.[16] Opfer der Tat ist die Person, der die Berechtigung zum Gebrauch des Fahrzeugs zusteht und die deshalb dem Täter die Benutzung verbieten kann. Da dieses Recht dem Eigentum innewohnt (§ 903 BGB), ist als Berechtigter an erster Stelle der **Eigentümer** des Fahrzeugs zu nennen. Der Eigentümer kann aber das Recht zur Ausübung dieser Befugnis übertragen, ohne zugleich das Eigentum zu verlieren. Hat er das Fahrzeug einem anderen **vermietet**, erwirbt dieser zwar nicht Eigentum, aber ein schuldrechtliches Recht zur Benutzung des Fahrzeugs. Soweit dieses Nutzungsrecht reicht, geht es dem Eigentum vor und verleiht dem Mieter auch dem Eigentümer gegenüber die Befugnis zu einem ungehinderten störungsfreien Gebrauch. Also ist in diesem Fall der Mieter Berechtigter i. S. des § 248 b I, während der Eigentümer Nichtberechtigter ist und selbst Täter sein kann, wenn er ohne Zustimmung des Mieters das Fahrzeug benutzt.[17]

Da die unbefugte Ingebrauchnahme eine **„Berechtigung" zum Gebrauch** verletzt, scheiden alle Rechte an dem Fahrzeug aus, die nicht die Befugnis zum Gebrauch als Fortbewegungsmittel geben, sondern einen anderen Inhalt haben. Daher ist der Inhaber eines Pfandrechts an dem Fahrzeug kein „Berechtigter" i. S. des § 248 b, weil das Pfandrecht ihm nur als Sicherheit dient, aber nicht die Befugnis verleiht, selbst mit dem Fahrzeug zu fahren. Ebenfalls kein Berechtigter ist der Inhaber eines Kaufhauses, der einen Oldtimer vom Eigentümer gemietet hat, um ihn zur Dekoration in sein Schaufenster zu stellen.

4.1.2.1.5   Entgegenstehender Wille

Die Zustimmung des Berechtigten zur Tat schließt die Strafbarkeit aus. Dies ist keine rechtfertigende Einwilligung, sondern ein bereits die objektive Tatbestandsmäßigkeit ausschließendes **Einverständnis**.[18] Das Einverständnis ist die **innere Zustimmung** zur Tat, eine Kundgabe dieser Zustimmung ist nicht erforderlich.[19] Tatbestandsausschließend wirkt nur das **tatsynchrone**, also während des Tatvollzugs vorhandene Einverständnis. Eine Zustimmung vor der Tat, die während der Tat bereits erloschen ist oder eine nachträgliche Genehmigung der Tat beseitigen die Tatbestandsmäßigkeit nicht. **Willensmängel** stehen der Wirksamkeit des Einverständnisses nicht generell entgegen.[20] Vielmehr ist zu differenzieren zwischen verschiedenen Arten von Irrtum und Zwang. Duldet oder gestattet der Berechtigte unter dem Eindruck von **Gewalt** oder **Drohung** den Gebrauch seines Fahrzeugs,

[15] Schönke et al. (2014), § 248 b Rn. 1.

[16] BGHSt 11, 48 (51); Arzt et al. (2009), § 13 Rn. 141; Gössel (1996), § 18 Rn. 27.

[17] Gössel (1996), § 18 Rn. 27.

[18] Eisele (2012b), Rn. 285; Geerds (1960), 42 (76); Lenckner (1960), 446 (448).

[19] Wessels et al. (2013a), Rn. 368.

[20] Wessels et al. (2013a), Rn. 367.

liegt gar kein tatbefürwortender Wille vor. Denn der wirkliche innere Wille des Genötigten lehnt die Fahrzeugbenutzung ab. Selbst wenn der Berechtigte ausdrücklich oder konkludent seine Zustimmung erklärt, geschieht die Benutzung des Fahrzeugs durch den Täter „gegen seinen Willen" und ist daher tatbestandsmäßig.

Beispiel

T droht dem O, er werde dessen Ehefrau einen Ehebruch des O verraten, wenn dieser ihm nicht eine Spazierfahrt mit seinem neuen Porsche erlaubt. Notgedrungen sagt daraufhin O zu T: „Einverstanden!"

Irrt sich der Berechtigte über die Tatsache der Benutzung seines Fahrzeugs durch einen Unbefugten (**rechtsgutsbezogener Irrtum**), liegt ebenfalls kein Einverständnis mit der konkreten Tat vor.

Beispiel

O glaubt, der T wolle sein Fahrrad für eine Fahrt ins nächste Dorf benutzen, um dort seine Freundin zu besuchen. O ist damit einverstanden. Tatsächlich benutzt T das Motorrad des O.

Unbeachtlich sind Irrtümer, die sich auf Begleitumstände der Fahrzeugbenutzung beziehen, ohne die Kenntnis vom Tathergang zu beeinträchtigen. Da der Berechtigte hier alle tatbestandsrelevanten Tatsachen kennt, steht sein Wille der Ingebrauchnahme nicht entgegen. Anders als bei der rechtfertigenden Einwilligung ist ein bloßer **Motivirrtum** beim tatbestandsausschließenden Einverständnis unschädlich.

Beispiel

O glaubt, T benutze sein Fahrrad, um seine Freundin im Nachbardorf zu besuchen. Tatsächlich fährt T mit dem Fahrrad ins Nachbardorf, um dort mit Freunden um Geld Karten zu spielen. Hätte O dies gewußt, wäre er mit der Benutzung seines Rades durch T nicht einverstanden gewesen.

Wer nicht tatsächlich mit der Fahrzeugbenutzung einverstanden ist, der ist gegen sie. „Gegen den Willen" könnte daher ebensogut als „**ohne (tatbefürwortenden) Willen**" umschrieben werden. Tatbestandsmäßig ist deshalb auch eine Tat, während deren Vollzug der Berechtigte überhaupt keinen aktuellen Willen bezüglich der Fahrzeugbenutzung durch andere hat. Wo keine voluntative Einstellung zum Fahrzeuggebrauch ist, da ist auch kein Einverständnis. Es wäre absurd, wenn der Täter nächtliche Spazierfahrten straflos unternehmen könnte, während der Berechtigte schläft und deshalb keinen Willen bilden kann.

Tatbestandsausschließend wirkt immer nur ein reales Einverständnis. Ein **mutmaßliches Einverständnis** steht der Tatbestandsmäßigkeit nicht entgegen,[21] kann

---

[21] Rengier (2014a), § 6 Rn. 4a; ebenso BGHSt 25, 237 (238) zum ehemaligen § 237 StGB, der das Tatbestandsmerkmal „wider ihren Willen" enthielt; aA Ludwig et al. (2000), 446 (449).

aber als Rechtfertigungsgrund „mutmaßliche Einwilligung" die Rechtswidrigkeit ausschließen (unten 4.1.2.3). Auch eine „hypothetische Einwilligung" ist unbeachtlich.

Wegen des dauerdeliktischen Charakters der Tat ist es möglich, dass einige Teile eines einheitlichen Gebrauchsvorgangs von einem Einverständnis des Berechtigten gedeckt sind und andere Teile nicht. Tatbestandsmäßiger Gebrauch ist dann nur der Teil der Fahrt, mit dem der Berechtigte nicht einverstanden ist.

Beispiel

Nachbar N leiht dem T seinen Pkw, weil das Kind des T plötzlich erkrankt ist und zum Arzt gebracht werden muss. T besitzt keinen eigenen Pkw. T fährt sein Kind mit dem Wagen des N zum Arzt. Nach dem Arztbesuch fährt T nicht sofort nach Hause, sondern macht mit dem Pkw des N noch einen Ausflug in eine 50 km entfernte Großstadt.

Die gesamte Fahrt mit dem Pkw des N ist eine Ingebrauchnahme dieses Kraftfahrzeugs. Soweit T mit dem Wagen zum Arzt und von dort wieder zurück zu N fuhr, war die Tat von einem Einverständnis des N gedeckt und deshalb nicht tatbestandsmäßig. Mit dem „Umweg" über die 50 km entfernte Großstadt war N dagegen nicht einverstanden. Dieser Teil der Fahrt ist daher eine objektiv tatbestandsmäßige Ingebrauchnahme.[22]

4.1.2.2   Subjektiver Tatbestand

Der subjektive Tatbestand besteht aus dem – wenigstens bedingten – **Vorsatz**, § 15. Eine über die Verwirklichung des objektiven Tatbestandes hinausgehende (Zueignungs- oder Bereicherungs-) Absicht ist nicht erforderlich. Handelt der Täter mit einer derartigen Absicht, ist er wegen Diebstahl, Unterschlagung, Erpressung, Betrug oder Hehlerei strafbar. § 248 b tritt dann auf Grund der Subsidiaritätsklausel zurück (näher dazu unten 4.1.4). Die irrige Annahme, der Berechtigte sei mit dem Fahrzeuggebrauch einverstanden, ist ein Tatbestandsirrtum, der den Vorsatz ausschließt, § 16 I 1.[23]

4.1.2.3   Rechtswidrigkeit

Zum Ausschluss der Rechtswidrigkeit eignen sich viele **Rechtfertigungsgründe**.

4.1.2.3.1   Einwilligung und mutmaßliche Einwilligung

Von vornherein nicht hierher gehört die **Einwilligung**. Denn der tatbefürwortende Wille des Berechtigten lässt bereits die objektive Tatbestandsmäßigkeit entfallen (s. o. 4.1.2.1.5). Fehlt es an einem wirklichen Einverständnis und einer tatsächlich erklärten Einwilligung des Berechtigten, sprechen aber die Umstände dafür, dass er einverstanden wäre, wenn ihm diese Umstände bekannt wären, kann die Tat durch mutmaßliche Einwilligung gerechtfertigt sein.

---

[22] OLG Zweibrücken, VRS 34 (1968), 444 (445); OLG Schleswig, NStZ 1990, 340 (341); aA AG München, NStZ 1986, 458 (459); Schmidhäuser (1986), 460 (461); Schmidhäuser (1990), 341.

[23] Eisele (2012b), Rn. 288; Wessels et al. (2013a), Rn. 369.

Beispiel

Während O nach einem schweren Arbeitsunfall bewußtlos im Krankenhaus liegt, trifft seine in einer anderen Stadt lebende Schwester S mit dem Zug am Bahnhof ein, um ihren Bruder zu besuchen. Es ist kalt, windig und regnet in Strömen. S ruft bei N – dem Nachbarn des O – an und fragt, ob er sie abholen könne. N hat einen Schlüssel zum Haus des O und hat daher auch Zugang zu dessen Pkw samt Fahrzeugschlüssel. N setzt sich sofort in den Pkw des O, fährt zum Bahnhof und bringt die S trockenen Fußes zu O ins Krankenhaus. N weiß, dass die beiden Geschwister sich sehr mögen. Er geht daher davon aus, im Sinne des O zu handeln.

Da O wegen seiner Bewußtlosigkeit im Zeitpunkt der Tat gar keinen Willen bilden kann, ist er mit der Benutzung seines Pkw durch N auch nicht einverstanden (s. o. 4.1.2.1.5). Aus dem gleichen Grund fehlt es auch an einer rechtfertigenden Einwilligung. Jedoch gestatten die Umstände die Vermutung, dass O mit dem Handeln des N einverstanden wäre, wenn er einen Willen bilden könnte. Daher ist die Ingebrauchnahme des Pkw durch mutmaßliche Einwilligung gerechtfertigt.

4.1.2.3.2 Rechtfertigender Notstand

Eine Rechtfertigung durch **Notstand** kommt in Betracht, wenn das Fahrzeug als Mittel zur Abwendung einer Gefahr benötigt wird. Sofern man eine Rechtfertigung nach § 34 im Fall eines Nötigungsnotstandes anerkennt, ist auch in einem Fall wie dem folgenden Rechtfertigung möglich.[24]

Beispiel

Der bewaffnete Schwerverbrecher S hat einen Linienbus in seine Gewalt gebracht, den Busfahrer getötet und den Fahrgast F unter Todesdrohung gezwungen, sich ans Steuer zu setzen und ihn mit dem Bus von Berlin nach Leipzig zu fahren. F beugt sich dem Zwang und fährt den Bus.

Da F den Bus in Gebrauch nahm,[25] um eine gegenwärtige Gefahr für sein Leben abzuwenden, handelte er im rechtfertigenden Notstand. Wer beim Nötigungsnotstand jedoch die Möglichkeit einer Rechtfertigung kategorisch ablehnt, gelangt nur zu einer Entschuldigung der Tat nach § 35.[26]

4.1.2.3.3 Selbsthilferecht, § 229 BGB

§ 229 BGB gestattet zum Zwecke der Selbsthilfe die **Wegnahme** einer Sache. Damit ist auch der mit der Wegnahme eines Fahrzeugs einhergehende Fortbewegungsvorgang gerechtfertigt. Ein Fahrzeuggebrauch, der über den Sicherungszweck des Selbsthilferechts hinausgeht, ist allerdings rechtswidrig.

---

[24] Lackner et al. (2011), § 34 Rn. 2; aA. Wessels et al. (2013a), Rn. 443.

[25] Unbefugter Gebrauch ist kein eigenhändiges Delikt, Rengier (2014a), § 6 Rn. 5.

[26] Heinrich (2014), Rn. 580.

Beispiel

T hat gegen O wegen eines Anspruchs auf Zahlung von 2500 € ein rechtskräftiges Urteil erstritten. Bevor T einen Gerichtsvollzieher beauftragen kann, hat O die Vorbereitungen einer das gesamte Vermögen und die eigene Person umfassenden endgültigen Absetzaktion ins Ausland abgeschlossen. T erfährt zufällig davon. Quasi „in letzter Sekunde" gelingt es dem T, sich eines dem O gehörenden Fahrrads im Wert von 3000 € zu bemächtigen. T setzt sich auf das Rad, fährt damit nach Hause und sperrt es in einem Kellerraum ein.

T hat den objektiven und subjektiven Tatbestand des § 248 b I erfüllt. Eine Rechtfertigung durch Notwehr (§ 32) wäre erwägenswert, wenn man in den Fluchtvorbereitungen des O einen gegenwärtigen Angriff auf den materiellrechtlichen und vollstreckungsrechtlichen Anspruch des T sähe. Die Frage kann aber ebenso dahingestellt bleiben wie die Bestimmung des Konkurrenzverhältnisses zwischen Notwehr und Selbsthilferecht. Sicher ist, dass die Tat gerechtfertigt ist, wenn sie die Voraussetzungen des § 229 BGB erfüllt. Das ist hier der Fall. Obrigkeitliche Hilfe war im Zeitpunkt der Tat nicht mehr rechtzeitig zu erreichen. Infolgedessen drohte dem T die endgültige Vereitelung seines Zahlungsanspruchs. Die mit einer Ingebrauchnahme verbundene Wegnahme des Fahrrads diente nur der Sicherung des Anspruchs. Anspruchsbefriedigungswirkung hat diese Maßnahme schon deswegen nicht, weil Gegenstand des Anspruchs die Zahlung eines Geldbetrages und nicht die Überlassung des Fahrrads zum Gebrauch war.

4.1.2.3.4 Anspruch auf Eigentumsübertragung

Beim Diebstahl schließt der Anspruch des Täters auf Übereignung der weggenommenen Sache die Rechtswidrigkeit der beabsichtigten Zueignung aus (s. o. 1.2.2.3.3.5). Auch wenn sich dieser Anspruch auf ein Kraftfahrzeug oder ein sonstiges von § 248 b erfasstes Tatobjekt richtet, entfällt die subjektive Tatbestandsmäßigkeit und somit die Strafbarkeit aus § 242. Dabei ist es gleich, auf welche Weise der Täter die Wegnahme ausführt, ob er das Fahrzeug trägt, schiebt, abschleppt oder mit ihm fährt: Strafbaren Diebstahl begeht er nicht. Im Fall des Fahrens (Ingebrauchnahme) erfüllt er aber den Tatbestand des § 248 b. Denn der Anspruch auf Eigentumsübertragung macht ihn noch nicht zu einem „Berechtigten" i. S. des § 248 b I. Die Subsidiaritätsschranke ist in diesem Fall offen, da Strafbarkeit aus § 242 ja nicht möglich ist. Anders als bei § 242 lässt sich bei § 248 b der Eigentumsverschaffungsanspruch nicht auf der Ebene des subjektiven Tatbestandes verwerten. Dennoch besteht kein Zweifel daran, dass der Anspruch die Strafbarkeit aus § 248 b ausschließt. Denn es wäre ein Wertungswiderspruch, wenn dieser Umstand der Strafbarkeit aus dem gravierenderen Straftatbestand „Diebstahl", nicht aber der Strafbarkeit aus dem geringfügigeren Straftatbestand „Unbefugter Fahrzeuggebrauch" entgegenstünde. Da sich für diesen strafbarkeitsausschließenden Umstand auf der Ebene des objektiven oder subjektiven Tatbestandes kein Anknüpfungspunkt findet, muss er als Rechtfertigungsgrund berücksichtigt werden.

1. O verkauft dem T ein Fahrrad. T bezahlt das Rad sogleich, lässt es aber zunächst bei O stehen, da dieser noch eine Reparatur ausführen soll. Nachdem O das Rad repariert hat, verkauft er es für einen höheren Preis an X. Am selben Tag erfährt T von der Vertragsbrüchigkeit des O. Sofort begibt er sich zu O, um ihn zur Rede zu stellen. Zufällig steht das gekaufte Rad vor der Haustür. Eine Übereignung von O an X hat noch nicht stattgefunden. T setzt sich sofort auf das Rad und radelt damit davon.

2. Hauseigentümer O hat dem Studenten S nicht nur ein Zimmer, sondern auch ein Fahrrad vermietet. Eines Tages verkauft O dieses Fahrrad ohne Wissen des S an T. T bezahlt sofort und nimmt das Rad mit.

In **Beispiel 1** hat T dem O eine fremde bewegliche Sache weggenommen. Er handelte auch mit der Absicht, sich das Fahrrad zuzueignen. Da er aber aus § 433 I BGB einen Anspruch auf Übereignung des Fahrrades hatte, war die von ihm beabsichtigte Zueignung nicht rechtswidrig. Daher hat sich T nicht aus § 242 I strafbar gemacht. Die Wegnahme des Rades ist zugleich eine vorsätzliche Ingebrauchnahme gegen den Willen des Berechtigten O. Da T mit der Wegnahme des Rades aber nur einen Zustand herbeiführen wollte, der auf Grund des Kaufvertrages konform zur zivilrechtlichen Güterzuordnung ist, handelte er nicht rechtswidrig. Die Tat ist daher gerechtfertigt. In **Beispiel 2** entfällt wieder die Rechtswidrigkeit der beabsichtigten Zueignung und damit der subjektive Tatbestand des § 242 I. Da der Anspruch aus § 433 I BGB aber nur gegen den Verkäufer O, nicht aber gegen S wirkt, kann er auch nicht die Strafbarkeit eines Eingriffs in Rechtsgüter des S ausschließen. Als Mieter des Fahrrades ist S „Berechtigter" i. S. des § 248 b I. Der zwischen O und T geschlossene Kaufvertrag beseitigt die Nutzungsberechtigung des S nicht. Er vermag auch nicht die Verletzung dieses Nutzungsrechts durch T zu rechtfertigen. Wusste T aber nichts von der Vermietung des Fahrrads, befand er sich in einem Tatbestandsirrtum und handelte daher ohne Vorsatz, § 16 I 1.[27] In diesem Fall ist O als mittelbarer Täter (§ 25 I Alt. 2) aus § 248 b I strafbar.

4.1.2.3.5 Festnahmerecht, § 127 StPO

Die Rechtfertigungswirkung des Festnahmerechts aus § 127 I 1 StPO bezieht sich primär und hauptsächlich auf Handlungen, die das Rechtsgut „Freiheit" bzw. „Fortbewegungsfreiheit" verletzen, also auf Nötigungen (§ 240) und **Freiheitsberaubungen** (§ 239).[28] Daneben werden auch Körperverletzungen und Sachbeschädigungen gerechtfertigt, soweit sie notwendige und unvermeidbare Begleiterscheinungen des Festnahmeaktes sind.[29] Dass darüber hinaus eine den Tatbestand des § 248 b verwirklichende Handlung durch § 127 I 1 StPO gerechtfertigt sein kann, leuchtet gewiss nicht unmittelbar ein. Jedoch ist anerkannt, dass anstelle des Eingriffs in die persönliche Fortbewegungsfreiheit eine sach- und eigentumsbezogene

---

[27] Unterstellt, O war damit einverstanden, dass T das Fahrrad mitnimmt.

[28] Beulke (2012), Rn. 237.

[29] Hellmann (2005), Rn. 271.

Zwangsmaßnahme erlaubt und von § 127 I 1 StPO gedeckt sein kann, wenn sie den Verfahrenssicherungszweck ebenso gut bedient wie der unmittelbare Zwang gegen die Person und den Betroffenen zudem weniger belastet als die Einschränkung der persönlichen Bewegungsfreiheit.[30]

Beispiel

T beobachtet, wie O aus dem Lebensmittelgeschäft des L kommt, in das er gerade eingebrochen war und in dem er Sachen stehlen wollte. Durch die plötzlich ausgelöste Alarmanlage in Panik versetzt, brach O seinen Diebstahlsversuch ab und wandte sich ohne Beute zur Flucht. T erkennt, dass O sich sogleich auf sein vor dem Geschäft abgestelltes Fahrrad schwingen und dann wegfahren will. Auf eine körperliche Auseinandersetzung mit dem physisch robusten O will T sich nicht einlassen. Dennoch möchte er dazu beitragen, dass O umgehend in Polizeigewahrsam kommt, damit ein Strafverfahren gegen ihn eingeleitet werden kann. Daher wendet T folgenden Trick an: Bevor O sein Fahrrad erreicht, sitzt T bereits darauf und fährt langsam damit los. T vermutet, dass O ihn zu Fuß verfolgen wird, um ihm das Fahrrad abzunehmen. T fährt daher nur so schnell, dass O ihn nicht ganz erreicht, aber knapp hinter ihm bleibt. Ohne dass O dies merkt, fährt T zur nächsten Polizeidienststelle. Dort angekommen, alarmiert T sofort einen Polizeibeamten, der den überrumpelten und von der Verfolgung erschöpften O problemlos überwältigen und festnehmen kann.

T hat den Tatbestand des § 248 b I erfüllt, indem er mit dem Fahrrad des O vom Tatort des Diebstahls bis zur Polizeidienststelle fuhr. Eine Rechtfertigung durch Nothilfe (§ 32) scheidet aus, da der Angriff auf das Eigentum des L nach dem Scheitern der Tat nicht mehr gegenwärtig war. Zwar ist anerkannt, dass der in einem Diebstahl liegende Angriff auf das Eigentum auch während des Beuteabtransports noch gegenwärtig ist.[31] Das gilt aber nur für erfolgreiche Diebstahlstaten, bei denen der Täter etwas erbeutet hat und bei denen er das Eigentum durch das Wegtragen der gestohlenen Sache noch weiterhin angreift. Die Flucht des beutelosen Diebes ist kein Angriff auf das Eigentum mehr. Eine Rechtfertigung auf Grund des § 127 I 1 StPO erscheint fraglich, weil T den O nicht festgenommen hat und die Ingebrauchnahme eines fremden Fahrrads zudem keine Freiheitsverletzung, sondern die Verletzung eines Vermögensgutes ist. Dennoch erscheint es vertretbar, die Rechtfertigung der Fahrradbenutzung auf § 127 I 1 StPO zu stützen. T bezweckte mit dieser Tat letztlich nichts anderes als die Herbeiführung eines Verfahrenssicherungserfolges, der auch der typischen Festnahme den Unrechtscharakter nimmt. Anders als im „Normalfall" des § 127 I 1 StPO verfolgte er diesen Zweck nicht durch Entfaltung körperlichen Zwangs gegen O, sondern durch eine subtilere Methode der Ingewahrsamnahme. Da diese den O geringer belastet als z. B. eine Fesselung, ist sie ebenso aus § 127 I 1 StPO gerechtfertigt, wie es eine Fesselung oder sonstige unmittelbare Beschränkung der körperlichen Bewegungsfreiheit wäre.

---

[30] Wessels et al. (2013a), Rn. 355.
[31] Wessels et al. (2013a), Rn. 328.

4.1.3 Täterschaft und Teilnahme

4.1.3.1 Täterschaft

Der unbefugte Gebrauch eines Fahrzeugs ist kein eigenhändiges Delikt und kann daher in der Form der **mittelbaren Täterschaft** (§ 25 I 2. Alt.) begangen werden.[32] Der mittelbare Täter braucht dabei nicht selbst an dem Fortbewegungsvorgang als Bei- oder Mitfahrer beteiligt zu sein. Allerdings muss der Berechtigte durch die Tat von der Benutzung des Fahrzeugs ausgeschlossen sein. Daher kommt er als Werkzeug i. S. des § 25 I 2. Alt. nicht in Betracht.

Beispiele

1. Vor dem Haus des O steht ein roter Porsche, der dem O gehört. T ist bei O als Chauffeur angestellt und daher im Besitz der Fahrzeugschlüssel. T spiegelt nun dem X vor, der Porsche gehöre ihm (dem T). T händigt dem X die Fahrzeugschlüssel aus und erlaubt ihm eine „Probefahrt". X nimmt das Angebot dankend an.

2. T spiegelt am 31. März dem in Potsdam wohnenden O vor, ein Tankstellenpächter in Berlin habe 1000 Euro ausgelobt für den Fahrer eines „Trabbi", der am 1. April als erster bei ihm zum Tanken vorfahre. Kurz vor Mitternacht setzt sich O in seinen Trabbi und fährt zu der von T angegebenen Tankstelle in Berlin. Als er am 1. April um 0 Uhr dort ankommt und die 1000 Euro in Empfang nehmen will, erfährt er, dass er einem Witzbold aufgesessen ist.

3. Abwandlung von (2): Da O mit einer schweren Grippe ans Krankenbett gefesselt ist, bittet er den gutgläubigen X (den T), für ihn mit seinem Trabbi zu der genannten Tankstelle zu fahren und dort die 1000 Euro einzukassieren. X (bzw. T, der die Gelegenheit zu einer kleinen Spazierfahrt nutzen will) leisten der Aufforderung des O Folge.

In **Beispiel 1** nimmt X irrig an, T sei „Berechtigter", folglich sei der Berechtigte mit der Ingebrauchnahme des Porsche durch X einverstanden. Da das Einverständnis die objektive Tatbestandsmäßigkeit ausschließen würde (s. o. 4.1.2.1.5), befindet sich X in einem Tatbestandsirrtum i. S. des § 16 I 1 (s. o. 4.1.2.2). Damit ist er taugliches „Werkzeug" i. S. des § 25 I 2 Alt.[33] T hat den X in den Irrtum versetzt und den Irrtum zur Tatveranlassung ausgenutzt. Damit hat sich T die „Tatherrschaft" über das Handeln des X verschafft und folglich den Tatbestand des § 248 b I als mittelbarer Täter verwirklicht. Dass T selbst nicht mitgefahren ist, steht diesem Ergebnis nicht entgegen.

In **Beispiel 2** scheint T ebenfalls ein menschliches Werkzeug zur mittelbartäterschaftlichen Begehung eines von § 248 b erfassten Delikts eingesetzt zu haben. Denn in der Lehre von Täterschaft und Teilnahme ist anerkannt, dass auch der Rechtsgutinhaber Tatmittler eines letztlich ihn selbst schädigenden Delikts sein kann, sofern der Hintermann ihn durch Täuschung oder Nötigung

---

[32] Rengier (2014a), § 6 Rn. 5; Wessels et al. (2013c), Rn. 436.

[33] Wessels et al. (2013a), Rn. 537.

in die Werkzeug-Rolle gedrängt hat.[34] Allerdings ist dies nur möglich, wenn unter der Bedingung der Personalunion Werkzeug/Opfer der tatbestandsmäßige Rechtsgutsverletzungserfolg eintritt. Das ist bei § 248 b I nicht der Fall, wenn der Nutzungsberechtigte zu einem zwar sinnlosen und ressourcenvergeudenden („Ressourcen": Benzin, Motor- und Getriebeöl, Zeit, Kraft), aber gleichwohl sein Nutzungsrecht entfaltenden Fahrzeuggebrauch veranlasst wird. Ein notwendiger Bestandteil des von § 248 b I erfassten Rechtsgutsverletzungserfolgs ist die vorübergehende Verunmöglichung der Fahrzeugnutzung zum Nachteil des Berechtigten. Dieser muss durch die Tat von der Ausübung seines Gebrauchsrechts ausgeschlossen sein. Das ist in Beispiel 2 nicht der Fall. Folglich hat sich T nicht als mittelbarer Täter aus § 248 b I strafbar gemacht. Sachbeschädigung in mittelbarer Täterschaft (§§ 303 I, 25 I 2. Alt.) hinsichtlich des verbrauchten Benzins scheidet schon im objektiven Tatbestand aus, da das Benzin durch bestimmungsgemäßen Verwendung verbraucht und somit nicht „zerstört" wurde.

Beispiel 3 unterscheidet sich von Beispiel 2 dadurch, dass der „äußere" tatbestandsmäßige Erfolg des § 248 b I eintritt: Der Pkw wird von einem Nichtberechtigten in Gebrauch genommen und währenddessen ist dem O die Möglichkeit der Fahrzeugbenutzung entzogen. Allerdings war O mit der Fahrt des X bzw. des T einverstanden. Zwar war dieses Einverständnis irrtumsbehaftet. Der bloße Motivirrtum beseitigt die tatbestandsausschließende Wirkung der Zustimmung des O nicht (s. o. 4.1.2.1.5). Dennoch begründet dieser Irrtum die Werkzeugeigenschaft des O und somit mittelbare Täterschaft des T. Denn der T hat den O durch seine Täuschung zu einem unrechtsausschließenden (das Unrecht – die objektive Tatbestandsmäßigkeit – des Verhaltens des X ausschließenden) Verhalten veranlasst. Dadurch hat T sowohl den O als auch den X zu seinen „Werkzeugen" i. S. des § 25 I 2. Alt. gemacht. Daher ist die Situation genauso zu beurteilen wie der Fall, in dem der Hintermann (T) durch Täuschung einen anderen (O) zu einem notwehrfähigen Angriff gegen einen Dritten (X) veranlasst. In einem solchen Fall ist die durch Notwehr gerechtfertigte Verteidigung des Angegriffenen das dem Hintermann zurechenbare tatbestandsmäßige Werkzeugverhalten.[35]

4.1.3.2 Teilnahme
Die Teilnahme (Anstiftung, Beihilfe, §§ 26, 27) am unbefugten Gebrauch eines Fahrzeugs folgt den **allgemeinen Regeln**. Bloßes Mitfahren in einem Fahrzeug, das der Fahrer unbefugt benutzt, ist jedoch straflos, es sei denn, der Mitfahrer nimmt bestimmend (§ 26) oder helfend (§ 27) Einfluss auf die Dauer oder sonstige Umstände der Fahrt.[36]

---

[34] Wessels et al. (2013a), Rn. 539.

[35] Kudlich (2000), L 49 (51).

[36] BGH, VRS 19 (1960), 288.

Beispiele

1. T macht ohne Erlaubnis des O mit dessen Pkw eine Fahrt durch Berlin. In Steglitz lässt T den X einsteigen. Als T dem X nach 10 min Fahrt erklärt, er werde jetzt den Wagen wieder zu O zurückbringen, schlägt X ihm vor, zuvor noch einen Abstecher nach Kloster Zinna (Brandenburg) zu machen und dort ein paar Flaschen „Klosterschwester" zu kaufen. T lässt sich von X überreden und fährt nach Kloster Zinna und anschließend wieder zurück nach Berlin.
2. Abwandlung von (1): Als X von T erfährt, dass er ein fremdes Fahrzeug unbefugt benutzt, fordert X den T auf, die Spazierfahrt abzubrechen und den Wagen sofort zu O zurückzubringen. T hatte an sich vor, noch eine Fahrt nach und durch Potsdam zu machen.
3. Abwandlung von (2): Als X erfährt, dass T den Pkw unbefugt benutzt, fordert X ihn auf, statt der vorgesehenen Fahrt von Steglitz nach Potsdam nur bis Wannsee zu fahren und danach den Wagen zu O zurückzubringen.

Wer die Fortsetzung eines bereits begonnenen Fahrzeuggebrauchs nicht als tatbestandsmäßige „Ingebrauchnahme" anerkennt, muss in **Beispiel 1** eine Strafbarkeit des X wegen Anstiftung zum unbefugten Gebrauch eines Fahrzeugs schon deswegen verneinen, weil X den T nicht zu seinem tatbestandsmäßigen Verhalten „bestimmt" hat. Den Entschluss zum Antritt der Fahrt mit dem Pkw hatte T ja schon vor dem Zustieg des X gefasst und zu realisieren begonnen. Die Bestimmung zur Verlängerung der Fahrt kann nach dieser Auffassung allenfalls psychische Beihilfe sein. Nach der hier vertretenen Ansicht (s. o. 4.1.2.1.3) ist der gesamte Fortbewegungsvorgang eine dauernde tatbestandsmäßige Ingebrauchnahme, weshalb die Aufforderung zur Ausdehnung dieses Vorgangs eine Bestimmung zur Modifizierung tatbestandsmäßigen Verhaltens ist. Da diese Bestimmung eine Unrechtssteigerung bewirkt, ist sie nach den Grundsätzen über die sog. „Umstimmung" oder „Aufstiftung"[37] als Anstiftung zu unbefugtem Gebrauch eines Fahrzeugs strafbar. Dieses Ergebnis ist in Beispiel 1 vor allem deswegen überzeugend, weil die Aufforderung zur Fahrtverlängerung zugleich bewirkte, dass T seinen Entschluss zur – durch mutmaßliche Einwilligung des O – gerechtfertigten Rückfahrt fallen ließ. X rief also in T den – neuen – Tatentschluss hervor, den Pkw weiter in rechtswidriger Weise als Fortbewegungsmittel zu benutzen. In **Beispiel 2** hat X den T zwar ebenfalls zu einer Änderung seines Tatentschlusses veranlasst. Jedoch handelt es sich hier um die Umwandlung des Entschlusses zur Fortsetzung eines rechtswidrigen Fahrzeuggebrauchs in einen Entschluss zu einer durch mutmaßliche Einwilligung gerechtfertigten Rückfahrt. X hat den T also nicht zu einer rechtswidrigen, sondern zu einer gerechtfertigten Tat bestimmt und ist deshalb nicht als Teilnehmer eines unbefugten Fahrzeuggebrauchs strafbar.[38] In **Beispiel 3** ist die infolge des Vorschlags des X abgekürzte Fahrt von Steglitz nach Wannsee zwar nicht gerechtfertigt. Dennoch ist X auch in diesem Fall nicht wegen Anstiftung zu unbefugtem Gebrauch eines Fahrzeugs

---

[37] Wessels et al. (2013a), Rn. 571.

[38] OLG Düsseldorf, NStZ 1985, 413.

strafbar, da die Einwirkung auf den Tatentschluss des T zu einer Unrechtsverringerung („Abstiftung") geführt hat.[39] Eine Bestimmung mit dieser Folge ist genausowenig Anstiftung wie die Bestimmung zu einem rechtmäßigen Verhalten.

4.1.4 Konkurrenzen

4.1.4.1 Subsidiaritätsklausel

4.1.4.1.1 Allgemeines

Da der Tatbestand des § 248 b eine **lückenschließende Auffangfunktion** hat, tritt er zurück, wo er zur Befriedigung eines Bestrafungsbedürfnisses nicht erforderlich ist, weil diese Funktion schon von einer anderen Strafvorschrift erfüllt wird. Das Gesetz bringt dies in einer Subsidiaritätsklausel zum Ausdruck, die denselben Wortlaut hat, wie die Subsidiaritätsklausel der durch das 6. Strafrechtsreformgesetz neugefaßten Unterschlagungsvorschrift § 246 I.

4.1.4.1.2 Gesetzeskonkurrenz

Die Subsidiarität ändert nichts an der Erfüllung der Strafbarkeitsvoraussetzungen (Tatbestandsmäßigkeit, Rechtswidrigkeit, Schuld), sondern schließt als Fall der **Gesetzeskonkurrenz** nur die Heranziehung des § 248 b als Verurteilungs- und Bestrafungsgrundlage aus.[40] Dies ist insbesondere in Fällen mit Beteiligung mehrerer Personen zu beachten.

Beispiel

A fordert den T auf, mit dem Pkw des O eine – von O nicht gebilligte – Spazierfahrt zu unternehmen. T nimmt daraufhin den Pkw mit Zueignungsabsicht weg und fährt damit davon. Dass T mit Zueignungsabsicht handeln würde, hatte A nicht erwartet.

Da T den Pkw des O in der Absicht wegnahm, sich das Fahrzeug rechtswidrig zuzueignen, hat er sich wegen Diebstahls aus § 242 I strafbar gemacht. Daneben hat er auch alle Strafbarkeitsvoraussetzungen des § 248 b I erfüllt. Bestraft wird er aber nur aus § 242 I, dagegen nicht aus § 248 b I, da dieser Tatbestand wegen seiner Subsidiarität hinter § 242 I zurücktritt. A hat den T zu seiner Tat angestiftet (§ 26). Der Vorsatz des A richtet sich aber nicht darauf, dass T mit Zueignungsabsicht handelt und damit einen Diebstahl begeht, § 16 I 1. A hatte lediglich den Vorsatz, T zu einem unbefugten Fahrzeuggebrauch zu bestimmen. Diesen Tatbestand hat T auch erfüllt. Folglich kann A aus §§ 248 b I, 26 bestraft werden. Die bei T wirkende Subsidiarität hat auf die Strafbarkeit des A keinen Einfluss. Hinsichtlich des eigenen strafbarkeitsbegründenden Verhaltens des A greift die Subsidiaritätsklausel nicht ein, da A keinen weiteren – den § 248 b verdrängenden – Tatbestand verwirklicht hat.

---

[39] Wessels et al. (2013a), Rn. 571.
[40] Wessels et al. (2013a), Rn. 790.

4.1.4.1.3 Tatidentität

Gegenständlich ist die Subsidiaritätsklausel auf die **Tat** beschränkt, welche die Strafbarkeitsvoraussetzungen des § 248 b und zugleich die der „anderen Vorschrift" erfüllt. Soweit diese andere Vorschrift nicht durch dieselbe, sondern durch eine andere Tat erfüllt wird, verdrängt sie den § 248 b nicht.

Beispiel

T entwendet ohne Zueignungsabsicht den Pkw des O, um damit eine Spazierfahrt zu machen. Nachdem er 20 km gefahren ist, fasst er den Entschluss, den Wagen zu behalten. Diesen Entschluss setzt er in die Tat um, indem er mit dem Wagen des O nach Hause fährt und ihn in seine Garage stellt.

Die Entwendung des Pkw und die ersten 20 km Fahrt erfüllen nur die Strafbarkeitsvoraussetzungen des § 248 b. Diebstahl oder Unterschlagung hat T bis dahin nicht begangen, weil er keine Zueignungsabsicht hatte bzw. sich den Pkw nicht zueignete. Dies änderte sich, nachdem T beschlossen hatte, den Wagen zu behalten. Die weitere Benutzung des Fahrzeugs war von Zueignungsvorsatz begleitet und objektiv eine Zueignung i. S. des § 246 I. Der durch die Weiterfahrt verwirklichte § 248 b wird von § 246 verdrängt. Darüber hinaus wird auch der bereits zuvor durch die 20 km Fahrt verwirklichte § 248 b von § 246 verdrängt. Wegen der Asynchronität dieser Fahrtabschnitte könnte man annehmen, es handele sich um zwei verschiedene Taten. Dann träte § 248 b im ersten Fahrtabschnitt nicht hinter § 246 zurück. Da aber der unbefugte Fahrzeuggebrauch ein Dauerdelikt ist (s. o. 4.1.2.1.3), bildet der gesamte Vorgang von der Entwendung des Wagens bis zum Abstellen in der eigenen Garage eine einzige Tat.[41] Daher verdrängt § 246 den § 248 b vollständig, obwohl die Unterschlagung erst nach 20 km Fahrt begann, während der unbefugte Fahrzeuggebrauch von T bereits auf den ersten 20 km begangen wurde.

4.1.4.1.4 Andere Vorschrift

Dieses Merkmal der Subsidiaritätsklausel ist anerkanntermaßen einschränkend auszulegen. Nur Straftatbestände mit **gleicher Schutzrichtung** wie § 248 b, die also das Eigentum, Nutzungsrechte oder das Vermögen schützen – insbesondere §§ 242, 246, 249, 253, 263 –, kommen als vorrangige, den § 248 b verdrängende Vorschriften in Betracht.[42] Hinter Straftatbeständen mit einem anderen Schutzgut tritt § 248 b auch dann nicht zurück, wenn der andere Tatbestand eine höhere Strafe androht.

Beispiel

Obwohl er weiß, dass O seine plötzlich schwer und lebensgefährlich erkrankte Ehefrau E sofort mit seinem Pkw zu einem Arzt bringen muss, bemächtigt sich

---

[41] Wessels et al. (2013a), Rn. 761.
[42] Eisele (2012b), Rn. 289; Kindhäuser (2014), § 9 Rn. 10; Rengier (2014a), § 6 Rn. 8.

T des dem O gehörenden Fahrzeugs und macht damit eine halbstündige Spazierfahrt. Während dieser Zeit verschlechtert sich der Gesundheitszustand der E dramatisch. O muss die Feuerwehr alarmieren, die alsbald erscheint und die E ins Krankenhaus bringt. Dort wird E durch eine sofort eingeleitete Operation gerettet. Hätte O die E mit seinem eigenen Pkw ins Krankenhaus bringen können, wäre der Verlust wertvoller Zeit vermieden worden. Die Zustandsverschlechterung der E wäre weniger gravierend gewesen und die Lebensgefahr hätte sich nicht so stark zugespitzt.

Je nach innerer Einstellung zu dem rapiden Gesundheitsverfall der E hat sich T durch die rettungsbehindernde Benutzung des fremden Fahrzeugs wegen fahrlässiger oder vorsätzlicher Körperverletzung (§§ 229; 223, 224 I Nr. 5) oder gar wegen versuchten Totschlags oder versuchten Mordes (§§ 212, 211, 22) strafbar gemacht. Dieselbe Handlung ist auch ein unbefugter Gebrauch eines Fahrzeugs gem. § 248 b I. Außer § 229 drohen alle konkurrierenden Strafvorschriften höhere Strafen an als § 248 b. Eine Verdrängungswirkung gegenüber § 248 b entfalten sie gleichwohl nicht, weil in keinem der gesundheits- oder lebensschützenden Tatbestände der vermögensschädigende Charakter der Tat anklingt. Damit dieser Unrechtsaspekt im Strafurteil zum Ausdruck kommt, muss § 248 b als Verurteilungsgrundlage Erwähnung finden.[43] Dies ist aber nur möglich, wenn § 248 b nicht durch einen der anderen Tatbestände verdrängt wird, sondern mit ihm in Tateinheit (§ 52) steht.

4.1.4.1.5 Schwerere Strafe
Entgegen dem insoweit mißverständlichen Gesetzeswortlaut („mit schwererer Strafe bedroht ist") tritt § 248 b hinter einer anderen Strafvorschrift nur zurück, wenn der Täter aus dieser **tatsächlich schuldig gesprochen** wird. Durch die bloße Existenz einer höheren gesetzlichen Strafandrohung wird § 248 b als Verurteilungs- und Bestrafungsgrundlage im konkreten Fall also nicht verdrängt.[44] Für die Feststellung, dass die Strafe, die durch die Verwirklichung des vorrangigen Straftatbestands verwirkt worden ist, „schwerer" ist als die, die wegen des unbefugten Fahrzeuggebrauchs verhängt werden könnte, ist dagegen das **abstrakte gesetzliche Strafmaß** bestimmend. Würde man auf die Höhe der konkret verhängten Strafe abstellen, wäre die Subsidiaritätsklausel unanwendbar in all den Fällen, in denen auf die Straftat nicht mit Strafe reagiert wird, z. B. bei Taten, die dem Jugendstrafrecht unterliegen (vgl. §§ 5, 18 I 3 JGG).

4.1.4.2 Konkurrenz zwischen Fahrzeugbenutzung und Benzinverbrauch
Die h. M. stellt die Subsidiaritätsklausel auf den Kopf, soweit es um das Verhältnis zwischen der Benutzung des Fahrzeugs und dem damit – jedenfalls bei Kraftfahrzeugen regelmäßig – verbundenen Kraftstoff- und Schmiermittelverbrauch geht.

---

[43] Heinrich (2014), Rn. 1398.
[44] Münchener Kommentar-Hohmann (2012), § 248 b Rn. 22.

Damit § 248 b in diesen Fällen nicht leerläuft, tritt § 248 b hinter den an sich durch den Verbrauch dieser Stoffe verwirklichten §§ 242, 246 StGB nicht zurück. Im Gegenteil: Die an sich vorrangigen – weil eine schwererer Strafe androhenden – Straftatbestände **treten hinter § 248 b zurück**.[45] Dies soll sogar gelten, wenn der Täter bei der Fahrzeugentwendung Raubmittel angewendet hat.

Beispiel

T möchte unbedingt mit dem neuen Porsche des O eine Spazierfahrt machen. Da O ihm dies nicht erlaubt, verschafft sich T den Wagen mit Gewalt. Er schlägt den O nieder, setzt sich in den Sportwagen und fährt davon.

Hinsichtlich des Fahrzeugs hat T weder Diebstahl noch Raub begangen, da er bei der gewaltsamen Wegnahme ohne Zueignungsabsicht handelte. Er wollte dem O den Wagen nur vorübergehend entziehen, hatte also nicht den Vorsatz dauernder Enteignung.[46] Die Fahrt mit dem Porsche erfüllt den Tatbestand des § 248 b. Stellt man nicht auf das Fahrzeug, sondern ausschließlich auf das im Tank vorhandene und dem O gehörende Benzin ab, ergibt sich eine andere strafrechtliche Beurteilung: Zusammen mit dem Fahrzeug hat T auch dieses Benzin dem O weggenommen. Da er den Kraftstoff – zumindest teilweise – verbrauchen und somit dem O endgültig entziehen wollte, hatte er auch Enteignungsvorsatz. Also scheint einer Bestrafung aus § 249 bzw. – wenn T ohne Gewaltanwendung weggenommen hätte – § 242 nichts entgegenzustehen.[47] Die Konsequenz wäre jedoch, dass § 248 b I auf Grund der Subsidiarität nicht zum Zuge käme. Dies wäre immer so, wenn der Täter bei der unbefugten Benutzung eines Fahrzeugs Treibstoff und/oder sonstige den Fahrzeugbetrieb ermöglichende Substanzen verbraucht. § 248 b träte stets zurück und wäre so gut wie unanwendbar. Zur Vermeidung dieses Ergebnisses erklärt die h. M. den Treibstoffverbrauch für strafrechtlich irrelevant, behandelt diesen Umstand also so, als wäre er nicht vorhanden.[48] T ist demnach nur aus § 248 b, sowie aus § 223 und § 240 strafbar.

Zu dieser h. M. ist kritisch anzumerken: Das Bestreben, den Straftatbestand § 248 b in der praktischen Rechtsanwendung nicht zu einer vernachlässigbaren Größe schrumpfen zu lassen und zu diesem Zweck die Augen vor der Verwirklichung der an sich vorrangigen Straftatbestände zu verschließen, ist verständlich. Strafrechtsdogmatisch ist eine solche Konsumtion des schwereren Tatbestandes durch den ihn begleitenden milderen Tatbestand jedoch fragwürdig. Insbesondere ergeben sich **Wertungswidersprüche** im Verhältnis zu Fällen, in denen der Täter „nur" Benzin entwendet, um dieses dann mit seinem eigenen Fahrzeug zu verbrauchen.

---

[45] BGH, GA 1960, 182 (183), OLG Celle, NJW 1953, 37 (38); Vogler (1979), 715 (731).
[46] Zur umstrittenen Strafbarkeit aus §§ 253, 255 vgl. 10.2.1.5.2.
[47] Ranft (1984), 277 (282).
[48] BGHSt 14, 386 (389).

Beispiele

1. Mit einer speziellen Absaugvorrichtung saugt T 25 L Benzin aus dem Tank des dem O gehörenden Pkw. Dieses Benzin füllt T in den Tank seines eigenen Pkw, mit dem er sodann davonfährt.

2. Mit einem 5 L fassenden Kanister in der Hand und einer geladenen Pistole in der Hosentasche geht T zur Tankstelle des O, füllt dort den Behälter mit Benzin und entfernt sich, ohne das getankte Benzin bezahlt zu haben. Als O sich dem T in den Weg stellt und Bezahlung verlangt, zieht T seine Pistole und hält sie dem O drohend vor die Nase.

In **Beispiel 1** hat sich T zweifellos aus § 242, nicht aber aus § 248 b strafbar gemacht. Eine Verdrängung des § 242 durch § 248 b kommt also nicht in Betracht. Hätte T dagegen das Benzin in dem Wagen des O gelassen und wäre er statt mit dem eigenen mit dem Wagen des O gefahren, drohte ihm nach h. M. nur Strafe aus § 248 b, falls er den Wagen des O ohne Zueignungsabsicht weggenommen hätte. Die Tat, mit der der Täter dem Eigentümer das Benzin endgültig und den Pkw vorübergehend entzieht, würde milder bestraft als die Tat, mit der der Täter dem Eigentümer nur das Benzin endgültig entzieht und den Pkw im übrigen unangetastet lässt. Dies ist ein Wertungswiderspruch.[49] Wer dennoch an der h. M. festhält, kann diesen Widerspruch bei der Beurteilung des Beispiels 1 nur dadurch abmildern, dass er den T aus § 242 verurteilt, bei der Strafzumessung jedoch das mildere Strafniveau des § 248 b beachtet und ihm eine Art „Sperrwirkung" zuschreibt. T dürfte dann aus § 242 nicht schwerer bestraft werden als er aus § 248 b bestraft würde, wenn er den Pkw des O unbefugt benutzt und dabei die 25 L Benzin verbraucht hätte. Diese Methode lässt sich aber nicht immer durchführen, wie **Beispiel 2** zeigt: Geht man davon aus, dass die Entwendung des Benzins den Tatbestand des Diebstahls erfüllt, stellt sich die anschließende Gewaltanwendung gegen O als schwerer räuberischer Diebstahl (§§ 252, 250 I Nr. 1 a, II Nr. 1) dar. Dessen Strafrahmenuntergrenze liegt aber zwei Jahre über der Strafrahmenobergrenze des § 248 b. Daran kommt man auch mit einer Sperrwirkung des § 248 b nicht vorbei.

4.2 Entziehung elektrischer Energie, § 248 c StGB

4.2.1 Allgemeines

4.2.1.1 Rechtsgut

Der Straftatbestand § 248 c schützt das zum **Vermögen** seines Inhabers gehörende eigentumsähnliche Herrschaftsrecht über die elektrische Energie. Da die Energie keine Sache ist, gibt es daran kein Eigentum.[50] Aus diesem Grund lässt sich der unbefugte Zugriff auf fremder Herrschaft unterliegende elektrische Energie nicht mit § 242 oder § 246 strafrechtlich erfassen. § 248 c hat also lückenfüllende Funktion.

---

[49] Zu einer ähnlichen Konstellation lesenswert Maurach (1962), 380 (381).

[50] RGSt 29, 111 (112); 32, 165 (184); OLG Celle, MDR 1969, 597.

4.2.1.2   Abgrenzung zu Diebstahl und Unterschlagung

Folgt man der nicht unbestrittenen Auffassung, dass der elektrische Strom **keine Sache** ist,[51] scheitert die Subsumtion der „Stromentwendung" unter § 242 bereits im objektiven Tatbestand an mehreren Stellen: Das Objekt der Tat ist keine bewegliche Sache, es kann daher auch nicht fremd – im Sinn von „in fremdem Eigentum stehend" – sein und es kann nicht weggenommen werden. Auch der objektive Tatbestand der Unterschlagung verschließt sich der Tat wegen ihrer Inkompatibilität mit den Tatobjektsmerkmalen des § 246. Darüber hinaus ist auch die Erfüllung des Merkmals „Zueignung" ausgeschlossen, da man sich Objekte nicht zueignen kann, die nicht eigentumsfähig sind.

4.2.1.3   Systematik

Die Vorschrift § 248 c enthält zwei verschiedene Straftatbestände: In Absatz 1 ist der **Grundtatbestand** normiert, Absatz 4 Satz 1 regelt einen **Privilegierungstatbestand**. Ein Unterschied zwischen den beiden Tatbeständen besteht lediglich auf der Ebene des subjektiven Tatbestandes (s. u. 4.2.3).

4.2.2   Grundtatbestand, § 248 c I StGB

4.2.2.1   Objektiver Tatbestand

4.2.2.1.1   Allgemeines

Der objektive Tatbestand hat eine **diebstahlsähnliche Struktur:** Die elektrische Energie ersetzt die „Sache",[52] das Fremdheits-Merkmal haben § 242 und § 248 c gemeinsam, die elektrische Anlage oder Einrichtung entspricht dem „Gewahrsams"-Element der Wegnahme und die Entziehung mittels eines irregulären Leiters ist das energiebezogene Gegenstück zur sachbezogenen Wegnahme.

4.2.2.1.2   Fremde elektrische Energie

Was **Elektrizität** ist, erklärt uns die Physik. Auf deren Kriterien nimmt der Gesetzesbegriff Bezug[53], der sich daher einer spezifisch juristischen Definition entzieht. Da die elektrische Energie keine Sache und somit nicht eigentumsfähig ist,[54] kann im vorliegenden Zusammenhang nicht derselbe Fremdheits-Begriff zugrundegelegt werden wie bei §§ 242, 246 und 249. **Fremd** bedeutet hier nicht „in fremdem Eigentum stehend". An elektrischem Strom lässt sich aber eine eigentumsähnliche Herrschafts-, Verfügungs- und Nutzungsrechtsstellung begründen. Für den, der wie der Eigentümer einer Sache das Recht hat, die elektrische Energie für eigene Zwecke zu nutzen und andere von der Nutzung auszuschließen, ist die elektrische Energie nicht

---

[51] Aus diesem Grund wurde § 248 c zur Schließung einer Strafbarkeitslücke durch Gesetz vom 9. 4. 1900 in das StGB eingefügt.

[52] Ranft (1984), 1(3).

[53] Kindhäuser (2014), § 8 Rn. 3; Münchener Kommentar-Hohmann (2012), § 248 c Rn. 5.

[54] OLG Celle, MDR 1969, 597.

fremd. Das sind die Stromerzeuger, Versorgungsunternehmen und bezugsberechtigten Verbraucher. Fremd ist die elektrische Energie für alle anderen Menschen.[55]

4.2.2.1.3   Elektrische Anlage oder Einrichtung

Die elektrische Energie ist zwar selbst keine Sache, im Zeitpunkt der Tat aber mit einer Sache verbunden, von der sie durch die Tat – das Entziehen – getrennt wird. Diese Sache ist die Anlage oder Einrichtung, worunter man **Vorrichtungen** versteht, die der Erzeugung, Speicherung, Zusammenführung und/oder Übertragung elektrischen Stroms dienen.[56] Anlagen haben dauerhafte, Einrichtungen vorübergehende Natur.[57]

4.2.2.1.4   Entziehen

Die elektrische Energie ist mit der Anlage oder Einrichtung so verbunden, dass sie von dem, der die Herrschaft über die Anlage oder Einrichtung hat, genutzt werden kann. „Entziehen" ist eine Technik, mittels derer die Verbindung mit der Anlage oder Einrichtung aufgehoben wird, ohne dass sich an deren Substanz etwas ändert. Der Erfolg des Entziehens ist also ein **Energieverlust**,[58] aber keine Sachbeschädigung an der Anlage oder Einrichtung.[59] Beim Empfänger bewirkt das Entziehen einen Energiezufluss. Manipulationen am Stromzähler, die zur Folge haben, dass ein niedrigerer als der tatsächliche Stromverbrauch angezeigt wird, sind keine Entziehung von elektrischer Energie.[60]

4.2.2.1.5   Leiter

Das Instrument, mit dem die elektrische Energie der Anlage oder Einrichtung entzogen wird, ist ein Leiter, der die physikalischen Eigenschaften hat, die zum Transport der in der Anlage oder Einrichtung erzeugten oder gespeicherten elektrischen Energie erforderlich sind.[61] Der Verbrauch oder die Entnahme elektrischer Energie ohne Leiter wird von dem Tatbestand nicht erfasst. Der Leiter darf **nicht zur ordnungsmäßigen Energieentnahme** bestimmt sein.[62] Die Bestimmung zur Energieentnahme richtet sich nach dem Willen desjenigen, der das Verfügungsrecht über die elektrische Energie hat.[63] Dessen Einverständnis mit der Tat schließt also schon die objektive Tatbestandsmäßigkeit aus. Zu unterscheiden ist die Benutzung eines

---

[55] Münchener Kommentar-Hohmann (2012), § 248 c Rn. 6.

[56] Kindhäuser (2014), § 8 Rn. 4, Münchener Kommentar-Hohmann (2012), § 248 c Rn. 9.

[57] Gössel (1996), § 18 Rn. 42.

[58] Gössel (1996), § 18 Rn. 43; Münchener Kommentar-Hohmann (2012), § 248 c Rn. 10.

[59] RGSt 32, 165 (190).

[60] RGSt 74, 243 (244).

[61] Kudlich et al. (2012), 265 (267); Ranft (1984), 1 (3).

[62] Hinsichtlich der Parallelität zum Merkmal „falscher Schlüssel oder anderes nicht zur ordnungsgemäßen Öffnung bestimmtes Werkzeug" (§ 243 I 2 Nr. 1) vgl. RGSt 74, 243 (245).

[63] RGSt 39, 436 (438); 74, 243 (245); Gössel (1996), § 18 Rn. 46; Kindhäuser (2014), § 8 Rn. 6; Mahnkopf (1982), 885 (886).

nichtordnungsmäßigen Leiters von der unbefugten Benutzung eines ordnungsmäßigen Leiters. Im letzteren Fall greift § 248 c nicht ein.[64]

Beispiel

Während sein Nachbar O verreist ist, schleicht sich T in dessen Haus, schaltet im Wohnzimmer den Fernsehapparat ein und schaut sich einen Spielfilm an. Ein anderer Nachbar N betritt ebenfalls das Haus des O, steckt in eine der Steckdosen ein Verlängerungsstromkabel und verbindet es mit seinem eigenen Fernsehapparat, den er dann den ganzen Abend auf Kosten des O laufen lässt.

Sowohl T als auch N hat elektrische Energie verbraucht, die dem O zusteht und von ihm bezahlt werden muss. Aber nur N hat dabei einen Leiter benutzt und die elektrische Energie dem O entzogen. T dagegen hat sich die Leistung eines dem O gehörenden elektrisch betriebenen Gerätes angemaßt, ohne elektrische Energie aus dem Stromkreislauf im Haus des O abzuzweigen. Daher hat sich N aus § 248 c – und aus § 123 I – strafbar gemacht. T ist nur aus § 123 I strafbar[65].

4.2.2.2 Subjektiver Tatbestand

4.2.2.2.1 Vorsatz

Der subjektive Tatbestand des § 248 c hat dieselbe **zweigliedrige Struktur** wie der subjektive Tatbestand des § 242: Er besteht aus dem Vorsatz (§ 15) und der Zueignungsabsicht. Jede Vorsatzform ist tatbestandsrelevant, also auch der dolus eventualis. Die irrtümliche Vorstellung, elektrischer Strom sei eine Sache, ist ein Subsumtionsirrtum, der weder Strafbarkeit wegen untauglichen Diebstahlsversuchs begründet noch den Vorsatz bezüglich der Entziehung elektrischer Energie ausschließt.

4.2.2.2.2 Zueignungsabsicht

Bei der Auslegung dieses Merkmals ist zu beachten, dass die elektrische Energie keine Sache und daher kein Objekt von Eigentum ist. Deshalb ist der Ausdruck „zueignen" im Kontext des § 248 c etwas inadäquat. Dennoch lässt sich alles, was zur Erläuterung der Zueignungsabsicht beim Diebstahl zu sagen ist, auch auf das gleichnamige Merkmal des § 248 c übertragen.[66] Man muss nur jeweils den Bezug des Begriffs „Zueignung" zum Eigentum bzw. zur Eigentümerstellung **modifizieren** und den spezifischen Gegebenheiten des § 248 c sprachlich anpassen.[67] Das hinter der Zueignungsabsicht stehende Ziel des Täters ist also nicht die Erlangung einer eigentümergleichen Position, sondern die Erlangung einer Position, die der des zur Verfügung über die Elektrizität Berechtigten gleicht.

---

[64] Eisele (2012b), Rn. 295; Mahnkopf (1982), 885 (886); Kindhäuser (2014), § 8 Rn. 7; Rengier (2014a), § 6 Rn. 10.

[65] Rengier (2014a), § 6 Rn. 11.

[66] OLG Hamburg, MDR 1968, 257.

[67] Münchener Kommentar-Hohmann (2012), § 248 c Rn. 15.

4.2.3   Privilegierungstatbestand, § 248 c IV 1 StGB

Der Tatbestand des § 248 c IV 1 unterscheidet sich von dem Tatbestand des § 248 c I nur durch das Merkmal, welches in Absatz 4 Satz 1 ausdrücklich erwähnt ist. Da 248 c IV 1 zum objektiven Tatbestand des Delikts keine Aussage macht, ist der objektive Tatbestand des privilegierten Delikts mit dem des § 248 c I identisch. Auch das Vorsatzelement des subjektiven Tatbestandes bleibt in § 248 c IV 1 unverändert erhalten. Die einzige Abweichung der beiden Tatbestände betrifft also das zweite subjektive Tatbestandsmerkmal: Die Zueignungsabsicht des § 248 c I entfällt in § 248 c IV 1 und wird durch die Schädigungsabsicht ersetzt. Dadurch erhält dieser Tatbestand eine sachbeschädigungsähnliche Gestalt. Die Strafrahmenmilderung entspricht dem Sanktionsgefälle, das zwischen § 303 und § 242 besteht. Auch die Sachbeschädigung ist verglichen mit dem Diebstahl eine privilegierte Eigentumsverletzung.

Kontrollfragen

1. Welche Rechtsgüter werden von § 248 b StGB geschützt? (4.1.1.1)
2. Wie unterscheidet sich die unbefugte Ingebrauchnahme von Fahrzeugen von Diebstahl und Unterschlagung? (4.1.1.2)
3. Welche Art der Fahrzeugbenutzung ist vom Tatbestand des § 248 b erfasst? (4.1.2.1.3)
4. Warum fallen Vollendung und Beendigung der unbefugten Ingebrauchnahme auseinander? (4.1.2.1.3)
5. Kann der Eigentümer des Tatfahrzeugs Täter eines unbefugten Fahrzeuggebrauchs sein? (4.1.2.1.4)
6. Welche strafrechtsdogmatische Bedeutung hat die Zustimmung des Berechtigten zu der Fahrzeugbenutzung? (4.1.2.1.5)
7. Welche strafrechtsdogmatische Bedeutung hat die mutmaßliche Zustimmung des Berechtigten zu der Fahrzeugbenutzung? (4.1.2.3.1)
8. Kann der Tatbestand des § 248 b in mittelbarer Täterschaft verwirklicht werden? (4.1.3.1)
9. Welche Konkurrenzform wird durch die „Subsidiaritätsklausel" geregelt? (4.1.4.1.2)
10. Welches Konkurrenzverhältnis besteht zwischen der unbefugten Fahrzeugbenutzung und dem damit einhergehenden Kraftstoff- und Schmiermittelverbrauch? (4.1.4.2)
11. Warum ist die Entziehung elektrischer Energie nicht als Diebstahl oder Unterschlagung strafbar? (4.2.1.2)
12. Wie unterscheiden sich die Begriffe „fremd" in § 242 und in § 248 c? (4.2.2.1.2)
13. Wonach richtet sich die Bestimmung zur „ordnungsmäßigen Entnahme von Energie"? (4.2.2.1.5)
14. Woraus besteht der subjektive Tatbestand der Entziehung elektrischer Energie? (4.2.2.2)
15. In welchem Verhältnis stehen § 248 c I und § 248 c IV 1 zueinander? (4.2.3)

Literatur

Arzt G, Weber U, Heinrich B, Hilgendorf E. Strafrecht Besonderer Teil. 2. Aufl. 2009.

Beulke W. Strafprozeßrecht. 12. Aufl. 2012.

Ebert. Zur Strafbarkeit ungetreuer Kraftfahrzeugmieter. DAR; 1954. 291.

Eisele J. Strafrecht Besonderer Teil II. 2. Aufl. 2012b.

Fahl. Der strafbare Vollrausch (§ 323 a StGB). JuS; 2005. 1076.

Fischer T. Strafgesetzbuch. 61. Aufl. 2014.

Franke. Zur unberechtigten Ingebrauchnahme eines Fahrzeugs (§ 248 b). NJW; 1974. 1803.

Geerds. Einwilligung und Einverständnis des Verletzten im Strafgesetzentwurf, ZStW 72; 1960. 42.

Gössel KH. Strafrecht Besonderer Teil. Bd. 2. 1996.

Heinrich B. Strafrecht Allgemeiner Teil. 4. Aufl. 2014.

Hellmann U. Strafprozessrecht. 2. Aufl. 2005.

Kindhäuser U. Strafrecht Besonderer Teil II. 2. Aufl. 2014.

Kudlich. „Zweistufige" mittelbare Täterschaft bei Verursachung einer Notwehrlage. JuS; 2000. L 49.

Kudlich/Oglakcioglu. Strom-„Diebstahl" durch die Manipulation von Stromzählern. Festschrift für Imme Roxin. 2012. S. 265.

Lackner K, Kühl K. Strafgesetzbuch. 28. Aufl. 2014.

Lenckner. Die Einwilligung Minderjähriger und deren gesetzlicher Vertreter, ZStW 72; 1960. 446.

Ludwig I, Lange J. Mutmaßliche Einwilligung und willensbezogene Delikte – Gibt es ein mutmaßliches Einverständnis? JuS; 2000. 446.

Mahnkopf. Forum: Probleme der unbefugten Telefonbenutzung. JuS; 1982. 885.

Maurach. Besorgter Brief an einen künftigen Verbrecher. JZ. 1962.

Maurach R, Schroeder F-C, Maiwald M. Strafrecht Besonderer Teil 1. 10. Aufl. 2009.

Münchener Kommentar zum Strafgesetzbuch. Bd. 4. 2. Aufl. 2012.

Ranft. Grundfälle aus dem Bereich der Vermögensdelikte. JA; 1984. 1.

Rengier R. Strafrecht Besonderer Teil I. 16. Aufl. 2014a.

Schmidhäuser. Anm. AG München, Beschl. v. 31.10.1985 – 462 Cs 262 Js 53795/85. NStZ; 1986. 460.

Schmidhäuser. Anm. OLG Schleswig, Beschl. v. 20.1.1989 – 1 Ss 527/88. NStZ; 1990. 341.

Schönke A, Schröder H. Strafgesetzbuch. 29. Aufl. 2014.

Vogler. Funktion und Grenzen der Gesetzeskonkurrenz. Festschrift für Bockelmann; 1979. 715.

Wessels J, Beulke W, Satzger H. Strafrecht Allgemeiner Teil. 43. Aufl. 2013a.

Wessels J, Hillenkamp T. Strafrecht Besonderer Teil 2. 36. Aufl. 2013c.

Teil II
Delikte gegen das Vermögen

Betrug, § 263 StGB

5

Inhaltsverzeichnis

5.1   Allgemeines

5.1.1   Rechtsgut

Der in § 263 geregelte Betrug ist ein Vermögensdelikt, geschütztes Rechtsgut ist also das **Vermögen**. Anders als bei der dem Betrug strukturell sehr ähnlichen Erpressung steht im Schutzbereich des Betrugstatbestandes neben dem Vermögen kein weiteres Rechtsgut. Zwar wird beim Betrug ebenso wie bei der Erpressung der Angriff auf das Vermögen durch Einwirkung auf die Willensbildung eines Menschen ausgeführt.[1] Mittel dieser Willensbeeinflussung ist aber nicht die Entfaltung von Zwang (durch Gewalt oder Drohung), sondern die Irreführung (durch Täuschung). Während die Freiheit von Zwang als eigenständiges Schutzgut im Strafrecht anerkannt und in § 240 sowie weiteren Tatbeständen als Angriffsziel tatbestandsmäßigen Handelns konkret normiert ist, trifft dies – jedenfalls nach deutschem Recht[2] – auf die Freiheit von Täuschung, List oder Irreführung nicht zu.[3]

---

[1] Schröder (1941), 33 (35); Schröder (1966), 471 (472); Cramer (1968), 207.

[2] Anders im österreichischen Strafrecht, vgl. § 108 öStGB.

[3] BGHSt 16, 220 (221); 16, 321 (325); OLG Karlsruhe, NJW 1976, 902 (903); KG, JR 1998, 434 (438); Arzt (1999), 431 (443); Geppert (1999b), 525 (537); Hellmann (2014), 691 (694); Herzberg (1972b), 570 (573); Kargl (2002), 613 (614); Schmoller (1991), 117 (123).

© Springer-Verlag Berlin Heidelberg 2015   255
W. Mitsch, *Strafrecht, Besonderer Teil 2*, Springer-Lehrbuch,
DOI 10.1007/978-3-662-44934-9_5

In der Kriminalitätswirklichkeit werden viele Betrugstaten unter speziellen Rahmenbedingungen begangen, die die Einordnung der Tat in die Kategorie der „**Wirtschaftskriminalität**" rechtfertigen.[4] Betrug ist ein klassischer und praktisch außerordentlich wichtiger Wirtschaftsstraftatbestand, vgl. § 74 c I Nr. 6 GVG. Daraus folgt nicht, dass mit der „Wirtschaft" oder dem „Interesse an störungsfreiem Wirtschaftsverkehr" ein zweites Schutzgut des Betrugstatbestandes neben dem Vermögen erscheint.[5] Denn nicht jeder Betrug ist ein Wirtschaftsdelikt. Es müssen zu der Erfüllung der Strafbarkeitsvoraussetzungen des § 263 noch besondere Tatumstände hinzukommen, um die konkrete Betrugstat der Wirtschaftskriminalität zurechnen zu können.[6] Da das recht häufig der Fall ist, findet § 263 praktisch in jeder kriminalpolitischen oder kriminalwissenschaftlichen Beschäftigung mit dem Phänomen „Wirtschaftsdelinquenz" Erwähnung.[7]

5.1.2 Systematik

5.1.2.1 Systematik der Betrugsregelung

Es gibt im 22. Abschnitt des Besonderen Teils nur **einen Betrugstatbestand** (§ 263), daneben zahlreiche betrugsähnliche Tatbestände. Seit 1. 4. 1998 existiert mit § 263 V ein **qualifizierter** Betrugstatbestand. Privilegierungstatbestände kennt das StGB zumindest im eigentlichen systematischen Bezirk der Betrugsregelung nicht. Außerhalb des 22. Abschnitts stößt man auf den Straftatbestand „Gebührenüberhebung" in § 352, einen Deliktstyp, der als „privilegierender Sondertatbestand des Betruges" klassifiziert wird und § 263 verdrängt.[8]

5.1.2.2 Verhältnis des § 263 zu anderen Straftatbeständen
5.1.2.2.1 Betrugsähnliche Delikte

Das Charakteristikum des Betrugs ist der Einsatz der **Unwahrheit** als Mittel eines Angriffs auf fremdes **Vermögen**. Der Betrüger ist ein Lügner und ein Vermögensbeschädiger. Betrugsähnliche Straftatbestände erkennt man deshalb daran, dass sie diese beiden Elemente ebenfalls, aber in abgewandelter oder verkümmerter Form, zur Basis ihrer Deliktsbeschreibung machen.[9] Diese Straftatbestände verdanken ihre Existenz daher überwiegend der Überlegung, dass bestimmte strafwürdige Verhaltensweisen mit betrugsähnlicher Unrechtsgestalt vom klassischen Betrugstatbestand nicht erfasst werden, weil § 263 mehr verlangt, als die zu bestrafende Tat erfüllt. Insbesondere neuere Entwicklungen in der Computer- und Wirtschafts-

---

[4] Wittig (2014), § 14 Rn. 1.

[5] Zur Definition eines speziellen Rechtsguts der Wirtschaftsstraftaten vgl. z. B. Baumann (1983), 935 (937).

[6] Zu diesen Merkmalen vgl. z. B. Schwind (2013), § 21 Rn. 13 ff.

[7] Arzt et al. (2009), § 19 Rn. 17.

[8] BGHSt 2, 35 (37); BGH, NStZ 2009, 506; OLG Düsseldorf, NJW 1989, 2901; Arzt et al. (2009), § 49 Rn. 63.

[9] Maurach et al. (2009), § 41 Rn. 16.

kriminalität gaben Anlass zur Einführung neuer Straftatbestände, die dem § 263 nachempfunden sind, mit ihm teilweise übereinstimmen und nur in einzelnen Merkmalen von ihm abweichen.

Den höchsten Kongruenzgrad mit § 263 weist der durch das 2. WiKG neu geschaffene Tatbestand „**Computerbetrug**" (§ 263 a) auf. Die von diesem Tatbestand erfassten Taten lassen sich nur deswegen nicht unter § 263 subsumieren, weil der Betrug täuschende Einflussnahme auf die Willensbildung eines Menschen ist,[10] während es beim Computerbetrug um die „Täuschung" einer EDV-Anlage geht.[11] Nur das Täuschungsmerkmal des § 263 ist in § 263 a modifiziert worden, im Übrigen stimmen die beiden Tatbestandsbilder überein. Ähnlich ist das Verhältnis zwischen Betrug und „**Leistungserschleichung**" (§ 265 a). Bei dieser Tat verschafft sich der Täter einen Vorteil durch Überlistung einer Kontrolleinrichtung, ohne dabei einen Menschen zu täuschen. Die Rolle, die in § 263 der getäuschte Mensch spielt, übernimmt in § 265 a ein Automat oder eine sonstige sächliche Schutz- und Kontrollvorrichtung.

Gemeinsames Kennzeichen der anderen betrugsähnlichen Straftatbestände ist der ihnen immanente „Vorverlagerungseffekt".[12] Verglichen mit dem Betrug setzt bei diesen Delikten die Vollendungsstrafbarkeit an einem früheren Punkt ein, die Strafbarkeit ist also gegenüber der Betrugsstrafbarkeit vorverlagert. Die Tatbestände besetzen das „Vorfeld des Betrugs".[13] Gesetzgebungstechnisch wurde dieser Effekt durch den Verzicht auf wenigstens ein Tatbestandsmerkmal erreicht, von dessen Erfüllung bei § 263 die Strafbarkeit wegen vollendeten Betrugs abhängt. Es handelt sich um das Merkmal „Vermögensschaden". Vollendeter Betrug liegt erst vor, wenn das Vermögen eines anderen beschädigt worden ist (s. u. 5.2.1.5.1). Bei den betrugsähnlichen Tatbeständen „**Subventionsbetrug**" (§ 264), „**Kapitalanlagebetrug**" (§ 264 a) und „**Kreditbetrug**" (§ 265 b) braucht der Eintritt eines Vermögensschadens nicht abgewartet zu werden. Zur Vollendung dieser Delikte bedarf es nur einer betrügerischen Handlung. Der betrügerische Erfolg ist nicht Bestandteil des objektiven Tatbestandes.

Noch weiter vorverlegt ist die Strafbarkeit beim – durch das 6. StrRG neugefassten – „**Versicherungsmißbrauch**" (§ 265). Hier ist nicht einmal eine Täuschungshandlung gegenüber dem zu schädigenden Versicherungsunternehmen erforderlich. Materiell ist der Versicherungsbetrug die Vorbereitung eines Betruges iSd § 263, die in § 265 zum formell vollendeten Verbrechen aufgewertet worden ist.[14] Die im Verhältnis zu § 263 härtere Strafdrohung des § 265 a. F. beruhte darauf, dass durch den Versicherungsbetrug ein anderes Rechtsgut beeinträchtigt wird als durch den Betrug des § 263.[15]

---

[10] Zur Täuschung im (automatisierten) Mahnverfahren BGH, NStZ 2012, 322 (323).

[11] Maurach et al. (2009), § 41 Rn. 227.

[12] Maurach et al. (2009), § 41 Rn. 159.

[13] Arzt et al. (2009), § 21 Rn. 56.

[14] BGHSt 11, 398 (401); Maurach et al. (2009), § 41 Rn. 196.

[15] BGHSt 25, 261 (262); 35, 261 (262).

Einem langjährigen Streit um die Strafbarkeit sogenannter „Submissionsabsprachen" aus § 263 verdankt der neue betrugsähnliche Straftatbestand „**Wettbewerbs-
beschränkende Absprachen bei Ausschreibungen**" (§ 298) seine Entstehung.
Während der BGH derartige Verhaltensweisen zuletzt als von § 263 erfasst ansah,[16]
lehnte die überwiegende Literatur dies ab.[17] Der Gesetzgeber hat mit der Schaffung
des neuen Straftatbestandes die Strafwürdigkeit der Submissionskartelle anerkannt
und zugleich den Streit im Sinne der Literaturauffassung entschieden.

Das wichtigste betrugsähnliche Delikt des Nebenstrafrechts ist die **Steuerhinterziehung** gem. § 370 AO.[18] Der Tatbestand dieses Steuervergehens ist dem des
Betrugs sehr ähnlich,[19] mitunter wird daher von „Steuerbetrug" gesprochen.[20] Häufig werden deshalb durch ein und dieselbe Handlung beide Tatbestände erfüllt sein.
Ist dies der Fall, geht § 370 AO als lex specialis vor, d. h. § 263 wird verdrängt und
taucht im Schuldspruch (§ 260 IV 1, 2 StPO) des Strafurteils nicht auf.

5.1.2.2.2 Sonstige Delikte

Spezifische Abgrenzungsprobleme wirft der Betrug im Verhältnis zum **Diebstahl**
und zur **Erpressung** auf.[21] Insbesondere von der speziellen Konstellation des
„Dreiecksbetrugs"[22] sehen sich Rechtsprechung und Literatur immer wieder vor
die Frage gestellt, ob der geschädigte Vermögensinhaber einem Betrug oder einem
in mittelbarer Täterschaft begangenen Diebstahl zum Opfer gefallen ist.[23] Wie
oben bereits dargelegt wurde, ist in diesem Fall neben den beiden Alternativen der
„Entweder-oder-Entscheidung" als dritte Lösungsmöglichkeit noch eine „Sowohl-
als-auch-Entscheidung" in Erwägung zu ziehen und nach der hier vorgetragenen
Auffassung als vorzugswürdiges Ergebnis anzuerkennen (oben 1.2.1.4.3.3). Die
Abgrenzungsfrage zwischen § 263 und § 253 tritt dann auf, wenn der Täter eine
Drohung ausspricht, deren Einschüchterungskraft durch vorgetäuschte Verwirkli-
chungsfähigkeit oder Verwirklichungsbereitschaft verstärkt werden soll (dazu unten
5.2.1.2.6).

Mit der **Untreue** (§ 266) hat der Betrug seine vermögensschädigende Wirkung
gemeinsam. Eine weitere Parallele besteht darin, dass beide Delikte das betroffene Vermögen von innen heraus schädigen. Sowohl beim Betrug als auch bei der

---

[16] BGHSt 38, 186 ff.

[17] Hefendehl (1993), 805 ff.

[18] Zur Abgrenzung vgl. z. B. BGHSt 36, 100 ff., 40, 109 ff.

[19] Vor allem § 370 I Nr. 1 AO: „... den Finanzbehörden... über steuerlich erhebliche Tatsachen
unrichtige oder unvollständige Angaben macht, ... und dadurch Steuern verkürzt oder für sich oder
einen anderen nicht gerechtfertigte Steuervorteile erlangt."

[20] Arzt et al. (2009), § 20 Rn. 141: „Sonderfall des Betrugs".

[21] Im Lehrbuch von Wessels/Hillenkamp ist dem Thema „Abgrenzung zwischen Betrug und Diebstahl" sogar ein eigenes Hauptkapitel gewidmet, vgl. Wessels et al. (2013), § 15 (= Rn. 622 ff.).

[22] Sehr examensträchtiges Problem: „Betrug oder Diebstahl im Selbstbedienungsladen?"; dazu
z. B. BGHSt 41, 198 ff.

[23] Wessels et al. (2013), Rn. 641.

Untreue nimmt eine in der betroffenen Vermögenssphäre stehende Person Zugriff auf das Vermögen und beschädigt dieses dadurch. Bei der Untreue ist diese Person aber der Täters selbst, während beim Betrug der Täter außerhalb des angegriffenen Vermögensbereichs steht und eine andere Person, die einen Posten innerhalb der Vermögenszone hat, als Werkzeug benutzt. Meistens ist dies der Inhaber des geschädigten Vermögens höchstpersönlich. Weiterhin unterscheiden sich Betrug und Untreue insofern, als der Betrüger mit Bereicherungsabsicht handelt, während dies beim Täter der Untreue nicht der Fall zu sein braucht. Betrug kann also auch als Bereicherungsdelikt klassifiziert werden. Untreue ist dagegen ein reines Vermögensschädigungsdelikt.[24]

5.2 Strafbarkeitsvoraussetzungen des Grundtatbestandes, § 263 I StGB

5.2.1 Objektiver Tatbestand

5.2.1.1 Übersicht
Die textliche Gestaltung des § 263 I kann nicht gerade als gelungen bezeichnet werden.[25] Der Gesetzestext zäumt gewissermaßen das „Pferd von hinten auf", indem zuerst ein subjektives Tatbestandsmerkmal und anschließend das von mehreren objektiven Tatbestandsmerkmalen zuletzt zu prüfende erwähnt werden. Man hätte den § 263 I in folgender Weise wesentlich systematischer formulieren können, ohne an seinem Sinn etwas zu verändern:

> Wer durch Vorspiegelung falscher oder durch Entstellung oder Unterdrückung wahrer Tatsachen einen Irrtum erregt oder unterhält und dadurch das Vermögen eines anderen beschädigt, um sich oder einem Dritten einen rechtswidrigen Vermögensvorteil zu verschaffen,…

Zum objektiven Tatbestand gehören in dieser Fassung der Vorschrift alle Strafbarkeitsvoraussetzungen, die in dem Satz vor dem Komma angesprochen sind. In der geltenden Gesetzesfassung findet man die objektiven Tatbestandsmerkmale in dem Satzteil zwischen dem ersten und dem dritten Komma.

Der objektive Tatbestand setzt sich aus folgenden Merkmalen zusammen: Wer (Täter) – Täuschung (Tathandlung) – Irrtum – Vermögensverfügung – Vermögensschaden. Das Merkmal „**Vermögensverfügung**" ist im Gesetzeswortlaut nicht explizit enthalten. Denkt man aber einmal über das zwischen der Vermögensbeschädigung und den Täuschungsmerkmalen (Vorspiegelung usw.) eingeschobene Wörtchen „dadurch" nach, erkennt man, dass dahinter etwas verborgen sein muss, was die Verbindung (Kausalität) zwischen Täuschung und Vermögensschaden herstellt. Dieses „etwas" wird in der Lehre vom Betrug als „Vermögensverfügung"

---

[24] Wessels et al. (2013), Rn. 747.

[25] Geerds (1994), 309; Ranft (1984), 723 (724); Ranft (1992), 66; Schumann (1979), 588; Seelmann (1982), 268.

bezeichnet.[26] Zu den oben genannten Tatbestandsmerkmalen kommen hinzu drei **Kausalbeziehungen** zwischen Täuschung und Irrtum, Irrtum und Vermögensverfügung sowie Vermögensverfügung und Vermögensschaden. Kein objektives Tatbestandsmerkmal ist der **Vermögensvorteil**, auf den der Täter es abgesehen hat. Die Erreichung dieses Ziels ist keine Voraussetzung eines vollendeten Betrugs. Der Betrug ist insofern ein „kupiertes Erfolgsdelikt".[27] Der Täter muß nur mit vorteilsgerichteter Absicht handeln. Daher gehört der Vermögensvorteil zum subjektiven Tatbestand. Die Vorteilsabsicht (Bereicherungsabsicht) ist eine „überschießende Innentendenz".

5.2.1.2 Täuschung
5.2.1.2.1 Oberbegriff

„Täuschung" ist der **Oberbegriff** für die drei alternativ aufgeführten Handlungsformen „Vorspiegelung falscher", „Entstellung wahrer" und „Unterdrückung wahrer" Tatsachen. Auf die Abgrenzung dieser drei Varianten wird in Literatur und Rechtsprechung wenig Wert gelegt, da hier Überschneidungen auftreten und es für die rechtliche Beurteilung der Tat letztlich gleichgültig ist, ob ein täuschendes irreführendes Verhalten als Vorspiegelung, Entstellung oder Unterdrückung zu qualifizieren ist.[28] **Man braucht sich daher nicht auf einen der drei Unterbegriffe festzulegen,** sofern feststeht, dass der Täter über Tatsachen getäuscht hat.[29] „Täuschung" ist eine unwahre Erklärung über Tatsachen, also eine Lüge. Wer Tatsachen vorspiegelt, entstellt oder unterdrückt, macht eine Äußerung über Tatsachen, die mit der Wirklichkeit nicht übereinstimmt, also unwahr ist.

5.2.1.2.2 Täuschungsgegenstand Tatsachen

Gegenstand der täuschenden Äußerung sind Tatsachen.[30] Damit sind Wirklichkeitsausschnitte gemeint, die von den auf sie deutenden Worten unterscheidbar und in ihrer Existenz von den Worten unabhängig sind. Tatsachen können daher **wahrgenommen** werden, ohne dass über sie gesprochen wird. Üblicherweise werden Tatsachen definiert als „einem Beweis zugängliche, konkrete äußere oder innere Geschehnisse oder Zustände der Vergangenheit oder Gegenwart".[31] Keine Tatsachen sind Sprachinhalte, die nicht außerhalb der sie tragenden sprachlichen Zeichen existieren, sondern durch wertende Stellungnahme des Sprechers erst produziert werden. Damit sind alle **Werturteile** und **Meinungsäußerungen** – wozu auch Rechtsansichten gehören[32] – aus dem Täuschungsbegriff und aus dem Betrugstatbe-

---

[26] Eisele (2012), Rn. 520.

[27] Maurach et al. (2009), § 41 Rn. 12.

[28] Eisele (2012), Rn. 521; Maurach et al. (2009), § 41 Rn. 36.

[29] Samson (1978), 469 (471); Volk (1981), 880 (881).

[30] BGH, NStZ 2002, 144 (145); Müller-Christmann (1988), 108 (109); Ranft (2001), 854 (855); Rengier (2000), 644.

[31] Ranft (1984), 723 (724).

[32] OLG Frankfurt, NStZ 1996, 545; Graul (1995), 595 (600); Meurer (1976), 300 (302).

stand ausgegrenzt.[33] Das ist sachgerecht, da Werturteile meistens kein schutzwürdiges Vertrauen begründen. Insbesondere irreführende Werbeaussagen entziehen sich so in großem Umfang der Betrugsstrafbarkeit.[34] Sie können aber nach § 16 UWG strafbar sein.

Allerdings ist die Abgrenzung von betrugsrelevanter Tatsachenbehauptung und betrugsirrelevantem Werturteil häufig sehr schwierig. Vor allem steckt in einer vordergründig als Werturteil erscheinenden Aussage mitunter ein **Tatsachenkern**, über den getäuscht werden kann.[35] Beispielsweise können Rechtsbehauptungen die konkludente Behauptung enthalten, die rechtsbegründenden Tatsachen lägen vor.[36] Es kommt deshalb auf die genaue Auslegung einer Äußerung im konkreten Zusammenhang an, wobei auf den Verständnishorizont des Erklärungsempfängers Rücksicht zu nehmen ist.

Eine weitere Verschränkung von Tatsachenbehauptung und Werturteil ergibt sich daraus, dass die Bewertung bzw. die dahinter stehende Einstellung des Bewertenden zu dem bewerteten Objekt selbst eine Tatsache ist.[37] Wenn jemand über einen Dritten sagt „Der Mann ist gut", dann gibt er damit der Tatsache Ausdruck, dass er einen positiven Eindruck von dem Mann hat. Beurteilt der Sprecher den angeblich guten Mann tatsächlich als „Niete", hat er über diese persönliche Beurteilung getäuscht. Werturteil ist die Aussage „der Mann ist gut", Tatsachenbehauptung ist die in diesem Satz konkludent eingeschlossene Mitteilung „ich halte den Mann für gut". Tatsachen können nämlich auch **innere Vorgänge** – z. B. Gefühle, Absichten – sein, die nur von dem Menschen, in dessen Psyche sie sich abspielen, wahrgenommen werden können.[38] Beispielsweise ist das Vorliegen oder Fehlen der Rückzahlungsbereitschaft bei Aufnahme eines Darlehens eine innere Tatsache, die für den Darlehensgeber von großer Bedeutung ist und an deren wahrheitsgemäßer Mitteilung er erhebliches Interesse hat.[39] Entsprechendes gilt für einen Restaurantbesucher, der in einem Lokal Speisen und Getränke verzehrt und dabei von vornherein die Absicht hat, die Rechnung des Wirtes nicht zu bezahlen. Jeweils spiegelt der Täter Willens- oder Gedankeninhalte vor, die so in seinem Inneren nicht vorhanden sind.[40]

---

[33] RGSt 56, 227 (231); BGHSt 48, 331 (344); OLG Köln, NStZ 2014, 327 (328); Eisele (2012), Rn. 522; Müller-Christmann (1988), 108 (109); Ranft (1984), 723 (724); Rengier (2014), § 13 Rn. 4; Samson (1978), 469 (471).

[34] Samson (1978), 469 (471); Schumann (1979), 588 (590).

[35] BGHSt 48, 331 (344); Müller-Christmann (1988), 108 (109); Samson (1978), 469 (471).

[36] BGHSt 46, 196 (198); 57, 95 (101); BGH, NStZ 2002, 144 (145).

[37] Maurach et al. (2009), § 41 Rn. 31.

[38] RGSt 20, 142 (143); 65, 3 (4); BGHSt 27, 293 (295); 33, 172 (177); 54, 69 (121); BGH, NStZ 2008, 627; Bitzilekis (1999), 29 (32); Hellmann (1988), 73 (74); Ranft (1984), 723 (729); Rengier (2000), 644; Samson (1978), 469 (471); Seelmann (1982), 268.

[39] BGHSt 9, 245 (246); 15, 24 (26); BGH, NStZ 2012, 276; gegen die Betrugsrelevanz innerpsychischer Tatsachen des Erklärenden Bitzilekis (1999), 29 (41).

[40] Maaß (1984), 25 (26).

Tatsachen können nur gegenwärtige oder vergangene Ereignisse, Zustände und Gegebenheiten sein. **Zukünftiges** unterfällt dem Tatsachenbegriff nicht.[41] Zukünftiges „ist" nicht, sondern „wird" – vielleicht. „Zukünftige Tatsachen"[42] gibt es daher nicht. Denn die Vorhersage entzieht sich der Veri- bzw. Falsifizierung, solange sie nicht von der Zeit eingeholt und Gegenwart geworden ist. Aussagen über zukünftige Entwicklungen können daher nicht auf einen Wahrheitsgehalt untersucht werden. Sie gehören in das Reich der Spekulation. Prophezeiungen und Prognosen sind genausowenig vertrauensbildend wie Werturteile. Jedoch gilt auch hier, was schon zur Abgrenzung von Tatsachenbehauptungen und Werturteilen gesagt wurde: Die Erklärung muss ausgelegt werden. Was auf den ersten Blick wie die Ankündigung zukünftigen Geschehens aussieht, beinhaltet möglicherweise Aussagen über Gegenwärtiges oder Vergangenes.[43]

Beispiel

T bittet O um ein Darlehen in Höhe von 10.000 €. O zögert, da er weiß, dass die gegenwärtige Vermögenssituation des T recht ungünstig ist. T versucht die Bedenken des O zu zerstreuen, indem er ihm versichert: „In zwei Monaten werde ich wieder flüssig sein."

Im Zeitpunkt der Erklärung ist die angekündigte Liquidität des T ein **zukünftiges**, also noch nicht reales, sondern potentielles Ereignis. Es ist nicht möglich, die diesbezügliche Behauptung des T gegenwärtig einer Wahrheitsprobe zu unterziehen. Daher kann die Äußerung des T nicht unter die Betrugsmerkmale „falsch" oder „wahr" subsumiert werden. Die Ankündigung des T enthält aber vielleicht unausgesprochen die Mitteilung, dass bestimmte gegenwärtige Umstände die Prognose rechtfertigen, T werde bald wieder zahlungsfähig sein. Da dem Tatsachenbegriff auch Innerpsychisches unterfällt, kann ein solcher gegenwärtiger Umstand auch die ernsthafte Bereitschaft des T sein, alles zu versuchen, um alsbald wieder über Zahlungsmittel zu verfügen und zur Rückzahlung des Darlehens in der Lage zu sein. Eine Täuschung wäre dann zu bejahen, wenn T keineswegs gewillt ist, sich um die Wiederherstellung seiner Zahlungsfähigkeit zu kümmern.[44]

5.2.1.2.3 „Falsche" und „wahre" Tatsachen

Täuschung ist das Gegenteil von Wahrheit. Zentrale Elemente des Täuschungsbegriffs sind daher die Merkmale „falsch" und „wahr". Deren Bezug muss zunächst klargestellt werden, weil der Gesetzgeber den Normtext unsauber formuliert hat: Versteht man unter „Tatsache" etwas, was „tatsächlich" existiert, also Teil der realen Welt ist, kann es keine falschen oder wahren Tatsachen geben![45] Tatsachen

---

[41] RGSt 20, 142 (143); 56, 227 (232); Hellmann (1988), 73 (74); Maaß (1984), 25 (26); Meurer (1976), 300 (302); Seelmann (1982), 268.

[42] Samson (1978), 469 (471).

[43] BGHSt 54, 69 (121); Meurer (1976), 300 (303).

[44] OLG Hamm, NJW 1974, 1957 (1958); Samson (1978), 469 (471).

[45] Bitzilekis (1999), 29 (30); Ranft (1984), 723 (724) Fn. 4; Ranft (1992), 66 Fn. 4.

sind entweder vorhanden oder nicht vorhanden. Zu beiden Zuständen passen die Attribute „falsch" und „wahr" nicht. Es gibt nur falsche (= unwahre) oder wahre **Aussagen über Tatsachen**.[46] Genau das meint der Gesetzgeber mit seiner missglückten Formulierung.

Eine **Tatsachenbehauptung ist falsch**, wenn sie mit einem bestimmten Wirklichkeitsbild nicht übereinstimmt, das als richtiges Wirklichkeitsbild der Rechtsanwendung zugrunde gelegt wird. Die Behauptung ist demzufolge wahr, wenn sie mit diesem maßgebenden Bild der Wirklichkeit übereinstimmt.[47] Zur Feststellung von „falsch" oder „wahr" wird der Inhalt der Erklärung mit der Wirklichkeit verglichen, die sie wiederzugeben vorgibt. Wenn man genauer hinschaut, bezieht sich dieser Vergleich aber auf das subjektive Bild von Wirklichkeit desjenigen, der eine Tat unter die Tatbestandsmerkmale des § 263 subsumiert. Im Strafverfahren sind das die beteiligten Staatsanwälte, Richter, Strafverteidiger, Nebenkläger und der Beschuldigte, in der universitären Strafrechtsausbildung ist das der Studierende. Das Wirklichkeitsbild, von dem letzterer auszugehen hat, ist im Klausursachverhalt gezeichnet.

Ein Irrtum wird mitunter auch durch **wahre** Tatsachenbehauptungen erregt, beispielsweise weil der Erklärungsadressat der Behauptung keinen Glauben schenkt oder die Erklärung falsch versteht. Der Urheber einer solchen Erklärung begeht grundsätzlich keine Täuschung[48] und ist auch nicht zur irrtumsverhindernden oder -beseitigenden Aufklärung verpflichtet.[49] Für das richtige Verstehen einer wahrheitsgemäßen Äußerung ist der Empfänger verantwortlich. Ausnahmsweise können aber auch wahre Äußerungen Täuschungsqualität haben, wenn sie **zur Irreführung geeignet** sind und „auf den ersten Blick" etwas anderes – unwahres – aussagen als bei genauerem Hinsehen.[50] Erst allmählich bekommt die Betrugsdogmatik diese Thematik in den Griff, da sie überwiegend durch neuartige Erscheinungsformen unlauterer Geschäftsgebaren erzeugt wird. Die Rechtsprechung hat es in diesem Zusammenhang z. B. mit „rechnungsähnlichen Vertragsofferten",[51] „Kostenfallen im Internet"[52] und „Ping-Anrufen"[53] zu tun.

„Falsch" und „wahr" sind objektive Tatbestandsmerkmale und daher als objektive Abweichung von oder Übereinstimmung mit dem maßgebenden Wirklichkeitsbild aufzufassen. Es spielt keine Rolle, ob der Täter selbst seine Aussage für wahr oder unwahr hält. Der Täuschungsbegriff enthält entgegen dem wohl in der Strafrechtslehre herrschenden Verständnis **keine subjektive Komponente**.[54] Auch wer

---

[46] Kargl (2002), 613 (616).

[47] Schumann (1979), 588.

[48] Geisler (2002), 86 (87); Kindhäuser et al. (2006), 193 (195).

[49] Schröder (1974), 153 (156); Schumann (1979), 588 (590).

[50] BGHSt 47, 1 (6); Kargl (2008), 121 (124); Loos (2002), 77 (78).

[51] BGHSt 47, 1 ff.

[52] OLG Frankfurt, MMR 2011, 270 ff.

[53] OLG Oldenburg, wistra 2011, 453 ff.

[54] Fischer (2014), § 263 Rn. 14; Kindhäuser et al. (2006), 193 (194); Krey et al. (2012), Rn. 496; aA RGSt 30, 333 (336); BGHSt 18, 235 (237); 47, 1 (5); OLG Oldenburg, wistra 2011, 453 (454); Eisele (2012), Rn. 521; Kargl (2002), 613 (618); Küper (2012), 286; Otto (2005), § 51 Rn. 14; Rengier (2014), § 13 Rn. 9; Wessels et al. (2013), Rn. 492.

von der Richtigkeit seiner objektiv falschen Behauptung überzeugt ist, begeht eine Täuschung, freilich ohne Vorsatz, § 16 I 1. Wäre nur die bewusst falsche Aussage eine Täuschung, könnte es fahrlässige Täuschungen nicht geben. Dann könnte es aber auch keinen leichtfertigen (grob fahrlässigen) Subventionsbetrug geben, den § 264 III ausdrücklich mit Strafe bedroht.[55]

Beispiel

T betritt die Gastwirtschaft des O und bestellt ein Wiener Schnitzel und ein Bier. Nachdem er aufgegessen hat und bezahlen will, stellt er fest, dass er kein Geld dabei hat.

Nach der Verkehrsanschauung erklärt T mit Aufgabe der Bestellung, er wolle O einen Bewirtungsvertrag schließen, habe Geld dabei und werde nach Verzehr der Speise bezahlen.[56] Diese Erklärung war in einem Punkt objektiv falsch: T hatte kein Geld dabei. Damit weicht der Erklärungsinhalt von der Wirklichkeit ab. Mehr ist für eine „Täuschung" iSd § 263 I nicht erforderlich. Die Unkenntnis des T von der Unrichtigkeit seiner konkludenten Aussage betrifft erst den Vorsatz, also die subjektive Tatbestandsmäßigkeit, §§ 15, 16 I 1.

5.2.1.2.4   Form der Täuschung

5.2.1.2.4.1   Täuschung durch aktives Tun

Täuschung ist die menschliche Äußerung eines unwahren Gedankeninhaltes. Diese Handlung kann in verschiedenen Formen vollzogen werden. Am einfachsten ist die Feststellung einer Täuschung bei einer **expliziten** verbalen Kundgabe. Der Täter bedient sich dabei der Sprache oder sprachähnlicher Ausdrucksmittel (z. B. ein retouchiertes Foto), um einem anderen einen Gedankeninhalt zur Kenntnis zu bringen. Täuschung kann aber auch durch **konkludentes** „beredtes" Verhalten begangen werden, wenn diesem Verhalten nach der Verkehrsanschauung ein bestimmter Erklärungsgehalt beigemessen wird.[57] Die Figur der konkludenten Täuschung hat große praktische Bedeutung, weil betrugsrelevante Äußerungen häufig einen Inhalt haben, der nur zum Teil explizit ist und zu einem anderen Teil als miterklärt hinzugedacht wird, wie z. B. in den Fällen manipulierter Wetten im Profifußball.[58]

---

[55] Diesem Argument hält Hillenkamp (in: Wessels et al. (2013) Rn. 692) entgegen, dass der Tatbestand des § 264 I keine „Täuschung" voraussetze. Das ist aber in Bezug auf § 264 I Nr. 1, auf den § 264 IV auch verweist, kaum vertretbar.

[56] Kindhäuser (2014), § 27 Rn. 18; Rengier (2014), § 13 Rn. 11.

[57] BGHSt 3, 69 (71); 16, 120 (121); 29, 165 (167); 47, 1 (3); 49, 17 (21); 51, 165 (169); 54, 69 (121); OLG Frankfurt, MMR 2011, 270 (271); Ast (2013), 305 (307); Bosch (1999), 410 (413); Eiden (2011), 863 (865); Hecker (2002), 224 (226); Noltenius (2008), 285 (288); Ranft (1984), 723 (724); Rengier (2000), 644; Samson (1978), 469 (472); Seelmann (1982), 268 (269); Trüg et al. (2007), 878.

[58] Engländer (2007), 477 ff.; Fasten et al. (2006), 69 (71); Krack (2007), 103 ff.; Kutzner (2006), 712 (713 ff.); Reinhart (2007), 52 (53); Valerius (2005), 90.

Beispiele

(1) A hat dem X ein Fahrrad gestohlen und verkauft es nun dem gutgläubigen O.
(2) B steigt in das Taxi des O und erklärt „Zum Hauptbahnhof!".
(3) C betritt die Kneipe des O und ruft „Ein Bier!".

A, B und C haben nicht ausdrücklich gesagt: „Das Fahrrad gehört mir", „Ich habe Geld dabei und werde am Hauptbahnhof die Taxifahrt bezahlen", „Ich habe Geld dabei und werde das Bier bezahlen, wenn ich es ausgetrunken habe". Sie haben dies aber konkludent erklärt. Denn wenn jemand im eigenen Namen eine Sache verkauft, gilt dies als **unausgesprochene** Zusicherung, dass der Verkäufer Eigentümer der Sache und daher gem. § 929 S. 1 BGB zur Eigentumsverschaffung in der Lage ist.[59] Steigt jemand in ein Taxi und nennt er dem Fahrer ein Fahrtziel, liegt darin nach der Verkehrsanschauung das **stillschweigende** Angebot des Fahrgastes zum Abschluss eines Beförderungsvertrags sowie das Versprechen, am Ende der Fahrt den Fahrpreis zu entrichten. Bestellt jemand in einem Restaurant ein Bier, gibt er damit zugleich die **wortlose** Erklärung ab, Geld dabei zu haben, mit dem er das Bier bezahlen könne und bezahlen wolle.[60]

5.2.1.2.4.2   Täuschung durch Unterlassen

Es ist anerkannt, dass das Täuschungsmerkmal des Betrugstatbestandes auch durch eine Nicht-Erklärung, also durch das Unterlassen einer Tatsachenbehauptung, verwirklicht werden kann.[61] Die Abgrenzung zu der aktiven Täuschung durch konkludentes Verhalten ist mitunter schwierig.[62] Man sollte jedenfalls stets sorgfältig prüfen, ob ein Verhalten nicht bereits unter dem Gesichtspunkt des schlüssigen Verhaltens als aktives Täuschen qualifiziert werden kann.[63] Dann ist eine Erörterung der Täuschung durch Unterlassen überflüssig und die Frage nach der erforderlichen Garantenstellung iSd § 13 stellt sich nicht.[64] Vor allem die Täuschungsvarianten „Entstellung" und „Unterdrückung" kommen für eine aus Begehungs- und Unterlassungselementen zusammengesetzte Täuschungshandlung in Betracht.[65] Insbesondere das im Kontext einer Erklärung stehende teilweise **Verschweigen** von Informationen kann den Aussagegehalt der Erklärung verfälschen und so die – selbst wahrheitsgemäße – Äußerung in eine Täuschung durch aktives Tun umwandeln.

---

[59] Graul (1999), 562 (566).

[60] Krack (2002), 613 (614); Maaß (1984), 25 (26); Samson (1978), 469 (471).

[61] BGHSt 16, 120 (121); 39, 392 (398); BayObLG, NJW 1987, 1654; Hellmann (1988), 73 (79); Rengier (1989), 802 (805); Samson (1978), 469 (471); Seelmann (1982), 268 (269).

[62] Zutreffend konstatiert Volk (1981), 880 (881): „Die Verhaltenstypen mischen sich, ihre Grenzen verschwimmen."; ähnlich Hellmann (1988), 73 (77); Ranft (1984), 723 (724); Ranft (1992), 66; vgl. auch Fahl (2008), 453 (455).

[63] BGHSt 2, 325 (326); 51, 165 (173); Bosch (1999), 410 (413); Eiden (2011), 863 (866); Eisele (2012), Rn. 528; Rengier (2014), § 13 Rn. 36.

[64] Fahl (2008), 453 (454); Trüg et al. (2007), 878 (882).

[65] Zutreffend weist Ranft (2001), 854 (857) darauf hin, dass die Unterdrückung „ambivalent" ist und sowohl Begehungs- als auch Unterlassungscharakter haben kann.

Denn unwahr ist eine Erklärung auch dann, wenn sie zwar etwas Zutreffendes mitteilt, jedoch unvollständig ist und gleichwohl den Eindruck der Vollständigkeit erweckt. Dadurch wird der Sinn der für sich betrachtet wahren Tatsachenbehauptung „entstellt".[66]

Beispiele

(1) A bewirbt sich im Möbelhaus O um eine Arbeit. Beim Vorstellungsgespräch erklärt er, er habe die letzten zwei Jahre zusammen mit 35 Kollegen in einer großen Tischlerei gearbeitet. Das von seinem Arbeitgeber erhaltene Zeugnis habe er leider verloren. Dass es sich um die Tischlerei einer JVA handelte und A dort als Strafgefangener arbeitete (vgl. §§ 37 ff. StVollzG), teilt A nicht mit.

(2) Gebrauchtwagenhändler B erklärt dem Kaufinteressenten O bei der Besichtigung eines Fahrzeugs, das B dem O verkaufen möchte: „Dieser Wagen war vor einem halben Jahr in einen leichten Unfall verwickelt. Die dabei entstandenen Schäden sind restlos repariert." Diese Angabe ist zutreffend. Dass der Vorbesitzer mit dem Fahrzeug noch einen weiteren Unfall hatte, bei dem der Wagen erheblich beschädigt wurde, sagt B dem O nicht.

A und B haben jeweils bestimmte Erklärungen unterlassen und dadurch möglicherweise den Betrugstatbestand in der Form des unechten Unterlassungsdelikts verwirklicht. Bevor man sich jedoch der dabei auftretenden schwierigen Frage der Garantenstellung (§ 13 I) des A und des B zuwendet, sollte überlegt werden, ob nicht bereits die von A und B abgegebenen Erklärungen in Verbindung mit dem Verschweigen interessanter Tatsachen den Charakter einer Täuschung durch aktives Tun haben. Die Erklärungen als solche sind wahrheitsgemäß und insoweit keine Täuschung. In der konkreten Gesprächssituation könnte den Worten des A und des B aus der Sicht des O („Empfängerhorizont")[67] aber ein weitergehender Aussagegehalt innewohnen.[68]

Hatte der Personalsachbearbeiter des Möbelhauses dem A zu verstehen gegeben, man suche einen Mitarbeiter, der mehrere Jahre Berufserfahrung in der freien Wirtschaft erworben habe, so färbt dies auf die von A gegebene Antwort ab: Seine Mitteilung, er habe zwei Jahre in einer großen Tischlerei gearbeitet, darf dann von dem Erklärungsempfänger dahingehend verstanden werden, dass A in einem Arbeitsverhältnis mit einem privatwirtschaftlichen Unternehmen gestanden habe. Ohne den aufklärenden Hinweis auf die strafvollzugsrechtliche Grundlage der ausgeübten Beschäftigung (vgl. §§ 37, 41, 149 StVollzG) als Tischler ist die Angabe gegenüber dem Möbelhaus also falsch.

Ähnlich verhält es sich mit der Information des B über den Unfallschaden des zum Verkauf stehenden Fahrzeugs. Durfte der Kunde O auf Grund der konkreten Umstände des Verkaufsgesprächs die Aussage des B so interpretieren, dass der

---

[66] Verfehlt daher die auf eine Täuschung durch Unterlassen deutenden Bemerkungen in BayObLG, NJW 1999, 663 (664): „hätte... offenbaren müssen... besonderes Vertrauensverhältnis..." vgl. die treffende Kritik von Rengier (2000), 644 (re. Sp.).

[67] Schröder (1974), 153 (155); Volk (1981), 880 (881).

[68] Schröder (1974), 153 (155).

Pkw nur diesen einen und sonst keinen Unfallschaden hatte, ist die Erklärung unvollständig und der durch sie zusammen mit dem **Verschweigen** des anderen Unfalls hervorgerufene Gesamtaussagegehalt unwahr. Auch hier liegt dann eine Täuschung durch aktives Tun vor. Auf die Täuschung durch Unterlassen braucht dann nicht mehr eingegangen zu werden.[69] Zu beachten ist allerdings, dass den Erklärungsempfänger eine gewisse Sorgfaltsobliegenheit gegenüber sich selbst trifft und er insbesondere bei erkennbar mehrdeutigen Aussagen vorsichtig sein und sich um Aufklärung bemühen muss.[70] Die Verletzung dieser Obliegenheit hat den Verlust des Strafrechtsschutzes zur Folge.

Die Frage nach Täuschung durch Unterlassen stellt sich dann, wenn jemand mehr weiß als ein anderer und dieser Wissensvorsprung des einen bzw. das Informationsdefizit des anderen sich auf das Vermögen des Uninformierten ungünstig auswirkt. Der Informationsvorsprung allein macht die Nichtaufklärung aber noch nicht zu einer Täuschung.[71] Das bloße Ausnutzen eines beim Opfer bereits vorhandenen Irrtums ist kein Betrug.[72] Zu einer Täuschung wird die Unterlassung einer irrtumsbeseitigenden Erklärung erst, wenn eine **Pflicht zur aktiven Aufklärung** besteht.[73] Zweck dieser Aufklärung muss entweder die Verhinderung eines drohenden oder die Beseitigung eines bereits entstandenen betrugsrelevanten Irrtums sein. Erforderlich ist also eine „betrugsspezifische Garantenstellung".[74] Die Nichtverhinderung entspricht der „Erregung", die Nichtbeseitigung entspricht der „Unterhaltung" des Irrtums. Eine Aufklärungspflicht besteht nicht schon dann, wenn nach der Verkehrssitte die Befriedigung eines Informationsbedürfnisses erwartet wird. Vielmehr darf Aufklärung nur erwartet werden, wenn und soweit eine rechtlich begründete Aufklärungspflicht besteht. Aus diesem Grund ist vor allem der Übung, aus „Treu und Glauben" (§ 242 BGB) eine strafbarkeitsbegründende Pflicht zur Informierung abzuleiten,[75] eine Absage zu erteilen.[76] Selbst die ausdrückliche Aufforderung zur Preisgabe von Informationen, z. B. anlässlich der Bewerbung um einen Arbeitsplatz, muss nicht ohne weiteres eine Pflicht zur wahrheitsgemäßen Auskunft begründen. Wenn beispielsweise Fragen eines Arbeitgebers an die potentielle neue Mitarbeiterin nach einer bestehenden oder zu erwartenden Schwangerschaft („Be-

---

[69] Zur Beurteilung dieses Beispiels vgl. auch Volk (1981), 880 (881) rechte Spalte unten; Ranft (1984), 723 (727).

[70] Ranft (1992), 66; Schumann (1979), 588 (590); Seelmann (1982), 268 (269).

[71] RGSt 20, 326 (333); 56, 227 (230); BGHSt 39, 392 (398); Volk (1981), 880 (882).

[72] OLG Köln, NJW 1987, 2527 (2528); Bockelmann (1982), 67; Rengier (2014), § 13 Rn. 19.

[73] BGHSt 46, 196 (202); BGH, wistra 1983, 190; Seelmann (1982), 268 (269); Volk (1981), 880.

[74] Kargl (2008), 121 (123).

[75] BGHSt 6, 198 (199); 33, 244 (246); BGH, NStZ 2003, 554 (555); BGH, NJW 1995, 539 (540); BayObLG, NJW 1987, 1654 (1655); OLG Hamm, NJW 1987, 2245: „besonderes Vertrauensverhältnis"; KG, NZWiSt 2014, 116 (118): „besondere Umstände im zwischenmenschlichen Bereich".

[76] BGHSt 39, 392 (401); Hillenkamp (1988), 301 (302); Kindhäuser et al. (2006), 193 (196); Ranft (1984), 723 (729); Ranft (1992), 66 (67); Ranft (2001), 854 (857); Seelmann (1982), 268 (269).

nutzen Sie Verhütungsmittel?") in einem Personalfragebogen arbeitsrechtlich unzulässig sind,[77] kann das Verschweigen der erfragten Tatsachen nicht als Täuschung durch Unterlassen strafbar sein.

Für die Pflicht zur Aufklärung gelten die Regeln des § 13. Pflichtentstehungsgründe sind also die „Garantenstellungen".[78] Eine Aufklärungspflicht kann auf **Gesetz** beruhen. Nach allgemeinen strafrechtlichen Lehren kommen dafür nicht strafrechtliche, sondern nur außerstrafrechtliche Gesetze in Betracht.[79] Insbesondere im Öffentlichen Recht (Sozialrecht) werden dem Empfänger staatlicher Leistungen Anzeige-, Melde- und Vorlegungspflichten auferlegt, deren Verletzung zur rechtsgrundlosen Gewährung von Leistungen und damit zur Schädigung der öffentlichen Haushalte führen kann.

Beispiel[80]

V erhält vom Landschaftsverband Westfalen-Lippe (L) Blindengeld nach dem Landesblindengesetz. Als V stirbt, unterlässt es sein Sohn T, dem L vom Tod seines Vaters Mitteilung zu machen. L überweist daher noch mehrere Monate Blindengeld auf das Konto des V, über das T als Alleinerbe verfügen kann.

Den Überweisungen nach dem Tod des V lag die unrichtige Vorstellung zugrunde, V sei noch am Leben und daher weiterhin zum Bezug von Blindengeld berechtigt. Auf der Seite des L war also eine zuständige Person im Irrtum über diesen Sachverhalt, der für die Rechtmäßigkeit der Leistungsgewährung von Bedeutung ist. Der Irrtum wurde nicht durch aktive Einwirkung auf das Vorstellungsbild dieser Person hervorgerufen oder unterhalten. Insbesondere kann dem T eine Täuschung durch positives Tun nicht vorgeworfen werden. T hätte aber die Fehlvorstellung korrigieren und damit für die Einstellung der Zahlung sorgen können. Die Unterlassung der Information vom Tod des V war also für die Fortdauer des Irrtums und für die Fortdauer der Zahlungen ursächlich. Als Täuschung iSd § 263 I kann dieses Unterlassen aber nur unter der Voraussetzung qualifiziert werden, dass T zur Aufklärung der Behörde rechtlich verpflichtet war. Eine solche Pflicht ergibt sich aus § 60 I SGB-AT.[81] T war zur Erstattung der zuviel gezahlten Beträge verpflichtet.[82] Daher hatte er gem. § 60 I 2 SGB-AT die Pflicht, L vom Tod seines Vaters zu unterrichten.[83] Die Unterlassung dieser Information ist eine tatbestandsmäßige Täuschung.

---

[77] BAGE 71, 252 ff. (wahrheitswidriges Verneinen einer Schwangerschaft keine arglistige Täuschung iSd § 123 BGB).

[78] BayObLG, NJW 1987, 1654; Ranft (1984), 723 (724); Rengier (2000), 644; Seelmann (1982), 268 (269); Volk (1981), 880 (881); krit. Frisch (2008),729 (745).

[79] Baumann et al. (2003), § 15 Rn. 52.

[80] OLG Hamm, NJW 1987, 2245.

[81] OLG Düsseldorf, NStZ 2012, 703 (704); OLG München, NStZ 2009, 156; OLG Köln, NStZ 2003, 374; Rengier (2014), § 13 Rn. 28.

[82] OLG Hamm, NJW 1987, 2245. In dem gleichliegenden Fall OLG Düsseldorf, NStZ 1987, 176 ging das Gericht auf § 60 I 2 SGB-AT nicht ein, da diese Vorschrift erst am 1. 1. 1986 und damit nach der abzuurteilenden Tat in Kraft getreten war; dazu Möhlenbruch (1988) 1894.

[83] Möhlenbruch (1988), 1894; Zehetgruber (2014), 118 (120); aA KG, NZWiSt 2014, 116 (117).

Eine Garantenstellung kann auch durch **Vertrag** begründet werden.[84] In Betracht kommen vor allem Vertragsbeziehungen, die Beratungs- und Betreuungstätigkeiten in Vermögensangelegenheiten zum Gegenstand haben. Erleidet jemand einen Verlust, weil ihn sein Anlageberater nicht vor den Risiken eines Geschäftes gewarnt hat, kann die vermögensschädliche Untätigkeit des Beraters ein Betrug durch Unterlassen sein. Dasselbe gilt, wenn jemandem ein gewinnbringendes Geschäft entgeht, weil sein Berater ihn nicht rechtzeitig auf die Chance hingewiesen hat. Auch die Nebenpflicht zur Aufklärung über Tatsachen, die für die Vertragsparteien wichtig sind, kann Grundlage einer Täuschung durch Unterlassen sein.[85]

Erkennt man allgemein die Möglichkeit einer Garantenstellung auf Grund gefährlichen Vorverhaltens (**Ingerenz**) an,[86] kommt dieser Pflichtentstehungsgrund auch beim Betrug zur Anwendung.[87]

Beispiel

Der Fußballbundesligaverein Borussia Kirchentellinsfurt verpflichtet den 35-jährigen Stürmer X von Grasshoppers Eisenhüttenstadt für eine Ablösesumme von 500.000 € und ein Jahresgehalt von 1 Mio. €. Da X lange verletzt war, holte Borussia vor Vertragsschluss mit Einwilligung des X ein ärztliches Attest über seine Einsatztauglichkeit in der ersten Bundesliga ein. T, der Arzt des X, schickte daraufhin dem Verein Borussia Kirchentellinsfurt einen ausführlichen Bericht, aus dem hervorging, dass der Spieler körperlich topfit und den Belastungen in der höchsten deutschen Spielklasse uneingeschränkt gewachsen ist. Dieser Bericht betraf aber nicht X, sondern den 25-jährigen Stürmer Y, der ebenso wie X bei Grasshoppers Eisenhüttenstadt spielte. T hatte in seinem Computer aus Versehen die falsche Datei aufgerufen und den Untersuchungsbefund des Y mit dem Namen des X versehen. Borussia Kirchentellinsfurt schloss auf Grund des positiven Urteils des T mit X einen Zweijahres-Vertrag. Noch vor diesem Vertragsschluss hatte T seinen Fehler bemerkt. Den Verein Borussia Kirchentellinsfurt unterrichtete er von der Verwechslung aber nicht, weil er dem X „auf seine alten Tage" das lukrative Engagement bei Borussia gönnte. Schon im ersten Spiel für seinen neuen Verein bricht eine alte Verletzung des X wieder auf, so dass er für den Rest der Saison verletzt ausfällt.

T hatte den Verein Borussia Kirchentellinsfurt fahrlässig mit falschen Angaben über den X in einen Irrtum versetzt, der den Verein zum „Kauf" des X veranlasste. Fahrlässige Täuschung durch aktives Tun ist als solche nicht strafbar (vgl. §§ 263, 15), kann aber Entstehungsgrund einer Garantenstellung aus Ingerenz sein.[88] Da T bei der Abgabe des falschen Berichts pflichtwidrig handelte, ist diese Garantenstellung hier nach h. M. begründet worden.[89] Daraus resultierte

---

[84] BGHSt 46, 196 (203); 50, 147 (155); BGH, NStZ 2010, 502.

[85] Meier et al. (1999), 424 (427).

[86] So die h. M., vgl. z. B. Jescheck et al. (1996), § 59 IV 4 a.

[87] Hillenkamp (1988), 301 (303); Ranft (1992), 66 (71); Rengier (1989), 802 (807).

[88] BGH, NJW 1952, 1148; OLG Stuttgart, NJW 1969, 1975.

[89] Jescheck et al. (1996), § 59 IV 4 a.

die Pflicht des T, aktiv gegen schädliche – vor allem vermögensbeeinträchtigende – Auswirkungen der unrichtigen Informationen einzuschreiten, also die Angaben richtigzustellen. T hat die Erfüllung dieser Pflicht vorsätzlich zu einem Zeitpunkt unterlassen, zu dem der Verein das vermögensschädigende Geschäft noch nicht abgeschlossen hatte. Damit ist die Unterlassung der Richtigstellung eine Täuschung, die für Vermögensverfügung und Vermögensschaden des Vereins kausal und deshalb als Betrug durch Unterlassen strafbar ist.

5.2.1.2.5 Inhalt der Täuschung

5.2.1.2.5.1 Täuschung über den Vermögensschaden

Bei der Auslegung des Tatbestandsmerkmals „Täuschung" ist zu berücksichtigen, dass Betrug ein Vermögensdelikt ist und die Strafvorschrift § 263 nur den Schutz des Vermögens bezweckt.[90] Es ist nicht Aufgabe des Betrugstatbestandes, den Getäuschten vor jedweden und irgendwelchen irrtumsbedingten Fehlentscheidungen zu bewahren. § 263 schützt nicht die Dispositionsfreiheit des Menschen, sondern sein Vermögen.[91] Nur **vermögensbezogene Willensmängel** kennzeichnen daher das Opfer eines Betruges. Ein Mensch, der sich über einen nicht-vermögensbezogenen Umstand irrt, hinsichtlich der Vermögensrelevanz der zu treffenden Entscheidung aber voll – d. h. über alle vermögenserheblichen Details – im Bilde ist, befindet sich also nicht in der Lage eines Betrugsopfers. Daraus ergibt sich für den Inhalt der Täuschung eine gewichtige Einschränkung: Täuschen kann man über alles, betrügen kann man aber nur durch eine Täuschung, die dem Opfer die vermögensschädliche Wirkung eines bestimmten Verhaltens verschleiert.[92] Dies wird in der Strafrechtsliteratur in die Formel gefasst: „Betrug erfordert eine unbewusste Selbstschädigung".[93] Über diese – keineswegs unumstrittene[94] – dogmatische Grundeinsicht hinaus gibt es aber noch keine Klarheit und Einigkeit hinsichtlich der daraus zu ziehenden Konsequenzen für die Auslegung des Betrugstatbestandes.

5.2.1.2.5.2 Täuschung und Zweckverfehlung

Die Unsicherheit des dogmatischen Terrains, auf das die hier zu erörternde Thematik führt, zeigt sich deutlich an der kontroversen Beurteilung konkreter Fälle, die üblicherweise als „**Spendenbetrug**" oder „**Bettelbetrug**" klassifiziert werden.

Beispiele

(1) T sammelt an der Haustür für das Rote Kreuz. Als er zu O kommt und dieser ihm nur 5 € geben will, erklärt T wahrheitswidrig, alle Nachbarn hätten mindestens 25 € gespendet. Da O nicht hinter seinen Nachbarn zurückstehen

---

[90] Cramer (1968), 207; Rudolphi (1983) 315 (322); Rudolphi (1995), 289 (290).

[91] BGHSt 16, 321 (325); BGH, NStZ 1995, 134 (135); Cramer (1971), 415 (416); Maiwald (1981), 2777 (2780); Rudolphi (1983) 315 (316); Schröder (1962), 721 (722).

[92] Rudolphi (1983) 315 (317); Rudolphi (1995), 289 (290).

[93] Cramer (1966), 472 (477); Cramer (1971), 415; Küper (1970), 2253 (2254); Lenckner (1971a), 599 (600); Schumann (1979), 588 (589); Seelmann (1982), 509 (511).

[94] Vgl. z. B. BGH, NStZ 1995, 134.

will, gibt er dem T 30 €. Der ebenfalls für das Rote Kreuz sammelnde X wendet eine andere Taktik an: Er erklärt dem Y wahrheitswidrig, seine Nachbarn hätten jeweils nicht mehr als 5 € gespendet. Wie von X erwartet, fühlt sich Y durch den angeblichen Geiz seiner Nachbarschaft angespornt, ein positives Zeichen zu setzen und 50 € zu spenden. Hätte Y gewusst, dass seine Nachbarn im Durchschnitt 30 € gegeben haben, hätte auch er nicht mehr als 30 € gespendet.

(2) T klingelt an der Haustür des O und erklärt, er sei Mitglied des Sportvereins „Amicitia" und sammle Spenden für den Bau einer Behindertentoilette in der vereinseigenen Sporthalle. Tatsächlich sollen die Spenden dem Verein Amicitia zufließen. Dieser will davon aber keine Behindertentoilette einrichten, sondern den brasilianischen Stürmerstar „Marinho" für die in der Kreisklasse spielende Fußballmannschaft des Vereins kaufen. O hat selbst einen sportbegeisterten querschnittsgelähmten Sohn und gibt dem T daher bereitwillig 100 €. Sammler X spiegelt dem Fußballfan Y vor, der Verein „Borussia Bolzbach" werde mit dem Spendengeld einen nigerianischen Nationalspieler verpflichten. Y ist von der Idee begeistert und gibt dem X 30 €. Tatsächlich plant der Verein die Einrichtung einer Behindertentoilette in seiner Turnhalle. Dafür hätte Y keine Spende gegeben.

(3) Der Arbeits- und Obdachlose T bittet in der Würzburger Fußgängerzone den Passanten O um eine kleine Spende „für a Fläschle Schnaps". O trinkt selbst gern ab und zu ein Schlückchen und hat daher Verständnis für das Bedürfnis des T. Er gibt ihm einen Zwanzig-Euro-Schein. O weiß nicht, dass T schon seit einigen Wochen mit eisernem Willen dem Alkohol entsagt und sich statt einer Flasche Schnaps ein Buch über Ludwig Wittgenstein kaufen möchte. Als O davon erfährt, erklärt er, dass der Kauf eines Buches keine sinnvolle Verwendung des geschenkten Geldes sei und er deshalb die 20 € zurückhaben möchte. Der Stadtstreicher X bittet den Oberstudienrat Y um eine kleine Geldspende, damit er sich eine Textausgabe des „Faust" kaufen könne. Y ist über die kulturelle Beflissenheit des X erstaunt und erfreut und gibt ihm spontan 30 €. Sobald Y außer Sichtweite ist, verschwindet X in der Kneipe „Zum fröhlichen Schluckspecht", wo er das gerade erhaltene Geld binnen kurzer Zeit vertrunken hat.

In allen drei Beispielen hat T dem O Tatsachen vorgespiegelt, die nicht existieren. Er hat also den O getäuscht. O hat dem T geglaubt, sich also geirrt, und auf Grund dieses Irrtums die Spende gegeben. Geht man davon aus, dass O bei Kenntnis des wahren Sachverhalts dem T das Geld nicht gegeben hätte, läge jeweils eine irrtumsbedingte Vermögensverfügung des O vor, die zu einer Minderung seines Vermögens geführt hätte. Diese Minderung ist nicht durch eine wenigstens gleichwertige Gegenleistung kompensiert worden. Demnach scheint es an keiner Voraussetzung der Betrugsstrafbarkeit zu fehlen.[95] Dennoch erheben sich Zweifel an der Erfüllung des Betrugstatbestandes, da O wußte, daß die Hingabe des Geldes sein Vermögen verringern würde. Über die verlustbringende Wirkung seines Verhaltens war er sich im Klaren und darüber war er von T auch nicht getäuscht worden.[96]

---

[95] Graul (1996), 801 (803).

[96] Graul (1996), 801 (802).

In der Rechtsprechung und in Strafrechtsliteratur wird die in diesen Fällen enthaltene Problematik überwiegend nicht bei den Tatbestandsmerkmalen „Täuschung" oder „Irrtum",[97] sondern im Zusammenhang mit dem **Vermögensschaden** diskutiert. Sucht man über die Schlagwörter „soziale Zweckverfehlung", „Spendenbetrug" oder „Bettelbetrug" die einschlägigen Stellen in Lehrbüchern oder Kommentaren auf, findet man sich regelmäßig in einem Abschnitt wieder, in dem es um das Betrugsmerkmal „Vermögensschaden" geht.[98] Entsprechendes gilt für die Behandlung der Thematik in Aufsätzen, Monographien und in Gerichtsentscheidungen.[99] Häufig wird allerdings auch darauf hingewiesen, dass es bei der speziellen Problematik des Bettel- oder Spendenbetrugs um den „funktionalen Zusammenhang zwischen Täuschung, Irrtum und Vermögensschaden" gehe.[100] Obwohl im Detail vieles umstritten ist[101] und manchmal dogmatische Gedankenschritte durch Appelle an das Rechtsgefühl[102] oder Beschwörung (angeblicher) kriminalpolitischer Bedürfnisse ersetzt werden,[103] kann man als h. M. die Auffassung erkennen, dass ein Vermögensschaden nur dann vorliegt, wenn der Spender mit seiner Gabe einen anerkannten sozialen Zweck fördern wollte, dieses Ziel aber verfehlt wurde („Zweckverfehlungslehre").[104] Mit der Verfehlung seines Zwecks werde der Einsatz des Vermögens in seinem „sozialen Sinn entwertet"[105] und damit zu einer „unvernünftigen Ausgabe".[106] Je nachdem, welche Qualität der Zweck hat, dem der Getäuschte seine Spende widmen wollte, führt die Einleitung des gespendeten Geldes in zweckfremde Kanäle zur Bejahung oder Verneinung eines Vermögensschadens.[107] Es ist verständlich, dass die danach entscheidungserhebliche Qualifizierung und Klassifizierung des Zwecks außerordentlich schwierig ist und die Lehre vom Betrug mit erheblichen Unsicherheiten belastet.[108]

---

[97] Vgl. z. B. Eisele (2012), Rn. 629; Wessels and Hillenkamp (2013), Rn. 554, die auf „Motivirrtum" abstellen, dies aber im Kontext „Schaden" erörtern.

[98] Jäger (2013), Rn. 362; Kindhäuser (2014), § 17 Rn. 34.

[99] BGHSt 19, 37 (45); BGH, NStZ 1995, 134; BGH, NJW 1992, 2167; OLG Düsseldorf, NJW 1990, 2397, BayObLG, NStZ 1994, 193; Cramer (1968), 202 ff.; Gallas (1961), 401 (435); Gribbohm (1962), 950; Rudolphi (1983) 315 (318); Satzger (2009), 518 (523); Schröder (1962), 721 (722); Seelmann (1982), 509 (511); anders aber Mayer (1992), 238 (240), der – wie hier – das Merkmal „Täuschung" problematisiert.

[100] Cramer (1968), 203; Geerds (1994), 309 (317); Rudolphi (1983) 315 (316).

[101] Cramer (1968), 210: „Viele Fragen bleiben offen."

[102] Schmoller (1991), 117 (125).

[103] So z. B. bei Hilgendorf (1994), 466 (468), Schmoller (1991), 117 (119).

[104] Vgl. z. B. Rudolphi (1983) 315 (318): „... der in der Zweckverfehlung liegende Schaden...".

[105] Gallas (1961), 401 (435); Gribbohm (1962), 950; Müller (1963), 55 (57); Schäfer et al. (1963), 338 (343); Seelmann (1982), 509 (511).

[106] BGH, NJW 1992, 2167; BGH, NStZ 1995, 134; OLG München, wistra 2014, 33.

[107] Vgl. z. B. Maurach et al. (2009), § 41 Rn. 122: „Deshalb ist auch die Zweckverfehlungslehre richtigerweise so zu verstehen, dass einen Schaden nur die Verfehlung solcher Zwecke begründet, deren Verfolgung verallgemeinerungsfähig als „sinnvolle Geldausgabe" angesehen werden (und nicht etwa nur als persönliche Marotte)."; BGH, NJW 1992, 2167: „Es genügt aber die Verfehlung eines Zweckes, der dem Verfügenden in der konkreten Situation notwendig und sinnvoll erscheint, sei es, dass er einen sozialen oder indirekt wirtschaftlich relevanten Zweck verfolgt."

[108] Cramer (1968), 211; Hilgendorf (1994), 466 (468); Maiwald (1981), 2777 (2781); Schmoller (1991), 117 (120).

Beispiele

In **Beispiel 1** würde die h. M. Zweckverfehlung und Schaden verneinen, weil das Geld dem Roten Kreuz zugeführt werden sollte und dies auch tatsächlich geschah, die soziale Zweckbestimmung der Spende also nicht verfehlt wurde.[109] Dass O und Y mit ihrer Spende auch noch eine Art „Imagepflege" intendierten und dieses Vorhaben wegen des Fehlens bestimmter Voraussetzungen scheiterte, wird nicht berücksichtigt.[110] „Das rein ideelle Interesse des Opfers, es seinem Nachbarn gleichzutun" („reines Affektionsinteresse"[111]) bzw. die Nachbarn zu übertrumpfen, genieße nicht den Schutz des § 263.[112] Anderenfalls würde § 263 zu einer Norm umfunktioniert, die nicht das Vermögen, sondern die bloße Dispositionsfreiheit des Getäuschten schützt.[113] Wie die anderen Beispielsfälle von der h. M. gelöst würden, kann nur vermutet werden. Wahrscheinlich wird die vom Spender erwartete Einrichtung der Behindertentoilette (**Beispiel 2**) und der Kauf eines „guten" Buches (**Beispiel 3**) als zur Kompensation des gespendeten Geldes tauglicher sozialer Zweck akzeptiert und dementsprechend die Spender O in Beispiel 2 und Y in Beispiel 3 als in ihrem Vermögen geschädigte Betrugsopfer qualifiziert werden.[114] Fraglich ist dieses Ergebnis allerdings, wenn man darauf abstellt, ob dem Spender das Bestehen einer „sittlichen Verbindlichkeit" zur Erbringung des Opfers vorgespiegelt wurde.[115] Die Beurteilung der umgekehrt gelagerten Fälle (Bau einer Behindertentoilette statt Kauf eines Fußballspielers, Kauf eines Sachbuches statt einer Flasche Schnaps) fällt noch schwerer, da hier das gespendete Geld einem „guten" Zweck zugeführt wurde, obwohl der Spender es einem weniger förderungswürdigen Zweck zugedacht hatte. Möglicherweise hängt die Verneinung des Betruges aber gar nicht davon ab, dass das gespendete Geld tatsächlich für einen wertvollen Zweck verwendet wird. Auch wenn der Verein in Beispiel 2 statt des nigerianischen einen argentinischen Fußballspieler engagiert hätte oder die Vereinsmitglieder das gespendete Geld auf einer Feier verprasst hätten, würde die h. M. wohl einen Betrug verneinen, weil der vom Spender verfolgte Zweck kein „sozialer" gewesen ist. Entsprechendes wäre zu Beispiel 3 zu sagen, wenn sich T von den erhaltenen 20 € nicht – wie O erwartete – eine Flasche Schnaps, sondern Pornohefte gekauft hätte. Entscheidender Grund für die Ablehnung eines Betrugs ist demnach nicht die Verlustkompensation durch eine – dem Spender vielleicht gleichgültige oder

---

[109] Cramer (1968), 204; Gallas (1961), 401 (436); Geerds (1994), 309 (319); Maiwald (1981), 2777 (2781); Otto (1970) 74; Rengier (2001), 811 (821); Rudolphi (1995), 289 (290); Seelmann (1982), 509 (511); gegen die Verneinung eines Vermögensschadens überzeugend Graul (1996), 801 (806 ff.); Schmoller (1991), 117 (121).

[110] Unklar und widersprüchlich Rudolphi (1983) 315 (327), der einen Betrug bejaht, wenn mit dem durch Täuschung der Spender erlangten Geld der mit der Spende verfolgte soziale Zweck nicht erreicht wird, das „schadensausgleichende Äquivalent" also ausbleibt. Danach läge in Beispiel 1 Betrug vor, wenn der Spendensammler das Geld nicht beim Roten Kreuz abliefert, sondern in einer Gastwirtschaft vertrinkt.

[111] Wessels et al. (2013), Rn. 555.

[112] Geerds (1994), 309 (319); Rudolphi (1983) 315 (318); Rudolphi (1995), 289 (290); im Ergebnis ebenso Kindhäuser (1997), 339 (357) mit dem Argument, nicht der Spendensammler, sondern der Spender selbst sei hier für seine irrtumsbedingte Verfügung verantwortlich.

[113] Rudolphi (1983) 315 (320).

[114] Schwer nachvollziehbar ist die Lehre von Rudolphi (1983) 315 (323), der einen Vermögensschaden des Spenders nur dann annimmt, wenn der Spendenempfänger das Geld treuwidrig dem geförderten Zweck vorenthält. Kein Vermögensschaden – und deshalb nur versuchter Betrug – liegt demnach also vor, wenn die Zweckerreichung scheitert, weil dem Spendensammler das erhaltene Geld von einem Dritten gestohlen wird.

[115] So Cramer (1968), 216.

sogar unerwünschte – ethisch wertvolle Zweckerreichung, sondern die zutreffende Vorstellung des getäuschten Spenders davon, daß ihm seine Spende keine
„Gegenleistung" in Gestalt der Förderung eines karitativen, humanitären oder
aus sonstigen Gründen sozial nützlichen Unternehmens einbringen würde, das
Geld also ersatzlos aus seinem Vermögen ausscheiden würde.

Wenn also dieses Wissen des Spenders der Grund für die Verneinung des Betrugs
ist, dann kann nicht erst der Vermögensschaden, sondern dann muss bereits das
Tatbestandsmerkmal „**Täuschung**"[116] die Station sein, wo die Entscheidung über
Strafbarkeit oder Straflosigkeit der Tat als Betrug fällt.[117] Dass allein an diesem
systematischen Standort das Problem richtig loziert ist, belegt im Übrigen auch
die Terminologie der h. M., die den dogmatischen Ursprung ihrer Überlegungen
in dem Wesen des Betrugs als „unbewusste Selbstschädigung" sieht. Indem sie als
Quintessenz der Mindermeinung die Erstreckung der Betrugsstrafbarkeit auf die
„irrtumsbedingte bewusste Selbstschädigung" herausstellen,[118] zeigen die Vertreter
der h. M., dass das „Bewusstsein" – d. h. die Kenntnis vom Fehlen eines den Verlust
des gespendeten Geldes ausgleichenden sozialen Zwecks – dem selbstschädigenden
Charakter der Spende nicht entgegensteht. Die Spende verursacht dann sehr wohl
ein Manko im Vermögen des Spenders.[119] Unter dieser Prämisse kann man nicht
sagen, die Tat sei kein Betrug, *weil* der Spender keinen Vermögensschaden erlitten
hat, sondern man muss sagen, dass die Tat kein Betrug ist, *obwohl* der Spender
einen Vermögensschaden erlitten hat. Der Grund für die Straflosigkeit ist das Fehlen einer tatbestandsmäßigen Täuschung.

Also stellt sich die dogmatische Aufgabe, die **Kriterien** zu bestimmen, mit
denen tatbestandsmäßige Täuschungen identifiziert und von nichttatbestandsmäßi-
gen Täuschungen abgegrenzt werden können. Wie oben bereits angedeutet wurde,
gibt der Schutzzweck des Betrugtatbestandes die Auslegungsrichtung vor. Betrug
ist ein Vermögensdelikt, der Angriff auf das Vermögen wird durch Täuschung des
Vermögensinhabers oder eines Dritten ausgeführt. Damit der vermögensdeliktische
Charakter des Betrugs bereits in der Täuschung zur Geltung kommt, muss dieser
ein spezifisches **Vermögensschädigungsrisiko** innewohnen, das sich dann im Vermögensschaden realisiert. In der Literatur wird dies mit der Formel „funktionaler
Zusammenhang von Täuschung und Vermögensschaden" zutreffend akzentuiert[120]
und als Anwendungsfall der allgemein-strafrechtlichen Lehre von der „objektiven

---

[116] Dies dürfte sich mit der Ansicht von Schünemann decken, der auf das Fehlen eines „relevanten
Irrtums" abstellt, Schünemann (1982), 407 (416); vgl. auch Jordan (2000), 133 (134).

[117] Gaede (2011), 967 (985); Graul (1996), 801 (813 ff.); Schmoller (1991), 117 (126). Auch
Schmoller stellt allerdings letztlich auf den Vermögensschaden ab, indem er schadensbegründende
und nicht-schadensbegründende Täuschungen unterscheidet.

[118] Rudolphi (1983) 315 (321); Cramer (1968), 206 („… ob der Tatbestand des Betruges auch die
Fälle einer bewussten Vermögensschädigung erfasst.").

[119] Abwegig BayObLG, NStZ 1994, 193: „Diese Vermögensminderung ist jedoch nicht in jedem
Fall gleichbedeutend mit einem Schaden im Rechtssinn."; vgl. dazu Hilgendorf (1994), 466 (468).

[120] Lackner et al. (2014), § 263 Rn. 55.

Zurechnung" angesehen.[121] Für die Trennung der tatbestandsmäßigen von den strafrechtlich irrelevanten Täuschungen ergibt sich daraus, dass nur **Täuschungen mit Vermögensbezug** den Betrugstatbestand erfüllen können.[122] Tatbestandsmäßiger Täuschungsgegenstand sind deshalb nur Tatsachen, deren Vorliegen oder Nichtvorliegen Einfluss auf den Wert des betroffenen Vermögens hat. Der Getäuschte muss also in einen **Irrtum über die vermögensschädigende oder vermögensverändernde** Wirkung des Tatvorgangs versetzt werden.[123] Dies ist einmal der Fall, wenn dem Getäuschten die Vermögensminderung, der Verlust eines Vermögensguts, verborgen bleibt, zum anderen auch dann, wenn er irrtümlich annimmt, für sein Vermögensopfer eine mindestens gleichwertige Gegenleistung zu erhalten. An einer tatbestandsmäßigen Täuschung fehlt es demnach dann, wenn der Getäuschte über die vermögensmindernde Wirkung seiner Vermögensverfügung informiert ist und keine kompensierende Gegenleistung erwartet, sich aber über sonstige motivational erhebliche Umstände irrt.

Bei Zugrundelegung dieses Täuschungsbegriffs kann der herrschenden Zweckverfehlungslehre auch in Bezug auf die Fälle nicht gefolgt werden, wo sie die Strafbarkeitsrelevanz der Zweckverfehlung bzw. Zweckerreichung im Kontext „Vermögensschaden" bejaht.[124] Die Unterstützung von *Greenpeace, Rotes Kreuz, amnesty international, Médecins Sans Frontières* und anderen wohltätigen Organisationen ist **kein Vermögensgut**, das – im Fall der ordnungsgemäßen Verwendung des gespendeten Geldes – dem Vermögen des Spenders zufließt und so den Verlust des Spendenbetrags ausgleicht. Es handelt sich um einen **ideellen, immateriellen** Wert, der sich nicht in einen Geldbetrag umrechnen lässt.[125] Selbst wenn dies möglich wäre, bliebe zu begründen, warum die Zweckerreichung gerade das Vermögen des Spenders vermehrt.[126] Eine erkennbare Bereicherung tritt doch nur bei denjenigen ein, denen das Geld zugewendet wird, denen mit diesem Geld geholfen wird. Nachdem das gespendete Geld aus dem Vermögen des Spenders ausgeschieden ist, wird der Gesamtwert dieses Vermögens durch die Art des Umgangs mit dem gespendeten Geld nicht beeinflusst. Nach richtiger Ansicht hat die Zweckerreichung oder Zweckverfehlung keinen Einfluss auf das Vorliegen eines Vermögensschadens beim Spender. Dessen Vermögen ist in jedem Fall um den Spendenbetrag verringert. Daran ändert die korrekte Verwendung des gespendeten Geldes durch den Empfänger

---

[121] Rengier (2001), 811 (819 ff.).

[122] BGHSt 16, 367 (372): „Nicht die Täuschung an und für sich, sondern nur die vermögensschädigende Täuschung ist nach § 263 StGB strafbar."

[123] Cramer (1971), 415; Jordan (2000), 133 (135); Krack et al. (1995), 17 (20); Maiwald (1981), 2777 (2780); aA RG, JW 1916, 146; RGSt 4, 352; 53, 225; 70, 255 (256); BGHSt 19, 37 (45); v. Lilienthal (1916), 146; Dölling (1981), 570 (571); Hilgendorf (1994), 466 (468).

[124] Tendenziell richtig, aber halbherzig, dogmatisch unbefriedigend und unpraktikabel ist die Empfehlung von Hilgendorf (1994), 466 (469), die Zweckverfehlungslehre „mit äußerster Vorsicht" zu handhaben.

[125] Arzt (1999), 431 (438); Dölling (1981), 570 (571); Graul (1996), 801 (812); Herzberg (1972a), 93 (94); Kindhäuser (1997), 339 (355); Samson (1978), 625 (628); Schmoller (1991), 117 (121); Walter (2008), 763 (774); aA OLG Düsseldorf, NJW 1990, 2397.

[126] Lackner et al. (2014), § 263 Rn. 55: „… denn die Zweckerreichung als solche ist ein für das Vermögen des Betroffenen irrelevanter Vorgang…".

überhaupt nichts. Auch in diesem Fall liegt ein Vermögensschaden vor.[127] Daher weiß der Spender von vornherein, dass sein Vermögensopfer nicht ausgeglichen wird. Er **irrt sich nicht** über die vermögensmindernde Wirkung der Interaktion, auf die er sich einlässt, weil er darüber vom Täter nicht getäuscht worden ist. Nach der hier vertretenen Auffassung fehlt es in den von der h. M. als „Spendenbetrug" bezeichneten Fällen stets an einer tatbestandsmäßigen Täuschung.[128] Dieser Konsequenz kann man auch nicht dadurch entgehen, dass man bestimmten unentgeltlichen Verfügungen eines „homo beneficiens" einen „sozialen Sinn" subintellegiert und behauptet, die Täuschung darüber sei von gleicher Erheblichkeit wie die Täuschung des „homo oeconomicus" über die wirtschaftlichen Auswirkungen eines entgeltlichen Austauschgeschäftes.[129] Denn einen „sozialen Sinn" hat die Schenkung von Geld immer und zwar auch dann, wenn es dem Schenker letztlich nur darum geht, sich gegenüber seinen Mitmenschen als Wohltäter aufspielen zu können. Für die auch von den Gegnern der Zweckverfehlungslehre für notwendig gehaltene Differenzierung zwischen betrugsrelevanten und betrugsirrelevanten Täuschungen ist der „soziale Sinn" also ein untaugliches Kriterium.

Unter der hier für richtig erachteten Prämisse ist die Lösung der oben geschilderten **Beispielsfälle** einfach: In allen Varianten haben die Spender gewusst, dass sie etwas hergeben, wofür sie keine das eigene Vermögen wieder auffüllende wirtschaftliche Gegenleistung bekommen. Über die Vermögensminderung waren sie nicht getäuscht worden. Die Spendensammler haben sich somit in sämtlichen Fällen nicht wegen Betrugs strafbar gemacht.[130]

5.2.1.2.5.3 Täuschung und illegale Zweckverfolgung

Die Kenntnis von der vermögensschädigenden Wirkung der eigenen Vermögensverfügung schließt eine tatbestandsmäßige Täuschung nicht nur dann aus, wenn der Vermögensinhaber überhaupt keine Gegenleistung erwartet, sondern auch dann, wenn er mit einer Gegenleistung rechnet, die mit einem rechtlichen Makel behaftet und deren Erlangung von der Rechtsordnung nicht als schutzwürdiges Vermögensgut anerkannt ist. Wer Geld zahlt, um eine derartige Gegenleistung zu erhalten, handelt im Hinblick auf das Risiko der Gegenleistungsvorenthaltung auf eigene Gefahr.[131] Der Einsatz von Vermögenswerten zur Förderung oder Erreichung **illegaler Zwecke** wird in Literatur und Rechtsprechung als Schadensproblem klassifiziert und demgemäß im Zusammenhang mit dem Betrugsmerkmal „Vermögensschaden" erörtert.[132] Richtig ist aber die Thematisierung im Rahmen des Merkmals

---

[127] Herzberg (1972a), 93 (94); Schmoller (1991), 117 (123).

[128] Anders Schünemann (1982), 407 (416), der wie die h. M. bei der Enttäuschung „sozial anerkannter Motive" des Spenders Betrugsstrafbarkeit des Spendensammlers bejaht; im Ergebnis ebenso Kindhäuser (1997), 339 (355).

[129] So aber Graul (1996), 801 (815 ff.).

[130] Die Sammlungsgesetze der Bundesländer, deren Bußgeldtatbestände unlautere Spendensammler erfassten (Arzt et al. [2009], § 20 Rn. 111), sind inzwischen überwiegend abgeschafft worden.

[131] Hecker (2001), 228 (231); Mitsch (2003), 122 (126); aA Gröseling (2001), 515 (519); Zieschang (1999), S. 831 (845).

[132] RGSt 44, 230 ff.; BGHSt 48, 322 (330); BGH, NStZ 2002, 33; KG, NJW 2001, 86; Kühl (1989), 505 (510); Maiwald (1981), 2777 (2780).

„Täuschung".[133] Der Grund für diese Einordnung ist derselbe wie bei den Problemen des Spenden- und Bettelbetrugs:[134] An einem Vermögensschaden fehlt es in den umstrittenen Fällen gerade nicht.[135] Dem Opfer wird ein Vermögensgut abgeschwindelt und keine diesen Verlust ausgleichende Gegenleistung zugewandt.[136] Die Entscheidung gegen einen tatbestandsmäßigen Betrug fällt aber schon bei der Täuschung. Aus dem Tatbestand werden bestimmte Täuschungsinhalte ausgeklammert, weil das Opfer des strafrechtlichen Schutzes vor einer derartigen Täuschung nicht würdig ist.[137]

Beispiel[138]

O beauftragt den Profikiller T mit der Tötung seines Rivalen R. Als Vorschuss gibt O dem T 50.000 €. Nach Ausführung des Auftrags soll T weitere 50.000 € erhalten. T nimmt die 50.000 € entgegen, hat aber von vornherein die Absicht, die ihm angesonnene Tat nicht zu begehen.

T hat dem O vorgespiegelt, zur Ausführung des Tötungsauftrags bereit zu sein. O ist dadurch in einen Irrtum versetzt worden. Trotz dieses Irrtums wusste O, dass er mit der Bezahlung des T sein Vermögen mindert. Allerdings erwartete er als „Quasi-Gegenleistung" die Tötung des R, die er als Vorteil empfunden hätte, durch den der Verlust des Geldes nach seiner höchstpersönlichen Einschätzung aufgewogen worden wäre. Würde man die „Leistung" des Killers als Vermögensgut anerkennen, läge eine unbewusste Selbstschädigung des O und damit ein tatbestandsmäßiger Betrug des T vor.

Vordergründig mag eine solche Beurteilung auf der Grundlage eines „wirtschaftlichen Vermögensbegriffs" konsequent sein.[139] Eine andere Frage ist aber, ob das Recht – insbesondere das Strafrecht – seinen Schutz auf „Wirtschaftsgüter" erstrecken darf und sollte, die – wie der Lohn für einen Killer – in engem Zusammenhang mit schwersten Rechtsbrüchen und Rechtsgüterverletzungen

---

[133] Mit dieser betrugsdogmatischen Einordnung sympathisierend Hecker (2001), 228 (232) und Kindhäuser et al. (2003), 152 (153); als Frage der schutzwürdigen Vermögensverfügung behandeln das Thema Bergmann et al. (1991), 357 (358); Kühl (1989), 189 (192); auf den Schutzzweckzusammenhang zwischen Täuschung und Irrtum stellt Gröseling (2001), 515 (517) ab.

[134] Die identische Problemstruktur der Fälle betont auch Maiwald (1981), 2777 (2780), allerdings auf der Ebene des Vermögensschadens.

[135] Entgegen Maiwald (1981), 2777 (2780) hat der BGH (BGHSt 29, 300, 302) daher völlig Recht, wenn er die Frage des Vermögensschadens in wenigen Zeilen abhandelt. Recht hat aber auch Maiwald mit seiner Rüge, der BGH habe das Problem des Falles gar nicht gesehen.

[136] RGSt 44, 230 (236); BGH, NStZ 2002, 33; KG, NJW 2001, 86.

[137] Hecker (2001), 228 (230).

[138] Vgl. auch den Fall BGH, NJW 1995, 1910: Die Täter verkauften dem Opfer Rauschgift und erhielten von ihm eine Vorauszahlung von 10.000 €. Die Täter hatten von vornherein die Absicht, kein Rauschgift zu liefern, das Geld aber zu behalten. Die Gerichte verurteilten u. a. wegen Betruges. Zum umgekehrten Fall (Auftraggeber prellt den Killer um den versprochenen Lohn) vgl. Hecker (2001), 228 (230).

[139] BGHSt 29, 300 (302); KG, NJW 2001, 86; Grünhut (1932), 2434 (2435); Hecker (2001), 228 (231); Otto (1993), 424 (426); Otto (1970), 292; Tenckhoff (1988), 126 (127); im Ergebnis ebenso Dölling (1981), 570 (571), der aber meint, die Strafbarkeit sei im vorliegenden Fall nach allen Vermögenstheorien begründet.

stehen, gewissermaßen deren Korrelat sind. Die Frage ist zu verneinen.[140] Das Strafrecht selbst zeigt in §§ 74 ff., welchen „Schutz" es diesem Gut angedeihen lässt. Der „Killerlohn" ist zur Begehung einer vorsätzlichen Straftat des O (§§ 211, 30 I) gebraucht worden, § 74 I. Das Geld ist wegen § 134 BGB (trotz Abstraktionsprinzip[141]) nicht Eigentum des T geworden[142], kann also gem. § 74 II Nr. 1 eingezogen werden.[143] Daraus kann nur geschlossen werden, dass das Geld jedenfalls nicht mehr zu dem Teil des Vermögens zu rechnen ist, vor dessen Minderung O strafrechtlich geschützt ist.[144] Die das Gegenteil behauptende h. M. ist unvertretbar, das von ihr für richtig gehaltene Ergebnis inakzeptabel,[145] die zur Stützung des Ergebnisses formulierten Begründungen haben überwiegend schwaches Niveau.[146] Wenn Strafrechtsanwendung positiv-general-präventive Effekte auslösen soll, dann muss sie vor allem von Nichtjuristen ernst genommen und respektiert werden können.[147] Dazu bedarf es aber mindestens einer Auslegung des Rechts, die sich von Pervertierung des Rechts klar und deutlich distanziert. Strafrechtlicher Schutz des „Anspruchs" – besser: der Hoffnung – auf Erfüllung eines Mordauftrags wäre aber eine vollkommen unverständliche und nachgerade perverse Zweckentfremdung des Strafrechts.[148] Abstrakter formuliert lautet das hier akzentuierte und von der h. M. missachtete Prinzip, dass das Strafrecht sich nicht in Widerspruch zu Wertungen setzen darf, die in anderen Teilen der Rechtsordnung – z. B. im Zivilrecht – ihre Wurzel haben.[149] Mit der Bejahung eines tatbestandsmäßigen Betrugs produziert die h. M. einen Widerspruch zwischen § 263 und § 817 S. 2 BGB.[150] Darüber hinaus ist sogar ein strafrechtsinterner Widerspruch zu konstatieren:[151] Der Sache nach drängt die h. M. den Auftragnehmer zu einem Verstoß gegen §§ 211, 212, um dem

---

[140] Hecker (2001), 228 (231); Samson (1978), 564 (570); aA RGSt 44, 230 ff.; 65, 3 (4); Gröseling (2001), 515 (518).

[141] Das gesetzliche Anstiftungs-, Bereiterklärungs- bzw. Belohnungs-Verbot (§§ 26, 30 II, 140 Nr. 1) erfasst hier auch das dingliche Erfüllungsgeschäft, § 929 BGB.

[142] Gröseling (2001), 515 (517); Hecker (2001), 228 (231).

[143] Hecker (2001), 228 (232); Kindhäuser et al. (2003), 152.

[144] Nicht nachvollziehbar ist die differenzierende Bewertung von Zieschang (1999), 831 (845), der einen Widerspruch zur Wertordnung des Grundgesetzes zwar hinsichtlich des vom Auftraggeber verfolgten Zwecks, nicht aber hinsichtlich des zweckgerichteten Einsatzes von Geld bejaht. Das Gegenteil ist richtig: Solange der Zweck nur im Kopf des Auftraggebers existiert, ist er als Gesinnungsinhalt rechtlich irrelevant. Ein Widerspruch zu irgendwelchen Rechtssätzen kann also noch nicht entstehen. Erst mit der objektiven Zweckverfolgungstätigkeit entsteht überhaupt ein rechtlich bewertbarer Gegenstand. Unrichtig auch die Argumentation in BGHSt 48, 322 (330) gegen die Argumentation mit §§ 73, 74 StGB.

[145] Bergmann et al. (1988), 189 (191); Bergmann et al. (1991), 357 (358).

[146] KG, NJW 2001, 86: „Das darf jedoch kein Grund sein, den Strafanspruch des Staates einem Täter gegenüber preiszugeben, der Strafe verdient hat."; aaO, S. 87: „Anderenfalls würde man im Verhältnis von Rechtsbrechern untereinander Betrug und Erpressung gutheißen". Zutreffende Kritik an der Begründungsschwäche in der Rechtsprechung Zieschang (1999), 831 (841 ff.).

[147] Treffend Hecker (2001), 228 (231). „Die Rechtsordnung würde sich selbst paralysieren...".

[148] Bergmann et al. (1988), 189 (192).

[149] BGH, StV 1987, 484; Bergmann et al. (1988), 189 (192); Lenckner (1967), 105 (107).

[150] Bergmann et al. (1991), 357 (358); Cramer (1966), 472 (475); aA RGSt 44, 230 (243).

[151] Kindhäuser et al. (2003), 152 (153).

Vorwurf eines Verstoßes gegen § 263 zu entgehen.[152] Diesen Normwiderspruch kann man auch nicht mit dem Hinweis leugnen, nicht die Unterlassung der Tötung, sondern das Erschwindeln des Geldes begründe den tatbestandsmäßigen Vermögensschaden.[153] Da der Auftraggeber sich des Geldes ja bewusst entäußert, erhält der Gesamtvorgang den Charakter einer unbewußten Vermögensschädigung[154] erst dadurch, dass man das Ausbleiben des Mordes als Nichterlangung eines Vorteils qualifiziert, die das bewusst erbrachte Vermögensopfer des Auftraggebers zum unbewusst erlittenen Vermögensschaden werden lässt.[155] Wer diese unhaltbare Einschätzung teilt, muss übrigens auch die Konsequenz ziehen, im obigen Beispiel die infolge eines freiwilligen Sinneswandels letztlich doch ausgeführte Ermordung des R durch T als strafbefreienden Rücktritt (§ 24 I) vom Betrugsversuch (§§ 263, 22) anzuerkennen.[156] Weiter wäre zu überlegen, ob der Killer selbst Opfer einer Erpressung wird, wenn er von dem Auftraggeber durch Drohung – z. B. mit Strafanzeige – dazu genötigt wird, den Auftrag doch noch auszuführen. Die Tötung des R wäre ja wohl als „Vermögensverfügung" zu qualifizieren, wenn es denn zutrifft, dass die Unterlassung der Tötung das Vermögen des Auftraggebers schädigt. Würde deswegen nicht sogar der Nothelfer, der gegen die Tötungshandlung des T mit Gewalt interveniert, das Vermögen des O schädigen, also den Tatbestand der Dreiecks-Erpressung verwirklichen und nur durch Notstand[157] gerechtfertigt sein? Mir scheint, diese dogmatischen Verirrungen sind befremdlich genug, um die Verfehltheit der zugrundeliegenden Prämisse erahnen zu lassen.[158]

Damit es zu solchen grotesken[159] Ergebnissen nicht kommen kann, muss die in Erwartung einer mit illegalen Mitteln zu bewirkenden Verlustkompensation verursachte Minderung des eigenen Vermögens als **bewusste Selbstschädigung** bewertet werden.[160] Dies hat zur Folge, dass es an einer tatbestandsmäßigen Täu-

---

[152] Seelmann (1982), 509; aA Gröseling (2001), 515 (518), die bei ihrer Argumentation nicht berücksichtigt, dass die h. M. das Problem beim Vermögensschaden loziert, an dem es fehlt, wenn der Auftragnehmer (Killer) seine „Gegenleistung" erbringt.

[153] Dölling (1981), 570 (571); Zieschang (1999), 831 (845).

[154] Wer – wie z. B. Dölling (1981), 570 (571) – unter § 263 auch Fälle bewusster Selbstschädigung subsumiert, hat mit der Bejahung eines tatbestandsmäßigen Betrugs verständlicherweise keine Probleme.

[155] RGSt 19, 186 (191); Otto (1970), 292: „Wer daher zu einem bestimmten Preis ein Abtreibungsmittel kaufen will und nur ein wertloses Pulver erhält, ist genauso geschädigt wie derjenige, der einen Mörder dingt, wenn dieser die versprochene Tat nicht ausführt, den erhaltenen Lohn jedoch verbraucht."

[156] Anders ist der Fall zu beurteilen, wenn man den Betrug bereits mit der Entgegennahme des „Vorschusses" für vollendet hält.

[157] Notwehr scheidet aus, weil Vermögensinhaber O nicht Angreifer ist.

[158] Hecker (2001), 228 (231).

[159] Zutreffend Cramer (1966), 472 (475); Seelmann (1982), 509.

[160] Ebenso Barton (1987), 485; Cramer (1966), 472 (477); Cramer (1968), 97; Geerds (1994), 309 (311); Seelmann (1982), 509; im Ergebnis übereinstimmend, aber gegen seine Herleitung aus dem Gesichtspunkt der bewußten Selbstschädigung Bergmann et al. (1988), 189 (193); aA RGSt 44, 230 (246); Eisele (2012), Rn. 609.

schung fehlt und deshalb der durch Vorenthaltung der illegalen Gegenleistung enttäuschte Auftraggeber nicht Opfer eines Betruges geworden ist. Diese Einsicht kann die h. M. allerdings deswegen nicht gewinnen, weil sie die Problematik als Frage des Vermögensschadens behandelt und die zutreffende Einordnung beim Merkmal „Täuschung" verkennt. Einen Vermögensschaden hat O schon erlitten,[161] nur eben nicht infolge einer tatbestandsmäßigen Täuschung.[162]

Beispiel

Im obigen Beispiel hat sich T also nicht wegen Betruges strafbar gemacht. Eine Strafbarkeit aus §§ 211, 30 II 1 entfällt ebenfalls, da T von vornherein keinen Tötungsvorsatz, sich also nur äußerlich „bereiterklärt" hatte. Nach den Grundsätzen über den „agent provocateur" ist eine solche Scheinerklärung straflos.

Was hier zu rechtswidrigen Gegenleistungen gesagt wurde, ist auf „unmoralische" oder „**sittenwidrige**" Gegenleistung nicht übertragbar.[163] Zum einen ist dafür der Maßstab von Sittlichkeit und Moral zu ungenau. Zum anderen hat der Einsatz von Vermögen zu unmoralischen Zwecken keinen Verlust strafrechtlicher Schutzwürdigkeit zur Folge. Wer sich mit seinem „guten Geld" eine Leistung kaufen will, die moralisch anrüchig oder anstößig, rechtlich aber einwandfrei, also erlaubt ist, kann daher sehr wohl Opfer eines Betruges sein, wenn ihm das Geld abgeschwindelt und die versprochene Leistung vorenthalten wird. Die leistungsunwillige Prostituierte ist also mit dem des Blutvergießens überdrüssigen Killer nicht in einen betrugsdogmatischen Topf zu werfen.

Beispiel

Prostituierte P und Freier F handeln vor dem Verkehr eine Vergütung von 100 € und „Vorkasse" aus. Nachdem F der P einen Hundert-Euro-Schein gegeben hat, erklärt P, sie könne und wolle heute nicht, da sie krank sei. Das ist gelogen. P hatte von vornherein die Absicht, dem F das Geld abzuluchsen und danach ihre Leistung grundlos zu verweigern.

F wurde getäuscht, in einen Irrtum versetzt und zu einer vermögensmindernden Verfügung veranlasst. Er bekam für sein Geld keine Gegenleistung, hat also einen Vermögensschaden erlitten. Dieser Schaden steht in dem erforderlichen funktionalen Zusammenhang mit der Täuschung. Der Verlust des Geldes sollte durch die Dienstleistung der P kompensiert werden. F stellte sich also vor, sein Vermögen nicht ersatzlos zu mindern. Die Zahlung an die leistungsunwillige P war deshalb eine irrtumsbedingte unbewusste Selbstschädigung. F durfte die

---

[161] Insoweit zutreffend RGSt 65, 3 (4).

[162] Anders Maiwald (1981), 2777 (2781), der den Vermögensschaden verneint.

[163] Geerds (1994), 309 (311); aA die h. M. und – obwohl der h. M. widersprechend – Bergmann et al. (1988), 189 (192); Cramer (1966), 472 (475).

Leistung der P als verlustkompensierendes Gut auffassen und mit seinem Erwerb rechnen. Denn die Rechtsordnung toleriert ein derartiges Austauschgeschäft, was nicht zuletzt darin seinen Ausdruck findet, dass der Fiskus das von P eingenommene Geld gem. § 22 Nr. 3 EStG der Einkommensteuer unterwirft.[164] Ob die Vereinbarung von F und P mit den „guten Sitten" im Einklang steht oder nicht,[165] hat keinen Einfluss auf die strafrechtliche Bewertung des Falles. Entscheidend ist die rechtliche Unbedenklichkeit, aus der sich die strafrechtlich erhebliche Schutzwürdigkeit des F und seines zur Erlangung der Leistung aufgewendeten Geldes ergibt. P hat sich daher wegen Betruges strafbar gemacht.[166]

5.2.1.2.6 Täuschung und Drohung

Es ist allgemein anerkannt, dass eine Drohung im Sinne der Tatbestände mit Nötigungselementen (§§ 240, 249, 253) auch durch eine nicht ernst gemeinte oder nicht realisierbare, vom Adressaten aber ernst genommene und für realisierbar gehaltene Ankündigung künftiger Übelszufügung begangen werden kann.[167] In einer Drohung können also Täuschungselemente enthalten sein. Umstritten ist aber, ob in einem solchen Fall neben dem das Drohungsmerkmal enthaltenden Straftatbestand – z. B. Erpressung – auch der Tatbestand des Betrugs erfüllt ist.

Beispiel[168]

T liest in der Zeitung, dass der zwölfjährige S entführt worden ist und dass der Entführer von den Eltern des S unter Androhung von Lebensgefahr für S ein Lösegeld von 100.000 € fordert. Das bringt T auf den Gedanken, sich gegenüber den Eltern des E als Entführer auszugeben und selbst das Lösegeld einzukassieren. Er ruft bei den Eltern an, teilt ihnen mit, daß es dem S noch gut gehe und sie ihren Jungen unversehrt zurückbekämen, wenn sie zu einer bestimmten Zeit an einem bestimmten Ort erschienen und das Geld übergäben. Die Eltern informieren die Polizei, die am vereinbarten Treffpunkt erscheint und den T festnimmt.

T hat versucht, die Eltern des S durch Drohung mit gegenwärtiger Gefahr für Leib oder Leben zu einer Vermögensverfügung zu nötigen, ihnen damit einen Vermögensschaden zuzufügen und sich selbst rechtswidrig zu bereichern. Zu dieser Tat hatte er mit dem Anruf, spätestens aber mit seinem Erscheinen am

---

[164] Cramer (1966), 472 (473); Lenckner (1967), 105 (106); gegen dieses Argument BGH, StV 1987, 484.

[165] BGHSt 4, 105 (106), 373; BGH, JR 1988, 125 (126); OLG Hamm, NStZ 1990, 342 („Telefonsex"): „Die Prostitution verstößt auch nach heutiger Auffassung regelmäßig gegen die guten Sitten."; im Ergebnis ebenso, aus der „Menschenwürde" argumentierend LG Mannheim, NJW 1995, 3398 („Telefonsex"); Bergmann et al. (1988), 189 (191); dagegen Behm (1996), 317 (318); Scheffler (1996), 1070; Wöhrmann (1990), 342; Zimmermann (2012), 211 (213).

[166] OLG Köln, NJW 1972, 1823 (1824); OLG Karlsruhe, NJW 1976, 902 (904); aA Bergmann et al. (1988), 189 (192) mit der in sich widersprüchlichen Begründung, Prostitution sei zwar nicht verboten, werde aber dennoch vom Recht „missbilligt".

[167] RGSt 20, 326 (329); BGHSt 23, 294 (296); BayObLGSt 1955, 8 (15); Graul (1999), 562 (568); *Günther* (1976), 960 (962); Herzberg (1972b), 570.

[168] Nach BGHSt 23, 294.

Treffpunkt, unmittelbar angesetzt, § 22. Also hat sich T wegen versuchter räuberischer Erpressung aus §§ 255, 253, 22 strafbar gemacht. Denkbar ist daneben auch eine Strafbarkeit wegen versuchten Betrugs, §§ 263, 22. Denn immerhin hatte T auch zur Täuschung der Eltern angesetzt: Er spiegelte ihnen vor, den S in seiner Gewalt zu haben, sowie bereit und in der Lage zu sein, S gegen Zahlung des Lösegeldes seinen Eltern zurückzugeben.

In Rechtsprechung und Literatur wird überwiegend die Erfüllung des Betrugstatbestandes verneint. Der BGH begründet das damit, dass die Täuschung in der Drohung aufgehe,[169] „wesentlicher Bestandteil der Drohung" sei und ihr daher „keine selbständige Bedeutung" zukomme.[170] Die h. M. in der Literatur verneint den Betrug, weil es an einer „unbewussten Selbstschädigung" bzw. einer „freiwilligen Vermögensverfügung" fehle.[171] Denn der Bedrohte weiß ja, dass er mit der Lösegeldzahlung sein Vermögen schädigt und er zahlt gezwungenermaßen, also nicht auf Grund eines – von seiner Irrtumsbedingtheit abgesehen – freien Entschlusses. Von einer Minderansicht wird dieser Argumentation entgegengehalten, dass die Lösegeldzahlung nach den Grundsätzen über die „soziale Zweckverfehlung" sehr wohl eine unbewusste Selbstschädigung sei, da diese Zahlung zur Befreiung des Entführten nichts beitragen kann und deshalb eine sinnlose Ausgabe ist.[172] *Günther* kommt zu seinem der h. M. entsprechenden Ergebnis mit der Überlegung, dass bei einer die Drohung lediglich unterstützenden Täuschung der von § 263 vorausgesetzte „spezifische Motivationszusammenhang zwischen Irrtum und Vermögensverfügung" fehle.[173] Die Vertreter der Gegenmeinung lehnen zum Teil bereits das Erfordernis einer unbewussten Vermögensschädigung ab.[174] Da § 263 zudem keine „freiwillige" Vermögensverfügung im Sinne emotionaler Bejahung des Vermögensopfers verlange,[175] sei Betrugsstrafbarkeit begründet, werde aber von der Strafbarkeit aus § 253 konsumiert.[176]

Die Ausführungen der Rechtsprechung haben keine dogmatische Grundlage und keine dogmatische Aussagekraft. Dass eine Täuschung in der Drohung „aufgehe" usw. impliziert sogar die Bestätigung, dass das zu beurteilende Verhalten Täuschungsqualität hat. Die Existenz unwahrer Erklärungen als Teil der Drohung lässt sich nicht leugnen.[177] Allenfalls im Sinne von Konsumtion ist somit die Bemerkung vom Fehlen einer „selbständigen Bedeutung" der Täuschung nachvollziehbar. Im Ergebnis ist der h. M. dennoch zuzustimmen. Denn nach der oben zum Problem der

---

[169] BGHSt 11, 66 (67).
[170] BGHSt 23, 294 (296); ebenso RGSt 20, 326 (329); BayObLGSt 1955, 8 (15).
[171] Küper (1970), 2253 (2254).
[172] Blei (1983), 228; dagegen Graul (1996), 801 (826).
[173] Günther (1976), 960 (965).
[174] Graul (1996), 801 (827); Herzberg (1972b), 570 (571).
[175] Herzberg (1972b), 570 (571).
[176] Herzberg (1972b), 570 (572).
[177] Zutreffend Günther (1976), 960 (963): „Eine auf Irrtumserregung gerichtete Täuschungshandlung lässt sich als solche nicht bestreiten."; ebenso Herzberg (1972b), 570 (571).

„Zweckverfehlung" entwickelten Eingrenzung des Täuschungsmerkmals fehlt es in den Fällen der Täuschung/Drohung-Kombination an einer betrugsspezifischen Täuschung. Der Bedrohte weiß, dass er sein Vermögen vermindert und keine ausgleichende Gegenleistung zu erwarten hat.[178] Er irrt sich also nicht über den vermögensschädigenden Charakter seiner Vermögensverfügung. Es fehlt somit an dem Täuschungselement „Vermögensbezogenheit" bzw. an dem Täuschungserfolg „Irrtum über die Vermögensbeschädigung" bzw. „unbewusste Selbstschädigung".[179]

Von dieser Prämisse ausgehend ist die Auffassung konsequent, die in den hier thematisierten Fällen mit Hilfe der Lehre von der „sozialen Zweckverfehlung" doch eine unbewusste Selbstschädigung zu begründen versucht.[180] Wer dieser Lehre folgt, muss im vorliegenden Kontext einen tatbestandsmäßigen Betrug bejahen. Denn das Opfer erkennt nicht, dass es sich die Befreiung von einem Übel erkauft, das objektiv überhaupt nicht existiert. Da die „Gegenleistung", die der Bedrohte durch die Lösegeldzahlung zu erlangen glaubt, nicht erbracht wird, verfehlt die Zahlung den ihr zugedachten Zweck.[181] Nach der Zweckverfehlungslehre ist das der Schaden und der Lösegeldzahlende sieht nicht, dass er sich diesen Schaden selbst zufügt.

Was gegen die Zweckverfehlungslehre einzuwenden ist, wurde oben dargelegt. Nach der hier vertretenen Auffassung lässt sich so ein tatbestandsmäßiger Betrug nicht begründen. Deshalb ist Erpressung in Tateinheit mit Betrug nur möglich, wenn der Täter sein Opfer durch Drohung zu einer vermögensschädigenden Verfügung veranlasst und ihn dabei gleichzeitig über den vermögensschädigenden Charakter des Vorgangs täuscht.[182] Natürlich muss in einem solchen Fall die Täuschung neben der Drohung für die Vermögensverfügung mitursächlich gewesen sein.[183]

Beispiel

T kündigt dem O an, er habe Beweise für eine von O begangene Unterschlagung und werde diese der Polizei vorlegen, wenn O ihm nicht sofort die im Wohnzimmer hängende „Rembrandt-Kopie" herausgebe. O hat das Bild vor kurzem durch Erbschaft erworben und weiß nicht, dass es sich um einen echten Rembrandt im Wert von 1 Mio. € handelt. Dies weiß dagegen der T, dem O das Bild Zug um Zug gegen Aushändigung der Beweise übergibt. Hätte O die Echtheit des Bildes gekannt, hätte er es nicht herausgegeben und die angedrohte Strafanzeige in Kauf genommen.

Die Täuschung über die wirkliche Qualität des Bildes hat dazu beigetragen, dass O sich der Drohung des T gebeugt und das Bild herausgegeben hat. Anders als in dem obigen Entführungs-Beispiel diente die Täuschung nicht dazu, der Drohung Nachdruck zu verleihen. Die Täuschung ist deshalb kein Bestandteil der Drohung, sondern hat eigenständigen Charakter. Zwar hat sie den O nicht in einen Irrtum darüber versetzt, dass er mit der Herausgabe des Bildes sein Vermö-

---

[178] Herzberg (1972b), 570 (571).
[179] Küper (1970), 2253 (2254).
[180] Graul (1999), 562 (569).
[181] Herzberg (1972b), 570 (572): „Fehlinvestition".
[182] BGHSt 9, 245 (247).
[183] Günther (1976), 960 (973).

gen beschädigt. Sie hat aber in extremem Maß eine falsche Vorstellung über den Umfang dieser Vermögensschädigung in ihm hervorgerufen. Eine Irreführung hinsichtlich der Quantität des Vermögensschadens ist einer Täuschung über die Qualität des Vorgangs als Vermögensbeschädigung gleichzustellen. Daher hat T nicht nur den Tatbestand der Erpressung, sondern auch den Tatbestand des Betruges verwirklicht. Beide Delikte stehen in Idealkonkurrenz.[184]

5.2.1.2.7 Täuschung und Warnung

Nicht nur die Drohung, sondern auch die Warnung kann mit einer Täuschung verbunden sein. Die Täuschung ist dann ein „wesentlicher Bestandteil" der Warnung, wenn diese ohne ihre unwahren Aussageteile nicht ernst zu nehmen wäre und keinen Einschüchterungseffekt hätte. Die Frage, ob der Betrugstatbestand erfüllt ist, stellt sich hier in gleicher Weise wie bei der Kombination Drohung/Täuschung.

Beispiel

Heiratsschwindler T spiegelt seiner neuen Freundin O vor, ein gewisser X habe ihm angedroht, ein von T begangenes „kleines Rauschgiftvergehen" der Polizei anzuzeigen, wenn er ihm nicht 10.000 € „Schweigegeld" zahle. Da er – T – momentan etwas „klamm" sei, müsse er wohl damit rechnen, demnächst „eingelocht zu werden". Wie von T erwartet, reagiert O auf diese Mitteilung mit großer Bestürzung und spontaner Hilfsbereitschaft. Sie händigt dem T 10.000 € in bar aus, damit er die Schweigsamkeit des X erkaufen könne.

T hat keine Erpressung begangen, da seine Ankündigung eines bevorstehenden empfindlichen Übels keine Drohung ist. T hat nämlich nicht erklärt, selbst dieses Übel herbeizuführen bzw. die Entscheidungsherrschaft über seinen Eintritt oder Nichteintritt zu haben.[185] T hat das Übel – Strafverfolgung des T – als von seinem Willen unabhängig und den X als seinen potentiellen Urheber ausgegeben. T hat die O also vor diesem Ereignis gewarnt.

Anders als bei der Verbindung von Drohung und Täuschung hält die Rechtsprechung bei der vorliegenden Kombination von Warnung und Täuschung einen tatbestandsmäßigen Betrug für möglich.[186] Dieses Ergebnis überrascht, da die Täuschung auch hier nur eine unterstützende Funktion hat und lediglich die Zwangswirkung der Warnung ermöglichen bzw. verstärken soll. Man könnte – bzw. müsste, wenn man der Rechtsprechung folgt – im vorliegenden Fall daher ebenso von „Aufgehen" der Täuschung in der Warnung bzw. von ihrer untergeordneten Rolle als „wesentlicher Bestandteil" der Warnung sprechen, wie im Drohungs-Fall.

Bei Zugrundelegung eines Täuschungsbegriffs, der dem Betrugstatbestand alle unwahren Behauptungen entzieht, die nicht das Vermögen betreffen, kann auch die

---

[184] Herzberg (1972b), 570 (573).

[185] BGH, NStZ 1996, 435; Graul (1999), 562 (568).

[186] BGHSt 7, 197 (198); BGH, NStZ 1996, 435; ebenso Herzberg (1972a), 93 (94); Lackner et al. (2014), § 253 Rn. 14.

in eine Warnung eingeschlossene Lüge **nicht** als Betrugshandlung qualifiziert werden. Der gewarnte Vermögensinhaber ist sich der Tatsache bewusst, dass er ein Vermögensopfer bringt und dafür keinen materiellen Ausgleich erhält. Er fügt sich den Vermögensschaden nicht ahnungslos, sondern sehenden Auges zu.[187] Die Tat ist somit weder als Erpressung noch als Betrug strafbar.

5.2.1.2.8 Täuschungsvarianten

5.2.1.2.8.1 Subsumtion und Fallbegutachtung

Oben (5.2.1.2.1) wurde gesagt, dass bei der Anwendung des § 263 im strafrechtlichen Gutachten nicht unbedingt geklärt werden muss, welcher der drei Varianten „Vorspiegelung", „Entstellung" und „Unterdrückung" das zu prüfende Täuschungsver-halten zuzuordnen ist. Denn meistens wird die Tat mehreren Merkmalen zugleich entsprechen, da deren Anwendungsbereiche sich **überschneiden**.[188]

Beispiel

Gebrauchtwagenhändler T überstreicht einige Roststellen an der Karosserie eines Pkw mit Lack und bietet das so präparierte Fahrzeug dem Kunden O zum Kauf an.

Das Verhalten des T kann durch Verwendung aller drei Täuschungsmerkmale des § 263 I zutreffend beschrieben werden: Er **spiegelt** dem O vor, die Karosserie des Fahrzeugs sei frei von Roststellen, er **entstellt** den Gesamteindruck, den das Fahrzeug macht und er **unterdrückt** die Tatsache, dass die Karosserie an einigen Stellen vom Rost befallen ist. Der Vollständigkeit halber wäre sogar noch eine Differenzierung zwischen aktivem Tun und Unterlassen vorzunehmen. Denn T hat es auch – möglicherweise pflichtwidrig – unterlassen, den O über die schadhaften Stellen des Pkw aufzuklären. Einfacher kann man aber auch sagen, dass T den O über den wahren Zustand des Pkw – insbesondere die Existenz von rostigen Stellen an der Karosserie – durch konkludentes positives Tun **getäuscht** hat. Zur einwandfreien und schlüssigen Begründung des Ergebnisses reicht dies in der Regel aus.

5.2.1.2.8.2 Vorspiegelung

„Vorspiegelung falscher Tatsachen" ist die Behauptung einer Realität, die zumindest in einem Punkt so nicht existiert.[189] Vorgespiegelt wird eine **scheinbare Wirklichkeit**. Dies kann durch Behauptung der Existenz tatsächlich nicht existierender Tatsachen oder durch die Behauptung der Nichtexistenz tatsächlich existierender Tatsachen geschehen.

---

[187] Konsequent für Betrugsstrafbarkeit Graul (1996), 801 (827); Graul (1999), 562 (568), die auf das Erfordernis einer unbewussten Vermögensschädigung in Fällen wie dem vorliegenden verzichtet; für Betrugsstrafbarkeit auch – mit der Zweckverfehlungslehre argumentierend – OLG Köln, NJW 1987, 2095.

[188] Ranft (1992), 66.

[189] Schumann (1979), 588.

Beispiel

Obwohl es in Strömen gießt, sagt T zu O: „Es regnet nicht, die Straße ist ganz trocken".

T hat die Abwesenheit von Regen und die Anwesenheit von Trockenheit vorgespiegelt. Beide Ausdrucksvarianten vermitteln dieselbe falsche Information und sind eine „Vorspiegelung".

5.2.1.2.8.3   Entstellung

Ein Irrtum kann nicht nur durch falsche Einzelaussagen, sondern auch durch **Fehlakzentuierung an sich richtiger Aussagen** hervorgerufen werden. Eine wahre Information kann durch geschickte Platzierung in einem größeren Sinnzusammenhang sinnverfälschende Wirkung haben.[190] Dies geschieht dadurch, dass beim Empfänger Assoziationen ausgelöst werden, die das Gesamtbild, das er von einem Sachverhalt hat, verfälschen.

Beispiel

Landmaschinenvertreter T will dem Landwirt O eine teure Melkmaschine verkaufen. Mit der Maschine können 15 Kühe gleichzeitig gemolken werden. O hat aber nur fünf Kühe. Für seine Bedürfnisse wäre daher eine kleinere und billigere Melkmaschine optimal. T versucht dem O den Kauf seiner Melkmaschine schmackhaft zu machen, indem er ihm wiederholt mit großem Nachdruck erklärt: „Mit dieser Anlage können Sie fünf Kühe gleichzeitig melken!".

Die Aussage des T über die Kapazität der Melkmaschine ist nicht falsch, da man mit einer Maschine, an die 15 Kühe gleichzeitig angeschlossen werden können, selbstverständlich auch fünf Kühe gleichzeitig melken kann. Dennoch hat T den O möglicherweise getäuscht, indem er einen Sachverhalt durch sinnentstellende Bemerkungen in ein „schiefes Licht" gerückt hat. Durfte O nämlich auf Grund der bis dahin gewechselten Worte davon ausgehen, dass T ihm eine Melkmaschine anbieten würde, die auf seine individuellen Bedürfnisse optimal zugeschnitten ist, erhielt die Auskunft des T für ihn den Sinn: „Mit dieser Melkmaschine können sie maximal fünf Kühe gleichzeitig melken." Diese Auskunft ist aber falsch und daher eine Täuschung.

Erfolg jeder Täuschungshandlung ist ein Irrtum, also eine **Inkongruenz von Vorstellung und Wirklichkeit**. Zur Herstellung dieser Diskrepanz sind zwei verschiedene Methoden der Manipulation möglich: Beeinflussung des Vorstellungsbildes oder Beeinflussung der Wirklichkeit, auf die sich die Vorstellung eines Menschen bezieht.[191]

---

[190] Geisler (2002), 86 (87); Schröder (1974), 153 (155).
[191] Samson (1978), 469 (471).

Beispiele

(1) T verkauft dem O ein Pferd. Obwohl das Pferd an einer – nur dem Fachmann erkennbaren – Krankheit leidet, versichert T dem O: „Das Tier ist kerngesund." O glaubt dem T, zahlt ihm 50.000 € und stellt das Pferd in seinen Stall.

(2) T verkauft dem O ein Pferd für 50.000 €. Wahrheitsgemäß versichert T dem O, dass das Tier kerngesund sei. Bevor es zur Bezahlung und Übereignung des Pferdes kommt, infiziert X, der Stallbursche des T, das Pferd mit einem Virus. Das Pferd erkrankt daraufhin, was aber weder für O noch für T erkennbar ist. O bezahlt das Pferd und stellt es in seinen Stall.

Beispiel 1 schildert einen unstreitigen Fall der Täuschung durch Einflussnahme auf das Vorstellungsbild eines Menschen.[192] Es handelt sich um eine „Vorspiegelung" von Tatsachen, die die behauptete Beschaffenheit realiter nicht aufweisen. Umstritten ist, ob auch die in **Beispiel 2** beschriebene Manipulation eine tatbestandsmäßige Täuschung ist. X hatte mit O keinen kommunikativen Kontakt, er hat dem O keine Informationen angeboten, die dessen Vorstellungsbild verändert hätten. Dennoch hat er bewirkt, dass Realität (wirklicher Gesundheitszustand des Pferdes) und die Vorstellung des O von der Realität (vorgestellter Gesundheitszustand des Pferdes) nicht mehr übereinstimmen. O glaubt ja immer noch, das gekaufte Pferd sei gesund. Tatsächlich erhielt und bezahlte er aber ein krankes Pferd. O hat sich im Zeitpunkt der Bezahlung und Übereignung des Pferdes also zweifellos über dessen Gesundheitszustand geirrt. Ursächlich für diesen Irrtum war die Veränderung des Wirklichkeitsausschnitts, auf den sich die ursprünglich richtige und nunmehr falsche Vorstellung des O richtete. Es ist nicht zu sehen, was gegen die Qualifikation dieser Handlung als tatbestandsmäßige Täuschung sprechen könnte. Insbesondere paßt der Vorgang zu dem Merkmal „Entstellung von Tatsachen". Denn diese Beschreibung besagt ja, dass der Täter an den Tatsachen selbst herummanipuliert, also unmittelbar auf den Gegenstand des Vorstellungsbildes – und damit mittelbar auch auf dieses – einwirkt. Ein unmittelbares Einwirken auf den Intellekt des anderen ist nicht erforderlich.[193] Da die Strafwürdigkeit dieser Verfälschungstechnik hinter der von täuschenden Kommunikationsakten nicht zurückbleibt, ist die Tatsachenfälschung als tatbestandsmäßige Betrugshandlung anzuerkennen.[194] X hat also in Beispiel 2 den O getäuscht, indem er einen wahren Sachverhalt entstellt hat.

5.2.1.2.8.4 Unterdrückung

Auch die Unterdrückung von Tatsachen ist eine Täuschungstechnik, mit der der Täter unmittelbar auf den Sachverhalt Einfluss nimmt, der Wahrnehmungs- und Vorstellungsobjekt des zu Täuschenden ist oder werden soll.[195] Tatsachen werden unterdrückt, indem sie verschleiert, unsichtbar gemacht oder mit einer scheinbaren Aura umgeben werden. „Potemkinsche Dörfer" sind das typische Produkt einer

---

[192] BGHSt 47, 1 (5).

[193] Samson (1978), 469 (472); aA Kargl (2002), 613 (621); Kraatz (2007), 531 (532).

[194] Arzt et al. (2009), § 20 Rn. 46; Labsch (1981), 45 (46) Fn. 17; Weber (1989), 59; aA Lackner et al. (2014), § 263 Rn. 6; Nehrer (1981), 603; Rengier (2014), § 13 Rn. 10.

[195] Ranft (1984), 723 (728).

Tatsachenunterdrückungsaktion. Angriffspunkt der Unterdrückung kann aber auch der Wahrnehmungsvorgang sein, der dem Opfer Kenntnis von einem Sachverhalt verschaffen würde, wenn er nicht durch Unterdrückungsmaßnahmen des Täters behindert würde. Dem zu Täuschenden wird der Blick auf Tatsachen verstellt oder es wird ihm durch eine „rosarote Brille" eine Scheinwirklichkeit vorgegaukelt.

Beispiel

Makler T hat Schwierigkeiten mit dem Verkauf eines Wohngrundstücks, da dieses unmittelbar an einen Schrottplatz grenzt. Bevor der nächste Kaufinteressent zur Besichtigung des Grundstücks erscheint, veranlasst er den Betreiber des Schrottplatzes, sein Areal vorübergehend von Gegenständen zu räumen, die das ästhetische Gesamtbild der Umgebung beeinträchtigen. Außerdem lässt T an der Grundstücksgrenze zu dem Schrottplatz eine dichte Reihe von Kübeln mit Eiben aufstellen, so dass die Sicht auf den Schrottplatz versperrt ist. Als Kaufinteressent O das Grundstück besichtigt, nimmt er von dem benachbarten Schrottplatz nichts wahr.

Auch ohne die ausdrückliche verbale Versicherung, das Grundstück liege in einer angenehmen und netten Wohngegend, hat T den O über diese Qualitätsmerkmale getäuscht. Durch Behinderung der Wahrnehmung von Gegebenheiten auf dem benachbarten Grundstück hat er im Kopf des O ein der Realität nicht entsprechendes Vorstellungsbild entstehen lassen. T hat den O also über den Gegenstand seiner Vorstellung getäuscht, indem er wesentliche Tatsachen unterdrückt hat, deren Wahrnehmung das Gesamtbild des O von dem angebotenen Grundstück erheblich verändert hätte.

5.2.1.3 Irrtum
5.2.1.3.1 Irrtumsbegriff

Irrtum ist eine **falsche Vorstellung von einem Gegenstand**.[196] Der Irrtum zeichnet sich also durch die Abweichung des Bildes, das ein Mensch von einem Gegenstand hat, von der wirklichen Beschaffenheit des abgebildeten Gegenstandes aus. Irrtum ist „Widerspruch zwischen Vorstellung und Wirklichkeit".[197] Ob ein Mensch wegen Betrugs bestraft wird, hängt letztlich davon ab, welches Bild die zur Rechtsanwendung und Entscheidung berufenen Rechtspflegeorgane von dem in Rede stehenden Wirklichkeitsausschnitt für „wahr", also für realitätsgetreu halten. Weicht es von dem Bild ab, das der Getäuschte gehabt hat, als er die Vermögensverfügung vollzog, ist zumindest der Entscheidung im Prozess die Bejahung eines Irrtums zugrunde zu legen.

Der Irrtumsbegriff setzt eine **positive Vorstellung** von einem Gegenstand voraus. Die bloße Unkenntnis einer Tatsache (ignorantia facti) reicht nicht aus.[198] Natürlich muss man in diesem Zusammenhang beachten, dass Unkenntnis meistens lü-

---

[196] Ranft (1984), 723 (725); Ranft (1992), 66 (68).
[197] Samson (1978), 469 (473).
[198] BGH, wistra 2014, 97; Arzt et al. (2009), § 20 Rn. 53; Goeckenjan (2006), 758 (759); Kargl (2002), 613 (619); Rengier (2014), § 13 Rn. 49; aA Gössel (1996), § 21 Rn. 74.

ckenhafte Vorstellung von einem komplexen Sachverhalt bedeutet, das Nichtwissen um bestimmte Details dieses Sachverhalts also eine positive Fehlvorstellung bezüglich des Gesamtsachverhalts begründet.[199] Jeder Mensch, der nicht schläft oder aus sonstigem Grund bewußtlos ist, stellt sich ständig irgendetwas positiv vor. Wird der Gegenstand dieser Vorstellung auf Grund fehlenden Wissens von bestimmten Fakten verzerrt abgebildet, bewirkt das Nichtwissen einen Irrtum. Wer nicht weiß, dass er mit seinem Pkw auf der Autobahn in die falsche Richtung fährt, hat die positive Fehlvorstellung, alle entgegenkommenden Fahrzeuge würden von „Geisterfahrern" gesteuert. Daher sind positive Fehlvorstellung und Unkenntnis weitgehend gleichbedeutende austauschbare Begriffe.[200]

Beispiele

(1) Eine aus 21 Jugendlichen bestehende Gruppe von Fußballfans besteigt den Zug von Hildesheim nach Hannover, um ein Bundesligaspiel von Hannover 96 zu besuchen. Da die Jugendlichen einen Gruppenfahrschein für nur 20 Personen gekauft haben, versteckt sich ein Mitglied der Gruppe – der X – in der Zugtoilette. Der Fahrkartenkontrolleur O zählt die in einem Wagen sitzenden 20 Gruppenmitglieder ab und stempelt dann den Fahrschein. Den auf der Toilette sitzenden X nimmt O nicht zur Kenntnis.

(2) In einem Bus der Berliner BVG sitzen 20 Fahrgäste, von denen 10 keinen gültigen Fahrschein dabei haben. Eine Fahrkartenkontrolle findet nicht statt. Der Busfahrer B fährt wie immer seine Route und nimmt auch die Fahrgäste ohne Fahrschein mit.

In **Beispiel 1** macht sich O über die Anwesenheit des X in dem Zug keine Gedanken. Das Fehlen eines Bewusstseins hinsichtlich dieser Tatsache ist allein kein Irrtum.[201] Jedoch stellt sich O positiv vor, dass die von ihm kontrollierte Gruppe nur aus 20 Personen besteht und kein weiteres dazu gehörendes Mitglied in dem Zug mitfährt. Die Anwesenheit des X macht diese Vorstellung zu einer Fehlvorstellung. Daher ist auch das Nichtwissen des O bezüglich des X ein Teil dieser Fehlvorstellung. Es ist gewissermaßen die Kehrseite der unrichtigen Annahme, mehr als 20 Jugendliche gehörten der Gruppe nicht an. O befand sich also nach der durchgeführten Fahrscheinkontrolle in einem Irrtum.[202] In **Beispiel 2** hat B keine konkrete Kenntnis von dem Umstand, dass die Hälfte seiner Fahrgäste ohne Fahrschein mitfährt. Möglicherweise glaubt B aber allgemein an die Ehrlichkeit der Menschen und kann sich daher gar nicht vorstellen, dass jemand so gemein sein könnte, das Unterbleiben von Kontrollen zum Schwarzfahren auszunutzen. Dann würde die Wahrnehmung der Fahrgäste im Bus in B die positive Vorstellung hervorrufen, alle diese Menschen hätten einen Fahrschein dabei. Da diese Vorstellung falsch wäre, befände sich B in einem Irrtum. Dennoch lehnt die ganz h. M. hier einen Irrtum ab, gibt aber zugleich zu, dass dieses Ergebnis dog-

---

[199] Samson (1978), 469 (473).

[200] Schönke et al. (2014), § 263 Rn. 36.

[201] Kargl (2002), 613 (620).

[202] Nach Seelmann (1982), 268 (269) hat X den O aber nicht getäuscht; aA Gössel (1996), § 21 Rn. 75.

matisch nicht zu begründen ist. Kriminalpolitisch sei diese Einschränkung des
Betrugstatbestandes aber erforderlich. Der Anbieter von Massenleistungen solle
selbst präventive Maßnahmen gegen mißbräuchliche Inanspruchnahme seiner
Leistungen treffen und den Abbau von Kontrollen nicht durch § 263 kompensieren lassen.[203]

Der Getäuschte braucht über den Sachverhalt, hinsichtlich dessen er sich im Irrtum befindet, nicht aktiv zu reflektieren. Es genügt ein sog. „**sachgedankliches
Mitbewusstsein**".[204] Beispielsweise befindet sich der einem Dieb gutgläubig eine
gestohlene Sache abkaufende Erwerber auch dann im Irrtum über die Eigentumsverhältnisse, wenn über dieses Thema zwischen den Partnern des Geschäfts nicht
gesprochen wird bzw. wenn der Erwerber sich keine Gedanken darüber macht.
Denn die Eigentümerstellung des Veräußerers der Sache steht bei einem solchen
Vorgang im Raum und ist für die Beteiligten ein selbstverständliches Faktum. Die
Vorstellung vom Eigentum des Veräußerers ist deshalb mit dem äußeren „Ritual"
so eng verknüpft, dass sie automatisch geweckt wird, wenn das Bewusstsein den
Übereignungsvorgang erfasst.

Irrtum ist nicht nur die **falsche Gewißheitsvorstellung**, sondern auch die **falsche Möglichkeitsvorstellung**. Daher irrt auch derjenige, der über die Wahrheit
einer Behauptung im **Zweifel** ist.[205] Denn wer zweifelt, der hält die Wahrheit der
Behauptung immerhin für möglich, stellt sich also vor, die Wirklichkeit könnte so
beschaffen sein, wie der Täter es behauptet. Wenn aber die Wirklichkeit tatsächlich
nicht so beschaffen ist, besteht die vorgestellte Möglichkeit nicht. Damit fallen Vorstellung und Wirklichkeit auseinander.

Beispiel

T bittet O um ein Darlehen von 5000 €. T hat dabei die Absicht, das Geld sofort
zu verbrauchen und nicht zurückzuzahlen. O hält es für möglich, daß T ihm das
Geld nicht zurückzahlen wird. Letztlich überwiegt aber das Vertrauen des O in
die Redlichkeit des T, weshalb O das gewünschte Darlehen auszahlt.

In einem Fall wie diesem darf man zunächst nicht den Fehler machen, einen
Irrtum hinsichtlich der späteren Darlehensrückzahlung in Erwägung zu ziehen.
Die Rückzahlung ist im Zeitpunkt der Darlehensauszahlung ein zukünftiges Ereignis und daher keine „Tatsache", über die betrugsrelevant getäuscht und geirrt
werden könnte. Bezugsobjekt des Irrtums kann also nur die gegenwärtige Rückzahlungsbereitschaft oder Rückzahlungsunwilligkeit des T sein. In diesem Sinn
ist auch die Beschreibung von O's Vorstellungsbild zu verstehen: O hält es für
möglich, dass T gegenwärtig den festen Willen hat, das erhaltene Darlehen vollständig und rechtzeitig an O zurückzuzahlen. Da er sich aber nicht ganz sicher

---

[203] Arzt et al. (2009), § 20 Rn. 55.

[204] BGHSt 57, 95 (112); Rengier (2014), § 13 Rn. 43; Samson (1978), 469 (473).

[205] BGHSt 57, 95 (113); Beckemper et al. (2003), 315 (316); Kargl (2002), 613 (621); Kargl
(2007), 250 (257); Kindhäuser (1997), 339 (358); Kindhäuser et al. (2006), 193 (197); Ranft
(1992), 66 (68); Samson (1978), 469 (474). diff. Rengier (2001), 811 (822).

ist, hält er es auch für möglich, dass T bereits jetzt beschlossen hat, das erhaltene Geld nicht zurückzuzahlen. Die erste Möglichkeitsvorstellung – vorhandene Rückzahlungsbereitschaft – hat keine Entsprechung in der Wirklichkeit. Denn in der Sphäre der realen Tatsachen gibt es keine Existenzform, die als Objektivation einer subjektiven „Könnte-Sein-Vorstellung" bezeichnet werden könnte. Ein Sachverhalt ist oder ist nicht, eine „mögliche Existenz" des Sachverhalts gibt es nicht. Indem O also die Rückzahlungswilligkeit des T für möglich gehalten hat, die tatsächlich nicht existierte, hat er sich darüber geirrt.

Kein Irrtum liegt vor, wenn dem Täuschungsadressat der Wahrheitsgehalt der ihm zugetragenen Information **gleichgültig** ist. Macht sich der Sparkassenangestellte, dem ein gestohlenes Sparbuch vorgelegt wird, keine Gedanken darüber, ob sein Kunde Inhaber des Kontos oder sonst zur Abhebung von diesem Sparbuch berechtigt ist, befindet er sich nicht in einem Irrtum.[206] Der Sparbuchdieb, der vorspiegelt, Inhaber des Kontos zu sein, von dem er das Guthaben abhebt, begeht unter dieser Voraussetzung keinen Betrug. Allerdings wird sich ein Sparkassenangestellter zur Vermeidung zivilrechtlicher Haftungsfolgen in der Regel zumindest oberflächlich Gedanken über die Berechtigung des Sparkassenbuchinhabers machen und daher irren, wenn ihm ein Nichtberechtigter das Sparbuch vorlegt.[207] Das Bestehen einer Prüfungspflicht ist daher ein Indiz für das Bestehen einer prüfungsbedingten Fehlvorstellung, also eines Irrtums.[208]

5.2.1.3.2   Kausalität

Zwischen Täuschung und Irrtum muss ein Kausalzusammenhang bestehen. Das bedeutet, dass die **Täuschung Ursache des Irrtums**, der Irrtum Folge der Täuschung sein muss. Mitursächlichkeit der Täuschung reicht aus. Wurde die Täuschung von dem sich irrenden gar nicht bemerkt, fehlt es an der Kausalität.[209] Das Gesetz umschreibt die Kausalität mit den Begriffen „Erregung" oder „Unterhaltung" des Irrtums. Irrtumserregende Kausalität bedeutet Hervorrufung einer noch nicht vorhandenen Fehlvorstellung,[210] irrtumsunterhaltende Kausalität ist die Verstärkung oder Verfestigung einer bereits bestehenden Fehlvorstellung.[211] Unterhaltung eines Irrtums ist insbesondere die Unterdrückung von Tatsachen, durch deren Wahrnehmung das irrende Opfer die Wahrheit erfahren, der Irrtum also beseitigt würde.[212] Irrtumserregung durch Unterlassen liegt vor, wenn der Täter garantenpflichtwidrig eine Handlung nicht vornimmt, die der Entstehung eines Irrtums entgegengewirkt hätte. Irrtumsunterhaltung durch Unterlassen ist die garantenpflichtwidrige Nichtvornah-

---

[206] OLG Düsseldorf, NStZ 2008, 219.

[207] Arzt et al. (2009), § 20 Rn. 57; Maiwald (1970), 168; aA Samson (1978), 469 (475).

[208] BGHSt 49, 17 (22) zur nicht bestehenden Prüfungspflicht eines Apothekers, dem ein Kassenpatient ein Rezept zur Einlösung vorlegt, mit dem ihm von einem Kassenarzt ein medizinisch nicht notwendiges Medikament verschrieben wurde.

[209] BGH, NStZ 2009, 694.

[210] Kindhäuser et al. (2006), 193 (197).

[211] LG Aachen, NJW 1950, 759; aA Kargl (2002), 613 (621).

[212] Samson (1978), 469 (473).

me einer aufklärenden Informationshandlung, die einen bereits bestehenden Irrtum beseitigt hätte. Die **Ausnutzung einer bereits vorhandenen Fehlvorstellung ohne Aufklärungspflicht ist keine tatbestandsmäßige Irrtumsunterhaltung.**[213]

Beispiel

Yuppie O hat einen steinalten und steinreichen Großonkel beerbt, kann aber mit den meisten Nachlassgegenständen nichts anfangen. In einem Anzeigenblatt annonciert er daher den Verkauf diverser Möbel, Kunst- und Hausratgegenstände. Dem Interessenten T bietet er eine schöne Biedermeierkommode für 100 € an. T erkennt sofort, dass O offenbar vom wahren Wert des guten Stücks (ca. 5000 €) nicht die geringste Ahnung hat. Ohne eine Sekunde zu zögern, nimmt T das Angebot an, zahlt sofort in bar und nimmt die Kommode gleich mit.

Der Irrtum des O über den Wert der Kommode ist entstanden, ohne dass T dazu einen kausalen Beitrag geleistet hätte. T hat den Irrtum also nicht erregt. Sein Verhalten kann allenfalls die Unterhaltung eines Irrtums sein. Jedoch ist irgendein aktives Tun mit derartigem Effekt nicht zu erkennen. Dies wäre z. B. der Fall, wenn T gesagt hätte: „Nun ja, das Stück dürfte etwa 70 € wert sein; aber ich will großzügig sein und gebe Ihnen die 100 €". In Betracht kommt hier also höchstens eine Irrtumsunterhaltung durch Unterlassen. Dazu wäre eine Aufklärungspflicht des T erforderlich, § 13 I. Die Anbahnung einer vertraglichen Beziehung begründet aber noch keine Pflicht zur Wahrung der Vermögensinteressen des potentiellen Vertragspartners.[214] Vielmehr ist jede Partei für sich selbst verantwortlich und trägt daher auch selbst das Risiko einer fehlerhaften subjektiven Geschäftsgrundlage. T hatte somit keine Garantenstellung und hat deshalb durch die Ausnutzung des Irrtums keinen Betrug begangen.

Ein tatbestandsmäßiger Irrtum bzw. die Ursächlichkeit der Täuschung für diesen Irrtum wird nicht dadurch ausgeschlossen, dass der Getäuschte selbst durch Unvorsichtigkeit, grobe Leichtgläubigkeit, unvernünftige Vertrauensseligkeit oder Unterlassen möglicher Informierung zur Entstehung seiner Fehlvorstellung beigetragen und damit den Vermögensschaden letztlich mitzuvertreten hat.[215] Die **Mitverantwortung des Opfers** mindert zwar den Strafwürdigkeitsgehalt der Tat. Dieser Gesichtspunkt ist aber grundsätzlich erst bei der Strafzumessung zu berücksichtigen.[216]

---

[213] RGSt 20, 326 (333); BGHSt 47, 1 (6); Eisele (2012), Rn. 540; Kindhäuser (1997), 339 (352) Fn. 34.

[214] RGSt 20, 326 (333).

[215] BGHSt 49, 276 (301); 57, 95 (113); BGH, NStZ 2003, 313 (314); OLG Frankfurt, MMR 2011, 270 (271); Eisele (2011), 273 (274); missverständlich BGHSt 47, 1 (4): „Allerdings gehört es nicht zum vom Betrugstatbestand geschützten Rechtsgut, sorglose Menschen gegen die Folgen ihrer eigenen Sorglosigkeit zu schützen".

[216] Hillenkamp (1981), 18 ff., 211 ff.; Müller-Christmann (1988), 108 (110).

5.2.1.4   Vermögensverfügung
5.2.1.4.1   Funktion

Die Vermögensverfügung ist ein **ungeschriebenes** Tatbestandsmerkmal des Betrugs.[217] Im Text des § 263 findet man das Wort „Vermögensverfügung" nicht. Dass jede vollendete Betrugstat aber ein tatsächliches Element enthält, auf das die Bezeichnung „Vermögensverfügung" zutrifft, erkennt man sofort, wenn man sich die Frage stellt, wie denn der erregte oder unterhaltene Irrtum das Vermögen eines anderen beschädigen soll. Täuschung und Irrtum allein bewirken im Vermögen überhaupt nichts. Erst wenn auf Grund des Irrtums ein Verhalten in Vollzug gesetzt wird, welches auf das Vermögen einwirkt, kann es zu einer Beschädigung dieses Vermögens kommen. Die Vermögensverfügung stellt also den Kausalzusammenhang zwischen Täuschung und Irrtum einerseits und Vermögensschaden andererseits her.[218]

Die Vermögensverfügung muss durch Täuschung und Irrtum **verursacht** worden sein.[219] Ein vollendeter Betrug liegt nicht vor, wenn jemand durch Täuschung in einen Irrtum versetzt wurde und danach eine Vermögensverfügung vornimmt, zu der er aber nicht durch die täuschungsbedingte Fehlvorstellung, sondern durch andere Beweggründe – z. B. Mitleid mit dem Täter oder Nötigung – veranlasst wurde.[220] An der Kausalität des Irrtums für die Vermögensverfehlung fehlt es auch, wenn der Getäuschte zur Vornahme der Vermögensverfügung verpflichtet ist und diese Pflicht auch bestünde, wenn er die Täuschung durchschauen würde. Insbesondere reicht es nicht, dass Kausalität zwischen dem äußeren Täuschungsvorgang und der Vermögensverfügung besteht.[221] Vielmehr muss der Kausalzusammenhang zwischen dem Täuschungsinhalt – also der Unwahrheit der Erklärung – und der Reaktion des Getäuschten bestehen. Daher ist die Täuschung keine Ursache der Verfügung, wenn der Getäuschte die Vermögensverfügung auch bei Kenntnis der wahren Sachlage vorgenommen hätte. Mitursächlichkeit des Irrtums reicht aber aus.[222] Wegen des Kausalitätserfordernisses müssen Getäuschter und Verfügender identisch – also ein und dieselbe Person – sein.[223] Dies kann problematisch sein, wenn auf der Opferseite mehrere Personen stehen und eine von ihnen Kenntnis von der Unwahrheit hat. Sofern dem Verfügenden dieses **Wissen zuzurechnen** ist, beruht die Vermögensverfügung nicht auf einem Irrtum.[224] In diesem noch recht ungeklärten Problemkreis gewinnt allmählich eine Theorie die Oberhand, die den Aus-

---

[217] BGHSt 14, 170 (171); Ranft (1992), 66 (68); Schröder (1941), 33 (39).

[218] Eisele (2012), Rn. 554; Geppert (1977), 69 (70); Graul (1996), 801; Müller-Christmann (1988), 108 (111); Rengier (2014), § 13 Rn. 61; Schuhr (2012), 363.

[219] Ranft (1992), 66 (68); Seelmann (1982), 268 (271).

[220] RGSt 6, 360 (361).

[221] Dies scheint BGHSt 24, 257 (261) ausreichen zu lassen; vgl. dazu Schönke et al. (2014), § 263 Rn. 73.

[222] RGSt 20, 326 (330); BGHSt 13, 13 (14); Seelmann (1982), 268 (271).

[223] Fahl (1996), 74 (77) Fn. 43; Seelmann (1982), 268.

[224] BGH, NStZ 2012, 699 (700); Rengier (2014), § 13 Rn. 53 ff.; Wessels et al. (2013), Rn. 527.

schluss der Betrugsstrafbarkeit in Anlehnung an die Fallgruppe „eigenverantwort-
liche Selbstschädigung" bei der Lehre von der objektiven Zurechnung verortet.[225]

Beispiele

(1) T bietet O ein Bild zum Kaufpreis von 5000 € an. Dabei spiegelt er ihm vor,
das Bild sei 10.000 € wert. Tatsächlich beträgt der Wert nur 3000 €. O gefällt
das Bild so gut, dass er es unbedingt erwerben möchte, hat aber nur 3000 €.
Aus Mitleid mit O gibt dessen Freund F die restlichen 2000 € dazu, obwohl F
erkennt, dass das Bild nur 3000 € wert ist. Den Irrtum des O klärt F nicht auf,
weil er zu Recht befürchtet, dass T dann sein Angebot sofort zurückziehen
würde und O keine Chance mehr hätte, das begehrte Bild zu bekommen.

(2) M, der Inhaber eines Müllentsorgungsunternehmens, stellt der Stadt X für die
Entsorgung städtischen Mülls überhöhte Müllmengen in Rechnung. Daraufhin erhält M von der Stadt entsprechende Entgeltzahlungen in einer Höhe,
die ihm nicht zusteht. Der für Angelegenheiten der Müllentsorgung zuständige städtische Bedienstete B hatte von der Unrichtigkeit der Rechnungen
Kenntnis. Die Zahlungen wurden von einem diesbezüglich ahnungslosen
Sachbearbeiter A der Stadt veranlasst.

In **Beispiel 1** hat T den O getäuscht und in einen Irrtum versetzt. Die Zahlung der
3000 € ist eine Vermögensverfügung, die allerdings dem O keinen Vermögensschaden zugefügt hat, weil der Verlust dieses Geldbetrages durch den Erwerb
des gleichwertigen Bildes ausgeglichen worden ist. Die Überlassung der fehlenden 2000 € durch F ist ebenfalls eine Vermögensverfügung, die durch das von
T gemachte Kaufangebot verursacht worden ist. Jedoch befand F sich nicht in
einem Irrtum, als er das Geld zur Verfügung stellte. Der Irrtum des O war zwar
kausal für die großzügige Geste des F. Dieser Irrtum hat aber keine unbewusste
Selbstschädigung veranlasst. Denn F wusste, dass er sein eigenes Vermögen um
2000 € mindert, ohne dafür eine kompensierende Gegenleistung zu bekommen.
Wie oben erläutert wurde, erfasst der Betrugstatbestand nur Täuschungen, die
zu einem Irrtum über die vermögensschädigende Wirkung der Vermögensverfügung führen und demzufolge eine unbewusste Vermögensminderung verursachen. T hat keinen vollendeten, sondern nur einen versuchten Betrug begangen.
In **Beispiel 2** läge ein vollendeter Betrug vor, wenn allein auf den Kenntnisstand
des die Zahlung veranlassenden städtischen Mitarbeiters A abzustellen wäre.[226]
Ist diesem aber die Kenntnis des B zuzurechnen, entfällt der betrugsspezifische
Zusammenhang zwischen Irrtum und Vermögensverfügung.[227]

5.2.1.4.2 Begriff

Der Begriff der Vermögensverfügung ist nicht identisch mit dem zivilrechtlichen
Verfügungsbegriff. Er ist weiter und umfasst nicht nur rechtsgeschäftliches Han-

---

[225] Brand et al. (2007), 408 (409); Eisele (2004b), 15 (22); Eisele (2008), 524 (525); aA Weißer
(2011), 333 ff.

[226] So im Ergebnis Beckemper et al. (2003), 315 (316); Rengier (2014), § 13 Rn. 56.

[227] So BGH, NStZ 2006, 623 (624).

deln, sondern auch rein **faktische** Verhaltensvollzüge.[228] Vermögensverfügung ist ein äußeres Verhalten, das auf den Bestand eines Vermögens Einfluss hat. Die Vermögensverfügung ruft also in einem Vermögen eine Veränderung hervor. Das ist der Verfügungserfolg.[229] Dass diese Veränderung in einer Minderung des Vermögensgesamtwerts besteht, ist im Rahmen des § 263 zwar richtig, aber kein Element des Begriffs „Vermögensverfügung".[230] Denn die Vermögensminderung ist das Wesen des Vermögensschadens und dieser ist ein von der Vermögensverfügung zu unterscheidendes Tatbestandsmerkmal des § 263. Die Wirkung einer Vermögensverfügung kann auch in einer bloßen Vermögensumschichtung ohne Änderung des Gesamtwerts bestehen (Tausch einer Sache gegen eine gleichwertige andere Sache). Als mögliche Folge einer Vermögensverfügung kommt sogar eine Erhöhung des Vermögenswertes in Betracht, so z. B. beim rechtzeitigen Verkauf von Wertpapieren, die kurz danach einen drastischen Wertverfall erleiden.

Vermögensverfügung kann **aktives Tun** oder **Unterlassen**[231] sein. Meistens wird in diesem Zusammenhang die Verhaltenstrias „Handeln, Dulden oder Unterlassen" erwähnt.[232] Dulden ist ein Unterfall von Unterlassen.[233] Die Vermögensverfügung ist ein objektiver Verhaltensvollzug, der von einem Verfügungsbewusstsein getragen sein kann, aber nicht muss. Der Betrugstatbestand erfasst also sowohl bewusste als auch unbewusste Vermögensverfügungen.[234] Insbesondere bei Unterlassungen wird dem Betroffenen die mit seinem Verhalten verbundene vermögensverändernde Wirkung häufig nicht bewusst sein.

Beispiel

Rechtsanwalt R soll für seinen Mandanten O Klage gegen S erheben, weil eine Forderung des O gegen S kurz vor der Verjährung steht. Die Sekretärin T, der R gekündigt hat, wischt an ihrem letzten Arbeitstag ihrem ehemaligen Chef noch eins aus und merkt im Terminkalender des R die Einreichung des Klageschriftsatzes für einen Tag vor, an dem die Verjährung der Forderung bereits eingetreten ist. Die von R erhobene Klage ist daher verspätet und wird vom Gericht wegen Verjährung als unbegründet abgewiesen. Bis zum Tag der Klageerhebung hatte R nur einmal kurz an die Forderung des O und die zur Verjährungsunterbrechung erforderliche Klageerhebung gedacht, als er die Eintragung in seinem Terminkalender zur Kenntnis nahm. Das war zwei Wochen vor Eintritt der Verjährung.

T hat dem R durch die Eintragung im Terminkalender vorgespiegelt, an dem bezeichneten Tag sei eine Klageerhebung zur Verjährungsunterbrechung noch möglich. R wurde dadurch in einen entsprechenden Irrtum versetzt. Der Irrtum

---

[228] BGHSt 14, 170 (171); 31, 178 (180); Kindhäuser et al. (2006), 193 (197); Rengier (2000), 644; Samson (1978), 564.

[229] Samson (1978), 564 (565).

[230] Hellmann (1988), 73 (74); aA Ranft (1992), 66 (68); Seelmann (1982), 268 (270).

[231] OLG Celle, NStZ 2011, 218 (219); Mitsch (2014), 212 (215).

[232] Gribbohm (1964), 233 (235); Seelmann (1982), 268 (270).

[233] Samson (1978), 564.

[234] OLG Hamm, NJW 1965, 702 (703); Gallas (1961), 401 (433); Gribbohm (1964), 233 (235); Kindhäuser et al. (2006), 293 (295).

war Ursache für seine Untätigkeit bis zu dem Zeitpunkt, an dem die Forderung des O verjährte. Die Unterlassung rechtzeitiger Klageerhebung ist eine Verfügung[235] über das dem R anvertraute Vermögen des O.[236] Denn sie führt zum faktischen Verlust der Forderung, die nach Eintritt der Verjährung nicht mehr durchgesetzt werden kann, wenn der Schuldner die Verjährungseinrede erhebt. Die Tatsache, dass sich R im entscheidenden Zeitpunkt seiner verhängnisvollen Untätigkeit und deren vermögensschädigender Wirkung nicht bewusst war, steht dem Verfügungscharakter seines Verhaltens nicht entgegen. T hat daher den objektiven Tatbestand des Betrugs erfüllt.[237]

Eine **Vermögensverfügung durch Unterlassen** liegt regelmäßig vor, wenn die Benutzung eines öffentlichen Verkehrsmittels ohne Fahrschein ausnahmsweise nicht lediglich als Beförderungserschleichung nach § 265 a, sondern als Betrug nach § 263 strafbar ist. Denn die in der Erbringung der Beförderungsleistung liegende aktive Vermögensverfügung des Verkehrsunternehmens ist nicht durch Täuschung erwirkt worden und aus diesem Grund nicht betrugsrelevant. Die U-Bahn fährt schließlich auch dann, wenn kein einziger Fahrgast eingestiegen ist. Der Schwarzfahrer setzt mit seinem Verhalten also keine Ursache für die vermögensmindernde Fahrt der Bahn. Der Betrug kann deshalb nur darin zu sehen sein, dass der Schwarzfahrer mittels Täuschung eine Entgeltforderung durch den Bediensteten des Verkehrsunternehmens verhindert. Die Nichtgeltendmachung der sich aus den Beförderungsbedingungen ergebenden Zahlungsansprüche ist also die Vermögensverfügung, deren Erwirkung den Betrugsvorwurf rechtfertigen kann.[238] Für die Feststellung der subjektiven Tatbestandsmäßigkeit folgt daraus, dass als Gegenstand der vom Täter erstrebten Bereicherung nicht die Beförderungsleistung, sondern nur die Ersparnis des Beförderungsentgelts in Betracht kommt.[239]

5.2.1.4.3 Unmittelbarkeit

Die Vermögensverfügung muss **unmittelbare Vermögenswirkung** haben.[240] Daran fehlt es bei einem irrtumsbedingten Verhalten des Getäuschten, welches das Vermögen noch unverändert lässt und ein weiteres Verhalten – des Täters oder eines Dritten – vorbereitet, welches erst die Vermögensveränderung herbeiführt.

---

[235] OLG Stuttgart, NJW 1962, 502 (503); 1963, 825 (826); 1969, 1975; Bittner (1970), 291 (292); Grünhut (1932), 2434; Samson (1978), 564.

[236] Zum „Dreiecksbetrug" unten 5.2.1.4.4.

[237] Zu einem täuschungsbedingten Unterlassen eines Gerichtsvollziehers und der daraus resultierenden Schädigung des Gläubigervermögens vgl. OLG Düsseldorf, NJW 1994, 3366 (3367).

[238] So verhielt es sich z. B. in dem Fall BGHSt 16, 1 ff., wo die Vermögensverfügung aber nicht näher erörtert wurde.

[239] Vgl. BGHSt 16, 1 (2): „… in der Absicht, sich rechtswidrig um den Fahrpreis (1, 50 DM) zu bereichern."

[240] BGHSt 14, 170 (172); 50, 174 (178) OLG Frankfurt, MMR 2011, 270 (272); Ast (2013), 305 (308); Bittner (1970), 291 (292); Eisele (2012), Rn. 558; Fahl (2006), 733 (735); Gallas (1961), 401 (422); Geppert (1977), 69 (70); Kindhäuser et al. (2006), 193 (198); Ranft (1992), 66 (70); Rengier (2014), § 13 Rn. 67; Samson (1978), 564 (565).

Beispiel

T gibt sich an der Wohnungstür des O als Mitarbeiter des städtischen Wasserversorgungsunternehmens aus und begehrt Einlass, um die Wasseruhr ablesen zu können. Der gutgläubige O lässt den T daraufhin in seine Wohnung ein. Die Wasseruhr befindet sich im Keller des Hauses. Da O den T nicht in den Keller begleitet, kann T dort in aller Ruhe einige wertvolle Sachen in seine Werkzeugtasche packen und damit das Haus wieder verlassen.

T hat sich wegen Diebstahls aus § 242 strafbar gemacht.[241] Die Mitwirkung des O an dem zum Sachverlust führenden Vorgang schließt eine Wegnahme des T nicht aus. Denn O hat durch sein Verhalten – das Hereinlassen des T – allenfalls eine Gewahrsamlockerung, nicht aber eine Gewahrsamsübertragung, bewirkt.[242] Fraglich ist, ob daneben auch Strafbarkeit aus § 263 begründet ist. Immerhin hat T den O getäuscht, zu einem irrtumsbedingten Verhalten veranlasst und erst dadurch die Gelegenheit bekommen, das Vermögen des O zu schädigen. Der Vermögensschaden wurde aber nicht durch das Verhalten des O verursacht. Das Einlassen des T in die Wohnung hat noch überhaupt keine unmittelbare Auswirkung auf das Vermögen des O. Es schafft nur für T die Gelegenheit, sich am Vermögen des O zu vergreifen. O hat also nicht durch sein Verhalten das eigene Vermögen geschädigt. Der Vermögensschaden beruht auf fremdschädigendem Verhalten des T. Betrug ist aber ein Angriff auf fremdes Vermögen durch Veranlassung selbstschädigenden Verhaltens.[243] Der Gesichtspunkt der Selbstschädigung prägt den Begriff der Vermögensverfügung. Diese kann deshalb nur ein Verhalten sein, welches bereits eine Veränderung des betroffenen Vermögens bewirkt. Daran fehlt es hier. Die Tat des T ähnelt einem Betrug,[244] ist aber ein Diebstahl in der Erscheinungsform des „Trickdiebstahls".[245]

5.2.1.4.4 Dreiecksbetrug

Im Normalfall sind der Getäuschte, der Verfügende und der betroffene – geschädigte – Vermögensinhaber ein und dieselbe Person. Das Betrugsgeschehen spielt sich also zwischen **zwei Personen** ab, dem Täter und dem Opfer. Verfügender und geschädigter Vermögensinhaber müssen aber nicht unbedingt identisch sein.[246] Ein Betrug ist auch in der Form möglich, dass der Getäuschte nicht über sein eigenes, sondern über ein fremdes Vermögen verfügt. Da in diesem Fall auf der Opferseite – mindestens – zwei Personen stehen, sind in den Betrug – mindestens – **drei Personen** involviert: Der Täter, der getäuschte Verfügende und der geschädigte Vermögensinhaber. Diese Konstellation nennt man „Dreiecksbetrug".[247] Getäuschter

---

[241] Schröder (1941), 33 (38).

[242] Jäger (2010), 761 (762); Rengier (2014), § 13 Rn. 69; Schröder (1941), 33 (39).

[243] BGHSt 17, 205 (209); Jäger (2010), 761 (763).

[244] Aus diesem Grund bejaht OLG Karlsruhe, NJW 1976, 902 ff. die Möglichkeit der Wahlfeststellung zwischen Betrug und Trickdiebstahl.

[245] OLG Karlsruhe, NJW 1976, 902 (903).

[246] BGHSt 18, 221 (223); Bittner (1970), 291 (292); Kindhäuser et al. (2006), 293; Meier et al. (1999), 424 (425); Mitsch (2014), 212 (215); Ranft (1984), 723; Schröder (1941), 33.

[247] Samson (1978), 564 (566); Zaczyk (2010), 485 (489).

und Verfügender müssen also immer identisch sein, Verfügender und Geschädigter
(= Inhaber des geschädigten Vermögens) dagegen nicht.

Hüten muss man sich aber vor der Annahme, Dreiecksbetrug sei immer dann
gegeben, wenn der Täter jemanden durch Täuschung zu einem Verhalten veranlasst, das sich auf das Vermögen eines Dritten auswirkt und dort einen Schaden
verursacht.[248] Das Feld der anerkannten Fälle des Dreiecksbetrugs ist viel kleiner
und lässt zahlreiche Dreiecks-Konstellationen außen vor. Leitender Gesichtspunkt
für die Abgrenzung von Dreiecksfällen, die den Tatbestand des § 263 erfüllen, von
solchen Fällen, die kein Betrug sind, ist der Charakter des Betrugs als „**Selbstschädigungsdelikt**".[249] Von einem tatbestandsmäßigen Dreiecksbetrug kann deshalb nur unter der Voraussetzung die Rede sein, dass sich die Vermögensverfügung
des Getäuschten als Selbstschädigung darstellt, obwohl der getäuschte Verfügende
nicht sein eigenes Vermögen, sondern das Vermögen eines Dritten schädigt.[250] Fehlt
dieser Selbstschädigungscharakter, liegt kein Dreiecksbetrug vor.

Beispiel

T spiegelt dem X vor, der auf dem eingezäunten Villengrundstück des O liegende
Fußball mit Original-Autogrammen der elf deutschen Fußballspieler, die 1954
in Bern durch einen 3:2-Sieg gegen Ungarn Fußballweltmeister wurden, gehöre
ihm (dem T) und sei durch einen fehlgegangenen Schuss seines 5-jährigen Sohnes S über den Zaun auf das fremde Grundstück befördert worden. Er würde den
Ball nun gern zurückbekommen, könne aber wegen einer Beinverletzung nicht
über den hohen Zaun klettern. Sohn S sei dafür noch zu klein. T bittet daher den
sportlich aussehenden X um den Gefallen, über den Zaun zu klettern und ihm
den Ball zurückzubringen. X durchschaut den T, weil der schmächtige S unmöglich einen Fußball so hoch und weit schießen kann, wie es notwendig wäre, um
den Ball an die Stelle zu befördern, wo er gerade liegt. Dennoch überlegt der
hilfsbereite X nicht lange, sondern klettert über den Zaun und wirft den Ball dem
T in die auffangbereiten Arme. Eigentümer dieses Balles ist nicht T, sondern E,
der Sohn des O.

Nachdem das 6. StrRG die „Drittzueignungsabsicht" in den Tatbestand des
§ 242 aufgenommen hat, können nunmehr problemlos X als Täter eines Diebstahls aus § 242 I und T wegen Anstiftung zum Diebstahl aus §§ 242 I, 26 bestraft werden. Die Begründung einer Strafbarkeit des T wegen versuchten Betrugs[251] stößt beim Vorsatz bezüglich des objektiven Tatbestandsmerkmals „Vermögensverfügung" auf Probleme, da der geschädigte Vermögensinhaber E nicht

---

[248] Geppert (1977), 69 (72).

[249] Geppert (1977), 69 (70); Graul (1996), 801 (802); Schröder (1941), 33 (70).

[250] Geppert (1977), 69 (72).

[251] Vollendeter Betrug scheidet aus, weil X den T durchschaute, also kein Irrtum erregt wurde.

verfügt hat und die vermögensschädigende Handlung des X fremdes[252] Vermögen betraf. Als versuchter Dreiecksbetrug wäre die Tat aus §§ 263, 22 strafbar, wenn die Handlung des X dem E „zugerechnet", dieser also so behandelt werden könnte, als hätte er selbst dem T den Ball über den Zaun geworfen. Nur unter dieser Voraussetzung hätte der Flug des Balles über den Zaun die strafrechtlich bedeutsame Eigenschaft, Folge einer durch Täuschung veranlassten Selbstschädigung zu sein. Mindestvoraussetzung einer derartigen Verfügungszurechnung wäre aber eine irgendwiegeartete Nähebeziehung zwischen dem Verfügenden X und dem von der Verfügung betroffenen Vermögensinhaber E. Gleich wie man ein solches Näheverhältnis im einzelnen bestimmen und umgrenzen mag, sind im vorliegenden Beispielsfall keinerlei geeignete Anknüpfungspunkte dafür vorhanden. X stand dem Vermögen des E genauso fremd gegenüber wie T und wie „der Rest der Welt". Bei normativer Betrachtung des Tathergangs drängen sich keine Umstände auf, die Anlass für eine Zurechnung des von X ausgeführten Ballwurfs geben könnten. Ein Dreiecksbetrug liegt daher nicht vor.[253] T hat sich nicht aus §§ 263, 22 strafbar gemacht.

In der Besprechung des obigen Beispiels wurde angedeutet, worauf es beim Dreiecksbetrug ankommt, auf welche Weise dem Vermögensverschiebungsvorgang trotz Dreieckskonstellation die Qualität einer durch Täuschung veranlassten Selbstschädigung zugeschrieben werden kann: Der getäuschte Verfügende muss bereits vor der Tat in einer **Nähebeziehung** zu dem betroffenen Vermögen bzw. dessen Inhaber stehen.[254] Diese Beziehung ist der normativ erhebliche Grund dafür, das vermögensbezogene Verhalten des Getäuschten dem Vermögensinhaber zuzurechnen[255] und diesen im Ergebnis so zu behandeln, als habe er selbst die vermögensmindernde Handlung vollzogen.[256]

Keine ausreichende Basis des Näheverhältnisses ist die rein faktische Möglichkeit des Getäuschten, sich Zugang zu dem bzw. Zugriff auf das Vermögen des

---

[252] Der kurzzeitige Besitz des X an dem Ball ist kein Vermögensgut im Vermögen des X.

[253] Rengier (2001), 811 (825); Schröder (1941), 33 (73); Samson (1978), 564 (566).

[254] OLG Celle, NJW 1994, 142 (143); Eisele (2012), Rn. 568; Gribbohm (1964), 233 (236); Meier et al. (1999), 424 (425); Seelmann (1982), 268 (272).

[255] Entgegen Rengier (2001), 811 (825) lassen sich hier Strukturelemente aus der Lehre von der „objektiven Zurechnung" nicht ohne erhebliche Modifikation anwenden. Denn beim Dreiecksbetrug hat die Zurechnung zum Verantwortungsbereich des geschädigten Vermögensinhabers (betrugs-) strafbarkeitsbegründende Wirkung, in der allgemeinen Lehre von der objektiven Zurechnung ist genau das Gegenteil der Fall: Fällt der Verlust in den Verantwortungsbereich des Opfers, entfällt die strafbarkeitsbegründende objektive Zurechenbarkeit dieses Verlustes zum Täterverhalten. Der Wertungswiderspruch in Rengier's Ausführungen zum „Haushälterin-Fall" (a. a. O., S. 826) wird allerdings erst richtig sichtbar, wenn der (die Haushälterin) Täuschende ohne Zueignungsabsicht handelt und deshalb eine Strafbarkeit wegen mittelbar-täterschaftlichen Diebstahls ausscheidet.

[256] Da die Verfügungszurechnung den strafrechtlichen Schutz des Vermögensinhabers erweitert, ihn also begünstigt, ist die Formulierung verfehlt, dass der Vermögensinhaber sich das Verhalten des Getäuschten zurechnen lassen „muss", so z. B. Otto (2005), § 51 Rn. 44. Erst recht geht es an der Sache vorbei, wenn von einer Verfügung „zu Lasten des Eigentümers" gesprochen wird, so aber Otto (2005), § 51 Rn. 44.

Dritten zu verschaffen und Handlungen mit vermögensschädigender Wirkung auszuführen.[257] Diese Möglichkeit hat jeder Dieb, Räuber, Erpresser oder Betrüger.
Dennoch begeht derjenige, der mittels Täuschung einen solchen Täter zu seiner Tat
veranlasst, keinen Dreiecksbetrug. Der Getäuschte muss zumindest „**im Lager**" des
geschädigten Vermögensinhabers stehen (sog. „Lagertheorie").[258] Damit ist eine
Position in der Vermögenssphäre gemeint, mit der die Aufgabe zur Wahrnehmung
von Vermögensinteressen des Geschädigten verbunden ist. Der Getäuschte muss
diese Position bereits vor der Tat eingenommen haben.

Beispiele

(1) Anlageschwindler T verkauft dem Ehepaar E Anteile einer Kaffeeplantage in
Alaska für 20.000 € das Stück. Die von T in leuchtenden Farben gezeichnete
Gewinnerwartung von 5000 € pro Jahr und Anteil veranlasst die Eheleute E,
auch noch für ihren 6-jährigen Sohn S einen Anteil zu erwerben. Das Geld
heben sie vom Sparbuch des S ab, das G, die Mutter der Frau E, für ihren
Enkel angelegt hat. Herr E händigt dem T 60.000 € in bar aus und erhält dafür
drei „Value-Papers" im Wert von 1, 15 €. Die hochgepriesene Kaffeeplantage
existiert nicht.

(2) Jurastudent T sucht seinen Kommilitonen O auf, um sich Informationen und
Hilfestellung für die Anfertigung einer Strafrechtshausarbeit geben zu lassen.
In der Wohnung des O trifft T nur dessen Freundin F – eine Lehramtsstuden-
tin – an. Spontan fasst T den Entschluss, diese Gelegenheit dazu zu nutzen,
sich den von O neu erworbenen StGB-Kommentar „Schönke/Schröder" zu
verschaffen. Der ahnungslosen F spiegelt T vor, er habe dem O vor kurzen
seinen neuen „Schönke/Schröder" geliehen, brauche ihn aber nun selbst und
wolle ihn daher abholen. F möge doch so nett sein, den Kommentar – einen
„dicken backsteinroten Wälzer" – im Zimmer des O zu suchen und ihm herauszugeben. F glaubt dem T, findet nach längerem Suchen den Kommentar
und überreicht ihn dem T.

In beiden Beispielen stellt sich die Frage nach einem Dreiecksbetrug. In **Beispiel 1** hat T zwar schon einen „normalen" Betrug begangen, indem er Frau und
Herrn E durch Täuschung zu schädigenden Verfügungen über ihr eigenes Geld
verleitete. Daneben wurde aber auch noch das Sparguthaben des Sohnes S in
das verhängnisvolle Geschäft verwickelt und das Vermögen des S um 20.000 €
verringert. Selbstverständlich sind nicht die Eltern, sondern ist S trotz seiner
Minderjährigkeit der alleinige Inhaber dieses Guthabens.

Auf die Frage, ob die Eltern „im Lager" ihres Kindes S standen, wird wahrscheinlich jeder spontan eine bejahende Antwort geben. Diese Antwort ist richtig und
lässt sich auf eine überzeugende Begründung stützen, in der die entscheidenden

---

[257] Geppert (1977), 69 (72); Krack et al. (1995), 17 (19).

[258] Eisele (2012), Rn. 569; Geppert (1977), 69 (73); Rengier (2001), 811 (825); Rengier (2014),
§ 13 Rn. 103; Seelmann (1982), 268 (272).

Gesichtspunkte eine feste **gesetzliche** Verankerung haben. Als Eltern sind Herr und Frau E Inhaber der elterlichen Sorge gegenüber S, § 1626 I 1 BGB. Neben der Sorge für das persönliche Wohl gehört dazu die Sorge für das Vermögen des Kindes, § 1626 I S. 2 BGB. Als gesetzliche Vertreter haben die Eltern die Rechtsmacht, wirksam Rechtsgeschäfte im Namen des S abzuschließen, § 1629 BGB. Sie sind daher auch zu Verfügungen über das Vermögen des S befugt. Zwar könnte das vorliegende Geschäft rechtsunwirksam sein, da die möglicherweise erforderliche Genehmigung des Vormundschaftsgerichts fehlt, vgl. §§ 1643 I, 1821 I Nr. 5 BGB. Das spielt jedoch bei der strafrechtlichen Beurteilung des Falles keine Rolle. Ausschlaggebend ist die Tatsache, dass die Eltern über ein fremdes Vermögen verfügt haben, das kraft Gesetzes ihrer Fürsorge unterstellt ist und mit dem sie grundsätzlich auch tatsächlich und rechtlich wirksam umgehen können. Da die Eltern hier von ihrer Pflicht und Befugnis zur Vermögenssorge und von ihrer gesetzlichen Vertretungsmacht gegenüber S Gebrauch gemacht haben, wird ihr vermögensschädigendes Verhalten dem S zugerechnet. Das hat zur Folge, dass der Verlust des S als Resultat täuschungsbedingten selbstschädigenden Verhaltens zu bewerten ist. Damit ist der Wesensgehalt des Betrugs gewahrt und ein Dreiecksbetrug gegeben.[259]

Beispiel

In **Beispiel 2** fällt die Antwort auf die Frage nach der notwendigen Nähebeziehung zwischen O und F schwerer. Denn die möglicherweise sehr intensive emotionale und sexuelle Komponente ihrer Partnerschaft ist im vorliegenden Kontext unerheblich. Es kommt allein darauf an, ob die F auch gegenüber dem Vermögen des O eine Stellung hatte, die ihr vermögensbezogene Handlungen ermöglichte und gestattete, die dem Vermögensinhaber allein vorbehalten sind. Verlangt man von dieser Stellung, dass sie einen gewissen rechtlich fundierten und definierten Handlungsspielraum eröffnet, wie das im Verhältnis zwischen den Eltern und minderjährigen Kindern der Fall ist, muss man hier einen Dreiecksbetrug verneinen. F hat weder eine rechtliche Befugnis zur Verfügung über das Vermögen des O noch eine rechtliche Ermächtigung zu Rechtsgeschäften mit verpflichtender Wirkung gegenüber O.

Die h. M. lässt für den Dreiecksbetrug aber bereits eine **faktische Nähebeziehung** ausreichen.[260] Der Verfügende müsse nur tatsächlich so im Lager des Vermögensinhabers stehen, dass er zu vermögensbezogenen Handlungen in der Lage ist, die die Billigung des Vermögensinhabers finden. Der BGH stellt in seiner „Sammelgaragen-Entscheidung" ab auf die *„ Willensentschließung des gutgläubigen Mitgewahrsamsinhabers, der der Sache am nächsten stehend die unmittelbar räumliche Einwirkungsmöglichkeit hat und der deshalb über sie, unabhängig vom Willen der*

---

[259] Samson (1978), 564 (567); Schröder (1941), 33 (50).

[260] BGHSt 18, 221 (223); Gribbohm (1964), 233 (236); Seelmann (1982), 268 (272); grundsätzlich ebenso Geppert (1977), 69 (73), der allerdings „auf normative Kriterien nicht ganz verzichten" will; abl. Kindhäuser (1997), 339 (360).

anderen Mitgewahrsamsinhaber, tatsächlich verfügen kann. "[261] Eine förmliche Rechtsmacht zur Vornahme von Geschäften mit Verfügungs- oder Verpflichtungswirkung gegenüber dem Vermögensinhaber sei nicht erforderlich. Denn die Einengung des Dreiecksbetrugs durch juristische Kategorien widerspreche dem *„wirtschaftlich ausgerichteten Vermögens- und Verfügungsbegriff des § 263".*[262]

Nach dieser Auffassung muss die F wohl dem „Lager" O zugerechnet werden, mit der Folge, dass die Herausgabe des Kommentars durch F wie eine Herausgabe durch O zu bewerten ist. Danach hat T einen Dreiecksbetrug begangen.

Die h. M. ist aber abzulehnen, da sie keine **klare und sichere Abgrenzung** ermöglicht.[263] Das Bild vom „Lager" verführt den Rechtsanwender zu gefühlsgeleiteter, intuitiver Entscheidungsfindung. Mangels hinreichend bestimmter objektiver Kriterien ist auf der Grundlage der von der h. M. vertretenen Lagertheorie eine andere Methode der Rechtsfindung auch gar nicht möglich. Viele Fälle sind so beschaffen, dass nach der Lagertheorie gegensätzliche Ergebnisse möglich bzw. vertretbar sind, ohne dass sich exakt begründen ließe, warum das eine Ergebnis richtig und das andere falsch ist. Demgegenüber gibt die auf rechtliche Befugnisse oder Ermächtigungen abstellende Mindermeinung („Befugnistheorie") eindeutige Anweisungen, die den Rechtsanwender zu einer Subsumtion ohne Vagheiten und Dezisionismen befähigen. Dass die Befugnistheorie den Bereich des Dreiecksbetrugs verengt und im Einzelfall zu kriminalpolitisch unerwünschten Ergebnissen führt, muss hingenommen werden.

Beispiel

Da F keine Befugnis hatte, irgendwelche Sachen aus dem Besitz des O an andere herauszugeben, ist ihr Verhalten dem O nicht zuzurechnen. Daraus folgt, dass T keinen Dreiecksbetrug begangen hat. Da T die F aber durch Täuschung dazu gebracht hat, unvorsätzlich (§ 16 I 1) den Gewahrsam des O an dem Kommentar zu brechen, hat sich T wegen Diebstahls in mittelbarer Täterschaft strafbar gemacht, §§ 242, 25 I Alt. 2.

Keine Befugnis oder Ermächtigung im Sinne der Befugnistheorie hat der **gutgläubige Erwerber** eines Vermögensgutes, der auf Grund gesetzlicher Vorschriften über den Gutglaubenserwerb rechtswirksamer Inhaber dieses Gutes auf Kosten seines bisherigen Inhabers wird.[264] Die Täuschung des Erwerbers ist daher zumindest kein Betrug zu Lasten des durch den Gutglaubenserwerb Entrechteten. Entsprechendes gilt für die Zahlung des hinsichtlich der Zession gutgläubigen Schuldners an den Zedenten, die gem. § 407 BGB zum Erlöschen der Forderung führt.[265]

---

[261] BGHSt 18, 221 (223).

[262] Blei (1983), 230; Wessels et al. (2013), Rn. 643.

[263] Samson (1978), 564 (567); G. Wolf (1997), 73 (75).

[264] RGSt 49, 16 (19); Eisele (2012), Rn. 570; Krack et al. (1995), 17 (19); Rengier (2014), § 13 Rn. 115; Samson (1978), 564 (568); aA Schröder (1941), 33 (59).

[265] Linnemann (1994), 167 (170); aA Rengier (2014), § 13 Rn. 116.

Beispiel

T hat von O ein Fahrrad geliehen. Dieses Rad bietet T dem E zum Kauf an, wobei T als Eigentümer des Fahrrads auftritt. E hält T für den Eigentümer und kauft ihm das Rad ab.

T hat den E durch Täuschung zum Abschluss des Kaufvertrages und zur Zahlung des Kaufpreises veranlasst. Letzteres ist eine Vermögensverfügung. Diese hat aber im Vermögen des E keinen Schaden verursacht, da E gem. § 932 BGB das Eigentum an dem Rad erlangt und damit eine den Verlust des Geldes voll ausgleichende Gegenleistung erhalten hat. Ein Schaden ist letztlich im Vermögen des O entstanden, der das Eigentum an seinem Rad verloren hat. Der Anspruch aus § 816 I BGB gegen T ist kein Ersatz, der diesen Verlust kompensiert. Betrug zu Lasten des O läge aber nur vor, wenn E über das Vermögen des O verfügt hätte und diese Verfügung dem O zuzurechnen wäre. Dies ist jedoch nicht der Fall. Eine dem O gegenüber wirksame Verfügung würde eine Befugnis des E voraussetzen, mit Fremdgeschäftsführungswillen Handlungen zu vollziehen, die unmittelbar auf das Vermögen des O einwirken. Der Eigentumserwerb des E setzt aber gerade voraus, dass sich E nicht der Tatsache bewusst ist, durch das Rechtsgeschäft mit T eine Veränderung im Vermögen des O zu bewirken. Daher liegt hier ein Dreiecksbetrug nicht vor. Die Lagertheorie streicht dieses Ergebnis noch deutlicher heraus. Denn dass E im Lager des O gestanden hätte, lässt sich wirklich nicht behaupten. T ist also nur wegen Unterschlagung des Fahrrads strafbar, § 246.

Eine spezielle Erscheinungsform des Dreiecksbetrugs ist der **Prozeßbetrug**,[266] bei dem der Täter durch Täuschung eines Rechtspflegeorgans – typischerweise eines Richters[267] – eine hoheitliche Handlung evoziert, die das Vermögen eines Dritten schädigt.[268]

Beispiele

(1) O erhebt gegen T Klage auf Rückzahlung eines Darlehens in Höhe von 5000 €. In dem Prozess vor dem Amtsgericht behauptet T, er habe das Darlehen schon zurückgezahlt. Zum Beweis seiner Behauptung legt T eine gefälschte Quittung vor. Außerdem macht der Zeuge Z bewusst wahrheitswidrig die Aussage, er habe mitbekommen, wie T dem O die 5000 € zurückzahlte. Der Amtsrichter A hält die Quittung für echt und die Zeugenaussage für wahr und weist daher die Klage des O als unbegründet ab.

(2) T erhebt gegen O Klage auf Rückzahlung eines Darlehens in Höhe von 5000 €. Das Darlehen war dem O zwar versprochen, aber nie ausgezahlt

---

[266] BGHSt 14, 170 (172); 43, 317; Fahl (1996), 74 (77); Hellmann (1988), 73 (74); Kraatz (2007), 531 (532); Meier et al. (1999), 424 (425); Zaczyk (2010), 485 (493).

[267] Zum Dreiecksbetrug durch Täuschung eines Gerichtsvollziehers vgl. OLG Düsseldorf, NJW 1994, 3366 (3367).

[268] RGSt 40, 9 (10); 69, 191 (192); 72, 133 ff; kritisch Fahl (1996), 74 (78): „fragwürdige Konstruktion".

worden. T legt im Prozess einen gefälschten Schuldschein vor, aus dem sich ergibt, dass O von T 5000 € als Darlehen empfangen habe. Außerdem macht der Zeuge Z die wahrheitswidrige Aussage, er sei dabei gewesen, als T dem O die 5000 € aushändigte. Der Amtsrichter A hält den Schuldschein für echt und glaubt dem Z. Daher gibt er der Klage statt und verurteilt den O zur Zahlung von 5000 €.

T und Z haben den A getäuscht, dieser hat durch die Klageabweisung (**Beispiel 1**) bzw. die Verurteilung (**Beispiel 2**) das Vermögen des O geschädigt. Da Getäuschter und Geschädigter nicht identisch sind, kann eine Strafbarkeit des T und des Z aus § 263 nur mit den Grundsätzen des Dreiecksbetrugs begründet werden. Das Bild der „Lagertheorie" taugt hier wenig als Entscheidungshilfe, da der Richter neutral zu sein hat und daher nicht von vornherein dem Lager einer der beiden Parteien zugeordnet werden kann.[269] Wenn überhaupt, steht der Richter im Lager beider Parteien, da er je nach Beweislage der Klage stattgeben und dann das Vermögen des Beklagten belasten oder die Klage abweisen und dann das Vermögen des Klägers belasten kann.[270] Den Weg zur Lösung weist die Befugnistheorie, die darauf abstellt, dass der Richter kraft seines Amtes zu Prozeßhandlungen ermächtigt ist, die unmittelbaren Einfluss auf das Vermögen einer Prozesspartei haben und von den Parteien akzeptiert werden müssen. Diese Ermächtigung besteht sowohl gegenüber dem Vermögen des Klägers als auch gegenüber dem Vermögen des Beklagten. Daher haben T und Z in beiden Beispielen durch die Täuschung des Richters einen Betrug begangen.[271]

5.2.1.5 Vermögensschaden
5.2.1.5.1 Allgemeines

Der „Vermögensschaden" (oder: „Vermögensbeschädigung") ist das Tatbestandsmerkmal, das den Betrug zu einem **Vermögensdelikt** macht.[272] Hier zeigt sich am deutlichsten, dass der Betrugstatbestand das Rechtsgut Vermögen schützt und das Betrugsdelikt das Vermögen verletzt. Im Deliktsaufbau bildet der Vermögensschaden den Schlussstein des objektiven Tatbestandes. Erst nachdem Täuschung, Irrtum und Vermögensverfügung – sowie der zwischen diesen Gliedern bestehende Kausalzusammenhang – bejaht worden sind, geht man auf den Vermögensschaden ein. Der Vermögensschaden ist der Taterfolg, der mit der Vermögensverfügung, dem Irrtum und der Täuschung **kausal verknüpft sein muss**.

Um den Vermögensschaden drehen sich zahlreiche **dogmatische Kontroversen**, die von Prüfern gern in Examensaufgaben verwendet werden. Der aufmerksame Leser wird sich erinnern, dass in der vorliegenden Lehrdarstellung einige Themen im Zusammenhang mit dem Tatbestandsmerkmal „Täuschung" behandelt worden sind, die von der h. M. in Lehre und Rechtsprechung als Probleme des Vermögensschadens angesehen werden (s. o. 5.2.1.2.5.1).

---

[269] Fahl (1996), 74 (77).

[270] Zaczyk (2010), 485 (488).

[271] Kraatz (2007), 531 (533); Schönke et al. (2014), § 263 Rn. 69 ff.

[272] Gallas (1961), 401.

Nicht überschätzt werden sollte die Frage nach dem „richtigen" **Vermögensbegriff**.[273] Meistens führt die Anwendung verschiedener Vermögensbegriffe zu gleichen Ergebnissen. Wo dies nicht der Fall ist, fungiert der Vermögensbegriff nur scheinbar als das entscheidende Kriterium für die Lösung von Detailproblemen. Tatsächlich ist es wohl eher so, dass sich die Entscheidung für eine bestimmte Vermögenstheorie allmählich induktiv aus der Summe der Einsichten entwickelt, die bei der Lösung von Einzelproblemen gewonnen wurden. Denn was man aus dem Vermögensbegriff interpretatorisch herausholt („Nach dem wirtschaftlichen Vermögensbegriff liegt ein Vermögensschaden vor, nach dem juristischen Vermögensbegriff liegt kein Vermögensschaden vor"), muss zuvor in den Begriff hineingeflossen sein. Diese begriffsbildenden Aspekte entstammen letztlich aus dem Reservoir der Argumente, die bei der Diskussion um die Lösung einzelner Fälle und bestimmter Problemtypen zusammengetragen werden. Die Vorzugswürdigkeit eines stärker „wirtschaftlich" oder eines mehr „rechtlich" geprägten Vermögensbegriffs lässt sich abstrakt kaum beurteilen. Der Vermögensbegriff ist letztlich der Extrakt aus den Einzelaspekten (Topoi), die sich bei der Beurteilung konkreter Fälle als entscheidungstragend herauskristallisiert haben. Diese Aspekte selbst werden aber nicht aus dem Vermögensbegriff gewonnen, sondern entspringen anderen normativen Quellen.

5.2.1.5.2 Vermögen

Der Begriff „Vermögensschaden" setzt logisch den Begriff „Vermögen" voraus.[274] Eine ganz weite **Definition** des Vermögens, die zu allen vertretenen Varianten passt, könnte folgendermaßen lauten: Das Vermögen ist der Inbegriff der materiellen Güter einer Person.

5.2.1.5.2.1 Güter

Nach dem **wirtschaftlichen** Vermögensbegriff[275] spielt es grundsätzlich keine Rolle, ob die Innehabung eines „geldwerten" Gegenstands mit der Rechtsordnung in Einklang steht oder nicht.[276] Erforderlich ist nur das tatsächliche Zur-Verfügung-stehen der Güter. Danach sind auch Gegenstände, die nur in einem illegalen oder gar kriminellen Milieu verkehrsfähig sind und dort zu Geld gemacht werden können, Bestandteile des Vermögens.

Beispiele

(1) Drogendealer O verkauft dem T Heroin, das in der Drogenszene einen Wert von 100.000 € hat, zum Preis von 75.000 €. T bezahlt mit gefälschten Banknoten.

---

[273] Kühl (1989), 505 ff.; Satzger (2009), 518 (519).

[274] Samson (1989), 510 (511).

[275] Dazu grundlegend RGSt 44, 230 (233): „Der Vermögensbegriff ist in erster Linie ein Begriff des wirtschaftlichen Lebens."

[276] Rengier (2014), § 13 Rn. 128.

(2) Geldfälscher O liefert dem T 1000 unechte Hundert-Euro-Scheine zum Preis von 75.000 €. T bezahlt mit gefälschten Banknoten.

Es ist für das Verständnis der Betrugsdogmatik wichtig, dass der Unterschied zwischen den vorliegenden Fällen und solchen Sachverhalten erkannt wird, in denen jemand „gutes Geld" einsetzt, um „schlechte" Gegenstände oder Leistungen zu erhalten (Beispiel: O zahlt dem Drogendealer T 10.000 €, um eine bestimmte Menge Heroin zu bekommen. Der Dealer nimmt das Geld, liefert aber minderwertigen „Stoff").[277] Üblicherweise werden auch die letztgenannten Fallkonstellationen im Kontext des Vermögensschadens problematisiert.[278] Das vorliegende Lehrbuch ordnet die Thematik beim Tatbestandsmerkmal „Täuschung" ein (s. o. 5.2.1.2.5.3). Dagegen liegt die Problematik der hier zu erörternden Beispiele erst auf der Ebene des dem Merkmal „Vermögensschaden" immanenten Vermögensbegriffs.

Beispiel

Auf der Grundlage eines extrem wirtschaftlichen Vermögensbegriffs müsste O in beiden Beispielen als Opfer eines Betruges angesehen werden.[279] Nach den tatsächlichen Gegebenheiten hatten sowohl das Rauschgift als auch das Falschgeld einen beträchtlichen Wert, der sich im Gesamtvermögen des O niederschlug. Durch Täuschung über die Echtheit des gezahlten Geldes wurde O veranlasst, diesen Wert preiszugeben. Der Schaden besteht darin, dass der Verlust nicht in der von O erwarteten Weise ausgeglichen wurde.

An dem Ergebnis irritiert, dass die Strafbarkeit des T aus § 263 mit dem Entzug von Gegenständen begründet wird, deren Besitz die Rechtsordnung dem O ohnehin nicht gestattete. O hat infolge der Tat des T etwas verloren, was er sowieso nicht haben durfte. Es ist schwer zu begreifen, warum ein solcher Verlust zur Bestrafung desjenigen führen soll, der ihn verursacht hat. Noch weniger ist die Betrugsstrafbarkeit mit der Tatsache zu vereinbaren, dass der Wert der entzogenen Gegenstände letztlich allein von der faktischen Chance abhängt, die „Ware" durch kriminelle Geschäfte zu Geld machen zu können. Da ein legaler Absatz nicht möglich ist, wären Rauschgift und Falschgeld wertlos, wenn es die illegalen Abnehmer nicht gäbe.

Fälle wie diese sind der Grund dafür, dass eine rein wirtschaftliche Vermögenstheorie heute praktisch nicht mehr vertreten wird. Zwar ist nach h. M. der wirtschaftliche Vermögensbegriff weiterhin die Basis und der Ausgangspunkt aller Erörterungen zum Vermögensschaden. Die Notwendigkeit **normativer** – also rechtlicher – Korrekturen ist aber dem Grunde nach anerkannt.[280] Denn anderenfalls müssten gravierende Wertungswidersprüche in der Gesamtrechtsordnung in Kauf

---

[277] BGH, NStZ 2002, 33.

[278] BGHSt 48, 322 (330).

[279] In diesem Sinne BGHSt 48, 322 ff. Die Geltendmachung eines darauf beruhenden Schadensersatzanspruchs (§ 823 Abs. 2 BGB i. V. m. § 263 StGB) hält der BGH für einen Verstoß gegen Treu und Glauben (§ 242 BGB), BGHSt 48, 322 (327).

[280] Gallas (1961), 401 (408).

genommen werden. Als herrschend kann daher ein Vermögensbegriff angesehen werden, der von der wirtschaftlichen Betrachtungsweise ausgeht, aber durch das Kriterium der rechtlichen Schutzwürdigkeit („unter dem Schutz der Rechtsordnung stehend") eingeschränkt wird.[281] Dafür hat sich die Bezeichnung „**juristisch-ökonomische Vermittlungslehre**" eingebürgert.[282] Danach handelte es sich in den obigen Beispielsfällen weder bei dem Heroin noch bei den gefälschten Banknoten um Güter. Da O also von seinem unter dem Schutz der Rechtsordnung stehenden Vermögen nichts verloren hat, ist ihm kein Vermögensschaden zugefügt worden. T hat sich nicht aus § 263 strafbar gemacht.

Der von einigen Strafrechtlern vertretene „**personale Vermögensbegriff**" kommt im wesentlichen zu denselben Ergebnissen wie die juristisch-ökonomische Vermittlungslehre.[283] In der Begründung stellt diese Lehre stärker auf den individuellen Nutzen eines Gutes für den betroffenen Vermögensinhaber ab.[284]

5.2.1.5.2.2 Materielle und immaterielle Güter

Nur materielle („geldwerte"[285]) Güter gehören zum Vermögen, vorausgesetzt, sie sind nicht vollkommen wertlos.[286] Die Strafrechtslehre pflegt den Stoff des Besonderen Teils bei der Systematisierung von Lehrbüchern und Lehrveranstaltungen in die beiden Blöcke „Vermögensdelikte" und „Nichtvermögensdelikte" zu gliedern. Durch Betrachtung der Rechtsgüter, um deren Schutz es bei den Nichtvermögensdelikten geht, kann man also erfahren, was **nicht** Vermögen oder Vermögensbestandteil ist. Leben, Gesundheit, Freiheit, Ehre, Privatsphäre, sexuelle Selbstbestimmung sind demnach Persönlichkeitsgüter, die nicht zum Vermögen iSd Vermögensdelikte gehören.[287] Jedoch ist eine derart schematische Abgrenzung heute kaum noch zeitgemäß. Im Zuge zunehmender Kommerzialisierung und Vermarktung nahezu jedes Lebensbereichs nehmen auch die scheinbar eindeutig personbezogenen immateriellen Werte und Güter immer stärker den Charakter einer „Ware", also eines vermarktbaren, gegen Geld veräußerlichen Konsumartikels an. Das makellose Gesicht eines Topmodels ist ebenso ein Wirtschaftsgut wie die muskulösen Beine eines Fußballnationalspielers, die wirklichen oder fiktiven privaten Affären eines prominenten Politikers ebenso wie die rührende Lebensgeschichte einer unschuldig zu lebenslanger Haft verurteilten Mutter. Es fällt daher zunehmend schwerer, die Sphäre des Immateriellen von der Sphäre des Vermögens zu trennen. Sieht man aber genau hin, zeigt sich, dass zwischen der Gütersubstanz und der Chance, das Gut gewinnbringend zu verwerten, unterschieden werden muss. Nur letztere ist Bestandteil des Vermögens, wenn es sich bei dem Verwertungsobjekt

---

[281] Lenckner (1967), 105 (107); Rengier (2014), § 13 Rn. 128.

[282] Samson (1978), 564 (569); Schönke et al. (2014),§ 263 Rn. 82.

[283] Geerds (1994), 309 (311); Rengier (2014), § 13 Rn. 120.

[284] Bockelmann (1952), 461 (464); Geerds (1994), 309 (311).

[285] BGHSt 16, 220 (221); Rengier (2014), § 13 Rn. 121.

[286] Graul (1996), 801 (806); Samson (1978), 564 (569).

[287] Schönke et al. (2014), § 263 Rn. 98.

um ein Persönlichkeitsgut handelt. Nicht das schöne Gesicht, sondern der Status als gutbezahltes Topmodel, nicht die Fußballerbeine, sondern der Status als Spieler in einer erfolgreichen Mannschaft, gehört zum Vermögen des Models und des Fußballspielers. Dies erklärt, warum das Gesicht einer attraktiven Frau, die lieber Universitätsprofessorin oder Schuhverkäuferin wird als Model, im Vermögen dieser Frau keine oder eine geringere Rolle spielt als im Vermögen des Models.

Allgemeiner ausgedrückt ist nicht die **Arbeitskraft**[288] eines Menschen, sondern das soziale Beziehungsgefüge, das es ihm ermöglicht, diese Kraft gewinnbringend einzusetzen, der zum Vermögen gehörende Gegenstand.[289] Ein Arbeitsloser wird durch eine zur Arbeitsunfähigkeit führende Körperverletzung nicht oder nicht so stark in seinem Vermögen geschädigt wie der chancenreiche Bewerber um einen lukrativen Arbeitsplatz, der auf Grund der Verletzung gegenüber einem Mitbewerber das Nachsehen hat. Der Satz „Zeit ist Geld" trifft zu, müsste aber präziser lauten: „Die Möglichkeit, seine Zeit zur Gewinnerzielung zu nutzen, ist Geld wert".

Soweit **immaterielle Güter kommerzialisiert** sind, können sie Gegenstand eines Betruges sein. Da § 263 aber einen Vermögensschaden voraussetzt, muss das Gut bereits bei dem, der es verloren hat – beim Opfer –, kommerzialisiert gewesen sein, also den Charakter eines materiellen Gutes gehabt haben. Dies gilt es zu beachten, wenn der Täter das Opfer durch Täuschung zur Preisgabe immaterialer Objekte veranlasst und danach erst selbst den Prozess der Kommerzialisierung in Gang setzt.[290]

Beispiel

T spiegelt dem O vor, er schreibe eine geschichtswissenschaftliche Arbeit über Leben und Werk des X. O ist der Enkel des 1944 in einem Konzentrationslager der Nazis ermordeten X, der ein prominenter Politiker der Weimarer Republik war. Auf eine entsprechende Bitte des T hin gibt O bereitwillig Briefe, Tagebücher, Fotos und sonstige sehr persönliche Aufzeichnungen aus dem Nachlass des X an T heraus. Dem T ging es von vornherein nicht um eine wissenschaftliche Auswertung dieses Materials. Er wollte sich nur Kenntnis von pikanten, intimen, gegebenenfalls peinlichen und bizarren Details aus dem Privat-, insbesondere dem Liebesleben des X verschaffen, um dies dann einer Zeitschrift zur Veröffentlichung anzubieten, die ein vorwiegend voyeuristisches und sensationslüsternes Leserpublikum bedient. Tatsächlich findet T in großem Umfang für diesen

---

[288] Zur „Arbeitsleistung" als Vermögensbestandteil vgl. BGH, NStZ 2001, 258; B. Heinrich (1997), 24 ff.; Zimmermann (2012), 211 (212).

[289] Cramer (1968), 238: „Die wirtschaftliche Komponente der Arbeitskraft liegt also in der Möglichkeit, sie vertraglich an die Person eines anderen zu binden."; Lackner et al. (2014), § 263 Rn. 34: „die Möglichkeit, die Arbeitskraft gegen Entgelt zu verwerten"; ebenso BGHSt 57, 95 (118).

[290] Verkannt von Graul (1996), 801 (824), die das Erschleichen einer vom prominenten Spender humanitären Zwecken zugedachten Blutspende für einen Spendenbetrug hält, wenn der Täter vorhat, das Blut „für hohe Summen als Kultobjekt zu verkaufen". Der Blutspender erleidet zwar einen Gesundheits-, aber keinen Vermögensschaden.

Zweck geeignetes Material, das ihm vom Chefredakteur der Illustrierten „Peep-Show-Kurier" für 50.000 € abgekauft wird.

Obwohl sich T durch die unerlaubte und das Persönlichkeitsrecht des X schwer verletzende Verwertung der von O erhaltenen Gegenstände materiell bereichert hat, ist dem O kein Vermögensschaden zugefügt worden. Natürlich hat T seinen Vermögensvorteil auf Kosten des O erzielt. Jedoch bedeutet dieses „auf Kosten" nicht, dass der Preis für den Vermögenszuwachs des T ein Vermögensverlust bei O ist. Da O selbst nicht die Absicht hatte, das in seinem Besitz befindliche Material zu Geld zu machen, hatte dieses Material für ihn nicht die Eigenschaft von Vermögensbestandteilen. Die betroffenen Gegenstände hatten für ihn einen rein ideellen Wert. Ihr Verlust verminderte nicht den Wert seines Vermögens, sondern verletzte ihn in seinen Gefühlen und in seinem Andenken an den verstorbenen Großvater.

Klassische Vermögensbestandteile sind **Sachen** und die daran bestehenden Rechte. Das wichtigste Vermögensgut ist also das **Eigentum** an beweglichen und unbeweglichen Sachen. Im Vordergrund steht natürlich das Eigentum an **Geld**, das allerdings seine Bedeutung im Rahmen des Gesamtvermögens weniger als eigentumsfähige Sache, denn als Wertsumme zur Geltung bringt. Schließlich pflegt ja das Gesamtvolumen eines Vermögens nicht in Kilogramm, Quadrat- oder Kubikmeter, sondern in einem Geldbetrag ausgedrückt zu werden. Vermögen ist somit alles, was mit der Einheit „Geld" gemessen werden kann. Das trifft auch auf den faktischen **Besitz** an Sachen zu, selbst wenn mit dem Besitz nicht das Eigentum oder wenigstens ein Recht zum Besitz (z. B. auf Grund Miete) verbunden ist.[291] Denn die physische Herrschaft über eine Sache kann Grundlage und Quelle mannigfacher materieller Vorteile sein. Rechte sind Vermögensbestandteile, wenn sie an Gegenständen bestehen oder sich auf Gegenstände richten, die einen bestimmten Geldbetrag wert sind. So gehört beispielsweise der Kaufpreisanspruch des Verkäufers aus § 433 II BGB zu seinem Vermögen, auf der anderen Seite aber auch der Übereignungs- und Besitzverschaffungsanspruch des Käufers aus § 433 I 1 BGB zum Vermögen des Käufers. Vermögensgut ist – entgegen der h. M. – auch der Anspruch des Fiskus auf eine Geldstrafe (§ 40 StGB), Geldbuße (§§ 17, 30 OWiG) oder ein Verwarnungsgeld (§ 56 OWiG). Gegen die h. M. spricht bereits § 79 Abs. 1 S. 1 Nr. 2 OWiG. Dass die Verpflichtung zur Zahlung dieser Geldbeträge nicht zwecks Gewinnerzielung, sondern aus sanktionsspezifischen Gründen auferlegt wird, ändert daran nichts.[292] Jedenfalls ist die mit der Verurteilung zu Geldstrafe begründete Zahlungspflicht bzw. der Geldverlust infolge Erfüllung dieser Zahlungspflicht ein Vermögensschaden des Verurteilten. Anderenfalls könnte dieser nach erfolgreichem Wiederaufnah-

---

[291] RGSt 44, 230 (235); BayObLG, JR 1988, 298 (301); Hellmann (1988), 73 (74); Rengier (1989), 802 (803).

[292] Graul (1991), 435; aA BGHSt 38, 345 (352); OLG Karlsruhe, NStZ 1990, 282; BayObLG, JR 1991, 433; Hecker (2002), 224 (227); Rengier (2014), § 13 Rn. 126.

meverfahren den gezahlten Betrag nicht gem. §§ 1 I, 7 I StrEG vom Staat zurück-fordern. Wenn das Geld, das der Verurteilte verliert, bei diesem ein Vermögensgut war, ist schwer einzusehen, dass dieses Geld beim Empfänger – dem Staat – kein Vermögensgut mehr sein soll. Folglich ist auch der durch die Verurteilung begründete Anspruch des Staates auf Zahlung des Geldbetrages ein Vermögensgut.[293]

Der Einsatz der **Arbeitskraft** und die Erbringung von **Dienstleistungen** haben Vermögenswert, wenn die Leistung im Rahmen eines von der Rechtsordnung gebilligten (§ 134 BGB!) entgeltlichen Austauschgeschäftes erbracht wird.[294] Ein Vermögensgut ist daher z. B. auch die geschlechtliche Hingabe einer Prostituierten. Eine andere Beurteilung wäre mit dem Prostitutionsgesetz vom 20. 12. 2001 nicht zu vereinbaren.[295] Deshalb begeht Betrug ein Freier, der sich von einer Prostituierten „bedienen" lässt, obwohl er von vornherein die Absicht hat, das vereinbarte Entgelt nicht zu entrichten.[296] Keinen Betrug begeht dagegen der Auftraggeber eines Killers, der diesem den versprochenen Lohn vorenthält.[297] Die Zahlung des vereinbarten Lohnes wäre ja gem. § 140 Nr. 1 selbst eine Straftat! Fraglich und umstritten ist, ob ein Makler einen Vermögensschaden erleidet, wenn er für einen Kunden tätig wird, der von vornherein keine ernsthafte Kaufabsicht hat. Denn die Tätigkeit des Maklers als solche ist gemäß § 652 BGB unentgeltlich.[298] Nach der hier vertretenen Ansicht fehlt es hingegen schon an einer Täuschung des Maklers, da dieser seine Leistung in Kenntnis der Tatsache erbringt, dass das Bürgerliche Recht ihm für die Leistung als solche keinen Vergütungsanspruch gewährt. Es fehlt also an einer unbewussten Selbstschädigung des Maklers.

Materielle Güter sind auch bloße **Aussichten**, Chancen, Anwartschaften, Exspektanzen, die noch nicht zu einer Rechtsposition erstarkt sind, sich jedoch schon so sehr verdichtet haben, dass sie wirtschaftlich zu Buche schlagen.[299] Erwerbsaussichten auf rechtswirksamer Vertragsgrundlage haben Vermögenswert, wenn der Schuldner zur Vertragserfüllung fähig und bereit ist.[300] Nicht ausreichend ist allerdings eine bloße „flüchtige, wirtschaftlich noch nicht fassbare Hoffnung" auf einen künftigen Erwerb[301], z. B. einen Erbschaft.[302] Auch die – sichere oder un-

---

[293] Ebenso Graul (1991), 435, die aber eine Täuschung zur Abwehr einer Verurteilung nicht als tatbestandsmäßigen Betrug anerkennt, weil anderenfalls das Selbstbegünstigungsprivileg des § 258 ausgehöhlt würde.

[294] RGSt 68, 379 (380); BGHSt 57, 95 (118); BGH, NStZ 2001, 258; Achenbach (2011), 1005 (1016); Erb (2002), 216; Zimmermann (2012), 211 (212).

[295] Rengier (2014), § 13 Rn. 133.

[296] Kohlhaas (1954), 97 (98); aA BGHSt 4, 373; BGH, StV 1987, 484; Cramer (1966), 472 (475).

[297] Hecker (2001) 228 (230); Zieschang (1999), 831 (846).

[298] Aus diesem Grund verneint BGHSt 31, 178 (180) einen Vermögensschaden; im Ergebnis zustimmend Maaß (1984), 25 (27); aA Zieschang (1999), 831 (844).

[299] BGHSt 17, 147 (148); 19, 37 (42); OLG Stuttgart, NJW 1962, 502 (503); 1963, 825 (826); OLG Düsseldorf, NJW 1994, 3366 (3367); Geerds (1994), 309 (313); Lenckner (1967), 105 (108) Fn. 21; Rengier (2014), § 13 Rn. 123; Satzger (2009), 518 (520); Schönke et al. (2014), § 263 Rn. 87; Seelmann (1982), 509.

[300] Lenckner (1961), 652 (653).

[301] BGHSt 17, 147 (148); 20, 143 (145).

[302] Eisele (2004a), 271 (280).

sichere – Aussicht auf den Abschluss lukrativer verbotener Geschäfte kann nicht als Vermögensbestandteil anerkannt werden. Die Vereitelung solcher Geschäfte ist daher kein Vermögensdelikt.[303]

Beispiel

Die RA-Kanzlei X hat in der NJW ein Stellenangebot geschaltet, auf das 50 Bewerbungen eingegangen sind. Von den fünf zu Vorstellungsgesprächen eingeladenen Bewerbern hat O die besten Aussichten, da seine Examensnoten besser sind als die der anderen und er einen hervorragenden persönlichen Eindruck hinterlassen hat. Konkurrent T möchte O von der Spitzenposition verdrängen, um selbst zum Zuge zu kommen. Durch eine raffinierte Täuschung bringt T den O dazu, seine Bewerbung bei X zurückzuziehen. Als O bemerkt, daß er hereingelegt worden ist, hat X bereits den T eingestellt.

O hatte keinerlei Anspruch oder sonstiges Recht auf die Anstellung in der Anwaltskanzlei. Zwischen X und O bestand noch kein Arbeitsverhältnis, nicht einmal ein Vorvertrag, aus dem O gegebenenfalls die Begründung eines Arbeitsverhältnisses beanspruchen könnte. Jedoch war die faktische Bewerberposition des O so günstig, dass man ihn zumindest als „Anwärter" auf die Stelle bezeichnen konnte. Diese Aussicht hat daher durchaus einen wirtschaftlichen Wert und kann als Bestandteil des Vermögens anerkannt werden. Der Verlust der Anstellungschance auf Grund Rücknahme der Bewerbung ist deshalb ein Vermögensschaden. T hat sich also wegen „Konkurrentenbetrugs" aus § 263 strafbar gemacht.

Nur die Eigenschaft einer tatsächlichen Chance haben die gläubigerähnlichen Stellungen, die auf **nichtigen Rechtsgeschäften** beruhen. Aus einem nichtigen Rechtsgeschäft entsteht gar kein Anspruch, jedenfalls nicht der, der durch Rechtsgeschäft begründet werden sollte. Nach dem rein wirtschaftlichen Vermögensbegriff können sittenwidrige (§ 138 BGB) oder gesetzwidrige (§ 134 BGB) Geschäfte Vermögensbestandteil sein, sofern eine gewisse Aussicht gegeben ist, dass die vereinbarte Leistung trotz Nichtigkeit erbracht wird.[304] Hier wurde bereits an anderer Stelle dargelegt, dass dies für gesetzwidrige Geschäfte nicht akzeptabel ist und dass derjenige, der Vermögen opfert, um eine gesetzwidrige Gegenleistung zu erlangen, sich bewusst selbst schädigt und daher mangels Täuschung nicht Opfer eines Betruges ist (s. o. 5.2.1.2.5.3). Denn da die gesetzwidrige Leistung kein Vermögensgut ist, kann auch die auf einem gem. § 134 BGB nichtigen Vertrag beruhende Erwartung auf Erbringung dieser Leistung kein Vermögensgut sein.[305] Im vorliegenden Zusammenhang geht es also nur um Geschäfte, die z. B. wegen Verstoßes gegen die guten Sitten (§ 138 BGB) oder wegen Formmangels (§ 125 BGB) nichtig sind.[306] Je

---

[303] BGHSt 20, 143 (145).

[304] BGHSt 2, 364 (366).

[305] RG, JW 1932, 2434; Hecker (2001), 228 (232); Zieschang (1999), 831 (846).

[306] Zur Notwendigkeit der Differenzierung innerhalb des Bereichs nichtiger Rechtsgeschäfte instruktiv Lenckner (1967), 105 (108).

nachdem, wie groß die Chance ist, dass die Nichtigkeit ignoriert und die vereinbarte Leistung trotz Fehlens einer Rechtspflicht erbracht wird, nähert sich ihr Wert dem eines rechtswirksamen Anspruchs an.[307]

Die h. M. spricht nicht nur gesetzwidrigen, sondern auch **sittenwidrigen** Leistungserwartungen die Eigenschaft als Vermögensbestandteil ab.[308]

Beispiel

Makler T vermittelt dem Hauseigentümer O den Mietinteressenten X. O schließt mit X einen Mietvertrag, der wegen seiner wucherischen Bedingungen unwirksam ist, § 138 II BGB. Den Mietvertrag hatte T entworfen. Dem O war der wucherische Charakter seines Inhalts nicht bewusst. Danach schließt T mit O einen Mietverwaltungsvertrag, nach dem T u. a. die Einziehung des Mietzinses für O übernimmt. Auf Grund dieses Vertrages weist O den X an, die monatliche Miete an den T zu zahlen. T hatte von vornherein die Absicht, den Mietzins einzukassieren und für eigene Zwecke zu verbrauchen. Als O, der sich die ganze Zeit um die Mietangelegenheit nicht gekümmert hat, erstmals nach einem Jahr bei T nach dem Stand der Mieteinnahmen fragen will, muss er feststellen, dass es dessen Maklerbüro längst nicht mehr gibt und T selbst die Stadt mit unbekanntem Ziel verlassen hat.

Indem T den X zum Abschluss des wucherischen Mietvertrages verleitete, hat er sich aus § 291 I 1 Nr. 1 wegen Wuchers strafbar gemacht. Fraglich ist, ob daneben auch Strafbarkeit wegen Betruges zum Nachteil des O begründet ist. Als täuschungsbedingte Vermögensverfügung des O könnte dessen an X gerichtete Anweisung anzusehen sein, den Mietzins nicht an ihn – den O –, sondern an seinen Mietverwalter T zu zahlen. Diese zessionsähnliche Maßnahme hatte zur Folge, dass die grundsätzlich vorhandene Zahlungswilligkeit des X sich nicht auf dem Konto des O niederschlug, sondern vielmehr dem X ein rechtlich relevantes Motiv geliefert wurde, sich gegen Nachforderungen des O mit dem Argument zu wehren, durch Zahlung an T von der Verpflichtung gegenüber O frei geworden zu sein. Dabei spielt es keine Rolle, ob die Anweisung des O die Voraussetzungen des § 409 I BGB erfüllt. Auf jeden Fall wird X sich auf diese Vorschrift berufen und O deshalb tatsächlich Schwierigkeiten haben, von X Geld zu bekommen. Fraglich ist jedoch das Vorliegen eines Vermögensschadens, da O nach § 138 II BGB von vornherein gegen X keinen Anspruch auf Mietzinszahlung hatte. Einen Anspruch hatte O gegen X nur auf Vergütung der ohne rechtfertigenden Grund gezogenen Nutzungen nach § 988 BGB. Dieser Anspruch ist selbstverständlich Bestandteil des Vermögens und insoweit ist dem O ein Vermögensschaden entstanden. Fraglich ist aber, ob zum Vermögen des O auch die Aussicht auf Erlangung des von T vereinnahmten Differenzbetrags zwischen Nutzungsersatz und wucherischer Mietzinsvereinbarung gehörte. Wie

---

[307] Grünhut (1932), 2434; Lenckner (1967), 105 (108); Schönke et al. (2014), § 263 Rn. 92.
[308] RGSt 27, 300 (301); BGHSt 4, 373; BGH, StV 1987, 484; Rengier (2014), § 13 Rn. 136; Schönke et al. (2014), § 263 Rn. 93.

die tatsächliche Zahlung des vollen Betrages von X an T beweist, konnte O damit rechnen, dass X trotz Nichtigkeit des Mietvertrages den vereinbarten Mietzins entrichten würde. Wirtschaftlich betrachtet gehörte daher die Aussicht auf Zufluss des Mietzinsbetrags in ungeschmälertem Umfang zum Vermögen des O. Dennoch spricht die h. M. dieser Erwerbschance die Eigenschaft als strafrechtlich geschützter Vermögensbestandteil ab. Dieser Ansicht ist zuzustimmen. Denn indem § 291 I 1 Nr. 1 eine solche Erwerbschance als strafrechtlich missbilligten Erfolg bewertet, bringt das Strafrecht zum Ausdruck, dass dem Empfänger dieser Vorteil nicht zugute kommen soll. Angesichts dieser Wertung wäre es widersprüchlich, die Vereitelung dieses Vorteils als strafbare Vermögensbeschädigung zu qualifizieren. Der Verlust der Chance auf Erlangung des wucherischen Mietzinses ist daher kein Vermögensschaden des O. T hat sich daher nur insoweit wegen Betrugs strafbar gemacht, als er den O durch Täuschung um das nach den Regeln des Eigentümer-Besitzer-Verhältnisses begründete Nutzungsentgelt brachte.

5.2.1.5.2.3   Rechtliche oder wirtschaftliche Güterzuordnung

Die **grundsätzlich wirtschaftliche** Bestimmung der Vermögenszugehörigkeit einzelner Güter hat zur Folge, dass ein Gegenstand in einer Beziehung zu mehreren verschiedenen Vermögenssphären stehen kann. Es stellt sich dann die Frage, ob der Gegenstand mit seinen verschiedenen Komponenten Bestandteil mehrerer Vermögen ist, also mehrere Inhaber hat oder ob er nur einem Vermögen angehört und – wenn ja – welchem. Dieses Problem fordert dann eine Entscheidung für einen bestimmten Vermögensbegriff heraus, wenn eine Person nur die faktische – wirtschaftlich nutzbare – Herrschaft über den Gegenstand hat, während die Berechtigung dazu einer anderen Person zusteht, die ihrerseits aber die tatsächliche Herrschaft über den Gegenstand nicht hat.

Beispiel

X hat dem O ein wertvolles Bild gestohlen. X verkauft dieses Bild für 20.000 € an den Hehler T. Dieser „bezahlt" mit Falschgeld, was X nicht bemerkt.

Ein **streng juristischer Vermögensbegriff** würde das Bild ausschließlich dem Vermögen des Eigentümers O zuordnen und daher eine Strafbarkeit des T wegen Betruges allein unter dem Aspekt des Dreiecks-Betrugs (dazu oben 5.2.1.4.4) zu Lasten des O erörtern. Eine rein juristische Definition des Vermögens muss aber schon deswegen abgelehnt werden, weil sie dann möglicherweise auch für das subjektive Tatbestandsmerkmal „Bereicherungsabsicht" Geltung beanspruchen würde. Denn „Bereicherung" bedeutet „Vermögensvorteil". Die sich daraus ergebende Konsequenz, dass nur der Täter mit Bereicherungsabsicht handelt, der sich eine **Rechts**stellung bezüglich des Gegenstands – z. B. das Eigentum an einer Sache – verschaffen will, würde inakzeptable Strafbarkeitslücken aufreißen. T beispielsweise hätte keine Bereicherungsabsicht, weil er gewiss ganz genau weiß, dass er an der gestohlenen Ware kein Eigentum erwerben kann, §§ 932, 935 BGB. Dass dies nicht richtig sein kann, erkennt man am Tatbestand des § 259, wo der Erwerb einer gestohlenen Sache als Hauptfall einer mit Bereicherungsabsicht begangenen Hehlertat herausgestellt wird.

Nur nach dem **wirtschaftlichen**, nicht aber nach dem vorzugswürdigen **wirtschaftlich-juristischen** Vermögensbegriff ist der illegal erlangte Besitz des Diebes ein Vermögensgut, das unter dem strafrechtlichen Schutz des § 263 steht.[309] Denn § 73 I 1 drückt die Wertung aus, dass dieser Besitz ein rechtlich unerwünschter und zu beseitigender Zustand ist. Zu dieser Wertung stünde eine Auslegung des § 263, die auf Schutz dieses Zustandes durch den Betrugstatbestand hinausliefe, in evidentem Widerspruch. Zwar scheidet eine Verfallsanordnung bei gestohlenen Sachen stets von vornherein – also nicht erst auf Grund der Vorbehaltsklausel des § 73 I 2 – aus, weil sie mit dem entgegenstehenden Eigentumsrecht des Verletzten kollidieren würde.[310] Das ändert aber nichts an der Einschlägigkeit der dem § 73 zugrundeliegenden Negativ-Bewertung illegal erlangter Besitzerpositionen. Wenn nämlich dem Täter eine durch untauglichen Diebstahlsversuch[311] erlangte herrenlose Sache nach § 73 I 1 zu entziehen ist,[312] dann müsste dies in Bezug auf eine gestohlene fremde Sache erst recht gelten. Nur mit Rücksicht auf das vorrangige Eigentümerrecht entfällt hier der Verfall und nicht etwa, weil die Besitzerstellung des Diebes bezüglich einer fremden Sache schutzwürdiger wäre als der Besitz einer herrenlosen Sache. Die Dinge liegen insoweit nicht anders als bei den oben angesprochenen Deliktsgegenständen, die per se und von vornherein sozialschädlich und daher nicht rechtsschutzwürdig sind (Rauschgift, Falschgeld usw.). Betroffener Vermögensinhaber ist im Falle listiger Entziehung einer gestohlenen Sache also nur der bestohlene Eigentümer, nicht der besitzende Dieb. Eine allein auf den Schaden des Eigentümers gestützte Strafbarkeit aus § 263 dürfte aber in der Regel an den engen Grenzen des Dreiecks-Betrugs scheitern:[313] Der getäuschte Dieb steht ja normalerweise nicht „im Lager" des von ihm bestohlenen Eigentümers. Ganz straflos kommt der Täter gleichwohl nicht davon: Das Erschwindeln der gestohlenen Sache ist eine „Zueignung" und daher als Unterschlagung aus § 246 strafbar. Es verstößt keineswegs gegen das Prinzip „Einheit der Strafrechtsordnung"[314] wenn man dieselbe Handlung nicht als tatbestandsmäßigen Betrug zum Nachteil des Diebes anerkennt, denn auch die Unterschlagung ist kein Delikt zum Nachteil des Diebes, sondern nur ein Delikt zum Nachteil des bestohlenen Eigentümers![315]

---

[309] Schönke et al. (2014), § 263 Rn. 95; Zieschang (1999) 831 (837); für strafrechtlichen Schutz des diebisch erlangten Besitzes BGHSt 2, 364 (365); BGH, NStZ 2008, 627; Bruns (1954), 335 (344); Rengier (2014), § 13 Rn. 141; Satzger (2009), 518 (520).

[310] Schönke et al. (2014), § 73 Rn. 20.

[311] Der Täter hielt die Sache für „fremd".

[312] Schönke et al. (2014), § 73 Rn. 19.

[313] Lenckner (1967), 105 (107) Fn. 14.

[314] Darauf stellt Hellmann in: Krey et al. (2012), Rn. 613 ab.

[315] Zieschang (1999), 831 (838).

Die Zuordnung der Sache zum Vermögen des Besitzers schließt aber eine Zuordnung des Eigentums an der Sache zum Vermögen des Rechtsinhabers nicht aus. Insbesondere der mit dem Eigentum verknüpfte Anspruch auf Herausgabe bzw. Rückgabe ist taugliches Angriffsobjekt eines Betruges.

Beispiel

O hat dem T sein Fahrrad geliehen. Da dem T das Rad gut gefällt, möchte er es behalten. Als T das Fahrrad nicht zurückgibt, erhebt O gegen ihn Klage auf Rückgabe. In dem Prozeß vor dem Amtsgericht tritt Z als Zeuge auf. Z ist ein Komplize des T und bekundet wahrheitswidrig, er habe mitbekommen, wie O dem T das Fahrrad für 500 € verkauft und übereignet habe. Als T dann auch noch eine gefälschte Quittung vorlegt, aus der hervorgeht, dass T dem O 500 € Kaufpreis für das Rad gezahlt hat, ist der Amtsrichter davon überzeugt, dass das Rad dem T gehört. Die Klage des O wird daher abgewiesen.

T und Z haben den Richter durch Täuschung zu einer Verfügung über den Anspruch des O gebracht. Dadurch ist dem O ein Vermögensschaden zugefügt worden. Zwar hatte er den unmittelbaren Besitz an dem Rad vorübergehend abgegeben und angesichts der Rückgabeunwilligkeit des T auch keinen mittelbaren Besitz (§ 868 BGB) mehr. Das Eigentum stand ihm aber nach wie vor zu und war auch wirtschaftlich betrachtet nicht völlig wertlos. Denn da die Chance bestand, durch gerichtliche Schritte das Fahrrad zurückzubekommen, war das Eigentumsrecht nicht bloß eine leere Hülse, sondern durchaus ein wichtiges und erfolgversprechendes Instrument zur Wiedererlangung der Sache selbst. Da ein **Sicherungsbetrug**, wie er hier von T und Z begangen worden ist, häufig einem anderen Vermögensdelikt folgt, durch welches sich der Betrüger das umstrittene Vermögensgut verschafft hat, wird er meistens von der ersten Straftat konsumiert und nicht als Bestrafungsgrund in Ansatz gebracht.

5.2.1.5.3 Schaden

5.2.1.5.3.1 Wertminderung

Die wichtigste Eigenschaft des Vermögens einer Person ist sein **Wert**. Darauf ist deshalb abzustellen, wenn geprüft wird, ob das Vermögen beschädigt worden ist. Vermögensschaden ist die **Minderung des Vermögensgesamtwerts**.[316] Zu vergleichen ist der Vermögenswert vor der Verfügung mit dem Vermögenswert nach der Verfügung.[317] Ein Vermögensschaden liegt vor, wenn der zweite Wert niedriger ist als der erste. Daraus folgt, dass der Verlust eines Vermögensguts nicht zwangsläufig zu einem Vermögensschaden führt.[318] Nur wenn infolge dieses Verlustes auch der gesamte Wert des dem Betroffenen verbliebenen Vermögens geringer geworden ist, liegt ein Vermögensschaden vor. Daran fehlt es z. B. wenn der Vermögensinhaber

---

[316] RG, JW 1930, 922 (923); BGHSt 3, 99 (102); 16, 220 (221); 45, 1 (4); OLG München, wistra 2014, 33; OLG Düsseldorf, NJW 1990, 2397; Müller-Christmann (1988), 108 (112).

[317] BGHSt 51, 10 (15); Rengier (2000), 644 (645).

[318] Samson (1978), 469 (470).

zugleich mit dem Verlust des Vermögensgutes ein anderes Gut erworben hat, das die Wertminderung ausgleicht und vielleicht sogar den Vermögenswert über das ursprüngliche Niveau hinaus erhöht.[319]

Beispiel

Durch Täuschung bringt T den O dazu, ihm für 1000 € ein Gemälde abzukaufen. Weder T noch O wussten, dass dieses Gemälde einen Wert von 20.000 € hat.

Durch den Abschluss und Vollzug des Kaufvertrages hat O 1000 € verloren, die zuvor Bestandteil seines Vermögens waren und die Höhe des Vermögensgesamtwertes mitbeeinflussten. Das Vermögen des O hat nun einen um 1000 € verminderten Wert. Damit wäre definitionsgemäß der Vermögensschaden festgestellt, wenn nicht bei der Schadensberechnung der Wert des erworbenen Bildes mitzuberücksichtigen wäre. Da der Erwerb des Bildes unmittelbar mit der Zahlung der 1000 € zusammenhängt (vgl. §§ 433, 320 BGB), dieser Vermögenszuwachs also wie der Vermögensverlust unmittelbar auf der Täuschung beruht, ist er in die Wertermittlung einzubeziehen. Auf Grund der Täuschung hat sich daher der Wert des Vermögens des O nicht um 1000 € verringert, sondern um 19.000 € erhöht. Dabei ist unerheblich, dass dem O diese Bereicherung nicht bewusst ist und er sich letztlich vielleicht doch geschädigt fühlt.[320]

Maßgeblich ist grundsätzlich der **objektive** Wert der verlorenen bzw. erworbenen Gegenstände. Daher spielen auch besondere Sympathien oder Aversionen des Vermögensinhabers gegenüber den betroffenen Gütern bei der Bewertung keine Rolle.

Beispiele

(1) Durch Täuschung bringt T den O dazu, für 1000 € ein Bild zu kaufen, das tatsächlich 1000 € wert ist. Als O später erfährt, dass der Maler dieses Bildes homosexuell ist, wird er wütend und erklärt, das Bild eines Schwulen hätte er niemals gekauft.

(2) Durch Täuschung bringt T den O dazu, ihm für 1000 € eine alte Brosche zu verkaufen. Die Brosche hat einen Wert von 1000 €. Als O seiner Ehefrau E von dem Geschäft erzählt, wird diese leichenblass und fällt in Ohnmacht. Die Brosche war ein Erbstück ihrer Urgroßmutter mütterlicherseits, die den Untergang der „Titanic" überlebt hatte. Die Brosche hatte für E einen unschätzbaren Erinnerungswert und war für sie daher unverkäuflich.

In beiden Beispielsfällen haben die betroffenen Vermögensinhaber O bzw. E 1000 € verloren, aber zugleich 1000 € gewonnen. Der Wert ihrer Vermögen ist nach der täuschungsbedingten Verfügung des O derselbe wie vorher. Daher liegt ein Vermögensschaden nicht vor. Subjektiv mag O in **Beispiel 1** das Gefühl haben, für sein Geld keine gleichwertige Gegenleistung bekommen zu haben.

---

[319] BGHSt 3, 99 (102); OLG München, wistra 2014, 33; BayObLGSt 1955, 8 (9).
[320] BGHSt 16, 220 (222); 321 (325); Seelmann (1982), 509 (510).

Jedoch ist der Grund dieser Einschätzung im Rahmen des § 263 nicht berücksichtigungsfähig. Allein der Umstand, dass jemand durch Täuschung zu einem Geschäft verleitet worden ist, das er nicht abschließen wollte und das er deswegen eventuell nach § 123 BGB anfechten kann, begründet noch keine Betrugsstrafbarkeit.[321] „Vertragserschleichung" kann Betrug sein, muss es aber nicht. Betrug ist eine Straftat gegen das Vermögen und keine Straftat gegen die allgemeine Dispositionsfreiheit.[322] Nur letztere ist durch den Irrtum des O über die Homosexualität des Künstlers tangiert. Das Vermögen des O hat keinen Schaden erlitten.[323] In **Beispiel 2** ist es nicht anders. Die verkaufte Brosche war 1000 € wert, also hat E 1000 € verloren. Dieser Verlust ist durch die Zahlung des Kaufpreises voll kompensiert worden. Das besondere Affektionsinteresse der E an ihrer Brosche fließt in die Wertermittlung nicht ein, d. h. es erhöht den Wert der Brosche nicht über die 1000 € hinaus.

Wertminderung ist nicht dasselbe wie **nichteingetretene Wertsteigerung**.[324] Vermögensschaden im Sinne des § 263 ist nur die Verringerung des vor der Tat wirklich vorhandenen Vermögenswertes, dagegen nicht die Vereitelung einer erhofften Werterhöhung.[325] § 263 schützt nur vor dem „Ärmerwerden".[326]

Beispiel

T bringt den O durch Täuschung dazu, ihm für 10.000 € das Bild „Schwäne im Nebel" abzukaufen, das einen Wert von 10.000 € hat. T hat dem O vorgespiegelt, das Bild sei wesentlich mehr wert als 10.000 € und O werde auf dem Kunstmarkt sicher einen Preis von mindestens 20.000 € erzielen.

Der Vergleich des Vermögens vor Abschluß des Kaufvertrags mit dem Vermögen nach Abschlußss des Kaufvertrags zeigt, dass das Vermögen des O durch den Kauf des Bildes nicht an Wert verloren hat, O also nicht an seinem Vermögen geschädigt worden ist. Dass der von O erhoffte und von T versprochene Wertzuwachs ausgeblieben ist, spielt in diesem Zusammenhang keine Rolle.[327] Anders wäre es, wenn O gegen T auf Grund eines Vorvertrages einen Anspruch auf den Verkauf eines Bildes im Wert von mindestens 20.000 € zum Preis von 10.000 € gehabt und T ihm vorgespiegelt hätte, mit dem Verkauf der „Schwäne im Nebel" die vorvertraglich geschuldete Leistung zu erbringen.[328]

---

[321] BGHSt 22, 88 (89).

[322] Rengier (2014), § 13 Rn. 162.

[323] BGHSt 3, 99 (102).

[324] Aus diesem Grund ist der um den versprochenen Lohn geprellte Killer kein Betrugsopfer: Die Erbringung seiner kriminellen „Dienstleistung" ist kein Vermögensopfer, die Vorenthaltung des Lohnes schädigt das Vermögen nicht, weil gem. § 134 BGB kein Anspruch auf den Lohn besteht, Hecker (2001), 228 (230); Kindhäuser et al. (2003), 152 (153).

[325] BGHSt 16, 220 (223); 321 (325); BGH, NJW 1991, 2573; Hecker (2002), 224 (227); Lenckner (1962), 59; Rengier (2014), § 13 Rn. 158.

[326] So treffend Graul (1996), 801 (806).

[327] BGH, NStZ 2012, 629.

[328] Geerds (1994), 309 (316).

Die h. M. stellt dem Vermögensschaden die **konkrete Vermögensgefährdung** – gleich.[329] Die Bedeutung der konkreten Vermögensgefährdung besteht darin, dass das Vermögen nicht erst dann als beschädigt gilt, wenn der wertmindernde Sachverhalt entstanden und unumkehrbar geworden ist, sondern bereits dann, wenn die auf einen solchen Sachverhalt zulaufende Entwicklung begonnen hat und ungestört unaufhaltsam fortzuschreiten droht. So soll etwa beim „Kontoeröffnungsbetrug" der Bank ein Vermögensschaden bereits mit der Einräumung eines Überziehungskredits entstanden sein und nicht erst, wenn der Kontoinhaber den Überziehungsrahmen tatsächlich ausgeschöpft hat.[330] Die Vollendung des Betruges wird durch diese Ausdehnung des Schadensbegriffs vorverlegt, die Strafbarkeit dadurch ausgeweitet und die Möglichkeit des strafbefreienden Rücktritts vom Betrugsversuch (§§ 263 II, 22, 24) verringert.[331] Auf der Grundlage einer wirtschaftlichen Bestimmung von Vermögen und Vermögensschaden ist die Einbeziehung der konkreten Vermögensgefährdung in den Schadensbegriff konsequent.[332] Nicht ausreichend ist aber eine bloß abstrakte Gefährdung des Vermögens.[333] Rechtsprechung und Literatur weichen der auf Art. 103 II GG fußenden Kritik inzwischen auch dadurch aus, dass sie einen sachlichen Unterschied zwischen „Schaden" und „Gefährdung" leugnen und eine terminologische Verschleifung praktizieren mit Ausdrücken wie „Gefährdungsschaden" oder „schädigender konkreter Vermögensgefährdung".[334] Dass aber in der allgemeinen Straftatlehre immer noch zwischen Verletzungsdelikten und Gefährdungsdelikten unterschieden wird,[335] scheint dabei keine Rolle zu spielen. Das Bundesverfassungsgericht hat gegen die Gleichsetzung von „Vermögensgefährdung" und „Vermögensschaden" von verfassungsrechtlicher Warte keine Einwände.[336]

Eine Vermögensgefährdung kann vor allem im Abschluss riskanter bzw. unvorteilhafter Geschäfte – z. B. Kreditgewährung[337] – liegen. In diesem Fall ist die Strafe aus § 263 bereits verwirkt, wenn der Täter sein Opfer zur Eingehung einer Verbindlichkeit verleitet. Deshalb trägt dieser Typ des Betrugs die Bezeichnung

---

[329] BVerfG, NStZ 2012, 496 (504); RGSt 71, 85 (86); 73, 61 (63); RG, JW 1930, 922 (923); BGHSt 1, 92; 6, 115 (117); 15, 24 (27); 17, 254 (259); 21, 112 (113); 23, 300 (303); 33, 244 (246); 45, 1 (5); 48, 331 (346); 52, 182 (190); BGH, NJW 1953, 836; OLG Stuttgart, NJW 1963, 1975; BayObLG, NJW 1999, 663 (664); OLG Stuttgart, JR 2002, 214 (215); Geerds (1994), 309 (314); Hefendehl (2001), 281 (284); Rengier (2014), § 13 Rn. 184; Samson (1978), 625 (629); Seelmann (1982), 509 (512); Wessels et al. (2013), Rn. 572; einschränkend Amelung (1975), 624 (625).

[330] BGH, NStZ 2011, 160.

[331] Baumanns (2005), 227 (229); Fahl (2006), 733 (734); Lenckner (1971b), 320 (322); Rönnau et al. (2009), 12 (13); daher für Einräumung einer Rücktrittsmöglichkeit Weber (2008), 637 (639 ff.).

[332] Grünhut (1930), 922 (923); Lenckner (1971b), 320 (321).

[333] BGHSt 51, 165 (177); Lenckner (1971b), 320 (321).

[334] Rengier (2014), § 13 Rn. 185, 196 ff.; Wessels et al. (2013), Rn. 572.

[335] Gropp (2005), § 1 Rn. 84; Lackner et al. (2014), vor § 13 Rn. 32; Otto (2004), § 4 Rn. 11.

[336] BVerfGE 126, 170 ff.; vgl. dazu Rengier (2014), § 13 Rn. 185a ff.

[337] BGH, NStZ 2012, 698 (699).

„**Eingehungsbetrug**".[338] Der Schaden liegt in der konkreten Gefahr, durch Erfüllung der eingegangenen Verpflichtung einen Vermögensverlust zu erleiden. Rechtswirksamkeit des verpflichtenden Rechtsgeschäfts ist dabei nicht erforderlich, wenn die Gefahr besteht, dass die rechtliche Unverbindlichkeit nicht erkannt oder nicht geltend gemacht wird. Ausreichend ist also eine scheinbare Verpflichtung.[339] Maßgeblicher Zeitpunkt für die Ermittlung eines Vermögensschadens ist der Zeitpunkt des Vertragsschlusses. Zu vergleichen sind die Vermögenslage vor Vertragsabschluß mit der Vermögenslage unmittelbar nach dem Vertragsschluss.[340] Ergibt dieser Vergleich einen negativen Saldo zum Nachteil des Getäuschten, ist der Vermögensschaden eingetreten. Am Vorliegen eines vollendeten Betrugs[341] ändert es dann nichts, wenn die vermögensschädliche Erfüllung unterbleibt oder zwar erfolgt, sich aber letztlich nicht nachteilig auf das Vermögen auswirkt.[342]

Beispiel

T verkauft in einem beliebten Badeort an der Ostseeküste dem O hundert Strandkörbe für 300 € das Stück. O will die Strandkörbe im Sommer an Urlauber vermieten und erhofft sich davon ein großes Geschäft. Wegen starker Verschmutzung des Meeres werden aber große Strandflächen von der zuständigen Behörde gesperrt. Ein rentabler Strandkorbverleih ist unter diesen Umständen nicht möglich. T hatte dies frühzeitig gewusst, dem O aber vorgespiegelt, Strand und Meer würden bis zu Saisonbeginn gesäubert werden und einem florierenden Strandkorbverleih würde daher nichts im Wege stehen. Bevor die Strandkörbe an O ausgeliefert werden, erliegt T einem Herzinfarkt. Alleinerbe des T ist sein Sohn S. S macht den Kaufvertrag mit O sofort rückgängig, als dieser auf das behördliche Badeverbot und seine daraus resultierenden wirtschaftlichen Schwierigkeiten hinweist.

Die Abnahme und Bezahlung der Strandkörbe hätte dem O einen erheblichen wirtschaftlichen Verlust eingebracht, da die Körbe für ihn ohne die Möglichkeit der Vermietung praktisch wertlos gewesen wären. Tatsächlich ist es zur Erfüllung der vertraglich begründeten Verpflichtungen nicht gekommen, das Vermögen des O blieb deshalb letztlich unbeschädigt. Stellt man jedoch auf den Zeitpunkt des Vertragsschlusses ab[343] und berücksichtigt man dabei die bereits bestehende Ge-

---

[338] BVerfG, NStZ 2012, 496 (503); RGSt 68, 379 (380); BGHSt 15, 24 (25); 18, 317 (323); 21, 112 (113); 23, 300 (302); BGH, NStZ 2013, 404; KG, JR 1972, 28 (29); BayObLG, NJW 1999, 663; Rengier (2000), 644 (645); Satzger (2009), 518 (526); Traub (1956), 450 (452).

[339] BayObLG, NJW 1973, 633; Berz (1973), 1337.

[340] RGSt 68, 379 (380); BGHSt 45, 1 (4); 51, 165 (174); 54, 69 (122); BGH, NStZ 2008, 96 (98); BayObLG, NJW 1999, 663; OLG Frankfurt, MMR 2011, 270 (273); LG Kiel, NStZ 2008, 219 (220); Rengier (2000), 644 (645).

[341] Nach Amelung (1975), 624 (625) ist der Eingehungsbetrug dagegen in der Regel nur ein Betrugsversuch.

[342] BGHSt 30, 388 (390); 31, 115 (117); 45, 1 (5); Rengier (2014), § 13 Rn. 200.

[343] BGHSt 16, 220 (221); 23, 300 (303); BGH, NStZ 2013, 404 (405).

fahr, dass die gekauften Strandkörbe unvermietbar sein würden, ergibt sich ein anderes Bild. O ist eine vertragliche Verbindlichkeit eingegangen, deren Erfüllung höchstwahrscheinlich einen schweren finanziellen Verlust herbeizuführen versprach. Da es ungewiss war, ob O von diesem ungünstigen Geschäft – z. B. durch Anfechtung nach § 123 BGB – loskommen würde, war sein Vermögen von der Verbindlichkeit und ihren schädlichen Folgen effektiv belastet.[344] Mit dieser Belastung war eine Minderung des Vermögensgesamtwerts eingetreten, die bis zur späteren Aufhebung des Kaufvertrages existent war. Die Befreiung des O von der gefährlichen Verbindlichkeit hat sein Vermögen zwar ex nunc entlastet, jedoch nichts daran geändert, dass sein Vermögen vorher durch den Vertrag beschädigt worden war. T hatte also den objektiven Tatbestand des Betruges erfüllt. Die späteren Ereignisse konnten dies nicht aus der Welt schaffen.

Von „**Erfüllungsbetrug**" spricht man, wenn nicht der Abschluss eines Geschäfts, sondern erst die Erfüllung der aus ihm resultierenden Verpflichtungen einen Vermögensschaden verursacht.[345]

Beispiele

(1) Nach seiner Wahl zum Rektor der Universität veranstaltet Professor P ein großes Fest. Seine Ehefrau O bestellt zu diesem Anlass bei Juwelier T Schmuck zum Kaufpreis von 5000 €. Dieser Schmuck hat einen Wert von 5000 €. Als O bei T im Geschäft erscheint und ihren Schmuck abholen will, bekommt sie von T billige Imitate ausgehändigt, die nicht mehr als 50 € wert sind. O bemerkt die mindere Qualität des Schmucks nicht und bezahlt den vollständigen Kaufpreis.

(2) Abwandlung: Der für 5000 € gekaufte Schmuck hat einen Wert von 7000 €. T übereignet der ahnungslosen O gleich aussehenden Schmuck aus einem weniger wertvollen Material. Der Wert dieses Schmucks beträgt 5000 €.

Der Abschluss des Kaufvertrages wirkte sich auf das Vermögen der O noch nicht nachteilig aus, da der Verpflichtung zur Zahlung von 5000 € ein Anspruch auf Übereignung und Übergabe von Schmuck im Wert von 5000 bzw. 7000 € gegenüberstand.[346] Eine Vermögensgefährdung begründete dieser Vertrag auch dann noch nicht, wenn T von vornherein die Absicht gehabt haben sollte, der O minderwertige Fälschungen anzudrehen.[347] Denn der Kaufvertrag richtete sich auf wertvollen echten Schmuck, auf dessen Lieferung O notfalls den T hätte verklagen können.[348] Der innere Vorbehalt des T wäre vertragsrechtlich unbeachtlich, § 116 BGB. Geschädigt wurde das Vermögen der O erst dadurch, dass sie die billigeren Schmuckstücke ahnungslos als erfüllungstaugliche Sachen akzeptierte

---

[344] BGHSt 23, 300 (303); OLG Frankfurt, MMR 2011, 270 (273); Eisele (2011), 273 (275).

[345] BGHSt 8, 46 (49); Grünhut (1932), 2434; Lenckner (1961), 652; Lenckner (1962), 59; Rengier (2000), 644 (645); Satzger (2009), 518 (527); Wessels et al. (2013), Rn. 542.

[346] Lenckner (1961), 352 (355).

[347] OLG Düsseldorf, NJW 1993, 2694; Lackner et al. (2014), § 263 Rn. 46; aA BGH, NJW 1953, 836.

[348] Cramer (1968), 127.

und den vereinbarten Kaufpreis von 5000 € zahlte. Das ist in **Beispiel 1** offensichtlich, weil eine Wertdifferenz zwischen gezahltem Kaufpreis und erhaltenem Kaufgegenstand besteht. Aber auch in **Beispiel 2** ist O an ihrem Vermögen geschädigt, obwohl gezahlter Kaufpreis und erhaltener Schmuck den gleichen Wert haben. Der Schaden besteht in der Differenz zwischen dem Anspruch auf Schmuck im Wert von 7000 € und dem erlangten Schmuck im Wert von 5000 €. Durch die Annahme des billigeren Schmucks verlor O den Anspruch auf Lieferung des wertvolleren Schmucks.[349] Außerdem ist O geschädigt, weil sie für den geringerwertigen Schmuck einen zu hohen Preis zahlte. Da die zwecks Erfüllung übergebene Sache nicht die vertraglich vorausgesetzten wertbildenden Eigenschaften hat, braucht die O auch nur einen entsprechend reduzierten Kaufpreis zu zahlen.[350]

5.2.1.5.3.2 Verlustausgleichende Gegenleistungen

Die Ermittlung des Vermögensschadens erfolgt mittels einer **Saldierung**, wenn der Vermögensinhaber im Zusammenhang mit der sein Vermögen mindernden Vermögensverfügung etwas erlangt hat, was möglicherweise die Vermögensminderung ausgleicht.[351] Hier stellt sich die Frage, welcher Erwerb überhaupt berücksichtigungsfähig ist[352] und mit welchem Wert er in Ansatz gebracht werden kann. Letzteres ist besonders schwierig bei Geschäften mit einer Risikokomponente („Risikogeschäfte").[353] Nicht der tatsächliche Eintritt des Gewinns oder Verlusts in der Zukunft, sondern das gegenwärtig zu prognostizierende Risiko ist bei der Schadensermittlung in die Saldierung einzusetzen. Ist die Prognose negativ, kann an der Entstehung des Schadens ein zukünftiger unerwarteter Gewinn nichts mehr ändern.[354] Auch der Vorsatz des Täters braucht sich nicht auf den zukünftigen „Endschaden" zu beziehen.[355] Bei einer täuschungsbedingten Gewährung eines Darlehens mit unsicherer Rückzahlungsprognose entsteht kein Vermögensschaden, wenn und soweit das Ausfallrisiko des Darlehensgebers durch realisierbare Sicherheiten abgedeckt ist.[356] Keine Kompensationswirkung haben Ansprüche des Vermögensinhabers, die dieser auf Grund des Verlustes gegen den Schädiger oder den Erwerber des verlorenen Gutes erwirbt (§§ 823 ff., 812 ff. BGB).[357] Soweit diese Ansprüche einen Schaden voraussetzen (§ 823 II BGB i. V. m. § 263 StGB), bedarf dies keiner näheren

---

[349] Lenckner (1961), 652 (653).

[350] Lenckner (1961), 652 (654); aA zum „unechten Erfüllungsbetrug" Satzger (2009), 518 (528).

[351] RGSt 44, 230 (237); BGHSt 22, 88 (89); 47, 1 (8); 57, 95 (114); BGH, NStZ 2012, 629; BayObLG, JR 1988, 298 (301); Gaidzik (1998), 329 (331); Geppert (1999b), 525 (537); Hellmann (1988), 73 (75); Lenckner (1961), 652; Müller-Christmann (1988), 108 (112); Ranft (1992), 66 (72); Rengier (1989), 802 (803); Samson (1978), 625 (626); Satzger (2009), 518 (522).

[352] Jäger (2010), 761 (764).

[353] BGHSt 53, 199 ff.

[354] BGHSt 53, 199 (202); Schlösser (2009), 663 (664).

[355] BGHSt 53, 199 (204).

[356] BGH, NStZ 2009, 150.

[357] RGSt 53, 225 (226); 57, 95 (115); Amelung (1975), 624 (625); Geppert (1999b), 525 (538); Jäger (2010), 761 (764); Müller-Christmann (1988), 108 (113); Samson (1978), 625 (627); Seelmann (1982), 509 (511); diff. Walter (2008), 763 (769).

Erläuterung. Denn die Erfüllung eines solchen Anspruchs schließt ja nicht die Entstehung eines Schadens aus, sondern ist Schadenswiedergutmachung.[358] Generell gilt, dass die tatsächliche Herrschaft über ein Gut stets wesentlich mehr wert ist als der bloße Anspruch auf Verschaffung (bzw. Rück-Verschaffung) dieser Herrschaft. Zwar hat auch der Anspruch einen gewissen Wert und kann daher seinerseits Angriffsobjekt weiterer Vermögensdelikte sein. Dieser Wert reicht aber nie aus, um den Verlust des Gutes selbst voll ausgleichen zu können. Erst recht unbeachtlich ist die Möglichkeit, durch Anfechtung eines Rechtsgeschäfts oder Rücktritt von einem Vertrag Ansprüche entstehen zu lassen, die auf Rückgängigmachung vermögensschädigender Vorgänge gerichtet sind.[359] Davon zu unterscheiden ist der Fall, dass ein frühzeitiger Rücktritt vom Vertrag bereits die Entstehung eines Schadens verhindert: Solange jemand die noch nicht eingetretene vermögensschädigende Wirkung eines unvorteilhaften Geschäftes durch Ausübung eines Rücktrittsrechts abwenden kann, hat er noch keinen Vermögensschaden erlitten.[360]

Die Ungleichwertigkeit von Gütern und den auf Erlangung dieser Güter gerichteten Ansprüchen hat zur Folge, dass die **Befreiung von der Verpflichtung** zur Befriedigung eines solchen Anspruchs den Verlust des Gutes nicht ohne weiteres ausgleicht.[361]

Beispiele

(1) O hat dem T ein Bild verkauft. T hat das Bild bereits bezahlt, es hängt aber immer noch in der Wohnung des O, der sich davon nicht trennen kann. Eines Tages begibt sich T zur Wohnung des O, um sich das Bild abzuholen. Er trifft dort nur den Privatsekretär P des O an und spiegelt ihm vor, O habe ihm die Erlaubnis gegeben, sich das gekaufte Bild abzuholen. O habe ausdrücklich gesagt, dass er – T – sich das Bild auch von P übergeben lassen könne. Dem P hatte O zwar nichts dergleichen gesagt. Dennoch nimmt P an, dass es schon seine Richtigkeit haben werde, da er generell bevollmächtigt ist, die zur Erfüllung von Rechtsgeschäften des O erforderlichen Rechtshandlungen vorzunehmen. Daher übereignet und übergibt P dem T das Bild.

(2) O hat dem X durch notariellen Vertrag versprochen, ihm ein wertvolles Bild zu schenken. Das Bild befindet sich noch im Haus des O. Eines Tages sucht T den O auf, gibt sich als Mitarbeiter des X aus und legt einen gefälschten Brief vor, in dem X den T ermächtigt, das Bild für ihn bei O abzuholen. O hat keinen Grund, den T für einen Schwindler und das ihm vorgelegte Schreiben für eine Fälschung zu halten. Daher übereignet O das Bild dem T und gibt es ihm mit.

---

[358] RGSt 44, 230 (240).

[359] BGHSt 21, 384 (386); Bockelmann (1952), 485; Seelmann (1982), 509 (511).

[360] Müller-Christmann (1988), 108 (113).

[361] BGHSt 57, 95 (114); Lenckner (1967), 105 (106); Mitsch (2012), 911 (916); Otto (1970), 216; Satzger (2009), 518 (528); Schröder (1965), 513 (515); speziell zur Kompensationswirkung der Befreiung von Verbindlichkeiten beim kassenärztlichen Abrechnungsbetrug Gaidzik (1998), 329 (332).

O hat jeweils mit dem Bild ein wertvolles Vermögensgut verloren. Obwohl dieses Gut mit einem Anspruch belastet war, hatte jedenfalls die tatsächlich noch bestehende Herrschaft (Besitz und Eigentum) des O einen wirtschaftlichen Wert, der den Umfang seines Vermögens beeinflusste. O hätte beispielsweise unter Missachtung der Ansprüche von T (Beispiel 1) bzw. X (Beispiel 2) das Bild an einen Dritten verkaufen und übereignen können, was für ihn lukrativ wäre, wenn der Kaufpreis den an T bzw. X zu zahlenden Schadensersatz überstiege.[362] Fraglich ist, ob der Verlust des Bildes dadurch kompensiert wird, dass O von der Leistungspflicht gegenüber T bzw. X frei geworden ist. Die in **Beispiel 1** auf § 433 I BGB beruhende Pflicht zur Verschaffung von Eigentum und Besitz an T ist gem. § 362 I BGB erloschen, da P als Vertreter des O dem T sowohl Eigentum als auch Besitz verschafft hat. In **Beispiel 2** hat O zwar nicht sein Schenkungsversprechen gegenüber X erfüllt. Dennoch ist O von der daraus resultierenden Pflicht befreit worden, da die Leistung unmöglich geworden ist und O dies nicht zu vertreten hat, § 275 BGB. Ob und in welcher Höhe die Befreiung von der Leistungspflicht den Verlust der Sache ausgleicht, lässt sich nicht allgemein beantworten.[363] Bestand für den Schuldner praktisch keine Möglichkeit mehr, den Verlust des Gutes auf Grund der Forderung seines Gläubigers abzuwenden, steht die Verpflichtung dem Verlust gleich und gleicht die Befreiung von der Verpflichtung den tatsächlichen Verlust aus. So verhält es sich z. B., wenn der Gläubiger bereits einen Vollstreckungstitel hatte, mit dessen Hilfe er sich das anspruchsbefangene Gut jederzeit hätte verschaffen können. Anders ist es, wenn der Schuldner eine gute Chance hatte, dass der Gläubiger auf die Geltendmachung seines Anspruchs verzichten, dies aus Nachlässigkeit versäumen oder aus tatsächlichen (z. B. Beweismittelverlust[364]) oder rechtlichen (z. B. Verjährung) Gründen nicht in der Lage sein würde, den Anspruch durchzusetzen. Die Befreiung von einer Verpflichtung, die ohnehin in Kürze verjährt wäre, hat für den Schuldner so gut wie keinen Wert, wenn der Gläubiger nach Lage der Dinge die Entstehung der Verjährungseinrede nicht verhindert hätte. Der Verlust des Vermögensgutes ist dann ein Vermögensschaden. Allerdings ist damit noch nicht gesagt, dass der Täter einen Betrug begangen hat. Hat es der Täter nämlich nur auf Befriedigung des Anspruchs abgesehen, handelt er nicht mit der Absicht, sich oder einen Dritten rechtswidrig zu bereichern. In Beispiel 1 scheitert eine Strafbarkeit des T aus § 263 also auf jeden Fall aus diesem Grund. In Beispiel 2 greift dieser Gesichtspunkt eindeutig nicht ein. Ob T einen Betrug begangen hat, hängt also allein von der Erfüllung des Merkmals „Vermögensbeschädigung" ab. Sofern nach den oben erläuterten Kriterien dem O ein Vermögensschaden nicht

---

[362] Otto (1970), 217.

[363] Anders Samson (1978), 625 (628), der ohne Differenzierung einen Vermögensschaden verneint, wenn die verlustbringende Vermögensverfügung zugleich Anspruchserfüllung ist und zur Befreiung von der Leistungspflicht führt; ebenso BGHSt 47, 8 (10); BGH, JZ 1965, 544; Cramer (1968), S. 160; Cramer (1966), 472 (474); Seelmann (1982), 748 (749); Schönke et al. (2014), § 263 Rn. 117, wo ein „Schaden im Rechtssinn" verneint wird.

[364] RGSt 72, 133 (137); Schröder (1965), 513 (514).

zugefügt wurde, weil die Befreiung von der Leistungspflicht den Verlust des Bildes voll kompensiert, stellt sich die Frage nach einem Dreiecksbetrug zum Nachteil des X. Denn dieser hat zweifellos einen Vermögensschaden erlitten.

Zum Verlustausgleich geeignet sind vor allem Gegenleistungen,[365] die in einem **synallagmatischen** Verhältnis mit der vermögensmindernden Leistung stehen, also „Tauschobjekte", deren Erwerb durch die Täuschung ebenso angebahnt wurde wie die Preisgabe des verlorenen Gutes und deren Erwerb gewissermaßen Zug um Zug mit der verlustbringenden Vermögensverfügung erfolgt.[366] Der Wert dieser Objekte richtet sich grundsätzlich nach einem **objektiven überindividuellen Maßstab**.[367] Wertbestimmend ist der Markt, sofern es für den betroffenen Gegenstand einen Markt gibt.[368] Ausnahmsweise ist der objektive Marktwert aber nach subjektiven individuellen Kriterien zu korrigieren und der speziellen Situation des betroffenen Vermögensinhabers anzupassen. Denn ein und derselbe Gegenstand kann für verschiedene Personen einen durchaus unterschiedlichen Wert haben.[369] Zu berücksichtigen ist also ein **individueller** oder **persönlicher** „Schadenseinschlag".[370] Danach erleidet der Vermögensinhaber einen Schaden, wenn die objektiv gleichwertige Gegenleistung auf Grund seiner besonderen individuellen Verhältnisse von ihm nicht zu dem vertraglich vorausgesetzten Zweck genutzt und auch nicht in anderer zumutbarer Weise – insbesondere durch Weiterveräußerung – verwendet werden kann.[371]

Beispiel

O ist Eigentümer einer Eigentumswohnung mit Garten. T verkauft ihm für diesen Garten einen Geräteschuppen zum Preis von 1000 €. Dieser Preis ist dem objektiven Wert des Schuppens angemessen und marktkonform. T hatte dem O bewusst wahrheitswidrig versichert, dass es beim Aufstellen des Schuppens im Garten keinerlei rechtliche Probleme gäbe. Erst nach Lieferung und Bezahlung des Geräteschuppens erfährt O, dass dessen Errichtung gem. § 22 WEG einen einstimmigen zustimmenden Beschluss der Eigentümergemeinschaft voraussetzt. Es stellt sich bald heraus, dass von den acht anderen Gemeinschaftsmitgliedern vier gegen die Errichtung des Schuppens sind. Über eine Annonce in der Lokalzeitung gelingt es O, den Geräteschuppen für 500 € weiterzuverkaufen.

---

[365] Ebenso gleichwertige Sicherheiten wie z. B. das Unternehmerpfandrecht nach § 647 BGB, Amelung (1975), 624 (625).

[366] BGHSt 57, 95 (115); Rengier (2014), § 13 Rn. 156.

[367] BGHSt 16, 220 (222); 51, 10 (15); 57, 95 (115); BayObLGSt 1955, 8 (10); KG, JR 1972, 28 (29); OLG Hamm, NStZ 1992, 593; Geppert (1999b), 525 (538); Samson (1978), 625 (626).

[368] BGHSt 8, 46 (49).

[369] BGHSt 16, 321 (325); KG, JR 1972, 28 (29); OLG Düsseldorf, NJW 1990, 2397; Lenckner (1961), 652.

[370] BGHSt 16, 220 (222); OLG Düsseldorf, NJW 1991, 1841 (1842); OLG Hamm, NStZ 1992, 593; Hellmann (1988), 73 (75); Samson (1978), 625 (627).

[371] BayObLGSt 1955, 8 (10); KG, JR 1972, 28 (29); Geerds (1994), 309 (315).

Der Kauf des Geräteschuppens hat dem Vermögen des O 1000 € entzogen und zugleich ein Vermögensgut im Wert von 1000 € zugeführt. Demnach hat sich am Gesamtwert des Vermögens nichts verändert, ein Schaden ist nicht feststellbar. Jedoch ist bei der Bestimmung des Wertes der Gegenleistung, die O für 1000 € erworben hat, die Unmöglichkeit der normalen Verwendung sowie eines verlustfreien Weiterverkaufs zu berücksichtigen. Wegen der unüberwindlichen rechtlichen Hindernisse kann O den Geräteschuppen überhaupt nicht benutzen. Der vertraglich vorausgesetzte Zweck ist also nicht erreichbar, der objektive Wert von 1000 € für O nicht realisierbar. Auch die Möglichkeit eines vollständigen Verlustausgleichs durch Verkauf des Geräteschuppens bestand nicht. Was O von T bekommen hat, war daher weniger wert als die 1000 €, die O an T gezahlt hat. Also ist das Vermögen des O beschädigt worden.

Das Beispiel zeigt, dass die Individualisierung und Subjektivierung des Vermögensschadens eine nicht unproblematische Methode ist, von der nur zurückhaltend Gebrauch gemacht werden darf.[372] Denn grundsätzlich ist es Sache des Erwerbers eines Gegenstandes, dessen individuelle Brauchbarkeit zu klären und sich danach auf das Geschäft mit dem Anbieter einzulassen oder davon Abstand zu nehmen. Das Scheitern einer bestimmten geplanten Verwendungsart aus Gründen, die im Herrschafts- und Verantwortungsbereich des Erwerbers liegen, ist grundsätzlich dessen eigenes Risiko. Zur Betrugsstrafbarkeit kann dieser Umstand daher nur unter der Voraussetzung beitragen, dass er zum Thema der Verhandlungen zwischen Täter und Opfer gemacht wurde und der Täter ihn sich gewissermaßen zueigen gemacht hat, indem er das Opfer gerade hierüber täuschte.

Beispiel

(Abwandlung des obigen Beispiels): Der Verkäufer T des Geräteschuppens weiß, dass dessen Errichtung in einer Wohnungseigentümergemeinschaft zustimmungsbedürftig ist. Er spricht dies gegenüber O aber nicht an, obwohl er ahnt, dass O darüber in Unkenntnis ist. T kennt einige Mitglieder der Eigentümergemeinschaft und weiß, dass diese mit einem Geräteschuppen in Nachbars Garten nie einverstanden wären. Auch dies teilt T dem O nicht mit. Er täuscht den O aber über die Beschaffenheit des Holzes, aus dem die Einzelteile des Schuppens bestehen. Er spiegelt dem O eine Holzart vor, die wertvoller ist als die, aus der der Schuppen tatsächlich hergestellt ist. Der Geräteschuppen, den T dem O für 1000 € liefert, ist seinen Preis wert.

Geht man davon aus, dass zwischen T und O ein zivilrechtlich wirksamer Kaufvertrag über einen Geräteschuppen aus dem weniger wertvollen Holz zustande gekommen ist, hat O durch die Lieferung und Bezahlung eines diesem Vertrag entsprechenden Schuppens keinen Vermögensnachteil erlitten. Anders wäre es, wenn Vertragsgegenstand die wertvollere Ausführung gewesen wäre. Dann hätte O für sein Geld weniger bekommen, als ihm vertraglich zugestan-

---

[372] BGHSt 32, 22 (23).

den hätte. Der gelieferte Geräteschuppen war objektiv 1000 € wert, hat die mit der Zahlung des Kaufpreises eingetretene Vermögensminderung also vollständig kompensiert. Da O den Geräteschuppen aber überhaupt nicht benutzen kann, hat er für ihn allenfalls den Wert des Erlöses, der bei einem Weiterverkauf erzielt werden könnte, also etwa 500 €. Auf Grund der speziellen individuellen Situation des O gleicht der Erwerb den Verlust doch nicht vollständig aus. O hat einen Vermögensschaden erlitten. Darüber ist O von T aber nicht getäuscht worden. Das überlegene Wissen des T bezüglich der wohnungseigentumsrechtlichen Probleme lässt weder dessen Auftreten gegenüber O als konkludente Täuschung erscheinen noch begründet es eine Aufklärungspflicht, deren Verletzung als Täuschung durch garantenpflichtwidriges Unterlassen qualifiziert werden könnte. Getäuscht hat T nur über die Qualität des Holzes. Diese ist aber nicht schadensrelevant, da O auch mit dem geringerwertigen Geräteschuppen immer noch ein objektiv vollwertiges Äquivalent seiner 1000 € erhalten hat.[373] Da die wohnungseigentumsrechtlichen Bedingungen einer vertragsgemäßen Nutzung des Kaufgegenstandes zwischen T und O nicht zur Sprache gekommen sind und T auch nicht einseitige Zusicherungen in dieser Hinsicht abgegeben hat, fällt das Scheitern der von O geplanten Nutzung in seine eigene Risikosphäre. T braucht sich daher die individuelle Unbrauchbarkeit der von ihm gelieferten Ware nicht vorhalten zu lassen. Bei der Berechnung eines eventuellen Vermögensschadens ist nur der objektive Marktwert zugrunde zu legen. Nach diesem Maßstab ist dem O kein Vermögensschaden zugefügt worden. Daher hat sich T nicht aus § 263 strafbar gemacht.

Da der Vermögensschaden durch Vergleich der ausgetauschten Leistungen ermittelt wird, kann der Umstand, dass der Getäuschte einen gleichen Leistungsgegenstand **von einem Dritten zu günstigeren Bedingungen** – insbesondere zu einem niedrigeren Preis – hätte erlangen können, keinen Vermögensschaden begründen.[374]

Beispiel

Grundstückseigentümer O will sich einen neuen Rasenmäher kaufen. Gartengerätehändler H bietet einen Mäher des Typs „Grasfraß XY 2000" zum Preis von 850 € an. Dieser Preis entspricht dem Wert des Gerätes. O wird von T, einem Angestellten des H, beraten. Im Laufe des Gespräches erklärt T dem O wahrheitswidrig, dass der Mäher-Typ „Grasfraß XY 2000" bei dem ortsansässigen Konkurrenten G zum Preis von 930 € angeboten werde. Daraufhin entschließt sich O zum Kauf des Mähers bei H. Tatsächlich bietet Händler G den „Grasfraß XY 2000" zum Sonderpreis von 810 € an.

O ist von T getäuscht und in einen Irrtum versetzt worden. Dadurch wurde O zu einer Verfügung über sein Vermögen veranlasst. Der auf der Kaufpreiszahlung beruhende Vermögensverlust in Höhe von 850 € wurde jedoch durch den Erwerb des Besitzes und Eigentums an dem Rasenmäher voll ausgeglichen. Da dieser Mäher 850 € wert ist, hat das Gesamtvermögen des O nach der Ver-

---

[373] BGHSt 16, 220 (223).
[374] BGHSt 16, 367 (373).

mögensverfügung denselben Wert wie vorher. Ein Vermögensnachteil ist somit nicht entstanden. Dass O eventuell eine Chance gehabt hätte, einen gleichwertigen Rasenmäher mit geringerem Vermögensaufwand zu erwerben, er also auf diese Weise den Gesamtwert seines Vermögens hätte um 40 € erhöhen können, ändert an diesem Ergebnis nichts. Anders wäre es nur, wenn die Chance auf diesen günstigeren Kauf sich bereits zu einer Art „Anwartschaft" verdichtet hätte und somit schon Bestandteil des Vermögens des O gewesen wäre, bevor er sich zum Kauf bei H überreden ließ. Dieser Gesichtspunkt entscheidet insbesondere in Fällen unlauterer Submissionsabsprachen darüber, ob dem Auftraggeber durch die Annahme eines überhöhten Angebots ein Vermögensschaden entstanden, die wettbewerbsverzerrende Absprache also als „**Submissionsbetrug**" aus § 263 strafbar ist oder nicht.[375] Ohne Vermögensschaden ist das Verhalten nach § 298 strafbar.

Ein Problem der individuellen Schadensberechnung ist auch der Verlustausgleich durch Eigentumserwerb an einer Sache nach den zivilrechtlichen Regeln über den **Eigentumserwerb vom Nichtberechtigten kraft guten Glaubens**. Wie oben bereits im Zusammenhang mit dem „Dreiecksbetrug" erörtert wurde (oben 5.2.1.4.4), erleidet in solchen Fällen zwar der frühere Rechtsinhaber einen Vermögensschaden. Jedoch begeht der als Nichtberechtigter Veräußernde keinen Betrug zum Nachteil des um seine Rechtsstellung gebrachten, weil es an einer Vermögensverfügung fehlt. Das Handeln des gutgläubig Erwerbenden kann dem Verlierenden nicht zugerechnet werden, da jener nicht „im Lager" des Geschädigten steht und erst recht keine rechtliche Befugnis zur Verfügung über dessen Vermögen hat. Die Veräußerung eines fremden Vermögensgutes an einen Gutgläubigen ist also nur unter der Voraussetzung als Betrug strafbar, dass der Erwerber selbst an seinem Vermögen geschädigt worden ist.

Beispiele

(1) E hat dem T ein Fahrrad geliehen. Das Rad hat einen Wert von 500 €. T verkauft dieses Fahrrad dem O zum Preis von 500 €. O hielt den T für den Eigentümer und hatte keinen Grund, an der Berechtigung des T zu zweifeln. Als O erfährt, dass das Fahrrad dem E gehörte und T unrechtmäßig darüber verfügt hat, gibt O das Rad sofort dem E zurück, ohne dafür eine Entschädigung zu bekommen. Denn E ist der Sohn von A, dem Arbeitgeber des O.

(2) T bietet dem Kunsthändler O ein wertvolles Gemälde zum Preis von 50.000 € an. Das Gemälde hat einen Wert von 80.000 € und O rechnet damit, dass er es gewinnbringend an einen Kunstliebhaber weiterverkaufen kann. O weiß, dass dieses Bild dem Bankier B gehörte, der vor kurzem gestorben und von seinem einzigen Sohn S beerbt worden war. T gibt sich gegenüber O als Sohn und Alleinerbe des B aus. Tatsächlich ist T Restaurator, dem das Bild von S zur Reparatur des Rahmens übergeben worden war. O kauft dem T das Bild

---

[375] BGHSt 38, 186 (192); Hefendehl (1994), 242; Hohmann (2001), 566 (570).

für 50.000 € ab. Einige Tage später erfährt nicht nur O, sondern die ganze Fachwelt, dass S und O einem Schwindler aufgesessen sind.

In beiden Beispielen hat O jeweils Eigentum an Sachen erworben, deren Wert den an T gezahlten Geldbetrag mindestens erreicht, in Beispiel 2 sogar deutlich übersteigt. Der Eigentumserwerb beruhte auf einem Rechtsgeschäft mit einem Nichtberechtigten, ist wegen der Redlichkeit des O aber gem. § 932 BGB wirksam.[376] Zivilrechtlich steht das gutgläubig erworbene Eigentum dem vom Berechtigten gem. § 929 BGB erworbenen Eigentum gleich. Die nach § 932 BGB erlangte Rechtsposition ist rechtlich nicht etwa ein „Eigentum zweiter Klasse".[377] Dies spricht für einen vollständigen Ausgleich der durch die Kaufpreiszahlung eingetretenen Vermögensminderung und gegen einen Vermögensschaden des O.[378]

Jedoch ist eine derartig formaljuristische Betrachtung der Schadensberechnung beim Betrug nicht angemessen.[379] Nach dem grundsätzlich wirtschaftlich geprägten Vermögensbegriff ist darauf abzustellen, was das Eigentum in seinen konkreten Bezügen für seinen Inhaber tatsächlich wert ist. So gesehen kann das nach § 932 BGB erworbene Eigentum durchaus einen geringeren Wert haben als das Eigentum, das der Berechtigte nach § 929 BGB übertragen hat. Zwar ist der angebliche sittliche „Makel", der einer im Wege gutgläubigen Erwerbs in das Vermögen geflossenen Sache anhaftet,[380] grundsätzlich kein wertmindernder Faktor.[381] Auch sind Skrupel, Unbehagen oder Gewissensnöte, die dem Erwerber den Genuss der gutgläubig auf Kosten des Berechtigten erlangten Sache verderben könnten, keine wirtschaftlich messbaren Wertminderungsaspekte, sondern ideelle Nachteile. Jedoch kann die wirtschaftliche Verwertbarkeit der Sache durch den Gesichtspunkt des Gutglaubenserwerbs beeinträchtigt sein. Ein Grund dafür ist die Gefahr, dass der ehemalige Eigentümer die Gutgläubigkeit des Erwerbers substantiiert bestreitet und gegen ihn mit einiger Erfolgsaussicht Klage auf Herausgabe der Sache erhebt.[382] Die lediglich abstrakt-theoretische Möglichkeit eines derartigen Vorgehens mindert den Wert der Sache allerdings noch nicht. Es muss eine konkrete Gefahr bestehen, dass der frühere Berechtigte diesen Weg tatsächlich erfolgreich beschreitet.[383] Bei der Bestim-

---

[376] Ein Täter, der nicht Jurist ist, wird dies möglicherweise nicht wissen und sich daher eine Vermögensschädigung des Erwerbers vorstellen. Dann ist er wegen versuchten Betrugs strafbar, vgl. RGSt 49, 16 (20).

[377] Müller-Webers (1954), 220; Oehler (1956), 161 (163); Traub (1956), 450 (451).

[378] BGH, NStZ 2013, 37 (38); RGSt 49, 16 (17); Maurer (1953), 1480; Mitsch (2012), 911 (915); Seelmann (1982), 509 (512).

[379] BGHSt 15, 83 (86); Mezger (1939), 203.

[380] So aber die – selbst mit dem Makel nationalsozialistischer Rechtsunkultur behaftete – „Makeltheorie" des Reichsgerichts, vgl. RGSt 73, 61 (63); Linkhorst (1939), 156 (157); ebenso BGH, GA 1956, 181.

[381] BGHSt 15, 83 (87); Cramer (1968), 128; Geppert (1999b), 525 (535); Otto (1970), 75; Seelmann (1982), 509 (512); Traub (1956), 450 (451).

[382] RGSt 73, 61 (62); BGHSt 1, 92 (94); 3, 370 (372); 15, 83 (87); Geppert (1999b), 525 (535); aA Oehler (1956), 161 (164); Traub (1956), 450 (451).

[383] BGH, NStZ 2013, 37 (38); Lackner et al. (2014), § 263 Rn. 43; Satzger (2009), 518 (526); aA Schönke et al. (2014), § 263 Rn. 111, der das Prozessrisiko nicht als Wertminderungsgrund anerkennt.

mung dieser Gefahr ist zu berücksichtigen, dass die Beweislast für das Vorliegen der Umstände, aus denen auf die Bösgläubigkeit des Erwerbers geschlossen werden kann, beim früheren Eigentümer liegt.[384] Ein anderer Wertminderungsgrund ist der unausweichliche gesellschaftliche oder moralische Druck,[385] die Sache trotz Eigentumserwerbs dem früheren Berechtigten ersatz- und entschädigungslos zurückzugeben.[386]

Beispiel

In **Beispiel 1** ist verständlich, dass sich O wegen seiner Beziehung zu A und E nicht als vollwertiger Eigentümer des Fahrrads fühlen konnte und die Nichtrückgabe für ihn nicht ernsthaft in Frage kam. Ein eindeutiger Fall wirtschaftlich minderwertigen Eigentums liegt schließlich dann vor, wenn eine Sache allein zum Zweck des gewinnbringenden Weiterverkaufs erworben wird, wegen ihrer Verstrickung in eine Unterschlagung (des nichtberechtigten Veräußerers) aber praktisch unverkäuflich ist.[387] Aus diesem Grund ist in **Beispiel 2** dem O ein Vermögensschaden zugefügt worden. Denn die Möglichkeit und Berechtigung zum Behalten des wertvollen Bildes ist für ihn ohne Interesse und gleicht den Verlust der gezahlten 50.000 € nicht aus.

Der Gesichtspunkt des „Makels", der einer Gegenleistung anhaftet, spielt eine entscheidende Rolle in den Fällen des sogenannten „**Anstellungsbetruges**", der – im Bereich des öffentlichen Dienstes – auch „Amtserschleichung"[388] genannt wird.

Beispiel

In einer süddeutschen Kleinstadt gelingt es dem nach Abbruch seines Medizinstudiums arbeitslosen T mit gewandtem, selbstbewusstem Auftreten und Vorlage gefälschter Urkunden, eine ausgeschriebene Stelle als Oberarzt in einer Privatklinik des O zu bekommen. Zwei Jahre lang bezieht T sein Gehalt und leistet dafür fachlich einwandfreie Arbeit, ohne seinem Arbeitgeber, seinen Kollegen und seinen Patienten irgendeinen Grund zur Beanstandung zu liefern. Seine ärztlichen Leistungen sind nicht schlechter als die eines durchschnittlichen approbierten Mediziners in vergleichbarer Position. Durch einen Zufall wird der Schwindel aufgedeckt und T sofort fristlos entlassen.

Legt man an das Verhalten des T den Maßstab des „Erfüllungsbetrugs" an, ist ein Vermögensschaden dem O durch Entgeltzahlung entstanden, sofern T für das erhaltene Geld keine gleichwertige Gegenleistung erbracht hat. Die

---

[384] BGHSt 21, 112 (114); Wessels et al. (2013), Rn. 576.

[385] RGSt 73, 61 (63); BGH, GA 1956, 182; Mezger (1939), 203; enger Lackner et al. (2014), § 263 Rn. 43: „Gründe wirtschaftlicher Rücksichtnahme"; ähnlich Cramer (1968), 128; ablehnend RGSt 49, 16 (17); Maurer (1953), 1480; Oehler (1956), 161 (163); Otto (1970), 76; Traub (1956), 450 (451).

[386] Bockelmann (1952), 461 (463).

[387] RGSt 73, 61 (62); BGHSt 15, 83 (87); Rengier (2014), § 13 Rn. 207.

[388] Duttge (2002), 271 ff.

Gegenleistung eines Lohn oder Gehalt beziehenden Arbeitnehmers besteht in der ordnungsgemäßen Erfüllung seiner Arbeits- oder Dienstpflichten. Soweit die Pflichterfüllung frei von Fehlern erfolgt, die den Arbeitgeber oder Dienstherrn zur Kürzung der Bezüge berechtigen würden, gleicht sie den gezahlten Betrag aus und verhindert die Entstehung eines Vermögensschadens.[389] Da T seine Aufgaben als Oberarzt in einer Weise erfüllte, die den Anforderungen an den Inhaber einer solchen Stelle entsprach, hat er eine vollwertige Leistung erbracht und dem O keinen Vermögensschaden zugefügt.[390] Die Erschleichung einer Anstellung ist jedoch ein Vorgang, der die spezifischen Strukturmerkmale eines Eingehungsbetrugs aufweist.[391] Beurteilt man den Fall aus der Perspektive der für den „Eingehungsbetrug" geltenden rechtlichen Regeln, ergibt sich ein anderes Resultat: In die für die Schadensermittlung erforderliche Saldierung ist nicht der ex post berechnete Wert der von T erbrachten Arbeitsleistung, sondern die im Zeitpunkt des Vertragsschlusses ex ante zu erwartende Qualität der Leistungen, zu denen T in der Lage ist, einzubeziehen. Geschädigt ist der Arbeitgeber, wenn der Arbeitnehmer die vertraglich geschuldeten Leistungen nicht erbringen kann.[392] Wesentliche Indikatoren seiner Leistungsfähigkeit sind Ausbildung und Prüfungsergebnisse. Wird für eine Beschäftigung die erfolgreiche Absolvierung einer bestimmten Ausbildung und das Bestehen bestimmter Prüfungen vorausgesetzt, so kann von einem Bewerber, der diese Voraussetzungen erfüllt, die Erbringung der Leistungen erwartet werden, die das dafür gezahlte Entgelt wert sind. Umgekehrt besteht bei einem Bewerber, der diese Voraussetzungen nicht erfüllt, die Gefahr, dass er ausreichende Leistungen nicht erbringen wird. Eine solche Gefahr ist in der Situation der Einstellung eines Oberarztes ohne erfolgreich abgeschlossenes Medizinstudium gegeben.[393] Vor dem Hintergrund des fehlenden Nachweises ausreichender Qualifikation bleibt das vertragliche Leistungsversprechen des T wertmäßig weit hinter der Entgeltvereinbarung zurück. Der Anspruch des O auf Erfüllung der Pflichten eines Oberarztes hat einen geringeren Wert als der Anspruch des T auf Zahlung der Bezüge eines Oberarztes. Dass die von T tatsächlich erbrachten Leistungen die von O erwartete Qualität hatten, vermag an dem Eingehungsschaden des O nichts mehr zu ändern.[394]

Im Übrigen kann von dunklen Flecken in der Biographie des Bewerbers nicht ohne weiteres auf mangelnde Eignung für die vorgesehene Stelle geschlossen werden. **Vorstrafen** sind beachtliche Gegenindikatoren nur dann, wenn es um eine besondere – höher vergütete[395] – Vertrauensstellung geht, deren Inhaber über ein gesteiger-

---

[389] AG Berlin-Tiergarten, NStZ 1994, 243; LG Berlin, NStZ 1998, 302.

[390] Wären die Leistungen mangelhaft gewesen, wäre der Schaden kein Problem, Bockelmann (1952), 461; Rengier (2014), § 13 Rn. 224; Schönke et al. (2014), § 263 Rn. 154.

[391] BGHSt 45, 1 (4); KG, JR 1998, 434 (435); Fahl (2008), 453 (456); Kargl (2008), 121 (124); Rengier (2014), § 13 Rn. 224; Satzger (2009), 518 (527).

[392] Kargl (2008), 121 (124); Otto (1999), 738.

[393] Gössel (1996), § 21 Rn. 157.

[394] BGHSt 45, 1 (12).

[395] Jerouschek et al. (2001), 273 (279).

tes Maß an Integrität verfügen muss.[396] Ist letzteres nicht der Fall, hat die Einstellung eines Vorbestraften, der die erforderliche fachliche Kompetenz besitzt, nicht per se die Bedeutung einer schadensgleichen Vermögensgefährdung.[397]

Spezielle Leistungsbewertungskriterien sollen nach der Rechtsprechung bei der Erschleichung einer **Beamtenstellung** gelten.[398]

Beispiel

T war in der ehemaligen DDR Mitarbeiter des Ministeriums für Staatsicherheit (MfS, „Stasi") und hatte in dieser Funktion zahlreiche andere DDR-Bürger ausspioniert und denunziert. Anfang der 90er-Jahre wurde T in den Berliner Polizeidienst eingestellt. Anlässlich der Prüfung seiner Weiterbeschäftigung behauptete T später gegenüber seinem Dienstherrn wahrheitswidrig, er sei vom MfS nicht für „Spitzeldienste" angeworben worden. Daraufhin wurde T weiterbeschäftigt, zunächst als Angestellter und später als Beamter auf Probe. Nachdem seine MfS-Tätigkeit bekanntgeworden war, schied T aus dem Polizeidienst aus. Während seiner Zeit als Beamter auf Probe hatte er 125.000 € Bezüge erhalten. Diese Besoldung korrespondiert einem Arbeitspensum, das T vollständig und ordnungsgemäß mit fachlich nicht zu beanstandenden Leistungen erfüllt hat.

Im Lichte eines möglichen Eingehungsbetruges sind die im Rückblick einwandfreien Leistungen des T kein ausreichender Grund, das Vorliegen eines betrugsrelevanten Vermögensschadens des Landes Berlin zu verneinen. Allerdings ist selbst auf der Grundlage der Lehre vom Eingehungsbetrug fraglich, ob sich eine schadensbegründende Wertdifferenz zwischen den vertraglichen Ansprüchen des T und des Landes Berlin feststellen lässt. Geht man nämlich davon aus, dass T die erforderliche fachliche Kompetenz für eine ordnungsgemäße Dienstpflichterfüllung als Polizeibeamter hatte, bestand bei Vertragsschluss an sich keine Gefahr minderwertiger Leistungen. Allerdings könnte sich ein Wertunterschied aus dem Fehlen persönlicher, charakterlicher Eigenschaften des T ergeben. Vor allem die Rechtsprechung stellt auf dieses zusätzliche Leistungskriterium ab, wenn es um die Erschleichung einer Beamtenstellung geht. Das Gleichgewicht zwischen dem Anspruch des Beamten auf Bezüge und dem korrespondierenden Anspruch des Dienstherrn werde nicht schon durch die Gewähr fachlich einwandfreier Dienstpflichterfüllung hergestellt. Zusätzlich ins Gewicht falle der Faktor persönlicher „Amtswürdigkeit", an der es auf Grund einer makelbehafteten Vergangenheit des Bewerbers fehlen könnte. Insbesondere wenn von dem Beamten auf seiner Stelle ein besonderes Maß an Vertrauenswürdigkeit und Zuverlässigkeit erwartet wird, stünden Verfehlungen in früheren Beschäftigungsverhältnissen oder im Privatleben der Prognose tadelloser Haltung

---

[396] BGHSt 17, 254 (257); AG Berlin-Tiergarten, NStZ 1994, 243; Bockelmann (1952), 461 (465); Miehe (1980), 261 (265); Otto (1999), 738 (740); Satzger (2009), 518 (527); aA Cramer (1968), 112.

[397] Bockelmann (1952), 461 (465); Geppert (1999b), 525 (536); Seelmann (1982), 509 (512).

[398] Dagegen Geppert (1999b), 525 (542).

und Führung im Dienst entgegen.[399] Dies trifft nach Ansicht des BGH auf einen Polizeihauptwachtmeister, der in der DDR als Spitzel des MfS tätig gewesen ist, zu.[400] Diese Rechtsprechung, die sich auf eine lange – reichsgerichtliche – Tradition stützen kann,[401] ist in der Literatur zu Recht auf Kritik gestoßen.[402] Denn anders als das Fehlen fachlicher Befähigung ist die Bemakelung infolge einer rechtlich oder sittlich anstößigen Lebensführung kein hinreichend aussagekräftiger Anknüpfungspunkt für eine negative Leistungsprognose.[403] Daher kann in Fällen dieser Art die Strafbarkeit aus § 263 nur nach den Grundsätzen des Erfüllungsbetruges begründet werden. T hat sich deshalb in Beispiel 2 nicht aus § 263 strafbar gemacht.

5.2.1.6 Vollendung, Versuch und Beendigung

5.2.1.6.1 Vollendung

Der Betrug ist vollendet, wenn der Täter sämtliche objektiven Tatbestandsmerkmale erfüllt hat. In zeitlicher Hinsicht ist stets der Vermögensschaden das letzte zu verwirklichende Tatbestandsmerkmal. Mit **Eintritt des Vermögensschadens** wird der Betrugstatbestand komplettiert.[404] Solange das Vermögen noch nicht wenigstens konkret gefährdet ist (s. o. 5.2.1.5.3.1), liegt allenfalls ein Betrugsversuch vor (§§ 263 II, 22).[405] Mit dem Schadenseintritt ist dann allerdings die Strafbarkeit wegen vollendeten Betrugs irreversibel begründet. Selbst eine sofortige Rückgängigmachung des schädigenden Vorgangs kann nur noch als Schadenswiedergutmachung bei der Strafzumessung mildernd berücksichtigt werden, vgl. § 46 a.[406]

Die tatsächliche **Erzielung des erstrebten Vermögensvorteils** (Bereicherung) ist keine Vollendungsvoraussetzung, denn der Betrug ist „kupiertes Erfolgsdelikt".[407] Die Bereicherung ist nicht Bestandteil des objektiven Tatbestandes, sondern in Gestalt der „Bereicherungsabsicht" versubjektiviert, also Teil des subjektiven Tatbestandes[408] (unten 5.2.2.2.2).

5.2.1.6.2 Versuch

Versuchter Betrug ist mit Strafe bedroht, § 263 II. Solange das Verhalten des Täters lediglich Vorbereitung eines zukünftigen Betruges ist, ist es straflos. Das gilt

---

[399] BGHSt 45, 1 (12).

[400] BGHSt 45, 1 (10 ff.); zust. Rengier (2014), § 13 Rn. 225; im Ergebnis ebenso Protzen (1997), 525 (530).

[401] Geppert (1999b), 525 (526), Jerouschek et al. (2001), 273.

[402] Duttge (2002), 271 (274); Geppert (1999b), 525 (541); Geppert (1999a), 305 (306); Jerouschek et al. (2001), 273 (281); Kargl (2008), 121 (127); Otto (1999), 738 (739); Satzger (2009), 518 (527).

[403] KG, JR 1998, 434 (438); LG Berlin, NStZ 1998, 302 (303); gegen dieses Kriterium wegen fehlender Praktikabilität Protzen (1997), 525 (527).

[404] Eisele (2012), Rn. 636; Samson (1978), 564 (568); Lackner et al. (2014), § 263 Rn. 63.

[405] Zu den speziellen betrugsähnlichen Tatbeständen, die bereits vor Schadenseintritt vollendet sein können vgl. oben 5.1.2.2.1.

[406] BGHSt 19, 37 (46); Weber (2008), 637 (638).

[407] BGHSt 19, 342 (344); 32, 236 (243); Kindhäuser (1997), 339 (351); Wessels et al. (2013), Rn. 584.

[408] Eisele (2012), Rn. 636.

z. B. für das Versenden sog. „Phishing-mails".[409] In objektiv-tatbestandsmäßiger Hinsicht ist **unmittelbares Ansetzen** zur Verwirklichung des Betrugstatbestandes erforderlich, § 22. Nach allgemeinen Regeln der Versuchsdogmatik genügt dafür grundsätzlich der Vollzug einer Täuschungshandlung bzw. das unmittelbare Ansetzen dazu.[410] Geht der Täter allerdings davon aus, dass er zur Erregung eines Irrtums eine Vielzahl von unwahren Tatsachenbehauptungen aufstellen und dies über einen längeren Zeitraum hinweg wiederholen muss, beginnt der Versuch erst mit dem unmittelbaren Ansetzen zu dem Täuschungsakt, der unmittelbar in den Irrtum einmünden soll.[411]

Beispiel

T will die Bank O dazu bringen, ihm einen Kredit in Höhe von 10 Mio. € zu gewähren. Die wirtschaftliche Lage des T ist desaströs und T ist sich darüber im klaren, dass es langwieriger und hartnäckiger Täuschungsmanöver bedarf, um in O die Bereitschaft zum Abschluss des Geschäfts zu wecken. Einen Monat lang verhandelt T ununterbrochen mit O und legt immer neue Unterlagen mit falschen Angaben vor. O ist aber sehr vorsichtig und bricht schließlich selbst den Kontakt mit T ab.

Falls T es für möglich hielt, dass O schon auf Grund der ersten Vorspiegelung nichtexistenter Tatsachen zur Gewährung des Darlehens bereit sein würde, liegt mit dem ersten Täuschungsakt bereits ein tatbestandsmäßiger Betrugsversuch vor. Dieser Versuch wäre unbeendet – also nicht „fehlgeschlagen" und daher noch rücktrittsfähig – wenn T noch über Material verfügte, mit dem er weitere irreführende Angriffe auf die Motivation des O unternehmen könnte. War T dagegen von vornherein davon überzeugt, dass die erste Kontaktaufnahme mit O diesen noch nicht zu dem gewünschten Entschluss veranlassen würde, setzte er mit der ersten Täuschung noch nicht unmittelbar zur Verwirklichung des Betrugstatbestandes an. Je nachdem, wieviele Täuschungsakte T für unbedingt erforderlich hielt, befand er sich schon in der strafbaren Versuchszone oder noch im straflosen Bereich der Betrugsvorbereitung, als O die Verhandlungen mit T abbrach.

5.2.1.6.3 Beendigung

Als Absichtsdelikt gehört der Betrug zu der Gattung von Straftaten , bei denen nach h. M. zwischen Vollendung und Beendigung nicht nur begrifflich, sondern auch empirisch unterschieden werden kann.[412] Vollendet ist das Delikt schon vor Verwirklichung der Absicht, beendet ist es erst, wenn der Erfolg eingetreten ist, auf den sich die Absicht richtet. Beim Betrug ist dies die **Erlangung des Vermögensvor-**

---

[409] Mitsch (2012), § 6 Rn. 12.

[410] BGHSt 54, 69 (127); Baumann et al. (2003), § 26 Rn. 50.

[411] BGH, NStZ 2011, 400 (401); Burkhardt (1983), 426 ff.; zum Versuchsbeginn beim (versuchten) Betrug gegenüber einem Makler vgl. BGHSt 31, 178 (182); Maaß (1984), 25 (28).

[412] BGHSt 6, 67 (68); OLG Stuttgart, NJW 1974, 914; Bilda (1965), 541; Schönke et al. (2014), § 263 Rn. 178.

teils.[413] Wie bereits oben im Zusammenhang mit dem Diebstahl dargelegt wurde (1.4.2.1.5), ist dem zeitlichen Auseinanderfallen von Vollendung und Beendigung bei Absichtsdelikten jedenfalls insoweit die strafrechtliche Bedeutsamkeit abzusprechen, als in der Phase zwischen Vollendung und Beendigung noch Strafbarkeit von Beteiligten begründet oder verschärft werden soll. Das gilt auch für § 263. Darüber hinaus ist beim Betrug aber auch die bei § 242 anerkannte Möglichkeit, an Ereignisse zwischen Vollendung und Beendigung den Ausschluss der Strafbarkeit zu knüpfen, nicht gegeben. Die Entscheidung über die Strafbarkeit wegen vollendeten Betrugs ist gefallen, sobald der Vermögensschaden entstanden ist.[414] Auch dann, wenn der erstrebte Vermögensvorteil dem Vermögen des Täters oder eines Dritten tatsächlich erst zu einem späteren Zeitpunkt zugeflossen ist, hat dieser keine strafrechtliche Relevanz. Der für die Strafbarkeit erforderliche Strafwürdigkeitsgehalt des Betrugs ist nicht erst zu diesem Zeitpunkt vollständig. Denn die Rechtsgutsverletzung, vor der § 263 den Vermögensinhaber schützen will, ist mit dem Vermögensschaden komplett und perfekt. Für die Rechtsgutsverletzung ist es belanglos, ob die Bereicherungsabsicht realisiert wird oder nicht. Daher sind die Regeln über die Straflosigkeit des **agent provocateurs** nicht auf den Tatveranlasser anwendbar, der den Täter zur Begehung eines vollendeten Betruges bestimmt und dabei die Absicht hat, die Erlangung des Vermögensvorteils – nach h. M. also die Beendigung des Betrugs – zu verhindern.[415] Der Tatveranlasser ist auch dann wegen Anstiftung zum Betrug strafbar, wenn er eine Bereicherung des Täters oder eines Dritten nicht wollte.

5.2.2 Subjektiver Tatbestand

5.2.2.1 Vorsatz

Der subjektive Tatbestand des Betrugs setzt Vorsatz und Bereicherungsabsicht voraus. Da § 263 keine besondere Vorsatzqualität verlangt, sind alle von § 15 erfassten Vorsatzarten ausreichend, einschließlich des **dolus eventualis**.[416] Der Vorsatz muss sich auf alle Umstände beziehen, die zum objektiven Tatbestand des Betrugs gehören. Beispielsweise muss der Täter in den Fällen, in denen der Vermögensschaden nur mit dem „persönlichen Schadenseinschlag" begründet werden kann, von den besonderen persönlichen Verhältnisse des Vermögensinhabers Kenntnis – mindestens im Sinne des „für-möglich-haltens" – haben, aus denen sich die Wertminderung des objektiv höher zu bewertenden Vermögensguts ergibt. Ein Zechpreller, der auf Grund seiner Trunkenheit nicht erkennt, dass er die von ihm bestellten Speisen und Getränke nicht bezahlen kann, hat nicht das für den Vorsatz erforderliche Bewusstsein, in Wirklichkeit fehlende Zahlungsfähigkeit vorzuspiegeln. Er handelt also im Tatbestandsirrtum (§ 16 I 1), weshalb seine Tat nicht subjektiv tatbestands-

---

[413] BGHSt 22, 38 (40); 51, 165 (178); Eisele (2012), Rn. 648; Schönke et al. (2014), § 263 Rn. 178; krit. Gössel (1996), § 21 Rn. 238; Lackner et al. (2014), § 263 Rn. 63.

[414] Lackner et al. (2014), § 263 Rn. 63.

[415] Maaß (1981), 514 (519); Mitsch (1986), 218.

[416] Lackner et al. (2014), § 263 Rn. 57; teilweise anders BGHSt 47, 1 (5); Dencker (1999), 75 (79 ff.).

mäßig ist und deswegen auch nicht als „Rauschtat" die Strafbarkeit aus § 323 a begründen kann.[417]

Die als „Vorsatz" zu qualifizierenden Sachverhaltselemente müssen **zeitgleich** zum Vollzug der tatbestandsmäßigen Handlung – also der Täuschung – existieren.[418]

Beispiel

T verkauft dem O ein Segelboot zum Preis von 1000 €. T glaubt, das Boot habe einige Mängel, die seinen Wert auf 700 € mindern. Dem O erklärt er – objektiv wahrheitsgemäß, aber entgegen seiner eigenen Vorstellung – das Boot sei vollkommen mangelfrei. Tatsächlich ist das Boot frei von Mängeln und hat einen Wert von 1000 €. Bevor O das Boot bei T abholt, unternimmt S, der Sohn des T, ohne Wissen seines Vaters noch eine Fahrt mit dem Boot, bei der er mit einem anderen Segler zusammenstößt und das an O verkaufte Boot beschädigt wird. Das Boot hat nunmehr nur noch einen Wert von 700 €. Der Defekt ist allerdings nur auf Grund einer sorgfältigen Untersuchung des Bootes zu erkennen. Daher hat T von der Beschädigung keine Kenntnis, als er dem O das Boot übergibt und von O 1000 € Kaufpreis in Empfang nimmt. Zu diesem Zeitpunkt erinnert er sich auch nicht mehr daran, dass er bei Abschluß des Kaufvertrages annahm, das Boot sei mangelhaft. Vielmehr stellt er sich jetzt vor, dass das Boot frei von wertmindernden Mängeln ist.

Bei der Beurteilung dieses Falles müssen die Aspekte „Eingehungsbetrug" und „Erfüllungsbetrug" (s. o. 5.2.1.5.3.1) beachtet und sorgfältig auseinandergehalten werden. Beim Abschluss des Kaufvertrages hat T den objektiven Betrugstatbestand nicht erfüllt. Da er objektiv die Wahrheit über den Zustand des Bootes sagte, fehlt es schon an einer Täuschung. Der Kaufvertrag ist für O auch nicht nachteilig, weil er für 1000 € eine Sache gekauft hat, die 1000 € wert ist. Ein vollendeter Eingehungsbetrug liegt also nicht vor. Die spätere Übergabe des inzwischen mangelhaft gewordenen Bootes ist die Erfüllung mit einer nicht vertragsgemäßen Sache. Da O für seine 1000 € nur eine Sache im Wert von 700 € bekommen hat, sein Anspruch sich aber auf ein Boot im Wert von 1000 € richtete, ist ihm ein Vermögensschaden zugefügt worden. Der Anspruch auf Minderung des Kaufpreises oder Rücktritt vom Kaufvertrag (§§ 434, 437 Nr. 2, 441 BGB) ändert am Vorliegen des Vermögensschadens nichts (s. o. 5.2.1.5.3.2). Auch die anderen objektiven Tatbestandsmerkmale des § 263 I sind erfüllt. Die kommentarlose Übergabe des Bootes durch T Zug um Zug gegen Zahlung der 1000 € beinhaltet die Erklärung, die vertragliche Verkäuferpflicht einwandfrei zu erfüllen. Diese Erklärung war unwahr und daher eine Täuschung (s. o. 5.2.1.2.3: „Täuschung" hat keine subjekt. Komponente). T hat also objektiv einen Erfüllungsbetrug begangen. Mit Betrugsvorsatz handelte T jedoch nur während des Vertragsschlusses. Im Zeitpunkt der Bootsübergabe hatte T nicht die Vorstellung, den O zu täuschen und ihm einen Vermögensschaden zuzufügen. Es fehlt

---

[417] BGHSt 18, 235 (237), wo allerdings unzutreffend bereits das objektive Tatbestandsmerkmal „Vorspiegeln" verneint wird.

[418] Lackner et al. (2014), § 15 Rn. 9.

hier also sowohl in der Eingehungsphase als auch in der Erfüllungsphase an der Gleichzeitigkeit von objektiv-tatbestandsmäßiger Betrugshandlung und Betrugsvorsatz. Als T Betrugsvorsatz hatte, täuschte er nicht und als er täuschte, hatte er keinen Betrugsvorsatz. Daher hat sich T nur wegen des untauglichen Versuchs eines Eingehungsbetrugs strafbar gemacht.

5.2.2.2   Bereicherungsabsicht
5.2.2.2.1   Absicht
„Absicht" ist unbedingter Vorsatz in der Form des **zielgerichteten Wollens**.[419] Die bloße Inkaufnahme (im Sinne des dolus eventualis) einer für möglich gehaltenen Vermögensvermehrung genügt nicht.[420] Die Absicht ist eine „überschießende Innentendenz", da sie auf einen Bezugsgegenstand gerichtet ist (die Bereicherung), der nicht Teil des objektiven Tatbestandes ist, dessen Existenz daher keine Voraussetzung der Tatvollendung ist.[421] Die Bereicherung muss vom Täter erstrebt werden, sie braucht aber nicht das Haupt- und Endziel seines Handelns zu sein. Ausreichend ist, dass die Erzielung des Vermögensvorteils ein notwendiger Zwischenschritt auf dem Weg zu einem anderen – darauf aufbauenden – Enderfolg ist.[422] Zielgerichtet muss der Wille des Täters aber nur auf den Umstand der Vorteilserlangung sein. Die Rechtswidrigkeit dieses Vorteils ist nicht Gegenstand der Absicht, insoweit genügt – wie bei der Zueignungsabsicht des § 242 – dolus eventualis.[423]

5.2.2.2.2   Vermögensvorteil
Bereicherung bedeutet **Mehrung des Vermögensgesamtwertes**. Es handelt sich also gewissermaßen um die Umkehrung des Vermögensschadens.[424] Vorteile immaterieller Natur spielen hier keine Rolle. Entscheidend ist der Wertzuwachs, nicht die Vermehrung des Güterbestandes. Der Zufluss eines Vermögensgutes muss also nicht zwangsläufig eine Bereicherung des Empfängers begründen. Der Erwerb wertloser Gegenstände oder der mit dem Erwerb eines Gegenstandes einhergehende Verlust eines anderen – gleichwertigen oder gar wertvolleren – Gegenstandes sind Sachverhalte, in denen der Erlangung eines Gutes keine Bereicherung korrespondiert. Andererseits kann ein Wertzuwachs auch ohne Gütererwerb erzielt werden, nämlich durch die erfolgreiche Abwehr einer gesamtwertmindernden Vermögensbelastung, z. B. die faktische Befreiung von einer rechtlich begründeten Verbindlichkeit.[425] Denn wie auf der „Verliererseite" die Ermittlung des Vermögensschadens erfordert

---

[419] LG Kiel, NStZ 2008, 219 (220); Eisele (2012), Rn. 636; Ranft (1992), 66 (76); Rengier (2014), § 13 Rn. 238; Samson (1978), 625 (630).

[420] BGHSt 16, 1 (5); Wessels et al. (2013), Rn. 583.

[421] Eisele (2012), Rn. 636; Erb (2002), 216 (217); Rengier (1990), 321 (324); Wessels et al. (2013), Rn. 584.

[422] BGHSt 16, 1 (6); BGH, NStZ 2009, 506 (508); OLG Köln, NJW 1987, 2095; LG Kiel, NStZ 2008, 219 (220); Krack (2002), 613; Ranft (1992), 66 (76); Rengier (1990), 321 ff.; Samson (1978), 625 (630); Seelmann (1982), 748.

[423] BGHSt 48, 322 (328); BGH, NJW 1997, 750; Schönke et al. (2014), § 263 Rn. 176; Wessels et al. (2013), Rn. 583.

[424] Samson (1978), 625 (629); Schönke et al. (2014), § 263 Rn. 167.

[425] BGHSt 42, 268 (271).

die Ermittlung des – erstrebten – Vermögensvorteils auf der „Gewinnerseite" eine **Gesamtsaldierung** der unmittelbar durch die Vermögensverfügung zu bewirkenden Zu- und Abflüsse.[426] Ergibt dieses Verfahren das Resultat, dass der Vorteil nicht größer ist als der mit ihm zusammenhängende Verlust, ist eine Bereicherung bzw. eine Bereicherungsabsicht zu verneinen. Dabei ist allerdings zu beachten, dass diese Prüfung auf der Ebene des subjektiven Tatbestandes stattfindet und es deshalb nicht darauf ankommt, was der Täter bzw. Dritte wirklich erlangen und verlieren wird, sondern welchen Wertzuwachs bzw. Wertabgang er **erwartet**.

Beispiel

T betreibt Handel mit landwirtschaftlichen Geräten. Dem Landwirt O verkauft er eine Melkmaschine, mit der fünf Kühe gleichzeitig gemolken werden können. T spiegelt dem O vor, diese Maschine lasse sich mit wenigen Handgriffen so umrüsten, dass zehn Kühe gleichzeitig gemolken werden könnten. O hat genau zehn Milchkühe. T verkauft dem O die Melkmaschine für 5000 €. Da er in seinem Katalog nicht die richtige Seite aufgeschlagen hat, übersieht T, dass bereits der Einkaufspreis dieser Maschine 5000 € beträgt, er durch den Verkauf zu diesem Preis also nichts verdienen kann. T stellte sich vor, dass er die Melkmaschine vom Hersteller für 3500 € bekommen würde.

Geht man davon aus, dass der Kauf der Melkmaschine trotz Berechnung des günstigeren Einkaufspreises für O ein ungünstiges Geschäft ist („individueller Schadenseinschlag"), liegt ein Vermögensschaden vor. Auf der anderen Seite des Kaufvertrages wirkt sich das Geschäft aber ebenfalls nicht vermögensmehrend aus. Wegen der Vereinbarung eines zu niedrigen Verkaufspreises bringt der Verkauf der Melkmaschine dem T keinen Vermögensvorteil. Dieser objektive Befund ist aber im subjektiven Tatbestand unerheblich, wenn er von dem Täter – wie hier – nicht richtig wahrgenommen wird. T stellte sich vor, durch den Verkauf der Melkmaschine zum Preis von 5000 € einen Gewinn – die Differenz zwischen Verkaufs- und Einkaufspreis – zu erzielen. Also war seine Absicht auf Erlangung eines Vermögensvorteils gerichtet.

Da § 263 auch die Absicht der Bereicherung eines Dritten erfasst, gibt es einen **eigennützigen** und einen **fremdnützigen** Betrug.[427] Diese Unterscheidung hat vor allem Bedeutung für das Merkmal der „Stoffgleichheit" (dazu unten 5.2.2.2.3). Erstrebt der Täter nämlich mit seiner Tat sowohl einen eigenen Vermögensvorteil als auch die Bereicherung eines Dritten, muss sorgfältig geprüft werden, welcher dieser beiden Vermögensvorteile mit dem Schaden des Betrugsopfers stoffgleich ist.[428]

5.2.2.2.3   Stoffgleichheit
Da der Betrug ein **Vermögensverschiebungsdelikt** ist, besteht zwischen dem Verlust des Opfers und dem Gewinn des Täters bzw. des Dritten eine Korrelation, die in

---

[426] Rengier (1989), 802 (804).
[427] BGH, NStZ 2009, 506 (508); Samson (1978), 625 (630); Schönke et al. (2014), § 263 Rn. 177.
[428] Zum „Provisionsvertreterbetrug" vgl. BGHSt 21, 384 ff.

der dogmatischen Terminologie als „Stoffgleichheit" – neuerdings auch „Unmittelbarkeitsbeziehung"[429] – bezeichnet wird.[430] Was der Betrogene verliert, taucht im Vermögen des Täters bzw. Dritten mit umgekehrtem Vorzeichen wieder auf. Der erstrebte Vermögensvorteil ist die Kehrseite des Vermögensverlusts,[431] beide Erfolge sind zwei Seiten ein und derselben Medaille.[432] An der Stoffgleichheit fehlt es, wenn der Vermögenswert, der dem Vermögen des Täters oder des Dritten zufließen soll, nicht aus dem Vermögen des Betrugsopfers, sondern aus einer anderen Quelle stammt.

Beispiel

T wettet mit D, dass es ihm gelingen werde, den etwas einfältigen O durch Täuschung dazu zu bringen, sich selbst einen Vermögensschaden zuzufügen. D hält dagegen und verspricht dem T 500 € für den Fall, dass er die Wette gewinnt. Darauf geht T zu O und erklärt ihm, er solle sofort sein gesamtes Bargeld vernichten, weil der Euro als gültige Währung abgeschafft und die „Deutsche Mark" in Deutschland wiedereingeführt worden sei. Alle noch im Umlauf befindlichen Euro-Münzen und Euro-Banknoten würden bis zum Ende des Monats aus dem Verkehr gezogen. Wer danach noch Euro in seinem Besitz hat, mache sich strafbar. Das Bundesfinanzministerium werde jedem Bundesbürger als „Startgeld" 1000 Mark zur Verfügung stellen. O glaubt dem T und verbrennt sein gesamtes Papiergeld im Wert von 600 €. Die Münzen spült er die Toilette hinunter. T meldet dem D seinen Erfolg und bekommt von diesem die versprochenen 500 €.

Obwohl O sich geradezu grob fahrlässig selbst einen Vermögensverlust zugefügt hat, ist dem T dieser Schaden zuzurechnen und deshalb Strafbarkeit wegen Sachbeschädigung in mittelbarer Täterschaft (§§ 303, 25 I Alt. 2) begründet. Denn T hat den O in einen Irrtum versetzt, der dem Tatbestandsirrtum des § 16 I 1 ähnelt[433] und daher die Werkzeugeigenschaft des O begründet. Die Voraussetzungen der Strafbarkeit wegen Betruges scheinen ebenfalls gegeben zu sein, denn T hat den O durch Täuschung in einen Irrtum versetzt, der ihn zu einer vermögensschädigenden Vermögensverfügung veranlasste. Der objektive Tatbestand des Betruges ist also erfüllt. T handelte auch vorsätzlich und strebte nach einer Bereicherung, nämlich nach Erlangung des Wetteinsatzes von 500 €. Würde man nun nach der Rechtswidrigkeit dieser Bereicherung (dazu sogleich 5.2.2.2.4) fragen, käme man in Begründungsschwierigkeiten. Denn was soll daran rechtswidrig sein, sich von einem Wettpartner für eine gewonnene Wette

---

[429] Jäger (2010), 761 (765); Wessels et al. (2013), Rn. 588.

[430] BGHSt 54, 69 (126); BayObLG, NStZ 1994, 491 (492); Brand et al. (2011), 379 (381); Eisele (2012), Rn. 638; Erb (2002), 216; Ranft (1984), 723 (726); Ranft (1992), 66 (77); Rettenmaier et al. (2007), 226 (230); Samson (1978), 625 (630); Schröder (1965), 513 (515); Seelmann (1982), 748 (749).

[431] Nicht unbedingt des Vermögensschadens (!), vgl. Dencker (1999), 75 (85).

[432] BGHSt 6, 115 (116); 21, 384 (386); BGH, NStZ 2003, 264; 2001, 650; Schönke et al. (2014), § 263 Rn. 168.

[433] Jäger (2010), 761 (766); Herzberg (1977), 27 (Fall 20).

500 € zahlen zu lassen? Spätestens an dieser Stelle wird also sichtbar, warum eine Stufe vorher das Merkmal „Stoffgleichheit" geprüft werden muss: Rechtswidrig ist der erstrebte Vermögensvorteil gerade im Verhältnis zum Betrugsopfer, und dies ist nur der Fall, wenn zwischen dem Vermögensschaden und dem Vermögensvorteil der als „Stoffgleichheit" bezeichnete Zusammenhang besteht. Im vorliegenden Fall fehlt es an der Stoffgleichheit zwischen dem Verlust, den O sich durch Vernichtung seines Bargeldes zugefügt hat und dem Gewinn, den T erzielt hat.[434] Daher hat sich T nicht aus § 263 strafbar gemacht.

Die Tatsache, dass der Vermögensvorteil, den der Täter selbst erlangen möchte, mit dem Vermögensschaden des Opfers nicht stoffgleich ist, darf aber nicht zur voreiligen Verneinung eines Betruges führen, wenn ein **Dritter** als Vorteilsempfänger in den Fall involviert ist, und in Bezug auf diesen möglicherweise die Stoffgleichheit gegeben ist.

Beispiel

Kunstliebhaber D hat erfahren, dass der einfältige O eine größere Erbschaft gemacht hat, zu der auch das Bild „Mann mit der Goldmaske" des berühmten niederländischen Malers Remberg gehört. Das Bild hat einen Wert von 1,5 Mio. €. T betätigt sich in Berlin sehr erfolgreich als eine Art Makler von Kunstgegenständen und bringt es immer wieder fertig, unbedarfte Eigentümer zum Verkauf ihrer Schätze weit unter deren Wert zu verleiten. Von den Käufern bekommt er dafür stets eine üppige Provision, die ihm einen aufwendigen Lebensstil in seiner Grunewald-Villa ermöglicht. D hat schon des öfteren die Dienste des T in Anspruch genommen. Auch im Fall des O kommen T und D zu einem befriedigenden Geschäftsabschluss. T spiegelt dem O vor, der „Mann mit der Goldmaske" sei ein Werk eines unbekannten flämischen Meisters aus dem 17. Jahrhundert und werde in Kennerkreisen auf 100.000 € geschätzt. Er – T – habe einen Interessenten „an der Angel", der das Bild für 200.000 € kaufen würde. O willigt sofort begeistert ein und verkauft das Bild für 200.000 € an D. T erhält daraufhin von D das zuvor vereinbarte Honorar von 100.000 €.

Die 100.000 € Provision, die sich T durch eine Handlung verdient hat, die den objektiven Tatbestand des Betruges erfüllt,[435] sind nicht stoffgleich mit dem Vermögensschaden, den O auf Grund des Bildverkaufs erlitten hat. Denn auf den Wert des dem O verbliebenen Gesamtvermögens hat es keinen Einfluss, ob T von D diese 100.000 € bekommt oder nicht. Die Nichtzahlung dieses Geldbetrages an T würde an der Wertminderung im Vermögen des O nichts ändern. Umgekehrt wird das Vermögen des T durch den Verlust des O nicht unmittelbar vermehrt, was man ebenfalls erkennt, wenn D dem T – aus welchem Grund auch

---

[434] Samson (1978), 625 (630).

[435] T hat den O über wertbildende Eigenschaften des Bildes getäuscht, der darauf beruhende Irrtum des O hat diesen zu einer Vermögensverfügung veranlasst, die den Wert seines Vermögens erheblich vermindert hat.

immer – das versprochene Entgelt vorenthält. Ein eigennütziger Betrug liegt also nicht vor. § 263 stellt aber auch den **fremdnützigen** Betrug unter Strafdrohung. Tatbestandsmäßig ist auch die Absicht, einen Dritten rechtswidrig zu bereichern. Die Drittbereicherungsabsicht unterliegt denselben Regeln wie die Selbstbereicherungsabsicht. Daher ist Stoffgleichheit erforderlich. Die Bereicherung des D besteht in der Differenz zwischen dem an O gezahlten Kaufpreis und dem wirklichen Wert des als Gegenleistung erworbenen Bildes. Auf der Verkäuferseite besteht der Vermögensschaden des O in der Differenz zwischen dem erhaltenen Kaufpreis und dem wesentlich höheren wirklichen Wert des Bildes, das nun nicht mehr zu seinem Vermögen gehört. Die Wertminderung durch Verlust des Bildes ist durch den Wertzuwachs in Gestalt des erhaltenen Kaufpreises natürlich bei weitem nicht ausgeglichen worden. Unmittelbarer Profiteur dieses Verlusts ist D, dessen Vermögen um den Betrag aufgewertet wurde, um den der Wert von O's Vermögen gesunken ist. Zwischen beiden Werten besteht Stoffgleichheit. T hat daher mit tatbestandsmäßiger Drittbereicherungsabsicht gehandelt und sich somit aus § 263 strafbar gemacht.[436]

5.2.2.2.4 Rechtswidrigkeit

Der Vermögensvorteil, den der Täter sich selbst oder einem Dritten verschaffen will, muss **rechtswidrig** sein. Gemeint ist damit, dass eine Person bereichert wird, der dieser Vorteil nach der Rechtsordnung nicht zugute kommen soll, weil die Rechtsordnung den Vermögensvorteil einer anderen Person – dem Betrugsopfer – zuweist. Rechtswidrig ist also die angestrebte Herrschaftsbeziehung zwischen der begünstigten Person (Täter oder Dritter) und dem Vermögensgut. Zivilrechtlich würde man von „ungerechtfertigter Bereicherung" (§ 812 BGB) sprechen.

Da die Bereicherung stoffgleich ist mit dem Vermögensschaden des Betrugsopfers, hängt auch die Rechtswidrigkeit der Bereicherung mit dem Vermögensschaden zusammen. Rechtswidrig ist der Vermögensvorteil, weil der Vermögensverlust des Opfers rechtswidrig ist.[437] Daher kann der Vermögensvorteil nicht rechtswidrig sein, wenn die Rechtsordnung den Vermögensverlust des Opfers billigt.[438] Das ist immer dann der Fall, wenn gegen den Verlierenden ein **wirksamer, fälliger und einredefreier Anspruch** auf Entziehung des betroffenen Vermögensgutes gerichtet ist.[439] Der Gegenstand eines Anspruchs wird nicht dadurch zu einem rechtswidrigen Vermögensvorteil, dass der Anspruchsinhaber zu seiner Erlangung unlautere Mittel anwendet. Dies gilt auch für die prozessuale Durchsetzung des Anspruchs mittels Falschaussage, Meineid oder sonstiger Manipulationen.[440]

---

[436] Berz (1973), 1337; Eisele (2012), Rn. 640; Ranft (1992), 66 (77).

[437] Insoweit berührt die „Rechtswidrigkeit" der Vermögensverschiebung bereits den objektiven Tatbestand, Nomos Kommentar-Kindhäuser (2013), § 263 Rn. 369; aA Gröseling (2001), 515 (519).

[438] Schröder (1965), 513 (515); Schröder (1966), 471 (472).

[439] RGSt 42, 92 ff.; BGHSt 3, 160 (162); 48, 322 (325); Eisele (2012), Rn. 643; Goeckenjan (2006), 758 (761); Graul (1999), 562 (566); Kraatz (2007), 531 (533); Mitsch (2012), 911 (916); Ranft (1992), 66 (76); Wessels et al. (2013), Rn. 586.

[440] BGHSt 3, 160 (162); BGH, NStZ 2003,663 (664); BGH, NJW 1997, 750; BayObLG, JR 1969, 307 (308); OLG Düsseldorf, wistra 1992, 74; Ranft (1992), 66 (77); aA RGSt 72, 133 (137) mit abl. Anm. Hartung (1953), 552.

Beispiel

O schuldet dem T 10.000 €. Da der habgierige O nicht zahlt, wendet T einen Trick an, um an sein Geld zu kommen: Er ruft den O an und gibt sich als Finanzmakler aus, der dem O eine sensationelle Gewinnmöglichkeit anbieten könne. Beteiligungen an einem Ölförderunternehmen in Arizona brächten Renditen von 100 % binnen kürzester Zeit. Der leichtgläubige O widersteht der Versuchung nicht und überweist sofort 10.000 € auf das Konto, das der Anrufer ihm genannt hatte. Es handelt sich um das Konto des T.

Nach einer Ansicht in Rechtsprechung und Schrifttum entfällt bereits das objektive Tatbestandsmerkmal „Vermögensschaden", wenn die Vermögensverfügung einer Leistungsverpflichtung korrespondiert und der Getäuschte mit seiner Verfügung faktisch auf diese Schuld – d. h. zur Befriedigung des ihr zugrundeliegenden Anspruchs – leistet.[441] Diese Lösung ist gewiss in den Fällen vertretbar, in denen der Verfügende tatsächlich erfüllt, daher gemäß § 362 BGB von der Pflicht befreit wird und nicht in der Gefahr schwebt, dass der Gläubiger die Erfüllung bestreitet und ihn noch einmal in Anspruch nimmt.[442] Im vorliegenden Fall hat O gar nicht das Bewusstsein, seine Zahlungspflicht gegenüber T zu erfüllen. Auch nach der Theorie der realen Leistungsbewirkung dürfte daher keine Erfüllungswirkung eintreten, da O sich nicht einmal bewusst ist, dass seine Zahlung dem T zufließt. Sollte T nun gegen O einen Mahnbescheid erwirken oder auf Zahlung klagen, käme O wahrscheinlich nicht auf die Idee, sich mit dem Hinweis auf Erfüllung zu verteidigen. Der Verlust der 10.000 € ist also nicht voll ausgeglichen worden. Ein Vermögensschaden ist zu bejahen. Betrug ist dennoch ausgeschlossen, falls die von T beabsichtigte Bereicherung nicht rechtswidrig ist. Da T gegen O einen Anspruch auf Zahlung von 10.000 € hat, ist die Vermehrung seines Vermögens auf Kosten des O nicht rechtswidrig, sofern der Anspruch Rechtsgrundlage dieser konkreten Vermögensmehrung ist und mit ihrer Erlangung erlischt. Zumindest letzteres ist hier fraglich, da O nicht auf die Forderung des T zahlte.

Allerdings ist auch hier grundsätzlich eine **wirtschaftliche Betrachtung** ausschlaggebend. Daher darf die Rechtmäßigkeit der erstrebten Bereicherung nicht streng juristisch davon abhängig gemacht werden, dass die zivilrechtlichen Bedingungen der Erfüllungswirkung erfüllt sind. Es muss ausreichen, dass der Anspruchsinhaber tatsächlich gewillt ist, die empfangene Leistung als Erfüllung zu behandeln und seinen Anspruch daher als erledigt zu betrachten. Wie bei der entsprechenden Situation der Zueignungsabsicht des § 242 wird man allerdings die Bereitschaft des Täters verlangen müssen, nach dem Empfang der Bereicherung umgehend die rechtlichen Schritte zu unternehmen, die notwendig sind, damit der Anspruch rechtlich erlischt. Denn nur unter dieser Voraussetzung kann man dem Täter attestieren, er

---

[441] BGH, NJW 1997, 750; Eisele (2012), Rn. 644; Lackner et al. (2014), § 263 Rn. 47; Samson (1978), 625 (628).

[442] Cramer (1968), 160: „Wer verpflichtet ist, eine Leistung zu erbringen, wird durch die Erfüllung der ihm obliegenden Verpflichtung nicht geschädigt."

habe sich mit seiner Tat nicht mehr verschaffen wollen, als ihm von Rechts wegen zusteht. Die Bereicherungsabsicht richtet sich also nur dann auf einen nicht rechtswidrigen Vermögensvorteil, wenn der Täter den Willen hat, sich mit dem Inhaber des geschädigten Vermögens darüber zu einigen, dass die irrtumsbedingte Vermögensverfügung eine anspruchsbefriedigende Erfüllungsleistung sein soll. Ob diese Einigung dann tatsächlich zustande kommt oder nicht, hat auf die strafrechtliche Verhaltensbeurteilung – insbesondere die Beurteilung der Bereicherungsabsicht – keinen Einfluss.

Die Rechtswidrigkeit der beabsichtigten Bereicherung wird nicht durch einen Anspruch ausgeschlossen, der seinerseits ein Produkt der Täuschung und daher – beim Eingehungsbetrug – selbst bereits ein rechtswidriger Vermögensvorteil ist.[443]

Beispiel

Gebrauchtwagenhändler T täuscht den Kunden O über einige unfallbedingte Mängel eines Pkw und erreicht so einen Kaufvertragsschluss zu einem weit überhöhten Preis. Der Pkw ist nur 3000 € wert, der vereinbarte Kaufpreis beträgt 6000 €.

Oberflächlich betrachtet hat der von T erstrebte Erwerb der 6000 € einen rechtlichen Grund in dem mit O geschlossenen Kaufvertrag. Dieser Vertrag ist zwar nach § 123 I BGB anfechtbar, bis zur Erklärung der Anfechtung aber wirksam. Da dieser Vertrag jedoch durch Täuschung und Irrtum zustande gekommen ist, scheidet er als Rechtfertigungsgrund aus. Der Erwerb der 6000 € ist also doch eine rechtswidrige Bereicherung. Dasselbe Ergebnis lässt sich auch mit der Begründung erzielen, dass die Bereicherung des T in dem Anspruch auf Zahlung von 6000 € aus § 433 II BGB besteht und diese rechtswidrig ist, weil T keinen Anspruch auf einen derartig günstigen – auf der anderen Seite den O krass benachteiligenden – Vertrag hat.

Allein das Bestehen eines Anspruchs gegen den betroffenen Vermögensinhaber schließt die Rechtswidrigkeit der Bereicherung nicht aus. Erforderlich ist weiterhin, dass **Anspruchsinhaber und Vorteilsempfänger** identisch sind. Denn rechtswidrig ist ein Vermögensvorteil, auf den derjenige, dem er zufließt, keinen Anspruch hat.[444]

Beispiel

T hat gegen O einen Anspruch auf Zahlung von 1000 €. T tritt diesen Anspruch an D ab. Nach der Abtretung verlangt T von O Zahlung an sich und erhält daraufhin von O 1000 €. O hatte von der Forderungsabtretung keine Kenntnis.

---

[443] Gröseling (2001), 515 (519); Schönke et al. (2014), § 263 Rn. 173; offenbar verkannt von LG Mannheim, NJW 1993, 1468 (1469), wo die Rechtswidrigkeit des erstrebten Honorars für eine „Teufelsaustreibung" mit der Nichtigkeit des zugrundeliegenden Vertrages gem. § 306 BGB a. F. begründet wird.

[444] BGHSt 3, 99 (101); 19, 206 (216).

T hat dem O durch sein Zahlungsbegehren vorgespiegelt, er sei immer noch Inhaber der Zahlungsforderung. Dieser Irrtum veranlaßte O zur Zahlung des Geldes an T. Obwohl O nicht an den Inhaber der Forderung, den Zessionar D, gezahlt hat, ist er durch die gutgläubige Zahlung an den Zedenten T von der Verbindlichkeit befreit worden, § 407 I BGB. Aus diesem Grund könnte man bereits einen Vermögensschaden des O verneinen.[445] Jedoch ist diese Lösung nicht verallgemeinerbar. Hätte O eine gute Chance gehabt, dass er die Zahlungsverpflichtung überhaupt nicht mehr würde erfüllen müssen – z. B. weil der Eintritt der Anspruchsverjährung nah war – oder hätte O mit einer Gegenforderung gegen D aufrechnen können, bedeutete die Zahlung an T eine erhebliche Verschlechterung seiner Vermögenslage. Ein Vermögensschaden wäre trotz Befreiung von der Zahlungspflicht nicht zu bestreiten. Fraglich ist dann allerdings noch, ob die von T erstrebte Bereicherung rechtswidrig ist. Denn immerhin sind die erschwindelten 1000 € Leistungsobjekt eines Anspruchs gegen O. Jedoch steht dieser Anspruch nicht dem T, sondern dem D zu. Für die Vermehrung von T's Vermögen auf Kosten des O bildet dieser Anspruch daher keinen rechtlichen Grund. Also hat sich T aus § 263 strafbar gemacht.

Besteht der erstrebte Vermögensvorteil in der **Abwehr einer drohenden Vermögensbelastung,** entfällt die Rechtswidrigkeit, wenn der Täter zur Hinnahme der Belastung rechtlich nicht verpflichtet ist, der Gegner des Täters also keinen Anspruch auf die – das Tätervermögen belastende – geforderte Leistung hat.

Beispiel

T wird von O auf Zahlung von 1000 € Schmerzensgeld verklagt. Durch die Vorlage gefälschter Beweismittel erreicht T die Abweisung der Klage. Ein aus *§ 253 II BGB* materiellrechtlich begründeter Anspruch stand dem O gegen T nicht zu.

Auf der Grundlage eines wirtschaftlichen Vermögensbegriffs ist auch die konkrete Gefahr einer materiellrechtlich unbegründeten, faktisch aber erfolgreichen Inanspruchnahme für den Kläger ein Vermögensvorteil und für den Beklagten ein Vermögensnachteil. Umgekehrt ist deswegen die Abwendung der Verurteilung für den Beklagten ein Vermögensvorteil. Rechtswidrig ist dieser aber nicht, denn die Nichtverurteilung des T ohne rechtswirksamen Anspruch steht im Einklang mit der maßgeblichen Zivilrechtsordnung.[446]

Die Rechtswidrigkeit der Bereicherung ist Teil des **subjektiven** Tatbestandsmerkmals „Bereicherungsabsicht" und damit selbst ein subjektives Tatbestandsmerkmal.[447] Daher ist die Strafbarkeit aus § 263 nicht von der objektiven Rechtswidrigkeit des erstrebten Vermögensvorteils abhängig, sondern von der **Vorstellung** des

---

[445] Dreiecksbetrug zum Nachteil des Zessinars bejahen Rengier (2014), § 13 Rn. 116; Samson (1978), 564 (568).

[446] BGHSt 42, 268 (271).

[447] Anders BGH, NJW 1997, 750 (751); Kraatz (2007), 531 (533); Rengier (2014), § 13 Rn. 265: objektives Tatbestandsmerkmal.

Täters, der erstrebte Vermögensvorteil sei rechtswidrig.[448] Fehlt diese Vorstellung, ist der subjektive Tatbestand des Betrugs nicht erfüllt. Für die strafrechtliche Behandlung der verschiedenen Arten des Irrtums über die Rechtswidrigkeit gelten dieselben Grundsätze wie bei der Rechtswidrigkeit der beabsichtigten Zueignung im Rahmen des Diebstahlstatbestandes[449] (s. o. 1.2.2.3.3.5). Glaubt der Täter, auf die erstrebte Bereicherung einen Anspruch zu haben, ist er nicht aus § 263 strafbar, auch wenn der Anspruch nicht besteht.[450] Weiß der Täter umgekehrt nichts von einem tatsächlich bestehenden Anspruch auf die erstrebte Bereicherung und hält er diese daher für rechtswidrig, macht er sich aus § 263 strafbar.[451] Kennt er aber die anspruchsbegründenden Tatsachen und glaubt er lediglich auf Grund irriger rechtlicher Bewertung dieser Tatsachen, keinen Anspruch zu haben, liegt ein strafloses „Wahndelikt" vor.[452]

5.3 Qualifikationstatbestand, § 263 V StGB

5.3.1 Allgemeines

Die Vorschrift des § 263 V wurde durch das **6. StrRG** neu eingeführt. Zusammen mit dem ebenfalls neuen § 263 III dient sie der Bekämpfung der durch ihre Involvierung in die „Organisierte Kriminalität" als besonders gefährlich erachteten Betrugstaten.[453] Anders als die Strafzumessungsvorschrift § 263 III enthält § 263 V einen echten Qualifikationstatbestand. Das erkennt man an den Worten „wird bestraft", die ein richterliches Ermessen bezüglich der Anwendung des § 263 V ausschließen. Wenn die Voraussetzungen des § 263 V erfüllt sind, muss der Täter aus diesem Tatbestand verurteilt werden. Die Strafe ist dann dem Strafrahmen des § 263 V zu entnehmen. In § 263 III wird hingegen durch die Worte „in der Regel" die Verbindung zwischen Regelbeispielserfüllung und Sonderstrafrahmen gelockert. Der Versuch und die Vorfeldbetätigungen iSd § 30 sind bei § 263 V strafbar, da es sich um ein Verbrechen handelt, §§ 23 I, 12 I. Dies gilt auch im „minder schweren Fall", vgl. § 12 III.

---

[448] Gössel (1996), § 21 Rn. 239.

[449] Kudlich (1997), 432 ff.; Schönke et al. (2014), § 263 Rn. 175.

[450] BGHSt 4, 105 (106); 42, 268 (272); 48, 322 (328); BayObLG, JR 1969, 307 (308); OLG Düsseldorf, wistra 1992, 74; Eisele (2012), Rn. 646; Goeckenjan (2006), 758 (761); Kraatz (2007), 531 (534); aA Hartung (1953), 552 (553).

[451] Ob vollendeter (so Gössel [1996], § 21 Rn. 239) oder versuchter Betrug (so RGSt 42, 92 [93]; BGHSt 42, 268 [272]; BGH, NStZ 2008, 214 [zu § 253]; Wessels et al. (2013), Rn. 582) vorliegt, hängt davon ab, ob der Anspruch bereits das objektive Tatbestandsmerkmal „Vermögensnachteil" ausschließt (dann Versuch) oder nicht (dann Vollendung). Die Antwort auf diese Frage ist an die Bestimmung des zugrunde zu legenden Vermögensbegriffs (wirtschaftlicher oder juristischer?) geknüpft.

[452] Zur Abgrenzung des untauglichen Versuchs vom Wahndelikt vgl. RGSt 42, 92 ff.; 66, 124 (126 f.); Schönke et al. (2014), § 22 Rn. 78 ff.

[453] Kreß (1998), 633 (637).

5.3.2 Strafbarkeitsvoraussetzungen

Es ist unschwer zu erkennen, dass der Tatbestand des § 263 V den §§ 244 I Nr. 2, 244 a I 1. Alt. i. V. m. § 243 I 2 Nr. 3 und 250 I Nr. 2 StGB und §§ 30 I Nr. 1, 30 a I BtMG nachgebildet ist. Auf die Erläuterungen zu den genannten Diebstahlsqualifikationen kann also weitgehend verwiesen werden (s. o. 1.4.2.3). Eine Bande besteht aus mindestens drei Personen.[454] Allerdings reicht nicht – wie in § 244 I Nr. 2 – die bandenmäßige Begehung allein. Hinzukommen muss noch das Merkmal „gewerbsmäßig". Insoweit gleicht § 263 V dem § 244 a I 1. Alt. i. V. m. § 243 I 2 Nr. 3, mit dem auch im Strafrahmen Übereinstimmung besteht. Dadurch unterscheidet sich § 263 V von dem Regelbeispiel des § 263 III 2 Nr. 1, wo Gewerbsmäßigkeit und Bandenmitgliedschaft alternative Strafschärfungsgründe sind. Anders als beim Bandendiebstahl ist beim Bandenbetrug die „Mitwirkung eines anderen Bandenmitglieds" bei der Tatbegehung nicht erforderlich. Die bloße Bandenmitgliedschaft und deren funktionale Verknüpfung mit dem Betrug („als Mitglied einer Bande") reichen aus.

5.4 Regelbeispiele, § 263 III StGB

5.4.1 Allgemeines

Die neuen Regelbeispiele des § 263 III sind 1998 an die Stelle der bis dahin unbenannten Strafschärfungsbestimmung getreten. Zu ihrer dogmatischen Erfassung kann man sich an dem recht ausgereiften Erkenntnisstand zu § 243 orientieren.[455] In umgekehrter Richtung können die zum größten Teil vom Katalog des § 243 I 2 abweichenden Regelbeispiele des § 263 III[456] als „Muster" für die Bildung atypischer besonders schwerer Diebstahlsfälle verwendet werden. Dasselbe gilt für den 1994 eingeführten § 253 IV, dessen Satz 2 lediglich ein dem § 263 III 2 Nr. 1 gleichendes Regelbeispiel enthält. Zumindest die Nrn. 2 und 3 des § 263 III passen ohne weiteres zur Erpressung. Dies wird durch § 291 II 2 Nr. 1 bestätigt.

5.4.2 Einzelne Regelbeipiele

5.4.2.1 § 263 III 2 Nr. 1

Die Merkmale dieses Regelbeispiels sind aus § 243 I 2 Nr. 3 und § 244 I Nr. 2 bekannt. Auf die dortigen Erläuterungen wird hier Bezug genommen (s. o. 1.3.2.3; 1.4.2.3). Anders ist nur die Aufzählung der Delikte, zu deren fortgesetzter Begehung sich die Bande verbunden haben muss. Nicht berücksichtigt wurde § 266, da Untreue kein Delikt ist, zu dessen fortgesetzter Begehung Banden gebildet werden.

---

[454] BGHSt 49, 177 (187).

[455] Wessels et al. (2013), Rn. 592.

[456] Nur die erste Alternative des § 263 III 2 Nr. 1 („gewerbsmäßig") findet sich auch in § 243 I 2 Nr. 3 wieder.

5.4.2.2 § 263 III 2 Nr. 2

Die strafschärfenden Umstände dieses Regelbeispieles sind Grade des Betrugs-
merkmals „Vermögensschaden". Zur Konkretisierung des recht vagen Merkmals
„großes Ausmaß" kann man nur bedingt auf die Literatur und Rechtsprechung zum
gleichnamigen Merkmal in § 370 III 2 Nr. 1 AO und § 264 II 2 Nr. 1 zurückgreifen,
da bei der Bemessung der unterschiedliche Kontext berücksichtigt werden muss.[457]
Nach neuerer Rechtsprechung muss der Verlust mindestens 50.000 € betragen.[458]
Die Addition von mehreren Schadenssummen ist nur zulässig, wenn sie dasselbe
Opfer betreffen.[459] Nicht ausreichend ist die bloße Gefahr eines immensen Vermögensverlusts.[460] Vermögensgefährdung ist per se ein minus im Verhältnis zum
„echten" Schaden. Ist bereits die Gleichsetzung von Beschädigung und Gefährdung
auf der Tatbestandsebene bedenklich, kann die Gefährdung als Vorstufe des Verlusts
einen besonders schweren Fall erst recht nicht indizieren.[461] Hat die Tat noch keinen
großen Schaden verursacht, reicht auch die Absicht, durch weitere Taten eine „große Zahl von Menschen in die Gefahr des Verlustes von Vermögenswerten zu bringen." § 263 III 2 Nr. 2 Alt. 2. Menschen sind nur natürliche Personen.[462] Die – nicht
realisierte – Absicht, diesen Erfolg bereits durch eine – nämlich die zur Aburteilung
stehende – Tat herbeizuführen, genügt nicht („fortgesetzte Begehung").[463] Auf der
anderen Seite braucht der Verlust von Vermögenswerten in der 2. Alt. kein „großes
Ausmaß" zu haben. Wegen der erforderlichen „großen Zahl von Menschen" wird
dies aber wohl praktisch in der Regel der Fall sein. Was eine „große Zahl" ist, kann
man nicht pauschal und verallgemeinerungsfähig beziffern. Weniger als zehn Personen dürfen es nicht sein, mehr als hundert Personen brauchen es nicht zu sein.[464]
Will der Täter immer nur ein und dieselbe Person – diese aber „fortgesetzt" – betrügen, ist das Regelbeispiel seinem Wortlaut nach nicht erfüllt. Wegen der starken
Ähnlichkeit mit dem Regelbeispiel liegt hier aber ein atypischer besonders schwerer Fall nahe.

5.4.2.3 § 263 III 2 Nr. 3

Dieses Regelbeispiel ist dem § 291 II 2 Nr. 1 nachgebildet. Die Formulierungen
weichen aber geringfügig voneinander ab: Während § 291 II 2 Nr. 1 von „den anderen" spricht, heißt es in § 263 III 2 Nr. 3 „eine andere Person". Geht man einmal

---

[457] MK-Schmitz/Wulf, § 370 AO Rn. 427.

[458] BGHSt 48, 360 (364); zust. Leipziger Kommentar-Tiedemann (2012), § 263 Rn. 298a.

[459] BGH, NStZ 2012, 213.

[460] BGHSt 48, 354 (357), Eisele (2012), Rn. 652; aA Leipziger Kommentar-Tiedemann (2012),
§ 263 Rn. 298.

[461] Umgekehrt Wessels et al. (2013), Rn. 594: Da schadensgleiche Vermögensgefährdung und
Schaden gleichgestellt sind, sei die Ausklammerung der Gefährdung aus § 263 III 2 Nr. 2 bedenklich.

[462] BGH, NStZ 2001, 319; Eisele (2012), Rn. 653; Wessels et al. (2013), Rn. 594.

[463] Unter diesen Umständen kann aber ein atypischer besonders schwerer Fall vorliegen.

[464] Leipziger Kommentar-Tiedemann (2012), § 263 Rn. 299: 10 Menschen.

davon aus, dass es sich bei der uneinheitlichen Terminologie nicht um redaktionelle Unsauberkeiten[465] handelt, lassen sich folgende sachlichen Differenzen vermuten: Die ausdrückliche Erwähnung der „Person" in § 263 III 2 Nr. 3 dürfte als Hinweis darauf zu verstehen sein, dass nur die wirtschaftliche Notlage einer *natürlichen* Person das Regelbeispiel erfüllt. Der Betrugtatbestand selbst kann ja ohne weiteres durch Schädigung des Vermögens einer juristischen Person erfüllt werden. Die Nichterwähnung der „Person" in § 263 I hätte darin eine nachvollziehbare Erklärung. Dass § 263 III 2 Nr. 3 den unbestimmten Artikel „eine", § 291 II 2 Nr. 1 dagegen den bestimmten Artikel „den" verwendet, hat ebenfalls einen einleuchtenden sachlichen Grund: Der Wucher soll mit schärferer Strafe nur geahndet werden, wenn der Bewucherte selbst in wirtschaftliche Not gebracht wird, beim Betrug braucht dagegen das in Not geratene Opfer nicht mit dem Inhaber des geschädigten Vermögens – dem „anderen" iSd § 263 I – identisch zu sein. § 263 III 2 Nr. 3 ist also beispielsweise auch dann anwendbar, wenn eine unterhaltsberechtigte Person in wirtschaftliche Not gerät, weil der Unterhaltsschuldner Opfer eines Betruges geworden ist und dabei seine Leistungsfähigkeit eingebüßt hat.[466]

5.4.2.4 § 263 III 2 Nr. 4

Dieses Regelbeispiel ist identisch mit § 264 II 2 Nr. 2 und ähnelt § 370 III 2 Nr. 3 AO.[467] Der „Amtsträger"-Begriff ist in § 11 I Nr. 2 definiert. Der Täter muss wirklich Amtsträger sein. Wer die Amtsträgereigenschaft nur vorspiegelt (vgl. § 132), mag dadurch zwar einen Betrug begehen. Das Regelbeispiel § 263 III 2 Nr. 4 erfüllt er aber nicht. Da die Amtsträger-Eigenschaft ein besonderes persönliches Merkmal iSd § 28 II ist, können Tatbeteiligte, die keine Amtsträger sind, nicht auf Grund des § 263 III 2 Nr. 4 aus dem verschärften Strafrahmen bestraft werden. „Missbrauch" bedeutet die Ausnutzung der amtlichen Befugnisse oder Stellung zum Zwecke der Täuschung, z. B. die Verwertung besonderer Informationen, die der Täter auf Grund seines Status erlangt hat. Auch die Ausbeutung des dem Staat vom Bürger entgegengebrachten Vertrauens, Gehorsams oder Respekts ist ein typischer Fall des Amtsmissbrauchs. Zu beachten ist aber, dass Fälle betrügerischen Handelns von Amtsträgern in §§ 352, 353 speziell und zwar verglichen mit § 263 privilegierend geregelt sind. Da diese Tatbestände den § 263 I verdrängen, kommt selbstverständlich auch § 263 III 2 Nr. 4 innerhalb ihres Geltungsbereiches nicht zur Anwendung.

---

[465] Ein einheitliches, widerspruchsfreies Gesamtkonzept des Gesetzgebers ist nicht zu erkennen. Man vergleiche nur § 239 a („anderen" durch „Menschen" ersetzt), § 250 I Nr. 1 c („anderen" – § 250 I Nr. 3 a. F. – durch „Person" ergänzt) und § 251 („anderen" durch „Menschen" ergänzt); kritisch auch Hörnle (1998), 169 Fn. 6; Freund (1997), 455 (489).

[466] Eisele (2012), Rn. 654.

[467] Leipziger Kommentar-Tiedemann (2012), § 263 Rn. 301; Wessels et al. (2013), Rn. 596.

5.4.2.5 § 263 III 2 Nr. 5

Zusammen mit dem neugefassten § 265 hat dieses Regelbeispiel den früheren Verbrechenstatbestand „Versicherungsbetrug" (§ 265 a. F.) abgelöst.[468] Während § 265 a. F. ein betrugsvorbereitendes Verhalten (Inbrandsetzung, Sinken oder Stranden lassen) mit Freiheitsstrafe von 1 Jahr bis zu 10 Jahren bedrohte, wird in § 263 III 2 Nr. 5 die Ausführung des Betruges selbst erfasst. Das Inbrandsetzen bzw. das Verursachen des Sinkens oder Strandens ist nach § 265 n. F. strafbar, liegt im Vorfeld des Betruges und damit auch im Vorfeld des Regelbeispiels. Regelbeispiels-Handlung ist die den objektiven Tatbestand des § 263 I erfüllende Täuschung, die gegenüber der Versicherung begangen werden und einen fingierten Versicherungsfall beinhalten muss. „Vorgetäuscht" ist der Versicherungsfall, wenn das vorangegangene Ereignis „Brand", „Sinken" oder „Stranden" keinen Versicherungsanspruch ausgelöst hat, also tatsächlich kein „Versicherungsfall" ist. Das ist zunächst einmal der Fall, wenn die verbrannte, zerstörte, gesunkene oder gestrandete Sache überhaupt nicht versichert ist und der Täter sie gegenüber der Versicherung für eine andere – versicherte, aber nicht verbrannte,… – Sache ausgibt. Darüber hinaus ist das auch der Fall, wenn die Sache zwar versichert war, jedoch gerade wegen der Mitwirkung des Täters an ihrer Zerstörung ein Versicherungsanspruch gem. § 81 VVG nicht entstanden ist.[469] Hat ein anderer als der Versicherte bzw. Versicherungsnehmer die Sache zerstört, ohne dass der Versicherte/ Versicherungsnehmer an dieser Tat mitgewirkt hat, kommt der Versicherungsanspruch zur Entstehung. Ein Versicherungsfall ist dann also wirklich eingetreten und kann nicht mehr vorgetäuscht werden. Anders ist es nur, wenn der andere, der die Sache zerstört hat, „Repräsentant" des Versicherungsnehmers ist. Dann wird das Verhalten des anderen dem Versicherungsnehmer zugerechnet mit der Folge, dass kein Versicherungsanspruch entsteht.[470]

5.4.3 Geringwertigkeitsklausel, §§ 263 IV, 243 II

Die in § 263 IV angeordnete entsprechende Anwendung der Geringwertigkeitsklausel des § 243 II hat zunächst einmal zur Folge, dass im Kontext des § 263 die „geringwertige Sache" durch „geringwertigen" – oder besser: geringfügigen – **„Vermögensschaden"** ersetzt werden muss. Die Geringfügigkeit des Vermögensschadens reduziert das Erfolgsunrecht des Betruges und dementsprechend auch die Strafwürdigkeit der Tat. Besteht der Erfolg der Tat im Verlust eines Gutes mit dem Wert „Null Euro", fehlt es am Strafwürdigkeitsgehalt vollkommen, die Tat ist kein strafbarer Betrug. Dass zwischen einer Tat, die einen Verlust von 0,01 € verursacht und einer Tat, die einen Verlust von 1.000.000 € verursacht, eine sich in unterschiedlichem Strafmaß niederschlagende Unwertdifferenz besteht, liegt auf der Hand. Die Regelung des § 263 IV ist also materiell begründet und dem Grunde

---

[468] Leipziger Kommentar-Tiedemann (2012), § 263 Rn. 302; Wessels et al. (2013), Rn. 662.

[469] Eisele (2012), Rn. 659; Wessels et al. (2013), Rn. 665.

[470] BGH, JR 1977, 390; Eisele (2012), Rn. 660; Wessels et al. (2013), Rn. 665.

nach zu befürworten. Im Kontext des Diebstahls war die Geringwertigkeitsklausel kritisiert worden, weil sie zu dem Charakter des Diebstahls als Eigentumsdelikt nicht passt (s. o. 1.3.3.1.1). Den Betrug trifft diese Kritik nicht, da es sich hier um ein Vermögensdelikt handelt, bei dem der Umfang des Vermögensschadens unmittelbar mit dem Unrechtsgehalt der Tat korreliert.

Missglückt ist allerdings die **gesetzestechnische** Konstruktion der Geringfügigkeitsklausel. Die Verweisung auf den seinerseits missglückten § 243 II lässt zwei unterschiedliche Deutungen zu: Da § 243 II unmittelbar nur die Strafschärfungswirkung der Regelbeispielsverwirklichung (§ 243 II: „... Fällen des Absatzes 1 Satz 2 Nr. 1 bis 6...") ausschließt, könnte auch die Übertragung auf § 263 III so zu verstehen sein, dass nur die Indizwirkung der Regelbeispiele Nr. 1 bis 5 ausgeschlossen sein soll. Ausformuliert würde die Geringfügigkeitsklausel des § 263 IV dann etwa folgendermaßen lauten: „*In den Fällen des Absatzes 3 Satz 2 Nr. 1 bis 5 ist ein besonders schwerer Fall ausgeschlossen, wenn sich die Tat auf einen Vermögensschaden von geringem Ausmaß bezieht.*" Die Geringfügigkeit des Vermögensschadens stünde also der Bejahung eines atypischen besonders schweren Falles nicht entgegen. Die zweite Deutungsvariante geht dahin, dass jedenfalls im Rahmen des § 263 III die Sperrwirkung der Geringfügigkeit absolut sein soll und sich nicht auf die Indizwirkung der Regelbeispielsverwirklichung beschränkt. Den Wortlaut der Klausel müsste man demzufolge so gestalten: „*Ein besonders schwerer Fall ist ausgeschlossen, wenn sich die Tat auf einen Vermögensschaden von geringem Ausmaß bezieht.*"

Während oben im Zusammenhang des Diebstahls für die engere Auslegungsvariante – nur Ausschluss der Indizwirkung – plädiert wurde (1.3.3.1.1), ist hier der **weiteren** Variante der Vorzug zu geben.[471] Denn der Charakter des Betruges als Vermögensdelikt im engeren Sinn verleiht auch dem Umfang des Vermögensschadens ein viel höheres Gewicht bei der Messung des Unrechtsgehalts, als es bei einem Eigentumsdelikt der Fall ist. Deshalb ist es richtig, der Geringfügigkeit des Schadens in jedem Fall eines Betruges strafschärfungshindernde Wirkung zuzuschreiben. Der Strafrahmen des § 263 I ist weit genug, um im Fall einer geringfügigen Vermögensschädigung den sonstigen unrechtserhöhenden Umständen der Tat bei der Strafzumessung nach § 46 I gerecht werden zu können.

---

[471] Nomos Kommentar-Kindhäuser (2013), § 263 Rn. 403.

Kontrollfragen

1. Aus welchen Merkmalen besteht der objektive Tatbestand des Betrugs? (5.2.1.1)
2. Gibt es „unwahre" Werturteile? (5.2.1.2.2)
3. Warum ist der Ausdruck „falsche Tatsache" schief? (5.2.1.2.3)
4. Kann die Nichtverhinderung eines Irrtums Täuschung sein? (5.2.1.2.4.2)
5. Was hat die „Zweckverfehlung" mit dem Merkmal „Täuschung" zu tun? (5.2.1.2.5.2)
6. Warum ist die Vorspiegelung nichtvorhandener Bereitschaft zur Begehung von Straftaten keine tatbestandsmäßige Täuschung? (5.2.1.2.5.3)
7. Ist die „ignorantia facti" ein Irrtum? (5.2.1.3.1)
8. Befindet sich in einem Irrtum, wer über die Wahrheit einer Äußerung im Zweifel ist? (5.2.1.3.1)
9. Warum gehört zum objektiven Tatbestand des Betrugs das Merkmal „Vermögensverfügung"? (5.2.1.4.1)
10. Was ist ein „Dreiecksbetrug" (5.2.1.4.4)
11. Was besagt der „wirtschaftliche Vermögensbegriff"? (5.2.1.5.2.1; 5.2.1.5.2.3)
12. Ist der „Anspruch" einer Prostituierten auf das mit dem Freier vereinbarte Entgelt ein Vermögensgut? (5.2.1.5.2.2)
13. Was ist ein „Eingehungsbetrug"? (5.2.1.5.3.1)
14. Begeht einen Betrug, wer einem anderen eine fremde Sache verkauft und ihm nach § 932 BGB das Eigentum daran verschafft? (5.2.1.5.3.2)
15. Aus welchen Merkmalen besteht der subjektive Tatbestand des Betrugs? (5.2.2)
16. Was bedeutet „Stoffgleichheit"? (5.2.2.2.3)
17. Was bedeutet „fremdnütziger" Betrug? (5.2.2.2.2)
18. Wodurch kann die Rechtswidrigkeit des erstrebten Vermögensvorteils ausgeschlossen werden? (5.2.2.2.4)
19. Ist im Fall des § 263 V der Versuch strafbar? (5.3.1)
20. Welche Rechtsnatur haben die Regelungen des § 263 III? (5.4.1)

Literatur

Achenbach. Vermögen und Nutzungschance, Festschrift für Roxin. 2011. S. 1005.
Amelung. Unternehmerpfandrecht und Schadensberechnung beim Betrug, NJW. 1975. S. 624.
Ast. Das Einverständnis als Vermögensverfügung – Der „Tankbetrug" als Benzinunterschlagung, NStZ. 2013. S. 305.
Arzt. Bemerkungen zum Überzeugungsopfer – insbesondere zum Betrug durch Verkauf von Illusionen, Festschrift für Hirsch. 1999. S. 431.
Arzt G, Weber U, Heinrich B, Hilgendorf E. Strafrecht Besonderer Teil, 2. Aufl. 2009.
Barton. Anm. BGH, Beschl. v. 28.4.1987–5 StR 566/86, StV. 1987. S. 485.
Baumann. Strafrecht und Wirtschaftskriminalität, JZ. 1983. S. 935.

Baumann J, Weber U, Mitsch W. Strafrecht Allgemeiner Teil. 11. Aufl. 2003.

Baumanns. Die fehlende Zahlungsbereitschaft des solventen Vertragspartners als Unterfall des Eingehungsbetruges? – Zugleich ein Beitrag zur grundsätzlichen Anerkennung der schadensgleichen Vermögensgefährdung, JR. 2005. S. 227.

Beckemper, Wegner. Anm. BGH, Urt. v. 5.12. 2002–3 StR 161/02, NStZ. 2003. S. 315.

Behm. Nichtzahlung des Lohns für „Telefonsex": Betrug, versuchter Betrug oder Wahndelikt?, NStZ. 1996. S. 317.

Bergmann. Freund Zur Reichweite des Betrugstatbestandes bei rechts- oder sittenwidrigen Geschäften, JR. 1988. S. 189.

Bergmann. Freund. Betrügerische Schädigung des Auftraggebers eines Mordes?, JR. 1991. S. 357.

Berz. Anm. BayObLG, Beschl. v. 23.11. 1972 – RReg. 7 St 219/72, NJW. 1973. S. 1337.

Bilda. Teilnahme an den Vollendungs- und Beendigungsakten beim Betrug, MDR. 1965. S. 541.

Bittner. Die Abgrenzung von Diebstahl, Betrug und Unterschlagung, MDR. 1970. S. 291.

Bitzilekis. Der Tatsachenbegriff im Strafrecht, Festschrift für Hirsch. 1999. S. 29.

Blei H. Strafrecht II Besonderer Teil. 12. Aufl. 1983.

Bockelmann. Zum Begriff des Vermögensschadens beim Betrug, JZ. 1952. S. 461.

Bockelmann P. Strafrecht Besonderer Teil 1. 2. Aufl. 1982.

Bosch. Bestrafung privater Insolvenz durch § 263 StGB?, wistra. 1999. S. 410.

Brand, Vogt. Betrug und Wissenszurechnung bei juristischen Personen des privaten und öffentlichen Rechts, wistra. 2007. S. 408.

Brand, Reschke. Die Bedeutung der Stoffgleichheit im Rahmen betrügerischer Telefonanrufe, NStZ. 2011. S. 379.

Bruns. Gilt die Strafrechtsordnung auch für und gegen Verbrecher untereinander?, Festschrift für Mezger. 1954. S. 335.

Burkhardt. Vorspiegelung von Tatsachen als Vorbereitungshandlung zum Betrug, JuS. 1983. S. 426.

Cramer. Grenzen des Vermögensschutzes im Strafrecht, JuS. 1966. S. 472.

Cramer P. Vermögensbegriff und Vermögensschaden im Strafrecht. 1968.

Cramer. Kausalität und Funktionalität der Täuschungshandlung im Rahmen des Betrugstatbestandes, JZ. 1971. S. 415.

Dencker. Zum subjektiven Tatbestand des Betruges, Festschrift für Grünwald, 1999. S. 75.

Dölling. Betrug und Bestechlichkeit durch Entgeltannahme für eine vorgetäuschte Dienstpflichtverletzung?, JuS. 1981. S. 570.

Duttge. Wider die Sonderbehandlung der Amtserschleichung beim Anstellungsbetrug, JR. 2002. S. 271.

Eiden. Wenn das Handy einmal klingelt. Zur Strafbarkeit von „Ping-Anrufen", Jura 2011. S. 863

Eisele. Der strafrechtliche Schutz von Erbaussichten durch den Betrugstatbestand – zugleich ein Beitrag zur Bedeutung des Zivilrechts für das Strafrecht, Festschrift für Weber. 2004a. S. 271.

Eisele. Wissenszurechnung im Strafrecht – dargestellt am Straftatbestand des Betruges, ZStW 116. 2004b. S. 15.

Eisele. Anm. BGH, Urt. v. 10.12.2007 – II ZR 239/05, JZ. 2008, S. 522.

Eisele. Anm. OLG Frankfurt, Urt. v. 17.12.2010 – 1 WS 29/09, MMR. 2011, S. 273.

Eisele J. Strafrecht Besonderer Teil II. 2. Aufl. 2012.

Engländer. Anm. BGH, Urt. v. 15.12.2006 – 5 StR 181/06, JR. 2007, S. 477.

Erb. Anm. OLG Stuttgart, Beschl. v. 8.6.2001 – 2 WS 68/2001, JR. 2002, S. 216.

Fahl. Prozeßbetrug und „Lagertheorie", Jura. 1996. S. 74.

Fahl. Strafbarkeit der „Lastschriftreiterei" nach § 263 StGB, Jura. 2006. S. 733.

Fahl. Der „doppelte" Rechtsreferendar, Jura. 2008. S. 453.

Fasten, Oppermann. Betrug im Rahmen manipulierter Fußballwetten, JA. 2006. S. 69.

Fischer T. Strafgesetzbuch. 61. Aufl. 2014.

Freund. Der Entwurf des 6. Gesetzes zur Reform des Strafrechts, ZStW. 1997. 109, S. 455.

Frisch. Grundfragen der Täuschung und des Irrtums beim Betrug. Zum so genannten Recht auf Wahrheit, Festschrift für Herzberg. 2008. S. 729.

Gaede. Die objektive Täuschungseignung als Ausprägung der objektiven Zurechnung beim Betrug, Festschrift für Roxin. 2011. S. 967.

Gaidzik. Abrechnung unter Verstoß gegen die Pflicht zur persönlichen Leistungserbringung – Betrug des Arztes gemäß § 263 StGB?, wistra. 1998. S. 329.

Gallas. Der Betrug als Vermögensdelikt, Festschrift für Eberhard Schmidt. 1961. S. 401.

Geerds D. Schadensprobleme beim Betrug, Jura. 1994. S. 309.

Geisler. Anm. BGH, Urt. v. 26.4.2001–4 StR 439/00, NStZ. 2002. S. 86.

Geppert. Die Abgrenzung von Betrug und Diebstahl, insbesondere in den Fällen des sogenannten „Dreiecks-Betruges", JuS. 1977. S. 69.

Geppert. Anm. BGH, Beschl. v. 18.2.1999–5 StR 193/98, NStZ. 1999a. S. 305.

Geppert. Zur Strafbarkeit des Anstellungsbetruges, insbesondere bei Erschleichung einer Amtsstellung, Festschrift für Hirsch. 1999b. S. 525.

Goeckenjan. Gefälschte Banküberweisung: Betrug, Computerbetrug oder Ausnutzung einer Strafbarkeitslücke?, JA. 2006. S. 758.

Gössel KH. Strafrecht Besonderer Teil Bd. 2. 1996.

Graul. Anm. BayObLG, Urt. v. 27.3. 1991 – RReg. 4 t 15/91, JR. 1991. S. 435.

Graul. Können auch Erfahrungssätze und Rechtssätze Tatsachen i. S. des § 263 StGB sein?, JZ. 1995. S. 595.

Graul. Wider die Zweckverfehlungslehre beim Vermögensschaden, Festschrift für Brandner. 1996. S. 801.

Graul. Die kriminelle Auswertung eines wertvollen Gemäldes, JuS. 1999. S. 562.

Gribbohm. Bettelei als Betrug, Zeitschriftenwerbung als Bettelei?, MDR. 1962. S. 950.

Gribbohm. Zur Abgrenzung des Diebstahls vom Betrug, JuS. 1964. S. 233.

Gropp W. Strafrecht Allgemeiner Teil. 3. Aufl. 2005.

Gröseling. Betrugsstrafbarkeit bei rechts- und sittenwidrigen Rechtsgeschäften, NStZ. 2001. S. 515.

Grünhut. Anm. RG, 3. 12. 1929–1 D 1147/29, JW. 1930. S. 922.

Grünhut. Anm. RG, 26.1. 1931–3 D 730/30, JW. 1932. S. 2434.

Günther. Zur Kombination von Täuschung und Drohung bei Betrug und Erpressung, ZStW 88. 1976. S. 960.

Hartung. Anm. BGH, Urt. v. 19.9.1952–2 StR 307/52, NJW. 1953. S. 552.

Hecker. Betrügerische Schädigung des Auftraggebers eines Mordes?, JuS. 2001. S. 228.

Hecker. Der manipulierte Parkschein hinter der Windschutzscheibe – ein (versuchter) Betrug?, JuS. 2002. S. 224.

Hefendehl R. Vermögensgefährdung und Exspektanzen. 1994.

Hefendehl. Die Submissionsabsprache als Betrug: ein Irrweg!, JuS. 1993. S. 805.

Hefendehl. Ist ein Verfügen über das Guthaben nach bankinterner Fehlbuchung strafbar?, NStZ. 2001. S. 281.

Heger. Zur Strafbarkeit von Doping im Sport, JA. 2003. S. 76.

Heinrich B. Die Arbeitsleistung als betrugsrelevanter Vermögensbestandteil, GA. 1997. S. 24.

Hellmann. Die Strafbarkeit des Vermieters wegen unberechtigter Eigenbedarfskündigung, JA. 1988. S. 73.

Hellmann. Taterfolg der Vermögens(verletzungs)delikte, Festschrift für Kühl. 2014. S. 691.

Herzberg. Bewußte Selbstschädigung beim Betrug, MDR. 1972a. S. 93.

Herzberg. Konkurrenzverhältnisse zwischen Betrug und Erpressung, JuS. 1972b. S. 570.

Herzberg. Betrug und Diebstahl durch listige Sachverschaffung, ZStW 89. 1977. S. 367.

Hilgendorf. Zweckverfehlung und Vermögensschaden beim Betrug, JuS. 1994. S. 466.

Hillenkamp T. Vorsatztat und Opferverhalten. 1981.

Hillenkamp. Anm. BayObLG, Urt. v. 5.2.1987 – RReg. 3 St 174/86, JR. 1988. S. 301.

Hohmann. Die strafrechtliche Beurteilung von Submissionsabsprachen, NStZ. 2001. S. 566.

Hoffmann. Täuschung trotz Erklärung der Wahrheit im Betrugsstrafrecht, GA. 2003. S. 610.

Hörnle. Die wichtigsten Änderungen des Besonderen Teils des StGB durch das 6. Gesetz zur Reform des Strafrechts, Jura. 1998. S. 169.

Jäger. Die drei Unmittelbarkeitsprinzipien beim Betrug, JuS. 2010. S. 761.

Jäger C. Examens - Repetitorium Strafrecht Besonderer Teil. 5. Aufl. 2013.

Jerouschek, Koch. Zur Neubegründung des Vermögensschadens bei „Amtserschleichungen", GA. 2001. S. 273.

Jescheck HH, Weigend T. Lehrbuch des Strafrechts Allgemeiner Teil. 5. Aufl. 1996.

Jordan. Untreue und Betrug durch Zweckverfehlung, JR. 2000. S. 133.

Kargl. Die Tathandlung beim Betrug, Festschrift für Lüderssen. 2002. S. 613.

Kargl. Die Bedeutung der Entsprechensklausel beim Betrug durch Schweigen, ZStW 119. 2007. S. 250.

Kargl. Offenbarungspflicht und Vermögensschaden beim Anstellungsbetrug – Der doppelte Rechtsreferendar, wistra. 2008. S. 121.

Kindhäuser. Betrug als vertypte mittelbare Täterschaft, in: Festschrift für Bemmann. 1997. S. 339.

Kindhäuser, Wallau. Anm. BGH, Beschl. v. 12.5.2002–3 StR 4/02, NStZ. 2003. S. 152.

Kindhäuser, Nikolaus. Der Tatbestand des Betrugs (§ 263 StGB), JuS. 2006. S. 193, 293.

Kindhäuser U. Strafrecht Besonderer Teil II. 8. Aufl. 2014.

Kohlhaas. Ist das Prellen einer Dirne um den vereinbarten Lohn kein Betrug?, JR. 1954. S. 97.

Kraatz. Versuchter Prozessbetrug in mittelbarer Täterschaft, Jura. 2007. S. 531.

Krack, Radkte. Der Dreiecksbetrug oder die Fragwürdigkeit der „Befreiung des Strafrechts vom zivilistischen Denken". JuS. 1995. S. 17.

Krack. Anm. BGH, Beschl. v. 8.11.2000 – 5 StR 433/00, JZ. 2002. S. 613.

Krack. Betrug durch Wettmanipulationen, ZIS. 2007. S. 103.

Kreß. Das Sechste Gesetz zur Reform des Strafrechts, NJW. 1998. S. 633.

Krey V, Hellmann U, Heinrich M. Strafrecht Besonderer Teil, B and 2. 16. Aufl. 2012.

Kudlich. Anm. BGH, Urt. v. 17.10.1996–4 StR 389/96, NStZ. 1997. S. 432.

Kühl. Umfang und Grenzen des strafrechtlichen Vermögensschutzes, JuS. 1989. S. 505.

Küper W. Strafrecht Besonderer Teil. 8. Aufl. 2012.

Küpper B. Subjektiver Schadenseinschlag und Zweckverfehlung beim Betrug, JuS. 1992. S. 642.

Kutzner. Zweifelsfragen des Betrugstatbestands am Beispiel des Wettbetrugs, JZ. 2006. S. 712.

Labsch. Strafrecht: Ein billiger Blumengruß, JuS. 1981. S. 45.

Lackner K, Kühl K. Strafgesetzbuch. 28. Aufl. 2014.

Leipziger Kommentar zum Strafgesetzbuch, Bd. 9/1, 12. Aufl. 2012.

Lenckner. Vertragswert und Vermögensschaden beim Betrug des Verkäufers, MDR. 1961. S. 652.

Lenckner. Zum Problem des Vermögensschadens (§§ 253, 263 StGB) beim Verlust nichtiger Forderungen, JZ. 1967. S. 105.

Lenckner. Kausalzusammenhang zwischen Täuschung und Vermögensschaden bei Aufnahme eines Darlehens für eine bestimmten Verwendungszweck, NJW. 1971a. S. 599.

Lenckner. Vermögensschaden und Vermögensgefährdung beim sog. Eingehungsbetrug, JZ. 1971b. S. 320.

Linkhorst. Wohlanständigkeit eine rein persönliche Empfindung?, DR. 1939. S. 156.

Linnemann. Zum Näheverhältnis beim Dreiecksbetrug, wistra. 1994. S. 167.

Loos. Anm. BGH, Urt. v. 26.4.2001 – 4 StR 439/00, JR. 2002, 77.

Maaß. Die Behandlung des „agent provocateur" im Strafrecht, Jura. 1981. S. 514.

Maaß. Betrug gegenüber einem Makler, JuS. 1984. S. 25.

Maiwald M. Der Zueignungsbegriff im System der Eigentumsdelikte. 1970.

Maiwald. Belohnung für eine vorgetäuschte pflichtwidrige Diensthandlung, NJW. 1981. S. 2777.

Maurach R, Schroeder F-C, Maiwald M. Strafrecht Besonderer Teil 1. 10. Aufl. 2009.

Maurer. Anm. BGH, Urt. v. 9.1. 1953–1 StR 628/52, NJW. 1953. S. 1480.

Mayer. Neue Problemstellungen beim Spendenbetrug. Jura. 1992. S. 238.

Meier, Loer. Examensklausur Strafrecht. Jura. 1999. S. 424.

Meurer. Betrug als Kehrseite des Ladendiebstahls?, JuS. 1976. S. 300.

Mezger. Anm. RG, Urt. v. 22.12.1938–3 D 904/38, ZAkDR 1939. S. 203.

Miehe. Die Erschleichung einer Anstellung bei einem privaten Unternehmen, JuS. 1980. S. 261.

Mitsch W. Straflose Provokation strafbarer Taten. 1986.

Mitsch. Erpresser versus Betrüger, JuS. 2003. S. 122.

Mitsch. Fortgeschrittenenklausur – Strafrecht: Vermögensdelikte – Brötchenkauf, JuS. 2012. S. 911.

Mitsch. Schummeleien in der S-Bahn, Ad Legendum. 2014. S. 212.

Möhlenbruch. Strafrechtliche Konsequenzen bei der Entgegennahme von Rentenüberzahlungen? NJW. 1988. S. 1894.

Müller. Der widerrechtliche Bezug von Volkswagen-Aktien, DRiZ. 1963. S. 55.

Müller-Christmann. Problematik des Vermögensschadens beim Betrug im Falle eines vereinbarten Rücktrittsrechts, JuS. 1988. S. 108.

Müller-Webers. Betrug auch bei gutgläubigem Erwerb des Getäuschten?, NJW. 1954. S. 220.

Nehrer. Noch einmal: Ein billiger Blumengruß, JuS. 1981. S. 603.

Noltenius. Quizsendungen von „Neun Live" und der Tatbestand des Betrugs, wistra. 2008. S. 285.

Nomos Kommentar zum Strafgesetzbuch, 4. Aufl. 2013.

Oehler. Liegt beim gutgläubigen Erwerb vom Nichtberechtigten ein Vermögensschaden im Rahmen des Betruges vor? GA. 1956. S. 161.

Otto H. Die Struktur des strafrechtlichen Vermögensschutzes. 1970.

Otto. Betrug bei rechts- und sittenwidrigen Rechtsgeschäften, Jura. 1993. S. 424.

Otto. Anm. BGH, Beschl. v. 18.2.1999–5 StR 193/98, JZ. 1999. S. 738.

Otto H. Grundkurs Strafrecht Allgemeine Strafrechtslehre. 7. Aufl. 2004.

Otto H. Grundkurs Strafrecht Sie einzelnen Delikte. 7. Aufl. 2005.

Protzen. Vermögensschaden durch Verschweigen ehemaliger Tätigkeit für das MfS bei der Überprüfung für eine Weiterbeschäftigung im Staatsdienst, NStZ. 1997. S. 525.

Ranft. Grundfälle aus dem Bereich der Vermögensdelikte, JA. 1984. S. 723.

Ranft. Grundprobleme des Betrugstatbestandes, Jura. 1992. S. 66.

Ranft. Kein Betrug durch arglistige Inanspruchnahme einer Fehlbuchung, JuS. 2001. S. 854.

Reinhart. Das „Hoyzer-Urteil" des BGH: Genugtuung für den Sport oder Gefahr für die Betrugsdogmatik? SpuRt. 2007. S. 52.

Rengier. Kündigungs-Betrug des Vermieters durch Tun und Unterlassen bei vorgetäuschtem Eigenbedarf, JuS. 1989. S. 802.

Rengier. Die Unterscheidung von Zwischenzielen und unvermeidlichen Nebenfolgen bei der Betrugsabsicht, JZ. 1990. S. 321.

Rengier. Betrugsprobleme bei vorgetäuschter Zahlungsfähigkeit, JuS. 2000. S. 644.

Rengier. Gedanken zur Problematik der objektiven Zurechnung im Besonderen Teil des Strafrechts, Festschrift für Claus Roxin. 2001. S. 811.

Rengier R. Strafrecht Besonderer Teil I. 16. Aufl. 2014.

Rettenmaier, Kopf. Der unlautere Abschluss und Widerruf von Fernabsatzverträgen – Betrug gemäß § 263 Abs. 1 StGB? JR. 2007. S. 226.

Rönnau, Soyka. Der „Quotenschaden" im Fall „Hoyzer" – ein Verstoß gegen das Bestimmtheitsgebot?, NStZ. 2009. S. 12.

Rudolphi. Das Problem der sozialen Zweckverfehlung beim Spendenbetrug, Festschrift für Klug. 1983. S. 315.

Rudolphi. Anm. BGH, Urt. v. 10.11.1994–4 StR 331/94, NStZ. 1995. S. 289.

Samson. Grundprobleme des Betrugstatbestandes, JA. 1978. S. 469, 564, 625.

Samson. Grundprinzipien des strafrechtlichen Vermögensbegriffes, JA. 1989. S. 510.

Satzger. Probleme des Schadens beim Betrug, Jura. 2009. S. 518.

Schäfer, Seyler. Betrügerisches Erlangen von VW-Aktien, GA. 1963. S. 338.

Scheffler. Von Telefonsex, Sittenwidrigkeit und Betrug, JuS. 1996. S. 1070.

Schlösser. Zum Schaden beim betrügerisch veranlassten Eingehen eines Risikogeschäfts, NStZ. 2009. S. 663.

Schmoller. Betrug bei bewusst unentgeltlichen Leistungen, JZ. 1991. S. 117.

Schönke, Schröder. Strafgesetzbuch. 29. Aufl. 2014.

Schröder. Über die Abgrenzung des Diebstahls von Betrug und Erpressung, ZStW 60. 1941. S. 33.

Schröder. Anm. BGH, Beschl. v. 16.8.1961. – 4 StR 166/61, njw. 1962. S. 721.

Schröder. Zum Vermögensbegriff bei Betrug und Erpressung, JZ. 1965. S. 513.

Schröder. Anm. OLG Hamburg, Urt. v. 6.6. 1966–1 Ss 97/65, JR. 1966. S. 471.

Schröder. Betrug durch Behauptung wahrer Tatsachen?, Festschrift für Peters. 1974. S. 153.

Schünemann. Einige vorläufige Bemerkungen zur Bedeutung des viktimologischen Ansatzes in der Strafrechtsdogmatik. In: Schneider H (Hrsg.). Das Verbrechensopfer in der Strafrechtspflege, 1981.

Schuhr. Anm. BGH, Beschl. v. 27.3.2012 – 3 StR 472/11, ZHW. 2012. s. 363.

Schumann. Betrug und Betrugsbeihilfe durch wahre Behauptungen? JZ. 1979. S. 588.

Schwind H-D. Kriminologie. 22. Aufl. 2013.

Seelmann. Grundfälle zu den Straftaten gegen das Vermögen als Ganzes, JuS. 1982. S. 268, 509, 748.

Tenckhoff. Anm. BGH, Beschl. v. 28.4. 1987–5 StR 566/86, JR. 1988. S. 126.

Traub. Betrug bei Veräußerung unterschlagener Sachen an einen gutgläubigen Erwerber, NJW. 1956. S. 450.

Trüg, Habetha. Zur Rechtsfigur des Betrugs durch schlüssiges Verhalten – Der Fall „Hoyzer" –, JZ. 2007. S. 878.

v. Lilienthal. Anm. RG, Urt. v. 15.4. 1915–1 D 159/15, JW. 1916. S. 146.

Valerius. Schneller, höher, reicher? Strafbarkeit von Wett-Betrugsfällen im Sport, SpuRt. 2005. S. 90.

Volk. Täuschung durch Unterlassen beim Betrug, JuS. 1981. S. 880.

Walter. Die Kompensation beim Betrug, Festschrift für Herzberg. 2008. S. 763.

Weber U. Strafrechtliche Aspekte der Sportwette. In: Pfister (Hrsg.), Rechtsprobleme der Sportwette. 1989. S. 39 ff.

Weber U. Rücktritt vom vermögensgefährdenden Betrug, Festschrift für Tiedemann. 2008. S. 637.

Weißer. Betrug zum Nachteil hierarchisch strukturierter arbeitsteilig tätiger Organisationen, GA. 2011. S. 339.

Wessels J, Hillenkamp T. Strafrecht Besonderer Teil 2. 36. Aufl. 2013.

Wittig P. Wirtschaftsstrafrecht. 3. Aufl. 2014.

Wöhrmann. Anm. OLG Hamm, Beschl. v. 26.1.1989–1 Ws 354/88, NStZ. 1990. S. 342.

Wolf Anm. BGH, Urt. v. 20.4. 1995–4 StR 27/95, JR. 1997. S. 73.

Zaczyk. Der Versuchsbeginn beim Prozessbetrug, Festschrift für Krey. 2010. S. 485.

Zehetgruber. Anm. zu KG, Beschl. v. 27.7.2012–3 Ws 381/12–141 AR 302/12, NZWiSt. 2014. S. 118.

Zieschang. Der Einfluß der Gesamtrechtsordnung auf den Umfang des Vermögensschutzes durch den Betrugstatbestand. In: Festschrift für Hirsch. 1999. S. 831.

Zimmermann Anm. BGH, Beschl. v. 18.1. 2011–3 StR 467/10, NStZ. 2012. S. 211.

Untreue, § 266 StGB

6

Inhaltsverzeichnis

6.1 Allgemeines

6.1.1 Rechtsgut

§ 266 StGB schützt das Vermögen als Ganzes.[1] Der Unterschied der Untreue zu anderen vermögensbeeinträchtigenden Straftaten beruht auf der Art und Weise der Vermögensverletzung. Für die Untreue ist charakteristisch, dass der Täter mit der vermögensschädigenden Handlung eine Pflichtverletzung bzw einen Vertrauensbruch gegenüber dem Vermögensinhaber begeht. Allerdings ist die besondere Vertrauensbeziehung zwischen Opfer und Täter kein zweites von § 266 geschütztes Rechtsgut.[2] Vertrauen in die Pflichttreue des Täters allein ist kein eigenständiger Schutzgegenstand im Strafrecht; nur in Verbindung mit dem von § 266 geschützten Vermögen wird Vertrauen gegen Enttäuschung strafrechtlich geschützt.

Wie der Betrug ist die Untreue ein Tatbestand mit besonderer praktischer Bedeutung im Bereich der **Wirtschaftskriminalität**.[3] Vor dem Ersten und Zweiten Gesetz zur Bekämpfung der Wirtschaftskriminalität (1. und 2. WiKG)[4] waren die

---

[1] BGHSt 28, 371 (373); 43, 293 (297); 55, 288 (300); Kraatz (2014), 241 (244); Mitsch (2011), 97 (98); Saliger (2011), 1053 (1069); Weber (2008), 437 (440); Wittig (2014) § 20 Rn. 1.

[2] Arzt et al. (2009) § 22 Rn. 1; Hellmann (2014), 691 (695); Labsch (1987) S. 343; Mitsch (2011), 97 (98); Otto (2005) § 54 Rn. 2; Schönke et al. (2014) § 266 Rn. 1.

[3] Hellmann (2007), 433: „Prototyp der klassischen Wirtschaftsstraftat"; umfassend zum Thema Rönnau (2007), 887 ff.

[4] Wittig (2014), § 3 Rn. 15; Weber (1986), 481 ff.

© Springer-Verlag Berlin Heidelberg 2015
W. Mitsch, *Strafrecht, Besonderer Teil 2,* Springer-Lehrbuch,
DOI 10.1007/978-3-662-44934-9_6

Straftatbestände Betrug und Untreue fast die einzigen Instrumente zur repressiven Bekämpfung wirtschaftskriminellen Verhaltens. Die Einsicht, dass dies die Kapazität dieser Tatbestände überfordert, führte zur Schaffung zahlreicher neuer Straftatbestände, die teilweise das Umfeld des Betruges und der Untreue besetzen. Zur strafrechtlichen Reaktion auf Wirtschaftskriminalität ist der Untreuetatbestand aber weiterhin unentbehrlich, vgl § 74c I Nr. 6 GVG.[5] Vielen erscheint § 266 StGB sogar als „Allzweckwaffe" oder „Generalklausel" zur strafrechtlichen Zurückdrängung jedweden vermögensschädigenden Fehlverhaltens im Bereich der Wirtschaft.[6]

6.1.2 Systematik

6.1.2.1 Systematik der Untreueregelung

Das StGB enthält nur eine Strafvorschrift zur Untreue, deren Merkmale in § 266 I normiert sind. Es gibt weder Qualifikations- noch Privilegierungstatbestände. Innerhalb des Tatbestandes hat das Gesetz allerdings zwei Alternativen gebildet, den „**Missbrauchstatbestand**" (§ 266 I Alt. 1) und den „**Treubruchstatbestand**" (§ 266 I Alt. 2). Diese dualistische Struktur erlaubt es, von der Existenz zweier verschiedener Untreuetatbestände zu sprechen. Seine jetzige Fassung hat § 266 durch die Strafrechtsnovelle vom 26.5.1933 bekommen.[7] Zuvor war der Tatbestand vor allem durch eine kasuistische Aufzählung von Täterbezeichnungen geprägt,[8] unter denen man sich teilweise heute kaum noch etwas vorstellen kann (z B „Bracker, Schauer, Stauer").[9]

Der durch das 6. StRG neu gefasste § 266 II enthält mit der Verweisung auf § 263 III eine **Strafzumessungsregelung**.[10] § 266 II a. F. regelte ebenfalls die Bestrafung besonders schwerer Fälle, konkretisierte diese aber nicht durch Regelbeispiele. Einige der in § 263 III aufgeführten Beispiele passen zur Untreue nicht oder nur schlecht.[11] Deshalb wäre der vom Gesetzgeber ausdrücklich angestrebten „Vereinfachung der Rechtsanwendung" mehr damit gedient gewesen, eigene untreuespezifische Regelbeispiele zu formulieren.

---

[5] Schünemann (2012), 183: „… herausragende kriminalpolitische Bedeutung des § 266 StGB als konzeptionelles Zentraldelikt des modernen Wirtschaftsstrafrechts …".

[6] Beulke (2009), 245 (247); Kubiciel (2005), 353; Perron (2009), 219 (222); Perron (2013), 857 (859); Trüg (2013), 717.

[7] Zur Geschichte der Untreue vgl. Maurach et al. (2009), § 45 Rn. 6 ff.

[8] Für ein Wiederaufgreifen dieser Gesetzgebungstechnik in einer künftigen Reform des Untreuetatbestandes Weber (1977), 555 (567).

[9] Vollständige Aufzählung der Tätermerkmale in § 266 I StGB a. F.: „… 1. Vormünder, Kuratoren, Güterpfleger, Sequester, Massenverwalter, Vollstrecker letztwilliger Verfügungen und Verwalter von Stiftungen, wenn sie absichtlich zum Nachteile der ihrer Aufsicht anvertrauten Personen oder Sachen handeln; Bevollmächtigte, welche über Forderungen oder andere Vermögensstücke des Auftraggebers absichtlich zum Nachteile desselben verfügen; Feldmesser, Versteigerer, Mäkler, Güterbestätiger, Schaffner, Wäger, Messer, Bracker, Schauer, Stauer und andere zur Betreibung ihres Gewerbes von der Obrigkeit verpflichtete Personen, wenn sie bei den ihnen übertragenen Geschäften absichtlich diejenigen benachteiligen, deren Geschäfte sie besorgen."

[10] Zu § 266 II iVm § 263 III 2 Nr. 2 vgl. BGH, NJW 2001, 2485; J. Schwind (2001), 349 (354).

[11] Leipziger Kommentar zum Strafgesetzbuch (2012), § 266 Rn. 218.

Verursacht die Untreue nur einen **geringen Vermögensschaden**, ist ein besonders schwerer Fall ausgeschlossen, § 266 II iVm § 243 II. Was oben (5.4.3) zur Übertragung des § 243 II auf den Betrug gem. § 263 IV gesagt wurde, gilt für die Untreue entsprechend: Die Geringfügigkeit des angerichteten Vermögensschadens schließt nicht nur die Indizwirkung der Regelbeispielsverwirklichung aus, sondern steht der Annahme eines besonders schweren Fall überhaupt entgegen.[12] Außerdem ist unter dieser Voraussetzung die strafrechtliche Verfolgung der Tat grundsätzlich von einem **Strafantrag** abhängig, §§ 266 II iVm § 248a. Absolutes Antragsdelikt ist die Untreue, wenn zwischen Täter und Opfer eine Beziehung iSd § 247 besteht.

6.1.2.2 Verhältnis des § 266 zu anderen Tatbeständen

Untreueähnliche Straftatbestände – aber keine Spezialfälle der Untreue[13] – des Wirtschaftsverkehrs sind die durch das 2. WiKG 1986 in das StGB eingeführten § 266a und § 266b. Während § 266a zum Teil nur die Zusammenfassung von bereits vorher im Nebenstrafrecht verstreuten Straftatbeständen bewirkt hat,[14] ist der Missbrauch von Scheck- und Kreditkarten (§ 266b) ein Delikt, über dessen Strafbarkeit nach § 263 oder § 266 ein jahrelanger heftiger und ziemlich unübersichtlicher Streit geführt wurde. Der neugeschaffene Straftatbestand ist die klarstellende gesetzgeberische Reaktion auf diese Kontroverse,[15] in der zuletzt die Auffassung die Oberhand gewonnen hatte, dass sowohl Scheckkartenmissbrauch als auch Kreditkartenmissbrauch weder als Betrug[16] noch als Untreue[17] strafbar sind.

Vom **Betrug** unterscheidet sich die Untreue vor allem dadurch, dass der Untreuetäter das Vermögen „von innen" heraus schädigt,[18] während der Betrüger sich „von außen" an das fremde Vermögen heranmacht und in der angegriffenen Vermögenssphäre wirkende Kräfte benutzt, um Zugriff auf das Vermögen nehmen zu können.[19] Der Betrug ist Veranlassung zur Selbstschädigung, also mittelbare Fremdschädigung, die Untreue ist unmittelbare Fremdschädigung. Während der Betrüger etwas **heraus** holt, bringt der Untreuetäter etwas **hinaus**. Dogmatisch manifestiert sich dieser plakative Unterschied besonders darin, dass die Untreue im Gegensatz zum Betrug ein **Sonderdelikt** ist, weil der Untreuetäter eine Sonderstellung hat, die innerhalb der betroffenen Vermögenssphäre verankert ist.[20] Auf Grund dieser Position hat der Untreuetäter die Möglichkeit, das Vermögen von innen auszuhöhlen, während der Täter des Betruges von außen in die Vermögenssphäre eindringen muss, dies aber nur in einem psychologisch-kommunikativen, nicht – wie der Dieb oder Räuber – physischen Sinne tut. Ein weiterer nicht ganz unbedeutender Unter-

---

[12] Leipziger Kommentar zum Strafgesetzbuch-Schünemann (2012), § 266 Rn. 221.

[13] Maurach et al. (2009), § 45 Rn. 64, 81.

[14] Maurach et al. (2009), § 45 Rn. 62.

[15] Maurach et al. (2009), § 45 Rn. 73.

[16] BGHSt 33, 244 (Kreditkarte); aA BGHSt 24, 386 ff. (Scheckkarte).

[17] BGHSt 24, 386 ff. (Scheckkarte); 33, 244 ff. (Kreditkarte).

[18] Kargl (2001), 565 (592); Kubiciel (2005), 353 (358); Labsch (1987), 343 (344); Schünemann (2005), 473 (474).

[19] Saliger (2007), 326 (327).

[20] Gössel (1996), § 25 Rn. 15.

schied zwischen Betrug und Untreue besteht darin, dass die **Bereicherungsabsicht** des Täters nur in § 263 Strafbarkeitsvoraussetzung ist. Untreue wird zwar gewiss häufig mit der Absicht der Vorteilserlangung begangen werden.[21] Der Untreuetatbestand nimmt auf diesen Umstand aber nicht Bezug. Untreue ist daher ein reines **Vermögensschädigungsdelikt**, dagegen kein Vermögensverschiebungs- und kein Bereicherungsdelikt.[22]

Nicht nur nominell,[23] sondern auch strukturell ähnelt die Untreue der **Veruntreuung** des § 246 II.[24] Auch dort steht der Täter gewissermaßen „im Lager" des geschädigten Gutsinhabers, nutzt diese Stellung zu seinem vermögensschädigenden Tun aus und enttäuscht damit zugleich das ihm vom Tatopfer entgegengebrachte Vertrauen.[25]

6.2 Strafbarkeitsvoraussetzungen der Untreue

6.2.1 Objektiver Tatbestand

6.2.1.1 Gemeinsame Strukturmerkmale der beiden Untreuetatbestände

6.2.1.1.1 Täter

Untreue ist in beiden Varianten ein **Sonderdelikt**.[26] Im Missbrauchstatbestand wird der Personenkreis möglicher Täter durch eine Rechtsposition definiert, mit der die Innehabung einer Verfügungs- oder Verpflichtungsbefugnis verbunden ist. Hinzu kommt nach hM eine Vermögensbetreuungspflicht, die ebenfalls den Tatbestand einschränkt und bewirkt, dass nicht jedermann Täter der Untreue sein kann. Beim Treubruchstatbestand ist es allein das Merkmal der Vermögensbetreuungspflicht, durch das festgelegt wird, wer Täter der Untreue sein kann. Schon an dieser Stelle erweist sich der Missbrauchstatbestand im Verhältnis zum Treubruchstatbestand als enger und spezieller. Fallbearbeitungstechnisch ist daher stets mit der Prüfung des § 266 Abs. 1 Alt. 1 zu beginnen.[27]

Da die Tatsachen, mit denen § 266 I die Täterposition verbindet, **besondere persönliche Merkmale** sind, kann die Tätereigenschaft gem. § 14 auf Personen – z B Geschäftsführer einer GmbH – übertragen werden, die selbst die Tätervoraussetzung nicht erfüllen.[28]

---

[21] Dann kann gemäß § 41 S. 1 Geld- mit Freiheitsstrafe kombiniert werden.

[22] Arzt et al. (2009), § 22 Rn. 2; Perron (2008a), 737 (739); Perron (2013), 857 (863); Seelmann (1982), 914 (916).

[23] Vgl die verwirrende Vermengung von „Untreue" und „Veruntreuung" in BGHSt 6, 67 (68).

[24] Arzt et al. (2009), § 22 Rn. 3; Maurach et al. (2009), § 45 Rn. 4; Systematischer Kommentar-Hoyer (2013) § 266 Rn. 23 ff.

[25] Nach Leipziger Kommentar zum Strafgesetzbuch-Schünemann (2012), § 266 Rn. 210 ist § 246 II lex specialis gegenüber § 266.

[26] Lackner et al. (2014), § 266 Rn. 2; Mitsch (2011), 97 (98); Otto (2005), § 54 Rn. 3.

[27] Wessels et al. (2013c), Rn. 749.

[28] Maurach et al. (2009), § 45 Rn. 55.

6.2.1.1.2 Tathandlung

Beide Untreuetatbestände werden durch **Verletzung der Vermögensbetreuungspflicht** verwirklicht.[29] Der Unterschied besteht darin, dass der Tatbestand des § 266 I Alt. 1 nur durch den Missbrauch der Verfügungs- oder Verpflichtungsbefugnis erfüllt werden kann.[30] Dagegen erfasst der Treubruchstatbestand alle Arten pflichtverletzenden Verhaltens. § 266 I Alt. 2 ist daher der weitere Tatbestand und hat im Verhältnis zu § 266 I Alt. 1 eine Ergänzungs- und Auffangfunktion.

6.2.1.1.3 Taterfolg

Untreue ist ein Erfolgs- und Vermögensverletzungsdelikt. Die Tat ist erst vollendet, wenn ein **Vermögensnachteil** entstanden ist, der durch die Verletzung der Vermögensbetreuungspflicht verursacht worden ist.[31] Da der Versuch der Untreue nicht mit Strafe bedroht ist, hängt von der Definition des Merkmals „Vermögensnachteil" der Umfang der Untreuestrafbarkeit ab. Die in diesem Punkt sehr extensive Rechtsprechungspraxis ist ein maßgeblicher Grund für die Ausuferung der Untreuestrafbarkeit in den letzten Jahren.

6.2.1.2 Missbrauchstatbestand

6.2.1.2.1 Täter

Das Gesetz präzisiert die Täterbeschreibung durch Angabe einer besonderen Position, die der Täter gegenüber dem betroffenen Vermögen und seinem Inhaber hat. Wie oben schon erwähnt wurde, ist die Untreue ein **Sonderdelikt**, das nicht von jedermann täterschaftlich verwirklicht werden kann.[32] Nur der Inhaber der im Folgenden näher zu erläuternden Position kann Täter der Missbrauchs-Untreue sein.

Der Täter muss eine Befugnis entweder zur Verfügung über fremdes Vermögen (Verfügungsbefugnis) oder zur Verpflichtung eines anderen (Verpflichtungsbefugnis) haben.[33] Diese Befugnisse sind Rechtsfiguren des Zivilrechts,[34] können im konkreten Fall ihre rechtliche Existenzgrundlage aber auch in anderen Bereichen der Rechtsordnung haben.[35] **Verfügungsbefugnis** bedeutet die Rechtsmacht, durch rechtsgeschäftliches Handeln im eigenen Namen wirksam über einen zu fremdem Vermögen gehörenden Gegenstand verfügen, also Verfügungswirkungen an einem fremden Vermögensgut auslösen zu können.[36] Fremd ist das betroffene Vermögen, wenn sein Inhaber jemand anderes ist als der Täter. Dabei wird eine formal-juristische Betrachtungsweise zugrunde gelegt. Beispielsweise ist das Vermögen einer

---

[29] Mitsch (2011), 97 (98); Otto (2005), § 54 Rn. 4.

[30] Beckemper (2002), 324 (325).

[31] Lackner et al. (2014), § 266 Rn. 16; Mitsch (2011), 97 (98).

[32] Arzt et al. (2009), § 22 Rn. 83; Krey et al. (2012b), Rn. 797; Systematischer Kommentar-Hoyer (2013), § 266 Rn. 1.

[33] Charakteristisch für den Missbrauchstatbestand ist also seine Drei-Personen-Struktur, Seier et al. (2001), 874 (875).

[34] Seier et al. (2001), 874 (877).

[35] Leipziger Kommentar zum Strafgesetzbuch-Schünemann (2012), § 266 Rn. 32.

[36] Leipziger Kommentar zum Strafgesetzbuch-Schünemann (2012), § 266 Rn. 30.

„Einmann-GmbH" für den einzigen Gesellschafter fremd, obwohl er wirtschaftlich Inhaber des Gesellschaftsvermögens ist.[37] Dagegen kommt es bei einer KG auf das Vermögen der einzelnen Gesellschafter an.[38] Anders als beim Betrug ist hier der zivilrechtliche Verfügungsbegriff maßgeblich.[39] Die Bestellung einer Hypothek ist daher eine Verfügung über das belastete Grundstück und keine Verpflichtung des Grundstückseigentümers.[40] Ein Bote, dem nur faktische, nicht aber rechtsgeschäftliche Handlungen mit Bezug zu fremdem Vermögen gestattet sind, hat keine Verfügungsbefugnis.[41]

Beispiel

A übereignet dem B im eigenen Namen eine Sache, die dem C gehört. C hatte den A zuvor ermächtigt, über Sachen des C zu verfügen.

Die Übereignung ist ein Rechtsgeschäft, das auf unmittelbare Übertragung des Eigentums gerichtet ist, also eine Verfügung über das Eigentum. Normalerweise ist zur Verfügung über das Eigentum nur der Eigentümer selbst befugt. Die Verfügung über eine fremde Sache hat aber dieselbe Rechtswirkung wie die Verfügung über eine eigene Sache, wenn der Verfügende eine Befugnis zur Verfügung über fremdes Vermögen hat. Eine solche Verfügungsbefugnis kann gemäß § 185 I BGB durch **Rechtsgeschäft** des Eigentümers eingeräumt werden.[42] Hier hatte C in die Übereignung seiner Sache durch A eingewilligt. Daher konnte A als Nicht-Eigentümer wirksam verfügen und dem B das Eigentum verschaffen. Dem Rechtsgeschäft im privatrechtlichen Verkehr entspricht auf der Ebene des hoheitlichen Handelns der **behördliche Auftrag**, der in Gestalt eines Verwaltungsakts oder öffentlichrechtlichen Vertrags erteilt werden kann.[43] Auf **Gesetz** beruht z. B. die Verfügungsbefugnis des Insolvenzverwalters.[44] Der Inhaber des insolvenzbefangenen Vermögens – der Gemeinschuldner – verliert mit Eröffnung des Insolvenzverfahrens seine Verfügungsbefugnis, die gem. § 80 I InsO auf den Insolvenzverwalter übergeht. Sein Amt erhält der Insolvenzverwalter durch gerichtliche Bestellung, § 27 I 1 InsO, nicht aber seine Befugnis zur Verfügung über das Vermögen des Gemeinschuldners. Diese ergibt sich unmittelbar aus dem Gesetz.

---

[37] BGHSt 28, 371 (373); 30, 127 (128); 34, 379 (384); BGH, NStZ 2006, 401 (402); Radtke (1998), 361 (362); Schönke et al. (2014) § 266 Rn. 6; Systematischer Kommentar-Hoyer (2013), § 266 Rn. 82.

[38] BGH, StV 2014, 73 (76).

[39] Labsch (1987), 343 (347); Systematischer Kommentar-Hoyer (2013), § 266 Rn. 74.

[40] Labsch (1987), 343 (348).

[41] Ausführlich und differenzierend zum Boten Labsch (1987), 343 (347); Leipziger Kommentar zum Strafgesetzbuch-Schünemann (2012), § 266 Rn. 42; Vormbaum (1981), 18 (19); aA Seelmann (1982), 914 (917).

[42] Arzt et al. (2014), § 22 Rn. 18; Labsch (1987), 411 (413).

[43] Labsch (1987), 343 (349).

[44] Labsch (1987), 411 (413); Maurach et al. (2009), § 45 Rn. 14; Schönke et al. (2014), § 266 Rn. 8.

Keine gesetzliche Verfügungsbefugnis ist die Fähigkeit eines Nichtberechtigten, unter bestimmten Voraussetzungen – z. B. Nichtabhandenkommen der Sache, § 935 BGB – einem gutgläubigen Erwerber in gleicher Weise ein Recht zu verschaffen, wie es der zur Verfügung befugte Inhaber dieses Rechts könnte, § 932 BGB[45]. Der Eigentumserwerb des Gutgläubigen ändert nichts daran, dass der Veräußerer als Nichtberechtigter – also unbefugt – verfügt hat und daher gem. § 816 I BGB regresspflichtig ist.

Die **Verpflichtungsbefugnis** verleiht ebenfalls Rechtsmacht zur Vornahme rechtsgeschäftlicher Handlungen, deren Wirkungen einen anderen betreffen. Während die Verfügungsbefugnis objektbezogen ist, ist die Verpflichtungsbefugnis subjektbezogen. Ihr Gebrauch hat zur Folge, dass ein anderer als der rechtsgeschäftlich Handelnde in die Position eines – zur Leistungserbringung verpflichteten – Schuldners gedrängt wird.

Der wichtigste Fall der Verpflichtungsbefugnis ist die Vertretungsmacht, kraft derer jemand im Namen eines anderen Rechtsgeschäfte abschließen kann, aus denen der Vertretene verpflichtet und berechtigt wird. Die **rechtsgeschäftliche** Begründung einer Vertretungsmacht erfolgt durch Erteilung einer Vollmacht, § 167 BGB. Eine **gesetzliche** Vertretungsmacht haben z. B. die Eltern eines minderjährigen Kindes, § 1629 BGB.[46]

Die Verfügungs- oder Verpflichtungsbefugnis muss für ihren Inhaber das Instrument zur Erfüllung einer **Vermögensbetreuungspflicht** sein. Denn tatbestandsmäßiges Verhalten ist der **pflichtwidrige** Missbrauch der Verfügungs- oder Verpflichtungsbefugnis. Es ist umstritten, ob das Merkmal „Vermögensbetreuungspflicht" überhaupt zum Missbrauchstatbestand gehört. Der Gesetzeswortlaut verhält sich dazu nicht eindeutig.[47] Die Textpassage „Pflicht, fremde Vermögensinteressen wahrzunehmen" ist Teil der Beschreibung des Treubruchstatbestandes, besagt also nichts über die Einbeziehung eines derartigen Merkmals in den Missbrauchstatbestand. Auf beide Tatbestände bezieht sich jedoch der Satzteil „dem, dessen Vermögensinteressen er zu betreuen hat". „Zu betreuen haben" ist ein synonymer Ausdruck für „zur Betreuung verpflichtet sein". Der Wortlaut des § 266 I trägt also die hM, nach der auch der Missbrauchstatbestand eine Vermögensbetreuungspflicht umfasst.[48] Für diese Auffassung spricht ihre strafbarkeitseinschränkende Wirkung und die Tatsache, dass die Unrechtsgehalte der beiden Untreuetatbestände durch dieses gemeinsame Merkmal einander angenähert werden.

---

[45] BGHSt 5, 61 (63); Arzt et al. (2009), § 22 Rn. 21; Labsch (1987), 411 (412); Seelmann (1982), 914 (916); Seier et al. (2001), 874 (876).

[46] Arzt et al. (2009), § 22 Rn. 29; Labsch (1987), 411 (413).

[47] Kargl (2001), 565 (569); Schreiber et al. (1977), 656 (657); nach Heimann-Trosien (1976), 549 (550) „verbietet es der Wortsinn geradezu, die Worte ,dessen Vermögensinteressen er zu betreuen hat' auf den Missbrauchstatbestand zu erstrecken."

[48] BGHSt 24, 386 (387); 33, 244 (250); OLG Celle, NStZ 2011, 218; Arzt et al. (2009), § 22 Rn. 68; Eisele (2012b), Rn. 878; Fabricius (1993), 414 (415); Hübner (1973), 407 (410); Krey et al. (2012b), Rn. 793; Seelmann (1982), 914 (917); Systematischer Kommentar-Hoyer (2013), § 266 Rn. 11; Vormbaum (1981), 18 (20); Wessels et al. (2013c) Rn. 750; aA Bockelmann (1982), 138; Heimann-Trosien (1976), 549 (550).

An die Vermögensbetreuungspflicht und deren Verletzung sind im Missbrauchstatbestand allerdings keine hohen Anforderungen zu stellen. Denn normalerweise ist mit der Verfügungs- bzw Verpflichtungsbefugnis eine Vermögensbetreuungspflicht des Befugnisinhabers verbunden; die Befugnis ist ein Instrument zur Erfüllung dieser Pflicht.[49] Missbrauch der Befugnis ist in der Regel zugleich Pflichtverletzung. Daher bedarf es nicht der einschränkenden Pflichtmerkmale, die im Treubruchstatbestand notwendig sind, um die zu weit geratene Tatbeschreibung in akzeptablen Grenzen zu halten.[50] Der Missbrauchstatbestand ist bereits durch das Erfordernis des Befugnismissbrauchs hinreichend konturiert und begrenzt.[51] Es genügt daher schon die mit Verleihung der Befugnis verbundene Verpflichtung, von dieser Befugnis im Interesse des Vermögensinhabers Gebrauch zu machen.[52] Dies braucht weder die einzige noch die hauptsächliche Pflicht des Befugnisinhabers im Rahmen des die Befugnis hervorbringenden Rechtsverhältnisses zu sein.

Beispiel

Die frischgebackene Großmutter G schickt ihrem Sohn S, der gerade zum ersten Mal Vater geworden ist, in einem Briefumschlag 10 Hundert-Euro-Scheine mit der Bitte, für den Enkel E ein Sparbuch anzulegen und die 1000 € auf dieses Konto einzuzahlen. S bedankt sich und verspricht seiner Mutter, in ihrem Sinne mit dem Geld zu verfahren. Eine Woche nach Erhalt des Briefes eröffnen die Eltern des E für diesen ein Sparkonto, auf das sie 10 € einzahlen. Von den 1000 € der Großmutter des E kauft sich S ein neues Fahrrad.

Im Verhältnis zwischen Eltern und ihrem wenige Tage alten Kind gibt es gewiss wichtigeres, als die Schaffung, Bewahrung und Mehrung von Kapital. Von den in § 1626 I BGB unter dem Oberbegriff „elterliche Sorge" auf gleiche Stufe gestellten Pflichtenbereichen der „Personensorge" und der „Vermögenssorge" dürfte zumindest in den ersten Lebensmonaten und Lebensjahren erstere deutlich im Vordergrund stehen. Dennoch haben die Eltern gegenüber ihrem Kind eine Vermögensbetreuungspflicht iSd § 266 I Alt. 1, so unbedeutend sie im konkreten Fall auch sein mag. Ob diese Pflicht auch den strengeren Anforderungen des § 266 I Alt. 2 genügen würde, ist allerdings fraglich und dann entscheidungserheblich, wenn das Vermögen des Kindes nicht durch Befugnismissbrauch, sondern auf andere Weise geschädigt wird.

Die Stellung als Befugnisinhaber ist eine Sonderstellung und daher ein **besonderes persönliches Verhältnis** iSd § 14. Das bedeutet, dass eine Person, die selbst keine Verfügungs- oder Verpflichtungsbefugnis hat, dennoch wie ein Befugnisinhaber behandelt wird, wenn ihr dieses besondere persönliche Merkmal nach § 14 zuzurechnen ist. Liegen z. B. die pflichtbegründenden Tatsachen nur bei einer GmbH vor, so kann gem. § 14 I Nr. 1 deren Geschäftsführer (vgl § 35 GmbHG) Täter der Untreue sein, obwohl dieser nicht selbst unmittelbar Betreuungspflichtiger ist.[53]

---

[49] Seier et al. (2001), 874 (877).

[50] Labsch (1987), 343 (345); Schlüchter (1984), 675 (677); aA die hM, die der Vermögensbetreuungspflicht in beiden Tatbeständen identische Inhalte zuschreibt; vgl. OLG Celle, NStZ 2011, 218; Krey et al. (2012b), Rn. 796; Schreiber et al. (1977), 656 (657); Systematischer Kommentar-Hoyer (2013), § 266 Rn. 18; Vormbaum (1981), 18 (21); Wessels et al. (2013c), Rn. 752.

[51] Labsch (1987), 343 (345).

[52] Schönke et al. (2014), § 266 Rn. 11; Seelmann (1982), 914 (917).

[53] BGHSt 41, 224 (229); 54, 52 (59).

6.2.1.2.2 Befugnismissbrauch

Der den Missbrauchstatbestand verwirklichende Täter verletzt seine Vermögensbetreuungspflicht durch Missbrauch seiner Verfügungs- oder Verpflichtungsbefugnis.
„Missbrauch" setzt also voraus, dass die zu würdigende Handlung ein „Gebrauch" der
Befugnis ist. Der Täter muss die der Befugnis immanente Rechtsmacht ausüben und
dadurch seine Vermögensbetreuungspflicht verletzen. Wie oben gesehen, ist das Wesen der Befugnis die Macht zur Vornahme von Rechtsakten, die rechtliche Wirkungen
entfalten. Befugnisgebrauch kann deshalb nur **rechtsgeschäftliches Handeln** sein.[54]
Rechtsgeschäftlichem Handeln gleichgestellt sind öffentlichrechtliche Hoheitsakte.[55]

Gebrauch der Verfügungsbefugnis ist also z. B. die von einer Einwilligung des Eigentümers gedeckte Übereignung einer fremden Sache im eigenen Namen, §§ 929, 185 I BGB. Ihre Verpflichtungsbefugnis üben z. B. Eltern aus, wenn sie ihren siebenjährigen Sohn als Mitglied in einem
Sportverein anmelden, also als gesetzliche Vertreter ihres Kindes die zur Begründung der Vereins-
mitgliedschaft erforderlichen Erklärungen abgeben.

Rein **faktische** Handlungen haben zwar unter Umständen ebenfalls den Charakter
einer Pflichtverletzung (z. B. die Beiseiteschaffung, Beschädigung oder Zerstörung
von Vermögensgütern). Sie sind aber kein Befugnisgebrauch und können demzufolge auch nicht Befugnismissbrauch sein.[56] Die Verletzung der Vermögensbetreuungspflicht durch solche Verhaltensweisen ist deshalb allenfalls zur Erfüllung des
Treubruchstatbestandes geeignet.[57]

Rechtsgeschäfte basieren in der Regel auf **aktivem Tun**, vermögensschädlichen
Unterlassungen wird daher meistens die Rechtsgeschäfts-Eigenschaft fehlen. Deshalb hat das Unterlassen als Untreue seine Hauptbedeutung im Rahmen des Treubruchstatbestandes. Ausnahmsweise kann das **Unterlassen** einer Handlung den
Missbrauchstatbestand dann erfüllen, wenn ihm im konkreten Kontext die rechtliche Bedeutung einer Willenserklärung beigemessen wird.[58]

Demnach kann beispielsweise das Schweigen auf ein kaufmännisches Bestätigungsschreiben Befugnismissbrauch sein, weil solches Schweigen im kaufmännischen Verkehr wie die ausdrücklich
erklärte Annahme eines Vertrags (änderungs) angebotes behandelt wird.[59] Wer die Befugnis hat, derartige Erklärungen für einen anderen abzugeben, kann diese Befugnis also auch dadurch gebrauchen,
dass er auf ein kaufmännisches Bestätigungsschreiben nicht reagiert und dadurch die Rechtswirkung
einer rechtsgeschäftlichen Erklärung auslöst. Auf § 13 braucht in einem solchen Fall nicht zurückgegriffen zu werden, da die Garantenstellung, die allgemein im objektiven Tatbestand unechter Unterlassungsdelikte geprüft werden muss, im Text des § 266 I speziell beschrieben ist. Wer zur Betreuung
fremden Vermögens verpflichtet ist, hat gegenüber diesem Vermögen eine Garantenstellung.[60]

---

[54] Güntge (1996), 84 (85); Kargl (2001), 565 (591); Labsch (1987), 343 (347); Mitsch (2011), 97
(99); Schreiber et al. (1977), 656 (658); Seier et al. (2001), 874 (875).

[55] Güntge (1996), 84 (85).

[56] Güntge (1996), 84 (85).

[57] Maurach et al. (2009), § 45 Rn. 17.

[58] Eisele (2012b), Rn. 877; Güntge (1996), 84 (89); Seebode (1989), 301; Wessels et al. (2013c)
Rn. 765.

[59] Palandt (2014), § 148 Rn. 8.

[60] Maurach et al. (2009), § 45 Rn. 44; zu der Frage, ob § 13 II anwendbar ist, vgl BGHSt 36, 227;
Maurach et al. (2009), § 45 Rn. 22.

Befugnisgebrauch setzt weiterhin voraus, dass das Rechtsgeschäft **wirksam** ist.[61] Missbrauch der Befugnis ist also die Ausübung der Befugnis in rechtlich wirksamer Weise. Denn dieser Erfolg – das Zustandekommen eines wirksamen Rechtsgeschäfts – ist die spezifische Bestimmung und Wirkung einer Verfügungs- oder Verpflichtungsbefugnis und die Konsequenz ihrer ordnungsgemäßen Ausübung: Sie verschafft dem Befugnisinhaber die Macht, rechtswirksame Rechtsgeschäfte zu tätigen, obwohl das Rechtsgeschäft in sachlicher oder persönlicher Hinsicht in einen für ihn fremden Rechtskreis eingreift und daher ohne die Befugnis nur von dem „Herrn" dieses Rechtskreises wirksam vorgenommen werden könnte. Diese Ausdehnung der Macht zur Herbeiführung rechtlicher Wirkungen über ein Objekt oder gegenüber einem Subjekt auf einen „Externen" muss in der tatbestandsmäßigen Handlung zur Entfaltung kommen. Anderenfalls ist die Handlung kein Gebrauch der Befugnis, also auch kein Missbrauch. Daher erfüllt befugnisüberschreitendes Handeln nicht den Missbrauchstatbestand.

Beispiel

O hat drei wertvolle Gemälde geerbt, die er verkaufen möchte. Die Gemälde haben einen Wert von je 200.000 €. Da O im Handel mit Kunstgegenständen unerfahren ist, beauftragt und bevollmächtigt er den Kunsthändler T mit dem Verkauf der drei Bilder. Als Mindesterlös erhofft sich O 150.000 € pro Gemälde und erklärt daher dem T, dass er Angebote ab 150.000 € annehmen könne. Unter dieser Marke solle er nicht verkaufen. Falls T keinen Interessenten findet, der zur Zahlung dieses Mindestpreises bereit ist, möchte O die Bilder lieber selbst behalten. Es gelingt dem T, das eine Bild zum Preis von 180.000 € an K zu verkaufen. T schließt im Namen des O mit K den Kaufvertrag. Für das zweite Bild findet er nur den Interessenten I, der 100.000 € zu zahlen bereit ist. T schließt mit I im Namen des O den Kaufvertrag. Für das dritte Bild findet T überhaupt keinen Abnehmer. Daher schließt T kurzerhand mit sich selbst als Vertreter des O einen Kaufvertrag über 80.000 €.

T ist durch Bevollmächtigung (§ 167 I BGB) Inhaber einer Befugnis zur Verpflichtung des O geworden. Die Vollmacht befähigt ihn zum Abschluss von Verträgen im Namen und als Stellvertreter des O. Voraussetzung für das wirksame Zustandekommen der Kaufverträge mit O als Verkäufer und K, I und T als Käufer ist das Vorliegen einer ausreichenden Vertretungsmacht. O hat dem T mit der Bevollmächtigung Vertretungsmacht verschafft, diese allerdings inhaltlich begrenzt. Eine solche Limitierung ist zivilrechtlich grundsätzlich möglich und hat zur Folge, dass die Vertretungswirkung nur innerhalb des gesetzten Rah-

---

[61] BGHSt 50, 299 (313); 54, 148 (157); BGH, NStZ 2007, 579 (580); Arzt et al. (2009), § 22 Rn. 13; Eisele (2012b), Rn. 870; Kargl (2001), 565 (591); Kindhäuser (2014), § 34 Rn. 12; Labsch (1987), 411 (413); Mitsch (2011), 97 (99); Systematischer Kommentar-Hoyer (2013), § 266 Rn. 76; aA Arzt (1978), 365 ff., nach dem diese Bedingung „den Missbrauchstatbestand ad absurdum führt", aaO, S. 375; wie Arzt auch Leipziger Kommentar zum Strafgesetzbuch-Schünemann (2012), § 266 Rn. 47.

mens eintreten kann.[62] Hier ist nur der mit K geschlossene Kaufvertrag von der Vertretungsmacht des T gedeckt. Dieser Kaufvertrag ist daher wirksam zustande gekommen. Dagegen sind zwischen K und I sowie zwischen K und T keine gültigen Kaufverträge geschlossen worden, weil T für Verträge mit diesem Inhalt keine Vertretungsmacht, also keine Verpflichtungsbefugnis hatte (zur zivilrechtlichen Haftung des T gegenüber I vgl § 179 BGB). Das In-Sich-Geschäft des T ist darüber hinaus auch wegen Verstoßes gegen das Selbstkontrahierungsverbot unwirksam, § 181 Alt. 1 BGB.[63] Falls I hinsichtlich der von T behaupteten unbegrenzten Vertretungsmacht in gutem Glauben gewesen ist, ändert dies nichts an der Rechtslage. Gutglaubensschutz gibt es im Vertretungsrecht des BGB nur in den Fällen der §§ 169–173 BGB.[64] Da O also gegenüber I und T nicht aus § 433 I BGB zur Übereignung der Bilder zu einem ungünstigen Preis verpflichtet worden ist, kann er auch nicht mit dem regulären Gebrauch rechtlicher Mittel – z. B. Klage vor den Zivilgerichten – zu diesem unvorteilhaften Gütertausch gezwungen werden. Die Gefahr des Verlusts der Bilder ohne ausreichende Gegenleistung ist somit relativ gering. Selbst wenn eine solche Gefahr bestünde – z. B. weil es I gelingt, das Gericht davon zu überzeugen, dass T von O eine unbeschränkte Vollmacht erhalten hatte – ist sie nicht Ausfluss des mit der Vollmachterteilung begründeten und durch § 266 I Alt. 1 strafrechtlich abgeschirmten Schädigungsrisikos.[65] T hat daher den Missbrauchstatbestand nicht erfüllt.[66]

Ein **Missbrauch** der Befugnis liegt insbesondere dann vor, wenn sich der Täter bei der Ausübung der Befugnis über Handlungsanweisungen des Befugnisgebers bzw des Inhabers des zu betreuenden Vermögens hinwegsetzt, sein Handeln also im Außenverhältnis wirksam, im Innenverhältnis hingegen befugnisüberschreitend ist.[67] Letzteres scheint sich mit der soeben als Strafbarkeitsvoraussetzung dargestellten Wirksamkeit des vom Täter getätigten Rechtsgeschäfts nicht zu vertragen.[68] Denn das obige Beispiel zeigte ja, dass die Missachtung einer Vollmachtsbeschränkung die Unwirksamkeit des Vertretergeschäfts zur Folge hat, also Wirksamkeit und Weisungswidrigkeit und damit Tatbestandserfüllung und Weisungswidrigkeit sich gegenseitig ausschließen. Jedoch kennt die Rechtsordnung auch Befugnisse, deren missbräuchliche Ausübung durch ihren Inhaber wirksame Rechtsgeschäfte begründen kann und daher den betroffenen Vermögensinhaber mit der ausgelösten Verfügungs- oder Verpflichtungswirkung belastet. Es gibt Vollmachttypen, bei denen eine im **Innenverhältnis** zwischen Vertretenem und Vertreter vereinbarte Beschränkung im **Außenverhältnis** zwischen Vertretenem und Geschäftspartner

---

[62] Palandt (2014), § 167 Rn. 5.

[63] Arzt (1978), 365 (370); Systematischer Kommentar-Hoyer (2013), § 266 Rn. 81.

[64] Auch unter diesen Voraussetzungen liegt aber kein Befugnismissbrauch vor, da der ohne Vertretungsmacht handelnde Täter gar keine Verpflichtungsbefugnis mehr hat, Arzt et al. (2009), § 22 Rn. 22.

[65] Im Ergebnis ebenso Arzt (1978), 365 (373).

[66] Arzt et al. (2009), § 22 Rn. 34; Kargl (2001), 565 (591).

[67] BGHSt 49, 17 (24); BGH, NStZ 2011, 280.

[68] Zutreffend konstatiert Arzt (1978), 365 eine „auf den ersten Blick paradoxe Situation".

unbeachtlich ist. Die Überschreitung einer intern gezogenen Grenze steht hier also dem Eintritt der Vertretungswirkung nicht entgegen. Dies trifft z. B. auf die Prokura, § 50 HGB[69] und die Handlungsvollmacht gem. § 54 HGB zu.[70]

Beispiel

Kaufmann O erteilt seinem Angestellten T Prokura. Es wird vereinbart, dass T Geschäfte mit einem Volumen von mehr als 50.000 € nicht ohne vorherige Zustimmung des O abschließen darf. Im Namen des O bestellt T dem A eine Grundschuld auf einem gewerblich genutzten Grundstück des O. Außerdem kauft T im Namen des O bei B eine Maschine zum Preis von 70.000 €. Eine Zustimmung des O zu diesen Geschäften hatte T nicht eingeholt.

Das Beispiel verdeutlicht den Unterschied zwischen der Überschreitung der Vertretungsmacht, die die Wirksamkeit im Außenverhältnis ausschließt, und der Missachtung einer nur im Innenverhältnis relevanten Beschränkung, die auf die Wirksamkeit im Außenverhältnis keinen Einfluss hat. Die Grundschuldbestellung ist unwirksam, da die Prokura Rechtsgeschäfte dieser Art nicht deckt. Gemäß § 49 II HGB ist der Prokurist zur Belastung von Grundstücken nicht ermächtigt. Da T insoweit von seiner Verpflichtungsbefugnis nicht wirksam Gebrauch gemacht hat, liegt kein Befugnismissbrauch vor. Daher hat T den Missbrauchstatbestand nicht durch die Grundschuldbestellung erfüllt.[71] Anders verhält es sich mit dem Abschluss des Kaufvertrages. Zwar hat T dabei ein von O gesetztes Limit übertreten. Dies berührt die Vertretungswirkung aber nicht. Denn gemäß § 50 I HGB[72] ist die Beschränkung der Prokura dem B gegenüber unwirksam. Die Prokura gilt also als unbeschränkt und deckt daher den von T als Vertreter des O mit B geschlossenen Kaufvertrag. Indem sich T aber über das Verbot des O hinsichtlich des Abschlusses von Verträgen über 50.000 € hinwegsetzte, hat er seine Befugnis zur Verpflichtung des O missbraucht. T hat von seinem **rechtlichen Können** im Außenverhältnis in einer Weise Gebrauch gemacht, die seinem **rechtlichen Dürfen** im Innenverhältnis widerspricht und damit einen tatbestandsmäßigen Befugnismissbrauch begangen.[73]

An wirksamer Ausübung der Prokura und damit an einem Missbrauch derselben iSd § 266 I Alt. 1 fehlt es, wenn sich der Prokurist in **kollusivem** Zusammenwirken mit dem Dritten über die Beschränkung seiner Ausübungsbefugnis hinwegsetzt.[74] Die Durchbrechung der im Innenverhältnis statuierten Befugnisgrenze schlägt hier also

---

[69] Labsch (1987), 411 (412); Seelmann (1982), 914 (916).

[70] BGH, NStZ 2011, 280 (281).

[71] Arzt et al. (2009), § 22 Rn. 34.

[72] § 50 I HGB lautet: „Eine Beschränkung des Umfanges der Prokura ist Dritten gegenüber unwirksam".

[73] Labsch (1987), 411 (413); Seier et al. (2001), S. 874 (876); Vormbaum (1981), 18 (20).

[74] BGHSt 50, 299 (314); Arzt (1978), 365 (368); Eisele (2012b), Rn. 873.

auf die Befugnis – dh auf ihre Außenwirkung – durch.[75] Geht man von der zivil-rechtsdogmatischen Ansicht aus, wonach diese Art des illoyalen Befugnisgebrauchs entgegen § 50 I HGB zur Unwirksamkeit des Vertreterhandelns im Außenverhältnis – also dem Dritten gegenüber – führt, entsteht die scheinbar wertungswidersprüchliche Situation, dass „der intensivere Missbrauch der Vertretungsmacht aus einem Tatbestand herausfällt, der den schwächeren Missbrauch unter Strafe stellt."[76] Wie oben dargelegt wurde, ist die Ungleichbehandlung wirksamen und unwirksamen Befugnisfehlgebrauchs aber konsequent. Denn aus unwirksamem Vertreterhandeln entsteht keine rechtliche Bindung des Vertretenen gegenüber dem Dritten[77] und somit nicht die Gefahr, gerade auf Grund einer solchen Bindung Vermögensnachteile zu erleiden.[78] Strafbarkeit des kolludierenden Prokuristen kann also nur auf der Grundlage des Treubruchstatbestandes begründet werden.[79]

Da der Missbrauch der Befugnis durch die Überschreitung einer intern gesetzten Ausübungsgrenze geprägt ist, kann dieses Tatbestandsmerkmal von vornherein nicht erfüllt werden, wenn der Vermögensinhaber mit dem konkreten Befugnisgebrauchsvorgang **einverstanden** ist.[80] Denn das Einverständnis bewirkt, dass das konkrete Rechtsgeschäft nicht nur im Außenverhältnis wirksam, sondern auch im Innenverhältnis von einer es komplett erfassenden Ermächtigung getragen ist. In einem solchen Fall ist also bereits die objektive Tatbestandsmäßigkeit – nicht erst die Rechtswidrigkeit – ausgeschlossen.[81]

6.2.1.2.3 Verletzung der Vermögensbetreuungspflicht

Wie oben (2.1.2.1) ausgeführt wurde, umfasst nach hM auch der Missbrauchstatbestand das Merkmal „Vermögensbetreuungspflicht". Eine solche Pflicht entsteht nur, wenn und soweit die ihr zugrundeliegende Beziehung zu dem Vermögensinhaber rechtlich unbedenklich, also nicht verboten ist. Eine Pflicht zu einer Vermögensbetreuung, mit der **illegale** oder **sittenwidrige** Zwecke verfolgt werden, genießt keinen rechtlichen Schutz. Ihre Verletzung vermag daher Strafbarkeit aus § 266 I Alt. 1 nicht zu begründen.[82]

---

[75] Arzt (1978), 365 (370); Systematischer Kommentar-Hoyer (2013), § 266 Rn. 78.

[76] Arzt (1978), 365 (372). Arzt fordert angesichts dieses „widersinnigen Resultats" (1978, 374) dazu auf, „den Missbrauchstatbestand vernünftig auszulegen", um „zu in sich konsequenten Ergebnissen zu gelangen, die mit der ratio legis in Einklang stehen", (1978, 371).

[77] Treffend Seier et al. (2001), 874 (875): „… ein mit rechtlicher Außenmacht ausgestatteter Täter dem Geschäftsherrn ein nachteiliges Rechtsgeschäft aufzwingt."

[78] Arzt (1978), 365 (372) hält diesen Grund der Tatbestandsbegrenzung für sachlich einleuchtend, jedoch nicht mit dem Begriff des „Missbrauchs" vereinbar.

[79] Kritisch zu dieser „Flucht in den Treubruchstatbestand" Arzt (1978), 365 (370 f., 375).

[80] BGHSt 34, 379 (384); BGH, StV 2014, 73 (76); BGH, NGZ 2000, 307; Hellmann (2007), 433 (435); Radtke (1998), 311 (313); Seelmann (1982), 914 (917); Wessels et al. (2013c) (2013), Rn. 757.

[81] Arzt et al. (2009), § 22 Rn. 70; Saliger (2011), 1053 (1063); Seier et al. (2001), 874 (877); Weber (2008), 437 (440).

[82] BGHSt 20, 143 (146); Kindhäuser (2014), § 34 Rn. 35; Saliger (2007), 326 (328).

Beispiel

O ist Inhaber einer Druckerei und Vollkaufmann. Seinem Angestellten T hat er Prokura erteilt. Im Juni 2013 erhält O von einer osteuropäischen Mafiaorganisation den Auftrag zur Herstellung von 100.000 falschen Eintrittskarten für die Olympischen Winterspiele in Sotschi. Um den lukrativen Auftrag unverzüglich ausführen zu können, weist O den T an, umgehend eine Tonne einer bestimmten Papiersorte zu bestellen. T ärgert sich darüber, dass O das bislang tadellos geführte Unternehmen in kriminelle Geschäfte verwickelt und kauft bei dem Papiergroßhändler P absichtlich minderwertige Ware ein. Die Folge ist, dass die gedruckten falschen Eintrittskarten eine sehr schlechte Qualität haben und daher von dem Auftraggeber nicht abgenommen werden. T erleidet deshalb einen Verlust von 100.000 €.

Grundsätzlich hat der Prokurist eine Vermögensbetreuungspflicht gegenüber dem Kaufmann, der ihm die Prokura erteilt hat und in dessen Namen er Rechtsgeschäfte abschließen kann. Das trifft also auch auf T im Verhältnis zu O zu. T hat durch den Kauf des Papiers von seiner Verpflichtungsbefugnis wirksam Gebrauch gemacht. Die kriminellen Pläne, die O mit dem Papier zu verwirklichen beabsichtigte, berühren die Wirksamkeit des von T im Namen des O mit P geschlossenen Kaufvertrages nicht. Dieses Rechtsgeschäft ist also nicht etwa gemäß § 134 BGB unwirksam. Man kann auch sagen, dass T durch den Abschluss dieses Kaufvertrages seine Prokura missbraucht hat, weil er sich nicht an die Anweisungen hielt, die O ihm bezüglich dieses Papierkaufs gegeben hatte. Bei streng wirtschaftlicher Bewertung des Vorgangs ist des weiteren das Urteil begründet, T habe gegen die Vermögensinteressen des O gehandelt, also das O nicht so betreut, wie dieser es von ihm erwartet hat.

Jedoch schützt das Strafrecht keine Projekte, die Rechtsgüter beeinträchtigen, von der Rechtsordnung daher missbilligt und aus diesem Grund von ihrem Betreiber auf eigenes Risiko ins Werk gesetzt werden. Wer Vermögen einsetzt, um damit etwas Illegales zu bewirken, verdient keinen Rechtsschutz, wenn das Vorhaben scheitert und das Vermögen verloren geht. Das so aufs Spiel gesetzte Vermögen ist nicht schutzwürdig, ein das Vermögen in diesem Kontext schädigendes Verhalten ist nicht strafwürdig. Im Rahmen des Untreuetatbestandes wird dieser allgemeine Grundsatz dahin konkretisiert, dass das Vermögen keiner strafbewehrten Vermögensbetreuungspflicht unterstellt ist.[83]

T hatte also keine Vermögensbetreuungspflicht, kraft derer er das kriminelle Gewinnstreben des O hätte unterstützen müssen. Also hat er durch den Abschluss des wirtschaftlich unvorteilhaften Kaufvertrages nicht den Missbrauchstatbestand des § 266 I Alt. 1 erfüllt.[84]

---

[83] Lackner et al. (2014), § 266 Rn. 10.

[84] Natürlich ist auch der Treubruchstatbestand (§ 266 I Alt. 2) mangels Vermögensbetreuungspflicht nicht erfüllt.

6.2.1.3 Treubruchstatbestand

6.2.1.3.1 Verhältnis zum Missbrauchstatbestand

Der Treubruchstatbestand hat eine Art **Auffangfunktion**.[85] Da das Merkmal „Befugnismissbrauch" dem Tatbestand des § 266 I Alt. 1 einen recht engen Zuschnitt verleiht, gibt es viele Verhaltensweisen, die der Missbrauchstatbestand nicht erfasst, obwohl sie treuwidrig und vermögensschädigend – und daher nicht weniger strafwürdig als missbräuchliche Befugnisausübung – sind. Dann tritt der Treubruchstatbestand in den Vordergrund, der das Bestrafungsbedürfnis auch häufig zu befriedigen vermag. Dies beruht auf einem Charakteristikum des Treubruchstatbestandes, das zugleich dessen Hauptgebrechen ist: Dieser Tatbestand ist sehr **unbestimmt** formuliert[86] und daher je nach Bedarf flexibel handhabbar.[87] Die unpräzise Fassung der Tatbestandsmerkmale ermöglicht die Erfassung einer sehr großen Fallmenge.[88] Im Licht des Art. 103 II GG erscheint der Treubruchstatbestand daher als konturierungs- und einschränkungsbedürftiges Normgebilde.[89] Die dahingehenden Bemühungen von Rechtsprechung und Wissenschaft konzentrieren sich auf eine engere und konkretere Umschreibung der Vermögensbetreuungspflicht. Das BVerfG hat eine Verletzung des Art. 103 II GG durch § 266 verneint, aber restriktive Auslegung angemahnt.[90]

6.2.1.3.2 Grund der Vermögensbetreuungspflicht

Die Vermögensbetreuungspflicht entspringt einer Sonderstellung ihres Inhabers. Dieser ist kraft **Gesetzes, behördlichen Auftrags, Rechtsgeschäfts** oder eines **Treueverhältnisses** zur Wahrnehmung fremder Vermögensinteressen verpflichtet. Die ersten drei Pflichtentstehungsgründe unterscheiden sich nicht von den gleichnamigen Befugnisgrundlagen des Missbrauchstatbestandes.[91] Eine tatbestandliche Erweiterung schafft also die vierte genannte Quelle der Vermögensbetreuungspflicht, das „Treueverhältnis". Ein solches kommt zustande, wenn ein rechtlicher Pflichtbegründungsakt (z. B. Vertrag) unwirksam ist, die Beteiligten dies aber nicht merken oder trotz erkannter Nichtigkeit von einem wirksam begründeten Treuever-

---

[85] Arzt et al. (2009), § 22 Rn. 43.

[86] Lesch (2004), 135: „Deshalb ist der Treubruchstatbestand verfassungswidrig"; Saliger (2000), 563: „... im Hinblick auf den Bestimmtheitsgrundsatz und das Analogieverbot gemäß Art. 103 II GG nahe an der Grenze zur Verfassungswidrigkeit".

[87] Kubiciel (2005), 353; Leipziger Kommentar zum Strafgesetzbuch-Schünemann (2012), § 266 Rn. 24.

[88] Nach Seier et al. (2001), 874 (877) handelt es sich um einen „Tatbestand von nicht zu überbietender Weite"; von einem „uferlosen Täterkreis" spricht Kargl (2001), 565 (577); einen „beinahe einzigartig weiten Anwendungsbereich" sieht Kubiciel (2005), 353 (354) eröffnet. Für „enorme Übertreibungen" hält indessen Schünemann (2012), 183 diese „Tatbestandsschelte".

[89] BGHSt 55, 288 (300); Sowada (1997) 28 (32); Welzel (1969), 386: „Der Treubruchstatbestand erfüllt nicht die Anforderung einer ausreichenden Tatbestandsbestimmtheit."; ähnlich Kargl (2001), 565 (576, 589); Kraatz (2014), 241 (242); Saliger (2000), 563; aA G. Wolf (2000), 531 (544, 555).

[90] BVerfG, NStZ 2009, 560 ff.; 2010, 626 ff.

[91] Seelmann (1983), 32.

hältnis ausgehen wollen.[92] Dies ist z. B. der Fall, wenn der Täter organschaftliche Aufgaben eines Geschäftsführers übernommen und ausgeführt hat.[93] Entsprechendes gilt, wenn die ursprünglich vorhandene rechtliche Grundlage der Vermögensbetreuungspflicht – z. B. die auf §§ 753 ff ZPO beruhende Pflichtenstellung des Gerichtsvollziehers[94] – weggefallen ist, der Täter aber dennoch die eingeräumte Herrschaftsposition behält und daher weiterhin auf das fremde Vermögen mit Billigung seines Inhabers einwirken kann.[95]

Die strafrechtliche Anerkennung eines faktischen Treueverhältnisses endet aber dort, wo sie zu Widersprüchen mit anderen Wertungen der Rechtsordnung führen würde. Beruht die Nichtigkeit eines Rechtsgeschäfts auf dem mit ihm verfolgten rechts- oder sittenwidrigen Zweck (§§ 134, 138 BGB), kommt ein strafrechtlicher Schutz des an diesem missbilligten Geschäft beteiligten Vermögensinhabers über die Alternative „Treueverhältnis" nicht in Frage.[96] Jedenfalls wenn die „Schädigung" gerade darin besteht, einen – den Intentionen des Vermögensinhabers zuwiderlaufenden – legalen bzw. sittenkonformen Zustand herzustellen (z. B. das Rauschgift oder Falschgeld der Polizei und nicht dem „Geschäftspartner" abzuliefern), kann die Tat nicht als strafwürdige Vermögensschädigung be- und abgeurteilt werden.[97]

6.2.1.3.3   Inhalt der Vermögensbetreuungspflicht

Keine Pflicht zur „Betreuung" fremden Vermögens ist die allgemeine und jeden Bürger treffende **Jedermann-Pflicht**, fremde Vermögensgüter nicht zu beschädigen.[98] Der Vermögensbetreuungspflicht muss also eine qualifizierte Rechtsbeziehung zwischen Vermögens- und Pflichtinhaber zu Grunde liegen. Die Begegnung zweier Autofahrer im Straßenverkehr ist keine Rechtsbeziehung in diesem Sinne, auch wenn sie die Gefahr eines Unfalls und daraus resultierender Vermögensnachteile erzeugt.[99] Auch die durch einen Verkehrsunfall begründete und gewisse vermögensschützende Pflichten erzeugende Beziehung zwischen Unfallbeteiligten (vgl § 142 StGB) schafft noch keine Vermögensbetreuungspflicht, weshalb ein Unfallbeteiligter nicht schon dadurch Untreue begeht, dass er sich unerlaubt vom Unfallort entfernt. Nach der unproblematischen Ausgrenzung dieses Bereichs kennzeichnet den Treubruchstatbestand aber immer noch eine „fast uferlose Weite"[100] mit der Gefahr einer übermäßigen Kriminalisierung jeder Art von vermögensbeein-

---

[92] Arzt et al. (2009), § 22 Rn. 53; Seier et al. (2001), 874 (878).

[93] BGH, NStZ 2013, 529.

[94] BGH, JR 2014, 263 (264) mit abl. Bspr. Kraatz (2014), 241 (246 ff.).

[95] Arzt et al. (2009), § 22 Rn. 52; Eisele (2012b), Rn. 885; Kraatz (2014), 241 (245 ff.); Seier et al. (2001), 874 (878).

[96] RGSt 70, 7 (9); Eisele (2012b), Rn. 888; Seelmann (1983), 32; Schönke et al. (2014), § 266 Rn. 31; aA BGHSt 8, 254 (256 ff.); Rengier (2014a), § 18 Rn. 32; Saliger (2007), 326 (328).

[97] BGHSt 8, 254 (258); 20, 143 (146); Arzt et al. (2009), § 22 Rn. 55; Gössel (1996), § 25 Rn. 46; Saliger (2007), 326 (328); Welzel (1969), 388.

[98] BGHSt 55, 288 (298); Saliger (2000), 563 (570); Satzger (1998), 570 (573).

[99] Treffend Jakobs (1993), 21/115: Die „Beziehung" des potentiellen Schädigers zum Rechtsgutsinhaber – dem potentiellen Geschädigten – erschöpft sich in dessen Schadlosigkeit.

[100] Arzt et al. (2009), § 22 Rn. 56.

trächtigendem Fehlverhalten[101] im Rahmen von Beziehungen, die enger sind als es die Koexistenz der Individuen in einem Gemeinwesen ist. Jede bedingt vorsätzliche Vertragsverletzung mit vermögensschädlicher Folge wäre bereits als Untreue strafbar. Daher genügt für eine Vermögensbetreuungspflicht iSd § 266 auch nicht die jeden Partner eines Schuldverhältnisses – insbesondere eines Vertrages – treffende Pflicht, dem anderen Partner dieses Schuldverhältnisses nicht durch Verletzung der dem Schuldverhältnis entspringenden Pflichten (Unmöglichkeit, Verzug, positive Forderungsverletzung, Schlechtleistung) einen Vermögensschaden zuzufügen.[102]

Beispiele

(1) Gastwirt G beauftragt den Bauhandwerker T mit der Renovierung seines etwas heruntergekommenen Lokals. Weil er die Fernsehübertragung eines Fußballspiels nicht versäumen will, sieht T an einem Nachmittag davon ab, die für das Lokal des G bestimmten und vom Hersteller zur Abholung bereitgestellten neuen Fenster abzuholen. T verschiebt dies auf den nächsten Tag. Ihm ist dabei klar, dass sich dadurch der Fortgang und Abschluss der Arbeiten an dem Lokal und somit auch dessen Wiedereröffnung um wenigstens einen Tag verzögern wird. Den damit verbundenen Einnahmeausfall des G nimmt T in Kauf. Das Fußballspiel ist ihm wichtiger als die zügige Durchführung seines Auftrags.

(2) Bundesligafußballspieler Bolzmann (B) verletzt sich in einem Spiel und begibt sich in die Behandlung des Sportmediziners Klempner (K). Dieser probiert gern neue Therapien aus, mit denen er bisher in 75 % der Fälle Misserfolge erzielt hat. B wird von K mit Spritzen in das verletzte Knie behandelt, die das Leiden verschlimmern und die Zwangspause des B verlängern. Da B wegen seiner Verletzung an 20 Spielen seines Vereins nicht teilnehmen kann, entgehen ihm Siegprämien in Höhe von 50.000 €. Hätte K die Verletzung des B so behandelt, wie die Schulmedizin es vorschreibt, wäre K zwei Monate früher wieder einsatzfähig gewesen und hätte nur einen Prämienausfall von 25.000 € gehabt.

Gleich, ob das Verhalten des T in **Beispiel 1** die Voraussetzungen des Verzugs (§ 286 BGB) erfüllt oder nicht: Die grundlose Verschleppung der Auftragserfüllung ist eine Pflichtwidrigkeit gegenüber dem Auftraggeber. Da diese hier auch zu einem Vermögensschaden des G geführt hat, wäre eine Strafbarkeit des T aus § 266 I Alt. 2 durchaus begründbar, wenn die Pflicht zu ordnungsgemäßer und zügiger Vertragserfüllung eine Vermögensbetreuungspflicht wäre. Dies kann nicht bereits auf Grund der Tatsache bejaht werden, dass der Gegenstand des Auftrags zum Vermögen des G gehört und die Behandlung dieses Gegenstandes daher Einfluss auf den Vermögensbestand hat. Würde schon ein derartiger Zusammenhang zwischen vertraglicher Leistungspflicht und Vermögen genügen, geriete fast jede Beziehung zwischen Käufer und Verkäufer, Mieter und Vermie-

---

[101] Gössel (1996), § 25 Rn. 19: „kaum faßbare Vielzahl von Verhaltensweisen".

[102] BGHSt 1, 186 (188); 3, 289 (294); 22, 190 (191); 24, 386 (388); 28, 20 (23); 33, 244 (251); OLG Celle, NStZ 2011, 218; Maurach et al. (2009), § 45 Rn. 31; Satzger (1998), 570 (573); Seier et al. (2001), 874 (878).

ter, Besteller und Unternehmer usw. in den Wirkungsbereich des Untreuestrafrechts. **Beispiel 2** zeigt, dass sogar die nur sehr entfernt das Vermögen des Patienten berührende Behandlung durch einen Arzt ein untreuerelevanter Vorgang sein könnte, wenn der Treubruchstatbestand bis an die Grenze der Auslegungsmöglichkeiten reichen würde, die der Gesetzeswortlaut noch zuließe.

Dass die staatliche Strafgewalt so weit nicht ausgedehnt werden darf, ist allgemeine Meinung.[103] Daher ist eine **Restriktion des Treubruchstatbestandes** notwendig. Als Ansatzpunkt dafür bietet sich das Merkmal „Vermögensbetreuungspflicht" an. Rechtsprechung und Wissenschaft haben allerdings kein einheitliches und allgemeingültiges Einschränkungskriterium gefunden, sondern operieren mit einem **Bündel von Gesichtspunkten**, deren Erheblichkeit je nach konkreter Fallgestaltung unterschiedlich ist.[104] Dies ermöglicht eine flexible, dem Einzelfall gerecht werdende Rechtsanwendung, schafft aber auch ein kaum erträgliches Maß an Unsicherheit.[105] Diesem Mangel vermag auch die Lehre nicht entscheidend abzuhelfen, die die Vermögensbetreuungspflicht als „Garantenpflicht für fremdes Vermögen" zu konkretisieren versucht.[106] Im Folgenden werden die wichtigsten der gebräuchlichen Kriterien vorgestellt.[107]

Die Pflicht zur Wahrnehmung fremder Vermögensinteressen muss im Rahmen der sie begründenden Beziehung die **Hauptpflicht** sein.[108] Eine nebensächliche und anderen – nichtvermögensbezogenen – Aufgaben untergeordnete Pflicht zur Rücksichtnahme auf das fremde Vermögen reicht nicht aus.

Beispiel

Der 50-jährige wohlhabende Junggeselle O möchte endlich heiraten und wendet sich an die Partnervermittlungsagentur T. T schlägt dem O als Heiratskandidatin die sehr attraktive X vor, die dem O auf Anhieb gefällt. T hält es für möglich, dass an den Gerüchten, wonach X eine raffinierte Heiratsschwindlerin und Erbschleicherin sein soll, etwas dran ist. Gleichwohl sieht T von einer Warnung des O ab. Tatsächlich gelingt es der X, den O in kurzer Zeit um Ersparnisse in Höhe von 100.000 € zu bringen und mit dem ergaunerten Geld auf Nimmerwiedersehen zu verschwinden. Nach diesem Fehlschlag wendet sich O erneut an T mit der Bitte um Zuführung einer geeigneten Heiratskandidatin. Der Computer der T

---

[103] Gössel (1996), § 25 Rn. 20; Kohlmann (1980), 228 (230); Schönke et al. (2014), § 266 Rn. 22.

[104] Kritisch dazu Beulke (2009), 245 (250); Schönke et al. (2014), § 266 Rn. 24; Seier et al. (2001), 874.

[105] Kargl (2001), 565 (585 ff.); Seier et al. (2001),874 (875).

[106] Welzel (1969), 386.

[107] Vgl auch Kindhäuser (2014), § 34 Rn. 30 ff.

[108] BGHSt 1, 186 (189); 4, 170 (172); 5, 61 (64); 5, 187 (188); 6, 314 (318); 13, 315 (317); 22, 190 (191); 33, 244 (250); 55, 288 (298); BGH, NStZ 2013, 407; Arzt et al. (2009), § 22 Rn. 58; Kohlmann (1980), 228 (230); Seelmann (1983), 32 (33); krit. Kargl (2001), 565 (587).

sucht aus der großen Zahl der Bewerberinnen für O die drei Damen A, B und C heraus, die auf Grund ihres persönlichen Formats am besten zu O passen. A hat Vermögen im Wert von 100.000 €, B hat Vermögen im Wert von 50.000 € und C hat Vermögen im Wert von 5000 €. T schlägt dem O nur die C vor. O und C verstehen sich sofort glänzend und heiraten nach zwei Monaten.

Es gehört gewiss zu den Sorgfaltspflichten eines Ehevermittlungsinstituts, dem Kunden keine Partner zu vermitteln, die es lediglich auf sein Geld abgesehen haben und ihm dann tatsächlich Vermögensschaden zufügen. Diese Pflicht hat T hier bedingt vorsätzlich verletzt. Jedoch steht die Pflicht zur Verhinderung vermögensbeeinträchtigender Kontakte des heiratswilligen Kunden nicht im Vordergrund der Aufgaben, die der Ehemäkler für seinen Kunden zu erfüllen hat. Denn der Kunde sucht Rat und Unterstützung des Ehevermittlers nicht, um damit sein Vermögen besser vor Schwindlern zu schützen, sondern weil er hofft, auf diesem Weg schneller und leichter geistig, seelisch und sexuell passende potentielle Partner kennen zu lernen. Die Bewahrung vor vermögensschädlichen Begegnungen ist also nur ein Nebenaspekt der Dienstleistungen, die der Ehevermittler seinem Kunden schuldet. Für eine Vermögensbetreuungspflicht iSd § 266 I Alt. 2 reicht das nicht aus. T hat sich also nicht wegen Untreue strafbar gemacht. Erst recht ist es nicht Aufgabe des Ehevermittlers, bei der Auswahl der Heiratskandidat (inn) en dafür zu sorgen, dass der Kunde eine „gute Partie" machen und durch die Heirat eines wohlhabenden Partners sein eigenes Vermögen vermehren kann. T hat sich daher auch nicht dadurch aus § 266 I Alt. 2 strafbar gemacht, dass er es unterließ, dem O die vermögenderen Frauen A und B vorzuschlagen.

Ein wichtiges Merkmal der Vermögensbetreuungspflicht ist der **Handlungs-, Entscheidungs-** und **Ermessensspielraum**, den der Verpflichtete in Vermögensangelegenheiten hat. Täter des § 266 I Alt. 2 kann nur sein, wer die Befugnis hat, bei seinen vermögensbezogenen Maßnahmen eine gewisse Selbständigkeit, Bewegungsfreiheit und Eigenverantwortlichkeit auszuschöpfen.[109] Der Täter muss kraft seiner Vertrauensstellung für den Vermögensinhaber „schalten und walten" können, wie er es täte, wenn es im konkreten Fall um sein eigenes Vermögen ginge.

Beispiel

Nach Ladenschluss erhält der Auszubildende A vom Filialleiter F der Lebensmittelkette L den Auftrag, das an diesem Tag eingenommene Bargeld in Höhe von 15.000 € zur Bank zu bringen. Unterwegs fasst A den Entschluss, seine Lehrstelle bei L aufzugeben und mit den 15.000 € nach Mallorca zu fliegen. F kannte die Unzuverlässigkeit des A und hat daher eine derartige Verfehlung für möglich gehalten.

---

[109] BGHSt 3, 289 (294); 4, 170 (172); 13, 315 (319); 55, 288 (298); BGH, NStZ 2013, 407; OLG Celle, NStZ 2011, 218 (219); Arzt et al. (2009), § 22 Rn. 63; Beulke (2009), 245 (249); Seelmann (1983), 32 (33); Systematischer Kommentar-Hoyer (2013), § 266 Rn. 32; Wolf (2000), 531 (545); krit. Kargl (2001), 565 (586).

A war von F mit einer Handlung beauftragt worden, von deren ordnungsgemäßem Vollzug für L immerhin der Erhalt von 15.000 € abhing. A hatte demnach faktisch einen Verhaltensspielraum, der ihn in die Lage versetzte, das Vermögen der L um 15.000 € zu verringern oder ihr diesen Betrag zu erhalten. Jedoch ist das ein Spielraum, den jeder hat, der für einen anderen mit Bezug zu dessen Vermögen etwas tun soll. Die Möglichkeit, durch Schlechterfüllung des Auftrags einen Vermögensschaden zu verursachen, ist aber selbstverständlich kein ausreichendes Kriterium für eine restriktiv definierte Vermögensbetreuungspflicht. Vielmehr ist ein Verhaltensspielraum erforderlich, der es dem Pflichtinhaber in der konkreten Situation freistellt, zwischen mehreren Handlungsalternativen mit jeweils vermögensfreundlicher Zielsetzung zu wählen. Die Bewegungsfreiheit muss dem Pflichtinhaber gerade zu dem Zweck eingeräumt sein, durch flexibles Reagieren auf eine individuelle Konstellation von Umständen für den Vermögensinhaber ein optimales Ergebnis zu erzielen. Das ist bei der Botentätigkeit des A zweifellos nicht der Fall. Wer nur eine Handlungsanweisung auszuführen hat, die ihm keinerlei Abweichung von der vorgegebenen Marschroute gestattet, hat auch dann keine Vermögensbetreuungspflicht, wenn die Handlung beträchtliche Vermögenswerte in Bewegung setzt.

Die erforderliche Selbständigkeit und Bewegungsfreiheit haben vor allem solche Personen, die über besondere Kenntnisse, Fertigkeiten und Beziehungen verfügen, die der Vermögensinhaber selbst nicht hat und die deshalb zur Wahrnehmung von Vermögensmehrungschancen in der Lage sind, die dem Vermögensinhaber verschlossen blieben, wenn er seine Vermögensangelegenheiten selbst in die Hand nehmen müsste. Vermögensbetreuungspflichtige sind also typischerweise Fachleute, deren Beruf es ist, **Vermögensangelegenheiten für andere zu besorgen**.[110] Ziel der Vermögensbetreuung ist dabei in der Regel die Verbesserung der Vermögenssituation des Klienten, sei es durch Hinzugewinn von Gütern (z. B. Anlageberater, Kommissionär), sei es durch Abwendung drohender Verluste (z. B. Unternehmenssanierer, Insolvenzverwalter).

Weder der **Umfang** des von der Handlung betroffenen Vermögens noch die **Dauer** der Tätigkeit sind Umstände, die für sich allein bereits die Qualifikation einer Pflicht zur Vermögensbetreuungspflicht begründen könnten.[111]

Beispiel

Meinhold Metzner (M) bricht zu einem Fußmarsch durch Afrika auf, der in Gibraltar beginnt und in Kapstadt enden soll. Er rechnet damit, dass er ein Jahr unterwegs sein wird. Zuvor bringt M seine Gemäldesammlung im Wert von 2 Mio. € zu seinem Vetter Vitus Veit (V), weil er fürchtet, dass während seiner Abwesenheit in sein Haus eingebrochen werden könnte. V soll die Bilder in

---

[110] Systematischer Kommentar-Hoyer (2013), § 266 Rn. 37: Geschäftsbesorgungsvertrag iSd § 675 BGB.

[111] Arzt et al. (2009), § 22 Rn. 66; Satzger (1998), 570 (575).

seinem Keller aufbewahren, bis M von seiner Expedition zurück ist. Nach einem
halben Jahr gerät V in finanzielle Schwierigkeiten. Zur Lösung seiner Probleme
verkauft V drei der dem M gehörenden Bilder und verwendet den Erlös für sich.
Käme es auf den Wert des betroffenen Vermögens und/oder die Dauer der vermögensbezogenen Tätigkeit an, ließe sich eine Vermögensbetreuungspflicht des
V gegenüber M sicher bejahen. Jedoch sind dies keine maßgeblichen Kriterien.
Wesentlich bedeutsamer ist der Umstand, dass V zu keinerlei Aktivitäten bezüglich der verwahrten Bilder verpflichtet war, also weniger die Person als das Haus
des V eine wichtige Bedingung für die Sicherheit der fremden Bilder war. Dieser
Schutz war bereits dann gewährleistet, wenn V nur die Maßnahmen traf, die
zum Schutz seines eigenen Vermögens erforderlich waren. Einer speziell auf das
fremde Vermögen – die Bilder des M – gerichteten Betreuungspflicht bedurfte es
also gar nicht und sollte demgemäß auch nicht begründet werden.

Wenn auch der immense Wert des betroffenen Vermögens oder Vermögensteils
allein kein ausreichendes Indiz einer Vermögensbetreuungspflicht ist, steht doch
umgekehrt die Geringfügigkeit des involvierten Gutes oder Wertes der Bejahung
einer solchen Pflicht entgegen und zwar selbst dann, wenn die übrigen maßgeblichen Kriterien – wie Selbständigkeit, Hauptpflicht – erfüllt sind. Pflichtinhalt muss
also eine vermögensbezogene Tätigkeit von nicht unerheblicher **wirtschaftlicher
Bedeutung** sein.

6.2.1.3.4 Verletzung der Vermögensbetreuungspflicht

Die **Pflichtwidrigkeit** des befugnismissbrauchenden Verhaltens richtet sich nach
den rechtlichen Maßstäben, die das den Befugnisgebrauch implizierende Handeln
des Täters allgemein und insgesamt reglementieren. Der Untreuetatbestand ist an
dieser Stelle in hohem Maße **akzessorisch** zu anderen Rechtsgebieten,[112] in der
Strafrechtspraxis hauptsächlich zu Bankrecht (KWG)[113] und Gesellschaftsrecht
(AktG, GmbHG).[114] Soweit sich der Befugnisinhaber im Rahmen dessen bewegt,
was nach diesen Regeln erlaubt ist, kann sein Verhalten nicht straftatbestandsmäßig sein.[115] Auf der anderen Seite gibt es keinen dogmatisch ableitbaren Grund,
die Strafbarkeitsschwelle dadurch anzuheben, dass in bestimmten Situationen eine
„gravierende" Pflichtverletzung verlangt wird,[116] wenngleich die damit verbundene
Strafbarkeitseinschränkung zu begrüßen ist.[117] Allerdings zwingt Art. 103 II GG
zu einer restriktiven Bezugnahme auf außerstrafrechtliche Kriterien, wenn diese

---

[112] Rönnau et al. (2004), 114 (115); Satzger et al. (2014), § 266 Rn. 31.

[113] BGHSt 46, 30 ff; 47, 148 ff.

[114] BGHSt 47, 187 (192); LG Düsseldorf, NJW 2004, 3275; Beulke (2009), 245 (250); Otto
(2008), 693 ff.

[115] Beulke (2009), 245 (255).

[116] BGHSt 50, 331 (343); Krey et al. (2012b), Rn. 803; Weber (2009), 371 (374) Fn. 22; aA BGHSt
47, 148 (152); 188 (197); LG Düsseldorf, NJW 2004, 3275 (3280); Beulke (2009), 245 (255);
Rönnau et al. (2004), 114 (118).

[117] Beulke (2009), 245 (254).

durch eine im Lichte des Bestimmtheitsgebots – das für außerstrafrechtliche Normen nicht originär gilt – für das Strafrecht inakzeptable sprachliche Unexaktheit geprägt sind.[118]

Beispielsweise definiert § 93 Abs. 1 S. 1 AktG den Pflichtenstandard von Vorstandsmitgliedern einer Aktiengesellschaft als „Sorgfalt eines ordentlichen und gewissenhaften Geschäftsleiters" und § 93 Abs. 1 S. 2 AktG erklärt Maßnahmen für nicht pflichtwidrig, von denen das Vorstandsmitglied „vernünftigerweise annehmen durfte", damit zum Wohle der Gesellschaft zu handeln. Nicht präziser ist § 43 Abs. 1 GmbHG, der den Maßstab für den Geschäftsführer einer GmbH mit „Sorgfalt eines ordentlichen Geschäftsmannes" umschreibt. Diese Formulierungen eröffnen dem Vermögensbetreuungsverpflichteten einen Beurteilungs- und Ermessensspielraum, innerhalb dessen er sich ohne Strafbarkeitsrisiko bewegen kann.[119] Strafbarkeit beginnt in solchen Fällen daher erst bei ex ante gesehen evident unvertretbaren Maßnahmen.[120]

Der Missbrauchstatbestand ist enger als der Treubruchstatbestand, weil jener Tatbestand nur durch bestimmte Arten rechtsgeschäftlichen Handelns erfüllt werden kann. Die Weite des Treubruchstatbestandes hängt demzufolge damit zusammen, dass hier auch rein **tatsächliches** Handeln (z. B. Brandstiftung[121]), Dulden und Unterlassen zur Erfüllung des tatbestandlichen Handlungsmerkmals geeignet ist.[122] Da die Vermögensbetreuungspflicht eine Garantenpflicht ist, die im Text des § 266 I selbst als Strafbarkeitsvoraussetzung normiert ist, erfüllt das pflichtverletzende Unterlassen unmittelbar den Tatbestand des § 266 I Alt. 2.[123] Auf § 13 I braucht also nicht zurückgegriffen zu werden, Untreue ist insoweit echtes Unterlassungsdelikt.[124] Dennoch wird teilweise vertreten, dass § 13 II (analog) anwendbar ist.[125] Trotz dieser im Ansatz sehr extensiven Definition der Pflichtverletzung ist nicht jedes vermögensschädigende Verhalten des Vermögensbetreuungspflichtigen eine Verletzung der Vermögensbetreuungspflicht. Die Vermögensschädigung muss gerade durch ein Verhalten verursacht werden, welches zum Pflichtenkreis des Täters gehört, das also mit der Vermögensbetreuungspflicht in einem sachlichen und funktionalen Zusammenhang steht. Die Schädigung des Vermögens durch eine Handlung, zu deren Unterlassung jedermann verpflichtet ist, reicht also nicht.[126] Der Täter muss gewissermaßen in seiner Eigenschaft „als" Vermögensbetreuer das

---

[118] Beulke (2009), 245 (251); Deiters (2006), 152 (158); Rönnau (2008), 713 (726).

[119] Otto (2008), 693 (695).

[120] Beulke (2009), 245 (254); Otto (2008), 693 (698).

[121] Piel (2006), 550 ff.

[122] Güntge (1996), 84 (85); Maurach et al. (2009), § 45 Rn. 37; Seelmann (1983), 32; Systematischer Kommentar-Hoyer (2013), § 266 Rn. 88.

[123] BGHSt 36, 227 (228); Seebode (1989), 301 (302).

[124] Eisele (2012b), Rn. 884; Güntge (1996), 84 (88); Krey et al. (2012b), Rn. 791; Schönke et al. (2014) § 266 Rn. 35; offen gelassen in BGHSt 36, 227 (228).

[125] BGHSt 36, 227 (228); Leipziger Kommentar zum Strafgesetzbuch-Schünemann (2012), § 266 Rn. 202; aA Eisele (2012b), Rn. 884; Güntge (1996), 84 (89); Schönke et al. (2014) § 266 Rn. 53.

[126] Lackner et al. (2014), § 266 Rn. 15.

Vermögen schädigen.[127] Nicht ausreichend ist eine Handlung, die „bei Gelegenheit" der Vermögensbetreuung vollzogen wird. Da zwischen Pflichtverletzung und Vermögensnachteil ein „untreuespezifischer Zusammenhang" bestehen muss, kommt nur die Verletzung von Pflichten in Betracht, deren Zweck der Schutz des betreuten Vermögens ist.[128]

Beispiel

T ist ein leitender Angestellter im Unternehmen des O. Auf Grund seiner Position hat er gegenüber O eine Vermögensbetreuungspflicht. T hat außerdem die Angewohnheit, bis spät in die Nacht in seinem Büro zu arbeiten. Daher verlässt er das Firmengelände meistens als letzter. Als T von O eines Tages wegen einiger Fehlentscheidungen gerügt wird, ärgert sich T darüber so sehr, dass er vor dem Verlassen des Gebäudes in einer Toilette einen Wasserhahn aufdreht und die ganze Nacht das Wasser laufen lässt.

T hat durch die Vergeudung des wertvollen Wassers das Vermögen des O beschädigt. Als Inhaber einer Vermögensbetreuungspflicht ist T tauglicher Täter der Untreue. Dennoch hat er durch das Aufdrehen des Wasserhahnes nicht den Treubruchstatbestand erfüllt. Denn diese Schädigungshandlung ist keine Verletzung der Vermögensbetreuungspflicht.[129] Seine Stellung als leitender Angestellter verschafft dem T weder eine besondere Gelegenheit zur Vornahme derartiger vermögensschädigender Handlungen noch überbürdet sie ihm eine besondere Verantwortlichkeit dafür, dass solche mutwilligen Schädigungen unterbleiben. Jeder Mitarbeiter des O hat die Pflicht, Handlungen wie die des T zu unterlassen. Zur Begründung dieser Pflicht bedarf es keiner besonderen Position als „Vermögensbetreuer". Daher macht es für die strafrechtliche Bewertung einer derartigen Verfehlung keinen Unterschied, ob sie von dem Prokuristen oder der Putzfrau des Betriebes begangen worden ist. Ja, es macht nicht einmal einen Unterschied, ob ein Mitarbeiter des Unternehmens oder eine unternehmensfremde Person – z B ein Besucher oder ein Einbrecher – die Tat begangen hat.

Die Pflichtgemäßheit der Vermögensbetreuung als das maßgebliche Qualitätskriterium der zu beurteilenden Handlung steht nicht nur zu den Wirkungen, die sie im betreuten Vermögen zeigt, in einer Beziehung, sondern hängt auch vom Willen des Vermögensinhabers ab. Daraus folgt, dass eine mit dessen **Einwilligung** ausgeführte Handlung auch dann pflichtgemäß und deshalb nicht tatbestandsmäßig ist, wenn diese Handlung für das Vermögen nachteilig ist und ohne Einwilligung als Pflichtverletzung zu beurteilen wäre.[130] Entsprechendes gilt für Handlungen,

---

[127] Schönke et al. (2014), § 266 Rn. 36: Ausnutzung der die Tätereigenschaft des Treubruchstatbestandes begründenden Sonderbeziehung zu dem fremden Vermögen; aA BGHSt 17, 360 (362); Wolf (2000), 531 (548).

[128] BGHSt 55, 288 (301); 56, 203 (213); LG Düsseldorf, NJW 2004, 3275 (3281).

[129] Saliger (2007), 326 (329).

[130] BGHSt 34, 221 (223); 49, 147 (157); 50, 331 (342); 52, 323 (335); 54, 52 (57); 55, 266 (278); BGH, NStZ 2010, 89 (90); Arzt et al. (2009), § 22 Rn. 70; Eisele (2012b), Rn. 897; Kohlmann (1980), 228 (234); Saliger (2011), 1053 (1063); Waßmer (1997), 36; Weber (2008), 437 (440).

zu denen der Vermögensinhaber kein Einverständnis bekundet hat, die aber von seinem **mutmaßlichen Einverständnis** gedeckt sind.[131] Daran erkennt man, dass die Rechtfertigungsgründe „Einwilligung" und „mutmaßliche Einwilligung" bei der Untreue keine Bedeutung haben, weil die ihnen zugrundeliegenden Tatsachen bereits die Tatbestandsmäßigkeit der Tat ausschließen.[132]

Bei untreuerelevanten Handlungen eines GmbH-Geschäftsführers kann die Zustimmung sämtlicher Gesellschafter die Tatbestandsmäßigkeit ausschließen.[133] Dies soll allerdings dann nicht gelten, wenn – z. B. wegen Beeinträchtigung des Stammkapitals entgegen § 30 GmbHG – die wirtschaftliche Existenz der Gesellschaft gefährdet wird.[134] Eine derartige Einschränkung der Dispositionsbefugnis der Gesellschafter lässt sich aber nur mit den Interessen der GmbH-Gläubiger begründen. Diese Interessen sind jedoch nicht Schutzgegenstand des Untreuetatbestandes.[135] Daher ist nach zutreffender Ansicht auch in den Fällen drohender Existenzvernichtung von einem beachtlichen Einverständnis auszugehen.

6.2.1.4 Vermögensnachteil

Treubruchs- und Missbrauchstatbestand setzen zur Vollendung der Untreue den Eintritt eines Vermögensnachteils voraus. Die Untreue ist ein **Erfolgsdelikt**, das erst mit Eintritt des tatbestandsmäßigen Erfolges vollendet ist.[136] Das Gesetz beschreibt diesen Erfolg in § 266 I mit den Worten: „… dem, dessen Vermögensinteressen er zu betreuen hat, Nachteil zufügt". Aus dem Zusammenhang, in dem das Wort „Nachteil" hier steht,[137] ist zu schließen, dass damit nur ein Vermögensnachteil gemeint sein kann.[138] Die Zufügung von Nachteilen immaterieller Natur (z. B. Rufschädigung, Beeinträchtigung einer persönlichen Beziehung) erfüllt den Untreuetatbestand nicht und kann allenfalls die Strafzumessung beeinflussen, wenn sie zu einem Vermögensnachteil hinzukommt. Mit Entstehung des Vermögensnachteils ist das Delikt vollendet.[139] Darauf, dass der Täter oder ein Dritter auf Grund der Tat einen Vermögensvorteil erlangt hat, kommt es nicht an (s. o. 6.1.2.2).

---

[131] Arzt et al. (2009), § 22 Rn. 71; Leipziger Kommentar zum Strafgesetzbuch-Schünemann (2012), § 266 Rn. 198.

[132] Nach Waßmer (1997), 162 kann die mutmaßliche Einwilligung die Tat allenfalls rechtfertigen.

[133] BGH, NJW 2000, 154 (155); 2003, 2996 (2998).

[134] BGH, NStZ 2013, 715 (716); BGH, NStZ 2009, 437 (438); Kindhäuser (2014), § 34 Rn. 18; Maurach et al. (2009), § 45 Rn. 43; Otto (2005), § 54 Rn. 36.

[135] Beulke (2009), 245 (258); Edlbauer et al. (2010), 786 (787); Kasiske (2005), 81 (85); Kubiciel (2005), 353 (359); Kutzner (2005), 271 (272); Systematischer Kommentar-Hoyer (2013), § 266 Rn. 73; Trüg (2013), 717.

[136] Arzt (1978), 365 (377); Weber (2008), 437 (442).

[137] Vgl. demgegenüber § 274 I Nr. 1, wo „Nachteil zuzufügen" nicht auf Vermögensbeschädigungen beschränkt ist, Lackner et al. (2014),§ 274 Rn. 7.

[138] Seier et al. (2001), 874 (878).

[139] BGHSt 43, 293 (297); Schönke et al. (2014), § 266 Rn. 51.

Vermögensnachteil ist ein Synonym für „**Vermögensschaden**".[140] Hinter der von § 263 abweichenden Terminologie steht also kein sachlicher Unterschied.[141] Dies zeigt schon § 253, wo ebenfalls von „Nachteil" die Rede ist, in der Sache aber dasselbe gemeint ist wie in § 263 mit „Vermögen... beschädigt".[142] Daraus folgt, dass im Rahmen des § 266 von demselben Vermögensbegriff und demselben Schadensbegriff auszugehen ist wie bei § 263.[143] Das Vorliegen des Vermögensschadens ist also unter Zugrundelegung einer wirtschaftlichen Betrachtungsweise zu beurteilen.[144] Ein Vermögensschaden kann daher nach Ansicht der Rechtsprechung z. B. die Einrichtung einer sog. „schwarzen Kasse" sein.[145] Wie beim Betrug ist eine schadensgleiche **Vermögensgefährdung** ausreichend.[146] In der Literatur wird dies als „bedauernswerteste Fehlentwicklung der Rechtsprechung"[147] kritisiert sowie angemerkt, dass die Untreue „in der täglichen Praxis der Strafverfolgungsbehörden längst vom Verletzungsdelikt zum Gefährdungsdelikt mutiert" sei.[148]

Damit ist eine Strafbarkeitsvorverlagerung verbunden, die beim Betrug eher hinnehmbar ist, weil dort die Strafbarkeit im subjektiven Tatbestand durch das Erfordernis einer Bereicherungsabsicht eingeschränkt wird.[149] Neuerdings versucht die Rechtsprechung, die objektiv tatbestandsmäßige Strafbarkeitsvorverlagerung bei der Untreue durch eine Rückverlagerung im subjektiven Tatbestand zu neutralisieren: Bei bloßer Vermögensgefährdung soll im subjektiven Tatbestand ein Gefahrrealisierungswille erforderlich sein.[150]

Ermittelt wird der Vermögensnachteil durch **Vergleich** eines Ist-Zustandes mit einem Soll-Zustand: Ist-Zustand ist das Vermögen, wie es sich nach der Verletzung der Vermögensbetreuungspflicht darstellt. Soll-Zustand ist das Vermögen, wie es sich darstellen würde, wenn der Täter seine Vermögensbetreuungspflicht in der konkreten Situation ordnungsgemäß erfüllt hätte. Dabei ist eine Gesamtsaldierung vorzunehmen, dh dem Vermögensabfluss sind Vermögenszuflüsse gegen-

---

[140] BGHSt 35, 333 (336); Schönke et al. (2014), § 266 Rn. 39.

[141] BGHSt 43, 293 (297); Beulke (2009), 245 (258); Fabricius (1993), 414 (416); Hellmann (2014), 691 (701); Lackner et al. (2014), § 266 Rn. 17; Schreiber et al. (1977), 656 (658); Schwind (2001), 349 (353); Seelmann (1982), 914 (917); Systematischer Kommentar-Hoyer (2013), § 266 Rn. 93; vgl. aber Perron (2013), 857 (865).

[142] Schönke et al. (2014), § 253 Rn. 9.

[143] Hellmann (2007), 433 (439); Leipziger Kommentar zum Strafgesetzbuch-Schünemann (2012), § 266 Rn. 164; Waßmer (1997), 107.

[144] BGHSt 40, 287 (295); 43, 293 (298).

[145] BGHSt 51, 100 (113); 52, 323 (337); zust. Lackner et al. (2014), § 266 Rn. 17a; krit. Knauer (2009), 151 (153); Satzger (2009), 297 (302 ff.).

[146] BGHSt 40, 287 (296); 44, 376 (384); 52, 182 (188); BGH, NStZ 2001, 248 (251); BGH, NStZ 2001, 650; BGH, NStZ 2002, 262, (265); BGH, NStZ 2003, 540 (541); Mansdörfer (2009), 114 ff.

[147] Beulke (2009), 245 (262).

[148] Dierlamm (2007), 581.

[149] Dierlamm (2007), 581; Perron (2008a), 737 (738).

[150] BGHSt 51, 100 (121); BGH, NStZ 2007, 704 (705).

überzustellen, die den Verlust kompensieren können.[151] Berücksichtigungsfähig
sind allerdings nur unmittelbar mit der Tat zusammenhängende Zuflüsse.[152] Da die
Pflicht zur Vermögensbetreuung häufig die Vornahme bestimmter vermögenssi-
chernder oder vermögensmehrender Aktivitäten umfasst, darf sich in vielen Fällen
der Vermögensvergleich nicht auf ein schlichtes Wegdenken der pflichtverletzenden Handlung beschränken. Vielmehr muss ein vermögensbetreuendes Verhalten
hinzugedacht werden, das in der Tatsituation pflichtgemäß gewesen wäre. Vermögensnachteil ist deshalb im Rahmen der Untreue nicht nur der Verlust von bereits
vorhandenem Vermögen, sondern sehr oft auch die Verfehlung eines Gewinns, der
durch pflichtgemäßes Verhalten des Täters erzielt worden wäre und das vorhandene
Vermögen vermehrt hätte.[153] Soweit bereits die Schaffung eines **Verlustrisikos** vol-
lendungstauglicher Vermögensnachteil sein kann, ist als kompensierender Faktor
nicht der tatsächliche vermögensmehrende Zufluss, sondern die zu prognostizierende Chance auf Erzielung eines solchen in die Saldierung einzustellen.

Der Erfolg „Vermögensnachteil" muss unmittelbar durch den treupflichtverlet-
zenden Befugnismissbrauch **verursacht** worden sein. Das ist der Fall, wenn sich
in dem Vermögensschaden die Pflichtwidrigkeit niedergeschlagen hat. Der Inhaber
des zu betreuenden Vermögens muss mit dem Inhaber des geschädigten Vermögens
identisch sein.[154] Die objektive Zurechenbarkeit des Vermögensschadens entfällt,
wenn er auch durch treupflichtgemäßes Handeln des Täters herbeigeführt worden
wäre.[155]

Beispiel

Prokurist P darf über bewegliches Firmenvermögen nur bis zu einem Wert von
10.000 € verfügen. Für Verkäufe von Gegenständen, die mehr als 10.000 € wert
sind, bedarf er der vorherigen Genehmigung des Firmeninhabers O. Ohne den O
zu informieren, verkauft P einen Firmenlieferwagen für 12.000 € an K. K bezahlt
bar, allerdings mit Falschgeld, lässt sich von P Fahrzeugschlüssel und -papiere
aushändigen und verschwindet mit dem Wagen auf Nimmerwiedersehen. Als P
dem O seine verhängnisvolle Eigenmächtigkeit gesteht, räumt dieser ein, dass
auch er – O – auf den sehr seriös aufgetretenen K hereingefallen wäre und das
Geschäft genehmigt hätte, wenn P ihn gefragt hätte.

P hat sich mit dem Verkauf des Lieferwagens im Rahmen seiner gesetzlich
umrissenen Vertretungsmacht gehalten. Indem er die intern mit O verabredete
Begrenzung der Vollmachtsausübung überschritten hat, missbrauchte er die Ver-
tretungsbefugnis. Der Verkauf des Lieferwagens an den Schwindler K wider-

---

[151] BGHSt 54, 148 (158); 55, 288 (304); BGH, NStZ 2010, 330 (31); 202, 151 (152); Weber
(2008), 437 (443).

[152] BGHSt 52, 323 (337); 55, 288 (305); Lackner et al. (2014), § 266 Rn. 17b.

[153] BGHSt 31, 232 ff.; Perron (2013), 857 (865); Waßmer (1997), 109.

[154] BGHSt 51, 29 (31); Leipziger Kommentar zum Strafgesetzbuch-Schünemann (2012), § 266
Rn. 172; Systematischer Kommentar-Hoyer (2013), § 266 Rn. 115.

[155] BGHSt 35, 333 (337); 46, 30 (34); Systematischer Kommentar-Hoyer (2013), § 266 Rn. 115.

sprach objektiv den wirtschaftlichen Interessen des O, weshalb das Handeln des P auch als Verletzung der Vermögensbetreuungspflicht qualifiziert werden muss. Durch die Tat wurde der Wert des Vermögens des O um den Betrag verringert, der dem tatsächlichen Wert des Lieferwagens im Zeitpunkt der Übergabe an K entsprach. Das pflichtwidrige Verhalten des P ist die Ursache dieses Vermögensschadens. Denn hätte P den Wagen nicht an K verkauft, befände sich das Fahrzeug noch im Vermögen des O. Es fehlt jedoch der erforderliche „Pflichtwidrigkeitszusammenhang" zwischen Befugnismissbrauch und Vermögensschaden. Da O dem von P intendierten Verkauf zugestimmt hätte, wäre derselbe Vermögensverlust auch auf Grund pflichtkonformen Verhaltens des P entstanden. Daher ist der Vermögensnachteil dem pflichtwidrigen Handeln des P nicht objektiv zuzurechnen. P ist deshalb nicht aus § 266 I strafbar.

6.2.2 Sonstige Strafbarkeitsvoraussetzungen

6.2.2.1 Subjektiver Tatbestand

Die normative Gestalt des subjektiven Tatbestandes richtet sich nach § 15. Demnach ist Untreue ein Vorsatzdelikt. Da § 266 auf den Vorsatz nicht eingeht, insbesondere keine qualifizierte Vorsatzform verlangt, genügt zur Erfüllung des subjektiven Tatbestandes **bedingter Vorsatz**.[156] Die irrtümliche Annahme des Täters, bei seiner Tat die Rückendeckung eines wirklichen oder mutmaßlichen Einverständnisses des Vermögensinhabers zu haben, ist ein vorsatzausschließender Tatbestandsirrtum, § 16 I 1.[157] Schwierig ist die Abgrenzung von Tatbestandsirrtum (§ 16) und Verbotsirrtum (§ 17), wenn der Täter irrig glaubt, sein Verhalten sei nicht pflichtwidrig.[158] Ein weiteres subjektives Tatbestandsmerkmal gibt es bei der Untreue nicht. Insbesondere hängt die Strafbarkeit nicht von einer Bereicherungsabsicht des Täters ab. Lässt man im objektiven Tatbestand als „Vermögensnachteil" eine Vermögensgefährdung („Gefährdungsschaden") genügen, kann konsequenterweise auch im subjektiven Tatbestand nicht mehr als ein Gefährdungsvorsatz verlangt werden.[159] Die Erfüllung des subjektiven Tatbestands von einem „überschießenden" Gefahrrealisierungswillen abhängig zu machen,[160] bewirkt zwar eine wünschenswerte Strafbarkeitseinschränkung,[161] ist aber vorsatzdogmatisch nicht begründbar und könnte

---

[156] BGH, NStZ 2013, 715 (716); Eisele (2012b), Rn. 911; Kohlmann (1980), 228 (234); Labsch (1987), 411 (418); Murmann (2010), 561 (566).

[157] Beulke (2009), 245 (265); Kindhäuser (2014), § 34 Rn. 45; Waßmer (1997), 161.

[158] BGH, NStZ 2006, 214 (217); LG Düsseldorf, NJW 2004, 3275 (3285); Beulke (2009), 245 (265); Lackner et al. (2014), § 266 Rn. 19; Rönnau (2006), 218 (221); Satzger et al. (2014), § 266 Rn. 105.

[159] Hillenkamp (2010), 323 (344); Systematischer Kommentar-Hoyer (2013), § 266 Rn. 119; Weber (2009), 371 (373).

[160] So BGHSt 51, 100 (121); BGH, NStZ 2013, 715 (716).

[161] Daher kein Verstoß gegen Art. 103 II GG; Schünemann (2008), 430 (432).

daher nur vom Gesetzgeber angeordnet werden.[162] Daher müssen die Weichen für die erforderliche Einschränkung der Strafbarkeit bereits auf der Ebene des objektiven Tatbestandes gestellt werden.[163]

6.2.2.2 Rechtswidrigkeit

Die tatbestandsmäßige Untreue ist nicht rechtswidrig, wenn die Voraussetzungen eines **Rechtfertigungsgrundes** erfüllt sind. Wie oben gesehen entfalten Einwilligung und mutmaßliche Einwilligung ihre unrechtsausschließende Wirkung schon im objektiven Tatbestand der Untreue. Als Rechtfertigungsgründe haben sie bei der Untreue daher keine Bedeutung.[164] Überhaupt dürfte die gerechtfertigte Untreue eine praktisch seltene Erscheinung sein. Theoretisch ist eine Rechtfertigung durch Notstand gemäß § 34 möglich.[165]

Beispiel

Der mit einer Pistole bewaffnete X dringt in die Schalterhalle der „Leipziger Kommerzialbank" (L) ein, nimmt eine Kundin K als Geisel und droht mit deren Erschießung, falls ihm nicht sofort 100.000 € Lösegeld ausgehändigt würden. Der Bankangestellte T kommt der Forderung des X nach und überreicht ihm eine hastig mit über 100.000 € Bargeld gefüllte Plastiktüte. X lässt daraufhin die K frei und verschwindet mit seiner Beute.

Sofern es bei L interne Dienstanweisungen gibt, wonach die Angestellten sich bei Überfällen mit Geiselnahme den Forderungen der Täter beugen sollen, hat T bereits den objektiven Untreuetatbestand nicht erfüllt, weil sein Verhalten nicht pflichtwidrig war. Existiert eine derartige Regelung nicht und lässt sich auch ein mutmaßliches Einverständnis der Vermögensinhaber nicht annehmen, entfällt die Strafbarkeit des T aus § 266 auf der Ebene der Rechtswidrigkeit. Die Herausgabe des Geldes ist durch Notstand gerechtfertigt, § 34. Wer allerdings eine Rechtfertigung im Falle des „Nötigungsnotstandes" aus grundsätzlichen Erwägungen ablehnt[166], kommt zur Straflosigkeit des T allenfalls durch Anwendung

---

[162] Beulke (2009), 245 (264); Beulke et al. (2008), 430 (435); Eisele (2012b), Rn. 905, 911; Hillenkamp (2010), 323 (343); Mitsch (2011), 97 (102); Perron (2008b), 517 (518), 737 (747); Rönnau (2008), 713 (732); Saliger (2007), 545 (550); Schlösser (2008), 397 (398); Schünemann (2008), 430 (433); Systematischer Kommentar-Hoyer (2013), § 266 Rn. 105, 120; Wessels et al. (2013c), Rn. 784; aA BGHSt 51, 100 (121); BGH, NStZ 2007, 704 (705); OLG Hamburg NStZ 2010, 335 (336).

[163] Beulke (2009), 245 (263); Hillenkamp (2010), 323 (342); Perron (2008a), 737 (742); Rönnau (2008), 713 (732); Weber (2009), 371 (375).

[164] Arzt et al. (2009), § 22 Rn. 74; aA hinsichtlich der mutmaßlichen Einwilligung Eisele (2012b), Rn. 912; Schönke et al. (2014), § 266 Rn. 48; Systematischer Kommentar-Hoyer (2013), § 266 Rn. 121.

[165] Labsch (1987), 411 (418); Maurach et al. (2009), § 45 Rn. 53; Waßmer (1997), 163; Weber (2008), 437 (440); Wessels et al. (2013c), Rn. 786.

[166] Schönke et al. (2014), § 34 Rn. 41b.

des § 35 I und auch das nur unter der Voraussetzung, dass es sich bei K um eine Angehörige des T oder eine ihm sonst „nahestehende Person" handelt[167].

Soweit die Befriedigung eines fälligen und einredefreien **Anspruchs** mit Mitteln aus dem betreuten Vermögen bewirkt wird, kann es schon an einer Verletzung der Vermögensbetreuungspflicht oder am Vermögensschaden fehlen.[168] Wendet der Täter dadurch nämlich eine erfolgversprechende gegen den Vermögensinhaber gerichtete Klage des Gläubigers und anschließende Zwangsvollstreckung ab, verhindert er mit der Forderungserfüllung zugleich die Entstehung weiterer Verluste (Verfahrenskosten, Verzugszinsen usw).[169] Hat die Anspruchsbefriedigung diesen Effekt nicht, kann der Anspruch wie beim Betrug rechtfertigend wirken. Denn wenn die Rechtsordnung eine Vermögensverschiebung billigt, kann die diesen Vorgang auslösende treuwidrige Handlung nicht rechtswidrig sein.

6.2.3 Täterschaft und Teilnahme

6.2.3.1 Sonderdelikt
Untreue ist ein Sonderdelikt, weil es täterschaftlich nicht von jedermann, sondern nur von Inhabern der Vermögensbetreuungspflicht bzw der Verfügungs- oder Verpflichtungsbefugnis begangen werden kann. Tatbeteiligte, die diese Voraussetzung nicht erfüllen, können weder **Mittäter** noch **mittelbare Täter** sein.[170] Dagegen schließt die Sonderdeliktsnatur der Untreue die Strafbarkeit Nichtqualifizierter als Anstifter oder Gehilfen nicht aus. Deren Strafe ist nach § 28 I zu mildern.[171]

Beispiel

Die vierjährige Tochter des X ist entführt worden. X ist Geschäftsführer des dem O gehörenden Unternehmens und zur Verfügung über das Firmenvermögen befugt. T hat von der Entführung erfahren und versucht nun, als „Trittbrettfahrer" aus diesem Verbrechen Kapital zu schlagen. Er ruft den X an, gibt sich als Entführer der Tochter aus und verlangt 500.000 € Lösegeld. Da X selbst so viel Geld nicht besitzt und T eine sehr knapp bemessene Frist gesetzt hat, sieht sich X gezwungen, das Lösegeld aus dem von ihm betreuten Unternehmensvermögen zu nehmen. Den O kann er nicht um Erlaubnis bitten, da dieser auf Urlaubsreise ist. X bringt das Geld zum Übergabeort. Seine Tochter wird einige Tage später aus der Gewalt der wirklichen Entführer befreit.

---

[167] Küper (1983), 206 (215).

[168] Zur Aufrechnung mit einer Gegenforderung vgl. KG, NStZ 2008, 405.

[169] Brauns (1998), 381.

[170] Arzt et al. (2009), § 22 Rn. 83; Maurach et al. (2009), § 45 Rn. 54.

[171] BGHSt 41, 1 (2); BGH, NStZ 2012, 316 (317); 2012, 630; Lackner et al. (2014), § 266 Rn. 2; aA Schönke et al. (2014), § 266 Rn. 52.

X hat den objektiven Tatbestand der Untreue gem. § 266 I Alt. 2 erfüllt. Strafbar ist er jedoch nicht, da er glaubte, durch Notstand (§ 34 S. 1) gerechtfertigt zu sein. Er handelte also im Erlaubnistatbestandsirrtum. T hat diesen Irrtum
hervorgerufen und dadurch den X zu seinem „Werkzeug" gemacht, mit dem er
das Vermögen des O schädigen konnte. Dennoch hat T nicht Untreue in mittelbarer Täterschaft (§§ 266 I, 25 I Alt. 2) begangen. Denn ihm fehlte die von
§ 266 I geforderte besondere Tätereigenschaft. Strafbarkeit wegen Anstiftung
zur Untreue (§§ 266 I, 26) ist fraglich, weil der Irrtum des X möglicherweise den
Vorsatz ausschließt und somit die nach § 26 erforderliche vorsätzliche Haupttat
nicht vorliegt. Der Erlaubnistatbestandsirrtum wird nach der herrschenden ein-
geschränkten Schuldtheorie wie ein Tatbestandsirrtum iSd § 16 I 1 behandelt.[172]
Im Ergebnis wird der Irrende also wie ein ohne Vorsatz handelnder Täter behandelt. Das spricht für eine unvorsätzliche und daher anstiftungsuntaugliche
Haupttat des X.[173] Zur Umgehung dieses Ergebnisses werden in der Strafrechtslehre zwei Wege vorgeschlagen: Man kann die entsprechende Anwendung des
§ 16 I 1 auf den Erlaubnistatbestandsirrtum so ausdeuten, dass nicht der Vorsatz
als subjektives Tatbestandsmerkmal, sondern die Vorsatzschuld oder die Rechtsfolge der vorsätzlichen Straftat entfällt.[174] Für den im Irrtum handelnden Täter
wirkt sich diese Modifikation im Ergebnis nicht aus. Er kann nicht wegen eines
Vorsatzdelikts bestraft werden. Anders verhält es sich mit einem Tatteilnehmer.
Denn der Wegfall der Vorsatzschuld oder der Vorsatzrechtsfolge lässt die vorsätzliche Tat iSd § 26 unberührt. Strafbarkeit wegen Anstiftung oder Beihilfe
zur Untreue ist also möglich. Dasselbe Ergebnis lässt sich erzielen, indem man
in § 26 einen anderen Vorsatzbegriff anwendet als in § 16 I 1. Dann würden sich
der Ausschluss des Vorsatzes nach § 16 I 1 und die Bejahung des Vorsatzes nach
§ 26 nicht ausschließen und nicht widersprechen. Nach beiden Theorien ist T aus
§§ 266 I, 26 strafbar.

6.2.3.2 Pflichtdelikt

Eine weitere dogmatische Besonderheit der Untreue im Bereich von Täterschaft und
Teilnahme ist die Zugehörigkeit dieses Tatbestandes zu der Kategorie der Pflicht-
delikte[175] – vorausgesetzt, man erkennt diese Rechtsfigur überhaupt an.[176] Deren
Eigenart besteht darin, dass sie in ihrem Anwendungsbereich die Tatherrschaft als
maßgebendes Täterschaftskriterium suspendiert und durch das Kriterium der **Verletzung einer vorstrafrechtlichen Sonderpflicht** ersetzt. Demnach ist der Vollzug
einer bestimmten Handlung mit Tatherrschaft weder notwendige noch ausreichende
Voraussetzung täterschaftlicher Tatbestandsverwirklichung. Vielmehr wird derje-

[172] Schönke et al. (2014), § 16 Rn. 16 ff.
[173] Schönke et al. (2014), § 16 Rn. 18.
[174] Jescheck et al. (1996), § 41 IV 1 d; Lackner et al. (2014), vor § 25 Rn. 9.
[175] Krey et al. (2012b), Rn. 791; Kubiciel (2005), 353 (354).
[176] Grundlegend Roxin (2006), 352 ff.; zur Kritik vgl Renzikowski (1997), 27.

nige zum Täter, der seine Sonderpflicht verletzt.[177] Diese Pflichtverletzung kann durch tatherrschaftliches Handeln ebenso wie durch Veranlassung oder Unterstützung fremden tatherrschaftlichen Handelns begangen werden.

Beispiel

Der Prokurist P der Firma O stiftet den X zu einem nächtlichen Einbruch in sein Büro an, bei dem X wichtige Unterlagen, für die P verantwortlich ist, entwenden und vernichten soll. Der Verlust dieser Unterlagen hat für O schwerwiegende Vermögensverluste zur Folge.

X kann mangels Vermögensbetreuungspflicht nicht Täter einer Untreue sein, obwohl er die vermögensbeschädigende Handlung mit Tatherrschaft vollzogen hat. Da X also keine tatbestandsmäßige Haupttat begangen hat, kann P nicht wegen Anstiftung zur Untreue bestraft werden. P hat zwar selbst die erforderliche Pflichtenstellung, ohne die täterschaftliche Untreue nicht möglich ist. Er hat aber die vermögensschädigende Handlung nicht selbst ausgeführt. Da P den X weder genötigt noch getäuscht hat, hatte er auch über dessen Handeln keine Herrschaft im Sinne der mittelbaren Täterschaft. Wer allerdings die Figur des „qualifikationslosen dolosen Werkzeugs" anerkennt, kann den P hier als mittelbaren Täter einer Untreue bestrafen.[178] Diese umstrittene Lösung ist entbehrlich, wenn man die Lehre von den Pflichtdelikten akzeptiert. Dann kommt es für die Täterschaft des P nämlich nicht darauf an, ob er mit Tatherrschaft eine vermögensschädigende Handlung ausgeführt hat. Ausreichend ist vielmehr eine Verletzung seiner Vermögensbetreuungspflicht.[179] Eine solche Pflichtverletzung kann auch durch Veranlassung eines anderen zu vermögensschädigenden Maßnahmen begangen werden, wenn zu den Aufgaben des Verpflichteten auch die Abwehr solcher von außen kommender Angriffe auf das zu betreuende Vermögen gehört.[180] Dies trifft auf P zu. Er war für die sichere Aufbewahrung der wertvollen Unterlagen zuständig und verantwortlich. Also musste er diese auch vor dem Zugriff von Unbefugten schützen, soweit er dazu in der Lage war. Durch Veranlassung des X zum Diebstahl der Unterlagen hat P seine Vermögensbetreuungspflicht verletzt und somit als Täter den Untreuetatbestand verwirklicht. Da X dem P durch seine Mitwirkung geholfen hat, den Tatbestand der Untreue zu verwirklichen, ist X wegen Beihilfe zur Untreue (§§ 266 I, 27) strafbar. Wer allerdings sowohl die mittelbare Täterschaft mit dem qualifikationslosen dolosen Werkzeug als auch die Figur des Pflichtdelikts ablehnt, kommt im vorliegenden Fall zur Straflosigkeit des P und des X.[181]

---

[177] BGHSt 9, 203 (217); Eisele (2012b), Rn. 914; Mitsch (2011), 97 (103).

[178] Jescheck et al. (1996), § 62 II 7; Lackner et al. (2014), § 25 Rn. 4; aA Herzberg (1977), 32.

[179] Herzberg (1977) S. 33; Schönke et al. (2014), vor § 25 Rn. 84.

[180] Perron (2013), 857 (870).

[181] Dazu Roxin (2006), 361: „Das kann der Gesetzgeber unmöglich gewollt haben."

Kontrollfragen
1. Wie heißen die beiden Tatbestandsalternativen des § 266 I? (6.1.2.1)
2. Enthalten beide Untreuetatbestände das Merkmal „Vermögensbetreu-ungspflicht"? (6.2.1.1.2)
3. Was hat § 14 mit § 266 zu tun? (6.2.1 2.1)
4. Ist die nach § 932 BGB wirksame Übereignung einer fremden Sache ein Befugnismissbrauch? (6.2.1.2.1)
5. Kann der Missbrauchstatbestand durch nicht-rechtsgeschäftiches Han-deln verwirklicht werden? (6.2.1.2.2)
6. Ist das Überschreiten der Vertretungsmacht ein „Missbrauch"? (6.2.1.2.2)
7. Welche verfassungsrechtlichen Bedenken bestehen gegen den Treu-bruchstatbestand? (6.2.1.3.1)
8. Wie schränkt die hM den Treubruchstatbestand ein? (6.2.1.3.3)
9. Warum ist § 13 im Zusammenhang mit § 266 nicht anwendbar? (6.2.1.3.4)
10. Warum spielt der Aspekt der Taterrschaft bei § 266 keine Rolle? (6.2.3.2)

Literatur

Arzt. Zur Untreue durch befugtes Handeln, Festschrift für Bruns. 1978. S. 365.
Arzt G, Weber U, Heinrich B, Hilgendorf E. Strafrecht Besonderer Teil. 2. Aufl. 2009.
Beckemper. Anm. BGH, Urt. v. 6.12. 2001-1 StR 215/01. NStZ. 2002; 322.
Beulke. Wirtschaftslenkung im Zeichen des Untreuetatbestands. Festschrift für Eisenberg. 2009. S. 245.
Beulke W, Witzigmann T. Anm. BGH, Beschl. v. 20.3. 2008-1 StR 488/07. JR. 2008; 430.
Bockelmann P. Strafrecht Besonderer Teil 1. 2. Aufl. 1982.
Brauns. Anm. BGH, Urt. v. 4.11. 1997-1 StR 273/97. JR. 1998; 381.
Deiters. Organuntreue durch Spenden und prospektiv kompensationslose Anerkennung. ZIS. 2006; 152.
Dierlamm. Anm. BGH, Beschl. v. 13.2. 2007-5 StR 400/06. NStZ. 2007; 581.
Edlbauer, Irrgang. Die Wirkung der Zustimmung und ihrer Surrogate im Untreuetatbestand. JA. 2010; 786.
Eisele J. Strafrecht Besonderer Teil II. 2. Aufl. 2012b.
Fabricius. Strafbarkeit der Untreue im Öffentlichen Dienst. NStZ. 1993; 414.
Gössel KH. Strafrecht Besonderer Teil. Bd. 2. 1996.
Güntge. Untreueverhalten durch Unterlassen. wistra. 1996; 84.
Heimann-Trosien. Zur strafrechtlichen Beurteilung des Scheckkartenmissbrauchs. JZ. 1976; 549.
Hellmann. Risikogeschäfte und Untreuestrafbarkeit. ZIS. 2007; 433.
Hellmann. Taterfolg der Vermögens (verletzungs) delikte Festschrift für Kühl. 2014. S. 691.
Herzberg RD. Täterschaft und Teilnahme. 1977.
Hillenkamp. Zur Kongruenz von objektivem und subjektivem Tatbestand der Untreue. Festschrift für Maiwald. 2010. 323.
Hübner. Scheckkartenmissbrauch und Untrene. JZ. 1973; 407.
Jakobs G. Strafrecht Allgemeiner Teil. 2. Aufl. 1993.
Jescheck H-H, Weigend T. Lehrbuch des Strafrechts Allgemeiner Teil. 5. Aufl. 1996.
Kargl. Die Missbrauchskonzeption der Untreue (§ 266 StGB). ZStW 113. (2001); 565.

Kasiske. Existenzgefährdende Eingriffe in das GmbH-Vermögen mit Zustimmung der Gesellschafter als Untreue. wistra. 2005; 81.

Kindhäuser U. Strafrecht Besonderer Teil II. 2. Aufl. 2014.

Knauer. Anm. BGH, Urt. v. 29.8. 2008-2 StR 587/07. NStZ. 2009; 151.

Kohlmann. Wider die Furcht vor § 266 StGB. JA. 1980; 228.

Kraatz. Zur Fortgeltung einer Vermögensbetreuungspflicht über das Erlöschen des begründenden rechtlichen Verhältnisses hinaus. JR. 2014; 241.

Krey V, Hellmann U, Heinrich M. Strafrecht Besonderer Teil. Bd. 2. 16. Aufl. 2012b.

Kubiciel. Gesellschaftsrechtliche Pflichtwidrigkeit und Untreuestrafbarkeit. NStZ. 2005; 353.

Küper. Examensklausur im Strafrecht: Der Banküberfall. Jura. 1983; 206.

Kutzner. Anm. BGH, Urt. v. 13.5. 2004-5 StR 73/03. NStZ. 2005; 269.

Labsch. Grundprobleme des Mißbrauchstatbestandes der Untreue. Jura. 1987;343:411.

Lackner K, Kühl K. Strafgesetzbuch. 28. Aufl. 2014.

Leipziger Kommentar zum Strafgesetzbuch Bd. 9/1. 12. Aufl. 2012.

Lesch. § 266 StGB - Tatbestand ist schlechthin unbestimmt. DRiZ. 2004; 135.

Mansdörfer. Die Vermögensgefährdung als Nachteil im Sinne des Untreuetatbestandes. JuS. 2009; 114.

Maurach R, Schroeder F-C, Maiwald M. Strafrecht Besonderer Teil 1. 10. Aufl. 2009.

Mitsch. Die Untreue - Keine Angst vor § 266 StGB! JuS. 2011; 97.

Murmann. Untreue (§ 266 StGB) und Risikogeschäfte. Jura. 2010; 561.

Otto H. Grundkurs Strafrecht Die einzelnen Delikte. 7. Aufl. 2005.

Otto. Untreue durch Übernahme der mit einem Strafverfahren verbundenen Aufwendungen für Unternehmensangehörige durch ein Unternehmen. Festschrift für Tiedemann. 2008. S. 693.

Palandt. Bürgerliches Gesetzbuch. 73. Aufl. 2014.

Perron. Bemerkungen zum Gefährdungsschaden bei der Untereue Festschrift für Tiedemann. 2008a. S. 737.

Perron. Anm. BGH, Urt. v. 18.10. 2006-2 StR 499/05. NStZ. 2008b; 517.

Perron. Probleme und Perspektiven des Untreuetatbestandes. GA. 2009; 219.

Perron. Keine Unmittelbarkeit des Vermögensschadens, ausbleibender Gewinn als Nachteil - liegt der Untreue ein anderer Begriff des Vermögensschadens zugrunde als dem Betrug? Festschrift für Frisch. 2013. S. 857.

Piel. Strafbarkeit eines Gmgh - Gesellschafters wegen Brandstiftung gem. § 306 StGB - Ausdehnung der Untreue - Rechtsprechung auf Eigentumsdelikte. NStZ. 2006; 550.

Radtke. Einwilligung und Einverständnis der Gesellschafter bei der sog. GmbH-rechtlichen Untreue. GmbHR. 1998;311:361.

Rengier R. Strafrecht Besonderer Teil I. 16. Aufl. 2014a.

Renzikowski J. Restriktiver Täterbegriff und fahrlässige Beteiligung. 1997.

Rönnau Untreue als Wirtschaftsdelikt. ZStW 119. 2007; 887.

Rönnau. Einrichtung „schwarzer" (Schmiergeld-) Kassen in der Privatwirtschaft – eine strafbare Untreue? Festschrift für Tiedemann. 2008. S. 71.

Rönnau T, Hohn K. Die Festsetzung (zu) hoher Vorstandsvergütungen durch den Aufsichtsrat – ein Fall für den Staatsanwalt? NStZ. 2004; 113.

Roxin C. Strafrecht Allgemeiner Teil. Bd. I. 4. Aufl. 2006.

Saliger. Wider die Ausweitung des Untreuetatbestandes. ZStW. 2000;112:563.

Saliger. Gibt es eine Untreuemode? Die neuere Untreuedebatte und Möglichkeiten einer restriktiven Auslegung. HRRS. 2006; 10.

Saliger. Rechtsprobleme des Untreuetatbestandes. JA. 2007; 326.

Saliger. Schutz der GmbH-internen Willensbildung durch Untreuestrafrecht? Festschrift für Roxin. 2011. S. 1053.

Satzger. Die Untreue des Vermieters im Hinblick auf eine Mietkaution. Jura. 1998; 570.

Satzger. „Schwarze Kassen" zwischen Untreue und Korruption. NStZ. 2009; 297.

Satzger H, Schluckebier W, Widmaier G. Strafgesetzbuch. 2. Aufl. 2014.

Schlösser. Anm. BGH, Beschl. v. 25.5. 2007-2 StR 469/06. NStZ. 2008; 397.

Schlüchter. Zur unvollkommenen Kongruenz zwischen Kredit- und Scheckkartenmissbrauch. JuS.
    1984; 675.
Schönke A, Schröder H. Strafgesetzbuch. 29. Aufl. 2014.
Schreiber S, Beulke H-L. Untreue durch Verwendung von Vereinsgeldern zu Bestechungszwe-
    cken. JuS. 1977; 656.
Schünemann. Die „gravierende Pflichtverletzung" bei der Untreue: dogmatischer Zauberhut oder
    taube Nuss? NStZ. 2005; 473.
Schünemann. Zur Quadratur des Kreises in der Dogmatik des Gefährdungsschadens. NStZ. 2008;
    430.
Schünemann. Wider verbreitete Irrlehren zum Untreuetatbestand. ZIS. 2012; 183.
Schwind J. Zur Strafbarkeit der Entgegennahme von anonymen Parteispenden als Untreue (§
    266StGB) – dargestellt am Fall Dr. Helmut Kohl. NStZ. 2001; 349.
Seebode. Anm. BayObLG, Beschl. v. 18.2. 1988 – RReg. 1 St 309/87. JR. 1989; 301.
Seelmann. Grundfälle zu den Straftaten gegen das Vermögen als Ganzes. JuS. 1982; 916.
Seelmann. Grundfälle zu den Straftaten gegen das Vermögen als Ganzes. JuS. 1983; 32.
Seier M. Die Untreue (§ 266 StGB). JuS. 2001; 874.
Sowada. Anm. BGH, Beschl. v. 23.8. 1995-5 StR 371/95. JR 1997, 32
Systematischer Kommentar zum Strafgesetzbuch. 2013.
Trüg. Anm. BGH, Urt. v. 28.5. 2013-5 StR 551/11. NStZ. 2013; 717.
Vormbaum. Die strafrechtliche Beurteilung des Scheckkartenmissbrauchs. JuS. 1981; 18.
Waßmer MP. Untreue bei Risikogeschäften. 1997.
Weber. Überlegungen zur Neugestaltung des Untreuestrafrechts. Festschrift für Dreher. 1977.
    S. 555.
Weber. Das Zweite Gesetz zur Bekämpfung der Wirtschaftskriminalität (2. WiKG). NStZ. 1986;
    481 ff.
Weber. Untreue durch Verursachung straf- und bußgeldrechtlicher Sanktionen gegen den Vermö-
    gensinhaber? Festschrift für Seebode. 2008. S. 437.
Weber. Zum bedingten Vorsatz bei der vermögensgefährdenden Untreue. Festschrift für Eisenberg.
    2009. S. 371.
Welzel H. Das Deutsche Strafrecht. 11. Aufl. 1969.
Wittig P. Wirtschaftsstrafrecht. 3. Aufl. 2014.
Wolf G. Die Strafbarkeit des ehemaligen CDU-Vorsitzenden Dr. Helmut Kohl nach § 266 StGB.
    KJ. 2000; 531.

Betrugs- und untreueähnliche Delikte, §§ 263 a ff StGB

7

Inhaltsverzeichnis

7.1 Einführung

In diesem Kapitel werden Straftaten dargestellt, die dem in § 263 geregelten Betrug und der in § 266 geregelten Untreue mehr oder weniger stark ähneln. Der Standort aller diese Straftaten normierenden Vorschriften im Besonderen Teil des StGB zeigt durch seine Nähe zu § 263 und zu § 266 die strukturelle und inhaltliche Verwandtschaft auch gesetzessystematisch an. Es handelt sich um §§ 263a, 264, 265, 265a, 265b, 266a und 266b.

7.1.1 Betrugsähnlichkeit

Die Qualifizierung als „betrugsähnliches" Delikt beruht bei sämtlichen unten erfassten Straftaten auf dem ihren Charakter prägenden **Täuschungselement** – bzw.

© Springer-Verlag Berlin Heidelberg 2015
W. Mitsch, *Strafrecht, Besonderer Teil 2*, Springer-Lehrbuch,
DOI 10.1007/978-3-662-44934-9_7

täuschungsähnlichen Element.[1] Jeweils besteht die tatbestandsmäßige Handlung in einer wahrheitswidrigen Äußerung über Tatsachen, die gegenüber einem anderen gemacht wird und diesen zu einem Verhalten veranlasst, das vermögensschädigende Folgen hat oder haben kann. Eine weitere Parallele zum Betrug bildet die Interaktion zwischen dem Täter und einem anderen mit einer **selbstschädigenden** Reaktion auf der Seite des anderen. Der Einordnung in die große Gruppe der Vermögensdelikte entspricht es schließlich, dass bei allen Delikten am Ende des Interaktionsprozesses eine **Vermögensschädigung** oder wenigstens **Vermögensgefährdung** steht.

Die betrugsähnlichen Tatbestände decken sich allerdings nicht vollkommen mit dem Tatbestand des § 263, anderenfalls wären sie selbst Betrug und nicht nur betrugs „ähnlich". Die **Unterschiede zum Betrug** sind nicht einheitlich. Teilweise weicht das betrugsähnliche Delikt vom Betrug im Täuschungsmerkmal ab, teilweise betrifft die Abweichung den Vermögensschaden. Vielfach wird auch auf das subjektive Tatbestandsmerkmal „Bereicherungsabsicht" verzichtet.

7.1.2   Untreueähnlichkeit

„Untreueähnlich" ist eine Charaktereigenschaft von Vermögensdelikten, bei denen der Täter seinem Opfer nicht durch Eindringen in die Vermögenssphäre „von außen" Schaden zufügt, sondern bei denen der Täter eine eigene vermögensnahe Position dazu ausnutzt, das Vermögen durch Aushöhlung „**von innen**" zu schädigen.[2] Der Täter der Untreue oder eines untreueähnlichen Delikts muss deshalb schon vor seiner Tat einen Standort „**im Lager**" des betroffenen Vermögensinhabers haben, von dem aus er seinen Angriff auf das Vermögen durchführen kann, ohne die Außengrenzen der Vermögenssphäre – z. B. durch Gewahrsamsbruch (§ 242) – überwinden zu müssen.[3]

Auf die in diesem Kapitel zu behandelnden Straftatbestände „**Vorenthalten und Veruntreuen von Arbeitsentgelt**" (§ 266 a) und „**Missbrauch von Scheck- und Kreditkarten**" (§ 266 b) trifft diese Charakterisierung vielleicht nicht in reiner Form, jedoch zumindest in einer ausreichenden – die Bezeichnung „untreueähnliches Delikt" rechtfertigenden – Weise zu. Die Stellung der Vorschriften in unmittelbarer Nachbarschaft des Untreuetatbestandes § 266 ist zudem ein deutliches Signal, dass auch der Gesetzgeber eine entsprechende Betrachtung zugrunde gelegt hatte. Beide Straftatbestände beziehen sich auf strafwürdige Verhaltensweisen, die mit § 266 nicht oder nur unter Schwierigkeiten erfasst werden können: Der Arbeitgeber hat nämlich weder seinem Arbeitnehmer[4] gegenüber noch dem Sozialversi-

---

[1] Zu den dieses Element betreffenden computerspezifischen Modifizierungen bei § 263 a sogleich unten 7.2.2.1.1.

[2] Leipziger Kommentar-Schünemann (2012), § 266 Rn. 1.

[3] Oben 6.1.2.2.

[4] Dieser erleidet zudem keinen Vermögensschaden, Arzt et al. (2009), § 23 Rn. 4.

cherungsträger gegenüber eine Vermögensbetreuungspflicht.[5] Dasselbe gilt für den Inhaber einer Scheck- oder Kreditkarte im Verhältnis zu dem kartenausgebenden Unternehmen, das durch den Missbrauch geschädigt wird.[6]

7.2 Computerbetrug, § 263a StGB

7.2.1 Betrugsähnlichkeit

Der Name des Delikts, die unmittelbare Nachbarschaft zu § 263, die Verweisung in § 263 a II und die Gestaltung des Normtextes in § 263 a I sind untrügliche äußere Zeichen einer sehr weitgehenden Anlehnung an den „Muttertatbestand" des § 263.[7] Bis zu der Stelle „dadurch beschädigt, dass er" sind die Texte von § 263 I und § 263 a I vollkommen identisch. Liest man weiter, begegnen einem ein zwar nunmehr unterschiedliche Worte. Abstrahiert man aber die in diesen Teilen der § 263 I und § 263 a I getroffenen Aussagen, kristallisiert sich eine weitere Grobidentität der Texte heraus: Jeweils wird der Adressat unwahrer Angaben zu einem vermögensschädigenden Verhalten veranlasst. Sachlich unterscheiden sich Betrug und Computerbetrug nur in einem Punkt: Beim Betrug wird ein Mensch getäuscht, beim Computerbetrug wird ein Computer „getäuscht". Da aber der Begriff „**Täuschung" auf unwahre Angaben gegenüber Menschen** festgelegt ist, scheitert die Subsumtion unwahrer Angaben im Rahmen eines EDV-Vorganges bereits an diesem objektiven Tatbestandsmerkmal.[8] Computer können nicht getäuscht werden, deshalb ist der Computerbetrug kein Betrug iSd § 263. Gäbe es diese eine Hürde nicht, wäre § 263 a überflüssig, weil der Computerbetrug dann problemlos von § 263 erfasst werden könnte. Denn alle anderen Strafbarkeitsvoraussetzungen des § 263 lassen sich mit den strafwürdigen Fällen des Computerbetrugs ohne weiteres in Einklang bringen.[9]

Die **Strafbarkeitslücke**, die die zunehmende Gefährdung von Vermögen durch Computermanipulationen („Computerkriminalität") und die Unmöglichkeit ihrer Erfassung durch § 263 spätestens in den 70er Jahren des vergangenen Jahrhunderts spürbar und sichtbar werden ließen,[10] führte schließlich zur Einführung des neuen Straftatbestandes „Computerbetrug" durch das **Zweite Gesetz zur Bekämpfung der Wirtschaftskriminalität** (2. WiKG) im Jahr 1986.[11] Der Gesetzgeber ließ sich

---

[5] Arzt et al. (2009), § 23 Rn. 4; Martens (1986), 154 (155); Weber (1986), 481 (487).

[6] Arzt et al. (2009), § 23 Rn. 40.

[7] Vgl. oben 5.1.2.2.1.

[8] BGH, StV 2014, 85 (86); Gössel (1996), § 22 Rn. 1; Leipziger Kommentar-Tiedemann et al. (2012), § 263 a Rn. 2; Wessels et al. (2013c), Rn. 599.

[9] ; Lackner et al. (2014), § 263 a Rn. 2; Otto (2005), § 52 Rn. 29.

[10] Möhrenschlager (1982), 201 (202); Schönke et al. (2014), § 263 a Rn. 1 („unabweisbares kriminalpolitisches Bedürfnis"); Winkelbauer (1985), 40 (42); zweifelnd Sieg (1986), 352 (362).

[11] Arzt et al. (2009), § 21 Rn. 26; Leipziger Kommentar-Tiedemann et al. (2012), § 263 a Rn. 1; Lenckner et al. (1986), 654.

bei der Gestaltung des Tatbestandes von der Überlegung leiten, dass die tatbestandlich zu erfassenden Taten so stark dem Typus des Betrugs angeglichen seien, dass die Fassung des § 263 zur Vorlage genommen werden könne und nur die auf den getäuschten Menschen zugeschnittenen Betrugsmerkmale in eine computertaugliche Form gebracht werden müssten.[12] So erklärt es sich, dass die Grobstruktur des objektiven und des subjektiven Tatbestandes beider Delikte übereinstimmt.[13] Die einzelnen Tatbestandsmerkmale selbst sind ebenfalls teilidentisch. Vermögensschaden, Vorsatz und Bereicherungsabsicht sind sowohl in § 263 als auch in § 263 a Strafbarkeitsvoraussetzungen. In EDV-adäquate Fassung gebracht wurden hingegen die objektiven Betrugsmerkmale Täuschung, Irrtum und Vermögensverfügung (näher dazu unten 7.2.2.1).

7.2.2 Grundtatbestand

7.2.2.1 Objektiver Tatbestand
7.2.2.1.1 Handlungsalternativen
7.2.2.1.1.1 Alternative 1: Unrichtige Gestaltung des Programms
Die Programm-Manipulation wird in der Literatur überwiegend als **Unterfall der Verwendung unrichtiger Daten** angesehen.[14] Denn das Programm basiert selbst auf Daten und es wird unrichtig,[15] wenn an den Daten manipuliert wird, die es konstituieren. „Daten" sind – über die Definition in § 202 a II hinausgehend – codierte oder codierbare Informationen, die Gegenstand eines Datenverarbeitungsvorgangs sein können.[16] Seiner Funktion nach ist das Programm eine Arbeitsanweisung an den Computer, der sie ausführt, indem er eingegebene Daten (Input) verarbeitet und daraus neue Daten (Output) produziert.[17] Bei richtiger Programmgestaltung werden aus richtigen Eingangsdaten richtige Ausgangsdaten erzeugt, das Ergebnis des Datenverarbeitungsvorgangs ist also richtig. Ein unrichtiges Ergebnis des Datenverarbeitungsvorgangs lässt sich demzufolge auf verschiedene Weise herbeiführen, durch Manipulation am Programm, an den Eingangsdaten oder am Verarbeitungsvorgang selbst. Wird am Programm manipuliert, führt die Verarbeitung richtiger Eingabedaten zu einem falschen Ergebnis.

Das Programm ist **unrichtig** gestaltet, wenn bei ansonsten ungestörtem Ablauf des Datenverarbeitungsvorgangs die Verarbeitung richtiger Eingangsdaten zwangs-

---

[12] Arzt et al. (2009), § 21 Rn. 30; Hilgendorf (1997), 130; Lackner (1989), 41 (43); Ranft (1994), 2574.

[13] BGH, StV 2014, 85 (86).

[14] Haft (1987), 6 (7); Hilgendorf (1997), 130 (131); Wittig (2014), § 15 Rn 10; aA Lenckner et al. (1986), 654 (655).

[15] Die behauptete logische Implikation setzt voraus, dass in beiden Alternativen ein identischer Begriff von „unrichtig" zugrunde gelegt wird; vgl. Lenckner et al. (1986), 654 (655).

[16] Arzt et al. (2009), § 21 Rn. 27; Maurach et al. (2009), § 41 Rn. 229.

[17] Bühler (1987), 448 (449); Haft (1987), 6 (7); Gössel (1996), § 22 Rn. 20; Schönke et al. (2014), § 263 a Rn. 5.

läufig zu unrichtigen Ergebnissen führen muss, was zur Folge hat dass der Computer „getäuscht" wird.[18] Dabei ist ein „objektiver" Richtigkeitsbegriff zugrunde zu legen.[19]

7.2.2.1.1.2   Alternative 2: Verwendung unrichtiger oder unvollständiger Daten

Da die manipulative Verwendung programmgestaltender Daten nach h.M. schon in der ersten Alternative erfaßt ist, beschränkt sich die zweite Alternative auf sog. **Input-Manipulationen.**[20] Gegenstand der Tathandlung sind die eingegebenen Daten, deren Verarbeitung durch den Computer zur Herstellung neuer (Output-)Daten führt. Sind die Input-Daten unrichtig oder unvollständig, erzeugt ein ungestörter Verarbeitungsvorgang auf der Grundlage eines richtigen Programms zwangsläufig ein unrichtiges Ergebnis.

Daten sind **unrichtig**, wenn sie über ihren Bezugsgegenstand eine unrichtige Aussage treffen. Wie bei der unwahren Tatsachenbehauptung des § 263 ist die Unrichtigkeit von Daten die Abweichung von Zeichen und Wirklichkeit.[21] Die Verarbeitung solcher Daten erzeugt Output-Daten, die ebenfalls mit der Wirklichkeit nicht übereinstimmen. **Unvollständig** ist ein Unterfall von „unrichtig" und gewissermaßen das „computerisierte" Pendant der „Unterdrückung wahrer Tatsachen" im Betrugstatbestand.[22] Die Unrichtigkeit ergibt sich aus der sinnentstellenden Wirkung von Lücken in einem Gesamtzusammenhang. Das als solche richtige Datenfragment ist zugleich Teil eines unrichtigen Ganzen, wenn das Ergebnis der Verarbeitung den – unrichtigen – Eindruck der Vollständigkeit erweckt.[23] Gibt der Output dagegen die Unvollständigkeit des Inputs zutreffend wieder, ist er nicht falsch und das Datenverarbeitungsergebnis von der Unvollständigkeit der Eingabedaten nicht beeinflusst. **Verwendung** ist jede Handlung, die bewirkt, dass die Daten unmittelbar in den Verarbeitungsvorgang einbezogen werden.[24]

7.2.2.1.1.3   Alternative 3: Unbefugte Verwendung von Daten

Die generelle Betrugsähnlichkeit des Computerbetrugs scheint in dieser Alternative unterbrochen zu sein:[25] Denn nach dem Gesetzeswortlaut brauchen die Daten, die 0der Täter „unbefugt" verwendet, weder unrichtig noch unvollständig zu sein.[26]

---

[18] Wittig (2014), § 15 Rn. 11.

[19] Arzt et al. (2009), § 21 Rn. 32; Maurach et al. (2009), § 41 Rn. 231.

[20] Bühler (1987), 448 (450); Haft (1987), 6 (8); Hilgendorf (1997), 130 (131); Lenckner et al. (1986), 654 (656); Wittig (2014), § 15 Rn. 12.

[21] Bühler (1987), 448 (450); Haft (1987), 6 (8); Hilgendorf (1997), 130 (131); Lenckner et al. (1986), 654 (656).

[22] Leipziger Kommentar-Tiedemann et al. (2012), § 263 a Rn. 34.

[23] Lenckner et al. (1986), 654 (656).

[24] Lenckner et al. (1986), 654 (656); Wittig (2014), § 15 Rn. 12.

[25] So die h.M., z. B. Fischer (2014), § 263 a Rn. 10: „Bei weiter Auslegung ... würde in weitem Umfang untreueartiges Verhalten ... einbezogen"; ebenso Lackner (1989), 41 (50); Maurach et al. (2009), § 41 Rn. 233.

[26] Bühler (1987), 448 (450); Wittig (2014), § 15 Rn. 15.

Unter dieser Voraussetzung ist aber ausgeschlossen, dass die Verarbeitung dieser Daten durch eine ordnungsgemäß funktionierende – also weder im Programmbereich noch im Ablauf gestörte – Anlage zu einem falschen Ergebnis führt. Die Verwendung richtiger und vollständiger Daten kann kein täuschungsähnlicher Vorgang sein. Wenn man also dieser Alternative überhaupt einen Rest Betrugsähnlichkeit attestieren möchte, dann erreicht man das wohl nur durch eine Verlagerung der Täuschungskomponente von den Daten zur Befugnis. Die verwendeten Daten selbst haben kein Täuschungspotential, weil sie richtig und vollständig sind. **Getäuscht wird vielmehr über die (fehlende) Befugnis des Täters, diese Daten zu verwenden.**[27] Problematisch ist nur, dass die Befugnis möglicherweise gar nicht Gegenstand (Thema) des Datenverarbeitungsvorgangs ist. Dann schlägt sie sich auch nicht im Ergebnis des Datenverarbeitungsvorgangs nieder, d. h. es fehlt an der Beeinflussung des Ergebnisses durch die Vortäuschung der Befugnis.[28]

Die h.M. fordert daher eine Einschränkung der 3. Alternative durch „**betrugsspezifische" Auslegung**.[29] Vereinzelt wird auch – ohne nähere Erläuterung und Angabe irgendwelcher Kriterien – eine „computerspezifische" Deutung dieses Merkmals verlangt.[30] Die betrugsspezifische Auslegung verengt den Tatbestand auf täuschungsgleiche Datenverwendungsvorgänge. Das Verhalten, welches sich als unbefugte Datenverwendung darstellt, müsse „Täuschungswert" oder „Täuschungsäquivalenz" haben, um tatbestandsmäßig zu sein.[31] Zur Ermittlung des Täuschungswerts denkt man sich den Computer weg und setzt an seine Stelle einen Menschen, der die vom Täter verwendeten Daten wahrnimmt und daraufhin eine Vermögensverfügung trifft.[32] Sofern der Täter durch die Verwendung der Daten den anderen Menschen in einen Irrtum versetzt, der diesen zu einer vermögensschädigenden Vermögensverfügung veranlasst, hat die Verwendung derselben Daten in einem Datenverarbeitungsvorgang die von der h.M. geforderte Betrugsähnlichkeit. Praktische Relevanz erlangt der Streit um die Auslegung des Merkmals „unbefugt" vor allem in den Fällen des „**Bankomatenmißbrauchs**".[33]

Beispiele

1. T entwendet heimlich die Codekarte seines Arbeitskollegen O. Die Geheimnummer hatte T schon vorher in Erfahrung gebracht. An einem Geldautomaten der X-Bank hebt T mit Hilfe der Codekarte 500 € ab, mit denen das

---

[27] Lackner (1989), S. 41 (49).

[28] Nomos Kommentar-Kindhäuser (2013), § 263 a Rn. 32.

[29] OLG Hamm, NStZ 2014, 275 (276); OLG Karlsruhe, NStZ 2009, 390; OLG Köln, NJW 1992, 125 (126); Arzt et al. (2009), § 21 Rn. 32; Eisele (2012b), Rn. 677; Hilgendorf (1999), 542 (543); Lackner (1989), 41 (53); Rengier (2014a), § 14 Rn. 14; Schlüchter (1988), 52 (59); Wittig (2014), § 15 Rn. 16.

[30] OLG Celle, NStZ 1989, 367 (368).

[31] Rengier (2014a), § 14 Rn. 14; Wessels et al. (2013c), Rn. 609.

[32] OLG Karlsruhe, NStZ 2009, 390; Löhnig (1999), 362 (363); Meier (1992), 1017 (1019); Ranft (1997), 19 (21); Ranft (1994), 2574; Wittig (2014), § 15 Rn. 16.

[33] Ausführlich Arzt et al. (2009), § 21 Rn. 36 ff.

Konto des O bei der X-Bank belastet wird. Danach gibt T die Karte dem O
– wiederum heimlich – zurück. Dies hatte er von Anfang an vor.

2. T hat bei der Y-Bank ein Girokonto und ist im Besitz einer Codekarte, mit
der er sich an Geldautomaten Bargeld verschaffen kann. Momentan ist sein
Konto weit überzogen. Nach den Kartenbenutzungsbedingungen der Y-Bank
ist T deshalb zur Zeit nicht berechtigt, die Codekarte zur Bargeldbeschaffung
an Geldautomaten zu benutzen. Dennoch holt sich T mit der Codekarte an
einem Geldautomaten der Z-Bank 200 €.

3. O überläßt dem T seine Codekarte und teilt ihm die Geheimzahl mit. T soll
für O an einem Geldautomaten 200 € abheben und ihm das Geld anschließend
bringen. T verschafft sich mit der Codekarte bei einem Geldautomaten der
X-Bank 500 € Bargeld. Davon bringt er 200 € dem O, die restlichen 300 €
behält er.

Da die h.M. die in **Beispiel 1** beschriebenen Vorgänge „Entwendung der Codekarte"[34] und „Verschaffung des Bargeldes"[35] nicht als Eigentumsdelikte (§§ 242,
246) beurteilt, war die Einführung einer gerade auf solche Fälle zugeschnittenen
Tatbestandsvariante in § 263 a I zur Schließung einer Strafbarkeitslücke erforderlich. Diese Lückenschließungsfunktion wird im Rahmen des § 263 a I allgemein der 3. Alternative „unbefugte Verwendung von Daten" zugeschrieben.[36]
Unproblematisch erfüllt ist dabei die Voraussetzung „Verwendung von Daten".[37]
Schwierigkeiten bereitet hingegen die Bejahung einer betrugsspezifisch restrin-
gierten „Unbefugtheit".[38] Sollte sich nämlich der Computer nur für die auf der
Codekarte magnetisch gespeicherten Daten „interessieren", ginge der Rückgriff
auf die nicht bestehende – also vorgetäuschte – Kartenbenutzungsberechtigung
des Täters ins Leere.[39] Die h.M. weicht dieser Konsequenz mit der zweifelhaften
Behauptung aus, die Benutzung der Codekarte an einem Geldautomaten impli-
ziere stets die konkludente Erklärung des Benutzers, er sei die zur Kartenbenutzung berechtigte Person.[40] Diese Behauptung ist anfechtbar, da der Geldautomat
technisch auf eine Identitätsprüfung nicht eingestellt ist, sich also zwangsläufig
von vornherein mit einer geringeren Legitimation des Benutzers zufriedenge-
ben muss, nämlich dem tatsächlichen Besitz der Karte.[41] Diese Konstellation
entspricht einem Bankangestellten, der auf bloße Vorlage der Karte Bargeld
auszahlt, ohne sich Gedanken darüber zu machen, ob der Kunde überhaupt berechtigter Inhaber der Karte ist. Sowenig wie dieser Bankangestellte in einen
Irrtum über die Berechtigung des Karteninhabers versetzt wird, wird das Ergeb-

---

[34] Hilgendorf (1997), 130 (133).

[35] Hilgendorf (1997), 130 (133); zur abw. Meinung vgl. oben 1.2.1.4.3.2 und 2.2.1.2.3.

[36] Dazu, dass die 2. Alt. nicht erfüllt ist, Rossa (1997), 219 (227).

[37] Gössel (1996), § 22 Rn. 9.

[38] Keine Schwierigkeiten sieht Rengier (2014a), § 14 Rn. 17: „verhältnismäßig unproblematisch".

[39] Lenckner et al. (1986), 654 (657).

[40] OLG Köln, NJW 1992, 125 (126); Lackner (1989), 41 (53); Lenckner et al. (1986), 654 (656);
Wessels et al. (2013c), Rn. 610.

[41] Leipziger Kommentar-Tiedemann et al. (2012), § 263 a Rn. 49.

nis des Datenverarbeitungsvorgangs inhaltlich durch die Tatsache der fehlenden Benutzungsberechtigung des Täters beeinflusst.[42] In **Beispiel 2** hängt die Bejahung hinreichender Betrugsähnlichkeit ebenfalls davon ab, ob die Benutzung der Codekarte trotz Kontoüberziehung als Äquivalent einer verbalen Erklärung mit dem – unwahren – Inhalt „das Konto ist nicht überzogen" bzw. „ich bin zur Geldabhebung mittels Codekarte berechtigt" bewertet werden kann. Dies ist zweifelhaft, denn der Computer verarbeitet keine Daten mit diesem Aussagegehalt. Eine Erklärung mit dem oben genannten Inhalt fließt also in den Datenverarbeitungsvorgang nicht ein, kann somit auch keinen Einfluss auf das Ergebnis dieses Vorgangs haben. Der Computer reagiert auf die Eingabe der Daten vielmehr wie ein Bankangestellter, der dem Kontoinhaber Bargeld auszahlt, ohne sich über die Deckung Gedanken zu machen.[43] Wiederum nimmt die h.M. aber an, die Respektierung des vertraglich vereinbarten Kartenbenutzungslimits gehöre zur „Geschäftsgrundlage" des einzelnen Benutzungsvorgangs, werde also vom Computer – diesen als Mensch gedacht – als selbstverständlich vorausgesetzt, weshalb das Schweigen über den Mangel der Benutzungsberechtigung eine schlüssige Vortäuschung derselben sei.[44] In **Beispiel 3** nimmt die h.M. zutreffend an, dass es an einem betrugsnahen, täuschungsgleichen Verhalten des Täters fehle.[45] Denn die Überschreitung der vom geschädigten Kartengeber gezogenen Grenze ist ein Umstand, der nicht in eine ausdrückliche oder konkludente Erklärung gegenüber der Bank einfließt. Der Täter täuscht nicht vor, dass er nur so viel Geld abhebe, wie der Kartenberechtigte ihm gestattet hat.

Nach der hier für vorzugswürdig gehaltenen Ansicht ist das Handeln des Täters „unbefugt", wenn es dem **Willen desjenigen widerspricht, der das Recht zur Verwendung der Daten**, also die Verfügungsbefugnis bezüglich der Daten und ihrer Verwendung, hat.[46] Ausgeschlossen wird die Unbefugtheit somit durch eine Einwilligung des Berechtigten, die hier bereits die objektive Tatbestandsmäßigkeit – nicht erst die Rechtswidrigkeit – beseitigt.[47]

---

[42] Treffend Ranft (1997), 19 (21): „Indessen erhält man auf diese Weise als Vergleichsbasis eine hypothetische Situation, mit der sich im allgemeinen auch das Gegenteil des aus ihr abgeleiteten Ergebnisses begründen lässt."; vgl. auch Lenckner et al. (1986), 654 (657).

[43] Arzt et al. (2009), § 21 Rn. 43; Berghaus (1990), 981 (982); Lenckner et al. (1986), 654 (658); Leipziger Kommentar-Tiedemann et al. (2012), § 263 a Rn. 51; Rossa (1997), 219 (221); Schönke et al. (2014), § 263 a Rn. 11; aA Hilgendorf (1997), 130 (134) Fn. 97.

[44] Fischer (2014), § 263 a Rn. 11; Lackner (1989), 41 (53); Lackner et al. (2014), § 263 a Rn. 14; Meier (1992), 1017 (1021); Wessels et al. (2013c), Rn. 610; diff. Rengier (2014a), § 14 Rn. 21 ff; konsequent für Straflosigkeit Rossa (1997), 219 (224).

[45] OLG Köln, NJW 1992, 125 (127); Meier (1992), 1017 (1019); Leipziger Kommentar-Tiedemann et al. (2012), § 263 a Rn. 50; Schönke et al. (2014), § 263 a Rn. 12; Wessels et al. (2013c), Rn. 615; aA Hilgendorf (1997), 130 (134).

[46] Hilgendorf (1997), 130 (132).

[47] Bühler (1987), 448 (451); Lenckner et al. (1986), 654 (657).

Beispiel

Auf der Grundlage dieser Lehre ist die Strafbarkeit des T aus § 263 a I 3. Alt. in allen drei Beispielen problemlos zu begründen.[48] T hat sich jeweils über den entgegenstehenden Willen desjenigen hinweggesetzt, der unter den gegebenen Umständen zur Disposition über die Codekartenbenutzung berechtigt war. In **Beispiel 1** war dies der O, weil die Kartenverwendung unmittelbar sein Vermögen berührte. In **Beispiel 2** war es die Y-Bank, weil sie durch die Kartenverwendung in die Gefahr geriet, im Verhältnis zu T keinen Ausgleich des Kontos zu erreichen und damit die 200 €, die sie der Z-Bank zu erstatten hatte, endgültig zu verlieren. In **Beispiel 3** ist wiederum der Wille des O maßgeblich, da die Kartenbenutzung durch T sein Vermögen betrifft. Zwar ist dem O selbst auf Grund der Vereinbarung mit der X-Bank die Überlassung der Karte an T untersagt. Jedoch wird die Datenverwendung des T nicht aus diesem Grund unbefugt. Denn der Schutzzweck des Befugniserfordernisses in § 263 a I 3. Alt. und der Schutzzweck des bankvertraglichen Kartenüberlassungsverbots sind nicht identisch.

7.2.2.1.1.4   Alternative 4: Sonstige unbefugte Einwirkung auf den Ablauf

Diese Tatbestandsalternative soll als **Auffangtatbestand** alle strafwürdigen Computermanipulationen erfassen, die sich nicht unter die drei vorgehenden Alternativen subsumieren lassen.[49] Die dahingehende gesetzgeberische Intention kommt in dem Wort „sonst" zum Ausdruck, das im übrigen für einige Verwirrung und Auslegungsstreitigkeiten gesorgt hat:[50] Rein sprachlich ließe sich diesem Wort durchaus die Wirkung zuschreiben, die ersten drei Tatbestandsalternativen als leges speciales mit der vierten zu verbinden, mit der Konsequenz, dass diese speziellen Tatbestandsalternativen nur durch Handlungen verwirklicht werden können, die „unbefugte Einwirkungen auf den Ablauf" sind.[51] Eine derartige Deutung des Systems der vier Tatbestandsalternativen ist jedoch nicht zwingend.[52] Die Vokabel „sonst" kann als Bestandteil eines Gesetzestextes auch zur Kennzeichnung eines „Sammelbeckens" dienen, in dem nicht nur unbenannte Erscheinungsformen der in den benannten Fällen konkretisierten Grundstruktur, sondern auch anders strukturierte Fälle zusammengefasst werden. Mit dieser Funktion wollte der Gesetzgeber die vierte Alternative ausstatten.

Nach Ansicht des BGH lässt sich vor allem das „**Leerspielen von Geldspielautomaten**" mit Hilfe der 4. Alternative strafrechtlich erfassen.[53] Nach anderer Ansicht greift bereits die 3. Alternative ein,[54] wiederum andere halten § 263 a für nicht einschlägig.[55]

---

[48] Ebenso Hilgendorf (1997), 130 (134) – Fälle 28, 30 und 31.

[49] Maurach et al. (2009), § 41 Rn. 235; Wittig (2014), § 15 Rn. 19.

[50] Lackner (1989), 41 (58); Otto (1993), 612 (613).

[51] Ranft (1987), 79 (83).

[52] Bühler (1995), 108; Leipziger Kommentar-Tiedemann et al. (2012), § 263 a Rn. 62.

[53] BGHSt 40, 331 (334); zust. Arzt et al. (2009), § 21 Rn. 47.

[54] Hilgendorf (1997), 130 (131); vom BGH, aaO ausdrücklich dahingestellt.

[55] Maurach et al. (2009), § 41 Rn. 234; Neumann (1990), 535 (537); Schlüchter (1988), 52 (59).

Beispiel

T verschafft sich auf unerlaubte Weise Kenntnis von einem bestimmten Computerprogramm, das in Geldspielautomaten der Firma O verwendet wird. Auf Grund der erlangten Informationen ist T in der Lage, den Geldspielautomaten so zu bedienen, dass er dabei „programmgemäß" hohe Gewinne erzielt. Insbesondere weiß er, an welcher Stelle des Spielverlaufs die sog. Risikotaste gedrückt werden muss, um dadurch erhöhte Gewinne zu erzielen. An einem Geldspielautomaten in der Gastwirtschaft des G probiert T sein Wissen aus und erspielt sich in kurzer Zeit durch gezieltes Betätigen der Risikotaste einen dreistelligen Euro-Betrag.

Als Anknüpfungspunkte für die Anwendung des § 263 a I kommen hier die Ingangsetzung des Spiels – also das Drücken der „Start"-Taste – und das Drücken der Risikotaste in Betracht. Da sich das Spielergebnis und damit die Gewinnchance durch das Drücken der Start-Taste nicht beeinflussen lässt und an dieser Stelle insbesondere die Spezialkenntnisse über das zugrundeliegende Programm nicht zur Überwindung des Zufalls eingesetzt werden können – der T diese Taste also wie jeder ahnungslose Spieler betätigt –, kann der Tatbestand des § 263 a I nur durch das Drücken der Risikotaste verwirklicht worden sein. Fraglich ist, ob T durch diese Handlung i. S. des § 263 a I 3. Alt. Daten „verwendet" hat. In einem weiten Sinne kann man dies bejahen. Denn die Informationen, die sich T über das Computerprogramm besorgt hat, betreffen „Daten" und durch die Ausnutzung seines Kenntnisse hat T diese Daten auch eingesetzt, also verwendet.[56] Jedoch handelt es sich bei dieser Art der Verwendung nicht um eine solche, wie § 263 a I 3. Alt. sie voraussetzt. Erforderlich ist vielmehr, dass die Daten in den Datenverarbeitungsvorgang eingeführt werden, damit der Computer sie verarbeiten und aus ihnen das Ergebnis produzieren kann, dessen Beeinflussung durch die Tathandlung ein weiteres Tatbestandsmerkmal des § 263 a I ist.[57] Der BGH hätte seine auf § 263 a I 4. Alt. gestützte Ergebnisbegründung also eindeutiger und entschiedener formulieren können: Strafbarkeit aus § 263 a I 3. Alt. scheidet aus, in Betracht kommt allein die 4. Alternative. Auf dieser Basis ist der Beurteilung des Falles durch den BGH zu folgen.[58] Das Betätigen der Risikotaste bei einem ganz bestimmten Spielstand ist eine Einwirkung auf den Ablauf.[59] Denn hätte T die Risikotaste überhaupt nicht oder zu einem anderen Zeitpunkt gedrückt, wäre der Spielverlauf ein anderer gewesen und das Ergebnis anders ausgefallen: T hätte einen geringeren oder gar keinen Gewinn erzielt. Also wurde durch das Drücken der Risikotaste auch das Ergebnis des Datenverarbeitungsvorgangs beeinflusst.[60] Die Unbefugtheit der Einwirkung auf den

---

[56] OLG Celle, NStZ 1989, 367 (368); BayObLG, NStZ 1994, 287 (288); Bühler (1995), 104; Hilgendorf (1997), 130 (131); Leipziger Kommentar-Tiedemann et al. (2012), § 263 a Rn. 61.

[57] Neumann (1990), 535 (536).

[58] BGHSt 40, 331 (334).

[59] Bühler (1995), 105.

[60] Hilgendorf (1997), 130 (131).

Ablauf richtet sich nach dem wirklichen oder mutmaßlichen Willen des Auto-matenbetreibers.[61] Dieser Wille geht dahin, Personen mit speziellen Kenntnis-sen über das Programm des Automaten vom Spielbetrieb auszuschließen.[62] Dies braucht nicht ausdrücklich erklärt oder durch bestimmte Vorrichtungen in der technischen Konstruktion des Automaten sichtbar gemacht zu werden.[63] Denn für alle Beteiligten ist offensichtlich, dass der Automatenbetreiber sich nicht auf das Spiel mit solchen Gegnern einlassen will, die dank ihrer besonderen Kennt-nisse ihr Verlustrisiko ausschalten und vice versa durch ungewöhnlich hohe Ge-winne das Vermögen des Automatenbetreibers empfindlich schmälern können. T hat also unbefugt an dem Automaten gespielt und sich aus § 263 a I 4. Alt. strafbar gemacht.

7.2.2.1.2 Beeinflussung des Ergebnisses eines Datenverarbeitungsvorgangs

Dieses Merkmal ist das EDV-technische **Gegenstück des „Irrtums" und der „Vermögensverfügung" beim Betrug.**[64] Die Täuschungshandlung des Betrügers beeinflusst das Vorstellungsbild des Getäuschten, was man daran erkennt, dass die-ser sich auf Grund der Täuschung in einem Irrtum befindet. Zwischen Täuschung und Irrtum besteht ein Kausalzusammenhang. Ohne die Täuschung sähe das Vor-stellungsbild des Getäuschten anders aus. Die Parallele zum Computerbetrug lässt sich sichtbar machen, wenn man in diesem Satz die personenbezogenen Begriffe gegen computerbezogene Begriffe austauscht: Ohne die Tathandlung – z. B. Ver-wendung unrichtiger Daten (§ 263 a I Alt. 2) – sähe das Ergebnis des betroffenen Datenverarbeitungsvorgangs anders aus.

Nach dem Gesetzestext setzt die Strafbarkeit die **Beeinflussung des Ergebnis-ses** eines Datenverarbeitungsvorgangs voraus. Die vereinzelt aufgeworfene Frage, ob das Merkmal „Beeinflussung" nur bei Einwirkung auf einen bereits in Gang befindlichen Datenverarbeitungsvorgang erfüllt werden kann, ist zu verneinen. Denn der Gesetzeswortlaut verlangt nicht die „Beeinflussung eines Datenverar-beitungsvorganges". Nicht der Datenverarbeitungsvorgang, sondern sein Ergebnis muss beeinflusst werden. Deshalb ist es gleichgültig, ob der Täter mit seiner Tat auf einen bereits laufenden Datenverarbeitungsvorgang einwirkt oder ob er einen solchen Vorgang durch seine Tat erst in Gang setzt.[65] Entscheidend ist, dass die Tat ein Datenverarbeitungsergebnis erzeugt hat, das ohne die Tat entweder überhaupt nicht oder mit anderem Inhalt entstanden wäre.

---

[61] BGHSt 40, 331 (334); BayObLG, NStZ 1994, 287 (288); Mitsch (1994), 877 (883); a. A. OLG Celle, NStZ 1989, 367 (368); Leipziger Kommentar-Tiedemann et al. (2012), § 263 a Rn. 63; Neumann (1990), 535 (537).

[62] BGHSt 40, 331 (335).

[63] BGHSt 40, 331 (335).

[64] BGH, StV 2014, 85 (86); OLG Hamm, NStZ 2014, 275 (276); Arzt et al. (2009), § 21 Rn. 33; Eisele (2012b), Rn. 670; Maurach et al. (2009), § 41 Rn. 236.

[65] Schönke et al. (2014), § 263 a Rn. 18.

7.2.2.1.3 Vermögensschaden

Computerbetrug ist wie der Betrug ein **Erfolgsdelikt**. Die Tat ist erst mit Eintritt dieses Erfolges **vollendet**.[66] Der tatbestandsmäßige Erfolg ist die Schädigung des Vermögens eines anderen. Ohne Vermögensschaden ist die Tat allenfalls als Versuch strafbar. Wie bei § 263 kann aber unter Umständen bereits eine konkrete Vermögensgefährdung der Vermögensschädigung gleichgestellt werden.[67] Auch im Übrigen gelten dieselben Grundsätze wie beim Betrug.[68] Der Vermögensschaden muss unmittelbar durch die Beeinflussung des Datenverarbeitungsvorgangs verursacht worden sein.[69]

7.2.2.2 Subjektiver Tatbestand

Der subjektive Tatbestand des Computerbetrugs stimmt strukturell mit dem subjektiven Tatbestand des Betrugs vollkommen überein.[70] Er besteht also aus den beiden Elementen **„Vorsatz"** (§ 15) und **„Bereicherungsabsicht"**. Inhaltlich ergeben sich Abweichungen zum subjektiven Tatbestand des Betruges, da die Bezugsobjekte des Vorsatzes bei beiden Delikten verschieden sind.[71] Im Übrigen kann auf die Darstellung des subjektiven Betrugstatbestandes verwiesen werden.[72]

7.2.3 Qualifikationstatbestand § 263 a II iVm § 263 V

7.2.3.1 Objektiver Tatbestand

Der Qualifikationstatbestand baut auf dem Grundtatbestand auf. Also enthält der objektive Tatbestand der Qualifikation alle objektiven Tatbestandsmerkmale des Grunddelikts, § 263 a I. Der Täter muss Mitglied einer Bande sein und den Computerbetrug in dieser Eigenschaft begangen haben. Die Bande muss sich zur fortgesetzten Begehung von Straftaten nach §§ 263, 263 a, 264 oder §§ 267, 268, 269 verbunden haben. Computerbedingte Besonderheiten ergeben sich nicht. Daher kann auf die Darstellung des qualifizierten Betrugstatbestandes § 263 V verwiesen werden.[73]

---

[66] Gössel (1996), § 22 Rn. 38; Leipziger Kommentar-Tiedemann et al. (2012), § 263 a Rn. 77; Schönke et al. (2014), § 263 a Rn. 30.

[67] Schönke et al. (2014), § 263 a Rn. 24.

[68] Lackner et al. (2014), § 263 a Rn. 23; Leipziger Kommentar-Tiedemann et al. (2012), § 263 a Rn. 70; Maurach et al. (2009), § 41 Rn. 238; ausführlich zum Vermögensschaden beim Betrug oben 5.2.1.5.

[69] BGH, StV 2014, 85 (86); OLG Hamm, NStZ 2014, 275 (276).

[70] Gössel (1996), § 22 Rn. 36; Otto (2005), § 53 Rn. 48; Schönke et al. (2014), § 263 a Rn. 26; Wessels et al. (2013c), Rn. 604.

[71] Leipziger Kommentar-Tiedemann et al. (2012), § 263 a Rn. 72.

[72] Oben 5.2.2.

[73] Oben 5.3.2.

7.2.3.2 Subjektiver Tatbestand

Der subjektive Tatbestand des qualifizierten Computerbetrugs umfaßt den subjektiven Tatbestand des Grunddelikts, also den Vorsatz – bezogen auf die objektiven Tatbestandsmerkmale des § 263 a I – und die Bereicherungsabsicht. Komplettiert wird der subjektive Tatbestand des qualifizierten Computerbetrugs durch den Vorsatz bezüglich der qualifizierenden objektiven Tatbestandsmerkmale und die Gewerbsmäßigkeit. Diese ist ein subjektives Tatbestandsmerkmal, da sie nur die Absicht erfordert, Straftaten nach Art eines Gewerbetreibenden zu begehen.[74] Bei Taten mit mehreren Beteiligten ist § 28 II zu beachten, da die Gewerbsmäßigkeit ein besonderes persönliches Merkmal ist.

7.2.4 Vorbereitungstatbestand § 263a III StGB

Wegen ihrer besonderen Gefährlichkeit werden in § 263a III bestimmte tatvorbereitende Handlungen pönalisiert.[75] Tatobjekte können nur Computerprogramme sein, deren Zweck von vornherein darin besteht, die Begehung von Computerbetrugs-Taten zu ermöglichen. Der tatvorbereitende Effekt der Tathandlungen äußert sich darin, dass ohne diese Handlungen diese Tatwerkzeuge entweder gar nicht existieren würden (herstellen) oder dem Täter nicht zur Verfügung stünden (verschaffen, feilhalten, verwahren, überlassen). Im subjektiven Tatbestand ist Vorsatz (§ 15 StGB) und – als „überschießende Innentendenz" – eine Vorbereitungsintention erforderlich.[76] Der Vorbereitungstäter muss den Vorsatz haben, dass die vorbereitete Tat begangen werde. Tätige Reue führt in entsprechender Anwendung des § 149 II, III zur Straflosigkeit, § 263a IV.

7.3 Subventionsbetrug, § 264 StGB

7.3.1 Allgemeines

7.3.1.1 Betrugsähnlichkeit

Der Subventionsbetrug basiert auf **täuschenden, wahrheitswidrigen Äußerungen**, die einem anderen gegenüber gemacht werden, wodurch dieser zu einer Reaktion veranlasst werden soll, die der Vermögensverfügung des Betrugstatbestandes zumindest ähnelt. Abweichungen von § 263 sind das Fehlen der objektiven Tatbestandsmerkmale Irrtumserregung, irrtumsbedingte Vermögensverfügung und Vermögensschaden, sowie das Fehlen des subjektiven Tatbestandsmerkmals „Bereicherungsabsicht".

---

[74] Oben 1.3.2.3.

[75] Krit. zu dieser Strafbarkeitsvorverlagerung Duttge (2004), 285 ff.

[76] Fischer (2014), § 263a Rn. 34.

7.3.1.2 Rechtsgut

Subventionen sind „Leistungen aus öffentlichen Mitteln" – vgl. § 264 VII –, also Geldbeträge und somit Vermögensgüter. Der Subventionsbetrug ist daher ein gegen fremdes Vermögen gerichtetes Delikt, geschütztes Rechtsgut des § 264 ist also das **Vermögen**.[77] Als weiteres Schutzgut ist überwiegend die **Funktionsfähigkeit der Subvention als staatliches Lenkungs- und Steuerungsinstrument** und indirekt das mit dem Mittel der Subvention staatlich geförderte Gemeinwohlbelang anerkannt.[78]

7.3.1.3 Systematik
7.3.1.3.1 Innere Systematik des § 264

Die Strafbarkeit wegen Subventionsbetrugs kann sich auf einen stark aufgefächerten **Grundtatbestand** (Absatz 1) und einen **Qualifikationstatbestand** (Absatz 3 iVm § 263 V) stützen. Der Grundtatbestand ist in § 264 I zunächst in vier[79] Varianten zerlegt, deren Zahl durch die Hinzufügung von drei Leichtfertigkeitstatbeständen (Absatz 4) auf insgesamt sieben erhöht wird. Privilegierungstatbestände gibt es nicht. Ausschließlich **Rechtsfolgenerheblichkeit** haben die Absätze 2 und 6. Eine spezielle – der Vollendungsvorverlagerung Rechnung tragende[80] – **Rücktrittsregelung** enthält § 264 V. Tatbestandsergänzende **Legaldefinitionen** sind schließlich in § 264 VII und VIII aufgestellt.

7.3.1.3.2 Verhältnis zu anderen Straftatbeständen

Berührungspunkte hat der Subventionsbetrug in erster Linie mit dem **Betrug**. § 264 schließt Lücken, die sich beim Versuch der Anwendung des § 263 auf Subventionserschleichungen bemerkbar machen. Soweit ein Fall subventionsspezifischer Vermögensschädigung in concreto – auch – von § 263 erfasst werden kann, ergibt sich eine Konkurrenzsituation. Überwiegend wird in einem solchen Fall § 264 als vorrangige und § 263 verdrängende **lex specialis** angesehen.[81]

Im Übrigen tritt § 263 immer dann in den Vordergrund, wenn die Tat von § 264 nicht voll erfasst wird,[82] was z. B. der Fall ist, wenn die tatgegenständliche Leistung aus öffentlichen Mitteln keine Subvention iSd des § 264 ist, weil sie nicht der Wirtschaftsförderung (vgl. § 264 VII 1 Nr. 1 b), sondern anderen Zwecken – z. B. Bildung, Kultur, Gesundheit, Sozialhilfe[83] – dient (s. u. 7.3.2.1.1).

---

[77] Lackner et al. (2014), § 264 Rn. 1; Meine (1988), 13 (14); Ranft (1986), 445 (448); Schönke et al. (2014), § 264 Rn. 4; Wessels et al. (2013c), Rn. 680; aA OLG Hamburg, NStZ 1984, 218.

[78] Eisele (2012b), Rn. 725; Rengier (2014a), § 17 Rn. 3; aA Nomos Kommentar-Hellmann (2013), § 264 Rn. 10.

[79] Die vierte Variante – neuer Nr. 2 in Absatz 1– wurde erst durch das EG-Finanzschutzgesetz vom 10. 9. 1998 eingeführt.

[80] Arzt et al. (2009), § 21 Rn. 60.

[81] BGHSt 32, 203 (206); Arzt et al. (2009), § 21 Rn. 76; Lackner et al. (2014), § 264 Rn. 30; Leipziger Kommentar-Tiedemann (2012), § 264 Rn. 185; Ranft (1986), 445 (450); Rengier (2014a), § 17 Rn. 8; aA Achenbach (1988), 251 (254); Nomos Kommentar-Hellmann (2013), § 264 Rn. 173.

[82] Leipziger Kommentar-Tiedemann (2012), § 264 Rn. 162; Schmidt-Hieber (1980), 322 (323); Schönke et al. (2014), § 264 Rn. 87.

[83] Fischer (2014), § 264 Rn. 10.

Der auffallendste strukturelle Unterschied zwischen den Delikten Betrug (§ 263) und **Untreue** (§ 266) ist die Stellung des Täters im Verhältnis zu dem von ihm beschädigten Vermögen: Der Täter der Untreue steht selbst in der betroffenen Vermögenssphäre und nutzt diese Position und die damit verbundene Zugriffsmöglichkeit zu vermögensschädigenden Aktionen aus. Er schädigt also das Vermögen „von innen" (s. o. 6.1.2.2). Dieser Umstand kennzeichnet auch das Verhältnis von Subventionsbetrug und Untreue: Als betrugsähnliches Delikt ist der Subventionsbetrug ein Angriff auf staatliches Vermögen **von außen**.

Dies hat vor allem bei der Bestimmung des tauglichen Täterkreises – insbesondere Einbeziehung von unmittelbar subventionserheblichen Amtsträgern – Bedeutung. Wird das staatliche Vermögen nämlich durch rechtswidrige Vergabe von Subventionen durch behördliches bzw. Amtsträgerfehlverhalten geschädigt, handelt es sich um Schädigung von innen, weshalb prima facie § 266 – und nicht § 264 – einschlägig ist.[84]

7.3.2 Grundtatbestand

7.3.2.1 Grundbegriffe

7.3.2.1.1 Subvention

Der Subventionsbegriff in § 264 VII[85] beschränkt den Strafrechtsschutz auf inländischer[86] **wirtschaftsfördernde** Leistungen (§ 264 VII 1 Nr. 1 b). Daher fallen sonstige staatlicher Förderungsmaßnahmen in den Schutzbereich des § 263.[87]

Erschleicht sich also z. B. ein Student durch unwahre Angaben Leistungen nach dem BAföG, so begeht er dadurch keinen Subventionsbetrug, weil diese staatliche Leistung, die alle Merkmale des § 264 VII 1 Nr. 1 außer dem Merkmal (Förderung der) „Wirtschaft" aufweist, keine Subvention im Sinne dieses Straftatbestandes ist.[88] Strafrechtlicher Schutz der öffentlichen Finanzmittel ist in einem solchen Fall nur über § 263 möglich.

7.3.2.1.2 Subventionserhebliche Tatsachen

Dieses Merkmal gehört zum objektiven Tatbestand in den Fällen des § 264 I Nr. 1, Nr. 3 und Nr. 4, sowie in den gem. § 264 IV unter Strafdrohung gestellten Leichtfertigkeitsversionen des § 264 I Nr. 1 und Nr. 3. Es ist in Absatz 8 in einer gemischt formell-materiellen Weise **definiert**.[89] Die nach Nr. 1 dieser Definition ausschlaggebende Bezeichnung als „subventionserheblich" hat ihre gesetzliche Grundlage

---

[84] Leipziger Kommentar-Tiedemann (2012), § 264 Rn. 37; Schünemann (1985), 73.

[85] Ausführlich dazu Nomos Kommentar-Hellmann (2013), § 264 Rn. 12 f; Wittig (2014), § 17 Rn. 9 ff.

[86] Bei EG-Subventionen gilt diese Beschränkung nicht, vgl. § 264 VII 1 Nr. 2.

[87] Arzt et al. (2009), § 21 Rn. 77; Göhler et al. (1976), 1609 (1610); Müller-Emmert et al. (1976), 1657 (1659); Wessels et al. (2013c), Rn. 685.

[88] Maurach et al. (2009), § 41 Rn. 167.

[89] Ausführlich dazu Nomos Kommentar-Hellmann (2013), § 264 Rn. 50 ff.

in § 2 SubvG.[90] Obwohl die Definition den formalen Bezeichnungsakt als einziges Kriterium anzuerkennen scheint, muss insoweit differenziert werden: Befindet sich die **Bezeichnung im Gesetz** selbst, ist dies für das Strafrecht verbindlich, selbst wenn der Gesetzgeber mit dieser Bezeichnung den Begriff „subventionserheblich" überdehnt haben sollte. **Bezeichnet dagegen der Subventionsgeber** Tatsachen als subventionserheblich, die es bei materieller Betrachtung nicht sind, kommt es darauf an, ob diese Bezeichnung von dem zugrundeliegenden Gesetz („auf Grund eines Gesetzes") gedeckt ist.[91] Ist das nicht der Fall, z. B. weil die fälschlich als subventionserheblich bezeichnete Tatsache im Hinblick auf die Subventionsvergabe keinerlei Bedeutung hat, fehlt der Bezeichnung die gesetzliche Grundlage. Als Strafbarkeitsvoraussetzung kommt diese Bezeichnung dann nicht in Betracht.[92] Fehlt umgekehrt eine gesetzlich vorgeschriebene Bezeichnung und liegen die Voraussetzungen des § 264 VIII Nr. 2 nicht vor, ist die betroffene Tatsache auch dann kein tauglicher – strafbarkeitsbegründender – Täuschungsgegenstand, wenn der Täter weiß, dass die Tatsache vom Subventionsgeber hätte als subventionserheblich bezeichnet werden müssen.[93]

7.3.2.1.3 Subventionsverfahren

Ein Subventionsverfahren beginnt in der Regel mit dem **Antrag** auf Bewilligung der Subvention und endet mit dem **Bescheid** der Behörde, durch den die Subvention entweder gewährt oder endgültig verweigert wird.[94] Explizite Erwähnung findet dieses Merkmal in den Tatbeständen § 264 I Nr. 1 (i. V. mit § 264 IV) und Nr. 4. Es engt den Deliktsbereich auf Taten ein, deren Vollzug in enger Verbindung mit dem subventions- und verwaltungsrechtlich fundierten Verfahren steht, im Fall des § 264 I Nr. 4 von diesem Verfahren sachlich und zeitlich eingerahmt ist. Des Weiteren dient die Einbindung in das Subventionsverfahren der Wahrung des Rechtsgutsbezugs. Nur soweit die Tat die Gefahr der Fehlleitung staatlicher Fördermittel erzeugen kann, trifft sie das von § 264 geschützte Rechtsgut. Wenn die Tat keine Berührung mit einem Subventionsverfahren hat, besteht diese Gefahr nicht.

7.3.2.1.4 Subventionsgeber

Der Subventionsgeber ist in § 264 I Nr. 1 definiert. Das Merkmal wird ausdrücklich in den Tatbeständen § 264 I Nr. 2 und Nr. 3, implizit auch in Nr. 4[95] erwähnt. Die recht weit gezogene Begriffsbestimmung zeigt, dass zur Begründung der Tatbestandsmäßigkeit auf der Subventionsgeberseite nicht unbedingt eine konkrete **natürliche Person** als Erklärungsempfänger usw. namhaft gemacht werden muss. Als Adressat von „Angaben" i. S. des § 264 I Nr. 1 kommen auch **Behörden** oder „**Stellen**" in Betracht.

---

[90] Göhler et al. (1976), 1609 (1614).

[91] Wittig (2014), § 17 Rn. 33.

[92] Nomos Kommentar-Hellmann (2013), § 264 Rn. 57.

[93] Nomos Kommentar-Hellmann (2013), § 264 Rn. 51.

[94] Nomos Kommentar-Hellmann (2013), § 264 Rn. 71.

[95] Gebrauch in einem Subventionsverfahren bedeutet Gebrauch gegenüber dem Subventionsgeber, vgl. Schönke et al. (2014), § 264 Rn. 61.

Letztlich ist es eine Frage der Auslegung von Merkmalen wie „Angabe" (§ 264 I Nr. 1) oder „in Unkenntnis lässt" (§ 264 I Nr. 3), wie eng der Bezug zwischen Tat und einer bestimmten auf Subventionsgeberseite stehenden natürlichen Person sein muss, damit der Tatbestand erfüllt ist. Außerdem lässt sich der Einsatz elektronischer Datenverarbeitungssysteme im Bereich des Subventionsgebers leichter erfassen, wenn die Tat nicht zu einer „Person", sondern zu einer „Behörde" oder „Stelle" in Beziehung gesetzt werden muss. Schließlich ermöglicht die Definition die Ausdehnung des Täterkreises auf Personen, die selbst Angehörige der subventionsrelevanten Behörde oder Stelle sind. Denn eine Person kann zwar keine täuschenden Angaben gegenüber sich selbst machen, wohl aber gegenüber anderen der Behörde oder Stelle angehörenden Personen und damit gegenüber der Behörde oder Stelle – also dem „Subventionsgeber" – selbst.[96]

7.3.2.2 Einzelheiten zu § 264 I Nr. 1, IV StGB
7.3.2.2.1 Objektiver Tatbestand
7.3.2.2.1.1 Täter
Täter kann **jedermann** sein.[97] Der Straftatbestand verlangt keine besondere Tätereigenschaft. Insbesondere ergibt sich aus dem zweimal auftauchenden Merkmal „für sich oder einen anderen", dass nicht nur der Subventionsnehmer, sondern auch ein Dritter die Tat begehen kann. Täter kann auch ein **Amtsträger** sein. Das ist für Amtsträger, deren dienstlicher Zuständigkeits- und Tätigkeitsbereich außerhalb des tatgegenständlichen Subventionsverfahrens liegt, unproblematisch. Darüber hinaus erfasst der Tatbestand aber auch Amtsträger der zuständigen Subventionsbehörde.[98]

Allerdings ist beim Subventionsbetrug wie bei jeder Straftat eine Identität von Täter und Opfer ausgeschlossen. „Selbstbetrug" ist strafrechtlich nicht möglich. Da die Opferseite des Subventionsbetrugs primär von Behörden und den bei ihnen tätigen Personen repräsentiert wird, steht der Amtsträger quasi „im Lager" des Opfers. Dies schränkt die Möglichkeit der Tatbegehung durch Amtsträger der Bewilligungsbehörde ein. Nur solche Amtsträger, die nicht selbst zur Entscheidung über den Subventionsantrag befugt sind, können den Tatbestand verwirklichen, indem sie dem entscheidungsbefugten Amtsträger falsche Angaben unterbreiten.[99]

7.3.2.2.1.2 Tathandlung
Die tatbestandsmäßige Handlung ist eine **Täuschung**.[100] Diese muss gegenüber einem Subventionsgeber (oben 7.3.2.1.4) begangen werden. Da der Täuschungsadressat durch den Täuschungsakt gerade in seiner Funktion als Subventionsgeber berührt werden muss, kommen nur Täuschungshandlungen in einem Subventionsverfahren in Betracht. „**Angaben machen**" bedeutet die Kundgabe einer Erklärung über einen bestimmten Gegenstand, hier also über subventionserhebliche Tatsachen

---

[96] Schünemann (1985), 73.
[97] Wittig (2014), § 17 Rn. 50.
[98] Ranft (1986), 3163 (3172); Schünemann (1985), 73.
[99] Arzt et al. (2009), § 21 Rn. 71; Wittig (2014), § 17 Rn. 51.
[100] Arzt et al. (2009), § 21 Rn. 70; Nomos Kommentar-Hellmann (2013), § 264 Rn. 74.

(oben 7.3.2.1.2).[101] Die Angaben müssen zum Empfang und zur Kenntnisnahme durch den Subventionsgeber bestimmt sein, brauchen aber von diesem nicht tatsächlich wahrgenommen worden zu sein. Zur Vollendung genügt der Zugang der Erklärung beim Subventionsgeber.[102] Dieser Punkt ist erreicht, wenn die Erklärung so in den Machtbereich des Subventionsgebers gelangt ist, dass dieser von ihrem Inhalt Kenntnis nehmen kann. Vorher liegt allenfalls ein strafloser Versuch vor.

Der Täuschungscharakter resultiert aus der Unrichtigkeit oder Unvollständigkeit der Angaben. **Unrichtig** sind unwahre Angaben, also solche, die mit dem Teil der Wirklichkeit, auf den sie sich beziehen, nicht übereinstimmen.[103] **Unvollständig** sind Angaben, die einen Teil der subventionserheblichen Tatsachen wahrheitsgemäß zur Kenntnis bringen, den zur Vervollständigung erforderlichen Rest aber unterdrücken.

Eine Täuschungsgefahr birgt die Unvollständigkeit aber nur dann, wenn sie als solche nicht erkannt wird, das Fragment vom Empfänger also für das Ganze gehalten werden kann. Das wahre Teilbild muss also als unwahres Gesamtbild ausgegeben werden. Legt der Täter hingegen die Unvollständigkeit und Ergänzungsbedürftigkeit seiner Angaben offen, täuscht er den Subventionsgeber nicht.[104] Diese Unterlassung der Aufklärung kann nur nach § 264 I Nr. 3 tatbestandsmäßig sein.

Umstritten ist der Bedeutungsgehalt des Merkmals „**vorteilhaft**". Gewiss ist allerdings, dass damit solche unrichtigen und unvollständigen Angaben aus dem Tatbestand herausgehalten werden, die das Vermögen des Subventionsgebers schonen, weil sie die Chancen des Subventionsnehmers auf Erlangung der Subvention verschlechtern.[105] Der Vorteil, den die Angabe zu verschaffen geeignet sein muss, ist die Erlangung, Erhöhung oder Belassung (= Nichtrückforderung) der Subvention. Vorteilhaft ist die Angabe also, wenn sie die Aussicht des Täters oder eines Dritten auf diesen Vorteil verbessert.[106]

Fraglich ist die Bewertung unrichtiger oder unvollständiger chancenverbessernder Angaben, wenn der Täter oder Dritte einen **Anspruch** auf die erstrebte Subvention aus einem anderen Grund hat. Im Ergebnis stellen die falschen Tatsachenbehauptungen den Subventionsempfänger dann nämlich nicht besser als er stünde, wenn er die anspruchsbegründenden Tatsachen wahrheitsgemäß vortragen würde. Da der Begriff „vorteilhaft" den Vergleich zweier Sachverhalte impliziert, dreht sich der Streit letztlich um den maßgeblichen Alternativsachverhalt, der dem realen – die unrichtigen oder unvollständigen Angaben enthaltenden – Sachverhalt gegenüberzustellen ist: Vergleicht man die gemachten Angaben mit dem Fall, dass der Täter gar keine Angaben macht, stellen sich die gemachten Angaben zweifellos als vorteilhaft dar. Denn ohne die Angabe bestimmter subventionserheblicher Tatsachen besteht überhaupt keine Aussicht auf Subventionsgewährung. Vergleicht man die gemachten Angaben dagegen mit dem Fall, dass der Täter andere Angaben – nämlich die wahrheitsgemäßen und den Subventionsanspruch tragenden – macht, ergibt sich im Ergebnis kein Unterschied zwischen den beiden Sachverhalten. Auch die anderen Angaben verschaffen dem Subventionsnehmer eine begründete Aussicht auf Erlangung der Subvention. Folglich stellen die falschen Angaben den Subventionsnehmer nicht besser und sind deshalb nicht vorteilhaft.

---

[101] Schönke et al. (2014), § 264 Rn. 43.

[102] Nomos Kommentar-Hellmann (2013), § 264 Rn. 77.

[103] Nomos Kommentar-Hellmann (2013), § 264 Rn. 80; Wittig (2014), § 17 Rn. 40.

[104] Nomos Kommentar-Hellmann (2013), § 264 Rn. 83.

[105] Nomos Kommentar-Hellmann (2013), § 264 Rn. 85.

[106] Arzt et al. (2009), § 21 Rn. 72; Eisele (2012b), Rn. 734; Nomos Kommentar-Hellmann (2013), § 264 Rn. 85; Wittig (2014), § 17 Rn. 43.

Beispiel[107]

T führt ein milchähnliches Produkt nach Polen aus. Gegenüber der zuständigen Behörde deklariert er die ausgeführte Ware wahrheitswidrig als Vollmilchpulver. Die Ausfuhr von Milchpulver mit einem bestimmten Mindestmilchfettgehalt wird mit Ausfuhrsubventionen gefördert. Auf Grund der unrichtigen Angaben erhält T 100.000 € Ausfuhrerstattung. Für die Ausfuhr des von T tatsächlich ausgeführten milchähnlichen Produkts hätte T Ausfuhrerstattungen in gleicher Höhe beanspruchen können.

T hat in einem Subventionsverfahren gegenüber dem Subventionsgeber unrichtige Angaben gemacht. Da er auf Grund dieser Angaben 100.000 € Subvention tatsächlich erhalten hat, scheint auch die Vorteilhaftigkeit der gemachten Angaben gegeben zu sein. Denn hätte er keinen Antrag auf Ausfuhrerstattung gestellt – also die unrichtigen Angaben nicht gemacht –, wäre ihm keine Subvention gewährt worden. Dieser einfachen Argumentation bedient sich der **BGH**, der in Fällen wie diesem die Vorteilhaftigkeit und damit die Erfüllung des objektiven Tatbestandes bejaht. Der Gefahr der Fehlleitung von Subventionen auf Grund falscher Angaben könne wirksam nur dadurch begegnet werden, dass der strafrechtlichen Würdigung allein die tatsächlichen Angaben und ihre tatsächliche Begünstigungswirkung im Subventionsverfahren zugrunde gelegt werden und wahrheitsgemäße Alternativangaben unberücksichtigt bleiben.[108] Die **h.M. in der Literatur** verneint hingegen die Vorteilhaftigkeit falscher Angaben, wenn der Täter durch wahre Angaben denselben Vorteil erreichen könnte. Dann werde das Vermögen des Subventionsgebers nicht ungerechtfertigt in Anspruch genommen, also kein Vermögensschaden verursacht. Die Herbeiführung des Erfolges auf unlautere Weise tangiere nicht das Rechtsgut Vermögen, sondern beeinträchtige allenfalls die prozedurale Korrektheit der Subventionsgewährung. Dies allein sei aber nicht strafwürdig. Auch drohe keine Fehlleitung von Subventionsmitteln, da diese genau dem Subventionsnehmer zufließen und dem Förderungszweck zugute kommen, für den sie bestimmt sind.[109]

Vorzugswürdig ist die h.M. Der Erschleichung einer Subvention, auf die der Subventionsnehmer einen Anspruch hat, entspricht im Bereich des § 263 die Erwirkung einer Vermögensverfügung des Getäuschten, zu der dieser ohnehin rechtlich verpflichtet ist. Viele verneinen unter diesen Voraussetzungen bereits das objektive Tatbestandsmerkmal „Vermögensschaden" (oben 5. 2.1.5.3.2), zutreffend erscheint hingegen die Ansicht, dass die Erbringung der geschuldeten Leistung zwar einen Schaden am Vermögen des Schuldners verursacht, der Täter aber keinen rechtswidrigen Vermögensvorteil erstrebt (oben 5.2.2.2.4). Wegen der Parallelität der Schutzzwecke kann eine solche Tat auch im Licht des § 264 nicht strafbar sein.

---

[107] Nach BGHSt 36, 373.

[108] BGHSt 34, 265 (267 ff.); 36, 373 ff; ebenso Achenbach (1988), 251 (253); Gössel (1996), § 23 Rn. 50; Meine (1988), 13 (15); Otto (2005), § 61 Rn. 19.

[109] Arzt et al. (2009), § 21 Rn. 72; Eisele (2012b), Rn. 734; Kindhäuser (1991), 492 (495); Lüderssen (1988), 43 (45); Nomos Kommentar-Hellmann (2013), § 264 Rn. 87; Ranft (1986), 3163 (3167); Schmidt-Hieber (1980), 322 (325); Tenckhoff (1997), 465 (472); Wittig (2014), § 17 Rn. 45.

Beispiel

Daher hat sich T in dem obigen Beispiel nicht aus § 264 I Nr. 1 strafbar gemacht.

Der Betrugsstruktur nachempfunden ist die Teilung des Tatbestandes in eine **eigennützige** (egoistische) und eine **fremdnützige** (altruistische) Variante. Da § 264 auf ein subjektives Tatbestandsmerkmal „Bereicherungsabsicht" verzichtet, ist das den Tatbegünstigten bezeichnende Merkmal in den objektiven Tatbestand des Subventionsbetrugs verlagert. Die Parallele zu dem Betrugselement „sich oder einem Dritten" ist in § 264 I Nr. 1 das zweimal erscheinende – auf die Angaben und ihre Vorteilhaftigkeit bezogene – Merkmal „für sich oder einen anderen". Täter des Subventionsbetrugs kann also auch sein, wer durch seine Angaben einem Dritten die Aussicht auf Subventionierung verschafft.

7.3.2.2.2 Subjektiver Tatbestand
7.3.2.2.2.1 Vorsatz
Da der Text des § 264 I keine von § 15 abweichende und diese allgemeine Vorschrift verdrängende Regelung des Vorsatzerfordernisses enthält, genügt bezüglich sämtlicher objektiver Tatbestandsmerkmale **dolus eventualis**.[110] Damit die Strafbarkeit nicht in vielen Fällen an dem besonders irrtumsträchtigen Vorsatzbezugspunkt „subventionserhebliche Tatsache" scheitert, hat der Gesetzgeber in § 2 SubvG eine Bezeichnungspflicht statuiert, an die auch in § 264 VIII Nr. 1 angeknüpft wird. Durch hinreichend präzise und vollständige Bezeichnung der subventionserheblichen Tatsachen kann die Behörde selbst das Risiko tatbestandsirrtümlicher (§ 16 I 1) – und daher allenfalls über § 264 IV strafrechtlich ahndbarer – Tatbegehung verringern.[111]

Der subjektive Tatbestand umfaßt weder einen **Schädigungsvorsatz** noch eine **Bereicherungsabsicht**. Somit scheint die Strafbarkeit aus § 264 I Nr. 1 keinerlei subjektive Beziehung des Täters zum geschützten Rechtsgut „Vermögen" vorauszusetzen. Gesetzestechnisch realisierbar wäre die Einrichtung eines solchen Erfordernisses mit dem Mittel der „überschießenden Innentendenz" (z. B.: „um sich oder einem anderen einen ungerechtfertigten Subventionsvorteil zu verschaffen"). Das Fehlen eines Vorsatzbezugs zum – im objektiven Tatbestand nicht erfaßten – Vermögensschaden wäre bedenklich, wenn man das Tatbestandsmerkmal „vorteilhaft" im Sinne der Rechtsprechung weit auslegen würde (dazu oben 7.3.2.2.1.2). Bei Zugrundelegung der von der herrschenden Literaturansicht favorisierten engen Interpretation dieses Merkmals entsteht letztlich doch ein – gegenüber § 263 abgeschwächter – Konnex von Vorsatz und Vermögensbeeinträchtigung. Der Vorsatz bezüglich der Vorteilhaftigkeit der Angaben impliziert unter dieser Prämisse nämlich zugleich die Gefahr, dass auf Grund der gemachten Angaben eine ungerechtfertigte Subventionsentscheidung zum Nachteil des Subventionsgebervermögens getroffen wird.

---

[110] Nomos Kommentar-Hellmann (2013), § 264 Rn. 121.

[111] Arzt et al. (2009), § 21 Rn. 69; Blei (1976), 741 (742); Ranft (1986), 3163 (3164).

7.3.2.2.2.2 Leichtfertigkeit

Eine – umstrittene[112]– Ausnahmeerscheinung im vermögensschützenden Strafrecht ist die Pönalisierung leichtfertiger Tatbegehung in § 264 IV.[113] Denn Leichtfertigkeit ist eine spezielle Art von Fahrlässigkeit. Gegen fahrlässige Gefährdung oder Schädigung sind Vermögen, Eigentum und sonstige spezielle Vermögensgüter im deutschen Strafrecht ansonsten nur peripher im Zusammenhang mit Tatbeständen geschützt, in deren Zentrum der Schutz anderer – immaterieller – Rechtsgüter steht, z. B. §§ 306 d, 307 IV, 315 c III. Daher ist die Abweichung von dieser Regel in § 264 IV besonders begründungsbedürftig. Die Behauptung, Subventionsnehmer hätten eine erhöhte Verantwortung dem von ihnen gefährdeten Rechtsgut gegenüber und trügen deshalb eine besonders schwerwiegende Sorgfaltspflicht, deren grobe Vernachlässigung die Strafwürdigkeitsgrenze erreiche,[114] vermag nicht vollkommen zu überzeugen. Träfe dies zu, würde die vorsätzliche Verletzung dieser Pflicht ebenfalls die Strafwürdigkeit sonstiger vorsätzlicher Vermögensbeeinträchtigungen – z. B. solcher, die nur von § 263 erfasst werden – deutlich übertreffen. Konsequenterweise müsste sich dies im Strafrahmen des § 264 I niederschlagen. Das aber ist nicht der Fall, wie ein Vergleich mit dem Strafrahmen des § 263 I zeigt. Die Gründe, denen die Leichtfertigkeitspönalisierung in § 264 IV ihre Existenz verdankt, sind daher auf kriminalpolitischem Gebiet zu suchen. Zum einen soll dem Täter die Berufung auf Irrtümer abgeschnitten werden,[115] zum anderen sollen Beweisprobleme im subjektiven Bereich vermieden werden.[116] Nicht ganz von der Hand zu weisen sind daher kritische Äußerungen, die dem § 264 IV den Charakter einer „Verdachtsstrafe" attestieren.[117]

Im System der Fahrlässigkeit besetzt die Leichtfertigkeit die Position der **„groben Fahrlässigkeit"**.[118] Leichte Fahrlässigkeit reicht also nicht aus. Praktisch wichtige Bezugsgegenstände der Leichtfertigkeit sind vor allem die Unrichtigkeit und Unvollständigkeit der Angaben und die Subventionserheblichkeit der Tatsachen. Der erhöhten Irrtumsanfälligkeit dieser Merkmale korrespondiert eine erhöhte Pflicht des Subventionsnehmers zu rechtzeitiger Information.

7.3.2.3 Einzelheiten zu § 264 I Nr. 2, IV
7.3.2.3.1 Objektiver Tatbestand
7.3.2.3.1.1 Übersicht
Dieser Tatbestand wurde durch Art. 2 des **EG-Finanzschutzgesetzes** vom 10. 9. 1998 eingeführt. Die früheren Nrn. 2 und 3 des § 264 I wurden infolgedessen zu

---

[112] Arzt et al. (2009), § 21 Rn. 73; Nomos Kommentar-Hellmann (2013), § 264 Rn. 151.

[113] Nach Schubarth (1980), 80 (100) hat die Leichtfertigkeitspönalisierung in § 264 IV „eine bisher unbestrittene Bastion ins Wanken" gebracht: „den Grundsatz, dass nur fahrlässig herbeigeführte Vermögensverletzungen niemals die Verhängung von Kriminalstrafe zu rechtfertigen vermögen."

[114] Göhler et al. (1976), 1609 (1615); Müller-Emmert et al. (1976, 1657 (1661).

[115] Göhler et al. (1976), 1609 (1615).

[116] Arzt et al. (2009), § 21 Rn 73; Hillenkamp (1985) 861 (869); Otto (1989), 24 (28); Weigend (1996), 695 (699).

[117] Schubarth (1980), 80 (102).

[118] Nomos Kommentar-Hellmann (2013), § 264 Rn. 153; Wittig (2014), § 17 Rn. 63.

§ 264 I Nr. 3 und Nr. 4. An der Tatbestandsstruktur fällt auf, dass hier die generelle Linie der Betrugsähnlichkeit recht deutlich verlassen wird.[119] Denn die Tat folgt der Subventionsgewährung nach und betrifft einen Gegenstand oder eine Geldleistung, der/die bereits in das Vermögen des Subventionsnehmers übergegangen ist. Der Subventionsgeber wird weder getäuscht noch an seinem Vermögen geschädigt. Der Unrechtsgehalt der tatbestandsmäßigen Handlung beruht auf der Missachtung einer Zweckbindung, mit der die Vergabe des Gegenstands oder der Geldleistung verknüpft wurde. Damit bewirkt die tatbestandsmäßige Handlung in etwa den Erfolg, der in der Betrugsdogmatik das Merkmal „Vermögensschaden" in den Fällen der Verfehlung eines sozialen Zwecks erfüllen soll.

7.3.2.3.1.2 Verwendungsbeschränkung

Grundlage der Verwendungsbeschränkung können die **Rechtsvorschriften** sein, die der Subventionsgewährung zugrunde liegen. Verwendungsbeschränkungen kann aber auch der Subventionsgeber auferlegen. Rechtstechnisch erfolgt dies durch **Vertrag** oder **Verwaltungsakt**.[120]

7.3.2.3.1.3 Tathandlung

Tatbestandsmäßige Handlung ist eine **Verwendung** des Gegenstandes oder der Geldleistung, die von der Verwendungsbeschränkung **abweicht**. Dabei kommt es nicht darauf an, ob der Täter mit der Verwendung zugleich eine Pflicht zur Anzeige der beschränkungswidrigen Verwendung verletzt, vgl. § 3 II SubvG.[121] Die Unterlassung einer gebotenen Unterrichtung des Subventionsgebers ist in § 264 I Nr. 3 erfasst.

7.3.2.3.2 Subjektiver Tatbestand

Die Tat ist **Vorsatzdelikt** (§ 15), gemäß § 264 IV aber auch bei **leichtfertiger** Begehung strafbar. Zu den Sorgfaltspflichten, deren grobe Verletzung die Bewertung als „leichtfertig" begründen kann, gehört die Unterrichtung über Umfang und Inhalt von Verwendungsbeschränkungen. Wer einen Gegenstand verwendet, der ihm zur Förderung eines subventionserheblichen Zwecks überlassen wurde, hat darauf zu achten, dass er die Verwendung am geförderten Zweck ausrichtet.

7.3.2.4　Einzelheiten zu § 264 I Nr. 3, IV
7.3.2.4.1　Objektiver Tatbestand
7.3.2.4.1.1　Übersicht

§ 264 I Nr. 3 normiert ein **echtes Unterlassungsdelikt**.[122] Eine weitere Besonderheit dieser Tatbestandsvariante ist ihre **Sonderdelikt**snatur.[123] Täter kann nämlich nur derjenige sein, der nach den zugrundeliegenden Vergabevorschriften zur Mit-

---

[119] Arzt et al. (2009), § 21 Rn. 70.

[120] Nomos Kommentar-Hellmann (2013), § 264 Rn. 93.

[121] Nomos Kommentar-Hellmann (2013), § 264 Rn. 96.

[122] Nomos Kommentar-Hellmann (2013), § 264 Rn. 9; Wittig (2014), § 17 Rn. 54.

[123] Göhler et al. (1976), 1609 (1615); Wittig (2014), § 17 Rn. 55.

teilung verpflichtet ist. Diese Tatbestandsmerkmale lassen nur undeutlich erkennen, dass der Täterkreis durch das Merkmal der Aufklärungspflicht eingegrenzt ist (Sonderdelikt). Die dahingehende Beschränkung ergibt sich aus der Textstelle „entgegen den Rechtsvorschriften über die Subventionsvergabe".

7.3.2.4.1.2 Täter

Den Tatbestand kann in täterschaftlicher Manier nur verwirklichen, wer nach den Rechtsvorschriften über die Subventionsvergabe **verpflichtet** ist, den Subventionsgeber über bestimmte subventionserhebliche Tatsachen zu informieren.[124] In diesem Zusammenhang kann die Merkmalszurechnung nach § 14 entscheidende Bedeutung haben.[125] Wer eine solche Pflicht nicht hat, kann aus § 264 I Nr. 3 allenfalls als Anstifter oder Gehilfe strafbar sein.

Rechtsvorschriften im Sinne des § 264 I Nr. 3 sind die verschiedenen Spezialgesetze (einschließlich EG-Recht), die der jeweiligen Subventionsvergabe zugrunde liegen, sowie allgemein das Subventionsgesetz, das in § 3 Offenbarungspflichten statuiert.[126] Im Rahmen des § 264 I Nr. 3 irrelevant sind Umstände, die nach der Dogmatik der unechten Unterlassungsdelikte Garantenpflichten entstehen lassen (Ingerenz, Vertrag).[127]

7.3.2.4.1.3 Unkenntnis des Subventionsgebers

Die Unkenntnis muss sich auf **subventionserhebliche Tatsachen** beziehen. Obwohl der Gesetzestext es nicht ausdrücklich erwähnt, besteht nur bezüglich solcher Tatsachen eine Aufklärungspflicht, deren Verschweigen für den Täter **vorteilhaft** ist. Umgekehrt bedeutet dies, dass der Täter nur über Tatsachen informieren muss, die für ihn selbst ungünstig sind, weil sie der Subventionsgewährung entgegenstehen bzw. eine Rückforderung der Subvention begründen.[128] Indem das Gesetz auf die Unkenntnis des Subventionsgebers abstellt, bezieht sie den gesamten von der Legaldefinition des § 264 I Nr. 1 umgrenzten Personenkreis ein. Innerhalb der „Behörde" oder „Stelle" wird die Kenntnis von „Personen", die ebenfalls die Eigenschaft des Subventionsgebers (Sachbearbeiter, Behördenleiter) haben, zugerechnet.[129] Das bedeutet, dass der Subventionsgeber bereits dann nicht mehr in Unkenntnis ist, wenn auch nur eine Person informiert ist, die nach § 264 I Nr. 1 die Stellung des Subventionsgebers hat.

7.3.2.4.1.4 Tatbestandsmäßiges Verhalten

Die Beschreibung des tatbestandsmäßigen Verhaltens als „in Unkenntnis lassen" deutet vordergründig betrachtet auf ein **Unterlassen** hin.[130] Zweifellos wird durch diese Verhaltensbeschreibung die schlichte Nichtvornahme von Aufklärungsmaß-

---

[124] Nomos Kommentar-Hellmann (2013), § 264 Rn. 109.

[125] Nomos Kommentar-Hellmann (2013), § 264 Rn. 109; Wittig (2014), § 17 Rn. 55.

[126] Göhler et al. (1976), 1609 (1614); Nomos Kommentar-Hellmann (2013), § 264 Rn. 105.

[127] Gössel (1996), § 23 Rn. 55.

[128] Nomos Kommentar-Hellmann (2013), § 264 Rn. 106.

[129] Nomos Kommentar-Hellmann (2013), § 264 Rn. 101; Wittig (2014), § 17 Rn. 59.

[130] Wittig (2014), § 17 Rn. 57.

nahmen erfasst, durch die das Informationsdefizit des Subventionsgebers ausgeglichen würde. Sprachlich deckt das „in Unkenntnis lassen" aber auch aktive Maßnahmen, durch die Kausalverläufe abgebrochen werden, deren weiterer ungestörter Fortgang die Wissenslücke des Subventionsgebers geschlossen hätte.[131]

7.3.2.4.2 Subjektiver Tatbestand

Gemäß § 15 handelt es sich um ein **Vorsatzdelikt**. Da § 264 IV aber auch auf die Nr. 3 des § 264 I verweist, ist auch die **leichtfertige** Begehung der Tat strafbar.

7.3.2.5 Einzelheiten zu § 264 I Nr. 4

7.3.2.5.1 Objektiver Tatbestand

7.3.2.5.1.1 Übersicht

Dieser Tatbestand ähnelt sehr stark der Variante § 264 I Nr. 1, mit der er sich in vielen Fällen überschneiden wird. Denn meistens macht der Täter durch den Gebrauch der Bescheinigung unrichtige oder unvollständige Angaben über subventionserhebliche Tatsachen.[132] Auch mit § 264 I Nr. 3 bestehen Berührungspunkte, so dass § 264 I Nr. 4 insgesamt lediglich eine praktisch **geringe Lückenschließungsfunktion** attestiert werden kann. Das Delikt hat eine der **Zweiaktigkeit** ähnelnde Struktur, weil allein der Gebrauch von Bescheinigungen, die aus irgendeinem Grund fehlerhaft sind, den Tatbestand nicht erfüllt. Vielmehr ist der Gebrauch der Bescheinigung (2. Akt) nur dann tatbestandsmäßig, wenn der Mangel der Bescheinigung zuvor durch unrichtige oder unvollständige Angaben verursacht worden ist (1. Akt). Allerdings braucht der Gebrauchstäter die unrichtigen oder unvollständigen Angaben gegenüber der die Bescheinigung ausstellenden Behörde nicht selbst gemacht zu haben.[133]

7.3.2.5.1.2 Erlangen und Gebrauchen

Tatbestandsmäßige Handlung des § 264 I Nr. 4 ist das Gebrauchen der Bescheinigung, nicht das Erwirken der Bescheinigung durch unrichtige oder unvollständige Angaben. Letzteres muss aber dem Gebrauch vorausgehen. Irgend jemand – der Täter selbst oder ein Dritter[134] – muss den Aussteller der Bescheinigung getäuscht haben. Ob dies vorsätzlich geschah oder nicht, spielt keine Rolle. Wer durch falsche Angaben die Ausstellung einer Bescheinigung an einen Dritten bewirkt, die dieser gutgläubig in einem Subventionsverfahren gebraucht, verwirklicht selbst das Tatbestandsmerkmal „Gebrauch" in mittelbarer Täterschaft (§ 25 I 2. Alt.). Gebrauchmachen ist die Schaffung der Möglichkeit des Subventionsgebers zur Kenntnisnahme vom Inhalt der Bescheinigung. Nicht erforderlich ist, dass der Subventionsgeber tatsächlich Kenntnis vom Inhalt der Bescheinigung nimmt.[135]

---

[131] Nomos Kommentar-Hellmann (2013), § 264 Rn. 99.

[132] Nomos Kommentar-Hellmann (2013), § 264 Rn. 111; Wittig (2014), § 17 Rn. 60.

[133] Nomos Kommentar-Hellmann (2013), § 264 Rn. 113.

[134] Nomos Kommentar-Hellmann (2013), § 264 Rn. 113.

[135] Nomos Kommentar-Hellmann (2013), § 264 Rn. 115.

7.3.2.5.2 Subjektiver Tatbestand

§ 264 I Nr. 4 ist die einzige Tatbestandsalternative, auf die § 264 IV nicht verweist. Leichtfertige Tatbegehung reicht also zur Begründung der Strafbarkeit nicht[136]. Die Tat ist **reines Vorsatzdelikt**, § 15. Da aber der Gebrauch einer durch unrichtige oder unvollständige Angaben erwirkten Bescheinigung häufig zugleich den Tatbestand des § 264 I Nr. 1 oder Nr. 3 erfüllt, erfasst die Leichtfertigkeitspönalisierung solche Taten letztlich doch in großem Umfang.[137]

7.3.3 Qualifikationstatbestand

7.3.3.1 Allgemeines

Das **6. Strafrechtsreformgesetz** hat die Betrugsqualifikation des § 263 V per Verweisung in § 264 III in die Regelung des Subventionsbetruges einbezogen. Da der qualifizierte Subventionsbetrug **Verbrechenscharakter** hat (§ 12 I), sind sowohl der Versuch (§ 23 I) als auch die in § 30 beschriebenen Vorbereitungshandlungen mit Strafe bedroht.

7.3.3.2 Tatbestandsmerkmale
7.3.3.2.1 Objektiver Tatbestand

An den qualifizierenden objektiven Tatbestandsmerkmalen erkennt man, dass die Vorschrift auf Fälle organisierter Kriminalität zugeschnitten ist.[138] Der Täter muss **Mitglied** einer **Bande** sein, die sich zur **fortgesetzten Begehung** der in § 263 V genannten Straftaten zusammengeschlossen hat. Zwischen der Tat und der Bandenmitgliedschaft muss ein innerer Zusammenhang bestehen. Daran fehlt es, wenn der Täter zwar Mitglied einer Bande ist, er den Subventionsbetrug aber nicht in seiner Eigenschaft als Bandenmitglied begangen hat.

7.3.3.2.2 Subjektiver Tatbestand

Anders als der Grundtatbestand setzt der Qualifikationstatbestand stets **Vorsatz** voraus, § 15. Leichtfertige Verwirklichung der Tatbestände § 264 I Nr. 1 bis 3 reicht zwar gem. § 264 IV zur Strafbarkeit aus. Die Qualifikation des § 264 III iVm § 263 V lässt sich auf einem Leichtfertigkeitstatbestand aber nicht aufbauen. Das deutet schon die systematische Stellung des § 264 III an. Außerdem lässt sich Leichtfertigkeit nicht mit den qualifizierenden Merkmalen des § 263 V vereinbaren: Sowohl der auf fortgesetzte Begehung von Straftaten gerichtete Zusammenschluss als auch die Einbindung der Tat in das kriminelle Treiben der Bande („als Mitglied") implizieren die bewusste und gewollte Begehung solcher Taten und der konkret zu beurteilenden Tat. Hinzukommen muss als weiteres besonderes Qualifikationsmerkmal die **Gewerbsmäßigkeit** der Tat.[139]

---

[136] Nomos Kommentar-Hellmann (2013), § 264 Rn. 152.

[137] Leipziger Kommentar-Tiedemann (2012), § 264 Rn. 148.

[138] Nomos Kommentar-Hellmann (2013), § 264 Rn. 149.

[139] Dazu oben 1.3.2.3.

7.3.4 Besonders schwere Fälle

§ 264 II hebt die Unter- und Obergrenze des Strafrahmens für besonders schwere Fälle an. Die Vorschrift hat **Strafzumessungs**relevanz und normiert keinen Qualifikationstatbestand. In Satz 2 verwendet der Gesetzgeber die **Regelbeipielstechnik**, mit der der Richter stärker als bei unbenannten besonders schweren Fällen (z. B. § 109 e IV) an das Gesetz gebunden wird. Die Regelbeispiele knüpfen an die vorsätzliche Verwirklichung des Grundtatbestandes an.[140] Nach § 264 IV strafbare Leichtfertigkeit reicht als Basis eines besonderes schweren Falles nicht aus.

Eine **Geringwertigkeitsklausel** wie § 243 II oder § 263 IV enthält § 264 II nicht, da es in der Praxis keine geringwertigen Subventionen zur Wirtschaftsförderung gibt.[141] Die Ausgestaltung der einzelnen Regelbeispiele zeigt Übereinstimmungen mit und Abweichungen von dem Regelbeispielskatalog des § 263 III. Darin kommen sowohl die Betrugsähnlichkeit als auch die Eigenständigkeit des Subventionsbetruges zum Ausdruck.

7.3.5 Tätige Reue

7.3.5.1 Allgemeines

Da der Versuch des nichtqualifizierten Subventionsbetruges nicht mit Strafe bedroht ist, kommt § 24 bei § 264 auf der grundtatbestandlichen Ebene nicht zur Anwendung.[142] Materiell betrachtet sind jedoch die Verhaltensweisen, die gem. § 264 I oder § 264 IV als vollendeter Subventionsbetrug strafbar sind, lediglich **versuchte Verletzungen der geschützten Rechtsgüter**.[143] Denn die – ungerechtfertigte – Gewährung der Subvention ist keine Strafbarkeitsvoraussetzung z. B. des § 264 I Nr. 1. Die Vollendungsstrafbarkeit ist also in die materielle Versuchszone vorverlegt. Das notwendige Korrektiv dieser Grenzverschiebung ins Vorfeld der Rechtsgutsverletzung ist die Strafbefreiungsregelung des § 264 V für den Fall tätiger Reue.[144]

Die aus § 264 V resultierende **Straflosigkeit ist obligatorisch**, anders als etwa bei § 46 a oder § 158 hat der Richter kein Ermessen. Im Strafverfahren führt die Anwendung des § 264 V somit zum Freispruch bzw. in den Verfahrensstadien vor der Hauptverhandlung zur Nichterhebung der Anklage (§ 170 II StPO) oder Nichteröffnung des Hauptverfahrens (§ 204 StPO). § 153 b StPO ist nicht einschlägig.

7.3.5.2 Anwendungsbereich

§ 264 V verweist ausdrücklich auf § 264 I und § 264 IV. Tätige Reue ist also auch nach einer **Leichtfertigkeitstat** möglich,[145] was praktisch dann erheblich wird, wenn der Täter nach der Tat erkennt, worüber er während der Tat grob fahrlässig im

---

[140] Leipziger Kommentar-Tiedemann (2012), § 264 Rn. 163.
[141] Nomos Kommentar-Hellmann (2013), § 264 Rn. 131; Schönke et al. (2014), § 264 Rn. 72.
[142] Leipziger Kommentar-Tiedemann (2012), § 264 Rn. 149.
[143] Göhler et al. (1976), 1609 (1615); Schönke et al. (2014), § 264 Rn. 66.
[144] Leipziger Kommentar-Tiedemann (2012), § 264 Rn. 149.
[145] Leipziger Kommentar-Tiedemann (2012), § 264 Rn. 151; Wittig (2014), § 17 Rn. 74.

Irrtum war. Auf § 264 III verweist § 264 V nicht. Begeht der Täter den Subventionsbetrug also unter den **qualifizierenden** Voraussetzungen des § 264 III iVm § 263 V, ist der Rückweg in die Straflosigkeit grundsätzlich versperrt.[146] Ausnahmsweise kann man auch in diesem Fall Straffreiheit gewähren, wenn der Täter nicht nur die Subventionsgewährung verhindert, sondern darüber hinaus auch sich aus der Bande löst und die gewerbsmäßige Einstellung fallen lässt. Die tätige Reue muss also auch die qualifizierenden Elemente der Tat erfassen, was praktisch schwierig sein dürfte.

Sind an der Tat mehrere beteiligt, kann sich jeder **Beteiligte** durch Verhinderung der Subventionsgewährung Straffreiheit verschaffen. Die alleinige Erwähnung des „Täters" in § 264 V S. 2 steht dem nicht entgegen. Vielmehr ist die Strukturgleichheit mit § 24 ausschlaggebend. Dessen Absatz 2 ist deshalb auf den „Rücktritt" des Tatbeteiligten bei § 264 V entsprechend anwendbar.[147]

7.3.5.3 Voraussetzungen der Straffreiheit
7.3.5.3.1 Verhinderung der Subventionsgewährung
Die in § 264 V S. 1 geregelte kausale tätige Reue ist dem Rücktritt vom **beendeten** Versuch gem. § 24 I S.1 2. Alt. nachempfunden.[148] Da der Täter durch sein tatbestandsmäßiges Verhalten bereits die Gefahr geschaffen hat, dass die Subvention gewährt wird, muss er in der Regel mit aktiven Maßnahmen – z. B. Richtigstellung oder Ergänzung seiner unrichtigen bzw. unvollständigen Angaben – freiwillig dafür sorgen, dass entweder die Subventionsgewährung unterbleibt oder zumindest der Zusammenhang zwischen Tat und Subventionsgewährung („auf Grund der Tat") gelöst wird. Gewährt der Subventionsgeber also die Subvention, obwohl ihn der Täter zuvor über den wahren Sachverhalt aufgeklärt hat, erlangt dieser gem. § 264 V S. 1 Straffreiheit. Denn er hat zwar nicht die Subventionsgewährung verhindert; er hat aber verhindert, dass die Subvention „auf Grund der Tat" gewährt wird.

Ausnahmsweise kann die bloße Unterlassung weiterer unrichtiger Angaben Rücktrittsqualität haben, wenn die bereits gemachten Angaben für eine positive Subventionsentscheidung noch nicht ausreichen.[149] Allerdings fehlt es dann möglicherweise schon an der Vollendung oder an hinreichender Vorteilhaftigkeit der bisher gemachten Angaben.[150]

7.3.5.3.2 Bemühen um Verhinderung
Nichtkausale Verhinderungsbemühungen sind in Anlehnung an § 24 I S. 2 in § 264 V S. 2 ausreichende Bedingungen der Straflosigkeit, sofern sie freiwillig und ernsthaft unternommen werden. Vor allem darf der Zurücktretende nicht wissen,

---

[146] Fischer (2014), § 264 Rn. 40; Leipziger Kommentar-Tiedemann (2012), § 264 Rn. 177; Wittig (2014), § 17 Rn. 74; aA Nomos Kommentar-Hellmann (2013), § 264 Rn. 160.

[147] Göhler et al. (1976), 1609 (1615); Lackner et al. (2014), § 264 Rn. 28; Leipziger Kommentar-Tiedemann (2012), § 264 Rn. 150; Müller-Emmert et al. (1976, 1657 (1661); Nomos Kommentar-Hellmann (2013), § 264 Rn. 168.

[148] Leipziger Kommentar-Tiedemann (2012), § 264 Rn. 149.

[149] Leipziger Kommentar-Tiedemann (2012), § 264 Rn. 156.

[150] Schönke et al. (2014), § 264 Rn. 67.

dass die Tat ohnehin nicht die ursprünglich angestrebte Subventionsgewährung bewirkt. Der Nichtgewährung der Subvention steht wie in Satz 1 der Fall gleich, dass die Subvention zwar gewährt wird, jedoch nicht „auf Grund der Tat". Es reicht deshalb auch aus, wenn der Täter sich darum bemüht, dass der Subventionsgeber die Subvention auf der Grundlage richtiger und vollständiger Angaben gewährt.

7.4   Kapitalanlagebetrug, 264 a StGB

7.4.1   Allgemeines

Der Straftatbestand Kapitalanlagebetrug (§ 264 a) wurde 1986 durch das **Zweite Gesetz zur Bekämpfung der Wirtschaftskriminalität** (2. WiKG) in das StGB eingeführt.[151] Kapitalanlagebetrug ist also ein typisches **Wirtschaftsdelikt** und fällt deshalb in den sachlichen Zuständigkeitsbereich der Wirtschaftsstrafkammer beim Landgericht, § 74 c I Nr. 5 GVG.

7.4.1.1   Betrugsähnlichkeit

Der Kapitalanlagebetrug hat die Tatbestandstruktur eines **Betrugsfragments**.[152] Im objektiven Tatbestand sind die Betrugsmerkmale Vermögensschaden, Vermögensverfügung und Irrtum entfernt,[153] übrig geblieben ist eine vermögensbezogene **Täuschung**.[154] Der subjektive Tatbestand ist um die Bereicherungsabsicht reduziert worden. Dennoch ist der Kapitalanlagebetrug ein Derivat des § 263. Denn der Täuschungsakt, mit dem der objektive Tatbestand des § 264 a erfüllt und die Tat vollendet wird, hat ein gewichtiges Vermögensschädigungspotential, das in vielen Fällen tatsächlich zu einem Vermögensschaden des getäuschten Kapitalanlegers führt. In der Realität ruft diese Täuschung häufig einen Irrtum hervor, der den Irrenden zu einer Vermögensverfügung veranlasst, die einen Vermögensschaden verursacht. Diese Täuschungsfolgen liegen aber bereits jenseits der Vollendungsgrenze des § 264 a, die Strafbarkeit nach § 264 a ist – verglichen mit § 263 – weit vorverlagert.[155] Strafbarer Kapitalanlagebetrug ist die Täuschung auch, wenn die oben skizzierten Folgen nicht eintreten, insbesondere eine Vermögensschädigung ausbleibt.[156] Jedoch ist das für den Getäuschten eher ein atypischer Glücksfall. Häufig gelingt es den Anlagebetrügern, ihre Opfer hereinzulegen und dabei mitunter ganze Existenzen zu vernichten. Kapitalanlagebetrug ist so gefährlich, dass mit dem strafrechtlichen Zugriff nicht gewartet werden darf, bis der Schaden entstanden ist.[157]

---

[151] Dazu Frommel (1987), 667 f; Tiedemann (1986), 865 (872); U. Weber (1986), 481 (485).

[152] Joecks (1986), 142 (143): „kupierter Betrug"; Mutter (1991), 421 (422); Worms (1987), 242 (245).

[153] OLG Köln, NJW 2000, 598 (600).

[154] Arzt et al. (2009), § 21 Rn. 82.

[155] Tiedemann (1986), 865 (872); U. Weber (1986), 481 (485).

[156] Mutter (1991), 421; Wittig (2014), § 18 Rn. 7.

[157] Otto (1989), 24 (31).

Deshalb ist der Kapitalanlagebetrug – wie der Subventionsbetrug – ein **abstraktes Gefährdungsdelikt**.[158]

7.4.1.2 Rechtsgut

Der Kapitalanlagebetrug gehört wie der Betrug zu den Vermögensdelikten. Geschütztes Rechtsgut ist deshalb das **Vermögen** von Kapitalanlegern.[159] Darüber hinaus dient die Strafvorschrift aber auch der Sicherung von Lauterkeit, Ehrlichkeit und Fairness im Kapitalanlageverkehr. Geschützt wird damit nicht allein das Vermögen des einzelnen Kunden, sondern die Institution „Kapitalanlage" als solche. Denn windige Finanzjongleure und skrupellose Abzocker treiben mit ihren betrügerischen Machenschaften nicht nur unzählige gutgläubige Anleger in den wirtschaftlichen Ruin, sondern zerstören damit zugleich Vertrauen und bringen eine volkswirtschaftlich prinzipiell nützliche und daher schützenswerte Branche in Misskredit. § 264 a soll also auch für Sauberkeit auf dem Kapitalmarkt sorgen und schützt deshalb neben dem Vermögen das **Allgemeininteresse an der Funktionsfähigkeit des Kapitalanlagemarktes**.[160]

7.4.1.3 Systematik

Die innere Systematik des § 264 a ist sehr einfach, denn der Kapitalanlagebetrug existiert nur in der Form eines **grundtatbestandlichen** Delikts. Qualifikationen und Privilegierungen gibt es nicht. Auch im Rechtsfolgenbereich sind keinerlei Modifikationen zu verzeichnen. Besonders schwere Fälle sind weder in unbenannter noch in regelbeispielshafter Gestalt berücksichtigt worden. Den Charakter besonders schwerer Fälle haben vor allem die Taten, die tatsächlich zu einem Vermögensschaden beim getäuschten Anleger führen. Da der auf diesen Folgen lastende Strafwürdigkeitsgehalt sowohl die tatbestandliche als auch die Rechtsfolgenkapazität des § 264 a überspannt, muss der allgemeine Betrugstatbestand § 263 eingreifen. Für das Verhältnis zwischen § 264 a und § 263 folgt daraus, dass eine Verdrängung des allgemeinen Betrugstatbestandes durch den speziellen Tatbestand des Kapitalanlagebetrugs nicht zur Diskussion steht.[161] Vielmehr konkurrieren § 263 und § 264 a idealiter, § 52.[162]

Thematische Berührungspunkte weist der Kapitalanlagebetrug mit den Straftatbeständen des **Börsengesetzes** „Kursbetrug" (§ 88 BörsenG) und „Verleitung zur Börsenspekulation" (§ 89 BörsenG) sowie mit **§ 4 UWG** und mit **§§ 399, 400 AktG** auf. § 264 a und die jetzige Fassung des § 88 BörsenG haben eine einheitliche Entstehungsgeschichte. Mit der Schaffung des § 264 a durch das 2. WiKG wurde auch

---

[158] OLG Köln, NJW 2000, 598 (599); Wittig (2014), § 18 Rn. 6; U. Weber (1986), 481 (485).

[159] OLG Köln, NJW 2000, 598 (600); Cerny (1987), 271 (272); Joecks (1986), 142 (143); Worms (1987), 242 (245).

[160] OLG Köln, NJW 2000, 598 (600); Arzt et al. (2009), § 21 Rn. 79; Mutter (1991), 421 (422); U. Weber (1986), 481 (486); aA Joecks (1986), 142 (144); Worms (1987), 242 (245).

[161] Schönke et al. (2014), § 264 a Rn. 41.

[162] Arzt et al. (2009), § 21 Rn 91; Eisele (2012b), Rn. 746; Mutter (1991), 421 (422); Otto (1989), 24 (31); U. Weber (1986), 481 (485).

§ 88 BörsenG erheblich umgestaltet.[163] Teile des früheren § 88 BörsenG fanden Eingang in die neue Strafvorschrift § 264 a.

7.4.2 Strafbarkeitsvoraussetzungen

7.4.2.1 Objektiver Tatbestand
7.4.2.1.1 Übersicht
Die Tatbestandsstruktur des § 264 a ist außerordentlich kompliziert. Zwar weist – dem Wesen eines abstrakten Gefährdungsdelikts entsprechend – der objektive Tatbestand weder ein Erfolgs- noch ein Opfermerkmal auf; er besteht nur aus dem **Täter-** und dem **Handlungsmerkmal**. Aber die Abbildung der tatbestandsmäßigen Handlung im Gesetzestext ähnelt einem Mosaik aus vielen kleinen Steinchen. Die Bestandteile des objektiven Tatbestandes sind in Absatz 1 und Absatz 2 beschrieben. Dabei entfällt der weitaus größte Anteil des Gesetzestextes auf das Täuschungselement. Die objektive tatbestandsmäßige Tat ist eine **Täuschung**, die der **Täter** im **Zusammenhang mit Kapitalanlage** begeht.

7.4.2.1.2 Täter
Das Gesetz macht die Täterschaft von keinen speziellen Voraussetzungen abhängig, Kapitalanlagebetrug ist daher kein Sonderdelikt. Täter kann somit **jedermann** sein.[164] Diese Aussage bezieht sich jedoch allein auf die personenbezogenen Bedingungen der Strafbarkeit als Täter. Davon zu unterscheiden ist die Frage nach der erforderlichen Beschaffenheit täterschaftlichen Verhaltens, deren Anforderungen nur von einem ausgewählten Täterkreis erfüllt werden (dazu unten 7.4.2.1.3.2). Denn da die Tat in einem speziellen kapitalanlagerelevanten Bezugsrahmen stehen muss („Zusammenhang"), kommt faktisch doch nur ein spezieller Personenkreis als Täter in Betracht.

7.4.2.1.3 Kapitalanlagebezug
7.4.2.1.3.1 Anlageform
Der Straftatbestand schützt Kapitalanleger nicht umfassend und flächendeckend, sondern nur im Zusammenhang mit **bestimmten – besonders täuschungsanfälligen – Anlageformen**.[165]
Im einzelnen handelt es sich um:

7.4.2.1.3.1.1 Wertpapiere
Wertpapiere sind Urkunden, die mit einem privaten Recht in einer spezifischen und engen Verbindung stehen. Die Urkunde dient nicht lediglich dem Beweis eines außerhalb der Urkunde existenten Rechts, sondern „**verbrieft**" dieses darüber hin-

---

[163] Dazu Joecks (1986), 142 (148 f).

[164] Wittig (2014), § 18 Rn. 8; Worms (1987), 271 (274).

[165] Wittig (2014), § 18 Rn. 10.

aus dergestalt, dass zur Geltendmachung des Rechtes die Innehabung der Urkunde erforderlich ist.[166]

7.4.2.1.3.1.2 Bezugsrechte

Wenig geklärt ist der Begriff der Bezugsrechte. Die überwiegend für maßgeblich gehaltene gesellschaftsrechtliche Definition passt nicht in den straftatbestandlichen Kontext, da derartige Rechte nicht „vertrieben" werden können. Vorzugswürdig ist eine eigenständige strafrechtliche Begriffsbestimmung. Danach handelt es sich um **unverbriefte** Rechte auf den Bezug von Leistungen, die sich aus einem vom Kapitalanleger erworbenen Stammrecht ableiten.[167]

7.4.2.1.3.1.3 Anteile, die eine Beteiligung an dem Ergebnis eines Unternehmens gewähren sollen

Unproblematisch fallen in diese Kategorie **Geschäfts- und Gesellschaftsanteile**, z. B. Kommanditanteile an einem in der Form der KG geführten Unternehmen.[168] Dasselbe gilt für stille Beteiligungen und Beteiligungen an geschlossenen Immobilienfonds.[169] Im Übrigen ist vieles umstritten, z. B. die Einbeziehung sog. partiarischer Darlehen, Mietpools, Bauherren-, Bauträger- und Erwerbermodelle.[170]

7.4.2.1.3.1.4 Anteile an Treuhandvermögen

Strafrechtlich relevant sind auch Anlageformen, bei denen in die Beziehung zwischen dem Anleger und dem Anlageobjekt (Wertpapier, Bezugsrecht, Anteil) ein Treuhänder eingeschaltet ist. § 264 a II ergänzt insofern die Aufzählung in § 264 a I Nr. 1.[171]

7.4.2.1.3.2 Zusammenhang mit der Täuschung

Der Täter verbindet die Kapitalanlage mit der Täuschung dadurch, dass er die Tat im unmittelbaren Zusammenhang[172] mit dem **Vertrieb** einer Anlageform (Abs. 1 Nr. 1) oder mit dem **Angebot**, die Einlage auf Anteile zu erhöhen (Abs. 1 Nr. 2), begeht. Unter „Vertrieb" ist die Veräußerung von Wertpapieren usw. zu verstehen. Der Begriff erfasst aber auch Anbahnungshandlungen im Vorfeld des Geschäfts, also Werbung für bestimmte Anlagemöglichkeiten.[173] Auch das „Angebot" nach Abs. 1 Nr. 2 ist eine Form des Vertriebs. Von den Vertriebs-Fällen der Nr. 1 unterscheidet sich das Angebot der Nr. 2 durch seinen Gegenstand und seinen Adressatenkreis. Während § 264 a I Nr. 1 den Anleger vor dem riskanten Erwerb von Anteilen schüt-

---

[166] Wittig (2014), § 18 Rn. 11.

[167] Wittig (2014), § 18 Rn. 15.

[168] Cerny (1987), 271 (273); Schönke et al. (2014), § 264 a Rn. 9; Wittig (2014), § 18 Rn. 17.

[169] Cerny (1987), 271 (273).

[170] Cerny (1987), 271 (273); Flanderka et al. (1990), 256 (258); Worms (1987), 242 (247).

[171] Wittig (2014), § 18 Rn. 21.

[172] Schönke et al. (2014), § 264 a Rn. 16.

[173] Schönke et al. (2014), § 264 a Rn. 14.

zen will, bezieht sich § 264 a I Nr. 2 auf Anleger, die schon Anteile haben und ihre Einlage auf diese Anteile erhöhen.[174]

7.4.2.1.4 Täuschung

Das Täuschungsmerkmal erscheint im Tatbestand in einer **positiven** („Angaben macht") und einer **negativen** („Tatsachen verschweigt") Variante. Dies entspricht der Differenzierung zwischen Vorspiegeln, Entstellen und Unterdrücken von Tatsachen bei § 263.

7.4.2.1.4.1 Angaben machen

Diese Art von Täuschung ist bereits aus § 264 I Nr. 1 bekannt (vgl. oben 7.3.2.2.1.2). Zur Vollendung der Tat erforderlich und ausreichend ist die einem größeren Personenkreis eröffnete **Möglichkeit der Kenntnisnahme** von den tatsachenbezogenen Äußerungen mittels der im Gesetzestext bezeichneten Medien (Prospekte usw.).[175] Dass die Angaben tatsächlich von einer größeren Zahl Personen wahrgenommen, verstanden oder gar in Anlageentscheidungen umgesetzt worden sind, ist nicht notwendig.[176] Erst bei der Anwendung des § 264 a III können derartige Auswirkungen der Angaben relevant werden.

7.4.2.1.4.2 Tatsachen verschweigen

Da der Entscheidung für eine bestimmte Form der Kapitalanlage in der Regel eine Abwägung von Chancen und Risiken vorausgeht, braucht der Anleger umfassende Informationen über alle entscheidungserheblichen Fakten. Insbesondere muss er auch Kenntnis von solchen Umständen haben, die die Gefahr eines Vermögensverlustes indizieren und deshalb einen besonnenen Menschen von der riskanten Entscheidung abhalten könnten. Aus diesem Grund ist das Verschweigen anlageentscheidungshemmender Tatsachen nicht weniger strafwürdig als das aktive Vorspiegeln unwahrer anlageentscheidungsfördernder Tatsachen. Obwohl das Verschweigen von Tatsachen die ontologische Gestalt einer **Unterlassung** hat,[177] handelt es sich bei dieser Tatbestandsalternative um ein Begehungsdelikt.[178] Dies wird deutlicher, wenn man sich klar macht, dass das Verschweigen negativer Tatsachen stets flankiert wird von „gemachten" Angaben und deshalb nichts anderes ist als das **Machen unvollständiger Angaben.** Denn die unterlassene Aufklärung über bestimmte Tatsachen erlangt ihre tatbestandsmäßige Bedeutung erst auf Grund ihres Zusammenhangs mit positiven Angaben in Prospekten, Darstellungen und Übersichten. So, wie die wahrheitsgemäßen Einzelangaben eines Zeugen durch Auslassungen zu einer unwahren Gesamtaussage, also tatbestandsmäßigen Falschaussage

---

[174] Schönke et al. (2014), § 264 a Rn. 15;

[175] OLG Köln, NJW 2000, 598 (600); Schönke et al. (2014), § 264a Rn. 37.

[176] Gössel (1996), § 23 Rn. 84.

[177] Arzt et al. (2009), § 21 Rn. 87; U. Weber (1986), 481 (485).

[178] Münchener Kommentar-Wohlers et al. (2014), § 264a Rn. 64; aA Möhrenschlager (1982), 201 (207); Schönke et al. (2014), § 264 a Rn. 27; Worms (1987), 271 (272); offen gelassen von OLG Köln, NJW 2000, 598 (600).

i. S. des § 153 werden,[179] werden auch im Rahmen des § 264 a I richtige Angaben zu Bestandteilen eines insgesamt verzerrten und daher die Wirklichkeit unrichtig darstellenden Gesamtbildes, wenn bei seiner Herstellung wesentliche Einzelinformationen unterschlagen werden. Die Frage nach der Aufklärungspflicht, deren Verletzung das Schweigen zu tatbestandsmäßigem Verhalten macht, stellt sich daher nicht. Insbesondere spielt § 13 in diesem Zusammenhang keine Rolle. Die Tatbestandsmäßigkeit des Verschweigens ist gewissermaßen ein Reflex des Auftretens als Vertreiber oder Anbieter. Wer sich mit Prospekten, Darstellungen, Übersichten an einen größeren Kreis von Personen wendet, muss richtig und vollständig informieren. Die Pflicht zur Aufdeckung nachteiliger Tatsachen ist Folge der Benutzung dieser Mittel. Umgekehrt braucht derjenige nicht aufzuklären, der überhaupt keine Angaben gemacht hat.

7.4.2.1.4.3 Inhalt

Inhalt des täuschenden Verhaltens sind „Umstände", also **Tatsachen**.[180] Die h.M. meint jedoch aus der sprachlichen Gestaltung des § 264 a I schlussfolgern zu müssen, dass Gegenstand der „Angaben" nicht nur vergangene und gegenwärtige Tatsachen, sondern auch Urteile und Prognosen sein könnten.[181] Dem ist zu widersprechen. Das Wort „Angaben" sagt nichts über Gegenstand und Inhalt der Täuschungshandlung aus, sondern ist nur der Ausdruck für den Kundgabeakt. Es wäre auch unverständlich, wenn der Tatbestand in den beiden Alternativen „Angaben machen" und „Tatsachen verschweigen" den Gegenstand der Täuschungshandlung unterschiedlich definierte. Aus der ausdrücklichen Nennung der „Tatsachen" in der Verschweigens-Alternative ist deshalb zu schließen, dass auch die Angaben-Alternative auf Tatsachen bezogen und beschränkt ist. Die Tatsachen müssen **vorteilhaft** sein, wenn der Täter über sie unrichtige Angaben macht, **nachteilig**, wenn der Täter sie verschweigt. Nachteilig ist die Kehrseite von vorteilhaft: Jeweils geht es um eine von der Realität abweichende, diese in ein günstigeres Licht rückende Präsentation **anlageerheblicher Umstände**. Das Unterdrücken nachteiliger Tatsachen „schönt" das Gesamtbild ebenso wie die Vorspiegelung unrichtiger vorteilhafter Tatsachen.

7.4.2.1.4.4 Medium

Die Mittel der Täuschung sind entsprechend ihrer Zweckbestimmung zur Förderung des Vertriebs von Kapitalanlagen **Werbeträger**, mit denen sich sowohl Breiten- als auch Suggestionswirkung erzeugen lässt.[182] **Prospekte** sind Werbe- und Informationsschriften, die dem potentiellen Anleger als Grundlage einer konkreten Entscheidung dienen sollen. Werbematerial, mit dem beim Kunden nur ein erstes Interesse geweckt wird und weitere gezieltere Maßnahmen angebahnt werden, wird nicht erfasst.[183] **Darstellungen** vom Vermögensstand können im Gegensatz zu Pro-

---

[179] Schönke et al. (2014), vor § 153 Rn. 16.

[180] Eisele (2012b), Rn. 748.

[181] Arzt et al. (2009), § 21 Rn. 82; Cerny (1987), 271 (276); Joecks (1986), 142 (145); Münchener Kommentar-Wohlers et al. (2014), § 264a Rn. 32; Worms (1987), 271.

[182] Schönke et al. (2014), § 264 a Rn. 17.

[183] Schönke et al. (2014), § 264 a Rn. 19.

spekten und Übersichten in beliebiger Form, also auch mündlich oder auf Bild-
und Tonträgern, abgefasst sein.[184] **Übersichten** über den Vermögensstand sind in
schriftlicher Form erstellt und enthalten eine Bilanz oder einen Status.[185] Gleich,
welches Medium der Täter einsetzt, stets muss er den Eindruck von Vollständigkeit erwecken.[186] Denn ein Adressat, den bereits ein geringerer Grad an Informa-
tionsdichte und -fülle zu einer Anlegerentscheidung veranlasst, vernachlässigt seine
Selbstschutzobliegenheit und ist deshalb nicht schutzwürdig.

7.4.2.1.4.5 Adressaten
Die Täuschung muss gegenüber einem **größeren Kreis von Personen** begangen
werden. Dies gilt sowohl für die Alternative „unrichtige vorteilhafte Angaben
macht" als auch für die Alternative „nachteilige Tatsachen verschweigt". Auch im
letztgenannten Fall wird der Adressatenkreis aber durch positive Angaben bestimmt
und begrenzt, nämlich durch die Angaben, die das Informationsmedium „Prospekt,
Darstellung oder Übersicht" konstituieren. Denn eine Darstellung oder Übersicht,
die nur aus „verschwiegenen Tatsachen" besteht, ist undenkbar. Welche Mindest-
anzahl von Personen erforderlich ist, damit es sich um einen „größeren Kreis" handelt, ist gesetzlich nicht festgelegt. Es kommt auch weniger auf die genaue Zahl der
potentiellen Adressaten als auf die Art und Weise an, wie das Werbematerial seinen
Empfängern zugänglich gemacht wird. Werden die Prospekte usw. öffentlich ausgelegt oder sonst dem Zugriff eines unbestimmten und quantitativ offenen Personenkreises angeboten, ist das Merkmal erfüllt.[187]

7.4.2.2 Subjektiver Tatbestand
Erforderlich ist Vorsatz, § 15, ausreichend ist **dolus eventualis**.[188] Zusätzliche subjektive Merkmale – insbesondere eine Bereicherungsabsicht – spielen im subjektiven Tatbestand keine Rolle. Fahrlässigkeit – auch Leichtfertigkeit – reicht für die
Strafbarkeit nicht aus.[189]

7.4.2.3 Tätige Reue
§ 264 a III ist der notwendige Ausgleich für die weite **Strafbarkeitsvorverlagerung**.[190] Der formell vollendete Kapitalanlagebetrug ist materiell betrachtet
nur eine vorbereitete oder versuchte Vermögensschädigung.[191] Die Vollendung
schließt aber gleichwohl die Anwendung des § 24 aus, deshalb muss § 264 a III

---

[184] Tiedemann (1986), 865 (873).

[185] Schönke et al. (2014), § 264a Rn. 20.

[186] Maurach et al. (2009), § 41 Rn. 182.

[187] Schönke et al. (2014), § 264 a Rn. 33.

[188] Wittig (2014), § 18 Rn. 39; Worms (1987), 271 (274).

[189] Arzt et al. (2009), § 21 Rn. 90; Möhrenschlager (1982), 201 (207).

[190] Cerny (1987), 271 (278); Joecks (1986), 142 (148); Tiedemann (1986), 865 (873); U. Weber
(1986), 481 (485); Worms (1987), 271 (275).

[191] Dazu und zu den Konsequenzen für den Beginn der Verjährung (§ 78c) vgl. OLG Köln, NJW
2000, 598 ff.

die Funktion des § 24 übernehmen. Wie § 24 ist auch § 264 a III ein **persönlicher Strafaufhebungsgrund**,[192] der die Strafbarkeit ausschließt, vom Gericht obligatorisch anzuwenden ist – also kein Ermessen einräumt – und im Strafprozess daher zum Freispruch[193] führt. Betrugsähnlichkeit und vermögensschützender Charakter des § 264 a treten in der speziellen Rücktrittsvorschrift des § 264 a III deutlicher zutage, als in der Tatbestandsbeschreibung der beiden ersten Absätze. Denn im Mittelpunkt des § 264 a III steht die „**Leistung**" eines getäuschten Kapitalanlegers.[194] Übertragen in die Begrifflichkeit des § 263 geht es dabei um die „Vermögensverfügung", die der Getäuschte auf Grund des Irrtums vornimmt und die zu einem Vermögensschaden führt. Die freiwillige **Verhinderung** dieser Verfügung (§ 264 a III S. 1) – oder zumindest das ernsthafte **Bemühen** um ihre Verhinderung (§ 264 a III S. 2) – bringt dem Täter (oder Tatbeteiligten) zu einem Zeitpunkt Straflosigkeit, zu dem er bereits alle Strafbarkeitsvoraussetzungen vollendeten Kapitalanlagebetrugs erfüllt hat.

Gesetzestechnisch unsauber ist die Verwendung des Singulars in § 264 a III („die Leistung"), da die tatbestandsmäßige Handlung sich an eine Vielzahl von Täuschungsopfern richtet („gegenüber eine größeren Kreis von Personen") und somit auch die Gefahr einer Vielzahl von möglicherweise vermögensschädigenden Leistungen begründet. Naturgemäß erstrebt der Täter mit seiner Tat auch eine große Anzahl von „Leistungen" i. S. des § 264 a III. Straffreiheit verdient sich der Täter daher nicht schon dadurch, dass er nur einen einzigen Adressaten seiner unwahren Angaben von der vermögensschädigenden Leistung abhält. Vielmehr ist § 264 a III so zu verstehen, dass der Täter den gesamten Personenkreis, an den sich die Täuschung richtete, vor Vermögensverlusten bewahren muss. Sobald also auch nur ein einziger Kapitalanleger eine Leistung iSd § 264 a III erbringt, ist die Strafbarkeit aus § 264 a I irreversibel. Die tätige Reue zugunsten der anderen Opfer kann dann nur noch in der Strafzumessung zugunsten des Täters berücksichtigt werden.

7.5 Versicherungsmissbrauch, § 265 StGB

7.5.1 Allgemeines

7.5.1.1 Entstehungsgeschichte

Durch das **6. Strafrechtsreformgesetz** wurden die Vorschrift des § 265 und der in ihr normierte Straftatbestand erheblich umgestaltet. Vorher war § 265 Standort eines Straftatbestandes mit der Bezeichnung „**Versicherungsbetrug**".[195] Dieses Delikt unterschied sich von dem „Versicherungsmißbrauch" des § 265 n.F. viel-

---

[192] Münchener Kommentar-Wohlers et al. (2014), § 264a Rn. 69.

[193] Sofern es zu einer Hauptverhandlung kommt, § 260 I StPO. Stellt sich die Straflosigkeit der Tat auf Grund § 264 a III schon vorher heraus, wird entweder keine Anklage erhoben (§ 170 II StPO) oder das Hauptverfahren nicht eröffnet (§ 204 StPO).

[194] Mutter (1991), 421 (422).

[195] § 265 StGB a.F.: „(1) Wer in betrügerischer Absicht eine gegen Feuersgefahr versicherte Sache in Brand setzt oder ein Schiff, welches als solches oder in seiner Ladung oder in seinem Frachtlohn versichert ist, sinken oder stranden macht, wird mit Freiheitsstrafe von einem Jahr bis zu zehn Jahren bestraft. (2) In minder schweren Fällen ist die Strafe Freiheitsstrafe von sechs Monaten bis zu fünf Jahren."

fach. Versicherungsbetrug gem. § 265 a.F. war mit einer Mindeststrafe von 1 Jahr Freiheitsstrafe bedroht und hatte daher gem. § 12 I Verbrechensqualität. Im Übrigen war der Tatbestand aus mehreren Gründen umstritten. Vor allem die überzogen erscheinende Strafdrohung forderte immer wieder Kritik heraus.[196] Das meiste, was zu § 265 a. F, gesagt wurde, ist nun infolge der gravierenden Veränderungen obsolet geworden. Bei der Lektüre älterer Entscheidungen oder Literatur zu § 265 muss dies beachtet werden. Da infolge der Neufassung der Strafvorschrift die meisten Klausurprobleme des ehemaligen „Versicherungsbetrugs" entfallen sind,[197] hat dieses Material für den Studierenden auch nur noch begrenzten Wert und Reiz.

7.5.1.2 Betrugsähnlichkeit

Die Deliktsbezeichnung „Versicherungsmissbrauch" indiziert zwar nicht mehr dieselbe Nähe zu § 263 wie der Name des früher in § 265 geregelten Delikts.[198] Dennoch ist § 265 nach wie vor eine Vorschrift, die sich auf deliktisches Verhalten mit betrugsähnlichen Zügen bezieht. Äußerlich wird dies am deutlichsten durch die Subsidiaritätsklausel angezeigt, die allein dem § 263 einen Vorrang gegenüber § 265 einräumt. Der Tatbestand selbst ist nicht mehr wie früher auf **betrugsvorbereitende** Handlungen beschränkt. Nunmehr unterfallen dem Tatbestand auch Handlungen, durch die dem Versicherungsnehmer ein Anspruch gegen das Versicherungsunternehmen verschafft wird, weshalb dieser nichts vorzutäuschen braucht, um in den Genuss der Versicherungssumme zu kommen.[199] Wird die Tat nicht vom Versicherungsnehmer, sondern einem Dritten begangen und ist dessen Verhalten dem Versicherungsnehmer auch nicht zuzurechnen, verwirklicht sich genau das Schadensrisiko, dem die Vorsorgefunktion der Versicherung gewidmet ist. In diesem Fall besteht die einzige Parallele zum Betrug in der vermögensschädigenden Wirkung der Tat. Das, was den Charakter des Betrugs aber am stärksten prägt, die Täuschung,[200] fehlt hingegen. Dennoch erstreckt sich der Tatbestand des § 265 weiterhin auch – wie früher ausschließlich – auf betrügerische Manipulationen am versicherten Objekt, durch die aus versicherungsrechtlichen Gründen kein Versicherungsanspruch begründet wird, weshalb die Versicherungssumme nur durch Vortäuschung nichtexistenter anspruchsbegründender Tatsachen erlangt werden kann.[201] In diesem Fall ist die von vornherein geplante spätere Anmeldung eines Versicherungsfalles also eine Täuschung und deshalb ein Betrugsversuch[202] bzw. – wenn die Versicherung sich täuschen lässt und zahlt – ein vollendeter Betrug.

---

[196] Eschenbach (1996), 239 (240).

[197] Geppert (1998), 382 (386): „Der Student kann sich freuen: Strafrecht ist in diesem Fall einfacher geworden!".

[198] Zutreffend stellten Arzt et al. (2009), § 21 Rn. 132 fest, dass die Neufassung die enge Anbindung des Delikts an den Betrug gelöst habe.

[199] Arzt et al. (2009), § 21 Rn. 131; Nomos Kommentar-Hellmann (2013), § 265 Rn. 5; Zopfs (1999), 265.

[200] Eschenbach (1996), 239 (241).

[201] Rengier (2014a), § 15 Rn. 5.

[202] Die Herbeiführung des Versicherungsfalls ist hingegen erst Betrugsvorbereitung, Arzt et al. (2009), § 21 Rn. 119.

7.5.1.3 Rechtsgut

§ 265 schützt das **Vermögen** der Versicherungsunternehmen, die auf Grund der durch die Tat erzeugten wirklichen oder vermeintlichen Versicherungsfälle in die Gefahr geraten, von dem Versicherungsnehmer in Anspruch genommen zu werden.[203] Daneben soll die Strafdrohung aber auch die **Leistungsfähigkeit des Versicherungswesens** auf dem Gebiet der Sachversicherung schützen.[204] Diese zweite Rechtsgutskomponente ist durch die Neufassung des § 265 noch stärker akzentuiert worden.

7.5.1.4 Systematik

Die Normstruktur des § 265 ist sehr einfach: Es gibt nur ein **grundtatbestandliches** Tatbild, das in Absatz 1 gezeichnet ist und durch die Versuchsstrafdrohung (vgl. § 23 II Alt. 2 iVm § 12 II) des Absatzes 2 ergänzt wird.[205] Qualifikations- oder Privilegierungstatbestände sieht das Gesetz nicht vor. Der **Rechtsfolgensektor** weist ebenfalls keine Besonderheiten auf.

Die markantesten Außenbeziehungen des § 265 im Tatbestandssystem des BT bestehen naheliegenderweise zum **Betrug** des § 263 sowie zu den eigentumsschützenden Tatbeständen, die durch den Zu- oder Angriff auf die versicherte Sache verwirklicht werden, also in erster Linie **Sachbeschädigung** (§ 303) und **Brandstiftung** (§§ 306 ff). Wie das Verhältnis zu § 263 beschaffen ist, wird in der Subsidiaritätsklausel in § 265 I angedeutet und bei einem Vergleich der Tatbestände klar: Versicherungsmissbrauch ist Vorfeldtatbestand, die eigentliche Rechtsgutsverletzung – jedenfalls bezüglich des Rechtsguts „Vermögen" – wird durch den Betrug bewirkt. Daher ist die Nachrangigkeit des § 265 gegenüber § 263 als dogmatische Konsequenz der graduell verschiedenen Beeinträchtigungsintensität verständlich. Wird die gegen das versicherte Objekt gerichtete Tat nicht von oder im Einverständnis mit dem Eigentümer begangen, gefährdet oder verletzt sie das Rechtsgut Eigentum und ist als Sachbeschädigung strafbar. Schon wegen der Unterschiedlichkeit der tangierten Rechtsgüter tritt dann im Verhältnis § 265–§ 303 keiner dieser Tatbestände hinter dem anderen zurück, sondern es besteht Tateinheit, § 52.[206]

7.5.2 Strafbarkeitsvoraussetzungen

7.5.2.1 Objektiver Tatbestand
7.5.2.1.1 Täter

Die Tatbeschreibung in § 265 I enthält zu den personbezogenen Voraussetzungen der Täterschaft keine über das Wort „wer" hinausgehende Aussage. Demnach kann jedermann die Tat als Täter begehen, Versicherungsmissbrauch ist **kein Sonder-**

---

[203] Geppert (1998), 382 (383); Zopfs (1999), 265 (268).

[204] Wolff (1999), 50; Zopfs (1999), 265 (268); aA Nomos Kommentar-Hellmann (2013), § 265 Rn. 15; Rengier (2014a), § 15 Rn. 2; Rönnau (1998), 441 (442).

[205] Krit. zur Versuchspönalisierung Arzt et al. (2009), § 21 Rn. 135.

[206] Nomos Kommentar-Hellmann (2013), § 265 Rn. 45.

delikt. Insbesondere ist keine spezielle Beziehung zu dem versicherten Objekt erforderlich. Täter kann der Eigentümer der versicherten und von der Tat betroffenen Sache, ebenso aber jeder Dritte sein. Umgekehrt steht die Eigentümerstellung der Täterschaft und Tatbestandsmäßigkeit auch nicht entgegen, was darauf beruht, dass der Schutzzweck des § 265 I nicht auf das Rechtsgut Eigentum gerichtet ist (s. o. 7.5.1.3). Die Straflosigkeit des seine eigene Sache beschädigenden Eigentümers aus dem Blickwinkel des Sachbeschädigungstatbestandes darf also nicht zu der Annahme verleiten, die Beschädigung könne auch im Rahmen des § 265 I nicht tatbestandsmäßig sein.

Ebenfalls nicht aus dem Kreis tauglicher Täter ausgeschlossen sind **Mitarbeiter des Versicherungsunternehmens**, bei dem das Tatobjekt versichert ist. Die einzige Besonderheit eines Täters aus diesem Umfeld besteht in der möglicherweise hinzutretenden Strafbarkeit wegen Untreue (§ 266 I) zum Nachteil des Versicherungsvermögens. Da § 265 I aber nur gegenüber § 263 und nicht auch gegenüber § 266 subsidiär ist, hätte die Strafbarkeit aus § 266 keinen Einfluss auf die Strafbarkeit aus § 265 I.

7.5.2.1.2 Tatobjekt

7.5.2.1.2.1 Sache

Die Vielfalt versicherbarer Güter und Risiken ist groß und dementsprechend breit ist das Spektrum möglicher Angriffe auf die Versicherungswirtschaft bzw. auf das Vermögen einzelner Versicherungsunternehmen. Soweit dies durch Vortäuschung anspruchsrelevanter Tatsachen geschieht, ist der Strafrechtsschutz in § 263 umfassend und nicht auf bestimmte Versicherungszweige beschränkt. Wer beispielsweise sich selbst absichtlich einen Gesundheitsschaden zufügt, um (z. B. Kranken-, Berufsunfähigkeits- oder Unfall-)Versicherungsleistungen zu erschleichen, begeht versuchten oder vollendeten Betrug, wenn er gegenüber dem Versicherungsunternehmen wahrheitswidrig den Vorfall als Versicherungsfall darstellt. Solange er aber den Fall noch nicht angemeldet und deshalb die Schwelle des unmittelbaren Ansetzens (§ 22) zum Betrug (§ 263) noch nicht überschritten hat, bleibt er straffrei. Denn der Vorfeldschutz des § 265 I ist gegenständlich begrenzt und erfasst nur Sachversicherungen.[207] Tatobjekt kann nämlich nur eine **Sache** sein.[208] Die Art der Sache (beweglich, unbeweglich, Gebäude, Fahrzeug usw.) spielt unmittelbar keine Rolle;[209] alles, was versichert werden kann und im konkreten Fall auch tatsächlich versichert ist, ist taugliches Tatobjekt. Unerheblich sind die Eigentumsverhältnisse.[210] Die Tat kann gegen fremde oder eigene Sachen begangen werden.

7.5.2.1.2.2 Versichert

Die Sache muss versichert sein gegen Risiken, deren Realisierung den Wert der Sache verringern und dem Versicherungsnehmer den Vermögensschaden zufügen

---

[207] Kritisch zu dieser gesetzlichen Ungleichbehandlung Zopfs (1999), 265 (269).

[208] Zu den Strafbarkeitslücken, die von § 265 auch im Bereich der Sachversicherung nicht geschlossen werden, Zopfs (1999), 265 (270).

[209] Arzt et al. (2009), § 21 Rn. 125; Wolff (1999), 54.

[210] Geppert (1998), 382 (384); Nomos Kommentar-Hellmann (2013), § 265 Rn. 18.

würde, vor dem ihn die Versicherung schützen soll. Die im Text des § 265 I aufgezählten Schadenstypen (Untergang, Beschädigung, Beeinträchtigung der Brauchbarkeit, Verlust, Diebstahl) überschneiden sich teilweise. Was unter „Untergang
usw." genau zu verstehen ist, richtet sich nach dem Versicherungsvertrag und sonstigen Bestimmungen des Versicherungsrechts. Versichert ist die Sache, wenn über
sie ein förmlicher, rechtsgeschäftlich nicht wieder aufgehobener **Versicherungsvertrag** besteht. Nichtigkeit oder Anfechtbarkeit des Vertrages stehen nicht entgegen.[211] Denn auch unter diesen Voraussetzungen besteht die Gefahr, dass das Versicherungsunternehmen an den Versicherungsnehmer zahlt, wenn ihr ein vertraglich
erfasster Fall gemeldet wird.[212]

7.5.2.1.3 Tathandlungen

Da die Tat den Zweck hat, das Versicherungsunternehmen zu einer Leistung zu veranlassen, müssen sich die Tathandlung – bzw. ihre Einwirkung auf die versicherte
Sache – und das durch die Versicherung gedeckte **Schadensrisiko** (z. B. Diebstahl)
in gewisser Weise **entsprechen**.[213] Das Inbrandsetzen einer Sache ist zur Erreichung dieses Zwecks ungeeignet, wenn die Sache gar nicht gegen Feuer versichert
ist. Völlige Kongruenz ist allerdings nicht erforderlich. Denn die Tat kann auch
mit der Zielsetzung ausgeführt werden, gegenüber dem Versicherungsunternehmen
einen vom Versicherungsvertrag erfassten Fall vorzutäuschen. Deshalb brauchen
die Handlungsmerkmale in § 265 I („beschädigt usw.) mit den Merkmalen, die die
Risikotypen bezeichnen („Untergang usw.") nicht völlig übereinzustimmen. Alle
Handlungsmerkmale können auch durch **Unterlassen** verwirklicht werden, sofern
der Unterlassende eine Garantenstellung hat, § 13.[214]

Das Merkmal „**beschädigt**" hat denselben Bedeutungsgehalt wie in § 303.[215]
Erforderlich ist eine Einwirkung auf die Sachsubstanz, die den Wert und/oder die
Funktionstüchtigkeit der Sache erheblich vermindert. Durch die Beschädigung muss
die versicherte Sache in einen Zustand versetzt werden, der geeignet ist, das Versi-
cherungsunternehmen zur Erbringung der Versicherungsleistung zu veranlassen.[216]
Für das Merkmal „**zerstört**" gilt dasselbe wie bei der Beschädigung: Das Merkmal
entspricht dem gleichnamigen Begriff des Sachbeschädigungs-Tatbestandes. Der
Unterschied zur Beschädigung ist quantitativer Natur.[217] Die Zerstörung ist eine
Verschlechterung der Sachsubstanz, die den Wert und/oder die Funktionstüchtigkeit
der Sache vollkommen aufhebt.

---

[211] Arzt et al. (2009), § 21 Rn. 126; Geppert (1998), 382 (384); diff. Nomos Kommentar-Hellmann
(2013), § 265 Rn. 21.

[212] Konsequent gegen Tatbestandsmäßigkeit in Fällen evidenter Vertragsnichtigkeit Nomos Kommentar-Hellmann (2013), § 265 Rn. 21; Wolff (1999), 77.

[213] Geppert (1998), 382 (384); Nomos Kommentar-Hellmann (2013), § 265 Rn. 23; Wolff (1999),
84.

[214] Nomos Kommentar-Hellmann (2013), § 265 Rn. 32; Wolff (1999), 86.

[215] Geppert (1998), 382 (384); Nomos Kommentar-Hellmann (2013), § 265 Rn. 24; Wolff (1999),
82.

[216] Nomos Kommentar-Hellmann (2013), § 265 Rn. 24.

[217] Geppert (1998), 382 (384).

Soweit die **Brauchbarkeitsbeeinträchtigung** der Sache durch Beschädigung oder Zerstörung bewirkt wird, sind bereits die vorgenannten Handlungsmerkmale verwirklicht. Diese Alternative hat also Ergänzungs- und Auffangcharakter. Erfasst werden Einwirkungen auf die Sache, die deren Brauchbarkeit beeinträchtigen, ohne sie zu beschädigen oder gar zu zerstören. Erforderlich ist aber in jedem Fall, dass die beeinträchtigende Handlung die Sache selbst betrifft. Einwirkungen auf äußere Brauchbarkeitsvoraussetzungen der Sache – z. B. eine bestimmte Beschaffenheit der Umgebung, in der die Sache benutzt wird – sind nicht tatbestandsmäßig.[218] Auch die Entziehung der Sache ist aus diesem Grund keine Brauchbarkeitsbeeinträchtigung. Zudem gehört dieser Fall zu der Alternative „Beiseiteschaffen".

Solange sich die versicherte Sache an dem Ort befindet, wo der Versicherte sie normalerweise zu benutzen pflegt bzw. sonst die Herrschaft über sie ausübt, ist die Gefahr für die Versicherung gering, dass der Versicherte unter Berufung auf Zerstörung, Verlust usw. der Sache Versicherungsleistungen verlangt. Denn das Nichtvorliegen eines Versicherungsfalles ist unter diesen Umständen zu leicht nachprüfbar. Sobald die Sache aber aus ihrer gewohnten Umgebung entfernt ist und bei dem Versicherten nicht mehr vorgefunden werden kann, ist eine Situation gegeben, in der die Behauptung eines versicherungsvertraglich relevanten Sachverlusts (z. B. Diebstahl) einen gesteigerten Grad an Plausibilität gewinnt. **Beiseiteschaffen** erfordert deshalb die körperliche Verbringung der Sache an einen anderen Ort, wo sie nicht mehr ohne weiteres mit dem Versicherten in Zusammenhang gebracht wird. Das bloße Verbergen der Sache ohne Ortsveränderung reicht nicht.[219] Eine Beteiligung des Sachbesitzers an dem Verbringungsvorgang ist nicht erforderlich, steht der Tatbestandsmäßigkeit aber auch nicht entgegen. Begeht ein Dritter die Tat, ist unerheblich, ob der Besitzer damit einverstanden ist oder nicht.[220] Das Beiseiteschaffen kann also durchaus ein Diebstahl sein, was schon deswegen einleuchtet, weil § 265 I die Versicherung gegen Diebstahl ausdrücklich nennt.

Das **Überlassen** ist ein spezieller Fall des Beiseiteschaffens. Die dem Versicherungsunternehmen drohende Gefahr der Inanspruchnahme durch den Versicherungsnehmer beruht hier wie beim Beiseiteschaffen auf der Entfernung der Sache aus ihrem normalen lokalen Bereich. Die Besonderheit des Überlassens besteht in der Übertragung der Sachherrschaft auf einen anderen. Daraus folgt, dass dieses Handlungsmerkmal nur durch den bisherigen Besitzer der Sache verwirklicht werden kann. Ausreichend ist allerdings die Duldung der Inbesitznahme durch den Erwerber.

---

[218] Nomos Kommentar-Hellmann (2013), § 265 Rn. 25.

[219] Nomos Kommentar-Hellmann (2013), § 265 Rn. 26; aA Geppert (1998), 382 (384) Fn. 22; Wolff (1999), 84.

[220] Nomos Kommentar-Hellmann (2013), § 265 Rn. 28; aA Rönnau (1998), 441 (443).

7.5.2.2 Subjektiver Tatbestand
7.5.2.2.1 Vorsatz
Der Vorsatz muss die Tatsachen erfassen, die den objektiven Tatbestand erfüllen. **Dolus eventualis** reicht aus.[221] Unkenntnis bezüglich des Versichert-Seins der Sache ist ein Tatbestandsirrtum gem. § 16 I 1.

7.5.2.2.2 Leistungsverschaffungsabsicht
Der Charakter des Versicherungsmissbrauchs als **Vorfeld**-Delikt zeichnet sich am deutlichsten in dem subjektiven Tatbestandsmerkmal „Leistungsverschaffungsabsicht" ab. In diesem Merkmal ist die Rechtsgutsverletzung, deren Verhinderung Zweck der Strafvorschrift ist, gewissermaßen antizipiert. Objektiv liegt die tatbestandsmäßige Handlung noch weit von dieser Rechtsgutsverletzung entfernt. Subjektiv nimmt der Täter den schädigenden Vorgang, der der Tat erst nachfolgen soll, bereits vorweg. Die Leistungsverschaffungsabsicht ist daher eine „**überschießende Innentendenz**".[222] Der Täter muss es bei der Tat auf eine Versicherungsleistung abgesehen haben, vollendet ist seine Tat aber bereits, bevor es zu dieser Leistung kommt.

Im System der Vorsatzformen entspricht die Leistungsverschaffungsabsicht dem **direkten Vorsatz ersten Grades**.[223] Bedingter Vorsatz reicht daher nicht aus.[224]

Beispiel

T entwendet einen dem O gehörenden Pkw. Der Wagen ist gegen Diebstahl versichert. T hält es für möglich, dass das Fahrzeug gegen Diebstahl versichert ist. Letztlich ist es ihm aber gleichgültig, ob O für den Verlust des Wagens von irgendeiner Versicherung Ersatz bekommen wird.

T hat den objektiven Tatbestand des § 265 I verwirklicht. Bezüglich des Bestehens einer Versicherung hatte T zwar nur bedingten Vorsatz. Zur Erfüllung des subjektiven Tatbestandsmerkmals „vorsätzlich" (§ 15) reicht dies jedoch aus. Nicht ausreichend ist hingegen die Gleichgültigkeit des T hinsichtlich der von O auf Grund des Versicherungsverhältnisses zu erwartenden Leistung. Wo das Strafgesetz eine erfolgsgerichtete Absicht mit den Worten „um zu" beschreibt, bringt es zum Ausdruck, dass die Aussicht auf den erstrebten Erfolg für den Täter Haupttriebfeder seiner Tat sein muss. Anders ausgedrückt muss es dem Täter darauf ankommen, dass er selbst oder ein Dritter eine Leistung aus der Versicherung erhält. Da T eine so intensive innere Beziehung des T zu der lediglich für möglich gehaltenen Versicherungsleistung zugunsten des O nicht hatte, hat er den subjektiven Tatbestand des Versicherungsmißbrauchs nicht erfüllt.

„**Leistung aus der Versicherung**" ist die Zahlung eines Geldbetrages, der dem Versicherten nach dem Versicherungsvertrag für einen Schadensfall, wie er durch

---

[221] Nomos Kommentar-Hellmann (2013), § 265 Rn. 33.

[222] Rönnau (1998), 441 (444).

[223] Rönnau (1998), 441 (444).

[224] Nomos Kommentar-Hellmann (2013), § 265 Rn. 34.

die Tat herbeigeführt wurde, zusteht. Leistungsempfänger soll die Person sein, die diesen Geldbetrag auf Grund des Versicherungsvertrages beanspruchen kann. Das ist in der Regel der Versicherte. Begeht dieser die Tat, wird er dabei die Absicht haben, die Leistung sich selbst zu verschaffen. Begeht ein Dritter die Tat, wird sich dessen Absicht auf Leistung an einen Dritten richten. Unerheblich ist, ob der zu Begünstigende infolge der Tat einen Anspruch auf die Leistung hat oder nicht.

7.5.3 Versuch

Die Strafbarkeit des Versuchs ist in § 265 II **ausdrücklich angeordnet**, § 23 II 2. Alt. Da bereits die vollendete Tat im Vorfeld der Rechtsgutverletzung liegt, wären Strafbarkeit und strafrechtlicher Rechtsgüterschutz auch ohne Versuchspönalisierung erheblich vorverlagert. Dies macht die zusätzliche Ausdehnung der Strafbarkeitszone durch Anordnung der Versuchsstrafbarkeit des Versuchs fragwürdig.[225] Materiell betrachtet wird damit der „Versuch des Versuchs" oder gar der „Versuch der Vorbereitung" unter Strafdrohung gestellt.

Solange der Versicherungsmißbrauch noch im Versuchsstadium ist, kann der Täter gem. § 24 strafbefreiend **zurücktreten**. Keine Strafbefreiung sieht das Gesetz dagegen für den Fall vor, dass der Täter nach formell vollendeter Tat die Versicherungsleistung und damit die Schädigung des Versicherungsvermögens verhindert („**tätige Reue**"). Akzeptabel ist diese gesetzliche Strenge in Bezug auf den Fall, dass ein Dritter die Tat begeht und damit dem Versicherten einen Anspruch gegen das Versicherungsunternehmen verschafft.[226] Denn da das Versicherungsunternehmen dann zur Zahlung an den Versicherten verpflichtet ist, kann der Täter die Leistung gar nicht verhindern. Anders ist es, wenn der Versicherte selbst die Tat begangen hat oder in die Tat des Dritten involviert ist und deshalb keinen Anspruch gegen das Versicherungsunternehmen hat. Die Leistung aus der Versicherung ist dann rechtsgrundlos (i. S. d. § 812 I 1 BGB) und das Versicherungsunternehmen wird sie nur erbringen, wenn der Versicherte zuvor anspruchsbegründende Tatsachen vorgespiegelt hat. In diesem Fall kann die Leistung der Versicherung also durch Aufdeckung des wahren Sachverhalts oder durch schlichte Nichtgeltendmachung eines Anspruchs verhindert werden. Wenn der Täter dies freiwillig und rechtzeitig tut, hat er Strafbefreiung verdient. Zudem läge ein Anreiz zur rechtzeitigen Schadensabwendung auch im Interesse der betroffenen Versicherungsunternehmen.[227] Gleichwohl ist die – verfehlte – gesetzgeberische Entscheidung gegen eine Strafbefreiungsregelung zu respektieren. Eine Analogie z. B. zu § 306 e ist nicht möglich.[228]

---

[225] Hörnle (1998), 169 (176); Rönnau (1998), 441 (445); Stächelin (1998), 98 (100); diff. Nomos Kommentar-Hellmann (2013), § 265 Rn. 39.

[226] Nomos Kommentar-Hellmann (2013), § 265 Rn. 42.

[227] Mitsch (1999), 65 (119); Rönnau (1998), 441 (446).

[228] Arzt et al. (2009), § 21 Rn. 137; Rönnau (1998), 441 (446).

7.5.4 Subsidiaritätsklausel

Der Täter wird nicht wegen Versicherungsmißbrauchs bestraft, wenn der Strafwürdigkeitsgehalt seiner Tat durch Bestrafung aus § 263 abgegolten wird. § 265 ist ausdrücklich als subsidiäre Auffangvorschrift in das Vorfeld des § 263 gestellt. Entgegen dem insoweit missverständlichen Gesetzeswortlaut („in § 263 mit Strafe bedroht") wird § 265 nicht bereits dadurch verdrängt, dass die Tat unter § 263 subsumiert werden kann. Erst die tatsächliche **Anwendung des § 263** auf die Tat hat zur Folge, dass § 265 als Bestrafungsgrundlage ausscheidet. Dafür genügt ein Betrugsversuch, sofern dessen Strafbarkeit nicht durch einen Rücktritt nach § 24 aufgehoben worden ist.[229]

Der Gesetzeswortlaut ist des Weiteren irreführend, soweit er auf „die Tat" abstellt und damit den Eindruck erweckt, § 263 müsse dieselbe Tat erfassen, die auch die Strafbarkeitsvoraussetzungen des § 265 erfüllt. Eine solche **Tatidentität** ist auf Grund der Position des Versicherungsmissbrauchs im Vorfeld des Betruges gar nicht möglich.[230] Versicherungsmissbrauch und anschließender Betrug(sversuch) werden immer verschiedene Taten sein. Die einzige Verzahnung der beiden Delikte bildet die „Leistungsverschaffungsabsicht" im subjektiven Tatbestand des § 265. Richtet sich diese Absicht nämlich auf eine rechtsgrundlose Versicherungsleistung, hat die sie erwirkende und in der Leistungsverschaffungsabsicht antizipierte Vorspiegelung eines Versicherungsfalls die Qualität eines (versuchten) Betrugs. Das verbindet die beiden getrennten Vorgänge aber nicht zu einer einheitlichen Tat. Das gesetzlich statuierte Subsidiaritätsverhältnis besteht also nicht innerhalb einer Tat, sondern zwischen zwei **verschiedenen Taten**. Da die vom Gesetzestext abweichende Anwendung der Subsidiaritätsklausel auf Tatmehrheit den Täter nicht benachteiligt, ist diese Rechtsanwendung praeter legem im Lichte des Art. 103 II GG unbedenklich.[231]

Werden der Versicherungsmißbrauch und der anschließende Betrug(sversuch) von **verschiedenen Tätern** begangen (Beispiel: ein Dritter beschädigt die versicherte Sache, der Versicherte begeht den Betrug gegenüber dem Versicherungsunternehmen), wird § 265 nur unter der Voraussetzung verdrängt, dass der Täter des Versicherungsmißbrauchs auch aus § 263 strafbar ist. Dafür genügt bereits eine Teilnahme am Betrug.[232] In der Regel wird bereits der Versicherungsmißbrauch selbst eine Betrugsbeihilfe sein, wenn der Versicherte – wegen Verstrickung in die Tat – keinen Anspruch gegen das Versicherungsunternehmen erwirbt und dieses deshalb betrügerisch schädigen will. § 265 tritt auch hinter der Strafbarkeit wegen Beihilfe zum versuchten Betrug zurück, §§ 263, 22, 27.

---

[229] Nomos Kommentar-Hellmann (2013), § 265 Rn. 44.

[230] Mikołajczyk (2005), 147; Nomos Kommentar-Hellmann (2013), § 265 Rn. 43; Rönnau (1998), 441 (442) Fn 17; Zopfs (1999), 265.

[231] Mitsch (1999), 65 (118).

[232] Nomos Kommentar-Hellmann (2013), § 265 Rn. 44.

7.6   Erschleichen von Leistungen, § 265 a StGB

7.6.1   Allgemeines

7.6.1.1   Betrugsähnlichkeit

Das Wort „erschleichen" indiziert die **Täuschungskomponente** des Tatbestandes. Der in § 265 a beschriebene Täter erzeugt typischerweise durch Verheimlichung von Tatsachen oder Verfälschung tatsachenbezogener Aussagen einen Irreführungseffekt. Damit hat die Leistungserschleichung das deliktstypprägende Täuschungselement mit dem Betrug des § 263 gemein. Eine weitere Parallele zum Betrug lässt sich ebenfalls aus dem Wort „erschleichen" ableiten: Die Silbe „er-" signalisiert – ähnlich wie z. B. in den Verben „erwirken", „erhalten", „erlangen", „erreichen", „erzielen" – eine Erfolgsbezogenheit des Täuschungsaktes. Der Täter verschafft sich etwas durch sein täuschendes Vorgehen, bei plangemäßem Verlauf der Tat erzielt er einen bestimmten Erfolg. Dieser Erschleichungserfolg hat **Vermögensrelevanz**, die Tat verursacht also – wenn sie gelingt – auf der Opferseite einen Vermögensnachteil und auf der Täterseite einen Vermögenszuwachs, eine Bereicherung. Gleichwohl erfüllen Taten, die nach § 265 a strafbar sind, in der Regel nicht sämtliche Strafbarkeitsvoraussetzungen des Betrugs. Das liegt vor allem daran, dass das Erschleichen eine „technifizierte" Täuschung ist, die nicht auf den Bewusstseinsinhalt eines Menschen Einfluss nimmt, sondern in kommunikationsähnlichen Kontakt mit einer Maschine, einem Automaten, tritt. In Ermangelung eines menschlichen Täuschungsadressaten erfüllt die Tat nicht den objektiven Tatbestand des Betruges.[233] Der Tatbestand „Leistungserschleichung" hat somit eine **Auffang- und Ergänzungsfunktion** im Verhältnis zu § 263.[234]

7.6.1.2   Rechtsgut

Da die „Leistungen", die der Täter erschleicht, Vermögensgüter sind (näher dazu unten 7.6.2.1.1), bezweckt die Strafvorschrift den Schutz der Inhaber dieser Güter vor einem Vermögensschaden. Dabei ist das schadensbringende Ereignis nicht der Verlust dieser Güter als solcher, sondern die Nichterlangung des Entgelts, für das der Berechtigte die Leistung auf dem Markt anbietet. Dem Anbieter ist es sogar sehr erwünscht, dass ein anderer sich die offerierte Leistung verschafft – und das dafür geforderte Entgelt entrichtet. Erst das Entgehen der Gegenleistung macht den Verlust der Leistung zu einer Vermögenseinbuße.[235] Deshalb spielt die Unterschiedlichkeit der Leistungen oder Objekte, auf die sich § 265 a bezieht, bei der Bestimmung des Rechtsguts keine Rolle. Stets begründet die Unentgeltlichkeit des Leistungserwerbs, die sich der Täter mit seiner Tat erschleicht und die das Opfer schädigt (Entgelthinterziehung), die Rechtsgutsverletzung. Verletzt wird dadurch

---

[233] Rinio (1998), 297 (298). Beispiel eines eindeutigen Betrugs-Falles bei Exner (2009), 990 (991).

[234] BGHSt 53, 122 (125); OLG Düsseldorf, StV 2001, 112; OLG Hamburg, NJW 1987, 2688 (2689); OLG Stuttgart, NJW 1990, 924; P. A. Albrecht (1988), 222 (224); Exner (2009), 990 (992); Ranft (1993), 84 (87); Schall (1992), 1 (4).

[235] Alwart (1986), 563 (565).

das Vermögen des Entgeltberechtigten. Da § 265 a der Verhinderung derartiger Verletzungen dient, ist das geschützte Rechtsgut das **Vermögen**.[236]

7.6.1.3 Systematik

7.6.1.3.1 Binnenstruktur des § 265a StGB

Das Delikt des § 265 a gibt es nur in Form eines **Grundtatbestands**, der in **vier Varianten** aufgefächert ist. Qualifikationen oder Privilegierungen kennt § 265a nicht. § 265 a II erweitert die Strafbarkeit auf **versuchte** Leistungserschleichung. § 265 a III hat eine **strafverfahrensrechtliche** Bedeutung, die in erster Linie bei Diebstahl und Unterschlagung sowie bei anderen vermögensschützenden Strafvorschriften anzutreffen ist, z. B. § 263 IV.

7.6.1.3.2 Verhältnis zu anderen Straftatbeständen

Ihrer Funktion als Auffangtatbestand entsprechend steht die Strafvorschrift gegen Leistungserschleichung zu zahlreichen anderen Vermögensstraftatbeständen in einem **Subsidiaritätsverhältnis**. Diese Beziehung ist in § 265 a am Ende des Absatzes 1 ausdrücklich festgelegt. Anders als bei § 265 (dazu oben 7.5.4) ist die Subsidiaritätsklausel nicht auf das Verhältnis zu § 263 beschränkt, sondern offen für jeden Straftatbestand, bei dem sich ein Vorrang gegenüber § 265 a sachlich begründen lässt. Gleichlautende unbegrenzte Subsidiaritätsvorschriften sind in diesem Lehrbuch bereits bei § 246 (oben 2.4) und § 248 b (oben 4.1.4.1) dargestellt worden. Die dort behandelten Fragen tauchen bei § 265 a I in weitgehend gleicher Gestalt wieder auf, weshalb auf die früheren Ausführungen verwiesen werden kann. Zu betonen ist hier noch einmal, dass die Subsidiarität trotz des Fehlens einer sprachlich umgesetzten Begrenzung nur im Verhältnis zu Straftatbeständen besteht, die wie § 265 a das Rechtsgut „Vermögen" schützen[237] (näher dazu unten 7.6.3).

Kein Fall von Subsidiarität, sondern eine **tatbestandliche Exklusivität** liegt bei bestimmten Arten von Erschleichung einer Automatenleistung vor. Soweit eine solche Tat den Tatbestand des Diebstahls erfüllt, kommt § 265a I schon auf der Tatbestandsebene nicht zur Anwendung (7.6.2.1.1.2.1)

7.6.2 Strafbarkeitsvoraussetzungen

7.6.2.1 Objektiver Tatbestand

7.6.2.1.1 Tatobjekt

7.6.2.1.1.1 Allgemeines

Betrachtet man die verschiedenen Gegenstände, auf die es der Täter abgesehen haben kann, fällt auf, dass in diesem Zusammenhang das Eigentums- und Vermögensgut „Sache" keine Rolle zu spielen scheint. Vielmehr erweckt die Auflistung der erschleichbaren Objekte den Eindruck, dass der Tatbestand ausschließlich Güter erfasst, die man im volkswirtschaftlichen Sprachgebrauch als **„Dienstleistungen"**

---

[236] OLG Koblenz, NJW 2000, 86 (87); OLG Stuttgart, NJW 1990, 924; Münchener Kommentar-Wohlers et al. (2014), § 265a Rn. 1.

[237] Arzt et al. (2009), § 21 Rn. 25; Eisele (2012b), Rn. 723. aA Lackner et al. (2014), § 265 a Rn. 8.

bezeichnen würde, wenn sie nicht von einem Automaten, sondern unmittelbar von einem Menschen erbracht würden. Inwieweit dieser Eindruck strafrechtsdogmatische Bestätigung erfährt, wird sich sogleich bei dem Merkmal „Leistung eines Automaten" erweisen.

Abstrakt ausgedrückt ist das erschlichene Tatobjekt in allen vier Alternativen des Tatbestandes ein (Vermögens-) **Vorteil**, den jemand – der Täter oder ein Dritter – erlangt hat oder zumindest erlangen kann. Wie weit der Vorteilszufluss gediehen sein muss, damit die Tat vollendet ist, lässt sich nicht allgemein bestimmen, sondern hängt von der konkreten Beschreibung des Tatobjekts in der jeweiligen Tatbestandsalternative ab.[238] Verallgemeinerungsfähig ist hingegen eine Aussage über die Vorteilsrichtung bzw. den Vorteilsempfänger: In gleicher Weise wie der Betrug des § 263 hat auch der § 265 a neben der **eigennützigen** eine **drittbezogene** Tatbestandsgestalt.

Beispiele

1. T wirft in der Gastwirtschaft des O eine Falschmünze in die Musikbox und rückt auf eine Taste. Sogleich ertönt aus dem Gerät sein Lieblingslied „Ganz in weiß" von Roy Black. T ist der einzige Gast in dem Lokal.

2. Abwandlung von (1): T ist schwerhörig und an musikalischer oder sonstiger akustisch wahrnehmbarer Unterhaltung nicht interessiert. Das Lokal ist gut gefüllt, die Stimmung ist gleichwohl ziemlich gedrückt. Um die Gesellschaft ein wenig aufzuheitern, wirft T eine Falschmünze in die Musikbox und lässt dann durch Tastendruck eine Schallplatte mit Sketchen und Witzen des fränkischen Komikers Herbert Hisel („Jo w'rkli") erklingen. T verlässt sofort die Gastwirtschaft, während die anderen Gäste sich schon nach wenigen Sekunden biegen vor Lachen.

T hat in **Beispiel 1** durch den Einwurf einer falschen Münze die Leistung eines Automaten erschlichen. Die vom Automaten erbrachte Leistung kommt dem T selbst zugute. Übertragen auf die Tatbestandsstruktur des § 263 hat T in der Absicht gehandelt, sich selbst zu bereichern. Derartiges lässt sich über das Geschehen in **Beispiel 2** nicht ohne weiteres sagen, wenn man als tatbestandlich relevanten Bestandteil der vom Automaten erbrachten Leistung nicht nur die Wiedergabe des auf Tonträger gespeicherten Stücks, sondern auch den Genuss des Hörerlebnisses durch eine Person ansieht. T selbst hat sich die Schallplatte nicht angehört, das Leistungserzeugnis des Automaten nicht in Anspruch genommen. Unabhängig von der Frage, ob eine solche Vorteilserlangung überhaupt zur Erfüllung des Merkmals „Leistung" erforderlich ist, haben jedenfalls die anderen im Lokal anwesenden Gäste die Sketche Herbert Hisels angehört und genossen. Wiederum auf den Betrugstatbestand bezogen würde diese Konstellation das Merkmal „Bereicherungsabsicht" ausfüllen, allerdings in der drittgerichteten („altruistischen") Form: „oder einem Dritten einen rechtswidrigen Vermögensvorteil zu verschaffen". Da § 265 a ein betrugsähnlicher Auffangtatbestand im

---

[238] Münchener Kommentar-Wohlers et al. (2014), § 265a Rn. 84; Nomos Kommentar-Hellmann (2013), § 265a Rn. 14; Schönke et al. (2014), § 265a Rn. 13.

Verhältnis zu § 263 ist (s. o. 7.6.1.3.2), ist die drittbegünstigende Leistungserschleichung auch in § 265 a I als tatbestandsmäßig anzuerkennen.

7.6.2.1.1.2 Leistungen eines Automaten
7.6.2.1.1.2.1 Leistungs- und Warenautomaten
Automat ist ein mechanisch oder elektronisch funktionierendes Gerät, das durch Entgeltentrichtung in Betrieb gesetzt wird und daraufhin selbsttätig eine Leistung erbringt.[239] Die Auslegung des Tatbestandsmerkmals „Leistung" ist seit langem umstritten. Eingebürgert hat sich eine Zweiteilung in die beiden Kategorien „Leistungsautomat" und „Warenautomat". Der Streit dreht sich um die Frage, ob § 265 a nur Leistungs- oder auch Warenautomaten erfasst. **Warenautomaten** sind solche, die dem Benutzer nach Geldeinwurf und Ausführung sonstiger Bedienungshandgriffe eine Ware, also ein sächlich verkörpertes Gut (Zigaretten, Kaugummis, Süßigkeiten, Kondome, Blumen, Getränke, Fahrkarten, Postwertzeichen, Geschenkartikel, Benzin usw.) herausgeben. **Leistungsautomaten** sind demzufolge zunächst negativ dadurch gekennzeichnet, dass das von ihnen automatisch produzierte Ergebnis keine Ware, also auch keine Sache, ist. Die „Leistung" ist eine zeitlich begrenzte Genuss- oder Nutzungsmöglichkeit. Beispiele sind das Anhören eines Musikstücks („Musicbox"), die Teilnahme an einem Glücks- oder Geschicklichkeitsspiel („Flipper", „Tischfußball"), der Blick auf eine Sehenswürdigkeit durch ein Fernrohr.[240]

Eine immer noch verbreitete Ansicht beschränkt den Tatbestand des § 265 a auf Leistungsautomaten im oben beschriebenen Sinn. Manipulationen an Warenautomaten sollen ausschließlich in den tatbestandlichen Zugriffsbereich des Diebstahls (§ 242, uU iVm § 243 I 2 Nr. 2) fallen.[241] Dafür spricht der Gesetzeswortlaut, wenn man davon ausgehen muss, dass im allgemeinen Sprachgebrauch die Aushändigung einer Sache bzw. die Ermöglichung des Zugriffs auf eine Sache nicht als „Leistung" bezeichnet wird. Aber der Wortlaut des Gesetzes zwingt zur Ausgrenzung der Warenautomaten nicht.[242] Wie z. B. der zivilrechtliche Begriff „Leistungsstörungen" verdeutlicht, umfasst die „Leistung" als Oberbegriff sogar in der juristischen Terminologie Vertragsgegenstände aller Art, insbesondere auch die Gegenstände von Kaufverträgen. So wie der Verkäufer mit der Eigentums- und Besitzverschaffung eine vertraglich geschuldete Leistung erbringt (§ 433 I BGB), kann auch der den Verkäufer „vertretende" Warenautomat mit der Freigabe des Warenausgabefachs eine Leistung erbringen.[243] Daher sind Warenautomaten vom Tatbestand des § 265 a erfasst.[244]

Diese hier vertretene, Warenautomaten in den Leistungs-Begriff einbeziehende Auslegung vermeidet Strafbarkeitslücken in Fällen, in denen der Täter durch missbräuchliche Automatenbenutzung einen vermögensschädigenden Leistungserbringungsvorgang auslöst, ohne sich dadurch aus § 242 oder § 246 strafbar zu ma-

---

[239] Nomos Kommentar-Hellmann (2013), § 265a Rn. 18; Schönke et al. (2014), § 265 a Rn. 4.

[240] Weitere Beispiele bei Nomos Kommentar-Hellmann (2013), § 265a Rn. 18.

[241] Nomos Kommentar-Hellmann (2013), § 265a Rn. 19; Schönke et al. (2014), § 265 a Rn. 4.

[242] Nomos Kommentar-Hellmann (2013), § 265a Rn. 19.

[243] Arzt et al. (2009), § 21 Rn. 14.

[244] Eisele (2012b), Rn. 709; Münchener Kommentar-Wohlers et al. (2014), § 265a Rn. 18; Rengier (2014a), § 16 Rn. 3.

chen.[245] Entlockt der Täter nämlich – z. B. durch Einwurf falscher Münzen – dem Automaten seine in der Herausgabe einer Sache bestehende Leistung ohne Zueignungsabsicht, erfüllt er zwar den objektiven, nicht aber den subjektiven Diebstahlstatbestand und ist deshalb nicht aus § 242 strafbar.

Beispiel

T wirft in einen Kaffeeautomaten in der Mensa der Universität Potsdam ein falsches 50-Cent-Stück ein. Dann drückt er auf die Taste mit der Aufschrift „Kaffee" und bewirkt damit, dass sich ein Strahl heißen Kaffees in den Schacht unter der Ausgussdüse ergießt. Den Plastikbecher, der von dem Automaten zum Auffangen des Kaffeestromes unter der Düse platziert worden war, hatte T zuvor entfernt.

T hat zweifellos das Vermögen des Automatenbetreibers geschädigt, indem er den Automaten Kaffee vergeuden ließ, ohne dafür das geschuldete Entgelt von 50 Ct entrichtet zu haben. Dies ist eine nach § 265 a I strafbare Leistungserschleichung unter der Voraussetzung, dass der Kaffeeautomat ein von § 265 a I 1. Alt. erfasster Automat und das Ausgießen des Kaffees eine von § 265 a I 1. Alt. erfasste Leistung dieses Automaten ist. Da der Kaffee aber eine Ware und der Automat dementsprechend ein Warenautomat ist, fällt er nach hM nicht in die Kategorie der Leistungsautomaten und dementsprechend nicht unter § 265 a I 1. Alt. Die entgegengesetzte Auffassung würde sich von dieser strafrechtlichen Tatbeurteilung im Ergebnis nicht unterscheiden, wenn die Tat als Kaffeediebstahl aus § 242 I strafbar wäre. Dann nämlich würde § 265 a I jedenfalls auf Grund der gesetzlich statuierten Subsidiarität zurücktreten. Jedoch stellen sich hier schon auf der Ebene des objektiven Diebstahlstatbestandes Zweifel an einer – 265 a verdrängenden – Strafbarkeit aus § 242 I ein. Fraglich ist bereits, ob der Kaffee überhaupt noch eine für T fremde Sache war, als er dem Automaten entströmte. Denkbar ist, dass in diesem Moment das Eigentum gemäß § 929 BGB auf T überging. Noch stärkere Zweifel bestehen gegenüber der Annahme, T habe den Kaffee weggenommen. Zwar hat er gewiss den Gewahrsam des Automatenbetreibers an dem Kaffee gebrochen. Die zur Vollendung der Wegnahme erforderliche Begründung neuen Gewahrsams ist hingegen mehr als fraglich. Denn weil er den ausströmenden Kaffee nicht in einem Becher aufgefangen hat, hat er keine Sachherrschaft über diese Menge Kaffee erlangt. Es handelt sich somit um eine bloße Sachentziehung. Selbst wenn man die Auffassung vertritt, T habe dadurch neuen Gewahrsam an dem Kaffee begründet, dass er den freien Zugriff auf den Kaffee erlangte und die Möglichkeit hatte, den Kaffee in einem Gefäß aufzufangen, kommt man nicht an dem Mangel der Zueignungsabsicht vorbei. T wollte den Kaffee weder sich noch einem Dritten zueignen, er wollte lediglich den Automatenbetreiber enteignen. Es fehlt die Aneignungskomponente der Zueignungsabsicht. Somit hat T den subjektiven Tatbestand des § 242 I nicht erfüllt. Die hM, die den Warenautomaten aus dem Anwendungsbereich des

---

[245] Mitsch (1998), 307 (313).

§ 265 a I heraushält, muss den T straflos davonkommen lassen. Die hier bevorzugte Auslegung des Leistungs-Begriffs in § 265 a I 1. Alt. vermeidet dieses Ergebnis. Der Kaffeeautomat ist Waren- und Leistungsautomat. Die Leistung besteht in der Zurverfügungstellung der Ware „Kaffee" zum käuflichen Erwerb. Diese Leistung hat sich T durch Einwurf einer falschen Münze erschlichen.

7.6.2.1.1.2.2 Entgeltlichkeit

Das subjektive Tatbestandsmerkmal „Entgelthinterziehungsabsicht" strahlt auf den objektiven Tatbestand aus und reduziert den Kreis der tatbestandsmäßigen Erschleichungsobjekte um diejenigen, die unentgeltlich angeboten werden. Der objektive Tatbestand erfasst also nur Objekte, mit deren Veräußerung der Anbieter etwas verdienen will, für die er deswegen ein Entgelt verlangt.[246] Aus dem Anwendungsbereich der Alternative „Automatenmissbrauch" fallen alle „Leistungen" heraus, die nicht unmittelbar gegen Entgelt erbracht werden. Dieses „Entgelt" braucht nicht unbedingt die Gestalt von Geld zu haben. **Entgelt** ist jedes Vermögensgut, das mit der Leistung des Automaten in ein Austauschverhältnis („do ut des") eintreten kann, vgl. § 11 I Nr. 9. Entscheidend ist, dass der Automatenbenutzer im Falle regulärer Automatenbenutzung ein Vermögensopfer erbringen muss, um im Gegenzug als Ausgleich für dieses Opfer die Leistung des Automaten erlangen zu können.

Beispiele

1. Vor dem Kaufhaus „Wuhlwörs" in Berlin-Zehlendorf steht ein elektrisches Schaukelschwein für Kleinkinder. Wirft man in den Einwurfschlitz ein 50-Cent-Stück, beginnt das Schwein rhythmisch auf der Stelle vor und zurück und auf und ab zu ruckeln. Auf dem Rücken des Schweins ist eine sattelähnliche Sitzgelegenheit angebracht, auf die man ein Kleinkind setzen und 2 min lang reiten lassen kann. T ist Vater der 3jährigen Nervensäge K und wird von diesem bedrängt, ihn auf dem Schwein reiten zu lassen. Leider hat T kein 50-Cent-Stück dabei. Zufällig befindet sich in seinem Portemonnaie aber ein Hosenknopf, der nicht nur dieselbe Größe und dasselbe Gewicht wie ein 50-Cent-Stück hat, sondern auch aus einem ähnlichen Material hergestellt ist wie eine solche Münze. Von einem 50-Cent-Stück unterscheidet er sich im wesentlichen dadurch, dass er einen Wert von lediglich 1 Cent hat. Da K sich inzwischen schon laut schreiend auf dem Pflaster wälzt und aufzustehen weigert, steckt T den Knopf in den Geldeinwurfschlitz und setzt seinen Sohn auf das heftig vibrierende Schaukelferkel.

2. In dem Lebensmittelgeschäft des O ist die Rücknahme von Pfandflaschen automatisiert. Die Kunden können ihre leeren Bier-, Limonaden- und Milchflaschen in einen Leergutcontainer stellen, der für jede in Empfang genommene Flasche den Pfandbetrag automatisch feststellt und die Summe aller Einzelpfandbeträge am Ende des Rücknahmevorgangs dem Kunden auf einem Leergut-Bon ausdruckt. T entnimmt nun dem Fruchtsaftregal eine Flasche Apfelsaft, öffnet den Schraubverschluß und schüttet den Inhalt der Flasche

---

[246] OLG Karlsruhe, NStZ 2009, 390; OLG Koblenz, NJW 2000, 86 (87); Eisele (2012b), Rn. 707.

in einen leeren Plastikeimer. Dann geht er mit der leeren Apfelsaftflasche zu dem Leergutcontainer, stellt die Flasche in den für die Rückgabe bestimmten Schacht und lässt sich per Knopfdruck von dem Gerät einen Leergut-Bon über einen Betrag von 0, 25 € ausdrucken. Diesen Bon legt T der Kassiererin K vor, die die 25 Cent von dem Gesamtkaufpreisbetrag der von T gekauften Waren abzieht.

3. Der 18jährige T ist mit der Höhe des von seinem Vater V gewährten Taschengeldes (100 € in der Woche) unzufrieden. Taschengelderhöhungsforderungen des T tritt V stets mit dem Argument entgegen, sein Gehalt sei bescheiden und die finanziellen Belastungen, die der Bau eines Einfamilienhauses ausgelöst habe, seien enorm. Da T seinem Vater nicht glaubt, will er sich selbst ein Bild von dessen Einkommensverhältnissen verschaffen. Er entwendet die Eurocheque-Karte des V und lässt sich mit ihrer Hilfe am Kontoauszugdrucker der Sparkasse die neuesten Kontoauszüge ausdrucken. Nachdem er diese gelesen hat, sieht er von weiteren Forderungen auf Taschengelderhöhung ab und sucht sich einen Job als Zeitungsausträger.

In allen drei Beispielen hat T den Betrieb eines Automaten in Gang gesetzt. Die „Leistung" des Automaten ist in Beispiel 1 die Ermöglichung des zweiminütigen Reitvergnügens, in Beispiel 2 die Entgegennahme des Leergutes und die Herausgabe des Leergut-Bons und in Beispiel 3 das Drucken und die Herausgabe des Kontoauszuges. Obwohl die Leistung in den Beispielen 2 und 3 in gewisser Weise verdinglicht ist, weil als Produkt des Automatenbetriebs eine Sache – ein bedrucktes Blatt Papier – ausgehändigt wird, sind diese Geräte auch nach der engeren – reine Warenautomaten ausklammernden – Klassifikation der hM Leistungsautomaten iSd des § 265 a I. Denn im Vordergrund des Leistungserbringungsvorgangs steht nicht die Verschaffung der Sachsubstanz, sondern die Herstellung und Verschaffung eines Beleges (Beispiel 2) bzw. einer Information (Beispiel 3). In **Beispiel 1** stehen die Zahlung von 50 Ct und die Gewährung zweiminütigen Schaukelvergnügens in einem Austauschverhältnis wie das für synallagmatische Dienst-, Werk- oder Kaufverträge charakteristisch ist. Die Leistung des Automaten ist also entgeltlich und erfüllt deshalb den objektiven Tatbestand des § 265 a I 1. Alt. Anders ist es in **Beispiel 2**. Zwar ist die Rückgabe der Flasche mit einem Pfandwert von 25 Cent ein Vermögensopfer, der auf der Seite des O ein Vermögensvorteil korrespondiert. Jedoch ist die von dem Leergutautomaten erbrachte Leistung ebenso ein kostenloser Service des Lebensmittelhändlers, wie es vor der Einführung der Automatisierung die manuelle Flaschenannahme des Mitarbeiters war, der dem Kunden für das zurückgegebene Leergut einen handschriftlich abgezeichneten Bon zur Einlösung an der Ladenkasse aushändigte. In einem Austauschverhältnis stehen die Rückgabe des Leerguts und die Auszahlung bzw. Anrechnung des Pfandbetrages, dagegen nicht die Leergutrückgabe und die manuellen oder automatischen Vorgänge, die den Empfang des Leergutes und die Aushändigung des Pfandgutscheins bewirken. Mangels Entgeltlichkeit der vom Automaten erbrachten Leistung hat also T in Beispiel 2 den objektiven Tatbestand des § 265 a I 1. Alt. nicht erfüllt. Auch in **Beispiel 3** wurde vom Täter ein Automatenbetrieb ausgelöst, der eine unentgeltliche Leistung zum Gegenstand hatte. Zwar verlangt die Bank von dem Konto-inhaber – hier dem V – eine Kontoführungsgebühr, die ein Entgelt für alle von der Bank erbrachten Dienstleistungen ist.[247] Dazu gehört auch die Eröffnung der Möglichkeit, mithilfe der Scheckkarte selbst Kontoauszüge drucken zu lassen. Jedoch ist weder die Pflicht zur Zahlung dieses Entgelts noch seine Höhe ab-hängig von der Häufigkeit der Inanspruchnahme dieses Service. Ob der Konto-inhaber überhaupt Kontoauszüge druckt und wie oft er dies tut, hat auf die Höhe der Kontoführungsgebühr keinen Einfluss. Der einzelne Druckvorgang und die Entgeltentrichtung stehen also in keinem unmittelbaren Zusammenhang. Daher ist die Leistung des Druckerautomaten unentgeltlich.[248] T hat den objektiven Tat-bestand des § 265 a I 1. Alt. nicht erfüllt.

7.6.2.1.1.3 Leistung eines öffentlichen Zwecken dienenden Telekommunikationsnetzes

Unter Telekommunikationsnetzen versteht man vor allem Telefon- und Telexnetze, darüber hinaus aber letztlich alle Datenübertragungssysteme im Fernmeldebereich. Deshalb erfasst der Tatbestand auch Fernseh- und Hörfunkprogramme, die per Breitbandkabelnetz an die Konsumenten verteilt werden.[249] Im Bereich des Fern-sprechverkehrs ist umstritten, ob sog. „Störanrufe" tatbestandsmäßig sind. Dabei legt es der Täter darauf an, den Angerufenen durch Auslösen des Klingelzeichens zu ärgern und das Zustandekommen der Verbindung durch rechtzeitiges Auflegen des Hörers zu verhindern. Richtiger Ansicht nach ist § 265 a kein geeignetes Mit-tel zur strafrechtlichen Bekämpfung derartigen „Telefonterrors". Zum einen ist das Ertönen des Rufzeichens beim Anrufempfänger noch keine entgeltpflichtige Leis-tung.[250] Zum anderen fehlt es auch am „Erschleichen", da der Täter keine irreguläre Bedienungsmethode anwendet, wenn er seinen Anruf tätigt. Vielmehr bedient er sich der Telekommunikationstechnik in der Weise, wie sie von dem Anbieter jedem Benutzer eröffnet wird.[251]

7.6.2.1.1.4 Beförderung durch ein Verkehrsmittel

Die Beförderungserschleichung ist die strafgesetzliche Umschreibung des im Volksmund **„Schwarzfahren"** genannten Massendelikts, um das eine ähnlich hef-tige Entkriminalisierungsdebatte geführt wird wie über den Ladendiebstahl oder den Besitz von Betäubungsmitteln.[252] „Verkehrsmittel" sind Fahrzeuge aller Art (Busse, Fähren, Schiffe, Schienenbahnen, Flugzeuge), die dem Transport von Per-sonen oder Sachen dienen. Geschützt ist neben dem Massen- auch der Individual-

---

[247] Münchener Kommentar-Wohlers et al. (2014), § 265a Rn. 31.

[248] Schönke et al. (2014), § 265 a Rn. 2.

[249] Nomos Kommentar-Hellmann (2013), § 265a Rn. 27.

[250] Nomos Kommentar-Hellmann (2013), § 265a Rn. 29; Schönke et al. (2014), § 265 a Rn. 10.; aA Ehmke (1981), 247 (248).

[251] Münchener Kommentar-Wohlers et al. (2014), § 265a Rn. 58.

[252] Arzt et al. (2009), § 21 Rn. 20.

verkehr.[253] Wer sich also als „blinder Passagier" die Beförderung durch ein Taxi erschleicht, ist ebenso strafbar wie wenn er stattdessen in der U-Bahn fährt, ohne einen Fahrschein erworben zu haben. Da Gegenstand der Tat eine nur gegen Entgelt gewährte Beförderungsleistung ist, fällt die durch Täuschung erwirkte Mitnahme in einem privaten Pkw aus dem Anwendungsbereich des Tatbestandes heraus.

Die erschlichene Beförderung muss von der Art sein, wie sie einer vertrags- und ordnungsgemäßen **Leistung des Beförderungsunternehmers** entspricht. Tatbestandsmäßig ist also nur eine Beförderung, die so beschaffen ist, dass mit ihr ein Beförderungsvertrag ordnungsgemäß erfüllt und als Gegenleistung das tarifliche Entgelt verlangt werden kann. Verschafft sich der Täter die Möglichkeit eines irregulären atypischen Transports von einem Ort zu einem anderen, liegt zwar eine Beförderung durch ein Verkehrsmittel, jedoch keine entgeltpflichtige Beförderung vor.[254]

Beispiel

Die Jugendlichen A, B und C vertreiben sich die freie Zeit mit einer besonders gefährlichen Form des sog. „S-Bahn-Surfens". Nach Abfahrt des Zuges laufen sie auf dem Bahnsteig neben dem Zug her, bis sie mit beiden Händen die Türgriffe eines Wagens ergreifen und sich daran festhalten können. Zugleich stemmen sie ihre Füße an die Außenwand des Zuges, so dass ihre Körper wie „auf allen vieren" – allerdings vertikal und nicht horizontal – außen an dem fahrenden Zug kleben. Auf diese Weise fahren sie bis zu dem nächsten Bahnhof mit.

A, B und C haben sich eine kostenlose Beförderung durch die S-Bahn verschafft. Für diese Art des Mitgenommenwerdens schuldeten sie dem Beförderungsunternehmen aber von vornherein kein Entgelt. Denn S-Bahn-Surfen ist schlichtweg verboten und nicht etwa eine entgeltpflichtige Inanspruchnahme einer Beförderungsleistung, für die ein „ehrlicher" Kunde einen Fahrschein lösen würde. Dem Beförderungsunternehmen wird daher durch die tollkühne Aktion der Jugendlichen kein Vermögensschaden zugefügt. Sie nehmen zahlungswilligen Kunden keine Plätze weg und sie prellen das Unternehmen nicht um Beförderungsentgelt. Daher haben sie den Tatbestand des § 265 a I 3. Alt. nicht erfüllt.

Am tatbestandsmäßigen Erschleichen einer **unentgeltlichen** Beförderung fehlt es auch, wenn der Täter zwar listig eine normative Beförderungsbedingung umgeht, sich dadurch aber nicht die Unentgeltlichkeit der Beförderung verschafft.[255]

---

[253] Eisele (2012b), Rn. 715; Nomos Kommentar-Hellmann (2013), § 265a Rn. 32.

[254] Nomos Kommentar-Hellmann (2013), § 265a Rn. 33.

[255] OLG Koblenz, NJW 2000, 86 (87); AG Lübeck, NJW 1989, 467; Nomos Kommentar-Hellmann (2013), § 265a Rn. 38.

Beispiel

T hat für 800 € eine Jahreskarte des Berliner Verkehrsunternehmens BVG erworben. Mit dieser Karte darf er 12 Monate lang in einem bestimmten Gebiet Busse, Straßenbahnen, S- und U-Bahnen benutzen. Eines Tages hat er es sehr eilig, mit der U-Bahn von der Station Krumme Lanke zum Wittenbergplatz zu kommen. Erst auf dem Bahnsteig merkt er, dass er seine BVG-Jahreskarte zu Hause liegen gelassen hat. Da er keine Zeit hat, um noch einmal nach Hause zu gehen und die Karte zu holen, setzt er sich ohne Fahrkarte in einen U-Bahn-Wagen. Zu seinem Unglück finden just an diesem Tag auf dieser U-Bahnlinie Fahrscheinkontrollen statt. Zufällig kennt T einen der Fahrkartenkontrolleure. Er erblickt diesen, wie er zusammen mit einem Kollegen und einem großen Schäferhund zielstrebig auf den Wagen zugeht, in dem T bereits sitzt. Gerade noch rechtzeitig vor Abfahrt des Zuges kann T den Wagen verlassen und sich in den benachbarten – zunächst noch kontrolleurfreien – Wagen setzen. Bis zu seiner Endstation Wittenbergplatz wechselt T noch mehrmals den Wagen und schafft es auf diese Weise, sein Fahrtziel zu erreichen, ohne kontrolliert worden zu sein.

Nach den zugrundeliegenden Beförderungsbedingungen durfte T die U-Bahn nicht ohne mitgeführten gültigen Fahrschein benutzen und hätte daher, wenn er bei einer Kontrolle aufgefallen wäre, einen – gewiss über dem regulären Fahrpreis liegenden – Geldbetrag zahlen müssen. Diese Konsequenz wendete T dadurch von sich ab, dass er die Fahrscheinkontrollen in einer Manier ausmanövrierte, die zweifellos als „Erschleichen" qualifiziert werden kann. Dennoch hat T den objektiven Tatbestand des § 265 a I 3. Alt. nicht erfüllt. Denn für die Beförderung durch die U-Bahn hatte T durch den Erwerb der Jahreskarte ein Entgelt entrichtet. Dieses Entgelt deckt als Gegenleistung jede in dem zeitlichen und örtlichen Rahmen liegende Benutzung der U-Bahn, gleich ob die Jahreskarte dabei ordnungsgemäß mitgeführt wird oder nicht. Der wegen Nichtmitführens eines gültigen Fahrscheins zu zahlende Betrag hat keinen Entgelt-, sondern eine Art Strafcharakter.[256] Seine Einziehung dient nicht der Gewinnerzielung, sondern der Abschreckung von Schwarzfahrern, die kein Entgelt entrichtet haben. Erschlichen hat sich T also die nichtordnungsgemäße Mitfahrt in der U-Bahn, nicht jedoch die Unentgeltlichkeit dieser Fahrt. Der Vermögensschutzzweck des § 265 a ist dadurch nicht tangiert.[257] Daher hat sich T nicht aus § 265 a I 3. Alt. strafbar gemacht.

7.6.2.1.1.5 Zutritt zu einer Veranstaltung oder Einrichtung

Das Einschleichen in ein Kino, einen Konzertsaal, eine Kunstausstellung oder ein Fußballstadion ist auf verschiedenen Wegen möglich: Gelingt es dem Täter, den Kartenkontrolleur zu täuschen – z. B. durch Vorlage eines gefälschten Tickets – und so zur Zutrittsgestattung zu veranlassen, liegt ein Fall des nach § 263 strafbaren

---

[256] Leipziger Kommentar-Tiedemann (2012), § 265 a Rn. 19.

[257] Vgl. aber Kudlich (2001), 90 (91), der zwischen übertragbarer und unübertragbarer Dauerkarte differenziert.

(Dreiecks-)Betrugs[258] vor. Eine andere Methode – die praktisch häufig erfolgversprechender sein dürfte – ist die Umgehung der Kontrolle, also z. B. das Betreten des Gebäudes auf einem dafür nicht vorgesehenen Weg. In einem solchen Fall kommt es zu keinem Kontakt, keiner Kommunikation und keinem Austausch von Informationen zwischen dem Täter und dem betroffenen Vermögensinhaber bzw einer für ihn handelnden Person. Mangels Täuschung wird daher der objektive Tatbestand des Betruges nicht erfüllt. Diese Strafbarkeitslücke wird durch § 265 a I 4. Alt. geschlossen.

Veranstaltungen sind kommerziell organisierte Ereignisse kultureller, sportlicher, wissenschaftlicher oder sonstiger freizeitgestalterischer Art (z. B. Zirkus). **Einrichtungen** sind räumlich abgegrenzte Bereiche (Gebäude, Grundstücke), die einem bestimmten kommerziellen Zweck gewidmet sind.[259] Entgeltlich ist die Zutrittsgestattung nur dann, wenn der Entgeltforderung ein Gewinnerzielungszweck zugrundeliegt, das Entgelt also wie Kaufpreis, Werklohn oder Dienstleistungshonorar als Gegenleistung für die Gestattung des Zutritts und die mit dem Zutritt eröffneten Nutzungs- oder Genussmöglichkeiten gezahlt wird.[260] Hat die Entgeltforderung dagegen den primären Zweck, den Konsumenten von einer zeitlich ausgedehnten oder unbegrenzten Nutzung der Einrichtung abzuhalten, wie z. B. bei öffentlichen Parkplätzen, ist der Vermögensschutzzweck des § 265 a nicht tangiert und dementsprechend das Tatbestandsmerkmal „entgeltlich" nicht erfüllt.[261] **Zutritt** bedeutet die Ermöglichung der körperlichen Anwesenheit[262] in dem Raum oder an dem Platz, wo die Veranstaltung stattfindet bzw. die spezifischen Funktionen der Einrichtung wahr- und in Anspruch genommen werden können.

Der tatbestandsmäßige Erfolg des § 265 a I 4. Alt. ist erzielt, sobald der Täter seinen Standort innerhalb des räumlichen Bereichs eingenommen hat, der den Ort der Veranstaltung oder Einrichtung umgrenzt. Nicht erforderlich ist, dass die Veranstaltung selbst – z. B. ein Konzert – schon begonnen hat. Da das Wesen des Zutritts also in dem körperlichen Hineingelangen in die entgeltpflichtige Zone liegt, ist das bloße Verweilen in dieser Zone über die vom gezahlten Entgelt gedeckte Dauer hinaus nicht tatbestandsmäßig. Insbesondere ist es nicht möglich, die eigenmächtige Verlängerung des Aufenthalts in dem entgeltpflichtigen Bereich in eine Zutritterschleichung durch Unterlassen (§§ 265a I, 13) umzudeuten.

7.6.2.1.2 Tathandlung

Tatbestandsmäßige Handlung ist in allen vier Alternativen das „**Erschleichen**" der Leistung, der Beförderung oder des Zutritts.

---

[258] Dreiecksbetrug deswegen, weil der Kontrolleur nicht über eigenes Vermögen verfügt, sondern über das des Veranstalters; eingehend zum Dreiecksbetrug oben 5.2.1.4.4.

[259] BGHSt 31, 1.

[260] Schönke et al. (2014), § 265a Rn. 7.

[261] Lackner et al. (2014), § 265a Rn. 5; aA zu gebührenpflichtigen öffentlichen Parkplätzen Gern et al. (1988), 129 (130).

[262] Münchener Kommentar-Wohlers et al. (2014), § 265a Rn. 28; Nomos Kommentar-Hellmann (2013), § 265a Rn. 41.

7.6.2.1.2.1 Erfolg des Erschleichens

Erschleichen ist eine Handlung, die nicht nur im Sinne eines Unternehmens (vgl. § 11 I Nr. 6) erfolgsgerichtet (final) ist, sondern die den angestrebten **Erfolg** auch tatsächlich bewirkt hat. Infolge der Erschleichens-Handlung muss der Automat bzw. das Telekommunikationsnetz eine Leistung erbracht haben, muss das Verkehrsmittel eine Person oder Sache befördert haben und muss zu der Veranstaltung oder Einrichtung jemand Zutritt erlangt haben. Da der **Versuch** der Tat gem. § 265 a II mit Strafe bedroht ist, kann die Tat auch ohne Eintritt dieses Erfolges strafbar sein.[263] Für eine **vollendete** Straftat ist aber der Erschleichens-Erfolg ebenso erforderlich wie der Kausal- und Zurechnungszusammenhang zwischen Handlung und Erfolg. Nicht erforderlich ist, dass irgend jemand – der Täter selbst oder ein Dritter – auf Grund des Erschleichens und des dadurch ausgelösten Vorgangs etwas **erlangt** hat.[264] Für die Vollendung allein notwendig ist der Schädigungserfolg beim Tatopfer, also der – in der unentgeltlichen Leistungserbringung liegende – Verlust des Leistungsgegenstands.

Beispiel

T wirft in der Gastwirtschaft des O statt eines Markstücks ein wertloses rundes Metallplättchen in die Musikbox und drückt auf eine Taste, um das Lied „Love me tender" von Elvis Presley zu hören. Die Musikbox – ein altmodisches Modell – lässt sich überlisten und akzeptiert die Metallscheibe als Markstück. Als der erste Ton des Liedes erklingt, wird vor der Gastwirtschaft von Straßenbauarbeitern ein Presslufthammer in Betrieb genommen, der einen so höllischen Lärm entfaltet, dass in dem Lokal von der Elvis-Ballade nichts zu hören ist.

Mit dem Einwurf eines wertlosen Stücks Metall hat T einen Leistungsautomaten zur Erbringung einer Leistung veranlasst. Die entgeltpflichtige Leistung eines Musikautomaten beschränkt sich auf die akustisch wahrnehmbare Wiedergabe des gewählten Musikstücks. Als Erzeugnis des Leistungserbringungsvorganges genügt die Ermöglichung eines Hörerlebnisses durch Aussendung von Schallwellen. Kein Bestandteil der geschuldeten Leistung ist dagegen die Aufnahme dieser Wellen durch den Hörer, also die Erzeugung eines Hörerlebnisses oder Hörvergnügens bei dem Täter oder einem Dritten. Die Musikbox erbringt ihre komplette Leistung auch, wenn der Automatenbenutzer schwerhörig ist oder durch Lärm aus anderen Quellen an der Wahrnehmung der Melodie gehindert wird. Es versteht sich von selbst, dass der Automatenaufsteller keinen Einfluss darauf hat, ob dem Kunden das gewählte Musikstück gefällt und sein Bedürfnis nach Unterhaltung befriedigt wird. Folglich kann dieser Erfolg auch nicht als Teil der Leistung angesehen werden, von deren Erbringung das konditionsfeste (§ 812 BGB) Recht des Automatenaufstellers auf Behalten des Entgeltes abhängt. Ebensowenig kann die tatsächliche Wahrnehmung des gespielten Stücks

---

[263] Zur Abgrenzung von Versuch und Vollendung bei § 265 a vgl. Arzt et al. (2009), § 21 Rn. 23; Münchener Kommentar-Wohlers et al. (2014), § 265a Rn. 83.
[264] Münchener Kommentar-Wohlers et al. (2014), § 265a Rn. 84.

entgeltrelevanter Leistungsbestandteil sein, da anderenfalls Wahrnehmungs-
störungen wie Schwerhörigkeit des Kunden oder Geräuschimmissionen aus
externen Lärmquellen den Entgeltanspruch gefährden würden. „Leistung" des
Automaten ist also nur die Zurverfügungstellung, das Zugänglichmachen eines
Objekts, dessen tatsächliche Erlangung – die häufig noch von Zugriffs- oder
sonstigen Annahmeakten des Kunden abhängen wird – ist hingegen schon ein
über die erbrachte Leistung hinausgehender Erfolg und keine Voraussetzung der
Tatbestandserfüllung. Entsprechend ist die Reichweite des Begriffs „Erschleichen" zu bestimmen: Erschlichen wird nur der „Gebe-Akt" des Automaten. Der
zur Einverleibung des Leistungserzeugnisses erforderliche anschließende Auf-
nahmeakt des Täters oder eines sonstigen Empfängers ist kein Erschleichen
mehr, sondern eine Ausnutzung des vorangegangenen Erschleichens. T hat sich
also die Leistung des Musikautomaten erschlichen und damit den objektiven
Tatbestand des § 265 a I 1. Alt. erfüllt, obwohl er das Produkt seiner Tat nicht in
seine Gewalt gebracht hat.

7.6.2.1.2.2 Opfer

Der tatbestandsmäßige Erschleichens-Erfolg wird nicht allein durch die Bereiche-
rungskomponente, sondern auch durch eine Verlustkomponente konstituiert. Nicht
die Erbringung der Leistung allein, sondern vor allem ihre **Unentgeltlichkeit** begründet den Vermögensschaden und das spezifische vermögensdeliktische Unrecht
der Tat (s. o. 7.6.1.2). Die Leistungsbewirkung muss also auf Kosten desjenigen
geschehen, dem für Leistungen dieser Art ein Entgelt zusteht, um das er vom Täter
geprellt wird. Erschleicht der Täter die Leistung, ohne den Berechtigten um sein
Entgelt zu bringen, ist der Tatbestand des § 265 a I nicht erfüllt, mag er dabei vielleicht auch einem Dritten einen Vermögensschaden zufügen.

Beispiele

1. In einer Gastwirtschaft fordert T den Analphabeten O auf, ein 50-Cent-Stück
   in die Musikbox zu werfen und dann auf eine bestimmte Taste zu drücken, die
   T dem O zeigt. T erklärt dem O wahrheitswidrig, nach Betätigung dieser Taste
   werde aus der Musikbox das Lied „Die Caprifischer" von Rudi Schuricke
   erklingen. O ist ein großer Fan von Schlagerschnulzen aus den 50er Jahren
   und verabscheut Rockmusik. O wirft ein 50-Cent-Stück in den Münzschlitz
   und drückt dann die von T gezeigte Taste. Zu O's großer Enttäuschung dröhnt
   aus der Musikbox nicht Rudi Schuricke, sondern die 70er-Jahre Hardrock-
   Hymne „Paranoid" von Black Sabbath. Hardrock-Fan T hatte dies bewusst so
   eingefädelt, indem er O dazu brachte, die – aus der Sicht des O – „falsche"
   Taste zu drücken.
2. Unter dem Vorwand, dringend einen Arzt an den Ort eines Verkehrsunfalls
   herbeirufen zu müssen, verschafft sich T Einlass in die Wohnung des O und
   die Erlaubnis zur Benutzung des Telefons des O. Mit der Bitte, ihm ein Glas
   Wasser zu besorgen, erreicht T, dass sich O vorübergehend aus der Nähe des
   Telefons entfernt und daher nicht mitbekommt, mit wem T tatsächlich tele-

foniert. T ruft nämlich keineswegs einen Arzt, sondern seine Ehefrau an, der er mitteilt, dass er erst später als geplant nach Hause kommen werde.

3. T hat einen Flug von Berlin-Tegel nach Palma de Mallorca gebucht. Er möchte auf Mallorca zwei Wochen Urlaub machen und dabei vor allem viel lesen. Deshalb hat er umfangreichen Lesestoff eingepackt. Weil sein eigenes Gepäck auf Grund der vielen Bücher um 5 kg zu schwer ist, er aber keinen Aufpreis bezahlen möchte, schmuggelt T heimlich 12 Bücher in den auf einem Gepäckwagen stehenden und nur halb gefüllten Koffer des Fluggastes O, der – wie T weiß – auf Mallorca in demselben Hotel wohnt wie T. Nach der Ankunft im Hotel will T sich seine Bücher ebenso heimlich wieder zurückholen, wie er sie vor Reiseantritt in den Koffer des O hineingebracht hat.

4. O hat sich eine Eintrittskarte für das Champions-League-Fußballspiel Hertha BSC Berlin gegen AC Mailand gekauft. Am Tag vor dem Spiel bricht sich O bei einem Fahrradunfall das rechte Bein. Ein Stadionbesuch ist dadurch unmöglich geworden. Damit die Eintrittskarte nicht verfällt, ruft O seinen Arbeitskollegen A an, dem er die Karte schenken will. A ist darüber sehr erfreut und kündigt dem O an, er werde in etwa einer Stunde vorbeikommen, um sich die Karte abzuholen. Zufällig hat T, der 16jährige Sohn des Nachbarn von A, dieses Telefongespräch mitgehört. Da T gern zu dem Fußballspiel ginge, aber keine Eintrittskarte hat, beschließt er, sich die Karte des O zu besorgen. Er schwingt sich sofort auf sein Fahrrad und radelt zu O. Diesem spiegelt er vor, er sei von A geschickt worden, um die Eintrittskarte abzuholen. A selbst könne nicht selber kommen, da er gerade noch etwas wichtiges zu erledigen habe. O händigt dem T die Eintrittskarte mit besten Grüßen an A aus. T liefert die Karte nicht bei A ab, sondern begibt sich mit ihr zum Olympiastadion, wo er sich das Fußballspiel dank der erschwindelten Eintrittskarte von der Tribüne aus ansehen kann.

In allen vier Beispielen hat T einen Vorgang ausgelöst, der unter den Tatbestand des § 265 a I subsumiert werden kann: Infolge der Handlung des T kam es in **Beispiel 1** zur Leistung eines Automaten, in **Beispiel 2** zur Leistung eines öffentlichen Zwecken dienenden Telekommunikationsnetzes, in **Beispiel 3** zur Beförderung – von Sachen – durch ein Verkehrsmittel und in **Beispiel 4** zum Zutritt zu einer Veranstaltung. Jeweils ging dieser Leistung eine Täuschungshandlung des T voraus. Daher ließe sich das Verhalten des T durchaus als „erschleichen" bezeichnen. In der Tat hat T die Leistungen, die Beförderung und den Zutritt erschlichen. Da er in keinem Fall für den Leistungsgenuss zahlen musste, hat er die erschlichenen Vorteile auch unentgeltlich erlangt. Also könnte man meinen, T habe unentgeltliche Leistungen erschlichen. Sobald der Gesichtspunkt der Unentgeltlichkeit aber aus der Perspektive des Entgeltberechtigten – Automatenaufsteller, Betreiber des Telekommunikationsnetzes, Luftfahrtunternehmen, Fußballverein – betrachtet wird, ergibt sich ein anderes Bild: Diese Leistungserbringer haben das ihnen zustehende Entgelt bekommen. Ihnen ist kein Vermögensschaden zugefügt worden. Geschädigt wurden jeweils Dritte, in Beispiel 1 der O, weil er 50 Ct verloren hat und als „Gegenleistung" ein Musikstück anhören durfte, dass er nicht mochte, in Beispiel 2 der O, der an das Telekommunikationsunternehmen die Gebühr für das von T geführte Telefonat zahlen musste, in

Beispiel 3 der O, der möglicherweise für Übergepäck ein zusätzliches Beförderungsentgelt an das Luftfahrtunternehmen zahlen musste und in Beispiel 4 der A, dem die von T geschenkte Eintrittskarte und damit die Chance auf kostenlosen Besuch des Fußballspiels entging. Alle diese Geschädigten sind aber keine Entgeltberechtigten und gehören daher nicht zu dem von § 265 a geschützten Personenkreis. T hat sich die Leistungen also nicht auf Kosten derjenigen erschlichen, denen das Entgelt zusteht und deren Vermögen durch § 265 a geschützt wird. Folglich hat er sich nicht aus § 265 a I strafbar gemacht.

7.6.2.1.2.3 Täuschungskomponente
7.6.2.1.2.3.1 Allgemein
Erschleichen ist die Handlung, durch die der vorteilserzeugende (zum Begriff „Vorteil" in diesem Zusammenhang oben 7.6.2.1.1.1) Vorgang ausgelöst wird. Die bloße Verursachung des Ergebnisses dieses Vorgangs (Automat oder Telekommunikationsnetz hat eine Leistung erbracht, das Verkehrsmittel hat eine Person oder Sache befördert, einer Person wurde der Zutritt zu einer Veranstaltung oder Einrichtung gestattet) reicht zur Erfüllung des Erschleichens-Merkmals aber ebensowenig wie die unentgeltliche Inanspruchnahme oder Ausnutzung dieses Ergebnisses.[265] Als Träger des betrugsähnlichen Unrechtsakzents ist diesem Tatbestandsmerkmal ein **spezifischer Handlungsunwert** immanent.[266] Die farblose betrugsferne Kausalität vermag die erforderliche Betrugsnähe nicht zu begründen. Die notwendige Einfärbung mit betrugsähnlichen Unwertelementen erhält das Erschleichen erst durch einen **betrügerischen Vollzugsmodus**.[267] Grob skizzieren lässt sich der betrugsähnliche Charakter des Erschleichens durch Komponenten wie Täuschung, Überlistung, Verheimlichung, Fälschung und Umgehung.[268] Im Alltagssprachgebrauch versteht man unter „Schleichen" eine verräterische Geräusche vermeidende, lautlose Art der Fortbewegung. Wer schleicht, tut dies, um von jemand anderem bei der Bewegung nicht gehört und ertappt zu werden. „Wer sich mit üblicher Lautstärke fortbewegt, schleicht nicht."[269] Dieses Handlungsmuster liegt auch dem Erschleichens-Merkmal des § 265 a I zugrunde,[270] wobei in der 4. Alternative (Zutritt erschleichen) sogar eine vollkommene Kongruenz dieses Musters mit dem Tatbestandsmerkmal besteht. Das Betreten eines Veranstaltungs- oder Einrichtungsraumes über einen Schleichweg oder mit schleichenden Bewegungen ist der typische Modus der tatbestandsmäßigen Handlung in dieser Tatbestandsalternative.[271]

---

[265] Albrecht (1988), 222 (223); Alwart (1986), 563 (568); Exner (2009), 990 (992); Schall (1992), 1 (2); aA OLG Stuttgart, MDR 1963, 236.

[266] Alwart (1986), 563 (567); Ellbogen (2005), 20; Hinrichs (2001), 932 (933).

[267] Arzt et al. (2009), § 21 Rn. 17; Exner (2009), 990 (992); Hinrichs (2001), 932 (933); Schall (1992), 1 (4).

[268] OLG Karlsruhe, NStZ 2009, 390; Schall (1992), 1 (2).

[269] Treffend Ingelfinger (2002), 429 (430).

[270] Leipziger Kommentar-Tiedemann (2012), § 265 a Rn. 35; aA BGHSt 53, 122 (125); zust. Zschieschack et al. (2009), 244; treffend dagegen Alwart (2009), 478 ff.

[271] Exner (2009), 990 (993); aA Rinio (1998), 297 (298).

7.6.2.1.2.3.2   Erschleichen der Leistung eines Automaten

Geräuschunterdrückung als Charakteristikum des Schleichens eignet sich auch in den anderen Tatbestandsalternativen als Orientierungsmarke zur Gewinnung einer konkreteren Vorstellung von dem spezifischen Handlungsunwert des Erschleichens. Beim Automatenmissbrauch (§ 265 a I 1. Alt.) wendet der Täter eine **irreguläre Ingangsetzungs- oder Bedienungstechnik** an, bei der – betrugsähnlich[272] – Informationen verfälscht, vorenthalten oder unterdrückt werden.[273] Der Einwurf einer nachgemachten Münze[274] beispielsweise ist nichts anderes als die Vorspiegelung von Echtheit und damit nicht nur eine betrugsähnliche, sondern eine betrügerische Handlung – denkt man sich an die Stelle des mechanisch oder elektronisch arbeitenden Münzprüfers einen Menschen. Am Erschleichen fehlt es umgekehrt, wenn der Täter sich nicht die Mühe macht, den falschen Anschein der Redlichkeit zu erwecken und statt dessen unter Offenlegung seiner Entgelthinterziehungsabsicht vorgeht.[275] Löst der Täter z. B. den Automatenbetrieb durch heftige Schläge gegen das Gehäuse aus, erschleicht er die Automatenleistung nicht, da sein Verhalten keinerlei informationsverfälschenden Gehalt aufweist.[276]

7.6.2.1.2.3.3   Erschleichen der Leistung eines Telekommunikationsnetzes

Mit dem Technologiefortschritt auf dem Gebiet der Telekommunikation wandeln sich auch die Methoden und Techniken der Umgehung von Kontroll- und Sicherungsvorkehrungen, mit denen der Netzbetreiber unbefugten Zugang zum Netz und entgeltvorenthaltende Nutzung zu verhindern sucht. Bei Münzfernsprechern handelt es sich letztlich um dasselbe technische Tatarrangement **wie bei Automaten**, weshalb sich hier die Modi des Erschleichens mit denen der ersten Alternative des § 265 a I decken.[277] Da aber die missbräuchliche Benutzung von Fernsprechautomaten tatbestandlich bereits von § 265 a I 1. Alt. erfasst wird, erlangt die 2. Tatbestandsalternative praktische Bedeutung bei **Manipulationen anderer Art**. Zu nennen sind hier vor allem Eingriffe in den Ablauf von Vermittlungs-, Steuerungs- und Übertragungsvorgängen durch Geräte und Methoden, beispielsweise die Wahl bestimmter Zahlenkombinationen oder den illegalen Anschluss des Fernsprechapparates an einem Schaltpunkt des öffentlichen Fernmeldenetzes.[278] Nicht erfasst ist das bloße unbefugte Telefonieren auf fremde Kosten.[279]

---

[272] Schall (1992), 1 (4).

[273] OLG Karlsruhe, NStZ 2009, 390; Ellbogen (2005), 20 (21).

[274] Unstreitiger Fall des „Erschleichens", vgl. Arzt et al. (2009), § 21 Rn. 14; Rengier (2014a), § 16 Rn. 3.

[275] BayObLG, NJW 1969, 1042 (1043); Arzt et al. (2009), § 21 Rn. 18.

[276] Leipziger Kommentar-Tiedemann (2012), § 265 a Rn. 37.

[277] Schall (1992), 1 (4).

[278] Leipziger Kommentar-Tiedemann (2012), § 265 a Rn. 43.

[279] Mahnkopf (1982), 885 (887).

7.6.2.1.2.3.4 Erschleichen der Beförderung durch ein Verkehrsmittel

Unproblematische Anwendungsfälle dieser Alternative sind Umgehungen von Kontrollen,[280] Sperren, Schranken, wenn dies in heimlicher, die Entgelthinterziehungsabsicht verbergender Weise geschieht.[281] Da aber im modernen Massenverkehr Fahrscheinkontrollen weitgehend nicht mehr stattfinden und daher sich jedermann auch ohne Fahrausweise auf dem regulären Weg Zugang zu dem Verkehrsmittel verschaffen kann, sind die Konturen des Tatbestandsmerkmals „Erschleichen" in dieser Alternative unsicher und umstritten geworden. Der früher herrschenden Ansicht, wonach sich die Beförderung erschleicht, wer in das Verkehrsmittel ohne Ticket einsteigt und sich mitnehmen lässt, wird zu Recht entgegengehalten, dass damit in großem Umfang völlig unauffällige und von sozialadäquatem Verhalten nicht unterscheidbare Taten kriminalisiert werden.[282] Den betrugsähnlichen Charakter hat das unentgeltliche Sich-Befördern-Lassen nämlich erst, wenn sich der Täter **wie ein redlicher Fahrgast geriert,** der das Entgelt entrichtet hat und im Besitz eines Fahrscheins ist.[283] Das unkontrollierte Einsteigen in einen Waggon erzeugt einen solchen Schein nicht, sondern ist insofern neutral, weil sich die äußerlichen Erscheinungsbilder des Einsteigens mit Fahrschein und ohne Fahrschein nicht unterscheiden.[284]

Wer ohne Fahrschein einsteigt, täuscht nicht vor, im Besitz eines Fahrscheins zu sein.[285] Denn auch der Fahrgast mit Fahrschein bringt mit seinem Verhalten nicht mehr zum Ausdruck als den Willen zur Benutzung des Verkehrsmittels. Über die Berechtigung dazu – insbesondere die Erfüllung der Entgeltzahlungspflicht – macht er damit keine konkludente Aussage. Daher eignet sich der unkontrolliert einsteigende ehrliche Fahrgast nicht als Leitbild für ein Ehrlichkeit vortäuschendes tatbestandsmäßiges Erschleichen. Erschleichens-Unwert hat das Einsteigen erst, wenn zusätzliche Zeichen gesetzt werden, die im Verkehr als typisch für redliche Inanspruchnahme der Beförderungsleistung gedeutet werden.[286] Steckt z. B. der Täter vor der Fahrt mit der U-Bahn ein bereits entwertetes und durch eine frühere Fahrt verbrauchtes Ticket erneut in den Fahrscheinentwerter, täuscht er Entgeltzahlungswillen vor und erschleicht sich daher eine tatsächlich unentgeltliche Beförderung.[287]

---

[280] Nach Fischer (1988), 1828 (1829) ist die Umgehung von Kontrolleinrichtungen eine unverzichtbare Komponente jeden Erschleichens.

[281] Nomos Kommentar-Hellmann (2013), § 265a Rn. 34; Schall (1992), 1 (3).

[282] Lackner et al. (2014), § 265a Rn. 6a; aA OLG Stuttgart, NJW 1990, 924; Hauf (1995), 15 (17); Rengier (2014a), § 16 Rn. 6.

[283] Ellbogen (2005), 20 (21); Nomos Kommentar-Hellmann (2013), § 265a Rn. 36; Putzke et al. (2012), 500 (501).

[284] Alwart (1986), 563 (568); Fischer (1988), 1828 (1829); Hinrichs (2001), 932 (934); Kudlich (2001), 90; Putzke et al. (2012), 500 (502); Schall (1992), 1 (2); aA OLG Hamm, NStZ-RR 2011, 206; KG, NJW 2011, 2600; BayObLG, StV 2002, 428 (429); OLG Frankfurt, NStZ-RR 2001, 269; OLG Düsseldorf, StV 2001, 112; OLG Hamburg, NJW 1987, 2688 (2689).

[285] Exner (2009), 990 (993); Gaede (2009), 69 (70); Ingelfinger (2002), 429 (430); Krell (2012), 537 (538); Ranft (1993), 84 (88); Roggan (2012), 299 (303); aA Schall (1992), 1 (2); Maurach et al. (2009), § 41 Rn. 223.

[286] Wessels et al. (2013c), Rn. 672.

[287] Ranft (1993), 84 (87).

7.6.2.1.2.3.5 Erschleichen des Zutritts zu einer Veranstaltung oder einer Einrichtung

Ähnlich wie beim Erschleichen einer Beförderungsleistung ist das typische Tatbild dieser Alternative das **heimliche**, Kontrollen oder Schranken umgehende, Einschleichen in ein Gebäude, einen Raum oder ein umfriedetes Gelände.[288] Das krasse Gegenteil des Einschleichens ist die brachiale Überwindung von Hindernissen durch Anwendung physischer Gewalt. Gibt es keine Eingangskontrollen, kann der Tatbestand nicht erfüllt werden.[289]

7.6.2.2 Subjektiver Tatbestand
7.6.2.2.1 Vorsatz

Der Vorsatz muss sich auf alle zum objektiven Tatbestand gehörenden Tatsachen beziehen, also auch auf die Entgeltlichkeit der Leistung,[290] sowie darauf, dass die „Erschleichens"-Handlung gerade der unentgeltlichen Leistungserlangung dient.

Beispiel

T fährt am 1. Juni mit der U-Bahn. Seine Monatsfahrkarte für Mai hat er zu Hause vergessen, eine Monatskarte für Juni hat er noch nicht erworben. Irrig stellt er sich vor, das Datum des heutigen Tages sei der 31. Mai. Zugleich hat er aber ein unbehagliches Gefühl, weil er annimmt, sich wegen des Nichtmitführens der Monatskarte als „Schwarzfahrer" strafbar zu machen. Da auf dem Bahnsteig ein misstrauisch blickender Mitarbeiter des Verkehrsunternehmens alle Fahrgäste kritisch mustert, steckt T vorsichtshalber eine ungültige Kinoeintrittskarte in den Entwerterautomat und setzt sich dann erst in einen Wagen.

T hat den objektiven Tatbestand des § 265 a I 3. Alt. erfüllt. Fraglich ist jedoch, ob er vorsätzlich handelte. Die irrige Annahme, dass der Monat Mai noch nicht vorüber sei, impliziert nämlich die – auf der Basis des Irrtums über das Datum richtige – Vorstellung, für U-Bahnfahrten an diesem Tag noch eine gültige Fahrkarte zu besitzen und folglich für die Fahrt das Entgelt bereits entrichtet zu haben. Also hatte T nicht das Bewusstsein, sich eine unentgeltliche Beförderung zu erschleichen. Dieser vorsatzausschließende Tatbestandsirrtum (§ 16 I 1) wird nicht durch die hinzutretende Fehlvorstellung[291] über die Strafbarkeit des Nichtmitführens des Fahrscheins bei der Benutzung der U-Bahn kompensiert. Denn dieser Irrtum hat keine Vorsatzqualität, sondern ist eine wahndeliktische Vorstellung von einem Straftatbestand, den es im geltenden Strafrecht gar nicht gibt. T hat sich also nicht aus § 265 a I 3. Alt. strafbar gemacht.

Nach allgemeinen Regeln genügt **dolus eventualis**.[292] Fraglich ist dies aber in Bezug auf das objektive Tatbestandsmerkmal „entgeltlich". Denn da der subjektive Tatbestand neben dem Vorsatz eine „Absicht", das Entgelt nicht zu entrichten, ent-

---

[288] Schall (1992), 1 (2).
[289] Ellbogen (2005), 20 (21).
[290] Nomos Kommentar-Hellmann (2013), § 265a Rn. 45.
[291] Es handelt sich also um eine Konstellation des „Doppelirrtums".
[292] Münchener Kommentar-Wohlers et al. (2014), § 265a Rn. 78.

hält, könnte man annehmen, dass auch die – einer Entgelthinterziehungsabsicht logisch immanente – Vorsatzbeziehung zu der objektiv tatbestandsmäßigen Entgeltzahlungspflicht intensiver sein muss, als dies bei bloßem bedingten Vorsatz der Fall ist. Jedoch ist dem nicht so. Die Entgelthinterziehungsabsicht ist ohne weiteres vereinbar mit dolus eventualis hinsichtlich der Entgeltlichkeit.

Beispiel

T ist zu Besuch in einer fremden Großstadt, in der – wie er gehört hat – mit der Einrichtung eines öffentlichen Personennahverkehrs zum Nulltarif experimentiert wird. Auf einigen Linien ist deshalb die Benutzung der U-Bahn kostenlos. Die Benutzung der meisten Linien ist allerdings weiterhin entgeltpflichtig. T kennt sich nicht genau aus und weiß daher nicht, ob die U-Bahn, in die er einsteigt, um zum Bahnhof zu fahren, zu den kostenlosen gehört. Er hält es für möglich, dass es sich um eine entgeltpflichtige Fahrt handelt. Da er aber auf jeden Fall das Beförderungsentgelt einsparen will, steckt er eine bereits entwertete Fahrkarte in den Entwerterautomat und lässt sie erneut abstempeln, bevor er sich in einen Wagen setzt und zum Bahnhof fährt. Tatsächlich handelt es sich um eine entgeltpflichtige Fahrt.

T hat sich den unentgeltlichen Genuss einer entgeltlichen Beförderung erschlichen und damit den objektiven Tatbestand des § 265 a I 3. Alt. erfüllt. Da er unbedingt die Bezahlung eines Entgelts vermeiden wollte, hatte er die Absicht, ein Entgelt nicht zu entrichten. Dass er überhaupt zur Zahlung eines Entgeltes verpflichtet war, wusste er nicht. Er hielt es nur für möglich und nahm es billigend in Kauf, hatte also insoweit bedingten Vorsatz. Wie das Beispiel zeigt, reicht dies als Basis einer Entgelthinterziehungsabsicht aus.[293]

7.6.2.2.2 Entgelthinterziehungsabsicht

„Absicht" bedeutet **zielgerichtetes** Wollen.[294] Es muss dem Täter bei seiner Tat darauf ankommen, die Leistung zu erlangen, dafür aber kein Entgelt zu entrichten. Bedingter Vorsatz reicht nicht aus. Die beabsichtigte Nichtentrichtung des Entgelts ist zwar phänomenologisch ein **Unterlassen**, braucht aber die strafrechtsdogmatischen Voraussetzungen tatbestandsmäßigen Unterlassens nicht zu erfüllen. Deshalb kann mit Entgelthinterziehungsabsicht auch der Täter handeln, der zur Entgeltentrichtung gar nicht in der Lage ist, weil er vollkommen mittellos ist. Ein Unterlassen im Sinne der Unterlassungsdelikte wäre die Nichtentrichtung des Entgelts unter diesen Umständen nicht, da die Möglichkeit der Handlung Voraussetzung des Unterlassens ist.[295] Im Kontext des subjektiven Tatbestandsmerkmals „Entgelthinterziehungsabsicht" kommt es aber nicht darauf an, ob der Täter die Nichtvornahme einer möglichen oder einer unmöglichen Entgeltzahlung beabsichtigt. Entscheidend ist, dass er die Leistung erschleichen will, obwohl er das Entgelt nicht entrichten wird

---

[293] Alwart (1986), 563 (567).

[294] Eisele (2012b), Rn. 721; Nomos Kommentar-Hellmann (2013), § 265a Rn. 46.

[295] Baumann et al. (2003), § 15 Rn. 15.

bzw. nicht entrichten können wird. Die Möglichkeit, von der Inanspruchnahme der Leistung abzusehen, hat der Täter auch dann, wenn ihm die Zahlung des Entgelts aus Mangel an Geld nicht möglich ist. Nur diese Möglichkeit ist für die Strafbarkeit entscheidend: Wer nicht zahlen kann, darf eben nicht fahren (§ 265 a I 3. Alt.), nicht telefonieren (§ 265 a I 2. Alt.) usw. Möglich ist das immer.

7.6.3 Subsidiaritätsklausel

Trotz Erfüllung sämtlicher Strafbarkeitsvoraussetzungen des § 265 a wird der Täter nicht aus diesem Tatbestand bestraft, wenn dieselbe Tat Strafbarkeit aus einem anderen Straftatbestand begründet und § 265 a diesem gegenüber subsidiär ist. Die Subsidiarität ist eine Form der **Gesetzeskonkurrenz** (Gesetzeseinheit). Entscheidungserheblich wird dieser Gesichtspunkt nur, wenn die Erfüllung sämtlicher Strafbarkeitsvoraussetzungen des § 265 a feststeht. Wer also z. B. die Überlistung eines Warenautomaten deswegen für nicht aus § 265 a I 1. Alt. strafbar hält, weil dieser Tatbestand nur auf Leistungsautomaten anwendbar und die unbefugte Leerung von Warenautomaten Diebstahl sei, stellt nicht auf Subsidiarität des § 265 a gegenüber § 242 ab, sondern verneint bereits die Erfüllung des objektiven Tatbestandes des § 265 a I 1. Alt. (s. o. 7.6.2.1.1.2.1). Der Wortlaut der Subsidiaritätsklausel enthält keine Begrenzung der Straftatbestände, denen gegenüber § 265 a subsidiär ist. Wie bei den insofern identischen Subsidiaritätsklauseln der § 246 I[296] und § 248 b I[297] ist aber auch hier eine Verdrängungswirkung nur solchen Tatbeständen zuzuerkennen, die wie § 265 a das **Vermögen** schützen.[298] Dabei handelt es sich in erster Linie um § 263 und § 263 a. Mit Straftatbeständen, die eine andere Schutzrichtung haben, steht § 265 a hingegen auch dann in Tateinheit (§ 52), wenn der andere Tatbestand eine schwerere Strafe vorsieht als § 265 a.

7.7 Kreditbetrug, § 265 b StGB

7.7.1 Allgemeines

7.7.1.1 Betrugsähnlichkeit
Der Name des Delikts weckt die Erwartung einer betrugsähnlichen Tatbestandsgestalt. Diese Erwartung wird durch § 265 b I erfüllt, hinter deren komplizierter Umschreibung tatbestandsmäßiger Verhaltensweisen – man beachte die Parallele zu § 264 I[299] – sich letztlich nichts anderes verbirgt als spezielle Erscheinungsformen der **Täuschung**. Dehnt man den Vergleich auf die weiteren Merkmale des § 263

---

[296] Oben 2.4.

[297] Oben 4.1.4.1.

[298] Arzt et al. (2009), § 21 Rn. 25; Eisele (2012b), Rn. 723; Nomos Kommentar-Hellmann (2013), § 265a Rn. 50.

[299] Gössel (1996), § 23 Rn. 94.

aus, kristallisiert sich allerdings in § 265 b I das bereits mehrmals bei anderen Straftatbeständen kennengelernte Bild eines verkümmerten Betrugstatbestands heraus. Der Kreditbetrug basiert zwar auf einem Täuschungsmerkmal, die in § 263 mit der Täuschung verbundenen objektiven Tatbestandsmerkmale Irrtumserregung, Vermögensverfügung und Vermögensschaden finden sich im objektiven Tatbestandes § 265 b I dagegen nicht wieder.[300] Auch das subjektive Betrugsmerkmal „Bereicherungsabsicht" taucht in § 265 b nicht auf.

§ 265 b verlegt die Strafbarkeit vor, indem die Vollendung der Tat bereits mit dem Täuschungsakt synchronisiert wird und die den Betrugstatbestand komplettierenden Tatbestandsmerkmale in die nicht mehr tatbestandsmäßige „Nachtatphase" verlegt werden.[301] Da mit der vollständigen Erfüllung des Tatbestandes das geschützte Rechtsgut (dazu unten 7.7.1.2) noch nicht verletzt und auch nicht notwendig konkret gefährdet ist, hat der Kreditbetrug den Charakter eines **abstrakten Gefährdungsdelikts**.[302] Der typische Fortgang des Geschehens nach Vollzug des tatbestandsmäßigen Täuschungsaktes wird in § 265 b II angedeutet, wo die Erbringung einer Leistung durch den getäuschten Kreditgeber als eigentliche Rechtsgutsverletzung, um deren Abwendung durch frühzeitigen Zugriff des Strafrechts es geht, sichtbar wird. Diese Leistung ist nichts anderes als eine irrtumsbedingte Vermögensverfügung, die im Normalfall zugleich mindestens eine konkrete Vermögensgefährdung verursacht. Der Kreditbetrug deckt also – soweit seine objektiven Tatbestandsmerkmale reichen – das **Vorfeld des Betruges** ab.[303] Mit seiner Nachtatphase, der das Strafrecht eine für den Schutz des Rechtsguts so große Bedeutung zumisst, dass es hier dem Täter noch eine Möglichkeit strafbefreienden Rücktritts einräumt, deckt der Kreditbetrug das gesamte Betrugsfeld ab.

7.7.1.2 Rechtsgut

Der Straftatbestand Kreditbetrug schützt das **Vermögen** von Kreditgebern.[304] Allerdings wird der Strafrechtsschutz nicht jedem kreditgewährenden Vermögensinhaber zuteil. Nur „Betriebe und Unternehmen" (§ 265 b I, III Nr. 1) genießen verstärkten strafrechtlichen Vermögensschutz, nicht aber sonstige Darlehensgeber. Erklärt wird dies von der hM mit dem hohen Interesse der Allgemeinheit an der **Funktionstüchtigkeit des volkswirtschaftlich wichtigen Kreditwesens** und dessen ein strafrechtliches Schutzbedürfnis begründender Störanfälligkeit. Dieses Interesse sei deswegen auch zweites Schutzgut des § 265 b neben dem Vermögen.[305] Die herrschende These von der doppelten Schutzrichtung des Tatbestandes ist allerdings zweifelhaft und nicht unumstritten.[306]

---

[300] BGH, NStZ 2003, 539 (540); Arzt et al. (2009), § 21 Rn. 4; Gössel (1996), § 23 Rn. 93.

[301] Maurach et al. (2009), § 41 Rn. 187.

[302] BayObLG, wistra 1990, 237; Arzt et al. (2009), § 21 Rn 58; Otto (1989), 24 (29); Wittig (2014), § 19 Rn 3; krit. Leipziger Kommentar-Tiedemann (2012), § 265b Rn. 13.

[303] BayObLG, wistra 1990, 237; Arzt et al. (2009), § 21 Rn. 56; Müller-Emmert et al. (1976, 1657 (1661).

[304] BGHSt 36, 130 (132), Gössel (1996), § 23 Rn. 92; Kindhäuser (1990), 520 (522).

[305] Arzt et al. (2009), § 21 Rn. 55; Blei (1976), 807; Leipziger Kommentar-Tiedemann (2012), § 265 b Rn. 14.

[306] Ablehnend Kindhäuser (1990), 520 (522); Maurach et al. (2009), § 41 Rn. 166; Nomos Kommentar-Hellmann (2013), § 265b Rn. 9; Schubarth (1980), 80 (92).

7.7.1.3 Systematik

Die Straftat Kreditbetrug hat in § 265 b nur eine einzige tatbestandliche Ausformung erfahren, die im Absatz 1 recht kompliziert ausgefallen ist. Es gibt also einen **Grundtatbestand,** aber weder Qualifikations- noch Privilegierungstatbestände. Der Versuch ist nicht mit Strafe bedroht, weil das vollendete Delikt selbst materiell – bezogen auf die tatsächliche Verletzung des Rechtsguts Vermögen – Versuchscharakter hat.[307] Die Funktion des nicht anwendbaren § 24 wird folgerichtig durch die **spezielle Rücktrittsregelung** in § 265 b II wahrgenommen. Im Verhältnis zu § 263 ist § 265 b subsidiär.[308]

7.7.2 Strafbarkeitsvoraussetzungen

7.7.2.1 Objektiver Tatbestand
7.7.2.1.1 Übersicht
Der objektive Tatbestand des Kreditbetrugs ist an sich einfach strukturiert: Er setzt sich zusammen aus Merkmalen, die den **Täter,** seine **Täuschungshandlung** und den **Adressaten der Täuschung** beschreiben. Allerdings wird diese Grobstruktur durch eine Vielzahl spezieller Merkmale verfeinert und verkompliziert. Diese zusätzlichen Merkmale konkretisieren den thematischen Zusammenhang der Tat (Kreditvergabe) und somit das exklusive Milieu, in dem sich die Tat abspielt. Die Aufzählung der Tatbestandsmerkmale verdeutlicht, dass der Kreditbetrug **kein Erfolgsdelikt** ist,[309] die Herbeiführung eines Vermögensschadens ebensowenig zum objektiven Tatbestand gehört wie ein Irrtum beim Täuschungsadressaten oder eine irrtumsbedingte Vermögensverfügung. Die Tat ist mit der Täuschung vollendet.[310]

7.7.2.1.2 Täter
Die gesetzliche Fassung des Tatbestandes stellt an die Person des Täters keine besonderen Anforderungen. Täter kann grundsätzlich **jedermann** sein.[311] Kreditbetrug ist also grundsätzlich kein Sonderdelikt (zum Fall des § 265 b I Nr. 2 vgl. unten 7.7.2.1.4.2). Insbesondere braucht der Täter nicht selbst Antragsteller bezüglich der Gewährung eines Kredits usw. zu sein. Der erforderliche Zusammenhang mit einem solchen Antrag (dazu näher unten 7.7.2.1.3.3) kann auch durch die Tat einer Person hergestellt werden, die selbst nicht Antragsteller bzw. Kreditnehmer ist. Aus demselben Grund ist ebenfalls nicht erforderlich, dass der Täter Inhaber oder Mitarbeiter eines Betriebes oder Unternehmens ist.

---

[307] Leipziger Kommentar-Tiedemann (2012), § 265 b Rn. 102.

[308] Gössel (1996), § 23 Rn. 113; Maurach et al. (2009), § 41 Rn. 193; Nomos Kommentar-Hellmann (2013), § 265b Rn. 69; aA Arzt et al. (2009), § 21 Rn. 102; Leipziger Kommentar-Tiedemann (2012), § 265 b Rn. 113 (Tateinheit).

[309] Leipziger Kommentar-Tiedemann (2012), § 265 b Rn. 13.

[310] BayObLG, wistra 1990, 237; Arzt et al. (2009), § 21 Rn. 98; Blei (1976), 807 (809).

[311] Arzt et al. (2009), § 21 Rn. 96; Göhler et al. (1976), 1657 (1658); Leipziger Kommentar-Tiedemann (2012), § 265b Rn. 21; Müller-Emmert et al. (1976, 1657 (1662); Nomos Kommentar-Hellmann (2013), § 265b Rn. 58; Wittig (2014), § 19 Rn. 4.

Fraglich ist, ob ein Mitarbeiter des um Kreditgewährung ersuchten Betriebs oder Unternehmens oder sonst eine auf dessen Seite – oder in dessen „Lager" – stehende Person Täter des Kreditbetrugs sein kann. Da der Täter dann zugleich der Opferseite zugerechnet wird, stellt sich seine Tat oberflächlich betrachtet als eine Selbstgefährdung bzw. Selbstschädigung dar. Dieselbe Thematik ist bereits beim Subventionsbetrug erörtert worden (s. o. 7.3.2.2.1.1) und sie ist hier so zu klären wie dort:[312] Soweit der die Tat begehende oder an ihr beteiligte Mitarbeiter für die Bearbeitung des tatgegenständlichen Antrags nicht zuständig ist, bestehen gegen seine Einbeziehung in den Kreis tauglicher Täter keine Bedenken. Handelt es sich dagegen um den Mitarbeiter, der die krediterheblichen Informationen aufzunehmen, zu verarbeiten und letztlich die Entscheidung über den Antrag zu treffen hat, tritt der untreueähnliche Charakter der Tat so sehr in den Vordergrund, dass eine Bezeichnung als Kredit-„Betrug" nicht mehr angebracht erscheint. Zudem richtet sich das Interesse der Allgemeinheit am Schutz des Kreditwesens auf die von der Kreditnehmerseite ausgehenden Gefahren. Für den strafrechtlichen Schutz des kreditgebenden Unternehmens gegen Angriffe „von innen" reicht der Untreuetatbestand aus.[313]

7.7.2.1.3 Kreditbezug

Die Tathandlung muss „im Zusammenhang mit einem Antrag auf Gewährung, Belassung oder Veränderung der Bedingungen eines Kredits für einen Betrieb oder ein Unternehmen oder eine vorgetäuschten Betrieb oder ein vorgetäuschtes Unternehmen" stehen.

7.7.2.1.3.1 Kredit

Das Tatbestandsmerkmal „Kredit" ist in § 265 b III Nr. 2 definiert.[314] Tatbestandsrelevant ist der Kredit nur, sofern er **für einen Betrieb oder ein Unternehmen** beantragt wird.[315] Nicht erfasst ist ein Kredit, den der Täter dazu benutzen will, einen noch nicht existenten Betrieb zu gründen.[316] Im Übrigen macht es aber keinen Unterschied, ob der Betrieb/das Unternehmen wirklich existiert oder nur vorgetäuscht ist.[317] Die Begriffe „Betrieb" und „Unternehmen" sind in § 265 b III Nr. 1 definiert.[318]

7.7.2.1.3.2 Antrag

Der Antrag, der den Bezugspunkt der tatbestandsmäßigen Handlung bildet, muss auf Gewährung oder Belassung eines Kredits bzw. auf Veränderung der Kreditbedingungen gerichtet sein. Der Antrag braucht **nicht in schriftlicher** Form gestellt zu werden.[319] Ausreichend ist jede Erklärung, die den Kreditgeber zu einer ihn bindenden Erklärung veranlassen soll.

---

[312] Leipziger Kommentar-Tiedemann (2012), § 265 b Rn. 114.

[313] BGH, NStZ 2000, 655.

[314] Zu Einzelheiten vgl. Leipziger Kommentar-Tiedemann (2012), § 265 b Rn. 34–49; Wittig (2014), § 19 Rn. 14.

[315] Krit. zu dieser Einschränkung des Tatbestandes Maurach et al. (2009), § 41 Rn. 189.

[316] BayObLG, wistra 1990, 237.

[317] Wittig (2014), § 19 Rn. 10.

[318] Näher dazu Leipziger Kommentar-Tiedemann (2012), § 265 b Rn. 28–33.

[319] Leipziger Kommentar-Tiedemann (2012), § 265 b Rn. 51.

7.7.2.1.3.3 Zusammenhang mit der Tat

Antragsteller und Täter brauchen nicht identisch zu sein.[320] Ein besonderer persönlicher Zusammenhang zwischen Antrag und Tathandlung ist also nicht erforderlich. Ausreichend ist ein **sachlicher** Zusammenhang, der durch den Inhalt der vorgelegten Unterlagen oder Angaben hergestellt wird.[321] Dieser muss geeignet sein, als Grundlage für die Entscheidung über den Kreditantrag zu dienen. Die falschen Angaben müssen also objektiv einen engen thematischen Bezug zu der beantragten Kreditgewährung, Kreditbelassung oder Bedingungsveränderung haben. Es genügt nicht, dass der Täter sich einen solchen Konnex lediglich vorstellt. Obwohl das im Betrugsvorfeld platzierte Delikt Kreditbetrug materiell Versuchscharakter hat, ist der untaugliche Versuch nicht tatbestandsmäßig.

7.7.2.1.4 Täuschung

7.7.2.1.4.1 Täuschungsgegenstand

Thematischer Bezugspunkt aller Täuschungsvarianten in § 265 b I Nr. 1 a, Nr. 1 b und Nr. 2 sind jeweils „wirtschaftliche Verhältnisse". Ebenfalls für alle drei Varianten relevant sind die Kriterien „für den Kreditnehmer vorteilhaft" und „für die Entscheidung über den Antrag erheblich".

Die täuschungsgegenständlichen **wirtschaftlichen Verhältnisse** sind in dem tatbestandlichen Bezugsrahmen solche ökonomischen Parameter, die die Kreditwürdigkeit des Kreditnehmers konkretisieren, insbesondere das Risiko, das der Kreditgeber eingeht bzw. – umgekehrt – die Sicherheit, die ihm von Seiten des Kreditnehmers geboten werden kann. Neben den wirtschaftlichen Verhältnissen des zu kreditierenden Betriebs oder Unternehmens selbst interessieren auch solche von potentiellen Sicherungsgebern – z. B. Bürgen – und Geschäftspartnern des Kreditnehmers, gegen die dieser Forderungen hat. Auch die zu erwartende wirtschaftliche Entwicklung der gesamten Branche, in der der Kreditnehmer tätig ist, kann von Interesse sein.[322] „**Vorteilhaft**" für den Kreditnehmer sind Tatsachen bzw. die Angaben über sie, wenn sie geeignet sind, dessen Kreditwürdigkeit und somit die Bereitschaft des Kreditgebers zur positiven Bescheidung des Antrags zu erhöhen.[323] Aus dem Tatbestand ausgegrenzt werden damit alle Umstände und Tatsachen, die bei wirtschaftlicher Betrachtung entweder keinen Einfluss auf die Kreditwürdigkeit des Kreditnehmers haben oder dessen Kreditwürdigkeit sogar verschlechtern. Die erforderliche **Entscheidungserheblichkeit** ergibt sich aus der betriebswirtschaftlich plausiblen Verknüpfung der vom Kreditnehmer zu liefernden Informationen mit dem anzubahnenden Kreditgeschäft. Tatbestandsmäßig sind deshalb nur Umstände, die ein vernünftiger kaufmännisch denkender und handelnder – sich also einen ökonomischen Vorteil versprechender – Kreditgeber zur unverzichtbaren Grundlage

---

[320] Schönke et al. (2014), § 265 b Rn. 28.

[321] Leipziger Kommentar-Tiedemann (2012), § 265 b Rn. 57.

[322] Gössel (1996), § 23 Rn. 100.

[323] Gössel (1996), § 23 Rn. 101; Nomos Kommentar-Hellmann (2013), § 265b Rn. 30; Wittig (2014), § 19 Rn. 23.

der Entscheidung über den Kreditantrag machen würde.[324] Der Entscheidungshorizont eines Kreditgebers, der mit der Kreditgewährung soziale, ökologische, karitativ-humanitäre oder kulturelle Ziele verfolgt und daher bewusst wirtschaftlich nachteilige Rahmenbedingungen akzeptiert, ist nicht maßgeblich.

7.7.2.1.4.2 Täuschungsverhalten und –mittel

Die Täuschungshandlung ist in § 265 b I Nr. 1 a, Nr. 1 b und Nr. 2 in verschiedene Begehungsformen aufgefächert. Dabei normiert Nr. 1 Täuschungen durch **aktives Tun** und Nr. 2 eine Täuschung durch **Unterlassen**.

Die aktiven Täuschungsformen bestehen in der **Vorlage unrichtiger oder unvollständiger Unterlagen** (Nr. 1 a) und in **schriftlich formulierten unvollständigen oder unrichtigen Angaben** (Nr. 1 b). Unrichtig ist der Inhalt der Unterlagen bzw. Angaben, wenn er von der Wirklichkeit abweicht, unvollständig, wenn der Inhalt auf Grund der Lücken ein falsches, verzerrtes – also letztlich ebenfalls unrichtiges (von der Wirklichkeit abweichendes) – Gesamtbild gibt. Vorgelegt sind die Unterlagen, sobald sie dem Adressaten zugänglich gemacht worden sind und er in der Lage ist, von ihrem Inhalt Kenntnis zu nehmen. Tatsächliche Kenntnisnahme ist nicht erforderlich, intellektuelles Verstehen oder gar Irrtumserregung erst recht nicht.[325] Für die Variante „Angaben machen" gilt entsprechendes: Die Angaben sind gemacht und die Tat ist vollendet, sobald das Schriftstück dem Empfänger als Auskunftsquelle zur Verfügung steht.

Die in der **Nichtmitteilung entscheidungsrelevanter Verschlechterungen** liegende Täuschung durch Unterlassen (Nr. 2) ist ein echtes Unterlassungsdelikt.[326] Allerdings ist dieses Unterlassen tatbestandlich nur erheblich, wenn und soweit es im Zusammenhang mit der aktiven Vorlage der Unterlagen oder schriftlichen Angaben steht. Täter des Unterlassungsdelikts kann deshalb nur derjenige sein, der die in Bezug genommene Unterlagen oder Angaben vorgelegt hat. Insofern ist der Kreditbetrug ein Sonderdelikt.[327] Da die unterlassene Mitteilung den Zweck hat, den Empfänger über Umstände aufzuklären, die in engem thematischen Zusammenhang mit dem Inhalt dieser Informationsträger stehen, ist fraglich, worin der Unterschied zu den von § 265 b I Nr. 1 erfassten Täuschungsformen – insbesondere der Vorlage unvollständiger Unterlagen – besteht. Denn wenn der Täter Unterlagen vorlegt oder schriftliche Angaben macht, die zwischenzeitlich – also im Zeitraum zwischen der Erstellung der Unterlagen bzw schriftlichen Angaben und ihrer Vorlage – eingetretene wirtschaftliche Verschlechterungen nicht verlautbaren, legt er unrichtige oder unvollständige Unterlagen bzw Angaben vor. Deshalb wird das Verschweigen von Verschlechterungen der wirtschaftlichen Situation häufig schon als konkludente Täuschung von § 265 b I Nr. 1 erfasst sein.[328] Allerdings setzt das voraus, dass der Täter seinen Angaben bei der Vorlage aktuelle Richtigkeit und Vollständigkeit zuschreibt. Tut er das nicht, bedeutet die Vorlage der die aktuellen Ver-

---

[324] BGHSt 30, 285 (293); Maurach et al. (2009), § 41 Rn. 192; Wittig (2014), § 19 Rn. 25.

[325] Maurach et al. (2009), § 41 Rn. 192.

[326] Arzt et al. (2009), § 21 Rn. 100.

[327] Leipziger Kommentar-Tiedemann (2012), § 265b Rn. 94.

[328] Lackner et al. (2014), § 265b Rn. 6; Schönke et al. (2014), § 265b Rn. 44.

hältnisse nicht mehr richtig bzw vollständig darstellenden Unterlagen bzw Angaben keine aktive Täuschung. Denn unrichtig oder unvollständig sind diese nur, soweit man ihren Inhalt in Beziehung setzt zu der Realität im Zeitpunkt der Vorlage. Diese Realität ist aber gar nicht Verlautbarungsgegenstand der Unterlagen bzw Angaben. Da die Unterlagen bzw schriftlichen Angaben nämlich zu einem früheren Zeitpunkt verfasst worden sind und ihr Inhalt sich somit nur auf die früheren wirtschaftlichen Verhältnisse bezieht, sind sie insofern – also auf den früheren Zeitpunkt bezogen – wahr und vollständig, also nicht unrichtig und unvollständig. Die Unterlagen bzw Angaben maßen sich also gar nicht an, auch in Hinblick auf die wirtschaftlichen Verhältnisse im Vorlagezeitpunkt noch richtig und vollständig zu sein. Sie sind zwar nicht mehr auf dem neuesten Stand, deswegen aber nicht unwahr. Folglich kann ihre Vorlage nicht als aktive Täuschung über die aktuelle wirtschaftliche Lage qualifiziert werden. Die Tatbestandsvariante Nr. 2 ist deshalb zur Vervollständigung des strafrechtlichen Kreditgeberschutzes vor vermögensgefährdenden Informationslücken erforderlich.

In zeitlicher Hinsicht begrenzt § 265 b I Nr. 2 die Mitteilungspflicht auf Verschlechterungen, die **bis zum Zeitpunkt der Vorlage** bereits eingetreten sind. Spätere Ereignisse braucht der Kreditnehmer nicht unaufgefordert mitzuteilen.[329] Darin spiegelt sich eine vernünftige gesetzliche Risikoverteilung wider, die vor allem die Selbstschutzobliegenheiten des Kreditgebers mobilisiert. Der Kreditgeber kann sich die Nachhaltigkeit des strafrechtlichen Schutzes gegenüber späteren Vermögensgefährdungen einfach dadurch sichern, dass er von dem Kreditnehmer in regelmäßigen Abständen die Einreichung aktualisierter Unterlagen über seine wirtschaftlichen Verhältnisse verlangt. Auf diese Weise wird eine fortlaufende tatbestandsrelevante Beziehung zu den sich verändernden wirtschaftlichen Verhältnissen hergestellt. Unterlässt der Kreditgeber diese zumutbare Selbstschutzmaßnahme, verwirkt er seine strafrechtliche Schutzwürdigkeit. Den daraus etwa resultierenden Schaden hat er sich dann selbst zuzuschreiben.[330] Aus diesem Grund kann die Informationszurückhaltung des Kreditnehmers entgegen der hM[331] auch nicht als Betrug durch Unterlassen nach §§ 263, 13 erfasst werden.

7.7.2.1.5 Täuschungsadressat

Empfänger der tatbestandsmäßigen Unterlagen, Angaben oder Mitteilungen kann nur ein **Betrieb** oder **Unternehmen** sein. Da „Betrieb" und „Unternehmen" keine Bezeichnungen für Personen sind, Täuschungshandlungen aber nur gegenüber Menschen möglich sind, muss als realer Adressat eine natürliche Person auftreten, deren Verhalten im Zusammenhang mit dem krediterheblichen Informationsaustausch dem Betrieb oder Unternehmen zugerechnet wird. Dies hängt nicht von einer bestimmten Position oder Funktion dieser Person in dem Betrieb oder Unternehmen ab, sondern davon, ob die Erklärungsabgabe dieser Person gegenüber zur Folge hat, dass die Informationen in den betriebs- oder unternehmensinternen Entscheidungsprozeß einfließen.

---

[329] Arzt et al. (2009), § 21 Rn. 100; Lackner et al. (2014), § 265 b Rn. 6; Nomos Kommentar-Hellmann (2013), § 265b Rn. 52.

[330] Arzt et al. (2009), § 21 Rn. 57.

[331] Arzt et al. (2009), § 21 Rn. 100 Fn. 250; Schönke et al. (2014), § 265 b Rn. 47.

7.7.2.2 Subjektiver Tatbestand

Der subjektive Tatbestand setzt **Vorsatz** voraus, § 15, wobei dolus eventualis genügt.[332] Leichtfertigkeit reicht – anders als bei § 264 III – zur Strafbarkeitsbegründung nicht aus.[333] Eine „überschießende" Vermögensschädigungsabsicht ist ebensowenig erforderlich wie eine Bereicherungsabsicht.

7.7.2.3 Tätige Reue

7.7.2.3.1 Abgrenzung zu § 24 StGB

Da das **formell vollendete** Delikt bei materieller Betrachtung nur Versuchs- oder Vorbereitungscharakter – bezogen auf den drohenden Schaden am Vermögen des Kreditgebers – hat, ist der Versuch nicht mit Strafe bedroht. Den „Versuch des Versuchs" unter Strafdrohung zu stellen wäre unverhältnismäßig gewesen.[334] Einen strafbaren Versuch im formellen Sinne gibt es beim Kreditbetrug also nicht. Deshalb kommt auch die auf Versuche i. S. d. §§ 22, 23 bezogene Rücktrittsvorschrift des § 24 nicht zur Anwendung. Jedoch können die rationes legis, die dem § 24 zugeschrieben werden, auch nach formell-tatbestandsmäßiger Vollendung des Kreditbetrugs in Bemühungen Gestalt annehmen, mit denen der Täter den durch die Tat in Gang gesetzten vermögensbedrohenden Geschehensverlauf zu stoppen bzw. umzukehren und so den Eintritt eines Vermögensschadens zu verhindern sucht. In einem solchen Fall wäre es unbefriedigend, wenn die Um- bzw Rückkehr des Täters zur Legalität nur deswegen nicht privilegierend berücksichtigt werden könnte, weil die gesetzestechnische Vorverlegung der Vollendungsstrafbarkeit den materiellen Versuch zur formellen Vollendung gemacht und somit dem Anwendungsbereich des § 24 entzogen hat. Das teleologisch begründete und daher wünschenswerte Surrogat für den ausscheidenden § 24 ist beim Kreditbetrug die Vorschrift des § 265 b II, die eine rücktrittsähnliche Privilegierung für ein **rücktrittsähnliches Verhalten nach formell vollendeter Tat** ermöglicht. Die Rechtsfolge des § 265 b II ist wie bei § 24 Straflosigkeit, also nicht bloß ins gerichtliche Ermessen gestelltes Absehen von Strafe oder Strafmilderung. Weil somit die Voraussetzungen einer Straftat im Falle des § 265 b II nicht vorliegen, wird der Täter im Strafverfahren nicht schuldig, sondern freigesprochen.[335] Auch die Last der Verfahrenskosten und der verfahrensbedingten Auslagen bleibt dem Täter erspart, vgl. §§ 465 I 2, 467 I StPO. Beinhaltet der formell vollendete Kreditbetrug zugleich einen Betrugsversuch, richtet sich die Aufhebung der Strafbarkeit aus §§ 263 II, 22 nach § 24.[336]

7.7.2.3.2 Voraussetzungen

Die Vorschrift des § 265 b II S. 1 ist der Regelung des **kausalen Rücktritts** vom beendeten Versuch (§ 24 I 1 Alt. 2) nachempfunden. Der Zurücktretende muss durch schadensabwendende Aktivitäten dafür sorgen, dass die beantragte Leistung

Nomos Kommentar-Hellmann (2013), § 265b Rn. 54.

Arzt et al. (2009), § 21 Rn. 101.

rzt et al. (2009), § 21 Rn. 60.

rausgesetzt, er wird überhaupt angeklagt (§§ 170 I StPO) und das Hauptverfahren gegen ihn öffnet (§ 203 StPO).

nke et al. (2014), § 265b Rn. 49.

vom Kreditgeber nicht erbracht wird. Dazu genügt es auch, den durch die Tat angebahnten Zusammenhang zwischen Leistung und Tat zu unterbrechen: Berichtigt oder vervollständigt der Täter nachträglich seine ursprünglich falschen oder unvollständigen Angaben und gibt der Kreditgeber dem Antrag in Kenntnis der neuen Informationen dennoch statt, hat der Täter bewirkt, dass die beantragte Leistung nicht mehr „auf Grund der Tat" erbracht wird. § 265 b II S. 2 normiert die Strafbefreiungsvoraussetzungen des **nichtkausalen Rücktritts** und entspricht somit dem § 24 I 2. Unvollständig und ergänzungsbedürftig ist der Text des § 265 b II insofern, als er sowohl in Satz 1 als auch in Satz 2 nur vom zurücktretenden „Täter" spricht. Straflosigkeit können in entsprechender Anwendung des § 24 II aber auch **Tatbeteiligte** erlangen, wenn sie durch eigenes Handeln die Leistungserbringung verhindern bzw. sich ernsthaft darum bemühen.[337]

7.8 Vorenthalten und Veruntreuen von Arbeitsentgelt, § 266 a StGB

7.8.1 Allgemeines

7.8.1.1 Untreueähnlichkeit

Allen Tatbeständen des § 266 a ist gemeinsam, dass Täter nicht jedermann sein kann, sondern nur Inhaber einer besonderen sozialen Stellung sein können. Es handelt sich also um Sonderdelikte,[338] was ja auch eine Eigenschaft der Untreue ist.[339] Einen spezifisch untreueähnlichen Akzent erlangt die Täterstellung aber erst durch die ihr immanente Möglichkeit zur Verfügung über Geldbeträge, die wirtschaftlich einem anderen Vermögensinhaber zuzurechnen sind.[340] Das strafwürdige Verhalten besteht nämlich darin, dass der Inhaber dieser Stellung über die Geldbeträge nicht so verfügt, wie es dem zugrundeliegenden Pflichtenreglement entspräche. Auf die Tatbestände § 266a I und III trifft das zu. Demgegenüber hat § 266a II betrugsähnlichen Charakter.[341]

7.8.1.2 Rechtsgut

Hinsichtlich des geschützten Rechtsgutes ist zwischen den in Absatz 1, Absatz 2 und Absatz 3 normierten Tatbeständen zu differenzieren:[342] Einen Deliktstyp mit dominanter Vermögensverletzungskomponente enthält nur § 266 a III. Geschützt ist dort das **Vermögensinteresse** des von der Tat betroffenen Arbeitnehmers.[343] Dagegen

---

[337] Blei (1976), 807 (810); Nomos Kommentar-Hellmann (2013), § 265b Rn. 67.

[338] Arzt et al. (2009), § 23 Rn. 27; Fischer (2014), § 266 a Rn. 4; Wegner (1998), 283 (284); Wittig (2014), § 22 Rn. 8.

[339] S. o. 6.2.1.1.1.

[340] Maurach et al. (2009), § 45 Rn. 64; Schönke et al. (2014), § 266 a Rn. 2.

[341] BGH, NZWiSt 2013, 64; BGH, NStZ 2012, 510 (511).

[342] Schönke et al. (2014), § 266 a Rn. 2.

[343] Arzt et al. (2009), § 23 Rn. 8; Hellmann et al. (2013), Rn. 862; Leipziger Kommentar-Möhrenschlager (2012), § 266 a Rn. 11; Maurach et al. (2009), § 45 Rn. 63; Wittig (2014), § 22 Rn. 6.

steht bei den Tatbeständen der § 266 a I und § 266a II das Interesse der Solidargemeinschaft der Versicherten an der Gewährleistung des **Mittelaufkommens für die Sozialversicherung** – und damit deren Funktionsfähigkeit – im Vordergrund.[344]

7.8.1.3 Systematik

Auf die fünf Absätze des § 266 a verteilen sich **drei verschiedene Grundtatbestände** (§ 266a I–III). Qualifikations- oder Privilegierungstatbestände gibt es ebenso wenig wie eine Strafrahmenschärfung für besonders schwere Fälle, z. B. gewerbsmäßiges Handeln.[345] § 266 a V hat tatbestandsergänzende Funktion – enthält also keinen eigenen Tatbestand – und erweitert den Anwendungsbereich der Tatbestände in § 266 a I–III. Strafzumessungsrelevanz hat § 266a IV. Eine Privilegierungsvorschrift mit Bezug zu einer deliktsspezifisch rücktrittsähnlichen Situation ist § 266 a VI.

7.8.2 Objektive Tatbestandsmerkmale

7.8.2.1 § 266 a Abs. 1

7.8.2.1.1 Täter

7.8.2.1.1.1 Sonderdelikt

Wie die Untreue ist auch das Vorenthalten von Arbeitnehmerbeiträgen ein **Sonderdelikt**.[346] Täter kann nur ein Arbeitgeber oder eine ihm gemäß § 266 a V gleichgestellte Person sein. Kein Arbeitgeber im strafrechtlichen Sinne ist der Auftraggeber eines „Scheinselbständigen".[347] **Arbeitgeber** ist, wer auf arbeitsvertraglicher Grundlage (§§ 611 ff. BGB) von einem ihm gegenüber weisungsgebundenen und der Sozialversicherungspflicht unterliegenden Arbeitnehmer die Erbringung von Dienstleistungen gegen Entgelt verlangen kann.[348] Ein faktisches Arbeitsverhältnis kann genügen.[349] Im Bereich der erlaubten Arbeitnehmerüberlassung ist der Verleiher Arbeitgeber, der Entleiher kann Teilnehmer sein[350]. Auch sonst können nichtqualifizierte Tatbeteiligte als Teilnehmer, nicht aber als Mittäter (§ 25 II) oder mittelbarer Täter (§ 25 I 2. Alt.) strafbar sein.

7.8.2.1.1.2 Anwendbarkeit des § 28 Abs. 1

Die Arbeitgebereigenschaft ist ein **besonderes persönliches Merkmal**. Dieser Begriff taucht im Allgemeinen Strafrecht sowohl in § 14 als auch in § 28 auf. Da diese

---

[344] BGH, NStZ 2010, 216; OLG Celle, wistra 1996, 114; JR 1997, 478 (479); Arzt et al. (2009), § 23 Rn. 7; Leipziger Kommentar-Möhrenschlager (2012), § 266 a Rn. 8; Schönke et al. (2014), § 266 a Rn. 2.

[345] Steinberg (2013), 64 (65).

[346] Hellmann et al. (2013), Rn. 831; Schönke et al. (2014), § 266 a Rn. 11; Weber (1986), 481 (487); Wegner (2000), 261.

[347] Jacobi et al. (2000), 771.

[348] BGH, wistra 2014, 23 (24); Wegner (1998), 283 (284).

[349] Leipziger Kommentar-Möhrenschlager (2012), § 266 a Rn. 15.

[350] Leipziger Kommentar-Möhrenschlager (2012), § 266 a Rn. 17.

beiden Vorschriften aber ganz unterschiedliche Regelungsaufgaben haben, ist es möglich, dass ein besonderes persönliches Merkmal zwar von § 14, nicht aber zugleich auch von § 28 erfasst ist. So verhält es sich nach hM mit dem Begriff des Arbeitgebers. Dieser Begriff unterfällt unbestrittenermaßen dem § 14.[351] Dagegen ist § 28 auf ihn nicht anwendbar. Denn die Arbeitgebereigenschaft verleiht der Tat keinen über die Rechtsgutsverletzung hinausgehenden besonderen personalen Unrechtsakzent, sondern ist lediglich eine Bedingung dafür, dass die Tat überhaupt die Qualität einer strafwürdigen Rechtsgutsverletzung hat.[352] Wer als Anstifter oder Gehilfe ohne Arbeitgebereigenschaft zur Entstehung eines Sachverhalts mit dieser strafrechtlichen Qualität beiträgt, verwirklicht also kein anderes – und im Fall der Anstiftung auch nicht weniger – Unrecht als der Täter/Arbeitgeber.

7.8.2.1.1.3 Merkmalsüberwälzung gem. § 14

Die Stellung als Arbeitgeber wird durch den Abschluss eines Arbeitsvertrages mit dem Arbeitnehmer begründet. Partner eines solchen Vertrages können auf der Arbeitgeberseite nicht nur natürliche Personen, sondern auch **juristische Personen** und Personenhandelsgesellschaften (OHG, KG) sein. Also können juristische Personen und Personenhandelsgesellschaften Arbeitgeber und zur Abführung der Arbeitnehmerbeiträge zur Sozial- und Arbeitslosenversicherung verpflichtet sein. Straftaten können aber nach deutschem Strafrecht nur von natürlichen Personen begangen werden. Durch Nichtzahlung der Arbeitnehmerbeiträge zur Sozial- oder Arbeitslosenversicherung kann sich eine juristische Person oder Personenhandelsgesellschaft aus § 266 a I auch dann nicht strafbar machen, wenn sie Arbeitgeberin ist.[353] Allerdings ist für die Nichtzahlung irgendein Mitarbeiter der juristischen Person oder Personenhandelsgesellschaft verantwortlich und dieser ist als natürliche Person zu straftatbestandsmäßigem Verhalten fähig. Die Strafbarkeit dieses Mitarbeiters aus § 266 a I scheint jedoch am Fehlen der täterschaftsbegründenden Arbeitgebereigenschaft zu scheitern. Arbeitgeber ist die juristische Person bzw. Personenhandelsgesellschaft, nicht der Mitarbeiter. Das dieser Situation entsprechende Resultat, dass überhaupt niemand wegen Vorenthaltung der Beiträge strafrechtlich zur Verantwortung gezogen werden kann, wäre gewiss unbefriedigend. Vermieden wird es durch die in § 14 angeordnete **Eigenschaftszurechnung**, die den für den zivilrechtlichen Arbeitgeber handelnden Mitarbeiter zwar nicht zum Arbeitgeber macht, diesen Mitarbeiter im Rahmen des § 266 a I jedoch so stellt, als sei er selbst der Arbeitgeber.[354]

Auf Grund dieser Regelung erfüllt beispielsweise der Geschäftsführer einer GmbH (§ 14 I Nr. 1 iVm § 35 I GmbHG), der es pflichtwidrig unterlässt, die von der GmbH zu zahlenden Versicherungsbeiträge ihrer Arbeitnehmer an die Einzugsstelle abzuführen, den objektiven Tatbestand des

---

[351] Leipziger Kommentar-Möhrenschlager (2012), § 266 a Rn. 21; Maurach et al. (2009), § 45 Rn. 66; Wittig (2014), § 22 Rn. 12.

[352] Lackner et al. (2014), § 266 a Rn 2; Schönke et al. (2014), § 266 a Rn 20; aA Arzt et al. (2009), § 23 Rn 29; Leipziger Kommentar-Möhrenschlager (2012), § 266 a Rn. 82.

[353] Wegner (1998), 283 (284).

[354] Wegner (1998), 283 (284); ausführlich Tag (1994), 55 ff.

§ 266 a I, obwohl nicht er, sondern die GmbH Arbeitgeberin ist.[355] Mittelbar begründet § 14 I Nr. 1 zudem eine zivilrechtliche Schadensersatzpflicht des Geschäftsführers gegenüber dem Sozialversicherungsträger, da § 266 a nach hM ein „Schutzgesetz" iSd § 823 II BGB ist.[356]

7.8.2.1.1.4 Arbeitgebergleiche Personen gem. § 266a V

Dem sozialversicherungsrechtlichen Kontext des Straftatbestandes § 266 a entspricht eine Erstreckung der Täterposition auf andere Beschäftigungsgeber, die wie der Arbeitgeber zur Zahlung von Sozial- oder Arbeitslosenversicherungsbeiträgen der bei ihnen Beschäftigten – arbeitnehmerähnlichen Personen – verpflichtet sind. Das trifft auf die in § 266 a V genannten Personen zu. Die Definitionen der Begriffe „Auftraggeber", „Heimarbeiter", „Hausgewerbetreibender" „diesen gleichgestellte Person" und „Zwischenmeister" findet man in § 12 SGB IV sowie in §§ 1 II, 2 I, II, III HeimArbG.[357]

7.8.2.1.2 Beiträge

Tatgegenstand sind Beiträge des **Arbeitnehmers** zur Sozialversicherung und zur Bundesanstalt für Arbeit. Das Mittelaufkommen dieser sozialstaatlichen Einrichtungen entspringt den Beiträgen der Arbeitgeber und der Arbeitnehmer. Tatbestandlich relevant sind jedoch nur die Arbeitnehmerbeiträge bzw die Beiträge der Heimarbeiter, Hausgewerbetreibenden und der Personen, „die im Sinne des Heimarbeitsgesetzes diesen gleichgestellt" sind, § 266 a V.[358] Die Beiträge der Arbeitgeber, die diese selbst zu zahlen haben, sind nicht erfasst, ihre Vorenthaltung erfüllt nicht den Tatbestand des § 266 a I, sondern den Tatbestand des § 266a II.

Beiträge sind tauglicher Tatgegenstand, soweit der Täter zu ihrer Entrichtung verpflichtet ist. Die **Beitragspflicht** richtet sich nach den einschlägigen Vorschriften des deutschen Sozialversicherungsrechts (Sozialrechtsakzessorietät).[359] In Fällen mit Auslandsbezug sind insbesondere Entsendetatbestände zu beachten.[360] Dabei entfalten vom Herkunftsstaat ausgestellte Entsendebescheinigungen für die deutschen Behörden und Gerichte eine Bindungswirkung,[361] sofern es sich um einen EU-Mitgliedstaat (E 101) handelt.[362] Vereinbarungen zwischen Arbeitgeber und

---

[355] BGHSt 48, 307 (313); 51, 224 (232); BGH, JR 1998, 60 (62); OLG Düsseldorf, wistra 2014, 38; OLG Celle, JR 1997, 478; LG Nürnberg-Fürth, NJW 1988, 1856; Hellmann (1997), 1005; Hellmann et al. (2013), Rn. 845; Radtke (2003), 154 (156).

[356] BGH, JR 1998, 60 ff.; LG Nürnberg-Fürth, NJW 1988, 1856; Heger (1998), 1090 (1091); Hellmann et al. (2013), Rn. 846.

[357] Näheres dazu bei Leipziger Kommentar-Möhrenschlager (2012), § 266 a Rn. 23 ff; Nomos Kommentar-Tag (2013), § 266 a Rn. 38.

[358] Zu den Konsequenzen für die Sozialversicherungsbeiträge der sog. „Geringverdiener" vgl. Jacobi et al. (2000), 771 (772).

[359] BGHSt 51, 124 (128); 224 (226); Hauck (2007), 221; Ignor et al. (2001), 201 (202); Metz (2011), 782 (783); Rübenstahl (2007), 3538 (3539); Schulz (2007), 237; Wittig (2014), § 22 Rn. 19.

[360] BGHSt 51, 224 ff.

[361] Ignor et al. (2001), 201 ff.

[362] So bzgl. Portugal BGHSt 51, 124 ff; dazu zust. Hauck (2007), 221; Rübenstahl (2007), 3538 ff; Schulz (2007), 237; abl. Wank (2007), 300 (304); demgegenüber bzgl. Ungarn, das erst 2004

Arbeitnehmer haben auf die Beitragspflicht keinen Einfluss, eine Einwilligung des Arbeitnehmers in die Nichtzahlung schließt die Tatbestandsmäßigkeit nicht aus und wirkt auch nicht als Rechtfertigungsgrund.[363] Anders verhält es sich mit Erklärungen der zuständigen Einzugsstelle, mit denen dem Arbeitgeber Zahlungserleichterungen gewährt werden: Beispielsweise kann eine Stundung oder Fristverlängerung bewirken, dass die Nichtzahlung zum ansonsten maßgeblichen Fälligkeitszeitpunkt kein tatbestandsmäßiges „Vorenthalten" ist.[364]

Die Höhe der Beiträge richtet sich nach der Höhe des Arbeitsentgelts. Sie sind Bestandteile des **Bruttolohns**. Da allein der Arbeitgeber für die vollständige und rechtzeitige Zahlung dieser Beiträge an die Einzugsstelle haftet, ist er dem Arbeitnehmer gegenüber berechtigt, die Beiträge vom Lohn abzuziehen. Der Arbeitnehmer erhält deshalb einen von vornherein um diese Beiträge – sowie um ebenfalls einbehaltene Lohnsteuer – verminderten (Netto-) Lohn ausgezahlt. Haben Arbeitgeber und Arbeitnehmer vereinbart, dass der Arbeitgeber die Beitragspflicht des Arbeitnehmers übernimmt und der vereinbarte Lohn deshalb Nettolohn ist („Nettolohnabrede"), ist gleichwohl im Außenverhältnis zum Sozialversicherungsträger ein Teil der Sozialversicherungsbeiträge ein von § 266 a I erfasster Arbeitnehmerbeitrag.[365] In Fällen von „Schwarzarbeit" legt § 14 II 2 SGB IV der Beitragsberechnung eine sog. „fiktive Nettolohnvereinbarung" zugrunde.[366]

Früher war umstritten, inzwischen ist aber durch Ergänzung des Gesetzestextes klargestellt, dass die Tatbestandserfüllung von der tatsächlichen **Lohnzahlung** des Arbeitgebers an den Arbeitnehmer nicht abhängt.[367] Vorläufertatbestände des jetzigen § 266 a I hatten eine Textfassung, der eine relativ deutliche Absage an die Strafbarkeit im Falle unterbliebener Lohnzahlung entnommen werden konnte. Sie stellten darauf ab, dass der Arbeitgeber die abzuführenden Beiträge „einbehielt". Einbehalten kann man aber dem Sinn dieses Begriffes entsprechend nur einen Teil von einem tatsächlich gezahlten Betrag.[368] Zahlt der Arbeitgeber tatsächlich nicht, so existiert auch keine Masse, von der etwas abgezweigt und einbehalten werden könnte. Da § 266 a I ein Merkmal „einbehalten" nicht mehr enthält, ist mit dem Wortlaut des neuen Tatbestandes eine vom früheren Recht abweichende Auffassung vereinbar.[369] Zudem enthält der Gesetzestext nunmehr die klarstellende Klau-

---

der EU beitrat, BGHSt 52, 67 (71); zust. Heger (2008), 369 (372); abl. Rübenstahl (2007), 3538 (3540); 2008, 598 (599).

[363] BGH, NStZ 2012, 94; Metz (2011), 782 (784); Schönke et al. (2014), § 266 a Rn. 18.

[364] Jacobi et al. (2000), 771 (772), Schönke et al. (2014), § 266 a Rn. 7, 18; Wittig (2014), § 22 Rn. 23.

[365] Leipziger Kommentar-Möhrenschlager (2012), § 266 a Rn. 42; Schönke et al. (2014), § 266 a Rn. 4; Wittig (2014), § 22 Rn. 27.

[366] BGHSt 53, 71 ff.; BGH, NStZ 2012, 94 (95).

[367] Außer Frage steht, dass die Entstehung und die Fälligkeit der Beitragszahlungspflicht von der tatsächlichen Lohnzahlung des Arbeitgebers an den Arbeitnehmer nicht abhängig ist, BGH, NStZ 2001, 91 (92); OLG Celle, JR 1997, 478 (479); Bente (1992), 177.

[368] BGH, NStZ 2001, 91 (93); Bittmann (1999), 441; Tag (1994), 104.

[369] BGH, NStZ 2001, 91 (93); Arzt et al. (2009), § 23 Rn. 11; Tag (1994), 106.

sel „unabhängig davon, ob Arbeitsentgelt gezahlt wird". Materiell spricht für diese Regelung, dass der Arbeitgeber seine Treuhänderpflicht bezüglich des Arbeitnehmeranteils unabhängig davon verletzt, ob er seinem Arbeitnehmer Lohn zahlt oder nicht. Zur Beitragsentrichtung ist er auch im Falle der Nichtzahlung von Arbeitslohn verpflichtet. Folglich erfüllt er auch unter dieser Voraussetzung den Tatbestand, wenn er keine Arbeitnehmerbeiträge an die Einzugsstelle abführt.[370]

7.8.2.1.3 Einzugsstelle

Die Opferseite des Delikts wird durch die Einzugsstellen repräsentiert, denen gegenüber der Arbeitgeber zur Beitragszahlung verpflichtet ist. Folglich entscheidet der Nichteingang, bzw. unvollständige oder verspätete Eingang der zu zahlenden Beträge bei diesen Stellen darüber, ob das Delikt vollendet ist. Zahlung an eine unzuständige Stelle steht der objektiven Tatbestandsmäßigkeit nicht entgegen, kann aber im konkreten Fall den Vorsatz ausschließen, wenn der Arbeitgeber irrtümlich den Zahlungsempfänger für die zuständige Einzugsstelle hielt. Einzugsstelle für alle in § 266 a I relevanten Beitragsarten sind gem. § 28h I S. 1 SGB IV die **Krankenkassen**.[371] Das gilt auch für die Beiträge zur Arbeitslosenversicherung.[372]

7.8.2.1.4 Vorenthalten

Tatbestandsmäßiges Verhalten ist allein das Vorenthalten gegenüber der Einzugsstelle. Darauf, dass die vorenthaltenen Beträge im Verhältnis zum Arbeitnehmer – zu dessen Bruttolohn sie zu rechnen sind – „einbehalten" worden sind, kommt es – abweichend vom früheren Recht – nicht an. Vorenthalten ist die Nichtzahlung der Beiträge zum Fälligkeitszeitpunkt. Es handelt sich somit um ein **Unterlassen**.[373] Die in § 266 a I normierte Tat ist also ein echtes Unterlassungsdelikt.[374]

Tatbestandsmäßiges Unterlassen setzt allgemein und ebenso im speziellen Fall des § 266 a I die tatsächliche und rechtliche[375] **Möglichkeit** zu pflicht- bzw. gebotserfüllendem Handeln voraus.[376] Teilweise wird auch die Zumutbarkeit gebots-

---

[370] BGH, NStZ 2001, 91 (93); AG Berlin-Tiergarten, wistra 1989, 317; KG, wistra 1991, 188; OLG Celle, JR 1997, 478 (479); Metz (2011), 782 (783); Mitsch (1994), 877 (888); Radtke (2003), 154; Rönnau (1997), 13 (16); Tag (1997), 1115 (1116); Wegner (1998), 283 (286); Wegner (2000), 261 (262).

[371] OLG Düsseldorf, wistra 2014, 38.

[372] Schönke et al. (2014), § 266 a Rn. 8; Wittig (2014), § 22 Rn. 21.

[373] BGHSt 57, 175 (180); Arzt et al. (2009), § 23 Rn. 13; Hellmann et al. (2013), Rn. 848; Wittig (2014), § 22 Rn. 29.

[374] BGH, NStZ 2012, 461; 2012, 510 (511); OLG Celle, JR 1997, 478 (479); Maurach et al. (2009), § 45 Rn. 67; Radtke (2003), 154 (155); Wegner (1998), 283 (288); Winkelbauer (1988), 16 (17).

[375] Dazu instruktiv Rönnau (1997), 13 (14 ff.); Stein (1998), 1055 (1062); Wegner (1998), 283 (290); sowie beiläufig OLG Celle, JR 1997, 478 (479).

[376] BGH, NStZ 2012, 94 (95); KG, wistra 1991, 188 (189); OLG Celle, wistra 1996, 114; Hellmann (1997), 1005; Radtke (2003), 154 (155); Renzikowski (2004), 333 (337); Weber (1986), 481 (488); Winkelbauer (1988), 16 (17); Wittig (2014), § 22 Rn. 29.

mäßigen Handelns zur Voraussetzung tatbestandsmäßigen Unterlassens erklärt.[377] Die Nichtzahlung ist deshalb kein tatbestandsmäßiges Vorenthalten, wenn dem Arbeitgeber[378] die rechtzeitige und vollständige Zahlung nicht möglich – bzw. unzumutbar – ist.[379] Unmöglichkeit kann auf Gründen beruhen, die die rechtzeitige Durchführung der zur Zahlung erforderlichen Maßnahmen behindert, z. B. Krankheit. Aber auch das Fehlen ausreichender finanzieller Mittel (Zahlungsunfähigkeit) ist grundsätzlich ein Unmöglichkeits-Fall. Allerdings ist hier besonderes Augenmerk auf die Umstände zu legen, die der Zahlungsunfähigkeit zugrunde liegen und ihrem Eintritt vorausgegangen sind. Da der Zeitpunkt der Fälligkeit ausschlaggebend für die Tatbestandsmäßigkeit der Nichtzahlung ist, scheint es allein darauf anzukommen, ob der Arbeitgeber gerade zu diesem Zeitpunkt zahlungsfähig ist.[380] Ist er es zu diesem Zeitpunkt nicht, spricht dies zunächst für Unmöglichkeit und damit gegen tatbestandsmäßiges Vorenthalten. Dieses vorläufige Urteil bedarf jedoch gegebenenfalls der Korrektur, falls sich herausstellt, dass der Arbeitgeber die Zahlungsunfähigkeit hätte vermeiden können oder sie gar aktiv herbeigeführt hat. Nach den Grundsätzen über die **„omissio libera in causa"** ist das Vorverhalten des Arbeitgebers in die strafrechtliche Beurteilung miteinzubeziehen.[381] Die Beitragszahlungspflicht entsteht nicht erst am Tage der Fälligkeit, sondern schon vorher. Dem Arbeitgeber sind die Höhe der zu zahlenden Beiträge und der Zeitpunkt ihrer Fälligkeit früh genug bekannt, um rechtzeitig dafür Sorge tragen zu können, dass die Zahlung fristgemäß erfolgen kann.[382] Dazu ist der Arbeitgeber verpflichtet einschließlich der Vorkehrungen, die zur Sicherstellung der Zahlungsfähigkeit notwendig sind. Auf Unmöglichkeit wegen Zahlungsunfähigkeit kann sich der Arbeitgeber deshalb nicht berufen, wenn er zuvor seine Pflicht zur Erhaltung oder (Wieder-) Herstellung seiner Zahlungsfähigkeit verletzt hat.[383] Eine Verletzung der Pflicht zur Erhaltung der Zahlungsfähigkeit ist auch die Zahlung auf andere Forderungen, sofern diese im Verhältnis zur Beitragszahlungspflicht nachrangig sind.[384]

Da der Arbeitgeber an die Einzugsstelle sowohl die Arbeitnehmerbeiträge als auch die selbst geschuldeten Arbeitgeberbeiträge abzuführen hat, liegt der zu zahlende Gesamtbetrag höher als der, dessen Vorenthaltung den Tatbestand des § 266 a I erfüllt. Tatbestandsmäßig ist nur die Nichtzahlung des Arbeitnehmerbeitrags (s. o.

---

[377] Heger (1998), 1090 (1094); Stein (1998), 1055 (1062); Wegner (1998), 283 (288).

[378] Nicht dem nach § 14 I Nr. 1 für ihn handelnden Organ, Hellmann (1997), 1005.

[379] Schönke et al. (2014), § 266 a Rn. 10; Tag (1994), 115; Tag (1997), 1115 (1117).

[380] Tag (1994), 115.

[381] BGH, NStZ 2012, 94 (95); BGH, JR 1998, 60 (61); Bente (1992), 177 (179); Bente (1996), 115 (116); Bittmann (1999), 441 (450); Nomos Kommentar-Tag (2013), § 266 a Rn. 69; Rönnau (1997), 13; Tag (1997), 1115 (1116); Wittig (2014), § 22 Rn. 31; aA Renzikowski (2004), 333 (341).

[382] Heger (1998), 1090 (1093); Hellmann (1997), 1005 (1006); Tag (1994), 116.

[383] Bittmann (1999), 441 (449); Wegner (1998), 283 (289), Schönke et al. (2014), § 266 a Rn. 10.

[384] BGHSt 48, 307 (311); Arzt et al. (2009), § 266 a Rn. 14; Hellmann et al. (2013), Rn. 851; Schönke et al. (2014), § 266 a Rn. 10; ausführlich zur Vorrangfrage Leipziger Kommentar-Möhrenschlager (2012), § 266 a Rn. 60; Nomos Kommentar-Tag (2013), § 266 a Rn. 70 ff.; Radtke (2003), 154 (156).

7.8.2.1.2). Fraglich ist die Tatbestandsmäßigkeit deshalb dann, wenn der Arbeitgeber von dem insgesamt zu zahlenden Betrag nur einen Teil entrichtet, der hoch genug ist, um den Arbeitnehmeranteil abzudecken. Die Frage ist also, ob dieser Teilbetrag auf den Arbeitgeberanteil oder auf den Arbeitnehmeranteil anzurechnen ist, wenn der Zahlende keine ausdrückliche Tilgungsbestimmung trifft. Wäre er auf den Arbeitgeberanteil anzurechnen, bliebe der Arbeitnehmeranteil ungezahlt, also „vorenthalten". Die teilweise Nichtzahlung wäre somit strafbar. Durch Anrechnung auf den Arbeitnehmeranteil wird die Strafbarkeit aus § 266 a I vermieden, übrig blieb früher eine Ordnungswidrigkeit wegen der Nichtzahlung des Arbeitgeberbeitrages. Nach geltendem Recht ist die Vorenthaltung des Arbeitgeberanteils nur unter den Voraussetzungen des § 266a II strafbar. Die Anrechnung auf den Arbeitnehmeranteil ist für den Arbeitgeber daher die günstigere Alternative. Deshalb ist im Regelfall von einer mutmaßlichen Tilgungsbestimmung iSd § 366 I BGB zugunsten des Arbeitnehmeranteils auszugehen. Der gezahlte Teilbetrag ist also auf den Arbeitnehmeranteil anzurechnen, der somit nicht vorenthalten ist.[385] Die Regelung in § 4 BVV ist für die strafrechtliche Beurteilung nicht maßgeblich.[386]

7.8.2.2 § 266 a Abs. 2
7.8.2.2.1 Täter
Der Kreis tauglicher Täter ist bei diesem Tatbestand identisch mit dem des § 266 a I. Zwar enthält dieser Tatbestand – anders als § 266 a I – auch Handlungsmerkmale, die ohne weiteres von Dritten erfüllt werden können. Die Einzugsstelle wird jedoch nur dann in strafwürdiger Weise in die Irre geführt, wenn die unrichtigen oder unvollständigen Angaben vom **Arbeitgeber** gemacht worden sind bzw der Arbeitgeber pflichtwidrig bestimmte Informationen nicht gegeben hat. Das Vertrauen auf Angaben von Dritten ist nicht schutzwürdig. § 266a II normiert also ein Sonderdelikt.[387]

7.8.2.2.2 Einzugsstelle
Die „für den Einzug zuständige Stelle" ist die „Einzugsstelle" iSd § 266 a I. Da zu den Handlungsmerkmalen des Tatbestandes auch ein Täuschungselement gehört, muss in Anlehnung an § 263 letztlich im Bereich der „Stelle" eine natürliche Person als Angabenadressat ermittelt werden. Dies ist hingegen nicht notwendig, soweit relevante Angaben im Wege elektronischer Datenverarbeitung erfasst werden. Adressat ist dann – entsprechend § 263 a – die Einzugsstelle selbst.

---

[385] BayObLG, wistra 1988, 238 (239); 1999, 119 (120); BGH, wistra 1990, 353; 1991, 266 (267); Leipziger Kommentar-Möhrenschlager (2012), § 266 a Rn. 44; Mitsch (1994), 877 (888); Münchener Kommentar-Radtke (2014), § 266 a Rn. 63; Nomos Kommentar-Tag (2013), § 266 a Rn. 64; Schönke et al. (2014), § 266 a Rn. 10a.

[386] Anders Lackner et al. (2014), § 266 a Rn. 6; Wittig (2014), § 22 Rn. 26.

[387] Rönnau et al. (2005), 321 (322).

7.8.2.2.3 Beiträge

Anders als § 266a I bezieht sich § 266 a II auf die **Arbeitgeberanteile** der zu entrichtenden Sozialversicherungsbeiträge. Die Vorenthaltung dieser Anteile war nach früherer Rechtslage nicht strafbar, sondern nur als Ordnungswidrigkeit ahndbar. Seit 1. 8. 2004 ist unter den zusätzlichen Voraussetzungen des § 266 a II auch das Vorenthalten der Arbeitgeberanteile eine Straftat.[388]

7.8.2.2.4 Tathandlungen

Anders als bei den Arbeitnehmeranteilen (§ 266 a I) ist nicht schon das schlichte Vorenthalten strafbar. Hinzukommen muss, dass der Täter seine Pflicht zu wahrheitsgemäßer und vollständiger Unterrichtung der Einzugsstelle verletzt hat.[389] Ein Täuschungserfolg im Sinne einer Irrtumserregung ist allerdings nicht erforderlich.[390] Beachtlich sind allein Pflichtverletzungen in Bezug auf **sozialversicherungsrechtlich erhebliche Tatsachen**.[391]

7.8.2.2.4.1 Machen falscher oder unvollständiger Angaben

Diese Alternative wird durch aktives Tun verwirklicht.[392] **Unrichtig** sind Angaben, wenn sie mit der Wirklichkeit nicht übereinstimmen.[393] **Unvollständig** sind Angaben, die lückenhaft sind, obwohl insgesamt der Anschein der Vollständigkeit erweckt wird.[394]

7.8.2.2.4.2 In Unkenntnis lassen

Diese Alternative ist **echtes Unterlassungsdelikt**.[395] Da der Arbeitgeber gegenüber der Einzugsstelle eine Mitteilungspflicht hat, erfüllt er den Tatbestand, wenn er bestimmte Tatsachen gar nicht oder nicht rechtzeitig übermittelt.[396]

7.8.2.2.4.3 Vorenthalten

Das Merkmal „vorenthält", das hier denselben Bedeutungsgehalt hat wie in § 266 a I, ist auf Grund des Wortes „dadurch" in einen **Kausalzusammenhang** mit den angabenbezogenen Merkmalen gestellt.[397] Erforderlich ist also ein Vorenthalten-

---

[388] Laitenberger (2004), 2703; Leipziger Kommentar-Möhrenschlager (2012), § 266 a Rn. 66; Rönnau, Kirch-Heim (2005), 321.

[389] Ausführlich dazu Rönnau et al. (2005), 321 (322).

[390] Metz (2011), 782 (783).

[391] Leipziger Kommentar-Möhrenschlager (2012), § 266 a Rn. 69.

[392] BGH, NStZ 2012, 94 (95); Wittig (2014), § 22 Rn. 41.

[393] Wittig (2014), § 22 Rn. 44.

[394] Metz (2011), 782 (783); Leipziger Kommentar-Möhrenschlager (2012), § 266 a Rn. 69.

[395] BGHSt 57, 175 (180); BGH, NStZ 2012, 94 (95); Leipziger Kommentar-Möhrenschlager (2012), § 266 a Rn. 70; Wittig (2014), § 22 Rn. 45.

[396] Lackner et al. (2014), § 266 a Rn. 12.

[397] Hellmann et al. (2013), Rn. 837; Leipziger Kommentar-Möhrenschlager (2012), § 266 a Rn. 71; Rönnau et al. (2005), 321 (323).

serfolg.[398] Der Kausalzusammenhang besteht, wenn der Einzugsstelle im Fälligkeitszeitpunkt nicht die tatsächlich geschuldeten Beiträge zufliessen und dies auf
dem vom Täter zu vertretenden wahrheitswidrigen Kenntnisstand der Einzugsstelle
beruht.[399]

7.8.2.3   § 266 a Abs. 3

7.8.2.3.1   Täter

Der Täterkreis ist im wesentlichen derselbe wie der des § 266 a I. Zur täterschaftlichen Tatbestandserfüllung sind **Arbeitgeber** und die in § 266 a V dem Arbeitgeber
gleichgestellten Personen fähig.[400] „Als" Arbeitgeber agiert der Täter, wenn und soweit die durch Nichtzahlung verletzte Pflicht, einbehaltene Teile des Arbeitsentgeltes an den anderen zu zahlen, in innerem funktionellen Zusammenhang mit seiner
Arbeitgeberposition steht. Ein Arbeitgeber, der ohne Bezug zu dem Arbeitsverhältnis den Auftrag übernommen hat, eine Zahlungsverpflichtung des Arbeitnehmers
mit dessen Geld zu erfüllen, bewegt sich außerhalb des Tatbestandes.

Daraus folgt, dass der im konkreten Fall berührte Täterkreis weiter eingeengt
wird dadurch, dass ein Arbeitgeber nur in Relation zu „seinem" Arbeitnehmer tatbestandsmäßig handeln kann, da Arbeitsentgeltanteile nur von dem Arbeitsentgelt
„einbehalten" werden können, das der Arbeitgeber auf Grund des Arbeitsvertrages
mit seinem Arbeitnehmer schuldet. Ein Arbeitgeber, der Arbeitsentgeltanteile eines
„fremden" Arbeitnehmers veruntreut, der mit einem anderen Arbeitgeber in einem
Arbeitsverhältnis steht, erfüllt den Tatbestand des § 266 a II nicht.

7.8.2.3.2   Einbehaltene sonstige Teile des Arbeitsentgelts

Das Wort „**sonst**" stellt die Verbindung der von § 266 a III erfassten Entgeltbestand-
teile mit den bereits von § 266a I erfassten her. Natürlich sind die „Beiträge des Arbeitnehmers" iSd § 266a I auch „Teile des Arbeitsentgelts". Da ihre Nichtabführung
an die Einzugsstelle aber schon in § 266 a I unter Strafdrohung gestellt ist, spielen
sie im Tatbestand des § 266 a III keine Rolle mehr. Ebenfalls aus dem Tatbestand
ausgegrenzt sind die Teile des Arbeitsentgeltes, die der Arbeitgeber einbehalten
darf, um die von seinem Arbeitnehmer geschuldete Lohnsteuer an das Finanzamt
abzuführen, § 266 a III 2. Die strafrechtliche Relevanz von Taten, die sich auf solche Teile des Arbeitsentgeltes beziehen, richtet sich nach § 370 AO.[401]

Teile des Arbeitsentgeltes sind die tatgegenständlichen Geldbeträge dann, wenn
sie dem Arbeitnehmer auf Grund des Arbeitsvertrages zustehen, auf Grund eines
anderen rechtlich erheblichen Vorganges jedoch ihm nicht auszuzahlen, sondern
vom Arbeitgeber zum Zwecke der Weiterleitung an einen Gläubiger einzubehalten
sind. Der Arbeitgeber muss zur Einbehaltung und Zahlung an den anderen befugt
und verpflichtet sein („… zu zahlen hat."). Nur rechtmäßig einbehaltene Entgelt-

---

[398] Rönnau et al. (2005), 321 (324).

[399] Zu den damit zusammenhängenden spezifischen Schwierigkeiten Rönnau et al. (2005), 321
(325).

[400] Schönke et al. (2014), § 266 a Rn. 15/16.

[401] Arzt et al. (2009), § 23 Rn. 20; Wittig (2014), § 22 Rn. 48.

teile sind taugliche Tatobjekte. Behält der Arbeitgeber Teile des Arbeitsentgeltes eigenmächtig ein, um einen Gläubiger des Arbeitnehmers zu befriedigen, ohne dazu berechtigt sein, behält er etwas ein, was er nicht für den Arbeitnehmer an einen anderen zu zahlen hat.

Mit dem Merkmal „**einbehält**" statuiert das Gesetz kein – neben die Nichtzahlung und Nichtunterrichtung tretendes – Handlungsmerkmal.[402] Vielmehr handelt es sich um ein Merkmal, das die tauglichen Tatobjekte bestimmt und eingrenzt. Vergleichbar ist das Einbehalten daher mit dem Vortatverhalten, durch das jemand den Status eines tauglichen Täters der veruntreuenden Unterschlagung (§ 246 II) erlangt. Die Entgegennahme der anvertrauten Sache ist noch keine tatbestandsverwirklichende Unterschlagungshandlung, also keine Zueignung, sondern schafft erst die Voraussetzung dafür, dass durch eine anschließende Zueignungshandlung in Bezug auf diese Sache der Tatbestand der veruntreuenden Unterschlagung verwirklicht werden kann. Eine ähnliche Funktion wie das „Sich-Anvertrauen-Lassen" in § 246 II hat das „Einbehalten" in § 266 a III. Tatbestandsmäßiges Nichtzahlen ist danach nur in Bezug auf einbehaltene Teile des Arbeitsentgeltes möglich, nicht hingegen in Bezug auf Arbeitsentgelt, das der Arbeitgeber nicht einbehalten, sondern dem Arbeitnehmer ausgezahlt und von diesem anschließend – teilweise – mit dem Auftrag zurückbekommen hat, eine gegen den Arbeitnehmer bestehende Forderung eines Dritten damit zu bedienen. Einbehalten ist der Teil des Arbeitsentgeltes, wenn er von dem Gesamtentgelt, das dem Arbeitnehmer zusteht, abgezogen wurde und dem Arbeitnehmer nur die Differenz ausgezahlt worden ist.[403] Zahlt der Arbeitgeber dem Arbeitnehmer überhaupt kein Entgelt, liegt auch kein Einbehalten vor.[404]

Der einbehaltene Teil des Arbeitsentgelts ist taugliches Tatobjekt unter der Voraussetzung, dass und nur solange wie der **Anspruch des anderen auf Zahlung besteht**. Das ergibt sich schon daraus, dass § 266 a III die „Fälligkeit" der Forderung zur zeitlichen Richtmarke für die Pflicht zur unverzüglichen Unterrichtung des Arbeitnehmers erklärt. Eine Forderung, die nicht mehr existiert, kann aber nicht mehr fällig sein. Erlischt also der Anspruch des „anderen" gegen den Arbeitnehmer, nachdem der Arbeitgeber von dem gezahlten Lohn einen dem Anspruch entsprechenden Teil einbehalten hat, kann die Nichtzahlung nicht mehr als rechtswidriges Verhalten bewertet werden. Folglich kann auch die Nichtunterrichtung des Arbeitnehmers durch den Arbeitgeber kein Unrecht sein.

7.8.2.3.3 Tatbestandsmäßiges Verhalten
7.8.2.3.3.1 Nichtzahlung
Der erste Teilakt des tatbestandsmäßigen Verhaltens ist ein – echtes – **Unterlassen**:[405] Die Nichtzahlung an den Gläubiger. Ungeschriebene Voraussetzung tatbestandsmäßigen Unterlassens ist der Fortbestand der Zahlungspflicht, dh der Fort-

---

[402] So aber Lackner et al. (2014), § 266 a Rn. 12; Tag (1994), 178.

[403] Schönke et al. (2014), § 266 a Rn. 13.

[404] Hellmann et al. (2013), Rn. 864; Schönke et al. (2014), § 266 a Rn. 13; Wittig (2014), § 22 Rn. 50.

[405] BGHSt 57, 175 (180); Arzt et al. (2009), § 23 Rn. 23; Lackner et al. (2014), § 266 a Rn. 14; Tag (1994), 183.

bestand des dem anderen gegen den Arbeitnehmer zustehenden Anspruchs (s. o. 7.8.2.3.2). Ist der Anspruch des anderen vor dem für die Tatbestandsmäßigkeit der Nichtzahlung bzw der Nichtunterrichtung maßgeblichen Zeitpunkt bereits erloschen – z. B. auf Grund einer Zahlung des Arbeitnehmers oder eines Dritten – besteht kein Grund mehr, vom Arbeitgeber noch Zahlung an den anderen zu fordern und die Nichtzahlung als Unrecht zu bewerten.

7.8.2.3.3.2 Nichtunterrichtung

Kern des Verhaltensunrechts ist die Gefährdung des Arbeitnehmervermögens durch Vorenthaltung der Informationen über die Verwendung des einbehaltenen Arbeitsentgelts.[406] Indem der Arbeitgeber dem Arbeitnehmer pflichtwidrig nicht mitteilt, unterdrückt er Tatsachen, auf deren Kenntnis der Arbeitnehmer angewiesen ist, um Vermögensverluste abzuwenden. Der Tatbestand hat hier also einen unübersehbaren **betrugsähnlichen** Akzent.[407]

7.8.3   Subjektiver Tatbestand

Der subjektive Tatbestand erfordert bei allen drei Tatbeständen **Vorsatz**, § 15. Dolus eventualis reicht aus.[408] Über das objektiv tatbestandsmäßige Geschehen – die Nichtzahlung im Fälligkeitszeitpunkt – hinausgreifende Willensbezüge – etwa auf Schadenszufügung oder Bereicherung – sind nicht erforderlich. Der subjektive Tatbestand enthält also keine „überschießende Innentendenz". Aus diesem Grund vermag die von vornherein vorhandene Bereitschaft, die vorenthaltenen Beiträge unverzüglich oder innerhalb einer angemessenen Frist nach Verstreichen des Zahlungstermins nachzuentrichten, die subjektive Tatbestandsmäßigkeit nicht auszuschließen. Anderenfalls liefe § 266 a VI weitgehend ins Leere.

7.8.4   Tätige Reue, § 266 a Abs. 6

7.8.4.1   Grund der Straffreiheit

Eine „**goldene Brücke**"[409] baut § 266 a VI dem Täter – also dem Arbeitgeber oder dem gem. § 14 I strafrechtlich haftenden Organ[410] – einer von § 266 a I, II oder III erfassten Tat.[411] Der Strafanspruch des Staates wird hier dem Interesse der Allgemeinheit an möglichst ungeschmälertem Beitragsaufkommen der sozialen Siche-

---

[406] Tag (1994), 183.

[407] Arzt et al. (2009), § 23 Rn. 22.

[408] Metz (2011), 782 (784); Schönke et al. (2014), § 266 a Rn. 17.

[409] Zur Brücken-Metapher bei § 24 vgl. Baumann et al. (2003), § 27 Rn. 7; Gropp (2005), § 9 Rn. 82.

[410] Heger (1998), 1090 (1095).

[411] Arzt et al. (2009), § 23 Rn. 31; Lackner et al. (2014), § 266 a Rn. 17; Schönke et al. (2014), § 266 a Rn. 21; Tag (1994), 192.

rungssysteme geopfert.[412] Denn ein Arbeitgeber, der verspätet zahlt, bewahrt die Träger der Sozial- und Arbeitslosenversicherung nicht nur vor finanziellen Einbußen, sondern erspart der ansonsten mit der Beitreibungs- und Vollstreckungsaufgabe befassten und belasteten Verwaltung auch viel Arbeit. Dafür kann er mit Straflosigkeit belohnt werden, zumal diese Konsequenz auch noch der Strafrechtspflege viel Arbeit erspart. Dennoch handelt es sich nicht um ein allein auf fiskalischen und pragmatischen Erwägungen ruhendes Täterprivileg. Daneben haben auch Schuldminderungsaspekte Berücksichtigung gefunden. In dieser Hinsicht unterscheidet sich die Regelung deutlich von dem ansonsten verwandten § 371 AO.[413]

Ein Konkurrenzproblem hat die Einführung des **Täter-Opfer-Ausgleichs** in § 46 a durch das Verbrechensbekämpfungsgesetz im Jahr 1994 geschaffen.[414] Da die Voraussetzungen des § 46 a Nr. 1 anders formuliert sind als die des § 266 a VI 1, liegt die Überlegung nahe, dass der Täter sich die Chance auf Nichtbestrafung – Absehen von Bestrafung – auch noch auf andere Weise sichern kann als durch Erfüllung der Voraussetzungen des § 266 a VI 1. Bei genauerer Betrachtung stellt sich jedoch heraus, dass das Verhältnis zwischen den beiden Vorschriften in die Kategorie „Spezialität" fällt. § 46 a 1 Nr. 1 beschreibt die „tätige Reue" allgemeiner als § 266 a VI 1. Die Leistungen, die § 266 a VI 1 von dem Arbeitgeber verlangt, sind spezielle Erscheinungsformen des „Bemühens" und des „Wiedergutmachungsstrebens" iSd § 46 a 1 Nr. 1. Soweit es um die strafrechtliche Behandlung honorierungswürdigen Nachtatverhaltens bei Straftaten des § 266 a I, II, III geht, kommt deshalb § 266 a VI ausschließlich zur Anwendung.[415] Ein Rückgriff auf § 46 a scheidet aus.

7.8.4.2 Stellung im Straftataufbau

Hinsichtlich der straftatsystematischen Funktion des § 266 a VI muss zwischen den Regelungen in Satz 1 und Satz 2 differenziert werden. Die privilegierende Wirkung des § 266 a VI 2 ist stärker als die des § 266 a V 1.

§ 266 a VI S. 1 eröffnet dem Täter nur die Aussicht auf eine **Ermessensentscheidung** („kann") des Gerichts,[416] mit der das Vorliegen einer strafbaren Tat nicht in Abrede gestellt, sondern ein Verzicht auf Ahndung dieser Tat erklärt wird. Das fakultative Absehen von Bestrafung betrifft also nicht die Strafbarkeitsvoraussetzungen, sondern ist eine im **Straftatfolgen**bereich angesiedelte Maßnahme.

Adäquate **prozessuale** Entscheidungsform ist daher nicht der Freispruch, sondern – sofern die Entscheidung in der Hauptverhandlung ergeht (§ 260 I StPO) – ein Schuldspruch, also eine Verurteilung mit der Kostenfolge des § 465 I 2 StPO. Zur beschleunigten Verfahrenserledigung ermöglicht § 153 b I StPO (Opportunitätsprinzip) eine Anwendung des § 266 a V S. 1 bereits im Stadium des Ermittlungsverfahrens.

---

[412] Arzt et al. (2009), § 23 Rn. 33; Tag (1994), 193; Winkelbauer (1988), 16 (17).
[413] Schönke et al. (2014), § 266 a Rn. 21; Tag (1997), 1115 (1117); Winkelbauer (1988), 16 (17).
[414] Ausführlich dazu Kespe (2011), 272 ff.
[415] Anders Kespe (2011), 282.
[416] Schönke et al. (2014), § 266 a Rn. 25.

Demgegenüber enthält § 266 a VI S. 2 die Anordnung einer **obligatorischen Strafbefreiung**.[417] Die Erfüllung der hier normierten Voraussetzungen führt also zwingend zur Straflosigkeit, ein Ermessensspielraum besteht für den Rechtsanwender (Staatsanwaltschaft, Gericht) nicht. Die Tat ist unter den Voraussetzungen des § 266 a VI S. 2 nicht – mehr – strafbar. Tatbestandsmäßigkeit, Rechtswidrigkeit und Schuld werden allerdings nicht beseitigt.[418] Es handelt sich daher um einen – dem Rücktritt vom Versuch iSd § 24 vergleichbaren – besonderen persönlichen **Strafaufhebungsgrund**.[419]

Im **Strafverfahren** ist der Täter, der die Voraussetzungen des § 266 a VI S. 2 erfüllt, freizusprechen. Schon vorher stellt die Staatsanwaltschaft das Verfahren nach § 170 II StPO (Legalitätsprinzip) – also nicht nach § 153 b I StPO (!) – ein, wenn ihre Ermittlungen die Erwartung begründen, dass eine Anklage wegen § 266 a VI S. 2 nicht zu einer Verurteilung des Beschuldigten führen würde.

7.8.4.3   Voraussetzungen § 266 a VI Satz 1

Die Aussicht auf Straffreistellung durch gerichtliche oder staatsanwaltschaftliche Ermessensentscheidung kann sich der Täter – bzw. Teilnehmer[420] – durch mehrere kumulativ zu erbringende Leistungen verdienen. Zunächst muss er sich vor dem Fälligkeitszeitpunkt ernsthaft – im Ergebnis aber vergeblich – darum bemüht haben, die fristgemäße Zahlung zu ermöglichen, § 266 a VI S. 1 Nr. 2. Des weiteren muss er – möglichst schon vor dem Fälligkeitszeitpunkt, spätestens aber unverzüglich[421] danach – der Einzugsstelle in schriftlicher Form[422] drei Mitteilungen machen: Angezeigt werden müssen – erstens – die Höhe der Beiträge, die nicht rechtzeitig gezahlt werden oder gezahlt worden sind (§ 266 a VI S. 1 Nr. 1), – zweitens – der Grund für die Unmöglichkeit rechtzeitiger Zahlung und – drittens – das ernsthafte Bemühen um Ermöglichung fristgemäßer Zahlung.

Der Gesetzestext ist in mehrfacher Hinsicht **mißverständlich** und korrekturbedürftig.[423] Wortlautgemäß käme in den Genuss der Regelung auch der Täter, der wahrheitswidrig einen Unmöglichkeitsgrund an- und ernsthaftes vergebliches Bemühen vorgibt, dem tatsächlich aber die Zahlung gar nicht unmöglich ist oder der sich tatsächlich nicht ernsthaft um Ermöglichung der Zahlung bemüht hat. Unter diesen Umständen wäre eine Belohnung mit Straffreiheit aber nicht legitim. Deshalb ist der Anwendungsbereich des § 266 a VI S. 1 Nr. 2 per Auslegung auf die Fälle zu reduzieren, in denen die Darlegungen des Täters den wirklichen Gegebenheiten entsprechen.[424] Auf der anderen Seite kann es nach dem eindeutigen Geset-

---

[417] Arzt et al. (2009), § 23 Rn. 31.

[418] BGH, JR 1998, 60 (62); Tag (1994), 209.

[419] Schönke et al. (2014), § 266 a Rn. 21; Wittig (2014), § 22 Rn. 62.

[420] Winkelbauer (1988), 16 (18).

[421] „Unverzüglich" bedeutet wie in § 121 I BGB „ohne schuldhaftes Zögern", Winkelbauer (1988), 16 (18).

[422] Kritisch zum Schriftformerfordernis Winkelbauer (1988), 16 (18).

[423] Renzikowski (2004), 333 (344); Winkelbauer (1988), 16 (17).

[424] Schönke et al. (2014), § 266 a Rn. 22; Winkelbauer (1988), 16 (17).

zeswortlaut nicht ausreichen, dass die fristgemäße Zahlung tatsächlich unmöglich ist und der Täter sich tatsächlich ernsthaft darum bemüht hat, diese Unmöglichkeit abzuwenden.[425] Die rechtzeitige schriftliche Mitteilung dieser Tatsachen und der Höhe nicht entrichteter Beiträge an die Einzugsstelle ist in der Regel unentbehrlich, damit die Einzugsstelle sofort die geeigneten Maßnahmen zur Schadensverhütung treffen kann. Darauf kann allenfalls dann verzichtet werden, wenn die Einzugsstelle schon aus anderer Quelle zuverlässig und umfassend über den rechtserheblichen Sachverhalt informiert und dem Täter dies bekannt ist. Dann wäre es ein sachlich nicht zu rechtfertigender Formalismus, die Ermessensentscheidung mit der Erwägung zu verweigern, der Arbeitgeber habe seine Darlegungsobliegenheit nicht richtig erfüllt. Mehr als eine mündliche Mitteilung kann von ihm unter diesen Umständen jedenfalls nicht verlangt werden.[426]

7.8.4.4 Voraussetzungen § 266 a VI Satz 2

Es ist verständlich, dass die – verglichen mit § 266 a VI 1 – weitergehende Privilegierung, die § 266 a VI 2 dem Täter gewährt (zu dem Unterschied s. o. 7.8.4.2), von strengeren Voraussetzungen abhängig sein muss. Der Täter muss die Voraussetzungen des § 266 a VI 1 erfüllen und darüber hinaus die Beiträge innerhalb der von der Einzugsstelle bestimmten angemessenen Frist **nachentrichten**. Solange die Frist läuft, ist der zuvor begründete staatliche Strafanspruch „auflösend bedingt".[427] Auch hier stellt der Gesetzestext den Rechtsanwender vor einige schwer zu beantwortende Fragen.

Welche **Frist „angemessen"** ist, kann allgemein nicht definiert werden, sondern hängt von den konkreten Fallumständen[428] – insbesondere der Höhe der vorenthaltenen Beiträge, der finanziellen Situation des Arbeitgebers und seiner Bereitschaft, mit der Einzugsstelle zu kooperieren – ab. Der Einzugsstelle steht bei der Bestimmung der Frist ein Beurteilungsspielraum offen, dessen Ausschöpfung dogmatisch zwar gerichtlicher Überprüfung nicht entzogen ist,[429] faktisch aber nur bei evidenter Unvertretbarkeit oder Missbrauch erfolgreich beanstandet werden kann.

Schwierig wird die Anwendung des § 266 a VI 2, wenn die von der Einzugsstelle festgesetzte Frist **unangemessen kurz** ist und der Arbeitgeber die Beiträge nach Fristablauf, aber noch innerhalb der als „angemessen" zu bewertenden Zeitspanne nachentrichtet. Bei der Lösung des Problems ist wie folgt zu differenzieren: Sofern der Arbeitgeber für die zu knappe Bemessung der Nachfrist (mit)verantwortlich ist – was z. B. der Fall wäre, wenn er der Einzugsstelle kurzfristige Nachzahlung glaubhaft angekündigt hat –, ist die gesetzte Frist für ihn verbindlich. Die Fristüberschreitung schließt also die Strafbefreiung aus, obwohl die Frist zu kurz bemessen war. Kann die Unangemessenheit der Befristung dem Arbeitgeber dagegen nicht vorgeworfen werden, muss ihm die Chance auf Erlangung von Straffreiheit bis zu dem Punkt erhalten bleiben, an dem die zeitliche Angemessenheit erreicht

---

[425] Schönke et al. (2014), § 266 a Rn. 24.
[426] Winkelbauer (1988), 16 (18).
[427] Winkelbauer (1988), 16 (18).
[428] Tag (1994), 211.
[429] Tag (1994), 211.

ist. Die von der Einzugsstelle gesetzte Frist ist deshalb bei der strafrechtlichen Würdigung der Tat – also im Strafverfahren durch Staatsanwaltschaft bzw Gericht – auf das Minimum der Zeitspanne zu verlängern, die noch angemessen wäre. Liegt die Nachentrichtung innerhalb dieser Zeitspanne, kommt § 266 a VI 2 zur Anwendung.[430] In gleicher Weise ist zu verfahren, wenn die Einzugsstelle überhaupt **keine Nachfrist** setzt, der Arbeitgeber die vorenthaltenen Beiträge aber innerhalb eines angemessenen Zeitraums nachzahlt. War die von der Einzugsstelle gesetzte Frist **unangemessen lang**, kommt dies dem Arbeitgeber zugute. Er kann dann die volle Frist ausnutzen, selbst wenn seine formell fristgemäße Nachzahlung die materielle Angemessenheit überzieht.

Obwohl § 266 a VI 2 von „**nachträglicher**" Entrichtung spricht, muss selbstverständlich auch die vor dem Fälligkeitszeitpunkt erfolgte Veranlassung der Beitragszahlung nach § 266 a VI 2 privilegiert werden, wenn die Beiträge erst nach dem Fälligkeitstermin bei der Einzugsstelle eingehen. Zwar wird es in diesem Fall zu keiner Fristsetzung durch die Einzugsstelle mehr kommen, da von dem Arbeitgeber ja keine nochmalige Zahlung verlangt werden kann. Dass dieser aber deswegen nicht schlechter stehen kann, als er im Falle späterer Zahlung stünde, liegt auf der Hand. Zumindest eine entsprechende Anwendung des § 266 a VI 2 muss deshalb zur Vermeidung widersinniger Ergebnisse zulässig sein. Auf die Erfüllung der Mitteilungs- und Darlegungsobliegenheit (§ 266 a VI 1) kann allerdings nicht verzichtet werden.[431]

Nach dem Gesetzeswortlaut ist unklar, ob der Täter Straffreiheit auch im Falle der Nachentrichtung durch einen **Dritten** erlangt. Denn der Gesetzestext stellt nur darauf ab, dass die Beiträge nachträglich entrichtet werden. Es wird nicht ausdrücklich verlangt, dass „der Täter" die Beiträge nachträglich entrichtet. Vorausgesetzt wird allerdings ein Zusammenhang zwischen der Erfüllung der Voraussetzungen des § 266 a VI 1 und der Entrichtung („dann"). Dem liegt die Vorstellung zugrunde, dass die Einzugsstelle dem Arbeitgeber, der seine Mitteilungs- (§ 266 a VI 1 Nr. 1) und Darlegungsobliegenheit (§ 266 a VI 1 Nr. 2) erfüllt hat, die Möglichkeit des § 266 a VI 2 vor Augen führt und ihn auf diese Weise zur Nachzahlung motiviert. Allerdings kann damit nicht die Forderung verbunden sein, dass der Arbeitgeber selbst und aus eigenen Mitteln die Nachentrichtungspflicht erfüllt.[432] Zwar wird es in der Regel so sein. Findet der Arbeitgeber aber einen zahlungsfähigen Gönner, der ihm den der Einzugsstelle geschuldeten Betrag überlässt, ist die Strafbefreiung sachlich nicht weniger begründet als im Falle einer plötzlichen Erbschaft, die den Arbeitgeber wieder liquide werden lässt. Dann kann es aber auch keinen Unterschied machen, ob der Dritte dem Arbeitgeber das Geld zum Zwecke der Nachentrichtung schenkungsweise oder als Darlehen zur Verfügung stellt oder den Betrag selbst der Einzugsstelle direkt überweist, um den Arbeitgeber freizustellen.[433] Erforderlich und ausreichend ist allein, dass die Zahlung dem Arbeitgeber zuzurechnen ist und er deshalb die Straffreiheit verdient.

---

[430] Schönke et al. (2014), § 266 a Rn. 26.

[431] Schönke et al. (2014), § 266 a Rn. 26.

[432] Leipziger Kommentar-Möhrenschlager (2012), § 266 a Rn. 104.

[433] Schönke et al. (2014), § 266 a Rn. 26; Winkelbauer (1988), 16 (18).

7.9 Missbrauch von Scheck- und Kreditkarten, § 266 b StGB

7.9.1 Allgemeines

7.9.1.1 Entstehungsgeschichte

Die Strafvorschrift § 266 b wurde durch das **2. WiKG** in den Besonderen Teil des StGB eingefügt. Dieser gesetzgeberischen Maßnahme vorausgegangen war ein jahrelanger Streit über die Subsumierbarkeit der in Rede stehenden Tatbilder unter die Tatbestände der **Untreue** und des **Betrugs**.[434] In der **Literatur** hatte sich sowohl zum Scheckkartenmißbrauch als auch zum Kreditkartenmißbrauch eine klar herrschende Ansicht herausgebildet, die beide Verhaltensweisen als straflos ansah, da sie weder von § 263 noch von § 266 zu erfassen seien. Betrug scheide aus, weil der unbefugte Gebrauch einer Scheck- oder Kreditkarte keine Täuschung sei, jedenfalls kein Irrtum bei der Person erregt werde, der die Karte vorgelegt wird. Der Tatbestand der Untreue sei nicht erfüllt, weil der Inhaber der Scheck- oder Kreditkarte keine Vermögensbetreuungspflicht gegenüber dem Unternehmen habe, das ihm diese Karte überlassen hat. Die **Rechtsprechung** vertrat einen von der hL teilweise abweichenden Standpunkt. Zwar lehnte der BGH ebenfalls bei Scheckkarten- und bei Kreditkartenmißbrauch die Anwendbarkeit des § 266 ab.[435] Hinsichtlich der Möglichkeit einer Bestrafung aus § 263 beurteilte der BGH die Fälle hingegen differenziert. Während er eine Strafbarkeit des Kreditkartenmißbrauchs auch aus diesem Straftatbestand verneinte,[436] hielt er eine Strafbarkeit des Scheckkartenmißbrauchs aus § 263 für begründbar.[437] Die Einführung des § 266 b ist die Reaktion des Gesetzgebers auf die andauernde Rechtsunsicherheit.[438] Klargestellt wurde damit, dass Scheckkartenmißbrauch und Kreditkartenmißbrauch nicht straflos sind. Der Streit um die Anwendbarkeit der §§ 263, 266 ist hingegen nicht abschließend entschieden und kann von denjenigen, die diese Straftatbestände für anwendbar erachten, auf der Konkurrenzebene fortgeführt werden. Im Ergebnis verschafft sich aber auch dann die gesetzgeberische Entscheidung, mit § 266 b eine Spezialvorschrift für die strafrechtliche Erfassung des Scheckkartenmißbrauchs und des Kreditkartenmißbrauchs zu schaffen, Geltung. Die §§ 263, 266 werden von § 266 b verdrängt.[439]

Das in § 266 b StGB normierte Delikt dürfte eigentlich heute nur noch „Kreditkartenmissbrauch" heißen. Denn Tatbestandserfüllung in der Variante des „Scheckkartenmissbrauchs" ist gegenwärtig nicht mehr möglich. Diese Tatbestandsalternative basierte nämlich auf der Existenz sog. Eurocheque-Karten (ec-Karten) mit einer spezifischen Garantiefunktion. Deren missbräuchliche Ausnutzung begründete das spezifische untreueähnliche Unrecht in einer „Drei-Partner-Konstellation".

---

[434] Informativ Otto (1986), 150 (151); Ranft (1988), 673 f.

[435] BGHSt 24, 386 (387) – Scheckkarte –; 33, 244 (250) – Kreditkarte –.

[436] BGHSt 33, 244 (249).

[437] BGHSt 24, 386 (389).

[438] Wessels et al. (2013c), Rn. 793; Wittig (2014), § 21 Rn. 1.

[439] KG, JR 1987, 257; Arzt et al. (2009), § 23 Rn. 53; Geppert (1987), 162 (165); Maurach et al. (2009), § 45 Rn. 81; Otto (1986), 150 (153); Schönke et al. (2014), § 266 b Rn. 14.

Da die europäischen Banken den garantierten Euroscheckverkehr zum 31. 12. 2001 eingestellt haben, werden derartige ec-Karten nicht mehr ausgegeben. Das immer noch vorhanden ec-Logo beispielsweise auf der Maestro-Card hat die Bedeutung „electronic-cash". Mit der vormaligen Scheckkartenfunktion hat das nichts zu tun.[440] Nach zutreffender Ansicht gibt es das Delikt „Scheckkartenmissbrauch" daher nicht mehr.[441]

7.9.1.2 Untreueähnlichkeit

Die Entstehungsgeschichte und die Platzierung des § 266 b in der unmittelbaren Nähe des § 266 sind äußere Indizien einer sachlich-strukturellen Affinität zur Untreue. Bei abstrahierend-vergröbernder Betrachtung der die Untreue kennzeichnenden Deliktsstruktur ließ sich jedenfalls ursprünglich eine Kongruenz mit dem Scheckkartenmissbrauch erkennen.[442] Wie bei der Untreue macht(e) sich auch beim Scheckkartenmissbrauch der Täter eine vom betroffenen Vermögensinhaber abgeleitete – also nicht illegal angemaßte – Möglichkeit des Zugriffs auf fremdes Vermögen zunutze. Die Überlassung der Scheckkarte ist die Einräumung einer Position, die ihren Inhaber zum Vollzug von Handlungen befähigt, die sich letztlich vermögensschädigend zu Lasten desjenigen auswirken, der ihm die Karte gegeben hat. Der Täter dringt nicht von außen in die fremde Vermögenssphäre ein, sondern er erlangt seine Position auf Grund eines rechtlich einwandfreien Geschäfts mit dem Partner, den er erst durch die Ausübung der legal erworbenen Handlungsmöglichkeiten schädigt. Wie bei der Untreue schädigt der Täter auch beim Scheckkartenmissbrauch fremdes Vermögen „von innen heraus".[443] Allerdings war von jeher zweifelhaft, ob das ursprünglich aus der Missbrauchsvariante des § 266 I Alt. 1 gewonnene „Leitbild des § 266 b" (Karteninhaber Vertreter des kartenausgebenden Unternehmens) dem Kreditkartenmissbrauch (§ 266 b I Alt. 2) überhaupt entspricht. Zu modernen Erscheinungsformen der Kreditkarte (Vier-Partner-System[444]) passt diese Schablone der „Untreueäquivalenz" nicht mehr.[445] Die Untreueähnlichkeit lässt sich jedoch mit Blick auf den Treubruchstatbestand (§ 266 I Alt. 2) halten.[446]

7.9.1.3 Rechtsgut

Scheck- und Kreditkartenmissbrauch sind Vermögensdelikte. Geschützt ist das **Vermögen** des kartenausgebenden Unternehmens, das auf Grund der Garantie-

---

[440] Wittig (2014), § 21 Rn. 11.

[441] Eisele (2012b) Rn. 925 ff; Münchener Kommentar-Radtke (2014) § 266 b Rn. 11; Nomos Kommentar-Kindhäuser (2013) § 266 b Rn. 6; Rengier (2014a), § 19 Rn. 2; Schönke et al. (2014), § 266 b Rn. 4; Wessels et al. (2013c), Rn. 796; aA Arzt et al. (2009), § 23 Rn. 34.

[442] Ranft (1988), 673 (675); Rengier (2012), 808 (809); Wittig (2014), § 21 Rn. 4.

[443] Zu diesem Charakteristikum der Untreue treffend Nelles (1991), 5: „Das Opfer oder für es ein Dritter (Gesetz, Behörde) muss dem Täter den Zugang zur Sphäre des Vermögens eröffnet haben, das dieser dann erst sozusagen von innen aushöhlt."; anschaulich auch Rengier (2012), 808 (820): „Selbstschädigungselement, das in jeder Untreue steckt".

[444] Rengier (2012), 808 (815).

[445] Rengier (2012), 808 (812).

[446] Rengier (2012), 808 (820).

funktion, die der Karte eigen ist, bei missbräuchlicher Kartenbenutzung geschädigt wird.[447] Dass die Delikte auch eine den bargeldlosen Zahlungsverkehr erheblich erleichternde Einrichtung des Wirtschaftslebens in Misskredit bringen können, ist ein Nebeneffekt,[448] der die Strafvorschrift allein aber nicht tragen würde.[449] Vielfach wird dieses überindividuelle Interesse aber als zweites von § 266 b geschütztes Rechtsgut anerkannt.[450]

7.9.2 Strafbarkeitsvoraussetzungen des Kreditkartenmißbrauchs

7.9.2.1 Objektiver Tatbestand
7.9.2.1.1 Täter
Täter werden kann theoretisch jedermann, Täter sein kann hingegen nur, wem durch die Überlassung einer Kreditkarte die Möglichkeit eingeräumt wurde, den Aussteller der Karte zu einer Zahlung zu veranlassen. Die Tat ist deshalb – wie die Untreue[451] – ein **Sonderdelikt**.[452] Tatbeteiligte ohne eine durch Überlassung begründete Karteninhaberschaft können nur als Teilnehmer strafbar sein,[453] was eine teilnahmetaugliche Haupttat voraussetzt. Auch Mittäter und mittelbarer Täter kann nur ein **berechtigter** Karteninhaber sein. Wer den Inhaber einer Scheckkarte, der diese vom Aussteller überlassen bekommen hat, durch Täuschung oder Nötigung zu einem tatbestandsmäßigen Missbrauch bewegt, handelt zwar wie ein mittelbarer Täter, ist aber mangels Täterqualifikation nicht als mittelbarer Täter strafbar.[454]

Die Stellung als tauglicher Täter wird durch die **Überlassung** der Kreditkarte begründet. Gemeint ist damit nur die Ausgabe der Karte durch das Kreditinstitut an den Kontoinhaber. Nur der auf diese Weise legitimierte Karteninhaber kann den Tatbestand täterschaftlich verwirklichen.[455] Gibt der Karteninhaber die ihm überlassene Karte an einen Dritten weiter,[456] wird dieser dadurch nicht zum tauglichen Täter.[457] Denn die „Möglichkeit", von der in § 266 b I die Rede ist, wird nur dem Kon-

---

[447] Arzt et al. (2009), § 23 Rn. 42; Maurach et al. (2009), § 45 Rn. 72; Otto (1986), 150 (152); Ranft (1988), 673 (675); Schönke et al. (2014), § 266 b Rn. 1.

[448] Wessels et al. (2013c), Rn. 794: „lediglich ein Reflex".

[449] Ranft (1988), 673 (675).

[450] Arzt et al. (2009), § 23 Rn. 42; Rengier (2014a), § 19 Rn. 1.

[451] S. o. 6.2.1.1.1.

[452] Arzt et al. (2009), § 23 Rn. 51; Hilgendorf (1999), 542 (544); Münchener Kommentar-Radtke (2014) § 266 b Rn. 6, 75; Rengier (2014a), § 19 Rn. 3; Wessels et al. (2013c), Rn. 794; Wittig (2014), § 21 Rn. 6.

[453] Mit der Konsequenz der Strafmilderung gem. § 28 I, vgl. Arzt et al. (2009), § 23 Rn. 51; Maurach et al. (2009), § 45 Rn. 75; Wessels et al. (2013c), Rn. 794; Wittig (2014), § 21 Rn. 7.

[454] Münchener Kommentar-Radtke (2014) § 266 b Rn. 75.

[455] Otto (1986), 150 (152); Wittig (2014), § 21 Rn. 8.

[456] Dies ist auch dann kein tatbestandsmäßiger „Missbrauch", wenn dem Karteninhaber die Weitergabe der Karte an Dritte untersagt ist, Arzt et al. (2009), § 23 Rn. 45; Hellmann et al. (2013), Rn. 226; Wittig (2014), § 21 Rn. 10.

[457] Hellmann et al. (2013), Rn. 223; Münchener Kommentar-Radtke (2014) § 266 b Rn. 4; Rengier (2014a), § 19 Rn. 29; Wittig (2014), § 21 Rn. 9.

toinhaber eingeräumt. Die Übertragung der Möglichkeit auf einen Dritten scheitert schon daran, dass der Veranlassung des Ausstellers zu einer Zahlung eine Unterschrift des Kartenbenutzers vorausgeht und diese mit der Unterschrift des Karteninhabers auf der Rückseite der Kreditkarte übereinstimmen muss. Der Dritte könnte diese Übereinstimmung nur im Wege einer Urkundenfälschung herstellen. Überlassung setzt außer der rechtsgeschäftlichen Vereinbarung lediglich die tatsächliche Besitzübertragung durch das Kreditinstitut voraus. Die rechtliche Wirksamkeit des diesem Vorgang zugrundeliegenden Rechtsgeschäfts ist ebenso irrelevant wie etwaige Willensmängel bei der für das Kreditinstitut agierenden Person.[458] Tauglicher Täter eines Kreditkartenmissbrauchs kann also auch der Karteninhaber sein, der das Kreditinstitut durch Täuschung – z. B. über seine Kreditwürdigkeit – zur Überlassung der Kreditkarte verleitet hat.[459]

7.9.2.1.2 Kreditkarte

Von den vielen im Umlauf befindlichen Kartenarten kommen für § 266 b I Alt. 2 nur solche in Betracht, deren Verwendungsart das untreuetypische Missbrauchs- und Schädigungsrisiko immanent ist. Das trifft auf die im „Drei-Partner-System" (neuerdings: Vier-Partner-System[460]) eingesetzten **Universalkreditkarten** (z. B. American Express Card, VISA, Diners Club Card, Eurocard) zu.[461] Es trifft hingegen nicht zu auf Karten, die – z. B. als „**Kundenkarten**" – im Zwei-Partner-System Verwendung finden.[462] Denn das entscheidende Moment ist die Verlagerung des Schadens auf einen Dritten, der in der schadensbegründenden Situation keinen vermögensschützenden Einfluss auf den schadensverursachenden Vorgang nehmen kann. Der Vertragspartner, dessen Zahlungsanspruch der Täter mittels Kreditkarte erfüllt, hat weder Grund noch Möglichkeit zu prüfen, ob der Täter mit der Verwendung der Kreditkarte das Vermögen des Kreditkartenunternehmens schädigt. Das Kreditkartenunternehmen wiederum hat keine Möglichkeit, den Zahlungsvorgang etwa durch Sperrung der Karte zu unterbinden.[463] Dass es sich in diese Lage gebracht hat, indem es dem Täter die Kreditkarte anvertraut hat, beruht auf Vertrauen und damit einem wichtigen Bindeglied im zwischenmenschlichen Umgang, das auch dem Untreuetatbestand seinen Charakter verleiht. Bei der Verwendung einer Kundenkarte[464] ist der Inhaber des betroffenen Vermögens derjenige, der sich auf den Zahlungsverkehr mittels Kundekarte einlässt. Ähnlich dem früheren „An-

---

[458] Arzt et al. (2009), § 23 Rn. 44; Schönke et al. (2014), § 266 b Rn. 8.

[459] Ranft (1988), 673 (677).

[460] Rengier (2014a), § 19 Rn. 14.

[461] Eisele (2012b), Rn. 929; Eisele et al. (2002), 305 (311); Münchener Kommentar-Radtke (2014) § 266 b Rn. 24; Nomos Kommentar-Kindhäuser (2013) § 266 b Rn. 7; Rengier (2012), 808 (814); Wessels et al. (2013c), Rn. 798.

[462] Eisele (2012b), Rn. 934; Eisele et al. (2002), 305 (311); Fest et al. (2009), 798 (801); Münchener Kommentar-Radtke (2014) § 26 b Rn. 25; Nomos Kommentar-Kindhäuser (2013) § 266 b Rn. 8; Rengier (2014a), § 19 Rn. 19.

[463] Rengier (2012), 808 (818).

[464] Vergleichbar ist die Verwendung der Karte an einem Geldautomaten des kartenausgebenden Kreditinstituts, Brand (2008), 496 (497).

schreiben" im Tante-Emma-Laden wird hier dem Kunden von dem Unternehmen Stundung seiner Zahlungspflicht gewährt, weil die eigentliche Bezahlung erst später durch Abbuchung des Betrages vom Konto des Kunden erfolgt.[465] Erlangung einer Kundenkarte mittels Täuschung (über die Kreditwürdigkeit) kann als Betrug (§ 263) strafbar sein.[466]

7.9.2.1.3 Missbrauch

Die tatbestandsmäßige Handlung, die das Gesetz „Missbrauch" nennt, ist wie beim Missbrauchstatbestand der Untreue in eine **Dreiecksbeziehung** eingebettet: Der Karteninhaber macht – z. B. als Käufer einer Ware – von der Kreditkarte im Verhältnis zu seinem Gläubiger – z. B. dem Verkäufer – Gebrauch und begründet damit die auf der Kreditkartengarantie beruhende Zahlungspflicht eines Dritten – des Ausstellers – ihm gegenüber. Wie bei § 266 I 1. Alt. gibt es auch hier also ein Innenverhältnis und ein Außenverhältnis.[467] Das **Innenverhältnis** ist die Beziehung zwischen Karteninhaber/Täter und Kreditinstitut („Aussteller"). Das **Außenverhältnis** ist die Beziehung zwischen dem Kreditinstitut und dem anderen Unternehmen, in das der Karteninhaber mit einer stellvertreterähnlichen Funktion im Verhältnis zum Kreditinstitut einbezogen ist. Die rechtliche Wirksamkeit der Kreditkartenbenutzung im Außenverhältnis richtet sich nach dem rechtlichen „**Können**", die gegenüber dem Kreditinstitut im Innenverhältnis bestehende Berechtigung zur Entfaltung dieser Rechtswirkung ist Essenz des rechtlichen „**Dürfens**". Der Missbrauch zeichnet sich dadurch aus, dass der Täter im Außenverhältnis im Rahmen seines rechtlichen Könnens bleibt, dabei aber im Innenverhältnis den Rahmen seines rechtlichen Dürfens durchbricht.[468] Das ist der Fall, wenn die Karte benutzt wird, obwohl das Konto des Karteninhabers keine genügende Deckung aufweist. Im Außenverhältnis muss die Kreditkartenbenutzung „wirksam" sein und eine Zahlungspflicht des Ausstellers gegenüber dem Partnerunternehmen begründen. Werden bei dem Zahlungsvorgang mittels Kreditkarte zwischen dem Karteninhaber und dem Unternehmen Bedingungen nicht erfüllt, von denen die Auslösung der Garantiehaftung des Ausstellers abhängt, liegt kein Missbrauch vor.[469] Denn der Aussteller ist dann nicht zu einer Zahlung an das Partnerunternehmen veranlasst worden.

Umstritten ist, ob ein tatbestandsmäßiger Missbrauch der Karte auch durch ihre Benutzung zum Zwecke der Bargeldbeschaffung aus einem **Geldautomaten** begangen werden kann. Überwiegend wird dies verneint, da in diesem Fall nicht die spezifische Garantiewirkung der Scheckkarte aktiviert werde, sondern eine zufällig

---

[465] Rengier (2014a), § 19 Rn. 5.

[466] Münchener Kommentar-Radtke (2014) § 266 b Rn. 28.

[467] Münchener Kommentar-Radtke (2014) § 266 b Rn. 42; Nomos Kommentar-Kindhäuser (2013) § 266 b Rn. 12.

[468] Lackner et al. (2014), § 266 b Rn. 5; Otto (1986), 150 (152); Rengier (2014a), § 19 Rn. 3; Wessels et al. (2013c), Rn. 794; Schönke et al. (2014), § 266 b Rn. 9.

[469] Schönke et al. (2014), § 266 b Rn. 9.

mit ihr verbundene andersartige Funktion als Codekarte.[470] Dem ist gewiss zuzu-stimmen in Bezug auf die Konstellation, dass der Täter die Karte an einem Geld-automaten des Kreditinstituts benutzt, das ihm die Karte überlassen hat. Denn dann fehlt es schon an dem untreuetypischen Drei-Personen-Verhältnis.[471] Der Automat – und damit das Kreditinstitut – wird zwar zu einer Zahlung – an den Karteninhaber – veranlasst. Jedoch hat in diesem Veranlassungsvorgang die Scheckkartengarantie keine Funktion. Da dieser Aspekt ebenfalls bei der Benutzung eines ausstellerfrem-den Geldautomaten durchschlägt,[472] wird man auch diesen Fall – trotz Drei-Perso-nen-Konstellation – aus dem Tatbestand des § 266 b ausgrenzen müssen.[473]

7.9.2.1.4 Schaden

Obwohl der Text des § 266 b nur das allgemeine – z. B. auch Ruf- oder „Image"-Schäden umfassende – Wort „schädigt" verwendet, ist nach dem gesetzgeberischen Willen, der systematischen Stellung der Vorschrift und ihrer Zweckbestimmung unstreitig, dass nur der Eintritt eines **Vermögensschadens** die Vollendung der Tat bewirken kann.[474] Auch bei § 266 I besteht trotz ungenauer Wortwahl („Nachteil") kein Zweifel daran, dass nichts anderes als ein Vermögensnachteil gemeint sein kann.[475] Der Vermögensschaden muss bei dem Aussteller („diesen") eintreten und durch den Missbrauch der spezifischen Kreditkartenfunktion verursacht worden sein.[476] Eingetreten ist dieser Schaden nicht erst, wenn der Aussteller an das Part-nerunternehmen gezahlt hat, sondern schon mit Entstehung der zugrundeliegenden Zahlungspflicht.[477] An einem Schaden fehlt es, wenn der Täter im Zeitpunkt der Tat willens und nach den objektiven Gegebenheiten in der Lage ist, die Deckungs-lücke auf seinem Konto alsbald zu schließen.[478] Ansonsten vermag ein nachträg-licher Ausgleich des Kontos an der zuvor begründeten Strafbarkeit nichts mehr zu ändern.[479]

---

[470] Fischer (2014), § 266 b Rn. 7; Lackner et al. (2014), § 266 b Rn. 3; Rengier (2014a), § 19 Rn. 24; Schönke et al. (2014), § 266 b Rn. 8; Wessels et al. (2013c), Rn. 795; im Ergebnis ebenso – mit anderer Begründung – Otto (1986), 150 (153); aA Arzt et al. (2009), § 23 Rn. 49.

[471] Wessels et al. (2013c), Rn. 797.

[472] Leipziger Kommentar-Möhrenschager (2012), § 266 b Rn. 17; Wessels et al. (2013c), Rn. 795; aA OLG Stuttgart, MDR 1988, 602.

[473] Anders die vom Verfasser in JZ 1994, 877 (881) vertretene Auffassung, an der hier nicht mehr festgehalten wird.

[474] Arzt et al. (2009), § 23 Rn. 50; Leipziger Kommentar-Möhrenschlager (2012), § 266 b Rn. 49; Schönke et al. (2014), § 266 b Rn. 10, 12; Wessels et al. (2013c), Rn. 796.

[475] Oben 6.2.1.4.

[476] Lackner et al. (2014), § 266 b Rn. 6.

[477] Schönke et al. (2014), § 266 b Rn. 10.

[478] Lackner et al. (2014), § 266 b Rn. 6; Leipziger Kommentar-Möhrenschlager (2012), § 266 b Rn. 49; Otto (1986), 150 (152); Schönke et al. (2014), § 266 b Rn. 10.

[479] Leipziger Kommentar-Möhrenschlager (2012), § 266 b Rn. 52.

7.9.2.2   Subjektiver Tatbestand

Der subjektive Tatbestand setzt **Vorsatz** voraus, § 15. Ausreichend ist dolus eventualis.[480] Eine Bereicherungsabsicht ist – wie bei § 266 – nicht erforderlich, ebenso wenig eine Nachteilszufügungsabsicht.

Kontrollfragen

1. Wann wurde § 263a in das StGB eingeführt? (7.2.1)
2. Warum erfasst § 263 den Computerbetrug nicht? (7.2.1)
3. Warum ist die 1. Alternative des § 263 a I ein Unterfall der 2. Alternative? (7.2.2.1.1.1)
4. Wonach richtet sich die „Unrichtigkeit" der Programmgestaltung (§ 263 a I 1. Alt.)? (7.2.2.1.1.1)
5. Wann sind Daten „unrichtig" (§ 263 a I 2. Alt.)? (7.2.2.1.1.2)
6. Wann ist eine Datenverwendung „unbefugt" (§ 263 a I 3. Alt.)? (7.2.2.1.1.3)
7. Welche Funktion hat § 263 a I 4. Alt.? (7.2.2.1.1.4)
8. Aus welchen Merkmalen setzt sich der subjektive Tatbestand des § 263 a I zusammen? (7.2.2.2)
9. Wo findet man die Tatbestandsmerkmale des qualifizierten Computerbetrugs? (7.2.3)
10. Auf welcher Stufe des Straftataufbaus ist die „Gewerbsmäßigkeit" zu prüfen? (7.2.3.2)
11. Wie unterscheidet sich der Tatbestand des Subventionsbetrugs vom Tatbestand des Betrugs? (7.3.1.1)
12. Welches Rechtsgut schützt § 264 StGB? (7.3.1.2)
13. Kann ein Amtsträger Täter des Subventionsbetrugs sein? (7.3.2.2.1.1)
14. Wann sind Angaben „vorteilhaft" iSd § 264 I Nr. 1? (7.3.2.2.1.2)
15. Warum pönalisiert § 264 IV leichtfertige Taten? (7.3.2.2.2.1)
16. Wer kann Täter des § 264 I Nr. 3 sein? (7.3.2.4.1.2)
17. In welcher Vorschrift sind die Tatbestandsmerkmale des qualifizierten Subventionsbetruges normiert? (7.3.3)
18. Welche Funktion hat § 264 V? (7.3.5.1)
19. Wann wurde § 264 a in das StGB eingefügt? (7.4.1)
20. Wie unterscheidet sich der Tatbestand des § 264 a vom Tatbestand des § 263? (7.4.1.1)
21. Was versteht man unter „Angaben machen"? (7.4.2.1.4.1)
22. Ist die Tatbestandserfüllung durch Verschweigen von nachteiligen Tatsachen ein Unterlassungsdelikt? (7.4.2.1.4.2)

---

[480] Leipziger Kommentar-Möhrenschlager (2012), § 266 b Rn. 57; Schönke et al (2014), § 266 b Rn. 11.

23. Was muss der Täter tun, um gem. § 264 a III Straffreiheit zu erlangen? (7.4.2.3)

24. Seit wann ist der Straftatbestand „Versicherungsmißbrauch" Bestandteil des StGB-BT? (7.5.1.1)

25. Wie unterschied sich der Vorläufer „Versicherungsbetrug" (§ 265 a.F.) von der jetzt geltenden Regelung? (7.5.1.1)

26. Inwiefern ist § 265 n.F. weniger eng an § 263 angelehnt als § 265 a.F.? (7.5.1.2)

27. Welche Rechtsgüter schützt § 265? (7.5.1.3)

28. Kann der Eigentümer der versicherten Sache Täter des § 265 sein? (7.5.2.1.1)

29. Hängt die Erfüllung des Tatbestandsmerkmals „versichert" von der zivilrechtlichen Wirksamkeit des Versicherungsvertrages ab? (7.5.2.1.2.2)

30. Aus welchen Merkmalen besteht der subjektive Tatbestand des Versicherungsmissbrauchs? (7.5.2.2)

31. Ist die „Leistungsverschaffungsabsicht" stets eine „betrügerische Absicht"? (7.5.2.2.2)

32. Befreit „tätige Reue" den Täter von der Strafbarkeit aus § 265? (7.5.3)

33. Wie ist das Merkmal „die Tat" in der Subsidiaritätsklausel des § 265 zu verstehen? (7.5.4)

34. Welche Funktion hat § 265 a im Verhältnis zu § 263? (7.6.1.1)

35. Welche Art von Automaten berücksichtigt § 265 a I 1. Alt.? (7.6.2.1.1.2.1)

36. Welches ungeschriebene Tatbestandsmerkmal ist zur Komplettierung des objektiven Tatbestandes des § 265a erforderlich? (7.6.2.1.1.2.2)

37. Ist „Telefonterror" ein Fall des § 265 a I 2. Alt.? (7.6.2.1.1.3)

38. Welche Erfolgskomponente weist das Merkmal „Erschleichen" auf? (7.6.2.1.2.2)

39. Welche Handlungsvollzugsmerkmale sorgen für die Betrugsähnlichkeit des „Erschleichens"? (7.6.2.1.2.3)

40. Aus welchen Merkmalen besteht der subjektive Tatbestand des § 265 a? (7.6.2.2)

41. Kann mit „Absicht, das Entgelt nicht zu entrichten" handeln, wer kein Geld hat und daher gar nicht zahlen kann? (7.6.2.2.2)

42. Welches Konkurrenzverhältnis besteht zwischen Leistungserschleichung und Betrug? (7.6.3)

43. Welche Straftatbestände verdrängen § 265 a? (7.6.3)

44. Welche Tatbestandsmerkmale des § 263 sind auch im Tatbestand des § 265 b I enthalten? (7.7.1.1)

45. Ist der Kreditbetrug ein konkretes Vermögensgefährdungsdelikt? (7.7.1.1)

46. Welches Rechtsgut bzw. welche Rechtsgüter schützt § 265 b? (7.7.1.2)

47. Wer kann Täter des Kreditbetrugs sein? (7.7.2.1.2)

48. Welche Tatbestandsalternative des § 265 b I hat den Charakter eines echten Unterlassungsdelikts? (7.7.2.1.4.2)

49. Ist es tatbestandsmäßiger Kreditbetrug, wenn der T seinen Arbeitskollegen A durch falsche Informationen über seine Vermögensverhältnisse dazu bringen will, ihm 1000 € zu „leihen"? (7.7.2.1.5)

50. Welche Rechtsfolge ergibt sich, wenn der Täter die Voraussetzungen des § 265 b II erfüllt? (7.7.2.3.1)

51. Kommt § 265 b II auch einem Anstifter oder Gehilfen zugute? (7.7.2.3.2)

52. Welches Rechtsgut schützt § 266 a? (7.8.1.2)

53. Wer kann Täter des in § 266 a I normierten Delikts sein? (7.8.2.1.1.1)

54. Welche Bedeutung hat § 14 im Zusammenhang mit § 266 a I? (7.8.2.1.1.3)

55. Erfüllt die Vorenthaltung des Arbeitgeberanteils der Sozialversicherungsbeiträge den Tatbestand des § 266 a I? (7.8.2.1.2)

56. Kann der Tatbestand des § 266 a I erfüllt werden, wenn der Arbeitgeber dem Arbeitnehmer überhaupt kein Arbeitsentgelt auszahlt? (7.8.2.1.4)

57. Kann der Täter das Tatbestandsmerkmal „vorenthalten" auch dann erfüllen, wenn er selbst gar kein Geld hat? (7.8.2.1.4)

58. Welche Rechtsfolge hat § 266 a VI 1 und § 266 a VI 2? (7.8.4.2)

59. Wer kann Täter des in § 266 a II normierten Delikts sein? (7.8.2.2.1)

60. Welche Funktion hat das Merkmal „einbehält" in § 266 a III? (7.8.2.3.2)

61. Welche Struktur hat das Verhaltensmerkmal des § 266 a III? (7.8.2.3.3)

62. Wann wurde § 266 b in das StGB eingeführt? (7.9.1.1)

63. Warum können die von § 266 b erfassten Taten nicht als Betrug oder Untreue bestraft werden? (7.9.1.1)

64. Was bedeutet „Missbrauch"? (7.9.2.1.3)

65. Wer kann Täter des Kreditkartenmissbrauchs sein? (7.9.2.1.1)

66. Ist die missbräuchliche Verwendung einer „Kundenkreditkarte" ein Kreditkartenmissbrauch? (7.9.2.1.2)

67. Wie setzt sich der subjektive Tatbestand des Kreditkartenmissbrauchs zusammen? (7.9.2.2)

Literatur

Achenbach. Anm. BGH, Urt. v. 20.11.1987 – 1 StR 456/86. JR. 1988; 251.

Albrecht. Anm. OLG Hamburg, Urt. v. 3.3.1987 – 1 Ss 67/87. NStZ. 1988, 222.

Alwart. Anm. BGH, Beschl. v. 8.1.2009 – 4 StR 117/08. JZ. 2009; 478.

Alwart. Über die Hypertrophie eines Unikums (§ 265 a StGB). JZ. 1986;563.

Arzt G, Weber U, Heinrich B, Hilgendorf E. Strafrecht Besonderer Teil. 3. Aufl. 2009.

Baumann J, Weber U, Mitsch W. Strafrecht Allgemeiner Teil. 11. Aufl. 2003.

Bente. Strafbarkeit des Arbeitgebers gem. § 266 a StGB auch bei unterbliebener Lohnauszahlung? wistra. 1992;177.

Bente. Anm. OLG Celle, Urt. v. 29.11.1995 – 9U 51/95. wistra. 1996; 115.

Berghaus. § 263 a StGB und der Codekartenmißbrauch durch den Kontoinhaber selbst. JuS. 1990;981.

Bittmann. Keine Strafbarkeit nach § 266 a Abs. 1 StGB ohne Lohnzahlung. wistra. 1999;441.

Blei. Das Erste Gesetz zur Bekämpfung der Wirtschaftskriminalität vom 20. Juli 1976. JA. 1976;741.

Brand. Missbrauch eines Geldausgabeautomaten durch den berechtigten EC-Karteninhaber. JR. 2008;496.

Brand. „Weißt du wie das wird?" – Zum Verhältnis von § 266a StGB und § 64 S. 1 GmbHG. GmbHR. 2010;237.

Bühler. Ein Versuch, Computerkriminellen das Handwerk zu legen: Das Zweite Gesetz zur Bekämpfung der Wirtschaftskriminalität. MDR. 1987;448.

Bühler C. Die strafrechtliche Erfassung des Missbrauchs von Geldspielautomaten. 1995.

Cerny. § 264 a StGB – Kapitalanlagebetrug. Gesetzlicher Anlegerschutz mit Lücken. MDR. 1987;271.

Duttge. Vorbereitung eines Computerbetruges: Auf dem Weg zu einem „grenzenlosen" Strafrecht. Festschrift für Weber; 2004. S. 285.

Ehmke. Zur rechtlichen Beurteilung von Telefonbelästigungen. Die Polizei. 1981;247.

Eisele J. Strafrecht Besonderer Teil ii. 2. Aufl. 2012b.

Eisele, Fad. Strafrechtliche Verantwortlichkeit beim Missbrauch kartengestützter Zahlungssysteme. Jura. 2002;305.

Ellbogen. Strafbarkeit des einfachen „Schwarzfahrens". JuS. 2005;20.

Eschenbach. Diagnose – Tatbestandsschwund. Jura. 1996; 239.

Exner. Strafbares „Schwarzfahren" als ein Lehrstück juristischer Methodik. JuS. 2009;990.

Fest, Simon. Examensrelevante Grundlagen des Bankrechts im Besonderen Teil des StGB. JuS. 2009;798.

Fischer. „Erschleichen" der Beförderung bei freiem Zugang? NJW. 1988;1828.

Fischer T. Strafgesetzbuch. 61. Aufl. 2014.

Flanderka, Heydel. Strafbarkeit des Vertriebs von Bauherren-, Bauträger- und Erwerbermodellen gem. § 264 a StGB. wistra. 1990;256.

Frommel. Das Zweite Gesetz zur Bekämpfung der Wirtschaftskriminalität. JuS. 1987; 667.

Gaede. Der BGH bestätigt die Strafbarkeit der „einfachen Schwarzfahrt" – Zu Unrecht und mit problematischen Weiterungen. HRRS. 2009;69.

Geppert. Ein heikles Problem zum neuen § 266 b StGB. Jura. 1987;162.

Geppert. Versicherungsmißbrauch (§ 265 StGB neue Fassung). Jura. 1998;382.

Gern, Schneider. Die Bedienung von Parkuhren mit ausländischem Geld. NZV. 1988;129.

Göhler, Wilts. Das Erste Gesetz zur Bekämpfung der Wirtschaftskriminalität. DB. 1976;1609, 1657.

Gössel KH. Strafrecht Besonderer Teil. Bd. 2. 1996.

Gropp. Strafrecht Allgemeiner Teil. 3. Aufl. 2005.

Haft. Das Zweite Gesetz zur Bekämpfung der Wirtschaftskriminalität (2. WiKG). NStZ. 1987;6.

Hauck. Anm. BGH, Urt. v. 24.10.2006 – 1 StR 44/06. NStZ. 2007; 221.

Hauf. Schwarzfahren im modernen Massenverkehr – strafbar nach § 265 a StGB? DRiZ. 1995;15.

Heger. § 266 a StGB: Strafrecht im Gewand zivilrechtlicher Judikatur JuS. 1998;1090.

Heger. Anm. BGH, Urt. v. 24.10.2007 – 1 StR 160/07. JZ. 1997; 369.

Hellmann. Anm. BGH, Urt. v. 21.1.1997 – VI ZR 338/95. JZ. 1997; 1005.

Hellmann U, Beckemper K. Wirtschaftsstrafrecht. 4. Aufl. 2013.

Hilgendorf. Grundfälle zum Computerstrafrecht. JuS. 1997; 130.

Hilgendorf. Scheckkartenmissbrauch und Computerbetrug. JuS. 1999;542.

Hillenkamp. Beweisnot und materielles Recht. Festschrift für Wassermann; 1985. S. 861.

Hinrichs. Die verfassungsrechtlichen Grenzen der Auslegung des Tatbestandsmerkmals „Erschleichen" in § 265 a I Alt. 3 StGB („Schwarzfahren"). NJW. 2001;932.

Hörnle. Die wichtigsten Änderungen des Besonderen Teils des StGB durch das 6. Gesetz zur Reform des Strafrechts. Jura. 1998;169.

Ignor, Rixen. Europarechtliche Grenzen des § 266a Abs. 1 StGB. wistra. 2001;201.

Ingelfinger. Anm. BayObLG, Beschl. v. 4.7.2001 – 5 StRR 169/01. StV. 2002; 90.

Jacobi, Reufels. Die strafrechtliche Haftung des Arbeitgebers für den Arbeitnehmeranteil an den Sozialversicherungsbeiträgen. BB. 2000;771.

Joecks. Anleger- und Verbraucherschutz durch das 2. WiKG. wistra. 1986;142.

Kespe H C. Täter-Opfer-Ausgleich und Schadenswiedergutmachung. 2011.

Kindhäuser. Anm. BGH, Urt. v. 3.11.1989 – 4StR 520/89. JR. 1990; 520.

Kindhäuser. Zur Auslegung des Merkmals „vorteilhaft" in § 264 Abs. 1 Nr. 1 StGB. JZ. 1991;492.

Krell. Referendarexamensklausur – Strafrecht. JuS. 2012; 537.

Kudlich. Anm. OLG Koblenz, Beschl. v. 11.10.1999 – 2 Ss 250/99. NStZ. 2001; 90.

Lackner. Zum Stellenwert der Gesetzestechnik. Festschrift für Tröndle; 1989. S. 41.

Lackner K, Kühl K. Strafgesetzbuch. 28. Aufl. 2014.

Laitenberger. Beitragsvorenthaltung, Minijobs und Schwarzarbeitsbekämpfung. NJW. 2004;2703.

Leipziger Kommentar zum Strafgesetzbuch, Band xx, 12. Aufl. 2012.

Lenckner, Winkelbauer. Computerkriminalität – Möglichkeiten und Grenzen des 2. WiKG. CR. 1986;483, 654.

Löhnig. Unberechtigte Bargeldabhebung mit eurocheque-Karte und Geheimnummer an defektem Geldautomaten. JR. 1999;362.

Lüderssen. Das Merkmal „vorteilhaft" in § 264 Abs. 1 Satz 1 StGB. wistra. 1988;43.

Mahnkopf. Forum: Probleme der unbefugten Telefonbenutzung. JuS. 1982;885.

Martens. Das neue Beitragsstrafrecht der Sozialversicherung (§ 266 a StGB). wistra. 1986;154.

Maurach R, Schroeder FC, Maiwald M. Strafrecht Besonderer Teil Bd. 1. 10. Aufl. 2009.

Meier. Strafbarkeit des Bankomatenmißbrauchs. JuS. 1992;1017.

Meine. Der Vorteilsausgleich beim Subventionsbetrug. wistra. 1988;13.

Metz. Strafbarkeit bei untertariflicher Bezahlung. NZA. 2011;782.

Mikolajczyk S. Der Zueignungsbegriff des Unterschlagungstatbestandes. 2005.

Mitsch. Rechtsprechung zum Wirtschaftsstrafrecht nach dem 2. WiKG. JZ. 1994;877.

Mitsch. Strafbare Überlistung eines Geldspielautomaten. JuS. 1998;307.

Mitsch. Die Vermögensdelikte im Strafgesetzbuch nach dem 6. Strafrechtsreformgesetz. ZStW. 1999;111:65.

Möhrenschlager. Der Regierungsentwurf eines Zweiten Gesetzes zur Bekämpfung der Wirtschaftskriminalität. wistra. 1982; 201.

Müller-Emmert, Maier. Das Erste Gesetz zur Bekämpfung der Wirtschaftskriminalität. NJW. 1976;1657.

Münchener Kommentar zum StGB, Bd. 5, 2. Aufl. 2014.

Mutter. § 264 a StGB: ausgewählte Probleme rund um ein verkanntes Delikt. NStZ. 1991;421.

Nelles U. Untreue zum Nachteil von Gesellschaften. 1991.

Neumann. Unfaires Spielen an Geldspielautomaten. JuS. 1990;535.

Nomos Kommentar zum Strafgesetzbuch, 4. Aufl. 2013.

Otto. Mißbrauch von Scheck- und Kreditkarten sowie Fälschung von Vordrucken für Euroschecks und Euroscheckkarten. wistra. 1986;150.

Otto. Die Tatbestände gegen Wirtschaftskriminalität im Strafgesezbuch. Jura. 1989; 24.

Otto. Probleme des Computerbetrugs. Jura. 1993;612.

Otto H. Grundkurs Strafrecht Die einzelnen Delikte. 7. Aufl. 2005.

Putzke, Putzke. Schwarzfahren als Beförderungserschleichung – Zur methodengerechten Auslegung des § 265a StGB. JuS. 2012;500.

Radtke. Anm. zu BGH, Beschl. v. 28.5.2002 – 5 StR 16/02. NStZ. 2003;154.

Ranft. Täterschaft beim Subventionsbetrug i. S. des § 264 I Nr. 1 StGB. JuS. 1986a;445.

Ranft. Die Rechtsprechung zum sog. Subventionsbetrug (§ 264 StGB). NJW. 1986b;3163.

Ranft. Der Bankomatenmißbrauch. wistra. 1987;79.

Ranft. Der Kreditkartenmißbrauch (§ 266 b Alt. 2 StGB). JuS. 1988;673.

Ranft. Strafrechtliche Probleme der Beförderungserschleichung. Jura. 1993;84.

Ranft. Zur „betrugsnahen" Auslegung des § 263 a StGB. NJW. 1994;2574.

Ranft. „Leerspielen" von Glücksspielautomaten. JuS. 1997;19.

Rengier. Kreditkartenmissbrauch durch den berechtigten Karteninhaber – Faktische Grundlagen und Legitimation des § 266 b Abs. 1 2. Var. StGB. Festschrift für Heinz; 2012. S. 808.

Rengier R. Strafrecht Besonderer Teil Band 1. 16. Aufl. 2014a.

Renzikowski. Strafbarkeit nach § 266 a Abs. 1 StGB bei Zahlungsunfähigkeit wegen Vorverschulden? Festschrift für Weber; 2004. S. 333.

Rinio. Das „Überlisten" der Ausfahrtschranke eines Parkhauses – strafbares Unrecht? DAR. 1998;297.

Rönnau. Die Strafbarkeit des Arbeitgebers gemäß § 266 a I StGB in der Krise des Unternehmens. wistra. 1997;13.

Rönnau. Der neue Straftatbestand des Versicherungsmißbrauchs – eine wenig geglückte Gesetzesregelung. JR. 1998;441.

Rönnau, Kirch-Heim. Das Vorenthalten von Arbeitgeberbeiträgen zur Sozialversicherung gem. § 266a Abs. 2 StGB n. F. – eine geglückte Regelung? wistra. 2005;321.

Roggan. Bekennendes Schwarzfahren. Jura. 2012;299.

Rossa. Missbrauch beim electronic cash. CR. 1997;219.

Rübenstahl. Strafbares Vorenthalten von Sozialversicherungsbeiträgen trotz Entsendebescheinigung aus Nicht-EU-Staaten? NJW. 2007;3538.

Schall. Der Schwarzfahrer auf dem Prüfstand des § 265 a StGB. JR. 1992;1.

Schlüchter. Zweckentfremdung von Geldspielgeräten durch Computermanipulationen. NStZ. 1988;53.

Schmidt-Hieber. Verfolgung von Subventionserschleichungen nach Einführung des § 264 StGB. NJW. 1980;322.

Schönke A, Schröder H. Strafgesetzbuch. 29. Aufl. 2014.

Schünemann. Anm. BGH, Urt. v. 14.12.1983 – 3 StR 452/83. NStZ. 1985; 73.

Schubarth. Das Verhältnis von Strafrechtswissenschaft und Gesetzgebung im Wirtschaftsstrafrecht. ZStW. 1980;92:80.

Schulz. Anm. BGH, Urt. v. 24.10.2006 – 1 StR 44/06. NJW. 2007; 237.

Sieg. Strafrechtlicher Schitz gegen Computerkriminalität. Jura. 1986; 352.

Stächelin. Das 6. Strafrechtsreformgesetz. StV. 1998; 98.

Steinberg. Anm. BGH, Beschl. v. 7.3.2012 – 1 StR 662/11. NZWiSt. 2013; 64.

Stein U. GmbH-Geschäftsführer: Goldesel für leere Sozialkassen? DStR. 1998;1055.

Tag B. Das Vorenthalten von Arbeitnehmerbeiträgen zur Sozial- und Arbeitlosenversicherung sowie das Veruntreuen von Arbeitsentgelt. 1994.

Tag. Anm. BGH, Urt. v. 21.1.1997 – VI ZR 338/95. BB. 1997; 1115.

Tenckhoff. Das Merkmal der Vorteilhaftigkeit in § 264 StGB. Festschrift für Bemmann; 1997. S. 465.

Tiedemann. Die Bekämpfung der Wirtschaftskriminalität durch den Gesetzgeber. JZ. 1986;865.

Wank. Die Bindungswirkung von Entsendebescheinigungen. EuZW. 2007;300.

Weber. Das Zweite Gesetz zur Bekämpfung der Wirtschaftskriminalität (2. WiKG). NStZ. 1986;481.

Wegner. Neue Fragen bei § 266 a Abs. 1 StGB – eine systematische Übersicht. wistra. 1998;293.

Wegner. Anm. OLG Hamm, Urt. v. 15.1.1999 – 9 U 181/97. NStZ. 2000; 261.

Weigend. Bewältigung von Beweisschwierigkeiten durch Ausdehnung des materiellen Strafrechts? Festschrift für Triffterer; 1996. S. 695.

Wessels J, Hillenkamp T. Strafrecht Besonderer TEil 2. 36. Aufl. 2013c.

Winkelbauer. Die strafbefreiende Selbstanzeige im Beitragsstrafrecht (§ 266 a Abs. 5 StGB). wistra. 1988;16.

Wittig P. Wirtschaftsstrfrecht. 3. Aufl. 2014.

Wolff C. Die Neuregelung des Versicherungsmissbrauchs (§ 265, § 263 Abs. 3 Satz 2 Nr. 5 StGB). 2000.

Worms. § 264 a StGB – ein wirksames Remedium gegen den Anlageschwindel? wistra 1987;242 (1. Teil), 271 (2. Teil).

Zopfs. Erfordert der Schutz des Versicherers den strafrechtlichen Tatbestand des Versicherungsmissbrauchs? VersR. 1999;265.

Zschieschack, Rau. Anm. BGH, Beschl. v. 8.1.2009 – 4 StR 117/08. JR 2009; 244.

Raub, §§ 249 ff StGB

8

Inhaltsverzeichnis

8.1 Allgemeines

8.1.1 Rechtsgut

Primäres Schutzgut der Raubtatbestände ist das **Eigentum**. Der Text des § 249 I lässt diese Parallele zum Diebstahl deutlich zutage treten. Dennoch ist Raub kein qualifizierter Diebstahl. Seine kriminelle Eigenart erhält der Raub nämlich auf Grund des Hinzutretens weiterer Rechtsgüter, die durch einen Raub angegriffen werden: Da der Raub mittels Gewalt gegen eine Person oder Drohung mit gegenwärtiger Gefahr für Leib oder Leben begangen wird, ist auch die **Freiheit der Willensentschließung** und **-betätigung** in Mitleidenschaft gezogen. Darüber hinaus berühren qualifizierte Raubtatbestände (§§ 250, 251) die Rechtsgüter **körperliche Unversehrtheit** und **Leben**. Der Raub ist also nicht nur Eigentumsdelikt, sondern auch ein Gewaltdelikt.

8.1.2 Systematik

8.1.2.1 System der Raubtatbestände
Der **Grundtatbestand** des Raubes ist in § 249 normiert. **Qualifikationstatbestände** sind die Varianten des schweren Raubes gem. § 250 I, II, sowie der Raub

© Springer-Verlag Berlin Heidelberg 2015
W. Mitsch, *Strafrecht, Besonderer Teil 2*, Springer-Lehrbuch,
DOI 10.1007/978-3-662-44934-9_8

mit Todesfolge gem. § 251. Privilegierte Raubtatbestände gibt es nicht, die §§ 249 II, 250 III sind **Strafzumessungsvorschriften**.

8.1.2.2 Verhältnis zu anderen Tatbeständen

Der Raubtatbestand enthält die Tatbestände des **Diebstahls** (§ 242) und der **Nötigung** (§ 240). § 249 ist diesen Strafvorschriften gegenüber lex specialis. Zwar ist der Raub kein qualifizierter Diebstahl. Da aber sämtliche Tatbestandsmerkmale des Diebstahls im Tatbestand des Raubes enthalten sind, kann ein Raub taugliche Vortat im Rahmen eines räuberischen Diebstahls (§ 252) sein (siehe unten 9.2.1.2.2).

Abgrenzungsprobleme werfen die beiden raubähnliche Tatbeständen **Räuberischer Diebstahl** (§ 252) und **Räuberische Erpressung** (§§ 253, 255) auf, die sich vom Raub nur geringfügig unterscheiden und auf der Rechtsfolgenseite dem Raub gleichgestellt sind. Die sehr umstrittene Frage des Verhältnisses zwischen Raub und räuberischer Erpressung wirkt sich mittelbar auch auf den Anwendungsbereich des Straftatbestandes „Erpresserischer Menschenraub" (§ 239 a) aus: Wenn man nämlich den Raub als Spezialfall der räuberischen Erpressung betrachtet, ist die Entführung bzw. Bemächtigung zum Zwecke der Begehung eines Raubes ein Fall des § 239 a.[1] Geht man dagegen von einem Exklusivitätsverhältnis zwischen § 249 und § 255 aus, erfüllt dieser Fall nicht den Tatbestand des § 239 a, sondern allenfalls den Tatbestand der Geiselnahme (§ 239 b).

Raubähnlich ist auch – wie seine Bezeichnung schon zeigt – der **Räuberische Angriff auf Kraftfahrer** (§ 316 a). Dieser bis zum 6. StrRG als Unternehmensdelikt (§ 11 I Nr. 6) geformte Tatbestand[2] hat die Struktur einer Raubvorbereitung.[3]

8.2 Grundtatbestand Raub, § 249 StGB

Da sich der Raub aus den Elementen „Diebstahl" und „Nötigung" zusammensetzt, kann hier in großem Umfang auf die Ausführungen in diesem Lehrbuch zu § 242 bzw. die Darstellung des § 240 im Band „Strafrecht Besonderer Teil 1, Delikte gegen Rechtsgüter der Person und Gemeinschaft" von *Georg Küpper*[4] verwiesen werden. Objektiver und subjektiver Tatbestand dieser beiden Delikte einerseits und des Raubes andererseits sind weitgehend identisch.

8.2.1 Objektiver Tatbestand

8.2.1.1 Übersicht

Hinsichtlich der ersten vier objektiven Tatbestandsmerkmale (Sache, beweglich, fremd, Wegnahme) bewegt sich der Rechtsanwender auf dem in Kapitel 1 des

---

[1] Dazu unten 11.3.2.2.3.2.
[2] Zur Neufassung vgl. Hörnle (1998), 169 (175); Mitsch (1999a), 662; Mitsch (1999d), 65 (109).
[3] Dazu unten 11.2.1.3.2.
[4] Dort Teil I, § 3 Rn. 32 ff.

Lehrbuches erarbeiteten dogmatischen Boden des Diebstahls. Für das ebenfalls aus § 242 bekannte Merkmal „Wegnahme" gilt dies grundsätzlich auch. Jedoch kommt hier die Eigenständigkeit des Delikts „Raub" zur Geltung: Der Raubtatbestand ist nicht einfach die Summe der oben aufgezählten Merkmale, zu denen unter anderem die „Wegnahme" gehört. Wesentlich ist vielmehr, dass es sich um eine mit Nötigungsmitteln ermöglichte oder ausgeführte Wegnahme handelt. Zwischen Wegnahme und Gewalt bzw. Drohung muss also ein besonderer Zusammenhang bestehen. Raub ist nicht „Wegnahme und Gewalt/Drohung", sondern „**Wegnahme mit Gewalt/Drohung**".

8.2.1.2 Fremde bewegliche Sache

Das Tatobjekt muss **Sache**, spätestens durch die Tat **beweglich** gemacht worden und Eigentum einer mit dem Räuber nicht identischen Person sein. Dogmatische Abweichungen vom Diebstahl stellen sich hier nicht ein. Ein raubspezifisches Problem könnte sich hinsichtlich der erforderlichen Tatsynchronität des Merkmals „**fremd**" ergeben. Die Regel der „Tatsynchronität" besagt, dass die Sache in fremdem Eigentum stehen muss, während der Raub begangen wird. Da der Raub ein zweiaktiges Geschehen ist (1. Akt: Nötigung, 2. Akt: Wegnahme, näher dazu unten 8.2.1.6) stellt sich die Frage, zu welchem dieser Akte die Fremdheit synchron sein muss und wie der Fall zu beurteilen ist, wenn zwischen erstem und zweitem Akt ein Eigentümerwechsel stattfindet.

Wie beim Diebstahl kommt es auch beim Raub darauf an, dass die Sache **bei Vollzug der Wegnahme fremd** ist. Der Raubtatbestand ist nicht erfüllt, wenn die Sache dem Täter bereits bei Beginn der Wegnahme gehört. Das ergibt sich schon daraus, dass die Sache in diesem Fall kein taugliches Objekt einer objektiv rechtswidrigen Zueignung ist. Dagegen steht es der Erfüllung des Raubtatbestandes nicht entgegen, wenn die Sache während der Nötigung noch nicht fremd war. Denn ebenso wie es genügt, dass eine zunächst unbewegliche Sache durch die Tat beweglich gemacht wird (siehe oben 1.2.1.3.1), reicht es aus, dass eine zunächst eigene Sache durch die Tat zu einer – im Zeitpunkt der Wegnahme – fremden Sache gemacht wird.

Die Wegnahme einer **eigenen** – d. h. im Eigentum des Täters stehenden – Sache mit Raubmitteln (Gewalt oder Drohung), kann kein Raub sein. Sofern durch diese Wegnahme aber ein vermögenswertes Recht eines Nichteigentümers an der Sache beeinträchtigt worden ist, greift möglicherweise der raubähnliche Straftatbestand „Räuberische Erpressung" (§§ 253, 255) ein.

Beispiele

1. T hat seinen Pkw zur Reparatur in die Kfz-Werkstatt des O gebracht. Nachdem die Reparatur von O ausgeführt worden ist, sucht T den O in seiner Werkstatt auf, schlägt ihn mit einem Schraubenschlüssel nieder und nimmt ihm den Schlüssel zu seinem Wagen ab. Dann setzt sich T in seinen Pkw und fährt davon, ohne die Rechnung des O bezahlt zu haben.

2. E hat seinen Pkw zur Reparatur in die Kfz-Werkstatt des W gebracht. T
   bedroht den E mit einer Pistole und zwingt ihn zur Übereignung des Pkw
   gemäß §§ 929, 931 BGB. Dann begibt sich T zur Werkstatt des W und holt
   sich den Pkw, nachdem er den W niedergeschlagen hat.

Obwohl T in **Beispiel 1** mittels Gewalt gegen die Person den Gewahrsam des O
an dem Pkw gebrochen und eigenen Gewahrsam daran begründet hat, ist T nicht
aus § 249 strafbar. Denn er hat keine fremde Sache weggenommen. Er hat mit
seiner Tat nicht fremdes Eigentum, aber ein fremdes Werkunternehmerpfandrecht des O (§ 647 BGB) und damit das Vermögen des O verletzt. Dies tat er,
um sich rechtswidrig zu bereichern, denn er wollte die Annehmlichkeiten seines
reparierten Kraftfahrzeugs genießen, ohne die Unannehmlichkeit der Bezahlung
auf sich zu nehmen. Damit sind alle objektiven und subjektiven Tatbestandsmerkmale der räuberischen Erpressung erfüllt, bis auf eins: Möglicherweise lässt
sich der Umstand, dass T dem O den Wagen weggenommen hat, mit dem objektiven Tatbestand der Räuberischen Erpressung nicht in Einklang bringen (näher
dazu unten 10.2.1.5.2). Dann ist T nur wegen Pfandkehr (§ 289) und Nötigung
(§ 240) strafbar. Wenn man aber – wie die Rechtsprechung und ein Teil der Literatur – diesbezügliche Bedenken für unbegründet hält, kommt man letztlich
über §§ 253, 255 doch noch zu einer Bestrafung des T „gleich einem Räuber".[5]
In **Beispiel 2** scheitert Strafbarkeit des T aus § 249 ebenfalls am zur Zeit der
Wegnahme bestehenden Eigentum des T an dem Fahrzeug. Strafbarkeit wegen
schwerer räuberischer Erpressung (§§ 253, 255, 250 I Nr. 1 a) hat T aber schon
dadurch begründet, dass er den E zur – zwar gem. § 123 BGB anfechtbaren, aber
zunächst wirksamen – Übereignung des Wagens nötigte.

8.2.1.3   Wegnahme

8.2.1.3.1   Gewahrsam

Wegnahme ist der **Bruch fremden und die Begründung neuen Gewahrsams** (siehe oben 1.2.1.4.1).[6] Die Wegnahme muss in einer spezifischen Verbindung mit dem
angewandten Nötigungsmittel (Gewalt, Drohung) stehen. Raub ist die Wegnahme
„mit" Gewalt oder Drohung. Wegen dieser Zweiaktigkeit des Raubes kann ebenso
wie beim Merkmal „fremd" (siehe oben 8.2.1.2) bei der Wegnahme die Situation
eintreten, dass gerade durch den Einsatz und die Wirkung des Nötigungsmittels die
anschließende Erfüllung des Tatbestandsmerkmals Wegnahme unmöglich gemacht
wird. Denn da Gewahrsamsbruch voraussetzt, dass ein anderer Gewahrsam hat,
kann die Sache nicht weggenommen werden, wenn sie infolge der Nötigung **gewahrsamslos** geworden ist.

Beispiel

T lernt auf einer Mittelmeerkreuzfahrt den Witwer O kennen und erfährt, dass
dieser allein in einer noblen Villa in Berlin-Dahlem wohnt. Nachdem T die ge-

---

[5] RGSt 25, 435 (437); Geilen (1979), 53 (54).

[6] BGH, NStZ 2014, 40 (41); 2011, 158 (159).

naue Lage dieser Villa erfahren hat, stößt er den O über Bord. Da sich O während
der ganzen Fahrt sehr unauffällig benommen hat, wird sein Verschwinden von
niemandem bemerkt. Nach dem Ende der Kreuzfahrt fährt T sofort nach Berlin,
dringt in die verwaiste Villa des O ein und entwendet große Mengen wertvoller
Gegenstände.

Solange O lebte, hatte er auch während der Reise trotz der großen Distanz
zwischen seinem jeweiligen Aufenthaltsort und seinem Wohnsitz in Berlin Gewahrsam an sämtlichen Sachen, die sich in seiner Villa befanden (siehe oben
1.2.1.4.2.1). Mit dem Tod erlosch dieser Gewahrsam.[7] Die Sachen wurden gewahrsamslos,[8] da ein Gewahrsamsnachfolger nicht vorhanden war. Die Entwendung der Sachen durch T war deshalb kein Gewahrsamsbruch und somit
keine Wegnahme. Zwar könnte man daran denken, bereits die Tötung des O
als Beginn der Wegnahme zu qualifizieren.[9] Denn immerhin bewirkt die Verursachung des Todes eines Gewahrsamsinhabers die Aufhebung des zwischen
diesem und der Sache bestehenden Gewahrsamsverhältnisses. Jedoch ist nicht
jeder Eingriff in ein Gewahrsamsverhältnis auch eine Wegnahme. Erforderlich
dafür ist eine Ortsveränderung der Sache (siehe oben 1.2.1.4.3.1). So wie etwa
die dauernde Aus- oder Einsperrung des Gewahrsamsinhabers keine Wegnahme
ist, obwohl sie diesem die Gewalt über die Sache endgültig entzieht, ist auch
die Tötung des Gewahrsamsinhabers keine Wegnahme, wenn der Standort der
Sache unverändert bleibt. Außerdem kann die Tötung des Gewahrsamsinhabers
nur dann Beginn der Wegnahme sein, wenn sie in engem zeitlichen und räumlichen Zusammenhang mit der anschließenden Sachentwendung steht.[10] Das
Fortschaffen der Sachen aus der Villa des O ist deshalb kein Raub, sondern nur
Unterschlagung.[11] Dennoch könnte T letztlich „wie ein Räuber" bestraft werden,
wenn seine Tat den Tatbestand der räuberischen Erpressung (§§ 253, 255) erfüllt,
der keine Wegnahme, sondern eine Vermögensbeschädigung voraussetzt (dazu
unten 10.1.2.2).

8.2.1.3.2 Erzwungene Herausgabe
Die Wegnahme ist das Element des Raubtatbestandes, an dem die **Abgrenzung des
Raubes zur räuberischen Erpressung** (§§ 253, 255) anknüpft. Erlangt der Täter
den Gewahrsam an der Sache auf Grund einer dem Opfer abgenötigten Herausga-
be, fehlt es an einer Wegnahme. Weggabe und Wegnahme schließen einander aus.
Im Fall einer erzwungenen Weggabe kann aber Strafbarkeit wegen räuberischer
Erpressung begründet sein.[12]

---

[7] Eisele (2012b), Rn. 322; Schünemann (1980), 349 (352).

[8] Herrenlos wurden sie dagegen nicht, § 1922 BGB.

[9] Nomos Kommentar-Kindhäuser (2013), § 249 Rn. 8; Rengier (2014a), § 7 Rn. 34.

[10] Eisele (2012b), Rn. 321; Nomos Kommentar-Kindhäuser (2013), § 249 Rn. 8.

[11] Ein weiterer Grund für die Verneinung des § 249 ist das Fehlen eines engen Zusammenhanges zwischen Gewalt und Entwendung der Sachen, vgl. Eisele (2012b) Rn. 320 ff.; Schünemann
(1980), 349 (352).

[12] AG Tiergarten, NStZ 2009, 270 (271).

Beispiel

Der Rocker T stellt sich dem zierlichen Philosophieprofessor O in den Weg und schnauzt ihn an: „Rück die Knete raus, sonst gibts was auf die Birne!" Der verschüchterte O beeilt sich, dem T seine mit mehreren Hundert Euro gefüllte Brieftasche zu überreichen.

T hat den Gewahrsam des O an dessen Brieftasche nicht gebrochen, da O ihm den Gewahrsam übertragen hat. Dass O dies nur auf Grund des mächtigen psychischen Drucks tat, der von der ausgesprochenen Drohung ausging, ändert daran nichts. Unerheblich ist auch, dass der aktive Beitrag des O zum Gewahrsamswechsel geringfügig ist und T sich der Brieftasche auch ohne jede Mitwirkung des O hätte bemächtigen können. Der Unterschied zwischen Wegnahme und Weggabe richtet sich allein nach dem äußeren Erscheinungsbild des gewahrsamsverschiebenden Vorgangs. Wird die Sache von außen aus dem Herrschaftsbereich des bisherigen Gewahrsamsinhabers herausgezogen, liegt Wegnahme vor; wird sie von innen herausgeschoben, liegt keine Wegnahme vor.[13] Letzteres ist hier der Fall. T hat sich also nicht wegen Raubes, sondern wegen räuberischer Erpressung strafbar gemacht.

8.2.1.4 Gewalt gegen eine Person

8.2.1.4.1 Gewaltbegriff

Auf den vor allem die Auslegung des § 240 I betreffenden Streit um den Gewaltbegriff braucht hier nicht eingegangen zu werden. Im Rahmen des Verbrechenstatbestandes Raub ist ein **restriktiver Gewaltbegriff** zugrunde zu legen. Danach sind als Gewalt nur körperbezogene Eingriffe von einigem Gewicht anzuerkennen.[14] Dies ist wegen des hohen Strafniveaus und zur Wahrung der normativen Balance mit dem anderen Nötigungsmittel „Drohung mit gegenwärtiger Gefahr für Leib oder Leben" notwendig. Wie die vom Gesetzestext des § 240 I („empfindliches Übel") abweichende Beschreibung der Drohungsalternative zeigt, muss die Zwangswirkung der Raub-Nötigung deutlich intensiver sein als die der allgemeinen Nötigung. Bei der Gewaltalternative wird diese Intensivierung nicht allein durch die Beschränkung auf Gewalt gegen die Person erreicht, da auch in § 240 die Gewalt stets – zumindest mittelbar – gegen eine Person gerichtet ist. Nicht die Richtung des Eingriffs, sondern der **Grad der körperbezogenen Beeinträchtigung** ist das geeignete Kriterium zur Installierung und Abgrenzung eines restriktiven Gewaltbegriffs.[15] Die physische Einwirkung muss entweder zu einer unmittelbaren Beschränkung bzw. Ausschaltung der körperlichen Bewegungsfreiheit oder zu erheblichen Schäden an Gesundheit und körperlichem Wohlbefinden führen. Die erste Alternative, die

---

[13] BGHSt 7, 252 (255); BGH, JZ 1995, 1019 (1020) m. Anm. Otto; Laubenthal (1989), 99 (101); Nomos Kommentar-Kindhäuser (2013), § 249 Rn. 9; aA Erb (2008), 711 (726); Krack (1996), 493 (496).

[14] Geilen (1979), 53 (54); aA BGH NStZ 2003, 89: Sprühen eines Deo-Sprays ins Gesicht des Opfers; zust. Eisele (2012b), Rn. 306; Rengier (2014a), § 7 Rn. 10.

[15] Schünemann (1980), 349 (350).

Aktionen wie Festhalten, Fesselung oder Betäubung[16] umfaßt, nennt man **vis absoluta**.[17] Das Opfer wird hier durch Errichtung einer unüberwindlichen physischen Barriere an der Ausführung von Körperbewegungen gehindert. Die zweite Alternative ist dadurch charakterisiert, dass durch Verursachung körperlichen Mißbehagens Druck auf die Motivation des Opfers ausgeübt wird. Diese Erscheinungsform der Gewalt wird als **vis compulsiva** bezeichnet.[18] Beiden Gewaltformen ist gemeinsam, dass das Nötigungsmittel unmittelbar auf den Körper zielt und der beim Opfer eintretende Nötigungserfolg entweder auf dem Verlust körperlicher Entfaltungsmöglichkeiten (vis absoluta) oder auf der durch körperliches Unwohlsein eingeengten Motivationslage (vis compulsiva) beruht. Keine Gewalt sind demgegenüber Einschüchterungen (z. B. Konfrontation des Opfers mit einer – scheinbar – geladenen Pistole), die unmittelbar die Psyche des Opfers ansprechen und lediglich als Begleiterscheinung, Neben- oder Folgewirkung der psychischen Beeinträchtigung auch Störungen der körperlichen Verfassung (z. B. Schweißausbruch, erhöhte Herzschlagfrequenz, nervöse Zuckungen) verursachen.[19] Soweit diese Angriffe auf die Person nicht die Drohungsalternative erfüllen, fallen sie aus dem Raubtatbestand heraus.

8.2.1.4.2 Persongerichtete Gewalt

Mit dem Merkmal „Gewalt gegen eine Person" entzieht § 249 dem Raubtatbestand gewalttätige Aktionen, die überhaupt keine Person betreffen, sowie willensbeugende Handlungen, die bei einer Person zwar einen Nötigungserfolg bewirken, ohne aber in der oben beschriebenen Weise auf den Körper dieser Person einzuwirken.

8.2.1.4.2.1 Gewalt gegen Sachen

Gewalt gegen Sachen kann bei einem Menschen in unterschiedlicher Weise Zwangswirkungen auslösen. Eindeutig nicht tatbestandsmäßig ist Sachgewalt, die bei einem Menschen unmittelbar – also nicht körperlich vermittelten – **psychischen** Zwang erzeugt.

Beispiel

T will dem O Sachen wegnehmen, fürchtet aber, dass dieser der Tat Widerstand entgegensetzen werde. Daher bringt T die Katze des O in seine Gewalt und mißhandelt diese vor den Augen des O so lange, bis dieser die Wegnahme widerstandslos geschehen lässt.

Die Gewalttätigkeit des T berührt nicht den Körper, sondern unmittelbar die Psyche des O. Die erzeugte Zwangswirkung ist ein typischer Bedrohungseffekt, wie die Tatsache beweist, dass O eingeschüchtert bleibt, nachdem T die Miß-

---

[16] Entgegen RGSt 58, 98 (99) kommt es dabei nicht darauf an, auf welche Weise dem O das Betäubungsmittel beigebracht wird; vgl. Fahl (1998), 456 (459).

[17] Nomos Kommentar-Kindhäuser (2013), vor § 249 Rn. 19.

[18] Geilen (1979), 53 (54); Nomos Kommentar-Kindhäuser (2013), vor § 249 Rn. 20.

[19] Geilen (1979), 109; Schünemann (1980), 349 (350); Seelmann (1986), 201 (203); aA BGHSt 23, 126 ff.; Welzel (1969), 360 („Schreckschüsse genügen").

handlung der Katze eingestellt hat. O unterwirft sich, weil die vorausgegangene Tierquälerei die konkludente Ankündigung enthält, die Mißhandlung jederzeit wiederaufzunehmen und fortzusetzen, falls O Widerstand leisten sollte.[20] Ein Unterschied zu einer verbalen Ankündigung künftiger Gewaltanwendung besteht nicht. Die Mißhandlung der Katze ist keine „Gefahr für Leib oder Leben", sondern „nur" ein sonstiges „empfindliches Übel". Die Drohungsalternative des § 249 ist also nicht erfüllt Daher hat T keinen Raub, sondern Nötigung und Diebstahl begangen. Zur Frage, ob die Tat den Tatbestand der Erpressung gem. § 253 erfüllt, der ja nur „Gewalt" ohne den Zusatz „gegen eine Person" verlangt, unten 10.2.1.5.

Gewalt gegen eine Person ist nur die Einwirkung auf den Körper eines **lebenden** Menschen. Gewalt gegen einen Leichnam ist wie Gewalt gegen eine Sache zu bewerten. Gleichzustellen sind mechanische Einwirkungen auf den Körper eines lebenden Menschen, die diesen **wie eine Sache** behandeln. Praktische Bedeutung hat dies vor allem für die Beurteilung der Wegnahme von Sachen, die sich am Körper oder in der Kleidung eines **Bewusstlosen** befinden.

Beispiele

1. T sieht, wie O einen Herzinfarkt erleidet und zusammenbricht. Er dreht den auf dem Rücken liegenden O auf den Bauch und zieht ihm die Geldbörse aus der Gesäßtasche. O wird wenig später von einem Spaziergänger tot aufgefunden. In dem Strafverfahren gegen T lässt sich nicht klären, ob O schon tot war, bevor T ihn auf den Bauch drehte oder ob er danach verstarb.
2. Abwandlung von (1): O bricht unmittelbar vor seiner Haustür zusammen, die er nun mit seinem Körper versperrt. T packt den O an den Füßen und zieht den leblosen Körper einige Meter zur Seite. Die Haustür lässt sich nun leicht öffnen. T nutzt die Gelegenheit, betritt das Haus des O und verlässt es wieder mit einigen wertvollen Sachen, die er davonträgt.

Die Unaufklärbarkeit des Todeszeitpunkts (**Beispiel 1**) erschwert die strafgerichtliche Entscheidung über die Tat des T in mehrfacher Weise: Sie vereitelt zunächst eine eindeutige Verurteilung aus § 242 oder § 246.[21] War O bereits tot, bevor T ihn auf den Bauch drehte, hat T die Geldbörse nicht weggenommen und daher nur Unterschlagung begangen. Trat der Tod dagegen erst ein, als T die Geldbörse schon der Gesäßtasche entnommen hatte, liegt eine Wegnahme und damit zumindest ein Diebstahl in einem besonders schweren Fall (§§ 242, 243 I 2 Nr. 6) vor. Darüber hinaus wirft diese Sachverhaltsvariante aber noch die weitere Frage auf, ob die Wegnahme des Geldes nicht sogar als Raub aus § 249 zu bestrafen ist. Dann müßte das Umdrehen des bewusstlosen O Gewalt gegen eine Person sein. Von der Rechtsprechung wird dies bejaht. Das Umdrehen oder Wegtragen eines Menschen, ja sogar das Beiseiteschieben der

---

[20] Nomos Kommentar-Kindhäuser (2013), vor § 249 Rn. 25 ff.

[21] Verurteilung auf der Grundlage der „Wahlfeststellung" ist nach Ansicht der Rspr. dagegen möglich, vgl. BGHSt 25, 182.

auf der Gesäßtasche liegenden Hand des Opfers soll räuberische Gewalt sein.[22] Dabei wird aber der Unterschied zwischen Gewalt gegen eine Person und Gewalt gegen eine Sache eingeebnet. Die Gewalt hat dann nicht mehr die Funktion, einen willensgetragenen Widerstand zu verhindern oder zu überwinden, den der Betroffene leistet oder leisten kann, weil er ein Mensch ist. Die Gewalt dient dann der reinen Zugangs- bzw. Zugriffsermöglichung durch Beseitigung eines störenden Objekts, dessen wegnahmebehindernde Wirkung mechanischer Natur und unabhängig davon ist, ob es ein lebender Mensch, ein Leichnam oder eine Sache ist. In der rechtlichen Bewertung kann das Umdrehen eines menschlichen Körpers nicht unterschieden werden vom Umdrehen eines Behältnisses, das der Öffnung desselben vorausgeht. Nach richtiger Ansicht hat T also gegen O auch unter der Prämisse nur eine sachbezogene Gewalt angewendet, dass O noch am Leben war, als T ihn vom Rücken auf den Bauch drehte. T hat sich daher nicht aus § 249 strafbar gemacht.[23] Dasselbe gilt für **Beispiel 2**: Auch hier dient die Einwirkung auf den Körper des O nicht der Überwindung eines der Wegnahme entgegengesetzten menschlichen Widerstandswillens, sondern der Beseitigung eines rein mechanisch wirkenden – also sachähnlichen – Hindernisses.

Unmittelbar gegen eine Sache gerichtete Gewalt kann sich **mittelbar auf den Körper** eines Menschen auswirken und dann „Gewalt gegen eine Person" sein.[24] Es macht keinen Unterschied, ob der Täter die Bewegungsfreiheit seines Opfers durch Fesselung oder durch Zerstörung orthopädischer Hilfsmittel beseitigt.

Beispiel

T zerstört den Rollstuhl des querschnittsgelähmten O und räumt anschließend dessen Wohnung aus. O muss den ganzen Vorgang, der über eine Stunde dauert, hilflos mitansehen.

Die Zerstörung des Rollstuhls ist vordergründig Gewalt gegen eine Sache (also Sachbeschädigung, § 303), wegen ihrer Auswirkung auf die Fortbewegungs- und Verteidigungsmöglichkeit des O aber auch Gewalt gegen die Person des O in der Form der vis absoluta. T hat daher den Tatbestand des Raubes erfüllt.

In dieselbe Kategorie wie die Zerstörung von Sachen, die jemand benötigt, um sich fortbewegen zu können, gehört die **Einsperrung** eines Menschen in einem Raum.[25]

Beispiel

Während O sich im Badezimmer befindet, schiebt T einen schweren Schrank vor die Badezimmertür und räumt anschließend das Wohnzimmer aus. Als O sich endlich befreit hat, ist T bereits mit seiner Beute verschwunden.

---

[22] BGHSt 4, 210 (212); 16, 341 (342).

[23] Eisele (2012b), Rn. 309; Geilen (1979), 109; Nomos Kommentar-Kindhäuser (2013), § 249 Rn. 15; Seelmann (1986), 201 (202).

[24] Eisele (2012b), Rn. 308; Nomos Kommentar-Kindhäuser (2013), vor § 249 Rn. 17.

[25] RGSt 69, 327 (330); 73, 343 (345); BGHSt 20, 194 (195); Seelmann (1986), 201 (202).

T hat gegen O vis absoluta angewandt, obwohl dessen Bewegungsfreiheit nicht völlig aufgehoben wurde. Es macht nämlich keinen Unterschied, ob das Opfer sich – wie bei einer Fesselung oder Betäubung – überhaupt nicht bewegen kann, oder – wie hier – sein Aktionsradius auf wenige Meter verengt worden ist. Entscheidend ist, dass dem Opfer die Möglichkeit zu Bewegungen abgeschnitten ist, mit denen es gegen die anschließende Wegnahme Widerstand leisten könnte. T hat daher einen Raub begangen.

Umstritten in Rechtsprechung und Literatur ist die Wegnahme von **Handtaschen**, Koffern und sonstigen Behältnissen, die das Opfer in der Hand hält und die ihm vom Täter mit mehr oder weniger großem Kraftaufwand entrissen werden. Dabei sind verschiedene Vorgehensweisen des Täters denkbar, die möglicherweise einer differenzierten Beurteilung bedürfen.

Beispiele

1. Frau O ist mit einem Einkaufskorb, in dem sich ihre Wochenendeinkäufe befinden, auf dem Weg nach Hause. Sie trägt den schweren Korb mit der rechten Hand. Plötzlich steht T vor ihr und versetzt ihr mit einem Knüppel einen heftigen und schmerzhaften Schlag auf die rechte Schulter. O schreit vor Schmerz laut auf und lässt den Einkaufskorb fallen. T ergreift blitzschnell den Korb und macht sich damit aus dem Staub.
2. Mit einer locker über die rechte Schulter gehängten Umhängetasche spaziert die Touristin O über den Berliner Kurfürstendamm. Plötzlich steht der T neben ihr, der mit zwei schnellen Messerschnitten den Tragegurt ihrer Tasche durchtrennt und mit dieser davonrennt.
3. T greift nach der Handtasche der O und will sie ihr entreißen. O umklammert aber ihre Tasche- mit beiden Händen, sodass T erhebliche Kraft aufwenden muss. Der Zug des T und der Widerstand der O sind so stark, dass schließlich ein Henkel der Handtasche reißt und O ihre Tasche- nicht länger festhalten kann.

Eindeutig hat T in **Beispiel 1** Gewalt gegen eine Person angewandt, in **Beispiel 2** dagegen nicht. Der Schlag auf die rechte Schulter ist ein Akt der vis absoluta, da die mechanische Einwirkung auf den Körper eine unmittelbare – also nicht psychisch vermittelte – körperliche Zwangswirkung entfaltet. Der Schlag auf die Schulter hat die Aufrechterhaltung der Körperbewegung, die den Einkaufskorb hält, unmöglich gemacht und so die Wegnahme des Korbes ermöglicht. Das ist zweifellos ein Raub. Dagegen berührt das Abschneiden der Tasche in Beispiel 2 den Körper der O überhaupt nicht und ist daher nicht anders zu beurteilen als das Durchschneiden der Leine, mit der ein Hund vor dem Eingang eines Lebensmittelgeschäfts angebunden ist. In Beispiel 2 hat T also nur einen Diebstahl begangen.[26] Schwieriger ist die Entscheidung in **Beispiel 3**. Überwiegend wird

---

[26] Dieser Diebstahl erfüllt nicht das Regelbeispiel § 243 I 2 Nr. 2, da der Tragegurt nur dem Tragen dient und keine gegen Wegnahme besonders sichernde Schutzvorrichtung ist.

darauf abgestellt, ob der Täter einem erwarteten Widerstand des Opfers durch Auslösung und Ausnutzung eines Überraschungseffekts zuvorkommt oder – wie in Beispiel 3 – Kraft aufwenden muss, um tatsächlichen Widerstand des Opfers zu brechen. Nur im zweiten Fall soll es sich um Gewalt gegen eine Person und damit um Raub handeln.[27]

Diese Differenzierung überzeugt jedoch nicht. In beiden Varianten wendet der Täter nur gegen die wegzunehmende Sache Gewalt an.[28] Soweit der Täter durch das heftige Zerren an der Handtasche bei seinem Opfer eine Empfindung körperlichen Zwangs auslöst, ist diese eine *Folge* oder Nebenwirkung der Wegnahme, nicht aber ein *Mittel* zur Ermöglichung der Wegnahme. Man kann die Situation schlagwortartig als „Gewalt durch Wegnahme" kennzeichnen und damit verdeutlichen, dass es sich nicht um einen Raub handelt, der „Wegnahme durch Gewalt" verlangt. Der in Beispiel 3 geschilderte „Handtaschenraub" unterscheidet sich nicht von dem mit erheblichem Kraftaufwand bewerkstelligten Abreißen eines an einer Gebäudewand befestigten Kaugummiautomaten. Im Handtaschen-Fall hat das Opfer dieselbe Funktion wie im Automaten-Fall die Wand. Eine unterschiedliche rechtliche Beurteilung der Fälle ist daher nicht angebracht. Der „Handtaschenraub" ist somit gar kein Raub, sondern ein bloßer Handtaschendiebstahl.

8.2.1.4.2.2 Gewalt gegen Dritte

Wendet der Täter Gewalt gegen eine Person an, um bei einer anderen Person einen Nötigungserfolg zu erzielen, scheint die von § 249 erfaßte Gewaltsituation vorzuliegen. Es handelt sich um eine „**Dreiecks**-Konstellation",[29] bei der auf der Opferseite zwei Personen stehen: Ein Gewaltopfer und ein Nötigungsopfer.[30]

Beispiel

T will seiner ehemaligen Geliebten O wertvollen Schmuck wegnehmen, weiß aber, dass O sich das nicht widerstandslos gefallen lassen wird. Um erwartete Gegenwehr der O auszuschalten, bringt T die 6-jährige Tochter A der O in seine Gewalt und schlägt diese vor den Augen der O so lange, bis O die Wegnahme des Schmuckes widerstandslos duldet.

T hat Gewalt gegen eine Person – die A – angewandt und damit die Wegnahme fremder beweglicher Sachen ermöglicht. Diese Gewalt hat jedoch bei dem Opfer der Gewalt keine Zwangswirkung ausgelöst. Denn von A wollte T nichts. Die Person, die sich durch die Tat zu einem Verhalten gezwungen fühlt – die O

---

[27] BGHSt 18, 329 (331); BGH, NStZ 2003, 89; 1986, 218; Knodel (1963), 701 (703); Schünemann (1980), 349 (350).

[28] Maurach et al. (2009), § 35 Rn. 16.

[29] Eisele (2012b), Rn. 312; Nomos Kommentar-Kindhäuser (2013), vor § 249 Rn. 29 ff.

[30] Das Nötigungsopfer ist hier zugleich betroffene Gewahrsamsinhaberin und Eigentümerin. Die Zahl der Opfer vermehrt sich also noch, wenn die weggenomme Sache einer anderen Person gehört.

–, ist dagegen nicht Opfer der Gewalt. Nicht der Körper, sondern die Psyche der O ist Angriffsobjekt der von T begangenen Nötigung. In bezug auf die O hat die gegen A gerichtete Gewalt also den Charakter einer Drohung.[31] In dieser Hinsicht unterscheidet sich das Beispiel nicht von dem oben (8.2.1.4.2.1) unter dem Stichwort „Gewalt gegen Sachen" erörterten Fall der Nötigung durch Tierquälerei. Gewalt gegen die Person, auf die es im Rahmen des § 249 ankommt, liegt hier demnach nicht vor.[32] T hat sich gleichwohl wegen Raubes strafbar gemacht, weil er die Drohungsalternative verwirklicht hat (näher dazu unten 8.2.1.5.3).

8.2.1.4.3   Gewalt durch Unterlassen

Raub ist in der Regel ein Begehungsdelikt. Die Verwirklichung des Tatbestandes in der Form des unechten Unterlassungsdelikts (§§ 249, 13) ist aber grundsätzlich möglich.[33] Dies kommt insbesondere in Betracht, wenn ein Garant die **Entstehung einer Zwangswirkung** am Körper des Opfers **nicht verhindert**.

Beispiel

1. Hundehalter T schreitet nicht dagegen ein, dass sein Pitbull den O anfällt und in Bein und Gesäß beißt. Statt dem O zu helfen, nutzt T dessen Bedrängnis aus, um ihm Geld und Armbanduhr abzunehmen.
2. Ehemann M steht „unter dem Pantoffel" seiner Ehefrau F und wird insbesondere in finanziellen Dingen sehr kurz gehalten. Seinen Arbeitslohn muss er vollständig zu Hause abliefern. Von F bekommt er nur ein karges Taschengeld zur eigenen Verfügung zugeteilt. Auf einem Sonntagnachmittagsspaziergang wird F plötzlich von einem großen fremden Hund angefallen und gebissen. Obwohl M in der Lage wäre, den Hund zu verscheuchen, greift er nicht ein. Stattdessen nutzt er die Situation aus, um seiner Frau einen Fünfzig-Euro-Schein aus der Handtasche zu entwenden.

Als Halter des Hundes ist T in **Beispiel 1** Überwachergarant[34] und deshalb verpflichtet, die Verursachung tatbestandsmäßiger Erfolge durch seinen Hund abzuwenden.[35] Die den Begriff der Gewalt prägende Zwangswirkung am Körper eines Menschen ist ein derartiger Erfolg. Indem T nicht verhindert hat, dass sein Hund dem O Gewalt antut, wird er so behandelt, als habe er selbst aktiv Gewalt gegen O angewandt. Es kann schließlich keinen Unterschied machen, ob T seinen Hund auf O hetzt oder – wie hier – tatenlos zusieht, wie der Hund den O bedrängt. T hat also durch garantenpflichtwidriges Unterlassen Gewalt gegen eine Person verübt und damit die Wegnahme des Geldes und der Armbanduhr ermög-

---

[31] Schünemann (1980), 349 (351).

[32] Wolter (1985), 245 (250), der die hier vorliegende Konstellation anschaulich als „mittelbare Gewalt" bezeichnet.

[33] BGHSt 48, 365 (370); Eisele (2012b), Rn. 313; Jakobs (1984), 385 (386); Ingelfinger (2007), 197 (204); Nomos Kommentar-Kindhäuser (2013), vor § 249 Rn. 28; Schünemann (1980), 349 (353); Seelmann (1986), 201 (203).

[34] Baumann et al. (2003), § 15 Rn. 46.

[35] Kühl (2012), § 18 Rn. 107.

licht. In **Beispiel 2** ist das Verhalten des M in gleicher Weise zu beurteilen. Der einzige Unterschied zu Beispiel 1 besteht darin, dass M nicht Überwacher-, sondern Beschützergarant ist. Als Ehemann hat er die Pflicht, Gefahren und Schäden von Rechtsgütern seiner Frau fernzuhalten.[36] Indem er die gegen den Körper der F gerichtete Aggression des Hundes nicht verhindert hat, hat er durch garantenpflichtwidriges Unterlassen Gewalt gegen eine Person ausgeübt.

Von der soeben dargestellten Gewaltkonstellation ist der Fall zu unterscheiden, dass ein Garant eine beim Opfer bereits eingetretene körperliche **Zwangswirkung nicht aufhebt** und die Lage des Opfers zur Wegnahme von Sachen ausnutzt.

Beispiele

1. Aus Versehen sperrt T den O in einem Zimmer ein. Als T sein Mißgeschick bemerkt, fasst er den Entschluss, den O nicht zu befreien, sondern dessen Gefangenschaft dazu auszunutzen, aus der Wohnung des O wertvolle Sachen zu entwenden.
2. Der Schäferhund des T hat die O angefallen und gebissen. O ist vor Schreck in Ohnmacht gefallen. Als T die bewusstlose O findet, fasst er spontan den Entschluss, die Bewusstlosigkeit der Frau zur Entwendung wertvoller Sachen auszunutzen.

Die bloße Ausnutzung vorgefundener Widerstandsunfähigkeit allein kann den Tatbestand des Raubes nicht erfüllen. Das erkennt man an der Existenz des § 243 I 2 Nr. 6, der neben § 249 überflüssig wäre, sowie an § 179, der neben § 177 überflüssig wäre, wenn die Ausnutzung unter die Nötigungsmerkmale dieser Tatbestände subsumiert werden könnte. Die Frage nach etwaiger „Gewalt durch Unterlassen" stellt sich also nur, wenn – wie hier – der Täter für die Entstehung der Widerstandsunfähigkeit verantwortlich ist. Soweit dieser Zustand den Charakter körperlicher Zwangswirkung hat, ist er ein Erfolg, der zum Tatbestand des § 249 I „gehört", vgl. § 13 I. Der Nichtverhinderung des Erfolgseintritts steht die Unterlassung von Maßnahmen gleich, die geeignet wären, die Dauer des bereits eingetretenen Erfolgszustandes abzukürzen. In **Beispiel 1** ist daher die Unterlassung der Befreiung eine Form der Gewalt durch Unterlassen. Da T durch pflichtwidriges Verhalten die Gefangenschaft des O verursacht hat, ist er Garant aus Ingerenz und als solcher verpflichtet, für die unverzügliche Befreiung des O zu sorgen.[37] Durch Aufrechterhaltung der Einsperrung hat T also das Gewaltmerkmal des § 249 erfüllt.[38]In **Beispiel 2** liegen die Dinge insofern etwas anders, als T im Zeitpunkt der Wegnahme keine Möglichkeit hatte, die O aus ihrer Bewusstlosigkeit zu befreien. Die Nichtwiederherstellung der Handlungsfähig-

---

[36] Kühl (2012), § 18 Rn. 56.

[37] Kühl (2012), § 18 Rn. 91.

[38] BGHSt 48, 365 (370) lässt offen, ob in einem derartigen Fall von fortdauernder aktiver Gewalt oder Gewalt durch garantenpflichtwidriges Unterlassen auszugehen ist. Krit. zu dieser Entscheidung T. Walter (2005), S. 240 ff.

keit steht der Ausschaltung der Handlungsfähigkeit aber nur gleich, wenn der Garant in der Lage ist, die Handlungsfähigkeit des Opfers durch Erweckung aus der Ohnmacht wiederherzustellen.[39] Da T diese Möglichkeit nicht hatte, ist sein Verhalten gegenüber der O nicht als Gewalt durch Unterlassen zu qualifizieren.

8.2.1.5 Drohung mit gegenwärtiger Gefahr für Leib oder Leben

8.2.1.5.1 Begriff der Drohung

Der Drohungsbegriff ist mit dem in § 240 verwendeten identisch. Danach ist Drohung die **Ankündigung einer Übelszufügung**.[40] Die Ankündigung kann mit eindeutigen Worten oder Gesten, sowie konkludent durch schlüssige Handlungen kundgegeben werden. Häufig wird die Anwendung von Gewalt den Charakter der konkludenten Drohung haben, die Gewalt werde fortgesetzt oder wiederholt.[41] Wichtig ist dabei, dass der Urheber der Drohung dem Bedrohten erklärt, dass es von ihm – dem Drohenden – abhängt, ob diese Ankündigung sich bewahrheiten wird oder nicht. Dem Drohungsbegriff ist also die Behauptung immanent, der Drohende habe Einfluss auf den Eintritt des in Aussicht gestellten Übels. In dieser Hinsicht unterscheidet sich die Drohung von der – nicht tatbestandsmäßigen – **Warnung**.[42]

Beispiele

1. T versetzt den pensionierten Oberstaatsanwalt O durch die wahrheitsgemäße Nachricht in Panik, der zu lebenslanger Freiheitsstrafe verurteilte Mörder M sei vorzeitig aus der Haft entlassen worden (vgl. § 57 a). O hatte in dem Verfahren gegen M die Anklage vertreten und war nach der Verkündung des Urteils von M mit wütenden Racheschwüren überhäuft worden. Wie T erwartet hat, verlässt O Hals über Kopf seine Wohnung und sucht bei seiner in einer anderen Stadt lebenden Schwester vorübergehend Zuflucht. Die Abwesenheit des O nutzt T sofort aus, um aus dessen Wohnung Wertsachen zu entwenden.
2. T ruft seinen Nachbarn O an und spiegelt ihm vor, ein aus dem Zoo ausgebrochener Löwe stehe im Garten des O und setze dazu an, durch die geöffnete Terrassentür in das Haus einzudringen. Ohne sich von dem Wahrheitsgehalt dieser Nachricht zu überzeugen, stürzt der ängstliche O aus dem Haus, setzt sich in seinen Pkw und fährt davon. Während der Abwesenheit des O betritt T dessen Haus durch die geöffnete Terrassentür und entwendet Bargeld und Wertsachen.

Die Mitteilungen des T an O enthalten konkludente Ankündigungen bevorstehender Rechtsgutsbeeinträchtigungen erheblichen Gewichts. Dass in Beispiel 2 das in Aussicht gestellte Übel vorgetäuscht ist, stünde einer Drohung nicht entgegen. O ist durch die Ankündigungen eingeschüchtert worden. Dennoch han-

---

[39] Baumann et al. (2003), § 15 Rn. 15; Eser (1965), 377 (380); Kühl (2012), § 18 Rn. 30; Küper (1981), 568 (571).

[40] BGHSt 7, 252 (253); Nomos Kommentar-Kindhäuser (2013), vor § 249 Rn. 22.

[41] BGH, NJW 1984, 1632.

[42] RGSt 34, 15 (19); 54, 236 (237); Eisele (2012b), Rn. 315; Nomos Kommentar-Kindhäuser (2013), vor § 249 Rn. 22.

delt es sich **in beiden Beispielen** um keine Drohungen, sondern um Warnungen, mit denen der Tatbestand des § 249 nicht erfüllt werden kann. T hat sich nicht berühmt, Einfluss auf den Eintritt der angekündigten Mißhelligkeiten zu haben, so dass sich O auch nicht in eine Abhängigkeitsbeziehung zu T gedrängt fühlt. Mit seiner Flucht hat sich O nicht dem T unterworfen. T hat also keinen Raub, sondern nur Diebstahl begangen.

Keine bloße Warnung, sondern eine Drohung liegt vor, wenn Urheber des in Aussicht gestellten Übels zwar ein Dritter ist, der Überbringer der Nachricht aber behauptet, **Einfluss auf den anderen** zu haben und so das Angekündigte verhindern, aber auch eintreten lassen zu können.[43]

Beispiel

T teilt der geschiedenen O telefonisch mit, ihr Ex-Ehemann, der gemeingefährliche Gewaltverbrecher X, sei aus dem psychiatrischen Krankenhaus ausgebrochen und nun unterwegs zu ihr, um sie zu töten. Nur T selbst, zu dem X Vertrauen habe, sei in der Lage, den X zu besänftigen und von Untaten abzuhalten. Er habe aber nicht die Absicht, den X aufzuhalten, weil er der Ansicht sei, dass O für die verhängnisvolle Entwicklung des X mitverantwortlich ist und daher eine „Bestrafung" verdient hat. Wie von T erwartet, verlässt O fluchtartig ihr Haus und verschafft so dem T die Gelegenheit, das Haus zu betreten und ungestört wertvolle Gegenstände zu entwenden.

T hat der O eine unmittelbar bevorstehende Gefährdung ihres Lebens angekündigt. Zwar hat er sich nicht selbst als potentieller Täter dieses Angriffs auf ihr Leben ausgegeben. Jedoch enthält seine Äußerung die Behauptung, das bevorstehende Unheil zu beherrschen und auf diese Weise das Schicksal der O in seiner Hand zu haben. Indem T außerdem erklärt, er werde von seiner Macht über den X nicht zugunsten der O Gebrauch machen, macht er sich ihren Willen untertan. Damit hat er die O bedroht und durch die anschließende Wegnahme den Tatbestand des Raubes erfüllt.

Die Drohung ist darauf angelegt, vom Bedrohten **ernst genommen** zu werden. Zur Erzielung dieses Effekts bedarf es nicht unbedingt der Realisierbarkeit des Angedrohten. Erforderlich und ausreichend ist, dass der Bedrohte es für realisierbar hält.[44] Drohung wird nicht dadurch ausgeschlossen, dass die angekündigte Gefährdung von Leib oder Leben bzw. die Macht des Erklärenden über diese Gefährdung nur vorgetäuscht ist.[45] Die Kombination von List und Drohung reicht zur Erfüllung des Tatbestandes aus, sofern diese Kombination den Eindruck der Ernsthaftigkeit

---

[43] RGSt 34, 15 (20); BGHSt 23, 294 (296).

[44] Dagegen kann bei einem objektiven Tatbestandsmerkmal wie „Drohung" keine Rolle spielen, ob der Täter „will, dass der Bedrohte die Ausführung der Drohung für möglich hält", so aber BGH, NStZ 1997, 184. Was der Täter will, ist im subjektiven Tatbestand zu erörtern; vgl. auch RGSt 54, 236 (237).

[45] BGHSt 11, 66 (67); 23, 294 (296); BGH, NStZ 2011, 703; 1997, 184; Günther (1976), 960 (961); Herzberg (1972), 570; Schünemann (1980), 349 (351); Seelmann (1986), 201 (203).

erweckt. Hat also in dem obigen Beispiel der Ausbruch des X aus der Heilanstalt gar nicht stattgefunden oder besitzt der T in Wirklichkeit gar keine Möglichkeit, das Verhalten des X zu beeinflussen, liegt dennoch eine Drohung des T vor. Denn die Vorspiegelung dieser nicht existenten Tatsachen soll in der O die Vorstellung wecken, der T werde sie in Lebensgefahr geraten lassen. Allein die Tauglichkeit zur Hervorrufung dieses Vorstellungsbilds, nicht auch die Verfügung über die zur Verwirklichung dieser Vorstellung erforderlichen Mittel, macht das Wesen der Drohung aus. Weiterhin ist erforderlich, dass der Adressat der Übelsankündigung diese wirklich ernst nimmt, sich also tatsächlich bedroht fühlt. Anderenfalls handelt es sich nur um den Versuch einer Drohung.[46]

8.2.1.5.2   Gegenwärtige Gefahr für Leib oder Leben

Anders als bei § 240 oder § 253 reicht bei § 249 nicht die Drohung mit irgendeinem „empfindlichen Übel". Die Drohung muss eine unmittelbar bevorstehende Gefährdung der körperlichen Unversehrtheit oder des Lebens in Aussicht stellen. Die Gefahr einer leichten Gesundheitsbeschädigung ist allerdings keine „Gefahr für Leib".[47] Damit die Leibesgefahr in etwa gleiches Gewicht hat wie die Lebensgefahr, muss erstere auf erhebliche Beeinträchtigungen der körperlichen Unversehrtheit gerichtet sein.[48] Die Gefährdung ist nicht das Mittel, sondern der **Inhalt** der Drohungserklärung. „Drohung mit" bedeutet nicht die Herbeiführung bzw. Benutzung einer wirklichen Gefahrenlage zur Einschüchterung des Opfers, sondern Benutzung sprachlicher oder anderer semiotischer Ausdrucksmittel, mit denen eine solche Gefahrenlage üblicherweise beschrieben wird. Der Bedrohte braucht also weder in Gefahr gebracht worden zu sein noch in Gefahr gebracht zu werden.[49] Es genügt die verbale („Hände hoch oder ich schieße!") oder nonverbale (z. B. Vorhalten einer Pistole)[50] Ankündigung, dass eine derartige Gefahrenlage alsbald entstehen werde. Anderenfalls wären listige „Scheindrohungen" (siehe oben 8.2.1.5.1) nicht möglich. Umgekehrt vermag die Herbeiführung einer akuten Leibes- oder Lebensgefahr das Drohungsmerkmal des § 249 nicht zu erfüllen, wenn dem Bedrohten Grad und Gewicht der Gefahr nicht bewusst gemacht werden.

Beispiele

1. Mit einer harmlosen, aber echt und sehr gefährlich aussehenden Spielzeugpistole versetzt der T den O in Todesangst und erreicht so, dass O der Wegnahme wertvoller Gegenstände durch T keinen Widerstand entgegensetzt.
2. Mit einer scharfen Handgranate in der Hand kündigt T dem O an, er werde „mit dieser Stinkbombe einen höllischen Gestank" verursachen, falls O sich gegen die Wegnahme seines Geldes wehren sollte. O hat eine empfindliche Nase und sieht daher von Gegenwehr ab.

---

[46] Nomos Kommentar-Kindhäuser (2013), vor § 249 Rn. 24; krit. Eisele (2012b), Rn. 315.

[47] BGHSt 7, 252 (254); Geilen (1979), 109 (110); Nomos Kommentar-Kindhäuser (2013), § 249 Rn. 6.

[48] Eisele (2012b), Rn. 316.

[49] BGHSt 23, 294 (295); Geilen (1979), 109; aA Klesczewski (2000), 257 (263).

[50] BGHSt 7, 252 (253); Schünemann (1980), 349 (350).

In **Beispiel 1** hat T die Gesundheit bzw. das Leben des O keinen gravierenden Gefahren ausgesetzt. Eine gegenwärtige Gefahr für Leib oder Leben bestand also nicht. Jedoch hat T dem O zu Verstehen gebracht, dass er eine solche Gefährdung sofort entstehen lassen könne. Damit hat T das Drohungsmerkmal des § 249 erfüllt. In **Beispiel 2** hat T den O zwar tatsächlich in unmittelbare Lebensgefahr gebracht. Jedoch hat T diese Gefährlichkeit der Situation nicht dazu benutzt, um psychischen Druck von der Stärke auf O auszuüben, die § 249 voraussetzt.[51] Dem O ist also nicht gegenwärtige Gefahr für Leib oder Leben angedroht worden. Strafbar hat sich T gemacht aus §§ 240 und 242, möglicherweise auch aus § 253.

Die „**Gegenwärtigkeit**" der angedrohten Gefahr setzt einen engen zeitlichen Zusammenhang zwischen der Drohung und dem angekündigten Eintritt der Gefahrenlage voraus. Da die Gefahr eine Vorstufe der aus der Gefahr erwachsenden Leibes- oder Lebensschädigung ist, jene mit dieser also nicht zusammenfällt, sondern ihr vorausgeht, braucht das schädigende Ereignis nicht unmittelbar bevorzustehen.[52] Bezugspunkt der Gegenwärtigkeit ist nur die Gefahr, nicht die Gefahrrealisierung. Zwischen der Gefahr und der ihr nachfolgenden Schädigung von Leib oder Leben kann also durchaus ein Zeitraum liegen, der die in Aussicht gestellte Schädigung als eine künftige – also nicht gegenwärtige – erscheinen lässt. Der Tatbestandsmäßigkeit steht das nicht entgegen, da nur die „Gefahr" gegenwärtig sein muss.

8.2.1.5.3 Drohung mit Gefährdung Dritter

Bei der Erörterung des Merkmals „Gewalt gegen eine Person" wurde bereits die **Dreiecks-Konstellation** skizziert, in der das genötigte Opfer nicht mit der Person identisch ist, an deren Körper sich die Gewalt auswirkt (siehe oben 8.2.1.4.2.2). Wie gesehen, wirkt die Gewalt aus der Sicht der genötigten Person wie eine Drohung. Die Dreiecks-Nötigung ist daher erst recht als reiner Drohungs-Fall denkbar: Dem zu nötigenden Opfer wird mit der einer anderen Person zustoßenden Leibes- oder Lebensgefahr gedroht.[53]

Beispiele

1. T erklärt dem O, sein Komplize K habe seine Tochter S entführt und werde sie umbringen, falls er – der O – „Schwierigkeiten" machen sollte. Daraufhin verhält sich O ruhig und lässt es zu, dass T ihm Geld und sonstige Wertsachen wegnimmt.
2. S betritt das Geschäft des Juweliers O und lässt sich von diesem Halsketten zeigen. Kurz darauf erscheint T, richtet eine Pistole auf S und fordert den O

---

[51] Es soll hier unterstellt werden, dass das durch den Gestank hervorgerufene Unbehagen keine ausreichende Beeinträchtigung des „Leibes" ist.

[52] BGH, NJW 1997, 265 (266); Eisele (2012b), Rn. 316; Nomos Kommentar-Kindhäuser (2013), § 249 Rn. 7.

[53] BGH, JZ 1985, 1059; Eisele (2012b), Rn. 317.

auf, sich – mit dem Gesicht nach unten – auf den Boden zu legen. Bei dem „leisesten Muckser" des O werde die S erschossen. O weiß nicht, dass die vermeintliche Kundin S in Wirklichkeit die Komplizin des T ist. Da O das Leben der S nicht gefährden will, leistet er der Forderung des T Folge. Danach raffen T und S blitzschnell große Mengen Schmuck zusammen und verlassen damit das Geschäft.

T hat in beiden Beispielen dem O mit gegenwärtiger Lebensgefahr für S gedroht und auf diese Weise bei O einen Nötigungserfolg herbeigeführt, der die anschließende Wegnahme ermöglichte. Dies scheint dem Wortlaut des § 249 I zu entsprechen, da dort nicht davon die Rede ist, dass Drohungserklärung und angedrohte Gefahr gegen ein und dieselbe Person gerichtet sein müssen. Die „Dreiecks-Drohung" kann also grundsätzlich den Raubtatbestand erfüllen.

Allerdings muss in einem solchen Fall der von der angedrohten Leibes- oder Lebensgefahr ausgehende psychische Druck auf den Drohungsadressaten dieselbe Intensität haben, wie wenn dieser selbst Opfer der angedrohten Gefahr wäre. Der Bedrohte muss sich gewissermaßen in die Lage des Dritten versetzt fühlen und dabei die in Aussicht gestellte Leibes- oder Lebensgefahr als gegen den eigenen Körper gerichtetes schweres Übel empfinden. Im Rahmen des § 249 genügt es nicht, dass sich die Gefährdung des Dritten für den Bedrohten lediglich als „empfindliches Übel" darstellt.[54] Da ein so intensives „Mit-Leid", wie § 249 es verlangt, typischerweise nicht gegenüber jedem beliebigen in Not geratenen Dritten empfunden wird, ist der Tatbestand auf Dreiecks-Konstellationen zu beschränken, in denen zwischen dem Drohungsadressaten und dem Dritten eine **nähere persönliche Beziehung** besteht. Tatbestandsmäßig ist also nur die Drohung mit einer Gefährdung, die einen Angehörigen oder eine sonstige nahestehende Person (vgl. § 35 I) des Drohungsadressaten treffen soll.[55]

Daher hat T in **Beispiel 1** die Drohungsalternative des § 249 erfüllt, in **Beispiel 2** dagegen nicht. Von der vorliegenden Fragestellung streng zu unterscheiden ist die Dreiecks-Konstellation zwischen Nötigungs- und Wegnahmeopfer (dazu unten 8.2.1.6.5). Deren Tatbestandsmäßigkeit setzt kein besonderes Näheverhältnis zwischen den beiden Opfern voraus.

8.2.1.6 Zusammenhang von Nötigung und Wegnahme

Gewalt oder Drohung sind durch das unscheinbare Wörtchen „mit" bzw. die bedeutungsgleiche Wendung „unter Anwendung von" in einen spezifischen Zusammenhang mit dem Tatbestandsmerkmal „Wegnahme" gestellt. Zur Erfüllung des Tatbestandes genügt es daher nicht, dass Nötigung und Wegnahme in irgendeiner beliebigen Weise additiv verwirklicht werden, sondern die beiden Merkmale müssen in der Manier miteinander verknüpft sein, wie der Raubtatbestand es verlangt.[56]

---

[54] Anders natürlich im Rahmen des § 240 und § 253, vgl. Küpper (2007), Teil I, § 3 Rn. 50.

[55] Zaczyk (1985), 1059 (1061); Mitsch (1999b), 617; für die Einbeziehung eines weiteren Personenkreises hingegen BGH, NJW 1999, 2198; Eisele (2012b), Rn. 318; Geilen (1979), 109 (110); Schünemann (1980), 349 (353); Seelmann (1986), 201 (203).

[56] Hörnle (2011), 1143 (1149); Ingelfinger (2007), 197 (198); Nomos Kommentar-Kindhäuser (2013), § 249 Rn. 10 ff.; Rengier (2014a), § 7 Rn. 22.

8.2.1.6.1 Mittel der Wegnahme

Die Nötigung ist das Mittel, dessen Einsatz die Durchführung der **Wegnahme ermöglicht** oder erleichtert.[57] In der Regel wird sich daher ex post ein **Kausalzusammenhang** zwischen Nötigung und Wegnahme feststellen lassen.

Beispiele

1. T will dem O eine Aktentasche wegnehmen. Da O dazu ansetzt, Widerstand zu leisten, schlägt T ihn mit der Faust ins Gesicht. O lässt die Aktentasche fallen und hält sich die Hände vor das schmerzende Gesicht. T ergreift die fallengelassene Aktentasche und rennt damit davon.
2. Der in das Haus des O eingebrochene T hört, wie der Hausherr nach Hause kommt und seinen Mantel an die Garderobe hängt. Da T fürchtet, O könne die von T beabsichtigte Wegnahme wertvoller Sachen stören, schleicht er sich von hinten an O heran und versetzt ihm einen heftigen Schlag auf den Hinterkopf. O ist sofort bewusstlos und bleibt es auch, bis T mit seiner Beute das Haus verlassen hat. Später stellt sich heraus, dass der Schlag auf den Kopf gar nicht notwendig war, da O sich ohnehin sofort ins Bett gelegt und den Einbrecher T überhaupt nicht wahrgenommen hätte.

In **Beispiel 1** hat die von T gegen O angewandte Gewalt die Wegnahme der Aktentasche mindestens erleichtert, wenn nicht sogar ermöglicht. Damit ist die Ursächlichkeit der Nötigung für die anschließende Wegnahme erwiesen. T hat dem O die Tasche mit Gewalt gegen eine Person weggenommen. In **Beispiel 2** ist ein Kausalzusammenhang nicht so leicht zu begründen, wenn man in Rechnung stellt, dass die äußeren Wegnahmebedingungen ohne den Schlag gegen den Kopf nicht schlechter gewesen wären. Berücksichtigt man jedoch, dass die „prophylaktische" Gewaltanwendung dem T wahrscheinlich ein erhöhtes Gefühl der Sicherheit verschafft hat, kann man doch eine Art psychischer Kausalität annehmen. Letztlich kommt es darauf aber nicht an. Es ist anerkannt, dass der Zusammenhang zwischen Nötigung und Wegnahme kein Kausalzusammenhang sein muss, sondern dass ein **Finalzusammenhang** ausreicht.[58] Das bedeutet, dass die Nötigung aus der ex-ante-Position betrachtet zur Erleichterung oder Ermöglichung der Wegnahme objektiv bestimmt und geeignet sein muss.[59] Die nachträglich gewonnene Erkenntnis, dass die Nötigung zur erfolgreichen Durchführung der Wegnahme gar nicht erforderlich gewesen ist, schließt dann die Tatbestandsmäßigkeit nicht aus. Da in Beispiel 2 die finale Ausrichtung des von T dem O verabreichten Schlages auf die anschließende Wegnahme außer Frage steht, ist der Zusammenhang zwischen Nötigung und Wegnahme tatbestandsmäßig.

---

[57] BGH, NJW 1969, 619; BGH, NStZ-RR 2001, 41; BGH, NStZ 2013, 648; Ingelfinger (2007), 197 (199).

[58] BGHSt 48, 365 (366); BGH, NStZ 2013, 103 (104); 2009, 325; 1982, 380; BGH, NStZ-RR 2001, 41; Eisele (2012b), Rn. 324; Geilen (1979), 165 (166); Küper (1981), 568 (570); Schünemann (1980), 349 (352); aA Hörnle (2011), 1143 (1153); Wolter (1985), 245 (248); Seelmann (1986), 201 (204), die einen Kausalzusammenhang fordern.

[59] Die h. M. versteht unter Finalität dagegen ein subjektives Merkmal, vgl. z. B. Schünemann (1980), 349 (352): „… nach dem Willen des Täters die Wegnahme ermöglichen oder erleichtern sollte."

8.2.1.6.2 Vollendung und Beendigung der Wegnahme

Aus der Funktion der Nötigung als Mittel der Wegnahme folgt zwangsläufig eine bestimmte **zeitliche** Anordnung dieser beiden Merkmale: Die Nötigung geht der Wegnahme voraus oder begleitet den Vollzug der Wegnahme. Eine der Wegnahme nachfolgende Nötigung kann den Raubtatbestand also nicht erfüllen.[60] Jedoch sind auf die Frage, wo der Punkt liegt, dessen Überschreitung aus einer raubtatbestandsmäßigen eine der Wegnahme nachfolgende und daher nicht mehr raubtatbestandsmäßige Nötigung macht, zwei verschiedene Antworten möglich: Vollendung oder Beendigung der Wegnahme. Nach der ersten Alternative ist tatbestandsmäßig nur eine Nötigung, die vor Vollendung der Wegnahme begangen wird und demgemäß dazu beitragen soll, dass die Vollendung der Wegnahme erreicht wird. Nach der zweiten Alternative wäre auch eine Nötigung tatbestandsmäßig, die erst nach Vollendung, aber noch vor Beendigung der Wegnahme vollzogen wird. In diesem Fall kann die Nötigung naturgemäß keinen Einfluss auf die Vollendung der Wegnahme, sondern nur beutesichernde Funktion haben.

Beispiel

Während O im Theater ist, bricht T in dessen Haus ein, um Sachen zu stehlen. In der Schreibtischschublade des O findet T mehrere Hundert-Euro-Scheine, die er in seine Hosentasche steckt. Danach begibt er sich in das Wohnzimmer des O, um den großen Fernsehapparat fortzutragen und in seinen vor dem Haus abgestellten Pkw zu bringen. Gerade als T mit dem Fernsehgerät durch den Flur geht, kommt O nach Hause. Noch bevor O den T wahrgenommen hat, stellt dieser das Fernsehgerät auf den Boden und streckt anschließend den O mit einem kräftigen Faustschlag nieder. Dann nimmt T den Fernseher wieder auf, trägt ihn in sein Auto und fährt davon.

Als T gegen O Gewalt anwendete, war die Wegnahme des Geldes bereits vollendet, nicht aber die Wegnahme des Fernsehgerätes. Während das Geld frühzeitig durch Bildung einer „Gewahrsamsenklave" weggenommen war (siehe oben 1.2.1.4.3.1), verlor O seinen Gewahrsam an dem Fernsehgerät erst, als T mit dem Gerät das Haus des O verlassen hatte (siehe oben 1.2.1.4.3.1). Hinsichtlich des Fernsehgerätes diente die Gewalt also der Vollendung der Wegnahme. Dies erfüllt zweifellos den Tatbestand des § 249 I. In Bezug auf das Geld war die Gewalt ein Mittel, das die erfolgreiche Beendigung der Wegnahme sicherte.[61] Jedoch ist der Beutesicherungsvorgang zwischen Vollendung und Beendigung der Wegnahme kein raubtatbestandsmäßiges Verhalten mehr. „Wegnahme" ist nur der Gewahrsamsverschiebungsakt, der mit der Begründung neuen Gewahrsams abgeschlossen ist (siehe oben 1.2.1.4.4). Die anschließende Sicherung und Festigung des neu begründeten Gewahrsams ist keine Wegnahme mehr. Folglich kann man auch nicht von „Wegnahme mit Gewalt" sprechen, wenn die Gewalt erst nach der Begründung neuen Gewahrsams verübt wird. Eine „Wegnahme vor

---

[60] BGH, NStZ-RR 2001, 41; Eisele (2012b), Rn. 323; Maurach et al. (2009), § 35 Rn. 21; Nomos Kommentar-Kindhäuser (2013), § 249 Rn. 21.

[61] BGHSt 20, 194 (196); 38, 295 (297).

der Gewalt" ist keine „Wegnahme mit Gewalt". Dass die Nötigung in der Phase zwischen Vollendung und Beendigung der Wegnahme den Raubtatbestand nicht erfüllt, wird ganz besonders deutlich durch die Existenz des Tatbestandes „Räuberischer Diebstahl" (§ 252) aufgezeigt. Denn das bedeutendste Charakteristikum dieses Tatbestandes ist gerade die beutesichernde Funktion der Nötigung. Im Rahmen des § 252 wird die Gewalt oder Drohung erst nach vollendetem Diebstahl eingesetzt, um den Besitz des gerade erlangten Diebesgutes zu sichern (näher dazu unten 9.2.1.5.4.1). Würde diese der Wegnahme nachfolgende Nötigung noch den Raubtatbestand erfüllen, wäre der Räuberische Diebstahl als eigenständiger Tatbestand überflüssig. Raub ist also nur die Nötigung vor der Vollendung der Wegnahme.[62] Die Nötigung nach vollendeter Wegnahme erfüllt den Raubtatbestand nicht.[63] T hat daher nur bezüglich des Fernsehgerätes Raub begangen. Hinsichtlich des weggenommenen Geldes hat sich T dagegen nicht aus § 249, sondern aus § 252 strafbar gemacht.

Die zeitliche Priorität der Nötigung gegenüber der Wegnahme ist allerdings nur ein Indiz dafür, dass die Nötigung Mittel zur Vollendung der Wegnahme ist.[64] Das Indiz kann also im Einzelfall auch widerlegt werden. Wendet der Täter die Nötigung nur an, um einer erwarteten Behinderung der **Flucht** bzw. des **Abtransports der Beute** entgegenzuwirken, ist die raubspezifische Verknüpfung von Nötigung und Wegnahme nicht gegeben.

Beispiel

T will in das Haus des O einbrechen, um Geld zu stehlen. Vor dem Haus steht ein Mann (M), der gerade seinen Hund ausführt. T nimmt an, dass M fort sein wird, wenn er – T – mit seinem Einbruch fertig ist. Für den nicht ganz auszuschließenden Fall, dass M doch länger vor dem Haus verweilen und dann dem T nach dem Verlassen des Hauses Schwierigkeiten bereiten könnte, schlägt T ihn nieder und fesselt ihn mit einer Wäscheleine an einen Baum. Danach führt T ungestört den Diebstahl aus.

Die Gewalt gegen M wurde zwar vor Vollendung – sogar bereits vor Beginn – der Wegnahme begangen. Dennoch hat die Gewalt nur die Funktion einer „vorweggenommenen" Flucht- und Beutesicherung. Denn gegen die Vollendung der Wegnahme erwartete T von M keinen Widerstand. T wollte mit seiner Gewaltanwendung also nicht die Vollendung, sondern die ungehinderte Beendigung der Wegnahme ermöglichen. Diese Verknüpfung von Nötigung und Wegnahme wird vom Raubtatbestand nicht erfaßt. Möglicherweise erfüllt sie den Tatbestand des räuberischen Diebstahls (§ 252, vgl. unten 9.2.1.3).

---

[62] BGHSt 28, 224 (226); BGH, GA 1968, 339; Schünemann (1980), 393 (398).

[63] Von dieser unbestrittenen Regel zu unterscheiden ist die umstrittene Frage, ob im Stadium zwischen Vollendung und Beendigung des Raubes noch qualifizierende Merkmale (§§ 250, 251) verwirklicht werden können; dazu unten 8.3.1.3.2.1.

[64] BGH, NJW 1989, 2549 (2550).

8.2.1.6.3   Wegnahmenähe der Nötigung

Die Worte „mit" (Gewalt) und „unter" (Anwendung von Drohungen) signalisieren, dass zwischen der Nötigung und der nachfolgenden Wegnahme ein **enger zeitlicher und räumlicher Zusammenhang** bestehen muss.[65] Im Idealfall ist die Nötigung bereits der Beginn der Wegnahme.[66]

Beispiel

T schlägt dem O mit einem Knüppel auf den Kopf, um ihm Geld abzunehmen. Schon der erste Schlag verursacht eine tödliche Verletzung. Als T anschließend die Brieftasche aus der Jacke des O herausnimmt, ist O bereits tot.

T könnte hier gar keinen Raub begangen haben, wenn nicht schon der tödliche Schlag mit dem Knüppel zumindest ein unmittelbares Ansetzen zur Wegnahme wäre. Denn da die Brieftasche mit dem Tod des O gewahrsamslos[67] wurde, wäre ein Bruch fremden Gewahrsams gar nicht mehr möglich gewesen.[68] T hätte mit der Entwendung der Brieftasche nur eine Unterschlagung begangen. Da aber der Knüppelschlag bereits ein Teil des Wegnahmeaktes ist und O zu diesem Zeitpunkt noch lebte sowie Gewahrsam an der Brieftasche hatte, hat T den Gewahrsam des O mit dem Knüppelschlag gebrochen. Daher hat T einen Raub (mit Todesfolge) begangen, §§ 249, 251.[69]

Liegt zwischen Nötigung und Wegnahme ein größerer zeitlicher und räumlicher Abstand, fehlt es an der für den Raub spezifischen Verknüpfung der beiden Teilakte. In den dogmatischen Kategorien der Versuchslehre ausgedrückt, handelt es sich bei diesen Fällen darum, dass die Nötigung nicht unmittelbares Ansetzen zur Wegnahme ist, sondern diese erst **vorbereitet.**[70]

Beispiel

Auf einer Mittelmeerkreuzfahrt mit dem „Traumschiff" lernt T den Berliner Unternehmer O kennen, den T sofort zutreffend als Inhaber eines enormen Vermögens einschätzt. T faßt den Entschluß, nach der Rückkehr in Deutschland in die Villa des O einzubrechen und dort wertvolle Sachen zu entwenden. Um den Plan ausführen zu können, muss T aber zunächst einmal erfahren, wie O heißt und wo sich seine Villa befindet. Zu diesem Zweck sucht T den O eines Tages

---

[65] BGH, NStZ 2006, 38; Blei (1975), 525 (526); Maurach et al. (2009), § 35 Rn. 21.

[66] Vgl. z. B. die Sachverhaltsschilderung in BGHSt 49, 8 (9).

[67] „Herrenlos" wurde die Brieftasche dagegen nicht. Das Eigentum ging gem. § 1922 BGB auf den Erben des O über. Sofern dies nicht der T selbst ist, bleibt die Brieftasche samt Inhalt „fremd".

[68] Dann wäre darüber hinaus fraglich, ob der Täter vom versuchten Raub mit Todesfolge noch hätte strafbefreiend zurücktreten können (dazu BGHSt 42, 158), da wegen erkannter Unmöglichkeit der Wegnahme ein fehlgeschlagener Versuch vorläge.

[69] RGSt 63, 105.

[70] Brandts (1990), 160.

in dessen Kabine auf und bearbeitet ihn solange mit derben Faustschlägen, bis O die gewünschten Informationen preisgibt. Als T drei Wochen später wieder in Deutschland ist, fährt er sofort nach Berlin-Grunewald und dringt nachts in die Villa des O ein. Schwer mit Beute beladen verlässt er das Haus.

T hat Gewalt gegen O angewendet und somit das Nötigungsmerkmal des § 249 erfüllt. Auch hat T dem O Sachen weggenommen und dabei die Informationen verwertet, die er sich zuvor durch Mißhandlung des O verschafft hatte. Also besteht durchaus ein Final- und Kausalzusammenhang zwischen Nötigung und Wegnahme. Dennoch hat T keinen Raub begangen. Denn von der geplanten Wegnahme war T auf dem „Traumschiff" so weit entfernt, dass die Mißhandlung des O noch kein Diebstahlsversuch war. Folglich hat T nicht „mit Gewalt" weggenommen, sondern allenfalls „infolge" oder „nach" früherer Gewalt. Die Notwendigkeit eines engen Zusammenhanges der beiden Raubakte wird durch einen Blick auf den raubähnlichen Tatbestand „Räuberischer Diebstahl" (§ 252) verdeutlicht: Das Tatbestandsmerkmal „auf frischer Tat" schließt Nötigungsakte, die erst ausgeführt werden, nachdem die Wegnahme ihre „Frische" verloren hat, aus dem Tatbestand aus.[71] Für den Tatbestand des Raubes, der sich von § 252 im wesentlichen nur durch die Umkehrung der Reihenfolge von Wegnahme und Nötigung unterscheidet, kann somit nichts anderes gelten. Die Nötigung muss also im Zeitpunkt der Wegnahme noch „frisch" sein.

8.2.1.6.4 Nötigungs- und Wegnahmetäter

Da die Nötigung das Mittel zur Wegnahme ist, wird dieses Mittel in der Regel von der Person angewandt, die auch die anschließende Wegnahme begeht. Werden Nötigung und Wegnahme dagegen von verschiedenen Personen begangen, liegt ein tatbestandsmäßiger Raub nur insoweit vor, als das Handeln des einen Täters dem anderen Täter zugerechnet werden kann. Dies ist vor allem der Fall, wenn mehrere **Mittäter** arbeitsteilig vorgehen. Der eine Mittäter nötigt,[72] damit der andere Mittäter wegnehmen kann. Dagegen können die von verschiedenen „Nebentätern" begangenen Akte nicht zu einem vollständigen Raub „addiert" werden. Die bloße Ausnutzung der von einem anderen Täter begangenen Nötigung zur Begehung einer Wegnahme ist also kein Raub.[73]

8.2.1.6.5 Nötigungs- und Wegnahmeopfer

Nötigung und Wegnahme werden sich meistens gegen ein und dasselbe Opfer richten. Notwendig ist eine derartige Opfereinheit aber nicht.[74] Auf der Opferseite können auch **mehrere Personen** betroffen sein: Ein Opfer, das genötigt wird,

---

[71] Näher dazu unten 9.2.1.3.3.

[72] Handelt aber der nötigende Beteiligte ohne Raubvorsatz, sondern nur mit Körperverletzungs- und Freiheitsberaubungsvorsatz, liegt keine Mittäterschaft vor; der mit Raubvorsatz wegnehmende Beteiligte begeht Raub in mittelbarer Täterschaft, indem er den anderen als raubvorsatzloses Werkzeug einsetzt, vgl. BGH, NStZ 2013, 103 (104).

[73] BGHSt 2, 344 (347); Ingelfinger (2007), 197 (199).

[74] RGSt 69, 327 (330); Maurach et al. (2009), § 35 Rn. 14, 18.

und ein anderes Opfer, dem etwas weggenommen wird.[75] Zwischen dem Opfer der Nötigung (= Drohungsadressat bzw. der Mensch, gegen dessen Körper Gewalt angewendet wird) und dem Opfer der Wegnahme braucht auch keine besondere Nähebeziehung – wie etwa zwischen Ehegatten oder Verwandten – zu bestehen. Erforderlich ist nur, dass die Nötigung das Mittel zur Ermöglichung oder Erleichterung der Wegnahme ist. Das einzige Kriterium, welches darüber bestimmt, ob eine mit dem betroffenen Gewahrsamsinhaber nicht identische Person taugliches Opfer einer raubtatbestandsmäßigen Nötigung sein kann, ist die Erwartung des Täters, diese Person werde gegen die Wegnahme Widerstand leisten.[76]

Beispiel

In einem mit acht Personen besetzten Wagen der Berliner U-Bahn pöbelt der T den O an und macht sich an dessen Jacke zu schaffen, um ihm die Brieftasche wegzunehmen. O wagt keine Gegenwehr. Fünf andere Fahrgäste schauen stumm zu, greifen aber nicht ein. Nur der X steht auf und versucht, dem O zur Hilfe zu kommen. Mit einem derben Faustschlag streckt T den X zu Boden. Danach gibt er dem Fahrgast Y mit der Bemerkung „Glotz nicht so blöd" eine Ohrfeige. Dann entnimmt T der Jacke des O die Brieftasche und verlässt an der nächsten Haltestation den Wagen.

Indem X dazu ansetzte, den O und sein Eigentum zu verteidigen, betätigte er sich als Hüter des von T bedrohten Gewahrsams. Damit wurde X zwar nicht zum Mitgewahrsamsinhaber, aber doch zum tauglichen Opfer einer Nötigung, die den Tatbestand des Raubes erfüllt, obwohl die zum Raubtatbestand gehörende Wegnahme nicht gegen ihn gerichtet ist. Die Gewalt gegen X schaltete einen Widerstand aus, der die anschließende Wegnahme behinderte. Daher besteht ein finaler Zusammenhang zwischen Gewalt und Wegnahme, wie er für die Erfüllung des § 249 erforderlich und ausreichend ist. Ein solcher Zusammenhang besteht dagegen nicht zwischen der dem Y gegebenen Ohrfeige und der Wegnahme, da von Y Widerstand nicht geleistet wurde und auch nicht zu erwarten war. Die Gewalt gegen Y wurde nur „bei Gelegenheit der Wegnahmehandlung"[77] verübt und ist daher kein Raub.

8.2.2 Subjektiver Tatbestand

8.2.2.1 Übersicht

Der subjektive Tatbestand des Raubes setzt sich aus zwei Merkmalen zusammen: Dem **Vorsatz** (§ 15) und der **Zueignungsabsicht**. Diese Struktur ist vom Diebstahl bekannt. Auch inhaltlich kann hier uneingeschränkt auf die Darstellung des subjektiven Diebstahlstatbestandes Bezug genommen werden.

---

[75] Eine weitere – hier nicht interessierende – Auffächerung der Opferposition ergibt sich, wenn der betroffene Gewahrsamsinhaber nicht zugleich Eigentümer der weggenommenen Sache ist.

[76] Schünemann (1980), 349 (353).

[77] BGH, NStZ 1982, 380; Schünemann (1980), 349 (353).

8.2.2.2   Simultaneität

Vorsatz und Zueignungsabsicht müssen **während des gesamten Vollzugs** der objektiv-tatbestandsmäßigen Handlungen – also sowohl Nötigung als auch Wegnahme – gegeben sein.[78] Es genügt nicht, dass Vorsatz und Zueignungsabsicht erst nach vollzogener – und nicht mehr fortdauernder – Nötigung synchron zur Wegnahme entstehen.[79]

Beispiele

1. T schlägt die O nieder, um sie zu vergewaltigen. Als O bewusstlos am Boden liegt, lässt T seinen Vergewaltigungsentschluß fallen und nimmt der O Geld, Uhr und Schmuck weg.[80]
2. T schlägt den O nieder, um dessen neues Auto wegzunehmen und damit eine Spazierfahrt zu unternehmen. Als O bewusstlos am Boden liegt, beschließt T, den Wagen wegzunehmen und zu behalten.
3. T schlägt O nieder, um dessen neues Fahrrad wegzunehmen und zu behalten. Als O bewusstlos am Boden liegt, ändert T seinen Entschluß. Er will mit dem Rad nur eine Spazierfahrt machen und es anschließend dem O zurückgeben.

In allen drei Beispielen hatte T zwar Vorsatz bezüglich Gewalt und Wegnahme sowie Zueignungsabsicht, aber nicht während des gesamten Tatgeschehens. In **Beispiel 1** war die Gewaltanwendung weder von einem Wegnahmevorsatz noch von einer Zueignungsabsicht getragen. Diese beiden subjektiven Tatbestandselemente kamen erst bei Vollzug der Wegnahme hinzu. T ist daher nicht wegen Raubes, sondern – soweit es um Geld, Uhr und Schmuck geht[81] – nur wegen Diebstahls in einem besonders schweren Fall strafbar, §§ 242, 243 I 2 Nr. 6.[82]
In **Beispiel 2** wurde die Gewaltanwendung zwar von einem Wegnahmevorsatz, nicht aber von einer Zueignungsabsicht begleitet.[83] Da T zunächst nur vorübergehenden Gebrauch des Pkw, nicht aber endgültige Enteignung des O vorhatte, lag nur ein auf „furtum usus" gerichteter Vorsatz vor, dessen Realisierung Strafbarkeit aus § 248 b begründet hätte. Die Zueignungsabsicht, mit der T die Wegnahme vollzog, kann nicht auf die bereits abgeschlossene Gewaltanwendung zurückbezogen werden („dolus subsequens non nocet"[84]). Auch in Beispiel

---

[78] Nomos Kommentar-Kindhäuser (2013), § 249 Rn. 19

[79] BGHSt 32, 88 (92); 48, 365 (366); BGH, JZ 1995, 1019; BGH, NStZ 1982, 380; BGH, NJW 1969, 619; LG Düsseldorf, NStZ 2008, 155 (156); Hruschka (1973), 12 (13); Schünemann (1980), 349 (352).

[80] Vgl. dazu die Fälle BGH, NStZ 2013, 471 und BGH, NStZ 2013, 648.

[81] Die Strafbarkeit wegen versuchter Vergewaltigung (§§ 177, 22) könnte wegen Rücktritts (§ 24 I 1) aufgehoben worden sein, vgl. dazu Baumann et al. (2003), § 27 Rn. 30.

[82] Hätte der Schlag des T die O sofort getötet, läge nur Unterschlagung vor, § 246; Geilen (1979), 165.

[83] Ähnlich der Fall BGH, NStZ 1982, 380, wo der Täter bei der Gewaltanwendung die Absicht rechtmäßiger Zueignung hatte und erst nach abgeschlossener Gewalt den Entschluss zu einer rechtswidrigen Zueignung fasste.

[84] Baumann et al. (2003), § 20 Rn. 62.

2 ist T nur wegen Diebstahls in besonders schwerem Fall strafbar, §§ 242, 243 I 2 Nr. 6. In **Beispiel 3** hatte T während der Gewaltanwendung Raubvorsatz und Zueignungsabsicht. Jedoch erfolgte die Wegnahme ohne Zueignungsabsicht. T wollte nun nur noch einen furtum usus begehen. Wegen der Wegnahme und Benutzung des Fahrrades ist T daher aus § 248 b strafbar. Die vorangegangene Gewaltanwendung ist zwar ein versuchter Raub, §§ 249, 22. Von diesem ist T jedoch strafbefreiend zurückgetreten (§ 24 I 1), wenn die Umwandlung der Zueignungsabsicht in einen Gebrauchsvorsatz freiwillig geschah.

8.2.2.3 Vorsatzwechsel

Eine der „sukzessiven" Mittäterschaft ähnelnde Konstellation ergibt sich in Fällen, in denen der Gewalt oder Drohung zunächst nicht eine Wegnahmeintention, sondern eine andere Zielrichtung – z. B. Begehung eines Sexualdelikts – zugrunde liegt.[85] Häufig greift der Täter sein Opfer mit Vergewaltigungsvorsatz an und fasst den Entschluss zur Wegnahme von Sachen erst nachdem er das Opfer in seine Gewalt gebracht hat. Die erforderliche finale Verknüpfung einer von synchronem Wegnahmevorsatz begleiteten Nötigung mit einer sich daran anschließenden Wegnahme ist in solchen Fällen möglich, wenn die Gewaltwirkung nach Entstehung des Wegnahmevorsatzes noch andauert[86] oder dem Opfer gegenüber den Effekt einer Androhung weiterer Gewalt hat.[87] Dagegen ist es kein Raub, wenn der Täter allein die Wehrlosigkeit des von ihm zuvor ohne Raubvorsatz genötigten Opfers zur Wegnahme ausnutzt.[88]

8.2.2.4 Zueignungs- und Bereicherungsabsicht

Ist das Merkmal „Zueignungsabsicht" nicht erfüllt, weil der Täter nur mit „**furtumusus-Vorsatz**" gehandelt hat, drängt sich die Überlegung auf, dass der Vorsatz die Qualität einer „Bereicherungsabsicht" haben und deshalb Strafbarkeit wegen räuberischer Erpressung (§§ 253, 255) begründet sein könnte.[89] Möglich ist diese Strafbarkeit, sofern der Umstand, dass der Täter die Sache weggenommen hat, mit den tatbestandlichen Anforderungen des Deliktstyps „Erpressung" vereinbart werden kann.

Beispiel

Die Jugendlichen A, B und C lassen sich von dem Taxifahrer O von Berlin-Wannsee nach Potsdam bringen. Unterwegs zwingen sie den O zum Anhalten und drängen ihn gewaltsam aus dem Wagen. A setzt sich nun hinters Steuer und fährt mit seinen beiden Komplizen weiter nach Wolfsburg. Dort besuchen die

---

[85] Eisele (2012b), Rn. 325 ff; Wessels et al. (2013c), Rn. 361 ff.

[86] BGH, NStZ 2012, 445; NStZ 2009, 325; Jäger (2013), Rn. 289.

[87] BGH, NStZ 2003, 431 (432); BGH, NStZ 2010, 570 (571) [zu § 177 II Nr. 1].

[88] BGH, NStZ 2013, 471; 2013, 648; 2009, 325; 2004, 556; Ingelfinger (2007), 197 (199); Jäger (2013), Rn. 290; Rengier (2014a), § 7 Rn. 26.

[89] BGH, NStZ 2012, 627 (Gewaltsame Wegnahme eines Mobiltelefons ohne Aneignungsabsicht).

drei ein Fußballbundesligaspiel des VfL Wolfsburg gegen Hertha BSC Berlin. Nach dem Spiel fahren sie wieder nach Berlin zurück und stellen das Taxi in der Nähe des S-Bahnhofs Wannsee ab. Dies hatten sie von vornherein so geplant.

Akzeptiert man einmal die – zweifelhafte[90] – Ansicht, dass der gewollte Verbrauch von Benzin und Schmierstoffen auch bei gewaltsamer Wegnahme des Fahrzeugs trotz insoweit gegebener Zueignungsabsicht nur als unbefugter Gebrauch von Fahrzeugen (§ 248 b) strafbar ist,[91] so können A, B und C nicht aus § 249 bestraft werden. Die gewaltsame Wegnahme des Taxis ist kein Raub, weil die Jugendlichen mit Rückführungswillen und somit ohne Enteignungsvorsatz handelten (siehe oben 1.2.2.3.3.2). Die gewaltsame Wegnahme des im Fahrzeug befindlichen Benzins und Schmiermittels erfüllt zwar die Strafbarkeitsvoraussetzungen des Raubes, wird aber nach h. M. nicht als Raub bestraft, da ansonsten § 248 b weitgehend leer liefe. Hinsichtlich des Taxis haben die Täter aber mit Bereicherungsabsicht gehandelt. Dieses subjektive Tatbestandsmerkmal der räuberischen Erpressung ist weiter als die Zueignungsabsicht des § 249, da es auch erfüllt sein kann, wenn der Täter den Eigentümer nicht dauernd enteignen, sondern ihm eine Sache nur vorübergehend vorenthalten will. Von den objektiven Tatbestandsmerkmalen der räuberischen Erpressung sind die Gewalt gegen eine Person und der Vermögensschaden erfüllt. Fraglich ist nur, ob O von den Jugendlichen zu einer vermögensschädigenden „Handlung, Duldung oder Unterlassung" (vgl. § 253 I) genötigt wurde (dazu näher unten 10.2.1.5.2).

8.2.3   Versuch

Raub ist Verbrechen iSd § 12 I, der Raubversuch daher gemäß § 23 I mit Strafe bedroht. Ebenfalls strafbar sind die in § 30 beschriebenen Vorbereitungshandlungen, wenn diese der Begehung eines Raubes dienen sollen.[92] Als – aus Nötigung und Wegnahme – zusammengesetztes Delikt wirft der Raub einige versuchsdogmatische Sonderfragen auf. Diese betreffen das „unmittelbare Ansetzen" zur Tatbestandsverwirklichung (§ 22) und den Rücktritt (§ 24).

8.2.3.1   Unmittelbares Ansetzen zur Tatbestandsverwirklichung

8.2.3.1.1   Teilverwirklichung des Tatbestandes
In der Versuchslehre dem Grunde nach anerkannt ist die Regel, dass die Verwirklichung eines tatbestandlichen Handlungsmerkmals stets ein unproblematischer Fall des unmittelbaren Ansetzens iSd § 22 ist.[93] Diese „Teilverwirklichungs-Regel"[94]

---

[90] Kann es eine unterschiedliche strafrechtliche Bewertung begründen, wenn der Täter nicht nur das Fahrzeug, sondern daneben auch noch einen dem Fahrzeugeigentümer bzw. einem Dritten gehörenden Benzinkanister mit 5 Liter Inhalt wegnimmt, um unterwegs auftanken zu können? Ausführlich zum Problem oben 4.1.4.2.

[91] Rengier (2014a), § 6 Rn. 9.

[92] BGH, NStZ 2004, 38 (39).

[93] Baumann et al. (2003), § 26 Rn. 50; Kühl (1980), 120 (125); abl. Küper (1992), 338 (347).

[94] Küper (1992), 338.

bedarf aber im Bereich des § 249 einer einschränkenden Modifizierung. Nur die **Verwirklichung des Nötigungsmerkmals**, nicht aber die Verwirklichung des Wegnahmemerkmals begründet per se ein unmittelbares Ansetzen und damit einen Anfang des Raubversuchs.[95]

Beispiele

1. T will dem O Geld wegnehmen und dies erforderlichenfalls durch Anwendung von Gewalt ermöglichen. Als er dem O eines Tages auf der Straße begegnet, schlägt er ihm mit der Faust ins Gesicht. Zu einer Wegnahme kommt es aber nicht, weil plötzlich ein Polizist auftaucht und T es unter diesen Umständen vorzieht, ohne Beute das Weite zu suchen.
2. Mit einer funktionstüchtigen Pistole bewaffnet steigt T in das Haus des O ein, um Sachen zu entwenden. Er glaubt zwar, dass die Bewohner abwesend sind, nimmt sich aber dennoch vor, für den Fall einer unerwarteten Begegnung mit einem „Störer" Waffengewalt anzuwenden. T braucht diesen Vorsatz aber nicht in die Tat umzusetzen, da das Haus tatsächlich menschenleer ist und bis zum Abschluß des Diebstahls niemand erscheint. Schwer mit Beute beladen verlässt T das Haus des O.

In beiden Beispielen hat T ein objektives Tatbestandsmerkmal des § 249 vollständig verwirklicht: In **Beispiel 1** die „Gewalt gegen eine Person", in **Beispiel 2** die „Wegnahme fremder beweglicher Sachen". Dennoch hat T nur im ersten Beispielsfall zur Verwirklichung des Raubtatbestandes unmittelbar angesetzt, §§ 249, 22. Denn der Wegnahme in Beispiel 2 fehlt die raubtatbestandsspezifische Verknüpfung mit dem Nötigungsmittel. Tatbestandsmäßige Wegnahme iSd des § 249 ist nur eine durch Gewalt oder Drohung ermöglichte Wegnahme. Der Wegnahme muss also die Anwendung eines dieser Nötigungsmittel vorausgehen. Daher kann das unmittelbare Ansetzen zur Verwirklichung des Raubtatbestandes allein durch Verwirklichung oder unmittelbares Ansetzen zur Verwirklichung des Nötigungsmerkmals begründet werden. Die pure Wegnahme mit Nötigungsvorsatz ist zudem schon in § 244 I Nr. 1 b speziell tatbestandlich erfaßt. Dieser Tatbestand wäre obsolet, wenn diese Art der Wegnahme als Raubversuch strafbar wäre.[96]

---

[95] Mißverständlich RGSt 69, 327 (329): „Da der Raub einen aus mehreren Ausführungshandlungen zusammengesetzten Tatbestand enthält (nämlich Wegnahme mit Gewalt gegen eine Person oder unter Anwendung von Drohungen), so ist mit der Ausführung dieses Verbrechens schon begonnen, sobald eine Handlung vorgenommen wird, die zur unmittelbaren Verwirklichung auch nur eines dieser mehreren Tatbestandsmerkmale gehört."

[96] Eisele (2012b), Rn. 337; Kühl (1980), 506 (509); Laubenthal (1987), 1065 (1066); Nomos Kommentar-Kindhäuser (2013), § 249 Rn. 28; Stree (1974), 179 (190).

8.2.3.1.2   Unmittelbarkeit und Wegnahme

Mit der Feststellung, dass das unmittelbare Ansetzen zur Nötigung oder der Vollzug der Nötigung den Beginn des Raubversuchs markiert, ist noch nichts darüber ausgesagt, ob in der ansatzweisen oder vollständigen Nötigung auch ein **unmittelbares Ansetzen zur Wegnahme** liegen muss. Da aber der Raubtatbestand nur durch eine eng mit der Wegnahme verknüpfte Nötigung verwirklicht werden kann (s. o. 8.2.1.6.3), ergibt sich das Erfordernis eines unmittelbaren Ansetzens zur Wegnahme nicht aus allgemeinen Regeln der Versuchsdogmatik, sondern aus strukturellen Besonderheiten des Raubtatbestandes.

> Hätte also der T in dem „Traumschiff"-Beispiel (oben 8.2.1.6.3) nach Beendigung der Kreuzfahrt seinen Plan, in die Villa des O einzubrechen, fallengelassen, wäre dies kein Rücktritt (§ 24 I) vom Raubversuch oder vom Diebstahlsversuch. Denn ein tatbestandsmäßiger Raubversuch läge mangels eines auf eine unmittelbar mit der Nötigung zusammenhängende Wegnahme gerichteten Vorsatzes nicht vor; ein Diebstahlsversuch läge mangels „unmittelbaren Ansetzens" nicht vor.

8.2.3.2   Rücktritt vom Versuch

Die mehraktige Tatbestandsstruktur des Raubes eröffnet dem Täter ein weites Feld zusätzlicher Rücktrittsmöglichkeiten, die bei einem einaktigen Delikt nicht oder lediglich in geringerem Maße gegeben sind. Als Aufgabe der Tatausführung bzw. Verhinderung der Tatvollendung iSd § 24 I 1 sind nämlich auch Maßnahmen anzuerkennen, mit denen der seine Tat vollendende Täter dafür sorgt, dass die Tat **nicht als Raub vollendet** wird.

Beispiele

1. T sperrt den O in einem Zimmer ein, um ungestört Sachen des O wegnehmen zu können. Bevor er mit der Wegnahme beginnt, schließt er die Tür des Zimmers wieder auf, weil O inzwischen eingeschlafen ist und daher die Wegnahme nicht behindern wird. Danach steckt T einige wertvolle Sachen ein und verlässt das Haus des O.
2. T schlägt den O nieder, um ihm sein Fahrrad wegzunehmen. T will das Rad behalten. Bevor er das Fahrrad an sich nimmt, ändert er aber seinen Entschluß. Mit der Absicht, den Drahtesel nur für eine Spazierfahrt zu gebrauchen und ihn anschließend dem O zurückzugeben, setzt er sich auf das Rad und fährt damit weg.
3. T schlägt die O nieder, um ihr Geld und Schmuck wegzunehmen. Als O bewusstlos vor T am Boden liegt, entschließt sich T, von der Wegnahme abzusehen und stattdessen an O sexuelle Handlungen vorzunehmen.

In allen drei Beispielen hat der Täter im Stadium des Raubversuchs nicht den großen Schritt aus der Kriminalität in die Legalität, sondern nur den kleinen Schritt in eine qualitativ oder quantitativ andere Kriminalität gemacht. T hat in allen Beispielen eine vollendete Straftat begangen, dabei aber in keinem Fall den Tatbestand des vollendeten Raubes verwirklicht. Nach h. M. kann ein solcher

kleiner Schritt strafbefreiender Rücktritt sein.[97] In **Beispiel 1** hat er durch die Befreiung des O dafür gesorgt, dass zwischen Gewalt und Wegnahme kein Mittel
Zweck-Zusammenhang zustande kam. Strafbar ist T wegen vollendeten Diebstahls. Die zuvor begründete Strafbarkeit wegen versuchten Raubes ist durch
den Teil-Rücktritt aufgehoben worden, § 24 I 1 Alt. 2.[98] In **Beispiel 2** hat T zwar
die Wegnahme unter Ausnutzung der zuvor begangenen Gewalttätigkeit durchgeführt. Dabei hatte er aber seine ursprüngliche Zueignungsabsicht in einen – für
den subjektiven Tatbestand des § 249 nicht ausreichenden – Gebrauchswillen
(furtum-usus-Vorsatz) umgewandelt. Die Absicht, einen vollendeten Raub zu begehen, hat er also vor der Vollendung fallengelassen. Von dem Raubversuch ist
T somit strafbefreiend zurückgetreten, § 24 I 1 Alt. 1. Übrig bleibt Strafbarkeit
wegen Körperverletzung (§ 223), Nötigung (§ 240) und Unbefugtem Gebrauch
eines Fahrzeugs (§ 248 b). Auch in **Beispiel 3** ist die Strafbarkeit wegen Raubversuchs nach § 24 I 1 Alt. 1 beseitigt worden, obwohl T seine strafbare Aktivität
nicht gänzlich eingestellt hat. Ausschlaggebend für die Anwendbarkeit des § 24
I ist aber, dass die Fortsetzung der Tat nicht mehr den Raubtatbestand erfüllt. Die
Tat, die T vollendet hat, ist aus §§ 240, 223 und 179 I strafbar.

8.3   Qualifizierte Raubtatbestände, §§ 250, 251 StGB

8.3.1   Schwerer Raub, § 250

8.3.1.1   § 250 I Nr. 1 a

Der Tatbestand des § 250 I Nr. 1 a entspricht trotz der etwas abweichenden Formulierung inhaltlich vollkommen der Diebstahlsqualifikation des § 244 I Nr. 1 a.[99] Auf
deren Darstellung oben 1.4.2.1 wird deshalb verwiesen.

8.3.1.2   § 250 I Nr. 1 b

8.3.1.2.1   Werkzeug und Scheinwaffe

Da § 250 I Nr. 1 a schon alle wirklich gefährlichen Waffen und Werkzeuge aufnimmt, bleiben für § 250 I Nr. 1 b nur noch die „sonstigen" Werkzeuge und Mittel.
Das Bild dieses Tatbestandes ist eine Kopie der Diebstahlsqualifikation des § 244
I Nr.1 b. Das Hauptproblem des § 250 I Nr. 1 b ist die Einbeziehung sog. „**Scheinwaffen**". Wie bei § 244 I Nr. 1 b war bis zu dem 6. StRG auch hier die Auslegung des Merkmals „Werkzeug oder Mittel" umstritten.[100] In dieser Kontroverse
standen sich Rechtsprechung und Literatur mit entgegengesetzten Auffassungen

---

[97] Baumann et al. (2003), § 27 Rn. 29 ff.

[98] Nicht aufgehoben wurde natürlich die Strafbarkeit wegen vollendeter Körperverletzung, § 223;
vgl. Baumann et al. (2003), § 27 Rn. 2.

[99] Für eine unterschiedliche Interpretation des Schußwaffenbegriffs aber Schünemann (1980), 349
(354).

[100] Der Streit bezog sich bisher natürlich auf § 250 I Nr. 2 a. F. Dass er sich mit dem 6. StRG
erledigt haben könnte, ist nicht anzunehmen.

nahezu unversöhnlich gegenüber. Die Rechtsprechung vertritt den Standpunkt, dass die Benutzung von objektiv ungefährlichen Gegenständen, die im Augenschein des Opfers aber den Eindruck von Gefährlichkeit machen (Spielzeugpistolen, Bombenattrappen usw.) diesen Qualifikationstatbestand erfüllen kann.[101] Denn eine „Drohung mit Gewalt" sei auch mit objektiv harmlosen Sachen möglich, sofern sie vom Täter dazu verwendet werden können, dem Opfer eine große Gefahr überzeugend vorzuspiegeln. Die Schutzwürdigkeit des Opfers einer auf diese Weise erzeugten massiven Einschüchterung sei ebenso erhöht wie die eines Opfers, das mit wirklich gefährlichen Tatwerkzeugen konfrontiert wird. Denn der Grad des Einschüchterungseffekts sei unabhängig von der Realisierbarkeit des angedrohten Übels.

Allerdings war in der Rechtsprechung des BGH noch vor dem 6. StrRG eine Tendenz zur Annäherung[102] an die Schrifttumsposition zumindest im Ergebnis zu beobachten. Ähnlich wie zuvor schon der 5. Strafsenat in seiner **„Plastikrohr**-Entscheidung"[103] hatte der 4. Strafsenat des BGH in seiner **„Labello"**-Entscheidung vom 20. 6. 1996 eine rein subjektive Bestimmung des „Mittel"-Begriffs verworfen: „Jedenfalls dann, wenn der Gegenstand – und zwar schon nach seinem äußeren Erscheinungsbild – offensichtlich ungefährlich und deshalb nicht geeignet ist, mit ihm (etwa durch Schlagen, Stoßen, Stechen oder in ähnlicher Weise) auf den Körper eines anderen in erheblicher Weise einzuwirken, kommt die Anwendung des § 250 I Nr. 2 StGB nicht in Betracht."[104] So sehr dem im Ergebnis zuzustimmen ist[105] – dazu sogleich – so sehr sind die Entscheidungen wegen ihrer äußerst schwachen Argumentation abzulehnen.[106]

Der Gesetzgeber hat mit der Änderung des § 250 I durch das 6. StrRG ein Votum für die extensive, Scheinwaffen in den Tatbestand einbeziehende Auffassung der Rechtsprechung abgegeben. Der Umkehrschluß aus § 250 I Nr. 1 a, wo – anders als in § 250 I Nr. 1 b – ausdrücklich die Gefährlichkeit des mitgeführten Werkzeugs erwähnt wird, drängt eine Auslegung des § 250 I Nr. 1 b auf, die auch ungefährliche Werkzeuge erfaßt.[107]

In diesem Lehrbuch wurde oben bei § 244 I Nr. 1 b der Rechtsprechungsauffassung der Vorzug gegeben (siehe oben 1.4.2.2.3). Im vorliegenden Zusammenhang ist die Einbeziehung von Scheinwaffen in den Qualifikationstatbestand indessen als

---

[101] BGH, NStZ 1981, 436; StV 1990, 546; 1994, 656 (657).

[102] Nach Ansicht von O. Hohmann (1997), 185 ist der BGH mit dieser Entscheidung bereits in das Lager der Literatur „übergelaufen"; ähnlich Saal (1997), 859 (863).

[103] BGHSt 38, 116 (117): „Gleichwohl dürfen objektive Gesichtspunkte bei der Auslegung der Merkmale ‚Waffe oder sonst ein Werkzeug oder Mittel' nicht völlig unberücksichtigt bleiben."

[104] BGH, NStZ 2007, 332 (333); 1997, 184 (185). Nach BGH, NStZ 2011, 278 soll es hingegen für § 250 I Nr. 1 b ausreichen, wenn der Bedrohte den Gegenstand (Sporttasche mit angeblich darin befindlicher Bombe) nicht sieht und daher dessen Gefährlichkeit überhaupt nicht einschätzen kann. Anders wiederum BGH, NStZ 2011, 703 (in der Jackentasche verborgene Wasserpistole).

[105] Graul (1992), 297 (300): „Weiter so!"; Saal (1997), 859 (862).

[106] Zutr. kritisch zur Begründung des BGH O. Hohmann (1997), 185; Kelker (1994), 656 (657); Klesczewski (2000), 257 (260); Lesch (1999), 365 (369); Saal (1997), 859 (863).

[107] BGH, NStZ 2007, 332 (333); JZ 1998, 740; BGH, NStZ-RR 2000, 43; Hörnle (1998), 169 (173); Kreß (1998), 633 (643); Küper (1999b), 569 (582); U. Schroth (1998), 2861 (2865).

gesetzgeberische Fehlentscheidung abzulehnen. Dies ist nicht inkonsequent oder widersprüchlich, denn das Tatwerkzeug steht beim schweren Raub in einem anderen normativen Zusammenhang als beim schweren Diebstahl.[108] Während die Unrechtsdifferenz zwischen § 242 und § 244 I Nr. 1 b auch in einem Scheinwaffen-Fall begründbar ist, lässt sich das in § 250 I Nr. 1 b im Verhältnis zu § 249 erheblich angehobene Strafniveau mit der Einschüchterungstauglichkeit einer Scheinwaffe nicht erklären.[109] Denn der Einschüchterungseffekt, der mit einer Scheinwaffe erzeugt werden kann, ist ja bereits Voraussetzung für die Erfüllung des Grundtatbestandes „Raub", § 249 I. Mehr als eine „Drohung mit gegenwärtiger Gefahr für Leib oder Leben" lässt sich mit einer Scheinwaffe nicht bewirken.[110] Umgekehrt wird der Täter in der Regel irgendeinen gefährlich aussehenden Gegenstand einsetzen müssen, um überhaupt die Drohungsvariante des Grundtatbestands § 249 I erfüllen zu können. Denn „mit bloßen Händen" dürfte es im Normalfall nicht möglich sein, dem Opfer das Bevorstehen einer schweren Schädigung von Gesundheit oder Leben ernsthaft und überzeugend ins Bewusstsein zu bringen. Mit einer Scheinwaffe lässt sich also gerade einmal das für die Strafbarkeit aus § 249 notwendige Minimum an psychischem Druck erzeugen.[111] Für die Steigerung des Unrechtsgehalts, die den Anstieg des Strafniveaus von § 249 I auf die Ebene des § 250 I legitimieren würde, ist die Mitführung einer Scheinwaffe ungeeignet und unzureichend.[112] „Werkzeug oder Mittel" iSd § 250 I Nr. 1 b sollte daher nur eine Sache sein, die objektiv gefährlich ist und mit der der Täter dem Opfer ähnlich **schwere Körper- und Gesundheitsschäden** zufügen kann wie mit einer Schußwaffe iSd § 250 I Nr. 1 a. Dass der Wortlaut des § 250 I Nr. 1 b auch Scheinwaffen einbezieht, kann aber nicht geleugnet werden.

8.3.1.2.2   Gebrauchsabsicht

Da der Grund der Unrechtssteigerung in der erhöhten Gefahr für Gesundheit und Leben besteht, muss sich auch die – zum subjektiven Tatbestand gehörende (siehe oben 1.4.2.2.4) – **Gebrauchsabsicht** des Täters auf eine mit derartigen Gefahren verbundene Verwendungsart beziehen. Der Täter muss also das Werkzeug oder Mittel in einer Weise benutzen wollen, die das Opfer in die Gefahr schwerer Gesundheitsschäden oder gar in Todesgefahr bringen kann. Es reicht nicht aus, wenn der Täter das Tatmittel nur zu einem für Leib und Leben ungefährlichen Angriff auf die Bewegungsfreiheit des Opfers einzusetzen beabsichtigt. Denn eine Rechtsgutsbeeinträchtigung dieser Qualität ist bereits zur Erfüllung des Grundtatbestandes erforderlich (vis absoluta, siehe oben 8.2.1.4.1). Daher begeht der Täter keinen schweren

---

[108] Braunsteffer (1975), 623 (624); Schünemann (1980), 349 (353).

[109] Daran ist auch nach der im 6. StrRG vorgenommenen Absenkung der Mindeststrafe von fünf Jahren auf drei Jahre festzuhalten. Auch die Differenz von zwei Jahren vermag die Mitführung einer harmlosen Scheinwaffe nicht zu rechtfertigen.

[110] Nomos Kommentar-Kindhäuser (2013), § 250 Rn. 5.

[111] Nach Kleszcewski (2000), 257 (263) taugt die Scheinwaffe nicht einmal dazu!

[112] Geilen (1979), 389; Hellmann (1996), 522 (526); Seelmann (1986), 201 (204); Weber (1988), 885.

Raub iSd § 250 I Nr. 1 b, der ein Seil mitführt, mit dem er das Opfer fesseln will.[113] Diese Art von Gewaltanwendung hat lediglich das Unrechtsgewicht der „Gewalt gegen eine Person", die zum Tatbestand des § 249 gehört. Zur Erhöhung des Strafwürdigkeitsgehalts, der eine Mindeststrafe von drei Jahren Freiheitsentzug rechtfertigen könnte, bedarf es einer weiteren schweren Rechtsgutsbeeinträchtigung. Diese läge z. B. vor, wenn der Täter sein Opfer in einer Weise fesseln will, die die Gefahr des Erstickungstodes begründet.

8.3.1.3 § 250 I Nr. 1 c und § 250 II Nr. 3 b

8.3.1.3.1 Konkrete Gefahr
In § 250 I Nr. 1 c und II Nr. 3 b wird zum Tatbestandsmerkmal erhoben, was in der Alternativen Nr. 1 a – früher auch in der durch § 250 I Nr. 1 b ersetzten Alternative § 250 I Nr. 2 – nur als gesetzgeberische ratio hinter dem Tatbestand steht: Eine wirkliche Gefahr für die Gesundheit eines Menschen. In § 250 I Nr. 1 a ist diese Gefahr abstrahiert und in dieser Form unrechtssteigerndes Kennzeichen der tatbestandsmäßigen Tatwerkzeuge. Im Fall des § 250 I Nr. 1 c und des § 250 II Nr. 3 b muss tatsächlich die **konkrete Gefahr**[114] einer schweren Gesundheitsschädigung oder des Todes entstanden sein.[115] Kommt es zum Eintritt der schweren Gesundheitsschädigung oder gar zum Tod des Opfers, können die Qualifikationstatbestände § 250 II Nr. 3 a und § 251 verwirklicht sein.

8.3.1.3.2 Tatbezug
Das Opfer muss „**durch die Tat**" in Gefahr gebracht worden sein. Das ist der Fall, wenn die Tat – der Raub – Ursache der Gefahr ist. Dabei stellt sich die Frage, welche Bestandteile der Tat „Raub" als Gefahrursache tatbestandsrelevant sind. Die Frage stellt sich zum einen im Hinblick auf die verschiedenen Entwicklungsstadien des Raubes (dazu sogleich 8.3.1.3.2.1), zum anderen im Hinblick auf die Zweiaktigkeit des tatbestandsmäßigen Handlungsmerkmals (dazu 8.3.1.3.2.2).

8.3.1.3.2.1 Vorbereitung, Versuch, Vollendung und Beendigung der Tat
Mit dem Begriff „Tat" bezieht sich das Gesetz auf den Vorgang, der den Grundtatbestand § 249 erfüllt. Die Ursache der konkreten Gefährdung muss ein Teil dieses Vorgangs, also ein innertatbestandliches Ereignis sein.

Beispiel

A und B haben einen Überfall auf die Sparkasse geplant. Mit dem Pkw des A machen sie sich auf den Weg zum Tatort. Einen halben Kilometer vor der Sparkasse übersieht der am Steuer sitzende A ein Kind (K), das einem auf die Fahrbahn gerollten Ball hinterherläuft. Im letzten Moment gelingt es B, den A auf das Kind aufmerksam zu machen. A reißt blitzschnell das Steuer herum und vermeidet so

---

[113] Geilen (1979), 389 (390); Hillenkamp (1990), 454 (458); a. A. BGH, NJW 1989, 2549.

[114] BGH, NStZ 2005, 212; Geilen (1979), 445; Schünemann (1980), 393.

[115] Allgemein zur abstrakten und konkreten Gefährdung vgl. Baumann et al. (2003), § 8 Rn. 42, 43.

um Haaresbreite ein Unglück. Zehn Minuten später dringen A und B maskiert in die Sparkasse ein und erbeuten 300.000 €.

A hat durch seine Fahrweise das Kind K in konkrete Gefahr einer schweren Verletzung gebracht. Ursache der Gefährdung war ein Verhalten, das mit der Begehung eines Raubes[116] im Zusammenhang steht. Allerdings befand sich der Raub am Ort und zur Zeit des Beinahe-Unfalls noch im Stadium der **Vorbereitung**.[117] Eine nach § 249 oder §§ 249, 22 strafbare Tat lag also noch nicht vor, als die Ursache für die Gefahr gesetzt wurde. Daher ist diese Ursache kein Bestandteil einer „Tat" iSd § 250 I Nr. 1 c, II Nr. 3 b.[118] Erst mit dem unmittelbaren Ansetzen zur Verwirklichung des Raubtatbestandes (§§ 249, 22) – also mit dem Beginn des **Raubversuchs** (Beispiel: Aus der Pistole, mit der der Bankräuber Personal und Kunden der Bank bedroht, löst sich ein Schuß) – tritt eine Tat in den tatbestandsmäßigen und strafbaren Bereich ein. Gefahrursachen im Vorfeld des Raubversuchs können den Raub nicht qualifizieren. A und B haben sich also nicht aus §§ 249, 250 I Nr. 1 c oder II Nr. 3 b strafbar gemacht.

Entsprechendes wie für Ursachen im Raubvorfeld gilt für Gefahrursachen, die erst **nach Vollendung** – aber noch vor **Beendigung** – des Raubes gesetzt werden.

Beispiel

A und B haben den Besitzer eines kleinen Tabakladens niedergeschlagen und 2000 € Bargeld erbeutet. Mit einem Pkw entfernen sie sich vom Tatort. Auf ihrer Flucht überfahren sie eine auf „rot" geschaltete Ampel und entgehen dabei nur knapp einem Zusammenstoß mit einem anderen Pkw, in dem der P sitzt.

Auch in diesem Beispiel besteht zwischen der konkreten Gefährdung des P und dem von A und B begangenen Raub ein Zusammenhang. Allerdings ist die Flucht mit dem Pkw bereits ein Vorgang, der nach der Vollendung des Raubes stattfindet. Denn der neue Gewahrsam an dem Geld war schon vorher begründet worden. Damit war die Wegnahme perfekt und der Raub vollendet. Zum Teil werden gefahrverursachende Akte aber auch dann noch dem Tatbestand des § 250 I Nr. 1 c oder des § 250 II Nr. 3 b zugeordnet, wenn sie in die Phase zwischen Vollendung und Beendigung des Raubes fallen und der Täter bzw. Teilnehmer mit Beutesicherungsabsicht handelt.[119] Nach dieser Auffassung hätten sich A und B aus §§ 249, 250 I Nr. 1 c strafbar gemacht.

Diese Einbeziehung der Nachtatphase zwischen Vollendung und Beendigung des Raubes in den Tatbestand des § 250 I Nr. 1 c und des § 250 II Nr. 3 b ist **abzu-**

---

[116] Es soll hier angenommen werden, dass die Täter das Geld weggenommen und nicht – wie es wegen der massiven Sicherungseinrichtungen in Banken naheliegend ist (vgl. Rengier (1993), 460 (461) – durch (räuberische) Erpressung an sich gebracht haben.

[117] Kühl (2012), § 15 Rn. 63.

[118] Schünemann (1980), 393 (394).

[119] BGHSt 55, 79 (81); BGH, NStZ 2010, 451; Schönke et al. (2014), § 250 Rn. 23.

lehnen.[120] Da das Verhalten nach Vollendung des Raubes den Tatbestand des § 249 nicht mehr erfüllt, ist es keine „Tat" iSd § 250 I Nr. 1 c, II Nr. 3 b. Anders als das Strafprozeßrecht (vgl. §§ 155, 264 StPO) bezeichnet das StGB mit der Vokabel „Tat" einen tatbestandsbezogenen Tatbegriff. Tat ist nur tatbestandsmäßiges Geschehen. Im Normalfall endet der tatbestandsmäßige Handlungsraum mit der Vollendung des Delikts. Nur bei Dauerdelikten verlängert sich dieser Raum bis zur Deliktsbeendigung.[121] Raub ist kein Dauerdelikt, die Verwirklichung des Raubtatbestandes endet mit der Begründung neuen Gewahrsams an der weggenommenen Sache. Das Verhalten danach ist keine Tat und erfüllt daher auch nicht den Tatbestand des § 250 I Nr. 1 c, II Nr. 3 b.

8.3.1.3.2.2 Nötigung und Wegnahme als Gefahrursache

Die Tat „Raub" setzt sich aus den beiden Handlungselementen „**Nötigung**" (Gewalt/Drohung) und „**Wegnahme**" zusammen. Da § 250 I Nr. 1 c, II Nr. 3 b die konkrete Gefahr pauschal als Folge der Tat – also als Folge des Raubes – beschreibt, muss geklärt werden, mit welchem dieser beiden Raubelemente – Nötigung, Wegnahme oder beiden – eine tatbestandsmäßige Ursache-Folge-Beziehung bestehen kann.

Beispiele

1. T will dem O die Brieftasche wegnehmen. Da O dem T signalisiert, dass er sein Eigentum nicht widerstandslos preisgeben werde, schlägt T ihm mit der Faust ins Gesicht. Dabei wird O am linken Auge verletzt. Nur um Haaresbreite bleibt O vor dem Verlust der Sehkraft auf seinem linken Auge bewahrt. Anschließend nimmt T dem O die Brieftasche weg.
2. T dringt in das Haus des O ein, schlägt den O nieder und entwendet außer Bargeld auch ein Fläschchen mit einem Medikament, auf das der schwer kranke O dringend angewiesen ist. O muss dieses Medikament alle zwei Stunden einnehmen, anderenfalls besteht Lebensgefahr. Da O nicht bemerkt hat, dass T das Medikament entwendet hat, kümmert er sich nicht sofort um Ersatz. Erst als O die Arznei einnehmen will, stellt er deren Verlust fest. In fieberhafter Eile versucht O nun, die rettende Medizin zu besorgen. Dies gelingt ihm letztlich auch mit Hilfe seines Hausarztes. Bis dahin war aber so viel Zeit verstrichen, dass für O akute Lebensgefahr bestand.

Es besteht kein Zweifel daran, dass der typische Fall des § 250 I Nr. 1 c, II Nr. 3 b die Verursachung der Gefahr durch die **Nötigungshandlung** (Gewalt oder Drohung) ist. Denn dieses Tatbestandselement verleiht dem Raub seinen Charakter als Gewaltverbrechen und ist im Regelfall der Grund physischer Beeinträchtigungen des Opfers. Schäden an Leib und Leben sind naturgemäß typische Folgen körperlicher Gewalt. Daher hat T in **Beispiel 1** den Qualifikationstatbestand § 250 I Nr. 1 c erfüllt. Beispiel 2 demonstriert, dass auch das **Wegnahmeelement**

---

[120] Grabow et al. (2011), 265 (273); Kudlich (2011), 518 (519); Kühl (2002), 729 (734); Rengier (1993), 460 (462); Scholderer (1988), 429; Schünemann (1980), 393 (394).

[121] Baumann et al. (2003), § 8 Rn. 56; Rengier (1986), S. 223.

des Raubes alleinige Ursache der konkreten Gefahr sein kann. Allerdings ist die Gefahr schwerer Körperverletzung bzw. Lebensgefahr eine ungewöhnliche Folge der Wegnahme. Das Gesetz hält die Wegnahme fremder Sachen nicht für eine Handlung, der ein erhebliches Risiko für Gesundheit und Leben immanent ist. Anderenfalls hätte ein dem § 250 I Nr. 1 c, II Nr. 3 b entsprechender Qualifikationstatbestand in § 244 mitaufgenommen werden müssen. Ausgerechnet diese Variante des schweren Raubes hat aber in § 244 keine Parallele. Das kann nur dahingehend interpretiert werden, dass die Gefahrverursachung durch Wegnahme kein Tatumstand ist, an den der Gesetzgeber die Qualifikation der Eigentumsdelikte Diebstahl und Raub knüpfen wollte.[122] In **Beispiel 2** hat sich daher T nicht aus § 250 I Nr. 1 c oder § 250 II Nr. 3 b strafbar gemacht.

8.3.1.3.3 Opfer der Gefahr

Tatbestandsmäßig ist nur die Gefahr, die „**eine andere Person**" trifft. Damit ist jedenfalls die Person aus dem Kreis tauglicher Opfer ausgeschlossen, die als Täter oder Tatbeteiligter die gefahrverursachende Nötigungshandlung vollzieht.[123] Die Selbstgefährdung durch Raub fällt also nicht unter § 250 I Nr. 1 c, II Nr. 3 b. Im Übrigen aber ist dem Gesetzeswortlaut keine weitere Beschränkung des Opferkreises zu entnehmen.

8.3.1.3.3.1 Raubopfer

Als Opfer der Gefahr kommt in erster Linie das Opfer des Raubes in Betracht. Da auf der Opferseite eines Raubes aber mehrere Personen stehen können (Opfer der Gewalt oder Nötigung, Gewahrsamsinhaber, Eigentümer) ist eine weitere Präzisierung geboten. Oben (8.3.1.3.2.2) wurde der tatbestandsmäßige Zusammenhang zwischen Raub und Gefahr auf den Fall der durch die Nötigungshandlung verursachten Gefahr reduziert. Der betroffene Gewahrsamsinhaber oder Eigentümer, der nicht zugleich Opfer der Nötigung ist, scheidet daher als Gefahropfer aus. Nur das Raubopfer, gegen das die **Nötigungshandlung** sich richtet, ist taugliches Opfer der qualifizierenden Leibes- oder Lebensgefahr.

8.3.1.3.3.2 Dritte

Personen, die nicht Träger eines vom Grunddelikt „Raub" angegriffenen Rechtsgutes sind, können tatsächlich durch einen Raub in schwere Leibes- oder Lebensgefahr gebracht werden. Insbesondere die Benutzung gemeingefährlicher Gewaltmittel kann **unbeteiligte Dritte** in Mitleidenschaft ziehen. Soweit solche Personen allerdings durch eine den Raub vorbereitende oder ihm nachfolgende Handlung gefährdet werden, ist die Tatbestandsmäßigkeit schon aus den oben (8.3.1.3.2.1) dargelegten Gründen ausgeschlossen. Die Gefährdung Dritter während der Ausführung des Raubes wird dagegen vom Qualifikationstatbestand § 250 I Nr. 1 c, II Nr. 3 b erfaßt.[124]

---

[122] Mitsch (1999a), 65 (103); Rengier (1986), S. 231, 281; aA Geilen (1979), 445 (446).

[123] Eisele (2012b), Rn. 355.

[124] Eisele (2012b), Rn. 355; Geilen (1979), 445 (446).

Beispiel

Auf dem Bahnsteig einer U-Bahnstation kommt es zu einem Handgemenge zwischen T und O. T will dem O die Brieftasche wegnehmen, wogegen O sich heftig zur Wehr setzt. T bringt den O schließlich mit einem Stoß gegen die Brust aus dem Gleichgewicht. Von dem zu Boden fallenden O wird der dicht neben ihm und dicht an der Bahnsteigkante stehende X mitgerissen. X fällt auf die Gleise und entgeht nur knapp dem Überrolltwerden durch den herannahenden U-Bahnzug.

X ist zwar weder Inhaber der Sache, auf die T es abgesehen hat, noch ist X Adressat der gewaltsamen Nötigungshandlung des T. Er ist aber durch die gegen O gerichtete Gewalt mittelbar betroffen und damit auch vom Schutzzweck des § 250 II Nr. 3 b erfaßt. Denn diese Qualifikation pönalisiert besonders gefährliche Begehungsmodalitäten des Raubes und bezweckt deshalb auch den Schutz solcher Personen, die sich in der Gefahrenzone befinden, ohne selbst Opfer des Raubes zu sein. Die Lebensgefahr, in die X durch die Gewalt des T gebracht wurde, erfüllt daher den Qualifikationstatbestand § 250 II Nr. 3 b.

8.3.1.3.3.3 Tatbeteiligte

Gewaltsame Begehung eines Raubes kann nicht nur Raubopfer und Dritte, sondern auch den Täter und Tatbeteiligte in Gefahr bringen. Der Gesetzeswortlaut des § 250 I Nr. 1 c, II Nr. 3 b schließt ausdrücklich nur den Beteiligten aus dem Kreis der geschützten Personen aus, der selbst unmittelbar die gefährdende Handlung ausführt. Allgemein gilt aber im Strafrecht der Grundsatz, dass der persönliche Schutzbereich eines Straftatbestandes nicht die Personen erfaßt, an die sich der tatbestandsmäßige Verhaltensappell (Verbot, Gebot) richtet. Daher ist auch für Raubbeteiligte die raubbedingte Gefährdung ihrer Gesundheit oder ihres Lebens eine tatbestandlich irrelevante **Selbstgefährdung**.

Beispiel

A und B überfallen in der Dunkelheit den O, um ihm Geld wegzunehmen. Es kommt zu einem heftigen Austausch von Gewalttätigkeiten. A gelingt es schließlich, dem O die Brieftasche wegzunehmen. Mit dieser Beute in der Hand rennt A davon. O nimmt die Verfolgung auf. Am Tatort zurück bleibt B, der mit einer lebensgefährlichen Verletzung am Boden liegt. Es lässt sich nicht mehr klären, ob dem B diese Verletzung durch einen Schlag des sich wehrenden O oder durch einen Schlag des A, der in der Hektik des Geschehens seinen Komplizen mit O verwechselt hat, zugefügt wurde.

Strafbarkeit des A aus §§ 249, 250 II Nr. 3 b ist nicht schon deswegen ausgeschlossen, weil die Lebensgefahr möglicherweise unmittelbar durch eine Notwehrhandlung (§ 32) des O verursacht wurde. Da A den O mit seinem Angriff zur Notwehr gezwungen hat, sind ihm die aus der Verteidigung des O resultierenden Folgen zuzurechnen. Auch der Wortlaut des § 250 II Nr. 3 b steht nicht eindeutig entgegen, da B im Verhältnis zu A selbstverständlich „ein anderer" ist. Die Qualifikation des § 250 II Nr. 3 b kommt aus einem anderen Grund nicht zum Zuge: Als Raubbeteiligter gehört B nicht zum Kreis der durch die Qualifikation geschützten Personen. Auch wenn er nicht selbst die gefahrverursachende Handlung vollzogen hat, steht B als Raubbeteiligter im Lager der Normadressaten, gegen die sich § 250 II Nr. 3 b mit seiner verschärften Strafdrohung wendet. Daher kann er nicht zugleich Opfer eines qualifizierten Raubes sein. Mit „einen anderen" meint das Gesetz also eine im Verhältnis zu sämtlichen Raubbeteiligten andere Person.[125] Strafbarkeit des A aus §§ 249, 250 I Nr. 1 c oder II Nr. 3 b ist daher nur dann begründet, wenn auch der O in schwere Leibes- oder Lebensgefahr gebracht wurde.

8.3.1.3.4 Vorsatz

Die Qualifikation des § 250 I Nr. 1 c, II Nr. 3 b ist ein normales Erfolgs- und Vorsatzdelikt. Der subjektive Tatbestand setzt außer den bereits bei § 249 erforderlichen Merkmalen (oben 8.2.2.1) **Vorsatz bezüglich sämtlicher qualifizierender Umstände** voraus. Der Eintritt der konkreten Leibes- oder Lebensgefahr muss also gem. § 15 vom Vorsatz umfaßt sein.[126] Da es sich bei § 250 I Nr. 1 c, II Nr. 3 b nicht um ein erfolgsqualifiziertes Delikt handelt, kommt § 18 nicht zur Anwendung. Fahrlässige Gefahrverursachung reicht zur Erfüllung des Tatbestandes also nicht aus.[127]

8.3.1.3.5 Versuch und Rücktritt

Wie bei jedem qualifizierten Verbrechen ist auch bei § 250 I Nr. 1 c, II Nr. 3 b ein Versuch in der Form möglich, dass nach vollendetem Grunddelikt Raub die vom Vorsatz des Täters umfaßte qualifizierende konkrete **Gefährdung ausbleibt**.

Beispiel

T schlägt mit der Faust gegen den Kopf des O, um ihm Geld wegzunehmen. T verwechselt den O mit dem ähnlich aussehenden X, von dem T weiß, dass er eine außergewöhnlich dünne Schädeldecke hat und daher durch einen Schlag gegen den Kopf in Lebensgefahr geraten könnte. Für den gesunden O ist der Schlag des T nicht sonderlich gefährlich. Trotzdem gelingt es T, dem O Geld wegzunehmen, weil O bei einem Ausweichversuch ins Straucheln gerät und ihm dabei die Geldbörse aus der Hosentasche rutscht.

T hat einen einfachen Raub vollendet und einen nach § 250 I Nr. 1 c, II Nr. 3 b qualifizierten Raub versucht. Da seine Handlung und die wirkliche Konstitution seines Opfers zur Herbeiführung einer konkreten Leibes- oder Lebensgefahr nicht geeignet waren, handelt es sich um einen untauglichen Versuch. Dieser ist ebenso strafbar wie es ein tauglicher Versuch wäre. Der vollendete einfache Raub und der versuchte schwere Raub stehen in Tateinheit (§ 52).

---

[125] Geilen (1979), 445 (446); Rengier (1986), 281 (282).

[126] BGH, StV 1991, 262; Geilen (1979), 445 (446); Rengier (1993), 393 (394); Schünemann (1980), 393 (394).

[127] BGH, NStZ 2005, 156 (157); Rengier (1986), 281.

Die Zweiaktigkeit des Grundtatbestandes Raub ermöglicht desweiteren einen Versuch des § 250 I Nr. 1 c, II Nr. 3 b in der Form, dass der qualifizierende Gefährdungserfolg infolge der Gewalt eintritt, das **Grunddelikt aber unvollendet** bleibt, weil es zu keiner Wegnahme gekommen ist.[128]

Ein Rücktritt vom Versuch des schweren Raubes nach § 250 I Nr. 1 c, II Nr. 3 b ist sowohl als vollständiger Rücktritt als auch in der Form des „**Teilrücktritts**" möglich.[129] In letzterem Fall bezieht sich das Rücktrittsverhalten nur auf den qualifizierenden Teil des Tatbestandes, weshalb nur die Strafbarkeit wegen des qualifizierten Raubversuchs aufgehoben wird, während die Strafbarkeit aus § 249 aufrechterhalten bleibt.

Beispiel

Auf dem Bahnsteig einer U-Bahn-Station greift T den O tätlich an und nimmt ihm die Brieftasche weg. Durch einen kräftigen Schlag des T ist O aus dem Gleichgewicht gebracht worden und auf die Bahngleise gefallen. T hat damit gerechnet und sich auch vorgestellt, dass möglicherweise sogleich eine U-Bahn einfahren und den O überrollen würde. Tatsächlich kommt der nächste Zug aber erst in 5 min. T hatte zunächst vor, den O auf den Gleisen liegen zu lassen. Dann besinnt er sich jedoch eines besseren und holt den O von den Gleisen. Eine konkrete Gefahr bestand zu diesem Zeitpunkt für O noch nicht, da bis zum Eintreffen der nächsten U-Bahn noch 4 min Zeit blieben.

T hat einen vollendeten Raub (§ 249) begangen und zugleich durch die gegen die Person des O gerichtete Gewalt versucht, den O in konkrete Lebensgefahr zu bringen, §§ 250 II Nr. 3 b, 22. Die Strafbarkeit wegen versuchten schweren Raubes ist aber gemäß § 24 I 1 Alt. 2 aufgehoben worden,[130] weil T freiwillig den Eintritt einer konkreten Gefahr und damit die Vollendung des schweren Raubes verhindert hat.[131] An der Strafbarkeit wegen vollendeten einfachen Raubes ändert dies natürlich nichts.

8.3.1.4 § 250 I Nr. 2

Dieser Qualifikationstatbestand ist inhaltlich identisch mit § 244 I Nr. 2. Da der Bandendiebstahl im **Bandenraub** enthalten ist, tritt er hinter diesem zurück (Spezialität).[132] Dennoch sind die besonderen Sanktionen zur Bekämpfung der organi-

---

[128] Rengier (1986), 282.

[129] Umfassend dazu Mitsch (2014a), 268 ff.

[130] Mitsch (2014a), 268 (271): Rücktritt allein von der Qualifikation.

[131] Anders wäre es, wenn T erkannt hätte, dass die nächste U-Bahn erst in 5 min eintreffen wird. Dann wäre der Versuch, einen schweren Raub zu begehen, fehlgeschlagen.

[132] Mitsch (1993), 471 (473); Baumann et al. (2003), § 36 Rn. 7.

sierten Bandenkriminalität, auf die § 244 III – nicht aber § 250, vgl. § 256 II – hinweist (Vermögensstrafe, § 43 a; erweiterter Verfall, § 73 d), auch bei Strafbarkeit
aus § 250 I Nr. 2 anwendbar. Denn die Gesetzeskonkurrenz schließt von der praktischen Rechtsanwendung solche Rechtsfolgebestimmungen des zurücktretenden
Tatbestandes nicht aus, die der vorrangige Tatbestand selbst nicht kennt (vgl. § 21
I 2 OWiG).[133]

8.3.1.5   § 250 II Nr. 1

8.3.1.5.1   Verhältnis zu § 250 I Nr. 1 a

Der Tatbestand dieser Qualifikation baut ersichtlich auf § 250 I Nr. 1 a auf. Der
Unterschied zwischen den beiden Tatbeständen liegt in der unterschiedlichen Wirkung, die die in den Raub involvierten gefährlichen Gegenstände entfalten. Verglichen mit dem latent gefährlichen statischen Mitgeführtwerden ist die **Verwendung**
ein dynamischer Vorgang, bei dem die Waffe oder das gefährliche Werkzeug aktiv
in das Geschehen eingreift und konkrete Gefahr- oder gar Verletzungserfolge verursacht. Zudem kann durch eine konkret gefährliche Verwendungsart einem per se ungefährlichen Gegenstand die Eigenschaft als gefährliches Werkzeug verliehen werden.[134] Das ist nicht der Fall bei der Drohung mit einer Schreckschusspistole. Vielmehr kommt es bei diesem Gegenstand auf die Sachbeschaffenheit (Bauart) an.[135]

8.3.1.5.2   Verwendung

Auslegungsbedürftig ist das Merkmal „**verwendet**", das losgelöst vom Kontext
des Raubtatbestandes einen immens weiten Bedeutungsgehalt hat. Es müssen also
zunächst einmal tatbestandsneutrale von tatbestandsrelevanten Verwendungen abgegrenzt werden. Aber selbst bei Betrachtung des Merkmals vor dem tatbestandlichen Hintergrund des § 249 ergeben sich noch mehrere Deutungsmöglichkeiten,
von denen nicht alle konform zur ratio des § 250 II sind. Der Vergleich mit § 250
I Nr. 1 a belegt, dass das bloße Mitführen noch kein Verwenden ist, letzteres also
mehr sein muss als die schlichte Verfügbarkeit der Waffe während der Tat.[136] Klar
sollte auch sein, dass nur eine Verwendungsart tatbestandsmäßig sein kann, die in
engem **funktionalen Zusammenhang** mit der Begehung des Raubes – d. h. mit
dem Vollzug der raubtatbestandsmäßigen Akte – steht. „Bei der Tat" bedeutet, dass
die Verwendung selbst Bestandteil der Tat sein muss. Eine Verwendung der Waffe
„bei Gelegenheit" des Raubes scheidet also aus.[137]

Eine in die Raubbegehung integrierte Verwendung ist in bezug auf das Raub-
merkmal „**Wegnahme**" und in bezug auf die Raubmerkmale „**Gewalt**" und „**Drohung**" denkbar.

---

[133] Mitsch (1994), 425 (427); Baumann et al. (2003), § 34 Rn. 20.

[134] BGH, NStZ 2011, 211 (212).

[135] BGH, NStZ 2012, 445; 2010, 390.

[136] BGH, NStZ 2013, 37; 2011, 158 (159).

[137] Kargl (2000), 7 (11).

Beispiele

1. T hat den O niedergeschlagen und will ihm nun das in einem von O mitgeführten Aktenkoffer befindliche Geld abnehmen. Da der Koffer mit einem Zahlenschloss verschlossen ist und der bewusstlose O dem T die passende Zahlenkombination nicht verraten kann, bricht T den Koffer mit einem Beil auf, das er zufällig dabei hat.
2. T bedroht den O, indem er ihm ein Messer vor das Gesicht hält und erreicht so, dass O gegen die Wegnahme von Geld und sonstigen Wertsachen durch T keinen Widerstand leistet.
3. T schlägt den O mit einem Baseballschläger nieder und nimmt ihm dann Geld weg.

In allen drei Beispielen hat T das gefährliche Werkzeug unmittelbar beim Vollzug einer raubtatbestandsmäßigen Handlung verwendet. In **Beispiel 1** diente diese Verwendung der Wegnahme, in den **Beispielen 2** und **3** der Nötigung, nämlich der Drohung in Beispiel 2 und der Gewalt in Beispiel 3.

Da schon die Qualifikation des bloßen Mitführens der gefährlichen Gegenstände gem. § 250 I Nr. 1 a ihren Legitimationsgrund in der Gefahr für Leib oder Leben des Opfers des potentiellen Waffen- oder Werkzeugeinsatzes hat, muss auch die Qualifikation der Verwendung auf dieser ratio beruhen. Daraus folgt, dass nur eine Verwendungsart, die für die Gesundheit oder das Leben eines anderen gefährlich ist, den Tatbestand des § 250 II Nr. 1 erfüllt. Das dafür notwendige Gefährdungspotential hat aber typischerweise die Nötigungshandlung **Gewalt** oder **Drohung**.[138] Verwendung bei der Drohung setzt voraus, dass das Werkzeug so in die Nähe des Körpers des Opfers gebracht wird (so in Beispiel 2), dass es leicht zu einer erheblichen Körperverletzung (z. B. auf Grund einer Abwehrbewegung des Bedrohten) kommen kann. Außerdem muss der Bedrohte das Werkzeug wahrnehmen, weil ansonsten dessen Verwendung die Eigenschaft „Drohung" fehlt.[139] Eine Verwendung des Werkzeugs zum Zwecke der **Wegnahme** entspricht der ratio des § 250 II Nr. 1 nicht und ist deshalb nicht tatbestandsmäßig.[140] Dafür spricht auch die Tatsache, dass der Gesetzgeber in § 244 keinen dem § 250 II Nr. 1 nachgebildeten Verwendungstatbestand eingefügt hat.

T hat also nur in **Beispiel 2** und **Beispiel 3** den Tatbestand des § 250 II Nr. 1 erfüllt. In **Beispiel 1** ist T nur aus § 250 I Nr. 1 a strafbar.

Die Werkzeugverwendung muss „bei der Tat" geschehen. Ähnlich wie im Kontext der Beisichführens-Varianten des § 244 I und des § 250 I wirft dieses Merkmal die Frage nach dem **zeitlichen** Rahmen auf, innerhalb dessen die qualifizierende Verwendungshandlung vollzogen werden kann. Die Rechtsprechung und die h. M. in

---

[138] BGH, NStZ 2012, 389; 2011, 158 (159); 211 (212); 2008, 687; BGH, StV 1999, 151 (152); BGH, JR 1999, 33; Geppert (1999), 599 (605); Küper (1999a), 187 (189, 194); U. Schroth (1998), 2861 (2864).

[139] BGH, NStZ 2012, 389; 2008, 687.

[140] Hörnle (1998), 169 (174); Mitsch (1999a), 65 (104); Mitsch (1999c), 640 (643).

der Literatur werden vermutlich eine Verwendung vom Punkt des Versuchsbeginns (unmittelbares Ansetzen iSd § 22)[141] bis zur tatsächlichen Beendigung des Raubes – also über die tatbestandsmäßige Vollendung hinaus – als tatbestandsmäßig anerkennen,[142] so dass beispielsweise auch die Warnschüsse, mit denen der Räuber Flucht und Beuteabtransport sichern will, noch den § 250 II Nr. 1 erfüllen würden. Vorzugswürdig und mit Art. 103 II GG besser zu vereinbaren ist aber die engere Auffassung, wonach die Vollendung des Raubes die Grenze zieht, jenseits derer eine Erfüllung qualifizierender Merkmale nicht mehr möglich ist. Werkzeugverwendung zwischen Vollendung und Beendigung ist also kein Fall des schweren Raubes nach § 250 II Nr. 1, sondern ein Fall des räuberischen Diebstahls (§ 252), der ja ebenfalls nach § 250 II Nr. 1 qualifiziert sein kann („gleich einem Räuber“).[143]

Mit „**Tat**“, bei der – d. h. während deren Begehung – die Waffe oder das gefährliche Werkzeug verwendet werden, ist die Tat des Raub**täters** gemeint. Dies zu betonen ist nicht ganz unwichtig, da der Text des § 250 II Nr. 1 als verwendende Person neben dem Täter auch „andere Beteiligte“ nennt. Tatbestandsmäßig ist also auch eine Verwendungshandlung, die nicht der Täter selbst, sondern ein Gehilfe des Räubers (§§ 249, 27) vollzieht. Allerdings muss dieser Vollzug zwischen Versuchsbeginn und Vollendung des Raubes stattfinden. Anerkanntermaßen können Beihilfeakte bereits im Vorfeld der Haupttat, also zu deren Vorbereitung ausgeführt werden.[144] Deshalb liegt der Gedanke nicht ganz fern, dass auch eine „Verwendung“ iSd § 250 II Nr. 1 durch eine raubvorbereitende Handlung des Gehilfen begangen werden kann. Relevant wird dieses Thema z. B., wenn der Gehilfe sich für den Räuber dadurch nützlich macht, dass er eine Schußwaffe besorgt und diese vor der Tat in andere Personen gefährdender Weise ausprobiert. Dass jedoch die Verwendung im Zuge tatvorbereitender Gehilfenakte die Qualifikation des § 250 II Nr. 1 nicht begründen kann, folgt schon daraus, dass die Strafrechtsdogmatik keine Regeln kennt, die eine Zurechnung der vor Tatbeginn erfolgten Waffenverwendung zum Täter ermöglichen würden. Die Anwendung einer der „sukzessiven“ Mittäterschaft oder Beihilfe nachempfundenen Zurechnungsfigur ist evident ausgeschlossen. Der Täter des Raubes selbst kann also den Qualifikationstatbestand des § 250 II Nr. 1 nicht dadurch erfüllen, dass er die Waffenverwendung seines Gehilfen im Vorbereitungsstadium nachträglich billigt. Wenn der Täter den Tatbestand des § 250 II Nr. 1 nicht erfüllt, macht sich auch der Gehilfe nicht aus diesem Qualifikationstatbestand strafbar, weil es an einer entsprechenden Haupttat fehlt.

8.3.1.6   § 250 II Nr. 2

Diese Qualifikationsvariante ist der Fall eines Bandenraubes, der schon nach § 250 I Nr. 2 qualifiziert ist und eine zusätzliche Unrechtssteigerung – mit der Folge der Strafrahmenanhebung um zwei Jahre – dadurch erfährt, dass einer der am Raub Beteiligten eine Waffe bei sich führt. Oberflächlich betrachtet handelt es sich um einen

---

[141] Eine Verwendung bei der Vorbereitung des Raubes reicht nach allgemeiner Ansicht nicht aus.

[142] BGH, NStZ 2010, 327.

[143] Mitsch (1999a), 65 (104).

[144] Mitsch (2013), 696 (698).

Tatbestand, der durch **Kombination** von Versatzstücken anderer Qualifikationen (§ 250 I Nr. 1 a und § 250 I Nr. 2) konstruiert worden ist. Bei näherem Hinsehen fällt jedoch auf, dass aus § 250 I Nr. 1 a nur das Merkmal „Waffe" übernommen worden ist, während die „gefährlichen Werkzeuge" sowie die von § 250 I Nr. 1 b erfassten Gegenstände ausgegrenzt wurden.

8.3.1.7 § 250 II Nr. 3 a

Kern dieser Qualifikation ist die mit dem Raub **idealkonkurrierende**[145] Körperverletzung erheblichen Gewichts. Gemäß § 52 I wäre eine solche Tat allenfalls unter den Voraussetzungen der §§ 226 II, 227 I mit Freiheitsstrafe nicht unter drei Jahren, ansonsten mit Freiheitsstrafe nicht unter einem Jahr ahndbar. § 250 II Nr. 3 a erhöht das Mindestmaß der Strafe auf fünf Jahre. Diese erhebliche Anhebung der Strafrahmenuntergrenze fordert die Strafrechtswissenschaft zu ähnlichen Bemühungen um sinnvolle Tatbestandsrestriktion heraus wie im Fall der erfolgsqualifizierten Delikte.[146] Es leuchtet auf den ersten Blick nicht ein, warum die zur Brechung des Sachbehauptungswillens begangene schwere Mißhandlung des Opfers um so viel schwerer wiegen soll als eine sadistischem Antrieb entspringende, mit dem Raub nur zufällig koinzidierende, im übrigen mit ihm aber in keinem inneren Zusammenhang stehende schwere Mißhandlung eines anderen.[147]

Auslegungsbedarf hat das Tatbestandsmerkmal „schwer mißhandelt" auch wegen seiner **Unbestimmtheit** begründet. Insbesondere wegen der fehlenden Anbindung an einen „Schwere"-Kriterien formulierenden Körperverletzungstatbestand (z. B. § 226) ist diese Raubqualifikation recht unbestimmt und daher im Lichte des Art. 103 II GG nicht unbedenklich.

8.3.2 Raub mit Todesfolge, § 251

8.3.2.1 Allgemeines

Ein Qualifikationstatbestand mit hoher Strafdrohung ist der Raub mit Todesfolge. Bemerkenswert an der Sanktionsregelung ist die Verknüpfung einer „nur" fahrlässigen Todesverursachung mit der Maximalstrafe „lebenslang".[148] Diese Kombination ist im geltenden Strafrecht nicht selten.[149] Im Strafverfahren schlägt sich die Nähe zu Mord und Totschlag am deutlichsten in der erstinstanzlichen Zuständigkeit des Schwurgerichts nieder, vgl. § 74 II Nr. 13 GVG. Natürlich handelt es sich beim Raub mit Todesfolge nicht um eine schlichte fahrlässige Tötung iSd § 222, die mehr oder weniger zufällig mit einem Raub zusammentrifft. Für diese Konstellation sind die Konkurrenzvorschriften der §§ 52 ff zuständig. Raub mit Todesfolge ist mehr

---

[145] Nach der Rechtsprechung ist diese Idealkonkurrenz noch in der Beendigungsphase des Raubes möglich, vgl. BGHSt 53, 234 (236).

[146] BGHSt 53, 234 (237); Paeffgen (1989), 220 ff.

[147] Ebenso BGHSt 53, 234 (236): räumlich-zeitlicher Zusammenhang allein genügt nicht.

[148] Anders als in § 211 ist die lebenslange Freiheitsstrafe in § 251 nicht „absolut" angedroht.

[149] Vgl. Laubenthal (1987), 43.

und etwas anderes als ein Fall der Ideal- oder Realkonkurrenz von § 222 und § 249.
Die in § 251 normierte Straftat gehört zur Gattung der **erfolgsqualifizierten Delik-**
te, bei denen ein großer Teil der die immense Strafdrohung rechtfertigenden Strafwürdigkeit bereits in dem „Grunddelikt" – hier also § 249– steckt und der hinzutretende Todeserfolg gewissermaßen der Unrechts-Tropfen ist, der das „(Sanktions-)
Faß zum Überlaufen bringt".

8.3.2.2 Objektiver Tatbestand

Die Basis des objektiven Tatbestands wird gebildet von den objektiven Tatbestandsmerkmalen des § 249. Diese werden ergänzt durch zwei spezielle (qualifizierende)
Merkmale, den **Erfolg** „Tod" sowie den **Zusammenhang** zwischen dem Grunddelikt Raub und dem Todeserfolg·

8.3.2.2.1 Todeserfolg

8.3.2.2.1.1 Lebender Mensch

Der qualifizierende Erfolg „Tod" setzt „Leben" voraus, also einen bereits lebenden
Menschen. Menschliches Leben iSd Strafrechts ist mit dem **Beginn der Geburt**,
d. h. mit dem Einsetzen der Eröffnungswehen, vorhanden. Bis zu diesem Zeitpunkt
ist der werdende Mensch – die Leibesfrucht (nasciturus) – kein taugliches Objekt
von Tötungsdelikten oder Straftaten, die durch Verursachung eines Todeserfolges
qualifiziert werden. Auch eine pränatale (vor der Geburt eintretende) Schädigung
der Leibesfrucht, deren Letalität sich erst nach der Geburt auswirkt, vermag den
Tatbestand des § 251 nicht zu erfüllen.

Beispiel

In der 25. Schwangerschaftswoche wird die werdende Mutter O von dem Jugendlichen T brutal zusammengeschlagen, ihres Geldes beraubt und schwer verletzt. Das Kind K im Mutterleib übersteht den Überfall nicht. O hat eine Früh-
geburt und bringt ein nicht lebensfähiges Kind zur Welt. Wenige Stunden nach
der Geburt ist das Neugeborene tot.

Der von T begangene Raub ist die Ursache dafür, dass das Kind der O kurz
nach der Geburt verstorben ist. In dem kurzen Zeitraum zwischen Geburt und Tod
war das Kind (trotz Lebensunfähigkeit) ein lebender Mensch und damit taugliches Objekt sowohl eines Tötungsdelikts iSd §§ 211 ff. als auch eines todesqua-
lifizierten Raubes. Im Zeitpunkt des Raubes war K aber noch kein Mensch. Da
sich zudem die schädigende Wirkung der von T verübten Gewalt bereits an der
Leibesfrucht im Mutterleib entfaltet hat, ist der Erfolg an einem Objekt eingetreten, das noch keine Menschqualität hatte und daher auch nicht im Sinne eines
Straftatbestandes „getötet" wurde. Die Geburt des geschädigten Kindes und sein
alsbaldiges Versterben ändern daran nichts.[150] T hat durch seinen Raub also nicht
den „Tod eines anderen" verursacht und sich nicht aus § 251 strafbar gemacht.

---

[150] Mitsch (1995), 787 (789).

8.3.2.2.1.2 Todesbegriff

Der Todesbegriff des § 251 ist identisch mit dem der Tötungsdelikte §§ 211 ff.: Tot ist der Mensch, wenn die Funktionen seines Gehirns irreversibel erloschen sind (**Hirntod**).[151]

8.3.2.2.1.3 Opfer

§ 251 setzt den Tod „**eines anderen Menschen**" voraus. Damit ist derselbe Personenkreis wie in § 250 I Nr.1 c, II Nr. 3 b erfaßt. Das getötete Opfer braucht also nicht unbedingt Inhaber eines der Rechtsgüter zu sein, die in § 249 unter strafrechtlichen Schutz gestellt sind.[152] Andererseits darf das Opfer nicht als Mittäter oder Teilnehmer an dem Raub beteiligt sein.[153]

8.3.2.2.2 Zusammenhang zwischen Raub und Tod

Der Tod muss **durch den Raub** verursacht worden sein. Das ist dann der Fall, wenn ein Teil des Sachverhalts, der die strafrechtliche Qualität „Raub" hat, den Tod zumindest mitverursacht hat.

8.3.2.2.2.1 Raub als Todesursache

Obwohl das StGB mit der Verwendung von Ausdrücken wie „Raub" auf eine vollendete Straftat – also hier einen vollendeten Raub – abzustellen pflegt, genügt im Rahmen des § 251 ein **versuchter** Raub als Todesursache. Daher ist Strafbarkeit aus § 251 auch möglich, wenn der Tod eingetreten ist, bevor der Raub – der doch die Ursache des Todes sein soll und diesem daher vorausgehen müßte – vollendet wurde.

Beispiel

In einem Eisenbahnabteil kommt es zu einer gewalttätigen Auseinandersetzung zwischen T und O. T hat den O tätlich angegriffen, um ihm seinen Koffer wegzunehmen. Mit einem kräftigen Faustschlag gegen den Kopf versetzt T den O in Bewusstlosigkeit. Kurz vor der nächsten Haltestation wirft T den Koffer des O aus dem Zugfenster. Wenig später verstirbt O an der Verletzung, die T ihm zugefügt hat. T steigt am nächsten Bahnhof aus dem Zug und begibt sich zu der Stelle, wo er den Koffer des O aus dem fahrenden Zug geworfen hatte.

T hat den Tod des O durch die Gewalttätigkeit und damit durch eine den Grundtatbestand des § 249 verwirklichende Handlung verursacht. Als der Tod des O eintrat, hatte T allerdings noch keinen neuen Gewahrsam an den Sachen des O begründet. Wegnahme und Raub waren daher noch nicht vollendet. Strenggenommen ist deshalb die Ursache des Todes kein Raub, sondern ein versuchter Raub. Dennoch ist T wegen vollendeten – und nicht wegen versuchten – Raubes

---

[151] Mitsch (1995), 787 (790).

[152] RGSt 75, 52 (54); Eisele (2012b), Rn. 377; Geilen (1979), 557; aA Rengier (1992), 590 (591).

[153] Günther (1999), 543 (548); Nomos Kommentar-Kindhäuser (2013), § 251 Rn. 2; Schünemann (1980), 393 (396).

mit Todesfolge strafbar.[154] Denn todesursächlich muss nicht die gesamte grund-
tatbestandsmäßige Tat sein. Es genügt, dass ein Teil des den Raubtatbestand verwirklichenden Sachverhalts Todesursache ist und die anderen Teile vorliegen,
ohne ebenfalls Todesursachen zu sein.

Da die Todesursache einen Teil des Raubtatbestandes erfüllen muss, scheiden aus
§ 251 alle Ursachen aus, die zwar mit dem Raub zusammenhängen, aber kein Tatbestandsmerkmal des § 249 erfüllen. Das gilt für alle Ursachen im Tatvorfeld und
in der Nachtatphase. Taugliche Todesursache kann nur ein Vorgang sein, der zu dem
räuberischen Verhalten zwischen Beginn des **Raubversuchs** (§§ 249, 22) und **Vollendung** des Raubes gehört. Handlungen, die der **Vorbereitung** des Raubes dienen,
sowie Handlungen, die nach Vollendung des Raubes die erfolgreiche **Beendigung**
des Raubes herbeiführen sollen, kommen als tatbestandsmäßige Todesursache nicht
in Betracht.[155] In Bezug auf die Handlungen zwischen Vollendung und Beendigung
wird das zwar von der Rechtsprechung und einem Teil der Literatur anders gesehen.[156] Jedoch ist hier wie oben bei § 250 I Nr. 1 c, II Nr. 3 b daran festzuhalten,
dass mit „Raub" bzw. „Tat" nur ein Tatsachenkomplex gemeint sein kann, der den
Tatbestand des § 249 erfüllt.[157] Dieser Tatsachenkomplex setzt zeitliche Grenzen,
innerhalb deren die Todesursache liegen muss.

Eine weitere Parallele zu § 250 I Nr. 1 c, II Nr. 3 b besteht darin, dass nur die
Nötigungskomponente des § 249 als tatbestandsmäßige Todesursache iSd § 251
in Frage kommt. Todesverursachung durch Wegnahme lebensnotwendiger Sachen
(z. B. Nahrung, lebenswichtige Medikamente, Kleidung) ist kein Raub mit Todesfolge.[158] Dies beruht auf denselben Gründen wie die Nichteinbeziehung des konkret
gesundheits- oder lebensgefährlichen Wegnahmeakts in den Tatbestand des § 250 I
Nr. 1 c, II Nr. 3 b (siehe oben 8.3.1.3.2.2).

8.3.2.2.2.2   Risikoverwirklichung

Wie bei allen erfolgsqualifizierten Delikten reicht auch bei § 251 ein schlichter
Kausalzusammenhang zwischen dem Raub – genauer: der Nötigungshandlung –
und dem Todeserfolg zur Tatbestandserfüllung nicht aus.[159] Der Zusammenhang
zwischen Grunddelikt und qualifizierender Folge ist enger als die Kausalität im
Sinne der condicio-sine-qua-non-Formel. Es muss ein **spezifischer Risiko- bzw.**

---

[154] BGH, NStZ 2012, 379 (380).

[155] Altenhain (1996), 19 (33); Eisele (2012b), Rn. 382.

[156] BGH, NStZ 2001, 371; Geilen (1979), 557; Schönke et al. (2014), § 251 Rn. 4.

[157] Grabow et al. (2011), 265 (274); Günther (1999), 543 (545); Hinderer et al. (2010), 590 (593);
Küpper (1999), 785 (793); Rengier (1993), 460 (462); Rengier (1992), 590; Schünemann (1980),
393 (396).

[158] Altenhain (1996), 19 (35); Eisele (2012b), Rn. 380; Günther (1999), 543 (547); Nomos Kommentar-Kindhäuser (2013), § 251 Rn. 3; Seelmann (1986), 201 (205); aA OLG Nürnberg, NStZ
1986, 556; Geilen (1979), 501 (502); Herzberg (2007), 615 (616); Hinderer et al. (2010), 590
(593); Schünemann (1980), 393 (396).

[159] Hinderer et al. (2010), 590 (591).

Gefahrverwirklichungszusammenhang zwischen Grunddelikt und qualifizierender Folge bestehen.[160] Dieser Zusammenhang liegt vor, wenn sich in dem Erfolg ein dem Grunddelikt im konkreten Fall innewohnendes Risiko verwirklicht hat. Die todesursächliche Gewalt oder Drohung muss also von vornherein lebensgefährlich gewesen sein.

Beispiele

1. T schlägt dem O mit einem Holzknüppel wuchtig auf den Kopf und nimmt ihm dann die Brieftasche weg. An den Folgen der durch den Schlag erlittenen Verletzungen stirbt O wenig später.

2. T bedroht den O mit einer geladenen Pistole und befiehlt „Hände hoch, keine Bewegung!" Da O nicht sofort wunschgemäß reagiert, wird T nervös und löst ungewollt einen Schuß aus, der den O trifft und tödlich verletzt. Dann nimmt T dem – noch einige Minuten lebenden – O die Brieftasche weg.

3. T schlägt den O mit einer geladenen Pistole auf den Kopf und nimmt ihm die Brieftasche weg. Bei dem Versuch, dem Schlag auszuweichen, stolpert O und zieht sich eine leichte Beinverletzung zu. Diese Verletzung hat zur Folge, dass O sich nicht so schnell fortbewegen kann, wie er es ohne die Verletzung könnte. Aus diesem Grund ist er beim Überqueren einer vielbefahrenen Straße etwas zu langsam, wird von einem Pkw erfaßt und tödlich verletzt. Ohne die Beinverletzung hätte O die Straße schneller überquert und wäre nicht überfahren worden.

In allen drei Beispielen ist die Nötigungshandlung (Beispiel 1 und 3: Gewalt, Beispiel 2: Drohung), mit der T den Raubtatbestand verwirklichte, condicio sine qua non des Todes. Ein raubimmanentes Tötungsrisiko hat sich jedoch nur in **Beispiel 1** und **2** realisiert. Zwar war auch in **Beispiel 3** der Schlag mit der geladenen Pistole eine lebensgefährliche Gewalthandlung, da sich aus der Pistole leicht ein tödlicher Schuß hätte lösen können. Nachdem aber feststand, dass der Schlag als Zwischenerfolg nur eine leichte Beinverletzung verursacht hatte, war dieses Todesrisiko gewissermaßen „verpufft". Der tatsächlich eingetretene Tod beruht auf späteren – und damit „unmittelbaren" – Ursachen, die ihrerseits eine lebensgefährliche Verletzung nicht voraussetzen und deshalb das ursprünglich gegebene Todesrisiko nicht weiter in Richtung Todeserfolg transportieren. In dem tatsächlich eingetretenen Tod sind deshalb die Details, die den Schlag mit der Pistole zu einer lebensgefährlichen Handlung machten, nicht mehr relevant. Derselbe tödliche Kausalverlauf hätte auch durch den Schlag mit einer ungeladenen Pistole in Gang gesetzt werden können. T hat sich also in Beispiel 3 nicht aus § 251 strafbar gemacht.

---

[160] Eisele (2012b), Rn. 380; Hinderer et al. (2010), 590 (592); Nomos Kommentar-Kindhäuser (2013), § 251 Rn. 5.

8.3.2.3 Subjektiver Tatbestand

8.3.2.3.1 Übersicht

Der subjektive Tatbestand des Raubes mit Todesfolge lässt sich in **drei Bestand-teile** zerlegen:

- (Grunddelikts-)Vorsatz
- Zueignungsabsicht
- Leichtfertigkeit

Zu den beiden subjektiven Tatbestandsmerkmalen des § 249 (Vorsatz gem. § 15, Zueignungsabsicht) kommt als besonderes Merkmal des § 251 die Leichtfertig-keit bezüglich der Todesfolge hinzu. Das Gesetz normiert hier also einen Fall, auf den der zweite Halbsatz des § 15 hinweist: „… wenn nicht das Gesetz fahrlässiges Handeln ausdrücklich mit Strafe bedroht.". Die Zusammenschau der beiden Vor-schriften § 15 und § 251 vermittelt die Erkenntnis, dass beim Raub mit Todesfolge hinsichtlich des Todeserfolges nicht – wie es nach § 15 die Regel wäre – Vorsatz erforderlich ist. § 251 lässt insoweit Leichtfertigkeit genügen, weshalb der „wenn-Satz" des § 15 zum Zuge kommt.

8.3.2.3.2 Leichtfertigkeit

„Leichtfertig" ist ein Synonym für „**grob fahrlässig**"[161](vgl. § 277 BGB, lateinisch „culpa lata"). Der Begriff darf nicht verwechselt werden mit der „bewussten Fahr-lässigkeit" („luxuria"). Häufig wird bewusst fahrlässiges Handeln auch leichtfertig sein.[162] Das muss aber nicht so sein. Nicht jedes bewusst fahrlässige Handeln ist zugleich leichtfertig.[163] Andererseits kann auch unbewusste Fahrlässigkeit („neg-legentia"),„grob" und somit Leichtfertigkeit sein.[164] Der Komplementärbegriff zur Leichtfertigkeit ist daher nicht die unbewusste Fahrlässigkeit, sondern die „leich-te" oder „einfache" Fahrlässigkeit („culpa levis").[165] Leichtfertig ist eine besonders gravierende Verletzung der Sorgfaltspflicht,[166] eine besonders krasse Abweichung von den Regeln sorgfaltspflichtgemäßen, auf Vermeidung von Rechtsgutsverletzun-gen ausgerichteten Verhaltens („qualifizierte Pflichtwidrigkeit"[167]). Nimmt man die Vorhersehbarkeit der Rechtsgutsverletzung als Kriterium der Sorgfaltspflichtwid-rigkeit,[168] so korrespondiert der Leichtfertigkeit eine besonders klar und deutlich vorhersehbare Rechtsgutsverletzung. Je „vorhersehbarer" die Verletzung auf der

---

[161] Eisele (2012b), Rn. 383; Sowada (1995), 644.

[162] OLG Nürnberg, NStZ 1986, 556; Tenckhoff (1976), 897 (906).

[163] Baumann et al. (2003), § 22 Rn. 66; Tenckhoff (1976), 897 (904).

[164] Kühl (2012), § 17 Rn. 44; Tenckhoff (1976), 897 (906).

[165] Baumann et al. (2003), § 22 Rn. 65.

[166] Sowada (1995), 644: „besondere Gleichgültigkeit", „besonderer Leichtsinn".

[167] Rengier (1993), 460 (462).

[168] Mitsch (2005), 50 ff.

Grundlage des pflichtwidrigen Verhaltens ist, desto „gröber" ist die Fahrlässigkeit des Täters.

8.3.2.3.3 Tötungsvorsatz

Das 6. StrRG hat den Text des § 251 StGB um das Wort „wenigstens" ergänzt. Damit hat der Gesetzgeber klargestellt, dass der Tatbestand auch die **vorsätzliche Todesverursachung** erfaßte. Dies war zuvor umstritten gewesen.

8.3.2.4 Versuch und Rücktritt

Als erfolgsqualifiziertes Delikt wirft der Raub mit Todesfolge einige spezifische Fragen im Zusammenhang mit Versuch und Rücktritt vom Versuch auf. Das Fahrlässigkeitselement (Leichtfertigkeit) im Tatbestand dieses Delikts steht der Möglichkeit eines strafbaren Versuchs nicht entgegen. Zwar gibt es im geltenden Strafrecht keinen strafbaren „fahrlässigen Versuch".[169] Jedoch wird in § 11 II klargestellt, dass **§ 251 ein Vorsatzdelikt** ist, insoweit also der Versuchsstrafbarkeit nichts entgegensteht.[170]

8.3.2.4.1 Versuch

Die versuchte Straftat unterscheidet sich von der vollendeten Straftat durch ihren unvollständigen objektiven Tatbestand.[171] Beim versuchten Raub mit Todesfolge muss also ein zum objektiven Tatbestand des § 251 gehörendes Merkmal unerfüllt geblieben sein. Da der „einfache" Raub des § 249 zum Raub mit Todesfolge gem. § 251 durch das Hinzutreten qualifizierender objektiver Tatbestandsmerkmale wird, ist der Versuch des § 251 in **zwei Varianten** denkbar:[172] Entweder ist bereits der objektive Grundtatbestand (§ 249) oder erst der die Qualifikation (§ 251) begründende besondere Teil des objektiven Tatbestandes unvollständig. Im erstgenannten Fall bleibt die Tat auch dann Versuch, wenn die qualifizierende Todesfolge eingetreten ist (dazu sogleich unter 8.3.2.4.1.1).

8.3.2.4.1.1 Erfolgsqualifizierter Versuch

Von „erfolgsqualifiziertem Versuch" spricht man, wenn das **Grunddelikt im Versuchsstadium steckengeblieben** ist, aber schon durch diesen Versuch die qualifizierende Folge verursacht wurde.[173]

Beispiel

T schlägt den O mit einem Knüppel nieder, um ihm Geld wegzunehmen. Der Schlag tötet den O, dem T ist insoweit leichtfertiges Handeln vorzuwerfen. Zur

---

[169] Baumann et al. (2003), § 22 Rn. 72; § 26 Rn. 25.

[170] Baumann et al. (2003), § 8 Rn. 73; § 26 Rn. 41; Sowada (1995), 644 (651).

[171] Baumann et al. (2003), § 26 Rn. 4.

[172] Günther (1999), S. 543 (552); Laubenthal (1988), 335; Schünemann (1980), 393 (397).

[173] RGSt 75, 52 (54); Eisele (2012b), Rn. 385; Geilen (1979), 613; Sowada (1995), 644 (650).

Wegnahme von Geld kommt T nicht mehr, da plötzlich ein Polizeibeamter auftaucht, dessen Anblick T zur Flucht ohne Beute veranlaßt.

T hat keinen vollendeten Raub begangen, da er das objektive Tatbestandsmerkmal „Wegnahme" nicht erfüllt hat. Durch die Gewalt hat T aber leichtfertig
den Tod des O verursacht und damit den qualifizierenden Tatbestandsteil des
§ 251 verwirklicht. Die Gewalt ist unmittelbares Ansetzen zur Verwirklichung
des Raubtatbestandes, §§ 249, 22. Also hat T den Tod des O durch einen Raubversuch verursacht. Dieser Raubversuch ist durch den Todeserfolg qualifiziert
und unterfällt daher dem Tatbestand des § 251. Zur Erfüllung des subjektiven
Tatbestandes genügt hinsichtlich des Todeserfolges wie beim vollendeten Raub
mit Todesfolge Leichtfertigkeit. T hat sich also wegen versuchten Raubes mit
Todesfolge aus §§ 251, 22 strafbar gemacht.[174]

8.3.2.4.1.2   Versuchte Erfolgsherbeiführung

Bleibt der Todeserfolg aus (**versuchte Erfolgsverursachung**), handelt es sich um
einen versuchten Raub mit Todesfolge, wenn der Räuber durch seine Tat den Tod
seines Opfers verursachen wollte.[175] In diesem Fall muss der Täter also mit – zumindest bedingtem – Tötungsvorsatz gehandelt haben. Anders als im Fall des „erfolgsqualifizierten Versuchs" (oben 8.3.2.4.1.1) reicht hier Leichtfertigkeit bezüglich des nicht eingetretenen Todeserfolges nicht aus.

Beispiele

1. Karatekämpfer T schlägt den O mit der Faust nieder und nimmt ihm Geld
   weg. Er rechnet damit, dass der Schlag den O tötet und nimmt dies billigend
   in Kauf. O bleibt aber am Leben.
2. Karatekämpfer T schlägt den O mit der Faust nieder, um ihm Geld wegzunehmen. Er rechnet damit, dass der Schlag den O tötet und nimmt dies billigend
   in Kauf. O bleibt aber am Leben. Der Wegnahmeversuch schlägt fehl, da O
   kein Geld bei sich hat.
3. Karatekämpfer T schlägt mit der Faust nach dem Kopf des O, um ihm Geld
   wegzunehmen. Er rechnet damit, dass der Schlag den O tötet und nimmt dies
   billigend in Kauf. Der Schlag verfehlt aber den O, der sich blitzschnell duckt
   und davonrennt. Zu einem zweiten Schlag kommt T nicht mehr, da O schneller ist als er.

In allen drei Fällen bleibt der qualifizierende Todeserfolg aus. Vollendeter Raub
mit Todesfolge liegt deshalb nicht vor. Jeweils hat T aber mit auf Tötung gerich-
tetem Tatentschluß zur Verwirklichung des Tatbestandes unmittelbar angesetzt.
Dass er in **Beispiel 1** den Grundtatbestand des § 249 sogar vollständig verwirklicht, in **Beispiel 2** und **3** dagegen jeweils nur versuchten Raub iSd §§ 249, 22
begangen hat, macht in Bezug auf §§ 251, 22 keinen Unterschied. Entscheidend

---

[174] RGSt 62, 422 (423); Sowada (1995), 644 (651).

[175] BGH, NStZ 2001, 371; BGH, NStZ 2001, 534; Eisele (2012b), Rn. 386; Geilen (1979), 613
(614).

ist, dass die vollendete bzw. versuchte Gewaltanwendung in allen drei Varianten unmittelbares Ansetzen (§ 22) nicht nur zur Verwirklichung des einfachen Raubtatbestandes (§ 249), sondern auch zur Todesverursachung und damit zur Verwirklichung des qualifizierten Raubtatbestandes (§ 251) ist. T hat sich also wegen versuchten Raubes mit Todesfolge strafbar gemacht, §§ 251, 22. In Beispiel 1 steht dieser Versuch in Tateinheit mit dem vollendeten Raub, §§ 249, 251, 22, 52.

8.3.2.4.2   Rücktritt
Die Vielfalt der Möglichkeiten eines strafbefreienden Rücktritts vom Versuch des Raubes mit Todesfolge korrespondiert den oben dargestellten Varianten dieses speziellen Versuchsdelikts. Insbesondere ist ein Rücktritt noch möglich, obwohl der Raub – als Grunddelikt (§ 249) – vollendet worden ist (Fall der „versuchten Erfolgsqualifikation", oben 8.3.2.4.1.2) bzw. obwohl der Tod des Opfers eingetreten ist (Fall des „erfolgsqualifizierten Versuchs", oben 8.3.2.4.1.1).

8.3.2.4.2.1   Rücktritt vom erfolgsqualifizierten Versuch
Der Strafbarkeit wegen versuchten Raubes mit Todesfolge kann der Täter auch **nach Eintritt des Todeserfolges** noch entgehen, indem er von der Vollendung des Grundtatbestandes Raub freiwillig Abstand nimmt.

Beispiel

T schlägt den O nieder, um ihm Geld wegzunehmen. Durch den Schlag verursacht T leichtfertig den Tod des O. Als T den O regungslos am Boden liegen sieht, überfällt ihn plötzlich Mitleid mit O und seiner Familie. Daher verzichtet T auf die Ausführung der geplanten Wegnahme.

T hat keinen vollendeten Raub (§ 249) und daher auch keinen vollendeten Raub mit Todesfolge (§ 251) begangen. Die Vollendung ist ausgeblieben, weil T die weitere Ausführung der Tat freiwillig aufgegeben hat, § 24 I 1 Alt. 1.[176] Daher ist er auch nicht wegen versuchten Raubes und zwar weder wegen versuchten einfachen Raubes (§§ 249, 22) noch wegen versuchten Raubes mit Todesfolge (§§ 251, 22) strafbar.[177] Nicht beseitigt wurde durch den Rücktritt die Strafbarkeit wegen Körperverletzung mit Todesfolge, § 227.

8.3.2.4.2.2   Rücktritt vom Versuch der Erfolgsherbeiführung
Solange der Todeserfolg noch nicht eingetreten ist, kann der Täter Strafbarkeit wegen versuchten Raubes mit Todesfolge dadurch von sich abwenden, dass er den Tod

---

[176] Im Fall des BGH, NStZ 2003, 34 scheiterte der Rücktritt daran, dass der Wegnahmeversuch fehlgeschlagen war.

[177] BGHSt 42, 158 (160 f.); Anders (2000), 64 (75); Eisele (2012b), Rn. 390; Günther (1999), 543 (553); Herzberg (2007), 615 (620); Küper (1997), 229; Sowada (1995), 644 (653); a A Ulsenheimer (1979), 405 (413).

des Opfers freiwillig verhindert. Dies ist auch noch möglich, wenn das Grunddelikt **Raub bereits vollendet** ist.[178]

Beispiele

1. T schlägt den O nieder, um ihm Geld wegzunehmen. Er rechnet damit, dass der Schlag den O tötet und nimmt dies billigend in Kauf. Als er den O bewusstlos vor sich auf dem Boden liegen sieht, wird er von Mitleid überfallen. Er verzichtet auf die Wegnahme und bringt den O ins Krankenhaus, wo das Leben des O durch eine Operation gerettet wird.
2. T schlägt den O nieder und nimmt ihm Geld weg. Er rechnet damit, dass der Schlag den O tötet und nimmt dies billigend in Kauf. Als er den O bewusstlos am Boden liegen sieht, wird er von Mitleid überfallen. Er bringt den O ins Krankenhaus, wo das Leben des O gerettet wird. Das Geld des O behält T.

In beiden Fällen hat T die Vollendung des Raubes mit Todesfolge freiwillig verhindert, § 24 I 1 Alt. 2. Die Strafbarkeit aus §§ 251, 22 ist damit beseitigt worden. In **Beispiel 1** hat er darüber hinaus die weitere Ausführung des noch nicht vollendeten Grunddelikts Raub freiwillig aufgegeben (§ 24 I 1 Alt. 1) und ist daher auch nicht wegen versuchten einfachen Raubes (§§ 249, 22) strafbar. In **Beispiel 2** hat T den einfachen Raub vollendet. Dem Rücktritt vom Versuch des Raubes mit Todesfolge steht das nicht entgegen. Jedoch wird die Strafbarkeit aus § 249 durch diesen Rücktritt nicht berührt. Selbst wenn T dem O das weggenommene Geld sofort zurückgegeben hätte, bliebe die Strafbarkeit wegen vollendeten Raubes unangetastet (siehe oben 1.2.1.4.4).

8.3.2.5   Teilnahme

8.3.2.5.1   Teilnahme an teilweise fahrlässiger Haupttat
Auch im Zusammenhang mit der Teilnahme am Raub mit Todesfolge ist auf § 11 II hinzuweisen: Da gem. §§ 26, 27 Anstiftung und Beihilfe nur in Verbindung mit einer einer vorsätzlichen Haupttat strafbar ist,[179] muss § 251 Vorsatzdelikt sein, damit strafbare Teilnahme an diesem Delikt möglich ist. Aus § 11 II ergibt sich, dass der Raub mit Todesfolge eine teilnahmefähige vorsätzliche Haupttat auch dann ist, wenn der Täter hinsichtlich des Todeserfolges nicht vorsätzlich, sondern lediglich leichtfertig handelt.[180]

8.3.2.5.2   Teilweise fahrlässige Teilnahme
Eine weitere teilnahmedogmatische Besonderheit weist § 251 insoweit auf, als auch der Teilnehmer (Anstifter, Gehilfe) selbst – abweichend von §§ 26, 27 („… wer vorsätzlich…") – nicht den gesamten Tatbestand der Haupttat in seinen Vorsatz aufnehmen muss. Wie sich aus § 18 („… oder den Teilnehmer…") ergibt, braucht auch

---

[178] Eisele (2012b), Rn. 391.
[179] Baumann et al. (2003), § 28 Rn. 3.
[180] Baumann et al. (2003), § 8 Rn. 74; § 30 Rn. 20; Sowada (1995), 644 (647).

der **Teilnehmer** in Bezug auf den qualifizierenden Todeserfolg **nur leichtfertig** gehandelt zu haben.[181] Dasselbe gilt für einen Mittäter.[182]

8.3.2.5.3 Akzessorietätslockerung

Potenziert werden die Besonderheiten des § 251 im Bereich der Teilnahme dadurch, dass die subjektiv tatbestandsmäßige Beziehung der Tatbeteiligten zum Todeserfolg **nichtakzessorisch** behandelt wird. Das hat zur Folge, dass ein Anstifter oder Gehilfe aus §§ 251, 26 oder §§ 251, 27 selbst dann strafbar sein kann, wenn der Täter nicht aus § 251 strafbar ist, weil er hinsichtlich des Todeserfolges nicht wenigstens leichtfertig gehandelt hat![183] Denn die Teilnehmerstrafbarkeit setzt nur voraus, dass der Teilnehmer selbst bezüglich des Todeserfolges wenigstens leichtfertig gehandelt hat.[184]

8.3.2.5.4 Fallvarianten

Unter Berücksichtigung der oben geschilderten Auflockerungen des Vorsatz- und des Akzessorietätserfordernisses lassen sich bei § 251 folgende Teilnahme-Fälle unterscheiden:

8.3.2.5.4.1 Leichtfertigkeit des Täters

Handelt der Täter bezüglich der Todesfolge leichtfertig, ist er aus § 251 strafbar. Wer als Anstifter oder Gehilfe an dieser Tat teilnimmt, ist aus §§ 251, 26 oder §§ 251, 27 strafbar, wenn er bezüglich des Todeserfolges entweder vorsätzlich oder leichtfertig handelt. Im Fall des vorsätzlich handelnden Teilnehmers wäre sogar an Strafbarkeit wegen mittelbarer Täterschaft (§ 25 I Alt. 2) – die in bezug auf §§ 211, 212 zweifellos gegeben ist[185] – zu denken. Handelt der Teilnehmer bezüglich des Todeserfolges nur leicht fahrlässig oder überhaupt nicht fahrlässig, ist er nur aus §§ 249, 26 oder §§ 249, 27 strafbar. Im Falle leichter Fahrlässigkeit kommt idealkonkurrierend Strafbarkeit aus § 222 hinzu.

8.3.2.5.4.2 Tötungsvorsatz des Täters

Handelt der Täter bezüglich der Todesfolge vorsätzlich, ist er aus § 251 strafbar (siehe oben 8.3.2.3.3). Wer als Anstifter oder Gehilfe an dieser Tat teilnimmt, ist aus §§ 251, 26 oder §§ 251, 27 strafbar, wenn er bezüglich des Todeserfolges entweder vorsätzlich oder leichtfertig handelt. Handelt der Teilnehmer bezüglich des Todeserfolges nur leicht fahrlässig oder überhaupt nicht fahrlässig, ist er nur aus §§ 249, 26 oder §§ 249, 27 strafbar. Im Falle leichter Fahrlässigkeit kommt idealkonkurrierend Strafbarkeit aus § 222 hinzu.

---

[181] BGH, NStZ 2010, 81; 2008, 281.

[182] BGH, NStZ 2010, 33.

[183] Eisele (2012b), Rn. 395; Sowada (1995), 644 (647).

[184] Geilen (1979), 613; Schünemann (1980), 393 (397).

[185] Baumann et al. (2003), § 30 Rn. 21.

8.3.2.5.4.3   Leicht fahrlässig oder überhaupt nicht fahrlässig handelnder Täter

Handelt der Täter bezüglich des Todeserfolges leicht fahrlässig oder überhaupt nicht fahrlässig, ist er nicht aus § 251, sondern nur aus § 249 strafbar. Im Falle leichter Fahrlässigkeit kommt idealkonkurrierend Strafbarkeit aus § 222 hinzu. Wer als Anstifter oder Gehilfe an dieser Tat teilnimmt, ist aus §§ 251, 26 oder §§ 251, 27 strafbar, wenn er bezüglich des Todeserfolges entweder vorsätzlich oder leichtfertig handelt. Im Fall des vorsätzlich handelnden Teilnehmers kommt sogar mittelbare Täterschaft in Betracht. Handelt der Teilnehmer bezüglich des Todes nur leicht fahrlässig oder überhaupt nicht fahrlässig, ist er nur aus §§ 249, 26 oder §§ 249, 27 strafbar. Im Falle leichter Fahrlässigkeit kommt idealkonkurrierend Strafbarkeit aus § 222 hinzu.

Kontrollfragen
1. Welche Rechtsgüter schützt § 249? (8.1.1)
2. Ist Raub ein qualifizierter Diebstahl? (8.1.2.2)
3. Welche Delikte sind „raubähnlich" (8.1.2.2)
4. Was bedeutet „Gewalt" iSd § 249? (8.2.1.4.1)
5. Was ist der Unterschied zwischen „Drohung" und „Warnung"? (8.2.1.5.1)
6. Welcher Zusammenhang muss zwischen Nötigung und Wegnahme bestehen? (8.2.1.6)
7. Wie unterscheiden sich Raub und räuberischer Diebstahl? (8.2.1.6.2)
8. Wie setzt sich der subjektive Tatbestand des Raubes zusammen? (8.2.2.1)
9. Wird der Raub mit einer „Scheinwaffe" von § 250 erfaßt? (8.3.1.2.1)
10. Ist die Verursachung einer konkreten Lebensgefahr beim Abtransprt der geraubten Sache ein Fall des § 250 II Nr. 3 b? (8.3.1.3.2.1)
11. Was bedeutet „leichtfertig"? (8.3.2.3.2)
12. Ist die bedingt vorsätzliche Tötung des Raubopfers ein Fall des § 251 StGB? (8.3.2.3.3)

Literatur

Altenhain. Der Zusammenhang zwischen Grunddelikt und schwerer Folge bei den erfolgsqualifizierten Delikten. GA 1996;19.

Anders. Zur Möglichkeit des Rücktritts vom erfolgsqualifizierten Versuch. GA 2000;64.

Blei. Neue Entscheidungen. JA 1975;518.

Braunsteffer. Schwerer Raub gemäß § 250 I Nr. 2 StGB bei (beabsichtigter) Drohung mit einer Scheinwaffe? NJW 1975;623.

Eser. Zum Verhältnis von Gewaltanwendung und Wegnahme beim Raub. NJW 1965;377.

Fahl. Schlaf als Zustand verminderten Strafrechtsschutzes? Jura 1998;456.

Geilen. Raub und Erpressung. Jura 1979;53.

Geppert. Neues zum „gefährlichen Werkzeug". Jura 1999;599.

Grabow, Küpper. Die sukzessive Qualifikation von Raub und räuberischer Erpressung. Festschrift für Achenbach. 2011;265.

Graul. Anm. BGH, Urt. v. 12.11.1991–5 StR 477/91. JR 1992;297.

Günther. Zur Kombination von Täuschung und Drohung bei Betrug und Erpressung. ZStW 88 1976;960.

Günther. Der Zusammenhang zwischen Raub und Todesfolge. In: Festschrift für Hirsch. 1999;543.

Herzberg. Konkurrenzverhältnisse zwischen Betrug und Erpressung. JuS 1972;570.

Herzberg. Zum Merkmal „durch den Raub" in § 251 StGB und zum Rücktritt vom tödlichen Raubversuch. JZ 2007;615.

Hillenkamp. Schwerer Raub durch Fesselung und Knebelung? JuS.1990;454.

Hinderer, Kneba. Der tatbestandstypische Zurechnungszusammenhang beim Raub mit Todesfolge. JuS 2010;590.

Hohmann O. Anm. BGH, Beschl. v. 20.6.1996–4 StR 147/96. NStZ 1997;185.

Hörnle. Die wichtigsten Änderungen des Besonderen Teils des StGB durch das 6. Gesetz zur Reform des Strafrechts. Jura 1998;169.

Hörnle. Wider das Dogma vom Finalzusammenhang bei Raub und sexueller Nötigung. Festschrift für Puppe. 2011;1143.

Hruschka. Zum Tatvorsatz bei zweiaktigen Delikten, insbesondere bei der Entführung des § 237 n. F. StGB. JZ 1973;12.

Ingelfinger. Fortdauernde Zwangslagen als Raubmittel. Festschrift für Küper. 2007;197

Jakobs. Anm. BGH, Urt. v. 22.9.1983–4 StR 376/83. JR 1984;385.

Kargl. Verwenden einer Waffe als gefährliches Werkzeug nach dem 6. StrRG. StraFo 2000;7.

Kelker. Anm. BGH, Urt. v. 22.12.1993–3 StR 419/93, StV 1994;657

Klesczewski. Raub mit Scheinwaffe? Zur Neufassung des § 250 StGB durch das 6. StrRG. GA 2000;257.

Knodel. Zum Gewaltbegriff in § 249 StGB. JZ 1963;701.

Kreß. Das Sechste Gesetz zur Reform des Strafrechts. NJW 1998;633.

Kudlich. Anm. BGH, Beschl. v. 8.4.2010–2 StR 17/10. NStZ 2011;518.

Kühl. Grundfälle zu Vorbereitung, Versuch, Vollendung und Beendigung. JuS 1980;506.

Kühl. Vollendung und Beendigung bei den Eigentums- und Vermögensdelikten. JuS 2002;729.

Küper. Zur Problematik der sukzessiven Mittäterschaft. JZ 1981;568.

Küper. „Teilverwirklichung" des Tatbestandes: ein Kriterium des Versuchs? JZ 1992;338.

Küper. Der Rücktritt vom „erfolgsqualifizierten Versuch". JZ 1997;229.

Küper. Verwirrungen um das neue „gefährliche Werkzeug" (§§ 244 I Nr. 1 a, 250 I Nr. 1 a, II Nr. 1 StGB), JZ 1999a;187

Küper. „Waffen" und „Werkzeuge" im reformierten Besonderen Teil des Strafgesetzbuches. Festschrift für Hanack. 1999b;569.

Küpper. Zur Entwicklung der erfolgsqualifizierten Delikte. ZStW 111 1999;785.

Laubenthal. Der Versuch des qualifizierten Delikts einschließlich des Versuchs im besonders schweren Fall bei Regelbeispielen. JZ 1987;1065.

Laubenthal. Übungshausarbeit Strafrecht: Missglückter Banküberfall mit tödlichem Irrtum. Jura 1989;99.

Lesch. Diebstahl mit Waffen nach dem 6. StrRG. GA 1999;365.

Mitsch. Gesetzeseinheit im Strafrecht. JuS 1993;471.

Mitsch. Die Vermögensstrafe. JA 1994;425.

Mitsch. Grundfälle zu den Tötungsdelikten. JuS 1995;787.

Mitsch. Die Vermögensdelikte im Strafgesetzbuch nach dem 6. Strafrechtsreformgesetz. ZStW 111 1999a. 65 ff.

Mitsch. Anm. BGH, Urt. v. 11.5.1999–4 StR 380/98. NStZ 1999b;617.

Mitsch. Raub mit Waffen und Werkzeugen. JuS 1999c;640.

Mitsch, Der neue § 316a StGB. JA 1999; 662.

Mitsch. Vorbereitung und Strafrecht. Jura 2013;696.

Mitsch. Der Rücktritt vom Versuch des qualifizierten Delikts. JA 2014a;268.

Mitsch. Rangeleien auf Bahnsteigen. ZJS 2014b;192.

Nomos Kommentar. zum Strafgesetzbuch. 4. Aufl. 2013.

Otto. Anm. BGH, Urt. v. 20.4.1995–4 StR 27/95. JZ 1995;1020.

Paeffgen. Die erfolgsqualifizierten Delikte – eine in die allgemeine Unrechtslehre integrierbare Deliktsgruppe? JZ 1989;220.

Rengier. Anm. BGH, Urt. v. 15.5.1992–3 StR 535/91. NStZ 1992;590.

Rengier. Tödliche Gewalt im Beendigungsstadium des Raubes. JuS 1993;460.

Saal. Raub und räuberische Erpressung mit einer „Scheinwaffe". JA 1997;859.

Scholderer. Anm. BGH, Beschl. v. 10.3.1988–4 StR 85/88. StV 1988;429.

Schroth U. Zentrale Interpretationsprobleme des 6. Strafrechtsreformgesetzes. NJW 1998;2861.

Schünemann. Raub und Erpressung. JA 1980;349.

Seelmann. Grundfälle zu den Eigentumsdelikten. JuS 1986;201.

Sowada. Die erfolgsqualifizierten Delikte im Spannungsfeld zwischen Allgemeinem und Besonderem Teil des Strafrechts. Jura 1995;644.

Stree. Beginn des Versuchs bei qualifizierten Straftaten. Festschrift für Peters. 1974;179.

Tenckhoff. Die leichtfertige Herbeiführung qualifizierter Tatfolgen ZStW 88. 1976;897 ff.

Ulsenheimer. Zur Problematik des Rücktritts vom Versuch erfolgsqualifizierter Delikte, Festschrift für Bockelmann. 1979;405.

Walter T. Raubgewalt durch Unterlassen? NStZ 2005;240.

Weber. Strafrecht: Der Sportschütze als Nothelfer. JuS 1988;885.

Wolter. Gewaltanwendung und Gewalttätigkeit. NStZ 1985;245.

Zaczyk. Anm. BGH, Urt. v. 7.3.1985-4 StR 82/85. JZ 1985;1059.

Räuberischer Diebstahl, § 252 StGB

Inhaltsverzeichnis

9.1 Allgemeines

9.1.1 Rechtsgut

Der räuberische Diebstahl ist ein **raubähnliches** Delikt,[1] wie man an der Verweisung „gleich einem Räuber" erkennen kann. Daher schützt § 252 dieselben Rechtsgüter wie § 249: Im Vordergrund steht das **Eigentum**.[2] Daneben sind die **Willensentschließungs-** und **Willensbetätigungsfreiheit**, sowie – in den Qualifikationen der §§ 250, 251 – auch **körperliche Unversehrtheit** und **Leben** berührt.

9.1.2 Systematik

9.1.2.1 System der Tatbestände des räuberischen Diebstahls
Das innere System der den räuberischen Diebstahl betreffenden Vorschriften entspricht dem System der Vorschriften über den Raub: Dies ist eine Folge der Verweisung „gleich einem Räuber". Der **Grundtatbestand** „Räuberischer Diebstahl"

---

[1] Eisele (2012b), Rn. 397; Geppert (1990), 554 (555); Haas (2003), 145 (171); Küper (2001a), 21; Küper (2001b), 730; Perron (1989), 145 (169); Zöller (1997), 89: „raubähnliches Sonderdelikt"; „raubähnliches delictum sui generis"; „besonderes Raubdelikt".

[2] Haas (2003), 145 (172).

© Springer-Verlag Berlin Heidelberg 2015
W. Mitsch, *Strafrecht, Besonderer Teil 2*, Springer-Lehrbuch,
DOI 10.1007/978-3-662-44934-9_9

ist in § 252 normiert. **Qualifikationstatbestände** sind die Varianten des „Schweren räuberischen Diebstahls" (§§ 252, 250) sowie der „Räuberische Diebstahl mit Todesfolge" (§§ 252, 251). Privilegierte Tatbestände gibt es beim räuberischen Diebstahl nicht.

9.1.2.2 Verhältnis zu anderen Tatbeständen

9.1.2.2.1 Verhältnis zum Raub

Raub und räuberischer Diebstahl sind verwandte Delikte.[3] Wie der Raub setzt sich der räuberische Diebstahl aus einem Wegnahme- und einem Nötigungselement zusammen. Die **Ähnlichkeit** dieser beiden Verbrechenstypen erlaubt es, bei Aufklärungsdefiziten im Prozess auf wahldeutiger Grundlage („Wahlfeststellung") zu verurteilen („Der Angeklagte ist des Raubes oder des räuberischen Diebstahls schuldig"[4]). Der wichtigste **Unterschied** beider Deliktstypen ist im objektiven Tatbestand loziert: Beim Raub werden Nötigungsmittel eingesetzt, um die Wegnahme zur Vollendung zu bringen, beim räuberischen Diebstahl werden Nötigungsmittel eingesetzt, um den Erfolg einer vollendeten Wegnahme zu sichern (näher dazu unten 9.2.1.5.4). Während der Raub aus Nötigung und Wegnahme besteht und daher ein zweiaktiges Delikt ist, hat der räuberische Diebstahl ein einaktiges tatbestandsmäßiges Handlungsmerkmal, die Nötigung. Die Wegnahme ist nämlich bereits abgeschlossen, bevor der Vollzug des räuberischen Diebstahls beginnt[5] (näher dazu unten 9.2.1.2.4). Da der Täter mit der Nötigung also nur eine Art „Besitzstandswahrung" bezweckt, wird dem räuberischen Diebstahl auch ein „**Selbstbegünstigungscharakter**" zugeschrieben,[6] der dem Delikt Raub natürlich fremd ist. Beim räuberischen Diebstahl befindet sich der Täter in einer fast „defensiv" zu nennenden Rolle.[7] Tatsächlich gehen aber Raub und räuberischer Diebstahl häufig nahtlos ineinander über (zum Raub als „Vortat" näher unten 9.2.1.2.2): Was der Täter gerade durch Anwendung von Gewalt oder Drohung erbeutet – also geraubt – hat, verteidigt er sogleich mit denselben Mitteln gegen Widersacher, die ihm das Erbeutete wieder abnehmen wollen. Anders als der Raub ist der räuberische Diebstahl **kein Erfolgsdelikt**.[8] Voraussetzung der Vollendung des § 252 ist nämlich nicht, dass der Täter mit seiner Nötigung den gewünschten Erfolg „Erhaltung des Besitzes" tatsächlich erzielt. Dieser Erfolg ist zur Besitzerhaltungsabsicht „versubjektiviert" (näher dazu unten 9.2.1.5.4.2). Auch wenn der Täter am Ende seine Beute verliert, kann er wegen vollendeten räuberischen Diebstahls strafbar sein.[9]

---

[3] Kratzsch (1988), 397 (399); Nomos Kommentar-Kindhäuser (2013), § 252 Rn. 3; Perron (1989), 145 (169).

[4] Baumann et al. (2003), § 10 Rn. 48; Nomos Kommentar-Kindhäuser (2013), § 252 Rn. 35.

[5] BGH, GA 1968, 339; Geppert (1990), 554 (555).

[6] Vgl. Schneider (1991), 121 ff.; Schünemann (1980), 393 (397).

[7] Seier (1979), 336 (338) konstatiert aus diesem Grund ein – bezogen auf den Raub – „Unrechtsdefizit" des räuberischen Diebstahls; ähnlich Burkhardt (1973), 110 (113).

[8] Küper (2001a), 21 (25).

[9] Kratzsch (1988), 397 (400); Weigend (2007), 274 (276).

Bemerkenswert ist, dass auch die **Wortwahl des Gesetzes** in einigen Punkten von der Terminologie der Raub- und Diebstahlstatbestände abweicht: Statt „Sache" heißt es in § 252 „Gut", statt „Gewahrsam" verwendet § 252 das Wort „Besitz" und statt von „Zueignungsabsicht" spricht § 252 von „um sich im Besitz des gestohlenen Gutes zu erhalten". Ob sich hinter diesen sprachlichen Differenzen sachliche Abweichungen verbergen, wird bei der Darstellung der Tatbestandsmerkmale zu untersuchen sein.

9.1.2.2.2 Verhältnis zum Diebstahl

Der „Diebstahl" wird im Text des § 252 ausdrücklich erwähnt. Das Verhältnis des räuberischen Diebstahls zu diesem Diebstahl hat materiell-strafrechtliche Relevanz: Der Diebstahl ist ein objektives Tatbestandsmerkmal des räuberischen Diebstahls. Er ist im objektiven Tatbestand des § 252 die sogenannte „Vortat" (ausführlich dazu unten 9.2.1.2). Deliktssystematisch verhält sich § 252 zu § 242 wie § 249 zu § 242. Der räuberische Diebstahl ist **kein Qualifikationstatbestand des Diebstahls**, sondern ein eigenständiges Delikt (delictum sui generis).[10] Daher sind bei § 252 die Diebstahlsvorschriften § 247 und § 248a nicht anwendbar.[11] Auf der **Konkurrenzebene** wird der Diebstahl vom räuberischen Diebstahl verdrängt.[12]

9.1.2.2.3 Verhältnis zur räuberischen Erpressung

Wie § 252 verweist auch § 255 auf den Raub („gleich einem Räuber"). Schon aus diesem Grund liegt es nahe, eine enge Beziehung zwischen diesen beiden raubähnlichen Delikten zu vermuten. Anders als die Abgrenzung von § 249 und § 255 ist das Verhältnis von § 252 und § 255 bisher wissenschaftlich wenig untersucht.[13] Fest steht aber, dass eine extensive Auslegung des § 255 zu erheblichen **Aushöhlungs- und Unterlaufungseffekten** im Bereich des § 252 führen kann. Insbesondere die tatbestandlichen Beschränkungen des § 252 auf Fälle mit der Vortat „Diebstahl" sowie auf Fälle, in denen dieser Diebstahl noch „frisch" ist, würden durchbrochen, wenn die gewaltsame Sicherung der aus anderen Vortaten stammenden Beute unter § 255 subsumiert würde[14] (näher dazu unten Kap. 10.2.1.6.3). Dieser Gefahr muss man sich bei der Anwendung des § 255 bewusst sein.[15] Abwendbar ist sie, indem man dem gewaltsam erreichten Beutesicherungserfolg die Qualität als neuer – den objektiven Tatbestand des § 255 erfüllender – Vermögensschaden abspricht.[16]

9.1.2.2.4 Verhältnis zu sonstigen Tatbeständen

Als Gewaltdelikt steht der räuberische Diebstahl in enger Beziehung zu Freiheits-, Körperverletzungs- und Tötungsdelikten. Die (versuchte) **Nötigung** ist im Tatbestand des § 252 enthalten und tritt daher auf der Konkurrenzebene zumindest dann zurück, wenn der Täter außer Besitzerhaltung kein anderes Nötigungsziel verfolgt. Entsprechendes gilt für die **fahrlässige Tötung** gem. § 222, wenn der Täter durch

---

[10] RGSt 6, 325 (328); Geppert (1990), 554 (555).

[11] Geppert (1990), 554 (555).

[12] Geppert (1990), 554 (558); Natus (2014), 772 (776).

[13] Seier (1981), 2152.

[14] Vgl. Fezer (1975), 609; Hillenkamp (1997), 217 (219); Seier (1979), 336 (338).

[15] Nicht beachtet von BGH, NStZ 2002, 33, sowie F. C. Schroeder in seiner Anmerkung zum „Gänsebrust-Fall" des BayObLG, JZ 1991, 682 (683); vgl. auch Joerden (1985), 20 (24).

[16] Dehne-Niemann (2008), 589 (593); Hillenkamp (1997), 217 (220).

den räuberischen Diebstahl leichtfertig den Tod eines anderen verursacht und daher aus §§ 252, 251 strafbar ist. Der räuberische Diebstahl ist selbst Teil eines anderen Tatbestandes im Fall des § 316a. Wird der **Räuberische Angriff auf Kraftfahrer** zum Zweck gewaltsamer Beutesicherung begangen, ist der räuberische Diebstahl Ziel dieses Angriffs und im Verhältnis zu diesem eine Anschlusstat.[17]Zur Vollendung des Angriffsdelikts ist die Begehung des räuberischen Diebstahls nicht erforderlich.[18] Deshalb ist der freiwillige Verzicht des Täters auf die Ausführung des räuberischen Diebstahls nicht per se strafbefreiender Rücktritt iSd § 24. Führt der Täter den räuberischen Diebstahl aus, stehen § 316a und § 252 in Tateinheit, § 52.[19]

9.2   Grundtatbestand Räuberischer Diebstahl, § 252

9.2.1   Objektiver Tatbestand

9.2.1.1   Gesetzestext und Tatbestandsstruktur

Die etwas eigenwillige sprachliche Gestaltung des § 252 (hinter dem ersten Wort bereits ein Komma!) macht es nicht ganz leicht, Struktur und Merkmale des objektiven Tatbestandes zu erkennen. Der objektive Tatbestand ist in den Satzteilen vor dem 3. Komma (vor „um") beschrieben. Demnach setzt sich der objektive Tatbestand aus folgenden Merkmalen zusammen: **Täter**merkmal (Wer), **Vortat** (Diebstahl), **Tatsituation** (auf frischer Tat betroffen), **Handlung**smerkmal (Gewalt gegen eine Person *oder* Drohung mit gegenwärtiger Gefahr für Leib oder Leben).

9.2.1.2   Vortat

9.2.1.2.1   Stellung der Vortat im Tatbestand

Der räuberische Diebstahl ähnelt Anschlussdelikten wie der Hehlerei,[20]weil sein objektiver Tatbestand voraussetzt, dass zuvor – dh bevor der räuberische Diebstahl begangen wird – bereits eine andere Tat – die „Vortat" – begangen worden ist. Diese Vortat ist ein **statisches** Element des objektiven Tatbestandes und gehört nicht zu dem dynamischen Tatvollzug, mit dem der räuberische Diebstahl Wirklichkeit wird.[21] Aus diesem Grund müssen Gewaltanwendungsvorsatz und Besitzerhaltungsabsicht – die subjektiven Tatbestandsmerkmale des § 252 – nicht während der Vortat, sondern während der anschließenden Nötigungshandlung gegeben sein.[22] Im objektiven Tatbestand des § 252 hat das Element „Vortat" die Funktion, die **Ausgangslage** zu beschreiben, aus der heraus sich die Tat „räuberischer Diebstahl" entwickelt. Die Bezeichnung „Vor"-Tat suggeriert eine bestimmte zeitliche Abfol-

---

[17] Vgl. dazu den Fall BGHSt 28, 224.

[18] Dazu unten 11.2.1.3.2.

[19] Eisele (2012b), Rn. 452.

[20] Küper (2001a), 21 (22); Natus (2014), 772 (773).

[21] Hruschka (1973), 12 (13); Küper (2010), 313.

[22] Irreführend ist daher die Aussage, dass der Entschluss zur Gewaltanwendung bei der Entwendung noch nicht vorzuliegen „braucht", so BGHSt 3, 76 (78).

ge in dem Sinne, dass die Vortat zuerst (**ante**) und der räuberische Diebstahl (die Nötigung) danach (**post**) begangen wird. Dies ist grundsätzlich richtig, bedarf aber dennoch einer geringfügigen Modifikation: Zwingend ist, dass die Nötigungs**wirkung** erst nach der Vortat einsetzt. Dagegen darf die Nötigungs**handlung** auch vor der Vortat vollzogen werden, sofern sich der daraus resultierende Nötigungseffekt erst nach der Vortat entfaltet („vorweggenommene Nötigung").

Beispiel

A und B brechen nachts in einem mehrstöckigen Bürohochhaus in die Kanzlei des Rechtsanwalts R ein, um Geld zu stehlen. Sie haben zuvor die Gewohnheiten des Nachtwächters O genauestens studiert und wissen daher, dass O auf seinem Rundgang durch das Gebäude zu einem bestimmten Zeitpunkt auf dem Flur auftauchen wird, wo sich die Anwaltskanzlei befindet. Nach ihrem Zeitplan müssten sie mit dem Diebstahl fertig sein, kurz bevor O erscheint. Bevor A und B die Tür zum Büro des R aufbrechen, bringen sie am Ende des Flures eine Rauchbombe mit Zeitzünder in Stellung. Dann dringen sie in das Büro ein und entwenden Bargeld. Als sie das Büro mit ihrer Beute wieder verlassen, nähert sich erwartungsgemäß der O. Als dieser die beiden Eindringlinge erblickt, detoniert die Rauchbombe und füllt den ganzen Flur zwischen O und den beiden Dieben mit Qualm. Dies nutzen A und B zur Flucht aus.

A und B haben gegen die Person des O Gewalt verübt und damit erreicht, dass ihnen der bereits zuvor begründete Gewahrsam an dem Geld des R erhalten blieb. Obwohl der Vollzug der Gewalthandlung vor der Wegnahme erfolgte, ist der Diebstahl im Verhältnis zu der Gewalt eine Vortat, weil die Zwangswirkung der Gewalt erst nach der Wegnahme einsetzte.

9.2.1.2.2 Deliktstyp

Die Vortat muss ein **Diebstahl** iSd § 242 sein. Einbezogen sind selbstverständlich die Diebstahlsqualifikationen der §§ 244, 244a. Unerheblich ist, ob in Bezug auf den Diebstahl gem. §§ 247, 248a ein Antragserfordernis besteht. Auf die Strafbarkeit nach § 252 hat weder eine zwischen Täter und Opfer bestehende Angehörigenbeziehung iSd § 247 noch die Geringwertigkeit der gestohlenen Sache (§§ 243 II, 248a) Einfluss.[23] Taugliche Vortat ist auch der **Raub**.[24] Der Raub ist zwar kein qualifizierter Diebstahl, sondern ein eigenständiges Eigentumsdelikt (siehe oben 8.1.2.2). Dies ändert aber nichts daran, dass sämtliche Tatbestandsmerkmale des Diebstahls im Raub enthalten sind. Die Begehung eines Raubes schließt deshalb die Begehung eines Diebstahls logisch ein.[25] Wäre § 252 im Anschluss an einen Raub

---

[23] OLG Brandenburg, NStZ-RR 2008, 201 ff; OLG Koblenz, StV 2008, 474 (475); OLG Köln, NStZ-RR 2004, 299 (Lebensmittel im Gesamtwert von 7,70 €); Eisele (2012b), Rn. 401; Geilen (1979), 669.

[24] BGHSt 21, 377 ff.; BGH, NStZ 2002, 542 (544); Eisele (2012b), Rn. 401; Geilen (1979), 669; Geppert (1990), 554 (555); Jäger (2013), Rn. 304; Mitsch (2014), 192 (196); Rengier (1993), 460 (463); Seelmann (1986), 201 (205); Zöller (1997), 89 (91).

[25] BGHSt 21, 377 (380); Geilen (1979), 669; Weber (1965), 418 (419).

unanwendbar, entstünde ein Wertungswiderspruch: Die Begehung der schwereren Vortat würde den Täter vor einer Strafbarkeit aus § 252 bewahren, die ihn träfe, wenn er die leichtere Vortat begangen hätte. Zwar ergäben sich im Sanktionsbereich normalerweise keine Unterschiede, da der Räuber bereits wegen der Vortat so hart bestraft wird, wie der Dieb, der erst durch anschließende Gewaltanwendung zum „räuberischen Dieb" wird. Zu Differenzen käme es jedoch, wenn erst die beutesichernde Gewalt von qualifizierenden Umständen iSd §§ 250, 251 begleitet wäre.[26]

Beispiele

1. T nimmt dem O eine Brieftasche weg. Als O versucht, dem T die Brieftasche wieder abzunehmen, wendet T gegen O Gewalt an. Dabei wird O von T leichtfertig getötet.
2. T schlägt den O nieder und nimmt ihm die Brieftasche weg. O versucht, dem T die Brieftasche wieder abzunehmen, wird von diesem aber wiederum niedergeschlagen. Mit einem der Schläge verursacht T leichtfertig den Tod des O.

In **Beispiel 1** hat T nach dem Diebstahl einen räuberischen Diebstahl begangen, durch den der Tod des O verursacht wurde. Daher ist T aus §§ 252, 251 strafbar. In **Beispiel 2** hat T zunächst einen Raub begangen und sich dadurch aus § 249 strafbar gemacht. Wäre die anschließende Gewaltanwendung kein räuberischer Diebstahl, könnte T nur auf der Basis des Grundtatbestandes „Raub" (§ 249) aus § 251 bestraft werden. Jedoch ließe sich das „Stockwerk" des § 251 auf dem „Fundament" des § 249 im vorliegenden Fall allein auf der Grundlage der Rechtsprechungsansicht herstellen, wonach § 251 auch die Todesverursachung im Stadium zwischen Vollendung und Beendigung des Raubes erfasst. Diese Meinung ist oben abgelehnt worden (siehe oben 8.3.2.2.2.1). Damit auch nach der hier vertretenen Meinung § 251 in Beispiel 2 als Bestrafungsgrundlage herangezogen werden kann, muss die todesverursachende Gewalt Bestandteil eines räuberischen Diebstahls sein. Das ist der Fall, da der Raub den Diebstahl einschließt und deshalb taugliche Vortat des räuberischen Diebstahls ist. Ließe sich in Beispiel 2 nicht aufklären, ob der tödliche Schlag vor oder nach Vollendung der Wegnahme ausgeführt wurde, wäre eine Verurteilung des T aus §§ 249, 251 oder §§ 252, 251 nach den Regeln der Wahlfeststellung möglich. Verneinte man dagegen die Tauglichkeit des Raubes als Vortat des räuberischen Diebstahls, könnte die leichtfertige Todesverursachung nur als fahrlässige Tötung aus § 222 – in Tateinheit mit Raub – bestraft werden.

Eine Tat, die nicht den Tatbestand des Diebstahls oder des Raubes, sondern den Tatbestand eines **anderen Eigentums-** oder **Vermögensdelikts** erfüllt, kann nicht Vortat des § 252 sein. Es gibt daher im geltenden Strafrecht keine „räuberische Unterschlagung",[27] „räuberische Hehlerei", „räuberische Untreue", „räuberische

---

[26] BGHSt 21, 377 (379); BGH, NStZ 2002, 542 (544); Schünemann (1980), 393 (397); Zöller (1997), 89 (90).

[27] BGH, NStZ 2011, 36 (37).

Pfandkehr", „räuberische Wilderei" und keinen „räuberischen Betrug" – um nur die wichtigsten Tatbestände zu nennen.[28] Daraus folgt, dass zahlreiche **Auslegungs-und Abgrenzungsprobleme des § 242** hier wieder auftauchen und in diesem tatbestandlichen Kontext eine Brisanz erlangen, die größer ist als in ihrem originären Wirkungsbereich. Denn § 252 ist ein Verbrechen und kann unter Umständen schnell zu einer Tat eskalieren, die mit lebenslanger Freiheitsstrafe bedroht ist, vgl § 251. So entscheidet etwa die Antwort auf die Frage, ob der Täter in dem „Sammelgaragen-Fall" (BGHSt 18, 221) „Dreiecksbetrug" oder Diebstahl in mittelbarer Täterschaft begangen hat, auch über die Strafbarkeit aus § 252, wenn der Täter den gerade erlangten Besitz an der Sache gewaltsam verteidigt. Denn einen „räuberischen Betrug" gibt es im System des StGB–BT nicht.[29] Ein ähnlicher Sprung in der Delikts- und Sanktionsskala steht zur Debatte, wenn ein Kraftfahrer, der sich an einer Tankstelle selbst bedient und nicht bezahlt hat, auf den ihm den Weg versperrenden Tankwart mit dem Pkw zufährt, um das unbezahlte Benzin unbehelligt davontragen zu können.[30] Genauso verhält es sich schließlich in den Fällen des Herausschmuggelns unbezahlter Waren aus einem Selbstbedienungsladen mit anschließender Gewaltanwendung gegen Personal (z. B. Ladendetektiv) des geschädigten – bestohlenen oder betrogenen (??) – Unternehmens.[31]

9.2.1.2.3 Erforderliche Strafbarkeitsvoraussetzungen

Die Vortat muss mindestens die Strafbarkeitsvoraussetzungen erfüllen, die ihre Zuordnung zum Tatbestandstyp „Diebstahl" ermöglichen. Es müssen also sämtliche **objektiven** und **subjektiven Tatbestandsmerkmale** erfüllt sein.

Beispiel

T nimmt dem O ein Fahrrad weg, um damit eine Radtour zu machen, nach der er dem O das Rad wieder zurückgeben will. Unmittelbar nachdem T das Rad in seinen Gewahrsam gebracht hat, wird er von O überrascht und zur Rede gestellt. In diesem Moment beschließt T, sich den Besitz an dem Rad nicht nur durch Gewaltanwendung gegen O zu sichern, sondern das Fahrrad auch endgültig zu behalten.

Bevor T gegen O Gewalt anwendete, hatte er bezüglich des weggenommenen Fahrrads nur Gebrauchsabsicht. Er wollte also den O nicht endgültig enteignen. Mangels Zueignungsabsicht erfüllte die Vortat somit nicht den subjektiven Tatbestand des Diebstahls. Die Vortat ist ein nach § 248b strafbarer furtum usus. Auf dieser Grundlage konnte T durch die anschließende Gewaltanwendung den objektiven Tatbestand des § 252 nicht erfüllen. Daran ändert auch die Tatsache

---

[28] Geilen (1979), 669; Hillenkamp (1997), 217 (220); Kienapfel (1984), 388; Systematischer Kommentar-Sinn (2013), § 252 Rn. 4; für die Anerkennung der räuberischen Erpressung (§ 255) als Vortat Frank (2010), 893 (896).

[29] Brocker (1994), 919 (920); Hillenkamp (1997), 217 (220).

[30] Dazu instruktiv OLG Köln, NJW 2002, 1059; Herzberg (1985), 209.

[31] BGHSt 41, 198 (203); Hillenkamp (1997), 217 (219).

nichts, dass T inzwischen seine Gebrauchs- in eine Zueignungsabsicht umgewandelt hatte. Denn Diebstahl setzt Gleichzeitigkeit von Wegnahme und Zueignungsabsicht voraus (siehe oben Kap. 1.2.2.3.2).

Die Vortat muss außerdem **rechtswidrig** sein. Eine gewaltsame Verteidigung des
Besitzes an einer Sache, die der Täter zuvor in gerechtfertigter Weise weggenommen hat, begründet nicht das spezifische Unrecht des räuberischen Diebstahls. Da
es sich beim räuberischen Diebstahl um ein Delikt gegen das Eigentum handelt,
muss bereits die Vortat eine von der Rechtsordnung nicht gedeckte Eigentumsbeeinträchtigung bewirken.

Nicht erforderlich ist eine **schuldhafte** Vortat. Strafbarkeit aus § 252 setzt nur
voraus, dass der Täter die Handlung schuldhaft vollzieht, mit der er den objektiven
Tatbestand des § 252 verwirklicht, also die Gewalt oder Drohung, vgl § 20.

9.2.1.2.4 Versuch und Vollendung

Rechtsprechung und Lehre gehen fast einmütig davon aus, dass das Gesetz in § 252
mit dem Wort „Diebstahl" einen **vollendeten** Diebstahl meint, die Vortat also objektiv vollendet sein muss, bevor der räuberische Diebstahl – durch Anwendung
von Gewalt oder Drohung – begangen wird.[32] *Küper* hat allerdings in einer scharf-
sinnigen Untersuchung gezeigt, dass diese Auffassung nicht zwingend ist.[33] Sicher
ist, dass der Diebstahl noch nicht beendet zu sein braucht.[34] Auf der Basis einer versuchten Vortat ist Strafbarkeit wegen **versuchten räuberischen Diebstahls** (§§ 252,
22) möglich.[35] Allerdings sind dabei zwei Konstellationen mit unterschiedlicher
Rechtserheblichkeit auseinanderzuhalten: Kein versuchter räuberischer Diebstahl,
sondern versuchter Raub liegt vor, wenn der Täter im Stadium des Diebstahlsversuchs Gewalt oder Drohung einsetzt, um damit die Wegnahme und den Diebstahl
zur Vollendung zu bringen (siehe oben 8.2.1.6.2). Denn wie später noch zu zeigen
sein wird, ist für den Tatbestand des § 252 und insbesondere seine Abgrenzung
zum Raubtatbestand wesentlich, dass mit der Nötigung (Gewalt oder Drohung) erst
nach vollendeter Wegnahme begonnen wird (unten 9.2.1.5.2).[36] Strafbare Versuche
räuberischen Diebstahls nach versuchter Vortat sind also nur die Fälle, in denen der
Täter einen **untauglichen Diebstahlsversuch** begeht, dadurch eine Sache in seinen
Besitz bringt und diesen mit Gewalt oder Drohung zu verteidigen sucht.[37]

Beispiel

Die Polizeibeamtin O spaziert als „Lockvogel" mit gefülltem Einkaufskorb über
den Kurfürstendamm in Berlin. Ganz oben im Korb auf den eingekauften Waren
liegt die Geldbörse der O. O hat die Geldbörse bewusst so platziert, damit ein

---

[32] BGHSt 9, 255 (256); 14, 114 (115); Eisele (2012b), Rn. 403; Geppert (1990), 554 (555).

[33] Küper (2001a), 21 ff.

[34] Küper (2001b), 730 (731); aA Dreher (1976), 529 ff.

[35] Küper (2001a), 21 (23); Küper (2001b), 730 (731); aA BGHSt 14, 114 (115).

[36] BGHSt 16, 271 (277); Geilen (1979), 670; Seier (1979), 336 (337).

[37] Nomos Kommentar-Kindhäuser (2013), § 252 Rn. 7.

Taschendieb der Versuchung erliegt und nach der Börse greift. O wird von zwei männlichen Kollegen A und B begleitet, die ihr im Abstand von 10 m folgen. Die drei Polizeibeamten wollen erreichen, dass der Taschendieb die Geldbörse an sich nimmt. Anschließend soll der Dieb festgenommen und die Geldbörse ihm wieder abgenommen werden. Der Plan gelingt. Taschendieb T ergreift die Geldbörse und will damit wegrennen. Als A und B sich ihm in den Weg stellen, schlägt und tritt T wild um sich.

T hat zwar den Gewahrsam der O an der Geldbörse aufgehoben und eigenen Gewahrsam daran begründet. Dennoch ist dies keine Wegnahme und somit auch kein vollendeter Diebstahl, weil O mit der Tat einverstanden war. Aus diesem Grund hat T den Gewahrsam der O nicht gebrochen (siehe oben 1.2.1.4.3.2). Da T von dem Einverständnis aber nichts wusste, handelte er mit Wegnahmevorsatz, beging also einen untauglichen Diebstahlsversuch, §§ 242, 22. Mit den anschließenden Gewalttätigkeiten erfüllte T alle objektiven und subjektiven Tatbestandsmerkmale des § 252, die einen vollendeten räuberischen Diebstahl begründen würden, wenn die Vortat ein vollendeter Diebstahl wäre. Da die Vortat hier nur ein versuchter Diebstahl ist, kann auch der räuberische Diebstahl nur ein Versuch sein. T ist also aus §§ 252, 22 strafbar.

9.2.1.2.5 Täterschaft und Teilnahme

Der Täter des räuberischen Diebstahls muss an der Vortat beteiligt gewesen sein. Obwohl der Wortlaut des § 252 es nicht eindeutig auszuschließen scheint, ist die gewaltsame Sicherung des Besitzes an einer **Sache, die ein anderer gestohlen hat**, kein räuberischer Diebstahl.

Beispiel

Taschendieb T hat gerade dem O eine Brieftasche weggenommen, als er zwei Polizeibeamte auf sich zukommen sieht. Mit den Worten „Schenk ich dir!" wirft T die Brieftasche dem X zu, der in der Nähe des Tatortes steht und den Taschendiebstahl beobachtet hatte. X sagt „Danke", steckt die Brieftasche ein und wehrt sich mit Fußtritten gegen die Festnahme durch die beiden Polizeibeamten.

X ist hier gewiss „bei einem Diebstahl" in die Auseinandersetzung mit den beiden Polizeibeamten geraten, in deren Verlauf er Gewalt gegen eine Person anwendete, um sich – neben seiner persönlichen Freiheit (vgl § 127 StPO) – den Besitz der Brieftasche zu erhalten. Jedoch war die Vortat nicht „sein" Diebstahl, weshalb X auch nicht „auf frischer Tat betroffen" wurde. Denn mit der „frischen Tat" ist der Diebstahl gemeint. Vor allem das Wörtchen „auf" zeigt an, dass diese frische Tat eine Tat desjenigen sein muss, der „betroffen" ist und daraufhin Gewalt anwendet oder gegenwärtige Gefahr für Leib oder Leben androht. Da X hier an dem Diebstahl des T weder als Mittäter noch als Gehilfe beteiligt war, hat er den Tatbestand des räuberischen Diebstahls nicht erfüllt. Die „frische Tat", auf der X betroffen wurde, ist kein Diebstahl, sondern Hehlerei (§ 259). Die anschließende Gewalt könnte man daher als „räuberische Hehlerei" charakterisieren. Einen derartigen Straftatbestand kennt das geltende Strafrecht aber nicht (siehe oben 9.2.1.2.2).

Umstritten ist, ob Täter des räuberischen Diebstahls nur sein kann, wer auch an der Vortat als **Täter** beteiligt gewesen ist. Da Täter eines Raubes iSd § 249 nur ist, wer bezüglich Nötigung und Wegnahme täterschaftlich handelte, muss es beim raub-ähnlichen Delikt „räuberischer Diebstahl" ebenso sein: Nach zutreffender Ansicht ist also täterschaftliche Vortatbeteiligung erforderlich.[38] Mittelbare Täterschaft oder Mittäterschaft reichen aus, Anstiftung oder Beihilfe zum Diebstahl dagegen nicht. Denn „Diebstahl" iSd § 252 ist nur der täterschaftliche Diebstahl. Wer am Diebstahl lediglich teilgenommen hat, kann auch aus § 252 nur als Teilnehmer strafbar sein.[39]

9.2.1.3 Frische Tat

9.2.1.3.1 Tat
Mit den Worten „bei einem Diebstahl auf frischer Tat betroffen" beschreibt das Ge-setz die Situation, in der sich der Täter befindet, bevor er mit dem Einsatz von Nö-tigungsmitteln (Gewalt, Drohung) beginnt. Die Worte „frische Tat" beziehen sich auf den „**Diebstahl**", bzw den einen Diebstahl enthaltenden (siehe oben 9.2.1.2.2) Raub. Auf dessen „Frische" kommt es also an.

9.2.1.3.2 Verhältnis der Vortat zum Betroffenwerden
Mit dem Begriff „frisch" wird eine Relation zwischen der Vortat (Diebstahl) und einem anderen Gegenstand hergestellt. Dieser andere Gegenstand verbirgt sich hin-ter dem Merkmal „betroffen". Die Beziehung zwischen Diebstahl und Betroffen-sein, um die es bei dem Merkmal „frisch" geht, ist eine **zeitliche Beziehung**. Die Vortat muss deshalb noch frisch sein, während der Täter betroffen wird. Die Frische ist **keine** Eigenschaft der Beziehung zwischen Vortat und Nötigungshandlung. Die Gewalt oder Drohung wird im Regelfall erst angewendet, nachdem der Täter betrof-fen worden ist. Zwischen Betroffenwerden und Gewaltanwendung bzw Drohung liegt also noch eine Zeitspanne, während der die Vortat ihre Frische verlieren kann. Der Tatbestandsmäßigkeit steht dies nicht entgegen. Denn die Tat braucht nur bis zum Betroffenwerden frisch zu bleiben, bei der anschließenden Nötigung ist dies nicht mehr erforderlich.[40]

Beispiel

O überrascht den Einbrecher T, wie dieser mit einer Reisetasche voller ge-stohlener Sachen das Haus des O verlässt. Die Frage des O „Was machen Sie denn da?" veranlasst den T, schleunigst die Flucht zu ergreifen. O nimmt sofort die Verfolgung auf. Da T und O ungefähr gleich schnell und ausdauernd sind, braucht O zwei Kilometer und zehn Minuten, bis er den T eingeholt hat. Als O

---

[38] Arzt et al. (2009), § 17 Rn. 26; Eisele (2012b), Rn. 422; Gropp et al. (2012), 261; Jäger (2013), Rn. 306; Natus (2014), 772 (776); Weigend (2007), 274 (277); aA Maurach et al. (2009), § 35 Rn. 40.
[39] Schünemann (1980), 393 (399); aA BGHSt 6, 248 (250); Arndt (1954), 269 (270); Geppert (1990), 554 (558); Maurach et al. (2009), § 35 Rn. 40.
[40] Gropp et al. (2012), 255; Maurach et al. (2009), § 35 Rn. 41; Schnarr (1979), 314 (316).

nur noch einen Meter hinter T ist, bleibt dieser plötzlich stehen, dreht sich um und schlägt O mit der Faust ins Gesicht. Während O bewusstlos zu Boden sinkt, entkommt T endgültig mit seiner Beute.

Käme es darauf an, dass die Vortat noch frisch ist, wenn der Täter Gewalt anwendet, wäre die Tatbestandsmäßigkeit des Faustschlags fraglich, da zwischen ihm und der Vollendung des Diebstahls ein Zeitraum von 10 min und eine räumliche Distanz von etwa 2 Kilometern liegt. Jedoch ist die Ausführung der Nötigungshandlung nicht der gesetzliche Bezugspunkt für die Bestimmung der Tatfrische. „Auf frischer Tat" steht im objektiven Tatbestand des räuberischen Diebstahls in Verbindung mit „betroffen", nicht mit „Gewalt" und „Drohung". Als T von O betroffen wurde, war der Diebstahl gerade vollendet. Also war er zu diesem Zeitpunkt frisch. Ob zwischen dem Betroffenwerden und der Nötigungshandlung ein ähnlich enger Zusammenhang bestehen muss wie zwischen Vortat und Betroffenwerden, ist an anderer Stelle zu erörtern. Aus dem Merkmal „auf frischer Tat" ergibt sich ein derartiges Erfordernis jedenfalls nicht unmittelbar.

9.2.1.3.3 Frische

Das Wort „frisch" impliziert die Tendenz zur Verkleinerung des Raumes und der Zeitspanne, die zwischen Vortat und Betroffenwerden liegen. Der **Zusammenhang** zwischen dem Diebstahl und dem Betroffenwerden muss sehr **eng** sein.[41] Insbesondere darf der Zeitraum und die räumliche Entfernung vom Diebstahl bis zum Betroffenwerden nicht groß sein.[42] Der maßgebliche Endpunkt des Diebstahls, von dem ab die Strecke bis zum Betroffenwerden gemessen wird, ist die **Vollendung, nicht die Beendigung des Diebstahls.**[43]

Beispiel

A und B sind in das Haus des O eingebrochen und verstauen gerade die Waschmaschine des O auf der Ladefläche ihres Kleinlastkraftwagens. Als sie wieder zurück in das Haus des O gehen wollen, um weitere Sachen zu entwenden, werden sie von dem Nachbarn N bemerkt und angesprochen. A und B brechen daher ihre Tat sofort ab, setzen sich in ihren Wagen und fahren mit der gestohlenen Waschmaschine davon. Als sie eine halbe Stunde später und 20 km vom Tatort entfernt die Waschmaschine in den Keller ihres Hauses bringen wollen, werden sie von mehreren Polizeibeamten beobachtet und anschließend trotz erbitterten Widerstands festgenommen. N hatte sofort nach seiner Begegnung mit den beiden Einbrechern die Polizei angerufen und das Kennzeichen ihres Fahrzeugs mitgeteilt.

---

[41] BGHSt 9, 255 (257); Arzt et al. (2009), § 17 Rn. 20; Eisele (2012b), Rn. 402.

[42] BGH, NStZ 1987, 453 (454).

[43] BGH, NStZ 2005, 448; Geppert (1990), 554 (556); aA BGHSt 22, 227 (229): „… nach Beendigung des Diebstahls".

Als N die beiden Einbrecher „in flagranti" überraschte, war ihr Diebstahl bezüglich der Waschmaschine gerade vollendet und daher noch frisch. A und B
sind also von N auf frischer Tat betroffen worden. Dagegen ist der Zusammenstoß mit der Polizei 30 min später und 20 km weiter kein Betreffen auf frischer
Tat mehr. Zwar kann man den Versuch, die Waschmaschine in das eigene Haus
zu schaffen, als einen den Diebstahl beendenden und abschließenden Akt bezeichnen. Zum objektiven Tatbestand des § 242 gehört dieser Akt aber nicht
mehr. Deshalb ist die Frische dieses Aktes im Verhältnis zum Betroffenwerden
für die Tatbestandsmäßigkeit irrelevant. Von den Polizeibeamten wären A und B
auf frischer Tat betroffen worden, wenn das Heraustragen der Waschmaschine
aus dem Haus des O auch 30 min später noch eine frische Tat gewesen wäre.
Wegen des recht großen zeitlichen und räumlichen Abstands kann das jedoch
nicht bejaht werden. Da A und B aber von N auf frischer Tat betroffen wurden, ist
dieses Tatbestandsmerkmal erfüllt. Sie haben auch Gewalt gegen Personen verübt, um sich den Besitz der Waschmaschine zu erhalten. Die Tatbestandsmäßigkeit der gegenüber den Polizeibeamten vergeblich angewendeten Gewalt hängt
also letztlich von der Beantwortung der Frage ab, wie die Beziehung zwischen
Betroffenwerden und Gewalt beschaffen sein muss (dazu unten 9.2.1.5.2).

9.2.1.4 Betroffen
Das Merkmal „betroffen" kennzeichnet zum einen die **Lage des Täters** im Grenz-
bereich zwischen Vortat und Nötigung. Zum anderen bezieht dieses Merkmal noch
eine **andere Person** in das tatbestandsmäßige Geschehen ein und stellt sie in eine
Beziehung zu dem Täter. Diese beiden Personen verkörpern die aktive und passive Seite des mit „betroffen" bezeichneten Vorgangs: Die andere Person „betrifft"
den Täter, der Täter wird von der anderen Person „betroffen".

9.2.1.4.1 Zeitpunkt
Der maßgebliche Zeitpunkt des Betreffens wird durch die Merkmale „bei einem
Diebstahl" und „auf frischer Tat" fixiert: Ein tatbestandsmäßiges Betreffen ist möglich, sobald die Vortat in die Strafzone des § 242 eingetreten ist, solange sie noch
nicht vollendet ist, sowie solange sie trotz Vollendung noch „frisch" ist. Für tatbestandsmäßiges Betreffen steht also ein recht großer Zeitraum zur Verfügung. Seine
Anfangsgrenze wird durch den **Beginn des Diebstahlsversuchs** (unmittelbares Ansetzen, § 22),[44] seine Endgrenze durch den **Verlust der Tatfrische markiert.**

Beispiel

T dringt in das Haus des O ein und entwendet Geld und andere wertvolle Sachen.
Nachbar A sieht den T, wie er mit seinem Pkw vor dem Haus des O anhält, Nach-
bar B sieht, wie T durch ein Balkonfenster in das Haus des O eindringt, Nachbar
C sieht, wie T das Haus durch dasselbe Fenster mit einer gefüllten Reisetasche in

---

[44] Für eine Beschränkung des Tatbestandes auf Betroffenwerden nach Vollendung der Vortat gibt
es keine Gründe, Küper (2001a), 21 (25).

der einen Hand und einem großen wertvollen Gemälde unter dem anderen Arm wieder verlässt und Nachbar D sieht, wie T mit seinem Pkw davonfährt.

Drei der vier Nachbarn des O, die den T gesehen haben, machten ihre Beobachtungen innerhalb des Zeitraums, in dem ein tatbestandsmäßiges Betreffen möglich ist: B, C und D. Nur A kann den T nicht „bei einem Diebstahl" betroffen haben, weil zur Zeit der von ihm gemachten Wahrnehmung der Diebstahl noch nicht begonnen hatte. A erblickte den T im Vorbereitungsstadium seines geplanten Diebstahls.[45] B beobachtete das unmittelbare Ansetzen des T zur Verwirklichung des Diebstahlstatbestandes (§§ 242, 22), C die Vollendung des Diebstahls und D den Abtransport der Beute, als der Diebstahl schon vollendet, aber immer noch frisch war. In zeitlicher Hinsicht können die Wahrnehmungen von B, C und D also ein tatbestandsmäßiges „betreffen" sein. Ob dieses Tatbestandsmerkmal wirklich erfüllt worden ist, ist letztlich eine Frage des dazu erforderlichen Wahrnehmungsinhalts (dazu unten 9.2.1.4.2).

9.2.1.4.2 Wahrnehmung

Es ist umstritten, ob der Begriff „betroffen" überhaupt eine vortatbezogene Wahrnehmung der anderen Person voraussetzt und – wenn ja – welchen Inhalt diese Wahrnehmung haben muss. **Vier unterschiedliche Grade** von Wahrnehmungen kann man unterscheiden:

1. Wahrnehmung von Tat und Täter einschließlich der strafrechtlichen Bedeutung als Diebstahl.

Beispiel

X beobachtet den T beim Einbruch in das Haus des O. X erkennt, dass T einen Diebstahl begeht.

2. Wahrnehmung von Tat und/oder Täter und diffuse Verdachtsschöpfung.

Beispiel

X beobachtet, wie T das Haus des O verlässt. Dass T in dem Haus soeben einen Diebstahl begangen hat, erkennt X nicht. Er wundert sich aber über den Vorgang, da er weiß, dass O verreist ist und er den T noch nie in dieser Gegend gesehen hat. X denkt sich daher, dass da „irgend etwas nicht stimmt". Gleichzeitig hat auch Y bemerkt, dass in dem Haus des O „etwas nicht stimmt". Den T hat Y dagegen nicht gesehen.

3. Wahrnehmung des Täters und/oder der Tat ohne Verdachtsschöpfung.

---

[45] Natürlich hat auch A den T bei einem Diebstahl betroffen, wenn er noch länger zugeschaut und zumindest das unmittelbare Ansetzen zur Tatbestandsverwirklichung (§§ 242, 22) mitbekommen hat.

Beispiel

X beobachtet, wie T das Haus des O verlässt. Dass T gerade einen Diebstahl begangen hat, nimmt er nicht wahr. Der Vorgang weckt in ihm auch keinerlei Verdacht, da T ein Bekannter des O ist und in dem Haus häufig ein und aus geht. Y
bemerkt, dass die Eingangstür des dem O gehörenden Hauses offen steht. T hatte
sie nach Verlassen des Hauses nicht wieder geschlossen. Y macht sich darüber
aber keine Gedanken. Den T sieht Y nicht.

4. Keine Wahrnehmung von Tat und Täter.

Beispiel

X steht vor dem Haus des O, erkennt aber nicht, wie T, der gerade einen Diebstahl begangen hat, das Haus verlässt.

Zweifellos liegt ein Betreffen in den Fällen vor, die der ersten Gruppe angehören.
Hat jemand den Täter als Dieb und seine Tat als Diebstahl wahrgenommen, ist der
Täter von dem anderen betroffen.[46] Der Gewissheit („Hier wird ein Diebstahl begangen") verschaffenden unmittelbaren Tatbeobachtung gleichwertig ist die eine
Möglichkeitsvorstellung („Hier wird möglicherweise gerade ein Diebstahl begangen") begründende Wahrnehmung aussagekräftiger Tatindizien und Verdachtsmomente. Weitergehende Erkenntnisse können von der betreffenden Person nicht verlangt werden. Klar sollte des Weiteren sein, dass in den Fällen der vierten Gruppe
von „betroffen" nicht die Rede sein kann.[47] Die **schlichte Präsenz einer anderen
Person in Tatortnähe reicht nicht aus**, weil der Gesetzgeber anderenfalls auf das
Merkmal „betroffen" hätte verzichten können. Denn da der Täter ja gegen eine andere Person mit Gewalt oder Drohung vorgehen muss, ist im Normalfall zumindest
diese Person in der Nähe des Tatorts. Würde allein das bereits für ein „Betreffen"
reichen, könnte man dieses Merkmal aus dem Tatbestand des § 252 streichen.[48]
Denn ein so extensiv definiertes Betreffen wäre zumindest im Regelfall des räuberischen Diebstahls ein integraler Bestandteil der als „Gewalt" oder „Drohung"
bezeichneten Auseinandersetzung zwischen Täter und Nötigungsopfer. Der Täter
wäre von der Person betroffen, gegen die er Gewalt oder Drohung anwendet. Die
in Gewalt oder Drohung mündende Begegnung des Täters mit dem Opfer reicht für
ein „Betreffen" also noch nicht. Daran ändert auch nichts die irrtümliche Vorstellung des Täters, von dem anderen als Dieb wahrgenommen worden zu sein.[49] Diese
Vorstellung ist Bestandteil des Vorsatzes und von den Tatsachen, die das objektive
Tatbestandsmerkmal „betroffen" erfüllen, zu unterscheiden. Diese Fakten stehen

---

[46] Eisele (2012b), Rn. 405; Geppert (1990), 554 (556).

[47] Bockelmann (1982), 54; Eisele (2012b), Rn. 407; Haas (2003), 145 (167); Küper (2010), 313
(331); aA BGHSt 26, 95 (96); BGH, NStZ 2005, 448 (449).

[48] Ebenso Gössel (1996), § 15 Rn. 17, der gleichwohl eine extrem weite Interpretation des Merkmals „betroffen" befürwortet.

[49] Schnarr (1979), 314 (315); aA Eisele (2012b), Rn. 409.

in ihrer ontischen Beschaffenheit außerhalb der Tätervorstellung und können von dieser nur erfasst, nicht aber begründet werden.[50] Nimmt der Täter irrtümlich an, er sei von einem anderen betroffen, kann er nur einen untauglichen Versuch des räuberischen Diebstahls begehen.[51] Entgegen der BGH-Rechtsprechung[52] kann die fehlende Wahrnehmung erst recht nicht durch die Vorstellung des Täters ersetzt werden, ein anderer werde ihn bemerken, wenn der Täter dem nicht durch Gewaltanwendung zuvorkommt.

Auf die Wahrnehmung irgendeines Wahrnehmungsgegenstandes kann bei der Definition des Merkmals „betroffen" also nicht verzichtet werden.[53] Dass damit vernünftigen Differenzierungen zwischen Fällen mit und ohne Wahrnehmung der Weg bereitet wird, darf aber bezweifelt werden.[54] Denn die strafwürdigkeitsbegründende Schutzwürdigkeit einer blinden oder mit dem Rücken zum Tatort stehenden ahnungslosen Person ist nicht geringer als die eines Tatzeugen. Gefährdet sind beide nämlich erst dann, wenn der Täter ihrer gewahr wird und sie für potentielle Störer des Beuteabtransports hält.[55] Zudem legt die Raubähnlichkeit des räuberischen Diebstahls („gleich einem Räuber") eine extensive Deutung des Merkmals „betroffen" nahe.[56] Bei § 249 kommt es nicht darauf an, dass das Opfer von Gewalt oder Drohung tatsächlich irgendetwas wahrgenommen hat. Warum die Gewalt gegen einen Ahnungslosen, die kurz vor Vollendung der Wegnahme als Raub strafbar ist, nicht der raubgleichen Bestrafung nach § 252 zugänglich sein soll, wenn sie kurz nach Vollendung der Wegnahme verübt wird, ist daher schwer einzusehen.[57] Wenn also der **Wortlautschranke (Art. 103 II GG)** wegen eine Wahrnehmungskomponente als Bestandteil des Merkmals „betroffen" anzuerkennen ist,[58] sollten an diese geringe Anforderungen gestellt werden, damit dem Tatbestand ein möglichst großer Anwendungsbereich eröffnet wird. **Ausreichend ist die Wahrnehmung des Täters als Person.**[59] Ebenfalls genügen dürfte die Wahrnehmung des Tatvorgangs bzw die Wahrnehmung von Spuren der Tat (Wahrnehmungen des Y in den Beispielen 2 und 3), denn indirekt wird damit auch der Verursacher dieser Spuren

---

[50] Küper (2010), 313 (319) Fn. 26; (332); Schnarr (1979), 314 (315).

[51] Küper (2001a), 21 (25); Küper (2010), 313 (333).

[52] Vgl. den Leitsatz von BGHSt 26, 95: „Auf frischer Tat betroffen wird auch der Dieb, der durch schnelles Zuschlagen dem Bemerktwerden zuvorkommt".

[53] BGHSt 28, 224 (227); Fezer (1975), 609; Haas (2003), 145 (168); Küper (2010), 313 (331); Schnarr (1979), 314 (316); Seelmann (1986), 201 (206); Geppert (1990), 554 (557); aA Geilen (1980), 43; Schünemann (1980), 393 (398).

[54] Insoweit ist BGHSt 26, 95 (97); Eisele (2012b), Rn. 409; Schünemann (1980), 393 (398) zuzustimmen; vgl. Geppert (1990), 554 (557), die zu Recht bemerken, dass diese extensive Anwendung des § 252 „dem kriminalpolitischen Sinn und Zweck der Vorschrift bestens gerecht" wird.

[55] Verständlich daher, dass einige unter „Betroffen" auch das „Sich-Betroffen-Fühlen" des Täters verstehen wollen, vgl. z. B. Schünemann (1980), 393 (398).

[56] Geilen (1980), 43 („Harmonisierung mit § 249"); Perron (1989), 145 (156).

[57] Blei (1975), 520 (522); Fezer (1975), 609 (610).

[58] Nach Schünemann (1980), 393 (398) überschreitet der Verzicht auf die Wahrnehmungskomponente die Wortlautgrenze nicht; aA Fezer (1975), 609; Zöller (1997), 89 (92).

[59] Küper (2010), 313 (332).

wahrgenommen. Die Schöpfung irgendeines – auch nur diffusen – Verdachtes, die wahrgenommene Person könnte etwas mit einem irregulären oder gar kriminellen Vorfall zu tun haben, ist nicht notwendig.[60] Von den oben aufgelisteten vier Graden des Wahrnehmungsinhalts wird also hier die dritte Stufe für ausreichend gehalten. Mit dem Gesetzeswortlaut ist das zu vereinbaren, da das Merkmal „betroffen" nur auf das Merkmal „wer" bezogen ist, die dem „betroffen" immanente Wahrnehmung also nur die Tatsachen zu erfassen braucht, die das Merkmal „wer" ausfüllen.

9.2.1.4.3 Intervention
Mehr als die Wahrnehmung des Täters ist zur Erfüllung des Tatbestandsmerkmals „betroffen" nicht erforderlich. Der Wahrnehmende braucht also **keine weitergehenden Aktivitäten** gegen den Täter zu entfalten, insbesondere nicht Maßnahmen zur Verteidigung des durch den Diebstahl beeinträchtigten Eigentums zu ergreifen.[61] Räuberischer Diebstahl setzt nicht die Ausübung des Notwehr-, Nothilfe- oder Selbsthilferechts (§ 32; §§ 229, 859 BGB) oder der Befugnis zur vorläufigen Festnahme (§ 127 I StPO) voraus, wenngleich der Gebrauch dieser Rechte am Strafrechtsschutz des § 252 partizipiert.[62] Die Person, von der der Täter betroffen ist, braucht nicht einmal **Eingriffsabsicht** zu haben.[63]

9.2.1.4.4 Wahrnehmungssubjekt
Häufig wird der Dieb von dem **Opfer seines Diebstahls**, also dem bisherigen Inhaber des Gewahrsams, betroffen.[64] Notwendig ist eine solche Personalunion aber nicht. Auch beliebige **andere Personen** können den Dieb auf frischer Tat betreffen.[65] Ausgenommen sind natürlich andere Tatbeteiligte. Da der Wahrnehmende ein Mensch sein muss, kann der pflichtbewusste Wachhund zur Tatbestandserfüllung nur dadurch etwas beitragen, dass er mit seinem Gebell die Aufmerksamkeit eines Menschen auf den ertappten Dieb lenkt.

9.2.1.5 Gewalt oder Drohung
Die Raubähnlichkeit des räuberischen Diebstahls findet auf der Tatbestandsseite in der Identität der tatbestandsmäßigen Handlungsmerkmale ihren stärksten Ausdruck. Gewalt gegen eine Person und Drohung mit gegenwärtiger Gefahr für Leib oder Leben haben in § 252 **denselben Bedeutungsgehalt wie in § 249**. Auf die diesbezüglichen Ausführungen kann daher verwiesen werden (oben 8.2.1.5).[66]

---

[60] Küper (2010), 313 (334); Nomos Kommentar-Kindhäuser (2013), § 252 Rn. 15; aA BGHSt 28, 224 (227); Schnarr (1979), 314 (316).

[61] Bach (1957), 402; Maurach et al. (2009), § 35 Rn. 41; Nomos Kommentar-Kindhäuser (2013), § 252 Rn. 11.

[62] Roth (1986), 107.

[63] Nomos Kommentar-Kindhäuser (2013), § 252 Rn. 11.

[64] RGSt 73, 343 (345); BGH, NJW 1958, 1547; Kohlrausch (1940), 16 (17).

[65] Eisele (2012b), Rn. 405; Nomos Kommentar-Kindhäuser (2013), § 252 Rn. 8; Seelmann (1986), 201 (206).

[66] Zu Einschränkungen des Gewaltbegriffs bei § 252 vgl. LG Gera, StV 2000, 562; OLG Koblenz, StV 2008, 474 (475); dagegen OLG Brandenburg, NStZ-RR 2008, 201 (202).

9.2.1.5.1 Opfer

Der Gesetzestext gibt keinen eindeutigen Hinweis auf den Kreis der als taugliche Nötigungsopfer in Betracht kommenden Personen. Häufig wird es sich bei dem vom Täter angegriffenen Nötigungsopfer um dieselbe Person handeln, die er zuvor bestohlen und die ihn dabei auf frischer Tat betroffen hat.[67] Zu fragen ist jedoch, ob der Tatbestand diese **Personalunion von Wahrnehmungssubjekt und Nötigungsopfer** fordert oder auch die Gewalt oder Drohung gegen eine andere Person, von der der Täter nicht „betroffen" worden ist, tatbestandsmäßiger räuberischer Diebstahl sein kann. Unmittelbar ist dem Gesetzeswortlaut eine Beschränkung des Tatbestandes auf die erstgenannte Konstellation (Personalunion) nicht zu entnehmen.[68] Jedoch wird man die Merkmale „betroffen" und „Besitzerhaltungsabsicht" dahingehend zu verstehen haben, dass sie die Auswahl des Opfers, gegen das der Täter sein Nötigungsmittel einsetzt, mitbestimmen. Denn da der Täter gegen eine Person Gewalt anwendet oder Drohungen ausspricht, um den Besitz an der gestohlenen Sache zu sichern, ist anzunehmen, dass ihn die Sorge, gerade durch diese Person um den Besitz gebracht zu werden, zu seiner Tat motiviert. Da der Täter darüber hinaus mit dem Vorsatz handelt, auf frischer Tat von einer anderen Person wahrgenommen worden zu sein, ist anzunehmen, dass dies ebenfalls in einem psychisch vermittelten Zusammenhang mit der anschließenden Nötigung in Besitzerhaltungsabsicht steht. Substanz dieses Zusammenhangs ist wiederum die Befürchtung, auf Grund des Betroffenseins den Besitz an der Sache zu verlieren. Daraus folgt, dass die Merkmale „betroffen", „Gewalt oder Drohung" und „Besitzerhaltungsabsicht" nur unter der Voraussetzung ein sinnvolles Tatbestandsgefüge bilden, wenn sich der Täter beim Vollzug der Nötigungshandlung von Überlegungen analog folgenden Denkmusters leiten lässt: „*X hat mich gesehen und wird dafür sorgen, dass mir die Beute abgenommen wird. Also muss ich Druck auf X ausüben, um das zu verhindern und die Beute zu behalten.*" Legt man diese Struktur zugrunde, reduziert sich der Kreis tauglicher Nötigungsopfer auf die Person,[69] die den Täter betroffen hat, sowie gegebenenfalls weitere, die von dieser aufmerksam gemacht worden sind und dem Täter daher als mögliche Widersacher erscheinen.[70]

Beispiele

1. T hat im Haus des O Sachen gestohlen. Als er das Haus verlässt, stößt er mit O zusammen, der sofort erfasst, was diese Begegnung zu bedeuten hat. T schlägt den O nieder und entkommt mit seiner Beute.
2. Abwandlung von (1): T rennt an dem noch ahnungslosen O vorbei. Erst jetzt wird O klar, dass T ihn bestohlen haben könnte. „Haltet den Dieb!" ruft O

---

[67] RGSt 73, 343 (345); Kohlrausch (1940), 16 (17).

[68] Küper (2001b), 730 (733) Fn. 37.

[69] Weiter Küper (2001b), 730 (733), nach dem sich die besitzsichernde Nötigung gegen eine Person richten muss, deren Anwesenheit die Wiederherstellung der beeinträchtigten Sachherrschaft des Vortatopfers ermöglichen oder zumindest erleichtern kann.

[70] Eisele (2012b), Rn. 410; Gropp et al. (2012), 256.

hinter T her. Dies hört N, der Nachbar des O, und stellt sich geistesgegen-
wärtig dem T in den Weg. T streckt den N mit einem Faustschlag nieder und
entkommt mit Beute.

3. Abwandlung von (2): N steht zufällig in der Nähe des Grundstücks des O.
   Den Ruf des O hat er gehört, aber nicht verstanden. Daher erkennt er auch
   nicht, dass es sich bei T um einen Dieb handelt. Da N dem T aber im Weg
   steht, wird er von diesem niedergeschlagen.

4. Abwandlung von (3): Als O erkennt, dass T ein Dieb ist, bekommt er vor
   Schreck keinen Ton heraus. Der zufällig in der Nähe stehende N hat von T
   und seiner Tat nichts bemerkt. Auf seiner Flucht stößt T den N gewaltsam zu
   Boden.

5. Weder T noch seine Tat ist von irgendjemandem bemerkt worden. Vor dem
   Grundstück des O steht der ahnungslose N. Da N dem T den Rücken zuwen-
   det, hat er ihn nicht gesehen. T schlägt den N von hinten nieder, da N seiner
   Flucht im Wege steht.

T ist in den Beispielen 1 bis 4 jeweils von O – in den Beispielen 2 und 3 auch von
N – bei einem- Diebstahl auf frischer Tat betroffen worden. Gewalt gegen eine
Person hat T in sämtlichen Beispielen angewendet und dabei stets mit Besitzerhaltungsabsicht gehandelt. Also scheint jedenfalls in den ersten vier Beispielen
Strafbarkeit des T aus § 252 begründet zu sein. Nach den oben erläuterten Kriterien für die Bestimmung tatbestandsmäßiger Nötigungsopfer ist das hinsichtlich
der **Beispiel 1 bis 3** ohne weiteres zu bejahen. T hat Gewalt gegen die Person
angewandt, die ihn auf frischer Tat betroffen hat und von der er Behinderung auf
dem Flucht- und Transportweg erwartete. In **Beispiel 4** richtete sich die Gewalt
des T gegen eine Person, die ihn tatsächlich nicht betroffen hat, von der T jedoch
irrig annahm, sie habe ihn gesehen und werde möglicherweise den erfolgreichen Abschluss des Diebstahls vereiteln. Der oben dargestellte Zusammenhang
zwischen Betroffensein, drohendem Besitzverlust und Einsatz der Gewalt zur
Abwendung des Besitzverlusts ist also nur in der Vorstellung des Täters, objektiv aber nicht gegeben. Würde man diese Tätervorstellung zur Erfüllung des
objektiven Tatbestandes ausreichen lassen, wäre unverständlich, warum § 252
überhaupt ein objektives Betroffensein verlangt. Vor allem wäre unverständlich,
warum T nicht auch in **Beispiel 5** – wo T von niemandem wirklich wahrgenommen wurde – wegen vollendeten räuberischen Diebstahls strafbar ist. Kommt
es nur darauf an, dass der Täter glaubt, von seinem Opfer wahrgenommen worden zu sein, kann es keinen Unterschied machen, ob der Täter tatsächlich von
niemandem oder tatsächlich von einem Dritten wahrgenommen wurde, den der
Täter nicht als seinen potentiellen Gegner erkennt. Eine unterschiedliche strafrechtliche Behandlung der Beispiele 4 und 5 ist daher nicht begründet. Strafbarkeit des T wegen vollendeten räuberischen Diebstahls ist in beiden Beispielen
zu verneinen.

Die tatbestandliche Relevanz der soeben dargestellten Konnexität von Wahrnehmungssubjekt und Nötigungsopfer hat zur Folge, dass ein **error in persona** des
Täters die Strafbarkeit wegen vollendeten räuberischen Diebstahls ausschließt.

Beispiel

T und X sind nachts in das Lebensmittelgeschäft des L eingedrungen und haben Sachen gestohlen. Der 18-jährige Sohn O des L hat die beiden bei ihrer Tat über-rascht und nimmt die Verfolgung auf. T ist etwas schneller als X und hat daher einige Meter Vorsprung vor seinem Komplizen. Als T merkt, dass O hinter ihnen her ist, dreht er sich um und gibt aus seiner Pistole einen Schuss auf den hinter ihm laufenden Mann ab. T hält den Mann, den er in der Dunkelheit nicht genau erkennen kann, für O. Tatsächlich ist dieser Mann aber der X. Dieser wird von der Kugel am Oberarm getroffen und leicht verletzt.

Auf frischer Tat betroffen wurde T von O. Dieser wurde aber nicht Opfer der Gewalt des T. Der von der Gewalt tangierte X hat den T nicht „betroffen", da er als Tatbeteiligter nicht zu dem Kreis der Personen gehört, die im Rahmen des Merkmals „betroffen" taugliches Wahrnehmungssubjekt sein können. Die Tat-bestandsmerkmale Betroffensein und Gewalt gegen eine Person sind hier zwar erfüllt. Es fehlt aber die spezifische Verbindung der Wahrnehmung des Täters durch einen anderen mit der gewalttätigen Reaktion des Täters auf diese Wahr-nehmung. Die Gewalt hat nicht das Wahrnehmungssubjekt und daher das „fal-sche" Opfer getroffen. Hinsichtlich der Alternative „Gewalt" hat sich T also nur wegen versuchten räuberischen Diebstahls strafbar gemacht. Soweit der Schuss aber zugleich als konkludente Androhung weiterer Gewaltakte aufgefasst wer-den kann, richtet er sich auch gegen O und damit das „richtige" Opfer. Hinsicht-lich der Alternative „Drohung mit gegenwärtiger Gefahr für Leib oder Leben" ist Strafbarkeit wegen vollendeten räuberischen Diebstahls also begründet.[71]

9.2.1.5.2   Verhältnis zur Vortat und zum Betroffenwerden

Nach dem Gesetzeswortlaut ist die **Nötigungshandlung eine Folge** der Vortat und eine Folge des Betroffenseins. Die Nötigungswirkung – nicht notwendig auch die Nötigungshandlung (siehe oben 9.2.1.2.1) – muss nach Vollendung der Vortat und nach dem Betroffensein eintreten.[72] Der früheste Zeitpunkt tatbestandsmäßiger Nö-tigung ist deshalb kurz nach Vollendung des Diebstahls bzw kurz nach dem Betrof-fenwerden, wenn der Täter erst nach Vollendung des Diebstahls betroffen worden ist.[73] Nötigung vor Vollendung der Wegnahme unterfällt nicht dem Tatbestand des räuberischen Diebstahls, sondern dem Tatbestand des Raubes.[74] Nötigung nach Vol-lendung der Wegnahme und vor bevorstehendem Betroffenwerden unterfällt kei-nem der beiden Tatbestände.

---

[71] Zur Strafbarkeit des X wegen mittäterschaftlich versuchten Mordes vgl die berühmte Entschei-dung BGHSt 11, 268.

[72] Anders Küper (2010), 313 (333), nach dem Betroffenwerden und Nötigung zeitlich zusammen-treffen können.

[73] Geilen (1979), 669.

[74] Geppert (1990), 554 (555).

Beispiel

T ist in das Haus des O eingedrungen und hat Bargeld und Schmuck entwendet. Gerade als T das Haus verlassen will, kommt O nach Hause. T versteckt sich so hinter der Eingangstür, dass er den durch die Tür eintretenden O von hinten niederschlagen kann, bevor dieser ihn erblickt hat.

Der Diebstahl des T war vollendet, bevor T gegen O Gewalt anwendete. Dieser hatte den Dieb aber noch nicht betroffen, als er niedergeschlagen wurde. Die Gewalt ist also nicht – wie § 252 voraussetzt – eine Reaktion auf Betroffensein, sondern eine Präventivmaßnahme zur Verhinderung unmittelbar bevorstehenden Betroffenwerdens. T hat daher den objektiven Tatbestand des § 252 nicht erfüllt.[75] Sollte O den T noch gesehen haben, nachdem ihn der Schlag des T getroffen hatte, würde sich dadurch an dem Ergebnis nichts ändern. Dann wäre T zwar von O auf frischer Tat betroffen worden. Das Betroffenwerden wäre jedoch nicht Auslöser, sondern eine Folge der Gewalt. Der Tatbestand des § 252 verlangt die umgekehrte Reihenfolge. Von der Pflicht zur Respektierung dieser tatbestandlichen Begrenzung kann sich der Rechtsanwender auch nicht durch Berufung auf „Sinn und Zweck des § 252" entbinden.[76]

Keine klare Aussage macht der Gesetzestext über den **letztmöglichen Zeitpunkt** tatbestandsmäßiger Gewalt bzw Drohung. Das Merkmal „auf frischer Tat" betrifft nur den Zusammenhang zwischen Vortat und Betroffenwerden, besagt also unmittelbar nichts über den zeitlichen und räumlichen Abstand, der zwischen Vortat und Nötigung bzw Betroffensein und Nötigung maximal liegen darf.[77] Aufschluss gibt hier wieder das subjektive Tatbestandsmerkmal „Besitzerhaltungsabsicht": Der Täter wendet Gewalt an, weil er fürchtet, den Besitz an der gestohlenen Sache zu verlieren. Grund dieser Befürchtung ist das vom Täter erkannte Betroffensein. Da der Täter mit seiner Nötigungshandlung die durch das Betroffensein verursachte Verlustgefahr abzuwenden sucht, ist die Nötigung tatbestandsmäßig, solange der Besitz noch nicht gesichert ist und die Gefahr des sofortigen Verlustes besteht. Der Endpunkt möglicher tatbestandsmäßiger Nötigung deckt sich also mit dem Stadium des Diebstahlsgeschehens, das von der hM als **„Beendigung" des Diebstahls** bezeichnet wird.[78] Beendet ist der Diebstahl, wenn der neubegründete Gewahrsam des Täters gesichert ist.[79] Gewalt oder Drohung, die nach Erreichen dieses Punkts zur weiteren Absicherung des erbeuteten Besitzes angewendet wird, erfüllt den Tatbestand des § 252 nicht. Im Regelfall wird deshalb zwischen der Nötigungshandlung und der Vortat bzw dem Betroffensein ein enger Zusammenhang bestehen und die

---

[75] Wessels et al. (2013c), Rn. 401; aA Rengier (2014a), § 10 Rn. 9.

[76] Zöller (1997), 89 (92).

[77] Haas (2003), 145 (179), Schnarr (1979), 314 (316).

[78] BGHSt 22, 227 (229); 28, 224 (229); BGH, NStZ 1987, 453; BGH, JZ 1988, 471; Geilen (1979), 670; Nomos Kommentar-Kindhäuser (2013), § 252 Rn. 12; Schünemann (1980) 393 (398); Zöller (1997), 89 (91).

[79] Seier (1979), 336.

zeitliche und räumliche Distanz zwischen diesen Punkten gering sein.[80] Dennoch ist „Tatfrische" im Zeitpunkt der Nötigung nicht erforderlich.[81] Insbesondere erfasst der Tatbestand auch eine Nötigungshandlung, die erst am Ende einer längeren Verfolgung des Täters („Nacheile") erfolgt.[82]

Beispiele

1. O sieht vom Fenster seiner im dritten Stock eines Mehrfamilienhauses gelegenen Wohnung, wie T seinen auf der Straße geparkten Pkw aufbricht und damit wegfährt. Sofort ruft O die Polizei an und teilt ihr Kennzeichen und weitere Details seines Pkw mit. Die Polizei leitet daraufhin eine Fahndung nach T ein. Eine halbe Stunde später und 20 km von der Wohnung des O entfernt wird T von der Polizei gestellt. Der Polizeibeamte P steht mit erhobener Kelle auf der Straße und fordert den T zum Anhalten auf. T leistet dem Befehl aber nicht Folge, sondern fährt mit dem Pkw auf den P zu. P kann sich durch einen Sprung in den Straßengraben retten.
2. Abwandlung von (1): T gelingt es, den Pkw in einem Schuppen auf seinem Grundstück zu verstecken. Erst eine Woche später haben die Fahndungsmaßnahmen der Polizei Erfolg. Die Polizeibeamten A, B und C suchen den T auf, um ihn festzunehmen und den gestohlenen Pkw sicherzustellen. Gegen beide Maßnahmen setzt sich T mit Gewalt zur Wehr.

In beiden Beispielsfällen war T von O auf frischer Tat betroffen worden. Als T gegen P bzw A, B und C Gewalt verübte, war der Diebstahl keine frische Tat mehr. Darauf stellt § 252 aber nicht ab. Ausreichend ist, dass die Vortat im Zeitpunkt des Betroffenwerdens frisch ist und der Besitz an der gestohlenen Sache im Zeitpunkt der späteren Gewaltanwendung noch ungesichert, sowie der auf dem Betroffenwerden beruhenden Gefahr des Verlusts ausgesetzt ist. In **Beispiel 1** wendete T gegen P Gewalt an, als er noch keinen sicheren Besitz an dem Pkw erlangt hatte. Die Gefahr, den Pkw abgenommen zu bekommen, beruhte auf der Tatsache, dass O den T auf frischer Tat betroffen hatte, sowie auf der Tatsache, dass der Besitz an dem Pkw noch nicht gesichert war. Durch die Gewaltanwendung hat sich T also aus § 252 strafbar gemacht. Auch in **Beispiel 2** war die Verlustgefahr, die T mit Gewalt abzuwenden versuchte, auf die Tatsache des Betroffenseins auf frischer Tat zurückzuführen. Jedoch war der Besitz im Zeitpunkt der Gewaltanwendung bereits gesichert, der Diebstahl daher beendet. Die Gewaltanwendung diente deshalb nicht der Herstellung, sondern der Bewahrung sicheren Besitzes. Diese auf Perpetuierung des Besitzes gerichtete Gewaltanwendung wird von § 252 nicht mehr erfasst.

---

[80] BGHSt 9, 162 (163).

[81] Anders offenbar BGHSt 28, 224 (230); vgl auch Küper (2001b), 730 (740) Fn. 83.

[82] Arzt et al. (2009), § 17 Rn. 20; Eisele (2012b), Rn. 404; Mitsch (2014), 192 (197); Nomos Kommentar-Kindhäuser (2013), § 252 Rn. 18.

9.2.1.5.3 Täter

Täter des räuberischen Diebstahls kann nur sein, wer bereits die **Vortat als Täter begangen** hat (siehe oben 9.2.1.2.5). Der Täter der Vortat muss auch die Nötigungshandlung in täterschaftlicher Manier vollzogen haben. Mittelbare Täterschaft und Mittäterschaft genügen bei der Vortat ebenso wie bei der Nötigung. Vortatteilnehmer können dagegen durch täterschaftliche Ausführung der Nötigungshandlung lediglich Strafbarkeit wegen Teilnahme am räuberischen Diebstahl begründen.

Beispiel

T hat dem O die Brieftasche weggenommen. G half ihm dabei ohne Zueignungsabsicht, indem er „Schmiere stand". Da T von O verfolgt wird, wirft T dem G die entwendete Brieftasche des O zu und fordert ihn auf, diese in Sicherheit zu bringen und dabei notfalls Gewalt anzuwenden. G fängt die Brieftasche auf und setzt zur Flucht an. Dem Hobbyleichtathleten O mit einer 100-Meter-Bestzeit von 11, 2 Sekunden gelingt es jedoch, den G einzuholen. Hobbyboxer G ist zwar langsamer auf den Beinen, aber kräftiger mit den Fäusten als O. Mit einem trockenen rechten Aufwärtshaken unter das Kinn setzt G den O außer Gefecht.

G wurde von O bei einem Diebstahl auf frischer Tat betroffen. Diesen Diebstahl hat G aber nicht selbst begangen, sondern sich nur als Gehilfe an ihm beteiligt. Daher ist die anschließend von G gegen O angewendete Gewalt kein räuberischer Diebstahl, obwohl G diese Nötigungshandlung mit Tatherrschaft – also wie ein Täter – vollzogen hat. Strafbarkeit des G wegen Beihilfe zum räuberischen Diebstahl (§§ 252, 27) setzt die Existenz einer teilnahmetauglichen Haupttat des T voraus. Da T die Vortat täterschaftlich begangen hat, kann er grundsätzlich Täter des räuberischen Diebstahls sein. Jedoch hat er die tatbestandsmäßige Nötigungshandlung nicht selbst vollzogen, sondern von G vollziehen lassen. Täter dieser Handlung ist T also nur unter den Voraussetzungen der mittelbaren Täterschaft, § 25 I Alt. 2. Dies zu begründen, bereitet jedoch Schwierigkeiten, da G seine Gewalttätigkeit mit Willens- und Handlungsherrschaft ausgeführt hat.[83]. Zum „Werkzeug" des T lässt sich G deshalb allenfalls mit Hilfe der Figur „qualifikationsloses doloses Werkzeug" degradieren.[84] Gegen diese Konstruktion bestehen aber dieselben Bedenken wie gegen das bei der Darstellung des Diebstahls erörterte „absichtslose dolose Werkzeug" (oben 1.2.2.3.3.6).[85] Lehnt man sie ab, kommt man hier zu dem Ergebnis, dass weder T noch G den Tatbestand des § 252 erfüllt haben und deshalb die Haupttat, an der G als Gehilfe teilgenommen haben könnte, nicht vorhanden ist. Neben die Strafbarkeit des G aus §§ 242, 27 (Vortatteilnahme) tritt also noch Strafbarkeit

---

[83] Unzutreffend insofern Blei (1983), 209, nach dem der Dieb schon dadurch zum Täter des räuberischen Diebstahls wird, dass er einen anderen „anstiftungsförmig bestimmt", gegen den Verfolger Gewalt anzuwenden.

[84] Jescheck et al. (1996), § 62 II 7.

[85] Dehne-Niemann (2008), 589 (591); Herzberg (1977), 32.

wegen Nötigung (§ 240) und Körperverletzung (§ 223).[86] T hat sich aus § 242 und §§ 240, 223, 26 strafbar gemacht.[87]

9.2.1.5.4 Nötigungszweck und Nötigungserfolg

9.2.1.5.4.1 Kupiertes Erfolgsdelikt

Die Nötigungshandlung ist ein **finaler** – also ziel- oder erfolgsgerichteter – Akt. Zwischen ihr und dem Ziel besteht dieselbe finale Verknüpfung wie zwischen Nötigung und Wegnahme beim Raub (siehe oben 8.2.1.6.1). Im Unterschied zum Raub, wo eine erfolgreiche Wegnahme Vollendungsvoraussetzung ist, braucht im Rahmen des § 252 das angestrebte Ziel nicht erreicht zu werden. Der räuberische Diebstahl ist auch dann vollendet, wenn es dem Täter mit seiner Nötigungshandlung nicht gelingt, sich im Besitz der gestohlenen Sache zu erhalten.[88] Da der Eintritt des Besitzerhaltungserfolges keine Vollendungsvoraussetzung ist, der Täter aber mit der Absicht handelt, diesen Erfolg zu erzielen, hat der räuberische Diebstahl die Struktur eines kupierten Erfolgsdelikts bzw eines Delikts mit „überschießender Innentendenz".[89]

9.2.1.5.4.2 Besitzerhaltung

Besitzerhaltung ist kein tatbestandsmäßiger, sondern ein außertatbestandsmäßiger (Nachtat −) Erfolg des räuberischen Diebstahls. Zugleich ist die Besitzerhaltung tatbestandsmäßiger **Zweck** der Nötigungshandlung. In diesem Zusammenhang stellen sich zwei Fragen:

- Was ist im Tatbestand des § 252 unter „Besitz" zu verstehen?
- Ist vollendeter räuberischer Diebstahl noch möglich, wenn der Täter den Besitz an der Sache bereits vor der Nötigungshandlung verloren hat?

Auf Grund des Zusammenhangs mit der Vortat „Diebstahl", in den das Merkmal „Besitz" im Tatbestand des § 252 gestellt ist, kann darunter nichts anderes verstanden werden als die „Sachherrschaft", die der Täter durch den Diebstahl erlangt hat. Räuberischer Diebstahl ist der Versuch, den durch die Vortat geschaffenen Zustand mit Nötigungsmitteln zu verteidigen und zu festigen. Mit „Besitz" ist also dieser Zustand gemeint, der in der Terminologie der Lehre vom Diebstahl den Namen

---

[86] Strafbarkeit wegen Begünstigung entfällt gem. § 257 III 1.

[87] Strafbarkeit wegen Anstiftung zur Begünstigung (§§ 257, 26) entfällt nicht erst auf Grund § 257 III 1, sondern weil der Diebstahl aus der Sicht des T nicht die Tat eines „anderen" ist, § 257 I.

[88] Küper (2001a), 21 (25); Küper (2001b), 730 (731); Geilen (1980), 43; Nomos Kommentar-Kindhäuser (2013), § 252 Rn. 23; Schünemann (1980), 393 (398); Weigend (2007), 274 (276).

[89] Gössel (1996), § 15 Rn. 4; Jescheck et al. (1996), § 30 II 1 a.

„**Gewahrsam**" trägt.[90] Nötigungszweck ist somit nur die Erhaltung des Gewahrsams, bei Mittätern die Erhaltung von Mitgewahrsam.

Fraglich ist, ob räuberischer Diebstahl auch die Nötigungshandlung ist, die der Sicherung des durch die Vortat erlangten **mittelbaren Besitzes** (§ 868 BGB) an der gestohlenen Sache dient.

Beispiel

Gemeinsam mit M entwendet T ein dem O gehörendes Fahrrad. Vereinbarungsgemäß setzt sich M auf das Rad, um damit wegzufahren und es in seine Werkstatt zu bringen. Dort soll M einige Reparaturen an dem Rad vornehmen und es anschließend dem T geben, der es dann allein behalten will. Nachdem M einige Meter mit dem Rad gefahren ist, erscheint plötzlich O auf der Bildfläche und ruft dem M „Halt, stehen bleiben!" hinterher. T bringt den O mit einem kräftigen Faustschlag zum Schweigen.

Diebstahlsmittäter T verfolgte mit seiner Gewalttätigkeit den Zweck, die Position bezüglich des Fahrrads zu sichern, die er durch den noch frischen Diebstahl erlangt hatte. Bei dieser Position handelte es sich nicht um Gewahrsam oder unmittelbaren Besitz, sondern um mittelbaren Besitz. Alleingewahrsamsinhaber und unmittelbarer Besitzer war M. Da § 252 nur die eigennützige („sich") Erhaltungsabsicht erfasst, also die Absicht, einem Dritten den Besitz zu erhalten, außen vor lässt, hängt die Strafbarkeit des T davon ab, ob das, was er durch seinen Faustschlag sich selbst erhalten wollte (den gegenwärtigen mittelbaren und zukünftigen unmittelbaren Besitz), vom Tatbestand des § 252 berücksichtigt wird. Der Wortlaut des § 252 stellt der Einbeziehung des mittelbaren Besitzes in den Tatbestand des räuberischen Diebstahls keine Hindernisse entgegen. Im Gegenteil: Man könnte gerade die von § 242 und § 249 abweichende Terminologie als Zeichen eines gesetzgeberischen Willens deuten, eine über den Gewahrsam hinausgehende Sachherrschaft in den Tatbestand einzubeziehen. Dafür spricht auch, dass der – dem räuberischen Diebstahl vorausgehende – Diebstahl iSd § 242 stets durch Begründung von Drittgewahrsam vollendet werden kann. Ausgangsposition des räuberischen Diebstahls kann also durchaus ein Sachgewahrsam sein, den nicht der Dieb selbst, sondern ein Dritter innehat. Zumindest dann, wenn – wie im obigen Beispiel – dieser Drittgewahrsam nur vorübergehender Natur sein und in späterer Gewahrsamsbegründung des Täters auslaufen soll, kann der – zunächst gewahrsamslose – Täter mit der Absicht handeln, durch die Nötigung „sich" eine sachbezogene Herrschaftsstellung – nämlich den mittelbaren Besitz – zu erhalten. T hat sich also aus § 252 strafbar gemacht.[91]

Da § 252 einen vollendeten Diebstahl voraussetzt, muss der Täter Gewahrsam an der Sache erlangt haben. Der Strafbarkeit wegen vollendeten räuberischen Diebstahls steht es aber nicht entgegen, wenn der Täter am Ende der Tat die **Sache wie-**

---

[90] Bockelmann, (1982), 54; Eisele (2012b), Rn. 412; Nomos Kommentar-Kindhäuser (2013), § 252 Rn. 20.

[91] OLG Stuttgart, NJW 1966, 1931.

der verloren, mit seiner Nötigungshandlung den erstrebten Besitzerhaltungserfolg also nicht erreicht hat.[92] Wenn also der Verlust der Sache nach vollendeter Vortat einen vollendeten räuberischen Diebstahl nicht ausschließt, kann es keine Rolle spielen, wann der Täter die Sache verloren hat. Ob der Täter die Sache bei Beginn der Nötigungshandlung noch in seiner Gewalt hat und danach verliert oder ob sie ihm unmittelbar nach Vollendung der Vortat und noch vor Beginn der Nötigungs-handlung abhanden gekommen ist, macht keinen Unterschied.[93] Schließlich ist die Besitzerhaltung im System der Strafbarkeitsvoraussetzungen ein Teil des subjekti-ven Tatbestandes. Der Täter muss mit der Vorstellung handeln, er habe die Sache noch in Besitz und könne sie sich mit der Nötigung erhalten.

Beispiele

1. T hat dem O eine Brieftasche gestohlen und diese sofort in seine Hosentasche gesteckt. Bei dem anschließenden Handgemenge zwischen T und O gelingt es dem O, die Brieftasche aus der Hosentasche des T zu ziehen und wieder an sich zu nehmen.

2. T hat dem O ein Zwei-Euro-Stück weggenommen und dieses sofort in seine Hosentasche gesteckt. Da die Hose des T an dieser Stelle aber ein Loch hat, rutscht das Geldstück sogleich durch das Hosenbein und fällt unwieder-bringlich durch einen Gully in einen tiefen Schacht, ohne dass T oder O dies bemerkt. Anschließend kommt es zu einem Handgemenge zwischen T und O. T schlägt den O nieder und rennt davon. Dabei stellt er sich vor, das gestoh-lene Zwei-Euro-Stück befinde sich noch in seiner Hosentasche.

In beiden Beispielsfällen hat T durch einen vollendeten Diebstahl eine fremde Sache in seinen Alleingewahrsam gebracht, der am Ende des Geschehens trotz Gewaltanwendung nicht mehr besteht. Dies schließt zweifellos in **Beispiel 1** die Strafbarkeit wegen vollendeten räuberischen Diebstahls nicht aus. In Bezug auf **Beispiel 2** könnte man geneigt sein, anders zu entscheiden, da hier die Nöti-gungshandlung von vornherein nicht geeignet war, den Gewahrsam des T zu sichern. Während es sich bei der Gewalt in Beispiel 1 gewissermaßen um einen tauglichen Versuch der Gewahrsamssicherung handelte, war die Gewalt in Bei-spiel 2 ein untauglicher Versuch. Tauglicher und untauglicher Versuch werden bekanntlich in der allgemeinen Versuchslehre im wesentlichen gleichbehandelt (vgl § 23 III). Auch im vorliegenden speziellen Zusammenhang besteht für eine Ungleichbehandlung kein Grund. Entscheidend ist, dass T auch in Beispiel 2 mit der Vorstellung und dem Willen Gewalt anwendete, sich dadurch die Sach-herrschaft über das gestohlene Geld zu erhalten. Daher hat sich T in beiden Bei-spielsfällen aus § 252 strafbar gemacht.

---

[92] Nomos Kommentar-Kindhäuser (2013), § 252 Rn. 23.
[93] Eisele (2012b), Rn. 414.

9.2.2 Subjektiver Tatbestand

9.2.2.1 Übersicht

Räuberischer Diebstahl ist ein **Vorsatzdelikt**. Gem. § 15 ist nur die vorsätzliche Begehung der Tat strafbar. Als weiteres subjektives Tatbestandsmerkmal verlangt § 252 die **Besitzerhaltungsabsicht**. Bei der Besprechung des Merkmals „Besitzerhaltungsabsicht" (unten 9.2.2.3.4) wird zu klären sein, inwieweit deren Inhalt von der Zueignungsabsicht des § 242 mitgeprägt wird.

9.2.2.2 Vorsatz

Der Vorsatz muss sämtliche objektiven Tatbestandsmerkmale umfassen. Dolus eventualis reicht aus. Da der Vorsatz **synchron zur tatbestandsmäßigen Handlung** gegeben sein muss, kommt es hier nur auf das Wissen und Wollen des Täters während des Vollzugs der Nötigungshandlung an.[94] Dass der Täter die Vortat Diebstahl vorsätzlich begangen haben muss, ist bereits eine Komponente des objektiven Tatbestandsmerkmals „Vortat" und daher dort zu prüfen (oben 9.2.1.2.3). Eine unvorsätzliche Vortat kann nicht dadurch rückwirkend in eine vorsätzliche Tat verwandelt werden, dass der Täter während der Gewaltanwendung oder Drohung etwas tatbestandlich relevantes erkennt, worüber er sich bei Begehung der Vortat noch geirrt hatte.

Beispiel

In einer Gastwirtschaft nimmt T einen Mantel vom Garderobehaken und zieht ihn an. Es handelt sich um den Mantel des O, der dem Mantel des T sehr ähnlich sieht. T hält daher den angezogenen Mantel für seinen eigenen und verlässt damit das Lokal. Erst jetzt wird O auf diesen Vorfall aufmerksam. Sofort setzt O dem T nach und fordert ihn unter wahrheitsgemäßer Darlegung der Sachlage höflich aber bestimmt auf, den Mantel auszuziehen und zurückzugeben. Nunmehr erkennt T seinen Irrtum. Da ihm gleichzeitig bewusst wird, dass der Mantel des O nicht ganz so abgetragen ist wie sein eigener, beschließt er kurzerhand, den fremden Mantel zu behalten. Mit einem kräftigen Faustschlag schickt T den O zu Boden und rennt dann mit dessen Mantel davon.

Spätestens mit dem Verlassen der Gastwirtschaft hat T dem O den Mantel weggenommen. Da er den Mantel aber für sein Eigentum hielt, hatte er in Bezug auf die objektiven Tatbestandsmerkmale „fremd" und „Wegnahme" keinen Vorsatz (§ 16 I 1) und handelte auch ohne Zueignungsabsicht. Die Mitnahme des Mantels ist deshalb kein Diebstahl. Die Defizite auf der subjektiven Tatseite des Diebstahls waren jedoch bereits beseitigt, als T gegen O Gewalt verübte. Nunmehr hatte er Vorsatz hinsichtlich der Umstände seines Vorverhaltens, die den objektiven Tatbestand des § 242 erfüllten. Jedoch ändert dies nichts daran, dass die Wegnahme des Mantels unvorsätzlich und ohne Zueignungsabsicht erfolgte. Die Lücke im objektiven Tatbestand des § 252 bleibt bestehen. Der „dolus subse-

---

[94] BGHSt 3, 76 (78); Hruschka (1973), 12 (13).

quens" macht aus einer unvorsätzlichen Tat nicht nachträglich eine vorsätzliche Tat.[95] T hat sich also nicht aus § 252 strafbar gemacht.

Da die Vortat Teil des objektiven Tatbestandes ist (siehe oben 9.2.1.2.1), muss sie auch vom Tatvorsatz umfasst sein.[96] Der Täter muss deshalb seine Nötigungshandlung in dem Bewusstsein vollziehen, dass sein Vorverhalten ein tatbestandsmäßiger und rechtswidriger Diebstahl war und dass die Sache, um die sich die gewalttätige Auseinandersetzung dreht, aus diesem Diebstahl stammt. Insbesondere muss der Täter sich vorstellen, dass er mit seinem Besitzerhaltungsversuch immer noch fremdes Eigentum verletzt (dazu unten 9.2.2.3.3.2).

9.2.2.3 Besitzerhaltungsabsicht

9.2.2.3.1 Besitzerhaltung und konkurrierende Tatziele

Den Halbsatz „um sich im Besitz des gestohlenen Gutes zu erhalten" kann man zu der Vokabel „Besitzerhaltungsabsicht" zusammenziehen. Mit einem „um… zu"-Satz pflegt das Gesetz eine subjektive Zielsetzung des Täters auszudrücken (vgl auch §§ 211, 253, 259). Absicht ist in diesem Zusammenhang als **zielgerichteter Wille** zu verstehen.[97] Dolus eventualis reicht insoweit nicht aus. Daher handelt ohne die erforderliche Besitzerhaltungsabsicht, wer das Opfer aus Wut über die zu geringe Beute misshandelt[98] oder wer mit seiner Nötigungshandlung primär bezweckt, sich der Festnahme und Strafverfolgung zu entziehen und die eventuelle Besitzerhaltung nur als willkommenen Nebeneffekt billigend in Kauf nimmt.[99] Andererseits braucht die Besitzerhaltung nicht das einzige Ziel der Nötigungshandlung zu sein, vorausgesetzt, es spielt im Gefüge der Tatmotive nicht nur eine untergeordnete Rolle.[100]

9.2.2.3.2 Erhaltung und Verlust des Besitzes

Wie bereits oben erläutert, hat der in § 252 verwendete Ausdruck „Besitz" nicht nur den Bedeutungsgehalt des bei § 242 üblichen Terminus „Gewahrsam", sondern umfasst auch den mittelbaren Besitz (oben 9.2.1.5.4.2). Dem Täter muss es bei seiner Gewalt oder Drohung darum gehen, den eigenen Gewahrsam oder den seines Besitzmittlers zu erhalten, also einen drohenden Gewahrsamsverlust abzuwenden. Nach dem eindeutigen Gesetzeswortlaut vom Tatbestand nicht erfasst ist die Absicht, einem Dritten – z. B. dem Diebstahlsmittäter – den alleinigen Besitz zu er-

---

[95] Baumann et al. (2003), § 20 Rn. 62; Jescheck et al. (1996), § 29 II 2.

[96] BGH, NStZ 2005, 448 (449).

[97] OLG Brandenburg, NStZ-RR 2008, 201 (202); Gössel (1996), § 15 Rn. 21; Nomos Kommentar-Kindhäuser (2013), § 252 Rn. 20.

[98] BGHSt 53, 234 (236).

[99] BGH, NStZ 2005, 448 (449); JZ 1987, 52; OLG Brandenburg, NStZ-RR 2008, 201 (202); Eisele (2012b), Rn. 413; Geppert (1990), 554 (557); Zöller (1997), 89 (92).

[100] BGHSt 13, 64 (65); 26, 95 (97); BGH, NStZ 2005, 448 (449); OLG Koblenz, StV 2008, 474 (475); OLG Köln, NStZ-RR 2004, 299; Schünemann (1980), 393 (399).

halten (Dritterhaltungsabsicht).[101] Beachtlich ist in diesem Zusammenhang nur ein befürchteter Verlust des Gewahrsams zugunsten des Eigentümers, also ein Verlust, mit dem die **Rückführung der Sache zu ihrem Eigentümer** eingeleitet wird.[102]

Beispiel

Nach dem Verbandsliga-Lokalderby zwischen FC Energie Bolzhausen und SV Vorwärts Bolzhausen hat T dem Energie-Anhänger O eine Vereinsfahne von FC Energie weggenommen. Lange kann er sich seiner Eroberung aber nicht freuen. Unmittelbar nach dem Diebstahl begegnet er einer Gruppe von vier jugendlichen Vorwärts-Fans, die ihm die Fahne abnehmen wollen. T nimmt zutreffend an, dass die vier nichts anderes im Sinn haben, als das Symbol des verhassten Lokalrivalen sofort in Brand zu stecken. Trotz der zahlenmäßigen Überlegenheit der anderen wagt T eine gewaltsame Verteidigung der Fahne, muss sich letztlich aber nach erbittertem Kampf der feindlichen Übermacht beugen.

T wendete nach dem Diebstahl Gewalt an, um sich im Besitz der gestohlenen Fahne zu erhalten. Damit hat er an sich getan, was dem Wortlaut des § 252 nach Voraussetzung der Strafbarkeit ist. Jedoch ist bei der Auslegung der Tatbestandsmerkmale zu berücksichtigen, dass § 252 ein Delikt ist, das sich gegen den Eigentümer der gestohlenen Sache richtet. Da der Eigentümer aber bereits durch die Vortat geschädigt worden ist, kann der räuberische Diebstahl eine eigentumsbeeinträchtigende Wirkung nur haben, wenn und soweit die Lage des Eigentümers durch die Gewalt oder Drohung weiter verschlechtert wird bzw werden soll. Das ist der Fall, wenn die Nötigungshandlung eine Rückumwandlung des durch den Diebstahl geschaffenen Zustands, also die Rückführung der Sache zum Eigentümer bzw früheren Gewahrsamsinhaber, verhindern soll. Hier ging es dem T nicht um eine derartige Vertiefung der Eigentumsverletzung, sondern eher um deren Gegenteil: Mit der Gewaltanwendung wollte er die gestohlene Sache vor der Vernichtung bewahren, womit zugleich der Eigentümer vor dem endgültigen Verlust der Chance auf Rückerlangung bewahrt worden wäre. T hat sich daher nicht aus § 252 strafbar gemacht.

Damit die Raubähnlichkeit des Delikts gewahrt bleibt, ist das Merkmal „Besitzerhaltung" in zweierlei Hinsicht restriktiv auszulegen: Zum einen darf der durch die Vortat erlangte Gewahrsam noch nicht so weit gesichert sein, dass der Diebstahl als „beendet" angesehen werden kann. Der Täter muss also noch eine **Verstärkung seiner Sachherrschaft** erlangen können. Zum anderen darf der vom Täter befürchtete und mit der Nötigungshandlung zu verhindernde Verlust des Gewahrsams nicht in weiter Ferne liegen, sondern muss – im Vorstellungsbild des Täters – **unmittelbar bevorstehen.**[103]

---

[101] Dehne-Niemann (2008), 589; Eisele (2012b), Rn. 411; Frank (2010), 893 (896); Maurach et al. (2009), § 35 Rn. 43; Nomos Kommentar-Kindhäuser (2013), § 252 Rn. 20; aA Weigend (2007), 274 (285).

[102] Geilen (1980), 44; Küper (2001b), 730 (733); Roth (1986), 93.

[103] BGHSt 9, 162 (164); 13, 64 (65); OLG Koblenz, StV 2008, 474 (475); aA Schünemann (1980), 393 (399); Küper (2001b), 730 (737); Maurach et al. (2009), § 35 Rn. 43.

9.2.2.3.3 Gut

9.2.2.3.3.1 Fremde bewegliche Sache

Objekt der vom Täter erstrebten Besitzerhaltung ist das „gestohlene Gut". Wiederum begegnet dem Gesetzesinterpreten eine Terminologie, die von den Sprachgewohnheiten der systematisch benachbarten Tatbestände abweicht. Gewiss zeigt das Attribut „gestohlen" unmissverständlich an, dass mit „Gut" der Gegenstand gemeint ist, den der Täter durch seine Vortat, also den Diebstahl, erlangt hat. Gut ist also eine **fremde bewegliche Sache**. Dennoch könnte man durch die eigenständige Wortwahl zu der Annahme verführt werden, dass der vom Merkmal „Gut" erfasste Wirklichkeitsausschnitt größer ist als der, auf den sich das Merkmal „fremde bewegliche Sache" (§§ 242, 249) bezieht. Erörterungsbedürftig ist dies zum einen in Bezug auf Gegenstände, die nach Vollendung des Diebstahls nicht mehr die Qualität einer fremden beweglichen Sache haben, zum anderen in Bezug auf Vortaten, bei denen von vornherein das Objekt der Wegnahme mit dem Objekt der beabsichtigten Zueignung nicht identisch ist.

9.2.2.3.3.2 Diebstahlsuntaugliche Gegenstände

Da § 252 zur Bezeichnung des Tatobjekts nicht die Worte „fremde bewegliche Sache", sondern „gestohlenes Gut" verwendet, scheint der Tatbestand auch Gegenstände zu erfassen, die sich der Täter mit dem Diebstahl verschafft hat, die im Zeitpunkt der Nötigungshandlung aber keine fremden beweglichen Sachen mehr sind. Denkbar ist eine derartige Mutation vom diebstahlstauglichen zum diebstahlsuntauglichen Objekt nur in Bezug auf das Merkmal **„fremd"**.

Beispiele

1. T nimmt seinem Vater O die Brieftasche weg. Die Untat des T regt den schwer herzkranken O so sehr auf, dass er einen tödlichen Herzanfall erleidet und auf der Stelle tot ist. T ist gesetzlicher Alleinerbe des O. N, der Neffe des O, hat den ganzen Vorfall beobachtet und versucht, dem T die Brieftasche abzunehmen. Dagegen setzt sich T mit Gewalt zur Wehr.
2. T nimmt seinem Nachbarn O einen Benzinkanister mit 5 l Inhalt weg und füllt das Benzin sofort in den Tank seines Pkw, der noch 50 l Benzin enthält. O konnte die Wegnahme des Kanisters nicht verhindern, ist aber unmittelbar nach der Tat des T zur Stelle und verlangt von ihm Herausgabe von 5 l Benzin oder Ersatz in Geld. T reagiert darauf mit einem derben Faustschlag und fährt mit seinem Pkw davon, während O am Boden liegt.

Brieftasche und Benzin standen im Eigentum des O, als T sich den Gewahrsam daran verschaffte. Da T also die Sachen durch einen vollendeten Diebstahl erlangt hat, sind sie „gestohlenes Gut". Jedoch hatten sich die Eigentumsverhältnisse an diesen Sachen geändert, als T gegen N Gewalt anwendete. In **Beispiel 1** war T gem. § 1922 BGB Eigentümer der Brieftasche nebst Inhalt, in **Beispiel 2** gem. §§ 948 I, 947 II BGB Eigentümer der gesamten Benzinmenge (55 l) geworden. Die Sachen sind zwar nach wie vor „gestohlen". Sie stehen aber nicht mehr in fremdem Eigentum und können daher nicht mehr Objekt eines rechtswidrigen

Angriffs auf fremdes Eigentum sein. In Beispiel 2 hat die Tat des T immerhin den Charakter einer Vermögensverletzung, weil sie den Bereicherungsanspruch des O aus §§ 951, 812 BGB beeinträchtigt. In Beispiel 1 ist nicht einmal das der Fall, da der Erbfall den T zum Inhaber des gesamten Erblasservermögens gemacht hat. Da der räuberische Diebstahl ein Verbrechen gegen das Eigentum ist, muss das „gestohlene Gut" im Zeitpunkt der Gewalt oder Drohung noch in fremdem Eigentum stehen. Das gestohlene Gut darf also seine Fremdheit nicht verlieren, anderenfalls kann der Tatbestand des § 252 nicht erfüllt werden. T hat sich daher in beiden Beispielen nicht aus § 252 strafbar gemacht.

9.2.2.3.4 Zueignungsabsicht

Der Terminus „Zueignungsabsicht" im subjektiven Tatbestand des § 242 wird vom Text des § 252 nicht aufgegriffen. Dies ist möglicherweise damit zu erklären, dass der textlichen Gestaltung des § 252 die Überlegung zugrunde lag, der Täter könne sich die gestohlene Sache durch seine Tat (Gewalt oder Drohung) gar nicht mehr zueignen, weil er sie sich bereits durch die Vortat – den Diebstahl – zugeeignet habe. Wie oben bei der Darstellung des Unterschlagung dargelegt wurde, sind Zueignungsakte aber sehr wohl wiederholbar, die Ausführung der Gewalt oder Drohung iSd § 252 mit Zueignungsabsicht also durchaus möglich (s. o. 2.2.1.4.5). Aber selbst wenn man dem nicht folgt und eine erneute Zueignung nach vollendetem Diebstahl für ein begriffliches Unding hält, können zumindest die **Einzelelemente der Zueignungsabsicht** im Gewand einer zur „Perpetuierungsabsicht" modifizierten Zueignungsabsicht[104] Eingang in den subjektiven Tatbestand des räuberischen Diebstahls finden. Als textliche Hülle stünde dafür die „Besitzerhaltungsabsicht" zur Verfügung. Zu erörtern ist daher, ob die Besitzerhaltungsabsicht ausgeschlossen ist, wenn der Täter den Eigentümer nicht mehr endgültig enteignen oder die Sache sich nicht mehr aneignen will, bzw die vom Täter gewollte Aufrechterhaltung des ursprünglich rechtswidrigen Zustands rechtmäßig geworden ist.

Beispiele

1. T nimmt dem O ein Fahrrad weg, das er behalten will. Als O versucht, dem T das Rad wieder abzunehmen, ändert T seinen Entschluss. In der Absicht, das Rad nur für eine kurze Spazierfahrt zu benutzen und es anschließend dem O zurückzugeben, schlägt er den O nieder.
2. T nimmt dem O ein Gemälde weg, das er zur Verschönerung seiner Wohnung in seinem Arbeitszimmer aufhängen will. Als O versucht, dem T das Bild wieder abzunehmen, fällt diesem auf, dass das Bild überhaupt nicht seinem Geschmack entspricht. Dennoch wendet er gegen O Gewalt an, weil er Bild anschließend sogleich vernichten will.
3. O bietet dem T ein Fahrrad zum Kauf an. Der Kaufpreis soll 100 € betragen. T bittet um einen Tag Bedenkzeit, die O ihm gewährt. Noch am selben Tag entschließt sich T zum Kauf. Sogleich macht er sich auf den Weg zu O, um die

---

[104] Arzt et al. (2009), § 17 Rn. 24; Geilen (1980), 45; Schröder (1967), 1335; Weigend (2007), 274 (277).

Annahme des Angebots zu erklären und das Fahrrad abzuholen. Einen Hundert-Euro-Schein zur Bezahlung hat T eingesteckt. Den O trifft T zu Hause nicht an, sein Fahrrad steht aber vor dem Haus. Diese Gelegenheit will T nutzen, um das Fahrrad an sich zu bringen, ohne dafür 100 € zu zahlen. Er setzt sich auf das Rad, um damit wegzufahren. Nach wenigen Metern begegnet er dem O. Dieser hatte soeben das Fahrrad dem X für 150 € verkauft und will nun das dem T gemachte Angebot nicht mehr gelten lassen. Als T dies hört, erklärt er: „Ich nehme ihr Angebot an!" und steckt dem O den Hundert-Euro-Schein in die Brusttasche seines Hemdes. O schüttelt den Kopf, wirft dem T die Banknote vor die Füße und erwidert: „Das interessiert mich nicht. Das Rad ist schon verkauft. Hier haben Sie Ihr Geld zurück." Auf den Versuch des O, dem T das Fahrrad abzunehmen, reagiert dieser mit einem Faustschlag ins Gesicht des O. Während O benommen neben dem Hundert-Euro-Schein am Boden liegt, fährt T mit dem Fahrrad davon.

In allen drei Beispielsfällen hat T dem O eine fremde bewegliche Sache weggenommen und dabei die Absicht rechtswidriger Zueignung gehabt. Beim Vollzug der Gewalthandlung hatte sich an der inneren Einstellung des T aber ein Detail geändert, das zu den Elementen der Zueignungsabsicht des § 242 gehört. Unter den geänderten Bedingungen wäre die Absicht rechtswidriger Zueignung nicht mehr zu bejahen, da T in **Beispiel 1** den O nicht mehr endgültig enteignen, in **Beispiel 2** sich das Bild nicht mehr aneignen und in **Beispiel 3** das Fahrrad sich nicht mehr rechtswidrig zueignen wollte. Auf der anderen Seite hatte T in allen drei Beispielen die Absicht, sich im Besitz der gestohlenen Sache zu erhalten. Wenn aber die hier weggefallenen Komponenten der Zueignungsabsicht Bestandteile der Besitzerhaltungsabsicht sind, ist dieses subjektive Tatbestandsmerkmal in den drei Fällen nicht erfüllt.

Für diese „Verlängerung der Zueignungsabsicht in die Besitzerhaltungsabsicht" spricht zum einen der Charakter des räuberischen Diebstahls als Eigentumsdelikt, zum anderen die Nähe zu und die Ähnlichkeit mit dem Raub.[105] Hätte T die Wegnahme erst kurz nach seinem Gesinnungswandel vollendet, wäre seine Gewalt weder als Raub noch als räuberischer Diebstahl strafbar. Die geringfügige Verschiebung der Absichtsänderung auf einen Zeitpunkt kurz nach Vollendung der Wegnahme kann kein sachlicher Grund für eine derart verschärfte strafrechtliche Beurteilung sein, wie sie sich auf Grund der Bejahung eines räuberischen Diebstahls ergäbe.

　　T hat also nicht mit Besitzerhaltungsabsicht Gewalt angewendet. Daher ist er nicht aus § 252 strafbar.

9.2.3　Versuch

Räuberischer Diebstahl ist **Verbrechen** (§ 12 I), der Versuch daher mit Strafe bedroht, § 23 I. **Vollendet** ist das Delikt bereits mit Ausführung der Gewalt oder Dro-

---

[105] BGH, JZ 1987, 52; Küper (2001b), 730 (741); Weigend (2007), 274 (284).

hung. Auf die Erreichung des Besitzerhaltungserfolges kommt es nicht an.[106] Der Versuch beginnt nicht bereits mit der Vortat Diebstahl, sondern erst mit dem **unmittelbaren Ansetzen** (§ 22) zur Gewalt oder Drohung. Das gilt auch dann, wenn der Täter schon bei der Begehung des Diebstahls den Vorsatz hat, den Gewahrsam an der weggenommenen Sache notfalls mit Gewalt oder Drohung zu verteidigen. Um einen **untauglichen Versuch** handelt es sich, wenn die Vortat lediglich versucht ist (z. B. weil die Sache dem Täter selbst gehört[107]), der Täter beim Vollzug der Nötigungshandlung aber in der Vorstellung handelt, der Diebstahl sei vollendet worden (s. o. 9.2.2.2). Ein strafbefreiender **Rücktritt** (§ 24) ist nur solange möglich, wie die Gewalt oder Drohung noch nicht vollendet ist. Hat die Tat die Grenze der Vollendung schon überschritten, kann der freiwillige Verzicht („tätige Reue") auf die Erhaltung des Gewahrsams bzw die Rückgabe der gestohlenen Sache an der Strafbarkeit wegen vollendeten räuberischen Diebstahls nichts mehr ändern.

9.2.4 Täterschaft und Teilnahme

Täter des räuberischen Diebstahls kann nach der hier vertretenen Meinung nur ein **Täter der Vortat** Diebstahl sein.[108] Wer erst nach vollendetem Diebstahl hinzukommt, die gestohlene Sache in Mitgewahrsam nimmt und dann zur Besitzerhaltung Gewalt oder Drohung anwendet, ist kein Mittäter. Zu einer anderen Beurteilung dieses Falles kommen diejenigen, die der Figur „**sukzessive Mittäterschaft**" einen weiten Anwendungsbereich zubilligen.[109]

Teilnehmer kann prinzipiell jedermann sein.[110] Auch ein Mittäter der Vortat ist nur wegen Teilnahme am räuberischen Diebstahl strafbar, wenn er an der Gewalt oder Drohung mitwirkt, aber keinen Mitgewahrsam oder mittelbaren Besitz an der gestohlenen Sache mehr hat oder ohne Besitzerhaltungsabsicht handelt.[111] **Teilnahme an der Vortat** ist nicht per se Teilnahme am anschließenden räuberischen Diebstahl. Erforderlich dafür ist vielmehr, dass die unmittelbar auf die Vortat bezogene Teilnahmehandlung im räuberischen Diebstahl fortwirkt und dies vom Vorsatz des Teilnehmers umfasst war.

9.3 Qualifikationstatbestände

Die Verweisung „gleich einem Räuber" bezieht die Qualifikationstatbestände der §§ 250, 251 in den tatbestandlichen Bereich des § 252 ein.[112] Es gibt also sowohl schweren räuberischen Diebstahl als auch räuberischen Diebstahl mit Todesfolge.

---

[106] Nomos Kommentar-Kindhäuser (2013), § 252 Rn. 23.

[107] Gössel (1996), § 15 Rn. 22.

[108] Eisele (2012b), Rn. 422; Zöller (1997), 89 (92); aA Systematischer Kommentar-Sinn (2013), § 252 Rn. 25.

[109] Arndt (1954), 269 (270); Blei (1983), 210.

[110] Geilen (1980), 45.

[111] Geppert (1990), 554 (558); Weigend (2007), 274 (283).

[112] Zöller (1997), 89 (90).

9.3.1 Schwerer räuberischer Diebstahl, §§ 252, 250

Die qualifizierenden Merkmale – z. B. das Beisichführen einer Waffe (§ 250 I Nr. 1a) – müssen in dem Abschnitt zwischen Versuchsbeginn und Vollendung des Grunddelikts erfüllt werden. Dieser Abschnitt beginnt mit dem unmittelbaren Ansetzen (§ 22) zur Gewalt oder Drohung und endet mit der vollständigen Verwirklichung eines dieser Nötigungsmerkmale. Die Vortat Diebstahl ist dieser tatbestandsverwirklichenden Handlung vorgelagert und keine taugliche Basis für eine der in § 250 normierten Qualifikationen. Daher begeht keinen schweren räuberischen Diebstahl nach §§ 252, 250 I Nr. 1a, b, II Nr. 1, 2, wer die Waffe (oder das Werkzeug oder Mittel) nur während der Vortat mitführt (§ 244 I Nr. 1) bzw verwendet, bei der anschließenden gewahrsamssichernden Gewalt oder Drohung die Waffe (oder das Werkzeug oder Mittel) aber nicht mehr dabei hat.[113] Entsprechendes gilt für §§ 252, 250 I Nr. 1c, II Nr. 3b und für §§ 252, 250 II Nr. 3a: Verursachung der konkreten Gefahr durch den Diebstahl bzw schwere körperliche Misshandlung des Opfers beim Diebstahl ist kein schwerer räuberischer Diebstahl. Ursache der Gefahr („durch die Tat") bzw Bezugshandlung („bei der Tat") der schweren körperlichen Misshandlung muss die Gewalt oder Drohung sein.

9.3.2 Räuberischer Diebstahl mit Todesfolge, §§ 252, 251

Auch diese Qualifikation kann nur durch wenigstens leichtfertige Todesverursachung beim Vollzug der Nötigungshandlung – Gewalt oder Drohung – verwirklicht werden. Todesverursachung durch den vorangegangenen Diebstahl wird von der Qualifikation nicht erfasst.[114]

Kontrollfragen

1. Kann Raub „Vortat" eines räuberischen Diebstahls sein? (9.2.1.2.2)
2. Kann Erpressung „Vortat" eines räuberischen Diebstahls sein? (9.2.1.2.2)
3. Wie unterscheiden sich Raub und räuberischer Diebstahl? (9.1.2.2.1)
4. Wird der räuberische Diebstahl nach Vollendung oder nach Beendigung des Diebstahls begangen? (9.2.1.3.3)
5. Wieso ist die einen Tag nach dem Diebstahl gegen den Bestohlenen begangene Gewalt kein räuberischer Diebstahl? (9.2.1.5.2)
6. Kann der Dieb von jemandem „betroffen" sein, der ihn noch gar nicht gesehen hat? (9.2.1.4.2)
7. Welchen Einfluss auf die Strafbarkeit aus § 252 hat es, wenn der Dieb die gestohlene Sache trotz Gewaltanwendung verliert? (9.2.1.5.4.1)
8. Kann der Vortatgehilfe Täter des räuberischen Diebstahls sein? (9.2.1.2.5; 9.2.4)

---

[113] Eisele (2012b), Rn. 423.
[114] Nomos Kommentar-Kindhäuser (2013), § 22 Rn. 27.

9. Ist es räuberischer Diebstahl, wenn der auf frischer Tat betroffene Dieb Gewalt anwendet, um sich der Festnahme zu entziehen? (9.2.2.3.1)
10. Durch welche Umstände wird ein räuberischer Diebstahl qualifiziert? (9.3)

Literatur

Arndt. Die Teilnahme am räuberischen Diebstahl. GA. 1954;269.

Bach. Zur Problematik des räuberischen Diebstahls. MDR. 1957;402.

Blei. Neue Entscheidungen. JA. 1975. 518.

Brocker. Das Passieren der Kasse mit „versteckter Ware". JuS. 1994;919.

Dehne-Niemann. Tatbestandslosigkeit der Drittbesitzerhaltungsabsicht und Beteiligungsdogmatik. JuS. 2008;589.

Fezer. Anm. BGH, Urt. v. 27.2. 1975– 4 StR 310/74. JZ. 1975;609.

Frank. Die räuberische Erpressung als Vortat des räuberischen Diebstahls. Jura. 2010;893.

Geppert. Zu einigen immer wiederkehrenden Streitfragen im Rahmen des räuberischen Diebstahls (§ 252 StGB). Jura. 1990;554.

Haas. Der Tatbestand des räuberischen Diebstahls als Beispiel für die fragmentarische Natur des Strafrechts. In: Momsen C, Bloy R, Rackow P, Herausgeber. Fragmentarisches Strafrecht. Frankfurt a. M.: Peter Lang; 2003. S. 145.

Herzberg. Anm. OLG Düsseldorf, Urt. v. 13.11. 1984 – 2 Ss 311/84–128/84 III. JR. 1985;209.

Hillenkamp. Der „Einkauf" verdeckter Ware: Diebstahl oder Betrug? JuS. 1997;217.

Hruschka. Zum Tatvorsatz bei zweiaktigen Delikten, insbesondere bei der Entführung des § 237 n.F.StGB. JZ. 1973;12.

Joerden. „Mieterrücken" im Hotel. JuS. 1985;20.

Kienapfel. Anm. BGH, Beschl. v. 10.10. 1983–4 StR 405/83. JR. 1984;388.

Kratzsch. Das „Räuberische" am räuberischen Diebstahl. JR. 1988;397.

Kudlich. Echo: Der räuberische Diebstahl (§ 252 StGB) beim Raub als Vortat. JuS. 1998;96.

Küper. Vollendung und Versuch beim räuberischen Diebstahl (§ 252 StGB). Jura. 2001a;21.

Küper. Besitzerhaltung, Opfertauglichkeit und Ratio legis beim räuberischen Diebstahl. JZ. 2001b;730.

Küper. Antreffen, Begegnen, Bemerken, Ertappen, Wahrnehmen, Zusammentreffen, Festschrift für Krey. 2010. S. 313.

Mitsch. Rangeleien auf Bahnsteigen. ZJS. 2014;192.

Natus. Probleme der Deliktsstruktur und der Anstiftung beim räuberischen Diebstahl (§ 252 StGB). Jura. 2014;772.

Nomos Kommentar zum Strafgesetzbuch. 4. Aufl. 2013.

Perron. Schutzgut und Reichweite des räuberischen Diebstahls. GA. 1989;145.

Rengier. Tödliche Gewalt im Beendigungsstadium des Raubes. JuS. 1993;460.

Schnarr. Kann ein Dieb von einem Ahnungslosen im Sinne von § 252 StGB betroffen werden? JR. 1979;314.

Schünemann. Raub und Erpressung (2. Teil). JA. 1980;393.

Seelmann. Grundfälle zu den Eigentumsdelikten. JuS. 1986;201.

Seier. Probleme der Abgrenzung und der Reichweite von Raub und räuberischem Diebstahl. JuS. 1979;336.

Seier. Die Abgrenzung des räuberischen Diebstahls von der räuberischen Erpressung. NJW. 1981;2152.

Systematischer Kommentar, Loseblattsammlung 2013.

Weber. Anm. BGH, Urt. v. 6.4.1965–1 StR 73/65. JZ. 1965;418.

Weigend. Der altruistische räuberische Dieb. GA. 2007;274.

Zöller. Der räuberische Diebstahl § 252 StGB) beim Raub als Vortat. JuS. 1997;L 89.

Erpressung, §§ 253, 255 StGB

10

Inhaltsverzeichnis

10.1   Allgemeines

10.1.1   Rechtsgut

Schutz- und Angriffsgut der Erpressungstatbestände ist in erster Linie das **Vermögen** als Ganzes.[1] Während bei den Straftatbeständen, die in den ersten Kapiteln dieses Lehrbuchs behandelt wurden, ein einzelnes Vermögensgut – das Eigentum – im Zentrum der Erörterungen stand, dreht sich bei der Erpressung – wie bei Betrug und Untreue – alles um den Gesamtbestand an u. U. sehr unterschiedlichen Gütern einer Person.[2] Im Rahmen der Erpressungsdelikte gewinnt daher der Wert von Gütern bzw. des Gütergesamtbestandes eine wesentlich größere rechtliche Bedeutung

---

[1] BGHSt 19, 342 (343); BGH, NStZ 2012, 272 (273); Eisele (2012b), Rn. 752.

[2] Zur Abgrenzung von Vermögensdelikten im engeren und im weiteren Sinn vgl. Ranft (1984), 1; Samson (1978), 469 (470);.

© Springer-Verlag Berlin Heidelberg 2015
W. Mitsch, *Strafrecht, Besonderer Teil 2*, Springer-Lehrbuch,
DOI 10.1007/978-3-662-44934-9_10

als bei den Eigentumsdelikten. Auf der anderen Seite schützen die Erpressungstatbestände auch Vermögensgüter, die nicht eigentumsfähig sind (z. B. Forderungen) bzw. an denen ihr Inhaber kein Eigentum hat (z. B. Besitz an einer Sache[3]). Neben dem Vermögen berührt die Erpressung auch das Rechtsgut **Willensentschließungs-** und **Willensbetätigungsfreiheit**.[4] Das hängt damit zusammen, dass im Tatbestand des § 253 der Tatbestand der Nötigung (§ 240) vollständig enthalten und die Nötigung ein Delikt gegen Willensentschließungs- und Willensbetätigungsfreiheit ist. Die Erpressung ist deshalb eine „zugleich gegen die persönliche Entscheidungsfreiheit gerichtete Vermögensstraftat",[5] ein „vermögensschädigendes Freiheitsdelikt".[6] Weitere Rechtsgüter werden durch die Erpressung beeinträchtigt, wenn die Tat unter den Voraussetzungen eines Qualifikationstatbestandes begangen wird. Wie bei Raub und räuberischem Diebstahl geraten dann auch körperliche Unversehrtheit und Leben in den Wirkungsbereich des erpressungstatbestandsmäßigen Verhaltens (dazu unten 10.3).

10.1.2 Systematik

10.1.2.1 System der Erpressungstatbestände

Der **Grundtatbestand** der Erpressung ist in § 253 geregelt. Auf ihm bauen in gestufter Anordnung mehrere **Qualifikationstatbestände** auf: Auf der ersten Qualifikationsstufe steht die **räuberische Erpressung** des § 255. Über die in dieser Vorschrift enthaltene Verweisung „gleich einem Räuber" gelangt man auf die zweite Stufe, nämlich zu den Qualifikationstatbeständen **schwere räuberische Erpressung** (§§ 255, 250) und **räuberische Erpressung mit Todesfolge** (§§ 255, 251). **Privilegierte** Erpressungstatbestände gibt es nicht. Anders als bei den Eigentumsdelikten kennt die Erpressung auch keine verfahrensrechtliche Privilegierung für Fälle mit den in §§ 247, 248 a normierten Tatumständen. Keinen Qualifikationstatbestand, sondern eine **Strafzumessungsregel** enthält § 253 IV. Diese Vorschrift hat also dieselbe Rechtsnatur wie § 243 (dazu oben 1.3.1.1).

10.1.2.2 Verhältnis zu anderen Straftatbeständen

Im Tatbestand der Erpressung enthalten ist der Tatbestand der **Nötigung** (§ 240). § 253 ist daher im Verhältnis zu § 240 lex specialis. Eine Grundtatbestand-Qualifikation-Beziehung besteht zwischen § 240 und § 253 aber nicht. Starke Ähnlichkeit weist die Erpressung mit dem Tatbestand **Betrug** (§ 263) auf. Beide Delikte haben eine nahezu identische Tatbestandsstruktur und unterscheiden sich nur in ihren Handlungsmerkmalen.[7] Ihr Charakteristikum ist die Einschaltung des Opfers in den vermögensschädigenden Vorgang. Sowohl Erpressung als auch Betrug sind Delikte, bei denen der Täter in eine Beziehung zum Opfer tritt und das Opfer zu einem ver-

---

[3] BGHSt 14, 386 (389); BayObLG, NJW 1987, 1654 (1656).

[4] Eisele (2012b), Rn. 752; Gössel (1996), § 30 Rn. 2; Rengier (2014a), § 11 Rn. 1.

[5] BGHSt 19, 342 (343).

[6] Nomos Kommentar-Kindhäuser (2013), § 253 Rn. 3.

[7] BGHSt 19, 342 (343); Bockelmann (1982), 120; Gössel (1996), § 30 Rn. 2.

mögensschädigenden Verhalten veranlasst („Veranlassung zur Selbstschädigung").[8] Aus diesem Grund gibt es zwischen diesen Tatbeständen auch einige spezifische und nicht ganz leicht zu lösende Abgrenzungs- und Konkurrenzprobleme (s. o. 5.2.1.2.6).

Ähnliches gilt für den Tatbestand **Diebstahl** (§ 242), der sich von der Erpressung zwar deutlich unterscheidet, dessen Verhältnis zur Erpressung aber dennoch eine umstrittene und nicht vollkommen geklärte Frage ist. Bei der Erörterung der Tatbestandsmerkmale des § 253 wird sich zeigen, dass auf der Grundlage einer bestimmten Auslegungsversion der Diebstahl sogar als Spezialfall der Erpressung verstanden werden könnte (s. u. 10.2.1.5.). Eine größere Brisanz erhält diese Abgrenzungsproblematik im Verhältnis zwischen **räuberischer Erpressung** und **Raub**. Auch auf dieser Ebene wird die Ansicht vertreten, dass der Wegnahmetatbestand Raub im Tatbestand der räuberischen Erpressung enthalten und § 249 deshalb eine lex specialis im Verhältnis zu § 255 sei (dazu unten 10.3.1). Außerordentlich problematisch ist das Verhältnis der räuberischen Erpressung zum **räuberischen Diebstahl** (§ 252). Wie oben gesehen wurde, ist der Anwendungsbereich des § 252 durch die tatbestandliche Beschränkung auf die Vortat „Diebstahl" nicht in der Lage, jede gewaltsame Beutesicherung nach einer Vermögensstraftat zu erfassen (s. o. 9.2.1.2.2). Diese theoretische Grenze könnte praktisch durchbrochen und § 252 somit seiner limitierenden Wirkung beraubt werden, indem die mit Gewalt oder Drohung zur Sicherung der gerade durch ein Vermögensdelikt erlangten Beute unter den Tatbestand der räuberischen Erpressung subsumiert wird (dazu unten 10.2.1.6.3 a.E.).[9]

Sondertatbestände mit enger Beziehung zur Erpressung sind der **erpresserische Menschenraub** (§ 239 a) und der **räuberische Angriff auf Kraftfahrer** (§ 316 a). Beide Delikte sind im Vorfeld einer Erpressung angesiedelt und dienen gewissermaßen der Vorbereitung der Erpressung, die – wenn sie zur Ausführung kommt – zu ihnen in Tateinheit (§ 52) steht.[10] Die Erpressung ist Ziel dieser Taten und daher im Deliktsaufbau auf der Ebene des subjektiven Tatbestands in eine „überschießende Innentendenz" eingebettet. Im Verhältnis zu ihnen ist die Erpressung eine vom Tatbestand schon nicht mehr erfasste Nach- oder Anschlusstat. Im Rahmen des § 239 a I gilt dies jedoch nur für die erste Alternative. Die zweite („Ausnutzungs-") Alternative des § 239 a I bezieht eine zumindest ins Versuchsstadium gelangte wirklich begangene Erpressung voll in den objektiven Tatbestand ein.

Eine gewisse Verwandtschaft mit der Erpressung weist das Delikt **Wucher** (§ 291) auf. Ähnlich wie das Erpressungsopfer befindet sich das Opfer des Wucherers in einer Zwangslage oder zwangslagenähnlichen Schwächesituation, die letztlich zu einer Vermögensschädigung führt. Der Unterschied zur Erpressung besteht darin, dass der Wucherer die Zwangslage nicht herbeiführt, sondern sie vorfindet und ausnutzt (s. u. 18.1.3). Der Erpresser schafft dagegen selbst die Zwangslage des Opfers.[11]

---

[8] Cramer (1968), 207.

[9] BGH, NStZ 2002, 33; Hillenkamp (1997), 217 (219); Kienapfel (1984), 388.

[10] BGHSt 14, 386 (391); 16, 316 (320); 23, 294 (295).

[11] Arzt et al. (2009), § 24 Rn. 3; Samson (1978), 469 (470).

10.2 Grundtatbestand Erpressung, § 253 StGB

10.2.1 Objektiver Tatbestand

10.2.1.1 Übersicht

Die Merkmale des objektiven Tatbestandes sind in dem ersten Halbsatz des § 253 I („Wer... zufügt") beschrieben. Demnach setzt sich der objektive Tatbestand der Erpressung aus folgenden Merkmalen zusammen: **Täter**merkmal (Wer), **Opfer**merkmal (einen Menschen), **Handlungs**merkmale (Nötigung mit Gewalt oder Drohung mit einem empfindlichen Übel), **Nötigungserfolgs**merkmale (Handlung, Duldung oder Unterlassung) und **Schadenserfolg**smerkmal (Vermögensnachteil). Kein Bestandteil des objektiven Tatbestandes ist die im Text des § 253 I erwähnte und in § 253 II näher umschriebene Rechtswidrigkeit. Es handelt sich hierbei um das allgemeine Straftatmerkmal „Rechtswidrigkeit". Ebenfalls nicht zum objektiven Tatbestand gehört der mit der Tat angestrebte Vermögensvorteil (Bereicherung). Die Vollendung der Erpressung setzt also nicht voraus, dass der Täter oder ein Dritter durch die Tat bereichert worden ist.[12] Der Bereicherungserfolg ist Teil des subjektiven Tatbestandsmerkmals „Bereicherungsabsicht". Diese ist also eine „überschießende Innentendenz".[13] Erpressung ist insofern ein „kupiertes Erfolgsdelikt".[14] Vergleicht man diese Übersicht mit dem Text des § 240, stellt man fest, dass der objektive Erpressungstatbestand zum größten Teil aus dem objektiven Nötigungstatbestand besteht. Das Gesetz hat in § 253 nur noch das Merkmal „Vermögensnachteil" hinzugefügt.

10.2.1.2 Gewalt
10.2.1.2.1 Gewaltbegriff

Da der Erpressungstatbestand auf dem Tatbestand der **Nötigung** aufbaut, ist die Erpressungshandlung mit denselben Begriffen beschrieben wie die Nötigungshandlung. Der Gewaltbegriff des § 253 entspricht inhaltlich dem des § 240.[15] Die den Raubtatbestand prägende Einschränkung auf „Gewalt gegen eine Person" kommt erst im Rahmen des Qualifikationstatbestandes „räuberische Erpressung" (§ 255) zur Geltung.[16] Dennoch kann hier zunächst auf die Ausführungen verwiesen werden, die zum Gewaltbegriff des Raubtatbestandes gemacht wurden (s. o. 8.2.1.4.1). Zur Vervollständigung wird an dieser Stelle auf die Gewaltformen eingegangen, die vom Raubtatbestand nicht erfasst werden, weil sie nicht „Gewalt gegen eine Person" sind.

---

[12] BGHSt 19, 342 (344); Bockelmann (1982), 130; Gössel (1996), § 31 Rn. 38.
[13] Nomos Kommentar-Kindhäuser (2013), § 253 Rn. 35.
[14] Schünemann (1980), 486 (490).
[15] Eisele (2012b), Rn. 755; zum Gewaltbegriff des § 240 Arzt et al. (2009), § 9 Rn. 55 ff.
[16] BGHSt 18, 75.

10.2.1.2.2   Gewalt gegen Sachen

Da die Gewalt einen **Nötigungserfolg** herbeiführen muss, scheiden Gewaltformen aus, deren Wirkung die Psyche des Opfers nicht erreicht und die daher keinen Einfluss auf die Willensentschließung oder Willensbetätigung des Opfers nehmen. Reine Sachgewalt, mit der sich der Täter den Zugang zum oder den Zugriff auf das Vermögen des Opfers verschafft, erfüllt den Erpressungstatbestand also nicht.

Beispiele

1. T bricht die Tür zur Wohnung des O auf und entwendet Sachen.
2. T pflückt Äpfel von einem Baum im Garten des O und trägt die Früchte in einem Sack davon.

Die mechanische Einwirkung auf die Wohnungstür bzw. den Apfelbaum ist zwar ein Akt der Gewalt, der dem O einen Vermögensschaden zugefügt hat. Jedoch handelt es sich nicht um eine nötigende Gewalt, weil O nicht zu einer Handlung, Duldung oder Unterlassung gezwungen wurde. Der Vermögensschaden wurde ohne jede Beteiligung des O verursacht. T hat daher nicht Erpressung, sondern Diebstahl begangen. Die Beispiele zeigen, dass jedenfalls diese Form des Diebstahls nicht im Tatbestand der Erpressung enthalten, Diebstahl also insoweit kein Spezialfall der Erpressung ist.

Gewalt gegen Sachen muss **mittelbar auch die Person** des Opfers treffen und dort eine Zwangswirkung entfalten. Da viele Formen der Einwirkung auf Sachen sogar als unmittelbare Gewalt gegen die Person qualifiziert werden können (z. B. Einsperren, s. o. 8.2.1.4.2.1), bleiben für die hier zu behandelnde Kategorie nur die Fälle, in denen es an einer körperlichen Zwangswirkung bei dem Opfer fehlt. Die Gewalt gegen Sachen entfaltet beim Opfer keinen körperlich empfundenen Druck, sondern spricht direkt die **Psyche** des Opfers an.

Beispiele

1. T, X und Y haben das Reitpferd „Walli" der O in ihre Gewalt gebracht. Vor den Augen der O schlagen sie mit Eisenstangen auf das von O innig geliebte Tier ein. Erst als O ihnen 50.000 € gibt, lassen die drei Tierquäler von Walli ab.
2. Vor den Augen des Eigentümers O beginnt T damit, einen wertvollen „Rembrandt" mit einem Messer und einer Farbspraydose zu traktieren. Um die völlige Zerstörung des Gemäldes zu verhindern, bietet O dem T 50.000 € an.

In beiden Beispielen richtet sich die Gewalttätigkeit des T unmittelbar gegen eine Sache. Zugleich übt T damit auch Druck auf eine Person aus. Dennoch hat seine Tat nicht die Qualität der „Gewalt gegen eine Person". Denn O empfindet den von der Gewalttätigkeit ausgehenden Druck nicht unmittelbar körperlich, sondern primär psychisch. Körperliches Unwohlsein stellt sich allenfalls als Folge der seelischen Bedrängnis ein. Bei der Gewalt gegen eine Person ist die Kausalbeziehung umgekehrt: Die Beeinträchtigung des körperlichen Wohlbefindens verursacht die psychische Zwangswirkung (s. o. 8.2.1.4.1). Beim Nötigungsmittel „Gewalt gegen eine Sache" kommt es auf körperliche Zwangssymptome beim Genötigten nicht an. Erforderlich und ausreichend ist der psychisch empfundene Druck auf die Motivation des Opfers. Da dieser durch die Misshandlung des Pferdes und des Gemäldes erzeugt worden ist, hat T das Merkmal „Gewalt" iSd § 253 erfüllt.[17]

10.2.1.2.3   Gewalt gegen Dritte

Bei der Darstellung des Raubtatbestandes wurde gezeigt, dass die gegen eine Person gerichtete Gewalt einen Nötigungseffekt auch bei einer anderen Person, die selbst nicht Opfer der Gewaltanwendung ist, auslösen kann. Diese **„Dreiecks-Nötigung"**[18] mittels Gewalt erfüllt jedoch nicht das Merkmal „Gewalt gegen eine Person", da bei dem zu nötigenden Opfer keine körperliche Zwangswirkung erzeugt wird. Der nötigende Druck ist rein psychischer Natur und hat daher eher den Charakter einer durch Drohung begründeten Zwangslage.

Beispiel

T schlägt die siebenjährige A vor den Augen ihrer Mutter O so lange mit der Faust ins Gesicht, bis O dem T ihr gesamtes Bargeld und ihren Schmuck gibt.

Wäre es dem T darum gegangen, die A zu einem bestimmten Verhalten zu nötigen, hätte er das Merkmal „Gewalt gegen eine Person" in der Form der vis compulsiva erfüllt. Da aber O Opfer seiner Nötigung war und die Gewalt sich nicht am Körper der O auswirkte, hat T nur psychischen Nötigungsdruck erzeugt. Im Rahmen eines Tatbestandes, der nicht nur die Gewalt gegen eine Person, sondern jede Form nötigender Gewalt erfasst, ist das Fehlen körperlich empfundenen Zwangs unerheblich. T hat daher das Merkmal „Gewalt" iSd § 253 erfüllt.[19]

10.2.1.2.4   Selbstschädigende Gewalt

Wie jede Straftat ist auch die Erpressung eine **fremdschädigende** Tat. Im Text des § 253 vor dem 6. Strafrechtsreformgesetz wurde dies durch die Worte „einen anderen" ausgedrückt. Die Ersetzung des Wortes „anderen" durch das Wort „Menschen" hat daran nichts geändert. Man muss allerdings beachten, dass diese Worte nur zu dem Merkmal „nötigt" in Beziehung gesetzt sind. Das Merkmal „Gewalt" ist dagegen nicht Bezugspunkt des Merkmals „einen anderen". Daraus folgt, dass die Gewalt, mit der der Täter einen anderen nötigt oder nötigen will, auch **gegen den Täter selbst** gerichtet sein kann. Dies ist sachlich ohne weiteres plausibel, da autoaggressives Verhalten zumindest für dem Täter nahestehende Personen ein empfindliches Übel sein kann.

---

[17] Nomos Kommentar-Kindhäuser (2013), § 253 Rn. 4.

[18] Zum Unterschied zwischen „Dreiecksnötigung" und „Dreieckserpressung" siehe unten 10.2.1.2.3 und 10.2.1.5.3.

[19] Nomos Kommentar-Kindhäuser (2013), § 253 Rn. 20.

Beispiel

Vor den Augen seiner Freundin O fügt sich T mit einem Messer schwere Verletzungen zu. T will die O auf diese Weise dazu bringen, ihm bei der Bezahlung
seiner Spielschulden zu helfen.

T hat Gewalt angewendet, um die O – also „eine andere" – zu einer Handlung
zu nötigen. Dass sich das Nötigungsmittel „Gewalt" nicht gegen „einen anderen"
richtet, steht der Tatbestandsmäßigkeit nicht entgegen. Bedeutsam ist allein, dass
durch diese Gewalttätigkeit Druck auf die Willensbildung einer anderen Person
ausgeübt wird. Wie bei der Gewalt gegen Dritte hat auch im vorliegenden Fall
die Gewalt im Verhältnis zum Nötigungsopfer O eher den Charakter einer Drohung (s. o. 8.2.1.4.2.2), da nicht der Körper, sondern unmittelbar die Psyche der
O Ziel des nötigenden Angriffs ist. Man kann daher sicher darüber streiten, ob
die Handlung des T dem Merkmal „Gewalt" oder nicht besser dem Merkmal
„Drohung mit einem empfindlichen Übel" zuzuordnen ist. Jedenfalls ist diese
Art der Willensbeeinflussung grundsätzlich zur Erfüllung des Erpressungstatbestandes geeignet. Denn wenn die Drohung mit Selbstverletzungen (oder gar
Suizid) ein taugliches Nötigungs- und Erpressungsmittel ist, dann muss das auf
die Ausführung dieser selbstschädigenden Akte ebenfalls zutreffen.

10.2.1.3   Drohung mit einem empfindlichen Übel

Die Drohung mit einem empfindlichen Übel ist ein Erpressungsmittel, das **alter-
nativ** neben der Gewalt steht. Während die Gewalt unmittelbar gegen den Körper
– einer Person oder einer Sache – gerichtet ist, wirkt die Drohung direkt auf die
Psyche des Opfers ein. Ein weiterer Unterschied zur Gewalt besteht darin, dass die
Gewalt ein gegenwärtiges Übel ist, während bei der Drohung das Übel, vor dem der
Genötigte sich fürchtet, in der Zukunft liegt.[20]

10.2.1.3.1   Begriff der Drohung

Der Begriff der Drohung ist identisch mit dem des § 240 sowie der anderen Tatbestände, die das Tatbestandsmerkmal „Drohung" enthalten. Auf die Ausführungen
zum Tatbestandsmerkmal „Drohung" im Rahmen des § 249 kann also verwiesen
werden (s. o. 8.2.1.5.1).

10.2.1.3.2   Empfindliches Übel

Das Drohungsmerkmal des Erpressungstatbestandes unterscheidet sich von dem
Drohungsmerkmal des Raubtatbestandes hinsichtlich des **Drohungsinhalts**. In
§ 253 braucht das Angedrohte nicht den Charakter einer „gegenwärtigen Gefahr
für Leib oder Leben" zu haben.[21] Die gegenwärtige Leibes- oder Lebensgefahr
ist ein besonders qualifiziertes empfindliches Übel, § 253 senkt die Empfindlich-
keits-Schwelle auf das Niveau des § 240. Mit dem gleichlautenden Merkmal des
Nötigungstatbestandes ist das hier zu besprechende Erpressungsmerkmal iden-

---

[20] Wessels et al. (2013b), Rn. 405.

[21] Dieser Drohungsinhalt erfüllt den Qualifikationstatbestand „räuberische Erpressung" (§ 255).

tisch.[22] Das „empfindliche Übel" ist wesentlich weiter als die gegenwärtige Gefahr für Leib oder Leben iSd § 249 und umfasst auch Nachteile und Unannehmlichkeiten, die **andere Rechtsgüter** betreffen.

Beispiele

1. T droht dem O, er werde den Ziergarten des O verwüsten.
2. T droht dem verheirateten O, er werde in der Nachbarschaft die – wahre oder unwahre –Nachricht verbreiten, O unterhalte ein ehebrecherisches Verhältnis mit mehreren Frauen.
3. T droht dem O, er werde im Strafprozess gegen O als Zeuge die Unwahrheit sagen und so dafür sorgen, dass O ins Gefängnis kommt.

That dem O jeweils eine Verschlechterung seiner Lebenssituation in Aussicht gestellt, also ihm die Zufügung eines Schadens angedroht. In keinem der Fälle richtet sich die Drohung unmittelbar gegen die Gesundheit oder das Leben des O. Betroffen sind die Rechtsgüter Eigentum, Ehre und Freiheit. Der Schaden an diesen Rechtsgütern ist aber selbstverständlich ein Übel iSd § 253. Ob das Übel auch „empfindlich" ist, hängt von seiner Schwere und von den konkreten Lebensbedingungen des O ab.

Empfindlich ist ein Übel, wenn es so schwer wiegt, dass ein besonnener Rechtsgutinhaber in der Situation des Genötigten zur Abwendung dieses Übels das Opfer bringen würde, das der Täter von dem Genötigten verlangt.[23] Die Empfindlichkeit ist also nach einem **objektiv-individuellen Maßstab** zu beurteilen und ergibt sich nicht bereits aus der Tatsache, dass der konkret Genötigte dem Druck der Drohung tatsächlich nachgegeben hat.[24] Abzustellen ist auf das Urteil einer fiktiven „besonnenen"[25] Maßperson, die weder überdurchschnittlich widerstandsfähig noch überdurchschnittlich sensibel ist. Der Schutz des § 253 ist kein Privileg der besonders Standhaften, wird andererseits aber demjenigen vorenthalten, der sich in unverständlicher und unvernünftiger Weise von verhältnismäßig harmlosen Pressionen in die Knie zwingen lässt. Das subjektive Urteil des Opfers ist also nicht ausschlaggebend. Urteilsgrundlage sind aber die konkreten individuellen Lebensumstände des Opfers. Insofern fließt eine subjektive Komponente in die Beurteilung ein. Gradmesser der Empfindlichkeit ist vor allem das Verhältnis zwischen dem angedrohten Übel und der angesonnenen Leistung, mit der sich der Genötigte vom Übel „freikaufen" soll. Denn die Drohung zwingt den Bedrohten zur Wahl zwischen zwei Übeln: Hinnahme des angedrohten Übels oder Erbringung des vom Täter verlangten Opfers. Der Bedrohte muss also diese beiden Übel abwägen und sich für eines von beiden entscheiden. Seine Wahl wird auf die ihm erträglicher erscheinende Alternative fallen. Wählt er die Unterwerfung, ist zumindest für ihn das angedrohte Übel empfindlich. Diese subjektive Einschätzung deckt sich mit der maßgeblichen

---

[22] Dazu Arzt et al. (2009), § 9 Rn. 47 ff.

[23] Gössel (1996), § 19 Rn. 8.

[24] Arzt et al. (2009), § 9 Rn. 48; Gössel (1996), § 19 Rn. 7.

[25] BayObLGSt 1955, 8 (14).

objektiven Bewertung, wenn die Preisgabe des vom Täter geforderten Gutes zur Abwendung des Übels als **verhältnismäßig** bezeichnet werden kann. Dann ist das angedrohte Übel empfindlich im Sinne des Erpressungstatbestandes.

Beispiele

1. T droht dem O an, er werde jede Woche den Inhalt seiner Mülltonne vor der Haustür des O abladen, wenn O ihm nicht wöchentlich 100 € zahle.
2. T droht dem O an, er werde ihn nicht mehr grüßen, wenn er ihm nicht wöchentlich 100 € zahle.

Die Zahlung von 100 € „Lösegeld" zur Vermeidung der Verunreinigung und Verunstaltung des eigenen Grundstücks durch illegale Müllablagerungen (**Beispiel 1**) ist sicher nicht unverhältnismäßig, wenn sich der Vorgang z. B. in einer gepflegten Villengegend in Berlin-Dahlem abspielt. Die angedrohte Mülltonnenentleerung ist daher für den betroffenen Villenbesitzer ein empfindliches Übel. Anders mag es sich verhalten, wenn die Drohung gegen den Besitzer eines heruntergekommenen Schrottplatzes gerichtet ist, dessen Anwesen durch den wöchentlichen Inhalt einer Mülltonne keine erkennbare ästhetische Beeinträchtigung erleiden kann. Die angedrohte Einstellung höflicher Umgangsformen (**Beispiel 2**) mag ein Ärgernis sein und bei dem Betroffenen vorübergehende Verstimmtheit hervorrufen. Jedoch ist eine Insultierung dieses Kalibers gewiss nicht gravierend genug, um einen vernünftigen Menschen zur Zahlung von über 5000 € im Jahr zu veranlassen. Wer sich diesem Druck beugt, verdient den Schutz des Strafrechts nicht. Die angedrohte Unhöflichkeit ist also kein empfindliches Übel.

Ob sich das angedrohte Übel **gegen den Drohungsadressaten oder einen Dritten** („Dreiecksdrohung") richten soll, ist grundsätzlich gleich. Entscheidend ist, dass auch der Drohungsadressat sich durch die Zufügung des Übels empfindlich beeinträchtigt fühlen würde.[26]

Beispiel

T erklärt der O, er werde dem Arbeitgeber von M, dem Ehemann der O, Beweise für Unterschlagungen vorlegen, die M zu Lasten seines Arbeitgebers begangen habe. Zur Abwendung dieser Anzeige zahlt O dem T 500 €.
Das Übel, mit dessen Zufügung T droht, trifft zwar unmittelbar nicht die O, sondern den M. Auf Grund ihrer ehelichen Verbindung mit M wird O aber von der angekündigten Denunziation ebenso schwer und schmerzhaft in Mitleidenschaft gezogen wie M selbst. Daher ist dieses Übel auch für O empfindlich.

Oben wurde bereits gezeigt, dass das Erpressungsmittel „Gewalt" auch gegen den Täter selbst eingesetzt werden kann. Folglich kann der Täter auch mit einem Übel drohen, das ihn – **den Täter** – selbst treffen soll.

---

[26] BGHSt 16, 316 (318); BGH, JZ 1985, 1059; S. Cramer (1998), 299 (300); Mitsch (1999), 617; Seelmann (1982), 914 (915); Zaczyk (1985), 1059 (1061); aA Wallau (2000), 312.

Beispiel

Die Arbeitnehmer des O drohen ihrem Arbeitgeber mit Hungerstreik, falls die Löhne nicht um 12 % erhöht werden.

Das in der Schädigung der Gesundheit bestehende Übel entfaltet seine Wirkungen nicht beim Nötigungsopfer, sondern bei den Tätern. Soweit durch diese Aktion aber ein „Mitleid-Effekt" in Bezug auf O ausgelöst wird, haben die gesundheitsschädlichen Folgen auch dem O gegenüber den Charakter eines „empfindlichen Übels". Diese Drittwirkung ist im vorliegenden Fall insbesondere deswegen naheliegend, weil O damit rechnen muss, dass er von Dritten – z. B. den Angehörigen der Arbeitnehmer, von Gewerkschaftsfunktionären, von den Medien – für den Schaden an der Gesundheit seiner Mitarbeiter (mit)verantwortlich gemacht wird[27].

Die Empfindlichkeit eines Übels wird nicht durch die **rechtliche Zulässigkeit seiner Zufügung** ausgeschlossen.[28] Empfindlich kann auch ein Übel sein, dessen Zufügung erlaubt und zu dessen Hinnahme der Betroffene daher rechtlich verpflichtet ist. Auf diesem Prinzip beruht schließlich die auf *Feuerbach* („psychologische Zwangstheorie") zurückgehende Abschreckungsstrategie der Strafrechtspolitik („negative Generalprävention"[29]).

Beispiele

1. O ist im Kaufhaus beim Ladendiebstahl ertappt worden. Der Kaufhausdetektiv T erklärt dem O, er werde ihn bei der Polizei anzeigen, wenn er ihm nicht 500 € zahle.
2. O hat bei einem Verkehrsunfall den Pkw des T beschädigt. T kündigt dem O an, er werde ihn vor dem Amtsgericht auf Schadensersatz verklagen, es sei denn, O zahle sofort 3000 €.

In beiden Beispielen bringt das angedrohte Verfahren (Strafprozess, Zivilprozess) für O gravierende Nachteile finanzieller und auch immaterieller Art. Die Androhung dieser Nachteile ist gewiss geeignet, einen besonnenen und verständigen Durchschnittsbürger zur Zahlung eines erheblichen Preises zu zwingen. Die Tatsache, dass das Recht dem O zumutet, diese Nachteile zu ertragen, beseitigt ihre Empfindlichkeit nicht. Erst auf der Rechtswidrigkeits-Ebene kommt der Aspekt der rechtlichen Tolerierung zum Tragen.

Der Zufügung des Übels durch aktives Tun steht die **Unterlassung** der Abwendung oder Beseitigung des Übels gleich, wenn der Drohende behauptet, er sei zur Abwendung oder Beseitigung des Übels in der Lage.[30] Inhalt der Drohung kann also

---

[27] Aus diesem Grund verleiht § 101 StVollzG den Strafvollzugsbehörden die Befugnis zu gesundheitserhaltenden Zwangsmaßnahmen gegenüber dem Strafgefangenen.

[28] Gössel (1996), § 18 Rn. 8; aA bzgl. Drohung mit Unterlassen Nomos Kommentar-Kindhäuser (2013), § 253 Rn. 14.

[29] Dazu Baumann et al. (2003), § 3 Rn. 25 ff.

[30] Gössel (1996), § 18 Rn. 68; Rengier (2014a), § 11 Rn. 10.

auch ein Unterlassen sein.[31] Das Bestehen einer Rechtspflicht zur Vornahme dieser
Handlung hat mit der Empfindlichkeit nichts zu tun und ist erst bei der Rechtswidrigkeit (§ 253 II) zu berücksichtigen.

Beispiele

1. Aus Versehen hat T den O in seinem Büro eingesperrt. Als T sein Missge-
   schick bemerkt, kommt ihm die Idee, die Situation zur Erzielung eines
   kleinen finanziellen Gewinnes auszunutzen. Er fordert den O auf, einen Fünfzig-Euro-Schein unter der Tür hindurchzuschieben. Vorher werde er die Tür
   nicht aufschließen.
2. O ist beim Ladendiebstahl ertappt worden. Die Beute hat einen Wert von
   10 €. Ladeninhaber T hat Strafantrag gestellt. Er erklärt dem O, dass er den
   Strafantrag zurücknehme, wenn O ihm 100 € zahle.
3. Der O bewirbt sich bei Arbeitgeber und Wohnungsvermieter T um eine Stelle
   als Buchhalter und um eine Mietwohnung. T erklärt dem O, dass er beide
   Bewerbungen zurückweisen werde, wenn O nicht 3000 € „Aufnahmegebühr"
   zahlt.

T hat dem O in sämtlichen Beispielen ein Verhalten in Aussicht gestellt, dessen
Folgen sich für O ungünstiger darstellen als die Folgen des Alternativ-Verhal-
tens, das T für den Fall verspricht, dass O den geforderten Geldbetrag zahlt. Die
Situation, in der T den O zu belassen droht, ist für O ein empfindliches Übel.
Indem T behauptet, er habe es in der Hand, dieses Übel abzuwenden, schwingt
er sich zum Herrn über Wohl oder Übel auf. Er droht also, von seiner Macht
über den Lauf der Ereignisse in einer den O beschwerenden Weise Gebrauch
zu machen. Die Drohung, ein bereits bestehendes Übel nicht in ein Wohl zu
verwandeln, ist nicht anders zu bewerten als die Drohung, ein noch ausstehen-
des Übel herbeizuführen. Wer damit droht, einen Gefangenen nicht zu befreien,
kündigt ebenso eine Übelszufügung an wie jemand, der droht, einen noch in
Freiheit befindlichen Menschen einzusperren. Für die Drohung mit der Stellung
oder der Nichtrücknahme eines bereits gestellten Strafantrags gilt dasselbe. Auch
die Drohung, eine mögliche Anstellung oder Vermietung zu unterlassen, ist nicht
anders zu bewerten. T hat also in allen drei Beispielen mit einem Unterlassen
gedroht, dessen Folgen für O ein empfindliches Übel sind. Dass T nur im ersten
Beispiel – aus Ingerenz[32] – rechtlich verpflichtet war, die Handlung vorzunehmen, mit deren Unterlassung er drohte, spielt erst auf der Rechtswidrigkeits-Ebene (§ 253 II) eine Rolle.[33]

Nicht als empfindliches Übel anzuerkennen ist das angedrohte **Unterlassen einer
verbotenen Handlung**[34]. Zwar mag es den konkreten Drohungsadressaten emp-

---

[31] OLG Oldenburg, NStZ 2008, 691; OLG Hamburg, JR 1974, 473; Arzt et al. (2009), § 9 Rn. 50;
Eisele (2012b), Rn. 757.

[32] Baumann et al. (2003), § 15 Rn. 65.

[33] Gössel (1996), § 18 Rn. 68; Otto (2005), § 27 Rn. 24; aA Rengier (2014a), § 11 Rn. 10.

[34] Herzberg (1972a), 570 (572); Nomos Kommentar-Kindhäuser (2013), § 253 Rn. 12.

findlich treffen, wenn ihm der Täter mit der Verweigerung illegalen Verhaltens droht, um den am Vollzug dieses Verhaltens stark interessierten Drohungsadressaten zu einer bestimmten Reaktion zu zwingen. Der maßgebliche besonnene und vernünftige Mustermensch in der Lage des konkreten Opfers darf sich durch eine derartige Ankündigung nicht beugen lassen. Das Recht würde sich selbst desavouieren, wenn es die Ankündigung des Täters, er werde z. B. eine Straftat nicht begehen, als Angriff auf ein grundsätzlich schutzwürdiges Gut des an der Straftatbegehung interessierten Ankündigungsadressaten bewerten und die Strafbarkeit erst auf der Rechtswidrigkeitsebene ausschließen würde. Für die Allgemeinheit – und damit auch den ihr angehörigen „objektiven" Drohungsadressaten – ist die Nichtbegehung einer Straftat kein Übel, sondern ein Wohl.

Beispiel

Gegen O läuft ein Strafverfahren wegen Steuerhinterziehung. Zeuge T erklärt dem O, er werde in dem Verfahren nicht zugunsten des O die Unwahrheit sagen, wenn O ihm nicht 5000 € zahlt. Auch der Staatsanwalt S tritt an T heran und erklärt, er werde „nicht zu überwindende Hemmungen" haben, die von O erhoffte Beweismittelunterdrückung zu begehen, wenn O ihm nicht einen dreiwöchigen Urlaub in seinem Ferienhaus auf Mallorca spendiere.

Die Verweigerung einer entlastenden und möglicherweise zum Freispruch führenden Falschaussage ist aus der subjektiven Perspektive des Beschuldigten sicher eine schwer zu ertragende Unbill. Für die Ankündigung des Staatsanwalts, strafvereitelnde Beweismanipulationen zu unterlassen, gilt dasselbe. Die bei der Auslegung des § 253 I vorzunehmende objektive normative Betrachtung kann sich diesen Standpunkt aber nicht zueigen machen. Das Recht widerspräche sich selbst, würde es die Hoffnung auf eine von einem Dritten zu begehende Straftat als schutzwürdigen Motivationsfaktor anerkennen und mit der Dignität eines straftatbestandsmäßig geschützten Gutes versehen. Straftatbestände weisen Straftaten als unerwünschte und daher zu vermeidende Ereignisse aus. Diese Wertung stünde auf dem Kopf, wenn der Nötigungs- und der Erpressungstatbestand dem potentiellen Nutznießer einer fremden Straftat attestieren würden, die Drohung mit der Vorenthaltung dieses Vorteils erfülle den tatbestandsmäßigen Unrechtstyp. T und S haben dem O also nicht mit einem empfindlichen Übel gedroht.[35]

10.2.1.4 Nötigung

Gewalt und Drohung sind Nötigungsmittel, die Nötigung ist das mit Gewalt oder Drohung verfolgte Ziel. Aus der ex-post-Perspektive ist die Nötigung ein Erfolg, der durch Gewalt oder Drohung verursacht worden ist.

---

[35] Im Ergebnis ebenso Wessels et al. (2013b), Rn. 414.

10.2.1.4.1   Willensbeugung

Nötigung bedeutet **Überwindung eines entgegenstehenden Willens**. Genötigt ist das Opfer also, wenn es auf Grund der Gewalt oder Drohung etwas tut, duldet oder unterlässt, obwohl es dies nicht will.[36] Entspricht das angesonnene Verhalten dem Willen des Opfers, ist das Tatbestandsmerkmal „Nötigung" nicht erfüllt.

> **Beispiel**
>
> T droht dem O mit einer Anzeige wegen Steuerhinterziehung, falls O dem T nicht seinen alten Fernsehapparat schenkt. O, der sich ohnehin einen neuen Fernseher kaufen will, freut sich, dass er den alten Fernseher auf diese Weise los wird. Er hätte ihn ansonsten zum Sperrmüll geben und dafür sogar noch eine Gebühr zahlen müssen.
>
> T hat dem O mit einem empfindlichen Übel gedroht. Diese Drohung hat den O veranlasst, dem T den alten Fernsehapparat zu schenken. Die Drohung ist also kausal für das Handeln des O. Dennoch wurde O durch die Drohung nicht genötigt. T hat mit seiner Drohung gewissermaßen „offene Türen eingerannt", da ein entgegenstehender Wille des O nicht vorhanden war. Folglich konnte die Drohung keine Zwangswirkung entfalten. T hat nur versucht, den O zu nötigen und zu erpressen.

Das Beispiel zeigt, dass eine bestimmte **tatbefürwortende Willenshaltung des Opfers** bereits die objektive Tatbestandsmäßigkeit ausschließt („Einverständnis"[37]). Wer tut, was er will, ist zu seinem Tun nicht genötigt worden. Man muss allerdings genau differenzieren nach dem Bezugspunkt des Opferwillens. Das Tatbestandsmerkmal „Nötigung" ist ausgeschlossen, wenn das erwirkte Verhalten des Opfers mit dessen Willen übereinstimmt. Davon zu unterscheiden ist der Fall, dass das Opfer mit dem Nötigungsmittel einverstanden ist, nicht aber mit dem Nötigungsziel.[38]

> **Beispiele**
>
> 1. T verprügelt O, die Ehefrau des M und verlangt von M die Zahlung von 50 €. T und O haben zuvor vereinbart, dass M auf diese Weise unter Druck gesetzt und zur Zahlung veranlasst werden soll. O ist also mit den Schlägen des T einverstanden. Nicht einverstanden ist M, der die Züchtigung seiner Ehefrau nicht länger ansehen kann und den geforderten Geldbetrag an T zahlt.
> 2. A erklärt dem B, er werde einen von B begangenen Diebstahl der Polizei anzeigen, wenn er ihm nicht 500 € „Schweigegeld" zahle. B lässt sich dadurch

---

[36] Wessels et al. (2013b), Rn. 417.

[37] Baumann et al. (2003), § 17 Rn. 93.

[38] Unzutreffend Gössel (1996), § 18 Rn. 4, der die Merkmale „Gewalt" und „Drohung" mit dem Merkmal „Nötigung" identifiziert und daher konsequent behauptet, jede Einwilligung des Opfers schließe bereits Gewalt oder Drohung aus; ebenso Wessels et al. (2013b), Rn. 399.

nicht beeindrucken, da er ohnehin schon beschlossen hat, sich der Polizei zu stellen und ein Geständnis abzulegen.

Das Einverständnis der O in **Beispiel 1** ändert nichts daran, dass T Gewalt angewendet hat. Auch der Nötigungscharakter dieser Tat wird durch die Zustimmung der O nicht beseitigt. Denn Opfer der Nötigung ist nicht O, sondern M.[39] Also könnte auch nur ein Einverständnis des M die Erfüllung des Tatbestandsmerkmals Nötigung ausschließen. Dies ist hier nicht der Fall, da M kein Geld an T zahlen wollte. Die gegen O angewendete Gewalt hat also den Willen des M gebeugt und damit einen Nötigungseffekt ausgelöst. In **Beispiel 2** geht die Drohung des A „ins Leere", weil das in Aussicht gestellte Verhalten dem B keine Nachteile einbringen würde, mit denen er sich nicht ohnehin bereits abgefunden hat. Die angedrohte Anzeige hat also in der konkreten Situation des B nicht die Qualität eines Übels, zumindest nicht die eines empfindlichen Übels.

10.2.1.4.2 Kausalität

Da die Überwindung eines widerstrebenden Willens der Erfolg der Gewalt oder Drohung ist, muss zwischen der Anwendung dieses Nötigungsmittels und der Reaktion des Nötigungsopfers ein Kausalzusammenhang bestehen.[40] Fehlt es daran, liegt allenfalls ein Nötigungsversuch und damit eine versuchte Erpressung (§§ 253 III, 22) vor.

Beispiel

O hat die 6-jährige Tochter des T sexuell missbraucht. T schickt dem O einen Brief, in dem er ihm mit Strafanzeige droht, sofern er nicht sofort 500 € zahle. Kurz vor dem Eintreffen dieses Briefes hatte O bereits einen Briefumschlag mit zehn Fünfzig-Euro-Scheinen in den Briefkasten des T geworfen. Grund dafür war ein Brief von F, der Ehefrau des T, in dem diese erklärt, sie werde O bei der Polizei anzeigen. O hoffte, durch die Zahlung der 500 € die F davon abbringen zu können, die Polizei zu informieren.

T hat dem O mit einem empfindlichen Übel gedroht, damit jedoch keinen Nötigungserfolg erzielt. Da O mit der Zahlung des Geldes nicht auf den Brief des T, sondern auf den Brief der F reagierte, war die Drohung des T für die Zahlung der 500 € nicht ursächlich. Daher hat T den O nicht genötigt und somit nur eine versuchte Erpressung begangen. F hat den O mit ihrem Brief zwar objektiv zur Zahlung genötigt. Da sie eine derartige Reaktion des O aber mit ihrer Ankündigung nicht provozieren wollte, handelte sie ohne Vorsatz und ist deshalb nicht wegen Erpressung strafbar.

Ausreichend ist **Mitursächlichkeit** des Nötigungsmittels. Die Kausalität einer Drohung wird daher nicht dadurch ausgeschlossen, dass der Täter das Opfer auch

---

[39] Vgl. den Fall BGH, JZ 1985, 1059.
[40] BGH, NStZ 2010, 215; BayObLGSt 1955, 8 (14); Rengier (2014a), § 11 Rn. 5.

noch täuscht, Drohung und Täuschung also zusammen die Reaktion des Opfers hervorrufen.[41]

> **Beispiel**
>
> T fordert den O auf, der „Initiative zur Befreiung Iberiens" eine Spende von 50 € zukommen zu lassen. Sollte O sich weigern, werde T in der Nachbarschaft herumerzählen, was für ein Geizhals O ist. Alle Nachbarn hätten schon Spenden von jeweils mindestens 50 € geleistet. Zur Abwendung der angedrohten Bloßstellung gibt O dem T einen Fünfzig-Euro-Schein. T hatte zu keiner Zeit die Absicht, den O in seiner Nachbarschaft als Knauser in Verruf zu bringen, zumal es die bezeichnete „Initiative" gar nicht gibt und T in der Nachbarschaft noch keine Spende eingesammelt hat. Hätte O gewusst, dass eine „Initiative zur Befreiung Iberiens" nicht existiert, hätte er dem T nichts gegeben. Die angedrohte Verleumdung hätte er dann in Kauf genommen.
>
> Die Ankündigung, den O bei seinen Nachbarn als angeblichen Geizkragen anzuschwärzen, ist die Drohung mit einem empfindlichen Übel. Diese Drohung war für die „Spende" des O ursächlich, da O nicht gezahlt hätte, wenn T ihm die Rufschädigung in der Nachbarschaft nicht angedroht hätte. Ursächlich für die Übergabe der 50 € waren aber auch die Lügen, die T dem O aufgetischt hat. Insbesondere die Vorspiegelung einer nicht existenten Organisation – der Spendenempfängerin – war für die Entschließung des O von ausschlaggebender Bedeutung. Ohne diese Täuschung hätte nämlich die Übelsandrohung versagt. Beide Willensbeeinflussungen zusammen – Drohung und Täuschung – haben erst die Zahlungsbereitschaft des O geweckt, sind also für diesen Erfolg mitursächlich. Dies reicht aus, um den T aus § 253 bestrafen zu können. Ob daneben auch eine Strafbarkeit aus § 263 begründet ist, ist umstritten und hier nicht zu erörtern.[42]

Die Kausalität zwischen Nötigungsmittel und Willensbruch ist eine von zwei „Brücken", die die Verbindung der Gewalt bzw. Drohung mit dem Vermögensnachteil herstellen.[43] § 253 I verlangt ja, dass der Täter „dadurch" – also durch die Nötigung – einen Vermögensnachteil verursacht. Damit ist die zweite „Brücke" gemeint, nämlich die Kausalbeziehung, die zwischen dem abgenötigten Verhalten des Opfers und dem Vermögensnachteil besteht. Da die Gewalt bzw. Drohung den Nötigungserfolg verursacht und dieser den Vermögensnachteil verursacht, besteht auch zwischen Gewalt bzw. Drohung und Vermögensnachteil eine Ursachenbeziehung.

10.2.1.5 Abgenötigtes Verhalten

Die Erpressung setzt als **Nötigungserfolg** ein bestimmtes Verhalten voraus, mit dem der Genötigte zu erkennen gibt, dass sein entgegenstehender Wille gebrochen ist und er sich dem Druck der Gewalt oder Drohung beugt. Der Gesetzes-

---

[41] RGSt 20, 326 (330); BayObLGSt 1955, 8 (14).

[42] Dazu Nomos Kommentar-Kindhäuser (2013), § 253 Rn. 50.

[43] Nomos Kommentar-Kindhäuser (2013), § 253 Rn. 31; Rengier (2014a), § 11 Rn. 6.

text bedient sich bei der Umschreibung dieses Verhaltens vollständig der Diktion des Nötigungstatbestandes § 240 I. Dennoch erfährt dieses Tatbestandsmerkmal in § 253 eine spezielle Prägung, da es in engem Zusammenhang mit dem weiteren Tatbestandsmerkmal „Vermögensnachteil" zu sehen und zu interpretieren ist.

10.2.1.5.1 Handlung, Duldung oder Unterlassung

Mit den Begriffen „Handlung", „Duldung" und „Unterlassung" deckt das Gesetz das gesamte Spektrum aktiven und passiven menschlichen Verhaltens ab. **Handlung** ist willensgetragenes aktives Tun, erkennbar an der kontrollierten und zielgerichteten Bewegung des Körpers. Das Erfordernis der Willentlichkeit schließt die direkt gegen den Genötigten gerichtete vis absoluta an dieser Stelle – bzgl. der Alternative „Handlung" – aus dem Kreis tauglicher Erpressungsmittel aus.

Beispiele

1. T schlägt den O so lange mit der Faust ins Gesicht, bis O seine Brieftasche herausgibt und die Zahlenkombination seines Tresors verrät.
2. O hat einen neuartigen Geldschrank, dessen Öffnungsmechanismus auf die Fingerabdrücke des O eingestellt ist. Der Geldschrank lässt sich nur dadurch öffnen, dass O die Fingerkuppe seines rechten Daumens auf eine Sensorplatte legt. Stiefsohn T hat von diesen technischen Details Kenntnis und beschließt eines Tages, das Bargeld des O aus dem Geldschrank an sich zu bringen und anschließend nach Südamerika zu verschwinden. T schlägt den O bewusstlos, schleift ihn dann zum Geldschrank und drückt den rechten Daumen des O auf die Sensorplatte. Die Tresortür öffnet sich und T rafft das darin enthaltene Geld zusammen.

Die Herausgabe der Brieftasche und die Preisgabe der Zahlenkombination in **Beispiel 1** sind Verhaltensweisen des O, die das Merkmal „Handlung" erfüllen. Auch das Aussprechen von Worten ist selbstverständlich eine Handlung. In **Beispiel 2** fehlt es an einer willensgetragenen Körperbewegung des O. Der Körper des O hat sich nicht (selbst) bewegt, sondern ist von T – wie eine Sache – bewegt worden. T hat den O also in Beispiel 2 nicht zu einer Handlung genötigt. Eine Strafbarkeitslücke besteht in diesem Fall aber nicht, da zweifellos die Voraussetzungen des Raubes (§ 249) erfüllt sind.

Die Nötigung zu einer **Unterlassung** könnte ebenfalls nur durch vis compulsiva und Drohung, nicht aber durch vis absoluta begangen werden, wenn der Unterlassungsbegriff auf willensgetragenes Nicht-Tun beschränkt wäre. Dies wird von der h. M. so gesehen, die deshalb die vis absoluta ganz aus dem Erpressungstatbestand heraushält.[44] Für eine derartige Einschränkung des Erpressungstatbestandes gibt es aber keinen sachlich zwingenden Grund. Unterlassung ist nicht nur das bewusste und gewollte Nichtvollziehen einer Handlung, zu deren Vollzug der Genötigte physisch in der Lage wäre. Auch die auf dem Verlust der Handlungsmöglichkeit beruhende Passivität ist ein tauglicher Nötigungserfolg. Die Gleichstellung

---

[44] Krack (1996), 493 (497); Rengier (2014a), § 11 Rn. 13.

der Untätigkeit eines Handlungsunfähigen mit dem willensgetragenen Unterlassen wird ja selbst im Bereich der Unterlassungsdelikte bei den Fällen anerkannt, die als „omissio libera in causa" bezeichnet werden:[45] Die Beseitigung der Handlungsmöglichkeit – z. B. durch Genuss berauschender Getränke – hat zur Folge, dass die anschließende Untätigkeit des Handlungsunfähigen keine Unterlassung ist. Dennoch wird der Handlungspflichtige so behandelt, als habe er im entscheidenden Zeitpunkt die Möglichkeit zur Gebotserfüllung gehabt und die gebotserfüllende Handlung unterlassen. Es steht deshalb im vorliegenden Kontext nichts entgegen, den Erpresser, der durch vis absoluta seinem Opfer die Handlungsfähigkeit – und damit auch die Fähigkeit zum Unterlassen – genommen hat, so zu behandeln, als habe der Genötigte auf Grund der Gewalt eine bestimmte Handlung bewusst und willentlich unterlassen. Hinzu kommt der Gesichtspunkt, dass im Rahmen des § 240 bislang eine Ausgrenzung der vis absoluta aus dem Tatbestand von der h. M. nicht gefordert wird.[46] Die Identität der Gesetzestexte in § 240 und § 253 spricht also prima facie dafür, dass auch der Erpressungstatbestand den gesamten Kanon der Nötigungsmittel einschließlich der vis absoluta umfasst.[47]

Beispiele

1. O und P haben gegen T je einen Anspruch auf Zahlung von 50.000 €. Die Ansprüche stehen kurz vor der Verjährung. Zur Hemmung der Verjährung wollen O und P von ihren Rechtsanwälten rechtzeitig gegen T Klage erheben lassen (vgl. § 204 I Nr. 1 BGB[48]). T ahnt, was O und P vorhaben. Um die Klageerhebung zu unterbinden, entführt er den O und sperrt ihn in einer Jagdhütte ein, bis die Verjährung des Anspruchs eingetreten ist. Dem P schickt er einen Brief mit der Drohung ihn zu erschießen, falls P es wagen sollte, gegen ihn Klage zu erheben. Der eingeschüchterte P sieht daher von Klageerhebung ab und lässt seine Forderung verjähren.

2. Auf einer Kunstauktion entgeht dem einarmigen A der Kauf eines wertvollen Gemäldes zu einem außergewöhnlich günstigen Preis nur deswegen, weil ihm im entscheidenden Moment von X der Mund zu- und von Y der (einzige) Arm festgehalten wird. Da A deswegen nicht mitbieten kann, ersteigert T das Gemälde zu einem Spottpreis. X und Y sind Mitarbeiter des T und von diesem angewiesen worden, Gebote des A zu unterbinden.

Ausgehend von einem Unterlassungsbegriff, der die Möglichkeit zum Vollzug der in Rede stehenden Handlung voraussetzt, ist in den beiden Beispielen nur P zu einer Unterlassung (der Klageerhebung) genötigt worden. Nötigungsmittel war hier die Drohung mit einem empfindlichen Übel in der qualifizierten (§ 255) Form der gegenwärtigen Gefahr für Leib oder Leben. O und A wurden Opfer von vis absoluta und haben demzufolge die Klageerhebung bzw. die Abgabe eines

---

[45] Dazu Baumann et al. (2003), § 15 Rn. 28 ff.

[46] Gössel (1996), § 18 Rn. 39; für Ausgrenzung der vis absoluta – zumindest de lege ferenda – Krack (1996), 493 (497).

[47] Nomos Kommentar-Kindhäuser (2013), vor § 249 Rn. 21; § 253 Rn. 4.

[48] § 209 BGB a. F.

Gebotes nicht bewusst und willentlich unterlassen. Auf Grund der unüberwindlichen Gewalt waren sie gar nicht in der Lage, diese Handlungen zu vollziehen.
Demnach sind T, X und Y in Bezug auf O und A nicht wegen (räuberischer)
Erpressung strafbar. Die Möglichkeit strafrechtlicher Reaktion auf ihre Taten
ist auf den Nötigungstatbestand (§ 240) beschränkt. Diese von der h. M. wahr-
und hingenommene[49] Ungleichbehandlung sowohl der Täter als auch der Opfer
leuchtet nicht ein. Warum die im Regelfall rigoroseres und brutaleres Vorgehen
erfordernde Ausschaltung der Handlungsfähigkeit im Bereich der Vermögensdelikte milder behandelt werden soll als die dem Opfer immerhin noch die Wahl
zwischen zwei Übeln lassende kompulsive Nötigung, ist schwer einzusehen. Da
das Gesetz, wie oben dargelegt wurde, zur Hinnahme derartiger Konsequenzen
nicht zwingt, sollte man den Handlungsspielraum der Strafjustiz nicht durch
fragwürdig begründete Tatbestandsrestriktionen beschneiden. Nach der hier vertretenen Meinung haben in den oben geschilderten Beispielen sämtliche Täter
sämtliche Opfer in tatbestandsmäßiger Weise zu Unterlassungen genötigt und
damit zumindest diesen Teil des Erpressungstatbestandes erfüllt.[50]

Die Erwähnung der **Duldung** im Gesetzestext ist an sich überflüssig, da es sich
hierbei um nichts anderes als einen Spezialfall der Unterlassung handelt. Das Opfer
duldet etwas, indem es unterlässt, sich gegen dieses „etwas" zu wehren, aktive Maßnahmen zu seiner Verhinderung oder Beseitigung zu ergreifen. Der Unterschied zur
allgemeinen Unterlassung besteht also darin, dass die Untätigkeit des Opfers in
Beziehung steht zu einem bestimmten Vorgang, der Wirkungen hervorbringt, gegen
die das Opfer nichts unternimmt.[51] Die oben der Unterlassung gewidmeten Erläuterungen gelten somit auch für die Duldung. Insbesondere kann die Duldung durch
vis absoluta, vis compulsiva und Drohung mit einem empfindlichen Übel erzwungen werden.[52] Die h. M. dagegen nimmt konsequent auch an dieser Stelle die vis
absoluta aus dem Tatbestand heraus.

Beispiele

1. T und O sind Nachbarn und haben auf ihren Grundstücken je einen Hüh-
   nerstall. T beobachtet, wie O für seine Hühner Körnerfutter ausstreut. Diese
   Gelegenheit will T nutzen, um seine eigenen Hühner auf Kosten des O mit
   Nahrung zu versorgen. T überfällt den O, schlägt ihn nieder und fesselt ihn.
   Dann treibt er seine Hühner auf das Grundstück des O, lässt sie durch die
   geöffnete Hühnerstalltür marschieren und das von O ausgestreute Futter
   aufpicken.
2. Immer wenn T seinen Rasen mähen will, steigt er über den Zaun auf das
   Grundstück seines Nachbarn O und schließt seinen Elektromäher an die

---

[49] Wessels et al. (2013c), Rn. 713.
[50] BGH, NStZ 2007, 95 (96); Grabow (2014), 121 (123).
[51] Fischer (2014), § 240 Rn. 6: Untätigkeit gegenüber einer Handlung des Täters oder eines Dritten.
[52] BGHSt 14, 386 (390); 25, 224 (228); 32, 88 (91); Schünemann (1980), 486 (488).

Steckdose an der Außenwand des dem O gehörenden Reihenhäuschens. Auf
diese Weise spart T Strom, während O für die von T verbrauchte Elektrizität zahlen muss. Eines Tages wird T von O ertappt und zur Rede gestellt. T
reagiert darauf, indem er den O mit der Faust niederschlägt und dann mit dem
Mähen seines Rasens fortfährt.

In beiden Beispielen hat T das Vermögen des O geschädigt, nachdem er den O
gewaltsam daran gehindert hatte, die vermögensschädigende Handlung zu unterbinden. T hat also den O mit Gewalt zur Duldung genötigt. Da er sich dabei
jeweils des Mittels vis absoluta bedient hat, würde die h. M. seine Taten nicht
als Erpressung qualifizieren. Strafbar wäre T demnach nur wegen Nötigung
(§ 240 I) und Körperverletzung (§ 223), in **Beispiel 1** zusätzlich wegen Sachbeschädigung (§ 303 I) und in **Beispiel 2** wegen Hausfriedensbruch (§ 123 I)
und Entziehung elektrischer Energie (§ 248 c I). Strafbarkeit wegen Diebstahls
und Raub scheidet in beiden Beispielen aus: Das Hühnerfutter wurde dem O
von T nicht weggenommen, da T keinen Gewahrsam an den Körnern begründet
hat. Der elektrische Strom, den T sich „zugeeignet" hat, ist keine Sache und
daher kein taugliches Wegnahmeobjekt. Der in der Verbindung von Gewalt und
Vermögensschädigung liegende spezifische Unrechtsgehalt könnte nach der h.
M. also nicht angemessen geahndet werden. Nimmt man dagegen das Gesetz
in § 253 beim Wort, bereitet die Bejahung einer tatbestandsmäßigen Erpressung
keine Probleme.

10.2.1.5.2   Vermögensverfügung

Da zum objektiven Tatbestand ein „Vermögensnachteil" gehört, der dem betroffenen Vermögensinhaber „dadurch" – also durch die Nötigung zu einer Handlung,
Duldung oder Unterlassung – zugefügt worden ist, muss das abgenötigte Verhalten
eine vermögensschädigende Wirkung haben. Das Handeln, Dulden oder Unterlassen des Nötigungsopfers muss also eine Ursache des Vermögensnachteils sein. Wegen dieses Zusammenhangs kann man das abgenötigte Verhalten als „Vermögensverfügung" bezeichnen. Insofern ist es unschädlich, dass der Gesetzeswortlaut in
§ 253– ebenso wie in § 263– nicht explizit von einer Strafbarkeitsvoraussetzung
namens „Vermögensverfügung" spricht.[53] Die herrschende Literaturmeinung geht
aber weiter und behandelt die Vermögensverfügung nicht lediglich als einen die
Struktur der Erpressung treffend kennzeichnenden Terminus, sondern legt ihr eine
tatbestandseinschränkende – also auch strafbarkeitseinschränkende[54] – Funktion
(„ungeschriebenes Tatbestandsmerkmal"[55]) von erheblichem Gewicht und Ausmaß
bei. Vermögensverfügung soll nur ein Opferverhalten sein, das unmittelbar auf das
Vermögen einwirkt und **unmittelbar** vermögensmindernde Wirkung hat.[56] Idealtyp
der Vermögensverfügung ist die Herausgabe einer Sache durch den Vermögensinhaber. Aus dem Erpressungstatbestand ausgegrenzt werden durch diesen restriktiven

---

[53] Schünemann (1980), 486 (488); G. Wolf (1997), 73.

[54] Aus diesem Grund lassen sich aus Art. 103 II GG keine Einwände gegen das ungeschriebene
Tatbestandsmerkmal herleiten, Nomos Kommentar-Kindhäuser (2013), vor § 249 Rn. 48.

[55] Tenckhoff (1974), 489 (490).

[56] Biletzki (1995), 635 (637); Eisele (2012b), Rn. 770; Rengier (1981), 654 (659).

Verfügungsbegriff insbesondere Fälle, in denen das Opfer dazu genötigt wird, einen unmittelbar vermögensschädigenden Eingriff des Täters oder eines Dritten zu dulden. Der Hauptfall der danach nicht vom Erpressungstatbestand erfassten Vermögensschädigungen ist die **Wegnahme** von Sachen, zu deren Duldung das Opfer mit Gewalt oder Drohung gezwungen wird. Hier hat das Verhalten des Genötigten nur mittelbar vermögensschädigende Wirkung. Unmittelbar wird der Vermögensschaden erst durch die Wegnahme verursacht. Strafbarkeitslücken erzeugt diese restriktive Tatbestandsgestaltung solange nicht, wie die Wegnahme als Diebstahl oder Raub aus § 242 oder § 249 strafbar ist. Jedoch wird der Anwendungsbereich dieser Tatbestände durch die Merkmale „fremde bewegliche Sache" und „Zueignungsabsicht" eingeschränkt. Er kann daher nicht jeden Fall erfassen, der als Erpressung strafbar wäre, wenn deren Tatbestand nicht eine Vermögensverfügung mit dem engen Bedeutungsgehalt der herrschenden Literaturauffassung enthielte.

Beispiele

1. T hat seinen Pkw von O reparieren lassen. Da T den Rechnungsbetrag von 1000 € nicht bezahlen will, gibt O den Pkw nicht heraus. Darauf schlägt T den O nieder und fährt mit seinem Pkw davon.
2. T hat in Kleinmachnow bei Berlin ein Haus gekauft und will nun aus seiner Mietwohnung in Berlin-Zehlendorf in sein neues Haus umziehen. Da er die Kosten eines Umzugsunternehmens scheut, will er den Umzug in eigener Regie durchführen. Den dafür notwendigen Lkw besorgt er sich bei dem Umzugsunternehmer O. Er schlägt den O nieder und nimmt ihm Lkw und Wagenschlüssel weg. Nachdem T mit dem Lkw des O seinen Umzug erledigt hat, bringt er den Wagen zu O zurück. O hatte in der Zwischenzeit einen Auftrag nicht ausführen können, weil ihm der von T weggenommene Lkw fehlte.

In beiden Beispielen wurde dem O durch die Wegnahme einer Sache ein Vermögensnachteil zugefügt. Dieser Wegnahme ging jeweils ein Akt der Gewalt – gegen seine Person – voraus. Keine der Taten ist aber als Diebstahl oder Raub strafbar. In **Beispiel 1** fehlt es an der Fremdheit der Sache, da der Pkw Eigentum des T ist. In **Beispiel 2** hat T ohne Zueignungsabsicht gehandelt, da er den O nicht endgültig enteignen, sondern den Lkw nur vorübergehend benutzen (furtum usus) wollte.[57] Strafbar ist T jeweils wegen Nötigung (§ 240) und Körperverletzung (§ 223). Der vermögensschädigende Charakter seiner Taten kommt darüber hinaus in der Strafbarkeit wegen Pfandkehr (§ 289, Beispiel 1)[58] und unbefugtem Gebrauch eines Fahrzeugs (§ 248 b, Beispiel 2) zur Geltung. Eine Bestrafung des T „gleich einem Räuber" aus § 255 wäre möglich, wenn auf das restriktiv definierte Merkmal der Vermögensverfügung im Erpressungstatbestand

---

[57] Der beabsichtigte Verbrauch des Benzins wird von der h. M. bei der Prüfung des Enteignungsvorsatzes nicht berücksichtigt, da anderenfalls § 248 b weitgehend leerliefe, vgl. BGHSt 14, 386 (388).

[58] RGSt 25, 435 (437); Küper (1998), 495 (500).

verzichtet und diesem auch die erzwungene Duldung vermögensschädigender Eingriffe unterstellt würde.[59]

Dies lehnt die **herrschende Literaturmeinung** ab, da sonst der **Selbstschädigungscharakter** der Erpressung abgeschliffen würde. Die spezifische Deliktsgestalt der Erpressung beruhe auf dem Strukturelement „Selbstschädigung".[60] Der Erpresser schädige das Vermögen des Opfers nicht durch direkten Zugriff auf das tatgegenständliche Vermögensgut, sondern durch die Nötigung des Opfers zu einem selbstschädigenden Verhalten. Der Nötigungszwang müsse daher dem Genötigten einen Entscheidungs- und Handlungsspielraum belassen, den dieser in einer Weise ausschöpft, die unmittelbar vermögensmindernde Wirkung hat. Ähnlich wie beim Betrug werde das Opfer der Erpressung vom Täter als Werkzeug zu einem selbstschädigenden Angriff auf das Vermögen benutzt.[61] Daran fehle es, wenn der Täter das Opfer gewaltsam ausschaltet und sich danach eigenhändig am Vermögen des Opfers – oder eines Dritten – vergreift. Dies sei eine Fremdschädigung und könne daher allenfalls Diebstahl oder Raub, nicht aber Erpressung sein. Die dadurch verursachten Strafbarkeitslücken werden von der herrschenden Literaturmeinung gesehen,[62] in Kauf genommen und sogar als weiteres Argument zur Stützung ihrer restriktiven Tatbestandssicht verwertet. Der Verzicht auf das Element der Vermögensverfügung würde die Privilegierung des Täters, der eine eigene Sache oder eine fremde Sache ohne Zueignungsabsicht wegnimmt, unterlaufen.[63] Das System des strafrechtlichen Vermögensschutzes werde gesprengt, die vom Gesetzgeber beabsichtigten Differenzierungen auf der Unrechtsebene würden im Strafrahmen beseitigt.[64] Zudem würde § 249 als eigenständiger Straftatbestand weitgehend überflüssig, da die ihm unterfallenden Sachverhalte fast vollständig von § 255 erfasst würden.[65]

Die **Rechtsprechung** und ein Teil der Literatur lehnen das tatbestandseinschränkende Merkmal „Vermögensverfügung" ab.[66] Der Wortlaut des § 253 gebe für eine derartige Tatbestandsrestriktion nichts her. Wegen der sprachlichen Übereinstimmung von § 253 und § 240 müsse der Erpressungstatbestand alle Gewaltformen aufnehmen, die anerkanntermaßen tatbestandsmäßige Nötigung sein können. Das treffe auf die vis absoluta zu. Schließlich sei die extensive Tatbestandsauslegung auch wegen der Ergebnisse zu bevorzugen, die sie hervorbringt. Unerwünschte

[59] Rengier (2014a), § 11 Rn. 18.

[60] Arzt et al. (2009), § 17 Rn. 16, § 18 Rn 14; Biletzki (1995), 635 (636); Rengier (1981), 654 (659); Tenckhoff (1974), 489 (491); G. Wolf (1997), 73.

[61] Otto (1995), 1020; Schnellenbach (1960), 2154.

[62] Vgl. z. B. Otto (1970), 304: „… wenig befriedigende Ergebnisse."

[63] Biletzki (1995), 635 (636); Tenckhoff (1974), 489 (491).

[64] Otto (1984), 143 (144); Rengier (1981), 654 (659).

[65] Biletzki (1995), 635 (636); Rengier (1981), 654 (659); Tenckhoff (1974), 489 (490); dagegen Schünemann (1980), 486 (488); kritisch zu dem Argument Küper (1998), 495 (501).

[66] RGSt 25, 435 (437); BGHSt 14, 386 (390); 25, 224 (228); 41, 123 (125); BGH, NStZ 2011, 699 (701); OLG Celle, NStZ 2012, 447 (448); Erb (2008), 711 (719); Geilen (1980), 51; Küper (1998), 495 ff.; Seelmann (1982), 914.

Strafbarkeitslücken würden auf der Basis des weiten Erpressungstatbestandes vermieden.

Der herrschenden Literaturmeinung ist zuzugeben, dass die typischen Erpressungssituationen durch ein ausgeprägtes Moment der Opferselbstschädigung gekennzeichnet sind. Der kompulsive Zwang zur Herausgabe von Sachen, zur Zahlung von Lösegeld, zur Preisgabe von Informationen, zur Abgabe verpflichtender Erklärungen bestimmt gewiss das Bild, das die Bevölkerung von dem Delikt „Erpressung" vor Augen hat.[67] Dagegen wird die Gewalt, mit der der Täter das Opfer als Tathindernis aus dem Weg räumt, um sich anschließend des Vermögens oder einzelner Teile davon zu bemächtigen, eher mit Diebstahl und Raub, als mit Erpressung in Verbindung gebracht. Für die strafrechtliche Tatbeurteilung ist aber letztlich der Wortlaut des Gesetzes die wichtigste und ausschlaggebende Orientierungsmarke.[68] Diese verbietet nicht nur wortlautüberschreitende Bestrafung, sondern auch wortlautunterschreitende Nichtbestrafung. Der Strafrechtsanwender hat gemäß Art. 20 III GG die im Gesetzestext ausgedrückte Entscheidung der Legislative zu respektieren und praktisch umzusetzen. Der Gesetzestext gibt aber keinen Anhalt dafür, dass der Erpressungstatbestand in das enge Korsett eines „Selbstschädigungsdelikts" gepresst werden müsste.[69] Vielmehr lässt sich diesem Tatbestand ein entsprechender Charakter erst attestieren, wenn die Frage der Vermögensverfügung im Sinne der herrschenden Literaturmeinung entschieden ist, was andere Argumente erfordert als die zirkuläre Behauptung, Erpressung sei ein Selbstschädigungsdelikt, weil sein Tatbestand das Merkmal „Vermögensverfügung" enthält. Es spricht auch nichts dagegen, das mit vis absoluta erzwungene Dulden vermögensschädigender Vorgänge als „Selbstschädigung" zu qualifizieren. Die Nichtverhinderung dieser Vorgänge ist ein die eigenen Interessen beeinträchtigendes Verhalten, also selbstschädigend. Dass diesem Verhalten keine interessenwidrige Entscheidung des Opfers zugrunde liegt, ist unerheblich, wie oben dargelegt wurde (s. o. 10.2.1.5.1). Schließlich ist der herrschenden Literaturmeinung entgegenzuhalten, dass die Selbstschädigungsnatur der Erpressung nicht abhängig ist von der Art des Verhaltens, zu dem der Genötigte gezwungen wird, sondern von der Beziehung des Genötigten zu dem betroffenen Vermögen. Der Genötigte ist Opfer einer aufgezwungenen Selbstschädigung, wenn er Inhaber des Vermögens ist, das durch sein eigenes Verhalten geschädigt worden ist. Für den Selbstschädigungscharakter des Vorgangs unerheblich ist dagegen, ob er zur Duldung der Wegnahme oder zur Herausgabe von Sachen genötigt wird. Auch die behauptete Parallele zum Betrug ist argumentativ nicht tragfähig. Eine solche Parallele kann man erst ausmachen, wenn feststeht, dass zum Tatbestand der Erpressung ebenso wie zum Tatbestand des Betrugs eine Vermögensverfügung gehört, deren Begriffsmerkmale identisch sind.[70] Gegen eine derartige Identität spricht aber schon die Verschiedenheit der Mittel, mit denen beim Betrug einerseits (Täuschung) und bei der Erpressung andererseits

---

[67] Vgl. z. B. den Fall BGHSt 19, 342 (343).

[68] Schünemann (1980), 486 (488).

[69] Erb (2008), 711 (716); Küper (1998), 495 (504).

[70] Erb (2008), 711 (714); Küper (1998), 495 (501).

(Gewalt, Drohung) auf das Opfer eingewirkt wird.[71] Am wenigsten vermag der Hinweis auf die Aushöhlung gesetzlicher Privilegierungen der mit vis absoluta Vermögenseingriffe vorbereitenden Täter zu überzeugen. Diese Privilegierungen wirken eher wie unbeabsichtigte Zufallsergebnisse einer nicht alle Fälle antizipierenden Tatbestandsgestaltungstechnik. Stellt man auf Unrechtsgehalt und Strafwürdigkeit der betroffenen Taten ab, erscheint die Privilegierung als ungerechtfertigt und die Erfassung in § 253 und § 255 als rechtsethisch angemessene, dem Gleichbehandlungsgebot Rechnung tragende und kriminalpolitisch befriedigende Vermeidung von Ahndungslücken.[72]

10.2.1.5.3 Dreiecks-Erpressung

Im Normalfall einer Erpressung sind der Genötigte und der Inhaber des geschädigten Vermögens identisch. Dann sind an der Erpressung **zwei Personen** beteiligt: Der Täter und sein Opfer, das an seiner Willensentschließungs- bzw Willensbetätigungsfreiheit und an seinem Vermögen geschädigt wird (§ 253 I: „Vermögen des Genötigten"). Der Erpressungstatbestand erfasst aber auch den Fall, dass dem Vermögen „eines anderen" ein Nachteil zugefügt wird. Genötigter und Inhaber des geschädigten Vermögens können also verschiedene Personen sein.[73] Dann sind an der Erpressung **drei Personen** beteiligt: Der Täter und zwei Opfer. Das eine Opfer wird genötigt, während dem anderen Opfer ein Vermögensschaden zugefügt wird. Diese Fallkonstellation nennt man Dreiecks-Erpressung.[74] Der betroffene Vermögensinhaber wirkt in diesem Fall an dem vermögensschädigenden Vorgang nicht mit. Er wird nicht genötigt und ist daher nicht mit einem erzwungenen Verhalten Glied der zum Vermögensschaden führenden Kausalkette. Aus seiner Perspektive hat die Tat daher keinen selbstschädigenden Charakter. Vielmehr stellt sich die Tat für ihn als fremdschädigender Zugriff auf sein Vermögen dar, wie es für Diebstahl und Raub kennzeichnend ist.

Die strafrechtliche Würdigung der Dreiecks-Erpressung wird häufig parallel zum „Dreiecksbetrug" gehandhabt.[75] Erforderlich sei eine enge Beziehung zwischen dem Genötigten und dem betroffenen Vermögen bzw. seinem Inhaber („Näheverhältnis") zur Voraussetzung der Tatbestandsmäßigkeit.[76] Der Genötigte muss – bildlich gesprochen – „im Lager" des Vermögensinhabers (**„Lagertheorie"**) stehen. Das ist der Fall, wenn er tatsächlich die Möglichkeit hat, mit den

---

[71] Küper (1998), S. 495 (504); Seelmann (1982), 914.

[72] Erb (2008), 711 (715); Geilen (1980), 52; Schünemann (1980), 486 (488); Seelmann (1982), 914.

[73] OLG Celle, NStZ 2012, 447 (448); Eisele (2012b), Rn. 773; Geilen (1980), 47; Schünemann (1980), 486 (489); Seelmann (1982), 914 (916).

[74] BGHSt 41, 123 (125); OLG Celle, NStZ 2012, 447 (448); dagegen G. Wolf (1997), 73 (76): „Eine ,Dreieckserpressung' gibt es nicht.".

[75] Eisele (2012b) Rn. 773; Gössel (1996), § 31 Rn. 13; dagegen Erb (2008), 711 (717); G. Wolf (1997), 73 (75).

[76] BGHSt 41, 123 (126); OLG Celle, NStZ 2012, 447 (448); Krack (1996), 493 (497), Rengier (1985), 565 ff.; Seelmann (1982), 914 (916).

tatgegenständlichen Vermögensgütern umzugehen[77] und darüber hinaus in gewisser Weise mit der Wahrnehmung der Vermögensinteressen des Geschädigten betraut ist. Abgestellt wird auch auf die „Einräumung einer Herrschaftsposition in der Vermögenssphäre des Berechtigten".[78] Nur unter diesen Voraussetzungen könne das abgenötigte Verhalten dem geschädigten Vermögensinhaber zugerechnet und die Tat trotz der „gespaltenen" Opferseite als Selbstschädigungsdelikt qualifiziert werden. Danach vermag also nicht jede beliebige Dreiecks-Konstellation den Erpressungstatbestand zu erfüllen.

Beispiele

1. X hat dem O ein Taxi gestohlen. T hält den X für den Eigentümer des Taxis, schlägt ihn nieder und verlangt von ihm die Herausgabe des Fahrzeugschlüssels. Danach macht T mit dem Taxi eine Spazierfahrt. Nach der Fahrt bringt T das Taxi zum Taxistand zurück.
2. X ist Student und arbeitet in seiner Freizeit als Fahrer in dem Taxiunternehmen des O. Eines Tages wird X von T mit vorgehaltener Pistole gezwungen, aus dem Taxi zu steigen und die Schlüssel herauszugeben. Mit dem Taxi bringt T seine Frau zum Flughafen: anschließend bringt er das Taxi zum Taxistand zurück.

In beiden Beispielen ist der Genötigte nicht Inhaber des geschädigten Vermögens. Der betroffene Vermögensinhaber O ist von T nicht genötigt worden. Es liegt also eine Dreiecks-Konstellation vor. Nur in **Beispiel 2** besteht aber eine ausreichend enge Beziehung zwischen der genötigten Person (X) und dem geschädigten Vermögen. X ist als Fahrer des O für die Wahrung von dessen Vermögensinteressen verantwortlich, soweit es um die Benutzung des Taxis geht. Er steht im Lager des O, ist also gewissermaßen Mitinhaber des Vermögensguts, gegen das sich die Tat des T richtet. T hat sich deshalb wegen (räuberischer) Erpressung strafbar gemacht. In **Beispiel 1** ist X für O dagegen eine vollkommen fremde Person. Die Herausgabe von Fahrzeug und Schlüssel durch X ist dem O nicht zuzurechnen, der erlittene Vermögensnachteil kein Resultat einer abgenötigten (Quasi-)Selbstschädigung. T hat keine Erpressung begangen. Die Tat ist auch nicht als Diebstahl oder Raub strafbar, da T sich das Taxi nicht zueignen wollte. Strafbar ist T nur aus §§ 248 b, 240 und 223.

Ein Näheverhältnis des Genötigten zu dem geschädigten Vermögen ist in vielen Fällen schon wegen des **Kausalitätserfordernisses** unverzichtbar. Die Nötigung einer Person ist für einen Vermögensschaden nur dann ursächlich, wenn ein bestimmtes passives oder aktives Verhalten dieser Person Einfluss auf die Unversehrtheit des tatgegenständlichen Vermögens hat. Bei Personen, die zu dem Vermögen in keinerlei Beziehung stehen, wird sich ein Verhalten mit dieser Vermögensrelevanz in der Regel nicht feststellen lassen. Problematisch sind daher allein die Fälle, in denen

---

[77] Nach Blei (1983), 252; Welzel (1969), 381 reicht dies für eine tatbestandsmäßige Dreiecks-Erpressung aus.
[78] Otto (1995), 1020 (1022).

der Genötigte durch die Nötigung gezwungen wird, Zugriff auf das Vermögen des Geschädigten zu nehmen und dadurch den Vermögensschaden herbeizuführen.

Beispiel

T droht dem G an, er werde dessen Ehefrau einen Ehebruch des G offenbaren, wenn dieser nicht dem Taxiunternehmer O sein Taxi wegnimmt und dem T für eine Spazierfahrt zur Verfügung stellt. Unter dem Druck der Drohung nimmt G dem O das Taxi weg und liefert dieses dem T aus. T macht damit eine Fahrt von Berlin nach Leipzig und zurück und stellt anschließend das Fahrzeug am Taxistand wieder ab.

Die Wegnahme des Taxis ist nicht als Diebstahl strafbar, da weder G noch T Zueignungsabsicht hatten. T hat aber den G zu einer Handlung genötigt und dadurch dem Vermögen des O Schaden zugefügt. Deshalb könnte er wegen Erpressung strafbar sein. Kausalität zwischen dem Angriff auf die Willensentschließungsfreiheit des G und dem Vermögensnachteil des O lässt sich nicht bestreiten. Der Genötigte G stand aber vor der Drohung des T nicht „im Lager" des O. Eine Nähe zum Vermögen des O wurde erst dadurch hergestellt, dass G sich der Drohung beugte und den Gewahrsam des O an seinem Fahrzeug brach. Nach der h. M. hat T aus diesem Grund keine Dreiecks-Erpressung begangen.[79]

Dem ist im Ergebnis – nicht aber in der Begründung – zu folgen. Denn die Unrechtsqualität der Erpressung beruht auf einer spezifischen Verknüpfung von Willensbeugung und Vermögensbeschädigung.[80] Der Angriff auf die Willensfreiheit ist für den Täter deswegen attraktiv, weil er ihm den Zugriff auf fremdes Vermögen ermöglicht. Das bedeutet, dass gerade der Vermögensinhaber einer erhöhten Gefahr ausgesetzt ist, Opfer von nötigender Gewalt oder Drohung zu werden.[81] Die Vermögensinhaberschaft wird deswegen zu einer Gefahr für den Vermögensinhaber, das Vermögen selbst bereits dadurch entwertet. Was Nutzen bringen soll, wird so für seinen Inhaber zur Plage. Davor will § 253 den Vermögensinhaber schützen. § 253 ist also ein Straftatbestand, der nicht nur den Erhalt des Vermögens, sondern auch die **Freiheit des Vermögensinhabers von Zwang**, letztlich also den nicht durch Furcht vor Gewalt oder Drohung beeinträchtigten Genuss der mit dem Vermögen verbundenen Annehmlichkeiten schützt. Der Schutzzweck des Erpressungstatbestands erfasst daher nur Angriffe auf Willensentschließungs- und Willensbetätigungsfreiheit, in denen sich das erhöhte Viktimisierungsrisiko des Vermögensinhabers realisiert. Das ist typischerweise der Fall bei der Erpressung im Zwei-Personen-Verhältnis, wo sich die Nötigung gegen den Inhaber des geschädigten Vermögens richtet. Ausnahmsweise kann aber auch eine Nötigung im Drei-Personen-Verhältnis diese spezifische Verknüpfung von Vermögens- und Freiheitsbeeinträchtigung herstellen. So

---

[79] Arzt et al. (2009), § 18 Rn. 19.
[80] Treffend Schünemann (1980), 486 (490): Erforderlich ist eine „kumulative", nicht bloß eine „additive" Verdoppelung der Rechtsgutsverletzung.
[81] Röckrath (1991), 17.

verhält es sich dann, wenn der gegen den Dritten ausgeübte Nötigungsdruck auch für den Vermögensinhaber ein empfindliches Übel ist, dieser sich also in die Lage des Genötigten versetzt genauso genötigt fühlen würde wie der Genötigte selbst. Wie oben gesehen, ist diese „Mitleidenschaft" als maßgeblich anerkannt bei der Gewalt gegen einen Dritten oder der Androhung eines gegen den Dritten gerichteten Übels, mit der der Vermögensinhaber zu einem vermögensschädigenden Verhalten gezwungen wird. Nicht anders sind die Fälle zu beurteilen, in denen nicht der Vermögensinhaber, sondern der unter Druck gesetzte Dritte selbst das vermögensschädigende Verhalten vollzieht. Aus diesem Grund liegt in dem obigen Beispiel keine Dreiecks-Erpressung vor. O würde sich gewiss nicht durch die Ankündigung des T, er werde der Ehefrau des G einen von G begangenen Ehebruch verraten, zur Herausgabe seines Taxis motivieren lassen. Der Gegenstand dieser Drohung ist ihm gleichgültig und erschüttert daher seine Position als Vermögensinhaber nicht. Unter dieser Voraussetzung macht es keinen Unterschied, ob T von O Herausgabe oder von G Wegnahme des Fahrzeugs verlangt. Eine andere Beurteilung des Falles wäre eventuell begründet, wenn es sich bei G um den besten Freund des O handeln würde, den dieser unbedingt vor dem angekündigten Übel bewahren will. Der direkt gegen G gerichtete Angriff auf die Willensentschließungsfreiheit hätte dann eine Qualität, die den Vermögensinhaber in gleicher Weise unter Druck setzen kann wie den Genötigten selbst.

Die Dreiecks-Erpressung setzt also **kein** besonderes Näheverhältnis des Genötigten zum geschädigten Vermögen voraus.[82] Es ist möglich, dass dieses Verhältnis vorliegt und die Tat dennoch keine Erpressung ist. Umgekehrt kann eine Dreiecks-Erpressung auch durch die Nötigung eines Dritten begangen werden, der nicht im Lager des Vermögensinhabers steht. Entscheidendes Kriterium ist das tatsächliche oder mutmaßliche Mitbetroffensein des Vermögensinhabers durch das dem Dritten zugefügte oder angedrohte Übel. Besteht diese „Leidensgenossenschaft" zwischen Genötigtem und Vermögensinhaber, spielt es für die Qualifikation der Tat als Erpressung keine Rolle, ob der Dritte oder der Vermögensinhaber selbst die vermögensschädigende Handlung vollziehen soll. Die dem Dritten abgenötigte Handlung wird wie eine Handlung des Vermögensinhabers bewertet.[83]

Beispiele

1. T prügelt vor den Augen des O dessen Schwester S so lange, bis O dem T 5000 € zahlt.
2. T prügelt die S so lange, bis diese ihrem Bruder O 5000 € wegnimmt und dem T dieses Geld gibt.

That in beiden Beispielen (räuberische) Erpressung begangen. Bezüglich des ersten Beispielsfalles gibt es in Literatur und Rechtsprechung über dieses Ergebnis keinen Streit. Um eine Dreiecks-Erpressung handelt es sich in diesem Fall zwar nicht, da O sowohl Nötigungsopfer als auch geschädigter Vermögensinhaber ist. Dennoch ist dieser Fall durch eine Dreiecks-Struktur geprägt, weil zwei ver-

---

[82] Gegen dieses Kriterium („unbestimmt") auch G. Wolf (1997), 73 (75).
[83] Mitsch (1995), 499.

schiedenen Opfern ein Übel zugefügt wird und eines dieser beiden Opfer nicht Inhaber des betroffenen Vermögens ist. Beispiel 2 unterscheidet sich in dieser Hinsicht nicht von Beispiel 1. Auch hier strahlt die der S zugefügte Gewalt auf O aus. Aus diesem Grund ist die Heranziehung identischer Beurteilungskriterien in beiden Beispielen gerechtfertigt.

Eine zweite Kategorie der Dreieckserpressung umfasst Fälle, in denen der Täter eine Person nötigt, die eine **Berechtigung hat, über fremdes Vermögen zu verfügen** und daher tatsächlich in der Lage ist, durch Ausübung dieser Befugnis dem fremden Vermögen Schaden zuzufügen. Hier kommt es also nicht darauf an, ob das vom Täter gegen den Befugnisinhaber eingesetzte Nötigungsmittel geeignet ist, auch den Vermögensinhaber zu vermögensschädigendem Verhalten zu zwingen. Ein Anwendungsfall dieses Erpressungstyps ist die dem „Prozessbetrug" (dazu oben 5.2.1.4.4) nachempfundene „**Prozesserpressung**" durch Richternötigung.

Beispiel

O hat gegen T einen Anspruch auf Rückzahlung eines Darlehens in Höhe von 3000 €. Da T nach Fälligkeit trotz Mahnung nicht zahlt, erhebt O gegen ihn Klage vor dem Amtsgericht. In der mündlichen Verhandlung macht der Amtsrichter R Äußerungen, aus denen T schließen kann, dass der Klage des O wahrscheinlich stattgegeben wird. In einer Verhandlungspause sucht T den R in seinem Dienstzimmer auf und erklärt ihm, er wisse, dass R ein ehebrecherisches Verhältnis mit der Referendarin unterhalte, die dem R zur Ausbildung zugewiesen ist. T droht dem R, er werde sein Wissen der Ehefrau des R und dem Amtsgerichtsdirektor offenbaren, wenn R nicht die Klage des O abweist. R sieht daraufhin keinen anderen Ausweg und beugt sich dem Zwang. Am Ende der Verhandlung verkündet R ein – sachlich falsches – Urteil, mit dem die Klage des O wegen Verjährung abgewiesen wird.

Der Darlehensrückzahlungsanspruch ist Teil des Vermögens des O. Die Klageabweisung hat diesen Anspruch zwar nicht erlöschen lassen. Jedoch ist auf Grund des Urteils die Gefahr gewachsen, dass die Durchsetzung des Anspruchs scheitern wird. Das Vermögen des O ist durch den richterlichen Akt also konkret gefährdet worden. Da R nicht Inhaber des betroffenen Vermögens ist, erfüllt die Nötigung des R durch T den Erpressungstatbestand nur unter den Voraussetzungen der Dreieckserpressung. Beurteilt man dies anhand des oben als „Leidensgenossenschaft" bezeichneten Kriteriums, scheidet eine Dreieckserpressung aus. Denn der Verrat des Ehebruchs an die Ehefrau des R ist ein den O in keiner Weise be- oder anrührendes Ereignis, wird von ihm insbesondere nicht als empfindliches Übel mitempfunden. Gleichwohl ist die klageabweisende Entscheidung des R wie eine Handlung zu bewerten, mit der R über eigenes Vermögen verfügt hätte. Als zuständigem Richter ist ihm der Gegenstand des Verfahrens zur Entscheidung anvertraut und damit seinem prozessualen Agieren die Kraft zur Herbeiführung rechtsgültiger Folgen im Vermögen des O verliehen. Das Vermögen des O ist auf diese Weise mit einer zusätzlichen Angriffsfläche so eng verknüpft, dass eine gegen diese Angriffsfläche gerichtete Tat zwangsläufig auch das Vermögen treffen muss. In Gestalt des Richters R ist diesem Vermögen gewissermaßen eine weitere „Achillesferse" gewachsen, die der Täter anvisieren kann, wenn er dem Vermögen des O Schaden zufügen will. Vor Angriffen über eine Nötigung des R muss das Vermögen des O daher dadurch geschützt werden, dass solche Angriffe als Erpressung bestraft werden können. T hat also mit der Nötigung des R eine Dreieckserpressung begangen.

10.2.1.6   Vermögensnachteil
10.2.1.6.1   Allgemeines
Erpressung ist ein **Erfolgsdelikt**, der Tatbestand erst vollständig, das Delikt erst vollendet, wenn dieser Erfolg eingetreten ist. Ohne diesen Erfolg liegt allenfalls versuchte Erpressung vor. Die oben gemachte Bemerkung, Erpressung sei ein „kupiertes Erfolgsdelikt", also eine Straftat, zu deren objektivem Tatbestand der Eintritt eines Erfolges gerade nicht gehört, wird damit nicht widerlegt. Denn sie bezog sich auf den Erfolg „Bereicherung" bzw. – gleichbedeutend – Erlangung eines Vermögensvorteils. Von diesem Erfolg zu unterscheiden ist der Erfolg „Vermögensnachteil". Der Eintritt eines Vermögensnachteils beim Genötigten oder einem anderen ist nach § 253 I objektives Tatbestandsmerkmal und Voraussetzung einer vollständigen Erpressung.[84] Dieser Erfolg muss durch das abgenötigte Opferverhalten verursacht oder mitverursacht worden sein. Erforderlich ist also ein Kausalzusammenhang zwischen dem Nötigungserfolg und dem Vermögensnachteil. Da zwischen dem Nötigungserfolg und der Nötigungshandlung (Gewalt oder Drohung) ebenfalls ein Kausalzusammenhang besteht, sind letztlich auch Nötigungshandlung und Vermögensnachteil qua Kausalität miteinander verbunden. Anders als beim Raub genügt also bei der Erpressung ein bloßer Finalzusammenhang zwischen Nötigung und Vermögensnachteil nicht.

10.2.1.6.2   Vermögensbegriff
Vermögen ist der **Inbegriff** der Güter einer Person, die einen **wirtschaftlichen Wert** haben.[85] Das Vermögen kann sich also aus zahlreichen sehr unterschiedlichen Gegenständen zusammensetzen. Ihre Zugehörigkeit zum Vermögen erkennt man daran, dass ihr Vorliegen den Gesamtwert des Vermögens erhöht, bzw. ihre Abwesenheit den Gesamtwert des Vermögens verringert. Da der „Vermögensnachteil" auf diesen Gesamtwert abstellt, sind nicht nur die Träger positiver, aktiver Werte beachtlich. Zum Vermögen gehört auch die **Freiheit von Belastungen**, also passiven, einen negativen Wert verkörpernden Gegenständen. Das Volumen des Vermögens ist davon abhängig, ob eine Sache des Vermögensinhabers mit einem Pfandrecht belastet ist oder nicht, ob der Vermögensinhaber Verbindlichkeiten gegenüber Gläubigern hat oder nicht.[86] Aktivposten des Vermögens sind nicht nur „**Vollrechte**" wie

---

[84] Maurach et al. (2009), § 42 Rn. 40.

[85] § 253 liegt derselbe Vermögensbegriff zugrunde wie § 263; vgl. Lenckner (1967), 105; Rengier (2014a), § 11 Rn. 42.

[86] Cramer (1968), 145.

das Eigentum oder ein Geldzahlungsanspruch, sondern auch **Teilberechtigungen** wie der Nießbrauch, ein obligatorisches Nutzungsrecht oder das Sicherungseigentum an einer Sache. Teile des gegenwärtigen Vermögensbestandes sind bereits hinreichend substantiierte **Chancen** auf künftige Erlangung von Gegenständen (Exspektanzen), z. B. das Anwartschaftsrecht des Käufers unter Eigentumsvorbehalt, das Rückerwerbsrecht des Sicherungsgebers oder die sichere Aussicht auf einen günstigen Geschäftsabschluss.[87] Selbst die begründete Chance auf einen Arbeitsplatz kann Vermögensbestandteil schon zu einem Zeitpunkt sein, zu dem das Bewerbungsverfahren noch nicht abgeschlossen ist. Vermögenswert haben darüber hinaus **Dienstleistungen** bzw. die Fähigkeit zum gewinnbringenden legalen[88] Einsatz der **Arbeitskraft**.[89]

Hinter einem einzelnen Gegenstand muss nicht unbedingt ein **Recht** stehen, damit es Vermögensgut ist. Notwendig und ausreichend ist grundsätzlich die **faktische** Zurechenbarkeit des Objekts zur Vermögenssphäre einer Person, die daraus materiellen Nutzen ziehen kann, ohne sich dabei auf eine Rechtsgrundlage zu stützen. Zum Vermögen einer Person gehört also nicht nur der Rasenmäher, der im Eigentum dieser Person steht, sondern auch ein fremder Rasenmäher, dessen regelmäßige Benutzung dieser Person von seinem Eigentümer aus Gefälligkeit[90] gestattet wird. Entscheidend ist nicht die juristische Zuordnung, sondern der tatsächliche wirtschaftliche Zufluss eines in Geld messbaren Wertes. Die Dogmatik der Erpressung stützt sich also nicht auf einen rein juristischen, sondern auf einen – normativ begrenzten – **wirtschaftlichen Vermögensbegriff**.

Diese wirtschaftliche Betrachtungsweise darf jedoch nicht soweit gehen, selbst **illegale** Zustände und Beziehungen zum Vermögensbestandteil der Person zu erklären, die tatsächlich in der Lage ist, aus der illegalen Quelle wirtschaftliche Vorteile zu ziehen. Das Recht muss widerspruchsfrei bleiben und daher demjenigen seinen Schutz versagen, der einen Nachteil an einem Gut erlitten hat, das er selbst unter Missachtung des Rechts eines anderen in seine Gewalt gebracht hat.

Beispiele

1. X hat dem O ein Fahrrad gestohlen. Er kann sich aber nur kurze Zeit an der Beute delektieren, da der T ihm Prügel androht, falls er das Rad nicht herausrücke. Eingeschüchtert gibt X das Fahrrad des O an T heraus.
2. A kassiert in einer westdeutschen Großstadt jede Woche von zehn Inhabern griechischer Restaurants insgesamt 5000 € „Schutzgelder". Eines Tages macht sich in der Stadt eine neue Mafiaorganisation breit, deren Chef T dem

---

[87] BGH, NStZ 2012, 272 (273).

[88] BGH, NStZ 2001, 534: Keinen Vermögensschaden erleidet, wer zur Erbringung illegaler Dienstleistungen genötigt wird; ebenso bzgl. zum unentgeltlichen Geschlechtsverkehr genötigter Prostituierter BGH, NStZ 2013, 710 (711); 2011, 278.

[89] Zimmermann (2012), 211 (212).

[90] Also nicht auf Grund eines Leih- oder Mietvertrages, denn dann wäre ja ein rechtlich zugewiesenes Gut – das vertraglich begründete Nutzungsrecht – vorhanden.

A androht, er werde künftig „die Radieschen von unten betrachten" können, wenn er nicht unverzüglich seinen Stamm an Schutzgeldzahlern an ihn abtrete. Aus Furcht vor der Realisierung dieser Drohung nennt A dem T die Namen der von ihm erpressten Restaurantinhaber und weist diese an, die Schutzgelder künftig an T zu zahlen.

Der Besitz des gestohlenen Fahrrads bzw. die „Zahlungsmoral" der Restaurantbesitzer waren für X und A Quellen tatsächlich erzielbarer Vorteile wirtschaftlicher Art. Rein wirtschaftlich betrachtet war die Stellung des X als Fahrradbesitzer also ebenso ein Vermögensgut wie die Stellung des A als Empfänger der Schutzgelder. Wären diese „Güter" rechtlich neutral, bestünden gegen die Gewährung strafrechtlichen Schutzes aus § 253 zugunsten des X und des A keine Bedenken. Die Aufrechterhaltung des Besitzes an dem Fahrrad durch X verletzte aber das Eigentum des O, die Aufrechterhaltung der „Geschäftsbeziehung" des A zu den Restaurantbesitzern verletzte diese in ihrem Vermögen und ihrer Willensentschließungs- und Willensbetätigungsfreiheit. Das Strafrecht darf diese Rechtsverletzung nicht dadurch unterstützen, dass es die Verletzer vor dem Entzug ihrer illegalen Vorteilsquelle durch Dritte schützt und gegen diese auf der Grundlage des § 253 vorgeht. Schutzwürdig sind X und A allenfalls hinsichtlich des Angriffs auf ihre Willensentschließungs- und Willensbetätigungsfreiheit.[91] Das rechtfertigt aber nur die Anwendung des § 240, während § 253 darüber hinaus schutzwürdiges Vermögen voraussetzt. Daran fehlt es bei X[92] und bei A. T ist daher nicht wegen Erpressung zu Lasten des X und des A strafbar. Eine Strafbarkeit des T aus § 253 zu Lasten des Fahrradeigentümers und der Restaurantbesitzer wird dadurch natürlich nicht ausgeschlossen. In Bezug auf den Fahrradeigentümer O fehlt es allerdings an der für eine „Dreiecks-Erpressung" erforderlichen „Opfergemeinschaft" von O und X (s. o. 10.2.1.5.3).

Die illegale Herkunft oder sonstige Verstrickung eines Vermögensguts kann sogar das sachenrechtlich vollgültige Eigentum des strafrechtlichen Schutzes durch § 253 entkleiden.

Beispiel

T beauftragt den Killer K mit der Ermordung des O. Als Lohn soll K insgesamt 20.000 € bekommen. 10.000 € zahlt T dem K als Vorschuss, die andere Hälfte soll K nach Ausführung des Auftrags erhalten. Nachdem K den O getötet hat, verlangt er von T den restlichen Lohn. T verweigert aber die Zahlung. Stattdessen lockt er den K in eine Falle und verlangt seinerseits unter Androhung der Erschießung Rückzahlung der bereits erhaltenen 10.000 €. Daraufhin gibt K dem T die 10.000 € „Vorschuss" zurück.

Zivilrechtlich mag es durchaus fraglich sein, ob K gem. § 929 S. 1 BGB Eigentümer der als Vorschuss gezahlten 10.000 € geworden oder ob die Übereignung an § 134 BGB gescheitert ist. Vertretbar ist aber sicher die Auffassung, dass

---

[91] Eisele (2012b), Rn. 776.
[92] Dazu Dehne-Niemann (2009), 37 (38).

der Nichtigkeitsgrund des § 134 BGB nur den schuldrechtlichen „Tötungsauf-trag" berührt und die Wirksamkeit des neutralen dinglichen Erfüllungsgeschäfts nicht beeinträchtigt. Auch § 817 S. 2 BGB spricht dafür, dass der Erwerb des K eine gewisse zivilrechtliche Stabilität hat. Somit könnte man sagen, dass diese Bereicherung des K nicht nur wirtschaftlich effektiv zustande gekommen ist, sondern sogar eine gültige formaljuristische Grundlage hat. Dabei darf aber nicht unberücksichtigt bleiben, dass der Erwerb des K mit einem gewichtigen straf-rechtlichen Präventionsanliegen („Verbrechen darf sich nicht lohnen") kollidiert und deshalb strafrechtlich missbilligt wird. Als Verbrecherlohn unterliegt das Geld daher gemäß § 73 I dem Verfall. Der Besitz des Geldes ist somit ein straf-rechtlich unerwünschter Zustand, dessen Absicherung durch vorteilssicherndes Handeln Dritter sogar in § 258 I mit Strafe bedroht ist. Strafrechtskonform ist also nicht die Erhaltung dieses Vermögensguts, sondern sein Verlust. Zu die-ser strafrechtlichen Wertung darf sich keine vermögensschützende Vorschrift in Widerspruch setzen. Ein derartiger Widerspruch entstünde jedoch, wenn T aus § 253 bestraft würde. Die Nötigung des K zur Herausgabe der 10.000 € ist also keine Erpressung, weil T dem K keinen Nachteil an schutzwürdigem Vermögen zugefügt hat.

10.2.1.6.3 Nachteil

Ein Nachteil (gleichbedeutend: Schaden) ist dem Vermögen zugefügt, wenn sein **Gesamtwert gemindert** ist. Dies wird durch einen Vergleich zweier Vermögens-lagen ermittelt:[93] Das Vermögen vor der Nötigung wird dem Vermögen nach der Nötigung gegenübergestellt. Ist der zweite Vermögensgesamtwert niedriger als der erste, liegt ein Vermögensnachteil vor. Dieses Ergebnis kann durch den Verlust positiver oder durch den Zuwachs negativer Wertträger bewirkt werden.

Beispiele

1. T droht dem O mit einer Strafanzeige wegen Steuerhinterziehung, um ihn zur Zahlung von 3000 € zu veranlassen.
2. T droht dem O, dessen streng geheimgehaltene homosexuellen Neigungen an eine Boulevardzeitung zu verraten, falls O nicht eine selbstschuldneri-sche Bürgschaft über 3000 € übernehme. Zur Abwendung des angedrohten „outing" unterschreibt O die Bürgschaftsurkunde.

Anders als in Beispiel 1 hat O in Beispiel 2 von den ihm gehörenden Vermögens-gütern noch nichts verloren. Dennoch ist auch sein Vermögen durch die Tat des T bereits beschädigt worden, ein Vermögensnachteil also entstanden. Denn durch den Abschluss des Bürgschaftsvertrages hat O sein Vermögen mit einer Zah-lungspflicht in Höhe von 3000 € belastet. Zwar ist möglicherweise noch nicht sicher, ob O von dem Gläubiger tatsächlich aus der Bürgschaft in Anspruch ge-nommen und sein Regress beim Hauptschuldner (§ 774 BGB) fehlschlagen wird. Aber allein der Umstand, dass sich dies nicht ausschließen lässt, belastet und

---

[93] Gössel (1977), 32.

mindert das Vermögen des O. Denn ein Nachteil ist nicht erst der effektive und endgültige Wegfall eines Vermögensgutes, wie er in Beispiel 1 eingetreten ist, sondern bereits die konkrete Gefahr eines solchen Verlustes. Vermögensnachteil ist daher nicht nur der Vermögensschaden, sondern auch die konkrete **Vermögensgefährdung**.[94]

Da die Ermittlung eines Vermögensnachteils eine Bewertung des gesamten Vermögens voraussetzt, kann die Feststellung, dass der Vermögensinhaber auf Grund der Tat ein Gut verloren hat, nur ein Zwischenergebnis begründen. Denn berücksichtigt werden muss auch ein gegebenenfalls auf der Tat beruhender Zuwachs an gesamtwerterhöhenden Gegenständen. Mit anderen Worten: Wertträger, die der Vermögensinhaber als Gegenleistung für die Weggabe eines Gutes erworben hat, kompensieren die mit der Weggabe verursachte Wertminderung und schließen einen Vermögensnachteil aus, wenn ihr Wert mindestens genauso hoch ist, wie der des preisgegebenen Gutes. Vermögensnachteil ist somit der **negative Saldo** aus Verlust und Gewinn.[95]

Selbstverständlich **kein** schadensverhindernder oder schadensvermindernder Ausgleichsposten sind **zivilrechtliche Herausgabe-, Schadensersatz- und Bereicherungsansprüche** (§§ 861, 985, 823, 812 BGB), die der Vermögensinhaber auf Grund des Verlustes gegen den Täter erlangt hat.[96] Anderenfalls wäre ein Vermögensschaden denklogisch nie möglich, weil derartige Ansprüche ja immer entstehen, wenn der Vermögensinhaber durch Gewalt oder Drohung zu einem unfreiwilligen Vermögensopfer gezwungen wird. Anders verhält es sich unter Umständen mit der Befreiung des Vermögensinhabers von einer Verpflichtung, die gem. § 362 BGB auf Grund einer abgenötigten Leistung eintritt.[97]

Beispiel

O schuldet dem X 150 € und ist mit der Erfüllung dieser Pflicht bereits einige Wochen in Verzug. Schließlich verliert X die Geduld. Er beauftragt seinen Freund T, dem O „die Hölle heiß zu machen", damit dieser endlich zahle. Der etwas einfältige T nimmt diese Aufforderung wörtlich und droht dem O an, er werde ihm „die Bude anzünden", wenn dieser nicht unverzüglich seinem Kumpel X die geschuldeten „drei Fuffziger" zukommen lasse. Darauf beeilt sich O, dem T 150 € und die Anweisung mit auf den Weg zu geben, das Geld und freundliche Grüße dem X zu überbringen. T nimmt das Geld entgegen und händigt dem O eine von X unterschriebene Quittung aus.

T hat sich durch die Androhung einer schweren Brandstiftung (§ 306a Nr. 1)[98] wegen Nötigung (§ 240) strafbar gemacht. Auch einem berechtigten Leis-

---

[94] BGHSt 34, 394 (395); BGH, NStZ 1999, 618 (619).

[95] Cramer (1968), 104; Eisele (2012b), Rn. 775.

[96] Hilgendorf (1994), 466 (468).

[97] Geilen (1980), 49.

[98] Ein Brandstiftungsdelikt hat T dagegen nicht begangen. Zum Versuch fehlt wohl noch die „Unmittelbarkeit" des Ansetzens (§ 22) und für § 30 II Alt. 1 iVm § 306 a Nr. 1 fehlt es an einem

tungsverlangen darf mit einer Methode, wie T sie angewendet hat, nicht zur Durchsetzung verholfen werden. Die Nötigung war daher rechtswidrig, § 240 II. Strafbarkeit wegen Erpressung ist dagegen nicht begründet. Denn da X gegen O einen fälligen und einredefreien Anspruch auf Zahlung von 150 € hatte, war die von T beabsichtigte Bereicherung des X nicht rechtswidrig (näher dazu unten 10.2.2.3.4). Aus diesem Grund ist der subjektive Tatbestand des § 253 I nicht erfüllt. Man wird im vorliegenden Fall jedoch bereits die objektive Tatbestandsmäßigkeit der Tat verneinen müssen. Per saldo ist dem Vermögen des O nämlich kein Schaden zugefügt worden. Zwar bewirkt die Zahlung der 150 € zweifellos eine Minderung des Vermögens. Diese wird aber kompensiert durch die gleichzeitig gemäß § 362 I BGB eintretende Befreiung von der Zahlungspflicht gegenüber X.[99] Damit wird die Vermögensgesamtbilanz um ein Passivum entlastet, woraus sich eine Erhöhung des Vermögenswerts um den Betrag der weggefallenen Forderung ergibt. Die Befreiung von der Verpflichtung hat bei wirtschaftlicher Betrachtung jedenfalls dann denselben Wert wie das zwecks ihrer Erfüllung gezahlte Geld, wenn für den Schuldner keine nennenswerte Chance bestand, dass der Gläubiger seine Forderung nicht durchsetzen, sondern z. B. verjähren lassen oder auf sie verzichten würde. Letzterenfalls wäre die Befreiung von der Schuld kein vollwertiges Äquivalent des gezahlten Geldes.

Die Bestimmung des Wertes der Gegenleistung bereitet mitunter beträchtliche Schwierigkeiten. Leitprinzip der Bewertung ist in jedem Fall der – durch gewisse normative Einschränkungen modifizierte – **wirtschaftliche** Vermögensbegriff. Daher sind „Gegenleistungen" immaterieller, ideeller Natur überhaupt nicht berücksichtigungsfähig, selbst wenn sie in der objektiven Wertskala der Rechtsordnung oder der subjektiven Wertskala des Betroffenen eine höhere Rangstelle einnehmen als das verlorene Vermögensgut. Im Übrigen ist der Saldierung der Wert zugrunde zu legen, den das erworbene Gut für den Vermögensinhaber bei wirtschaftlicher Betrachtung tatsächlich hat. Das ist insbesondere in den Fällen zu beachten, bei denen der Vermögensinhaber als Gegenleistung einen Gegenstand (zurück)erhält, der ihm rechtlich ohnehin zusteht, der ihm faktisch aber nicht zur Verfügung stand.

Beispiele

1. T hat den Sohn des O entführt und verlangt von ihm 50.000 € Lösegeld. O zahlt und erhält darauf seinen Sohn zurück.
2. O hat eine Uhr verloren, die einen Wert von 300 € hat. T findet die Uhr und erfährt, dass sie dem O gehört. Weil ihm der von O angebotene gesetzliche Finderlohn (vgl. § 971 I 2 BGB: 5 %= 15 €) als zu „mickrig" erscheint, erklärt T dem O, er werde die Uhr „in die Havel schmeißen", falls O nicht 300 €

---

geeigneten Adressaten der Bereiterklärung. Die Erklärung gegenüber dem Opfer des Verbrechens erfüllt diesen Tatbestand nicht; Systematischer Kommentar- Hoyer (2001), § 30 Rn. 37.

[99] Welzel (1969), 381.

„springen lässt". O beugt sich dem Druck und zahlt 300 €. Daraufhin gibt T ihm die Uhr heraus.

3. T hat dem O ein Gemälde im Wert von 50.000 € entwendet, das er nicht behalten, sondern dem O für ein „Lösegeld" zurückverkaufen will. Er ruft den O an und droht ihm mit der Vernichtung des Bildes, falls O nicht 50.000 € „Lösegeld" zahle. O zahlt und erhält dafür von T das Gemälde zurück.

Obwohl außer Zweifel steht, dass die „freigekauften" Güter Leben, Gesundheit und persönliche Bewegungsfreiheit des Sohnes einen weitaus höheren Wert haben als der in **Beispielsfall 1** von O an T als „Kaufpreis" gezahlte Geldbetrag, ist die Freilassung des Sohnes keine „Gegenleistung", die den Verlust des Geldes ausgleicht.[100] Denn ein Mensch ist kein Vermögensgut. Auch das Interesse des O am Wohlergehen seines Sohnes hat ausschließlich immateriellen Charakter.[101] O hat also einen Vermögensschaden erlitten, T hat sich unter anderem[102] wegen räuberischer Erpressung strafbar gemacht.

In **Beispiel 2**[103] hat O für die Zahlung der 300 € ein Vermögensgut erhalten, das laut Sachverhalt 300 € wert ist. Die Saldierung dieser beiden Werte scheint zu dem Ergebnis zu führen, dass der Wert von O´s Vermögen nach der Tat des T genauso hoch ist wie zuvor, ein Vermögensnachteil durch die Lösegeldzahlung also nicht verursacht worden ist. Dieses Ergebnis wird von der h. M. allerdings abgelehnt. Denn die Uhr sei kein „kompensationsfähiges Äquivalent", da sie dem O ja gehöre, T also gemäß § 985 BGB zur fast unentgeltlichen (§ 971 BGB) Rückgabe verpflichtet sei.[104] O habe also nur erhalten, was ihm ohnehin gehört, letztlich also nichts hinzugewonnen, was den Verlust der 300 € ausgleichen könne. Diese Argumentation ist schlüssig, wenn man den Wert der Uhr in einen besitzbezogenen und einen eigentumsbezogenen Teil aufspalten kann.[105] Das hätte in Beispiel 2 zur Konsequenz, dass der Besitz weniger als 300 € wert ist, da der Gesamtwert 300 € beträgt, und für das Eigentum ja auch noch ein Teilwert übrig bleiben muss. Da T dem O nur den Besitz, nicht aber das Eigentum an der Uhr rückübertragen hat und O das Eigentum gar nicht verloren hatte, beträgt der Wert der „Gegenleistung" des T weniger als 300 €. Damit hätte die Lösegeldzahlung eine Minderung des Vermögensgesamtwertes, also einen Vermögensnachteil verursacht. Jedoch ist fraglich, ob man den Wert der zurückerhaltenen Uhr in dieser Weise bestimmen kann. Insbesondere ist höchst zweifelhaft, ob das Eigentum, das O durch das Abhandenkommen der Uhr nicht eingebüßt hatte, wirklich noch einen Vermögenswert hat. Jedenfalls ist diese Art der Wertbe-

---

[100] Herzberg (1972b), 93 (94).

[101] Ablehnend zu dieser Begründung der Nichtkompensation Jakobs (1974), 474.

[102] Bereits vor der Erpressung hat T erpresserischen Menschenraub begangen und sich dadurch aus § 239 a I Alt. 1 strafbar gemacht.

[103] Instruktiv dazu Graul (1999), 562 ff.

[104] BGHSt 26, 346 (347); Eisele (2012b), Rn. 775; Fischer (2014), § 253 Rn. 14; Jakobs (1974), 474; Mohrbotter (1975), 102; Rengier (2014a), § 11 Rn. 45; Seelmann (1982), 914 (916); gegen diese Argumentation (im Ergebnis aber ebenso) Graul (1999), 562 (566).

[105] Gössel (1977), 32 (33).

stimmung eher eine formaljuristische, denn eine wirtschaftliche.[106] Wirtschaftlich betrachtet ist das Eigentumsrecht ohne Eigentumsobjekt bzw. der aus dem Eigentumsrecht folgende Herausgabeanspruch eine leere und wertlose Hülse.[107] Ein solches substanzloses Recht lässt sich nicht durch einen Verkauf zu Geld machen, wenn dem Käufer mit dem Eigentum nicht wenigstens eine realistische Chance auf Rückgewinnung des verlorenen Objekts übertragen werden kann. Es spricht also einiges dafür, den Gesamtwert auf die tatsächliche Herrschaft über die Uhr zu beziehen und das Eigentum ohne Sachherrschaft mit dem Wert „null" zu bemessen.[108] Dann hat O von T tatsächlich einen vollwertigen Ersatz für die gezahlten 300 € erhalten und keinen Vermögensnachteil erlitten. T hat sich mit der Nötigung zur Zahlung der 300 € nicht aus § 253, sondern nur aus § 240 strafbar gemacht.[109]

In **Beispiel 3** überzeugt dieses Ergebnis vor allem unter der – von der h. M. abgelehnten – Prämisse, dass die Entwendung des Bildes in der Absicht, dieses dem Eigentümer zurückzuverkaufen, ein tatbestandsmäßiger Diebstahl ist (dazu oben 1.2.2.3.3.2). Denn es wäre unverhältnismäßig, dem T zwei Vermögensdelikte vorzuwerfen, obwohl er dem O mit seinen beiden Taten – Entwendung des Bildes und Rückverkauf des Bildes – insgesamt nur einen Vermögensschaden zugefügt hat.[110] Mit der Bestrafung der Sachentwendung aus § 242 ist die Verursachung dieses Vermögensschadens abgegolten.[111] Unrichtig ist die Behauptung der h. M., mit der Abnötigung der Lösegeldzahlung werde dem Opfer ein „weiterer Vermögensschaden" zugefügt.[112] Vertretbar wäre allenfalls die Aussage, es werde ein qualitativ „anderer" Schaden, jedoch ohne negative Veränderung des Schadensquantums verursacht. Allein auf letzteres kommt es aber bei der Ermittlung des Vermögensschadens an.

Wer dagegen die Entwendung in „Rückverkaufsabsicht" wegen Fehlens des Enteignungsvorsatzes nicht als Diebstahl qualifiziert,[113] kann das Argument der Doppelbestrafung einer Vermögensbeschädigung nicht verwenden. Im Gegenteil: Er käme zur ungerechtfertigten Straflosigkeit des Täters, wenn er abweichend von der h. M. eine Vermögensbeschädigung durch Lösegeldzahlung verneint. Einen Vermögensschaden hat T dem O ja zweifellos zugefügt.

---

[106] Geilen (1980), 49; Graul (1999), 562 (566); Trunk (1985), 944 (946).

[107] Gössel (1977), 32 (33); Otto (1985), 69 (75); Trunk (1985), 944 (945).

[108] Anders Gössel (1977), 32 (33), nach dem der Wert der Sache „zum weit überwiegenden Teil" und „entscheidend durch die Eigentümerposition beeinflusst" wird.

[109] OLG Hamburg, JR 1974, 473; Otto (1985), 69 (75).

[110] Trunk (1985), 944 (946).

[111] OLG Hamburg, JR 1974, 473.

[112] So aber BGHSt 26, 346 (348); Mohrbotter (1975), 102.

[113] Maurach et al. (2009), § 42 Rn. 41; Rengier (2014a), § 11 Rn. 45.

Natürlich ist bei der in Beispiel 3 gegebenen Gleichwertigkeit von Lösegeld und Sachwert der herrschenden Auffassung Plausibilität nicht abzusprechen.[114] Denn die Behauptung, dass selbst bei minimalster Rückgewinnungschance das pure Eigentum am Gemälde wenigstens 1 € wert ist, erscheint nicht vollkommen abwegig. Danach hat T dem O für die Zahlung der 50.000 € höchstens 49.999 € Gegenwert zurückgegeben und somit einen Vermögensschaden von mindestens 1 € zugefügt. In Schwierigkeiten gerät die h. M. aber, wenn das Lösegeld hinter dem wahren Wert der Sache zurückbleibt. Dann müsste streng genommen exakt angegeben werden, wie hoch der Anteil des Eigentums und wie hoch der Anteil des Besitzes am Gesamtwert der Sache ist. Eine solche Wertermittlung dürfte aber faktisch unmöglich sein. Angenommen, der Gemäldedieb verlangt für die Rückgabe des 50.000 € wertvollen Bildes ein Lösegeld von nur 5000 €:[115] Kann man dann wirklich sagen, dass der Gemäldeeigentümer weniger als 5000 € zurückbekommen hat und nach dem Rückkauf schlechter steht als vorher?[116] Wer so argumentiert, behauptet zugleich, dass der Eigentümer durch den vorangegangenen Diebstahl des Gemäldes weniger als 5000 € verloren hatte, da ihm ja noch das Eigentum blieb, welches auch ohne Sachherrschaft über 45.000 € wert war.[117] Wie wäre ein Fall zu beurteilen, in dem eine gestohlene Sache im Wert von 1000 € für nur 50 € Lösegeld zurückgegeben wird? Wer den Austausch von Sache und 50-Euro-Schein als Vermögensbeschädigung beurteilt, müsste konsequenterweise anerkennen, dass dem Bestohlenen durch den Diebstahl weniger als 50 € entzogen wurden, der Diebstahl der Sache im Wert von 1000 € also ein Diebstahl einer geringwertigen Sache war, §§ 243 II, 248 a. Denn das Eigentum an dieser Sache, welches angeblich auch ohne Sachherrschaft noch über 950 € wert ist, wurde durch den Diebstahl ja nicht tangiert. Die Unhaltbarkeit dieser Beurteilung liegt auf der Hand. Der h. M. ist daher nicht zu folgen. Richtig ist, dass auch die Rückgabe einer Sache an ihren Eigentümer den durch Lösegeldzahlung entstandenen Vermögensverlust kompensieren und damit einen Vermögensschaden ausschließen kann.[118]

Mit der Verneinung der Erpressung entsteht eine Strafbarkeitslücke, deren Bewertung davon abhängig ist, wie man die Strafbarkeit des T im Übrigen beurteilt. Die der in Beispiel 3 der Lösegeldforderung vorangegangene Entwendung des Gemäldes ist nach h. M. ein tatbestandsmäßiger Diebstahl. Denn die der Wegnahme zugrundeliegende Absicht, das Bild gegen Lösegeld zurückzugeben, soll kein Rückführungswille, sondern eine subjektiv tatbestandsmäßige Zueignungsabsicht sein. Folglich ist die Forderung eines Lösegeldes eine Zueignung und die Forderung

---

[114] Unbestreitbar vermögensschädigend ist der Rückverkauf, wenn das gezahlte Lösegeld den Wert der Sache übersteigt.

[115] So in Fall 4 bei Rengier (2014a), § 11 vor Rn. 1.

[116] So in der Tat Arzt et al. (2009), § 18 Rn. 10; Gössel (1996), § 31 Rn. 5; Rengier (2014a), § 11 Rn. 45.

[117] Die Aussage von Gössel (1977), 32 (33) „was nicht entzogen worden ist, kann auch nicht zurückgegeben werden" ist im vorliegenden Zusammenhang umkehrbar: „Was nicht zurückgegeben werden kann, ist nicht entzogen worden."

[118] Link (1987), 592.

eines weit überhöhten „Finderlohnes" in Beispiel 2 demnach eine Unterschlagung. Nach der hier vertretenen Auffassung ist die Rückgabe gegen Lösegeld keine Zueignung, weil bei diesem Vorgang das genaue Gegenteil einer dauernden Enteignung geschieht. Dementsprechend ist die bei der Entwendung vorliegende Rückverkaufsabsicht keine Zueignungsabsicht. T hat sich also in Beispiel 2 nicht aus § 246, in Beispiel 3 nicht aus § 242 strafbar gemacht. Dass T in Beispiel 2 überhaupt kein Vermögensdelikt begangen hat, ist ein erträgliches Ergebnis. Denn immerhin ist der Vermögensstand des O nach dem Rückkauf der Uhr um 15 € günstiger als zuvor. Der Wert der Uhr von 300 € ist nun wieder Teil des Vermögensgesamtwerts, verloren hat O nur 285 €, die er – gemessen an § 971 I 2 BGB – zuviel an T gezahlt hat. In Beispiel 3 hingegen fällt es schwer zu akzeptieren, dass T nicht aus einem vermögensschützenden Straftatbestand zur Verantwortung gezogen werden kann. Denn einen Vermögensschaden von 50.000 € hat T dem O ja zugefügt, betrachtet man die beiden Vorgänge „Entwendung des Bildes" und „Rückverkauf des Bildes" zusammen. Indessen gibt es keinen gangbaren dogmatischen und mit Art. 103 Abs. 2 GG vereinbaren Weg, auf dem diese Lücke geschlossen, das Vorliegen eines Vermögensschaden bejaht und demzufolge Strafbarkeit aus § 253 begründet werden könnte.[119]

Der Wert der Gegenleistung, die den Verlust eines Vermögensgutes kompensieren und damit die Entstehung eines Vermögensschadens verhindern kann, ist grundsätzlich der **objektive Marktwert** des Gegenstands.[120] Das bedeutet, dass es auf eine davon abweichende individuelle Wertschätzung des betroffenen Vermögensinhabers nicht ankommt.[121] Hat eine Sache auf dem Markt einen Wert von 500 €, so ist das Vermögen einer Person, die diese Sache nötigungsbedingt für 500 € erworben hat, nicht beschädigt worden. An diesem strafrechtlich bedeutsamen Urteil ändert sich auch dann nichts, wenn der Erwerber meint, für ihn sei die Sache wertlos oder zumindest nicht so viel wert, wie er dafür bezahlt hat.

In der Dogmatik des Vermögensschadens beim Betrug, auf die die Lehre von der Erpressung pauschal verweist, ist allerdings anerkannt, dass ausnahmsweise ein „**individueller Schadenseinschlag**" berücksichtigungsfähig und ausschlaggebend sein kann.[122] Das bedeutet, dass bei der Ermittlung des Vermögensschadens nicht der objektive Wert der Gegenleistung, sondern die subjektive Möglichkeit des Betroffenen zur optimalen Ausschöpfung des objektiv vorhandenen Wertgehalts zugrunde gelegt wird. Die für 500 € gekaufte Sache, die objektiv 500 € wert ist, ist beim Vermögensvergleich dann nur mit einem geringeren Betrag einzusetzen. Daraus folgt dann zwangsläufig der negative Saldo, also der Vermögensschaden.

---

[119] Zutr. Dehne-Niemann (2011), 485 ff. Die in der Voraufl. (§ 6 Rn. 58) vertretene Auffassung wird daher nicht aufrechterhalten.

[120] BayObLGSt 1955, 8 (10).

[121] Cramer (1968), 103.

[122] BayObLGSt 1955, 8 (10).

1. Bauer A hat 10 Kühe. Landmaschinenvertreter T verkauft ihm eine Melkmaschine der Firma F, mit der zehn Kühe gleichzeitig gemolken werden können, zum Preis von 2500 €. Die Maschine ist objektiv 2500 € wert. A wollte die Maschine nicht kaufen, da er lieber eine billigere Melkanlage der Firma G gekauft hätte. Da T ihm aber Prügel androhte, wenn er die Maschine nicht nähme, schloss er den Kaufvertrag ab.
2. Bauer B wird von T auf dieselbe Weise wie Bauer A (Beispiel 1) zum Kauf einer Maschine der Firma F gezwungen. B wollte die Maschine nicht kaufen, da er nur 3 Kühe hat und eine Melkmaschine für drei Kühe bereits zum Preis von 1000 € zu haben gewesen wäre.
3. Bauer C wird von T wie A und B (Beispiele 1 und 2) zum Kauf der Melkmaschine der Firma F gezwungen. C wollte die Maschine nicht kaufen, da er 20 Kühe hat und eine Melkmaschine der Firma H, mit der 20 Kühe gleichzeitig gemolken werden können, wesentlich preisgünstiger wäre als zwei Melkmaschinen der Firma F.

In allen drei Fallvarianten wurden die Landwirte zur Erbringung von Vermögensopfern genötigt, die bei Zugrundelegung eines objektiven Maßstabs durch den Erwerb der Melkmaschine voll kompensiert worden sind. Bei Bestimmung des in den Vermögensvergleich einzustellenden Güterwertes dürfen aber die individuellen Verhältnisse und Bedürfnisse des betroffenen Vermögensinhabers nicht gänzlich außer Betracht bleiben. Ein und derselbe Gegenstand kann für verschiedene Personen einen recht unterschiedlichen materiellen Wert haben. Damit ist nicht die Berücksichtigungsfähigkeit von Affektionsinteressen oder sonstigen immateriellen Faktoren gemeint. Vielmehr geht es nur darum, dass die wertbildenden Beschaffenheitsmerkmale der erworbenen Sache, die die Gestaltung des Kaufpreises beeinflussen, bei der einen Person in stärkerem und bei einer anderen Person in schwächerem Maße zur Entfaltung kommen können.[123] Gewiss kann ein Vermögensnachteil nicht bereits dann bejaht werden, wenn ein Erwerber die Sache auf Grund seiner speziellen persönlichen Lebensumstände nicht optimal nutzen kann. Geschädigt ist der Erwerber erst, wenn die Vorteile, die er aus dem erworbenen Gegenstand ziehen kann, hinter dem durchschnittlich erzielbaren Gewinn und Nutzen erheblich zurückbleiben. Dies wird man insbesondere dann bejahen können, wenn der Markt einen Artikel der gleichen Kategorie anbietet, der den individuellen Gegebenheiten bei dem Erwerber wesentlich besser gerecht wird, also für diesen Erwerber ein günstigeres Preis-Leistungs-Verhältnis realisieren würde. Hinsichtlich der Landwirte B und C trifft dies offensichtlich zu. Ihren Bedürfnissen wäre mit dem Kauf einer kleineren (B) bzw. größeren (C) Melkanlage weitaus besser gedient.[124] Die gekaufte Anlage kann von ihnen nur suboptimal eingesetzt und genutzt werden. Ein „individueller Schadenseinschlag" ist in ihrem Vermögen trotz objektiver Gleichwertigkeit von Sachwert und Kaufpreis vorhanden. Indem T den Landwirten B und C den Abschluss dieser unvorteilhaften Kaufverträge aufgezwungen hat, hat er

---

[123] BGHSt 16, 321 (326).
[124] Ebenso – zum Fall des C – BGHSt 16, 321 (326); Otto (1970), 75.

sich wegen Erpressung aus § 253 (bzw. § 255) strafbar gemacht. Anders verhält es sich mit dem Fall des A. Er hat eine Anlage erhalten, die nicht nur objektiv den Preis wert ist, den er gezahlt hat. Auch die subjektiven Gegebenheiten im Betrieb des A sind so beschaffen, dass eine den Kaufpreis voll kompensierende Wertschöpfung durch Gebrauch der Maschine möglich ist. Die Tatsache, dass A durch Nötigung zum Kauf dieser Maschine gebracht wurde, ist bei der Feststellung des Vermögensschadens irrelevant. Sie betrifft nur die Verletzung der Willensentschließungsfreiheit. Das ist aber nur die eine Rechtsgut-Hälfte des § 253, deren Verletzung lediglich Strafbarkeit aus § 240 rechtfertigt. Das Fehlen der Verletzung des anderen – zudem bei § 253 im Vordergrund stehenden – Rechtsguts „Vermögen" verbietet eine Bestrafung des T wegen Erpressung.

In der Lehre vom Betrugsschaden außerordentlich umstritten ist die Relevanz ideeller Zwecke und Erfolge für die Bestimmung des Vermögensschadens. Im Grundsatz ist anerkannt, dass die **Verfehlung eines sozialen Zwecks**, den der Vermögensinhaber mit einem Vermögensopfer verfolgt, einen Vermögensschaden begründen kann.[125]

Beispiele

1. Unternehmer O möchte der „AIDS-Hilfe e. V." eine Spende in Höhe von 500 € zukommen lassen. Kurz vor Feierabend überreicht er seinem Angestellten X einen Briefumschlag mit zehn Fünfzig-Euro-Scheinen und dem Auftrag, das Geld am nächsten Tag zur Geschäftsstelle des Vereins zu bringen und dort abzugeben. X nimmt den Umschlag mit nach Hause, um ihn am nächsten Morgen bei dem Verein abzugeben. Zu Hause legt er den Umschlag in die Schublade seines Schreibtisches. Am selben Abend dringt T in die Wohnung des X ein, bedroht X und seine Ehefrau E und verlangt die Herausgabe von Bargeld. Als X erklärt, er habe kein Geld im Haus, beginnt T damit, die E zu misshandeln. Daraufhin holt X den Umschlag mit den 500 € und übergibt ihn dem T mit den Worten: „Mehr hab ich nicht.". T ist damit zufrieden, nimmt den Umschlag an sich und verschwindet.

2. T klingelt an der Haustür des O und erklärt wahrheitsgemäß, er sammle für das Rote Kreuz und bitte um eine Spende. Als O ihm 2 € anbietet, ist T über die Geringfügigkeit dieses Betrages so verärgert, dass er sich zu der Bemerkung hinreißen lässt: „Entweder Sie geben mir jetzt einen Hunderter oder es gibt was in die Schnauze!". O ist darüber sehr erschrocken und gibt dem T, dessen Drohung er ernst nimmt, die verlangten 100 €. T leitet das Geld an das Rote Kreuz weiter.

3. Abwandlung von Beispiel (2): T ist mit den von O angebotenen 2 € nicht zufrieden. Um ihn zur Zahlung eines höheren Geldbetrages zu veranlassen, droht T dem O an, er werde allen Nachbarn des O sagen, was für ein Geizhals O ist. Die anderen Leute würden bestimmt nicht so knauserig sein und mindestens 20 € spenden. Da sich O gegenüber seinen Nachbarn verbal immer

---

[125] Eisele (2012b), Rn. 775; Cramer (1968), 210; Ranft (1992), 66 (75).

als großzügiger Wohltäter mit ausgeprägt sozialer Grundhaltung dargestellt hat, fürchtet er eine schlimme Blamage, wenn T seine Drohung wahr macht. Damit dies nicht geschehe, gibt O dem T eine Spende in Höhe von 30 €. In allen drei Beispielsfällen hat O einen Geldbetrag eingebüßt und damit eine Minderung seines Vermögens erlitten. Auf den ersten Blick ist keine Gegenleistung erkennbar, die dem Vermögen des O zugeflossen sein und den Verlust kompensiert haben könnte. O hat für sein Geld keinen Gegenstand bekommen, der unbestreitbar als Träger eines wirtschaftlich beachtlichen materiellen Wertes in Betracht käme. Möglicherweise ist aber die Erreichung eines humanitären, karitativen oder sonst sozial nützlichen Zwecks ein Gut, das den Verlust des ihm gewidmeten und geopferten Geldes ausgleicht und daher die durch die Spende geöffnete Lücke im Vermögen des Spenders wieder schließt. In der Lehre vom Betrug ist die Kompensationstauglichkeit der sozialen Zweckerreichung überwiegend anerkannt (dazu oben 5.2.1.2.5.2). Denn der Spender wird als Opfer eines Betruges qualifiziert, wenn ihm die Spende durch Vorspiegelung sozialer Zweckverfolgung abgeschwindelt und der so erlangte Geldbetrag vom Täter – einer vorgefassten Absicht entsprechend – für andere Zwecke verwendet wird, die der Getäuschte nicht billigen würde. Unter diesen Voraussetzungen hat die Spende also einen Vermögensschaden verursacht.[126] Das bedeutet, dass umgekehrt kein Vermögensschaden vorliegt, wenn das gespendete Geld vom Empfänger tatsächlich für die Förderung des vom Spender befürworteten Zwecks eingesetzt wird. Wenn dies richtig ist, muss die Erreichung des sozialen Zwecks ein Gut mit einem materiellen Wert sein, der den Verlust des gespendeten Geldes kompensiert und so einen Vermögensschaden ausschließt.[127]

Da der Vermögensschaden in § 253 und § 263 denselben Regeln unterliegen soll, muss demnach auch die Erfüllung des Erpressungstatbestandes in einer entsprechenden Beziehung mit der Erreichung oder Verfehlung eines sozialen Zweckes stehen.[128] In den Beispielen 2 und 3 ist das dem O abgenötigte Geld jeweils einem Zweck zugeführt worden, dessen Erreichung im Rahmen des § 263 einen Vermögensschaden ausschließen würde, wenn der betroffene Vermögensinhaber die Förderung dieses Zweckes gewollt hätte. Wollte dagegen der Getäuschte sein Geld gar nicht dem begünstigten Träger des sozialen Zwecks zukommen lassen und ist er nur auf Grund einer Täuschung zu seiner „Spende" veranlasst worden, ist sein Vermögen geschädigt, obwohl das Geld tatsächlich einem guten Zweck zugeführt worden ist. Ob die Zweckerreichung den Verlust ausgleicht oder nicht, hängt also beim Betrug vom Förderungswillen des betroffenen Vermögensinhabers ab. Bei der Erpressung kann es daher nicht anders sein. Wer zu einer Spende gezwungen wird, wem die Rolle des „Wohltäters wider willen" aufgenötigt wird, der findet in dem mit seinem Geld geförderten guten Zweck keinen Ersatz für die monetäre Einbuße.[129] Man sieht, dass der Schadensberechnung hier kein objektiver Maßstab, sondern die

---

[126] Vgl. Krey et al. (2012b), Rn. 656: „… hier begründet also die soziale Zweckverfehlung einen Schaden.".

[127] Cramer (1968), 210.

[128] Cramer (1968), 216; Graul (1996), 801 (827).

[129] Cramer (1968), 215; Otto (1970), 303; Schmoller (1991), 117 (123).

subjektive Willkür des Vermögensinhabers zugrunde gelegt wird. Wer die Unterstützung des Zwecks befürwortet, wird die Zweckerreichung als Schaden verhindernde „Gegenleistung" seiner Spende bewerten, wer die Zweckförderung ablehnt, wird der Zweckerreichung keinen Verlust ausgleichenden Wert beimessen. Da O in Beispiel 2 und 3 das Rote Kreuz nur mit 2 € unterstützen wollte, ist der überschießende Verlustbetrag (98 € bzw. 28 €) nicht durch die tatsächlich bewirkte Förderung des sozialen Zwecks gedeckt. In Höhe dieses Betrages hat O einen Vermögensschaden erlitten. Dieses Ergebnis zeigt übrigens, dass der behauptete Gleichklang der Regeln über den Erpressungsschaden und der Regeln über den Betrugsschaden nicht ausnahmslos besteht. Denn in dem Beispiel 3 entsprechenden Betrugsfall (T spiegelt dem O vor, die Nachbarn hätten höhere Beträge gespendet[130]) wird ein Vermögensschaden und ein tatbestandsmäßiger Betrug einhellig verneint.[131]

Während die Beispiele 2 und 3 die Frage aufwarfen, ob die Erreichung eines sozialen Zwecks einen Vermögensschaden des O **verhindert**, stellt sich die Frage in Beispiel 1 umgekehrt: Möglicherweise wird ein Vermögensschaden hier gerade dadurch **begründet**, dass der von O angestrebte soziale Zweck auf Grund der Tat des T verfehlt worden ist. Die vor dem Vermögensschaden zu prüfenden Strafbarkeitsvoraussetzungen (dazu oben 10.2.1.1) der (räuberischen) Erpressung § 253 (§ 255) sind erfüllt. Da sich die Nötigung gegen X richtete, betroffener Vermögensinhaber aber der O ist, handelt es sich um eine Dreiecks-Erpressung (s. o. 10.2.1.5.3). Schadensbegründende Wirkung hat die Zweckverfehlung nur unter der Prämisse, dass der Verlust des Geldes allein noch keinen Vermögensschaden des O begründet. Eine derartige Annahme scheint jedoch nachgerade abwegig zu sein, steht doch fest, dass das Geld nicht mehr zum Vermögen des O gehört und ein Verlust ausgleichender Zufluss nicht stattgefunden hat. Die Überlegung ist dennoch sachlich geboten, da die Lehre vom Betrug in einem Fall wie dem des Beispiels 1 die Zweckverfehlung als Schaden begründenden Faktor bewertet.

Beispiel

(Abwandlung des Beispiels 1 oben ….) Auf dem Heimweg trifft X den Y, von dem er weiß, dass er ab und zu AIDS-Patienten betreut. Als X dem Y von der Spende seines Arbeitgebers erzählt, schlägt Y ihm vor, ihm den Briefumschlag anzuvertrauen. Er könne sich damit den Weg zu dem Verein sparen, weil er – Y – das Geld noch heute Abend dort abliefern werde. Tatsächlich hat Y aber keineswegs vor, das Geld ordnungsgemäß zu überbringen. Vielmehr will er sich mit dem Geld eigene Konsumwünsche erfüllen. Der arglose X übergibt dem Y den Umschlag mit dem Geld. Y kauft sich davon einen neuen Fernsehapparat.

Die h. M. hält den O für an seinem Vermögen erst dadurch in Strafbarkeit begründender Weise geschädigt, dass Y das Geld nicht dem Verein ablieferte, sondern veruntreute und für eigene Zwecke ausgab. Ohne diese Zweckverfehlung wäre der Verlust des Geldes kein Vermögensschaden gewesen, weil dieser

---

[130] BayObLG, NJW 1952, 798.
[131] Cramer (1968), 205; Rudolphi (1983), 315 (318).

Verlust ja von O bewusst und freiwillig herbeigeführt wurde. Betrug setze aber eine unbewusste Selbstschädigung des Vermögensinhabers voraus.[132] Zu einer solchen unbewussten Selbstschädigung werde die Spende erst auf Grund des Umstandes, dass dem Spender die Zweckentfremdungsabsicht des Täters verborgen ist. Weil er nicht weiß, dass seine Spende den erstrebten Zweck nicht erreichen wird, schädigt der getäuschte Spender selbst sein eigenes Vermögen, ohne den Schädigungseffekt zu erkennen. Auf die Erpressung lässt sich diese Argumentation aber nicht unmodifiziert übertragen. Das Erpressungsopfer schädigt sich ja immer bewusst selbst, jedenfalls in den Fällen, in denen der Täter mit vis compulsiva oder Drohung nötigt. Gleichwohl ist dies selbstverständlich kein Grund, den Verlust des bewusst preisgegebenen Vermögensgutes nicht als Vermögensschaden zu qualifizieren.[133] Der Unterschied von Täuschung und Zwang zieht eine unterschiedliche dogmatische Relevanz der Bewusstseinslage des Opfers bei seinem selbstschädigenden Verhalten nach sich. Die Kenntnis des Genötigten von der vermögensmindernden Wirkung des Vermögensopfers steht der Beurteilung als Vermögensschaden nicht entgegen. Daher braucht der Schaden auch nicht erst mit der Verfehlung des angestrebten Zwecks begründet zu werden. Vielmehr liegt der Schaden bereits im Verlust des Spenden-Geldes.[134] Der verfolgte soziale Zweck hätte auf den Vermögensschaden nur insofern Einfluss, als seine Erreichung den Verlust ausgeglichen und daher letztlich einen Vermögensschaden verhindert hätte. O hat also in Beispiel 1 dadurch einen Vermögensschaden erlitten, dass T den X genötigt hat, das Geld herauszugeben. Der Umstand, dass dadurch die erstrebte Unterstützung des Vereins scheiterte, braucht zur Begründung dieses Ergebnisses nicht herangezogen zu werden. T hat sich also wegen (räuberischer) Dreiecks-Erpressung strafbar gemacht.

Da zum gegenwärtigen Bestand des Vermögens auch begründete Aussichten auf künftigen Erwerb eines Gutes gehören, kann die **Vereitelung dieses Erwerbs** eine Vermögensbeschädigung sein.

Beispiel

O hat gegen T einen Anspruch auf Rückzahlung eines Darlehens in Höhe von 3000 €. Da T trotz mehrfacher Mahnung nicht zahlt, erhebt O gegen ihn Klage beim Amtsgericht. Die Beweislage ist für O günstig, weshalb er mit einem obsiegenden Urteil rechnen kann. Als dem T dies klar wird, droht er dem O, er werde ihm alle Knochen brechen, wenn er die Klage nicht schleunigst zurücknehme. Der eingeschüchterte O erklärt daraufhin gegenüber dem Amtsrichter die Klagerücknahme.

Die Klagerücknahme verursacht zumindest eine Verschlechterung der Aussichten, die Rückzahlung des Darlehens noch zu erwirken. Die Durchsetzung

---

[132] Rudolphi (1983), 315 (317).
[133] Graul (1996), 801 (826).
[134] Graul (1996), 801 (826).

des Anspruchs ist dadurch jedenfalls gefährdet worden. Damit ist eine künftige Mehrung des gegenwärtigen Vermögens erschwert oder eventuell verhindert worden. Dennoch ist der Vermögensschaden kein künftiges, sondern ein bereits gegenwärtiges Ereignis. Der künftige endgültige Verlust des Rückzahlungsbetrages hat als „Vorläufer" die gegenwärtige Entwertung des Anspruchs bzw. der faktischen Chance auf Erlangung des Rückzahlungsbetrages. Damit ist das Vermögen des O schon jetzt und nicht erst demnächst – etwa bei Eintritt der Anspruchsverjährung – geschädigt.

Die Strafbarkeit der Gewinnvereitelung durch Gewalt oder Drohung als Erpressung ist dem Grund nach unumstritten. Schwieriger ist die Beurteilung der Fälle, in denen der Täter mit Nötigungsmitteln die **Restitution eines bereits entstandenen Vermögensschadens** verhindert.

Beispiel

Der mittellose T begibt sich ohne Geld in das Restaurant des O in Berlin-Zehlendorf und bestellt ein Menü für 30 €. Nachdem T gespeist hat, präsentiert Kellner K die Rechnung und bittet um Bezahlung. T antwortet frech, er habe „keine müde Mark" dabei und die Rechnung könne K sich „an den Hut stecken". Als T aufsteht und das Lokal verlassen will, stellt sich K ihm in den Weg. T boxt darauf den K in den Magen, tritt ihm gegen das Schienbein und rennt aus dem Lokal. Vor dem Lokal steht ein Taxi, dessen Fahrer F auf Fahrgäste wartet. T steigt ein und fordert „Zum Hauptbahnhof!". Als das Taxi am Hauptbahnhof hält und F um Bezahlung des Fahrpreises in Höhe von 15 € bittet, steigt T schnell aus und rennt davon. F nimmt sofort die Verfolgung auf und kann den T sogar einholen. T versetzt dem F aber einen harten Faustschlag gegen den Kopf, der dem F für mehrere Minuten die Besinnung raubt. Als F wieder bei Bewusstsein ist, sitzt T bereits in einem ICE nach München (natürlich ohne ein Ticket zu haben).

T hat sowohl dem Gastwirt O als auch dem Taxifahrer F einen Vermögensschaden zugefügt, indem er ihre Leistungen in Anspruch nahm, diese aber nicht bezahlte. Da T dem O und dem F nicht vorhandene Zahlungsfähigkeit und Zahlungsbereitschaft vorspiegelte und die beiden Getäuschten dadurch zu vermögensmindernden Verfügungen verleitete, hat sich T wegen zweier Fälle des Betrugs strafbar gemacht, §§ 263, 53. Möglicherweise hat T aber durch die den beiden Betrugstaten nachfolgenden Gewalttätigkeiten sogar Strafbarkeit wegen (räuberischer) Erpressung verwirkt. Fraglich ist allein die Erfüllung des objektiven Tatbestandsmerkmals Vermögensschaden. Denn der Vermögensschaden war schon vor der Gewalt entstanden und diese hat nur noch bewirkt, dass der Schaden nicht beseitigt wurde.[135] Nun könnte letzteres aber durchaus auch als Verursachung eines neuen bzw. weiteren Schadens qualifiziert werden, wenn die Gewalt eine beachtliche Chance der Geschädigten auf Erlangung des ihnen

---

[135] Hillenkamp (1997), 217 (220).

zustehenden Geldes vereitelt hat.[136] Denn die Durchkreuzung einer Aussicht auf Vermögenszuwachs ist grundsätzlich eine Beschädigung des Vermögens, wenn diese Aussicht selbst bei wirtschaftlicher Betrachtung einen materiellen Wert hat, der durch Verschlechterung der Aussicht gemindert werden kann.[137] Dennoch ist letztlich in allen Fällen, in denen es dem Täter nur darum geht, einen durch vermögensschädigendes Vorverhalten erlangten Vorteil zu sichern bzw. ein schadensausgleichendes (restituierendes) Ereignis zu unterdrücken, eine Erpressung zu verneinen.[138] Dieses Ergebnis folgt aus der systematischen Überlegung, dass die Begrenzungswirkung des § 252 ohne weiteres und in großem Umfang unterlaufen werden könnte, wenn man den Erpressungstatbestand in Fällen der gewaltsamen Vorteilssicherung anwenden würde.[139] Das vorliegende Beispiel zeigt, dass die tatbestandliche Beschränkung des § 252 auf Nötigungsakte nach der Vortat „Diebstahl" lediglich im Binnenbereich des § 252 limitierend wirken würde, einen vollständigen Schutz des Täters vor Bestrafung auf dem hohen Sanktionsniveau des Raubes dagegen nicht gewährleisten würde.

10.2.2 Subjektiver Tatbestand

10.2.2.1 Übersicht

Der subjektive Tatbestand der Erpressung besteht aus zwei Merkmalen, dem **Vorsatz** (§ 15) und der **Bereicherungsabsicht**.

10.2.2.2 Vorsatz

Erpressung ist gem. § 15 ein Vorsatzdelikt. Gegenstand des Vorsatzes sind die objektiven Tatbestandsmerkmale. Da das Gesetz keine besondere Vorsatzform verlangt, genügt dolus eventualis.[140] Der Vorsatz muss während der Nötigungshandlung vorhanden sein. Nicht tatbestandsmäßig ist die Ausnutzung der Nachwirkung einer zuvor ohne Erpressungsvorsatz – z. B. als sexuelle Nötigung – verübten Gewalt oder Drohung.[141]

10.2.2.3 Bereicherungsabsicht

Die Strafbarkeit wegen Erpressung ist nicht davon abhängig, dass der Täter oder ein Dritter aus der Tat einen Vorteil erlangt hat. Die Erpressung ist zwar das Mittel zur Erzielung eines Vermögensvorteils. Mehr als den Einsatz dieses Mittels verlangt § 253 aber nicht. Vollendet ist die Tat also auch dann, wenn der erstrebte

---

[136] BGH, NStZ 2002, 33.

[137] Für Strafbarkeit wegen Erpressung daher F. C. Schroeder (1991), 682 (683).

[138] BGH, NStZ 2012, 95 (96); 2008, 627; 2007, 95 (96).

[139] Mitsch (1997), 655 (664); Seier (1979), 336 (338).

[140] Nomos Kommentar-Kindhäuser (2013), § 253 Rn. 33.

[141] BGH, NStZ 2014, 269; NStZ 2004, 556.

Bereicherungserfolg nicht eintritt („kupiertes Erfolgsdelikt").[142] Im System der Strafbarkeitsvoraussetzungen hat dieser Erfolg daher als Gegenstand einer Absicht des Täters seinen Platz auf der Ebene des subjektiven Tatbestandes. Der Täter muss mit der Absicht handeln, einen Bereicherungserfolg herbeizuführen. „Absicht" bedeutet „zielgerichtetes Wollen", entspricht also dem dolus directus 1. Grades.[143] Da dem Gegenstand dieser Absicht kein objektives Tatbestandsmerkmal korrespondiert, handelt es sich um eine **„überschießende Innentendenz"**.[144]

10.2.2.3.1 Vermögensvorteil

Mit dem Terminus „bereichern" meint das Gesetz in § 253 I dasselbe wie in § 263 I mit dem Terminus „Vermögensvorteil".[145] Sowohl beim Betrug als auch bei der Erpressung spricht man von „Bereicherungsabsicht". Dem Täter muss es also darauf ankommen, mit der Erpressung sich selbst oder einem Dritten einen Vermögensvorteil zu verschaffen. Vermögensvorteil bedeutet Mehrung des Vermögens.[146] Wie bei dem objektiven Tatbestandsmerkmal „Vermögensschaden" kommt es auch hier auf den **Gesamtwert des Vermögens** an. Dieser kann durch den Zufluss werthaltiger Güter ebenso erhöht werden wie durch die Beseitigung von Belastungen. Wegen der Gültigkeit des Saldoprinzips kann es an einem Vermögensvorteil fehlen, wenn der Zufluss durch tatbedingte Nachteile ausgeglichen wird.[147] Eine weitere Parallele zum Vermögensschaden besteht darin, dass die Existenz und der Umfang eines Wertes sich nicht nach streng juristischen Kriterien, sondern nach Maßgabe des wirtschaftlichen Vermögensbegriffes bestimmt.

Beispiele

1. T zwingt den O mit Gewalt zur Herausgabe von Bargeld.
2. T zwingt den O mit Gewalt zur Vernichtung einer Urkunde, in der eine Forderung des O gegen T in Höhe von 3000 € verbrieft ist.

Die Erlangung des Besitzes an Bargeld bewirkt eine Mehrung des Vermögens, wenn der Inhaber dieses Vermögens tatsächlich in die Lage versetzt wird, über dieses Geld nach eigenem Gutdünken zu verfügen. Geht man davon aus, dass diese Voraussetzung in **Beispiel 1** erfüllt ist, hat T einen Vermögensvorteil erzielt, obwohl er nicht Eigentümer des Geldes geworden ist. Auch in **Beispiel 2** ist das Vermögen des T vermehrt worden. Zwar ist dem Vermögen des T kein neues Gut hinzugefügt worden. Auch ist die Zahlungspflicht gegenüber O nicht aufgehoben worden. Wirtschaftlich betrachtet hat diese Forderung jedoch von ihrer vermögensbelastenden Wirkung ein erhebliches Quantum eingebüßt. Denn

---

[142] BayObLGSt 1955, 8 (15); Eisele (2012b), Rn. 790; Geilen (1980), 49; Schünemann (1980), 486 (490).

[143] Gössel (1996), § 31 Rn. 28.

[144] Fischer (2014), § 253 Rn. 18; Nomos Kommentar-Kindhäuser (2013), § 253 Rn. 35.

[145] BGH, NStZ 1989, 22; BayObLGSt 1955, 8 (14).

[146] BGH, NStZ 2011, 699 (701).

[147] BGH, NStZ 2014, 41.

durch die Vernichtung des Beweismittels ist die Gefahr, dass O seine Forderung gegen T erfolgreich durchsetzen wird, deutlich kleiner geworden.[148] In gleichem Maße ist die Chance des T gewachsen, die Zahlungspflicht endgültig nicht erfüllen zu müssen. Diese Chance ist gewissermaßen die Kehrseite einer Vermögensgefährdung. Sie macht die Belastung des Vermögens mit der Forderung des O leichter und erhöht somit den Gesamtwert des mit der Forderung belasteten Vermögens.

Anders als bei dem objektiven Tatbestandsmerkmal „Vermögensnachteil" ist im Rahmen der Bereicherungsabsicht der wirtschaftliche Vermögensbegriff nicht durch partielle juristische Korrekturen einzuschränken. Hier gilt also ein **rein wirtschaftlicher Vermögensbegriff**. Denn die vom Täter erstrebte Vermögensmehrung soll ja gerade „zu Unrecht" – also der Rechtsordnung zuwider – erfolgen. Vor diesem Hintergrund wäre es widersprüchlich, eine Bereicherung mit der Begründung zu verneinen, das Recht weise dem Empfänger das erstrebte Gut nicht zu, die angestrebte Position sei daher auch „nichts wert".

Beispiel

T nötigt den Apotheker O durch Drohung mit einem empfindlichen Übel zur Herausgabe eines Betäubungsmittels, durch dessen Besitz sich T aus § 29 I 1 Nr. 3 BtMG strafbar macht.

Erwerb, Besitz und eventuelle Weiterveräußerung des Rauschgifts sind bzw. wären in Bezug auf Täter T illegale und strafbare Vorgänge bzw. Zustände. Eine streng normative Definition des Vermögensbegriffs müsste daher zu der Feststellung führen, dass das Betäubungsmittel kein Vermögensgut ist und seine Erlangung nicht als Vermögensmehrung – also Bereicherung – qualifiziert werden kann.[149] Jedoch stünde dies in klarem Widerspruch zu der Gesetzeslage. Was der Täter sich oder einem Dritten verschaffen will, ist immer ein rechtswidriger Vorteil. Folglich ist die Rechtswidrigkeit auch kein Grund, die Qualität dieses Vorteils als „Vermögens"-Vorteil zu verneinen. Ausschlaggebend ist allein, ob das erstrebte Gut in der Hand des Empfängers einen in Geld messbaren Wert hat. Das ist bei Rauschgift zweifellos der Fall.[150]

10.2.2.3.2   Stoffgleichheit

Ein nicht ganz leicht zu erfassendes Teilelement der Bereicherungsabsicht ist die Stoffgleichheit von Vermögensvorteil und Vermögensschaden.[151] In diesem Merkmal kommt der Charakter der Erpressung als **Vermögensverschiebungsdelikt** zur

---

[148] Lenckner (1967), 105 (106).

[149] Eisele (2012b), Rn. 788.

[150] Vgl. aber BGH, NStZ 2005, 15 (156): keine Bereicherungsabsicht, wenn das erstrebte Rauschgift sofort vernichtet werden soll.

[151] BGH, NStZ 2002, 254; Eisele (2012b), Rn. 784; Fischer (2014), § 253 Rn. 19; Graul (1999), 562 (564); Gössel (1996), § 31 Rn. 30; Nomos Kommentar-Kindhäuser (2013), § 253 Rn. 35.

Geltung.[152] Denn Stoffgleichheit bedeutet, dass der Vermögensvorteil, auf den es der Täter abgesehen hat – und den er häufig tatsächlich erzielt –, aus dem geschädigten Vermögen des Tatopfers stammen muss. Der erstrebte Vermögensvorteil muss gewissermaßen die Kehrseite des Vermögensnachteils sein, der dem Opfer durch die Tat zugefügt wird.[153] Daran fehlt es, wenn dem Täter ein Vermögensvorteil aus dem Vermögen eines Dritten dafür versprochen bzw. gewährt worden ist, dass er dem Vermögen des Opfers einen Schaden zufügt.[154]

Beispiel

X verspricht dem T eine Belohnung von 500 € für den Fall, dass T es schafft, den O dazu zu bringen, ein eigenes wertvolles Gemälde zu vernichten. Darauf sucht T den O auf, bedroht ihn mit einer Pistole und verlangt von ihm, einen Rembrandt zu verbrennen. Da O keinen Ausweg sieht, leistet er der Aufforderung des T Folge. Dieser berichtet anschließend dem X von seinem Erfolg und erhält von diesem die versprochenen 500 €.

T hat den O mit Drohung zu einer Handlung genötigt, die zu einer Beschädigung des Vermögens des O führte. Dabei handelte T in der Absicht, sich die von X versprochene Belohnung zu sichern, sich also einen Vermögensvorteil zu verschaffen. Jedoch ist das Vermögensgut, in dem der erstrebte Vermögensvorteil verkörpert ist, nicht Teil des Vermögens des O. Die Erlangung dieses Vermögensvorteils ist also nicht unmittelbar mit einem Vermögensverlust des O verbunden. Denn die 500 € sind nicht dem Vermögen des O, insbesondere nicht dem wertvollen Gemälde entzogen worden.[155] Vermögensschaden des O und Vermögensvorteil des T haben keine identische Substanz, sind also nicht stoffgleich. Daher hat T den subjektiven Tatbestand des § 253 I nicht erfüllt. Strafbar ist er nur wegen Nötigung (§ 240) und Sachbeschädigung in mittelbarer Täterschaft (§§ 303, 25 I Alt. 2).

Bei der Prüfung der Stoffgleichheit muss man allerdings beachten, dass § 253 auch die Absicht einer **Drittbereicherung** erfasst und die im Verhältnis zwischen Täter und Opfer vielleicht fehlende Stoffgleichheit eventuell im Verhältnis zwischen Drittem und Opfer gegeben ist.

Beispiel

X verspricht dem T eine Belohnung von 1000 € dafür, dass T den O dazu bringt, einen Rembrandt im Wert von 300.000 € für den Spottpreis von 30.000 € an X zu verkaufen. T sucht daraufhin den O auf und droht ihm an, eine von O kürzlich begangene Unfallflucht der Polizei anzuzeigen, falls O nicht seinen wertvollen

---

[152] Maurach et al. (2009), § 42 Rn. 10.
[153] Geilen (1980), 49: positives Korrelat des Vermögensschadens.
[154] Gössel (1996), § 31 Rn. 31; Nomos Kommentar-Kindhäuser (2013), § 253 Rn. 35.
[155] Vgl. BGH, NStZ 2005, 155 (156): Vernichtungsabsicht ist keine Bereicherungsabsicht.

Rembrandt für 30.000 € an X verkaufe. Da O um seine Karriere und seine wirtschaftliche Existenz bangen muss, wenn T seine Drohung wahr macht, beugt er sich dem Druck und verkauft das Gemälde für 30.000 € an X. T erhält danach von X die versprochenen 1000 €.

Wie im vorigen Beispiel besteht zwischen den 1000 €, die T für seine Tat von X bekommen hat und dem Vermögensschaden, den T dem O durch seine Tat zugefügt hat, keine Stoffgleichheit. Die 1000 € sind nicht aus dem Vermögen des O in das Vermögen des T verschoben worden. Stoffgleich ist der Schaden des O aber mit dem Gewinn, den X erzielt hat. Der Schaden des O ist die Differenz zwischen dem Wert des an X übereigneten Bildes und dem von X erhaltenen Kaufpreis. Der Vermögensvorteil des X ist ebenfalls die Differenz zwischen dem Wert des von O erhaltenen Bildes und dem an O gezahlten Kaufpreis. Der Unterschied zwischen O und X besteht allein darin, dass diese Differenz für X ein positiver, für O dagegen ein negativer Betrag ist. T handelte auch mit der Absicht, dem X diese stoffgleiche Bereicherung zu verschaffen. Zwar war T primär daran interessiert, von X die 1000 € zu bekommen. Der Vorteil des X war aber ein notwendiger Zwischenerfolg, ohne den T den von ihm selbst erstrebten Gewinn nicht erzielen konnte. Daher kam es dem T auch darauf an, dass X auf Kosten des O einen Vermögensvorteil erlangt.

10.2.2.3.3   Drittbereicherung

Wie beim Betrug genügt auch bei der Erpressung zur Erfüllung des subjektiven Tatbestandes die Absicht, einem anderen einen rechtswidrigen Vermögensvorteil zu verschaffen. Für diese Drittbereicherungsabsicht gelten dieselben Regeln wie für die Selbstbereicherungsabsicht. Bei der Prüfung des Merkmals „Stoffgleichheit" ist also auf eine Vermögensverschiebung zwischen Opfer und Drittem abzustellen (siehe Beispiel oben 10.2.2.3.2).

10.2.2.3.4   Rechtswidrigkeit

Eine Parallele zu Diebstahl, Raub und Betrug ist das Rechtswidrigkeits-Element in der Bereicherungsabsicht. Die im Text des § 253 I verwendeten Worte „zu Unrecht" haben dieselbe Bedeutung wie das Wort „rechtswidrig".[156] § 253 I verlangt also im subjektiven Tatbestand die Absicht des Täters, sich oder einen Dritten **rechtswidrig zu bereichern**. Hinsichtlich der Rechtswidrigkeit der Bereicherung ist allerdings nicht „Absicht" im Sinne zielgerichteten Wollens erforderlich; dolus eventualis reicht aus.[157] Die Lösung der hier auftretenden Irrtumsprobleme richtet sich nach denselben Regeln wie bei der Rechtswidrigkeit der beabsichtigten Zueignung (oben 1.2.2.3.3.5).[158] Wie bei §§ 242, 249 ist somit auch bei §§ 253, 255 die Rechtswidrigkeit auf zwei verschiedenen Ebenen des Deliktsaufbaus zu

---

[156] BayObLGSt 1955, 8 (14).

[157] BGHSt 32, 88 (92); BGH, NStZ 2011, 519; BGH, StV 1991, 20; Eisele (2012b), Rn. 787.

[158] BGH, NStZ 2002, 481 (482); 597 (598): § 16 I bei irriger Annahme eines Anspruchs.

prüfen:[159] Im subjektiven Tatbestand als Teil der Bereicherungsabsicht[160] sowie nach dem subjektiven Tatbestand als umfassende Rechtswidrigkeit der Tat. Die bereicherungsbezogene Rechtswidrigkeit ist mit der tatbezogenen Rechtswidrigkeit nicht identisch. Ausgeschlossen ist die Rechtswidrigkeit der Bereicherung, wenn der zu Bereichernde einen **fälligen und einredefreien Anspruch** auf den durch die Tat bewirkten oder mit der Tat verfolgten Vermögenszuwachs hat.[161] Denn mit der gewaltsamen Verschaffung des Anspruchsgegenstands stellt der Täter nur den „von der Privatrechtsordnung gewollten Zustand" her.[162] Strafbarkeit wegen Nötigung (§ 240) wird dadurch natürlich nicht ausgeschlossen.[163] Nach h. M. befindet sich der Täter in einem Tatbestandsirrtum, wenn er glaubt, auf die erstrebte – objektiv rechtswidrige – Bereicherung einen Anspruch zu haben.[164]

Beispiel

T zahlt der Prostituierten O 100 € und führt mit ihr anschließend den Geschlechtsverkehr aus. Nach vollzogenem Verkehr zieht T plötzlich eine Pistole, bedroht die O damit und nötigt sie zur Herausgabe der zuvor gezahlten 100 €.

Die Strafbarkeit des T wegen Nötigung (§ 240) steht außer Frage. Selbst wenn T gegen O einen Anspruch auf Rückgabe des Geldes haben sollte, wäre die gewaltsame Durchsetzung dieses Anspruchs nur unter den Voraussetzungen des § 229 BGB rechtmäßig. Problematisch ist jedoch, ob T auch wegen schwerer räuberischer Erpressung aus §§ 253, 255, 250 II Nr. 1 strafbar ist. Einen Vermögensschaden hat O erlitten, da die 100 € zumindest in ihren Besitz[165] gelangt und damit Bestandteil ihres Vermögens geworden waren. T wollte sich auch durch Rückerlangung des Geldes bereichern. Unrechtmäßig wäre diese Bereicherung jedoch nur unter der Voraussetzung, dass T gegen O keinen Anspruch auf das Geld hatte. In Literatur und Rechtsprechung wird das Geschäft zwischen Freier und Prostituierter immer noch überwiegend als „sittenwidrig" bewertet.[166] Geht man von dieser – infolge § 1 des Gesetzes zur Regelung der Rechtsverhältnisse der Prostituierten überholten – Auffassung aus, ist die zwischen T und O ge-

---

[159] Vgl. das Schema bei Rengier (2014a), § 11 Rn. 4.

[160] Anders Maurach et al. (2009), § 42 Rn. 42: „echtes Merkmal des objektiven Tatbestands"; vgl. auch Nomos Kommentar-Kindhäuser (2013), § 253 Rn. 36: „normatives Tatbestandsmerkmal".

[161] BGH, NStZ 2011, 519; 2010, 391; 2009, 37; 2009, 386 (387); 2002, 433 (434); BGH, StV 1988, 385 (386); BayObLGSt 1955, 8 (14); Eisele (2012b), Rn. 786; Geilen (1980), 49; Otto (1985), 69 (73).

[162] Tenckhoff (1988), 126.

[163] Lausen (1991), 279 (287); Scheffler (1995), 573 ff.

[164] BGHSt 4, 105 (106); BGH, NStZ 2008, 626; BGH, StV 1991, 20.

[165] Der Erwerb des Eigentums könnte wegen § 138 BGB fraglich sein.

[166] BGHSt 4, 105 (106); 6, 377 (378); BGH, GA 1968, 338; BGH, JR 1988, 125 (126); Bergmann et al. (1988), 189 (191); Kühl (1989), 505 (507); Tenckhoff (1988), 126.

troffene Vereinbarung nichtig, § 138 I BGB.[167] Demzufolge hat O die 100 €
ohne Rechtsgrund erlangt, was an sich einen Kondiktionsanspruch des T aus
§ 812 I 1 BGB begründet. Dieser ist aber gem. § 817 S. 2 BGB ausgeschlossen. Die Rechtswidrigkeit der von T erstrebten Bereicherung hängt daher von
der Antwort auf die umstrittenen Fragen ab, ob die Sittenwidrigkeit auch das
Übereignungsgeschäft (§ 929 S. 1 BGB) erfasst und nichtig macht[168] und ob
dem dann begründeten Vindikationsanspruch aus § 985 BGB – der die Rechtswidrigkeit ausschließen würde – ebenfalls der Einwand aus § 817 S. 2 BGB
entgegensteht, was die rechtswidrigkeitsausschließende Wirkung des Heraus-
gabeanspruchs beseitigen würde. Diese zivilrechtlichen Vorfragen können hier
nicht erörtert werden.

Der Anspruch schließt die Rechtswidrigkeit der Bereicherung nur aus, wenn er sich
gegen den Inhaber des geschädigten Vermögens richtet. „Stoffgleichheit" ist also
auch bei der Aktiv- und Passivlegitimation hinsichtlich des die Bereicherung rechtfertigenden Anspruchs notwendig.

Beispiele

1. T hat gegen O einen fälligen und einredefreien Anspruch auf Zahlung von
   1000 €. Da O nicht zahlt, begibt sich T eines Tages zum Haus des O, um diesen zur Erfüllung seiner Zahlungspflicht zu zwingen. Er trifft dort nur E, die
   Ehefrau des O, an. T ist nun mit der Geduld am Ende und droht der E an, sie
   grün und blau zu schlagen, wenn sie nicht unverzüglich 1000 € herausrücke.
   Ob sie das Geld aus dem Vermögen des O oder aus ihrem eigenen Vermögen nimmt, sei ihm egal. Die eingeschüchterte E entnimmt daraufhin dem
   Schreibtisch des O zehn Hundert-Euro-Scheine und gibt sie dem T. Eigentümer des Geldes ist O.
2. Abwandlung: Der Anspruch des T richtete sich gegen E.

Mit der Bedrohung der E hat T den objektiven Tatbestand einer Dreieckserpressung erfüllt. Denn zweifellos wäre die angedrohte Misshandlung der E auch für
Vermögensinhaber O ein empfindliches Übel, das ihn zur Herausgabe des verlangten Geldes veranlasst hätte. Mit dem „Freikauf" der E ist also auch O von der
Last des drohenden Übels befreit worden. In **Beispiel 1** hat T aber den subjektiven Tatbestand der Erpressung nicht erfüllt. Denn auf die Zahlung der 1000 €
hatte er einen Anspruch, der sich gegen O richtete und somit dessen Vermögen
belastete. Daher ist die Bereicherung des T ebenso gerechtfertigt wie die Entreicherung des O. Insoweit handelte T nicht mit der Absicht, sich rechtswidrig
zu bereichern. T stellte sich jedoch bei seiner Tat vor, die E würde das geforderte Geld eventuell ihrem eigenen Vermögen entnehmen. T handelte also mit

---

[167] Nichtig ist übrigens nicht der Anspruch (so z. B. Kühl 1989, 508; Otto 1993, 427), sondern das
Rechtsgeschäft, welches den Anspruch begründen soll, also die „Anspruchsgrundlage".
[168] Für die Wirksamkeit der Übereignung BGHSt 6, 377 (379); BGH, GA 1968, 338.

dem (Alternativ-) Vorsatz,[169] dem Vermögen der E einen Schaden zuzufügen, um sich selbst auf Kosten der E einen Vermögensvorteil zu verschaffen. Die Rechtswidrigkeit dieser Entreicherung wäre nicht durch den Anspruch ausgeschlossen worden, den T gegen O hatte. Anders wäre es nur, wenn die E für die von ihrem Ehegatten begründete Zahlungsverpflichtung mithaftete, wie das etwa bei Geschäften nach § 1357 I 2 BGB der Fall ist. Weil T sich also auf Kosten der E rechtswidrig bereichern wollte, hat er sich wegen versuchter (räuberischer) Erpressung strafbar gemacht.

In **Beispiel 2** hat T eine vollendete Dreiecks-Erpressung zu Lasten des O begangen. Die von T erstrebte und auch erzielte Bereicherung ist rechtswidrig, da der Zahlungsanspruch nicht gegen O, sondern gegen E gerichtet ist und die Entreicherung des O nicht rechtfertigt. Daran ändert auch nichts die Tatsache, dass der Zugriff der E auf das Vermögen ihres Ehemannes durch mutmaßliche Einwilligung gerechtfertigt ist. Diese Rechtfertigung kommt nur der E zugute.

10.2.3 Rechtswidrigkeit

Die Rechtswidrigkeit der Erpressung ist nicht Tatbestandsmerkmal, sondern allgemeines Straftatmerkmal.[170] Anders als bei den meisten Delikten wird bei der Erpressung die Rechtswidrigkeit aber nicht durch die Tatbestandsmäßigkeit „indiziert". Zwar schließt ein allgemeiner Rechtfertigungsgrund wie bei anderen Delikten auch bei der Erpressung die Rechtswidrigkeit aus.[171] Jedoch erschöpft sich die Rechtswidrigkeitsprüfung nicht in der Feststellung, dass kein Rechtfertigungsgrund eingreift. Vielmehr muss der Sachverhalt unter die Rechtswidrigkeits-Formel des § 253 II subsumiert und das Rechtswidrigkeits-Urteil **positiv begründet** werden. Danach kommt es entscheidend auf die Art der Verknüpfung des Erpressungsmittels (Gewalt, Drohung) mit dem erstrebten Vermögensvorteil an. Die Mittel-Zweck-Verbindung muss „verwerflich" sein. Regelmäßig ergibt sich die Verwerflichkeit dieser Verknüpfung schon daraus, dass der Täter auf die erstrebte Bereicherung keinen Anspruch hat.[172] Wer sich auf Kosten eines anderen zu Unrecht bereichern will, indem er diesen mit Gewalt oder Übelsandrohung nötigt, der handelt in aller Regel sittlich verachtenswert und unerträglich sozialinadäquat. Für einen Ausschluss der Rechtswidrigkeit kommen somit nur die Fälle in Betracht, in denen der Täter dem Genötigten ein Übel androht, das für diesen empfindlich ist, dessen Verwirklichung aber erlaubt oder zumindest nicht verboten ist.

---

[169] Zum „dolus alternativus" vgl. Baumann et al. (2003), § 20 Rn. 63; Jescheck et al. (1996), § 29 III 4.

[170] Eisele (2012b), Rn. 789; Nomos Kommentar-Kindhäuser (2013), § 253 Rn. 37; Otto (2005), § 53 Rn. 15.

[171] Nomos Kommentar-Kindhäuser (2013), § 253 Rn. 37.

[172] Rengier (2014a), § 11 Rn. 66.

Beispiele

1. O hat nach einem von ihm verursachten Verkehrsunfall Unfallflucht begangen. T war Zeuge dieses Vorgangs und verlangt nun von O 1000 € „Schweigegeld". Wenn O nicht zahlt, werde T die Unfallflucht des O der Polizei anzeigen. Darauf zahlt O die verlangten 1000 € an T.

2. T will aus seiner gemieteten Wohnung ausziehen und sucht einen Nachmieter. O ist an der Wohnung stark interessiert. T erklärt ihm, dass sich bei ihm bereits dreißig andere Interessenten gemeldet hätten. Wenn O ihm 3000 € „Ablöse" zahlt, werde er dem Vermieter empfehlen, den Mietvertrag mit O abzuschließen. Wenn O nicht zahlt, werde er einen anderen Interessenten vorschlagen. Da O die Wohnung unbedingt haben will, gibt er dem T die verlangten 3000 €.

That in beiden Beispielen den objektiven und den subjektiven Tatbestand der Erpressung erfüllt. Die angedrohte Strafanzeige ist für O ebenso ein empfindliches Übel wie der Verlust der Chance auf Abschluss eines Mietvertrages über die begehrte Wohnung. T hat die Drohung mit Zufügung dieser Übel dazu benutzt, sich auf Kosten des O eine Bereicherung zu verschaffen, auf die er keinen Anspruch hatte. Fraglich ist jedoch, ob die Tat rechtswidrig ist. Sowohl Strafanzeige als auch Vergabe der Wohnung an einen anderen Interessenten sind Handlungen, die von der Rechtsordnung gedeckt sind und daher von O geduldet werden müßten. Wenn es aber erlaubt ist, diese Übel zu verwirklichen, dann kann auch ihre Ankündigung nicht rechtswidrig sein. Das Verwerflichkeits-Urteil könnte also nur noch damit begründet werden, dass die inkonnexe Verknüpfung von Übelsandrohung und Geldforderung den Bedrohten in eine subjektiv unerträgliche und nach objektivem Urteil sozial mißbilligenswerte psychische Zwangslage versetzt, die mit strafrechtlichen Mitteln bekämpft werden muss. Nach h. M. soll in solchen Fällen das Fehlen einer „vernünftigen Konnexität" zwischen erlaubtem Mittel und erstrebter Bereicherung ein taugliches und je nach konkreter Fallgestaltung ausreichendes Rechtswidrigkeits-Kriterium sein[173]. Dabei wird aber die Verantwortung des Opfers für sein eigenes Vermögen unterbewertet. Den Vermögensschaden kann der Genötigte abwenden, indem er sich dem Druck der Drohung nicht beugt, die ihm angesonnene Vermögensverfügung also unterlässt. Zwar muss er dann damit rechnen und es gegebenenfalls auch ertragen, dass der Täter die Drohung wahr macht und das angekündigte Übel eintreten lässt. Das mutet die Rechtsordnung ihm jedoch zu. Seine Lage wird nicht dadurch verschlechtert, dass der Täter ihm ein verlockendes Angebot macht, dessen Annahme ihn vielleicht vor dem Übel bewahren wird. Im Gegenteil: Sein Handlungsspielraum wird dadurch erweitert. Es ist daher nicht einzusehen, warum der Adressat eines solchen Angebotes strafrechtlich geschützt werden soll, während ein anderer, der mit dem Eintritt eines ähnlichen Übels rechnen muss, ohne sich davon freikaufen zu können, strafrechtlich ungeschützt bleibt. Gegen die h. M. ist deshalb die

---

[173] Bockelmann (1982), 127; Maurach et al. (2009), § 42 Rn. 36; Welzel (1969), 382; ausführlich dazu Arzt (1987), 641 ff.

Rechtswidrigkeit der Tat immer zu verneinen, wenn der Täter mit einem empfindlichen Übel droht, dessen Verwirklichung nicht verboten ist.[174] Aus diesem Grund hat sich T in beiden Beispielen nicht wegen Erpressung strafbar gemacht.

10.3 Qualifikationstatbestände

10.3.1 Räuberische Erpressung, §§ 253, 255 StGB

Die räuberische Erpressung des § 255 unterscheidet sich von der Erpressung des § 253 nur im **Erpressungsmittel**. Sowohl die Gewalt- als auch die Drohungsalternative ist auf das Niveau des Raubes (§ 249) gehoben. Nicht jede Form der Gewalt,[175] sondern nur die Gewalt gegen eine Person und nicht jede Drohung mit einem empfindlichen Übel, sondern nur die Drohung mit gegenwärtiger Gefahr für Leib oder Leben erfüllt den Tatbestand der räuberischen Erpressung.[176] Im Übrigen sind die Strafbarkeitsvoraussetzungen des § 255 mit denen des § 253 identisch. Der Streit um das Erfordernis einer **Vermögensverfügung** im Tatbestand der Erpressung (dazu oben 10.2.1.5.2) ist daher auch auf der Ebene des § 255 auszufechten und hat hier vor allem Bedeutung für das Verhältnis von Raub und räuberischer Erpressung.[177] Nach der herrschenden Literaturmeinung ist eine mit Raubmitteln ausgeführte Wegnahme keine räuberische Erpressung. Sofern eine solche Tat nicht aus § 249 strafbar ist, entgeht der Täter der Strafbarkeit als Räuber ebenso wie der Strafbarkeit „gleich einem Räuber". Folgt man dagegen der Rechtsprechung, können die tatbestandlichen Grenzen des § 249 den Täter vor der Bestrafung „gleich einem Räuber" nicht bewahren, da nach dieser Auffassung der Weg in den Tatbestand des § 255 nicht durch das Verfügungserfordernis versperrt ist. Unter dieser Prämisse ist Gewalt gegen eine Person zwecks Wegnahme oder Entziehung von Gegenständen, die keine Sachen, nicht beweglich oder nicht fremd sind, kein Raub, dennoch aber wie ein Raub als räuberische Erpressung strafbar, sofern der Entzug des Gegenstands dem Betroffenen einen Vermögensschaden zufügt.

Beispiele[178]

1. An einer URAL-Tankstelle schlägt T den Tankwart O nieder und nimmt ihm einen Chip für die Waschanlage weg. Während O bewusstlos ist, fährt T seinen Pkw in die Halle der Waschanlage. Dann wirft er den Chip in den dafür vorgesehenen Kasten und setzt damit die Anlage in Betrieb.

---

[174] Systematischer Kommentar-Wolters (2003), § 240 Rn. 43.

[175] Gegenwärtige Gefahr für Leib oder Leben braucht die Gewalt nicht zu begründen, BGHSt 18, 75 (76).

[176] Vgl. BGH, NStZ-RR 1999, 266 (267).

[177] Vgl. Arzt et al. (2009), § 18 Rn. 15: „Die Auseinandersetzung geht im Grunde nicht um § 253, sondern um § 255."

[178] Siehe auch die Beispiele oben 10.2.1.5.2.

2. T dringt in das Haus des O ein, schlägt den O nieder und steckt dann sein
   Batterieladegerät in eine Steckdose im Wohnzimmer des O.

3. T wirft regelmäßig einen Teil seines Hausmülls in die Mülltonne seines Nachbarn O, ohne dass dieser es merkt. O muss seine Tonne daher jede Woche
   leeren lassen, während die Tonne des T nur alle 14 Tage geleert werden muss.
   Enthielte jede Tonne nur den von ihrem Inhaber produzierten Müll, wäre es
   umgekehrt. Als O den T eines Tages bei seinem Tun überrascht und an der
   Benutzung seiner Mülltonne hindern will, schlägt T ihn nieder und wirft einen
   mit Abfall gefüllten Plastiksack in die Tonne des O.

In allen drei Beispielen hat T gegen die Person des O Gewalt angewendet und
anschließend die so geschaffene Unterlegenheit des O dazu ausgenutzt, eine
Handlung vorzunehmen, durch die das Vermögen des O beeinträchtigt wurde.
Mit der Gewalttätigkeit hat T den O genötigt, diese Handlung zu dulden. Damit
sind dem Wortlaut der §§ 253, 255 nach an sich alle Tatbestandsmerkmale der
räuberischen Erpressung erfüllt. Dennoch würde die h. M. hier Strafbarkeit des
T aus § 255 verneinen. Denn die vermögensschädigende Handlung des T hat
jeweils den Charakter eines Eingriffs in das Vermögen von außen, also einer
Vermögensminderung durch fremdschädigendes Eindringen in die betroffene
Vermögenssphäre. O ist von T nicht zu einem das eigene Vermögen unmittelbar mindernden – also selbstschädigenden – Verhalten genötigt worden. Nach
der herrschenden Literaturmeinung ist dieser Modus der Vermögensschädigung
allenfalls als Raub strafbar. Der Rückgriff auf den Tatbestand der räuberischen
Erpressung ist wegen des Erfordernisses einer Vermögensverfügung – an der es
hier fehlt – ausgeschlossen. Versucht man die Fälle unter § 249 zu subsumieren,
muss man feststellen, dass jeweils wenigstens ein Tatbestandsmerkmal nicht erfüllt und daher Strafbarkeit wegen Raubes nicht begründet worden ist.

In **Beispiel 1** hat T dem O mit Gewalt gegen eine Person eine fremde bewegliche Sache weggenommen. Er handelte dabei aber nicht mit der Absicht, sich
diese Sache rechtswidrig zuzueignen. Da er den Chip durch Einwurf in den Kasten in den Machtbereich des O zurückgelangen lassen wollte, fehlte ihm der Enteignungsvorsatz. Auch die Heranziehung der Sachwerttheorie ändert an diesem
Ergebnis nichts, da dem Chip kein spezifisch verkörperter Wert dauernd entzogen werden soll. Daher ist T nicht aus § 249 strafbar. Auch hinsichtlich des beim
Waschen seines Wagens verbrauchten Wassers liegen die Strafbarkeitsvorauss-
setzungen des § 249 nicht vor. Da dieses Wasser durch Betrieb der Waschanlage
verbraucht wurde, hat T es nicht aus der Gewahrsamssphäre des O herausgeholt.
Es fehlt also an einer Wegnahme des Wassers. Was T sich „zugeeignet" hat,
ist nicht eine fremde Sache, sondern der Nutzen einer fremden Dienstleistung
bzw. die zur Erbringung dieser Leistung erforderliche Energie. Dies wäre nach
§ 265 a strafbar, wenn T sich die Leistung „erschlichen" hätte, was hier nicht
der Fall ist. Ob Strafbarkeit aus § 263 a möglich ist, hängt von der näheren
Ausgestaltung des Betriebssystems der Waschanlage sowie von der umstrittenen Auslegung des Tatbestands „Computerbetrug" ab. Auf jeden Fall kommt die
Verknüpfung der Gewalt mit der Vermögensschädigung nach der Lehre von der

„selbstschädigenden Vermögensverfügung" nicht angemessen zur Geltung, da T weder aus § 249 noch aus § 255 strafbar ist.

In **Beispiel 2** hat sich T elektrische Energie „zugeeignet", die dem O zustand und deren Verbrauch dem O von dem Elektrizitätsunternehmen in Rechnung gestellt wird. Um einen Raub handelt es sich nicht, da der elektrische Strom keine Sache ist. Natürlich ist T aus §§ 123 I, 223, 248 c und 240 I strafbar. Jedoch ist das aus dieser Tatbestandshäufung über die Konkurrenzregeln der §§ 52, 53 herleitbare Strafquantum unbedeutend im Vergleich mit dem Sanktionsvolumen, über das das Gericht verfügen könnte, wenn § 255 als Bestrafungsgrundlage anwendbar wäre.

Auch im **dritten Beispielsfall** steht der Raubtatbestand nicht zur Verfügung, da T dem O nichts weggenommen hat. T hat dem O zwar mit der Kapazität seiner Mülltonne ein – im Zuge steigender kommunaler Abgaben immer wertvoller werdendes – Vermögensgut entzogen, dabei aber an den Sachherrschaftsverhältnissen nichts geändert. Wegnahme setzt eine räumliche Verlagerung des Tatobjekts voraus (s. o. 1.2.1.4.3.1). Gewiss ist die Störung oder Vereitelung der Nutznießung einer Sache ohne Standortsveränderung ebenso Besitzstörung und verbotene Eigenmacht wie die Wegnahme der Sache und kann durchaus auch eine ebenso missbilligenswerte Rechts- und Friedensstörung sein wie diese. Sie ist aber – wie vor allem die Gegenüberstellung von „entzieht" und „stört" in § 858 I BGB zeigt – etwas anderes als die Wegnahme der Sache und wird daher weder von § 242 noch von § 249 erfasst. Der Missbrauch der fremden Mülltonne als solcher ist daher strafrechtlich überhaupt nicht ahndbar und die Diskrepanz in der Bewertung des Falles durch die Rechtsprechung einerseits und die herrschende Literaturauffassung andererseits noch größer als in den beiden ersten Beispielen. Als Anhänger der Rechtsprechungsmeinung kann man nämlich wiederum auf § 255 zurückgreifen, während die Gegenmeinung sich mit der Strafbarkeit aus §§ 223, 240 begnügen muss.

Zur Strafbarkeit aus § 255 käme die herrschende Lehre jedoch auch, wenn die drei Fälle sich etwas anders abgespielt hätten:[179] Wäre O von T gezwungen worden, die in einer verschlossenen Schublade liegenden Waschanlagen-Chips herauszugeben bzw. die Waschanlage mit einem Schlüssel in Betrieb zu setzen (**Beispiel 1**), das Batterieladegrät des T in eine diesem nicht ohne weiteres zugängliche Steckdose zu stecken (**Beispiel 2**) und den mit einem Vorhängeschloss zugesperrten Deckel der Mülltonne zu öffnen (**Beispiel 3**), läge eine erzwungene Vermögensverfügung des O vor. Es leuchtet nicht ein, warum T in den abgewandelten Fällen wie ein Räuber bestraft werden soll, in den Ausgangsfällen dagegen nicht.[180] Vorzugswürdig ist deshalb die Auslegung des Erpressungstatbestandes, nach der in sämtlichen Beispielsfällen die Strafbarkeit aus § 255 begründet ist.[181]

---

[179] Vgl. auch die Gegenüberstellung geringfügig variierter Fälle bei Schünemann (1980), 486 (487).

[180] Küper (1998), 495 (512); Schünemann (1980), 486 (488); Seelmann (1982), 914.

[181] Erb (2008), 711 (720).

10.3.2   Schwere räuberische Erpressung, §§ 253, 255, 250 StGB

Durch die Verweisung „gleich einem Räuber" sind sämtliche Qualifikationstatbestände des Raubes mit § 255 verknüpft.[182] Schwere räuberische Erpressung ist die Kombination des § 255 mit einem Fall des § 250. Das Wort „Raub" in § 250 I, II ist dabei jeweils durch das Wort „räuberische Erpressung" zu ersetzen.

10.3.3   Räuberische Erpressung mit Todesfolge, §§ 253, 255, 251 StGB

Auch mit § 251 wird die räuberische Erpressung durch die Verweisung „gleich einem Räuber" verbunden. Der Tod des Opfers muss durch die Anwendung des Nötigungsmittels (Gewalt oder Drohung) verursacht worden sein. Todesverursachung durch den Vermögensschaden entspricht nicht dem Schutzzweck des § 251.

Beispiel

T bringt den O mit Gewaltanwendung dazu, ein Vertragsformular zu unterschreiben. Erst nachdem er seine Unterschrift geleistet hat, liest O den Vertragstext und erkennt nunmehr, dass dieser Vertrag seinen wirtschaftlichen Ruin bedeutet. Diese Erkenntnis regt ihn so sehr auf, dass er einen Herzanfall erleidet und tot zusammenbricht.

Der Tod des O ist eine Folge der von T begangenen räuberischen Erpressung. Todesursache war aber nicht eine lebensgefährliche Form der Gewaltanwendung oder der Drohung mit gegenwärtiger Gefahr für Leib oder Leben. Nur auf das in diesen Nötigungsmitteln angelegte spezifische Tötungsrisiko soll mit der Qualifikation des § 251 reagiert werden. Todesverursachung durch Art oder Ausmaß des Vermögensschadens ist ein Vorgang, der kein typisches Gefahrmoment der räuberischen Erpressung indiziert. Basis einer derartigen Todesverursachung kann ja auch ein Diebstahl, eine Unterschlagung oder ein Betrug, also ein gewaltloses Delikt sein. T hat sich hier also nicht aus §§ 255, 251, sondern nur aus § 255 und § 222 strafbar gemacht.[183]

---

[182] BGHSt 14, 386 (391); Eisele (2012b), Rn. 804.
[183] Eisele (2012b), Rn. 809.

Kontrollfragen

1. Welche strukturelle Parallele besteht zwischen Erpressungs- und Betrugstatbestand (10.1.2.2)
2. Wodurch unterscheiden sich Erpressung und Nötigung? (10.2.1.1)
3. Was bedeutet „empfindliches Übel"? (10.2.1.3.2)
4. Enthält der objektive Tatbestand der Erpressung das Merkmal „Vermögensverfügung"? (10.2.1.5.2)
5. Was ist eine „Dreieckserpressung"? (10.2.1.5.3)
6. Ist die Rückgabe einer gestohlenen Sache gegen „Lösegeld" eine Erpressung? (10.2.1.6.3)
7. Wie setzt sich der subjektive Tatbestand der Erpressung zusammen? (10.2.2.1)
8. Was bedeutet „Stoffgleichheit"? (10.2.2.3.2)
9. Wie unterscheidet sich die „räuberische Erpressung" von der „einfachen Erpressung"? (10.3.1)
10. Wie unterscheidet sich die räuberische Erpressung vom Raub? (10.3.1)

Literatur

Arzt. Zwischen Nötigung und Wucher. Festschrift für Lackner. 1987. S. 641.

Arzt G, Weber U, Heinrich B, Hilgendorf E. Strafrecht Besonderer Teil. 2. Aufl. 2009.

Baumann J, Weber U, Mitsch. Strafrecht Allgemeiner Teil. 11. Aufl. 2003.

Bergmann, Freund. Zur Reichweite des Betrugstatbestandes bei rechts- und sittenwidrigen Geschäften. JR. 1988;189.

Biletzki. Die Abgrenzung von Raub und Erpressung. Jura. 1995;635.

Bockelmann P. Strafrecht Besonderer Teil 1. 2. Aufl. 1982.

Cramer P. Vermögensbegriff und Vermögensschaden im Strafrecht. 1968.

Cramer S. Anm. BGH, Beschl. v. 13.5.1997 – 4 StR 200/97. NStZ. 1998;299.

Dehne-Niemann. Anm. BGH, Beschl. v. 18.10.2007 – 4 StR 422/07. NStZ. 2009;37.

Dehne-Niemann. Zur Konstruktion eines Vermögensschadens beim erzwungenen Rückkauf entwendeten Gutes durch den Eigentümer. ZStW. 2011;123:485.

Eisele J. Strafrecht Besonderer Teil II. 2. Aufl. 2012b.

Erb. Zur Bedeutung der Vermögensverfügung für den Tatbestand der Erpressung und dessen Verhältnis zu Diebstahl und Raub. Festschrift für Herzberg. 2008. S. 711.

Fischer T. Strafgesetzbuch. 61. Aufl. 2014.

Geilen. Raub und Erpressung. Jura. 1979;53.

Gössel. Anm. BGH, Urt. v. 18.5.1976 – 1 StR 146/76. JR. 1977;32.

Gössel KH. Strafrecht Besonderer Teil 2. 1996.

Grabow. Eine Kritik der Sicherungserpressung auf Grundlage der Rechtsprechung. NStZ. 2014;121..

Graul. Wider die Zweckverfehlungslehre beim Vermögensschaden. Festschrift für Brandner. 1996;801.

Graul. Die kriminelle Auswertung eines wertvollen Gemäldes. JuS. 1999;562.

Herzberg. Konkurrenzverhältnisse zwischen Betrug und Erpressung. JuS. 1972a;570.

Herzberg. Bewusste Selbstschädigung beim Betrug. MDR. 1972b;93.

Hilgendorf. Zweckverfehlung und Vermögensschaden beim Betrug. JuS. 1994;466.

Hillenkamp. Der „Einkauf" verdeckter Ware: Diebstahl oder Betrug? JuS. 1997;217.

Jakobs. Anm. OLG Hamburg, Urt. v. 7.12.1973 – 2 Ss 209/73. JR. 1974;474.

Kienapfel. Anm. BGH, Beschl. v. 10.10.1983 – 4 StR 405/83. JR. 1984;388.

Krack. Die Voraussetzungen der Dreieckserpressung. JuS. 1996;493.

Krey V, Hellmann U, Heinrich M. Strafrecht Besonderer Teil 2. 16. Augl. 2012.

Kühl. Umfang und Grenzen des strafrechtlichen Vermögensschutzes. JuS. 1989;505.

Küper. Erpressung ohne Verfügung? Festschrift für Theodor Lenckner. 1998;495.

Lausen. Strafrechtliche Risiken bei der Forderungsbeitreibung. wistra. 1991;279.

Lenckner. Zum Problem des Vermögensschadens (§§ 253, 263 StGB) beim Verlust nichtiger Forderungen. JZ. 1967;105.

Link. Noch einmal: Vermögensschaden nach § 253 StGB beim Rückkauf des gestohlenen Gutes durch den Eigentümer. JuS. 1987;592.

Maurach R, Schroeder FC, Maiwald M. Strafrecht Besonderer Teil 1.10. Aufl. 2009.

Mitsch. Anm. BGH, Urt. v. 20.4.1995 – 4 StR 27/95. NStZ. 1995;499.

Mitsch. Der gewalttätige Einbrecher. JA. 1997;655.

Mitsch. Anm. BGH, Urt. v. 11.5.1999 – 4 StR 380/98. NStZ. 1999;617.

Mohrbotter. Anm. OLG Hamburg, Urt. v. 7.12.1973 – 2 Ss 209/73. JZ. 1975;102.

Nomos Kommentar zum Strafgesetzbuch, 4. Aufl. 2013.

Otto H. Die Struktur des strafrechtlichen Vermögensschutzes. 1970.

Otto. Anm. BGH, Urt. v. 22.9.1983 – 4 StR 376/83. JZ. 1984;143.

Otto. Die neuere Rechtsprechung zu den Vermögensdelikten. JZ. 1985;69.

Otto. Betrug bei rechts- und sittenwidrigen Rechtsgeschäften. Jura. 1993;424.

Otto. Anm. BGH, Urt. v. 20.4.1995 – 4 StR 27/95. JZ. 1995;1020.

Otto H. Grundkurs Strafrecht Die einzelnen Delikte. 7. Aufl. 2005.

Ranft. Grundfälle aus dem Bereich der Vermögensdelikte. JA. 1984;1.

Ranft. Grundprobleme des Betrugstatbestandes. Jura. 1992;66.

Rengier. Die „harmonische" Abgrenzung des Raubes von der räuberischen Erpressung. JuS. 1981;654.

Rengier R. Strafrecht Besonderer Teil 1. 16. Aufl. 2014a.

Rudolphi. Das Problem der sozialen Zweckverfehlung beim Spendenbetrug. Festschrift für Klug. 1983;315.

Samson. Grundprobleme des Betrugstatbestandes. JA. 1978;469.

Scheffler. Zur Strafbarkeit der Schuldeneintreibung mittels des „Schwarzen Mannes". NJ. 1995;573.

Schmoller. Betrug bei bewusst unentgeltlichen Leistungen. JZ. 1991;117.

Schnellenbach. Anm. BGH, Urt. v. 5.7.1960 – 5 StR 80/60. NJW. 1960;2154.

Schroeder FC. Anm. BayObLG, Beschl. v. 18.10.1990 – RReg. 5St 92/90. JZ. 1991;682.

Schünemann. Raub und Erpressung. JA. 1980;349.

Seelmann. Grundfälle zu den Straftaten gegen das Vermögen als Ganzes. JuS. 1982;914.

Seier, Probleme der Abgrenzung und der Reichweite von Raub und räuberischem Diebstahl. JuS. 1979; 336.

Systematischer Kommentar. Loseblattsammlung. 2001/2003.

Tenckhoff. Die Vermögensverfügung des Genötigten als ungeschriebenes Merkmal der §§ 253, 255 StGB. JR. 1974;489.

Tenckhoff. Anm. BGH, Beschl. v. 28.4. 1987 – 5 StR 566/86. JR. 1988;126.

Trunk. Der Vermögensschaden nach § 253 StGB beim Rückverkauf des gestohlenen Gutes an den Eigentümer. JuS. 1985;944.

Wallau. Der „Mensch" in §§ 240, 241, 253 StGB und die Verletzung der Rechte juristischer Personen. JR. 2000;312.

Welzel H. Das deutsche Strafrecht. 11. Aufl. 1969.

Wessels J, Hillenkamp T. Strahfrecht Besonderer Teil 2. 36. Aufl. 2013c.

Wolf G. Anm. BGH, Urt. v. 20.4. 1995 – 4 StR 27/95. JR. 1997;73.

Zimmermann T. Anm. BGH, Beschl. v. 18.1. 2011 – 3 StR 467/10. NStZ. 2012;211.

Zaczyk. Anm. BGH, Urt. v. 7.3.1985 – 4 StR 82/85. JZ. 1985;1059.

Raubähnliche und erpressungsähnliche Delikte, §§ 316a, 239a StGB

11

Inhaltsverzeichnis

11.1   Einführung

Die beiden in diesem Kapitel erläuterten Straftatbestände – der **Räuberische Angriff auf Kraftfahrer (§ 316 a)** und der **Erpresserische Menschenraub (§ 239 a)** – haben nicht nur Raub- und Erpressungsähnlichkeit, auch im Verhältnis zueinander lassen sich einige **Gemeinsamkeiten** festhalten: Beide Straftatbestände wurden erst nachträglich in das Strafgesetzbuch aufgenommen, gehörten 1871 noch nicht zum Besonderen Teil des StGB. Darüber hinaus steht ihre Entstehung in demselben geschichtlichen und politischen Zusammenhang. Beide Strafvorschriften sind Erzeugnisse **nationalsozialistischer** Verbrechensbekämpfungspolitik.[1] Außerdem wurde bei beiden Straftatbeständen der Anstoß zu ihrer Schaffung durch tatsächliche kriminelle Ereignisse („Lindbergh-Baby-Entführung";[2] „Gebrüder Götze"[3]) gegeben,[4] die die Bevölkerung in Unruhe versetzten und den NS-Machthabern willkommener Anlass für weitere Exempel einer zunehmenden Brutalisierung, Primitivierung und

---

[1] Zu § 316 a: Geppert (2014), 128: „Paradebeispiel eines NS-Strafgesetzes"; Sowada (2007), 799: „Prototyp nationalsozialistischen Gesetzesunrechts".

[2] Informativ dazu George Waller, Kindesraub: Der Fall Lindbergh, in: Berühmte Kriminalfälle und andere, mysteriöse Begebenheiten, Verlag DAS BESTE, 1966, S. 507 ff.

[3] Ausführlich zu Taten, Verfahren und Hinrichtung der Brüder Zieschang (2014) 705 ff.

[4] Maurach et al (2009), § 15 Rn. 2; § 35 Rn. 45; Nomos Kommentar-Zieschang (2013), § 316 a Rn. 1.

© Springer-Verlag Berlin Heidelberg 2015
W. Mitsch, *Strafrecht, Besonderer Teil 2*, Springer-Lehrbuch,
DOI 10.1007/978-3-662-44934-9_11

Verrohung hoheitlicher Verbrechensverfolgung waren.[5] Den Zusammenbruch des „Dritten Reiches" haben Räuberischer Angriff auf Kraftfahrer und Erpresserischer Menschenraub als Straftatbestände insofern überdauert, als sie nach Gründung der Bundesrepublik in entnazifizierter – wenngleich nicht unbedingt rechtsstaatlich vorbildlicher[6] – Fassung weiterhin Bestandteile des Strafgesetzbuches geblieben sind. Vor allem wegen ihrer hohen Strafdrohung sind diese Strafvorschriften immer noch umstritten und vielfältiger Kritik ausgesetzt.[7]

In strafrechtsdogmatischer Hinsicht weisen die beiden Straftatbestände eine parallele Struktur auf, soweit es um das Verhältnis zu den Tatbeständen Raub bzw. Erpressung geht: Weder der Räuberische Angriff auf Kraftfahrer noch der Erpresserische Menschenraub sind (versuchte oder vollendete) Raub- oder Erpressungstaten. Vielmehr liegen die Taten, durch die die Tatbestände § 316 a und § 239 a verwirklicht werden, im **Vorfeld** eines Raubes, eines raubähnlichen Delikts (Räuberischer Diebstahl, Räuberische Erpressung, §§ 252, 255) oder einer Erpressung.[8] Dieses Anschlussdelikt taucht im Tatbestand der §§ 316 a, 239 a lediglich in „versubjektivierter" Form als Inhalt der Täterintention auf (näher dazu unten 11.2.2.2.3 und 11.3.2.2.3).

Der letztgenannte Umstand und die Stellung der Tatbestände im System des Besonderen Teils (§ 239 a: 18. Abschnitt – Straftaten gegen die persönliche Freiheit; § 316 a: 28. Abschnitt – Gemeingefährliche Straftaten) unterstreichen eine weitere wichtige Übereinstimmung: Die Eigentums- bzw. Vermögensbeeinträchtigung ist nur ein Teil des rechtsgutstheoretischen Fundaments dieser Straftatbestände. Sowohl der Räuberische Angriff auf Kraftfahrer als auch der Erpresserische Menschenraub tangieren neben dem Eigentum bzw. Vermögen noch ein weiteres – immaterielles – **Rechtsgut** (näher dazu unten 11.2.1.2 und 11.3.1.2). Dennoch sind die Tatbestände wegen ihrer bedeutenden vermögensdeliktischen Komponente in diesem Lehrbuch zu berücksichtigen.[9]

---

[5] Maurach (1962), 559 (zu § 239 a): „... Terrorbestimmung, die so ziemlich in allen Hinsichten den primitivsten rechtsstaatlichen Vorstellungen ins Gesicht schlug und die, nicht zuletzt im Urteil des Auslands, dem deutschen Strafrecht ein Kainsmal aufdrückte..."; ebenso Eberhard Schmidt (1983), S. 432: „Entwicklung zum Terrorismus".

[6] Maurach (1962), 559 (560).

[7] Zu § 316 a vgl. z. B. Duttge et al (2005), 193 (195); Freund (1997), 455 (482); Günther (1987a), 16; Günther (1987b), 369; Herzog (2004), 258 (259); Hörnle (1998), 169 (175); Jesse (2008b), 1083 ff; Neuhaus (1989), 200; Niedzwicki (2008), 371 (373); Sowada (2007), 799; Wolters (1998), 397 (400); zu § 239 a vgl. z. B. Bohlander (1993), 439 (440); Renzikowski (1994), 492.

[8] Bei § 239 a I gilt dies allerdings nur für die erste Tatbestandsalternative, näher dazu unten 11.3.3.1.

[9] Ebenso Kindhäuser (2014), § 19; Rengier (2014a), § 12; Wessels et al (2013c), § 9; § 19; andererseits Kindhäuser (2012), § 16; Rengier (2014b), § 24; anders auch Blei (1983), § 92, wo § 316 a im Abschnitt „Verkehrsstraftaten" eingeordnet wird.

11.2 Räuberischer Angriff auf Kraftfahrer, § 316 a StGB

11.2.1 Allgemeines

11.2.1.1 Entstehungsgeschichte

Der § 316 a wurde zwar erst 1953 in das StGB eingefügt, der Tatbestandstyp existierte im deutschen Strafrecht indes schon länger.[10] Vorläufer des § 316 a war das sog „**Autofallenraubgesetz**" vom 22. 6. 1938, das nur aus einer sehr knappen und äußerst unbestimmten Tatbeschreibung und der absoluten Todesstrafdrohung bestand: *„Wer in räuberischer Absicht eine Autofalle stellt, wird mit dem Tode bestraft"*. Im Lichte des Art. 103 II GG besonders schockierend erscheint aus rechtsstaatlicher Nachkriegsperspektive die rückwirkende Inkraftsetzung des Gesetzes: *„Dieses Gesetz tritt mit Wirkung vom 1. Januar 1936 in Kraft"*.[11] Nach 1945 wurde das Autofallenraubgesetz durch das **Kontrollratsgesetz Nr. 55** vom 20. 6. 1947 wieder aufgehoben. Das **1. Straßenverkehrssicherungsgesetz** vom 19. 12. 1952 ließ den Tatbestand in neuem gesetzlichen Gewand als § 316 a StGB wiederauferstehen.[12] Von geringfügigen Ergänzungen durch das **11. Strafrechtsänderungsgesetz** vom 16. 12. 1971 und das **EGStGB** vom 2. 3. 1974 abgesehen blieb der Straftatbestand viereinhalb Jahrzehnte unverändert.

Das am 1. 4. 1998 in Kraft getretene **6. Strafrechtsreformgesetz** hat die zur Zeit gültige Fassung geschaffen, die sich von ihrer Vorgängerin in einigen Punkten deutlich unterscheidet.[13] Der gravierendste Einschnitt in das Bild des Tatbestandes ist die Beseitigung der **Unternehmensdelikts**-Natur. Die betreffende Passage des Gesetzestextes vor dem 6. StrRG lautete: „ *Wer... einen Angriff auf... unternimmt,...* ". Der Räuberische Angriff auf Kraftfahrer war also früher ein Unternehmensdelikt i.S. des § 11 I Nr. 6. Das bedeutete, dass die Tat bereits mit dem Versuch (i.S. des § 22) eines Angriffs formell vollendet und deswegen ein strafbefreiender **Rücktritt** nach § 24 ausgeschlossen war.[14] Die Funktion des ausgeschalteten § 24 übernahm § 316 a II,[15] der dem Gericht die Möglichkeit einräumte, gegenüber dem tätige Reue übenden Angreifer die Strafe zu mildern oder von Bestrafung abzusehen.[16] Das 6. StrRG hat das Wort „unternimmt" aus dem Gesetzestext entfernt und durch das

---

[10] Instruktiv zur Entstehungsgeschichte Fischer (2000), 433 (434); Geppert (2014), 128; Große (1993), 525 (526); Günther (1987b), 369 (376); Herzog (2004), 258; Niedzwicki (2008), 371; Steinberg (2007), 545 (546).

[11] Nomos Kommentar-Zieschang (2013), § 316 a Rn. 1: „typisches Beispiel für nationalsozialistisches Strafunrecht"; vgl. auch Maurach (1962), 559; Zieschang (2014), 705 (709).

[12] Zieschang (2014), 705 (710).

[13] Dazu eingehend Mitsch (1999), 662 ff.; krit. Ingelfinger (2000), 225 ff.

[14] BGHSt 6, 82 (84); Günther (1987a), 16 (17).

[15] „Das Gericht kann die Strafe nach seinem Ermessen mildern (§ 49 Abs. 2) oder von einer Bestrafung nach dieser Vorschrift absehen, wenn der Täter freiwillig seine Tätigkeit aufgibt und den Erfolg abwendet. Unterbleibt der Erfolg ohne Zutun des Täters, so genügt sein ernsthaftes Bemühen, den Erfolg abzuwenden."

[16] Die Möglichkeit des Absehens von Strafe konnte gem. § 153 b StPO zur vorzeitigen Verfahrensbeendigung genutzt werden.

Wort „verübt" ersetzt. Mit § 11 I Nr. 6 besteht somit jetzt keine Verbindung mehr. Der versuchte Angriff ist nunmehr ein Versuch i.S. der §§ 22 bis 24. Vollendet ist die Tat erst, wenn der Angriff vollendet ist.

11.2.1.2 Rechtsgut

Die Stellung des Straftatbestandes im System des BT sowie das Tatbestandsmerkmal „die besonderen Verhältnisse des Straßenverkehrs ausnutzt" zeigen, dass die Strafvorschrift das überindividuelle Interesse an **Sicherheit des Straßenverkehrs** und damit die Möglichkeit gefahr- und risikoloser Straßenverkehrsteilnahme schützt.[17] Daneben schützt § 316 a auch die Individualgüter **Leben, körperliche Unversehrtheit** und (Willensentschließungs-) **Freiheit**.[18] Denn die tatbestandsmäßige Handlung ist ein Angriff auf „Leib, Leben oder Entschlussfreiheit". Schließlich bezweckt § 316 a auch noch **Eigentums-** und **Vermögensschutz**, denn dem tatbestandsmäßigen Angriff liegt die Intention zur Begehung eines Raubes, räuberischen Diebstahls oder einer räuberischen Erpressung zugrunde.[19]

11.2.1.3   Systematik
11.2.1.3.1   Binnenstruktur des § 316 a
Den **Grundtatbestand** normiert § 316 a I. Ein darauf aufbauender **Qualifikationstatbestand** ist seit dem 6. StrRG in § 316 a III enthalten. Privilegierungstatbestände gibt es nicht. § 316 a II regelt keinen gemilderten Straftatbestand, sondern eine **Strafrahmensenkung** für – gesetzlich nicht näher beschriebene – minder schwere Fälle.[20]

11.2.1.3.2   Verhältnis zu §§ 249, 252 und 255
Der den Tatbestand des § 316 a verwirklichende räuberische Angriff ist selbst noch kein Raub oder raubähnliches Delikt. Der Angriff ist dem Raub, dem räuberischen Diebstahl und der räuberischen Erpressung vorgelagert. Im System der Strafbarkeitsvoraussetzungen des § 316 a sind diese Folgedelikte auf der Ebene des subjektiven Tatbestandes als Inhalt der Täterabsicht platziert. Der räuberische Angriff des § 316 a ist daher im Verhältnis zu §§ 249, 252 und 255 kein Qualifikationstatbestand, sondern ein **raubähnlicher Sondertatbestand**.[21] Kommt es zur Vollendung des Raubes, räuberischen Diebstahls oder der räuberischen Erpressung, besteht Idealkonkurrenz mit § 316 a.[22] Versuchter Raub, versuchter räuberischer Diebstahl

---

[17] BGHSt 49, 8 (11); Dehne-Niemann (2008), 319 (320); Duttge et al (2005), 193 (195); Geppert (2014), 128 (129); Günther (1987b), 369 (377); Kraemer (2011), 193; Sowada (2007), 799 (809); Sowada (2008), 136 ff; Sternberg-Lieben et al (2004), 633 (634); Zieschang (2014), 705 (719); aA Jesse (2008b), 1083 (1087); Steinberg (2007), 545 (551).

[18] Gössel (1996), § 15 Rn. 27.

[19] Lackner et al (2014), § 316 a Rn. 1.

[20] Vor dem 6. Strafrechtsreformgesetz enthalten in § 316 a I S. 2: „… in minder schweren Fällen Freiheitsstrafe nicht unter einem Jahr."

[21] Gössel (1996), § 15 Rn. 28; Kindhäuser (2014), § 19 Rn. 3.

[22] Eisele (2012b), Rn. 452; Nomos Kommentar-Zieschang (2013), § 316 a Rn. 57.

oder versuchte räuberische Erpressung wird von § 316 a dagegen konsumiert, sofern nicht die Voraussetzungen des § 250 erfüllt sind.[23]

11.2.1.4 Verbrechen

Da § 316 a I den räuberischen Angriff gegen Kraftfahrer mit einer Mindeststrafe von fünf Jahren Freiheitsentzug bedroht, ist die Tat ein Verbrechen i.S. des § 12 I. Daraus folgt, dass sowohl der **Versuch** (§ 23 I) als auch die **vorbereitenden** Aktionen des § 30 I, II strafbar sind. Weiterhin schlägt sich die Schwere des Delikts in der Berücksichtigung im Katalog **anzeigepflichtiger** Deliktsvorhaben nieder, § 138 I Nr. 9. Einbezogen ist § 316 a des weiteren in §§ 126 I Nr. 6, 130 a I und § 140, nicht dagegen in § 129 a I. **Strafprozeßrechtliche** Relevanz hat § 316 a vor allem in § 100 a II Nr. 1 s StPO.

11.2.2 Grundtatbestand § 316 a I

11.2.2.1 Objektiver Tatbestand
11.2.2.1.1 Übersicht
Der Text des § 316 a I enthält objektive und subjektive Tatbestandsmerkmale.[24] Die Beschreibung des objektiven Tatbestandes findet man durch „Überspringen" des mit „zur Begehung" beginnenden und mit „einer räuberischen Erpressung (§ 255)" endenden Textteiles. Somit besteht der objektive Tatbestand aus folgenden Merkmalen:[25] **Täter**merkmal (Wer), **Handlungs**merkmal (Verübung eines Angriffs, Ausnutzung der besonderen Verhältnisse des Straßenverkehrs), **Objekt**merkmal (Leib oder Leben oder Entschlussfreiheit) und **Opfer**merkmal (Führer eines Kraftfahrzeugs oder Mitfahrer).

Die Begehung eines Raubes (§ 249), eines räuberischen Diebstahls (§ 252) oder einer räuberischen Erpressung (§ 255) ist kein Teil des objektiven Tatbestandes.[26] Das Wörtchen „zur" – wie z. B. in § 267 I – signalisiert, dass die Verwirklichung der genannten Straftatbestände Gegenstand einer Täterintention, einer Absicht, ist und daher straftatsystematisch zum **subjektiven** Tatbestand gehört.[27]

11.2.2.1.2 Täter
Täter kann **jedermann** sein („Wer").[28] Auch der Führer des Kraftfahrzeugs oder ein Mitfahrer scheidet aus dem Kreis tauglicher Täter nicht aus, obwohl diese Personen im Gesetzestext die Rolle des Angriffsopfers zugewiesen bekommen haben.[29] Der Fahrzeugführer kann einen Mitfahrer oder den Führer eines anderen Kraftfahrzeugs

---

[23] Gössel (1996), § 15 Rn. 53; Rengier (2014a), § 12 Rn. 46.

[24] Bosch (2013), 1234 (1236).

[25] Vollständiger Deliktsaufbau bei Eisele (2012b), Rn. 426.

[26] Jesse (2008b), 1083; Nomos Kommentar-Zieschang (2013), § 316 a Rn. 6.

[27] Eisele (2012b), Rn. 425; Gössel (1996), § 15 Rn. 48; Kindhäuser (2014) § 19 Rn. 14; Kraemer (2011), 193; Rengier (2014a), § 12 Rn. 37; Wolters (2002), 163 (164).

[28] Gössel (1996), § 15 Rn. 43; Jäger (2013), Rn. 468; Kindhäuser (2014), § 19 Rn 7.

[29] Maurach et al (2009), § 35 Rn. 48.

tatbestandsmäßig angreifen, umgekehrt kann ein Mitfahrer den Fahrzeugführer oder einen anderen Mitfahrer tatbestandsmäßig angreifen.[30]

11.2.2.1.3   Angriff

Die tatbestandsmäßige Handlung ist die Verübung eines Angriffs. **Angriff** ist eine in feindseliger Willensrichtung gegen ein tatbestandsmäßiges Rechtsgutsobjekt gerichtete Handlung.[31] Die Ersetzung des früheren Handlungsmerkmals „unternehmen" durch das Verb „**verüben**" hat zwar den formalen Charakter der Straftat als echtes Unternehmensdelikt beseitigt, jedoch an der recht weiten Vorverlagerung der – schwierig zu bestimmenden[32] – Vollendungsgrenze wenig geändert (unechtes Unternehmensdelikt).[33] Denn zur Vollendung der Tat bedarf es keines abgeschlossenen Angriffs.[34] Die Fortsetzung des Angriffs nach Erreichen der Vollendungsgrenze führt die Tat in das Stadium, an dessen Ende die „Beendigung" der Tat steht.[35] Vollendet ist der Angriff in dem Moment, in dem eine Angriffswirkung an dem Angriffsobjekt „Leib", „Leben" oder „Entschlussfreiheit" zu verzeichnen ist.[36] Dazu genügt die Schaffung einer Lage, in der der Handlungs- und/oder Entscheidungsspielraum des Opfers eingeschränkt ist. Eine Verletzung der genannten Rechtsgüter, also eine Gesundheitsbeschädigung (Leib), der Tod (Leben) oder eine nötigungsbedingte Willensentschließung (Entschlussfreiheit) des Opfers ist nicht notwendig.[37] Dies erkennt man an § 316 a III, der dem Todeserfolg qualifizierende Funktion zuschreibt, woraus zu schließen ist, dass die Vollendung des Grunddelikts in der Variante „Angriff auf das Leben" schon vor Eintritt dieses qualifizierenden Erfolges gegeben ist.

Beispiele

1. Taxifahrgast T hält dem Fahrer O eine ungeladene Pistole an den Hinterkopf, schlägt ihm mit der Faust ins Gesicht, würgt ihn mit beiden Händen.
2. Die Täter legen einen Baumstamm quer über die Fahrbahn.

In **Beispiel 1** sind alle beschriebenen Handlungen bereits verübte – also vollendete – Angriffe, obwohl noch nicht feststeht, ob der Täter sein Opfer überwältigen oder dieses erfolgreich Widerstand leisten wird.[38] Denn die Situation

---

[30] Eisele (2012b), Rn. 429; Duttge et al (2005), 193 (195); Kindhäuser (2014), § 19 Rn. 7.

[31] BGHSt 49, 8 (12); Gössel (1996), § 15 Rn. 31; Rengier (2014a), § 12 Rn. 5.

[32] Geppert (2014), 128 (130).

[33] Freund (1997), 455 (482); Sander (2004), 501; Steinberg (2007), 545 (551); Wolters (1998), 397 (400); Zieschang (2014), 705 (714).

[34] Wolters (2002b), 303 (312).

[35] Fischer (2014), § 316 a Rn. 15.

[36] Leipziger Kommentar-Sowada (2008), § 316 a Rn. 14; Nomos Kommentar-Zieschang (2013), § 316 a Rn. 23.

[37] Eisele (2012b), Rn. 431; Fischer (2000), 433 (439); Ingelfinger (2000), 225 (231); Leipziger Kommentar-Sowada (2008), § 316 a Rn. 15.

[38] Ingelfinger (2000), 225 (232); Rengier (2014a), § 12 Rn. 12.

des O hat sich bereits erheblich verschlechtert, die Gefahr, Opfer eines Raubes, räuberischen Diebstahls oder einer räuberischen Erpressung zu werden, hat
sich beträchtlich erhöht. In **Beispiel 2** liegt solange nur ein versuchter und noch
kein verübter Angriff vor, wie sich der Straßensperre kein Fahrzeug nähert. Ein
Angriff auf die „Entschlussfreiheit" des Fahrzeugführers kann frühestens dann
konstatiert werden, wenn dieser die Straßensperre wahrnimmt und dadurch gezwungen wird, seinen Entschluss zum Geradeausfahren zu ändern (Entschluss
zum Anhalten, Ausweichen, Wenden).[39]

11.2.2.1.4   Angegriffenes Gut

Der Angriff muss sich gegen **Leib, Leben** oder **Entschlussfreiheit** richten. Damit
sind die strafrechtlich geschützten Rechtsgüter „körperliche Unversehrtheit" (bzw.
Gesundheit), Leben und Willensentschließungs- bzw. Willensbetätigungsfreiheit
angesprochen. Der Angriff auf die Willensentschliessungsfreiheit muss in Form von
Gewalt oder **Drohung** vollzogen werden. Ein Angriff mittels **List** oder **Täuschung**
ist grundsätzlich nicht ausreichend. Denn diese Methode passt schon nicht zu dem
Namen des Delikts: Der Angriff ist „räuberisch" nur unter der Voraussetzung, dass
er mit qualifizierten Nötigungsmitteln, also Gewalt gegen die Person oder Drohung
mit gegenwärtiger Gefahr für Leib oder Leben ausgeführt wird.[40] Eine Täuschung
ist betrugstypisches, nicht aber raubtypisches Verhalten. Außerdem wird die Entschlussfreiheit eines Fahrzeugführers nicht dadurch beeinträchtigt, dass der Täter
seine bösen Absichten verheimlicht, sich z. B. als harmloser Anhalter geriert.[41] Solange dieser Täter seine Verstellung aufrechterhält, ist die Entschlussfreiheit des
ihn mitnehmenden Fahrers nicht mehr eingeschränkt als bei der Mitnahme eines
Anhalters, der tatsächlich harmlos ist.[42] Anders zu beurteilen ist die Vorspiegelung
einer Situation, die geeignet ist, psychischen Druck zu erzeugen, wie z. B. das Vortäuschen einer Polizeikontrolle oder eines Unfalls.[43]

11.2.2.1.5   Angriffsopfer

Als Opfer des Angriffs kommt nur der **Führer** eines Kraftfahrzeugs oder ein **Mitfahrer** in Betracht. **Kraftfahrzeug** ist jedes durch Maschinenkraft angetriebene,
nicht an Gleise gebundene Landfahrzeug (vgl. § 1 II StVG).[44] Auch ein Mofa mit
einer „bauartbedingten" Höchstgeschwindigkeit von 25 km/h fällt darunter.[45]

---

[39] Ingelfinger (2000), 225 (232); Rengier (2014a), § 12 Rn. 13.

[40] BGHSt 49, 8 (12).

[41] Kindhäuser (2014), § 19 Rn. 8; Sternberg-Lieben et al (2004), 633 (636).

[42] BGHSt 49, 8 (13); Duttge et al (2005), 193 (198); Geppert (2014), 128 (130); Krüger (2004),
161 (166); Rengier (2014a), § 12 Rn. 8; Sander (2004), 501 (502); Sowada (2007), 799 (814);
Steinberg (2007), 545 (550); Wolters (2002), 303 (315).

[43] Eisele (2012b), Rn. 430; Geppert (2014), 128 (130); Sander (2004), 501 (502); Steinberg
(2007), 545 (550); Sternberg-Lieben et al (2004), 633 (636); Wolters (2002a), 163 (166); Wolters
(2002b), 303 (316).

[44] BGHSt 39, 249 (250); Gössel (1996), § 15 Rn. 36.

[45] BGHSt 39, 249 ff.; Eisele (2012b), Rn. 432.

Mit den Worten „Führer" und „Mitfahrer" wird nicht eine Eigenschaft des Opfers,[46] sondern die Situation beschrieben, in der sich das Opfer während (Koinzidenz)[47] der Angriffsverübung befindet. „Führer" und „Mitfahrer" sind Substantivierungen der Tätigkeiten „Fahrzeug führen" und „mitfahren", sodass eine Orientierung an dem Handlungsmerkmal „Führen" in § 316[48] möglich – evtl. sogar geboten – ist.[49] Daraus folgt, dass ein tatbestandsmäßiger Angriff nur solange möglich ist, wie das Opfer ein Kraftfahrzeug führt oder in einem Kraftfahrzeug mitfährt.[50] Dies wiederum setzt voraus, dass das Fahrzeug während des Angriffs in Betrieb ist.[51]

Beispiele

1. T greift den F an,
   a) während F hinter dem Steuer des fahrenden Fahrzeugs sitzt,
   b) nachdem F das Fahrzeug angehalten hat und ausgestiegen ist, um sich die Beine zu vertreten,
   c) kurz bevor F in sein Fahrzeug einsteigen will,
   d) während F in seinem geparkten Fahrzeug einen Mittagsschlaf hält.
2. T greift M an,
   a) während M auf dem Beifahrersitz in dem fahrenden Fahrzeug neben F sitzt,
   b) nachdem M aus dem von F angehaltenen Fahrzeug gestiegen ist, um auszutreten,
   c) kurz bevor M in das Fahrzeug des F steigt,
   d) während M in dem Fahrzeug des F einen Mittagsschlaf hält.

In den **Beispielen 1 a** und **2 a** richtet sich der Angriff des T gegen den Führer eines Kraftfahrzeugs (F) bzw. gegen einen Mitfahrer (M). F ist Fahrzeugführer, weil er das Fahrzeug führt, während der Angriff gegen ihn ausgeführt wird. M ist Mitfahrer, weil er in dem Fahrzeug sitzt, während dieses fährt und er angegriffen wird. In allen anderen Beispielen erfüllen F und M während des Angriffs nicht die Opfermerkmale des § 316 a. In den **Beispielen 1 b** und **1 c** ist F schon deswegen kein Kraftfahrzeugführer, weil er sich nicht in dem Fahrzeug befindet.[52] In **Beispiel 1 d** führt F kein Fahrzeug, weil Fahrzeugführen einen in Gang befindlichen Fortbewegungsvorgang voraussetzt. Auch die Mitfahrereigenschaft setzt voraus, dass der Mitfahrer sich im Innern des Fahrzeugs aufhält.[53] Das ist in den

---

[46] So aber Duttge et al (2005), 193 (196); Sowada (2007), 799 (805).

[47] BGHSt 49, 8 (12); 50, 169 (171); 52, 44 (45); Geppert (2014), 128 (130).

[48] Dazu grundlegend BGHSt 35, 390 ff.

[49] Jesse (2008a), 448 (450); Wolters (2002a), 163 (165); Wolters (2002b), 303 (310); aA BGHSt 49, 8 (14).

[50] Fischer (2000), 433 (437); Günther (1987b), 369 (379); Gössel (1996), § 15 Rn. 36, 38; Krüger (2008), 234 (235); Rossmüller (1997), 162; Steinberg (2007), 545 (549); aA Dehne-Niemann (2008), 319 (321); Eisele (2012b), Rn. 437.

[51] BGHSt 49, 8 (14); Leipziger Kommentar-Sowada, § 316 a Rn. 20.

[52] BGHSt 52, 44 (45); BGH, NStZ 2004, 207 (208); Sternberg-Lieben et al (2004), 633 (635).

[53] Systematischer Kommentar-Wolters (2011), § 316 a Rn. 3; aA Kindhäuser (2014), § 19 Rn. 9.

Beispielen 2 b und **2 c** nicht der Fall. Eine weitere Voraussetzung des Mitfahrers ist ein fahrendes Fahrzeug. Daran fehlt es in **Beispiel 2 d**.

Ein Angriff während eines kurzen **verkehrsbedingten Halts** (Ampel, Bahnschranke, Stau) trifft ein tatbestandsmäßiges Opfer, wenn die Fortsetzung des Fortbewegungsvorgangs unmittelbar bevorsteht und das Opfer sich deswegen im Innern des Fahrzeugs befindet und mit Betriebs- oder Verkehrsvorgängen befasst ist.[54] Auch bei einem **Anhalten aus sonstigen Gründen** kann die Voraussetzung „Führer" noch erfüllt sein, wenn das Opfer mit Betriebs- oder Verkehrsvorgängen beschäftigt ist.[55] Ein ausgeschalteter Motor ist ein Indiz dafür, dass das nicht mehr der Fall ist.[56]

Beispiele

1. Weil ein Hund plötzlich über die Straße rennt, muss F sein Fahrzeug scharf abbremsen. Während sich F von dem Schreck erholt und eine kurze Verschnaufpause einlegt, greift T ihn an.
2. Während des Ferienrückreiseverkehrs ist die Autobahn Salzburg–München wegen eines schweren Unfalls blockiert. Drei Stunden lang bewegt sich kein Fahrzeug vorwärts. Nachdem F einen halbstündigen Spaziergang zur Unfallstelle und zurück gemacht hat, setzt er sich wieder in seinen Wagen, um ein wenig zu schlafen. Als er eingeschlafen ist, wird er von T angegriffen.

In **Beispiel 1** ist der Verkehrsfluss durch das kurze Anhalten nicht unterbrochen. Fahren, Bremsen und Weiterfahren sind ein einheitlicher Vorgang, die kurze Zäsur des Anhaltens beendet diesen Vorgang nicht. Das Fahrzeug befindet sich daher die ganze Zeit im fließenden Straßenverkehr, auch während es abgebremst wird und zum Stehen kommt. Daher ist F im Zeitpunkt des Angriffs Führer des Kraftfahrzeugs. Anders ist die Opfersituation in **Beispiel 2** zu beurteilen. Während des staubedingten Stillstands kann von einem „Führen" des Fahrzeugs keine Rede sein. Das erkennt man schon daran, dass F sich einen längeren Spaziergang außerhalb des Fahrzeugs leisten kann.[57] Der Zusammenhang mit dem Fahrtvorgang vor dem Stau bzw. nach Auflösung des Staus ist nicht eng genug, um dem F während seines Schlafes die Rolle des Kraftfahrzeugführers zu erhalten.

Mitfahrer ist jeder, der sich in dem Kraftfahrzeug befindet und mit diesem befördert wird. Darauf, ob der Aufenthalt in dem Fahrzeug freiwillig ist, kommt es nicht an.[58] Taugliches Tatopfer ist deshalb auch ein Mensch, der gewaltsam in das

---

[54] BGHSt 49, 8 (14); 50, 169 (171); BGH, NStZ 2013, 43; BGH, NJW 2001, 764; Eisele (2012b), Rn. 433; Keller (1992), 515 (516); Kraemer (2011), 193 (194).

[55] BGHSt 49, 8 (14); 50, 169 (171).

[56] BGHSt 49, 8 (15); 50, 169 (171).

[57] Im Ergebnis ebenso Leipziger Kommentar-Sowada (2008), § 316 a Rn. 22, der auf den Unterschied zwischen „Halten" und „Parken" (§ 12 Abs. 2 StVO) abstellt.

[58] BGH, NStZ 2013, 43; Kindhäuser (2014), § 19 Rn. 6; Leipziger Kommentar-Sowada (2008), § 316 a Rn. 24.

Kraftfahrzeug gezerrt worden ist und mit diesem entführt wird. Es ist daher nicht erforderlich, dass das Opfer schon bei Beginn des Angriffs auf Leben, Leib oder Entschlussfreiheit Fahrzeugführer oder Mitfahrer ist. Ausreichend ist, dass sich das erst während der Aufrechterhaltung des Angriffs ergibt.[59]

11.2.2.1.6 Ausnutzung der besonderen Verhältnisse des Straßenverkehrs

11.2.2.1.6.1 Ausnutzungsmerkmal und Deliktscharakter

Die stärkste Prägung des Deliktscharakters als **mixtum** aus Straßenverkehrs-, Freiheits- und Vermögenselementen erfährt der räuberische Angriff im Ausnutzungsmerkmal.[60] Hier werden Angriffs- und Verkehrsgeschehen in quasi „janusköpfiger" Weise miteinander verknüpft, die sowohl den Standort des § 316 a im System des BT als auch die hohe Strafdrohung erklärt.[61] Die Einbeziehung der Straßenverkehrssituation in den Angriff hat zur Folge, dass die Sicherheit des Straßenverkehrs einerseits und das durch den Angriff bedrohte Individualgut andererseits einer erhöhten Gefahr ausgesetzt ist. Der Angriff beeinträchtigt die Sicherheit des Straßenverkehrs, der Einfluss des Straßenverkehrs verstärkt die Beeinträchtigung des angegriffenen Guts (Leib, Leben, Entschlussfreiheit). Für andere Verkehrsteilnehmer – und damit die „Allgemeinheit" – ist der „verkehrsnahe" Ausführungsmodus des Angriffs gefährlich, weil er unberechenbare riskante Fahrzeugbewegungen provozieren kann und weil ein außer Kontrolle geratenes Kraftfahrzeug schnell eine eskalierende Gemeingefahr herbeiführen kann.[62] Für die angegriffenen Individualgüter begründet der Straßenverkehrsbezug des Angriffs eine besondere Gefahr, weil zum einen die Angriffsintensität durch die im Straßenverkehr waltenden Kräfte erheblich gesteigert und zum anderen das Opfer in eine ungünstige Abwehrposition gedrängt werden kann.[63]

11.2.2.1.6.2 Öffentlicher Verkehrsraum

Straßenverkehr ist nur das Verkehrsgeschehen auf **öffentlichen** Straßen, Wegen und Plätzen. Denn eine Gefährdung des durch § 316 a geschützten überindividuellen Rechtsguts „Sicherheit des Straßenverkehrs" setzt voraus, dass an dem Ort, wo die Tat begangen wird, jedermann als Repräsentant der Allgemeinheit die Rolle des Verkehrsteilnehmers spielen kann und darf.[64] Das ist bei Fahrzeugbewegungen auf privatem Grund nicht der Fall.

---

[59] BGHSt 52, 44 (46); Sowada (2008), 136 (139); aA Kraemer (2011), 193 (196).

[60] Günther (1987a), 16; Günther (1987b), 369.

[61] Günther (1987b), 369 (370); Keller (1992), 515.

[62] Sowada (2007), 799 (813).

[63] Keller (1992), 515.

[64] Leipziger Kommentar-Sowada (2008), § 316 a Rn. 26; Nomos Kommentar-Zieschang (2013), § 316 a Rn. 34.

11.2.2.1.6.3 Angriffsbegünstigung

Der **Ausnutzungseffekt** besteht in der Unterstützung des Angriffs auf Grund einge-schränkter Abwehrmöglichkeiten des Angegriffenen.[65] Ist der Angegriffene Führer eines Kraftfahrzeugs, ist es vor allem die Inanspruchnahme seiner Aufmerksamkeit, seiner Konzentration und seines ganzen Körpers durch das Verkehrsgeschehen, die ihn an einer wirksamen Verteidigung hindert.[66] Wird der Kraftfahrzeugführer von einem Mitfahrer während der Fahrt angegriffen, sind seine Abwehrmöglichkeiten schon deswegen erheblich reduziert, weil er seine Hände am Steuer lassen muss und nicht zur Selbstverteidigung benutzen kann. Der Mitfahrer ist als Angriffsopfer in einer ungünstigen Verteidigerposition, weil er sich dem Angriff während der Fahrt nicht durch Verlassen des Fahrzeugs entziehen kann.[67] Ordnungsgemäßes Gurten schränkt seine Beweglichkeit zusätzlich ein. Außerdem ist er von fremder Hilfe abgeschnitten, weil es kaum möglich ist, in ein fahrendes Kraftfahrzeug so von außen zu intervenieren, dass der Angreifer ausgeschaltet, das Opfer dabei aber nicht gefährdet werden kann. Versuche gewaltsamer Befreiung des Opfers durch staatli-che Sicherheitskräfte enden nicht selten als Blutbad und mit dem Tod unschuldiger Menschen. Kein relevanter Aspekt der „besonderen Verhältnisse" ist indessen die räumliche Enge in dem Fahrzeug, die Verteidigungsbewegungen erschwert.[68] Eben-falls unbeachtlich ist, dass das Opfer mit einem Kraftfahrzeug leicht in eine Lage der „Isolation" oder „Vereinzelung" gebracht werden kann, wo es den Aggressionen des Täters/der Täter hilflos ausgesetzt ist.[69]

11.2.2.1.6.4 Koinzidenz von Tat und angriffsbegünstigender Verkehrslage

Der **zeitliche** Zusammenhang zwischen Angriff und Ausnutzung ist die Gleichzei-tigkeit. Demnach muss sich der Ausnutzungseffekt während der Verübung des An-griffs realisieren, nicht vorher und auch nicht nachher.[70] Tatbestandsmäßiges Aus-nutzen ist also allein in dem Tatabschnitt vom **Versuchsbeginn bis zur Vollendung** möglich.[71] In der Phase der Angriffs**vorbereitung** kommt tatbestandsmäßiges Ausnutzen nicht in Betracht, wohl aber zwischen Vollendung und **Beendigung** des (Dauer-)Angriffs.[72]

---

[65] BGHSt 50, 169 (172); 52, 44 (46); BGH, NStZ 2001, 197; Kraemer (2011), 193 (194); Krüger (2008), 234 (237).

[66] BGH, NJW 2001, 764; BGHSt 38, 196 (197); Geppert (2014), 128 (131); Rossmüller (1997), 162.

[67] BGH, NStZ 2013, 43; Geppert (2014), 128 (131); Leipziger Kommentar-Sowada (2008), § 316 a Rn. 33.

[68] Nomos Kommentar-Zieschang (2013), § 316 a Rn. 42; Sander (2004), 501 (502); Wolters (2002b), 303 (309); aA BGH, NStZ 2001, 197 (198); Kraemer (2011), 193 (194).

[69] Sander (2004), 501 (502); Wolters (2002b), 303 (309); BGH, NStZ 2001, 197 (198); aA Krae-mer (2011), 193 (194); Sternberg-Lieben et al (2004), 633 (636).

[70] Fischer (2000), 433 (438).

[71] Gössel (1996), § 15 Rn. 42; Günther (1987b), 369 (378); Leipziger Kommentar-Sowada (2008), § 316 a Rn. 34.

[72] Dehne-Niemann (2008), 319 (323).

Beispiele

1. Mit einer Pistole bewaffnet steigt T in das Taxi des O. Unmittelbar bevor O an einer roten Ampel halten muss, zieht T die Pistole, bedroht damit den O und zwingt ihn zur Herausgabe von Geld. Bevor die Ampel auf „grün" springt und O weiterfahren kann, steigt T aus dem Taxi und rennt mit dem erbeuteten Geld davon.

2. Während O mit seinem Pkw an einer geschlossenen Bahnschranke halten muss, schleicht sich T von hinten an das Fahrzeug heran, öffnet den Kofferraum und entwendet den darin liegenden Wagenheber. Mit diesem Gerät schlägt er eine Viertelstunde später an einer Tankstelle den gerade seinen Wagen auftankenden Fahrzeugführer F nieder und nimmt ihm Geld weg.

3. Abwandlung von (2): T und M handeln als Mittäter. Gemeinsam nehmen sie dem O den Wagenheber weg und gemeinsam berauben sie anschließend den F.

4. Fortsetzung von (2): Nachdem T dem F Geld weggenommen hat, schlägt er den Radfahrer R nieder, nimmt ihm das Fahrrad weg und fährt damit davon. Nach 5 km Fahrt stellt T das Fahrrad an einer U-Bahnstation ab und setzt seine Flucht mit der U-Bahn fort.

In **Beispiel 1** nutzt T die „Fesselung" des O an das Steuer seines Fahrzeugs aus, während er den Angriff auf die Entschlussfreiheit des O verübt. Der Angriffsversuch beginnt (§ 22), als O geistig und körperlich gerade auf das Ampelsignal und die dadurch veranlassten Handlungen (Geschwindigkeit verringern, Abbremsen, ggf. Kupplung bedienen und Schalten) konzentriert ist. Seine Abwehrbereitschaft und Verteidigungskraft ist in diesem Moment stark herabgesetzt, was dem T den Angriff erleichtert. Verantwortlich dafür sind „besondere Verhältnisse des Straßenverkehrs". Dies hat sich T bei der Ausführung des Angriffs zunutze gemacht.[73]

In **Beispiel 2** nutzt T ebenfalls eine Straßenverkehrssituation aus, als er den zum Anhalten gezwungen O den Wagenheber wegnimmt. Allerdings greift T dabei nicht Leib, Leben oder Entschlussfreiheit, sondern nur Eigentum und Gewahrsam des O an. Ein Angriff auf die Person (körperliche Unversehrtheit) wird von T erst eine Viertelstunde später gegen F verübt. Geht man davon aus, dass F trotz des Stillstands seines Pkw während des kurzen Halts an der Tankstelle „Kraftfahrzeugführer" ist (s. o. 11.2.2.1.5), trifft dieser Angriff auch ein taugliches Opfer. Jedoch nutzt T bei diesem Angriff keine spezifischen Gegebenheiten des Straßenverkehrs aus. Der Angriff auf F unterscheidet sich nicht von einer Attacke auf einen Grundstückseigentümer G, der an einem heißen Sommerabend mit dem Gartenschlauch seine Pflanzen begießt, während er den Schlag auf den Kopf bekommt. Dass der F einen Benzinschlauch, das Vergleichsopfer G einen Wasserschlauch in der Hand hält, ist zwar ein Unterschied. Diese Differenz schlägt sich aber nicht in einer Begünstigung des gegen F begangenen Angriffs nieder. Was die Abwehrchancen betrifft, besteht zwischen F und G kein Unterschied. Tatbestandsmäßig ist der Angriff des T also nur unter der Voraussetzung, dass die Ausnutzung der besonderen Verhältnisse des Straßenverkehrs

---

[73] BGHSt 38, 196 (198).

bei der Wegnahme des Wagenhebers mit dem Angriff auf F in einem hinreichend engen Zusammenhang steht. Das jedoch ist nicht der Fall. Der Diebstahl des Wagenhebers ist noch kein unmittelbares Ansetzen zum Angriff auf die körperliche Unversehrtheit des F. Er **bereitet** diesen Angriff nur **vor**. Ausnutzung der besonderen Verhältnisse des Straßenverkehrs bei der Angriffsvorbereitung erfüllt den Tatbestand des § 316 a I nicht.[74]

In der Abwandlung (**Beispiel 3**) ändert sich an diesem Ergebnis nichts, obwohl sich T und M spätestens seit der gemeinsamen Wegnahme des Wagenhebers in der Zone strafbarer Raubvorbereitung befinden, §§ 249, 30 II 3. Alt. Die Strafbarkeit der Verbrechensverabredung ändert nichts daran, dass ein tatbestandsmäßiger Ausnutzungszusammenhang nur mit einem wenigstens schon ins Versuchsstadium eingetretenen Angriff möglich ist. Aus diesem Grund haben sich T und M auch nicht wegen Verabredung zur gemeinsamen Begehung eines räuberischen Angriffs auf Kraftfahrer (§§ 316 a, 30 II 3. Alt.) strafbar gemacht. Denn sie verabredeten einen Angriff, bei dem die besonderen Verhältnisse des Straßenverkehrs gerade nicht ausgenutzt werden sollten.

Bei der Beurteilung des **Beispiels 4** ist davon auszugehen, dass der Angriff auf die körperliche Unversehrtheit des F nicht unter Ausnutzung der besonderen Verhältnisse des Straßenverkehrs erfolgte. Diese Eigenschaft hat zwar der anschließende Angriff auf R. Jedoch ist R als Fahrradfahrer kein taugliches Opfer. Wie in Beispiel 2 ist das Ausnutzen der Straßenverkehrssituation nur dann tatbestandsmäßig, wenn es mit dem Angriff gegen F in Zusammenhang gebracht werden kann. Das scheitert aber ebenso wie in Beispiel 2 am Fehlen der Koinzidenz. Der Angriff gegen F ist bereits vollendet, bevor T die Verhältnisse des Straßenverkehrs auszunutzen beginnt. Dass T das erbeutete Geld noch nicht in Sicherheit gebracht hat und der Raub sich daher noch im Stadium zwischen tatbestandsmäßiger Vollendung und tatsächlicher **Beendigung** befindet, vermag dieses Ergebnis nicht zu korrigieren.[75] Denn maßgeblich ist, dass das Ausnutzen mit dem Angriff auf die körperliche Unversehrtheit in engem Zusammenhang steht. Auf die Beziehung des Ausnutzens zu dem Raub, räuberischen Diebstahl oder zu der räuberischen Erpressung kommt es dagegen nicht an.[76]

Die zeitliche Anbindung des Ausnutzungsmerkmals an die Tatausführungsphase zwischen Versuchsbeginn und Vollendung hat zur Folge, dass **Angriffe außerhalb des Fahrzeugs** (Opfer ist gerade beim Reifenwechseln) den objektiven Tatbestand des § 316 a I nicht erfüllen.[77] Denn während eines solchen Angriffs sind die besonderen Verhältnisse des Straßenverkehrs nicht mehr präsent und es findet keine unmittelbare Beeinflussung des Angriffs durch den Straßenverkehr statt. Allenfalls die

---

[74] Leipziger Kommentar-Sowada, § 316 a Rn. 20.

[75] Gössel (1996), § 15 Rn. 42.

[76] Geppert (1986), 552; Geppert (2014), 128 (132); Kindhäuser (2014), § 19 Rn. 8; anders anscheinend BGHSt 37, 256 (258).

[77] Fischer (2000), 433 (437); Geppert (2014), 128 (131); Günther (1987b), 369 (378); Kraemer (2011), 193 (194); Roth-Stielow (1969), 303; Sowada (2007), 799 (814); Sternberg-Lieben et al (2004), 633 (636).

Auswirkungen früheren – mit der Vorbereitung des Angriffs koinzidenten – Straßenverkehrsgeschehens können sich noch mittelbar in dem Angriff bemerkbar machen. Zwar ist rein sprachlich auch unter diesen Voraussetzungen ein „Ausnutzen" durchaus möglich. Teleologisch ginge die Einbeziehung solcher Ausnutzungssituationen in den Tatbestand des § 316 a aber zu weit. Fallen nämlich die Angriffsausführung und die ausgenutzten besonderen Verhältnisse des Straßenverkehrs nicht zusammen, fehlt der Tat die für das Verbrechen wesensbestimmende Unrechtskomponente der angriffsbedingt gesteigerten Bedrohung der Straßenverkehrssicherheit (dazu oben 11.2.1.2). Die Gefahr, dass es in dem fahrenden Fahrzeug zu einer tätlichen Auseinandersetzung zwischen Mitfahrer und Fahrzeugführer kommt und letzterer dadurch die Kontrolle über den Wagen verliert, ist ausgeschlossen, wenn der Angriff erst nach Abschluss der Fahrt außerhalb des Fahrzeugs verübt werden soll.

Beispiele

1. Weil T seinen Pkw auf einer kurvenreichen und abschüssigen Strecke mit hoher Geschwindigkeit fährt und dabei ruckhafte und hektische Lenkradbewegungen ausführt, wird dem auf der Rückbank sitzenden O schlecht. Als O den T darum bittet, kurz anzuhalten und ihn aussteigen zu lassen, fasst T den Entschluss den O auszurauben. Während sich O am Straßenrand übergibt, versetzt ihm T einen Schlag mit einer Mineralwasserflasche auf den Hinterkopf. Dem bewusstlosen O nimmt T Geld und Armbanduhr weg. Dann legt er den O in den Kofferraum und setzt die Fahrt fort.
2. Nach einer feuchtfröhlichen Feier fahren die vier Männer T, A, B und O mit dem Pkw des T und einem Kasten Bier in einen Wald. Dort will man die Feier noch ein wenig fortsetzen und im Morgengrauen ausklingen lassen. Während der Fahrt fällt dem T auf, dass O nicht nur eine große Menge Bargeld, sondern auch ungewöhnlich teure Schmuckgegenstände dabei hat. Mit A und B verständigt sich T darüber, dass O im Wald zusammengeschlagen und ausgeraubt werden soll. O bekommt von diesem Plan nichts mit. Im Wald angekommen, steigen alle vier Männer aus dem Wagen. Zusammen gehen sie noch einige hundert Meter bis zu einem kleinen See. Dort schlagen T, A und B den O zusammen und nehmen ihm sämtliche wertvollen Sachen weg.

In **Beispiel 1** haben die besonderen Verhältnisse des Straßenverkehrs – abschüssige, kurvenreiche Strecke, schnelle und unruhige Fahrweise – bewirkt, dass O in eine Lage geraten ist, in der er von T leicht überwältigt werden konnte und geringe Verteidigungschancen hatte. Dies ist eine Opfersituation, wie sie für das Ausnutzungsmerkmal typisch ist. Die Reduzierung der Abwehrkräfte des O kam dem T zugute, als er mit der Mineralwasserflasche zuschlug und den O ausraubte. Da die Schwäche des O straßenverkehrsbedingt war, besteht zwischen den besonderen Verhältnissen des Straßenverkehrs und der Verübung des Angriffs auf den O ein Zusammenhang, der als „Ausnutzung" bezeichnet werden könnte. Allerdings hatte der Angriff gegen O noch nicht begonnen, als die Straßenverkehrssituation anfing sich auf die physische Verfassung des O auszuwirken. Als der Angriff dann von T ausgeführt wurde, waren die Umstände, welche den O in eine hilflose Opferposition brachten, bereits vergangen. Das ändert zwar nichts daran, dass das zurückliegende Straßenverkehrsgeschehen den Angriff des T begünstigte, weil die Schwäche des O noch andauerte. Jedoch ging von dem Angriff des T auf O keinerlei Gefährdung des Straßenverkehrs aus. Das Rechtsgut „Sicherheit des Straßenverkehrs" wurde nicht während des Angriffs und durch den Angriff, sondern vor dem Angriff durch die Fahrweise des T gefährdet. Diese Art der Straßenverkehrsgefährdung ist aber vollkommen unabhängig von dem Angriff, zumal T noch gar keine Angriffsabsicht hatte, als er die Übelkeit des O durch sein rasantes und riskantes Fahren herbeiführte. T hat sich daher nicht aus § 316 a I strafbar gemacht.

In **Beispiel 2** hat der Zusammenhang zwischen Straßenverkehr, Schwächung der Verteidigungsaussichten des Opfers und darauf beruhender Angriffserleichterung dieselbe Struktur wie in Beispiel 1: Der Einfluss des Straßenverkehrs auf die Opferposition des O besteht darin, dass er in dem fahrenden Pkw keine Fluchtmöglichkeit hat und außerdem durch dieses Fahrzeug in kurzer Zeit an einen Ort transportiert werden kann, an dem er dem Angriff der drei anderen Männer wehrlos ausgeliefert ist. Während diese straßenverkehrsspezifischen Gegebenheiten sich entfalteten, befand sich der Angriff aber noch im Vorbereitungsstadium. Die Angriffsausführung erfolgte später zu einem Zeitpunkt, zu dem die geschilderten opferbeeinträchtigenden Umstände des Straßenverkehrs nicht mehr vorlagen. Angriffsbegünstigende Verkehrslage und Angriffsausführung fallen also zeitlich deutlich auseinander. Zwar waren die Folgen der früheren Straßenverkehrssituation und deren angriffsbegünstigender Einfluss, insbesondere die Chancenlosigkeit des O gegenüber den Angreifern noch präsent. Ein Einfluss des Angriffs auf den Straßenverkehr war hingegen nicht möglich. Eine angriffsbedingte Gefährdung des Straßenverkehrs ist deshalb ausgeschlossen. Daher ist auch in Beispiel 2 der objektive Tatbestand des § 316 a I nicht erfüllt worden.

11.2.2.2   Subjektiver Tatbestand
11.2.2.2.1   Übersicht
Der subjektive Tatbestand des Delikts besteht aus **zwei** Elementen, dem Vorsatz (§ 15) und der Absicht, einen Raub, einen räuberischen Diebstahl oder eine räuberische Erpressung zu begehen.[78]

11.2.2.2.2   Vorsatz
Der Vorsatz muss alle objektiven Tatbestandsmerkmale umfassen. **Dolus eventualis** genügt.[79] Dies gilt auch für den Vorsatz hinsichtlich der Tatsachen, durch die das objektive Tatbestandsmerkmal „Ausnutzung…" erfüllt wird[80].

---

[78] Gössel (1996), § 15 Rn. 44; Kindhäuser (2014), § 19 Rn. 12.

[79] Eisele (2012b), Rn. 445; Gössel (1996), § 15 Rn. 45; Lackner et al (2014), § 316 a Rn. 5.

[80] Anders. Gössel (1996), § 15 Rn. 45, der insoweit direkten Vorsatz verlangt.

11.2.2.2.3 Absicht zur Begehung eines Raubes, eines räuberischen Diebstahls oder einer räuberischen Erpressung

11.2.2.2.3.1 Zielgerichtetes Wollen

Die Formulierung „zur Begehung" drückt aus, dass zwischen dem Angriff und dem geplanten Raubverbrechen ein intentionaler, finaler Zusammenhang besteht. Der Angriff soll nach dem Willen des Täters der Begehung eines Raubes, eines räuberischen Diebstahls oder einer räuberischen Erpressung dienen. Der Begehungswille muss die Qualität einer Absicht im Sinne **zielgerichteten Handelns** haben.[81] Bedingter Vorsatz genügt hier also nicht. Die beabsichtigte Tat braucht nicht zur Ausführung zu kommen. Es handelt sich bei der Absicht daher um eine „überschießende Innentendenz".[82]

11.2.2.2.3.2 Raub oder raubähnliches Verbrechen

Als beabsichtigte Straftaten erfasst der Tatbestand **Raub** (§§ 249, 250), **räuberischen Diebstahl** (§ 252) und **räuberische Erpressung** (§ 255). Auslegungsprobleme, die diese Tatbestände aufwerfen, fließen also auf der Stufe des subjektiven Tatbestandes in die Prüfung des § 316 a ein.

Die Absicht zur Begehung **sonstiger Straftaten** – z. B. sexuelle Nötigung (§ 177), Mord (§ 211), Entziehung Minderjähriger (§ 235) oder Freiheitsberaubung (§ 239) – wird von § 316 a nicht erfasst.[83] Da die Raubbegehungsabsicht während der Angriffsverübung bestehen muss, vermag eine nachträgliche Absichtsänderung die Strafbarkeit weder zu begründen noch zu beseitigen.

Beispiele

1. Die drei Heranwachsenden A, B und C fahren mit der 17jährigen O im Wagen des A durch die Gegend. Unterwegs werden die drei Männer gegen O gewalttätig, weil sie das Mädchen vergewaltigen wollen. Auf dem Gelände einer stillgelegten Fabrik halten sie an und zerren die O aus dem Wagen. Als A bemerkt, dass O einen wertvoll aussehenden Ring an ihrer rechten Hand trägt, entschließt er sich spontan, das Schmuckstück zu entwenden. Gewaltsam streift A der sich heftig wehrenden O den Ring vom Finger.

2. Abwandlung von (1): A hat schon vor dem Angriff auf O die Absicht, der O den Ring mittels Gewaltanwendung wegzunehmen. B und C ahnen dies, haben selbst gegenüber der O jedoch nur sexuelle Absichten und kein Interesse an dem Ring oder sonstigen Wertsachen der O. Nachdem O aus dem Wagen gezerrt worden ist, verliert plötzlich auch A das Interesse an dem Ring. Er lässt seine Raubabsicht fallen und beteiligt sich an der Vergewaltigung der O.

---

[81] Eisele (2012b), Rn. 446; Gössel (1996), § 15 Rn. 48; Kindhäuser (2014), § 19 Rn. 14; Kraemer (2011), 193 (194).

[82] Kraemer (2011), 193.

[83] Leipziger Kommentar-Sowada (2008), § 316 a Rn. 45; Systematischer Kommentar-Wolters (2011), § 316 a Rn. 6.

Die Asynchronität von angriffsbegünstigender Verkehrslage, Angriffsausführung und Raubabsicht steht in **Beispiel 1** der Strafbarkeit des A aus § 316 a I entgegen. Zwar hat er zusammen mit B und C die O angegriffen und dabei die besonderen Verhältnisse des Straßenverkehrs ausgenutzt. Er tat dies aber nicht „zur Begehung eines Raubes". Als A sich zur Begehung eines Raubes entschlossen hatte, waren die Rahmenbedingungen des Angriffs nicht mehr durch eine aktuelle Straßenverkehrssituation geprägt. Eine Rückwirkung des Angriffs auf die Sicherheit des Straßenverkehrs war daher ausgeschlossen. Deswegen kann auch das gewaltsame Entwenden des Rings, das ja von einer synchronen Raubabsicht begleitet war, nicht mehr als tatbestandsmäßiger Angriff iSd § 316 a I qualifiziert werden (s. o. 11.2.2.1.6).[84]

In **Beispiel 2** führt A den gemeinsamen Angriff auf O mit Raubabsicht aus. Dass B und C mit dem Angriff andere Ziele verfolgten, berührt die Strafbarkeit des A aus § 316 a I nicht. Umgekehrt vermag die Raubabsicht des A keine Strafbarkeit von B und C aus § 316 a I zu begründen. Der Zusammenschluss als Mittäter (§ 25 II) begründet nur eine Zurechnung von objektiv-tatbestandsmäßigen Handlungen oder Handlungsteilen. Eine Zurechnung von subjektiven Tatbestandsmerkmalen ist nicht möglich.[85] Eigene Raubabsicht hatten B und C nicht. Zwar genügt im Rahmen des § 316 a I die Absicht, die Raubtat eines anderen zu ermöglichen. Jedoch muss auch in diesem Fall die innere Einstellung des Täters zu der Raubtat den Intensitätsgrad zielgerichteten Wollens haben. Daran fehlt es bei B und C. Fraglich ist, ob die Strafbarkeit des A entfällt, weil er seinen Raubentschluss fallengelassen hat. Dies hängt davon ab, ob der Angriff schon vollendet war, als A das Interesse an dem Ring verlor. Dann nämlich könnte der Sinneswandel an der zuvor bereits begründeten Strafbarkeit aus § 316 a I nichts mehr ändern. Denn dem Wesen einer „überschießenden Innentendenz" entspricht es, dass ihre Aufrechterhaltung bzw. ihre Realisierung nach Vollendung der Tat keine Strafbarkeitsvoraussetzung ist, folglich ihr Wegfall bzw. ihre Nichtrealisierung der Strafbarkeit auch nicht entgegensteht. Da die Absicht aber bis zur Vollendung Bestand haben muss, entfällt jedenfalls eine Strafbarkeit wegen vollendeten räuberischen Angriffs auf Kraftfahrer, wenn die Absicht vor Erreichen der Tatvollendungsgrenze erloschen ist. Darüber hinaus entfällt sogar die Strafbarkeit wegen versuchten räuberischen Angriffs auf Kraftfahrer (§§ 316 a, 22), wenn der Täter die Raubabsicht freiwillig aufgegeben hat und den Angriff mit einer anderen – nicht tatbestandsmäßigen – Intention zu Ende bringt. Denn der Entschluss, den Angriff mit einer tatbestandsneutralen Zielsetzung fortzusetzen und abzuschließen, ist ein strafbefreiender Rücktritt vom Versuch, § 24.[86] In Beispiel 2 dürfte der Angriff gegen O indes bereits vollendet gewesen sein, als A innerlich von dem ursprünglich beabsichtigten Raub Abstand nahm. Daher ist seine Strafbarkeit aus § 316 a I nicht beseitigt worden.

---

[84] Wessels et al (2013c), Rn. 424.

[85] Jescheck et al (1996), § 63 I 3 b.

[86] Herzberg (1985), 163 (176).

11.2.2.2.3.3   Eigene und fremde Taten

Fraglich ist, welche Art von **Beteiligung an dem beabsichtigten Raub** oder raubähnlichen Verbrechen der Täter intendieren muss, um das Absichtsmerkmal zu erfüllen. Außer Frage steht, dass neben alleintäterschaftlicher Begehung auch die beabsichtigte Beteiligung als Mittäter ausreicht.[87] Sicher ist des Weiteren, dass der Angriff selbst in jedem Fall mindestens eine Beihilfe zu der geplanten Tat ist. Ob dies aber genügt, Täter also auch sein kann, wer mit seinem Angriff lediglich die Raubtat eines anderen ermöglichen und sich selbst auf eine Teilnahme als Gehilfe beschränken will, wird in der Literatur nicht eingehend erörtert.[88] Bei zwei anderen Delikten mit einer ähnlichen „unvollkommen zweiaktigen" Struktur wird die weite – Beihilfe einbeziehende – Auslegung einhellig befürwortet: Beim „Ermöglichungsmord" (§ 211 II) kann Täter der anderen Straftat, die der Mörder durch die Tötung ermöglichen will, ein anderer als der Mörder selbst sein.[89] Bei der Urkundenfälschung (§ 267) genügt ebenfalls die Absicht, die Urkunde einem anderen zum Zwecke der Täuschung im Rechtsverkehr zur Verfügung zu stellen.[90] Das spricht dafür, im Rahmen des § 316 a ebenfalls die Tatbestandsmäßigkeit einer fremdnützigen Raubabsicht anzuerkennen. Eine über den Angriff hinausgehende Mitwirkung an dem Raub braucht der Täter also nicht zu beabsichtigen.

11.2.2.2.3.4   Verhältnis zwischen Angriff und Raub bzw. raubähnlichem Verbrechen

Der Angriff kann – als Gewalt gegen eine Person oder Drohung mit gegenwärtiger Gefahr für Leib oder Leben – bereits Teil des Raubes oder raubähnlichen Verbrechens sein.[91] Räuberischer Angriff auf Kraftfahrer und Raub – bzw. räuberischer Diebstahl oder räuberische Erpressung – stehen dann in **Tateinheit** (§ 52).[92] Wenn der Angriff einem räuberischen Diebstahl dient, wird Tateinheit die Regel sein. Möglich ist aber auch **Tatmehrheit** zwischen dem Angriff und dem Raub bzw. dem raubähnlichen Delikt.

Was die zeitliche Abfolge anbelangt, gilt für die Tatmehrheit, dass der Angriff dem Raub oder raubähnlichen Delikt stets vorausgehen muss. Der Angriff wird also **vor Vollendung des beabsichtigen Raubes** oder raubähnlichen Delikts ausgeführt, nicht umgekehrt. Ein Angriff nach vollendetem Raub bzw. raubähnlichen Delikt erfüllt den subjektiven Tatbestand auch dann nicht, wenn der Raub bzw. das raubähnliche Delikt noch nicht „beendet" ist und der Angriff zur Sicherung einer erfolgreichen **Beendigung** dienen soll.

---

[87] Gössel (1996), § 15 Rn. 48.

[88] Kindhäuser (2014), § 19 Rn. 25 fordert ohne Begründung den Willen des Angreifers zu täterschaftlicher Beteiligung an dem beabsichtigten Raubdelikt; im Ergebnis ebenso BGHSt 24, 284; Fischer (2000), 433 (440); Leipziger Kommentar-Sowada (2008), § 316 a Rn. 46; Systematischer Kommentar-Wolters (2011), § 316 a Rn. 9.

[89] Lackner et al (2014), § 211 Rn. 12.

[90] Lackner et al (2014), § 267 Rn. 25.

[91] Geppert (1986), 552 (553); Wolters (2002b), 303 (311).

[92] Kindhäuser (2014), § 19 Rn. 23.

Beispiel

T schlägt den Hauseigentümer O nieder und entwendet anschließend einen Computer des O. Diesen verlädt er in den Kofferraum seines Pkw. Da sein Wagen aber nicht anspringt, hält T kurzerhand das Taxi des X an, schlägt den X nieder und bemächtigt sich des Fahrzeugs. Den geraubten Computer stellt er auf die Rückbank des Taxis. Dann fährt er mit dem Taxi zu seiner Wohnung, wo er den Computer ablädt. Anschließend bringt er das Taxi zum Bahnhof und stellt es dort auf einem öffentlichen Parkplatz ab.

Der Raub des T war bereits vollendet, als T den Taxifahrer X angriff. Denn als der Computer im Kofferraum seines Pkw stand, hatte T neuen (eigenen) Gewahrsam an ihm begründet. Der Angriff auf X fällt in die Phase zwischen Vollendung und Beendigung des Raubes. Solange sich T mit dem Computer noch in Tatortnähe bzw. auf dem Weg in die eigene Wohnung befand, war der Gewahrsam am Computer noch nicht gesichert. Erst mit Erreichung dieses Zieles war der Raub tatsächlich beendet. T griff den X an, um mit Hilfe des Taxis den erfolgreichen Abschluss – die Beendigung – des Raubes zügig zu erreichen. Allerdings ist der Abtransport der Beute nach vollendetem Raub nicht mehr „Begehung eines Raubes". Diese Beschreibung trifft nur auf die Handlungen zu, durch die die Tatbestandsmerkmale des Raubes bis zu dessen Vollendung erfüllt werden, hier also das Niederschlagen des O und das Verstauen des Computers im Kofferraum. Das Wegfahren mit dem Taxi ist keine Raubbegehung mehr. Folglich dient der Angriff auf X nicht der Begehung eines Raubes. Das weggenommene Taxi ist nicht Objekt eines Raubes, weil T sich des Fahrzeugs ohne Zueignungsabsicht bemächtigte.[93] Der Angriff dient auch nicht der Begehung eines räuberischen Diebstahls, da T von X nicht auf frischer Tat betroffen wurde. Begründbar ist eine Strafbarkeit des T aus § 316 a nur, wenn man – wie die Rechtsprechung[94] – die gewaltsame Wegnahme des Taxis als räuberische Erpressung bewertet.

Darüber, wie groß der **zeitliche und räumliche Abstand** zwischen Angriff und geplantem Raubdelikt sein darf bzw. wie eng der Zusammenhang zwischen diesen beiden Vorgängen sein muss, macht das Gesetz keine klare Aussage. Insbesondere lässt sich dem Ausnutzungs-Merkmal dazu nichts entnehmen, da es nur auf den Angriff bezogen ist, nicht aber auf Raub, räuberischen Diebstahl oder räuberischer Erpressung.[95] Dem Wortlaut des Gesetzes nach braucht das Raubverbrechen überhaupt keine Beziehung zum Straßenverkehr zu haben, außer der, dass bei dem raubvorbereitenden Angriff die besonderen Verhältnisse des Straßenverkehrs ausgenutzt wurden.

---

[93] Zur Frage, ob der Verbrauch von Benzin und Schmiermitteln Raub ist, vgl. oben 4.1.4.2.

[94] BGHSt 14, 386 ff.

[95] Fischer (2000), 433 (438); Geppert (2014), 128 (132); Nomos Kommentar-Zieschang (2013), § 316 a Rn. 47.

> **Beispiel**
>
> Als Frau O mit ihrem Pkw an einer Ampel halten muss, dringen plötzlich T und X in ihren Wagen ein und setzen sich neben bzw. hinter sie. T bedroht O mit einer Pistole und zwingt sie zu einer Fahrt in den Wald. Bei einer einsamen Jagdhütte endet die Fahrt. In dieser Hütte wird Frau O anschließend fünf Tage von T und X gefangen gehalten. E, den Ehemann von Frau O, fordern T und X erfolgreich zur Zahlung von 1 Mio. EUR Lösegeld auf. Nach erfolgter Lösegeldübergabe wird Frau O freigelassen.
>
> T und X verübten ihren räuberischen Angriff gegen O, um damit eine räuberische Erpressung gegenüber E vorzubereiten. Der Angriff erfolgte unter Ausnutzung der besonderen Verhältnisse des Straßenverkehrs. Die anschließende räuberische Erpressung des E war dagegen ein Vorgang ohne jede unmittelbare Beziehung zum Straßenverkehr. Sowohl zeitlich als auch räumlich war die räuberische Erpressung von dem räuberischen Angriff auf Kraftfahrer recht weit entfernt. Das ändert aber nichts an der Tatsache, dass der Angriff „zur Begehung" einer räuberischen Erpressung begangen wurde. Denn durch den Angriff haben T und X die O in ihre Gewalt gebracht und sich damit das „Faustpfand" verschafft, mit dem sie gegenüber E erpresserisch auftreten konnten. Für eine restriktive Auslegung, die Fälle wie diesen aus dem Tatbestand ausgrenzen könnte, bietet der Text des § 316 a I keinen Anknüpfungspunkt. T und X haben sich daher aus § 316 a T strafbar gemacht.

11.2.2.3   Täterschaft und Teilnahme
11.2.2.3.1   Mittäterschaft
Als unvollkommen zweiaktiges Delikt wirft der räuberische Angriff auf Kraftfahrer spezifische Probleme der **Mittäterschaft** – insbesondere der „sukzessiven" Mittäterschaft – auf. Wie oben dargelegt wurde, erfüllt das subjektive Tatbestandsmerkmal „zur Begehung eines Raubes…" auch, wer den Raub nicht selbst begehen, sondern mit seinem Angriff nur die Raubtat eines anderen Täters ermöglichen will (s. o. 11.2.2.2.3.3). Im Fall einer solchen Arbeitsteilung stellt sich unter anderem die Frage, ob der Täter des dem Angriff folgenden Raubes auch als Beteiligter – insbesondere als Mittäter – an dem räuberischen Angriff auf Kraftfahrer strafbar ist.

> **Beispiel**
>
> Taxifahrer T soll den reichen Geschäftsmann O vom Flughafen Berlin-Tegel nach Potsdam chauffieren. O sitzt vorn im Wagen neben T. An der Autobahnausfahrt „Hüttenweg" verlässt T die Avus und fährt mit dem O einige hundert Meter in den Grunewald. Auf die heftigen Proteste des O reagiert T mit derben Faustschlägen ins Gesicht des O. Den eingeschüchterten O stößt T sodann aus dem fahrenden Auto. Ohne anzuhalten fährt T weiter und zurück auf die Autobahn. Auf Grund einer zuvor mit T getroffenen Verabredung lauert an der Stelle, wo O aus dem Taxi gestoßen wurde, der R. Dieser bedroht den O mit einer Pistole und

zwingt ihn zur Herausgabe von Geld. Nachdem O dem R sein Geld gegeben hat, rast R mit einem Motorrad davon.

T hat sich aus § 316 a I, R hat sich aus §§ 253, 255, 250 II Nr. 1 strafbar gemacht. T ist außerdem an der schweren räuberischen Erpressung des R als Gehilfe beteiligt, §§ 253, 255, 250 II Nr. 1, 27. Eine strafbare Beteiligung des R an dem von T begangenen räuberischen Angriff auf Kraftfahrer ist dagegen fraglich. Die Tatverabredung zwischen T und R macht keinen der beiden zum Mittäter des räuberischen Angriffs.[96] Im Rahmen der Mittäterschaftsvoraussetzungen erfüllt diese Verabredung allenfalls das subjektive Merkmal „gemeinsamer Tatentschluss". Zur Vervollständigung der Mittäter-Rolle bedarf es zusätzlich einer Tatbegehungshandlung, die nach der zustimmungswürdigen engeren Auffassung zwischen Versuchsbeginn und Vollendung vollzogen werden muss,[97] nach der – vor allem von der Rechtsprechung vertretenen – h.M. auch im Vorbereitungsstadium liegen kann.[98] R hat hier weder zur Ausführung noch zur Vorbereitung des von T begangenen räuberischen Angriffs einen Beitrag geleistet, der geeignet wäre, ihn zum Mittäter zu machen. Zwar hatte R absprachegemäß im Wald Stellung bezogen, um im Anschluss an den Angriff des T den O auszurauben bzw. räuberisch zu erpressen. Jedoch hat diese Handlung keinerlei Enfluss auf den von T allein ausgeführten Angriff. Denn nicht die tatsächliche Anwesenheit des R, sondern die Zusicherung des R, zur Angriffszeit an der verabredeten Stelle zu warten, motivierte den T zu seinem Angriff. Wäre R absprachewidrig nicht an der Stelle im Grunewald erschienen, hätte T seinen Angriff gegen O gleichwohl wie verabredet ausgeführt. Eine Strafbarkeit des R wegen mittäterschaftlichen Angriffs auf Kraftfahrer könnte also allenfalls auf der Nötigung beruhen, die R gegen O begangen hat, nachdem dieser von T aus dem Taxi gestoßen worden war. Dogmatische Bedingung wäre allerdings eine außerordentlich extensive Interpretation der Regeln über die sukzessive Mittäterschaft.[99] Eine solche Ausdehnung der Mittäterschaft ist jedoch abzulehnen.[100] Denn die von R begangene räuberische Erpressung ist ohne jeden Einfluss auf das Vorliegen eines tatbestandsmäßigen räuberischen Angriffs auf Kraftfahrer. R bewegt sich mit dieser Handlung außerhalb des objektiven Tatbestandes des § 316 a I. Der räuberische Angriff ist bereits zuvor von T allein vollendet worden, die Handlung des R lässt sich nur noch in eine außertatbestandliche Vollendungs-Beendigungs-Phase einordnen. Dass R eine Handlung vollzog, die Bezugspunkt der zum subjektiven Tatbestand des § 316 a gehörenden räuberischen Absicht ist, reicht nicht aus, um dem R die gesamte objektive Tatbestanderfüllungshandlung des T zuzurechnen.[101] Daran ändert auch die Tatsache nichts, dass R auf Grund der Verabredung mit T dessen Tat von Anfang an subjektiv mittrug, hier also nicht – wie in den in

---

[96] Schönke et al (2014), § 25 Rn. 69; aA BGHSt 37, 289 (292).

[97] Herzberg (1977), 66.

[98] BGHSt 37, 289 (292).

[99] Dazu allgemein Heinrich (2014), Rn. 1236 ff.

[100] Herzberg (1977), 72.

[101] Köhler (1997), 518.

Rechtsprechung und Literatur als „sukzessive Mittäterschaft" diskutierten Fällen – die Willensübereinkunft zwischen den Beteiligten erst nachträglich zustande kam. Entscheidend ist, dass der erforderliche objektive Tatbeitrag des R „zu spät" geleistet wurde, um als Mittäterschaft bezüglich des räuberischen Angriffs auf Kraftfahrer qualifiziert werden zu können. R hat sich daher nicht aus §§ 316 a I, 25 II strafbar gemacht.

11.2.2.3.2 Teilnahme

Der Anstifter oder Gehilfe braucht selbst nicht zielgerichtet mit der Absicht „zur Begehung eines Raubes..." zu handeln.[102] Es genügt, wenn er – wenigstens bedingten – Vorsatz bezüglich der beim Täter vorhandenen Absicht hat. Das Fehlen der räuberischen Absicht beim Teilnehmer führt aber nicht zu einer Strafmilderung nach § 28 I, da die Absicht kein besonderes persönliches Merkmal ist.[103] Nach den Grundsätzen über den straflosen „agent provocateur" handelt ohne den erforderlichen Teilnehmervorsatz und ist daher nicht wegen Anstiftung oder Beihilfe zum räuberischen Angriff auf Kraftfahrer strafbar, wer lediglich einen Angriffsversuch des Täters will.[104] Dazu genügt aber nicht, dass der Teilnehmer das Unterbleiben oder Scheitern der vom Täter beabsichtigten Raubtat erwartet. Diese Einstellung verhindert nur eine Strafbarkeit wegen Teilnahme an diesem – dem räuberischen Angriff nachfolgenden – Verbrechen. Um völlig straflos davonzukommen, muss die innere Einstellung des Teilnehmers bereits gegen einen vollendeten Angriff gerichtet sein.

11.2.2.4 Versuch und Rücktritt

11.2.2.4.1 Versuch

Nach der Eliminierung des „Unternehmens"-Merkmals durch das 6. StRG wird der Versuch des Delikts der Vollendung nicht mehr gleichgestellt. Die Strafbarkeit des Versuchs ergibt sich aus dem Verbrechenscharakter des Delikts, §§ 23 I, 12 I. In die tatbestandsmäßige Zone gerät die Tat mit dem unmittelbaren Ansetzen im Sinn des § 22. Die Schwelle des Versuchsbeginns stimmt ungefähr mit der des Körperverletzungs-, Tötungs- oder Nötigungsversuchs überein. Bestraft wird der Angriffsversuch nach Maßgabe des § 23 II und III.

11.2.2.4.2 Rücktritt

Die wichtigste Konsequenz des Unternehmenscharakters des § 316 a alter Fassung war die Unanwendbarkeit des § 24.[105] Nunmehr ist der Rücktritt vom Versuch bei § 316 a nach allgemeinen Regeln möglich.[106] Gegenüber dem früheren Rechtszustand ist das eine teilweise Milderung.[107] Denn die Strafbefreiung nach § 24 ist

---

[102] Systematischer Kommentar-Wolters (2011), § 316 a Rn. 9.
[103] Schönke et al (2014), § 28 Rn. 20.
[104] Lackner et al (2014), § 26 Rn. 4.
[105] Mitsch (2012), 526 (528).
[106] Eisele (2012b), Rn. 449.
[107] Mitsch (1999), 662 (665).

obligatorisch, während das nach früherem Recht gemäß § 316 a II a.f. mögliche Absehen von Bestrafung infolge tätiger Reue im Ermessen des Gerichts stand. Verschlechtert hat sich die Rechtslage für den Täter insofern, als eine tätige Reue nach Vollendung des Angriffs nur noch mit Strafnachlass honoriert werden kann.[108] Der neue § 316 a sieht in einem solchen Fall das vollständige Absehen von Bestrafung nicht mehr vor.

Beispiele

1. An einem Samstagnachmittag wird Anhalter T von dem freundlichen Kraftfahrer O im Pkw mitgenommen. T braucht Geld und will den O während der Fahrt ausrauben. Kurz vor 17 Uhr schaltet O das Autoradio ein, um die Konferenzreportage der Schlussphase der Fußballbundesligaspiele zu hören. Als O einschaltet, berichtet der Reporter aus dem Berliner Olympiastadion, dass Bayern München soeben gegen Hertha BSC mit 1:0 in Führung gegangen ist. Das versetzt den T in so große Verärgerung, dass er spontan nach seiner Pistole in der rechten Hosentasche greift, um den O damit zu bedrohen. T hält die Pistole schon in der Hand, als aus dem Olympiastadion die Meldung kommt, dass Hertha BSC den Ausgleichstreffer erzielt hat. T und O brechen in lauten Jubel aus und fallen sich fast um den Hals. T steckt vor Begeisterung die Pistole wieder weg und beschließt, den O in Ruhe zu lassen und sich ein anderes Opfer zu suchen.
2. Abwandlung von (1): Nach dem 1:0 für Bayern München richtet T die Pistole auf O und befiehlt: „Halt an und rück das Geld raus!" Im nächsten Moment kommt aus dem Radio die Nachricht von Herthas Ausgleichstor. Dies versetzt den T in dermaßen euphorische Stimmung, dass er dem O auf die Schulter klopft und ruft: „Mensch, behalt dein Geld und trink einen auf die Hertha!". Am nächsten Parkplatz hält O an. T steigt aus und verabschiedet sich mit den Worten „Nix für ungut, Kumpel, war nur ein kleiner Scherz".

In **Beispiel 1** hat T zur Verwirklichung des in § 316 a I beschriebenen Tatbestandes unmittelbar angesetzt, als er die Pistole aus der Hosentasche zog, um danach sogleich den O mit der Schusswaffe zu bedrohen. Damit war Strafbarkeit aus §§ 316 a, 22 begründet. Zur Vollendung der Tat kam es aber nicht, weil T die Fortsetzung der Tatausführung freiwillig aufgegeben hat, § 24 I 1 Alt. 1. T ist also vom unbeendeten Versuch zurückgetreten und daher letztlich doch nicht wegen versuchten räuberischen Angriffs auf Kraftfahrer strafbar. Anders ist die Rechtslage in **Beispiel 2**: Mit dem bedrohlichen Vorzeigen der Pistole hatte T bereits einen Angriff auf die Entschlussfreiheit des O verübt. Dies ist mehr als ein Angriffsversuch, die Tat war also schon vollendet. Zwar wurde der geplante Raub von T nicht mehr begangen. Am Vorliegen einer vollendeten Straftat aus § 316 a ändert das aber nichts. Der freiwillige Verzicht auf die Ausführung des Raubes ist deshalb auch kein Rücktritt nach § 24 I. Die Strafbarkeit des T wegen vollendeten räuberischen Angriffs auf Kraftfahrer ist dadurch also nicht beseitigt

---

[108] Eisele (2012b), Rn. 448; Jesse (2008b), 1083.

worden.[109] Eine analoge Anwendung von Vorschriften über tätige Reue ist nicht möglich.[110]

11.2.3　Qualifikationstatbestand § 316 a III

11.2.3.1　Allgemeines

Das 6. Strafrechtsreformgesetz beseitigte die frühere unbenannte Strafschärfungsklausel des § 316 a I 2[111] und setzte an ihre Stelle einen echten Qualifikationstatbestand. Wegen der Anknüpfung an einen leichtfertig verursachten Todeserfolg handelt es sich um ein **erfolgsqualifiziertes Delikt**.

11.2.3.2　Objektiver Tatbestand

11.2.3.2.1　Übersicht

Der objektive Tatbestand des § 316 a III besteht aus den objektiven Tatbestandsmerkmalen des Grundtatbestandes (§ 316 a I) und zusätzlichen qualifizierenden Tatbestandsmerkmalen „Tod eines anderen Menschen" und „Verursachung durch die Tat".

11.2.3.2.2　Grundtatbestandsmerkmale (§ 316 a I)

Der Bedeutungsgehalt der oben erläuterten objektiven Tatbestandsmerkmale des § 316 a I ändert sich im Kontext des Qualifikationstatbestandes nicht. Lediglich hinsichtlich des „**Angriffs**-"Merkmals ergibt sich eine Einschränkung des Anwendungsbereichs, die aus der spezifischen Natur des erfolgsqualifizierten Delikts resultiert: Bekanntlich unterliegen erfolgsqualifizierte Tatbestände einer Restriktion dahingehend, dass nur bestimmte Erscheinungsformen grundtatbestandlichen Verhaltens mit einem **besonders hohen Erfolgspotential** geeignet sind, den erforderlichen spezifischen Zurechnungszusammenhang zwischen grunddeliktischer Tat und qualifizierendem Erfolg herzustellen.[112] Das bedeutet für § 316 a, dass nicht jeder Angriff, der den Grundtatbestand § 316 a I erfüllt, zugleich auch den Qualifikationstatbestand § 316 a III zu erfüllen vermag. Angriffe ohne ausreichende Erfolgsgeneigtheit fallen aus dem Geltungsbereich des § 316 a III heraus. Wird durch einen solchen Angriff der Tod eines anderen Menschen fahrlässig verursacht, tritt § 222 idealiter konkurrierend (§ 52) neben § 316 a I.

11.2.3.2.3　Tod eines anderen Menschen

11.2.3.2.3.1　Tod

Wie die meisten Erfolgsqualifikationstatbestände erfasst § 316 a III als qualifizierenden Erfolg nur noch den Tod eines Menschen, nicht die schwere Körperverletzung iSd § 226 (vgl. z. B. §§ 178, 221 III, 239 IV, 239 a III, 251; § 30 I Nr. 3 BtMG).

---

[109] Eisele (2012b), Rn. 448.

[110] Mitsch (1999), 662 (665); Wolters (2002b), 303 317.

[111] „In besonders schweren Fällen ist die Strafe lebenslange Freiheitsstrafe…"

[112] Kühl (2012), § 17a Rn. 14 ff.

Es gilt der **Todesbegriff der §§ 211 ff.**[113] Der Eintritt einer konkreten Todesgefahr reicht nicht, kann aber auf der Basis des § 316 a I bei der Strafzumessung strafschärfend berücksichtigt werden.

11.2.3.2.3.2 Anderer Mensch

Das Todesopfer muss im Zeitpunkt der Tat schon **Menschqualität** im strafrechtlichen Sinne haben, sich also mindestens im Stadium nach Geburtsbeginn befinden.[114] Der Tod einer Leibesfrucht reicht zur Tatbestandserfüllung nicht aus. Wird eine Schwangere durch den Angriff so schwer verletzt, dass auch ihre Leibesfrucht gravierende gesundheitliche Schäden erleidet, die alsbald nach der Geburt zum vorzeitigen Tod des Neugeborenen führen, ist der Tatbestand nicht erfüllt. Denn das Opfer eines Tötungsdelikts muss bereits im Zeitpunkt der todesverursachenden Handlungsvollzugs Menschqualität haben.[115] Das gilt auch für todeserfolgsqualifizierte Delikte. Der Täter des Angriffs scheidet aus dem Kreis tauglicher Opfer aus, weil er kein „anderer" ist. Ebenfalls nicht zum persönlichen Schutzbereich des Tatbestandes gehören alle Angriffsteilnehmer, obwohl sie im Verhältnis zum Täter durchaus andere Menschen sind.[116] Im Übrigen kommt jedermann als Opfer in Betracht. Mit dem Angriffsopfer braucht das Todesopfer nicht identisch zu sein.[117] Ebenfalls nicht erforderlich ist die Position als Kraftfahrzeugführer oder Mitfahrer.[118]

Beispiel

Mitfahrer T greift während der Fahrt den Kraftfahrzeugführer O an, um ihm Geld wegzunehmen. Es kommt zu einem Handgemenge, bei dem O das Steuer loslässt und die Kontrolle über das Fahrzeug verliert. Der führerlos gewordene Wagen bricht nach links aus und rast auf dem Bürgersteig in eine Gruppe Schulkinder. Drei Kinder werden dabei getötet.

T hat unter Ausnutzung der besonderen Verhältnisse des Straßenverkehrs den Fahrzeugführer O körperlich angegriffen, um einen Raub zu begehen. Dadurch wurde der Tod von drei Fußgängern verursacht. Dass die Getöteten sich nicht als Führer oder Mitfahrer in dem Fahrzeug befanden und somit nicht taugliche Opfer des grunddeliktischen Angriffs waren, ist unerheblich. Die besondere Gefährlichkeit eines Angriffs auf den Kraftfahrzeugführer im fließenden Straßenverkehr hat sich im Tod der drei Kinder niedergeschlagen. Daher ist T aus § 316 a III strafbar.

---

[113] Dazu D. Sternberg-Lieben (1997), 80 ff.

[114] Fischer (2014), vor § 211 Rn. 6.

[115] Fischer (2014), vor § 211 Rn. 8.

[116] Kindhäuser (2014), § 19 Rn. 26.

[117] Fischer (2014), § 316 a Rn. 19.

[118] Fischer (2014), § 316 a Rn. 19.

11.2.3.2.4   Zusammenhang zwischen Tat und Tod

Der Gesetzeswortlaut erweckt den Eindruck, als reiche ein Kausalzusammenhang zwischen grunddeliktischer Tat und Todeserfolg aus, um den Tatbestand des § 316 a III zu erfüllen. Tatsächlich ist aber in der Dogmatik der erfolgsqualifizierten Delikte schon lange anerkannt, dass die bloße Kausalität nur eine notwendige, aber keine hinreichende Strafbarkeitsvoraussetzung ist. Der Zusammenhang zwischen Grunddelikt und Erfolg ist wesentlich enger als die Kausalität.

11.2.3.2.4.1   Tat

Mit „Tat" meint das Gesetz den Vorgang, durch den der objektive Tatbestand des Grunddelikts § 316 a I erfüllt wird. Tat ist also der Angriff auf Leib, Leben oder Entschlussfreiheit eines Kraftfahrzeugführers oder Mitfahrers.[119] Dagegen ist das Verbrechen, dessen Begehung der Angriff dient (Raub, räuberischer Diebstahl oder räuberische Erpressung), nicht Tat und somit kein unmittelbarer Anknüpfungspunkt für die Zurechnung des Todeserfolges im Rahmen des § 316 a III.[120]

Beispiele

1. Die Mitfahrer T und X schlagen mit Fäusten heftig auf den Fahrzeugführer O ein, um ihm Geld wegzunehmen. O verliert daraufhin die Gewalt über sein Fahrzeug und fährt mit hoher Geschwindigkeit gegen einen Laternenpfahl. O erleidet dabei schwere Verletzungen, an denen er wenig später verstirbt.
2. Abwandlung von Fall (1): T und X zwingen den O mit bedrohlich vorgehaltener Pistole, den Wagen in einen Wald zu fahren, dort anzuhalten und auszusteigen. Dann führen T und X den O zu einem 300 m entfernten Steinbruch, schlagen ihn dort brutal zusammen, nehmen ihm Geld weg und lassen ihn bewusstlos liegen. O verstirbt wenig später infolge der erlittenen Verletzungen.

In **Beispiel 1** haben die während der Fahrt ausgeführten Schläge den anschließenden Unfall mit tödlichem Ausgang verursacht. Die Schläge sind ein „Angriff auf den Leib" des Fahrzeugführers O und somit als „Tat" iSd § 316 a III zur Tatbestandserfüllung geeignete Todesursache. Dass diese Schläge zugleich die Eigenschaft „Gewalt gegen eine Person" haben und damit bereits Anfang der Erfüllung des Raubtatbestandes (§§ 249, 22) sind, ist im vorliegenden Zusammenhang unmaßgeblich. Der versuchte Raub mit Todesfolge (§§ 251, 22) tritt hinter § 316 a III zurück.

Auch in **Beispiel 2** besteht zwischen der während der Fahrt begangenen Bedrohung des Fahrzeugführers O und dessen späterem Tod ein Kausalzusammenhang. Die Bedrohung ist ein „Angriff auf die Entschlussfreiheit" des O und daher „Tat" iSd § 316 a III. Allerdings ist der Zusammenhang zwischen dieser Bedrohung und dem Tod des O weder unmittelbar noch eng. Den spezifischen Anforderungen, die an den Zusammenhang zwischen Grunddelikt und schwerer

---

[119] Kindhäuser (2014), § 19 Rn. 26.

[120] Systematischer Kommentar-Wolters (2011), § 316 a Rn. 13; aA Fischer (2014), § 316 a Rn. 19.

Folge bei einem erfolgsqualifizierten Delikt gestellt werden, wird er nicht gerecht. Folglich ist dieser Zusammenhang nicht tatbestandsmäßig. Der erforderliche unmittelbare Zusammenhang besteht dagegen zwischen den brutalen Schlägen und dem dadurch verursachten Tod des O. Diese Schläge sind als Gewalt gegen eine Person bereits Teil des Raubes, der durch den vorangehenden Angriff im fahrenden Pkw vorbereitet wurde und mit ihm auf diese Weise verbunden ist. Diese Verbindung, die sich auf der dogmatischen Ebene zur Raubintention versubjektiviert wiederfindet, reicht nicht aus, um den Raub zur „Tat" i.S. des § 316 a III zu machen. Denn der gesteigerte Strafwürdigkeitsgehalt des § 316 a III resultiert maßgeblich aus dem Umstand, dass der Angriff unter den besonderen Situationsgegebenheiten des Straßenverkehrs eine erhöhte Gefahr für das Leben anderer Menschen darstellt und dies sich im Todeserfolg unmittelbar niedergeschlagen hat. Die tödlichen Verletzungen, die T und X dem O mit ihren Misshandlungen zugefügt haben, stehen in keinem spezifischen Zusammenhang mit den Gefahren des Straßenverkehrs. Täter und Opfer hätten auch mit einem von § 316 a nicht erfassten Beförderungsmittel oder zu Fuß in den Wald gelangen können, ohne dass dies Einfluss auf die Lebensgefährlichkeit der anschließenden Misshandlung gehabt hätte. Da somit der Tod des O mit der Erfüllung des § 316 a I nicht in hinreichend engem Zusammenhang steht, haben sich T und X nicht aus § 316 a III strafbar gemacht. Ihr Verhalten ist als „einfacher" räuberischer Angriff aus §§ 316 a I, 25 II strafbar. Die Todesverursachung erfüllt die Strafbarkeitsvoraussetzungen der Körperverletzung mit Todesfolge (§§ 227, 25 II) und des Raubes mit Todesfolge (§§ 251, 25 II).

Da die „Tat" iSd § 316 a III ein Vorgang sein muss, der bereits in die Strafbarkeitszone gelangt – also wenigstens partiell tatbestandsmäßig – ist, taugt zwar ein Angriff**versuch** (§§ 316 a, 22) als Anknüpfungspunkt für die Erfolgszurechnung, nicht jedoch eine Angriffs**vorbereitung**.

Beispiele

1. Mitfahrer T will gerade dazu ansetzen, den Fahrzeugführer mit einer geladenen Pistole zu bedrohen. Da T nervös und unvorsichtig mit der Waffe hantiert, löst sich – von T ungewollt – ein Schuss, der den O in den Kopf trifft und tötet.
2. A und B fällen einen am Rand einer Landstraße stehenden Baum, den sie als Straßensperre quer über die Fahrbahn legen wollen. Dadurch wollen sie Kraftfahrer zum Anhalten zwingen und diese anschließend ausrauben. Bei ihrer Tätigkeit werden sie von dem Spaziergänger O neugierig beobachtet. Als der riesige Baum umfällt, steht O so unglücklich, dass er von dem Stamm erschlagen wird.

Todesursache ist in **Beispiel 1** eine Handlung, die bereits „unmittelbares Ansetzen" (§ 22) zur Verwirklichung des Tatbestandes „Räuberischer Angriff auf Kraftfahrer" (§ 316 a I) ist. Das tödliche Hantieren mit der Pistole ist also ein strafbarer Versuch,[121] der als Ursache des Todes zur Erfüllung des qualifizierten Tatbestandes § 316 a III geeignet ist. In **Beispiel 2** ist das Fällen des Baumes noch kein unmittelbares Ansetzen zur Begehung eines tatbestandsmäßigen Angriffs. Bezogen auf etwaige künftige Überfälle auf Kraftfahrer ist es nur eine Vorbereitung. Diese ist zwar gem. § 30 II 3. Alt. iVm § 316 a I und §§ 249, 250 bereits strafbar. Sie ist aber keine „Tat" iSd § 316 a III. Selbst wenn es also noch zu einem versuchten oder vollendeten räuberischen Angriff auf Kraftfahrer kommt, vermag die Tötung des O diesen aus § 316 a I strafbaren Angriff nicht auf die Stufe des § 316 a III zu heben.

11.2.3.2.4.2 Verursachung und Zurechenbarkeit

Ursächlichkeit des Angriffs für den Tod des Opfers ist **Mindestvoraussetzung** der qualifizierenden Erfolgszurechnung.[122] Fehlt es bereits an der Kausalität zwischen Tat und Tod, brauchen die zusätzlichen einschränkenden Zurechnungsgesichtspunkte nicht erörtert zu werden. Die Kausalitätsprüfung erfolgt auf der Grundlage der im Strafrecht herrschenden Äquivalenztheorie.[123]

Beispiel

Nach einem schweren Arbeitsunfall auf einer Baustelle will O seinen lebensgefährlich verletzten Arbeitskollegen A mit seinem Pkw in das Krankenhaus bringen. Unterwegs gerät O in eine von T und X gestellte Autofalle, die ihn zum Anhalten zwingt. T und X stürzen sich sofort auf O, schlagen ihn nieder und nehmen ihm Geld weg. Den auf der Rückbank sitzenden A lassen sie in Ruhe. O ist einige Minuten bewusstlos. Nachdem O wieder bei Bewusstsein ist, fährt er weiter. Als er im Krankenhaus ankommt, stellen die Ärzte fest, dass O bereits vor zehn Minuten verstorben ist. Der Überfall hat die Ankunft im Krankenhaus um fünf Minuten verzögert.

Als angriffsimmanente Todesursachen kämen hier entweder die während des Angriffsgeschehens verübten Gewalttätigkeiten oder die Verzögerung des Krankentransports durch die angriffsbedingte Fahrtunterbrechung in Frage. A wurde aber von T und X nicht unmittelbar behelligt und hat auch im übrigen keine lebenszeitverkürzenden Gesundheitsschäden erlitten, die mit dem Angriff zusammenhängen. Die Verzögerung des Krankentransports um fünf Minuten hat zwar ex ante die Rettungschancen des A erheblich verschlechtert. Für die Feststellung der Todesursächlichkeit ist aber die ex-post-Perspektive maßgeblich. Da sich aus der Rückschau die Erkenntnis ergab, dass selbst eine zehn Minuten frühere Ankunft im Krankenhaus den Tod des A nicht abgewendet hätte, steht fest, dass die angriffsbedingte Verzögerung um fünf Minuten den Tod des A nicht verursacht hat. Denn der Angriff von T und X kann „hinweggedacht" werden, ohne dass der

---

[121] Ein vollendeter Angriff (auf das Leben des O) liegt nicht vor, da die Tötung des O eine wesentliche Kausalverlaufsabweichung und daher vom Vorsatz des T nicht umfasst ist.

[122] Kühl (2012), § 17 a Rn. 14.

[123] Kühl (2012), § 4 Rn. 9.

Tod des A (in seiner konkreten Gestalt) entfiele. T und X sind daher weder aus § 316 a III noch aus § 222 strafbar.

Todesursächlichkeit allein reicht für eine tatbestandsmäßige Verknüpfung von Grunddelikt und Todeserfolg nicht aus. Dies ist zunächst die Konsequenz der im Allgemeinen Strafrecht heute überwiegend vertretenen **Lehre von der objektiven Zurechnung**, die neben die naturwissenschaftlich begründete Kausalität weitere normative Zurechnungskriterien stellt.[124] Die auf diese Lehre zurückgehenden Zurechnungsbeschränkungen gelten für Erfolgsdelikte generell, also auch für die erfolgsqualifizierten Delikte.

Beispiele

1. T begeht einen räuberischen Angriff auf den Fahrzeugführer O. Obwohl T mit äußerster Brutalität vorgeht, hat O insofern Glück im Unglück, als er nur eine mittelschwere Körperverletzung erleidet. Bei alsbaldiger ordnungsgemäßer ärztlicher Behandlung dieser Verletzung bestünde keine Lebensgefahr. Im Bewußtsein und unter Inkaufnahme der damit verbundenen Gefahr für sein Leben sieht O aber davon ab, einen Arzt aufzusuchen. O stirbt zwei Wochen später an den Folgen der bei dem Angriff erlittenen Verletzungen.
2. Abwandlung von (1): O sucht umgehend den Arzt A auf. Da A – ohne Wissen des O – ein Verhältnis mit der Ehefrau des O hat, nutzt er die Situation aus, um den störenden Ehemann zu beseitigen. Auf raffinierte Art begeht A bei der Behandlung der Verletzungen des O einen schweren – aber schwer nachweisbaren – Kunstfehler, an dessen Folgen O wenig später stirbt.

In beiden Beispielen hat T mit seinem Angriff den Tod des O verursacht. Jeweils wirkten in dem zum Tod führenden Kausalverlauf aber außer dem Angriff noch weitere Risikofaktoren mit, die möglicherweise die strafrechtliche Relevanz des Angriffsgeschehens für den Todeserfolg bereits auf der Ebene der objektiven Zurechnung ausschließen. Zu den wenigen Zurechnungsregeln, die von einem breiten strafrechtswissenschaftlichen Konsens getragen werden, gehört die Zurechnungsverlagerung auf eigenverantwortliches Opfer- oder Nebentäterverhalten. Wird nämlich die unmittelbare Erfolgsursache durch ein der Tat nachfolgendes defektfreies Handeln oder Unterlassen des Verletzten[125] (**Beispiel 1**) oder eines Dritten[126] (**Beispiel 2**) gesetzt, kommt eine normative Verbindung der Ausgangstat mit dem Erfolg nicht zustande. Das Dazwischentreten des Opfers oder des Dritten bricht den mit der Tat in Gang gesetzten Gefahrverwirklichungsprozess, an dessen Ende ohne das Dazwischentreten ein zurechenbarer Todeserfolg stünde, ab. Eine objektive Zurechnung des Todeserfolges zu dem Angriff entfällt daher. Dieser Zurechnungsausschluss ist nicht nur im Rahmen des § 316 a III,

---

[124] Maiwald (1984), 439 (440).

[125] Kühl (2012), § 4 Rn. 86 ff.; § 17a Rn. 24 ff.

[126] Maiwald (1984), 439 (440).

sondern auch im Rahmen des Straftatbestandes „Fahrlässige Tötung" (§ 222) beachtlich. Daher sind hier nicht Besonderheiten des erfolgsqualifizierten Delikts, sondern bereits allgemeine Zurechnungsaspekte dafür verantwortlich, dass T nicht aus § 316 a III strafbar ist.[127] Wäre es anders, würde der Zurechnungsausschluss Strafbarkeit aus § 222 nicht verhindern.

Die Beachtung der allgemeinen Zurechnungsgrundsätze ist nach der Ermittlung der Kausalität der zweite, aber nicht der letzte Schritt auf dem Weg zur Feststellung des tatbestandsmäßigen Zusammenhangs zwischen Grunddelikt und Todeserfolg.[128] Als dritter und letzter Prüfungsschritt ist noch die Würdigung des zum Todeserfolg führenden Kausalverlaufs im Licht der **besonderen Zurechnungserfordernisse des erfolgsqualifizierten Delikts** notwendig. Denn das für erfolgsqualifizierte Deliktstatbestände typische außerordentlich hohe Strafrahmenniveau und der Umstand, dass die Todesverursachung auch ohne § 316 a III – nämlich mit dem tateinheitlich zu § 316 a I hinzutretenden § 222 – strafrechtlich erfasst würde,[129] zwingen zu einer weiteren Tatbestandsrestriktion, die über diejenige hinausgeht, die bereits durch allgemeine Zurechnungsgesichtspunkte – und daher auch im Rahmen des § 222 – bewirkt würde.[130] Weil es solche speziellen Zurechnungsregeln für erfolgsqualifizierte Delikte gibt, ist es möglich, dass eine leichtfertige Todesverursachung durch räuberischen Angriff zwar aus § 316 a I und § 222 (beide in Tateinheit stehend, § 52), nicht aber aus § 316 a III strafbar ist.

In terminologischer Hinsicht hat sich für das besondere Zurechnungserfordernis des erfolgsqualifizierten Delikts der Ausdruck „**unmittelbarer Zusammenhang zwischen Grunddelikt und Erfolg**" breite Anerkennung verschafft.[131] Über die sachlichen Kriterien der Abgrenzung von Unmittelbarkeit und Mittelbarkeit herrscht aber weder Klarheit noch Konsens.[132]

Auffallend und für die Lösung von Bedeutung ist, dass im geltenden Strafrecht nur relativ wenige Straftatbestände überhaupt als Basis von Erfolgsqualifikationen in Betracht gezogen worden sind. Beispielsweise gibt es keine „Nötigung mit Todesfolge" oder keinen „Diebstahl mit Todesfolge". Das spricht dafür, dass den Grundtatbeständen, denen ein qualifizierendes Erfolgsmerkmal aufgepfropft worden ist, eine **besonders starke Erfolgsneigung immanent** ist, die eine drastische Strafschärfung – nur dann – rechtfertigt, wenn sie sich tatsächlich **im Erfolgseintritt niederschlägt**.[133] Dieses Kriterium ist geeignet, **zwei Klassen von Grunddelikten** mit schwerer Folge zu trennen, von denen eine die Eigentümlichkeit des erfolgsqualifizierten Delikts aufweist und die andere nicht.

---

[127] Maiwald (1984), 439 (443); Wolter (1984), 443 (444).

[128] Schönke et al (2014), § 18 Rn. 4.

[129] Murmann (2013), § 23 Rn. 130.

[130] Wolter (1984), 443.

[131] BGHSt 31, 96 (99), 32, 25 (28); Küpper (1999), 615 ff; kritisch zur „Unmittelbarkeit" als Kriterium (im Rahmen der Geiselnahme mit Todesfolge) BGHSt 33, 322 (323).

[132] Wolter (1984), 443 (447); Hirsch (1985), 111 (112).

[133] BGHSt 32, 25 (28); Hirsch (1985), 111 (130).

Der letzteren Klasse gehören Grunddelikte an, die den Erfolg in zwar zurechenbarer, aber insofern unspezifischer Weise verursacht haben, als derselbe Erfolgszusammenhang auch mit jedem anderen Delikt möglich wäre. Hier spiegelt der eingetretene Erfolg nicht das besondere Erfolgspotential des Grundtatbestands wider. Daher erfüllt diese Grunddelikts-Erfolgs-Kombination nicht den objektiven Tatbestand des erfolgsqualifizierten Delikts.

Beispiel

Der von O im Pkw mitgenommene Anhalter T greift den O während der Fahrt körperlich an, wobei er die besonderen Verhältnisse des Straßenverkehrs ausnutzt. Es gelingt dem T, den O zum Anhalten zu zwingen und ihm die Brieftasche mit 400 EUR Inhalt wegzunehmen. T springt aus dem Wagen und läuft weg. O rennt hinter T her, um ihm Geld und Brieftasche wieder abzunehmen. In vollem Lauf stolpert O über eine Baumwurzel und stürzt zu Boden. Dabei schlägt sein Kopf auf einen Stein. Die dabei erlittene Kopfverletzung ist tödlich.

T hat den Grundtatbestand § 316 a I erfüllt und dadurch den Tod des O verursacht. Nach der Lehre von der objektiven Zurechnung bestehen auch keine Bedenken gegen die objektive Zurechenbarkeit des Todeserfolgs. Eine Strafbarkeit des T aus § 222 ist daher zu bejahen, da das Verhalten des O in Bezug auf die Tötung des O gewiss als fahrlässig bewertet werden kann. Fraglich ist allerdings, ob T aus § 316 a III strafbar ist. Analysiert man den zum Tod des O führenden Kausalverlauf, finden sich keine Elemente gesteigerter Lebensgefahr, die die eigentümliche Gefährlichkeit eines Angriffs iSd § 316 a I zur Geltung bringen. Denn nicht der Angriff auf den Körper des O, sondern die erfolgreiche Wegnahme der Brieftasche ist der entscheidende Auslöser des tödlich endenden Geschehensverlaufs. Derselbe Verlauf wäre ebensogut als Folge eines einfachen Diebstahls oder eines Betrugs denkbar. Die Einbettung des Geschehens in einen Angriff mit Straßenverkehrsbezug ist für den tödlichen Ausgang ein beiläufiges Akzidens. Da sich im Tod des O nicht die spezifische Todesgefahr eines räuberischen Angriffs auf Kraftfahrer niedergeschlagen hat, ist T nicht aus § 316 a III strafbar.

Die der anderen Klasse angehörigen Taten zeichnen sich durch eine Art der Erfolgsherbeiführung aus, in der sich eine **besondere Charakterprägung des Grunddelikts** bemerkbar macht. Grunddelikt und Todeserfolg sind bei diesen Taten besonders eng miteinander verbunden, weil sich im Todeserfolg ein Risiko verwirklicht, wie es in der Form nur Grunddelikten **dieses Typs** adäquat ist.[134] Im Zusammenhang mit anderen Grunddelikten würde sich dieser Erfolgseintritt hingegen eher als außergewöhnliche atypische Folge darstellen. Die spezifische Gefährlichkeit des räuberischen Angriffs auf Kraftfahrer basiert auf der Involvierung des Angriffs in ein per se gefahrenträchtiges Straßenverkehrsgeschehen. Folglich setzt bei § 316 a III der tatbestandsmäßige Zusammenhang zwischen Tod und Grunddelikt voraus, dass gerade die dem **Straßenverkehr** zuzurechnenden Faktoren, welche

---

[134] Schönke et al (2014), § 18 Rn. 1.

die Gefährlichkeit des Angriffs erhöhen, sich im Tod des Opfers niedergeschlagen haben. Beruht der Tod dagegen auf Angriffsmodalitäten, die sich auch außerhalb einer Straßenverkehrssituation mit gleich hoher Wahrscheinlichkeit ausgewirkt hätten, hat sich die spezifische Gefährlichkeit des räuberischen Angriffs auf Kraftfahrer nicht im Todeserfolg niedergeschlagen. Es genügt vor allem nicht, dass der Täter einen Raub mit Todesfolge (§ 251) begeht und dabei zugleich den Grundtatbestand des § 316 a I erfüllt. Denn anderenfalls wäre § 316 a III überflüssig. Außerdem zeigt der Vergleich der Strafdrohungen, dass der räuberische Angriff auf Kraftfahrer mit Todesfolge zwar etwas anderes aber ebenso gewichtiges ist wie ein Raub mit Todesfolge, der im Zusammenhang mit einem räuberischen Angriff auf Kraftfahrer begangen wird. Denn § 316 a III sieht für Extremfälle die Möglichkeit der Ahndung mit lebenslanger Freiheitsstrafe vor, sowie auch ein mit § 316 a I idealiter konkurrierender Raub mit Todesfolge mit lebenslanger Freiheitsstrafe bestraft werden kann.

Beispiele

1. Kraftfahrer T nimmt den Anhalter O mit. O schläft auf dem Beifahrersitz alsbald ein. T will dem schlafenden O die Brieftasche aus der Jackentasche ziehen. O wacht aber auf und setzt sich zur Wehr. Ein kräftiger Faustschlag ins Gesicht des O verschafft dem T die Oberhand. Es gelingt ihm, dem O Geld wegzunehmen. Anschließend öffnet T die Beifahrertür und stößt den O aus dem fahrenden Wagen. O bleibt auf die Fahrbahn liegen und wird von einem folgenden Pkw überfahren. Dabei erleidet O tödliche Verletzungen.
2. Zwischen zwei Mitfahrern – T und O – kommt es im Fahrzeug des F während der Fahrt zu einer gewalttätigen Auseinandersetzung. T schlägt mit Fäusten auf O ein, um ihm Geld wegzunehmen. Einer der Schläge führt zum Tod des O.

In **Beispiel 1** hat sich die Gefahr für das Leben des O gerade auf Grund des Umstands drastisch erhöht, dass die Auseinandersetzung mit T in einem fahrenden Pkw auf einer Straße mit dichtem Verkehr stattfand. Die Gefahr der Tötung durch Überfahrenwerden mit einem Kfz hätte bei einem Angriff außerhalb des Straßenverkehrsbereichs nicht – jedenfalls nicht in dem Maße – bestanden. Daher hat sich im Tod des O ein spezifisches Lebensrisiko des räuberischen Angriffs auf Kraftfahrer niedergeschlagen. T hat den objektiven Tatbestand des § 316 a III erfüllt. Anders ist es in **Beispiel 2**: Zwar hat das Eingesperrtsein in dem fahrenden Pkw die Verteidigungs- oder Fluchtchancen des O erheblich verringt. Dennoch sind viele Tatsituationen außerhalb des Straßenverkehrsbereichs denkbar, in denen die Lage des Opfers ähnlich ungünstig ist und die Auseinandersetzung sich in gleicher Weise tödlich zuspitzt: Man stelle sich vor, T und O treffen in einem Fahrstuhl aufeinander und T schlägt den O zwischen zwei Stockwerken nieder. Zu einer tödlichen Gefahr für O wurde der Streit mit T nicht auf Grund der besonderen Straßenverkehrsverhältnisse, sondern wegen der Härte der Faustschläge, mit denen T den O attackierte. Dieser Risikofaktor ist straßenverkehrsunspezifisch. Die besondere Gefährlichkeit des räuberischen Angriffs auf Kraftfahrer hat sich daher im Tod des O nicht niedergeschlagen. T ist nicht aus § 316 a III, sondern nur aus § 316 a I, § 227 und § 251 strafbar.

11.2.3.3 Subjektiver Tatbestand
11.2.3.3.1 Übersicht

Der subjektive Tatbestand des § 316 a III besteht aus drei Elementen: Dem Vorsatz bezüglich der objektiven Tatbestandsmerkmale (§ 15), der Absicht zur Begehung eines Raubes, eines räuberischen Diebstahls oder einer räuberischen Erpressung und der Leichtfertigkeit bezüglich des Todeserfolges. Die beiden erstgenannten sind bereits Bestandteile des Grundtatbestandes § 316 a I (s. o. 11.2.2.2.1).

11.2.3.3.2 Wenigstens leichtfertig

Dem Wesen der erfolgsqualifizierten Delikte entsprechend verlangt § 316 a III keinen Tötungsvorsatz. Es genügt, dass der Tod wenigstens leichtfertig verursacht worden ist. Andererseits reicht nicht jede Art von Fahrlässigkeit. Die allgemeine Regelung des § 18 wird insofern von dem speziellen § 316 a III verdrängt. Leichtfertigkeit ist gleichbedeutend mit **grober Fahrlässigkeit**. Darunter ist eine besonders krasse Sorgfaltspflichtwidrigkeit zu verstehen. Leichte Sorgfaltsverstöße unterhalb der Schwelle grober Fahrlässigkeit werden von § 316 a III nicht erfasst. Verursacht der Täter durch einen räuberischen Angriff auf Kraftfahrer leicht fahrlässig den Tod eines anderen Menschen, ist er nicht aus § 316 a III, sondern aus § 316 a I in Tateinheit (§ 52) mit fahrlässiger Tötung (§ 222) strafbar.

Mit dem Wort „wenigstens" bringt das Gesetz zum Ausdruck, dass Leichtfertigkeit eine Untergrenze markiert und oberhalb der Leichtfertigkeit liegende Unrechtskategorien nicht ausgeschlossen sind. Über der Leichtfertigkeit stehen die verschiedenen Formen des Vorsatzes. § 316 a III erfasst also auch mit **Tötungsvorsatz** verübte Angriffe.

11.3 Erpresserischer Menschenraub, § 239 a StGB

11.3.1 Allgemeines

11.3.1.1 Entstehungsgeschichte

Die Strafvorschrift über den erpresserischen Menschenraub ist ein Produkt nationalsozialistischer Gesetzgebung[135] und daher – wie *Maurach* treffend schrieb – „auch heute noch mit der schweren Hypothek seiner Entstehungsgeschichte belastet".[136] Eingeführt wurde der Straftatbestand erstmalig durch Gesetz vom **22. Juni 1936**.[137] Wie das „Autofallenraubgesetz" (oben 11.2.1.1) wurde auch die Strafvorschrift gegen den „erpresserischen Kindesraub"[138] mit rückwirkender Kraft ausgestattet[139] und mit absolut angedrohter Todesstrafe bewehrt.[140]

---

[135] Zur Entstehungsgeschichte vgl. Fahl (1996), 456; Satzger (2007), 114.

[136] Maurach (1962), 559.

[137] RGBl I, S. 493.

[138] „Wer in Erpressungsabsicht ein fremdes Kind durch List, Drohung oder Gewalt entführt oder sonst der Freiheit beraubt, wird mit dem Tode bestraft."

[139] „Dieses Gesetz tritt mit Wirkung vom 1. Juni 1936 in Kraft."

[140] Maurach (1962), 559 Fn. 3.

Das **3. StÄG** vom 4. 8. 1953 brachte eine rechtsstaatlichen Anforderungen ange-
paßte Fassung, die sich von ihrer Vorgängerin vor allem durch eine präzisere Tatbeschreibung und eine moderatere Strafdrohung unterschied. Auf der Opferseite des
Tatbestandes blieb die Beschränkung auf „fremde Kinder" zunächst erhalten. Dies
änderte sich, als Anfang der 70er Jahre die Öffentlichkeit durch einige besonders
aufsehenerregende Fälle erpresserischen Menschenraubs in Unruhe versetzt wurde.
Der Gesetzgeber reagierte darauf mit einer Erweiterung des Tatbestandes durch das
12. StÄG vom 16. 12. 1971 und bezog Erwachsene in den Kreis der geschützten Entführungsopfer ein.[141] Die gravierendste und dogmatisch problematischste[142]
Veränderung des Tatbestandes bewirkte aber das am 16. 6. 1989 in Kraft getretene
sog. „**Artikelgesetz**".[143] Die seitdem geltende Fassung stellt den Rechtsanwender
vor fast unlösbare Probleme, die in Rechtsprechung und Literatur eine wahre Flut
von disparaten Lösungsvorschlägen erzeugt haben (näher dazu unten 11.3.2.2.3.6).
Zuletzt hat der Gesetzgeber im **6. StRG** am Text des § 239 a einige – sachlich be-
langlose – Sprachkorrekturen vorgenommen.[144]

11.3.1.2 Rechtsgut

Die systematische Stellung der Vorschrift im Besonderen Teil und ihr Wortlaut lassen erkennen, dass die Pönalisierung des Verbrechens „Erpresserischer Menschenraub" dem Schutz mehrerer verschiedener Rechtsgüter dient. Bereits der Grundtatbestand des § 239 a I ist von diesem Schutzgutpluralismus geprägt, der in dem Qualifikationstatbestand des § 239 a III noch erweitert wird. Auf Grund der Einordnung
im 18. Abschnitt des BT ist der erpresserische Menschenraub primär als Delikt
gegen die persönliche **Freiheit** – des Entführungsopfers und des Erpressungsopfers
– zu charakterisieren.[145] Daneben gerät aber auch das **Vermögen** in die Angriffs-
zone des Verbrechens bzw. in den Schutzbereich des Straftatbestandes.[146] Der Na-
mensteil „erpresserisch" und die Tatbestandsmerkmale „um... zu einer Erpressung
auszunutzen" (§ 239 a I 1. Alt.) und „zu einer solchen Erpressung ausnutzt" (§ 239
a I 2. Alt.) sind dafür unmißverständliche Indizien. Als typische Folgeverletzung
besonders brutaler Tatausführung ist der Tod des Opfers in einem Qualifikationstatbestand normativ erfasst (§ 239 a III), weshalb auch das Rechtsgut **Leben** als
tatbestandlich geschütztes Gut Erwähnung verdient.[147]

---

[141] Informativ Bohlinger (1972), 230 ff; Müller-Emmert et al (1972), 97 ff.

[142] Vgl. z. B. den Kommentar bei Arzt et al (2009), § 18 Rn. 30: „geradezu unsinnig" und § 18 Rn.
33: „Pfusch des Gesetzgebers".

[143] Dazu eingehend Kunert et al (1989), 449 ff.

[144] Instruktiv die Synopse bei Lackner et al (1998), S. 51.

[145] Eisele (2012b), Rn. 813; Müller-Emmert et al (1972), 97; Maurach et al (2009), § 12 Rn. 5;
Satzger (2007), 114 (115).

[146] Eisele (2012b), Rn 813; Maurach (1962), 559 (561); Müller-Emmert et al (1972), 97.

[147] Bohlinger (1972), 230 (232) qualifiziert bereits das Grunddelikt (§ 239 a I) als abstraktes Le-
bensgefährdungsdelikt.

11.3.1.3 Systematik
11.3.1.3.1 Binnenstruktur

§ 239 a ist recht kompliziert aufgebaut. In den vier Absätzen sind neben drei verschiedenen Tatbeständen auch noch zwei spezielle – zu den Normalstrafrahmen hinzutretende – Rechtsfolgenbestimmungen enthalten. Abs. 1 regelt **zwei Grundtatbestände**, die Entführungs- bzw. Bemächtigungsalternative (§ 239 a I 1. Alt.) und die Ausnutzungsalternative (§ 239 a I 2. Alt.). Auf diesen Grundtatbeständen baut ein **Qualifikationstatbestand** auf, der in Abs. 3 nach dem Muster des erfolgsqualifizierten Delikts beschrieben ist. Privilegierungstatbestände gibt es nicht. Abs. 2 senkt das Strafniveau für **minder schwere** Fälle, Abs. 4 gewährt einen Strafnachlass für **tätige Reue** nach vollendeter Tat.

11.3.1.3.2 Verhältnis zu anderen Straftatbeständen

Dieselbe Tatbestandsstruktur wie der erpresserische Menschenraub hat die **Geiselnahme** des § 239 b.[148] Die starke Ähnlichkeit der beiden Delikte ist an den Verweisungen auf § 239 a in § 239 b II deutlich zu erkennen. Im objektiven Tatbestand sind beide Straftaten vollkommen kongruent. Unterschiede bestehen im subjektiven Tatbestand. § 239 b ist auf dieser Ebene insofern spezieller, als die Übel, mit deren Zufügung der Täter drohen will, konkretisiert und enumeriert sind. Bei § 239 a ist der Kreis der anzudrohenden empfindlichen Übel theoretisch unbegrenzt (näher dazu unten 11.3.2.2.3.5). Umgekehrt ist § 239 a spezieller als § 239 b, soweit es um das Nötigungsziel geht. Die erpresserische Absicht des § 239 a ist auf die Begehung einer Erpressung, also die Abnötigung einer Vermögensverfügung des Opfers gerichtet. Die Absicht des Geiselnehmers kann hingegen jedwede Handlung, Duldung oder Unterlassung des Opfers umfassen. Beabsichtigt der Täter eine Erpressung und droht er dabei mit einer Übelszufügung, die unter § 239 b subsumiert werden kann, sind die Strafbarkeitsvoraussetzungen des erpresserischen Menschenraubs und der Geiselnahme erfüllt. § 239 a verdrängt § 239 b in einem solchen Fall.[149]

Das Verhältnis zu **Erpressung** (§ 253) oder **räuberischer Erpressung** (§ 255) ist unterschiedlich, je nachdem, ob die erste oder die zweite Alternative des § 239 a I in den Blick genommen wird.[150] Der erpresserische Menschenraub, den die erste Alternative des § 239 a I beschreibt, ist eine Vorbereitung der Erpressung.[151] Mit der Entführung oder dem Bemächtigen wird die Lage geschaffen, die dem Täter die Begehung einer Erpressung ermöglichen soll. Die Erpressung ist versubjektiviert und kein Teil der objektiv tatbestandsmäßigen Tat. Anders verhält es sich mit der zweiten Alternative des § 239 a I: Hier besteht die objektiv tatbestandsmäße Handlung in der Begehung einer – zumindest versuchten – Erpressung. § 239 a I 2. Alt. beschreibt also nichts anderes als einen speziellen Erpressungstatbestand.[152]

---

[148] Maurach et al (2009), § 15 Rn. 18; Satzger (2007), 114 (115).

[149] BGH, NStZ 2003, 604 (605); 2002, 31 (32); Maurach et al (2009), § 15 Rn. 18.

[150] Maurach (1972), 403 (405).

[151] Immel (2001), 67; Maurach (1962), 559 (561).

[152] Vgl. 10. 1.2.2.

11.3.1.4 Verbrechen

Alle drei Tatbestände des erpresserischen Menschenraubs haben auf Grund der sehr hohen Mindeststrafdrohung Verbrechenscharakter, § 12 I. Daraus folgt, dass der Versuch (§ 23 I) und die in § 30 beschriebenen Vorfeldakte strafbar sind. Die Schwere des Delikts schlägt sich des weiteren in der Einbeziehung des § 239 a in §§ 126 I Nr. 4, 129 a I Nr. 2, 130 a I, 138 I Nr. 7 und 140 nieder. Als Verbrechen ist § 239 a außerdem Bezugsobjekt von § 241 und § 261 I 2 Nr. 1.

11.3.2 Erster Grundtatbestand, § 239 a I 1. Alternative

11.3.2.1 Objektiver Tatbestand
11.3.2.1.1 Übersicht
Der objektive Tatbestand der ersten Alternative („Entführungstatbestand") des erpresserischen Menschenraubs besteht aus folgenden Merkmalen: **Täter**merkmal (Wer), **Opfer**merkmal (einen Menschen) und **Handlungs**merkmal (entführen oder sich bemächtigen).

Nicht zum objektiven Tatbestand gehören die Sorge um das Wohl des entführten Menschen und die Ausnutzung der Zwangslage zu einer Erpressung.[153] Diese Entführungsfolgen sind nur Absichtsinhalt und daher im System der Strafbarkeitsvoraussetzungen Bestandteile des subjektiven Tatbestands.[154] Keiner ausdrücklichen Erwähnung bedürftig ist das Tätermerkmal „wer". Erpresserischer Menschenraub ist ein Allgemeindelikt und kann von jedermann als Täter begangen werden.

11.3.2.1.2 Opfer
Auf der Ebene des objektiven Tatbestandes gibt es nur ein Opfer: Die Person, die der Täter entführt oder derer er sich bemächtigt. Im Rahmen des subjektiven Tatbestandes können als weitere Opfer hinzukommen der Drohungsadressat, dessen Sorge um das Wohl des Entführten der Täter ausnutzen will und der Inhaber des Vermögens, das Angriffsziel der vom Täter beabsichtigten Erpressung ist.[155] An dieser Stelle ist allein über das Entführungsopfer zu sprechen.

Das Entführungsopfer muss ein - anderer - **Mensch** sein.[156] Die noch nicht geborene Leibesfrucht einer schwangeren Frau ist also kein taugliches Entführungsopfer. Entführt der Täter die Schwangere, um die Sorge eines anderen um das Wohl des nasciturus – nicht der Frau – zu einer Erpressung auszunutzen, ist der subjektive Tatbestand nicht erfüllt. Denn mit dem „Opfer", um dessen Wohl sich der Drohungsadressat in der Vorstellung des Täters sorgt, meint das Gesetz das Entführungsopfer. Es muss daher Menschqualität haben.

Obwohl als primäres Schutzgut des § 239 a die persönliche Freiheit des Entführungsopfers anerkannt ist (s. o. 11.3.1.2), braucht das Opfer im konkreten Fall zur

---

[153] Arzt et al (2009), § 18 Rn. 36.

[154] Eisele (2012b), Rn. 816; Satzger (2007), 114 (115).

[155] Maurach et al (2009), § 15 Rn. 19.

[156] Eisele (2012b), Rn. 816.

Ausübung dieser Freiheit nicht fähig zu sein. Auch ein neugeborenes Baby,[157] ein im Koma liegender Schwerverletzter oder ein Querschnittsgelähmter können Opfer der Entführung oder Bemächtigung sein.[158] Darüber hinaus kommen als Opfer sogar Menschen in Betracht, die im Zeitpunkt der Tat nicht mehr frei sind, weil sie bereits Opfer einer Entführung geworden sind. So wie man eine weggenommene Sache erneut wegnehmen kann (§ 242), kann auch ein Entführter erneut entführt werden.

11.3.2.1.3 Entführung

Die Entführung besteht darin, dass der Täter eine **Ortsveränderung des Opfers** herbeiführt.[159] Dabei muss der Täter **gegen den Willen** des Opfers handeln. Ist das Opfer mit der Verbringung an einen anderen Ort einverstanden oder begibt es sich freiwillig auf Anweisung des Täters selbst an einen anderen Ort, liegt keine Entführung vor.[160] Wer sich im Tausch gegen das Opfer in die Gewalt der Entführer begibt („Austauschgeisel"), handelt nicht freiwillig, weil er durch die Zwangs- und Notlage des ersten Opfers zu seiner Aufopferung veranlasst wird.[161] Als Mittel zur Herbeiführung der Ortsveränderung kommen **Gewalt, Drohung** und **Täuschung** in Betracht. Der Entführungserfolg besteht in der Begründung einer gewahrsamsähnlichen Herrschaft des Täters oder eines Dritten über den Körper des Opfers.[162] Auf Grund dieser Gewaltunterworfenheit muss das Opfer dem ungehemmten Einfluss des Täters oder des Dritten hilflos ausgeliefert sein.

Beispiele

1. T spricht die 10jährige O auf dem Schulweg an, lockt sie mit dem Versprechen von Süßigkeiten in seinen Pkw und fährt mit ihr in seine Wohnung, wo er die O in einem Kellerraum einsperrt.
2. O fährt seinen Pkw in die Waschanlage auf dem Tankstellengelände des T. Während O mit dem Fahrzeug in der Halle ist, lässt T das Rolltor der Einfahrt herunter und verriegelt es.

In **Beispiel 1** hat T die O gegen deren wahren Willen an einen anderen Ort verbracht und dadurch zugleich die physische Herrschaft über das Mädchen erlangt. Also hat T die O entführt. Auch in **Beispiel 2** hat T den O körperlich in Gewahrsam genommen und damit die Macht über die Möglichkeiten des O zu körperlicher Entfaltung – insbesondere durch Fortbewegung – gewonnen. Dies geschah jedoch nicht durch Verbringung des O an einen anderen Ort. Daher ist die Tat des T keine „Entführung", sondern ein „Sich-Bemächtigen" (dazu unten 11.3.2.1.4).

---

[157] Eisele (2012b), Rn. 816; Wessels et al (2013c), Rn. 741.

[158] Bohlinger (1972), 230; Müller-Emmert et al (1972), 97 (98).

[159] Eisele (2012b), Rn. 817; Maurach et al (2009), § 15 Rn. 22; Satzger (2007), 114 (116).

[160] Eisele (2012b), Rn. 820; Gropp (1992), 156; Rengier (2014b), § 24 Rn. 6; Satzger (2007), 114 (116); aA Bohlinger (1972), 230.

[161] Eisele (2012b), Rn. 820; Rengier (2014b), § 24 Rn. 8; trotz Bejahung der Freiwilligkeit im Ergebnis ebenso Gropp (1992), 156.

[162] Anders Schönke et al (2014), § 239 a Rn. 6: Vorstufe des Sichbemächtigens.

Die Entführung ist wie die Freiheitsberaubung ein **dauerdeliktisches** Verhalten.[163] Der Täter verwirklicht das Merkmal „Entführung" und damit den Tatbestand insgesamt so lange, wie die Gefangenschaft des Opfers andauert.

Beispiel

Der österreichische Millionär O wird in Wien von A und B gekidnappt und dort eine Woche in einer Mietwohnung gefangen gehalten. Als die österreichische Polizei den Entführern auf die Spur kommt, bringen diese den O mit einem Pkw nach München und sperren ihn dort im Keller eines Hauses ein. Dort wird O nach vier Tagen Gefangenschaft von der Polizei befreit. Der Entführer B war zwei Tage vor der erfolgreichen Befreiungsaktion der Polizei 21 Jahre alt geworden.

Die Entführung des O ist nach § 239 a strafbar, wenn deutsches Strafrecht auf die Tat überhaupt anwendbar ist. Dies hat in der Regel zur Voraussetzung, dass die Tat in Deutschland begangen worden ist, § 3 (Territorialitätsprinzip).[164] Die Entführung des O in Wien unterliegt daher nicht gem. § 3 dem deutschen Strafrecht. § 239 a könnte aber auf das Verbringen des O nach München und die anschließende viertägige Einsperrung anwendbar sein. Denn dieser Vorgang spielte sich auf deutschem Territorium ab. Allerdings entfiele eine Strafbarkeit aus § 239 a, wenn das Verhalten der Täter nach Grenzübertritt nicht mehr tatbestandsmäßig wäre. Da O zu diesem Zeitpunkt längst Opfer einer vollendeten Entführung war, könnte der auf deutschem Boden bewirkten Aufrechterhaltung seiner Gefangenschaft die tatbestandsmäßige Eigenschaft als „Entführung" fehlen. Wie die Freiheitsberaubung des § 239[165] ist aber auch die Entführung des § 239 a I ein Verhalten, das so lange andauert, bis das Opfer seine Freiheit wiedererlangt hat.[166] Tatbestandsmäßige Entführung ist daher nicht nur die Herbeiführung des Freiheitsentzugs, sondern auch seine Aufrechterhaltung bis zu seiner Aufhebung. O wurde also weiter entführt, als die Täter ihn von Österreich nach Deutschland brachten und dort noch mehrere Tage in ihrer Gewalt hatten. Dieses Verhalten ist eine Inlandstat iSd des § 3, die den Tatbestand des § 239 a I erfüllt. Der dauerdeliktische Charakter des § 239 a I wirkt sich in dem Beispiel auch noch in einer anderen Hinsicht aus:[167] Da B noch tatbestandsmäßig handelte, nachdem er 21 Jahre alt geworden war, beging er diesen Teil der Tat als Erwachsener und nicht mehr als Heranwachsender i.S. des § 1 II JGG. Ob die von B begangene Entführung gleichwohl jugendstrafrechtlich behandelt wird, richtet sich letztlich nach § 105 I JGG und § 32 JGG.

---

[163] Maurach (1962), 559 (562); Maurach (1972), 403 (408).

[164] Gropp (2005), § 1 Rn. 53.

[165] Roxin (2006), § 10 Rn. 105; Schönke et al (2014), § 239 Rn. 11.

[166] Schönke et al (2014), vor § 52 Rn. 84.

[167] Zu weiterer Erheblichkeit des Dauerdeliktscharakters vgl. Roxin (2006), § 10 Rn. 107, sowie unten 11. 3. 2.2.2.

11.3.2.1.4 Bemächtigung

Diese Handlungsalternative unterscheidet sich von der Entführung im Wesentlichen nur durch die **Entbehrlichkeit einer Ortsveränderung** des Opfers.[168] Der Täter verschafft sich die physische Herrschaft über das Opfer, ohne dieses von seinem gegenwärtigen Stand- und Aufenthaltsort fortzubewegen (vgl. oben Beispiel 2 bei 11.3.2.1.3).[169] Die Überlegenheit gegenüber dem Opfer, die der Täter durch das Sich-Bemächtigen erlangt, muss so stabil und anhaltend sein, dass sie dem Täter die Begehung nachfolgender Erpressungsaktivitäten – insbesondere gegen Dritte – ermöglicht („stabile Zwischenlage")[170]. Die Verhinderung oder Erschwerung einer aktiven Ortsveränderung des Opfers (Flucht, Weglaufen) ist zwar eine typische Wirkung des Bemächtigens.[171] Zur Erfüllung des Tatbestandes erforderlich ist dieser Aspekt jedoch nicht. Anderenfalls wären konstitutionsbedingt fortbewegungsunfähige Menschen aus dem Schutzbereich des Tatbestandes ausgegrenzt.

Beispiele

1. Der bis an die Zähne bewaffnete T bringt einen Linienbus samt Insassen in seine Gewalt. Zur Zeit der Tat befinden sich in dem Bus außer dem Fahrer nur die 20jährige Studentin S und der sechs Monate alte O, der in einem Kinderwagen liegt und von der S „gesittet" wird. T verlangt 1 000 000 EUR in bar und ein Fluchtfahrzeug und droht mit der Tötung des O für den Fall, dass seine Forderung nicht erfüllt wird.
2. Als Pfleger verkleidet verschafft sich T Zugang zur Intensivstation in einem Krankenhaus. Unbehelligt gelangt er in ein Krankenzimmer, in dem der schwerverletzte O liegt, der bei einem Hubschrauberabsturz unter anderem beide Beine verloren hat. Von den Eltern des O verlangt T 250 000 EUR, anderenfalls werde er den O töten.

In **Beispiel 1** hat T sich des Busfahrers und der Fahrgäste S und O bemächtigt, indem er sie am Verlassen des Busses hinderte.[172] Dass der 6 Monate alte O ohnehin nicht in der Lage ist, sich aus eigener Kraft an einen anderen Ort zu begeben, steht der Tatbestandsmäßigkeit des Verhaltens nicht entgegen. Entscheidend ist nicht die Unterbindung einer sonst möglichen freien Fortbewegung des Opfers, sondern dessen schutzloses Ausgeliefert-Sein gegenüber dem Täter. Essenz der Bemächtigungslage ist, dass T nunmehr willkürlich darüber bestimmen kann, wie lange O in dem Bus bleibt und an welchen anderen Ort er gegebenenfalls gebracht wird. Für die Strafbarkeit des T aus § 239 a I 1. Alt. ist die Opfertauglichkeit des O deswegen von Bedeutung, weil die Erpressungsabsicht nur auf die Sorge des Drohungsadressaten um das Wohl einer Person gestützt werden kann,

---

[168] BGH, NStZ 2010, 516; 2006, 448; 2002, 31 (32); Bohlinger (1972), 230; Eisele (2012b), Rn. 818; Satzger (2007), 114 (116).

[169] Rengier (1985), 314 (316); Rengier (2014b), § 24 Rn. 7.

[170] BGH, NStZ 2011, 106 (107); 2007, 32; 2006, 448 (449).

[171] Küper (2012), 269.

[172] Würde er den Busfahrer zur Weiterfahrt zwingen, läge auch noch eine Entführung vor.

welche Opfer der Entführung oder Bemächtigung ist. Da T hier nur die Sorge der Eltern um das Wohl des O – nicht das Wohl der S bzw. des Busfahrers – erpresserisch ausnutzen wollte, wäre der subjektive Tatbestand nicht erfüllt, wenn O kein „Opfer" iSd § 239 a I wäre. In **Beispiel 2** hat sich T ebenfalls des O bemächtigt, obwohl es sich bei dem Opfer um einen Menschen handelt, der jedenfalls in der Tatsituation zu eigenen körperlicher Fortbewegungsaktivitäten unfähig ist. Aber auch hier ist allein ausschlaggebend die Isolierung des O von seiner Schutz, Geborgenheit, Beistand gewährleistenden Umwelt, das Abschneiden von fremder Hilfe und die zugleich bestehende unbeschränkte Verfügungsmacht des T über das Schicksal des O.

Auch in dieser Tatbestandsalternative muss ein – zumindest mutmaßlicher – entgegenstehender Wille des Opfers überwunden werden. **Einverständnis** des Opfers schließt die Tatbestandsmäßigkeit des Täterhandelns aus.[173]

11.3.2.2   Subjektiver Tatbestand
11.3.2.2.1   Übersicht
Der subjektive Tatbestand besteht aus **zwei Merkmalen**, dem Vorsatz (§ 15) und der erpresserischen Absicht.[174] Fehlt eines dieser beiden Merkmale, ist Strafbarkeit aus § 239 a I 1. Alt. ausgeschlossen. Handelt der Täter zwar mit Erpressungsabsicht, aber ohne einen alle objektiven Tatbestandsmerkmale umfassenden Vorsatz (z. B. weil er irrtümlich annimmt, der Entführte sei einverstanden, § 16 I 1, vgl. unten das Beispiel 11.3.2.2.2), ist zu prüfen, ob die Tat (Entführung oder Bemächtigung) bereits ein unmittelbares Ansetzen zur Verwirklichung des Erpressungstatbestandes und somit als Erpressungsversuch aus §§ 253, 22 strafbar ist. Handelt der Täter vorsätzlich und hat er auch eine überschießende Nötigungsabsicht, die jedoch nicht auf Herbeiführung eines Vermögensschadens, sondern auf einen anderen Erfolg zielt, kann unter Umständen Strafbarkeit wegen Geiselnahme aus § 239 b I begründet sein.

11.3.2.2.2   Vorsatz
Der Vorsatz muss alle Tatsachen erfassen, die zur Erfüllung des objektiven Tatbestandes erforderlich sind. Dolus eventualis reicht aus. Die irrige Vorstellung, das Opfer sei mit der Tat einverstanden, ist ein vorsatzausschließender Tatbestandsirrtum, § 16 I 1. Denn der Täter geht dann von einem Sachverhalt aus, der das objektive Tatbestandsmerkmal „entführt" oder „sich bemächtigt" nicht enthält.

In zeitlicher Hinsicht ist der Dauerdeliktscharakter zu beachten: Nach allgemeinen Vorsatzregeln muss der Vorsatz während des Vollzugs der tatbestandsmäßigen Handlung (Simultaneitätsprinzip, Koinzidenzprinzip) – also der Entführung oder der Bemächtigung – vorliegen.[175] Da die tatbestandsmäßige Handlung durch Aufrechterhaltung der Herrschaft über das Opfer bis zu dessen Freilassung – also in der

[173] BGHSt 38, 83 (84); Eisele (2012b), Rn. 820.
[174] Eisele (2012b), Rn. 821; Rengier (2014b), § 24 Rn. 9.
[175] Kühl (2012), § 5 Rn. 20; Schönke et al (2014), § 15 Rn. 48.

Phase zwischen Vollendung und Beendigung – andauert, kann das Vorsatzerfordernis auch noch durch einen erst nach Erreichen des ersten Vollendungszeitpunkts gefassten Vorsatz erfüllt werden. Es handelt sich dann nicht um einen unbeachtlichen „dolus subsequens".[176]

Beispiel

T und der Millionärssohn O verabreden, dass die Eltern des O durch eine vorgetäuschte Entführung des O um ein Lösegeld von 500 000 EUR erpresst werden sollen. T soll den O mit dessen Einverständnis nach einem abendlichen Kinobesuch chloroformieren, in ein Auto zerren und an einen abgelegenen Ort bringen. Von dort soll dann den Eltern des O per Handy die Lösegeldforderung übermittelt werden. Bei der Ausführung der Tat unterläuft dem T eine Personenverwechslung. Er hält den X für O und bringt das falsche Opfer in das Versteck. Dort erst bemerkt T seinen Irrtum. Damit die aufgewendete Mühe nicht vergebens ist, beschließt T, die Lage des X zu einer an dessen Eltern gerichteten Erpressung auszunutzen.

Als T den X betäubte und fortschaffte, beging er bereits eine objektiv tatbestandsmäßige Entführung, die spätestens mit der Ankunft am Zielort vollendet war. Während dieses Vorgangs stellte sich T aber vor, dass es sich bei seinem Opfer um den O handelt, der mit der Tat einverstanden ist. Daher befand sich T in einem Tatbestandsirrtum und handelte ohne Entführungsvorsatz, § 16 I 1.[177] Erst als T die Verwechslung bemerkte und den Entschluss fasste, den X weiter in seinem Gewahrsam zu behalten und seine Eltern zu erpressen, richtete sich sein Vorsatz auf ein Opfer, welches mit dem ihm zugefügten Freiheitsentzug nicht einverstanden war und ist. Dieser Vorsatz wäre jedoch strafrechtlich unbeachtlich, wenn er nicht mit einem tatbestandsmäßigen Handlungsvollzug koinzidierte, sondern diesem nachfolgte. Da aber die weitere Aufrechterhaltung des Freiheitsentzugs gegenüber X eine fortdauernde Verwirklichung des Tatbestandsmerkmals „Entführung" ist, liegt die erforderliche Gleichzeitigkeit von Vorsatz und tatbestandsmäßigem Handlungsvollzug vor. Die weitere Entführung nach dem Erkennen der Personenverwechslung ist also eine vorsätzliche Tatbestandserfüllung.

11.3.2.2.3 Erpressungsabsicht

Das zweite subjektive Tatbestandsmerkmal des erpresserischen Menschenraubes ist ein äußerst kompliziertes Gebilde. Vor allem das Verhältnis der beabsichtigten Erpressung zu dem objektiv tatbestandsmäßigen Entführungs- oder Bemächtigungsakt ist seit der Umgestaltung des Tatbestandes im Jahr 1989 ein äußerst umstrittenes Thema. Die Diskussion darüber ist inzwischen recht unübersichtlich geworden und ein Ende ist noch nicht abzusehen.

---

[176] Dazu allgemein Kühl (2012), § 5 Rn. 23 ff.; Otto (2004), § 7 Rn. 19.

[177] Der „error in persona „ ist hier also nicht „unbeachtlich"; allgemein dazu Kühl (2012), § 13 Rn. 20.

11.3.2.2.3.1   Absicht

Die Formulierung „um… auszunutzen" drückt wie z. B. die aus § 253 I bekannte Wendung „um… zu bereichern" das Erfordernis einer Absicht im Sinne **zielgerichteten** Wollens (dolus directus 1. Grades) aus.[178] Es muss dem Täter darauf ankommen, die durch die Tat geschaffene Lage des Opfers zu einer Erpressung ausnutzen zu können. Dolus eventualis reicht also nicht aus. Wie der Tatvorsatz (§ 15) muss auch die Erpressungsabsicht während des tatbestandsmäßigen Handlungsvollzugs bestehen (Simultaneitätserfordernis, s. o. 11.3.2.2.2). Wiederum kann in diesem Zusammenhang der **Dauerdelikt**scharakter des erpresserischen Menschenraubs ausschlaggebende Bedeutung erlangen.

Beispiel

T überfällt die 16jährige O, während diese nach einem Diskothekenbesuch mit dem Fahrrad nach Hause fährt. T zerrt die O in seinen Pkw und fährt mit ihr in einen Wald. Dabei hat er zunächst die Absicht, die O zu vergewaltigen. Im Wald angekommen ändert er seinen Plan. Da er annimmt, dass die Eltern der O für die Freilassung ihrer Tochter zur Zahlung eines größeren Geldbetrag bereit sein würden, beschließt er, die O in seine Wohnung zu bringen, dort einzusperren und dann ihre Eltern zur Zahlung von 100 000 EUR aufzufordern.

Während T die O in den Wald entführte, hatte er noch keine Erpressungsabsicht und deshalb den subjektiven Tatbestand nicht erfüllt.[179] Als T sich dann zur Begehung einer Erpressung gegenüber den Eltern seines Opfers entschloss, war der objektive Tatbestand des § 239 a I 1. Alt. bereits vollständig erfüllt. O befand sich in der Situation, die T nun zu einer Erpressung ausnutzen konnte. Daher liegt es nahe, das darauf folgende Verhalten des T dem Ausnutzungstatbestand § 239 a I 2. Alt. zuzuordnen. In der Tat wird ein großer Teil der Fälle, in denen die Erpressungsabsicht erst nachträglich einer Entführungssituation hinzugefügt wird, von dem Ausnutzungstatbestand § 239 a I 2. Alt. erfasst. Jedoch ist der Anwendungsbereich des § 239 a I 2. Alt. nicht flächendeckend, wie das Beispiel belegt. Der Ausnutzungstatbestand erfasst das Geschehen nämlich erst, wenn T mit dem Anruf bei den Eltern der O damit beginnt, eine Erpressung zu begehen (näher dazu unten 11.3.3.2.3). Zwischen der Entschlussfassung im Wald und dem Anruf würde also eine Strafbarkeitslücke klaffen, falls nicht § 239 a I 1. Alt. anwendbar wäre. Dies ist aber letztlich der Fall, da die Fortsetzung der Entführung nach der Entschlussänderung im Wald den objektiven Tatbestand weiter erfüllt. Objektiv tatbestandsmäßiges Handeln und Erpressungsabsicht des T fallen also zeitlich zusammen. T hat den objektiven und den subjektiven Tatbestand gleichzeitig erfüllt.

---

[178] Eisele (2012b), Rn. 821; Kühl (2012), § 5 Rn. 33; Rengier (2014b), § 24 Rn. 9.
[179] Dieser Teil der Tat kann nach § 239 b I strafbar sein.

11.3.2.2.3.2 Erpressung

Das Ziel des Täters muss die Begehung einer Tat sein, die **alle Tatbestandsmerkmale** des § 253[180] oder des § 255 erfüllt und zudem **rechtswidrig** ist. Schuldhaft braucht die beabsichtigte Erpressung dagegen nicht zu sein.

Beispiele

1. T entführt die 6jährige O und sperrt sie in seiner Wohnung ein. T will anschließend die Eltern E der O anrufen. Diesen gegenüber will T aber nicht als Entführer auftreten, sondern sich als tatunbeteiligter Bote ausgeben, der von den wahren Entführern gezwungen worden sei, die Lösegeldforderung zu übermitteln und das Lösegeld zu überbringen.

2. O ist gegenüber X mit der Rückzahlung eines Darlehens in Höhe von 100 000 EUR mehrere Wochen in Verzug. Um den O zur Erfüllung seiner Zahlungspflicht zu zwingen, beauftragt X den „Inkassospezialisten" T. Dieser entführt kurzerhand den 12jährigen Sohn S des O. Nachdem T dem O die Tötung des S angedroht hat, zahlt dieser sofort den noch ausstehenden Betrag nebst Verzugszinsen an X.

3. T entführt die 6jährige O, um von deren Eltern ein Lösegeld in Höhe von 800 000 EUR zu erpressen. Da den T schon der bloße Gedanke an den Anruf äußerst nervös macht, nimmt er sich während der Entführung vor, durch ausgiebigen Genuss alkoholischer Getränke die nötige Ruhe und Selbstsicherheit zu gewinnen und dabei gegebenenfalls auch einen schuldfähigkeitsausschließenden Rausch in Kauf zu nehmen. In diesem Zustand alkoholbedingt geistiger Umnachtung will T dann den Anruf bei den Eltern der O tätigen.

Die von T in **Beispiel 1** beabsichtigte Art des Auftretens gegenüber den Eltern des entführten Kindes ist keine Drohung iSd des Erpressungstatbestandes. Denn da T seine wahre Entführereigenschaft verschleiern wollte, hatte er nicht die Absicht, seine tatsächlich vorhandene Übelszuführungsmacht gegenüber E auszuspielen. Er wollte den E nicht vor Augen führen, dass er ihr Kind in seiner Hand habe und ihm jederzeit Böses zufügen könne. T wollte die E nur täuschen und somit nicht durch Erpressung, sondern allenfalls durch Betrug[181] an ihrem Vermögen schädigen.[182] Daher hat T den subjektiven Tatbestand des erpresserischen Menschenraubes nicht erfüllt.

In **Beispiel 2** hat T während der Entführung des S die Absicht, den O durch Drohung mit einem empfindlichen Übel zu einer Vermögensverfügung zu zwingen. Sofern man der Ansicht ist, dass die Bezahlung einer fälligen Schuld (hier: aus § 488 I 2 BGB) beim Schuldner (hier: O) keinen Vermögensschaden verursacht, da der Verlust des Geldes durch die Befreiung von der Schuld ausge-

---

[180] Dazu ausführlich Kap. 10.

[181] Dazu, dass die Eltern mangels unbewußter Selbstschädigung auch nicht Opfer eines Betruges werden sollten, oben 5.2.1.2.6.

[182] BGHSt 7, 197; 11, 66.

glichen wird,[183] fehlt in der von T beabsichtigten Tat bereits das objektive Tatbestandsmerkmal „Vermögensschaden". Nach der vorzugswürdigen Auffassung erleidet O ungeachtet der Rückzahlungsforderung des X durch die Zahlung der 100 000 EUR einen Vermögensschaden. Allerdings ist die von T beabsichtigte Bereicherung des X nicht rechtswidrig, weil ihr ein fälliger und einredefreier Anspruch des X korrespondiert.[184] T wollte die Entführung des S daher nicht zu einer subjektiv tatbestandsmäßigen Erpressung, sondern nur zu einer sonstigen Nötigung ausnutzen. Daher ist T nicht aus § 239 a I 1. Alt. strafbar.[185] Dieses Ergebnis darf nicht dadurch unterlaufen werden, dass die von T beabsichtigte Nötigung unter § 239 b subsumiert wird,[186] was der Wortlaut dieser Strafvorschrift durchaus zulassen würde.

Beispiel 3 wirft die Frage auf, welche Bedeutung, der von T beabsichtigten Berauschung im Rahmen der erpresserischen Absicht zukommt. Geht man davon aus, dass T bei Ausführung der Erpressungshandlung (Drohung durch Anruf bei den Eltern) gem. § 20 schuldunfähig sein würde, richtete sich seine Absicht auf eine Erpressung, die zwar tatbestandsmäßig und rechtswidrig, nicht aber schuldhaft ist. Wer sich entgegen aktuellen Tendenzen in Rechtsprechung und Literatur[187] weiterhin für die Anerkennung der „actio libera in causa" ausspricht,[188] hat mit der Alkoholisierung des T keine rechtlichen Probleme. Die Begehung der Erpressung im Zustand der alkoholbedingten Schuldunfähigkeit wäre nach der actio-libera-Lehre nicht anders zu beurteilen als die Erpressung eines schuldfähigen Täters. Aber auch ohne Rückgriff auf die actio libera in causa reicht die von T beabsichtigte Erpressung im Zustand der Schuldunfähigkeit aus, um das subjektive Tatbestandsmerkmal „erpresserische Absicht" zu erfüllen. Denn für das Erfordernis strafrechtlichen Schutzes zugunsten der Rechtsgutsobjekte, um die es bei § 239 a I neben der Freiheit des Entführten geht (Freiheit und Vermögen der Eltern der O, vgl. oben 11.3.1.2 ist es gleichgültig, ob sie von einem schuldfähig oder einem schuldunfähig handelnden Täter angegriffen werden.

Der Täter der Entführung bzw. Bemächtigung muss auch **Täter (zumindest Mittäter) der Erpressung** sein wollen. Wer den objektiven Tatbestand verwirklicht, um einem anderen die Begehung einer Erpressung zu ermöglichen, hat nicht die erforderliche Erpressungsabsicht. Das folgt aus dem eindeutigen Gesetzeswortlaut und der für eine systematische Auslegung bedeutsamen Tatsache, dass auch die Ausnutzungsalternative (§ 239 a I 2. Alt.) Identität von Entführungstäter und Ausnutzungstäter voraussetzt („von ihm geschaffene Lage").

---

[183] Dazu Kap. 10.

[184] S. o. 10.2.2.3.4.

[185] Eisele (2012b), Rn. 821; Müller-Emmert et al (1972), 97 (98); Maurach et al (2009), § 15 Rn. 28; aA auf der Grundlage der Gesetzesfassung vor dem 12. StrÄG („Lösegeld") BGHSt 16, 316 (320).

[186] Mitsch (1993), 18 (21); a. A. Eisele (2012b), Rn. 821; Rengier (2014b), § 24 Rn. 12.

[187] Vgl. dazu Fischer (2014), § 20 Rn. 53 ff.

[188] Vgl. zum aktuellen Streitstand Lackner et al (2014), § 20 Rn. 25.

Beispiel

A beauftragt den T, die 12jährige O zu entführen und ihm das Mädchen in die Wohnung zu bringen. A will die O einsperren und anschließend ihre Eltern um 500 000 EUR Lösegeld erpressen. Der Plan scheitert: Bei dem Versuch, die O in einen Pkw zu zerren, wird T von couragierten Passanten gestört, die der O zu Hilfe eilen und die Entführung vereiteln.

T hat versucht, die O zu entführen. Damit hätte er sich wegen versuchten erpresserischen Menschenraubs (§§ 239 a, 22) strafbar gemacht, wenn er mit erpresserischer Absicht gehandelt hätte. Jedoch wollte T selbst die Eltern der O nicht erpressen, sondern dies dem A allein überlassen. Die Absicht des T beschränkte sich darauf, Beihilfe zu einer Erpressung des A zu leisten. Dies reicht zur Erfüllung des subjektiven Tatbestandes nicht aus. Also hat sich T nicht wegen versuchten erpresserischen Menschenraubes, sondern nur wegen versuchter Freiheitsberaubung (§§ 239 II, 22) strafbar gemacht. Daraus folgt zugleich, dass A nicht wegen Anstiftung zum versuchten erpresserischen Menschenraub (§§ 239 a, 22, 26) bestraft werden kann. Der Umstand, dass A selbst die Absicht hatte, die Sorge der Eltern um das Wohl der O zu einer Erpressung auszunutzen, könnte ihn allerdings zum mittelbaren Täter eines versuchten erpresserischen Menschenraubes (§§ 239 a, 25 I 2. Alt., 22) machen. Da dem Vordermann T die zur Tatbestandserfüllung erforderliche Erpressungsabsicht fehlte, liegt ein Fall des „absichtslosen dolosen Werkzeugs" vor. Wer diese umstrittene Erscheinungsform der mittelbaren Täterschaft akzeptiert,[189] kann Strafbarkeit des A aus §§ 239 a, 25 I 2. Alt., 22 bejahen. T wäre dann wegen Beihilfe zum versuchten erpresserischen Menschenraub (§§ 239 a I, 25 I 2. Alt., 22, 27) strafbar. Lehnt man das absichtslose dolose Werkzeug ab, bleibt als Grundlage für eine Bestrafung des A nur Anstiftung zur versuchten Freiheitsberaubung (§§ 239 II, 22, 26) übrig.

Will der Täter einen **Raub** oder einen **räuberischen Diebstahl** begehen, hängt die Strafbarkeit aus § 239 a I davon ab, ob die Handlungen, durch die § 249 oder § 252 verwirklicht werden, zugleich den Tatbestand der Erpressung erfüllen.

Beispiel

A und B brechen in das Pelzgeschäft des O ein. Während sie Pelze in ihren Pkw verladen, werden sie von O überrascht. A zieht sofort seine Pistole und bedroht damit den O. B setzt daraufhin das Verladen der Pelze fort. Wenig später ist der Wagen voll mit Pelzen. A und B springen ins Auto und fahren mit ihrer Beute davon.

Das In-Schach-halten des O mit der Pistole ist ein tatbestandsmäßiges Sich-Bemächtigen.[190] A tat dies, um die weitere Wegnahme von Pelzen zu ermögli-

---

[189] Vgl. z. B. Herzberg (1977), 35; Jescheck et al (1996), § 62 II 7; Kühl (2012), § 20 Rn. 54 ff.

[190] BGH, NStZ 2003, 604; 2002, 31 (32); Eisele (2012b), Rn. 818; Immel (2001), 67 (68) Fn. 6; Rengier (2014b), § 24 Rn. 7.

chen, sowie um sich im Besitz der bereits im Wagen verstauten Pelze zu erhalten.
A wollte also die Sorge des O um sein Wohl zur Begehung eines Raubes und zur
Begehung eines räuberischen Diebstahls – jeweils als Mittäter des B (§ 25 II) –
ausnutzen. Vertritt man mit der Rechtsprechung die Auffassung, dass der Raub
ein Spezialfall der räuberischen Erpressung ist,[191] kommt man zu dem Ergebnis,
dass zumindest bezüglich der noch nicht weggenommenen Pelze Erpressungsabsicht vorliegt.[192] Strafbarkeit aus § 239 a I ist also begründet. Dagegen ist nach
der überwiegenden Literaturmeinung der Pelzraub keine Erpressung, da es an
der – nach dieser Meinung erforderlichen – Vermögensverfügung des O fehlt.[193]
§ 239 a I greift dieser Meinung zufolge nicht ein, möglicherweise lässt sich aber
der Nachbartatbestand „Geiselnahme" (§ 239 b) anwenden.[194] Das Verhältnis
von § 252 zu §§ 253, 255 ist noch ungeklärt.[195] Für die Anhänger der herrschenden Literaturauffassung zum Erpressungstatbestand kann § 252 mit §§ 253, 255
nicht zusammentreffen, da in dem Sachverhalt, der unter § 252 subsumiert werden kann, das Erpressungsmerkmal „Vermögensverfügung" fehlt. Somit scheidet
§ 239 a I nach dieser Meinung auch bezüglich der Pelze aus, die bereits im Pkw
der Täter verladen waren, als diese von O auf frischer Tat ertappt wurden. Aber
auch bei einem Verzicht auf das Erpressungsmerkmal „Vermögensverfügung"
bereitet die Subsumtion des räuberischen Diebstahls unter §§ 253, 255 im objektiven Tatbestand Schwierigkeiten. Zweifelhaft ist nämlich die Verursachung
eines Vermögensschadens durch die auf Beutesicherung zielende Nötigung. Der
im Verlust der Sache liegende Vermögensschaden des O wurde bereits durch
die vorangegangene Wegnahme verursacht. Die anschließende Nötigung zur Erhaltung des Beutebesitzes führt zu keinem weiteren Vermögensschaden. Daher
ist hier hinsichtlich der schon im Pkw verstauten Pelze Erpressungsabsicht und
somit Strafbarkeit aus § 239 a I zu verneinen.

11.3.2.2.3.3. Erpressungsmittel

Obwohl der objektive Tatbestand der Erpressung durch Anwendung der Nötigungsmittel „Gewalt" und „Drohung mit einem empfindlichen Übel" erfüllt werden kann,
kommt im Rahmen der erpresserischen Absicht des § 239 a I **nur die Drohungsalternative** in Betracht. Dies folgt aus der Verknüpfung der Merkmale „Erpressung",
„Sorge um das Wohl des Opfers" und „auszunutzen". Damit wird eine Erpressung
umschrieben, die der Täter dadurch ausführt, dass er der in Sorge um das Wohl des
Opfers befindlichen Person androht, dem Entführungsopfer ein Leid zuzufügen,
falls der erpresserischen Forderung nicht Folge geleistet wird. Durch **Gewaltanwendung** allein ist eine derartige Ausnutzung von Sorge nicht möglich.[196] Das gilt
auch für „Zwei-Personen-Konstellationen", bei denen das Entführungsopfer zu-

---

[191] S. o. 10.2.1.5.2.

[192] BGH, NStZ 2003, 604 (605); 2002, 31 (32).

[193] Schönke et al (2014), § 253 Rn. 8.

[194] Eisele (2012a), Rn. 822; Hellmann (1996), 522 (527); Rengier (2014b), § 24 Rn. 13.

[195] Vgl. oben 9.1.2.2.3.

[196] Schönke et al (2014), § 239 a Rn. 12.

gleich Nötigungsadressat ist. Zwar kann in diesem Fall die Drohung durch Gewaltanwendung zum Ausdruck gebracht werden. Tatbestandsmäßig ist aber nicht die Gewalttätigkeit selbst, sondern nur die in der physischen Misshandlung enthaltene konkludente „tätliche" Ankündigung, die üble körperliche Behandlung werde fortgesetzt oder wiederholt.

Eine Drohung kann bekanntlich mit einer **Täuschung** verknüpft, die zum Ausdruck gebrachte Fähigkeit und Bereitschaft zu künftiger Übelszufügung also nur vorgespiegelt sein.[197] Denn maßgeblich ist die Opferperspektive und aus dieser Position ist eine ernstgemeinte von einer täuschungsgestützten Drohung nicht zu unterscheiden. Auch im Rahmen der erpresserischen Absicht des § 239 a I reicht grundsätzlich die Drohung mit objektiv nicht vorhandener Fähigkeit und/oder Bereitschaft zur Übelszufügung aus.[198]

Beispiel

T entführt die 12jährige O und fordert anschließend ihre Eltern zur Zahlung eines Lösegeldes auf. Dieser Forderung verleiht er mit der Ankündigung Nachdruck, er werde die O ansonsten umbringen. Tatsächlich hat T von vornherein nicht die Absicht, der O ein Haar zu krümmen. Für den Fall, dass die Eltern wider Erwarten zahlungsunwillig sein sollten, will T sein Vorhaben aufgeben und die O ohne Lösegeld freilassen.

T hat den objektiven Tatbestand des § 239 a I vorsätzlich erfüllt. Die der Tat zugrundeliegende Absicht umfasst die Begehung einer räuberischen Erpressung (§§ 253, 255) gegenüber den Eltern der O. Als Erpressungsmittel will T die Drohung mit Tötung der O – also gegenwärtiger Gefahr für Leib oder Leben – anwenden. Die Inaussichtstellung der Tötung ist zwar nicht ernst gemeint, soll aber den Eltern als ernst gemeint erscheinen und bei ihnen einen Einschüchterungseffekt auslösen. Allein darauf kommt es bei dem Merkmal „Drohung" an. Daher hat T auch den subjektiven Tatbestand des § 239 a I erfüllt.

Die Möglichkeit der tatbestandsmäßigen Ersetzung objektiv nicht existenter Drohungskomponenten durch ihre Vorspiegelung ist allerdings begrenzt. Insbesondere kann auf das Erfordernis eines objektiv tatbestandsmäßigen Entführungs- oder Bemächtigungsakts nicht verzichtet werden. Dadurch werden „**Trittbrettfahrer**" aus dem Tatbestand ausgegrenzt.

Beispiel

T hat davon erfahren, dass X die 12jährige O entführt hat. T selbst hat mit der Entführung nichts zu tun. Gleichwohl ruft er bei den Eltern der O an und erklärt, er habe die O in seiner Gewalt und werde sie nur gegen Zahlung von 500 000 EUR Lösegeld unversehrt freilassen.

---

[197] S. o. 8.2.1.5.1.

[198] BGHSt 16, 316 (319); Maurach (1962), 559 (562).

T hat sich durch die an die Eltern der O gerichtete Drohung wegen (versuchter) räuberischer Erpressung aus §§ 253, 255 (22) strafbar gemacht.[199] Die Täuschung über die wahren Machtverhältnisse bezüglich der O ordnet sich dem Drohungsbegriff des Erpressungstatbestandes problemlos unter. Anders verhält es sich mit dem Tatbestand des erpresserischen Menschenraubes: Dieser begnügt sich nicht mit einer vorgetäuschten Entführung, sondern setzt – im objektiven Tatbestand – eine wirkliche Tat mit der Eigenschaft „Entführung" oder „Bemächtigung" voraus. Daran, dass T eine solche Tat nicht begangen hat, vermag selbst eine auf die Spitze getriebene subjektive Täterlehre[200] nichts zu ändern. T hat sich also nicht aus § 239 a I strafbar gemacht.[201]

Nicht so leicht und eindeutig wie die soeben erörterte Fallkonstellation lässt sich die vom Täter beabsichtigte **Täuschung über die Person des Entführungsopfers** aus dem Tatbestand aussondern. Dabei geht es um den Fall, dass der Täter die geplante Erpressung gegenüber Bezugspersonen (z. B. Eltern) eines vermeintlichen – mit dem wirklichen nicht identischen – Entführungsopfers begehen will. Der Täter hat zwar objektiv jemanden entführt, aber nicht den, mit dessen Drangsalierung er Druck auf den Drohungsadressaten ausüben könnte. Daher will er dem Drohungsadressaten vorspiegeln, er habe jemanden entführt, an dessen Wohlbefinden dem Drohungsadressaten etwas liegt. Hätte der Drohungsadressat Kenntnis von der wahren Identität des Entführten, würde er sich um dessen Wohl keine Sorgen machen. Da aber die Sorge um das Wohl in das subjektive Tatbestandsmerkmal „Absicht" eingebettet ist, braucht tatsächlich niemand in Sorge zu sein (dazu unten 11.3.2.2.3.5). Erforderlich und ausreichend ist, dass der Täter erwartet, der von ihm ausersehene Drohungsadressat werde um das Schicksal des Opfers besorgt sein. Deshalb könnte man annehmen, dass die Person, um deren Wohl sich der Bedrohte sorgen soll, objektiv mit dem Entführungsopfer nicht identisch zu sein braucht.

Beispiele

1. Der 20jährige Student O macht in den Semesterferien mit seinem Kommilitonen A eine Trekkingtour im Himalaya-Gebiet. Nachdem sich O seit zwei Wochen nicht mehr bei seinen Eltern (E) in der Heimat gemeldet hat, machen diese sich große Sorgen. Eine Nachrichtenagentur hatte nämlich vor kurzem gemeldet, dass einige europäische Touristen von Rebellen (R) entführt worden seien, darunter auch Studenten aus Deutschland. Tatsächlich haben die Rebellen den Begleiter A des O gefangen. O selbst war kurz vor der Entführung bei einem Unfall ums Leben gekommen. A glaubt, seine Chancen auf Freilassung wären am besten, wenn die sehr wohlhabenden E ein Lösegeld

---

[199] BGHSt 23, 294 ff.; Eisele (2012b), Rn. 833.

[200] Abgesehen davon, dass eine solche Tätertheorie heute von niemandem vertreten wird, vgl. z. B. Baumann et al (2003), § 29 Rn. 27 ff. (insb. 38–47).

[201] Die Ausnutzungsalternative (§ 239 a I 2. Alt.) hat T nicht erfüllt, da die ausgenutzte Lage der O nicht „von ihm" geschaffen wurde.

an die R zahlen würden. Daher spiegelt A den R vor, er sei Sohn des reichen Unternehmerehepaars E. Darauf beschließen die R, von den E 100 000 EUR Lösegeld für die Freilassung ihres Sohnes zu verlangen.

2. Abwandlung von (1): Die R wissen, dass nicht A, sondern der verunglückte O Sohn der E ist. Da sie aber vom Reichtum der E erfahren haben, wollen die R den E vorspiegeln, ihr Sohn O sei ihre Geisel und werde nur gegen Zahlung eines Lösegeldes von 100 000 EUR freigelassen.

Durch die Entführung des Studenten A haben die R den objektiven Tatbestand des § 239 a I 1. Alt. erfüllt. Dabei handelten sie – nicht von Anfang an, aber während der andauernden Verwirklichung des Entführungstatbestandes (s. o. 11.3.2.1.3) – mit der Absicht, die E zu erpressen. Diese Absicht umfasste auch eine Besorgnis der E um das Wohl ihres Sohnes. Problematisch ist jedoch der Umstand, dass O gar nicht entführt wurde, also nicht das „Opfer" ist, um dessen Wohl die E nach dem Tatplan der R in Sorge sein sollen. Das Entführungsopfer A wiederum ist nicht Sohn der E. Da aber der ganze Komplex „Sorge um das Wohl des Opfers" nur als Inhalt der erpresserischen Absicht strafbarkeitsrelevant ist, könnte es ausreichen, dass die R sich (irrig) vorstellen, die Person, um dessen Wohl sich die E Sorgen machen sollen, sei eines ihrer Entführungsopfer. In **Beispiel 1** gehen die R ja immerhin davon aus, dass sie tatsächlich den Sohn der E in ihrer Gewalt haben und daher in der Lage sind, den Druck auf die E erforderlichenfalls durch Verschärfung der Zwangslage des Entführten zu erhöhen. Auf der Basis ihrer Fehlvorstellung von der zwischen A und E bestehenden Beziehung könnten die R sich vornehmen, den Sohn Lebenszeichen an seine Eltern geben zu lassen, Fotos, Video- oder Tonbandaufnahmen von dem Entführten oder gar abgetrennte Körperteile (z. B. Ohr, Finger) des Entführten zur Verdeutlichung des Ernsts der Lage zu verschicken. R glaubten also zumindest, ein echtes Faustpfand im Erpressungskonflikt mit E in der Hand zu haben. Daran fehlt es in **Beispiel 2**. Hier ist den R von vornherein klar, dass sie mit ihrem Erpressungsversuch gegenüber E nur dann Erfolg haben würden, wenn das aufgebaute Lügengebäude nicht einstürzt, insbesondere die E keinen Beweis dafür verlangen, dass ihr Sohn in der Gewalt der Entführer und noch am Leben ist. Vor allem haben die R keine Möglichkeit, den Druck auf die E durch Foltermaßnahmen gegenüber dem Entführten ohne Täuschung über die Identität des Opfers zu verstärken. In der Vorstellung der R von der geplanten Erpressung würden die E sich nicht Sorgen um das Wohl des „Opfers", sondern Sorgen um das Wohl eines scheinbaren Opfers machen. Die tatsächliche Entführung des A hätte im Rahmen dieser geplanten Erpressung also gar keine drucksteigernde Funktion. Ebensogut könnten die R sich vornehmen, jemanden aus den eigenen Reihen als Geisel zu präsentieren, um eine Entführung vorzutäuschen und die vorgespiegelte Gefangenschaft des O als Druckmittel gegenüber E zu benutzen. Dies reicht aber für eine Strafbarkeit aus § 239 a I 1. Alt. nicht aus, wie das obige „Trittbrettfahrer-Beispiel" zeigt. Da in Beispiel 2 die Druckmitteltauglichkeit des Entführten A nicht wesentlich höher ist als die einer „Geiselattrappe", ist die Erfüllung des subjektiven Tatbestandes und damit die Strafbarkeit aus § 239 a I 1. Alt. zu verneinen. Anders ist es in Beispiel 1: Die objektiv fehlende Eignung des A als „Faustpfand" wird durch die dahingehende irrige Vorstellung der R kompensiert. Dies reicht im Rahmen eines subjektiven Tatbestandsmerkmals aus. Daher haben die R in Beispiel 1 mit der erforderlichen Erpressungsabsicht gehandelt und sich aus § 239 a I 1. Alt. strafbar gemacht.

11.3.2.2.3.4 Drohungsadressat

Bis zur Neufassung des § 239 a im Jahr 1989 setzte der Tatbestand Personenverschiedenheit von Entführungsopfer und Drohungsadressat voraus. Der Tatbestand erfasste nur die „**Dreiecks-Konstellation**", die auch in der geltenden Fassung noch in den Worten „Sorge eines Dritten um das Wohl des Opfers" enthalten ist. Die Tatsituation wird in diesem Fall aus folgenden (mindestens) drei Personen gebildet: Täter, Entführungsopfer und Drohungsadressat.

Beispiel

T entführt O, um den Eltern des O die Tötung ihres Kindes anzudrohen und sie so zur Zahlung von 500 000 EUR zu nötigen.

Stellt man in Rechnung, dass Erpressung auch in der Form einer „Dreiecks-Erpressung"[202] möglich ist, gesellt sich noch eine vierte Person hinzu, nämlich der – mit dem Drohungsadressaten nicht identische – Inhaber des von der beabsichtigten Erpressung betroffenen Vermögens.

Beispiel

T entführt den Fußballspieler O. Mit der Drohung, den O zu töten, will T den Vorsitzenden V des Fußballvereins F, für den O spielt, zur Zahlung von 1 Mio. EUR Lösegeld aus dem Vereinsvermögen nötigen.

Die Rolle des Entführungsopfers ist also von den Rollen des Drohungsadressaten und des zu schädigenden Vermögensinhabers zu unterscheiden. In der Regel werden die beiden letztgenannten Rollen ein und derselben Person zufallen, Drohungsadressat und erpresserisch angegriffener Vermögensinhaber also identisch sein. Aber auch die beiden erstgenannten Rollen können nach der aktuellen Fassung des Tatbestandes in einer Person zusammenfallen,[203] so dass es letztendlich sogar möglich ist, dass auf der Opferseite nur ein Mensch steht, der alle drei Rollen innehat (Entführungsopfer, Drohungsadressat und Vermögensinhaber). Das ist die Struktur der sog. „**Zwei-Personen-Konstellation**", die der Auslegung und Anwendung des § 239 a erhebliche Schwierigkeiten bereitet (dazu unten 11.3.2.2.3.6).

---

[202] Dazu ausführlich oben 10. 2.1.5.3.

[203] Maurach et al (2009), § 15 Rn. 26.

Beispiel

T bemächtigt sich des reichen Unternehmers O, fährt mit ihm in dessen Wohnung und verlangt dort von ihm die Herausgabe von 100 000 EUR Bargeld, die sich in dem Haustresor des O befinden.

Im Regelfall beabsichtigt der Täter, die Person zu erpressen, von der er annimmt, dass sie in Sorge um das Wohl des Opfers sein würde. Die Absicht des Täters kann sich aber auch darauf richten, den Bedrohten als Werkzeug einer **Erpressung in mittelbarer Täterschaft** (§ 25 I 2. Alt.) zu benutzen. Denn der Nötigungsdruck ist geeignet, eine rechtswidrige Tat des Drohungsadressaten zu entschuldigen (§ 35) und diesen so zum schuldlosen Werkzeug zu machen.[204] In diesem Fall sind die bedrohte und die erpresste Person nicht identisch.

Beispiel

T entführt die Tochter O des A. Da A selbst kein Vermögen und nur ein geringes Einkommen hat, will T nicht ihn, sondern den wohlhabenden Arbeitgeber G des A erpressen. T weiß aber, dass dem G das Schicksal der O und des A gleichgültig ist. Deshalb fordert T den A auf, den G mit Waffengewalt zur Zahlung eines Lösegeldes von 250 000 EUR zu zwingen.

Das Beispiel zeigt, dass die Person, die in Sorge um das Wohl des Entführten ist bzw. nach dem Plan des Täters sein soll, nicht unbedingt mit dem Erpressungsopfer identisch sein muss. Erpressungsopfer ist hier G, in Sorge um das Wohl der O ist hingegen nur der A. Zwar ist der von A unmittelbar und von T mittelbar bedrohte G in Sorge um sein eigenes Wohl. Jedoch wurde G weder von T entführt noch hat sich T des G bemächtigt. Entführungsopfer des T ist allein die O, um deren Wohl A besorgt ist, was seine eigene Erpressung gegenüber G entschuldigt (§ 35), möglicherweise sogar rechtfertigt (§ 34). Da T den A in die Notstandslage gedrängt hat, ist er mittelbarer Täter, § 25 I 2. Alt. Ihm wird deshalb das tatbestandsmäßige Handeln des A zugerechnet. Deshalb ist die von A gegenüber G begangene Erpressung letztlich (auch) eine Erpressung des T. Die darauf gerichtete Absicht reicht zur Erfüllung des subjektiven Tatbestandes des § 239 a I aus.

11.3.2.2.3.5 Sorge um das Wohl des Opfers

Die Strafbarkeitsvoraussetzung „Sorge um das Wohl des Opfers" ist in die Erpressungsabsicht des Täters eingebettet. Sie ist daher wie alle anderen Bestandteile des Absichtsinhalts „versubjektiviert";[205] d. h. es ist nicht erforderlich, dass tatsächlich irgend jemand um das Wohl des Entführungsopfers besorgt ist. Ausreichend ist die Vorstellung des Täters, das Opfer selbst oder ein Dritter werde um das Wohl des Opfers besorgt sein. Das Erfordernis tatsächlicher Besorgnis wäre bei einem Tat-

---

[204] In diesem sog. „Nötigungsnotstand" wird von einigen sogar eine Rechtfertigung nach § 34 für möglich gehalten, vgl. z. B. Baumann et al (2003), § 17 Rn. 80.

[205] Fischer (2014), § 239 a Rn. 5.

bestand, der das Strukturmerkmal „überschießende Innentendenz" aufweist, jeden-falls in der Drei-Personen-Konstellation praktisch gar nicht zu erfüllen. Denn die Erpressungsabsicht muss im Zeitpunkt der Entführung vorliegen; tatsächliche Sorge einer mit dem Entführten nicht identischen Person um das Wohl des Entführten wird aber zu diesem Zeitpunkt schon deswegen nicht möglich sein, weil diese Person von der Entführung noch gar keine Kenntnis hat.

Beispiele

1. T entführt die 12jährige O und sperrt sie in einem Kellerraum ein. Dabei nimmt er sich vor, von den Eltern der O ein Lösegeld in Höhe von 300 000 EUR zu fordern. Er geht davon aus, dass die Eltern um das Leben ihrer Tochter fürchten würden, sobald sie von der Entführung erfahren haben. Die Lösegeldforderung übermittelt er mit einem Brief, den er am Tag der Entführung in einen Briefkasten wirft. Einen Tag später geht der Brief bei den Eltern der O ein. Zu diesem Zeitpunkt hat T aber schon keine Erpressungsabsicht mehr. Eine halbe Stunde, bevor die Eltern den Brief erhielten, hatte T die O freigelassen.
2. Abwandlung von (1): Bevor T den Brief mit der Lösegeldforderung absenden kann, gelingt der O die Flucht.

Als T die O entführte, hatte er die Absicht, die Eltern der O zu erpressen. Diese Absicht stützte sich auf die Annahme, die Eltern würden in Sorge um das Wohl der O sein, sobald sie Kenntnis von der Entführung erlangt hätten. Tatsächlich waren die Eltern aber nur in **Beispiel 1** in Sorge um das Wohl der O, dies jedoch erst, als der von T abgesandte Brief mit der Lösegeldforderung bei ihnen eintraf. In **Beispiel 2** entstand eine Besorgnis der Eltern überhaupt nicht, da der Grund dafür weggefallen war, bevor sie sich hätten Sorgen machen können. Enthielte der Tatbestand das Erfordernis tatsächlicher (objektiver) Sorge um das Wohl des Opfers, so wäre es nur im ersten Beispiel erfüllt. Allerdings würde die Sorge der Eltern zur Strafbarkeitsbegründung nicht reichen, weil sie nicht mehr mit einer Erpressungsabsicht des T verknüpft war. Dafür wäre nämlich notwendig gewesen, dass T immer noch beabsichtigt, die Lage der O und die wirkliche Sorge ihrer Eltern zu einer Erpressung auszunutzen. An dieser Synchronität von tatsächlicher Sorge und Erpressungsabsicht fehlt es aber. T hätte also auch in Beispiel 1 den Tatbestand des § 239 a I nicht erfüllt und für die Anwendung des § 239 a IV bestünde kein Bedarf. Die Beispiele zeigen, dass § 239 a emp-findliche Lücken hätte, wenn die Strafbarkeit davon abhinge, dass tatsächlich ein Mensch in Sorge um das Wohl des Entführten ist. Vor allem ergäbe sich die merkwürdige Situation, dass die Tatbestandserfüllung überhaupt erst in dem Moment beginnen könnte, in dem der Drohungsadressat von der Entführung er-fahren hat und nunmehr in Sorge um das Wohl des Entführungsopfers ist. Das Tatgeschehen vor diesem Zeitpunkt wäre noch nicht tatbestandsmäßig. Dass dies nicht richtig sein kann, bedarf keiner näheren Erläuterung. Daher hat sich in den obigen Beispielen T schon durch die vor der Absendung des Briefes bzw. der Flucht der O ausgeführte Entführung der O aus § 239 a I strafbar gemacht. Denn die Erwartung, die Eltern würden durch die Entführung der O in Sorge um deren Wohl geraten, hatte er von Anfang an. Das reicht zur Erfüllung des subjektiven Tatbestandes aus.

Grund für die vom Täter vermutete Sorge um das Wohl des Opfers ist die Bedrängnis, in die der Täter das Opfer durch die Entführung oder Bemächtigung gebracht hat. Je nachdem, wer damit bedroht werden soll – der **Entführte** oder ein **Dritter** –, handelt es sich bei der Sorge um eine Form des Selbsterhaltungstriebes oder um eine Form von mitfühlender Anteilnahme an der Not eines anderen Menschen. Im Kontext der vom Täter beabsichtigten Erpressung korrespondiert die Sorge um das Wohl dem Erpressungsmerkmal **„Drohung mit einem empfindlichen Übel"**.[206] Auslöser der Sorge ist das Übel, dessen Zufügung der Täter in Aussicht stellen will. Dieses Übel muss unmittelbar mit dem „Wohl" des Opfers zusammenhängen, gewissermaßen ursprüngliches Wohlbefinden in Unwohlbefinden verwandeln. Tatsächlich ist das gegenwärtige und künftige Wohl des Opfers durch die Entführung bzw. Bemächtigung erschüttert und in Frage gestellt worden. Eben dies muss zum Zweck der Übelsandrohung vom Täter als Druckmittel verwertet werden. Deshalb kommt als „Übel" nur eine Lageverschlechterung in Betracht, in der sich Hilflosigkeit und Ausgeliefertsein des seiner Bewegungsfreiheit beraubten Opfers manifestieren.

Beispiele

1. T entführt X, die 12jährige Tochter des O. T weiß, dass O ein sensibler, wenig belastbarer Mensch ist, den die Entführung seiner Tochter sehr erschüttern und völlig aus dem seelischen Gleichgewicht bringen wird. Daher erwartet T, dass O alsbald nervlich so zermürbt sein wird, dass er unfähig zu jeglichem Widerstand gegen jede Art von Nötigung ist. Dies will T ausnutzen, um dem O mit der Aufdeckung einer von O begangenen Steuerhinterziehung zu drohen, falls O nicht 50 000 EUR zahle. Eine Lösegeldforderung will T dagegen nicht erheben, da er nicht als Entführer in Erscheinung treten möchte.
2. Abwandlung von (1): T will dem O mit Tötung der X für den Fall drohen, dass O nicht zahlt.

In beiden Beispielen bezieht T in seinen Erpressungsplan die Erwartung ein, dass O infolge der Entführung seiner Tochter in Sorge um deren Wohl sein wird. Diese Besorgnis will sich T auch zur leichteren Ausführung einer Erpressung zunutze machen. Allerdings nimmt in **Beispiel 1** die zum Zweck der Erpressung geplante Übelsandrohung nicht Bezug auf die Gefangenschaft der X bzw. etwaige weitere Angriffe auf Leib oder Leben der wehrlosen Tochter. Das in Aussicht zu stellende empfindliche Übel soll also nicht ein Verlust an Wohlbefinden der X sein. Die Sorge des O um das Wohlergehen der X soll nicht Drohungsinhalt sein, sondern den O „weich" machen und so seine Widerstandskraft gegen Drohungen ohne Bezug zu der Entführungssituation abbauen. Eine derartige Wirkung der

---

[206] Näher dazu oben 10. 2.1.3.2.

Sorge um das Wohl paßt aber nicht zu dem auf „Erpressung" beschränkten Ausnutzungsziel. Ginge es in dem Tatbestand nur darum, dass das bedrohte Opfer unter dem Eindruck der Lage des Entführungsopfers psychisch zusammenbricht und infolgedessen für jeden weiteren Angriff ein leichter Gegner sein wird, hätte auch die Ausnutzung zur Begehung straftatbestandsmäßiger Taten anderer Art tatbestandlich erfasst werden müssen. Statt „zu einer Erpressung auszunutzen" hätte es dann „zu einer rechtswidrigen Tat auszunutzen" heißen müssen. Daher kann mit „Erpressung" in § 239 a I nur eine solche gemeint sein, die in einem engen inneren Zusammenhang mit der Entführung bzw. Bemächtigung und der dadurch hervorzurufenden Sorge um das Wohl des Opfers steht. Dieser Zusammenhang wird dadurch hergestellt, dass dem Drohungsadressaten das Wohl des Opfers als gefährdet, nämlich von dem in Aussicht gestellten Übel bedroht, vor Augen geführt wird. In **Beispiel 2** ist diese Voraussetzung erfüllt.

Wie gesehen bewirkt bereits die Verknüpfung von „Wohl des Opfers" und „Drohung mit einem empfindlichen Übel" eine erhebliche Einschränkung der Erpressungsformen, die zur Erfüllung des Absichtsmerkmals geeignet sind. Alle Erpressungen, bei denen als „Übel" ein Ereignis angedroht wird, das mit der Lage des Entführungsopfers (seinem „Wohl") unmittelbar nichts zu tun hat, scheiden aus dem Kreis absichtstauglicher Erpressungen aus. Möglicherweise ist noch eine weitere Verengung des Kreises relevanter Erpressungsarten in Hinblick auf das Erpressungsmittel, nämlich das anzudrohende Übel, geboten. Dafür spricht ein Vergleich mit der Nachbarvorschrift § 239 b: Dort reicht nicht jede beliebige Übelsandrohung, sondern nur die Androhung von **Tod, schwerer Körperverletzung oder Freiheitsentziehung von über einer Woche**. Die Zufügung dieser Übel ist straftatbestandlich vertypt als Mord (§ 211), schwere Körperverletzung (§ 226) und qualifizierte Freiheitsberaubung (§ 239 III Nr. 1). Gemessen an den drastischen Strafdrohungen dieser Verbrechenstatbestände erscheint die Einbeziehung der gesamten Skala „empfindlicher Übel" i.S. des § 253 in den Tatbestand des § 239 a fragwürdig. Denn der Schweregrad dieser empfindlichen Übel kann weit unter dem Niveau der in § 239 b aufgezählten Gutsbeeinträchtigungen liegen.

Beispiele

1. T entführt X, die 12jährige Tochter des O. Er will dem O androhen, er werde der X abscheuliche Pornovideos vorführen, ekellerregend fettes Fleisch zu essen geben und ordinäre Witze erzählen, falls O nicht binnen 48 Stunden 100 000 EUR Lösegeld zahlt.
2. Abwandlung von (1): T will dem O androhen, er werde der X alle 30 min zehn Ohrfeigen und fünfzehn Stockschläge auf das Gesäß geben, falls O nicht zahlt.
3. Abwandlung von (1): Außer X hat T auch deren Lieblingskatze „Kathi" entführt. T will dem O androhen, er werde „Kathi" vor den Augen der X in einer Badewanne ertränken, falls O nicht zahlt.

Die dem O angedrohten Übel, die T der X zufügen will, sind allesamt „empfindlich" und daher geeignet, den Tatbestand der Erpressung (§ 253) zu erfüllen. Jedes dieser Übel beeinträchtigt zudem das „Wohl" der X, also des Opfers, um das sich O Sorgen machen soll. Dagegen lässt sich keines dieser Übel unter die Merkmale subsumieren, mit denen § 239 b den Inhalt der beabsichtigten Drohung beschreibt. Hätte es T also nicht auf ein Lösegeld abgesehen, sondern ginge es ihm darum, irgendein Verhalten ohne Vermögensbezug zu erzwingen (z. B. die Mutter der X soll mit T den Geschlechtsverkehr ausüben oder O soll in der Öffentlichkeit ein Geständnis über seine außerehelichen Affären und Steuerhinterziehungen ablegen), wäre er weder aus § 239 a noch aus § 239 b strafbar. Daher regen sich Zweifel an dem Ergebnis, auf das die Subsumtion der drei obigen Beispiele unter 239 a hinausläuft: Jeweils wollte T die Sorge des O um das Wohl der X zu einer Erpressung ausnutzen; also scheint er aus § 239 a I strafbar zu sein. Da die Tatbestände erpresserischer Menschenraub und Geiselnahme aber nicht nur eine identische Struktur haben (s. o. 11.3.1.3.2), sondern auch auf demselben hohen Strafniveau stehen, leuchtet es nicht ein, dass § 239 b nur Täter erfasst, die ein „schweres Geschütz" auffahren wollen, in die Strafzone des § 239 a dagegen bereits gerät, wer mit Nötigungsdruck an der unteren Schwelle des § 240 bzw. § 253 zum Ziel kommen will. Die Andersartigkeit der Nötigungsziele – Vermögensbeschädigung und Bereicherung in § 239 a, sonstiges Handeln, Dulden oder Unterlassen in § 239 b – vermag nicht zu erklären, warum die Strafbarkeit wegen erpresserischen Menschenraubs eine erheblich geringere Drohungsintensität voraussetzt als die Strafbarkeit wegen Geiselnahme.[207] Daher ist eine Angleichung des § 239 a an § 239 b durch teleologische Reduktion des „Erpressungs"-Merkmals im subjektiven Tatbestand des § 239 a geboten.[208] Die Erpressungsabsicht des Täters führt zur Strafbarkeit aus § 239 a nur unter der Bedingung, dass die beabsichtigte Erpressung mittels Androhung der Übel erfolgen soll, die im Tatbestand des § 239 b konkret genannt sind: Der Täter muss also die Erpressung durch Drohung mit dem Tod, einer schweren Körperverletzung oder einer über eine Woche andauernden Freiheitsberaubung des Opfers begehen wollen. Andere empfindliche Übel reichen als Drohungsinhalt auch dann nicht aus,[209] wenn sie so schwer wie oder sogar noch schwerer als eine qualifizierte Freiheitsberaubung oder schwere Körperverletzung wiegen (z. B. die Androhung wiederholter Vergewaltigung[210]). Dieser Tatbestandseinschränkung könnte man zwar

---

[207] Anders Bohlinger (1972), 230 (233), der das Erfordernis gravierenderer Nötigungsmittel in § 239 b damit erklärt, dass der Unwertgehalt des Nötigungsziels in § 239 b geringer sei als der des Erpressungsziels in § 239 a.

[208] Hansen (1974), 353 (367).

[209] Anders anscheinend Schönke et al (2014), § 239 a Rn. 16.

[210] Weiter Systematischer Kommentar-Wolters, § 239 a Rn. 9, der als Drohungsinhalt außer Gefahren für Leib oder Leben und Fortsetzung der Freiheitsberaubung auch „sexuelle Handlungen gegenüber dem Opfer" anerkennt; nach Otto (2005), § 29 Rn. 8 muss der Täter mit körperlichem oder seelischem Schaden des Opfers drohen wollen; ebenso Maurach et al (2009), § 15 Rn. 26 („körperliche, seelische oder sittliche Schäden"); Lackner et al (2014), § 239 a Rn. 5 („körperliche oder seelische Unbill").

den Gesetzeswortlaut des § 239 a und vor allem den Klammerzusatz „§ 253" entgegenhalten.[211] Jedoch folgt daraus nur, dass zur Erzielung angemessener Ergebnisse eine juristische Methode angewendet werden muss, bei der vom Wortlaut des Gesetzes abgewichen, nämlich die Wortlautgrenze unterschritten wird. Dies ist das Wesen der teleologischen Reduktion.[212] Da diese Abweichung vom Gesetzestext strafbarkeitseinschränkend wirkt, gerät sie nicht mit Art. 103 II GG in Konflikt. Nach der hier vertretenen Auffassung hat T in den obigen drei Beispielen den subjektiven Tatbestand des § 239 a I nicht erfüllt.

11.3.2.2.3.6 Ausnutzung

Da der Täter die Sorge des Drohungsadressaten um das Wohl des Entführungsopfers zu einer Erpressung ausnutzen will, die Sorge um das Wohl ihren Grund in der Entführung hat, will der Täter letztlich die Entführung zu einer Erpressung ausnutzen. Die Sorge um das Wohl des Entführungsopfers ist gewissermaßen das Bindeglied zwischen der Entführung und der beabsichtigten Erpressung. Diese psychologische Verbindung macht aus der **Entführungssituation ein Druckmittel**, das der Täter bei der geplanten Erpressung einsetzen kann. Dazu ist erforderlich, dass die Entführungs-/Bemächtigungslage zum Zeitpunkt der geplanten Erpressung noch besteht.[213] Umgekehrt wirft die Mittelfunktion der Entführung die Frage auf, ob das Ausnutzungsmerkmal auch erfüllt sein kann, wenn **Entführung/Bemächtigung und Erpressung (teilweise) zusammenfallen**. In den **Dreiecks**-Fällen, bei denen Entführter und Drohungsadressat verschiedene Personen sind, ist dies in der Regel nicht problematisch. Wegen der Verschiedenheit der Opfer müssen Entführung und Erpressung zwangsläufig verschiedene Taten sein.

Beispiel

T entführt die 12jährige Unternehmertochter X, um anschließend von den Eltern O ein Lösegeld für die Freilassung der X zu verlangen.

Die Entführung der X ist noch kein Beginn der Erpressung. Erst mit der Unterrichtung der Eltern O von der Entführung und der Forderung des Lösegeldes würde T zur Verwirklichung des Erpressungstatbestandes ansetzen. Entführung und Erpressung sind also deutlich getrennt. Der erpresserische Menschenraub hat in dieser Konstellation eine andere Deliktsstruktur als die (räuberische) Erpressung. Die Gefahr, dass „normale" Fälle des § 255 zugleich Fälle des § 239 a sind und so in eine erheblich über dem Niveau des § 255 liegende Strafregion geraten, besteht nicht.

---

[211] Plausibler wäre hier die Formulierung „zu einer räuberischen Erpressung (§ 255) auszunutzen". Allerdings würde damit der Drohungsinhalt „Freiheitsentziehung von über einer Woche Dauer" ausgegrenzt.

[212] Jescheck et al (1996), § 17 IV 5.

[213] BGH, NStZ 2008, 279 (280); 569 (570); 2006, 36 (37); Rengier (2014b) § 24 Rn. 14.

Eben diese Gefahr besteht aber in den seit 1989 vom Tatbestand erfassten **Zwei-Personen**-Fällen.[214] Entführungsopfer und Drohungsadressat sind hier identisch. Die Entführung bzw. Bemächtigung des Opfers ist daher bereits eine konkludente Übelsandrohung und somit ein Teil der Erpressung. Entführung und Erpressung können also zusammenfallen, eine deutliche Zäsur wie in den Drei-Personen-Fällen ist dieser Konstellation nicht immanent.

Beispiel

T steigt nachts in einen U-Bahn-Wagen, in dem nur die O sitzt. Der bullige T droht der O Schläge an und verlangt von ihr die Herausgabe von Geld. O händigt dem T ihr Geld aus.

Die Tat des T ist ein klarer und unproblematischer Fall der räuberischen Erpressung, §§ 253, 255. Zugleich könnte T aber auch einen erpresserischen Menschenraub begangen haben. Denn die Bedrängnis, in die der körperlich überlegene T die O mit seiner Drohung brachte, kann durchaus als „Bemächtigungs"-Situation qualifiziert werden.[215] Also hat T den objektiven Tatbestand des § 239 a I erfüllt. Die Situation der O wollte T zu einer Erpressung der O ausnutzen. Also hat er auch den subjektiven Tatbestand des § 239 a I erfüllt. Damit wird ein ganz „normaler" Fall räuberischer Erpressung zu einem Fall erpresserischen Menschenraubes.[216] Die Strafrahmenuntergrenze von 1 Jahr (§§ 255, 249) steigt dadurch auf 5 Jahre (§ 239 a I). Geht man davon aus, dass die Tat des T das typische Tatbild einer räuberischen Erpressung reproduziert, drängt sich der Schluss auf, dass praktisch jede normale räuberische Erpressung zugleich erpresserischer Menschenraub ist. Angesichts der viel höheren Strafdrohung des § 239 a I würde die Strafvorschrift des § 255 zu praktischer Bedeutungslosigkeit degradiert. Das kann aber nicht Sinn eines vernünftigen Strafgesetzes sein. Der Anwendungsbereich des § 239 a I muss daher in den Zwei-Personen-Fällen eingeschränkt werden, damit die skizzierte Überlappung mit § 255 vermieden wird. Auf welche Weise dies geschehen kann, ist das große Problem, um dessen Lösung in Rechtsprechung und Literatur heftig gerungen wird. Die Rechtsprechung hat in der Vergangenheit einige Vorschläge zur tatbestandlichen Einschränkung unterbreitet,[217] die im Schrifttum indessen wenig Anklang gefunden haben.[218] Zweifellos ist hier der Gesetzgeber gefordert.[219]

---

[214] Satzger (2007), 114 (115).

[215] Hellmann (1996), 522 (527).

[216] BGHSt 39, 36 (41); Graul (1995), 345 (347); Krey et al (2012b), Rn. 485; Maurach et al (2009), 15 Rn. 27; Rengier (2014b), § 24 Rn. 16; Wessels et al (2013c), Rn. 743.

[217] Gute Übersicht über die Entwicklung der Rechtsprechung bei Küper (2012), 271.

[218] Wessels et al (2013b), Rn. 458 (zu BGHSt 40, 350): „Es liegt auf der Hand, dass dieser Versuch, § 239 b nF mit dem bisherigen Normenbestand zu harmonisieren, nicht voll überzeugen kann."

[219] Satzger (2007), 114 (120).

Die richtige Lösung muss sich durch eine **größtmögliche Annäherung der Zwei-Personen-Konstellation an die historische und den Deliktstyp prägende Dreieckskonstellation** auszeichnen.[220] Der 1. Strafsenat des BGH hat dies zunächst durch Einführung des einschränkenden Merkmals der „Außenwirkung" zu erreichen versucht,[221] ist damit aber sowohl bei anderen Strafsenaten des BGH[222] als auch im Schrifttum[223] auf Widerspruch gestoßen. Später verwies der Große Senat des BGH für Strafsachen – in einer § 239 b betreffenden Entscheidung – auf die (unvollkommen) zweiaktige Struktur des Verbrechens[224] und ließ nur solche beabsichtigte Erpressungen gelten, die der Entführung/Bemächtigung nachfolgen, von ihr deutlich getrennt sind und nicht mit ihr zusammenfallen.[225]

Sowohl die „Außenwirkungs-Lösung" als auch die „Zweiaktigkeits-Lösung" gehen in die richtige Richtung, wenngleich die sie propagierenden Gerichtsentscheidungen die maßgeblichen Gesichtspunkte ebensowenig herausarbeiten, wie die anderen in Rechtsprechung und Literatur unterbreiteten Vorschläge. Der springende Punkt ist, dass der Täter, der sein Opfer entführt oder sich seiner bemächtigt, dessen Handlungsspielraum extrem einengt. Im äußersten Fall wird das Opfer in der Gefangenschaft zu überhaupt keiner nennenswerten Aktivität fähig sein. Die weitgehende „Lähmung" des Entführten ist für den erpresserischen Menschenraub – und die Geiselnahme – typisch und wesensprägend! Da der Täter das Opfer aber in der Regel zu einer Vermögensverfügung von erheblichem wirtschaftlichen Ausmaß (Lösegeld) zwingen will, zu der das Opfer gerade nicht in der Lage ist, wenn es auf Grund der Zwangslage (fast) handlungsunfähig geworden ist, erweist sich die Entführung oder Bemächtigung zur Erreichung dieses Zieles als geradezu kontraproduktiv. Wenn man eine Kuh melken will, darf man sie nicht am Grasfressen hindern. Der Fall, dass der Entführte eine Million EUR Bargeld in der Tasche mit sich herumträgt, das er in seinem Gefängnis den Entführern zwecks Freikauf herausgeben kann, dürfte äußerst selten vorkommen. Entführungen bzw. Bemächtigungen haben aber typischerweise den Zweck, die Erpressung enormer Lösegeldsummen zu ermöglichen, zu deren Mobilisierung der Genötigte in der Regel auf eine Geldquelle Zugriff nehmen muss, die außerhalb des durch die Entführung auf ein Minimum reduzierten Handlungsspielraums liegt. Also wird sich die Absicht des Täters in der Regel nicht darauf richten, das Erpressungsziel gewissermaßen unmittelbar mit der Entführung zu erreichen und die erstrebte Bereicherung unmittelbar aus der Entführungssituation heraus zu erlangen. Vielmehr wird der Täter auf eine Erpressung zusteuern, die sich zwar unmittelbar gegen den Entführten selbst richtet, diesen aber zu einer Vermögensverfügung nötigt, die einen Aktionsradius erfordert,

---

[220] BGHSt 40, 350 (356); B. Heinrich (1997), 365 (367).

[221] BGHSt 39, 36 (44); 39, 330 ff.

[222] BGHSt 40, 350 (358).

[223] Graul (1995), 345 (351 ff.); Bohlander (1993), 439; Satzger (2007), 114 (118); zustimmend hingegen Tenckhoff et al (1994), 836 (839); Amelung et al (1995), 48 (49).

[224] BGHSt 40, 350 (355).

[225] BGHSt 40, 350 (357): „Über den Zwang, der schon im Sich-Bemächtigen liegt, muss daher weiterer, den eigentlichen Zielen des Täters dienender Zwang gewollt sein."; zust. Hellmann (1996), 522 (528); Rengier (2014b), § 24 Rn. 18; Wessels et al (2013c), Rn. 743.

der über den engen örtlichen Bereich der Gefangenschaft hinausreicht. In der Regel wird es erforderlich sein, dass der Entführte Kontakt zu Dritten aufnimmt und diese zur Durchführung der Lösegeldübergabe einschaltet. Mittelbar werden diese Dritten selbst auf die Opferseite der Erpressung gezogen. Der Unterschied zu dem Fall der unmittelbar gegen Dritte gerichteten Erpressung ist dann nicht mehr groß.

Die typische Konstellation des erpresserischen Menschenraubes und der Geiselnahme ist also sowohl durch einen „Außen-" oder „Drittbezug" als auch durch eine Zweiaktigkeit geprägt. Daran fehlt es, wenn – wie in dem obigen Beispiel – Bemächtigungs- und Erpressungsakt zusammenfallen und die „Abwicklung" des erpresserischen Austauschgeschäfts (der „Freikauf" des Opfers) nach Art einer „Taschenpfändung" auf „engstem Raum" ohne über die Entführungs-/Bemächtigungssituation hinausreichende Maßnahmen des Opfers stattfinden soll.[226] In einem solchen Fall ist der erforderliche Funktionszusammenhang zwischen Entführung/Bemächtigung und beabsichtigter Erpressung nicht gegeben, weil der Bemächtigungssituation die von § 239 a I vorausgesetzte eigenständige Bedeutung und Stabilität fehlt.[227] Kann das Opfer „an Ort und Stelle" durch Ankündigung einer Übelszufügung von der § 239 b I genannten Art zur Erfüllung der Forderung genötigt werden, wäre es aus der Sicht des Täters nachgerade „unvernünftig", das Opfer zunächst an einen anderen Ort zu schaffen, um dort erst – nach Herstellung eines „stabilisierten"[228] Gewaltverhältnisses – mit der Erpressung zu beginnen. Zur Erreichung des Zieles bedarf es der oftmals aufwendigen, zeitraubenden, umständlichen und mit dem Risiko polizeilicher Befreiungsversuche verbundenen Entführungs- bzw. Bemächtigungsaktion unter diesen Umständen nicht.

Zuzugeben ist allerdings, dass eine so gravierende **Unrechtsdifferenz**, wie sie im abstrakt-gesetzlichen Unterschied zwischen § 255 und § 239 a zum Ausdruck kommt, zwischen den Fällen mit und ohne Außenwirkung bzw. mit und ohne Zweiaktigkeit nicht auf den ersten Blick zu erkennen und schwer zu begründen ist. Die diesbezügliche Bewertung der Dreiecks-Fälle dürfte jedoch das Besondere dieser Art von Erpressung verglichen mit „normalen" Erpressungsfällen – einschließlich der räuberischen Erpressung – begreiflich machen. Das Ausgeliefertsein und die Abhängigkeit des Entführungsopfers von Entscheidungen und Vorgängen in einer seinem Einfluss entzogenen Sphäre verleiht der Lage eines solchen Opfers die Qualität einer Degradierung zum Spielball fremder Entscheidungen, was nicht nur erhöhten psychischen Druck erzeugt, sondern auch einen gesteigerten Grad an Entwürdigung und Erniedrigung der Person bedeutet. Demgegenüber hat ein Opfer, dem vom Täter die Chance eingeräumt wird, sich aus eigener Kraft und durch eigene Entscheidung „freizukaufen", immerhin noch einen Entscheidungsspielraum und damit einen letzten Rest an Freiheit. Man mag darüber streiten, ob dieser Aspekt tatsächlich ausreicht, um den erpresserischen Menschenraub so hoch über

---

[226] Nach Graul (1995), 345 (351) sei die Herausnahme solcher Fälle aus dem Tatbestand des § 239 a nicht begründbar und der erforderliche erheblich gesteigerte Unrechtsgehalt der anderen Fälle nicht erkennbar.

[227] BGHSt 40, 350 (359).

[228] BGHSt 40, 350 (359).

die räuberische Erpressung zu heben, wie das nach der gegenwärtigen Gesetzeslage der Fall ist. Ein diskussionswürdiger Denkansatz ist es aber gewiss und zudem ein möglicher Orientierungspunkt für eine strafbarkeitsrestringierende Deutung des Kriteriums „Außenwirkung". Diese wäre z. B. zu verneinen in Fällen, in denen das Opfer sich zwar nicht durch Aushändigung von Bargeld, aber durch die telefonische Erteilung eines Überweisungsauftrags oder mittels Scheckkarte freikaufen kann.[229]

11.3.3 Zweiter Grundtatbestand, § 239 a I 2. Alt.

11.3.3.1 Allgemeines

Neben den beiden der beabsichtigten Erpressung vorgelagerten Entführungs- und Bemächtigungstatbeständen (§ 239 a I 1. Alt.) enthält § 239 a auf der grundtatbestandlichen Ebene (Absatz 1) noch einen weiteren Tatbestand, in dessen Zentrum die Ausführung der Erpressung selbst steht, den Ausnutzungstatbestand (§ 239 a I 2. Alt.). Die zeitliche Ausdehnung des § 239 a I, die auf Grund des dauerdeliktischen Charakters der Entführung zw. Bemächtigung (s. o. 11.3.2.1.3) ohnehin schon recht weit ist, wird dadurch noch verlängert. Allerdings ist die Ergänzungsfunktion der Ausnutzungsalternative verbunden mit einer erheblichen Überlappung oder Überschneidung bezüglich der Entführung bzw. Bemächtigung. Soweit nämlich die von erpresserischer Absicht getragene Entführung bzw. Bemächtigung in die Ausnutzungsphase hineinreicht, wird das Verhalten noch von § 239 a I 1. Alt. erfasst. Der gleichzeitig verwirklichte Ausnutzungstatbestand ist daher zur angemessenen Ahndung des verbrecherischen Verhaltens nicht erforderlich. Echte Lückenschließungsfunktion hat der Ausnutzungstatbestand daher nur in den Fällen, in denen der Täter die Entführung oder Bemächtigung ohne erpresserische Absicht begangen hat und in denen er während der Ausnutzung die Tatbestandsmerkmale „Entführung" oder „Sich-Bemächtigen" nicht mehr erfüllt.[230]

Beispiele

1. T entführt die O, um sie in einer abgelegenen Hütte einige Tage einzusperren und dort wiederholt zu vergewaltigen. Nachdem er die O eingesperrt hat, fasst er den Entschluss, die Eltern (E) der O anzurufen und von ihnen 200 000 EUR Lösegeld für die Freilassung der O zu fordern. Mit seinem Handy ruft er von der Hütte aus bei den Eltern an, schildert die Lage der O und erhebt seine Lösegeldforderung.

2. Abwandlung von (1): Nachdem T die O in der Hütte eingesperrt hat, unternimmt diese einen Fluchtversuch. Dabei stürzt sie unglücklich und kommt zu Tode. Nun beschließt T, die Eltern (E) der O anzurufen und ein Lösegeld zu erpressen. Am Telefon erklärt T den Eltern, er habe die O in seiner Gewalt und werde sie erst nach Zahlung von 200 000 EUR unversehrt freilassen.

---

[229] Insoweit ist der Kritik von Graul (1995), 345 (351) an der „Außenwirkungs"-Rechtsprechung des BGH voll zuzustimmen; vgl. auch Hellmann (1996), 522 (527).
[230] BGH, NStZ 2010, 516; Eisele (2012b), Rn. 832; Rengier (2014b), § 24 Rn. 26.

In **Beispiel 1** hat T bereits mit dem Verbringen der O zu der Hütte den objektiven Tatbestand des § 239 a I 1. Alt. erfüllt, denn schon die Erlangung der Herrschaft über ihren Körper ist ein Sich-Bemächtigen und eine Entführung. Zunächst erfüllte er aber nicht den subjektiven Tatbestand, da er ohne Erpressungsabsicht handelte. Ein erpresserisches Ziel setzte sich T jedoch später zu einem Zeitpunkt, zu dem er die O immer noch in seiner Gewalt hatte, also den tatbestandsmäßigen Zustand der Entführung bzw. Bemächtigung aufrechterhielt. T erfüllte also noch vor dem Anruf bei E sowohl den objektiven als auch – synchron dazu – den subjektiven Tatbestand des § 239 a I 1. Alt. Mit Beginn des Anrufes verwirklichte er zusätzlich den objektiven und subjektiven Tatbestand des § 239 a I 2. Alt. Da die Verwirklichung des § 239 a I 1. Alt. auch während des Anrufs weiterhin andauerte, fallen Entführungs- und Ausnutzungstatbestand also während dieser Phase zusammen. Anders verhält es sich in **Beispiel 2**. Hier hatte T zwar die O entführt und dadurch den objektiven Tatbestand des § 239 a I 1. Alt. erfüllt. Diese Entführung diente aber keiner erpresserischen Zielverfolgung, solange die O am Leben war. Erst nach dem Tod der O fasste T eine erpresserische Absicht. Zu diesem Zeitpunkt erfüllte er aber den objektiven Tatbestand des § 239 a I 1. Alt. nicht mehr, da eine tatbestandsmäßige Entführung bzw. Bemächtigung nur an einem lebenden Menschen möglich ist. Aus § 239 a I ist T daher nur strafbar, wenn der erpresserische Anruf bei E nach dem Tod der O ein „Ausnutzen" i.S. der Ausnutzungsalternative des § 239 a I 2. Alt. ist (näher dazu unten 11.3.3.2.3.2).

11.3.3.2   Objektiver Tatbestand
11.3.3.2.1   Übersicht
Im Unterschied zur ersten Alternative handelt es sich hier um ein (vollkommen)[231] **zweiaktiges** Delikt:[232] Der erste Akt ist die Schaffung der durch den zweiten Akt ausgenutzten Lage des Opfers. Der zweite Akt ist die erpresserische Ausnutzung der zuvor durch eine „solche Handlung" geschaffenen Lage des Opfers.

11.3.3.2.2   Erster Akt
11.3.3.2.2.1   Solche Handlung
Mit dem Merkmal „durch eine solche Handlung" verweist die 2. Alt. des § 239 a I auf die Handlungsmerkmale der 1. Alt. zurück, also auf die „**Entführung**" bzw. „**Bemächtigung**".[233] Der Ausnutzungshandlung muss eine **objektiv tatbestandsmäßige** Entführung oder Bemächtigung vorausgegangen sein. Den Unrechtsgehalt, der die hohe Strafdrohung des § 239 a I rechtfertigt, hat die Ausnutzung nur, wenn die Entführung bzw. Bemächtigung auch **vorsätzlich** und **rechtswidrig** war.[234] Schuldhaft braucht der erste Akt dagegen nicht ausgeführt worden zu sein.

---

[231] Zur „unvollkommen" zweiaktigen Struktur des § 239 a I 1. Alt. vgl. oben 11.3.2.2.3.6
[232] Bohlinger (1972), 230 (232); Maurach et al (2009), § 15 Rn. 20; Satzger (2007), 114 (115).
[233] Schönke et al (2014), § 239 a Rn. 19.
[234] Schönke et al (2014), § 239 a Rn. 20.

Beispiele

1. Der Hausmeister T der Universität Eisenhüttenstadt verursacht am Samstagnachmittag aus Versehen einen Stromausfall im Juridicum, der zur Folge hat, dass der Fahrstuhl zwischen der ersten und zweiten Etage steckenbleibt. In dem Fahrstuhl befindet sich gerade der Strafrechtsprofessor O. Als T bemerkt, was passiert ist, beschließt er, die hilflose Lage des O auszunutzen, dessen Ehefrau E mitzuteilen, dass O in seiner Gewalt ist und von E die Zahlung eines Lösegeldes von 100 000 EUR zu fordern. Dies tut er auch sogleich.

2. Auf Grund einer rechtmäßigen vorläufigen Festnahme (§ 127 II StPO) befindet sich O in Polizeigewahrsam. Der Polizeibeamte P, der an der Festnahme beteiligt war, ruft bei E – der Ehefrau des O – an, teilt ihr mit, dass O in seiner Gewalt sei und verlangt für die Freilassung des O ein Lösegeld von 100 000 EUR.

3. Im Zustand schuldfähigkeitsausschließenden Alkoholrausches (§ 20) entführt T die 12jährige O und sperrt sie ein. Als T wieder nüchtern ist, ruft er die Eltern der O an, schildert die Lage der O und verlangt für die Freilassung der Tochter 100 000 EUR Lösegeld.

In **Beispiel 1** hat sich T des O objektiv bemächtigt, indem er dessen Gefangenschaft im Fahrstuhl verursachte. Allerdings hatte T zunächst keinen dahingehenden Vorsatz. Die spätere Ausnutzung der Zwangslage des O steht insoweit nicht mit einer vorsätzlichen Bemächtigungshandlung im Zusammenhang. Die unvorsätzliche Bemächtigung ist keine „solche Handlung" i.S. des § 239 a I 2. Alt. Zu berücksichtigen ist jedoch der dauerdeliktische Charakter der Bemächtigung (s. o. 11.3.2.1.4). Solange O in dem Fahrstuhl feststeckte und T diesen Zustand beenden konnte, befand sich O in der Gewalt des T. Sobald T der Lage des O gewahr wurde, hatte er den Vorsatz, sich des O zu bemächtigen. Die vorsätzliche Aufrechterhaltung der Gefangenschaft des O ist eine objektiv tatbestandsmäßige, vorsätzliche und rechtswidrige Bemächtigung und damit eine „solche Handlung".[235] Die dadurch geschaffene fortdauernde Zwangslage des O hat T zu einer Erpressung ausgenutzt. Daher hat sich T aus § 239 a I 2. Alt. strafbar gemacht. In **Beispiel 2** hat sich T des O vorsätzlich bemächtigt. Die Tat war aber durch das Festnahmerecht des § 127 II StPO gerechtfertigt. Die Zwangslage des O ist deshalb nicht durch eine „solche Handlung" geschaffen worden. Denn der Gesamtunrechtsgehalt des § 239 a I 2. Alt. wird nicht erreicht, wenn einer der beiden Teilakte des zweiaktigen Delikts mit der Rechtsordnung in Einklang steht. T hat sich nicht aus § 239 a I 2. Alt. strafbar gemacht. In **Beispiel 3** hat T eine vorsätzliche und rechtswidrige Entführung begangen, wegen der er aber mangels Schuldfähigkeit nicht bestraft werden kann.[236] Das Entführungsunrecht reicht jedoch als Grundlage für eine Strafbarkeit der späteren – im Zustand der Schuldfähigkeit begangenen – Ausnutzung der Entführungslage. T hat die O durch eine

---

[235] Dabei ist gleichgültig, ob man das weitere Verhalten des T als andauerndes aktives Sich-Bemächtigen oder als Sich-Bemächtigen durch garantenpflichtswidriges (§ 13) Unterlassen qualifiziert. Denn T hatte eine Garantenpflicht aus Ingerenz; Schönke et al (2014), § 239 a Rn. 20.

[236] Strafbar ist T aus § 323 a I (Rauschtat Freiheitsberaubung).

„solche Handlung" in die Lage gebracht, die er zu einer Erpressung ausnutzte. Daher hat sich T aus § 239 a I 2. Alt. strafbar gemacht.

Die 2. Alt. des § 239 a I ist zur Befriedigung eines Bestrafungsbedürfnisses erforderlich, das die 1. Alt. nicht zu befriedigen vermag. Die Lücke im Strafrechtsschutz der 1. Alt., die durch die 2. Alt. geschlossen wird, betrifft Fälle, in denen der vorsätzlichen und rechtswidrigen Entführung bzw. Bemächtigung entweder überhaupt **keine „überschießende" Absicht** zugrunde liegt oder eine Absicht, die **nicht auf Erpressung** gerichtet ist.[237]

Beispiele

1. T entführt den 12jährigen O, um ihn einige Tage in einem dunklen Kellerraum einzusperren und ihm dadurch Angst einzujagen. Am zweiten Tag der Gefangenschaft beschließt T, die Eltern des O anzurufen und von ihnen für die Freilassung ihres Sohnes ein Lösegeld von 100 000 EUR zu verlangen. Er setzt diesen Entschluss sogleich in die Tat um.
2. T entführt die 12jährige O, um sie in seiner Wohnung einige Tage lang sexuell zu missbrauchen. Am zweiten Tag beschließt T, von den Eltern der O für die Freilassung der Tochter ein Lösegeld in Höhe von 100 000 EUR zu fordern.
3. Abwandlung von (2): Noch vor Vollendung der Entführung lässt T seinen Vergewaltigungsentschluss fallen und wandelt ihn in eine Erpressungsabsicht um.

Die Entführung des O in **Beispiel 1** ist von Anfang an eine strafbare Freiheitsberaubung (§ 239 I). Erpresserischer Menschenraub ist die Tat hingegen zunächst nicht, da T sich des O nicht zum Zwecke einer Erpressung bemächtigte. Zwar erfüllte T den objektiven Tatbestand des § 239 a I 1. Alt., nicht aber den subjektiven Tatbestand. Die auf eine Erpressung gerichtete Entschlussfassung am zweiten Tag der Entführung fügte der objektiv tatbestandsmäßigen und vorsätzlichen Tat das fehlende subjektive Tatbestandsmerkmal hinzu. Die weitere Aufrechterhaltung der Gefangenschaft des O ist somit ein strafbarer erpresserischer Menschenraub gem. § 239 a I 1. Alt.[238] Darüber hinaus verwirklichte T auch den Ausnutzungstatbestand § 239 a I 2. Alt., als er damit begann, von den Eltern des O ein Lösegeld zu fordern. Erkennt man mit der hier vertretenen Meinung die Dauerderliktsnatur der 1. Alt. des § 239 a I an, besteht für die 2. Alt. kein Bedürfnis. In **Beispiel 2** hat sich T aus § 239 b I 1. Alt. wegen Geiselnahme strafbar gemacht. Strafbarkeit aus § 239 a I 1. Alt. scheitert zunächst am Fehlen der erpresserischen Absicht. Wie in Beispiel 1 ergibt sich aber eine Strafbarkeit aus § 239 a I 1. Alt. schon auf Grund der nachträglichen Entschlussfassung bezüglich einer Erpressung. Die dann noch hinzukommende Verwirklichung des Ausnutzungstatbestandes (§ 239 a I 2. Alt.) ist zur Begründung der Strafbarkeit aus § 239 a I nicht erforderlich. In **Beispiel 3** bedarf es zur Begründung des Ergebnisses,

---

[237] Blei (1983), 79.

[238] Maurach (1972), 403 (408).

dass sich T bereits aus § 239 a I 1. Alt. strafbar gemacht hat, nicht des Hinweises auf den dauerdeliktischen Charakter der Entführung. Denn T hatte schon vor Erreichen des Vollendungspunktes seine Zielsetzung auf die subjektiv-tatbestandsmäßige Erpressungsabsicht umgestellt. Gleichwohl ist auch die spätere Ausführung der Erpressungsabsicht als Verwirklichung des Ausnutzungstatbestandes (§ 239 a I 2. Alt.) ein erpresserischer Menschenraub. Die Aufgabe der Vergewaltigungsabsicht im Stadium der versuchten Geiselnahme (§§ 239 b, 22) ist als strafbefreiender Rücktritt zu werten. T ist also nur wegen erpresserischen Menschenraubes strafbar.

Der Täter der Ausnutzung muss auch Täter der vorangegangenen Entführung bzw. Bemächtigung sein.[239] Denn § 239 a I 2. Alt. setzt voraus, dass die Lage des Opfers „**von ihm**" durch eine „solche Handlung" geschaffen wurde. Es genügt, dass der Ausnutzungstäter die erste Handlung als **Mittäter** oder **mittelbarer Täter** begangen hat.[240] Nicht ausreichend ist dagegen eine Beteiligung als Anstifter oder Gehilfe.

Beispiele

1. T fordert den Geisteskranken M auf, die 12jährige O zu entführen. M führt die Tat sofort aus und bringt die O an einen auch dem T unbekannten Ort. Nun erst fasst T den Entschluss, von den Eltern der O für die Freilassung der Tochter ein Lösegeld von 100 000 EUR zu verlangen. Mit einem Anruf bei den Eltern setzt T diesen Entschluss in die Tat um.
2. T und X entführen die O, um sie sexuell zu missbrauchen. Nachdem T sich an der O vergangen hat, entfernt er sich und lässt die O in der Gewalt des X zurück. Als T an einer öffentlichen Telefonzelle vorbeikommt, beschließt er spontan, die Lage der O dazu auszunutzen, von den Eltern der O 100 000 EUR Lösegeld zu verlangen.
3. Abwandlung von (1): M ist nicht geisteskrank, was dem T bekannt ist.

In **Beispiel 1** hat M die Tatbestandsmerkmale „entführt" und „sich bemächtigt" eigenhändig – also in der Manier der unmittelbaren Täterschaft (§ 25 I 1. Alt.) – erfüllt. Da er aber wegen seiner Geisteskrankheit schuldunfähig war (§ 20), beging er keine Straftat. Die Schuldunfähigkeit macht den M zu einem tauglichen „Werkzeug" in der Hand des mittelbaren Täters T. Indem nämlich T den schuldunfähigen M zur Tatbegehung benutzte, verwirklichte er selbst den objektiven Tatbestand des § 239 a I 1. Alt. in der Form der mittelbaren Täterschaft (§ 25 I 2. Alt.). Strafbar ist T aus § 239 a I 1. Alt. gleichwohl nicht, weil er während der von M ausgeführten Entführung der O keine erpresserische Absicht hatte. Diese Absicht fasste T zwar später, als sich O immer noch in der Gewalt des M befand. Jedoch verwirklichte T zu diesem Zeitpunkt nicht mehr den objektiven Tatbestand des § 239 a I 1. Alt. – und zwar auch nicht in der Begehungsform der

---

[239] BGH, NStZ 2014, 316 (317); Blei (1983), 79.
[240] BGH, NStZ 2001, 247 (248); Schönke et al (2014), § 239 a Rn. 21.

mittelbaren Täterschaft. Denn da T nicht wusste, wo M die O gefangen hielt, hatte er keine Herrschaft über die O und auch keine Herrschaft über das Verhalten des M. Von einer tätigen dauerdeliktischen Aufrechterhaltung der Gefangenschaft der O durch T kann also nicht die Rede sein. Für Strafbarkeit aus § 239 a I 2. Alt. genügt allerdings, dass T die Lage der O in (mittelbar) täterschaftlicher Manier durch eine Entführungs- oder Bemächtigungshandlung geschaffen hat. Dies ist hier der Fall. Eine andere – hier nicht zu klärende – Frage ist, ob T die Lage der O ausnutzen konnte, obwohl er den Aufenthaltsort der O nicht kannte und daher keine physische Herrschaft über die O mehr hatte. In **Beispiel 2** hat T bei der Entführung der O zusammen mit X als Mittäter (§ 25 II) agiert. Die auf einer Entführung beruhende Lage der O ist also auch von T durch eine „solche Handlung" (Entführung) geschaffen worden. Auf dieser Basis kann T durch eine Ausnutzung der Lage der O den Tatbestand des § 239 a I 2. Alt. verwirklichen. Die Beurteilung der Tat des T in **Beispiel 3** fiele wie in Beispiel 1 aus, wenn T bezüglich der Entführung der O mittelbarer Täter wäre. Da aber M schuldfähig und deshalb selbst – aus § 239 I – strafbar ist, bestehen gegen die Annahme einer „Werkzeug"-Eigenschaft Bedenken. Erkennt man jedoch mit einer im Schrifttum durchaus beachtlichen Meinung die Fallgruppe „absichtsloses doloses Werkzeug" an,[241] könnte der – ohne Erpressungsabsicht handelnde – M hier doch Werkzeug des T im Sinne der mittelbaren Täterschaft sein. Allerdings käme dem T als „Benutzer" dieses Werkzeugs die für mittelbare Täterschaft erforderliche Überlegenheit nur unter der Voraussetzung zu, dass er – im Gegensatz zu M – die Entführung der O mit erpresserischer Absicht veranlasst hätte. Das aber ist nicht der Fall. T handelte genauso absichtslos wie M. T ist daher nicht mittelbarer Täter, sondern nur Anstifter des M (§§ 239 I, 26). Die Lage der O, die T später zu einer Erpressung ausnutzte, ist also nicht von T, sondern nur von M geschaffen worden. T kann daher nicht aus § 239 a I 2. Alt. strafbar sein.

11.3.3.2.2.2 Lage des Opfers

Der Täter des Ausnutzungstatbestandes muss durch eine „solche Handlung", also eine Entführung oder Bemächtigung, die „Lage eines Menschen" geschaffen haben. Damit ist zunächst klargestellt, dass der **erste Akt vollendet** sein muss, eine bloß versuchte Entführung oder Bemächtigung somit keine ausreichende Basis zur Erfüllung des Ausnutzungstatbestandes ist.

Beispiele

1. Mit einer Pistole in der Hand schleicht sich T von hinten an die O heran. Er hat dabei die Absicht, O mit der Waffe zu bedrohen und zum Einsteigen in seinen Pkw zu zwingen. Anschließend will er O in seine Wohnung bringen und dort vergewaltigen. Da T sehr aufgeregt ist, löst er versehentlich einen Schuss aus, der die O in den Rücken trifft und tötet. Nachdem T die Leiche der O in einen See geworfen hat, ruft er die Eltern der O an, erklärt ihnen, er

---

[241] Dazu Woelk (1994), 80 ff.; Herzberg (1977), 31 ff.

habe ihre Tochter entführt. Dann verlangt er für ihre Freilassung ein Lösegeld von 500 000 EUR.

2. Gemeinsam mit seinem Komplizen X bringt T den 16jährigen Unternehmersohn O in eine einsame Waldhütte. X hatte zuvor mit O vereinbart, diese Aktion zur Vortäuschung einer Entführung zu benutzen und von den Eltern E des O ein Lösegeld von 500 000 EUR zu erpressen. T weiß von dieser Vereinbarung nichts und geht davon aus, O solle zum Zwecke körperlicher und seelischer Misshandlung einige Tage eingesperrt werden. Als T am nächsten Tag zum Einkauf von Lebensmitteln in der nächstgelegenen Stadt ist, beschließt er, die Eltern des O auf eigene Faust zu erpressen. Er ruft die E an und vereinbart mit ihnen Termin und Ort der Lösegeldübergabe. Dabei hat T die Absicht, nicht mehr zu der Waldhütte zurückzukehren, sondern sich nach Empfang des Lösegeldes sofort ins Ausland abzusetzen.

In **Beispiel 1** hatte T dazu angesetzt, sich der O zu bemächtigen und sie zu entführen. Zur Vollendung dieser Tat kam es aber nicht. Insbesondere hatte sich T der O noch nicht bemächtigt, da die beabsichtigte Zwangswirkung mittels Bedrohung nicht zur Entfaltung gekommen war. O hatte ja den sich von hinten nähernden T noch nicht wahrgenommen. T beging also lediglich den Versuch einer Entführung bzw. Bemächtigung, strafbar als versuchte Geiselnahme mit Todesfolge, §§ 239 b I, II, 22 iVm § 239 a III. Man könnte deshalb schon daran zweifeln, ob dies eine „solche Handlung" iSd § 239 a I 2. Alt. ist. Sicher ist jedenfalls, dass die erforderliche „geschaffene Lage eines Menschen" als Resultat einer „solchen Handlung" fehlt. Zum einen war O tot und daher kein „Mensch" im strafrechtlichen Sinne mehr. Zum anderen meint „Lage" die Situation des Opfers, die infolge einer Entführung oder Bemächtigung eingetreten ist, nämlich den Verlust der Freizügigkeit und Fortbewegungsfreiheit. Diesen Entführungs- bzw. Bemächtigungserfolg hatte T aber nicht erreicht. In **Beispiel 2** verhält es sich insofern etwas anders, als der O zumindest aus der Sicht des T in eine Zwangslage geraten war, nachdem er in ein Geschehen involviert war, das äußerlich alle Merkmale einer Gefangennahme aufwies. Dennoch war dieser Vorgang weder eine Entführung noch eine Bemächtigung. Denn das Einverständnis des O steht dieser tatbestandsmäßigen Eigenschaft entgegen (s. o. 11.3.2.1.3).[242] Da T jedoch von diesem Einverständnis keine Kenntnis hatte, stellte er sich vor, den O zu entführen. Also beging T einen (untauglichen) Entführungsversuch. Dieser eignet sich aber hier ebensowenig wie in Beispiel 1 als Fundament einer tatbestandsmäßigen Ausnutzung. T hat sich daher nur wegen versuchten erpresserischen Menschenraubs strafbar gemacht, §§ 239 a I 2. Alt., 22.

Die Beispiele zeigen im Übrigen, dass die Lage des Opfers auch **im Zeitpunkt der Ausnutzung noch die eines Entführungsopfers** sein muss. Befindet sich das Opfer dann nicht mehr in der Lage, in die es durch eine Entführung oder Bemächtigung gebracht worden ist, kann der Täter eine solche Lage nicht mehr ausnutzen.[243]

---

[242] Satzger (2007), 114 (116).
[243] BGH, StV 2014, 217; BGH, NStZ 2006, 36 (37); Blei (1983), 80; Eisele (2012b), Rn. 823; Rengier (2014b), § 24 Rn. 27.

Beispiele

1. Unternehmersohn O wird von T und X entführt und in einer Waldhütte eingesperrt. Zunächst haben T und X noch keine konkreten Pläne bezüglich des weiteren Umgangs mit O. Als O aber bei einem nächtlichen Fluchtversuch in eine Schlucht stürzt und tödlich verletzt wird, entschließen sich T und X, nach Beseitigung der Leiche von den Eltern E des O ein Lösegeld zu erpressen. T ruft bei E an und teilt mit, dass O in der Gewalt von Entführern sei. Gegen ein Lösegeld von 500 000 EUR werde O wieder freigelassen.

2. T entführt die 20jährige Zeitungsverlegertochter O, um sie als Objekt sexueller Handlungen zu benutzen. Nach kurzer Zeit verliebt sich O in ihren Entführer und schlägt ihm vor, von O´s Eltern E ein Lösegeld zu erpressen. T ruft darauf bei E an und erklärt, er habe die O entführt und werde sie nur gegen ein Lösegeld von 500 000 EUR wieder freilassen.

T und X haben den O durch eine Entführung – also eine „solche Handlung" – in die Lage eines Entführungsopfers gebracht. Als sie dazu ansetzten, die Eltern des O zu erpressen, war diese Lage jedoch schon wieder aufgehoben. Da O tot war, existierte in Bezug auf ihn keine „Lage eines – lebenden – Menschen" mehr. Es ist fraglich, ob T und X dennoch die frühere Entführungslage in tatbestandsmäßiger Weise zu einer Erpressung ausnutzen konnten. Eine ähnliche Problematik wurde im Rahmen des Entführungstatbestandes (§ 239 a I 1. Alt.) bereits oben erörtert (11.3.2.2.3.3). Dabei wurde darauf hingewiesen, dass die tatsächliche Herrschaft über das – lebende – Opfer bei der beabsichtigten Erpressung die Funktion eines bedeutenden Druckmittels hat. Die Macht über das Schicksal des Entführten eröffnet dem Täter weitreichende Möglichkeiten der Druckausübung, über die ein Erpresser, der eine Entführungslage nur vortäuschen kann, nicht verfügt. Diese Machtstellung gibt daher auch dem Ausnutzungstatbestand sein besonderes Gepräge und seinen enormen Unrechtsgehalt. Die Entführungslage muss nicht nur vom Täter geschaffen worden sein; sie muss auch noch bestehen, während der Täter sie zu einer Erpressung ausnutzt.[244] Anderenfalls wäre nicht einzusehen, warum § 239 a I 2. Alt. überhaupt eine vom Täter geschaffene Entführungslage verlangt. T und X haben sich somit nicht aus § 239 a I 2. Alt. strafbar gemacht. Auch in **Beispiel 2** hat T eine tatbestandsmäßige Entführung – also eine „solche Handlung" – begangen. Dadurch hat er die O in eine Entführungslage gebracht, die als Grundlage einer tatbestandsmäßigen Ausnutzung iSd § 239 a I 2. Alt. geeignet ist. Jedoch hatte diese Lage im Zeitpunkt des Erpressungsbeginns eine andere Qualität: Da O mit der von T geschaffenen Lage nunmehr einverstanden war, wurde sie nicht mehr gegen ihren Willen festgehalten. Sie war keine Entführte mehr, ihre Lage war keine tatbestandsmäßige Entführungslage mehr. In der Lage der O im Zeitpunkt der Erpressung wirkt sich die ursprüngliche Entführung nicht mehr aus. O hätte ebensogut von Anfang an freiwillig zu T gehen können, um ihm die Möglichkeit einer täuschungsgestützten Erpressung ihrer Eltern zu verschaffen. Also hat sich T nicht aus § 239 a I 2. Alt. strafbar gemacht.

---

[244] Schönke et al (2014), § 239 a Rn. 23.

11.3.3.2.3   Zweiter Akt
Der zweite Akt ist die eigentliche tatbestandsmäßige Handlung: Die **Ausnutzung** der zuvor durch den ersten Akt geschaffenen Lage des Opfers **zu einer Erpressung**. Der erste Akt hat im Rahmen des Ausnutzungstatbestandes eine ähnliche Funktion wie z. B. der Diebstahl im Rahmen des Tatbestandes „räuberischer Diebstahl" (§ 252). Er ist eine „Vortat" und schafft die Ausgangsposition für die Begehung einer nach § 239 a I 2. Alt. tatbestandsmäßigen Tat.

11.3.3.2.3.1   Solche Erpressung
Der zweite Akt muss alle Strafbarkeitsvoraussetzungen einer – wenigstens versuchten[245] – Erpressung erfüllen. Durch den Zusatz „solche" wird der Kreis tauglicher Erpressungstaten auf diejenigen reduziert, die in § 239 a I 1. Alt. Gegenstand der erpresserischen Absicht sind (s. o. 11.3.2.2.3.2): Der Tatbestand des § 239 a I 2. Alt. umfasst also nur Erpressungen, bei denen der Täter die **Sorge des Opfers um sein Wohl oder die Sorge eines Dritten um das Wohl des Opfers** ausnutzt.[246] Eine weitere Einschränkung des Tatbestandes ist nach der hier vertretenen Meinung hinsichtlich des Erpressungsmittels geboten. In Anlehnung an die speziellen Nötigungsmittel des § 239 b I ist auch im Rahmen des § 239 a I 2. Alt. als tatbestandsmäßige Erpressungshandlung nur eine **Drohung mit Tötung, Zufügung einer schweren Körperverletzung oder Freiheitsberaubung von über einer Woche Dauer** anzuerkennen (s. o. 11.3.2.2.3.5).

11.3.3.2.3.2   Ausnutzung
Das Merkmal „ausnutzt" stellt die Verbindung zwischen der durch den ersten Akt (Entführung, Bemächtigung) geschaffenen „Lage eines Menschen" und der Erpressung her. Die Entführungslage ist das **Druckmittel**, mit dem der Täter die Zwangswirkung seiner Erpressung verstärken kann. Die Stabilität der Entführungslage ermöglicht dem Täter eine Ausdehnung der Druckausübung über einen längeren Zeitraum sowie die Variierung der Druckintensität. Er kann die Drohungsintensität lockern oder verschärfen und notfalls eine Zermürbungstaktik anwenden. Wie oben (11.3.2.2.3.6) schon dargelegt wurde, muss die Entführungslage im Zeitpunkt der Erpressung noch bestehen. Anderenfalls ist eine Ausnutzung dieser Lage nicht möglich.

11.3.3.3   Subjektiver Tatbestand
Hinsichtlich der Bestandteile des subjektiven Tatbestandes sind der erste und der zweite Akt differenziert zu betrachten.

11.3.3.3.1   Erster Akt
Der erste Akt – die Entführung bzw. Bemächtigung – muss **vorsätzlich** ausgeführt worden sein (s. o. 11.3.3.2.2.1). Dagegen braucht der Täter beim Vollzug der Entführungs- bzw. Bemächtigungshandlung noch **keine erpresserische Absicht** ge-

---

[245] Eisele (2012b), Rn. 832; Maurach (1972), 403 (408); Rengier (2014b), § 24 Rn. 27; Satzger (2007), 114 (116); Wessels et al (2013c), Rn. 744.
[246] Schönke et al (2014), § 239 a Rn. 22.

habt zu haben. Denn es ist gerade die Aufgabe des Ausnutzungstatbestandes, ohne Erpressungsabsicht begangene Entführungen bzw. Bemächtigungen zu erfassen (s. o. 11.3.3.1).

11.3.3.3.2 Zweiter Akt

Da der zweite Tatakt eine tatbestandsmäßige Erpressung ist, muss er alle subjektiven Tatbestandsmerkmale einer Erpressung umfassen. Neben dem **Vorsatz** (§ 15) beinhaltet der subjektive Tatbestand also die **Absicht rechtswidriger Bereicherung**. Inhalt des Vorsatzes sind zum einen alle objektiven Tatbestandsmerkmale der Erpressung, zum anderen aber auch die Ausnutzung der Entführungslage zum Zwecke der Erpressung.

11.3.4 Qualifikationstatbestand § 239 a III

11.3.4.1 Allgemeines

Da die Qualifikation des § 239 a III durch einen zur grunddeliktischen Tat hinzutretenden und durch sie verursachten Todeserfolg begründet wird, handelt es sich um ein **erfolgsqualifiziertes Delikt**.

11.3.4.2 Objektiver Tatbestand
11.3.4.2.1 Grunddelikt

Mit „Tat" meint § 239 a III einen Vorgang, der die Qualität eines nach § 239 a I strafbaren erpresserischen Menschenraubs hat. Als Basis der Erfolgsqualifikation kommen alle Grundtatbestände des § 239 a I in Betracht.[247] Im Vordergrund stehen dabei eindeutig die Entführungs- und Bemächtigungsfälle des § 239 a I 1. Alt. Der Ausnutzungstatbestand (§ 239 a I 2. Alt.) eignet sich nur ausnahmsweise zur Begründung der Erfolgsqualifikation.

Beispiele

1. T entführt die O, um von ihren Eltern ein Lösegeld zu erpressen. O wird von T in einem Zimmer eingesperrt, das zu einer im 6. Stock eines Hochhauses gelegenen Wohnung gehört. Bei dem Versuch, durch das Fenster zu flüchten, stürzt O ab und zieht sich tödliche Verletzungen zu.
2. T entführt O, um von den Eltern ein Lösegeld zu erpressen. O wird in einer einsam gelegenen Waldhütte eingesperrt und mit Nahrungsmittelvorräten ausgestattet, die eine Woche reichen. Dann ruft T bei den Eltern des O an und verlangt ein Lösegeld. Da diese aber auf Anraten der Polizei eine Hinhaltetaktik anwenden, gibt T den Versuch der Erpressung alsbald entnervt auf und setzt sich ins Ausland ab. Die Suche der Polizei nach dem entführten O verläuft ergebnislos. Erst nach zwei Wochen wird der inzwischen verhungerte O

---

[247] Maurach (1972), 403 (406).

zufällig von einem Journalisten, der von T einen Hinweis bekommen hatte, gefunden.

3. T entführt die O aus zunächst rein sexuellen Motiven. Erst später entschließt sich T zu einer Erpressung gegenüber den Eltern der O. Bei der von der Polizei überwachten Lösegeld- und Geiselübergabe kommt es zu einem Schusswechsel, bei dem die O tödlich verletzt wird.

In **Beispiel 1** ist der Tod des Opfers unmittelbare Folge der durch Entführung und Bemächtigung geschaffenen Gefangenschaft. Die qualifizierende Todesfolge wurde also durch die Begehung des Grunddelikts § 239 a I 1. Alt. verursacht. Im Ergebnis ebenso verhält es sich in **Beispiel 2**. Auch hier wurde O durch Entführung in die Lage gebracht, in der er den Tod fand. Dass T im Zeitpunkt des Todeseintritts keine unmittelbare physische Herrschaft über O mehr besaß und seine erpresserische Absicht aufgegeben hatte, ändert daran nichts. In **Beispiel 3** hatte T möglicherweise keine Gewalt mehr über O, als diese tödlich getroffen wurde. Dennoch ist der unmittelbar bei dem Austausch von Lösegeld und Geisel verursachte Tod mittelbar auch eine Folge der vorausgegangenen Entführung bzw. Bemächtigung. Diese erfüllte anfänglich zwar nicht den subjektiven Tatbestand des § 239 a I 1. Alt. Als T sich jedoch nachträglich entschloss, die Lage der O zu einer Erpressung auszunutzen, verwirklichte er den Tatbestand des § 239 a I 1. Alt. Wegen des dauerdeliktischen Charakters des § 239 a I 1. Alt. braucht also in Beispiel 3 nicht auf § 239 a I 2. Alt. zurückgegriffen zu werden.[248] Gleichwohl ist der Tod der O auch Folge einer tatbestandsmäßigen Ausnutzungshandlung i.S. des § 239 a I 2. Alt. Dies könnte ergebnisrelevant werden, falls in Bezug auf § 239 a I 1. Alt. der erforderliche spezifische Gefahrverwirklichungszusammenhang oder die Leichtfertigkeit fehlt.

Als grunddeliktische Erfolgsbasis kommt auch ein **versuchter** erpresserischer Menschenraub in Betracht.[249] Denn die spezifische Lebensgefährlichkeit kann schon durch die typischerweise bei der Begründung des Gewaltverhältnisses – also zwischen Versuch und Vollendung der Entführung bzw. Bemächtigung – ausgeführten Körperverletzungsakte zur Entfaltung gebracht werden.

Beispiel

Mit einer geladenen und entsicherten Pistole in der Hand nähert sich T von hinten dem O, den er zum Zwecke der Lösegelderpressung entführen will. Als O sich plötzlich umdreht, löst der sehr aufgeregte T einen Schuss aus, der den O trifft und tödlich verletzt.

Zu einem vollendeten erpresserischen Menschenraub ist es hier nicht gekommen, da O gestorben ist, bevor T sich seiner bemächtigen konnte. Der objektive Tatbestand des § 239 a I 1. Alt. kann nur durch Begründung der physischen Gewalt über einen lebenden Menschen erfüllt werden. T hatte aber zur Verwirk-

---

[248] Schönke et al (2014), § 239 a Rn. 29.
[249] Maurach (1972), 403 (413).

lichung des Tatbestandes unmittelbar angesetzt und daher einen versuchten erpresserischen Menschenraub begangen, §§ 239 a I 1. Alt., 22. Da die Versuchshandlung den Tod des O verursacht hat, ist Strafbarkeit des T aus §§ 239 a III, 22 möglich,[250] sofern die sonstigen Strafbarkeitsvoraussetzungen, insbesondere der Gefahrverwirklichungszusammenhang und die Leichtfertigkeit, erfüllt sind.

11.3.4.2.2 Todeserfolg

11.3.4.2.2.1 Tod

§ 239 a III berücksichtigt als erfolgsqualifizierende Folge nur den Tod des Opfers. Schwere Körperverletzungen iSd § 226 reichen nicht, da deren Erfolgsunwert unschwer bei der Strafzumessung aus dem sehr scharfen Strafrahmen des § 239 a I berücksichtigt werden kann. Es gilt derselbe **Todesbegriff** wie bei §§ 211 ff.[251]

11.3.4.2.2.2 Opfer

§ 239 a III setzt durch die Formulierung „Tod des Opfers" voraus, dass der Getötete bereits die strafrechtlich erhebliche Eigenschaft als Tatopfer hat, bevor der Todeserfolg eintritt und ihn zum „Todesopfer" macht. Wie oben dargestellt wurde (11.3.1.2), zeichnet sich der erpresserische Menschenraub durch die Beeinträchtigung mehrerer verschiedener Rechtsgüter aus, was zur Folge hat, dass die Tat auch mehrere verschiedene Opfer treffen kann. Dennoch ist nicht daran zu zweifeln, dass im Rahmen des § 239 a III allein das **Opfer der Entführung bzw. Bemächtigung** gemeint sein kann.[252] Denn die im tödlichen Ausgang bestätigte Lebensgefährlichkeit haftet in ausreichendem Maße nur dem – typischerweise mit physischer Gewalt vollzogenen – Entführungs- bzw. Bemächtigungsakt an. Dagegen ist die erpresserische Drohung und die – ebenfalls zum Tatbestand der Erpressung gehörende – Vermögensbeschädigung kein typisch lebensgefährlicher Vorgang.

Beispiel

T entführt die 16jährige O, um ihre Eltern zu erpressen. Als M, die Mutter der O, den von T geschriebenen und abgeschickten Brief mit der Lösegeldforderung liest, erleidet sie einen Herzanfall, an dessen Folgen sie einen Tag später stirbt. Zur Erfüllung der Lösegeldforderung muss V, der Vater der O, sein Einfamilienhaus verkaufen und in eine schäbige Mietwohnung umziehen. Den Verlust von Ehefrau und Haus geht über die Kräfte des V. Ein halbes Jahr nach der M stirbt auch V.

Opfer des erpresserischen Menschenraubs, den T durch die Entführung der O begangen hat, sind außer O selbst auch ihre Eltern M und V. Man könnte den Opferkreis sogar noch weiter ziehen und jeden berücksichtigen, der Grund hat, um das Wohl der O zu bangen, also beispielsweise sonstige Angehörige und Freunde. Eine sinnvolle und dem Bestimmtheitsgebot entsprechende Definition

---

[250] Maurach et al (2009), § 15 Rn. 31.

[251] Dazu oben 8.3.2.2.1.2; Krey et al (2012a), Rn. 15 ff.; Rengier (2014b), § 3 Rn. 7; Schönke et al (2014), vor § 211 Rn. 19.

[252] Arzt et al (2009), § 18 Rn. 38.

des Opferbegriffs muss sich aber auf die Personen beschränken, die Inhaber der unmittelbar durch die tatbestandsmäßige Tat tangierten Rechtsgüter sind. Das sind die Eltern der O, weil sie Drohungsadressaten (Rechtsgut Willensentschlie-ßungsfreiheit) und Inhaber des Vermögens (Rechtsgut Vermögen) sind, das mit der von T beabsichtigten Erpressung angegriffen wird. Dennoch erfüllt der Tod von M und V nicht den Tatbestand des § 239 a III. Denn beide sind nicht „Op-fer" i. S. dieser Vorschrift. Das StGB lässt nämlich generell bei der Schaffung erfolgsqualifizierter Tatbestände die psychische Erschütterung durch Drohung und die Zufügung eines Vermögensschadens als Erfolgsbasis unberücksichtigt. Dies erkennt man am deutlichsten daran, dass es im StGB keine „Nötigung mit Todesfolge", keine „(einfache) Erpressung mit Todesfolge", keinen „Diebstahl mit Todesfolge" und keine „Sachbeschädigung mit Todesfolge" gibt. Daher kön-nen diese Todesursachen auch im Rahmen des § 239 a III nicht berücksichtigt werden.

Das Opfer muss im Zeitpunkt der Todesverursachung ein **Mensch** im strafrecht-lichen Sinne sein. Denn der Erfolg „Tod" ist nur in Bezug auf einen schon und noch lebenden Menschen möglich. Da der getötete Mensch zudem „Opfer" eines tatbe-standsmäßigen erpresserischen Menschenraubs gewesen sein muss, dieses Delikt aber nur an einem lebenden Menschen begangen werden kann (s. o. 11.3.2.1.2), muss der Getötete bereits zur Zeit der Grundtatbestandsverwirklichung Mensch ge-wesen sein.

Beispiele

1. T entführt die hochschwangere O, um ihren Ehemann E zu erpressen. Die O wird von T im Keller eines unbewohnten Hauses eingesperrt. Nachdem eine Lösegeldübergabe scheitert, verliert T die Nerven und gibt die Tat auf. Er flieht ins Ausland, ohne sich weiter um O zu kümmern. Diese bringt kurz danach ein Mädchen M zur Welt. Auf Grund der miserablen hygienischen Verhältnisse stirbt das Neugeborene einen Tag nach der Geburt. Erst zwei Tage darauf wird die völlig entkräftete O von der Polizei gefunden und aus ihrem Gefängnis befreit.
2. Abwandlung von (1): O wehrt sich heftig gegen die Entführung durch T und bekommt von diesem einen Tritt in den Unterleib. Dadurch wird die Leibes-frucht der O beschädigt. Zwei Tage später kommt M mit schweren Gesund-heitsschäden zur Welt. Am Tag nach der Geburt findet der Versuch einer Lösegeldübergabe statt, nach deren Scheitern T ins Ausland flieht. O wird zwei Tage später gefunden und befreit. M war kurz zuvor an den Verletzun-gen, die der Tritt in den Unterleib der O verursacht hatte, verstorben. Ob das Leben der M hätte gerettet werden können, wenn sofort nach der pränatalen Schädigung die erforderliche medizinische Versorgung von Mutter und Lei-besfrucht eingesetzt hätte, lässt sich nicht mehr aufklären.

In **Beispiel 1** hat sich T durch die Entführung der O aus § 239 a I 1. Alt. straf-bar gemacht. In Bezug auf M hat T dagegen den Tatbestand des erpresserischen

Menschenraubs nicht erfüllt, denn im Zeitpunkt der Entführung der O war M noch nicht geboren und daher kein taugliches Opfer eines erpresserischen Menschenraubs (s. o. 11.3.2.1.2). Als M auf die Welt kam, hatte T die Tat bereits aufgegeben und sein tatbestandsmäßiges Verhalten – Aufrechterhaltung der Entführung bzw. Bemächtigung – beendet. M war also zu keinem Zeitpunkt Opfer einer Entführung bzw. Bemächtigung. Aus diesem Grund kann ihr Tod zur Erfüllung des Qualifikationstatbestandes § 239 a III nichts beitragen. Denn der/die Getötete muss zuvor bereits Opfer eines tatbestandsmäßigen erpresserischen Menschenraubs gewesen sein. In **Beispiel 2** hat sich T aus § 239 a I 1. Alt. sowohl in Bezug auf O als auch in Bezug auf M strafbar gemacht. Denn da T das Dauerdelikt „Entführung" noch beging, als M geboren und damit zum Menschen geworden war, wurde M gewissermaßen in die andauernde Tat und die Rolle des tauglichen Opfers eines erpresserischen Menschenraubs „hineingeboren". Damit ist die M auch ein taugliches Opfer des erfolgsqualifizierten Delikts § 239 a III. Allerdings war M noch nicht geboren und damit noch kein taugliches Opfer eines Tötungsdelikts, als die Ursache für den kurz nach der Geburt eingetretenen Tod gesetzt wurde. Todesursache war eine pränatale Verletzung, die weder den Tatbestand einer Körperverletzung noch den Tatbestand einer Tötung erfüllen kann, da diese Tatbestände voraussetzen, dass das Opfer bereits im Zeitpunkt der Verursachung Menschqualität hat.[253] Für todeserfolgsqualifizierte Delikte wie § 239 a III kann insoweit nichts anderes gelten.[254] Dieser Tatbestand wäre hier daher nur erfüllt, wenn noch nach der Geburt der M gesundheitsschädliche Einflüsse und Auswirkungen der Entführung – z. B. die Vorenthaltung medizinischer Betreuung – zu dem frühzeitigen Tod des Neugeborenen beigetragen hätten. Da sich dies aber nicht aufklären lässt, ist nach dem Prinzip „in dubio pro reo" zugunsten des T davon auszugehen, dass das Leben der vorgeschädigten M auf keinen Fall mehr zu retten war. Deshalb hat sich T nicht aus § 239 a III strafbar gemacht.

11.3.4.2.3 Zusammenhang zwischen Grunddelikt und Tod

Der Tod des Opfers muss „durch die Tat" verursacht worden sein. Wie bei erfolgsqualifizierten Delikten allgemein[255] ist damit ein wesentlich engerer Zusammenhang zwischen Grunddelikt und Erfolg gemeint, als die Vokabel „verursacht" es auszudrücken vermag.[256] Es reicht nicht, dass die Tat – das Grunddelikt „erpresserischer Menschenraub" (§ 239 a I) – **Ursache** des Todes ist. Erforderlich ist darüber hinaus die **objektive Zurechenbarkeit** des Todeserfolgs zum Grunddelikt sowie die **Verwirklichung der spezifischen deliktsimmanenten Todesgefahr** im eingetretenen Todeserfolg („Gefahrverwirklichungszusammenhang", „Risikozusammenhang").[257]

---

[253] Krey et al. (2012a), Rn. 187.

[254] S. o. 8.3.2.2.1.1.

[255] Zu § 316 a III vgl. oben 11.2.3.2.4.2, zu § 251 vgl. 8.3.2.2.2.2.

[256] BGHSt 33, 322 (323).

[257] BGHSt 32, 25 (28); Eisele (2012b), Rn. 836; Rengier (2014b), § 24 Rn. 36.

Beispiele

1. Zum Zwecke einer Erpressung entführt T die O nachts aus ihrer Wohnung und sperrt sie im Keller eines Hauses ein, das nur 100 m von ihrer Wohnung entfernt liegt. In derselben Nacht entweicht in der Wohnung der O Gas aus einer undichten Leitung. Wäre O nicht kurz zuvor von T entführt worden, hätte das Gas die O im Schlaf getötet. Noch in derselben Nacht gelingt der O die Flucht. Auf dem schnellsten Weg kehrt sie in ihre Wohnung zurück. Als sie den Lichtschalter betätigt, kommt es auf Grund des ausgeströmten Gases zu einer Explosion, durch die O getötet wird.

2. Der von T entführte O wird anlässlich eines misslungenen Fluchtversuchs von T mit Fußtritten und Schlägen misshandelt. Die dadurch verursachten Verletzungen sind lebensgefährlich. Nach seiner Freilassung wird O sofort in eine Klinik eingeliefert. Zufälligerweise befindet sich unter dem Klinikpersonal die Ärztin Ä, mit der O einst eine Liaison hatte, die von O auf ziemlich unfreundliche Weise abrupt beendet worden war. Ä erkennt den O wieder und sieht eine günstige Gelegenheit zur Rache gekommen. Durch heimliches Vertauschen zweier Ampullen bewirkt die Ä, dass dem O von der arglosen Krankenschwester K ein tödlich wirkendes Mittel injiziert wird.

3. Abwandlung von (2): Die Misshandlungen durch T führen bei O nur zu mittelschweren – nicht lebensgefährlichen – Verletzungen. Nach seiner Freilassung begibt sich O zu Arzt A in Behandlung. Auf Grund leichter Fahrlässigkeit unterläuft dem A bei der Behandlung des O ein Kunstfehler, der zum Tod des O führt.

4. O wird von T in einen Pkw gezerrt und entführt. Die Polizei nimmt sofort die Verfolgung auf, um den O zu befreien. Als T an einer geschlossenen Bahnschranke halten muss, kommt es zu einem Feuergefecht zwischen ihm und der Polizei. Von einer verirrten Polizeikugel wird der noch im Wagen sitzende O tödlich getroffen.

Die beiden ersten Beispiele zeigen, dass man die Fallprüfung nicht voreilig auf den spezifischen Gefahrverwirklichungszusammenhang konzentrieren sollte. Denn das Ergebnis der Straflosigkeit kann gegebenenfalls schon aus den dogmatisch vorgelagerten Gesichtspunkten mangelnder Kausalität oder mangelnder allgemeiner objektiver Zurechenbarkeit abzuleiten sein. In **Beispiel 1** fehlt ersichtlich schon die Ursächlichkeit der nach § 239 a I 1. Alt. tatbestandsmäßigen Entführung für den Tod der O. Ohne diese Tat des T wäre O noch früher ums Leben gekommen, die Entführung hat das Leben der O also sogar verlängert. Daraus darf selbstverständlich nicht geschlossen werden, dass die Entführung doch Ursache des konkreten Todeseintritts war, weil ohne Entführung der Tod zu einem anderen Zeitpunkt eingetreten und auf andere Weise herbeigeführt worden wäre. Hinausschiebung des Todeszeitpunkts ist schon deshalb keine Todesverursachung, weil der tatbestandsmäßige Erfolg „Tod" Lebenszeitverkürzung – und nicht Lebenszeitverlängerung – bedeutet.[258] In **Beispiel 2** bestehen an der Kausalität der von T begangenen Entführung für den Tod des O keine Zweifel.

Hätte T den O nicht entführt, wäre es nicht zu dem Fluchtversuch und den dabei von T begangenen Misshandlungen gekommen. O hätte dann nicht in die Klinik gebracht werden müssen und wäre nicht durch die Injektion des falschen Mittels getötet worden. Der Tod des O wurde also von T verursacht, ist ihm aber gleichwohl nicht objektiv zuzurechnen. Denn das vorsätzliche Eingreifen der Ä in den Kausalverlauf hat zur Folge, dass ausschließlich das Handeln der Ä als Erfolgsursache strafrechtlich relevant ist.[259] Das Zustandekommen eines Zurechnungszusammenhanges zwischen dem möglichen Tod des O und dem lebensgefährlichen Handeln des T wird durch die Intervention der Ä verhindert. Daher entfällt nicht nur eine Strafbarkeit des T aus § 239 a III, sondern auch aus § 222 und aus § 227. In **Beispiel 3** hat T nicht nur den Tod des O verursacht; der Todeserfolg ist dem todesursächlichen Verhalten des T auch objektiv zuzurechnen. Das nur fahrlässige „Dazwischentreten" des A lässt den Beitrag des T zum Tod des O im Licht der strafrechtlichen Würdigung nicht in dem Maße verblassen, dass der Zusammenhang zwischen der Tat des T und dem Tod des O strafrechtlich bedeutungslos wäre. Vielmehr spiegelt das Strafrecht die Relation zwischen dem Erfolgsunwert der Tötung des O und dem zugrundeliegenden Handlungsunwert nur dann zutreffend wider, wenn es sowohl das Fehlverhalten des A als auch das Fehlverhalten des T in den Blick nimmt.[260] Dennoch ist T nicht aus § 239 a III strafbar. Im Tod des O hat sich nämlich nicht die besondere Lebensgefahr der Entführung niedergeschlagen. Zwar ist die gewalttätige Auseinandersetzung zwischen T und O anlässlich des Fluchtversuchs eine für Entführungen typische lebengefährliche Situation.[261] Jedoch hat diese Situation hier ihre abstrakte Lebensgefährlichkeit nicht konkret entfaltet. Da O keine lebensgefährlichen Verletzungen davongetragen hat, konnte sich in dem später eingetretenen Tod die Lebensgefährlichkeit der Entführung nicht mehr niederschlagen. Der Tod des O stellt sich hier vielmehr als Resultat eines allgemeinen Lebensrisikos bzw. eines allgemeinen Patientenrisikos nieder. Strafbar ist T aus § 222.[262] Ein Fall der Strafbarkeit aus § 239 a III ist nur das **Beispiel 4**. Hier hat T den Tod des O in objektiv zurechenbarer Weise verursacht. Zudem hat sich im Tod des O eine spezielle und für Entführungen charakteristische Lebensgefahr verwirklicht. Tod oder schwere Verletzungen bei Befreiungsversuchen sind entführungstypische Risiken.[263]

11.3.4.3 Subjektiver Tatbestand
11.3.4.3.1 Grunddelikt
Je nachdem, ob dem Todeserfolg ein Grunddelikt nach § 239 a I 1. Alt. oder nach § 239 a I 2. Alt. zugrundeliegt, gelten für den subjektiven Tatbestand die oben (11.3.2.2; 11.3.3.3) dargestellten Regeln. Der Täter muss in jedem Fall vorsätz-

---

[259] Kühl (2012), § 4 Rn. 49; Maiwald (1984), 439 (440).

[260] Maiwald (1984), 439 (441).

[261] Eisele (2012b), Rn. 837.

[262] Vgl. BGHSt 33, 322 (325) letzter Satz.

[263] BGHSt 33, 322 (324); Eisele (2012b), Rn. 838; Küpper (1986), 117; Rengier (2014b), § 24 Rn. 37.

lich und mit erpresserischer Absicht gehandelt haben. Dabei ist zu beachten, dass zwischen dem Teil der Grundtatbestandsverwirklichung, der die Basis des Todeserfolges bildet, und den beiden subjektiven Tatbestandsmerkmalen **Synchronität** bestehen muss.

Beispiel

T entführt die O aus rein sexuellen Motiven. Durch die Gewalttätigkeiten, die T bei der Gefangennahme der O ausübt, wird O schwer verletzt. Nun beschließt T, die Eltern der O anzurufen und von ihnen für die Freilassung ihrer Tochter ein Lösegeld zu fordern. Einen Tag danach verstirbt O an den erlittenen Verletzungen.

Mit der Gefangennahme der O erfüllte T den objektiven Tatbestand des § 239 a I 1. Alt. Da er aber zunächst keine Erpressungsabsicht hatte, erfüllte er nicht den subjektiven Tatbestand des § 239 a I 1. Alt. Dieser Entführungsakt, durch den der Tod der O verursacht wurde, ist deshalb keine „Tat" iSd § 239 a III (s. o. 11.3.4.2.1). Der subjektive Tatbestand des § 239 a I 1. Alt. wurde von T erst erfüllt, als er den Entschluss zur Erpressung der Eltern der O fasste. Von nun an hatte das dauerdeliktische Verhalten des T die erforderlichen rechtlichen Eigenschaften einer „Tat" iSd § 239 a III. Allerdings war diese Tat keine Todesursache. Denn da O auf Grund der zuvor schon erlittenen Verletzungen ohnehin unrettbar dem Tode geweiht war, hat sich die Fortdauer der Entführung im Todeserfolg nicht ausgewirkt. Der Tod der O ist also nicht durch eine „Tat" verursacht worden. T ist nicht aus § 239 a III – wohl aber aus § 239 III Nr. 2 und gegebenenfalls aus §§ 239 b II i. V. m. 239 a III – strafbar.[264]

11.3.4.3.2   Leichtfertigkeit

Während § 18 allgemein bei erfolgsqualifizierten Delikten leichte Fahrlässigkeit bezüglich des qualifizierenden Erfolges als Strafbarkeitsvoraussetzungen ausreichen lässt, hebt § 239 a III die Strafbarkeitsschwelle auf das Niveau der **groben Fahrlässigkeit**.[265] Das Wort „wenigstens" öffnet den Tatbestand für Taten, bei denen der Täter mit Tötungsvorsatz gehandelt hat.[266]

11.3.5 Tätige Reue, § 239 a IV

11.3.5.1 Allgemeines

Die in § 239 a IV dem Gericht eingeräumte Strafmilderungsmöglichkeit knüpft an ein **rücktrittsähnliches Verhalten** des Täters – oder Teilnehmers – an. Hinsichtlich der Rechtsfolge unterscheidet sich § 239 a IV von § 24 und von Sondervorschriften wie z. B. § 266 a VI 2, § 306 e II dadurch, dass nicht die Strafbarkeit (Straftatvoraus-

---

[264] Maurach (1972), 403 (408).

[265] Lackner et al (2014), § 15 Rn. 55; Schönke et al (2014), § 15 Rn. 106; § 239 a Rn. 31.

[266] Rengier (2014b), § 24 Rn. 26.

setzungen), sondern die Bestrafung (Straftatfolgen) berührt wird. Die tätige Reue schließt nicht das Vorliegen einer Straftat aus, sondern eröffnet nur die Möglichkeit **gemilderter Sanktionierung** der Straftat. Von in dieser Hinsicht verwandten Sondervorschriften wie z. B. § 142 IV, § 158 I oder § 306 e I unterscheidet sich § 239 a IV dadurch, dass nur eine fakultative Strafmilderung, nicht dagegen fakultatives Absehen von Bestrafung vorgesehen ist. Das hat zur Folge, dass Vorschriften, die diese weitergehenden Rechtsfolgen auslösen können, im Falle eines Zusammentreffens mit § 239 a IV vorrangig anzuwenden sind.

Beispiele

1. T schleicht sich mit geladener Pistole in der Hand von hinten an O heran. Er will O entführen und die Eltern des O um ein Lösegeld erpressen. Als O sich plötzlich umdreht, stellt T fest, dass O ein weißes T-Shirt mit dem Emblem seines – des T – Lieblingsfußballvereins auf der Brust trägt. Da T keinen Anhänger „seines" Vereins entführen will, gibt er den Plan spontan auf und lässt O in Ruhe.
2. Abwandlung von (1): Als O sich umdreht, erkennt T, dass er den O mit jemand anderem verwechselt hat. Tatsächlich hatte T es auf den Y abgesehen, der dem O ähnelt, aber wesentlich wohlhabendere Eltern hat als der aus bescheidenen Verhältnissen stammende O. Da T sich von einer Entführung des O keinen Erfolg verspricht, gibt er sein Tatvorhaben auf.

In **Beispiel 1** hatte T den O noch nicht entführt und sich seiner auch noch nicht bemächtigt, als er sein Vorhaben aufgab. Eine vollendete Straftat nach § 239 a I 1. Alt. hatte er also noch nicht begangen. Da er aber kurz davor stand, den O in seine Gewalt zu bringen, hatte er zur Verwirklichung des Tatbestandes § 239 a I 1. Alt. unmittelbar angesetzt und alle Strafbarkeitsvoraussetzungen des versuchten erpresserischen Menschenraubs erfüllt, §§ 239 a I 1. Alt., 22. Die Aufgabe der weiteren Tatausführung erfolgte freiwillig. Daher ist T vom Versuch strafbefreiend zurückgetreten, § 24 I 1 1. Zwar lässt sich das Rücktrittsverhalten des T durchaus auch unter § 239 a IV S. 1 subsumieren. T hat sein Opfer O in seinen Lebenskreis zurückgelangen lassen und auf die erstrebte Bereicherung verzichtet. Als Rechtsfolgenvorschrift setzt § 239 a IV aber das Vorliegen einer Straftat voraus. Da sich T nicht aus § 239 a I strafbar gemacht hat, kann § 239 a IV nicht zur Anwendung kommen. In **Beispiel 2** lässt sich gegen die Gewährung des Rücktrittsprivilegs aus § 24 I mit gutem Grund einwenden, dass T seine Tat nicht freiwillig aufgegeben habe. Da er den O als ein für sein Erpressungsvorhaben ungeeignetes Entführungsopfer ansah, ist sein Versuch fehlgeschlagen. Also hat sich T wegen versuchten erpresserischen Menschenraubs aus §§ 239 a I 1. Alt., 22 strafbar gemacht. Für die Anwendung des § 239 a IV ist daher Raum. Wie sich insbesondere aus dem Vergleich zwischen § 239 a IV S. 2 einerseits („ernsthaftes Bemühen") und § 24 I 2 andererseits („freiwillig und ernsthaft bemüht") schließen lässt, kommt es bei § 239 a IV nicht auf Freiwilligkeit des Leistungsverzichts an.[267] Aus Gründen des Opferschutzes wird dem Täter hier eine

---

[267] Blei (1983), S. 80; Bohlinger (1972), 230 (232); Eisele (2012b), Rn. 841; Maurach et al (2009), § 15 Rn. 32; Rengier (2014b), § 24 Rn. 39.

(fast)[268] goldene Brücke gebaut, deren Überquerung vom Täter nicht die gleiche honorierungswürdige Umkehrleistung verlangt wie bei § 24.[269] Das Gericht kann also zugunsten des T von der Milderungsmöglichkeit des § 239 a IV S. 1 Gebrauch machen, vorausgesetzt, T hat tatsächlich auf eine Leistung verzichtet.

11.3.5.2 Anwendungsbereich des § 239 a IV

11.3.5.2.1 Vollendete und versuchte Tat

Die Strafmilderungsmöglichkeit des § 239 a IV kommt hauptsächlich in Fällen des „Rücktritts" **nach vollendeter Tat** zur Anwendung.[270] Wie das obige Beispiel (11.3.5.1) zeigt, kann aber auch ein versuchter erpresserischer Menschenraub Anknüpfungspunkt für § 239 a IV sein. Denn es wäre ein Wertungswiderspruch, wenn der Täter in den Genuss dieser Strafmilderungsmöglichkeit nur nach vollendeter, nicht aber nach lediglich versuchter Tat kommen könnte.

11.3.5.2.2 Täter und Teilnehmer

Die Erwähnung des „Täters" und die Nichterwähnung des „Teilnehmers" im Text des § 239 a IV bedeutet nicht, dass Teilnehmer keine Chance haben, sich durch ein dem § 239 a IV entsprechendes Verhalten das Privileg der Strafmilderung zu verdienen. Es ist eine im Strafgesetzbuch weit verbreitete Technik der Textgestaltung, nur den „Täter" ausdrücklich zu nennen, obwohl die Vorschrift ihrem Sinn nach zweifellos **auch auf Teilnehmer Anwendung** finden muss. Beispielsweise wird niemand in Frage stellen, dass der Anstifter oder Gehilfe nach § 60 S. 1 straflos davonkommen muss, wenn er selbst durch die Tat schwer geschädigt worden ist.[271] Auch das Privileg des § 158 I wird dem Teilnehmer gewährt, wenn er – nicht der Täter – die falsche Aussage berichtigt.[272] Ebenso verhält es sich mit § 239 a IV.

Beispiel

A stiftet den T an, die O zu entführen und dann von den Eltern ein Lösgeld zu erpressen. T entführt die O und sperrt sie in einem Kellerraum ein. Bevor T dazu kommt, von den Eltern das Lösegeld zu fordern, befreit A die O aus ihrem Gefängnis und bringt sie zu ihren Eltern zurück.

T hat sich durch die Entführung der O aus § 239 a I 1. Alt., A hat sich durch die Bestimmung des T zu dieser Tat aus §§ 239 a I 1. Alt., 26 strafbar gemacht. Die Befreiung der O durch A ändert daran nichts. A hat jedoch bewirkt, dass O in ihren Lebenskreis zurückgelangt und ihre Eltern die von T erstrebte Leistung nicht zu erbringen brauchten. Daher könnte A eine Aussicht auf Milderung seiner Strafe nach § 239 a IV S. 1 erlangt haben. Fraglich ist dies allerdings, weil A nicht „Täter" ist und – sofern er selbst an dem Lösegeld nicht partizipierten wollte – auf die Leistung der Eltern nicht verzichtet hat. Dass eine Ungleichbe-

---

[268] Völlig „golden" ist die Brücke nicht, da sie den Täter nicht in die Straflosigkeit führt.

[269] Bohlinger (1972), 230 (232).

[270] BGH, NStZ 2003, 605; Eisele (2012b), Rn. 840.

[271] Lackner et al (2014), § 60 Rn. 2; Schönke et al (2014), § 60 Rn. 1.

[272] Lackner et al (2014), § 158 Rn. 1; Schönke et al (2014), § 158 Rn. 2.

handlung von Tätern und Teilnehmern im Rahmen des § 239 a IV jedoch unge-
recht und sachlich nicht zu begründen wäre, zeigt bereits § 24 II. Die alleinige
Erwähnung des Täters ist daher kein Hindernis für die Anwendung des § 239 a
IV auf A. Auch das Merkmal „Verzicht" braucht nicht im Sinne von Aufgabe
einer Absicht zur persönlichen Bereicherung verstanden zu werden. Da im subjektiven Tatbestand des § 253 die Drittbereicherungsabsicht der eigennützigen
Bereicherungsabsicht gleichgestellt ist, muss auch im Rahmen des § 239 a IV die
Verhinderung der Leistung an einen Dritten – hier: den Täter T – dem Verzicht
auf Leistung an sich selbst – hier: an den Anstifter A – gleichgestellt werden.
Dass die Vokabel „Verzicht" dazu nicht besonders gut passt, ist unschädlich, da
gegen eine analoge Anwendung des begünstigenden § 239 a IV auf Tatteilnehmer keine Bedenken bestehen.[273]

11.3.5.2.3 Grundtatbestand § 239 a I

Das Hauptanwendungsgebiet des § 239 a IV sind Taten, die alle Strafbarkeitsvoraussetzungen eines Grundtatbestandes nach § 239 a I erfüllen und somit Strafbarkeit wegen vollendeten erpresserischen Menschenraubes begründen. Im Fall des
§ 239 a I 1. Alt. ist die Anwendbarkeit evident, da der Täter sich hier im **Vorfeld der
beabsichtigten Erpressung** befindet und daher vom Empfang der „erstrebten Leistung" noch recht weit entfernt ist. Hat der Täter die Lage des Opfers bereits zu einer
Erpressung ausgenutzt (§ 239 a I 2. Alt.) ist es ebenso, da das „Ausnutzen" schon
mit dem Erpressungsversuch gegeben ist (s. o. 11.3.3.2.3.1). Aber selbst **nach bereits vollendeter Erpressung** kann tätige Reue noch möglich sein, da Vollendung
und Eintritt des Bereicherungserfolgs zeitlich auseinanderfallen können.[274]

11.3.5.2.4 Qualifikationstatbestand § 239 a III

Selbstverständlich **unanwendbar** ist § 239 a IV in Fällen, in denen das Opfer durch
die Tat **getötet** wird und aus diesem Grund nicht mehr – lebendig – in seinen Lebenskreis zurückgelangt. In gleicher Weise sind Fälle zu beurteilen, bei denen das
Opfer **an den Folgen der Tat verstirbt**, nachdem es in seinen Lebenskreis zurückgelangt ist.[275] Liegt zwischen der Freilassung des Opfers und dem Todeseintritt
allerdings ein längerer Zeitraum, ist dies ein Indiz für das Fehlen des von § 239 a
III vorausgesetzten spezifischen Risikozusammenhangs zwischen Entführung und
Todeserfolg. Ein strafprozessrechtliches Problem begründet der große zeitliche Abstand zwischen Entführung, Freilassung und Todeseintritt, wenn der Täter wegen
erpresserischen Menschenraubs aus § 239 a I rechtskräftig verurteilt wurde, dabei
§ 239 a IV zur Anwendung kam und erst danach der – mit der Tat gefahrspezifisch
verknüpfte – Tod des Opfers eingetreten ist. Die Rechtskraft des Strafurteils steht
dann einer Wiederaufrollung des Verfahrens mit dem Ziel einer ungemilderten Verurteilung aus § 239 a III entgegen („ne bis in idem", Art. 103 III GG).[276]

---

[273] Schönke et al (2014), § 239 a Rn. 42.

[274] Vgl. o. 10.2.2.3.

[275] Fischer (2014), § 239 a Rn. 1, anders offenbar Schönke et al (2014), § 239 a Rn. 38.

[276] Beulke (2012), Rn. 509.

11.3.5.3   Voraussetzungen

11.3.5.3.1   Allgemeines

§ 239 a IV differenziert nach dem auch in anderen Rücktritts- oder rücktrittsähnlichen Vorschriften praktizierten Muster – z. B. § 24 I S. 1 und S. 2, § 31 I und II, § 139 IV S. 1 und S. 2, § 149 II und III – zwischen **erfolgsursächlichem** und **nichtursächlichem** Rücktrittsverhalten. Im Fall des § 239 a IV S. 1 bewirkt der Täter (oder Teilnehmer, s. o. 11.3.5.2.2), dass der strafmilderungsrelevante Erfolg eintritt (Freilassung, unten 11.3.5.3.2), im Fall des § 239 a IV S. 2 bemüht er sich um die Herbeiführung dieses Erfolges, ohne ihn tatsächlich zu verursachen (Freilassungsversuch, unten 11.3.5.3.3).

11.3.5.3.2   Freilassung, § 239 a IV S. 1

11.3.5.3.2.1   Zurückgelangenlassen in den Lebenskreis

§ 239 a IV S. 1 geht davon aus, dass der Täter das Opfer durch die Tat (Entführung oder Bemächtigung) aus seiner gewohnten Umgebung herausgerissen und an einen Ort außerhalb des „Lebenskreises" gebracht hat. Die **Ortsveränderung** ist – wie oben gesehen (11.3.2.1.3) – das charakteristische Merkmal der Variante „Entführung". Ein Zurückgelangen in den Lebenskreis des Opfers erfordert also eine Rückkehr, d. h. die Überwindung der räumlichen Distanz zwischen dem Ort der Gefangenschaft und dem Ort, der den eigenen Lebenskreis ausmacht. Da bei der „Bemächtigungs"-Variante eine Ortsveränderung des Opfers nicht erforderlich ist, sind Fälle möglich, in denen der Täter sich des Opfers innerhalb dessen Lebenskreises bemächtigt. Demnach scheint in solchen Fällen ein „Zurückgelangen" ausgeschlossen zu sein. Jedoch ist eine so enge Deutung des Merkmals abzulehnen, hätte sie doch zur Folge, dass gerade Taten mit geringerem Unrechtsgehalt von der Strafmilderungsmöglichkeit abgeschnitten wären. Deshalb muss für das „Zurückgelangen in den Lebenskreis" genügen, dass das Opfer aus der Situation der Bemächtigung entlassen wird und sich wieder frei innerhalb seines Lebenskreises bewegen kann.[277] Es ist nicht notwendig, dass das Opfer vom Ort seiner Gefangenschaft bis zu seinem Lebenskreis einen mehr oder weniger langen Weg zurücklegen muss.

Der Beitrag des Täters zu dem Rückkehrerfolg beschränkt sich auf das **Zulassen** dieses Vorgangs. Dazu genügt das Absehen von erfolgversprechenden Gegenmaßnahmen bei einem erfolgreichen Fluchtversuch des Opfers.[278] Allerdings ist die Strafmilderungsmöglichkeit erst eröffnet, wenn das Opfer seinen Lebenskreis tatsächlich erreicht hat. Den Täter entlastet nicht schon die Beendigung der Gefangenschaft, wenn zwischen ihr und der Wiederherstellung des Normalzustandes eine längere Wegstrecke liegt. Insbesondere trägt der Täter das Risiko eines fehlgeschlagenen Rückkehrversuchs, z. B. wenn das Opfer auf seinem Weg nach Hause tödlich verunglückt.[279] Bei einem von der Heimat des Opfers weit entfernten Entführungsort darf sich der Täter nicht damit begnügen, das Opfer gehen zu lassen. Vielmehr muss er aktiv dafür Sorge tragen, dass das Opfer auf zumutbare, sichere

---

[277] BGH, NStZ 2003, 605; 2001, 532.

[278] Eisele (2012b), Rn. 841.

[279] Schönke et al (2014), § 239 a Rn. 38.

und zügige Weise an seinen Heimatort zurückgelangen kann. Der Lebenskreis des Opfers ist auch dann als Zielort des § 239 a IV S. 1 relevant, wenn sich das Opfer vor der Tat gar nicht an diesem Ort befunden hat. Der Täter, der ein im Wald verirrtes Kind entführt hat, kann sich also nicht darauf beschränken, das Kind wieder in diesen Wald zurückzubringen. Will das Opfer nicht mehr in seinen früheren Lebenskreis zurückkehren, bewirkt diese Entscheidung die Begründung eines neuen Lebenskreises. Für die Anwendung des § 239 a IV S. 1 ist dann erforderlich, dass der Täter dem Opfer die Möglichkeit gibt, diesen neuen Lebenskreis zu erreichen. Dieser neue Lebenskreis kann auch der Ort der Gefangenschaft sein. Entschließt sich also das Opfer, bei dem Täter zu bleiben – z. B. weil sich zwischen den beiden eine Liebesbeziehung entwickelt hat – genügt es, dass der Täter dem Opfer die Freiheit gibt, ihn zu verlassen.

11.3.5.3.2.2 Verzicht auf die erstrebte Leistung
Da der Täter den Menschenraub zum Zweck einer Erpressung begeht, richtet sich sein Streben auf eine rechtswidrige **Bereicherung**. „Leistung" ist also die Vermögensverfügung, die von der Geisel oder einem Dritten durch die Androhung einer gegen die Geisel gerichteten Übelszufügung erzwungen werden soll. Der Verzicht kann darin bestehen, dass das Opfer freigelassen und das Leistungsverlangen zurückgenommen wird, bevor der Täter die Leistung erhalten hat. Ausreichend ist aber auch, dass der Täter das Opfer freilässt und die schon erhaltene Leistung zurückgibt.[280]

11.3.5.3.3 Freilassungsversuch, § 239 a IV S. 2
11.3.5.3.3.1 Erfolgseintritt ohne Zutun des Täters
Mit „dieser Erfolg" meint § 239 a IV S. 2 die **Rückkehr des Opfers** in seinen Lebenskreis und das **Ausbleiben einer Vermögensschädigung** beim Erpressungsopfer. „Ohne Zutun" bedeutet, dass das Opfer nicht infolge eines Zurückgelangenlassens seinen Lebenskreis zurückgewinnt und dass die Unversehrtheit des Vermögens der erpressten Person nicht auf einem Verzicht des Täters beruht. Es handelt sich also um Fälle, in denen sich das Opfer selbst befreit oder von Dritten befreit wird bzw. in denen der Täter die erstrebte Leistung ohnehin nicht erhalten hätte (Beispiel: Die Eltern des entführten Kindes folgen dem Rat der Polizei und beschließen, der Forderung des Entführers nicht nachzugeben) bzw. ihm die erhaltene Leistung wieder entzogen wurde (Beispiel: Die Polizei befreit die Geisel und stellt das bereits gezahlte Lösegeld sicher).

11.3.5.3.3.2 Ernsthaftes Bemühen um den Erfolg
Das ernsthafte Bemühen um Herbeiführung des Erfolges im oben beschriebenen Sinne (Rückkehr des Opfers in seinen Lebenskreis, Unversehrtheit des Vermögens des Erpressungsopfers) hat die Struktur eines untauglichen bzw. fehlgeschlagenen Versuchs. Der Täter muss also gewissermaßen mit dem **Vorsatz** handeln, durch sein eigenes Verhalten diesen Erfolg herbeizuführen. Er muss den Vorsatz haben, das

---

[280] Schönke et al (2014), § 239 a Rn. 39; aA Fischer (2014), § 239 a Rn. 20: Rückgabe ist nur beachtlich, wenn der Täter lediglich einen Teil der Leistung erhalten hat und auf den Rest verzichtet.

Opfer in seinen Lebenskreis zurückgelangen zu lassen und auf die erstrebte Leistung zu verzichten. Weiß er, dass sich das Opfer bereits selbst befreit hat oder dass die erpresste Person auf keinen Fall bereit ist, das verlangte Lösegeld zu zahlen, hat er diesen Vorsatz nicht. In objektiver Hinsicht muss der Täter Anstrengungen unternehmen, die ex ante gesehen geeignet sind, die Rückkehr des Opfers in scinen Lebenskreis zu ermöglichen und das Erpressungsopfer vor einem Vermögensverlust zu bewahren.[281]

Kontrollfragen
1. Wann wurde das „Autofallenraubgesetz" erlassen? (11.2.1.1)
2. Welche einschneidende Veränderung am Tatbestand des § 316 a I brachte das 6. Strafrechtsreformgesetz? (11.2.1.1)
3. Gibt es zwischen dem „Unternehmen" eines Angriffs und dem „Verüben" eines Angriffs einen Unterschied? (11.2.2.1.3)
4. Was sind „besondere Verhältnisse des Straßenverkehrs"? (11.2.2.1.6.3)
5. Können bei einem Angriff außerhalb des Fahrzeugs die besonderen Verhältnisse des Straßenverkehrs ausgenutzt werden? (11.2.2.1.5; 11.2.2.1.6.4)
6. Ist § 24 StGB bei § 316 a anwendbar? (11.2.1.1; 11.2.2.4.2)
7. Welcher Gattung von Tatbeständen gehört § 316 a III an? (11.2.3.1)
8. Welche strafrechtsdogmatische Bedeutung hat der Kausalzusammenhang zwischen Angriff und Todeserfolg in § 316 a III? (11.2.3.2.4)
9. Wie setzt sich der subjektive Tatbestand des § 316 a III zusammen? (11.2.3.3)
10. Seit wann gibt es im deutschen Strafrecht den Straftatbestand „Erpresserischer Menschenraub"? (11.3.1.1)
11. Wie unterscheiden sich die Tatbestände „Erpresserischer Menschenraub" (§ 239 a) und „Geiselnahme" (§ 239 b)? (11.3.1.3.2)
12. Was versteht man unter einer „Entführung"? (11.3.2.1.3)
13. Wie unterscheiden sich die Tatbestandsmerkmale „entführen" und „sich bemächtigen"? (11.3.2.1.4)
14. Welche Probleme hat die Einbeziehung von „Zwei-Personen-Konstellationen" in den Tatbestand des § 239 a erzeugt? (11.3.2.2.3.6)
15. Wie unterscheidet sich die zweite Tatbestandsalternative des § 239 a I von der ersten Tatbestandsalternative? (11.3.3.1)
16. Wie setzt sich der subjektive Tatbestand des § 239 a I 1. Alt. und der subjektive Tatbestand des § 239 a I 2. Alt. zusammen? (11.3.2.2; 11.3.3.3)
17. Zu welcher Deliktsgattung gehört § 239 a III? (11.3.4.1)
18. Wie muss bei § 239 a III der Zusammenhang zwischen Grunddelikt und Todeserfolg beschaffen sein? (11.3.4.2.3)
19. Wie unterscheidet sich § 239 a IV von § 24 StGB? (11.3.5.1)

---

[281] Schönke et al (2014), § 239 a Rn. 41.

Literatur

Amelung, Cirener, Grüner. Der praktische Fall – Strafrecht: Ein Schutzgeldkassierer unter Waschzwang. JuS. 1995;48.

Beulke W. Strafprozessrecht. 12. Aufl. 2012.

Blei H. Strafrecht Besonderer Teil. 12. Aufl. 1983.

Bohlander. Anm. BGH, Urt. v. 17. 11. 1992–1 StR 534/92. NStZ. 1993;439.

Bohlinger. Bemerkungen zum Zwölften Strafrechtsänderungsgesetz (12. StrÄG). JZ. 1972;230.

Bosch. Der räuberische Angriff auf Kraftfahrer (§ 316a StGB) – Anmerkungen zu einer ungeeigneten Norm. Jura. 2013;1234.

Dehne-Niemann. Zur Neustrukturierung des § 316 a StGB : Der räuberische Angriff auf „Nochnicht-Kraftfahrer". NStZ. 2008;319.

Duttge, Nolden. Die rechtsgutorientierte Interpretation des § 316a StGB. JuS. 2005;193.

Eisele J. Strafrecht Besonderer Teil II. 2. Aufl. 2012b.

Fahl. Zur Problematik der §§ 239 a b StGB bei der Anwendung auf „Zwei-Personen-Verhältnisse". Jura. 1996;456.

Fischer C. Der räuberische Angriff auf Kraftfahrer nach dem 6. Strafrechtsreformgesetz. Jura. 2000;433.

Gössel KH. Strafrecht Besonderer Teil 2. 1996.

Freund. Der Entwurf des 6. Gesetzes zur Reform des Strafrechts. ZStW. 1997;109, 455.

Geppert, Anm. BGH, Urt. v. 19.11. 1985–1 StR 489/85. NStZ. 1986;552.

Geppert. Zu den Schwierigkeiten der Praxis mit § 316 a StGB (Autostraßenraub). DAR. 2014;128.

Graul. Vom Zustand der Zeit im Umgang mit Gesetzen, dargestellt am Beispiel der §§ 239 a, 239 b StGB. In: Vom unmöglichen Zustand des Strafrechts. Institut für Kriminalwissenschaften Frankfurt a. M., Herausgeber. 1995. S. 345.

Gropp W. Strafrecht Allgemeiner Teil. 3 . Aufl. 2005.

Große. Einfluß der nationalsozialistischen Strafgesetzgebung auf das heutige StGB am Beispiel des § 316 a StGB. NStZ. 1993;525.

Günther. Der „Versuch" des räuberischen Angriffs auf Kraftfahrer. JZ. 1987a;16.

Günther. Der räuberische Angriff auf „Fußgänger" – ein Fall des § 316 a StGB? JZ. 1987b;369.

Hansen, Tatbild. Tatbestandsfassung und Tatbestandsauslegung beim erpresserischen Menschenraub (§ 239 a StGB). GA. 1974;353.

Hellmann. Der praktische Fall – Strafrecht: Überfall am Geldautomaten. JuS. 1996;522.

Heinrich B. Zur Notwendigkeit der Einschränkung des Tatbestandes der Geiselnahme. NStZ. 1997;365.

Herzberg. Wegfall subjektiver Tatbestandsvoraussetzungen vor Vollendung der Tat, Festschrift für Oehler. 1985, S. 163.

Herzog. Anm. zu BGH, Urt. v. 20.11.2003–4 StR 150/03. JR. 2004;258.

Hirsch. Der „unmittelbare" Zusammenhang zwischen Grunddelikt und schwerer Folge beim erfolgsqualifizierten Delikt, Festschrift für Oehler. 1985, S. 111.

Hörnle. Die wichtigsten Änderungen des Besonderen Teils des StGB durch das 6. Gesetz zur Reform des Strafrechts. Jura. 1998;169.

Immel. Zur Einschränkung der §§ 239a I, 239b I StGB in Fällen „typischer" Erpressung/Nötigung im Drei-Personen – Verhältnis. NStZ. 2001;67.

Ingelfinger. Zur tatbestandlichen Reichweite der Neuregelung des räuberischen Angriffs auf Kraftfahrer und zur Möglichkeit strafbefreienden Rücktritts vom Versuch. JR. 2000;225.

Jesse. Der räuberische Angriff auf Kraftfahrer (316 a StGB): Ein bestimmt unbestimmter Tatbestand? JR. 2008a;448.

Jesse. § 316a StGB: unverhältnismäßig, überflüssig – verfassungswidrig? JZ. 2008b;1083.

Keller. Anm. BGH, Urt. v. 14.1. 1991–5 StR 618/91. JR. 1992;515.

Kindhäuser U. Strafrecht Besonderer Teil I. 5. Aufl. 2012.

Kraemer. Räuberischer Angriff auf Kraftfahrer – Ein Dauerbrenner im Examen. JA. 2011;193.

Kindhäuser U. Strafrecht Besonderer Teil II. 8. Aufl. 2014.

Krüger. „Neues" vom räuberischen Angriff auf Kraftfahrer ! – Analyse der jüngeren Rechtsprechung des 4. BGH-Strafsenats. NZV. 2004;161.

Krüger. Zum „Ausnutzen der besonderen Verhältnisse des Straßenverkehrs" im Sinne von § 316a
StGB. NZV. 2008;234.

Kühl K. Strafrecht Allgemeiner Teil. 7. Aufl. 2012.

Küper W. Strafrecht Besonderer Teil. 8. Aufl. 2012.

Küpper, Anm. BGH, Urt. v. 18. 9. 1985–2 StR 378/85. NStZ. 1986;117.

Küpper. Unmittelbarkeit und Letalität, Festschrift für Hirsch. 1999, S. 595.

Kunert, Bernsmann. Neue Sicherheitsgesetze – mehr Rechtssicherheit? NStZ. 1989;449.

Lackner K, Kühl K. Strafgesetzbuch. 28. Aufl. 2014.

Maiwald. Zurechnungsprobleme im Rahmen erfolgsqualifizierter Delikte. JuS. 1984;439.

Maurach. Zur Rechtsnatur des erpresserischen Kindesraubes (§ 239 a StGB). JZ. 1962;559.

Maurach. Probleme des erfolgsqualifizierten Delikts bei Menschenraub, Geiselnahme und Luft-
piraterie. Festschrift für Heinitz. 1972, S. 403.

Maurach R, Schroeder FC, Maiwald M. Strafrecht Besonderer Teil 1.10. Aufl. 2009.

Mitsch, Sturz aus dem Fenster. Jura. 1993; 18.

Mitsch. Der neue § 316 a StGB. JA. 1999;662.

Mitsch. Das Unternehmensdelikt. Jura. 2012;526.

Müller-Emmert, Maier. Erpresserischer Menschenraub und Geiselnahme. MDR. 1972;97.

Neuhaus. 15 Jahre Freiheitsstrafe für den minder schweren Fall des räuberischen Angriffs auf
Kraftfahrer? DAR. 1989;200.

Niedzwicki. Das Gesetz gegen Straßenraub mittels Autofallen vom 22. Juni 1938 und § 316a
StGB. ZJS. 2008;371.

Otto H. Grundkurs Strafrecht Allgemeine Strafrechtslehre. 7. Aufl. 2004.

Rengier. Genügt die „bloße" Bedrohung mit (Schuß-) Waffen zum „Sichbemächtigen" i. S. der
§§ 239 a, 239 b StGB? GA. 1985;314.

Rengier R. Strafrecht Besonderer Teil I. 16. Augl. 2014a.

Rengier R. Strafrecht Besonderer Teil II. 15. Aufl. 2014b.

Renzikowski. Erpresserischer Menschenraub und Geiselnahme im System des Besonderen Teils
des Strafgesetzbuches. JZ. 1994;492.

Rossmüller, Anm. BGH, Urt. v. 22.2.1996–1 StR 721/95. JR. 1997;162.

Roth-Stielow. Die gesetzeswidrige Ausweitung des § 316a StGB. NJW. 1969;303.

Sander. Anm. zu BGH, Urt. v. 20. 11. 2003–4 StR 150/03 und BGH, Urt. v. 20.11.2003–4 StR
250/03. NStZ. 2004;501.

Satzger. Erpresserischer Menschenraub (§ 239 a StGB) und Geiselnahme (§ 239 b StGB) im Zwei-
personenverhältnis. Jura. 2007;114.

Schönke A, Schröder H. Strafgesetzbuch. 29. Aufl. 2014.

Sowada. Im Labyrinth des § 316a StGB. FS Otto. 2007, S. 799.

Sowada. Der räuberische Angriff auf einen „Noch-nicht-Kraftfahrer". HRRS. 2008;136.

Steinberg. § 316a StGB – Perspektiven einer begrüßenswerten auslegungsmethodischen Trend-
wende. NZV. 2007;545.

Sternberg-Lieben, Sternberg-Lieben. Anm. zu BGH, Urt. v. 20.11.2003–4 StR 150/03. JZ.
2004;633.

Systematischer Kommentar zum StGB. 2012.

Tenckhoff, Baumann. Zur Reduktion des Tatbestandes des erpresserischen Menschenraubs und
der Geiselnahme, §§ 239 a, 239 b StGB. JuS. 1994;836.

Wolter. Der „unmittelbare" Zusammenhang zwischen Grunddelikt und schwer Folge beim erfolgsqualifizierten Delikt. GA. 1984;443.

Wolters. Das sechste Gesetz zur Reform des Strafrechts. JZ. 1998;397.

Wolters. Anm. zu BGH, Urt. v. 8.11.2000–3 StR 360/00. JR. 2002a;163.

Wolters. „Neues" vom räuberischen Angriff auf Kraftfahrer? GA. 2002b;303.

Zieschang. Die geschichtliche Entwicklung des § 316a StGB und seine heutige Ausgestaltung.
Festschrift für Weitzel. 2014, S. 705.

Teil IV
Anschlussdelikte

Begünstigung, § 257 StGB

12

Inhaltsverzeichnis

12.1 Allgemeines

12.1.1 Rechtsgut

Die Einbeziehung des Delikts „Begünstigung" in ein Lehrbuch zu den Vermögensstraftaten versteht sich bei der Begünstigung nicht von selbst.[1] Denn die Begünstigung hat „**Anschlusstat**"-Struktur, weil sie sich an eine „Vortat" anschliesst und daher ihren Strafwürdigkeitsgehalt aus dem Zusammenhang mit dieser Vortat bezieht.[2] Die Begünstigung hat die Funktion, dem Vortäter die aus seiner Tat erlangten Vorteile zu sichern. Daher ist die Begünstigung immer ein Angriff auf das Rechtsgut, gegen das sich die Vortat gerichtet hat. Ist die Vortat ein Vermögensdelikt – z. B. ein Diebstahl –, so hat auch die Begünstigung den Charakter einer Straftat gegen das Vermögen – bzw. im Anschluss an einen Diebstahl gegen das Eigentum. Handelt es sich bei der Vortat dagegen um ein Nichtvermögensdelikt – z. B. eine Vorteilsannahme (§ 331) –, kann auch die nachfolgende Begünstigung kein Vermögensdelikt sein. Der Tatbestand des § 257 erfasst als Vortaten sowohl Vermögensdelikte als auch Nichtvermögensdelikte[3]. Denn Vorteile, zu deren Sicherung

---

[1] Zipf (1980), 24 (25).

[2] Vogler (1977), 405 (415).

[3] Geerds (1988), 243 (262); Schröder (1949), 161 (163).

Begünstigung begangen werden kann, können auch aus Straftaten resultieren, die immaterielle Rechtsgüter verletzen.[4] Daher kann man die Begünstigung nicht als **reines Vermögensdelikt** qualifizieren.[5]

Dennoch steht bei der Begünstigung der Gesichtspunkt der Vermögensbeeinträchtigung in der praktischen Strafrechtspflege im Vordergrund. In den meisten Fällen sind es Vorteile aus Vermögensdelikten, die der Begünstiger zu sichern sucht.[6] Auch das Gesetz deutet an, dass der Gesetzgeber die Begünstigung schwerpunktmäßig als Vermögensdelikt betrachtet hat. Denn in § 257 IV 2 wird mit § 248 a eine Vorschrift für entsprechend anwendbar erklärt, die ihren originären Standort im Recht des Diebstahls und der Unterschlagung hat. Dies sind unzweifelhaft Vermögensdelikte. Also muss auch die Begünstigung ein Vermögensdelikt sein, wenn und soweit § 248 a sinngemäß angewendet werden soll.[7]

Neben dem durch die Vortat angegriffenen Rechtsgut schützt § 257 aber auch noch den Teil der **Rechtspflege**, der dem Entzug bzw. der Rückführung deliktisch erlangter Tatvorteile und damit der Verhinderung der Perpetuierung eines rechtswidrigen Zustands dient.[8] Begünstigung ist ihrem Wesen nach Restitutionsvereitelung durch Behinderung, Störung oder Ausschaltung der rechtlichen Vorgänge und Instrumente, deren Zweckbestimmung die Wiederherstellung des durch die Vortat aufgehobenen rechtmäßigen Zustands ist („Hemmung der Rechtspflege").[9] Da die Begünstigung eine Vortat voraussetzt, die einen Straftatbestand verwirklicht (§ 11 I Nr. 5), muss man den Aspekt der Restitutionsvereitelung sogar zur „Verfallsvereitelung" präzisieren. Letztlich geht es darum, dass der Begünstiger die kriminalitätshemmende Maximen „Straftaten dürfen sich nicht lohnen" bzw. „unrecht Gut darf nicht gedeihen" untergräbt.[10] Insofern ist die Begünstigung nicht bloß ein Rechtspflegedelikt, sondern ein Delikt gegen die Strafrechtspflege.[11] Durch diese Komponente wird der Tatbestand der Begünstigung erheblich verengt. Nicht jedwede Vorteilssicherungsmaßnahme, die dem Inhaber des durch die Vortat beeinträchtigten

---

[4] Blei (1983), 429; Wessels et al. (2013c), Rn. 803.

[5] Amelung (1978), 227 (229); Eisele (2012b), Rn. 1075; Geppert (1980), 269 (270); Jahn et al (2009), 309 (310); Lenckner (1978), 339 (340) Fn. 7; Schröder (1952), 68 (69); Sternberg-Lieben (1984), 572 (575); Zipf (1980), 24 (25).

[6] Geerds (1988), 243 (251); Janson (1992), 54; Miehe (1970), 91 (97); Schröder (1949), 161 (163); Seelmann (1983), 32 (33); Wessels et al (2013c), Rn. 803; Zipf (1980), 24 (26).

[7] Otto (2005), § 57 Rn. 16.

[8] Zu den „Straftaten gegen den Staat und seine Einrichtungen" wird die Begünstigung daher gerechnet bei Blei (1983), § 109 (S. 427). Unter „Straftaten gegen die Rechtspflege" wird § 257 bei Krey et al (2012a), Rn. 852 eingeordnet.

[9] BGHSt 2, 362 (363); 24, 166 (167); 36, 277 (280); 57, 56 (59); BGH, NStZ 1987, 22; OLG Düsseldorf, NJW 1979, 2320 (2321); Bockelmann (1982), 172; Eisele (2012b), Rn. 1075; Geppert (2007), 589 (592); Lenckner (1978), 339 (340); Rengier (2014a), § 20 Rn. 2; Schröder (1949), 161 (165); Schröder (1952), 68; Sternberg-Lieben (1984), 572 (575).

[10] Janson (1992), 96; Schröder (1952), 68 (70); Vogler (1977), 405 (413).

[11] Miehe (1970), 91 (105); Schröder (1949), 161 (165).

Rechtsguts schadet, ist Begünstigung. Nur eine Vorteilssicherung, die einen rechtlich einwandfreien Prozess der Vorteilsrückführung vereitelt, ist tatbestandsmäßige Begünstigung (dazu unten 12.2.2.1.2.3).

Beispiel

V stiehlt dem O ein Fahrrad und stellt es in den Keller seines Hauses. Eine Woche später muss V für ein paar Tage verreisen. O hat inzwischen erfahren, wo sein Rad sich befindet und den V zur Herausgabe aufgefordert. Nachdem V dies abgelehnt hat, droht ihm O an, er werde sich sein Eigentum „mit Gewalt" zurückholen. Da V fürchtet, O werde während seiner Abwesenheit in sein Haus eindringen und sich das Fahrrad holen, bringt er das Rad zu seinem Freund T und bittet ihn, darauf aufzupassen. T hat von dem Diebstahl des V Kenntnis und nimmt das Rad in seine Obhut.

Wäre Begünstigung ein reines Vermögensdelikt, bestünden gegen die Strafbarkeit des T aus § 257 I keine Bedenken. Denn mit der Inobhutnahme des gestohlenen Fahrrads hat er dem V mit Vorteilssicherungs- und Restitutionsvereitelungsabsicht Hilfe geleistet. Soll die Maßnahme des T den V aber nur gegen eine eigenmächtige Rückholung des Fahrrads durch O schützen, wird die Erfüllung des Begünstigungstatbestandes zweifelhaft. Da der Schutzzweck des § 257 nur rechtmäßige Restitutionsmaßnahmen deckt, käme es darauf an, ob das von O geplante – den Tatbestand des Hausfriedensbruchs (§ 123) erfüllende – Eindringen in das Haus des V gerechtfertigt wäre. Dies ist jedoch nicht der Fall. Notwehr (§ 32) scheidet aus, weil der von V begangene Angriff auf Besitz und Eigentum des O nicht mehr gegenwärtig ist. Ein Selbsthilferecht nach § 229 BGB besteht ebenfalls nicht, da diese Vorschrift zwar die Wegnahme von Sachen, nicht aber das Eindringen in fremdem Hausrecht unterliegende Räumlichkeiten gestattet. Der Versuch eigenmächtiger Verschaffung des gestohlenen Fahrrads wäre also ein nach § 123 I strafbarer Hausfriedensbruch und somit keine legale Rückholaktion. Die Unterbindung dieser Aktion durch T ist deshalb kein Angriff auf die Rechtspflege und folglich keine tatbestandsmäßige Begünstigung. Anders wäre es, wenn die Inverwahrungnahme des Fahrrads auch eine eventuelle rechtmäßige Sicherstellung oder Beschlagnahme durch die Polizei vereiteln sollte (vgl. §§ 111 b IV, 111 c, 111 k StPO).[12]

Man kann also die Frage nach dem durch § 257 geschützten Rechtsgut folgendermaßen beantworten: Der Straftatbestand schützt **kumulativ** zwei Rechtsgüter.[13] Das eine ist identisch mit dem Rechtsgut, welches durch die der Begünstigung vorausgehende Vortat verletzt wird. Das zweite ist die (Straf-)Rechtspflege in ihrer speziellen Funktion als Einrichtung zur Wiederherstellung des durch die Vortat gestörten rechtmäßigen Zustands. Daran erkennt man, dass die Rechtspflege in ihrer

---

[12] Dehne-Niemann (2009), 248 (251).

[13] Amelung (1978), 227 (231); Geppert (1980), 269 (270); Kindhäuser (2014), § 46 Rn. 1; Schröder (1952), 68 (71); Seelmann (1983), 32 (33).

im Verhältnis zum Vortatrechtsgut dienenden Funktion betroffen ist.[14] Daher steht
das Vortatrechtsgut im Vordergrund, die Rechtspflege als mitgeschütztes Rechtsgut
hat untergeordnete Bedeutung. Das Vortatrechtsgut kann dem Bereich der Vermögensgüter angehören oder ein immaterielles Rechtsgut sein. Nur wenn ersteres der
Fall ist, ist die Begünstigung ein Vermögensdelikt. Weil dies aber sowohl theoretisch als auch praktisch eine bedeutende Facette der Begünstigung ist, wird dieses
Delikt hier besprochen.[15]

12.1.2 Systematik

12.1.2.1 Systematik der Vorschriften über die Begünstigung

Die Begünstigung ist in § 257 geregelt. Es gibt **nur einen Straftatbestand**, dessen
Merkmale in § 257 I enthalten sind. Qualifikations- oder Privilegierungstatbestände sieht das Strafrecht nicht vor. Insbesondere verwandelt sich die Begünstigung
nicht in einen qualifizierten Fall, wenn die Vortat einen Qualifikationstatbestand
erfüllt. Der Begünstiger wird also immer aus § 257 I bestraft, gleich ob die Vortat
ein einfacher Diebstahl (§ 242), ein schwerer Diebstahl (§ 244) oder gar ein Raub
(§ 249) ist. Nur die Strafzumessung ist in gewisser Weise von Art und Schwere der
Vortat abhängig. Gemäß § 257 II darf die Obergrenze des für die Vortat maßgeblichen Strafrahmens nicht überschritten werden. Damit wird die in § 257 I normierte
Höchststrafe von fünf Jahren auf ein niedrigeres Maß gesenkt, wenn es sich bei der
Vortat z. B. um einen unbefugten Gebrauch eines Fahrzeugs (§ 248 b I: 3 Jahre)
oder eine Leistungserschleichung (§ 265 a: 1 Jahr) handelt.

Einen **steuerstrafrechtlichen Spezialfall** der Begünstigung regelt § 369 I Nr. 4
AO: Dieses Delikt, dessen Einzelmerkmale in § 369 I Nr. 4 AO nicht normiert sind
und die sich deshalb aus § 257 I ergeben, unterscheidet sich von der allgemeinen
Begünstigung nur durch den engeren Kreis der erfassten Vortaten. Nur die in § 369
I Nr. 1–3 AO genannten Delikte – sowie die Begünstigung von Steuerdelikten selbst
("Kettenbegünstigung") – kommen als Vortaten in Betracht.[16]

12.1.2.2 Verhältnis des § 257 zu anderen Straftatbeständen
12.1.2.2.1 Strafvereitelung (§§ 258, 258 a)
Mit der Strafvereitelung hat die Begünstigung viele Berührungspunkte. Beide Delikte sind Anschlusstaten, setzen also eine Vortat voraus und bezwecken die Unterstützung eines anderen Straftäters nach dessen Tat. Der Täter der Begünstigung
solidarisiert sich ebenso wie der Täter der Strafvereitelung mit einem Straftäter,
beide Delikte richten sich daher gegen die Rechtspflege. Auch im Strafprozessrecht
gehen Begünstigung und Strafvereitelung „Hand in Hand" (vgl. §§ 60 Nr. 2, 97 II
3, 138 a I Nr. 3 StPO). Ihre enge Verwandtschaft drückte sich bis zum EGStGB

---

[14] Amelung (1978), 227 (230): „Die Rechtspflege ist nicht Inhaberin eigener Restitutionsinteres-
sen, sondern lediglich ein Instrument für ihre Durchsetzung."

[15] Ebenso Seelmann (1983), 32 (33); Wessels et al (2013c), Rn. 803.

[16] Münchener Kommentar-Wegner (2010), § 369 AO Rn. 19 ff.

vom 2. 3. 1974[17] sogar darin aus, dass beide Tatbestände in einer Vorschrift – dem § 257 a. F.[18] – zusammengefasst waren.[19] Zur terminologischen Unterscheidung der beiden Tatbestände nannte man den einen „sachliche Begünstigung" (§ 257 I 1 Alt. 2 a. F.) und den anderen „persönliche Begünstigung" (§ 257 I 1 Alt. 1 a. F.). Das EGStGB trennte die beiden Tatbestände[20] und formte in § 258 die **persönliche** Begünstigung zur „Strafvereitelung" um.[21] Der geltende § 257 beinhaltet also nur noch die frühere **sachliche** Begünstigung.[22]

12.1.2.2.2 Hehlerei (§§ 259, 260, 260 a)

Auch die Hehlerei ist ein Anschlussdelikt.[23] Im Gegensatz zur Begünstigung ist sie aber ein Delikt mit eindeutig dominierendem **vermögensbeeinträchtigenden** Charakter. Taugliche Vortaten der Hehlerei sind daher nur Vermögensdelikte, während die Begünstigung auch mit Vortaten anderer Kategorie in Verbindung stehen kann. Wie die Begünstigung befasst sich auch die Tat des Hehlers mit Gegenständen, die aus der Vortat herrühren und für den Vortäter die Bedeutung eines „Vorteils" haben. Eine weitere Parallele zur Begünstigung besteht darin, dass die Tat des Hehlers im Interesse des Vortäters liegt, diesen also in gewisser Weise unterstützt.[24] Im Unterschied zur Begünstigung bewirkt die Hehlerei aber nicht die Erhaltung der durch die Vortat erlangten Sachen, sondern im Gegenteil deren Entäußerung.[25] Während die Begünstigung erfolgreich ist, wenn der Vortäter ihretwegen seine Vortatvorteile behält, ist die Hehlerei erfolgreich, wenn der Vortäter die Beute losgeworden ist und daraus einen wirtschaftlichen Vorteil erzielt hat.

---

[17] BGBl 469.

[18] § 257 a. F. hatte ursprünglich – im StGB von 1871– folgenden Wortlaut:„ (1) Wer nach Begehung eines Verbrechens oder Vergehens dem Thäter oder Theilnehmer wissentlich Beistand leistet, um denselben der Bestrafung zu entziehen oder um ihm die Vortheile des Verbrechens oder Vergehens zu sichern, ist wegen Begünstigung mit Geldstrafe bis zu zweihundert Thalern oder mit Gefängniß bis zu Einem Jahre und, wenn er diesen Beistand seines Vortheils wegen leistet, mit Gefängniß zu bestrafen. Die Strafe darf jedoch, der Art oder dem Maße nach, keine schwerere sein, als die auf die Handlung selbst angedrohte. (2) Die Begünstigung ist straflos, wenn dieselbe dem Thäter oder Theilnehmer von einem Angehörigen gewährt worden ist, um ihn der Bestrafung zu entziehen. (3) Die Begünstigung ist als Beihülfe zu bestrafen, wenn sie vor Begehung der That zugesagt worden ist. Diese Bestimmung leidet auch auf Angehörige Anwendung."

[19] Zur geschichtlichen Entwicklung vgl. Janson (1992), 10 ff.

[20] Dazu informativ Stree (1976), 137 ff.

[21] Vorläufer des § 258 a (Strafvereitelung im Amt) war § 346 a. F.

[22] Blei (1983), 429; Stree (1976), 137.

[23] Geerds (1988), 243 (261).

[24] BGHSt 2, 362 (363); 23, 360 (361).

[25] Nach BGHSt 2, 362 (363) kann Absatzhilfe auch Begünstigung sein: „Denn auf diese Weise will sich der Vortäter nur ihren wirtschaftlichen Wert endgültig zueignen, außerdem will er sich durch schnelles Abstoßen des fremden Gutes dagegen sichern, dass ihm dieses zugunsten des Eigentümers wieder entzogen wird"; ebenso BGHSt 4, 122 (124).

12.1.2.2.3 Beteiligung an der Vortat

Ein schwieriges Abgrenzungsproblem stellt sich im Verhältnis der Begünstigung zur Beteiligung an der Vortat. Insbesondere die Abgrenzung zur **Beihilfe zur Vortat** ist eine umstrittene und noch nicht restlos geklärte Frage. Denn die Begünstigung ist selbst eine Art Beihilfe, deren auffallendste Besonderheit darin zu sehen ist, dass sie erst nach der Tat, auf die sie sich bezieht, geleistet wird („auxilium post delictum").[26] Da Beihilfe iSd § 27 aber auch noch nach Beginn der Haupttat möglich ist, könnte es sein, dass sich die Anwendungsbereiche der Begünstigung und der Beihilfe zur Vortat überschneiden. Das Gesetz gibt zu dieser Thematik wenig Auskunft. In § 257 III 1 ist lediglich klargestellt, dass eine kumulative Bestrafung wegen Vortatbeteiligung und wegen Begünstigung – außer im Fall des § 257 III 2 – nicht möglich ist. Vielmehr geht die Bestrafung wegen Beteiligung an der Vortat vor und verdrängt die Begünstigung, § 257 III 1.

Beispiel

Zusammen mit B bricht A in ein Juweliergeschäft ein und erbeutet dabei Schmuck im Wert von 100.000 €. Noch während der Flucht teilen sie die Beute unter sich auf, indem sie die Schmuckstücke in zwei Reisetaschen packen. A erklärt sich bereit, den Beuteanteil des B so lange in seiner Wohnung zu verwahren, bis B jemanden gefunden hat, der ihm den Schmuck abkauft. B ist damit einverstanden und übergibt dem A seine Tasche.

Nach § 257 III 1 kommt eine Bestrafung des A wegen Begünstigung nicht in Frage, da A durch die Mitwirkung beim Einbruch in das Juweliergeschäft Diebstahl in Mittäterschaft (§§ 242, 25 II) begangen hat. Damit ist aber noch nichts darüber ausgesagt, ob die anschließende Verwahrung des dem B zugewiesenen Beuteanteils den Tatbestand der Begünstigung oder den Tatbestand der Beihilfe zum Diebstahl (§§ 242, 27) oder gar beide Tatbestände zugleich erfüllt. § 257 III 1 lässt in dieser Hinsicht zwei verschiedene Deutungen zu: Der Ausschluss der Strafbarkeit wegen Begünstigung kann auf tatbestandlicher Exklusivität oder auf Gesetzeskonkurrenz beruhen. Nach der ersten Version kann eine Tat, die Beihilfe zur Vortat ist, nicht zugleich den Tatbestand des § 257 I erfüllen. Umgekehrt kann danach eine Tat, die Begünstigung ist, nicht gleichzeitig Beihilfe zur Vortat sein. Nach der zweiten Version ist die gleichzeitige Erfüllung beider Tatbestände durch ein und dieselbe Handlung möglich, ausgeschlossen ist aber die Anwendung des dann an sich eingreifenden § 52. Die Begünstigung wird durch die Beihilfe zur Vortat verdrängt.

Über die sachlichen Kriterien zur Beantwortung der hier aufgeworfenen Fragen ist in Rechtsprechung und Strafrechtswissenschaft noch keine Einigung erzielt worden. Das liegt auch daran, dass in der Dogmatik der Beihilfe unterschiedliche Auffassungen über die zeitliche Beziehung zwischen Haupttat und Hilfeleistung vertreten werden. Die weitestgehende Theorie – die zugleich h. M. ist – weist der

---

[26] Lackner et al (2014), § 257 Rn. 1.

Beihilfe einen Anwendungsbereich bis zur tatsächlichen Beendigung der Haupttat ("sukzessive Beihilfe") zu.[27] Demzufolge ist Beihilfe auch noch nach Vollendung der Haupttat möglich, vorausgesetzt Vollendung und Beendigung fallen nicht zusammen. Da dem Vortäter "Vorteile" aber durchaus bereits mit Vollendung und vor Beendigung der Vortat zugeflossen sein können, scheint in diesem Stadium des Vortatgeschehens auch schon vorteilssichernde Begünstigung möglich zu sein.[28] Die Lösung des Abgrenzungsproblems ist also nicht allein Angelegenheit der Begünstigungslehre, sondern berührt auch die Dogmatik der Beihilfe. Im vorliegenden Kontext interessiert naturgemäß vorwiegend, wie der Begünstigungtatbestand sich zu der Abgrenzungsfrage verhält. Von Seiten der Begünstigung kommen mehrere Tatbestandsmerkmale als Anknüpfungspunkte für die Abgrenzung in Betracht. Darauf wird unten näher einzugehen sein.

12.2   Strafbarkeitsvoraussetzungen

12.2.1   Objektiver Tatbestand

12.2.1.1   Übersicht

Der objektive Tatbestand der Begünstigung setzt sich aus folgenden Merkmalen zusammen: **Täter**merkmal ("Wer"), **Vortat** und **Handlungs**merkmal (Hilfeleistung). Die **Sicherung** der aus der Vortat erlangten Vorteile gehört nicht zum objektiven Tatbestand. Der Eintritt dieses Erfolges ist deshalb **keine Vollendungsvoraussetzung**.[29] Vorteilssicherung ist Inhalt der Absicht, die der Begünstiger bei Ausführung der Hilfeleistung hat. Die Vorteilssicherung ist also subjektiviert und deshalb im subjektiven Tatbestand zu erörtern. Es handelt sich um eine "überschießende Innentendenz".[30] Bezogen auf den Vorteilssicherungserfolg ist die Begünstigung nur ein materieller Versuch. Dennoch ist dieser Versuch bereits eine formell vollendete Straftat. Daher hat die Begünstigung die äußere Struktur eines Unternehmensdelikts[31] bzw. eines Gefährdungsdelikts.[32] Strafbar ist die Begünstigung nur, wenn sie vollendet ist. Die versuchte Begünstigung ist nicht mit Strafe bedroht, vgl. § 23 I.

Die Vorverlegung des formellen Vollendungszeitpunkts in die Zone des materiellen Versuchs macht eine Versuchspönalisierung entbehrlich, schaltet aber zugleich die Möglichkeit eines strafbefreienden **Rücktritts** nach § 24 aus. Der Täter kann seine Strafbarkeit aus § 257 I nicht dadurch beseitigen, dass er nach seiner Hilfeleistung doch noch den Vorteilssicherungserfolg abwendet. Damit scheint er schlechter

---

[27] BGH, NStZ 2013, 463 (464); OLG Köln, NJW 1990, 587 (588); Blei (1983), 431; aA Herzberg (1977), 72.

[28] Wessels et al (2013c), Rn. 806.

[29] BGHSt 4, 107 (108); 4, 221 (224).

[30] Vogler (1977), 405 (411).

[31] Schönke et al (2014), § 257 Rn. 22; Wessels et al. (2013c), Rn. 817; aA Vogler (1977), 405 (415).

[32] Otto (2005), § 57 Rn. 2.

zu stehen als der Täter einer Strafvereitelung. Denn gemessen am Tatbestand des
§ 258 I befindet sich der Täter mit seiner Hilfeleistung meistens zunächst nur im
Stadium des – nach § 258 IV strafbewehrten – Versuchs und kann durch Vereitelung
des Hilfeleistungserfolges über § 24 Straffreiheit erlangen. Da diese Ungleichbehandlung von Begünstigung und Strafvereitelung nicht ohne weiteres einleuchtet,[33]
wird in der Literatur vereinzelt die Möglichkeit strafbefreiender tätiger Reue bei
der materiell noch nicht vollendeten Begünstigung in entsprechender Anwendung
der §§ 83 a I, 316 a II a. F.[34] befürwortet.[35] Die Überzeugungskraft dieser auf den
ersten Blick bestechenden Schlußfolgerung aus § 258 schwindet jedoch, wenn man
zum Vergleich die strafrechtliche Behandlung des Vortäters und der Vortatbeteiligten heranzieht: Weder der Dieb noch der Diebstahlsgehilfe kann seine Strafbarkeit
aus § 242 bzw. §§ 242, 27 dadurch beseitigen, dass er sofort nach der Begründung
neuen Gewahrsams – also nach Vollendung des Diebstahls – seine Tat – bzw. (als
Gehilfe) die Tat des Diebes – rückgängig macht und die ursprünglichen Gewahrsamsverhältnisse wiederherstellt. Der Begünstiger steht dem Diebstahlsgehilfen
aber näher als dem Strafvereiteler, denn anders als dieser greift er das durch die
Vortat beeinträchtigte Rechtsgut an. Dies spricht dafür, den Täter der Begünstigung
in Hinblick auf die Figur des strafbefreienden Rücktritts so zu stellen, wie die an der
Vortat Beteiligten nach deren Vollendung stehen. Die entsprechende Anwendung
der §§ 83 a I, 316 a II a. F. ist daher abzulehnen.[36]

12.2.1.2 Täter

12.2.1.2.1 Taugliche und untaugliche Täter
Begünstigung ist ein **Jedermann-Delikt**, das keine besonderen Tätermerkmale hat.
Der objektive Tatbestand kann grundsätzlich von jedem Menschen erfüllt werden.
Dennoch scheiden in Bezug auf die konkrete Begünstigungstat wenigstens zwei
Personen aus dem Kreis tauglicher Täter aus: Der **Täter und das Opfer der Vortat.**
Dagegen können Vortatbeteiligte Begünstigungstäter sein, vgl. § 257 III 1. Dasselbe
gilt für Angehörige des Vortäters und sonstige ihm nahestehende Personen. Ihnen
hat das Gesetz nicht einmal – wie in § 258 VI – einen besonderen persönlichen
Strafausschließungsgrund zugebilligt.[37]

12.2.1.2.2 Täter der Vortat
Der **Alleintäter** der Vortat scheidet als Täter der Begünstigung aus, weil die begünstigende Hilfe „einem anderen" geleistet werden muss.[38] Mit dem „anderen"

---

[33] Lagodny (1996), 506; Lenckner (1978), 339 (349).

[34] Durch die Neufassung des § 316 a im 6. StRG ist auch die frühere Rücktrittsregelung beseitigt
worden, vgl. oben 11.2.1.1; Mitsch (1999), 662 (665).

[35] Geppert (1980), 327 (334); Lenckner (1978), 339 (349); Rengier (2014a), § 20 Rn. 20; Stree
(1976), 137 (139).

[36] Eisele (2012b), Rn. 1099; Lackner et al. (2014), § 257 Rn. 7; Wessels et al. (2013c), Rn. 817.

[37] Maurach et al. (2012), § 101 Rn. 13.

[38] Dehne-Niemann (2009), 142 (144); Eisele (2012b), Rn. 1080; Geppert (1980), 269 (270); Rengier (2014a), § 20 Rn. 19.

ist der Täter der Vortat („der eine rechtswidrige Tat begangen hat") gemeint. Die **„Selbstbegünstigung"** ist also nicht nur straflos. Sie ist auch nicht objektiv tatbestandsmäßig.[39] Mit dem „Gedanken der mitbestraften Nachtat"[40] ist das allerdings nicht zu erklären. Denn die Ausgrenzung der Selbstbegünstigung aus dem Tatbestand des § 257 I setzt nicht voraus, dass der Vortäter wegen der Vortat auch bestraft werden kann. Anders als in § 258 I und in § 257 III 1 verlangt das Gesetz in § 257 I nur ein als „rechtswidrige Tat" zu beurteilendes Verhalten, nicht aber Strafbarkeit dieses Verhaltens. Zudem wirkt sich das Prinzip der mitbestraften Nachtat erst auf der Konkurrenzebene und nicht bereits im Tatbestand strafbarkeitsausschließend aus.

Das Ausscheiden des Vortäters aus dem Kreis tauglicher Begünstigungstäter hat Einfluss auf die Beurteilung von Handlungen, die sich als **Beteiligung an einer Selbstbegünstigung** darstellen. Da die Selbstbegünstigung nicht tatbestandsmäßig ist, scheidet eine Anstiftung oder Beihilfe zu ihr aus.[41]

Beispiel

T hat dem O ein Fahrrad gestohlen. Als T einige Tage verreisen muss, fürchtet er, dass O während seiner Abwesenheit mit der Polizei kommen und das gestohlene Rad sicherstellen lassen wird. Sein Freund F gibt ihm den Rat, das Fahrrad in seine Einzelteile zu zerlegen und diese in verschiedenen Möbelstücken zu verstecken. So werde die Polizei das Rad nicht finden. T greift den Vorschlag des F auf und führt ihn aus.

Das Zerlegen des Fahrrads und Verstecken der Einzelteile ist eine vorteilssichernde Maßnahme, die dem Verlust der Diebesbeute vorbeugen soll. T hat diese Maßnahme eigenhändig ausgeführt, dadurch aber den objektiven Tatbestand des § 257 I nicht erfüllt, da er ja keinem „anderen" Hilfe geleistet hat. Aus diesem Grund kann auch der Ratschlag des F nicht als Anstiftung oder Beihilfe zur Begünstigung (§§ 257 I, 26, 27) strafbar sein. Anders wäre es, wenn die Identität von Vortat- und Begünstigungstäter nur ein besonderer persönlicher Strafausschließungsgrund – wie z. B. § 258 VI – wäre, der die Tatbestandsmäßigkeit des Verhaltens nicht berührt. F ist aus § 257 I also nur strafbar, sofern seine Beteiligung an der Handlung des T täterschaftliche Begünstigung ist. Das ist angesichts der uneingeschränkten Willens- und Handlungsherrschaft des T über sein eigenes Verhalten fraglich (näheres dazu unten 12.2.3). Zudem ist ein technischer oder taktischer Ratschlag eine typische Anstiftungs- oder Beihilfehandlung.

Der Allein-Vortäter kann auch nicht **Mittäter einer Begünstigung** sein, die außer ihm noch ein anderer täterschaftlich ausführt. Denn auch in diesem Fall wird die Hilfe nicht einem anderen, sondern ihm selbst geleistet. Davon zu unterscheiden ist

---

[39] Arzt et al. (2009), § 27 Rn. 16; Jäger (2013), Rn. 394; Maurach et al. (2012), § 101 Rn. 11; Wessels et al. (2013c), Rn. 818.

[40] Maurach et al. (2012), § 101 Rn. 11.

[41] Küper (2012), 203.

der Fall, dass ein **Mittäter der Vortat** anschließend allein oder mittäterschaftlich
eine Vorteilssicherungshandlung ausführt, die außer ihn selbst auch den anderen
Vortat-Mittäter begünstigt. In diesem Fall ergibt sich die Straflosigkeit nicht aus
§ 257 I, sondern aus § 257 III 1.[42]

Beispiele

1. X hat dem O einen Fernsehapparat gestohlen und diesen in seinem Schlafzimmer aufgestellt. Als O das Gerät von X herausverlangt und mit Polizei
   und Gericht droht, bittet X seinen Freund Y, den Fernseher vorübergehend in
   seiner Wohnung in Verwahrung zu nehmen. Y ist einverstanden. Gemeinsam
   tragen X und Y das schwere Fernsehgerät in die Wohnung des Y.
2. A und B haben dem O gemeinsam ein Fahrrad gestohlen, das sie anschließend
   abwechselnd benutzen wollen. A stellt das Rad in seine Garage. Als O erfährt,
   wo sich sein Rad befindet und B davon Wind bekommt, holt B das Rad aus
   der Garage des A und stellt es im Keller seiner eigenen Wohnung unter.

In **Beispiel 1** hat Y Begünstigung begangen. Da X genau dasselbe wie Y getan, nämlich zusammen mit ihm den Fernsehapparat in die Wohnung des Y getragen hat, müsste er an sich Mittäter einer Begünstigung sein. Dies scheitert
aber wiederum an der objektiven Tatbestandsvoraussetzung „einem anderen".
Zwar hat X durch das Mittragen dem Y geholfen und insofern einem anderen
Hilfe geleistet. Aber diese Art von Hilfeleistung ist in § 257 I nicht gemeint.
Die Begünstigung ist Hilfe zugunsten des Vortäters („der eine rechtswidrige Tat
begangen hat"), während hier X nur dem Begünstiger Hilfe geleistet hat. X hat
also nicht den objektiven Tatbestand der Begünstigung in Mittäterschaft erfüllt.
In **Beispiel 2** hat B dem A geholfen, um ihm die Diebesbeute zu erhalten. A ist
für B ein anderer und damit eine Person, der B tatbestandsmäßige Hilfe leisten
konnte. Dass B selbst als Mittäter an der Vortat beteiligt war, hat im Rahmen des
§ 257 I keine strafbarkeitsausschließende Wirkung. Denn das Tatbestandsmerkmal „einem anderen" bezieht sich nur auf die Person des Vortäters, nicht auf die
Vortat selbst. Daher steht der Umstand, dass die Vortat für B keine fremde, sondern eine eigene Tat war und er somit zumindest teilweise Selbstbegünstigung
begangen hat, der Erfüllung des objektiven Tatbestandes nicht entgegen. Straflos
bleibt B aber letztlich auf Grund § 257 III 1.

Wenn also der Vortat-Mittäter den objektiven Tatbestand der Begünstigung erfüllen
kann, dann kann dies selbstverständlich auch ein **Vortat-Teilnehmer**.[43]

---

[42] Blei (1983), 431; Dehne-Niemann (2009), 142 (144); Eisele (2012b), Rn. 1080; Geppert (1980),
327 (329); aA Bockelmann (1982), 176, nach dem „die sonst an der Vortat Beteiligten" nicht Täter
sein können.
[43] Blei (1983), 432; Dehne-Niemann (2009), 142 (144); unzutreffend Bockelmann (1982), 176,
der den Unterschied zwischen § 257 I und § 257 III 1 nicht sieht.

Beispiel

A fordert den T auf, dem O ein Fahrrad zu stehlen. T erklärt sich zur Begehung des Diebstahls bereit. Daraufhin stellt G dem T seinen Lieferwagen zur Verfügung, mit dem T das gestohlene Fahrrad abtransportieren kann. T stellt das Fahrrad in den Keller seiner Wohnung. Kurze Zeit später erscheint bei T der O in Begleitung zweier Polizeibeamter. A erblickt die drei unwillkommenen Besucher, bevor diese das Haus des T erreicht haben. Sofort verständigt A den G. Dann geht A den drei Männern entgegen, beginnt mit ihnen ein Gespräch und hält sie dadurch so lange auf, dass G in der Zwischenzeit das gestohlene Fahrrad in Sicherheit bringen kann. Dabei erhielt G Unterstützung durch den X.

A hat sich wegen Anstiftung zum Diebstahl (§§ 242, 26), G wegen Beihilfe zum Diebstahl (§§ 242, 27) strafbar gemacht. Beide sind also Vortat-Teilnehmer. Die Handlungen, mit denen A und G später verhinderten, dass die Polizeibeamten dem O zur Wiedererlangung seines Fahrrads verhelfen, sind vorteilssichernde Hilfeleistungen zugunsten des Vortäters T. Diese Hilfeleistungen kamen also einem anderen zugute. Damit haben sowohl A als auch G den objektiven Tatbestand des § 257 I erfüllt. Da sie aber jeweils wegen Teilnahme am Diebstahl strafbar sind, entfällt eine Strafbarkeit wegen Begünstigung, § 257 III 1. Da § 257 III 1 weder Tatbestandsmäßigkeit noch Rechtswidrigkeit der Begünstigung ausschließt, ist eine strafbare Teilnahme an der Begünstigungstat des Vortat-Teilnehmers möglich[44]. X hat sich deshalb wegen Beihilfe zur Begünstigung strafbar gemacht, indem er den G bei seiner Begünstigungshandlung unterstützte, §§ 257 I, 27.

12.2.1.2.3 Opfer der Vortat

Da die Begünstigung nach der hier vertretenen Auffassung ein Delikt ist, das sich primär gegen das durch die Vortat beeinträchtigte Rechtsgut richtet, hätte eine vom Opfer der Vortat begangene Begünstigung zumindest partiell den Charakter einer **Selbstschädigung**. Fremdschädigende Wirkung hätte die Tat nur in Bezug auf die Behinderung der Rechtspflege. Dieser Aspekt allein könnte aber eine Strafbarkeit des Vortatopfers aus § 257 I nicht legitimieren. Selbstverletzungen werden von Straftatbeständen generell nicht erfasst. Beteiligt sich der Inhaber des durch die Vortat angegriffenen Rechtsguts an der Vortat selbst, macht er sich insoweit nicht strafbar. Nichts anderes kann gelten, wenn er erst nach abgeschlossener Vortat etwas tut, was geeignet ist, dem Vortäter die erlangten Vorteile zu sichern.[45]

Beispiel

Juwelier J wird zufällig Zeuge eines nächtlichen Einbruchs in sein Geschäft. Da er dies als willkommene Gelegenheit betrachtet, einige schwer verkäufliche

---

[44] Schönke et al. (2014), § 257 Rn. 25, 28.
[45] Dehne-Niemann (2009), 142 (145); Zipf (1980), 24 (26).

Stücke loszuwerden und anschließend seine Versicherung durch Vorspiegelung eines überhöhten Schadensumfangs zu einer üppigen Entschädigung zu veranlassen, unterstützt er die Tat der Diebe, indem er heimlich die Alarmanlage ausschaltet. Gegenüber der Polizei macht J bewusst unwahre Angaben, die die Ermittlungen auf eine falsche Fährte lenken. Auf Grund des dadurch erzielten Zeitgewinns gelingt es den Dieben, den gestohlenen Schmuck dem Zugriff der Polizei zu entziehen und später an einen Hehler zu verkaufen.

Das Abschalten der Alarmanlage ist eine Förderung der Diebstahlstat und könnte daher den objektiven Tatbestand der Beihilfe zum versuchten Diebstahl[46] erfüllen. Da die entwendeten Sachen für J aber nicht „fremd" sind und das von der Tat angegriffene Rechtsgut gegenüber J also nicht strafrechtlich geschützt ist, hat J keine tatbestandsmäßige Beihilfe begangen.[47] Die irreführenden Aussagen gegenüber der Polizei haben Begünstigungscharakter, da sie die Diebe vor der Polizei schützten und damit den Besitz an der Diebesbeute sicherten. Die Beutesicherung ist eine Beeinträchtigung des Eigentums und des Vermögens des J. Insoweit hat J mit seiner Begünstigungshandlung also eigene Rechtsgüter angegriffen. Dies ist im Rahmen des § 257 I ebenso wenig strafbar wie im Rahmen der §§ 242, 27. Selbstschädigende Begünstigung ist nicht tatbestandsmäßig. J hat sich auch aus § 257 I nicht strafbar gemacht.

12.2.1.3 Vortat
Die Vortat ist nach heute einhelliger Auffassung **objektives Tatbestandsmerkmal**, nicht objektive Strafbarkeitsbedingung.[48]

12.2.1.3.1 Strafbarkeitsvoraussetzungen
Die Vortat wird in § 257 I mit den Worten „rechtswidrige Tat" bezeichnet. Nach der Legaldefinition des § 11 I Nr. 5 kommen nur Taten in Betracht, die einen **Straftatbestand** erfüllen. Rechtswidrige Taten, die lediglich zivilrechtlichen oder verwaltungsrechtlichen Unrechtsgehalt haben, werden von § 257 I ebenso wenig erfasst wie Ordnungswidrigkeiten. Straftatbestandsmäßig ist ein Verhalten nur, wenn es sowohl den **objektiven** als auch den **subjektiven Tatbestand** erfüllt.[49]

Beispiel

Jurastudent T entwendet seinem Kommilitonen O einen BGB-Kommentar „Palandt", den er bei der Anfertigung seiner BGB-Hausarbeit zu Rate ziehen und nach Abgabe der Hausarbeit dem O wieder zurückgeben will. O hat den T im Verdacht und fragt den Kommilitonen X, ob er ihm helfen wolle, sich den

---

[46] Vollendeter Diebstahl scheidet aus, da das Einverständnis des J die Erfüllung des Tatbestandsmerkmals „Wegnahme" verhindert (siehe oben 1.2.1.4.3.2).

[47] Schönke et al. (2014), § 26 Rn. 27.

[48] Geppert (1980), 269 (270); aA Bockelmann (1951), 620 (623) Fn. 27.

[49] Dehne-Niemann (2009), 142; Rengier (2014a), § 20 Rn. 5.

Palandt zurückzuholen. Bei X ist O aber an den Falschen geraten. Denn dieser hat mit T bereits abgemacht, dass er dessen Hausarbeit abschreiben darf, sobald T fertig ist. Daher spiegelt X dem O vor, nicht T, sondern Y habe den Kommentar entwendet.

Die Täuschungshandlung des X ist eine zur Vorteilssicherung geeignete Hilfeleistung. Wäre die Entwendung des Kommentars durch T eine mit Strafe bedrohte Handlung, hätte X den objektiven Tatbestand der Begünstigung erfüllt. T hat mit der Entwendung des Palandt zwar den objektiven, nicht aber den subjektiven Tatbestand des Diebstahls erfüllt. Denn da T den Kommentar in der Absicht an sich nahm, ihn nur vorübergehend zu benutzen und den O nicht endgültig zu enteignen, handelte er ohne Zueignungsabsicht (s. o. 1.2.2.3.3.2). Mit „Tatbestand eines Strafgesetzes" meint das Gesetz in § 11 I Nr. 5 sämtliche objektiven und subjektiven Tatbestandsmerkmale eines Delikts.[50] Der subjektive Tatbestand gehört also auch dazu. Die Tat des T erfüllt somit zumindest nicht den Tatbestand des § 242 I. Da § 248 b den unbefugten Gebrauch nur in Bezug auf Fahrzeuge mit Strafe bedroht, fällt der unbefugte Gebrauch eines fremden Buches auch nicht unter diesen Tatbestand. Einen Straftatbestand, der das Verhalten des T erfasst, gibt es im geltenden Strafrecht überhaupt nicht. Daher ist dieses Verhalten auch keine taugliche Vortat im Rahmen des § 257 I. X hat deshalb keine Begünstigung begangen.

Wie oben schon gesagt wurde, braucht die Vortat kein **Vermögensdelikt** zu sein.[51] Erforderlich ist nur, dass die Tat dem Vortäter einen Vorteil eingebracht hat, dessen Sicherung mit der Begünstigung bezweckt wird. Dazu eignen sich durchaus auch Vorteile aus Taten, die in dem rechtsgutsorientierten System der Straftatbestände zu den Nichtvermögensdelikten gerechnet werden.[52]

Beispiel

Der im Bauamt einer kreisfreien Stadt tätige Beamte B hat von dem Bauherrn H 10.000 € bekommen, damit sein Antrag auf Erteilung einer Baugenehmigung beschleunigt und in der Sache wohlwollend bearbeitet wird. Der für die Bekämpfung von Korruption im Amt zuständige Beamte X hat den B wegen dessen luxuriösen Lebensstils schon lange im Verdacht und versucht, Beweise für die Bestechlichkeit des B zu sammeln. Dies gelingt ihm aber nicht, weil sein Kollege K an den illegalen Einnahmen des B partizipiert und deshalb die Ermittlungen des X gegen B sabotiert.

Die Vortat des B trägt den Namen „Vorteilsannahme" (§ 331) oder „Bestechlichkeit" (§ 332) und gehört zu den Straftaten im Amt. Diese richten sich gegen die Lauterkeit der Amtsführung und sind deshalb keine Vermögensdelikte. Das

---

[50] Bockelmann (1982), 172.

[51] Blei (1983), 429; Bockelmann (1982), 172; Geppert (1980), 269 (271); Kindhäuser (2014), § 46 Rn. 2; Seelmann (1983), 32 (33);

[52] Vgl. die Beispiele bei Geppert (1980) 269 (271).

ist aber kein Grund, sie aus dem Kreis tauglicher Vortaten der Begünstigung auszuschließen. Wie das Beispiel zeigt, kann die Begehung eines Amtsdelikts dem Täter Vorteile verschaffen, zu deren Sicherung eine anschließende Begünstigung als geeignet erscheint.[53] Indem K verhindert hat, dass X dem B die eingenommenen Schmiergelder abnimmt, hat er den Tatbestand der Begünstigung verwirklicht.

Zum subjektiven Tatbestand gehört auch der **Vorsatz** iSd § 15. Entsprechendes gilt für die Elemente der **Fahrlässigkeit**, die das Handlungsunrecht des Fahrlässigkeitsdelikts kennzeichnen.[54] Daraus folgt, dass eine taugliche Vortat nicht vorliegt, wenn der Vortäter in einem vorsatzausschließenden Tatbestandsirrtum (§ 16 I 1) gehandelt hat und ein die Tat erfassender Fahrlässigkeitstatbestand nicht existiert.

Beispiel

In einer Gastwirtschaft verwechselt T den Mantel des O mit seinem eigenen Mantel. Er zieht den Mantel des O an und verlässt damit das Lokal. Einige Sekunden danach wird O von seiner Begleiterin B darauf aufmerksam gemacht, dass soeben ein fremder Mann mit seinem Mantel fortgegangen sei. O springt sofort auf, um dem T hinterher zu laufen. Dies gelingt ihm aber nicht, weil sich der X ihm in den Weg stellt. X will damit erreichen, dass T den fremden Mantel, der wertvoller ist als sein eigener, behalten kann.

Das Anziehen des fremden Mantels ist Wegnahme einer fremden beweglichen Sache, also objektiv tatbestandsmäßig Diebstahl iSd § 242 I. Da T den Mantel aber für sein Eigentum hielt, fehlte ihm der Vorsatz sowohl bezüglich der Fremdheit als auch bezüglich der Wegnahme, § 16 I 1. Außerdem handelte er ohne Zueignungsabsicht. Sein Verhalten erfüllt daher nicht den subjektiven Tatbestand des § 242 I und ist somit keine „rechtswidrige Tat". Folglich hat X keine Begünstigung begangen.

Die Vortat muss außer tatbestandsmäßig auch **rechtswidrig** sein.[55] Eine gerechtfertigte Vortat ist selbst dann keine geeignete Voraussetzung strafbarer Begünstigung, wenn das Behalten des aus der Vortat erlangten Vorteils nicht mehr von dem Rechtfertigungsgrund gedeckt ist.

Beispiel

T nimmt dem Ruderbootvermieter O unter Anwendung körperlicher Gewalt ein Boot weg, um den auf dem See gekenterten Nichtschwimmer N vor dem Ertrinken zu retten. O wollte das Boot nicht freiwillig hergeben, weil er es gerade

---

[53] Arzt et al. (2009), § 27 Rn. 2; Krey et al. (2012a), Rn. 853.
[54] Dehne-Niemann (2009), 142.
[55] Kindhäuser (2014), § 46 Rn. 2; Otto (2005), § 56 Rn. 11; § 57 Rn. 3; Rengier (2014a), § 20 Rn. 5.

dem Kunden K versprochen hatte, der das Boot für eine Stunde mieten wollte. T musste daher gegen den sich wehrenden O Gewalt anwenden. Nachdem T den N geborgen hat, beschließt er, mit dem Boot des O noch eine halbe Stunde auf dem See zu rudern. Als O versucht, den T mit einem Motorboot einzufangen und an der weiteren Benutzung des Ruderbootes zu hindern, wird er von X daran gehindert.

Da Boote nicht zu den Fortbewegungsmitteln gehören, deren unbefugte Benutzung § 248 b unter Strafdrohung stellt, ist die eigenmächtige Weiterbenutzung des Ruderbootes durch T keine strafbare Handlung. Der Unterschlagungstatbestand wurde dadurch ebenfalls nicht verwirklicht, da T das Boot ja zurückgeben, es sich also nicht zueignen wollte. Aus diesem Grund ist die Handlung des X keine Beihilfe iSd § 27 I. Der Besitz an dem Boot ist aber ein Vorteil, den T aus einer straftatbestandsmäßigen Handlung erlangt hat. Denn die Gewaltanwendung gegenüber O war Körperverletzung (§ 223) und Nötigung (§ 240).[56] Daher könnte die vorteilssichernde Handlung des X eine Begünstigung sein. Jedoch war die Tat, durch die T den Besitz an dem Boot erlangte, nicht rechtswidrig. Die – bereits nicht straftatbestandsmäßige – Besitzergreifung an dem Boot war nach § 904 S. 1 BGB, die Misshandlung und Nötigung des O war nach § 32 gerechtfertigt. T handelte in Notwehr bzw. Nothilfe, weil der Versuch des O, den T gewaltsam an der Benutzung seines Bootes zu hindern, ein notwehrfähiger Angriff auf das Leben des N war. Die Vortat war also gerechtfertigt und deshalb keine „rechtswidrige Tat" iSd § 257 I. Dass die Benutzung des Bootes nach der Rettung des N nicht mehr von § 904 S. 1 BGB oder § 32 gedeckt war, ändert daran nichts. X hat sich also nicht aus § 257 I strafbar gemacht.

Keine Voraussetzung strafbarer Begünstigung ist eine **schuldhafte** Vortat.[57] Die Begünstigung unterscheidet sich auch in dieser Hinsicht nicht von der Beihilfe des § 27, wohl aber von der Strafvereitelung. Denn anders als für die Strafvereitelung des § 258 spielt es für die Begünstigung keine Rolle, ob sich der Vortäter strafbar gemacht hat.

Beispiel

Im unverschuldeten Zustand schuldausschließender Trunkenheit (§ 20) nimmt T dem O vorsätzlich und mit Zueignungsabsicht einen Mantel weg. O bemerkt den Verlust noch rechtzeitig, um dem T hinterher zu laufen und ihm das wertvolle Kleidungsstück wieder abzunehmen. Daran wird O jedoch von X gehindert, der dem „armen Schlucker" T seine Errungenschaft gönnt und den „feinen Pinkel" O auf diese Weise zu einem gemeinnützigen Opfer zwingen will.

---

[56] Räuberische Erpressung (§§ 253, 255) scheidet aus, da es dem T nicht um die Erlangung eines Vermögensvorteils ging.

[57] BGHSt 1, 47 ff.; Bockelmann (1951), 620 (621); Dehne-Niemann (2009), 142; Eisele (2012b), Rn. 1078; Geppert (1980), 269 (272); Hartung (1949), 324 (327); Jahn et al. (2009), 309 (311); Janson (1992), 5; Rengier (2014a), § 20 Rn. 5; aA Miehe (1970), 91 (114).

Wie § 323 a zeigt, schließt ein schuldfähigkeitsbeseitigender Vollrausch nicht notwendig die Fähigkeit aus, vorsätzlich und mit Zueignungsabsicht den objektiven Tatbestand des Diebstahls zu erfüllen. T hat daher sowohl objektiv als auch subjektiv tatbestandsmäßig gehandelt, als er den Mantel des O an sich nahm. Da seine Tat nicht gerechtfertigt war, handelte es sich um eine „rechtswidrige Tat" iSd § 257 I. Dass T gemäß § 20 ohne Schuld handelte und aus diesem Grund nicht bestraft werden kann, ist unerheblich. X hat sich also wegen Begünstigung aus § 257 I strafbar gemacht.

Für die Strafbarkeit aus § 257 I unerheblich ist, ob die Vortat in einem Strafverfahren verfolgt werden darf. Das Fehlen von **Prozessvoraussetzungen** oder das Bestehen von **Prozesshindernissen** hat also auf die Tauglichkeit als Vortat keinen Einfluss.[58]

Beispiel

Die Ehefrau E des Botschafters eines osteuropäischen Staates stiehlt in einem Berliner Kaufhaus eine Flasche Parfüm. Der Hausdetektiv H beobachtet sie bei der Tat und will sie festnehmen. Bevor H an die E herankommt, stellt sich ihm der Kunde K in den Weg, der die E ebenfalls beobachtet hat und ihr die Flucht mit ihrer Beute ermöglichen will.

E hat sämtliche materiellstrafrechtlichen Voraussetzungen der Strafbarkeit wegen Diebstahls erfüllt. Dennoch kann ihre Tat nicht strafrechtlich verfolgt werden, da sie als Diplomatengattin das prozessrechtliche Privileg der Exterritorialität („diplomatische Immunität") genießt, § 18 GVG. Die Exterritorialität ist ein Prozesshindernis.[59] Die Einleitung und Durchführung eines Strafverfahrens gegen E ist daher unzulässig. Der strafrechtlichen Beurteilung ihres Verhaltens als Straftat steht § 18 GVG aber nicht entgegen.

12.2.1.3.2 Versuch als Vortat

Zur Erlangung deliktisch erzeugter Vorteile bedarf es nicht unbedingt einer formell vollendeten Vortat. Soweit bereits ein Straftatversuch dem Vortäter Vorteile verschafft, ist auch im Anschluss an einen Versuch tatbestandsmäßige Begünstigung möglich.[60] Voraussetzung ist, dass der **Versuch mit Strafe bedroht** ist. Denn ein Vergehensversuch ist ohne die nach § 23 I erforderliche ausdrückliche Strafdrohung keine „rechtswidrige Tat" iSd § 11 I Nr. 5. „Versuchte Untreue" ist daher keine taugliche Vortat, selbst wenn dem Vortäter aus seinem straflosen Versuch Vermögensvorteile zugeflossen sind.

---

[58] Eisele (2012b), Rn. 1078; Geppert (1980), 269 (273); Kindhäuser (2014), § 46 Rn. 2.

[59] Beulke (2012), Rn. 274.

[60] Geppert (1980), 269 (273); Jäger (2013), Rn. 394.

> **Beispiel**
>
> Zur Überführung der des Diebstahls verdächtigen Mitarbeiterin M legt E, der Inhaber einer privaten Rehabilitationsklinik ist, mehrere chemisch präparierte Geldscheine an strategisch günstigen Orten aus. E hofft, dass M die Gelegenheit wahrnehmen und wenigstens einen der Scheine an sich nehmen wird. Die chemische Substanz würde dann alsbald dunkle Verfärbungen auf der Haut der M entstehen lassen. Tatsächlich geht M in die gestellte Falle. Sie nimmt einen Hundertmarkschein und steckt ihn in die Tasche ihres Kittels. Als sich kurze Zeit später die Haut an der rechten Hand der M dunkel verfärbt, wendet diese sich hilfesuchend an ihren Freund F. Dieser ist ebenfalls Mitarbeiter des E und hat zufällig von der Aktion mit den präparierten Geldscheinen erfahren. Um der M zu helfen, hat sich F ein Mittel besorgt, mit dem die dunklen Flecken schnell entfernt werden können. Dieses Mittel gibt er der M, die damit die verräterischen Spuren an ihrer rechten Hand sofort beseitigt.
>
> Die Besitzergreifung an dem Geldschein durch M war kein vollendeter Diebstahl, da M das Tatbestandsmerkmal „Bruch fremden Gewahrsams" nicht erfüllt hat. Wegen des Einverständnisses des E mit der Tat konnte die Verschaffung der Banknote keine Wegnahme iSd § 242 I sein (s. o. 1.2.1.4.3.2). Da M von dem Einverständnis des E aber keine Kenntnis hatte, handelte sie mit Wegnahmevorsatz und beging somit einen untauglichen Diebstahlsversuch. Der Besitz der Banknote ist der Vorteil, den M aus ihrer Tat erlangt hat. Der versuchte Diebstahl ist also eine taugliche Vortat. Durch die dem Diebstahlsversuch nachfolgende Zurverfügungstellung des Reinigungsmittels hat sich F also wegen Begünstigung strafbar gemacht.

12.2.1.3.3 Teilnahme als Vortat

Die Begünstigung setzt stets eine Vortat voraus. Damit ist jedoch nicht gesagt, dass die Hilfeleistung nur dann tatbestandsmäßige Begünstigung ist, wenn sie dem Täter der Vortat zugute kommt. Entscheidend ist vielmehr, wer aus der Vortat einen Vorteil erzielt hat und wer demgemäß von dem Vorteilssicherungseffekt profitiert bzw. profitieren soll. Wenn dies ein Vortatteilnehmer ist, muss geprüft werden, ob dessen Teilnahme eine „rechtswidrige Tat" iSd § 257 I ist. Da §§ 26, 27 die Anstiftung und die Beihilfe zu einer Tat als strafbare Handlungen anerkennen, sind diese Teilnahmeakte rechtswidrige Taten iSd § 11 I Nr. 5 und damit auch iSd § 257 I.[61]

> **Beispiel**
>
> B ist Beamter im Bauamt und mit seinem Gehalt unzufrieden. Um zusätzliche Einnahmen zu erzielen, lässt er den Antragstellern mitteilen, dass ihre Ersuchen um Erteilung einer Baugenehmigung künftig nur noch bearbeitet würden, wenn sie ihm – dem B – eine „Gratifikation" in Höhe von 3000 € zahlten. Dieses Ansinnen trägt B aber nicht persönlich an die Antragsteller heran. Für diese heikle

---

[61] Schönke et al. (2014), § 257 Rn. 3.

Aufgabe hat er den G gewonnen, einen Versicherungsvertreter, der es meister-
haft versteht, die Zahlungsbereitschaft der Bauwilligen zu wecken. Als „Provision" erhält G von jeder gezahlten „Gratifikation" einen Anteil von 10%. Als der
Dienstvorgesetzte dem B auf die Schliche kommt und dieser daraufhin Selbst-
mord begeht, fürchtet G den Verlust des ergaunerten Geldes. T bewahrt ihn davor, indem er verräterische Beweismittel aus dem Schreibtisch des B beiseite
schafft, bevor diese in die Hände der Polizei fallen können.

B hat durch die Annahme der „Gratifikationen" Vorteilsannahme begangen,
§ 331 I.[62] G hat ihm dabei geholfen, also Beihilfe zur Vorteilsannahme begangen,
§§ 331 I, 27 I. Als Täter konnte G den Tatbestand des § 331 nicht erfüllen, weil
er nicht Amtsträger war. Die „Provisionen" sind Vorteile, die G auf Grund seiner
Beihilfe zur Vorteilsannahme erlangt hat. Die Beihilfe ist eine taugliche Vortat
zur Begünstigung. Indem T dafür sorgte, dass dem G die Provisionen erhalten
blieben, machte er sich aus § 257 I strafbar.

12.2.1.4 Hilfeleistung

12.2.1.4.1 Hilfe und Vorteilssicherung

Die Tathandlung der Begünstigung heißt „Hilfeleistung". Darunter ist ein Verhalten
zu verstehen, das darauf gerichtet ist, den Vortäter in Bezug auf die aus der Vortat
erlangten Vorteile besserzustellen. Zielsetzung der Hilfeleistung ist die Sicherung
dieser Vorteile. Da der **Erfolg der Vorteilssicherung** aber nicht zum objektiven
Tatbestand gehört,[63] sondern Gegenstand der dem subjektiven Tatbestand zuzurechnenden Absicht ist, ist der Einfluss der Vorteilssicherung auf die Definition des
objektiven Tatbestandsmerkmals „Hilfeleistung" in Rechtsprechung und Literatur
umstritten. Mehrere Auslegungsvarianten sind hier denkbar.[64]

Unstreitig tatbestandsmäßige Hilfeleistung ist eine Handlung, die tatsächlich bewirkt, dass dem Vortäter seine Vorteile erhalten bleiben. In diesem Fall ist die Vorteilssicherungsabsicht erfolgreich realisiert worden und die Begünstigung ex post
betrachtet wirklich eine Hilfe für den Vortäter gewesen.

Beispiel

T hat aus dem Geschäft des O zehn Farbfernsehgeräte gestohlen und mit einem
Kleintransporter in seine Wohnung gebracht. Kurz vor einer polizeilichen Wohnungsdurchsuchung bei T holt B in einer Nacht- und Nebel-Aktion die gestohlenen Geräte aus der Wohnung des T und bringt sie in seiner eigenen Wohnung
unter. Nachdem die Durchsuchung bei T ergebnislos beendet worden ist, bringt
B die Fernsehgeräte zu T zurück.

---

[62] Ob die Forderung der „Gratifikationen" auch eine Erpressung ist, lässt der Sachverhalt nicht
eindeutig erkennen.

[63] BGHSt 4, 221 (224).

[64] Kindhäuser (2014), § 46 Rn. 5 ff; Zipf (1980), 24 (26).

Die Handlung des B hat verhindert, dass die gestohlenen Fernsehgeräte in der Wohnung des T gefunden und beschlagnahmt werden. Das Beiseiteschaffen der Geräte war deshalb kausal dafür, dass dem T die Diebesbeute weiter erhalten blieb. B hat mit seinem Eingreifen also einen Vorteilssicherungserfolg verursacht. Daher ist sein Verhalten unzweifelhaft als tatbestandsmäßige Hilfeleistung iSd § 257 I zu qualifizieren.

Ob der Eintritt des Vorteilssicherungserfolgs aber zur Tatbestandserfüllung notwendig ist, ist damit noch nicht entschieden. Möglicherweise erfordert das Tatbestandsmerkmal „Hilfeleistung" weniger und ist schon vor und ohne Eintritt dieses Erfolges verwirklicht.

Beispiel

T hat zehn Fernsehgeräte gestohlen und in seiner Wohnung gestapelt. Als er von einer bevorstehenden Durchsuchungsaktion der Polizei erfährt, wendet T sich hilfesuchend an seinen Freund B. Dieser gibt ihm den Schlüssel zu einer Garage, in der T die Fernsehgeräte vorübergehend unterbringen könne. Da T aber beim Verladen der Fernseher nicht schnell genug ist, wird er von der Polizei überrascht, als er sich gerade mit seinem Kleintransporter auf den Weg zu der Garage des B machen will. Die Fernsehgeräte werden beschlagnahmt und abtransportiert.

In diesem Fall hat die Hilfe des B – Überlassung des Schlüssels und Zurverfügungstellung der Garage – den gewünschten Vorteilssicherungserfolg nicht herbeigeführt. Dies beruhte aber nicht auf mangelnder Vorteilssicherungstauglichkeit der Unterstützung, sondern auf der Unfähigkeit des T, von dieser Hilfe erfolgreich Gebrauch zu machen. Die Überlassung des Garagenschlüssels war in der konkreten Situation objektiv geeignet, den drohenden Verlust der gestohlenen Fernseher abzuwenden. Ex ante gesehen war diese Handlung daher eine potentielle Ursache eines zu erwartenden Vorteilssicherungserfolges.

Die h. M. lässt zu Recht die **objektive Sicherungstauglichkeit** der Begünstigungshandlung ausreichen.[65] Denn der Begünstigungstatbestand müsste einen anderen Wortlaut haben, wenn die Tatvollendung vom Eintritt des Vorteilssicherungserfolges abhängen sollte. Eine derartige Restriktion könnte z. B. durch die Formulierung „Hilfe leistet und ihm dadurch die Vorteile der Tat sichert" erreicht werden. Der Vergleich mit einer solchen Gestaltung des Tatbestandes zeigt, dass die geltende Textfassung, nach der die Vorteilssicherung nur bei der Hilfeleistung beabsichtigt sein muss, den Eintritt eines Vorteilssicherungserfolges auch nicht als Bestandteil des Merkmals „Hilfeleistung" verlangt[66].

---

[65] BGHSt 4, 221 (224); OLG Düsseldorf, NJW 1979, 2320 (2321); Dehne-Niemann (2009), 142 (148); Eisele (2012b), Rn. 1084; Geerds (1988), 243 (259); Geppert (2007), 589 (592); Jahn et al. (2009), 309 (312); Otto (2005), § 57 Rn. 6; Rengier (2014a), § 20 Rn. 10; Vogler 1977) 405 (412); Wessels et al. (2013c), Rn. 808.

[66] BGHSt 26, 358 (362); Vogler (1977), 405 (412); Zipf (1980), 24 (26).

Die objektive Geeignetheit zur Vorteilssicherung muss nur im **Zeitpunkt des Vollzugs der Hilfeleistungshandlung** vorhanden sein. Die Tatbestandsmäßigkeit entfällt also nicht, wenn danach etwas passiert, was die ursprüngliche Sicherungstauglichkeit der Hilfeleistung beseitigt. Andererseits reicht eine abstrakte Eignung zur Sicherung von Tatvorteilen nicht aus. Insbesondere ist erforderlich, dass der Vortäter im Zeitpunkt der Hilfeleistung überhaupt Tatvorteile erlangt und nicht bereits wieder verloren hat.[67] Es genügt nicht, dass der Begünstiger glaubt, der Vortäter habe Tatvorteile, zu deren Sicherung die Hilfeleistung geeignet wäre.

Beispiele

1. B übergibt dem T den Schlüssel zu seiner Garage, in der T die gestohlenen Fernsehgeräte vor der Polizei in Sicherheit bringen kann. Auf dem Weg zu der Garage wird T mit seinem Kleintransporter in einen Verkehrsunfall verwickelt. Dabei werden fünf der zehn Fernsehgeräte zerstört. Mit den übrigen unversehrten fünf Fernsehgeräten setzt T seine Fahrt fort. Als er an der Garage ankommt, muss er feststellen, dass diese wenige Minuten zuvor in Flammen aufgegangen und abgebrannt ist.
2. B übergibt dem T den Schlüssel zu seiner Garage. Weder B noch T wissen, dass diese Garage kurz vorher abgebrannt ist.
3. Als B dem T den Schlüssel zu seiner Garage gibt, wissen beide nicht, dass die Polizei kurz zuvor die Wohnung des T durchsucht und dabei die gestohlenen Fernsehgeräte gefunden und beschlagnahmt hat.
4. Während T unterwegs ist, um in ein Radio- und Fernsehgerätegeschäft einzubrechen, gibt B der Ehefrau des T den Schlüssel zu seiner Garage, damit T dort die Beute aus seinem Einbruch unterbringen kann. T wird aber bei dem Einbruchsversuch von der Polizei überrascht und festgenommen, bevor er irgendetwas stehlen konnte.

Da die Begünstigung kein Erfolgs–, sondern ein Tätigkeitsdelikt ist, müssen die Umstände, die über die Tatbestandsmäßigkeit der Tätigkeit entscheiden, spätestens beim Vollzug der Handlung existent sein. Die Entscheidung über das Vorliegen der objektiven Vorteilssicherungstauglichkeit darf deshalb nur von Fakten abhängig gemacht werden, die spätestens bei Beendigung der zu prüfenden Handlung real sind.

Daher wird in **Beispiel 1** die Sicherungseignung der Schlüsselüberlassung weder durch die Zerstörung der fünf Fernsehgeräte beim Verkehrsunfall noch durch das Abbrennen der Garage beseitigt. Ausreichend ist, dass nach den im Zeitpunkt der Schlüsselübergabe vorliegenden Gegebenheiten diese Handlung eine erfolgversprechende Hilfeleistung war. Daher ist die Schlüsselübergabe in Beispiel 1 eine tatbestandsmäßige Begünstigung.

In **Beispiel 2** stand bereits während der Schlüsselübergabe objektiv fest, dass dieser Akt des B dem T nichts nützen würde. Die Tauglichkeit zur Sicherung der

---

[67] BGHSt 24, 166 (168); BGH, NJW 1985, 814; Eisele (2012b), Rn. 1088; Geppert (1980), 269 (271); Kindhäuser (2014), § 46 Rn. 3; Vogler (1977), 405 (423).

Vortatvorteile war von vornherein nicht gegeben. Dass die Zurverfügungstellung unter anderen konkreten Umständen – also abstrakt – durchaus gut geeignet
wäre, Diebesbeute dem Zugriff der Polizei zu entziehen, reicht nicht aus. Würde
man das Tatbestandsmerkmal „Hilfeleistung" in diesem Sinn deuten, verlöre es
jegliche objektive Konturen.[68] Theoretisch wäre dann jede beliebige Handlung
eine tatbestandsmäßige Begünstigung, sofern nur der Täter ihr das Vermögen
zuschreibt, zur Sicherung der Vortatvorteile etwas beizutragen.[69] Was „Hilfeleistung" ist, muss sich aber bereits anhand objektiver Eigenschaften der Handlung
und unabhängig von der Vorstellung des Handelnden bestimmen lassen. Denn
auch bei der Beihilfe des § 27 I reicht die bloße – eventuell irrige – Annahme des
Teilnehmers, seine Handlung sei zur Förderung der Haupttat geeignet, nicht aus.
Sie begründet nicht mehr als eine versuchte Beihilfe, die nicht strafbar ist. Für
die Hilfeleistung des § 257 I können keine anderen Kriterien gelten.[70]

Aus diesem Grund liegt auch in den Beispielen 3 und 4 keine tatbestandsmäßige Hilfeleistung vor. Der Schlüsselübergabe fehlt jeweils von vornherein die
objektive Tauglichkeit, Vorteile aus einer Vortat zu sichern, weil solche Vorteile
entweder überhaupt nicht (**Beispiel 4**) oder nicht mehr (**Beispiel 3**) vorhanden
sind. Die irrige Annahme des B, Vorteile könnten durch die Schlüsselübergabe-
be gesichert werden, kann die fehlende objektive Sicherungstauglichkeit dieser
Handlung nicht ersetzen[71]. Sie begründet lediglich einen (untauglichen) Begünstigungsversuch, der mangels Strafdrohung nicht strafbar ist.

Wegen des finalen Bezugs der Hilfeleistung zur Vorteilssicherung wird der Begriff
„Hilfeleistung" vom **Begriff „Vorteil"** mitgeprägt.[72] Was unter einem „Vorteil" iSd
Begünstigungstatbestandes zu verstehen ist, wird hier erst im Rahmen des subjektiven Tatbestandes erörtert (unten 12.2.2.1.2.2). Der Leser sei aber darauf aufmerksam gemacht, dass die dortigen Ausführungen zum Vorteilsbegriff auch die Bestimmung des objektiven Tatbestandsmerkmals „Hilfeleistung" beeinflussen. Das bedeutet konkret, dass die Strafbarkeit z. B. mangels tatbestandsmäßiger Hilfeleistung
– und nicht erst mangels „Vorteilssicherungsabsicht"! – entfällt, wenn der Gegenstand, zu dessen Sicherung die Handlung geeignet ist, kein „Vorteil" iSd § 257 I ist.

12.2.1.4.2 Zeitpunkt der Hilfe
12.2.1.4.2.1 Reihenfolge von Vortat und Hilfe
Dem Wesen der Begünstigung als **nachträgliche Beihilfe** („auxilium post delictum") entsprechend folgt die Hilfeleistung der Vortat nach. Die Vortat muss vor

---

[68] Vgl. Vogler (1977), 405, nach dem das „Hilfe leisten" ohnehin ein „konturloser Begriff" ist;
ebenso a. a. O., S. 411: „Farblosigkeit".

[69] Vogler (1977), 405 (410).

[70] Kindhäuser (2014), § 46 Rn. 7; Vogler (1977), 405 (418).

[71] BGHSt 4, 221 (225); Bockelmann (1982), 175; Geppert (1980), 265 (274); Vogler (1977), 405
(412); Zipf (1980), 24 (27); (1980), 265 (274); aA Otto (1970), 326; Seelmann (1983), 32 (34);
Welzel (1969), 394.

[72] Küper (2012), 199.

der Hilfe begangen worden sein. Diese Reihenfolge ist durch die auf die Vortat bezogenen Worte „begangen hat" in § 257 I eindeutig festgelegt. Eine Hilfe, die vor oder während der von ihr unterstützten Bezugstat geleistet wird, kann Beihilfe zu dieser Tat iSd § 27 sein, nicht aber Begünstigung. Der Sonderfall der „antizipierten Begünstigung" ist in diese Aussage nicht eingeschlossen (dazu unten 12.2.1.4.2.3).

Mit der gesetzlich vorgeschriebenen Reihenfolge der Taten ist noch nichts darüber gesagt, wo die mit „begangen hat" bezeichnete End-Grenze der Vortat genau verläuft, wo also die Zäsur zwischen Vortat und Begünstigung liegt. Als maßgebliche Orientierungsmarken bieten sich die Vollendung und die Beendigung der Vortat an. Vor allem für die Abgrenzung der Begünstigung von der Beihilfe ist die Antwort auf diese Frage wichtig. Dass eine Hilfe, die erst nach **Beendigung** der Vortat geleistet wird, den Tatbestand der Begünstigung erfüllt und keine Beihilfe zur Vortat sein kann, ist unbestritten.[73] Kontrovers diskutiert wird aber die Frage, ob der Abschnitt zwischen Vollendung und Beendigung der Vortat für Beihilfe und Begünstigung offen steht, hier also Überschneidungen möglich sind.

Des weiteren ist mit der festgelegten Reihenfolge von Vortat und Begünstigung nicht entschieden, ob der gesamte als „Hilfeleistung" zu qualifizierende Sachverhalt einschließlich der Hilfeleistungs**handlung** der Vortat nachfolgen muss oder ob es genügt, wenn der Hilfeleistungs**erfolg** erst nach der Vortat eintritt. Letzterenfalls könnte Begünstigung auch durch eine Handlung begangen werden, die vor oder während der Vortat vollzogen wird, deren Wirkung sich aber erst nach der Vortat entfaltet.

12.2.1.4.2.2 Beihilfe zur Vortat und Begünstigung

Oben wurde gezeigt, dass taugliche Vortat der Begünstigung sogar ein Versuch sein kann, sofern dieser dem Vortäter bereits einen Vorteil eingebracht hat (s. o. 12.2.1.3.2). Wenn Begünstigung nach einem Versuch möglich ist, dann muss Begünstigung auch nach einer vollendeten und noch nicht beendeten Vortat möglich sein. Auf die Alternative Vollendung oder Beendigung kann es also bei der hier zu klärenden Frage allein nicht ankommen. Entscheidend muss vielmehr sein, wie sich die Hilfeleistung zu dem Vortatvorteil verhält. Da die Begünstigung eine **vorteilssichernde** – genauer gesagt: zur Vorteilssicherung tendierende – Hilfeleistung ist, ist der frühestmögliche Zeitpunkt der Begünstigung[74] der Zeitpunkt der Vorteilserlangung des Vortäters. Bevor der Vortäter aus seiner Tat noch nichts erlangt hat, ist eine vorteilssichernde Hilfeleistung nicht möglich. Eine Hilfeleistung, die dem Vortäter den erstrebten Vorteil erst verschaffen soll, ist keine Begünstigung, sondern Beihilfe.

---

[73] BGH, NStZ 2013, 463 (464); 2012, 36 (317); 2011, 637 (638); Rengier (2014a), § 20 Rn. 18; Seelmann (1983), 32 (33).

[74] Mit „Zeitpunkt der Begünstigung" ist der Zeitpunkt der Begünstigungswirkung gemeint; dazu näher unten 12.2.1.4.2.3.

Beispiel

T hat die sechsjährige Tochter X des Ehepaars O entführt und für ihre Freilassung 300.000 € Lösegeld verlangt. Vater O soll das Geld zu einer bestimmten Zeit in einer bestimmten öffentlichen Telefonzelle hinterlegen. O befolgt die Anweisung des T akkurat und legt das Paket mit den Banknoten in der Telefonzelle ab. Fünf Minuten später erscheint der von T beauftragte B und holt das Geldpaket ab. Nach einer weiteren Viertelstunde wird T das Paket von B übergeben.

Die räuberische Erpressung (§§ 253, 255) des T war vollendet, als O das Geld in der Telefonzelle hinterlegte. Denn damit war das Vermögen des O geschädigt und mehr setzt der objektive Tatbestand der Erpressung nicht voraus. Das Erzielen der erstrebten Bereicherung ist nicht objektives Tatbestandsmerkmal, sondern Gegenstand der zum subjektiven Tatbestand gehörenden Absicht (s. o. 10.2.1.1). Schon wesentlich früher – nämlich mit der Entführung der X – vollendet war der erpresserische Menschenraub (§ 239 a I), der sich bereits im Stadium zwischen Vollendung und Beendigung befand, als O das Lösegeld zahlte. Den erstrebten Tatvorteil – Besitz an dem Lösegeld – hatte T aber zu diesem Zeitpunkt noch nicht erlangt. Dies bewirkte erst die Hilfeleistung des B, die daher keine Begünstigung ist. Eine andere Beurteilung scheint aber einfach dadurch erreichbar zu sein, dass bereits die mit der Hinterlegung des Geldes in der Telefonzelle begründete Zugriffsmöglichkeit des T als ein Vorteil anerkannt wird, der aus der Erpressung resultiert. Dann hätte T den Vorteil schon erlangt, bevor B das Geld für ihn abholte und dann könnte die Tat des B als vorteilssichernde Hilfeleistung qualifiziert werden.

Jedoch ist eine derartige Ausdehnung des Vorteilsbegriffs zwecks Vorverlegung des Erlangungszeitpunkts nicht zulässig. Begünstigung ist ein Delikt, das zum einen das Vortatrechtsgut, zum anderen die Strafrechtspflege angreift (s. o. 12.1.1). Der zweitgenannte Aspekt prägt den Vorteilsbegriff dahingehend, dass der Vortäter eine rechtswidrige Position erlangt haben muss, die ihm mit dem strafrechtlichen Mittel des Verfalls (§ 73) wieder entzogen werden dürfte und müsste,[75] wenn dem nicht der vorrangige Anspruch des Vortatopfers entgegenstünde, § 73 I 2. Solange also der Erfolg der Vortat den Vortäter noch nicht in die Stellung eines – abgesehen von § 73 I 2– tauglichen Verfallbetroffenen gerückt hat, hat er keinen Vorteil erlangt, auf den sich die Begünstigung richten könnte. Im vorliegenden Fall ist evident, dass wegen des in der Telefonzelle liegenden Lösegeldes gegen T keine Verfallsanordnung ergehen würde. Denn iSd § 73 I 1 hatte T dieses Geld noch nicht erlangt, solange es in der Telefonzelle lag. Dies war erst nach der Übergabe des Geldes durch B der Fall. Da dieser Akt dem T den Vorteil aus seiner Vortat also erst verschaffte, ist er keine begünstigende Hilfeleistung iSd § 257 I.

Nach h. M. hat B Beihilfe zur Erpressung begangen, obwohl die Erpressung zuvor schon vollendet war und B zur Erreichung dieses Ziels nichts mehr bei-

---

[75] Die Anordnung des Verfalls steht nicht im Ermessen des Gerichts, sondern ist obligatorisch, wenn die Voraussetzungen des § 73 I 1 erfüllt sind, Lackner et al. (2014), § 73 Rn. 11.

tragen konnte. Die Hilfeleistung soll aber deswegen tatbestandsmäßige Beihilfe sein, weil sie die erfolgreiche Beendigung der Erpressung förderte.[76] Für diese Ansicht spricht, dass eine Strafbarkeitslücke zwischen vollendungsfördernder Beihilfe und vorteilssichernder Begünstigung vermieden wird. Gegen sie ist einzuwenden, dass die Beihilfe nach vollendeter Erpressung kein tatbestandsmäßiges Handeln des Täters T mehr fördert. Der durch die Hilfeleistung unterstützte Vorgang der Lösegelderlangung ist allenfalls als Unterschlagung ein straftatbestandsmäßiges Verhalten des T. Den Tatbestand der Erpressung erfüllt er nicht. Daher kann die Tat des B zwar als Ermöglichung einer Unterschlagung (§§ 246, 27) nicht aber als Förderung einer Erpressung (§§ 253, 27) qualifiziert werden.[77] Die Strafbarkeitslücke, die dadurch entsteht, ist hinnehmbar. Sie ist Folge des „fragmentarischen Charakters des Strafrechts".[78]

Begünstigung kann nur eine Hilfe sein, die einem Vortäter geleistet wird, der die Vorteile aus seiner Tat bereits so in seine Verfügungsgewalt gebracht hat, dass sie ihm mit dem Instrument des Verfalls wieder abgenommen werden müssten. Begünstigung ist die Hilfe, die geeignet und bestimmt ist, einen derartigen Vorteilsverlust zu verhindern. Diese Art von Hilfe kann aber auch als **Beihilfe** strafbar sein, sofern nämlich der Täter mit der Aufrechterhaltung seiner durch die Vortat errungenen Position weiterhin tatbestandsmäßig handelt. Die Unterstützung dieser Aufrechterhaltung ist Förderung tatbestandsmäßigen Verhaltens und somit Beihilfe zu einer tatbestandsmäßigen Tat. Möglich ist eine solche Konstellation bei **Dauerdelikten**.[79]

Beispiel

Der Obdachlose T hat sich in dem leerstehenden Haus des O einquartiert und hofft auf diese Weise über den Winter zu kommen. Die sozial sehr engagierte Tochter X des O erfährt zufällig davon, unternimmt aber nichts gegen den Aufenthalt des T im Haus ihres Vaters. Als O eines Tages beschließt, in dem Haus nachzusehen, ob dort noch alles in Ordnung ist, erbietet sich X, das für ihn zu übernehmen. Sie will damit verhindern, dass O den T entdeckt und aus dem Haus vertreibt. O geht auf den Vorschlag der X ein, die ihm am nächsten Tag berichtet, in dem leerstehenden Haus sei alles in bester Ordnung.

Der unbefugte „Einzug" des T in das Haus des O ist ein Hausfriedensbruch, § 123 I Alt. 1. Die kostenlose Unterkunft in diesem Haus ist der Vorteil, den sich T mit seiner Tat verschafft hat. Hausfriedensbruch ist ein Dauerdelikt, das vom Täter solange verwirklicht wird, bis er sich aus dem betroffenen Objekt wieder entfernt hat.[80] T beging daher das Delikt Hausfriedensbruch auch noch, nachdem X ihn davor bewahrt hatte, von O aus dem Haus geworfen zu werden. Die

---

[76] Seelmann (1983), 32 (33).

[77] Jakobs (1993), 22/40.

[78] Jescheck et al. (1996), § 7 II 1.

[79] Jakobs (1993), 22/40; Kühl (2012), § 20 Rn. 235.

[80] Schönke et al. (2014), § 123 Rn. 10.

Abwendung der Inspektion des O durch X war also eine Hilfeleistung, die es dem T ermöglichte, die Begehung des Delikts Hausfriedensbruch fortzusetzen. Daher hat X Beihilfe zum Hausfriedensbruch begangen, §§ 123 I Alt. 1, 27. Zugleich hat die Hilfeleistung aber die Wirkung, dem T den Vorteil, den er sich bereits durch das erstmalige Eindringen in das Haus verschafft hat, zu erhalten. Also war diese Hilfe auch ein Akt zur Sicherung bereits vorhandener Tatvorteile. Deshalb ist die Tat der X auch eine tatbestandsmäßige Begünstigung.[81] Bestraft wird X gemäß § 257 III 1 nur wegen Beihilfe zum Hausfriedensbruch, §§ 123 27. Zwar ist der Hausfriedensbruch, zu dem X Beihilfe leistete, strenggenommen keine „Vortat", weil er erst nach der Hilfe begangen wurde. Da die Dogmatik der Konkurrenzen aber den gesamten unbefugten Aufenthalt des T in dem Haus als ein einziges Hausfriedensbruchs-Delikt bewertet,[82] hängt auch die Hilfe der X mit dem schon zuvor von T begangenen Hausfriedensbruch zusammen. Daher ist die Anwendung des § 257 III 1 gerechtfertigt.

Nach h. M. wird die Begünstigung von der Beihilfe zur Vortat auch dann verdrängt, wenn die Hilfe vor **Beendigung einer bereits vollendeten Vortat**[83] geleistet wird und die Phase zwischen Vollendung und Beendigung nicht mehr vom Tatbestand der Vortat erfasst ist.[84]

Beispiel

T hat bei einem Einbruch in das Geschäft des O zehn Fernsehgeräte erbeutet, die er in seinem vor dem Geschäft geparkten Kleinbus verstaut hat. Beim Verladen des letzten Gerätes erleidet T einen schmerzhaften Hexenschuss, der ihn daran hindert, den Kleinbus mit den Fernsehgeräten selbst nach Hause zu fahren. Von einer nahegelegenen Telefonzelle ruft T daher seinen Bruder B an, schildert ihm die Situation und bittet ihn um Hilfe. B schwingt sich sofort auf sein Fahrrad und radelt zu T hin. Dort setzt er sich hinter das Steuer des Kleinbusses und bringt den T mit den gestohlenen Fernsehgeräten nach Hause. Dort trägt er auch noch sämtliche Fernseher in den Keller des Hauses.

Der Diebstahl des T war vollendet, als die Fernsehgeräte in dem Kleinbus untergebracht waren. Damit war der Gewahrsam des O gebrochen und neuer Gewahrsam des T begründet worden. Der Abtransport der Fernsehgeräte diente nur noch der Verfestigung und Sicherung des bereits begründeten Herrschafts-

---

[81] Leipziger Kommentar-Walter (2010), § 257 Rn. 105.

[82] Schönke et al. (2014), § 123 Rn. 36.

[83] BGHSt 3, 40 (43): „Eine Straftat ist rechtlich vollendet, sobald alle Merkmale des gesetzlichen Tatbestandes erfüllt sind. Es ist aber möglich, dass weitere zur Tat gehörige Wirkungen erst zu einem späteren Zeitpunkt eintreten; dann ist die Tat erst zu diesem Zeitpunkt tatsächlich beendet. Bis dahin kann sie durch das Mitwirken anderer noch gefördert werden; diese sind dann als Gehilfen oder auch als Mittäter verantwortlich".

[84] BGHSt 3, 40 (43); BGH, NStZ 2011, 637 (638); 2008, 152; Blei (1983), 431; Jescheck et al. (1996), § 64 III 2 b; Otto (2005), § 57 Rn. 4.

verhältnisses. Zur Vollendung des Diebstahls war er nicht mehr erforderlich. T verwirklichte daher auch nicht mehr den Diebstahlstatbestand, als er die Fernseher abtransportieren und im Keller unterbringen ließ. B hat dem T also nicht bei der Vollendung, sondern bei der erfolgreichen Beendigung des Diebstahls geholfen. Die Hilfe war geeignet und bestimmt, dem T die mit der Vollendung des Diebstahls erlangten Vorteile zu sichern. Also erfüllt diese Hilfeleistung den Tatbestand der Begünstigung. Da mit dem Abtransport der Fernseher zugleich aber nicht nur „Besitzstandwahrung", sondern darüber hinaus der Hinzugewinn einer noch besseren Herrschaftsposition des T bezweckt und erreicht wurde, beurteilt die h. M. das Verhalten des B auch als Beihilfe zum Diebstahl, §§ 242, 27. Strafbarkeit wegen Begünstigung entfällt demnach gem. § 257 III 1. Diese Ausdehnung der Beihilfe ist jedoch abzulehnen.[85] Beihilfe ist Unterstützung einer straftatbestandsmäßigen Tat. Deshalb muss sich die Wirkung der Beihilfe in einem Sachverhalt entfalten, der den Tatbestand einer rechtswidrigen Tat iSd § 11 I Nr. 5 verwirklicht. Das ist beim Diebstahl nur bis zur Begründung neuen Gewahrsams, also bis zu Vollendung der Fall. Die Sicherung des neuen Gewahrsams verwirklicht den Diebstahlstatbestand nicht mehr. Daher ist die Unterstützung des Diebes bei der Gewahrsamssicherung keine Beihilfe zum Diebstahl. Art. 103 II GG lässt die Bestrafung einer solchen Unterstützung als Beihilfe zum Diebstahl nicht zu.

12.2.1.4.2.3 Antizipierte Begünstigung

Eine Hilfeleistung ist auch dann tatbestandsmäßige Begünstigung, wenn der Helfer sie vor oder während der Vortat vollzieht, die darauf beruhende Unterstützungswirkung sich aber erst nach der Vortat entfaltet.[86] Für die Abgrenzung von Beihilfe zur Vortat und Begünstigung ist also nicht der Zeitpunkt der helfenden Handlung, sondern der Zeitpunkt des Hilfeleistungs**erfolges** ausschlaggebend. Deshalb gibt es eine „vorgeleistete" (vorweggenommene, antizipierte) Begünstigung.

Allerdings ist zu beachten, dass die vor oder während der Vortat ausgeführte Unterstützungshandlung sich bereits vor Vollendung der Vortat als psychische Beihilfe[87] auswirken kann, wenn der Vortäter von der Unterstützung Kenntnis hat und ihm dies die Tatbegehung erleichtert.[88] In diesem Fall erfüllt die Hilfeleistung sowohl die Strafbarkeitsvoraussetzungen der Beihilfe zur Vortat als auch die Strafbarkeitsvoraussetzungen der Begünstigung. Gemäß § 257 III 1 wird der Helfer aber nur wegen Beihilfe zur Vortat bestraft.

---

[85] Eisele (2012b), Rn. 1082; Herzberg (1977), 72; Jahn et al. (2009), 309 (311).

[86] Blei (1983), 430; Geppert (1980), 269 (273); Seelmann (1983), 32 (34).

[87] Allgemein dazu Kühl (2012), § 20 Rn. 225 ff.

[88] Geppert (1980), 269 (273).

1. T plant einen Einbruch in ein Juweliergeschäft. Ohne Wissen des T bittet seine Ehefrau F noch vor dem Einbruch den H, für die Unterbringung der Beute eine Garage zur Verfügung zu stellen. H ist dazu sofort bereit und übergibt der F den Schlüssel des Garagentors. Kurz bevor T den Einbruch ausführt, teilt H ihm mit, dass er die Beute in seiner Garage verstecken könne und dass F sich schon im Besitz des Garagenschlüssels befinde. Diese Nachricht beflügelt den T und veranlasst ihn, nicht – wie zunächst geplant – nur einen Koffer voll Schmuck zu stehlen, sondern den ganzen Kofferraum seines Pkw mit gestohlenen Pretiosen vollzuladen. Nach seinem Einbruch bringt T die Wagenladung gestohlenen Schmucks sofort in der Garage des H unter. Deshalb verläuft die wenig später in der Wohnung des T durchgeführte Durchsuchungsaktion der Polizei erfolglos.

2. Wie (1), mit folgender Abwandlung: Noch bevor T seinen Diebstahl vollendet hat, verliert F den Schlüssel, den H ihr zuvor anvertraut hatte. Daher kann T seine Beute nicht in der Garage unterbringen. Er lädt sie im Keller seiner Wohnung ab, wo sie wenig später bei einer Wohnungsdurchsuchung von der Polizei gefunden und beschlagnahmt wird.

Die Übergabe des Garagenschlüssels fand vor der Begehung des Einbruchsdiebstahls statt. Dies spricht auf den ersten Blick gegen eine Qualifizierung des Diebstahls als „Vortat" und der Schlüsselübergabe als „Anschlusstat" Begünstigung. Die zeitliche Abfolge der Handlungen deutet eher darauf hin, dass die Übergabe des Schlüssels als Diebstahlsbeihilfe iSd § 242, 27 strafbar ist. Als Beihilfe zum Diebstahl ist die Handlung des H aber strafrechtlich doch nicht zu erfassen, da die Aushändigung des Schlüssels an F den Diebstahl des T – also das tatbestandsmäßige Geschehen vom Versuchsbeginn bis zur Vollendung[89] – weder in Beispiel 1 noch in Beispiel 2 physisch oder psychisch gefördert hat. Lenkt man den Blick aber weg von dem Akt der Schlüsselübergabe und hin auf die daraus resultierende beutesichernde Wirkung, kommt die typische Vortat-Anschlusstat-Struktur der Begünstigung zum Vorschein. Geholfen hat dem T die Zurverfügungstellung der Garage erst nach seinem Diebstahl, jedenfalls nach dessen Vollendung. Die unterstützende Wirkung der Schlüsselübergabe entfaltete sich also nach dem Diebstahl. Da es nur darauf im Rahmen des § 257 I ankommt, hat H in **Beispiel 1** den Tatbestand der Begünstigung erfüllt. In **Beispiel 2** liegt Begünstigung nicht vor, da T in diesem Fall aus Schlüssel und Garage überhaupt keinen Nutzen ziehen konnte. H hat lediglich versucht, Begünstigung zu begehen, was nach geltendem Strafrecht jedenfalls nicht aus § 257 strafbar ist. Die strafrechtliche Würdigung darf sich allerdings nicht auf die tatsächliche Übergabe des Schlüssels beschränken, sondern muss auch die Mitteilung davon erfassen, die H dem T kurz vor dessen Einbruch gemacht hat. In beiden Beispielen hat diese Mitteilung dem T schon während der Begehung des Diebstahls

---

[89] Nach der Meinung, die Beihilfe bis zur tatsächlichen „Beendigung" des Diebstahls für möglich hält, ist die Übergabe des Garagenschlüssels Beihilfe zum Diebstahl.

psychische Unterstützung gegeben. Das erkennt man daran, dass sich T durch diese Nachricht ermutigt fühlte und zur Erweiterung seines Tatplans veranlassen ließ. Daher ist diese Handlung des H eine Beihilfe zum Diebstahl und zwar in beiden Beispielsfällen. In Beispiel 1 folgt daraus, dass H wegen Begünstigung nicht bestraft wird, § 257 III 1. Da dies aber nur die Folge einer Konkurrenzregel („mitbestrafte Nachtat"[90]) ist und das Vorliegen einer Begünstigung dadurch nicht in Abrede gestellt wird, bleibt die Strafbarkeit der F wegen Anstiftung zur Begünstigung (§§ 257 I, 26) davon unberührt. In Beispiel 2 ist F dagegen straflos, da die Anstiftung zur versuchten Begünstigung nicht mit Strafe bedroht ist.

12.2.1.4.3 Vollendung der Hilfeleistung

Da die Erfüllung des objektiven Tatbestands der Begünstigung keinen Vorteilssicherungserfolg voraussetzt, ist die Bestimmung des Vollendungszeitpunkts und damit zugleich die **Abgrenzung vom straflosen Begünstigungsversuch** problematisch.[91] Vollendet ist die Begünstigung, sobald das Tatbestandsmerkmal Hilfeleistung vollständig erfüllt ist. Das Kriterium „objektive Eignung zur Vorteilssicherung" gibt für die genaue Markierung dieses Punktes allerdings nicht viel her. Denn die Feststellung dieser Eignung erfolgt über eine Prognose auf den wahrscheinlichen Sicherungserfolg. Diese Prognose kann durchaus von einem sehr frühen Zeitpunkt aus zu einem positiven Ergebnis führen.

Beispiel

T hat zehn Fernsehapparate gestohlen. Als dem T eine Wohnungsdurchsuchung bevorsteht, ruft T seinen Freund B an und fragt ihn um Rat. B setzt sich sofort in seinen Kleintransporter, um die Fernsehgeräte bei T abzuholen und in ein sicheres Versteck zu bringen. Nach einem Kilometer Fahrt wird B mit seinem Fahrzeug in einen Verkehrsunfall verwickelt. Der Wagen wird dabei so schwer beschädigt, dass der geplante Abtransport der Fernsehgeräte scheitert.

Die Strafbarkeit des B aus § 257 I hängt davon ab, dass bereits der Fahrtantritt eine vollständige Hilfeleistung und die Begünstigung somit schon vor dem Verkehrsunfall vollendet ist. Handelte es sich dagegen bis dahin nur um den Versuch Hilfe zu leisten, bliebe B straflos, da der Begünstigungsversuch nicht mit Strafe bedroht ist. Erst recht keine strafbare vollendete Begünstigung läge vor, wenn das Verhalten des B bis zum Unfall als bloße Vorbereitung der Hilfe zu bewerten wäre.[92] Objektiv zur Vorteilssicherung geeignet ist der Fahrtantritt gewiss, wenn man den Geschehensverlauf hinzudenkt, den T und B sich vorstellten. Ex ante sprach auch nichts dagegen, dass sich diese Vorstellung würde verwirklichen lassen.

---

[90] Geppert (1980), 327 (329).
[91] Schönke et al. (2014), § 257 Rn. 22.
[92] Geppert (1980), 265 (274).

Dennoch erscheint die Bejahung einer vollendeten Begünstigung in einem Fall wie dem vorliegenden überzogen. Eine so weite Vorverlegung der Strafbarkeit wäre unverhältnismäßig und mangels Strafwürdigkeit nicht legitim.[93] Denn die von § 257 geschützten Rechtsgüter waren nicht konkret gefährdet, solange die Fernsehgeräte sich noch in dem von der bevorstehenden Durchsuchung betroffenen räumlichen Bereich des T befanden. Man wird ähnlich wie bei der Bestimmung des Versuchsbeginns nach § 22 auch bei der Festlegung des Zeitpunkts, ab dem eine tatbestandsmäßige Hilfeleistung iSd § 257 I angenommen werden kann, mindestens einen spezifisch „rechtserschütternden Eindruck" des zu würdigenden Verhaltens verlangen müssen. Für einen objektiven Betrachter des Geschehens muss sich der Eindruck aufdrängen, dass die Handlung der Vorteilssicherung und Restitutionsvereitelung dient.[94] Dazu wird in der Regel erforderlich sein, dass der Täter die Lage der zu sichernden Objekte bereits verändert und damit die Wiederherstellung eines rechtmäßigen Zustands erschwert hat („Risikoerhöhung").[95]

Im vorliegenden Beispiel wäre dies frühestens der Fall gewesen, sobald B damit begonnen hätte, das erste von T gestohlene Fernsehgerät in seinen Kleintransporter zu laden. Die vorangegangene Fahrt zu T war hingegen ein neutrales Verhalten, das vielen rechtlich unbedenklichen Zwecken hätte dienen können. Für den Verdacht, dass diese Fahrt gerade zur Sicherung von Diebesbeute bestimmt war, lagen noch keine hinreichend aussagekräftigen Anzeichen vor.

Eine andere typische Begünstigungshandlung mit hinreichend sichtbarer Vereitelungstendenz ist der Eingriff in einen bereits laufenden **Kausalprozess, der auf rechtskonforme Vorteilsentziehung** gerichtet ist. Auch hier kann von einer vollendeten Hilfeleistung erst die Rede sein, wenn sich auf Grund dieses Eingriffs die Chancen auf Wiederherstellung des rechtmäßigen Zustand verschlechtert haben.

Beispiel

Der von der Wohnungsdurchsuchung bedrohte T bittet auch seinen Freund F um Hilfe. F beschließt, die polizeiliche Durchsuchungsaktion zu stören und dem T auf diese Weise die Diebesbeute zu erhalten. Da er von einem Bekannten bei der Kriminalpolizei weiß, wann und von wem die Durchsuchung bei T durchgeführt werden soll, plant er, die Polizeibeamten in einen Verkehrsunfall zu verwickeln und dadurch an der Durchsuchung zu hindern. Als sich zwei Polizeifahrzeuge mit den Polizeibeamten, die die Durchsuchung ausführen sollen, auf den Weg zu T machen, setzt F sich mit seinem Pkw hinter sie, um an einer geeigneten Stelle zu überholen und einen Unfall zu verursachen. Der Plan des F scheitert aber, da er an einem beschrankten Bahnübergang den Kontakt zu den beiden vor ihm fahrenden Polizeifahrzeugen verliert.

---

[93] Dehne-Niemann (2009), 142 (149); Geppert (1980), 265 (275); Geppert (2007), 589 (592).

[94] Vgl. die Beispiele bei Schönke et al. (2014), § 257 Rn. 12.

[95] Geppert (1980), 265 (275).

Wäre es dem F gelungen, die Polizeibeamten durch einen Unfall aufzuhalten und die bevorstehende Durchsuchung wenigstens zu verzögern, hätte er sich wegen Begünstigung strafbar gemacht, selbst wenn die Durchsuchung letztlich doch zur Beschlagnahme der Fernsehgeräte geführt hätte. Denn mit diesem Eingriff wäre der Erfolg der Durchsuchungsaktion konkret gefährdet und damit die Chance auf Wiederherstellung eines rechtmäßigen Zustands erheblich vermindert worden. Die Verfolgung der Polizeifahrzeuge bereitete eine solche Chancenverschlechterung lediglich vor. Solange die Polizeiaktion ungestört ablief, war die Begünstigungsintention des F nicht manifest und sein Verhalten daher keine tatbestandsmäßige Hilfeleistung.

12.2.1.4.4 Unterlassen als Hilfeleistung

Begünstigung ist auch in der Form des **unechten Unterlassungsdelikts** möglich.[96] Voraussetzung ist eine Garantenstellung des Unterlassenden, § 13 I. Zur Tatbestandserfüllung geeignet sind sowohl Beschützer- als auch Überwachergarantenstellungen.[97]

Beispiele

1. V, der Vater des 16-jährigen T duldet es, dass T in seinem Zimmer die Beute aus Einbruchsdiebstählen hortet.
2. Der Polizeibeamte P ist für die Ermittlungen in einem Einbruchsdiebstahl in das Juweliergeschäft des J zuständig. P hat von einem glaubwürdigen Informanten aus der „Unterwelt" erfahren, dass T den Einbruch begangen haben soll und die Beute in der Wohnung des T versteckt ist. P unternimmt dennoch keine Schritte zur Einleitung einer Wohnungsdurchsuchung bei T, da er den T nicht um die Beute aus seinem Diebstahl bringen will.

Die Eltern eines Minderjährigen (vgl. § 2 BGB) sind sowohl Beschützer- als auch Überwachergaranten gegenüber ihrem Kind. Ersteres bedeutet, dass sie ihr Kind vor Schaden zu bewahren haben,[98] letzteres bedeutet, dass sie Schäden, die ihr Kind verursachen könnte, zu verhindern haben.[99] In **Beispiel 1** ist daher V auch dafür verantwortlich, dass der von seinem 16-jährigen Sohn bereits angerichtete Schaden nicht durch Verhinderung von Restitutionsmaßnahmen perpetuiert wird. V war verpflichtet, den Vorteilssicherungserfolg abzuwenden, der dadurch herbeigeführt zu werden drohte, dass T in der Lage war, seine Diebesbeute in seinem Zimmer dem Zugriff der Polizei zu entziehen.[100] Zwar brauchte V der Polizei keine Informationen zu geben, die den T in die Gefahr strafrechtlicher

---

[96] BGH, NStZ 1992, 540 (541); Eisele (2012b), Rn. 1085; Kindhäuser (2014), § 46 Rn. 4; Rengier (2014a), § 20 Rn. 13; Wessels et al. (2013c), Rn. 811; aA Dehne-Niemann (2009), 142 (151).

[97] Zu diesen beiden Kategorien der Garantenstellung vgl. Kühl (2012), § 18 Rn. 45.

[98] Kühl (2012), § 18 Rn. 48.

[99] Kühl (2012), § 18 Rn. 116.

[100] Maurach et al. (2012), § 101 Rn. 8.

Verfolgung gebracht hätten, §§ 55 I, 52 I Nr. 3 StPO. Er hätte ihn aber daran hindern müssen, die Beute in seinem Zimmer zu deponieren. Indem V dagegen nicht einschritt, hat er dem T durch garantenpflichtwidriges Unterlassen Hilfe geleistet und sich wegen Begünstigung durch Unterlassen aus §§ 257 I, 13 strafbar gemacht.

P ist in **Beispiel 2** als zuständiger Polizeibeamter Beschützergarant in Bezug auf den Teil der staatlichen Rechtspflege, der sich mit der Aufspürung und Inverwahrungnahme von Gegenständen befasst, die jemand aus strafrechtswidrigen Taten erlangt hat.[101] Er ist verpflichtet, sich im Rahmen der gesetzlich eröffneten Möglichkeiten aktiv dafür einzusetzen, dass Straftaten verfolgt und dabei die aus den Straftaten erzielten illegalen Gewinne zunichte gemacht und dem Berechtigten zurückgegeben werden. Die Nichteinleitung einer gesetzlich zulässigen und auf Grund der Verdachtslage gebotenen Wohnungsdurchsuchung ist eine garantenpflichtwidrige Hilfeleistung zugunsten des T. P hat also durch diese Untätigkeit den Tatbestand der Begünstigung verwirklicht. Er ist deshalb aus §§ 257 I, 13 strafbar.

12.2.2   Sonstige Strafbarkeitsvoraussetzungen

12.2.2.1   Subjektiver Tatbestand
Der subjektive Tatbestand der Begünstigung besteht aus zwei Merkmalen, dem Vorsatz (§ 15) und der Vorteilssicherungsabsicht.

12.2.2.1.1 Vorsatz
Der Vorsatz muss sich auf sämtliche objektive Tatbestandsmerkmale beziehen. Dolus eventualis reicht aus.[102] Da die **Vortat** Bestandteil des objektiven Tatbestandes und nicht lediglich objektive Strafbarkeitsbedingung ist, gehört auch sie zu den Vorsatzgegenständen.[103] Der Täter braucht dabei allerdings die exakte strafrechtliche Einordnung der Vortat in das Tatbestandssystem des Besonderen Teils nicht subjektiv nachzuvollziehen. Es schließt den Vorsatz also nicht aus, wenn der Begünstiger die den Tatbestand des § 242 I erfüllende Vortat nicht als „Diebstahl" erkennt, sondern z. B. für einen Betrug hält oder überhaupt nicht konkretisieren kann.[104] Immerhin muss der Vorsatz aber die Umstände erfassen, die zur abstrakten Charakterisierung der Vortat als „rechtswidrige Tat" iSd §§ 257 I, 11 Nr. 5 notwendig sind. Unvorsätzlich handelt der Täter daher, wenn er sich vorstellt, die Vortat sei eine Ordnungswidrigkeit oder lediglich eine strafrechtlich irrelevante unerlaubte Handlung iSd § 823 BGB.[105] Weil der Vorsatz sich hier auf **normative Tatbe-**

---

[101] Schönke et al. (2014), § 257 Rn 13.

[102] Geppert (1980), 327.

[103] Leipziger Kommentar-Walter (2010), § 257 Rn. 66; Rengier (2014a), § 20 Rn. 14.

[104] BGHSt 4, 221 (224); Dehne-Niemann (2009), 248.

[105] Leipziger Kommentar-Walter (2010), § 257 Rn. 17, 66.

standsmerkmale richtet, können Fehlvorstellungen bezüglich des Vortatcharakters außerordentlich komplizierte Fragen der Vorsatz- und Irrtumsdogmatik aufwerfen. In der Literatur wird diese Problematik überwiegend im Zusammenhang mit der Strafvereitelung (§ 258) diskutiert.[106] Sie berührt aber auch den Tatbestand Begünstigung (§ 257).

Beispiele

1. T hat in der Metzgerei des O eine Wurst gestohlen. B unterstützt die Flucht des T, indem er sich dem Verfolger O in den Weg stellt. B weiß, was T getan hat, hält die Tat für „Mundraub" und meint, dies sei keine Straftat, sondern eine Ordnungswidrigkeit.
2. T stiehlt dem O einen elektrischen Rasenmäher und will ihn behalten. B stellt dem T seine Garage zur Verfügung, damit der Mäher dem Zugriff des O entzogen werden kann. Dabei glaubt B, T wolle den Rasenmäher nur einige Wochen benutzen und ihn danach dem O zurückgeben. B meint, dass dies eine „strafbare Sachentziehung" sei.

In beiden Beispielen hat T einen Diebstahl – also eine taugliche Vortat – begangen. Sein Nachtathelfer B hat in **Beispiel 1** alle Tatsachen wahrgenommen, aus denen sich die Eigenschaft der Vortat als „rechtswidrige Tat" ergibt. Jedoch hat B diese Tat rechtlich falsch bewertet, indem er sie der Kategorie der Ordnungswidrigkeiten zuordnete. Daher hatte er nicht das Bewusstsein, eine strafrechtlich relevante Vortat zu unterstützen. In **Beispiel 2** verhält es sich genau umgekehrt: Das Vorstellungsbild des B bezog sich auf eine Tat, die nicht straftatbestandsmäßig ist, von B aber rechtsirrig dafür gehalten wurde. Hier glaubte B also letztlich, seine Hilfe komme dem Täter einer strafrechtswidrigen Vortat zugute.

Die Behandlung derartiger Irrtümer ist schwierig und umstritten. Hier kann die Thematik nicht aufgearbeitet, sondern die für richtig gehaltene Lösung nur angedeutet werden: Mindestvoraussetzung des Vorsatzes ist ein vollständiges Vorstellungsbild von den Tatsachen, die die Vortat zu einer „rechtswidrigen Tat" machen. Das Fehlen oder die Unvollständigkeit dieser Vorstellung kann durch eine unzutreffende Qualifikation des vorgestellten Gegenstandes als „Straftat" – oder wenigstens „strafrechtswidrige Tat" – nicht kompensiert werden.

Aus diesem Grund hatte B in **Beispiel 2** keinen Vorsatz, obwohl er die vorgestellte Tat wegen seines „Doppelirrtums" letztlich für strafbar hielt.

Hat der Täter die für die Qualifikation als „strafrechtswidrig" erforderlichen Tatumstände erkannt bzw. sich vorgestellt, der Tat aber gleichwohl diese Eigenschaft abgesprochen, muss deswegen der Vorsatz nicht ausgeschlossen sein. Denn ausschlaggebend ist nicht die dem juristischen Laien ohnehin häufig nicht mögliche „Grobsubsumtion" des Vortatverhaltens unter die Begriffe „Straftat", „Ordnungswidrigkeit"

---

[106] Schönke et al. (2014), § 258 Rn. 24.

„zivilrechtliches Unrecht" usw., sondern die zutreffende Vorstellung von den Umständen, die dafür verantwortlich sind, dass der Gesetzgeber das vorteilssichernde Verhalten gerade im Anschluss an eine strafrechtswidrige Vortat für strafwürdig erklärt hat. Der Begünstiger muss sich also vorstellen, dass die Vortat Auslöser von Verfolgungs- und Ermittlungsmaßnahmen der Strafverfolgungsbehörden sein kann, die unter anderem auch den Zweck haben, dem Vortäter die deliktisch erlangten Vorteile zu entziehen und den ursprünglichen rechtmäßigen Zustand wiederherzustellen.[107] Dies genügt für die erforderliche „Bedeutungskenntnis".[108]

Hat in **Beispiel 1** der B im Wege der „Parallelwertung in der Laiensphäre"[109] eine Ahnung davon bekommen, dass die Entwendung der Wurst durch T die Polizei veranlassen könnte, hoheitliche Maßnahmen einzuleiten, um das von T begangene Delikt repressiver Sanktionierung zuzuführen, dem T die Wurst abzunehmen und sie dem O zurückzugeben, dann hat B eine ausreichende Vorstellung vom strafrechtlichen Charakter der Vortat. Die fehlerhafte Qualifikation als Ordnungswidrigkeit steht dem Vorsatz und der Strafbarkeit aus § 257 I nicht entgegen.

Da die **Selbstbegünstigung** den objektiven Tatbestand des § 257 I nicht erfüllt (s. o. 12.2.1.2.1), ist die irrige Annahme des Nachtäters, die zu sichernden Vorteile stammten aus einer von ihm selbst begangenen Vortat, ein vorsatzausschließender Tatbestandsirrtum, § 16 I 1.

Beispiel

Nach einer durchzechten Nacht, während der B mit T durch mehrere Kneipen gezogen war, wacht B mit brummendem Schädel, Schwindelgefühl und Übelkeit auf. Als er auf die Terrasse seines Hauses tritt, um frische Luft zu schnappen, findet er dort ein Fahrrad vor, das ihm nicht gehört. Er erinnert sich vage, dass dieses Rad in der vergangenen Nacht dem E gestohlen wurde und er – B – möglicherweise an dem Diebstahl beteiligt war. B weiß nicht mehr genau, ob den Diebstahl er selbst, der T oder er mit T gemeinsam begangen hat. Tatsächlich hat T das Fahrrad allein gestohlen und dann bei B abgestellt. Auf jeden Fall will B das Rad zunächst einmal vor dem möglichen Zugriff der Polizei sichern. Daher bringt er es in die Wohnung seiner 80-jährigen Großmutter, wo seiner Ansicht nach mit einer polizeilichen Durchsuchung nicht zu rechnen ist.

Soweit B davon ausgeht, er habe selbst und ohne Mitwirkung des T dem E das Fahrrad gestohlen, fehlt ihm der Vorsatz bezüglich des Tatbestandsmerkmals „einem anderen, der… begangen hat", 16 I 1. Der reine Selbstbegünstigungsvorsatz schließt die Strafbarkeit aus. Soweit B annimmt, T habe das Rad allein

---

[107] Geppert (1980), 327: „Er muß also (nach ‚Parallelwertung in der Laiensphäre') wissen, dass eine restitutionsbedürftige Situation gegeben ist."

[108] Schönke et al. (2014), § 15 Rn. 43.

[109] Jescheck et al. (1996), § 29 II 3 a.

gestohlen, handelt B mit Fremdbegünstigungsvorsatz. Diese Vorstellung von der Vortat ist zur Begründung von Strafbarkeit aus § 257 I also geeignet. Dasselbe gilt für die dritte Variante, wonach B es für möglich hält, er habe das Rad mit T gemeinsam, also als Mittäter (§ 25 II) gestohlen. Auch hier handelt B mit Fremdbegünstigungsvorsatz, weil der mittäterschaftlich begangene Diebstahl aus der Sicht eines Mittäters auch die Tat eines anderen Mittäters ist. Die Strafbarkeit des B aus § 257 I wird in diesem Fall nicht nach § 257 III 1 ausgeschlossen. Denn diese Vorschrift setzt voraus, dass B wegen Beteiligung an der Vortat tatsächlich bestraft werden kann. Die irrige Annahme, sich wegen Vortatbeteiligung strafbar gemacht zu haben, reicht für die Anwendung des § 257 III 1 nicht aus.

Die **Vorteile**, die der Vortäter aus seiner Vortat erlangt hat, gehören zwar explizit nicht zum objektiven Tatbestand[110] und sind daher an sich nicht Gegenstand des Vorsatzes iSd § 15. Vielmehr kommen sie erst im Rahmen des zweiten subjektiven Tatbestandsmerkmals „Vorteilssicherungsabsicht" zur Sprache (dazu sogleich unten 12.2.2.1.2.2). Da aber das objektive Tatbestandsmerkmal „Hilfeleistung" die Existenz dieser Vorteile voraussetzt (s. o. 12.2.1.4.1) und der Vorsatz sich auf die Umstände beziehen muss, die das Merkmal „Hilfeleistung" ausmachen, gehört insoweit auch das Bewusstsein vom Vorhandensein der Tatvorteile zum Tatvorsatz.

12.2.2.1.2 Vorteilssicherungsabsicht

12.2.2.1.2.1 Absicht

Die Vorteilssicherungsabsicht ist eine „**überschießende Innentendenz**", weil sie auf einen Erfolg gerichtet ist, dessen Eintritt kein Bestandteil des objektiven Tatbestandes und deshalb keine Voraussetzung der Tatvollendung ist.[111] Die Sicherung der Vorteile muss beabsichtigt sein, strafbar ist die Tat aber auch, wenn die Realisierung dieser Absicht nicht gelingt und der Vortäter seine Vorteile verliert. Absicht ist eine qualifizierte Vorsatzform, die üblicherweise als „dolus directus 1. Grades",[112] „zielgerichtetes Wollen"[113] oder „darauf ankommen"[114] umschrieben wird. Bedingter Vorteilssicherungsvorsatz reicht also nicht aus.[115]

Beispiel

T hat gerade ein Tabakgeschäft überfallen und befindet sich mit 1000 € Beute in einem roten Goggomobil auf der Flucht. Über Rundfunk ist die Bevölkerung auf T und seinen auffälligen Wagen hingewiesen und zur Mithilfe bei der Suche nach dem Täter aufgefordert worden. Als T zu der Tankstelle des B fährt, um

---

[110] Vgl. § 16 I 1: „Umstand…, der zum gesetzlichen Tatbestand gehört".
[111] Wessels et al. (2013c), Rn. 813.
[112] Dehne-Niemann (2009), 248; Eisele (2012b), Rn. 1094; Geppert (1980), 327; Rengier (2014a), § 20 Rn. 15.
[113] Lackner et al. (2014), § 257 Rn. 5.
[114] BGHSt 4, 107 (109); Miehe (1970), 91 (109); Sternberg-Lieben (1984), 572 (575).
[115] Schönke et al. (2014), § 257 Rn. 17.

seinen Wagen voll zu tanken, wird er von B erkannt. Obwohl B es für möglich hält, dass er dadurch dem T bei seiner Flucht hilft und seine Chance erhöht, das gestohlene Geld behalten zu können, verkauft er ihm Benzin.

B hat hinsichtlich Vortat und Hilfeleistung vorsätzlich gehandelt und damit einen Teil des subjektiven Begünstigungstatbestandes erfüllt. Bedingten Vorsatz hatte B auch in Bezug auf den aus seiner Hilfeleistung eventuell resultierenden Vorteilssicherungserfolg. Dass es ihm auf diesen Erfolg ankam, die Vorteilssicherung also wenigstens ein Zwischenziel war, das er mit dem Verkauf des Benzins verfolgte, kann man dagegen nicht sagen. Ihm kam es nur darauf an, das Benzin zu verkaufen und damit eine Einnahme zu erzielen. Die Erreichung dieses Ziels hing nicht davon ab, dass es dem T gelang, seine Beute in Sicherheit zu bringen. B hatte also keine Vorteilssicherungsabsicht und hat sich deshalb nicht aus § 257 I strafbar gemacht. In Betracht kommt aber Strafbarkeit wegen Beihilfe zur Unterschlagung (§§ 246 I, 27 I), vorausgesetzt man bejaht die Wiederholbarkeit der Zueignung iSd § 246 I (s. o. 2.2.1.4.5).

12.2.2.1.2.2 Vorteil

Die Vorteile, um deren Sicherung es dem Begünstiger geht und zu deren Sicherung die Tat objektiv geeignet sein muss (dazu s. o. 12.2.1.4.1), müssen **unmittelbar aus der Vortat** stammen.[116] Das bedeutet zweierlei: Erstens muss dem Vorteil des Vortäters als Kehrseite ein **Nachteil des Opfers** der Vortat entsprechen. Das ist mit den Worten „aus der Vortat" gemeint. Der Vorteilserlangung muss also ein Verlust des Vortatopfers korrespondieren. Denn da die Begünstigung ihrem Wesen nach Restitutionsvereitelung ist, muss die Vortat einen Anspruch auf Wiederherstellung des ursprünglichen Zustands – also auf Beseitigung des beim Vortatopfer entstandenen Nachteils – begründet haben.[117] Dieser Zusammenhang zwischen Vor- und Nachteil ist derselbe wie die als „Stoffgleichheit" bezeichnete Beziehung zwischen Vermögensschaden und Bereicherung bei Betrug und Erpressung. An der Stoffgleichheit fehlt es, wenn der Vortäter den Vorteil nicht „aus" der, sondern „für" die Begehung der Vortat bekommen hat.[118]

Beispiel

A fordert den T auf, in das Haus des O einzubrechen und wertvolle Gemälde zu stehlen. T führt die Tat aus und liefert seine Beute bei A ab. Als Lohn bekommt T von A 30.000 € in bar, die er in einem Schuhkarton in seinem Schlafzimmerschrank verwahrt. Einige Tage später stehen mehrere Polizeibeamte vor der Wohnungstür des T und legen einen richterlichen Durchsuchungsbefehl vor. Im

---

[116] BGHSt 24, 166 (168); Bockelmann (1982), 173; Dehne-Niemann (2009), 142 (146); Eisele (2012b), Rn. 1089; Welzel (1969), 394.

[117] Cramer (2012), 445 (446).

[118] Altenhain (2012), 913 (915); S. Cramer (2012), 445 (446); Dehne-Niemann (2009), 142 (146); aA BGHSt 57, 56 (58).

letzten Moment gelingt es dem T, den Schuhkarton mit dem Geld seiner Ehefrau E auszuhändigen, die das Geld vor der Polizei in Sicherheit bringt.

Begünstigungstauglicher Vortatvorteil ist der Besitz an den gestohlenen Gemälden. Denn diesem Vorteil entspricht der Besitzverlust des O. Dieser Vorteil ist bei T aber nicht mehr vorhanden und kann deshalb auch nicht durch eine dem T zugute kommende Begünstigungshandlung gesichert werden. Aus diesem Grund kann die Handlung der E schon keine objektiv tatbestandsmäßige „Hilfeleistung" sein (s. o. 12.2.1.4.1). Hätte E dem A hingegen geholfen, die Gemälde vor einer drohenden Hausdurchsuchung beiseite zu schaffen, wäre dies eine tatbestandsmäßige Begünstigung gewesen.[119] Möglicherweise ist die Handlung der E aber in Bezug auf die 30.000 € eine tatbestandsmäßige Begünstigung. Denn als vortatbedingter – d. h. auf den Diebstahl rückführbarer – Vorteil im weitesten Sinne kann auch dieses Geld angesehen werden, das T von A als Entgelt für den erfolgreich ausgeführten Diebstahl erhalten hat. Diesen Vorteil hat T noch und auf seine Sicherung war die dazu objektiv geeignete Hilfeleistung der E gerichtet. Jedoch hat T das Geld nicht „aus" seinem Diebstahl und nicht „auf Kosten" des O, sondern „für" seine begangene Tat erlangt. Zwar unterliegt das Geld auch aus diesem Grund gemäß § 73 I 1 („… für die Tat…") dem Verfall. Dies ist aber in § 257– anders als in § 258– keine ausreichende Bestrafungsvoraussetzung. Entscheidend ist, dass das Geld nicht aus dem Vermögen des O stammt und O deshalb gegen T keinen Anspruch auf das Geld hat. Folglich vereitelt die Sicherungsmaßnahme der E keinen Wiederherstellungsanspruch des O. Daher hat sich E nicht wegen Begünstigung strafbar gemacht. Strafbarkeit aus § 258 I wegen Verfallsvereitelung aus § 258 I entfällt auf Grund des Angehörigenprivilegs, § 258 VI.

Die zweite Bedingung, die der Vorteil erfüllen muss, hängt mit der soeben skizzierten Stoffgleichheit eng zusammen. Für eine tatbestandsmäßige Begünstigung sind nur **Original**-Vorteile geeignet. Vorteilssurrogate, Ersatzvorteile scheiden als Begünstigungsobjekt aus.[120] Der Gegenstand, um dessen Sicherung es dem Begünstiger geht, muss also mit dem Gegenstand identisch sein, der dem Vortäter aus der Vortat zugeflossen ist und den das Vortatopfer durch die Vortat eingebüßt hat.

Beispiel

T stiehlt dem O – einem amerikanischen Touristen – 1000 US-Dollar. Mit dem gestohlenen Geld begibt sich T sofort zur nächsten Bank und wechselt die Dollars dort in 1000 € um. Als T das Bankgebäude verlässt, erblickt er plötzlich den von ihm bestohlenen O, der heftig gestikulierend auf einen Polizeibeamten einredet. Jetzt sieht auch O den T und macht den Polizeibeamten auf ihn aufmerk-

---

[119] Als Vortaten des A kommen sowohl die Anstiftung zum Diebstahl (§§ 242, 26) als auch Hehlerei (§ 259) in Betracht.
[120] BGH, NStZ 2011, 399 (400); 2008, 516; 1987, 22; Eisele (2012b), Rn. 1089; Jahn et al. (2009), 309 (312); Lackner et al. (2014), § 257 Rn. 5; aA Janson (1992), 170.

sam. Zufällig erscheint in diesem Moment E, die Ehefrau des T. T erklärt der E schnell, was passiert ist und übergibt ihr die 1000 €. E steckt das Geld in ihre Handtasche und entfernt sich.

Hätte T mit dem Geldwechseln auf der Bank einen Betrug zum Nachteil der Bank begangen, wären die 1000 € ein Vorteil, der unmittelbar aus dieser Straftat herrührte. Die Übernahme des Geldes durch E wäre dann zweifellos eine Begünstigung. Da die Bank aber gemäß §§ 932, 935 II BGB an den US-Dollars trotz ihrer Herkunft aus einem Diebstahl Eigentum erlangt hat, ist sie nicht betrogen worden. Es fehlt an einem Vermögensschaden der Bank (s. o. 5.2.1.5.3.2). Daher liegt eine Vortat „Betrug" zu Lasten der Bank nicht vor. T hat aber einen Diebstahl zu Lasten des O begangen und daraus auch einen Vorteil erlangt, der in den 1000 US-Dollars verkörpert wurde. Auf diese Banknoten bezog sich die Hilfeleistung der E zwar nicht, da sie sich gar nicht mehr im Besitz des T befanden. Aber nicht auf die Banknoten, sondern auf den Wert, den diese verkörpern und um den das Vermögen des T bereichert worden ist, kommt es hier an.[121] Diese Bereicherung ist der Vorteil, den T durch die Vortat erlangt hat. Am Bestand dieser Bereicherung hat das Geldwechseln nichts geändert. Was E dem T sicherte, war also ein Vorteil, der unmittelbar aus dem Diebstahl stammt und der auch nach dem Geldwechseln seine Identität nicht verloren hat. Dazu passt auch die zivilrechtliche Tatsache, dass O gegen T einen Anspruch auf Herausgabe der 1000 Euro aus § 816 I 1 BGB hat. Denn die unberechtigte Verfügung des T über die gestohlenen US-Dollars ist gemäß §§ 932, 935 II BGB wirksam. Die Tat der E ist also Vereitelung eines Restitutionsanspruchs und deshalb keine straflose „Ersatz-Begünstigung", sondern eine den Tatbestand des § 257 I erfüllende strafbare Begünstigung.[122]

12.2.2.1.2.3 Sicherung

Der Täter muss mit der Absicht handeln, dem Vortäter die erlangten Vorteile zu sichern. Der Begriff „Sicherung" hat in diesem Zusammenhang einen wesentlich engeren Bedeutungsgehalt als im allgemeinen Sprachgebrauch. Dem Charakter der Begünstigung als Restitutionsvereitelung entsprechend ist unter „Sicherung" nur der **Schutz vor der Gefahr des Vorteilsverlustes durch erfolgreiche legale Vorteilsrückführung** zum Vortatopfer zu verstehen.[123] Die Gefahr der Vorteilsentziehung durch die Instrumente der Rechtsordnung, mit denen deliktisch erworbene Vorteile zunichte gemacht und der ursprüngliche rechtskonforme Zustand wiederhergestellt werden soll, ist es, wovor der Begünstiger den Vortäter bewahren will.[124] Daher fallen alle Sicherungsintentionen aus dem subjektiven Tatbestand heraus, die sich gegen Verlust- oder Verschlechterungsgefahren anderen Ursprungs wenden.[125]

---

[121] BGHSt 4, 122 (124); 36, 277 (281).

[122] Eisele (2012b), Rn. 1090; Otto (2005), § 57 Rn. 10; Rengier (2014a), § 20 Rn. 9.

[123] Dehne-Niemann (2009), 248 (251); Otto (2005), § 57 Rn. 11; Schröder (1949), 161 (170).

[124] BGHSt 36, 277 (281).

[125] Bockelmann (1982), 174; Dehne-Niemann (2009), 248 (251); Eisele (2012b), Rn. 1091; Geppert (2007), 589 (593); Otto (1970), 326; Rengier (2014a), § 20 Rn. 12; Schröder (1949), S. 161 (171).

Beispiele

1. T hat dem O ein wertvolles Gemälde gestohlen und dieses in einem Gartenhäuschen untergestellt. Während T auf einer mehrwöchigen Auslandsreise ist,
holt der über die Vortat informierte B das Gemälde aus dem Gartenhäuschen
und bringt es in den Keller seines Hauses. B tut dies, weil er befürchtet, dass
das Gartenhäuschen abbrennen, das Gemälde von einem Einbrecher aus dem
Gartenhäuschen gestohlen oder durch den Regen, der durch das undichte
Dach in das Innere des Gartenhäuschens eindringt, beschädigt werden könnte.
2. T hat dem O ein Gemälde gestohlen und in seine Wohnung gebracht. Während T verreist ist, erfährt sein Freund B, dass O den Privatdetektiv P mit der
Wiederbeschaffung des gestohlenen Gemäldes beauftragt hat. B befürchtet,
dass P in die Wohnung des T eindringen und dort das Gemälde herausholen
könnte, um es dem O zurückzubringen. Um dies zu verhindern, holt B das
Gemälde aus der Wohnung des T und bringt es in seiner eigenen Wohnung
unter.

In beiden Beispielsfällen handelt B mit der Absicht, dem T das gestohlene Gemälde zu erhalten. Jeweils geht es dem B darum, mögliche Gefahren des Verlustes oder der Verschlechterung des Bildes abzuwenden. In **Beispiel 1** handelt es
sich aber ausschließlich um Gefahren, deren Realisierung das Gemälde seinem
Eigentümer O nicht zurückbringt. Die Schutzmaßnahme des B beeinträchtigt
daher das Interesse des O auf Rückerlangung seines Gemäldes nicht. Ganz im
Gegenteil: Die Maßnahme des B steht im Einklang mit dem Interesse des O.
Denn indem sie die Unversehrtheit und den gegenwärtigen Ort des Gemäldes
aufrechterhält, bewahrt sie den O davor, dass seine Chance auf Rückerlangung
des Gemäldes verringert oder gar ganz vernichtet wird. B handelt also nicht mit
einer gegen das Restitutionsinteresse des O gerichteten Absicht. Daher hat B den
subjektiven Tatbestand des § 257 I nicht erfüllt.

In **Beispiel 2** scheint der erforderliche Zusammenhang zwischen beabsichtigter Vorteilssicherung und beabsichtigter Restitutionsvereitelung gegeben zu
sein. Denn es geht dem B gerade darum, den T vor der Gefahr eines Verlustes zu
schützen, der auf einer Aktion des P beruht, die der Rückführung des Gemäldes
zu seinem Eigentümer dient. Jedoch handelt es sich bei dem von B befürchteten
Versuch des P, sich des gestohlenen Gemäldes durch einen Einbruch in das Haus
des T zu bemächtigen, um eine illegale Maßnahme. Der Hausfriedensbruch, den
B sich vorstellte, wäre weder durch Nothilfe (§ 32) noch durch ein Selbsthilferecht aus § 229 BGB gerechtfertigt. § 257 schützt aber nur die rechtskonforme
Restitution und pönalisiert demzufolge nur Sicherungsmaßnahmen, die auf Vereitelung rechtmäßiger Vorteilsrückwälzung abzielen. Unter Vorteilssicherungsabsicht ist also nur die Absicht der Abwehr legaler Vorteilsentziehung zu verstehen. Da B hier eine rechtswidrige Vorteilsentziehung vereiteln wollte, hat er den
subjektiven Tatbestand des § 257 I nicht erfüllt.

Der beabsichtigte Sicherungserfolg muss nicht unbedingt in der dauerhaften und
endgültigen Erhaltung des Vorteils bzw. des Vorteilssubstrats bestehen. Ausrei-

chend kann auch eine **vorübergehende** Bewahrung des Vorteils, also eine bloße Verzögerung des Vorteilsverlusts sein.[126]

Beispiel

T hat dem O ein Gemälde gestohlen und dieses im Schlafzimmer seiner todkranken Ehefrau E aufgehängt. Er will der E damit eine Freude machen. O beauftragt den Privatdetektiv P mit der Wiederbeschaffung des entwendeten Bildes. P findet schnell heraus, wo das Bild sich befindet. Als er erfährt, dass die E ihr Leiden leichter erträgt, wenn sie von ihrem Bett aus das Bild betrachten kann, wird P von Mitleid mit E und T erfasst. Er beschließt, dem Ehepaar das Gemälde noch eine Weile zu lassen. Seinem Auftraggeber O erklärt P, die Suche nach dem Bild gestalte sich außergewöhnlich schwierig.

P hat dem T Hilfe geleistet, indem er es unterließ, die sofortige Beschlagnahme des Bildes zu veranlassen. Auf Grund des von O erhaltenen Auftrags war P Garant und somit verpflichtet, sich aktiv für eine schnellstmögliche Rückführung des gestohlenen Gemäldes zu O einzusetzen. P hat also den objektiven Tatbestand der Begünstigung durch Unterlassen erfüllt. Diesem Verhalten lag die Absicht des P zugrunde, dem T die Aufrechterhaltung des durch den Diebstahl erlangten Besitzes an dem Gemälde zu ermöglichen. P wollte also dem T den Vorteil sichern, den T sich durch Diebstahl verschafft hat. Dass die Absicht des P nicht auf dauerhafte Besitzwahrung gerichtet war, steht der Qualifikation als Vorteilssicherungsabsicht nicht entgegen. Denn ein Vorteil ist der Besitz auch dann, wenn er irgendwann verloren geht. Jede Sekunde, um die der illegale Zustand des Besitzes verlängert wird, ist für den Täter ein Vorteil und für das Vortatopfer ein Nachteil. Die Hilfe, die diese Verlängerung bewirkt, ist somit eine Vorteilssicherung. P hat also auch den subjektiven Tatbestand der Begünstigung erfüllt.

Der vom Täter beabsichtigten Vorteilssicherung muss auf der Opferseite eine **Nachteilsperpetuierung** korrespondieren.[127] Dies ist eine Konsequenz der Charakterisierung der Begünstigung als Angriff auf das durch die Vortat beeinträchtigte Rechtsgut. Eine tatbestandsmäßige vorteilssichernde Hilfeleistung ist also nur eine Handlung, die den Vortäter davor bewahren soll, den Vorteil zu verlieren und die zugleich verhindert, dass der dem Opfer durch die Vortat zugefügte Nachteil beseitigt wird. Keine Begünstigung ist somit eine Handlung, die dem Vortäter nützen soll, ohne gleichzeitig dem Vortatopfer zu schaden.[128]

---

[126] Leipziger Kommentar-Walter (2010), § 257 Rn. 14.

[127] Schröder (1949), 161 (172).

[128] BGHSt 24, 166 (168): Rückgabe der Sache an den Vortäter stellt die Zugriffsmöglichkeit des Vortatopfers wieder her.

Beispiele

1. V hat dem O ein wertvolles Bild gestohlen. T setzt sich mit V in Verbindung und bietet ihm 100.000 € für die Rückgabe des Bildes an O. V nimmt das Angebot und die 100.000 € an und gibt daraufhin das Bild dem O zurück.
2. V hat dem O ein wertvolles Bild gestohlen. T führt zwischen O und V Vermittlungsgespräche und erreicht dabei, dass V dem O das Bild zurückgibt, nachdem O ein Lösegeld von 100.000 € an V gezahlt hat.

Beschränkt man den Begünstigungstatbestand auf die unmittelbaren Vortatvorteile (s. o. 12.2.2.1.2.2), fehlt es in beiden Beispielen bereits an Eignung der Handlung zur Sicherung dieser Vorteile. Darüber hinaus fehlt auch die Absicht des Täters, dem V die Vorteile der Tat zu sichern. Denn begünstigungstauglicher Vorteil wäre nur der Besitz des Bildes selbst und diesen wollte T dem V gerade nicht erhalten. Hingegen könnten auf der Grundlage eines weiten, auch mittelbar aus der Vortat resultierende Gewinne (Vorteilssurrogate) einbeziehenden Vorteils-Begriffs die 100.000 € in beiden Beispielen als „Vorteile der Tat" qualifiziert werden.[129] Zwar hat V dieses Geld nicht dem O gestohlen. Da das Geld dem V aber durch die Realisierung der durch den Gemälde-Diebstahl erlangten Chance, das gestohlene Bild „zu Geld zu machen", zugeflossen ist, besteht zwischen ihm und der Vortat „Diebstahl" immerhin ein kausaler Zusammenhang. Dass das Haben von 100.000 € verglichen mit dem Nicht-Haben von 100.000 € ein „Vorteil" ist, bedarf keiner Erläuterung. Dennoch müssten auch Anhänger eines extensiven Vorteils-Begriffs in Beispiel 1 zur Verneinung der Hilfeleistung und der Vorteilssicherungsabsicht kommen. Denn die Tat des T diente nicht dem Zweck, dem V die Vorteile auf Kosten des O zu sichern. O sollte sein Bild wieder zurückbekommen und auch keinen die Rückerlangung „entwertenden" anderweitigen Nachteil erleiden. Die Tat des T richtete sich also nicht gegen O.[130] Sie ist allenfalls eine Behinderung der Strafrechtspflege und kann somit als strafbare Begünstigung nur unter der – oben abgelehnten – Prämisse bewertet werden, dass Begünstigung ein reines Rechtspflegedelikt ist. In **Beispiel 2** können die Anhänger eines weiten Vorteils-Begriffs tatbestandsmäßige Hilfeleistung und Vorteilssicherungsabsicht bejahen. Denn Konsequenz des weiten Vorteils-Begriffs ist ein ebenso weiter Nachteils-Begriff auf der Opferseite. Nachteil ist demnach nicht nur der Verlust des Besitzes an dem Bild und die damit verbundene Gefahr, das Bild nie wieder zurückzubekommen, sondern auch die Gefahr, das Bild nur gegen Zahlung eines Lösegeldes zurückzubekommen. Dieser Nachteil wird perpetuiert, wenn zugleich dem Vortäter der in der Lösegelderlangung bestehende Vorteil gesichert wird.[131]

---

[129] Sternberg-Lieben (1984), 572 (575); aA Hruschka (1980), 221, (225).
[130] RGSt 40, 15 (19).
[131] Schröder (1949), 161 (174).

12.2.2.2 Rechtswidrigkeit

Die Rechtswidrigkeit der Begünstigung kann durch dieselben Rechtfertigungsgründe ausgeschlossen werden, die auch die Rechtswidrigkeit der Vortat auszuschließen geeignet wären. In Betracht kommen vor allem **Notstand** und **Einwilligung**, aber auch das **Selbsthilferecht** des § 229 BGB sowie der **zivilrechtliche Vertrag**.

Beispiele

1. T hat dem O einen Verbandskasten gestohlen. Kurz nach der Tat wird T Zeuge eines Verkehrsunfalls, bei dem mehrere Personen verletzt werden. T leistet sofort Erste Hilfe, wobei er Verbandsmaterial aus dem gestohlenen Verbandskasten des O verwendet. Währenddessen lenkt B den O ab, der den T verfolgt hat und ihm den Verbandskasten wieder abnehmen will.

2. T stiehlt dem O eine Kristallvase. Als O den Diebstahl bemerkt, erklärt er gegenüber seinem Freund F, er sei froh, dass er das „hässliche Ding", das er zur Hochzeit geschenkt bekommen hatte, los ist. Währenddessen hilft B dem T beim Abtransport und Verstecken der entwendeten Vase.

3. T stiehlt dem O ein Bild im Wert von 10.000 €. Wenig später erwirbt T durch Abtretung eine gegen O gerichtete Geldforderung in Höhe von 15.000 €. O hat inzwischen die Polizei von dem Diebstahl informiert. Als dem T eine polizeiliche Wohnungsdurchsuchung droht, stellt B dem T seinen Keller als Versteck für das Bild zur Verfügung. Dabei haben sowohl T als auch B die Absicht, das Bild zur Sicherung der Forderung des T gegen O zu benutzen. O ist nämlich in Vermögensverfall geraten und zur Zahlung der geschuldeten 15.000 € nicht mehr in der Lage.

4. T stiehlt dem O ein Fahrrad. O schaltet sofort die Polizei ein und hat gute Aussichten, auf diesem Weg sein Rad zurückzubekommen. Da T mit einer Durchsuchung seiner Wohnung rechnet, bittet er seinen Freund B, das Rad vorübergehend in der Wohnung des B unterstellen zu dürfen. B tut dem T den Gefallen. Kurz vorher erfahren T und B, dass E gestorben und T sein Alleinerbe ist. E hat das von T gestohlene Fahrrad dem O abgekauft und bereits bezahlt, jedoch vor seinem Tod nicht mehr abholen können. In Kenntnis dieser Sachlage versteckt B das Fahrrad in seiner Wohnung.

Die Benutzung des Verbandsmaterials durch T zwecks Leistung Erster Hilfe (**Beispiel 1**) ist eine – als Unterschlagung (§ 246) oder Sachbeschädigung (§ 303) – straftatbestandsmäßige Beeinträchtigung des immer noch dem O zustehenden Eigentums, die durch Notstand gerechtfertigt ist, § 904 S. 1 BGB. Wenn dieser Eingriff des T in das Eigentum des O gerechtfertigt ist, muß es auch die Unterstützungshandlung des B sein, durch die dem T die ungestörte Verwendung des Verbandsmaterials ermöglicht wird. Zugleich dient die Handlung des B aber auch der Sicherung der Vorteile, die T durch den zuvor begangenen Diebstahl erlangt hat. Sie erfüllt also den Tatbestand der Begünstigung. Auch in dieser Hinsicht greift der Rechtfertigungsgrund aus § 904 S. 1 BGB ein. Denn da T dem O das Verbandsmaterial sogar gemäß § 904 S. 1 BGB hätte wegnehmen dürfen und B ihn dabei hätte unterstützen dürfen, ist konsequenterweise auch die

Hilfe des B erlaubt, die dem T den ungehinderten notstandsgemäßen Verbrauch des gestohlenen Verbandsmaterials ermöglicht. Die Begünstigung ist also nicht rechtswidrig.

In **Beispiel 2** kommt eine Rechtfertigung der Tat des B durch Einwilligung in Betracht. Da B von der Zustimmung des O keine Kenntnis hatte, also das subjektive Rechtfertigungselement fehlte, wird das Unrecht der Tat nicht vollständig beseitigt, sondern nur reduziert: Die erfüllten objektiven Rechtfertigungsvoraussetzungen schließen das Vollendungsunrecht aus, übrig bleibt Versuchsunrecht.[132] Da der Versuch der Begünstigung aber nicht mit Strafe bedroht ist, vermag dieser „Unrechts-Rest" Strafbarkeit nicht zu begründen. Fraglich ist die Rechtfertigung durch Einwilligung aber noch aus einem anderen Grund: Der Einwilligende muss über das betroffene Rechtsgut verfügen können. Das ist hinsichtlich des Rechtsguts „Rechtspflege" grundsätzlich nicht der Fall.[133] Wer die Begünstigung für ein „reines Rechtspflegedelikt" hält, kann eine rechtfertigende Einwilligung daher nicht anerkennen. Da nach zutreffender Ansicht § 257 aber die Rechtspflege und das durch die Vortat verletzte Rechtsgut schützt, ist eine Einwilligung möglich, soweit das Vortatrechtsgut einwilligungsfähig ist.[134] Mit der Einwilligung in die Beeinträchtigung dieses Rechtsguts durch den Begünstiger wird zumindest ein Teil des Begünstigungsunrechts ausgeschlossen. Das unberührt bleibende Teil-Unrecht – Beeinträchtigung der Rechtspflege – reicht aber zur Strafbarkeit wegen Begünstigung nicht aus.

Die Tat des B in **Beispiel 3** könnte durch das Selbsthilferecht aus § 229 BGB gerechtfertigt sein. Das scheint jedoch daran zu scheitern, dass § 229 I BGB bestimmte Typen von Selbsthilfehandlungen („wegnimmt, zerstört usw.") aufzählt, unter die sich die Begünstigungshandlung – jedenfalls die des B im vorliegenden Beispiel – nicht subsumieren lässt. Die Anwendbarkeit des § 229 I BGB ergibt sich aber aus einem fortiori-Schluss: Wenn sogar die Wegnahme einer fremden Sache zum Zwecke der Forderungssicherung gerechtfertigt ist, dann muss die Zurückbehaltung – und die Unterstützung dieser Zurückbehaltung – einer bereits im Besitz des Gläubigers befindlichen fremden Sache erst recht gerechtfertigt sein, wenn sie zum Zwecke der Forderungssicherung erfolgt.[135] Da die anderen Voraussetzungen des § 229 I BGB erfüllt sind,[136] ist die Begünstigung des B gerechtfertigt.

Der zivilrechtliche Vertrag hat als Unrechtsausschlussgrund im Strafrecht relativ geringe Bedeutung. Das Schwergewicht seiner strafbarkeitsausschließenden Wirkung liegt bei §§ 242, 246. Von diesen beiden Tatbeständen lässt sich aber ein Argument für die rechtfertigende Wirkung des vertraglichen An-

---

[132] Kühl (2012), § 9 Rn. 41.

[133] Kühl (2012), § 9 Rn. 27.

[134] Bockelmann (1951), 620 (621); Schröder (1952), 68 (70) Fn. 15; Zipf (1980), 24 (26).

[135] Zum von § 229 BGB abgedeckten Tatbestandsbereich vgl. Baumann et al. (2003), § 17 Rn. 150.

[136] Nach hM soll zwar die fremdnützige Hilfe nicht durch § 229 BGB gerechtfertigt sein (Baumann et al. (2003), § 17 Rn. 151). Im vorliegenden Fall hat die Tat des B aber nur den Charakter einer fremdnützigen Unterstützung eigennütziger Selbsthilfe (des T). Dies wird man auch als Anhänger der h. M. als von § 229 BGB gedeckt ansehen können.

spruchs im Kontext des § 257 gewinnen. Wenn nämlich die mit einer Wegnahme
(§ 242) beabsichtigte oder auf sonstige Weise angestrebte (§ 246) Zueignung
wegen eines Übereignungsanspruchs bezüglich der tatgegenständlichen Sache
nicht rechtswidrig ist, dann kann auch die Unterstützung einer anspruchskonformen Aufrechterhaltung des Sachbesitzes keine rechtswidrige Begünstigung sein.
Denn der Forderung des Diebstahlsopfers (O) auf Rückgabe der Sache (§§ 985,
823 BGB) könnte der Täter (T) zumindest die Einrede des „dolo facit qui pe-
tit, quod statim redditurus est" entgegensetzen. Formal mag der Zustand, dessen Perpetuierung die Begünstigungshandlung fördert, rechtswidrig sein. Denn
Eigentümer der gestohlenen Sache ist immer noch O. Das kann die Strafbarkeit
aber nicht begründen, da die Begünstigungshandlung auf eine rechtskonforme
anspruchsverwirklichende Veränderung der Eigentumsverhältnisse abzielt. Insofern dient die Handlung gerade nicht einer Verfestigung rechtswidriger Herr-
schaftsverhältnisse, sondern deren Gegenteil. In **Beispiel 4** ist also die Begünstigungshandlung des B auf Grund des dem T zustehenden Übereignungsanspruchs
gegen O gerechtfertigt.

12.2.2.3 Selbst- und Angehörigenbegünstigung
12.2.2.3.1 Selbstbegünstigung
Vollzieht der Täter der Vortat eine Handlung, die geeignet ist, ihm die aus der Vortat
erlangten Vorteile zu sichern, erfüllt er nicht den objektiven Tatbestand der Begünstigung, § 257 I. Denn die Vorteilssicherung kommt nicht „einem anderen" zugute.[137]
Nimmt der Vortäter an einer Begünstigungshandlung eines anderen als Anstifter
oder Gehilfe teil, gilt entsprechendes. Da das vom Begünstigungstäter beeinträchtigte Rechtsgut dem Vortäter gegenüber nicht strafrechtlich geschützt ist, entfällt die
objektive Tatbestandsmäßigkeit. Es handelt sich dabei nicht um einen Fall des § 257
III. Dieser betrifft nur Vortaten, an denen mehrere Personen beteiligt gewesen sind,
so dass die von einem dieser Beteiligten begangene Begünstigung zwangsläufig
auch „einem anderen", nämlich dem oder den anderen Beteiligten zugute kommt.
Verwirklicht der Vortäter mit der selbstbegünstigenden Tat zugleich einen anderen
Straftatbestand (z. B. falsche Verdächtigung, § 164), wird die insoweit begründete
Strafbarkeit natürlich nicht ausgeschlossen.[138]
Wird die Begünstigung von einem Vortatbeteiligten (Mittäter, Anstifter, Gehilfe)
begangen oder nimmt ein solcher Vortatbeteiligter an der fremdnützigen Begüns-
tigungshandlung eines Dritten teil, ist zwar der Tatbestand der (Teilnahme an der)
Begünstigung erfüllt.[139] Gemäß § 257 III 1 wird der Vortatbeteiligte aber nicht aus
§ 257 bestraft. Dennoch ist die straflose Begünstigungshandlung des Vortatbeteiligten eine tatbestandsmäßige Haupttat, an der sich ein Vortatunbeteiligter in strafbarer
Weise als Mittäter, Anstifter oder Gehilfe beteiligen kann.[140] Nur in einem Fall soll

---

[137] Maurach et al. (2012), § 101 Rn. 11.
[138] Geppert (1980), 327 (331).
[139] Geppert (1980), 327 (329).
[140] Leipziger Kommentar-Walter (2010), § 257 Rn. 79.

auch der Vortatbeteiligte aus § 257 strafbar sein: Stiftet er einen Vortatunbeteiligten dazu an, Begünstigung zu begehen, macht er sich gemäß § 257 III 2 wegen Anstiftung zur Begünstigung aus §§ 257 I, 26 strafbar. Dieses Relikt der „Schuldteilnahmetheorie",[141] wird in der Strafrechtswissenschaft einhellig als unsachgemäß und überholt abgelehnt.[142] Es ist nicht zu begründen, warum die Anstiftung eines Unbeteiligten zur Begünstigung strafbar sein soll, nicht aber die mittäterschaftliche Beteiligung an der Begünstigungstat des Unbeteiligten und auch nicht die Beihilfe zu dieser Begünstigung. Vielmehr muss die in allen diesen Fällen vorhandene Selbstbegünstigungsintention des Vortatbeteiligten gleichmäßig und einheitlich zur Straflosigkeit führen. Daher ist es geboten, § 257 III 2 so restriktiv auszulegen, wie dies ohne Widerspruch gegen den Gesetzeswortlaut[143] möglich ist.[144] Diese Einschränkung kann folgendermaßen aussehen: Zunächst ist § 257 III 2 nicht anwendbar auf Vortaten, die von einem – weder angestifteten noch unterstützten – Alleintäter begangen worden sind, hinsichtlich derer der „Anstifter" also nicht wegen „Beteiligung an der Vortat" strafbar sein kann, wie § 257 III 1 es voraussetzt. Die Straflosigkeit dieser selbstbegünstigenden Handlungen ergibt sich bereits aus § 257 I.[145] Zum zweiten erfasst § 257 III 2 nicht die Fälle, in denen die Begünstigungshandlung des Angestifteten ausschließlich dem Anstifter zugute kommt, also aus dessen Perspektive rein selbstbegünstigenden Charakter hat. Beide Einschränkungen sind wichtig für den Fall, dass der Vortäter oder Vortatbeteiligte wegen der Vortat oder Vortatbeteiligung nicht bestraft werden kann, z. B. weil er bei Begehung der Vortat schuldunfähig war, § 20. Nach § 257 III 1 wäre die Strafbarkeit wegen Begünstigung nämlich nicht ausgeschlossen.[146]

Aus §§ 257 I, 26 strafbar bleiben somit nur die Fälle, in denen an der Vortat außer dem Anstifter noch **mindestens ein weiterer Beteiligter** mitgewirkt hat und von der Begünstigungstat des Angestifteten zumindest auch dieser **andere Vortatbeteiligte profitieren** soll.

Beispiele

1. T hat dem O ein Fahrrad gestohlen. Nach dem Diebstahl bittet T den B, das gestohlene Rad für ihn aufzubewahren.
2. Wie Beispiel 1 mit folgender Abwandlung: Bei dem Diebstahl wurde T von dem Gehilfen G unterstützt. G bekam dafür von T 50 €.
3. T und M haben zusammen dem O zwei Fahrräder gestohlen. Sie haben verabredet, dass jeder von ihnen eines der beiden Räder behalten soll. T bittet nun den B, die beiden Räder vorübergehend aufzubewahren, bis „Gras über

---

[141] Dazu allgemein Baumann et al. (2003), § 30 Rn. 4 ff.

[142] Maurach et al. (2012), § 101 Rn. 12.

[143] Richtig Krey et al. (2012a), Rn. 864: „Doch auch unvernünftige Gesetze sind dann zu respektieren, wenn sie noch nicht dem Verdikt der Verfassungswidrigkeit verfallen".

[144] Geppert (1980), 327 (331); Stree (1976), 137 (138).

[145] Lackner et al. (2014), § 257 Rn. 8.

[146] Leipziger Kommentar-Walter (2010), § 257 Rn. 81; Schönke et al. (2014), § 257 Rn. 25.

die Sache gewachsen" ist. M, der bei dem Diebstahl wegen eines unverschuldeten Alkoholrausches schuldunfähig war, hilft dem T, die beiden Räder zu B zu bringen.

Dem Gesetzeswortlaut des § 257 III 2 nach scheint T in allen drei Beispielen wegen Anstiftung zur Begünstigung (§§ 257 I, 26) strafbar zu sein, obwohl er jeweils bereits wegen der Vortat (aus § 242 I bzw. §§ 242 I, 25 II) strafbar ist. Diese oberflächlich grammatikalische Textinterpretation würde aber nicht berücksichtigen, dass T in den **Beispielen 1** und **2** mit der Anstiftung des B mittelbare Selbstbegünstigung begangen hat. Sein Beitrag zu der Begünstigung des B stellt also keinen „anderen" (Vortäter oder Vortatbeteiligten) besser. Eine solche Fremdbegünstigungswirkung ist gemäß § 257 I aber Grundvoraussetzung der Strafbarkeit wegen Begünstigung, sei es als Täter oder sei es als Teilnehmer. Erst wenn zu dem Selbstbegünstigungseffekt noch ein Fremdbegünstigungseffekt hinzutritt, ist Strafbarkeit eines Vortatbeteiligten nach § 257 I (bzw. §§ 257 I, 26) begründet. Nur in diesem Fall besteht daher ein Bedürfnis, diese Strafbarkeit durch § 257 III 1 auszuschließen. Folglich kann auch die Gegenausnahme des § 257 III 2 allein diesen Fall erfassen. Strafbar wegen Anstiftung zur Begünstigung ist T also nur in **Beispiel 3**. In diesem Beispiel ist auch M strafbar und zwar wegen Beihilfe zur Begünstigung, §§ 257 I, 27. Die Straffreiheitsklausel des § 257 III 1 greift zu seinen Gunsten nicht ein, da er gem. § 20 nicht wegen mittäterschaftlich begangenen Diebstahls bestraft werden kann.

Umstritten ist die **Auslegung des Begriffs „strafbar"** in § 257 III 1. Zum Teil wird er rein materiell-strafrechtlich verstanden und auf die Erfüllung der materiell-strafrechtlichen Strafbarkeitsvoraussetzungen, also Tatbestandsmäßigkeit, Rechtswidrigkeit und Schuld beschränkt. Demnach entfällt die Strafbarkeit wegen Begünstigung bereits dann, wenn die materiell-strafrechtlichen Voraussetzungen der Strafbarkeit wegen Vortatbeteiligung erfüllt sind. Nach dieser Auffassung hängt die Anwendbarkeit des § 257 III 1 nicht von der tatsächlichen Bestrafung bzw. der prozessualen Verfolg- und Ahndbarkeit der Vortatbeteiligung ab.[147]

Beispiel

Der 13-jährige A und der 15-jährige B helfen dem T bei der Begehung eines Einbruchdiebstahls. Die Beute wird in der Wohnung des T untergebracht. Als die Polizei eine Woche danach die Wohnung des T durchsucht, schaffen A und B die Beute aus dem Einbruch rechtzeitig beiseite. A hatte einen Tag zuvor seinen 14. Geburtstag gefeiert. Gegen B wird erst einige Jahre später ein Strafverfahren wegen Begünstigung eingeleitet. Zu diesem Zeitpunkt ist die Beihilfe zu dem Diebstahl bereits verjährt.

A hat sich nicht wegen Beteiligung (Beihilfe) an dem Diebstahl des T strafbar gemacht. Da er zur Zeit dieser Tat noch nicht 14 Jahre alt war, fehlte ihm die

---

[147] Stree (1976), 137 (139).

Schuldfähigkeit, § 19. Dies ist zwar einerseits ein Verfahrenshindernis.[148] Anderseits steht das Alter des A aber bereits der Erfüllung der materiellrechtlichen Strafbarkeitsvoraussetzung „Schuld" entgegen. Daher greift § 257 III 1 nicht ein. A kann also – nach Maßgabe des Jugendstrafrechts – wegen Begünstigung bestraft werden.[149] B dagegen hat sich wegen Beihilfe zum Diebstahl strafbar gemacht, sofern die Voraussetzungen des § 3 JGG erfüllt sind. Diese Straftat kann jedoch wegen Verjährung nicht mehr verfolgt und strafrechtlich geahndet werden, § 78 I 1. Die Verjährung ist ein Verfahrenshindernis.[150] Am Vorliegen einer Straftat ändert der Eintritt der Verjährung aber nichts. Die Aussage ist daher korrekt, dass B weiterhin „wegen Beteiligung an der Vortat strafbar" ist, § 257 III 1. Daraus wird von einigen gefolgert, dass die von B begangene – und noch nicht verjährte – Begünstigung gemäß § 257 III 1 nicht bestraft werden kann.[151] Diese Ansicht überzeugt aber nicht. § 257 III 1 schließt die Strafbarkeit wegen Begünstigung aus, weil für eine Bestrafung aus § 257 kein Bedürfnis besteht. Denn das gegenüber dem Vortatbeteiligten begründete Strafbedürfnis ist bereits durch die strafrechtliche Reaktion auf die Vortatbeteiligung befriedigt worden. Das trifft aber nur auf eine den staatlichen Strafanspruch realisierende Reaktion zu, also die tatsächliche strafrechtliche Ahndung der Vortatbeteiligung.[152] Wenn dem Vortatbeteiligten aus prozessrechtlichen Gründen die materiellrechtlich verwirkte Strafe wegen Vortatbeteiligung nicht auferlegt werden kann, ist der Grund für die Straflosigkeit nach § 257 III 1 nicht gegeben. Demzufolge ist B trotz seiner Strafbarkeit wegen Beihilfe zum Diebstahl wegen Begünstigung aus § 257 strafbar.[153]

12.2.2.3.2 Angehörigenbegünstigung

Ist der Vortäter ein **Angehöriger des Begünstigers**, hat dies auf die Strafbarkeit aus § 257 keine Auswirkung. Denn ein dem § 258 VI entsprechendes Angehörigenprivileg gibt es in § 257 nicht. Der dem Vortäter drohende Verlust der Vortatvorteile ist nämlich für die Beziehung zwischen dem Vortäter und seinem Angehörigen kein Nachteil, der diese Beziehung in rechtlich erheblicher Weise stört und dessen Verhinderung daher als verzeihlicher und mit Nachsicht zu behandelnder Akt bewertet werden müsste.[154] Es würde ja auch niemand in Erwägung ziehen, die Beihilfe zu der Vortat straflos zu stellen, wenn der Gehilfe ein Angehöriger des Täters ist. Ausnahmsweise muss die Straflosigkeit aus § 258 VI auf die Begünstigung ausgedehnt werden, wenn Strafvereitelung und Begünstigung zwangsläufig nur durch ein und

---

[148] Schönke et al. (2014), § 19 Rn. 5.
[149] Wessels et al. (2013c), Rn. 819.
[150] Schönke et al. (2014), vor § 78 Rn. 3.
[151] Schönke et al. (2014), § 257 Rn. 25.
[152] Blei (1983), 432; Geppert (1980), 327 (330).
[153] Anders Dehne-Niemann (2009), 248 (254).
[154] BGHSt 11, 343 (345).

dieselbe Handlung begangen werden können und die Strafbarkeit aus § 257 die Angehörigenprivilegierung aus § 258 VI leer laufen ließe.[155]

12.2.3   Täterschaft und Teilnahme

Täterschaft und Teilnahme richten sich bei der Begünstigung nach den **allgemeinen Regeln**.[156] Bei Beteiligung mehrerer an einer Begünstigung entscheidet die Tatherrschaft darüber, wer Täter und wer Teilnehmer ist. Problematisch wird es, wenn der Vortäter an der Begünstigung beteiligt ist, die Tatherrschaft hat und die anderen Beteiligten nur Randfiguren sind.

Beispiele

1. T hat bei einem Einbruch in Berlin 100.000 € erbeutet. Da die Polizei dem T dicht auf den Fersen ist, will er mit seiner Beute nach Polen oder in die Tschechische Republik flüchten. B stellt dem T seinen Pkw zur Verfügung, damit T sich und seine Beute vor der Polizei in Sicherheit bringen kann. Mit Hilfe des Pkw gelingt es dem T, sich mit der Beute in die Tschechische Republik abzusetzen.
2. Abwandlung von (1): B sitzt am Steuer seines Pkw, T sitzt mit seiner Beute auf dem Beifahrersitz. B bringt den T bis zur deutsch-tschechischen Grenze, lässt ihn dort aussteigen und fährt dann mit seinem Pkw nach Berlin zurück. T setzt auf tschechischem Territorium seine Flucht zu Fuß fort.

Sieht man einmal davon ab, dass T als Vortäter nicht Täter der Begünstigung sein kann, liegt in **Beispiel 1** eine klare hierarchische Rollenverteilung zwischen T und B vor: T hat die Tatherrschaft über die Verbringung der Beute ins Ausland und ist deshalb Täter, B hat lediglich Hilfe geleistet und ist deshalb Gehilfe. Da aber T keine tatbestandsmäßige Haupttat begehen konnte, kann B auch nicht wegen Beihilfe zur Begünstigung bestraft werden. In Betracht kommt nur Strafbarkeit des B wegen täterschaftlicher Begünstigung. Nach allgemeinen Regeln stünde dem aber die Tatherrschaft des T und die marginale Stellung des B im Verhältnis zu der Tat des T entgegen. Denkbar wäre, den B als mittelbaren Täter zu qualifizieren, der den T als tatbestandslos agierendes doloses Werkzeug benutzt. Diese Konstruktion ähnelt der mittelbaren Täterschaft beim Diebstahl, die durch Benutzung eines ohne Zueignungsabsicht handelnden dolosen Werkzeugs realisiert wird (s. o. 1.2.2.3.3.6). Aber die mittelbare Täterschaft mit dolosem Werkzeug wurde schon oben abgelehnt, weil die faktische Beherrschung des Geschehens durch den Vordermann einer Degradierung zum „Werkzeug" entgegensteht. Auch im vorliegenden Kontext ist die Stellung des T zu stark und die

---

[155] BGHSt 11, 343 (345); Amelung (1978), 227 (232); Dehne-Niemann (2009), 369 (375); Eisele (2012b), Rn. 1098; Geppert (1980), 327 (333); Rengier (2014a), § 21 Rn. 28; aA Maurach et al. (2012), § 101 Rn. 13.
[156] Schönke et al. (2014), § 257 Rn. 23.

des B zu schwach, um T als Werkzeug und B als mittelbaren Täter qualifizieren zu können.[157] B bleibt also straflos.[158]

In **Beispiel 2** ist B zumindest Mitinhaber der Tatherrschaft über den Fluchtvorgang. Dies genügt, um ihn als Täter einer Begünstigung bestrafen zu können. Dass daneben auch T Herrschaft über die Flucht hatte und T nur eine nicht tatbestandsmäßige Selbstbegünstigung beging, hat auf die Strafbarkeit des B keinen Einfluss.

12.3 Verfahrensrechtliches

Die Begünstigung ist grundsätzlich Offizialdelikt, also von Amts wegen verfolgbar. Das bedeutet, dass die Zulässigkeit eines Strafverfahrens wegen Begünstigung nicht von einem **Strafantrag** abhängig ist. In zwei Fällen wird die Begünstigung aber zu einem Antragsdelikt: Wäre der Begünstiger als fiktiver Vortäter oder Vortatbeteiligter nur auf Antrag strafrechtlich verfolgbar, so kann die von ihm begangene Begünstigung ebenfalls nur nach einem Strafantrag des Verletzten zum Gegenstand eines Strafverfahrens gemacht werden, § 257 IV 1.

> **Beispiel**
>
> T hat dem O ein Fahrrad gestohlen. Später verschafft B dem T ein Versteck, in dem T das Fahrrad vor O und der Polizei verbergen kann. B ist der Bruder des O.
> B hat sich an dem Diebstahl des T nicht beteiligt. Da er nicht aus § 242 strafbar ist, kommt § 247 nicht unmittelbar zur Anwendung. Hätte sich B aber wegen Beihilfe zum Diebstahl strafbar gemacht, wäre eine strafrechtliche Verfolgung aus §§ 242, 27 nur möglich, nachdem O gegen B einen Strafantrag gestellt hat. Da B als Begünstiger nicht schlechter stehen soll, als er stünde, wenn er sich wegen Vortatbeteiligung strafbar gemacht hätte, erstreckt § 257 IV 1 das Strafantragserfordernis aus § 247 auf die Begünstigung. Aus § 257 kann B also nur verfolgt werden, wenn O einen dahingehenden Strafantrag stellt.

Das zweite Strafantragserfordernis ergibt sich aus der in § 257 IV 2 angeordneten **entsprechenden Anwendung des § 248 a**. Auch hier schlägt sich der Gedanke nieder, dass der Begünstiger rechtlich nicht schlechter als ein Vortatbeteiligter stehen soll.

> **Beispiel**
>
> T stiehlt dem O zwei Fahrräder. Das eine Rad hat einen Wert von 200 Euro, das zweite Rad ist nur 40 € wert. B stellt dem T für die Unterbringung des zweiten

---

[157] Haft (2004), 57;aA die h. M., vgl. z. B. Lenckner (1978), 339 (350); Lackner et al. (2014), § 257 Rn. 8; Schönke et al. (2014), § 257 Rn. 15.

[158] Dehne-Niemann (2009), 142 (150); Eisele (2012b), Rn. 1087.

Fahrrads seinen Keller zur Verfügung. Damit soll insbesondere verhindert werden, dass O oder die Polizei dieses Rad dem T wieder entziehen.

Das Fahrrad im Wert von 40 € ist eine geringwertige Sache im Sinn des § 248 a. Der Diebstahl des T ist gleichwohl kein Antragsdelikt, da für die Anwendung des § 248 a der Wert der gesamten aus der Tat erlangten Beute ausschlaggebend ist. Dass die Vortat des T das Kriterium der Geringwertigkeit nicht aufweist, steht der entsprechenden Anwendung des § 248 a aber nicht entgegen. Denn dafür ist allein maßgeblich, ob die Begünstigung selbst einen geringwertigen Gegenstand betrifft.[159] Das ist hier der Fall, da B nur zur Sicherung eines geringwertigen Teils der von T erlangten Tatvorteile Hilfe geleistet hat. Die Begünstigung des B ist deshalb gem. §§ 257 IV 2, 248 a relatives Antragsdelikt.

Kontrollfragen
1. Welche Rechtsgüter werden durch § 257 geschützt? (12.1.1)
2. Welche strukturelle Übereinstimmung besteht zwischen den Tatbeständen Begünstigung, Strafvereitelung und Hehlerei? (12.1.2.2.1)
3. Wieso hat die Begünstigung den Charakter eines Unternehmensdelikts? (12.2.1.1)
4. Kann ein Vortat-Beteiligter Täter der Begünstigung sein? (12.2.1.2.2)
5. Welche Anforderungen sind an die „Hilfeleistung" zu stellen? (12.2.1.4)
6. Kann eine Hilfeleistung Beihilfe zur Vortat und zugleich Begünstigung sein? (12.2.1.4.2.2)
7. Was ist eine „vorgeleistete Begünstigung"? (12.2.1.4.2.3)
8. Warum ist das Bergen gestohlener Sachen aus dem brennenden Haus des Diebes keine Begünstigung? (12.2.2.1.2..3)
9. Kann eine Begünstigung durch Einwilligung gerechtfertigt sein? (12.2.2.2)
10. Welcher überholten Auffassung zum Strafgrund der Teilnahme hat § 257 III 2 einen Rest an Geltung bewahrt? (12.2.2.3.1)
11. Schließt „tätige Reue" die Strafbarkeit aus § 257 aus? (12.2.1.1)

Literatur

Altenhain. Anm. BGH, Beschl. v. 3.11.2011-2 StR 302/11. JZ. 2012;913.
Amelung. Vorteilssicherung und Angehörigenprivileg. JR. 1978;227.
Arzt G, Weber U, Heinrich B, Hilgendorf E. Strafrecht Besonderer Teil. 2. Aufl. 2009.
Baumann J, Weber U, Mitsch W. Strarecht Allgemeiner Teil. 11. Aufl. 2003.
Beulke W. Strafprozessrecht. 12. Aufl. 2012.
Blei H. Strafrecht II Besonderer Teil. 12. Aufl. 1983.
Bockelmann. Über das Verhältnis der Begünstigung zur Vortat. NJW. 1951;620.

---

[159] Maurach et al. (2012), § 101 Rn. 14; Schönke et al. (2014), § 257 Rn. 31.

Bockelmann P. Strafrecht Besonderer Teil 1. 2. Aufl. 1982.

Cramer. Anm. BGH, Beschl. v. 3.11.2011 – 2 StR 302/11. NStZ. 2012; 445.

Dehne-Niemann. Probleme der Begünstigung. ZJS. 2009;142:(248):369.

Eisele J. Strafrecht Besonderer Teil II. 2. Aufl. 2012b.

Geerds F. Begünstigung und Hehlerei. GA. 1988;243.

Geppert. Begünstigung (§ 257 StGB). Jura. 1980;269, 327.

Geppert. Zum Begriff der „Hilfeleistung" im Rahmen von Beihilfe (§ 27 StGB) und sachlicher Begünstigung (§ 257 StGB). Jura. 2007;589.

Haft F. Strafrecht Besonderer Teil I. 8. Aufl. 2004.

Hartung. Begünstigung und Hehlerei Abhängigkeit von der Vortat. NJW. 1949;324.

Herzberg RD. Täterschaft und Teilnahme. 1977.

Hruschka. Hehlerei und sachliche Begünstigung. JR. 1980;221.

Jäger C. Examens-Repetitorium Strafrecht Besonderer Teil. 5 . Aufl. 2013.

Jah, Reichart Die Anschlussdelikte – Begünstigung (§ 257 StGB). JuS. 2009;309.

Jakobs G. Strafrecht Allgemeiner Teil. 2. Aufl. 1993.

Janson GN. Begünstigung und Hehlerei vor dem Hintergrund des Rückerwerbes von Diebesbeute. 1992.

Jescheck H-H, Weigend T. Lehrbuch des Strafrechts Allgemeiner Teil. 5. Aufl. 1996.

Kindhäuser U. Strafrecht Besonderer Teil II. 2. Aufl. 2014.

Krey V, Hellmann U, Heinrich M. Strafrecht Besonderer Teil Bd. 1. 15. Aufl. 2012a.

Kühl K. Strafrecht Allgemeiner Teil. 7. Aufl. 2012.

Küper W. Strafrecht Besonderer Teil. 8. Aufl. 2012.

Lackner K, Kühl K. Strafgesetzbuch. 28. Aufl. 2014.

Lagodny O. Strafrecht vor den Schranken der Grundrecht. 1996.

Lenckner. Zum Tatbestand der Strafvereitelung, Gedächtnisschrift für Schröder. 1978. S. 339.

Leipziger Kommentar zum Strafgesetzbuch, Bd. 8. 12. Aufl. 2010.

Maurach R, Schroeder F-C, Maiwald M. Strafrecht Besonderer Teil 2. 10. Aufl. 2012.

Miehe. Die Schutzfunktion der Strafdrohungen gegen Begünstigung und Hehlerei, Festschrift für Honig. 1970. S. 91.

Mitsch. Der neue § 316 a StGB. JA. 1999;662.

Münchener Kommentar zum StGB, Bd. 4. 2. Aufl. 2010.

Otto H. Grundkurs Strafrecht Die einzelnen Delikte. 7. Aufl. 2005.

Rengier R. Strafrecht Besonderer Teil I. 16. Aufl. 2014a.

Schönke, Schröder, Strafgesetzbuch. 29. Aufl. 2014.

Schröder. Begünstigung und Hehlerei, Festschrift für Rosenfeld. 1949. S. 161.

Schröder. Die Rechtsnatur der Begünstigung, und Hehlerei. MDR. 1952;68.

Seelmann. Grundfälle zu den Straftaten gegen das Vermögen als Ganzes. JuS. 1983;32.

Sternberg-Lieben. Strafrechtliche Bekämpfung der Videopiraterie durch die §§ 257 ff. StGB. GRUR. 1984;572.

Stree. Begünstigung, Strafvereitelung und Hehlerei. JuS. 1976;137.

Vogler. Die Begünstigungshandlung, Festschrift für Dreher. 1977. S. 405.

Welzel H. Das Deutsche Strafrecht. 11. Aufl. 1969.

Wessels J, Hillenkamp T. Strafrecht Besonderer Teil 2. 36. Aufl. 2013c.

Zipf. Begünstigung durch Mitwirkung am Rückkauf der gestohlenen Sache. JuS. 1980;24.

Hehlerei, §§ 259 ff. StGB

13

Inhaltsverzeichnis

13.1   Allgemeines

13.1.1   Rechtsgut

Die Strafvorschriften gegen die Hehlerei (§§ 259–260 a) schützen das Rechtsgut **Vermögen**.[1] Hehlerei ist ein Vermögensdelikt.[2] Die aus der Gesetzessystematik genährte Annahme, Hehlerei könne den zusätzlichen Charakterzug eines **Rechtspflegedelikts** haben, wird bei näherem Hinsehen auch vom Gesetzestext getragen. Als reiner Vermögensschutztatbestand wäre § 259 in unplausibler Weise eng gefasst. Denn von diesem monistischen Rechtsgutsstandpunkt aus betrachtet wäre es nicht einzusehen, warum die gehehlte Sache aus einer straftatbestandsmäßigen Tat herrühren muss, der Hehlereitatbestand also Sachen, die der Vortäter durch rechtswidrigen, aber nicht straftatbestandsmäßigen Zugriff auf fremdes Vermögen erlangt hat, nicht erfasst. Auch der Inhaber eines Vermögens, dem in nicht straftatbestandsmäßiger, aber rechtswidriger Weise vom Vortäter eine Sache entzogen worden ist, wäre gegenüber hehlerischen Handlungen schutzwürdig und schutz-

---

[1] BGHSt 1, 47 (50); 15, 53 (56); Arzt (1981), 10; Berz (1980), 57; Eisele (2012), Rn. 1135; Geppert (1994), 100; Rosenau (1999), 352; Roth (1988), 193 (194); Rengier (2014), § 22 Rn. 1; Rudolphi (1981), 1; Walder (1986), 233 (235); Zöller et al. (1999), 378 (379).

[2] Dies wird auch von der Kriminologie so gesehen, vgl. Geerds (1988), 243 (245).

© Springer-Verlag Berlin Heidelberg 2015
W. Mitsch, *Strafrecht, Besonderer Teil 2,* Springer-Lehrbuch,
DOI 10.1007/978-3-662-44934-9_13

bedürftig.[3] Nach geltendem Recht können hehlereiähnliche Handlungen in Bezug auf Sachen strafrechtlich neutraler Herkunft nur mit § 246 erfasst werden. Unter dem Gesichtspunkt des Rechtspflegeschutzes stellt sich die strafrechtliche Relevanz solcher Sachen aber doch wesentlich anders dar. Der Hehler von Sachen, deren Vorerwerb ohne Verstoß gegen strafrechtliche Verbotsvorschriften erfolgte, würde mit seiner Tat nicht zugleich die Wirkungskraft strafrechtlicher Verhaltensnormen untergraben. Gerade dies ist aber bei den von § 259 erfassten Taten typischerweise der Fall. Der Hehler unterstützt den Vortäter konkret durch seine Tat, abstrakt bereits durch seine Existenz bzw. dadurch, dass er Aufbau und Bestand eines „Hehlerunwesens", eines subkulturellen kriminellen Milieus bewirkt.[4] Der Hehler eröffnet den Markt, auf den viele Diebe, Räuber usw. angewiesen sind, weil sich ohne ihn ihre Diebstähle, Raube usw. nicht lohnen würden: Der Hehler ist „Zuhälter der Diebe".[5] Indem der Hehler sich dem Vortäter als Partner zur Verfügung stellt, fördert er die einschlägigen Vortaten und beeinträchtigt die präventive Effizienz strafrechtlicher Bemühungen im Kampf gegen die Vortaten: „Der Hehler macht den Stehler".[6] Die Bekämpfung des Hehlers ist indirekt also auch eine gegen den Vortäter gerichtete Maßnahme, die diesen isolieren, ihm das Wasser abgraben soll.[7] Ebenso wie bei § 257 erklärt sich bei § 259 die Beschränkung auf straftatbestandsmäßige Vortaten also daraus, dass die gegen den Hehler gerichtete Strafdrohung nicht nur das betroffene Vermögen, sondern auch die zum Schutz dieses Vermögens aufgestellten Strafnormen schützt.[8] In der Strafrechtsliteratur wird dieser Unrechtsakzent meistens als „**Gefährlichkeit für die allgemeine Sicherheit**" bezeichnet, allerdings nur als gesetzgeberisches Motiv, nicht aber als zweites Rechtsgut des Hehlereitatbestandes anerkannt.[9] Für eine zweite Unrechtskomponente neben dem Gesichtspunkt der Vermögensbeeinträchtigung spricht auch die im Verhältnis zu manchem Vordeliktstatbestand hohe **Strafdrohung des § 259**. Der Angriff auf fremdes Vermögen allein könnte nicht erklären, warum der Hehler einer Sache, die der Vortäter durch Unterschlagung (§ 246) oder Pfandkehr (§ 289) erlangt hat, härter bestraft werden könnte als der Vortäter selbst.[10]

---

[3] Miehe (1970), 91 (103); Janson (1992), 118.

[4] BGHSt 7, 134 (142); Lackner et al. (1980), 214 (216); Rosenau (1999), 352 (353); Rudolphi (1981), 1 (4); Seelmann (1988), 39; Stree (1991), 285 (287).

[5] BGHSt 7, 134 (142); Rudolphi (1981), 1 (4).

[6] Geerds (1988), 243 (248).

[7] Eisele (2012), Rn. 1135.

[8] Miehe (1970), 91 (105).

[9] Geppert (1994), 100 (101); Meyer (1977b), 126; Roth (1988), 193 (196); Rosenau (1999), 352 (353); ähnlich BGHSt 7, 134 (142); abl. Zöller et al. (1999), 378 (379).

[10] Janson (1992), 139; Rudolphi (1981), 1, (4); gegen dieses Argument Roth (1988), 193 (195).

13.1.2 Systematik

13.1.2.1 System der Hehlereitatbestände

Den **Grundtatbestand** der Hehlerei finden wir in § 259. Diese Vorschrift hat –
wie die anderen Paragraphen des 21. Abschnitts[11] – auf Grund des EGStGB vom
2. 3. 1974[12] seit 1. 1. 1975 eine neue Fassung.[13] Auf dem Grundtatbestand bauen
drei **Qualifikationstatbestände** auf, die ihrerseits auf zwei Stufen gruppiert sind:
Auf der ersten Stufe stehen die gewerbsmäßige Hehlerei des § 260 I Nr. 1 und die
Bandenhehlerei des § 260 I Nr. 2. Auf der zweiten Stufe steht die gewerbsmäßige
Bandenhehlerei des § 260 a, deren Tatbestand einfach durch Vereinigung des § 260
I Nr. 1 mit § 260 I Nr. 2 gebildet ist. Einen Privilegierungstatbestand gibt es im
System der Hehlereitatbestände nicht. § 259 II, der für bestimmte Klassen strafbarer
Hehlereitaten eine privilegierende Behandlung anordnet, hat nur strafverfahrens-
rechtliche Funktion.

13.1.2.2 Verhältnis zu anderen Straftatbeständen

13.1.2.2.1 Begünstigung, § 257

Mit der Begünstigung hat die Hehlerei den Charakter als **Anschlußdelikt** gemein.[14]
Beide Anschlußdelikte befassen sich mit Vorteilen, die ein anderer aus seiner Vortat
gezogen hat. Der Vortatbereich der Hehlerei ist aber enger als der der Begünstigung, weil er auf vermögensbeeinträchtigende Delikte beschränkt ist. Damit hängt
auch die abweichende Rechtsgutsbestimmung zusammen. Ein weiterer gewichtiger
Unterschied besteht darin, dass die Begünstigung dazu dient, den Vortäter vor dem
Verlust der Vortatvorteile zu bewahren, während die Hehlerei den Vortäter (oder
sonstigen Vorbesitzer) gerade dabei unterstützt, die durch die Vortat erlangte Sache
loszuwerden. Da dies aber zum Zweck der wirtschaftlichen Verwertung geschieht,
ändert der Unterschied nichts daran, dass sowohl Begünstigung als auch Hehlerei
Taten sind, mit denen jeweils die Interessen des Vortäters wahrgenommen warden.[15]
Sowohl der Begünstiger als auch der Hehler stehen auf der Seite (oder „im Lager")
des Vortäters.[16]

13.1.2.2.2 Geldwäsche, § 261

Auch die als eigenständiger Tatbestand im StGB noch recht junge Geldwäsche[17]
hat die Struktur eines **Anschlussdelikts**. Der Katalog der tauglichen Vortaten setzt
sich aber anders zusammen als dies bei § 259 der Fall ist. Wie § 261 I 2 zeigt, sind
es nicht nur vermögensschädigende Delikte, an die sich eine tatbestandsmäßige

---

[11] Dazu sehr instruktiv Stree (1976), 137 ff. (speziell zur Hehlerei S. 142 ff.).

[12] BGBl. I S. 469.

[13] Zur Geschichte der Hehlerei im Übrigen vgl. Blei (1983), 278.

[14] Geerds (1988), 243 (261); Rengier (2014), § 22 Rn. 1.

[15] BGHSt 23, 360 (361).

[16] BGH, NStZ 2008, 215 (216).

[17] Zur Entstehungsgeschichte vgl. unten 14.1.1.

Geldwäsche anschließen kann.[18] Außerdem können nicht nur Sachen, sondern auch andere „Gegenstände" – z. B. Bankguthaben – Tatobjekt der Geldwäsche sein.[19] Schließlich setzt § 261 keine Bereicherungsabsicht voraus. Bei der Geldwäsche handelt es sich daher nicht um ein Vermögensdelikt.[20] Dennoch kann eine Hehlerei zugleich den Tatbestand der Geldwäsche erfüllen, etwa wenn der Täter sich mit Bereicherungsabsicht eine Sache verschafft, die ein anderer geraubt hat, vgl. § 261 I 2 Nr. 1, II Nr. 1. Wegen der Verschiedenheit der betroffenen Rechtsgüter stehen Hehlerei und Geldwäsche dann in Tateinheit, § 52.[21]

13.1.2.2.3   Steuerhehlerei, § 374 AO

Der **Steuerstraftatbestand** „Steuerhehlerei" unterscheidet sich von der „Sachhehlerei" des § 259 durch das betroffene Rechtsgut und den Kreis der tauglichen Vortaten. Die Steuerhehlerei richtet sich gegen die speziellen Rechtsgüter, deren Schutz die Straftatbestände „Steuerhinterziehung" (§ 370 AO) und „Bannbruch" (§§ 372, 373 AO) dienen.[22] Dementsprechend kommen als Vortaten der Steuerhehlerei auch nur die genannten Steuerdelikte, sowie die Steuerhehlerei selbst („Kettenhehlerei") in Betracht.[23]

13.1.2.2.4   Beteiligung an der Vortat

Vortat und Hehlerei sind untrennbar verbunden, weil ohne Vortat eine tatbestandsmäßige Hehlerei nicht möglich ist. Andererseits besteht zwischen beiden Taten eine personelle **Inkompatibilität**. Da die Vortat von einem „anderen" begangen worden sein muss, schließen sich Hehlerei und täterschaftliche Begehung der Vortat aus. Wer die Vortat begangen hat, kann nicht Hehler in Bezug auf diese Vortat sein.[24] Niemand kann sein eigener Hehler sein. Das gilt auch für die Mittäterschaft. Dies ist zwar nicht ganz so eindeutig wie bei alleintäterschaftlich begangener Vortat. Denn es ist ohne weiteres möglich, dass der Hehler als Mittäter an der Vortat beteiligt war und dennoch der andere Mittäter die aus dieser Vortat stammende Beute allein erlangt hat,[25] insbesondere nachdem in § 242 StGB auch die „Drittzueignungsabsicht" tatbestandsmäßig ist. Gleichwohl scheidet aus dem Kreis tauglicher Hehler aus, wer sich als Mittäter an der Vortat beteiligt hat.[26] Das folgt aus § 25 II, der den

---

[18] Arzt (1990), 1 (4), der eine Ausdehnung des § 259 auf gegen das BtMG und das WaffenG verstoßende Vortaten de lege ferenda vorschlägt.

[19] Lackner et al. (2014), § 261 Rn. 3.

[20] Lackner et al. (2014), § 261 Rn. 1.

[21] Lackner et al. (2014), § 261 Rn. 19.

[22] Im einzelnen dazu Münchener Kommentar-Wegner (2010), § 374 AO Rn. 8 ff.

[23] Münchener Kommentar-Wegner (2010), § 374 AO Rn. 19 ff.

[24] BGHSt 5, 378 (379); 7, 134 (137); Eisele (2012), Rn. 1139; Geppert (1994), 100 (103); Kindhäuser (2014), § 47 Rn. 9; Miehe (1970), 91 (125); Seelmann (1988), 39 (42); Walder (1986), 233 (236); Zöller et al. (1999), 378 (380).

[25] BGHSt 35, 86 (90).

[26] BGHSt 5, 378 (379); 7, 134 (137); Eisele (2012), Rn. 1139; Geppert (1994), 100 (103); Otto (2005), § 58 Rn. 2; Rengier (2014), § 22 Rn. 42; Roth (1988), 193 (200); Rudolphi (1981), 1 (5); Zöller et al. (1999), 378 (380); aA BGHSt 3, 191 (194).

Mittäter so stellt, als habe er selbst die Sache erlangt, auch wenn dies tatsächlich nicht der Fall ist. Anders verhält es sich mit der Teilnahme an der Vortat.[27] Wer den Vortäter lediglich angestiftet oder ihm als Gehilfe Beistand geleistet hat, verliert damit nicht seine Tauglichkeit zum Hehler. Denn für den Teilnehmer ist die Haupttat die Tat eines „anderen", nämlich die Tat des Haupttäters.

13.2   Grundtatbestand Hehlerei, § 259 StGB

13.2.1   Objektiver Tatbestand

13.2.1.1   Übersicht

Der objektive Tatbestand des § 259 I besteht aus folgenden Merkmalen: **Täter**merkmal (Wer), **Vortat**, **Tatobjekt**merkmal (Sache aus der Vortat), **Handlungs**merkmal (verschaffen, absetzen, beim Absatz helfen). Kein objektives Tatbestandsmerkmal ist die im Text des § 259 I erwähnte Bereicherung. Diese ist Inhalt einer Bereicherungsabsicht und deshalb Bestandteil des subjektiven Tatbestandes.

13.2.1.2   Vortat

Bevor die Hehlerei begangen werden kann, muss ein anderer eine Vortat begangen haben. Aus dieser Vortat muss die Sache stammen, die Gegenstand der Hehlerei ist.

13.2.1.2.1   Straftatmerkmale

Als Vortaten kommen nur **straftatbestandsmäßige** Verhaltensweisen in Betracht. Das ergibt sich hinsichtlich der Alternative „gestohlen" daraus, dass diese Vokabel eindeutig auf §§ 242 ff. Bezug nimmt. Für die Alternative „gegen fremdes Vermögen gerichtete rechtswidrige Tat" ergibt es sich aus § 11 I Nr. 5. Ordnungswidrigkeiten oder zivilrechtswidrige Vermögenseingriffe scheiden also aus.[28]

> **Beispiel**
>
> U ist Inhaber einer großen Kfz-Werkstatt. Ohne Wissen des U fordert sein Angestellter A von den Kunden überhöhte Rechnungsbeträge, indem er ihnen Leistungen in Rechnung stellt, die überhaupt nicht erbracht worden sind. Obwohl dem U wiederholt Beschwerden seiner Kunden über die hohen Rechnungen zu Ohren gekommen sind, sieht er sich nicht veranlasst, die Tätigkeit des A zu kontrollieren. Eines Tages bemerkt U durch Zufall, dass A den Kunden K auf die oben geschilderte Weise um 300 € betrogen hat. U erteilt dem A eine scharfe Rüge und fordert ihn auf, seine betrügerischen Machenschaften sofort einzustellen. Dann

---

[27] BGHSt 22, 206 (207); OLG München, wistra 2007, 37; Eisele (2012), Rn. 1140; Geppert (1994), 100 (104); Miehe (1970), 91 (125); Otto (2005), § 58 Rn. 5; Rudolphi (1981), 1 (5); Zöller et al. (1999), 378 (380); aA BGHSt 2, 315 (316); Seelmann (1988), 39 (42); unklar BGHSt 4, 41 ff.; 5, 155 (165); diff. BGHSt 5, 378 (380).

[28] Berz (1980), 57 (58); Bockelmann (1982), 161; Gössel (1996), § 27 Rn. 7.

entnimmt U der Kasse 300 € und gibt sie dem A mit den Worten: „Mit diesem Geld will ich nichts zu tun haben, stecken Sie es ein!".

Der von A zu Lasten der Kunden begangene Betrug ist zwar eine hehlereitaugliche Vortat. Jedoch kann A nicht Hehler in Bezug auf seine eigene – als Täter begangene – Vortat sein. Möglicherweise hat aber U eine Tat begangen, die als Vortat einer anschließenden Hehlerei des A in Betracht kommt. Durch die trotz Vorliegens konkreter Verdachtsmomente unterlassene Kontrolle der Fakturierungen seines Angestellten A hat U eine fahrlässige Aufsichtspflichtverletzung begangen. Dies ist ein rechtswidriges Fehlverhalten, das gemäß § 831 BGB eine Schadensersatzpflicht auslöst. Darüber hinaus ist es ein Fehlverhalten, das gemäß § 130 I OWiG den Charakter einer Ordnungswidrigkeit hat und mit Geldbuße geahndet werden kann. Jedoch reichen beide Unrechtsaspekte nicht aus, um das Verhalten des U zu einer „rechtswidrigen Tat" im Sinn der §§ 259 I, 11 I Nr. 5 zu machen. Straftatbestandsmäßig ist die Pflichtverletzung des U nicht. Daher hat A mit der Annahme der 300 € keine Hehlerei begangen.

Die Tat muss objektiv und subjektiv tatbestandsmäßig, sowie **rechtswidrig** sein. Da Vorsatz und Fahrlässigkeit Bestandteile des Unrechtstatbestandes sind, muss die Vortat vorsätzlich oder fahrlässig begangen worden sein.[29] Letzteres reicht natürlich nur, soweit Fahrlässigkeit ausdrücklich mit Strafe bedroht ist, vgl. § 15.[30] Enthält der subjektive Tatbestand des Delikts neben dem Vorsatz noch ein weiteres Merkmal – z. B. die Zueignungsabsicht bei § 242 – ist auch dessen Erfüllung erforderlich. Ein nicht von § 248 b erfasster furtum usus taugt als Vortat also genauso wenig wie die fahrlässige Wegnahme einer fremden beweglichen Sache.

Schuldhaft braucht die Vortat dagegen nicht begangen zu sein.[31] Denn § 259 schützt nicht wie § 258 den staatlichen Strafanspruch. Folglich ist im Gesetzestext nicht von „Straftat", sondern von „rechtswidriger Tat" die Rede.

Beispiel

Die 13-jährigen A und B begehen am helllichten Tag Einbrüche in Wohnungen, deren Inhaber um diese Zeit an ihrer Arbeitsstätte sind. Die Beute verkaufen sie an H, der über die Herkunft der Sachen informiert ist.

A und B können gem. § 19 für ihre Diebstahlstaten nicht strafrechtlich – auch nicht jugendstrafrechtlich (vgl. § 1 JGG) – zur Verantwortung gezogen werden. Da sie nicht schuldfähig sind, haben ihre Taten keine Straftatqualität. Dennoch hat sich H durch den Kauf der Diebesbeute wegen Hehlerei aus § 259 I strafbar

---

[29] BGHSt 4, 76 (78); Krey et al. (2012), Rn. 871; Mitsch (2012), 911 (915); Roth (1988), 193 (197); Stree (1976), 137 (143).

[30] BGHSt 4, 76 (78).

[31] BGHSt 1, 47 (50); Berz (1980), 57 (58); Eisele (2012), Rn. 1138; Krey et al. (2012), Rn. 871; Roth (1988), 193 (197); Stree (1976), 137 (143); Walder (1986), 233 (250); Zöller et al. (1999), 378 (379). aA Miehe (1970), 91 (114); differenzierend Bockelmann (1982), 163, der eine mit Unrechtsbewußtsein begangene Vortat verlangt.

gemacht. Denn strafbar braucht die Vortat, aus der das Hehlereiobjekt stammt, nicht zu sein. Es genügt, dass A und B den objektiven und den subjektiven Tatbestand des § 242 I erfüllt und dabei rechtswidrig gehandelt haben[32].

Da Strafbarkeit der Vortat keine Strafbarkeitsvoraussetzung der Hehlerei ist, hat auch das Fehlen **verfahrensrechtlicher Bestrafungsvoraussetzungen** bezüglich der Vortat keinen Einfluss auf die Strafbarkeit wegen Hehlerei. Strafbare Hehlerei kann somit z. B. an Sachen begangen werden, die der Vortäter durch einen bereits verjährten Diebstahl erbeutet hat.[33] Ebenfalls ohne Einfluss auf die Strafbarkeit wegen Hehlerei ist ein bezüglich der Vortat bestehendes und im konkreten Fall nicht erfülltes Strafantragserfordernis.[34]

Beispiel

V stiehlt seinem Bruder B eine wertvolle Buddhafigur und verkauft sie für 1000 € an den hinsichtlich des Diebstahls bösgläubigen H. B stellt gegen V keinen Strafantrag.

Der von V begangene Diebstahl kann nicht strafrechtlich verfolgt werden, weil der nach § 247 erforderliche Strafantrag nicht gestellt wurde, § 77 b I 1. H dagegen hat sich nicht nur wegen Hehlerei aus § 259 I strafbar gemacht, sondern kann wegen dieser Tat auch verfolgt und verurteilt werden. Denn das Fehlen des Strafantrags hinsichtlich der Vortat hat im Rahmen der Strafbarkeitsvoraussetzungen der Hehlerei keine Bedeutung. Die Hehlerei selbst ist in der vorliegenden Situation kein Antragsdelikt. Die Verweisung des § 259 II auf § 247 besagt nur, dass die Hehlerei dann ein Antragsdelikt ist, wenn zwischen dem Hehler und dem Inhaber des durch die Hehlerei beeinträchtigten Vermögens (Vortatopfer) ein Angehörigenverhältnis besteht.[35] Das ist hier nicht der Fall.

13.2.1.2.2 Vermögensbezug

Die Vortat ist entweder Diebstahl oder eine sonst **gegen fremdes Vermögen gerichtete** Tat. Eine der zweiten Kategorie zuzuordnende Tat muss nach Ansicht der h. M. nicht unbedingt ein Vermögensdelikt im eigentlichen Sinne sein.[36] Auch Nichtvermögensdelikte kämen in Betracht. Erforderlich und ausreichend sei nämlich, dass die Tat im konkreten Fall dem fremden Vermögen die Sache entzieht, die dann Gegenstand der Hehlerei ist. Einen solchen Effekt könne z. B. auch eine

---

[32] Rudolphi (1981), 1 (3).

[33] Eisele (2012), Rn. 1138; Walder (1986), 233 (252).

[34] Walder (1986), 233 (252); Zöller et al. (1999), 378 (379).

[35] Nomos Kommentar-Altenhain (2013), § 259 Rn. 79.

[36] Berz (1980), 57 (58); Heinrich (1994), 938 (941); Jäger (2013), Rn. 401; Kindhäuser (2014), § 47 Rn. 4; Rengier (2014), § 22 Rn. 4b; Rudolphi (1981), 1 (2); Sternberg-Lieben (1984), 572 (573).

Urkundenfälschung hervorrufen.[37] Diese Auffassung ist aber mit der geltenden Fassung des Hehlereitatbestandes nicht zu vereinbaren.[38] Diese verlangt eindeutig eine Vortat, die als gegen fremdes Vermögen gerichtetes Delikt gesetzlich typisiert ist. Ihren deliktischen Charakter muss die Tat gerade aus dem Aspekt der Verletzung fremden Vermögens beziehen. Auf die Urkundenfälschung trifft dies ebensowenig zu[39] wie z. B. auf Bestechlichkeit,[40] Handel mit Betäubungsmitteln,[41] Verwahrungsbruch und Verstrickungsbruch.[42] Dagegen sind Straftaten nach dem Urheberrechtsgesetz taugliche Vortaten der Hehlerei.[43] Vortat kann übrigens auch eine Hehlerei sein („Kettenhehlerei").[44]

Auch nach h. M. scheidet ein **Nichtvermögensdelikt** als Vortat jedenfalls dann aus, wenn der Gegenstand, den der Vortäter durch dieses Delikt erworben hat, ursprünglich immateriellen Charakter hatte und sich erst in der Hand des Vortäters zu einem Wirtschaftsgut verwandelte.

Beispiel

V betreibt einen florierenden Handel mit menschlichen Leichen und transplantationstauglichen Organen. Seine „Ware" besorgt er sich, indem er frisch beerdigte Leichname ausgräbt bzw. im Zusammenwirken mit korrupten Gerichtsmedizinern Verstorbenen transplantierbare Organe entnimmt. Das auf diese Weise gewonnene Material verkauft V an eine mafiaähnliche Organisation M, die ihrerseits mit den Transplantaten und Leichen Kliniken und Universitätsinstitute beliefert.

Mit dem Kauf der von V gelieferten Leichen und Leichenteile würde M Hehlerei nur unter der Voraussetzung begehen, dass V sich diese Gegenstände[45] durch eine gegen fremdes Vermögen gerichtete straftatbestandsmäßige Tat verschafft hat. Das Ausgraben der beerdigten Leichname bzw. die Entnahme der Organe erfüllt den Straftatbestand „Störung der Totenruhe", § 168. Dieses Vergehen ist unbestrittenermaßen kein Vermögensdelikt. Die Bestimmung des von § 168 geschützten Rechtsguts ist zwar umstritten, nicht aber, dass es sich dabei um ein immaterielles Gut handelt.[46] Da V also mit seiner Vortat keine fremden

---

[37] Eisele (2012), Rn. 1138; Rudolphi (1981), 1 (2).

[38] Gössel (1996), § 27 Rn. 1; Roth (1988), 193 (198).

[39] Sippel (1985), 348 (349); aA RGSt 52, 95 (96); Krey et al. (2012), Rn. 872.

[40] Walder (1986), 233 (249).

[41] Hehlereiähnliche Handlungen in Bezug auf Betäubungsmittel (z. B. „sich in sonstiger Weise verschafft") sind in §§ 29 ff. BtMG mit Strafe bedroht.

[42] Rudolphi (1981), 1 (3).

[43] Ganter (1986), 1479 (1480); Heinrich (1994), 938 (941); Sternberg-Lieben (1984), 572 (573).

[44] BGHSt 33, 44 (48); Krey et al. (2012), Rn. 872; Kudlich (2002), 672 (675); Zöller et al. (1999), 378 (379).

[45] Dazu, dass Leichen und Leichenteile „Sachen" im Sinn des Strafrechts sind, vgl. oben 1.2.1.2.

[46] Blei (1983), 132; Schönke et al. (2014), vor § 166 Rn. 2: „Pietätsgefühl" bzw. „Pietätsempfinden".

Vermögensinteressen beeinträchtigt hat, kann auch das zwischen V und M getätigte Geschäft keinen vermögensschädigenden Charakter haben. M begeht also keine Hehlerei. Die Verkaufsmöglichkeit ist aber ein Vorteil, den sich V durch sein § 168 verwirklichendes Verhalten verschafft hat. Auf der Grundlage dieses weiten Vorteils-Begriffs kann der Kauf der Leichen und Organe als vorteilssichernde Hilfeleistung iSd § 257 qualifiziert werden. Da der Vortatbereich der Begünstigung nicht auf Vermögensdelikte beschränkt ist (s. o. 12.2.1.3.1), ist eine Bestrafung der M aus § 257 möglich. Eine Strafbarkeit der für die Kliniken und Universitätsinstitute handelnden Personen aus § 259 kommt ebenfalls wegen des Fehlens einer vermögensschädigenden Vortat nicht in Betracht. Zwar ist Begünstigung grundsätzlich als Vortat einer Hehlerei geeignet.[47] Dies setzt aber voraus, dass die Begünstigung im konkreten Fall fremdes Vermögen verletzt, also die der Begünstigung vorausgehende Vortat ein Vermögensdelikt ist.[48]

Das durch die Vortat betroffene Vermögen – nicht unbedingt die tatgegenständliche „Sache" (dazu siehe unten 13.2.1.3.3)! – muss sowohl für den Vortäter als auch für den Hehler **fremd** sein.

Beispiele

1. T stiehlt dem emeritierten Universitätsprofessor O ein Bild, von dessen Existenz der etwas zerstreute O keine Kenntnis hat. Später wendet sich T an O mit der Bitte, ihm aus seinem umfangreichen Kreis betuchter Bekannten einen potentiellen Kaufinteressenten zuzuführen. Dabei verrät T dem O, dass es um den Verkauf eines gestohlenen Bildes geht. Um welches Bild es sich handelt und wer der bestohlene Eigentümer ist, sagt T dem O nicht. O gelingt es, seinen Geschäftsfreund K zum Kauf des Bildes zu überreden.

2. E bringt seinen Pkw zur Reparatur in die Werkstatt des W. Nachdem die Reparatur ausgeführt und die Rechnung höher als von E erwartet ist, entwendet T im Auftrag des E den Pkw vom Werkstatthof. Nach dieser Tat beschließt T, den Wagen nicht bei E abzuliefern, sondern zu verkaufen. Er verpaßt dem Fahrzeug eine neue Lackierung und bietet es dann dem W zum Kauf an. Dem W erklärt er, dass er den Wagen gestohlen habe. W kauft ihm daraufhin den Pkw für 3000 € ab.

In beiden Beispielen hat T eine Tat begangen, die an sich die Vortatkriterien des 259 I erfüllt. Das Bild wurde dem O von T gestohlen (**Beispiel 1**) und der Pkw wurde dem W von T durch Pfandkehr (§ 289) entzogen (**Beispiel 2**). Vom Vortäter T aus betrachtet verletzten die Vortaten jeweils fremdes Vermögen. Beide Vortaten richteten sich aber gegen das Vermögen der Personen, die anschließend durch Absatzhilfe bzw. Ankaufen eine hehlerische Handlung vollzogen haben. Wenn man davon ausgeht, dass das Unrecht der Hehlerei in dem Angriff auf fremdes Vermögen – das Vermögen des Vortatopfers – liegt, stellt sich heraus,

---

[47] RGSt 39, 236 (238); Schönke et al. (2014), § 259 Rn. 6.
[48] Rudolphi (1981), 1 (2).

dass den Handlungen des O und des W der materielle Unrechtsgehalt fehlt. Denn ihre Handlungen betreffen das eigene Vermögen, sind also Selbstschädigungsakte. Die Schädigung eigener Rechtsgüter ist aber nie strafbar und nie tatbestandsmäßig. Also haben O und W den Tatbestand des § 259 I nicht erfüllt. Begründen lässt sich dieses Ergebnis nur mit dem Fehlen einer ausreichenden Vortat. Da O und W aber nicht wußten, dass ihre Handlungen eigenes Vermögen tangierten, haben sie versuchte Hehlerei begangen.[49]

Die Vortat muss das geschützte Vermögen nicht unbedingt **unmittelbar** verletzen. Hehlerei ist daher auch an Sachen möglich, die dem betroffenen Vermögensinhaber bereits vor der Vortat abhanden gekommen sind.

Beispiele

1. D stiehlt dem E ein Fahrrad. Einige Tage später wird dem D das Fahrrad von V gestohlen. V verkauft das Rad an den bösgläubigen H.
2. X stiehlt dem O ein Fahrrad. Einige Tage später kauft Y dem X das Rad für 50 € ab. Y bezahlt mit einem falschen Fünfzig-Euro-Schein. Danach schenkt Y das Rad seinem bösgläubigen Bruder Z.

Die Tat des V in **Beispiel 1** verletzt unmittelbar fremdes Vermögen, wenn man auf den D als betroffenen Vermögensinhaber abstellt. Eine rein wirtschaftliche Bestimmung des zu Grunde liegenden Vermögensbegriffs hätte mit einer Qualifizierung des D zum Opfer der Hehlerei keine dogmatischen Probleme. Denn auch der rechtswidrige Besitz einer fremden Sache ist wirtschaftlich ein Vermögensvorteil. Jedoch ist die illegal erlangte Position des D im Rahmen des § 259 nicht schutzwürdig. Schutzwürdig ist nur das Vermögen des E. Allein weil E eine durch weitere sachbezogene Handlungen noch verletzbare Vermögensposition hat, ist der Diebstahl des V taugliche Vortat und ist die Tat des H tatbestandsmäßige Hehlerei.[50]

In **Beispiel 2** hat Y einen Betrug zum Nachteil des X und damit eine gegen fremdes Vermögen gerichtete Tat begangen. Geschützt gegen die anschließende Hehlereitat des Z ist aber nicht der ohnehin unberechtigte Besitz des X, sondern das Eigentum des O. Dass der Betrug des Y die Vermögenssituation des O nicht verschlechtert hat, die Tat des Y also kein Betrug zum Nachteil des O ist, schließt eine tatbestandsmäßige Hehlerei nicht aus. Entscheidend ist, dass Y sich durch einen Betrug in den Besitz der dem O gehörenden Sache gebracht und dem Z die Gelegenheit verschafft hat, einen hehlereitypischen Angriff auf fremdes Vermögen zu begehen.

---

[49] Schönke et al. (2014), § 259 Rn. 4; Walder (1986), 233 (241, 254).

[50] Zur Frage, ob die Wegnahme des Rades durch V selbst tatbestandsmäßige Hehlerei ist, unten 13.2.1.5.2 („Verschaffen").

13.2.1.2.3   Zeitstruktur

Die Bezeichnung „Vortat" zeigt das zeitliche Verhältnis der Vortat zur Hehlerei an: Die Hehlerei folgt der Vortat nach, die Vortat geht der Hehlerei voraus. Da die Hehlerei sich mit dem Vortatgegenstand befasst, muss die ihm zugrundeliegende (Vor-) Tat zumindest schon so weit realisiert worden sein, wie es zur Erlangung dieses Gegenstands durch den Vortäter erforderlich ist. Dazu wird in der Regel Vollendung der Vortat notwendig sein, unter Umständen kann aber bereits ein **Versuch** ausreichen.[51]

> **Beispiel**
>
> T erzählt dem H, er habe auf der Bahnstrecke zwischen Berlin und Magdeburg bei einem Ort namens Belzig den Koffer eines schlafenden Mitreisenden aus dem Fenster des fahrenden Zuges geworfen. Der Koffer enthält, wie T aus der Unterhaltung mit seinem Eigentümer weiß, Juwelen im Wert von 200.000 €. Da es ihm – dem T – zu mühsam ist, nach dem Koffer zu suchen, bietet er dem H den Koffer zum Kauf an. H geht auf den Vorschlag ein und kauft dem T den Koffer für 100.000 € ab. 50.000 € gibt H dem T sofort, den Rest soll T bekommen, wenn H den Koffer gefunden hat.
>
> Bevor H den Koffer findet und in Besitz nimmt, kann von einer „gestohlenen" Sache eigentlich noch nicht die Rede sein. Denn der Diebstahl, den T mit dem Wurf aus dem Zug begehen wollte, ist noch nicht vollendet. Realisiert ist nur der Gewahrsamsbruch, die Begründung neuen Gewahrsams steht noch aus. Vor der Besitzergreifung durch H ist der Koffer die Beute aus einem versuchten Diebstahl. Aber auch der versuchte Diebstahl ist eine „gegen fremdes Vermögen gerichtete rechtswidrige Tat" iSd § 259 I. Mit diesem Versuch ist T zwar noch nicht Inhaber des Gewahrsams an dem Koffer geworden. Dennoch hat er eine Zugriffs- und Verfügungsmöglichkeit über ihn erlangt, und kann daher einem Hehler die Verfügungsgewalt über die Sache einräumen.[52] Mehr ist als Voraussetzung einer anschließenden Hehlerei nicht erforderlich.[53] Ob der Diebstahl an dem Koffer vollendet wird, wenn H ihn findet und Gewahrsam an ihm begründet, ist keine Frage des objektiven, sondern des subjektiven Diebstahlstatbestandes: Zur Erfüllung des objektiven Tatbestandsmerkmals „Wegnahme" genügt auch die Begründung neuen Gewahrsams durch einen Dritten. Fraglich ist aber, ob dies auch vom Vorsatz des T gedeckt ist oder dieser Tatverlauf nicht erheblich von der Vorstellung abweicht, die T von seiner Tat hatte, als er den Koffer aus dem Zugfenster warf. Ist die Begründung neuen Gewahrsams durch den Dritten

---

[51] Eisele (2012), Rn. 1141; Geppert (1994), 100 (101); Küper (1993), 467 (470); Rengier (2014), § 22 Rn. 5; Roth (1988), 193 (197); Rudolphi (1981), 1(6); Seelmann (1988), 39.

[52] Aus der Perspektive des Hehlers ist diese Art der Weitergabe ein „Verschaffen" der Sache, Schönke et al. (2014), § 259 Rn. 19.

[53] Schönke et al. (2014), § 259 Rn. 6: „Ein Versuch genügt, wenn er zur Erlangung der Sache geführt hat."; ebenso Gössel (1996), § 27 Rn. 19; Krey et al. (2012), Rn. 867; Küper (1993), 467 (470).

vom Vorsatz des Täters erfasst, wird der Diebstahl in dem Zeitpunkt vollendet, in dem der Dritte Gewahrsam an der Sache begründet. Von da an handelt es sich um eine Sache, die der Vortäter „gestohlen" hat. Der Hehler verschafft sich also eine Sache, die die von § 259 I vorausgesetzten Eigenschaften hat.[54]

Ebenfalls das zeitliche Verhältnis von Vortat und Hehlerei betrifft die Frage, ob zwischen diesen beiden Taten eine **Zäsur** liegen muss oder ob sie – teilweise – zusammenfallen dürfen.[55]

Beispiel

E hat dem V eine teure Kamera geliehen. Als V Besuch von seinem Bekannten T hat, führt er ihm die Kamera vor. T ist von dem Apparat begeistert. V erzählt ihm, dass die Kamera dem E gehöre und er sie nur geliehen hat. Dennoch kommen V und T schnell überein, dass T dem V die Kamera für 1000 € abkauft. T zahlt sofort in bar und nimmt die Kamera mit nach Hause.

Als Vortat des V kommt eine veruntreuende Unterschlagung (§ 246 II) in Betracht. Dieses Delikt ist mit Zueignung der Kamera vollendet. Zueignung ist hier nicht bereits das von V gemachte Kaufangebot, sondern erst die Übergabe der Kamera an T zur Erfüllung der Verpflichtung aus dem zuvor geschlossenen Kaufvertrag.[56] Diese Handlung des V überlappt sich aber mit der Besitzergreifung des T, die bereits den Anfang eines hehlerischen Erwerbsakts darstellt. Vollendung der Unterschlagung und Beginn der Hehlerei fallen also zusammen.[57] Dies könnte einer tatbestandsmäßigen Hehlerei des T entgegenstehen. Denn die Sache muss bereits mit dem Makel des straftatbestandsmäßigen Vorerwerbs behaftet sein,[58] wenn die Hehlerei beginnt.[59] Die h. M. verlangt deshalb eine der Hehlerei „zeitlich vorausgegangene rechtlich abgeschlossene", also mindestens vollendete Vortat.[60] Eine strafrechtliche Bemakelung kann jedoch bereits durch

---

[54] Anders Krey et al. (2012), Rn. 867 mit dem Argument, die Sache müsse die Eigenschaft „gestohlen" schon vor Beginn der Hehlerei haben. Dies wird aber vom Gesetzeswortlaut nicht gefordert. Dieser deckt auch den Fall, dass die Sache erst durch die Hehlereihandlung zu einer „gestohlenen" Sache gemacht wird.

[55] Eingehend dazu Küper (1993), 467 ff.

[56] Geppert (1994), 100 (102).

[57] Otto (2005), § 58 Rn. 8; aA Berz (1980), 57 (59); Bockelmann (1982), 164; Gössel (1996), § 27 Rn. 19; Rudolphi (1981), 1 (7), die von einer bereits mit der Verkaufsofferte vollendeten Unterschlagung ausgehen; nach Maurach et al. (2009), § 39 Rn. 22 sollen Unterschlagung und Hehlerei durch eine „logische Sekunde" getrennt sein.

[58] Genauer gesagt ist nicht die Sache, sondern der Besitz an ihr, also die Herrschaftsposition des Besitzers „bemakelt".

[59] Wessels et al. (2013) Rn. 834; Zöller et al. (1999), 378 (380).

[60] BGH, NStZ 2012, 510, 700; OLG Düsseldorf, NJW 1990, 1492 (1493); OLG Stuttgart, NStZ 1991, 285; Berz (1980), 57 (59); Roth (1988), 193 (200); Walder (1986), 233 (253).

eine versuchte Vortat erzeugt werden, vorausgesetzt, der Vortäter hat die Sache durch diesen Versuch bereits „erlangt" und der Versuch dieser Vortat ist mit Strafe bedroht. Bei der Unterschlagung ist jedenfalls letzteres der Fall, vgl. § 246 III.[61] Der von V begangene Versuch der Unterschlagung, also das unmittelbare Ansetzen zur Zueignung der Kamera, geht dem Beginn der Hehlerei des T eindeutig voraus. In das Unrecht dieser versuchten Unterschlagung involviert wird die Kamera von T in Besitz genommen.[62] Für eine tatbestandsmäßige Hehlerei reicht das aus.[63]

Wie bei der Begünstigung kommt es auch bei der Hehlerei nur darauf an, dass der **Erfolg hehlerischen Handelns** nach der Vortat eintritt. Die Handlung des Hehlers kann also durchaus vor oder während der Vortat – also als eine Art „antizipierte Hehlerei" – vollzogen werden. Insbesondere die Verwirklichung der Alternative „Absatzhilfe" ist auf diese Weise möglich.

Beispiel

H weiß, dass T einen Einbruch in ein Elektrogerätegeschäft plant. Ohne Wissen des T erkundigt sich H in Ganovenkreisen nach einem potentiellen Käufer der Sachen, die T bei dem Einbruch voraussichtlich erbeuten wird. Auf diese Weise gerät H an den X, der ihm verspricht, sich demnächst mit T in Verbindung zu setzen und ihm einige Elektrogeräte abzukaufen. T begeht den Diebstahl und hat nun 30 Fernsehgeräte in seinem Keller. Wenig später erhält T einen Anruf von X, der ihn fragt, ob er nicht ein paar Fernsehgeräte günstig zu verkaufen habe. T ist über diese Anfrage sehr erfreut und wird mit X schnell handelseinig.

Die Suche des H nach einem Käufer der von T gestohlenen Sachen wirkt sich auf die Begehung des Diebstahls nicht fördernd aus. Insbesondere leistete H dem T keine psychische Beihilfe, da T von den Aktivitäten des H nichts wußte. Beihilfe zum Diebstahl hat H also nicht begangen. Jedoch erleichtert die Kontaktaufnahme mit X den Absatz der Beute. Abgesetzt hat T seine Beute letztlich selbst, H hat ihm dabei aber geholfen. Deshalb hat H Hehlerei in der Form der „Absatzhilfe" begangen (näher dazu unten 13.2.1.6.1).

---

[61] Der Versuch einer Untreue (§ 266) reicht dagegen nicht, vgl. OLG Düsseldorf, NJW 1990, 1492 (1493).

[62] Haft (2004), 71; Lackner et al. (2014), § 259 Rn. 6; Otto (2005), § 58 Rn. 8; Rudolphi (1981), 1 (7); Schönke et al. (2014), § 259 Rn. 14; im Ergebnis ebenso Gössel (1996), § 27 Rn. 19, der aber sogar eine kleine Zäsur zwischen vollendeter Unterschlagung und nachfolgender Hehlerei sieht; gegen tatbestandsmäßige Hehlerei bei Koinzidenz von Unterschlagung und Anschlusstat OLG Stuttgart, NStZ 1991, 285.

[63] Krit. Küper (1993), 467 (482); Rengier (2014), § 22 Rn. 7.

13.2.1.3   Sache
13.2.1.3.1   Sachqualität

Tatobjekt der Hehlerei sind nur Sachen, also **körperliche Gegenstände**. Diese Voraussetzung erfüllt auch Bargeld.[64] Allerdings dürfte die praktische Bedeutung des Hehlereitatbestandes in Bezug auf Geld gering sein. „Geldhehlerei" tritt heute überwiegend als „Geldwäsche" iSd § 261 in Erscheinung. Obwohl als Vortat der Hehlerei jedes Vermögensdelikt in Betracht kommt, also nicht nur solche, die – wie z. B. §§ 242, 246 – nur durch den unbefugten Zugriff auf eine Sache begangen werden können, scheiden alle anderen Vermögensgüter aus dem Tatbestand des § 259 I aus. Hehlerei ist also unmöglich an geistigen Erzeugnissen (z. B. „Musikhehlerei" nach „Musikdiebstahl"[65] oder „Softwarehehlerei" an raubkopierten Computerprogrammen[66] bzw. raubkopierten Videobändern[67]), Forderungen, sonstigen Rechten.[68] Hehlereitauglich sind aber die Sachen, in denen Rechte verkörpert sind, z. B. ein Schuldschein, ein Grundschuldbrief oder die Eintrittskarten zu einem Fußballspiel oder einem Konzert.[69] Selbstverständlich scheiden auch lebende Menschen als Hehlereiobjekte aus, obwohl heutzutage in vielen Bereichen – z. B. Profifußball, Partnerschaftsvermittlung und Prostitution – Menschen wie eine Ware behandelt werden. Dagegen haben die Leichen verstorbener Menschen sowie vom Körper eines – lebenden oder toten – Menschen abgetrennte Teile (Haare, Blut, innere Organe) Sachqualität und taugen deshalb grundsätzlich zur Hehlerei. Bei solchen Gegenständen ist aber genau darauf zu achten, ob der Akt, durch den der Vorbesitzer sie sich verschafft hat, ein Vermögensdelikt ist. Die Gewinnung von Transplantaten durch Körperverletzung (§ 223) oder Störung der Totenruhe (§ 168) kommt als unmittelbarer Anknüpfungspunkt einer Hehlerei also nicht in Betracht (s. o. 13.2.1.2.2).

13.2.1.3.2   Bewegliche und unbewegliche Sachen

Der Text des § 259 I verlangt nicht ausdrücklich, dass das Hehlereiobjekt eine bewegliche Sache ist. Soweit die Sache vom Vortäter „gestohlen" wurde, also aus der Vortat „Diebstahl" stammt, muss sie natürlich beweglich sein, da § 242 eine solche Sacheigenschaft voraussetzt. Produkt sonstiger „gegen fremdes Vermögen gerichteter Taten" – z. B. Erpressung oder Betrug – können aber ohne weiteres auch unbewegliche Sachen, also Grundstücke oder Grundstücksteile, sein.[70] Die Entscheidung darüber, ob unbewegliche Sachen taugliche Hehlereiobjekte sein können, fällt

---

[64] Walder (1986), 233 (242); nach Meyer (1970), 377 (379) soll nicht die Münze oder Banknote, sondern der in ihr verkörperte Geldbetrag „Sache" iSd § 259 sein.

[65] Zum „Musikdiebstahl" vgl. die gleichnamige Dissertation von D. Sternberg-Lieben (zu § 259 dort auf S. 102 ff.).

[66] B. Heinrich (1994), 938 (943).

[67] KG, NStZ 1983, 561 (562).

[68] Roth (1988), 193 (197); Rudolphi (1981), 1 (2).

[69] OLG Düsseldorf, NJW 1990, 1492 (1493); Berz (1980), 57; Roth (1988), 193 (197); Rudolphi (1981), 1 (2); Walder (1986), 233 (239).

[70] RGSt 56, 335 (336); Berz (1980), 57; Eisele (2012), Rn. 1144; Roth (1988), 193 (197); Walder (1986), 233 (241).

deshalb nicht beim Sachbegriff, sondern bei den tatbestandlichen Handlungsmerkmalen des § 259 I. Sie hängt also davon ab, ob man z. B. ein Grundstück „sich oder einem Dritten verschaffen" oder „absetzen" kann. Wie beim Diebstahl genügt unter Umständen, dass eine zunächst bewegliche Sache gerade durch die tatbestandsmäßige Handlung beweglich gemacht wird.

Beispiele

1. Durch Betrug bringt V den Landwirt L dazu, ihm eine ausgedehnte Weidefläche zum Preis von 15.000 € zu verkaufen. Das Grundstück des L enthält wertvolle Bodenschätze und hat daher einen Wert von mehreren Millionen Euro. V wußte das, L wußte es nicht. V schließt mit H einen Vertrag, wonach H gegen eine Gewinnbeteiligung des V die Bodenschätze zutage fördern und verwerten soll. Am nächsten Tag rückt H mit mehreren Baggern an und beginnt mit der Ausbeutung des Grundstücks.
2. Abwandlung: Bevor V mit H den Vertrag schließt, gestattet er dem Schäfer S, seine Schafherde auf die Weide zu treiben und die Tiere Gras fressen zu lassen. S weiß von dem Betrug, den V gegenüber L begangen hat und schickt seine Schafe sofort zum Fressen auf die Weide.

Das Grundstück des L ist eine Sache, der von V begangene Betrug eine gegen fremdes Vermögen (Vermögen des L) gerichtete Tat. Mit dem Ausbaggern der Bodenschätze hat H sich diese verschafft. Damit sind alle objektiven Tatbestandsmerkmale der Hehlerei erfüllt. Man sieht, dass die Unbeweglichkeit der betroffenen Sache der Erfüllung des Hehlereitatbestandes nicht entgegenstehen muss. Daher kommt auch eine Strafbarkeit des S wegen Hehlerei in Betracht. Jedoch ist fraglich, ob die Gestattung des „Abweidens" der Wiese dem S eine eigentümerähnliche Herrschaft über das Gras gebracht hat. Eine solche eigene Verfügungsgewalt wäre nämlich zur Erfüllung des Tatbestandsmerkmals „verschaffen" erforderlich (dazu unten 13.2.1.5.1).

13.2.1.3.3 Fremde, eigene und herrenlose Sachen

Soweit Tatgegenstand eine „gestohlene" Sache ist, muss diese für den Vortäter fremd sein, da der objektive Diebstahlstatbestand dies verlangt. Für den Hehler braucht sie dagegen nicht fremd zu sein, sofern der hehlerische Erwerb der eigenen Sache **fremdes Vermögen** beeinträchtigt.[71]

Beispiel

H hat seinen Pkw von W reparieren lassen. V nimmt dem W den Pkw weg, um ihn dem bösgläubigen X zu verkaufen. Als X aber sein Desinteresse an dem

---

[71] RGSt 18, 303; 56, 335 (336); BGH, wistra 1988, 25; Eisele (2012), Rn. 1144; Krey et al. (2012), Rn. 851; Rengier (2014), § 22 Rn. 10; Roth (1988), 193 (197); Rudolphi (1981), 1 (2).

Fahrzeug erklärt, gibt V den Wagen dem H zurück, der ihm dafür 100 € Belohnung zahlt.

Durch die Wegnahme des Pkw aus der Werkstatt des W hat V einen Diebstahl begangen, zugleich aber das Vermögen des W beschädigt, weil dessen Werkunternehmerpfandrecht (§ 647 BGB) nach dem Verlust des unmittelbaren Besitzes gefährdet ist. Der Pkw ist also nicht nur gestohlen worden, sondern zugleich unter Verletzung fremden Vermögens (des Vermögens des W) in den Besitz des V gelangt. Zwar erfüllt die Tat des V nicht den Tatbestand der Pfandkehr (§ 289), weil V den Pkw nicht „zugunsten" des H weggenommen hat.[72] Wortlaut und telos des § 259 verlangen aber nicht, dass die Tatbestandsmäßigkeit der Vortat gerade auf der Verletzung des Vermögens beruht, gegen das sich die anschließende Hehlerei richtet. So nämlich verhält es sich hier: H hat sich seinen Pkw verschafft und damit natürlich nicht das Vermögen angegriffen, gegen das sich der Diebstahl des V richtete. Das vom Diebstahl berührte Vermögen ist ja sein eigenes. Mit der Inbesitznahme seines Pkw hat H aber das Vermögen des W beeinträchtigt. Denn das Eigentum des H ist mit dem Pfandrecht des W belastet und dieses ist Teil von dessen Vermögen. Trotz seiner Eigentümerposition verletzt H also fremdes Vermögen, indem er seine eigene Sache in seinen Gewahrsam bringt.

Auch für den Vortäter braucht die Sache nicht fremd zu sein.[73] Hätte im obigen Beispiel H selbst dem W seinen Pkw weggenommen und anschließend an den bösgläubigen X verkauft, so hätte H als Vortäter Pfandkehr zu Lasten des W, also eine gegen das Vermögen des W gerichtete rechtswidrige Tat begangen.[74] Selbst an herrenlosen Sachen ist Hehlerei möglich. Erfüllt die Vortat den Tatbestand der Jagdwilderei (§ 292), so verletzt sie fremdes Jagdrecht und damit fremdes Vermögen.[75]

13.2.1.3.4   Wertlose Sachen

Die Einbeziehung des Diebstahls in den Kreis der Vortaten legt die Annahme nahe, dass es bei der Hehlerei auf den Wert des Tatobjektes nicht ankommt. Da Diebstahl – ebenso Unterschlagung, Raub und räuberischer Diebstahl – auch in Bezug auf wertlose Sachen begangen werden kann (s. o. 1.2.1.3.3.1), müßte eine durch Diebstahl erlangte wertlose Sache an sich Gegenstand einer tatbestandsmäßigen Hehlerei sein können.[76] Dies ließe sich aber nicht mit der Qualifizierung der Hehlerei als **Vermögensdelikt** vereinbaren. Vermögensdelikte und Eigentumsdelikte unterscheiden sich ja gerade dadurch, dass die Tatbestandsmäßigkeit von Eigentumsdelikten nicht vom Wert der betroffenen Sache abhängt, während das Vermögensdelikt sich nur auf Gegenstände beziehen kann, mit deren Verlust eine Minde-

---

[72] Dazu unten 17.2.2.4.

[73] RGSt 20, 222 (223); 56, 335 (336); Bockelmann (1982), 161; Kudlich (2002), 672 (673).

[74] RGSt 20, 222 (223); Walder (1986), 233 (241).

[75] Berz (1980), 57; Blei (1983), 280; Bockelmann (1982), 161; Geppert (2008), 599 (603); Roth (1988), 193 (197).

[76] So ausdrücklich Bockelmann (1982), 161.

rung des Vermögensgesamtwerts einhergeht.[77] Hinzukommt, dass im subjektiven Tatbestand vieler Vermögensdelikte das Merkmal „Bereicherungsabsicht" enthalten ist. Das trifft auch auf § 259 zu. Bereichern kann man sich aber nur durch Erlangung wertvoller Gegenstände, weil eine wertlose Sache den Wert des eigenen Vermögens nicht erhöht. Jedenfalls eine „stoffgleiche" Bereicherung ist mit einer wertlosen Sache nicht möglich (zur Stoffgleichheit unten 13.2.2.2.5). Aus diesen Gründen scheiden wertlose Sachen als Hehlereiobjekte jedenfalls dann aus, wenn sie schon im Zeitpunkt der Vortatbegehung wertlos waren und im Zeitpunkt der Anschlusstat immer noch wertlos sind. Eine andere Beurteilung ist möglich bei Sachen, die ursprünglich wertlos waren, auf Grund eines zwischen Vortat und Anschlusstat liegenden Ereignisses aber an Wert gewonnen haben.

Beispiel

Der 5-jährige Julio Sanchez (S) nimmt seinem gleichaltrigen Spielkameraden Pablo Picasso (P) ein Blatt Papier mit einer von P angefertigten Bleistiftkritzelei weg. Fünfzig Jahre später findet S das Blatt Papier in einem verstaubten Koffer. S erinnert sich, von wem das Gekritzel stammt. Sofort ruft er den mit ihm befreundeten Journalisten J an und erzählt ihm die ein halbes Jahrhundert zurückliegende Begebenheit. J wittert die Chance eines lukrativen Geschäfts und kauft dem S das Blatt für 1000 Peseten ab.

Versetzt man die oben geschilderten Vorgänge auf das Territorium der Bundesrepublik Deutschland, ergibt sich gemäß § 3 folgende strafrechtliche Würdigung: Unterstellt, das bekritzelte Blatt Papier hatte nicht einmal einen Materialwert von einem Cent, hat S dem P eine wertlose Sache gestohlen. Nach deutschem Strafrecht steht die Wertlosigkeit der Erfüllung des Diebstahlstatbestandes nicht entgegen. Der Kauf des Papiers durch J könnte Hehlerei sein. Die Tatsachen, dass S wegen Schuldunfähigkeit nicht aus § 242 strafbar ist[78] und der Diebstahl längst verjährt ist, schließen eine tatbestandsmäßige Hehlerei nicht aus.[79] Als wertlose Sache war das Blatt Papier jedoch zunächst kein tauglicher Hehlereigegenstand. Im Zeitpunkt der von J begangenen Tat stellte sich das Papier aber rückblickend als potentielles Kunstwerk und damit als latent wertvolle Sache dar. Die Chance auf künftigen Wertzuwachs ist Teil der Sache selbst und steht daher dem Eigentümer der Sache zu. Der Wert, den das Blatt Papier im Zeitpunkt des Verkaufs von S an J hatte, ist also dem Vermögen des P zuzurechnen. Mit der Entgegennahme des Papiers hat J deshalb das Vermögen des P verletzt und den Tatbestand der Hehlerei erfüllt.

---

[77] Arzt et al. (2009), § 1 Rn. 5; Gössel (1996), § 2 Rn. 4; Maurach et al. (2009), § 31 Rn. 8; Wessels et al. (2013), Rn. 1.

[78] Nach der hier zur Auslegung des „Zueignungs"-Merkmals vertretenen Auffassung könnte sich S wegen Unterschlagung strafbar gemacht haben (s. o. 2.2.1.4.5).

[79] Schönke et al. (2014), § 259 Rn. 10.

13.2.1.3.5   Illegale Sachen

Fraglich ist, ob der Hehlerei wie bei anderen Vermögensdelikten (z. B. Betrug) ein **wirtschaftlicher Vermögensbegriff** zugrundezulegen ist. Da die Frage in Literatur und Rechtsprechung nicht näher erörtert wird,[80] muss man wohl annehmen, dass im Rahmen des § 259 kein anderer Vermögensbegriff Anwendung finden soll als im Rahmen anderer Vermögensstraftatbestände. Das bedeutet, dass nach h. M. eine Sache für die Erfüllung des Hehlereitatbestandes auch dann geeignet sein müßte, wenn der durch die Vortat betroffene Vermögensinhaber diese Sache illegal besitzt. Die „wirtschaftliche" Betrachtungsweise geht von dem Vermögensvorteil, den ein Mensch tatsächlich hat, aus, ohne nach der Vereinbarkeit dieses Vorteils mit der Rechtsordnung zu fragen. Demzufolge müßte Hehlerei auch an Sachen möglich sein, die der durch die Vortat betroffene Vermögensinhaber ohnehin nicht haben durfte.

Beispiele

1. V hat dem Drogendealer D 2 Kilo Heroin gestohlen. H kauft dem V das Rauschgift ab, nachdem er erfahren hat, wie V es sich verschafft hat.
2. G hat falsche Banknoten im Nominalwert von 100.000 € hergestellt. Die Falsifikate haben eine sehr gute Qualität. Selbst für einen Fachmann ist die Unechtheit nur schwer zu erkennen. V stiehlt das Falschgeld bei G und verkauft es dem in die Sache eingeweihten H für 10.000 €.

Rein wirtschaftlich bemessen hat sowohl das Rauschgift als auch das Falschgeld einen enormen Wert, da sich sein Inhaber mit Hilfe dieser Gegenstände echtes Geld verschaffen kann. Der Verlust der Gegenstände ist zugleich Verlust der Chance auf Gewinnerzielung. Geht man davon aus, dass der illegale Besitzer von Drogen oder Falschgeld bestohlen werden kann (s. o. 1.2.1.3.3.2), wäre auch eine tatbestandsmäßige Hehlerei an diesen Objekten möglich. Jedoch implizierte eine derartige Qualifikation der Taten des H die Wertung, dass der Anspruch des D bzw. des G auf Wiederherstellung der ursprünglichen Besitzlage beeinträchtigt worden ist. Auf Wiederherstellung einer nach § 29 BtMG bzw. § 146 StGB illegalen Besitzlage kann aber ein Anspruch nicht bestehen. Da diese Objekte aus dem Verkehr zu ziehen sind, können sie rechtlich nicht als Vermögensgüter, zumindest nicht als gegen Hehlerei schutzwürdige Vermögensgüter anerkannt warden.[81] H hat sich daher nicht aus § 259 – auch nicht aus § 257 –, sondern aus § 29 I 1 Nr. 1 BtMG (**Beispiel 1**) bzw. § 146 I Nr. 2 (**Beispiel 2**) strafbar gemacht.

13.2.1.3.6   Vortatbezug

Der Vortäter muss die Sache durch den Diebstahl oder das sonstige Vermögensdelikt **erlangt** haben. Das setzt voraus, dass die Sache vor der Vortat bereits existierte

---

[80] Bei Leipziger Kommentar-Walter (2010), § 259 Rn. 77 wird im Rahmen der Kommentierung des Merkmals „Bereicherungsabsicht" ohne weiteres davon ausgegangen, dass Rauschgift Hehlereiobjekt sein kann.
[81] Schönke et al. (2014), § 259 Rn. 6; Walder (1986), 233 (249).

und Bestandteil fremden Vermögens war. Hehlerei ist deshalb nicht möglich an Sachen, die durch die Vortat erst erzeugt worden sind, mag dieser Vorgang auch fremdes Vermögen beeinträchtigt haben.[82] Weiterhin ist erforderlich, dass vor der Vortat an der Sache eine tatsächliche Herrschaftsbeziehung bestand, die durch die Vortat aufgehoben wurde und an deren Stelle der Vortäter eine neue Herrschaftsbeziehung begründet hat. Normalerweise stellt sich dieser Vorgang so dar, dass der Vortäter dem Vortatopfer den unmittelbaren Besitz entzieht und sich diesen selbst verschafft, indem er die Sache z. B. stiehlt, oder sich vom Betrugs- oder Erpressungsopfer geben lässt. Keine Hehlerei ist daher an einer im Wege des Versicherungsbetruges (§ 265) beiseite geschafften Sache möglich.[83] Ein vermögensdeliktisches „Erlangen" ist aber auch an Sachen möglich, die der Vortäter bereits in seinem unmittelbaren Besitz hat. Er kann unter dieser Voraussetzung die Vortat „Unterschlagung" begehen.[84] Zwar erlangt er durch diese Tat nicht mehr den unmittelbaren Besitz an der Sache, da er diesen ja schon hat. Was er aber durch die Unterschlagung erlangt, ist eine **unrechtmäßige Eigenbesitzerposition**, die er vorher so lange noch nicht innehatte, wie er die Rechtsstellung des Eigentümers respektierte, die Sache also zivilrechtsterminologisch ausgedrückt als Fremdbesitzer behandelte.[85]

Beispiel

E hat dem V ein Fahrrad geliehen. Einige Tage besitzt und benutzt V dieses Rad im Einklang mit der Vereinbarung, die er mit E getroffen hat. Dann beschließt V, das Fahrrad abredewidrig an einen Dritten zu verkaufen. Zu diesem Zweck lackiert V das bisher blaue Fahrrad mit roter Farbe und bringt es zu seinem Bruder, der es für ihn aufbewahren soll, bis er einen Käufer gefunden hat. Einige Tage später kauft T dem V das Fahrrad für 80 € ab.

Würde man unter „erlangt" nur die Begründung unmittelbaren Besitzes durch einen Nichtbesitzer verstehen, wäre das Fahrrad hehlereiuntauglich, weil V es dann nicht durch die als Unterschlagung zu qualifizierende Inverwahrunggabe, sondern bereits vorher auf nichtdeliktische Weise erlangt hätte. Jedoch meint dieses Tatbestandsmerkmal nicht den Wechsel der Sache von einem Besitzer zu einem anderen Besitzer, sondern die Umwandlung einer rechtmäßigen Besitzlage in eine rechtswidrige Besitzlage. Entscheidender Anknüpfungspunkt für die Bestimmung des „Erlangens" ist also die **Illegalität der zwischen Vortäter und Sache bestehenden Herrschaftsbeziehung.** Der Vortäter kann eine Sache auch dadurch erlangen, dass er durch straftatbestandsmäßiges Verhalten aus einer bereits bestehenden rechtmäßigen Fremdbesitzerposition eine rechtswidrige Eigenbesitzerposition macht. Dies hat V getan, indem er das Fahrrad

---

[82] LG Würzburg, NStZ 2000, 374 (375); Blei (1983), 281; Gössel (1996), § 27 Rn. 20; B. Heinrich (1994), 938 (944); Walder (1986), 233 (248); aA Sternberg-Lieben (1984), 572 (574).

[83] BGH, NStZ 2005, 447 (448).

[84] Lackner et al. (2014), § 259 Rn. 6.

[85] RGSt 58, 230; Berz (1980), 57 (59); Geppert (1994), 100 (102); Küper (1993), 467 (489); Roth (1988), 193 (197); Rudolphi (1981), 1 (7); Walder (1986), 233 (254).

des E seinem Bruder zur Aufbewahrung übergab, sich das Rad also zueignete iSd § 246 I. Die anschließende Veräußerung an T kann daher tatbestandsmäßige Hehlerei seitens des T sein.

Nicht erforderlich ist, dass sich die Sache im Zeitpunkt der Hehlerei noch im Besitz des (ersten) Vortäters befindet. Die Sache kann seit der Vortat durch mehrere Hände gegangen sein, bevor der Hehler sich mit ihr befasst.[86] Allerdings muss die durch die Vortat begründete „rechtswidrige Besitzlage" zur Zeit der Hehlerei noch bestehen (dazu unten 13.2.1.3.7). Möglich ist sogar, dass mehrere Hehler nacheinander Besitz an der Sache erlangt haben, der erste Hehler sie also an einen zweiten Hehler weitergegeben hat usw. („**Kettenhehlerei**").[87]

Beispiele

1. V stiehlt dem E ein Fahrrad. Mit H vereinbart V, dass V das Rad zunächst an den gutgläubigen K verkaufen werde und H das Rad dann dem K entwenden solle. V verkauft das Rad für 100 € an den gutgläubigen K und erzählt danach dem H, wo K das Rad aufbewahre. Dank dieses Hinweises fällt es dem H leicht, sich das Rad bei K zu holen.
2. V stiehlt dem E ein Fernsehgerät im Wert von 500 €. Der bösgläubige X kauft dem V das Gerät für 250 € ab. Der ebenfalls bösgläubige Y erwirbt den Fernseher von X zum Preis von 300 €.

In beiden Fällen hat V das Hehlgut durch ein Vermögensdelikt (Diebstahl) erlangt. Bei Beginn der von H (**Beispiel 1**) bzw. Y (**Beispiel 2**) begangenen Hehlerei war die Sache jedoch nicht mehr im Besitz des V. Aber auch in der Hand des K (Beispiel 1) bzw. des X (Beispiel 2) war das Fahrrad bzw. der Fernseher Objekt einer rechtswidrigen Besitzlage. Eigentümer dieser Sachen war nämlich wegen § 935 I BGB immer noch der E, dem auch das alleinige Recht zum Besitz der Sache zustand. K und X dagegen hatten kein Recht zum Besitz der fremden Sachen. Ihr Besitz war daher objektiv rechtswidrig. Die Sachen waren deshalb weiterhin „bemakelt", als H bzw. Y sie in Besitz nahmen. Zur Erfüllung des Hehlereitatbestandes reicht dies aus. Es spielt für § 259 I keine Rolle, dass K überhaupt keine straftatbestandsmäßige Vortat und X nicht die Tat begangen hat, durch die dem Eigentümer die Sache entzogen wurde.

Da Hehlerei nur an der Sache möglich ist, die ein Vorbesitzer durch die Vortat erlangt hat, muss das Hehlgut **unmittelbar** aus der Vortat stammen.[88] Hehlereiuntauglich sind deshalb Surrogate der Original-Vortatbeute. Eine als Ersatz oder Gegenleistung für die ursprünglich direkt der Vortat entstammende Sache erworbene Sache

---

[86] BGHSt 15, 53 (57); OLG Düsseldorf, JR 1978, 465 (466); Rudolphi (1981), 1 (6); Walder (1986), 233 (254).

[87] Arzt et al. (2009), § 28 Rn. 5; Blei (1983), 281.

[88] BGH, NJW 1966, 1260 (1261); Berz (1980), 57 (60); Kindhäuser (2014), § 47 Rn. 6; Roth (1988), 193 (198); Zöller et al. (1999), 378 (381).

kann nicht Objekt einer Hehlerei sein, es sei denn, das Geschäft, durch welches der Vorbesitzer das Surrogat erlangt hat, erfüllt ebenfalls den Tatbestand eines Vermögensdelikts. Ist letzteres nicht der Fall, handelt es sich bei der Anschlusstat um eine nicht tatbestandsmäßige und daher straflose „**Ersatzhehlerei**".[89]

Beispiele

1. Durch Täuschung erreicht V, dass E ihm ein Bild im Wert von 50.000 € für 10.000 € verkauft. Kurz nach diesem Geschäft übereignet V das Bild dem gutgläubigen K, der ihm als Gegenleistung einen Pkw im Wert von 8000 € übereignet. Diesen Pkw verkauft V für 5000 € an H, der über alle Vorgänge vom Kauf des Bildes bis zum Tausch des Bildes gegen den Pkw umfassend informiert ist.

2. V stiehlt dem E ein Bild. Das Bild übereignet V dem gutgläubigen K und erhält von diesem als Gegenleistung einen Pkw im Wert von 15.000 €. Dieses Fahrzeug verkauft V für 8000 € an den bösgläubigen H.

In beiden Beispielen besteht zwischen dem Besitz des V an dem Pkw und der gegenüber E begangenen Vermögensstraftat ein Kausalzusammenhang: Hätte V den E nicht betrogen bzw. bestohlen, wäre das anschließende Tauschgeschäft mit K nicht möglich gewesen. Insofern ließe sich durchaus sagen, dass V den Pkw jeweils durch die gegen das Vermögen des E gerichtete Straftat „erlangt" hat. Allerdings ist dieses Erlangen nicht unmittelbar, weshalb dem Pkw auch nicht der Makel des deliktischen Erwerbs zum Nachteil des E anhaftet. Insbesondere ist der Besitz des V an dem Pkw nicht rechtswidrig, zumindest nicht rechtswidrig auf Grund der Verletzung eines dem E zustehenden Rechts an dem Fahrzeug. Da V in **Beispiel 1** dem K nach § 929 S. 1 BGB Eigentum verschafft hat, das wegen der Gutgläubigkeit des K zudem noch unanfechtbar ist (vgl. §§ 123, 142 II BGB), hat K durch das Tauschgeschäft keinen Vermögensschaden erlitten. Deshalb hat V mit diesem Geschäft keinen Betrug begangen. Da somit dem Erwerb des Pkw keine das Vermögen des K betreffende straftatbestandsmäßige Handlung zugrundelag, ist der Pkw ein untaugliches Hehlereiobjekt. H hat somit straflose Ersatzhehlerei begangen. Anders verhält es sich in **Beispiel 2**: Der Tausch des Gemäldes gegen den Pkw ist ein Betrug zum Nachteil des K. Dieser konnte trotz seiner Gutgläubigkeit nämlich nicht Eigentümer des Bildes werden, § 935 I BGB. Deshalb ist sein Vermögen geschädigt. Den Besitz an dem Pkw hat V also unmittelbar durch ein Vermögensdelikt erlangt, nämlich den Betrug gegenüber K. Aus diesem Grund ist der Pkw in Beispiel 2 taugliches Hehlereiobjekt. H hat nicht straflose Ersatzhehlerei begangen, sondern den Tatbestand des § 259 I erfüllt.[90]

---

[89] Blei (1983), 282; Bockelmann (1982), 171; Eisele (2012), Rn. 1145; Rengier (2014), § 22 Rn. 11; Rudolphi (1981), 1 (3); Stree (1961b), 83; Walder (1986), 233 (243).

[90] BGH, NStZ 2009, 38; Berz (1980), 57 (60); Eisele (2012), Rn. 1146; Rengier (2014), § 22 Rn. 13; Roth (1988), 193 (198); Walder (1986), 233 (245); Zöller et al. (1999), 378 (381).

Die Grundsätze über die Straflosigkeit der Ersatzhehlerei gelten auch für **Geld**. Wechselt also der Vortäter gestohlenes, betrügerisch oder durch Erpressung erlangtes Geld um, scheidet das Wechselgeld als Hehlereiobjekt aus.[91] Denn der Erwerber des deliktisch erlangten Geldes ist nicht geschädigt, weil er gemäß §§ 932, 935 II BGB Eigentümer dieses Geldes wird. Folglich hat der Vortäter das Wechselgeld nicht unmittelbar aus einem Vermögensdelikt erlangt. An der Straflosigkeit der Anschlusstat vermag auch die „Wertsummentheorie" nichts zu ändern. Diese behandelt bekanntlich den Geldbetrag wie die Sache (Münze, Banknote), die diesen Betrag verkörpert. Im Bereich der §§ 242, 246, 249 führt dies in einigen Fällen zur Einschränkung der Strafbarkeit, begünstigt also den Täter. Ihre Anwendung bei § 259 I hätte hingegen eine die Grenze des Gesetzeswortlauts durchbrechende Strafbarkeitsausdehnung zur Folge. Eine solche Konsequenz ist aber nach Art. 103 II GG nicht hinnehmbar.[92] Daher darf mit der Wertsummentheorie im vorliegenden Zusammenhang nicht operiert werden.

13.2.1.3.7   Rechtswidriger Besitz

Die Hehlerei kann nur dann als erneuter Angriff auf das Vermögen des Vortatopfers qualifiziert werden, wenn im Zeitpunkt der Hehlereihandlung eine **rechtswidrige Besitzlage** besteht.[93] Damit ist der illegale Zustand gemeint, der durch die Vortat geschaffen wurde. Rechtswidrig ist dieser Zustand, weil Besitz und Besitzrecht – insbesondere Eigentum – durch die Vortat auseinandergerissen worden sind. Auf Grund der Vortat hat der Eigentümer keinen Besitz mehr, der neue Besitzer hat aber kein Eigentum. Dies ist die typische Situation nach einem Diebstahl. Darüber hinaus kann eine Besitzlage aber auch dann rechtswidrig sein, wenn der Täter durch die Vortat zwar Besitz und Eigentum erlangt hat, Eigentum und Besitz also nicht auseinanderfallen, das Eigentum aber gerade wegen der Vortat anfechtbar ist.[94]

Beispiel

V kauft dem O einen gebrauchten Pkw zum Preis von 3000 € ab. V bezahlt in bar mit dreißig unechten Hundert-Euro-Scheinen. Zug um Zug gegen Zahlung des Kaufpreises übereignet O dem V seinen Pkw. Einen Monat später verkauft V den Pkw für 3500 € an den bösgläubigen H.

Indem V den Kaufpreis mit Falschgeld „bezahlte", beging er einen Betrug zum Nachteil des O. Die irrtumsbedingte Vermögensverfügung des O ist keine

---

[91] Roth (1988), 193 (198); Walder (1986), 233 (246); Zöller et al. (1999), 378 (381); aA Roxin (1966), 467 (472); Meyer (1970), 377 (379); Blei (1983), 283 (der Strafbarkeit der Ersatzhehlerei sogar bei anderen vertretbaren Sachen befürwortet).

[92] Berz (1980), 57 (61); Eisele (2012), Rn. 1147; Krey et al. (2012), Rn. 857; Otto (2005), § 58 Rn. 10; Rengier (2014), § 22 Rn. 14; Roth (1988), 193 (198); Seelmann (1988), 39 (40).

[93] OLG Düsseldorf, JR 1978, 465 (466); BayObLG, JR 1980, 299; Eisele (2012), Rn. 1144; Kindhäuser (2014), § 47 Rn. 5; Meyer (1978), 253 (254); Roth (1988), 193 (198).

[94] Blei (1983), 281; Kindhäuser (2014), § 47 Rn. 5; Roth (1988), 193 (199); Schall (1977a), 179 (181); kritisch dazu Arzt (1981), 10 (11); Arzt et al. (2009), § 28 Rn. 4.

bloße Übertragung des Besitzes an dem Pkw. Die Täuschung über die Echtheit des Geldes hat den O auch veranlaßt, dem V nach § 929 S. 1 BGB das Eigentum an dem Fahrzeug zu übertragen. V ist daher nunmehr sowohl Besitzer als auch Eigentümer des Pkw. Dennoch ist die durch den Betrug geschaffene Besitzlage rechtswidrig. Denn V kann die Übereignung des Pkw wegen arglistiger Täuschung nach § 123 I BGB anfechten und den Eigentumserwerb des V mit ex-tunc-Wirkung (§ 142 I BGB) vernichten. Da dieses Anfechtungsrecht noch existierte, als H den Pkw von V erwarb, war das Fahrzeug eine hehlereitaugliche Sache.

Das Zusammentreffen von Besitz und Eigentum schließt die rechtswidrige Besitzlage also nicht aus. Das zeigen auch die Fälle, in denen der Eigentümer Vortäter ist und mit der Vortat ein auf seinem Eigentum lastendes Recht eines Dritten beeinträchtigt.

Beispiel

V hat seinen defekten Videorecorder zur Reparatur in die Werkstatt des W gebracht. Nachdem die Reparatur ausgeführt ist, präsentiert W dem V die Rechnung über 250 €. Da V nicht bezahlen will, bricht er nachts in die Werkstatt des W ein und holt sich seinen Videorecorder. Einen Tag darauf verkauft V den Videorecorder an den bösgläubigen H.

Mit der Entwendung des eigenen Videorecorders aus der Werkstatt des W hat V Pfandkehr begangen, § 289. Dies ist eine gegen fremdes Vermögen gerichtete Straftat. Betroffen ist das zum Vermögen des W gehörende Werkunternehmerpfandrecht, § 647 BGB. Das Pfandrecht gibt dem W ein Recht zum Besitz des Recorders, auch und gerade gegenüber dem Eigentümer. Diesem Besitzrecht des W korrespondiert die Pflicht des Eigentümers V, den Besitz des W unangetastet zu lassen, solange der Werklohn noch nicht entrichtet ist. Mit der Wegnahme des Gerätes hat V diese Pflicht verletzt und damit eine rechtswidrige Besitzlage geschaffen.

Fällt die durch die Vortat erzeugte rechtswidrige Besitzlage vor Beginn der Hehlereitat weg, d. h. **verwandelt sich die rechtswidrige in eine rechtskonforme Besitzlage**, verliert die Sache damit ihre Hehlereitauglichkeit.[95] Denn da die Sache nicht mehr „bemakelt" ist, kann die Anschlusstat den objektiven Tatbestand der Hehlerei nicht erfüllen.

Beispiele

1. V stiehlt aus dem auf der Terrasse des O aufgeschichteten Stapel Brennholz einen großen Klotz. Zu Hause schnitzt V aus dem Holzstück eine Mutter-Gottes-Figur, die ihm von dem bösgläubigen H für 1000 € abgekauft wird.

---

[95] Blei (1983), 281; Eisele (2012), Rn. 1144; Wessels et al. (2013), Rn. 842.

2. Durch Täuschung über wesentliche wertbildende Umstände bringt V den O dazu, ihm ein Bild im Wert von 30.000 € zum Preis von 2000 € zu verkaufen und zu übereignen. Einige Tage später wird O von seinem Bekannten B über die Täuschung aufgeklärt. O hat keine Lust auf Rechtsstreitigkeiten und lässt die Sache zunächst auf sich beruhen. 13 Monate danach überlegt es sich O aber anders, da er das wertvolle Bild gern zurückhaben möchte, um es seiner neuen Freundin zu schenken. Er erklärt gegenüber V, dass er Kaufvertrag und Übereignung anfechte. V reagiert auf diese Erklärung schnell, indem er das Bild sofort für 5000 € an den bösgläubigen Sammler H verkauft.

3. Abwandlung von (2): Zwei Wochen nach dem Kauf des Bildes veräußert V es für 15.000 € an den gutgläubigen K. Diesem kauft es einen Monat später der bösgläubige H für 20.000 € ab.

4. V stiehlt seinem todkranken Vater O ein Gemälde, um es zu verkaufen. Von dem Erlös will er seine Spiel- und Wettschulden begleichen. Zwei Tage nach dem Diebstahl stirbt O. V ist sein Alleinerbe. Einen Tag später verkauft V das Bild für 25.000 € an den bösgläubigen H. Einen weiteren Tag später erklärt V, dass er die Erbschaft ausschlage. Er hat inzwischen erfahren, dass der Nachlaß total überschuldet ist.

In allen vier Beispielsfällen hat V durch seine Vortaten (Diebstahl in den Beispielen 1 und 4, Betrug in den Beispielen 2 und 3) zunächst eine rechtswidrige Besitzlage an den Sachen begründet. Die Sachen waren daher nach den Vortaten taugliche Hehlereiobjekte. Als H die Sachen in Besitz nahm, hatten sich die zivilrechtlichen Verhältnisse bezüglich der Sachen aber bereits in entscheidender Weise geändert. Die bis dahin existente Rechtsstellung des Vortatopfers O, wegen der die Besitzlage ursprünglich rechtswidrig war, fiel auf Grund eines zwischenzeitlichen Ereignisses weg. An den Sachen haftete nicht mehr der „Makel" der Zugehörigkeit zum Vermögen des O: In **Beispiel 1** erlangte V selbst durch die wertschöpfende Verarbeitung des Holzstücks Eigentum an der Madonnen-Figur, § 950 BGB. Dieses Eigentum konnte ihm von O nicht mehr entzogen werden, da an die Stelle des Eigentumsrechts ein Kondiktionsanspruch trat, § 951 BGB.[96] In **Beispiel 2** war das aus § 123 I BGB resultierende Anfechtungsrecht des O zwölf Monate nach dem Bekanntwerden der Täuschung erloschen, § 124 I, II BGB. Ab diesem Zeitpunkt war das Eigentum des V anfechtungsfest.[97] In **Beispiel 3** entfiel das Anfechtungsrecht des O auf Grund des gutgläubigen Zwischenerwerbs des K, § 142 II BGB. H konnte deshalb an den Sachen keine Hehlerei begehen.[98] In **Beispiel 4** war V als Erbe Eigentümer des Bildes geworden, § 1922 BGB. Als H ihm das Bild abkaufte, bestand an dieser Sache also keine rechtswidrige Besitzlage.[99] Daran ändert auch die danach erklärte Erbschaftsausschlagung nichts, obwohl diese die Erbenposition des V mit ex-tunc-Wirkung beseitigte, § 1953

---

[96] RGSt 53, 167; 57, 159; BayObLG, JR 1980, 299; Gössel (1996), § 27 Rn. 24; Rengier (2014), § 22 Rn. 17; Roth (1988), 193 (199); Rudolphi (1981), 1 (3); Walder (1986), 233 (255).

[97] Bockelmann (1982), 164; Rudolphi (1981), 1 (3).

[98] Rudolphi (1981), 1 (3); Walder (1986), 233 (255).

[99] Bockelmann (1982), 164.

I BGB. Die zivilrechtliche Rückwirkungsfiktion ist im Strafrecht unbeachtlich. Maßgeblich ist hier allein, dass nach den im Zeitpunkt der Tat gegebenen Umständen V Eigentümer des Bildes war.

13.2.1.4 Ankaufen

Die tatbestandsmäßige Hehlereihandlung wird vom Gesetzestext des § 259 I in vier alternativen Merkmalen erfasst: „Ankauft", „sich oder einem Dritten verschafft", „absetzt" und „absetzen hilft". An sich handelt es sich nur um drei verschiedene Merkmale, da das Ankaufen ein spezieller Fall des Sichverschaffens ist. **„Verschaffen" ist der Oberbegriff,**[100] „ankaufen" im Verhältnis dazu ein Unterbegriff.[101] Ankaufen ist tatbestandsmäßige Hehlerei also nur, wenn und soweit zugleich die Voraussetzungen des Verschaffens erfüllt sind.[102] Daraus folgt, dass es nicht auf den Abschluss und die Wirksamkeit des Kaufvertrages ankommt.[103] Denn mit dem Vertragsschluss hat sich der Täter allenfalls einen Anspruch auf Verschaffung der Sache, aber noch nicht die Sache selbst verschafft. Erst mit Erlangung der tatsächlichen Herrschaft und Verfügungsgewalt über die Sache ist das Merkmal „Verschaffen" erfüllt.[104] Liegt diesem Vorgang ein zwischen Vorbesitzer und Täter geschlossener Kaufvertrag zugrunde, handelt es sich um ein Verschaffen in der speziellen Form des Ankaufens.[105] Je nach der Größe des Zeitraums, der zwischen Abschluss des Kaufvertrages und Übergabe der Sache liegt, ist der Vertragsschluss bereits versuchte Hehlerei (§§ 259 III, 22) oder nur straflose Hehlereivorbereitung.[106]

Das Gesetz hebt den Spezialfall „Ankaufen" hervor, weil er die in der Realität besonders häufige Erscheinungsform der Hehlerei ist. Der Kauf der Vortatbeute ist gewissermaßen der typische Hehlereifall und gibt daher der ganzen Deliktsspezies prägende Impulse. Zugleich verdeutlicht das Beispiel Ankaufen, dass die Hehlerei typischerweise ein Vorgang ist, der im Interesse des Vortäters bzw. Vorbesitzers liegt und für diesen vorteilhaft ist. Der Vorteil liegt darin, dass der Vortäter die „heiße Ware" los wird und dennoch einen wirtschaftlichen Vorteil in Gestalt des Verkaufserlöses behält. Diesem Gesichtspunkt ist bei der näheren Bestimmung des Oberbegriffs „Verschaffen" Beachtung zu schenken. Insbesondere folgt daraus das Erfordernis derivativen Erwerbs.[107]

---

[100] Die frühere Fassung des § 259 enthielt den gleichbedeutenden Begriff „Ansichbringen", vgl. Stree (1976), 137 (143).

[101] Berz (1980), 57 (62); Eisele (2012), Rn. 1153; Roth (1988), 193 (202); Rudolphi (1981), 90; Seelmann (1988), 39 (40); Stree (1976), 137 (143).

[102] RGSt 56, 335; Gössel (1996), § 27 Rn. 38; Küper (1999), 569 (576); Rudolphi (1981), 90.

[103] RGSt 18, 303 (304); Eisele (2012), Rn. 1153; Kindhäuser (2014), § 47 Rn. 21; Küper (1999), 569 (576); Rengier (2014), § 22 Rn. 27; Stree (1976), 137 (143).

[104] BGHSt 43, 149 (152); Berz (1980), 57 (64).

[105] Blei (1983), 284; Gössel (1996), § 27 Rn. 39; Otto (2005), § 58 Rn. 14.

[106] Roth (1988), 193 (202), Rudolphi (1981), 90.

[107] BGH, wistra 1996, 342; Lackner et al. (2014), § 259 Rn. 10.

13.2.1.5   Sonstiges Verschaffen
13.2.1.5.1   Erlangung der Verfügungsgewalt

Mit dem Oberbegriff „Verschaffen" stellt der Tatbestand auf die Herrschaft über die Sache selbst, also auf die Erlangung der **Gewalt über die Sachsubstanz** ab. Die Herstellung irgendeiner rechtlichen Beziehung zwischen Vortäter und Erwerber – z. B. Abschluss eines Kaufvertrags – oder einer rechtlichen Beziehung zwischen Erwerber und Sache – z. B. Übertragung des Eigentums – ist nicht erforderlich und für die Tatbestandserfüllung irrelevant. Der Erwerber, also die Person, die sich die Sache verschafft oder der sie verschafft wird, muss die Sache unter ihre eigene Verfügungsgewalt bringen.[108] Dazu ist erforderlich, dass sie den Besitz – in der Regel unmittelbaren Besitz – erlangt und dann mit der Sache **nach eigenem Gutdünken beliebig verfahren** darf, also beim Umgang mit der Sache keine Rücksicht auf den Willen des Vortäters nehmen muss.[109] Die Freiheit des Erwerbers in der Handhabung der Sache muss der in § 903 BGB umschriebenen Verfügungsmacht des Eigentümers ähneln.[110] Verschaffen ist also ein zueignungsähnlicher Akt.[111] An einem Verschaffen fehlt es daher dann, wenn dem Erwerber die Sache zwar zur Verfügung gestellt worden ist, der Vortäter aber bestimmt, in welcher Weise und zu welchem Zweck der Erwerber von der Sache Gebrauch machen darf.[112] Dies trifft z. B. auf denjenigen zu, der die Sache vom Vortäter nur zwecks vorübergehenden Gebrauchs entleiht oder mietet, bzw. die Sache für den Vortäter in Verwahrung nimmt.[113] Dasselbe gilt für die Verwendung der Sache im Rahmen eines zum Vortäter bestehenden Arbeits- oder Dienstverhältnisses.

Beispiele

1. Bei einem Einbruch in einen Supermarkt erbeutet V vier Steaks, einen Beutel tiefgefrorene Pommes frites und vier Flaschen Bier. Zu Hause verzehrt V die Lebensmittel zusammen mit seiner Ehefrau E und den beiden halbwüchsigen Söhnen X und Y.
2. T zapft an der Tankstelle des O fünf Liter Benzin in einen Kanister und verschwindet dann, ohne das Benzin zu bezahlen. Zu Hause übergibt er den Benzinkanister seinem Chauffeur C, der damit den Pkw des T auftanken soll.

Das Mitverzehren der gestohlenen Lebensmittel (**Beispiel 1**) impliziert zwar, dass E, X und Y tatsächliche physische Gewalt über das von ihnen Verzehrte erlangt haben. Dennoch haben sie sich die Lebensmittel nicht zu eigener freier

---

[108] BGHSt 27, 45 (46); 27, 160 (163); Eisele (2012), Rn. 1153; Meyer (1978), 253; Rudolphi (1981), 90; Zöller et al. (1999), 378 (382).

[109] BGHSt 35, 172 (175).

[110] RGSt 18, 303 (305); 56, 335 (336); BGH, NJW 1997, 2610 (2611); Berz (1980), 57 (62); Gössel (1996), § 27 Rn. 33; Roth (1988), 193 (203); Walder (1986), 233 (261).

[111] BGHSt 15, 53 (56); BGH, NStZ 1995, 544.

[112] BGHSt 35, 172 (175).

[113] BGHSt 33, 44 (47); Berz (1980), 57 (62); Freund et al. (1991), 221; Gössel (1996), § 27 Rn. 35; Roth (1988), 193 (203); Rudolphi (1981), 90; Walder (1986), 233 (261); Zöller et al. (1999), 378 (382).

Verfügung verschafft.[114] Denn sie haben die Lebensmittel nicht von V überlassen bekommen, um damit machen zu können, was sie wollen. V bestimmte, dass aus den gestohlenen Sachen eine Mahlzeit zubereitet und diese gemeinsam verzehrt wird. Die Ehefrau oder die Söhne hätten also nicht auf Grund eigenen Entschlusses ein Steak einpacken und es dem Hund des Nachbarn schenken oder auf dem Wochenmarkt verkaufen können. Nur in dem von V festgelegten sozialen Kontext (Mahlzeit) standen ihnen die Lebensmittel zur Verfügung. Die Macht zur einseitigen willkürlichen Veränderung des Kontextes hatte sich V vorbehalten. So hätte er beispielsweise das Essen abbrechen, die Lebensmittel einpacken und einem Obdachlosen auf der Straße schenken können. Seinen „Mitessern" stand derartiges nicht zu. Daher haben sie sich die gestohlenen Lebensmittel nicht verschafft.[115]

Auch in **Beispiel 2** hat C mit der Übernahme des gefüllten Benzinkanisters keine Herrschaft über die Diebesbeute erlangt. C fungiert vielmehr als „verlängerter Arm" des T, der deshalb mit der Übergabe des Kanisters die Verfügungsgewalt über das Benzin nicht aus der Hand gegeben hat. Solange sich C an die Anweisungen des T hält, bleibt die durch die Vortat geschaffene Besitzlage unverändert. Davon, dass C sich das Benzin verschafft hat, kann daher keine Rede sein.[116]

13.2.1.5.2   Abgeleiteter Erwerb

Im nichtjuristischen Sprachgebrauch trifft die Vokabel „Verschaffen" zweifellos auf die Handlung zu, mit der sich ein Dieb zum neuen Gewahrsamsinhaber einer Sache aufschwingt.[117] Wegnehmen und Sich-Verschaffen sind in der Alltagssprache Synonyme. Der **Verschaffens-Begriff des Hehlereitatbestandes** ist aber enger, weil er gerade die Besitzerlangung durch Eingriff in die Herrschaftsbeziehung des Vorbesitzers ausgrenzt. Die Wegnahme der Sache ist kein „Verschaffen" iSd § 259 I. Denn da die Hehlerei eine Tat ist, die im Interesse des Vortäters liegt, kann sie nur durch derivative Erlangung der Sachherrschaft begangen werden.[118] Der Hehler muss sich oder dem Dritten die Sache mit Einverständnis des Vortäters ver-

---

[114] RGSt 63, 35 (38); BGH, StV 1999, 604; Bockelmann (1982), 165; Eisele (2012), Rn. 1155; Geerds (1988), 243 (256); Otto (1970), 329; Rengier (2014), § 22 Rn. 24; Seelmann (1988), 39; Zöller et al. (1999), 378 (382).

[115] Krey et al. (2012), Rn. 875; Rudolphi (1981), 90 (91); aA Gössel (1996), § 27 Rn. 35; Roth (1988), 193 (203).

[116] BGH, NJW 1997, 2610 (2611).

[117] Paeffgen (1978), 466; Waider (1963), 321 (322).

[118] RGSt 63, 35 (38); Krey et al. (2012), Rn. 876; Otto (2005), § 58 Rn. 13; aA Hruschka (1980), 221 (222); Roth (1988), 193 (207); Wagner (2010), 17 (27).

schaffen.[119] Wer die Sache dem Vortäter gegen dessen Willen entzieht, begeht damit möglicherweise einen Diebstahl, aber keine Hehlerei.[120]

Beispiele

1. V hat dem O ein Fahrrad gestohlen, das er in den Keller seines Hauses stellt. Nachts dringt X in das Haus des V ein und holt sich das dem O gehörende Fahrrad.
2. Abwandlung: X kauft dem V das Fahrrad zum Preis von 50 € ab. X gibt dem V einen falschen Fünfzig-Euro-Schein und bekommt daraufhin von V das Fahrrad.
3. Abwandlung: X droht dem V an, den Fahrraddiebstahl der Polizei zu melden, falls er ihm das Rad nicht herausgebe. Daraufhin gibt V dem X das Fahrrad.

In allen drei Beispielen hat X das von V gestohlene Rad in Besitz genommen. Um ein „Verschaffen" handelt es sich in **Beispiel 1** aber schon deshalb nicht, weil V an dem Besitzübergang nicht mitgewirkt hat, eine derivative Erlangung der Sache also nicht vorliegt.[121] In den **Beispielen 2** und **3** hat V dem X das Fahrrad jeweils herausgegeben. X hat das Rad also derivativ erlangt. Allerdings liegt dem von V vollzogenen Übertragungsakt in beiden Beispielen ein von X erzeugter Willensmangel zugrunde (täuschungsbedingter Irrtum, nötigungsbedingte Unfreiwilligkeit).

Dies soll nach h. M. der Erfüllung des Merkmals „Verschaffen" aber nicht entgegenstehen, weshalb die **betrügerische oder erpresserische Sacherlangung** zugleich tatbestandsmäßige Hehlerei sein könne.[122] Dieser Ansicht kann aber nicht gefolgt werden.[123] Sie paßt nicht zu dem Wesen der Hehlerei als einem Delikt, das auf die Interessen des Vortäters Rücksicht nimmt und gewissermaßen eine nachträgliche Unterstützung der Vortat ist. Wer dem Vortäter die Sache abschwindelt oder abnötigt, handelt gegen die Interessen des Vortäters. Derartige „Anschlusstaten" bieten für potentielle Vortäter keinen Anreiz zur Begehung von Vermögensdelikten. Im Gegenteil: Die Gefahr, die Beute alsbald abgejagt zu bekommen und dies dann

---

[119] BGHSt 10, 151 (152); 27, 45 (46); 42, 196 (197); OLG Düsseldorf, JR 1978, 465 (466); Berz (1980), 57 (61); Eisele (2012), Rn. 1149; Geerds (1988), 243 (257); Gössel (1996), § 27 Rn. 30; Rudolphi (1981), 1 (5); Walder (1986), 233 (260); aA Joerden (1986), 80 (81).

[120] RGSt 73, 151 ff. (mit der Empfehlung an das Tatgericht, § 259 entsprechend anzuwenden, was nach dem damals in § 2 verankerten geltenden Analogiegebot möglich war); Jahn et al. (2009), 501 (503); Mitsch (2014), 192 (196); Paeffgen (1978), 466; Rengier (2014), § 22 Rn. 18; Rudolphi (1981), 1 (5); Stree (1961a), 33 (37); Waider (1963), 321 (323); Zöller et al. (1999), 378 (382); aA Hruschka (1980), 221.

[121] Walder (1986), 233 (260).

[122] Küper (2012), 203 (218); Waider (1963), 321 (325); Walder (1986), 233 (261); aA Welzel (1969), 397.

[123] BGHSt 42, 196 (198); BGH, NStZ 2010, 517 (518); Eisele (2012), Rn. 1151; Jäger (2013), Rn. 405; Kudlich (2002), 672 (674); Otto (2005), § 58 Rn. 16; Rengier (2014), § 22 Rn. 21a; Zöller et al. (1999), 378 (382).

wegen der eigenen Straffälligkeit den Strafverfolgungsbehörden nicht anzeigen zu können, dürfte auf die Tatbereitschaft eher dämpfend wirken.[124]

Erwirbt der Hehler die Sache unmittelbar von einem **zwischengeschalteten Vorbesitzer**, der selbst nicht Vortäter ist, kommt es nicht auf ein Einverständnis zwischen dem Hehler und diesem Vorbesitzer, sondern auf das Einverständnis mit dem Vortäter an.

Beispiele

1. V hat dem E ein Radio gestohlen und es dem gutgläubigen B verkauft. B seinerseits verkauft das Radio an H, der über den Diebstahl des V informiert ist.
2. Abwandlung: Nach dem Verkauf des Radios an B informiert V den H darüber und empfiehlt ihm, bei B einzubrechen und das Radio zu stehlen. H setzt noch am selben Tag diesen Rat in die Tat um. Dem V zahlt er für seinen Tip 20 €.

Der in **Beispiel 1** zwischen B und Erwerber H erzielte Konsens über den Besitzübergang an dem Radio hat keinerlei tatentschlußfördernde Wirkung im Hinblick auf künftige Vermögensdelikte des V. Die hehlereitypische Anreizfunktion kommt in der Tat des H also überhaupt nicht zur Entfaltung. H hat sich nicht als „Zuhälter eines Diebes" betätigt. Daher ist der Erwerb der Sachherrschaft an dem Radio durch H kein „Verschaffen" iSd § 259.[125] Anders verhält es sich in **Beispiel 2**. Hier wurde Einverständnis zwischen dem Vortäter V und dem H hergestellt, bevor H die Herrschaft an dem Radio erlangte. Dass die Sache sich nicht mehr im Besitz des Vortäters befand und H das Radio dem B entwendete, also von ihm nicht derivativ erwarb, steht der Strafbarkeit wegen Hehlerei nicht entgegen.

13.2.1.5.3 Eigennütziges Verschaffen

„Sich"-Verschaffen bedeutet, dass der Hehler selbst die Verfügungsgewalt an der Sache übernimmt. Im Normalfall wird der Täter unmittelbarer Besitzer werden müssen, um diese Art der Herrschaft über die Sache zu erlangen. Gleichbedeutend ist die vom Täter veranlaßte Ingewahrsamnahme der Sache durch einen Besitzdiener des Täters. Ausreichend sein kann aber schließlich auch die Erlangung des **mittelbaren Besitzes**, wenn der Täter auf Grund seines Verhältnisses zum unmittelbaren Besitzer die Macht hat, jederzeit selbst unmittelbarer Besitzer der Sache zu werden.[126] Dies gilt auch für den Fall, dass der Vortäter vorläufig noch den unmittelbaren Besitz behält, der Hehler aber auf Grund des mit dem Vortäter vereinbarten Besitzmittlungsverhältnisses bereits Verfügungsgewalt über die Sache erlangt hat.[127]

---

[124] BGHSt 42, 196 (200); Hruschka (1996), 1135; Roth (1988), 193 (195); Rudolphi (1981), 1 (6); Seelmann (1988), 39 (40); Wessels et al. (2013), Rn. 854.

[125] Rudolphi (1981), 1 (6).

[126] BGHSt 27, 160 (163); Berz (1980), 57 (63); Eisele (2012), Rn. 1153; Meyer (1978), 253 (254); Seelmann (1988), 39 (41); aA Schall (1977a), 179 (180); Schall (1977b), 2221 (2222).

[127] Rudolphi (1981), 90.

> **Beispiel**
>
> V hat dem O einen Pkw gestohlen. H und V vereinbaren, dass V dem H das Fahrzeug zum Preis von 5000 € verkauft. H bezahlt sofort in bar und erklärt dem V, dass der Wagen von dem Kfz-Mechaniker M abgeholt werde, der ihn direkt in seine Werkstatt bringen werde. H hat nämlich dem M den Auftrag gegeben, den Wagen einer Inspektion zu unterziehen, Schäden auszubessern und die Karosserie neu zu lackieren. M holt den Pkw bei V ab und stellt ihn auf sein Betriebsgelände. Noch am selben Tag bricht bei M ein Brand aus, der auch den von H gekauften Wagen vernichtet.
>
> Da H den unmittelbaren Besitz an dem Fahrzeug nicht erhalten hat, wäre seine Strafbarkeit aus § 259 fraglich, wenn das Merkmal „Verschaffen" allein durch Erlangung des unmittelbaren Besitzes erfüllt werden könnte. Denn die Alternative „einem Dritten verschafft" greift nicht ein. M hat zwar unmittelbaren Besitz an dem Pkw erlangt, nicht aber eigene Verfügungsgewalt. H würde wohl nicht einmal wegen versuchter Hehlerei bestraft werden können, da von einem „unmittelbaren Ansetzen" iSd § 22 nicht die Rede sein kann, solange der Wagen in der Werkstatt des M steht. Ist M aber ein Komplize des H, der dessen Befehle zu befolgen und Anweisungen auszuführen bereit ist, reicht der mittelbare Besitz als Grundlage unbeschränkter Verfügungsgewalt des H aus. Nicht erst mit der Herausgabe des Wagens von M an H, sondern bereits mit der Abholung des Wagens bei V durch M hat H sich das Fahrzeug verschafft und damit vollendete Hehlerei begangen.

Die Tatbestandsmäßigkeit des Verschaffungsaktes wird nicht dadurch ausgeschlossen, dass der Erwerber gegenüber dem Vortatopfer einen **Anspruch** auf Übereignung oder Übertragung der Sache hat.[128] Wie bei den Zueignungsdelikten §§ 242, 246 berührt auch im Rahmen der Hehlerei die Anspruchsbeziehung zwischen Täter und Opfer erst die Rechtswidrigkeit des Zueignungs- bzw. zueignungsähnlichen Aktes.

13.2.1.5.4 Drittnütziges Verschaffen

Das drittnützige Verschaffen unterscheidet sich vom eigennützigen nur insoweit, als die Verfügungsgewalt über die Sache nicht dem Täter – dem Hehler –, sondern einer anderen Person eingeräumt wird.

> **Beispiel**
>
> V hat dem O ein Gemälde gestohlen. Kunstsammler K erfährt von dem Diebstahl und möchte das Bild dem V gern abkaufen. Da K aber nicht selbst in Erscheinung treten will, beauftragt er den Privatdetektiv H, dem V 150.000 € anzubieten und – sofern V das Angebot annimmt – ihm das Bild zu bringen. V akzeptiert

---

[128] So aber Küper (2012), 279; Schönke et al. (2014), § 259 Rn. 1, mit der Begründung, es werde keine rechtswidrige Besitzlage perpetuiert.

den von H vorgeschlagenen Kaufpreis und übergibt dem H das Bild. H bringt es unverzüglich zu K.

H hat sich das Bild nicht selbst verschafft, obwohl ihm von V der unmittelbare Besitz übertragen wurde. Denn da sich H dabei im Rahmen des von K erteilten Auftrags bewegte, hatte er keine eigene Verfügungsgewalt über das Bild erlangt. Diese erlangte vielmehr K, als H ihm das Bild übergab. H hat also die gestohlene Sache einem Dritten verschafft und damit den Tatbestand der Hehlerei erfüllt.

Dritter kann grundsätzlich jeder sein, der mit dem Hehler nicht identisch ist. Zwei Personengruppen scheiden aber als tatbestandlich relevante Sachempfänger aus: Das Vortatopfer und der Vortäter.[129]

Beispiele

1. V hat dem O ein Bild gestohlen. Im Auftrag des O kauft X es ihm für 10.000 € ab und bringt es dem O zurück.

2. V und W sind gemeinsam in das Fahrradgeschäft des O eingebrochen und haben zehn Fahrräder gestohlen. Die Räder werden vorläufig in der Garage des V untergestellt. Einige Tage später wird V von X angesprochen. X ist von W geschickt worden und soll den dem W zustehenden Beuteanteil – fünf Fahrräder – abholen und zu W bringen. V gibt dem X daraufhin fünf Fahrräder, die dieser auf die Ladefläche seines Kleinlastwagens legt und damit zu W fährt.

3. A gibt dem D den Auftrag, in die Villa des O einzubrechen und ein wertvolles Gemälde zu stehlen. A will dem D das Bild nach der Tat für 50.000 € abkaufen. Als „Vorschuss" zahlt A dem D 25.000 €, den Rest soll D bekommen, wenn A im Besitz des Bildes ist. D stiehlt das Bild und lässt es dann von dem über alles informierten H zu A bringen, der seinerseits den H mit 25.000 € zu D zurückschickt.

In den **Beispielen 1** und **2** hat X die gestohlenen Sachen weder sich selbst noch einem Dritten verschafft. O ist nicht „Dritter" iSd § 259, weil mit der Rückerlangung der eigenen Sache die rechtswidrige Besitzlage nicht perpetuiert, sondern beendet wird. X hat mit seiner Tat die ursprüngliche rechtmäßige Besitzlage wiederhergestellt. Dies ist keine Hehlerei.[130] Auch W ist nicht „Dritter" iSd § 259 I. Zwar wird mit der Übertragung des Besitzes an ihn die rechtswidrige Besitzlage aufrechterhalten. Es wird aber dadurch keine tatbestandlich relevante Verschlechterung der Situation des Bestohlenen bewirkt, weil W als Mittäter der Vortat schon zuvor in das Vermögen des O eingegriffen hat. Deshalb ist die Besitzerlangung kein neuer Angriff auf das Vermögen des O. Da W selbst nicht Hehler sein kann, insbesondere die Annahme des Beuteanteils kein „Sich-Verschaffen" iSd § 259 I ist, kann seine Besitzerlangung auch nicht bewirken, dass

---

[129] Zur parallelen Problematik drittbezüglicher Bereicherungsabsicht unten 13.2.2.2.3.

[130] Eisele (2012), Rn. 1156; Geerds (1988), 243 (257); Hruschka (1980), 221 (222); Joerden (1986), 80 (82); Rudolphi (1981), 1 (3).

X tatbestandsmäßige Hehlerei durch drittnütziges Verschaffen begeht. Denn die Besitzerlangung durch einen Vortäter ist kein tatbestandsmäßiger Hehlereier- folg, die ihn herbeiführende Handlung deshalb keine tatbestandsmäßige Heh- lereihandlung. Anders ist die Rechtslage in **Beispiel 3**. Zwar war A als Anstifter an der Vortat des D beteiligt (§§ 242, 26). Dennoch ist der Diebstahl des D für A die Tat eines anderen.[131] A könnte selbst Hehlerei begehen, indem er sich von D das Bild verschaffte.[132] Deshalb ist auch die Verschaffung des Bildes durch H ein tatbestandsmäßiges drittnütziges Verschaffen.

Täterschaftliche Drittverschaffung setzt **Tatherrschaft** bezüglich des Verschaf- fungsvorganges voraus. Daran fehlt es, wenn jemand lediglich dem Dritten beim täterschaftlichen Sich-Verschaffen hilft. Hat der Dritte die Tatherrschaft, begeht dieser täterschaftliche Hehlerei in der Alternative des „Sich-Verschaffens". Die Unterstützung dieser Tat ist keine „Drittverschaffung", sondern Beihilfe zur eigen- nützigen Hehlerei („Verschaffungsgehilfe"), §§ 259, 27.[133]

13.2.1.6   Absetzen und Absatzhilfe

13.2.1.6.1   Begriff und Abgrenzungen

In der historischen Entwicklung des Hehlereistrafrechts sind die Tatbestandsmerk- male „absetzt oder absetzen hilft" Nachfolger des bis 1975 gültigen Tatbestands- merkmals „zu deren [bezog sich auf: Sachen] Absatz bei anderen mitwirkt".[134] Man versteht unter Absetzen oder Absatz der Sache deren Weiterverschiebung aus dem Herrschaftsbereich des Vortäters zum Zwecke ihrer wirtschaftlichen Verwertung.[135] Die Tätigkeit des Hehlers muss im Interesse des Vortäters liegen und von dessen Einverständnis gedeckt sein.[136] Mit dem Vorgang, durch den der Vortäter sich von der Sache trennt oder getrennt wird, muss die Erlangung eines wirtschaftlichen Vor- teils einhergehen. Absetzen ist also die entgeltliche Veräußerung der Sache an Drit- te.[137] Das bloße „Loswerden" der vielleicht lästig und riskant gewordenen Sache reicht nicht aus.

Beispiel

V hat dem Zuhälter E den Kampfhund „Beißer" gestohlen. Er will das Tier an illegalen blutigen Hundekämpfen teilnehmen lassen und hofft, dass Beißer ihm hohe Gewinne erkämpfen wird. Zwei Wochen später ist V einem Nervenzusam- menbruch nahe, weil Beißer nicht nur unerwartet riesige Mengen Fleisch ver-

---

[131] Seelmann (1988), 39 (42), der dennoch meint, dass A an dem Bild keine Hehlerei begehen könnte.

[132] Berz (1980), 57 (67).

[133] Küper (2012), 277; Schönke et al. (2014), § 259 Rn. 24.

[134] BGH, NStZ 1990, 539; Küper (1975), 633 (634); Stree (1976), 137 (143).

[135] Eisele (2012), Rn. 1157.

[136] RGSt 63, 35 (38); BGHSt 9, 137 (138); Fezer (1975), 1982; Gössel (1996), § 27 Rn. 40; Ru- dolphi (1981), 90 (92).

[137] Lackner et al. (2014), § 259 Rn. 14; Wessels et al. (2013), Rn. 868.

zehrt, sondern auch sämtliche Teppiche und Polstermöbel in der Wohnung des V ruiniert hat. V ist daher sehr erleichtert, als H ihm den Kampfhundetrainer T zuführt, der bereit ist, Beißer in seine Obhut zu nehmen.

H hat Hehlerei begangen, weil er den von V gestohlenen Hund einem Dritten – dem T – verschafft hat. Ob er daneben auch das Tatbestandsmerkmal „absetzen" erfüllt hat, ist fraglich. Zwar bringt die Befreiung des V von dem aggressiven Hund dem V insofern einen wirtschaftlichen Vorteil, als dadurch weitere Schäden in der Wohnung des V verhindert werden. Aber die Abwendung von Verlusten, welche die Sache dem Vortäter zufügen könnte, ist keine „wirtschaftliche Verwertung" der Sache im Sinne des Absatz-Merkmals. Dieses setzt einen positiven Wertzuwachs voraus, also eine Verbesserung der Vermögensgesamtsituation, wobei nicht der Zustand vor Absatz der Sache, sondern der Zustand vor Erlangung der Sache – also vor der Vortat – den Wert bestimmt, mit dem der Wert nach Absatz der Sache zu vergleichen ist. Von einer Verwertung kann erst dann die Rede sein, wenn die Veräußerung der Sache dem Vortäter einen Vermögensvorteil einbringt, den er vor Erlangung der Sache nicht hatte.

Verschenken einer Sache ist kein Absetzen, weil es dem Vortäter keinen über eine etwaige Vorteilssicherung[138] hinausgehenden wirtschaftlichen Nutzen bringt.[139] Anders müssten diesen Vorgang wohl diejenigen beurteilen, die im Kontext des § 263 die Lehre von der „sozialen Zweckverfehlung" vertreten und die Figur eines tatbestandsmäßigen „Spendenbetruges" anerkennen: Beging also „Absatzhilfe", wer Robin Hood beim Verteilen der den Reichen geraubten Güter an die Armen unterstützte? Nach der Zweckverfehlungslehre scheint die Bejahung der Frage konsequent zu sein. Denn wenn die Verfehlung des mit der Spende verfolgten sozialen Zwecks ein Vermögensnachteil ist, müsste die Erreichung eines solchen Zwecks ein Vermögensvorteil sein, es sei denn, man vertritt die Auffassung, dass den „sozialen Zweck" nur erreichen kann, wer eigenes – legal erworbenes – Vermögen dazu einsetzt. Richtiger Ansicht nach kann aber die Verfehlung oder Erreichung des ideellen Zwecks überhaupt keinen Einfluss auf die wirtschaftliche Situation des Spenders haben. Unentgeltliche Weitergabe der Sache ist also kein Absetzen.

Aus demselben Grund lässt sich auch das oben bei der Verschaffungs-Alternative bereits erörterte **„Mitverprassen"** gestohlener Lebensmittel nicht unter dieses Tatbestandsmerkmal subsumieren.[140] Die Verausgabung deliktisch erlangten **Geldes** ist nur ausnahmsweise Absetzen[141] und zwar dann, wenn dadurch eine wirtschaftliche Besserstellung des Vortäters erreicht wird. Denkbar ist dies z. B. beim Kauf von Gütern mit erpresserisch – als „Lösegeld" – erlangten Banknoten, deren

---

[138] Nach BGHSt 4, 122 (124) kann das Verschenken der Sache Vorteilssicherung iSd § 257 sein.

[139] Berz (1980), 57 (64); Blei (1983), 285; Eisele (2012), Rn. 1160; Rengier (2014), § 22 Rn. 29; Rudolphi (1981), 90 (92); aA BGHSt 10, 1 (2); Kindhäuser (2014), § 47 Rn. 23; Roth (1988), 193 (204). Stree (1961a), 33 (38).

[140] BGHSt 9, 137 (138); Arzt et al. (2009), § 28 Rn. 21; Maurach et al. (2009), § 39 Rn. 33; Wessels et al. (2013), Rn. 867.

[141] Arzt et al. (2009), § 28 Rn. 21; Rengier (2014), § 22 Rn. 16.

Nummern von der Kriminalpolizei registriert sind und die sich daher schwer in den Umlauf bringen lassen.[142]

Der Absatzvorgang muss die **rechtswidrige Besitzlage perpetuieren**. Deswegen ist die Rückübertragung der Sache zum Eigentümer bzw. Berechtigten auch dann kein Absetzen, wenn die Rückgabe gegen Lösegeld erfolgt oder der Berechtigte darüber getäuscht wird, dass er eine Sache entgeltlich erwirbt, die ihm ohnehin schon gehört bzw. zusteht.[143] Übergibt der Täter die Sache einem – von ihm nicht als solcher erkannten – „V-Mann" der Polizei, der sie dem Eigentümer zurückbringen will, fehlt es an einer konkreten Vermögensgefährdung. Als vollendete Hehlerei in der Form des Absatzes oder der Absatzhilfe kann diese Aktion deshalb nicht bewertet werden.[144]

Da der Absatz die Sache letztlich einem neuen Sachherrn zuführen soll, unterscheidet er sich von der Alternative „**einem Dritten verschaffen**" nur geringfügig. Nach h. M. ist Verschaffen sogar mit dem Absetzen identisch und stellt lediglich die Sachverschiebung aus der Perspektive des Erwerbers dar.[145] Diese Identifikation wird aber dem eigenständigen Charakter des Absatzes nicht gerecht. Wenn man nämlich als prägendes Wesensmerkmal des Absetzens die wirtschaftliche Vorteilhaftigkeit der Sachentäußerung ansieht, kann es beim Absetzen anders als beim Verschaffen nicht darauf ankommen, dass der Dritte Besitz und eigentümerähnliche Verfügungsgewalt über die Sache erlangt.[146] Entscheidend und ausreichend ist danach vielmehr die Erlangung eines wirtschaftlichen Vorteils durch den Vortäter auf Grund eines auf Veräußerung der Sache an einen Dritten gerichteten Vorgangs.

Beispiele

1. V hat dem O zehn Bilder gestohlen. Im Auftrag des V gewinnt T den X als Käufer. T schließt im Namen des V mit X einen Kaufvertrag über 50.000 €. X erklärt dem T, dass es ihm egal sei, welches Bild er bekomme. T solle daher eins auswählen. X zahlt sofort in bar und kündigt an, dass er sich das Bild in den nächsten Tagen bei T abholen werde. Bis dahin könne sich T überlegen, welches Bild er dem X geben wolle. T bringt das Geld dem V. Wegen der Erledigung wichtiger Geschäfte kommt X nicht dazu, ein Bild bei T abzuholen. In der Folgezeit gerät der Bilderkauf bei X völlig in Vergessenheit. T verkauft neun Bilder, das letzte hebt er für X auf. Dieses Bild bleibt weiter im Keller des T stehen, ohne dass sich darum jemand kümmert.

---

[142] BGHSt 10, 1 (2): Aussuchen von Kleidern, die der Vortäter mit gestohlenem Geld bezahlt und der Täterin schenkt.

[143] Hruschka (1980), 221 (222); Rengier (2014), § 22 Rn. 30; Rudolphi (1981), 1 (3); Stree (1961a), 33 (39); aA Gössel (1996), § 27 Rn. 44; Zöller et al. (1999), 378 (384).

[144] BGHSt 43, 110 (111); BGH, NStZ-RR 2000, 266; Eisele (2012), Rn. 1164; Endriß (1998), 462 (463); Krack (1998), 462; Rengier (2014), § 22 Rn. 30a.

[145] Küper (2012), 6: „Spiegelbild" des Verschaffens; ebenso Haft (2004), 75; Stree (1976), 137 (143).

[146] Anders Berz (1980), 57 (64), der den Unterschied zum drittnützigen Verschaffen darin sieht, dass das Absetzen im Interesse des Vortäters geschieht.

. 2. V hat dem O ein wertvolles Bild gestohlen. Im Auftrag des V akquiriert H den Kaufinteressenten K. K ist ein angesehener Unternehmer und Politiker und außerdem Milliardär. K und V schließen einen Kaufvertrag über 500.000 € und vereinbaren, dass V das Bild noch restaurieren lassen soll, bevor es dem K geliefert wird. Von dem Kaufpreis zahlt K die Hälfte im Voraus, die zweite Hälfte soll bei Übergabe des Bildes gezahlt werden. Nach der Restauration macht sich H mit einem Pkw auf den Weg, um dem K das Bild zu bringen. Unterwegs gerät H in einen Verkehrsunfall, bei dem das Bild zerstört wird. K wagt es nicht, von V die vorausgezahlten 250.000 € zurückzuverlangen, da er fürchtet, V werde dann das mit ihm abgeschlossene Geschäft an die Öffentlichkeit bringen und damit seinen guten Ruf zerstören.

In **Beispiel 1** hat T sich das Bild nicht selbst verschafft, da er den Besitz nicht zur Begründung einer eigentümerähnlichen, durch unbegrenzte Verfügungsgewalt gekennzeichneten Herrschaft übertragen bekommen hat. Auch dem X hatte T das Bild jedenfalls so lange noch nicht verschafft, wie er kein Bild für X ausgesondert und aufbewahrt hatte. Denn X hatte unter diesen Umständen weder mittelbaren Besitz noch unbeschränkte Verfügungsgewalt über ein bestimmtes Bild. Dagegen hatte T bereits durch den Abschluss des Kaufvertrages und die Entgegennahme des Kaufpreises von X eines der zehn Bilder abgesetzt. Denn die für V wirtschaftlich vorteilhafte Veräußerung war damit erfolgt. Dass zu diesem Zeitpunkt noch keines der zehn gestohlenen Bilder die Herrschaftssphäre des V verlassen hatte, ist unerheblich, da der Gewinn dem V bereits zugeflossen war.

In **Beispiel 2** fehlt es ebenfalls an der Erlangung eigentümerähnlicher Verfügungsgewalt durch eine mit dem Vortäter nicht identische Person. Weder hat H sich das Bild verschafft noch hat er es dem K als Drittem verschafft. Vollendete Hehlerei könnte H also nur in der Form des Absetzens oder der Absatzhilfe begangen haben. Wäre dafür die Begründung neuer Sachherrschaft durch einen Dritten erforderlich, könnte hier allenfalls versuchte Hehlerei vorliegen. Auf den Dritterwerb kann es aber nicht ankommen, da dieses Ereignis keine Relevanz für das Unrecht der Hehlerei hat. Weder verwirklicht sich erst mit der „Ankunft" der Sache beim Erwerber das Interesse des Vortäters noch manifestiert sich erst damit die Nützlichkeit der hehlerischen Aktivität für den Vortäter. Bereits mit der Erlangung zumindest eines beträchtlichen Teils der vereinbarten Kaufsumme hat sich die Einschaltung des H für T als lohnende und gewinnbringende Investition erwiesen. Einen Anreiz zur Begehung weiterer Gemäldediebstähle hat H auf diese Weise geschaffen und somit den Effekt ausgelöst, der dem Unrecht der Hehlerei seine eigentümliche Prägung gibt. H hat sich also wegen vollendeter Absatzhilfe – abgesetzt hat Vortäter V selbst – strafbar gemacht.

Sowohl Absetzen als auch Absatzhilfe müssen im **Einvernehmen** mit dem Vortäter geschehen.[147] Denn auch in dieser Erscheinungsform der Hehlerei kommt deren den Vortäter unterstützende und damit zur Begehung von (weiteren) Vortaten anreizen-

---

[147] BGHSt 43, 110; 27, 45 (46); BGH, NStZ 1990, 539; Geerds (1988), 243 (257); Hruschka (1980), 221 (223).

de Wirkung zur Geltung. Der **Unterschied zwischen Absetzen und Absatzhilfe**
liegt in der Herrschaft über den Verschiebungsvorgang: Bei der Alternative „Absetzen" hat der Hehler die Tatherrschaft, bei der „Absatzhilfe" der Vortäter, während
der Hehler nur die Rolle eines Gehilfen spielt.[148] Da der Vortäter aber nicht Täter
der Hehlerei sein kann, ist es nicht möglich, die Hilfeleistung des Absatzgehilfen als
Beihilfe zur Hehlerei zu bestrafen. Daher wertet das Merkmal „Absatzhilfe" diese
Gehilfentätigkeit zu einer täterschaftlichen Hehlerei auf.[149] Diese täterschaftliche
Absatzhilfe muss von der aus §§ 259, 27 strafbaren Beihilfe zum täterschaftlichen
Absetzen sowie von der ebenfalls aus §§ 259, 27 strafbaren Beihilfe zur täterschaft-
lichen Absatzhilfe sorgfältig unterschieden werden.[150]

Beispiel

V hat bei einem Einbruch in das Haus des O ein Bild, eine wertvolle Armbanduhr und einen Fotoapparat gestohlen. Das Bild vertraut V dem X an, der es übernimmt, als „Kommissionär" einen Käufer zu finden. Für die Armbanduhr sucht
V selbst einen Käufer. Y unterstützt ihn dabei, indem er ihm einige übel beleum-
dete Gastwirtschaften nennt, wo man gestohlene Ware „an den Mann bringen"
kann. Eine der an V weitergegebenen Informationen hat Y von W bekommen.
Den Fotoapparat gibt V dem Y, der ihn für V weiterverkaufen soll. Von seinem
Schwager Z bekommt Y die Adresse eines unseriösen Altwarenhändlers, der
auch gestohlene Fotoapparate ankauft.

Die geschilderten Aktionen zur Ermittlung potentieller Käufer für Bild, Armbanduhr und Fotoapparat weisen jeweils die charakteristischen Merkmale des
„Absetzens"[151] auf. Die gestohlenen Sachen sollen „versilbert" werden, der Vortäter will sie zu Geld machen oder machen lassen. Bezüglich des Bildes hat X
diese Angelegenheit in die Hand genommen, also mit Tatherrschaft ausgeführt.
Daher ist X Täter einer Hehlerei in der Form des „Absetzens". Den Absatz der
Armbanduhr betreibt V selbst, so dass dem ihm dabei Beistand leistenden Y
nur Gehilfenfunktion zukommt. V kann aber trotz Herrschaft über den Absatzvorgang nicht den Hehlereitatbestand erfüllen, sein Verhalten ist also kein tatbestandsmäßiges „Absetzen". Folglich kann Y auch nicht wegen Beihilfe zum
Absetzen nach §§ 259 I, 27 I bestraft werden.[152] Dennoch kommt Y nicht straflos
davon, da seine Hilfeleistung von dem Merkmal „Absatzhilfe" erfasst wird.[153] Y
ist daher Täter der Hehlerei in der Form der Absatzhilfe. An dieser Hehlerei des

---

[148] BGHSt 23, 36 (38); krit. zu dieser Abgrenzung Fezer (1975), 1982.

[149] BGHSt 26, 358 (362); 33, 44 (47); 43, 110 (111); Eisele (2012), Rn. 1158; Küper (1975), 633
(636); Lackner et al. (1980), 214; Roth (1988), 193 (202); Seelmann (1988), 39 (41); Walder
(1986), 233 (263).

[150] Berz (1980), 57 (66); Meyer (1975), 721 (722); Meyer (1977a), 80 (81).

[151] Zur Frage, ob die Suche nach einem Käufer bereits vollendete Hehlerei ist oder diese einen
Absatzerfolg voraussetzt, unten 13.2.1.6.2.

[152] BGHSt 23, 36 (38); 26, 358 (361).

[153] Rudolphi (1981), 90 (93).

Y hat sich W durch seinen Tip beteiligt. W ist daher wegen Beihilfe zur Hehlerei (Beihilfe zur Absatzhilfe) aus §§ 259 I, 27 I strafbar. Hinsichtlich des Fotoapparates nimmt Y wie X hinsichtlich des Bildes die Stellung des Absatz-Täters ein. Die unterstützende Tätigkeit des Z ist daher eine Beihilfe zum Absatz. Da das unterstützte Verhalten des Y die Qualität tatbestandsmäßiger Hehlerei hat, kann Z wegen Beihilfe zur Hehlerei (Beihilfe zum Absetzen) aus §§ 259 I, 27 I bestraft werden.[154] Die Alternative „Absatzhilfe" kommt hier also nicht zum Zuge.

13.2.1.6.2 Absatzhandlung und Absatzerfolg

Die Neufassung des § 259 hat – vom Gesetzgeber unbeabsichtigt – die Absetzensalternative mit einer Auslegungskontroverse belastet, die sich um das **Erfordernis eines Absatzerfolges** dreht. Es geht sowohl bei der Alternative „Absetzen" als auch bei der Alternative „Absatzhilfe" darum, ob zur Vollendung der Hehlerei der Eintritt eines Absatzerfolges notwendig ist oder ob dafür bereits eine auf Herbeiführung dieses Erfolges gerichtete Absatztätigkeit genügt. Die alte Fassung des Hehlereitatbestandes bezeichnete die Absatztätigkeit des Hehlers als „Mitwirken beim Absatz". Zur Erfüllung dieses Merkmals war ein Absatzerfolg nicht notwendig.[155] Der neue Gesetzestext scheint dagegen in diesem Punkt die restriktivere Auffassung zu stützen. In der **Literatur** wird nämlich überwiegend unter Berufung auf den Wortlaut des Gesetzes bzw. den „Wesensgehalt der Hehlerei"[156] sowohl für die Alternative „absetzen" als auch für die Alternative „Absatzhilfe" ein Absatzerfolg verlangt.[157] Ohne diesen Erfolg könne es sich allenfalls um einen Hehlereiversuch handeln. Die **Rechtsprechung** hält hingegen der Gesetzesänderung zum Trotz an der zur alten Fassung des Tatbestandes vertretenen extensiven Auffassung fest. Begründet wird dies damit, dass der Gesetzgeber mit der Neugestaltung des Tatbestandes keine sachliche Veränderung bezweckte, sondern die Unabhängigkeit der Hehlereistrafbarkeit von einem Absatzerfolg beibehalten wollte.[158]

---

[154] BGHSt 26, 358 (362); Eisele (2012), Rn. 1159; Gössel (1996), § 27 Rn. 41; Paeffgen (1996), 346; Rudolphi (1981), 90 (93).

[155] BGHSt 22, 206 (207); 26, 358 (359); 27, 45 (48); Meyer (1975), 721.

[156] Stree (1976), 137 (143).

[157] Berz (1980), 57 (65); Eisele (2012), Rn. 1163; Freund et al. (1991), 221 (224); Jäger (2013), Rn. 408; Jahn et al. (2009), 501 (504); Krack (1998), 462; Küper (1975), 633 (635); Lackner et al. (1980), 214; Paeffgen (1996), 346 (348); Roth (1988), 193 (204); Rudolphi (1981), 90 (92); Seelmann (1988), 39 (41); Seelmann (1998), 342 (343); Zieschang (2002), 403 (409 ff.); Zöller et al. (1999), 378 (383); ebenso jetzt der 3. Strafsenat des BGH in einem Anfragebeschluss, NStZ 2013, 584 (585).

[158] BGHSt 26, 358 (360); 27, 45 (49); 29, 239 (242); BGH, JR 1980, 213; BGH, NStZ 1989, 319; 1990, 539; BGHSt 43, 110 (111); BGH, NStZ-RR 2000, 266; ebenso Gössel (1996), § 27 Rn. 42; Meyer (1975), 721 (722); Meyer (1977a), 80; Rosenau (1999), 352 (353); Wessels et al. (2013), Rn. 864; anders jetzt BGH, NStZ 2013, 584 (586).

V hat bei einem Einbruch im Haus des E Schmuck und Uhren gestohlen. H erklärt sich nun gegenüber V bereit, beim Absatz der Beute behilflich zu sein. Zusammen mit V bietet H die Beute in einer Gaststätte dem Wirt W an. Dieser telefoniert kurz und bekundet gegenüber H und V sein Interesse. Daraufhin geht V mit H nach Hause, holt dort die gestohlenen Sachen und kehrt dann mit H in die Gastwirtschaft zurück. Dort werden V und H auf Grund eines anonymen Anrufs von der Polizei festgenommen, bevor es zu Kaufverhandlungen mit W kommen konnte.

Nach der Rechtsprechung ist bereits das Aufsuchen der Gastwirtschaft und das dort mit W geführte Verkaufsanbahnungsgespräch ein „Absetzen" der Diebesbeute. Die von H dabei dem V geleistete Unterstützung ist dementsprechend eine Hilfe beim Absatz. Da V als Vortäter nicht Täter der Hehlerei und H daher nicht Gehilfe iSd § 27 sein kann, ist die Mitwirkung des H als täterschaftliche „Absatzhilfe" zu qualifizieren. Die überwiegende Literaturmeinung würde die Tat des H als vollendete Absatzhilfe nur dann beurteilen, wenn es zur Übergabe der Beute an W gekommen wäre. Da das nicht geschehen ist, würde sie den H nur wegen versuchter Hehlerei bestrafen.

Die in der Literatur herrschende enge Auslegung des Begriffs „absetzen" ist möglich, aber nicht in dem Sinne zwingend, dass der Verzicht auf die Erfolgskomponente als wortlautwidrige Analogie und damit Verletzung des Art. 103 II GG abgelehnt werden müsste.[159] „Absetzen" und „Absetzenhelfen" kann durchaus auch für die vor dem Absatzerfolg ausgeführte und auf seine Herbeiführung abzielende Absatztätigkeit stehen. Für dieses weitere Verständnis spricht im System des Hehlereitatbestandes vor allem der Umstand, dass anderenfalls die Absatzalternativen weitgehend überflüssig wären, weil die Herbeiführung des Absatzerfolges bereits von dem altruistischen Verschaffensmerkmal erfasst wäre.[160] Eigenständige Bedeutung erlangt das Absetzen dagegen, wenn es bereits vor dem Übergang der Verfügungsgewalt auf den Erwerber Strafbarkeit wegen vollendeter Hehlerei begründet. Allerdings darf die hier befürwortete Vorverlagerung des Vollendungspunkts nicht zu einer Tatbestandsausuferung bis in die Zone der bloßen Absatzvorbereitungen hinein führen,[161] zumal der Hehlereiversuch in § 259 III ausdrücklich mit Strafe bedroht ist und dadurch die Strafbarkeitsvorverlagerung noch verstärkt wird.[162]

---

[159] BGHSt 26, 358 (360); 27, 45 (50); Blei (1983), 285; Meyer (1975), 721 (722); Meyer (1977a), 80; Rosenau (1999), 352; aA Küper (1975), 633 (635), der vom „unmißverständlichen" und „eindeutigen" Wortlaut spricht; ähnlich Franke (1977), 857; Rudolphi (1981), 90 (92); Schall (1977a), 179 (181); Zöller et al. (1999), 378 (383).

[160] Demgegenüber hält es die h. M. für einen Wertungswiderspruch, wenn beim „Verschaffen" die Begründung eines neuen Herrschaftsverhältnisses erforderlich ist, beim „Absetzen" dagegen nicht; vgl. Freund et al. (1991), 221 (224); Rudolphi (1981), 90 (93); ebenso BGH, NStZ 2013, 584 (585).

[161] Viel zu weite Vorverlagerung der Vollendung in BGH, NStZ 1990, 539; richtig dagegen die Entscheidung BGH, NStZ 1989, 319. Instruktiv Maiwald (2011), 1019 ff.

[162] Berz (1980), 57 (65).

Auf einen Absatzerfolg als Vollendungsvoraussetzung sollte also nicht verzichtet werden. Dieser Erfolg ist aber anders zu definieren als die herrschende Literaturmeinung es tut. Nicht die Erlangung eigenständiger Verfügungsgewalt durch den Abnehmer ist das entscheidende Kriterium, sondern die Erlangung eines wirtschaftlichen Vorteils durch den Vortäter.[163] Leistet der Abnehmer vor und fließt dem Vortäter der Absatzerlös daher schon zu, bevor die Sache in die Gewalt des Erwerbers übergegangen ist, ist die Hehlerei in Form des Absetzens oder der Absatzhilfe vollendet. Ob anschließend auch noch die Alternative „einem Dritten verschafft" zur Vollendung kommt oder nicht, hat auf die Strafbarkeit keinen Einfluss mehr.

Die hier vertretene vermittelnde Ansicht führt im obigen Beispiel zum selben Ergebnis wie die herrschende Literaturmeinung: Die von V und H angestrebte wirtschaftliche Verwertung der Diebesbeute ist mißlungen. V hat keinen Gewinn aus dem angebahnten Geschäft mit W erzielt. H hat bei einem fehlgeschlagenen Absatzversuch geholfen, also ist er wegen versuchter Hehlerei strafbar.

13.2.2 Unterlassen

Alle Tatbestandsalternativen des § 259 I können durch **garantenpflichtwidriges Unterlassen** verwirklicht werden.[164] Die Täterschaft kann sowohl durch eine Beschützer- als auch durch eine Überwachergarantenstellung begründet werden.

Beispiele

1. V hat dem E einen Fernsehapparat gestohlen. X, der 16-jährige Sohn des H, kauft dem V den Fernseher für 25 € ab und bringt ihn dem H.
   H ist leitender Angestellter in der Baustoffgroßhandlung des O. H weiß, dass der wirtschaftlich angeschlagene Bauunternehmer U nachts Zement, Ziegelsteine und anderes beim Hausbau benötigtes Material stiehlt. Zufällig ist U von H kurz zuvor mit der Errichtung seines neuen Einfamilienhauses beauftragt worden. Beide sind sich darüber einig, dass U bei dem Bau Material verwendet, das er zuvor dem O gestohlen hat.
2. Abwandlung: Mit Wissen und stillschweigender Duldung des H bringt X den Fernseher zu Y, dem Vater des H.
   H duldet des Weiteren wissentlich, dass U das dem O gestohlene Material beim Bau des neuen Einfamilienhauses des Z verwendet.
3. Abwandlung: H schreitet nicht dagegen ein, dass X im Auftrag des V einen Käufer des Fernsehapparats sucht.
   H schreitet auch nicht dagegen ein, dass A für U nach Möglichkeiten sucht, das gestohlene Baumaterial gewinnbringend weiterzuverkaufen.

---

[163] Anders BGH, NStZ 2008, 570: erhebliche Einschränkung der Zugriffsmöglichkeiten des bestohlenen Eigentümers.

[164] Zöller et al. (1999), 378 (382).

4. Abwandlung: H schreitet nicht dagegen ein, dass X dem V dabei hilft, den Fernsehapparat zum Käufer K zu tragen.

H hat keine Möglichkeit, den A an der Suche nach Käufern des von U entwendeten Materials zu hindern. Er könnte aber verhindern, dass B – ein anderer Mitarbeiter des O – den A dabei unterstützt. Da H mit B befreundet ist, unternimmt er nichts gegen dessen Tätigkeit.

In allen vier Beispielen hat H es zugelassen, dass X die von V gestohlene Sache aktiv verschoben und dadurch die Tatbestandsmerkmale „verschaffen" (**Beispiel 1 und 2**), „absetzen" (**Beispiel 3**) und „Absatzhilfe" (**Beispiel 4**) verwirklicht hat. Als Vater des minderjährigen X ist H nicht nur Beschützer-, sondern auch Überwachergarant. Der letztgenannte Gesichtspunkt kommt hier zum Tragen. H war rechtlich verpflichtet, die Hehlereihandlungen seines Sohnes X zu unterbinden.[165] Durch seine Untätigkeit hat er selbst Hehlerei in der Form des unechten Unterlassungsdelikts begangen. In allen vier Beispielen hat H auch im Verhältnis zu Vortäter U Hehlerei durch Unterlassen begangen. Als leitender Angestellter des O hat er diesem gegenüber eine Beschützergarantenstellung und ist in geschäftlichen Angelegenheiten zur Vornahme vermögensschützender, schadensabwendender Handlungen verpflichtet. Durch sein Unterlassen hat er sich also hier nicht nur wegen Untreue (§ 266 I Alt. 2), sondern auch wegen Hehlerei (§§ 259 I, 13 I) strafbar gemacht.

13.2.3   Subjektiver Tatbestand

Der subjektive Tatbestand der Hehlerei besteht aus zwei Merkmalen: Dem Vorsatz gemäß § 15 und der Bereicherungsabsicht.

13.2.3.1   Vorsatz

Der Vorsatz des Hehlers muss alle objektiven Tatbestandsmerkmale erfassen. Dolus eventualis reicht aus.[166] Hinsichtlich der Vortat ist eine exakte Vorstellung von dem verwirklichten Straftatbestand nicht erforderlich. Der Hehler braucht also nicht zu wissen, ob der Vortäter die Sache durch Diebstahl oder Unterschlagung erlangt hat.[167] Ausreichend ist die Kenntnis von den Tatsachen, die den vermögensbeeinträchtigenden Charakter der Vortat begründen.[168] Auch die Qualität als **straftatbestandsmäßiges** Verhalten muss vom Vorsatz umfasst sein. Nimmt der Täter an, das vom Vortäter begangene Delikt sei eine Ordnungswidrigkeit, handelt er im Tatbestandsirrtum gem. § 16 I 1 und kann daher nicht wegen Hehlerei bestraft werden. Hält der Täter umgekehrt die objektiv lediglich einen Bußgeldtatbestand verwirkli-

---

[165] Schönke et al. (2014), § 13 Rn. 52.

[166] Lackner et al. (2014), § 259 Rn. 16; Roth (1988), 258.

[167] Zöller et al. (1999), 378 (384).

[168] Gössel (1996), § 27 Rn. 53; Roth (1988), 258; Rudolphi (1981), 90 (94).

chende Vortat für eine Straftat im engeren Sinn,[169] liegt entweder ein – untauglicher – Hehlereiversuch (§§ 259 III, 22) oder ein strafloses Wahndelikt vor.[170]

Ein Tatbestandsirrtum liegt vor, wenn der objektiv Hehlerei begehende Täter sich Tatsachen vorstellt, die sein Verhalten als Ersatzhehlerei erscheinen ließen oder wenn er davon ausgeht, dass die ursprünglich rechtswidrige Besitzlage sich inzwischen in eine rechtmäßige verwandelt hat.

Beispiele

1. V stiehlt dem E ein Bild und 150 € Bargeld. Das Bild verkauft er für 500 € an den bösgläubigen X. Anschließend schenkt V dem H einen der drei Fünfzig-Euro-Scheine, die V dem E gestohlen hat. H ist über alle geschilderten Vorgänge informiert, stellt sich aber irrtümlich vor, der ihm von V geschenkte Fünfzig-Euro-Schein sei Teil der 500 €, mit denen X das gekaufte Bild bezahlt hat.
2. V hat dem E ein Fahrrad gestohlen und es anschließend dem gutgläubigen G für 50 € verkauft. Als E das Rad von V zurückverlangt, erfährt dieser, dass das Rad einen Wert von 600 € hat. V ärgert sich deshalb, dass er das Fahrrad dem G so billig verkauft hat. V fordert daher seinen Bruder H auf, dem G das Fahrrad für 100 € abzukaufen. Auf die Frage des H, woher V denn das Fahrrad gehabt habe, antwortet V, E habe es ihm geliehen und er – V – habe es dem gutgläubigen G verkauft. H glaubt dem V und erreicht tatsächlich, dass G ihm das Rad für 100 € verkauft.

H hat in beiden Beispielen den objektiven Tatbestand der Hehlerei erfüllt. Dennoch ist er nicht strafbar, weil er im Tatbestandsirrtum und daher unvorsätzlich handelte, § 16 I 1. In **Beispiel 1** hat H keine Hehlerei begangen, weil er den Fünfzig-Euro-Schein nicht für eine Sache hielt, die V unmittelbar durch ein Vermögensdelikt erlangt hat. Nach der Vorstellung des H war der Fünfzig-Euro-Schein ein Surrogat des gestohlenen Bildes. An dem Surrogat wäre aber tatbestandsmäßige Hehlerei nicht möglich. Folglich handelte H ohne Vorsatz. In **Beispiel 2** stellt sich H zwar vor, dass er sich mit dem Fahrrad eine Sache verschafft, die V unmittelbar durch ein Vermögensdelikt, nämlich eine veruntreuende Unterschlagung (§ 246 II) erlangt hat. Jedoch nahm H auch an, dass die ursprünglich rechtswidrige Besitzlage an dem Fahrrad inzwischen untergegangen war. Träfe es zu, dass V das Fahrrad nicht gestohlen, sondern veruntreut hat, wäre G auf Grund gutgläubigen Erwerbs vom Nichtberechtigten Eigentümer des Fahrrads geworden (§§ 929, 932 BGB). E hätte damit sein Eigentum und das Fahrrad seine Hehlereitauglichkeit verloren. Da H von Umständen mit dieser sachenrechtlichen Relevanz ausging, umfasste sein Vorsatz nicht die Hehlereivoraussetzung „rechtswidrige Besitzlage".

Der Tatvorsatz muss während des Vollzugs der tatbestandsmäßigen Handlung bestehen. Vorsatz und hehlerische Handlung müssen also **koinzidieren**.[171]

---

[169] Zur Abgrenzung vgl. Mitsch (2005), Teil I § 1 Rn. 2; § 3.

[170] Herzberg (1980), 469 (473); Schönke et al. (2014), § 258 Rn. 33.

[171] BGHSt 10, 151 (153); Rudolphi (1981), 90 (94).

Beispiel

H stiftet den V an, dem E ein bestimmtes Fahrrad zu stehlen, das er ihm anschließend abkaufen will. Nachdem V dem E das Fahrrad gestohlen hat, überlegt H es sich aber anders. Er kauft dem V ein anderes Rad ab, das V selbst auf legale Weise erworben hat. V übergibt dem H dann dennoch das gestohlene Rad, ohne dass H dies merkt. Einige Tage später erfährt H, dass V ihm das dem E entwendete Rad gegeben hat. H findet sich damit ab und erklärt dem V, dass er dieses Rad als Kaufgegenstand akzeptiere.

H hat sich das von V gestohlene Fahrrad verschafft und damit den objektiven Tatbestand der Hehlerei erfüllt. Vorsatz bezüglich des Verschaffungsakts sowie der Eigenschaft des Fahrrads als Diebesgut hatte H vor und nach der als „Verschaffen" zu qualifizierenden Besitzerlangung. Sowohl der dolus antecedens als auch der dolus subsequens ist aber strafrechtlich unbeachtlich. Strafbarkeitsbegründend könnte nur ein mit der Verschaffenshandlung synchroner Vorsatz wirken. Während der Besitzerlangung hatte H aber keinen Hehlereivorsatz, da er annahm, das von ihm erworbene Fahrrad habe mit dem Diebstahl des V nichts zu tun. Daher hat H keine Hehlerei begangen. Strafbar ist H nur wegen Unterschlagung, da die weitere Benutzung des nunmehr als fremd erkannten Rades eine Zueignung desselben ist.[172]

13.2.3.2 Bereicherungsabsicht

Die Hehlerei braucht keinen Bereicherungserfolg zu verursachen. Die Strafbarkeit aus § 259 hängt also nicht davon ab, dass die Tätigkeit des Hehlers objektiv irgendjemandem einen Vermögensvorteil einbringt. Erforderlich ist nur die Absicht, jemanden durch die Tat zu bereichern. Im objektiven Tatbestand spielt die Profitabilität der Hehlerei also keine Rolle. Wie bei Erpressung und Betrug ist der Gewinnerzielungsaspekt „subjektiviert". Die Bereicherungsabsicht ist eine „**überschießende Innentendenz**".[173]

13.2.3.2.1 Absicht

Mit den Worten „um zu" zeigt das Gesetz das Erfordernis einer Absicht im Sinne **zielgerichteten Wollens** an.[174] Dolus eventualis bezüglich einer hehlereibedingten Bereicherung reicht also nicht aus.

Beispiel

Bei einem Einbruch in das Haus des O hat V unter anderem eine Eintrittskarte zur Eröffnungsfeier der Olympischen Spiele 1936 im Berliner Olympiastadion erbeutet. Auf der Karte befindet sich mit Kugelschreiber geschrieben das Auto-

---

[172] BGHSt 10, 151 (153).

[173] Gössel (1996), § 27 Rn. 54; Paeffgen (1980), 300 (301).

[174] Berz (1980), 57 (67); Eisele (2012), Rn. 1167; Gössel (1996), § 27 Rn. 54; Rengier (2014), § 22 Rn. 37; Roth (1988), 258.

gramm eines gewissen „Jesse Owens".[175] Dem unsportlichen und ungebildeten
V sagt dieser Name nichts. Er schenkt die Eintrittskarte daher dem H, der von
dem Diebstahl des V Kenntnis hat und der in seiner Freizeit alte Zeitungen, Pro-
grammhefte und Eintrittskarten sammelt. Auch H kann mit dem Namen „Jesse
Owens" nichts anfangen und hält die Eintrittskarte daher für ein wirtschaftlich
wertloses Stück Papier. Ganz sicher ist H sich darüber aber nicht. Er hält es für
möglich, dass das Autogramm doch irgendjemandem etwas bedeuten könnte,
der deshalb bereit wäre, viel Geld für die Eintrittskarte zu bezahlen. Je nachdem,
wieviel ihm dafür geboten würde, wäre H dann seinerseits eventuell bereit, die
Karte zu verkaufen.

Objektiv ist eine Eintrittskarte aus dem Jahr 1936 mit einem Original-Auto-
gramm von Jesse Owens zweifellos ein nicht nur ideell, sondern auch wirtschaftlich enorm wertvolles Souvenir. Die oben verneinte Frage, ob auch wertlose Sachen als Hehlereiobjekte geeignet sind, stellt sich daher im vorliegenden Fall
auf der Ebene des objektiven Tatbestandes nicht. Auch der Vorsatz des H entfällt
nicht deshalb, weil er glaubt, die Eintrittskarte sei wertlos. Denn er hält es immerhin für möglich, dass die Karte mit Autogramm doch einen gewissen materiellen Wert hat. Somit handelt H mit bedingtem Vorsatz in Bezug auf die Tauglichkeit der Eintrittskarte als Hehlereiobjekt. Auch zu dem mit Hilfe des Auto-
gramms erzielbaren Vermögensvorteil hat H eine Einstellung, die strafrechtlich
als „dolus eventualis" zu qualifizieren ist. Dies reicht aber zur Erfüllung des
Tatbestandsmerkmals „Bereicherungsabsicht" nicht aus. Auf die Gewinnerzielung hätte es dem H ankommen müssen, d. h. dies hätte das bestimmende Ziel
seines Handelns sein müssen. Das aber ist nicht der Fall. Die sein Handeln tragende Absicht ist nicht auf materielle Bereicherung, sondern auf Befriedigung
seines immateriellen Sammlerinteresses gerichtet.[176] Also hat H keine Hehlerei,
sondern nur Unterschlagung begangen.

13.2.3.2.2   Bereicherung

Die seit 1. 1. 1975 geltende Neufassung des Hehlereitatbestandes hat das Absichtsmerkmal enger an das Wesen der Hehlerei als Vermögensdelikt angebunden und auf
das **Streben nach Vermögensvorteilen** reduziert. In der alten Fassung des § 259
konnte sich die Absicht des Täters auch auf sonstige Vorteile beziehen.[177] Der Begriff „Bereicherung" hat in § 259 denselben Inhalt wie in § 253 und § 263.[178] Bereicherung bedeutet die Erlangung eines Vermögensvorteils, die Verbesserung der Vermögensgesamtsituation.[179] Maßgeblich ist der **Gesamtwert des Vermögens**. Auf

---

[175] Der farbige Sprinter und Weitspringer Jesse Owens (USA) gewann bei den Olympischen Som-
merspielen 1936 in Berlin vier Goldmedaillen in der Leichtathletik; und zwar in den Disziplinen
100 m (10,3 s), 200 m (20,7 s), 4 × 100 m (39,8 s) und Weitsprung (8,06 m).

[176] Gössel (1996), § 27 Rn. 57.

[177] Vgl. § 259 I a. F.: „Wer seines Vorteils wegen…".

[178] Arzt (1981), 10 (12); Berz (1980), 57 (67); Gössel (1996), § 27 Rn. 54.

[179] Schönke et al. (2014), § 259 Rn. 41.

dessen Erhöhung muss es dem Täter ankommen. Bleibt der Vermögenswert gleich oder ist er sogar niedriger als vorher, wurde keine Bereicherung erzielt. Daher können vor allem Gegenleistungen, die der Erwerber dem Vortäter gewähren muss, um von ihm die Sache zu bekommen, einer Bereicherung entgegenstehen.

Beispiel

V hat dem E das Gemälde „Gesäß mit Ohren" – ein surrealistisches Selbstporträt des Künstlers Schmierer – gestohlen. Das Bild hat einen Wert von ungefähr 5000 €. H möchte das Bild unbedingt haben, da es gut zu dem Bild „Quatsch mit Soße" passt, das ebenfalls von Schmierer gemalt wurde und bereits im Arbeitszimmer des H hängt. Da V sich nur ungern von dem „Gesäß mit Ohren" trennt, bietet H ihm 25.000 €. Dieses Angebot nimmt V an.

H hat sich das von V gestohlene Bild verschafft und damit den objektiven Tatbestand des § 259 I erfüllt. Da das Bild 5000 € wert ist, könnte man annehmen, dass H sich um diesen Betrag bereichern wollte. Jedoch ist zweifelhaft, ob der Besitz des Bildes für H überhaupt eine wirtschaftliche Bedeutung hat oder ob es ihm nicht primär darum ging, mit dem Kunstwerk eine Quelle immaterieller Genüsse zu erlangen. Indessen kann diese schwierige Frage dahingestellt bleiben, da auch unter der Voraussetzung, dass es dem H auf den wirtschaftlichen Wert des Bildes ankam, eine Bereicherung nicht erstrebt wurde. Denn mit der Zahlung eines um 20.000 € über dem Wert des Bildes liegenden Kaufpreises hat H den Gesamtwert seines Vermögens nicht erhöht, sondern vermindert. Diesen Effekt nahm H ganz bewußt in Kauf. Also konnte er nicht gleichzeitig die Absicht haben, durch diesen Kauf einen Vermögensvorteil zu erzielen.[180] Eine andere Frage ist, ob H mit V einen „Dritten" bereichern wollte. Dies hängt davon ab, ob „Dritter" auch der Vortäter sein kann (dazu unten 13.2.2.2.3).

13.2.3.2.3   Drittbereicherung

Seit der Neufassung des § 259 wirkt bei der Hehlerei wie bei Erpressung und Betrug auch die „altruistische" Bereicherungsabsicht strafbarkeitsbegründend.[181] Der Hehler braucht nicht eigennützig zu handeln. Die Absicht, einen Dritten zu bereichern, erfüllt den subjektiven Tatbestand ebenfalls.[182] Als „Dritter" kommt jede Person in Betracht, die auch tauglicher Empfänger der Sache in der Tatbestandsalternative „einem Dritten verschafft" sein kann. Da letzteres auf das Opfer der Vortat – z. B. den Eigentümer der gestohlenen Sache – nicht zutrifft (s. o. 13.2.1.5.4), ist die Absicht, das Opfer der Vortat zu bereichern, keine tatbestandsmäßige Drittbereicherungsabsicht. Nicht so eindeutig zu beantworten, sondern sehr umstritten ist die Frage, ob der subjektive Tatbestand die beabsichtigte **Bereicherung des Vortäters** erfasst, dieser also „Dritter" sein kann.

---

[180] Zöller et al. (1999), 378 (384).

[181] Vgl. Fn. 177; näher dazu Stree (1976), 137 (144).

[182] In diesem Fall ist aber die Kombination von Freiheits- und Geldstrafe nach § 41 nicht möglich.

Beispiel

V hat ein Bild gestohlen, das ungefähr eine halbe Million Euro wert ist. Da V sich in der Kunstszene nicht auskennt, bittet er seinen in dieser Hinsicht erfahreneren Freund H um Hilfe. H hat als ehemaliger Kulturdezernent einer westdeutschen Großstadt vielfältige Beziehungen und weiß daher nicht nur, wer als potentieller Käufer des Bildes in Frage kommt, sondern auch, von wem ein hoher Kaufpreis zu erlangen ist. Tatsächlich gelingt es dem H, den Boxpromoter K zum Kauf des Bildes zu überreden. K versteht nichts von Kunst und zahlt dem V 800.000 € für das Bild. Ein Kenner hätte für das Bild höchstens 500.000 € gezahlt. V selbst vermag den Wert des Bildes überhaupt nicht einzuschätzen und hätte das Bild für 100.000 € angeboten.

H hat den objektiven Tatbestand der Hehlerei in der Alternative „absetzen" erfüllt. Außerdem hat er dem K – also einem Dritten – das von V gestohlene Bild verschafft. Fraglich ist, ob H mit Bereicherungsabsicht handelte. Wenn man einmal unterstellt, dass H für seine „Maklertätigkeit" weder von V noch von K eine Vergütung bekommen, sondern dem V nur eine Gefälligkeit erweisen wollte, hängt die Strafbarkeit des H vom Vorliegen einer Drittbereicherungsabsicht ab. „Dritter" könnte hier K oder V sein. Da sich das Vorliegen einer Bereicherung nach dem Gesamtwert des Vermögens einer Person richtet, scheidet eine Bereicherung des K aus. Denn K hat durch das Geschäft mit V nicht nur kein Eigentum an dem gekauften Bild erworben (§ 935 I BGB). Er hat auch eine Gegenleistung erbracht, die den Wert des Bildes selbst dann weit übersteigen würde, wenn K Eigentümer des Bildes geworden wäre. Der Gesamtwert des Vermögens des K ist durch den Kauf des Bildes also vermindert worden. Dieser Verlust des K hat sich im Vermögen des V als Gewinn niedergeschlagen. Da H diese Bereicherung des V beabsichtigte, ist H jedenfalls wegen Betruges (zum Nachteil des K) aus § 263 strafbar. Daran besteht kein Zweifel und daraus könnte zu schließen sein, dass H auch im Rahmen des § 259 das Merkmal „um einen Dritten zu bereichern" erfüllt hat.

Zwingend ist dieser Schluß aber nicht, da gleichlautende Begriffe durchaus unterschiedlich ausgelegt werden können, wenn sie in unterschiedlichem tatbestandlichen Umfeld stehen. So sehen es die Vertreter der h. M., die in unserem Beispiel eine Drittbereicherungsabsicht iSd § 259 I verneint. Dafür spreche schon der Wortlaut der Hehlereivorschrift: Bei der Beschreibung des objektiven Tatbestandes verwendet das Gesetz nämlich zur Bezeichnung des Vortäters die Vokabel „anderer", zur Bezeichnung des Sachempfängers in der altruistischen Verschaffens-Alternative dagegen den Ausdruck „einem Dritten". Die unterschiedliche Wortwahl zeige, dass mit „Dritter" nicht dieselbe Person gemeint sei, auf die sich das Wort „anderer" bezieht. Da das Gesetz nun die altruistische Bereicherungsabsicht ebenfalls mit den Worten „einen Dritten" und nicht mit den Worten „einen anderen" umschreibt, müsse hier wie beim Verschaffens-Merkmal der Vortäter ausgeklammert werden.[183]

---

[183] Lackner et al. (1980), 214 (215); Krey et al. (2012), Rn. 901; Otto (2005), § 58 Rn. 26; Wessels et al. (2013), Rn. 873.

Außerdem sei diese restriktive Auslegung des Bereicherungsmerkmals notwendig, um die Hehlerei schärfer von der Begünstigung abgrenzen zu können.[184]

Die Argumente der h. M. überzeugen jedoch nicht. „Dritter" im Sinn der altruistischen Bereicherungsabsicht kann auch der Vortäter sein.[185] Aus der Gegenüberstellung der Worte „anderer" einerseits und „Dritter" andererseits läßt sich die Ausgrenzung des Vortäters nicht herleiten. Denn als empfangender Partner der altruistischen Verschaffenshandlung scheidet der Vortäter schon deswegen aus, weil die Sache sich ja bereits auf Grund der Vortat in seiner Gewalt befindet und er sie durch das „Verschaffen" des Hehlers gerade loswerden will. Von dieser zwingenden sachlichen Vorgabe hätte sich der Gesetzgeber auch nicht dadurch lossagen können, dass er statt der Worte „einem Dritten verschafft" die Worte „einem anderen verschafft" gewählt hätte. Derart zwingende Gründe stehen der Einbeziehung des Vortäters bei der altruistischen Bereicherungsabsicht aber nicht entgegen.[186] Denn „Bereicherung" ist etwas anderes als die „Sache", um die es beim Verschaffen allein geht. Vor allem zielt die Bereicherungsabsicht auf eine Veränderung der Vermögenslage des Vortäters, nämlich eine Mehrung des Vermögensgesamtwertes über den Betrag hinaus, den der Vortäter durch die Vortat erzielt hat. Solange der Hehler nur danach strebt, dem Vortäter den Vermögensvorteil zu erhalten, den dieser sich schon durch die Vortat – also die Erlangung der Sache – verschafft hat, beabsichtigt er keine Bereicherung des Vortäters.[187] Erst recht fehlt es an einer solchen Bereicherungsabsicht, wenn der Vermögensgesamtwert durch die hehlerische Handlung vermindert wird, z. B. weil der Hehler von mehreren Absatzmöglichkeiten die ungünstigste wählt. Dem Hehler muss es also darum gehen, den Vortäter noch besser zu stellen, als er infolge der Erlangung der Sache ohnehin steht. Nur dann beabsichtigt er eine Bereicherung des Vortäters. Unter dieser Voraussetzung gibt es auch keine Überschneidungen und Abgrenzungsprobleme mit der Begünstigung.[188] Abgesehen davon, dass zweifelhaft ist, ob man überhaupt eine Handlung als „Vorteilssicherung" bezeichnen kann, die dem Vortäter die erlangte Sache entzieht, unterscheidet sich die Hehlerei von der Begünstigung deutlich genug dadurch, dass jene auf Vorteilsmehrung gerichtet ist, während diese nur Vorteilssicherung bezweckt. Das stärkste Argument für die Einbeziehung des Vortäters in die altruistische Bereicherungsabsicht liefert aber letztlich der Unrechtscharakter der Hehlerei:[189] Die Hehlerei gibt einen Anreiz zur Begehung weiterer Vermögensdelikte. Dieser Anreiz beruht darauf, dass die Tätigkeit des Hehlers die Begehung der Vortaten lukrativ macht. Dieser Effekt wird bereits erzielt, wenn der Hehler lediglich dafür sorgt, dass dem Vortäter der Vermögensvorteil endgültig gesichert wird, den er sich durch die Vortat verschafft hat. Verstärkt wird der Effekt aber, wenn das Handeln des Hehlers

---

[184] BGH, NStZ 1995, 595; Gössel (1996), § 27 Rn. 61; Paeffgen (1996), 346 (349); Rengier (2014), § 22 Rn. 38; Rudolphi (1981), 90 (94 Fn. 86); Roth (1988), 258; Seelmann (1988), 39 (41).

[185] BGH, JR 1980, 213; Eisele (2012), Rn. 1167; Jäger (2013), Rn. 412; Zöller et al. (1999), 378 (385).

[186] Lackner et al. (1980), 214 (215).

[187] Wessels et al. (2013), Rn. 873.

[188] Schönke et al. (2014), § 259 Rn. 44.

[189] Schönke et al. (2014), § 259 Rn. 44; aA Lackner et al. (1980), 214 (217).

sogar bewirkt, dass der Vortäter seinen Gewinn noch vermehren kann, also nach der Hehlerei die Vermögenslage des Vortäters noch besser ist als nach der Vortat. Gerade diesen Fall aus dem Hehlereitatbestand auszugrenzen, wäre eine merkwürdig inkonsequente Handhabung des Hehlereitatbestandes.

Beispiele

Nach zutreffender Ansicht hat H im obigen Beispiel mit Drittbereicherungsabsicht gehandelt und sich wegen Hehlerei strafbar gemacht.

13.2.3.2.4 Rechtswidrigkeit

Dem Gesetzeswortlaut nach braucht die beabsichtigte Bereicherung des Hehlers oder des Dritten **nicht rechtswidrig** zu sein.[190] Die Überzeugungskraft dieser eindeutigen Aussage des § 259 I wird noch verstärkt durch einen Umkehrschluß aus § 253 und § 263: Dort verlangt das Gesetz jeweils ausdrücklich eine rechtswidrige Bereicherung („zu Unrecht zu bereichern", § 253; „rechtswidrigen Vermögensvorteil", § 263). Auch das Streben nach einer rechtskonformen Vermögensmehrung begründet Strafbarkeit, wenn es in der Form hehlerischen Handelns realisiert wird. Die Strafbarkeit des Hehlers wird daher insbesondere weder durch einen gegen den Vortäter noch durch einen gegen das Vortatopfer gerichteten Anspruch auf Übereignung der Sache ausgeschlossen.

Beispiele

1. Rechtsanwalt H verteidigt den V in einem Strafverfahren. Die Staatsanwaltschaft wirft dem V vor, den O bestohlen zu haben. V hat die Tat begangen, was H weiß. Dennoch gelingt es H, für V einen Freispruch zu erkämpfen. Nach der Urteilsverkündung zahlt V dem H das vereinbarte Honorar in Höhe von 5000 €. H weiß, dass dieses Geld ein Teil der Beute des von V begangenen Diebstahls ist.
2. O schuldet dem H 5000 €. Da O bei Fälligkeit nicht zahlt, beauftragt H das Inkasso-Unternehmen V, die Schuld des O beizutreiben. Der für seine rabiaten Methoden bekannte V geht mit O nicht zimperlich um: Er droht, ihm „das Dach überm Kopf anzuzünden", falls O nicht sofort 6000 € zahle. Der eingeschüchterte O händigt dem V die verlangte Summe aus. Von diesem Geld gibt V dem H 5000 €. Die restlichen 1000 € behält V als „Honorar" für seine Tätigkeit.

In beiden Beispielen hat sich H eine Sache verschafft, die V durch ein Vermögensdelikt (Diebstahl in Beispiel 1 und Erpressung in Beispiel 2) erlangt hat. Da H dabei in der Absicht handelte, sich selbst zu bereichern, hat er auch den subjektiven Tatbestand der Hehlerei erfüllt. Würde der subjektive Tatbestand der Hehlerei jedoch eine auf rechtswidrige Bereicherung gerichtete Absicht voraussetzen, könnte in beiden Beispielen die Strafbarkeit wegen Hehlerei möglicher-

---

[190] Berz (1980), 57 (67); Eisele (2012), Rn. 1167; Gössel (1996), § 27 Rn. 54; Krey et al. (2012), Rn. 901; Otto (2005), § 58 Rn. 28; Rudolphi (1981), 90 (94); aA Arzt (1981), 10 (13).

weise an dem Zahlungsanspruch des H scheitern. Gewiß würde sich H darauf
berufen, dass er nur etwas bekommen wollte, was ihm von Rechts wegen zusteht
und dass er deshalb eine rechtswidrige Bereicherung nicht beabsichtigt habe. In
Beispiel 1 müßte diese Verteidigung aber schon deswegen als unerheblich zu-
rückgewiesen werden, weil der Anspruch des H sich nicht gegen den Geschädigten O richtet. Wenn ein Anspruch auf die Sache überhaupt rechtswidrigkeitsausschließende Wirkung haben sollte, dann nur ein Anspruch, dessen Schuldner das
Opfer der Vortat ist.[191] Denn dieses ist ja auch Opfer der Hehlerei. Vermögensdelikt ist die Hehlerei nämlich, weil sie das Vermögen des Vortatopfers angreift.
Käme es also auf die Rechtswidrigkeit des vom Hehler erstrebten Vermögensvorteils an, müßte diese Rechtswidrigkeit ihren Grund gerade im Verhältnis zwischen dem Hehler und dem Inhaber des durch die Hehlerei angegriffenen Vemö-
gens haben. Dass die Bereicherung des Hehlers im Verhältnis zum Vortäter einen
rechtfertigenden Grund hat, kann dagegen keine Bedeutung haben.[192] Strafbarkeitsausschließende Wirkung könnte der Zahlungsanspruch des H also allenfalls
in **Beispiel 2** haben.[193] Hier drängt sich in der Tat die Überlegung auf, dass H das
Vermögen des O nicht rechtswidrig geschädigt habe, weil H sich nur verschaffen
wollte, was ihm im Verhältnis zu O rechtlich zusteht. Insbesondere scheint ein
Vergleich mit dem Fall eigenmächtiger Forderungsdurchsetzung durch H selbst
diese Beurteilung zu stützen: Hätte H die 5000 € dem O weggenommen oder ihn
mit Gewalt oder Drohung zur Zahlung dieses Betrages gezwungen, wäre H nicht
wegen Diebstahls oder Erpressung, sondern allenfalls wegen Nötigung strafbar.
Die subjektiven Tatbestandsmerkmale „dieselbe sich rechtswidrig zuzueignen"
(§ 242) bzw. „um sich zu Unrecht zu bereichern" (§ 253) wären nicht erfüllt,
weil der Zahlungsanspruch die Rechtswidrigkeit der erstrebten Zueignung bzw.
Bereicherung ausschlösse. Oberflächlich betrachtet erscheint es fast als Wertungswiderspruch, den H in Beispiel 2 aus § 259 zu bestrafen, obwohl er in der
abgewandelten Tatsituation straflos – jedenfalls soweit es um ein Vermögensdelikt geht[194] – bliebe.[195] Jedoch ist der Widerspruch nur ein scheinbarer. Das Heh-
lerei-Beispiel unterscheidet sich von dem Beispiel eigenmächtiger Anspruchsbefriedigung nämlich durch die Entstehung einer rechtswidrigen Besitzlage. In
der Hand des Vortäters ist die Sache nicht nur dem Vermögen des Vortatopfers,
sondern auch der möglicherweise rechtfertigenden Wirkung des Anspruchs entzogen. Der Hehler trägt also durch seine Tat dazu bei, dass andere – die kein
Recht auf die Sache haben – sich an fremdem Vermögen vergreifen und dieses
rechtswidrig schädigen. Daran kann der Anspruch des Hehlers gegen den Inhaber des geschädigten Vermögens nichts ändern. Das Beispiel 2 verdeutlicht,
dass ein Hehler, der im konkreten Fall mit dem Vortäter nur zwecks Befriedigung

---

[191] Arzt (1981), 10 (13); Arzt et al. (2009), § 28 R. 29.

[192] Roth (1988), 258 (259 Fn. 226).

[193] Nach Otto (2005), § 58 Rn. 28 ist in diesem Fall schon der objektive Tatbestand nicht erfüllt, da
der Hehler keine rechtswidrige Besitzlage perpetuiere; nach Arzt (1981), 10 (12); Gössel (1996),
§ 27 Rn. 58 soll der anspruchsbefriedigende Erwerb der Sache kein „Vorteil" sein.

[194] Strafbarkeit aus §§ 123, 223, 240 wird durch den Zahlungsanspruch nicht ausgeschlossen.

[195] Roth (1988), 258 (259).

eines Anspruchs interagiert, durch seine Tat zugleich die zumindest abstrakte Gefahr weiterer Vortaten heraufbeschwört und damit andere potentielle Vortatopfer in Gefahr bringt. Es ist also letztlich die zweite – auf die „Rechtspflege" bezogene (s. o. 13.1.1) – Unrechtskomponente der Hehlerei, die den Verzicht auf das Erfordernis einer rechtswidrigen Bereicherung im subjektiven Tatbestand rechtfertigt. Wäre die Hehlerei ein reines Vermögensdelikt, ließe sich die Strafbarkeit des lediglich Anspruchsbefriedigung erstrebenden H kaum vertreten.[196] Da aber der Strafgrund der Hehlerei auch auf der Gefährdung der Rechtsordnung durch Schaffung eines Anreizes für weitere Vermögensdelikte beruht, ist die Verletzung fremden Vermögens nur ein Teilaspekt des Hehlereiunrechts. Der andere Teilaspekt wird auch realisiert, wenn im Verhältnis zwischen Hehler und Vortatopfer keine rechtswidrige Vermögensverschiebung stattfindet. Deswegen ist die Bestrafung des Hehlers trotz seines Strebens nach einem rechtmäßigen Vermögensvorteil nicht nur gesetzeskonform, sondern auch sachgerecht.

13.2.3.2.5 Stoffgleichheit

Bei den Straftatbeständen Erpressung und Betrug wird das subjektive Tatbestandsmerkmal „Bereicherungsabsicht" durch das Erfordernis der Stoffgleichheit eingeschränkt. Ein Vermögensvorteil ist danach nur dann tauglicher Gegenstand der Bereicherungsabsicht, wenn er mit dem Vermögensschaden des Tatopfers stoffgleich – gewissermaßen dessen „Kehrseite" – ist (s. o. 5.2.2.2.3). Die Bereicherungsabsicht des Hehlereitatbestandes setzt dagegen keine Stoffgleichheit zwischen dem erstrebten Vermögensvorteil und dem Vermögensschaden des Vortatopfers voraus.[197] Auch ein Gewinn, der dem Verlust des Vortatopfers nicht korrespondiert, ja nicht einmal zu Lasten des Vortatopfers erzielt wird, ist zur Erfüllung des subjektiven Hehlereitatbestandes geeignet.

Beispiele

1. V hat dem O ein Bild gestohlen. H kümmert sich um den Verkauf des Bildes an K und erhält dafür von V eine „Provision" in Höhe von 1000 €.
2. V hat dem O ein Fahrrad und ein Bild gestohlen. H unterstützt den V beim Verkauf des Bildes an K. Zur Belohnung schenkt V dem H das Fahrrad, das er zuvor dem O gestohlen hatte. H weiß nicht, dass V dieses Rad durch Diebstahl erlangt hat. Er nimmt an, dass V dieses Fahrrad legal erworben hat.

H hat durch die Mitwirkung beim Verkauf der gestohlenen Bilder den objektiven Tatbestand der Hehlerei in der Alternative „absetzen" (Beispiel 1) bzw. „Absatzhilfe" (Beispiel 2) erfüllt. Da er dies jeweils um der dann tatsächlich von V erhaltenen Belohnung willen tat, handelte er mit Bereicherungsabsicht. Jedoch ist das erhaltene Gut in keinem der beiden Beispiele „Kehrseite" des

---

[196] Konsequent Roth (1988), 258 (259).

[197] BayObLG, JR 1980, 299 (300); Berz (1980), 57 (67); Blei (1983), 286; Eisele (2012), Rn. 1167; Gössel (1996), § 27 Rn. 59; Kindhäuser (2014), § 47 Rn. 32; Krey et al. (2012), Rn. 901; Rengier (2014), § 22 Rn. 37; Roth (1988), 258 (259); Rudolphi (1981), 90 (94).

Vermögensschadens, den V dem O durch seinen Diebstahl mit Wissen des H zugefügt. In **Beispiel 1** stammt das Geld nicht aus dem Vermögen des O und kann schon deshalb mit einem Schaden des O nicht stoffgleich sein. In **Beispiel 2** ist eine solche Stoffgleichheit zwar objektiv gegeben, aber vom Vorsatz des H nicht umfasst. Wäre Stoffgleichheit ein Element des Tatbestandsmerkmals „Bereicherungsabsicht", hätte sich H also nicht wegen Hehlerei, sonden allenfalls wegen Begünstigung strafbar gemacht.

Eine Mindermeinung verlangt Stoffgleichheit zwischen erstrebter Bereicherung und der Sache, die Objekt der Hehlerei ist. Dies folge aus dem Charakter der Hehlerei als Vermögensdelikt.[198] Jedoch ist das Wesen der Hehlerei mit dem Hinweis auf den Aspekt der Vermögensbeeinträchtigung nur unvollständig beschrieben. Die Eigenart der Hehlerei liegt in ihrer Vortatförderungswirkung. Daher entspricht es dem typischen Tatbild der Hehlerei, dass der Hehler den Lohn für seine Dienste durchaus auch zu Lasten des Vortätervermögens erhalten kann.

13.2.4 Täterschaft und Teilnahme

Wie teilweise bereits oben angedeutet wurde, weist die Hehlerei im Themenbereich „Täterschaft und Teilnahme" einige besondere Gesichtspunkte und Probleme auf, die hier zusammenfassend dargestellt werden.

13.2.4.1 Täterschaft

Die Hehlerei ist zwar kein Sonderdelikt und kann daher von jedermann alleintäterschaftlich begangen werden. Im konkreten Fall scheiden aber immer mindestens zwei Personen aus dem Kreis tauglicher Täter aus: Der Vortäter (einschließlich Vor-Mittäter, § 25 II)[199] und das Vortatopfer. Vortatteilnehmer können dagegen Hehler sein (s. o. 13.1.2.2.4).[200] **Mittelbare Täterschaft** (§ 25 I Alt. 2) ist nach allgemeinen Regeln möglich, denn Hehlerei ist kein eigenhändiges Delikt. Wer die Figur des „dolosen absichtslosen Werkzeugs" allgemein anerkennt, kann sie bei dem Absichtsdelikt Hehlerei anwenden.

Beispiel

Im Auftrag des V fordert T den ohne Bereicherungsabsicht handelnden W auf, eine von V gestohlene Sache zu verkaufen. W verkauft die Sache im Namen des V an X.

Verlangt man – wie die Rechtsprechung – zur Erfüllung der Tatbestandsmerkmale „absetzen" und „Absatzhilfe" keinen Absatzerfolg, kann man die Strafbarkeit des T wegen Hehlerei bereits auf die Erteilung des Verkaufsauftrags an W stützen und benötigt dazu nicht die mittelbare Täterschaft. Die h. M. im Schrift-

---

[198] Arzt (1981), 10 (13); Seelmann (1988), 39 (41).

[199] BGHSt 7, 134 (138); Seelmann (1988), 39 (42).

[200] BGHSt 7, 134 (138).

tum dagegen muss auf den gesamten Tathergang bis zum Eintritt des Absatzerfolges abstellen und daher auch die absatzfördernden Handlungen des W in die
strafrechtliche Beurteilung miteinbeziehen. Strafbarkeit des T wegen Anstiftung
zur Hehlerei begründen diese Handlungen des W nicht, da W mangels Bereicherungsabsicht nicht tatbestandsmäßig gehandelt hat. Eben dieser Mangel macht
aber nach der Lehre vom „sozialen" oder „normativen" Tatherrschaftsbegriff aus
ihm ein taugliches Werkzeug des T, der seinerseits zum mittelbaren Täter avan-
ciert, indem er mit Hilfe dieses Werkzeugs den Absatzerfolg herbeiführt.[201]

Auch **Mittäterschaft** (§ 25 II) ist bei der Hehlerei nach allgemeinen Regeln möglich. Zu beachten ist aber, dass ein Zusammenwirken des Hehlers mit dem Vortäter
keine Mittäterschaft, sondern Alleintäterschaft ist, da der Vortäter nicht Täter – also
auch nicht Mittäter – der Hehlerei sein kann.

Beispiel

V hat dem O eine zwei Zentner schwere Marmorstatue gestohlen. Mit vereinten
Kräften schaffen H und V die Statue zu M, den H als Käufer des Kunstwerks
aufgetrieben hat.

H hat den Tatbestand des § 259 I verwirklicht, indem er dem M – also einem
„Dritten" – die Statue verschafft und diese damit zugleich abgesetzt hat. M hat
ebenfalls Hehlerei begangen, indem er sich selbst die Statue verschafft hat. Hinsichtlich des Verschaffens sind H und M Mittäter, hinsichtlich des Absetzens ist
H Alleintäter. Die Mitwirkung des V kann keine Mittäterschaft begründen, da
V als Vortäter untauglicher Hehlereitäter ist. Wegen der Beteiligung des V am
Absatzvorgang könnte man daran denken, den H nicht wegen „Absetzens", son-
dern wegen „Absatzhilfe" zu bestrafen. Außer der Bezeichnung der Tathandlung
würde sich dadurch nichts ändern, da die Absatzhilfe täterschaftliche Hehlerei ist
(s. o. 13.2.1.6.1). Gegen das Ausweichen auf die Absatzhilfe spricht aber, dass
H keine untergeordnete Hilfstätigkeit entfaltete, sondern zusammen mit V die
Tatherrschaft über die Absatzaktion innehatte.

13.2.4.2 Teilnahme

Anstiftung und Beihilfe zur Hehlerei unterliegen den allgemeinen Regeln, §§ 26,
27. Der Vortäter kann im Anschluß an seine eigene Vortat den Tatbestand der Anstiftung oder Beihilfe zur Hehlerei erfüllen,[202] wird wegen dieser Teilnahme aber
nur bestraft, wenn die Vortat aus irgendeinem Grund keine Straftatqualität hat, nicht
verfolgt oder nicht geahndet werden kann.[203] Ansonsten wird die Hehlereiteilnahme
grundsätzlich durch die Vortat verdrängt (mitbestrafte Nachtat).[204]

---

[201] Jescheck et al. (1996), § 62 II 7; Schönke et al. (2014), § 25 Rn. 19.

[202] BGHSt 3, 191 ff.; aA Kindhäuser (2014), § 47 Rn. 9; Miehe (1997), 247 (249).

[203] Schönke et al. (2014), vor § 52 Rn. 135.

[204] Berz (1980), 57 (67); Blei (1983), S. 288; Geppert (1994), 100 (103); Gössel (1996), § 27
Rn. 62; Schönke et al. (2014), vor § 52 Rn. 131; Zöller et al. (1999), 378 (380).

Beispiel

Im unverschuldeten Zustand schuldausschließender Volltrunkenheit – aber mit Vorsatz und Zueignungsabsicht – nimmt V dem O eine wertvolle Armbanduhr weg. Nachdem V aus seinem Vollrausch erwacht ist, erzählt er seinem Freund H von seiner Rauschtat. Zugleich bittet er den H, einen Käufer für die Uhr zu finden. H gelingt es, den K zum Kauf der Uhr zu überreden.

V hat die Uhr gestohlen, kann wegen Schuldunfähigkeit aber nicht aus § 242 bestraft werden, § 20. Seine Tauglichkeit als Vortat der Hehlerei verliert dieser Diebstahl dadurch jedoch nicht (s. o. 13.2.1.2.1). Eine im nüchternen Zustand begangene Unterschlagung der Uhr (Kaufofferte) kommt dagegen als Vortat nicht in Betracht, da V die Uhr nicht durch diese Unterschlagung, sondern bereits durch den vorherigen Diebstahl erlangt hat. Die Vermittelung des Uhrenverkaufs durch H ist Hehlerei in Form des „Absetzens". Zu dieser Hehlerei hat V den H angestiftet, §§ 259, 26. Wäre V bei dem Diebstahl schuldfähig und daher aus § 242 strafbar gewesen, käme eine Bestrafung wegen Anstiftung zur Hehlerei nicht in Betracht. Da aber eine Bestrafung aus § 242 gemäß § 20 entfällt, wird die Anstiftung zur Hehlerei nicht verdrängt. V kann deshalb aus §§ 259 I, 26 bestraft werden.

Der Teilnehmer muss vorsätzlich handeln, braucht aber selbst keine **Bereicherungsabsicht** zu haben. Das Fehlen der Bereicherungsabsicht hat keine Strafrahmenverschiebung nach §§ 28 I, 49 I zur Folge, da die Absicht kein persönliches, sondern ein tatbezogenes Merkmal ist.[205]

13.2.5 Versuch

Der Hehlereiversuch ist gem. § 259 III strafbar. Das gilt auch in dem Fall, dass der **Versuch der Vortat nicht mit Strafe bedroht** ist, also insbesondere bei Untreue (§ 266) und Wilderei (§§ 292, 293). Für eine Auffassung, die die Hehlerei als reines Vermögensdelikt versteht, ist dies eine nicht ganz konsequente Regelung.

Beispiel

V fängt im Jagdrevier des J eine Maus, die er für ein Mauswiesel[206] hält. Auf andere Tiere als Mauswiesel hat V es nicht abgesehen. Ein Mauswiesel ist gem. § 2 I 1 BJagdG „Wild", die Maus hat diese Eigenschaft nicht. V zeigt die Maus dem H, erzählt ihm von seinem Fang und verkauft sie ihm für 25 €. Auch H hält die Maus irrtümlich für ein Mauswiesel.

Da die Maus kein Wild ist, hat V den objektiven Tatbestand des § 292 I nicht erfüllt. Seine irrige Vorstellung, das Tier sei ein Mauswiesel, begründet konst-

---

[205] Arzt et al. (2009), § 28 Rn. 31; Maurach et al. (2009), § 39 Rn. 44.

[206] Zum Original-„Mauswiesel-Fall" vgl. Baumann et al. (2003), § 21 Rn. 56; Brocker (1994), L 17; Haft (1980), 430 (432).

ruktiv einen untauglichen Versuch der Jagdwilderei.[207] Dieser ist aber nicht mit Strafe bedroht. Auch die versuchsähnliche Alternative „dem Wilde nachstellt"[208] ist nicht erfüllt, wenn das Objekt der Tat nicht in den Schutzbereich des § 292 fällt.[209] V ist daher zumindest aus § 292 nicht strafbar. Mangels tatbestandsmäßiger Vortat scheidet auch eine Strafbarkeit des H wegen vollendeter Hehlerei aus. Wiederum liegt aber ein untauglicher Versuch vor, weil H sich einen Sachverhalt vorstellte, der sämtliche objektiven Tatbestandsmerkmale des § 259 I – einschließlich der erforderlichen Vortat – erfüllt. Daher hat H sich wegen versuchter Hehlerei aus §§ 259 III, 22 strafbar gemacht. Dass demnach der Versuch, ein vermeintlich bereits durch die Vortat geschädigtes Vermögen noch zusätzlich durch hehlerisches Handeln zu schädigen, strafbar ist, während der Versuch der unmittelbaren Vermögensschädigung durch die Vortat selbst straflos bleibt, erscheint widersprüchlich. Erklären läßt sich die härtere strafrechtliche Behandlung des Hehlereiversuchs nur mit dem besonderen Unwertakzent der Hehlerei: Dieses Delikt ist deswegen so gefährlich und daher strafwürdiger als manche Vortat, weil es den Anreiz zur Begehung neuer Vermögensdelikte schafft und somit weitere potentielle Vortatopfer in Gefahr bringt. Vor diesem Hintergrund ist die Strafbarkeit des untauglichen Hehlereiversuchs nach einem nicht mit Strafe bedrohten untauglichen Vortatversuch dogmatisch und kriminalpolitisch akzeptabel.

Der Hehlereiversuch ist in allen Tatbestandsalternativen mit Strafe bedroht.[210] Strafbare Hehlerei ist also auch in der Form der **versuchten Absatzhilfe** möglich.[211] Da es sich aber bei der Absatzhilfe faktisch um eine zur Täterschaft aufgewertete Beihilfe (zum Absetzen des Vortäters) handelt,[212] versteht sich dies nicht von selbst. Denn versuchte Beihilfe ist im deutschen Strafrecht ausnahmslos straflos.[213] Allerdings betrifft diese Aussage nur den Versuch der „formellen" Beihilfe iSd § 27. Bei „täterschaftlicher" Beihilfe ist strafbarer Versuch also unter den Voraussetzungen des § 23 I möglich. Dennoch muss hier berücksichtigt werden, dass die „Absatzhilfe" nur deswegen zu einem Merkmal täterschaftlicher Hehlerei gemacht worden ist, damit auch die Unterstützung des die Sache selbst absetzenden Vortäters aus § 259 bestraft werden kann. Als Beihilfe iSd § 27 wäre diese Unterstützung ja nicht aus § 259 strafbar, weil das Absetzen des Vortäters keine tatbestandsmäßige Haupttat

---

[207] Es handelt sich um einen Versuch am „untauglichen Objekt", vgl. dazu Baumann et al. (2003), § 26 Rn. 29; Kühl (2012), § 15 Rn. 89.

[208] Die Jagdwilderei ist in dieser Alternative ein „unechtes Unternehmensdelikt", vgl. Jakobs (1993), 25/7.

[209] Jescheck et al. (1996) § 49 VIII 2; Schönke et al. (2014), § 292 Rn. 12; vgl. auch Krack (1994), 448.

[210] Lackner et al. (2014), § 259 Rn. 19.

[211] BGHSt 2, 135 (137): Die bloße Aufbewahrung der Sache mit dem Ziel, die Sache später irgendwo abzusetzen, ist nur eine Vorbereitung späteren Absatzes und noch keine Absatzhilfe.

[212] Küper (1975), 633 (636).

[213] Baumann et al. (2003), § 26 Rn. 12.

ist. Das Tatbestandsmerkmal „Absatzhilfe" soll also nur eine Strafbarkeitslücke –
einen Rückzug des Strafrechts hinter die durch § 27 markierte Grenze – verhindern, nicht aber die Strafbarkeit über diese Grenze hinaus ausdehnen. Eine derartige
Strafbarkeitsausdehnung ergäbe sich jedoch, wenn in Gestalt der versuchten Absatzhilfe eine – nach allgemeinen Regeln straflose – versuchte Beihilfe als versuchte Hehlerei bestraft würde. Daher kann versuchte Absatzhilfe nur in dem Umfang
strafbar sein, wie auch eine Beihilfe zum Absatzversuch nach §§ 259 III, 22, 27
strafbar ist: Strafbar versuchte Absatzhilfe ist somit die Unterstützung des Vortäters
beim erfolglosen Absatzversuch, straflos ist dagegen neben der bloßen Hilfe bei der
Absatzvorbereitung[214] der erfolglose Versuch der Unterstützung des Vortäters beim
– versuchten oder vollendeten – Absetzen.[215] Diese kompliziert klingende Differenzierung soll anhand einiger Beispielsfälle veranschaulicht werden:

Beispiele

1. V hat zehn Zentner Kartoffeln gestohlen. H holt die in Säcken verpackten
   Kartoffeln mit seinem Lkw vom Hof des V ab, um sie zu verschiedenen Gastwirten zu bringen, denen er die Kartoffeln zum Kauf anbieten will. G hilft
   dem H beim Aufladen der Kartoffelsäcke. Kurz nachdem H mit dem Lkw den
   Hof des V verlassen hat, gerät er in einen Verkehrsunfall, bei dem sämtliche
   Kartoffelsäcke von der Ladefläche rutschen und in einem Fluß landen.
2. Abwandlung von 1: V fährt selbst mit seinem Lkw los, um die Kartoffeln den
   Gastwirten anzubieten. G hilft beim Beladen des Lkw.
3. Abwandlung von 1: Schon beim ersten Sack, den G auf die Ladefläche
   heben will, erweist sich G als zu schwach und der Sack als zu schwer. H hebt
   schließlich allein sämtliche Säcke auf den Lkw. Die Fahrt zu den Gastwirten
   verläuft unfallfrei. H gelingt es, alle Kartoffeln zu verkaufen.
4. Abwandlung von 2: Der Versuch des G, dem H beim Beladen des Lkw zu
   helfen, scheitert an der zu geringen Kraft des G und an dem zu hohen Gewicht
   der Säcke. V lädt daher allein alle Säcke auf den Lkw.

In **Beispiel 1** begeht H versuchte Hehlerei, indem er versucht, die Diebesbeute abzusetzen. G hat ihm dabei geholfen, also Beihilfe zur versuchten Hehlerei – Beihilfe zum versuchten Absetzen – begangen, §§ 259, 22, 27. **Beispiel 2**
unterscheidet sich von Beispiel 1 nur dadurch, dass der den Absatz versuchende
„Haupttäter" der Vortäter V selbst ist. Daher liegt kein tatbestandsmäßiger Hehlereiversuch vor, an dem G sich als Gehilfe iSd § 27 hätte beteiligen können.
Hier greift deshalb die Tatbestandsalternative „Absatzhilfe" ein. G gilt selbst als
Täter der Hehlerei. Da der Absatzversuch des V erfolgos geblieben ist, ist auch
die Tat des G nur ein Versuch. G hat sich daher wegen versuchter Absatzhilfe
aus §§ 259, 22 strafbar gemacht. **Beispiel 3** unterscheidet sich von Beispiel 1
dadurch, dass nicht die Haupttat – das Absetzen – des H im Versuchsstadium
stecken bleibt, sondern die Unterstützung des G. Es handelt sich also nicht um

---

[214] BGH, NStZ 2008, 152 (153).

[215] Küper (1975), 633 (637); Stree (1961a), 33 (44).

eine Beihilfe zum Versuch der Hehlerei, sondern um einen Versuch der Beihilfe zur Hehlerei. Die versuchte Beihilfe ist nicht mit Strafe bedroht, der Versuch des G ist also straflos. In **Beispiel 4** verhält es sich wie in Beispiel 3 mit dem einzigen Unterschied, dass die „Haupttat" – das Absetzen – nicht von einem tatbestandsmäßig handelnden Hehler, sondern vom nicht tatbestandsmäßig handelnden Vortäter begangen wird. Aus diesem Grund ist der Unterstützungsversuch des G nicht (straflose) versuchte Beihilfe zum Absetzen, sondern (formell täterschaftlich) versuchte Absatzhilfe. Das ändert aber nichts an der Tatsache, dass das Verhalten des G materiell lediglich den Charakter einer versuchten Beihilfe hat. Auch an der Straflosigkeit der versuchten Beihilfe ändert die formelle Aufwertung zum täterschaftlichen Versuch der Absatzhilfe nichts. G bleibt also in Beispiel 4 straflos.

13.3 Qualifikationstatbestände

Die Hehlereiqualifikationen sind durch das OrgKG[216] im Jahr 1992 neu gestaltet worden. Bis dahin war die in § 260 a. F. normierte gewerbsmäßige Hehlerei der einzige Qualifikationstatbestand. Das OrgKG ordnete die gewerbsmäßige Hehlerei ohne inhaltliche Änderung dem neuen § 260 I Nr. 1 zu und schuf mit der Bandenhehlerei (§ 260 I Nr. 2) und der gewerbsmäßigen Bandenhehlerei (§ 260 a) zwei neue Qualifikationstatbestände.

13.3.1 Gewerbsmäßige Hehlerei, § 260 I Nr. 1 StGB

13.3.1.1 Objektiver und subjektiver Tatbestand

Der Tatbestand des § 260 I Nr. 1 baut auf § 259 I auf und fügt diesem lediglich das qualifizierende Merkmal „gewerbsmäßig" hinzu. Da dieses ein **subjektives** Tatbestandsmerkmal ist, stimmt der objektive Tatbestand der gewerbsmäßigen Hehlerei mit dem der einfachen Hehlerei vollkommen überein. „Gewerbsmäßigkeit" ist die mit der Tatbegehung verknüpfte Absicht, sich durch wiederholte Hehlereihandlungen eine fortlaufende Einnahmequelle von einiger Dauer und einigem Umfang zu verschaffen.[217] Absichtsinhalt ist also die Begehung mehrerer Hehlereitaten. Sofern die Wiederholungsabsicht bereits bei der ersten Tat gegeben ist, hat schon diese die Eigenschaft „gewerbsmäßig".[218]

Der Unterschied zum Grundtatbestand „Hehlerei" wird allein durch das Merkmal „gewerbsmäßig" begründet. Der Steigerungsgrad deckt sich also qualitativ und quantitativ vollkommen mit dem des **§ 243 I 2 Nr. 3**. Auch dort setzt sich der besonders schwere Fall vom einfachen Diebstahl des § 242 lediglich durch die Gewerbsmäßigkeit ab. Dennoch normiert § 243 I 2 keinen Qualifikationstatbestand,

---

[216] Gesetz zur Bekämpfung des illegalen Rauschgifthandels und anderer Erscheinungsformen der Organisierten Kriminalität vom 15. 7. 1992, BGBl I 1302.

[217] BGHSt 4, 76 (79); Schönke et al. (2014), § 260 Rn. 2.

[218] Maurach et al. (2009), § 39 Rn. 52.

sondern nur ein Strafzumessungsregelbeispiel. Außerdem hebt § 243 I die Strafrahmenuntergrenze nur auf drei Monate an, während die Mindeststrafdrohung des
§ 260 I Nr. 1 bei sechs Monaten liegt. Des Weiteren kann gegen den gewerbsmäßig
stehlenden Dieb nicht die Vorschrift über den „Erweiterten Verfall" (§ 73 d) angewendet werden. Beim gewerbsmäßig handelnden Hehler ist das möglich, § 260
III 2. Ein gewerbsmäßig handelnder Dieb, der einen gewerbsmäßig handelnden
Hehler zum Ankauf einer gestohlenen Sache anstiftet, hätte also möglicherweise
wegen seiner Hehlereibeteiligung (§§ 260 I Nr. 1, 26, 28 II) eine höhere Strafe zu
erwarten als wegen seines täterschaftlich begangenen Diebstahls (§§ 242, 243 I 2
Nr. 3). Bei einer derartigen Strafmaßdiskrepanz wäre auch die Eliminierung der
Hehlereibeteiligung unter dem Gesichtspunkt der „mitbestraften Nachtat" nicht zu
vertreten. Könnte man dem Gesetzgeber unterstellen, die Gestaltung des gegenwärtig geltenden Strafrechts auf ein gründlich durchdachtes, die Einzelvorschriften in
ein harmonisches Gefüge stellendes Konzept gestützt zu haben, müßte die Unwert-
gleichung „Der Hehler ist so schlimm wie der Stehler" korrigiert werden: Unter den
Bedingungen der Gewerbsmäßigkeit scheint der Hehler schlimmer zu sein als der
Stehler. Aber eine solche Unterstellung ist sicher unbegründet.

Die unterschiedliche Bewertung der Gewerbsmäßigkeit in § 243 I 2 Nr. 3 einerseits und in § 260 I Nr. 1 andererseits wird vollends unverständlich, wenn man
§ 260 I Nr. 2 und § 260 a in die Betrachtung miteinbezieht. In § 260 I Nr. 2 ist die
bandenmäßige Tatbegehung nicht nur der gewerbsmäßigen Hehlerei, sondern auch
dem bandenmäßigen Diebstahl gem. § 244 I Nr. 2 gleichgestellt. Eine weitere Parallele besteht zwischen § 260 a I und §§ 244 a I 1. Alt. iVm 243 I 2 Nr. 3: Die Kombination von Gewerbsmäßigkeit und bandenmäßiger Begehung erfährt beim Diebstahl dieselbe Bewertung wie bei der Hehlerei. Die oben aufgezeigte Disharmonie
müßte also entweder dadurch behoben werden, dass der gewerbsmäßige Diebstahl
aus dem Katalog des § 243 I 2 herausgenommen und als weitere Qualifikations-
alternative in § 244 eingefügt wird oder dadurch, dass die Gewerbsmäßigkeit aus
§ 260 I herausgenommen und in einen – noch zu schaffenden und als Absatz 4 dem
§ 259 anzufügenden – Regelbeispielskatalog für „besonders schwere Fälle der Hehlerei" einbezogen wird.

13.3.1.2   Täterschaft und Teilnahme

Die Gewerbsmäßigkeit ist ein **besonderes persönliches Merkmal** iSd § 28 II.[219]
Sind an einer Hehlerei mehrere beteiligt, werden nur diejenigen aus § 260 I Nr. 1
bestraft, die selbst gewerbsmäßig handeln. Ein Täter oder Teilnehmer, der nicht mit
der qualifizierenden Absicht mitwirkt, wird aus § 259 bestraft.

> **Beispiele**
>
> 1. T begeht eine Hehlerei in der Absicht, dies künftig öfters zu tun und sich so
>   eine ergiebige Einnahmequelle zu schaffen. G hilft dem T bei seiner Tat, hat

---

[219] BGH, NStZ 2009, 95; Gössel (1996), § 27 Rn. 66; Lackner et al. (2014), § 260 Rn. 2; Maurach
et al. (2009), § 39 Rn. 53; Roth (1988), 258 (260).

aber nicht vor, diese Hehlereibeteiligung zu wiederholen oder gar selbst als Hehlereitäter aktiv zu werden.

2. T läßt sich von A, der regelmäßig Hehlerei begeht oder sich an Hehlerei beteiligt, zu einer einmaligen Hehlereitat ohne Wiederholungsabsicht überreden.

3. T und M begehen gemeinsam eine Hehlerei. T handelt gewerbsmäßig, M nicht.

In **Beispiel 1** ist T gewerbsmäßiger Hehlereitäter. Seine Tat wird also aus §§ 259, 260 I Nr. 1 bestraft. G hat zu dieser Tat Beihilfe geleistet. Nach dem Akzessorietätsgrundsatz müßte G daher an sich aus §§ 259, 260 I Nr. 1, 27 bestraft werden. Die Akzessorietät ist aber im Bereich des 28 II durchbrochen. Das Merkmal „gewerbsmäßig" gehört zum Bereich des § 28 II. Da G nicht gewerbsmäßig Hehlereibeihilfe leistete, ist er nur aus §§ 259, 27 strafbar. In **Beispiel 2** handelte Hehlereitäter T ohne Gewerbsmäßigkeitsabsicht. Daher ist er lediglich aus § 259 strafbar. Wiederum wäre es eine Konsequenz des Akzessorietätsgrundsatzes, dass A wegen Anstiftung zur Hehlerei aus §§ 259, 26 bestraft wird. Aber auch in dieser Konstellation führt § 28 II zu einer abweichenden Beurteilung. Die Anstiftung zur Hehlerei erfüllt das Qualifikationsmerkmal „gewerbsmäßig". Deshalb ist A nicht aus §§ 259, 26, sondern aus §§ 259, 260 I Nr. 1, 26 zu bestrafen. In **Beispiel 3** entfaltet § 28 II seine Wirkung im Verhältnis zweier Mittäter. T ist aus §§ 259, 260 I Nr. 1, 25 II, M ist aus §§ 259, 25 II strafbar.

13.3.1.3 Rechtsfolgen

Das OrgKG hat unter anderem einige neue Sanktionsregelungen geschaffen. Eine davon ist die Bestimmung über den sog. „Erweiterten Verfall" § 73 d.[220] Im Fall des § 260 I Nr. 1 ist diese Vorschrift anwendbar, § 260 III 2. Dagegen kann die ebenfalls durch das OrgKG neu eingeführte – inzwischen vom Bundesverfassungsgericht für nichtig erklärte – „Vermögensstrafe" (§ 43 a) bei gewerbsmäßiger Hehlerei nicht verhängt werden.

13.3.2 Bandenhehlerei, § 260 I Nr. 2 StGB

Der Tatbestand der Bandenhehlerei[221] lehnt sich an Vorbilder im Bereich des Diebstahls und des Raubes an: §§ 244 I Nr. 2, 250 I Nr. 2. Die qualifizierenden Merkmale gehören ausnahmslos zum objektiven Tatbestand. Anders als bei § 244 I Nr. 2 und § 250 I Nr. 2 braucht die Tat jedoch nicht „unter Mitwirkung eines anderen Bandenmitglieds" begangen zu werden. Im übrigen stimmen die gleichlautenden qualifizierenden Merkmale inhaltlich überein.[222] Die Bandenmitgliedschaft ist deshalb auch hier kein besonderes persönliches Merkmal iSd § 28 II.[223] Gemäß § 260 III 1 kann Verfall unter den erleichterten Voraussetzungen des § 73 d angeordnet werden.

---

[220] Perron (1993), 918.

[221] Eingehend dazu Erb (1998), 537 ff.

[222] Lackner et al. (2014), § 260 Rn. 5; Maurach et al. (2009), § 39 Rn. 56.

[223] Schönke et al. (2014), § 260 Rn. 5; aA Miehe (1997), 247 (248).

13.3.3   Gewerbsmäßige Bandenhehlerei, § 260 a StGB

Der Tatbestand der gewerbsmäßigen Bandenhehlerei ist wie die Bezeichnung des Delikts eine Zusammenlegung des § 260 I Nr. 1 mit § 260 I Nr. 2. Zu den Tatbestandsmerkmalen des § 259 müssen im objektiven Tatbestand die Merkmale bandenmäßiger Begehung, im subjektiven Tatbestand die gewerbsmäßige Absicht hinzukommen. Das Delikt hat **Verbrechensqualität** (§ 12 I), weshalb nicht nur der Versuch (§ 23 I), sondern auch die Vorbereitung in den Formen des § 30 strafbar ist.[224] Hat die Bande die Eigenschaften einer „Vereinigung" iSd § 129 I, ist sogar schon der Versuch ihrer Gründung strafbar, § 129 III.[225]

Kontrollfragen
1. Welches Rechtsgut schützen die Strafvorschriften gegen Hehlerei? (13.1.1)
2. Kann Urkundenfälschung (§ 267) eine „Vortat" der Hehlerei sein? (13.2.1.2.2)
3. Welcher zeitliche Abstand muss zwischen Vortat und Hehlerei bestehen? (13.2.1.2.3)
4. Was versteht man unter „Ersatzhehlerei"? (13.2.1.3.6)
5. In welchem logischen Verhältnis stehen „ankauft" und „sich verschafft" zueinander? (13.2.1.4)
6. Ist das „Mitverprassen" gestohlener Lebensmittel Hehlerei? (13.2.1.5.1)
7. Begeht Hehlerei, wer einen Dieb durch Drohung mit einem empfindlichen Übel dazu zwingt, die Diebesbeute herauszugeben? (13.2.1.5.2)
8. Worin unterscheiden sich Beihilfe zum Absetzen (§§ 259, 27) und „Absatzhilfe"? (13.2.1.6.1)
9. Ist ein Absatzerfolg notwendiger Bestandteil des Merkmals „absetzt"? (13.2.1.6.2)
10. Inwiefern unterscheidet sich das Merkmal „Bereicherungsabsicht" von den gleichlautenden Strafbarkeitsvoraussetzungen der Erpressung und des Betrugs? (13.2.2.2.4; 13.2.2.2.5)
11. Wieviele Taten muss ein Hehler begehen, um das qualifizierende Merkmal „gewerbsmäßig" (§ 260 I Nr. 1) zu erfüllen? (13.3.1.1)
12. Hinsichtlich welcher Tatbestandsmerkmale der Hehlerei kommt § 28 II zur Anwendung? (13.3.1.2)

---

[224] Gössel (1996), § 27 Rn. 69.

[225] Zu den Unterschieden von „Vereinigung" und „Bande" vgl. Schönke et al. (2014), § 129 Rn. 4.

Literatur

Arzt. Die Hehlerei als Vermögensdelikt. NStZ. 1981;10.

Arzt. Geldwäscherei – Eine neue Masche zwischen Hehlerei, Strafvereitelung und Begünstigung. NStZ. 1990;1.

Arzt G, Weber U, Heinrich B, Hilgendorf E. Strafrecht Besonderer Teil. 2. Aufl. 2009.

Baumann J, Weber U, Mitsch, W. Strafrecht Allgemeiner Teil. 11. Aufl. 2003.

Berz. Grundfragen der Hehlerei. Jura. 1980;57.

Blei H. Strafrecht IIBesonderer Teil. 12. Aufl. 1983.

Bockelmann P. Strafrecht Besonderer Teil 1. 2. Aufl. 1982.

Brocker. Wider die Angst vor dem sog. doppelten Irrtum im Strafrecht – der „Mauswieselfall". JuS. 1994;L 17.

Eisele J. Strafrecht Besonderer Teil II. 2. Aufl. 2012.

Endriß. Anm. BGH, Urt. v. 17.6. 1997 – 1 StR 119/97. NStZ. 1998;463.

Erb. Die Qualifikationstatbestände der Bandenhehlerei (§§ 260 I Nr. 2, 260 a StGB) – ein spezifisches Instrument zur Bekämpfung der „Organisierten Kriminalität"? NStZ. 1998;537.

Fezer. Anm. OLG Köln Urt. v. 28.2. 1975 – Ss 294/74. NJW. 1975, 1982.

Franke. Anm. BGH, Urt. v. 4.11. 1976 – 4 StR 255/76. NJW. 1977;857.

Freund, Bergmann. Der praktische Fall – Strafrecht: „Der alte Meister". JuS. 1991;221.

Ganter. Strafrechtliche Probleme im Urheberrecht. NJW. 1986;1479.

Geerds F. Begünstigung und Hehlerei. GA. 1988;243.

Geppert. Zum Verhältnis von Täterschaft/Teilnahme an der Vortat und sich anschließender Hehlerei (§ 259 StGB). Jura. 1994;100.

Geppert. Straf- und zivilrechtliche Fragen zur Jagdwilderei (§ 292 StGB). Jura. 2008;599.

Gössel, KH, Strafrecht Besonderer Teil Band 2. 1996.

Haft. Der doppelte Irrtum im Strafrecht. JuS. 1980;430.

Haft F. Strafrecht Besonderer Teil I. 8. Aufl. 2004.

Heinrich B. Die Entgegennahme von raubkopierter Software als Hehlerei? JZ. 1994;938.

Herzberg. Das Wahndelikt in der Rechtsprechung des BGH. JuS. 1980;469.

Hruschka. Hehlerei und sachliche Begünstigung. JR. 1980;221.

Hruschka. Anm. BGH, Urt. v. 25.7. 1996 – 4 StR 202/96. JZ. 1996;1135.

Jäger C. Examens-Repetitorium Strafrecht Besonderer Teil. 5. Aufl. 2013.

Jahn, Palm. Die Anschlussdelikte – Hehlerei (§§ 259–260a StGB). JuS. 2009;501.

Jakobs G. Strafrecht Allgemeiner Teil. 2. Aufl. 1993.

Janson GN. Begünstigung und Hehlerei vor dem Hintergrund des Rückerwerbes von Diebesbeute. 1992.

Jescheck H-H, Weigend, T. Lehrbuch des Strafrechts Allgemeiner Teil. 5. Aufl. 1996.

Joerden. Gewaltsame Wiederbeschaffung des Hehlgutes für den Eigentümer. Jura. 1986;80.

Kindhäuser U. Strafrecht Besonderer Teil II. 2. Aufl. 2014.

Krack. Anm. BGH, Urt. v. 17.6. 1997 – 1 StR 119/97. NStZ. 1998;462.

Krack. Echo: Mauswieselfall. JuS. 1994;448.

Krey V, Hellmann U, Heinrich M. Strafrecht Besonderer Teil, Band 2. 16. Aufl. 2012.

Kudlich. Neuere Probleme bei der Hehlerei (§ 259 StGB). JA. 2002;672.

Kühl K. Strafrecht Allgemeiner Teil. 7. Aufl. 2012.

Küper. Die Merkmale „absetzt" und „absetzen hilft" im neuen Hehlereitatbestand. JuS. 1975;633.

Küper. Über das „zeitliche Verhältnis" der Hehlerei zur Vortat, Festschrift für Stree/Wessels. 1993. S. 467.

Küper. „Waffen" und „Werkzeuge" im reformierten Besonderen teil des Strafgesetzbuchs. Festschrift für Hanack. 1999. S. 569.

Küper. Der „erpresserische" oder „betrügerische" Hehler und die allgemeinen Sicherheitsinteressen. Festschrift für Dencker. 2012. S. 203.

Lackner K, Kühl K. Strafgesetzbuch. 28. Aufl. 2014.

Lackner, Werle. Anm. BGH, Urt. v. 7.8. 1979 – 1 StR 176/79. JR. 1980;214.

Leipziger Kommentar zum Strafgesetzbuch. Bd. 8, 12. Aufl. 2010.

Maiwald. Absatz und Absatzhilfe im Tatbestand der Hehlerei und die „Formel" des Bundesgerichtshofs. Festschrift für Roxin. 2011. S. 1019.

Maurach R, Schroeder F-C, Maiwald M. Strafrecht Besonderer Teil 1. 10. Aufl. 2009.

Meyer. Zum Problem der Ersatzhehlerei an Geld. MDR. 1970;377.

Meyer. Zur Auslegung des Merkmals „oder absetzen hilft" der neuen Hehlereivorschrift. MDR. 1975; 721.

Meyer. Anm. BGH, Urt. v. 16.6. 1976 – 3 StR 62/76. JR. 1977A;80.

Meyer. Anm. BGH, Urt. v. 4.11. 1976 – 4 StR 255/76. JR. 1977B;126.

Meyer. Anm. BGH, Beschl. v. 29.3. 1977 – 1 StR 646/76. JR. 1978;253.

Miehe. Die Schutzfunktion der Strafdrohungen gegen Begünstigung und Hehlerei. Festschrift für Honig. 1970. S. 91.

Miehe. Anm. BGH, Urt. v. 21.5. 1996 – 1 StR 125/96. StV. 1997;247.

Mitsch W. Recht der Ordnungswidrigkeiten. 2. Aufl. 2005.

Mitsch. Fortgeschrittenenklausur – Strafrecht: Vermögensdelikte – Brötchenkauf. JuS. 2012;911.

Mitsch. Rangeleien auf Bahnsteigen. ZJS. 2014;192.

Münchener Kommentar zum StGB. Bd. 4, 2. Aufl. 2010.

Nomos Kommentar zum Strafgesetzbuch. 4. Aufl. 2013.

Otto H. Die Struktur des strafrechtlichen Vermögensschutzes. 1970.

Otto H. Grundkurs Strafrecht Die einzelnen Delikte. 7. Aufl. 2005.

Paeffgen. Anm. OLG Düsseldorf Urt. v. 5.4. 1977 – 2 Ss 173/77. JR. 1978;466.

Paeffgen. Anm. BayObLG, Beschl. v. 15.5. 1979 – RReg. 2 St 445/78. JR 1980;300.

Paeffgen Anm. BGH, Urt. v. 18.5. 1995 – 4 StR 41/95. JR 1996;346.

Perron. Vermögensstrafe und Erweiterter Verfall. JZ. 1993;918.

Rengier R. Strafrecht Besonderer Teil I. 16. Aufl. 2014.

Rosenau. Anm. BGH, Urt. v. 17.6. 1997 – 1 StR 119/97. NStZ. 1999;352.

Roth. Grundfragen der Hehlereitatbestände. JA. 1988;193:258.

Roxin. Geld als Objekt von Eigentums- und Vermögensdelikten. Festschrift für Hellmuth Mayer. 1966. S. 467.

Rudolphi. Grundprobleme der Hehlerei. JA. 1981;1:90.

Schall. Der praktische Fall – Strafrecht: Absatzschwierigkeiten. JuS. 1977a;179.

Schall. Anm. BGH, Beschl. v. 29.3. 1977 – 1 StR 646/76. NJW. 1977b;2221.

Schönke, Schröder. Strafgesetzbuch. 29. Aufl. 2014.

Seelmann. Grundfälle zur Hehlerei (§ 259 StGB). JuS. 1988;39.

Seelmann. Anm. BGH, Urt. v. 17.6. 1997 – 1 StR 119/97. JR. 1998;342.

Sippel. Hehlerei an durch Scheckeinreichung erlangtem Bargeld? NStZ. 1985;348.

Sternberg-Lieben. Strafrechtliche Bekämpfung der Videopiraterie durch die §§ 257 ff. StGB. GRUR. 1984;572.

Stree. Mitwirken zum Absatz strafbar erworbener Güter. GA. 1961a;33.

Stree. Abgrenzung der Ersatzhehlerei von der Hehlerei. JuS. 1961b;83.

Stree. Begünstigung, Strafvereitelung und Hehlerei. JuS. 1976;137.

Stree Anm. OLG Stuttgart Beschl. v. 29.9. 1990 – 1 Ss 488/90. NStZ 1991;285.

Wagner. Zum Merkmal des „Sichverschaffens" bei der Hehlerei. ZJS. 2010;17.

Walder. Die Hehlerei gemäss StrGB Art. 144 – Kasuistik und Lehren. SchwZStr. 1986;103:233.

Waider. Zum sogenannten „derivativ-kollusiven" Erwerb des Hehlers. GA. 1963;321.

Welzel H. Das Deutsche Strafrecht. 11. Aufl. 1969.

Wessels J, Hillenkamp T. Strafrecht Besonderer Teil/2. 36. Aufl. 2013.

Zieschang. Jüngere Entwicklungen in der Rechtsprechung zu den Merkmalen „Absetzen" und „Absatzhilfe" im Rahmen des § 259 StGB, Gedächtnisschrift für Ellen Schlüchter, 2002; S. 403.

Zöller, Frohn. Zehn Grundprobleme des Hehlereitatbestandes. Jura. 1999;378.

Geldwäsche, § 261 StGB

14

Inhaltsverzeichnis

14.1 Allgemeines

14.1.1 Zweck und Entstehungsgeschichte

Die Praxis des „Geldwaschens" ist eine Methode des Umgangs mit deliktisch erzielten Gewinnen, die für die mafiöse **„organisierte Kriminalität"** – z. B. in den Bereichen Drogen, Waffen, Falschgeld, Prostitution – typisch und charakteristisch ist. Dabei werden die durch Begehung von Straftaten erworbenen und mit dieser Herkunft bemakelten Gegenstände – nicht nur Geld[1] – in den legalen Finanz- und Wirtschaftskreislauf der Waren und Dienstleistungen eingeschleust, um sie in „saubere", also vom Makel der illegalen Herkunft unberührte („reingewaschene") Güter zu verwandeln.[2] Geldwäsche ist strafwürdiges Verhalten, weil sie den Zugriff des Staates auf die kriminell generierten Gewinne, und damit die Strafrechtspflege bei ihrem Kampf gegen das organisierte Verbrecherunwesen behindert.[3] Gegen Unrecht dieser Art richtet sich auch die Schutzintention von Straftatbeständen wie

---

[1] Da die ursprüngliche amtliche Bezeichnung des Straftatbestandes als „Geldwäsche" zu eng war (vgl. Knorz 1996, 31), wurde die Überschrift 1994 durch das Verbrechensbekämpfungsgesetz um die Bezeichnung „Verschleierung unrechtmäßig erlangter Vermögenswerte" ergänzt.

[2] Fischer (2014), § 261 Rn. 3 a; Lackner et al. (2014), § 261 Rn. 2; Maiwald (1999), 631 (633).

[3] Instruktives einfaches Fallbeispiel bei Knorz (1996), 30.

© Springer-Verlag Berlin Heidelberg 2015
W. Mitsch, *Strafrecht, Besonderer Teil 2,* Springer-Lehrbuch,
DOI 10.1007/978-3-662-44934-9_14

Begünstigung, Strafvereitelung und Hehlerei.[4] Indessen lassen diese Tatbestände Lücken,[5] die durch den Geldwäschetatbestand geschlossen werden sollen.[6]

Da kriminelle Organisationen typischerweise weltweit, global, grenzüberschreitend operieren,[7] ist ihre Bekämpfung ein gemeinsames Anliegen aller Staaten und somit eine Aufgabe, die durch grenzüberschreitende Zusammenarbeit auf inter- und supranationaler Ebene bewältigt werden muss.[8] In der Entstehungsgeschichte des Geldwäschetatbestandes spiegelt sich dieser „Globalisierungs"-Aspekt wider: § 261 wurde durch das **Gesetz zur Bekämpfung des illegalen Rauschgifthandels und anderer Erscheinungsformen der Organisierten Kriminalität** (OrgKG) vom 15. 07. 1992 (BGBl I S. 1302) eingeführt.[9] Dieses Gesetz stellt ein Maßnahmepaket zur Erweiterung und Verbesserung des strafrechtlichen Instrumentariums dar, mit dem eine Effizienzsteigerung der staatlichen Kriminalitätsbekämpfung erreicht werden sollte. Mit der Ergänzung des StGB durch den neuen Tatbestand erfüllte der Gesetzgeber eine völkerrechtliche Verpflichtung[10] der Bundesrepublik zur Inkriminierung der Geldwäsche im nationalen Strafrecht.[11] Seit ihrem Inkrafttreten wurde die Vorschrift des § 261 mehrfach geändert und ergänzt.[12]

14.1.2 Rechtsgut

Hinsichtlich der geschützten Rechtsgüter herrscht in der Literatur erhebliche Unsicherheit.[13] Die zum Teil heftige Kritik der Wissenschaft an § 261 bemängelt unter anderem das Fehlen eines „sinnvoll eingrenzbaren Rechtsguts", weshalb es sich um einen Tatbestand „ohne Herz und Hirn" handele.[14] Weitgehende Einigkeit besteht dahingehend, dass bei der Rechtsgutsbestimmung zwischen den Tatbeständen in Absatz 1 und Absatz 2 zu unterscheiden ist.[15] § 261 I beschreibt Verhaltensweisen, mit denen die Organe der Rechtspflege dabei behindert oder daran gehindert werden, Zugriff auf die aus straftatbestandsmäßigen Taten herrührenden Gegenstände

---

[4] Zur Schutzzweck- und Rechtsgutsbestimmung bei § 257 und § 259 vgl. oben 12.1.1. und 13.1.1.

[5] Dazu ausführlich Arzt (1990), 1 (2 ff.); Knorz (1996), 75 ff., Lampe (1994), 123; Leip (1995), 9 ff.; kurzer Überblick bei Otto (1993), 329.

[6] BGHSt 53, 205 (210); 50, 347 (353); Barton (1993a), 156; Krey et al. (2012b), Rn. 906.

[7] Als Anschauungsmaterial diene die Sachverhaltsschilderung in BGHSt 43, 158 (159 ff.).

[8] BGHSt 50, 347 (354); Lackner et al. (2014), § 261 Rn. 2.

[9] Maurach et al. (2012), § 101 Rn. 16.

[10] Grundlage war das Wiener Übereinkommen der Vereinten Nationen gegen den unerlaubten Verkehr mit Betäubungsmitteln und psychotropen Stoffen vom 20. 12. 1988; vgl. BGHSt 55, 36 (50).

[11] Hetzer (1993), 3298; Lampe (1994), 123 (125); Maiwald (1999), 631; Müther (2001), 318 (319).

[12] Maurach et al. (2012), § 101 Rn. 16; zu Recht krit. zu geplanten weiteren Ergänzungen Jahn (2013), 107 (111).

[13] Bernsmann (2000), 40 (42): „Die Meinungsvielfalt ist kaum zu überbieten". Nach Fahl (2004), 160 (166) ist bei § 261 „überhaupt kein Schutzgut mehr erkennbar".

[14] Arzt et al. (2009), § 29 Rn. 6.

[15] Jahn (2013), 107 (118).

zu nehmen. Beeinträchtigt wird also eine Tätigkeit, die auf Beseitigung der Wirkungen von Straftaten bzw. rechtswidrigen straftatbestandsmäßigen Taten zielt und letztlich zur Eindämmung derartiger Taten beitragen soll. Unmittelbar geschütztes Rechtsgut in § 261 I ist daher die **Rechtspflege**,[16] mittelbar dient die Strafvorschrift aber – teilweise – auch dem Schutz der Rechtsgüter, die durch die jeweiligen Vortaten beeinträchtigt werden.[17] Die letztgenannte sekundäre Schutzzweckbestimmung tritt in § 261 II stärker in den Vordergrund: Der Schutz der **durch die Vortat verletzten Rechtsgüter** wird dadurch verstärkt, dass praktisch jede Verfügung über den aus der Vortat stammenden Gegenstand unter Strafdrohung gestellt, der Gegenstand damit verkehrsunfähig gemacht und der Vortäter isoliert wird.[18] Dadurch soll die Begehung der Vortat unattraktiv gemacht werden. § 261 II schützt demnach als Auffangtatbestand[19] neben der Rechtspflege auch das Rechtsgut, welches unter dem Schutz des Straftatbestandes steht, der durch die Vortat verwirklicht wird.[20]

Angesichts dieser Rechtsgutsbestimmung ist die Einbeziehung der Geldwäsche in ein Lehrbuch über „Vermögensdelikte" erklärungsbedürftig.[21] Strenggenommen müsste die Darstellung des § 261 in einen engeren Zusammenhang mit Rechtspflegedelikten gestellt werden.[22] Die Platzierung in dem vorliegenden Lehrbuch[23] lässt sich aber damit rechtfertigen, dass die Vortaten der Geldwäsche sehr häufig fremdes Vermögen verletzen, dass die tatbestandliche Struktur und der Schutzzweck des § 261 Parallelen zu §§ 257, 259 aufweist und dass somit zahlreiche Überschneidungen mit Begünstigung und Hehlerei auftreten. Zumindest die Hehlerei ist eindeutig ein Vermögensdelikt.

14.1.3 Systematik

14.1.3.1 Normstruktur des § 261

Das Gefüge des aus neun – teilweise in sich kompliziert und verschachtelt aufgebauten – Absätzen bestehenden § 261 ist schwer zu durchschauen.[24] Die Vorschrift macht einen überladenen und unübersichtlichen Eindruck. Demzufolge ist auch die

---

[16] BGHSt 53, 205 (209); Eisele (2012b), Rn. 1172; Jahn et al. (2009), 597; Krey et al. (2012b) Rn. 908; Lampe (1994), 123 (125); diff. Barton (1993), 156 (160).

[17] Stärker diesen Aspekt akzentuierend Barton (1993a), 156 (160): „„innere Sicherheit".

[18] BGHSt 55, 36 (49); 47, 68 (72); Arzt et al. (2009), § 29 Rn. 24; Eisele (2012b), Rn. 1172.

[19] BGHSt 55, 36 (52); 53, 205 (210); 47, 68 (80)

[20] BGHSt 55, 36 (49); Hetzer (1993), 3298 (3299); Krey et al. (2012b), Rn. 908; Jahn et al. (2013), 597.

[21] Ähnliches gilt für § 257, vgl. oben 12.1.1.

[22] So die Einordnung bei Maurach et al. (2012), § 101 Rn. 16 ff.; Otto (2005), § 96.

[23] Ebenso Rengier (2014a), § 23; Wessels et al. (2013c), § 20 VIII; anders – konsequent – Maurach et al. (2012), § 101 III.

[24] Treffend Arzt (1993), 913: „Regelungsgestrüpp des § 261 StGB"; Jahn (2013), 107 (112): „eines der Sorgenkinder des deutschen Strafgesetzbuches"; vgl. auch Barton (1993a), 156 (163); Jahn et al. (2009), 597 (598).

verständige Erfassung und Verarbeitung des Norminhalts nicht einfach. Daher soll hier zunächst einmal versucht werden, die Fülle des gesetzlichen Materials nach dogmatischen Gesichtspunkten zu ordnen und zu systematisieren.[25]

Die Geldwäsche zerfällt in so viele tatbestandliche Verästelungen und Varianten, dass es unmöglich ist, sämtliche objektiven und subjektiven Tatbestandsmerkmale in einem einzigen Absatz zu beschreiben. Hinter der verwirrenden Menge an Text und Absätzen in § 261 verbergen sich aber letztlich nur **zwei Tatbestände**, die beide auf **grundtatbestandlicher** Ebene ruhen und unterschiedliche Schutzzwecke verfolgen (dazu oben 14.1.2). Darauf aufbauende bzw. davon abgeleitete Qualifikations- oder Privilegierungstatbestände gibt es nicht. Insbesondere enthält § 261 IV keine tatbestandliche Qualifikation, sondern eine **Strafrahmenregelung** nach dem von § 243 her bekannten Muster der Regelbeispielstechnik.[26] Das tatbestandliche Grundgerüst der Geldwäsche bilden die Absätze 1 und 2. Die dort enthaltene Zusammenstellung objektiver und subjektiver Tatbestandsmerkmale wird ergänzt durch die Absätze 5, 6 und 8. Die Prüfung des objektiven und des subjektiven Tatbestandes berührt also die Absätze 1, 2, 5, 6 und 8. Die Regelungsgegenstände der Absätze 3, 4, 7 und 9 haben eine andere strafrechtsdogmatische Bedeutung.

Weitere **materiellrechtliche Strafbarkeitsvoraussetzungen** sind in Absatz 9 angesprochen. Deren Standort im Aufbau der Straftat ist aber weder der (objektive oder subjektive) Tatbestand, noch die Rechtswidrigkeit oder die Schuld. Es handelt sich um einen dem Rücktritt ähnelnden besonderen persönlichen Strafaufhebungsgrund (Satz 1)[27] bzw. einen besonderen persönlichen Strafausschliessungsgund (Satz 2).[28] **Straftatfolgenrelevanz** haben die Regelungen in Absatz 4 und Absatz 7. Absatz 3 schließlich enthält die gem. § 23 I notwendige – Geldwäsche ist Vergehen (§ 12 II) – Anordnung der **Versuchsstrafbarkeit**.

14.1.3.2   Verhältnis zu anderen Straftatbeständen

Die Einfügung des Geldwäschetatbestandes in den mit „Begünstigung und Hehlerei" überschriebenen 21. Abschnitt des StGB-BT hat einen sachlichen Grund, der mit den Aspekten Schutzzweck und Deliktsstruktur zusammenhängt. Die Geldwäsche ist nämlich ähnlich wie **Begünstigung, Strafvereitelung** und **Hehlerei** ein Anschlussdelikt, dem eine andere Straftat bzw. rechtswidrige Tat (iSd § 11 I Nr. 5) vorausgeht, das also eine „Vortat" voraussetzt und ihr – als „auxilium post factum"[29] – nachfolgt.[30] Deswegen besteht auch eine Korrespondenz zwischen den Schutzzwecken des Geldwäschetatbestandes und des Tatbestandes, der durch die Vortat erfüllt wird (s. o. 14.1.2). Systemprägende Berührungspunkte im „Außenverhältnis" der Geldwäsche sind deshalb vor allem in §§ 257 bis 260 a zu vermuten. Gemeinsamkeiten und Unterschiede, die im Verhältnis zwischen diesen Delikten

---

[25] Vgl. auch den „roten Faden" bei Jahn et al. (2009), 597 (598); sowie Fahl (2004), 160.

[26] Allgemein dazu oben 1.3.1.1.

[27] Maurach et al. (2012), § 101 Rn. 40.

[28] BGHSt 55, 36 (57); 53, 205 (207); 50, 224 (230); 50, 347 (357); 48, 240 (245).

[29] Lampe (1994), 123 (126).

[30] Knorz (1996), 87; Maurach et al. (2012), § 101 Rn. 18.

und der Geldwäsche bestehen, werden bei der Erörterung der Tatbestandsmerkmale angesprochen.

14.2 Strafbarkeitsvoraussetzungen nach § 261 I

14.2.1 Objektiver Tatbestand

14.2.1.1 Übersicht

Die Bestandteile des objektiven Tatbestandes sind in Absatz 1 und in Absatz 8 beschrieben. Der objektive Tatbestand setzt sich zusammen aus dem **Täter**merkmal (Wer), der **Vortat** (Verbrechen oder bestimmte Vergehen), dem **Tatobjekt**merkmal (Gegenstand, Herrühren aus der Vortat) und dem **Handlungs**merkmal (Verbergen, Verschleiern der Herkunft usw.).[31]

14.2.1.2 Täter

Täter der Geldwäsche kann **jedermann** sein, Geldwäsche ist also kein Sonderdelikt. Auch Strafverteidiger, die sich von ihren Mandanten mit „bemakeltem" Geld bezahlen lassen, können Täter sein.[32] Wie bei jedem Anschlussdelikt stellt sich hier jedoch die Frage, welcher Zusammenhang zwischen der Täterstellung des § 261 I und einer etwaigen **Beteiligung an der Vortat** besteht.[33] Bei Begünstigung, Strafvereitelung und Hehlerei besteht zwischen Täter der Vortat und Täter des Anschlussdelikts ein Ausschlussverhältnis: Wer Täter der Vortat ist, kann nicht Täter des Anschlussdelikts sein.[34] Ursprünglich war auch der Tatbestand der Geldwäsche so konstruiert. „Wer einen Gegenstand, der aus einem Verbrechen eines anderen usw." lautete die betreffende Passage in Absatz 1 der 1992 eingeführten Strafvorschrift § 261. Täter der Vortat schieden aus dem Kreis tauglicher Geldwäsche-Täter aus.[35] Das Gesetz zur Verbesserung der Bekämpfung der Organisierten Kriminalität (OrgKVerbessG) vom 04. 05. 1998 beseitigte diese Einschränkung durch Streichung der Worte „eines anderen".[36] Nunmehr kann der Geldwäschetatbestand täterschaftlich auch vom Täter[37] der Vortat verwirklicht werden. Der Vortäter kann also sein eigener Geldwäscher sein.[38] Allerdings ist dann § 261 IX 2 zu beachten: Wer wegen Beteiligung an der Vortat strafbar ist, wird nicht aus § 261 bestraft (näher dazu unten 14.4).

---

[31] Vollständiges Deliktsschema bei Eisele (2012b), Rn. 1173; Rengier (2014a), § 23 Rn. 5.

[32] BGHSt 47, 68 (72).

[33] Bezüglich Begünstigung und Hehlerei vgl. oben 12.1.2.2.3 und 13.1.2.2.4.

[34] Lackner et al. (2014), § 257 Rn. 8; § 258 Rn. 6; § 259 Rn. 18.

[35] BGHSt 43, 158 (164); Lackner et al. (2014), § 261 Rn. 10; Otto (1993), 329 (330); Schittenhelm (1998), 519 (536).

[36] Bernsmann (2009), 381 (383); Kreß (1998), 121 (125); Meyer et al. (1998), 1017 (1020).

[37] Vortatteilnehmer (Anstifter, Gehilfen) konnten schon nach der alten Gesetzesfassung Täter der Geldwäsche sein; Bernsmann (2009), 381 (384); Kreß (1998), 121 (125).

[38] Arzt et al. (2009), § 29 Rn. 6.

14.2.1.3 Vortat

14.2.1.3.1 Allgemeines

Die Vortat wird im Gesetzestext nicht als „Straftat", sondern – wie in § 257 I, § 258 I und in § 259 I – als „**rechtswidrige Tat**" bezeichnet. Strafbarkeit der Vortat ist also keine Strafbarkeitsvoraussetzung der Geldwäsche. Es genügen Tatbestandsmäßigkeit und Rechtswidrigkeit der Vortat, Schuld ist nicht erforderlich.[39] Erst recht spielt die prozessrechtliche Verfolgbarkeit der Vortat keine Rolle. Hinsichtlich der vortattauglichen Tatbestände nennt § 261 I 2 pauschal Verbrechen (§ 261 I 2 Nr. 1), sowie eine Reihe ausgewählter Vergehenstatbestände (§ 261 I 2 Nr. 2–5). Da der Vortaten-Katalog nicht auf Vermögensdelikte beschränkt ist,[40] geht er weit über den von § 259 abgedeckten Bereich hinaus. Hier erkennt man, warum die Hehlereitatbestände nicht ausreichen, um Geldwäschetaten lückenlos zu erfassen. Beispielsweise ist der Erlös aus Rauschgiftgeschäften (§ 261 I 2 Nr. 2 b) schon deswegen hehlereiuntauglich, weil eine den § 29 I BtMG erfüllende Tat nicht „gegen fremdes Vermögen gerichtet" ist.[41] Die strafrechtliche Beurteilung der Vortat richtet sich allein nach deutschem Strafrecht.[42] Sofern es sich um eine Auslandstat handelt, muss deshalb gem. §§ 5 ff. das deutsche Strafrecht überhaupt anwendbar sein. Eine Ausnahme von diesem Grundsatz macht § 261 VIII: Danach reicht eine am Tatort strafbare Auslandstat auch dann, wenn das deutsche Strafrecht diese Auslandstat ansonsten nicht erfasst.[43]

Im Übrigen zeigt der Vortaten-Katalog, dass der Geldwäschetatbestand in seiner jetzigen Form weit über den Bereich der Drogenkriminalität und der organisierten Kriminalität hinausgreift.[44] Auch ist es für die Tatbestandserfüllung nicht erforderlich, dass die konkrete Vortat Teil einer kriminellen Organisation ist.[45]

14.2.1.3.2 Verbrechen

Die Einordnung in die Deliktskategorie „Verbrechen" richtet sich nach § 12 I. Die Klassifizierungsfunktion dieser Vorschrift ist auch dann maßgeblich, wenn es sich bei der Vortat um eine Auslandstat handelt (§ 261 VIII) und das am Tatort geltende Strafrecht die Tat nicht als Verbrechen klassifiziert bzw. diese Klassifizierung gar nicht kennt.

---

[39] Leip (1995), 57.

[40] BGHSt 53, 205 ff.: Bestechung, § 334 StGB.

[41] Lampe (1994), 123; Leip (1995), 11; Otto (1993), 329; Ranft (2004), 759.

[42] BGHSt 53, 205 (208).

[43] BGHSt 53, 205 (207).

[44] Bernsmann (2000), 40 (42); Maiwald (1999), 631 (634); Müther (2001), 318.

[45] BGHSt 50, 347 (354).

14.2.1.3.3 Vergehen

Der ursprüngliche Katalog der erfassten Vergehen[46] ist durch das Verbrechensbekämpfungsgesetz vom 28. 10. 1994 und das OrgKVerbessG erheblich erweitert worden.[47] Er enthält neben Tatbeständen aus dem Besonderen Teil des StGB auch solche aus dem Nebenstrafrecht. Nicht übersehen werden darf, dass das Gesetz bei den in § 261 I S. 2 Nr. 4 aufgezählten Vergehen gewerbs- oder bandenmäßige Begehung voraussetzt.[48] Ein „einfacher" Diebstahl (§ 242) oder Betrug (§ 263) ist also keine taugliche Vortat.

Erstaunlicherweise nicht in dem Vortatenkatalog des § 261 I 2 enthalten ist die Geldwäsche (§ 261) selbst. Das ist wohl damit zu erklären, dass eine Vortat „Geldwäsche" ja stets auf eine „Vor-Vortat" folgt, die im Katalog des § 261 I 2 enthalten ist. Diese „Vor-Vortat" vermag aber auch die Strafbarkeit der – auf die „Vortat" Geldwäsche folgenden – „zweiten" Geldwäsche zu begründen, da die „zwischengeschaltete" (erste) Geldwäsche den „Herrührens"-Zusammenhang, der zwischen dem Tatgegenstand der (zweiten) Geldwäsche und der (Vor-)Vortat bestehen muss, nicht unterbricht (näher dazu unten 14.2.1.4.2).[49] Nur so ist auch die Funktion des § 261 VI zu erklären (dazu unten 14.3.1.2.1).

14.2.1.4 Tatobjekt

14.2.1.4.1 Gegenstand

Der weite Begriff „Gegenstand" umfasst alle **Rechtsobjekte, die einen Vermögenswert** haben.[50] Geringer Wert steht der Tatbestandsmäßigkeit nicht entgegen.[51] Kein „Gegenstand" im Sinne dieses Tatbestandes ist der Mensch, obwohl zu den Vortaten der Geldwäsche auch Delikte gehören, bei deren Begehung Menschen wie Sklaven behandelt werden, für die Täter und ihre Geschäftspartner also eine Art Handelsware und ein – freilich illegales – Vermögensgut sind (z. B. § 181a). Wie der Name des Delikts andeutet, bezieht sich Geldwäsche in erster Linie auf Geld, gleich in welcher Form (Bargeld, Buch- und Giralgeld). Daneben kommen in Betracht Wertpapiere, Immobilien, Edelmetalle, Diamanten und Edelsteine, Kunstgegenstände, Beteiligungen an Gesellschaften und Anteile an Gemeinschaftsvermögen.[52] Auch hier erweist sich der Hehlerei-Tatbestand als enger. Hehlereitauglich sind nur Sachen, nicht dagegen Rechte.

---

[46] Dieser erfasste nur § 29 I 1 Nr. 1 BtMG (§ 261 I 2 Nr. 2 b n.F.) und Vergehen, die von einem Mitglied einer kriminellen Vereinigung (§ 129) begangen wurden (§ 261 I 2 Nr. 5 n.F.); dazu krit. Hetzer (1993), 3298 (3299).

[47] Fischer (2014), § 261 Rn. 1; Kreß (1998), 121 (123).

[48] Jahn et al. (2009), 597 (599).

[49] Arzt et al. (2009), § 29 Rn. 18.

[50] Barton (1993b), 159; Eisele (2012b), Rn. 1175; Jahn et al. (2009), 597 (598).

[51] Barton (1993a), 156.

[52] Hetzer (1993), 3298 (3299).

14.2.1.4.2   Herrühren

Zwischen dem Gegenstand, der Objekt der Geldwäsche-Tat ist und der Vortat, an die sich die Geldwäsche anschließt, muss ein **Ableitungs- oder Herkunftszusammenhang** bestehen. Das diesen Zusammenhang sprachlich hervorhebende Merkmal „herrührt" ist weiter als das korrespondierende Merkmal „erlangt" in § 259 I.[53] Insbesondere werden damit nicht nur die unmittelbar aus der Vortat stammenden Gegenstände in den Geldwäschetatbestand einbezogen, sondern auch Surrogate, die mit der Vortat nur noch in einem mittelbaren Zusammenhang stehen.[54] Damit wollte der Gesetzgeber den strafrechtlichen Zugriff auf Geldwäsche-Ketten ermöglichen.[55] Handlungen mit Bezug auf Vortat-Tatobjekt-Konstellationen, die im Rahmen des § 259 nicht-tatbestandsmäßige – also straflose – „Ersatzhehlerei" wären, können somit als Geldwäsche tatbestandsmäßig und strafbar sein.[56]

Entsprechend der semantischen Weite und Unbestimmtheit des Begriffs „herrühren"[57] ist die Funktion der Vortat als Quelle des Gegenstandes vielfältig: Durch die Vortat kann entweder ein noch nicht existierender Gegenstand **erzeugt** werden (z. B. Herstellen von Falschgeld, § 146 I Nr. 1 Alt, 1, Anbau von Betäubungsmitteln, § 29 I S. 1 Nr. 1 Alt. 1 BtMG) oder ein bereits existierender Gegenstand **erworben** werden (z. B. Verschaffen von Falschgeld, § 146 I Nr. 2). Der Vorgang, durch den der Vortäter den Gegenstand erwirbt, kann Vollzug der tatbestandsmäßigen Handlung (z. B. Annahme von Bestechungsgeld bei der passiven Bestechung, § 332 I S. 1 Alt. 3) oder eine außertatbestandliche Handlung sein (z. B. Empfangen von Lösegeld bei Erpressung, §§ 239 a, 253, Annahme von Bestechungsgeld bei aktiver Bestechung, § 334[58]). Diese Differenzierung entspricht den im Recht von Verfall und Einziehung relevanten Erwerbstatbeständen „für die Tat" (§ 73 I 1 Alt. 1), „aus der Tat" (§ 73 I 1 Alt. 2) und „durch die Tat hervorgebracht" (§ 74 I Alt. 1).[59]

Ist der Gegenstand, der Tatobjekt der Geldwäsche-Tat ist, mit dem Gegenstand, der mit der Vortat in einem unmittelbaren Herrührens-Zusammenhang stand, nicht identisch, muss wie folgt differenziert werden: Geldwäschetauglich ist der mittelbar aus der Vortat herrührende Gegenstand dann, wenn er ohne wesentliche Wertänderung an die Stelle des ursprünglichen Vortatgegenstandes getreten ist und ihm die „Vortatbemakelung" ebenso anhaftet wie jenem. Daran fehlt es, wenn die Entstehung oder der Erwerb des Ersatzgegenstandes überwiegend auf einer eigenständi-

---

[53] Barton (1993b), 159; Fahl (2004), 160 (161).

[54] BGHSt 53, 205 (209); Eisele (2012b), Rn. 1176; Fahl (2004), 160 (164); Jahn et al. (2009), 597 (599).

[55] BGHSt 47, 68 (79); Arzt et al. (2009), § 29 Rn. 14: „Perpetuum mobile".

[56] Maiwald (1999), 631 (636); Maurach et al. (2012), § 101 Rn. 27; kritisch dazu Lampe (1994), 123 (127).

[57] Nach der zutreffenden Ansicht von Maiwald (1999), 631 (636) ist deshalb die exakte Inhaltsbestimmung des Merkmals „herrühren" eines der „Kardinalprobleme" des Geldwäsche-Tatbestandes; ebenso Arzt (1993), 913 (914): „zentrales Problem".

[58] Dazu ausführlich BGHSt 53, 205 (208).

[59] Lackner et al. (2014), § 261 Rn. 5.

gen – von der Vortat unabhängigen – Leistung beruht.[60] Ein makelbeseitigender Zwischenerwerb eines gutgläubigen Dritten beseitigt die Geldwäschetauglichkeit ebenfalls endgültig, d. h. auch für den Fall, dass der Gegenstand später wieder in die Hände eines Geldwäschers gerät. Problematisch sind vor allem Fälle, in denen der Gegenstand auch wertmäßig mit dem ursprünglichen Gegenstand nur noch teilidentisch ist, weil eine Art „Vermischung" mit legalen Vermögensgütern stattgefunden hat. Dieser Effekt kann z. B. darauf beruhen, dass der „Zweit-Gegenstand" ein Surrogat des „Erst-Gegenstands" ist, das der Vortäter teilweise mit illegal erworbenem und teilweise mit legal erworbenem Geld bezahlt hat. Es ist zwar überwiegend anerkannt, dass ein legaler Anteil die Strafbarkeit wegen Geldwäsche nicht zwangsläufig ausschließt. Darüber, wie hoch der „illegale Anteil" sein muss, damit der Gegenstand geldwäschetauglich ist, besteht jedoch keine Einigkeit.[61] Das Gesetz selbst nimmt zu der Frage nicht Stellung. Ein Verstoss gegen Art. 103 II GG kann daher wohl nur dadurch vermieden werden, dass „teil-legale" Gegenstände aus dem Tatbestand des § 261 I ausgegrenzt werden.

14.2.1.5 Tathandlung

Das Handlungsmerkmal des § 261 I ist in eine Vielzahl von Varianten aufgefächert, die sich vielfach überschneiden.[62] Allen tatbestandsmäßigen Aktionen gemeinsam ist ihre **rechtspflegefeindliche Zielrichtung**.[63] Das ist bei den Merkmalen Verfall(svereitelung oder -gefährdung) und Einziehung(svereitelung oder gefährdung) offensichtlich, gilt aber ebenso für alle anderen Handlungsmerkmale. So geht es etwa beim Merkmal „Verbergen" nicht darum, den Gegenstand gegen den unbefugten Zugriff von Dieben oder Räubern abzuschirmen, sondern rechtmäßige Strafverfolgungsmaßnahmen (Durchsuchung, Sicherstellung, Beschlagnahme) der Polizei, Steuer- und Zollfahndung oder Staatsanwaltschaft ins Leere laufen zu lassen.[64]„Herkunftverschleierung" ist nicht die bewunderungsheischende unwahre Angabe im Freundeskreis, der in Wirklichkeit auf einem Raubüberfall beruhende plötzliche Reichtum sei das Resultat besonderer Cleverneß und Geschicklichkeit im Geschäftsverkehr. Werden solche Angaben aber gegenüber Ermittlungsbehörden gemacht, ist das Tatbestandsmerkmal erfüllt. „Vereiteln" ist eine zum Scheitern der behinderten Verfolgungsmaßnahme (Herkunftsermittlung usw.) führende Handlung, „Gefährdung" ist eine Handlung, die die konkrete Gefahr des Scheiterns begründet.[65]

Der Vollzug der Handlungen, die nicht in der „Vereitelung" bestimmter Maßnahmen (Verfall usw.) bestehen, begründet Vollendungsstrafbarkeit unabhängig davon, ob die Tätigkeit der Strafrechtspflegeorgane effektiv behindert wird oder nicht.[66]

---

[60] Eisele (2012b), Rn. 1177; Jahn et al. (2009), 597 (599).

[61] Fahl (2009), 160 (164); Jahn et al. (2009), 597 (599); Rengier (2014a), § 23 Rn. 9.

[62] Fischer (2014), § 261 Rn. 10.

[63] Otto (1993), 329 (331); Otto (2005), § 96 Rn. 33; Wessels et al. (2013c), Rn. 898.

[64] Lackner et al. (2014), § 261 Rn. 7.

[65] OLG Karlsruhe, NStZ 2009, 269 (270); Jahn et al. (2009), 597 (600).

[66] Leip (1995), 128.

Insofern hat die formell vollendete Tat materiell Versuchscharakter, was die Existenz einer Vorschrift über „tätige Reue" nach vollendeter Tat erklärt, § 261 IX. Vor
allem auf Grund der ausdrücklichen Versuchspönalisierung in § 261 III verlagert
die tatbestandliche Gestaltung die Strafbarkeit außerordentlich weit vor.[67]

14.2.2   Subjektiver Tatbestand

Hinsichtlich der Zusammensetzung des subjektiven Tatbestandes ist die Geldwäsche entweder ein reines Vorsatzdelikt (§ 15) oder eine Mischung aus Vorsatz- und
Fahrlässigkeitsdelikt (§ 261 V). Weitere subjektive Tatbestandsmerkmale – z. B.
eine Vorteilssicherungsabsicht oder eine Bereicherungsabsicht – gibt es nicht.

14.2.2.1   Vorsatz
Genaue Kenntnis von der Art der Vortat braucht der Täter nicht zu haben. Nach Art
einer „Parallelwertung in der Laiensphäre" muss der Täter aber „in groben Zügen"
das Bewusstsein von einer Vortat haben, die im gesetzlichen Vortatenkatalog des
§ 261 I enthalten ist.[68] Eine juristisch exakte Zuordnung zu dem objektiv betroffenen Tatbestand ist nicht erforderlich.[69]

14.2.2.2   Leichtfertigkeit
§ 261 V lockert das Vorsatzerfordernis des § 15 in Bezug auf die objektiven Tatbestandsmerkmale „Herrühren" und „Vortat" und „Geldwäschetauglichkeit" der Vortat.[70] Ausreichend ist insofern Leichtfertigkeit, also **grobe Fahrlässigkeit**.[71] Diese
ist gegeben, „wenn sich die Herkunft des Gegenstands aus einer Katalogtat nach der
Sachlage geradezu aufdrängt und der Täter gleichwohl handelt, weil er dies aus besonderer Gleichgültigkeit oder großer Unachtsamkeit außer acht lässt."[72] Nach dem
Subventionsbetrug (§ 264 IV) ist die Geldwäsche der zweite Straftatbestand, der
mit dem ansonsten geltenden Grundsatz[73] bricht, dass eine Fahrlässigkeitsstrafbar-
keit im Bereich der Vermögensdelikte[74] ausgeschlossen ist.[75] Eine strafbarkeitsaus-

---

[67] Fischer (2014), § 261 Rn. 18; Lampe (1994), 123 (131).

[68] BGHSt 43, 158 (165); Jahn et al. (2009), 597 (602); Leip (1995), 156.

[69] Jahn et al. (2009), 597 (602).

[70] Arzt (1993), 913 (915).

[71] BGHSt 50, 347 (352); Jahn et al. (2009), 597 (602).

[72] So wörtlich BGHSt 50, 347 (351); 43, 158 (168).

[73] Nach Leip (1995), 147 ist mit der Einführung des § 264 III der Grundsatz als solcher aufgehoben worden.

[74] Ein Einwand gegen § 261 V ergibt sich aus dieser Erwägung aber schon deswegen nicht, weil
Geldwäsche kein – jedenfalls kein „reines" – Vermögensdelikt ist, Knorz (1996), 189.

[75] Fischer (2014), § 261 Rn. 17; Hetzer (1993), 3298 (3299); für die Vereinbarkeit der Leichtfertigkeitspönalisierung mit Schuldprinzip und Verfassungsrecht BGHSt 43, 158 (167); Arzt et al.
(2009), § 29 Rn. 37; dagegen Leip (1995), 147 ff., der für eine Herabstufung der leichtfertigen
Geldwäsche zur Ordnungswidrigkeit eintritt, aaO, 150.

schliessende Sperrwirkung aus § 259, der nur reine Vorsatztaten erfasst ist, aber im Verhältnis zu leichtfertigen Geldwäschetaten, die objektiv Hehlereicharakter haben, nicht anzuerkennen.[76] Leichte Fahrlässigkeit genügt in keinem Fall. Hinsichtlich der anderen objektiven Tatbestandsmerkmale (Tatobjekt, Tathandlung) ist Vorsatz erforderlich.[77] Den geringeren Unrechtsgehalt der Leichtfertigkeit hat das Gesetz in eine niedrigere Strafdrohung umgesetzt. Außerdem ist der Versuch im Fall des § 261 V nicht mit Strafe bedroht.[78]

Beispiele

1. T hat Vorsatz in Bezug auf die Vortat. Dass der Gegenstand, den er verbirgt, aus dieser Vortat herrührt, erkennt er grob fahrlässig nicht.
2. T hat Vorsatz bezüglich einer Vortat, verkennt jedoch grob fahrlässig ihren geldwäschetauglichen Charakter. Hinsichtlich des Herrührens des Tatgegenstandes hat T Vorsatz.
3. T verkennt grob fahrlässig sowohl die Geldwäschetauglichkeit der Vortat als auch die Herkunft des Tatobjekts aus dieser Vortat. Hinsichtlich des Verbergens hat er Vorsatz.

In allen drei Beispielen handelt der Täter mit einem Vorsatz, der nur einen Teil der objektiv-tatbestandsmäßigen Tatsachen erfasst. Strafbarkeit aus § 261 I iVm § 15 ist deshalb gem. § 16 I 1 nicht begründet. In Betracht kommt jedoch eine Strafbarkeit aus § 261 I iVm V, wenn hinsichtlich der nicht von Vorsatz erfassten Tatsachen Leichtfertigkeit gegeben ist und es sich um Tatsachen handelt, hinsichtlich derer § 261 V Leichtfertigkeit ausreichen lässt. In **Beispiel 1** fehlt dem T der Vorsatz bezüglich des „Herrührens".[79] Er handelte aber insoweit leichtfertig, was gem. § 261 V für eine Strafbarkeit ausreicht.[80] In **Beispiel 2** hat T Vorsatz in Bezug auf das Herrühren des Gegenstands aus einer vorangegangenen Tat. Da er aber nicht den tatbestandlich relevanten Vortatcharakter der Tat erkennt, fehlt ihm der Vorsatz hinsichtlich des Tatbestandsmerkmals „Geldwäschetauglichkeit".[81] Jedoch lässt § 261 V auch diesbezüglich Leichtfertigkeit ausreichen.[82] In **Beispiel 3** erkennt T zwar, dass seiner eigenen Tat eine andere Tat – die Vortat – vorausgegangen ist. Verborgen bleibt ihm aber zum einen die für die Geldwäsche relevante straftatbestandliche Qualität dieser Vortat und zum anderen der Herrührens-Zusammenhang zwischen dem Tatgegenstand und dieser Vortat. Strafbar ist T gleichwohl, da wiederum gem. § 261 V die Leichtfertigkeit bezüglich dieser vom Vorsatz nicht erfassten Tatsachen für eine Strafbarkeit ausreicht.

---

[76] BGHSt 50, 347 (352).

[77] Eisele (2012b), Rn. 1200; Jahn et al. (2009), 597 (602).

[78] OLG Karlsruhe, NStZ 2009, 269 (270).

[79] Dazu Leip (1995), 153.

[80] OLG Karlsruhe, NStZ 2009, 269.

[81] Dazu Leip (1995), 155 ff.

[82] BGHSt 50, 347 (351): Leichtfertigkeit bzgl. Gewerbsmäßigkeit der Vortat.

Die Aussage, dass § 261 V bei den anderen objektiven Tatbestandsmerkmalen ein Abrücken vom Vorsatzerfordernis nicht gestattet, wirft allerdings die Frage auf, welcher Anwendungsbereich sich dem Leichtfertigkeits-Tatbestand unter dieser Voraussetzung überhaupt eröffnet. Denn ohne das Bewusstsein der „Kontamination" des Tatgegenstandes – also des Herrührens aus einer geldwäschetauglichen Vortat – wird der Täter nicht das Bewusstsein haben, eine Handlung zu vollziehen, die den von § 261 I vorausgesetzten rechtspflegefeindlichen Sinngehalt hat.[83] Er mag zwar seine Handlung in einem natürlichen Sinn als „Verbergen", „Herkunftsverschleierung" oder „Ermittlungsvereitelung" begreifen. Dass er damit den Gegenstand gegen Maßnahmen der Strafrechtspflege abschirmt, deren Legalität gerade auf der Verbindung von geldwäschetauglicher Vortat und Gegenstand beruht, kann er hingegen nicht erkennen. Noch deutlicher ist das bei Handlungsalternativen wie „Vereitelung des Verfalls" oder „Vereitelung der Einziehung": Einen diesbezüglichen Vorsatz kann der Täter nur haben, wenn er auch die Umstände kennt, aus denen sich die Zulässigkeit des Verfalls oder der Einziehung ergeben. Der damit drohenden Gefahr, dass § 261 V im Bereich des § 261 I leer läuft, weil der erforderliche Vorsatz bezüglich der anderen objektiven Tatbestandsmerkmale nicht möglich ist, kann wohl nur dadurch begegnet werden, dass als „Leichtfertigkeit" ausschließlich Fahrlässigkeits-Fälle anerkannt werden, die der Kategorie „bewusste Fahrlässigkeit" unterfallen.[84]

14.2.3 Strafaufhebungsgrund

Jenseits von Tatbestandsmäßigkeit, Rechtswidrigkeit und Schuld normiert § 261 IX 1 negative Strafbarkeitsvoraussetzungen, die einer Bestrafung wegen Geldwäsche entgegenstehen. Positive Strafbarkeitsvoraussetzung ist also, dass diese Norm nicht eingreift. Die Rechtsfolge der Straflosigkeit ist obligatorisch, dem Gericht ist kein Ermessen eingeräumt.[85]

Der Sache nach handelt es sich bei dem in § 261 IX 1 mit Strafbefreiung honorierten Verhalten (strafbefreiende Selbstanzeige) um rücktrittsähnliche **tätige Reue.**[86] Die Vorschrift kommt zur Anwendung, wenn der Täter – oder Teilnehmer – nach formell vollendeter Geldwäsche Rücktrittsleistungen erbringt.[87] Entgegen der mißverständlichen – § 261 III umfassenden – Formulierung „Nach den Absätzen 1 bis 5" richtet sich der Rücktritt vom – gemäß § 261 III strafbaren – Versuch nach

---

[83] Leip (1995), 151; Maurach et al. (2012), § 101 Rn. 34.

[84] Anders Leip (1995), 151, der stets dolus eventualis verlangt.

[85] Im Strafverfahren äußert sich dieser Unterschied darin, dass ein Ermittlungsverfahren im Fall des § 261 IX 1 gem. § 170 II StPO eingestellt werden muss.

[86] Fischer (2014), § 261 Rn. 50; Maurach et al. (2012), § 101 Rn. 40; Schönke et al. (2014), § 261 Rn. 33.

[87] Maiwald (1999), 631 (646).

allgemeinen Regeln, also nach § 24.[88] Das ist praktisch wichtig, weil § 261 IX 1 die Strafbefreiung von strengeren Voraussetzungen abhängig macht als § 24.[89]

Liegt dem „Rücktritt" eine **vorsätzliche** Geldwäsche zugrunde, ist die objektive Rücktrittsleistung zweiaktig: Der Täter oder Teilnehmer muss – erstens – eine Anzeige der Geldwäsche-Tat bei der gem. § 158 I 1 StPO zuständigen Behörde erstatten bzw. veranlassen (§ 261 IX 1 Nr. 1) und – zweitens – die behördliche Sicherstellung des Tatgegenstandes bewirken (§ 261 IX 1 Nr. 2). Beide Leistungen müssen freiwillig erbracht werden. Ist die Tat im Zeitpunkt des „Rücktritts" schon entdeckt, steht dies der Strafbefreiung entgegen, es sei denn, der Täter hatte davon keine Kenntnis und auch bei verständiger Würdigung der Sachlage keinen Grund, mit der Entdeckung der Tat zu rechnen.

Im Falle einer **vorsätzlich-leichtfertigen** Geldwäsche gem. § 261 V sind die Anforderungen an das strafbefreiende Verhalten geringer. Erforderlich ist nur die Anzeige der Tat (§ 261 IX 1 Nr. 1), die Bewirkung der Sicherstellung (§ 261 IX 1 Nr. 2) wird nicht verlangt.

Die geforderten Rücktrittsleistungen müssen den Anzeigeerfolg und Sicherstellungserfolg tatsächlich verursachen. Bloßes ernsthaftes Bemühen reicht nicht aus. § 24 I 2 und § 24 II 2 haben also in § 261 IX 2 keine Parallelen. § 261 IX 1 honoriert somit nur den „kausalen" Rücktritt, der „nichtkausale" Rücktritt lässt die Strafbarkeit unberührt.

14.3   Strafbarkeitsvoraussetzungen nach § 261 II

14.3.1   Objektiver Tatbestand

14.3.1.1   Gemeinsamkeiten mit § 261 I

Im objektiven Tatbestand besteht zwischen § 261 I und § 261 II Übereinstimmung hinsichtlich der Merkmale „Täter",[90] „Vortat" und „Tatobjekt". Die Abweichungen betreffen also die Tathandlung,[91] sowie den Tatbestandsausschluss nach § 261 VI.

14.3.1.2   Abweichungen von § 261 I
14.3.1.2.1   Tathandlungen
Die Handlungsmerkmale des § 261 II unterscheiden sich von denen des § 261 I vor allem durch die **schwächere Ausprägung der rechtspflegefeindlichen Komponente.** Während „Verbergen", „Herkunftverschleierung" usw. Aktionen sind, die den Kampf der staatlichen Behörden gegen die Kriminalität behindern, ist dies bei „Verschaffen", „Verwahren" und „Verwenden" nicht zwangsläufig der Fall.[92] Den-

---

[88] Jahn et al. (2009), 597 (603); Maiwald (1999), 631 (648).

[89] Maiwald (1999), 631 (647).

[90] Anders als bei § 261 I wird bei § 261 II der Vortäter in der Regel nicht als Täter der Geldwäsche in Betracht kommen.

[91] Barton (1993a), 156 (159).

[92] Knorz (1996), 140.

noch steht auch hinter der Strafdrohung in § 261 II die Überlegung, dass die Bekämpfung der geldwäschebezüglichen Vortat-Kriminalität erfolgversprechender ist,
wenn die Mobilität der aus der Vortat herrührenden Gegenstände beschnitten und
der Verkehr mit ihnen unterbunden oder zumindest erschwert wird. Durch Strafdrohung soll verhindert werden, dass die Gegenstände in andere Hände geraten
und die zum Vortäter und zur Vortat führende Spur verwischt wird. Ziel der gegen
den Geldwäsche-Täter gerichteten Strafdrohung ist es, den Vortäter zu isolieren,[93]
ihm die Wege abzuscheiden, über die er seine „schmutzigen" Vermögensgüter in
den „Waschvorgang" einschleust. Wenn dieses Ziel erreicht ist, wachsen die Zu-
griffschancen der Verfolgungsbehörden und zugleich die Risiken der Kriminellen.[94]
Letztlich wird die Begehung der betroffenen Straftaten unattraktiv gemacht.

Sieht man einmal davon ab, dass sich das Handlungsmerkmal „**verschaffen**"
im Rahmen des § 261 II Nr. 1 nicht nur auf Sachen, sondern auch auf andere Vermögensgüter bezieht, hat es im wesentlichen den gleichen Bedeutungsgehalt wie
das gleichnamige Merkmal des Hehlereitatbestandes.[95] Umstritten ist nur, ob – von
§ 259 abweichend – auch Verschaffungsakte ohne Einverständnis des Vortäters
bzw. Vorbesitzers tatbestandsmäßig sind. Da der Isolierungszweck, der die ratio des
§ 261 II bildet, unabhängig davon beeinträchtigt wird, ob die Verschaffung des Gegenstandes mit Einverständnis bzw. im Interesse des Vortäters erfolgte oder nicht,
kann im Rahmen des § 261 II ein weiterer Verschaffens-Begriff zugrunde gelegt
werden als im Rahmen des § 259. Ein kollusives Zusammenwirken von Vortäter
und Geldwäschetäter ist nicht erforderlich.[96] Das Einverständnis mit dem Verschaf-
fens-Akt – sofern man ein solches verlangt[97] – braucht nicht frei von Willensmän-
geln zu sein.[98] Unter „**verwahren**" (§ 261 II Nr. 2 Alt. 1) versteht man die Inobhutnahme des Gegenstandes, mit der seine spätere Verwendung durch den Täter oder
einen Dritten sichergestellt werden soll. „**Verwenden**" (§ 261 II Nr. 2 Alt. 2) ist der
bestimmungsgemäße Gebrauch des Gegenstandes.

Die sprachliche Fassung der Vorschrift wirft eine Reihe von Fragen auf, die noch
ungeklärt sind, über die zum Teil noch keine Diskussion in Gang gekommen ist.
Problematisch ist insbesondere, ob der **Anwendungsbereich des § 261 VI** – von
seinem Wortlaut abweichend – nicht auch auf § 261 I ausgedehnt werden muss. Anderenfalls könnte die Tatbestandseinschränkung weitgehend leer laufen. Denn viele
„Verschaffungs-", „Verwahrungs-" und „Verwendungs"-Akte werden zugleich ein
Handlungsmerkmal des § 261 I erfüllen (z. B. Gefährdung des Auffindens).[99] Der
Ausschluss der Strafbarkeit aus § 261 II nützt dem Täter dann so gut wie nichts,
wenn die Strafbarkeit aus § 261 I von § 261 VI unberührt bleibt. Angesichts des ein-

---

[93] BGHSt 55, 36 (49); 47, 68 (72); Jahn et al. (2009), 597 (600): Isolierungstatbestand.

[94] BGHSt 55, 36 (51).

[95] Jahn et al. (2009), 597 (600).

[96] BGHSt 55, 36 (48).

[97] So BGHSt 55, 36 (49); Jahn et al. (2009), 597 (600); Wessels et al. (2013c), Rn. 898; aA Otto
(2005), § 96 Rn. 34.

[98] BGHSt 55, 36 (50).

[99] Knorz (1996), 144; Lampe (1994), 123 (128); Maiwald (1999), 631 (642).

deutigen Gesetzeswortlauts wird man dies als Konsequenz gesetzgeberischer Entscheidung aber hinzunehmen haben.[100] Unklar ist des weiteren, was unter „**Straftat**" iSd § **261 VI** zu verstehen ist. Da der Gesetzgeber mit dem Tatbestandsausschluss auf Fälle Bedacht nahm, in denen der Zwischenerwerber kraft guten Glaubens (§§ 932, 935 II BGB) Rechtsinhaber bezüglich des Gegenstandes geworden ist,[101] wird man nicht jeden straflosen Zwischenerwerb ausreichen lassen können. Begeht der Dritte bei seinem Erwerb eine straftatbestandsmäßige Tat, die nur wegen Schuldunfähigkeit (§ 20) nicht strafbar ist, profitiert der bösgläubige Täter, der sich den Gegenstand von dem Dritten verschafft hat, von dessen Straflosigkeit nicht. Für die Straflosigkeit des Täters genügt es auch nicht, dass ein Dritter bei seinem – z. B. aus § 242 strafbaren – Zwischenerwerb keine strafbare Geldwäsche begangen hat.[102] Der Zwischenerwerb des Dritten darf aus keinem straftatbestandlichen Gesichtspunkt strafbar sein. Jedenfalls darf der Straftatbestand, aus dem sich der Dritte strafbar gemacht hat, nicht in dem Vortaten-Katalog des § 261 I 2 enthalten sein.

Die strafbarkeitsausschließende Wirkung des § 261 VI ist also recht schwach, von der großen Reichweite des § 261 II – und erst recht des § 261 I – nimmt § 261 VI wenig zurück. Daher wird gegenwärtig in Rechtsprechung und Literatur über eine generelle Einschränkung der tatbestandlichen Handlungsmerkmale in Anlehnung an den Gedanken der **Sozialadäquanz**[103] oder des **Schutzzweckes**[104] diskutiert, ohne dass bereits Konsens über hinreichend konturenscharfe Abgrenzungen zu verzeichnen wären.[105] Als praktisch bedeutsames Beispiel wird der Strafverteidiger genannt, der sich sein Honorar mit Geld auszahlen lässt, das aus einer geldwäscherelevanten Vortat stammt.[106] Ein Bedürfnis für einen straffreien Raum, in den dieses Beispiel und andere Fälle (Steuerberater, Bankangestellte, Ärzte)[107] eingeordnet werden können, lässt sich nicht bestreiten.[108] Auch ist der gerade mit Blick auf die Behinderung der Strafverteidigung erhobene Vorwurf verfassungswidriger Strafrechtshypertrophie wohlbegründet.[109] Eine befriedigende strafrechtsdogmati-

---

[100] BGHSt 55, 36 (56); 47, 68 (80); Bernsmann (2000), 40 (42); Jahn et al. (2009), 597 (601); Lüderssen (2000), 205 (208); aA Eisele (2012b), Rn. 1190; Maiwald (1999), 631 (645).

[101] Fischer (2014), § 261 Rn. 28.

[102] Eisele (2012b), Rn. 1189; Jahn et al. (2009), 597 (601); aA Lackner et al. (2014), § 261 Rn. 6; Maiwald (1999), 631 (646); Schönke et al. (2014), § 261 Rn. 21; Wessels et al. (2013c), Rn. 901.

[103] Ranft (2004), 759 (765); Rengier (2014a), § 23 Rn. 21.

[104] Barton (1993a), 156 (161); Brüning (2006), 241 (244).

[105] Lüderssen (2000), 205 (206): „... für die Begründung bleibt noch viel zu tun."

[106] Für eine – den Verteidiger straffrei stellende – „verfassungskonforme Auslegung" des § 261 II Nr. 1 OLG Hamburg, NStZ 2000, 311 ff.; abl. Reichert (2000), 316 ff.; Grüner et al. (2000), 430 (438); Arzt et al. (2009), § 29 Rn. 49.

[107] Barton (1993a), 156; Brüning (2006), 241 (242); Eisele (2012b), Rn. 1197; Fahl (2004), 160 (163); Jahn et al. (2009), 597 (601); Maurach et al. (2012), § 101 Rn. 37); Rengier (2014a), § 23 Rn. 22.

[108] Anschaulich zu den Gründen dieses Bedürfnisses im Strafverteidiger-Fall Bernsmann (2000), 40 (41).

[109] Barton (1993a), 156 (158); Müther (2001), 318 (321).

sche Fundierung der gebotenen Strafbarkeitseinschränkung dürfte ohne Eingreifen des Gesetzgebers aber nur schwer zu erzielen sein.[110]

14.3.2   Subjektiver Tatbestand

14.3.2.1   Gemeinsamkeiten mit § 261 I

Das in § 261 II normierte Delikt ist wie das des § 261 I eine **Vorsatztat** (§ 15). § 261 V dehnt jedoch auch hier die Strafbarkeit auf **leichtfertige** Unkenntnis bezüglich des „Herrührens" aus.

14.3.2.2   Abweichungen von § 261 I

Eine den subjektiven Tatbestand betreffende Abweichung von § 261 I ist in den Fällen des § 261 II Nr. 2 (Verwahren, Verwenden) zu beachten: Fallen das Erlangen und das tatbestandsmäßige Verwahren bzw. Verwenden zeitlich auseinander, reicht für die Erfüllung des subjektiven Tatbestandes nicht der beim Vollzug des – dem Erlangen nachfolgenden – Verwahrens oder Verwendens vorhandene Tatvorsatz. Insbesondere reicht es nicht, dass der Täter während des Verwahrens oder Verwendens Kenntnis von der inkriminierten Herkunft des Gegenstandes hat. Vielmehr muss diese **Kenntnis bereits bei Erlangung des Gegenstandes** vorgelegen haben. Spätere Kenntniserlangung begründet die Strafbarkeit nicht.[111] Jedoch wird auch diese[112] Einschränkung der Tatbestandsmäßigkeit oft wegen der Überlagerung des § 261 II durch § 261 I nicht zur Geltung kommen: Erfüllt die Verwahrung oder Verwendung zugleich ein Handlungsmerkmal des § 261 I (z. B. Gefährdung des Auffindens), bewahrt die ursprüngliche – d. h. bei Erlangung des Gegenstandes noch vorhandene – Gutgläubigkeit bezüglich der Herkunft des Gegenstandes den bösgläubig gewordenen Täter nicht vor Strafbarkeit aus § 261 I.

Auf der Ebene des subjektiven Tatbestandes ist nach Ansicht des BVerfG[113] auch die notwendige **Strafbarkeitseinschränkung zugunsten von gewählten Strafverteidigern** zu begründen: Sofern ein Beschuldigter, dem die Begehung einer in dem Vortatenkatalog enthaltenen Straftat vorgeworfen wird, den von ihm gewählten (§ 137 StPO) Verteidiger mit Geld honoriert, das auf Grund seiner Herkunft aus der Vortat „kontaminiert" ist, geriete der dies im Sinne des dolus eventualis für möglich haltende Verteidiger schnell in die Gefahr, selbst strafbar gem. § 261 II Nr. 1 zu werden.[114] Überwiegend wird zur Abwendung dieser materiellstrafrechtlichen Gefahr[115] eine Restriktion des § 261 II für erforderlich gehalten. Das Bundesverfassungsgericht wurde mit der Thematik befasst, weil Rechtsanwälte sich durch

---

[110] Barton (1993a), 156 (163); Reichert (2000), 316 (317).

[111] Otto (2005), § 96 Rn. 37.

[112] Zu der auf demselben Grund beruhenden Lähmung des § 261 VI vgl. oben 14.3.1.2.1.

[113] BVerfGE 110, 226 ff.

[114] Ranft (2004), 759.

[115] Zu den strafprozessualen Konsequenzen für den Verteidiger (z. B. Überwachung der Telekommunikation, Beschlagnahme) anschaulich Fahl (2004), 160 (163); Ranft (2004), 759 (760).

die Anwendung des uneingeschränkten Straftatbestandes in ihre Grundrecht auf Berufsausübung (Art. 12 GG) verletzt sahen. Das BVerfG sieht die Verfassungskonformität der Strafvorschrift durch teleologische Reduktion der subjektiven Tatbestandsseite gewahrt: Strafverteidiger sollen aus § 261 II Nr. 1 nur strafbar sein, wenn sie sicher wissen (dolus directus 2. Grades), dass das empfangene Geld aus einer Vortat stammt. Die Entscheidung des BVerfG hat im Schrifttum Zustimmung[116] und Ablehnung[117] erfahren. Demgegenüber schlägt die h. M. im Schrifttum eine Einschränkung der Strafbarkeit bereits im objektiven Tatbestand vor.[118]

14.3.3   Strafaufhebungsgrund

§ 261 IX 1 verweist ohne Einschränkung auf § 261 II, honoriert die tätige Reue eines aus diesem Tatbestand strafbaren Täters (oder Tatbeteiligten) also unter denselben Voraussetzungen mit Aufhebung der Strafbarkeit wie die tätige Reue eines aus § 261 I strafbaren Täters (näher dazu oben 14.2.3).

14.4   Straflosigkeit von Vortatbeteiligten

Dem Rechtsgedanken der **mitabgegoltenen Nachtat**[119] folgend stellt § 261 IX 2 denjenigen von Strafbarkeit aus § 261 I frei, der bereits „wegen Beteiligung an der Vortat strafbar" ist. Es handelt sich um eine positivgesetzliche Regelung der **Gesetzeskonkurrenz**.[120] Obwohl alle Strafbarkeitsvoraussetzungen der Geldwäsche oder der Teilnahme an Geldwäsche erfüllt sind, kommt es zu keiner Verurteilung und Bestrafung aus § 261, weil die Geldwäsche von der Vortatbeteiligung „verdrängt" wird. Die Vorschrift des § 261 IX 2 stimmt mit § 257 III 1 überein, leidet aber gerade wegen dieser sprachlichen Kongruenz an einem redaktionellen Gestaltungsfehler: § 257 III 1 steht im Kontext einer Tatbestandsvorschrift, die den lediglich sich selbst begünstigenden Vortäter aus dem objektiven Tatbestand ausschließt. Wer Täter der Vortat gewesen ist, erfüllt bereits nicht den objektiven Tatbestand des § 257 I und ist aus diesem Grund nicht wegen Begünstigung strafbar.[121] Deswegen geht § 257 III 1 in einem solchen Fall ins Leere. Auch semantisch kann § 257 III 1 den Täter nicht erfassen, der die Vortat allein begangen hat. „Beteiligung" setzt mindestens zwei an der Tat als Täter oder Teilnehmer mitwirkende Personen voraus (vgl. §§ 24 II 1, 28 II). Wer eine Tat allein ausführt, „beteiligt sich" nicht an seiner Tat, sondern er „begeht" sie, § 25 I. Die Strafausschlussvorschrift § 257 III 1 bezieht sich also nur auf Personen, die als Mittäter oder Teilnehmer an der Vortat beteiligt

---

[116] Dahs et al. (2004), 261.

[117] Fischer (2004), 473 ff.; Jahn et al. (2009), 597 (602); Ranft (2004), 759 (764).

[118] Jahn et al. (2009), 597 (602).

[119] Eisele (2012b), Rn. 1203; Otto (2005), § 96 Rn. 29, 44.

[120] BGHSt 55, 36 (57); 53, 205 (207); 48, 240 (245).

[121] Oben 12.2.1.2.1; 12.2.2.3.1.

gewesen sind und anschließend den Tatbestand der Begünstigung oder der Teilnahme an der Begünstigung dadurch erfüllt haben, dass sie zugunsten eines der anderen Vortatbeteiligten Hilfe leisteten bzw. daran teilnahmen.[122]

Würde man an § 261 IX 2 die gleiche restriktive Interpretation herantragen, fiele eine Konstellation aus dem Geltungsbereich des Strafbefreiungsgrundes heraus, die mit der tatbestandlichen Strukturdifferenz zwischen § 257 I und § 261 I zusammenhängt: Während bei der Begünstigung die reine Selbstbegünstigung nach geltendem Recht weiterhin aus dem objektiven Tatbestand ausgegrenzt ist, erfasst der objektive Tatbestand des § 261 I seit seiner Erweiterung durch das OrgKVerbessG auch den Geldwäschetäter, der zuvor die Vortat als Alleintäter begangen hat (s. o. 14.2.1.2). § 261 IX 2 wurde aber gerade anlässlich dieser Ausdehnung des objektiven Tatbestandes eingeführt.[123] Offenbar nahm man dabei an, der Wortlaut des § 261 IX 2 erfasse auch die vom alleinigen Vortäter begangene selbstbegünstigende Geldwäsche.[124] Dieser Ansicht wird man sich zur Vermeidung von Wertungswidersprüchen (die schwächere Beihilfe zur Vortat schließt Strafbarkeit aus § 261 aus, die stärkere alleintäterschaftliche Vortatbegehung dagegen nicht) anschließen müssen. „**Beteiligung** an der Vortat" ist demnach auch die Begehung der Vortat als **Alleintäter**. Wünschenswert ist freilich gleichwohl eine Regelung, die dies zweifelsfrei zum Ausdruck bringt, etwa durch die Worte „wegen Begehung der Vortat oder Beteiligung an ihr" (vgl. z. B. § 60 Nr. 2 StPO).[125]

Unter „**Beteiligung**" ist im Übrigen nur die Mitwirkung an der Vortat in einer der Täter- oder Teilnehmerrollen der §§ 25–27 zu verstehen. Begünstigung, Strafvereitelung und Hehlerei sind keine Beteiligung und stehen der Strafbarkeit aus § 261 deshalb nicht entgegen, wenn sie sich auf dieselbe Vortat beziehen wie die Geldwäsche.[126] Dasselbe gilt für die bloße Mitgliedschaft in einer kriminellen Vereinigung gem. § 129 I, wenn ein von einem anderen Mitglied derselben Vereinigung begangenes Vergehen Vortat der Geldwäsche ist, § 261 I 2 Nr. 5.

Im Übrigen ist die Verdrängung der Strafbarkeit aus § 261 durch eine strafbare **Teilnahme an der Vortat** (Anstiftung, Beihilfe) angesichts des partiellen Strafrahmengefälles zwischen Vortat und Geldwäsche wenig überzeugend.[127] Beispielsweise bringt dem Täter einer Geldwäsche seine Teilnahme an der Vortat „Unterschlagung" als Gehilfe eine Reduzierung der Strafrahmenobergrenze um 2 Jahre und 9 Monate ein (§ 261 I: 5 Jahre; §§ 246 I, 27 II 2, 49 I Nr. 2: 2 Jahre und

---

[122] Oben 12.2.2.3.1.

[123] Kreß (1998), 121 (125).

[124] In der Literatur werden Bedenken gegen die Anwendbarkeit des § 261 IX 2 auf diesen Fall nicht geäußert, vgl. z. B. Arzt et al. (2009), § 29 Rn. 31; Kreß (1998), 121 (126); Lackner et al. (2014), § 261 Rn. 10; Rengier (2014a), § 23 Rn. 26; Wessels et al. (2013c), Rn. 896.

[125] Für eine ersatzlose Streichung der Vorschrift aus anderen Gründen Bernsmann (2009), 381 (392).

[126] Von möglicher Tateinheit (§ 52) zwischen §§ 257–260a und § 261 geht deshalb auch die Literatur einhellig aus,; Lackner et al. (2014), § 261 Rn. 19; Rengier (2014a), § 23 Rn. 30; Schönke et al. (2014), § 261 Rn. 36.

[127] Bernsmann (2009), 381 (390); Kreß (1998), 121 (126).

3 Monate). Zwar gilt hier wie generell in Fällen der Gesetzeskonkurrenz, dass der Richter in seiner Strafzumessungsentscheidung eine höhere Mindeststrafe des verdrängten Strafgesetzes (§ 261 I: 3 Monate) nicht unterschreiten darf.[128] Für eine höhere Strafrahmenobergrenze des verdrängten Strafgesetzes lässt sich jedoch eine entsprechende Bindung verständlicherweise nicht postulieren.[129] Verurteilt das Gericht nur wegen Beihilfe zur Unterschlagung, dann bleibt ihm der Bereich zwischen 2 Jahren und 3 Monaten und 5 Jahren Freiheitsstrafe verschlossen.[130]

Wie bei dem gleichlautenden § 257 III 1 hat man sich auch bei § 261 IX 2 zu fragen, was genau unter „**strafbar**" zu verstehen ist. Bedeutet dies lediglich die Erfüllung sämtlicher materiellstrafrechtlicher Strafbarkeitsvoraussetzungen (Tatbestand, Rechtswidrigkeit, Schuld) oder darüber hinaus die tatsächliche Bestrafung wegen der Vortatbeteiligung? In Konsequenz der erstgenannten Alternative entginge der Täter der Strafbarkeit aus § 261 auch dann, wenn er von einer Bestrafung als Vortatbeteiligter – z. B. wegen eines Verfahrenshindernisses – verschont bliebe. Der mit der Tatbestandserweiterung des § 261 bezweckten Strafbarkeitsausdehnung würde es jedoch krass zuwiderlaufen, wenn § 261 IX 2 eine Geldwäschestrafbarkeit schon unter der Voraussetzung blockieren würde, dass die materiellstrafrechtliche Würdigung der über die Vortat gewonnenen Erkenntnisse eine strafbare Vortatbeteiligung des Geldwäschetäters ergibt bzw. als möglich erscheinen lässt, ohne dass es auch tatsächlich zu einer Verurteilung und Bestrafung wegen Vortatbeteiligung käme. Auch dem zugrundeliegenden Gedanken der „mitabgegoltenen Nachtat" widerspräche eine Regelung, die es zulässt, dass ein – möglicherweise – in beide Taten (Vortat und Anschlusstat) verwickelter Täter oder Teilnehmer aus keinem der berührten Straftatbestände bestraft werden kann. Ausgeschlossen werden soll lediglich die übermäßige Bestrafung aus beiden Straftatbeständen („Doppelbestrafung").[131] Die Bestrafung aus einem Tatbestand soll hingegen ohne weiteres möglich sein. Daher ist § 261 IX 2 so zu lesen, dass er die Bestrafung wegen Geldwäsche nur dann ausschließt, wenn entweder bereits eine Bestrafung wegen Beteiligung an der Vortat erfolgt ist oder in dem anhängigen Strafverfahren Geldwäsche und Vortatbeteiligung miteinander konkurrieren.[132] Nach den Grundsätzen der Postpendenz ist der Täter aus § 261 strafbar, wenn sich nicht aufklären lässt, ob er wegen Vortatbeteiligung strafbar ist.[133]

§ 261 IX 2 ist ein besonderer persönlicher Strafausschliessungsgrund und wirkt sich daher nicht auf die Strafbarkeit von Geldwäsche-Beteiligten aus, die an der Vortat nicht beteiligt waren oder deren Vortat-Beteiligung nicht strafbar ist.[134] Die strafbare Vortat-Beteiligung des Geldwäschetäters steht dessen Strafbarkeit aus

---

[128] BGHSt 1, 152 (155).

[129] BGHSt 30, 166 (167).

[130] Zu den spezifischen Problemen bei Zweifeln über die Vortatbeteiligung instruktiv Bernsmann (2009), 381 ff.

[131] BGHSt 53, 205 (207); 48, 240 (245); Schittenhelm (1998), 519 (537).

[132] Ebenso zu § 257 III 1 oben 12.2.2.3.1.

[133] OLG Hamburg, NStZ 2011, 523 (524).

[134] BGHSt 50, 224 (230).

§ 261 entgegen, nicht aber der Strafbarkeit des Geldwäsche-Gehilfen aus §§ 261, 27, der an der Vortat nicht beteiligt war. Auch hindert § 261 IX 2 nicht die Berücksichtigung des Vortatbeteiligten als Bandenmitglied mit der Folge, dass die Mindestmitgliedzahl (drei) erreicht und § 261 IV S. 2 anwendbar wird.[135]

14.5   Rechtsfolgen

Das Rechtsfolgenspektrum der Geldwäsche ist recht vielfältig. Neben die – im Mindestmaß erhöhte (vgl. § 38 II)[136] – Strafdrohung aus dem **Normalstrafrahmen** (3 Monate bis 5 Jahre) tritt eine Strafrahmenanhebung für „**besonders schwere Fälle**", § 261 IV. Vergleicht man diese Strafrahmen mit denen, die in den betreffenden Vorschriften für Vortaten festgesetzt sind, fallen Diskrepanzen auf. Teilweise ist das Strafniveau der Vortaten niedriger als das des § 261 (z. B. bei § 246). In solchen Konstellationen leuchtet nicht ein, dass das milder pönalisierte Delikt gem. § 261 IX 2 die Bestrafung aus dem schärferen Geldwäsche-Tatbestand ausschließen können soll.[137] Kohärent wäre diese Regelung nur, wenn sie – wie in §§ 257 II, 258 III – mit einer an den Vortat-Strafrahmen gekoppelten Straflimitierung verbunden wäre.[138]

Als weitere – die Strafe flankierende – Sanktionen der Geldwäsche sieht § 261 VII die **Einziehung** (§§ 74 ff.), den **Verfall** (§§ 73 ff.) und die **Vermögensstrafe** (§ 43 a) vor. Schließlich gehört die Geldwäsche gem. § 262 zu den Delikten, in deren Folge gem. § 68 I **Führungsaufsicht** angeordnet werden kann.

Kontrollfragen

1. Wann wurde § 261 in das StGB eingefügt? (14.1.1)
2. Welcher Schutzzweck liegt § 261 zugrunde? (14.1.1)
3. In welcher Hinsicht gleichen die Tatbestandsstrukturen der Geldwäsche einerseits und der Begünstigung, Strafvereitelung und Hehlerei andererseits? (14.1.3.2)
4. Kann der Täter der „Vortat" zugleich Täter der Geldwäsche sein? (14.2.1.2)
5. Ist die Strafbarkeit der Vortat eine Strafbarkeitsvoraussetzung der Geldwäsche? (14.2.1.3.1)
6. Welche Bedeutung hat ein Vorgang, der im Rahmen des § 259 „Ersatzhehlerei" wäre, im Rahmen des § 261? (14.2.1.4.2)

---

[135] BGHSt 50, 224 (230).

[136] Praktische Relevanz hat dies bei § 153 I 2 StPO.

[137] Für die Anwendung der Rechtsfigur „mitbestrafte Nachtat" ist dies jedoch unerheblich, vgl. Schönke et al. (2014), § 261 Rn. 7.

[138] Dafür – auf den „Rechtsgedanken des § 257 II" abstellend – BGHSt 48, 240 (246).

7. Wie setzt sich der subjektive Tatbestand der Geldwäsche nach § 261 I zusammen? (14.2.2)
8. Gibt es bei § 261 ein „Strafverteidigerprivileg"? (14.3.2.2)
9. Welche Folge hat die Erfüllung der Voraussetzungen des § 261 IX 1? (14.3.3)
10. Welche spezifischen Probleme erzeugt die Fassung des § 261 VI? (14.3.1.2.1)
11. Welcher Rechtsgedanke steht hinter der Regelung des § 261 IX 2? (14.4)

Literatur

Arzt. Geldwäscherei – Eine neue Masche zwischen Hehlerei, Strafvereitelung und Begünstigung. NStZ. 1990;1 ff.

Arzt G, Weber U, Heinrich B, Hilgendorf E. Strafrecht Besonderer Teil. 2. Aufl. 2009

Arzt. Geldwäsche und rechtsstaatlicher Verfall. JZ. 1993;913 ff.

Barton. Sozial übliche Geschäftstätigkeit und Geldwäsche (§ 261 StGB). StV. 1993a;156.

Barton. Das Tatobjekt der Geldwäsche: Wann rührt ein Gegenstand aus einer der im Katalog des § 261 I Nr. 1–3 StGB bezeichneten Straftaten her? NStZ. 1993b;159 ff.

Bernsmann. Das Grundrecht auf Strafverteidigung und die Geldwäsche – Vorüberlegungen zu einem besonderen Rechtfertigungsgrund. StV. 2000;40.

Bernsmann. Im Zweifel: Geldwäsche? Festschrift für Amelung. 2009;381.

Brüning. Die Strafbarkeit des Insolvenzverwalters wegen Geldwäsche gem. § 261 StGB. wistra. 2006;241.

Dahs, Krause, Widmaier. Anm. BVerfG, Urt. v. 30.3.2004 – 2 BvR 1520, 1521/01. NStZ. 2004;261.

Eisele J. Strafrecht Besonderer Teil II. 2. Aufl. 2012b

Fischer. Ersatzhehlerei als Beruf und rechtsstaatliche Verteidigung. NStZ. 2004;473.

Fahl. Grundprobleme der Geldwäsche (§ 261 StGB). Jura. 2004;160.

Grüner, Wasserburg. Geldwäsche durch Annahme des Verteidigerhonorars? GA. 2000;430.

Hetzer. Der Geruch des Geldes – Ziel, Inhalt und Wirkung der Gesetze gegen Geldwäsche. NJW. 1993;3298.

Jahn. Nächste Fortsetzungslieferung für den Vorstrafenkatalog? Zur Erweiterung des Einzugsbereichs des Geldwäschetatbestands (§ 261 StGB) auf banden- und gewerbsmäßige Dopingstraftaten. Festschrift für Kühne. 2013. S. 107.

Jahn, Ebner. Die Anschlussdelikte – Geldwäsche (§§ 261–262 StGB). JuS. 2009;597.

Knorz J. Der Unrechtsgehalt des § 261 StGB. 1996

Kreß. Das neue Recht der Geldwäschebekämpfung. wistra. 1998;121.

Krey V, Hellmann U, Heinrich M. Strafrecht Besonderer Teil. Bd. 2. 16. Aufl. 2012b

Lackner K, Kühl K. Strafgesetzbuch. 28. Aufl. 2014

Lampe. Der neue Tatbestand der Geldwäsche (§ 261 StGB). JZ. 1994;123 ff.

Leip C. Der Straftatbestand der Geldwäsche. 1995

Lüderssen. Anm. OLG Hamburg, Beschl. v. 6.1.2000– 2 W 185/99. StV. 2000;205.

Maiwald. Auslegungsprobleme im Tatbestand der Geldwäsche. FS für Hirsch. 1999. S. 631 ff.

Maurach R, Schroeder F-C, Maiwald M. Strafrecht Besonderer Teil 2. 10. Aufl. 2012

Meyer, Hetzer. Neue Gesetze gegen die Organisierte Kriminalität. NJW. 1998;1017.

Müther. Verteidigerhonorar und Geldwäsche. Jura. 2001;318.

Otto. Geldwäsche, § 261 StGB. Jura. 1993;329 ff.

Otto H. Grundkurs Strafrecht Die einzelnen Delikte. 7. Aufl. 2005.

Ranft. Verteidigerhonorar und Geldwäsche – die Entscheidung des BVerfG vom 30. 3. 2004. Jura. 2004;759.

Reichert. Anm. OLG Hamburg, Beschl. v. 6.1. 2000– 2 W 185/99. NStZ. 2000;316.

Rengier R. Strafrecht Besonderer Teil I. 16. Aufl. 2014a

Schittenhelm. Alte und neue Probleme der Anschlußdelikte im Lichte der Geldwäsche, Festschrift für Lenckner. 1998; S. 519.

Schönke, Schröder. Strafgesetzbuch. 29. Aufl. 2014

Wessels J, Hillenkamp T. Strafrecht Besonderer Teil 2. 36. Aufl. 2013

Teil V
Sonstige Delikte

Wilderei, §§ 292, 293 StGB

15

Inhaltsverzeichnis

15.1   Allgemeines

15.1.1   Rechtsgut

Schutzgut der Wildereitatbestände ist das **Aneignungsrecht** an wilden Tieren und diesen gleichgestellten Gegenständen.[1] Das Aneignungsrecht umschließt die Möglichkeit der „Erstarkung" zum Eigentum. Wie das Eigentum ist somit das Aneignungsrecht ein Vermögensgut. Deshalb gehört die Wilderei zu den Vermögensdelikten im weiteren Sinne. Einige Autoren weisen den Wildereitatbeständen als zweites Rechtsgut das Interesse der Allgemeinheit an dem **durch Hege erhaltenen Wildbestand** zu.[2] Dadurch wird die Wilderei in die Nähe der Umweltdelikte gerückt. Spezielle dogmatische Konsequenzen werden daraus aber nicht gezogen.[3]

---

[1] Eisele (2012b), Rn. 1046; Fischer (2014), § 292 Rn. 2; Geppert (2008), 599; Wessels (1984), 221.

[2] Rengier (2014a), § 29 Rn. 1; Wessels (1984), 221; Wessels et al. (2013c), Rn. 448; aA (reines Vermögensdelikt) Fischer (2014), § 292 Rn. 2; Gössel (1996), § 19 Rn. 1.

[3] Nomos Kommentar-Wohlers et al. (2013), § 292 Rn. 1: „hat in der Ausgestaltung der Strafbarkeitsvoraussetzungen des § 292 Abs. 1 keinen Niederschlag gefunden".

© Springer-Verlag Berlin Heidelberg 2015   859
W. Mitsch, *Strafrecht, Besonderer Teil 2,* Springer-Lehrbuch,
DOI 10.1007/978-3-662-44934-9_15

15.1.2 Systematik

Das StGB gliedert die Wilderei zunächst nach den betroffenen Tierarten in die **Jagdwilderei** (§ 292) und die **Fischwilderei** (§ 293). In Studium und Examen hat die Jagdwilderei eindeutig die größere Bedeutung. Beide Strafvorschriften sind durch das 6. Strafrechtsreformgesetz umgestaltet worden.[4] Die Struktur der jetzt geltenden Fassung ist recht unkompliziert: Es gibt jeweils nur einen **Grundtatbestand**, dessen Merkmale in § 292 I und § 293 beschrieben sind. Qualifikations- oder Privilegierungstatbestände kennt das Wildereistrafrecht nicht. Auf der Rechtsfolgenseite ist die Jagdwilderei durch eine Strafrahmenanhebung für **besonders schwere Fälle** modifiziert. Dabei hat der Gesetzgeber die Regelbeispieltechnik angewendet, § 292 II 2. Ebenfalls Rechtsfolgen der Wildereistraftat regelt § 295. Strafverfahrensrechtliche Bedeutung hat die Strafantragsvorschrift § 294.

Das Verhältnis der Wilderei zu **anderen Straftatbeständen** demonstriert die beachtliche Relevanz, die der fundamentalen und abstrakten Kategorie des „Rechtsguts" mitunter bei der Klärung konkreter dogmatischer Fragen zukommt. Zu den verwandten Tatbeständen des strafrechtlichen Eigentumsschutzes (Diebstahl, Unterschlagung, Sachbeschädigung) besteht tatbestandliche Exklusivität, da die Wilderei nicht das Eigentum verletzt. Als Bestandteil des Vermögens rückt das in §§ 292, 293 geschützte Aneignungsrecht die Wilderei aber in die Nähe von Tatbeständen, die das Vermögen als Ganzes schützen. Soweit der Angriff auf das Aneignungsrecht mit den Mitteln der Täuschung oder der Nötigung geführt wird, kommen neben §§ 292, 293 auch die Delikte Betrug und Erpressung[5] ins Blickfeld. Hehlerei und Untreue können in einem Fall im Wilderer-Milieu ebenfalls eine Rolle spielen. Hinsichtlich § 252 im Falle beutesichernder Nötigung ist zu beachten, dass die Wilderei keine taugliche Vortat des räuberischen Diebstahls ist.[6] Die Rechtsgutskomponente „Schutz des Wildbestandes" tritt in den Vordergrund, wenn das Verhältnis des § 292 zu dem Straftatbestand „Jagdfrevel" nach § 38 BJagdG beleuchtet wird.[7]

15.2 Jagdwilderei

Strafbarkeitsvoraussetzungen und Strafzumessungsregeln der Jagdwilderei sind in § 292 enthalten. Ebenfalls auf die Jagdwilderei bezogen sind die §§ 294, 295.

---

[4] Dazu näher Mitsch (1999), 65 (120).

[5] Zu den Tatbestandsproblemen, die auftreten, wenn der Täter ein von § 292 geschütztes Objekt mit vis absoluta wegnimmt, vgl. oben 10.2.1.5.2.

[6] Oben 9.2.1.2.2.

[7] Erbs et al. (2011), vor § 38 BJagdG Rn. 1; Geppert (2008), 599.

15.2.1 Strafbarkeitsvoraussetzungen

15.2.1.1 Objektiver Tatbestand
15.2.1.1.1 Übersicht
Der objektive Tatbestand setzt sich zusammen aus dem **Täter**merkmal (Wer), dem **Tatobjekts**merkmal (Wild, Sache, die dem Jagdrecht unterliegt), dem **opfer**bezogenen Merkmal (Verletzung fremden Jagd- oder Jagdausübungsrechts) und dem **Handlungs**merkmal (nachstellt, fängt usw.).[8]

15.2.1.1.2 Täter
Die Person des Täters ist in § 292 I schlicht mit dem auf ein Allgemeindelikt hinweisenden Wort „wer" gekennzeichnet. Da der Gesetzestext dieses Wort mit keinen weiteren, den Kreis tauglicher Täter einschränkenden, Merkmalen verknüpft, ist davon auszugehen, dass **jedermann** Täter der Jagdwilderei sein kann.[9] Im konkreten Fall schließt das Gesetz jedoch die Tätertauglichkeit wenigstens einer Person aus: Da die Tat gegen „fremdes" Jagd- oder Jagdausübungsrecht gerichtet sein muss, kann der Inhaber des betroffenen Jagd- oder Jagdausübungsrechts nicht Täter sein.[10] Die Selbstverletzung ist also hier wie generell im Strafrecht bereits vom objektiven Tatbestand nicht erfasst. Allerdings steht die Stellung als Rechtsinhaber der Tatbestandsmäßigkeit nur in Bezug auf das Recht dieses Inhabers entgegen. Da § 292 aber sowohl das Jagdrecht als auch das Jagdausübungsrecht schützt und diese beiden Rechte verschiedenen Inhabern zustehen können, ist auch eine täterschaftliche Wilderei des einen Rechtsinhabers bezüglich des Rechts des anderen Rechtsinhabers möglich.[11] Hat der Inhaber des Jagdrechts (dazu unten 15.2.1.1.3.1) einem anderen ein Jagdausübungsrecht eingeräumt (näher dazu unten 15.2.1.1.3.2), kann er Täter einer Wilderei zum Nachteil des Jagdausübungsberechtigten sein.[12] Umgekehrt kann der Jagdausübungsberechtigte durch Überschreitung seines Jagdausübungsrechts Wilderei zum Nachteil des Jagdrechtsinhabers begehen.[13] Von diesen Konstellationen zu unterscheiden und außerhalb des § 292 einzuordnen sind die Fälle, in denen der Jagdrechtsinhaber bzw. Jagdausübungsberechtigte gegen Vorschriften des Bundesjagdgesetzes verstößt und dadurch eine Straftat nach § 38 BJagdG oder eine Ordnungswidrigkeit nach § 39 BJagdG begeht.[14]

15.2.1.1.3 Tatopfer
Opfer der Wilderei ist entweder der Inhaber des **Jagdrechts** oder der Inhaber des **Jagdausübungsrechts**.

---

[8] Vollständiges Aufbauschema bei Eisele ((2012b), Rn. 1047.

[9] Maurach et al. (2009), § 38 Rn. 15.

[10] Fischer (2014), § 292 Rn. 9.

[11] Eisele (2012b), Rn. 1050; Fischer (2014), § 292 Rn. 9; Wessels et al. (2013c), Rn. 449.

[12] Blei (1983), 275; Fischer (2014), § 292 Rn. 9; Geppert (2008), 599 (601).

[13] Fischer (2014), § 292 Rn. 10; Gössel (1996), § 19 Rn. 14.

[14] Fischer (2014), § 292 Rn. 9.

15.2.1.1.3.1 Jagdrecht

Inhaber des Jagdrechts ist der Eigentümer von dem Grund und Boden, auf dem sich das „Gebiet" i. S. des § 1 I 1 BJagdG befindet, § 3 I 1 BJagdG.[15] Da das Jagdrecht untrennbar mit dem Eigentum an dem Grund und Boden verbunden ist, kann es der Eigentümer nicht ohne das Eigentum auf einen anderen Inhaber übertragen, § 3 I 2 BJagdG. Räumlich begrenzt wird das Jagdrecht durch die Bildung von **Jagdbezirken** (Reviersystem),[16] §§ 3 III, 4, 7, 8 BJagdG. Auf bestimmten Flächen darf die Jagd überhaupt nicht ausgeübt werden (sog. Ruhen der Jagd), § 6 BJagdG. Der **Inhalt** des Jagdrechts ist in § 1 I 1 BJagdG definiert,[17] lässt sich aber auch aus den Handlungsmerkmalen des § 292 I Nr. 1 erschließen: Was dort unter Strafdrohung gestellt, also verboten ist, ist dem Inhaber des Jagdrechts erlaubt, weil das Jagdrecht ihm die Befugnis dazu gibt. Er darf also dem Wild nachstellen, es fangen, erlegen und sich – oder einem Dritten – zueignen.

15.2.1.1.3.2 Jagdausübungsrecht

Das Jagdausübungsrecht steht in **Eigenjagdbezirken** dem Grundstückseigentümer zu, § 7 IV 1 BJagdG. In diesem Fall liegen Jagdrecht und Jagdausübungsrecht in einer Hand. Dagegen fallen Jagdrecht und Jagdausübungsrecht auseinander, wenn die ganze Nutzung des Eigenjagdbezirkes einem Nutznießer zusteht, § 7 IV 2 BJagdG. In dieser Konstellation ist es also möglich, dass der Jagdrechtsinhaber Wilderei zum Nachteil des Jagdausübungsberechtigten begeht und umgekehrt (s. o. 15.2.1.1.2). In **gemeinschaftlichen Jagdbezirken** haben gemäß § 3 BJagdG die beteiligten Grundstückseigentümer das Jagdrecht, das Jagdausübungsrecht steht hingegen der Jagdgenossenschaft zu, § 8 V BJagdG. Die Jagdgenossenschaft ist eine öffentlich-rechtliche Körperschaft, die aus den Eigentümern der Grundstücke gebildet wird, die zu dem gemeinschaftlichen Jagdbezirk gehören, § 9 I 1 BJagdG. Auch hier sind die Inhaber des Jagdrechts und des Jagdausübungsrechts also nicht identisch. Der einzelne Grundstückseigentümer kann somit auf seinem eigenen Grundstück Jagdwilderei zum Nachteil der Jagdgenossenschaft bzw. des von dieser mit einem Jagdausübungsrecht ausgestatteten Jagdpächters begehen.[18]

Der Jagdausübungsberechtigte kann die Befugnis zur tatsächlichen Nutzung des Ausübungsrechts durch schuldrechtlichen Pachtvertrag auf einen anderen übertragen (**Jagdpacht**), § 11 I BJagdG. In der Praxis geschieht dies vor allem bei gemeinschaftlichen Jagdbezirken. Der Pächter wird dadurch zum Inhaber eines eigenen abgeleiteten Jagdausübungsrechts. Davon zu unterscheiden ist die bloße **Jagderlaubnis**, die einem Dritten anders als im Wege der Pacht erteilt werden kann.[19] Der

---

[15] Eisele (2012b), Rn. 1050; Fischer (2014), § 292 Rn. 7; Geppert (2008), 599 (601).

[16] Erbs et al. (2011), § 3 BJagdG Rn. 4.

[17] „Das Jagdrecht ist die ausschließliche Befugnis, auf einem bestimmten Gebiet wildlebende Tiere, die dem Jagdrecht unterliegen (Wild), zu hegen, auf sie die Jagd auszuüben und sie sich anzueignen".

[18] Furtner (1962), 414 (415).

[19] Erbs et al. (2011), § 11 BJagdG Rn. 13.

Erlaubnisinhaber (Jagdgast) erwirbt kein eigenes Jagdausübungsrecht, sondern nur die Befugnis zur Ausübung eines fremden Rechts. Während der Jagdpächter auf Grund seiner Rechtsinhaberschaft Opfer einer – auch einer vom Verpächter begangenen – Wilderei sein kann,[20] sind Eingriffe in die dem Jagdgast erteilte Jagderlaubnis nicht tatbestandsmäßig. Da der Jagdgast kein Jagdausübungsrecht hat, ist er kein taugliches Opfer einer Wilderei.[21]

Strafrechtlich relevant ist die Jagderlaubnis des Jagdgastes somit in Bezug auf dessen täterschaftliches Handeln. Da der Jagdgast nicht Inhaber des geschützten Rechtsgutes ist, haben seine dem Tatbild des „Nachstellens" usw. entsprechenden Aktionen nicht den Charakter einer Selbstverletzung. Straflos ist der Jagdgast also nicht aus diesem Grund (Nichterfüllung des objektiven Tatbestandes), sondern wegen Rechtfertigung seiner Tat. Die Jagderlaubnis ist eine **Einwilligung** und schließt die Rechtswidrigkeit seines tatbestandsmäßigen Verhaltens aus (näher dazu unten 15.2.1.3.1).[22]

15.2.1.1.4 Tatobjekt

Tatobjekt einer Jagdwilderei ist entweder „**Wild**" (§ 292 I Nr. 1) oder eine „**dem Jagdrecht unterliegende Sache**" (§ 292 I Nr. 2).

15.2.1.1.4.1 Herrenlosigkeit

Beide Objektsarten beziehen sich auf Sachen, die **herrenlos** sind, also niemandem gehören, d. h. keinem Eigentumsrecht unterliegen.[23] Sobald eine Sache im Eigentum einer Person steht, scheidet sie aus dem Kreis tauglicher Wildereiobjekte aus und wächst zugleich in die Position eines tauglichen Diebstahls-, Unterschlagungs- oder Sachbeschädigungsobjekts hinein[24] (zu den damit verbundenen Irrtumsproblemen unten 15.2.1.2.2). Die Begründung und Aufhebung des Eigentums an den von § 292 erfassten Sachen richten sich nach §§ 958 ff. BGB.

15.2.1.1.4.2 Wild

„Wild" sind sämtliche **wildlebenden jagdbaren Tiere** i. S. der Legaldefinition in § 1 I BJagdG.[25] „Wildlebend" ist gleichbedeutend mit Herrenlosigkeit, „jagdbar" bedeutet dem Jagdrecht unterliegend. Letztere Voraussetzung ist näher geregelt in § 2 I BJagdG, wo die einzelnen Tierarten (Haarwild, Federwild), die dem Jagdrecht unterliegen, aufgezählt sind. Gemäß § 2 II BJagdG kann dieser Katalog durch Landesrecht erweitert werden. Das Tier unterfällt der Nr. 1 des § 292 I nur solange, wie

---

[20] Fischer (2014), § 292 Rn. 8.

[21] Erbs et al. (2011), § 11 BJagdG Rn. 13.

[22] Fischer (2014), § 292 Rn. 14; Welzel (1969), 364; nach Gössel (1996), § 19 Rn. 16; Nomos Kommentar-Wohlers et al. (2013), § 292 Rn. 13 ist die objektive Tatbestandsmäßigkeit ausgeschlossen.

[23] BayObLG, JR 1987, 128; Geppert (2008), 599; Wessels (1984), 221.

[24] Gössel (1996), § 19 Rn. 5.

[25] Blei (1983), 274; Fischer (2014), § 292 Rn. 3.

es lebendig ist.[26] Ein totes Tier (verendetes Wild, Fallwild) kann aber eine „Sache, die dem Jagdrecht unterliegt", i. S. des § 292 I Nr. 2 sein.[27]

Die Eigenschaft „**dem Jagdrecht unterliegend**" schränkt den Inhalt der Befugnis zur Jagdausübung auf diese Tiere ein. Auf Tiere dieser Art darf die Jagd nur nach Maßgabe und im Rahmen des Bundesjagdgesetzes und der Jagdgesetze der Länder ausgeübt werden. Demgegenüber ist die Jagd auf sonstige wildlebende Tiere frei, also nicht den jagdgesetzlichen Beschränkungen unterworfen.[28]

15.2.1.1.4.3 Sache, die dem Jagdrecht unterliegt

Außer dem von § 292 I Nr. 1 erfassten Wild unterliegen noch weitere Sachen dem Jagdrecht. Diese Klassifikation knüpft an das Recht zur Aneignung der Sache an. Im einzelnen handelt es sich um **verendetes Wild, Fallwild, Abwurfstangen und Eier von Federwild**, § 1 V BJagdG. Das ebenfalls in § 1 V BJagdG erwähnte kranke – also noch lebende – Wild fällt unter den Begriff „Wild" in § 292 I Nr. 1.[29]

15.2.1.1.5 Tathandlungen

Alle Handlungsalternativen sind tatbestandsmäßig nur, wenn und soweit sie **fremdes Jagdrecht oder fremdes Jagdausübungsrecht verletzen** (dazu oben 15.2.1.1.3). Darunter ist die Verletzung der eigentümerähnlichen Herrschaftsposition des Rechtsinhabers, nicht etwa die Übertretung des die Jagdausübung durch den Berechtigten selbst beschränkenden jagdrechtlichen Reglements – z. B. Jagen während der Schonzeit, § 22 II 1 iVm § 38 I Nr. 2 BJagdG – zu verstehen.[30] In räumlicher Hinsicht richtet sich die Beantwortung der Frage, ob und – wenn ja – wessen Jagd- oder Jagdausübungsrecht verletzt ist, nach dem **Standort des Tatobjekts** – nicht nach dem Standort des Täters – im Tatzeitpunkt.[31]

15.2.1.1.5.1 Nachstellen

Dieses Handlungsmerkmal bezieht sich nur auf „Wild" i. S. des § 292 I Nr. 1.[32] „Dem Wilde Nachstellen" ist ein Verhalten, dessen Vollzug im **Vorfeld** (Versuchs-, Vorbereitungsstadium) des Fangens oder Erlegens liegt und mit diesen Folgeakten intentional verbunden ist.[33] Nachstellen ist somit jede Handlung, die das Fangen oder Erlegen eines Tieres bezweckt.[34]

---

[26] Eisele (2012b), Rn. 1053; Furtner (1962), 414; Geppert (2008), 599; Wessels (1984), 221.

[27] Geppert (2008), 599; Rengier (2014a), § 29 Rn. 2; Wessels (1984), 221.

[28] Fischer (2014), § 292 Rn. 4.

[29] Leipziger Kommentar-Schünemann (2008), § 292 Rn. 55.

[30] Blei (1983), 275; Eisele (2012b), Rn. 1052.

[31] Eisele (2012b), Rn. 1051; Fischer (2014), § 292 Rn. 9; Geppert 2008), 599 (601).

[32] Fischer (2014), § 292 Rn. 11.

[33] Sowada (1988), 195 (200).

[34] Eisele (2012b), Rn. 1054; Gössel (1996), § 19 Rn. 7; Wessels (1984), 221 (222).

Beispiele

Durchstreifen des Forstes mit einsatzbereiter Jagdwaffe, Stehen auf dem Anstand, Fallenstellen, Auslegen von Ködern.[35]

Dabei muss das objektive (äußere) Verhalten stets von einer auf weitergehende Beeinträchtigung des Jagd- oder Jagdausübungsrechts zielenden inneren Tendenz begleitet sein.[36] Das Nachstellen hat daher eine ähnliche Struktur wie Delikte mit „überschießender Innentendenz".[37]

Im Normalfall wird Ziel des Nachstellens ein eigener Anschlussakt (Fangen, Erlegen, Zueignen) des Nachstellenden sein. Möglich ist aber auch eine Art **drittbegünstigendes** Nachstellen mit der Zielsetzung, einem Dritten die Jagd auf das Wild zu ermöglichen. Dies gilt jedenfalls seit der Erweiterung des Zueignungsmerkmals um eine drittbezogene Variante, da es widersprüchlich wäre, die drittbezogene der eigennützigen Zueignung gleichzustellen, von derselben Gleichstellung bei dem der Zueignung vorausgehenden Vorgang des Nachstellens aber abzusehen.

Beispiel

T treibt Wild aus dem Jagdrevier des O auf das angrenzende Grundstück des D, der dort Fallen aufgestellt hat.

Da das bloße Entziehen von Wild zwar das Jagdrecht des O verletzt, aber weder als Zueignung noch als Nachstellen den Tatbestand der Jagdwilderei erfüllt, hat sich T allein durch das Vertreiben des Wildes aus dem Revier des O nicht aus § 292 I Nr. 1 strafbar gemacht. Zu einem tatbestandsmäßigen Nachstellen wurde diese Aktion aber auf Grund der über die bloße Entziehung des Wildes hinausgehenden Zielsetzung. T wollte dem D die Gelegenheit verschaffen, das Wild zu fangen, zu erlegen oder es sich zuzueignen. Diese drittnützige überschießende Innentendenz verleiht der Handlung des T ebenso die Qualität tatbestandsmäßigen Nachstellens wie die Absicht, das Wild selbst zu erlegen.

Da der Standort des Wildes im Zeitpunkt des Tatvollzugs darüber entscheidet, ob der Täter fremdes Jagdrecht verletzt (s. o. 15.2.1.1.5), hängt die Tatbestandsmäßigkeit des Nachstellens in fremdem Jagdrevier nicht davon ab, ob auch der beabsichtigte anschließende Akt des Fangens, Erlegens oder Zueignens in fremdem Jagdrevier stattfinden und demzufolge in fremdes Jagdrecht eingreifen soll. Mit strafbarem Nachstellen kann daher auch das Ziel verfolgt werden, das Wild anschließend auf eigenem Jagdgebiet in Ausübung des eigenen Jagdrechts einzufangen oder zu erlegen.

---

[35] Weitere Beispiele bei Nomos Kommentar-Wohlers et al. (2013), § 292 Rn. 23.

[36] Leipziger Kommentar-Schünemann (2008), § 292 Rn. 43; Maurach et al. (2009), § 38 Rn. 16.

[37] Sowada (1988), 195 (202).

Beispiele

1. T treibt Wild vom Jagdgebiet des O in sein eigenes angrenzendes Jagdgebiet, um es dort zu erlegen.
2. T treibt Wild vom Jagdgebiet des O in das benachbarte Jagdgebiet des D, um dem D die Jagd auf dieses Wild in dessen eigenem Jagdrevier zu ermöglichen.
3. T treibt aus seinem eigenen Jagdrevier Wild in das benachbarte Jagdrevier des O, um dort dem nicht jagdausübungsberechtigten W die Jagd auf dieses Wild zu ermöglichen.

In den **Beispielen 1** und **2** befand sich das Wild, dem T nachstellte, auf dem Jagdgebiet des O und unterlag somit dem Jagdrecht des O. Während T dem Wild im Revier des O nachstellte, verletzte er also dessen Jagdrecht. Die dem Begriff des Nachstellens immanente Absicht, das Wild anschließend zu erlegen, richtete sich dagegen auf eine Handlung, die auf einem anderen Jagdgebiet von dem dortigen Inhaber des Jagdrechts ausgeführt werden sollte. Diese Handlung würde daher nicht mehr das Jagdrecht des O verletzen, da das tatgegenständliche Wild mit dem Grenzübertritt in das Jagdrevier des T bzw. des D nicht mehr vom Jagdrecht des O erfasst gewesen wäre. Dennoch hat T durch sein Nachstellen im Jagdrevier des O dessen Jagd- und Aneignungsrecht verletzt. Der mit dem Verlust der tatsächlichen Sachherrschaft verbundene Verlust des Aneignungsrechts wiegt sogar noch schwerer als ein rein faktischer Eingriff in die bestehenbleibende Rechtsstellung des Jagdberechtigten. T hat daher in den beiden ersten Beispielen den Tatbestand des § 292 I Nr. 1 erfüllt.[38] Demgegenüber ist die Rechtslage in **Beispiel 3** genau umgekehrt: Das Nachstellen im eigenen Jagdrevier kann selbstverständlich nicht fremdes Jagdrecht verletzen. Die zugrundeliegende Absicht, einen fremdes Jagdrecht verletzenden Wildereiakt in einem fremden Jagdrevier zu ermöglichen, vermag daran nichts zu ändern, solange T sein Nachstellen nicht jenseits der Reviergrenze auf dem fremden Gebiet fortsetzt. Da T hier das Jagdrevier des O nicht betreten und somit dort dem Wild nicht mehr selbst nachgestellt hat, kann er allenfalls wegen Beteiligung an einer gegen O gerichteten Wildereitat des W strafbar sein.

Häufig wird das Nachstellen als „**unechtes**[39] **Unternehmensdelikt**" bezeichnet.[40] Das ist insofern treffend, als es sich wegen des Vorstufencharakters materiell betrachtet um einen Versuch handelt,[41] der formell aber als vollendete Tat behandelt wird.[42] Denn solange der Täter über das Stadium des Nachstellens noch nicht hin-

---

[38] BayObLG, GA 1955, 247 (249).

[39] „Echte" Unternehmensdelikte sind die, zu deren Beschreibung das Gesetz den Terminus „Unternehmen" verwendet und auf die daher die Legaldefinition des § 11 I Nr. 6 zutrifft, z. B. § 309 I; vgl. Schönke et al. (2014), § 11 Rn. 47.

[40] Eisele (2012b), Rn. 1054; Jescheck et al. (1996), § 26 II7; Rengier (2014a), § 29 Rn. 3; Waider (1962), 176 (183); Weber (1987), 1 (13). dagegen Gössel (1996), § 19 Rn. 29.

[41] Materielle Vollendung ist erst mit Fangen, Erlegen oder Zueignen gegeben, vgl. Burkhardt (1971), 352 (354).

[42] Furtner (1962), 414; Waider (1962), 176 (180).

ausgelangt ist, ist das Jagd- oder Jagdausübungsrecht allenfalls gefährdet, aber noch nicht verletzt. Ob und – wenn ja – welche besonderen dogmatischen Konsequenzen an diese Charakterisierung des Nachstellens geknüpft sind, ist jedoch umstritten. Nach zutreffender Ansicht ist aus dem abstrakten Begriff „Unternehmen" unmittelbar nichts herzuleiten,[43] vielmehr kommt es auf den Sinngehalt des jeweiligen konkreten Handlungsmerkmals – also hier „Nachstellen – an.[44] Unbestreitbar reicht eine Aktion, die so weit im Vorfeld der Rechtsgutverletzung stattfindet, dass sie nach allgemeinen Kriterien noch nicht einmal Versuchs-, sondern lediglich Vorbereitungscharakter hat, zur Tatbestandserfüllung nicht aus.[45] Ebenfalls klar ist, dass § 11 I Nr. 6 keine Anwendung findet, weil diese Vorschrift ausdrücklich auf echte Unternehmensdelikte bezogen ist.[46] Eine schematische Gleichsetzung des Wildereiversuchs mit einer vollendeten Tat ist deshalb wegen Art. 103 II GG nur in dem Maße vertretbar, wie dies als Ergebnis der Anwendung anerkannter Auslegungsmethoden aus dem Begriff „Nachstellen" gewonnen werden kann. Daraus folgt vor allem, dass sich die Tat objektiv als erfolgversprechende Verfolgung von tatsächlich vorhandenem Wild darstellen muss. Ein von vornherein untaugliches Unternehmen, also ein materiell „**untauglicher Versuch**" erfüllt den objektiven Tatbestand nicht.[47]

Beispiele

1. Leicht alkoholisiert und daher etwas desorientiert schleicht T mit umgehängtem Gewehr durch einen Forst, um Rotwild zu erlegen. Er stellt sich vor, er bewege sich im Jagdrevier des O. Tatsächlich befindet sich T aber noch in seinem eigenen Jagdbezirk.
2. Abwandlung von 1): T durchstreift den Jagdbezirk des O, hat aber keine Munition für sein Gewehr dabei. Irrtümlich hält er sein Gewehr für geladen.
3. Mit dem Gewehr im Anschlag verfolgt der kurzsichtige T im Jagdrevier des O ein Tier, das er für einen Feldhasen (Lepus europaeus PALLAS) hält. Tatsächlich ist das Tier eine Hauskatze. Diese gehört dem O.

In allen drei Beispielen könnte T den objektiven Tatbestand der Jagdwilderei nicht verwirklichen, wenn dieser nur die Handlungsmerkmale „erlegen", „fangen" und „zueignen" enthielte. In **Beispiel 1** fehlt es am Tatbestandsmerkmal „Verletzung fremden Jagdrechts", da T auf seinem eigenen Grund und Boden Jagdrechtsinhaber ist, vgl. § 3 I BJagdG. T versucht die Wilderei gewissermaßen am untauglichen Objekt. In **Beispiel 2** ist das benutzte Jagdgerät untauglich. Mit einem ungeladenen Gewehr kann kein Wild gefangen oder gar erlegt werden. Auch **Beispiel 3** ist ein Fall des Versuchs am untauglichen Objekt. Eine

---

[43] Sowada (1988), 195 (206).

[44] Sowada (1988), 195 (202).

[45] Geppert (2008), 599 (601); Leipziger Kommentar-Schünemann (2008), § 292 Rn. 44,45; Waider (1962), 176 (180).

[46] Weber (1987), 1 (14).

[47] Jakobs (1993), 25/7; aA Eisele (2012b), Rn. 1054; Waider (1962), 176 (184); differenzierend Leipziger Kommentar-Schünemann (2008), § 292 Rn. 49.

Hauskatze ist der Art nach kein dem Jagdrecht unterliegendes Tier und schon deshalb nicht „Wild" i. S. des § 292 I Nr. 1.[48] Darüber hinaus ist die Katze auch nicht herrenlos, da sie im Eigentum des O steht. Der Versuch der Jagdwilderei ist nicht mit Strafe bedroht. Die Tatsache, dass §§ 22, 23 zweifellos unter „Versuch" auch den untauglichen Versuch verstehen, vermag daher die Strafbarkeit des untauglichen Unternehmens einer Wilderei nicht zu begründen. Das Merkmal „Nachstellen" lässt sich ebenfalls nicht im Wege der Auslegung dermaßen subjektivieren, dass allein die – irrige – Vorstellung des Täters von wildereitauglichen Tatsachen die Tatbestandsmäßigkeit trüge. Vielmehr muss in der Alternative des Nachstellens wirklich fremdes Jagdrecht verletzt werden (Beispiel 1), wirklich Wild in der Nähe sein (Beispiel 3) und dem Täter wirklich Instrumente und Werkzeuge zum Fangen oder Erlegen von Wild zur Verfügung stehen (Beispiel 2). Da alles dies in den drei Beispielen nicht der Fall ist, hat sich T nicht aus § 292 I Nr. 1 strafbar gemacht.[49]

Während die Anwendung der Grundsätze über den untauglichen Versuch den Täter belasten würde und daher abzulehnen ist, hätten zwei andere Aspekte aus dem Bereich der Versuchsdogmatik **entlastende** Konsequenzen, weshalb ihre Übertragung auf das Merkmal „Nachstellen" erwägenswert erscheint: Dabei handelt es sich um den strafbefreienden **Rücktritt** und die straflose Tatveranlassung als **agent provocateur**.

Zu den Eigentümlichkeiten des echten Unternehmensdelikts gehört, dass die in § 11 I Nr. 6 angeordnete formelle Vollendungsgleichheit des Versuchs der Anwendung des § 24 auf materiell lediglich versuchte Unternehmen entgegensteht.[50] Daher enthalten einige Vorschriften – so § 316 a II a. F., §§ 314 a I i. V. mit 307 I – spezielle Regeln zur Honorierung von Verhaltensweisen, die der Sache nach **Rücktritt** vom materiell versuchten Unternehmensdelikt sind. In den Vorschriften, die unechte Unternehmensdelikte normieren, gibt es solche Rücktrittsregelungen nicht.

Beispiel

T marschiert mit geladenem Gewehr durch den Eigenjagdbezirk des O. Er hat die Absicht, Wild zu erlegen. Als ihm ein Hirsch so nah vor die Flinte läuft, dass er ihn problemlos mit einem Schuss erlegen könnte, gibt T spontan seine Absicht auf und geht nach Hause.

Das Durchstreifen des fremden Jagdreviers mit einem schussbereiten Gewehr ist ein typischer Anwendungsfall des Handlungsmerkmals „dem Wilde nachstellen".[51] Auf der Basis dieses Merkmals ist die Wilderei schon vollendet, bevor die

---

[48] Anders die Wildkatze (felis silvestris SCHREBER), vgl. § 2 I Nr. 1 BJagdG.

[49] Zu Beispiel 2 wie hier Leipziger Kommentar-Schünemann (2008), § 292 Rn. 49; anders Geppert (2008), 599 (601); Wessels et al. (2013c), Rn. 450; zu Beispiel 3 wie hier Geppert (2008), 599 (601); anders Eisele (2012b), Rn. 1054; Leipziger Kommentar-Schünemann (2008), § 292 Rn. 49; noch weitergehend für Strafbarkeit Arzt et al. (2009), § 16 Rn. 15 Fn. 20.

[50] Mitsch (2012), 526 (528); Sowada (1988), 195 (198); Lackner et al. (2014), § 11 Rn. 19.

[51] Fischer (2014), § 292 Rn. 11; Lackner et al. (2014), § 292 Rn. 2.

Tat in die Verwirklichung der Merkmale „Fangen", „Erlegen" oder „Zueignen" einmündet. Insbesondere liegt die Vollendung des Nachstellens vor dem Punkt, an dem in Bezug auf die anderen Handlungsmerkmale von einem „unmittelbaren Ansetzen" i. S. des § 22 gesprochen werden könnte.[52] Als T den Entschluss fasste und ausführte, die Jagd auf den Hirsch und sonstiges Wild nicht fortzusetzen, hatte er also bereits sämtliche Strafbarkeitsvoraussetzungen vollendeter Wilderei nach § 292 I Nr. 1 erfüllt. Dieses rücktrittsähnliche Verhalten könnte dem T Straflosigkeit oder eine andere – geringere – Vergünstigung[53] nur durch Rechtsanwendung praeter legem einbringen. Angesichts der Vielfalt der Regelungen, die schadensabwendendes Verhalten obligatorisch oder fakultativ mit Straflosigkeit oder Strafminderung oder überhaupt nicht honorieren, ist es unmöglich, einen passenden Anknüpfungspunkt für eine Analogie zu finden.[54] Die einfache Lösung der entsprechenden Anwendung des § 24 hätte die systematisch inakzeptable Folge, dass Taten ohne jede gesetzliche Reglementierung des Rücktrittsverhaltens den stärksten Grad an Honorierung zugewiesen bekämen und damit weitaus nachsichtiger behandelt würden, als viele Delikte mit dem richterlichen Ermessen anheimgegebener Strafabsehens- oder Strafmilderungsklausel.[55] Angesichts dieser unklaren und konzeptionslosen[56] Gesamtlage ist wohl nur eine Minimallösung bedenkenfrei: Eine obligatorische oder fakultative Straflosigkeit scheidet ebenso aus wie eine Strafmilderung nach § 49 I oder gar § 49 II. Das rücktrittsähnliche Verhalten ist lediglich als Milderungsgrund bei der Strafzumessung im Normalstrafrahmen zu berücksichtigen. Im Übrigen kann auf verfahrensrechtlicher Ebene von Fall zu Fall durch Anwendung der §§ 153, 153 a StPO für die gebotene Lockerung des repressiven Zugriffs gesorgt werden.[57]

Die Bezeichnung „**agent provocateur**" wird bekanntlich auf Fälle bezogen, in denen jemand (der Provokateur, Tatveranlasser) einen anderen (den provozierten Täter) zur Begehung einer Tat bestimmt, die nach dem Willen des Provokateurs zwar versucht, aber nicht vollendet werden soll. Da dem Tatveranlasser mit dem Vollendungswillen auch der Rechtsgutverletzungswillen fehlt, handelt er ohne den für eine Strafbarkeit wegen Anstiftung erforderlichen Vorsatz.[58] Ohne Rechtsgutverletzungswillen handelt aber auch ein Provokateur, der die Begehung einer formell zwar vollendeten, materiell hingegen im Vorfeld der Rechtsgutverletzung endenden Tat veranlassen will. Diese Konstellation ist möglich, wenn die Haupttat eine mit Vollendungsstrafe bedrohte Deliktsvorbereitung (z. B. § 149), ein abstraktes Gefährdungsdelikt oder ein Unternehmensdelikt ist. Sofern man die Übertragung

---

[52] Berz (1986), 134; Sowada (1988), 195 (209).

[53] Absehen von Strafe, Strafmilderung.

[54] Anders Schröder (1968), 457 (468), der vorschlägt, „jeweils diejenigen der im StGB vorhandenen Rücktrittsvorschriften heranzuziehen, die der besonderen Struktur der zur Anwendung stehenden Strafnorm am ehesten entsprechen".

[55] Burkhardt (1971), 352 (358).

[56] Sowada (1988), 195 (213): „konfuses Bild".

[57] Weber (1987), 1 (15).

[58] Gropp (2005), § 10 Rn. 130; Kühl (2012), § 20 Rn. 201; Lackner et al. (2014), § 26 Rn. 4.

der Lehre von der straflosen Tatprovokation auf solche Konstellationen befürwortet,[59] muss man im Rahmen des § 292 auch die Möglichkeit einer straflosen Bestimmung zum Nachstellen anerkennen.

Beispiel

A gibt dem T den Auftrag, im Jagdrevier des O auf Rehe Jagd zu machen. A will den T bei seiner Pirsch verfolgen und rechtzeitig hindernd eingreifen, wenn T zum Abschießen von Wild ansetzt. T streift daraufhin mit schussbereitem Gewehr durch den Forst des O. Er kommt aber nicht zum Schuss, da A das Wild verscheucht, sobald T in seine Nähe kommt.

Trotz Erfolglosigkeit ist das Durchstreifen des Jagdreviers mit schussbereiter Waffe ein tatbestandsmäßiges Nachstellen i. S. des 292 I Nr. 1. T hat sich daher wegen vollendeter Jagdwilderei strafbar gemacht. Da A in T den Entschluss zur Begehung dieser Tat hervorgerufen hat und ihre Ausführung in der geschehenen Weise wollte, könnte er wegen Anstiftung zur Wilderei strafbar sein, §§ 292 I Nr. 1, 26. Fraglich ist allerdings, ob A mit Anstiftervorsatz handelte. Zwar umfasst sein Vorsatz eine vollendete Haupttat des T. Da diese jedoch materiell nicht über eine Vorstufe zur „eigentlichen" Verletzung des durch § 292 geschützten Rechtsguts hinauswachsen sollte, unterscheidet sich die haupttatbezogene subjektive Einstellung des A nicht von der des „klassischen" agent provocateur, der den Täter nur zu einer formell versuchten Tat bestimmen will. Diese strukturelle Parallelität rechtfertigt es, den A wie einen agent provocateur zu behandeln und daher eine Strafbarkeit aus §§ 292 I Nr. 1, 26 wegen mangelndem Rechtsgutsverletzungswillen zu verneinen.[60]

15.2.1.1.5.2 Fangen

Dieses Handlungsmerkmal bezieht sich nur auf „Wild" i. S. des § 292 I Nr. 1. Es bezieht sich auf Aktionen, durch die der Täter die tatsächliche Herrschaft über das Tier erlangt, ohne es dabei zu töten.[61] Vollendet ist diese Tat bereits dann, wenn der Täter das Tier so in seine Gewalt gebracht hat, dass er es entweder an Ort und Stelle töten oder abtransportieren und aus dem fremden Jagdrevier herausbringen kann. Der Abtransport ist keine Vollendungsvoraussetzung. Lässt der Täter das gefangene Tier also am Tatort zurück, hat er den Tatbestand gleichwohl erfüllt. Ebensowenig steht es der Strafbarkeit entgegen, wenn der Täter das gefangene Tier alsbald wieder freilässt.[62] In der Regel bildet das Fangen den Abschluss einer schon als „Nachstellen" tatbestandsmäßigen Tat. Eigenständige materiellstrafrechtliche Bedeutung erlangt die Alternative „Fangen" somit nur in seltenen Fällen.[63]

---

[59] Köhler (1997), 531; Kühl (2012), § 20 Rn. 205.

[60] Mitsch (1986), 202.

[61] Eisele (2012b), Rn. 1055; Wessels (1984), 221 (222).

[62] Leipziger Kommentar-Schünemann (2008), § 292 Rn. 51.

[63] Leipziger Kommentar-Schünemann (2008), § 292 Rn. 50.

Beispiel

Nach exzessivem Genuss alkoholischer Getränke marschiert T im Zustand rauschbedingter Schuldunfähigkeit durch das Jagdrevier des O. Dort stellt er eine Falle auf und legt sich dann unter einen Baum, um seinen Rausch auszuschlafen. Während seines Schlafes gerät ein Feldhase in die aufgestellte Falle. Als T aufwacht, ist er wieder schuldfähig. Den noch lebenden Hasen in der Falle nimmt er wahr und überlegt eine halbe Stunde, was er mit ihm anfangen soll. Schließlich befreit er das Tier aus der Falle und lässt es laufen.

Das Aufstellen der Falle ist tatbestandsmäßiges Nachstellen i. S. des § 292 I Nr. 1. Da T jedoch beim Vollzug dieser Tat schuldunfähig war, § 20, kann er wegen dieser Handlung nicht aus § 292, sondern nur aus § 323 a bestraft werden. Dasselbe gilt, soweit die im Rauschzustand ausgeführte Handlung als „Fangen" qualifiziert wird. Nachdem die strafbarkeitshindernde Schuldunfähigkeit im Zeitpunkt des Wiedererwachens weggefallen war, wäre nunmehr eine Strafbarkeit des T möglich, sofern sich sein weiteres Verhalten unter ein tatbestandliches Handlungsmerkmal des § 292 I Nr. 1 subsumieren ließe. Hinsichtlich des Merkmals Nachstellen ist dies nicht möglich, da T keinen Verfolgungswillen mehr hatte. Dagegen kann sein Verhalten bis zur Freilassung des gefangenen Hasen als Verwirklichung des Tatbestandsmerkmals „Fangen" qualifiziert werden. Dieses entspricht nämlich der auf lebende Menschen bezogenen Freiheitsberaubung i. S. des § 239. Fangen ist also nichts anderes als eine gegen Tiere gerichtete Freiheitsberaubung. So wie die von § 239 erfasste Beraubung menschlicher Bewegungsfreiheit anerkanntermaßen die Eigenschaft eines Dauerdelikts hat, ist auch dem Fangen **dauerdeliktischer** Charakter zuzuschreiben. Tatbestandsmäßig ist also nicht nur die Herbeiführung der Gefangenschaft, sondern auch ihre weitere Aufrechterhaltung bis zur Freilassung oder zum Tod des Tieres. Hier hat somit T eine halbe Stunde lang das Tatbestandsmerkmal „Fangen" verwirklicht. Da er dabei schuldfähig war, kann er aus § 292 I Nr. 1 bestraft werden.

Größer ist die Bedeutung dieses Handlungsmerkmals in prozessualer und beweisrechtlicher Hinsicht. Von den Äußerlichkeiten eines als „Fangen" tatbestandsmäßigen Aktes lässt sich leichter auf einen Wildereivorsatz schließen als von dem bloßen Nachstellen, das im Einzelfall auch die Gestalt neutralen Verhaltens (z. B. harmloser Waldspaziergang) haben kann. Zudem ist der Beginn der Verjährungsfrist eindeutiger zu markieren, wenn ein zeitlich ausgedehntes Nachstellen in dem relativ punktuellen Vorgang des Fangens seinen Abschluss gefunden hat, § 78 a S.1.

15.2.1.1.5.3 Erlegen

Dieses Handlungsmerkmal bezieht sich nur auf „Wild" i. S. des § 292 I Nr. 1. Das leuchtet unmittelbar ein, da nur lebende Tiere erlegt werden können. Erlegen ist die **Tötung** des Tieres.[64] Dies kann mit und ohne Zueignungsabsicht geschehen.[65]

---

[64] Eisele (2012b), Rn. 1055; Leipziger Kommentar-Schünemann (2008), § 292 Rn. 52; Wessels (1984), 221 (222).

[65] Geppert (2008), 599 (600); Waider (1962), 176 (182).

15.2.1.1.5.4 Zueignen

Dieses Handlungsmerkmal bezieht sich sowohl auf „Wild" i. S. des § 292 I Nr. 1
als auch auf dem Jagdrecht unterliegende Sachen i. S. des § 292 I Nr. 2. Es unter-
streicht die Eigentumsähnlichkeit der Rechtsstellung, die durch die Strafvorschrift
geschützt wird. Der Bedeutungsgehalt des Zueignungsmerkmals entspricht dem des
gleichnamigen Begriffs in den Straftatbeständen Diebstahl, Unterschlagung und
Raub. Erforderlich ist also eine **Enteignung**[66] und eine **Aneignung**.[67] Enteignung
bedeutet die Verdrängung des Aneignungsberechtigten aus der Position, die ihm die
Ausübung des Aneignungsrechts und damit den Eigentumserwerb ermöglicht. Aneignung bedeutet dementsprechend die Anmaßung der Position des Aneignungsberechtigten. Die bloße Entziehung von Wild – z. B. durch Verjagen aus dem Jagdrevier – ist also keine tatbestandsmäßige Wilderei. Geschieht dies aber in der Absicht
späteren Fangens, Erlegens oder Zueignens, ist es tatbestandsmäßiges Nachstellen.

Zueignung setzt Besitzergreifung am Wild voraus und wird daher typischerweise durch **Fangen** des Wildes realisiert. Der Unterschied zwischen beiden Handlungsmerkmalen besteht darin, dass das Fangen weder einen Verdrängungs- noch einen
Anmaßungseffekt zu haben braucht.[68] Fangen ist tatbestandsmäßig auch, wenn der
Täter von vornherein mit der Absicht alsbaldiger Freilassung des gefangenen Wildes handelt.[69] Ähnlich wie das Nachstellen ist deshalb auch das Fangen eine Vorstufe der Zueignung.

Seit dem 6. Strafrechtsreformgesetz erfasst der Tatbestand auch die Zueignung
zugunsten eines Dritten. Dritter kann jeder sein, der kein Aneignungsrecht hat.
Dass der Dritte gerade durch die Tat ein Aneignungsrecht erwirbt, steht der Tatbestandsmäßigkeit nicht entgegen.

Beispiel

T treibt Wild aus dem Jagdrevier des O in das angrenzende Jagdrevier des D.

T hat sich das Wild nicht selbst zugeeignet, da er sich nicht an die Stelle
des Aneignungsberechtigten O gesetzt hat. Er könnte aber dem D das Wild zugeeignet haben. Allerdings ist D Inhaber des Jagd- und damit auch des Aneignungsrechts bezüglich aller wildlebenden Tiere, die sich in seinem Jagdrevier
aufhalten, § 3 I BJagdG. Wenn D sich eines der ihm zugetriebenen Tiere an-
eignet, erwirbt er gemäß § 958 I BGB Eigentum daran. Die den D begünstigende Handlung hat also die Begründung einer tatsächlichen Herrschaft des D
bewirkt, die mit der dinglichen Rechtslage im Einklang steht. Allerdings steht
dies einer tatbestandsmäßigen Zueignung nicht entgegen, wie der Vergleich mit
einem Fall aus dem Bereich der Eigentumsbegründung durch Sachverbindung
zeigt: Wenn T fremde Ziegelsteine entwendet, um sie anschließend beim Bau
einer Garage auf seinem Grundstück zu verwenden, maßt er sich die Stellung

---

[66] Dazu oben 1.2.2.3.3.2.

[67] Dazu oben 1.2.2.3.3.3.

[68] Arzt et al. (2009), § 16 Rn. 14.

[69] Waider (1962), 176 (182).

eines Eigentümers nicht nur tatsächlich an, sondern er wird gemäß § 946 BGB sogar Eigentümer der Steine. Dennoch verletzt er damit zugleich die bis zur Verbindung bestehende Rechtsstellung des Voreigentümers. Der Entzug des Eigentumsrechts ist sogar eine besonders einschneidende Verletzung. Daher hat sich T die Steine rechtswidrig zugeeignet und dadurch wegen Diebstahls oder Unterschlagung strafbar gemacht. Ebenso verhält es sich mit dem Eingriff in fremdes Jagdrecht, der zugleich einem anderen – dem Täter selbst oder wie hier einem Dritten – das Aneignungsrecht an dem Wild verschafft. T hat deshalb den Tatbestand der Jagdwilderei in der Handlungsalternative „Drittzueignung" erfüllt.

15.2.1.1.5.5 Beschädigen

Dieses Handlungsmerkmal bezieht sich auf dem Jagdrecht unterliegende Sachen i. S. des § 292 I Nr. 2. Es hat denselben Bedeutungsgehalt wie das gleichnamige Handlungsmerkmal der **Sachbeschädigung**.[70] Da in § 292 I zwischen den Tatobjekten „Wild" und „dem Jagdrecht unterliegende Sache" unterschieden wird, und das Handlungsmerkmal „beschädigt" nur auf die letztgenannte Kategorie von Tatobjekten bezogen ist, erfüllt die „Beschädigung" von lebendem Wild den Tatbestand der Jagdwilderei nicht.[71] Eine Strafbarkeitslücke entsteht dadurch aber nicht, da Taten, mit denen der Täter ein Tier beim Versuch des Fangens oder Erlegens nur verletzt, als „Nachstellen" tatbestandsmäßig sind.

15.2.1.1.5.6 Zerstören

Dieses Handlungsmerkmal bezieht sich auf dem Jagdrecht unterliegende Sachen i. S. des § 292 I Nr. 2. Es hat denselben Bedeutungsgehalt wie das gleichnamige Handlungsmerkmal der **Sachbeschädigung**.[72]

15.2.1.2 Subjektiver Tatbestand
15.2.1.2.1 Vorsatz

Der subjektive Tatbestand der Jagdwilderei besteht lediglich aus dem **Vorsatz**, § 15.[73] Dolus eventualis reicht aus.[74] Eine zusätzliche – den Anwendungsbereich des § 292 einschränkende – subjektive Komponente (z. B. Bereicherungs- oder Zueignungsabsicht) schreibt das Gesetz nicht vor.[75] Insbesondere braucht der Täter, der das Tatobjekt (noch) nicht sich oder einem Dritten zugeeignet, sondern es z. B. lediglich gefangen hat, nicht mit Zueignungsabsicht zu handeln (s. o. 15.2.1.1.5.3).[76]

---

[70] Oben 3.2.1.4.

[71] Nomos Kommentar-Wohlers et al. (2013), § 292 Rn. 20.

[72] Leipziger Kommentar-Schünemann (2008), § 292 Rn. 62.

[73] Fischer (2014), § 292 Rn. 15.

[74] Gössel (1996), § 19 Rn. 17; Nomos Kommentar-Wohlers et al. (2013), § 292 Rn. 30.

[75] Zur subjektiven Komponente des objektiven Tatbestandsmerkmals „Nachstellen" s. o. 15.2.1.1.5.1.

[76] Leipziger Kommentar-Schünemann (2008), § 292 Rn. 51.

15.2.1.2.2 Irrtumsprobleme

Die strafrechtliche Behandlung von Irrtümern richtet sich bei der Jagdwilderei nach den **allgemeinen Regeln**.[77] Der Irrtum bezüglich einer zum objektiven Tatbestand gehörenden Strafbarkeitsvoraussetzung ist vorsatzausschliessender Tatbestandsirrtum (§ 16 I), der Irrtum über die tatsächlichen Voraussetzungen eines Rechtfertigungsgrundes („Erlaubnistatbestandsirrtum") wird dem Tatbestandsirrtum gleichgestellt (h. M.) und sonstige Irrtümer über die Rechtswidrigkeit der Tat sind Verbotsirrtümer (§ 17). Dennoch erzeugt der Wildereitatbestand einige besondere Irrtumsprobleme, die mit der **Zivilrechts- und Jagdrechtsakzessorietät** dieses Delikts zusammenhängen.

15.2.1.2.2.1 Irrtum über die Herrenlosigkeit des Tatobjekts

Das Tier oder die Sache, auf die sich die Tat bezieht, muss im Tatzeitpunkt (noch oder wieder) herrenlos sein. Der objektive Tatbestand kann nicht erfüllt werden, wenn und soweit der Tatgegenstand im Eigentum irgendeiner mit dem Täter nicht identischen Person steht. Dann ist er fremd und fällt in den Schutzbereich der eigentumsschützenden Straftatbestände §§ 242 ff., 303. Als Bestandteil des objektiven Tatbestandes ist die Herrenlosigkeit Bezugsgegenstand des Vorsatzes. Ein Irrtum, der dem Täter das Bewusstsein von der Herrenlosigkeit des Tatobjekts verstellt, ist deshalb **Tatbestandsirrtum** i. S. des § 16 I 1. Nun kann die Unkenntnis von der Herrenlosigkeit aber unterschiedliche Gründe haben. Unproblematisch ist dabei der Fall, dass der Täter überhaupt nicht die Vorstellung hat, in fremden Rechtskreis einzudringen, weil er z. B. glaubt, wilde Tiere stünden jedermann zur Verfügung und niemand habe irgendein Vorrecht an ihnen.[78] Strafbarkeit aus § 292 kommt dann nicht in Betracht, da der subjektive Tatbestand nicht erfüllt ist. Eine Strafbarkeit aus § 242 oder § 246 scheidet aber ebenfalls aus, da der Täter nicht mit dem Vorsatz handelt, sich an einer fremden Sache zu vergreifen und somit fremdes Eigentum zu verletzen. Schwieriger sind die Fälle, in denen der Irrtum über die Herrenlosigkeit gerade auf der unrichtigen Annahme von Fremdheit der Sache beruht.

Beispiel

T findet im Jagdrevier des O in einer von dem Wilderer W aufgestellten Falle einen Feldhasen. T nimmt das noch lebende Tier mit Zueignungsabsicht in Besitz. Dabei stellt er sich vor, die Falle sei von dem Jagdrechtsinhaber O aufgestellt worden.

Durch die Ergreifung des Besitzes an dem Hasen hat sich T Wild zugeeignet und dabei das Jagdrecht des O verletzt. Auch in der von W aufgestellten Falle war der Hase noch herrenlos, da ein eigentumsbegründender Aneignungsakt eines Berechtigten nicht stattgefunden hatte. Fallensteller W selbst konnte

---

[77] Rengier (2014a), § 29 Rn. 8.

[78] Anders, wenn der Täter einen „generellen" Vorsatz bezüglich der Verletzung einer fremden dinglichen Berechtigung an der Sache hat, Wessels (1984), 221 (224).

als Nichtberechtigter ohnehin kein Eigentum an dem Hasen erlangen, § 958 II BGB.[79] Die von ihm verursachte Gefangenschaft des Hasen verschaffte aber auch dem Aneignungsberechtigten O nicht das Eigentum.[80] Denn nur ein dem O zurechenbarer Aneignungsakt hätte eigentumsbegründende Wirkung. Somit hat T den objektiven Tatbestand des § 292 I Nr. 1 erfüllt. Seine Vorstellung von der Tat beinhaltet aber ein Detail, das mit der Wirklichkeit nicht übereinstimmt und zudem ein objektives Tatbestandsmerkmal der Jagdwilderei betrifft. Wäre die Falle nicht von W, sondern – wie T glaubte – von O aufgestellt worden, läge darin ein Aneignungsakt des O i. S. des § 958 BGB, der dem O das Eigentum an dem Hasen verschafft und zugleich die Herrenlosigkeit dieses Tieres aufgehoben hätte.[81] Also stellte sich T vor, seine Besitzergreifung erfasse nicht ein herrenloses, sondern ein in fremdem Eigentum – und in fremdem Gewahrsam – stehendes Tier. T hatte somit nicht Wilderei-, sondern Diebstahlsvorsatz. Außer Frage steht, dass T wegen (untauglich) versuchten Diebstahls (§§ 242, 22),[82] nicht aber wegen vollendeten Diebstahls strafbar ist. Denn den objektiven Tatbestand des Diebstahls hat T nicht erfüllt. Fraglich ist jedoch, ob neben die Strafbarkeit wegen Diebstahlsversuchs noch eine Strafbarkeit wegen vollendeter Wilderei tritt. Das prima facie eindeutig entgegenstehende Strafbarkeitshindernis des fehlenden Wildereivorsatzes könnte möglicherweise mit dem Argument überwunden werden, dass der Vorsatz des T sogar eine gravierendere Rechtsgutsverletzung – nämlich eine Verletzung des Eigentums – beinhaltete und der Wildereivorsatz gewissermaßen als „wesensgleiches minus" – Verletzung der Vorstufe des Eigentums „Aneignungsrecht" – in diesem Vorsatz enthalten ist.[83] In der Tat rechtfertigt der Strafwürdigkeitsgehalt und die Ähnlichkeit der Schutzgüter ein derartiges argumentum a fortiori.[84] Gleichwohl würde eine darauf gestützte Strafentscheidung den eindeutigen Gesetzeswortlaut durchbrechen und somit gegen Art. 103 II GG verstoßen. Strafbarkeit wegen Wilderei ist deshalb in diesem Fall abzulehnen.[85] Eine unerträgliche Strafbarkeitslücke entsteht dadurch nicht, da die Bestrafung wegen Diebstahlsversuchs in aller Regel zur Befriedigung des Strafbedürfnisses ausreichen wird.[86]

Ein Irrtum über die Herrenlosigkeit ist auch in umgekehrter Richtung möglich: Der Täter hält eine tatsächlich in fremdem Eigentum stehende Sache für herrenlos.

---

[79] Wessels et al. (2013c), Rn. 456.

[80] BayObLG, NJW 1955, 32 (33); Wessels (1984), 221 (223).

[81] Wessels (1984), 221 (223).

[82] Geppert (2008), 599 (603); Jäger (2013), Rn. 610; Rengier (2014a), § 29 Rn. 10; Wessels (1984), 221 (225).

[83] Maurach et al. (2009), § 38 Rn. 20.

[84] Lackner et al. (2014), § 292 Rn. 5.

[85] Rengier (2014a), § 29 Rn. 10.

[86] Wessels (1984), 221 (225); Wessels et al. (2013c), Rn. 460.

Beispiel

(Abwandlung des obigen Beispiels): Die Falle ist vom Jagdberechtigten O aufgestellt worden. T nimmt an, sein „Wildererkollege" W habe die Falle aufgestellt.
Das Aufstellen der Falle durch O ist ein Aneignungsakt, der dem Berechtigten
O das Eigentum an dem Hasen verschafft hat, § 958 BGB. Mit der Begründung
des Eigentums endete die Herrenlosigkeit und damit die Tauglichkeit des Hasen
zum Objekt einer Wilderei. Objektiv hat T also nicht den Tatbestand der Jagdwilderei, sondern den Tatbestand des Diebstahls bzw. der Unterschlagung erfüllt.
Der Vorsatz des T umfasste jedoch nicht die Fremdheit des Hasen. T stellte sich
einen Sachverhalt vor, auf dessen Grundlage der Hase noch als herrenlos und
somit als taugliches Wildereiobjekt zu qualifizieren wäre. Strafbarkeit aus § 242
oder § 246 scheitert deshalb am Tatbestandsirrtum bezüglich des objektiven Tatbestandsmerkmals „fremd", § 16 I 1.[87] Fraglich ist, ob T wenigstens wegen Wilderei bestraft werden kann. Da er den objektiven Tatbestand des § 292 I nicht
erfüllt hat, ist seine mit Wildereivorsatz begangene Tat konstruktiv ein untauglicher Wildereiversuch.[88] Zwar könnte man wiederum das a-fortiori-Argument
bemühen und eine Strafbarkeit wegen vollendeter Wilderei damit begründen,
dass T objektiv sogar mehr getan hat, als „nur" fremdes Aneignungsrecht zu verletzen. Als minus im Verhältnis zum Diebstahl stehe die Erfüllung des objektiven
Wildereitatbestandes zwar nicht logisch, wohl aber normativ in einem Implika-
tionsverhältnis zur Erfüllung des objektiven Diebstahlstatbestandes.[89] Dennoch
vermag diese auf durchaus nachvollziehbaren Strafwürdigkeitserwägungen fu-
ßende Argumentation die fehlende Deckung durch den Gesetzeswortlaut nicht
zu ersetzen. Eine Bestrafung des T wegen vollendeter Wilderei verstieße gegen
Art. 103 II GG.[90] Auch diese restriktive Beurteilung wird aber praktisch kaum
zu nennenswerten Strafbarkeitslücken führen. Denn in der Regel dürfte dem Akt
der Besitzergreifung eine auf Verletzung fremden Jagdrechts gerichtete und noch
nicht auf ein bestimmtes Tatobjekt konzentrierte strafbare Nachstell-Aktion vorausgehen.[91]

15.2.1.2.2.2 Irrtum über die Eigenschaft „Wild" bzw. „dem Jagdrecht unterliegt"

Taugliche Tatobjekte nach § 292 I Nr. 1 („Wild") sind nur die in § 2 I BJagdG aufgeführten Tierarten. Die Zugehörigkeit zu einer solchen Gattung ist deshalb eine
die objektive Tatbestandsmäßigkeit nach § 292 I Nr. 1 mitkonstituierende Tatsache.
Folglich fällt ein Irrtum über diese Tatsache in den Bereich des § 16 I.[92] Entsprechendes gilt in § 292 I Nr. 2 für die Sachen, die dem Jagdrecht unterliegen. Da die

---

[87] Wessels (1984), 221 (224); aA Welzel (1969), 363, nach dem das laienhafte Bewußtsein genüge,
dass das Wild einem anderen „gehört".

[88] Wessels (1984), 221 (224); Wessels et al. (2013c), Rn. 459.

[89] Maurach et al. (2009), § 38 Rn. 20.

[90] Jäger (2013), Rn. 611; v. Löbbecke (1974), 119 (121); Wessels (1984), 221 (224).

[91] Waider (1962), 176 (181).

[92] Bringewat (1970), 652; Maurach et al. (2009), § 38 Rn. 18.

Definition dieses Merkmals in § 1 V BJagdG an den Begriff „Wild" anknüpft, hat hier die Zugehörigkeit zu den in § 2 I BJagdG aufgeführten Tierarten Relevanz für den objektiven Tatbestand. Ein diesbezüglicher Irrtum berührt somit § 16 I.

Beispiele

1. T erlegt im Jagdrevier des O ein Mauswiesel. Er weiß, dass Mauswiesel „Wild" sind, hält das erlegte Tier aber für eine Maus.
2. T erlegt im Jagdrevier des O eine Maus, die er für ein Mauswiesel hält. Er weiß, dass Mauswiesel „Wild" sind.
3. T erlegt im Jagdrevier ein Wildkaninchen. Irrtümlich hält er das Tier für einen Feldhasen. T ist darüber informiert, dass Wildkaninchen und Feldhasen „Wild" sind.

In **Beispiel 1** hat T den objektiven Tatbestand der Jagdwilderei nach § 292 I Nr. 1 erfüllt. Mauswiesel (Mustela nivalis L.) sind Haarwild gem. § 2 I Nr. 1 BJagdG. Da T das erlegte Tier aber nicht als Mauswiesel erkannte, sondern für eine Maus hielt, hatte er keinen Vorsatz bezüglich des objektiven Tatbestandsmerkmals „Wild". Denn Mäuse sind in der Aufzählung des § 2 I BJagdG nicht enthalten. Der Tatbestandsirrtum schließt den Vorsatz aus, § 16 I 1.[93] Somit hat sich T nicht aus § 292 I Nr. 1 strafbar gemacht. **Beispiel 2** ist die Umkehrung von Beispiel 1. Da die Maus kein Wild ist, hat T den objektiven Tatbestand des § 292 I Nr. 1 nicht erfüllt. Die irrtümliche Vorstellung des T, ein Mauswiesel zu erlegen, verleiht seiner Tat den Charakter eines untauglichen Wildereiversuchs. Dieser ist nicht mit Strafe bedroht. Strafbarkeit aus § 292 I Nr. 1 können in Beispiel 2 also nur diejenigen bejahen, die auf das Merkmal „Nachstellen" die Regeln des untauglichen Versuchs anwenden (dazu oben 15.2.1.1.5.1). Die strafrechtliche Beurteilung des Täterverhaltens in **Beispiel 3** stimmt mit Beispiel 1 insofern überein, als die Tötung des Wildkaninchens den objektiven Tatbestand des § 292 I Nr. 1 erfüllt. Fraglich ist der Vorsatz des T. Da T sich über die Tierart irrte, könnte ein Tatbestandsirrtum vorliegen, § 16 I. Jedoch erzeugte dieser Irrtum im Tatbewusstsein des T keine Lücke bezüglich des objektiven Tatbestandsmerkmals „Wild". T hatte das Bild eines Tieres vor Augen, das ebenso wie das tatsächlich erlegte Wildkaninchen in der Aufzählung des § 2 I Nr. 1 BJagdG enthalten und daher ebenso taugliches Wildereiobjekt ist. Auch im Rahmen anderer Straftatbestände ist anerkannt, dass ein Irrtum über die konkrete Beschaffenheit des Tatobjekts unerheblich ist, solange dieser Irrtum das Bewusstsein von der tatbestandlichen Qualität des Objekts nicht tangiert. Beispielsweise steht es der Strafbarkeit aus § 303 nicht entgegen, wenn der Täter den von ihm willentlich beschädigten Pkw Toyota irrtümlich für einen Mitsubishi hält.[94] Deshalb schließt die subjektive Einordnung eines Tieres in eine falsche Wildgattung den Wildereivorsatz nicht aus. Anders wäre es nur, wenn dieser erste Irrtum noch einen weiteren tatbestandsrelevanten Irrtum über die Wild-Eigenschaft ausgelöst hätte.

---

[93] Kuhlen (1987), 497; Schlüchter (1983), 123.
[94] Schroeder (1979), 321 (324).

Das ist hier aber nicht der Fall, da T dem Feldhasen zutreffend die Eigenschaft „Wild" zuschreibt. T hat also vorsätzlich gehandelt und sich deshalb aus § 292 I Nr. 1 strafbar gemacht.

Kompliziert wird die Lösung der Irrtumsproblematik, wenn zu dem Irrtum über die Tierart noch ein Irrtum über die Zugehörigkeit zum Katalog des § 2 I BJagdG hinzukommt. Diese Fälle des sog. „**Doppelirrtums**"[95] werden wegen ihrer geringen praktischen Bedeutung[96] in der Literatur nur spärlich erörtert und bilden daher ein immer noch recht unsicheres dogmatisches Terrain.

Beispiele

1. T erlegt im Jagdrevier des O ein Mauswiesel, das er für eine Maus hält. T stellt sich vor, Mäuse seien „Wild".
2. T erlegt im Jagdrevier des O eine Maus, die er für ein Mauswiesel hält. T weiß nicht, dass Mauswiesel „Wild" sind.

In **Beispiel 1** hat T den objektiven Tatbestand des § 292 I Nr. 1 erfüllt.[97] Fraglich ist jedoch, ob er dabei vorsätzlich handelte. Der Vorsatz muss sämtliche Merkmale des objektiven Tatbestandes erfassen, also auch das Objektmerkmal „Wild". Die Schwierigkeit der hier zu beurteilenden Tätervorstellung ist ihre innere Widersprüchlichkeit. Einerseits hat T – irrig – ein Tier vor Augen, das objektiv kein „Wild" i. S. der §§ 1 I, 2 I BJagdG ist, andererseits wird dieser Vorsatzmangel – scheinbar – kompensiert bzw. „korrigiert"[98] durch die – ebenfalls irrige – Annahme, Mäuse seien „Wild".[99] Die irrige Zuordnung der Maus zur Kategorie Wild bewirkt, dass T trotz falscher zoologischer Bestimmung des Tatobjekts die richtige Vorstellung von dessen für § 292 relevanten jagdrechtlichen Qualität hat. Es stellt sich daher die Frage, ob die Tatbeurteilung allein an diesem Vorsatzinhalt anzuknüpfen hat oder ob die Vorstellung von der Tierart mit zu berücksichtigen ist. Letzteres ist aus folgendem Grund richtig: Auf der Grundlage der Vorstellung des T, Mäuse seien Wild, könnte dem T nur der Vorwurf gemacht werden, dass ihn das Bewußtsein von der Verletzung fremden Jagdrechts nicht davon abgehalten hat, eine Maus zu töten. Der Vorwurf, entgegen dieser Vorstellung nicht davon Abstand genommen zu haben, ein Mauswiesel getötet zu haben, kann ihm hingegen nicht gemacht werden, weil er das Tier nicht als Mauswiesel erkannt hat. Zweifellos bezweckt § 292 nicht die Verhinderung von Mäusetötungen, sondern die Verhinderung von Mauswieseltötungen. Dieser gesetzliche Schutzzweck kann aber vernünftigerweise nicht darauf bauen, dass sich jemand durch das vorgestellte Bild einer Sache, die objektiv nicht Wild ist,

---

[95] Denkbar ist auch folgender „Dreifachirrtum": Der Täter hält das Mauswiesel für eine Maus, die Maus hält er für Wild und das Erlegen von Wild auf fremdem Jagdgebiet hält er für erlaubt.

[96] Geppert (2008), 599 (604); Kuhlen (1987), 39.

[97] Kuhlen (1987), 494.

[98] Foth (1965), 366 (371).

[99] Kuhlen (1987), 497: Der erste Irrtum wird durch den zweiten „aufgehoben".

zu einer bewußten Verhaltenssteuerung motivieren lässt, die tatsächlich die Verletzung von Wild und damit von fremdem Jagdrecht vermeidet. Dass im konkreten Fall die Befolgung des von dem vorgestellten „Wild" ausgehenden Appells, fremdes Jagdrecht nicht zu verletzen, tatsächlich ein Mauswiesel vor Tötung bewahrt hätte, ist reiner Zufall. Nur die kumulative Kenntnis von der Tierart und ihrer Eigenschaft als Wild gewährleistet, dass ein normtreuer Bürger sich nicht an Tieren vergreift, die Wild sind.[100] Umgekehrt kann deshalb der Vorwurf vorsätzlicher Tat auch nur dem Täter gemacht werden, der sich mit seiner Tat über den von dieser kumulativen Vorstellung ausgehenden Tatvermeideappell hinweggesetzt hat. Würde man hingegen auf die richtige kognitive Erfassung der Tierart verzichten und sich mit einer auf Irrtumsbasis entstandenen Vorstellung von „Wild" begnügen, müßte sogar der Täter wegen Wilderei bestraft werden, der in der Dunkelheit auf ein Wildschwein schießt, das er für einen Menschen hält, dem er die Eigenschaft „Wild" zuschreibt.

Da T in **Beispiel 2** ein Tier getötet hat, das nicht „Wild" i. S. der §§ 1 I, 2 BJagdG ist, hat er den objektiven Tatbestand jedenfalls nicht in der Alternative „fangen", „erlegen" oder „zueignen" erfüllt. Strafbarkeit aus § 292 I Nr. 1 kommt somit nur unter der Prämisse in Betracht, dass der Versuch am untauglichen Objekt ein Fall tatbestandsmäßigen „Nachstellens" ist. Auf Grund der Unternehmensdeliktsstruktur des Nachstellens ist eine derartige Annahme nicht fernliegend (s. o. 15.2.1.1.5.1). Fraglich ist jedoch darüber hinaus, ob die Vorstellung des T von seiner Tat – insbesondere von dem Objekt seiner Tat – überhaupt den Anforderungen des Wildereivorsatzes genügt. Denn die Tierart, der T das von ihm getötete Tier irrtümlich zuordnet, ist zwar in § 2 I Nr. 1 BJagdG erwähnt und daher Wild i. S. des § 1 I BJagdG. Jedoch bleibt die Wild-Eigenschaft dem Tatbewusstsein des T letztlich doch verschlossen, weil T das Mauswiesel nicht mit dem Begriff „Wild" in Verbindung bringt. Damit ist der Vorsatz des T aber unvollständig. Der Tatbestand der Jagdwilderei schützt nicht herrenlose Tiere schlechthin, sondern nur solche, die dem Jagdrecht unterliegen, also nur Wild. Folglich muss der Vorsatz des Täters diese Klassifizierung im konkreten Fall aufnehmen. Daran fehlt es im vorliegenden Fall. T hatte nicht den Vorsatz, Wild zu jagen. Deshalb kann er auch nicht nach den Regeln des untauglichen Versuchs wegen Nachstellens bestraft werden.

15.2.1.3 Rechtswidrigkeit

Zum Ausschluss der Rechtswidrigkeit tatbestandsmäßiger Wilderei eignen sich verschiedene **Rechtfertigungsgründe**.[101]

---

[100] Anders Kuhlen (1987), der der Verwechslung eines Mauswiesels mit einer Maus keine andere sachliche Relevanz zumessen will als der Verwechslung des Mauswiesels a mit dem Mauswiesel b; im Ergebnis ebenso Bringewat (1970), 652 (653); im Ergebnis wie hier Baumann (1962), 16 (17); Foth (1965), 366 (371); Schlüchter (1983), 123.

[101] Leipziger Kommentar-Schünemann (2008), § 292 Rn. 76–80.

15.2.1.3.1 Einwilligung

Da das von § 292 geschützte Jagdrecht ein zur Disposition seines Inhabers stehendes Vermögensgut ist, kann der Jagdrechtsinhaber in die Tat wirksam **einwilligen**.[102] Rechtfertigend wirkt demzufolge auch eine **mutmaßliche Einwilligung**.[103] Die Einmütigkeit, mit der diese Ansicht im Schrifttum vertreten wird, ist allerdings überraschend, wenn man berücksichtigt, dass dem Tatbestand Jagdwilderei überwiegend noch ein zweites Rechtsgut zugeordnet wird: Die Hege und Pflege des Wildbestandes (s. o. 15.1.1). Da es sich dabei um ein überindividuelles Schutzgut handelt, dessen Träger die „Allgemeinheit" ist, ist an sich nach allgemeiner Einwilligungsdogmatik eine rechtfertigende Einwilligung mangels Disponibilität nicht möglich.[104] Eine ähnliche Konstellation findet man bei den Straftatbeständen §§ 164, 315 c und 340. Dort ist die Möglichkeit einer rechtfertigenden Einwilligung durchaus umstritten. Die Auffassung, dass die Rechtfertigung durch Einwilligung an der jeweiligen überindividuellen Rechtsgutskomponente des Straftatbestandes scheitert, wird von einer großen Anhängerschaft getragen.[105] Daran gemessen ist die im Spiegel der Literatur hervorstechende Unbedenklichkeit einer rechtfertigenden Einwilligung bei § 292 inkonsequent. Folgt man hingegen der vorzugswürdigen Mindermeinung, die der Einwilligung bei §§ 164, 315 c und 340 die Kraft zum letztlich der Strafbarkeit entgegenstehenden Ausschluss eines Teil-Unrechts attestiert,[106] stößt man auch im Rahmen des § 292 auf keine unüberwindlichen dogmatischen Hürden: Willigt der Jagdausübungsberechtigte in die Tat ein, tangiert die Tat das von § 292 geschützte Individualgut nicht in rechtswidriger Weise. Die Einwilligung bewirkt also eine Teil-Rechtfertigung. Soweit die konsentierte Tat den Wildbestand gefährdet, ist sie zwar unter dem Gesichtspunkt des überindividuellen Rechtsguts Unrecht. Dies reicht aber für eine Strafbarkeit aus § 292 nicht aus. Vielmehr sind für die Ahndung dieses Teil-Unrechts die speziellen Straf- und Bußgeldtatbestände des BJagdG zuständig. Wäre es anders, müsste auch eine vom Jagdausübungsberechtigten selbst begangene Tat nach § 292 strafbar sein, wenn sie schädlich für den Wildbestand ist. Die Straflosigkeit des Jagdrechtsinhabers steht aber außer Zweifel, da es in jedem Fall an dem Tatbestandsmerkmal „unter Verletzung fremden Jagdrechts" fehlt (s. o. 15.2.1.1.2).

15.2.1.3.2 Notstand und notstandsähnliche Befugnisse

Eine Rechtfertigung durch Notstand ist ohne weiteres möglich.[107] Wird die Tat begangen, um eine von dem betroffenen Wild ausgehende Gefahr abzuwenden, greift die besonders täterfreundliche Bestimmung über den **Defensivnotstand** ein. Der

---

[102] Leipziger Kommentar-Schünemann (2008), § 292 Rn. 76; nach Gössel (1996), § 19 Rn. 16 schließt die Einwilligung die objektive Tatbestandsmäßigkeit aus.

[103] Leipziger Kommentar-Schünemann (2008), § 292 Rn. 76; Münchener Kommentar zum StGB – Zeng (2013), § 292 Rn. 44.

[104] Allgemein dazu Kühl (2012), § 9 Rn. 27.

[105] Lackner et al. (2014), § 164 Rn. 11; § 315 c Rn. 32.

[106] Baumann et al. (2003), § 17 Rn. 99; Rengier (2014b), § 44 Rn. 19a.

[107] Gössel (1996), § 19 Rn. 27; Leipziger Kommentar-Schünemann (2008), § 292 Rn. 76.

Wortlaut des § 228 S. 1 BGB deckt die Tat zwar nicht vollständig, da das Wild per definitionem keine „fremde Sache" ist. Jedoch bestehen gegen eine entsprechende Anwendung des § 228 BGB auf dem Jagdrecht unterliegende herrenlose Tiere keine Bedenken.[108] Auf **Notwehr** (§ 32) kann sich der von einem wilden Tier angegriffene und sich dagegen mit einer tatbestandsmäßigen Handlung (z. B. erlegen) wehrende Täter hingegen nicht berufen. Der „reine" Tierangriff ist kein „Angriff" i. S. des Notwehrrechts.[109] Die – von § 32 erfasste – Situation, dass ein Mensch das Tier zu dem Angriff aufhetzt,[110] wird bei Wild praktisch kaum möglich sein.

Beispiele

1. T fängt im Jagdrevier des O einen Keiler und hetzt ihn auf den V. V hat zufällig ein schussbereites Gewehr dabei. Mit diesem Gewehr erschießt V den Keiler.
2. Abwandlung von 1): O fängt den Keiler und hetzt ihn auf den V.

In **Beispiel 1** ist V mit einem notwehrfähigen Angriff konfrontiert. Die Gefahr für seine körperliche Unversehrtheit beruht zwar unmittelbar auf einem Tier. Auslösendes Gefahrmoment ist jedoch menschliches Verhalten. Daher befindet sich V in einer Notwehrlage. Die Tötung des Keilers ist aber keine „Verteidigung" i. S. des § 32. Denn anerkanntermaßen rechtfertigt Notwehr nur den Eingriff in Güter des Angreifers.[111] Die Verletzung von Gütern einer neutralen Person – eines Nicht-Angreifers – ist nicht durch Notwehr gerechtfertigt. Zur gesetzestextnahen Begründung dieses Ergebnisses eignet sich am besten das Notwehrmerkmal Verteidigung. Diese Qualität hat eine Tat nämlich nur, soweit sie sich gegen den Angreifer richtet.[112] Angreifer ist hier T und nicht O, dessen Jagdrecht durch die Tötung des Keilers verletzt worden ist. Die Tat ist also nicht durch Notwehr, sondern durch Notstand gerechtfertigt. In **Beispiel 2** stellt sich die Rechtfertigungsfrage von vornherein in einem anderen tatbestandlichen Kontext. V hat mit der Tötung des Keilers keine Jagdwilderei begangen, da das Tier nicht mehr herrenlos – also nicht mehr „Wild" – war, als es den V angriff. Indem O den Keiler fing, nahm er ihn in Eigenbesitz und erwarb gem. § 958 I BGB das Eigentum. Die Tötung des Tieres erfüllt daher den Tatbestand der Sachbeschädigung, § 303 I. Diese ist nun allerdings durch Notwehr gerechtfertigt, da V von dem Eigentümer O angegriffen wurde und die Verteidigung sich gegen das Eigentum des Angreifers richtet.[113]

---

[108] Baumann et al. (2003), § 17 Rn. 86; Leipziger Kommentar-Schünemann (2008), § 292 Rn. 78.

[109] Baumann et al. (2003), § 17 Rn. 4; Kühl (2012), § 7 Rn. 26.

[110] Kühl (2012), § 7 Rn. 27.

[111] Kühl (2012), § 7 Rn. 84.

[112] Baumann et al. (2003), § 17 Rn. 19.

[113] Oben 3.2.2.2.

15.2.2 Besonders schwere Fälle

15.2.2.1 Allgemeines

Der durch das 6. Strafrechtsreformgesetz neugefasste § 292 enthält keinen Qualifikationstatbestand mehr. Stattdessen ordnet § 292 II eine Strafrahmenanhebung für besonders schwere Fälle an. In § 292 II 2 ist die besondere Schwere in Gestalt von **Regelbeispielen** konkretisiert.[114] Diese Regelbeispiele waren teilweise schon in der alten Fassung des § 292 strafzumessungsrelevante Regelbeispiele (so § 292 II 2 Nr. 2 und 3, früher § 292 II), teilweise aber auch Qualifikationsmerkmale (so § 292 II 2 Nr. 1, früher § 292 III).

15.2.2.2 Regelbeispiele
15.2.2.2.1 § 292 II 2 Nr. 1

Gewerbsmäßigkeit und **Gewohnheitsmäßigkeit** sind subjektive Einstellungen, die der Täter mit der einzelnen Tat verbindet und die inhaltlich durch den Willen zur Wiederholung geprägt sind. Gewerbsmäßigkeit ist die Absicht, sich durch wiederholte Tatbegehung eine dauerhafte und ergiebige Einnahmequelle zu verschaffen.[115] Gewohnheitsmäßigkeit ist der durch wiederholte Tatbegehung erzeugte, verstärkte und anhaltende Hang zur Wilderei.[116] Sowohl die Gewerbsmäßigkeit als auch die Gewohnheitsmäßigkeit sind besondere persönliche Merkmale, die dem § 28 II unterfallen.[117] Sind also an einer Tat mehrere Personen beteiligt, von denen nicht alle gewerbsmäßig oder gewohnheitsmäßig handeln, kommt § 292 II 2 Nr. 1 nur den Tatbeteiligten gegenüber zur Anwendung, die selbst gewerbs- oder gewohnheitsmäßig handeln.[118]

15.2.2.2.2 § 292 II 2 Nr. 2

Das Merkmal „nicht weidmännische Weise" ist eine Art **Generalklausel** und steht zu den genannten Tatausführungsarten „zur Nachtzeit, in der Schonzeit, unter Anwendung von Schlingen" im Verhältnis von Oberbegriff zu Unterbegriff. „Nicht weidmännisch" geht der Täter zu Werke, wenn er gegen die auch für den Jagdausübungsberechtigten verbindlichen gesetzlichen Vorschriften verstößt.[119] „**Nachtzeit**" ist nicht als eine bestimmte Uhrzeit (z. B. zwischen 22 Uhr abends und 6 Uhr morgens) zu verstehen, sondern bedeutet, dass der Täter in der nächtlichen Dunkelheit (Ende der Abend- bis Beginn der Morgendämmerung)[120] wildert.[121] Die Be-

---

[114] Näher zu dieser Regelungstechnik oben 1.3.1.1.

[115] Leipziger Kommentar-Schünemann (2008), § 292 Rn. 88; Münchener Kommentar zum StGB – Zeng (2013), § 292 Rn. 54.

[116] Leipziger Kommentar-Schünemann (2008), § 292 Rn. 88; Münchener Kommentar zum StGB – Zeng (2013), § 292 Rn. 55.

[117] Gössel (1996), § 19 Rn. 37; Münchener Kommentar zum StGB – Zeng (2013), § 292 Rn. 54, 55.

[118] Zur Gewerbsmäßigkeit im Rahmen des § 243 I 2 Nr. 3 vgl. oben 1.3.2.3.

[119] Leipziger Kommentar-Schünemann (2008), § 292 Rn. 94.

[120] Fischer (2014), § 292 Rn. 24.

[121] Lackner et al. (2014), § 292 Rn. 6.

stimmung in § 19 I Nr. 4 BJagdG ist nicht maßgeblich. Die „**Schonzeit**" ist gem. § 22 I 2 BJagdG der außerhalb der durch Verordnung festgelegten Jagdzeiten liegende Zeitraum. Außer **Schlingen** indizieren auch andere dem Wild besondere Qualen verursachende Jagdwerkzeuge die „**nicht weidmännische Weise**", näher dazu § 19 BJagdG.[122]

15.2.2.2.3 § 292 II 2 Nr. 3

Dieses Regelbeispiel unterscheidet sich von seinem Vorläufer in § 292 II a. F. nur dadurch, dass das Merkmal „Täter" durch das Merkmal „**Beteiligte**" ersetzt worden ist. „Beteiligter" ist ein weiterer Begriff als „Täter". Er umfasst alle Arten der Beteiligung an einer Straftat, also außer den verschiedenen Täterschaftsformen des § 25 auch Anstiftung (§ 26) und Beihilfe (§ 27), vgl. § 28 II. Die Neufassung ist deshalb weiter als die Vorläuferregelung.[123] Früher war das Regelbeispiel nur erfüllt, wenn mehrere – mindestens zwei – Personen jeweils in der Rolle des (Mit-) Täters zusammenwirkten.[124] Nunmehr reicht auch die gemeinsame Tatbegehung eines Täters mit Gehilfen.[125]

15.3 Fischwilderei

15.3.1 Allgemeines

§ 293 wurde durch das 6. Strafrechtsreformgesetz in einigen Punkten umgestaltet.[126] Früher enthielt die Vorschrift in Absatz 2 die Anordnung einer Strafschärfung für besonders schwere Fälle, die durch Regelbeispiele konkretisiert waren. § 293 III a. F. regelte einen Qualifikationstatbestand, der auf den Merkmalen „gewerbsmäßig" und „gewohnheitsmäßig" basierte. Wie bei § 292 steht als Schutzgut das **Aneignungsrecht** des Fischereiberechtigten im Vordergrund.[127] Mittelbar dient die Strafvorschrift aber auch dem Tier- und Naturschutz.[128] Eine Konkurrenzsituation mit § 324 kann entstehen, wenn durch die Verunreinigung des Gewässers zugleich Sachen i. S. des § 293 Nr. 2 beschädigt oder zerstört werden. Die Verursachung eines Fischestrebens durch Verschmutzung oder Vergiftung des Gewässers ist hingegen kein Fall der Fischwilderei und konkurriert deshalb nicht mit § 324, weil diese Art der Tötung von Fischen kein „fischen" i. S. des § 293 Nr. 1 ist und lebende Fische keine „Sachen" i. S. des § 293 Nr. 2 sind.

---

[122] Kasuistik bei Leipziger Kommentar-Schünemann (2008), § 292 Rn. 95.

[123] Leipziger Kommentar-Schünemann (2008), § 292 Rn. 97.

[124] Gössel (1996), § 19 Rn. 34.

[125] Mitsch (1999), 65 (120).

[126] Vgl. dazu die Synopse im Nachtrag zur 22. Aufl. des Kommentars von Lackner et al., 69 oder in Schlüchter (Hrsg.), Bochumer Erläuterungen zum 6. StrRG, 99.

[127] Leipziger Kommentar-Schünemann (2008), § 293 Rn. 1.

[128] Münchener Kommentar zum StGB – Zeng (2013), § 293 Rn. 1.

15.3.2 Strafbarkeitsvoraussetzungen

15.3.2.1 Objektiver Tatbestand

15.3.2.1.1 Übersicht

Der objektive Tatbestand besteht aus dem **Täter**merkmal (Wer), dem **Tatobjekts**merkmal (Sache, die dem Fischereirecht unterliegt), dem **opfer**bezogenen Merkmal (Verletzung fremden Fischerei- oder Fischereiausübungsrechts) und dem **Handlungs**merkmal (fischt, zueignet usw.).

15.3.2.1.2 Täter

Als Täter dieses **Allgemeindelikts** scheiden nur die Inhaber der betroffenen Rechtspositionen aus, also der Fischereiberechtigte (näher dazu unten 15.3.2.1.3). Wie beim Jagdrecht (dazu oben 15.2.1.1.3) können aber auch hier Fischereirecht und Fischereiausübungsrecht voneinander getrennt werden. Folglich ist es möglich, dass der Inhaber des Fischereirechts fremdes Fischereiausübungsrecht verletzt und umgekehrt.[129]

15.3.2.1.3 Tatopfer

Opfer der Tat ist entweder der Inhaber des Fischereirechts oder der mit ihm nicht identische Inhaber des Fischereiausübungsrechts. Der positivrechtliche Rahmen dieser Rechtsstellungen wird durch **Landesfischereigesetze** und **Fischereiordnungen der Länder** gesetzt.[130] Beispielsweise im Land Brandenburg beinhaltet das Fischereirecht nach § 3 I 1 BbgFischG die ausschließliche Befugnis, „in einem Gewässer Fische usw.[131] zu hegen, zu fangen und mit Ausnahme der geschützten Arten sich anzueignen". Es steht entweder dem Eigentümer des Gewässergrundstücks (Eigentumsfischereirecht) zu, § 4 I BbgFischG, oder ist als selbständiges Fischereirecht ein das Gewässergrundstück – bzw. das Eigentum daran – belastendes Recht, § 4 II BbgFischG. Der Fischereiberechtigte kann durch Fischereipachtvertrag die Ausübung des Fischereirechts auf einen anderen übertragen, § 10 BbgFischG. Unter dieser Voraussetzung ist es also möglich, dass der Inhaber des Fischereirechts den Tatbestand verwirklicht, indem er in das Fischereiausübungsrecht des Pächters eingreift.

15.3.2.1.4 Tatobjekt

Tatobjekte nach § 293 Nr. 1 sind Fische und sonstige im Gewässer lebende Tiere (z. B. Krebse, Frösche, Schildkröten, Austern, Miesmuscheln, Perlmuscheln),[132] die Gegenstand des Fischfangs sind. Als Tatobjekte der Alternative § 293 Nr. 2 kommen alle sonstigen dem Fischereirecht unterliegende Sachen in Betracht, z. B. Muschel-

---

[129] Leipziger Kommentar-Schünemann (2008), § 293 Rn. 6.

[130] Im Land Brandenburg durch das BbgFischG vom 13. 5. 1993, GVBl. I S. 178; vollständige Zusammenstellung der Gesetze und Verordnungen im Erbs-Kohlhaas-Registerband (Lexikon des Nebenstrafrechts von Buddendiek et al. 2013) Rn. 245.

[131] „Fische einschließlich deren Laich, Neunaugen, Krebse, Muscheln sowie Fischnährtiere".

[132] Fischer (2014), § 293 Rn. 2; Lackner et al. (2014), § 293 Rn. 3.

schalen, tote Fische oder Seemoos, nicht aber Fischereigeräte.[133] Die Gegenstände müssen **herrenlos** sein. Im Eigentum stehende Objekte – z. B. Fische in Teichen und sonstigen geschlossenen Privatgewässern (§ 960 I 2 BGB) – unterfallen nicht dem Tatbestand der Fischwilderei, sondern Diebstahl, Unterschlagung und Sachbeschädigung.[134]

15.3.2.1.5 Tathandlung

Fischen (§ 293 Nr. 1) ist jede auf Fang oder Erlegen frei lebender Wassertiere gerichtete Handlung. Der Eintritt des beabsichtigten Erfolges (Fangen, Erlegen) ist nicht erforderlich.[135] Wie das „Nachstellen" des § 292 I ist das Fischen also ein Handlungsmerkmal, das der Tat den Charakter eines **unechten Unternehmensdelikts** verleiht.[136] Die Merkmale **zueignen, beschädigen** und **zerstören** (§ 293 Nr. 2) haben denselben Bedeutungsgehalt wie die gleichnamigen Merkmale des § 292 I Nr. 2 (dazu oben 15.2.1.1.5.4 ff.).

15.3.2.2 Subjektiver Tatbestand

Der subjektive Tatbestand setzt – mindestens bedingten – **Vorsatz** voraus, § 15.[137] Eine über den Tatvorsatz hinausgehende Zueignungsabsicht ist nicht erforderlich. Wegen der Unternehmensstruktur des objektiven Handlungsmerkmals „fischen" (s. o. 15.3.2.1.5) ist dort aber eine überschießende – auf Fangen oder Erlegen zielende – Innentendenz erforderlich. Diese wird aber schon bei der Prüfung des objektiven Tatbestandsmerkmals „fischen" berücksichtigt, weshalb sie sich im subjektiven Tatbestand nicht mehr bemerkbar macht.

Kontrollfragen

1. Schützt § 292 ein Rechtsgut oder mehrere Rechtsgüter? (15.1.1)
2. Kann der Inhaber des Jagdrechts Täter einer Wilderei sein? (15.2.1.1.2)
3. Wie unterscheiden sich „Jagdrecht" und „Jagdausübungsrecht"? (15.2.1.1.3)
4. Welche strafrechtsdogmatische Bedeutung hat eine Jagderlaubnis? (15.2.1.1.3.2)
5. Warum können Wildereiobjekte nicht gleichzeitig Objekt einer Wilderei und eines Diebstahls sein? (15.2.1.1.4.1)
6. Welchen besonderen strafrechtsdogmatischen Charakter hat das Tatbestandsmerkmal „Nachstellen"? (15.2.1.1.5.1)
7. Wie macht sich strafbar, wer sich Wild zueignet, von dem er irrtümlich annimmt, der Berechtigte habe es sich bereits angeeignet? (15.2.1.2.2.1)
8. Enthält § 292 II Qualifikationstatbestände? (15.2.2.1)

---

[133] Fischer (2014), § 293 Rn. 3; Lackner et al. (2014), § 293 Rn. 4.

[134] Lackner et al. (2014), § 292 Rn. 1.

[135] Fischer (2014), § 293 Rn. 2.

[136] Lackner et al. (2014), § 293 Rn. 3.

[137] Fischer (2014), § 293 Rn. 5.

Literatur

Arzt G, Weber U, Heinrich B, Hilgendorf E. Strafrecht Besonderer Teil. 2. Aufl. 2009.

Baumann. Das Umkehrverhältnis zwischen Versuch und Irrtum im Strafrecht, NJW. 1962; 16.

Baumann J, Weber U, Mitsch W. Strafrecht Allgemeiner Teil. 11. Aufl. 2003.

Blei H. Strafrecht Besonderer Teil. 12. Aufl. 1983.

Bringewat. Der so genannte doppelte Irrtum, MDR. 1970; 652.

Burkhardt. Das Unternehmensdelikt und seine Grenzen, JZ. 1971; 352.

Eisele J. Strafrecht Besonderer Teil II. 2. Aufl. 2012b.

Erbs, Kohlhaas. Strafrechtliche Nebengesetze. 200. Aufl. 2014.

Fischer T. Strafgesetzbuch. 61. Aufl. 2014.

Foth. Neuere Kontroversen um den Begriff des Wahnverbrechens, JR. 1965; 366.

Furtner. Wie lange kann ein jagdbares Tier Gegenstand der Jagdwilderei sein? JR. 1962; 414.

Furtner. Kann sich der nicht jagdberechtigte Eigentümer in seinem befriedeten Besitztum der Jagdwilderei schuldig machen? MDR. 1963; 98.

Geppert. Straf- und zivilrechtliche Fragen zur Jagdwilderei (§ 292 StGB), Jura. 2008; 599.

Gössel KH. Strafrecht Besonderer Teil. Bd. 2; 1996.

Jäger C. Examens-Repetitorium Strafrecht Besonderer Teil. 5. Aufl. 2013.

Jescheck HH, Weigand T. Lehrbuch des Strafrechts Allgemeiner Teil. 5. Aufl. 1996.

Kühl K. Strafrecht Allgemeiner Teil. 7. Aufl. 2012.

Kuhlen L. Die Unterscheidung von vorsatzausschließendem und nichtvorsatzausschließendem Irrtum. 1987.

Lackner K, Kühl K. Strafgesetzbuch. 28. Aufl. 2014.

v. Löbbecke. Zur „Rechtsfigur" des sog. „Plus-Minus-Verhältnisses" im Strafrecht, MDR. 1974; 119.

Leipziger Kommentar zum Strafgesetzbuch. Bd. 10, 12. Aufl. 2008.

Maurach R, Schroeder F-C, Maiwald M. Strafrecht Besonderer Teil 1. 10. Aufl. 2009.

Mitsch. Die Vermögensdelikte im Strafgesetzbuch nach dem 6. Strafrechtreformgesetz. ZStW. 1999. 111. 65.

Mitsch. Das Unternehmensdelikt, Jura. 2012; 526.

Münchener Kommentar zum StGB. Bd. 5, 2. Aufl. 2013.

Nomos Kommentar zum Strafgesetzbuch. 4. Aufl. 2013.

Rengier R. Strafrecht Besonderer Teil I. 16. Aufl. 2014a.

Schlüchter E. Irrtum über normative Tatbestandsmerkmale im Strafrecht. 1983.

Schroeder. Der Irrtum über Tatbestandsalternativen im Strafrecht, GA. 1979; 321.

Sowada. Das „unechte Unternehmensdelikt" – eine überflüssige Rechtsfigur, GA. 1988; 195.

Waider. Strafbare Versuchshandlungen der Jagdwilderei, GA. 1962; 176.

Weber. Die Vorverlagerung des Strafrechtsschutzes durch Gefährdungs- und Unternehmensdelikte ZStW-Beiheft. 1987; 1.

Welzel H. Das Deutsche Strafrecht. 11. Aufl. 1969.

Wessels. Probleme der Jagdwilderei und ihrer Abgrenzung zu den Eigentumsdelikten, JA. 1984; 221.

Wessels J, Hillenkamp T. Strafrecht Besonderer Teil 2. 36. Aufl. 2013.

Vereiteln der Zwangsvollstreckung, § 288 StGB

16

Inhaltsverzeichnis

16.1 Allgemeines

16.1.1 Rechtsgut

Schutzgut des Straftatbestandes ist nicht die Funktionsfähigkeit des staatlichen Vollstreckungsapparats[1] und damit die Zivilrechtspflege,[2] sondern die Chance des Gläubigers auf zwangsweise Durchsetzung seines Anspruchs.[3] Da der Tatbestand auf Vollstreckungsaufträge begrenzt ist, die sich gegen das Vermögen des Vollstreckungsschuldners richten, dient die Vorschrift letztlich dem Schutz des **Gläubigervermögens**.[4] Daher ist die Vereitelung der Zwangsvollstreckung ein Vermögensdelikt.[5]

---

[1] Insoweit können §§ 113, 136, 156, 267 ff. StGB relevant werden.

[2] Mit einer derartigen Rechtsgutsbestimmung wäre der gesetzliche Antragsvorbehalt (§ 288 II StGB) nicht zu vereinbaren.

[3] BGH, NJW 1991, 2420; H. Bruns (1933), 457 (467); Maurach et al. (2009), § 47 Rn. 3.

[4] LG Gießen, NJW 2004, 1966 (1968); H. Bruns (1933), 457 (488); Geppert (1987), 427; Gössel (1996), § 28 Rn. 69; Lüke (1993), 565 (576).

[5] Rengier (2014), § 27 Rn. 1; Wittig (2014), § 24 Rn. 1.

© Springer-Verlag Berlin Heidelberg 2015
W. Mitsch, *Strafrecht, Besonderer Teil 2,* Springer-Lehrbuch,
DOI 10.1007/978-3-662-44934-9_16

16.1.2   Systematik

Die positivgesetzliche Systematik dieses Delikts ist sehr einfach. Es gibt nur einen **Grundtatbestand** ohne tatbestandliche Abwandlungen (Qualifikations- oder Privilegierungstatbestände). Der Versuch ist nicht mit Strafe bedroht, vgl. § 23 I. Die Rechtsfolgenseite ist nachgerade spartanisch ausgestaltet: Das Gesetz kennt weder minder noch besonders schwere Fälle und demzufolge auch keine Regelbeispiele. Das typischerweise geringe öffentliche Interesse an der Verfolgung von Straftaten dieses Typs manifestiert sich in Absatz 2: Die Tat ist absolutes Antragsdelikt (aber kein Privatklagedelikt, vgl. § 374 I StPO).

Berührungspunkte mit anderen Straftatbeständen existieren vor allem im Verhältnis zur **Pfandkehr** (§ 289 StGB) sowie zu den **Insolvenzdeliktstatbeständen** (§§ 283 ff. StGB). Bei allen diesen Delikten nimmt der Täter typischerweise Zugriff auf eigene Vermögensgüter und beeinträchtigt damit Befriedigungs- und Sicherungsinteressen von Gläubigern, denen das Tatobjekt als Sicherheit oder Haftungssubstrat dient.

16.2   Strafbarkeitsvoraussetzungen

16.2.1   Objektiver Tatbestand

16.2.1.1   Übersicht

Der objektive Tatbestand besteht aus dem **Täter**merkmal (Vollstreckungsschuldner), dem **Tatsituation**smerkmal (Drohen der Zwangsvollstreckung), dem **Tatobjekt**smerkmal (Bestandteile seines Vermögens) und dem **Handlung**smerkmal (Veräußern, Beiseiteschaffen). Die Übersicht verdeutlicht, dass in § 288 I kein Erfolgsdelikt normiert ist. Für die Vollendung und Strafbarkeit der Tat ist es unerheblich, ob die Befriedigung des Gläubigers tatsächlich vereitelt wurde oder nicht.[6] Aus materiell-rechtsgutsorientierter Perspektive ist die Vollstreckungsvereitelung nur der Versuch einer Befriedigungsvereitelung, der das geschützte Rechtsgut nicht einmal konkret zu gefährden braucht. Es handelt sich daher um ein **abstraktes Gefährdungsdelikt**.[7]

16.2.1.2   Täter

Die Tat hat **Sonderdeliktscharakter**,[8] da nicht jedermann, sondern nur der Gegner der drohenden Zwangsvollstreckung und Inhaber des von der drohenden Zwangsvollstreckung betroffenen Vermögens Täter sein kann.[9] Diese dogmatische Eigenart schafft einige komplizierte Probleme im Bereich von Täterschaft und Teilnahme,

---

[6] H. Bruns (1933), 457 (467); Fischer (2014), § 288 Rn. 12; Lüke (1993), 565 (578); Wittig (2014), § 24 Rn. 1.

[7] H. Bruns (1933), 457 (468); Eisele (2012), Rn. 987; Gössel (1996), § 28 Rn. 70.

[8] H. Bruns (1933) 457, (479); Eisele (2012), Rn. 987; Maurach et al. (2009), § 47 Rn. 11; Wittig (2014), § 24 Rn. 5.

[9] H. Bruns (1933), 457 (469); Gössel (1996), § 28 Rn. 74; Lackner et al. (2014), § 288 Rn. 7.

deren – geringe – praktische Bedeutung in umgekehrt proportionalem Verhältnis zur Häufigkeit ihrer Verwendung in Klausuren und Hausarbeiten und zum Reiz wissenschaftlich-theoretischer Beschäftigung mit ihnen stehen dürfte (näher dazu unten 16.3.1. ff.).

Der Täter muss nach dem Gesetzestext kumulativ zwei außerstrafrechtlich begründete Eigenschaften haben: Er muss Zielsubjekt der drohenden Zwangsvollstreckung sein (**Vollstreckungsschuldner**) und er muss Inhaber des Vermögens sein, gegen das sich die Zwangsvollstreckung richtet (**Vermögensinhaber**). Eine dritte – ungeschriebene – Eigenschaft kommt hinzu: Der Täter muss **Schuldner des materiellrechtlichen Anspruchs** sein, zu dessen Durchsetzung die Zwangsvollstreckung betrieben wird.[10] Die Vereitelung einer Zwangsvollstreckung, der die materiellrechtliche Deckung fehlt, mag zwar als Missachtung der Institution „Zwangsvollstreckung" Unrecht sein. Im Licht des hinter § 288 stehenden Schutzgutes ist eine solche Tat aber nicht strafwürdig, da dem Vermögen des Gläubigers kein Schaden zugefügt wird.[11] Dem Schuldner des Anspruchs gleichgestellt ist, wer mit seinem Vermögen für die Erfüllung des Anspruchs **haftet**, ohne selbst Schuldner zu sein.[12]

Beispiele

1. G hat gegen T ein rechtskräftiges Urteil auf Rückzahlung eines Darlehens in Höhe von 5000 € erstritten. Da T nicht zahlt, beauftragt G den Gerichtsvollzieher V mit der Zwangsvollstreckung. Der einzige für einen Vollstreckungszugriff in Betracht kommende Gegenstand – der Pkw des T – wird von T beiseite geschafft.
2. Abwandlung von (1): T hat das Darlehen bereits an G zurückgezahlt. Da er dies aber nicht beweisen kann, wird er zur Zahlung verurteilt.
3. Abwandlung von (1): Nachdem das Urteil rechtskräftig geworden ist, zahlt T dem G 5000 €.
4. Abwandlung von (1): Der beiseite geschaffte Pkw gehörte nicht dem T, sondern dem E, der ihn dem T geliehen hat.
5. Abwandlung von (1): Ohne Wissen des T schafft dessen Freund F den Pkw beiseite.

In **Beispiel 1** erfüllt T alle täterbezogenen Tatbestandsmerkmale und somit letztlich den objektiven Tatbestand insgesamt. Die Zwangsvollstreckung droht ihm, er ist Eigentümer des von der Zwangsvollstreckung bedrohten Tatgegenstands und er ist Schuldner des materiellrechtlichen Zahlungsanspruchs, dessen Durchsetzung die Zwangsvollstreckung dient. In **Beispiel 2** und in **Beispiel 3** fehlt es jeweils an der erforderlichen dritten Tätereigenschaft. Zwar droht dem T die Zwangsvollstreckung, indessen materiellrechtlich zu Unrecht. T schuldet dem Gläubiger nichts mehr. Seine Vollstreckungsvereitelung ist deshalb keine Anspruchsvereitelung und berührt deshalb den Schutzzweck des § 288 nicht. Dass T

---

[10] Blei (1983), S. 268; H. Bruns (1933), 457 (484); Gössel (1996), § 28 Rn. 72; Wittig (2014), § 24 Rn. 7.

[11] Maurach et al. (2009), § 47 Rn. 4.

[12] Wessels et al. (2013), Rn. 480.

in Beispiel 3 noch die Möglichkeit der Vollstreckungsabwehrklage (§ 767 ZPO) hat, ist in diesem Zusammenhang unerheblich. Im Fall des **Beispiels 4** droht die Zwangsvollstreckung zwar dem materiellrechtlichen Schuldner T. Jedoch verdient der Gläubiger gegen dessen Vereitelungshandlung keinen strafrechtlichen Schutz, weil die Befriedigung aus einer schuldnerfremden Sache nicht der letztlich erwünschte Zwangsvollstreckungserfolg ist. E könnte nämlich gegen die Pfändung seines Pkw mit der Drittwiderspruchsklage (§ 771 ZPO) vorgehen und damit den auf seine Kosten gehenden Befriedigungserfolg mit legalen Mitteln verhindern. In **Beispiel 5** fehlen dem F alle drei Tätereigenschaften: Er ist weder Vollstreckungs- noch Anspruchsschuldner und auch nicht Inhaber des von der Vollstreckung bedrohten Vermögensgutes.

Das Beispiel 5 zeigt, dass eine **Strafbarkeitslücke** entstehen kann, wenn eine Person zwar alle drei Tätereigenschaften aufweist (Intraneus), die tatbestandsmäßige Handlung aber nicht von ihr selbst, sondern einem anderen, dem diese Eigenschaften fehlen (Extraneus), vollzogen wird. Eine Strafbarkeit des unmittelbar handelnden Extraneus als Gehilfe[13] würde voraussetzen, dass der Intraneus als mittelbarer Täter zur Verantwortung gezogen werden kann – was sehr fraglich ist (näher dazu unten 16.3.2). Täterstrafbarkeit des unmittelbar handelnden Nichtschuldners ist grundsätzlich ausgeschlossen, es sei denn, eine **Eigenschaftszurechnung nach § 14** ist möglich.[14]

Beispiele

1. G hat gegen die S-GmbH einen Vollstreckungstitel über eine Forderung von 10.000 €. Bevor der Gerichtsvollzieher in den Geschäftsräumen der S-GmbH zur Pfändung schreiten kann, hat der Geschäftsführer der GmbH F alle vollstreckungstauglichen Gegenstände beiseitegeschafft.

2. Abwandlung von (1): Schuldner ist der Kaufmann K, beiseitegeschafft werden die Sachen des K durch seinen Prokuristen P. K hatte den P zuvor zu dieser Tat aufgefordert.

F hat in **Beispiel 1** tatbestandsmäßig gehandelt, ist aber kein tauglicher Täter, da er weder Anspruchsschuldner noch Vollstreckungsschuldner noch Eigentümer der beiseitegeschafften Sachen ist. Alle diese tatbestandlich erheblichen Beziehungen liegen dagegen bei der S-GmbH vor. Diese kann als juristische Person jedoch nicht tatbestandsmäßig handeln.[15] Zwar wird ihr in zivilrechtlichen Zusammenhängen das Handeln des Geschäftsführers F zugerechnet; zu einer strafrechtlichen Haftung der GmbH führt dies – von § 30 OWiG abgesehen – aber nicht. Als strafrechtlich erfassbares Subjekt bleibt somit allein der F im Gespräch. Das Manko der tatbestandsmäßigen Tätermerkmale kann durch eine

---

[13] Wegen Anstiftung oder Beihilfe zu einem echten Sonderdelikt kann strafbar auch sein, wer die täterschaftsbegründende Sondereigenschaft nicht hat.

[14] Geppert (1987), 427 (431); Gössel (1996), § 28 Rn. 74; Maurach et al. (2009), § 47 Rn. 11; Wittig (2014), § 24 Rn. 5.

[15] Mitsch (2014), 1 (2): Der juristischen Person fehlt die Tatbestandsfähigkeit.

Merkmalsüberwälzung nach § 14 ausgeglichen werden.[16] Die S-GmbH ist eine juristische Person, F ist als Geschäftsführer ihr vertretungsberechtigtes Organ. Bei der Beiseiteschaffung der Sachen hat F als Organ der GmbH agiert. Damit sind die Voraussetzungen des § 14 I Nr. 1 erfüllt. Rechtsfolge der Norm ist die Zurechnung strafbarkeitsbegründender besonderer persönlicher Merkmale der S-GmbH. Die Stellung als Anspruchsschuldner, Vollstreckungsschuldner und Eigentümer der vollstreckungsbedrohten Sachen ist ein besonderes persönliches Merkmal. F wird auf Grund des § 14 I Nr. 1 so gestellt, als nehme er selbst diese Stellung ein. Damit kann er als Täter den objektiven Tatbestand des § 288 erfüllen. In **Beispiel 2** liegt die gleiche Verteilung der objektiven Tatbestandsmerkmale auf zwei verschiedene Personen vor. K erfüllt die besonderen Tätermerkmale des § 288, vollzieht aber keine tatbestandsmäßige Handlung; P erfüllt das tatbestandsmäßige Handlungsmerkmal, weist aber die tatbestandsmäßigen Tätereigenschaften nicht auf. Wenn K nicht mittelbarer Täter ist (dazu unten 16.3.2), bleiben er und P straflos. Daran vermag auch § 14 nichts zu ändern, da dessen Voraussetzungen nicht erfüllt sind. P hat als Prokurist zwar eine Stellvertreterposition im Verhältnis zu K. Er ist aber nicht gesetzlicher Vertreter, § 14 I Nr. 3 greift also nicht ein.

16.2.1.3 Drohende Zwangsvollstreckung

Zwangsvollstreckung ist das förmliche Verfahren zwangsweiser Anspruchsdurchsetzung unter Zuhilfenahme staatlicher Vollstreckungsorgane und Vollstreckungsinstrumente. Nicht geschützt ist also die der Anspruchssicherung dienende private Selbsthilfe, zu der der Gläubiger auf der Grundlage von z. B. §§ 229, 561 oder 704 S. 2 BGB befugt sein kann. Allerdings kann die Ausübung eines solchen Selbsthilferechts Indiz für das „Drohen" einer alsbaldigen Vollstreckungsmaßnahme sein. Ebenfalls außerhalb des Tatbestandes steht die Gesamtvollstreckung im Falle der Insolvenz. § 288 bezieht sich nur auf die Einzelvollstreckung, strafwürdige Angriffe auf die gerechte Gläubigerbefriedigung im Insolvenzverfahren werden von §§ 283 ff. erfasst.[17] Die Zwangsvollstreckung braucht im Zeitpunkt der Tat noch nicht begonnen zu haben, muss aber „**drohen**", also in greifbarer Nähe bevorstehen. Dazu ist ausreichend, aber auch erforderlich, dass sich der Wille des Gläubigers, den Anspruch demnächst mit Vollstreckungsmaßnahmen durchsetzen zu lassen, bereits in sichtbaren und aussagekräftigen Tatsachen manifestiert hat.[18] Der Wille des Schuldners, die Forderung des Gläubigers vor der Einleitung von Vollstreckungsakten zu erfüllen, beseitigt das Tatbestandsmerkmal „Drohen" nicht, schließt aber die Absicht, die Befriedigung des Gläubigers zu vereiteln (dazu unten 16.2.2.2), aus. Erfüllungsbereitschaft eines Dritten sollte hingegen bereits die objektive Tatbestandsmäßigkeit ausschließen, weil anderenfalls die Straflosigkeit des Versuchs unterlaufen werden könnte.

---

[16] Mitsch (2014), 1 (5).

[17] Geppert (1987), S. 427; Wittig (2014), § 24 Rn. 2.

[18] Geppert (1987), 427 (428); Gössel (1996), § 28 Rn. 73; Maurach et al. (2009), § 47 Rn. 7.

Beispiel

A, B und C schulden dem G auf Grund eines gemeinsam verursachten Unfalls als Gesamtschuldner Schadensersatz. Da zunächst keiner der drei Schuldner Anstalten macht, die Forderung des G zu erfüllen, kündigt dieser an, er werde notfalls gerichtliche Hilfe in Anspruch nehmen. Daraufhin schafft A alle Vermögensgüter, auf die G zwangsvollstreckend Zugriff nehmen könnte, beiseite. Dabei wusste A nicht, dass B bereits seine Bank angewiesen hatte, dem G den gesamten Anspruchsbetrag zu überweisen.

Das „Drohen" einer Zwangsvollstreckung ist die sprachlich verkürzte Beschreibung einer Ansammlung von Fakten, die eine stabile Basis für die Prognose bilden, dass der Gläubiger ernsthaft gewillt ist, demnächst Zwangsvollstreckungsmaßnahmen einzuleiten. Die Prognose ist von der Warte eines objektiven und alle relevanten Tatsachen kennenden Betrachters der Lage zu stellen. Nicht maßgeblich ist die – vielleicht beschränkte und irrtumsbehaftete – Vorstellung des Schuldners. Aus diesem Grund ist hier auch die – dem A unbekannte – Anweisung des B mit in die Prognosebasis einzubeziehen. Da die Zahlung des Gesamtschuldners B auch die anderen Gesamtschuldner von ihrer Verpflichtung gegenüber G befreit, macht diese Tatsache eine Zwangsvollstreckung des G so unwahrscheinlich, dass von einem objektiven Drohen nicht mehr gesprochen werden kann. Dass A sich gleichwohl von einer bevorstehenden Zwangsvollstreckung bedroht fühlt, vermag daran nichts zu ändern. Konstruktiv ist die Tat des A ein untauglicher Versuch der Vollstreckungsvereitelung. Dieser ist aber nicht mit Strafe bedroht, §§ 23 I, 12 II.

16.2.1.4 Anspruch

Eine Zwangsvollstreckung bezweckt die Befriedigung eines Anspruchs. Im Normalfall liegt der Zwangsvollstreckung auch tatsächlich ein Anspruch zugrunde. Die Zulässigkeit der Zwangsvollstreckung ist vom Bestehen eines Anspruchs aber nicht abhängig. Eine Zwangsvollstreckung ist also nicht deswegen rechtswidrig, weil der Anspruch, auf dessen Durchsetzung sie gerichtet ist, nicht oder nicht mehr besteht. Die Rechtmäßigkeitsvoraussetzungen der Zwangsvollstreckung sind formalisiert. Das Zwangsvollstreckungsorgan braucht die materiellrechtliche Berechtigung der Zwangsvollstreckung nicht zu prüfen. Ausreichend und erforderlich ist ein Vollstreckungstitel. Auf die Valutierung des Titels kommt es nicht an. Demzufolge kann eine Zwangsvollstreckung auch vereitelt werden, wenn dem Vollstreckungsgläubiger ein Anspruch gegen den Vollstreckungsschuldner gar nicht zusteht. Der Wortlaut des § 288 I scheint einen solchen Fall sogar zu erfassen, da dort nicht explizit von Vereitelung eines Anspruchs des Gläubigers die Rede ist. Allerdings setzt § 288 I voraus, dass der Täter in der Absicht handelt, die „Befriedigung" des Gläubigers zu vereiteln. Der Begriff „Befriedigung" bezieht sich im juristischen Sprachgebrauch auf eine Forderung, einen Anspruch, eine materiellrechtliche Position, kraft derer ihr Inhaber berechtigt ist, von dem Gegner eine Leistung zu verlangen. Somit wird in § 288 I vorausgesetzt, dass der Gläubiger ein Recht hat, um dessen Befriedigung es bei der Zwangsvollstreckung geht.[19] Dieses Recht ist nicht die formale Position des Titelinhabers, sondern die materielle Position des Anspruchsinhabers. Zudem wäre der Schutzzweck des § 288 I nicht erreichbar, wenn der Gläubiger keinen Anspruch gegen den Schuldner hätte.[20] Der Tatbestand schützt den Gläubiger vor Vermögensschäden durch Anspruchsvereitelung. Hat der Vollstreckungsgläubiger keinen Anspruch, verursacht die Vereitelungshandlung bei ihm keine Vermögensminderung.

Der Anspruch muss im Zeitpunkt der Tat bereits **entstanden** sein. Ausnahmsweise reicht ein noch nicht existenter Anspruch aus, sofern er gegenwärtig bereits konkretisiert und seine künftige Entstehung sicher ist. Außerdem muss der Anspruch **durchsetzbar** ein, d. h. es dürfen ihm keine Einwendungen oder Einreden entgegenstehen, die seine Geltendmachung hindern könnten.[21]

Der **Anspruchsgegenstand** muss so beschaffen sein, dass die Anspruchsbefriedigung durch Beiseiteschaffung des tatgegenständlichen Vermögensgutes vereitelt werden könnte. Daher kommen nur Ansprüche auf Zahlung eines Geldbetrages oder auf Übertragung des Vermögensgutes – z. B. Herausgabe einer Sache – in Betracht. Der rechtliche Grund der Geldforderung ist dabei ebenso gleichgültig wie der Zweck, der mit der Zahlungspflicht verfolgt wird. Die Forderung kann privatrechtlicher oder öffentlichrechtlicher Natur sein. Entgegen der h. M. sind auch Geldforderungen mit punitivem Hintergrund – Geldstrafe, Geldbuße, Wertersatzeinziehung, Verfall – geschützt.[22]

16.2.1.5 Vermögensbestandteile

Tatobjekte sind nur Bestandteile des dem Täter gehörenden Vermögens. Außer beweglichen und unbeweglichen Sachen sind das auch Forderungen und sonstige Rechte.[23] Täterfremde Vermögensgüter sind zur Erfüllung des Tatbestandes grundsätzlich untauglich.[24] Als eigenes Vermögen des Täters gilt aber das Vermögen eines Schuldners, zu dem der Täter in einem von § 14 erfassten Verhältnis steht (s. o. 16.2.1.2). Seiner Art nach muss der Gegenstand der Zwangsvollstreckung unterliegen; es gilt ein **vollstreckungsrechtlicher Vermögensbegriff**.[25] Ausgeklammert sind also z. B. Sachen, die gem. § 811 ZPO – im Rahmen einer Vollstreckung von Geldforderungen[26] – unpfändbar sind.[27]

---

[19] H. Bruns (1933), 457 (481).

[20] Geppert (1987), 427 (428); Lüke (1993), 565 (576); Maurach et al. (2009), § 47 Rn. 4.

[21] Rengier (2014), § 27 Rn. 6.

[22] Gössel (1996), § 28 Rn. 72; a. A. LG Bielefeld, NStZ 1992, 284; H. Bruns (1933), 457 (480); Fischer (2014), § 288 Rn. 2; Rengier (2014), § 27 Rn. 7; Wittig (2014), § 24 Rn. 7.

[23] Maurach et al. (2009), § 47 Rn. 8.

[24] Bruns (1933), 457 (486); Lüke (1993), 565 (577).

[25] Nomos Kommentar-Wohlers et al. (2013), § 288 Rn. 9; Rengier (2014), § 27 Rn. 9; Wittig (2014), § 24 Rn. 10.

[26] Etwas anderes gilt selbstverständlich, wenn wegen eines Anspruchs auf Herausgabe oder Verschaffung der Sache selbst vollstreckt wird.

[27] H. Bruns (1933), 457 (485); Geppert (1987), S. 427 (429), Gössel (1996), § 28 Rn. 75; Maurach et al. (2009), § 47 Rn. 8; Rengier (2014), § 27 Rn. 9.

16.2.1.6   Tathandlungen
16.2.1.6.1   Allgemeines

Die beiden Handlungsmerkmale des § 288 I stehen zueinander im Verhältnis von Ober- und Unterbegriff. Das „Veräußern" ist ein Spezial- und Unterfall des „Beiseiteschaffens". Daraus ergibt sich, dass eine Handlung das Merkmal „Veräußern" nur unter Umständen erfüllen kann, die sie zugleich als „Beiseiteschaffen" erscheinen lassen. Beide Handlungsmerkmale können in **mittelbarer Täterschaft** oder durch garantenpflichtwidriges (§ 13 I) **Unterlassen** erfüllt werden.

16.2.1.6.2   Beiseiteschaffen

Beiseiteschaffen bedeutet die tatsächliche Verlagerung des Gegenstandes aus dem Zugriffsbereich der drohenden Vollstreckung.[28] Eine Übertragung des Rechts an dem Gegenstand auf einen neuen Inhaber – also z. B. eine Übereignung nach § 929 BGB – braucht damit nicht verbunden zu sein. Worauf es ankommt, ist, dass Vollstreckungsversuche infolge des Beiseiteschaffens ins Leere gehen. Dies trifft an sich auch auf die Zerstörung einer Sache zu. Es wäre aber eine Überdehnung des dem Terminus „Beiseiteschaffen" immanenten Wortsinns und damit ein Verstoß gegen Art. 103 II GG, wollte man die Sachzerstörung diesem Tatbestandsmerkmal unterordnen. Beiseiteschaffen eines Gegenstandes impliziert die Bewahrung des Gegenstandes in seiner stofflichen Existenz. Entgegen der h. M. ist deshalb die **Zerstörung** des Gegenstandes nicht als tatbestandsmäßiges Beiseiteschaffen anzuerkennen.[29] Auch die wertmindernde und damit die Befriedigungschancen schmälernde **Beschädigung** der Sache kann nicht unter das Merkmal „Beseitigung" subsumiert werden.[30] Richtig ist zwar, dass Zerstörung und Beschädigung den Schutzzweck des § 288 in gleicher Weise tangieren wie die Beseitigung der Sache durch Fortschaffen oder Verstecken. Solche teleologischen Überlegungen können jedoch nur in den Grenzen des natürlichen Wortsinns Berücksichtigung finden.[31] Diese Grenzen werden aber durch eine Gleichsetzung sachsubstanzvernichtender, verschlechternder oder vermindernder Einwirkungen mit „Beseitigung" durchbrochen. Das StGB bringt zudem an vielen Stellen durch eine zwischen „Beseitigen" und „Zerstören" – bzw. Synonyma dieser Vokabeln – differenzierende Textgestaltung zum Ausdruck, dass es die hinter diesen Worten stehenden Begriffe nicht als identisch ansieht (z. B. §§ 104 I, 109 e I, 133 I, 134, 145 II, 274 I, 303 b Nr. 2). Am deutlichsten schlägt sich dies in § 283 I Nr. 1 nieder, der sich wegen seines ähnlichen Schutzzwecks als Basis für einen auf § 288 gerichteten Umkehrschluss am besten eignet.

---

[28] Geppert (1987), 427 (430); Rengier (2014), § 27 Rn. 16.

[29] Gössel (1996), § 28 Rn. 79; aA H. Bruns (1933), 457 (485); Maurach et al. (2009), § 47 Rn. 9; Wittig (2014), § 24 Rn. 14.

[30] Welzel (1969), S. 365; Wessels et al. (2013), Rn. 479; aA Lüke (1993), 565 (578).

[31] Lackner et al. (2014), § 1 Rn. 6.

16.2.1.6.3 Veräußern

Veräußern ist die rechtsgeschäftliche Verfügung über den Gegenstand, die den Übergang auf einen neuen Inhaber und damit zugleich das Ausscheiden aus dem der Zwangsvollstreckung unterliegenden Vermögen zur Folge hat.[32] Die Anfechtbarkeit des Verfügungsgeschäftes nach dem Anfechtungsgesetz steht der Tatbestandsmäßigkeit nicht entgegen.[33] Der Abschluss eines auf dingliche Übertragung gerichteten schuldrechtlichen Verpflichtungsgeschäftes – z. B. eines Kaufvertrages – ist noch keine Veräußerung.[34] Denn solange das dingliche Recht noch beim Schuldner verbleibt, ist die Zwangsvollstreckung in diesen Gegenstand nicht beeinträchtigt. Da eine Auflassungsvormerkung jedoch den künftigen Erwerber bereits vor Vollstreckungsmaßnahmen von Gläubigern des Veräußerers schützt, obwohl sie die Eigentumsverhältnisse nicht verändert (§ 883 II 2 BGB), ist ihre Bestellung eine Veräußerung.[35] Aus rechtsgutstheoretischen Gründen ist keine Veräußerung eine Verfügung, die zu keiner Schmälerung der dem Gläubigerzugriff zur Verfügung stehenden Haftungsmasse führt. Erwirbt der Täter also als Gegenleistung für den veräußerten Gegenstand ein gleichwertiges und zur Befriedigung in gleicher Weise geeignetes Gut, ist seine Veräußerung kein tatbestandsmäßiges Verhalten.[36] Entsprechendes gilt, wenn die Veräußerung zum Zwecke der Anspruchsbefriedigung erfolgt und das Erlöschen des Anspruchs zur Folge hat. Zahlt der Schuldner z. B. den Forderungsbetrag an einen von mehreren Gesamtgläubigern, so hat dies Erfüllungswirkung auch den anderen Gesamtgläubigern gegenüber, § 428 S. 1 BGB. Deren Ansprüche gehen also ebenso unter wie der des Zahlungsempfängers. Da somit etwaigen Vollstreckungsmaßnahmen dieser Gläubiger die materiellrechtliche Grundlage entzogen ist, hat die Veräußerung keine vollstreckungsbeeinträchtigende Wirkung. Folglich kann sie keine tatbestandserfüllende Veräußerung sein. Die kongruente Befriedigung eines anderen Gläubigers ist darüber hinaus in der Regel auch dann keine tatbestandsmäßige Veräußerung, wenn zwischen dem befriedigten und dem unbefriedigten Gläubiger kein Gesamtgläubigerverhältnis besteht.[37] Dass die vorrangige Befriedigung des einen Gläubigers die Befriedigungschancen des anderen Gläubigers wesentlich verschlechtern kann, hat im Lichte der tatbestandlichen Schutzzwecke allenfalls für §§ 283 ff., nicht aber für § 288 Bedeutung.[38]

16.2.1.6.4 Versuch und Vollendung

Da die objektive Tatbestandsmäßigkeit nicht vom Eintritt eines Vereitelungserfolges abhängig ist, hat die formell vollendete Tat die **materielle Struktur eines Versuchs**.[39] Der Täter kann deshalb durch Rückgängigmachung seiner Tathandlung,

---

[32] Geppert (1987), 427 (429); Gössel (1996), § 28 Rn. 77; Lüke (1993), 565 (577).

[33] Lüke (1993), 565 (577).

[34] Rengier (2014), § 27 Rn. 11; Welzel (1969), S. 365.

[35] H. Bruns (1933), 457 (485).

[36] Maurach et al. (2009), § 47 Rn. 9; Wittig (2014), § 24 Rn. 12.

[37] Lüke (1993), 565 (578); Rengier (2014), § 27 Rn. 15.

[38] Geppert (1987), 427 (429); nach H. Bruns (1933), 457 (490) fehlt es in diesem Fall an der Vereitelungsabsicht.

[39] Nomos Kommentar-Wohlers et al. (2013), § 288 Rn. 3; Welzel (1969), S. 188, 364.

also durch Herbeischaffung des beiseite geschafften oder durch Rückerwerb des veräußerten Gegenstandes den Eintritt des Vereitelungserfolges verhindern. Weitere Methoden der Erfolgsabwendung sind die Beschaffung neuer vollstreckungstauglicher Vermögensgüter oder schlicht die Erfüllung der Forderung des Gläubigers. Obwohl alle diese Aktionen den Charakter einer „**tätigen Reue**" haben, also rücktrittsähnliche Verhaltensweisen sind, kommt § 24 nicht zur Anwendung. Dem steht die formelle Vollendung des Delikts entgegen.[40] Eine Sondervorschrift über tätige Reue nach Tatvollendung enthält § 288 nicht. Die entsprechende Anwendung von Vorschriften wie z. B. § 158 I erscheint zwar vertretbar, ist aber praktisch entbehrlich, da über § 153 StPO im Ergebnis derselbe Effekt erzielt werden kann.

16.2.2 Subjektiver Tatbestand

Der subjektive Tatbestand besteht aus zwei Merkmalen: **Tatvorsatz** (§ 15) und **Befriedigungsvereitelungsabsicht**.

16.2.2.1 Vorsatz

Der Vorsatz – **dolus eventualis** genügt[41] – muss im Zeitpunkt des Tathandlungsvollzugs alle objektiv tatbestandsmäßigen Tatsachen umfassen. In Bezug auf das Merkmal „drohende Zwangsvollstreckung" muss der Täter also Tatsachen vor Augen haben, die den Willen des Gläubigers indizieren, seinen Anspruch gegebenenfalls mit Vollstreckungsmitteln durchzusetzen. Anders als bei dem in Nötigungstatbeständen enthaltenen Tatbestandsmerkmal „Drohung" (z. B. §§ 240, 249, 253)[42] wirkt die Vorstellung der „bedrohten" Person – das „Bedrohungserlebnis" – nicht an der Erfüllung des objektiven Tatbestandsmerkmals mit.

Beispiel

Gläubiger G erklärt seinem Schuldner S, wenn dieser nicht bald die geschuldeten 20.000 € zahle, werde er – G – wohl „den Gerichtsvollzieher vorbeischicken" müssen. G machte diese Äußerung im Scherz, da er keineswegs vorhat, Zwangsvollstreckungsmaßnahmen gegen S einzuleiten. S nimmt die Äußerung des G aber ernst und veräußert schleunigst alle Gegenstände, die als Vollstreckungsobjekte in Betracht kämen.

S hat sich nicht aus § 288 I strafbar gemacht, da bereits der objektive Tatbestand nicht erfüllt ist. Die Tat des S ist nur ein strafloser Versuch der Vollstreckungsvereitelung. Mangels tatsächlicher Vollstreckungsabsicht des G „droht" dem S keine Zwangsvollstreckung. Wäre der Sachverhalt im Lichte des § 240 I zu würdigen, ließe sich hingegen die Erfüllung des objektiven Tatbestandsmerkmals „Drohung mit einem empfindlichen Übel" bejahen. Denn in diesem Kon-

---

[40] Eckels, NJW 1997, 1827 (zu § 46 StGB a. F.); Nomos Kommentar-Wohler et al. (2013), § 288 Rn. 3; aA (ebenfalls zu § 46 StGB a. F.) Ottow (1955), 1546.

[41] Gössel (1996), § 28 Rn. 81; Wessels et al. (2013), Rn. 481.

[42] Dazu oben 8.2.1.5.1.

text kommt es nur darauf an, ob der Äußerungsadressat ernsthaft damit rechnet, dass der Täter das in Aussicht gestellte empfindliche Übel realisieren werde. Im Rahmen des Tatbestandes „Vereiteln der Zwangsvollstreckung" ist aber entscheidend, dass eine Zwangsvollstreckung wirklich bevorsteht.

16.2.2.2 Vereitelungsabsicht

Ein objektiver Vereitelungserfolg ist keine Strafbarkeitsvoraussetzung des § 288 I. Eine vollendete Straftat kann also auch dann vorliegen, wenn es dem Gläubiger gelingt, die Befriedigung seines Anspruchs zu erreichen, z. B. durch Vollstreckung in andere Gegenstände, die beim Schuldner noch vorhanden sind. Dennoch ist die Vereitelung der Anspruchsbefriedigung für die Strafbarkeit aus § 288 nicht völlig bedeutungslos; sie ist als Absichtsinhalt auf die subjektive Tatbestandsebene verlagert. Da die Absicht des Täters somit auf einen Rechtsgutsverletzungserfolg gerichtet ist, der nicht mehr zum objektiv tatbestandsmäßigen Geschehen gehört, sondern gewissermaßen dessen subjektiv antizipierte Verlängerung ist, handelt es sich um eine sog. „überschießende Innentendenz".[43] § 288 normiert also ein sog. „kupiertes Erfolgsdelikt".[44] Mit dem Merkmal „Absicht" ist die schwächste Vorsatzform, der dolus eventualis, ausgegrenzt. Der Täter muss bei seiner Tat mit **direktem Vorsatz**, also in der sicheren Erwartung der Befriedigungsvereitelung handeln.[45] „Absicht" im engeren Sinne[46] – zielgerichtetes Wollen – ist hingegen nicht erforderlich.

16.3 Täterschaft und Teilnahme

16.3.1 Allgemeines

Der **Sonderdeliktscharakter** der Vollstreckungsvereitelung (s. o. 16.2.1.2) erzeugt einige Probleme in Fällen mit mehreren Tatbeteiligten. Zwar gelten die allgemeinen Regeln; jedoch produziert deren Anwendung Strafbarkeitslücken, die entweder überhaupt nicht oder nur mit besonderen – teilweise fragwürdigen – Konstruktionen geschlossen werden können.

16.3.2 Mittelbare Täterschaft und Mittäterschaft

Täter kann nur sein, wer selbst alle objektiven Tatbestandsmerkmale verwirklicht. In Bezug auf Verhaltensmerkmale ist diese Regel zwar aufgelockert, weil in den Konstellationen der mittelbaren Täterschaft und der Mittäterschaft die Verwirklichung von Verhaltensmerkmalen im Wege der Zurechnung fremden Verhaltens möglich ist. Für **täterpersonbezogene** Merkmale gilt dies jedoch nicht. Solche

---

[43] Geppert (1987), 427.

[44] Jescheck et al. (1996), § 26 II 5.

[45] Fischer (2014), § 288 Rn. 12; Gössel (1996), § 28 Rn. 82; Maurach et al. (2009), § 47 Rn. 10; Wittig (2014), § 24 Rn. 17.

[46] Dazu Jescheck et al. (1996), § 29 III 1; Kühl (2012), § 5 Rn. 33 ff.

Merkmale muss der Täter stets in eigener Person verwirklichen, egal ob er die Tat als unmittelbarer, mittelbarer oder als Mittäter begeht. Anderenfalls ist er nicht Täter und kann allenfalls als Teilnehmer bestraft werden. Im Rahmen des § 288 trifft dies auf die Eigenschaft als Anspruchs- und Vollstreckungsschuldner zu. Täter der Vollstreckungsvereitelung kann nur der Schuldner sein.[47]

Aus diesem Grund ist der Bereich der **mittelbaren Täterschaft** bei § 288 kleiner als bei sonstigen Delikten: Veranlasst ein „Extraneus" – also eine Person, der die täterschaftsbegründende Schuldnereigenschaft fehlt – einen Schuldner durch Täuschung oder Nötigung zu einer tatbestandsmäßigen Handlung, so macht er sich dadurch nicht als mittelbarer Täter strafbar.

Beispiele

Schuldner S veräußert vollstreckungstaugliche Bestandteile seines Vermögens, weil

1. A ihm vorgespiegelt hat, sein Gläubiger G verzichte auf die zwangsweise Durchsetzung seines Anspruchs.
2. A ihm vorgespiegelt hat, der dem S verbleibende Rest an Vermögensgütern reiche zur Befriedigung des G aus.
3. A ihm vorgespiegelt hat, der Betrieb des S und mit ihm 20 Arbeitsplätze würden durch die drohende Zwangsvollstreckung vernichtet werden, wenn er nicht sein Vermögen in Sicherheit bringt.
4. A ihm mit Todesdrohung dazu gezwungen hat.

Jeweils handelte A in Kenntnis der Tatsache, dass G's Vollstreckungsversuche infolge der Handlung des S scheitern werden.

In allen vier Beispielen verschafft sich A Herrschaft über das Handeln des S in einer Manier, die im „Normalfall" mittelbare Täterschaft begründen würde. In **Beispiel 1** versetzt A den S in einen vorsatzausschließenden Tatbestandsirrtum (§ 16 I 1) bezüglich des Tatbestandsmerkmals „drohende Zwangsvollstreckung", in **Beispiel 2** bewirkt er, dass S ohne Vereitelungsvorsatz handelt,[48] in **Beispiel 3** erregt er einen – auf rechtfertigenden Notstand (§ 34) gerichteten – Erlaubnistatbestandsirrtum und in **Beispiel 4** drängt er den S in eine rechtfertigende (Nötigungs-)Notstandssituation (§ 34).[49] Dennoch kann A nicht als mittelbarer Täter zur Verantwortung gezogen werden, da ihm jeweils die Tätereigenschaft „Schuldner" fehlt. Strafbarkeit wegen Anstiftung zur Vereitelung der Zwangsvollstreckung scheitert in den Beispielen 1, 2 und 4 am Fehlen einer subjektiv tatbestandsmäßigen (Beispiel 1, 2) bzw. rechtswidrigen (Beispiel 4) Haupttat. In Beispiel 3 lässt sich eine Strafbarkeit des A wegen Anstiftung begründen, sofern man dem Erlaubnistatbestandsirrtum nicht vorsatzausschließende Wirkung zuschreibt.[50]

---

[47] Maurach et al. (2009), § 47 Rn. 11.

[48] Es handelt sich um einen Fall des „absichtslosen dolosen Werkzeugs", vgl. Lackner et al. (2014), § 25 Rn. 4; Kühl (2012), § 20 Rn. 54 ff.

[49] Zur umstrittenen Frage, ob Nötigungsnotstand ein Fall des § 34 oder nur ein Fall des § 35 sein kann, vgl. z. B. Kühl (2012), § 8 Rn. 127 ff.

[50] Zu diesem umstrittenen Problem vgl. Kühl (2012), § 20 Rn. 141.

Sind die Rollen vertauscht – der Schuldner benutzt einen Extraneus zur Tatbegehung – ist mittelbare Täterschaft nach allgemeinen Regeln ohne weiteres möglich.

Beispiel

Schuldner S spiegelt dem W vor, eine auf seinem Grundstück stehende Luxuslimousine gehöre seinem Bekannten B, der ihm das Fahrzeug für die Dauer seines Auslandsaufenthalts geliehen habe. Tatsächlich gehört der Wagen dem S. S rechnet stündlich mit dem Eintreffen des Gerichtsvollziehers, nachdem sein Gläubiger G ihm das unmittelbare Bevorstehen von Vollstreckungsmaßnahmen angekündigt hatte. S bittet den W, den Wagen fortzuschaffen, damit sich der Gerichtsvollzieher nicht an dem „fremden Fahrzeug vergreifen" könne.

Ob W ein „Werkzeug" des S bereits auf Grund der Tatsache ist, dass ihm die täterschaftsbegründende Schuldnereigenschaft fehlt, kann hier dahingestellt bleiben (näher dazu unten). Denn S hat den W in einen vorsatzausschließenden Tatbestandsirrtum (§ 16 I 1) bezüglich des Tatbestandsmerkmals „Bestandteile seines [= des Schuldners] Vermögens" versetzt und damit zu seinem Werkzeug gemacht. S hat daher den Tatbestand des § 288 I als mittelbarer Täter verwirklicht.

Schwierig wird die strafrechtliche Beurteilung, wenn der einzige „Defekt" des Vordermannes, der ihn zum „Werkzeug" eines mittelbaren Täters machen könnte, das **Fehlen der Tätereigenschaft „Schuldner"** ist.

Beispiel

Schuldner S ist durch das ständige Drängen seines Gläubigers G so entnervt, dass er sich fluchtartig in die Karibik absetzt. Dort halbwegs zur Besinnung gekommen, ruft er seinen Bruder B in Deutschland an und bittet ihn, aus seiner – des S – Wohnung alle wertvollen Gegenstände abzuholen und „in Sicherheit" zu bringen, damit sie nicht „dem Geier G in die Hände fallen". B führt den Auftrag sofort aus.

Eine Strafbarkeit von B und S aus § 288 als Täter bzw. Anstifter (§ 26) scheitert am Fehlen einer objektiv-tatbestandsmäßigen Haupttat des B. Da B nicht Schuldner ist und nicht Bestandteile „seines" Vermögens beiseite geschafft hat, erfüllt sein Verhalten nicht den objektiven Tatbestand des § 288 I. Daraus folgt, dass das Verhalten des S nicht den objektiven Tatbestand der Anstiftung zur Vollstreckungsvereitelung erfüllt. Einer Strafbarkeit des S aus § 288 I als mittelbarer Täter scheint die uneingeschränkte Willens- und Handlungsherrschaft des B entgegenzustehen. B befand sich weder in einem Irrtum noch stand er unter Druck, er entschied sich freiwillig und in Kenntnis aller strafrechtlich relevanten Fakten für seine Tat, deren Ausführung er allein und ohne fremden Einfluss steuerte. Dennoch wird von einer durchaus beachtlichen Gruppierung in der strafrechtlichen Literatur das Vorliegen einer mittelbaren Täterschaft bejaht. Die Überlegenheit des S über B – also die „Tatherrschaft" des S – ergebe sich aus dem

Umstand, dass S die von § 288 geforderte Tätereigenschaft hat und B nicht. S habe deshalb anders als B die Macht, einen den Tatbestand des § 288 erfüllenden Tatsachverhalt zu erzeugen. B sei das „qualifikationslose dolose Werkzeug" des S.[51] Mit der Anerkennung dieser Fallgruppe wird jedoch das an sich sehr treffende Bild vom „menschlichen Werkzeug" verwässert und entwertet.[52] Die Gleichstellung der mittelbaren mit der unmittelbaren Täterschaft bezieht ihre Überzeugungskraft aus der Unfähigkeit des Vordermannes, dem beherrschenden Einfluß des Hintermannes Widerstand entgegenzusetzen und die Entscheidung für oder gegen das Unrecht autonom zu treffen. Zu einer in diesem Sinne freien Entscheidung ist jemand aber nicht schon deshalb außerstande, weil er nicht Schuldner des Anspruchs und der Vollstreckung ist. B steht dem S nicht wie ein „Werkzeug" dem mittelbaren Täter sondern wie ein Angestifteter dem Anstifter gegenüber. Die Konstruktion des „qualifikationslosen dolosen Werkzeugs" ist daher abzulehnen.[53] Ein anderer Vorschlag zur Begründung einer Strafbarkeit des S stützt sich auf die Rechtsfigur „Pflichtdelikt". Diese im Zusammenhang mit anderen Straftatbeständen – z. B. Untreue (§ 266) – durchaus breite Anerkennung genießende – Lehre ersetzt bei bestimmten Straftatbeständen das Tatherrschaftskriterium durch das Kriterium der außerstrafrechtlichen Sonderpflicht. Nicht die Beherrschung des Tatvollzugs zeichne den Täter aus, sondern die Innehabung einer besonderen Pflichtenstellung. Zum Täter werde der Pflichtinhaber durch die Verletzung der Pflicht. Dafür genüge eine Aktivität, die nach allgemeinen – an der Tatherrschaft orientierten – Abgrenzungsgesichtspunkten nur Beihilfe oder Anstiftung begründen würde. Die Übertragung der Pflichtdelikts-Doktrin auf § 288[54] ist erheblichen Bedenken ausgesetzt. Es trifft nämlich nicht zu, dass der Schuldner gegenüber seinem Gläubiger eine – zivilrechtliche – Sonderpflicht hat, die Anspruchsbefriedigung zu sichern und befriedigungsgefährdende Gefährdungen seines eigenen Vermögens im Interesse des Gläubigers abzuwenden.[55] Der Schuldner steht nicht „im Lager" des Gläubigers. Wäre es anders, müsste man ernsthaft die Frage stellen, ob er sich gegen eine Klage des Gläubigers überhaupt wehren dürfte, ob er nicht vielmehr dem Gläubiger durch ein Anerkenntnis schnell zu einem obsiegenden Urteil verhelfen müßte. Da die Pflichtdelikts-Konstruktion ebenfalls nicht trägt, bleiben im Ergebnis beide Beteiligte straflos.[56]

Was zur mittelbaren Täterschaft gesagt wurde, gilt für die **Mittäterschaft** (§ 25 II) entsprechend: Mittäter kann nur sein, wer selbst von der drohenden Zwangsvollstreckung als Schuldner berührt ist.

---

[51] Jescheck et al. (1996), § 62 II 7.

[52] Geppert (1987), 427 (430); Herzberg (1977), 32; Mitsch (2004), 323 (325).

[53] Wessels et al. (2013), Rn. 480.

[54] Befürwortend Roxin (2006), 385.

[55] Geppert (1987), 427 (431); Herzberg (1977), 34; Mitsch (2004), 323 (325).

[56] Herzberg (1977), 34.

16.3.3 Teilnahme

Anstiftung und Beihilfe sind nach allgemeinen Regeln möglich. Die Teilnehmerrolle können auch Nichtschuldner spielen. Das Fehlen der besonderen Tätereigenschaft steht nicht nur der Teilnehmerstrafbarkeit nicht entgegen, es hat auch keine Auswirkungen auf die Strafzumessung. Denn die Stellung als Vollstreckungsschuldner ist **kein besonderes persönliches Merkmal** i. S. d. § 28 I.[57] Zur unbestrittenen Anwendbarkeit des § 14 setzt sich diese Aussage nicht in Widerspruch. Denn der Begriff „besonderes persönliches Merkmal" hat im Kontext des § 28 eine andere Bedeutung als im Kontext des § 14. Es ist deshalb ohne weiteres möglich, dass ein Merkmal zwar besonderes persönliches Merkmal i. S. d. § 14 ist, zugleich aber nicht besonderes persönliches Merkmal i. S. d. § 28 ist.

Der subjektive Tatbestand des Anstifter- bzw. Gehilfendelikts muss sich auf eine vollendete Haupttat beziehen. Will der Teilnehmer nur eine versuchte Haupttat, ist er strafloser „agent provocateur". Bei der Vereitelung der Zwangsvollstreckung hat diese Konstellation schon deshalb keine Bedeutung, weil der Versuch nicht mit Strafe bedroht ist. Allerdings könnte man die Figur des straflosen **agent provocateur** auf den Fall projizieren, in dem ein Teilnehmer den Schuldner zu einer vollendeten Tat bestimmt – bzw. ihm bei der Tat Hilfe leistet – und dabei zugleich in der Erwartung handelt, dass die Befriedigung des Gläubigers nicht vereitelt werde.

Beispiel

A warnt den S vor einer bevorstehenden Vollstreckung des Gläubigers G und empfiehlt ihm, seine wertvollsten Vermögensstücke umgehend vor dem Gerichtsvollzieher in Sicherheit zu bringen. A weiß, dass dadurch die Befriedigung des G letztlich nicht gefährdet werden kann, weil dessen Ansprüche in dem „Rest-Vermögen" des S volle Deckung haben. S hingegen stellt sich vor, die Befriedigung des G werde mit Sicherheit vereitelt werden, wenn er die wertvollsten Gegenstände dem Vollstreckungszugriff entzieht. S hat nämlich weder über sein Vermögen noch über den Umfang der gegen ihn gerichteten Ansprüche des G einen klaren Überblick.

S hat sich als Täter aus § 288 I strafbar gemacht. Da der Eintritt eines Vereitelungserfolges keine Strafbarkeitsvoraussetzung ist, steht der Umstand, dass das Vermögen des S auch nach der Tat für eine Befriedigung des G noch ausreicht, der Strafbarkeit nicht entgegen. Da A den Tatentschluss des S hervorgerufen hat, hat er den objektiven Tatbestand der Anstiftung zur Vollstreckungsvereitelung erfüllt. Auch der Anstiftervorsatz scheint vorzuliegen, da A den S zur Begehung einer vollendeten Tat bestimmen wollte. Dennoch lässt sich die Auffassung vertreten, dass A keinen ausreichenden Anstiftervorsatz hatte und deshalb wie ein agent provocateur straflos bleibt. Die Tatvollendung, die der Vorsatz des A umfasste, ist nämlich nur formelle Tatbestandserfüllung, aber noch keine materielle Rechtsgutsverletzung. Materiell betrachtet ist die Tat, zu deren Begehung A den

---

[57] Geppert (1987), 427 (431); Gössel (1996), § 28 Rn. 74; Herzberg (1977), 127.

S bestimmen wollte, nur ein Versuch. Eine Beeinträchtigung des von § 288 geschützten Gläubigerrechts – also eine materielle Deliktsvollendung – wollte A gerade nicht herbeiführen. Daher wäre eine Bestrafung als Anstifter vom Strafgrund der Teilnahme nicht gedeckt.

Kontrollfragen

1. Ist die Vollstreckungsvereitelung ein Erfolgsdelikt? (16.2.1.1)
2. Wer kann Täter der Vollstreckungsvereitelung sein? (16.2.1.2)
3. Wer kann Täter des § 288 sein, wenn Schuldner eine GmbH ist? (16.2.1.2)
4. Wann „droht" eine Zwangsvollstreckung? (16.2.1.3)
5. Hängt die Strafbarkeit aus § 288 von einem gegen den Täter gerichteten Anspruch ab? (16.2.1.4)
6. Welche Bestandteile des Schuldnervermögens werden vom Tatbestand des § 288 nicht erfasst? (16.2.1.5)
7. Ist die Zerstörung einer zum Schuldnervermögen gehörenden Sache ein tatbestandsmäßiges Verhalten? (16.2.1.6.2)
8. Kann der Täter von seiner Tat strafbefreiend „zurücktreten"? (16.2.1.6.4)
9. Woraus besteht der subjektive Tatbestand der Vollstreckungsvereitelung? (16.2.2)
10. Kann der Tatbestand des § 288 in mittelbarer Täterschaft verwirklicht werden? (16.3.2)
11. Wie wird ein Anstifter bestraft, der selbst nicht Schuldner ist? (16.3.3)

Literatur

Blei H. Strafrecht II Besonderer Teil. 12. Aufl. 1983.
Bruns H. Gläubigerschutz gegen Vollstreckungsvereitelung. ZStW. 53 1933;450 ff.
Eisele J. Strafrecht Besonderer Teil II. 2. Aufl. 2012.
Eckels. Tätige Reue bei Vollstreckungsvereitelung!. NJW. 1955;1827.
Geppert. Vollstreckungsvereitelung (§ 288 StGB) und Pfandkehr (§ 289 StGB). Jura. 1987;427.
Gössel KH. Strafrecht Besonderer Teil Bd. 2. 1996.
Herzberg RD. Täterschaft und Teilnahme. 1977.
Jescheck H-H, Weigend T. Lehrbuch des Strafrechts Allgemeiner Teil. 5. Aufl. 1996.
Kühl K. Strafrecht Allgemeiner Teil. 7. Aufl. 2012.
Lackner K, Kühl K. Strafgesetzbuch. 28. Aufl. 2014.
Lüke G. Die Bedeutung vollstreckungsrechtlicher Erkenntnisse für das Strafrecht, Festschrift für Arthur Kaufmann. 1993;565 ff.
Lüke G. Die Bedeutung vollstreckungsrechtlicher Erkenntnisse für das Strafrecht. Festschrift für Arthur Kaufmann. 1993;565 ff.
Maurach R, Schroeder F-C, Maiwald M. Strafrecht Besonderer Teil 1. 10. Aufl. 2009.
Mitsch. Referendarexamensklausur – Strafrecht: Täterschaft und Teilnahme sowie Vermögensdelikte. JuS. 2004;323.

Mitsch. Täterschaft und Teilnahme bei der „Verbandsstraftat". NZWiSt. 2014;1.

Nomos Kommentar zum Strafgesetzbuch. 4. Aufl. 2013.

Ottow. Zur Frage des strafbefreienden Rücktritts vom beendeten Versuch bei Vollstreckungsvereitelung. NJW. 1955;1546.

Rengier R. Strafrecht Besonderer Teil I. 16. Aufl. 2014.

Roxin C. Strafrecht Allgemeiner Teil Bd. I. 4. Aufl. 2006.

Welzel H. Das Deutsche Strafrecht. 11. Aufl. 1969.

Wessels J, Hillenkamp T. Strafrecht Besonderer Teil/2. 36. Aufl. 2013.

Wittig P. Wirtschaftsstrafrecht. 3. Aufl. 2014.

Pfandkehr, § 289 StGB

17

Inhaltsverzeichnis

17.1 Allgemeines

17.1.1 Rechtsgut

Güter wie Geld, wertvolle bewegliche und unbewegliche Sachen, Forderungen usw. vermehren das Vermögen eines Menschen nicht nur dann, wenn er ihr vollberechtigter Inhaber (Eigentümer, Forderungsgläubiger) ist, sondern unter Umständen schon dann, wenn der Vermögensinhaber eine mindere, beschränkte Rechtsposition an solchen Gegenständen hat. Beispielsweise hat ein Recht, das seinem Inhaber die Befugnis verleiht, eine fremde Sache über einen bestimmten Zeitraum zu benutzen, ebenso einen – zwar quantitativ geringeren – wirtschaftlichen Wert wie das Eigentum an dieser Sache. Da der Gesamtwert des Vermögens durch Verluste – insbesondere die Nichtdurchsetzbarkeit von Forderungen – negativ beeinflusst werden kann, haben Rechtspositionen, die derartige Verluste verhindern oder kompensieren, ihrerseits einen positiven Vermögenswert. Sie erhalten den Vermögenswert, indem sie Vermögensverluste abwenden. Folglich sind sie Vermögensbestandteile und als solche taugliche Schutzobjekte von Vermögensstraftatbeständen. Das Strafrecht schützt sie pauschal im Rahmen von Straftatbeständen, die Straftaten gegen das Vermögen als ganzes pönalisieren, also vor allem Erpressung, Betrug und Untreue. Einen stärker auf ihre Eigenart zugeschnittenen speziellen Strafrechtsschutz genießen die Objekte, um die es hier geht, im Rahmen des Straftatbestandes Pfandkehr. § 289 schützt also das Vermögen, Pfandkehr ist deshalb ein **Vermögensdelikt.**[1]

---

[1] Bock (2009), 548; Eisele (2012b), Rn. 1009.

© Springer-Verlag Berlin Heidelberg 2015
W. Mitsch, *Strafrecht, Besonderer Teil 2,* Springer-Lehrbuch,
DOI 10.1007/978-3-662-44934-9_17

In der **Praxis der Strafgerichte** hat § 289 nur eine geringe Bedeutung.[2] Im Jahr 2012 kam es nur zu 222 Verurteilungen aus § 289 oder 288.[3] Da eine Verurteilung des Täters die Chancen des Gläubigers auf Befriedigung seines Anspruchs nicht unbedingt erhöhen wird,[4] auf der anderen Seite das Strafantragsrecht (§§ 288 II, 289 III) ein geeignetes Instrument ist, um legalen[5] Druck auf den Täter/Schuldner auszuüben, kann man sich vorstellen, dass manche Verurteilung deshalb ausgeblieben ist, weil der Gläubiger seinen Strafantrag nicht gestellt oder wieder zurückgenommen hat, nachdem die Schuld vom Täter oder einem Dritten beglichen worden ist.

17.1.2 Systematik

Das Delikt tritt nur in einer (grund-)tatbestandlichen Gestalt in Erscheinung, Qualifikationen oder Privilegierungstatbestände gibt es nicht. Anders als bei § 288 ist hier jedoch der Versuch mit Strafe bedroht, § 289 II. Dies und das etwas höhere Strafrahmenniveau belegen, dass das Gesetz die Position des Forderungsgläubigers, der im Verhältnis zu seinem Schuldner durch ein eigenes Sicherungsrecht geschützt ist, höher bewertet als die Position eines Gläubigers, der nur auf die Zahlungsfähigkeit, Zahlungsbereitschaft oder auf Umfang und Bestand des vollstreckungsfähigen Vermögens seines Schuldners hoffen kann. Dennoch ist letztlich auch der Strafwürdigkeitsgehalt der Pfandkehr relativ gering, weshalb die Ausgestaltung als absolutes Antragsdelikt (§ 289 III) verständlich ist.

17.2 Strafbarkeitsvoraussetzungen

17.2.1 Objektiver Tatbestand

17.2.1.1 Übersicht

Der objektive Tatbestand besteht aus dem **Täter**merkmal („Wer"), dem **Tatobjekt**merkmal („eigene oder fremde bewegliche Sache"), dem **Handlungs**merkmal („wegnimmt") und dem **Opfer**merkmal („demjenigen, welchem an der Sache ein Gebrauchs- oder Zurückbehaltungsrecht zusteht").

---

[2] Bohnert (1982), 256 (259).

[3] Statistisches Bundesamt, Fachserie 10: Rechtspflege, Reihe 3: Strafverfolgung, 2014, S. 38.

[4] Die Geldstrafe, zu der der Täter verurteilt wird, fließt nicht dem Geschädigten, sondern dem Staat zu. Besser steht der Verletzte, wenn das Verfahren nach § 153 a I 1 Nr. 1 StPO eingestellt wird.

[5] Dazu, dass die Drohung mit der Stellung bzw. Nichtrücknahme des Strafantrags in diesem Fall keine strafbare Nötigung ist, vgl. z. B. Wessels et al (2013b), Rn. 430.

17.2.1.2 Täter

Pfandkehr ist kein Sonderdelikt, Täter kann grundsätzlich jeder sein.[6] Typisch für das Delikt ist zwar, dass der **Eigentümer** der mit dem geschützten Recht belasteten Sache die Tat begeht. Deshalb stellt der Gesetzestext den Eigentümer als Täter („seine eigene bewegliche Sache") besonders heraus.[7] Wesentlich für die Täterrolle ist aber nicht die Identität von Täter und Eigentümer, sondern der Gleichklang des vom Täter verfolgten Interesses mit dem Interesse des Eigentümers der betroffenen Sache. Handelt der Täter zur Förderung des Eigentümerinteresses („zugunsten des Eigentümers"), so kann er als **Nichteigentümer** ebenso Täter der Pfandkehr sein wie ein Eigentümer, der sich selbst die Sache durch Wegnahme verschafft. Es gibt also eine eigennützige Pfandkehr (Täter Eigentümer) und eine fremdnützige Pfandkehr (Täter Nichteigentümer). Insofern kann § 289 sogar als positivgesetzliches Argument gegen eine auf das Tatinteresse abstellende subjektive Täterlehre (Täter ist, wer ein eigenes Interesse an der Tat hat)[8] verwendet werden.

17.2.1.3 Tatobjekte

17.2.1.3.1 Bewegliche Sachen

Als Tatobjekte kommen nur **bewegliche Sachen** in Betracht. Dies und die Bezeichnung des tatbestandsmäßigen Verhaltens als „Wegnahme" (näher dazu unten 17.2.1.6) verleihen dem Delikt eine diebstahlsähnliche äußere Gestalt. Zum Merkmal „Sache" kann deshalb ebenso wie zum Merkmal „beweglich" auf die Erläuterungen im Kapitel „Diebstahl" verwiesen werden.[9] Für den strafrechtlichen Schutz von Besitz-, Nutzungs- und Sicherungsrechten an Grundstücken (Dienstbarkeiten, Hypotheken) ist § 289 nur insoweit zuständig, als diese Rechte sich auch auf bewegliche Sachen – insbesondere Zubehör (vgl. z. B. § 1031 BGB) – erstrecken. Die Rechtsstellung am Grundstück selbst wird – außer durch die allgemeinen Vermögensstraftatbestände wie §§ 253, 263 – durch § 123 geschützt.

17.2.1.3.2 Eigentum

Die Sache muss im Fall eigennütziger Pfandkehr (dazu oben 17.2.1.2) im **Eigentum des Täters** („eigene bewegliche Sache") stehen, im Fall fremdnütziger Pfandkehr muss die Sache Eigentum desjenigen sein, in dessen Interesse der Täter („fremde bewegliche Sache zugunsten des Eigentümers") handelt. Gehört die Sache dem von der Tat Verletzten, fällt die Tat in den Tatbestandsbereich des § 242 oder des § 246. Steht die Sache im Miteigentum des Täters und eines Dritten, hängt es von der subjektiven Zielrichtung der Tat ab, ob § 289 oder § 242 oder beide Tatbestände erfüllt sind. Dabei kann es zu der eigenartigen Konstellation kommen, dass die Sache für den Täter zugleich eine „eigene" – im Verhältnis zum Inhaber des von § 289 geschützten Rechts – und eine „fremde" – im Verhältnis zum Miteigentümer – ist.

---

[6] Gössel (1996), § 18 Rn. 101.

[7] Herzberg (1977), 126 (zu § 288).

[8] Vgl. z. B. BGHSt 37, 289 (293): „Dabei handelte er aus eigenem Interesse am Taterfolg".

[9] Oben 1.2.1.2; 1.2.1.3.1.

A und B sind Miteigentümer eines Pkw. Gemeinsam beauftragen sie den W mit der Reparatur des defekten Fahrzeugs.

1. Gemeinsam nehmen A und B dem W den Wagen weg, weil sie die Rechnung nicht bezahlen wollen und W die Herausgabe unter Berufung auf sein Werkunternehmerpfandrecht (§ 647 BGB) verweigert.

2. A nimmt dem W den Wagen weg. Er hat nicht vor, die Rechnung des W zu bezahlen. Über den Pkw will A künftig unter Ausschluss des B allein verfügen.

3. Nachdem A das Überweisungsformular, mit dem er seine Sparkasse beauftragt, den Rechnungsbetrag von seinem Konto abzubuchen und dem Konto des W gutzuschreiben, in den Briefkasten der Sparkasse geworfen hat, nimmt er dem W den Pkw weg. Er will künftig über den Wagen unter Ausschluss des B allein verfügen.

In **Beispiel 1** haben sich A und B mittäterschaftlicher Pfandkehr (§§ 289 I, 25 II) schuldig gemacht. Hinsichtlich der Eigentumsverhältnisse an dem Pkw (eigene oder fremde Sache?) sind zwei Deutungen möglich: Da sowohl A als auch B Miteigentümer sind, kann man sagen, dass sich jeder Mittäterbeitrag auf eine „eigene" Sache bezieht. Legt man dagegen den Akzent auf den jeweiligen Miteigentumsanteil des anderen, bezieht sich der Mittäterbeitrag auch auf eine „fremde" Sache. Weil aber keiner von beiden zum Nachteil des anderen an der ursprünglichen Miteigentümerkonstellation etwas ändern wollte, handelten beide nicht nur im eigenen Interesse, sondern zugleich „zugunsten" des anderen Miteigentümers. Deshalb bleibt die Tat auch in Bezug auf den anderen Miteigentumsanteil im tatbestandlichen Bereich des § 289. Diebstahl liegt dagegen nicht vor, da keiner den anderen enteignen wollte und es deshalb an der Zueignungsabsicht fehlt. Anders liegen die Dinge in **Beispiel 2:** A hat sich wiederum wegen Pfandkehr strafbar gemacht, weil er mit der Entziehung des den Werklohnanspruch sichernden Pfandobjekts zugleich die Befriedigung des W vereiteln wollte. Obwohl er nicht der alleinige Eigentümer des Pkw war, ist dieser im Verhältnis zu W eine „eigene Sache". Daher kommt es nicht darauf an, ob A mit der Wegnahme „zugunsten des (Mit-)Eigentümers" B handelte. Für die Begründung der Strafbarkeit aus § 289 unschädlich ist somit der Umstand, dass A gerade nicht zugunsten des B handelte, sondern diesen vielmehr aus seiner Miteigentümerposition verdrängen wollte. Dies hat jedoch zur Folge, dass A zusätzlich zu den Strafbarkeitsvoraussetzungen der Pfandkehr auch noch die des Diebstahls erfüllt hat. Da er nicht Alleineigentümer des Pkw war, war dieser für ihn im Verhältnis zu B eine fremde Sache.[10] Die im subjektiven Tatbestand des § 242 erforderliche Zueignungsabsicht ist gegeben. Denn A wollte den Miteigentümer B dauernd enteignen und sich selbst den Anteil des B aneignen. In **Beispiel 3** hat sich A nur aus § 242 strafbar gemacht. Pfandkehr scheidet aus, da A nicht „in rechtswidriger Absicht" (näher dazu unten 17.2.2.3) handelte. Zwar war das akzessorische Pfandrecht des W im Zeitpunkt der Wegnahme noch nicht erloschen, da die Forderung des W erst mit der Gutschrift des Rechnungsbetrages auf dessen Konto

---

[10] Oben 1.2.1.3.2.4.

durch Erfüllung untergegangen ist. Deshalb kann man durchaus behaupten, A habe mit der Absicht gehandelt, das noch bestehende Pfandrecht des W zu beeinträchtigen. Jedoch kann dies eine Strafbarkeit aus § 289 nicht tragen. Da das Pfandrecht nur eine sichernde Funktion in Bezug auf den Werklohnanspruch hat, darf die innere Einstellung des A zu den Aussichten des W auf Durchsetzung seines Anspruchs nicht unberücksichtigt bleiben. A stellte sich vor, W werde in den nächsten Tagen „sein Geld" bekommen. Er hatte also nicht die Absicht, die Rechtsstellung des W als Gläubiger und Pfandrechtsinhaber zu beeinträchtigen.

17.2.1.4 Geschützte Rechte

Die Sache muss mit einem Recht belastet sein, welches dem Opfer eine rechtliche Position verschafft, die es ihm gestattet, entweder die Sache unter Ausschluss ihres Eigentümers zu besitzen – teilweise sogar sie zu benutzen – oder zumindest die **Fortschaffung durch den Eigentümer zu untersagen**. Im einzelnen berücksichtigt § 289 I Nutznießungsrechte, Pfandrechte, Gebrauchs- und Zurückbehaltungsrechte. Nicht erfasst ist das Sicherungseigentum, das eine ähnliche Funktion hat wie das Pfandrecht, bei dem der Besitz an der Sache aber in der Regel beim Sicherungsgeber verbleibt. Das Sicherungseigentum wird strafrechtlich wie „Volleigentum" behandelt. Beeinträchtigungen durch den Sicherungsgeber oder Dritte erfüllen deshalb in erster Linie den Tatbestand der Unterschlagung (§ 246).[11] Umgekehrt ist der Sicherungsgeber als Inhaber eines Gebrauchsrechts in den Schutzbereich des § 289 einbezogen.[12]

Mit der Erwähnung des „**Nutznießers**" bezieht sich § 289 auf das Nießbrauchsrecht der §§ 1030 ff. BGB und das Nutzungsrecht der Eltern am Vermögen ihrer minderjährigen Kinder gem. § 1649 II BGB.

Die von § 289 erfassten **Pfandrechte** können durch Rechtsgeschäft (§ 1205 BGB) oder gesetzlich entstanden sein.[13] Zur zweiten Kategorie gehören insbesondere das Vermieterpfandrecht (§ 559 BGB)[14], das Pfandrecht des Verpächters (§ 581 II BGB), das Werkunternehmerpfandrecht (§ 647 BGB) und das Pfandrecht des Gastwirts (§ 704 BGB). Das Pfandrecht sichert eine Forderung und ist als akzessorisches Sicherungsrecht von ihrem Bestand abhängig, § 1252 BGB. Zu beachten ist aber, dass die Verjährung des gesicherten Anspruchs das Recht des Gläubigers, Anspruchsbefriedigung aus der verpfändeten Sache zu suchen, nicht hindert, § 223 I BGB. Dementsprechend entfällt der strafrechtliche Schutz des § 289 zwar mit Erlöschen des gesicherten Anspruchs, nicht aber mit dem Eintritt seiner Verjährung. Davon zu unterscheiden sind Einreden, die sich gegen das Pfandrecht selbst richten, § 1254 BGB. Der dann entstehende Rückgabeanspruch des Verpfänders bzw. Eigentümers schließt jedenfalls die subjektive Tatbestandsmäßigkeit einer eigenmächtigen Wegnahme aus (näher dazu unten 17.2.2.3).

---

[11] Oben 2.2.1.2.3.

[12] Fischer (2014), § 289 Rn. 2; Gössel (1996), § 18 Rn. 108.

[13] Fischer (2014), § 289 Rn. 2; Gössel (1996), § 18 Rn. 106; Rengier (2014a), § 28 Rn. 6.

[14] Mitsch (2004), 323 (325).

Das im Zuge einer Zwangsvollstreckung durch Pfändung entstehende **Pfändungspfandrecht** (§ 804 ZPO) genießt als Begleiterscheinung der öffentlichrechtlichen Verstrickung der Sache strafrechtlichen Schutz bereits nach § 136 I (Verstrickungsbruch).[15] Ob es daneben auch dem Tatbestand der Pfandkehr unterfällt,[16]
hängt davon ab, welche vollstreckungsrechtliche Konstruktion ihm zugrunde gelegt
wird.[17] In der Diskussion um die „Rechtsnatur des Pfändungspfandrechts" stehen
eine privatrechtliche, eine öffentlichrechtliche und eine gemischt privat-öffentlich-
rechtliche Theorie.[18] Für die – heute überholte – privatrechtliche Theorie ist die
Betonung der Akzessorietät des Pfandrechts kennzeichnend. Danach kann ein Pfändungspfandrecht nur zur Entstehung kommen, wenn der Anspruch, dessentwegen
die Zwangsvollstreckung erfolgt, tatsächlich existiert.[19] Nach der öffentlichrechtlichen Theorie ist das Pfändungspfandrecht Folge der Verstrickung der gepfändeten
Sache. Diese ist unabhängig vom Bestehen eines materiellrechtlichen Anspruchs.
Folglich setzt danach auch das Pfändungspfandrecht keinen wirklich bestehenden
Anspruch voraus.[20] Die (herrschende)[21] gemischt privatrechtlich-öffentlichrecht-
liche Theorie differenziert zwischen den Entstehungsbedingungen der – für die
Rechtmäßigkeit der Verwertung allein maßgeblichen – Verstrickung und des Pfändungspfandrechts. Letzteres setzt außer einer wirksamen Verstrickung der Sache
auch das Bestehen eines materiellrechtlichen Anspruchs voraus.[22] Die strafrechtliche Relevanz dieser Theorien zum Pfändungspfandrecht ist folgende: Da § 289
nicht allein die formale Rechtsposition des Pfandrechtsinhabers, sondern den durch
das Pfandrecht gesicherten – und den Wert des Gesamtvermögens letztlich beeinflussenden – materiellrechtlichen Anspruch schützt,[23] korrespondiert die Einbeziehung des Pfändungspfandrechts in den Tatbestand des § 289 dem zugrundeliegenden Schutzzweck nur, wenn im konkreten Fall dieser Anspruch besteht. Da dies
aber nach der öffentlichrechtlichen Theorie keine Entstehungsvoraussetzung des
Pfändungspfandrechts ist, müssen Anhänger dieser Theorie bei der Anwendung des
§ 289 differenzieren: Auf der Grundlage dieser Theorie gibt es sowohl Pfändungs-
pfandrechte, die dem Tatbestand des § 289 unterfallen, als auch solche, die dem
Tatbestand des § 289 nicht unterfallen. Letztere sind diejenigen, bei denen es an
einer Forderung des Vollstreckungsgläubigers fehlt.

---

[15] Gössel (1996), § 18 Rn. 107; Wessels et al (2013b), Rn. 671.

[16] Bejahendenfalls in Idealkonkurrenz (§ 52) mit § 136; Bock (2009), 548 (550); Gössel (1996),
§ 18 Rn. 107.

[17] Bock (2009), 548 (550); Lüke (1993), 565 (578); Rengier (2014a), § 28 Rn. 8; pauschal gegen
die Einbeziehung des Pfändungspfandrechts Lackner et al (2014), § 289 Rn. 1; ohne Differenzierung für die Einbeziehung des Pfändungspfandrechts Geppert (1987), 427 (433); Gössel (1996),
§ 18 Rn. 107; Wessels et al (2013c), Rn. 469.

[18] Brox et al. (2011), Rn. 379 f.; Lipp (1988), 119 ff.; Paulus (2010), Rn. 790 ff.

[19] Brox et al. (2011), Rn. 380; Paulus (2010), Rn. 791.

[20] Brox et al. (2011), Rn. 381; Paulus (2010), Rn. 792.

[21] Bock (2009), 548 (550); Brox et al. (2011), Rn. 393.

[22] Brox et al. (2011), Rn. 383; Eisele (2012b), Rn. 1016; Paulus (2010), Rn. 794.

[23] Lüke (1993), S. 565 (578).

Gebrauchsrechte können privatrechtlicher oder öffentlichrechtlicher, dinglicher oder schuldrechtlicher Natur sein, auf Rechtsgeschäft oder Gesetz beruhen.[24] Dasselbe gilt für **Zurückbehaltungsrechte** (z. B. §§ 273, 972 BGB).

17.2.1.5 Tatopfer

Die Person des Tatopfers[25] korrespondiert dem tatbestandlich geschützten Recht. Der von der Tat Betroffene muss also **Nutznießer, Pfandgläubiger, Gebrauchs-** oder **Zurückbehaltungsrechtsinhaber** sein. Darüber hinaus muss er **Wegnahmebetroffener** sein, also in Bezug auf die tatgegenständliche Sache eine tatsächliche Herrschaftsposition haben, die Voraussetzung einer gegen ihn gerichteten Wegnahme ist (näher dazu unten 17.2.1.6).

Beispiel

E hat zur Sicherung einer Darlehensrückzahlungsforderung seinen Pkw dem Darlehensgeber G verpfändet. Da E das Darlehen nicht zurückzahlen kann, er aber seinen Pkw zurückhaben möchte, bittet der den T, dem G das Fahrzeug wegzunehmen. T erfüllt dem E die Bitte und stellt den Wagen zunächst in seine Garage. Als E den Wagen von T herausfordert, erklärt dieser, er habe beschlossen, das Fahrzeug zu behalten. Daraufhin bricht E nachts die Garage des T auf und holt sich seinen Wagen zurück.

T hat sich aus § 289 I strafbar gemacht, als er dem G den Pkw wegnahm. Da T den Auftrag des E ausführen wollte, handelte er zugunsten des Eigentümers. G war im Zeitpunkt der Tat nicht nur Pfandgläubiger, sondern auch Besitzer bzw. Gewahrsamsinhaber. Folglich war er taugliches Opfer der Tat des T. E hat sich wegen Anstiftung zur Pfandkehr (§§ 289 I, 26) strafbar gemacht, indem er den T um die Wegnahme des Wagens bat. Mit der eigenmächtigen Verschaffung des in der Garage des T stehenden Pkw hat sich E hingegen nicht aus § 289 strafbar gemacht. Zwar war G immer noch Pfandrechtsinhaber, da der unfreiwillige Besitzverlust nicht zum Erlöschen des Pfandrechts führte (vgl. § 1253 BGB). Da er aber keinen Besitz und/oder Gewahrsam mehr an dem Fahrzeug hatte, richtete sich die Wegnahmehandlung des E nicht gegen ihn, sondern allein gegen T. Dieser wiederum ist nicht Pfandgläubiger.

17.2.1.6 Tathandlung

Das tatbestandsmäßige Verhalten trägt in § 289 I die Bezeichnung (substantiviert) „**Wegnahme**" und stimmt somit jedenfalls sprachlich mit dem Handlungsmerkmal des Diebstahls- und Raubtatbestandes (§§ 242 I, 249 I)[26] überein. In der Sache besteht auch kein Zweifel daran, dass eine Tat, die alle Voraussetzungen einer Wegnahme i. S. d. § 242 I erfüllt, also Bruch fremden und Begründung neuen Ge-

---

[24] Eisele (2012b), Rn. 1019; Fischer (2014), § 289 Rn. 2.

[25] Mit der die Antragsbefugnis verbunden ist, §§ 77, 289 III.

[26] Außerdem: §§ 168 I, 274 I Nr. 3.

wahrsams ist,[27] das Handlungsmerkmal der Pfandkehr erfüllt.[28] Dies ist jedoch nur in Fällen möglich, in denen der betroffene Rechtsinhaber – Pfandgläubiger usw. – Gewahrsam an der Sache hat. Andere Arten der Beeinträchtigung des Gläubiger-rechts – z. B. durch Zerstörung oder Beschädigung der Sache – sind nicht tatbe-standsmäßig.[29]

Fraglich ist die Möglichkeit einer tatbestandsmäßigen Wegnahme deshalb in Fällen, in denen mit dem Erwerb des Rechts von vornherein kein Erwerb des Be-sitzes und/oder Gewahrsams verbunden ist, dem Rechtsinhaber die Stellung des Gewahrsamsinhabers im Zeitpunkt der Tat nicht – wie im obigen Beispiel – auf Grund späteren Verlusts, sondern auf Grund der rechtlichen Struktur seines Rechts fehlt. Dies betrifft insbesondere die **besitzlosen Pfandrechte**, in erster Linie das Pfandrecht des Grundstücks- oder Wohnraumvermieters (Vermieterpfandrecht), §§ 559, 580 BGB.[30] Denn den Besitz und Gewahrsam an den in die gemietete(n) Räumlichkeit(en) eingebrachten – und infolgedessen dem Vermieterpfandrecht un-terliegenden – beweglichen Sachen behält der Mieter. Der Vermieter erwirbt zwar ein Pfandrecht an diesen Sachen, Besitzer wird er hingegen damit noch nicht.[31] Er hat nämlich über die vermietete(n) Räumlichkeit(en) keine Sachgewalt. Be-tritt der Vermieter die vermieteten Räume ohne Erlaubnis des Mieters, begeht er Hausfriedensbruch (§ 123).[32] Schafft der Mieter – oder mit seinem Einverständnis ein Dritter – diese Sachen aus der gemieteten Wohnung heraus, bricht er keinen fremden Gewahrsam und erfüllt somit nicht die Voraussetzungen des in § 242 I enthaltenen Wegnahmebegriffs. Allerdings zwingt die Verwendung ein und des-selben Wortes in verschiedenen Straftatbeständen nicht zur Annahme vollkommen identischer Begriffselemente. Da der Kontext, von dem ein Begriff eingerahmt ist, Einfluss auf den Begriffsinhalt haben kann, erscheint es durchaus plausibel, dass der Begriff „Wegnahme" im Zusammenhang mit § 289 einen anderen Bedeutungs-gehalt hat als im Zusammenhang mit § 242.[33] Einheit und Widerspruchsfreiheit der Rechtsordnung werden dadurch nicht erschüttert. Methodologisch nennt man dies „Relativität der Rechtsbegriffe".[34] Vor allem die unterschiedlichen Schutzgü-ter der Straftatbestände bieten sich als Anknüpfungspunkte für eine differenzierte Auslegung des Merkmals „Wegnahme" an. Diebstahl ist ein Angriff auf das Rechts-gut „Eigentum", also die vollkommenste und umfassendste dingliche Herrschaft über eine Sache (§ 903 BGB). Ihre adäquate faktische Manifestation findet diese Rechtsmacht in der Stellung als Gewahrsamsinhaber. Der einschneidendste Eingriff

---

[27] Oben 1.2.1.4.

[28] Bock (2009), 548 (553); Eisele (2012b), Rn. 1023; Otto (1992), 666 (667); Rengier (2014a), § 28 Rn. 10.

[29] Eisele (2012b), Rn. 1023; Laubenthal (1990), 38 (40).

[30] Außerdem die Pfandrechte der §§ 592, 704 BGB; Bohnert (1982), 256 (259) Fn. 40; Joerden (1985), 20 (23).

[31] Anders, wenn er von seinem Selbsthilferecht (§ 561 BGB) Gebrauch macht, Bohnert (1982), 256 (259).

[32] Lackner et al. (2014), § 123 Rn. 2.

[33] Lackner et al. (2014), § 289 Rn. 3; Laubenthal (1990), 38 (41); Mitsch (2004), 323 (326); Ren-gier (2014a), § 28 Rn. 12; aA Bock (2009), 548 (553).

[34] Ausführlich zum Wegnahme-Begriff des § 289 Demko (2000), 214 ff.

in das Eigentum ist deshalb die Entziehung dieser Herrschaftsstellung. Die sachbezogene Rechtsstellung des Pfandgläubigers ist dagegen auf den Sicherungszweck beschränkt. Befugnisse, deren Ausübung den alleinigen Gewahrsam an der Sache voraussetzt, gewährt das Pfandrecht nicht. Als tatsächliches Fundament des Pfandrechts reicht deshalb eine Beziehung zu der Sache, die lockerer und schwächer ist als die Beziehung des Gewahrsams. Folglich genügt als tatbestandsmäßige pfandrechtsverletzende Handlung eine Aufhebung dieser Beziehung. Eines Gewahrsamsbruchs bedarf es dazu nicht. Die h. M. zieht daraus zutreffend die Konsequenz, als „Wegnahme" i. S. d. § 289 I jede Entfernung der Sache aus dem Machtbereich des Pfandrechtsinhabers anzuerkennen.[35] Für diese Ansicht spricht zudem, dass sie eine Ausgrenzung der besitzlosen Pfandrechte aus dem Tatbestand der Pfandkehr vermeidet. Die Gegenmeinung, die „Wegnahme" in § 289 I wie in § 242 I als Bruch fremden und Begründung neuen Gewahrsams versteht, beruft sich auf die Strafrahmendifferenz zwischen § 289 und § 288 und erklärt die höhere Strafe des § 289 mit dem Erfordernis eines Eingriffs in fremden Gewahrsam.[36]

Beispiel

V hat dem Studenten M in seinem Haus ein Zimmer vermietet. In der ersten Woche der Semesterferien zieht M unter Mitnahme sämtlicher Sachen heimlich aus, ohne dem V Bescheid zu sagen. M hat die letzten drei Monatsmieten noch nicht bezahlt. Einen wertvollen Fotoapparat hatte sich V vorsichtshalber aus dem Zimmer des M geholt, als dieser in einer Vorlesung saß. Auch diesen Fotoapparat, den V in seinem Wohnzimmerschrank aufbewahrte, nahm M bei seinem Auszug mit.

M hat sich durch die Mitnahme des Fotoapparats aus § 289 I strafbar gemacht. Der Streit um die Auslegung des Tatbestandsmerkmals „Wegnahme" ist hier unerheblich, da V im Zeitpunkt der Tat Gewahrsam an dem Apparat hatte und M folglich auch nach der engeren Auffassung eine Wegnahme begangen hat.[37] Die Fortschaffung der anderen vom Vermieterpfandrecht des V erfassten Sachen ist zumindest als Vereitelung der Zwangsvollstreckung aus § 288 strafbar, sofern mit einer zwangsweisen Durchsetzung der Mietzinsforderungen durch V zu rechnen war. Strafbarkeit als Pfandkehr ist bezüglich dieser Gegenstände nach h. M. ebenfalls begründet, obwohl M insofern keinen Gewahrsam des V gebrochen hat. Die von der h. M. vertretene weitere Auslegung des Wegnahmebegriffs trägt dieses Ergebnis. Nach der Mindermeinung hat M hingegen dem V außer dem Fotoapparat nichts weggenommen und deshalb bezüglich der anderen Sachen keine Pfandkehr begangen.

---

[35] Eisele (2012b), Rn. 1026; Gössel (1996), § 18 Rn. 113; Matt et al. (2013), § 289 Rn. 3; Mitsch (2004), 323 (326); Rengier (2014a), § 28 Rn. 12; Welzel (1969), 367; Wessels et al. (2013c), Rn. 471.

[36] Bock (2009), 548 (554); Joerden (1985), 20 (23); Laubenthal (1990), 38 (42); Maurach et al. (2009), § 37 Rn. 16; Otto (1992), 666 (667); im Ergebnis ebenso – mit anderer Begründung – Bohnert (1982), 256 (260).

[37] Bohnert (1982), 256 (257).

Erinnert sei in diesem Zusammenhang daran, dass § 289 einen engen Bezug zu einem „klassischen" Problem aus dem Bereich von **Raub** und (räuberischer) **Erpressung** aufweist: Die umstrittene Frage, ob der objektive Tatbestand der Erpressung das (ungeschriebene) Merkmal „Vermögensverfügung" enthält, erlangt eine gewisse praktische Bedeutung unter anderem in Fällen, in denen der Eigentümer eine bewegliche Sache dem Inhaber eines von § 289 geschützten Rechts wegnimmt und dabei die Nötigungsmittel „Gewalt gegen die Person"[38] oder „Drohung mit gegenwärtiger Gefahr für Leib oder Leben"[39] anwendet.[40]

Beispiel

(Abwandlung von oben): M wird von V dabei überrascht, wie er den von V „sichergestellten" Fotoapparat aus dem Wohnzimmerschrank nehmen will. Nachdem er den V mit einem wuchtigen Faustschlag ins Gesicht zu Boden gestreckt hat, verlässt M unter Mitnahme des Fotoapparats das Haus.

M hat sich unzweifelhaft wegen Hausfriedensbruch (§ 123), Körperverletzung (§ 223), Nötigung (§ 240) und Pfandkehr (§ 289) strafbar gemacht. Eine Verbindung der Nötigung mit der Wegnahme des Fotoapparats zur Begründung der Strafbarkeit aus einem weiteren Straftatbestand stößt auf Probleme: Eindeutig nicht erfüllt ist der objektive Tatbestand des Raubes (§ 249 I), da M keine fremde, sondern eine eigene Sache weggenommen hat. Derselbe Grund stünde übrigens einer Strafbarkeit aus § 252 entgegen, wenn M den V nicht vor, sondern nach der Wegnahme des Fotoapparats niedergeschlagen hätte. Denkbar ist jedoch Strafbarkeit wegen räuberischer Erpressung aus §§ 253, 255. Denn M hat durch Anwendung von Gewalt gegen die Person des V diesen zur Duldung der Wegnahme des Fotoapparats genötigt und dem Vermögen des V dadurch einen Schaden zugefügt. Ob allerdings die dieser Subsumtion zugrundeliegende Interpretation des Tatbestandsmerkmals „Duldung" (§ 253 I) trägt, ist bekanntlich heftig umstritten. Die Rechtsprechung und ein Teil der Literatur[41] negieren ein den Erpressungstatbestand einschränkendes Merkmal „Vermögensverfügung" und kommen so konsequent zur Anwendung der §§ 253, 255 in unserem Fall.[42] Die überwiegende Ansicht in der Literatur[43] tendiert in die Gegenrichtung und verlangt eine Vermögensverfügung des Genötigten, an der es jedenfalls dann fehle, wenn sich der Täter ohne Mitwirkung des Tatopfers die Sache durch Wegnahme verschafft.[44]

---

[38] Oben 8.2.1.4.2.

[39] Oben 8.2.1.5.

[40] Instruktiv dazu Joerden (1985), 20 (24).

[41] Oben 10.2.1.5.2.

[42] Küper (1998), 495 (500).

[43] Rengier (2014a), § 11 Rn. 25 ff.

[44] Gössel (1996), § 31 Rn. 12.

17.2.2 Subjektiver Tatbestand

17.2.2.1 Struktur

Der subjektive Tatbestand setzt sich entweder aus zwei oder aus drei Merkmalen zusammen, je nachdem, ob es sich um eigennützige oder fremdnützige Pfandkehr (dazu oben 17.2.1.2) handelt. Beide Erscheinungsformen des Delikts erfordern im subjektiven Tatbestand **Vorsatz (§ 15)** und **rechtswidrige Absicht**. Bei der fremdnützigen Pfandkehr muss der Täter zusätzlich **„zugunsten des Eigentümers"** handeln. Da dies keine im äußeren Tathergang abgebildete – also objektive – Handlungsrichtung, sondern eine innere Zielsetzung des Täters ist, gehört sie straftatsystematisch zum subjektiven Tatbestand.[45]

17.2.2.2 Vorsatz

Der Täter muss vorsätzlich handeln. Ausreichend ist dolus eventualis.[46] Der Vorsatz muss alle objektiv tatbestandsmäßigen Sachverhaltsdetails umfassen, also bei der eigennützigen Pfandkehr unter anderem die Tatsache, dass die Sache dem Täter selbst („eigene") gehört. Hält der Täter die weggenommene Sache für fremd, obwohl es sich um seine eigene handelt, liegt ein vorsatzausschließender Tatbestandsirrtum (§ 16 I 1) vor. Hat der Täter bei einer solchen Tat die Absicht rechtswidriger Zueignung, begeht er versuchten Diebstahl.[47] Ähnlich wie bei entsprechenden Irrtumsfällen im Bereich der Jagdwilderei[48] wäre aber zusätzlich zu erwägen, ob der auf Verletzung fremden Eigentums gerichtete Vorsatz als ein „wesensgleiches Plus" im Verhältnis zum Vorsatz der Pfandrechtsverletzung bewertet werden und daraus die Konsequenz der Bestrafung wegen vollendeter Pfandkehr gezogen werden könnte.

Beispiel

T bricht nachts in das Haus des O ein und entwendet mit Zueignungsabsicht unter anderem einen Fotoapparat. In der Dunkelheit erkennt T nicht, dass es sich um einen Apparat handelt, der ihm selbst gehört. Ohne Wissen des T hatte S, der 19-jährige Sohn des T, dem O den Fotoapparat zur Sicherung einer Darlehensrückzahlungsforderung verpfändet. O hatte das Pfandrecht von S, dem der T die Benutzung des Fotoapparates gestattet hatte, kraft guten Glaubens erworben.

T hat bezüglich des Fotoapparates keinen vollendeten Diebstahl begangen, da er keine fremde Sache weggenommen hat. Auf Grund seiner irrigen Annahme, der Fotoapparat stehe im Eigentum des O, beging er aber einen strafbaren (untauglichen) Diebstahlversuch, §§ 242 II, 22. Außerdem hat T den objektiven

---

[45] Gössel (1996), § 18 Rn. 119; Welzel (1969), 367; Wessels et al. (2013c), Rn. 472; aA Fischer (2014), § 289 Rn. 5; unklar Lackner et al. (2014), § 289 Rn. 2.

[46] Bock (2009), 548 (559); Eisele (2012b), Rn. 1027.

[47] Im umgekehrten Fall – der mit Pfandkehrvorsatz handelnde Täter nimmt irrtümlich eine fremde Sache weg – liegt nur versuchte Pfandkehr vor, §§ 289 II, 22.

[48] Lackner et al. (2014), § 292 Rn. 5.

Tatbestand der Pfandkehr erfüllt. § 289 schützt auch durch redlichen Erwerb vom Nichtberechtigten (§§ 1207, 932 ff. BGB) entstandene Pfandrechte. Allerdings hatte T nicht den Vorsatz, dem O eine eigene Sache wegzunehmen. T wollte dem O keine Pfandrechtsverletzung, sondern eine Eigentumsverletzung zufügen. Der Schädigungswille des T reichte also sogar noch weiter, als der subjektive Tatbestand des § 289 erfordert. Auch in qualitativer Hinsicht lässt sich eine hinreichende Ähnlichkeit von Eigentum und Pfandrecht durchaus behaupten. Die Regelung des zivilrechtlichen Pfandrechtsschutzes – insbesondere § 1227 BGB – spricht für ein Plus-Minus-Verhältnis zwischen Eigentum und Pfandrecht, welches zu der Schlussfolgerung einer Implikation zwischen Diebstahls- und Pfandkehrvorsatz berechtigt.[49]

17.2.2.3 Rechtswidrige Absicht

Der Ausdruck „rechtswidrige Absicht" ist nicht sehr glücklich gewählt, da Absichten als solche niemals rechtswidrig sind. Rechtswidrig ist vielmehr der Vorgang, auf den die Absicht gerichtet ist. Deshalb spricht man bei Diebstahl, Erpressung und Betrug nicht von „rechtswidriger Zueignungsabsicht" oder „rechtswidriger Bereicherungsabsicht", sondern von „Absicht rechtswidriger Zueignung" und „Absicht rechtswidriger Bereicherung". Auch im subjektiven Tatbestand der Pfandkehr geht es nicht darum, die Rechtswidrigkeit einer Absicht, sondern einen rechtswidrigen, d. h. im Widerspruch zur Rechtsordnung stehenden Absichtsinhalt festzustellen. Das, was der Täter mit seiner Tat beabsichtigt, muss ein rechtlich missbilligter Vorgang, Zustand oder Erfolg sein. Dieser Erfolg ist die **Vereitelung des Rechts**, dessen Ausübung durch die Wegnahme beeinträchtigt wird.[50] Die voluntative Komponente der Absicht ist der zielgerichtete Wille. Dolus eventualis reicht also nicht.[51] Hinsichtlich der Rechtswidrigkeit der beabsichtigten Rechtsvereitelung genügt allerdings bedingter Vorsatz.

Stellt sich der Täter Umstände vor, unter denen die Entziehung der Sache gerechtfertigt wäre, handelt er ohne Vorsatz bezüglich der Rechtswidrigkeit.

Beispiele

1. E hat dem O ein Fahrrad vermietet. In der irrigen Annahme, O benutze das Rad laufend in grob vertragswidriger Weise und sei deswegen von E wiederholt abgemahnt worden, nimmt T dem O das Rad weg. Er will es dem E zurückgeben, von dem er annimmt, dass er das Mietverhältnis fristlos kündigen werde.
2. Abwandlung von (1) O benutzt das Fahrrad in vertragswidriger Weise und ist von E deswegen mehrfach abgemahnt worden. E beabsichtigt, demnächst von seinem Kündigungsrecht aus § 553 BGB Gebrauch zu machen. T weiß von diesen Vorgängen nichts. Er nimmt dem O das Rad weg, um es dem E zurückzugeben.

---

[49] Maurach et al. (2009), § 37 Rn. 17.
[50] Bock (2009), 548 (557); Lackner et al. (2014), § 289 Rn. 4; Rengier (2014a), § 28 Rn. 14.
[51] Bock (2009), 548 (558); Eisele (2012b), Rn. 1030; Gössel (1996), § 18 Rn. 118.

T hat in beiden Beispielen dem O eine fremde bewegliche Sache weggenommen, an der O ein mietvertragliches Gebrauchsrecht hatte. Dieses Recht war nicht auf Grund des vertragswidrigen Gebrauchs und der Abmahnungen des E (Beispiel 2) erloschen, da erst eine auf § 553 BGB gestützte Kündigung die Rechtsstellung des Mieters beseitigt. Auf der Ebene des subjektiven Tatbestandes ist indessen die – freilich irrige – Vorstellung des T relevant, E werde das Mietrecht des O alsbald durch eine von § 553 BGB gedeckte fristlose Kündigung vernichten (Beispiel 1). Unter dieser Voraussetzung wäre die von T gewollte Rückführung des Fahrrads zu seinem Eigentümer E kein der Zivilrechtsordnung widersprechender Zustand.[52] Folglich hatte T nicht das Bewusstsein, eine rechtswidrige Besitzlage anzubahnen. In **Beispiel 1** hat T deshalb ohne „rechtswidrige Absicht" gehandelt. Anders ist es in **Beispiel 2**: Nicht die objektiven Gegebenheiten, sondern der Inhalt der Tätervorstellung ist Bezugspunkt des strafbarkeitserheblichen Rechtswidrigkeits-Urteils. Dass die von T auf Kosten des O angestrebte Wiedervereinigung von Eigentum und Besitz in der Person des E im Lichte des § 553 BGB durchaus rechtskonform wäre, steht der Strafbarkeit aus § 289 nicht entgegen.

17.2.2.4 Zugunsten des Eigentümers

Wird die Tat nicht vom Eigentümer der Sache, sondern von einem Dritten begangen („fremdnützige Pfandkehr"), stellt sich das äußere Tatgeschehen als „Wegnahme einer fremden beweglichen Sache" dar. Die Tat könnte deshalb durchaus Diebstahl gem. § 242 und – wendet der Täter qualifizierte[53] Nötigungsmittel an – Raub gem. § 249 sein. Als tatbestandsmäßige Pfandkehr entpuppt sich das Verhalten des Täters erst, nachdem man seine mit der Wegnahme verfolgte Zielsetzung aufgedeckt hat: Der Täter begeht Pfandkehr, wenn er „zugunsten des Eigentümers" handelt.[54] Dieses Merkmal steht also in einem Spannungsverhältnis mit der „Zueignungsabsicht" der §§ 242, 249. Geht es dem Täter um das **Interesse des Eigentümers** an Rückerlangung seiner Sache und tatsächlicher Befreiung von dem darauf lastenden Recht des Nutznießers usw., handelt er nicht mit Zueignungsabsicht, sondern zugunsten des Eigentümers. Will der Täter hingegen die Sache dem eigenen Vermögen einverleiben oder einem Dritten die Möglichkeit verschaffen, dies zu tun,[55] ist seine innere Einstellung „Zueignungsabsicht" und seine Tat deshalb Diebstahl.[56]

Abgrenzungsprobleme zwischen fremdnütziger Pfandkehr und Diebstahl kann es geben, wenn die Sache im Miteigentum mehrerer Personen steht.

---

[52] Zur parallelen Situation bei der „Absicht rechtswidriger Zueignung" (§ 242 I) vgl. oben 1.2.2.3.3.3.

[53] Zum Unterschied der Nötigungsmittel in § 240 einerseits und in § 249 andererseits vgl. oben 8.2.1.4.1; 8.2.1.5.2.

[54] Nach Bock (2009), 548 (560 ff.) gehört dieses Merkmal zum objektiven Tatbestand.

[55] Zur durch das 6. Strafrechtsreformgesetz in §§ 242, 249 eingeführten „Drittzueignungsabsicht" vgl. oben 1.2.2.3.3.3.

[56] Fischer (2014), § 289 Rn. 5.

Beispiele[57]

A und B haben dem O zur Sicherung einer Darlehensrückzahlungsforderung einen Pkw verpfändet, an dem A und B je zur Hälfte Miteigentum haben.

1. T nimmt dem O den Pkw weg, um ihn an A und B zurückzugeben. T will A und B in die Lage versetzen, ihren Pkw künftig – von O ungestört – so benutzen zu können, wie vor der Pfandrechtsbestellung.

2. T nimmt dem O den Wagen weg, um ihn an A allein zurückzugeben. Im Einvernehmen mit A bezweckt T mit der Tat, den B aus der Miteigentümerposition zu verdrängen.

In **Beispiel 1** hat T dem O eine fremde bewegliche Sache weggenommen und dabei zugunsten beider Miteigentümer gehandelt. Also hat sich T aus § 289 I strafbar gemacht. Diebstahl hat T nicht begangen, da er keine (Dritt-)Zueignungsabsicht hatte. Er wollte weder den A noch den B enteignen und folglich auch weder dem A noch dem B die Möglichkeit einer Aneignung auf Kosten des anderen Miteigentümers verschaffen. Auch in **Beispiel 2** hat T die Strafbarkeitsvoraussetzungen der Pfandkehr erfüllt. Seine fremdnützige Wegnahme erfolgte zwar nicht zugunsten aller (Mit-)Eigentümer, sondern nur zugunsten des einen Miteigentümers A. Das steht der Strafbarkeit aus § 289 jedoch nicht entgegen. Entscheidend und ausreichend ist, dass sich der pfandrechtsbeeinträchtigende Effekt der Tat auf der Eigentümerseite als Vorteil niederschlagen sollte. Der Begünstigungsabsicht in Bezug auf A korrespondiert jedoch noch eine Benachteiligungsabsicht in Bezug auf B. Dieser Aspekt verleiht der Tat eine weitere tatbestandliche Qualität. Die faktische Verdrängung des B aus seiner Miteigentümerstellung ist eine „Enteignung" im Sinne des § 242 zugrundeliegenden Zueignungsbegriffs. Die mit dieser Enteignung bezweckte Erweiterung der tatsächlichen Verfügungsmacht des A über den Pkw ist eine „Aneignung" des dem B zustehenden Anteils. Damit ist auch die zweite Zueignungskomponente gegeben. T handelte also in der Absicht, den Pkw dem A rechtswidrig zuzueignen. Deshalb hat er sich nicht nur wegen Pfandkehr, sondern zugleich auch wegen Diebstahls strafbar gemacht.

Kontrollfragen

1. Welches Rechtsgut schützt § 289? (17.1.1)
2. Inwiefern unterscheidet sich § 289 von § 242? (17.2.1.3.2; 17.2.1.6; 17.2.2.4)
3. Wer kann Täter des § 289 sein? (17.2.1.2)
4. Kann die Wegnahme einer der hypothekarischen Haftung unterliegenden Sache Pfandkehr sein? (17.2.1.3.1)
5. Schützt § 289 das Pfändungspfandrecht? (17.2.1.4)
6. Schützt § 289 das Vermieterpfandrecht? (17.2.1.4; 17.2.1.6)

---

[57] Zur Problematik des Miteigentums im Zusammenhang mit den Alternativen „eigene" und „fremde" Sache vgl. die Beispiele oben 17.2.1.3.2.

7. Wie ist der Begriff „Wegnahme" in § 289 zu verstehen? (17.2.1.6)
8. Mit welchem Tatbestandsproblem der Erpressung hängt § 289 zusammen? (17.2.1.6)
9. Aus welchen Merkmalen setzt sich der subjektive Tatbestand des § 289 zusammen? (17.2.2)
10. Was bedeutet „rechtswidrige Absicht"? (17.2.2.3)

Literatur

Bock. Pfandkehr als Gewahrsamsverschiebungsdelikt. ZStW. 121 2009;548.

Bohnert. Die Auslegung des Wegnahmebegriffs bei der Pfandkehr (§ 289 StGB). JuS. 1982;256.

Demko D. Zur „Relativität der Rechtsbegriffe" in strafrechtlichen Tatbeständen; 2002.

Geppert. Vollstreckungsvereitelung (§ 288 StGB) und Pfandkehr (§ 289 StGB). Jura. 1987;427.

Joerden. „Mieterrücken" im Hotel. JuS. 1985;20

Küper. Erpressung ohne Verfügung? Festschrift für Lenckner. 1998. S. 495.

Laubenthal. Einheitlicher Wegnahmebegriff im Strafrecht? JA. 1990;38.

Lüke. Die Bedeutung vollstreckungsrechtlicher Erkenntnisse für das Strafrecht, Festschrift für Arth. Kaufmann. 1993. S. 565

Mitsch. Referendarexamensklausur – Strafrecht: Täterschaft und Teilnahme sowie Vermögensdelikte. JuS. 2004;323.

Otto. Der Wegnahmebegriff in §§ 242, 289, 168, 274 Abs. 1 Nr. 3 StGB, § 17 Abs. 2 Nr. 1c UWG. Jura. 1992;666.

Wucher, § 291 StGB

18

Inhaltsverzeichnis

18.1 Allgemeines

18.1.1 Entstehungsgeschichte

Wie ein flüchtiger Blick auf den Text des § 291 I zeigt, ist der Wuchertatbestand nach Art der vom Wucherer angebotenen „Leistungen" in mehrere Tatbestandsalternativen aufgefächert. Dementsprechend kann man zwischen den Formen des Mietwuchers, Kreditwuchers und sonstigen allgemeinen Leistungswuchers differenzieren. § 291 fasst alle diese Wuchertypen in einer Vorschrift zusammen. Angesichts der phänomenologischen Vielfalt des Wuchers ist eine solche Gesetzestechnik jedoch nicht zwangsläufig. Denkbar wäre auch eine Verteilung auf mehrere Paragraphen. So stellte sich das gesetzliche Bild des Wuchers ursprünglich dar: Bis 1976 waren die Wuchertatbestände in den § 302 a bis § 302 f StGB a.F. normiert. Das **Erste Gesetz zur Bekämpfung der Wirtschaftskriminalität** (1. WiKG) vom 29. 7. 1976 fasste die seit 1880 entstandenen Wuchertatbestände dann in einer einzigen Vorschrift – dem § 302 a – zusammen.[1] Diese Vorschrift überstand das 2. WiKG vom 15. 5. 1986 ohne inhaltliche oder redaktionelle Veränderung. Seinen jetzigen Standort § 291 erhielt der Straftatbestand ohne inhaltliche Abweichung von § 302 a durch das **Gesetz zur Bekämpfung der Korruption** vom 13. 8. 1997.[2]

---

[1] Eingehend dazu Arzt et al. (2009), § 24 Rn. 6; Sturm (1977), 84 ff.
[2] Kompletter geschichtlicher Überblick bei Maurach et al. (2009), § 43 Rn. 2 ff.

© Springer-Verlag Berlin Heidelberg 2015   921
W. Mitsch, *Strafrecht, Besonderer Teil 2,* Springer-Lehrbuch,
DOI 10.1007/978-3-662-44934-9_18

18.1.2   Rechtsgut

Tatobjekt des Wuchers sind „Vermögensvorteile", die der Wucherer sich oder einem Dritten versprechen oder gewähren lässt. Auf der Seite des Bewucherten – also des Tatopfers – haben diese Vermögensvorteile in der Regel den Charakter von Vermögensnachteilen.[3] Zweck der Strafvorschrift ist es, den Bewucherten vor diesen Vermögensnachteilen – also dem Verlust der Vermögensvorteile – zu bewahren. Schutzgut des § 291 ist somit das **Vermögen**.[4] Wucher ist deshalb ein Vermögensdelikt.[5] Darüber hinaus bezieht der Wucher eine spezifische Strafwürdigkeit aber auch aus seiner **wirtschaftsschädigenden** Wirkung. Ausbeuterisches Verhalten ist ein Verstoß gegen die „guten Sitten" im Wirtschaftsverkehr, der schnell Nachahmung und Verbreitung finden kann. Da sich der Wucherer Vorteile verschafft, die sein redlich agierender Konkurrent nicht erlangt, kann der im Wirtschaftsleben typische „Sogeffekt"[6] zu einem allgemeinen Verfall der Sitten führen.[7] Wucher bringt daher das marktwirtschaftliche Wirtschaftssystem in Verruf.[8] Hinzu kommt, dass das Opfer der Tat – der Bewucherte – eine eigenartig ambivalente Rolle spielt: Er wirkt an der Tat aktiv mit, lässt sich auf das Geschäft ein und bewirkt damit als „Preistreiber" – letztendlich zum Schaden anderer Konsumenten und damit zum Schaden der gesamten Volkswirtschaft –, dass die „Preise verdorben" werden und eine Preisspirale in Gang kommt. Dies erklärt, warum beim Wucher keine rechtfertigende Einwilligung möglich ist.[9] Gerichtsverfassungsrechtlich spiegelt sich die wirtschaftsstrafrechtliche Relevanz des Wuchers in der Zuständigkeitsregelung des § 74 c I Nr. 6 GVG.[10]

18.1.3   Systematik

Der Wuchertatbestand gliedert sich horizontal – also auf **grundtatbestandlicher** Ebene – in die Varianten des § 291 I Nr. 1–4 auf. Vertikale tatbestandliche Derivate in Gestalt von Privilegierungs- und/oder Qualifikationstatbeständen gibt es nicht.

---

[3] Unter außergewöhnlichen Umständen kann das wucherische Geschäft auch für den Bewucherten vorteilhaft sein, Kindhäuser (1994), 105 (106); vgl. auch Bernsmann (1998), 629 (633).

[4] Arzt et al. (2009), § 24 Rn. 2; Gössel (1996), § 32 Rn. 2; Lackner et al. (2014), § 291 Rn. 1; Scheffler (1992), 1 (13); Wittig (2014), § 24 Rn. 20; aA Kindhäuser (1994), 105.

[5] Fischer (2014), § 291 Rn. 3; Satzger et al. (2014), § 291 Rn. 2.

[6] Arzt et al. (2009), § 19 Rn. 13.

[7] Kindhäuser (1994), 105 (106), der in der „Vertragsfreiheit" als wesentlichem Strukturelement der Wirtschaftsordnung das alleinige Schutzgut des Wuchertatbestandes sieht; ebenso D. Sternberg-Lieben (1997), 166.

[8] Nach Otto (2005), § 61 Rn. 124 soll deshalb auch das „ordnungsgemäße Funktionieren der Wirtschaft" Schutzgut des § 291 sein.

[9] Kindhäuser (1994), 105 (107); zu Konsequenzen im Bereich „Teilnahme" unten 18.3.2.

[10] Zu den Gründen der geringen Bedeutung des Wuchers in der Strafverfolgungspraxis vgl. Arzt et al. (2009), § 24 Rn. 8.

Die benannten „besonders schweren Fälle" des § 291 II 2 Nr. 1–3 sind keine tatbestandlichen Qualifikationen, sondern **Strafzumessungsregelbeispiele**. Der Versuch ist nicht mit Strafe bedroht, vgl. § 23 I 2. Alt.

Nach außen ist § 291 insbesondere von den Tatbeständen des sog. „**Sozialwuchers**" abzugrenzen. Terminologisch akzentuiert wird diese Abgrenzung durch die Bezeichnung des in § 291 erfassten Wuchers als „**Individualwucher**".[11] Während der Täter des Individualwuchers eine individuelle Schwächesituation des Bewucherten ausnutzt,[12] macht sich der Sozialwucherer eine allgemeine Mangellage zunutze. Die Tatbestände des Sozialwuchers sind in den §§ 3–5 WiStG zusammengefasst und mit Geldbuße bewehrt. Sozialwucher ist also keine Straftat, sondern eine Ordnungswidrigkeit. Überschneidungen mit § 291 sind möglich,[13] die Konkurrenz zwischen Straftat und Ordnungswidrigkeit richtet sich nach § 21 OWiG.[14]

Berührungspunkte weist der Wucher des Weiteren mit den Vermögensdelikten **Betrug** und **Erpressung** auf.[15] Insbesondere die selbstschädigende Mitwirkung eines unterlegenen Opfers ist ein Deliktscharakteristikum, das diese drei Tatbestände einander annähert.[16] Das „Versprechen" oder „Gewähren" entspricht insofern der „Vermögensverfügung" der §§ 253, 263; „Zwangslage", „Unerfahrenheit" und „Mangel an Urteilsvermögen" entsprechen dem Genötigt-sein bzw. dem Irrtum in § 253 und § 263. Der wesentliche Unterschied zwischen Betrug und Erpressung einerseits und Wucher andererseits besteht darin, dass Betrüger und Erpresser die deliktsfördernde Unterlegenheit ihres Opfers – durch Nötigung oder Täuschung – im typischen Fall (Nötigung durch Gewalt oder Drohung mit einer übelbewirkenden Aktivität, aktive Täuschung)[17] herbeiführen, während der Wucherer eine bereits existierende Schwächesituation seines Opfers lediglich ausnutzt.[18] Außerdem enthält § 291 nicht das Betrugs- bzw. Erpressungsmerkmal „Vermögensschaden".[19]

---

[11] Arzt et al. (2009), § 24 Rn. 1; Fischer (2014), § 291 Rn. 3; Gössel (1996), § 32 Rn. 1; Lackner et al. (2014) § 291 Rn. 1; Maurach et al. (2009), § 43 Rn. 7; Satzger et al. (2014), § 291 Rn. 1, Wittig (2014), § 24 Rn. 19.

[12] Kindhäuser (1994), 105; Wittig (2014), § 24 Rn. 19.

[13] Scheffler (1992), 1 (12); die Möglichkeit einer „trennscharfen Grenze" zwischen Individual- und Sozialwucher bezweifelt Bernsmann (1981), 141 (143).

[14] Fischer (2014), § 291 Rn. 29; Satzger et al. (2014), § 291 Rn. 21.

[15] Arzt et al. (2009), § 24 Rn. 3; Gössel (1996), § 32 Rn. 2; Scheffler (1992), 1 (7, 11);.

[16] Gössel (1996), § 32 Rn. 4.

[17] Bei der Androhung der Nichtbeseitigung eines bereits bestehenden Übels bzw. bei der Unterlassungs-Täuschung durch Nichtaufklärung versagt dieses Unterscheidungsmerkmal allerdings, Arzt (1987), 641 (651).

[18] Kindhäuser (1994), 105 (106); Arzt et al. (2009), § 24 Rn. 3; Maurach et al. (2009), § 43 Rn. 8; vgl. aber Scheffler (1992), 1 (7), der zutreffend darauf hinweist, dass Wucherer auch sein kann, wer selbst die Zwangslage des Bewucherten geschaffen hat.

[19] Arzt et al. (2009), § 24 Rn. 2.

18.2   Strafbarkeitsvoraussetzungen

18.2.1   Objektiver Tatbestand

18.2.1.1   Übersicht

Der objektive Tatbestand setzt sich zusammen aus dem **Täter**merkmal (Wer), dem **Opfer**merkmal (Zwangslage usw. eines anderen), dem **Objekt**merkmal (Vermögensvorteil), dem **Handlungs**merkmal (dadurch ausbeutet, dass ...) und dem Merkmal des **ausbeuterischen Zusammenhangs** (auffälliges Missverhältnis).

Die Übersicht verdeutlicht, dass der Wucher kein Erfolgsdelikt ist. Denn insbesondere in der Variante „Versprechen lassen" ist die Tat bereits vollendet, bevor es zu einem Verlust auf der Seite des Bewucherten gekommen ist.[20] Der Eintritt eines Vermögensschadens ist also keine Vollendungs- und Strafbarkeitsvoraussetzung,[21] schadensabwendende „tätige Reue" beseitigt die Strafbarkeit nicht.[22] Wucher ist deshalb ein **Vermögensgefährdungsdelikt**.[23] Das Fehlen einer Versuchsstrafdrohung hat hier seine Erklärung.

18.2.1.2   Täter

Täter eines Wuchers kann **jedermann** sein, Wucher ist kein Sonderdelikt.[24] Insbesondere ist die Fähigkeit zur täterschaftlichen Verwirklichung des Wuchertatbestandes nicht mit dem Auftreten als Anbieter der in § 291 I Nr. 1 bis Nr. 4 aufgezählten „Leistungen" verknüpft.[25] Wucherer kann auch sein, wer selbst keine Wohnräume vermietet, Kredite gewährt, sonstige Leistungen erbringt oder Leistungen vermittelt.[26] Leistungsanbieter und Wucherer können verschiedene Personen sein, ohne dass dadurch der Leistungsanbieter zwangsläufig zum Tatbeteiligten wird, vgl. § 291 I 2.

18.2.1.3   Opfer

18.2.1.3.1   Natürliche und juristische Personen

Bei der Bestimmung des „Opfers" der Tat ist zunächst zu klären, welche Art der Tatbetroffenheit dafür ausschlaggebend sein soll. Denn da Wucher ein Vermögensdelikt ist, könnte man geneigt sein, ausschließlich auf den Inhaber des von der Tat berührten Vermögens abstellen. Zu der Vermögensgefährdung kommt es aber nur, weil der Täter jemandes Zwangslage, Unerfahrenheit usw. ausnutzt. Diese Person – die ja nicht unbedingt mit dem betroffenen Vermögensinhaber identisch sein muss (näher dazu unten 18.2.1.4.2) – könnte deshalb ebenfalls als Opfer der Tat qualifiziert werden. Dabei ist fraglich, ob diese Opferposition nur von **natürlichen Per-**

---

[20] Fischer (2014), § 291 Rn. 4; Gössel (1996), § 32 Rn. 16; Maurach et al. (2009), § 43 Rn. 12.

[21] Kindhäuser (1994), 105 (106); Wittig (2014), § 24 Rn. 21.

[22] Nomos Kommentar-Kindhäuser (2013), § 291 Rn. 49.

[23] Arzt et al. (2009), § 24 Rn. 2; Fischer (2014), § 291 Rn. 3; Satzger et al. (2014), § 291 Rn. 2; aA Gössel (1996), § 32 Rn. 2; Maurach et al. (2009), § 43 Rn. 10 „Vermögensverletzungsdelikt".

[24] Gössel (1996), § 32 Rn. 27; Satzger et al. (2014), § 291 Rn. 19.

[25] Gössel (1996), § 32 Rn. 19; Maurach et al. (2009), § 43 Rn. 24.

[26] Fischer (2014), § 291 Rn. 4.

sonen eingenommen werden kann oder ob dafür auch **juristische Personen** und sonstige Personenmehrheiten in Frage kommen. Für letzteres spricht zunächst, dass wucherische Geschäfte zivilrechtlich mit natürlichen wie mit juristischen Personen abgeschlossen werden können. Demzufolge kann der aus einem solchen Geschäft resultierende Vermögensverlust ohne weiteres eine juristische Person treffen. Hingegen scheinen der Einbeziehung von juristischen Personen in den Straftatbestand die den Bewucherten charakterisierenden Schwächemerkmale entgegenzustehen. „Unerfahrenheit", „Mangel an Urteilsvermögen" und „Willensschwäche" sind zweifellos individualpsychische Defizite, die nur bei einem Menschen diagnostiziert werden können. Insofern scheiden kollektive Rechtssubjekte als Tatopfer aus. Die Opfersituation „Zwangslage" ist dagegen durchaus auch in Verbindung mit einer juristischen Person oder Gesellschaft vorstellbar.[27] Festzuhalten ist somit: Auf der Opferseite des Wuchers sind zwei Positionen zu unterscheiden, die des gefährdeten Vermögensinhabers und die des wegen Zwangslage usw. dem wucherischen Ansinnen widerstandsunfähig Ausgesetzten. Beide Positionen können, müssen aber nicht unbedingt von derselben Person besetzt sein. Beide Positionen können sowohl von natürlichen als auch von juristischen Personen besetzt sein.[28]

18.2.1.3.2 Unterlegenheit

Der Wucher ist durch ein schon vor der Tat existierendes **Machtgefälle** zwischen zwei Personen gekennzeichnet: Der eine ist dem anderen überlegen, dieser ist jenem unterlegen.[29] Dabei befindet sich der unterlegene Teil – der „andere" i. S. d. § 291 I – in einer Situation, die seine Fähigkeit zu einer die Angemessenheit von Leistung und Gegenleistung wahrenden Entscheidung, konkret die Fähigkeit zur Nichteinlassung auf das wucherische Geschäft, erheblich beschränkt. Entweder ist der Entscheidungsspielraum des Bewucherten auf Grund einer Zwangslage eingeengt oder es fehlt an Erfahrung, Urteilsvermögen oder Willensstärke und damit an intellektuellen oder psychologischen Voraussetzungen richtigen, wirtschaftlich vernünftigen Entscheidens.[30] Auf welchen Ursachen die Unterlegenheits-Situation des anderen beruht, ist gleichgültig. Mitverantwortung des Täters für sie ist nicht erforderlich, steht der Tatbestandsmäßigkeit aber auch nicht entgegen. Eigenverschulden des Bewucherten ist ebenfalls unschädlich.[31]

18.2.1.3.3 Zwangslage

Das Merkmal der Zwangslage ist weiter als der in früheren Fassungen des Wuchertatbestandes verwendete Begriff „Notlage".[32] Er umfasst auch leichtere **Bedrängnissituationen**. Die Gefahr der Existenzvernichtung, des wirtschaftlichen Ruins

---

[27] Arzt et al. (2009), § 24 Rn. 12: „geschäftliche Schwächesituation des Opfers".

[28] Satzger et al. (2014), § 291 Rn. 12; Schönke et al. (2014), § 291 Rn. 28.

[29] Sowada (1992), 47.

[30] Sternberg-Lieben (1997), 165 Fn. 504.

[31] Fischer (2014), § 291 Rn. 10; Gössel (1996), § 32 Rn. 8.

[32] BGHSt 11, 182 (185); Arzt et al. (2009), § 24 Rn. 10 ff.; Fischer (2014), § 291 Rn. 10.

ist nicht erforderlich.[33] Auf der anderen Seite genügt es für die Annahme einer Zwangslage nicht, dass die Verwirklichung marottenhafter Lebenspläne im Falle der Nichterlangung der Leistung zum Scheitern verurteilt wäre. Denn die bewusste Einlassung auf das wucherische Austauschgeschäft muss in der Einschätzung eines besonnenen Beobachters als „vernünftige" Entscheidung für das kleinere von zwei Übeln erscheinen.[34]

Beispiel

O ist ein glühender Bewunderer der berühmten Tennisspielerin Steffi Herzog. Sein größter Wunsch ist es, in der Nähe der verehrten Person leben zu können. Zufällig bietet der Makler M eine Mietwohnung in einem Haus an, das unmittelbar neben dem Anwesen der Familie Herzog liegt. Der erfahrene M erkennt sehr schnell, welche Motive den Mietinteressenten O in sein Büro getrieben haben. Er überredet daher den Vermieter V, die Miete zu verdreifachen und bietet dann die Wohnung dem O an. Dieser geht nicht nur sofort auf die wucherische Mietzinsforderung ein, sondern akzeptiert auch noch die Forderung des M nach einer Courtage von acht Monatsmieten.

Der Zwang zum Verzicht auf Bedürfnisbefriedigung ist eine „Zwangslage" nur unter der Voraussetzung, dass das Bedürfnis sich auf Bedingungen einer lebenswürdigen Existenz auf durchschnittlichem Niveau richtet. Es muss sich also um „Grundbedürfnisse" handeln. „Luxusbedürfnisse" taugen zur Begründung einer Zwangslage auch dann nicht, wenn der Mensch sich in unnatürlich übersteigerter Weise in die Idee verrennt, ohne diesen Luxus nicht mehr leben zu können.[35] Die fanatische Anhänglichkeit des O gegenüber der Tennisspielerin ist daher vielleicht Ursache einer „erheblichen Willensschwäche", begründet aber keine „Zwangslage" des O.

Der die Zwangslage kennzeichnende Druck, der auf dem Opfer lastet, steht in einer **funktionalen Beziehung zu der wucherisch angebotenen Leistung**.[36] Die Bedrängnis muss so beschaffen sein, dass zu ihrer Behebung oder Linderung gerade die Leistung des Wucherers geeignet und erforderlich erscheint. Typisch ist die Situation, dass der Bewucherte auf die Leistung dringend angewiesen ist und sie nicht von einem anderen Anbieter zu vertretbaren Bedingungen erhalten kann.

Beispiele

1. O leidet an einer schweren Krankheit und benötigt deshalb eine ganz spezielle Heilnahrung. Der Apotheker T verkauft ihm die Heilnahrung zu einem weit überhöhten Preis.

---

[33] Lackner et al. (2014), § 291 Rn. 8; Nomos Kommentar-Kindhäuser (2013), § 291 Rn. 19.

[34] Scheffler (1992), 1 (7).

[35] Arzt (1987), S. 641 (652).

[36] Systematischer Kommentar-Hoyer (2012), § 291 Rn. 11.

2. Abwandlung: Obwohl O in einer billigen Mietwohnung lebt und ihm keine Kündigung droht, sucht er eine neue Wohnung. Da er mit seinem baldigen Tod rechnet und keine Angehörigen hat, denen er etwas vererben könnte, lässt er sich von V eine schöne Wohnung mit herrlichem Seeblick zu einem extrem überhöhten Preis vermieten.

In beiden Beispielsfällen befindet sich O in derselben Situation und in beiden Fällen lässt er sich auf ein Geschäft zu wucherischen Bedingungen ein. Dennoch liegt nur in **Beispiel 1** ein Zwangslagen-Wucher vor: Den Charakter einer wuchertauglichen Zwangslage hat die Krankheit des O nämlich nur, weil der Wunsch nach Genesung – also Befreiung von dem Zwang – ihn besonders anfällig macht für Geschäfte, von denen er sich Erfüllung dieses Wunsches versprechen kann. In **Beispiel 2** besteht dieser Zusammenhang der Krankheit mit der Wohnungsvermietung nicht. In Relation zu diesem Wuchergeschäft hat die Krankheit nicht den Charakter einer Zwangslage.[37] Möglich ist allerdings, dass das krankheitsbedingte Desinteresse des O an sparsamem Umgang mit dem eigenen Vermögen die Qualität einer „erheblichen Willensschwäche" hat und ihn so in die Lage eines tauglichen Wucher-Opfers versetzt.[38]

Umstritten ist, ob eine lediglich **eingebildete** – nicht wirklich existierende – Bedrängnissituation „Zwangslage" iSd § 291 I sein kann.[39] Dafür spricht, dass auch bei wirklich bestehender Bedrängnis erst die subjektive Wahrnehmung der Gegebenheiten durch das Opfer dieses dem Wucherer in die Arme treibt.[40] Allerdings würde die Öffnung des Tatbestandes für imaginäre Zwangslagen das strafbarkeitslimitierende Prinzip der Opferselbstverantwortung unterlaufen. Strafbarer Wucherer wäre dann nicht nur, wer die Zwangslage, Unerfahrenheit, Urteils- und Willensschwäche eines anderen ausbeutet, sondern auch, wer aus Leichtsinn, Bequemlichkeit und Dummheit anderer Nutzen zieht. Der Strafrechtsschutz würde also auf Opfer ausgedehnt, die keines strafrechtlichen Schutzes bedürfen bzw. seiner nicht würdig sind. Deshalb sollte man die irrtümlich angenommene Zwangslage nur berücksichtigen, wenn der Irrtum auf „Unerfahrenheit" oder „Mangel an Urteilsvermögen" beruht.[41]

18.2.1.3.4 Unerfahrenheit

Mangel an Erfahrung ist die auf **fehlender Lebenspraxis** beruhende Unfähigkeit, bestimmte Situationen zu erkennen, zu durchschauen und zu meistern.[42] Damit der

---

[37] Etwaige Unzufriedenheit mit den bisherigen Wohnverhältnissen begründete ebenfalls noch keine Zwangslage, Scheffler (1992), 1 (12).

[38] Treffend Scheffler (1992), 1 (9): „Nicht die Zwangslage an sich wird ausgebeutet, sondern der Umstand, dass der Bewucherte infolge seiner Lage nicht imstande ist, das wucherische Angebot auszuschlagen."

[39] Dagegen RGSt 28, 288 (290); Fischer (2014), § 291 Rn. 10; Lackner et al. (2014), § 291 Rn. 8.

[40] Schönke et al. (2014), § 291 Rn. 24.

[41] Lackner et al. (2014), § 291 Rn. 8; Satzger et al. (2014), § 291 Rn. 8.

[42] Fischer (2014), § 291 Rn. 11; Lackner et al. (2014), § 291 Rn. 8.

Täter die Unerfahrenheit des Opfers ausnutzen kann, muss sie sich gerade auf dem
Gebiet bemerkbar machen und auswirken, auf dem sich Wucherer und Bewucherter
zum Zwecke der Geschäftsanbahnung begegnen.

18.2.1.3.5 Mangel an Urteilsvermögen

Urteilsvermögen setzt außer Kenntnissen die **intellektuelle** Fähigkeit voraus, Gegenstände zueinander in Beziehung zu setzen, den Wert von Leistungen einzuschätzen und die wirtschaftlichen und sozialen Konsequenzen von Geschäften gedanklich zu antizipieren.[43] Ein Mensch, bei dem diese Fähigkeit unterdurchschnittlich
entwickelt ist und der sich deshalb nicht von vernünftigen Beweggründen leiten
lassen kann,[44] ist taugliches Wucheropfer.

18.2.1.3.6 Erhebliche Willensschwäche

Unterentwickelte **psychische Widerstandskraft** gegenüber Reizen, Verlockungen
und Verführungen kann nicht nur auf Mangel an Wissen beruhen, sondern auch
in bestimmten charakterlichen Defiziten oder krankhaften Zuständen wie Alkohol-
oder Drogenabhängigkeit ihre Ursache haben.[45] Erheblich ist die Willensschwäche, wenn die psychischen Abwehrkräfte deutlich unter denen des Durchschnitts-
menschen liegen.

18.2.1.4 Vermögensvorteil

18.2.1.4.1 Vermögens- und sonstige Vorteile

Der Charakter des Vermögensdelikts wird durch die Beschränkung des Tatbestandes auf wucherisches Streben nach Vermögensvorteilen akzentuiert. Vermögensvorteil ist jede **Verbesserung der Vermögenslage**.[46] Obwohl dies wie bei § 253
und bei § 263 im Wege einer Gesamtsaldierung aller mit dem Geschäft unmittelbar
verbundenen Wertzu- und abflüsse zu ermitteln ist, vermag die vom Wucherer zu
erbringende Leistung einen vorteilhaften Saldo nie zu verhindern. Denn das tatbestandsmäßige „auffällige Missverhältnis" besteht nur, wenn der Wucherer wesentlich mehr erhält als er seinerseits gibt.

Leistungsobjekte **immateriellen** Charakters sind keine Vermögensvorteile und
unterfallen daher dem Wuchertatbestand nicht.[47] Das hat beispielsweise zur Folge,
dass der „Sexual-Wucher" nicht von § 291 erfasst wird.[48] Ein Vermieter, der einer
Interessentin eine Wohnung zu einem gerade noch angemessenen Preis überlässt,
weil diese sich zu gelegentlichem Geschlechtsverkehr bereit erklärt, macht sich also
nicht aus § 291 I 1 Nr. 1 strafbar. Eine unerträgliche Strafbarkeitslücke besteht
deswegen jedoch nicht. Viele Fälle dieser Art werden sich § 179, § 240, § 239 b,
§§ 332, 334 oder § 323 c zuordnen lassen. Im Übrigen ist ohnehin fraglich, ob

---

[43] Fischer (2014), § 291 Rn. 12.

[44] Arzt et al. (2009), § 24 Rn. 14; Wittig (2014), § 24 Rn. 30.

[45] Fischer (2014), § 291 Rn. 13; Wittig (2014), § 24 Rn. 31.

[46] Fischer (2014), § 291 Rn. 15; Gössel (1996), § 32 Rn. 16.

[47] Maurach et al. (2009), § 43 Rn. 15.

[48] Arzt et al. (2009), § 24 Rn. 31; Maurach et al. (2009), § 43 Rn. 15.

man das Opfer vor der Einlassung auf wucherische Angebote strafrechtlich schützen muss. Häufig ist das zu verneinen und die Zurückhaltung des Strafrechts daher akzeptabel.

18.2.1.4.2 Vermögensinhaber

Der Inhaber des betroffenen Vermögens braucht nicht mit der Person identisch zu sein, deren Zwangslage, Unerfahrenheit, Mangel an Urteilsvermögen oder erhebliche Willensschwäche vom Wucherer ausgebeutet wird.[49] Analog zum „Dreiecks-Betrug" (oben 5. 2. 1.4.4) und zur „Dreiecks-Erpressung" (oben 10.2.1.5.3) kann man also Fälle des **„Dreiecks-Wuchers"** bilden.[50] Schließt ein an erheblicher Willensschwäche leidender Bevollmächtigter im Namen eines anderen einen Mietvertrag zu wucherischen Bedingungen, wird die Willensschwäche des Vertreters ausgebeutet, den Vermögensschaden erleidet dagegen der Vertretene.[51]

18.2.1.5 Tathandlung

18.2.1.5.1 Struktur des Handlungsmerkmals

Das tatbestandsmäßige Verhalten des Wucherers ist ein komplexer Vorgang, den auch der Gesetzgeber nicht mit einem einzigen Verb zu beschreiben vermochte. Handlungsmerkmale sind zum einen die **„Ausbeutung"**, zum anderen das **„Versprechenlassen"** oder **„Gewährenlassen"**. Außerdem gehört hierher das Anbieten der Leistung (Vermietung, Kreditgewährung usw.), für die der Bewucherte Vermögensvorteile zu versprechen oder zu gewähren bereit ist. Die gedankliche Erfassung des Handlungsmerkmals wird zusätzlich dadurch erschwert, dass das „Ausbeuten" nicht als eigenständige Handlung, sondern als ausbeuterischer Effekt („dadurch … dass") des Versprechenlassens bzw. Gewährenlassens erscheint. Schließlich bereitet noch die Verwendung des Wortes „lässt" in Verbindung mit „versprechen" und „gewähren" Verständnisschwierigkeiten: Wird damit doch der Eindruck erweckt, es handele sich beim Wucher um ein Unterlassungsdelikt. Davon kann jedoch keine Rede sein.[52] Das „Lassen" im Zusammenhang mit „versprechen" und „gewähren" ist nicht als passiv duldendes „Zulassen", sondern als – aktives (!) – „Veranlassen" zu verstehen.

18.2.1.5.2 Versprechenlassen

Dem Wucher liegt ein zweiseitiges **Rechtsgeschäft** zwischen Wucherer und Bewuchertem zugrunde.[53] Dieses kommt durch Willenserklärungen – Angebot und Annahme – zustande. Das „Versprechen" ist die **Willenserklärung des Bewucherten**, die zusammen mit der korrespondierenden Erklärung des Wucherers zum Vertragsschluss führt. Inhalt des Versprechens ist die Erbringung der vertraglichen Gegen-

---

[49] Nomos Kommentar-Kindhäuser (2013), § 291 Rn. 27.

[50] Systematischer Kommentar-Hoyer (2012), § 291 Rn. 24.

[51] Satzger et al. (2014), § 291 Rn. 12; Schönke et al. (2014), § 291 Rn. 28.

[52] Kindhäuser (1994), 105 (107): „reines Begehungsdelikt".

[53] Gössel (1996), § 32 Rn. 14.

leistung, also der „Vermögensvorteile", die zu der Leistung (Wohnungsvermietung usw.) in einem „auffälligen Missverhältnis" steht. Ausersehener Empfänger des Vermögensvorteils kann der Wucherer selbst („sich") oder ein „Dritter" – also z. B. ein Vertretener oder beim Vertrag zugunsten Dritter (§ 328 BGB) der Begünstigte – sein. Als Vorstufe zum „Gewähren" bewirkt das Versprechen noch keinen unmittelbaren Vermögensverlust, hat allerdings die Qualität einer Vermögensgefährdung. Da das Versprechen eine Handlung des Bewucherten ist, der Tatbestand aber durch eine Handlung des Wucherers erfüllt wird, liegt der Schwerpunkt des tatbestandlichen Täterverhaltens auf dem Wort „Lassen". Dies ist – wie gesehen – kein Unterlassen, sondern ein **Veranlassen des Versprechens**. Nicht ausreichend ist die schlichte „Entgegennahme" der Erklärung des Bewucherten.[54] Konkret äußert sich dieses „Lassen" in der dem Versprechen korrespondierenden Willenserklärung des Wucherers, die zusammen mit der Versprechens-Erklärung des Bewucherten den Vertrag – unbeschadet seiner Nichtigkeit gem. § 138 II BGB[55] – zustande bringt. Der geheime Vorbehalt des Wucherers, den versprochenen Vermögensvorteil nicht anzunehmen, steht der Tatbestandsmäßigkeit seiner Erklärung nicht entgegen.[56] Dasselbe gilt für die spätere Nichtannahme des vom Bewucherten tatsächlich zum Zwecke der Vertragserfüllung angebotenen Vermögensvorteils.[57] Die Verwendung des Wortes „Lassen" – statt „Veranlassen" – im Gesetzestext signalisiert, dass die Reihenfolge der Willenserklärungen unerheblich ist. Von wem die Initiative zum Vertragsschluss ausgegangen ist, wer das Angebot abgegeben hat, das dann von dem anderen angenommen wurde, ist gleichgültig. Tatbestandsmäßig kann also auch die Annahme eines vom Bewucherten abgegebenen Angebotes sein. Hat der Bewucherte den ersten rechtsgeschäftlichen Schritt (Angebot) getan, besteht das tatbestandsmäßige Verhalten des Wucherers darin, dass er durch seine korrespondierende Willenserklärung (Annahme) den Vertrag zustande kommen und damit das Versprechen des Bewucherten rechtsverbindlich werden „lässt".

18.2.1.5.3   Gewährenlassen

Das Gewähren des Vermögensvorteils ist die Erfüllung des „Versprechens", die aus der Vermögensgefährdung eine **Vermögensverletzung** macht. Da in der Regel bereits das vorangegangene Versprechenlassen strafbar ist,[58] hat das anschließende Gewährenlassen wenig eigenständige rechtliche Bedeutung.[59] Mit dem Versprechenlassen ist die Tat vollendet, das folgende Gewährenlassen ist allein für die Be-

---

[54] Gössel (1996), § 32 Rn. 18.

[55] RGSt 15, 333 (334); 35, 111 (113); Arzt et al. (2009), § 24 Rn. 16; Gössel (1996), § 32 Rn. 17; Maurach et al. (2009), § 43 Rn. 12.

[56] Anders RGSt 15, 333 (334).

[57] Schönke et al. (2014), § 291 Rn. 37.

[58] Das anschließende Gewährenlassen wird konsumiert, RGSt 32, 143 (146).

[59] Beginn der Verjährung, § 78 a; Möglichkeit strafbarer Sukzessiv-Beteiligung; RGSt 32, 143 (146); Schönke et al. (2014), § 291 Rn. 37.

endigung der Tat relevant.[60] Wie beim Versprechenlassen erschöpft sich auch hier die „Lassens-Komponente" nicht in einem schlichten Unterlassen. Tatbestandsmäßiges Verhalten ist vielmehr die aktive Entgegennahme des gewährten Vermögensvorteils bzw. die aktive Veranlassung der Vorteilsgewährung an den Dritten.

Beispiel

In einer Universitätsstadt herrscht kurz vor Beginn des Wintersemesters ein dramatischer Mangel an Wohnraum für Studenten. Dem Erstsemester O ist es mit viel Glück gelungen, in einem dem V gehörenden Haus ein 20 m² großes Zimmer für 200 EUR Monatsmiete zu ergattern. Noch vor seinem Einzug wird O durch das Gerücht in Panik versetzt, der V wolle sich von dem rechtsgültigen Vertrag mit O sofort wieder lösen, weil er die Chance habe, das Zimmer für 400 EUR monatlich an einen anderen Interessenten zu vermieten. Aus Furcht vor dem Verlust des Zimmers überweist O für den ersten Monat nicht wie vertraglich vereinbart 200 EUR, sondern 500 EUR auf das Konto des V. Dies erfährt V erst einige Tage später, als er sich bei seiner Bank einen Kontoauszug abholt.

O hat dem V einen Vermögensvorteil gewährt, der vermutlich auch zu der von V erbrachten Leistung in einem „auffälligen Missverhältnis" steht. Der Vermögensvorteil ist mit der Gutschrift durch die Bank im Vermögen des V „angekommen", hat den Vermögensgesamtwert erhöht. Dass O dem V den Vermögensvorteil „gewährt" hat und das Vermögen des V dadurch vermehrt wurde, bedeutet jedoch noch nicht zwangsläufig, dass V sich diesen Vermögensvorteil hat gewähren „lassen". Denn bislang hat V aktiv nichts getan, was sich unter dieses Tatbestandsmerkmal subsumieren ließe. Da im Mietvertrag nur 200 EUR monatlicher Mietzins vereinbart wurden, erfolgte der Zufluss des überhöhten Geldbetrages in das Vermögen des V ohne dessen aktive Mitwirkung. Der einzige Anknüpfungspunkt für die Prüfung des Gewährenlassens ist also die Nichtrückzahlung der zu viel überwiesenen 300 EUR. Die Unterlassung der Rückzahlung, zu der V aus § 817 BGB verpflichtet sein könnte, ist aber kein aktives Gewährenlassen und kann ihm auch nicht über § 13 I gleichgestellt werden. Denn auch in der Unterlassungsvariante setzt das Gewährenlassen den Erwerb eines Vermögensvorteils voraus, den der Täter bis dahin noch nicht hatte. Die Nichtrückgewähr eines bereits erlangten Vermögensvorteils basiert also auf einer anderen Ausgangsposition und diese steht außerhalb des Tatbestandes. Daher hat sich V die 300 EUR nicht gewähren lassen.

18.2.1.5.4   Ausbeuten

Das Versprechen- und Gewährenlassen muss ausbeuterischen Charakter haben. Ausgebeutet wird die **Schwächesituation** des Bewucherten. Das Versprechen oder Gewähren der Vermögensvorteile muss sich also als Opferverhalten darstellen, in dem sich Zwangslage, Unerfahrenheit, Urteilsunvermögen oder Willensschwäche

---

[60] RGSt 15, 333 (334); 32, 143 (146).

unmittelbar als Motivationsfaktoren niederschlagen. Daran fehlt es, wenn der Wucherer mit einem „starken" Partner kontrahiert, der z. B. aus Mitleid mit einem „Schwachen" auf die wucherischen Bedingungen eingeht. Besteht hingegen zwischen dem „Starken" und dem „Schwachen" eine besondere Beziehung, kraft derer die „Schwäche" des einen auf den anderen „ausstrahlt", kann der Vertragsschluss mit dem „Starken" eine Ausbeutung der Schwäche sein.

Beispiel

Abiturient A aus Köln will im Wintersemester sein Jurastudium an der Universität Potsdam aufnehmen. Der Studienplatz wurde ihm von einer zentralen Studienplatzvergabestelle zugeteilt. Seinem Wunsch nach einem heimatnahen Studienort (Köln, Bonn, Düsseldorf, Bochum) konnte nicht entsprochen werden. Die Vorlesungen an der Universität Potsdam beginnen am 11. Oktober. Am 8. Oktober hat A immer noch keine Unterkunft in Potsdam oder Umgebung gefunden. Am 9. Oktober schließt O – der Vater des A – mit V einen Mietvertrag zugunsten seines Sohnes A. Danach vermietet V dem A ein 8 m² kleines Zimmer mit winziger Nasszelle für 200 EUR monatliche Kaltmiete. Die Miete wird von O bezahlt.

Zweifellos befand sich A in einer Zwangslage und zweifellos hat sich V für die Vermietung von Wohnraum von O Vermögensvorteile versprechen lassen, die in einem auffälligen Missverhältnis zu der Leistung des V stehen. Fraglich ist nur, ob V dabei die Zwangslage eines anderen „ausgebeutet" hat. Denn O selbst befand sich nicht unmittelbar in der Zwangslage und A, der sich in der Zwangslage befand, hat dem V die mietvertraglich vereinbarten Vermögensvorteile weder versprochen noch gewährt. Wie oben schon dargelegt wurde, können auf der Opferseite aber mehrere Personen stehen (18.2.1.3.1). Der Versprechende bzw. Gewährende muss nicht unbedingt auch in der tatbestandlich relevanten Bedrängnis sein. Da aber die Ausbeutung eine Wirkung des Versprechen- bzw. Gewährenlassens ist, muss der Versprechende bzw. Gewährende auch selbst ausbeuterisch betroffen sein. Das ist nicht schon dann der Fall, wenn die Zwangslage des anderen der Grund dafür ist, dass ein Dritter sich auf das wucherische Geschäft einlässt. Denn solange die Eingehung des Geschäfts die Qualität einer freiwilligen und eigenverantwortlichen Entscheidung hat, besteht für Strafrechtsschutz kein Anlass. Obliegt dem Dritten aber auf Grund einer Beziehung zu dem Bedrängten die Pflicht zur Befreiung aus der Zwangslage, erstreckt diese sich auf den Dritten, so dass dieser auch Opfer einer Ausbeutung werden kann. O ist seinem Sohn A zur Leistung von Unterhalt zur Ausbildung verpflichtet. Dazu gehört auch die Verschaffung einer Unterkunft in zumutbarer Entfernung vom Ausbildungsort. Selbstverständlich könnte A sein Studium an der Universität Potsdam nicht vernünftig betreiben, wenn er weiterhin bei seinen Eltern in Köln wohnen müßte. Daher war O verpflichtet, seinem Sohn eine Wohnung im Raum Potsdam zu besorgen. Die Zwangslage des A war somit auch eine Zwangslage des O. Diese hat V ausgebeutet.

Aus § 291 I 2 a.E. ergibt sich zum einen, dass das Ausbeuten eine Art des Ausnutzens ist, zum anderen jedoch auch, dass es sich um eine **qualifizierte Form des Ausnutzens** handeln muss.[61] Als schlichtes Ausnutzen kann jeder Abschluss eines Rechtsgeschäfts mit einer Person bewertet werden, deren Unterlegenheit es dem anderen leicht macht, die Vereinbarung wucherischer Geschäftsbedingungen durchzusetzen.[62] Ausbeuten muss sich davon durch einen erhöhten Grad an Anstößigkeit abheben.[63] „Bewußte Ausnutzung" reicht dafür nicht,[64] da das Ausnutzungsbewußtsein Vorsatzinhalt und deshalb gem. § 15 auch bei schlichter Ausnutzung notwendige Strafbarkeitsvoraussetzung ist. Ausbeutung ist ein besonders rücksichtsloses und niederträchtiges Vorgehen.[65] Die erforderliche objektiv gesteigerte Verwerflichkeit wird man z. B. annehmen können, wenn der Täter sich unter einer Mehrzahl von Interessenten gezielt einen Unerfahrenen aussucht, weil er von ihm keinen oder nur geringen Widerstand gegen die Forderung wucherischen Entgelts erwartet. Ebenfalls ein Fall von Ausbeutung liegt vor, wenn der Täter an der Zwangslage seines Opfers mitschuldig und daher in erhöhtem Maße verpflichtet ist, diese Lage nicht zur Erzielung wucherischer Gewinne auszunutzen.[66]

18.2.1.6 Leistungen

Die Gelegenheit zu wucherischer Ausbeutung anderer ergibt sich für den Täter nur, weil er selbst – oder ein Dritter, in dessen Geschäftsbereich er tätig wird – Leistungen anbietet, die potentielle Opfer dann zu wucherischen Bedingungen in Anspruch zu nehmen bereit sind. Die Neufassung des Wuchertatbestandes durch das 1. WiKG hat unter anderem dieses Leistungstableau neu ausgestaltet. Der **generalklauselartige** § 291 I 1 Nr. 3 ermöglicht die Einbeziehung jedweder Leistung in den Tatbestand.[67] Eine gewisse Einschränkung wird allerdings durch das Erfordernis eines „auffälligen Mißverhältnisses" bewirkt. Die Erfüllung dieses Tatbestandsmerkmals kann nämlich bei Leistungen, für die sich ein angemessener Preis nicht ermitteln lässt, jedenfalls prozessual nicht festgestellt werden. Deshalb fallen Leistungen dieser Art faktisch aus dem Tatbestand heraus. Im Übrigen degradiert § 291 I 1 Nr. 3 die wegen ihrer kriminalpolitischen Bedeutsamkeit besonders hervorgehobenen Fälle des **Mietwuchers**[68] (§ 291 I 1 Nr. 1) und des **Kreditwuchers**[69] (§ 291 I 1 Nr. 2) zu bloßen Regelbeispielen des **allgemeinen Leistungswuchers**.[70] Dies trifft auch auf die wucherische **Leistungsvermittlung** (§ 291 I 1 Nr. 4) zu.[71]

---

[61] Schönke et al. (2014), § 291 Rn. 29; aA Satzger et al. (2014), § 291 Rn. 10.

[62] Fischer (2014), § 291 Rn. 14.

[63] Lackner et al. (2014), § 291 Rn. 8.

[64] So aber BGHSt 11, 182 (187); Otto (1982), 2745 (2749); Otto (2005), § 61 Rn. 133.

[65] Scheu (1982), 1982, 474 (475).

[66] Weitere Beispiele bei Schönke et al. (2014), § 291 Rn. 29.

[67] BGHSt 43, 53 (59); Arzt et al. (2009), § 24 Rn. 16; Schönke et al. (2014), § 291 Rn. 7.

[68] Näher dazu Fischer (2014), § 291 Rn. 5; Schönke et al. (2014), § 291 Rn. 4.

[69] Einzelheiten dazu bei Fischer (2014), § 291 Rn. 6; Schönke et al. (2014), § 291 Rn. 6.

[70] Fischer (2014), § 291 Rn. 4; Lackner et al. (2014) § 291 Rn. 2.

[71] Fischer (2014), § 291 Rn. 8; Lackner et al. (2014), § 291 Rn. 2; Schönke et al. (2014), § 291 Rn. 8.

18.2.1.7 Auffälliges Mißverhältnis

Die größten praktischen Probleme des Wuchertatbestandes stellen sich bei der Bestimmung des auffälligen Missverhältnisses zwischen Leistung und Gegenleistung.[72] Recht einfach ist diese Aufgabe, wenn die betreffende Leistung einen **Marktwert** hat.[73] Hat die Abweichung von dieser Marke nach oben das Niveau einer ins Auge springenden krassen Unverhältnismäßigkeit erreicht, ist das auffällige Mißverhältnis gegeben.[74] Bei Leistungen, für die es keinen Markt gibt, bietet sich als Orientierungsmarke der „**gerechte Preis**", dessen Bezifferung naturgemäß äußerst schwierig, vage und oft unmöglich ist. Die Berechnungsschwierigkeiten, die durch **verbotene** und **sittenwidrige** Leistungen erzeugt werden, sollten durch generelle Ausgrenzung solcher Fälle aus dem Schutz- und Tatbestandsbereich des § 291 behoben werden.[75]

Beim **Mietwucher** (§ 291 I 1 Nr. 1) ist als Beurteilungsmaßstab die ortsübliche Vergleichsmiete – nicht die „Kostenmiete"[76] – zugrunde zu legen. Eine Überschreitung dieser Marke um 50 % ist in der Regel ein auffälliges Mißverhältnis.[77] Außergewöhnliche Lasten oder Risiken des Vermieters (z. B. besonders starke Abnutzung durch Wohngemeinschaft) können diese Marke zugunsten des Vermieters nach oben verschieben. Wesentlich komplexer ist das Kriteriengefüge, das zur Fixierung der Wuchergrenze bei **Kreditgewährung** (§ 291 I 1 Nr. 2) heranzuziehen ist. Im Rahmen einer stets erforderlichen Gesamtbetrachtung spielen bei Ratenkrediten der effektive Jahreszins und der Schwerpunktzins, bei Krediten anderer Art der übliche Zinsfuß eine dominierende Rolle.[78]

Aus den entgegengesetzten Perspektiven der Beteiligten kann sich das Preis-Leistungs-Verhältnis unterschiedlich darstellen. Nach h.M. ist stets von der **Position des Gläubigers** – also des Wucherers – auszugehen.[79] Keine Rolle spielt demnach, ob der Bewucherte den Wucherpreis leicht oder schwer verkraften kann. Auch ein Milliardär kann Opfer eines Wuchers sein. Erkennt man jedoch an, daß § 291 das Vermögen des Bewucherten schützen soll, spricht einiges dafür, die Perspektive des Opfers für maßgeblich zu erklären. Stehen sich mehrere Teil-Leistungen und mehrere Leistende bzw. Leistungsempfänger gegenüber, ist die sog. „**Additionsklausel**" (§ 291 I 2) zu beachten (näher dazu unten 18.3.1.2).

---

[72] Arzt et al. (2009), § 24 Rn. 17: „wegen seiner Unbestimmtheit die crux des § 291".

[73] Lackner et al. (2014), § 291 Rn 3; Wittig (2014), § 24 Rn. 35.

[74] Lenckner (1980), 161; Otto (1982), 2745 (2746); Otto (1985), 169.

[75] Kindhäuser (1994), 105 (110); aA Gössel (1996), § 32 Rn. 25.

[76] LG Darmstadt, NJW 1975, 549 (550).

[77] OLG Köln, NJW 1976, 119 (120); Gössel (1996), § 32 Rn. 22; Lackner et al. (2014), § 291 Rn. 4; Wittig (2014), § 24 Rn. 38.

[78] Lackner et al. (2014), § 291 Rn. 5; Wittig (2014), § 24 Rn. 39.

[79] RGSt 39, 126 (129).

18.2.2 Subjektiver Tatbestand

Der subjektive Tatbestand setzt **Vorsatz** voraus, § 15. Dolus eventualis reicht bezüglich aller Tatbestandsmerkmale aus.[80] Bereicherungs- oder Nachteilszufügungsabsicht ist nicht erforderlich und darf somit – wenn sie im konkreten Fall vorliegt – ohne Verstoß gegen das Doppelverwertungsverbot (§ 46 III) bei der Strafzumessung berücksichtigt werden. Außerdem ermöglicht eine den Wucher begleitende Bereicherungsabsicht die Anwendung des § 41.

18.3 Täterschaft und Teilnahme

18.3.1 Beteiligung und Additionsklausel

18.3.1.1 Mittäterschaft

Täterschaft und Teilnahme richten sich beim Wucher nach den **allgemeinen Regeln**, also nach §§ 25 ff.[81] Die Möglichkeit mittäterschaftlicher Tatbeteiligung ist nicht davon abhängig, dass der Mittäter einen eigenen Vorteil anstrebt, da der Tatbestand neben dem eigennützigen ("sich") Versprechen- und Gewährenlassen auch die drittnützige Vorgehensweise erfasst. Wirken mehrere Personen bei der Erbringung einer teilbaren Gesamtleistung mittäterschaftlich zusammen und steht der einem Mittäter versprochene oder gewährte Vermögensvorteil in einem "auffälligen Missverhältnis" zu dessen Teil-Leistung, bedarf es keiner Addition der ihnen jeweils versprochenen oder gewährten Vermögensvorteile, um Strafbarkeit auch des Mittäters zu begründen, dessen Teil-Leistung in keinem auffälligen Missverhältnis zu seinem Teil-Vorteil steht.[82] Insbesondere entfällt die Strafbarkeit nicht etwa dadurch, dass die Summe der Vorteile zur Summe der Leistungen in einem akzeptablen Verhältnis steht.

Beispiel

Architekt A und Bauingenieur B betreiben gemeinsam ein Ingenieursbüro. Von dem Bauherrn O sind sie mit der Planung und Errichtung eines Einfamilienhauses beauftragt worden. A soll die Bauplanung, B die Bauleitung übernehmen. A schließt mit dem fachlich unerfahrenen O einen Architektenvertrag, B schließt mit O einen Bauleitervertrag. Die Verhandlungen und Besprechungen mit O führen A und B jeweils gemeinsam. Bei der Vertragsgestaltung sprechen sich A und B intern ab, bevor sie mit O in Verhandlungen eintreten. Aus steuerlichen Gründen wird in dem Architektenvertrag des A eine außergewöhnlich niedrige, in dem Bauleitervertrag des B hingegen eine weit überhöhte Honorarforderung

---

[80] Maurach et al. (2009), § 43 Rn. 23; Satzger et al. (2014), § 291 Rn. 18; aA Gössel (1996), § 32 Rn. 31, der bezüglich des "Ausnutzens" dolus directus verlangt.

[81] Arzt et al. (2009), § 24 Rn. 27; Satzger et al. (2014), § 291 Rn. 19.

[82] Fischer (2014), § 291 Rn. 21.

festgelegt. Die Summe beider Honorarforderungen steht zur Summe der von A und B geschuldeten Leistungen in einem gerade noch vertretbaren Verhältnis.

Wäre das Verhalten des A und des B jeweils isoliert zu beurteilen, ergäbe sich für B ein auffälliges Mißverhältnis und damit Strafbarkeit aus § 291 I 1 Nr. 3, für A hingegen kein auffälliges Mißverhältnis und damit auch keine Strafbarkeit aus § 291 I 1 Nr. 3. Wäre bei der Bestimmung der Strafbarkeitsvoraussetzung „auffälliges Mißverhältnis" die Summe der Honorarforderungen der Summe aller von A und B geschuldeten Leistungen gegenüberzustellen, ergäbe sich weder für A noch für B Strafbarkeit aus § 291 I 1 Nr. 3. Da A und B aber als Mittäter zusammengewirkt haben und es für die Strafbarkeit als Täter ausreicht, daß jemand einem Dritten kraß unverhältnismäßige Vermögensvorteile versprechen oder gewähren läßt, bewahrt die eigene bescheidene Honorarforderung den A nicht vor Bestrafung aus § 291 I 1 Nr. 3 i.V.m. § 25 II. Eine strafbarkeitsausschließende Addition sämtlicher Teilbeträge auf der Gläubiger- und der Schuldnerseite ist weder nach allgemeinen beteiligungsdogmatischen Regeln noch nach der „Additionsklausel" des § 291 I 2 veranlasst. Deren Zweck besteht in einer Strafbarkeitsausdehnung, nicht in einer Strafbarkeitseinschränkung.[83]

18.3.1.2   Additionsklausel, § 291 I 2

Die strafbarkeitsausdehnende Additionsklausel soll Fälle erfassen, in denen dem Bewucherten mehrere Gläubiger gegenüberstehen, die an dem einheitlichen Geschäftsvorgang in unterschiedlicher Weise beteiligt sind und an ihm meistens auch quantitativ unterschiedlich partizipieren. Vor allem Nebenleistungen, die zu der Hauptleistung hinzutreten, können das Gesamtvolumen der vom Schuldner aufzubringenden Vermögensvorteile so weit erhöhen, daß sich die Relation zu der Gläubiger-Leistung als „auffälliges Mißverhältnis" darstellt. Handeln die Gläubiger in **mittäterschaftlicher** Manier „gemeinschaftlich" (§ 25 II), bedarf es der Additionsklausel nicht, da die Addition der Teilbeträge bereits auf Grund der wechselseitigen Handlungszurechnung erfolgt.[84]

Beispiel

Der aus Hamburg kommende frischgebackene Volljurist O will am 1. Oktober in einer süddeutschen Großstadt seine erste Stelle in einer Rechtsanwaltskanzlei antreten. Da der Wohnungsmarkt so gut wie leergefegt ist, muss er nehmen, was er bekommen kann. Der Vermieter V bietet eine 75 m² große 2-Zimmerwohnung für „1500 EUR kalt" an. Das ist zwar außergewöhnlich teuer, kann aber nicht als in „auffälligem Missverhältnis" stehend qualifiziert werden. Zur Zeit wird die Wohnung noch von dem Mieter M bewohnt. M möchte jedoch ausziehen und sucht einen Nachmieter, der ihm für einige Einrichtungsgegenstände, die er in

---

[83] Gössel (1996), § 32 Rn. 5, 28; Fischer (2014), § 291 Rn. 22: „Erst durch die Mitwirkung der mehreren Personen ergibt sich ein auffälliges Missverhältnis".

[84] Arzt et al. (2009), § 24 Rn. 28; Otto (2005), § 61 Rn. 132; Wittig (2014), § 24 Rn. 43.

seiner neuen Wohnung nicht gebrauchen kann (Küchenzeile, Esstisch, Teppich, Lampe usw.), eine möglichst hohe Ablöse zahlt. Mit V hat M vereinbart, dass M bestimmen darf, welcher Mietinteressent die Wohnung bekommen soll. M hat dem V nämlich 50%ige Beteiligung an der erhofften hohen Ablösesumme versprochen. Daher muss sich O mit M über die Ablösesumme geeinigt haben, bevor er mit V Kontakt aufnehmen und den Mietvertrag abschließen kann. M verlangt für die Einrichtungsgegenstände, die insgesamt einen Verkehrswert von 3000 EUR haben, einen Kaufpreis von 6000 EUR. Dies liegt knapp unter der Grenze des „auffälligen Missverhältnisses". Die Summe aus der Mietzinsforderung des V und der Ablöseforderung des M steht zu den Leistungen, die O dafür von V und von M erhalten soll, in einem auffälligen Missverhältnis. Der unter Zeitdruck stehende O geht auf die Bedingungen ein und schließt mit M einen Kaufvertrag und mit V einen Mietvertrag.

Die Strafbarkeit des V und des M aus § 291 I Nr. 1 bzw. Nr. 3 hängt von der Erfüllung des objektiven Tatbestandsmerkmals „auffälliges Missverhältnis" ab. Die dafür maßgebliche Relation besteht zwischen der Wohnraumüberlassung und der Mietzinszahlung (§ 535 BGB) einerseits und der Übereignung der Einrichtungsgegenstände und der Kaufpreiszahlung (§ 433 BGB) andererseits. In beiden Relationen wird die Marke des „auffälligen Missverhältnisses" knapp unterschritten. Da die zivilrechtlich getrennten Geschäfte aber auf Grund der zwischen V und M getroffenen Abrede zu einer wirtschaftlichen Einheit verschmolzen wurden und die Mitwirkung des V und des M an dieser Geschäftseinheit die Voraussetzungen der Mittäterschaft erfüllt, werden die Handlungen des V und des M wechselseitig zugerechnet. Das hat zur Folge, dass V sich bzw. einem Dritten (dem M) nicht nur die 1500 EUR Mietzins, sondern auch die 6000 EUR Kaufpreis und M sich bzw. einem Dritten (dem V) nicht nur die 6000 EUR Kaufpreis, sondern auch noch die 1500 EUR Mietzins versprechen und gewähren lässt. Bei der Errechnung des auffälligen Missverhältnisses ist der Vergleich von Leistung und Gegenleistung nicht nach Miet- und Kaufvertrag getrennt, sondern kumulativ – Miet- und Kaufvertrag zusammenfassend – durchzuführen. Somit ergibt sich, dass sowohl V als auch M mit seiner Tatbeteiligung zur Entstehung eines auffälligen Missverhältnisses beiträgt. Beide sind aus §§ 291 I 1 Nr. 1, 3, 25 II strafbar. § 291 I 2 braucht zur Begründung dieses Ergebnisses nicht herangezogen zu werden.

Das Beispiel zeigt, dass die praktische Relevanz der Additionsklausel sich auf die Fälle beschränkt, in denen erst die Addition der Einzelbeträge das auffällige Missverhältnis erzeugt, die Tatbeteiligten aber, auf deren Verhalten diese Einzelbeträge beruhen, **nicht als Mittäter** zusammenwirken. In beteiligungsdogmatischen Kategorien ausgedrückt hat das Verhalten der Mitwirkenden beihilfeähnlichen[85] oder nebentäterschaftsähnlichen[86] Charakter.

---

[85] Systematischer Kommentar-Hoyer (2012), § 291 Rn. 56.

[86] Fischer (2014), § 291 Rn. 21; Matt et al. (2013), § 291 Rn 7; Satzger et al. (2014), § 291 Rn. 17; Wittig (2014), § 24 Rn. 43.

Beispiel: (Abwandlung des obigen Beispiels)

M annonciert auf eigene Faust ohne vorherige Absprache mit V geeignete Nachmieter. Wegen der großen Nachfrage kann er dem V nach kurzer Zeit den O, den
P und den R präsentieren. Zuvor hat M mit O, P und R jeweils einen Kaufvertrag geschlossen, der unter der aufschiebenden Bedingung steht, dass der Käufer
mit V einen Wohnungsmietvertrag schließt. Da alle drei Interessenten nach den
einschlägigen mietrechtlichen Kriterien für V akzeptabel sind, hat V kein Ab-
lehnungsrecht mehr. V, der von den Kaufverträgen des M Kenntnis hat, schließt
den Mietvertrag mit O.

Da Leistung und Gegenleistung weder in dem Mietvertrag noch in dem Kaufvertrag in einem auffälligen Missverhältnis zueinander stehen, erfüllt weder
das Verhalten des M noch das Verhalten des V den objektiven Tatbestand des
Wuchers.[87] Eine Addition der Beträge als integraler Bestandteil mittäterschaftlicher Verhaltenszurechnung (oben 18.3.1.1) scheidet hier aus, da sich V und M
nicht als Mittäter zusammengeschlossen haben. Die Beziehung zwischen den
beiden Geschäftsvorgängen entspricht eher dem Muster der „Nebentäterschaft".
Dennoch lässt sich die Erfüllung des Tatbestandsmerkmals „auffälliges Missverhältnis" im Wege einer Addition begründen, wenn die Voraussetzungen der
„Additionsklausel" (§ 291 I 2) gegeben sind. V und M haben jeweils als „Leistende" – V als Vermieter, M als Verkäufer – „mitgewirkt". Die Frage, „woran"
sie mitgewirkt haben müssen, um in den Wirkungsbereich der Additionsklausel
zu geraten, beantwortet der Gesetzestext nicht.[88] Gemeint ist wohl ein „Zusammenwirken", woraus sich als Bezugspunkt des Mitwirkens das jeweilige Tun
des anderen Mitwirkenden ergibt.[89] M hat bei der Wohnungsvermietung des V
mitgewirkt, indem er dem V Mietinteressenten zugeführt hat. V hat an dem Verkauf des M mitgewirkt, indem er durch Abschluss eines Mietvertrages mit O
den Eintritt der aufschiebenden Bedingung und damit das Wirksamwerden des
Kaufvertrages herbeigeführt hat. Durch das Zusammenwirken hat sich ein auffälliges Missverhältnis zwischen der Summe aus Mietzins und Kaufpreis und
der Summe aus den Ansprüchen des O als Mieter und Käufer ergeben. Mathe-
matisch scheint es zwar implausibel zu sein, dass die Addition zweier Beträge,
die zu zwei Gegenbeträgen jeweils in keinem auffälligen Missverhältnis stehen,
ein auffälliges Missverhältnis zwischen den beiden durch Addition errechneten
Summen erzeugen kann:[90] Angenommen, die untere Grenze des „auffälligen
Missverhältnisses" liegt bei 5 : 2. Diese Grenze würde durch die Addition zweier

---

[87] Da mangels Haupttat auch eine Beihilfe ausscheidet, kann die Funktion der Additionsklausel
durchaus als „Vertäterschaftlichung einer qualifizierten Form der Beihilfe zum Wucher" (so Systematischer Kommentar-Hoyer 2012, § 291 Rn. 56) – vergleichbar der Funktion des Merkmals
„Absatzhilfe" in § 259 I – beschrieben werden.

[88] Kindhäuser (1994), 105 (108): „Schon grammatikalisch ist die Gesetzesformulierung ein Rät-
sel".

[89] Systematischer Kommentar-Hoyer, § 291 Rn. 58: Wirtschaftlicher Zusammenhang zwischen
Teilgeschäften.

[90] Lenckner (1980), 161 (163); Maurach et al. (2009), § 43 Rn. 20; Schönke et al. (2014), § 291
Rn. 32.

Geschäfte mit den Relationswerten 2, 5: 1,1 und 7,5: 3, 1 nicht erreicht werden.[91] Da hier aber keine mathematische, sondern eine juristische Bewertung
zugrunde zu legen ist, löst sich der scheinbare Widerspruch auf. Das Verhältnis
zwischen Vor- und Nachteilen kann sich durch die Vergrößerung der Volumina
verschlechtern, aus der Belastungskumulation kann eine Belastungsprogression
werden. Denn entsprechend dem aus der Betrugsdogmatik entlehnten Gedanken
des „persönlichen Schadenseinschlags" ist es auch beim Wucher möglich, dass
die Konzentration aller geschäftsbedingten Nachteile auf ein Opfer ein Verhältnis zur Summe aller geschäftsbedingten Vorteile begründet, das ungünstiger ist
als die Verhältnisse zwischen Vor- und Nachteilen bei Verteilung derselben auf
zwei Opfer. Dies erklärt auch, warum § 291 I 2 auf der Täterseite nur die „Ausnutzung" der Opfersituation zur Erzielung eines „übermäßigen"[92] Vermögensvorteils und nicht – wie § 291 I 1– eine „Ausbeutung" verlangt.[93] Aus der Perspektive des Täters, der vielleicht nur den ihm zufließenden Teil-Vorteil im Auge
hat, stellt sich die Relation zu den Leistungen, die das Opfer erhält, als nicht so
krass unerträglich dar, wie aus der Perspektive des Opfers. Das Niveau erhöhter
Anstößigkeit, die das „ausbeuten" vom bloßen „ausnutzen" unterscheidet (s. o.
18.2.1.5.4), wird auf dieser Grundlage nicht erreicht.

18.3.2 Mitwirkung des Bewucherten

Eine besondere Eigenart des Delikts Wucher ist die recht intensive aktive Mitwirkung des Opfers, die in den Tatbestandsmerkmalen „Versprechenlassen" und „Gewährenlassen" deutlich verankert ist. Diese Aktivität kann im Einzelfall so weit
gehen, dass der Bewucherte als die „treibende Kraft" des Tathergangs, als „Zentral-
gestalt" des Geschehens erscheint und der Wucherer fast in eine Nebenrolle abge-
drängt wird. Dass dennoch der **Bewucherte nicht Täter** – auch nicht Mittäter – sein
kann, liegt allerdings klar auf der Hand. Denn soweit der Tatbestand durch Ausbeutung seiner Zwangslage usw. erfüllt wird, handelt es sich für ihn nicht um die
Zwangslage eines „anderen".[94] Umgekehrt schließt die Dominanz des Bewucherten
die Täterschaft des Wucherers nicht aus. Wird ein Wohnungsvermieter von einer
Menge sich gegenseitig mit Angeboten übertrumpfender Wohnungssuchender zum
Abschluss eines wucherischen Mietvertrages gedrängt, so ist er gleichwohl Täter.
Allenfalls innerhalb des Interpretationsspielraums des Tatbestandsmerkmals „aus-

---

[91] Lenckner (1980), 161 (164).

[92] Systematischer Kommentar-Hoyer (2012), § 291 Rn. 60: „Übermäßig" bedeutet nicht unwe-
sentliches Übersteigen.

[93] Systematischer Kommentar-Hoyer (2012), § 291 Rn. 60.

[94] Anders ist es eventuell, wenn der Täter mehrere Opfer bewuchert und eines der Opfer zum
Schaden der anderen besondere tatfördernde Aktivitäten entfaltet.

beuten" lässt sich unter extremen Umständen ein Weg aus der Tatbestandsmäßigkeit finden.

Weniger eindeutig lässt sich die Frage nach einer strafbaren **Teilnahme** (Anstiftung, Beihilfe) des tatveranlassenden oder tatfördernden Bewucherten beantworten.

Beispiel

O sucht dringend eine Wohnung. Nach mehrtägiger frustrierender Suche entschließt er sich, den Vermieter V, der eine Zweizimmerwohnung zu dem moderaten Preis von 1000 EUR anbietet, mit dem Angebot einer Monatsmiete von 2000 EUR zu „bestechen" und zum Abschluss eines Mietvertrages zu veranlassen. Dem O ist bewusst, daß dieser Betrag wucherisch ist. V lässt sich überreden und schließt den Mietvertrag zu den von diesem vorgeschlagenen Bedingungen.

V hat alle Tatbestandsmerkmale des § 291 I 1 Nr. 1 erfüllt. Seine Tat war auch rechtswidrig. Zwar weist die aktive Mitwirkung des O alle äußeren Merkmale einer Einwilligung auf. Diese ist im vorliegenden Kontext jedoch unbeachtlich. Dabei kann dahingestellt bleiben, ob dies nach allgemeinen Regeln Folge der Zwangslage ist. Vielmehr ist – ähnlich wie bei § 216– der Tatbestandsfassung des § 291 I 1 selbst zu entnehmen, dass die aktive Mitwirkung des Opfers keine strafbarkeitsausschließende Wirkung haben soll. Eine weitere dogmatische Erklärung für die Unbeachtlichkeit der Einwilligung ist die eigenartige doppelspurige Rechtsgutsstruktur, die dem Wuchertatbestand zugrunde liegt (s. o. 18.1.2). O hat den Entschluss des V zur Tatbegehung hervorgerufen, ihn also zu der Tat „bestimmt". Deshalb könnte er wegen Anstiftung zum Wucher (§§ 291 I 1 Nr. 1, 26) strafbar sein. In der Literatur wird dies überwiegend ohne nähere Begründung durch schlichten Hinweis auf die Rechtsfigur „notwendige Teilnahme" abgelehnt.[95] Mehr dogmatische Substanz hat die auf das gleiche Ergebnis hinauslaufende Ansicht, die den Wucher als reines Vermögensdelikt und die Mitwirkung des Bewucherten einem strafrechtlichen Fundamentalprinzip folgend als reine straflose Selbstverletzung betrachtet.[96] Dem ist im Wesentlichen zu folgen. Zwar ist die eindimensionale, auf den Vermögensschutz beschränkte Rechtsgutsbetrachtung nicht haltbar (s. o. 18.1.2). Dennoch ist der Vermögensgefährdung als Teil des Unrechts und der diesem Teil korrespondierenden Selbstverletzungskomponente der Einfluss auf die strafrechtliche Bewertung der Opfermitwirkung nicht zu versagen: Ähnlich wie bei anderen Straftatbeständen mit dualer Rechtsgutsstruktur – z. B. §§ 164, 315 c – ist auch beim Wucher die Mitwirkung des individuell betroffenen Vermögensinhabers straflos. O hat sich daher nicht aus §§ 291 I 1 Nr. 1, 26 strafbar gemacht.

---

[95] Arzt et al. (2009), § 24 Rn. 25; Matt et al. (2013), § 291 Rn. 11; Maurach et al. (2009), § 43 Rn. 24; Nomos Kommentar-Kindhäuser (2013), § 291 Rn. 48; Satzger et al. (2014), § 291 Rn. 19.
[96] Gropp (1992), 190; Herzberg (1977), 134.

18.4   Besonders schwere Fälle

18.4.1   Allgemeines

Wucher ist auf der Normalstrafrahmenebene mit relativ geringer Strafe bedroht. Die Höchststrafe ist auf drei Jahre festgesetzt und liegt daher zwei Jahre unter dem Niveau von z. B. Diebstahl (§ 242 I), Erpressung (§ 253 I), Hehlerei (§ 259 I), Betrug (§ 263 I) und Untreue (§ 266 I). Auf der Ebene des Sonderstrafrahmens zieht der Wucher mit einigen dieser Delikte nicht nur gleich, sondern er überholt sie zum Teil sogar im Mindeststrafbereich. Während bei § 243 die Untergrenze auf 3 Monate steigt, sieht § 291 II – wie §§ 263 III, 266 II – sechs Jahre Mindeststrafe vor. Zur Konkretisierung des „besonders schweren Falls" bedient sich § 291 II 2 der **Regelbeispielsmethode**.

18.4.2   Regelbeispiele

18.4.2.1   § 291 II 2 Nr. 1
Unter „**wirtschaftlicher Not**" versteht man eine Situation, die durch existenzbedrohlichen Mangel an finanziellen Mitteln geprägt ist. Die Unfähigkeit zum Bestreiten des Lebensunterhalts aus eigener Kraft oder der bevorstehende Zusammenbruch eines Geschäfts, das die einzige Existenzgrundlage bildet, sind typische Indikatoren einer wirtschaftlichen Notlage.[97] Da die Notlage „durch die Tat" verursacht worden sein muss, ist das Regelbeispiel nicht erfüllt, wenn das Opfer sich schon vor der Tat in Not befand und diese Situation durch die Tat verschärft worden ist.[98]

18.4.2.2   § 291 II 2 Nr. 2
Gewerbsmäßigkeit bedeutet auch hier – wie z. B. in §§ 243 I 2 Nr. 3, 263 III 2 Nr. 1 oder 284 III Nr. 1– die Absicht, durch wiederholte Tatbegehung eine dauerhafte und ergiebige Einkunftsquelle zu schaffen, zu erhalten und auszuschöpfen.[99] Bei Taten mit mehreren Beteiligten ist das Merkmal wegen seines engen Bezugs zur Person nichtakzessorisch zu behandeln, § 28 II.[100]

18.4.2.3   § 291 II 2 Nr. 3
Dem Versprechen von Vermögensvorteilen durch **Wechsel** attestiert das Gesetz deswegen gesteigerte Strafwürdigkeit, weil diese Art der Gegenleistungserbringung für das Opfer besonders gefährlich ist.[101] Vereinbaren die Parteien Geldzahlung, kann sich der Bewucherte dem Wucherer gegenüber auf die Nichtigkeit des Rechtsge-

---

[97] Fischer (2014), § 291 Rn. 27; Schönke et al. (2014), § 291 Rn. 43.

[98] Arzt et al. (2009), § 24 Rn. 22; Fischer (2014), § 291 Rn. 27; Satzger et al. (2014), § 291 Rn. 23; Schönke et al. (2014), § 291 Rn. § 291 Rn. 43.

[99] Systematischer Kommentar-Hoyer (2012), § 291 Rn. 65.

[100] Schönke et al. (2014), § 291 Rn. 48.

[101] Schönke et al. (2014), § 291 Rn. 46.

schäfts berufen und die Zahlung verweigern bzw. den gezahlten Betrag von ihm zurückfordern. Begibt er dagegen einen Wechsel, kann dieser vom Gläubiger leicht an einen gutgläubigen Dritten weitergegeben werden, dem gegenüber sich der Bewucherte nicht auf die wucherische Qualität des zugrundeliegenden Rechtsgeschäfts berufen kann. Der Dritte kann dann unbeschadet der Nichtigkeit dieses Rechtsgeschäfts aus dem Wechsel gegen ihn vorgehen, ohne dass er dagegen Einwendungen aus dem Geschäft mit dem Wucherer geltend machen könnte, Art. 17 WG.[102]

Kontrollfragen
1. In welchem Paragraphen war der Wuchertatbestand bis 1997 geregelt? (18.1.1)
2. Welches Rechtsgut schützt § 291? (18.1.2)
3. Was bedeuten die Begriffe „Individualwucher" und „Sozialwucher"? (18.1.3)
4. Wer kann Täter des Wuchers sein? (18.2.1.2)
5. Was ist der Unterschied zwischen „Notlage" und „Zwangslage"? (18.2.1.3.3)
6. Was bedeute „ausbeuten"? (18.2.1.5.4)
7. Wonach richtet sich das „auffällige Missverhältnis"? (18.2.1.7)
8. Welche Funktion hat die „Additionsklausel"? (18.3.1.2)
9. Ist der Bewucherte als Teilnehmer am Wucher strafbar? (18.3.2)
10. Welche Funktion hat § 291 II? (18.4.1)

Literatur

Arzt. Zwischen Nötigung und Wucher. Festschrift für Lackner. 1987. 641 ff.
Arzt G, Weber U, Heinrich B, Hilgendorf E. Strafrecht Besonderer Teil. 2. Aufl. 2009
Bernsmann. Zur Problematik der Mißverhältnisklausel beim Sachwucher – eine Untersuchung zu einem „dogmatischen Dunkelfeld". GA. 1981. 140 ff.
Bernsmann. Anm. BGH, Beschl. v. 22.1.1997 – 1 StR 701/96. JZ. 1998; 629.
Fischer T. Strafgesetzbuch. 61. Aufl. 2014.
Herzberg RD. Täterschaft und Teilnahme; 1977
Gössel KH. Strafrecht Besonderer Teil Bd. 2; 1996
Gropp W. Strafrecht Allgemeiner Teil. 3. Aufl. 2005.
Kindhäuser. Zur Struktur des Wuchertatbestand. NStZ. 1994. 105 ff.
Lackner K, Kühl K. Strafgesetzbuch. 28. Aufl. 2014.
Lenckner. Anm. StA Stuttgart. Vfg. V. 27.12.1978–149 Js 275/78. JR. 1980;161.
Matt H, Renzikowski J. Strafgesetzbuch. 2013.
Maurach R, Schroeder F-C, Maiwald M. Strafrecht Besonderer Teil 1. 10. Aufl. 2009
Nomos. Kommentar zum Strafgesetzbuch. 4. Aufl. 2013
Otto. Neue Tendenzen in der Interpretation der Tatbestandsmerkmale des Wuchers beim Kreditwucher. NJW. 1982;2745.
Otto. Anm. OLG Karlsruhe, Urt. v. 11.10.1984 – 2 Ss 14/84. JR. 1985; 169.
Otto H. Grundkurs Strafrecht Die einzelnen Delikte. 7. Aufl. 2005. Nomos Kommentar zum Strafgesetzbuch. 4. Aufl. 2013.
Satzger, Schluckebier, Widmaier. Strafgesetzbuch. 2. Aufl. 2014

---

[102] Arzt et al. (2009), § 24 Rn. 24; Systematischer Kommentar-Hoyer (2012), § 291 Rn. 67.

Scheffler. Zum Verständnis des Wuchers gem. § 302 a StGB. GA. 1992;1 ff.

Scheu. Anm. BGH, Urt. v. 8.12. 1981–1 StR 416/81. JR. 1982;474.

Schönke, Schröder. Strafgesetzbuch. 29. Aufl. 2014

Sowada C. Die „notwendige Teilnahme" als funktionales Privilegierungsmodell im Strafrecht; 1992

Sternberg-Lieben D. Objektive Schranken der Einwilligung; 1997.

Sturm. Die Neufassung des Wuchertatbestandes und die Grenzen des Strafrechts. JZ. 1977;84.

Wittig P. Wirtschaftsstrafrecht. 3. Aufl. 2014.

Sachverzeichnis

© Springer-Verlag Berlin Heidelberg 2015
W. Mitsch, *Strafrecht, Besonderer Teil 2*, Springer-Lehrbuch,
DOI 10.1007/978-3-662-44934-9